政治哲学史 | History of Political Philosophy

总主编 张志伟
韩东晖
干春松

刘 玮 主编

西方政治哲学史

第一卷
从古希腊到宗教改革

中国人民大学出版社
·北 京·

总　序

呈现在读者面前的这套“政治哲学史”丛书，包括《西方政治哲学史（三卷本）》《中国政治哲学史（三卷本）》和《马克思主义政治哲学史》。

哲学中的政治哲学理论历史悠久，但是在19世纪以后沉寂多时，为政治学或政治科学所取代，直到20世纪70年代罗尔斯《正义论》的出版，政治哲学才得以复兴，并且形成了一个专门学科。因其与社会现实在实践性指向上具有密切关系，当代政治哲学俨然成为哲学中最为活跃的研究领域。伴随着中国改革开放的步伐，尤其是20世纪90年代以来，受政治体制改革和新的经济社会形态的影响，政治哲学逐渐成为汉语哲学界的显学，国内的政治哲学研究在基本史料的积累、经典著作的译述、基本概念的厘清以及最新学术前沿问题的追踪等方面，都有了一定的积累与进步。迈过新世纪门槛之后，全球知识界已越来越清晰地认识到人类正处在一个前所未有的十字路口，启蒙动力日渐衰微，现代性一再遭受质疑，新自由主义面临危机，当代中国现代化建设处在探索之中……如此种种，给政治哲学提出了一系列的问题，在此理论困境和现实问题的双重促逼下，越发凸显出中西政治哲学研究的重要性和紧迫性。

然而，与社会现实的迫切需要相比，我们的政治哲学研究刚刚起步，尤其是基础建设相当薄弱，极大地制约了中国政治哲学学科的健康发展。一方面，掌握当代西方政治哲学的发展趋势，了解哲学家们对于全球化时代的政治哲学问题的立场、观点和方法，以之为中国政治哲学的重要理论资源和主要参照系，乃是中国政治哲学学科建设的当务之急。另一方面，鉴于中国的高速发展引发的一系列问题，如何总结出中国政治哲学的独特意涵，发掘传统资源对于中国的现代化之路的积极作用，深入关注中国现实，回应中国社会的重大理论问题和现实问题，从而为中国的发展提供思想资源，亦是摆在我们面前亟待开展的工作。有鉴于此，我们向中国人民大学申请了“政治哲学史（中西政治哲学研究・第一期・七卷本）”这一“重大基础研究计划”，希望立足国际学科前沿，体现国内外最新的研究成果，凝聚各高校的优势，培育新兴的政治哲学学科，集中中国哲学、西方哲学和马克思主义哲学等各学科中相关的学术力量，借助对这些领域内政治哲学的深入研究，为该学科在中国的发展做一些基础性的准备工作，进一步激发哲学对于当代社会的“批判性”作用。摆在读者面前的这套“政治哲学史”就是该项目的结项成果。

关于这套“政治哲学史”的编写工作，有必要向读者做一些解释和说明。

第一，我们这套“政治哲学史”虽然名为“政治哲学史”，但就目前的研究成果而言，距离全面、系统、详尽的政治哲学史还有相当的差距。中国的政治哲学研究虽然近些年受到人们的普遍关注，但是毕竟基础比较薄弱，梳理基于中国传统的政治哲学基本范畴也处于起步阶段，因而现在编纂一部全面、系统、详尽的政治哲学史还不具备充分的条件。据此，我们这套“政治哲学史”主要按照历史的顺序，突出那些在政治哲学史上具有重要影响的哲学家、思想家。与此同时，强化学术研究的深度，以某个问题或主题为研究的核心，以此叙述策略来架构政治哲学史的大框架，意在为将来编纂更加全面、系统、详尽的政治哲学史做一些基础性的准备工作。

第二，与此相关，这套“政治哲学史”的编写模式是，基本上每一章研究一位哲学家或一个流派，并且强调突出相关的主题而不要求全面系统地介绍哲学家或流派的政治哲学思想，因而几乎每一章都可以看作一篇围绕一个人物或流派而展开的论文。尽管我们并没有在政治哲学史的整体性线索上多做文章，但是由于问题意识的自觉、思想谱系的传承和社会历史背景的衬托，实际上各章内容之间自有其紧密的相关性。当作者们围绕各自的主题深入论述时，历史背景、问题演变和发展线索已然隐含于其中。

第三，我们这套“政治哲学史”是集体合作的结晶，编写者包括全国多所高校和研究机构的学者，他们都是相关研究领域的专家，基本上实现了项目启动之初就确立的“最合适的人写最合适的章节”的编写原则。也正是因为如此，对个别重要人物思想的介绍和阐述由于没有合适的写作人选，暂时付诸阙如，以待将来再做补充。

第四，虽然政治哲学历史悠久，但是作为专门的学科领域，政治哲学的历史并不长，其基本研究范式以欧美学术界为主导。不过，作为对各种政治概念、问题和方法的研究，各种政治哲学思想蔚为大观，古今中外概莫能外。因此，一方面，当代的政治哲学研究所面临的思想资源、现实难题和研究方法均有共同和共通的地方，另一方面，不同的理论背景和价值取向，也使西方政治哲学史、中国政治哲学史和马克思主义政治哲学史的编纂具有各自的风格和特色。我们这套“政治哲学史”的尝试，是以各自的学科取向为基础的。相对来说，西方政治哲学的研究范式比较成熟，问题、方法与理论的线索比较清晰，而中国政治哲学则是一块有待开垦的处女地。由于中西在语言、文化、社会历史等方面的差异，中国政治哲学与西方政治哲学在许多方面存在着差异，以至于学术界关于什么是中国的政治哲学等基本问题迄今尚未达成共识，因此《中国政治哲学史（三卷本）》具有很强的探索性。与此类似，学术界在马克思主义是否具有一种政治哲学乃至如何构成一种政治哲学等问题上亦存在着争论。由于各方面条件的限制，我们这套“政治哲学史”中马克思主义政治哲学史部分主要讨论马克思、恩格斯和列宁的政治哲学思想，至于现当代西方马克思主义以及其他丰富内容则有待来日补充。我们希望随着研究的逐步深入，我国政治哲学界在学习、借鉴、吸收的基础上，面对历史和现实中的大变局，推出富有原创性的理论和方法，深化政治哲学与政治哲学史的研究。

总而言之，由中国学者编写的这套“政治哲学史”包括《中国政治哲学史（三卷本）》《西方政治哲学史（三卷本）》和《马克思主义政治哲学史》，在学界尚属首次。我们在此抛砖引玉，希望学界同仁不吝赐教，共同努力，推动当代中国的政治哲学研究进一步健康发展。

最后，我们要向本套“政治哲学史”的各卷主编和参编的专家学者表示深切的谢意。感谢国家出版基金为本套“政治哲学史”提供出版资助，感谢中国人民大学出版社的潘宇女士和编辑们为本套“政治哲学史”的出版所做的辛勤工作。这套“政治哲学史”得到了中国人民大学科学研究基金暨中央高校基本科研业务费专项资金（批准号：11XNL007）的资助，在此表示衷心的感谢。

张志伟　韩东晖　干春松

第一卷作者简介

晏绍祥　首都师范大学历史学院教授，博士生导师，中国世界古代中世纪史研究会古代史专业委员会会长，中国世界古代中世纪史研究会副会长、秘书长。主要研究方向为古希腊罗马史和西方古典传统，著有《世界上古史》《古典历史研究发展史》《荷马社会研究》和《古典民主与共和传统》等，译有《早期希腊》《罗马共和国政制》《审判雅典：西方思想中的反民主传统》《古代世界的政治》《论古代与近代的历史学》《剑桥希腊罗马政治思想史》等。

张新刚　北京大学西方古典学中心、历史学系助理教授，英国牛津大学访问学者。研究领域为西方政治思想史，特别是古希腊和现代早期政治思想、古希腊史、政治哲学。发表有《柏拉图政治思想的问题意识研究》《希腊“自由”观念的历史考察》等多篇论文，译有《柏拉图的次优城邦：〈礼法〉导论　三联剧：〈苏格拉底之后〉》《柏拉图的政治理论：以及施特劳斯与沃格林的阐释》等著作。

刘　玮　中国人民大学哲学院副教授，美国加州大学伯克利分校、德国慕尼黑大学访问学者，主要从事古希腊哲学、西方伦理和政治思想史的研究。著有《马基雅维利与现代性——施特劳斯、政治现实主义与基督教》，发表多篇有关古希腊哲学，尤其是亚里士多德伦理学与政治哲学的中英文论文，翻译和编校多部古希腊哲学专著和论文集。

章雪富　浙江大学人文学院哲学系教授，博士生导师。主要从事希腊化哲学和早期基督教研究，曾任香港浸会大学、美国罗耀拉大学和英国牛津大学等学校的访问学者。出版的著作有《基督教的柏拉图主义——亚历山大里亚学派的逻各斯基督论》、《希腊哲学的Being和早期基督教的上帝观》、《斯多亚主义》（两卷）和《希腊哲学史》（第四卷，合著）等，主编“两希文明哲学经典译丛”和“历史与思想研究译丛”等。

吴　飞　北京大学哲学系、宗教学系教授，博士生导师。主要研究领域包括基督教思想、宗教人类学、西方政治哲学、中西思想比较等。著有《浮生取义：对华北某县自杀现象的文化解读》《自杀作为中国问题》《心灵秩序与世界历史：奥古斯丁对西方古典文明的终结》《现代生活的古代资源》等，译有柏拉图的《苏格拉底的申辩》、奥古斯丁的《上帝之城：驳异教徒》等。

周伟驰 中国社会科学院世界宗教研究所研究员、博士生导师，曾在加拿大维真神学院、美国耶鲁大学等校学习和访问。主要研究西方基督教思想史、中国基督教思想史、当代西方宗教哲学等。著有《记忆与光照——奥古斯丁神哲学研究》《奥古斯丁的基督教思想》《彼此内外：宗教哲学的新齐物论》《太平天国与启示录》等，译有奥古斯丁《论三位一体》、奥古斯丁《论原罪与恩典》、莫尔特曼《三一与上帝国：论上帝的教义》等。

韩　潮 同济大学人文学院哲学系教授，博士生导师。主要研究政治思想史、文艺复兴政治哲学、现象学、古希腊哲学。著有《海德格尔与伦理学问题》《政体原论》；主编文集《谁是马基雅维利》；译有《哲学与治术：1572—1651》；另有《博丹对混合政体学说的批评》等相关论文若干。

何　涛 中国政法大学政治学理论博士，美国得州大学奥斯汀分校访问学者，中国青年政治学院公共管理系讲师。长期从事西方政治思想史、政治哲学史专业研究，主攻宗教改革与早期现代政治哲学。

前　言

这是全新的三卷本《西方政治哲学史》的第一卷，包括了从古希腊到宗教改革的政治哲学。既然强调的是“政治哲学”，而非“政治思想”或“政治理论”，我们在编辑的过程中也就很自然地更多强调“哲学家”对这部历史的贡献，而非“历史”本身，或者体现在一个时代之中的更具有普遍色彩的“思想”（当然，我们也绝非否认，哲学思想要在恰当的历史语境中才能得到充分的理解）。

如果说用一个关键词概括从古希腊到文艺复兴和宗教改革的政治哲学，“政体”（*politeia*，constitution，regime）无疑是最恰当的。*politeia* 最初的含义是“公民权”“公民的条件”，之后逐渐扩大到组织公民生活的一套法律和制度，以及公民的生活方式，从而有了“政体”或政治体制的含义，并且衍生出一种特定的文学体裁——“政体文学”，比如：希罗多德《历史》第 3 卷中关于不同政体的论辩；色诺芬撰写了《斯巴达政体》；老寡头或伪色诺芬撰写了《雅典政体》；修昔底德对雅典和斯巴达政体进行了比较研究；柏拉图的《理想国》其实就叫“政体”或“政制”（*Politeia*），而他称自己最后一部著作《礼法》探讨的是“次佳政体”；亚里士多德从事了关于 158 个希腊城邦政体的历史和经验研究，在《政治学》中以政体为核心展开了自己的理论探索；斯多亚学派的创始人芝诺（*Zeno of Citium*）也创作了一部与柏拉图作品同名的《政制》（*Politeia*）；伊壁鸠鲁学派的政治理论则将传统的政治理论应用在更小的朋友之间的共同体上；西塞罗的《国家篇》和《法律篇》是对柏拉图《理想国》和《礼法》的模仿，他在罗马的语境下应用希腊的政体理论，并且发展出独特的混合政体理论。

这种政治性的对政体的理解在奥古斯丁那里似乎有所断裂，但其实他是在用另一种方式接续柏拉图的政体理论。因为柏拉图曾经说“政体”不仅关乎政治组织方式，还关乎人的灵魂——“个人之中的政体”（*tēn en hautōi polite-*

ian，《理想国》IX. 591e）才是更重要的。奥古斯丁在探讨“上帝之城”与“地上之城”的二分时，更多继承了柏拉图对于精神性政体的关切，同时用这种方式理解实际政治的价值。而当亚里士多德主义在中世纪得以复兴之后，更加政治性的政体理论也就再次成为政治哲学的关注焦点，这在阿奎那的《论君主政制》中体现得最为明显。而宗教改革家路德和加尔文在某种意义上分别继承了奥古斯丁对现实政治的不关心态度，以及阿奎那对现实政体的关注。

对政体的关注到了文艺复兴时期在“公民人文主义”思潮中得以延续，意大利的公民人文主义大体上用亚里士多德—西塞罗式的共和主义思想来对抗当时在政治上更加居于主导地位的绝对君主制，而这种对抗在马基雅维利的《君主论》和《李维史论》两部著作看起来存在的张力之中达到了顶峰，并且朝着不再关注“政体问题”本身，转而关注政治的现实运作或“国家理性”的方向发展。

政体问题也同样给了我们一条主线去阅读本卷的各个章节。

晏绍祥撰写的第一章“早期希腊政治思想：城邦与公民”从希腊历史与思想史的角度审视了希腊城邦政治对政治思想发展所起到的推动作用。在荷马和赫西俄德的世界里，一个统帅或者若干贵族王公的统治似乎是天经地义的政体，而法律制度的建立以及民主制的勃兴，让平等观念深入人心，尤其是雅典民主制的迅猛发展，以及这种政治制度与周围其他制度的交流与冲突，为希腊人开始反思政体问题提供了现实的基础和理论的准备。从政治思想的角度讲，本章着重讨论了荷马和赫西俄德笔下近乎截然相反的正义观；雅典悲喜剧作家笔下的城邦生活和正义观念，特别是他们对雅典民主制度的深刻反思；以及公元前5世纪希腊世界由智者掀起的一场在自然（*physis*）与礼法（*nomos*）之间的巨大争论。智者运动以及作为这场运动核心问题的自然与礼法之争，也为之后柏拉图和亚里士多德更加严格意义上的“政治哲学”提供了重要的思想背景。

柏拉图是严格意义上的“政治哲学”的奠基者。在政治哲学领域，西方政治哲学也可以被看作是对柏拉图的一连串“注脚”，政治的本质和起源问题、（最佳）政体问题、公民问题、教育问题、神学与政治的关系问题、哲学在政治生活中的地位问题等等，都在柏拉图丰富的作品中得到了生动的呈现和深入的探讨。张新刚撰写的第二章“柏拉图论统一城邦”从苏格拉底和柏拉图面对的自然与礼法之争入手，紧抓柏拉图政治哲学中的一个核心难题——《理想国》与《礼法》之中的学说是否一致——展开讨论。本章呈现了柏拉图以克服内乱、建立统一城邦为目标的政治哲学学说，从而将他不同时期的政治哲学汇成了一个虽然存在差别，但大体前后一致的融贯体系，同时细致讨论了柏拉图从《理想国》中由哲人王统治的“最佳政体”到《礼法》中依靠法律统治的“次佳政体”的思想变化。

亚里士多德无疑最好地继承和发展了柏拉图对政体，尤其是最佳政体的关注。刘玮撰写的第三章“亚里士多德论最佳政体”系统讨论了亚里士多德政治哲学中的最佳政体学说。本章从亚里士多德伦理学和政治学一而二、二而一的关系入手，引出了亚里士多德对于政治哲学研究任务的界定和对政治哲学研究步骤的说明，随后沿着亚里士多德给出的方法论指引讨论了他对前人最佳政体理论和实践的反思（尤其是针对柏拉图《理想国》中最佳政体的批评）、自己对雅典政制的经验性研究和从中得出的规范性理论，以及对“最佳政体”问题从五个不同角度所做的研究。本章尤其强调亚里士多德心目中的“最佳政体”并不仅仅是某一种简单的制度安排，而是要因时因地选择最适合一个城邦的政治制度；而亚里士多德心目中最完美的政治制度——完全王制，其实与柏拉图在《理想国》中主张的哲人王并没有很大的差别。亚里士多德的政治哲学将现实主义和理想主义要素完美地熔于一炉，为后世的政治哲学开辟了不同的面向。

在亚里士多德身后，希腊化时代开启了大幕，古典希腊时代的城邦政治被彻底颠覆，帝国成为那个时代的主旋律，这种帝国理念在罗马那里达到了顶峰。章雪富撰写的第四章“西塞罗与法权国家”首先梳理了希腊化时代剧烈变化的时代背景，之后讨论了为适应这种新的时代背景出现的与此前不同的“自然法”“社群”和“世界公民”观念。本章着重讨论了西塞罗对古典和希腊化思想的综合，以及由这个综合发展起来的法权国家观念和共和政体理论。西塞罗独特的政治家和哲学家的双重身份，也让他最好地继承了亚里士多德政治哲学中现实主义和理想主义的双重维度，但作为罗马政治家的身份让他颠倒了柏拉图和亚里士多德在哲学与政治之间的基本排序，让哲学从属和服务于政治。西塞罗继承了斯多亚学派的自然法和世界共同体的观念，认为自然法不限于任何具体的政治共同体，而具体的政治共同体正是由于自然法权的延伸才获得了合法性，这种自然法权的延伸在很大程度上表现为人民主权的观念，因为正是人们的自然社群性构造了国家，他们符合自然的意愿构成了国家的合法性，并且与自然法的要求一致。而人民主权就要求国家采取“混合”的政体形式（这种理论在很大程度上也基于罗马共和国的现实）。柏拉图和亚里士多德都在自己的政治哲学中提到了“混合政体”，但是都没有将它当作“最佳政体”看待，而在西塞罗看来，混合政体结合了不同政体的优点，同时避免了各种单纯政体的缺陷，不管从理论上还是实践上都是最佳的政体形式。

罗马共和国的辉煌在西塞罗的政治哲学中得到了集中的体现，而罗马帝国的衰败则成为奥古斯丁开启政治哲学思考的动力，罗马城被蛮族攻陷，让奥古斯丁放弃了对现实政治的幻想，转而完全依赖“上帝之城”来寻求拯救。吴飞撰写的第五章“奥古斯丁的政治哲学与世界历史”从奥古斯丁关于人类本性的悲观探讨开始。人的原罪导致了堕落和分裂，也导致了地上政治共同体变得必不可少，但是由于地上政治共同体的罪性，它们不可能实现让人类和合为一的理想，那个理想只能在上帝之城中才能实现。于是尘世政治的价值也就成了奥古斯丁思想中争论颇多的问题，吴飞细致分析了奥古斯丁所用的撒拉和夏甲的比喻，论证了奥古斯丁从理论或者理想的层面上讲已经准备好了否定一切尘世政治的意义，但是在现实中还是肯定了地上之城带来的和平、道德和幸福，并通过“利用”和“安享”的区分弱化了这两者之间的张力。在这方面，奥古斯丁也直接回应了西塞罗的共和理念，认为罗马从未实现真正的共和，因为罗马的制度作为“霸欲”的产物，建立在不义的基础之上，也没有帮助人们摆脱魔鬼的统治。与他对尘世政治的看法一致，奥古斯丁对现实中的政体也毫无兴趣，他虽然对基督徒皇帝进言献策，但是核心却是教导他们不要关心尘世的功业，而要让心灵朝向上帝之城。奥古斯丁关于地上之城和上帝之城关系的讨论，以及对奥古斯丁的不同阐释，也为中世纪政治思想中最核心的政教关系问题打开了大门，并且在很大程度上直接通达了马丁·路德的宗教改革运动。

如果说奥古斯丁的政治哲学力图颠覆古典传统，将尘世政治的价值最小化，阿奎那则试图通过基督教与亚里士多德的联姻，重新赋予尘世政治更加正面的价值。周伟驰撰写的第六章“阿奎那论自然法与政体”就从自然法和政体这两个视角审视了阿奎那用基督教改造亚里士多德的尝试。阿奎那对政治的理解与西塞罗相似，也是从“法律”，特别是“自然法”的观念而来。法律被阿奎那界定为“为了公共的善，由照管共同体的人所立并予以公布的理性的法令”；而人的“自然倾向”，尤其是理性能力，正是认识自然法的基础。在这个方面他改变了奥古斯丁主义对人性的悲观看法，“力图在亚里士多德的纯粹本性和奥古斯丁的恩典至上之间维持一种平衡”。但是如何具体理解阿奎那的自然法理论，这个理论在今天是否依然有指导意义，却是学者们争论的焦点，本章以三位当代阿奎那自然法理论的阐释者——马里旦、尼尔森和波尔克——为代表展示了这一争论在当代学界的表现。而阿奎那的政体理论以亚里士多德的基本政体分类为基础，因为有了上帝这个唯一神的范本，阿奎那更加赞赏君主制；但是在现实中，他则更加欣赏西塞罗式的混合政体。总体而言，即便世俗政治具有积极意义，尽管基督徒有服从世俗统治者的义务，阿奎那依然坚信人的至福不可能通过尘世政治实现，因此最终世俗权力还是要服从教会的宗教权力。

文艺复兴和宗教改革是从古典政治哲学向现代政治哲学过渡的关键阶段。韩潮撰写的第七章“马基雅维利与文艺复兴政治思想的流变”一方面展现了文艺复兴极为丰富的政治思想，另一方面以马基雅维利为论述的中枢，勾勒了一场“由文艺复兴政治思想向早期现代政治的远征”。这场远征首先体现在所谓的“公民人文主义”运动之中。韩潮讨论了由汉斯·巴隆开启的这场对文艺复兴政治思想解释的范式转移，主要讨论了以萨卢塔蒂和布鲁尼为代表的共和主义思想。这场运动中的异数，谜一般的马基雅维利无疑是文艺复兴政治哲学最有代表性的人物，他在《君主论》和《李维史论》中都发出了革命性的宣言，宣称要颠覆之前只关注“想象”的政治哲学传统，转而探究“实际真相”，从而为政治提供“新方法与新秩序”。要理解马基雅维利的政治哲学，就不得不再次面对“政体”这个核心问题，因为马基雅维利在《君主论》和《李维史论》中似乎推荐了截然不同的政治构架，一个是君主制，另一个是共和制；而且在两部著作中都提出了与传统不同的对君主政体和共和政体的分类方式。本章通过细致的分析，认为马基雅维利对政体的关注服从于他对现实主义或“实际真相”的探求，或者用现实主义改造传统的政体理论，从而开启了不再将政体本身作为关注核心的政治哲学分析模式。马基雅维利的现实主义也直接刺激了文艺复兴晚期塔西佗主义和“国家理性”学说的流行，并逐渐发展出以博丹为代表的高度现代性的“主权”学说。

何涛撰写的第八章“宗教改革时代的‘神学—政治’：路德与加尔文”试图回到两位宗教改革家的神学背景去探讨他们的政治理论，并着重强调两人的差别。路德直接接续奥古斯丁对世俗政治的批判，瓦解了教会精神权力的理论基础，打击了政教关系中教会的至上权力。但是像奥古斯丁一样，路德并没有提出系统的政治学说去规范世俗政治。在路德改革基础上发展起来的再洗礼派则试图激进地取消政治生活。与路德对尘世政治的漠不关心相比，加尔文则更富创造性地利用了神学个人主义的思想，为尘世政府提供了更加正面的角色——维持秩序与促进信徒成圣。在政体问题上，加尔文也继承了亚里士多德开创的政体分类学说，主张贵族制或贵族制与民主制的混合政体，甚至为这种混合政体找到了《圣经》中的神学依据。文艺复兴与宗教改革的政治思想，尤其是公民人文主义者对“自由”的强调、“国家理性”学说对国家自主性的强调，以及宗教改革开创的神学个人主义和对基督徒自由的强调，也都为《西方政治哲学史》第二、三卷中更加严格意义上的近现代政治哲学打下了坚实的理论基础。

本书作为一部突出研究性的政治哲学史，并不希求对每一位政治哲学家做出没有遗漏的全面总结，也不希求对他们的思想给出毫无争议的平淡概括，而是希望各位作者直面国际学界争论的核心问题，给出自己的回应，从一个或几个核心问题出发，以点带面地呈现每一位政治哲学家的思想图景。本书整体的撰写原则是尽量让这些哲学家自己说话，也就是用精心选择的一手文本支持作者的立场，尽量避免过多的概括；这种做法也更有利于避免过度的“先见”或某种特定研究方法造成的“门户之见”。虽然各位作者都对特定问题给出了自己的回答或回应，但是这些回应都严格做到了言之成理、言之有据。我们也希望这些带有研究性、探索性的章节，能够更好地促进汉语学界对西方政治哲学展开新的、更深入的讨论。

当然，不管是在古希腊、中世纪还是在文艺复兴，都有比本书章节讨论到的更加丰富的政治哲学，但是限于篇幅，我们也只能做出一些近乎粗暴的拣选，以最重要的政治哲学家为核心，兼及其他人物。希望在不远的将来，我们可以在修订这部著作时对它加以扩充，让斯多亚学派、伊壁鸠鲁学派、罗马史家、奥卡姆的威廉、帕多瓦的马西利乌斯、圭恰尔蒂尼、苏亚雷兹、博丹等人的政治哲学也能够单独成章。

刘　玮

目　录

第一章
早期希腊政治思想：城邦与公民

古代希腊文明的历史始自公元前 3 千纪的克里特文明和稍后的迈锡尼文明，中经荷马（Homer）时代与古风时期，至公元前 6 世纪末城邦基本形成，到古典时代达于鼎盛。就政治思考言之，它与城邦时代相伴而生，萌芽于荷马社会，兴盛于古典时代，到公元前 4 世纪的柏拉图和亚里士多德那里，达到成熟的形态。本章的目标，一为追溯希腊政治思考产生的历史与社会基础，一为探究希腊人政治思考的起源和初步发展，总体上限于柏拉图以前的时期。

然而，早期希腊留下的系统文献寡少：诗人们的诗歌大多只有残篇；多数政治家忙于改革城邦的社会与制度，少有对施政的哲学论证；哲学家们只是在讨论世界的构成时，零星涉及政治思想。因此之故，现存文献不允许我们对某一位甚至某一派的政治思想做系统的阐释。同样重要的是，自荷马时代以来，城邦政治经历了从萌芽、成长到成熟的过程，相较于柏拉图和亚里士多德系统的讨论，早期希腊政治思考的侧重点与兴趣点经历着不断的变化：城邦形成时期，人们关注正义得到实践的前提与方式；古典时代的智者面对民主政治和雅典帝国的冲击，更多地深入到对自然与政制以及礼法性质的探讨中，政治哲学开始显露轮廓，但全面探讨政治哲学的著述，仍付阙如。因此本章的叙述，更多地偏重政治思想而非系统的政治哲学。

第一节　城邦与希腊政治思考的开端

古代希腊最初的国家诞生于公元前 3 千纪的克里特。然而青铜时代以宫廷为中心的国家，可能没有给政治思考留下足够的空间，至少没有相应的文献流传。希腊人的政治思考，是随着城邦在公元前 8 世纪的萌芽开始的。这种以公民为中心且缺乏必要强制手段的国家形态，既是希腊式政治产生的前提，也决定了希腊人政治思考的一般取向。

一、公民的城邦

希腊最初的国家类型，即克里特—迈锡尼时代的国家，是一种以宫廷为中心的国家形态。公元前 2 千纪末，随着东部地中海地区历史的变动，宫廷国家瓦解。在铁器时代新生产力与东部地中海地区历史的共同作用下，到公元前 6 世纪末，城邦终成为希腊国家的主要形式。虽然它的外在形态与迈锡尼的宫廷国家有相似之处，但具有自己的特征。

首先，希腊城邦遍布地中海地区，大小千余个。从领土面积和人口看，城邦之间差别较大。最大者约 8 500 平方千米，最小者不过 22 平方千米。与当今世界上的民族国家面积不可同日而语。[①] 至于这些城邦的人口，因缺乏可靠的统计资料，没有精确的数字，但各国能够出动的军队有助于说明问题。公元前 479 年，希腊各城邦和波斯在普拉提亚决战。出现在希罗多德（Herodotus）笔下的共有 20 个城邦，其中重装步兵人数超过 3 000 人的仅有 5 个，1 000 人以下的有 12 个，甚至有不足 200 人者。所以，希腊的城邦不仅空间狭小，人口也相对较少。与现代国家比较，小国寡民是它的基本特征。

希腊城邦的小国寡民，使它能够实行主权在民的直接民主制度。公民既是城邦的主人，更是城邦本身。离开了公民，城邦将无以立足。因此，当雅典人为避波斯锋芒而退出阿提卡、科林斯将领阿德曼图斯（Adeimantus）宣称雅典人已丧失其祖国时，地米斯托克利（Themistocles）义正词严地回答：“但我们

① See Victor Ehrenberg，*The Greek State*，New York：W. W. Norton，1964，pp. 29 - 30.

还有一个城邦，希腊最大的城邦：我们的 200 艘战船。如果……你们第二次离开，并出卖我们，那么许多希腊人马上就会知道雅典人已经为自己赢得了一个自由的城邦，赢得了一块领土，比他们抛弃的那块领土好得多。”[①] 地米斯托克利的意思是，只要雅典公民队伍仍在，凭借他们的强大舰队，他们随时可以在希腊世界的其他地区建立城邦。事实上，早在希波战争之前，希腊人已经有过举国大搬家的举动。这些人迁移到新地区后，有些仍以旧名相称，过着和以前一样的生活；有些虽有了新名称，但无论是政治制度，还是经济体制，甚至崇拜的神灵，都没有变化，继续保持城邦体制。当然，不同的城邦，甚至同一个城邦的不同时期，所采用的具体政治制度会有所不同。但无论政治制度如何，城邦最高治权一定寄托于公民集体，公民集体就是城邦制度。

正因为城邦的最高治权寄托于公民集体，希腊城邦才发展出一套直接民主制度。所谓直接民主，就是公民直接参与国家管理。它的直接表现就是公民大会是国家最高权力机关，从原则上说，所有公民都有资格出席公民大会，对国家事务发表自己的意见。由于城邦之间的差异，有些城邦公民大会的权力相当大，所讨论的问题涵盖城邦事务的各个方面；有些城邦公民大会的权力较小，甚至若有若无。但即使是寡头政治的典型斯巴达，其公民大会仍拥有相当的权力。[②] 至于民主政治的典范雅典，其公民大会决定着雅典的方针和大政，而且直接就许多具体问题通过决议，牢牢把握着雅典国家的前进方向。[③]

直接民主的基本要求，是让尽可能多的公民参与城邦的管理。城邦几乎所有的官职都是集体职务。以雅典为例，它的执政官有 9 人，议事会议员有 500 人，市场监督有 10 人，港口监督有 10 人，最需要统一指挥的军队，则由 10 名将军指挥。至于陪审法庭，全员更达 6 000 之众。[④] 在不那么民主的斯巴达，其国王由两人担任，而且权力平等；长老会和监察官也都由多人出任。其他城邦的有限资料也显示，从原则上说，官职都有任期限制，职务都是集体制，少有一人专任或独裁现象发生。

与集体职务并行的，是官职任期的短暂。一般来说，官职任期为一年，而

---

① 转引自［古希腊］普鲁塔克：《希腊罗马名人传》，上册，陆永庭等译，247～248 页，北京，商务印书馆，1990。

② 参见 David. M. Lewis，*Sparta and Persia*，Leiden：Brill，1977，pp. 37－49；晏绍祥：《古典斯巴达政治制度中的民主因素》，载《世界历史》，2008（1）。

③ 参见晏绍祥：《演说家与希腊城邦政治》，载《历史研究》，2006（6）。

④ 参见［古希腊］亚里士多德：《雅典政制》，日知、力野译，46～70 页，北京，商务印书馆，1999。译文略有改动。

且不能连选连任（只有将军和财政官等极少数需要专业知识的官职例外）。为保证如此大量的公民能够参与政治，实行津贴制是题中应有之义。雅典是其中最典型的例子。大约从公元前 5 世纪中期起，从执政官到陪审员，几乎都有数量不等的津贴。公元前 4 世纪初，出席公民大会者也获得津贴资助。值得注意的是，政治津贴并不仅仅是雅典的现象。其他一些城邦，为支持公民的政治参与，也不同程度地实行了政治津贴制度。①

直接民主的另一个基本原则，就是公民之间的平等。无论是柏拉图，还是亚里士多德，都把平等作为城邦施政的基本前提。所不同者，他们更愿意实行所谓的几何或者说才能面前的平等，而不是数量平等。为促进公民平等，产生了一系列在今人看来费解的制度，如雅典的抽签选举制。与抽签选举平行的，是对官员资格的严厉审查与监督。任何没有得到公民大会支持的官员，都可能立刻被赶下台、审判、罚款乃至被处死。对于那些影响特别大的政治人物，还施行陶片放逐法，将其短期放逐到国外，以保证政治的稳定和制度的正常运转。轮番为治和平等所要求的必然是法治。法律成为所有公民处理国家和个人事务的基本准则。

作为国家的主人，公民享有许多重要权利。从经济上看，几乎所有希腊城邦都不对公民征收直接税。国家的收入，或来自公共的矿山与财产，或来自关税。这些收入，有些直接分发给公民，有些通过举办公共工程返还给公民。在城邦的经济政策中，一个重要的方面是富人承担着所谓公益捐献的义务（*leitourgia*）。而享受这些捐献的，往往是全体公民。它的根本目的，是国家通过政治手段，调节公民之间财富的分布，以保证公民队伍的稳定。与此相适应，只有公民能够占有土地和不动产。从政治上看，公民享有担任公职、出席公民大会、参与国家政策的制定、执行司法等权利。

城邦公民性质在军事上的表现，就是公民兵制度。军队的主力是由公民充任的重装兵。平时他们是生产者，战时自备武装和给养，在将军的指挥下参加战斗。所以，军队属业余性质。在伯罗奔尼撒战争以前，战争一般在每年夏初即农活相对清闲时进行，时间相对短暂，往往一战定胜负。所得的战利品，除奉献给神灵的份额外，或者由参战士兵分配，或者归于城邦，城邦再以各种形式返还公民。这样的军队，其对内镇压的职能相对次要，主要的任务乃是对外扩张，或者防范其他城邦的扩张。

---

① See G. E. M. de Ste. Croix, *The Class Struggle in the Ancient Greek World*, London: Duckworth, 1983, pp. 289 - 290.

二、多样化的政体与希腊政治思考之发端

在希腊城邦的体制下，要维持城邦的稳定，理想的状况，是所有公民在经济地位、政治智慧与文化修养上完全平等，而且享有最为充分一致的利益。然而，正如希腊人自己意识到的，城邦的居民从来就不可能彻底平等。从荷马时代开始，城邦内部就已经被划分为平民与贵族。古风时代的政治和社会变革虽然赋予了中产阶级以上的本邦自由居民以政治权利，但经济上的不平等并未被消除。在希腊人的殖民地中，虽然最初的土地分配大体平等，但经过数代人的发展后，最初的定居者之间也会出现程度不等的分化。有些殖民地为壮大自己的实力，进一步吸引外来移民加入，在最初的定居者之外，又产生了新老移民之间的矛盾。在希腊本土的那些城邦，财富的分布本来就不够平均，在多里安人国家中，还存在着多里安人征服者与非多里安人集团之间的不平等。如果再加上被排除在城邦之外的妇女和奴隶，那么城邦简直就是一个不同社会集团相互矛盾的集合体。

正如前文指出的，城邦是公民的城邦，以公民直接参与国家管理为特征，因此城邦内部的强制机构并不发达。军队由公民组成，一般无法用于解决城邦内部的冲突，警察等治安力量在希腊城邦中尚未产生，法庭的法官或陪审员基本由公民组成。在这样的城邦中，不同阶层之间的利益纠纷与冲突，很大程度上需要依靠说服的手段解决，即把问题提交给公众，由公众裁决。为了争取公众的支持，需要有效利用话语的力量。当话语力量无效时，一些财雄势大的家族，或者某些群体，就有可能诉诸武力，从而导致城邦内部冲突的发生。卡特里奇据此断言："古代希腊式的民主政治，是一种基于冲突而非一致达成多数人决定的体制。用我们的话说，民主政治是一种零和游戏，用他们的话说，是一种竞争（*agōn*）。在他们那样一个透明的、面对面的体制中，每次重大决策的投票，都会面临冲突爆发的危险。"① 一般情况下，这些潜在的冲突为城邦机制所化解，但也有许多时候，冲突变成了实际，甚至引发了城邦的内战。

希腊城邦内部不同阶层间的矛盾、公民对政治的直接参与、城邦公共强制机构的缺失及其所引发的不断的冲突，导致城邦政体的多样化。那些在冲突中掌握权力的阶级，往往根据本阶级的要求，建立适合本阶级需要的政体。政体

① Kurt A. Raaflaub, Josiah Ober and Robert W. Wallace, with chapters by Paul Cartledge and Cynthia Farrar, *Origins of Democracy in Ancient Greece*, Berkeley: University of California Press, 2007, p. 166.

的形态，也随着掌权阶级的不同，或为君主政体，或为僭主政体，最为常见的，则是寡头政体和民主政体。① 早在古风时代，希腊人就已经见识了君主制、僭主制、贵族制和寡头制。到古风时代后期，以平等为原则的民主政体先后在开俄斯、雅典等城邦兴起。及至古典时代，因为雅典与斯巴达两大城邦政治制度的差异和对霸权的争夺，在原来的多种政体之外，雅典式的民主政体（*demokratia*）一度流行，社会下层开始掌握国家政权，并且对国家政策产生本质性的影响。因此，为表达这些根据不同阶级利益建立的政体，到公元前 5 世纪，希腊人已经创立了一系列政治术语。今天政治学中最流行的基本概念，如君主制、僭主制、寡头制、贵族制（贤人制）、民主制等，都流行开来。

希腊城邦政体的多样性，以及不同政体的施政倾向，不能不刺激人们对政治的思考。如果说荷马史诗关心的是社会上层的兴趣，贵族和王宫（巴赛列斯，*basileus*）的统治被视为当然的存在，那么到赫西俄德（Hesiod）的时代，情形已经有所变化。对于那些王公做出的歪曲判决及其可能给城邦带来的祸害，赫西俄德已经有所预示。公元前 6 世纪的梭伦（Solon）和麦加拉的特奥格尼斯（Theognis），或者对城邦内乱发表见解，呼吁建立以等级为基础的“优良秩序”（*eunomia*），或者对社会下层进入城邦政治发出抱怨。公元前 5 世纪，随着希腊城邦政治的成熟和雅典、斯巴达矛盾的发展，民主政治与寡头政治和君主政治的对立，逐渐成为政治思考的中心，悲剧作家、历史学家、智者派和老寡头等，都分别通过自己的作品，表达国家应当如何治理的观念。对现实政治绝望的柏拉图，开始构建自己的理想政体。正是希腊城邦政体的多样性，以及不同阶级进入政治生活的实际，刺激希腊人思考城邦的治理及其与公民的关系。希腊人的政治哲学，确实是城邦制度的产儿。

第二节　正义、优良秩序与平等

希腊城邦从荷马时代开始萌芽，历经古风时代两百多年的发展，到公元前 500 年左右最终定型。希腊人的政治思考，也伴随着城邦的兴起和发展，经历

① 参见［英］芬利：《古代世界的政治》，晏绍祥、黄洋译，3～31 页，北京，商务印书馆，2013。

了从萌芽到逐渐成熟的过程。它最初表现为荷马和赫西俄德笔下贵族与平民高下有别的等级化正义，到莱库古（Lycurgus）时代的斯巴达和梭伦时代的雅典，演变为全体公民都拥有某种权利的“优良秩序”，最终在克莱斯提尼（Cleisthenes）那里，达到了所有公民共享国家主权的“平等”。

一、荷马、赫西俄德与正义

荷马时代的国家已经具备了后世希腊城邦的基本特征，其政治运作方式，外表上也有一些城邦时代的影子，其典型表现是荷马时代的领袖们缺乏强制手段，地位的维持有赖于自己的魅力和实力，并需要在公开场合以话语说服民众。因此对荷马时代的政治领袖们而言，最为重要的是两种基本素质：会做事情和会发议论。不过，处于初级阶段的城邦，尚未给予普通公民在城邦中的分量以充分的承认，公民大会还缺乏管理国家需要的权威和资源。领袖们也认为他们的地位高人一等，在相互之间的辩论中，几乎从来不向普通公民发出呼吁。

荷马时代城邦的这种原始状态，直接决定了荷马史诗对城邦政治的思考。一是对所谓正义（*dikē*）的追求，一是对习惯和法律（*themis*）的尊重，而且两者被紧密联系起来。“正义（*dikē*）是作为既成惯例或习惯法（*themis*）的法的绝对基础与原则；而习惯法则是永恒正义的一种具体化，是永恒正义在人们的相互关系中，甚至在众神自身的相互关系中的存在、表现和实施。”① 由于当时的希腊尚未使用文字，更无系统的成文法，史诗也未全面阐述有关政治的思考，而且荷马关心的，主要是英雄们的行为，他笔下的所谓正义，也主要是英雄们心目中的正义，不免片面。尽管如此，英雄们对正义的理解及与之相关的行为，仍透露了某些当时人对于正义与法律原则的思考。

《伊利亚特》一开篇，就是阿基里斯（Achilles）和阿加门农（Agamemnon）之间的争吵，这场争吵涉及对正义的理解以及如何在日常行为中实现正义。当时阿加门农不顾阿凯亚人反对，拒绝特洛伊方面的阿波罗祭司赎取自己的女儿，导致阿波罗给阿凯亚人降下瘟疫。阿基里斯为查明原因，召开了阿凯亚人的大会，并通过大会的压力，迫使阿加门农同意祭司赎取女儿。阿加门农觉得自己的尊严受到侵犯，强抢阿基里斯的女俘以为补偿。阿基里斯则认为那是阿凯亚人分配给他的战利品，且无法为此损失寻求集体的赔偿，因此同样认

---

① ［苏］涅尔谢相茨：《古希腊政治学说》，蔡拓译，董果良、赵振福校，10页，北京，商务印书馆，1991。

为自己的尊严受到了莫大侮辱。于是在全体阿凯亚人大会上，他对阿加门农展开反击：

你这个无耻的人，你这个狡诈之徒，
阿凯亚人中今后还有谁会热心地
听你的命令去出行或是同敌人作战？……
你竟然威胁我，要抢走我的荣誉礼物，
那是我辛苦夺获，阿凯亚人敬献。
每当阿凯亚人掠夺特洛伊人城市，
我得到的荣誉礼物和你的不相等；
是我这双手承担大部分激烈战斗，
分配战利品时你得到的却要多得多。（《伊利亚特》1.149－165）[①]

这里的意思很明确，既然阿基里斯是希腊人阵营中最为优秀的战士，承担着绝大部分战斗，那么在分配战利品时，正义的做法是阿基里斯得到战利品的大部分。然而在阿基里斯看来，实际情况是作为统帅的阿加门农得到了战利品的大部分，而他作为最优秀的战士，只能得到“一点小东西”，而且现在就连这“一点小东西”，居然也要被身为统帅的阿加门农强抢而去。这样的做法，也难怪阿基里斯愤怒不已。他一度打算手刃对手，打道回府。虽然在女神雅典娜的干预下，阿基里斯并未立刻离开特洛伊返回希腊，但为了对抗阿加门农这种侵犯流行习惯的做法，他采取了罢战的形式，并要求自己的母亲出面请求宙斯让希腊人遭受失败，以找回面子，寻回他心目中的正义。

作为一名统帅，阿加门农的做法，特别是掠取大部分战利品以为己有的做法，显然有违荷马式的正义。同样在《伊利亚特》中，诗人如此描绘统治者与他的追随者之间的关系，不过这次是出自特洛伊人的盟友萨尔培东（Sarpedon）和格劳科斯（Glaucus）之口：

格劳科斯啊，为什么吕凯亚人那样
用荣誉席位、头等肉肴和满斟的美酒
敬重我们？为什么人们视我们如神明？
我们在克珊托斯河畔还拥有那么大片的
密布的果园、盛产小麦的肥沃土地。

---

① ［古希腊］荷马：《伊利亚特》，罗念生、王焕生译，北京，人民文学出版社，1995。译文略有改动。

我们现在理应站在吕凯亚人的最前列，
坚定地投身于激烈的战斗毫不畏惧，
好让披甲的吕凯亚人这样评论我们：
“虽然我们的首领享用肥腴的羊肉，
咂饮上乘甜酒，但他们不无荣耀地
统治着吕凯亚国家：他们作战勇敢，
战斗时冲杀在吕凯亚人最前列。”（《伊利亚特》12.310－321）

这里透露出的正义观念，表现出比较强烈的双向性质：普通公民给予统治者以必要的尊敬和各种物质上的利益，但统治者在关键时刻，需要冲锋在前，勇敢地保卫国家。以此标准衡量，阿加门农显然不够合格。不合格的后果，就是属下的叛离或者不合作。对阿加门农而言，他的贪婪和不义，不仅直接导致阿基里斯及其统率的米尔米东人退出战斗，而且严重影响了阿凯亚人的斗志。《伊利亚特》第2卷中，当阿加门农宣布他打算撤军回国时，本意为试探的举动，却造成了阿凯亚人士兵的溃逃。虽然奥德修斯（Odysseus）等人整肃军纪，但并未从根本上扭转士气。在随后的战斗中，阿凯亚人节节败退，几乎让特洛伊人打到海岸边并烧毁船只。这个过程所透露的信息表明，虽然阿加门农是阿凯亚人军队中最为强大者，统率着最多的军队，但一旦他行事不公，那么即使普通士兵不能真正罢免他，他也终归要为此付出代价。就《伊利亚特》而言，就是阿凯亚人在战场上的惨重失败。好在荷马让阿基里斯的好友帕特洛克罗斯（Patroclus）“及时”阵亡，为阿基里斯同意重新出战创造了条件。阿加门农也及时醒悟，公开向阿基里斯道歉，阿凯亚人终于得以扭转战场上的形势，重新取得主动。

在《奥德赛》中，荷马通过奥德修斯的形象，进一步阐述了统治者的正义与共同体之间的关系。史诗中着力表现的，是奥德修斯的正义。《奥德赛》一开篇，就是求婚人到奥德修斯家胡闹。如同史诗后来不断指出的，求婚人的做法无疑破坏了习惯。然而当奥德修斯之子特勒马科（Telemachus）向伊塔卡人求援，期望借助国人集体的力量将求婚人从自己家里赶走时，遭遇了挫败。一方面是求婚人人数众多，咄咄逼人，另一方面，在奥德修斯的朋友门托尔（Mentor）看来，是伊塔卡人“全都默默地安坐，一言不发，人数虽多，却不想劝阻少数求婚人”。伊塔卡人的这种做法，按照前文萨尔培东的说法，显然违背了统治者与普通人之间关系的法则，不够正义，因为奥德修斯执掌王权期间，“仁慈、亲切、和蔼，让正义常驻自己的心灵里”，“他曾经统治他们，待他们亲爱如慈父”，如今面对“强横又暴戾，心地狡诈不纯良”[①] 的求婚人无端消耗奥德修斯的家产，人民却不采取行动，有违正义（《奥德赛》2.230－240）。奥德修斯自己也不止一次提及他的正义，体现在战利品分配上，是“每个人不缺相等的一份”。虽然有些时候他作为首领，可能战利品比他人略多，但似乎尚在合理范围之内，“总共 12 条船跟随我，每条船抓阄分得 9 头羊，我为自己那条船挑选了 10 头”（《奥德赛》9.41－42，2.159－160）。在这个意义上，奥德修斯最后诛杀求婚人，也就是对正义的追求了。

《奥德赛》同时点出了统治者正义的好处——给共同体带来繁荣，“如同一位无瑕的国王，敬畏神明，统治无法胜计的豪强勇敢的人们，执法公允，黝黑的土地为他奉献小麦和大麦，树木垂挂累累硕果，健壮的羊群不断繁衍，大海育鱼群，人民在他的治理下兴旺昌盛享安宁”（《奥德赛》19.109－114）。这里的“执法公允”在希腊语中就是 *eudikias*，意思是法律良好，或者非常正义。因为国王的正义，整个国家获得了繁荣。统治者正义与否，在这里被与国家和共同体是否兴盛联系了起来，反过来说，国家的繁盛，证明了统治者的正义。与之相对，阿加门农的行为，则招致了宙斯的惩罚，在战场上连吃败仗。

荷马正义的另一个特征，是等级性，即对普通平民和统治者来说，正义的内容和规范均不同。习惯或者法律对于所有人似乎都是共同的，每个人，甚至神灵，都不例外，必须遵守所谓的法律行事，否则将招致报复。当宙斯看见自己的儿子萨尔培东即将被杀，有意将他从战场上救出时，赫拉加以阻止，因为萨尔培东是“一个早就注定要死的凡人，你却想要让他免除悲惨的死亡”（《伊利亚特》16.440－457）。如果宙斯这么干，那其他神明就会效尤，而且宙斯本人也会遭遇众神的怨恨。宙斯被迫放弃自己的打算，在自己的儿子被杀后才把他送回吕凯亚。犹如神明和凡人之间实行的规则不同一样，在凡人的贵族和普通人之间，规则也不一致。《伊利亚特》第 2 卷中阿凯亚人的全体大会就生动地表现了这一点。当时阿凯亚人打算乘船回国，奥德修斯受雅典娜之命，将士兵们赶回公民大会会场。在此过程中，对于首领和平民，奥德修斯采取了截然不同的态度：

> 他遇见一个国王或一个显赫的人物，
> 他就站在身边，用温和的话语阻止他：

---

① ［古希腊］荷马：《奥德赛》，王焕生译，北京，人民文学出版社，1997。译文略有改动。

“我的好人，我不该把你当懦夫吓唬你……”
但是他看见一个普通士兵在叫嚷，
他就用权杖打他，拿凶恶的话责骂：
“我的好人，你安静地坐下，听那些比你
强大的人说话；你没有战斗精神，
没有力量，战斗和议事你都没分量。”（《伊利亚特》2.218－233）

荷马显然认可奥德修斯的区别对待政策。对不听指令的特尔西特斯（Thersites）的惩罚，是这种等级化正义的自然结果，因为特尔西特斯作为一个普通士兵，居然在公民大会上批评阿加门农等一应军事统帅，强调普通士兵在战场上的作用，显然违背了荷马心目中上下有别的等级秩序，理当遭受惩罚，并让这种惩罚得到全体阿凯亚人的认可。在奥德修斯笞打特尔西特斯后，“阿凯亚人感到苦恼，却在欢笑”，因为那是奥德修斯“在阿尔哥斯人中做得最好的事情，他已经使这个鲁莽的诽谤者停止发言，这个傲慢的心灵一定不会再次使用责骂的言语同国王拌嘴争吵”（《伊利亚特》2.188－277）。也就是说，对荷马而言，当统治者表现不够正义时，普通人虽然可以用脚和行动投票，却不宜公开挑战统治者的权威。

到赫西俄德那里，正义仍然是核心，而且是整个社会和城邦能够存续与发展的关键。不过与荷马时代比较，赫西俄德的正义已经具有了某些新的内容。这可能与时代的变迁有关。因为在荷马那里，英雄们更加重视个人荣誉，偶尔竟敢置集体利益于不顾；而在赫西俄德这里，城邦作为一个整体，受到更多的关注。如果统治者们正义，则全体城邦随之受益。如果统治者横行无道，不守法纪，做出歪曲的判决，则大神宙斯和正义女神的惩罚，会及于城邦全体。因此，赫西俄德对那种“天性残忍，挑起罪恶的战争和争斗”① 的不和女神敬而远之，而主张通过公平的竞争，以勤劳致富，以此保证城邦内部的和平。不过与时代变迁比较，赫西俄德所取的角度也许更加重要。如果说荷马主要站在上层阶级，即巴赛列斯的立场，对普通人抱着鄙视态度，赫西俄德则更多地从普通人的角度，对那些掌握权力、负责裁决的巴赛列斯们提出中肯的建议，要求他们正义行事，保证国家的和谐和繁荣。《工作与时日》给我们描绘了统治者是否正义造成的根本区别：

① ［古希腊］赫西俄德：《工作与时日　神谱》，张竹明、蒋平译，1～2页，北京，商务印书馆，1991。译文略有改动。

> 人们如果对任何外来人和本城邦人都予以公正审判，丝毫不背离正义，他们的城市就繁荣，人民就富庶，他们的城邦就会呈现出一派爱护儿童、安居乐业的和平景象。无所不见的宙斯也从不唆使对他们发动残酷的战争。饥荒从不侵袭审判公正的人，厄运也是如此。他们快乐地做自己想干的活计，土地为他们出产丰足的食物。山上橡树的枝头长出橡实，蜜蜂盘旋于橡树之中；绵羊身上长出厚厚的绒毛；妇女生养很多外貌酷似父母的婴儿。他们源源不断地拥有许多好东西，他们不需要驾船出海，因为丰产的土地为他们出产果实。
>
> 但是，无论谁强暴行凶，克洛诺斯之子、千里眼宙斯都将予以惩罚。往往有甚至因一个坏人作恶和犯罪而使整个城邦遭受惩罚的，克洛诺斯之子把巨大的苦恼——饥荒和瘟疫一同带给他们。因此，他们渐渐灭绝，妻子不生育孩子，房屋被奥林波斯山上的宙斯毁坏而变少。宙斯接着又消灭他们的庞大军队，毁坏他们的城墙，沉没他们海上的船舰。①

因此，对赫西俄德来说，公正和正义，是一个城邦走向繁荣和兴盛的基本前提，也是普通人和统治者生活延续的基本保证。赫西俄德为人们描绘的理想化社会生活，带有他那个时代最为典型的一般农民的期望：免遭饥荒和外来侵犯，通过诚实的劳动，城邦一代代延续下去。相反的情况，是城邦遭遇外来侵犯，饥荒频发外加人丁灭绝。只是对于赫西俄德来说，正义主要体现为巴赛列斯的公正审判。对于那些不能执行正义的巴赛列斯，赫西俄德似乎并无可靠的制度和法律手段，只能警告他们，正义女神监督着人世间所有的审判和邪恶行为，一旦正义受到亵渎，则正义女神“即坐到克洛诺斯之子、其父宙斯的身旁，数说这些人的邪恶灵魂，直至人们为其王爷（巴赛列斯）存心不善、歪曲正义做出了愚蠢错误的判决而遭到报应为止”。因此，赫西俄德最后警告说：“害人者害己，被设计出的不幸，最受伤害的是设计者本人。”②

赫西俄德不但把正义作为城邦生存和繁衍的基本法则，而且把它与人类结合起来，是生活在黑铁时代的悲惨境遇中的人类从宙斯那里获得的唯一希望。他告诫兄弟佩尔塞斯（Perses）：“倾听正义，完全忘记暴力。因为克洛诺斯之子已将此法则交给了人类。由于鱼、兽和有翅膀的鸟类之间没有正义，因此它们互相吞食。但是，宙斯已把正义这个最好的礼品送给了人类。因为任何人只

① ［古希腊］赫西俄德：《工作与时日　神谱》，8页。

② ［古希腊］赫西俄德：《工作与时日　神谱》，9页。

要知道正义并且讲正义，无所不见的宙斯就会给他幸福。但是，任何人如果企图在作证时说假话、设伪誓伤害正义，或犯下不可饶恕的罪行，那么他这一代人此后会渐趋微贱。如果他设誓说真话，他这一代人此后便兴旺昌盛。"①

所以，对赫西俄德来说，他心目中的正义，不仅应当成为城邦的行事原则，也应成为个人为人处世的基本规则。它既是统治者应当遵行的法律，也是普通平民一般的规范。尽管对于统治者的要求是判决公正，而对普通人来说，是不设伪誓，内容上存在根本的区别，体现了城邦内部贵族与平民对自己地位的界定，暗示了赫西俄德从未想到要挑战精英阶级统治的权威，但只有双方共同遵守宙斯唯一的准则正义，城邦才能在健康竞争的基础上达成和谐，并且走向繁荣，为统治者和普通人都带来福利。赫西俄德公开批评统治阶级的贪婪，并且用统一的正义要求双方，同时强调普通农民不要依赖所谓巴赛列斯的保护，而应自己独立致富，实现自给，这多少体现了古风时代希腊城邦不同阶层之间日渐走向平等的趋势。②

二、莱库古、梭伦与优良秩序

尽管有赫西俄德的警告，但缺乏制度制约的贵族阶级，在剥削平民方面并未有所收敛，反而利用自己手中掌握的权力和资源，对平民进行不同程度和形式的剥削。因此，到公元前 7 世纪左右，希腊城邦内部不但未能走向和谐，反而爆发了更加激烈的政治和社会冲突。在这场冲突中，一方面，贵族虽然掌握着较多的财富和政权，并且努力强调自己的特权地位，但毕竟缺乏强有力的强制机关和力量，无力彻底打垮平民，另一方面，平民借助他们在军队中作为重装步兵的身份，向贵族提出了政治和军事上的要求，逼迫贵族做出不同程度的让步。经过古风时代平民与贵族的冲突，贵族和平民之间达成了某种程度的平衡，形成了希腊人心目中的所谓优良秩序（*eunomia*）。

关于"优良秩序"一词的起源，学术界争议颇多。该词是一个合成词，前缀的含义比较明确，为"好""良好"，词根来自 *nomos*，在古典时代的希腊城邦表示法律，但在很长时间里，它所表达的主要是风俗和习惯，少有法律的含义在内。现代学者遵从古典时代的习惯，用它来表示某个城邦享有良好的风俗或者状态，以及因为良好的法律形成的良好秩序，有时译成"优良法制"。但

① ［古希腊］赫西俄德：《工作与时日　神谱》，9 页。

② See Raaflaub，Ober and Wallace，*Origins of Democracy in Ancient Greece*，pp. 33 - 34.

对早期希腊而言，更准确的做法也许是将它翻译成“优良秩序”。[1] 在现存希腊语文献中，它首次出现在荷马的《奥德赛》中。不过因为仅此一次，而且出现在奥德修斯装扮成乞丐，探访自己家庭的过程中，话语也比较笼统，从上下文看，它更多地可能用于谴责那些求婚人违背风俗，向帕涅罗帕（Penelope）求婚，消耗奥德修斯家的财富，而不是每人拿出聘礼争取女方好感，所以很难说有后世那么强烈的政治意味，仅仅是表示遵守某些习惯（《奥德赛》17.487）。虽然荷马时代的希腊尚无成文法，法律很大程度上表现为某些固定的习俗，但习俗与后世比较专门的法律之间毕竟不能等同。尽管如此，它确实含有谴责求婚人违背某些做法的含义，而且将其与神明联系起来，具有神圣的意味。

在赫西俄德那里，优良秩序已经被与习俗、正义和平等联系在一起，并且同样被视为神定秩序。“第二个，宙斯娶了容光照人的忒弥斯为妻，生下了荷赖（时序三女神），即优诺米亚、狄克和繁盛的厄瑞涅。”[2] 这里的优诺米亚（Eunomia）即优良秩序，狄克（Dikē）是正义，厄瑞涅（Eirēnē）则是和平。她们的母亲身份特殊，是忒弥斯（Themis），即习俗。她们合在一起，代表着世界的秩序和状态。由于她们的名字大多在荷马史诗中出现过，不应当是赫西俄德本人的发明，但将正义、和平与优良秩序结合在一起，则可能是赫西俄德的创造。正如我们前文指出的，对赫西俄德而言，正义代表着上下各安其位，但更多地表达着弱者和被压迫者相对于掌握司法裁判权的巴赛列斯们的权利，与统治者的强力和傲慢相对。只有统治者节制他们的傲慢和强力，尊重正义，共同体才能走向和平与优良秩序，而和平是共同体维持存在并走向兴盛的前提。用埃伦伯尔格的话说：“人们的工作和生活，以及更一般地说，他总体的繁盛，依赖于共同体和平且安全的生活，如同他将三姊妹合为一体所描述的那样。”[3] 这样，赫西俄德给优良秩序注入了强烈的政治含义：优良秩序是贵族与平民在城邦中的和平共处，是城邦拥有良好秩序和健康的传统，并因此走向稳定和繁荣的前提和表现。只是对赫西俄德而言，优良秩序在他心目中的地位，仍在正义之下。它因正义产生，而正义仍具有某种等级特征。对这种等级化正

① See Victor Ehrenberg, *Aspects of the Ancient World: Essays and Reviews*, Oxford: Basil Blackwell, 1946, pp. 74-77; A. Andrews, "Eunomia," *Classical Quarterly*, vol. 32, 1938, pp. 89-90; M. Ostwald, *Nomos and the Beginning of Athenian Democracy*, Oxford: Clarendon Press, 1969, pp. 62-82.

② ［古希腊］赫西俄德：《工作与时日　神谱》，52 页。

③ Ehrenberg, *Aspects of the Ancient World*, p. 72.

义的突破，出现在早期斯巴达。

早期斯巴达历史很大程度上被笼罩在迷雾之中。然而，斯巴达政体很早就获得了优良秩序（或政体）的名声，并且对后世的政治思考产生了重大影响。对斯巴达的发展来说，最为重要的事件之一，莫过于它对邻邦美塞尼亚的征服以及把当地的居民变成受斯巴达人奴役的黑劳士（helots）。这场战争的胜利，固然使斯巴达人可以不通过殖民就解决本邦公民的生计，把公民变成不事生产的专职战士，让斯巴达长期充当希腊城邦的领袖，但也让斯巴达人背上了沉重的包袱。为了镇压人数远远超过自己的黑劳士，斯巴达人不得不终身作为士兵生活在军营里，并由此衍生出与之相适应的生活方式与习惯。古典时代，斯巴达人一般将他们的制度归于一位名为莱库古的改革家。

据希罗多德，莱库古之前，斯巴达“在几乎全部希腊人当中都是治理得最坏的国家”。莱库古执政时，“立刻就改变了现行的全部法制，并注意使所有的人都遵守他制定的新制度。在这之后，他又安排了一些事情，如建立埃诺莫提亚、托里阿卡斯和共餐制（叙希提亚）等等。此外，莱库古又设置了监察官和长老会。由于这样的改革，他们就成了一个享有良好法制（即优良秩序）的民族”①。修昔底德（Thucydides）同样认为斯巴达早期曾经有过一段政治相当混乱的时期，经过莱库古改革后，斯巴达人拥有了优良秩序，而且这种政体保持稳定，维持了大约400年没有变化。② 虽然修昔底德强调的是斯巴达人从未遭受僭主统治，并且帮助推翻了其他城邦的僭主政治，但他确定无疑地给斯巴达政体安上了“优良秩序”的名称。那么，斯巴达人的优良秩序体现着怎样的政治思考？

据说公元前7世纪的斯巴达诗人提尔泰（Tyrtaeus）曾写过一首名为《优良秩序》的诗歌，可惜这首诗已经失传。③ 另一位诗人阿克曼（Alcman）透露了斯巴达人心目中优良秩序的若干内容。阿克曼将优良秩序与说服（*peithos*）和命运（*tychē*）以及远见（*promatheia*）结合在一起，将它们都视为远见的女儿。④ 优良秩序与说服相伴，让人想起希腊城邦公民大会以演说说服为手段，

---

① ［古希腊］希罗多德：《历史》，上册，王以铸译，31页，北京，商务印书馆，2005。译文略有改动。

② See Thucydides, *History of the Peloponnesian War*, vol. 1, Charles Forster Smith, trans., Cambridge: Harvard University Press, 1928, pp. 31 - 33.

③ 参见［古希腊］亚里士多德：《政治学》，吴寿彭译，260～261页，北京，商务印书馆，1983。

④ See David A. Campbell, ed. and trans., *Greek Lyric*, vol. II, Cambridge: Harvard University Press, 1988, pp. 438 - 439.

促使公民大会通过决议的做法。可是，优良秩序与命运以及远见结合，不仅与此前的赫西俄德明显不同，与稍后雅典的梭伦的观念差别更加明显（详见下文），需要我们略加探讨。

斯巴达基本的社会秩序与其政治和社会结构密切相关。作为城邦的公民，斯巴达人享有出席公民大会、担任官职、充任士兵、参加共餐等非常具体而且实在的权利。但是，面对着数量远超自己的非公民，斯巴达公民不可能作为个人脱离国家保护，自由自在地生活，而如普鲁塔克（Plutarch）或色诺芬（Xenophon）等人所说，公民个人只能作为斯巴达国家的一分子，犹如斯巴达这架机器上的螺丝钉，以服从为天职。[①] 现存提尔泰诗歌的主要内容，就是要求公民们团结一致，共同对敌。[②] 而据学者们考证，希腊语中的“说服”一词恰恰具有此种含义：“斯巴达仰赖于它的公民的服从，随服从而来的是命令，绝非说服。”[③] 它所体现的是公民对国家的绝对服从。其所以与命运和远见相伴，则是因为斯巴达国家的命运，很大程度上系于斯巴达政策的远见：预防黑劳士和边民暴动。因此，斯巴达公民从儿童时代开始接受系统的军事训练，是为将来镇压黑劳士积累经验；给予公民一定数量的土地，是保证公民队伍延续和存在的基本前提，为斯巴达国家的根本；建立伯罗奔尼撒同盟，则是将周边国家变成斯巴达盟友，以防止黑劳士获得外部援助而暴动。因此，“‘优良秩序’作为‘说服’的姊妹、‘远见’的女儿，既在个人也在国家身上，尤其在它们之间的关系上占据了优势。如果像后来一样，当时是‘万物之主风俗（*nomos*）’统治着斯巴达，则‘优良秩序’就是顺从和服从这个风俗，其中体现的是国家的意志。”“‘风俗’代表的是在斯巴达特别强大的传统的力量，它可能包含法律，但它表达的并不仅仅是守法，它涵盖着生活和国家的各个方面。”[④] 阿克曼将远见、说服和优良秩序合为一体，所表达的正是这种含义。

斯巴达这种全民一致服从于国家的风俗，体现了平民对贵族某种程度的胜利。它可能是希腊世界第一个授予全体重装步兵公民权的城邦，是平民某种程

---

① 普鲁塔克在描述了斯巴达人的生活方式后说：“莱库古将自己的同胞训练成既没有独立生活的愿望，也缺乏独立生活能力的人，倒像是一群蜜蜂，孜孜不倦地使自己成为整个社会不可缺少的一部分，聚集在首领的周围，怀着近乎忘我的热情和雄心壮志，使自身的一切皆隶属于国家。”参见［古希腊］普鲁塔克：《希腊罗马名人传》，上册，117 页。

② 现存提尔泰的多篇诗歌都属于战歌，带有明显的劝诫色彩，其中的多数又是要求战士们奋勇杀敌，不要吝惜生命，如《战歌》《劝诫诗》等。参见水建馥编译：《古希腊抒情诗选》，39～46 页，北京，人民文学出版社，1988。

③ Ehrenberg，*Aspects of the Ancient World*，p. 78.

④ Ehrenberg，*Aspects of the Ancient World*，p. 79.

度的胜利。体现在制度上，是在斯巴达的体系中，国王被降格成为 30 名长老中的两个，并且可能受到审判或被废黜；监察官取得了监督国王的权力；公民大会取得了对长老会决议某种程度的否决权，以及对国王一定程度的处置权。体现在社会生活中，则是斯巴达所有公民都过着大体相同的生活，那些富有者，也不能不与普通公民共餐，遵守相同的法律。斯巴达所谓的优良秩序，尽管在面对黑劳士等被压迫者时民主因素遭遇压制，但毕竟仍在相当程度上表达着公民团体的意志。斯巴达政体多年的稳定，体现了公民群体对政治制度某种程度的认同。①

与斯巴达比较，雅典的优良秩序体现出完全不同的风格。它固然与雅典城邦的发展有着密切关系，因为雅典并无黑劳士可供剥削，但公元前 6 世纪初雅典进行的梭伦改革，还是通过界定土地所有权和政治权利，把全体雅典人变成了国家的公民。梭伦期望在雅典建立的，是他心目中的优良秩序。作为希腊历史上第一位我们了解相对充分的政治家和历史人物，梭伦诗歌的不少残篇流传下来，让我们得以一窥他在雅典创立的优良秩序。

梭伦有关优良秩序的观念，主要体现在他流传下来的多篇诗歌中。这些诗歌部分创作于他从事改革之前，部分明显属于改革完成后梭伦遭遇批评时为自己进行的辩护。其中最能表现其优良秩序观念的，是他的《致城邦》：

> 我们的国家不会因为宙斯的旨意或受福佑的不朽神灵的意图被毁灭，因为心胸强大的保护人帕拉斯雅典娜——她出自其强大的父亲，伸出双手保护着它。
>
> 但公民们自己因为愚蠢或者拜金，会毁灭一个伟大的城邦，人民领袖的想法，也不正义。由于他们巨大的傲慢，他们注定要遭受大量痛苦，因为他们不知道如何遏制过分，以有序与和平的方式，庆祝他们举行的宴会……他们变得富有起来，屈从于不正义的行为……既不放过公共财产，也不放过私人产业，他们贪婪地偷窃，有些人从这里，有些人从那里，对正义的高贵基础毫不在意。
>
> 而正义是现在和过去无言的证人，它最终肯定会索取果报。如今它作为无可避免的伤害，正降临到整个城邦头上，城邦将很快落入悲惨的被奴役的境地，奴役激起公民间的纷争和让人昏晕的战争，结果是许多可爱的

① 参见晏绍祥：《古典斯巴达政治制度中的民主因素》，载《世界历史》，2008（1）；［英］奥斯温·默里：《早期希腊》，2 版，晏绍祥译，151～171 页，上海，上海人民出版社，2008；W. G. Forrest, *A History of Sparta 950 - 192 B. C.*，London：Huntchinson University Press，1968，pp. 41 - 55。

青年丧生。备受热爱的城邦落入敌手，很快将被阴谋销蚀，那正是不义之人的最爱。人民中此类罪恶盛行，许多穷人将流亡他国，被耻辱的锁链捆绑后出卖……公共的灾难侵入所有人的家庭，庭院大门无力阻止，它会越过高高的院墙，即使藏身于房中最隐秘的角落，也会被它揪出。

我的心要求我教导雅典人的，有如下述：恶俗（*dusnomia*）给城邦带来无数罪恶，而良序（*eunomia*）表明一切都有序且恰如其分，且常给不公戴上镣铐。它让粗糙光滑，终止过分，让傲慢眼盲，让不公之花凋谢，把歪曲的判决纠正，把傲慢行为软化，制止派别之争和痛苦斗争造成的愤怒；在它治下，人类的行为全都合宜而明智。①

作者关注的核心是城邦。整篇诗歌不曾提到任何具体的人，听众或者读者对象始终是全体雅典人民，末段开头的那句“我的心要求我教导雅典人的”，点明了梭伦希望劝诫的对象。他给我们描绘的，也以整个城邦为基础，即风俗恶劣的城邦将要遭受的惩罚与秩序良好的城邦将要享受的好处。梭伦的诗歌无可置疑地表明，到公元前6世纪，雅典城邦已然成为雅典人事实上和精神上的家园。

与荷马和赫西俄德不同，梭伦认为，神灵不会刻意让某个城邦毁灭，因为雅典娜一直保护着雅典。既然神灵不会有意让某个城邦灭亡，那么城邦的命运，只能寄托于公民。无论是在《伊利亚特》还是在《奥德赛》中，人们都习惯于将自己的错误归于神灵的误导（《伊利亚特》19.85－90；《奥德赛》1.34）。而当梭伦发现雅典人支持庇西斯特拉图斯（Pisistratus），后者有可能成为僭主时，他警告说：“风雪的力量来自云层，雷霆的力量来自闪电，城邦毁于豪强。由于民众的无知，他们落入僭主的奴役之中。如果他们把一个人捧到如此高位，以后要限制他就不容易。”② 所以，城邦治理的优劣，僭主政治是否产生，都完全取决于公民。梭伦的这一重要改造，把城邦的命运从天上的神灵手中转给了公民，同样，责任也一起被托付给了公民。由此进入第二个层次，即城邦的不幸，源自公民的不正义行为。赫西俄德曾经谴责那些吞噬礼物、做出歪曲判决的巴赛列斯的不正义以及他们可能给城邦带来的灾难。梭伦则既将城邦出现混乱的原因归于富人，批评他们不知道如何恰当行事、遏制自己的傲慢，同时也没有放过穷人和他们的领袖，因为他们的想法也不正义：

---

① Douglas E. Gerber, ed. and trans., *Greek Elegiac Poetry*, Cambridge: Harvard University Press, 1999, pp. 113－117.

② Gerber, ed. and trans., *Greek Elegiac Poetry*, p. 125.

“他们为劫夺而来，欲望无有止境，每一个都想望获得无穷的财富。”[①] 由此推断，则梭伦在第二段中所指责的那些贪婪地、对公私财产不加区别地偷窃的人，很可能就是平民和他们的领袖，也就是那些在他完成改革后，因“幻想狂妄而终于落空；于是对我激起怒火，瞪着眼睛看我，视我如仇”[②] 的普通人。不管梭伦如此判断公元前 6 世纪初雅典的社会危机是否正确，他将城邦的兴亡寄托于全体公民正义行事的主张，预示了古典时代希腊城邦的集体主义。

第三段重点讨论公民对正义的侵犯所引起的后果。在梭伦的笔下，公民群体的不正义会造成恶劣的风俗（*dusnomia*），而不良秩序伤害的将是城邦本身。不仅许多人会受到奴役，戴着锁链被卖往国外，更严重的是，它会引发内战，除了许多青年丧命之外，城邦作为一个整体，将遭遇正义之神的惩罚。这里梭伦显然借用了自荷马和赫西俄德以来神灵的惩罚将及于整个城邦，城邦将因此毁灭的传统，甚至不排除从斯巴达那里得到了某些启发。[③] 梭伦所强调的，则是一旦神灵的惩罚降临，则所有公民，无论贫富，都将遭受奴役，该段末尾所描绘的“公共的灾难侵入所有人的家庭，庭院大门无力阻止”的情景，无疑是公民群体悲惨处境的写照。

最后一段是梭伦对良好秩序得到实现后美好前景的描绘。这里需要注意的，一是梭伦仍把整个城邦作为呼吁对象，不涉及个人。那是公民各个集团遵守良好的法律所带来的，体现的仍是城邦的集体主义。二是梭伦所描绘的良好秩序图景建基于社会正义的基础之上。它既是对赫西俄德等希腊传统思想的发展，也有他自己的创造：“对梭伦来说，优良秩序的善与恶都是人性的：神灵和自然在那里不存在，因为兴旺或者遭殃的是公民社会。”[④]

梭伦在希腊政治思想发展中最大的贡献，是把城邦的命运寄托于公民的作为和命运，并由此出发，进一步认为，城邦的灾难源自个体的傲慢对其他人造成的不幸：个体的不幸会在城邦内部引起纷争和冲突，纷争和冲突则会把城邦引入混乱，那时，城邦将陷入无尽的灾难，毫无例外地影响到所有公民。“对城邦任何成员的伤害，间接地，但同样确定地伤害了城邦所有的成员，因为尽管最初的不公仅仅及于一人或者少数人，但对共同幸福的最终果报将损害所有

---

① ［古希腊］亚里士多德：《雅典政制》，14 页。

② ［古希腊］亚里士多德：《雅典政制》，14 页。

③ 参见［英］奥斯温·默里：《早期希腊》，177 页。

④ ［英］奥斯温·默里：《早期希腊》，178 页。

人的幸福，因此，任何人的冤屈，都是所有人的事情。”[①] 基于这种基本思想，梭伦对赫西俄德传统做出了重大改造。在赫西俄德那里，他对自己兄弟佩尔塞斯（Perses）的重要劝告之一，是不要和那些主管诉讼、好收贿赂的巴赛列斯们来往，而应专注于自己的事务。也就是说，赫西俄德采取的是疏离城邦政治的立场。但对梭伦而言，事情正好相反。既然对个人的伤害会影响到城邦所有的公民，则“正义这种公共的需要，就是所有人的事情”[②]。城邦与公民是彻底的、无法分割的整体，城邦就是公民，公民就是城邦。由此我们不难看到，梭伦在改革中的某些做法，正体现了公民作为城邦主体的性质。在城邦发生内部斗争时，作为一个公民，他必须参与一方，否则将丧失公民权。言下之意，既然公民不关心城邦的福利，则他已经自动丧失作为城邦一员的权利。

任何人都有代他人提起诉讼的权利，任何人都有对官员裁决不满提起上诉的权利，应当出自梭伦同样的思想：对个人所受伤害应当救治，而救治的主体，应当是城邦的所有公民。梭伦取消债务，禁止任何对公民个人的奴役，目标是期望借此消除引起城邦内部斗争的原因，因为对平民的奴役，像对个人的伤害一样，将损害整个国家，使城邦濒临内战的威胁。因此，与斯巴达等城邦要求公民绝对服从于国家不同，在梭伦体制之下，城邦通过授予公民必要的权利，鼓励他们积极参与政治，来确保城邦正义的实现。耶格尔曾经认为，梭伦的改革，创造了雅典的政治文化。[③] 而梭伦的政治文化是，公民个体的命运将影响到所有人，因此所有人都需要享有某些权利，以帮助受到不公待遇的他人。具体的做法，则是鼓励公民参与国家治理，以公民全体为依托，保护个人不受伤害，进而通过公民大会、议事会和司法上诉权等渠道，把雅典公民变成雅典城邦和公民个人命运的掌握者。[④]

梭伦的立法，将雅典引上了自由发展的轨道，是雅典在后世得以强大的重要基础；他努力调解平民与贵族的冲突，希望为雅典带来和平与优良秩序。尽管如此，梭伦心目中的优良秩序仍然带有明显的等级化特征。梭伦确实谴责过富人。不过，他对平民的同情是有限度的，人民只要赢得自由，重新拿回自己的土地所有权，并且在他创立的新体制下，享有出席公民大会、参与陪审法庭

---

① Gregory Vlastos，“Solonian Justice，” *Classical Philology*，vol. 41，1946，p. 69.

② Vlastos，“Solonian Justice，” p. 72.

③ See Werner Jaeger，*Paideia*：*The Ideal of Greek Culture*，vol. 1，Gilbert Highet，trans.，Oxford：Basil Blackwell，1965，pp. 136－149.

④ 弗拉斯托斯对梭伦正义观和自由观的分析，正以此为出发点，参见 Vlastos，“Solonian Justice，” pp. 65－75。

的权利，就应当感到满足。他创立的雅典公民的等级制以及据此分配政治权利的体制，最多是个拥有某种民主因素的政体。对梭伦来说，那是雅典人民能够接受的最好的法律[①]，他最为得意的，是他的立法“给予人民的适可而止，他们的荣誉不减损，也不加多；即使是那些有势有财之人，也一样，我不使他们遭受不当的损失；我拿着一只大盾，保护两方，不让任何一方不公正地占据优势”。他不侵犯富人固有的权威，以便“所有伟大而有权势的人都会赞美我，把我当作朋友”。对平民最恰当的态度是“自由不可太多，强迫也不应过分”，“这样，人民就会好好追随领袖”[②]——一副高高在上、悲天悯人的贤人情怀。如此创立的优良秩序，是以正义之名，确认了城邦中贫富公民不平等的地位，与古风时代以来城邦中的平等趋向存在着难以调和的矛盾。考虑到梭伦本人的登台是在雅典社会矛盾异常尖锐之时，而他本人之所以能够当选执政官，很大程度上源自平民的支持，则他此种作为，不免与平民的期望甚远。公元前 6 世纪平民力量的发展，让梭伦以财富为基础、为富人保留国家基本权力、只给予平民必要的保护自己不受侵犯的权利的体制，注定难以长久。[③] 庇西斯特拉图斯的迅速崛起，至少表明梭伦的优良秩序并未将当时雅典社会变革的因素充分考虑进来，也显示了优良秩序本身作为一种政治理想在雅典城邦存在的局限。

三、平等与民主政治

虽然梭伦已经认识到城邦是公民的城邦，并鼓励公民参与国家政治，但在梭伦等级化的“优良秩序”下，富人仍然把持着雅典国家的主要权力。在整个公元前 6 世纪，在政治舞台上扮演主角的，仍然是那些世家大族，平民很大程度上不过是贵族的追随者。公民大会的权威，此时也许不过是选举官员、通过决议。[④] 然而，这种等级式的优良秩序，也许符合梭伦本人的认识，却不适应当时雅典社会和政治发展的需要。贵族之间争权夺利的斗争，不能不仰赖平民的支持，并对平民做出不同程度的让步，由此将平民引入政治，逐渐激发出了平民自身的政治意识。[⑤] 庇西斯特拉图斯家族的僭主政治，某种程度上解决了平民基本的生计，为平民参与政治创造了经济前提。到公元前 6 世纪末，当

① 参见［古希腊］普鲁塔克：《希腊罗马名人传》，上册，181 页。

② ［古希腊］亚里士多德：《雅典政制》，15～16 页。

③ See Vlastos, “Solonian Justice,” p. 82.

④ 参见［古希腊］希罗多德：《历史》，上册，27～30 页。

⑤ 参见陈莹：《与民众结盟——阿尔克迈翁家族与雅典民主的诞生》，载《世界历史》，2012 (1)。

僭主政治垮台时，梭伦式的优良秩序被抛弃，取而代之的，是更能表现平民意愿的“平等”（*isonomia*），雅典的政体也经过克莱斯提尼的改革，成为民主政治。

学者们公认，“平等”一词最初出现于公元前6世纪末的雅典，克莱斯提尼可能把它作为政治口号，用来赢得公民的支持。[①] 它基本的含义是法律面前的平等和所有公民共同享有的权利。虽然现存文献中该词最初出现于公元前6世纪末僭主被推翻后的雅典，表达的可能是贵族的感受，后来被以克莱斯提尼为首的民主派接过作为口号，以描述改革后雅典建立的民主政体，但作为一个原生形态而非输入的观念，政治实践很可能早于表达它的术语。从希腊历史看，它可能首次出现于公元前522年。当年萨摩斯僭主波利克拉特斯（Polycrates）被波斯总督处死，他的继承人迈安德利乌斯（Maeandrius）打算放弃权力，恢复萨摩斯人的自由。他首先为自由之神宙斯修建了一座祭坛，然后召集了萨摩斯人全体公民的大会。他在会上宣布，他很不喜欢之前波利克拉特斯君临一切的作风，而希望“你们分享所有权威，并且宣布平等”。这里所说的“平等”，就是*isonomia*。[②] 从上下文看，它确实表示所有公民平等享有进行统治的权利。不过，这次试验以失败告终。经过一系列动荡后，该岛最终被波斯征服。希罗多德言及此处，特别评论了一句：“看来，他们（萨摩斯人）并不是希望自由的。”[③]

尽管如此，权利平等仍是公元前6世纪末希腊城邦政治发展的基本趋势。可能在萨摩斯之前，北非的希腊人殖民城邦库列涅就发生过一次改革。当时库列涅因王位继承问题，不同集团的居民之间发生冲突，门丁尼亚的戴摩纳凯斯（Demonax）应邀调处。他将原来国王享有的权威大部分剥夺后交给公民，并根据库列涅的情况，将它的居民重新划分为三个部落，让公民大会掌握了主要权力，亚里士多德因此将那时的库列涅政体视为与克莱斯提尼在雅典建立的民主政治类似的政体。只是因为国王仍保留某些特权，难称平等。[④]

---

① See Ehrenberg, *Aspects of the Ancient World*, pp. 89 - 91; Gregory Vlastos, “Isonomia,” *American Journal of Philology*, vol. 74, No. 4, 1953, pp. 339 - 341. 如果从年代上推算，“平等”一词本出现于波斯7个贵族讨论波斯应当采用何种政体之时。但讨论中使用的话语，表明那只能是公元前5世纪雅典或者希腊其他城邦的情景。

② See Herodotus, *The Persian Wars*, vol. II, A. D. Godley, trans., Cambridge: Harvard University Press, 1938, pp. 176 - 177.

③ ［古希腊］希罗多德：《历史》，上册，258页。

④ 参见［古希腊］希罗多德：《历史》，上册，329页；［古希腊］亚里士多德：《政治学》，322页。

同样在该世纪末，波斯统治下的小亚细亚希腊人城邦中出现了类似的趋势。公元前 513 年，随波斯远征西徐亚人的小亚细亚希腊人僭主讨论是否接受西徐亚人的建议，放弃他们为波斯人守卫的多瑙河上的浮桥，自行返回自己的城邦。雅典人米尔提亚德斯（Miltiades）发言认可，但米利都僭主希斯提埃乌斯（Histiaeus）表示反对，理由就是“他们今日之所以各自成为自己城邦的僭主，正是由于大流士的力量。如果大流士的权势被推翻的话……那时所有城邦都会选择民主政治，不会选择僭主政治了”[①]。希罗多德在这里直接使用了民主政治（*dēmokrate*）一词[②]，很可能是误用了公元前 5 世纪的术语，更准确的说法也许应当是平等，因为在第 5 卷中，当希罗多德提到希斯提埃乌斯为争取米利都人支持反叛波斯的起义时，说的是后者“故意放弃了他的僭主地位并使米利都的人们获致平等的权利”，这里所使用的“平等的权利”，还是 *isonomia*。[③]

上述史实表明，公元前 6 世纪末的希腊确实出现了一股公民追求政治平等的趋势。然而如前所述，这样的趋势在其他地方或者未能完全实现，或者勉强实现，却不免打了折扣，且延续时间不长。只有在雅典，权利平等不但得到实现，而且在公元前 5 世纪得到巩固，进而发展成古典时代希腊最为典型的民主政治。因此，我们需要对该术语在雅典产生的背景以及它与克莱斯提尼改革的关系略做辨析。

“平等”（*isonomia*）一词首次出现于雅典，应当是在雅典僭主被推翻后贵族们在酒会上吟唱的诗歌中。“我会像哈摩尔狄乌斯（Harmodius）和阿里斯托格通（Aristogeiton）一样，头戴桃金娘冠，身负长剑。当时他们杀死了僭主，让雅典获得了平等。”不过因为这句歌词到底出现于何时存在争议，其含义也不免随定年有所变化。人们争议的主要是它到底是首先出现在僭主垮台后的雅典贵族中间，表达贵族的意识形态，即僭主垮台后贵族取得了平等争夺权力的机会，还是出现于克莱斯提尼改革之后，表达新政体的精神。[④] 但无论它表达的是贵族还是平民的理想，它最初肯定是贵族们创作的，后来被克莱斯提尼接受，成为他争取支持的手段。克莱斯提尼据此击败了政敌伊萨哥拉斯（Isago-

---

① ［古希腊］希罗多德：《历史》，上册，318 页。

② See Herodotus, *The Persian Wars*, vol. II, p. 338.

③ See Herodotus, *The Persian Wars*, vol. III, p. 40.

④ See Vlastos, “Isonomia,” pp. 340 – 344; Ehrenberg, *Aspects of the Ancient World*, pp. 89 – 91.

ras)，在雅典完成了奠定民主政治基础的改革。希罗多德明显认为，平等是克莱斯提尼政体的基本精神，并且因此做了他非常著名的评论："权利的平等，不是在一个例子，而是在许多例子上证明本身是一件绝好的事情。因为当雅典人在僭主的统治下的时候，雅典人在战争中并不比他们的任何邻人高明，可是一旦他们摆脱了僭主的桎梏，他们就远远超越了他们的邻人。因而这一点便表明，当他们受着压迫的时候，就好像是为主人做工的人们一样，他们是宁肯做个怯懦鬼的，但是当他们被解放的时候，每一个人就都尽心竭力地为自己做事情了。"①

这里值得注意的现象有两个。第一，希罗多德将平等与僭主统治对举，显然意在比较克莱斯提尼新近在雅典建立的政体和此前庇西斯特拉图斯家族的僭主政治。事实上希罗多德曾给予雅典僭主高度评价，认为他在雅典进行统治时，"毫不弄乱先前已有的各种官职，也不改变任何法律。他根据既定的制度治理城邦，他的措施是贤明和巧妙的"②。不过他仍然认为，在僭主政治下，雅典人觉得自己与奴隶无异，是为主人工作，一旦赢得自由，则自己成为主人，表现在战场上，就是之前犹如怯懦鬼的雅典人，突然为了保卫民主政治，不惧强敌，一天之内分别击败了忒拜人和卡尔西斯人两支军队的入侵。希罗多德认为，那只能用雅典人享有自由来解释。第二，希罗多德把权利的平等和自由联系起来，暗示雅典人在僭主统治之下缺乏自由，而在权利平等的政体下，享有了自由，成了自己的主人。因此我们不禁要问，公元前 6 世纪的雅典到底发生了什么，让公元前 6 世纪初仍能够接受梭伦等级式优良秩序的雅典人，到公元前 6 世纪末主动接受平等的口号，把国家权力掌握在自己手中?

僭主政治本身的垮台，是贵族争夺权力的结果。虽然修昔底德明确提到，希庇亚斯（Hippias）"行使权力的方式使人民易于忍受，被他统治而无怨言。事实上这些特别的僭主们长期以来的政策表明他们有高度的原则和智慧"③，然而，到公元前 6 世纪末，他们的统治仍遇到了问题。问题的根源是，僭主政治期间，普通公民地位上升和经济状况改善，要求更多地分享权力，然而如修昔底德所说，在雅典有限的公职中，最为重要的一个职位经常被僭主家族垄断。同时，僭主打压贵族的传统，尽管在希庇亚斯统治初期可能有所松动，但贵族

① ［古希腊］希罗多德：《历史》，下册，379 页。

② ［古希腊］希罗多德：《历史》，上册，27 页。

③ ［古希腊］修昔底德：《伯罗奔尼撒战争史》，下册，谢德风译，518 页，北京，商务印书馆，2004。译文略有改动。

仍有理由不满，迹象之一是雅典重要的菲拉伊德家族的一个重要人物曾被暗杀，曾出任执政官的米尔提亚德斯则选择前往色雷斯殖民。[①] 从僭主方面来说，长期掌握权力带来的特殊地位，也让他们的行事缺乏节制。希帕库斯（Hipparchus）对阿里斯托格通和哈摩尔狄乌斯的侵犯是爱情事件，但引发的后果是政治性的，因为在刺杀发生之后，希庇亚斯立刻解除了公民的武装，一些贵族选择流亡国外，更有一些贵族试图借助忒拜和德尔斐的支持，武装返回雅典，推翻僭主政治。[②] 僭主政治最后确实是被斯巴达推翻的，但僭主政治垮台的根源，则在雅典城邦内。

据希罗多德，僭主政治垮台后，雅典最有势力的是两个人，一位是伊萨哥拉斯（Isagoras），另一位是克莱斯提尼。克莱斯提尼“既然在斗争中处于劣势，便和民众结合到一起去了”，并且赢得了胜利，随后便进行了历史上著名的改革。在希罗多德看来，克莱斯提尼改革最为重要的内容，是废止阿提卡原来 4 个旧部落，而以 10 个新部落取代。随后，伊萨哥拉斯向斯巴达求助，斯巴达人先发出通牒，要求雅典人流放包括克莱斯提尼在内的 700 家族，随后国王克列奥美涅斯（Cleomenes）亲率军队到达雅典，意图解散议事会，建立以伊萨哥拉斯为首的 300 人政权。但雅典人奋起反抗，议事会拒绝解散，雅典人民则将斯巴达军队和伊萨哥拉斯围困在卫城中两天。在第三天斯巴达人以非常丢人的条件离开后，雅典人处死了伊萨哥拉斯派的部分成员，请回克莱斯提尼，随后再度击败斯巴达组织的三路进攻，并引出了希罗多德那段热情洋溢的评论。

这里我们看到一个有意思的现象，就是僭主政治垮台初年的政治斗争模式，与公元前 6 世纪雅典政治斗争的一般状况无二：最有势力的家族，在他们的领袖的率领下，与同样有政治欲望的家族争夺权力。民众最初显然并未完全被包括在内。只是在斗争失败之后，克莱斯提尼才“和民众结合到一起”，并且赢得了胜利，随后在民众的支持下进行了部落改革。克莱斯提尼转向民众求助，反映了雅典长期政治斗争对民众政治意识的唤起，而克莱斯提尼敏锐地意识到了民众如今在政治中的作用。[③] 但奥斯瓦尔德正确地提出：是什么让普通

---

① 参见［古希腊］希罗多德：《历史》，下册，416～417、444～445 页。

② 参见［古希腊］希罗多德：《历史》，下册，371 页；［古希腊］修昔底德：《伯罗奔尼撒战争史》，下册，519～522 页。

③ 参见陈莹：《与民众结盟：阿尔克迈翁家族与雅典民主的诞生》，载《世界历史》，2012（1）。

民众支持克莱斯提尼?[1] 更重要的问题是：克莱斯提尼改革实际给予了民众什么利益，以至于他们敢于在克莱斯提尼缺席、斯巴达大军压境的情况下，公开发起暴动，将斯巴达人驱逐并将反对派处死？以至于奥伯认为，当时雅典发生了一场由人民自主发动的革命，直接后果是确立了民主政治。[2]

这个神奇的东西，可能就是在萨摩斯和爱奥尼亚未能得到实现的平等，虽然希罗多德没有给我们提供相关证据，证明克莱斯提尼确实借用了这个口号，并因此赢得了雅典民众的信任与拥戴。亚里士多德的记载似乎更加明确：“僭主政治推翻之后，进入一段党争的时期，一方领袖是忒珊得耳之子伊萨哥拉斯，……另一方是克莱斯提尼，他属于阿尔克迈翁尼代家族。克莱斯提尼在政治集团中失败之后，就提议将政府交给群众，以争取人民的援助。”[3] 两人都非常明确，克莱斯提尼最初按照传统模式，利用小集团（*hetairoi*）争夺政权，在失败之后才转向民众。在我们看来，他能够赢得民众支持，更主要的原因是他把政权交给了人民。不过亚里士多德似乎认为，克莱斯提尼改革的具体实施，是在雅典人击败斯巴达干涉军并召回克莱斯提尼及其他流亡者之后。亚里士多德接着补充说，“现在人民已经控制政事，克莱斯提尼是他们的领导人和人民领袖”[4]。克莱斯提尼改革的核心原则，是随着新部落制度创立而产生的平等。

克莱斯提尼的新部落彻底打破了阿提卡原有的部落格局，它由阿提卡三个大区即城区、海岸和山地各一个三一区组成，三一区的基础是阿提卡原有的德莫（*dēmos*）。据说这些三一区是根据抽签被随意指定给相关部落的，同一个部落的三个三一区可能相距甚远，但各个部落的中心应当都是雅典城。亚里士多德说，通过这样的组合，不同部落的成员混合起来。无论大家是来自山地和海岸，还是来自城区，最终都是雅典人，在同一个部落团队中战斗，在议事会同一个主席团中任职，可能还会举行相关选举。此举意在削弱地方贵族的影响，增强雅典的统一性，但亚里士多德提到，克莱斯提尼如此设计的目的，是“让更多数的人可以参加到政府来”[5]。这句话令人费解，它既可能指新入籍的公民有资格借此参与雅典政治，也可能指原有公民有更多机会参与国家管理，

① See Ostwald, *Nomos and the Beginning of the Athenian Democracy*, pp. 147 - 149.

② See Raaflaub, Ober and Wallace, *Origins of Democracy in Ancient Greece*, pp. 83 - 104.

③ ［古希腊］亚里士多德：《雅典政制》，24 页。

④ ［古希腊］亚里士多德：《雅典政制》，24 页。

⑤ ［古希腊］亚里士多德：《雅典政制》，25 页。

即参与公民大会和议事会。从后来的历史发展来说，后者更为可能。因为通过新部落的设计，以及部落与议事会、公民大会的关联，此后无论是阿提卡哪个地区的公民，都能够参与到对国家的管理之中，因此让雅典政治具有了平等意蕴。就此而论，部落确实让民众对政府的参与更加平等。此外，部落三一区的基础是德莫，它设德莫长，主要责任是登记公民，选举基层官员和处理本德莫的相关事务，从而取代了雅典原由贵族控制的胞族登记公民的职责。议事会议员的选举等，可能也以德莫为单位进行。经过克莱斯提尼改革，雅典民众对政治的参与，即公民获得的“政治在场性”，不仅在地域意义上，而且在阶层意义上都更加广泛。“他们既可以通过公民大会直接参与政治，也能经由议事会间接享有政治权利，非但如此，由于广大公民可以对政治事务加以关注，并使自己的意愿在其中得以体现，因此他们也通过委托而享有了权利。”[①] 以德莫为基层单位、以三一区和部落为基础组成的新的雅典国家，让“所有公民，无论新老，都在他新的德莫和部落中站在同一条起跑线上”。克莱斯提尼的平等对雅典“最重大的贡献”，正在这里。[②] 用平等来形容克莱斯提尼新的政体，恰如其分。

克莱斯提尼的平等，还体现在随着10个新部落创立产生的一系列制度上。议事会从梭伦时代的400人扩大到500人，让更多的公民能够直接参与国家管理。毕竟议事会承担着为公民大会准备议案、主持公民大会、处理国家日常事务与监督官员等诸多重要责任，是雅典民主政治下最为重要的机构之一。公元前5世纪初雅典公民不过3万人左右，如果10年轮换下来，则雅典公民中有近20%的人参与过国家机密事宜。随后，10名权力平等的将军组成的委员会，成为雅典主要的军事将领。陶片放逐法则在雅典国家缺少近代官僚体系的情况下，把有关国家政策走向的最终决定权交给了公民。因此，在经过克莱斯提尼改革后的雅典政体下，普通公民真正开始在政治中发挥作用。雅典人不仅在法律上赢得了平等的权利，而且有渠道和机会行使他们的权利。正是在这个意义上，亚里士多德声称，经过克莱斯提尼改革后的雅典政体“比梭伦政体要民主得多”[③]，不过这种政体当时并不叫民主，而叫平等。“与‘优良秩序’相反，现在存在的是‘平等的秩序’。”[④]

---

① ［德］梅耶：《古希腊政治的起源》，王师译，116、125页，上海，华东师范大学出版社，2013。

② See D. M. Lewis, “Cleisthenes and Attica,” *Historia*, vol. 12, 1963, p. 39.

③ ［古希腊］亚里士多德：《雅典政制》，26页。

④ ［英］奥斯温·默里：《早期希腊》，269页。

与梭伦等人的优良秩序比较，平等的秩序不仅抛开了等级制，“通过平等分配政治权力，维护着法律的统治和责任政府”，而且设计了一系列制度，以确保平等的实现，不再像根本没有意识到制度不公正的梭伦和赫西俄德那样，把优良秩序的维持单纯寄托于道德。此前希腊人担心的贵族、僭主等统治者傲慢和过分的问题，只有“在遭遇同胞们平等权利遏制的情形下，让其置于法律的判决之下，才能在合法统治的公正限度内，被平等地遏制”，“正是在这个意义上，平等，即政治权力的平等分配，才能确保一个负责的，同时也是守法的政府”，寡头政府、僭主政治等所以傲慢、不守法度，也正是因为它们那里的民众缺乏平等的权利。① 因此，平等让希腊人在历史上第一次明确地把政府是否守法与民众是否拥有平等权利联系起来，而且通过克莱斯提尼改革，从制度上确保了这种平等的实现。在希腊政治思想的发展中，平等的权利和制度的保障从此被直接联系在一起。在此后希腊乃至西方政治思想中，权利、制度设计与国家治理优劣之间的关系，成为讨论中最为重要的议题。

从平等到民主政治，不过一步的距离。按照希腊语的定义，民主政治（*dēmokratia*）的本意，正是“人民的统治或主权”。这个词大概首次出现于公元前 5 世纪中前期，希罗多德对它已经相当熟悉，而且有时把平等与民主政治互换使用。② 不少学者将该词的出现与公元前 5 世纪中期埃菲阿尔特斯（Ephialtes）改革或公元前 5 世纪雅典海军的强大联系起来，认为平民阶级成为雅典军队的主力，造就了雅典平民在公元前 5 世纪的强势，通过阶级斗争和改革，直接掌握了国家权力，并用更加强势的“民主政治”一词，取代了行之已久的“平等的秩序”。③ 民主政治执行的政策，也体现了相对贫困的公民阶层对富有者的胜利，并在公元前 5 世纪后期引起雅典精英阶级的反击。④ 然而，过分强调穷人尤其是第四等级公民的作用，不免有模糊雅典民主本为雅典整个公民阶层的民主的危险。从根本上说，公元前 5—公元前 4 世纪雅典国家的主要政策，

---

① See Vlastos, “Isonomia,” pp. 358 - 360.

② See Victor Ehrenberg, *Polis und Imperium*, Zurich: Artemis Verlage, 1965, pp. 264 - 297.

③ 参见［美］威廉·弗格森：《希腊帝国主义》，晏绍祥译，21～42 页，上海，上海三联书店，2005；［英］奥斯温·默里：《早期希腊》，269 页；Raaflaub, Ober and Wallace, *Origins of Democracy in Ancient Greece*, pp. 105 - 154。另参见 Robin Osborne, “When was the Athenian Democratic Revolution?” in Simon Goldhill and Robin Osborne, eds., *Rethinking Revolutions through Ancient Greece*, Cambridge: Cambridge University Press, pp. 10 - 28。

④ 参见［英］芬利：《古代世界的政治》，3～31 页；黄洋：《“雅典革命论”与古典雅典政制的建构》，载《历史研究》，2012（5）。

是得到大多数公民认同的结果。而从雅典政策中得益的，也不只是雅典的穷人。[①] 在希腊语中，*dēmos* 一词本身就有代表全体公民的意思。更准确的表述也许应当是，在民主政治下，相对贫穷的公民的权利，较之在平等政体或者有某些民主成分的政体之下，得到了更多发挥作用的空间，穷人的利益相应得到了更多的保护，但并不必然意味着它一定会侵犯富人的利益。

第三节　戏剧与政治思考

雅典民主政治为戏剧思考政治提供了自由和空间，作家们也充分利用了这份自由，把城邦政治的基本原则搬上舞台进行考问。埃斯库罗斯（Aeschylus）注意到城邦在面对重大问题时可能爆发激烈的冲突，呼吁公民宽容和团结，索福克勒斯（Sophocles）和欧里庇得斯（Euripides）则借用远古的神话题材，直接触及城邦的法制与不同政体的优劣。看似搞笑的阿里斯托芬（Aristophanes）则以丰富的想象，揭开了不同阶层利益上的矛盾与冲突。

一、雅典政治语境中的悲剧

公元前 5 世纪是雅典悲剧最为繁荣的时代。雅典国家的戏剧表演制度和它赋予悲剧的职能，让悲剧成为公元前 5 世纪雅典文学最重要的表现形式之一。尽管可以肯定，在古代希腊，悲剧创作绝不仅限于雅典，但现存的希腊悲剧中，完整保存下来的，只有雅典三大悲剧作家埃斯库罗斯、索福克勒斯和欧里庇得斯的 32 部悲剧。其他悲剧要么完全失传，要么仅有篇名，或者内容过少，无法对其进行可能的分析。所以，对悲剧政治思想的分析，只能限于雅典。

当我们把戏剧作为政治思想的材料加以研究时，不免遇到一个根本的问题：首先，尽管悲剧中不乏涉及现实的题材和剧本，但必须承认，绝大多数悲剧的背景都被置于神话中遥远的过去，既非雅典，甚至也不够希腊。其次，悲剧毕竟是文学创作，而且以远古的神话传说为背景，其主要人物不是国王，就是英雄，与当时雅典实际的政治生活相去甚远。最后，文学作品有自己的创作

---

① 芬利已经意识到，雅典富人从雅典帝国的统治中获得了更大收益，参见 M. I. Finley，*Economy and Society in Ancient Greece*，London：Chatto and Windus，1981，pp. 41－61。

规律，神话故事虽然可以改造，但毕竟基本情节已在民间广为流传，剧作家们进行创作之时，能否在其中灌注自己的政治理论，不无疑问。学术界有关这个问题的争论，恰当地反映了悲剧作为政治思想材料的困境。①

就我们的立场而论，戏剧作为政治思想的史料固然需要我们慎重对待，但相关的研究已经证明，至少就雅典的某些悲剧而言，其主题和内容都与公元前5世纪雅典的政治息息相关。三大悲剧作家中，埃斯库罗斯亲自参加过马拉松战役，可能还参加过公元前480年的萨拉米斯战役或次年的普拉提亚战役。索福克勒斯曾出任雅典将军，后来还参加了雅典的立法委员会，深深卷入了当时的雅典政治。欧里庇得斯尽管政治上不太得意，但雅典从创立帝国、走向强盛到最终在伯罗奔尼撒战争中陷入被动的经历，要说对他的创作毫无影响，不太现实，至少他的悲剧《伊翁》等与公元前5世纪雅典政治联系密切。事实上，正是在悲剧中，雅典人首次表达了他们有关君主政治、僭主政治和民主政治的基本观念，就城邦内部的冲突、战争与和平等等重大问题发表了看法。②

悲剧创作和上演的环境，表明它具有浓厚的政治色彩。悲剧的政治特性，首先表现在悲剧上演的场合。悲剧一般在城邦酒神节上演。它本身就是城邦组织的一种官方活动，在卫城下的酒神剧场上演，与公民大会会场、议事会大厅、雅典广场等相距不远，是雅典政治的中心区域。节日的组织，官方色彩更加浓厚。悲剧作者由执政官挑选，负责资助悲剧表演的人也由执政官选定。表演开始前，十将军上前向神奠酒献祭，然后是展示提洛同盟盟员缴纳的贡金，宣布给予那些为城邦做出贡献者以奖励，最后是年满18岁的雅典阵亡者孤儿的武装游行。仪式的政治含义，表现为城邦酒神节本质上是民主城邦的一种节日活动，观众为民主政治下的公民；对贡金的展示显示了城邦的强大；对个人的奖励，则是为公民树立榜样，以鼓励公民更好地为城邦服务；至于孤儿的游行，显示了城邦对阵亡者的优渥，表现了城邦的延续，希望后代们像父辈一样会为城邦献身。③

---

① See Neil Croally, "Tragedy's Teaching," in Justina Gregory, ed., *A Companion to Greek Tragedy*, Malden: Blackwell, 2005, pp. 55-69.

② See Paula Debna, "Fifth-Century Athenian History and Tragedy," in Gregory, ed., *A Companion to Greek Tragedy*, pp. 10-21; John Gibert, "Greek Drama and Political Thought," in Ryan K. Balot, ed., *A Companion to Greek and Roman Political Thought*, Malden: Blackwell, 2009, pp. 440-454.

③ See D. M. Carter, *The Politics of Greek Tragedy*, Bristol: Bristol Phoenix Press, 2007, pp. 35-49; Croally, "Tragedy's Teaching," pp. 61-62.

其次，在可能不少于17 000人的观众中，虽然有不少非公民成分，例如外侨、外邦使节，甚至可能有妇女、儿童或者奴隶，但主要是雅典公民，数量可能有6 000～7 000人。考虑到雅典陶片放逐法投票的最低标准为6 000票，陪审法庭有6 000名陪审员，则6 000人似乎足以代表雅典的公民群体。为了补偿公民因观看悲剧造成的经济损失，国家可能还给予适当的补贴。对悲剧表演进行评价的，是议事会指定的裁判，他们以十部落为单位选出，而部落，正是克莱斯提尼创立的民主政治的核心。克罗利正确地指出，雅典的悲剧表演，是“城邦把自身搬上了舞台，而将城邦置于那样的位置，从中受益的，是听众”。它与雅典的公民大会、陪审法庭和议事会一道，构成了行动中的城邦。①

最后，也是最为关键的，悲剧的内容与政治联系密切。我们不应忘记，雅典人“发明了民主政治，却缺乏正式的公共教育，以及我们视为普遍的国家机构，他们需要获得尽可能多的帮助”，悲剧剧场“被视为雅典公民主要的教育者之一……对这些普通公民而言，在他们作为民众集会和自治政府中平等者公开论辩的积极参与者时，悲剧剧场是一个重要的部分”。古代作家大都认为，诗人是知识的传播者和公民的教育者。② 柏拉图之所以希望将诗歌赶出他的理想城邦，正因为他认识到它们对公民有巨大的影响，希望他的哲学能够取代诗歌实现教育公民的功能。③

悲剧剧情的发展方式也与当时的政治运作相似。在雅典人的公民大会上，主席团首先将需要讨论的问题提出，然后是不同意见之间的交锋，最后是对新决议案进行表决，并宣布其成为法律。在悲剧中，推动剧情发展的，主要是演员与歌队之间的对话。一方提出某个观点或者问题，双方就此进行争论，得出真相。索福克勒斯的《俄狄浦斯王》是其最典型的表现，整个剧情围绕着俄狄浦斯的罪行展开，代表忒拜人的长老、先知特瑞西阿斯（Tiresias）和俄狄浦斯等参与对话，最后获得真相，俄狄浦斯受到惩罚（自我惩罚）。其整个事件的进程，与雅典公民大会的议事程序如出一辙。

二、埃斯库罗斯论雅典政治

在现存埃斯库罗斯的第一部悲剧《乞援女》中，民主政治的运作程序就得

---

① See Croally, “Tragedy's Teaching,” pp. 63 - 64.

② See Croally, “Tragedy's Teaching,” pp. 56 - 60.

③ 参见张巍：《诗歌与哲学的古老纷争——柏拉图“哲学”（philosophia）的思想史研究》，载《历史研究》，2008（1）。

到了描绘。故事的背景被置于希腊遥远的古代，达那奥斯（Danaus）的 50 个女儿为逃避与埃格普提乌斯（Aegyputius）的儿子们的婚姻，逃亡到希腊的阿尔哥斯寻求庇护。虽然作者根据希腊的传说，给那时的阿尔哥斯国家安排了一个国王，代表阿尔哥斯发言的也是其国王佩拉斯戈斯（Pelasgus），但其政治运作却不是君主式的，而是民主的。其中的对话，显示了民主政治和君主政治之间的对立：

> 【国王】你们虽来到这里，却并非坐在
> 我家的灶边。若城邦会陷入危难，
> 那就该让人民共商解救的对策。
> 我不能预先给你们做任何允诺，
> 在未与全体邦民商量此事之前。
> 【歌队】你就是城邦，你就是人民，
> 你是不受约束的君王。
> 你掌管祭坛，掌管国家社坛，
> 一切都按照你的愿望和意志，
> 你一人独掌权杖，独踞王位，
> 履行全部职责；请别遭诅咒。
> …………
> 决断此事不容易，勿让我做判官。
> 我业已说过，我不会无人民应允，
> 便做出决定；我不会这样用权，
> 以免遭遇损失时人民这样说：
> “他帮助外邦亡命人，损害了城邦。”（《乞援女》365－401）①

如埃伦伯尔格指出的，皮拉斯吉人和他们的王权以及城邦，都属神话传说，可是该剧一开场，气氛就具有浓重的城邦政治与宗教色彩。剧作家努力使人们相信，那里的政治是按照与君主制相反的民主方式运作的②：在君主制下，君主主导一切，不用向任何人负责。在埃斯库罗斯笔下，尽管乞援人是阿尔哥斯人的亲戚，而且宗教上有宙斯的保护，给予保护乃阿尔哥斯人的职责，但国

① 埃斯库罗斯的悲剧，参见 Alan H. Sommerstein, ed. and trans., *Aeschylus*, 3 vols., Cambridge: Harvard University Press, 2008；中译本参见《古希腊悲剧喜剧全集》，第 1 卷，张竹明、王焕生译，南京，译林出版社，2007，译文略有改动。

② See Ehrenberg, *Polis und Imperium*, pp. 267－268.

王并不能独断专行，他必须与人民协商，否则他将遭到人民的谴责。当然，在神话和悲剧中，国王都成功地说服了人民，让他们同意庇护那些乞援女。达那奥斯这样说明做出决定的程序以及决定的力量：

阿尔哥斯人完全一致地做出决定，
使我这老人心情振奋，甚至变年轻。
全体人民一致举起吉利的右手，
空中回荡着首领们宣布决议的声音：
我们可以自由地生活在这块土地上，
不会被强行带走，不受他人侵犯，
无论本地居民还是外邦人都不得违反。
如果有人施用暴力，当地农人中
却有人不愿闻讯前来帮助我们，
那他便会丧失名誉，遭到放逐。
当时佩拉斯戈斯人的国王就我们的事情
这样发表演说，警告城邦应避免
日后遭乞援人的保护神宙斯的强烈愤怒，
认为城邦那时将会承担双重的罪过，
既是外邦来客，又是本国亲属，
祈求援助，成为城邦不幸的根源。
阿尔哥斯人听他讲演，未待传令官
发出指示便把手举起，通过了决议。
佩拉斯戈斯人听取并服从了
演说家，宙斯使事情得以实现。(《乞援女》605－623)

这里所表达的，显然是公民意志高于一切，公民大会的法律乃最高权威的主张。其具体的运作，则是演说家在公民大会上阐述政策和形势，由公民以举手的方式决定。当埃格普提乌斯的使者来到阿尔哥斯，公然威胁发动战争时，国王的回答清楚地体现了主权在民的原则：

这个城邦的人民已一致做出决议：
绝不强行交出这些女子。
关于她们的决定有如钉子
穿过板体铆住，坚定不移。

这一决议没有刻在书板上，
也没有录于纸莎草叶片的书册，
你可以听见自由的语言发出的
明确声音：赶快离开这里！（《乞援女》942－949）

剧作家在这里进一步点明，国家的法律，要勒石公布，或者写成文字保存。有意思的是，对于违反公民大会命令者的处罚是流放，那是雅典对其著名政治家最经常使用的政治惩罚手段。而民众的声音，是崇尚自由。因此，一部《乞援女》，虽然背景属于在希腊人看来遥远的古代，但其所表达的，实际是民主政治的基本原则。

在公元前472年上演的《波斯人》中，君主制与民主制的对立再度得到了表现。埃斯库罗斯借波斯太后阿托莎（Atossa）之口，说她的儿子、波斯国王薛西斯（Xerxes）“若得胜，那他会受人称羡；他若失败，也无须承担责任（*hypeuthynos polei*）；他若能平安归来，仍然是国君”（《波斯人》211－214）。这里，剧作家显然是把君主制下国君的无限权力与民主政治下的任期责任制进行对比，以强调专制君主制的特点。

需要注意的是，在《波斯人》第一合唱歌的第三曲中，剧作家对比了君主政治垮台前后人民的不同状况：

生活在亚细亚大地的人民啊，
不再会听从波斯统治，
也不再会迫不得已地
向残忍的暴君交纳贡赋，
不再会恭顺地匍匐地面，
惊恐地向国王表虔敬，
因为王权已崩倾。
人们不会让自己的舌头
再受羁绊，人民从此会
自由地发表种种议论，
既然暴力的枷轭已解除。（《波斯人》584－594）

历史事实是虽然波斯入侵希腊失败，但对波斯帝国的命运并无根本性影响。然而对于剧作家埃斯库罗斯来说，他的目标本来也不是准确地陈述历史事实，而是要对比君主政治下与民主政治下人民生活的状况：在前者那里，人民犹如奴隶，需要向国王纳税，觐见国王时需要匍匐在地。对希腊人而言，由于他们只崇拜神灵，一般拒绝向统治者下跪。而在他心目中，在希腊人的自由政体之下，人民最为典型的权利，是可以“自由地发表种种议论”，免受暴力威胁，也不用缴纳赋税。[①] 君主政治下民众的被奴役与民主政治下公民的自由，不言自明。

《七雄攻忒拜》涉及城邦政治中另一个重要的方面：城邦内部的斗争及其后果。民众对国家政治的直接参与及其利益分歧，导致古典时代的希腊城邦时常发生冲突。那些在斗争中失败的一方，有时会召请外来援助以恢复自己的地位，或夺回自己的权力，进而引起城邦公民队伍的分裂。埃斯库罗斯在这个问题上似乎颇为纠结。毫无疑问，城邦理应受到尊重：公民的命运完全系于城邦的命运。城邦一旦被攻破，会遭到敌人的洗劫，男子遭屠杀，妇女和儿童被奴役。因此，对那个为保卫忒拜献身的埃特奥克勒斯（Eteocles），尽管他是争斗的一方，而且可能不无错误，但忒拜人仍“决定依礼埋葬他于自己的国土。他抗击敌人的侵犯，战死在城门前，为保卫城邦的祭坛，神圣地死去，如同青年们应该献身的那样”（《七雄攻忒拜》1014－1017）。对波吕涅克斯（Polynices）的处置则完全是另一种情景：“尽管他已经死去，但仍对城邦神犯下了严重罪孽，他亵渎神明，招来外邦军队进攻城邦。让他不被礼遇地埋葬，只能从翱翔的鸟类那里享受葬礼”（《七雄攻忒拜》1023－1027）。即使是他的亲属也不得收埋他的尸骨。然而传令官与安提戈涅（Antigone）之间的对话预示了埃斯库罗斯在这个问题上的犹疑。他似乎认为，虽然波吕涅克斯确有错误，但他本人此前曾遭遇错误的对待，而且已经以死付出了代价，理当得到死者应有的葬礼。对于忒拜禁止埋葬波吕涅克斯的命令，他一定程度上持保留意见。尤其在结尾部分，代表忒拜少女的歌队竟然在这个问题上陷入了分裂：左半歌队追随安提戈涅，为波吕涅克斯举行葬礼；右半歌队却随着伊斯墨涅（Ismene），根据忒拜议事会的决定，伴送埃特奥克勒斯的遗体，并且唱出了她们的理由，“因为他与神明和宙斯一起，拯救了卡德摩斯人的城邦，使它免遭外邦军队的狂涛巨浪的猛烈冲击，倾覆而毁灭”（《七雄攻忒拜》1080－1084）。对比在索福克勒斯的悲剧中安提戈涅单枪匹马埋葬波吕涅克斯以及为此付出的生命的代价，埃斯库罗斯这里的处理更加耐人寻味。结局的不确定（该剧并未明确交代安提戈涅此后的命运），也许是他希望以此昭示城邦

① 古典时代的希腊城邦一般情况下并不直接向公民征税。参见［英］芬利：《古代世界的政治》，43页。

内部斗争可能带来的悲惨后果，呼吁公民之间的团结，让“不友好的纷争，失去理智的争吵”，以及它引起的兄弟相争、入侵和死亡远离城邦（《七雄攻忒拜》933－944）。

《阿加门农》《奠酒人》和《降福女神》是现存希腊悲剧中唯一的三联剧，也是学者们公认的埃斯库罗斯悲剧中最具政治理论色彩的几部，只是对作者希望表达的具体主张，学界争议不少。或认为埃斯库罗斯意在为公元前462年的改革辩护，或认为其是旧贵族秩序的支持者，或强调作者意在呼吁雅典不同派别消除分歧，走向团结。[①] 如果我们把三部剧本结合起来观察，并且把它与《七雄攻忒拜》结合起来讨论，最后一种看法或许最具说服力。

三部剧本的背景都在希腊神话中遥远的过去。埃斯库罗斯首先强调了正义的原则，以及违背正义可能带来的后果。特洛伊人因为帕里斯（Paris）的傲慢（*hybris*），遭遇正义的报应，其国家被摧毁。然而摧毁了特洛伊的阿加门农，自己也犯了傲慢的错误，而且他的傲慢是祖上遗传。三部曲的前两部基本是复仇剧：因为祖上的恩怨和正义的要求，仇杀代代相传，但最后的谋杀者奥瑞斯提斯（Orestes）因为谋杀了自己的母亲，遭遇复仇女神的追赶，被迫逃亡。在尊重希腊神话传统的同时，埃斯库罗斯对传统做了改造，并在其中灌注了自己的理想。

《阿加门农》秉承《七雄攻忒拜》的传统，从一个女性的角度，描述了特洛伊被攻陷后的悲惨处境（《阿加门农》320－350）。虽然希腊人一直把战争视为日常生活的一部分，但并不代表希腊人对战争的破坏毫无认识。埃斯库罗斯对特洛伊的描述，不过是希腊人之间相互征战最为严酷状态下的真实写照。对于战争发生的原因，埃斯库罗斯固然认为那是神灵的旨意，但像梭伦一样，他更倾向于有人为的因素，具体地说，是特洛伊王子帕里斯的傲慢与过分。在第二场第六合唱歌中，埃斯库罗斯长篇大论地讨论了傲慢以及因此招致的正义的惩罚。它为前面有关帕里斯破坏希腊人关于适度的规范，拐走热情招待他的斯巴达国王的妻子，进而遭遇神灵惩罚，为自己的城邦带来深重灾难的陈述，做了理论的注脚。

然而，在埃斯库罗斯看来，阿加门农为了执行对特洛伊的正义的惩罚，自身也犯了傲慢的错误。为了远征军能够顺利启程，他居然祭献了自己的女儿，让作为母亲的克吕泰涅斯特拉（Clymtemnestra）非常愤怒，决心报复。从特

① 参见D. M. Carter，*The Politics of Greek Tragedy*，pp. 85－86；John Gibert，“Greek Drama and Political Thought，” pp. 445－448；〔德〕梅耶：《古希腊政治的起源》，133～236页。

洛伊返回时，阿加门农居然将卡珊德拉（Cassandra）作为情妇带回，还要求合法的妻子好好对待她。对于谋杀的另外一位参与者埃吉斯托斯（Aegisthus）而言，阿加门农的被谋杀，则是为提埃斯特斯（Thyestes）和他本人的遭遇复仇。因为阿特柔斯曾经谋杀了提埃斯特斯的两个儿子，即埃吉斯托斯的兄长，并且把襁褓中的埃吉斯托斯放逐。

可是，如此相互仇杀，在埃斯库罗斯看来，只会让复仇之神和战神阿瑞斯满意，是“黑色的阿瑞斯迫使亲人们相互杀戮，血流不断”，城邦却因此遭受灾难。长老们组成的歌队显然认为，作为国王的阿加门农是合格的，因为阿加门农统治城邦的基本做法，是希腊城邦的常态：“有关城邦和神明的其他事宜，我们将召开大会共同会商。我们应认真考虑，让那些良好的政制长久保留，若是有什么地方需要治疗，我们就不妨认真地医治或切除，拔除疾病可能造成的危害”（《阿加门农》844－850）。在阿加门农被谋杀后建立的政体，则是非法的僭主政治。歌队对埃吉斯托斯统治的否定，为奥瑞斯提斯的复仇提供了政治上的依据。

《奠酒人》最主要的意图是说明奥瑞斯提斯复仇的正当性。这个正当性体现为子报父仇，哪怕仇人是自己的母亲。用埃斯库罗斯本人的话说：“一切都按宙斯的意愿，遵循正义的路线，对于恶言用恶言回报，这样做理所当然，好行动的胜利女神在大声呼喊，对凶杀回报以凶杀，谁的行为谁忍受”（《奠酒人》307－313）。然而与之前的复仇不同，奥瑞斯提斯毕竟是要谋杀自己的母亲，因此在复仇之前，奥瑞斯提斯不能不有所迟疑。谋杀亲人者会遭遇复仇女神的追袭，杀人者会“惊恐不安，被赶出城邦，作为杀人者，受青铜长杆的驱逐”（《奠酒人》289－290）。所以，在谋杀了埃吉斯托斯和自己的母亲后，尽管奥瑞斯提斯和歌队都信誓旦旦地宣称，复仇是神灵的旨意，杀死埃吉斯托斯，不过是杀死了一个奸夫，而杀死母亲，不过是杀死了一个“精通于勾引情人”和“欺骗族人的骗子，图财害命的强盗”，而且从政治上予以证明，声称“宫廷摆脱了沉重的枷锁”，振兴有望（《奠酒人》973－1043）。但是，他终归不能摆脱谋杀犯的罪名，马上被负罪的念头控制，遭遇复仇女神的追赶，他也只能“作为放逐者离乡漂泊”。因此在该剧的末尾，埃斯库罗斯对这种冤冤相报的复仇提出了怀疑：

> 第三次风暴终于袭来，
> 袭击了这王家宫闱，
> 风暴硕果累累。

提埃斯特斯可悲的飨宴，
首先开始了不幸的困难；
然后是为王者遭遇不幸，
阿凯亚人的军队统帅
被杀害于浴间；
今天是第三次拯救的风暴，
或者是灾难的结束？
带来灾难的狂怒变平静，
它将去何处？在哪里终结？（《奠酒人》1065－1076）

埃斯库罗斯对代代仇杀的不满，成为他在《降福女神》（又译《复仇神》）中为仇杀的终结寻求出路的基本动力和主线。该剧前半部分的主角并非奥瑞斯提斯，而是阿波罗和复仇女神。阿波罗为奥瑞斯提斯洗净了沾满鲜血的双手，并指点后者逃亡雅典："我们在那里会找到本案的法官、安抚的话语和解救你的办法，使你永远摆脱现今这苦难"（《降福女神》81－83）。阿波罗显然希望仇杀到奥瑞斯提斯这里能够通过雅典的司法手段终止。然而，在克吕泰涅斯特拉亡灵的刺激下，复仇女神们继续要求复仇。阿波罗谴责她们只注意到奥瑞斯提斯犯有弑母大罪，却忽视克吕泰涅斯特拉杀夫在先，奥瑞斯提斯只是代表阿波罗对克吕泰涅斯特拉的罪行进行惩治。"我看你对一些事情非常重视，对另一些行为却明显地疏忽。"后者无可辩驳，只能用"不是血缘凶杀"作为遁词。然而，对于城邦来说，无论杀人者和被杀者之间是否存在血缘关系，只要有人被杀，城邦就会受到污染。只有举行必要的洁净仪式，再经过城邦适当的审判，才能让城邦重回正轨。阿波罗虽然洗净了奥瑞斯提斯的双手，但他毕竟是煽动谋杀的一方，尽管他有足够的能力庇护奥瑞斯提斯，仍大度地做出让步，答应让第三方（女神雅典娜）主持这个案件的判决，即通过司法判决来终结这场家族仇杀。而这种方式，不免让我们想起雅典最为经典的处理谋杀案的路径。

复仇女神无意接受阿波罗的让步，因为她们的使命就是掌管凡人中的杀戮，一旦杀戮发生，她们就会追踪杀人者，直到杀人者再被杀。第二场第一合唱歌典型地表现了复仇女神的特征："我们会毁灭家族，若家族争吵结怨仇，友谊被代之以仇视，我们会迅速前去，不管他如何强大，新的杀戮会把他玷污"（《降福女神》354－359）。易言之，貌似正义的复仇女神是希望仇杀代代相沿，永无终止。对于城邦而言，这肯定是灾难。所以，城邦需要宽容，需要合法的制度与审判来终结仇杀。

雅典娜受托审理案件的过程比较有趣。在发现奥瑞斯提斯后，她首先询问原告到达她的庙宇的理由。在了解原告的要求后，她并未马上做出判决，而是告诉复仇女神，“争讼双方各有一半发言权”，并且希望通过调查而非发誓来解决双方的纠纷。这不免再度让人想起雅典陪审法庭中的审判模式。接着雅典娜询问奥瑞斯提斯何以被复仇女神追杀，后者坦言“杀死了我的母亲”。他要求雅典娜“判断我的行为是否正确，我甘愿接受你的任何判处”（《降福女神》468－469）。

雅典娜在基本了解双方的要求和原因后，做出了一个出人意料的决定：“事情太严重，任何凡人对它都难做判决，我也无权判决在强烈愤怒中发生的人命案”（《降福女神》470－472）。由于奥瑞斯提斯已经按照习俗净罪，复仇女神的情绪又特别强烈，诉讼又发生在她的庙宇中，她不能一推了事，于是她决定“组成一个永久的法庭，让一些陪审员起誓，审理凶杀案。你们需召请证人，搜集证据，为公正地审判提供有力的帮助。我去从我的邦民中挑选最优秀者，带来这里，公正地审理这案件，要他们牢记誓言，不违背法律”（《降福女神》483－489）。

雅典娜的做法引人注目。作为神灵，人类命运的操控者，她完全有能力帮助奥瑞斯提斯击退复仇女神。须知在荷马史诗中，她曾经多次帮助过奥德修斯、狄奥麦德斯（Diomedes）等英雄们，甚至能够帮助凡人刺伤神灵。然而，时光转到公元前5世纪，雅典娜突然从荷马时代那个无所不能、为所欲为的女神，变得“畏缩”起来，不愿或者说不敢就凡人之间的纠纷做出判决，转而选择相信凡人会根据凡人制定的法律，做出公正的审判。

这里发生变化的恐怕不是神灵，而是神灵的创作者。对荷马时代的英雄们而言，快意恩仇是他们的基本权利，为了自己一时的情绪，可以置共同体的利益于不顾。但到公元前5世纪，城邦作为集体，已经压倒了个人的傲慢。为了维护城邦的利益，对内部的冲突，需要通过合法的审判化解，从而终结一代代的血腥冲突。“血债血还的正义已经显得不再充分，它已经为新的观念——法律的公正——所取代。法律的公正意味着，通过法律程序而获得正义，它是神圣榜样的人类化身。同时，那种永无止境的世仇，注定将被法律的公正取代，相对于前者，后者更为仁慈。”[1] 所以雅典娜特别点明，双方要寻找证人，搜集证据，以利于审判。至于阿尔哥斯的凶杀案拿到雅典而不是阿尔哥斯审判，只

① 伯德莱克：《〈奥瑞斯忒亚〉的情节和政治意蕴探幽》，蒋鹏译，见刘小枫、陈少明主编：《埃斯库罗斯的神义论》，58页，北京，华夏出版社，2008。

能说是公元前5世纪雅典作为提洛同盟盟国法官的现实，无意中流诸雅典公民埃斯库罗斯笔下的结果。

随后的审判过程是雅典陪审法庭运作的具体体现。雅典娜召集陪审员入庭就座，传令官要求人们安静，雅典娜作为法庭主持人，阿波罗作为证人出庭，复仇女神陈述理由，与被告奥瑞斯提斯质证。双方在法庭上展开论辩，复仇女神指责奥瑞斯提斯谋杀母亲，奥瑞斯提斯旧话重提：一是阿波罗要求他那样做，二是他母亲犯下双重罪行。接着是阿波罗作为证人出庭，与复仇女神之间唇枪舌剑地展开论战。双方都不约而同地讨好陪审员和主持人，极力陈述对自己有利的证据和理由。论战完毕后，雅典娜作为主持人，要求陪审员根据正义的原则，在敬畏神灵的前提下庄严地做出投票和判决。当计票员宣布双方票数相等时，雅典娜宣布被告无罪开释。

如果说整个审判过程是雅典司法体系在舞台上的再现，显示了埃斯库罗斯心目中雅典法制的公正和陪审员的虔敬，判决发生后的情景，则可能更多地体现了剧作家个人的愿望。一方面，他让奥瑞斯提斯因无罪开释、能够平安返回城邦而欢欣鼓舞；另一方面，他并没有让失败的一方复仇女神失望而归，而是通过主持人雅典娜婉言说服留在雅典，让她们享受雅典人给予的祭祀和尊敬，并保佑雅典国家繁荣昌盛。梅耶（Christian Meier）特别指出，在劝服复仇女神时，雅典娜两次使用了 *peitho*（说服）一词，把城邦政治机构变成了原告与被告进行沟通的平台，并最终促成了和平的均衡。“随着双方的这番妥协，那极具毁灭力的失败者不但找到了和平的出路，同时也保证了雅典城长期的福祉。通过新的职务，复仇女神成为城邦内在秩序的捍卫者，因此她们也摇身变成了‘降福女神’。”妥协的达成，表面上看是旧秩序的失败，但新秩序通过让步，“让失败者体面地加入自己的阵营”，所以，“新秩序之所以能扩大影响力并持续下去，恰恰在于它不但对旧秩序给予了尊重，而且能以中庸之道行事”。具体到现实政治，则是埃菲阿尔特斯的改革剥夺了战神山议事会所代表的旧秩序的权力，但新秩序也付出了血的代价：埃菲阿尔特斯被暗杀。剧作家通过复仇女神被接纳入新秩序，希望借此表明，“现实中的贵族议会也（重新）成为民主制的一部分”①。结合三部曲的前两部以及《七雄攻忒拜》的剧情，我们或许可以得出这样的结论：剧作家希望雅典人通过合法的途径，消除冲突，让新旧秩序相互融合，实现和谐，共同为雅典城邦的强盛努力。雅典娜劝说复仇女

① ［德］梅耶：《古希腊政治的起源》，185、191页。

神接受新使命的台词，也许是埃斯库罗斯思想最为明显的体现：

请你不要降灾于我的国土，
挑起血腥杀戮，损害年轻人的
美好心灵，酣醉般愤怒疯狂；
不要使人们犹如斗鸡，
在他们的心中注入阿瑞斯般的戾气，
使他们相互热衷于内部争斗。
让战争完全发生在国门之外，
任何人都可以在其中竞求荣誉，
但我不需要任何家内争吵。（《降福女神》858－866）

在接受了雅典娜赋予她们的新使命后，降福女神们再度表达了希望城邦不再有相互仇杀、永远和谐的愿望：

我祈求那内乱纷争
不要再在这城邦出现，
它对灾难永不会餍足。
大地尘埃常常吮吸
公民们流出的黑血，
满足强烈的处罚欲望，
愿你不要再希望城邦
互生仇怨产生新杀戮。
昔日敌视争斗，
而今和睦亲近，
心怀共同的憎恶情感，
人们驱除苦难的良计。（《降福女神》76－98）

考虑到公元前5世纪中期雅典政治上的剧烈变革及其引起的内部斗争，以及雅典正在与斯巴达发生冲突（所谓的第一次伯罗奔尼撒战争）的实际，埃斯库罗斯的悲剧可能并非完全无的放矢。幸运的是，雅典人后来的作为，某种程度上印证了剧作家的期望。尽管贵族对雅典政治的不断民主化持续地表达着不满，但在大多数时间里，他们接受并容忍了新秩序的胜利。而雅典公民也继续选择伯里克利（Pericles）、尼西阿斯（Nicias）等贵族为他们的领袖。虽然战争的失败一度让民主政治被推翻，但经历了公元前5世纪末的两次寡头政变后，当雅典民主政治成为多数雅典人唯一可以接受的政体时，民主派并未对失败者穷追猛打，而是选择了和解，颁布了大赦令。雅典的民主政治，也在法制的基础上，在公元前 4 世纪获得了新的稳定和发展。

三、索福克勒斯与欧里庇得斯

与埃斯库罗斯不同，索福克勒斯现存七部悲剧的背景全部被置于希腊远古的传说时代，少有直接以现实政治为题材者。但作为一个生活在民主政治下的作家，特别是经历了公元前 5 世纪中后期雅典政治制度的急剧变革、遭遇挑战乃至倾覆的索福克勒斯，其悲剧不可避免地涉及雅典现实，并间接表达着他的某种政治理想。

像埃斯库罗斯一样，索福克勒斯也十分关心城邦秩序的稳定和公民的幸福。对索福克勒斯来说，城邦秩序的稳定有赖于正义的维持，而正义的维持，端赖各人行事合宜不过分。一旦发生冲突，要善于妥协，从而让城邦能够达成新的平衡和团结。关于傲慢对城邦正义的危害，剧作家在《俄狄浦斯王》中已经所有阐述：

> 傲慢养育暴君，
> 傲慢如果有过多的财富，
> 于它是有害的。
> 当它上升到顶点时，
> 就会坠入无底的深渊，
> 永远爬不上来。
> …………
> 如果有谁言行傲慢不逊，
> 不畏正义，不敬神像，
> 愿厄运捉住他，
> 为了他不祥的傲慢。
> 如果他不正当地得到利益，
> 不规避亵渎行为，
> 用肮脏的手玷污圣物。
> 做了这种事情，谁敢夸说

他能避过天神的箭？（《俄狄浦斯王》873－892）[①]

该剧的核心，实际上就是忒拜统治者的傲慢及其所遭遇的惩罚。其最初的根源，是前王拉伊俄斯（Laius）傲慢。当神谕告知他儿子将弑父娶母时，他依然生育了俄狄浦斯，却自作聪明地想避免神谕应验，将婴儿交给牧人处死。却不想牧人将孩子丢弃在奇泰隆山后，为科林斯国王的牧人所救。俄狄浦斯为逃避神谕，逃离科林斯，途遇自己的父亲拉伊俄斯。这里剧作家虽然没有明说，但言语之间表示的，是两个人都犯了傲慢的毛病：父亲强横地要求让道，并且意图棒打儿子，儿子奋起反击，失手打死父亲。后来的故事众所周知，俄狄浦斯猜中了斯芬克斯的谜语，成为忒拜国王。当忒拜城因为拉伊俄斯的死亡而受到神灵惩罚爆发瘟疫时，俄狄浦斯固然体现了自己作为领袖敢于担当的性格，但过于自信，以至于最终证明自己是凶手时，他只能选择自残。他勇于承担责任的行为，让瘟疫从忒拜消退，城邦秩序暂时恢复了正常。从某种意义上说，《俄狄浦斯王》的主线，就是国王拉伊俄斯的傲慢，造成了城邦秩序的被破坏（儿子弑父娶母和瘟疫），它的结局，则是随着正义的重申（俄狄浦斯受到惩罚），城邦再度恢复秩序。

其他剧本某种程度上也都可以从城邦秩序因傲慢而遭遇威胁，因妥协和调解而重新恢复秩序来解释。《埃阿斯》的主线，是奥德修斯和埃阿斯为争夺阿基里斯的盔甲发生冲突。埃阿斯（Aias）无法接受失败，在疯狂中准备杀死奥德修斯和阿加门农等人。这显然是对城邦既有秩序的严重威胁，因为做出判决的，是全体阿凯亚人。所幸女神雅典娜及时出面干预，让埃阿斯把牲口作为发泄对象。埃阿斯清醒后发现了自己干的蠢事，决心自杀。一个重要人物的自杀，势必在城邦中引起骚动，再度威胁到城邦的秩序。果然，麦涅拉俄斯（Menelaus）和阿加门农拒绝承认埃阿斯曾经做出的重要贡献，并且不允许死者弟弟透克罗斯（Teuceros）埋葬埃阿斯。这种做法严重侵犯了希腊城邦固有的传统，双方一度有公开冲突的可能。但奥德修斯及时出面，帮助透克罗斯在论辩中击败了阿加门农等人的挑衅，让阿凯亚人重归于好，成功避免了可能的冲突。[②] 奥德修斯的做法，让人想起《降福女神》中的雅典娜：对手已经遭遇

---

① 索福克勒斯的悲剧，参见 Hugh Lloy-dJones，ed.，*Sophocles*，3 vols.，Cambridge：Harvard University Press，1997－1998；中译本参见《古希腊悲剧喜剧全集》，第 2 卷，张竹明、王焕生译，南京，译林出版社，2007，译文略有改动。

② 剧中奥德修斯的做法，不仅表示自己谦卑，而且是超越派系，从城邦大局出发。他的努力让冲突得以平息，而且采用的是言语说服的政治手段，尽管辩论的逻辑可能不是那么令人信服。参见马伊尔：《索福克勒斯的政治诗艺》，卢白羽译，见刘小枫、陈少明主编：《索福克勒斯与雅典启蒙》，37～39 页，北京，华夏出版社，2007。

失败，胜利者就不必穷追猛打，而应当表现大度，将失败者纳入胜利者的秩序之中。准此而论，索福克勒斯与埃斯库罗斯在他们共同关心的问题上，认识惊人的一致。

城邦秩序的维护，还在于对部分一度脱离城邦的公民的政策。处置适当，城邦将重新归于统一。处置失当，则可能造成城邦新的分裂，甚至把公民变成敌人。《菲罗克忒忒斯》和《俄狄浦斯在科洛诺斯》提供了正反两个方面的例证。菲罗克忒忒斯（Philoctetes）因为被蛇咬伤，丧失战斗力，被希腊人抛弃在勒姆诺斯岛上10年。然而，当战争进行到第10年时，希腊人发现需要那个被他们抛弃的战士的弓箭取胜。他们深知自己过去抛弃菲罗克忒忒斯不公，需要一定的技巧将他重新引入自己的阵营。此时奥德修斯完全扮演了一个反面角色。他说服阿基里斯的儿子涅奥普托勒摩斯（Neoptolemus）用欺骗手段取得了弓箭，在说服无效时打算强行取走武器，再度抛弃武器的主人。然而涅奥普托勒摩斯及时醒悟，不顾奥德修斯的反对交回了弓箭，以补救自己的错误，并且力劝菲罗克忒忒斯回归阿凯亚人阵营。在遭到拒绝后，涅奥普托勒摩斯仍打算带上菲罗克忒忒斯。所幸赫拉克勒斯及时出现，指出只有在阿凯亚人阵营中，菲罗克忒忒斯才能消除自己的痛苦，并且赢回自己的尊严，涅奥普托勒摩斯也只有与菲罗克忒忒斯合作，才能建功立业，最终成功说服菲罗克忒忒斯回归希腊人军队中。在这里，剧作家无意中论及，作为公民，只有在城邦中才能体现自己的价值；而胜利者与曾经的敌人和解时必须真诚，否则将招致报复。奥德修斯与涅奥普托勒摩斯的形象，分别代表了处理过去错误的两种不同的态度。无论是剧作家还是观众，无疑都会认同涅奥普托勒摩斯和赫拉克勒斯。

与之相反的是忒拜人对俄狄浦斯的态度。作为一个敢于担当的国君，当发现自己是忒拜一切罪恶的根源时，他请求判处自己流放。但出于我们不知道的原因，忒拜并未流放他。俄狄浦斯大概也认为，他会继续留在忒拜。但当他的两个儿子掌握权力后，他又被流放，身边只有两个女儿陪伴。多年在外流浪的艰辛和两个儿子的不孝，让俄狄浦斯异常失望。更让他愤怒的是，为争夺权力，小儿子埃特奥克勒斯为了自己的私利，打算把父亲控制在忒拜附近却不让他返回祖国。在言语说服和威胁无效时，忒拜使者居然打算用强，首先绑走了俄狄浦斯的两个女儿，接着准备强行把他本人绑回。此时雅典国王提修斯（Theseus）出面保护了俄狄浦斯。另外一个儿子虽然不曾使用暴力，但只希望自己的争权企图得到俄狄浦斯的支持。两个儿子的行为让俄狄浦斯决心与忒拜为敌，宁愿死在雅典人的领土上，帮助雅典人在以后的战争中对抗忒拜。在索福克勒斯看来，忒拜人政策的失当，是他们最终未能成功迎回过去的国王、实现和解最为重要的因素。如果我们相信神话，最终的结果，则是两个儿子都在战争中阵亡，忒拜损失惨重。

索福克勒斯还论及统治者的命令与城邦法律的关系，以及统治者行使权力的限度及其与城邦命运的关系。对索福克勒斯来说，城邦和谐与秩序恢复最为重要的保证，是平民理当遵守统治者颁布的命令，但统治者的命令必须符合法律。统治者在行使自己的权力时，虚心接受各方意见，必要时还应做出让步，否则又将陷入傲慢，遭遇报复，并引起城邦内部的不安。《安提戈涅》是此类剧本中最为经典的例证。该剧虽然以安提戈涅为名，但真正的主角应当是克瑞翁（Creon）。作为忒拜国王，他在埃特奥克勒斯阵亡后率兵击败入侵者，本来有大功于城邦。但他自以为是地发布了一道命令，禁止埋葬波吕涅克斯的尸体。这无疑是严重的渎神行为，遭遇反对也在情理之中。安提戈涅首先提出异议，希望和妹妹伊斯麦涅共同完成埋葬尸体的任务。伊斯麦涅的反应可能是希腊女性典型的态度：国王的命令和权力不得违抗。安提戈涅决定自己单独履行她心目中神规定的义务，直接挑战国王的权威。

安提戈涅挑战国王权威的行动，被大多数学者视为国家法律与家庭义务（道德）之间的冲突。然而细读该剧，我们也许可以认为，索福克勒斯似乎另有深意。克瑞翁不准埋葬波吕涅克斯的尸体，是因为后者公然率领一支外国军队进攻自己的祖国，作为忒拜的统治者，“我绝不会把国家的敌人当作自己的朋友，我知道，只有在城邦之船安全航行的时候，我们才有可能构筑友谊……这个人我已向全城邦宣布，不许埋葬或哀悼她”（《安提戈涅》188－204）。

可是，剧作家开头就已经暗示，克瑞翁的命令必然会遭遇挑战，而且是遭遇城邦全体的挑战。当克瑞翁颁布禁令时，他诚然召集了代表忒拜人的长老会。但在这次会议上，克瑞翁并未与长老们进行任何讨论，而是直接向长老会宣布了他的决定，即不准埋葬波吕涅克斯的尸体，初步显示了他作为专制统治者的权力和霸道。他宣布这道命令的理由，是“政从我出，永远不会让恶人受到敬重，比正义者神气。相反，任何心爱城邦的人，死后会和生前一样，受到我的尊敬”（《安提戈涅》207－210）。这看起来冠冕堂皇，但克瑞翁所颁布的命令，从法律上说实际上是非法的。安提戈涅强调，真正的法律来自神、人类的理性和共同体的同意，可是，克瑞翁不准埋葬波吕涅克斯尸体的规定，只是他作为国家的官员发布的命令，不曾经过共同体的同意，因此并非真正的法律。克瑞翁本人也认为，不准埋葬波吕涅克斯尸体的做法所以具有法律效力，是因为在他看来，凡是统治者颁布的命令，都应被视为有效的法律。而在安提戈涅眼中，法律的地位优先于统治者的命令。①

对于这道说不上合法，也没有经过长老会同意的命令，克瑞翁还不愿意加以纠正。当看守人报告尸体已经被埋葬时，克瑞翁已经意识到他的命令可能不妥："这城邦里一开始就有人不能接受这禁令，对我口出怨言，私下里摇头，不接受我的节制，不服从我的权力"（《安提戈涅》289－292）。可是，碍于自己的权力和面子，他决心不顾反对继续执行。在他与安提戈涅的对答中，他要维护自己权力的意图有所暴露："如果她胜利了，不受惩罚，她就是个男子汉了，我倒不是"（《安提戈涅》484－485）。与安提戈涅对抗的不是忒拜，而是克瑞翁个人，斗争的结果，也仅仅涉及克瑞翁个人的面子。不仅如此，克瑞翁还打算伤及无辜，将安提戈涅的妹妹一同处死。

在安提戈涅被拘押后，克瑞翁的儿子海蒙（Haemon）登场。作为安提戈涅的未婚夫，同时作为国王的儿子，他与父亲的对话更加开诚布公，也更能体现克瑞翁命令的性质。海蒙首先指出，作为统治者，克瑞翁颁布命令和执行命令上的偏执，并不被忒拜人认可，安提戈涅倒是赢得了普遍的同情。海蒙提醒克瑞翁：

> 【海蒙】一个人即使智慧，多多学习，
> 及时修正己见，并不羞耻。
> …………
> 【歌队长】国王啊，如果他的话有合理的成分，你应该听他的；
> …………
> 【克瑞翁】真的要让他们这么大年纪的人，来教
> 我们这么大年纪的人怎样变聪明点吗？
> 【海蒙】我说的话没有什么不正当。虽然我年轻，
> 但请多注意点我的行为，别只注意我的年龄。
> 【克瑞翁】敬重犯法的人是正当的行为吗？
> 【海蒙】我不是要敬重坏人。
> 【克瑞翁】她不是沾染了那毛病吗？
> 【海蒙】忒拜全体人民都说"不"。

---

① See Edward M. Harris, *Democracy and the Rule of Law in Classical Athens*, Cambridge: Cambridge University Press, 2006, pp. 62－77.

【克瑞翁】要忒拜平民规定我如何执政吗？

…………

我必须按别人的意思统治这国土吗？

【海蒙】只属于一个人的城邦不是城邦。

【克瑞翁】城邦不被认为是统治者的城邦吗？

【海蒙】你可以在没人的土地独自好好统治。（《安提戈涅》723－739）

两人的对话清楚地表明，克瑞翁的命令，既不为神灵所赞同，也不为忒拜的全体人民所赞成。克瑞翁公然将忒拜视为他个人的城邦，并由此认为他的命令具有法律效力，把自己的僭主面目暴露无遗。他颁布了错误的命令，却不愿予以纠正，以致最后无法与人交流。这段话同时表明："希腊人关于公民城邦的想法是理所当然的，他（即海蒙）这才一步步揭露出一个专制君主的反面形象来：专制君主的统治权只能施行在一个无人的国度。与此相反，在一座城邦里，不仅要有谈论、执行、服从，也必须有倾听、学习、顾虑，统治一座城邦就不能与城邦公民对着干。"① 在这个方面，索福克勒斯和埃斯库罗斯一脉相承。安提戈涅挑战克瑞翁命令的做法，并不是在挑战真正的法律，而是在代表城邦与专制的统治者斗争，是让城邦走向和解的必要步骤。长老们代表的忒拜人民和海蒙等对安提戈涅的支持，在某种意义上成为公民反抗暴政的正义行为。安提戈涅的死、海蒙的自杀以及所引起的连锁反应，把专制统治的弊端清晰地暴露在观众面前。

欧里庇得斯虽然也关心城邦的统治方式，但更加关心城邦中非公民群体的命运。他的《美狄亚》和《安德洛玛赫》多次强调了妇女地位的卑下及其不合理；《赫卡柏》则借这位特洛伊老王后的复仇，展示了妇女在非常状态下的地位与心态。不过他最愿意做的事情，是为民主政治辩护。在《请愿妇女》中，他为我们保存了一篇有关民主政治的理论阐述。虽然该剧的背景同样是青铜时代，但我们可以相信，它所表达的，乃是公元前 5 世纪的观念。在该剧中，提修斯答应了阿尔哥斯妇女求取庇护、取回阵亡者遗体的请求，并决定在说服不成功时诉诸武力。但在出兵之前，提修斯说他必须取得城邦公民的同意：

我就去要回死人，用言语说服，

① 马伊尔：《索福克勒斯的政治诗艺》，见刘小枫、陈少明主编：《索福克勒斯与雅典启蒙》，51 页。

说服不成再用武力强迫，
这样做不会引起神的嫉妒。
但这里我还需要全城邦的赞同。
我想做什么虽然会得到赞同，但是，
申述了理由我就能得到人民更大的支持。
须知，我统一了这国土，使它成了
自由的城邦，有平等的投票权。（《请愿妇女》346－353）①

这里固然有提修斯自大的成分，认为雅典人民之成为统治者，并享有自由，源自他个人的恩赐，但是，他明确地承认，公民是城邦的主人，具体表现就是“平等的投票权”。统治者在行使权力时，需要得到公民的赞同。当雅典军队集合起来准备出发时，忒拜使者来到了雅典，要求提修斯不要收留那些祈求帮助的妇女，更不要出兵夺回战败者的遗体，否则必受忒拜攻打，提修斯则利用这个机会，宣示雅典民主政治的基本原则：

你一开口第一句话就错了，客人啊，
在这里寻找僭主；因为，我们的城邦
是一个自由的城邦，不是被一个人
统治着。人民每年里轮流执政，
不给富人优越，穷人有同等的权利。（《请愿妇女》403－407）

人民轮流统治、穷人与富人享有同等的权利，只能是公元前5世纪的政治，无意中“窜入”了欧里庇得斯的剧作中。不过他们关于民主政治的辩论并没有到此结束，使者接着抨击了民主政治的恶劣，认为那里只有自私的人民、用舌头蒙蔽人民的坏蛋，以及全无教养的农夫，在发动战争时，人民认为自己并不必面对死亡，会轻易投票赞成战争，给希腊带来灾难；并鼓吹君主政治的好处。提修斯针锋相对，驳斥了使者的谬论：

对城邦没有什么比僭主更有害的了，
城邦有僭主，首先就没有公共的
法律，他一个人统治着，把法律掌握在
自己的手里，于是平等不复存在。

---

① 欧里庇得斯的《请愿妇女》，参见 David Kovacs, ed. and trans., *Euripides, Suppliant Women, Electra, Heracles*, Cambridge: Harvard University Press, 1998；中译本参见《古希腊悲剧喜剧全集》，第4卷，张竹明、王焕生译，南京，译林出版社，2007，译文略有改动。

法律订成条文后，穷人
和富人便有了同等的权利，
弱者如果受到富人的辱骂，
就可以用同样的辱骂回敬他。
弱小者有理可以胜过强大者。
从这句话里你也可以看到自由："谁有
对城邦有利的主张要向公众提出的？"
想要说法的人都可以出名，不想说话的
都可以不做声。城邦里有什么比这更平等的？

此外，在人民当家作主的城邦，
人们喜欢年轻的市民多，而在一个
为王的国家这都被认为是可恨的；
国王担心失去独裁的权力，把他认为
有头脑的优秀人物都给杀了。
试问，城邦怎能变得强盛？
如果有人排除勇敢者摘去年轻人，
像摘掉春天原野上的花朵那样，
人们怎能挣钱养活子女呢，
如果他们的辛苦只落得增加僭主的财富？
人们又怎能在家中教养女儿谨守贞洁，
如果只是为了满足僭主享乐的欲望，
为了给父母带来悲哭？我宁愿死了，
如果我的女儿要在暴力下出嫁。（《请愿妇女》429－455）

欧里庇得斯借提修斯之口发表的宏论与其说发生在青铜时代，毋宁说是公元前 5 世纪末雅典人对他们的民主政治所做的辩护。因此，提修斯时时处处都把君主制和民主制对照起来论述。对提修斯来说，君主制意味着一个人高高在上，人民不仅无平等可言，而且连自己、子女的生命和财产都得不到保障，城邦的繁荣、强大，都因为君主个人的嫉妒以及制度的缺点而无法实现。而在民主制度下，法律保证了穷人和富人同样的权利；一切依法行事；人人享有自由，尽情发挥自己的才华；国家的繁荣、城邦的富强、公民的繁衍，都得到保障。两者之间的区别在于，一个是人民有一个独一无二的主人，另一个是人民成为唯一的主人。[①] 城邦的命运也正好相反，一个走向衰败和破落，一个走向繁荣与强大。提修斯，准确地说是欧里庇得斯以及公元前5世纪的雅典民主派在捍卫民主制度时，不仅从一般人性的角度，而且从制度和社会的层面进行了论证。民主、自由、法治和平等，在欧里庇得斯笔下被联系在了一起。[②]

四、民主的代价：阿里斯托芬与现实政治

阿里斯托芬的喜剧与悲剧的风格截然不同。喜剧的背景直接被置于当时的雅典社会，有关的人物大多在雅典有其原型，有些人物如伯里克利、克里昂（Cleon）和苏格拉底（Socrates）等，本身就是雅典的知名人物。雅典国家的政策以及制度，在喜剧中也多有出现。但喜剧夸张的手法以及阿里斯托芬超乎常人的想象力，让喜剧作为资料的性质大打折扣。[③]

尽管如此，我们仍然认为，喜剧多少反映了阿里斯托芬本人对雅典民主政治的看法。喜剧诚然需要夸张、讽刺，甚至谩骂，可是，阿里斯托芬对雅典制度和政治家的态度一以贯之。在他的笔下，雅典政治家都是恶棍。伯里克利因为自己情妇的奴隶被拐而发动了伯罗奔尼撒战争，置雅典人民和麦加拉人的痛苦于不顾；许佩波罗斯（Hyperbolus）、克里昂等人，都是些只知道在公民大会上摇唇鼓舌、只关心自己荷包的坏蛋；雅典社会中的智者如苏格拉底等人，则把年轻人教育得只会颠倒黑白、殴打父母；陪审员都是些有诉讼强迫症的老人，总是倾向于判决被告有罪[④]；雅典人民好像一群年老昏聩的傻瓜，一任自己的奴才糊弄；雅典政府腐败不堪，贿赂公行；雅典的将军，不是战争狂人，就是受气的小媳妇，或者是懦夫，会在战争中丢弃自己的盾牌逃亡。[⑤] 总之，在当时的雅典，就没有几个人是正常的。重要的是，阿里斯托芬明确表示，他并不完全是向壁虚构，而是真诚地希望通过剧本传达自己的政治见解。也就是

---

① See D. M. Carter, *The Politics of Greek Tragedy*, p. 123.

② 参见［美］罗伯兹：《审判雅典：西方思想中的反民主传统》，晏绍祥等译，50～51页，长春，吉林人民出版社，2011。

③ 关于阿里斯托芬对政治的影响，参见 T. A. Dorey, "Aristophanes and Cleon," *Greece and Rome*, 2nd ser., vol. 3, 1956, pp. 132-140; A. W. Gomme, "Aristophanes and Politics," *Classical Review*, vol. 52, 1938, pp. 97-109; H. Lloyd Stow, "Aristophanes' Influence upon Public Opinion," *Classical Journal*, vol. 38, 1942, pp. 83-92。

④ See David Konstan, "Politics of Aristophanes' *Wasps*," *Transactions of the American Philological Association*, vol. 115, 1985, pp. 27-46.

⑤ See H. F. Hose, "Aristophanes' Personalities," *Greece and Rome*, vol. 9, 1940, pp. 91-92; LaRue Van Hook, "Crimes and Criminals in the Plays of Aristophanes," *Classical Journal*, vol. 23, 1928, pp. 285-295.

说，他非常严肃地对待自己剧本的政治倾向。《阿卡奈人》的开头，就已经表明了作家的作品与其政治立场之间的关系："我，一个穷鬼，写喜剧，想对雅典人谈谈国家大事。因为喜剧也懂得正义。我的话会骇人听闻，但却正义。这次克里昂再不能诬告说我当着外邦人的面诋毁城邦"（《阿卡奈人》498－503）①。这让不少现代学者感到尴尬：一个生活在民主政治下的剧作家，本身就是雅典的产儿，居然对雅典政治如此不屑。为了给阿里斯托芬反对民主政治的倾向开脱，一些人转而认为剧作家并不反对民主政治，而是反对公元前 5 世纪末已经腐败的民主政治。然而如今的研究，早已证明公元前 5 世纪末乃至公元前 4 世纪的雅典民主，较之公元前 5 世纪前期并无本质性的不同，所谓腐败，很大程度上是神话。事实上，民主政治下产生的思想家不赞同民主政治，从古代到现代都不新鲜。即使我们承认阿里斯托芬反对过民主政治，也并不影响他本人作为思想家与剧作家的地位。

如埃伦伯尔格指出的，要真正理解阿里斯托芬对民主政治的立场，必须充分考虑当时的背景。② 剧作家活跃的时代，正是从伯罗奔尼撒战争开始到公元前 4 世纪前期。此时雅典民主已经进入鼎盛时代，但伯罗奔尼撒战争造成的问题，特别是斯巴达不断入侵雅典，以及后来驻防狄凯里亚所造成的破坏，对雅典农民的生产和生活造成了严重影响。伯罗奔尼撒战争后期，尤其是西西里远征失败后，雅典在战场上的形势日渐被动，战争末年波斯的介入，让斯巴达最终取得了那场大战的胜利。雅典不仅丧失了帝国，而且连独立都几乎不保。虽然重建后的雅典民主政治迅速实现了国家和解，并且努力恢复自己在希腊世界的强国地位，但无奈时运不济，经常心有余而力不足。作为一个听闻过希波战争时代希腊联合抗敌，并且经历和目睹过雅典强盛的公民，对于自己家乡在伯罗奔尼撒战争中遭遇多次蹂躏和破坏，以及为进行希腊人自相残杀却毫无结果的内战而乞怜于波斯，其心中的愤懑之情可以想见。阿里斯托芬不断在自己的剧本中谴责雅典那些主战派的政治家，正是他们的战争政策，让阿提卡的农民不断离乡背井，走上战场送命，而且长期无法返回自己的地产，不得不在非常不熟悉的城市中谋生。现存剧本中的第一部《阿卡奈人》中，主人公狄凯奥波

① 阿里斯托芬的喜剧，参见 Jeffrey Henderson, ed. and trans., *Aristophanes*, 5 vols., Cambridge: Harvard University Press, 1998－2008；中译本参见《古希腊悲剧喜剧全集》，张竹明、王焕生译，第 5～6 卷，南京，译林出版社，2007。

② See Victor Ehrenberg, *The People of Aristophanes*, 2nd ed., Oxford: Basil Blackwell, 1951, pp. 297－299.

利斯（Dikaiopolis）毫不隐讳地表示，他是一个合格的公民，每次开会都是第一个到场，但是，他“想念田野，向往和平，我厌恶城市，想念我的村社”（《阿卡奈人》32－33）。可是，他的愿望，从公元前425年第一部喜剧上演开始，到阿里斯托芬最后一部喜剧结束，似乎从来没能在现实的世界中完全实现。

阿里斯托芬站在阿提卡农民的立场[①]，不断在自己的剧本中呼吁终止希腊人之间血腥的内战。然而，希腊人之间的内战，并没有因为阿里斯托芬的呼吁而有任何缓解，于是阿里斯托芬只好转向过去和虚构。转向过去，是不断向希腊人指出，当年雅典曾与斯巴达等众多城邦联合作战，击败波斯。他几部与战争有关的喜剧，如《阿卡奈人》《和平》《吕西斯特拉特》等，无不对当年希腊人联合抗击波斯大唱赞歌。当吕西斯特拉特劝告雅典人主动议和时，如此描写历史上雅典与斯巴达的关系：

> 你们本是血脉相连，
> 在奥林匹亚，在皮托，在温泉关，
> 还有其他许多地方，你们并肩作战；
> 对着神坛敬酒盟誓，
> 你们用的是同一只碗。
> 而现在，你们却当着蛮族的面相互仇杀，
> 把希腊推向毁灭的深渊。（《吕西斯特拉特》1128－1135）

为了说服斯巴达人接受停战，阿里斯托芬不惜篡改历史：

> 拉哥尼亚人，我也想对你们进一言。
> 你们已经忘记，珀利克里德斯当年
> 是如何来到这里，双臂拥抱我们的神坛，
> 身上已然披着紫红色大氅，
> 脸色惨白地恳求雅典人支援：
> …………
> 你们从雅典得到了这样的援助，
> 现在却在践踏支援者的国土。（《吕西斯特拉特》1138－1146）

如果说前一段引文忽略了雅典和斯巴达希波战争期间的矛盾，但多少还符

① 《和平》一剧最典型地反映了阿里斯托芬的农民立场。

合历史事实，后一段则完全歪曲了历史。斯巴达确实在公元前465年发生了地震，爆发了黑劳士起义；斯巴达人也确实一度绝望，遣使向雅典求援。但历史的真相是，当客蒙（Cimon）率领雅典军队到达斯巴达时，后者却怀疑当时的雅典人有革命倾向，没有提供任何理由就把雅典军队打发回国。雅典人因此改变了他们的对外政策，与斯巴达及其盟国爆发了正面冲突。不过阿里斯托芬篡改历史的理由不难找到：斯巴达与雅典的战争，除了让希腊人自相残杀外，唯一得益的只有波斯。因此，他呼吁希腊人联合起来，既有作为阿提卡农民的私心，更有泛希腊的关怀。①

阿里斯托芬之呼吁和平，是因为他认为，和平具有无可比拟的优势。《阿卡奈人》的最后一场，就是主人公狄凯奥波利斯与热衷战争的拉马库斯（Lamachus）之间生活状态与命运的对比。狄凯奥波利斯单独与斯巴达人签订了条约，开辟了和平市场，与麦加拉人、比奥提亚人进行贸易，购买了大量生活必需品。当拉马库斯忙于为出征做准备时，狄凯奥波利斯则正在准备乡村酒神节。在该剧的末尾，狄凯奥波利斯酒足饭饱，在仆人的簇拥下回家。而拉马库斯先是在战场上越过壕沟时崴了脚，接着被长矛刺中大腿，忙着回家治伤。两方的对比，确定无疑地表达着阿里斯托芬对和平的向往和对战争的厌恶。只是在这部剧本中，和平还仅限于主人公一人享受。而到了《和平》中，阿里斯托芬的和平具有了泛希腊性质。参与拯救和平女神的固然只有雅典人，但受惠的不仅仅是雅典人，而是“所有的农夫、商人、手工业者，啊，所有的工匠、侨民和外邦人，还有你们岛民”（《和平》296－298）。在描绘和平女神与人类结亲后的美妙图景中，剧作家再次强调了和平女神的泛希腊特征：“我们将欢呼您为‘息争女神’。让我们的猜疑终止吧，让那些四处散布的相互指责的流言蜚语终止吧；用古老的真实的爱的万应灵药重新把希腊人紧紧地凝聚在一起，用彼此更加和蔼与友善的想法来调和相互的关系吧”（《和平》992－998）。一旦关系和睦，则各地的物产都将推上市场，生活重回正轨。在该剧的末尾，剧作家再度给我们描绘了和平来临后的幸福情景：

> 首先让我们向众神祈祷，
> 求他们给希腊人财富，
> 使我们仓库里堆满大麦，

① 参见涅维格：《阿里斯托芬喜剧中的战争与和平》，杜佳译，见刘小枫、陈少明主编：《雅典民主的谐剧》，46页，北京，华夏出版社，2008。

家家酒缸里装满葡萄美酒，
都有充足的无花果吃，
妻子给我们生健壮的孩子，
让战争使我们失去的一切
美好的东西加倍地回到我们身边，
永远地忘了那发亮的刀枪。（《和平》1320－1328）

同时，作为剧作家，阿里斯托芬显然也意识到城邦内部不同阶层的不同诉求。希腊战争的特性，必然让农民受到的打击最为沉重。他们的土地无法耕作，庄稼遭到破坏，生产和生活受到严重影响，妇女也因此受到影响。因此，拯救和平女神最为积极的是农民，而强烈要求全希腊实现和平、让男人回家的，则是妇女。至少在《和平》一剧中，手工业者与部分政治家对战争并不反感，有些还有某种程度的热衷。阿里斯托芬的立场，在某种程度上表达了阿提卡农民对战争的态度，尽管这种态度，因为喜剧剧情的需要，经过了这样那样的歪曲。如果说悲剧作家致力于描绘城邦从纷争走向和解的好处，阿里斯托芬则毫不留情地揭示了城邦内部不同集团和希腊本土城邦之间的利益纠纷。前者表达的，是城邦鼎盛时期希腊人对城邦的自信；后者描绘的，则是希腊人面对城邦遭遇的问题时的无奈与困惑。

第四节　智者的探索

如果戏剧对政治的思考可能被淹没在神话和故事情节中，公元前 5 世纪中后期的智者们则从哲学家的立场，在雅典帝国与伯罗奔尼撒战争撕裂斯巴达与雅典、国家与个人、礼法与人性的背景下，更直接而深刻地揭示出城邦政治的性质和原则及其可能包含的冲突。他们所提出的诸多问题，成为柏拉图和亚里士多德系统化政治思考的重要资源和基础。

一、公元前 5 世纪的政治与智者

如果说希波战争让希腊人通过波斯界定自身，强化了希腊人自由、波斯人皆受奴役的意识，则公元前 5 世纪中后期希腊历史的变化，对政治思想的发展产生了更加明显的影响。随着希腊人视野的进一步扩大，自认为文明的希腊

人，发现两河流域和埃及存在着更加古老的文明，同时在西部地中海周边和黑海地区，希腊人与相对后进的蛮族发生了联系，这让他们对自己和世界的认识都发生了重要变化，开始思考文明与国家的产生，以及不同文明的特征及其相互关系问题。公元前 5 世纪中期以后希腊人开始思考文明与政治的起源，并为此创造各种理论，与此有直接关系。

对公元前 5 世纪政治思想发展影响更加直接的，是雅典帝国的兴起与民主政治的发展。随着民主政治的确立和希波战争后雅典水师力量的强大，它迅速成为希腊世界的一流强国。它利用小亚细亚和爱琴海中希腊人需要保护以对抗波斯的机会，积极扩展势力，控制盟友，建立霸权，从公元前 5 世纪中期起开始向斯巴达在希腊大陆的霸权挑战。斯巴达为了对抗，则在伯罗奔尼撒半岛的城邦中培植贵族权威，支持寡头政治。公元前 460 年左右开始的冲突，到公元前 445 年以签订三十年和约告终。雅典虽然被迫放弃了自己在希腊大陆上的部分势力范围，但迫使斯巴达承认了它作为希腊两强之一的地位；并且继续加紧对盟邦的控制，后世所称的“雅典帝国”，不过是提洛同盟的加强版本。除少数盟友外，大多数盟友成为向雅典交纳贡金的城邦，雅典因此成为希腊世界最繁荣的国家。

雅典帝国的发展，对希腊人传统的城邦观念产生了重大冲击。在希腊人的理想中，城邦理应独立自主，有自己特定的领土、自主的政体和军队，内政与外交完全独立。但是，雅典对盟邦严厉的控制，不能不侵犯盟邦的独立性。斯巴达为对抗雅典，趁机打出解放希腊的旗号。可是，雅典无意放弃自己作为霸主的地位，反而宣称人间的正常原则，是弱者需要服从强者，否则将遭遇强者的惩罚，而弱者只能忍受命运的无情。[①] 希腊邦际关系的这种变化，让希腊人开始思考城邦自身的地位及其与霸主的关系，并因此产生了所谓不顾道德而一味强调强权即公理的思潮。

雅典民主政治在公元前 5 世纪的发展，对政治思想发展的影响较之雅典帝国可能犹有过之。公元前 488/前 487 年，雅典执政官由选举改为抽签；公元前 462 年，埃菲阿尔特斯剥夺战神山议事会的权力，公民大会和陪审法庭制度完善，津贴制引入，雅典民主政治进入它历史上最为辉煌的时期。如芬利指出的：“在将

---

① 最能体现雅典人这种心态的是米洛斯对话。在那里，雅典人公开抛弃了所谓正义与荣誉原则，宣扬赤裸裸的帝国主义论调，并且据此为自己灭亡米洛斯的行动辩护。参见［古希腊］修昔底德：《伯罗奔尼撒战争史》，下册，464～474 页；James V. Morrison，“Historical Lessons in the Melian Episode,” *Transactions of the American Philological Association*，vol. 130，2000，pp. 119－148；W. Liebeschuetz，“The Structure and Function of the Melian Dialogue,” *The Journal of Hellenic Studies*，vol. 88，1968，pp. 73－77。

近200年的时间里，雅典是希腊世界最繁荣、最强大、最稳定、内部最为和平、文化上最有成就的国家。就关于政体的有效判断来说，这种制度是成功的。”①

然而，这种成功的政治体制，恰恰引起了希腊思想界巨大的争论。它在历史上首次让雅典全体公民拥有了对国家大事的直接发言和管理权，尤其是相对贫穷的第四等级公民，凭借其人数上的优势和在水师中的分量，取得了对国家政治相当程度的发言权。一向被视为低能的贫穷公民介入政治，不能不对希腊人传统的观念，特别是精英阶层的观念产生强烈冲击。在他们眼里，有资格管理国家的，只能是精英阶层的人士，普通人因为缺乏教养和能力，无力也不应当参与国家管理。雅典民主政治对相对贫穷阶层公民的照顾（如官职津贴等的实行）、伯罗奔尼撒战争开始后雅典遭遇的困境、某些政治家的做法（如克里昂的演说风格），以及部分政治家遭到的制裁，都有理由让精英阶层的人士感到不满。他们抨击民主政治是穷人压迫富人的暴政，是霸主对盟邦的专制，使非精英阶层出身的人取得了较贵族阶层更大的影响力和权威，进而把雅典政治拖入混乱，导致雅典在伯罗奔尼撒战争中失败。民主政治的强势和精英阶层思想家的批评，刺激了对于应当如何治理国家，如何处理官民关系、法律与公民的关系等一系列重要问题的思考，成为政治思想进一步发展的动力。

此外，雅典民主政治的发展，对公民参与政治的能力提出了更高的要求。到公元前5世纪，雅典不仅管理着自己的领土，还管理着由提洛同盟演变来的庞大帝国。雅典与盟邦的关系、与斯巴达及其盟友的关系、边疆、陆海军管理、财政收支、内外政策等各个方面，都需要具有专业知识的人了解和掌管。②而雅典缺乏官僚机构，有关的资料又严重缺乏，公民大会作为主要的讨论和决策机构，对于许多重大问题都必须在一天之内提出和通过决议，因此，对雅典政治家而言，政治必然意味着全职活动。他需要在面对相关问题时，能够根据自己掌握的资料，立刻提出相应的对策，并说服公民大会通过自己提出的建议，有时可能还需要亲自执行。同时，雅典公民对政治家的严格监督，既需要政治家与公民之间的良性互动，也需要政治家具有相当的能力，能够在问题来临时，有效地为自己辩护，以保持自己在公民大会中的影响。③ 虽然从荷马时

① M. I. Finley, *Democracy Ancient and Modern*, London: Chatto and Windus, 1973, p. 23.

② 参见［古希腊］色诺芬：《回忆苏格拉底》，吴永泉译，105～110页，北京，商务印书馆，1984。

③ 参见［英］芬利：《古代世界的政治》，97～108页；M. I. Finley, "Athenian Demagogues," in M. I. Finley, ed., *Studies in Ancient Society*, London: Routledge, 1974, pp. 1-18。

代以来，希腊的精英阶层已经接受了一般能力的训练，但公元前5世纪雅典国家各个方面的需求，都对政治家提出了较之过去更高的要求。仅仅依靠一般的家庭教育和自己在实践中的学习，很多时候难以应付。

在这种情况下，公元前5世纪中后期的雅典出现了一批职业教师。他们的主要目标是教授雅典那些有政治志向的年轻人学习治理国家、说服他人的技艺。这些人一般被称为“智者”，即具有某种知识的人。他们大多并非雅典人，也不常驻雅典，但都会在雅典停留较长时间。他们收费授徒，而且价格不菲，因此只有雅典那些家资相对丰厚的人才有可能支付学费。当时雅典是希腊世界的经济中心和提洛同盟的盟主，积累了大量财富，不少有产阶级家底殷实，能够支付相关费用。从政治观点和哲学上看，智者的看法并不一致，相互之间可能没有直接交往，或许还会为了争夺学生相互竞争。为了教育学生，他们对当时的许多问题，特别是政治和宗教问题发表过见解，有些看法在当时的雅典人看来不免离经叛道，部分人可能遭受过审判。他们在雅典的活动，在教育雅典年轻人成为政治家的同时，也开阔了雅典人的眼界，让他们对传统的政治和宗教概念进行质疑和批判，掀起了一场启蒙运动。

第一个自称智者的可能是普罗塔戈拉（Protagoras）。他曾经宣称，在他之前已经有很多智者，只是他们为避免引起太多注意，而以各种专业名称掩护。有人自称诗人，有人自称音乐家，有人以体育伪装。“我承认自己是一名智者，教育他人，我认为承认这一点是一种比隐匿或否认更好的做法。我也认真考虑过其他因素，以避免因承认自己是一名智者而可能在有生之年遭遇的任何伤害。然而，我从事这种职业多年，就年龄而论，虽然不是你们全部，但与你们多数人的父辈相当。”（《普罗塔戈拉》317b）[①] 同样根据普罗塔戈拉本人的定义，智者的根本目标，是受教育者每天都会有所收获：“你和我在一起待一天，回家时就会变得比来的时候要好，第二天也同样。你每天都能取得进步，会变得越来越好。”（《普罗塔戈拉》318a－b）不过他们的相对主义立场，使当时的一些雅典人认为这些人是非不分，解构了雅典国家的政治与宗教基础，他们因此遭到部分雅典人的敌视，后来更得名诡辩派，声名狼藉。从西方思想的发展历程看，智者对雅典文化和思想的发展，曾发挥过重要作用。政治思想史上的

① Plato, *Protagoras*, in Plato, *Laches*, *Protagoras*, *Meno*, *Euthydemus*, Cambridge: Harvard University Press, 2006；中译本参见《柏拉图全集》，王晓朝译，北京，人民出版社，2002，译文略有改动。

许多问题，大多由他们提出。[①]

二、礼法、自然与正义

自走向地中海，希腊人越来越多地认识到，在这个世界上，并不只有希腊人是文明的，也不只有希腊人才有法律和制度。荷马似乎尚无法律和制度多样性的意识，他笔下的希腊人与特洛伊人几乎没有区别，两军之间的交流和沟通也没有任何问题。到古风时代，希腊人与吕底亚人发生了接触。及至波斯兴起，希腊人再次认识到东方历史的古老和颇为不同的政治体制。希波战争后，希腊人对外族的描写大量增加。[②] 希罗多德是最显著的例子。他在东方和希腊世界的广泛游历，以及他对希腊人历史发展的追溯，无不揭示着当时希腊人所知世界的丰富和多彩。他还在自己的书中，多次对埃及人、波斯人的风俗与希腊人风俗之间的差异进行过比较。对他来说，每个国家和文明的制度和风俗各有自己的特点，他援引品达的诗歌宣称，风俗是万物之主。希罗多德还特意提到，如果召开一个世界风俗博览会，则每个国家在把自己的风俗与他国的比较以后，都会认为自己的风俗最好。[③]

与此同时，自古风时代已经形成的希腊人之间的联系，因为公元前 5 世纪雅典帝国的建立以及智者的大批到达雅典，也大为增强。如学者们已经指出的，智者大多并非雅典人，而他们教授的内容，又大多与政治、法律和宗教等有关，这使他们非常关注不同国家的法律和制度，进而发现这些城邦的法律和制度并不完全一致。到公元前 5 世纪后期，城邦之间制度上的差异，因为雅典和斯巴达两大强国对霸权的争夺和在各自盟国中推行对自己有利的制度，更刺激了人们对不同政治制度特征的思考。此外，在同一城邦内部的不同时期，政治和法律制度也会有所不同，每次变革都伴随着对政治制度和法律的改造。同样重要的是，公元前 5 世纪雅典民主政治相对宽容的社会与政治氛围，为智者的活动提供了舞台，也为不同文化、制度之间的对话提供了平台。如果说早期希腊哲学以对自然的探索为中心，那么到公元前 5 世纪后期，希腊哲学出现了一个重要的转向：从天上走到了人间。

刺激希腊人思考自然与礼法之间关系的另一重要因素是伯罗奔尼撒战争。

① 关于智者的一般论述，参见汪子嵩等：《希腊哲学史》，第 2 卷，59～292 页，北京，人民出版社，1993。

② 参见［德］策勒尔：《古希腊哲学史纲》，翁绍军译，82 页，济南，山东人民出版社，1996。

③ 参见［古希腊］希罗多德：《历史》，上册，211 页。

这场延续了27年的大战异乎寻常的残酷，引起了一系列后遗症（如雅典的瘟疫、科西拉的内战等），严重恶化了城邦之间和城邦内部不同阶层之间的关系，人性中黑暗和丑恶的一面被充分释放出来，习俗和法律越来越多地被蔑视：雅典的瘟疫，毒化了雅典人的社会道德，让奢靡放纵一度流行；科西拉内战中，斗争双方竞相招募外援，对对手采取疯狂屠杀政策；斯巴达将普拉提亚守城者全部屠杀；雅典屠杀和奴役了米洛斯的全体居民；叙拉古则将雅典俘虏投入采石矿矿坑。诸如此类侵犯希腊人一直尊崇的传统的做法，迫使思想家们更多地思考人类的自然（本性）与传统风俗之间的关系，并注意到两者之间的不和谐，开始强调自然高于风俗，进而关注自然与风俗之间的冲突。[①] 自然与风俗和法律之间的关系，从此成为西方政治思想中一个非常重要的主题。

对希腊人来说，自然（*physis*）一般是“依靠自己的力量而成长的东西”，即天生的、自然长成的，与人工创造的事物相对。礼法在希腊语中一般为 *nomos*。这个词在希腊语中含义颇多，包含“风俗习惯，传统惯例，成文法律，各种协议、条约、契约和章程。它同 *physis* 的区别是：第一，*nomos* 是人们自己约定的，不是自然本性形成的，因而它仅对协议各方有效，而不像 *physis* 那样普遍适用。第二，它是由外在的主——人指定的，不是自然本身派生的内在的规定。第三，它本身不会生长变化，需要通过人做出变更，例如修改法律、制定新法规等”[②]。这里着重强调了 *nomos* 即风俗、法律的人为性质以及它与自然之间的区别，已经包含了智者本身对 *nomos* 的改造。但在早期希腊人那里，法律被视为神灵意志和正义的体现，理当符合自然，而且因为大多数城邦并未公布成文法，根本不会留意到不同城邦之间法律的区别，更不会考虑到法律与正义、自然的对立或区别。[③] 古风时代末期，不少城邦公布了成文法，希腊人开始注意到不同城邦之间的法律实际上存在区别，周边文明如埃及和波斯等，与希腊城邦在法律和制度上的差别更加明显，并且各自都认为自己的法律最为公正合理。据此，希腊人逐渐意识到，既然不同国家、不同时代的法律颇为不同，那是否意味着，这些法律和制度可能并非天然生成，或者说并非人类本性的自然表现，而是人为制定的结果？如果它们是人为制定的结果，那它们符合

① See Ryan A. Balot, *Greek Political Thought*, Oxford: Blackwell Publishing, 2006, pp. 99 - 102.

② 汪子嵩等：《希腊哲学史》，第2卷，205页。

③ 参见汪子嵩等：《希腊哲学史》，第2卷，203页；Ryan A. Balot, *Greek Political Thought*, p. 99。

人类的天性，进而与自然符合吗？或者说，在众多不同的法律背后，“是否有什么唯一的基础或 *physis*”[①]？

第一个试图讨论礼法与自然关系的可能是哲学家德谟克利特（Democritus），他把国家与社会的形成描述为一个符合人类自然发展的过程。在他的笔下，人类最初野蛮而且相互不能理解。随着人类意识到相互帮助于自己有益，他们走到一起形成社会，并创造语言，给各种动植物命名。由于这类共同体是在世界不同地区兴起，因此语言、动植物的名称也有所不同。人类学会用火以后，发明了包括法律在内的其他技艺。[②] 所以，法律、语言等虽然不同，是人为的发明，但它们像原子构成世界万物一样，都是人类自然的表现，值得我们尊重。既然城邦和法律的产生符合人性和自然，德谟克利特于是赋予城邦以非常重要的地位，强调最为重要的事情是城邦管理良好，富人应当帮助穷人，穷人则应当服从法律和智者的统治，以保证城邦内部的和谐。他非常担心城邦内部发生冲突，因为一旦冲突，则无论胜利者还是失败者，都会受到伤害，所以，“国家的利益应该放在超乎一切之上的地位上，以使国家能治理得很好。不应该让冲突过度以致失去正义，也不应该让暴力损害公共的善。因为一个治理得好的城邦是最可靠的庇护所，其中有着一切。如果它安全，就一切都安全；而如果它被毁坏，就一切都被毁坏了”。就法律而言，“法律意在使人们生活得更好。这只有人们自己有成为幸福的人的愿望才能达到。因为人民自己希望得到好处；这表现于那些服从法律并以之作为自己特有的美德的人”。那些遵守法律的人，“不论白天黑夜都是轻松愉快、勇往直前并且无忧无虑的。但对那些蔑视正义并且不尽自己义务的人来说，当他想起某种错处来时，这一切都只会使他烦恼。他总是在忧虑，并且自己折磨自己”。德谟克利特虽然认为“根据自然，强者统治是合理的”，但他同时告诫人们，人的自然并非一成不变，会随着教育而改变，“天性和教育紧密相关，因为教育变革着人类，由于教育，他的天性被重造”[③]。总体上看，在德谟克利特这里，自然和法律、习俗

① ［英］厄奈斯特·巴克：《希腊政治理论：柏拉图及其前人》，卢华萍译，78页，长春，吉林人民出版社，2003。

② See Michael Gagarin and Paul Woodruff, eds. and trans., *Early Greek Political Thought from Homer to the Sophists*, Cambridge: Cambridge University Press, 1995, pp. 156 - 157；［苏］涅尔谢相茨：《古希腊政治学说》，66～67页。

③ Gagarin and Woodruff, *Early Greek Political Thought from Homer to the Sophists*, pp. 157 - 163；北京大学哲学系外国哲学史教研室编译：《古希腊罗马哲学》，107～122页，北京，商务印书馆，1961。

之间并无根本冲突，法律和习俗是自然不同的表现形态。人的本性，则会随着教育被改造。[①]

当普罗塔戈拉用人类社会起源来证明民主政治的合理性时，他似乎也仍承认自然与礼法之间的协调。人类出自神的创造，拥有神的技艺，分享了一份神性。考虑到人类缺乏政治技艺，无法和平相处，面临彻底毁灭的危险，宙斯派遣赫尔墨斯把羞耻和正义送给人类，在人类中创造了一条团结和友谊的纽带。普罗塔戈拉的创造性在于，他借用这个神话，强调人类都分有同等的政治智慧：

> 赫尔墨斯问宙斯他应当以什么样的方式在人们中间馈赠这些礼物："我是否应该像过去分配技艺那样馈赠这些礼物，也就是说，只送给少数人，让一个人成为训练有素的医生，而让他去为许多人服务？我在分配正义和羞耻的时候也应当用这种方式，还是应当把正义和羞耻分配给所有人？"宙斯说："分给所有人。让他们每人都有一份。如果只有少数人分享它们，就像分享技艺那样，那么城邦就绝不能存在。"（《普罗塔戈拉》322c－d）

在普罗塔戈拉看来，虽然人类因为分工而各有专长，但政治智慧的分配是个例外。所有人都得到了神灵的赠礼，具备最基本的正义和道德，而政治智慧又总是遵循正义和节制的原则。接下来的推论也就非常自然：在国家事务中，应当听取所有人的意见，否则的话城邦就不能存在。在这个意义上，城邦应当实行民主政治，让所有人政治权利平等。尽管如此，人类天性中有善恶，所以需要通过教育，培养那些好的品质，以让他们成为优秀的公民。这里的天性，实际上就是 *physis*，即自然。从这一点看，普罗塔戈拉的"天性"与德谟克利特的有相似之处：它们内在于人性之中，需要通过教育加以培养。

巴罗特认为，最初强调自然与礼法对立的人物大多属于反对民主政治的寡头派。他们中的第一人就是公元前 5 世纪末通常被称为"老寡头"的《雅典政制》的作者。[②] 与伯里克利极力强调的民主政治有益于全体公民，让所有公民展示自己才能、参与国家政治的主张相反，老寡头认为，人们根据自己的社会经济和阶级属性，天然划分成不同的等级，相应具有他们各自阶级的本性（自

---

① See C. C. W. Taylor, "Democritus," in Christopher Rowe and Malcolm Schofield, eds., *The Cambridge History of Greek and Roman Political Thought*, Cambridge: Cambridge University Press, 2000, p. 127.

② See Ryan A. Balot, *Greek Political Thought*, pp. 98－100.

然），并据此制定国家政策。对他来说，“城邦本质上是一个战场”，一个不同阶级争夺对国家的控制权、进而掌握资源分配权力的场所。他同时指出，既然雅典民主政治让人们口中比较贫穷的阶级掌握了权力，执行帮助穷人打压富人的政策，倒是符合民主政治的本性：

> 我的看法是，雅典人民知道哪些公民好，哪些公民恶。可是，尽管他们了解这一点，但他们培育那些对他们自己友好和有用之人，哪怕那些人是坏蛋。他们倾向于憎恨好人，因为他们认为，好人并不天然具有美德，做对人民有益之事，而会伤害人民。另一方面，有些人天然并非民主派，只是他们事实上站在人民一边。我原谅那些支持了民主政治的人，因为人们只能谅解那些照顾他自己的利益的人。但无论何人，只要他不是民主派，可是又希望生活在一个民主而非寡头制的城邦中，那就需要准备做坏事，并且已经意识到，一个罪犯在一个民主的城邦中，较之在一个寡头制城邦中更容易逃脱。①

老寡头的意思是，城邦的性质由掌握权力的阶级决定。因为雅典的掌权者是贫穷的大众，其法律自然偏向穷人。所以，在抨击了雅典民主政治因为穷人掌权造成的一系列“问题”后，他做出了丝毫不让人意外的结论：“至于雅典人的政体，我不会赞扬它的形式。”但他随后补充的一句，无意中透露了民主政治的成功：“既然他们已经决定拥有民主，他们通过我已经表明的方式，很好地维护了它。”② 在老寡头这里，自然被区分开来，穷人的自然倾向于民主政治，富人的自然倾向于寡头政治。在德谟克利特和普罗塔戈拉那里比较统一的人性，到这里被根据阶级立场做出了截然对立的区分。

在阐述自然与礼法关系的进程中，智者安提丰（Antiphon）发挥过重要作用。现在流传下来的有关安提丰的几篇残篇，分别揭示了安提丰有关自然与礼法关系的看法的几个方面。首先，他对希腊人有关蛮族与希腊人两分的传统提出了挑战：

> ……我们了解和尊重（邻近共同体的法律），但对那些离我们遥远的共同体的法律，我们既不了解，也不尊重。因此，我们相互之间就成了蛮

① ［Xenophon］，*The Constitution of the Athenians*，in Xenophon，*Scripta Minora*，E. C. Machant，trans.，Cambridge：Harvard University Press，2000，pp. 496－499.

② ［Xenophon］，*The Costitution of the Athenians*，pp. 498－499. 关于雅典民主的阶级特性，参见黄洋：《“雅典革命论”与古典雅典政制的建构》，164～175 页。

族。根据天性，当我们出生时，在各个方面同样既可能是蛮族，也可能是希腊人。我们能够考察那些天然具有的特性，它们必然表现在所有人身上，而且所有人得到的都相等。在这些方面，我们中谁也不会被专门挑选出来作为蛮族或者希腊人，因为我们都通过我们的嘴巴和鼻孔呼吸；当我们感到快乐时，我们会笑；当我们痛苦时，我们会哭；我们靠我们的听觉接受声音；利用视线的光来观察；用双手工作；用双脚行走……①

安提丰的态度表明，到公元前5世纪，随着希腊人与不同文明的接触，他们已经意识到礼法与自然之间存在重要的区别。从法律上说，希腊人明确将人区分为希腊人与蛮族、自由人与奴隶。然而从自然规律来看，人类就是人类，存在着众多的相似性，有着同样的外貌、感情和功能。相对于法律的规定而言，自然显然处在更高一级。在有关法律的讨论中，他进一步说明法律的规定可能与自然之间存在冲突：

正义当然是不违背城邦所确定的法律。只有在城邦中，人们才能过着公民的生活，可以很好地支配自己，使自己的行为符合正义。倘若有证人在场就遵从法律，不然就按自然行事。因为法律条文是人为制定的，而依据自然确定的条例则是应该如此的，不是人为的。法律的条文是经过协议达成的，并不是自然而然地形成的，然而自然的律令却不是人们约定的。

无视法典的人如果逃脱了人们一致协议的律令，他也就逃脱了一场耻辱和惩罚，否则不然。但是如果一个人违抗植根于自然的律令，他不会因逃脱众人耳目而减少危害，也不会因众目睽睽而增加危害，因为他所造成的危害不是因意见而成立的，而是千真万确的。一般说来人们考虑这些事情的理由是：法律所确认的许多正义行动是违背自然的……

法律所确认的利益是自然的桎梏，自然所确定的利益却是自由的……

根据法律，只有遭受侵害因而奋起自卫，而不是首先发动攻击，才是正义的；即使父母虐待自己，自己也要好好款待父母；即使他人背弃誓言，自己也不可食言。所有这些规定，人们可以发现许多都是同自然对立的，它们可能导致如下后果：受害者比害人者遭受更多的不幸……

因此，这些事情显然不是小错，不管是对受害者还是施害者来说，都如此，因为如果这些事情是正义的，而既不伤害他人，也不伤害自己的规

① Daniel W. Graham, ed. and trans., *The Texts of Early Greek Philosophy*, vol. 2, Cambridge: Cambridge University Press, 2010, pp. 814–815.

则也是正义的，系不可能之事。相反，它们中必然只有一个正义，要不就是两个都不正义。此外，无论结果如何，司法过程、判决、仲裁程序显然都不正义，因为它帮助了某个人而伤害了其他人。在此过程中，那个得到帮助的人不曾受到伤害，而那些被伤害的人受到了损害。①

上引各段非常准确地抓住了自然与礼法之间的矛盾，解构了城邦法律的基础。希腊城邦之所以能够成为人类社会的基础，是因为它遵行正义，体现城邦正义的是法律，法律要依靠公民参与才能维系。然而根据安提丰的看法，城邦虽然是人类社会的基础，但城邦的法律却不一定正义，或者符合自然，它是人为约定的结果，因为法律的许多规定，与自然正义原则相背离。而遵守法律，也未必就能给自己带来好处，反倒可能给自己造成伤害，因为法律规定不能主动攻击别人，这就意味着只能在自己受到攻击时才能采取自卫行动，而那可能造成自己首先受到损害，结果又是与保护自己利益的原则相悖。此外，如果缺乏公民的维护，城邦的法律将无法得到执行，而执行法律需要得到证据，证据需要公民作为证人提出。可是，根据安提丰的看法，这种在梭伦那里被视为正义的行为，反而对自己有害：由于他的作证，他伤害了那个本来不曾对自己造成过直接损害的人，并且间接给自己树立了一个敌人，损害了自身的利益。正是在这个意义上，安提丰提出了他著名的结论：法律是自然的桎梏。

安提丰已经注意到，人们在公开场合和私下里对法律的态度不一致。在公开场合人们会遵守法律，但从个人本性来说，不遵守法律反而更容易让自己受益，因此人们私下里很可能不会遵守法律。这个问题在后来成为雅典三十僭主之一的克里提阿斯（Critias）那里得到强调，在可能属于他的一个残篇里，他借希腊人传说中的罪犯西西弗斯（Sisyphus）宣布：法律甚至神灵可能是为了某些人的利益而被特别发明出来的。

过去曾有这样一个时代，人类生活毫无秩序，他们像动物一样，受到强力的统治。对于善良，人们不给予奖赏，对于恶行，也无惩罚。我认为，然后，人类为进行惩罚颁布了法律（*nomoi*），以使正义（*dikē*）成为统治者，而傲慢（*hubris*）成为它的奴隶。无论是谁做了错事，都要受到惩罚。接着，由于法律阻止人们公开诉诸暴力，但人们仍秘密作恶，因此我认为，某个精明和睿智的人（*sophos*）为凡人发明了恐惧神

① Gagarin and Woodruff, *Early Greek Political Thought from Homer to the Sophists*, pp. 244－247；中译文部分引自汪子嵩等：《希腊哲学史》，第2卷，222～223页。

> 灵的把戏。这样，即使他们的行为、言论或者思想是秘密的，他们仍有所畏惧。他就这样引入了神圣的观念，宣称有一种神灵，强大而且长生不死，它用自己的心听取、监督、思考和注意所有与它的神性有关的东西。它将听取凡人所说的一切，而且能够看到他们所做的一切。即使你悄悄地计划恶行，也逃不过神灵的注意，因为他们了解我们的思想。就是利用这些故事，他引入了最有益的教训，用虚假的叙述隐瞒了真相。他还宣称，神灵住在一个让人感到特别恐怖的地方，因为他知道，凡人正是对那些地方感到畏惧，同时也从那里为他们悲惨的生活获得收益……他就用这些恐惧把人类包围起来，以法律手段（*nomoi*）遏止了无法无天（*anomia*）……因此，我认为，有人第一个说服凡人相信，世界上有一个神的种族。①

法律是人类为了惩治罪犯颁布的，当然属于人们的约定。不过克里提阿斯发现，人类可能不过是表面上遵守，但私下里可能不会如此。于是某个聪明人为了恐吓人类，让遵守法律变成自觉行动，发明了神灵。温顿认为西西弗斯这里利用神话创造了一个道德乌托邦，希望把遵守法律变成人们的自觉行动。②但如果这篇文献真的出自克里提阿斯，则毋宁说这个残篇暴露了他对法律和宗教彻底的玩世不恭态度，借自然之手，将宗教和法律的权威彻底打倒在地。

由法律与风俗乃人为约定，系人们为自己的利益而制定这一前提进一步推论，就是法律都不过是人们根据自己利益的需要制定的规定。只是在这个问题上，有些人认为法律表达的是强者的利益，另一些人则认为，法律是弱者发明出来对付强者的工具。前者可以特拉叙马库斯（Thrasymachus）为代表，后者可以卡里克勒斯（Callicles）为代表。他们都强调礼法与自然的对立。

根据特拉叙马库斯的看法，在现实社会中，正义的人，也就是那些遵守法律、诚实行事的人，往往让自己的利益受损，而那些不择手段、不守法度的人，不仅在日常生活中获得更多的好处，有些人还成为窃国大盗，掌握权力，制定对自己有利的法律，为自己谋取最大的利益。以此类推，则所有的法律和政府，都只是为了统治者的利益，即所谓强者的利益：

> 难道不是谁强谁统治吗？每一种统治者都制定对自己有利的法律，平

---

① Gagarin and Woodruff, *Early Greek Political Thought from Homer to the Sophists*, pp. 260 - 262.

② See Richard Winton, "Herodotus, Thucydides and the Sophists," in Rowe and Schofield, *The Cambridge History of Greek and Roman Political Thought*, p. 90.

> 民政府制定民主法律，独裁政府制定独裁法律，依此类推。他们制定了法律明告大家：凡是对政府有利的对百姓就是正义的；谁不遵守，他就有违法之罪，又有不正义之名。因此，我的意思是，在任何国家里，所谓正义就是当时政府的利益。政府当然有权，所以唯一合理的结论应该说：不管在什么地方，正义就是强者的利益。（《理想国》338e－339a）

这番话是否真的出自特拉叙马库斯之口，我们不得而知。结合修昔底德记载的有关雅典帝国的辩论，当时也许存在这种强权即公理的言论。如果我们寻根究底，就会发现这种观点并不新鲜。老寡头已经指出，雅典的民主政体依靠穷人，所制定的政策以穷人的利益为依归。特拉叙马库斯则从人性为自己谋取利益出发，把这种主张进一步推广，认为所有政府都如此。在这种情况下，那些遵守法律、按照政府的正义标准行事的人，自然就是愚蠢而且懦弱的。要维护自己的利益，则只有挑战法律，或者尽可能地逃避法律。应当说，这种看法敏锐地发现了政府本身的阶级性质及其政策的出发点，突出了政府作为阶级利益分配者的“偏颇”角色，但它完全忽视了希腊城邦作为公民团体的性质，将城邦内部的利益冲突无限放大，与民主政治的和谐理想相去甚远。对此苏格拉底稍做分析，指出政府也可能制定错误的法律，从而损害政府自身即所谓强者的利益，点明政府进行正义统治反而于自己更有利，这就迫使特拉叙马库斯自认失败（《理想国》352b－d）。

卡里克勒斯的看法表面上看与特拉叙马库斯相反，而与《理想国》中的格劳孔（Glaucon）更为接近。格劳孔认为，人性本质上是人不为己天诛地灭，所以，任何人只要有可能，都不可能实行正义，而会尽量利用自己的权力做不正义之事。他借用吕底亚牧人巨吉斯（Gyges）的故事宣称，所谓的正义，不过是“既不要得不正义之惠，也不要吃不正义之亏”，考虑到无法无天带来的恶果，人们“中间才开始订法律契约。他们把守法践约叫合法的、正义的”。所以，“正义的本质就是最好与最坏的折中——所谓最好，就是干了坏事而不受罚，所谓最坏，就是受了罪而没法报复。人们说，既然正义是两者之折中，它之为大家所接受和赞成，就不是因为它本身真正善，而是因为这些人没有力量去干不正义，任何一个真正有力量作恶的人绝不会愿意和别人订什么契约，答应既不害人也不受害——除非他疯了”（《理想国》358e－361d）。所以，所谓法律、正义等，既不是神的规定，也与人天然自私、希望为所欲为的本性不合。在这种情况下，弱者为了保护自己的利益，要求大家订立契约。

像安提丰一样，卡里克勒斯把自然与礼法（本性与习俗）完全对立起来，批评苏格拉底在讨论正义时偷换概念："如果某人的讲话以习俗为基础，你就狡猾地依据本性向他提问；如果他追随本性，你就追随习俗。"他认为人性本愿意为恶，尤其是那些强者。因此——

> 我猜想法律的制定者是弱者一类的人，而且是数量更多的人，因此，制定法律、分配荣誉与耻辱之时，法律的意图都是为了他们自己和他们自身的利益，以恐吓那些能够获得优势的强者，阻止他们获得对自己的优势，于是他们告诉强者，这类扩张是恶劣而且不正义的，做坏事恰恰就是侵犯自己邻人的行为。因此，我以为他们全部满足于自己与他人平等，是因为他们自己如此卑下。这就是为什么根据习俗，获得对多数人的优势被称为不正义，而且他们将其称为恶的原因。但在我看来，根据本性，它已经宣布了这样一个事实：强者应当对弱者处于优势，而比较能干的人，应当优于那些较差的人。在很多情况下，事实显然就是这样，不仅在动物界如此，整体上看，在人类的国家和种族中，也是如此：权利已经规定，强者应当统治弱者。(《高尔吉亚》483b－d)①

为了证明自己的看法，卡里克勒斯在提出这段结论之前，举奴隶遭受虐待为例，指出作为一个人，根本不愿遭受虐待，以证明法律是弱者为保护自己的利益，逼迫强者承认自己与弱者平等。在提出这个结论后，他又以薛西斯入侵希腊和西徐亚人为例，证明强者的作为不关乎正义，本性上希望为所欲为。卡里克勒斯从他所谓的强者理当统治弱者出发，不仅宣布了民主政治下平等原则的无效，而且国家和法律的权威，也因为与自然原则违背，对强者不义，失去了存在的前提。据此推论，强者将永远成为统治者，而弱者毫无权利，只能接受统治和被虐待，人间的法律，因为对强者不义，理当被推翻。所以，虽然他的理论看似与法律乃强者利益相反，实则出发点完全相同：法律和习俗与人性相违背，不遵守法律，是符合人类本性的天然行为。然而，他随后描绘的自然正义取得胜利的情景，似乎是完全反社会的。按照他的原则，城邦和人类社会都会被消灭：

> 我们塑造我们中的最优秀者和最强者，犹如对待小狮子那样，从他们孩提时起就夺走他们，并且用咒语和巫术彻底迷惑他们，告诉他们，他们只能得到平等的一份，而且那就是正义。但我想，当某个人具有足够天然

① Plato, *Lysis*, *Symposium*, *Gorgias*, W. R. M. Lamb, trans., Cambridge: Harvard University Press, 2001, pp. 384－385.

的力量时，他就会摆脱我们教给他的一切，冲破束缚和锁链。他会把我们的法典和锁链、我们的咒语和“法律”全都踩在脚下，因为它们全部是违反自然的。我们的奴隶会暴动，证明他们自己是主人，那时自然正义的曙光就来临了。（《高尔吉亚》483e－484a）

如此的自然正义，更像伯罗奔尼撒战争开始后希腊城邦内战恶性爆发时的情景[①]，与希腊城邦真正的历史相去甚远。尽管如此，公元前5世纪后期智者有关自然与礼法关系的探讨，在政治思想史上仍具有重要地位。当时雅典思想的诸多领域，诸如历史、文学、哲学等，都受到了这场争论的影响。它还让人们注意到成文法与不成文法、法律与统治阶级意志、法律与道德、法律与自然规律以及人类本性之间的关系等众多的方面，促使希腊人更多地思考法律与正义、城邦统治之间的关系。柏拉图、亚里士多德等人在阐述他们关于城邦政治的理论时，或多或少地吸收了智者的看法。自然法、人定法的区分在后世继续发展，成为左右西方政治思想发展的一个重要因素。[②]

三、民主政治的优劣

公元前5世纪雅典民主政治的发展及其崛起为希腊世界强国，不能不引起思想界的注意和辩论。对主要出自有产阶级的思想家而言，寡头政治或者精英阶层掌权的政体具有不言自明的合理性，但雅典那样一个国家居然让大批最为贫穷的公民享有了政治权利，对主要由精英阶层出身的领袖们通过陶片放逐法和公民信任投票加以严厉限制，对他们在任职期间的行为加以严密监督，而且在近一个世纪的时间里取得了巨大成功，就不能不引起思想家们的争论。虽然希腊的史学家和政治家一般不被归为智者，但他们中的不少人，尤其是修昔底德，显然受到了智者的启发和影响，因此放在这里一并讨论。对此首先发言的是历史学家希罗多德。虽然他并不是一个深刻的思想家，但他有关雅典历史的记载，仍然让他毫不犹豫地宣布，自由和平等是雅典国家走向强大的基本原因。他借波斯贵族之口，表达了当时雅典人有关政治的思考。

波斯贵族之间有关政治制度辩论的背景，是波斯在经历了冈比西斯（Cambyses）的暴政和篡位的玛哥斯的统治之后，大流士（Darius）等人成功夺回了统治权。为了确定最高权力的归属，大流士等七人就波斯应当采用的政治体制进行了

① 参见［古希腊］修昔底德：《伯罗奔尼撒战争史》，上册，267～270页。

② 参见汪子嵩等：《希腊哲学史》，第2卷，232～245页。

讨论。欧塔涅斯（Otanes）率先发言，批评了君主政治的弊端，同时谈到了民主政治的优点。他认为，君主无限制的权力会败坏一个好人的品质，无限制的权力又会让君主为所欲为，任意改变法律，对人民不加审判肆意屠杀。需要注意的是，欧塔涅斯在抨击君主制度的不义时，注意到了制度设计的作用，认为正是君主大权在握的制度，让他时刻担心自己的权力被劫夺，产生嫉妒心理并信任那些奸佞之臣，从而对臣下和民众痛下杀手。而在民主制度下，“人民统治的优点首先在于它的最美好的声名，那就是，在法律面前人人平等。其次，那样也便不会产生一个国王所易犯的任何错误。一切职位都由抽签决定，任职的人对他们任上所做的一切负责，而一切意见均交公民大会裁决”。值得我们注意的是，欧塔涅斯在论证民主政治的优点时，同样是从制度设计入手，即法律面前人人平等、公民大会握有最高权力、抽签担任官职和任期责任制，都确保民众的自由和避免暴政，由此使国家强大。在他之后发言的是美加比佐斯（Megabyzus），他首先批评了民主政治，指责在民主政治下，“没有比不好对付的群众更愚蠢和横暴无礼的了……不管暴君做什么事情，他还是明明知道这件事才做的，但是人民大众连这一点都做不到，完全是盲目的。你想民众既然不知道、他们自己也不能看到什么是最好的和最妥当的，而是直向前冲，像一条泛滥的河流那样盲目奔流，那他们怎能懂得他们所做的是什么呢？”[①] 美加比佐斯批评民主政治的地方，是人民根本没有资格统治，他们不知道什么是自己的利益。这些人除了把国家的事情弄得一团糟之外，不可能做出任何有价值的事情。不过论辩者似乎说不出贵族政治的具体优点，只好宣布参与辩论的几个人都是最为优秀的人物，可以做出最为高明的决定。到大流士发言时，他首先批评民主政治和寡头政治，重点强调心理方面的因素，但也考虑到制度的影响：在民主政治下容易产生恶意，恶意导致坏人结盟，致使人民利益受损，直到有一个人起来制服这些坏人。这个人受到人民的崇拜，成为独裁的君主。至于贵族政治，他批评的则是贵族间的相互竞争导致分裂，分裂产生派系，派系产生流血，流血的结果是独裁。大流士也是从制度设计入手，强调两者都产生派系，派系导致人民的利益受损。既然两种制度最后的结局都是走向君主制，那不如从一开始就采用效率相对较高的君主政体。[②]

希罗多德的记载表明，当时的雅典人已经认识到制度设计本身的重要性，

---

① ［古希腊］希罗多德：《历史》，上册，231～233页。希罗多德在这里虽然没有明确使用“贵族政治”一词，但从美加比佐斯的言论看，他支持的并不是少数富人执政、只关心自己利益的寡头政治，而是贵族政治。

② 参见［古希腊］希罗多德：《历史》，上册，233～234页。

而不再重点关注统治者个人的道德与素质，体现了政治思想的重大进步。

对民主政治的特征阐述最为充分的，是伯里克利在雅典阵亡将士葬礼上的演说。虽然修昔底德记载的演说内容作为史料未必可靠，但考虑到伯里克利演说之时，修昔底德本人应当在场，而且不少雅典人亲自听到过这篇演说，因此就其主旨来说，应当与当时的历史相去不远。作为当时雅典最有影响的政治家，伯里克利从雅典与斯巴达冲突的角度，全面肯定了民主政治。

首先，“我们的制度之所以被称为民主政治，是因为政权是在多数公民手中，而不是在少数人手中”。虽然在解决私人纠纷时，我们承认人有贫富、地位有高低，但所有人在法律面前都是平等的。因此，“让一个人优先于他人担任公职时，所考虑的不是某一个特殊阶级的成员，而是他们的真正才能。任何人，只要他能够对国家有所贡献，就绝对不会因为贫穷而在政治上默默无闻”。在伯里克利看来，民主政治最突出的特征，显然是多数人执政和平等原则。可是，平等并不是无政府状态，更不是多数人的暴政。恰恰相反，民主政治最为宽容和尊重法律。“当我们的邻人为所欲为时，我们不致因此而生气……在我们的私人生活中，我们是自由和宽恕的；但是在公家的事务中，我们遵守法律……”①

其次，民主政治下的公民乐于而且善于享受生活。“我们提供了劳作之外的许多娱乐活动，一年四季，我们举办各种赛会，定期奉献牺牲；我们家庭的装饰品位高雅；我们在这些东西上每天所得到的乐趣，赶走了哀伤；我们的城邦这样伟大，它把全世界各地一切好的东西都充分地带给我们，使我们享受外国的东西，正好像是我们本地的出产品一样。”“但这并不意味着我们因为自由和富裕的生活而变得软弱。”“我们是美的热爱者，但不会陷入奢侈，是智慧的热爱者，但不会软弱。我们运用财富时，是把它作为行动的机会，而不是吹嘘的资本；在我们这里，承认贫穷并不是丑事，但不尽自己最大的努力去避免它，才是耻辱。”“我们虽然不像斯巴达人那样从小就培养勇敢和进行艰苦训练，但无论是在国内还是国外的战场上，无论面对敌人的全军还是分遣队，我们都依靠自己的勇敢和忠诚打败了他们。”② 斯巴达人勇敢是因为他们无知，雅典人的勇敢则建立在深思熟虑的基础上，是高层次的勇敢。

再次，民主政治下的公民具有强烈的爱国热情。每个人在忙于自己的事务的同时，也关心公共事务。“一个不关心政治的人，我们不说他是一个注意自己事务的人，而认为他一无所是。”公民为城邦慷慨赴战，他们“只要想到丧

---

① ［古希腊］修昔底德：《伯罗奔尼撒战争史》，上册，147～148页。

② ［古希腊］修昔底德：《伯罗奔尼撒战争史》，上册，148～149页。

失了这个城邦，就不寒而栗”[①]。所以，每个公民都会忍受一切痛苦为它服务。

最后，正因为民主政治具有上述优点，公民们温文尔雅和多才多艺，具有非凡的创造力，国家才变得格外强大。“我们的城市是希腊人的学校。”“在我们所知道的国家中，只有雅典在遇到考验的时候，被证明比一般人所想象的更为伟大。在雅典的情况下，也只有在雅典的情况下，入侵的敌人不以战败为耻辱，受它统治的属民不因统治者不够格而抱怨。”“我们将成为今天和后世的奇迹，我们不需要荷马或任何其他诗人吟唱赞歌，因为他们的诗句可能娱人耳目于一时，却无法充分展示事实的真相。”[②]

伯里克利的上述演讲阐述了民主政治的基本原则：民主政治是多数人执政，但会给全体公民提供平等的机会；民主政治服从领袖，尊崇法律，并不是不守法制的群众暴政；民主政治创造了公民的爱国热情，造成了国家的强大。但强大的民主国家总是对自己的朋友仁慈，给敌人制造痛苦。如部分学者意识到的，伯里克利论及民主政治时，尤其注意民主政治对雅典公民性格的塑造，并且处处与斯巴达人做对比，在比较中彰显民主政治的优势，因此不免带有辩护的味道。[③] 他针对的，也许正是当时批评雅典的那些寡头或者贵族，因为他们总是认为，对贫富一视同仁本身就不公平，真正的平等应当是比例平等。[④]他们还强调，自由就是无政府状态；用大量的时间去辩论是浪费时间，影响效率；对艺术的热爱，则会导致男人的女性化。

伯里克利的演说已经让我们接触到修昔底德。但就对民主政治的态度来说，修昔底德与他膜拜的政治家之间差别甚巨。他曾经出任雅典将军，因失去安菲波利斯而被流放，但一直关注着战争的进程。他是一个坚定的爱国主义者。雅典的失败，对他的历史写作产生了相当大的影响。其中的某些内容，特别是对雅典在战争中失败原因的分析，对一些重大事件、重要人物的判断和评价，可能也随着战争形势的变化有所修正。就历史写作来说，这些都是正常的。但作为雅典人的修昔底德，由于看到了战争的最终结果，对民主政治丧失了信心。也许在修昔底德看来，雅典毕竟在战争中犯了大量严重错误，终于惨遭败北，失去了舰队、帝国和长城，被迫加入了伯罗奔尼撒同盟。而所有这一

---

① ［古希腊］修昔底德：《伯罗奔尼撒战争史》，上册，149～150 页。

② ［古希腊］修昔底德：《伯罗奔尼撒战争史》，上册，150～151 页。

③ 参见［美］罗伯兹：《审判雅典：西方思想中的反民主传统》，57 页；A. B. Bosworth，“The Historical Context of Thucydides' Funeral Oration,” *Journal of Hellenic Studies*，120，2000，pp. 1-16。

④ 参见［古希腊］亚里士多德：《政治学》，136～137 页。

切，修昔底德都归咎于民主政治的错误。

修昔底德无疑深受雅典当时启蒙思潮的影响，对当时自然与礼法关系的讨论，显然也相当熟悉。对于雅典那种追求平等的民主政治，他也许并不喜欢。他尤其看不起普通人，抱怨说“普通人常常容易不用批判的方式去接受所有古代的故事——就是对于那些和他们本国有关的故事，他们也是如此”。“其他希腊人也同样地不但对于记忆模糊的过去，而且对于当代的历史，也有许多不正确的猜想。”“事实上，大多数人不愿意找麻烦去寻求真理，而很容易听到一个故事就相信它了。”① 他由此更进一步，认为普通民众缺少政治智慧和判断力，只能接受拥有智慧的精英人物的领导。雅典之所以失败，就是因为伯里克利死后，后继的政治家们只知道讨好民众，使民众越来越粗鲁、放肆和无法无天，导致了战争的失败。②

由于对普通人民管理国家的能力持批判态度，修昔底德对指导战争的雅典人民和公民大会颇有微词。在修昔底德笔下，他们容易受人蛊惑、煽动，性情多变，政策缺乏连续性。对米提列奈的处置是最显著的例子。③ 修昔底德对伯里克利最后一年命运的描绘，也体现了雅典人民政策多变、公私不分的特征：

> 关于国家的政策，他们（雅典人民）接受了他（伯里克利）的论点，没有再派使团到斯巴达去了，同时表现对战争的进行增加了力量。但是在私人事务上，他们还是感受到深重的灾难……事实上，对伯里克利的恶感还是普遍存在，直到他们判处伯里克利一笔罚款，才心满意足。但是不久之后，如大众总是做的那样，他们又选举他为将军，把他们的一切事务都交给他处理……以国家的公共需要而论，他们认为伯里克利是他们所有人中间最有才能的人。④

有关派罗斯战役和西西里远征的争议同样表现出了公民大会容易受愚弄的一面。派罗斯战役久拖不决，克里昂对指挥战争的尼西阿斯大加挞伐，声称如果自己指挥，可以很快结束战斗。尼西阿斯将计就计，同意将指挥权转交给克里昂。克里昂本来只是说说大话，无亲自指挥战斗的打算，极力推辞。“雅典人的态度是群众经常的态度。克里昂越推让躬赴派罗斯的任务，越想收回他自

① ［古希腊］修昔底德：《伯罗奔尼撒战争史》，上册，18 页。

② 参见［古希腊］修昔底德：《伯罗奔尼撒战争史》，上册，169～170 页。

③ 参见［古希腊］修昔底德：《伯罗奔尼撒战争史》，上册，230～243 页。

④ ［古希腊］修昔底德：《伯罗奔尼撒战争史》，上册，169 页。

己所说的话，群众就越鼓励尼西阿斯移交军权。他们都大声叫唤，要克里昂出发。”① 克里昂作茧自缚，被迫率军到了派罗斯。在修昔底德看来，纯粹因为运气，雅典人取得了胜利。西西里远征则完全是另外一种情景。修昔底德声称，雅典人之所以发动远征，一是因为无知，受了埃格斯塔人的糊弄，二是受了阿尔喀比亚德（Alcibiades）的煽动。结果又因为雅典人制度上的问题（对将军们过于苛刻和严厉），使尼西阿斯贻误了撤退时机，导致全军覆没。

对于雅典人的性格，修昔底德是不喜欢的。他借科林斯人之口评论道：

> 一个雅典人总是一个革新者，他敏于下定决心，也敏于把这个决心实现……其次，雅典人的勇敢常常超出他们人力和物力的范围，他们常常违反他们的良好判断而去冒险；在危难之中，他们还能坚持自己的信念……如果他们胜利的话，他们马上穷追到底；如果他们战败的话，他们绝不退缩。至于他们的身体，他们认为是给他们的城邦使用的，好像不是他们自己的一样，但是每个人培养他自己的智慧，其目的也是为着要给他的城邦做一点显著的事业。如果他们做一点什么事情而没有成功的话，就会认为他们所有的一切都完全被剥夺了；但是如果他们的事业成功了的话，他们就认为这种成功和他们所将要再做的事业比较起来，也算不得什么。他们马上把希望放在另一个方面，以弥补这个损失。只有对于他们，我们可以说，如果他们开始想要一件东西，他们就马上取得了那件东西，他们的行动是这样迅速地和他们的决心相伴随。所以他们一生的时间都是继续不断地在艰苦危险的工作中度过的，很少享受他们的财产。他们把度过假期只看作是履行一种义务而已；他们宁愿艰苦而活动，不愿和平而安宁。一言以蔽之，他们是天生不能自己享受安宁的生活，也不让别人享受安宁的生活的。②

乍一看，科林斯人对雅典人颇为推崇。雅典人勇于创新、实践和行动，因此能够创建伟大的帝国，可是，我们不要忘记，这是科林斯人在促使斯巴达人向雅典宣战的大会上的发言，其最后一句话道破了他们发言的动机：雅典人是天生的扩张主义者，只有立刻向他们发动战争，彻底打败他们，才能制止他们的扩张，否则整个希腊世界将永无宁日。

对于在民主政治下依靠演说来议决政治事务的做法，修昔底德的批判更加

---

① ［古希腊］修昔底德：《伯罗奔尼撒战争史》，上册，320 页。

② ［古希腊］修昔底德：《伯罗奔尼撒战争史》，上册，56～57 页。

严厉，他借克里昂之口抨击道：

> 很明显地，说这种话的人……一定是受了贿赂，把一些煞费苦心地想出来的言辞凑合起来，想利用这种言辞来引诱你们走到错误的道路上去。但是在这种竞赛中，国家把报酬给别人，而它本身负担一切危险。这是你们的过失，因为你们愚笨地规定这种竞赛的表演。你们经常是言辞的欣赏者；至于行动，你们只是从人家的叙述中听来的；如果将来需要做什么事情的话，你们就只根据听到关于这个问题的一篇好的演说词来估计可能性；至于过去的事情，你们不根据你们亲眼看到的事实，而根据你们所听到的关于这些事实的言辞巧妙的评论，一个新奇的建议马上就能骗得你们的信任；但是被证实了的意见，你们反而不愿意采纳；凡是平常的东西，你们都带着怀疑的态度来看待；遇到似是而非的理论，你们就变为俘虏……你们总是时时刻刻在寻找普通经验范围以外的东西，但是即使是你们眼前的生活事实，你们也不能直接地考虑。你们是悦耳言辞的俘虏；你们像是坐在职业演说家脚下的听众，而不像是一个讨论国家事务的集体。①

在这样一种以欣赏言辞为准绳、不顾事实真相的公民大会上，战争政策不断出现错误也就不奇怪了。在修昔底德的著作中，我们不断看到雅典政策上的错误，发动西西里远征，不过是其中最明显的例证而已。所以，他十分推崇伯里克利的领导才能和战略战术以及施政风格："他的贤明和他有名的廉洁，能够尊重人民的自由，同时又能够控制他们。是他领导他们，而不是他们领导他……所以虽然雅典在名义上是民主政治，但实际上权力正逐渐落入第一公民手中。"也就是说，雅典之所以在伯里克利时期进入全盛时代，恰恰是因为政治还不是充分的民主，是因为伯里克利这个大人物的指导。伯里克利死后，雅典政治迅速败坏，"他的继承人，彼此都是平等的，而每个人都想要居于首要的地位，所以他们采取笼络群众的手段，结果他们丧失了对公众事务的领导权"②。因此，对修昔底德来说，雅典在伯罗奔尼撒战争中的失败，主要源自他们制度上的弊病。"他对善变的雅典人民的不断控诉，在塑造后世思想家们的意见中将发挥重大作用，而修昔底德也是下述观念的第一资料来源：伯里克利死后，雅典一直在衰落；后伯里克利时代的领袖都不是好东西；随着战争压力

① ［古希腊］修昔底德：《伯罗奔尼撒战争史》，上册，232～233页。
② ［古希腊］修昔底德：《伯罗奔尼撒战争史》，上册，169～170页。

的增加，人民本身也越来越粗鲁和无情。”① 修昔底德有关雅典民主的评论，给后人提供了大量史实方面的炮弹。

结 语

自荷马时代城邦萌芽以来，希腊人就不断围绕着城邦的治理进行着思考。荷马热衷于等级化的正义，强调领袖们的权威与能力，以及领袖与大众的关系。赫西俄德转换了角度，更加重视普通人的感受、统治者的正义及其与城邦维持和谐、繁荣之间的关系。及至古风时代，立法、改革和僭主政治的发生，让缺少内部强制力量的希腊城邦更重视不同等级的和谐在城邦中的重要地位。斯巴达和雅典等城邦的改革，首先产生了表达城邦稳定的优良秩序理念，随后出现了更能表达民众理念的平等主张。进入古典时代以后，民主政治在雅典的繁荣，让礼法与自然的关系、民众的统治与正义的理念，占据了希腊人思考的中心。但无论希腊人如何转换他们看待问题的角度，基本的主题似乎只有一个：如何保证公民的利益以及城邦内部的和谐与稳定。因为公民的幸福、国家的强大，都有赖于城邦自身的和平。城邦的存续，始终是希腊人最为关心的核心问题。当修昔底德认为伯罗奔尼撒战争是希腊历史上最大的一场骚动，特别值得记录时，他心目中希望提供的，至少包含如何维护城邦内部和谐的因子在内。此后的苏格拉底、柏拉图和亚里士多德等人，也仍然在这个问题上转圈子。所不同者，他们的理论更加系统，也更具哲学意味。

然而，对希腊和西方政治思想发展来说，早期希腊的政治家、思想家和诗人、剧作家们，已经不同程度地提出了后世希腊政治思想中几乎所有重要的问题。城邦内部统治者与被统治者的关系，自荷马时代以来一直是所有政治思考的中心问题。如何维护城邦的稳定，让城邦免于内部冲突，也是从荷马到智者一直关注的议题，他们为此提出了诸多不同设想。国家与阶级的关系、不同阶层的地位与政治制度的关系、自然与人性及其与人类法律的一致和冲突，至少在公元前 5 世纪有关民主政治和自然与礼法的关系的讨论中，都有所阐述。人类文明的起源，不同政治制度的特征、性质与分类依据，在智者和历史学家

---

① ［美］罗伯兹：《审判雅典：西方思想中的反民主传统》，78 页。

中，都有所论述。战争与政治制度之间的关系和对人性的影响，成为修昔底德关注的中心问题。在某种程度上我们可以说，尽管早期希腊政治思想不免天真而朴素，但城邦制度的基本背景，使他们提出了柏拉图和亚里士多德等政治思想大师们思考的基本问题，奠定了古典时代系统化的政治哲学的理论基础，并为后来的大师们更深入的讨论提供了必要的资源和前提。

晏绍祥

参考文献

原典：

古希腊悲剧喜剧全集：第1～7卷．张竹明，王焕生，等，译．南京：译林出版社，2007.

柏拉图．柏拉图全集．王晓朝，译．北京：人民出版社，2002.

柏拉图．理想国．郭斌和，张竹明，译．北京：商务印书馆，1986.

北京大学哲学系外国哲学史教研室，编译．古希腊罗马哲学．北京：商务印书馆，1961.

荷马．伊利亚特．罗念生，王焕生，译．北京：人民文学出版社，1995.

荷马．奥德赛．王焕生，译．北京：人民文学出版社，1997.

普鲁塔克．希腊罗马名人传：上册．黄宏煦，等，译．北京：商务印书馆，1999.

色诺芬．回忆苏格拉底．吴永泉，译．北京：商务印书馆，1984.

水建馥，编译．古希腊抒情诗选．北京：人民文学出版社，1988.

希罗多德．历史．王以铸，译．北京：商务印书馆，2005.

修昔底德．伯罗奔尼撒战争史．谢德风，译．北京：商务印书馆，2004.

亚里士多德．雅典政制．日知，力野，译．北京：商务印书馆，1999.

亚里士多德．政治学．吴寿彭，译．北京：商务印书馆，1983.

Aeschylus：3 vols. A. H. Sommerstein，ed. and trans. Cambridge：Harvard University Press，2008.

Aristophanes：5 vols. J. Henderson，ed. and trans. Cambridge：Harvard University Press，1998－2008.

Aristotle. Athenian Constitution，Eudemian Ethics，Virtues and Vices. H. Rackham，trans. Cambridge：Harvard University Press，1996.

Campbell，D. A.，ed. and trans. Greek Lyric：vol. II. Cambridge：Harvard University Press，1988.

Graham，D. W.，ed. and trans. The Texts of Early Greek Philosophy：vol. 2. Cambridge：Cambridge University Press，2010.

Herodotus. The Persian Wars. A. D. Godley, trans. Cambridge: Harvard University Press, 1920 - 1925.

Hesiod. Theogony, Works and Days, Testimonia. Glenn W. Most, ed. and trans. Cambridge: Harvard University Press, 2006.

Homer. Iliad. A. T. Murray, trans. W. F. Wyatt, rev. Cambridge: Harvard University Press, 2003.

Homer. Odyssey. A. T. Murray, trans. George Dimock, rev. Cambridge: Harvard University Press, 1998.

Plato. Lysis, Symposium, Gorgias. W. R. M. Lamb, trans. Cambridge: Harvard University Press, 2001.

Plato. Laches, Protagoras, Meno, Euthydemus. W. R. M. Lamb, trans. Cambridge: Harvard University Press, 2006.

Sophocles: 3 vols. Hugh Lloyd - Jones, trans. Cambridge: Harvard University Press, 1997 - 1998.

Thucydides. History of the Peloponnesian War. C. F. Smith, trans. Cambridge: Harvard University Press, 1928.

[Xenophon]. The Constitution of the Athenians//Xenophon. Scripta Minora. E. C. Machant, trans. Cambridge: Harvard University Press, 2000.

重要研究文献：

巴克.希腊政治理论：柏拉图及其前人.卢华萍，译，长春：吉林人民出版社，2003.

策勒尔.古希腊哲学史纲.翁绍军，译.济南：山东人民出版社，1996.

芬利.古代世界的政治.晏绍祥，黄洋，译.北京：商务印书馆，2013.

弗格森.希腊帝国主义.晏绍祥，译.上海：上海三联书店，2005.

罗伯兹.审判雅典：西方思想中的反民主传统.晏绍祥，等，译.长春：吉林人民出版社，2009.

梅耶.古希腊政治的起源.王师，译.上海：华东师范大学出版社，2013.

默里.早期希腊.晏绍祥，译.上海：上海人民出版社，2008.

赫西俄德.工作与时日　神谱.张竹明，蒋平，译.北京：商务印书馆，1991.

涅尔谢相茨.古希腊政治学说.蔡拓，译.董果良，赵振福，校.北京：商务印书馆，1991.

汪子嵩，等.希腊哲学史：第2卷.北京：人民出版社，1993.

Asheri, D. A. Commentary on Herodotus: I - IV. Oxford: Oxford University Press, 2007.

Balot, R. K. Greek Political Thought. Oxford: Blackwell, 2006.

Balot, R. K., ed. A Companion to Greek and Roman Political Thought. Oxford: Blackwell Publishing Ltd.，2009.

Carter，D. M. The Politics of Greek Tragedy. Bristol：Bristol Phoenix Press，2007.

Cartledge，P. Sparta and Lakonia：A Regional History. 2nd ed. London：Routledge，2002.

Gregory，J.，ed. A Companion to Greek Tragedy. Oxford：Blackwell，2005.

Ehrenberg，V. Aspects of the Ancient World：Essays and Reviews. Oxford：Basil Blackwell，1946.

Ehrenberg，V. Polis und Imperium. Zurich：Artemis Verlage，1965.

Ehrenberg，V. The Greek State. New York：W. W. Norton，1964.

Ehrenberg，V. The People of Aristophanes. 2nd ed. Oxford：Basil Blackwell，1951.

Finley，M. I. Studies in Ancient Society. London：Routledge，1974.

Finley，M. I. Democracy Ancient and Modern. London：Chatto and Windus，1973.

Finley，M. I. Economy and Society in Ancient Greece. London：Chatto and Windus，1981.

Forrest，W. G. A History of Sparta 950 – 192 B. C. London：Hutchinson University Press，1968.

Goldhill，S. and R. Osborne，eds. Rethinking Revolutions through Ancient Greece. Cambridge：Cambridge University Press，2010.

Harris，E. M. Democracy and the Rule of Law in Classical Athens. Cambridge：Cambridge University Press，2006.

Jaeger，W. Paideia：The Ideal of Greek Culture：vol. 1. Gilbert Highet，trans. Oxford：Basil Blackwell，1965.

Lewis，D. M. Sparta and Persia. Leiden：Brill，1977.

Ostwald，M. Nomos and the Beginning of Athenian Democracy. Oxford：Clarendon Press，1969.

Raaflaub，K. A.，J. Ober，and R. W. Wallace. Origins of Democracy in Ancient Greece. Berkeley：University of California Press，2007.

Ste. Croix，G. E. M de. The Class Struggle in the Ancient Greek World. London：Duckworth，1983.

Rowe，C. and M. Schofield，eds. The Cambridge History of Greek and Roman Political Thought. Cambridge：Cambridge University Press，2000.

第二章
柏拉图论统一城邦

我们能够在今天讨论政治应该首先归功于古希腊人，正是他们通过城邦共同生活的安排为人类贡献了“政治性”的组织和生活方式；而我们能够在《政治哲学史》这样的书中探讨政治理论则在很大程度上要归功于柏拉图，在苏格拉底将哲学拉回到人间之后，柏拉图（Plato）为西方文明传统树立了政治思考的典范。

面对柏拉图的文本和政治思想，我们首先要回答的第一个问题便是：柏拉图所要解决的政治难题是什么？如果仔细分析柏拉图写作的历史与理论语境，以及他最重要的政治哲学著作，就会发现他所要解决的首要政治问题是城邦内乱（*stasis*）。将内乱作为柏拉图政治思考的起点是基于历史与理论的双重原因。在历史方面，柏拉图在青年时期亲身经历了雅典城邦非常残暴的一次内乱，即雅典战败于斯巴达后在城邦内部形成的三十僭主与民主派的战争。在柏拉图的文本中，他将内乱视为城邦最大的疾患所在，是城邦最大的恶。在理论方面，柏拉图最大的敌人是内乱背后的理论基础，即自然（*physis*）与礼法（*nomos*）分离所导致的强力正义理论。

内乱意味着城邦的分裂和永无休止的权力斗争，所以在严格的意义上，这样的城邦很难称为“一个城邦”，因为它总是陷入派系斗争，永远是多个城邦。为了克服内乱以及支撑内乱的强力理论，柏拉图政治哲学的建构围绕着统一共同体展开。统一共同体不仅仅是与内乱相对的政治概念，其内涵远远超出了字面意义。统一共同体的达成需要正义和友爱的安排，后者则是古希腊政治哲学的核心思考所在，即政体（*politeia*）与礼法的设置，而统一共同体最终是要看顾好人的灵魂，使城邦公民能够过上美好的生活。正是通过内乱—统一共同体这一线索，我们能够将柏拉图总体的政治思考与核心的政治概念串联起来，并对其政治思考的内在逻辑和形态有相对明晰的把握。

第一节　苏格拉底与城邦

在进入柏拉图的政治思想之前，我们首先必须面对另一位哲学家，这就是对柏拉图的一生产生关键影响的苏格拉底。众所周知，苏格拉底从未留下任何成文的东西让后人来学习和研究，我们只能通过柏拉图、色诺芬、阿里斯托芬、第欧根尼·拉尔修（Diogenes Laertius）等古代作家的文字来接近他，这一事实也决定了我们无法复原本真的苏格拉底。尽管如此，在现代的读者眼中，苏格拉底的形象又是非常确定的：他是一个令人敬佩的哲学家和公民，以自己的生活和生命践行哲学，并且不惧强权，捍卫正义，宁愿牺牲生命也要遵守城邦法律，孜孜不倦地如牛虻般提醒雅典公民“未经省察的生活是不值得过的”。在以上对苏格拉底的诸多描述中，苏格拉底与城邦的关系特别值得注意和重视，我们就从这里来窥探苏格拉底在希腊政治思想史中所扮演的独特角色。[①]

一、《申辩》：“不热心政事的人”

在《申辩》中，苏格拉底向雅典的陪审官们说：“这从我小时候就开始了，就出现了某种声音，每当它出现时，它总是阻止我要做的事，却从不鼓励我做什么。就是它反对我参与政事，而且我认为反对得漂亮。而你们要清楚地知道，雅典的人们，如果我很早以前就试图参与政事，我早就死了，那么我对你们和我自己都会毫无益处。”（《申辩》31d-e）[②] 同样，在《高尔吉亚》中，苏格拉底对波鲁斯（Polus）说，“我并不是个政治家”，且并不知道政事如何具体操作（《高尔吉亚》473e）。

对于希腊城邦中的公民来说，苏格拉底的这一自我定位和声张是颇不合时

---

① 本节将讨论的范围限定于在柏拉图早期对话中出现的苏格拉底，特别是《申辩》和《克力同》中的苏格拉底形象。

② 《申辩》的引文出自［古希腊］柏拉图：《苏格拉底的申辩》，吴飞译疏，北京，华夏出版社，2007。其他柏拉图的引文，除特别标注之外，皆依据 J. M. Cooper, ed., *Plato: Complete Works*, Indianapolis: Hackett, 1997 翻译。

宜的，因为对于希腊人而言，能够积极参与城邦公共事务是荣誉和公民身份之所在。比如，伯里克利曾在著名的雅典阵亡将士葬礼上说，“［我们相信］一个人应像关心个人事务一样关心公共事务，因为我们认为一个不关心政治的人不但是无趣的，也是没用的”（《伯罗奔尼撒战争史》II.40）。[1] 在这一背景下审视苏格拉底的自我申辩的话，其政治严重性便凸显了出来，苏格拉底并非伯里克利意义上的好公民，甚至不能被称为公民。苏格拉底对自己不热心政事给出的直接理由是希望活得更久，这样似乎才对自己和城邦更好。但是，紧接着，苏格拉底便澄清自己并没有在政事临头时因为怕死而违背正义。当雅典要集体审判十将军时，唯独苏格拉底挺身而出投出反对票，认为该审判是不义的。此外，在伯罗奔尼撒战争结束后，雅典三十僭主让苏格拉底参与处死正直的赖翁（Lyon）时，苏格拉底又以行动表示自己宁愿死也不愿做这等不义和不虔敬之事。通过这两个例子，我们可以看到，苏格拉底在几次少有的直接参政过程中并没有贪生怕死，而是将自己心中的正义标准作为自己行动的唯一准则，不为强权所逼迫。苏格拉底所要躲避的是掺和不义的政治事务，因为他自己清楚地知道，“如果我以公事为业，做一个好人应该做的事，扶助正义，公事公办地把这当作最重要的事来做，你们认为我还能活这么大岁数吗？根本不能，雅典的人们。别的任何人也不能。而在我的整个一生中，我若是从事公共事务，就总会这样，在私下的活动中，也是如此：我从不屈服于任何违背正义的人，不论是诬蔑我的人称为我的学生的那些人，还是别的人”（《申辩》32e-33a）。

苏格拉底上述的两次政治实践分别发生在民主制下和寡头制下的雅典，每一次他都认为城邦掌权者做出了不义的决定。从这个角度来看，他之所以不热心政事并非出于某种既定的政体偏好，而是因为在他看来，现实政事不义的可能性是很大的。所以，一旦苏格拉底自己坚持正义的主张，就很有可能会因为自己的立场而遭受陷害，如同自己最终被雅典人指控并判死刑一样。而现实中的雅典城邦之所以会做出很多不义的决定，在苏格拉底看来，一个重要原因是雅典人所热心的公共事务本身出了问题：

> 最好的人，你是雅典人，这个最伟大、最以智慧和力量著称的城邦的人，你只想着聚敛尽可能多的钱财，追求名声和荣誉，却不关心，也不求知智慧和真理，以及怎样使灵魂变成最好的，你不为这些事而羞愧吗？如果你们中有人反驳，说他关心，我不会很快放他走，自己也不走，而是询

① 修昔底德的引文出自《伯罗奔尼撒战争史》，谢德风译，北京，商务印书馆，2004。

问他，省察他，羞辱他——如果我发现他并没有德性，反而说自己有——责备他把最大价值的当成最不重要的，把更微小的当成更大的。（《申辩》29d-30a）

苏格拉底在这里将雅典城邦的特性以及追求的目标清晰地表达了出来，只不过雅典所闻名于希腊世界的智慧和力量在他看来是迷途。按照雅典人对于智慧的理解，钱财、名声和荣誉是更好生活的标准，而获得这幸福生活则必须依靠城邦强大的力量。苏格拉底认为，雅典和雅典公民们完全没有意识到真正应该追求的是智慧与真理，对好的生活而言，灵魂是照看的首要对象。苏格拉底对此看法颇为自信，因为首先德尔菲神谕告诉他，他是全雅典最智慧的人，同时为了理解这一神谕和证明这一点，苏格拉底花费大量时间来与城邦中所谓有“智慧”的人交谈。根据苏格拉底的自述，他找到政治家、诗人、匠人，去进行省察和审视，结果发现所有这些被城邦认为拥有智慧的人实际上并不智慧。苏格拉底和这些人最大的区别便在于，他知道自己“不知道美好和善好，但是那个人认为自己知道他不知道的事”（《申辩》21d）。在这个意义上，无知之知使得苏格拉底成为雅典最智慧的人，而大多数人自以为是的智慧则实际上驱使着城邦追寻错误的目标。

面对城邦的困境，苏格拉底并没有试图采取通常政治性的方式来将雅典这艘航船调头。他不做公众演说，不做当权者，也不参加任何城邦党派，而是私下里与每个人交谈，试图劝说每个人“不要先关心‘自己的’，而要先关心自己，让自己尽可能地变得最好和最智慧，不要关心‘城邦的’，而要关心城邦自身”（《申辩》36c），还有“不要这么关心身体或金钱……德性不来自金钱，而是，金钱和人类所有别的好处，无论个体的还是城邦的，之所以好，都是因为德性”（《申辩》30b）。至此，我们可以看到，苏格拉底并非一个传统意义上热心政事的人，但也不是伯里克利口中只关心自己事务的无用之人。苏格拉底将其政治改革方案落在了个体灵魂的自我完善上面，他力图通过自己的对话和行动让每个人认识到，“未经省察的生活是不值得过的”，以及与之相应的爱真理和智慧的生活是最好的生活，在这个意义上，我们也可以说，苏格拉底开启了一种新的政治做事方式。

二、《克力同》与苏格拉底的服从

苏格拉底被判死刑后，在最终行刑前一两天，他的老朋友克力同来到监狱劝说他逃跑。苏格拉底对此的回答是，“只听从道理，凡是经过研究见到无可非议的道理就拳拳服膺”（《克力同》46b）。苏格拉底论证的开端是，他在任何情况下都不能容许故意做不正当的事，即便别人施不义于自己，那也不能以恶报恶。在这个大前提下，苏格拉底借城邦法律之名劝服克力同，他是没有正当的理由逃离监狱和城邦法律的决断的。

紧接着，苏格拉底在对话中为法律努力找寻根据以及他自己不能违法的劝服理由。一个大前提是城邦与在其内的成员有协议，这一协议决定了城邦与成员的特殊关系。首先，城邦使人得以出生；其次，城邦法律规定了对儿童的抚养和教育；最后，城邦为每一个雅典人提供自由，如果他对城邦不满意，可以携带自己的财物离开，而如果无意离开，便是与城邦达成协议，服从法律规定。所以，在与城邦达成协议后，雅典公民不服从城邦法律便是在三重意义上犯了法：不服从那让他出生的法律；不服从那使他成长的法律；在同意服从法律后既不服从又不对城邦法律进行说服，指出法律有什么地方不好。苏格拉底作为在城邦里生活了七十年的老公民，无疑是与城邦之间达成了协议的，并且在最后的审判时拒绝了流放的惩罚。在这种情形下，苏格拉底逃离监狱便不仅是违背了城邦的法律，而且更重要的是动摇了公民与城邦间默许的协议，撼动了法律及其服从的根基。最后，城邦法律劝说苏格拉底：

> 苏格拉底啊，听从我这教养你的法律吧，不要老想着儿子、生命等等事情，把它看得高于道义，这样你到了阴间才可以有道理为自己申辩。因为很明显，像你现在这样做，对你自己来说既没有好处，也不正当，也不神圣，对你的任何亲友也是这样，而且对你生前死后都不好。你现在死去，是遭到不义的待遇而死，但这并非法律不义，而是人不义。如果你越狱潜逃，无耻地以不义报不义，以恶报恶，撕毁你跟我法律的协议，损害一群不该损害的人，你自己、你的朋友、我们的祖国和法律，那我这个法律在你在世的时候就不会对你不生气，而且我的兄弟阴间的法律也绝不会善待你，因为它知道你在竭尽全力毁灭我们。（《克力同》54b-c）

从这段话可以看出，苏格拉底为自己服从城邦不义的判决找到了足够的理由。值得注意的是，这难得的政治理论式表述并非以哲学式的探究表达出来，而是借雅典法律之口道出。故而，我们很难认定这番道理就是苏格拉底自己的真实主张，将之看成为劝说克力同这样的雅典公民而发或许更为合适。[①] 在苏

① 学界关于这一问题的讨论很丰富，可参见 R. Kraut，*Socrates and the States*，Princeton：Princeton University Press，1984；R. Weiss，*Socrates Dissatisfied*：*An Analysis of Plato's Crito*，New York：Oxford University Press，1998；V. Harte，"Conflicting Values in Plato's *Crito*，" *Archiv Für Geschichte der Philosophie*，vol. 81，1999，pp. 117 - 147。

格拉底看来，对于非哲人来说，信守与城邦的协议，服从城邦的法律，而非用自己的判断随意毁坏法律更为重要。苏格拉底的服从实际上是在用行动来防范普通人对于城邦基石的挑战，正如引文中所言，他所遭受的不义并非法律不义，而是人不义。作为法官的公民们的灵魂因为没有真正被苏格拉底激发，走上真正的爱智之路，所以无法真正理解苏格拉底，也无法做出正义的判决。苏格拉底认为政治性的礼法力量并不应被追究，他再一次将原因投向了人灵魂的不义。

综合《申辩》和《克力同》来看，面对必然不义的城邦，苏格拉底选择秉持和坚守正义，并且最大限度地屏蔽公共事务。苏格拉底审慎地选择和创造了一种完全不同的生活方式。他不是通过参与政治来改变政治，也不是如某些哲学家那样只关心天上的事而忽视城邦中的事，而是选择用教育来改造雅典公民的灵魂，尽自己最大的努力把雅典人的灵魂关切引向真正的德性。正是在这个意义上，苏格拉底与“智者”有着本质的区别，后者靠教授修辞和演说来培养年轻人的政治技艺，并且确信自己掌握着关于政治的锦囊妙计，在苏格拉底看来，他们拥有的不过是信念或意见，并非真正的知识。苏格拉底拒绝成为“老师”，因为他并没有确定的教条可以教授，他不过是推动人们灵魂转向的原生力，在转向之后，人们还需依靠自己的理性去追寻智慧。

虽然苏格拉底最终并没有成功，但是他的审判和赴死却成了一个政治事件和思想史事件，苏格拉底也成为完美的公民形象。作为一个哲学家和真正的爱智者，一方面，他对城邦的不义毫不妥协，化身牛虻不停叮咬着雅典这匹误入歧途的高头大马，用自己的言谈来劝说雅典人关心自己的灵魂与德性；另一方面，他并没有因为哲学而离开城邦，也没有在被判死刑后逃避城邦的处罚，他选择了服从法律，以自己的行动示范了哲学家如何与城邦保持充满矛盾的关系。在苏格拉底之后，任何严肃思考政治事务的人都离不开他所开启的视野：政治对灵魂的关照以及哲学在政治中的作用。而这也正是柏拉图政治思想的核心关切。

第二节　柏拉图的政治困境

相比起自己的老师苏格拉底，柏拉图在现代人心目中的形象要复杂得多，这一情况在20世纪尤为明显。学者莱恩（Lane）就曾这样总结20世纪柏拉图的解释状况："柏拉图被作为二十世纪哲学的首恶之人，而亚里士多德则是以英雄的面目出现，苏格拉底相对难以判断；柏拉图被视作有害的理想主义者和僭政的施行者，亚里士多德被当作清醒的务实家和共同体的捍卫者，而苏格拉底则是自由个体（但可能在政治上是有害的）的典范。"① 柏拉图在20世纪的这一形象很大程度上要归因于卡尔·波普尔②等人的攻击。对柏拉图与极权主义关系的阐释同20世纪特殊的历史语境有密切关系，在当时也产生了广泛的影响，但是这种勾连方式也在随后受到广泛的批评和指责。③ 与这一解释倾向相反，我们还看到沃格林、施特劳斯等人将柏拉图式政治哲学视为古典政治哲学的典范，认为它有助于今人重新理解西方政治哲学传统、探索解决现代政治哲学核心困难之道。④ 在回到柏拉图著作之前，我们就已经陷入了层层迷雾之中，柏拉图的思想似乎既是良药也是毒药，那究竟应该如何面对柏拉图的政治思考本身呢?

本章试图做一些努力来澄清柏拉图政治思想的性质，而要完成这一任务，就有必要先回到他政治思考的基本处境。幸运的是，柏拉图在其《第七封信》中曾非常清楚地表达过自己的政治困境：

> 我越是反思发生的所有这一切，反思积极参与政治的人以及我们的法律和习俗，当我年纪越来越大的时候，我越意识到要正确安排城邦事务是件多么困难的事。我看到，没有可靠的朋友和支持者，什么事情也办不成，而这样的人很难找到，因为我们的城邦已经不依照传统的习俗和实践行事了，而要建立一种新的又极为困难。此外，我们的成文法和习俗正在以惊人的速度败坏着，结果是，我虽然曾经满腔热忱地希望参加政治生

---

① Melissa Lane, *Plato's Progeny: How Plato and Socrates Still Captivate the Modern Mind*, London: Duckworth, 2001, p. 8.

② See Karl Popper, *The Open Society and Its Enemies*, Princeton: Princeton University Press, 1963.

③ 比如 G. Vlastos, "The Theory of Social Justice in the Polis in Plato's *Republic*," in Vlastos, *Studies in Greek Philosophy*, Vol. II, *Socrates, Plato and their Tradition*, Princeton: Princeton University Press, 1995；另参见 C. C. W. Taylor, "Plato's Totalitarianism," in Gail Fine, ed., *Plato 2: Ethics, Politics, Religion, and the Soul*, New York: Oxford University Press, 1999。

④ 埃里克·沃格林说，我们处在"柏拉图式的位置上"（Platonic position），"只有在我们这个时代，亚里士多德（柏拉图—亚里士多德式）政治科学的全貌得以再现，因为在我们自身危机的压力之下，我们重新对那些问题得以经验上的理解"。参见 Eric Voegelin, *Order and History III, Plato and Aristotle*, Columbia: University of Missouri Press, 2000, pp. 91, 411 - 412。

> 活，但当我看到这些变化和万物之不稳定后，这些混乱的状况却使我晕头转向。尽管我并没有停止思考如何改进我们的礼法与政制，但我的行动推迟了，以等候有利的时机。最后我终于得出结论：所有现存的城邦无一例外都治理得不好，它们的法律制度除非有巨大的变革并伴随好运气，否则是难以好转的。因此我不得不说，只有真正的哲学才能看清在公共和私人生活中正义究竟为何物。除非真正的哲学家获得政治权力，或者出于某种神意，政治家成了真正的哲学家，否则人类就不会有好日子过。（《第七封信》325c－326b）

柏拉图描绘了一个礼崩乐坏的时代，这也是他构建政治乌托邦的基本语境。在他看来，所有现存的城邦都不可避免地陷入败坏之中，并且是很难扭转和改善的。那现存的所有城邦究竟是如何无可救治的呢？在《理想国》第8、9卷中，他为我们提供了详细的分析，这里可以简要概览一番。[①] 在美丽城（*kallipolis*）建成之后，因为一切生成的东西都是要毁灭的（《理想国》546a），所以政体开始走上衰落之路，首先是斯巴达式的荣誉政体，继而是寡头制、民主制，最后是僭主制。与美丽城相比，这些政体都体现了不同形式的恶（《理想国》445c）。在讨论各种衰变政体时，柏拉图最为关注的是两个部分：各政体的统治集团和不同政体的目标。

政体衰变的第一步是斯巴达式的荣誉政体，这一政体在多数希腊作家看来是政体的典范，但是在柏拉图看来，该政体的统治者将智慧之人排除在外，并且以荣誉为至高追求。在寡头政体中，进行统治的是富有的公民，其追求的是财富。在民主制中，统治集团由所有自由公民组成，其标志性的特征是自由，即做自己想做的事情（《理想国》557b）。最后一种是僭主制，在这一最糟糕的政体中，僭主一人统治，不顾及法律和习俗，僭主完全为爱欲所掌控。与政体的衰变相对应，柏拉图还讨论了不同类型政体里面人的生活方式，并且随着政体的衰变，人的生活方式也不断衰退，具体表现在人的欲望对象上面。在荣誉政体中，典型的人是爱荣誉胜过其他的，换言之，荣誉对他来说是最大的好。在寡头政体中，典型的人则是爱财富的，他们并不满足于自足，反而要追求一些不必要的欲望。在民主政体中，人们的生活方式是多种多样的，他们平等地对待所有欲望，不断在各种欲望间打转。而僭主的灵魂则被激烈的情欲盘踞着，臣服于激烈而狂暴的欲

① 在严格意义上，《理想国》第8、9卷的分析并非严格的历史分析，而是带有很强的理论分类特点，但是基本上对希腊世界主要的政体类型和人的生活方式都进行了讨论。

望，最终成为一个极端不义的人。

与后来的波利比乌斯（Polybius）的循环政体观不同的是，柏拉图给出的政体衰变图景要黯淡得多，一旦离开美丽城，所有其他政体都不可避免地坠向深渊。柏拉图通过描述政体衰变的过程，指出了衰变的两个非常重要的原因，即统治集团的内乱与欲望。在柏拉图看来，“一切政体的变化都是出于那个掌握政权的集团本身，如果在这个集团本身之中产生了分歧和内乱的话；而如果内部的意见是一致的，那就不论它怎样只是一个很小的集团，它也是不可动摇的”（《理想国》545d）[①]。而美丽城以外的其他衰变政体因为真理层面的缺失，其欲求的目标也从荣誉到钱财最终到不守法纪而不断降级。根据柏拉图的诊断，理性的缺失与欲望的膨胀构成政体不稳定的主要原因，而统治集团内部对权力和财富等的角逐也构成了城邦内乱的根源。在柏拉图眼中，不断的内乱纷争与无限的欲望追求导致了现存的所有城邦都无一例外地处于败坏状态。这是柏拉图政治困境的实质，对他来说，想要改变现状，必须重新开端，即通过哲学力量与政治力量的结合来再造城邦的良好政制。下面我们先从历史和理论的角度来考察古希腊城邦内乱及其背后的理论主张是如何具体塑造柏拉图的政治困境的。

一、古代城邦与内乱

古代史家莫米里阿诺（Momigliano）曾对古希腊的历史世界和政治思想做过这样的观察，即虽然希腊城邦世界中战争无处不在，甚至“希腊人将战争作为像生死一样自然的事实，人对其无能为力”，但是“希腊的政治思想更倾向于关注城邦的内部变化和内部问题。战争的原因和对外冲突是边缘性的而非核心问题”[②]。回顾古典时期的希腊世界，我们会发现希波战争和伯罗奔尼撒战争决定性地塑造了希腊世界的政治形态，战争的塑造性一方面体现在希腊世界的内外关系上，另一方面，也更为重要的是体现为不断形塑着希腊诸城邦的政体结构。修昔底德就曾明确提出，在伯罗奔尼撒战争中，雅典和斯巴达两个对抗阵营的领袖，会分别扶植各自联盟中的民主派和寡头派，帮助其建立民主政体和寡头政体，而这一活动本身就会引致其他小城邦的激烈内乱（*stasis*），希腊

---

① 《理想国》的引文皆出自［古希腊］柏拉图：《理想国》，顾寿观译，吴天岳校注，长沙，岳麓书社，2010。译文有少量改动。

② A. D. Momigliano, "Some Observation on Causes of War in Ancient Historiography," in Momigliano, *Studies in Historiography*, New York: Harper Torchbooks, 1966, p. 120.

世界内部的战争则更加剧了城邦内部斗争的严峻局势。修昔底德甚至宣称，只要人性不变，这种情况就不会改变（《伯罗奔尼撒战争史》3.82）。

无论修昔底德对内乱的判断是否准确，我们必须接受城邦内乱是古希腊政治实践与政治思想的核心议题。对于内乱在思想史上的重要性仍有待进一步探析，而思考内乱及其相关的政治逻辑对我们理解柏拉图政治思想则具有基础性的意义。

对城邦内乱最为具体而鲜活的记载来自修昔底德的记述，但是内乱在希腊的历史则要早得多。在梭伦、特奥格尼斯、埃斯库罗斯等人的诗歌中，我们都能看到作为内乱形态的 *stasis* 对于城邦的毁灭性破坏。梭伦在其著名的诗歌中阐述了自己如何通过立法来终止城邦中敌对双方的争斗："我制订法律，无贵无贱，一视同仁，直道而行，人人各得其所。果是别的人代我执着鞭策，他，这不智与贪婪，又哪能抑制人民！因为如果我有时让敌对的两党之一得意，而有时又令另一党欢欣，这个城市就会有许多人遭受损失。所以我卫护两方，进退维谷，有如孤狼在一群猎狗之中！"[①] 在梭伦以及其他古代作家对内乱的记述中，有三点特别值得注意。第一，在希腊作家看来，内乱直接破坏了城邦旧有的好秩序，是城邦秩序的变态。与罗马城邦在平民和贵族的斗争中逐渐成长为强大的共和国/帝国不同，希腊城邦并没有像罗马那样幸运，希腊作家基本没有将内乱视为城邦前进的重要推动力。而正是在这一意义上，希腊作家们一直将内乱（*stasis*）与疾患（*nosos*）一词连用。[②] 第二，内乱是与城邦这种独特的政治形态紧密结合在一起的，具体来说，内乱是随着城邦的崛起，由城邦内部贫富阶层分化等因素所导致的政治冲突。这与现代政治或现代国家中的革命或叛乱有本质的区别。在城邦世界，并没有主权者这样一个最终权威来处理内乱，也没有作为整体的人民能够恢复政治秩序。所以对于希腊人来说，内乱的克服首先要从政体安排入手，这也是古典政治思想中最佳政体思考的直接来源。第三，内乱是围绕城邦统治权力展开的，而其原因往往被归溯到人性（或人的自然）层面。在梭伦和修昔底德等人看来，是人们品性的堕落和无休止的统治欲造成了内乱，在内乱中，暴力和强力成了通行法则。

---

① ［古希腊］亚里士多德：《雅典政制》，15～16 页。

② 像埃斯库罗斯的《波斯人》中，大流士听到灾难之后，问道："怎么发生的？是瘟疫还是内乱？"（《波斯人》714－715）更明显的例证是欧里庇德斯在《疯狂的赫拉克勒斯》中，曾几次将 *stasis* 与 *nosos* 连用，比如在第 37 行，欧里庇德斯使用 *stasei nosousan* 来形容忒拜发生的城邦疾患，即城邦权力因克利翁被谋杀而被非法篡夺。在第 273 行，合唱队警告说，"受内乱疾患的城邦不能正确思考"。

内乱的现实与对内乱的这些理解构成了古典希腊政治思想的大背景。而对于柏拉图的政治思考来说，内乱有着更为切身而具体的影响。公元前 404 年 4 月，随着雅典的投降，持续 27 年的伯罗奔尼撒战争结束了，雅典帝国正式完结，斯巴达霸权开始主导希腊世界。战争结束后，雅典很快就陷入了一场非常严重的内乱之中。雅典选出了三十人来拟定古法（*patrioi nomoi*），但是此举失败之后，这三十人则任命新的议事会和行政官员，实际上控制着雅典城邦。三十寡头上台之后，最初统治还比较温和，但是随着统治地位的逐渐稳固，他们便开始了残暴的僭主统治，并招来斯巴达驻军帮助。三十僭主登记了三千公民参与政府[①]，解除了其他公民的武装，并通过颁布新法令处死了反对自己统治的特拉门尼斯（Theramenes）。在这之后，有斯巴达军队的支持，三十僭主更加肆无忌惮地铲除异己，剥夺三千人之外其他人的财产，将自己置于法律之上，在雅典实行僭政。在不到一年的时间内，超过 5%的雅典公民被杀害。三十僭主的暴行也引致了民主派的反抗，公元前 403 年冬天，流亡在外的色拉叙布鲁斯（Thrasybulus）便开始了推翻三十僭主的努力。他首先击败了三十僭主派来的征讨军队，之后又击败了斯巴达的援军，最后在比雷埃夫斯击败了寡头派的军队以及斯巴达的援军，三十僭主正式落败。此役过后，雅典城内三千人废黜了三十僭主，另选出十人统治雅典。这十人上台之后，对流亡在外的这些叛乱者采取了更为严厉的措施，以试图消除城内的反对者。同时这十人也取得了斯巴达的援助，吕桑德（Lysander）还亲率军队前来助战。起初，斯巴达对比雷埃夫斯实施围困，并取得了初步的胜利，但随后鲍桑尼亚斯（Pausanias）赶到，改变了策略，开启谈判，来实现两派之间的和解。

战后三十僭主与民主的复归是对柏拉图一代影响最为深远的政治事件，这场内乱对柏拉图的政治活动和政治思考都产生了重要的影响。在《第七封信》中谈到自己的政治经历时，柏拉图特别讨论了自己目睹并参与的内乱事件，从最初的积极参与到抽身离开。他看到自己城邦的祖宗之法以惊人的速度消失着，并深感良好地治理城邦的艰难（《第七封信》324b－326b）。不仅如此，在《梅尼克齐努士》中，柏拉图借伯里克利情妇阿斯帕西娅（Aspasia）之口说，雅典是不会被外敌击败的：

> 实际上，只是由于我们内部的纷争，而不是出于别人之手，才弄到我

① 这只是雅典公民 1/10 左右的人数，按照学者们的研究，雅典公民应介于 2 万至 3 万人之间，参见 Josiah Ober，*Mass and Elite in Democratic Athens*：*Rhetoric*，*Ideology*，*and the Power of the People*，Princeton：Princeton University Press，1991，pp. 127－129。

们失去光彩；在别人手下，我们直到今天还是不曾失败过，我们乃是自己打败自己、自己被自己打败的。

上述这些事件之后，当时我们正同其他城邦和睦相处，我们国内却发生了内战。战争是这样打的，——倘使人们注定要进行内乱的话，那就没有一个不希望他自己的国家都能像我们一样有缺点。比雷埃夫斯来的公民和雅典本城的公民以十分亲切友好的态度彼此和解了，并且——出乎一般人的期望之外——也同其他的希腊人和解了；在他们解决对埃莱夫西斯人的战争时，也采取了这样的温和态度。这一举动的根源不在别的地方，乃是在于纯正的亲缘关系，它为人们提供了不仅在言语方面，而且也在行动方面所拥有的基于血亲关系的牢固友爱。（《梅尼克齐努士》243d-244a）①

柏拉图对于雅典城邦内乱的反思与理解显示了这一事件对其政治生涯和政治思想的影响。但是，对于柏拉图来说，内乱绝非仅仅意味着政治语境，而是构成了其政治哲学的核心问题意识。在他的《理想国》和《礼法》② 这两部最为重要的政治哲学著作中，内乱都构成其政治思考的重要对象。在《理想国》中，内乱被视为城邦最大的恶（《理想国》462a-b），而只有哲人王统治的城邦才能最大限度地避免内乱（《理想国》520d）。而《礼法》就始于对城邦立法应该着眼于对外战争还是防止内乱的讨论，并在此基础上展开整个《礼法》关于政体和立法的讨论。在这个意义上，柏拉图作为西方政治哲学开端处的重要奠基人，其政治思考一开始就与内乱问题交织在一起，并构成其基本的问题意识。但是，柏拉图对内乱的思考绝没有停留在前述更早的古典作家的反思层面，而是将其作为政治哲学的严肃思考对象进行剖析，并在此基础上构建起自己的政治哲学体系。

二、内乱的理论根源：礼法与自然

在柏拉图看来，内乱这一希腊城邦世界的疾患背后有特殊的理论支撑：

他们断言最伟大和最好的事物是由自然和机运（*physin kai tychēn*）制造的，不重要的是由技艺制造的，技艺从自然这最伟大和最初的事物的起源中派生，塑造和构建出所有次要的事物，我们将之称为人造的（*tech-*

① ［古希腊］柏拉图：《柏拉图〈对话〉七篇》，戴子钦译，143 页，沈阳，辽宁教育出版社，1998。译文有少量改动。

② 《礼法》（又译《法篇》或《法律篇》）的引文皆为笔者翻译，参照英译本 Plato，*The Laws of Plato*，Thomas L. Pangle，trans.，Chicago：The University of Chicago Press，1988。

nikos)。

…………

这些人宣称，诸神是首先由技艺创造出来的——并非出于自然，而是由特定的法律习俗（*nomois*）所规定，并且这些（诸神或法律习俗）在不同的地方各异，依赖于各个群体在制定自身的法律时是如何约定的。他们宣称依自然而为高贵的事情与依习俗而为高贵的事情是不一样的，而正义的事情则绝不是根据自然而说的，但是人们不断地彼此争论，并经常改变观点（关于什么是正义），无论他们做出什么改变，在一定时间内都是当时具有权威性的，这些都是出于技艺和法律习俗，而肯定不是出于自然的。

朋友们，所有这些说法都是由年轻人所认为的智慧之人——作家和诗人们——提出来的，他们解释说最正义的是使得人能用强力取胜的东西。这是影响年轻人不虔敬的根源，年轻人则认为诸神并非法律所规定他们所应该认为的那样。经由这些事情，内乱就出现了，因为有人导引人们过"依据自然正确的生活"，即实际上过依据法律主宰别人而不成为别人奴隶的生活。（《礼法》X. 889a-890a）

柏拉图认为城邦内乱最根本的原因是自然和技艺、自然和礼法的分离，这种观点认为凡是依据自然和机运产生的事物都是更伟大、更好的，而由技艺产生的事物则是次等的。政治技艺基本上是人为的产物，立法等政治事务也就是由技艺而非自然产生的了。自然和礼法分离的一个直接后果就是由二者派生出的标准和原则是不一样的。更进一步，由于礼法本身是出于人的约定，因此各种礼法规定背后没有唯一的标准。失去了自然根据的正义也必将陷入相对主义的争论之中，并不断发生着变化。在这一情况下，人应该如何选择自己的生活方式呢？很显然，抛开各城邦的习俗正义规定而向自然学习成了人们的首选。依据自然，强力是通行的规则，将这一规则引入人伦秩序中来，则必将造成对统治权力的争夺，而这就是城邦内乱的直接表现形态。

柏拉图的这段话将公元前 5 世纪希腊世界关于"礼法—自然"（*nomos-physis*）的关系与城邦内乱关联在一起。而对于"礼法—自然"① 关系的最直

① 关于礼法与自然的关系的整体研究可参见 Felix Heinimann，*Nomos und Physis*：*Herkunft und Bedeutung einer Antithese im Griechischen Denken des 5. Jahrhunderts*，Basel：Verlag Friedrich Reinhardt，1945；W. K. C. Guthrie，*A History of Greek Philosophy*，vol. 3，Cambridge：Cambridge University Press，1956，chap. 4。

接表达还是来自《高尔吉亚》中的卡里克勒斯和《理想国》中特拉叙马库斯与格劳孔的挑战。这三个人所阐述的立场存在些许差异，但基本上形成了柏拉图政治哲学所要处理的核心议题。柏拉图也正是在剖析和替换这一主张的基本逻辑的基础上，构建起了自己的美丽城。

（一）卡里克勒斯

《高尔吉亚》中，卡里克勒斯主张自然与礼法是对立的，他认为存在着依照自然的正义和依照礼法的正义。两种正义观的对立在于，制定礼法的人都是弱小的人，是因为害怕更有力量的人多得而制定法律，将夺取超出自己份额的人称为“不义的”，而这恰恰与依照自然的正义相反。自然揭示的正义是“较强的统治较弱的，并拥有比后者更多的份额”，人应该依据自然之法则而非按照人所立的法律做事（《高尔吉亚》482e-483e）。泰勒曾敏锐地指出，卡里克勒斯在这里既不是非道德论者（amoralist），即拒绝使用所有的道德语言，也不是反道德主义者（immoralist），即认为应该做道德上错误的事情；卡里克勒斯在这里是倒置的道德论者（inverted moralist），即认为传统或习俗认为正当的事情实际上是错的。① 卡里克勒斯仍主张存在着正当的标准，这标准是从自然而来，是人和动物皆分有的自然法则，即强者主宰弱者。而习俗正义都是人为的产物，特别是弱者的产物，这一表达后来在《理想国》中被格劳孔再次阐明。这样，礼法规定的正义是欺骗弱者的，由自然而来的正义要比礼法规定的正义更真实，自然也就成为比礼法更本原的道德规范来源。

在《高尔吉亚》中，苏格拉底反驳了这种观点，反驳的要点集中于卡里克勒斯对人性的界定和对自然的理解上面。在卡里克勒斯看来，人性都是想要更多，想超过别人（*pleonexia*）。苏格拉底认为这种对人之自然的观察是因为观察者忽略了几何学（《高尔吉亚》508a），从而导致对自然的理解不正确，智慧的人认为“协作和友爱、秩序、自制和正义将天和地、诸神与人聚在一起，这就是为什么他们称宇宙为世界秩序而非混沌无序的原因”（《高尔吉亚》507e-508a）。也就是说，苏格拉底或柏拉图同意卡里克勒斯从自然那里寻找安顿人伦秩序的原则，但是关键的分歧在于应该如何理解自然，由此也引出对于人的本性/自然和灵魂的不同理解。而这正是柏拉图在《理想国》中所要着力进行的工作。

① See C. C. W. Taylor, “*Nomos* and *Phusis* in Democritus and Plato,” *Social Philosophy and Policy*, vol. 24 (2), 2007, pp. 1 - 20.

（二）特拉叙马库斯[①]

《理想国》中特拉叙马库斯所持的立场与卡里克勒斯并不完全相同，特拉叙马库斯没有使用自然概念来讨论正义，也非持一种反向的正义理解。但是，二人对正义内涵的理解是一脉相承的，即强者为自身利益进行统治。

在《理想国》第1卷，特拉叙马库斯提出了两种对正义的看法：正义是强者的利益和正义是他人的利益。学者们对特拉叙马库斯正义观的实质以及前后两种观点是否一贯有着诸多争论，但如果仔细辨析，我们会发现两个定义的一致逻辑。[②]

我们先来看特拉叙马库斯对正义的第一次界定：

> 我说，正义不是别的什么，而是更强者/更好者的利益（*to dikaion ouk allo ti ē to tou kreittonos sumpheron*）。（《理想国》338c）

需要特别指出的是 *kreitton* 一词的双重含义，该词既是 *kratos*（力量）一词也是 *agathos*（善好）一词的比较级。可能随后特拉叙马库斯便将该词的含义定位在前者而使得学者们直接将其等同为“强者”，但是在目前这一表达中，“力量”与“好”的含义并不明确。而这种含混性对于理解特拉叙马库斯的立场是非常有帮助的，它一方面提出了不同于传统习俗的正义观，另一方面，它显示出特拉叙马库斯的话语体系又深深植根于习俗正义观。这一双重面相在特拉叙马库斯接下来的解释中得到了更加明确的澄清。更为重要的是，苏格拉底在《理想国》后面对特拉叙马库斯的反驳恰恰是紧紧围绕这两个词的关系展开的。

特拉叙马库斯对强者的解释是通过城邦来言说的，在每个城邦中都有统治团体，而统治者（*to archon*）是强者（*kratei*），无论在民主制、寡头制还是僭主制中，统治者都是为了自己的利益制定法律（*nomoi*），“他们宣称他们所制定的——符合他们自己的好处——对被统治者是正义的……这就是我说的正

---

① 本节讨论的柏拉图对话中出现的智者等人的观点皆限于柏拉图的文本，如无特殊说明不涉及其作为真实历史人物的思想。

② 关于特拉叙马库斯正义观的理解一直是学界争论的问题，参见 T. D. J. Chappell，“The virtues of Thrasymachus，” *Phronesis*，vol. 38，1993，pp. 1－17。认为特拉叙马库斯正义观是不连贯的重要讨论参见 J. Annas，*An Introduction to Plato's Republic*，Oxford：Oxford University Press，1981；S. Everson，“The Incoherence of Thrasymachus，” *Oxford Studies in Ancient Philosophy*，vol. 16，1998，pp. 99－131。持一致论的学者参见 G. B. Kerferd，“The Doctrine of Thrasymachus in Plato's *Republic*，” *Durham University Journal*，vol. 9，1947，pp. 19－27；C. D. C. Reeve，“Glaucon's Challenge and Thrasymacheanism，” *Oxford Studies in Ancient Philosophy*，vol. 34，2008，pp. 69－103。

义，在所有的城邦中都一样，即现政体的好处”（《理想国》338e-339a）。特拉叙马库斯的解释由两部分构成，一方面是似乎非常习俗化的表达，即正义是遵从法律的规定。[①] 但是另一方面，特拉叙马库斯这一界定的核心是围绕强者—统治者的利益展开的，也就是说他为习俗和法律赋予了一个外在的目的指向，即礼法只是统治者满足自己利益的工具，这是与传统正义观不同的。[②] 在这一主张中，统治者和被统治者在正义问题上有着明确区分，即通常的正义和不义都体现在被统治者是否遵守城邦法律上面，而统治者本身是正义还是不义这一问题被悬置起来。

苏格拉底针对这一界定，特别是统治者的性质提出了质疑。他提出，如果一个统治者犯错的话，就会制定出违背自己利益的法律。针对这一质疑，特拉叙马库斯对统治者进行了非常严格的规定，即“统治者，就他是在统治着而言，是不出差错的，而只要他不出差错，他就把对他自己最有利的事物定为法律，而后者是被统治者所必须去实行的”（《理想国》341a1-2）。这样，特拉叙马库斯意义上的统治者就变成了一个哲人王式的统治者，唯一的差别是二者所持有的目的不同，特拉叙马库斯的僭主统治是为了满足私利，而哲人王如《理想国》所呈现的那样是为了城邦整体的统一和善好。僭主和哲人王的区分的要害则在于正确理解统治技艺本身与通过技艺获取利益二者是相分离的，这也是苏格拉底进一步反驳的要害。

苏格拉底接下来引入了技艺类比，将特拉叙马库斯的正义主张推进到第二步。苏格拉底对技艺的性质进行了规定，即医术作为一门技艺，考虑的是技艺对象身体的利益，而非医术本身的利益。按照这一分析，医生通过医术治愈病人这一过程就变成了医生考虑和安排的不是自己的利益而是病人的利益。由此得到的结论就是“不论什么知识，它都既不是去考虑，也不是去安排那属于强者的利益，而是去考虑和安排那弱于它的、在它自身的力量影响之下的被统治者的利益”（《理想国》342c-d）。将医术与统治术类比的话，那统治术作为技艺自身就是为了被统治者，也就是弱者的利益，基于统治者对正义的规定也就变成了特拉叙马库斯最初定义的反面。特拉叙马库斯看出苏格拉底的反驳逻辑，指出牧羊人所操心的并不是羊群的好处，他将羊群育肥，最后是为了满足自己

---

① 有学者们就此认为特拉叙马库斯秉持一种习俗主义（conventionalism）的正义观。

② 艾弗森正是在这一点上详加阐述，试图证明特拉叙马库斯的不连贯性，但是特拉叙马库斯的这两个方面决定了其观点并非简单的习俗主义观点（Everson，“The Incoherence of Thrasymachus”）。对艾弗森的批评参见里夫的文章（Reeve，“Glaucon's Challenge and Thrasymacheanism”）。

的利益；而城邦统治者也是秉持着同样的逻辑来实施统治的。特拉叙马库斯的反驳一方面认同了苏格拉底对技艺和通过技艺获取利益之间所做的区分，另一方面更加直接地将统治技艺附加在了统治者的利益上面。由此，特拉叙马库斯提出了新的正义定义：

> （你不知道）那所谓正义和正义的事实际上乃是他人的好处，是属于那强者和统治者的利益，而对于为臣民的人和服劳役者，则是他的固有的、应得的不幸和损失。而不正义，则是恰恰相反——它统治着那些真正的名副其实的“好样的傻子”，亦即，那些正义的人；而他们，作为被统治者，就去为着那旁人的利益而服务，因为后者是强者，他们侍候他，为他服役，使他快乐幸福，而自己则一无所有。（《理想国》343c2-d1）

特拉叙马库斯将正义定义为他人的利益，这里的“他人”并不是随意的指代，而是特指强者和统治者。不仅如此，特拉叙马库斯还进一步说明强者是幸福的和不义的，而正义的人则是弱者，过着服侍强者的悲惨生活。表面上看，特拉叙马库斯改变了自己关于正义的定义，用习俗认定的正义与不义来形容统治者和被统治者，这也是学者们争论不休的直接文本根据。但是，如果从强者这一角度来理解的话，我们就会发现，特拉叙马库斯的立场是非常融贯一致的。而表面的不一致可以通过下面这一区分看清楚，“正义是强者的利益”这一界定更多的是从强者—统治者的角度来考虑的，而“正义是他人的利益”则是从弱者—被统治者的角度来言说的。特拉叙马库斯后来对这一界定的又一次阐明“正义是强者的利益，而不义是其自己的（*heautōi*）利益和好处”（《理想国》344c7-9）更加证明了这一解读的合理性。这样我们就会发现，虽然特拉叙马库斯在改变“正义”与“不义”两个词的使用方式，但不变的是对强者利益的关注。特拉叙马库斯的立场实质上并没有发生改变，但第二个定义并不是对第一个定义的简单重复，而是增加了新的内容。首先，在“正义是强者的利益”中没有处理的统治者是否正义的问题得到了回答，特拉叙马库斯认为统治者为了自身利益统治是不义的，但是不义比正义更有利。其次，特拉叙马库斯的新定义也将正义扩展到日常层面，即“正义的人和不正义的人相处，在任何场合下总是正义的人居于劣势”（《理想国》343d）。需要特别指出的是，这一内涵的扩充并不能被视为特拉叙马库斯观点不连贯的证据，因为此处的“他人的利益”要被理解为“比自己更强的他人的利益”。在特拉叙马库斯的第二个定义中，极端的例子就是僭主，他行不义之事而成为最幸福的人，不肯行不义之事的人则成为最可悲的人（《理想国》344a3）。通过这一阐述，特拉叙马库斯将不义与强者（力量）和利益联系为一个整体，而将正义与弱者和不幸关联起来。

特拉叙马库斯通过两次诠释正义，将基于力量之上的统治逻辑揭示了出来：

（1）力量上的强者是城邦的统治者。

（2）统治者统治是为了获取自己的利益和好处。

（3）统治本身是通过立法等活动实现的，正义源自立法的规定。

（4）这种统治逻辑本身是不义的。

针对特拉叙马库斯的挑战，苏格拉底紧接着在《理想国》第1卷中进行了五步反驳，其中最为核心的是围绕力量与善的关系展开的，这一关系也构成了苏格拉底批驳与重建正义观念的要害。限于篇幅，这里不再详述苏格拉底的反驳过程，但特拉叙马库斯的挑战已经将苏格拉底所要面对的主要困难揭示了出来。

（三）格劳孔

如果说特拉叙马库斯是一个反道德主义者（immoralist），那么在《理想国》第2卷一开始，格劳孔在挑战中所展示出来的立场就更接近于《高尔吉亚》中的卡里克勒斯。格劳孔用三步将正义的讨论推向了极致。

格劳孔首先用社会契约①的方式描绘了正义的起源，即行不义天生是好事，而受不义则为坏事，但是被施加不义的坏处超过了对别人施以不义的好处，两相权衡，人们相互订立契约，既不加人以不义，也不承受别人施加的不义。由这一契约规定的法律和正义并非本身就是好的，而是不得不采取的措施，它是介于施加不义而不被惩罚与受人不义而无力报复之间的一种状况（《理想国》359a-b）。对正义这种社会契约论的解释背后存在着一个分裂，即现有的正义观是城邦的习俗约定，这一约定按照自然并不是好的，真正自然的善好应该是行不义。这一界定比特拉叙马库斯的定义更强地将自然和礼法对立起来。按照这一说法，每个人依其自然都有追求胜过别人的欲望，这是自然之好，而“只是因为法律与公约的强制才迫使他带着尊敬地去对待公平”（《理想国》359c）。如果说特拉叙马库斯认为获得幸福就要剔除习俗正义的约束，将不义定义为善和德性的话，那格劳孔这一阐述则是说人要受习俗的束缚，这一束缚是人经过理性计算后不得不接受的结果，但这一结果并不会去除或消解人的本性/自然

① 关于希腊当时社会契约论的主张，参见 Charles H. Kahn, “The Origins of Social Contract Theory,” in G. B. Kerferd, ed., *The Sophists and Their Legacy*, Wiesbaden: Franz Steiner Verlag, 1981, pp. 92-108。

所赋予人的总是追求胜过别人的欲望。

接着，格劳孔用巨吉斯指环的例子形象地点明，只要人能够避免惩罚，逃脱礼法的约束，他就会去追求自然之好，追逐自己的欲望和胜过别人。不仅如此，格劳孔比特拉叙马库斯更进一步，将礼法所赋予正义的好名声也安放在不义之上。即最为不义的人不仅有能力行最大的不义之事，而且能享有正义的名声。用格劳孔的话说就是“顶峰的、极致的不正义实际上不是，但是看起来却是正义”（《理想国》361a）。而正义之人则要背负起不义的恶名，终生被人视为不义，受尽苦难。这样，极端的不义和正义之人的生活就形成了鲜明的对比：不义之人在城邦中占尽一切好处，服侍诸神，献祭丰厚；而正义之人则饱受责难，至死方休。

在巨吉斯用自己的魔戒杀死国王夺取王位之后，格劳孔讲述的巨吉斯和特拉叙马库斯所说的僭主已经没有差异了，两者的逻辑分享对人性的共同认识，即按照自然，人是要不断地追求欲望，胜过其他的人。区别只在于，特拉叙马库斯口中的僭主可以行足够大范围的恶，将不义和正义颠倒过来，说不义为好，正义为坏；而巨吉斯是可以行礼法规定的恶之不义，但可以免除惩罚，并进一步以正义之名来行不义之实。特拉叙马库斯和格劳孔的挑战构成《理想国》整部对话的起手式，在陈述完自己的挑战之后，格劳孔和阿德曼图斯一致要求苏格拉底阐明：“正义与不义自身，各自在那具有它的人的灵魂中，当它既不为诸神也不为众人所知的时候，它的力量（*dunamei*）是什么……要就其自身来说，即一个坏，一个好，而把两者的名声与外表（*doxas*）都一起剔除掉”（《理想国》366e-367b）。正是在此要求之下，苏格拉底开始在言语中构建城邦，来从灵魂层面找寻正义。下面我们会看到，苏格拉底通过给出新的可欲的生活方式，为政治权力提供了一个新的联姻伙伴。

第三节 统一共同体：《理想国》

特拉叙马库斯对于正义的理解并非原创，格劳孔和阿德曼图斯在第 2 卷重新将其主张推进的时候说这是大部分人的想法（《理想国》358a4-d2）[①]，而这

---

① 本节讨论中如无特殊说明，括号中的页码均指《理想国》的页码。

其实反映了智者的普遍思路。在谈及智者对哲学家天性的败坏时，苏格拉底说智者们教授的并不是真正的智慧，而是大众在一起时所具有的意见，“他们并不真正知道，在所有这些意见与欲望中，什么是美的或是丑的，善的或是恶的，正义的或是不正义的”（493c）。这些智者蛊惑年轻人，给城邦带来巨大伤害。与智者这种“怪诞的”教育家相对的就是哲学家，只有真正的哲学家才知道什么是真正的善。在苏格拉底看来，哲学家和智者的区别根本上在于知识和意见两种不同性质的能力上。而这也是《理想国》整个政治计划，以及哲人王这个看似最为极端的解决方案的认识论基础。

一、能力与善：柏拉图的方案

知识和意见之所以是两种不同的东西，是因为二者拥有的能力是不同的（477b）。那什么是能力或力量呢？能力（*dumameis*）被界定为“事物中的一个类（*genos*），凭借它们，我们有能力做我们所能做的事，而其他一切也有能力做它们所能做的一切”（477c）。能力在这里首先被理解为效力，如同视觉和听觉就是这样的能力。但如何区分不同的能力呢？苏格拉底紧接着给出了关于能力的进一步阐述：

> 关于能力，我们既看不到它的色泽，也看不到它的体态，也看不到任何类似这样的东西，就像，例如，很多其他东西，我只要一眼看到其中的一些，心里就能分辨得出这些是什么，那些又是什么；可是关于能力，我就只能去注意它是和什么有关（*eph' hōi te esti*）以及它所产生的效果是什么（或它的指向是什么）（*ho apergazetai*），并且正是以这样的方式，我把它们之中的每一种称为一个能力，并且凡是针对（*epi*）同一的东西并产生同一的效果的，我们称它是同一的能力，相反，凡是针对（*epi*）另一个东西并且产生（*apergazomai*）另一效果的，我们称它是另一个能力。（477c-d）

能力的界定包括三个方面：效能、对象和结果。其中，能力作为效能是最容易理解的，即作为中立性的能力；能力的后面两个内涵使得能力具有了方向和规定性。不同性质的能力不仅在于效能大小的程度差异，更在于其对象和最终实现的结果有着质的差异。但实际上问题要更复杂，并且集中体现在对能力所涉及对象的理解上面。苏格拉底在这里试图指出区分不同能力的困难，即它本身是不可见的，只能通过它表现出来的与什么相关（*eph' hōi*）和最终的结果来判断。也就是说，当我们区分不同能力时，首先要关注的是它呈现出来的样子。接着，苏格拉底说只要是关于（*epi*）同一东西并产生同一效果的就是同一能力。苏格拉底用 *epi* 替代了 *eph' hōi*[①]，这一替代的实质是界定不同性质的能力要看能力的对象，也就是能力与其对象的本质相关性，而非仅仅是人可以观察到的能力所呈现出来的与某物的相关性。

在能力界定的基础上，知识和意见的能力得以认识。知识是针对“存在”，认识存在如其所是（478a），并且知识也是所有能力中最为强大的（477d）。在确定完知识的能力之后，比较困难的是确定意见的能力。意见的对象既不可能是“存在”，也不会是“非存在”，因为与二者相配的是知识和无知。意见最终被确定为介于知识和无知之间的能力，其对象是处于绝对的存在和完全的非存在之间的东西，这样的意见比知识更黯淡，比无知更明亮（478c-d）。与上述区分相伴的是知识和意见所能实现的不同效果。拥有知识的人，也就是哲学家有能力接近美本身并且能够直接就美自身来观看美（476b）。而与哲学家相对的是那些爱听唱歌和爱看戏的人，他们喜爱美丽的声音、色泽和形体，但是他们的心灵没有能力看到并且喜爱美的自然本身（476b），他们不承认有美本身，也不承认有永远同一而不变化的美的理念（*idean*）（479a）。后者就像在睡梦中，而拥有知识的哲学家则是真正清醒的人。

由此，我们对知识和意见，以及拥有知识的哲学家与爱意见的智者就有了更为深入的把握。知识的能力（*dunamis*）使得哲学家通过认识活动（*gnonai*）针对“存在”（*to on*）制作出/得到真正的知识。意见的能力使得智者通过相信（*doxazein*）针对“存在与非存在之间的东西”制作出/得到信念。基于存在的优越性，知识的能力较之于意见的能力也更大，而这知识的能力又是源自何处的呢？这就要转向《理想国》的顶峰：善的理念（*he tou agathou idea*）。在苏格拉底看来，正是这善的理念[②]构成了能力的源泉：“那给予被认知的东西以真理而给予认识者以认识能力的，就是善的理念；你可以把它理解为知识和真理的起因，是被认识所认知的东西”（508e）。“对于那些被认识的事物来说，不

① See G. Fine, “Knowledge and Belief in *Republic* 5 - 7,” in S. Everson, ed., *Cambridge Companions to Ancient Thought I*: *Epistemology*, Cambridge: Cambridge University Press, 1990, pp. 85 - 115; F. J. Gonzalez, “Propositions or Objects? A Critique of Gail Fine on Knowledge and Belief in *Republic* V,” *Phronesis*, vol. 41, 1996, pp. 245 - 275.

② “我们又说有一个美本身，有一个善本身，以及同样，关于一切我们在此前把它们当作是众多的东西来看的。现在，反过来，我们都把它们置于和它们每一个相应的单一的理念（*kat' idean mian*）之下，因为这理念是单一的，我们说它们每一个是其所是（*ho estin*）”（507b）。

但它们之所以被认识是从善那里得来的，并且它们的存在（*to einai te kai ten ousian*）① 也是由于善而为它们所具有的，善并非存在，而是在尊严上和能力上都更加超越于存在之上”（509b）。这段对善的理念与存在和能力关系的话非常难以理解和解释②，但是可以明确的是，超越存在的善的理念是存在同时也是存在得以被认识的源泉，也就是知识的能力的根源。苏格拉底通过将知识的能力奠基于善的理念之上，从根本上反驳了特拉叙马库斯将强者和更好的人等同的主张，从而确立了知识的能力是更强的，并且是善的。

二、“哲人王”

确立了善的理念作为存在以及存在能被认识的哲学基础之后，哲学家的性质就看得更加清楚了：

> ［哲学家］真正扑在存在上……他注视的是那井然有序的、永恒不变的事物，并且当他看到，它们如何既不互相为不义也不互相受不义之害，它们是和谐美好、秩序井然、合乎理性的，他就会努力去模拟、效仿它们，并且尽量地使自己和它们相像并融为一体。
>
> …………
>
> 当他们工作的时候，他们就将要频繁地向两边张望，一边是向着那凭它的本性就是正义，就是高尚美好，就是明智适度以及诸如此类的事物，另一边是向着那个他们努力要在人间使它出现的事物，他们从人们的各种行为和追求中进行挑选和综合，调配出那种真正的人的肤色和模态来，用那样的一个标准来判断它，后来，当它在人间出现的时候，正巧荷马也曾称其是与神同格、与神同调的。（500b-501b）

拥有这种能力的哲学家自然最适合统治城邦，这也是《理想国》最为著名的政治表达：除非哲学家在城邦中当王，或者我们现在称之为王或掌权者的人真正而充分地从事哲学思考，也就是说，除非政治力量和哲学完全协和一致，否则城邦的弊端是不会有尽头的，人类的命运也不会好转（473d，501e）。在澄清了哲学和知识能力之后，我们可以理解，一方面，哲学家得以洞察真正的

---

① 关于这里 *einai* 与 *ousia* 的理解，可参见吴天岳校注版《理想国》第 314 页校注［1］。此处将之一并翻译为“存在”，并不区别处理。

② 在《理想国》这段话中，苏格拉底并没有对善的理念超越存在进行过多解释，而似乎是将之作为很自然的结论，其具体含义应该如何理解有待进一步探究，但是这并不影响我们将善的理念作为最终的哲学基础，并在此基础上构建良好的政治秩序。

正义和美，从而有可能按照最好的范型来塑造现实。另一方面，哲学或者知识能力本身的性质赋予哲学家以哲学的生活方式，这一生活通过确立真正的善好而超越了政治生活。而许许多多的城邦之所以不断陷入内乱纷争，原因就在于人们将统治视为真正的善，希望通过争权来夺利，殊不知，他们只是在为一些影子互相斗争（520c-d，521a）；而“城邦中本来要统治的人们最不热衷于进行统治，那这个城邦必然能最大限度地摆脱内乱”（520d）。哲学家拥有的生活方式，或者说对真理的爱和对真正的善的理解使他从根本上区别于特拉叙马库斯脑中的僭主，他不是在金钱上富有，而是在“一个幸福的人所应该富有的事物上富有，即善好明智的生活”（521a）。这样，哲学家对于治理城邦有最明智的理解，并且拥有比政治生活更值得选择的生活，柏拉图从这两个角度重置了城邦基础，并彻底消除了城邦内乱的威胁。

在柏拉图看来，哲人王统治是美丽城得以实现的关键条件，但是哲人—王这一组合在解决了城邦内部秩序问题的同时，自身也存在巨大的困难和悖论。第一，政治的力量和哲学的力量是两种性质不同的力量，二者的结合需要极大的运气才能完成。第二，哲人王要求城邦的统治者是最不想要统治的，这一方面保证了统治者不会为通常人所秉持的私利而进行统治，克服了特拉叙马库斯的难题，但另一方面对统治者的统治动机提出了新的挑战，即哲学家在看到了永恒不变的存在之后，是否还愿意将正义的样式实现出来。换言之，走出洞穴的哲学家为何还愿意回到洞穴中来呢？第三，如果按照正义城邦的要求，城邦中是一人一事的，特别是做好自己的事情，那哲人王为何要费力统治城邦，来关心别人的事而不是在洞穴外的世界静观沉思呢？以上这些问题实质上是柏拉图《理想国》整个努力所最终指向的困难，美丽城得以成立必须通过哲人王，而《理想国》从第 5 卷到第 7 卷的“离题”实际上说明了良好的政治秩序很难在政治的视野内解决，而必须上升到哲学层面，但是哲学生活与政治生活二者是有着巨大张力的，具体地表现为在哲学的视野下，政治生活有可能完全沦为洞穴生活，而从根本上失去了合理性。

在《理想国》中，苏格拉底对哲人王这一难题给出的合理解释是，哲人因为某种必然性被迫进行统治，如在第 1 卷中苏格拉底提出，统治者害怕被不如自己的人统治，从而不得不自己出来进行统治。如果我们接受这一解释，便可以更具体地讨论政治权力与哲学的结合。前面提到，政治力量与哲学力量是两种性质不同的力量。哲学或知识的力量再强大，也不能摆脱政治力量的帮助或者取代政治力量。政治力量的作用最为重要地体现在两个方面。第一，哲学家在看到存在之后，需要将范本实现在现实世界中，将知识转化为人们的习性（500d），这必须依赖政治力量。[①] 第二，哲学家的培养或者哲学生活方式的养成反过来需要特定的政体安排和教育步骤。[②] 这两点恰恰是最佳政体及其生活方式塑造的两个方面，下面必须把目光转向柏拉图在《理想国》中构建的美丽城。

三、城邦生成的逻辑：自足与“活得好”

亚里士多德在其《政治学》中批评《理想国》时敏锐地指出，苏格拉底预设了最好的城邦是尽可能统一的城邦（II. 1. 1261a13ff）。虽然亚里士多德并不同意这一预设，但是他对《理想国》构建统一城邦的努力的把握可谓抓住了要害，而要实现城邦的统一，我们必须首先考察城邦生成的过程以及动力。

《理想国》对城邦的讨论始于苏格拉底要回应格劳孔和阿德曼图斯（Adeimantus）的挑战，寻找正义是什么，而为了寻找灵魂中的正义，苏格拉底提出要先在较大的城邦中寻找，因为在城邦中，正义容易看得更清楚，在看清城邦正义后，个人正义也就显明了。[③] 在这一原则的主导下，苏格拉底开始构建言语中的城邦（369c9-10）。从城邦生成的角度，苏格拉底依次讨论了健康的城邦和发烧的城邦。

城邦的起源在于每个人都不是自足的。匮乏和需要，是城邦生成和扩大的动力与原则（369b）。满足人的欲求确立了城邦生成的动力，这在第一个城邦中体现得尤为明显。为了食物、住所等生活必需条件，每个人按照其各自的自然本性（*kata physin*）来从事不同的行业，并且通过相互分享各自工作的产品，人们确立了共同生活的原则并构成了一个城邦（371b）。这样一个城邦，

① 这里有两个问题需要区分。首先是哲学家是否有能力处理感官事物。因为在上文中笔者明确区分了知识的对象和意见的对象，那哲学家的知识能否用到感官事物上就是一个问题。对此的解释是哲学家能观看存在，知道理念，并且知道具体的感官事物是某理念的影像，而对同一事物有真意见的人只是碰巧知道，他们实际上是“走在正路上的瞎子”（506c）。知识的对象使得哲学家能够知道理念以及现实事物和理念的关系，但是知识可以和感官事物相关，并且有助于更好地理解感官事物，而非将感官事物作为对象。第二个问题是在承认哲学家有能力这么做的前提下，要想在城邦内将其实践出来，必须依靠政治的力量。

② 特别是在人还没有理性能力直接把握或观看存在之前，需要借助意见的力量来培养人良好的德性，这基本上是通过早年的习惯和训练完成的。

③ 关于城邦与灵魂的关系，学界有大量的讨论，特别是针对所谓的“城邦与灵魂的类比”，但是需要指出的是，二者的关系并不是现代意义上的类比关系，而更多的是比照关系，即二者根本上是等同一致的。这方面的文献参见 Bernard Williams，“The Analogy of City and Soul in Plato's *Republic*,” in E. N. Lee，et al.，eds.，*Exegesis and Argument*（*Phronesis* suppl. vol. 1），p. 197；对威廉斯的反驳可参见 Jonathan Lear，“Inside and Outside the *Republic*,” *Phronesis*，vol. 37，1992，pp. 184 – 215；G. R. F. Ferrari，*City and Soul in Plato's Republic*，Chicago：University of Chicago Press，2005。

只能满足最低限度的生存需要，人与人的关系也是在此基础之上的产品交换关系。人们过着悠然自得的生活，保持着城邦人数和财力上的限度和规模，也不会陷入贫穷和战争。这一城邦被苏格拉底称为健康的城邦，因为人们会满足于最低限度的生活，没有欲求更多和胜过别人的想法，是一个极简形式的真正城邦。

格劳孔嘲笑这一城邦为猪的城邦，因为它太过朴素，不能满足人奢侈的需要，而实际情况是，除了生活必需品，人们总是要追求更多的东西。换言之，人的欲望，特别是无休止的欲望自然会使得城邦扩张，超越朴素城邦的层面，而必然推进到发烧的奢侈城邦。从需求到欲望的转换使得扩张一方面为城邦生长提供了内在动力，另一方面也为城邦带来了威胁。因为欲求的增长使得原来足够的土地变得小了，城邦就必然会寻求扩张，侵占邻邦的土地，同时，邻邦同样受制于物欲的驱使，也会来侵略本城邦，从而战争就出现了。战争起源于“那同样的欲望，这些欲望要为城邦和个人中出现的邪恶事情负责”（373e）。

在对城邦起源及其生长的描述中，需求和欲望构成最核心的逻辑，城邦起源于实现人物质层面的自足，即满足人的各种需求。但是在格劳孔看来，人并不就想安于自足的生活，而是要过得更“好”一些，这里的“好”直接体现为维持生计之外的其他需求。而“活得好”的动力促使城邦膨胀，却给城邦的生存带来了威胁。威胁表现在内外两个方面，即外敌侵入和内部纷争，这恰恰给城邦带来了严格意义上的政治事件。在原初的简单城邦里，人与人的关系最主要体现为需求关系，很难发现正义。[①] 而在发炎肿胀的城邦（372e-373a）里则不同，脱离物质需求关系的城邦内外关系出现了，而要非常明智地处理城邦事务，就必须为城邦构想出一套稳定的政治秩序。进而言之，发炎肿胀的城邦通过护卫者的教育净化与特殊安排转化为了正义城邦。

四、美丽城与统一共同体

（一）城邦结构

在《理想国》中，通过城邦与灵魂的比照关系，苏格拉底为我们构建了美丽城的框架。美丽城中共有三部分公民群体：哲人王担任城邦统治者，战士阶

① 在简单城邦中，正义并不容易找到，苏格拉底在简单城邦长成后问阿德曼图斯：“那么试问，正义与不正义将可能处于这个城邦的哪一个部分呢？在我们上面所考察的各种成分中，它是和哪一个成分一起产生的呢？”“亲爱的苏格拉底，”他说，“我不知道，除非，也许它是在我们上面说的这些成分之间某种相需的关系中？”（371e-372a）

层辅助统治者进行统治，从事农、工、商等领域的生产阶层为城邦提供物质供给。

苏格拉底提出，他们在言语中建立的城邦是至美至好的城邦（*teleos agathen*），那这个城邦就必然具备四主德（智慧、节制、勇敢、正义）。城邦的三个阶层，即统治者、辅助者和农工阶层分别要有不同的德性。统治者也就是最完善的护卫者们拥有知识，这知识并不是通常意义上的知识，即不是关于城邦中某项具体事务，而是关于城邦本身，能够知道如何处理与自身以及与外邦的关系（428d）。城邦因为这一小部分人而被称为智慧的城邦。而一个城邦之所以被称为是勇敢的，是因为这个城邦中辅助统治者的护卫者们是勇敢的，他们能在任何情形下都保持并维护对何为可怖事物的信念（*doxan*）。护卫者这种勇敢德性的获得主要通过前述的挑选与特殊的教育来实现。勇敢与智慧各存于城邦某一部分人之中，但是节制这种德性却要贯穿整个城邦，它是统治者与被统治者之间关于谁应该统治所达成的一致意见（*doxa*），是“在较次者和较优者之间的一种依据自然的和谐一致，以决定在一个城邦里或是在个人中，应该是哪一个部分统治另一个部分”（432a）。在节制的德性里，被统治者首次参与进来，他们一方面要接受自己就自然来讲是稍逊一等的，另一方面还知道应该由最好的护卫者统治自己。只有这样，才能说城邦“比自己更强”。最后，正义与节制一样，也是涉及城邦中每一部分的，它在于“每个单个的个人应该只照管城邦事务中（*peri ten polin*）单一的一件事，对于这一件事，这个人的自然是最为适宜的”（433a）。每人做自己的事在这里特指和城邦相关的事务，即和统治与被统治相关的事务。苏格拉底进一步说明，不同手艺人之间相互混淆不会给城邦带来什么大的伤害，但是在统治和被统治方面越俎代庖对城邦来说就是毁灭性的伤害。

在柏拉图看来，如此精心设计的城邦以及在其中找到的正义能够避免特拉叙马库斯和格劳孔的挑战，也就是消除城邦的内乱。这一威胁在构建城邦的过程中就被屡次提到，在苏格拉底看来，现实中存在的大多数城邦在严格意义上并不能称为一个城邦，因为：

> 应该用更大的名称来说那些其他的城邦，因为它们之中的每一个，其实都是很多聚合在一起的城邦，而并不是一个城邦……至少，不论怎么说，是有两个城邦互相敌对的，一个是穷人的，一个是富人的；而且，在每一个城邦之中又有很多这样的城邦……只要你能够明智地把城邦建设成我们前面所规定的那样，那它就将是一个伟大的城邦，不论在希腊人还是

在野蛮人之中，你都很难找到了，尽管表面上看来，有很多的，并且有很多数倍于它这样大的城邦。(422e-423a)

我们前面已经分析了内乱的原因，即每个人都想过得更好，他们理解的好首先是物质财富等，而统治和政治权力是他们获得更好生活的途径。这一逻辑是僭主能够成为特拉叙马库斯眼中的典范的原因，而据格劳孔说，特拉叙马库斯其实说出了大部分人的心声。但是很不幸的是，驱使城邦扩张的欲望不但会给城邦带来外在的敌人，还必将使城邦被撕裂为多个城邦。而这样一来，城邦就会遭遇到内外两方面的威胁。一方面，城邦内部会陷入无休止的纷争和内乱；另一方面，城邦很难抵抗外敌的侵犯，因为没有统一的城邦，便不会有城邦共同的认同感，城邦彻底成为获取利益的工具，一旦有外敌侵犯，就会很容易将本来分裂的城邦彻底摧毁。[①] 这在苏格拉底看来是城邦最大的恶："我们能看到什么对于城邦来说比那能够使它分裂，从而把它从一个纯一的城邦变成一个杂多的城邦的更大的恶?"而最大的善好就是"使城邦紧密结合，并进而使它成为一体"(462b)。而要实现城邦的统一，除了作为统治者的哲人王之外，护卫者阶层就是最为重要的，他们生活的安排和团结方式将直接影响城邦的安危。

(二) 护卫者阶层的统一

在柏拉图看来，除了城邦的贫富分化容易导致城邦分裂外，城邦统治集团的分歧和内乱是导致政体变化的最主要原因，因为"如果统治集团内部意见一致，那无论它怎样只是一个很小的集团，它也是不可动摇的"(545d)。贫富分化和统治集团的分歧构成了城邦内乱最直接的导火索，所以要在政体安排上防止内乱发生，首先要防范的就是城邦统治阶层，即广义上的护卫者阶层的动乱。苏格拉底对护卫者阶层的讨论不但构成《理想国》篇幅最长的部分，也是该书最富争议的部分。[②]

首先我们需要了解护卫者对于城邦的职责和作用。护卫者要保证城邦的安

---

① 这也是这段引文讨论问题的初衷，即苏格拉底所建立的不贪图金钱的城邦如何能战胜巨大而富有的城邦，苏格拉底说那些城邦其实并不是一个城邦，因而很容易就分裂而失去战斗能力。

② 通览《理想国》文本，与护卫者有关的讨论占据了相当大的篇幅，第 2、3 卷讨论护卫者的习俗乐教和体教，第 4、5 卷用很大篇幅讨论护卫者的生活状况，第 6、7 卷讨论如何对护卫者进行更高的教育，以及如何在护卫者中遴选哲人统治群体。《理想国》第 5 卷中对护卫者共妻共子生活的描述受到了从亚里士多德到 20 世纪诸多学者的批判。而柏拉图因为主张女性可以和男性一样接受护卫者教育，也被 20 世纪一些学者视为女性主义的朋友。本节并不想讨论当代学者在一些当代热门议题上与柏拉图的关联，而是希望首先澄清柏拉图撰写《理想国》的一些原发性思考。

全，捍卫城邦的财富。具体来说，要能够分辨敌友，对敌人凶狠，而善待城邦亲友。用苏格拉底的话说，“法律和城邦的护卫者，如果他们是有名无实的，他们将会从根本上彻底地毁坏一个城邦；而同时，一个城邦的治理和昌盛（*eudaimonein*），它的关键正是掌握在他们手里”（421a）。由于护卫者担任城邦最重要的职责，同时也是城邦中力量最强大的一个团体，因此必须保证护卫者阶层的稳定，尽一切努力来使得护卫者阶层成为城邦稳定的中坚力量，最充分意义上的护卫者必须能“使外敌不能够，使内部亲友不愿意为非作歹”（414b）。反过来说，一定不能使护卫者阶层成为内乱的发源地，必须防止他们“由于纪律不严，或由于饥饿，或由于其他不良状况，来粗暴对待公民，防止他们因力量的强大而成为僭主”（416a-b），护卫者作为城邦中的强者，为了城邦整体的安全和幸福，必须远离欲望和利益的诉求。而要实现这一点，就必须对护卫者进行良好的教育和培养。①

其次的问题是护卫者由什么人组成。在苏格拉底看来，对于护卫者的天性/自然要有所选择，即要挑选那些天性具备“明哲、热爱智慧、意气轩昂、疾速敏捷、强劲有力”的人。在此天性基础上，要从体教和乐教两个方面来对护卫者进行培养，体教针对的是身体训练，乐教针对的是灵魂训练，但是体教的最终目的也指向灵魂。具体来说，乐教是要通过诗歌和音乐来培养人的灵魂，主要分为两个环节：第一是在人还没有能力把握理性的时候，通过良好的风俗习惯，即节奏和和谐音调来触动灵魂，为灵魂养成良好的品性；第二则是在这基础之上，在能力充足的时候把握和迎接理性（401d 以下）。乐教的终极就在于对美好事物的喜爱。而对于体教来说，表面上是培养人的体魄，但是其最终目的是为了培养人灵魂中的意气（*thumos*）（410b）。这样经过乐教和体教的训练，灵魂就可以同时具备克制和刚毅，并且灵魂爱智慧和意气部分都得到了培养，二者之间能达成和谐一致。

对于当时的希腊人来说，所有的这些安排都被默认只涉及男性，而苏格拉底在第 5 卷中提出女性也可以成为护卫者。② 苏格拉底认为妇女和男人应该接受同样的教育，并且妇女也具有护卫城邦的本性，只是在程度上与男护卫者有

---

① 正是这一意义上我们才能理解柏拉图为何花了整整两卷（第 2、3 卷）的篇幅来讨论护卫者的教育问题。

② 参见阿里斯托芬的《女性公民大会》，有学者认为柏拉图在《理想国》中的主张与阿里斯托芬有关联，如 M F. Burnyeat，“Utopia and Fantasy：The Practicability of Plato's Ideally Just City，” in *Psychoanalysis*，*Mind*，*and Art*，J. Hopkins and A. Savile，eds.，Oxford：Blackwell，1992，pp. 175–187。

差别而已，但这并不妨碍妇女也从事护卫城邦的工作。苏格拉底在第5卷中遇到的第一个浪潮将护卫者阶层的组成确立下来，即拥有同样护卫者自然/天性的男人或女人。

最后，护卫者的生活方式必须受到城邦的严格规制。在美丽城中，护卫者们没有私人财产，过着公共的集体生活，在娶妻、婚礼、生育等事情上尽量为“朋友们所共有”（424a）。护卫者阶层的安排也是柏拉图将美丽城打造为统一共同体的关键环节，护卫者与统一共同体的关系最重要地表现在两个层面：护卫者阶层私有制的摒除保证了城邦最为强大的团体的稳固性，保证了城邦不会发生内乱纷争和陷落；并且，护卫者阶层的安排还实现了城邦整体感情上的统一，使城邦获得较高的善。下面，我们具体来分析护卫者阶层与统一共同体的关联。

在《理想国》第5卷的第二个浪潮中，苏格拉底详细阐述了护卫者阶层共妻共子的细节安排。当护卫者到了生育年龄后，城邦安排最优秀的男女护卫者同房，生产后代。由这些优秀的父母所生产出的婴儿则要交给城邦负责保育的官员，由他们来负责孩子的抚育。官员们尽一切办法不让任何父母认出自己的孩子。同一时间段出生的孩子，将是相应众多父母的孩子。在这样一个城邦中，“任何人，凡是他碰上的，他都将认为是碰上了或者他的兄弟，或者他的姐妹，或者他的父亲，或者他的母亲，或者他的儿子，或者他的女儿，或者是他碰上了所有这些人的子孙或是他们的祖辈”（463c）。护卫者妻儿的共有制从根本上避免了将某些护卫者看作自家人，属于自己，而把某些护卫者看成别家的人，不属于自己。这样也就消除了护卫者阶层内部分裂的所有可能。苏格拉底通过护卫者阶层的安排消灭了内乱的两个最重要诱因——贫富分化和统治集团内部斗争，而“如果在他们之间没有龃龉、斗争，那就不用惧怕城邦的其他部分会或者对他们，或者在相互之间有什么对立和冲突”（465b）。

护卫者阶层保证了这一阶层力量上的优胜，从而确保了城邦的稳定。但护卫者的统一共同体除了防御威胁外，还实现了更高意义的统一之善。护卫者阶层彼此之间的关系用苏格拉底的话说就是“朋友之间一切共有”（424a，449c）。[①] 那在《理想国》中，对“朋友”应当做何理解呢？苏格拉底希望能把家庭中紧密的父子、兄弟关系扩充到整个护卫者阶层，从而在这一阶层共享最大限度的亲密关系。亚里士多德对苏格拉底这种安排有一个著名的批评，即妇

① 这一原则在后来的《礼法》和亚里士多德的《政治学》中也都被承认，但是对这句话的具体理解和实现措施却有不同主张。

孺为公的安排不但不会增强人们的友爱，反而会使友爱像水一样淡泊，就如同一勺甜酒混入一缸清水（《政治学》II.4.1262b14ff）。因为如果每个公民有一千个儿子，父子之间的爱就只是真正父子之爱的千分之一，结果只能是父亲不得爱护儿子，儿子也不得孝顺父亲，兄弟之间也没有了相敬相爱。我们在这里无法详细展开对亚里士多德批评的讨论①，但是只需强调一点，即亚里士多德非常正确地点出，苏格拉底所构建的高度统一性是建基于家庭关系上的。但这是苏格拉底逻辑中非常悖谬的地方，即一方面护卫者阶层要消解家庭，但是其高度统一性依赖的却是家庭关系的城邦化。亚里士多德质疑的是家庭关系城邦化后会稀释而非加强原本家庭中的父子、兄弟间的友爱，但是苏格拉底这一逻辑更为根本的困难在于，如果家庭不在了，基于私人家庭构建的亲密关系也就消解了，美丽城里的父母、儿女以及兄弟是无法体验到家庭所能带来的亲密关系的，这样一来，当护卫者们彼此相遇的时候，除了“父母”“儿女”“兄弟”的口头称谓之外，他们还能共享什么性质的关系呢？在《理想国》中，苏格拉底给出的解答是，这种准家亲关系是通过礼法规定获得的（463d），在很大程度上要依靠教育实现。总体来看，苏格拉底并不认为这是一个问题，而是将其直接作为统一共同体构建的典范形式。

（三）统一城邦

在柏拉图看来，护卫者阶层的独特安排不仅能够保证这一阶层的统一，还能将统一推广到整个城邦。由此而来的问题是，护卫者阶层能够建立类似家庭中的兄弟、父子情谊，但这种友爱如何能够推广至生产者阶层呢？在回答这一问题之前，我们先来看柏拉图对于统一城邦的设想是怎样的。

柏拉图认为，护卫者阶层的独特安排不仅保证了这一城邦的中流砥柱不会分裂，而且还实现了最大限度上感情的统一，而这是城邦最大的善（464b）。在此基础上，整个城邦也成了有机的统一体：

> 这不就是城邦最近乎一个人的状态吗？比如，当我们中的哪个人一根手指受伤了，处于统治者单一命令之下的、从身体到灵魂的整个机体都会意识到这一点，并且会同那个受伤的部分一起整个感受到痛，这就是我们说一个人的手指痛的含义。对于人的其他部分也是同样的，不论是某个部分感受到痛还是快乐。（462b－d）

① 关于这个问题的具体讨论，参见本书第三章。

好城邦就像有机体一样拥有统一感情，该城邦的公民们“最能在同一事物上共同一致，这个事物他们将称之为‘我的’；而既在这一点上共同一致，从而，他们也就将是最能在喜怒哀乐上保持共同一致的”（464a）。苏格拉底将城邦的这种统一性归功于护卫者阶层的妇孺为公。护卫者们没有任何私人的东西，这保证了护卫者阶层能够在“什么是自己的”这一问题上达成共识，并全体一起为这一目标而努力。作为城邦统治的中坚力量，他们能够将这一目标传递到整个城邦，让全体公民也遵循护卫者的判断，持有与护卫者阶层同样的快乐与痛苦。

由此，苏格拉底所构建的言语中的城邦就不仅是基于正确统治关系的功能共同体，而且是有机的整体。除了统治和被统治关系外，城邦所有公民间还有通过共同感情联结的纽带，这一纽带使得言语中的城邦区别于其他城邦：

> 正像在其他城邦里存在统治者和人民群众，在这个城邦也一样？
>
> 是，也是如此。
>
> 那么，所有这些人都将互相称呼为公民？
>
> 不能不是这样。
>
> 可是，除了公民这个称呼以外，在别的城邦里的人民群众是怎样称呼他们的统治者们的呢？
>
> 在大多数城邦中，称为“主人”，在民主政体下，还是这个同一的称呼，“统治者”。
>
> 而在我们这个城邦里的人民群众呢？除了公民这个称呼以外，他们是怎样称呼他们的统治者的呢？
>
> 救助者和卫士。他说。
>
> 而这些人称人民群众为——
>
> 为雇主和养育者。
>
> 而那些在其他城邦中的统治者又如何称呼他们的人民群众呢？
>
> 奴隶。他说。
>
> 而那些统治者们怎样互相自称呢？
>
> 同僚统治者。他说。
>
> 而我们的统治者呢？
>
> 同僚护卫者（*Xumphulakas*）。（463a-b）

从这段引文可以看出，美丽城与其他城邦有着本质的区别。在其他城邦中，公民间的关系体现为统治与被统治的关系，统治者甚至被视为主人，被统治者则被视为奴隶。而在美丽城中，公民间的关系首先不是统治与被统治的关系，更像是协和一致的朋友关系。城邦中不同阶层的公民们非常清楚自己在城邦中的位置和功能，也并不首先以统治和被统治自居，而彼此以护卫和供给关系相待。在这统一的共同体中，“凡是每一个人所能贡献给集体的东西都被作为益处提供给大家分享”（519e）。

在这个统一的共同体中，任何一个阶层都离不了其他阶层，通过功能划分与协助，城邦凝和为一。这样一种城邦图景在一些学者看来，与城邦—灵魂类比的逻辑并不完全一致。比如鲍勃尼奇就认为，基于城邦与灵魂的类比关系，因为人的灵魂由三部分组成，城邦也是同样，所以按照灵魂的三个部分可以推出城邦中哲人、战士和生产者的不同生活方式，即他们分别被爱智慧、爱胜利和爱利益控制。① 由此他得出，在《理想国》中，由后两个阶层构成的非哲人群体与哲人的生活有着本质的区别，后两个阶层分别受意气和欲望的主导，永远无法获得哲人的幸福生活。如果按照这一解释，《理想国》所构建的城邦图景则是统治者要求战士与自己一并统治，甚至压制第三阶层的膨胀。很明显，这一图景与引文中所阐述的城邦大相径庭。这其中最重要的原因是，基于城邦—灵魂类比而得出的结论在一个关键点上出了问题，即在柏拉图的美丽城和德性序列中，不同阶层和不同德性之间的关系是统领性的而非并列性的关系。也就是说，在美丽城中，战士和生产者阶层的生活也并不受错误意见和信念的支配，而是至少秉持着与统治者的智慧相一致的真意见和信念。否则，城邦三个阶层之间就是相互冲突的关系，根本无法实现和平和统一。

柏拉图在介绍城邦德性的时候，将这一观点表达得最为明晰。在《理想国》第4卷对正义城邦四种德性的讨论中，勇敢被界定为保持和维护何为可怖事物的信念，这一信念是在礼法的影响下由教育获得的（429c）。勇敢德性的基础在于其之上的智慧德性对于可怖事物性质的规定，也就是说，离开了智慧，勇敢自身并不能成为独立的德性。战士作为承担这一德性的群体，能够接受统治者所确立的礼法和教育的规定，这些规定是符合智慧的真意见，而战士能够接受这些真意见，还是因为他们能够遵守自己灵魂中理性的规定。按照这一理解，美丽城中的战士阶层并非只是追逐胜利和荣誉的战争机器，罔顾理性部分的命令，而是能够接受最优秀的哲人王的指引，并协助哲人王捍卫城邦良好的秩序。同样，节制德性和生产者阶层的情况也类似。生产者也具有节制德

① 有学者认为《理想国》580d-581c就是这一推论的直接文本证据，参见 Christoph Bobonich, *Plato's Utopia Recast*, Oxford: Oxford University Press, 2002。

性，这就意味着他们知道城邦应该由理性来统治，并且知道自己应该安于被统治。很难想象如果生产者的灵魂受欲望主宰和支配，他们如何拥有节制的德性。由此，我们可以推论认为，虽然战士和生产者阶层并不具备完善意义上的智慧，但是他们能够经由礼法、习惯和教育等正确的意见获得自身的理性，进而理解和接受城邦的统治结构和自己在城邦中的位置。而如果离开了美丽城，没有了最高的哲人王和智慧的统领，城邦和灵魂将是完全不同的一番景象。

在了解了统一城邦的性质之后，我们可以回到本节开始时提出的问题，即护卫者阶层的友爱关系如何能够推延至包括生产者在内的城邦整体呢？从上文的分析中我们得知，护卫者阶层之间基本上由带有很强家庭关系色彩的朋友关系构成，而城邦作为一个整体的内部纽带则是由政治性的功能协助关系构成的。很显然，这两种关系并不完全相同，甚至可以说，二者有着根本的区别。那从护卫者到城邦全体公民的联系纽带是如何建立起来的呢？柏拉图在《理想国》中对此着墨并不多，除了讨论节制德性时提到城邦整体的同心一致（*homonoia*）（432a）外，我们认为一个可能的解答是由腓尼基神话给出的，这一神话也被称为“高贵的谎言”。在这一神话中，所有公民间的关系被描述为从大地母亲而来的兄弟关系：

> 我是想要首先说服统治者本人和战士们，其次是其他公民，就像情形是这样：我们给予他们的培养和教育，所有这一切，他们是在想象中，就像是在梦里一样，以为他们接收到了并且真有其事，而实际上，那个时候他们是在地底下，在大地的里面被塑造和培养着，他们自己是这样，他们的武器和其他装备也在那里制造和配备着；而等到他们已经充分地完成了以后，大地，作为母亲，就把他们送出来。而现在，他们应当关心他们所居住和所在的大地，就像是关心他们的母亲和保姆一样，并且保卫她不受来自任何人的攻击，关心其他的公民——因为他们都是大地母亲的孩子——就像关心自己的兄弟一样。（414d-e）

以上引文是腓尼基神话的前半部分，妮科尔·洛侯曾富有洞见地指出，《理想国》第3卷中高贵的谎言是一个意识形态时刻，为第5卷中城邦作为一个大家庭做了铺垫，使所有公民确信他们有着共同的起源，彼此都是兄弟。[①] 洛侯在表述这一观点的时候，主要讨论的就是这前半部分的神话。但是，高贵

① See Nicole Loraux, *The Divided City: On Memory and Forgetting in Ancient Athens*, New York: Zone Books, 2002, p. 198.

的谎言还有另外一半内容，那就是对于城邦不同阶层以金银铜铁来划分。正是后半部分神话为统一城邦带来了困难，城邦正义安排所要求的各安其事的基础是人从大地中出生时的“自然”差别，而核心的问题在于，不同阶层间的功能和生活方式差别在多大程度上影响或阻碍了城邦统一的纽带。换言之，腓尼基神话的第二部分关于城邦阶层区分的叙述在多大程度上影响了第一部分关于所有公民都是兄弟的界定。柏拉图在《理想国》中并没有给出非常明确的答案，但是从一些表述中，我们可以推定他会认为城邦中所有的公民都有自然的亲缘性，虽然后来不同的人被混入了不同的金属，产生了不同的阶层，但是并没有冲击或影响城邦这一大家庭。苏格拉底曾表示这个神话即使暂时不能被相信，“它也已经有利于他们（公民们）更多地关心城邦和他人”（415d）。这样，美丽城之为统一共同体的性质就基本明确了：不同公民按照自己的自然（本性）做好自己的事务，并以此参与到城邦中来，这主要是正义的功能；正义并不能够必然保证城邦的协和一致，柏拉图通过将城邦变成一个大家庭来将不同阶层的公民凝聚为统一的情感共同体。

（四）统一的生活方式?

在城邦构建过程中，有一个问题始终困扰着阿德曼图斯，那就是这样一个城邦能够实现怎样的幸福生活。对他来说，统一城邦中的安排很难称得上是幸福生活的保障。对此，柏拉图在《理想国》中多次表示“立法的本意不在于使城邦某一个单一阶层生活得与众不同地好，而是要通过劝说或强迫公民们，以及让他们分享每一阶层能够贡献给城邦的好处，来让公民们彼此和谐，从而将幸福扩展到整个城邦”[①]。按照这一思路，城邦不同阶层的公民只是城邦统一体的功能配件，也就是为了城邦的统一，各个公民首先要完成自己所担负的政治或生产性职能。对于柏拉图来说，所有现实的城邦都不可避免地处于分裂之中，称不上严格意义上的一个城邦，而只有塑造了统一城邦，才有条件讨论城邦的幸福问题。那在这统一城邦中，不同阶层的生活方式又是怎样的呢?他们是否共享同一种幸福生活呢?

美丽城的公民由统治者、辅助者[②]和生产阶层三大部分组成，虽然三部分

---

① 参见 420b-c，465e-466a，519e-520a，此处引文出自最后一段。

② 《理想国》中，柏拉图对辅助者阶层有多种称呼，如辅助者（*epikouros*）、武士（*polemikos*）和战士（*stratiotēs*）等。柏拉图同时用护卫者（*phulakes*）称呼护卫城邦的群体，其中包括一小部分哲人王/统治者和战士群体。

公民能够整合为统一城邦，但是仔细考察便会发现，三个阶层的公民们并不共享同一种生活方式。其中最核心的问题在于哲人的生活方式与非哲人的生活方式的区别，为此有学者基于城邦与灵魂的类比主张，认为在《理想国》中，只有统治者才是完全正义的人，战士和生产阶层则不幸得多，他们根本不能分享哲人的生活方式。① 下面将通过阐述三个阶层的生活方式来论证美丽城的生活方式在广义的护卫者阶层（统治者和辅助者）是有可能被共享的，在统治者和辅助者之间不能做彻底的划分，而生产阶层则基本上从事适度的生产活动，无法分享真正良善的生活。

首先需要考察的是统治者的生活。城邦的统治者是从广义的护卫者阶层遴选出来的，由护卫者中最优秀的人担任，美丽城最理想的统治者就是哲人王。苏格拉底认为，要想让护卫者过上真正良善的生活，首先需要其灵魂转向，然后在此基础上进行更为高级的教育，哲人王的首要工作也就成了教化城邦。在苏格拉底看来，每个人的灵魂中都内在地存在着某种能力（*dunamin*），以及用来进行认识活动的思维，思维必须和灵魂一道从变动不居的事物（*gignomenou*）转向存在（*to on*）。但是，从洞穴中观看影子到走出洞穴观看存在并非易事，护卫者要想实现这一点，就必须接受不同于《理想国》第 2、3 卷所详述的音乐和体育教育的教育。那些教育是“用习惯来熏陶和教育护卫者，通过和声灌输一种精神上的和谐，但并不是知识；并且，它通过节奏灌输一种平衡和优美，通过故事提供种种和这种习性相关的其他习性，这些故事或者近乎神话，或者更加切近真实情况。但是至于说到你现在所追求的那种善，能够起促进作用的学问，这在它之中却是不存在的”（522a-b）。苏格拉底提醒我们注意，要培养未来的哲人王，就必须进行新的哲学教育，这是最重大的学习（*megista mathēmata*）。新的学习项目包括算术、几何学、天文学、和声和辩证法等。②随着学习科目的进阶，能够最终经受各种遴选和训练的人在五十岁左右的时候：

---

① 如鲍勃尼奇在 *Plato's Utopia Recast* 一书中以哲人和非哲人的区分为主线来重新诠释柏拉图的政治思想。他认为战士阶层只能接受乐教和体教，而只有极少数哲人王才能接受数学和哲学教育。我们则认为，他对于战士阶层的理解是有问题的，战士阶层并没有被完全排除在哲学路径之外。

② 这里对具体的教育内容以及五种学问和把握存在之间的关系不做详述，参见《理想国》522b-534e。关于数学等学问与教育的关系，参见 M. F. Burnyeat，“Plato on why Mathematics is Good for the Soul，” in T. Smiley，ed.，*Mathematics and Necessity*：*Essays in the History of Philosophy*，Oxford：Oxford University Press，2000，pp. 1－81。

> 凡是经过考验而洁身自好的，并且不论在什么事情和什么情形下，不论是在功业、事务上还是在知识、学问上表现都最为卓著的人，现在就必须把他们引导到那最终的目标上去了。他们必须把他们的灵魂之光向上投射出去，去睇视和观照那个给予一切以光亮的东西，并且，当他们既已见到了那善本身，就把它用作为模式和典范，在他们的余生中，每一个人轮流地用它来整饬和治理城邦、公民们以及他们自己。他们把大部分时间用在对哲学的探究上，而当轮到他们的时候，他们每一个人都要去处理繁杂的政治事务，并且担当统治者的职务，这是为了城邦的缘故，而并不是把它当作什么美好的事情，相反，这只是必须做的、不得已而为之的事；并且，就这样，他们也总是把别人教育成为这样的人，并且把后者作为护卫者留给城邦，而在这之后，他们就去到那些福祉之岛上，在那里定居下来。(540a-b)

对于城邦的哲人王们来说，政治生活和哲学生活都是要过的。在政治生活方面，他们在城邦中至少要过 15 年的战士生活和年长之后的统治生活，但是，哲学生活对他们来说是更为本质的。城邦的统治者们以沉思和静观的生活为最终的追求，对于善本身的观看远远胜过对于荣华富贵所能给人带来的幸福的观看，政治生活只是他们不得不做的事情。经过这一过程，不断接续的护卫者得以过上真正幸福的生活。

总体上看，《理想国》中哲人王的生活还是比较明确的，但相对而言，战士阶层的生活方式就不是那么容易确定了。这其中的困难很大程度上来自对统治者和辅助者的区分，因为哲人王是从广义的护卫者阶层逐步遴选出来的，也接受了独特的教育，少数的优秀战士将转变为哲人王，而更多的战士阶层的生活方式则不那么容易确定。但可以肯定的是，美丽城中的护卫者阶层过着简朴而稳定的生活，他们没有私产，过着妇孺为公的生活。在柏拉图看来，这些真正的卫士们实际上过着幸福的生活：

> 他们的胜利更加美好，而他们所得到的人民的供养更加充实。因为，他们所取得的胜利的奖赏，是整个城邦的得救，他们和他们的孩子额上的桂冠，是公众对他们的供养和所提供的一切生活所需；生前，他们将得到来自他们自己城邦的荣耀和尊奉，死后，他们将取得和他们的身份相称的殡葬和哀荣。(465d-e)

这种幸福生活基本上是政治性的，与哲人的沉思生活有着根本的差异。那是不是如大多数学者认为的那样，在美丽城中，战士阶层无缘真正的幸福生活呢？毋庸否认的是，最终能够接受辩证法教育、观看善本身、成为哲学家的人是非常稀少的。如果仔细考察的话，我们会发现，战士阶层和最优秀的护卫者之间最为重要的并非本质上的差别，而是程度上的差别。因为第一，广义的护卫者阶层最初都要经过严格的天性遴选和教育培养，在这一阶段是无法区分战士与最优秀的护卫者的。并且，统治者本身就是从护卫者群体中挑选出来的。第二，通常区分战士阶层与哲人王的一个重要标准是他们接受的教育并不完全一样，即哲人王除了乐教和体教外，还要接受算术、几何、天文、和声、辩证法等科目的训练，从而最终有能力把握“存在”。但是，战士阶层是不是就完全从后面这种高等教育中被排除出去了呢？答案是否定的。所有的护卫者（包括一般的战士）在儿童时代都会接受算术、几何教育，以及学习一切辩证法之前所应该进行的早期教育(536d)。同时，算术、几何等科目对于战士的作战也都有帮助（522e，525b)。第三，对于战士来说，辩证法之前的这些教育科目最重要的作用可能表现在行军作战、护卫城邦等事宜上，但是这一从对生成变化之物到对存在的把握之路并未对战士阶层封闭，并实际上培养了他们走上这条道路的能力。第四，从前面的引文(540a-b）中可以看到，哲人王在城邦中的一个重要工作就是把别人也教育成为与自己一样的人，并将其作为护卫者留给城邦，从而保证城邦的幸福永续。这里的“别人”可以理解为极少数经历了辩证训练的人，也可以理解为某些更广泛意义上的有志于哲学生活的战士。如果后者的理解能够成立的话，那美丽城中的哲人王和战士阶层就是优中选优的关系，并且二者之间存在着贯通的渠道和可能。简言之，如果说战士阶层德性的培养在很大程度上基于正确的意见和信念的话，那么他们从正确意见到知识的上升之路并没有被完全堵塞。

如果说战士阶层的生活方式较难确定的话，那美丽城中生产者阶层的生活就更难把握了，主要的原因是《理想国》并没有详细讨论这一阶层的教育和生活方式。但是可以肯定的是，生产者阶层在美丽城中也具有公民身份，他们通过对城邦的物质供给参与到城邦中来，并且知道和承认由最优秀的护卫者来进行统治。虽然在生产者阶层中存在着数量繁多的欲望（431c），但是他们的欲望是受较为优秀的人的欲望和明智统领的。生产者阶层不会无限制地追求钱财，因为城邦的疆域界限作为统一的整体，不大也不小。同时，生产者们也不会过分贫穷或富有（421d-422a)。作为城邦的供给者，生产者阶层并不将护卫者视为统治者，而视为自己城邦的保护者和守卫者。从这个意义上说，美丽城中生产者阶层的生活方式与第一个简朴的城邦（也即猪的城邦）中人们的生活方式非常接近，他们过着自足而有限度的生活，虽然工作的主体是从事各种生产活动，但并不因此而将欲望的膨胀作为自己生活追逐的目标。唯一的不同可能是，在美丽城中，生产者阶层要负担整个城邦的物质需求而非仅仅自己的自足生活。当然，过这种生活的生产者阶层是很难分享较高的德性生活的，如果说卫士们还有可能通过自己的努力走上哲学的上升之路的话，那么生产者阶层是绝无可能的。

至此，美丽城生活方式的全貌基本得以呈现。哲人王拥有真正的智慧，他们过着哲学和政治的生活；辅助者或卫士们则主要过政治的生活，其接受的教育和训练也赋予了他们走上哲学之路的可能性；生产者的情况不太明晰，他们通过有限度的物质生产参与到整个城邦之中，他们基本无缘真正的德性生活。在这一理想城邦中，政治性的幸福，即城邦统一得到捍卫和维护，这为城邦公民过德性的幸福生活提供了基本条件。同时，通过城邦的政制设计，哲人王提供的良善生活的范本及其对城邦的塑造能力赋予了城邦公民向上的德性之路。

五、小结

柏拉图通过在《理想国》中阐明的政制构建的逻辑，给出了针对《第七封信》开头提到的政治困境的解答。面对大多数城邦都因为争夺权力和贫富分化而实际上分裂为多个城邦的现实，柏拉图认为这些分裂的背后是人对更好生活的向往，但是关键问题出在大多数人并不知道什么是真正的好，并且容易受到智者和政客的影响，从而将统治、强权和名利糅合在一起。柏拉图在《理想国》中提出必须在全新的基础上为政治秩序奠基，这一基础就是真正的存在本身，只有有能力观看不变的存在本身，才能洞晓真正的正义、善和秩序。由此，也只有哲学家能够对照天上的理念来整顿和治理城邦，并且，哲学家的真正幸福生活并不是靠政治生活来获得，从而也进一步保证了他们不会将政治权力作为谋求名利的手段，也就从统治者的层面消除了城邦分裂和内乱的可能，捍卫了城邦的统一。在新的基础上奠定的政制是由哲人王、辅助者和生产者三个部分组成的，广义上的护卫者阶层的生活方式使得他们不可能谋取私利，而将城邦的好视为最大的好。生产者阶层则通过物质供给参与到城邦生活中来，并且与护卫者们都是广义的兄弟关系。柏拉图在《理想国》中勾画的统一共同体不仅消除了内乱的威胁，还建立了城邦各部分间情感的联系纽带。由此，我们看到，《理想国》的方案是通过给出一种全新的好生活方式来重置整个城邦秩序，也就是说，在美丽城中，哲人王为城邦提供了一种生活范式，并且在其领导下将整个城邦维系为一个整体。用柏拉图自己的话说，哲学家在看到那井然有序、永恒不变的事物后，“不独是依照它来塑造他自己，并且把它模印到人们的，不单是个人的，而且是社会和公众的习性上去”（500d），并塑造大众的节制、正义等德性。

柏拉图认为，这一美丽城的达成，也即政治权力和哲学的结合，需要极为特殊的条件。哲学家以神圣的模型为底本来绘制城邦蓝图的前提条件是城邦必须是洁净的：

> 他们（哲学家）把一个城邦和人们的习性当作一张绘画的底板，首先是要把它擦拭干净，这不是一件容易的事；但是，就是这样，你可以知道，他们在这一点上就和其他人不同了——他们不愿意去接触无论是一个个人还是一个城邦，也不愿意去制定礼法，除非他们先接受了一个洁净的城邦，或是他们先自己把它造成这样。（501a）

按照这一规定，实现美丽城最为快捷的方式就是将城邦中超过十岁的人都送到城外，由哲学家把孩子接收过来，按照自己的方式来教育他们（541a）。这样一个孩童的城邦再次将视野带回到腓尼基神话对人的描述中来。只不过，这一次，哲学家真正通过剥离儿童与生身父母的血缘关系而将其置于更宽泛的兄弟关系之中，并以此为基础来塑造符合美丽城要求的公民，这样的公民反过来能最大限度地支持并捍卫城邦秩序，并按照政制的规定逐步走上追寻美好生活之路。

在了解了美丽城的性质和实现方式之后，还剩下一个问题，那就是这个城邦能否在大地上实现。[①] 柏拉图在《理想国》中多次表示，这一城邦要实现是非常困难的，但并非绝无可能。在第 9 卷的结尾处，柏拉图非常明确地告诉我们这样一个城邦是在“天上的，对于凡是愿意去观看并且在观看中愿意在自身之中建立一个城邦的人来说，也许是存在着这样一个模型的。但无须去问它在地上是存在的呢还是尚有待于存在，因为他只皈依于这样一个城邦，任何其他的都是与他无关的”（592b）。也就是说，美丽城只是提供了范型，它能否实现并不重要，更为重要的是它的最终指向是在人的灵魂中建立起这样一个美丽

---

① 关于《理想国》所描绘的美丽城是否能够实现，20 世纪学界有着诸多争论，其中比较有代表性的当属施特劳斯与伯恩耶特的观点，参见 Leo Strauss，*The City and Man*，Chicago：University of Chicago Press，1964；M. F. Burnyeat，“Sphinx without a Secret，” *The New York Review of Books*，vol. 32（9），1985；M. F. Burnyeat，“Utopia and Fantasy：The Practicability of Plato's Ideally Just City，” in Gail Fine，ed.，*Plato 2*：*Ethics*，*Politics*，*Religion*，*and the Soul*，Oxford：Oxford University Press，1999，pp. 297－308。

城，在这个意义上，美丽城在言语或道理中已经完成。

柏拉图并未在《理想国》中为我们切实构建一个大地上的城邦，甚至他表示出并不关心大地上是否真有可能出现这样的城邦，这一任务留在了其《礼法》中。在柏拉图最后这部对话中，他向我们展示了如何尽可能地建立良善的统一城邦。我们会发现，在后期的对话中，《理想国》所确立的一些根本的政治原则，如城邦统一的目标、智慧统治、德性生活和教育等等并没有发生改变，一些细节的调整只不过是为了在大地上尽可能实现统一城邦所不得不做出的修订。下面，我们就将目光投向柏拉图晚年的这一最大的政治远航——《礼法》。

第四节　统一共同体：《礼法》

与《理想国》相比，柏拉图最后这部政治著作的读者要少得多，获得的重视度也比不上前者①，但是《礼法》却给柏拉图政治思想的性质认定带来了严峻的挑战。在《礼法》中，柏拉图没有将精力集中于灵魂秩序和哲学基础的讨论，正义问题似乎也退居幕后，地位远没有在《理想国》中那么重要。此外，在政制安排上也发生了很多变化，如对公民身份进行了限制，允许城邦的公民拥有家庭和私产，设置混合政体，花很大篇幅描述城邦立法以及法律序言。最为人所熟知的是，柏拉图好像放弃了理想城邦而转向了“次佳政体”，放弃了哲人王统治而转向了“法治”，等等。基于这些判定，柏拉图政治思想是否连贯的问题自然就成为学者们首先要面对和回答的。本节首先讨论关于柏拉图思想是否前后一贯的几种有代表性的观点，然后具体讨论《礼法》对统一共同体的具体论述。

一、柏拉图政治思想的一贯与变化

关于《理想国》与《礼法》两部书的关系产生了不同的解释思路，结合学

① 也有学者如施特劳斯就主张《礼法》才是柏拉图最具政治性的著作，参见 L. Strauss，*The Argument and the Action of Plato's* Laws，Chicago：University of Chicago Press，1975；斯科菲尔德也强调了《礼法》的重要性，以及该书对亚里士多德《政治学》的影响，Malcolm Schofield，“‘The *Laws*’ Two Projects，” in C. Bobonich，ed.，*Plato's Laws*：*A Critical Guide*，Cambridge：Cambridge University Press，2010，pp. 12－28。

者拉克斯（Laks）的总结①和最近学界的讨论②，我们大致可以归纳出四种描述柏拉图政治思想体系的观点。③

第一种观点是完成论，即认为在《理想国》中，柏拉图将主要精力放在对统治者的描述上面，但是对城邦其他方面并没有能够涉及，这一工作在《礼法》中得以完成。在《礼法》中，柏拉图筹划建立马格尼西亚（Magnesia）殖民地，从城邦的选址到人口规模，再到城邦具体的规划、政体形式、生活方式、官员设置、宗教仪式等等，柏拉图都进行了详细说明。在马格尼西亚，柏拉图为我们提供了范型城邦的细节。这种观点认为，柏拉图的《理想国》和《礼法》在很大程度上是一致的。④

第二种观点是后退论，即认为《理想国》中的方案仍是最佳的，《礼法》所谋划的政制是在《理想国》最佳政体基础上的后退。柏拉图认为他在《礼法》中构建的城邦并不是最好的城邦，而是相对于《理想国》而言的次佳城邦。在这里，私人家庭和私有财产得以保留，礼法承担了更为重要的角色，政体设置上也吸纳了混合政体的元素，这些新的安排也取代了哲人王的统治。从这样一些地方似乎可以得出结论说，柏拉图在很大程度上改变了自己的想法，在政治事务上变得务实了很多。⑤

---

① 拉克斯归纳了三种，即完成论、修正论和履行论，这里借用这三种进路的名称，但实际指代并不完全相同，并增加了“后退论”。参见 Aandre Laks，“The *Laws*,” in C. Rowe and M. Schofield, eds.，*The Cambridge History of Greek and Roman Political Thought*，Cambridge：Cambridge University Press，2000，pp. 267－275；“Legislation and Demiurgy：On the Relationship between Plato's *Republic* and *Laws*,” *Classical Antiquity*，vol. 9，1990，pp. 209－229。

② 参见 C. Bobonich and K. Meadows，“Plato on Utopia,” *The Stanford Encyclopedia of Philosophy*（Summer 2013 Edition），URL ＝ http：//plato. stanford. edu/archives/sum2013/entries/plato-utopia/。

③ 需要注意的是，这四种进路的划分只是为了方便讨论，将四种最为典型的观点列出。一旦具体到某一个学者的立场，则可能会有重叠或差异。

④ 比如桑德斯就认为这两本书是同时写就的，参见 T. J. Sauners，*Plato*：*The Laws*，London：Penguin，1976，pp. 27－28。

⑤ 比如弗拉斯托斯就认为柏拉图自己在西西里和小狄奥尼索斯（Dionysius II）的交往使他认为，没有哪个拥有巨大权力的人不会腐化，从而使他后来对人性不那么乐观，参见 Gregory Vlastos，*Platonic Studies*，2nd ed.，Princeton：Princeton University Press，1981，p. 216。这种用柏拉图的政治生涯阐释他的思想变动的代表，还可参见 George Klosko，*The Development of Plato's Political Theory*，Oxford：Oxford University Press，2006，更早的如维拉莫维茨（Wilamowitz）也是持类似观点。此外，还有不少学者从现代政治讨论的议题出发，在《礼法》中找到了柏拉图对于民主、法治等不同于早前作品的积极态度，但是这种进路对于理解柏拉图来说存在较大的风险。

第三种是修正论，与后退论的修正不同，它强调《理想国》和《礼法》内在逻辑上的重大区别。在这些学者看来，这种区别不是柏拉图简单地后退，而是他政治思考本身发生了一些改变，集中表现在对于最佳城邦的理解上面。① 这种观点认为，《礼法》所描述的最佳政体并非《理想国》中的美丽城，《理想国》中的共产主义只适用于护卫者阶层，而《礼法》则要将共产主义在整个城邦实行。② 所以《礼法》的次佳政体并非相对于《理想国》美丽城的次佳，而是相对于一种新的最佳政体构想的次佳。③

第四种观点是履行论，认为柏拉图要想在现实中将良好政体实践出来，就必须做出一些调整和修正。如果将《蒂迈欧》与《礼法》对照来读，就可以定位《礼法》的努力方向，即它不是要实践范型，而是讲出了实践工作所需要的条件。④ 在这种观点的基础上，拉克斯进一步区分了人和神，在某种意义上，"《理想国》和《礼法》的关系是从一个层级（神的）到另一个层级（人的）的关系"⑤。在拉克斯看来，《礼法》详细阐述的次佳城邦是在人相对于神是次佳的这一意义上说的，而这样构建起来的城邦政制和礼法对于人来说仍是最好的。

上述四种观点只是理解柏拉图政治思想逻辑的众多尝试中的部分，它们彼此之间也并非完全对立或排斥。我们将尝试捍卫柏拉图政治思想根本逻辑上的一致性，论证在某些核心问题上，虽然柏拉图对一些具体问题，如哲人王与法律统治、统一城邦的理解、公民群体的范围等会有不同表达，但是其背后的政

---

① 比较有代表性的是 Bobonich，*Plato's Utopia Recast*；此外，库珀强调《礼法》在公民教育等方面的思考有非常重大的改变，参见 John M. Cooper.，*Reason and Emotion*，Princeton：Princeton University Press，1999，pp. 165－191。

② 关于"最佳政体"并不就是《理想国》中的美丽城这一点，拉克斯和鲍勃尼奇是一致的，但拉克斯更多的还是采取第四种进路。参见 Bobonich，*Plato's Utopia Recast*，pp. 10－12；A，Laks，"In What Sense is the City of the *Laws* a Second Best One?" in F. Lisi，ed.，*Plato's Laws and its Historical Significance*，Sankt Augustin：Academia Verlag，2001，pp. 107－114。

③ 鲍勃尼奇还强调柏拉图《礼法》中政治思想的变化与柏拉图后期的认识论、形而上学和灵魂学说有关。这是今后柏拉图政治思想研究的一个可能的方向，到目前为止还没有见到特别有分量的著作来阐释这一问题。

④ 比如莫罗就认为《理想国》与《礼法》的关系是理想范型与现实实践的关系，但是这一实践与历史上的雅典相关，参见 G. R. Morrow，*Plato's Cretan City*：*A Historical Interpretation of the Laws*，Princeton：Princeton University Press，1993。

⑤ A. Laks，"The *Laws*，" p. 275.

治思想指向是基本一致的。[①] 如果回到本章所关心的城邦统一问题上来，我们会发现柏拉图政治思想的核心思维逻辑并没有发生变化。概而言之，首先，《礼法》的问题意识同样起于城邦内乱带来的威胁。其次，对于柏拉图来说，政治谋划的目的是实现城邦的统一和公民有德性的生活。[②] 再次，在《礼法》中如同在《理想国》中一样，好城邦的出现只能依靠理性（努斯）的统治（《礼法》702d-e，736d；《理想国》369a，c，376e）。最后，立法者不仅要设立成文法，更重要的是设立作为城邦生活方式的礼法（*nomoi*）和政制（*politeia*）。[③]在这些问题上，柏拉图不但没有改变自己的立场，反而将分析推进到之前《理想国》未曾到达的层级。

在柏拉图政治思想核心逻辑之外，我们会发现《礼法》相对于其他对话的一些改变和推进。限于讨论主题的需要，这里只列举几个重要问题：《礼法》对公民有严格的身份限制，《理想国》中从事生产的工匠商人等都被排除在公民之外；《礼法》为统一城邦找到了友爱以及促进友爱产生的全新社会机制；《礼法》很强调用法律序言来进行公民教育等。但是这些修订或阐发并没有在根本上威胁柏拉图政治思考的基本逻辑，反而在很大程度上被整合为建立对人来说切实可行的城邦的条件。而《礼法》之所以与《理想国》有这些差异，应当归因于两部对话讨论的侧重点的差异。《理想国》讨论的起点是寻找灵魂中的正义，其基本路向是建立言辞中的城邦，顶点是哲学家的灵魂，它为我们展示了灵魂正义的典范形态。但是哲学家的生活方式是超政治的，当哲学家按照自己灵魂的样子来绘制城邦时，必然会遇到内在的理论困境。直到整部对话最

---

① 最近捍卫统一论的尝试可参见 Christopher Rowe，“The Relationship of the *Laws* to Other Dialogues：A Proposal，” in Bobonich，ed.，*Plato's Laws*：*A Critical Guide*，pp. 29－50；罗仔细分析了《礼法》与其他文本的相关性，并提出《礼法》能够指引哲学读者看到与其他对话一致的结论。另外有一种捍卫柏拉图政治思想统一性的进路值得特别重视，它是由法国学者普拉多提出的，他认为柏拉图晚年的这部著作是要解决《理想国》中不能解决的问题，如城邦的生成、内部冲突、公民的生活方式等等。这种解决不是简单地因为《理想国》没能展开讨论这些问题，而是缺乏相应的理论基础，只有在撰写完《蒂迈欧》《克里底亚》和《礼法》之后，柏拉图才完成了较为完整的自然观，才能够确定自然事物的构成与运动。《礼法》所构建的城邦是在充分诠释的自然基础上构建起来的，并且这个城邦还是一个运动的实体，参见 Jean-François Pradeau，*Plato and the City*：*A New Introduction to Plato's Political Thought*，Janet Lloyd，trans.，Liverpool：Liverpool University Press，2002，pp. 137－138。在这个意义上，本章试图结合普拉多和拉克斯的基本思路，之后尝试回应修正论的挑战。

② 主张城邦统一和公民过德性的生活在《理想国》中主要是通过对护卫者阶层的描述呈现的，并未获得强调，而在《政治家》和《礼法》中，这直接被表述为好城邦应有的目标。

③ 这与《理想国》中苏格拉底的角色是一致的，参见《理想国》519c。

后的厄尔神话，柏拉图实际上一直在劝勉读者尽量选择哲学的生活方式。相比起来，《礼法》则更像是严格意义上的政治哲学著作，柏拉图在这部最后的对话中向我们展示了如何设计并实现良好的政治秩序，为城邦立法建制成为对话讨论的主题。借助《礼法》，柏拉图也就有机会得以全面而系统地阐述其宏观思路与细节安排。下面，我们还是依照《礼法》的内在逻辑，来具体考察柏拉图晚年的这一“实践冒险”。

二、战争：生存与德性

对于柏拉图来说，内乱及它对城邦的威胁始终是其政治思考的首要对象。《礼法》一开始就讨论城邦的立法目标应该是着眼于防止城邦内乱还是在对外战争中获胜。这一问题在《理想国》中是通过追溯城邦起源来进行的，即城邦的扩张使得城邦必须面对外部敌人，从而需要单独的护卫者阶层，护卫者阶层出现后又将内乱作为其首要防范的对象。而在《礼法》里，内乱与对外战争被作为两种性质不同的战争，从而直接引出了政制和礼法（*politeia kai nomoi*）的目标应该是为了城邦的生存还是德性。换言之，城邦是为了活着还是活得好？①

《礼法》的对话者分别为雅典陌生人、克里特人克里尼亚斯（Clinias）和斯巴达人麦基鲁斯（Megillos），这三个人的城邦分别代表了当时希腊城邦世界的两种典范政制：雅典式与多里安式政制。而多里安式政制恰恰是《理想国》第8卷中政体衰变序列中最好的政体形式。在《礼法》中，斯巴达和克里特政制也被与其他政制区分开来，被雅典陌生人称为“真正的政制”。② 虽然多里安式政制在当时的希腊世界享有盛誉③，但是《礼法》一开始就是要从现实中的优良政制入手，揭示出其政制设计的潜在弊端，从而引出对真正优良政制的讨论。

斯巴达和克里特两个城邦的立法着眼于在对外战争（*polemos*）中获胜，

---

① 亚里士多德在《政治学》I. 2. 1252b27ff 中详细阐述了“活着与活得好”的关系，即城邦的生成是为了活着，而城邦的持存是为了活得好。

② “那是因为你们两个的城邦都是政体。你们提到的其他（僭主制、民主制、寡头制等）那些都不是政体，而是在专制统治之下的城邦管理机构，城邦的某一部分奴役其他的部分。每个名字都从专制者的权威那里而来”（《礼法》712e-713a）。本节讨论中如无特殊说明，柏拉图著作的页码均指《礼法》中的页码。

③ 参见亚里士多德《政治学》II. 9. 1269a30ff，虽然亚里士多德对斯巴达和克里特政制有诸多批评，但是这两种政制在《政治学》中是作为当时希腊可能的最佳政体而被批判和分析的。具体讨论可参见本书第三章。

因为在克里尼亚斯看来，“依据自然，所有城邦间都存在着无休止的潜在战争，而和平只是一个空名”（626a-b），只有通过战争中的胜利才能获得失败一方所有的好东西。两个城邦正是基于对政治现实的判断才将城邦立法的目标放在战争上面，只有在战争中获胜才能维系自身的生存，否则城邦任何其他的活动与追求都将是不可能的。

柏拉图并没有否认对外战争的重要性，但是他首要关注的并非对外战争，而是城邦内部的纷争。因为相比起对外战争，内乱对于城邦的破坏要更为严重。三个对话者都同意“城邦内乱是不停地出现的，并且每个人都不希望自己的城邦出现内乱，一旦发生，则希望内乱尽快过去”（628b）。并且与对外战争相比，“城邦内乱是所有战争中最残酷的，是最大的战争”（630a）。为了避免内乱，立法者应该首先为城邦带来和平，促进城邦内的友爱与善意。这样一来，内乱就取代了对外战争成为立法的首要关切点。

柏拉图提出，严格意义上的政治家应该先关注内乱而非对外战争，原因包括以下几点。第一，在对外战争中起主导作用的是力量原则，即大的城邦能在战争中战胜小城邦（638b），一个城邦哪怕治理得再好，在遇到强大的敌人时，也难以维系自身的安全。也就是说，在城邦的对外关系中，强权是与高贵无关的通行原则。第二，如果说城邦间的战争状态是现实存在的话，那城邦更是要提防自身内部的纷争与动乱。因为如果城邦自身不能保持统一，陷入内乱，就根本没有能力抵御外敌。所以，雅典陌生人会说“城邦战胜自身不是最好的，而是必需的”（628d）。第三，如果一个城邦将自己打造为一个战争机器的话，其公民则必然具备很强的战斗能力，而一旦该城邦发生内乱，也必然会对城邦自身带来最严重的伤害（636b）。综合以上几点来看，雅典陌生人将城邦内部的生存放在对外战争中的幸存之前。在这一基础上，对于政制和礼法的讨论就必须从城邦的生存层面上升到城邦的生活方式是否高贵上来，对外战争和内乱背后实质上是对德性的不同理解。

在对外战争和内乱中，对人德性的要求是不同的。在对外战争中，勇敢是首要的；而要预防内乱，则需要更多的德性，具体来说，需要与勇敢同等程度的正义、节制与明智（630b）。因为只有同时具备这四项德性，人才可能成为忠信之人。柏拉图为我们给出了德性的等级序列。首先他将德性划分为两类：属人德性与神圣德性。前者从高到低依次为健康、美、力量与财富，后者的序列为明智、节制、正义与勇敢。而且，属人德性从属于神圣德性。德性序列的安排不再是简单的德性分类，而是规定了明智的统合能力。以勇敢为例，在神圣德性的序列中，勇敢排第四位，这意味着勇敢必须服从于其他三种德性的要求，否则便很难被称为勇敢。换言之，单独的勇敢德性并不能独立存在，否则，勇敢就无法区别于鲁莽和傲慢。除明智以外的其他德性之所以被当作德性，且能够发挥作用，最根本的就是因为明智的统领力量在起作用。

通过将讨论的层面推进到德性，多里安式城邦政制的特点可以被看得更为明晰。旨在在对外战争中胜利的战争机器最为看重的公民德性自然是勇敢，而真正的勇敢是对抗恐惧与痛苦，以及能与我们意气薄弱的欲望和快乐做斗争。在麦基鲁斯对城邦关于勇敢的立法的列举中，共餐制、体育训练、狩猎、忍受痛苦等成为首要的内容，这些都是针对身体的训练，而勇敢的实质内容是与快乐做斗争。也就是说克里特和斯巴达着眼于对外战争的城邦礼法仅仅达成了勇敢的一部分，即对抗恐惧和痛苦。在这个意义上，勇敢作为一种德性，与其他德性是分离的，即雇佣军式的勇敢可以与正义、节制、明智等无涉（630b）。这种意义的勇敢是有内在危险的，这一危险在讨论节制的时候被道明："这些体育训练和共餐制在很多情况下是有益于城邦的，但是在内乱的时候，它们是有害的"（636b）。到此为止，勇敢德性的性质，确切地说是克里特和斯巴达式的勇敢的性质被较为充分地解释了出来，这种勇敢是身体性的勇敢，它与其他德性并无太多关系，并不会按照神圣善好的序列去向更高的德性看齐。它更像没有方向的意气（*thumos*），是把双刃剑，既可以在对外战争中杀敌，也可能在内乱中给自己带来最严重的灾难。关于勇敢德性的讨论揭示出克里特和斯巴达将城邦构造成战争机器的内在危险。如果只着眼于对外战争来形塑城邦德性的话，那么城邦所体现出来的勇敢实际上并不属于神圣的善好，而只是在幸存意义上的力量准备，与真正的德性无关。而真正的优良城邦应该将立法着眼于整全德性，即除了勇敢之外，还要培养人的正义、节制和明智。

从德性视角来讨论城邦内乱严格说来并没有超出《理想国》讨论的范围，《礼法》只是将这一分析更加清晰地呈现了出来。相对于城邦的对外战争而言，内乱才是立法者的首要关切，也是城邦立法所要克服的最大敌人。同时，以斯巴达和克里特为代表的着眼于对外作战的城邦政制和立法存在着重大缺陷，即对德性认识的片面化，这会导致巨大的潜在威胁，而只有充分理解整全德性，并且将城邦目标着眼于整全德性，城邦才会获得长治久安，这也是克服内乱的内在要求。

三、自然秩序下的内乱与统一

在《理想国》中，柏拉图认为特拉叙马库斯以及格劳孔叙述的正义观是城邦内乱的重要理论根源。在《礼法》中，这一诊断被保留了下来，并体现为在城邦中谁应该统治的问题。对这一问题有着诸多不同的回答：父长统治、出身高贵之人统治、老人统治、主人统治、强者统治、智慧之人统治。在这些不同的观点中，最强有力的主张是强者统治："他们主张法律不应该着眼于战争或整全德性，而应该着眼于既有政体的利益，和那些能使政体长久统治、永不消亡的东西。他们宣称符合自然的关于正义的最佳定义是强者的利益"（714b-c）。这里的强者可能是大众，也可能是僭主、贵族等任何占有城邦权力的群体或个人。他们一旦掌握城邦权力后，便会如特拉叙马库斯所说的，按照自身利益来颁布法律，让法律成为"统治集团的工具"。雅典陌生人在《礼法》中没有采取《理想国》中的长篇论证方式，只阐明了强者正义这一原则的致命缺陷：

> 统治团体将会不断争斗，胜利的一方会接管城邦事务，而不让失败的一方有任何参与的机会。这样两派之间彼此盯着对方，一旦有机会掌握城邦大权，便会记起之前的恩怨，开启动乱。这些根本不能被称为政体，我们也不会说那些不寻求城邦整体利益的法律是正确的。如果法律是为了寻求某一部分人的利益，那我们将其居民称为"派系"而非公民，并说他们尊之为正义的法律是虚幻的。
>
> 我们说这些话是因为下面的这些原因：我们不会将城邦的统治集团设立在某些人的财物或力量上面。（715a-d）

在"正义是强者的利益"这一原则中，柏拉图看到城邦内乱的深层原因，这里的阐述我们并不陌生，在对城邦政体的界定中我们已经看到分裂城邦的特征。在对政治权力的角逐中，力量成为唯一的标准，这是将自然界的原则纳入城邦政治的直接后果。而在这一境况之下，城邦总是会陷入不断的内乱之中，要彻底改变此种情形，雅典陌生人给出的方案是让法律不再是某一派别的工具，法律必须服务于诸神，而成为超越各个派别的最高权威。必须让掌握真理的立法者，借着机运与城邦权力结合，并且能颁布城邦法律，让一切派别都遵循法律生活，成为"法律的仆人"（715d）。

在《礼法》中，柏拉图并没有停留在这里，而是将《理想国》的诊断进一步深化，认为强者正义背后还有更根本的自然秩序的原因。在柏拉图看来，之所以会有人持这样一种立场，是因为他们对自然秩序和神的理解是错误的。在柏拉图看来，智者及诗人所做的一个努力是将自然与人伦分离，从而成为两个截然独立的部分。这一过程被进一步阐释如下。

首先设定万物生成有三种途径：出于自然、出于运气和出于技艺（709b说的是神、运气和技艺）。而最大的和最好的是从自然和运气而来，较小的则是从技艺而来，技艺是从最大的和最先的东西中派生的，并塑造了我们称之为人工的所有小东西。智者及诗人认为的宇宙秩序为：最初是火、水、土、气，它们由自然和运气产生；继之以各种星体，如大地、日、月、星辰等，这些事物都没有灵魂，其产生也都是出于各自能力的运气；接下来产生的是天宇和宇内万物以及动植物，其产生过程是之前的事物出于必然，根据运气而来的相反性质的结合，如冷热干湿的结合等。由此，四季也出现了。所有这些事物的产生"不是经由努斯，他们宣称，也不是通过某个神，也非通过技艺，而是出自自然和运气"（889c）。

在这之后，技艺才出现，技艺属于可朽的事物，技艺自身也是可朽的。从技艺这里出现了两种事物：第一种是玩物，这些事物并没有分得多少真理，而只是一些影像，如绘画、音乐等；第二种则要严肃得多，这类事物拥有与自然一致的力量/能力，如医术和农艺等。而政治技艺"只在很少的程度上与自然一致，其大部分都是出自技艺的，因此，整个立法事务都不真切，并非出于自然，而是出于技艺"（889d-e）。而诸神就是由这样的技艺产生出来的，智者及诗人将神安放在自己规定的宇宙秩序之内，并将这一秩序与人的政治伦理秩序联系起来。

对于这样一种宇宙秩序有几点值得特别指出。第一，无论是水、火、土、气四元素还是日、月、星辰等宇内万物，按照这一说法都是没有灵魂的，完全是出于自然和运气。也就是说，并没有一个外在的神或者某物来规定及安排这一切的生成，自然事物的出现完全是自然而然的。第二，技艺的出现是在自然物之后，其属性是可朽的，也就是伴随着可朽之物产生的。技艺与自然物的产生并无关系，并且由技艺产生的事物甚至是较微小的。第三，技艺与自然并不必然地有内在关联，既存在很符合自然的技艺，如医术等，也存在与自然关系不大的技艺，如玩物和政治技艺。第四，在以上几点的基础上，立法事务便属于与自然无关的政治技艺部分，完全是人为的创造和约定，毫无根据或规律可循。

在这些人看来，失去自然基础的人伦秩序除了强力原则之外没有通行的法则，这也是《高尔吉亚》中卡里克勒斯和《理想国》中格劳孔的挑战背后最深层的理论困难。这一困难在《礼法》第 10 卷得到最充分的揭示。这样，我们就得到了关于城邦内乱的完整因果链条：城邦内乱的原因直接体现为人们都想成为城邦中的强者，从而可以主宰城邦并满足自己的各种欲求，因为人总是想要更多，并将错误的“善好”（荣华富贵等欲望）当作真正的善，这就是内乱的城邦和灵魂最直接的原因，即灵魂中欲望部分的无限膨胀，以及在城邦中总想胜过别人，夺取最高权力。这一城邦和灵魂现象背后是强力正义的逻辑，在人类事务中，除了这一规则外似乎并没有别的令人信服的原则。此外，由于人们看到不同的城邦有不同的礼法秩序，好像并没有一个普世的规则或者道理存在，甚至可以说人伦秩序根本就没有外在基础，人们就更加坚信强力的胜利是真正的自然。这一主张的前提是人类秩序与自然宇宙秩序的分离，自然的生成秩序在先，是借靠自然和运气而产生的，而人类秩序则完全是属人的技艺的产物，故没有标准，立法事务则更是不涉及自然因素。这条因果链是对城邦和灵魂两个层面内乱的最本质性和最完备的分析。

如果要戒除内乱，柏拉图就必须从最本原的地方进行重新奠基。他首先用灵魂取代自我运动来构造整个生成秩序。灵魂是最早的运动，是所有运动之源，而其他由他物引发的运动都是第二位的。灵魂也成为早于身体的存在（《蒂迈欧》48e2-51b6，52d4-53b5），故灵魂统治身体。在奠定了灵魂的本原地位之后，它便成为万物的原因，并管理着所有运动的事物，同时也管理着天宇。灵魂统摄的自然秩序使得自然与人伦秩序重新统一起来，但这种统一不再体现于自然派生出人伦秩序，而是二者都归属于更为本原的灵魂运动序列。在这之后，柏拉图为创生世界的灵魂规定了方向，为自然秩序赋予了价值判断，也就是说，自然秩序并非纯然自生自发、盲目偶然的，而是有着特定的安排，而这主要靠努斯的帮助：“在灵魂驱动宇宙万物的时候，每一次都是在努斯的帮助下进行的，而努斯则被称为真正意义上的神。灵魂—努斯这一配合引导万物朝向正确和幸福，而如果没有努斯，灵魂则会导向相反的事情”（897b）。人作为宇内存在物之一，自然也是由灵魂—努斯驱动的，其目标也是朝向正确与幸福。并且神对人类事务的安排遵循努斯的性质，保证了德性最终的胜利和德福一致，也就保证了城邦及个人灵魂层面的向善生活，在这样的自然—人伦秩序下，内乱在自然层面的挑战得到彻底的解决。下一个需要回答的问题就是，在新自然观基础上，好的人伦秩序是什么样子的呢？

四、“次佳政体”

柏拉图在《礼法》中构建了新的殖民地马格尼西亚，在建立马格尼西亚城邦的过程中，他曾经三次尝试描述理想政体及其统治方式。其中第一次近似于《理想国》中“立法者—僭主”的王政，第二次（正确设立的政制类型）是克洛诺斯政体，第三次是所谓的“次佳政体”。其中，柏拉图放弃了王政的努力，而转为法律统治，这也被学者看作柏拉图抛弃哲人王转向法治的重要表现。而最后对次佳政体的描述也被当作柏拉图后期政治思想发生重大转变的主要证据。但是如果仔细审查柏拉图的论证，我们就会发现，在所谓的“哲人王”和“法治”背后有更深的统一性；《礼法》中构建的次佳政体是就统一而言的，而这次佳政体对于人来说仍是最好的城邦，在这个意义上，柏拉图并没有后退或者退而求其次。

（一）立法者与王——第一政体

在《礼法》第 3 卷的结尾处，雅典陌生人和克里尼亚斯开始在言语中构建新的殖民地马格尼西亚。新殖民地的成员来自诸多地方，城邦在建立之初便遇到最为紧迫而重大的问题，即当众多持有不同习俗和法律的群体走到一起时所要面临的归一问题。在新殖民地中，各种不同的人因为种种原因来到一起，各自秉持着固有的习俗和法律，对于每个群体来说，共同的语言和法律等会塑造他们特定的友爱关系，但是每个群体都不会轻易接受别人的法律和政体。要解决这一难题，让城邦整合为一个城邦，就必须由立法者来进行这一工作。

对于立法和所有的事情来说，有三种要素在发挥着作用：自然、运气和技艺。在做了这种规定之后，有很多人会认为立法完全是运气的事情，人根本没有立任何法，是战争或者是灾变塑造了人的事务，换言之是运气而非人规定了法律。但是，雅典陌生人并不同意这一说法，他以领航员为例，说明在狂风之中航行，技艺还是非常重要的。这一例子也可推广到别的事务，包括立法上面来。雅典陌生人从而得出结论说，对于立法来说，立法者的技艺，即拥有真理也是至关重要的（709c）。因此，对于立法来说，拥有真理的立法者能够以正确的方式祈祷，然后凭借运气来进行立法工作。在立法者出现之后，下面的问题是需要一个怎样的城邦来让立法者施展其才智，从而进行城邦政制的具体安排。雅典陌生人给出的答案是，最好为立法者提供一个僭主制的城邦。按照雅典陌生人的叙述，城邦的王必须在天性上具备如下条件：年轻、记性好、敏于学、勇敢和高贵。同时，王还必须拥有节制的德性。需要特别强调的是，王所拥有的节制不是后天训练的结果，而是自然生成，天性中就具备的。

如果有好运气的话，该城邦会同时出现一位可贵的立法者。当然，最佳的情况是王与立法者合二为一，次佳的情况是王和立法者是两个人。对城邦来说，最好的情况是从僭主制转化而来，次等的情况是从君主政体转变而来，第三等是由民主制转变而来，第四等是寡头制，在寡头制下，很难出现这种情况，因为它拥有相当大数量的拥权自重的统治者。在此处的政体排序上，僭主制被排在了君主制和民主制的前面，成为最佳的选择。这是因为僭主的力量是最强大的，在统治者的数量上是最少的，僭主制如果和真正的立法者结合，就将在最短的时间内让城邦实现德性和幸福。

雅典陌生人接下来继续讨论了《理想国》中理想城邦成为现实的两种可能，即王成为哲学家，或哲学家成为王。如果哲学家成为王，那么改造城邦是非常简单的事情，只需自身言行端正，并将自己的模式用奖罚的方式推行到整个城邦即可。但是，这种情况恰恰是很难发生的，因为如我们上面所分析的那样，王与哲学家是两种性质的力量，理想城邦实现的困难恰恰在于这两种人是很难结合在一起的。哲学家成为王的困难更多的是因为机运，而王成为哲学家，或接受哲学家/立法者的规劝则是现实城邦政制所要面临的更为普遍、更为内在的困难。那就是："掌握巨大权力的统治者应该具有对节制和正义活动的神圣爱欲——不管他们是从何处得到这权力，或是从君主制，或是从财富或出身。"

真正的困难在于如何让现有的权力能接受明智和节制的规训，只有现有的权力——无论是何种权力——能与立法者所拥有的真理的力量协和，才能出现最佳的政体，并继之以相应的法律。雅典陌生人不无遗憾地说"这种人生活在特洛伊时代，从未在我们中间出现过"（711e）。但是一旦这个人出现，就为建立理想城邦设立了一个绝佳的起点，在这一基础之上，能够最容易、最快捷地建成良好政体（712a）。

（二）克洛诺斯政体

交到立法者手中的僭主制城邦经过立法者与王的协和，就为城邦提供了具体政制和法律安排的基础，下一步的工作就是安排城邦的政体。但构建政体的前提是知道什么是政体，雅典陌生人首先询问克里尼亚斯和麦基鲁斯，二人反思自己城邦的政体，发现很难用僭主制、民主制、贵族制或君主制的某一种来给予界定。雅典陌生人在回答二人的疑惑时道出了政体的内涵：

> 那是因为你们两个的城邦都是政体。你们提到的其他那些都不是政体，而是在专制统治之下的城邦管理机构，城邦的某一部分奴役其他的部分。每个名字都从专制者的权威那里而来。（712e-713a）

雅典陌生人在这里区分了单一政体和斯巴达式的混合政体。在单一政体中，城邦是分裂的，总是有专制者掌握城邦权力来压制城邦其他部分。按照雅典陌生人的说法，这样的城邦政体从严格意义上讲不是政体，而只是统治机构。与单一政体相对的是斯巴达式的混合政体，因为在混合政体中可以找到君主、民主和贵族等诸元素，所以城邦没有陷入分裂，免于专制的危险。但是斯巴达式的混合政体并非最完美的理想范型，最好的政体是克洛诺斯统治时代的政体，斯巴达的政体只不过是对克洛诺斯时代政体的模仿而已。因此我们能从克洛诺斯时代的政体看到真正的政体原型：

> 克洛诺斯知道，人的自然根本没有能力来管理人的事务，如果人对万物拥有专断权威的话，那肯定会自我膨胀，充满迷狂和不义。所以，考虑到这些事情，克洛诺斯安排精灵这一更神圣和更好的种类，来作为我们城邦中的王和统治者。这些精灵不遗余力地为我们提供了和平、敬畏、良法和正义。因此，那时的人们没有内乱，过着幸福的生活。(713c-e)

柏拉图通过克洛诺斯神话为我们思考政体提供了一些限度：

首先，神话给出了人的自然（人性）的限度。具体来说，人并不对万物拥有裁断权力，与此相对的是普罗塔戈拉的“人是万物的尺度”（《泰阿泰德》178bff）。按照柏拉图笔下普罗塔戈拉的形象，人不仅是自然世界的尺度，还是城邦事务的尺度。人成为尺度的一个必然后果是相对主义，而在相对主义的世界中，如果要寻求一个规律或准则的话，如我们前文所写到的那样，力量就会成为唯一的衡量标准，这必然将人带向迷狂和不义。

其次，在克洛诺斯时代，人的统治者是精灵，即比人要高贵和神圣的种类。也就是说，现世的统治者都是次于克洛诺斯时代的，在精灵那里，我们看到了统治者向上的限度。

最后，人类要免除内乱，获得幸福，需要和平、敬畏、良法和正义。在这四项内容中，和平更倾向于结果，与幸福和消除内乱更近，而敬畏和正义是处理人与人关系的基本原则（在《普罗塔戈拉》322c中，宙斯给人的政治技艺就是敬畏/羞耻感和正义），良法则是将这些原则固定下来的手段，所谓的法就是“按照努斯的规定来安排”（714a）。由此，我们看到，敬畏/羞耻感和正义是城邦最为基础的原则，二者需要良法的协助，从而最终实现和平与幸福的目标。既然克洛诺斯时代的最佳政体已经出现，但是克洛诺斯时代已经过去，那么按照《政治家》对黄金时代神话的描述，现在的世界已经发生了倒转，人们已经不可能回到黄金时代，所能做的是“尽量模仿克洛诺斯时代的生活方式”（714a），去遵守自己灵魂中高贵的部分，根据努斯来安排政体和礼法。

在接下来论述次佳政体之前，有必要讨论柏拉图在这里提到的一个重要观点，即要让城邦中的统治者成为“法律的仆人”。柏拉图说：“哪里的法本身被统治而失去了最高权威，我在这个地方就看到大祸临头。但是如果哪里的法统治着统治者，统治者是法的奴隶，我在这儿就能预见到诸神赐给这城邦的安全和所有善好”（715d）。这段表述通常被视为柏拉图放弃哲人王转向法治，或“从人治转向法治”的重要证据。但是，这一理解是错误的。因为首先，正如上文分析的那样，柏拉图在《礼法》中如同在《理想国》中一样，非常了解哲学与政治权力结合的困难，他并非在《理想国》中鼓吹哲人王，而在《礼法》中转而不再信任人治。其次，这里的统治者指的究竟是谁？按照柏拉图这里的表述，法律不应由统治者颁布，言下之意是这统治者不可能是哲人王，因为这段话的语境是讨论现实希腊世界的城邦状况，这里的统治者更像是特拉叙马库斯所主张的为自己的利益进行统治的人。最后，这里的法也并非反映城邦统治者的利益，而是努斯在政制安排中的具体再现，这种安排不仅将城邦从某一集团的私心和私欲中拯救出来，同时也能最大限度地模仿克洛诺斯政制。所以，我们并不能轻易下结论说柏拉图放弃了哲人王而选择了法治。实际情况是，哲人王或这里的“立法者—王”为理想政体提供了最佳的起点，克洛诺斯时代的诸神统治为该政体提供了范本，在人为自己的命运负责的时代，就需要尽量模仿这一政制，这就是著名的“次佳政体”。

（三）“次佳政体”

在《礼法》第5卷中，柏拉图提出了著名的“次佳政体”：

> 在立法的道路上，我下一步要走的，将类似于把棋子从神圣的界线上撤回，由于这是出乎意料的，很可能使听众首先感到惊讶。但谁若运用了理智和经验，他必然会认识到，将要构建的城邦是次佳的政体。有人可能会拒绝接受这样的一个城邦，因为人们不习惯求助于一位没有僭主权力的立法者。但最正确的做法是首先描绘什么是最好的政体，然后是次好的政体，再后是第三好的政体，随后将选择权赋予那位负责因地制宜建立共同生活（*sunoikesis*）的人。因此让我们遵循这样的一种程序，从现在开始着手描述哪一种政体是**就德性而言**最好的，次好的政体是哪种，然后是第三好的政体。这会儿让我们把选择权交给克里尼亚斯，甚至扩大到那些希望担任筛选者的所有的人，让他们依据自己的见解，按照他们本地的好恶来选择。
>
> 在第一位的政体和拥有最好法律的城邦，那句古老的谚语所说的“朋

友之间一切公有”就最大限度地在整个城邦之中实现了。如果这一理想今天能够在某处实现，或者实现于将来的某一天——妇女是公共的，儿童是公共的，每种财产也是公共的；如果人们通过各种措施来将可以称之为“这是我的”的东西从生活的所有方面都去除掉；如果通过这样或那样的方法，尽可能地将依自然属私人的事物，如眼睛、耳朵和手变成公共的，以使他们好似公共地看、听和行动；再有，如果人们一致地赞扬与不耻一些事物，并在最大限度上对同样的事情感到高兴，对同样的事情感到痛苦；如果他们对旨在使城邦变得**尽可能统一**的法律感到无比高兴——那么没有人会设置一个比这样的政制更为正确或更好的界定，因为这一政制就**德性**而言已经达到极致。在这一城邦居住的应该是那些神们或神的子孙们（不止一个），他们过的这种生活非常愉快。因此，我们不应去别处去寻找一种政体的模式，相反，我们应该紧握这一模式，并竭尽全力来寻找那与之最接近的政体。如果我们现在所谈及的政体能实现，那么它将最近乎不朽，并**就统一而言是第二位的**（*kai hē mia deuterōs*）。至于那第三种，如果神愿意的话，我们稍后再谈。但目前来说，我们应该如何描述这一政体？它要通过怎样的方式来实现？（739c-e）

我们首先需要对最佳政体的性质进行分析，具体来说，有三层含义需要注意。第一，最佳政体是朋友的共同体，它要求尽可能去除私人的性质；第二，最佳政体要求成员有相同的苦乐感，以及对事物优劣的统一看法；第三，最佳政体是统一的德性共同体。这三层含义的内在逻辑是，通过一切共有的朋友共同体来实现城邦内部的“荣辱与共”和“同甘共苦”，并且在此基础上追求城邦整体的德性。

我们先来考察第一层含义。最佳政体是朋友的共同体，这里的朋友还不是普通朋友，而是能够分享一切的朋友，在城邦中根本就没有任何私人成分。这是对《理想国》中言语中城邦的护卫者阶层的描述，在这里则成为对公民全体的叙述。在这一意义上，《礼法》描述的最佳政体与《理想国》的美丽城并不完全一致。但是需要指出的是，由于《理想国》和《礼法》对于公民范围界定的差异（下文会进一步分析），实施共产共妻共子的主体范围其实是一样的，即城邦的战士阶层。

对苦乐的相同情感与德性城邦这两点实际上揭示出了城邦的两个面相，分别代表对城邦较低和较高的要求。“荣辱与共”与“同甘共苦”是对城邦基础的描述，要获得对城邦基础的一致见解，城邦必然不是分裂的。而共同体成员对于城邦基础的统一认识表现为习俗的养成，具体体现在“荣辱与共”与“同甘共苦”上面。在城邦较低要求的基础上，德性则为城邦提供了更高的追求与目的。城邦不能仅停留在维系秩序的层面上，还必须向着更高的目标迈进。

这样，统一的城邦就推进到了德性城邦上来。仔细分析会发现，统一城邦内在规定了它必然是一个德性城邦，这也是引文中所明确表明的：“如果他们对旨在使城邦变得尽可能统一的法律感到无比高兴——那么没有人会设置一个比这样的政体更为正确或更好的界定，因为这一政体就德性而言已经达到极致。”这句话将城邦的统一与德性直接关联起来，也就是说城邦的统一必然导向城邦的德性，而德性政体必然要求统一的城邦。我们已经证明城邦自身的原则要求城邦必须不能陷入分裂，因为分裂的城邦甚至无法保证生存，而要避免陷入持续的内乱和纷争，城邦必须将自身建立在同一并且正确的基础之上。同一与正确是分不开的，因为如上面的分析所看到的，即便共同体成员对政体基础有一致的理解，也不是所有的原则都能维系城邦的统一，只有正确的原则才能实现这一点，那就是按照努斯的规定，培养德性的城邦。正是在这个意义上，我们说城邦的统一与德性是同义词。

由此可知，从具体安排设置上来讲，《礼法》中的最佳政体并非《理想国》所勾画的美丽城，而是将“朋友之间一切公有”尽可能推广至整个城邦。但是需要注意的是，这一城邦是神及神的子孙们居住的城邦，换言之，这并非适用于人。人应该尽量模仿或实现最大限度的统一共同体，实际上，就统一而言，次佳的城邦对人而言是最佳的政体。[①] 对于最佳政体和次佳政体的表述显示，柏拉图一贯认为，充分意义上的统一是很难在城邦中实现的。正如普拉多提醒我们注意的那样，与《礼法》这里介绍的最佳政体相比，无论是《理想国》中的美丽城还是《政治家》最后将城邦化为“友爱的织体”，都不是完美意义上的统一体。[②] 尽管如此，对于柏拉图来说，统一共同体始终是其政治哲学的不变追求，他在最后这部对话中不但没有放弃这一理解，而且强调要尽量实现这一神圣范本。

如果说《礼法》构建的次佳政体并非《理想国》美丽城的倒退，那么对于次佳政体和美丽城的关系应该如何理解呢？《礼法》中的次佳政体并没有坚持护卫者阶层的共妻共子，同时还有私人田产，从这一角度看，次佳政体岂不也是某种倒退吗？在这个问题上，柏拉图的确有很大的调整，但是我们认为这一

---

① See Laks, “*The Laws*,” pp. 277 - 278.

② See Pradeau, *Plato and the City*, p. 146.

调整不能被简单解释为柏拉图晚年的倒退。解决这一问题的核心是理解护卫者财产等制度设计背后的意图，在《理想国》中，取消私有使得护卫者不会以私产为追逐对象，从而从根基处消灭城邦可能的贫富差距。在《礼法》中，虽然每个公民都有城邦分配的田产，但是城邦对财富施加了严格限制，公民最多可获得四倍于初始财产的财富，超出这个限额的部分将被献给城邦。这样，城邦不会出现严格的贫富分化，不仅如此，城邦严格禁止公民们交易每人均得的（1/5 040）土地，最低份额的土地保证了最起码的公民身份。对于公民来说，其家庭通过获得城邦分配的份地而成为城邦的一部分，每一份土地的所有者都必须将自己所有的田产视为城邦的共同财产，将其作为祖国的一部分，要比孩子珍视母亲还要珍视这份田产。对土地的分割毋宁说是“分联”，即通过区分来达成联结和统一。《礼法》要求土地在最初划分之后，持有人必须将其保持住，既不能使得家室规模过度膨胀，也不能明显减损。所以，《礼法》对私人田产和家庭的安排有着双重意义，一是通过田产划分确定城邦公民资格，并将公民们分联为共同体；二是严格限制私产的规模，拥有私有财产并非鼓励城邦公民以私财为生活目标。从这个意义上讲，《礼法》并非《理想国》的简单倒退，二者的出发点恰好是完全一致的。

与这一问题相关，同时对于理解这个次佳政体至关重要的另一个问题是，《礼法》的公民范围相比《理想国》产生了重要的变动。① 在《理想国》中，城邦的统治者、护卫者和供养者皆为城邦公民，这样就带来了一个很大的困难，即统一共同体到最后并不能使得全体公民过上至福的生活，只有护卫者阶层才能够有机会不断向着最好的生活上升，而城邦的生产者阶层在负责城邦供给之外服从统治就是最主要的幸福生活了。而在《礼法》中，工匠等直接被排除在公民范围之外：

> 任何本邦居民或本邦居民的仆人都不能从事工匠的技艺。因为身为公民（*politēs*）已经拥有足够的技艺，需要很多训练和学习很多内容：保持

---

① 鲍勃尼奇曾多次强调《礼法》中发生的这一变化。在他看来，《理想国》中只有哲人王才能接受高等的数学、天文和辩证法教育，普通的护卫者都无法接受这些教育；而在《礼法》中，所有公民都能获得类似的教育，诸如灵魂不朽、数学、天文等等。用他的话说，在《礼法》中，非哲学的公民也都能受到良好的教育，以知晓城邦基本的伦理和政治真理。但是他的这个论题存在重大偏差，在《理想国》第7卷结尾处，苏格拉底非常明确地指出哲人王要在城邦中把别人也培养成同样的人，并把他们留在城邦担任护卫者。所以在《理想国》中，最终获得明智生活的人群包括哲人王和尽可能多的护卫者，但是按照《理想国》美丽城的设置，作为城邦供给阶层的公民不能实现这一生活。而在《礼法》中，由于公民身份的界定有了新的范围，所以，实际上享受城邦高级教育的人群与《理想国》中的并无决定性差异。

> 和维护城邦的公共秩序，这绝不能是兼职的追求。几乎没有哪个人的自然（人性）能够让他同时精于两种追求或技艺，或自己全力实践一种技艺而监管别人实践另一种技艺……城邦中每一个人都有一门技艺，并以此谋生，城邦管理者必须努力坚持这项法律，**如果有本邦居民想要从事某项技艺而非培养自己的德性**，他们就要以对其谴责来进行惩罚，直到将其拉回正道为止。（846d-847a）

在《礼法》中，公民身份与德性生活更加紧密地被联系在一起[①]，这样一来，《理想国》最后遗留的困难就不存在了。《礼法》明确了城邦立法和政制的目标是培养公民的德性，并且在限定公民资格之后，统一共同体之为德性共同体的含义也就更加明晰了。

（四）友爱的纽带

柏拉图通过最佳政体给出了统一共同体的最高标准，即“朋友之间一切公有”，在这样一个朋友共同体中，统一和德性的目标才能最终实现。在次佳政体中，虽然实现不了完美意义上的统一，但是仍需要友爱来将城邦聚为一体。友爱的位置和作用最为重要地体现为以下两个方面：首先，将城邦粘合为一个整体；其次，通过朋友共同体的方式将城邦和公民带向德性。友爱的这两个作用全部系于对于友爱的理解上面。

与现代政治哲学相比，古典政治哲学中友爱的地位和作用要重要得多。关于友爱在政治共同体中的作用，亚里士多德有句著名的话：“友爱还是把城邦联系起来的纽带。立法者也重视友爱胜过正义……若人们都是朋友，便不会需要正义；而若他们仅有正义，那还需要友爱”（《尼各马可伦理学》VIII.1.1155a20-25）。虽然在友爱的讨论上，亚里士多德接续了很多柏拉图的讨论主题，但是柏拉图并没有像亚里士多德那样系统讨论人伦秩序意义上的友爱，其专门讨论友爱的对话《吕希斯》无果而终，如德里达指出的那样，在《吕希斯》中，所有基于传统意义理解的友爱关系都被否定了，友爱指向了对智慧单向的爱。《吕希斯》的结论[②]和《会饮》对“爱的阶梯”的描述，更多侧重于“爱—智慧”的意义，而非如亚里士多德在《尼各马可伦理学》第8、9卷对城

---

① 参见《礼法》705d-706a，807c-d，亚里士多德在《政治学》第7卷中描绘最佳政体时也持同样的观点。

② 参见张新刚：《作为友爱化身的苏格拉底——〈吕希斯〉解读》，见李强主编：《宪政与秩序》，北京，北京大学出版社，2011。

邦友爱关系的强调。柏拉图对于城邦意义上的友爱的描述基本是在《礼法》中进行的，我们在此努力尝试对《礼法》所阐述的友爱性质进行理解，而暂时放下哲学友爱与自爱等议题。《礼法》第8卷在为爱欲，特别是同性男子之间的爱欲立法的时候，提出为了辨明这一关系的不同类别，“有必要对朋友的自然进行考察”（837a1）：

> 雅典人：我们用“朋友”来形容德性相似的人之间的关系，同时也用它来形容平等的人之间的关系；还有，“朋友”一词也用来形容穷人和富人之间的关系，虽然他们是相反的两极。当任何一种变得激烈之后，我们将之称为“情欲之爱”。
>
> 克里尼亚斯：说得没错。
>
> 雅典人：相反之人的友爱是很可怕和糟糕的，并且很少能让我们互惠。而相似的人之间的友爱是温和的，并且在生活中一直都是互惠的。至于混合了这两者的友爱，暂时还不容易知道拥有这第三种情欲之爱的人想要获得什么。此外，因为他被两种爱拽向相反的方向，他发现自己陷入困惑之中，一种爱让他去爱恋年轻人的青春，而另一种则告诉他不要这么做。爱身体的那人，疯狂地渴求如成熟果实般的青春，而不顾及被爱之人的灵魂和性格。另一种有情人则将对身体的欲求视为第二位的，看着身体但并不爱身体，而是灵魂对灵魂成熟而真正的爱。他对节制、勇敢、大度和明智的事物非常敬畏和尊重，并愿意经常以道德之爱对待道德之人。刚刚描述的这种从两种爱中混合的爱，我们称之为“第三种”。（837a-d）

对友爱性质的讨论首先要澄清友爱的主体，因为讨论的是城邦中的友爱关系，因此其典范意义是男性公民之间的朋友关系。在这一基础之上，柏拉图首先拒绝了处于两极状态下的人之间的友爱，如穷人和富人之间的友爱，认为这种相反之人的友爱很难持久，也很难互惠。他所倡导的是平等的相似成员间的友爱关系，这其中也有两种情况：第一种是只爱慕对方的身体，而根本不在乎朋友的心智和品格；第二种是基本不看重身体，而将灵魂作为爱慕的首要对象，希望与朋友有纯洁的关系，并且将德性视作友爱的首要关注点，通过德性的交往来产生友爱，并使得年轻人在友爱关系中变得卓越。

柏拉图之前在《会饮》中对这两种友爱关系有过具体的分析，具体表现在苏格拉底和阿尔喀比亚德对于友爱的不同理解上面。在《会饮》中，阿尔喀比亚德讲述了自己和苏格拉底的一段故事。他想用自己的美貌来换取苏格拉底的智慧，但是苏格拉底不为所动，他看到阿尔喀比亚德美丽的身体，但并不爱这身体，甚至蔑视和取笑他的年轻美貌。他对阿尔喀比亚德说："你一定看到我身上有一种神奇得很的美，你那让你迷恋的标致模样简直望尘莫及的美。若是因看见了这美，便起心要同我做个交易，以美换美，你的算盘就打得不错，很占了我点便宜：你不就是想用仅仅看起来美的东西换取实实在在美的东西，你打的主意真可谓'以铜换金'。不过，我的好乖乖哟，再好好考虑吧，没准你搞错了，兴许我本来就不值！肉眼已经昏花，灵魂的眼睛才开始敏锐起来，你离那地步还远着哪"（218d-219a）。在苏格拉底眼中，灵魂而非身体才是他爱的对象，并且必须从具体的美丽身体通过攀爬"爱的阶梯"逐步上升到美本身。[①] 在排除了基于身体情欲的爱和基于财产用益基础上的爱之后，友爱被定型为年长的人与青年之间基于德性的交往关系。[②]

现在我们可以更明确地把握柏拉图的思路，即通过建基于智慧的德性—友爱关系，将整个城邦联系为整体，并且通过城邦共同生活来进一步培养公民个体以及整个共同体的德性。后面这一过程具体来说是通过四点来完成的。第一，人通过朋友来培养自己的德性。在《礼法》第 1、2 卷中，柏拉图提出与克里特式战士共同体的城邦相对的宴饮共同体，后面这一共同体是"朋友之间和平与善意的共处"（*philon d' en eirene pros philos koinonesonton philophrosunes*），朋友之间通过共在来培养节制的德性，鉴于《礼法》对德性的讨论是整全性的，也就是说节制德性的内涵要求节制是在努斯的指导之下进行的，所以对节制德性的培养也指向了对整全德性的培养。而朋友之间节制的养成具体是靠敬畏/羞耻感（*aidōs*）。第二，如果说人需要凭借朋友来培养节制德性的话，那对于最高德性努斯的获得来说，更是离不开朋友。这是指就哲学本性和哲学道路而言，朋友以及朋友之间的交谈是哲学（友爱—智慧）所必需的。因为人并非神，从而不能直观最终的存在本身，而只能沿着逻各斯的道路向上攀升，柏拉图的对话形式本身就呈现了哲学探寻的过程和方式。第三，共同体作

① 关于《礼法》这里讨论的年长者如何通过与年轻人的友爱而使后者变得卓越、富有德性，限于篇幅此处无法展开，柏拉图曾在《斐德罗》中对这一过程有详细的描述，即爱人通过见到情人而回想起自己先前见过的美的自然，并在与情人的爱中，由灵魂中更为优秀的力量引导至有秩序的生活，走向哲学（爱智慧），见《斐德罗》249d-257a。需要指出，在《斐德罗》中，柏拉图并不排斥同性之间的身体爱恋，而在《礼法》中更为强调灵魂，禁止身体的爱恋。但是总体来说，《会饮》《斐德罗》和《礼法》中对于友爱/爱欲的描述都指向了对智慧之爱。

② 相关的讨论可参见 Bobonich，*Plato's Utopia Recast*，pp. 428 - 429。

为友爱的机制，能反过来维系并促进成员之间固有的友爱关系。[1] 这是共同体对友爱关系的反作用，也就是说，通过共同追求德性的生活，公民变得更有德性，在德性相似的基础上，友爱关系能得到进一步的巩固和发展（732b，837a-d）。第四，通过朋友共同体，不仅公民德性可以获得提升，整个共同体也处于朝向善德的路上，这是戒绝内乱的最重要保障。因为只有将人们的生活方式从腐化堕落中拯救出来，才有可能保证内乱的永远消失（708c），因为内乱最大的威胁不是一次性的权力斗争，而是内乱的逻辑已经内化为人们的生活方式，只有对生活方式做出根本性的改变和替换，才能从根基上解决这一困扰希腊城邦的难题。最终，柏拉图完成了他对生存意义上的活着与存在基础上的活得好的区分："我们并不像很多人认为的那样，幸存和仅仅生存是人最荣耀的事情；对人来说，最荣耀的应该是尽量变得卓越，并在生存的整个过程中将这一卓越保持住"（707d）。只有在这统一的共同体内，个人和城邦的卓越（或德性）才能最终得到最大限度的实现与巩固。

五、法律与政制

（一）法律的序言

《礼法》所要构建的马格尼西亚则是对最佳政体最大限度的模仿，这一城邦由受理性支配的法律来安排与统治。用法律来塑造及改造共同体成员的生活方式需要几个方面的努力。首先需要全体成员达成对城邦基础的共识（对此基础的讨论是第10卷的任务），即要确立城邦基础是什么，然后通过法律序言来让成员对此基础有统一的认识，在此基础上通过法律对城邦政制进行规定，此外还要更进一步完成具体的法条意义上的城邦立法。

具体来说，《礼法》中的立法工作需要由两大部分构成，即法律的序言和法律本身。法律序言又由两部分构成，第一部分处理的是共同体成员对城邦基础的共识，具体表现为用音乐（*nomoi*）来塑造和培养公民正确的习惯与德性，让公民对关于城邦基础的道理有着良好的教养意义上的认知，并为公民进一步上升到理性和明智的生活奠定基础。序言的第二部分针对具体的立法活动，即对具体的关于城邦事务的各项法律的理解和劝服。而法律本身则体现为对城邦政制的塑造、对选官的

---

[1] 马格尼西亚城邦官职设置的原则为："所有的这些官职的产生都应该是部分通过选举产生，部分通过抽签产生，为了最广友爱之故（*meignuntas pros philian*），我们无论在城邦还是在郊区都必须混合民主的和非民主的办法，以达到最大限度的同心（*malista homonoōn*）"（759b）。

规定以及具体施行的法律条文三个部分。这里着重讨论法律和法律的序言。

法律的绝对权威需要通过共同体成员的合作才能建立起来，而不能仅靠单方向的命令。立法者的立法活动有两种方式，一种是劝说，另一种是强迫。好的立法应该运用法律的序言，不仅发布命令，还要使得公民愿意接受这命令。这就揭示出法律权威建立的基础和方式，法律作为努斯的体现，要使得共同体成员理解其内在的道理，并且还要在情感上愿意接受这道理及其在法律上的体现，而一旦有人违反了法律，则必须通过法律强制的一面来进行惩戒，从而纠正错误的言行。雅典陌生人分两次对这个问题进行了阐明。对劝说的第一次解释是借用赫西俄德的诗歌进行的，赫西俄德曾说过：

> 不朽的诸神在德性面前放置了甜美，
> 但通向它的路却漫长陡峭，
> 最初尤为艰险。在登临峰顶之时，
> 险路将变坦途。只是攀登之路充满磨难。(718e-719a)

赫西俄德这一说法对劝说的内在道理进行了形象的说明，雅典陌生人从这段话得出的结论是“没有多少人会急切地想在最短的时间内成为尽可能好的人”。这其中的道理就是诗中山顶和登山之路的关系所揭示出来的。具体来说，只有到达了山顶，才能享受坦途和德性的甜美，而德性的生活则需要经受相当多的磨难和考验。对于普通人来说，最直接的经验往往是行善而不得好报，在还没有坚持到山顶的时候，就已经放弃了登山之路。柏拉图向我们指出，普通人的生活经验与德性的道理之间往往是不一致的，而想要普通人走上这条路，就必须让尝过德性甜美滋味的人来进行劝说，让大众撇开自己的生活经验，去相信一个愿景。在这段话中，德性生活的内在困难被充分揭示出来，即德性生活的道理在于其目的之中，也就是说在到达终点那一刻之前，是找不到德性生活内在的充分道理的。在这个情况下，还要有走上攀登之路的决心，只能靠劝说来进行。这样，劝说就能让大众更容易接受法律的建议，因为法律的道理也是在知晓人事的神和神一般的立法者那里，立法的目标是高贵而美好的，但是路径却崎岖坎坷。

赫西俄德的诗阐明了立法的基本结构，雅典陌生人继之以医生的类比来解释法律序言的性质。[1] 有两种医生，一种是自由人的医生，一种是医生的仆人，即奴隶的医生。自由人的医生是通过遵循自然获得医术的，而医生的仆人则是通过接受主人的命令，从经验中习得医术。这两种医生有不同的治病方法。医

---

① 用医术来表达政治问题在希腊有一个很长的传统，参见 W. Jaeger，“Greek Medicine as *Paideia*,” in *Paideia*：*The Ideals of Greek Culture*，vol. III，G. Hignet，trans.，New York：Oxford University Press，1944，pp. 3－45。

生的仆人，即奴隶的医生在给奴隶看病时，是基于从经验中获得的意见，自己宣称知道所有的事情，像僭主一样给病人下命令，给出药方，之后便赶去为下一个病人开方抓药。而自由人的医生则完全不是这样，他会依据自然，从头开始询问，与病人及其朋友谈话，力求全面了解病情，尽量劝说病人，在病人被说服之后，才给出自己的药方，并尽力将病人带回健康状态（720a-e）。

通过两种医生不同的治病方式，我们可以分析出其具体的道理所在。对于疾病来说，与其相关的有五个因素：病因、病症、药方、治愈和健康。医生的仆人在面对奴隶的疾病时，只处理病症和药方两项，开药方时，依据的是之前的经验积累和主人的命令，药方的构成只有药。也就是说，奴隶的医生在面对疾病时，只治病症，直接下药，目的是治愈疾患。与此形成鲜明对照的是自由人的医生，他会处理全部五个因素，先从寻找病因开始，诊断病症，然后用劝说和药合成的药方治愈病患，此外，自由人医生的目标还超出了病患的消除，是要让病者重获健康。重获健康的含义是不再生此病，这也就对应了最初对病因的考察和寻找。要使病人保持健康，只是下药让病症消除是远远不够的，必须劝说他改变能致病的那些生活方式和做法，只有这样，才能实现药方的最大功效。甚至，劝说比药方对于健康的长久保持更为重要。

如果用奴隶的医生代表法令，用自由人的医生代表劝说与法令的结合，我们就会发现法律劝说的性质，也就是法律序言的性质。首先，法律序言要探究法律设置的根据和道理。其次，劝说能让接受法律的人更容易遵守法律，从而保证法律实施的效果。最后，法律序言的目的是维持政制的健康，其最高目的就是无须法令规定，如同雅典陌生人在《礼法》开篇处所说的两种人的差异："一个患了病，通过治愈而重获健康的人与一个根本不需要这样的治疗，从而永远无须考虑身体的人"（628d）。

为了更好地理解法律序言的性质，有必要对学者们对此问题的不同看法进行简单的介绍和评析。研究《礼法》的学者都会注意到在这篇对话中，法律取代了哲人王，成为城邦建制的本原，并且法律是由法条及其序言构成的。但是对于法律序言的原理和机制，不同学者则有不同的见解，依据安纳斯的总结，大致有以下四种看法[①]：第一种认为序言为法律提供了理性的解释，即将法律的"合法性"阐述出来。[②] 用医生的例子解释就是，医生不仅下药方，还为病

① 安纳斯在文中总结了前三种，笔者将安纳斯自己的观点视为第四种，参见 Annas，"Virtue and Law in Plato，" in Bobonich，ed.，*Plato's Laws*：*A Critical Guide*，pp. 71－91。

② 这种观点的代表是 Bobonich，*Plato's Utopia Recast*；Terence Irwin，"Morality as Law and Morality in the Laws，" in Bobonich，ed.，*Plato's Laws*：*A Critical Guide*，pp. 92－107。

人解释病因原理。第二种观点认为，法律序言为遵守法律提供了非理性的说服基础，即通过神话等方式来劝说人遵守法律。[①] 比如关于死后审判以及德福一致的神话就证明了这一点。第三种观点是说被法律序言说服的人根本不需要具体的法律，即不需要法律惩罚的一面，而通过德性教育就能使得公民按照法律的规定生活。[②] 第四种是安纳斯的观点，她借用犹太哲学家斐洛的视角来理解柏拉图，认为法律序言为共同体成员提供了一种道德典范，即显示按照法律生活能够过上德性的幸福生活。安纳斯的解释可以涵盖前面三种解释倾向，包容理性的、非理性的以及德性生活，最重要的是将法律落脚在正确生活方式的目的上面。

相比前三种观点，我们更倾向于安纳斯的理解，但是需要指出，安纳斯之所以不满足于其他三种解释，最重要的原因是它们没有将法律序言放到其所要解决和处理的问题——确立法律权威以及维系城邦及其成员的健康生活——的脉络中进行理解。用医生的例子能更好地帮我们澄清这一点，医生要做的是让病人自己知道病理以及原因，并且愿意通过改变生活方式等来确保不再生病。否则哪怕病人知道了病理，但不愿意听从医生命令或吃完药后不愿改变之前的不良习惯，也不算是真正治好了病。医生治病既是针对身体的，更是针对灵魂的。这也是柏拉图后来重提医生—病人比喻时所说的用“近似哲学的道理”来教育病人的真正内涵（857c-e）。法律序言则必须一方面提供法律道理，即理性的言说，另一方面还要使得公民愿意遵循这符合理性的法律。这必须通过对公民习惯的培养，通过对苦乐感的正确塑造，使得灵魂习性与理性相一致，从而能确保身心永远处于健康状态。

（二）夜间议事会

在阐明法律序言之后，柏拉图用《礼法》的大部分篇幅（第 5 至 12 卷，734e 以后）来详细描述马格尼西亚城邦的机构设置与各项具体法律。此处无法详细讨论城邦各项官制、法律等安排[③]，而将主要精力放在考察《礼法》最后提出的一个机构——夜间议事会上面。因为夜间议事会在城邦中占据了非常特殊的位置，也是学者们争论《礼法》的政治哲学性质的重要分歧点。

在马格尼西亚城邦的身体构建完成之后，雅典陌生人提出这一城邦还需要

---

① 这种观点的代表可参见 R. F. Stalley，*An Introduction to Plato's Laws*，Oxford：Basil Blackwell，1983，pp. 42－44。

② 拉克斯持这种观点，参见 Laks，“Legislation and Demiurge”。

③ 关于马格尼西亚的具体立法安排，可参见［英］厄内斯特·巴克：《希腊政治理论》，卢华萍译，长春，吉林人民出版社，2003；Morrow，*Plato's Cretan City*。

灵魂的良序，它能护卫城邦法律，并且是城邦自身所应具有的维持其不可改变的力量。在全书的结尾，柏拉图提出在马格尼西亚城邦其实还缺少最重要和稳固的基础，那就是城邦的灵魂。城邦的灵魂的职责是护卫刚刚完成的政体和立法工作，将政治秩序维系住并使其成为有生命的共同体，这个任务被交给了夜间议事会。①

夜间议事会由以下几部分人构成：十名最老的护法官、教育部长、检察官、在外游历的人和具备卓越品性的年轻人等。夜间议事会在每天的黎明之前举行。雅典陌生人将夜间议事会比作城邦的锚。

那么夜间议事会的性质是什么呢？雅典陌生人使用动物作为比喻，是灵魂和脑袋保证了动物的正常活动，而灵魂具备的是理智，脑袋具备的是感官，也就是说通过理智和感官的结合，动物维系了自己的生存。与此相应，城邦运行就如同船员航海能将对大海的感知和航海的理智结合在一起那样，将最高贵的理智和最好的感知结合在一起，这就是夜间议事会的工作。如果说在航海事务上，理智与感官的结合是航海术，那对于夜间议事会来说，他们所拥有的就是政治的技艺。换句话说，夜间议事会能同时把握普遍性的原则和现实中流变的政治现象，并能将二者很好地结合在城邦安排之中。夜间议事会是城邦真正的立法者，这里所说的立法者不是法条意义上的，而是指掌握政治技艺，对城邦政制和整全生活方式进行安排的立法者。

除了对政治技艺的阐述之外，技艺本身还必须有一个目的规定性，这是政治家必须掌握的，对城邦目标的理解和把握则成为城邦真正的灵魂：

> 雅典人：讨论到现在，如果我们的城邦设置要完满结束的话，那它其中就要有人能知道（1）我们刚才所讨论的目标（不管这政治目标可能是什么），（2）以何种方式能达到这一目标，（3）谁以及哪些法律能提供好或不好的建议。如果城邦完全没有这些，那就没有人会惊奇这些城邦因缺乏理智和情感而在每次行动时都杂乱无章了。

① 夜间议事会的性质是学界一直争论不休的问题。许多学者对柏拉图最后设置的这一机构很是不解，认为这一机构是与前面的整个讨论矛盾的，他们认为最后将不受限制的权力授予这样一个议事会与前面将城邦权力分布在不同官职中是冲突的，也与《礼法》前面对权力腐化的担心矛盾，如 George Klosko, "The Nocturnal Council in Plato's Laws," *Political Studies*, vol. 36, 1988, pp. 74 - 88；还有一些学者则试图对这种不一致给出调和的解决方案，比如莫罗就认为夜间议事会的职能是非正式的，参见 Morrow, *Plato's Cretan City*。但是笔者认为这些学者在很大意义上都过多偏爱一个法治的柏拉图，而非人治的柏拉图，在这一大的关怀下面，他们对柏拉图设置一个权力不受限制的机构颇为不解。我们更加赞同巴克的观点，即认为夜间议事会的职能是非常实质性的和重大的，如果按照《礼法》自身的逻辑进路，夜间议事会是非常内在于柏拉图的政治理论的，在这个意义上，夜间议事会和哲人王所负责的工作是相似的。

克里尼亚斯：你说得没错。

雅典人：那我们城邦的哪部分或组成能充分胜任这一护卫工作呢？我们能将其说出吗？

克里尼亚斯：陌生人啊，这一点并不是很确定。但是如果要猜的话，我想你指向的是刚才说的在夜晚召开的议事会。

雅典人：克里尼亚斯，你深知我意啊！我们刚才所说的告诉我们，这个议事会必须具备每项德性，其统治的原则是不四处徘徊追求很多目的，而是只着眼于一个目的，并将所有的箭射向这个靶子。(962b4-d4)

这样，夜间议事会就赋予城邦以目的，为城邦置入了灵魂。而城邦所追求的目标就是德性，所以城邦的守护者必须首先非常充分而深入地理解德性。但是如《礼法》开篇对德性的叙述所显示出来的，神圣德性有四种，勇敢、正义、节制、理智/明智，但是它们又都分享同一个名字“德性”，所以理解德性如何既是“多”又是“一”就成了城邦守护者首先要做的事情。他们必须能够“从许多不同的事物中看出一个理念（*idea*）”，即要从四种德性中看出共同的理念来。在这里，雅典陌生人只给出了德性互不相同是什么含义，而将德性为何以及如何为“一”搁置起来，因为对后者的讨论不是那么容易。从雅典陌生人的例子中，即对勇敢和理智的区分中，我们知道了德性殊异的含义，即勇敢是与恐惧相关的，即便是野兽和孩童也有恐惧，灵魂可以无需理性就变得勇敢，但是离开理性，灵魂永远不可能变得明智和智慧。但是雅典陌生人在这里举的勇敢例子与之前的讨论并不十分贴近，德性统一的含义更多表现在最高的理智/明智对于其他德性的贯穿性统治力上，即离开了理智/明智的参与，其他德性很难被称为德性。任何其他的德性都需要理智来规定一个方向，这也是所有其他的德性都必须朝向理智的原因。我们并不清楚这一理解是否是柏拉图所想说的德性之间的关系，但是对于德性“多”与“一”的表述让我们想到了《智者》中对“通种论”的讨论，而要把握这一知识则必须进行辩证法的学习与练习。①

除了辩证法的学习外，法律真正的护卫者还必须掌握关于神的知识。如果说辩证法是《理想国》及《智者》等其他对话的一个重要主题的话，那柏拉图

---

① 参见《礼法》965c-e，对照《智者》253d-e：“客：按照理念进行划分，不把相同的理念认作相异，也不把相异的理念认作相同，我们岂不将其认作辩证法的知识吗？泰：对，我们这么认为。客：如果一个人有能力做到这点，他就能辨识出那个以各种方式贯穿于多个理念（其中每一个理念都与其他理念分离）的单一理念；他也能辨识出多个彼此相异的理念被单一理念从外面包含，或者多个‘整体’结合为一个而形成单一理念，又或者，多个理念被完全界划开来；这也就是知道怎样按照理念进行划分，知道各个理念怎么可以结合，又怎么不可以结合。泰：完全没错。”

的神学则是《礼法》的核心，在法律真正的护卫者这里，辩证法与世界秩序都成为必须学习和理解的知识。关于神学，有两点最为重要：首先，灵魂是所有事物中最古老的，并参与了所有事物的生成，灵魂自身是不朽的，它统治着所有的物体；其次，星体是有秩序地运行着的，这是其他事物理智的主宰，是时间秩序的主宰。作为合格的法律护卫者，夜间议事会的统治者必须牢牢掌握这些知识，“他应该发现这些事物中的共同点和与缪斯女神有关的事情，并通过和谐的方式将这一理解应用到实践和礼法中去，来塑造人的习惯品质；他还要能够尽可能多地为事物提供理性的解释。而那些没能力获得普通德性之外的这些才能的人，永远都不能成为城邦合格的统治者，而只能做其他统治者的助手”（967e-968a）。在这里我们发现了对城邦真正的统治者的要求，也就是对政治技艺的要求：政治家一方面必须具备知识，能够俯仰天文，学习辩证，理解灵魂与生成的自然秩序；另一方面，必须能够将天上的知识实现在城邦之中，通过礼法这一中介将宇宙秩序和城邦秩序结合在一起，并朝向辩证法所提供的德性而生活。在这个意义上，夜间议事会成员，也就是城邦真正的灵魂是城邦秩序和生活方式的最终看护者和来源，因此，必须赋予他们以绝对权威。他们并不是城邦日常事务的长官，而是城邦身体的头脑，其中脑代表了理智，头代表了感官，二者在夜间议事会这里达到最完美的结合，由此，城邦可以交给夜间议事会运行，城邦也成为灵魂与身体的统一体。

柏拉图以夜间议事会完成了整部《礼法》的讨论，正如巴克所说，“柏拉图还是柏拉图”①，城邦最后又交到了哲人王的手中。柏拉图并没有改变自己的政治理论，反而更进一步，用哲学或者说对于自然本身的理解来尽最大可能地规定城邦建制，塑造人的生活方式。在《礼法》中，人、城邦、神（自然秩序）统一在一起，并且通过立法这一中介施展政治技艺，将理智与感官、哲学与人伦、存在与生成重新联系起来。

结　语

如果说政治是由希腊人发明的，那么说政治哲学由柏拉图创立并不为过。沃林就曾对柏拉图在政治哲学上的贡献有过这样的表述：“他教导后来的人将

① ［英］厄内斯特·巴克：《希腊政治理论》，488页。

政治社会视为一个连贯的、相互关联的整体，他第一个将政治社会视作相互联系的功能‘系统’和有秩序的结构。”[①] 经过前文的考察，我们可以说，柏拉图的这一贡献始于对城邦政治的深切洞察，完成于对政治问题的重新奠基。面对现实的政治世界，柏拉图离开智者们创立的道路，告诉世人很难在单纯的政治视域内构建良好的秩序和生活方式。在《理想国》中，美丽城有赖于超出政治生活的哲学家被迫担当统治者，而以智慧为欲求对象的哲学生活方式保证了政治统治不会陷入特拉叙马库斯的难题。在《礼法》中，柏拉图尽全力向我们描述了属人的最好政体的构建过程，这一政体最终是要培养尽可能多的公民过上有德性的生活。

值得强调的是，在柏拉图的对话中，政治技艺要做的就是看顾人的灵魂，政制和立法的目标也旨在培养人良好的德性。要做到这一点，政治共同体必须是统一的共同体，这一目标在柏拉图思想中从未发生过变化。统一共同体这一目标告诉我们，所有现实城邦政治实际上都难以长期维持良好的尺度，最终会不可避免地坠向城邦分裂，这通常表现为富人与穷人、寡头派和民主派无休止的内乱。而要彻底消除城邦内乱，实现统一的共同体，就必须将城邦立法的着眼点放在公民德性的培养上面。也就是说，城邦的政制和立法需将公民从生存意义上的“活着”提升为“活得好”，我们在后面会看到，柏拉图的这一区分在其学生亚里士多德那里也是极为重要的。

柏拉图通过其整个的政治谋划实际上完成了苏格拉底在《申辩》中对自己不参与政事的辩护。本章开篇时提到，在《申辩》中，苏格拉底说自己听到神性精灵的声音，告诉自己不要参与政事，这不是因为苏格拉底害怕死亡，而是他要用更久的时间来劝说雅典城的青年和老人：“不要这么关心身体或金钱，如同让灵魂变得尽可能最好的劲头，对你们说：‘德性不来自金钱，而是，金钱和人类所有别的好处，无论个体的还是城邦的，之所以好，都是因为德性’”（《申辩》30b）。在雅典城中四处找人交谈的苏格拉底实际上是在从事最为重要的政事，虽然雅典并没有听从苏格拉底，但幸运的是，我们还有柏拉图，他通过统一的德性共同体的筹划，继承并践行了苏格拉底的使命，提醒并用政制保障了城邦公民坚持走一条向上的路，在任何情形下都在智慧的襄助下一心追求正义（《理想国》621c）。

在柏拉图将政治哲学的位置奠定下来之后，后世的政治哲学家无论秉持何

---

① Sheldon Wolin，*Politics and Vision*：*Continuity and Innovation in Western Political Thought*，Princeton：Princeton University Press，2009，p. 31.

种立场，基本都要归源于柏拉图开创的这一传统。[1] 在古代世界，亚里士多德在《政治学》中讨论最佳政体时，一开始便要细致对待自己老师的观点，虽然关于最佳政体的一些具体设想有所区别，但亚里士多德实质上承接了柏拉图的讨论场域。如果将更多的关注放在柏拉图《礼法》上面的话，我们会更容易地发现，亚里士多德《尼各马可伦理学》和《政治学》的讨论基本上是在回应柏拉图的《礼法》一书。后来随着希腊自足城邦世界的解体和外部力量的入侵，围绕城邦构建德性生活共同体的努力慢慢转向了斯多亚学派的哲学思考，人们不再希图从城邦政治生活中得到最终的幸福生活，而是转向了沉思生活或者宇宙城邦的设计，但像芝诺（Zeno of Citium）这样的斯多亚哲人也会将自己的政治哲学著作命名为《政制》（*Politeia*），仍然没有离开古希腊政治思考的谱系。

在希腊世界进入罗马帝国领域之后，罗马政治思想也带有很强的希腊色彩。对后世政体思考影响深远的波利比乌斯在其史书中对罗马混合政体的讨论实际上深受斯巴达政体、柏拉图《礼法》和亚里士多德《政治学》中关于混合政体的论述的影响。而西塞罗的两部重要政治著作的题目即为《国家篇》和《法律篇》，无论是从写作的对话方式还是从主题安排来看，它们都是在回应柏拉图的《理想国》和《礼法》。罗马从共和国到帝国的扩张为政体思考带来了希腊所未曾遭遇的挑战，但是至少在共和国时期，以城邦共同体为核心的思考方式还是留下了很深的印记。罗马帝国时期以降，新柏拉图主义者以及斯多亚学派哲学影响巨大，像普罗克洛斯（Proclus）等都延续着这一政治思考与书写传统。而在早期基督教神学家那里，我们可以清楚地看到新柏拉图主义如何以思想资源与论敌等诸多面目出现，奥古斯丁的《上帝之城》和《忏悔录》等著作最好地彰显了西方文明所经历的这一转变。

概略地说，从两希文明内部来看，亚里士多德在中世纪的影响要超过柏拉图，但是在阿拉伯世界中，柏拉图的政治思想却产生了远为深远的影响。[2]《智

① 关于柏拉图政治思想的接受史，完全可以作为单独的议题进行研究和梳理，本节只能简单列举一些重要的代表人物，有兴趣的读者可以进一步参阅下面这些著作和文章，本部分的写作也基本参照这些梳理进行总结：[英] 厄内斯特·巴克：《希腊政治理论》，534～549页；关于《理想国》的接受史，参见Gerald A. Press，"Continuities and Discontinuities in the History of Republic Interpretation，" *International Studies in philosophy*，vol. 28，1996，pp. 61-78；关于文艺复兴时期的柏拉图翻译与研究，参见James Hankins，*Plato in the Italian Renaissance*，Leiden：Brill，1990 和 Jayne Sears，*Plato in Renaissance England*，Springer，1995；古希腊政治观念在现代世界的一个重要复兴阵地是维多利亚时期的英国，参见Kyriakos Demetriou，*Studies on the Reception of Plato and Greek Political Thought in Victorian Britain*，London：Routledge，2011。

② 关于柏拉图政治思想与中世纪伊斯兰思想的关系，参见E. I. J. Rosenthal，*Political Thought in Medieval Islam*，Cambridge：Cambridge University Press，1962，特别是该书的第二部分"The Platonic Legacy"。

者》《礼法》《蒂迈欧》和《理想国》是为数不多有阿拉伯文译本的柏拉图著作，伊斯兰思想家从这些书中汲取丰富的伦理与政治思想，比如从阿尔法拉比（Al-Farabi）关于完美国家（al-Madina al-fadila）的讨论中可以清楚看到柏拉图《理想国》的影子。阿威罗伊（Averroes）更是为柏拉图的《理想国》做了评注，他认同哲学所具有的政治意涵，并且将哲学与法紧密联系在一起。[①]

文艺复兴时期是柏拉图著作和思想被重新激活的重要时期，随着斐奇诺（Marsilio Ficino）等人对柏拉图著作的翻译[②]，柏拉图政治哲学的影响也反映在当时的作家著述之中。柏拉图的再次出场并非必然带着其古典希腊的精神特质，而是在很多具体的措施上为当时的作家提供了资源，比如莫尔（Thomas More）的《乌托邦》中不乏《理想国》里的举措，但初衷和目标已经大相径庭。

进入到现代世界以后，我们可以从卢梭（Rousseau）以及19世纪的英国思想家［如乔维特（Benjamin Jowett）和密尔（John Stuart Mill)］等人那里找寻柏拉图的身影，虽然具体的讨论方式和观点也已经转变到了现代国家或共和国语境之下。在20世纪两次世界大战之后，柏拉图政治思想的性质再次引发激烈论战，像卡尔·波普尔在其著名的《开放社会及其敌人》一书中将柏拉图列为需要替极权主义背书的思想家，而与之相对，也有列奥·施特劳斯、埃里克·沃格林等欣赏柏拉图式政治哲学的学者希望重新激活希腊传统，进而审视西方文明的历程。

从柏拉图政治思想的影响史来看，发源于古希腊城邦政治体，追求公民的德性养成的政治思考模式，在后世帝国、王国、城邦、民族国家等政治体中，并在希腊、基督教、伊斯兰、东亚等文明体中，都得到了不同形式的反映和体现。随着历史上几大文明的交流以及近代以来西方文明对于世界秩序的主导，以柏拉图政治思想为代表的古希腊政治思考传统也需要不断得到重新审视，而所有这些工作的基础是对其政治思想源发结构和问题意识的努力把握。

张新刚

① 中译本见［阿拉伯］阿威罗伊：《阿威罗伊论〈王制〉》，刘舒译，北京，华夏出版社，2008。

② 斐奇诺于1484年出版了第一个完整的柏拉图对话拉丁文译本，并于1496年出版了对主要对话的评注。除斐奇诺外，另有很多人也翻译了柏拉图的很多对话，像特拉布宗的乔治（George of Trebizond）翻译了《礼法》和《巴门尼德》，列奥纳多·布鲁尼（Leonard Bruni）、乌贝托·德琴布里奥（Uberto Decembrio）和琴乔·胡斯迪克（Cencio de' Rustici）翻译了《理想国》《高尔吉亚》《申辩》《克力同》和《斐多》等。更详细的情况参见 James Hankins，*Plato in the Italian Renaissance*。

参考文献

原典：

柏拉图．理想国．顾寿观，译．吴天岳，校注．长沙：岳麓书社，2010.

Burnet，J.，ed. Platonis Opera. Oxford：Oxford University Press，1900－1907.

Slings，S. R.，ed. Platonis Respublica. Oxford：Oxford University Press，2003.

Cooper，J. M.，ed. Plato：Complete Works. Indianapolis：Hackett，1997.

Bloom，A.，trans. The Republic of Plato. New York：Basic Books，1968.

Pangle，T.，trans. The Laws of Plato. Chicago：University of Chicago Press，1988.

重要研究文献：

厄奈斯特·巴克．希腊政治理论．卢华萍，译．长春：吉林人民出版社，2003.

托马斯·罗宾逊．柏拉图的次优城邦：《礼法》导论；三联剧：《苏格拉底之后》．张新刚，译．刘玮，编校．北京：北京大学出版社，2014.

埃里克·沃格林．柏拉图与亚里士多德．刘曙辉，译．南京：译林出版社，2014.

Annas，J. An Introduction to Plato's Republic. Oxford：Oxford University Press，1981.

Bobonich，C. Plato's Utopia Recast. Oxford：Oxford University Press，2002.

Bobonich，C.，ed. Plato's Laws：A Critical Guide. Cambridge：Cambridge University Press，2010.

Ferrari，G. R. F.，ed. The Cambridge Companion to Plato's Republic. Cambridge：Cambridge University Press，2007.

Fine，G.，ed. Plato 2：Ethics，Politics，Religion，and the Soul. Oxford：Oxford University Press，1999.

Fine，G.，ed. The Oxford Handbook of Plato. Oxford：Oxford University Press，2008.

Höffe，O.，ed. Platon：Politeia. Berlin：Akademie Verlag，1997.

Klosko，G. The Development of Plato's Political Theory. 2nd ed. Oxford：Oxford University Press，2007.

Kraut，R. Socrates and the State. Princeton：Princeton University Press，1984.

Kraut，R.，ed. Plato's Republic：Critical Essays. Lanham：Rowman & Littlefield，1997.

McPherran，M. L.，ed. Plato's Republic：A Critical Guide. Cambridge：Cambridge University Press，2010.

Morrow，G. Plato's Cretan City. Princeton：Princeton University Press，1960.

Ostenfeld，E. N.，ed. Essays on Plato's Republic. Aarhus：Aarhus University Press，1998.

Pradeau，J.－F. Plato and the City. J. Lloyd，trans. Exeter：University of Exeter Press，2002.

Reeve，C. D. C. Philosopher－Kings：The Argument of Plato's Republic. Princeton：

Princeton University Press，1988.

Rowe，C. and M. Schofield，eds. The Cambridge History of Greek and Roman Political Thought. Cambridge：Cambridge University Press，2000.

Santas，G.，ed. The Blackwell Guide to Plato's Republic. Malden：Blackwell，2006.

Saunders，T. J.，and L. Brisson，eds. Bibliography on Plato's Law. Sankt Augustin：Academia Verlag，2000.

Schofield，M. Plato：Political Philosophy. Oxford：Oxford University Press，2006.

Stalley，R. F. An Introduction to Plato's Laws. Oxford：Basil Blackwell，1983.

Strauss，L. The City and Man. Chicago：University of Chicago Press，1964.

Strauss，L. The Argument and the Action of Plato's Laws. Chicago：University of Chicago Press，1998.

第三章
亚里士多德论最佳政体

如今的伦理学与政治学在大学学科建制中分属于不同的学科，但是在最早为不同学科划定界限的亚里士多德（Aristotle）那里，它们还是一个统一的整体。亚里士多德将实践哲学或实践科学的这两个主要分支伦理学和政治学①统一归入“政治学”，称伦理学是“某种政治学”（*politikē tis*，《尼各马可伦理学》I. 2. 1094b11）②，因为人类最高的好（*t'agathon* 或 *to ariston*）是有关品格的学问［*ta ēthika*（即伦理学），来自 *ēthos*（品格）一词］和有关城邦组织的学问［*politikē*（政治学），来自 *polis*（城邦）一词］所要实现的共同目标，但是更多从城邦组织的角度处理这个问题的政治学显然比更多从个人角度处理这个

---

① 家政学也属于实践哲学，修辞学和诗学在一定程度上与实践哲学有关，但更主要地属于生产性科学（*poiētikon*）。

② 《尼各马可伦理学》的翻译依据 I. Bywater，ed.，*Aristotelis Ethica Nicomachea*，Oxford：Oxford University Press，1894，译文参考了 Terence Irwin，trans.，*Nicomachean Ethics*，2nd ed.，Indianapolis：Hackett，1999。《欧德谟伦理学》的翻译依据 R. R. Walzer and J. M. Mingay，eds.，*Aristotelis Ethica Eudemia*，Oxford：Oxford University Press，1991，译文参考了 Brad Inwood and Raphael Woolf，trans.，*Eudemian Ethics*，Cambridge：Cambridge University Press，2013。《政治学》的翻译依据 W. D. Ross，ed.，*Aristotelis Politica*，Oxford：Oxford University Press，1957；译文参考了 C. D. C. Reeve，trans.，*Aristotle Politics*，Indianapolis：Hackett，1998。《雅典政制》的翻译依据 F. G. Kenyon，ed.，*Aristotelis Athenienisium Respublica*，Oxford：Oxford University Press，1920；译文参考了 P. J. Rhodes，*The Athenian Constitution*，London：Penguin，1984。《修辞学》的翻译依据 W. D. Ross，ed.，*Aristotelis Ars Rhetorica*，Oxford：Oxford University Press，1959，译文参考了 George A. Kennedy，trans.，*Aristotle on Rhetoric*，New York：Oxford University Press，1991。《诗学》的翻译依据并参考了 Stephen Halliwell，ed.，*Aristotle Poetics*，Cambridge，Mass.：Harvard University Press，1995。其他亚里士多德作品的翻译，依据相应的希腊文本，译文参考了 Jonathan Barnes，ed.，*The Complete Works of Aristotle*，Princeton：Princeton University Press，1984 中的英译文。柏拉图著作的翻译依据 John Burnet，ed.，*Platonis Opera*，Oxford：Oxford University Press，1907，译文参考了 John Cooper，ed.，*Plato：Compete Works*，Indianapolis：Hackett，1997。

问题的伦理学有着更广大的范围和更强的规范性。

亚里士多德无疑从他的前人，尤其是从老师柏拉图那里，继承了丰富的伦理和政治思想。在亚里士多德看来，相比前人在伦理学领域取得的丰硕成果，政治学，尤其是政治学的最高分支——立法学（*nomothesia*），尚未被人们充分讨论，因此需要他为这门相对落后的学科重新奠基，而他首先要考虑的就是（狭义）政治学的研究步骤。他认为这个研究要遵循三个步骤：第一，考察前人关于这个问题的论述；第二，研究现有的政体，从中发现正面和负面的经验；第三，把握“什么政体是最好的（*poia politeia aristē*），每种政体如何组织，应该运用何种法律和习惯”（《尼各马可伦理学》X. 9. 1181b12-22）。这三个步骤中的前两个是预备性的，而第三个步骤，也就是找到那个最好的政体，并且给出这个政体的政治和法律组织方式，乃是政治学研究的核心任务。

本章首先讨论亚里士多德心目中伦理学与政治学的密切关系，之后循着亚里士多德在这里给出的研究步骤，考察他如何讨论“最佳政体”的问题。第二节和第三节首先处理前两个步骤，即研究前人的成果和现有的政体；第四节处理亚里士多德自己复杂的“最佳政体”理论。

第一节　伦理的政治哲学与政治的伦理学

在伦理学中，亚里士多德将“最高的人类好”界定为“幸福”（*eudaimonia*），在字面上等同于“做得好”（*to eu prattein*）和“活得好”（*to eu zēn*）。亚里士多德认为“幸福”满足人们通常关于最高的好的两个标准，即完满性（*to teleion*）和自足性（*to autarches*），并进而通过“功能论证”（*ergon* argument）将幸福界定为“人类灵魂合乎德性的活动”（*psuchēs energeia kat' aretēn*）（《尼各马可伦理学》I. 7. 1098a16-17）。[①] 而根据灵魂的不同部分或功能，亚里士多德又进一步将德性区分为两种。一种是灵魂欲求部分的德性，这个部分虽然本身没有理性，但是可以听从理性，它的德性就是与品格有关的“伦理德性”（*aretē ēthikē*），亚里士多德将这种德性定义为人们在情感和行动中的“中道”（*mesotēs*），它是“决定的状态，在于某种相对于我们的中道，它

① 类似的幸福定义，参见《欧德谟伦理学》II. 1. 1219a37-38，《政治学》VII. 8. 1328a37-38。

由理性（*logōi*）确定，也就是由明智者（*phronimos*）来确定，它是两种恶性之间的中道，一个是过度，另一个是不及”（《尼各马可伦理学》II. 6. 1106b35-1107a2）。而在具体行动中，中道就表现为“在正确的时间、关于正确的事情、对正确的人、为了正确的目的、用正确的方式”行动（《尼各马可伦理学》II. 6. 1106b21-22）。伦理德性包括勇敢、节制、慷慨、豪迈（*megalopsychia*）、正义等一系列德性。另一种构成幸福的德性是灵魂理性部分的德性，也就是与思想有关的“理智德性”（*aretē dianoētikē*），它们是“灵魂中最指向真（*malista...alētheusei*）的状态”（《尼各马可伦理学》VI. 2. 1139b12-13），包括技艺、知识、理智、明智和智慧。人的幸福就在于将这两个系列的德性在行动中实现出来。

亚里士多德特别强调，人们所能够实现的自足（也就是幸福）不是作为孤独个体的自足，而是作为“父母、孩子、妻子以及更普遍来说朋友和公民［的自足］，因为人依据自然就是政治性的［动物］”（《尼各马可伦理学》I. 7. 1097b9-11）。“人依据自然是政治性的动物（*phusei politikon zōon*）”是亚里士多德对人的著名界定①，它集中体现了人的两个特征：其一，在最低的必然性（*anankē*）的意义上，人类需要共同体，因为如果没有共同体内部的分工协作，他们就无法实现安全和自保，以及种族的延续，因此在《政治学》的开篇讨论城邦起源时，亚里士多德是从最小的人类共同体即夫妻组成的共同体开始，而不是从人类个体开始的。其二，人类在最高的目的（*telos*）的意义上也需要政治共同体，因为只有在政治共同体，特别是城邦这种完满的共同体形式中，人类才能实现自己德性的完全发展，并由此实现幸福。因此，亚里士多德说：“城邦的产生是为了活着（*tou zēn heneken*），但是它的持存则是为了活得好（*tou eu zēn*）”（《政治学》I. 2. 1252b29-30）。也正是在后一个意义上，亚里士多德认为“城邦依据自然先于家庭和我们每个人……因为所有的事物都是由它的功能和能力定义的”，并由此得出了那个著名的说法——如果一个人就其自

---

① 亚里士多德在如下地方提到过这个著名的说法：《尼各马可伦理学》I. 7. 1097b8-11，VIII. 12. 1162a17-22，IX. 9. 1169b17-19；《欧德谟伦理学》VII. 10. 1242a22-23；《政治学》I. 2. 1253a7-8，III. 6. 1278b15-28；《动物志》I. 1. 487b33-488a14。但是需要注意，这个界定并不能被当作人的定义，因为它并没有揭示人类“理性”的本质。亚里士多德在著作中提到过很多“政治的动物”，比如蜜蜂、蚂蚁等等，人类只是在拥有语言（*logos*）的意义上比它们更具有政治性（《政治学》I. 2. 1253a7-18）。关于这个界定的讨论，可参见 Wolfgang Kullmann，“Man as a Political Animal in Aristotle,” in D. Keyt and Fred Miller，eds.，*A Companion to Aristotle's Politics*，Oxford：Blackwell，1991，pp. 94 – 117；David J. Depew，“Humans and Other Political Animals in Aristotle's ‘History of Animals’,” *Phronesis*，vol. 40，1995，pp. 156 – 181。

然来讲不是城邦的一部分，那么他非神即兽（《政治学》I. 2. 1253a19-29）。

这样看来，亚里士多德的伦理学就是以政治学为归宿的伦理学，一切伦理的筹划最终都要指向政治共同体，都要在政治共同体中得以实现。因此亚里士多德在伦理学中的很多关节点上（比如讨论幸福的定义、灵魂的分类、德性的获得、行为责任的界定、正义的问题、友爱的地位等等），不断提到"政治学""政治家""立法者"等政治性的内容，并且在《尼各马可伦理学》全书的最后一章（X. 9），明确讲到理论性的伦理研究如果没有政治学的保障，很难变成人们的行动，很难实现伦理学希望实现的让人们变成好人的目标。与此同时，他的政治学则是以伦理学中界定的各种德性和人的幸福为基础的政治学，因此在规范意义上的政治学延续了伦理学中讲到的各种有关品格和思想的德性，力求通过政体的组织，也就是通过共同体生活各个方面的安排，让人们变成好人，因此在《政治学》中，亚里士多德把有关人们各种德性和幸福的讨论当作现成的[①]，将德性当作在财富、地位、出身等等各种值得追求的对象中最值得追求的，以及获得政治权力的资格。这样看来，亚里士多德的伦理学和政治学有着一而二、二而一的密切关系，或许用亚里士多德在另一个地方的说法，称它们为"人事哲学"（*hē peri ta anthrōpeia philosophia*）（《尼各马可伦理学》X. 91181b15）的两个分支更为恰当。[②]

第二节　亚里士多德对前人理论的批评

亚里士多德哲学研究的普遍方法是从"现象"（*phainomena*）出发进行考察，由此形成疑难，解决疑难，并达到对问题的解决和证明（参见《尼各马可伦理学》VII. 1. 1145b2-7）。而这里提到的"现象"就包括"有声望的意见"

---

① 尤其是《政治学》VII. 13. 1332a8-9 明确讲："在我们的伦理学著作中（*en tois ēthikois*）我们给出了定义，幸福是德性的完全实现或使用。"

② 关于亚里士多德伦理学的政治维度和政治学的伦理维度，可参见 Malcolm Schofield, "Aristotle's Political Ethics," in Richard Kraut, ed., *Blackwell Guide to Aristotle's Nicomachean Ethics*, Malden: Blackwell, 2006; Dorothea Frede, "The Political Character of Aristotle's Ethics," in Marguerite Deslauriers and Pierre Destrée, eds., *Cambridge Companion to Aristotle's Politics*, Cambridge: Cambridge University Press, 2013, pp. 14 – 37; Rachana Kamtekar, "The Relationship between Aristotle's Ethical and Political Discourses," in Ronald Polansky, ed., *Cambridge Companion to Aristotle's Nicomachean Ethics*, Cambridge: Cambridge University Press, 2014, pp. 370 – 382。

（*endoxa*）和由经验观察得到的一手资料。[①] 亚里士多德为自己研究政治学和立法学确立的准备性步骤，正是从这两个角度进入的。正如亚里士多德在《政治学》第 2 卷开篇所说的："既然我们决定研究对于按照最依靠祈祷的方式（*malista kat' euchēn*）生活的人来说，所有政治共同体中最好的（*kratistē pasōn*），我们就必须考察其他政体，既包括那些用在被认为治理良好的（*eunomeisthai*）城邦中的政体，也包括那些被某些人讨论，并被认为很好的政体"（《政治学》II. 1. 1260b27-32）。接下来亚里士多德首先对几位前人的理论进行了批判性的考察，从他对前人的这些批评中，我们也可以看到他自己坚持的一些基本的政治学哲学原则。

一、亚里士多德对柏拉图《理想国》的批评

在亚里士多德的所有前人中，柏拉图在《理想国》中对"最佳政体"给出了最为详细的讨论，因此在亚里士多德对前人的批评中，篇幅最大的也是他对《理想国》中政治架构的批评，尤其针对其中建构"美丽城"（*Kallipolis*）（《理想国》VII. 527c2）[②] 的两个核心步骤：男女平等和"共产主义"。[③]

柏拉图在《理想国》的第 5 卷提出了构建理想城邦的"三个浪潮"。第一个浪潮是男女平等，柏拉图提出这个浪潮的一个重要理由就是延续《理想国》第 2 卷中对护卫者与狗进行的类比（《理想国》II. 374e-376c）。在第 5 卷中，他明确说到"继续用这个［类比］"，之后讲到雌犬总是和雄犬一同看管、狩猎，而不因为她们需要生养小狗而待在家里（《理想国》V. 451d），因此男性与女性

① 关于"现象"包括的内容，参见 G. E. L. Owen 的经典论文"*Tithenai ta Phainomena*，" in S. Mansion，ed.，*Aristote et les problèmes de méthode*，Louvain：Publications Universitaires，1961，pp. 83－103；关于这一方法在伦理学中的应用的细致讨论，可参见 Richard Kraut，"How to Justify Ethical Propositions：Aristotle's Method，" in *Blackwell Guide to Aristotle's Nicomachean Ethics*，pp. 76－95。

② 对于《理想国》中"美丽城"的阐释有各种极端的思路，从认为柏拉图严肃对待这里提出的每一个主张，到认为柏拉图以反讽的态度面对这里提出的所有主张，不一而足。笔者认为我们应该尊重柏拉图的字面意思，将他构建的这个理想城邦当作一个真正的模板（*paradeigma*，V. 472c-473b，IX. 592a-b），虽然很难实现，但是并非自我否定或自相矛盾。这样认为的主要理由包括：第一，柏拉图强调只需要拥有完美的模型，能否实现这个城邦并不是那么重要；第二，柏拉图在《蒂迈欧》开篇大体上重述了《理想国》中的规划，并说观看这个城邦就像"观看美丽的动物"；第三，柏拉图称《礼法》中的城邦为相对于《理想国》而言"次优"的城邦；第四，亚里士多德把它当作严肃的规划看待和批评。

③ 关于亚里士多德批评柏拉图《理想国》的系统研究，参见 Robert Mayhew，*Aristotle's Criticism of Plato's Republic*，Lanham：Rowman & Littlefield，1997；对亚里士多德的批判更具有批判性眼光的研究可参见 Trevor Saunders，*Aristotle Politics Books I & II*，Oxford：Clarendon Press，1996，pp. 104－126。

应该从事同样的事业，接受同样的培养和教育。

亚里士多德明确否认这个类比，因为野兽并不能够进行家政管理（《政治学》II. 5. 1264b3-5）。在他看来，男性与女性是否能够分享统治权，应该有某种比生物本能更高的“自然基础”。统治需要的是人的理性能力，更确切地说是需要“明智”（*phronēsis*）这种关乎思虑的理智德性，而女性恰恰在这种理智能力方面有所欠缺：

> 在灵魂中依据自然（*phusei*）有统治的部分和被统治的部分，我们说每部分有不同的德性，一种是理性部分的德性，另一种是非理性部分的德性。很清楚，其他情况下也是如此，因此大多数的统治与被统治都是依据自然（*phusei*）的。自由人统治奴隶、男性统治女性、（成年）男人统治孩子都是不同的，因为虽然灵魂的不同部分都在所有人之中，但是方式不同，奴隶完全没有思虑的部分（*ouk echei to bouleutikon*），女性拥有但不是支配性的（*echei men，all' akuron*），小孩有但是不完全（*echei men，all' ateles*）。（《政治学》I. 13. 1260a5-14）

这段话将亚里士多德那里男性与女性在政治生活中不同地位的“自然基础”揭示得非常清楚，女性在政治生活中接受男性的统治，在某些方面类似小孩必须接受成年人的管理，也类似于他理论中臭名昭著的“自然奴隶”要接受主人的统治。[①] 因此女性的自然位置不是城邦的政治生活，而是在家庭之中，她们有着与男性不同的德性（《政治学》I. 13. 1260a24-36）。

根据亚里士多德在男性与女性之间排定的自然等级，男性与女性的关系是统治与被统治的关系；但是另一方面，亚里士多德也强调，女性毕竟不同于孩子或奴隶，因为她们并非如孩子一般理智尚未发展成熟，也不像奴隶一般缺乏思虑能力，而只是当理性做了某个决定，确定了某个行动之后，情感的部分容易僭越理性的权威。因此亚里士多德有时候将男女之间的关系比作“贤人制”，即男性总是进行统治（《尼各马可伦理学》VIII. 10. 1160b32-1161a3），但是在政治学的语境下则将他们的关系比作互相有所分工与合作的“政制”（*politeia*），但是这种政制与一般意义上以轮流统治为主要特征的“政制”又有所不同，因为在男性与女性构成的共同体里面，男性总是居于统治地位：

> 男人统治妻子［女人］和孩子都是将他们当作自由人（*eleutherōn*），但

① 关于“自然奴隶”问题的一个带有同情的解读，可参见 Malcolm Heath，“Aristotle on Natural Slavery，” *Phronesis*，vol. 53，2008，pp. 243－270。

> 是统治的方式不同，统治妻子是政治性的（*politikōs*），统治孩子是君王式的（*basilikōs*）。除非某些男人的构造与自然相反（*para phusin*），否则依据自然（*phusei*），他们比女性更适合支配（*hēgemonikōteron*），年长和完全的人依据自然比年轻和不完全的人更适合支配。在大多数政治统治中，统治与被统治是轮流的，因为他们依据自然是平等的，没有任何差别；但是当一个人统治而另一个被统治，统治者会在外表、言辞和荣誉上有所区别……男性与女性的关系就**永远是这样的**。（《政治学》I. 12. 1259a39-b10）

柏拉图在《理想国》里提出的“第二个浪潮”是所谓的“共产主义”，也就是在这个城邦中，护卫者要共产、共妻、共子。柏拉图提出这个浪潮的依据之一依然是延续护卫者与狗的类比，但这次是从繁殖的角度看的，人们在繁殖纯种动物的时候，都希望让最好的动物互相交配，从而生下血统最好的后代。根据这个类比，柏拉图要求最好的女性与最好的男性结合，并生下后代；为了保证“公有”，他还得出了下面这个有些耸人听闻的结论：“所有这些女性必须为所有这些男性所共有，任何一个女性不得和任何男人私下生活。孩子也是共有的，没有任何父母认识自己的孩子，也没有孩子认识自己的父母”（《理想国》V. 457c-d）。同时柏拉图要求护卫者没有属于自己的私人财产，仅仅从生产者那里得到供养（《理想国》V. 464b-d）。柏拉图认为理想的城邦生活的总原则是，要让城邦尽可能成为“一”，因为共同的欢乐和痛苦能够团结城邦，而“我的”“你的”这样的私人情感则会分裂城邦。培养共同情感需要所有人对同样的东西说“我的”。在柏拉图看来，他提出的共产、共妻、共子的策略能够最大限度地保障城邦中的团结和友爱，因为所有人对所有人都承担着亲人的义务，人们出于恐惧与羞耻，会避免法庭争讼和私人争吵（《理想国》V. 461e-464b）。

但是亚里士多德的观点与此恰恰相反，他认为柏拉图的构想只会让城邦充满危机，破坏城邦。亚里士多德首先提出了一个总的原则：“城邦越是变成‘一’，它就越不是一个城邦。因为城邦依据自然是由不同人组成的，如果变成‘一’，就把城邦变成了家庭，从家庭变成了一个人……这会毁掉城邦”（《政治学》II. 2. 1261a16-22）。这是亚里士多德政治学的重要原则，政治共同体不该追求人在各方面的同质性——对所有事物有同样的感受，而是要让异质性在共同生活中发挥作用，因为城邦的自足性恰恰建立在异质性的基础之上。①

---

① 当然，同情柏拉图的读者会反驳说柏拉图的“美丽城”同样是建立在“一人一事”的正义原则和三个等级的区分上的。但是柏拉图在那里强调的更多是“等级”之间的分工，而不是个体意义上的；而且在护卫者这个等级中，柏拉图无疑是在推行“同质化”的策略，而这正是亚里士多德攻击的矛头所指。

作为这个基本原则的第一个结论，亚里士多德严词反对取消家庭，反对取消人们的私人领域，让城邦中最重要的护卫者变成“单向度”的“公共人”。在亚里士多德看来，家庭是政治关系的自然起点，“男女之间的友爱也是自然的，因为人们形成夫妻比形成城邦更加自然，因为家庭先于城邦，而且更加必要”（《尼各马可伦理学》VIII. 12. 1162a17-19）。[①] 家庭发挥着重要的经济和教育功能，以如何挣钱和花钱为对象的家政学也是明智的重要分支，家庭肩负着培养孩子正确的伦理和政治观的使命，要让他们拥有成为好人的必要起点，就像给种子提供良好的土壤（《尼各马可伦理学》I. 4. 1095b4-8，X. 9. 1179b4-1180a1）。此外，我们还拥有对“我的”东西和“我喜爱的”东西的自然情感，没有什么能比这两样东西更让我们热爱和珍视了（《政治学》II. 4. 1262b22-24，II. 5. 1263a40-b1）。因此在亚里士多德看来，不管公共空间有多么重要，人首先都是家庭的动物，都有这个不能被剥夺的私人领域，就人这种生物来讲，家庭的和政治的两个维度缺一不可，因为“人不仅是政治的动物，而且是家庭的动物（*oikonomikon zōon*）”（《欧德谟伦理学》VII. 10. 1242a22-25）。

反过来讲，亚里士多德认为假如真的取消家庭，必然会造成灾难性的后果：第一，人们一定会最不关注那些大家公有的东西（《政治学》II. 3. 1261b32-40）；第二，作为第一点的推论，称所有的孩子为“儿子”给人们带来了巨大的不确定性，于是人们也不愿意付出努力教育他们，或者指望他们能给自己做些什么，因此情感纽带也就不存在了，亚里士多德说“有个自己的堂兄弟都比有个这样的儿子好”（《政治学》II. 3. 1262a13-14）；第三，人们难免会猜疑谁是自己的父母或子女，并且格外善待那些被怀疑有可能是自己真正亲人的人（《政治学》II. 3. 1262a14-24）；第四，与柏拉图认为“共产主义”会导致犯罪减少相反，亚里士多德认为因为人们不确定自己的身份，反而会导致更加严重的罪行，比如弑亲，并由此玷污城邦（《政治学》II. 4. 1262a25-32）；第五，亚里士多德同意城邦中的友爱（*philia*）甚至是比正义更重要的价值（《尼各马可伦理学》VIII. 1. 1155a22-28），但是他并不认为柏拉图在《理想国》中的制度安排能够产生他希望的友爱和团结，因为一切共有就像将一滴酒混入大量水中，只会让友爱的情感被稀释，或者说变成“水”（*hudorē*）（《政治学》II. 4. 1262b3-24）；第六，亚里士多德还批评了柏拉图所说的根据孩子的自然禀赋调整他们的等级的计划会因为人们不可避免的“私情”而造成巨大的混乱

① 前面提到在目的的意义上城邦先于家庭和个人，但是在必要性的意义上家庭先于城邦，这两点并不矛盾。

（《政治学》II.4.1262b24-37）。

亚里士多德也对柏拉图的财产公有提出了系统的批评。他指出，只要是“共同体”（*koinōnia*）就必然要求财产一定程度上的共同性（*koinon*），因此在共同体中不可能是财产私有私用，而是要考虑财产应该公有公用、公有私用还是私有公用。在亚里士多德看来，私有公用是最佳选择，因为私有保证了人们对自己的土地和财产给予最大的关心，而公用保证了共同体可以采取共同行动促进共同利益（《政治学》II.5.1263a21-40）。柏拉图的构想恰恰剥夺了人们拥有自己财产的快乐，以及用自己的财物帮助他人的快乐，没有了私有财产，甚至会导致慷慨和节制这两种很重要的伦理德性变得无法实践（《政治学》II.5.1263b7-14）。柏拉图认为共同财产可以祛除犯罪，但是亚里士多德认为导致罪行的其实并不是财产，而是人们的教育和德性（《政治学》II.5.1263b14-1264a1）。

除了针对男女平等和“共产主义”提出的集中批评之外，亚里士多德还批评了《理想国》对第三等级的语焉不详和处理不当，认为柏拉图对此的处理过于模糊（柏拉图认为只要管理好护卫者就行，生产者不会给国家造成太大的问题），在他们之中财产是否公有、是否有私人家庭、是否拥有武器、接受何种教育都是不清楚的，同时“美丽城”让护卫者永远进行统治，而生产者永远没有机会进行统治。所有这些关于统治的安排以及对第三等级的模糊处理，都会给柏拉图的理想城邦带来巨大的潜在威胁，生产者有可能成为分裂城邦的因素，导致这个城邦不再是一个城邦，而是两个城邦（《政治学》II.5.1264a10-1264b15）。

亚里士多德最后批评了柏拉图的“整体主义”，即柏拉图不是让城邦中的任何一个等级获得至上的幸福，而是着眼于整个城邦的幸福（参见《理想国》IV.419a-420b，V.465d-466c）。但是在亚里士多德看来，城邦整体的幸福就在于个体获得幸福，“整体不可能幸福，除非所有、大多数或者一部分人是幸福的。因为幸福不是像偶数这样构成的，后者可以在整体之中而无需在任何部分之中，而幸福不可能。但是如果护卫者不幸福，谁又幸福呢”（《政治学》II.5.1264b15-24，VII.1.1323b29-1324a4）？

在上面我们讨论了亚里士多德对《理想国》中政治构想的批评，不仅因为这两个古典政治哲学大师的直接交锋让人兴味无穷，更因为亚里士多德在对《理想国》的批评中，非常鲜明地展现了他的一些重要的政治哲学原理，甚至比正面展开自己的学说时更加鲜明。比如政治共同体要依靠“自然”的标准进行构建，政治共同体应该尊重多样性而不能片面追求统一性，政治需要尊重人们的自然情感，人作为家庭和城邦的动物都拥有私与公两个维度，共同体应该遵循私有公用的财产原则，等等。这些都将在亚里士多德构建自己的理想城邦时起到重要作用。

二、亚里士多德对柏拉图《礼法》的批评

或许是因为《礼法》仅仅讨论了依靠法律治理的更加现实的“次佳政体”（《政治学》II. 6. 1265a1-10；参见《礼法》V. 739a 以下）[①]，亚里士多德对它的重视远远不及《理想国》。他同时还认为其中的计划因为与《理想国》过于接近（除了取消了对女性和财产的公有以及增加了战士的数量之外），因此柏拉图的这个“次佳政体”也必然失败。他对《礼法》的批评大体上都是针对具体实施层面的，而非针对原则性的问题。比如按照《礼法》，要养活一支 5 000 人的专业军队，需要过于广大的土地；《礼法》没有考虑到邻邦的情况，没有考虑到财产的具体数量，没有考虑到公民的数量和财产尤其是土地的分配，没有考虑到统治者与被统治者的区别何在；《礼法》中的混合政体建立在重装步兵的基础上，因此被称为“政制”，但是这个混合政体混合了民主制和僭主制这两种糟糕的政体，且更偏向于寡头制，其中缺少君主制的要素。[②]

亚里士多德虽然对柏拉图做出了很多批评，但还是带有一些同情。他评论道：“所有苏格拉底式的对话都有某些超凡的、精致的、新颖的和值得探讨的东西，但是大概很难把所有的事都做好”（《政治学》II. 6. 1265a10-13）。而他本人在《政治学》第 7、8 两卷中对最佳政体的具体讨论在很大程度上正是要避免柏拉图的疏忽，修正柏拉图的错误。

三、亚里士多德对法里亚斯和希波达穆斯的批评

在批评完柏拉图关于“最佳政体”和“次佳政体”的两套方案之后，亚里士多德又转向了另外两位前人，一位是卡尔西顿的法里亚斯（Phaleas of Chalcedon），另一位是米利都的希波达穆斯（Hippodamus of Miletus）。

法里亚斯的理想政体将重心放在财产的平等上，因为在他看来，财产的不平等是一切政治纷争的根源，这个问题对于一个新建的城邦来讲容易解决，但是他还试图通过嫁妆在现有城邦中实现财产的平等。亚里士多德认为这是毫无

① 关于《礼法》中的政体在什么意义上只是“次佳”的，参见本书第二章的讨论。

② 关于亚里士多德对《礼法》的批判是否以及在多大程度上是对柏拉图的误解，参见 Saunders, *Aristotle Politics Books I & II*, pp. 126 - 135。

可行性的方案。第一，需要限制各家孩子的数量才能确保财产的平等；第二，人们在富有之后因为城邦的强制再分配而变穷，会让这些人成为革命的力量；第三，人们除了争夺财产之外，还会争夺荣誉之类的东西，人们行不义也不都是因为财产之故，而是因为有过分的欲望，因此保证正义与和平的并不是财产的分配那么简单，而是教育和教养；第四，法里亚斯没有考虑财产对于邻邦和战争的影响（参见《政治学》II. 7)。亚里士多德对法里亚斯的批评中，最核心的观点就是解决财产的平等只是治标不治本，真正重要的是对人们的教育以及由此而来的对欲望的约束。在关于他心目中的最佳政体的讨论中，我们能够看到亚里士多德赋予教育多么重要的地位。

希波达穆斯是第一个以非政治家的身份提出一套最佳政体构想的人，并且为雅典的比雷埃夫斯港设计了街道布局图。他似乎受到了毕达哥拉斯学派的影响，对数字“三”非常执着：他要区分三种公民（手工业者、农民、战士）、三类土地（神圣的、公共的、私人的）、三种法律［涉及不当举动（*hubris*）、伤害和死亡］。此外还设计了一个供上诉用的终审法庭，并且反对用投票进行判决，而是要求每位法官都写明判决的理由和惩罚的方式。他还主张奖赏那些为改进城邦法律和政治安排做出贡献的人，抚养在战争中牺牲的战士的后代。亚里士多德的批评有一些与他对柏拉图的批评类似，比如农民与手工业者可能会沦为拥有武装者的奴隶，以及公共土地的耕种问题；也有一些是希波达穆斯的政体特有的问题，比如他提出的司法程序会将法官变成仲裁员。最后在批评希波达穆斯鼓励人们进行政治变革的时候，亚里士多德谈到了关于法治的一个重要思想，也是人们争论的一个问题——是否应该修改传统的法律？亚里士多德一方面同意，法律就像技艺，不可能一成不变，但是另一方面他又非常明智地告诫听众或读者，修改法律必须非常慎重，因为法律的权威赖于人们形成服从的习惯，如果没有了这一条，法律也就不再成其为法律了：

> ［修改法律］需要极大的谨慎。因为如果改善很小，而让人们习惯随意废除法律是件坏事，那么显然统治者或立法者的一些错误就必须忍受，因为从改变得来的好处不如习惯于不服从官员导致的坏处大……除了习惯之外，法律没有别的力量能够保证服从，但是习惯只能经过很长时间才能形成。因此轻易将现有的法律改变成不同的和新的法律会削弱法律的力量。(《政治学》II. 8. 1269a14-24)

因此有着最好法律的最佳政体，应该保持着最大的稳定。至于什么时候需要避开法律的字句而坚持法律的精神，以及什么时候需要对法律进行修订，就是一个拥有公道（*epieikeia*）德性的明智者（*phronimos*）需要慎重考虑的了。[①]

第三节　亚里士多德对现实政体的经验研究

根据亚里士多德给出的步骤，除了考察作为“有声望的意见”留下来的前人关于最佳政体的讨论之外，还要考察现有政体的组织和法律的制定，从中吸取经验教训。这一节首先讨论亚里士多德《政治学》第 2 卷中对几个被奉为典范的现有政体的批评，之后讨论亚里士多德在《雅典政制》中体现出的政治哲学思想，同时考虑这些讨论对亚里士多德规范性的政治哲学研究起到的借鉴作用。

一、亚里士多德对斯巴达、克里特、迦太基政体的批评

在对几位前人的最佳政体构想加以批判之后，亚里士多德又从现实经验的角度集中对现有的几个为人所称道的政体进行了批判性的考察。首先他给出了一个带有方法论性质的说明：他对于这些现实政体的评价要依据两点，一个是这些政体的立法实践与严格意义上的最佳政体相比有何得失，另一个是这些政体的立法实践是否符合这些政体自己的奠基原则（《政治学》II. 9. 1269a30-34）。也就是说，亚里士多德对现实的考察一方面有极强的规范性——参考绝对意义上的最佳政体；另一方面又带着很强的同情和现实性——以不同政体给自己订立的基本原则为依据。亚里士多德主要考察了斯巴达、克里特和迦太基这三个被奉为典范的政体。

斯巴达政体是否应该被作为最佳的政体典范看待，在伯罗奔尼撒战争期间和之后就是希腊文人们讨论的焦点话题。[②] 柏拉图的《理想国》被认为大量吸收了斯巴达政体的经验。亚里士多德也在某些地方肯定斯巴达对立法、教育和德性的重视[③]，但是整体而言还是对斯巴达的制度批判有加。他理解斯巴达想要让自己的公民拥有闲暇（*scholē*），因此依靠黑劳士来完成耕种和手工劳动，但是斯巴达人对于数量庞大的黑劳士的粗暴对待却不利于他们实现自己的目

① 关于这个问题，参见下面第五节中的相关讨论。

② 但是幸存下来的讨论很少，只有色诺芬的《斯巴达政制》。

③ 比如《尼各马可伦理学》I. 13. 1102a7-12，X. 9. 1180a25-26；《政治学》VIII. 1. 1337a31-32 等。

标，导致黑劳士成为斯巴达巨大的不安定因素，多次爆发起义（《政治学》II. 9.1269a34-b12）。基于他关于女性在实践理性上低于男性的看法，亚里士多德批评斯巴达人没有处理好占公民数量一半的女性的问题，导致她们过于骄纵放肆、无法无天，而尚武的男人又格外容易屈从于这样的女性，因此女性成了斯巴达隐秘的统治者，这也导致了城邦财富的分配不均，从而损害了城邦的幸福（《政治学》II. 9.1269b12-1270a34）。亚里士多德的第三个批评针对的是斯巴达的人口制度，由于斯巴达的立法者希望尽可能扩大斯巴达公民的数量，因此用兵役制度和征税制度鼓励多生孩子，而这导致了很多公民的贫穷（《政治学》II. 9.1270a34-b6）。亚里士多德接下来批评了斯巴达从平民中选举监察官的制度（*ephoreia*），这种初衷在于制衡两位国王的权力的制度，实际上却赋予监察官过大的权力，而且从平民中选出的这种高级官员缺乏拒腐防变的能力和法律事务的专门知识，导致斯巴达政治的混乱（《政治学》II. 9.1270b6-35）。亚里士多德对斯巴达政体的第五个批评针对元老会（*gerousia*）的安排，主要质疑老年人理智能力下降之后是否还应该终身对城邦大事发表看法，更糟糕的是这些人也收受贿赂。此外监察官和元老的选举方式（一个是抓阄，另一个是申请人主动要求）在亚里士多德看来也非常幼稚（《政治学》II. 9.1270b35-1271a18）。亚里士多德还批评了斯巴达政体中国王的品格和选举方式、共餐的安排、海军统帅的选拔、公共财政的管理等机制（《政治学》II. 9. 1271a18-1271b1, 1271b10-18）。最后他与柏拉图一样把批评的矛头指向了最重要的主题——斯巴达教育制度的目的。斯巴达政体确实关注德性的教育，但是他们只关注某一种德性，即军事德性或勇敢，而置其他诸多德性于不顾。这就导致斯巴达政体在征伐过程中非常安全，而一旦作为独步天下的强大力量进行统治，就会不可避免地走向衰落，因为斯巴达人根本不懂得如何享受和平与闲暇（《政治学》II. 9.1271b1-10）。[①]

在亚里士多德看来，克里特政体与斯巴达政体有很多相似之处，比如农奴负责耕种、共餐制度、秩序维持官（*kosmoi*）、元老会、公民大会等等，有些地方甚至做得还比斯巴达更好，比如共餐无须公民自己负担，采取措施控制人口数量，等等。亚里士多德的主要批评集中在秩序维持官上，他认为这个官职甚至不如斯巴达的监察官，因为不像斯巴达那样从公民中广泛选择，而是从有限的家族中选择，而元老又是从做过秩序维持官的那些人中选择的，这样就使

① 另参见亚里士多德：《政治学》VII. 2. 1324b22-41，VII. 14. 1133b5-1334a10，VIII. 4. 1338b9-29；柏拉图：《礼法》I. 625c-638b，II. 666e-667a；等等。关于闲暇的问题，下文还会有更详细的讨论。

得这个官职拥有了过大的权力。克里特的元老也是终身任职，并且没有任何审查。此外克里特政体中的很多制度都缺少法律的保证，秩序维持官手中有过大的权力，这些加在一起导致这个政体更像是一个君主制的政体，而非混合政体，只是因为克里特作为岛屿的特殊地理位置，它的政体才得以保持稳定（《政治学》II. 10）。

迦太基政体也与斯巴达相似，比如共餐制度，一百零四人会的权力类似于监察官（但是因为根据人们的价值进行选举，因此这个制度比斯巴达更好），国王与元老会也与斯巴达的相应制度相似（但是国王不是来自同一个家族，因此比斯巴达更好）。这个政体很好地避免了内乱（*stasis*），保持了城邦的稳定（虽然亚里士多德认为这更多得益于他们的“运气”，而非立法者的远见）。而亚里士多德对这个政体的批评主要是从它偏离“最佳政体”的意义上来说的，因此也就是所有他批评过的现存政体都会有的问题。[①] 如果参考最佳政体，那么迦太基的政体过多偏向了寡头制，比如国王和元老会给公民大会提供议案，“五人委员会”有过大的权力，允许一个人担任多项官职，以及最为严重的一点——统治者的选择不仅要考虑他们的德性，也要考虑他们的财富。虽然他们认为闲暇对于政治权力非常重要，而且认为财富保障了拥有官职者的闲暇并不完全错误，但是这项制度还是让这个城邦显得过于热爱金钱，从而导致它偏离了贤人制的原则——只将德性看作最重要的统治依据（《政治学》II. 11）。

亚里士多德对这些现有政体的批评并非随便说说，他之后讨论各种层面的最佳政体时，都会谨记这些现实政体犯下的错误，以及通过批评它们得出的普遍原则，尤其是要尽可能平衡地混合政体中的各种要素。

二、《雅典政制》的政治哲学意味

按照古代的记载，亚里士多德曾经编写过 158 个城邦的政制史，这在古代世界堪称独树一帜的成就。亚里士多德将这项经验研究的价值比作医生不仅要在普遍的意义上了解疾病的治疗，而且要区别不同的身体状态，考虑每一种病人应该如何得到医治。这会对研究最佳政体提供非常有益的借鉴（《尼各马可

---

① 在这里，亚里士多德唯一一次将“贤人制”与“政制”并置，作为最佳政体的代名词：“因为它［迦太基政体］偏离最佳政体而提出的大多数批评，实际上也适用于我们讨论过的所有政体。但是那些从贤人制或政制的基本原则偏离的政体，有些更多偏向民主制，有些更多偏向寡头制”（《政治学》II. 11. 1173a2-6）。这或许表明，在他看来，只要一个政体是按照正确的原则组织的，则具体的政体类型其实并不那么重要。

伦理学》X. 9. 1181b2-12）。但是除了历代文本上留下的九十余条只言片语之外，自公元 6 世纪之后似乎就没有人读到过关于这 158 个政体中任何一个的完整记载，因此 1891 年《雅典政制》的意外发现弥补了亚里士多德研究中的一个重大缺憾。

抛开有关《雅典政制》的作者是不是亚里士多德本人的争论①，只看它的内容，它确实体现了亚里士多德及其学派对于历史和政治经验的严肃态度（为了行文方便，笔者将亚里士多德当作该书的作者）。该书的前半部分提供了从雅典城建立到驱逐三十僭主的政制发展史（第 1 至 41 章），后半部分则提供了对亚里士多德那个时代雅典政体的细致描述（第 42 至 69 章，这种对同时代一个城邦政治运作方式的详细记载在当时来讲是全新的文体）。这部著作看似仅仅是对历史和现实的忠实记载，但其中的一些评论，还是显示出亚里士多德在历史和经验背后的政治哲学关怀。这里选取其中的四个维度做一些讨论。

（一）政体的自然目的

在《雅典政制》背后，总的指导思想就是政治的自然性。每一种政体，即便是偏离正轨的政体，也都有自己的自然目的（*telos*）。而对于民主政体而言，"自由"（*eleutheria*）就是它的目的②，因此亚里士多德在撰写前 41 章的内容时，就是沿着雅典民主如何一步一步实现最大限度的自由，也就是它的"目的"来组织的，记载了雅典政体的十一次变革，并且将他的记载终止于公元前 403年雅典民主派打败三十僭主，恢复了雅典的民主和自由③，最后以赞美民主制的优点——不易被腐蚀——作结（《雅典政制》41. 2）。雅典民主从梭伦奠基到最终达到某种极端的形式，也印证了亚里士多德的一个重要理论："当城邦变得越来越大，或许除了民主制之外，其他政体都不容易产生了"（《政治学》III. 15. 1286b19-20）。而后半部分关于各种官职的记载也是着眼于理解雅典人如何保护和强化他们的自由，防止寡头或僭主产生，防止有权势的个人主导公共政治，尤其是议事会与公民大会的职责（43-45）、抽签制的运用（50-54）、执政官的分工（55-59）、复杂的法庭程序（63-69）。

---

① 关于这些历史问题以及整体而言有关《雅典政制》的最佳讨论，参见 P. J. Rhodes，*A Commentary on the Aristotelian Athenaion Politeia*，Oxford：Clarendon Press，1982。

② 在《政治学》IV. 8. 1294a9-29 中，亚里士多德用"标志"（*horos*）来指称各种政体的"目的"，民主制的标志是自由，贵族制的标志是德性，寡头制的标志是财富。

③ 《雅典政制》中记载的最晚的事件是科菲斯托丰（Kephistophon）在公元前 329/前 328 年担任雅典的执政官，距离民主制恢复有 70 多年的历史。由此我们可以判断，亚里士多德选择公元前 403 年作为记述雅典政体历史的终点是有自己的考虑的。

（二）政治中的偶然因素

与政体的自然目的相对，在政治中也有很多不可预见的、偶然的因素发挥作用。亚里士多德认为任何政体都有它的自然目的，同时需要人的思虑和行动去促进这些目的。但是在人的实际行动中，总有一些不可控的、出乎意料的东西会发生，从而给政治带来一些意想不到的结果。对于这些事件，我们无法给出科学解释，这也是在人类行动领域缺乏绝对精确的知识的原因之一。[①] 在伦理学中，亚里士多德提到在人生中有“很多命运的变故”（《尼各马可伦理学》I. 9. 1100a5-6），它们会影响人生能否实现幸福。《政治学》也提到了运气的影响，比如上面提到克里特由于地理位置的优越，防止了很多奴隶的叛乱；在评论迦太基政体时，亚里士多德记载了迦太基人不时把一些公民送到其他地方致富，从而避免了很多内乱，在他看来“这是运气的结果，但是免于内乱本来应该通过立法实现”（《政治学》II. 11. 1273b20-21）。

不管是伦理学还是政治学，亚里士多德都主要是在处理规范性的问题，给人或政治共同体设定正确的标准，因此他更多强调虽然这些偶然或运气的因素会产生影响，但是这种影响非常有限，更多强调能够用德性、知识或技艺控制的一面。比如亚里士多德就在一段非常感人的篇章中强调，有德性的人即便在面对厄运和不幸时，也能够最大限度地泰然处之，做出最高贵的应对（《尼各马可伦理学》I. 10. 1100b22-110a14）；在另外一些地方，他强调人的幸福和最佳政体不是靠运气，而是靠立法和技艺获得的（《尼各马可伦理学》I. 9. 1099b20-25；《政治学》VII. 1. 1323b28，VII. 13. 1332a28-32）。

但是在描述经验性的历史事实时，亚里士多德则无法回避在伦理学和政治学的规范研究中不必过分强调偶然性的作用。在《雅典政制》中，他经常（但不总是）用“（偶然）发生（*sunbainein*）”来标示这类事件[②]，它们有的时候妨碍了民主政体自然目的的实现，有时则促进了这个目的，但它们的特点就是无法定义、不可确定，更没有办法预知，就像下面几个例子中体现的那样。

著名的“僭主”庇西斯特拉图斯（Pisistratus）本来是平民派的代表，尽管数次遭到驱逐，但是每次都能够回到雅典继续统治。他并不残暴，而是被描述成“恰当地（*metriōs*）对待城邦，是更政治性的（*politikōs*）而非僭主式的

---

① 关于广义的政治学缺乏数学式的精确性，参见《尼各马可伦理学》I. 3. 1094b9-1095a2。

② 由这个词衍生而来的名词 *sumbebēkos* 是亚里士多德哲学中的“偶性”（accident）。这个词的不同形式在记载雅典政体演变的第 1 至 41 章一共使用了 25 次之多。

(*turannikōs*)；他友善待人、温和、宽恕犯错之人，还借钱给那些身处困境的人”（《雅典政制》16.2），平民与贵族都与他交好，他也统治了很长时间（《雅典政制》16.9）。在他死后，两个儿子希庇亚斯和希帕库斯共同进行统治。其中哥哥希庇亚斯“在本性上很有公心（*phusei politikos*，字面意思是‘本性上很政治性’），也很有头脑”；希帕库斯虽然有些幼稚，但是热爱艺术，将一批有名的诗人请到雅典。根据亚里士多德记载，他们的统治本来可以继续沿用父亲的法律，像他们的父亲一样温和，残暴统治绝非他们的本意，但是由于他们的弟弟特萨鲁斯（Thessalus）鲁莽傲慢，“［碰巧］成了（*sunebē*）他们不幸的起点”。特萨鲁斯因为没有得到哈摩尔狄乌斯的爱慕，侮辱了哈摩尔狄乌斯和家人，于是哈摩尔狄乌斯和自己的爱人决定刺杀僭主。但是他们在执行刺杀的时候，又因为偶然误判了一个同伙的行为而过早动手，导致整个计划失败，只杀掉了希帕库斯，而没有杀死希庇亚斯（《雅典政制》18）。这样的结果就是，庇西斯特拉图斯家族的统治以一种完全有悖“僭主”本意的方式变得比以前残酷得多，因为希庇亚斯要为弟弟的死报仇，并且开始对所有人充满怀疑和仇恨，直到斯巴达国王克列奥美涅斯出兵帮助雅典推翻了希庇亚斯（《雅典政制》19.1）。

雅典民主制从梭伦的改革开始一直在发展壮大，人民的权力不断扩大，但是在波斯战争之后，更多代表贵族势力的战神山议事会（Areopagus）却重新获得了权威，并开始主导雅典政治长达17年。这个事件的原因在亚里士多德看来非常偶然，“它获得主导权不是通过任何法令，而是因为他们是萨拉米斯海战的原因”（《雅典政制》23.1）。在这场决定性的海战之前，雅典将军们士气低落，甚至准备各自逃命，这时候战神山议事会提供了一笔经费，给每个将军八个德拉克玛，让他们准备作战，并在这场战役中一举击溃波斯，雅典人因此认可了战神山议事会的权威，心甘情愿地服从他们。

战神山议事会获得主导权一段时间之后，经过埃菲阿尔特斯（Ephialtes）和地米斯托克利（Themistocles）的努力①，这个议事会的权威又被逐渐削弱，这之后雅典政体就（碰巧）越来越“放松”（*sunebainen aniesthai*），从而倒向了极端民主制。而这其中也有一些原因纯属偶然，比如这时贵族派碰巧没有一个有力的领导，主张贵族价值的客蒙（Cimon）还没有什么经验；由于战争，很多将军战死，新的将军也缺少经验和威望，动辄带着两三千人战死，而这样的损失对于贵族派来讲是巨大的，却没有太多影响人民和民主派的力量；此

① 这里的记载或许有些年代错乱，因为在埃菲阿尔特斯做这些事情的时候，地米斯托克利已经被流放了。

外，雅典作为海上强邦的地位逐渐稳固，因此作为水手的平民的地位也随之上升。这些因素加上民主制本身不遵守法律的内在倾向，雅典民主就在伯里克利的推动下越来越走向了极端。

（三）政体中两种主导性力量“质”和“量”的互动

在《政治学》中，亚里士多德提到了城邦中的不同部分可以被分为两种，一个是“质”（*poion*），另一个是“量”（*poson*）。“质”指的是自由、财富、教育、好出身等不同一般的要素，也就是指城邦中寡头的部分；而“量”就是人数的多少，也就是指城邦中平民或穷人的力量（《政治学》IV. 12. 1296b15-19）。这两种主导性的力量永远存在于每一个城邦之中，也正是在它们的左右之下，不同的城邦表现出不同的政体形态，如果“质”的因素占上风，城邦就偏向寡头制，如果量的因素占上风，城邦就偏向民主制；而且这两种力量之间的对抗与妥协，最终也造就了不同的寡头制类型和民主制类型。因此民主制和寡头制就像南风与北风一样，被看作主导性的政体（《政治学》IV. 3. 1290a13-24）。

这个原则在《雅典政制》里体现得淋漓尽致。因为雅典民主的历史在很大程度上就是两派力量角逐的历史，最终是因为“量”的一方出于各种原因占了上风，雅典也就最终变成非常极端的民主制。在第 28 章，亚里士多德列举和总结了雅典历史上的一对对相互抗衡的政治领袖，除了梭伦这个民主制的开创者和驱逐了僭主庇西斯特拉图斯之后主持雅典政局的克莱斯提尼这两位代表大众的政治家几乎可以说独享主导地位之外，在其他时代，雅典政制都集中体现为代表寡头的政治家与代表平民的政治家激烈对抗，雅典民主也正是在这种对抗中逐渐走向极端化的。

民主派	寡头派
梭伦（Solon）	
庇西斯特拉图斯（Pisistratus）	莱库古（Lycurgus）
克莱斯提尼（Cleisthenes）	
克桑西普斯（Xanthippus）	米尔提亚德斯（Miltiades）
地米斯托克利（Themistocles）	阿里斯蒂德（Aristides）
修昔底德（Thucydides）	伯里克利（Pericles）
尼西阿斯（Nicias）	克里昂（Cleon）
特拉美尼斯（Theramenes）	克莱奥丰（Cleophon）与卡里克拉特斯（Callicrates）

（四）权力的腐化作用与权力制衡

亚里士多德很清楚权力对人的腐化作用，因为每个人都首先爱他自己，关注自己的利益，并且容易因为个人的好恶产生偏私，影响政治权力的良性运作。因此在《雅典政制》后半部分记述他那个时代的雅典政体时，亚里士多德特别强调不同政治权力之间的制衡。比如不同官员通过抽签和选举两种不同的方式来进行选择（《雅典政制》43.1），大多数官职都不允许公民一生任职两次；议事会和法庭通过在官员上任之前和卸任之后进行“审查”，形成对官员的监督和约束（《雅典政制》48-49，54.2，55）；官员要有明确的分工、不同的职权，防止某个人或某几个人权力过大，最典型的例子是雅典对九个执政官负责案件的分工（《雅典政制》56-59）；法庭需要一套复杂的选举法官的机制和法庭程序，以保证案件审理的公正（《雅典政制》63-69）。

我们可以想象，对雅典政体的这些实际考察对亚里士多德在《政治学》中更加规范性地考察城邦中应该设立的各种官职（《政治学》IV.14-16，VI.8），以及形成基本的分权观念具有重要贡献。亚里士多德认为不管是偏向民主制还是寡头制，政治权力都可以大体上被划分为三大类：进行思虑或筹划的部分（*to bouleuomenon*），主要是指公民大会和议事会；各种执行法律、法令、决议的官员（*archai*）；以及执行司法职责的审判部分（*dikastikon*）。但是在不同政体中，这三类政治权力的执行方式，比如议事会或公民大会的参加范围和权限，官员的任免办法和任期，法庭的构成、职权范围和法庭程序等等，都有所不同。这些不同范畴的政治权力可以在一定程度上达到互相制衡的效果。

第四节　亚里士多德的“最佳政体”

在完成了对前人理论和各种现实政体的批判性讨论之后，我们继续跟随亚里士多德设定的研究路线，来看他如何处理“最佳政体”及为其立法的问题。根据亚里士多德著名的政体分类理论，他将政体按照两套标准区分为六种，一套是统治人数是一个、少数还是多数，另一套是政体是为了统治者的私利还是为了共同体的公益。①

	公益	私利
一人统治	王制（*basileia*）	僭主制（*tyrannis*）
少数统治	贤人制（*aristokratia*）	寡头制（*oligarchia*）
多数统治	政制（*politeia*）	民主制（*dēmokratia*）

亚里士多德在不止一个地方明确给出过政体优劣的排序，从这六种政体的"理想类型"的角度看，最佳政体无疑是王制，最差的政体无疑是僭主制（《尼各马可伦理学》VIII. 10. 1160b7-8；《政治学》IV. 2. 1289a40）。但是亚里士多德对"最佳政体"的实际讨论却比这个复杂得多。我们首先来看亚里士多德在《政治学》第 4 卷为研究政体问题设定的多重任务，之后考察各种不同意义上的"最佳政体"。

一、研究"最佳政体"的多重任务

亚里士多德在《政治学》第 4 卷的开头给有关政体的研究设定了任务，我们可以据此将有关"最佳政体"的讨论从低到高区分为以下几个维度：

第一，"在某种假设之下"（*ex hupotheseōs*）的最佳政体，这里面的"假设"指的是给定某种政体形式，比如民主制或寡头制，立法者或政治家要知道如何让它尽可能健康，尽可能维持较长的时间（《政治学》VI. 1288b28-33）。

第二，适合某些人的政体（*tisin harmottousa*），即在"给定条件下**最好的政体**"（*tēn ek tōn hupokeimenōn aristēn*），这里面所谓的"给定条件"指的就是对某个人群而言（《政治学》IV. 1. 1288b24-27）。

第三，"对大多数城邦而言最适合的政体"（*tēn malista pasais tais polesin harmottousan*）（《政治学》VI. 1288b33-35），也就是"什么是对最大多数城邦和最大多数人而言**最好的政体**和最好的生活"（*tis d' aristē politeia kai tis aris-*

① 参见《尼各马可伦理学》VIII. 10. 1160a33-b23；《政治学》III. 7. 1279a32-b5。由于亚里士多德将公民定义为"有权参与思虑和裁判官职的人"（《政治学》III. 1. 1275b18-19），也就是在某种意义上分享统治权的人，因此这个对政体的分类也引发了一些问题，尤其是这里的"公益"到底是哪些人的利益。相关的讨论可参见 Curtis Johnson, "Who is Aristotle's Citizen?" *Phronesis*, vol. 29, 1984, pp. 73－90; Donald Morrison, "Aristotle's Definition of Citizenship: A Problem and Some Solutions," *History of Philosophy Quarterly*, vol. 16, 1999, pp. 143－165。笔者的观点是亚里士多德有一个规范性的公民概念，即在满足了基本的出身要求之后，所有在德性上不逊于统治者的人都有权作为公民参与城邦公共事务。

tos bios tais pleistais polesi kai tois pleistois tōn anthrōpōn）（《政治学》VI. 11. 1295a25-26）。

第四，“最依靠祈祷，没有任何外在限制的**最佳政体**”（*aristēn…malist' eiē kat' euchēn mēdenos empodizontos tōn ektos*）（《政治学》IV. 1. 1288b23-24）。

此外我们还可以补充第五个维度，即“根据某种超出常人的德性判断”（*pros aretēn sunkrinousi tēn huper tous idiōtas*）的最佳政体（《政治学》VI. 11. 1295a26-27）。

有人也许会问，这里谈到的前三个维度真的可以被称作“最佳政体”吗？亚里士多德在这段话中很多次毫不吝惜地使用了“最佳”（*aristē*）这一措辞，并且明确将这个词与并非最完美的政体连用，因此他至少有理由在有限的意义上将这些政体看作“最佳的”（下文会具体解释），我们也就有理由将它们置于“最佳政体”之下进行讨论。下面的讨论就从这五个维度论述亚里士多德关于“最佳政体”的学说。

二、在某种假设之下的最佳政体

在根据统治的目的和统治者的数量这两个标准确定了六种“理想类型”之后，亚里士多德对政体的讨论融入了更多经验性的成分，将城邦中的不同部分（*merē*），比如农民、商人、手工艺人、军人、富人、穷人、政治家等考虑进来，进而讨论了五种王制（终身的将军制、蛮族的世袭君主制、独裁官制、英雄时代的王制、完全王制；参见《政治学》III. 14）、五种民主制（建立在平等原则基础上的民主制、建立在较低财产限制基础上的民主制、所有毫无争议的公民接受法律的统治、一切公民接受法律统治、平民不依靠法律而是靠政令进行统治；参见《政治学》IV. 4）、四种寡头制（由较高财产标准确定官职、富人从一定的人选中选择官员、儿子继承父亲担任官员、官员而非法律进行统治；参见《政治学》IV. 5）、四种贤人制（严格意义上的由最有德性之人统治的贤人制，考虑财富、德性和大众的迦太基政体，考虑德性和大众的斯巴达政体，偏向寡头制的贤人制；参见《政治学》IV. 7）、三种政制（结合了寡头制和民主制法律的政制、采取寡头制和民主制安排的中道、从寡头制和民主制中选取不同的要素构成的政体；参见《政治学》IV. 9）和三种僭主制（专制君主、独裁官和严格意义上的僭主；参见《政治学》IV. 10）。因此每一种政体也就相应地有了较好和较差的形态。比如同是民主制，根据较低财产限制确定公民身份的形态就好于赋予任何由公民父母所生的男性以公民身份的形态，而后者只要是依法进行统治就好于暴民目无法纪的统治。与此类似，同是寡头制，寡头选举某些人担任官职的形态就好于寡头家族子承父业担任官职的形态，而后者只要依法统治就好于寡头集团完全凭借自己的意愿进行统治。僭主制中服从法律、人民愿意接受统治的专制君主和独裁官也好于仅仅依靠专断权力的严格意义上的僭主。

亚里士多德认为不管是民主制、寡头制还是僭主制，其极端形式，也就是完全抛开法律的形式，都不配被称为严格意义上的"政体"，是最糟糕也是最短命的政治制度（参见《政治学》Ⅳ.4.1292a30-31，Ⅳ.5.1292b5-10，V.12.1315b11-12)。因此立法者或政治家就需要在现有政体的框架内，尽可能让某种既有的政体实现更优良的形态，加强法律的力量，减少人为的因素。这也与保全政体的基本原则一致。要想使一个政体得以保全，立法者或政治家需要维护法律的权威、保持节制和中道而不要让统治变得极端、平衡统治者与被统治者。[①] 这里谈论的"最佳政体"中最关键的因素乃是对法律的服从，因为在亚里士多德看来，如果法律得不到服从，就不可能有好的统治（*eunomia*），而好的统治则有两种形式，一种是法律制定得很好也得到了服从，另一种是法律虽然不够好但是人们服从法律（《政治学》IV.8.1294a3-9)。[②] 这些观点也与亚里士多德在批评希波达穆斯和斯巴达政体时得出的结论一致，亚里士多德希望这些不良政体变得温和，在某种意义上也就是希望它们更加接近"混合"政体的实践目标，尽量考虑城邦中不同人群的利益诉求和正义要求。

那么这样的政体在什么意义上是"最佳"的呢？它的"最佳"是在满足了民主或寡头政体基本条件意义上的最佳，温和的民主或寡头政体是"最佳"的民主或寡头政体，因为这样的政体更容易保持政治秩序，避免内乱（*stasis*）和政体变化（*metabolē*）。而避免内乱和政体变化之所以是好的，乃是因为严格说来，一个城邦的政体就是它的同一性的体现，因为政体相当于城邦的形式（*eidos*）（《政治学》III.3.1276b1-13)，而根据亚里士多德经典的质形理论（hylomorphism)，正是一个实体的形式决定了它之所是。因此改变现有政体，比如从民主制变成政制，虽然可能是朝向更优的变化，但是在另一个意义上却将现有的城邦变成了另外一个城邦，而这本身就是非常危险的，往往伴随着剧烈的

① 此外还要避免使用欺骗人民的手段、合理利用恐惧的力量、避免某个人权力过大、防止位高权重者叛乱、对财产资格保持灵活性、通过教育保证喜爱现有政体的人多于反对者，等等。参见《政治学》V.8-9。

② 关于法治和人治的问题，参见本章最后一节中的讨论。

动荡和政治失序。亚里士多德头脑中虽然有理想城邦的蓝图，但是他也非常清楚政治变革可能带来的危险，因此他从来没有寄望于个体公民发动自下而上的暴动或改革来改变城邦的政体，即便他们的目标是朝向严格意义上的“最佳政体”；相反，他更多地希望自己的著作能够对明智的政治家和立法者产生影响，让他们通过改革逐渐完善城邦。

三、适合某个人群的最佳政体

亚里士多德对这个问题的回答与前面提到的政治中的“质”与“量”有着密切的关系。关于哪个政体适合哪个人群，亚里士多德的基本原则是：“城邦中希望城邦继续存在的部分必须**强于**（*kreitton*）不希望如此的部分”（《政治学》IV. 12. 1296b15-16）。之后他说：

> 有可能质属于构成城邦的一个部分，而量属于另一个部分。比如，出身不好的人可能比出身好的人数量更多，或者穷人比富人更多，但是在量上的优势不如在质上的劣势。因此我们必须结合彼此进行判断。穷人的数量如果超出了上面提到的**比例**（*analogian*），那么自然就是（*pephuke einai*）民主制……而当富有和显赫的人在质上的优势超过了在量上的劣势，那么寡头制［就是自然的］……（《政治学》IV. 12. 1296b19-34）

亚里士多德在这里似乎赋予了城邦中的质和量某种权重。比如某个城邦中，富有和显赫的人有 100 个，他们每个人在质上的优势是 100，而穷人有 5 000个，他们每个人在量上的优势是 1，则富人和显赫者的优势加总是 10 000，而穷人的加总是 5 000，那么这个城邦就应该采取寡头制（或贤人制）；如果富人的情况不变，而穷人的数量增加到 15 000，则穷人的优势加总就变成了 15 000，于是量上的优势就超过了质上的劣势，那么这个政体就应该采取民主制（或政制）。这就是亚里士多德所谓的“比例”，也是亚里士多德提出的那个选择何种政体的总原则——“城邦中希望城邦继续存在的部分必须**强于**不希望如此的部分”中“强于”的含义。①

除了在此处明确回答这个问题之外，亚里士多德还分别在第 3 卷和第 7 卷的两个地方讨论了何种政体适合何种人群的问题。如果一群人中“自然地产生

① 罗宾逊认如果两边相等或接近就应该采取中道政体，这是有问题的，中道政体是否能够实现取决于是否有一个不同于穷富两级的中间等级，而不在于穷人和富人之间力量的平衡（Richard Robinson, trans., *Aristotle's Politics Books III and IV*, Oxford: Clarendon Press, 1995, p. 105）。

了一个在适合政治统治的德性方面超群的家族”，他们就应该采取君主制；如果产生了一些在德性方面超出常人的人，他们就应该采取贤人制；而如果大多数人都是战士，他们有能力统治和被统治，并且按照法律的规定分配官职，那么就应该采用政制（《政治学》III. 17. 1288a6-15）。

与确定恰当的政体类型有关的另一个因素是亚里士多德对不同人种的政治人类学或政治地理学考察（《政治学》VII. 7）。在他看来，北欧人充满意气（*thumos*），而在理智和技艺方面不足，因此他们保持着自由，但却是非政治的（*apoliteuta*），并且也不能统治邻邦；而亚洲人以理智和技艺见长，但是缺少意气，因此他们总是处于被奴役的状态。而希腊人则是这两者之间的中道，因此可以保持自由、以最好的方式接受统治，也可以统治外邦。亚里士多德同时认为，希腊不同民族之间也有同样的差别，本性上可能偏向北欧也可能偏向亚洲。气候和地理位置造成的这些差异，也就导致了不同政体会适合不同的人群，比如对于北欧人（比如色雷斯人、徐西亚人、凯尔特人）来讲，无政府状态或松散的政体形式（某种类似民主制的形态）比较适合，而亚洲人（如埃及人和波斯人）则适合世袭君主制乃至僭主式的统治。鉴于希腊民族内部也有理性和血气的不同比例，亚里士多德自然也就认为希腊世界的不同种族也会有适合他们各自特征的政体。而作为政治家和立法者，需要首先体察在某个特定的人群中需要施行哪种政体。

四、适合大多数城邦的最佳政体

亚里士多德认为，如果我们排除掉超出常人的德性和各种只能依赖运气的因素，而考虑大多数城邦和大多数人可以实现的最佳政体，那么这种政体只能是中间阶层（*hoi mesoi*）[①] 的统治，他将这种政体称为“中道政体”（*mesē politeia*）。这里的“中间”是在财产意义上界定的，即在富有和贫穷之间。亚里士多德明确认为这是伦理学中的“中道理论”在政治学中的应用，中间阶层的生活是每个人都可以实现的，也是符合节制的德性的，因此依赖这个阶层的政体似乎也就成了实践层面最为可行的“最佳政体”。[②]

在亚里士多德看来，中间阶层的统治优点很多。第一，他们不像富人那样傲慢（*hubristos*）和容易犯下大恶（*megaloponēros*），也不像穷人那样充满恶

① 我有意避免用“中产阶级”这样的听上去太过现代，并容易引发过多联想的词汇来翻译亚里士多德这里谈论的在穷人和富人之间的阶层，虽然不可否认这类人与我们所说的中产阶级有些类似之处。

② 我们会在下面讨论这个在伦理学的中道理论与中道政体之间搭建桥梁的论证。

意（*kakourgos*）和容易犯下小恶（*mikroponēros*）（《政治学》IV. 11. 1295b9-11）。

第二，他们既不会避免统治也不会渴望统治，相比之下，富人不愿被统治却不知如何进行统治；而穷人则因为太过卑微只懂得以奴隶的方式被统治，也不知道如何统治。这样看来，在由极端富有和极端贫穷的人构成的城邦之中，只能存在主奴之间的关系，而没有自由人之间的政治关系，也就最不会形成政治共同体所需要的友爱（*philia*），或者更具体地说，某种特殊形式的政治性友爱——同心（*homonoia*）（参见《尼各马可伦理学》IX. 6），而中间阶层的强大则会在城邦中造成一个大体同质和平等的阶层（《政治学》IV. 11. 1295b12-28）。亚里士多德在这里最为明确地强调了政治上平等的重要意义。

第三，中间阶层在城邦中生存最为容易，因为他们既不觊觎他人的财产，也不容易被他人惦记，因此生活稳妥安定（IV. 11. 1295b28-34）。

第四，中间阶层的统治能够最好地保持城邦中的平衡，因此这种政体非常稳定，不容易走向极端，能够免除内乱（*astasiastos*），也能够防止最差的僭主制出现，因为僭主通常都是从极端的民主制或寡头制中产生出来的（《政治学》IV. 11. 1295b34-1296a18，IV. 12. 1296b34-1297a3）。

第五，中间阶层能够统治得最好的一个重要标志是最好的立法者都来自中间阶层，比如梭伦、莱库古和卡隆达斯（Charondas）（《政治学》IV. 11. 1296a18-21）。亚里士多德的理由大概是这些人的生活最容易保持节制，他们能够同时体察穷人和富人的生活，制定相对平衡的政策。

第六，中间阶层统治为评判其他政体提供了某种标准，正像我们上面看到的，保全一个政体，特别是保全那些偏离的政体的方法就是让这个政体不那么极端，要在其中**混合**贫富两种因素，让这个政体更加接近中道政体（《政治学》IV. 11. 1296b7-9，IV. 12. 1296b2-12，1297a6-7）。

虽然这种中道政体如此之好，如此适合大多数人群和大多数城邦，但奇怪的是，它却很少出现。亚里士多德对此的解释是通行的政体是民主制和寡头制，在这两种政体中，中间阶层的数量通常都比较少。而当两个极端阶层占据了上风时，他们也不想建立一个强大的中间阶层，而是要将他们自己的统治最大化。这样看来，亚里士多德所论述的这种最佳的实用政体并不是在易于实现的意义上的“最佳”，而是在可以不考虑城邦和人民的具体特征的情况下就得出结论的最佳政体。

在结束对中间阶层统治的讨论之前，我们还要看两个有些争议的问题。一个是亚里士多德在什么意义上将他的中道理论与中间阶层统治联系起来，另一个是中道政体应该被归入六种政体的“理想类型”中的哪一种。

亚里士多德这样将中间阶层的统治与中道理论联系起来：

> 因为如果我们在《伦理学》中说的是对的，幸福的生活就是合乎德性、没有妨碍的生活，而德性就是中道（*mesotēs*），那么中间的**生活**（*ton meson bion*），也就是每个人都可以达到的中道，就是最好的。同样的原则（*horos*）也必然适用于城邦和政体的德性与恶性，因为政体是城邦的某种**生命**（*bios tis poleōs*）。（《政治学》VI. 11. 1295a35-b1）①

乍看起来，这个论证似乎是在一种非常**实质性的意义上**将伦理学的中道理论与中间阶层的统治联系了起来。但是如果我们仔细考虑，却会发现其中存在问题。第一，伦理学的中道理论是关乎人的情感和行动的，而这里讨论的中间阶层却是在财产的意义上说的，这个阶层与德性并**没有必然的联系**。一方面，亚里士多德只是说他们**更容易避免**富有者和贫穷者的那些恶性，因此更容易拥有德性；另一方面，拥有中道德性的人并不一定在财产上是处于贫富之间的人，因为亚里士多德的德性列表中包括大度（*megaloprepeia*）这种只有富人才能实践的德性。第二，亚里士多德明确认为命中中道是困难的，而偏离中道非常容易，因此做一个有德性的人是困难的，而依据中道的伦理德性就是灵魂欲求部分所能够达到的最佳状态；而这里讨论的“中间的生活”强调的却是每个人都能够达到的（因为是在财产的意义上说的），而这样的中道政体对大多数城邦来讲也都是可以实现的，最多只是“次佳政体”。第三，伦理德性的中道是“相对于我们的中道”，是要仔细考虑情境的差异做出正确的决定，而这里讨论的中间阶层和中道政体看上去更像是“数学上的中道”，是相对固定的阶层在某个城邦中居于统治地位。第四，亚里士多德这里的论证使用了 *bios* 这个词的双关性。一方面，对人的“生活”而言，中道是最好的（但是如上所述，伦理学中强调的中道的“最好”并不是在对大多数人适用的意义上）；而

---

① 辛普森从逻辑的角度表明这个论证是无效的，但是他认为亚里士多德并没有希望用这个论证本身来得出中道政体就是最佳政体的结论，而是意在用之后谈论中间阶层优势的部分支持这个结论（Peter Simpson，*A Philosophical Commentary on the Politics of Aristotle*，Chapel Hill：University of North Carolina Press，1998，pp. 327-328）。辛普森试图挽救亚里士多德论证的努力虽然并非全无价值，但从亚里士多德的行文看却并不明显，这里的论证看上去依然是一个独立的论证，并不依赖于下面关于中间阶层特征的分析。笔者试图通过指出伦理学的中道理论与中道政体的要求之间的显著差异，表明这个“论证”不过是一个类比性的论证。

另一方面，政体作为城邦的“生命”也应该符合人生的这个基本原则。这样看来，我们最好是在一个更纯粹的**类比的意义上**来理解中道理论与中道政体之间的联系，亚里士多德强调的不过是它们都在某种量的连续体上实现了过度与不及之间的状态，或许还可以加上这种政体是民主制与寡头制之间的中道。

现在让我们来看中道政体与六种基本政体的关系。亚里士多德在讨论了所有政体的形态之后，引入中间阶层统治这种适合大多数城邦和大多数人的最佳政体，但是却从未明确将这种政体等同于六种“理想类型”中的任何一种。这也给解释者造成了一些困难，大多数学者都将这种政体等同于“政制”，而反对者的主要理由是：（1）亚里士多德刚刚在《政治学》IV.8-9 中讨论完政制，如果他认为这里讨论的中道政体也是某种类型的政制，就不该完全闭口不提，而且亚里士多德毕竟用了一个不同的名字——“中道政体”——来指称它。（2）在《政治学》IV.8-9 中，他将政制界定为某种民主制和寡头制的混合，而IV.11-12 讨论的中道政体似乎不是某种混合，而只是由中间阶层进行统治。[①]

支持将中道政体等同于政制的学者则可以对这两点做出如下反驳：（1）亚里士多德在其他地方并没有将中道政体与其他政体明确区分开，也没有单独列举适合中道政体的政治组织方式。（2）中间阶层可以也应该被看作是穷人与富人的某种“混合”，因为中间阶层就是结合了富人和穷人的财产特征，而只要是混合两个极端的事物，产生的就是某种中道（参见《政治学》IV.9.1294a41，b2，5），而且中道政体也并不排斥穷人或富人参与政治权力。[②] 此外，他们还可以指出如下几点[③]：（3）亚里士多德在《政治学》IV.8-9 中建议某种形式的混合政体，而在这里也给大多数城邦推荐中道政体，我们很难想象他在这么短的篇幅里面推荐两种性质不同的基于节制的政体。（4）他在《政治学》IV.11 里面说中道政体很少实现，在IV.9 中说混合政体也很少见到。（5）中道政体不仅是公民意义上的中道，也是寡头和民主政体之间的中道。（6）每种政体都应该被认为是六种基本政体的一种，那么中道政体只能是政制

---

① 参见 Curtis Johnson，*Aristotle's Theory of the State*，Basingstoke：Macmillan，1990，ch.8。他认为这里讨论的中道政体是不同于那六种理想类型的另外一种政体，并将它等同于《政治学》7、8 两卷中讨论的“最佳政体”。

② 这两点反驳参见 Fred D. Miller，*Nature，Justice，and Rights in Aristotle's Politics*，Oxford：Clarendon Press，1995，p.263。笔者想略加补充的是，在《政治学》IV.12 后一半亚里士多德讨论立法者应该总是把中间阶层考虑进去的时候，提到了“混合政体”的问题，笔者认为（与罗宾逊不同）这里讨论的混合政体就是中道政体，因为这里明确提到了中道政体的一个明显优势——当中间阶层强于两个极端或者强于其中一方的时候，这个政体是非常稳定的。

③ 以下（3）-（6）来自 Robinson，*Aristotle Politics Books III and IV*，pp.100-101。

的一种类型。在看到了中道政体其实可以是某种“混合”之后（也就是《政治学》IV. 8-9 中概括的政制的核心特征），我们还可以考察一下亚里士多德对“政制”的另外两个界定，看看中道政体是否与之相合。（7）亚里士多德在《政治学》III. 7 中引入各种政体的定义时，说政制是多数人为了公益进行统治，这非常符合中道政体的特征，亚里士多德确实要求这种政体中的中间阶层多于极端富裕和极端贫穷的阶层，至少也要多于其中一方；而亚里士多德认为中间阶层最容易获得德性和进行良好的统治，这也就暗示了这个阶层的统治应该是比较符合公益的。(8) 亚里士多德在《政治学》III. 7 中描述政制的时候，说这种政体尤其基于军事德性，也就是拥有武装者的德性。在《政治学》IV. 11 中讨论的中道政体意味着要对担任公职的财产设定某种限制，而我们可以设想最基本的限定就是公民可以负担自己的武装，这也和亚里士多德认为公民应该拥有武装的思想相合（《政治学》IV. 13. 1297b1-12）。

基于以上考虑，我们应该可以很确定地将这种中道政体等同于某种特殊类型的政制。

五、“依靠祈祷”的最佳政体

亚里士多德在《尼各马可伦理学》中说：“只有一种政体是在任何地方依据自然最好的”（《尼各马可伦理学》V. 7. 1135a5）。而他在《政治学》7、8 两卷中的任务就是研究这个最好的政体，或者说“依靠祈祷的城邦”（*kat' euchēn*）（《政治学》VII. 4. 1325b36）。[①] 这两卷表现出来的“理想主义”与《政治学》第 4 至 6 卷表现出来的高度“现实主义”倾向似乎存在很大的反差，因此耶格尔（Jaeger）基于他著名的亚里士多德发展论，认为第 7、8 两卷写于亚里士多德生涯的早期，表现出柏拉图主义的强烈影响，而第 4 至 6 卷则是亚里士多德较晚的作品，表现了他对柏拉图主义的偏离和对经验主义方法的采纳。[②] 但是鉴于我们在本节开头提到的政治家或立法者的多重任务，耶格尔的看法已经被绝

---

① 亚里士多德在《政治学》中至少十次提到了“依靠祈祷”，除了这里提到的VII. 4. 1325b36 之外，还有II. 1. 1260b29，II. 6. 1265a18，IV. 1. 1288b23，IV. 11. 1295a29，VII. 5. 1327a4，VII. 10. 1330a26，VII. 11. 1330a37，VII. 12. 1331b21，VII. 13. 1332a29。值得注意的是，柏拉图在《理想国》里有四次用过这个词（V. 450d1，V. 456b12，VI. 499c4，VI. 540d2），并且用这个词指不可能性，因此他每次都是否认自己在讨论“依靠祈祷”的城邦，每次都强调自己构建的“美丽城”实现起来虽然困难，但依然是可能的。而亚里士多德使用这个概念的方式与柏拉图恰恰相反，强调的是虽然在这个“依靠祈祷”的城邦中有些因素可遇而不可求，但是依然可以通过人的知识和思虑实现。

② See Werner Jaeger, *Aristotle: Fundamentals of the History of His Development*, 2nd ed., Richard Robinson, trans., Oxford: Clarendon Press, 1948, ch. 10.

大多数学者否定。①

另一个文本方面的问题关系到《政治学》各卷的顺序，因为在第 3 卷结尾，亚里士多德说："我们必须尝试讨论最佳政体，它自然生成的方式，以及如何建立起来"。而第 7 卷的开头则是"任何想用恰当的方式讨论最佳政体的人都要首先考虑最值得选择的生活"。而且第 4 至 6 卷中的一些说法看上去是已经讨论完了最佳政体问题之后说的。② 因此纽曼、辛普森等人遵循文艺复兴学者斯凯诺（Scaino da Salo）的建议，将第 7、8 卷调整了位置，置于第 3 卷之后，而让第 4 至 6 卷接在未完成的第 8 卷之后，作为从最佳政体的下降。耶格尔也认为第 7、8 两卷本来意在跟随第 3、4 两卷。但是由于各卷写作时间上的差别，我们并不能通过调整顺序得到一部前后一致的《政治学》。大多数《政治学》的编辑、译者和研究者还是遵循传统中的章节顺序，同时认为现有顺序最好地表现了《政治学》整体从不完美的政体到完美政体的上升运动。③

（一）理想城邦的基本组织

那么在什么意义上这个政体是最完美的，甚至是需要"依靠祈祷"的呢？它在什么意义上比适合大多数城邦的中道政体更好呢？首先是因为这个政体或城邦在存在条件上达到了完美（《政治学》VII. 4. 1325b35-36）。这些条件并不容易悉数达到，比如地理位置、地形特征、人口的多寡、人们的气质等，因此这个城邦在一定程度上需要一些运气和祈祷，一旦这些条件得以实现，它的客观基础便好于中道政体。但是它的完美更体现在，这个最佳政体之中，所有公民有着同样的目标——实现幸福，并且依靠这个共同的目标彼此团结，在这个城邦中"好公民"（*agathos politēs*）与"好人"（*agathos anēr*）实现了统一，个人的德性与公民的德性实现了统一，城邦所追求的价值与公民依据自然所应

① 近期比较有代表性的讨论可参见 Pierre Pellegrin, "On the 'Platonic' Part of Aristotle's *Politics*," in William Wians, ed., *Aristotle's Philosophical Development: Problems and Prospects*, Lanham: Rowman & Littlefield Publishers, 1996, pp. 347 – 358; Richard Kraut, *Aristotle: Political Philosophy*, Oxford: Oxford University Press, 2002, pp. 182 – 187 等。但是耶格尔的论题得到了 Eckart Schütrumpt 的辩护。

② 比如参见《政治学》IV. 2. 1289a30-35，IV. 3. 1290a1-3，IV. 7. 1293b1-7。

③ 代表性的论证可参见 Charles C. Kahn, "The Normative Structure of Aristotle's *Politics*," in Günther Patzig, ed., *Aristotle's "Politik"*, Göttingen: Vandenhoeck & Ruprecht, 1990, pp. 369 – 384; Kraut, *Aristotle: Political Philosophy*, pp. 185 – 187。

当追求的价值实现了统一。[①] 相比之下，中道政体是以政治稳定为主要诉求的，而只有这个“依靠祈祷”的政体才是以城邦和个人的真正幸福为目标的。当然，在拥有了德性、实现了幸福之后，这个城邦中的公民会很自然地远离内乱，保持政治稳定。

这个城邦虽然有一些要素需要“依靠祈祷”，但并不是说整个城邦都要依靠人们祈求上天或机运的赐予，而是说需要一些依靠运气或自然提供的条件，但是在此基础上更重要的还是依靠人为的努力促成，这也符合亚里士多德在《政治学》开篇说的政治乃是自然与技艺结合的产物：“在每个人那里都自然地（*phusei*）拥有朝向这种共同体［指城邦］的冲动（*hormē*），但第一个建立它的人还是这种最大的好的原因（*aitios*）”（《政治学》I. 2. 1253a29-31）。也符合亚里士多德说的技艺模仿和辅助自然的整体观点（《政治学》VII. 17. 1137a1-2）。在接下来的讨论中，亚里士多德首先讨论了如何安排与这个城邦的生存密切相关的各种物质条件和城邦的必要组成部分，之后讨论了塑造公民德性的教育计划。从现实的角度讲，如果要按照亚里士多德勾勒的方式建立这样一个城邦，最好的方式无疑是寻找一块海外殖民地，并将一批怀有相同观念的人们带到这里，从零开始创建城邦。如果在原有城邦基础上进行改造，无疑难度巨大，也有更多需要依靠运气的因素。

在讨论理想城邦的物质条件和必要部分时，亚里士多德详细处理了这个城邦的人口（《政治学》VII. 4）、领土（《政治学》VII. 5）、市场与海上力量（《政治学》VII. 6）、理想公民所需要的品格特征（《政治学》VII. 7）、城邦中各项工作的分配（《政治学》VII. 8-9）、共餐与土地分配原则（《政治学》VII. 10）、公民的健康与安全（《政治学》VII. 11）、城邦中重要建筑的安排（《政治学》VII. 13）。

在讨论所有这些物质要素或必要条件（*anankaion*）的时候，亚里士多德都坚持着他在任何美好事物那里寻求的“中道”原则。就人口而言，这个城邦中的人口不能太多也不能太少，既不能少到无法达到自足，也不能多到不方便

① 在亚里士多德看来，每种政体都追求该种政体所坚持的价值和正义，并培养自己的公民与这些价值相吻合。比如寡头政治培养公民爱钱，并认为财富是获得官职的条件，从而排除包括德性和平等在内的其他价值；而民主制培养公民热爱自由和平等，认为只要是公民就享有同样的政治权利，从而排除了德性和财富的价值。因此在任何一种偏离最佳政体的政体之中，好公民的标准与好人的标准之间都存在差距。只有在最佳政体之中，这个差距才得以弥合，政体培养公民以真正的幸福和德性为目标（参见《政治学》III. 1-5，VII. 1-3）；另参见 Robert Develin，“The Good Man and the Good Citizen in Aristotle's 'Politics',” *Phronesis*，vol. 18，1973，pp. 71 – 79；David Keyt，“The Good Man and the Upright Citizen in Aristotle's *Ethics* and *Politics*,” *Social Philosophy and Policy*，vol. 24，2007，pp. 153 – 175。

管理。而他规定的城邦的恰当大小是“一目可见”（*eusunoptos*）的最大数量（《政治学》VII. 4. 1326b23-24）。城邦的领土与人口原则相似，不能太小导致城邦无法自足、公民无法享受闲暇，也不能太大从而让人们容易放纵，同时要容易防守和方便交通。[①] 关于贸易与海上力量，亚里士多德强调理想城邦应该拥有海上的贸易通道，从而容易获得一些必需品。贸易仅仅是为了本城邦的利益，而不能把自己的城邦变成服务他人的贸易市场。贸易和外国文化带来的各种新奇思想以及由此可能给城邦带来的危险需要由港口与城邦中心的距离，以及法律和教育予以控制。与对贸易的限制不同，亚里士多德认为城邦的海上力量不仅要为了自己，而且要为了其他城邦的好，为他们提供保护（《政治学》VII. 6. 1327a41-b2）。就公民的品格而言，我们上面已经提到了亚里士多德关于气候与公民品格关系的政治人类学问题，在他看来，合适的公民品格就是意气与理智的恰当比例，这样他们的意气就能使他们既不会轻易屈从于压迫，又能够形成友爱（《政治学》VII. 7. 1327b41-1328a7）[②]，而他们的理智能力则能够帮助思虑和安排自己与城邦的生活。

亚里士多德接下来讨论了在严格意义上构成理想城邦的“各个部分”（*merē*），也就是城邦中各种人以及他们的职责和工作。他特别强调了这些部分的异质性，从而呼应了在《政治学》II. 2 中对柏拉图试图将城邦变成“一”的批评。亚里士多德首先将商人、农民、手工艺人和奴隶都排除在了公民的范围之外，因为这些人不过是给城邦提供必需品，繁重的劳动使他们不可能有足够的闲暇（或许也导致他们没有足够的思虑能力）从事政治活动[③]；而“公民”正是以能否参与广义的政治决策界定的（《政治学》VII. 9. 1328b33-1329a2）[④]，因此需要保证他们拥有一定数量的财富，不至于过于贫穷（《政治学》VII. 10. 1330a3-16）。接下来，亚里士多德在公民群体中分配了军事和政治思虑这两重主要的政治任务。在他看来，这些安排应该符合“自然”，并且“有利和正义”，公民在年轻的时候拥有良好的身体素质，因此应该在军队服役；等年长

① 遗憾的是亚里士多德虽然承诺了要讨论每个人到底有多少财富才合适（《政治学》VII. 5. 1326b32-36，这也是他批评柏拉图的《礼法》时提到的重要问题），但是在现存的《政治学》中，亚里士多德并没有回到这个问题。

② 我们不清楚亚里士多德在什么意义上说意气能够让人们形成友爱，他在这里指的似乎是“同心”这种政治性的友爱（它与认同一个政治共同体和分辨敌我有关），而不是严格意义上的基于品格的友爱。

③ 因为这些手工业劳动是生产性的（*poiētikon*），总是以行动之外的产品（*erga*，这里包括金钱）为目标，因此这些人缺少从事以行动自身为目标的实践活动［即作为 *energeia*（实现活动）的 *praxis*］，而政治活动正是后面这种意义上的实践活动。

④ 另参见《政治学》III. 1，III. 5. 1277b33-1278a21，VIII. 2. 1337b8-11 等处。

之后他们的身体状况有所下降，但是随着经验的增长，他们在伦理德性的基础上拥有了更多的明智或实践智慧，因此被安排从事政治思虑和统治；而最年长的公民身体和理智能力都有所衰落[①]，但是因为年纪得到了人们更多的尊重，因此被分配了宗教性的祭司职务（《政治学》VII.10.1329a2-17，27-34，VII.14.1332b12-41）。[②] 亚里士多德正是在这个意义上讨论军事和统治的任务既是分配给了同一批人，又是分配给了不同的人；也正是在这个意义上，他说这个理想城邦实行的是“轮流统治”（*kata meros*）（《政治学》VII.9.1329a2-17，VII.14.1332b32-1333a2）。

之后亚里士多德再次呼应他对柏拉图“共产主义”的批判，强调了财产的拥有和使用原则——私有公用，并强调保障公民的基本生活需要，同时应该仿效斯巴达、克里特和迦太基设立共餐制度，在其中公民们不仅可以得到基本的饮食，而且可以相互熟识、讨论公共事务、进行道德教育，并且享受公共娱乐。[③] 亚里士多德还讨论了基本的土地分配原则：土地要被分成三个部分，一部分为公民所私有（每个公民的私有土地又被进一步分为一部分离城市近，另一部分离边境近）[④]，一部分用于支持共餐，另一部分用于宗教目的（《政治学》VII.10.1330a9-25）。[⑤]

随后亚里士多德又回到了物质条件的层面，从风向、饮用水、城邦的美（*kalon*）等方面讨论了公民健康的问题，从城邦的布局、城墙的作用等方面讨

---

① 亚里士多德认为人理智能力的顶峰在大约49岁的时候（《修辞学》II.14.1390b9-11），他在《政治学》II.9批评过斯巴达政体让元老们终身任职。

② 宗教问题在亚里士多德的理想城邦中远不像在柏拉图的《理想国》或《礼法》中那么重要，亚里士多德虽然也偶尔提到某种意义上的公民宗教的重要性，但总是极其简略。这或许与亚里士多德将神看作不动的推动者有关，神是不会参与人间事务的；同时亚里士多德或许认为在理想城邦中，对德性的追求和对幸福的渴望便足以给公民们提供一条彼此联结的纽带，而无须过多依靠宗教的力量。克劳特认为亚里士多德对神的看法与传统关于天体的看法有关，他或许认为传统的宗教仪式是普通公民接近宇宙中的神的最好方式。参见Kraut，*Aristotle Politics Books VII and VIII*，Oxford：Clarendon Press，1998，p.102。

③ 关于共餐的意义，参见《政治学》II.9.1271a26-37，V.10.1272a12-21，V.11.1313a41-b6，VII.17.1336b9-10。

④ 这类似于柏拉图在《礼法》V.745c-d中讨论的分配原则，但是柏拉图在分配土地方面比亚里士多德更多考虑平均的因素。鉴于亚里士多德对法里亚斯过分追求平均的批评，他在这里或许是故意不强调土地分配中平均的一面，只要大体正义即可。

⑤ 但同时亚里士多德不认为公共开销只能由公共财富支出，他鼓励由富裕的公民出资支持国家的公共开销，比如资助战舰桨手的工资、资助悲剧或喜剧歌队、资助宗教活动等［所谓的*leitourgia*（公共服务）］，这也是“大方”这种德性的主要表现方式（《政治学》VII.9.1329a17-26；《尼各马可伦理学》IV.2）。

论了城邦的安全问题。

（二）理想城邦的教育规划

在讨论完实现个人和共同体幸福的外部条件之后（这些条件对于实现幸福不可或缺，但并不是幸福的核心要素），亚里士多德开始讨论更为核心的教育问题（*paideia*），因为正是通过不同层次的教育，理想城邦塑造了好人/好公民："立法者通过习惯化让公民变好，这是每个立法者的愿望，如果没有做好就是错失了他们的目标（*hamartanousin*）"（《尼各马可伦理学》II. 1. 1103b4-5）。亚里士多德谈论的教育也不仅仅是对孩子的教育，而是在公民的一生中持续的教育（《政治学》VII. 14. 1333b3-5）。亚里士多德特别强调，与某些确实由运气（*tuchē*）控制的外部因素不同，使人变好依靠的是知识和决定（*epistēmēs kai prohaireseōs*）（《政治学》VII. 13. 1332a29-32）。

在自然（*physis*）、习惯（*ethos*）和理性（*logos*）这三种使人变好的东西中[①]，自然只是给我们提供了基础，也就是说只有人才有可能实现我们讨论的这种德性和幸福，同时在人之中，立法者还需要面对一群有能力拥有和实践真正德性的人，而不是自然奴隶或者北欧人那种理智上有缺陷的"质料"，同时立法者也不能违背自然去规定一些"反自然"的德性。[②] 习惯和理性分别针对灵魂欲求和理性的部分，也就是能够服从理性和拥有理性的部分（后者又进一步区分为实践理性和理论理性的部分）。因为灵魂欲求的部分比理性的部分更早生成，教育的顺序也就应该是立法者首先通过习惯化（*ethismos*）培养品格，之后再通过教导（*didaskalia*）提高理性能力，而我们最终的目的是要充分发展我们的理性能力，这是由我们的自然（或本性）设定的目标（《政治学》VII. 15. 1334b12－28，VIII. 4. 1338b4－5；《尼各马可伦理学》I. 13，II. 1. 1103a14-18）。在伦理学著作中，亚里士多德颇为悲观地强调如果没有好的教养，孩子不可能走上德性之路；而在这里，亚里士多德颇为乐观地认为，只要有正确的人群，只要有从小实施的正确教育，那么大体上讲所有人都可以成为理想城邦中的好公民和好人。

---

① 到底是什么使人变好，是亚里士多德那个时代经常讨论的一个问题，参见《尼各马可伦理学》I. 9；《欧德谟伦理学》II. 1；柏拉图：《美诺》70a 等。

② 参见《政治学》I. 13 关于自然奴隶的讨论；《政治学》VII. 13. 1331b40-41 认为，有些人因为自然不能获得幸福；《尼各马可伦理学》II. 11103a19-26 讨论了德性的自然基础和不能违背自然；《尼各马可伦理学》III. 1. 1110a23-26 提到有些事情超出了人的自然所能承受的范围，我们没有理由要求人们忍受，因此即便他们做了一些羞耻的事情，我们也只能给予同情。

亚里士多德讨论教育的第一个方面就是延续《政治学》VII. 8-9 中关于统治与被统治的分工，讨论如何教育被统治者和统治者（《政治学》VII. 14-15)，因为在一个政治共同体中，统治与被统治是最基本的要素，也是区别不同政体组织方式的核心。在他看来，统治正是通过被统治学到的，因此年轻人要先接受统治，之后再进行统治（《政治学》VI. 14. 1332b25-1333a16，III. 4. 1277b7-16)。[①] 亚里士多德相信，通过由城邦提供的公民教育，所有的公民大体上都可以成为称职的统治者，因此这种“最佳政体”不需要“超出常人的德性”，也不需要“某种依靠运气的自然和资源才能得到的教育”（《政治学》IV. 11. 1295a27-29)，而完全可以通过人的技艺得以实现。

在规定完城邦中最基本的问题——统治与被统治——的基本原理之后，亚里士多德从孩子出生之前开始讨论广义的“教育”问题。他首先从规约婚姻和生育的问题入手进行讨论。他认为生育孩子并不是一个完全私人的行为，而是一项公共服务（*leitourgia*)（《政治学》VII. 16. 1335b28)，是保证城邦正常运转的重要环节，也是个人幸福的一部分，甚至孩子的幸福也会对个人幸福造成影响（《尼各马可伦理学》I. 8. 1099b3-6)。因此用法律规定结婚和生育非常恰当。在他看来，男女成婚的年龄大约应该是 37 岁和 18 岁，这是他们身体和灵魂都达到成熟的年龄，生育年龄应该截止到 55 岁和 36 岁（《尼各马可伦理学》VII. 16. 1335b26-37)。[②] 亚里士多德的建议甚至包括夫妻在冬天和有北风的时候怀孕，因为这样更容易生下男孩；男性应该进行适量的锻炼而不要成为运动员；杀死有缺陷的婴儿和在必要的时候实行堕胎[③]；惩罚通奸。

亚里士多德遵从一些诗人的做法，将孩子的教育划分为若干个以七年为单位的周期（参见《政治学》VII. 16. 1335b32-34，VII. 17. 1336b40-1337a1)。在第一个教育周期中，孩子基本上在家里接受教育（但是家庭教育必然受到城邦教育体系的指导和约束)，他们需要训练的主要是身体，比如要给他们喂奶而非酒，让他们多运动，习惯耐受寒冷从而为之后的军旅生涯做准备；在 5 岁到

---

① 在《政治学》VII. 14. 1332b28-29 中，亚里士多德也呼应了他对柏拉图和克里特政体的批评，即城邦中很大一批人如果永远被排除在统治之外，会成为城邦中的不安定因素。

② 亚里士多德认为如果生育太早或太晚，都容易生出不良的后代。参见《动物志》VII. 1. 582a18-22；《动物的生殖》IV. 2. 766b28-30。

③ 关于杀婴这种希腊世界比较普遍的政策，参见《政治学》VII. 16. 1335b19-21（另参见柏拉图：《理想国》V. 459d-460c)；亚里士多德对此做了一些限定：“在感觉和生命开始之前施行堕胎，因为感觉和生命区分了是否虔诚（*hosion*)”（《政治学》VII. 16. 1335b24-26)。有学者给出了很好的理由解释亚里士多德为何将堕胎的界线划在“感觉”上，参见 Kraut，*Aristotle Politics Books VII-VIII*，pp. 155－156。

7岁之间，当他们的理性能力有了初步发展之后，要通过游戏和故事进行简单的学习［这些故事内容要接受“儿童监察员”（*paidonomos*）的审查］，要注意让他们少和奴隶接触，不说污言秽语，并且要观察更大孩子的学习（《政治学》VII. 17）。这个时间正是孩子欲求部分接受习惯化的时期，而培养的方式就是通过反复的行动，以及通过奖赏和羞耻，最终对孩子们的好恶形成正确的导向。对他们欲求部分的反复刺激，不仅可以让他们习惯正确的行动，而且产生正确的情感反应（《尼各马可伦理学》II. 1. 1103a26-b25，II. 2. 1104a18-b3，III. 3）。[①]

7岁之后，教育进入了更加注重理智能力的阶段，同时也超出家庭的范围进入了更加公共的范围。或许亚里士多德认为自己在公共教育的整体理念方面不同于前人，因此他抛开了按照孩子的成长阶段给出具体教育指导的方式[②]，转而讨论了一些公共教育的普遍性问题，比如：（1）教育是否应该是共同的；（2）是应该培养理智还是灵魂的品格；（3）是应该学习对生活有用的东西还是应该学习某些超凡的东西；（4）有哪些东西可以促进德性。

他首先通过强调城邦的目的和个人属于城邦这两个角度强调了公共教育的必要性：

> 由于整个城邦有一个单一的目的，因此很显然，教育也必然是对所有人都唯一和相同的，对它的监管也必然是共同的（*koinēn*），而非私人的（*kat' idian*）……为了共同事务的训练应该也是共同的。同时，我们不该认为公民仅仅属于他自己，而是所有人都属于城邦，因为每个人都是城邦的一部分。（《政治学》VIII. 1. 1337a21-29）[③]

我们还可以补充，亚里士多德认为教育必须是公共的还因为在他看来所有

---

① 关于这个问题的讨论参见 Myles Burnyeat，“Aristotle on Learning to be Good，” in A. O. Rorty，eds.，*Essays on Aristotle's Ethics*，Berkeley：University of California Press，1980，pp. 69-92；L. A. Kosman，“Being Properly Affected：Virtues and Feelings in Aristotle's Ethics，” in A. O. Rorty，ed.，*Essays on Aristotle's Ethics*，pp. 103 – 116；Nancy Sherman，*The Fabric of Character*，Oxford：Clarendon Press，1989，pp. 157 – 199。

② 我们可以从他的只言片语里了解到，在7岁至14岁或青春期的阶段，孩子要接受更加公共性的教育，他们将要学习四个科目：体育（*gymnastikē*）、音乐（*mousikē*）、文法（*grammatikē*）和绘画（*graphikē*）（参见《政治学》VIII. 3. 1337b23-25），这个阶段的体育训练强度较低，不影响孩子的身体发育。在14岁至21岁的阶段，体育和战争训练是必不可少的，至于其他科目的学习是不同于文法、音乐和绘画，还是这些科目的高级课程，我们则很难从亚里士多德的文字中做出准确判断。

③ 在教育的公共性方面，亚里士多德与柏拉图观点相同，柏拉图甚至走得更远，认为女性也要接受同样的教育。参见《礼法》VII. 804d-e。

人的幸福都在于品格和德性的完善，而这些完善性对所有人都是一样的（虽然具体的德性行动需要考虑具体情境），因此也就需要相同的培养和教育。我们需要注意，这里主张的公共教育与亚里士多德在《尼各马可伦理学》中提到的个人化的教育好于共同教育并不冲突（《尼各马可伦理学》X. 9. 1180b7-13），反而构成了亚里士多德教育理念的两个方面，一方面是基于城邦的公共教育的整体图景（同时与他认为教育的对象和方法是某种普遍性的技艺或科学有关），另一方面则是关注个体差异的教育策略（与他在伦理学中强调的具体情境有关）。将这两者结合起来才是最好的教育。

关于教育是否应该同时促进理智和品格，亚里士多德在排定教育的顺序时其实已经给出了肯定的答案。而对于什么能够促进德性的问题，亚里士多德会在后面具体讨论音乐和诗歌教育的时候予以讨论。

在《政治学》VIII. 2-3 中，亚里士多德重点讨论了教育的目的是教授有用的或者说必要的东西，还是某种更加“超凡的东西”（*peritta*）。他给出的回答中，要点在于，公共教育的目的不是培养有一技之长的手工业者，而是能够享受闲暇的自由人，而在享受闲暇中，就包括了学习一些“超凡的东西”。因此，闲暇以及在闲暇中公民们应该从事的活动就成了亚里士多德讨论教育问题乃至城邦幸福问题的着眼点，因为在闲暇中做的活动就是最终构成我们的幸福的活动。[①] 我们首先要注意，亚里士多德所谓的“闲暇”（*scholē* 或 *scholazein*，有时也用 *diagōgē* 表达同样的意思）并不是我们今天说的“娱乐”（*paidia* 或 *paizein*）。娱乐是休息和放松，目的是为了更好地或者更严肃地工作（*ergon*）或劳作（*ascholia*），而工作或劳作则是为了闲暇的活动。[②] 虽然娱乐也能给我们带来很多快乐，但是闲暇中的活动，也就是那些以自身为目的的活动更能够给我们带来快乐，因为在亚里士多德看来，我们真正的快乐是一个“附属性的目的”（*epiginomenon telos*），而非目的本身，是伴随着实现活动而来的，并且使得这些活动得以完善（《尼各马可伦理学》X. 4. 1174b31-33）。

亚里士多德那里的“闲暇”至少有两层含义，一个是相对于谋求生活必需品的闲暇，在这个意义上，政治活动作为有自身价值的严格意义上的实践活动，相对于生产性的活动是闲暇中的活动，并且对应灵魂实践理性的部分；另

① 关于“闲暇”问题的讨论，可参见 Friedrick Solmsen, “Leisure and Play in Aristotle's Idea State,” *Rheinisches Museum für Philologie*, vol. 107, 1964, pp. 193－220；Pierre Destrée, “Education, Leisure, and Politics,” in *Cambridge Companion to Aristotle's Politics*, pp. 301－323。

② 参见《政治学》VII. 15. 1334a14-16，VIII. 3. 1337b33-1338a1，VIII. 5. 1339b10-42；《尼各马可伦理学》X. 6. 1176b6-1177a11。

一个是相对于政治生活各种关切的闲暇，在这个意义上，政治活动又是剥夺人的闲暇的（*ascholos*）（《尼各马可伦理学》X. 7. 1177b8，12），还有外在的目标——城邦的有序与和平，而只有欣赏诗歌、音乐以及进行理论研究、享受沉思生活才是更高层次的闲暇，这些活动更多对应灵魂中理论理性的部分（参见《尼各马可伦理学》X. 7. 1177b4-15；《政治学》VII. 2-3）。亚里士多德在《政治学》VII. 8 中将奴隶、商人、手工业者排除出公民行列，是要保证公民有第一个层次的闲暇，而在这里讨论的广义的文化教育则希望公民们在一个治理良好的政治共同体中可以享受第二个层次的闲暇。但是，亚里士多德认为第一个层次的闲暇是他的理想城邦中每个人都可以享受的，第二个层次中的诗歌和音乐也是所有公民都可以享受的，但是更高的理论研究（比如数学和自然哲学），以及最高的理智活动——以探求世界最高本原为目的的第一哲学活动——却并不是所有人都能够享受的。当他对灵魂的不同部分做出区分之后，强调"对每个人来讲最值得选择的总是尽量达到最高"（《政治学》VII. 14. 1333a），这也对应着亚里士多德在《尼各马可伦理学》中讨论的"最幸福的"（*hē teleia eudaimonia*）（《尼各马可伦理学》X. 7. 1177a17，b24）和"第二等的幸福"（*deuterōs... eudaimonia*）（《尼各马可伦理学》X. 8. 1178a9）。作为拥有获得德性的自然能力的人，加上良好的习惯和教养，获得第二等的幸福是大有希望的，但是如果想要实现最高的幸福，则需要"超出常人的德性"，也需要"某种依靠运气的自然和资源才能得到的教育"。因此当他说闲暇生活需要"哲学"的时候（比如《政治学》VII. 15. 1334a23，32），他的意思并不是每个公民都要成为严格意义上的哲学家，而是至少包括了下面三层含义：（1）哲学在理想城邦中应该有一席之地；（2）音乐诗歌的教育可以给人们带来一些接近哲学智慧的东西①；（3）亚里士多德想的很可能是包括音乐、诗歌、技艺、科学研究等在内的作为文化活动的广义的"哲学"。②

与柏拉图认为身体训练在很大程度上也是对灵魂的训练（参见《理想国》III. 410a-412b）不同，亚里士多德似乎将身体训练［具体来说包括两个部分，一个是着眼于身体良好状态的"体育"（*gymnastikē*），另一个是着眼于专门技能的"训练"（*paidotribikē*）；参见《政治学》VIII. 3. 1338b6-7］的作用仅仅限定在身体之上。在讨论身体训练的部分，亚里士多德批评了以训练专业运动

① 参见《诗学》中的著名论题："诗歌比历史更加哲学和重要，因为诗歌就其本性而言讨论普遍，而历史只讨论个别"（《诗学》9. 1451b5-7）。

② 这种宽泛意义上的使用还有如下一些例子：《政治学》VII. 11. 1331a16；《形而上学》I. 2. 982b11-19 等处。

员为目标的身体锻炼，也批评了斯巴达将公民的身体训练成类似野兽从而培养战争德性的做法。在他看来，真正的勇敢并非来自高强度的残酷训练，而是来自以高贵或美好（*to kalon*）为目标的正确教育和适度的训练（“适度”在这里就是指青春期之前应该接受比较轻的身体训练，之后再增加强度，着眼于战争）。[①]

亚里士多德最后讨论了理想城邦中的文艺教育（包括音乐和诗歌）。[②] 与反对将身体锻炼变成专业训练一样，亚里士多德也反对将孩子训练成专业演奏者或演唱者，因为那和手工匠人无异。孩子们需要学习的是欣赏音乐和诗歌，可以区分好的和坏的音乐，重点是在这个过程中成为一个有教养和品格高尚的人（《政治学》VIII. 5. 1339a11-b10，VIII. 6）。

在他看来音乐有三个方面的作用：给我们带来娱乐和放松，促进德性，以及帮助我们很好地度过闲暇并促生智慧。其中第一和第三个作用我们在讨论闲暇的时候已经有所讨论，亚里士多德认为恰当的文艺教育能够促进德性，首先，因为文艺有直接的教育作用（*paideia* 或 *mathēsis*）。在亚里士多德看来，艺术的本质在于“模仿”（*mimēsis*），人们都会自然地在模仿中学习并体会快乐（《诗学》4. 1448b7-18）。各种文艺活动模仿了很多高贵和低俗的东西，并对这些东西做出判断；同时模仿了人们的各种情感，并教育人们对高贵美丽的东西感到快乐，对低俗丑陋的东西感到痛苦，因此文艺这种可以直接感受的情感表达方式会对灵魂产生直接的影响。而德性正是要对正确的东西感受到正确的感受。如果我们在模仿中习惯了对某些东西感到痛苦和快乐，灵魂得到了改变，那么遇到真正的对象时我们也会表达出同样的情感。恰当的、和谐的、符合中道的音乐可以帮助人们实现情感的中道，因此亚里士多德要对音乐的曲调和乐器做出严格的规定。[③] 其次，一些宗教性的音乐可以使人达到某种“有神凭附”（*enthousiastikos*）的状态，这种近乎癫狂的状态可以对人的情感起到

---

① 参见《政治学》VIII. 4；另参见《尼各马可伦理学》III. 6-9 关于勇敢的讨论。

② 关于亚里士多德文艺教育的整体讨论，可参考 David Depew, “Politics, Music, and Contemplation in Aristotle's Ideal State,” in *A Companion to Aristotle's Politics*, pp. 346–380。我们只能猜测假如他完成了《政治学》的第 8 卷，或许在音乐教育后面还会有更多关于理论学科的教育问题的讨论。

③ 参见《政治学》VIII. 5. 1340a12-27，VIII. 5. 1340a38-b19，VIII. 6. 1341a17-b8，VIII. 7. 1342a15-b34。亚里士多德还认为在其他感觉提供的材料中，几乎没有或只有很少与品格相关的要素，味觉和触觉没有，视觉不多，所以绘画和雕塑在塑造品格的过程中作用不如音乐（《政治学》VIII. 5. 1340a27-38）。柏拉图也同样认为音乐可以作用于灵魂欲求的部分，但是在他看来这种激荡作用只会产生负面的影响，这也成为他要求将诗人逐出“美丽城”的原因之一（《理想国》X. 602b-608b）。关于“美丽城”是否能够与诗人共存以及在多大程度上可以共存的问题，可参见 S. B. Levin, *The Ancient Quarrel between Poetry and Philosophy Revisited*, Oxford: Oxford University Press, 2001; Stephen Halliwell, *The Aesthetics of Mimesis*, Princeton: Princeton University Press, 2002, chs. 1 & 3。

“净化”（*katharsis*）的作用，给人们带来情感上的平静（《政治学》VIII. 5. 1340a7-12，VIII. 6. 1341a23-24，VIII. 7. 1342a7-11）。最后，悲剧也可以产生某种类似宗教净化的效果，通过作用于人的情感，尤其是恐惧与怜悯，让人们的情绪得到疏解，并最终达至中道（《政治学》VIII. 7. 1342a11-15[①]；《诗学》6. 1449b26-28）。[②]

（三）政制还是贤人制？

亚里士多德在《政治学》第7、8两卷中详细描述的这个“依靠祈祷”的政体到底是哪种政体类型？关于这个问题常见的有如下四种观点：第一种认为这是一种不能被归入六种基本类型的政体；第二种认为它是温和的民主制；第三种认为它是某种类型的政制；第四种则认为它是贤人制。

第一种观点的代表是约翰逊和克劳特。[③] 约翰逊将这里讨论的最佳政体等同于中道政体，认为它们都不是六种基本政体中的一种。但是我们上面已经否定了中道政体可以作为一种“特殊政体”，而且在《政治学》第7、8两卷中，亚里士多德从未提到财产可以成为统治的依据，在这个理想政体中只有德性，更准确地说只有明智或实践智慧这种理智德性才是统治的依据。此外，在《政治学》IV. 11开头的界定中，亚里士多德明确区分了“依靠祈祷”的政体和适用于大多数城邦的政体，而在第7卷开头他非常明确地说这里讨论的是“依靠祈祷”的政体，因此将它们等同是明显错误的。克劳特认为第3卷中的政体分类着眼于传统的政体类型，并不包括第7、8两卷中讨论的全新城邦中的最佳政体，因为这里经过亚里士多德式的特殊教育的“大多数人”并不是第3卷中预设的普通人。但是即便承认在第3卷和第7、8两卷中的政体讨论之间存在

---

① 这里保留了抄本中的 *kathartika*，而没有采纳罗斯改为的 *practika*。

② 这个主题几乎是亚里士多德诗学理论中争论最多的话题。笔者在这里的基本立场是，亚里士多德至少讨论了两个意义上的“净化”，一种是悲剧或其他文艺形式对人的情感（尤其是怜悯与同情）施加影响，通过排解，帮助人的情感达到中道和符合德性；而《政治学》中的“净化”更多与宗教意义上的迷狂状态有关（亚里士多德并没有解释其中的机制）。与这里的讨论最相关的研究可参见 Stephen Halliwell, *Aristotle's Poetics*, Chicago: University of Chicago Press, 1986, ch. 6 & Appendix 5; Richard Janko, “From Carthasis to the Aristotelian Mean,” in A. O. Rorty, ed., *Essays on Aristotle's Poetics*, Princeton: Princeton University Press, 1992; Elizabeth Belfiore, *Tragic Pleasure: Aristotle on Plot and Emotion*, Princeton: Princeton University Press, 1992。

③ See Johnson, *Aristotle's Theory of the State*, pp. 158 - 162; Kraut, *Aristotle: Political Philosophy*, pp. 360 - 360, 417 - 424. 此外，有学者也认为亚里士多德的最佳政体是建立在理论和经验双重基础上的特殊政体，参见 George Huxley, “Aristotle's Best Regime,” in P. A. Cartledge and F. D. Harvey, eds., *Crux*, London: Duckworth, 1985。

一些不一致之处，我们也无须破坏亚里士多德对六种“理想类型”的划分，另起炉灶，还是可以将这里的政体纳入“理想类型”。

第二种观点认为这里讨论的最佳政体是温和的民主制，代表是贝茨。[①] 贝茨主要基于对《政治学》第3卷的解读，尤其是对法律和大众价值的肯定，认为亚里士多德心目中的最佳政体是依法统治的民主制，而这也是最后两卷中的政体类型。但是亚里士多德明确将“民主制”列入“偏离”政体之中，因此肯定不会是理想政体的一种。这种看上去颇为迎合当代民主社会的理解方式是很难站住脚的。

第三种观点的代表是罗，他认为《政治学》第7、8卷中的政体是某种德性形式的政制（virtuous form of polity），也就是这种政体符合亚里士多德对政制的基本描述，但是一般的政制不关注德性，而它关注德性。[②] 他强调在这个最佳政体中，公民是“轮流统治与被统治”（尤其是《政治学》VII.14.1332b16-27），因此这种政体不是王制或贤人制，因为在他看来这两者都意味着某些人长期统治。不可否认，这个最佳政体确实有政制的味道，但是轮流统治本身并不说明统治者是大多数人，因为亚里士多德这里所说的“轮流”并不是雅典的五百人议事会（*boulē*）那种意义上的轮流（每次抽签选出五百个人，一年后重新抽签）而是年轻人和年长者之间轮流。在这个意义上，这是一种相对固定的“轮流”，正像罗引用的文本中说的，如果统治者明显胜过被统治者，“那么最好是一劳永逸地让同样的人来统治和被统治”。在某个意义上，这个最佳政体确实是同样的人（年长者）在一劳永逸地统治，而另一些人（年轻人）在一劳永逸地被统治。此外我们还可以补充这个最佳政体中没有提到任何财产上的限制，公民不论贫富都可以参与政治[③]，因此这个城邦的公民中就没有代表富人的寡头派和代表穷人的民主派，也就不存在政制中典型的“混合”问题。

多数学者持第四种观点，认为这里讨论的政体是贤人制，因为只有在贤人

---

① See C. A. Bates, *Aristotle's "Best Regime": Kingship, Democracy, and the Rule of Law*, Baton Rouge: Louisiana State University Press, 2003.

② See Christopher Rowe, "Aristotelian Constitutions," in Rowe and Malcolm Schofield, eds., *The Cambridge History of Greek and Roman Political Thought*, Cambridge: Cambridge University Press, 2000, pp. 386 - 387.

③ 但是亚里士多德也通过土地分配原则和共餐制度保证公民不至于过于贫穷（参见《政治学》VII. 10）。

制中才真正是有德性的人进行统治。[①] 但问题是贤人制的基本界定是少数卓越者的统治，除非我们说这个政体是“所有公民的贤人制”。[②] 对于这个基本的批评，我们还是可以诉诸亚里士多德关于“轮流”的观点加以回应。虽然这个最佳政体中公民的数量相当可观，从而与贤人制要求的少数人统治有些差异，但是如果我们考虑亚里士多德“轮流统治”的政治安排，那么在这个最佳政体中真正拥有统治权力的其实只有年长的、免除了兵役同时又不是太过年长的人，因为只有他们才处于理智能力的最佳时期，因此才是真正意义上“最好的人”（*aristoi*），他们必然是公民中的少数人。那么在这个意义上，这个政体确实堪称真正意义上的贤人制。这也符合亚里士多德在很多地方将贤人制与王制并列作为最佳的政体形式。[③]

这样看来，即便承认《政治学》第7、8两卷中描述的最佳政体有政制和贤人制的要素，如果坚持亚里士多德的六种理想类型穷尽了所有的政体，那么我们还是有足够的理由认为这个政体是真正的贤人制。

六、依赖超凡德性的最佳政体

（一）完全王制及其合法性依据

亚里士多德在从整体上讨论政体分类的时候，总是毫不犹豫地将王制排在贤人制之前，作为最好的政体（《尼各马可伦理学》VIII. 10. 1160a31-b9；《政治学》V. 2. 1289a26-b5），这种排序时的最佳政体，或者“最神圣的政体”（《政治学》IV. 2. 1289a40）却完全没有出现在《政治学》第7、8两卷对最佳政体的讨论之中。我们讨论的贤人制虽然已经是“依靠祈祷”的最佳政体，也需要一些偶然的外在条件才有可能实现，但是它毕竟还是依靠人们的“知识和选择”，依靠人们的政治技艺和教育能够实现的，而不是“根据某种超出常人的德性进行判断”的政体。

---

① 比如 P. A. Vander Waerdt, “Kingship and Philosophy in Aristotle's Best Regime,” *Phronesis*, vol. 30, 1985, pp. 249－273；David Keyt, “Aristotle's Theory of Distributive Justice,” in *A Companion to Aristotle's Politics*, pp. 238－278；W. R. Newell, “Superlative Virtue: The Problem of Monarchy in Aristotle's Politics,” in Carnes Lord and David K. O'Connor, eds., *Essays on the Foundations of Aristotelian Political Science*, Berkeley: University of California Press, 1991, pp. 191－211；Miller, *Nature, Justice, and Rights in Aristotle's Politics*, p. 192；等等。

② 这个说法来自 Kraut, *Aristotle: Political Philosophy*, p. 360。即便是认为这个政体是贤人制的学者也大都（在笔者看来错误地）认为在这个城邦中所有的公民都参与统治，比如 Miller, *Nature, Justice, and Rights in Aristotle's Politics*, p. 235。

③ 比如《政治学》III. 18. 1288a40，IV. 2. 1289a30-35，V. 10. 1310b3，31-33。

但是假如城邦中真的出现了这样一个拥有“超出常人的德性”的人，或者说出现了一个“人中之神”（*theon en anthrōpois*）（《政治学》III. 13. 1284a10-11），那么又该如何处理呢？如果在一个偏离的政体中，这种人很可能遭到放逐的命运，因为这些偏离的政体都畏惧杰出人士的出现会威胁到原有统治集团的私利；即便在正确的政体之中，放逐也依然可能，因为这些政体需要保持城邦中各部分的恰当比例（《政治学》III. 13. 1284a17-25）。但是：

> **就最佳政体而言**（*aristēs politeias*），会有一个很大的难题（*pollēn aporian*），不是在其他好的方面胜出，比如权力、财富、朋友众多，而是在德性方面与众不同（*diapherōn kata aretēn*），那么该怎么做呢？当然不会有人说应该驱逐和排除掉这样的人，他们也不会说应该统治这样的人，那就好像认为可以通过划分官职来统治宙斯。那么剩下的，也就是看起来自然的［方式］（*eoike pephukenai*），就是所有人都心悦诚服地（*asmenōs*）服从他的统治，因此这样的人在城邦中就应该成为永远的王（*basileas...aidious*）。（《政治学》III. 13. 1284a25-34）①

这样的结果对于偏离的或者一般意义上的政体而言都是不能想象的，但是对于最佳政体而言，却是唯一“自然”的，因为这符合分配正义的原则。在亚里士多德看来，政治权力的合法性依据就是德性（*aretē*）和价值（*axia*）（《政治学》III. 9，III. 17. 1288a19-29）。因为最佳政体（也就是上面提到的那个贤人制）中的公民都经过了长久的德性培养和教育，他们能够判断什么人在德性上超出常人，也清楚地知道德性就是政治权力的基础，因此他们会“心悦诚服”地服从这个人的统治。但是鉴于这样的超凡之人总是可遇不可求，而且他成为统治者还必须在“最佳政体”中才有可能，那么亚里士多德不在由“人的知识和选择”构建的最佳政体中讲这种完全王制（*pambasileia*）也就完全可以理解了。

亚里士多德在《政治学》第 7、8 两卷中描绘的最佳政体是贤人制，在很多其他地方又说最佳政体是王制，他是否有前后矛盾之处呢？并非如此，我们上面已经看到，亚里士多德其实经常将王制与贤人制并列，作为最佳政体，它们在本质上都是由最卓越的人进行统治，只是存在统治者人数多寡的差异，以

---

① 服从一个拥有超凡德性之人的统治在《政治学》第 7 卷中也有所体现：“如果某个其他人在德性和做最好的事情的能力上都强于他人，那么跟随他就是高贵的，服从他就是正义的”（《政治学》VII. 3. 1325b10-11）。

及出现一个或若干这种超凡之人可能性的差异而已。纽曼给出了对这个问题的经典回答："关于最佳政体的回答假设了或者是绝对君主制，或者是卓越者之间更加平等的贤人制，视情况而定。如果城邦中有一个人或一个家庭拥有超凡的德性，就是前者；如果一群能够着眼于最可欲的生活而能够统治和被统治的公民拥有这种超凡的德性，就是后者。"[①] 凯特甚至说，王制和贤人制是同一个属（最佳政体）下面的两个种（species）。[②]

（二）王制引发的问题

但是这种最"自然"的政体，却引发了很多重大的难题：第一，如果明智只有通过实践政治权威才能获得，那么完全王制下的公民是否还有机会获得明智这种对于他们的幸福来说必不可少的德性？第二，亚里士多德对法律的统治赞赏有加，而对人的统治则非常保留，那么一人统治的完全王制是否真的好于法治？第三，亚里士多德曾经严格区分家政的统治方式与政治的统治方式，并且将完全王制的统治方式等同于家政，那么采取完全王制的城邦还是不是"政治性的"？第四，这个完全的王和柏拉图在《理想国》中讨论的哲人王（philosopher-king）是否有共同之处？我们下面就依次讨论这四个问题。

第一，明智、幸福与政治权力。

明智（*phronēsis*）是一个人获得真正的伦理德性和幸福必不可少的要素，因为明智思虑"哪些东西促进整体意义上的好生活（*eu zēn holōs*）"（《尼各马可伦理学》VI. 5. 1140a27-28）。而在《政治学》中，亚里士多德明确将明智与统治联系起来："一个卓越的统治者是好的和拥有明智的，而公民则不需要拥有明智"（《政治学》III. 4. 1277a14-16）；"明智是唯一专属于统治者的德性，而其他的德性看起来必然是统治者与被统治者共同拥有的。不管怎样，明智不是被统治者的德性，而真意见才是"（III. 4. 1277b25-29）。但是在完全的王制之下，其他人似乎没有机会参与统治，这样他们似乎也就没有机会发展和运用明智，他们的本性就不能得到成全，因此也就得不到幸福。[③]

---

① W. L. Newman, *The Politics of Aristotle*, Oxford: Clarendon Press, vol. 1, 1887-1902, p. 291.

② See Keyt, "Aristotle's Theory of Distributive Justice," p. 257, n. 43. 这两种政体可以被看作同一个属下面的种是因为它们都按照政治正义的原则，让最好的人进行统治。

③ 这个批评参见 A. W. H. Adkins, "The Connection between Aristotle's Ethics and Politics," in *A Companion to Aristotle's Politics*, p. 90; Kahn, "The Normative Structure of Aristotle's 'Politics'," pp. 380 - 381。

范德瓦尔特认为《政治学》描绘的幸福生活实际上并不需要政治参与，而是完全依赖闲暇的“哲学”活动。在这个意义上，王制免除了其他公民参与政治的繁重义务，使他们可以实现更高意义上的幸福，而他们的明智也被用于实现这种更高的幸福。这种解释固然可以得到《尼各马可伦理学》X. 7-8 的支持，即沉思生活是“最幸福的”，而符合其他德性的活动只是“第二等的幸福”。但是这种解释的最大问题在于，这个完全的王被亚里士多德看作“人间的神”，绝对自足、在所有的好上面超出常人，而根据这种解释，这个王却过着还不如城邦中其他成员幸福的生活，因为他最多只能享受“第二等的幸福”。米勒持一种温和的理智主义，将伦理德性与政治参与区分开来。亚里士多德要求实践政治德性的人必然首先拥有完全的伦理德性，却没有要求只有实践政治德性才能拥有伦理德性，因此不能参与政治或者说作为“私人”（*idiotēs*）并不妨碍一个人拥有完全的伦理德性（这也就包括了明智），同时也就可以实现幸福。[①]

笔者认为米勒的观点大体上是正确的，但是我们可以沿着这条路走得更远一些。纵观亚里士多德的学说，我们没有足够的证据认为，在他看来参与政治是获得明智的必要条件；相反，拥有明智是可以进行统治的必要条件。亚里士多德认为“政治学和明智是同一种状态，但它们的所是不同”（《尼各马可伦理学》VI. 8. 1141b23-24）。他进而区分了四种明智：第一种是支配性的立法学；第二种是关乎个别事物的狭义的“政治学”，涉及政治事务中某个具体情况下的思虑和行动；第三种是处理家庭管理和财产的家政学；第四种是人们最经常说到的明智，也就是关于个人整体好生活的理智德性（《尼各马可伦理学》VI. 8. 1141b24-33）。但是不管是哪种明智，其实都与政治有关，因此“政治学和明智是同一种状态”。即便是关注个人幸福的明智，也需要着眼于城邦和政治生活，因为亚里士多德非常清楚，人是政治的动物，人的幸福必然要在城邦这个政治环境中才能实现，“一个人自己的好不能没有家政和政制”（《尼各马可伦理学》VI. 8. 1142a9-10）。因此即便是一个个体，如果想在城邦中获得幸福，也必然需要与政治有关的明智，而这是完全可能的。一方面他提到了一种和明智非常类似的理智状态——理解（*sunesis*）或好的理解（*eusunesia*），这种理智状态与明智的差别仅仅在于明智是规范性的，实际做出我们必须如何行动的决策，而理解仅仅是对与明智有关的事情做出判断（《尼各马可伦理学》VI. 10）。另一方面，亚里士多德这样的哲学家给我们提供了不用实际参与政治

---

① See Miller, *Nature, Justice, and Rights in Aristotle's Politics*, pp. 237 - 239. 他特别引用《尼各马可伦理学》X. 8. 1179a3-9 作为证据。

就可以拥有明智的最好例子：他虽然从未实际参与统治，但是却拥有最高水平的明智——立法的知识，从而在他的“人事哲学”中对立法的问题做出系统的讨论。

上面引用的《政治学》III. 4 中的两句话其实也并没有将**明智的获得**与实际进行统治联系起来。那里的“公民”和“被统治者”指的是那些没有能力——也就是没有明智的德性——来进行统治的人。但是根据亚里士多德对“公民”的严格界定，公民是“在这个城邦中**有资格**（*exousia*）共同参与思虑和审判官职的人”（《政治学》III. 1. 1275b18-20）。亚里士多德强调的是“资格”，而非实际参与统治。那么在贤人制这种最佳政体中，年长者有足够的明智进行统治，如果出现一个拥有超凡德性的人，公民们就会将这个城邦的统治权交给他，但是这并不妨碍其他人依然拥有明智的德性，也可以**胜任**统治的任务。而这个完全的王因为将城邦的幸福——也就是每个公民（或臣民）的幸福——当作自己的目标，他也一定会在这个城邦中培养明智的德性，因为只有拥有了明智，城邦中的公民（或臣民）才能通过自己的思虑真正实现自己的幸福。此外，我们下面也会看到，这个城邦中的公民（或臣民）恐怕也并非完全没有机会参与政治。

第二，法治与人治。

整体而言，亚里士多德主张法治胜过人治。他说：“让法律统治似乎就是只让神和理智来统治，而让人统治就加上了野兽。欲望（*epithumia*）就是这样的东西，意气（*thumos*）让统治者和最好的人变坏。因此法律是没有欲求的理性”（《政治学》III. 16. 1287a28-30）。法治胜过人治的第二个重要方面就是法律具有无偏性或平等性，他说：“很显然，人们追求正义就是追求无偏性（*to meson*），因为法律就是无偏的”（《政治学》III. 16. 1287b3-5；《修辞学》I. 1. 1354a4-b11）。这种无偏性也使得法律的权威更容易被人们在情感上接受，因为“人们对反对他们冲动的个人怀有敌意，即便反对他们是正确的；而法律对于公道（*to epieikes*）的规定则不是那么大的负担”（《尼各马可伦理学》X. 9. 1180a22-24）。另外，法治无疑提供了比人治更大的稳定性和更高的效率。

与法治的理性、无偏性和稳定性相反，“人治”的典型方式是通过敕令（*epitagma*，适用于僭主）或法令（*psēphisma*，适用于公民大会）进行，也就是统治者根据一时一地的情况颁布的命令，这都是极端政体的典型特征。不管是敕令还是法令都会经常发生改变，经常受制于当下统治者的当下激情，因此与法律提供的稳定秩序形成了鲜明的对照。[①] 在亚里士多德看来，依靠敕令和法令进行统治是一个政体败坏的标志，甚至使得一个政治制度不成其为严格意义上的政体，因为“法律不统治的地方就不是政体”（《政治学》IV. 4. 1292a4-37）。

而我们现在看到的完全王制似乎就是一个不依靠法律进行统治的政体。

> 立法必然是关乎那些在出身和权力上平等的人的，对于其他人［指拥有超凡德性的人］则没有法律，因为他们本身就是法律。任何人想要为他们立法都是荒谬的，因为他们大概会用安提斯梯尼（Antisthenes）告诉我们的当狮子听到兔子想要像民众领袖一样行动，要求所有人都平等时的方式回应。（《政治学》III. 13. 1284a11-17）

在笔者看来，分析完全王制的特殊性，应该时刻记住它出现的特殊条件，那是在作为贤人制的最佳政体之中出现的情况，否则即便是一个拥有超凡德性的人出现，他也会由于现有政体寻求既有利益和力量的平衡，而被放逐。而只有在能够认清统治的合法性基础在于德性和明智的最佳政体之中，他才能理所当然地成为统治者。亚里士多德也用这种方式解决了柏拉图在《理想国》中关于哲学家如何成为王的难题，因为不管是航船的比喻（《理想国》VI. 488a-489c）还是洞穴的比喻（《理想国》VII. 514a-521b），似乎都表明即便是一个应该成为王的哲学家出现在城邦之中，他也不会得到人们的认可，当上实际的统治者。亚里士多德认为，如果具有超凡德性的人出现在一个并非最佳的政体之中，他很可能会遭遇航船和洞穴比喻中的智慧者的命运，但是如果他生活在一个本来已经治理良好的最佳城邦，那么当其他人认识到他的超凡德性，便一定会“心悦诚服地”接受他的统治。

我们在《政治学》第 7、8 卷中看到，那个最佳政体是依靠良好的法律运转的，法律规定了城邦的人口、土地的分配、官员的任免、教育的安排等诸多方面。现在假如有一个拥有超凡德性的人出现在这个城邦之中，并成了统治者，我们没有理由认为他要废黜一切法律，一切按照他自己的意志来行动，因为法律毕竟拥有上面提到的三个重要优点。此外，亚里士多德也从来没有说过完全王制中没有法律。确实如亚里士多德所说，由于君主在德性方面的超群性，**为他立法**是荒谬的，因为他就是法律，但是这并不妨碍他为其他人订立法

---

① 关于法律与敕令/法令的区别的更详细讨论，参见 Douglas McDowell，*The Law in Classical Athens*，Ithaca：Cornell University Press，1986，pp. 43 - 46。

律。就像上面的引文中提到的，兔子给狮子立法建议实行民主制无疑是荒谬的，但是这并不妨碍狮子给兔子立法实行绝对的王制。亚里士多德说过：“没有法律的统治就没有政体，因为法律应该普遍地统治一切，而官员和政体应该决定个别的事务”（《政治学》IV. 4. 1292a32-34）。只有极端的民主制、寡头制和僭主制才会完全抛开法律，因而不配被称为“政体”，而这种由德性方面超凡的王统治的政体，毫无疑问是严格意义上的“政体”，因而也必然有法律作为日常统治的规范。

这个完全的王还可以通过在现有良好法律的基础上做出修补，从而让法律更适合变化的情境，因为在亚里士多德看来，法律总是不可避免地存在缺陷。他在《修辞学》中谈到了立法者两方面的错误，一种是“不自愿的”（*ta akontōn*），或者说不在立法者意图之内的错误；另一种是“自愿的”（*ta hekontōn*），或者说是内在于法律的本质，也在立法者预料之中的错误。前者是由于立法者的疏漏，没有注意到某些东西，这些是有可能避免的错误；后者是因为立法者不可能精确界定与法律有关的所有细节，而只能用普遍的方式订立法律，因此是不可避免的（《修辞学》I. 13. 1374a26-33；《尼各马可伦理学》V. 10. 1137b13-23；《政治学》III. 11. 1282b2-6）。

因为法律必然用普遍的方式订立，因此不能根据当下的情况及时做出调整，也必然不能涉及很多细节，需要法官根据具体情况进行应用和解释，这是与人类事务的本质紧密联系在一起的。当这个问题出现，我们就需要一种特殊的德性来加以应对，这就是“公道”（*epieikeia*，或衡平），一个公道的人可以以自然正义或自然法作为更高的依据，领会立法者的意图而不是拘泥于法律的字句，根据具体情况来应用、解释和修订法律：

> 当法律给出了普遍的［规则］，而某个具体情况与普遍的［规则］相反，这时立法者就有了疏漏（*paraleipei*），由于制定了无条件的［规则］而犯了错误，那么修正这个疏漏就是正确的，［修正的依据就是］假如立法者本人在场的话，这是他本来会说的；假如立法者知道［这个情况］，这是他本来会规定的。这就是为什么说公道是正义，但是好于某种意义上的正义，它并非好于无条件的正义（*tou haplōs*），而是好于在条件上犯了错误的正义。这就是公道者的本质：当法律因普遍性导致疏漏时修正它。（《尼各马可伦理学》V. 10. 1137b19-27）

这里提到的“无条件的正义”就是自然正义，正是这种普遍意义上的正义，为公道者修正法律提供了依据，因此公道在一个意义上是正义——自然正义，而在另一个意义上超越了正义——法律正义。而公道者也就是那些在自然的意义上正义或有德性的人，而不是仅仅在“合法”的意义上践行“完全德性”的人，他们关心的是立法者的真正意图或法律的真正精神——促进政治共同体的公益。[①] 这个拥有超凡德性的王必然是深谙自然正义之道的人，他的出现也就最好地弥补了法律过于普遍的缺憾，实现了法治与人治最好的统一。

根据具体情境修订法律是法治中人的重要性的体现，人的重要性还体现在如果没有人保证实施，法律本身作为条文是没有任何强制力量的，因此需要一些官员来作为“法律的护卫者和助手”，并在法律的教育下懂得如何判断具体事务，从而保障法律的贯彻和执行（《政治学》III. 16. 1287a21-27）。这样的话，在完全王制中除了这个绝对的王行使统治权之外，还需要一些官员参与政治，作为法律的护卫者和助手，同时也需要一些负责教育、财务、军事等方面的官员，管理城邦的日常事务。

第三，家政与政治。

柏拉图认为政治家、君主、家政管理者和奴隶主有着相同的统治方式，只是统治的人数不同[②]，而亚里士多德则坚决反对这种观点，认为这些统治有各自不同的方式和目的：“主人的统治不同于政治的统治，其他种类的统治也彼此不同，虽然有些人说它们是相同的。因为政治统治是对依据自然自由者的统治，而主人的统治是对奴隶的统治，家政管理是君主式的，因为家庭只有一个统治者，而政治的统治是对自由和平等者的统治”（《政治学》I. 7. 1255b16-20）。亚里士多德认为城邦乃是人类最高级的政治共同体，是由自由和平等者组成的，因此理应采取政治的统治方式。但是他又认为对于一个理想城邦而言，最完美、最自然的统治方式是完全王制（如果确实存在这样一个人的话），并将完全王制的统治方式等同于家政统治：“它［指完全王制］按照家政的方式组织。因为就像家政管理是某种对家庭的君主制，这种君主制也是对一个或多个城邦或民族的家政管理”（《政治学》III. 14. 1285b31-33）。

有学者将这个问题看作边缘性的问题，因为毕竟这样的完全王制在亚里士

---

① 关于“公道”的详细讨论，参见 Jacques Brunschwig，“Rule and Exception：On the Aristotelian Theory of Equity，” in Michael Frede and Gisela Striker，eds.，*Rationality in Greek Thought*，Oxford：Clarendon Press，1996，pp. 115－156。

② 参见［古希腊］柏拉图：《政治家》258e；《理想国》V. 457c-466d，IX. 590c-d；《礼法》V. 739c-e。

多德的《政治学》中只如同昙花一现。[①] 但是既然完全王制被亚里士多德当作“最佳中的最佳”，也就构成了政治学中的最高标准（其地位类似于形而上学中不动的推动者和伦理学中的沉思生活），那么我们就不应该如此简单地打发这个问题。

就像家政管理必然诉诸一家之主的权威，完全王制也是一个人拥有完全的政治权威。这确实是完全王制和家政的相似之处。但是它们的差别也很明显：家政管理是以获得和使用财富、保证生活必需品的供应为目的的，并且主要涉及公民“私人”的一面；而政治统治则以好生活和德性的培养为目的，涉及的是公民“公共”的一面。政治的最高目的不会因为城邦采取的是贤人制还是王制而有所变化。最佳政体（贤人制）中的公民本来是平等而自由的，如果出现一个具有超凡德性的人，他会被公民们自发地拥立为统治者，但是他成为统治者并不会剥夺和限制其他人的自由和平等，也不会妨碍他们在公共空间中讨论政治事务，反而可以为他们提供更好的训练和教育，给他们提供更多的闲暇去发展德性。因此这种家政式的统治与政治统治所要实现的目的没有任何矛盾。此外，上面论证过完全王制与法治并不矛盾，这也为这种政治形式与家政的区别提供了进一步的支持，在良好的政治共同体里面，政治活动是通过法律的形式固定下来的，而家庭的管理不大可能以这种方式进行，必然是依靠一家之主的权威和决定。这样看来，当亚里士多德说君主制类似于家政统治时，他并不是将这两种统治方式等同起来，而只是强调它们的相似性。

第四，亚里士多德的“哲人王”。

大多数学者都认为，亚里士多德在完全王制中讨论的这个拥有超凡德性的王并非哲学家，而是拥有超群的实践智慧和政治德性的人；甚至正是以此反对柏拉图的哲人王的观念。但是根据笔者的理解，在亚里士多德看来，哲学家拥有包括明智在内的全部德性（各种技艺除外），他心目中完全王制的“王”正是这样一个集全部德性于一身的哲学家。[②]

在亚里士多德看来，明智是智慧的必要条件，想要追求智慧的人必然需要拥有明智来规划自己的生活，比如要如何给自己赢得沉思生活所需要的闲暇，

① 比如 Robert Mayhew，“Rulers and Ruled，” in Georgios Anagnostopoulos，ed.，*A Companion to Aristotle*，Malden：Blackwell，2007，pp. 536 - 538。

② 关于这个问题的更详细的讨论，参见刘玮：《明智与智慧：从亚里士多德笔下的泰勒斯和阿那克萨戈拉说起》，见《哲学门》第 26 辑，北京，北京大学出版社，2012。下面的讨论对该文中的一些内容作了删减和改动。

如何坚持研究，如何与他人相处，如何处理与理智探求无关的事物，等等。正如《大伦理学》中的那个著名比喻说的："明智像智慧的某种管家（*epitropos... tis*）"（《大伦理学》I. 35. 1198b17-18）。但是有了这些明智的规划之后，一个人是否能够享受沉思生活并最终拥有哲学智慧，当然还需要看他是否拥有那种理智才能，以及是否能够按照明智的要求严格执行。但是既然明智是理智的**必要条件**，那么如果我们看到一个人真正拥有哲学智慧，也就可以确定这个人必然同时拥有了明智这种作为手段的德性。因此在亚里士多德看来，哲学家必然拥有明智这种带有很强政治意味的德性。

我们还可以进一步问：那么哲学家的哲学智慧能给他在政治事务中带来什么与一般意义上的政治家不同的东西呢？一方面，如同柏拉图的哲学家最好地认识善的理念，从而最好地认识了一切事物的秩序和好一样，亚里士多德的哲学家也最好地认识了万物的本质，认识了一切知识的第一原理（即便不是所有知识的每个细节），这些知识无疑会为他的思虑或由明智进行的实践推理提供很多重要的前提。另一方面，亚里士多德的哲学家还最清楚地认识和体会了人类最高级的活动——沉思，这也是最好地利用闲暇的活动，因此只有他能够最好地安排共同体的生活，使之朝向闲暇，并最恰当地利用闲暇。

如果哲学家确实既拥有与伦理政治实践有关的明智和伦理德性，也拥有人类所能追求的最高的卓越——哲学智慧，那么毫无疑问他是一个最具德性的人。这也就将我们引向了亚里士多德对"神圣德性"（*theia aretē*）的界定。亚里士多德在《尼各马可伦理学》中提到了某种"超越我们（*hyper hēmas*）的德性，某种英雄性的和神圣的德性"。他说，"如果像他们说的那样，**人因为超凡的德性而成为神**（*ginontai theoi di' aretēs hyperbolēn*）"，随后又补充说"成为神圣的人是极其稀少的（*spanion*）"（《尼各马可伦理学》VII. 1. 11145a19-28）。在亚里士多德看来，哲学家无疑最有资格获得"神圣德性"的头衔，一方面是因为他拥有所有的德性，因而最为幸福，而神必然是最幸福的；另一方面也因为他的沉思生活是最接近神的，他最好地运用了灵魂中最高的和最神圣的部分——理智，他在进行沉思（*theōrein*）的时候就是在过神的生活[1]，他与神的差别就在于他不可能永远处于沉思活动之中，还是要回到人的生活状态

[1] 参见《尼各马可伦理学》X. 7. 1177a14-16，1177b26-1178a2，X. 8. 1178b7-32；《论灵魂》III. 5。关于哲学家的理智就是神的理智，参见 Victor Caston，"Aristotel's Two Intellects：A Modest Proposal，"*Phronesis*，vol. 44，1999，pp. 199－227；Myles Burnyeat，*Aristotle's Divine Intellect*，Milwaukee：Marquette University Press，2008。

之中。

亚里士多德在讨论完全王制时也提到了这个人是“人中之神”，他不仅最接近法律所能够达到的那种“没有激情的理智”的状态，而且还能妥善利用自己的明智补充法律的不足。在这个哲学家那里，人治与法治达到了统一，因为哲学家正是理性的化身，而根据亚里士多德的说法，他也是法律本身。

此外，亚里士多德在论证这种人应该进行统治时，也就是在“人中之神”的语境下，提到了其他人和这种人在德性和政治权力上**无法比较**（*mē sumblētēn*）（《政治学》III. 13. 1284a5-6）。我们当然可以仅仅从“量”的意义上来理解“无法比较”，但是如果从“质”上来理解，似乎更能够体现这个超凡之人的特殊之处。亚里士多德也在另一处谈到了统治者与被统治者应该有“种类”或“质”上的不同（《政治学》I. 13. 1260a36-38）。我们知道，哲学家的智慧这种德性确实与其他伦理德性和明智在“质”上非常不同，因此这似乎最能够解释“无法比较”的含义。

最后，我们还可以补充一个旁证，亚里士多德虽然在《政治学》第 2 卷中对柏拉图《理想国》的政治构想提出了很多批判，但是却对哲人王的问题保持了沉默。这个沉默似乎意味深长。因为在《理想国》中，柏拉图在构建“美丽城”的时候，提出了三个构想或“浪潮”——男女平等、共产共妻共子和哲人王。亚里士多德在《政治学》中对前两个“浪潮”都提出了明确的反对，唯独对最后一个也是最大的“浪潮”保持沉默，而这最后一个“浪潮”在柏拉图看来却正是前两个“浪潮”得以实现的保证。

在看到亚里士多德与柏拉图在这个观念上的相似之处的同时，我们也应该明确，亚里士多德这里的哲人王与柏拉图的哲人王至少在一个至关重要的意义上非常不同。柏拉图心目中的王是一个航船上的观星者，是一个将认识类似太阳的善的理念作为最高任务的理智思考者，是一个一度脱离了政治性的洞穴束缚的“自由人”。而亚里士多德明确批评了将普遍性的善的理念作为伦理—政治研究目标的做法（《尼各马可伦理学》I. 6），因此亚里士多德心目中的哲人王必然是一个深谙人类不可或缺的政治本性，与其他公民共同生活在政治社会之中，并且将哲学理念与经验事实、将理论智慧和实践智慧最好地结合起来的哲学家。

结　语

亚里士多德的政治哲学虽然以寻求“最佳政体”为最高的任务，但是这个“理想主义”的维度并没有将亚里士多德对政治的“现实主义”关怀埋没。第一，亚里士多德对政治哲学的理解始终从现实入手，他事无巨细地考察历史上的和当下的政治现实，从中汲取养分、吸取教训、避免错误。第二，亚里士多德并不是像他的老师那样，着眼于某一种无比美好的最佳政体，比如“依靠祈祷的政体”或者“依靠超凡德性的政体”，而是把多个更加现实意义上的“最佳”也纳入自己的理论考量。第三，亚里士多德的政治哲学还有更加现实的一面。他给政治家或立法者设定的任务里面除了研究最佳政体、改造现有政体之外，还包括了“帮助现有的政体”（《政治学》Ⅳ. 1. 1289a6-7）。在此基础上，亚里士多德不仅讨论了如何帮助民主制、寡头制这些偏离不那么严重的政体，甚至花了很大的篇幅讨论如何帮助僭主制这种严格说来不配被称为“政体”的政治制度（Ⅴ. 10-11），也在其中给出了很多高度现实主义，甚至堪称“马基雅维利主义”的教导。[1] 因此亚里士多德的政治哲学完美地结合了政治中的现实主义与理想主义。

亚里士多德的政治哲学无疑对西方的政治哲学史产生了持久的影响。他第一次将政治哲学的关注点从城邦整体转向了个人，强调在城邦的语境之下实现个人的幸福，从而在整体与个体之间达成了精妙的平衡；他对于政体的核心关注和经典分类，成为西方政治哲学史上经久不衰的主题，其影响力一直持续到今天。他对混合政体的讨论给罗马政治思想提供了重要的借鉴；他对政治的自然主义解释为中世纪亚里士多德主义的复兴埋下了重要的伏笔；他对城邦治理的细致讨论为文艺复兴的意大利公民共和主义以及由此引发的英国共和主义思想提供了重要的参考；而他偏重规范性和理想政体的整体思路则受到了以马基雅维利（Machiavelli）、培根（Francis Bacon）和霍布斯（Thomas Hobbes）为首的近代政治哲学家的猛烈抨击，成为近代政治哲学奠基者革命的对象；他对政治哲学的深刻洞见也成就了亚里士多德主义政治哲学在当代的复兴，尤其是在施特劳斯（Leo Strauss）、沃格林（Eric Voeglin）、阿伦特（Hannah

① 关于这个主题，参见刘玮：《马基雅维利与现代性》，第二章，上海，华东师范大学出版社，2012。

Arendt）、麦金太尔（Alasdair MacIntyre）、努斯鲍姆（Martha Nussbaum）、米勒（Fred D. Miller，Jr.）等人的作品之中，亚里士多德主义或新亚里士多德主义成了当代政治哲学中一股强大的浪潮。

刘 玮

参考文献

原典：

Bywater，I.，ed. Aristotelis Ethica Nicomachea. Oxford：Oxford University Press，1894.

Dreizehnter，A.，ed. Aristoteles' Politik. Munich：Wilhelm Fink，1970.

Inwood，B. and R. Woolf，trans. Eudemian Ethics. Cambridge：Cambridge University Press，2013.

Irwin，T.，trans. Nicomachean Ethics. 2nd ed. Indianapolis：Hackett，1999.

Kenyon，F. G.，ed. Aristotelis Athenienisium Respublica. Oxford：Clarendon Press，1920.

Keyt，D.，trans. and comm. Aristotle Politics Books V and VI. Oxford：Clarendon Press，1995.

Kraut，R.，trans. and comm. Politics Books VII and VIII. Oxford：Clarendon Press，1998.

Newman，W. L.，ed. The Politics of Aristotle：vol. 4. Oxford：Oxford University Press，1887－1902.

Reeve，C. D. C.，trans. Aristotle Politics. Indianapolis：Hackett，1998.

Rhodes，P. J.，trans. Aristotle：The Athenian Constitution. London：Penguin，1984.

Robinson，R.，trans. and comm. Aristotle's Politics Books III and IV. Oxford：Clarendon Press，1995.

Rowe，C.，trans. Nicomachean Ethics，with introduction and commentary by S. Broadie. Oxford：Oxford University Press，2002.

Saunders，T. J.，trans. and comm. Aristotle Politics Books I and II. Oxford：Clarendon Press，1996.

Schütrumpf，E.，trans. Aristoteles Politik：vol. 4. Berlin：Akademie Verlag，1991－2005.

Simpson，P.，trans. The Politics of Aristotle. Chapel Hill：University of North Carolina Press，1997.

Simpson，P. A Philosophical Commentary on Aristotle's Politics. Chapel Hill：University of North Carolina Press，1998.

Simpson，P.，trans. and comm. The Eudemian Ethics of Aristotle. New Brunswick：Transaction Publishers，2013.

Walzer，R. R. and J. M. Mingay，eds. Aristotelis Ethica Eudemia. Oxford：Oxford University Press，1991.

重要研究文献：

Balot，R. K.，ed. A Companion to Greek and Roman Political Thought. Malden：Wiley-Blackwell，2009.

Deslauriers，M. and P. Destrée，eds. The Cambridge Companion to Aristotle's Politics. Cambridge：Cambridge University Press，2014.

Garver，E. Aristotle's Politics：Living Well and Living Together. Chicago：University of Chicago Press，2012.

Hansen，M. H. Polis：An Introduction to the Ancient Greek City-State. Oxford：Oxford University Press，2006.

Jaeger，W. Aristotle：Foundamentals of the History of his Development. R. Robinson，trans. Oxford：Clarendon Press，1948.

Keyt，D. and F. D. Miller，eds. Companion to Aristotle's Politics. Oxford：Blackwell，1991.

Kraut，R. Aristotle：Political Philosophy. Oxford：Oxford University Press，2002.

Kraut，R.，ed. Blackwell Guide to Aristotle's Nicomachean Ethics. Malden：Blackwell，2006.

Kraut，R. and S. Skultety，eds. Aristotle's Politics：Critical Essays. Lanham：Rowman and Littlefield，2005.

Lord，C. and D. K. O'Connor，eds. Essays on the Foundations of Aristotelian Political Science. Berkeley，CA：University of California Press，1991.

Mayew，R. Aristotle's Criticism of Plato's Republic. Lanham：Rowman and Littlefield，1997.

Miller，F. D. Nature，Justice and Rights in Aristotle's Politics. New York：Oxford University Press，1995.

Mulgan，R. Aristotle's Political Theory. New York：Oxford University Press，1977.

Nagle，D. B. The Household as the Foundation of Aristotle's Polis. Cambridge：Cambridge University Press，2006.

Patzig，G.，ed. Aristoteles：Politik. Göttingen：Vandenhoeck and Ruprecht，1990.

Polansky，R.，ed. Cambridge Companion to Aristotle's Nicomachean Ethics. Cambridge：Cambridge University Press，2014.

Rhodes，P. J. A Commentary on the Aristotelian Athenaion Politeia. Oxford：Clarendon Press，1982.

Scholfield，M. Saving the City：Philosopher-Kings and Other Classical Paradigms. London：Routledge，1999.

第四章
西塞罗与法权国家

希腊化是城邦衰落、国家崛起的时代，是思想格局巨变的时代。公元前334年，亚历山大大帝开始东征之旅，宣告了古典希腊时代的结束，城邦时代成为历史。随着亚里士多德的去世，哲学也由古典希腊的鼎盛过渡到希腊化的相对落寞，更意味着哲学典范的转移。古典希腊思想家如苏格拉底、柏拉图和亚里士多德，其哲学发端于雅典城邦的问题，城邦政治是其哲学的主要关怀对象。希腊化时代哲学家的眼界却已不再局限于城邦，而是着眼于国家。如果说城邦以民族和种族为建构的基本单位，城邦公民以民族血统为身份根源，公民与民族互为一体，那么希腊化和罗马时期的国家观念则改变了公民的这种描述框架。无论是希腊化哲学家还是罗马政治家，他们均以法律为描述公民身份及其国家观念的前提。公民和国家不再主要是与民族身份重叠的自我表达，国家首先是一个法律的观念。罗马公民并非一定是罗马民族的族裔，也包括许多非罗马民族和种族的外邦人。国家并不是种族的社群，而是一个法律共同体。基于法权国家的观念，希腊化和罗马政治赋予公民的复杂含义远超过单一的城邦制度。

历史学家常将希腊化和罗马并称为希腊化罗马时期。两者紧相衔接，思想意识和精神道统紧密相关，其共同的政治观念均以公民和法权为主要内涵，而这种法权观念又与他们的宗教信仰内在相关。虽然亚历山大大帝以为希腊人复仇为名发动东征，然而每至一处，他都尊崇当地神灵，自称当地之神的后裔。例如，公元前332年亚历山大大帝直取埃及后自称是太阳神“阿蒙之子”，“合法地”成为埃及的统治者，埃及祭司则加封亚历山大“法老”的称号。亚历山大大帝此举显然具有高明的政治内涵，它意味着在天有一神，在地则有一君，马其顿由此自然合理地成为普世万民的帝国。在亚历山大大帝庞大的帝国内部，在西起希腊、马其顿，东至印度河流域，南临尼罗河第一瀑布，北到多瑙河的疆域内部，他鼓励民族通婚，促进民族平等，改变以希腊为中心的共同体意识，既使他的统治者身份更具普遍性，不受希腊、埃及或波斯等地域概念的限制，也使他治下的民众获得更为普遍的身份认同，为希腊化罗马时期世界公民意识的滥觞提供了历史的实体基础。

罗马民族的来源则相对复杂。最古老的罗马公民包括三部分：罗马纳人（较古的语言常以“罗马纳人”称呼，而不称“罗马人”）、替提人和卢克雷人。也就是说，罗马人就其源头而言本身就有不同的民族起源。这三部分人有独立的居住地，他们只是随着历史的发展才并区为城，形成罗马古老的共同体。[①]王政时期之后，罗马共和国开疆拓土，征服了萨宾人、沃尔斯基人和埃魁人等周边山地部落，又征服了亚平宁山区部落，国土横跨整个意大利半岛中部和南部地区。第一次布匿战争后，罗马兼并西西里，从迦太基人手中夺过科西嘉岛和撒丁尼亚岛，征服高卢、波河流域和马其顿。[②] 在罗马版图迅速扩张的同时，民族融合随之加速。罗马民族的形成不仅表现为血统的融合过程，更是法权的赋予过程。罗马统治者把公民权授予一部分非罗马的被征服民族，形成超越种族和民族的新政治共同体，突破了民族的血缘限制。国家被奠基在更富现代意义的公民观念基础上，其政治观念也展现出更具开放性的特质。

罗马的扩张不仅采用了与亚历山大大帝类似的方式，而且更具法律属性。罗马共和国要求被征服地区承认罗马帝王元首的半神特性，西塞罗（Cicero）就是如此称颂罗马的创建者罗慕洛斯（Romulus）的。他称罗慕洛斯因着伟大的成就成为诸神之一。[③] 再例如，后来奥古斯都（Augustus）颁布外省法令时自称 divus filius，意思是“被奉为神的恺撒领养的儿子”，自称“神的儿子”。[④]外省专门为他设立神庙、祭坛和祭司，神圣化罗马统治的权威，使得在天一神在地一君的观念更加深入人心，更加强化罗马君主的普世统治者身份，使得普

① 参见［德］特奥多尔·蒙森：《罗马史》，第 2 卷，李稼年译，40 页，北京，商务印书馆，2010。

② 参见［俄］科瓦略夫：《古代罗马史》，王以铸译，136、147～149、161～169、237～240、340～344 页，上海，上海世纪出版集团，2011。

③ 参见［古罗马］西塞罗：《国家篇》（又译《共和国》）2.17，见［古罗马］西塞罗：《国家篇 法律篇》，沈叔平、苏力译，北京，商务印书馆，2005。

④ 参见［美］弗格森：《古希腊—罗马文明：社会、思想和文化》，上册，李丽书译，233 页，上海，华东师范大学出版社，2012。

遍国家即国家超越种族和民族的观念更具自然性。罗马君王身份的普遍化和公民权的普遍化过程还与罗马宗教谱系的建立相互呼应。罗马民族的神祇最初以朱庇特、战神马尔斯和奎里努斯神为首，形成以朱庇特为首的十二主神及其他从神（如播种神萨图尔努斯、果实女神利柏拉、森林和原野之神皮库斯等）的谱系。[①] 然而随着罗马的扩展，罗马宗教突破了民族宗教的限制，通过如万神殿和所谓的主神观念，容纳地方性神灵成为朱庇特谱系的成员，以神学政治论创制天下一体的共同体理想。

可见，希腊化罗马时代拓展出一种新的身份意识，一种在更大共同体范围内、在同一君主的名下，但为不同民族和种族的人所共有的世界身份。这个新身份不是以血缘和血统作为自我意识的前提，而是维系于超越民族和种族的普遍共同体，根源于所谓的自然共同体。这种新的最大范围的普遍共同体，催生并强化了新的公民意识，一种基于自然法的自由意识。自公元前 4 世纪到公元前 1 世纪这近 400 年的哲学探究中，世界公民、自然共同体和自然法都是哲学家们讨论的主要政治观念，与此相关的宗教思想成为罗马国家观念的基础部分。如果说希腊化时代的哲学家提供了一种预备性的政治观念，那么西塞罗则为此做了系统的阐释，塑造出一种迥然有别于古典希腊的政治哲学。

第一节　希腊化政治观念

希腊化的主要哲学流派包括伊壁鸠鲁学派、斯多亚学派和怀疑派。这些学派以伦理学为哲学研究的目的，伦理学是希腊化时期的第一哲学[②]，哲学的实践性是这个时期哲学的主要特质，也是哲学其他部门的论证目的。虽然希腊化哲学也研究政治的观念，然而政治哲学还不是这一时期的“显学”。不过，由于希腊化哲学着意于探讨自我的自然法根源，研究自我作为世界公民的法权，它为西塞罗即将展开的共和政体研究提供了伦理视域。据此可以说，希腊化的伦理学为西塞罗的政治学做了预备。然而总体来说，希腊化哲学主要属于伦理研究，只是由于它包含着一种可能的政治解释，尤其是从伦理哲学方面预备了

---

① 参见丁培仁：《世界主要宗教系统纲要》，36～37 页，成都，巴蜀书社，2010。

② 参见章雪富、石敏敏：《伦理学作为第一哲学——希腊化哲学的范式转移》，载《中国社会科学》，2011（1）。

某种政治德性，我们才可以说希腊化哲学从伦理判断的角度给出了有关罗马共同体思辨的哲学空间。

希腊化哲学重视伦理探讨，与它关心善的个体性特质有关。希腊化哲学关注的是切己的善，关心自我获得善的把握，并以此为基础发展出或者说扩展出具普遍意义的共同体之善。斯多亚学派虽然是希腊化时代社群主义的代表，但是它对社群性的善的阐释也是以个体的善为前提的。斯多亚学派所谓的个体的善只是其哲学阐释的起点，或者说是一个逻辑起点，它所致力于建设的并不是以个体为中心的善，不是功利主义意义上的个体的善。这也意味着斯多亚学派的社群主义没有因着凸显个体的善而削弱社群的公共性，而是指出了自然宇宙层面的共同体意识是每个个体共同的自我意识。斯多亚学派虽然历经不同的发展时期，然而在个体的善作为伦理的逻辑起点和自然宇宙作为公共性的身份意识这两个观念上，延续着其一贯的精神道统。① 由于它把人首先视为自然意义上的人，一个宇宙城邦中的人，而不首先视为国家、城邦和种族的存在者，斯多亚哲学所给出的个体的善实则是自然普遍的善，并以这种自然意义上个体的自我意识作为公民观念的预设。

伊壁鸠鲁学派的伦理观念也蕴含着政治共同体的德性。伊壁鸠鲁（Epicurus）认为世界本原于原子，原子运行于虚空之中，通过碰撞形成原子团，每个原子团都是一个世界，彼此之间不存在交集。宇宙内含多个世界，但不存在宇宙中心。② 这意味着没有一个共同体居于中心地位，也不存在对其他共同体具有优先性的某个共同体。同样，在某个具体的原子团世界，由原子复合形成的存在物也不存在对于其他存在物的价值差等，不存在价值上优先的阶层和个体。原子的特性是自由运动，自由是个体在共同体中的首要原则。个体与个体之间通过完全自由的意愿结成契约关系，在某个原子团世界中的人们依照契约原则结成共同体，正义（公正）不过是人们相互之间不侵害对方也不受对方侵害的一种协定。无论在什么地方、什么时间，只要人们订立了这样的约定，就有了正义（公正）。③ 伊壁鸠鲁学派把个体性伦理阐释为契约正义，成为它所谓的共同体德性。由于原子之间不存在主从和隶属关系，在虚

① 参见王乐理主编：《西方政治思想史》，445～456页，天津，天津人民出版社，2005。

② 参见北京大学哲学系外国哲学史教研室：《西方哲学原著选读》，上卷，167、171页，北京，商务印书馆，1982。

③ 参见北京大学哲学系外国哲学史教研室：《古希腊罗马哲学》，上卷，347页，北京，商务印书馆，1982。

空中运动的原子完全自由[①]，共同体关系也就完全围绕个体自身的权利、财产和利益展开。契约正义成为伊壁鸠鲁学派有关个体伦理的政治层面的表达。正义观念则隐藏于伊壁鸠鲁学派的个体性自由的伦理之中，自由伦理使得正义成为个体的自然生活向着共同体的政治生活的延伸，政治生活是哲学生活的一个部分。

虽说个体伦理是希腊化伦理的共识，然而在希腊化哲学中，最激进的个体伦理由怀疑派的论证呈现。怀疑派否认任何程度的普遍性，否定个体之间存在任何类型的共识的认识论基础。对怀疑派而言，真实性只限于单纯个体的知觉呈现，实在性不外乎事物向个体感觉呈现的私人表象。如果人们认为存在着普遍适用的知觉表象和判断，那么在怀疑派看来，这种有关真假的判断都包含独断的因素。怀疑派通过对所谓的各种“式”的分析，指出任何形式的判断都具有同等的论辩力量，任何形式的独断都会把心灵引向对立，导致矛盾，使心智困惑，不得安宁。[②] 对于人来说，作为“善”的表象就是不做判断的表象，悬置判断帮助人获得幸福和自由。[③] 怀疑派哲学的伦理使得个体判断获得最大范围内的自由，自由是向着个体性感觉呈现出来的“式”。通过对真理标准的怀疑，怀疑派退回到了单纯表象的自由，个体性自由作为唯一真实的存在感知，成为怀疑派对公共空间的表达。

一、自然法

自然法是希腊化哲学的根本原理，成为贯穿于西塞罗政治哲学学说的主要观念。在希腊化哲学学派中，斯多亚学派对自然法着墨最多。斯多亚学派虽然历经变化，例如，在善的观念上，中期斯多亚学派受柏拉图主义影响，肯定外在的善如健康和财富等的必要性，晚期斯多亚学派则持不同看法，否定善的外在性，完全地退归内心，然而自然法观念却是不同时期的斯多亚学派的不变坚守，贯穿在斯多亚学派对自我观念的阐释的始终。斯多亚学派认为“自然”（*phusis*）是一切描述、认识和解释的出发点，理性和共同体这样的哲学观念也只有依据自然才能得到理解。斯多亚学派的实际创始人克律西坡（Chrysippus）曾指出，人有双重的自然本性，一是自我保存：“斯多亚学派认为，动物的首要冲动就是自我保存，因为自然一开始就使它爱慕它自身，正如克律西坡在

① 参见［美］弗格森：《古希腊—罗马文明：社会、思想和文化》，下册，422 页。

② 参见北京大学哲学系外国哲学史教研室：《西方哲学原著选读》，上卷，167、176 页。

③ 参见北京大学哲学系外国哲学史教研室：《西方哲学原著选读》，上卷，167、177 页。

《论目的》第1卷中所肯定的：‘所有动物最亲近的就是它的自我构成和由此而生的意识’；因为自然不可能使有生命的事物与它自身疏离，也不可能使生物既不疏远又不钟爱它自身的构成。”[①] 二是寻求合理性（*kathekon*）的意识。*kathekon* 应用于下面的情况，即一旦事情被完成，就能提出合理的辩护，例如与生活进展状态的和谐一致性，这确实渗透于动植物的成长。他们认为，无论是在植物还是在动物中，你都可以找到行为的合理性（*kathekonta*）（《名哲言行录》VII. 107）。[②] 什么是人的 *kathekon* 呢？合理的行为（*kathekon*）就是所有由理性（*logos*）引导的行为，如尊重父母、兄弟、祖国，善待朋友。不合理的行为（*para to kathekon*）则是理性反对的行为（*me airei logos*），如忽视父母、漠视自己的兄弟、不善待自己的朋友和无视祖国的利益（《名哲言行录》VII. 108－109）。自然法的基本内容即在于此，它们虽然在表述上有逻辑排列的先后，却不存在人们付之于行为选择的先后。由于自我保存里面原本就包含着“他者”的观念，斯多亚学派第一次明确地阐释了“责任”的内涵。这样，斯多亚学派就通过个体的观念，既为世界公民提供了论证，更通过这种内含他者的自我观念，以及通过他者与自我之间的共在意识，揭示了个体性自由的社群内涵。斯多亚学派通过其自然法观念指出，任何个体无非都是关联于他者的个人，个体因着与所有人共同具有的他者观念，形成责任关系并申明其个体的权利。

伊壁鸠鲁学派虽然没有以自然法为研究的主题，其哲学阐释却也包含深厚的自然法思想。伊壁鸠鲁学派关于个体和社群的关系有类似于斯多亚学派的阐释。伊壁鸠鲁认为万物俱由原子的自由运动复合而成，原子为其重量所驱动，既做直线运动，又因在虚空中偶然的偏斜、相互碰撞形成许多原子团，不同的原子团形成世界，不同的世界由虚空隔开形成多重宇宙，既不相互妨碍，也不相互推动，既没有价值的差等，也不存在宇宙的中心。这就折射了伊壁鸠鲁学派的自然观念，即世界之间、天体之间、人群之间都没有善恶高低之分。一切运动皆是自然，具有同等程度的善好。人也是如此，他们是原子复合的结果，不存在好恶程度的分别。因此，遵循自然运动、合乎自然结果就是合理的选择。

---

① 第欧根尼·拉尔修：《名哲言行录》VII. 85（Diogenes Laertius, *Lives of Eminent Philosophers*, R. D. Hicks, trans., Cambridge: Harvard University Press, 1925）。

② 塞涅卡也有类似的论述，这说明斯多亚主义在这个问题上的看法是一以贯之的（参见 Seneca, *Letters*, 121. 6－15, in A. A. Long and D. N. Sedly, eds., *The Hellenistic Philosophers*, vol. 1, 57B, Cambridge: Cambridge University Press, 1987）。

相形之下，怀疑派在希腊化哲学中或许显得比较特殊，却也正是它才把自然观念推进到极致。怀疑派认为人的表象属于个体判断，不同人的判断就其个体性而言没有真理性之别，没有一个个体表象较其他表象更确定、更具真实性。任何个体表象都具有同等权利，在个体习惯和信念上具有同等的完整性，任何自我表象和认知都不具有对于其他人的更大的正当性。同等的个体性也就是同等的自然权利。

可见希腊化哲学家或者以自然法的名义，或者以个体性表象为主题，为自然平等的政治主张预备了哲学论证。自然法观念的形成与斯多亚学派和伊壁鸠鲁学派的自然哲学论说的前提相关。斯多亚学派认为宇宙由火演化而成，万物就其自然本性而言是一元的。万物之趋于自我保存的整体性正是其一元论的表现，它肯定单个事物与其他事物属于整体性关系，肯定宇宙万物之间存在着无法分离的相关性。这种整体性或者一致性被视为神圣理性，它造成了事物的自然特质，世界是由理智（*nous*）和神意管理的……这是因为理智渗透在整个世界之中，就如灵魂在我们里面那样（《名哲言行录》VII. 138 - 139）。自然是理性的内涵，整个世界就是一个有生命的存在者，它被赋予灵魂和理性，以太是它的统治原理（《名哲言行录》VII. 139）。合乎理性的生活也就合乎自然。伊壁鸠鲁学派则从机械论的角度为自然法辩护，认为世界或者个体都是原子的自由集合，理性也是如此，它也是原子流射的呈现，以原子自然活动为其形式。就原子活动的自由性来说，万物并不存在差等。无论自我保存还是社群性，它们都是原子的自然集合，都归于原子本身的属。原子受到其个体属性即重量的规定，也受到自由运动的规定，受到在虚空里面的轨迹的规定，原子在虚空中的无碍关联显示了空间的公共特质。

西塞罗是希腊化哲学自然法观念的伟大继承者，他的政治哲学由此具有动人的说服力。西塞罗深信自然法高于各民族的法律和习惯（《法律篇》1.42），因为如果自然法不是最高的法律，那么任何民族的法令、君王所颁布的敕令或法官的决定，就会是最高的也是最终的。而实际上各民族的法令等等是相互冲突的，甚至是违背正义的，如果没有高于其上的自然法，人们就会被迫接受不正义的法律。因此，唯有大自然的法律才不会为人们的投票、民族的习惯和君王的命令所劫持（《法律篇》1.44）。这也意味着法律不是人思想的产物，而是一种自然智慧，是一种以指令和禁令统治整个宇宙的智慧，它是永恒的东西。这法律就是自然（《法律篇》2.8）。所谓的自然，就是完全由它们自身并依据它们自身进行判断，而不是依据其他事物进行判断。这是西塞罗所谓的“理性”的主要含义，法律必须以理性原则为依据（《法律篇》2.8）。人的德性就是在生活中坚定持续地运用理性（《法律篇》1.45），依据自然标准进行判断（《法律篇》1.46），而运用于指令和禁令的正是至高无上的朱庇特的理性（《法律篇》2.10）。

西塞罗的自然法观念主要受到斯多亚学派的影响，其精神特质却源自整个希腊化的浸润。西塞罗的名言是“不应认为有什么事物可能超越自然”（*ne fasque sit dicere ullam rem praestare naturae omnium rerum*）（《法律篇》2.16）。而人所共有的自然就是法律，因为正义只存在于自然之中，法律是依据自然制定出来的有关事务正义与不义的区分（《法律篇》2.13）。可见，自然是正义的基础。然而在生活中，人们经常以功利为标准来衡量、选择、取舍，只要有可能，他们就会选择对他们自身有利的东西，摧毁德性。可见，希腊化哲学家主要从形而上学、自然哲学和伦理学角度论述的自然法，被西塞罗转化成了社会的规则，使之具有了明显的政治含义。主要依据斯多亚学派和伊壁鸠鲁学派的观点，西塞罗指出，友爱这种德性明显地体现出人为善而善的实现方式，正如人追求正义是为了正义，而不是为了回报。人追求正义若是为了回报，那么所谓的正义的行为就是不义的。正如人追求友爱是为了友爱，而不是为了从友爱中获利。人若从友爱中追求获利，那么人就失去了联合的社群基础，就失去了自然的本性即正义（《法律篇》1.49）。正义是自然法的核心，人们对人慷慨，对国家忠诚，对朋友友爱，为他人服务时仁慈，对所受的恩惠感恩，这些德性都属于人的自然倾向，是正义的德性之源。正义只有一个，它约束所有人，是大公之法，是所谓的正确理性，是成文法的根源（《法律篇》1.42）。“一些知识渊博的人认为应该从法律这一概念谈起。他们也许是对的，只是如果能像他们界定的那样，法律乃是植根于自然的最高理性（*lex est ratio summa insita in natura*），它允许应该做的事情，禁止相反的行为。当这种理性确立于人的心智并得到充分体现，便是法律”（《法律篇》1.18）。引文中所谓的“一些知识渊博的人”指的就是斯多亚学派哲学家。因着对自然的共同模仿，人们结成共同体。西塞罗把自然法观念转化并运用在对国家政体的探究之中，论证了所谓的市民法不过是通过自然正义表现在国家这类共同体形式中的成文法。

二、社群

社群是希腊化哲学的主要观念之一，其中尤以斯多亚学派为最。斯多亚学派哲学家用希腊文 *oikios* 描述他们所谓的“自我保存”和“保存他人”。英文通常把 *oikios* 译为 appropriating（合理的、恰当的）、owing（把……归于）、

coming to belong to（属于），也译为 recognition and appreciation of something as belonging to one（认为某事物归属于……）。它也有“自爱”的含义，还有“安排”和“排列”的意思。它的词根 *oiko* 包含计划和安排，所谓的“家政”也与此相关。“家政学”是量入为出的学问，与所谓的“合理的”和“安排妥当的”等意义相关。当斯多亚学派哲学家们说人的自然本性既自我保存又保存他人时，他们会说这是出于自然的 *oikios*（合理性）。人就其本性而言知道如何安排“好”，是指懂得合理地把自身归到某个秩序之中，并且懂得自我安排。也就是说，就其自然而言，人具有某种与他者发生关联的本性。可见，社群性是人自然性的一部分。

克律西坡认为 *oikios* 是一种主动结成社群的原理，因为宇宙是有机的整体，它由火主动演化而成，绵延相生，不会间断，所有部分和个体有向着整体的初始冲动。

> 斯多亚学派认为，动物的首要冲动就是自我保存，因为自然一开始就使它爱慕它自身（*oikeiousis*），正如克律西坡在《论目的》第 1 卷中所肯定的：“所有动物最亲近的就是它的自我构成和由此而生的意识”；因为自然不可能使有生命的事物与它自身疏离，也不可能使生物既不疏远又不钟爱它自身的构成。我们必须得出结论说自然在构造动物时使它亲近并爱慕它自身（*oikeiosai*）；因此它要避开所有有害的事物，并自由地接近所有能用的和亲近的事物。（《名哲言行录》VII. 85）

动物趋近自身与动物趋近他物属于同一自我意识的两个方面。自然不会让每个动物趋近于它自身而不趋近于自然整体，个体性自我就其自然而言是趋利避害的，这是动物所拥有的自由权利。由于每个动物都要让其自身趋近于自然本身，自然本身就是所有动物社群性的最大外延。趋近于自然整体，在于避开有害的事物，接近能用的和亲近的事物。可见个体事物的 *oikios* 是事物所共有的法则，是它们所共有的关系。这也是斯多亚学派所谓的目的的含义，“目的就是生活并实践所有适合的（*kathekonta*，即应尽的）行为”（《名哲言行录》VII. 88）。如果人们都能以这样一种把自我归属于某个其他事物的方式共同生活，那么人与人之间就能够和谐地排列（*homoloumenen diathesin*）（《名哲言行录》VII. 89）。这样的人是能够真正安排自身的人，是一个与自身亲近的人。他既有对于他自身的完善的社群关系，也有对于他者的完善的社群关系。

oikios 由于能够按照好的原则安排事物和个体自身，因此是合理的，能够帮助人分辨积极的、中性的和消极的事物。例如，正义和名誉是积极的，丧失

理智是消极的；财富和健康是中性的，放纵物欲是消极的。中性事物不能够作为善来追求，但可以作为不幸的对立物予以避免。从政治哲学层面来说，*oikios* 使人把实现正义作为欲求。它作为一种政治意义上的德性，是社群的基础，人明白正义是 *oikios*（合理性安排）的社群特性。荣誉也是如此。政治家把荣誉作为欲求对象，这也意味着他们必须行事正义，方能得到别人的赞美。由于斯多亚学派认为人的这种类型的自爱是自然的，人的自然合理性就表现在那种对积极的和消极的事物的分辨之中。由于这样的分辨能力，人能够克制情绪。克制情绪包含着对于他者的想象，能够把自我合乎理性地与他者维系在一起；情绪则使人的自然本性变得不合理，也就不能形成社群。

> 那本质上与自然一致的，或者所产生的东西是与自然一致的，因而包含一定的积极意义——斯多亚学派称之为 *axia*，也就是“有价值的”——值得选择；另一类就是与前者相反的，他们称之为“无价值的”。由此就确立了第一条原则，即凡与自然一致的，其本身就是“可取的事物”，它们的对立面就是“应摒弃的事物”，第一步“适当的行为”（*officium*，这是我对希腊词 *kathekon* 的翻译）就是保存自己的自然结构；第二步就是保留那些与本身一致的事物，摒弃相反的事物；当这条选择原则同时也是摒弃原则被发现之后，接下来就是根据“适当的行为”（*cum officio selectio*）选择，然后，这样的选择成为一种固定的习惯，最后，选择完全理性化，与自然本性一致。正是在这最后阶段，真正的善才首次显现出来，其真实的本性才得到领会。人的最初爱慕（*conciliation*：*oikiosis*）总是指向与自然一致的事物（*consentanea naturae*）；但当他有了领悟力，或者毋宁说能产生“概念”——用斯多亚学派的术语就是 *ennoian*——认识到支配行为的秩序，也可以说和谐，他就会转而尊敬这种和谐，其程度远胜过他最初产生的爱慕，再通过智性和理性的分析，推出结论说，人最大的善就在这里，也就是因其本身而值得赞美、值得欲求的东西。由于这就是斯多亚学派所说的 *homologian*，而且你也同意我们可以称之为 *conformity*——换言之，如我所说的，作为终极目的的善（其他一切都是为了达到这一目的的手段）就在这里，所以道德行为与道德价值本身，也就是唯一的善，尽管需要继续发展，但仍然是唯一因其自身的效果和价值为人所欲求的事物，而最初的本能目标没有一个是因其自身的缘故为人所欲求的。[1]

---

① ［古罗马］西塞罗：《论至善和至恶》III. 20－21，石敏敏译，北京，中国社会科学出版社，2005；根据 Loeb 丛书的拉英对照本（Cicero，*On Ends*，H. Rackam，trans.，Cambridge：Harvard University Press，1914）有改动。

在有关合理性行为的最初判断方面，人会选择保存自己，而保存与自身一致的事物，如保存家人、朋友和自然万物，也就是保存自身。当这样的选择习惯化也就是完全理性化后，人就与自然本性即他的社群性相一致了。万物都追求社群，因为无论是无机物还是低等动物，它们都在产生时就与自然一致，也在自然的社群性中维持其自身。这就是斯多亚学派的自然法的社群内涵。凡自爱的人，他们必然避免冲突，因为冲突使爱或者说使“好”破裂。“我接受其理论体系的那些人的观点是这样的，生命体一出生（那是真正的起点）就有一种自我爱慕感（*ipsum sibi conciliari*：*oikeiosis*），一种自我保护的本能，喜爱自己的结构以及那些有利于保护这一结构的事物；同时在另一方面，它憎恶破坏以及那些显得有破坏力的事物。为证明这一观点，他们指出，婴儿在感受苦乐之前就渴望有利于其健康的事物，拒斥相反的事物；倘若他们不是对自己的身体有天生的爱恋，害怕破坏，就不可能这样。而他们若不是有自我意识，从而产生自我爱恋之情，就根本不可能有欲望。由此可以说，正是自我爱恋提供了活动的最初动机。”在使自然习惯化和合理化的进展之中，人学习到对他自身的爱会造成与自我对立的事物，也就是说当自爱过度时，它就不是真正的自爱，自爱也受理性化的约束。人就其是自然的而言，能够明白凡与自我对立的就超出了自爱，有损于自爱，是他所要避免的。因此，合乎理性的人会避免过度自爱，把保存他者的爱合理化，或者说把保存他者作为自爱的一部分，使自我的个体化活动成为包含他者的社群性运动，用他者来确定自我的界限，“乃是要为人确立行为的自然目的，即在于发现自然意欲人所力求做到的，给出她（自然）要求的方式。这并不是反对说，人不需要渴望自然要他渴望的，如果有人认为自然给予了他真正的欲求。无论他认为他想要什么，唯一能够满足他的就是自然为他设立的目的”①。因此，自然的自爱不会造成自爱者与爱他者的冲突，这就是斯多亚学派所注意到的自我的复数性或者说社群性。2 世纪斯多亚学派的代表人物奥勒留（Marcus Aurelius）更是直截了当地说：“理性动物的善就在于社群，因为我们是为社群而造的”（《沉思录》V. 16）。合社群性以及缔造社群是人的自然本性之所在。宇宙运行把人召集到万物的配合活动中，从中去看人自己身上各种要素的合作，形成自我对于自身、自我对于他者的整体感知。

伊壁鸠鲁学派也持类似的看法，虽然它的社群观念更倾向于契约论。伊壁

---

① Gisela Striker, “The Role of Oikeiosis in Stoic Ethics,” in Gisela Striker, *Essays on Hellenistic Epistemology and Ethics*, Cambridge: Cambridge University Press, 1996, p. 286.

鸠鲁学派认为共同体是人最重要的存在方式，人不可能在离开其他个体之后还能够像人一样生活。人的生活内含双重契约，一种是成文的契约，任何人都需要遵循这种契约而生活，这就被称为正义。“没有自在的正义（绝对的正义），有的只是在人的相互交往中在某个地方、某个时候就互不侵犯而订立的协议。”① 社会正义显性地刻画着人的生活，让人遵照协约生活。至于自以为逃避了法律的人，社会正义用焦虑等等情绪惩罚他，“任何人都不能在隐秘地破坏了互不伤害的社会契约之后确信自己能够躲避惩罚，尽管他已经逃避了一千次。因为他直到临终时都不能确认是否不会被人发觉”②。另一种是未成文的契约，就是自然正义，这是成文契约的基础，也是人类共同体的前提。“自然正义是人们就行为后果所做的一种相互承诺——不伤害别人，也不受别人的伤害。”③ 人在自然的意义上以共同体的方式结成存在，共同体是人的自然方式。

西塞罗接受希腊化哲学这种共同体至上的哲学观念，同样认为合群性和友善是人的自然本性。举例说，人就其自然本性而言就具有德性。如果一个人没有为后天的习俗所败坏，那么就其自然而言，他会为问路的人指路，帮助他们（《法律篇》1.41）。这是因为善好倾向是人类的相似性，它的愉悦吸引所有人（《法律篇》1.31）。因此，人与人之间没有类的差别，所有种族的人都可以获得美德（《法律篇》1.16）。正是因为这种相似性，自然激励人们结成了共同体关系（《法律篇》1.31），它甚至还激发人们向上寻找，造成以自然为最终共同体的第一家园（《法律篇》1.26）。如同希腊化哲学家所以为的，共同体也是西塞罗自然法思想的延伸。

与希腊化哲学家略有不同，西塞罗更明确地落实了共同体的政治维度，尤其表现在他特别强调共同体观念的法权内容，这个世界的成文的共同体就是国家。西塞罗认为真正的哲学家以国家为最重要的思考对象，尽管他们或许并没有真正治理国家的经验。在西塞罗看来，只要讨论过国家，就等于履行过国家的某些职能了，“事实上，我还注意到希腊人称之为‘智者’的七个人，都曾在治国事务中承担过重要角色。的确，就职业的品德来看，这个世界上没有别的行当比建立新国家或维护那些现存国家更接近于诸神的庄严职责了”（《国家篇》1.12）。就如斯多亚学派所说的，那些治理国家的人如同在倾听神谕、理

---

① ［古希腊］伊壁鸠鲁：《基本要道》第 33 条，见《自然与快乐》，包利民等译，42 页，北京，中国社会科学出版社，2004。

② ［古希腊］伊壁鸠鲁：《基本要道》第 35 条。

③ ［古希腊］伊壁鸠鲁：《基本要道》第 41 条。

解神意。这显然也是晚期斯多亚学派代表人物奥勒留的观念，他认为治理国家是他自己必须承担的社群的责任，是神圣共同体之于他的神谕。西塞罗的下述说法更是直承斯多亚学派的政治传统，将希腊化的政治观念清楚地发挥在他的哲学之中："这个家并不是为我们建筑的城墙所封闭的，而是整个宇宙，是诸神给予我们特权与他们分享的家园和祖国"（《国家篇》1.19）。

三、世界公民

希腊化哲学的世界公民观念以其自然哲学为前提，它把自然性视为人的第一本性，把人的自然身份作为人的第一身份。伊壁鸠鲁学派认为世界的自然性和人的自然性来自原子在虚空中的复合特性，万物和人的"变化只是原子以多种方式变换位置、增减数量而已。这种能够变换位置的东西本身不会毁灭，不具有现象的变化性；它们各有自己的独特分子团和形状；这些必然保持不变"[①]。既然如此，不同的人不外乎原子的不同复合，人的变化也不外乎原子复合的不同形态，然而就人共有原子这共同的自然根源而言，人与人之间自然平等。人从与自然和宇宙的关系中获得他的第一身份："一个世界就是从宇宙中切划出来的一团东西，其中包围着星球、土地以及所有其他的可见的东西。这是从无限者中切下来的、有界限的存在。[它被或薄或厚的边界限定着，或者静止；或者是圆形的，或者是三角形的，或者是其他的别的形状的。] 这一切都是可能的，因为它们都不与这个世界中的现象相违背。"[②] 人是无限世界的一部分，都保持着这个世界的自然特性。卢克莱修（Lucretius）也持这样的看法，他指出万物共有一个父亲，人类都产生于天上的种子。养育万物的大地母亲从天上的父亲获取滋润的雨露，孕育出大量谷物、树木以及世代繁衍的人类与野兽。大地为动物和人类提供大量食物，滋养健壮它们的身体，使它们过着甜蜜快乐的生活并且繁衍后代。大地当之无愧地获得了"万物母亲"的称号。凡是从大地孕育而来的都会再次回归大地；那些从边缘降落下来的物质也终将回归，为天界所重新接受。[③] 人毫无疑问是自然之子。相比较于人从自然中所

---

① ［古希腊］伊壁鸠鲁：《致希罗多德信（论自然纲要）》，见《自然与快乐》，9～10页。原子最重要的性质，也是所有原子都具有的性质就是不可毁灭性和永恒运动。

② ［古希腊］伊壁鸠鲁：《致皮索克勒信（天文学纲要）》，见《自然与快乐》，21页。伊壁鸠鲁指出一个很重要的观点，当原子团从宇宙中划下来的时候，也就是在虚空中运动的原子团形成独立的群体的时候，它已经是有界限的存在。虚空是没有界限的，有界限意味着空间，引文中所谓的三角形等等形状都是空间的意思，从而意味着共同体是一种空间的存在。

③ 参见石敏敏：《希腊化哲学主流》，255页，北京，中国社会科学出版社，2012。

获得的第一身份，社会关系则是第二身份。原子复合形成各种不同的观念形态，观念在原子或者说自然之下属于二级存在。社会观念来自自然观念，社会身份也依据于自然关系，依据于原子与万物及原子与宇宙的最终关系。① 每个人都是自然之子，同等尊贵，都是遵守宇宙这个伟大城邦的法律的公民。

斯多亚学派也以自然哲学为依据，论证人的世界公民身份。斯多亚学派认为世界由火或者普纽玛（*pneuma*）演化而来，绵延不可分割，是生命的整体。火最初生出气、水和土三元素，又和三元素生出宇宙万物。② 宇宙就其都是大火化生而言是一个巨大的城邦。斯多亚学派认为自然宇宙是一个有机体，这有别于伊壁鸠鲁学派的观点，后者认为世界是原子的机械复合。斯多亚学派认为宇宙是四元素完全混合的连续体，而不是伊壁鸠鲁式的机械并置。火、气、水、土四元素完全混合，火被气、水和土三元素完全包围，气、水和土也是如此。它们之间相互完全包围的关系是混合关系，共有完整的空间，用政治哲学的术语来说就是共享公共空间。在完全混合的关系中，火、气、水、土保持各自的特性，火仍然是火，水仍然是水。就如醋和海洋的混合，一滴醋滴入海洋，这滴醋像是完全地融汇在水的海洋之中，像是已经完全消失在海洋中，被海洋完全包围了，然而海洋也完全“消失”在了这滴醋之中。两者共有空间，并且对等地拥有空间。然而，醋和海洋却又都保持了各自的物体性③，没有失去作为醋和海洋的个体性特质。个体性自我与公共空间的关系、个体性自我与宇宙城邦的关系是最初的也是最终的关系。④ 世界城邦或者宇宙城邦是人身份的根源，就如奥勒留所说：“但也许你不满于从宇宙中分配给你的东西——那么转而回忆一下这一思想：想想要么是神存在，要么是原子存在，即事物的偶然配合存在；或者想想这些论据，它们证明了这个世界是一个城邦，那最终会使你安静。”（《沉思录》IV. 3）世界是一个有机体，是一个巨大统一的城邦。人由于是这有机体的一部分，具有与这有机体共同的自然一致性，具有与宇宙城邦相一致的公民身份。斯多亚学派称人身上的这种自然一致性为世界公民。

伊壁鸠鲁学派和斯多亚学派都把公民性视为个体的完整特性，体现了人作为宇宙城邦成员的特质，显示出人的第一身份来自宇宙城邦。这使得人不以地

---

① 参见［古罗马］卢克莱修：《万物本性论》V. 2. 5，见《自然与快乐》，218 页。

② 参见章雪富：《斯多亚主义》，第 1 卷，99～112 页，北京，中国社会科学出版社，2007。

③ 参见章雪富：《斯多亚主义》，第 1 卷，123～128 页。

④ 参见［古罗马］卢克莱修：《万物本性论》I. 2. 1，见《自然与快乐》，68 页；Lucretius，*On the Nature of Things*，W. H. D. Rouse and M. F. Smith，trans.，Cambridge：Harvard University Press，1924。

理和区域构造自我意识，也不以族类塑造身份内涵。人也无须说这是“别人的”，那是“他自己的”，因为一切都是自然的。这样的人不再处在自我的张力中，他是作为自然的后裔面向生活的疆域：“如果一个人生活在一个世界上任何地方都像生活在一个国家（政治团体）中一样，那么住这儿或住那儿对他来说并没有什么关系”（《沉思录》X. 15）。作为世界公民的人受一种普遍法度的节制，他的自我意识融入这种普遍自我的授予之中。他始终以自由人的态度生活，以公民的态度生活，不使自己生活在奴役之中。“啊，宇宙，一切与你和谐的东西，也与我和谐……所有事物都是从你而来，都复归于你。诗人说，亲爱的西克洛普之城；我不是也要说，亲爱的宙斯之城?”（《沉思录》IV. 23）只有一个世界，一座城市，一种关系，就是这座城的公民关系。公民是人与自然、人与他自身的唯一真实的关系，这是基于永恒法律的关系。

这也意味着“世界公民”首先并不是一种“社会关系”，而是一种“自然关系”。晚期斯多亚学派哲学家爱比克泰德（Epictetus）就指出，要以自然本性表达人，而不是在此之外寻找人的标准。“不要去扭曲本来正当的事物，也不要在它上面费力改造，而应该让男人做男人，女人做女人……但一个男人要作为一个男人而清洁，一个女人要作为一个女人而清洁，一个儿童要作为一个儿童而清洁”（《哲学谈话录》III. 1）。人是公民还是奴隶，取决于他是否充分意识到他在与自然的关系中的公民性，而不在于他在这个世界上的身份是奴隶还是自由人。如果这个世界上的奴隶有着心灵的绝对自由，他就是一个自由的公民；如果一个罗马公民在这个世界上的心灵不自由，他就是一个奴隶。公民就是由这样一种与自然的自由关系来定义的，世界公民也正基于这种自我的自由意识。斯多亚学派哲学家加图（Cato）给出了非常清晰的图景：“宇宙是由神圣意志支配的；人和诸神都是城邦或国家的成员，我们每个人都是这个宇宙的一部分；由此可以得出合乎自然的结论，就是我们选择共同的利益，而不是自己的利益。正如法律是为众人的安全而不是个人的安全，同样，一个良善、智慧、守法、知道自己对国家的职责的人，研究的是众人的利益，而不是自己的或者某个个人的利益”（西塞罗《论至善和至恶》III. 19）。世界公民的生活遵循这种自然法，一种将人从这个世界上的所有关系，包括财产关系、家庭关系、权位关系中释放出来的基于自由的正义。那种基于自由的正义才是真正的普遍法，“贯穿于所有事物之中，与宙斯同一，是所有其所是的事物的机体的统治者”（《名哲言行录》VII. 88），世界公民则顺服自然这位统治者，从这位统治者获得永恒自由的个体存在。

既然公民性是个体性的最主要内涵，人对于自然和宇宙城邦的参与就成为他的“天职”。人把他自己对于世界的介入看成他的德性、他的理性，也看成他的存在。斯多亚学派所谓的“自爱”既然是介入性的，是蕴含他者的，也就说明它内含空间的公共性，由此可以理解斯多亚学派的创立者基提翁的芝诺所说的：“除非有什么事情阻止，否则他就会参与到公共事务中去。”[①] 奥勒留也说：“无论是我做的事还是我能和另一个人做的事，都应当仅仅指向那对社群有用、适合于社群的事”（《沉思录》VII. 5）。公民性是斯多亚学派对存在性的最好诠释，就如伊壁鸠鲁所说，没有任何个体处在宇宙的中心，也没有任何个体可以支配其他个体[②]，个体之间因其共有的永恒关系而同为存在的关系。西塞罗显然承继了这种世界公民的理念，发挥了人的公民性乃是存在性的最高内容的思想。他谈论到西庇阿（Scipio）和加图时，以充满崇敬的口气颂扬他们毕生从事政治事业。这些政治家也是哲学家，他们不把哲学理解为一种闲暇的事业，也不愿意让自己的思想只处在闲暇的空间里，他们没有把哲学看成一种追寻个体福祉的理性事业，他们“即使步入高龄，也宁愿投身于公共生活的狂风暴雨之中，而不愿意过一种安静与闲散的、完全幸福的退休生活”（《国家篇》1. 1）。西塞罗甚至认为这种政治生活的追求乃是自然植根于人的本性中的东西，正如斯多亚学派所认为的，社群乃是一种天性。西塞罗说，“自然已经给人类植入了对于品德的如此强烈的需求，植入了对维护公共安全的如此强烈的愿望，这种需求和愿望超过了一切来自欢乐与闲散的诱惑”（《国家篇》1. 1）。西塞罗把斯多亚学派所谓的人的社群天性以及希腊化哲学所谓的世界公

① 转引自［古罗马］塞涅卡：《论闲暇》，见《哲学的治疗》，吴欲波译，69 页，北京，中国社会科学出版社，2007。

② 希腊化时期的斯多亚学派用正义观念表达个体间的联系，而正义又根源于斯多亚学派对于 *oikieiosis* 的特殊理解。*oikieiosis* 的意思是人们不是单纯由自我利益驱动的，而是有把他自身与其他人相认同的冲动，以与他自身相关的方式感知他们，关心他们。如果人性自然互利，那么为何人们把自我的利益看得高于其他人的利益？斯多亚学派认为这是由于社会环境和习俗的影响（《名哲言行录》VII. 89）。斯多亚学派认为，人把自我和他者及其利益相认同的自然本性（*oikieiosis*）就是正义的起源（Plutarch，*De Stoicis Repugnantiis*，1038b）。公元前 2 世纪的斯多亚主义者安提珀特（Antipater）对此的解释是：如果自然告诉每个人，其他人也是人，是与他无异的人，那他就不应该排斥别人的利益，例如对于别人施以暴力就是不义的（Cicero，*De Officiis*，III. 28；*De Finibus*，III. 63；*De Legibius*，I. 33）。问题就在于我如何处理我自己的利益，或者说什么是我的利益。斯多亚学派使用剧场和位置的比喻。剧场是为人们所共同拥有的，但是一个人占有的位置完全可以合理地被称为一个位置（Cicero，*De Finibus*，III. 68）。因此斯多亚学派认为，“既非从宙斯也非从宇宙本性中寻求正义是不可能的，因为正是在这里我们找到了所有事物的根源，如果我们想要对善恶有所讨论的话”（Plutarch，*De Stoicis Repugnantiis*，1035c）。以上讨论参见 Christopher Rowe and Malcolm Schofield，eds.，*The Cambridge History of Greek and Roman Political Thought*，Cambridge：Cambridge University Press，2000，pp. 449 - 541。

民的本性展示为一种政治的德性，认为这种政治的德性超出了人所有其他方面的欲求意向，是人存在性的最高内容。

在希腊化的世界公民的框架下，西塞罗甚至比同时代的其他哲学家更加从自然性方面强调人实现其公民性的冲动，强调政治意愿是人的第一冲动。这样，原先存在于希腊化世界公民观念中的自由感就被转化成了一种责任感，一种人实现其自我公共性的强烈的自我意识。“既然我们感觉到有一个巨大冲动使人类的生活更为安全与富足，并且为大自然所驱使去实现这种愿望，那么，让我们坚持这一曾被所有杰出人物走过的进程，而对那些大声嚷嚷撤退——其目的只是想让超过他们的人退回来——的人视而不见”（《国家篇》1.3）。西塞罗轻视把哲学从公共生活中分离出来的观点，认为与政治无关的所谓的哲学智慧远远低于那些统治一个国家和城市的智慧。政治技艺，在西塞罗看来，根本不只是所谓的实践智慧，而是最普遍的知识。因此，如果说哲学有什么普遍知识，那么它绝不是所谓的单纯理论化的知识，政治知识也绝不仅限于社会组织方面的知识。对西塞罗而言，政治的德性也就是最高的德性，是人最高贵的品性。“就如同一种技艺一样，除非你运用它，否则不足以拥有它……品德的存在完全取决于对它的使用；而对它最高的使用便是治理国家，是把那些哲学家在其各自角落喋喋不休地向我们的耳朵所灌输的那些东西变为现实，而不是变为语词”（《国家篇》1.2）。哲学的框架取决于实践，正如有关德性的知识取决于德性的运用一样，哲学的科学性取决于哲学的政治性，政治知识以及由这种知识所生成的政治德性乃是最普遍的知识和最高的德性。

第二节　西塞罗的法权国家思想

在希腊化罗马哲学家中，唯有西塞罗全面阐释过政治哲学。西塞罗的政治哲学，其精神气质来自希腊化罗马时代；其关于政体的论述上承柏拉图和亚里士多德的传统，其所阐释的路径却指向现代理念。一方面，西塞罗政治哲学的精神特质与希腊化哲学学派（包括斯多亚学派、伊壁鸠鲁学派和怀疑派）息息相关。希腊化哲学学派所确立的自然法和世界公民概念，把个体作为宇宙主体的思想，深深烙印在西塞罗的学说之中，成为西塞罗政治观念的核心，即人民主权思想的根源。另一方面，西塞罗又与古典政治哲学有着传承关系。希腊化哲学家们都很少讨论政体意义上的政治，这位罗马哲学家西塞罗却如古典政治哲学家们一样将政治的讨论落实为政体的分析，他大段地引用或者转述柏拉图对政体演变的分析，论证共和政体是最好的政体。此外，西塞罗的政治观念又基于国家实体，几乎完全撇开德治的观念，把法律作为国家治理的唯一经纬，确定了国家的法律基础。

一、作为政治家的政治哲学家

西塞罗是一位政治家意义上的政治哲学家，是罗马共和国晚期的哲学家、政治家和雄辩家。他出生于罗马一个富裕的骑士家庭，先师从罗马共和国的占卜官斯凯弗拉（Scaevola）学习罗马法律和历史，后来受学园派哲学家斐洛（Philo）的影响学习柏拉图，对希腊哲学产生兴趣。他也接受斯多亚学派哲学家狄奥德图斯（Diodotus）的教导，熟悉斯多亚学派的学说。[1] 西塞罗志在从政，他先投身于法律，之后担任罗马的执政官，在罗马共和国晚期的政治危机中坚决捍卫共和政体，他曾借罗马的伟大执政官西庇阿之口批评哲学所教导的单纯的安静无为的生活，认为这样的生活既不能使人获得较他人更多的益处，也不会在灾难落到国家和人民身上时因这共同灾难而受难更多，“我还将毫不犹豫地献身于最凶猛的暴风雨，而且，我甚至还要说，我可以面对雷电的轰击，为了我的同胞公民的安全，我愿意以个人的危险换取所有人的安宁生活”（《国家篇》1.8）。他不是柏拉图和亚里士多德这类哲学家意义上的政治哲学家。柏拉图和亚里士多德基于对现实政治的批评，阐释政治的逻辑。但是，西塞罗的身份始终是政治家，他终生很深地介入罗马共和国的政治实践。他政治生涯的前期是与由恺撒（Caesar）、克拉苏（Crassus）和庞培（Pompey）组成的前三头同盟进行斡旋，后期又卷入了屋大维（Octavius）、安东尼（Antony）和雷必达（Lepidus）的后三头同盟政治。他试图与这两代罗马政治家合纵连横，捍卫共和理念。西塞罗说，有些人生来就是勇敢者，就是承担国家责任的勇敢者，“这样的人习惯于视生命在自然进程和年老中消散是更大的不幸，还不如有机会为他们的祖国捐躯，这比其他更好”（《国家篇》1.4）。他所考虑的是如何践行共和理念，维持罗马的长盛不衰。在此期间，他历经流放，财产被充公，生命屡受威胁，最后为共和殉道。

西塞罗出身并不显赫，但经过不断的社会攀援，位居元老和资深政治家之

---

① 参见陈文明：《古罗马著名的雄辩家西塞罗》，3～4页，北京，商务印书馆，1984。

列。在这个过程中，他加深了对罗马各阶层和社会状况的了解。他不同于恺撒和屋大维这样的职业政治家，后者除了筹划国家的富足强大之外，非常在意手中握有的权力。西塞罗的政治阐释则充满张力。他本人是一个政治家，投身于政治活动；又是思想家和哲学家，不同于以权力为欲求对象的“政客”。西塞罗看到的更多是国家赋予他和每个公民的责任：“老实说，我们的祖国生养教育我们，并非不期望——在某种程度上——我们给予某些积极的回报；祖国并非仅仅为了使我们便利，给我们的闲适提供一个安全的庇护所，给我们的安宁提供一个安静的隐居地；相反，她给予了我们这些有利条件，她就可以在她需要时使用我们的勇敢和才华中的更大和更重要的部分，留给我们个人使用的，仅仅是她的需要得到满足之后可能留下来的那些”（《国家篇》1.8）。西塞罗认为他就是为此学习政治科学的，“按一般道理，聪明人确实不愿降低其高尚位置而从事治国术，但是如果情况迫使他承担，他也不拒绝这种责任；即使真的如此，我仍然认为他完全不应轻视政治这门科学，因为他的义务就是事先获得在未来某些时候对他来说也许是必须使用的一切知识”（《国家篇》1.11）。学习政治科学，不是出于好奇，而是出于公民身份，出于他与国家之间类似于父亲和儿子的身份关系。政治正是基于一个公民的这种现实性，政治家从中获得的只是荣誉，“由此，我得到了充分回报，尽管有对我的不义及其引起的一切不安与苦恼。然而，我的不幸给我带来的更多是荣誉而不是烦恼，更多是光荣而不是苦恼，从善良的公民们对我的深情期望中，我感受到的是快乐”（《国家篇》1.7）。在此基础上，西塞罗在政治现实和哲学逻辑之间建立起关于政治的表达，发展出他的政治哲学。

西塞罗的政治哲学结合了古典希腊和希腊化哲学两大传统。他首先面对古典希腊传统。许多文献都称西塞罗是一个柏拉图主义者，或者称他为中期柏拉图主义者。西塞罗本人也深为服膺于柏拉图的某些重要阐释，他有关哲学及其特性的探索似乎也与柏拉图有着承继关系。例如在知识来源问题上，西塞罗接受柏拉图的回忆说，他认为：“人在出生之前已经拥有许多知识，小孩子学东西很快。往往一学就会，就好像他们并不是第一次接触这些东西，而是在唤起对过去的记忆。这个论证，在本质上，是柏拉图的教导。”[①] 另一方面，西塞罗还深受希腊化哲学或者亚里士多德的影响，把社群与共和作为政体的两个优先要素。西塞罗认为国家的形成基于人的社会精神所根植的自然。在西塞罗看

① Cicero, *De Seneetute*, W. A. Falconer, trans., Cambridge: Harvard University Press, 1968, p. 21.

来，人天生就具有社群性，无论在贫穷还是在富足的条件下，人都不愿独居，而更倾向于与同类联合聚集。起初人们组成集合体是为了居住空间，劳作则强化了这一空间，住宅的聚合形成城镇或城市，并且伴有神庙和集会等公共空间的成形。这些空间都可以被称为“人民的财产”。人民的财产需要由某些审议机构进行管理才能长期存在，所以人们就将审议机构的权力授予一个人或某些人，或者由一个全体公民的组织机构承担，形成国家的制度（《国家篇》1.39－40）。而这一市民法的论证和认定，其背后又是斯多亚学派的自然法，“就我们的土地、房屋、牲畜，以及巨大的金银仓库而言，有人从来没有认为这些东西是或者从未把它们称之为‘财产’，因为，他看到，这些东西给人的享受是微不足道的，它们的用处很少，其所有权是不肯定的……这不是由于市民法的责任，而是由于大自然的普遍法则，大自然法则禁止任何东西为任何人所有，除非他知道这东西的用处以及如何使用它”（《国家篇》1.27）。事实上，西塞罗身上的斯多亚学派色彩要更加深厚。从他的《法律篇》和《国家篇》看，他更多地借柏拉图的哲学论述铺路，用斯多亚学派的精神表达其政治理想。

政治家的哲学家身份使西塞罗在西方政治思想史中显得很特别。这意味着西塞罗是理想的，然而又是实际的。他的理想根源于对共和政体国家观念的执着，无怨无悔直至惨死于共和的政治信念之中；他是实际的，因为他明白政治必须根基于历史、习俗和自身的文化，“在我们自己的时代之前，我们祖先的风俗习惯培养了杰出的人，而杰出的人维护了我们古老的风俗习惯和他们祖先的制度”（《国家篇》5.1－2）。西塞罗所谓的自然法和自然理性，含有习俗、常识和传统的意义，他视它们为政治观念的组成部分：“我们的共和国……不是一代人建立的，而是多少个世纪间由许多老前辈建立的。例如，加图说，世界上从来没有生活过这样一个人，他具有把握一切的伟大天资；也不可能有这样的情况，即同代所有人的力量之汇合无需借助于实际经验和时间检验就能为未来制定一切必不可少的规定”（《国家篇》2.2）。共和国的衰落与罗马丧失风俗习惯有重要关系（《国家篇》5.2），需要回到罗马民族形成的起始点去描述共和政体的“好”，也就是回到历史、习俗、经济和宗教等等因素，回到西塞罗所谓的自然理性去描述共和政体的“好”。西塞罗用自然理性观念来消解哲学思辨和自然法运用的两难，解构哲学生活和政治生活的张力。一直以来，从柏拉图、亚里士多德到犹太思想家斐洛，哲学生活和政治生活似乎是内含冲突的两种生活，柏拉图也会忧心于哲学家不愿意投身于政治的劳作。西塞罗则从自然理性，即从理性乃是与历史、习俗、宗教、文化和人民福祉相关的公共性出发，论证哲学不可逃离政治的责任，促使哲学家把政治活动作为哲学的首要活动。作为政治家的西塞罗认为，政治生活才是对哲学生活方式的最好诠释。西塞罗借西庇阿的长辈莱利乌斯（Laelius）之口说，虽然他不想贬低单纯抽象的知识，如形而上学研究，但他认为这种知识研究不应妨碍一个公民投身于所要履行的实际责任（《国家篇》1.30）。他还借埃尼乌斯（Ennius）之口说不能够全身心投入抽象知识的研究，人们需要研究哲学，但要有节制（《国家篇》1.30）。因为没有任何知识的研究比服务于我们国家的研究更重要，政治知识是哲学领域最高深的知识（《国家篇》1.35）。

依据以上看法，真正的福祉或者说永恒的福祉来自人们的政治活动，来自政治家身上的政治荣誉。西塞罗不认为荣誉只是变动世界的暂时名声，不认为它只是外在的善。西塞罗认为政治家的荣誉更像是永恒的德性，来自天国，是关于德性的神谕。在“西庇阿之梦”中，西塞罗以小西庇阿和大西庇阿的对话作为《国家篇》的结束，讨论政治家之死和幸福的主题。小西庇阿问道，如果死亡之后的世界会更美好，为何他不可以尽快地结束生命而去往天国。柏拉图《斐多》的主题在这里以西塞罗的方式得到重新诘问。大西庇阿的回答是，任何一种死亡都只有在神谕的召唤下才会是幸福的，才会被允许进入天国之门。大西庇阿强调说，任何一个能够进入天国之门的人，都必须是服务于国家的灵魂，因为政治生活体现了一个公民关联于国家的正义和义务，而“这样的生活就是通往上天之路，通向那些完成他们人世生活后已解脱肉体之累的人，在你现在看见的那个地方（那是一圈光芒，发出比其他火焰更亮的光芒）生活并会聚的路”（《国家篇》6.16）。所谓的政治生活所带来的荣誉并不是人世的、某个国家的、某个时代的荣誉，它是来自自然共同体的永恒福祉。如同斯多亚学派那样，西塞罗宣称这种神谕意义上的荣耀显出了世间政治荣誉是何等的渺小，即使在罗马这么广袤的国土上也是如此，罗马也不过是从北到南、从东到西的狭窄国土，相比于整个地球只不过是一个小岛，相对于整个宇宙甚至连一个点都不是。“在那些遥远的日出或日落的地方，或者最北最南的地方，什么居民将会听到你的名字？抛开了这些地方，你不会看不到，你曾如此渴望传播你的光荣的领域又是多么狭小。就是那些现在谈论我们的人，又会继续这样做多久呢？”（《国家篇》6.22）政治家如此，哲学家也是如此，他们都应关注这种基于神谕的永恒福祉。这种福祉呈现为一个人之为公民的德性，来自一个公民身上的共同体诉求，来自这个公民的政治德性。只有作为政治家的公民才在真正通往天国的哲学之路，“如果确有一条路通往天堂，仿佛是对那些曾很好地为他们国家服务的人开放的，那么，从今以后，我将在如此辉煌的报酬的鼓励下加倍努力；虽然我从少年时代便一直追随我父亲和您的脚步，而且没有在追赶你们的荣誉中失败过”（《国家篇》6.26）。真正的哲学生活就是政治生活，真正的德性就是公民的德性，义务是所有德性中最重要的要素，国家是哲学理应关注的核心主题。

二、法权国家

西塞罗政治哲学最重要的观念是法权，可以说它奠定了现代国家的理念。就西塞罗而言，法的观念先于国家和民族这样的实体，法或者说最高的法律才是真正的实体。“这种法律的产生远远早于任何曾存在过的成文法和任何曾建立过的国家”（《法律篇》1.19）。最高的法律并不是物质性实体，它也先于具体的有形实体存在。西塞罗所以为的最高法律是一种自然力（《法律篇》1.19），它隐藏于哲学的深处，是从哲学的最深层次秘密中推演出来的，而不是如多数人所以为的是从司法官所颁布的法令中推演出来的，也不是从罗马人所尊崇的最古老的十二铜表法中推演出来的，它甚至是十二铜表法的前提（《法律篇》1.17）。真正的法律科学必先要研究这种法律原理，它是权利和义务得以划定界限的依据。由于它是外延最大的法律观念，由于它超越了任何国家和民族的实体，也由于它是一切具体法律的前提，因此它适用于所有法律，成为正义探讨的基础（《法律篇》1.17）。这意味着法律的探讨首先是一种哲学探讨，政治和法律则依据哲学探讨得以确立。

西塞罗称这种最高的法律为自然法，他对自然法的解释清楚地呈现出斯多亚学派的影子。在自然法观念上，西塞罗完全是一个斯多亚主义者。如同斯多亚学派一样，西塞罗认为宇宙是一个共同体，“我们此刻就必须将这整个宇宙理解为一个共同体，神和人都是这个共同体的成员”（《法律篇》1.23）。宇宙万物包括神、万物和人都是这个巨大共同体的成员。只不过人与其他万物不同，他拥有远见和敏锐的智力，富有理性，是所有造物中唯一分享神性的存在。理性就是人与神共同拥有的东西，“而理性，当其得以完全成长并完善时，就被正确地称为智慧。因此，既然没有比理性更好的东西，而且它在人心和神心之中都存在，人和神的第一个共有之物就是理性”（《法律篇》1.23）。人拥有理性就是服从神，服从人和神共有的法。西塞罗采用亚里士多德的“正确理性”的观念，称所谓的法律就是正确的理性（《法律篇》1.23）。自然法即是人和神共同拥有的法，而当人能够深入这种共同的法律时，他就是在运用自然理性。

西塞罗把自然法称为人和神的“血缘”，因为自然法使人意识到他们和神之间有着共同的起源。自然法包含三部分。一是人类从神那里得到灵魂的馈赠，这是人之为人的本质。当天地化生之时，人类所得到的馈赠是：人的身体会死亡，灵魂却终将不朽。正是灵魂的这一部分，使人有对神的记忆。这构成人不同于其他造物的内容，使人类有不同于其他造物的文明，而以这种自然法为基础的市民法则是文明的一个形式（《法律篇》1.24）。二是品性。品性也只存在于人和神之间，它是人得以完善和发展的最高点。西塞罗所说的品性类似于希腊哲学家所说的 *aretē*（德性），是一种本性。他认为人具有学习的品性，能够接受和使用自然的馈赠，最重要的是人能够模仿自然并进行创造。这也是人的理性很重要的方面，他们接受大自然的教诲，按照自然的方式展开理性生活（《法律篇》1.25－26）。所谓的理性绝不是与感觉相对立的东西，而是贯穿在感觉中的把握事情的方式，这是自然法第三层面的内容。感觉是大自然赋予人类的随从和信使，由此可以看到西塞罗浓厚的斯多亚学派色彩，因为他所讲的神也就是斯多亚学派的自然，他讲的感觉与理性的关系也即是斯多亚学派所谓的自然理性。自然给了人眼睛用以观察，给人类以直立行走的能力让他们能够仰望深邃的星空，给人以面容让他们有深沉的情感，使得所有这些感觉能够完善和强化理性的作用（《法律篇》1.26－27）。当人完善地使用这些自然法的要素时，人类就能够真正地理解到整个宇宙城邦的共同体或者一个和谐的政治关系，而不会包含冲突。自然法之为法权的重要内容驱使我们回归这种永久和平的共同体，成为自然宇宙的不朽公民。

国家的法权就建立在自然法之上。自然法的最大外延是自然宇宙本身，人们都生活在同一个宏伟共同体中。人们只要以自然为标准就可以感受到善法和恶法的差别，能够区分正义和不义、光荣和耻辱。西塞罗认为这种共同体的法权观念印在每个人共有的心智之中，引导人们明白自然是统治他们的共同法权（《法律篇》1.44）。一方面，自然法权驱使罗马人拓展国土，尽可能多地统治更多的民族，成为统治者和主人，享受富有和快乐；另一方面，自然法又表现出正义的重要内涵，它指示罗马人不伤害一切人，要考虑人类的共同利益，分给每个人所应得的，不侵犯公共的或者属于他人的财产（《国家篇》3.24）。自然法的主要内容就是正义，哲学探讨最有价值的部分就在于寻求正义这种政治性的维度，理解人类是为正义而生，按照正义理解人们自己的生活，这是自然之于人类的重要赋予（《法律篇》1.28）。国家的法权正是自然法权的一部分，是自然法权的延伸。根基于自然法权，就可以解释正义的自然根源，考察各民族何以制定并形成成文法，考察国家应当采用什么样的法律实行统治（《法律篇》1.17）。这也就是说，国家的法律是自然正义的必然要求。

国家的法权来自自然法权所内含的正义诉求，而正义又来自自然共同体的特性，来自每个存在物都具有的社群关系。正如斯多亚学派表达过的人是社群性的存在，西塞罗也持类似的观念，指出国家由正义的伙伴关系汇聚而成（《国家篇》3.45）。人们正是从自然的聚居中发现国家的渊源，建立起国家。人们起初是为了找一块地方居住下来，在自然环境中劳作和生活，后来这个地方逐渐成为一个城镇，人们在这里建立神庙和其他集会场所。这种最初的有序的定居点成为国家的最初形式，它们都是公共财产（《国家篇》1.41）。人们由此可以看到国家是公共的财产，是那些聚居地的人民和财产的总体。国家的本质是人民，哪里有人民及其聚居地，哪里就是国家。法律是人民及其聚居地的形式性概念，国家则不外乎对这种法律形式的组织表达，它所拥有的法律、军队、疆域及各层次的组成则是享有法律权利的存在者。[①] 法律才是真正的国家实体，只有依据法律才能够真正理解国家法权的含义，即国家作为正义这种德性的代表的含义。既然法律是公民联合的纽带，那么法律所强制的正义就对所有人都相同（《国家篇》1.49）。国家首先并不是器物的观念，而是人的观念，是公民的观念，国家的器物应理解为公民的延伸。国家是人民内部及其延伸，即器物在各层面的法律意义上的总和，除了被理解为正义的联合体或共同体之外，国家不可能是其他事物（《国家篇》1.49）。罗马这块土地之所以从自然状态成为罗马共和政体的统治对象，是因为它的法律属性，其法律属性又根源于在此居住的罗马人民，罗马人民才是共和国政制的法律基础。人民之所以要反抗僭主的暴政，在于僭主剥夺了人民作为国家法权主体的自然正义，一种基于自然正义的共同体法权。当公民不再生活正义、秉承平等时，就不可能有其他要素能够将他们聚集为国家（《国家篇》1.49）。国家的法权就是人民，其本质就是人民的自由，自由的人民不寻求君主，不寻求贵族权力和财富（《国家篇》1.48）。自由的人民所要实现的是自然正义。

西塞罗从法权观念解释国家的观念，严格地把国家限制在法律的形式之

---

① 西塞罗呼吁元老们保护好整个国家的事务，包括元老和罗马人民、他们的妻子儿女、祭坛和炉灶、所有人的财产、庙宇和神殿、全城的住宅和家庭、统治大权和自由、意大利的安全、整个国家。参见［古罗马］撒路斯提乌斯：《喀提林阴谋　朱古达战争》，王以铸等译，212～215页，北京，商务印书馆，1995。

下，要求所有公民包括君王、元老和贵族都遵守法律，使每个公民都认识到国家就是因法律诉求才得以建立，认识到古代罗马人民创制法律的目的。人们创制法律就是为了不使那团结人们的自然纽带断裂，是为了公民的安全和国家的长存，而这一切的目的又是为了人民生活的幸福（《法律篇》2.11）。正因为如此，人们以文字的形式把幸福生活的前提即生活规则记录下来，付诸实施，并称之为法律，用以规范他们选择上的正义，以正义作为他们生活的规范，并视之为善的根源。

三、人民主权

法权国家的核心思想则是人民主权。西塞罗所谓的人民是指拥有公民权的罗马人，他们不是单纯的民族和种族意义上的人民，还包括那些因各种原因结盟而获得公民权的其他民族。西塞罗所谓的人民观念的形成，与罗马扩张的过程息息相关。罗马通过与其他民族结成同盟的方式扩展其疆域。在罗马人拓展疆土的过程中，主要条款之一就是授予被征服国民众与罗马人同等的法律权利，使他们受罗马法律保护。西塞罗在谈到罗慕洛斯与萨宾人的战争时就说："他不但使萨宾人加入罗马公民的行列，让他们参加罗马国家的宗教仪式，而且使萨宾国王分享了罗慕洛斯的王权"（《国家篇》1.13）。罗马人不是单纯种族意义上的人，而是法律共同体意义上的人。在赋予其他民族以公民权的实践活动中，罗马政治家虽然可能主要是以政治利益和实际运作的可行性为考量，却蕴含了自然法的真谛。西塞罗说，一个理想国家须以自然为其模型（《国家篇》2.66），正是自然使人们有结成共同体的倾向（《法律篇》1.16），也正是自然使得短时期内分散和漫游的人群通过彼此的赞同成为公民共同体（《国家篇》1.40）。在西塞罗看来，人民主权体现了自然法权意义下共同体观念的精髓。

西塞罗的人民主权观念与斯多亚学派的自然法观念存在紧密关系。斯多亚学派认为共同体关系是人的自然关系，每个人都有自我保存的冲动，然而每个人同样对其他人负有责任。① 这是由于人自然地是不自足的，他在生存上的不自足使得任何一个真正想保护他自身的人，一个想生活得好的人，也必须保护好他者，如他的朋友、亲人甚至他的同胞。所有个体都只有在共同体意义上才能把握他的自我，单个自我与复数的自我享有同等的法权地位。西塞罗认为国

① 参见石敏敏、章雪富：《斯多亚主义》，第2卷，73～77页，北京，中国社会科学出版社，2009。

家就是基于这种类型的法权共同体，是为了共同利益的伙伴关系而结成的共同体，这是自然植根于人身上的社会精神（《国家篇》1.39）。政治家必须从自然中寻找法的精神，在大自然的指导下寻求正义的根源。“既然我们必须保留和维持国家的政体——西庇阿曾在那专门讨论这一主题的六卷著作（指《国家篇》）中证明它（指共和政体）是最好的政体，而且我们的所有法律都必须适应这种国家；既然我们还必须反复灌输优良道德，而且不是以文字规定一切事情：那么我就将在自然中寻求正义的根源，我们的全部讨论必须在大自然的指导下进行”（《法律篇》1.20）。他认为法律是一种自然力（《法律篇》1.19），这一自然法观念的背后是斯多亚学派的世界城邦和世界公民的观念，西塞罗赞同斯多亚学派的世界城邦观念，认为自然是统一的城邦，与自然保持一致是生活最高的善（《法律篇》1.56）。这使人们理解到他们在这个世界中的家园不是封闭的城墙，而是诸神让人们参与共享的整个宇宙（《国家篇》1.19）。建立于世界公民之上的国家观念，其法权根源必在于人民共同体。它是由众个体的人民依据正义的关系所联合成的共同体。在这个意义上，共和国避免了多数人的专制（《国家篇》3.45），因为充分地考虑到了整个人类的利益，保护了人民的私有财产（《国家篇》3.45）。

西塞罗认为人民是真正意义上的国家（《国家篇》3.45），国家作为共同体的属性正是来自人民或者说在某个地方汇聚的个人共同体，法律则是这些聚居个体的意愿表达，其意愿的核心是对正义的诉求。人民的意愿是法律正义所要实施的目的，国家的法权正来自人民的正义诉求，国家不过是法权即诉求正义的人民的集合体。如果没有这种法权的诉求，个体不会聚集而居，因为没有正义的聚居不能造成共同体，也就不能够体现自然的本性，自然是宇宙的共同体，是统一的城邦。这就是法律的重要性所在。西塞罗解释说这也是罗马共和国中一些最出色的人的职责所在，他们向人民解释法律并回答与法律有关的事情，他们在法律的许多细枝末节上花费他们的时间，这既是出于法律的广泛性，也是出于法律工作的琐细性，而这对于人民来说是必需的（《法律篇》1.14），因为人民必须明白自己的职责，使国家通过法律受人民的约束，共和国是人民的财产（《国家篇》3.43），意味着共同体的法权是正确理性，法律作为一种自然力体现自然的本质，正义和不义的标准与人民的推论相关，以人民所理解的方式来进行谈论并以成文法颁布，法律的界定来自人民（《国家篇》1.19），国家法权的根源就是人民主权，国家法权不外乎人民主权的外延和实现形式。

可见，西塞罗所谓的自然理性为每个个体意义上的人所自足地具有，是每个法权意义上的人即公民自足地具有的，自然理性体现了每个个体判断的自足性。斯多亚学派从感知觉方面论证人的自足性，将把握知觉自足性和完整性的理解力称为理性，认为每个人都具有完备的感知能力，自然理性与知觉不分离，能够使人把握到好。这就是斯多亚学派所谓的把握性印象（《法律篇》1.46）。西塞罗则说当完整的自然权利，也就是人类对自然的好的把握，扎根在人类的意识中并完全展开后，它就是法律（《法律篇》1.18）。今天的人们之所以不能够把握到这种自然的秉性，恰恰是由于他们在成长过程中为一些人所败坏，这些人趁人们的心灵尚处稚嫩和不定型时施加阴谋，以快乐这种善搅扰人们的感觉，使得人们的感觉不能够依据善即依据自然行事，因为善因自然而是善（《法律篇》1.46），而当人们的感觉没有为父母、教养者、教师、诗人或剧本所败坏时，他们就能够依据自然来判断（《法律篇》1.47），也就是在生活中坚定地、持续地使用理性（《法律篇》1.47），持续地行使他们自然的法权，形成对于社会生活的约束力，紧紧地维系于自然共同体之中。

西塞罗人民主权观念的背后是斯多亚学派的世界公民思想，因着自然理性，人们具有共同的、普遍的自我。基于自然理性，人是共同体的人，因为人是理性的存在。既然理性存在的定义能够涵盖所有的人，那就说明理性被运用于所有的人，构成人的自然。自然理性使得人们超越野兽，使人能够判断推理，获得共同的结论。它意味着人在感官上的共通性，因为刺激感官的事物以同样的方式刺激所有人的感官（《法律篇》1.30）。人们接受自然的理性馈赠，也就接受了正确的理性，这是法律的含义，因为法律指运用于法令和禁令的正确理性（《法律篇》1.33），据此人们对人与人之间的关系有清楚的理解，这就是人与人之间一种同胞的关系，一种共同体的关系（《法律篇》1.29）。这种共同体关系不是基于血缘，也不是基于民族，而是基于自然理性。人们从自然理性中找到了国家正义的根源，找到了整个自然共同体正义的根源，所有人都在正义的情感中进行协作（《法律篇》1.35）。既然如此，统治者必须向人民说话，应该从自然权利的角度考虑平民、贵族与君王的关系（《法律篇》2.57），因为人们只有一位统治者，他就是创造和宣告法律的神，也是法律的执行者（《国家篇》3.33）。这就是人民主权观念背后的斯多亚学派的世界公民观念。只有一位君王，对宇宙而言是神，对社会而言就是人民意志的体现者，法律及统治者本身也是自然法和市民法的遵循者和实践者。西塞罗把斯多亚学派的世界公民思想化入公民社会层面，使得每个人都成为法律的庇护者。法律就是人民，法律的施行也是人民权利的施行。除法律之外，任何个人都不能剥夺人民的权力。罗马的统治者瓦勒里乌斯（Valerius）颁布了这样一条法令，禁止任何行政官因某个公民上诉而处死或鞭打公民（《国家篇》2.53）。创立法律是为了人们生活的安宁和幸福，而遵行法律的人就能够获得光荣幸福的生活，这是法律的公意（《法律篇》2.11）。法律正是为了保证正义原则能够凌驾于民族的法令、君王的敕令和法官的判决（《法律篇》1.43），人民就是这个大写的法（《法律篇》1.42），人民的法权由这种自然权利衍生而成。西塞罗所奠定的这种人民主权的观念，一方面是罗马长期政治实践的思想结晶，另一方面也是对这种传统的系统阐释，并加强了其作为罗马政治思想的权威。即使在帝国的时代，像奥勒留这样的斯多亚主义哲学家和君王，也仍然延续这种政治理念，把罗马人民与国家法权观念运用在治理之中，推崇人民的主权（《国家篇》1.37）。

对西塞罗而言，哲学生活不是单纯的沉思生活，而是用法权建立生活权利的政治实践，是一种政治生活。作为法权主体的人民以正义作为幸福生活的前提，而不同于单纯地过哲学生活的人们，后者从沉思中获得幸福。政治活动是人们所有知识活动的目的，是人民之为公民的表征，是知识的公共性的象征。政治由此实践了哲学的目标，共同体的法权诠释了古典哲学关于理性及其幸福的论断。西塞罗的人民主权观念把生活落实为法权意义下的社会性和社群性，成为共和政体的最终原则。

四、共和政体

西塞罗认为共和政体是最好的国家形式。共和政体不仅在理论意义上是最好的国家形式，也是最有可能呈现在现实中的共同体的混合形式（《国家篇》1.37），它充分体现了法权国家的观念。依据罗马国家演变的历史，西塞罗深入思考了自柏拉图以来的国家观念。他的共和政体观念具有清晰的罗马政治特征，推动了古代政治观念向现代国家观念的演变。

共和政体合乎理性地遵循了自然法原则，践行着共同体的自然之路（《国家篇》2.30）。在讨论共和政体时，斯多亚学派的自然法思想再次成为西塞罗政治哲学的出发点。自然并没有将生存的禀赋只赋予某一类型的人，它将正义的观念赋予所有不同种类的人，包括弱者。实际上，自然为了弱者的利益，一直都把统治权赋予所有种类的事物（《国家篇》3.35）。对自然而言，没有纯粹的统治者，也没有纯粹的被统治者，不同类型的人是不同类型的统治者和被统治者（《国家篇》3.37）。根基于自然法权，这种看似“多头政治”的共和政体并非真正“多头”，因为他们是在统一的自然法权之下，自然法权引导人们理解整个人类共为一体，一体性的生活方式才是人类正确的生活方式（《法律篇》1.32）。这就是法律所要引导人们去认识的，因为法律所依据的正确理性为每个人所具有，所有人都从法律的允许和禁止中学习选择的正当性，真正的理性也就表现在它与人们的生活共同体紧密相关的那种禁令及其践行（《法律篇》1.18）。共和政体维持了所有人都是统治者这条正确理性的道路，使得正确的理性通过法律表现为国家和人民的共同信念。

共和政体一方面体现了所有人都是统治者的观念，强调所有人具有同等的权利，体现了人的平等性；而另一方面，它又认为存在社会分层，人们分属不同阶层。这意味着共和政体不是由某个单纯的阶层统治，而是多阶层基于自然法的分工实施共同统治，是基于法律的人民治国。这就是西塞罗所谓的混合政体。由一个人实施对国家的统治是君主制，然而君主制会演变成僭主制。僭主宣称他一个人对一国人民拥有生死权力，这违背自然法的分权观念。如果国家由一部分人即所谓的贵族统治，他们富有、出身高贵，还具有其他的优越性，就会演变为所谓的寡头制，剥夺其他杰出的人和人民的权利。如果权力由人民掌握，他们却经常不能够服膺于理性，任由欲望管理他们自己，以为拥有自由却在放纵自己，就会造成人与人之间的冲突（《国家篇》3.23）。好的政体必须能够同时发挥这三个阶层的智性，却又在自然权利上让他们得到同样的满足。以投票为例，允许维护人民的自由，保证任何一个公民都有权利完全行使他们的意愿，为此应实施无记名投票，让无记名投票来维持人民的自由（《法律篇》3.39）。但由于存在着这样的实际情况，即人民可能被贿选，滥用他们的自然权利，因此应该让贵族们能够呈现他们的德性，为国家所用。人民不应该对高等级公民有所隐瞒，应该让这些选票公开并主动地向任何最好的公民展示，使人民有这样一份赢得贵族同意的光荣（《法律篇》3.39）。共和政体就是这样的国家的形式，它能够使每一阶层及其组成者在自然意义上都拥有正义这种法权的完整性，甚至使那些理智程度比较低的人的意愿也能够被表达为国家意愿，使得任何个体都在现实活动中实现其潜能意义上的正义权利，有着实施他作为完全法权的人的政治机制。这就是西塞罗所说的，共和政体的各阶层都有充分伸张其自然权利的方式，行政官员拥有足够的权力，显赫的公民们即贵族拥有足够的影响力，普通的人民则拥有足够的自由。这样国家就能够实现权利、义务和职能之间的平衡，也就能够免除内乱和革命（《国家篇》2.57）。共和政体作为国家就是表现了这种法权本身的主体，把自然法的正义性充分表现为公民法。

西塞罗有关共和政体的论证采用了柏拉图政体观念的逻辑，不过他没有使用柏拉图的心理（灵魂）分析，而是佐之以罗马政体演变的历史解释。西塞罗赞同柏拉图的观念，在单一政体如君主制、贵族制和民主制的政体中，君主制是最好的。然而从罗马政体历史演变的角度看，西塞罗又认为君主制有它无可回避的弱点，就是公民在司法管理以及审议上的权力有限（《国家篇》1.44）。如果是好的君主，如罗马历史上的罗慕洛斯，他就能够确保罗马人民的福祉，建立强大的国家。再如努马·庞匹利乌斯（Numa Pompilius），他始终遵循法律的优先性，用美好的德性教化罗马人民，在人民心中种下和平、正义和忠诚的德性（《国家篇》2.23－28）。然而像塔奎尼乌斯·苏帕布斯（Tarquinius Superbus）这样的君王，他们的双手沾满了以前杰出君王和人民的鲜血，既不能够控制自己的行为，也不能够控制其家人的欲望（《国家篇》2.45），由此让人民看到一个国王如何变成暴君，一种好的政府形式如何因为一个人的过错而成为最坏的政府形式。他把自己凌驾于整个民族之上，这就是僭主制；最渴望体现正义的政府变成最不义的国家，其缘起就在于一位不义的君王（《国家篇》2.49）。自此开始，人民对君主或者国王的统治深恶痛绝（《国家篇》2.52），罗马人从此告别君主制。至于贵族制的政体，也有它的局限。在贵族制中，人民很难拥有他们所渴望的自由，而自由是人民欲望的特性，因为人民的权力和审议福利的权力被排除在贵族制之外（《国家篇》1.43）。贵族制同样会引起暴政，就是所谓的寡头制。罗马历史上曾经出现过十头政治，整个国家落入一些贵族之手，他们驱逐和取消保民官制度，也不允许执政官存在，任意剥夺人民的权利，处死人民，不容他们拥有上诉权，残酷地禁止贵族与公民通婚，以致军队哗变，危及国家（《国家篇》2.63）。如果把权力完全交于人民之手，也会有类似的弱点。人民行使权力时并不总是合乎正义，他们在权力面前会失去自制。由于他们的平等观念不允许阶层等级的存在，他们的平等诉求是不平等的（《国家篇》1.43），会导致暴民统治。可见每一种制度都有邻近的腐败形式，导致他们所盼望的政体走向其对立面。除非允许国家的这三个阶层共同成为政府形式的一部分，除非君主制、贵族制和民主制相互交错而成一种混合政体，让它们在一种混合政体中保持各自的形式，这些政体的缺陷就不可能避免（《国家篇》1.44）。

共和政体是一种能够避免单一政制的各种缺点的国家形式，它让元老院、执政官和民众以不同的方式担当不同角色，依据自然正义表达他们各自的权利并且正义地行使其权利。与这三种单一的政制相比，共和政体是一种温和的政体，它平衡不同的政体形式，把三种政体中最优良的部分整合为一体，使得这种政体比君主制更为可取。它保留了君主制的优良之处，使得国家依然拥有最高贵的成分如德性；不同于君主制，它又把某些权力授予贵族和人民，因为这些阶层的权利也受自然法肯定，由贵族和人民来判断并表达其欲求。元老必须熟悉公共事务，包括熟悉共和国的情况，了解可动用的军队数量、国库情况，还必须了解谁是自己的朋友、同盟者和属国、法律、协议和条约，懂得通过习惯性程序和祖先传下的先例（《法律篇》3.41），这些都保证了他们的判断合乎理性。元老们还必须拥有高贵的品性。他们在主持公民大会和元老院会议时应保持节制，有沉静的行为，使得大会因为他们的出席平添各种尊严；他们的发言应简洁且有效，保持着良好的言语上的德性（《法律篇》3.40）。通过他们对理性秩序的理解，共和政体既保留了德性的高贵，引导人民的欲求，使得人民在集会时不使用武力，也规定人民在集会中不得使用武力。武力是与正义以及法律相背离的东西。让人民不是通过武力而是通过尊重否决权的方式行使权利，能为共和国的稳定提供足够的自由基础（《法律篇》3.42）。

因此，共和政体提供了任何其他单一政体所不具有的品质。它能够兼顾等级和平等，使不同阶层在自然法意义上有着高度的平等性，也使整个社会得到平衡，使社会具有极高的稳定性。这也是共和政体和其他任何单一政体的区别。君主制容易演变成僭主制，贵族制（或者说荣誉政体）容易演变成寡头制，民主制则容易演变成无政府的暴民制。但共和政体由于混合了以上单一政体，按照适当的比例建立其国家形式，使得不同的阶层处在适当的、合乎自身和自然的地位，每个阶层又都没有改变自身的自然，它就没必要寻求变化（《国家篇》1.70），使自然理性成为国家的理性即法律，使共和政体成为自然法的最高理想，成为人民的最优选择。

五、公民宗教

西塞罗以共和政体为最好的政体，还与他的公民宗教思想密切相关。公民宗教构成西塞罗对于自然法的主要论述，既成为他所论述的国家权力约束力的主要前提，也成为国家内部元老、新晋阶层和平民相互补充协调的重要依据。在思想史上，虽然首次明确提出“公民宗教”的是近代思想家卢梭，但实际上却是西塞罗第一次从自然法的角度论证了公民宗教，又从公民宗教论证了共和政体。卢梭认为国家由孤立和自爱的个人为了自我保存聚集而成，还认为使这种缺乏政治属性的聚集成为政治共同体不仅需要某种契约，更需要信念的结合，这也正呼应了西塞罗的自然法思想，其共同的哲学基础则是斯多亚主义。西塞罗认为，共同体的基础是自爱，选择他人则是自爱之人的正确理性，是自爱这种自然本性的合理延伸（《论至善和至恶》III.6），因此整个人类是一个整体（《法律篇》1.32），罗马的法律、罗马人的智慧就来自自然（《法律篇》2.62）。罗马的宗教体系与罗马人的不成文法如生活习惯和十二铜表法不存在根本区别（《法律篇》2.23），它是罗马人生活信念的出发点，罗马人认为依据这些法律可以建立最好的国家类型（《法律篇》2.23）。此外，卢梭依据宗教与国家的关系，将宗教分为自然宗教和国家宗教。自然宗教“没有庙宇、没有祭坛、没有仪式，只限于对至高无上的上帝发自纯粹内心的崇拜，以及对于道德的永恒义务”[①]，对西塞罗而言，这就是所谓的“神的心灵”，它是至高无上的法律，为理性的人所拥有，指导各民族以多种形式适应处境，制定相应的规则（《法律篇》2.11）。至于国家宗教，卢梭认为则是国家的典册所法定的宗教仪式、教条以及所要崇拜的国家的神，这就“把对神明的崇拜与对法律的热爱结合在一起；而且由于它能使祖国变成崇拜的对象，从而就教导了他们：效忠国家也就是效忠于国家的守护神”[②]，对西塞罗而言，这就相当于十二铜表法所阐明的原则，即任何人都不得有个人的、新的或者外来的神，人们应纯洁虔诚地接触和崇拜国家承认的神，在私人的宗教崇拜里面则应崇拜从祖先那里传承下来的神（《法律篇》2.19）。卢梭的公民宗教则将两者结合起来，相信“全能的、睿智的、仁慈的、先知而又圣明的神明之存在，正直者的幸福，对坏人的惩罚，社会契约与法律的神圣性”[③]。不同于卢梭，西塞罗并不特别注重公民宗教契约方面的论述，或者这种所谓的现代意义上的契约对他而言就是通过长期生活习惯积淀而成的，但他同样甚至更强调宇宙的神明，认为应将宇宙视为众神的庙堂和殿宇（《法律篇》2.25），以此教化人的德性，如正确地看待财富、把财富留在身后，因为正直和诚实才是真正令神愉悦的（《法律篇》2.25）。与卢梭相同，西塞罗看到公民宗教对于共和政体的极端重要性，它能够构建起罗马人民对神圣事物和共同体道德的内在认同，保证国家的凝聚力和稳定性，而这些都是共和政体的国家特性。

西塞罗把公民宗教规定为自然法的显明内涵，这与罗马扩张中国家建立的

① ［法］卢梭：《社会契约论》，何兆武译，173页，北京，商务印书馆，2011。

② ［法］卢梭：《社会契约论》，174页。

③ ［法］卢梭：《社会契约论》，182页。

信息紧密相关，共和政体的理念通过公民宗教成为国家法权的清楚的边界。西塞罗说罗慕洛斯在其统治的第 37 年为共和国奠定了两块重要的基石，即占卜和元老院（《国家篇》2.17）。在罗马与萨宾的战争结束后，萨宾人被允许参与罗马国家的宗教仪式，这是罗马公民权的最重要内容之一（《国家篇》2.13）。此后共和国的一些卓越统治者都会把公民宗教的扩展视为共和国法权得到加固和认可的重要内容。例如，努马建立了更大规模的占卜制度，占卜官由原来的两名增加到四名；又从最杰出的公民中挑出五位大祭司，专门负责宗教仪典；还设立了更多的宗教部分，如战神马尔斯的祭司和维斯太贞女等（《国家篇》2.26）。宗教祭祀把罗马人民狂热的战争精神引向和平精神，使得共和国得以稳定（《国家篇》2.27）。努马的继承者图卢斯·霍斯提利乌斯（Tullus Hostilius）更加强了宗教对共和国的约束。他通过了祭司团的仪典，将这部法典神圣化，宣称凡未经过这样的法典认同或者公开宣布的战争都是不正义的（《国家篇》2.31）。通过占卜这样特殊的技艺，如观察飞鸟的征兆，人们可以看到宇宙统治的神意，看到神向人们显示出来的未来事件的迹象，用于政治危机的解决（《法律篇》2.34），这就是自然法通过公民宗教成为对国家权力的约束。

公民宗教告诉世人人类美好生活的依据就在这些神圣的制度中，教化人们走出蒙昧的生活，传递自然法和神意，进入文明状态，最终获得幸福（《法律篇》2.36）。在《法律篇》中，西塞罗宣称公民们可以通过法律的观念，尤其是通过公民宗教即“众神是万物的主人和统治者，世上所在之物都是按照他们的意志和权威完成的”（《法律篇》2.15），明白世界历史和个人历史是神意的反映，人民按照神灵的神意生活，也就是按照最高的理性行事，因为神意通过自然法表现为人的正确的理性。来自神圣理性和意志的决定就是神圣的法律，法律是神首要的和最终的心灵，其理性以强迫或制约来指导万物（《法律篇》2.8）。“这理性并非由于形成文字才第一次成为法律，而是一存在就成了法律，它是与神的心灵同时出现的。因此，运用于指令和禁令的真正且首要的法律就是至高无上的朱庇特的正确理性”（《法律篇》2.10）。这样的人民能够获得幸福，因为他们不仅能够获得幸福生活的力量，而且能够获得带着美好的期盼去死的力量（《法律篇》2.37）。通过宗教仪典和法律，人民成为他自己的主人，明白主人身份里面的法权身份。他们既能够维持自己的节制，又能够委托合适的人统治，不会让统治者忽视他们自己的利益，生活在最优的国家之中，享有最大的幸福（《国家篇》1.52）。

这也可以解释《法律篇》主题转变的原因。《法律篇》以自然法讨论开篇，本意是讨论公民法或者说市民法，西塞罗却把实际讨论的重点放在公民宗教法典上，原因即在于西塞罗认为市民法或者说公民法的依据就在于宗教法典，而宗教法典又意味着自然理性或者正确的理性。他批评那种脱离宗教法典去讨论公民法的做法，因为正如有些精通法律的人指出的，如果脱离宗教法去讨论公民法，公民法就变得无限琐细，不可穷尽，导致无法获得法律知识，造成欺骗（《法律篇》2.47)。相反，如果把握住宗教法，那么公民法的判断就有了理据。由于大祭司们已经确定了这些依据，因此可以依据大祭司的权威，把所有公民法触及的主题（如财产和遗产的分割）联系起来，解决那些看起来极琐细的公民法会导致无限追溯的法律问题（《法律篇》2.52)。宗教法典或者说大祭司制定的规则，使得国家的法权、人民的公民权和自然法的潜在内容，都有了最终的解决原则。正因为如此，法律的本质要追溯到公民宗教，它使得法律建立起明晰的权威。

公民宗教之所以成为自然法的原始内容，成为西塞罗深信不疑的具有普遍约束力的公民法的主要规条，主要原因在于公民宗教表现了祖辈的习俗。祖辈习俗的最重要部分是祭祀仪式，将宗教表现为生活方式。西塞罗认为，法律要规定“保留最好的祖先的礼仪”（《法律篇》2.40)，这些是“最古老并与神最接近的”（《法律篇》2.40)，是法律中最好的部分。公民宗教的权威根源于生活方式的古老传说，它成为法的原则。由于它呈现在日常生活中，成为每个人的生活法则就构成了其自我意识，成为公民自我认同即公民身份的最初也是自明的要素。公民的血缘关系由这神圣的法律缔造而成，因为它由神圣的自然塑造而成。他们敬奉共同的家族神明，由此拓展，不同的家族敬奉同一谱系的神灵：他们都是阿波罗的后裔，都会保留对阿波罗的崇拜。异族的神明也加入罗马的神明谱系，成为罗马神圣家族的一部分。由亲及疏，由近及远，必朽的人类通过其生活方式意识到他们共有不朽的神性的源头（《法律篇》2.60)，他们共有对神圣自然的崇拜，也共有一个伟大的自然城邦。他们在这种公共的神明崇拜中，通过公民宗教的法则，建立他们自身的身份，确立世俗社会的公民生活法则，享受自然赋予的自由和高贵。

由于公民宗教主要是通过生活方式成形的，由神明通过生活赋予人类，西塞罗把公民宗教视为未成文法，高于世俗法律。在必要的时候，可以诉诸公民宗教阻断一切有害决议的权力。人们制定世俗法律时有时候由于经验的不足，有时候由于理性的不健全，有时候则由于统治者本身的私欲，会制定出许多致命的、有害的法规。古老的未成文法受自然指导，可以帮助我们区分正义和不义，不违背神明规定的善好（《法律篇》2.13)。它只体现神这位唯一的统治者的自然理性，也唯有神才是这种法律的解释者和执行者（《国家篇》3.33）。这就是为什么说，确立宗教是建立共和国的首要前提（《法律篇》2.69），因为它能够保证人们“纯洁地接触众神”（《法律篇》2.24）。“纯洁”地接触众神正在于强调法律本身的宗教感。心灵纯洁的人会喜爱神的法律，明白他所面对的法律不是世俗的法律，明白不是人世间的法官在施行法律。当某个法官惩罚某个罪犯时，并不是法官在惩罚，而是神明在惩罚（《法律篇》2.25）。为了突出法律的这种宗教感，西塞罗要求庙宇须建立在城市之中，宗教仪式也要在公共的场所展示其庄严（《法律篇》2.26－27），激发人们心灵中的虔诚，使他们相信“所见的每一事物都充满了神”（《法律篇》2.26－27），使人们真切地体会到共和政体能够回到“法的故乡”。这个故乡要远比出生地这一故乡重要，因为它使得人们真正地成为公民。这就是西塞罗通过公民宗教所宣称的两个故乡的观念。每个居民都有两个故乡：一个是出生地这一故乡。不同的人有不同的出生地，有的人出生在罗马，有的人出生在图斯库卢姆，有的人出生在阿提卡，这是地域意义上的故乡。另一个是公民的故乡，指人们遵循同样的法规和禁令，由那位神管理和统治，这是法律的故乡（《法律篇》2.8）。正是在罗马祖先习惯中所发现的具有约束力的宗教性法律，才保证了罗马人建立起最好的政体，即共和政体（《法律篇》2.23）。

由于公民宗教是共和政体得以遵行的基础，是一个好政体得以延续的保证，是法律的核心，因此西塞罗认为，明确地呈现公民宗教的内容，尤其是法律的宗教特征至为重要。公民宗教意味着宗教崇拜得到国家的正式承认，所崇拜的神也为国家所认可。在公开场合或者说在公共场所，公民们所崇拜的神，无论是外来的还是新的，都得到国家承认。西塞罗认为不存在所谓的私人的神（《法律篇》2.19），只存在一个神明谱系，就是为共和国所认可的神明谱系，这有助于人们建立起共有的普遍的自我意识，建立起共同的自我认同。这种宗教领域的自然法则，造就了整个人类社会，造就了家庭、种族和国家，通过这种公共的神圣宗教的情感，家庭、种族、国家和人类就服从于共同的原则（《法律篇》3.3）。在私人领域，人们应崇拜那些祖先传下来的神。由于是祖先传下来的神（《法律篇》2.19），所以体现了不成文的自然法，也就体现了自然理性。它虽然行使在个人领域，却是公共性的一部分。通过生活习俗代代相传的宗教祭拜，充分体现了理性选择和思考的连续性，成为不同世代公民的共同自然法则，也因为人们对自然法抱有共同的敬畏，而成为同一世代公民的共同道德指南，使得人民更加注重心灵而不是身体（《法律篇》2.24）。为了让共和政体拥有这种以宗教感为基础的德性教化，应该让每所城市都设有神殿，让神殿向所有人开放，使人们把它视为众神的家园（《法律篇》2.25），这样人民就会相信他们所见的事物充满神性，使他们的心灵因为感知到神而更加纯洁，充满强烈的宗教情感，这有益于整个国家（《法律篇》2.26）。

西塞罗认为，公民宗教内含宗教情感、宗教献祭及其他种种规定，它构成罗马人民的基本含义。公民宗教是公民们所选择的共同的宗教崇拜方式，宗教崇拜所蕴含的关联方式即宗教情感，成为人们共同认同的自然性。罗马人民由于遵循共同的神灵而培育起紧密的共同体关系，法律成为这种爱的情感的外在形式，人们则基于这种对他人的自然选择而结成共和政体。罗马人与希腊人的不同在于：希腊人以正义为法律的核心，罗马人则以选择为法律的核心（《法律篇》1.18）。希腊文“法律”源自动词*nemō*，指每个人得到他所应得的，即公平分配，拉丁文“法律”（*lex*）则源自动词*ego*[①]，指公正、正确地选择，暗含人与神的关系。法律体现神的意志，人以神的意志为标准进行选择，就是指人顺从自然理性而选择。神明允许人们选择某些行为，也向人们指出被禁止的行为，法律则是指运用于指令和禁令的正确理性（《法律篇》1.42）。人们通过敬拜那些伟大的神和那些具有半神身份的伟大的英雄如赫拉克勒斯、卡斯托耳、波鲁克斯等，养成进入天国的必要的品性，如忠诚和虔诚等等（《法律篇》2.19），从而以神为中介，建立起共同的生活法则，以天生的仁慈和善意，表达法的共同性，为法律所维系（《法律篇》1.35）。如果人们能够按照这种具有高度宗教感的法律观念（还由于这是自然将宇宙聚合为一体的唯一法律）行事，按照自己的本性敬爱他人和服务他人（《法律篇》1.43），自然的各部分和社群的组成者就处在和谐之中。依照这种斯多亚主义的解释，西塞罗认为人们也能够过上诸神一样的生活（《法律篇》残篇2）。

公民宗教还为共和国及公民法提供保障的权威。祭司和占卜官不仅解释和安排宗教的含义和庆典，还通过他们的神圣知识为国家和人民提供指引。祭司的职业不是私人性的，也不局限于私人领域，而是公共性的。西塞罗认为公共祭司分为三类：一是专职典礼和神圣礼仪的祭司；二是解释占卜者和先知的含混话语的祭司，这些占卜者和先知则专门为元老院和人民提供各种预言；三是专职解释主神朱庇特的神谕的祭司。第二和第三类祭司及占卜官对共和国非常重要，他们观察与果园和人民相关的征兆，观察天空的区域，预见诸神的愤怒

① 参见［古罗马］西塞罗：《法律篇》，158页注释1，北京，商务印书馆，2002。

（《法律篇》2.21）。“一个好的占卜官有义务记住，在重大的紧急关头，他应当出来拯救国家。他必须牢记，他已被任命为朱庇特的解说者和助手，同由他指挥观察各种征兆的那些助手完全一样；那些被精心标明的天空和若干区域也已可以分配给他，以便他经常观察天空来辅助共和国”（《法律篇》3.43）。由于他们拥有一种超越于世俗事务的智慧，有矫正共和国航向的权威，他们能够保证共和国行进在正确的方向上。这是法律赋予他们的权力的一部分。如果说公民大会是共和国最高的权力机构，占卜官和祭司也有中止公民大会的权力。他们可以根据自然法赋予他们的权力，根据神圣知识，中止公民大会，也可以迫使执政官辞职（《法律篇》2.31）。只要是被大祭司宣称为不义的、有害的和恶的，就是非法的和无效的（《法律篇》2.21）。

公民宗教能够约束各层级的官员，使他们能够合法地使用权力。在共和国的形成过程中，官员的重要性仅次于宗教（《法律篇》2.69）。法律管理官员，官员治理人民。国家的治理若要符合正义，官员是重要的保证，因为法律是沉默的官员，官员是会说话的法律（《法律篇》3.3）。公民宗教保证了官员这会说话的法律的自然权利，占卜官颁布了两项规定，“一是每次就一个问题提出动议，另一是给予公民个人和官吏发言的机会”（《法律篇》3.43），使得官员能够在面对国家事务时有正当的受法律保护的权利，能够使国家在每个公民和官员充分陈述其意见的前提下得到发展。占卜官还颁布了两条出色的法律，“一条是禁止个人例外的法律，另一条是除了在最大集会上，禁止在其他地点审判其刑罚为死刑或剥夺公民权的案件”（《法律篇》3.44）。这也是为了避免官员有超越法律的权威以致滥用权力，同时又可以免使官员受到不公正的审判，因为公民大会的审判或者说最大集会上的审判能够使正义得到最大限度的运用。在西塞罗看来，这样做并不是要用宗教来限制国家，也不是要用宗教来僭越自然理性，而是让宗教保证自然理性的正确使用。“主持的官吏应观察各种预兆并服从国家”（《法律篇》3.11），这是西塞罗讨论公共宗教与官员的关系的理念所在。

结　语

通过以上论述，可以看到从古典希腊向希腊化罗马转变时期政治哲学的典范转化。希腊化罗马的政治哲学确实沿用了古典希腊政治哲学的主要概念，如共和、君主、僭主和寡头制等，也沿用了诸如柏拉图的某些分析方法，但却改变了其论述的框架，而论述框架的改变是根本性的。这种论述框架的改变主要源于时代的改变，即城邦的衰落和国家的崛起，它把以种族和民族为中心的城邦治理带向非民族性的国家治理。可以说，希腊化罗马的政治哲学包含了一个对公民观念的再发现，这就是非种族性和非民族性的世界公民。公民依据世界城邦得到重新定义，依照自然法得到重新诠释。希腊化罗马时期的思想家对公民观念的再发现，促使他们重新理解哲学，促使他们重新理解“公民”和“哲学”的关系，这就是，所有有着公民意识并且发展其公民意识的平民才是真正的哲学家。他们也以这样的公民维度，即个体的自由、责任和法度分析共同体[①]，形成以法权为中心的国家观念。尤其是西塞罗，他是希腊化罗马时期唯一完整地论述了国家观念的哲学家。他依据法权国家的观念，阐释了有限国家的思想，指出国家的权力在自然法的框架之下。国家权力的使用既要合乎自然法，又要依据人民的授权，即要以法律为其规范。而他又认为共和政体正是法权得到完美体现的国家类型，因为在共和政体中，不同类型的人、不同阶层的权利和特性都合乎自然地得到维护和发展，人民的权利始终是国家建立并且得以持续的前提。

希腊化罗马时期法权国家观念的成形经历了漫长的探索和过渡，从希腊化到西塞罗，最根本的变化就是自然国家的思想。法权国家正是以自然国家为其哲学的前提的，这又与希腊化的自然哲学“转向”相关。希腊化哲学转向自然研究，无论是斯多亚学派还是伊壁鸠鲁学派，它们所谓的宇宙城邦都是哲学意义上的自然国家，西塞罗则把这种自然国家的观念落实为公民国家的制度，通过希腊化的自然哲学论证，尤其是通过斯多亚学派的自然原则，对共和政体的法权权威进行论证。他指出，即使在君主制的政体之下，这种自然国家的观念也是君主权威的基石。由此而论，西塞罗所认同的君主政体也有其专门的含义，而他认为在罗马疆域扩展的时代，君主制已经不再是一种充分确保其自然国家本质的政体，由此把古代以君主制为诉求的国家治理转向共和政

---

① 西塞罗说：“当心灵以众神和纯宗教为崇拜对象时，眼和心的视力都更加锐利，因此眼睛和心灵都可以选择善而摒弃恶，这是一种被称为慎重的美德，因为其有远见；那么还能描绘什么样的更高的幸福呢？更进一步说，当心灵考察了天空、大地、海洋、宇宙的本质，并因此懂得所有这些都来自何方且又必定归于何处，何时并怎样注定要消亡，它们的哪些部分会死亡并且是无常的，而哪些又是天赐的和永恒的；当心灵几乎控制住宇宙的统治者和治理者；以及当心灵意识到心灵不能如同某些固定地点的居民那样为［狭窄的］城墙所封闭，而是如同某一城市的居民一样是整个宇宙的公民：那么，在这宏伟的宇宙之中，带着这种对自然和不朽众神的观点和理解，按照波锡奥斯·阿波罗的法令，心灵将会对其自身有何等出色的了解”（《法律篇》1.60－61)。

体，使得共和政体及其所根基的自然国家第一次如此完整并且有力地得到阐释。可以说，西塞罗总结了希腊化哲学家在自然哲学探索中已经发现但尚未清晰系统地予以阐释的政治观念，尤其是非常清晰地阐释了古典政治观念所不曾呈现的“权利”观念，使得宇宙城邦与公民观念找到了真正的落脚点，为公民观念的再发现和再阐释确立了哲学的前提，为法权国家的观念确定了观念基础。

由此可以看到，从希腊化到西塞罗，这一时期的政治哲学包含着一脉相承的观念传承。希腊化思想家包括斯多亚学派、伊壁鸠鲁学派和怀疑派，它们本身虽然没有“政治”哲学，却准备了有关政治哲学的“伦理”，其中尤以斯多亚学派对西塞罗的影响为最深。斯多亚学派明确论述了宇宙城邦、自然法和世界公民的观念，确立了人的普世性身份。有关人的普世性身份是整个希腊化伦理学的核心，在西塞罗这里则成为人民主权的思想基础。这成为西塞罗诠释自然法的重要内容，法律的核心环节“选择”成为国家“人民性”的权力精神。宇宙城邦从社群的维度确立共有国家的人民，确立人因为拥有同一种法律而为人民，因为同为该宇宙城邦的成员而为公民，因为拥有共同权利而为自然，西塞罗把这种普遍的权利定义为自由。希腊化哲学无论是斯多亚学派、伊壁鸠鲁学派还是怀疑派，都从伦理的意义上称自由为宁静的生活，一种不受情欲搅扰的主体精神；西塞罗则把希腊化哲学的自由以及通过自由所表达的个体权利描述为自然的正义，它通过个体的正义来呈现法的精神中自由的力量。可以说，从希腊化到西塞罗，发生了由伦理而政治，由城邦而国家，由个体自然而社群自然的阐释转化。①

章雪富

参考文献

西塞罗的一般性介绍及生平：

Douglas，A. E. Cicero：New Surveys in the Classics. Oxford：Clarendon，1968.

Lintott，A. Cicero as Evidence：A Historian's Companion. Oxford：Oxford University Press，2008.

Rawson，E. D. Cicero：A Portrait. Bristol：Bristol Classical Press，1983.

Stockton，D. L. Cicero：A Political Biography. Oxford：Oxford University Press，1971.

Von Albrecht，M. Cicero's Style：A Synopsis. Leiden：Brill，2003.

---

① 感谢王倍倍和葛天勤同学的贡献，他们提供了相关的初稿、资料和文本。

西塞罗政治思想的总论性文献：

Achard, G. Pratique rhétorique et idéologie politique dans les discours "optimates" de Cicéron. Leiden: Brill, 1981.

Bernett, M. Causarum cognitio: Ciceros Analysen zur politischen Krise der späten Römischen Republik. Stuttgart: Steiner, 1991.

Connolly, J. The State of Speech: Rhetoric and Political Thought at Rome. Princeton: Princeton University Press, 2007.

Powell, J. G. F. and J. A. North, eds. Cicero's Republic. London: Institute of Classical Studies, 2001.

Steel, C. Cicero, Rhetoric and Empire. Oxford: Oxford University Press, 2001.

Wood, N. Cicero's Social and Political Thought. Berkeley: University of California Press, 1991.

关于自然法：

Alonso, F. H. L. Cicero and Natural Law. Archiv für Rechts - und Sozialphilosphie, 2012, 98: 157 - 168.

Drummond, A. Law, Politics and Power: Sallust and the Execution of the Catilinarian Conspirators. Stuttgart: Steiner, 1991.

Frier, B. The Rise of the Roman Jurists: Studies in Cicero's Pro Caecina. Princeton: Princeton University Press, 1995.

Harries, J. Cicero and the Jurists: From Citizens' Law to the Lawful State. London: Duckworth, 2006.

Horsley, R. A. The Law of Nature in Philo and Cicero. Harvard Theological Review, 1978, 71: 35 - 59.

Watson, G. The Natural Law and Stoicism//A. A. Long, ed. Problems in Stoicism. London: Athlone Press, 1971.

Zetzel, J. E. Natural Law and Poetic Justice: A Carneadean Debate in Cicero and Virgil. Classical Philology, 1996, 91: 297 - 319.

关于社群：

Clay, D. A Lost Epicurean Community. Greek, Roman, and Byzantine Studies, 2011, 30: 313 - 335.

Long, A. A. Greek Ethics after MacIntyre and the Stoic Community of Reason. Ancient Philosophy, 1982, 3: 184 - 199.

Long, A. A. Stoic Philosophers on Persons, Property - Ownership and Community. Bulletin of the Institute of Classical Studies, 1997, 41: 13 - 31.

关于世界公民：

Berges，S. Loneliness and Belonging：Is Stoic Cosmopolitanism still Defensible? Res Publica，2005，11：3－25.

Brown，E. Hellenistic Cosmopolitanism//M. L. Gill and P. Pellegrin，eds. A Companion to Ancient Philosophy. Oxford：Blackwell，2006.

Long，A. A. The Concept of the Cosmopolitan in Greek & Roman Thought. Daedalus，2008，137：50－58.

Nussbaum，M. C. Kant and Stoic Cosmopolitanism. Journal of political philosophy，1997，5：1－25.

Nussbaum，M. C. Symposium on Cosmopolitanism Duties of Justice，Duties of Material Aid：Cicero's Problematic Legacy. Journal of Political Philosophy，2000，8：176－206.

Pangle，T. L. Socratic Cosmopolitanism：Cicero's Critique and Transformation of the Stoic Ideal. Canadian Journal of Political Science，1998，31：235－262.

Sellars，J. Stoic Cosmopolitanism and Zeno′s Republic. History of Political Thought，2007，28：1－29.

Stanton，G. R. The Cosmopolitan Ideas of Epictetus and Marcus Aurelius. Phronesis，1968，13：183－195.

关于西塞罗的共和政体：

Hathaway，R. F. Cicero，De re publica II，and his Socratic View of History. Journal of the History of Ideas，1968，29：3－12.

How，W. W. Cicero's Ideal in his de Republica. Journal of Roman Studies，1930，20：24－42.

Radford，R. T. Cicero. A Study in the Origins of Republican Philosophy. Amsterdam：Rodopi，2002.

Sharples，R. W. Cicero's Republic and Greek Political Theory. Polis：The Journal for Ancient Greek Political Thought，2002，5：30－50.

关于西塞罗的宗教观：

Beard，M. Cicero and Divination：The Formation of a Latin Discourse. Journal of Roman Studies，1986，76：33－46.

Burriss，E. E. Cicero and the Religion of his Day. Classical Journal，1926，21：524－532.

De Filippo，J. G. Cicero vs. Cotta in De natura deorum. Ancient Philosophy，2002，20：169－187.

Goar，R. J. Cicero and the State Religion. Hakkert，1972.

Görler，W. Cicero and Epicurus on Gods. The Classical Review (New Series)，2004，54：364－365.

Heibges，U. Cicero，a Hypocrite in Religion? American Journal of Philology，1969，90：

304－312.

Masson，J. Cicero on the Epicurean Gods. The Classical Review，1902，16：277－281.

Schofield，M. Cicero for and against Divination. Journal of Roman Studies，1986，76：47－65.

Solmsen，F. Cicero on Religio and Superstitio. The Classical Weekly，1944，37：159－160.

第五章
奥古斯丁的政治哲学与世界历史

在西方政治哲学史上，奥古斯丁（Augustine）无疑有着承前启后的地位。不过严格说来，在奥古斯丁汗牛充栋的著作中，真正谈论政治问题的却很少。《上帝之城》虽然被当作奥古斯丁政治哲学最重要的著作，其主旨却并非谈论政治问题，而是为了阐述上帝之城这个非政治的天国。在他的基督教思想框架之下，《上帝之城》第 19 卷才成为西方政治思想史上的经典之作。因此，要讨论奥古斯丁的政治思想，我们必须把这一问题放在奥古斯丁的整个基督教思想框架当中。

第一节　基督教化的罗马帝国

公元 410 年，北方蛮族攻克了罗马城，这是奥古斯丁撰写《上帝之城》的直接原因，也是他认真思考政治问题的契机。这个机会使他彻底放弃了早期基督教对罗马帝国的幻想，在尘世政治之外寻求人类拯救的可能。

在奥古斯丁之前，罗马人的文明理想是永恒的帝国，这是对希腊城邦文明理想的延续，更是罗马人引以为荣的地方。众所周知，按照亚里士多德的政治学说，从家庭到部落、村镇，最后到城邦，就实现了人的自然。人天生是城邦的动物，文明人应该生活在城邦里。① 但是文明的城邦缺乏自我保护的强大军

① 参见［古希腊］亚里士多德：《政治学》I. 2. 1253a2-6。

事力量，而在诸多城邦中崛起的罗马攻城略地，开疆拓土，逐渐成为横跨三大洲的世界帝国。奥古斯都在罗马建立帝制之后，吹嘘自己以一种特殊的方式保留了城邦的文明。[①] 在一定程度上，罗马帝国是希腊城邦文明的延续和发展。无论是罗马人自己，还是后来的历史学家，都不认为罗马帝国结束了希腊的城邦文明，而认为罗马帝国使古典文明走上了一个空前绝后的高峰。罗马不仅全面吸纳了希腊文明的神话、宗教、政治、哲学、科学、艺术、文学等方面的成就，而且以强大的武力捍卫着这些文明成果，以博大的胸襟吸纳着埃及、波斯、犹太，乃至各个蛮族的宗教与文化。

罗马并不只是一个巨大的城邦，其复杂的统治制度，以及罗马城与各行省之间的关系，使西方古典文明进入了一个更加辉煌的时期，罗马人认为，他们的帝国应该是整个世界的帝国。维吉尔（Vergil）在《埃涅阿斯纪》中借朱庇特之口说罗马将是个没有时间和空间限制的帝国。[②] 与维吉尔同时代的诗人奥维德（Ovid）和史学家李维（Livy）等人，都用过“永恒罗马”的概念。此后这更成为一个非常普遍的观念，出现在各种官方文件和思想著作中。可见，永恒罗马不仅是诗人的理想和历史学家的观念，而且成为罗马帝国对自己的文明定位。[③] 正是在这个意义上，罗马成为西方古典文明的最高峰。它不仅仅是众多城邦中的一个，也不仅仅是最强大的城邦，而是将所有城邦都囊括在帝国之中，将城邦文明推向了全世界，包容了它所遇见的各种文化，构筑了一个永恒的世界帝国。

在西方文明史中，恐怕很难再找到罗马帝国这样胸襟宽广的政治体。对于它所遇到的各种文化和其中稀奇古怪的宗教，罗马尽可能兼收并蓄，使各民族的神在他们的万神殿中占据一个位置。[④] 现代西方国家的宗教宽容思想，只是对罗马宽容政策的低劣模仿而已。不过，罗马也遇到了很难纳入其万神殿的宗教，那就是犹太人的一神教和后来的基督教。一神教具有过强的排他性，不易纳入罗马的宗教谱系和祭祀系统当中，因而犹太教和基督教都和罗马帝国发生了一定程度的冲突。不过，比起后来基督教对异教的迫害，乃至基督教不同教

---

① See Augustus, *Res Gestae divi Augusti*, trans., Alison E. Cooley, Cambridge: Cambridge University Press, 2009.

② 参见［古罗马］维吉尔：《埃涅阿斯纪》1.279，杨周翰译，10页，南京，译林出版社，1999。

③ See Kenneth Pratt, “Rome as Eternal,” *Journal of the History of Ideas*, vol. 26, 1965, pp. 25 - 44.

④ See A. D. Nock, *Conversion: The Old and the New in Religion from Alexander the Great to Augustine of Hippo*, Baltimore: Johns Hopkins University Press, 1998.

派之间的相互迫害，这些冲突真是小巫见大巫了。[1]《新约》中，特别是《启示录》中对罗马帝国的攻击，就是这些冲突的反映。但在经过了几次冲突之后，罗马帝国与基督教会的关系终于缓和下来。君士坦丁大帝（Gaius Flavius Valerius Constantinus）接受了基督教，后来的西奥多一世（Theodosius I，即奥古斯丁时代的罗马皇帝）更成为一个名副其实的基督徒。虽然吉本（Edward Gibbon）认为，对基督教的接受使罗马开始走向衰落[2]，但毕竟，基督教也加入到了构筑永恒罗马之梦的事业当中。《启示录》中那种仇视罗马的态度已经荡然无存，罗马皇帝的迫害已经不再是历史的主题，反而是另外一个声音逐渐成为主流：罗马是基督教的神圣之城，基督的天上王国将在罗马实现。

以尤西比乌（Eusebius）为首的基督教历史学家从基督教的角度论证了罗马的永恒。在他看来，君士坦丁是可以和摩西乃至耶稣相媲美的伟大君王，因而他统治的罗马也在完成上帝救世的神圣使命。他在《君士坦丁传》里说，君士坦丁就像摩西一样，住在不敬的敌人的家里，长大后解救上帝的选民、击败上帝的敌人（《君士坦丁传》1.12）。[3] 他又把君士坦丁同耶稣类比，因为君士坦丁造就了众多的信仰者，使对上帝的信仰遍布全世界（《君士坦丁传》4.72）。尤西比乌不仅盛赞君士坦丁对基督教的推崇，而且歌颂他对各民族的征服，认为这是在为上帝完成征服与传播的任务。他说：

> 无论我朝哪个方向看，无论是向东，向西，是向全世界，还是向天堂，无论哪里我都总是能看到，这位受赐福者统治着他的帝国。在地上，我看到他的儿子们，就如同他的光芒的反射镜，将他们父亲的光芒传布到各处，而他自己则好像仍然活着、大权在握，甚至比以前更完满地治理人事，随着他的后代的继承而不断增加。他们本来就有罗马恺撒的尊位；现在，由于他的个人魅力，由于他的文治武功，由于他的虔敬，他们又被称为主权者、奥古斯都、崇拜上帝的人，以及皇帝。（《君士坦丁传》1.1）

在尤西比乌看来，君士坦丁将基督教君主和罗马帝王的特点集于一身，通过罗马的武力传播基督教信仰，从而使罗马帝国在基督教的世界历史中占有至关重要的地位。基督教虽然产生于和希腊罗马完全不同的文化背景，而且逐渐用基督的教堂取代了罗马的万神殿，但在君士坦丁之后的一百多年，基督教似

---

① 参见［英］吉本：《罗马帝国衰亡史》，第一册，460页，长春，吉林出版集团有限责任公司，2008。

② 参见［英］吉本：《罗马帝国衰亡史》，第二册，411页。

③ 《君士坦丁传》译自 Eusebius，*The Life of Constantine*，trans.，Averil Cameron and Stuart Hall，Oxford：Clarendon Press，1999。

乎只是以自己的方式重建了罗马的祭坛。[①] 基督徒只是以新的方式来论证罗马的伟大、神圣与永恒，并没有否定罗马帝国和它的文明传统，因而罗马文明未曾遭到毁灭。罗马的基督徒和以前的罗马人一样，相信罗马是最伟大而神圣的永恒帝国，可以征服当时所知道的全世界。不过，这时的罗马已经不是因为朱庇特的庇护而得以强大和永恒，而是因为上帝选择了罗马，让耶稣降生在罗马帝国的统治之下，并借助罗马的强大，向全世界传播基督教，使整个世界结合为一个统一的教会，以便实现未来的上帝之国。

尤西比乌的历史学接过了罗马传统史学家和诗人的任务，试图证明罗马在世界历史中的特殊地位。他还编辑过一部《编年史》。该书分为五部分：(1) 迦勒底和亚述历史；(2)《旧约》历史；(3) 埃及历史；(4) 希腊历史；(5) 罗马历史。这是从基督教的角度对世界历史的一种划分，其中各民族的历史虽然基本是并列的，但还是呈现出明确的先后次序，最终归结于罗马，由此可以看出罗马在尤西比乌的世界历史观中的位置。

在基督教历史学的攻击之下，异教史学几乎毫无还手之力。[②] 希腊和罗马都有过很多伟大的历史学家。不过，这些历史学家很少将历史学发展为一门历史哲学。希腊历史学家的工作，主要限于记录伟大的事件和人物，以帮助人们从中吸收历史的教训、学习伟大的德性，等等。罗马历史学比希腊历史学有了更多的理论色彩，因为罗马历史学家要在历史的叙述中展现出罗马作为永恒之城的神圣与伟大。到罗马衰落之后，历史叙事则要帮助罗马人了解祖先的伟大、他们的德性，从而教育当时的罗马人。但在犹太教和基督教中，历史哲学（或历史神学）有着天然的优势地位，因为它们的主要教义必须借助历史的发展来讲述，所以历史书占了《圣经》中相当大的篇幅。基督教更以创世—堕落—拯救—末日的基本线索来理解世界，这已经成为一套非常系统的历史哲学。面对这样的历史哲学，罗马的历史叙事自然毫无抵抗力量。

尤西比乌使基督教的历史哲学加入到永恒罗马的颂歌当中，其力量比异教历史学家有过之而无不及。他的历史观随后逐渐流行起来，成为罗马的基督徒对待世界历史和罗马帝国的标准态度。哲罗姆（Jerome）将尤西比乌的编年史译成拉丁文，君士坦丁堡的苏格拉底（Socrates of Constantinople）和索佐门

---

① See Jörg Rüpke, ed., *A Companion to Roman Religion*, Malden: Blackwell, 2011.

② See Analdo Momigliano, "Pagan and Christian Historiography in the Fourth Century A. D.," in Analdo Momigliano, ed., *The Conflict between Paganism and Christianity in the Fourth Century*, Oxford: Clarendon Press, 1963.

（Sozomen）等历史学家都续写过《教会史》。他们都接受了尤西比乌的历史观。

正是因为对罗马帝国的这种观念，罗马的陷落给罗马的基督徒带来了巨大的震动。哲罗姆这时却呈现出少见的恐慌，以为世界的末日就要到来。他后来回忆说："西部的混乱，特别是罗马的劫掠，使我极为震惊，就像人们常常说的，我甚至忘了自己叫什么。我很长时间保持沉默，知道这是该哭泣的时候"（《书信》126.2）；"攻下了整个世界的城也被攻下了"（《书信》127.12）[①]。他在对《以西结书》的诠释中写道：

> 每日每夜，我想的都是全人类的安全。每当我的朋友们被抓了，我也总想到自己被抓了……当世界上最亮的光熄灭了，当罗马帝国的首都动摇了，整个世界会随着这一个城而灭亡……谁能想象得出，罗马在对世界的征服中强大起来，却会毁灭，既是各民族的母亲，也是各民族的坟墓？（《〈以西结书〉诠释》）

面对这些灾难和毁灭，哲罗姆慢慢形成了自己的解释。他越来越把这种毁灭等同于末日的灾难。罗马的衰落和灭亡就意味着整个世界的灭亡，而在世界灭亡之后，就是末日审判了。他说："我们没有意识到敌基督已经近了。是的，敌基督近了，主耶稣基督'要用口中的气灭绝他'"（《〈以西结书〉诠释》）。这种末世论延续了从使徒时代就有的一种观念，即认为世界末日会很快到来。所不同的是，哲罗姆并没有欢呼末日的到来和基督的重临，而是感到恐惧，祈求末日能够来晚一些。[②]

罗马的陷落究竟是否意味着末日即将来临，时间很快就给出了答案。这一解释也就不攻自破，根本不可能说服异教徒。相对而言，教会史学家们的解释要乐观得多。历史学家索佐门在叙述这一段历史时指出，虽然西罗马帝国陷入了战乱，但是，"东部帝国却完全没有战争，而且和一般想的不同，其中的事务都井然有序地完成着，因为统治者还很年轻。看起来，上帝公开向现在的皇帝展示了他的青睐"[③]。君士坦丁堡的苏格拉底在叙述了阿拉利克（Alaric）给罗马带来的灾难后，特别强调他在三天后就迅速离开，原因是，据传皇帝西奥多就要率军前来。阿拉利克不等传言得到证实，就仓皇逃出罗马（《教会史》

---

① 哲罗姆的著作译自 Jerome，*Letters and Selected Works*，in A Select Library of Nicene and Post-Nicene Fathers of the Christian Church：2nd series，vol. 6，Edinburgh，Grand Rapids：Eerdmans，1952。

② 参见夏洞奇：《尘世的权威》，60 页，上海，上海三联书店，2007。

③ 索佐门：《教会史》9（参见 Sozomene，*Histoire Ecclesiastique*，J. Bidey，ed.，A.-J. Festugière，trans.，Paris：Cerf，1983－2008）。

7：10)。[1] 这位历史学家继承了尤西比乌写君士坦丁的风格，也把皇帝西奥多同摩西类比，用《民数记》中评论摩西的话，说他“为人极其谦和，胜过世上的众人”，就是因为这种谦和，所以上帝让这位皇帝兵不血刃，就能屈人之兵。“无所不在的上帝赐给我们时代这位最虔敬的皇帝以超自然的帮助，就像赐给此前的所有义人一样”（《教会史》7.42)。这种理解把希望寄托在君士坦丁堡这座新罗马上。但是等到后来新罗马也面临同样的命运时，这种观点也就失去了解释的力量。

奥古斯丁显然对这些解释都不满意。他着手在《上帝之城》中反驳异教徒的同时，也鼓励自己的学生奥罗修斯写一部关于人类历史的著作，于是，奥罗修斯写出了他的七卷本《历史》，以思考罗马在人类历史中的地位，以及阿拉利克的灾难究竟意味着什么。奥罗修斯的《历史》从亚当夏娃讲起，一直讲到自己生活的时代，集中于罗马历史。其中特别注重谈各个时代的灾难，以表明并不是只在基督教的时代才有灾难。这一点固然完成了奥古斯丁交给的一个重要任务，但他的历史观却没有超出尤西比乌等人。他仍然赋予罗马非比寻常的神圣意义，认为罗马的强大与基督的诞生有内在的关联：“因为上帝的安排，就在恺撒达到了最强大、最真实的和平的时候，基督降生了……无疑，只要有信仰，能观察，每个人都能清楚理解，是主耶稣基督使这座城达到了权力的顶峰，繁荣而得到神佑。所以他在到来的时候，特别希望自己被称为罗马公民”（《历史》6.22)。[2]

当他直接叙述阿拉利克的灾难时，奥罗修斯强调了这样几点：第一，罗马是因为自己的渎神行为招致了上帝的愤怒，才有了这一灾难；第二，城中的一些基督徒感动了蛮族人，使他们饶过了很多罗马人；第三，哥特人放的火远远没有尼禄放的火大，以至于罗马好像什么也没有发生过（《历史》7.40)。

奥罗修斯的解释和前面两种都不同，而且这些应该都是和奥古斯丁多次讨论后的结果，因为这三点也全都出现在了奥古斯丁的著作中。不过，奥古斯丁对他的这部书并不满意。奥罗修斯虽然把奥古斯丁的很多想法写到了书中，但他对世界历史的总体理解并未超出尤西比乌的框架，仍然认为罗马在人类历史中具有至关重要的地位。他的《历史》更像对尤西比乌《编年史》的诠释，虽

---

① See Socrate，*Histoire Ecclesiastique*，G. C. Hansen，ed.，P. Périchon and P. Maraval，trans.，Paris：Cerf，2004-2007.

② See Paulus Orosius，*The Seven Books of History Against the Pagans*，R. J. Deferrari，trans.，Washington，D. C.：The Catholic University of America Press，1981.

然有些自己的想法，却老老实实地继承了尤西比乌的历史观。奥古斯丁对奥罗修斯非常失望，因而亲自着手解释人类历史，在新的历史观中彻底扭转了尤西比乌的政治观。

第二节　原罪与善恶

奥古斯丁的历史观和政治哲学建立在他的基督教世界观之上。通过对《创世记》的反复诠释，奥古斯丁形成了非常独特的世界观，并在这个哲学基础上思考人性善恶问题。对于奥古斯丁这方面的思想，我们此处做一个简单介绍。

为了与摩尼教辩论和维护上帝的绝对至上，奥古斯丁坚信万物都是上帝创造的，因而在上帝创世之前什么都不存在，上帝创世是绝对无中生有的过程。无论形式还是质料，都是上帝的造物，其中最完美的就是天使，拥有被造物可能有的最高智慧。但有一些天使一开始就不愿意服从上帝，因为骄傲而堕落了，于是成为魔鬼。天使和魔鬼的分离是世界历史的开端，因为有了天使和魔鬼，就有了上帝之城和魔鬼之城。天使和被救的人共同组成了上帝之城，魔鬼和所有得不到拯救的罪人共同组成了地上之城，即魔鬼之城。两座城的对立，贯穿了世界历史的始终。

奥古斯丁强调，魔鬼不是独立于上帝之外的存在，他们也是上帝创造的，其权能来自上帝，仅仅是因为自由意志而堕落，才成为魔鬼的。这样，他就坚决拒绝了摩尼教的善恶二元论。但是，奥古斯丁和摩尼教徒一样，认识到现实世界中普遍存在着恶，为了解释恶的存在，他使用了自由意志的概念。虽然魔鬼的权能低于上帝，而且在上帝的权力掌控之下，但在现实世界中，恶的存在却是极其普遍的，可以说，整个地上世界就是魔鬼之城，所有人都是魔鬼的属下，因为他们都像魔鬼一样，通过自由意志犯了罪。

上帝在造人的时候，把人造成了最完美的状态，没有死亡，没有罪恶，没有任何缺陷和瑕疵。但初人因为接受了魔鬼的诱惑，因此堕落了，这就是人类的原罪。人的原罪完全是意志之罪，即是由于自由意志，从最美好的状态跌落。

原罪是奥古斯丁思想体系中极为重要的部分，而基督教中的这个核心概念也是在奥古斯丁手中才得到发展成熟的。简单说来，原罪是人类在魔鬼的诱惑下，对上帝诫命的背叛，以及这种背叛所带来的惩罚。原罪的结果是，人类的身体和灵魂发生了冲突，产生了各种欲望，也产生了死亡。而在政治上，人类从此陷入了分裂状态。

所有人都是亚当的后代。奥古斯丁也相信，在人类的完美状态中，有一个很重要的方面，就是像一个人那样结合在一起。他说：

> 从上帝所造的最初一人，通过繁衍形成了整个人类，比起认为从多个人繁衍要好得多。至于别的生灵，他让一些独来独往，独自栖息，更愿意独处，比如黑鹰、狮子、狼，等等。他让一些群居，更愿意成群结队地生活，比如鸽子、白头翁、牛、小鹿之类。上帝没有让这两类动物从一个开始繁衍，而是命令很多同时存在。……因此上帝只创造单独的一个，这并不意味着人可以离开社会独居，而是为了让社会能更有效地实现社会的合一与和谐的结合。人们不仅彼此之间有相同的自然，而且还通过人间的家族情谊勾连起来。上帝没有像创造男人那样创造了女人，而是把她作为男人的妻子，从男人中创造她。于是，所有的人都是从一个人产生的，散播成为全人类。(《上帝之城》12.22)[①]

这是关于人性至关重要的一段话。奥古斯丁认为，上帝造人的方式非常独特，人既不像那些猛兽一样独处，也不像另外一些动物那样群居，而是由一个人繁衍出全人类。从一到多，但又必须统合到一个当中：人天生是社会的动物。

怎样理解人的这种社会性呢？第一步，当然就是从一个人到两个人，即女人的创造。女人并不像男人那样被直接创造出来，而是从男人当中创造的；以后的所有人也都一样，不是像第一个人那样重新创造，而是从已有的人中造出来。归根结底，所有人都来自第一个人。奥古斯丁认为，这是一个极为重要的象征。但这个象征的意义却是双重的。第一，由于所有人都来自同一个祖先，所以人有一种天生的社会性；第二，由于人的后代遗传了亚当的一切，所以每个人都有原罪，而原罪的直接表现，又是人类的分裂。于是，在这个象征中，既有人类全体的希望，也蕴含着人类好斗的天性。

首先，奥古斯丁充分肯定人的社会性，认为这是上帝的赐福，是人类不同于所有其他动物的地方。人由一到多，并不是堕落的结果，而是即使不堕落也

---

① 译文参见［古罗马］奥古斯丁：《上帝之城》，吴飞译，上海，上海三联书店，2007。略有改动。

必然会发生的。为了肯定人类的社会性，奥古斯丁强调，早在人犯罪之前，上帝就祝福他们“生养众多，遍满地面”。婚姻以及随后的生育和繁衍，都充分体现了人类一和多的辩证关系：“所以显然，上帝最初这样造了男女，使我们现在看到并知道有两性不同的人，他说要么是因为婚姻结合为一，要么是因为女人的起源，本来是用男人的肋骨造的”（《上帝之城》14.22）。

从亚当的一根肋骨造出夏娃，是从一到多的第一步。从此亚当不再是孤独的一个人，而有了一个伴侣，此时人类尚未犯罪。上帝之所以使人类的数目增加，并不是要分裂亚当这个一，所以，他又以婚姻的纽带，将两个人重新联合起来，成为新的一。这就是婚姻的意义：“夫妻不再是两个人，乃是一体的了。所以神配合的，人不可分开”（《马太福音》19：6）。同时，这也是所有社会制度的意义所在。人类在不断地繁衍增加，但他们都来自共同的祖先，上帝命令人类，要重新合众为一。

人类的家族不断发展，并形成了各种相应的亲属制度和禁忌。在最初的一代，无论男女都是亚当和夏娃的孩子。他们除了兄弟姐妹之间通婚别无选择。于是，“兄弟姐妹相互嫁娶，亚当一人既是父亲也是岳父，他的妻子夏娃是所有儿女的母亲，既是母亲也是婆婆”（《上帝之城》15.16）。但到了亚当、夏娃的孙辈，就可以不必再亲兄弟姐妹之间通婚，而是堂表兄弟姐妹之间通婚，这样，就形成了新的关系：“一个人有一个姐妹，一个妻子，还有一个表亲；一个父亲，一个舅舅，还有一个岳父；一个母亲，一个姑姑，还有一个婆婆。这样社会纽带就不必限制在一小群人中，而是会更广泛，可以靠复杂的社会纽带联结起不同而众多的亲属”（《上帝之城》15.16）。奥古斯丁解释这些现象的原因说：“古代的族长出于宗教性的关心，担心亲戚之间在世代相传后逐渐疏远，不再是亲戚，于是趁着关系还没变疏远，通过婚姻的纽带结合，把疏离的亲戚重新聚合”（《上帝之城》15.16）。随着人类的代代繁衍，不仅亲兄妹之间，就是堂表兄妹之间的婚姻也被禁止了，人与人之间形成了非常复杂的关系纽带。只有这样，才能把尽可能多的人勾连起来。

在人类繁衍的数目非常多之后，仅仅通过家族或姻亲纽带已不足以联合起所有人，于是出现了城邦；随后，各城邦又联合成为世界帝国。“人类社会从家庭开始，随后发展到城镇，然后发展出整个世界”（《上帝之城》19.7）。[①] 随着人类的繁衍和分化，家庭、城邦、世界帝国，是人类合众为一的三个阶段。

① 参见夏洞奇在《尘世的权威》中的论述。

这一论断和亚里士多德在《政治学》中关于从家庭到部族，再到村镇，然后再发展为城邦的著名论断应该有一定的继承关系。当然，奥古斯丁和亚里士多德之间也有重要的差别。首先，在亚里士多德的政治学中，并没有世界帝国，这是在罗马成为跨民族的大帝国之后形成的新的政治理念。其次，由于罗马帝国几乎征服了当时所知的整个世界，奥古斯丁这里产生了一个和亚里士多德非常不同的世界一统的观念。当亚里士多德说城邦是人的自然时，他并没有统一全人类的意思；但在罗马帝国以后，全人类通过世界帝国和合为一，却成为一个更重要的观念。在奥古斯丁这里，世界帝国代表着人类发展的方向，其重要性已经超过城邦，因为在人类极度繁衍分化的时代，只有统一全世界的帝国，才能将全人类统一起来，回到亚当这个一当中。

随着罗马帝国带来的政治版图的变化，罗马人已经大大改变了亚里士多德所理解的政治生活；这一点并不是奥古斯丁的发明。在奥古斯丁之前，无论异教徒还是基督徒，都已经有了类似的永恒罗马和世界帝国的观念。基督徒也已经将罗马帝国的政治理念与基督教的天上之国的观念结合了起来。

在此，我们回到了本章第一节中所提出的问题。在罗马陷落之前，罗马的基督徒和异教徒都认为，罗马帝国担负着建立世界帝国、统一全人类的历史使命。但当西哥特人攻克罗马之后，我们就可以想见罗马的基督徒所遇到的文明困境了。也恰恰是在这个地方，前述奥古斯丁的理论困境变成了他与其他人都不同的独特视角。

奥古斯丁充分肯定人的社会性，认为人类的繁衍并不是堕落的结果。他既然认为婚姻不是罪恶的，人的繁衍本身也是值得赐福的，那么，人类社会的所有这些发展，就都不是原罪的结果；人类用以合众为一的城邦和帝国，也不应该是罪恶的。若是这样，他岂不是和尤西比乌等人的观点一样了吗？他又如何面对罗马城的覆灭呢？

奥古斯丁确实肯定了人类这些制度的意义，但他也非常清楚地意识到，人类的社会制度每发展一步，都会伴随着进一步的堕落和更多的罪恶。我们前面看到，人类从一到多的第一步，是夏娃的被造；随着夏娃的被造，是婚姻和生育的出现。奥古斯丁虽然极力捍卫婚姻和生育的神圣性，但他也深切地意识到，现实中的婚姻和交媾，都必然伴随着污秽的快乐和罪恶。亚当与夏娃之间的爱，也伴随着很多罪的因素。当亚当把对夏娃的爱放在对上帝的爱之上，宁可犯罪也要与夏娃在一起的时候，他其实是犯了更大的骄傲之罪；而这种罪的结果，使亚当和夏娃相互推诿，爱的温暖立即就变成了冰冷的指责。既然不再只有一个人，而是分裂成了两个人，就有了分裂和争斗的可能。人类数目的增长虽然在理论上未必伴随着罪，但事实上，如果不是因为有了夏娃，亚当也不会堕落。

除了亚当、夏娃的原罪，人类历史之初的几次大罪，无不伴随着人类的进一步分裂。亚当、夏娃的儿子该隐（Cain）和亚伯（Abel）是亲兄弟，兄弟相残，导致了人类历史上第一桩谋杀案。奥古斯丁对这件事谈了很多，因为杀弟的该隐成为地上之城的创建者，也因为该隐的杀弟之罪，隐隐预示了罗马的建城者罗慕洛斯（Romulus）的杀弟之罪。第一座地上之城的创建者是杀弟者，最大的地上之城的创建者也是杀弟者（《上帝之城》15.2）。地上之城都是在罪恶中建立的，虽然大城的建立体现了人类合众为一的历史梦想，但包括罗马在内的任何一座地上之城都无法成为第二亚当，承担起统一人类的历史使命。

到了挪亚（Noah）的时候，地上充满了强暴，导致了上帝的震怒。而人类的彻底分裂，则始于巴别塔。巴比伦城和巴别塔的建造，导致了人类语言的变乱。在西方的罗马兴起之前，巴比伦曾经是东方世界最强大的帝国，在《旧约》中又是灭亡犹太人的帝国。奥古斯丁认为，西方的罗马正是对东方的巴比伦的延续（《上帝之城》18.2）。奥古斯丁指出，这座巴比伦城就是变乱之城，而它的建造者，就是巨人宁录（Nimrod）：

> 他和自己的人民建起一座反对上帝的塔，这象征了他们骄傲的不敬。哪怕这种坏的情感没有成功，也应该被惩罚。那么他应该受怎样的惩罚？他用语言来称霸传令，那么就应该谴责他的骄傲，使这个不愿理解和遵从上帝的命令的人，自己的命令也不被理解。既然他的每个人都无法理解，那么这个密谋就解体了，因为每个人都只和能够相互说话的人为伍，否则就要离开。因为语言分散，民族也布满大地。（《上帝之城》15.4）

语言的分化，使人类无法相互理解；巴比伦这个世界帝国的建立，伴随着人类的彻底分裂。世界帝国的建立，依靠的是人类的不义和骄傲，不仅不可能在真正的意义上实现合众为一，反而会导致人类世界的分崩离析：“人类世界如水相汇，越是大，危险越多。最初是语言的分化使人和人分离”（《上帝之城》19.7）。为了规避语言的分化，世界帝国派翻译来沟通不同的民族，但成群结队的翻译却必须伴以频繁而惨烈的战争。

结果，人类用以弥合分裂的各种方式都没能成功。上帝虽然为联合亚当与夏娃而赐福给他们的婚姻和后代，但先是夫妻共同偷吃了禁果，接着是他们的儿子骨肉相残，家庭并没有完成合众为一的使命；随后，地上之城在杀弟的血泊中建造起来，这以不义为根基的城，也无法把人类重新统一起来；再后来，人类凭着骄傲，在血腥的战争中建立起世界帝国，这帝国导致的是人类更彻底的分裂，也不可能实现合众为一的梦想。于是，奥古斯丁说：

> 他们希望智慧的人过社会生活，这是我们更为赞同的。但是，谁能计算，在这必朽的艰苦的人类社会，有多少和多么沉重的坏事？谁能算得清呢？他们应该听听自己的一个喜剧人物的感觉，而这是所有人都同意的："我娶了媳妇；我在这里发现了多少悲惨！然后生儿育女，又多了操劳。"这个特伦西还记录下了人间之爱的种种罪过："伤害、疑心、敌意、战争、和平，等等。"这些不是到处充满了人间事务吗？不是就连真诚相爱的朋友之间，也不缺少这些吗？不是在人间事务的每个角落，我们都能感到伤害、疑心、敌意、战争，以及各种必然的坏事吗？（《上帝之城》19.5）

奥古斯丁对人世间的黑暗有深刻的洞察，甚至到了冷酷的程度。虽然他肯定人的社会性，但是他不相信任何人间的制度能够使人获得幸福。于是，本来最具社会性的人，却陷入了最残酷的战争和自相残杀当中：

> 哪怕没有理性的生灵，那些水里和地上长出的群居物种彼此之间也会比人更安全而和平地过日子；而从一个人繁衍出整个人类，本来就是为了其后代能和谐相处。狮子之间和龙蛇之间都不会像人们之间这样发动战争。（《上帝之城》12.23）

人类都来自亚当一人这个事实，虽然标示着人类只有在重新和合为一时才能真正获得拯救，但仅凭着人类自己的力量和制度，不仅不足以完成这一使命，而且还会离这一理想越来越远。那些群居的物种虽然并没有注定要和合为一，但也没有像人类这样相互仇杀；像狮子那样独来独往的物种，虽然本来就不具有社会性，却也没有产生人类这么大规模的血腥战争。

从亚当繁衍出众人这件事的意义，更多不在于揭示现实，而在于促使圣徒们思考："上帝知道，这些人如果思考上帝从一个人造出多人，从而创造整个人类这件事，就会明白，众人联合如一是神恩所愿的"（《上帝之城》12.23）。虽然上帝设立并赐福了婚姻制度，祝福人类的繁衍传承，而且从家庭到城邦和世界帝国的一系列制度，都象征着人类和合为一的理想，但奥古斯丁认为，这些制度所实现的，都不是真正意义上的和合为一。真正的和合为一，只有在上帝之城中才能实现，最终容纳所有圣徒，组合成第二亚当，即耶稣基督。

从犯罪以后，人类就分裂成了两座城。奥古斯丁在《上帝之城》第 15 卷的开头说："关于这两个城在我们不知道数目的天使中，或者在两个初人中的起源，我已经谈得够多了，看来，我现在要谈论两个城的发展，从二人生育后代开始，到人类不再生育为止"（《上帝之城》15.1）。

两座城在天使中的起源很清楚，就是天使和魔鬼的分裂。堕落的天使不服从上帝，成为魔鬼，他们就组成了地上之城。人类却不能如此截然二分，但奥古斯丁又认为在人类之中存在两个城。那么初人是怎么分裂为上帝之城和地上之城的呢？是亚当属于上帝之城，夏娃属于地上之城吗？还是亚当、夏娃堕落前属于上帝之城，堕落后属于地上之城？抑或是有别的可能性？

人类无法像天使和魔鬼那样，判然分为两座城的成员，这正是人类历史的基本特点。按照我们的理解，哪怕在没有堕落的时候，亚当和夏娃也尚未像天使们那样，成为上帝之城的公民；堕落之后，所有人都成为魔鬼的俘虏，但都没有像魔鬼们那样，彻底丧失皈依上帝的可能性。天使代表着皈依上帝的理想状态，魔鬼代表着背叛上帝的极端状态；魔鬼和天使的判然二分，其实是对摩尼教善恶二元论的继承和修改，只是因为天使和魔鬼不再是光明之神和黑暗之神，它们在宇宙体系中的位置和存在的哲学基础都和绝对的二元论不同了。

人则是生活在这两极之间的。一方面，上帝按照自己的形象造了人的形式，赋予了人皈依的可能性；另一方面，由于原罪，人并没有真正完成这个皈依，就背叛了上帝。人堕落的方式和魔鬼很像，但是人并没有变得像魔鬼那样不可救药。如何把握皈依的可能性和已经堕落之间的模糊地带，是一个极为重要也非常困难的理论问题，因而导致了奥古斯丁关于人的灵魂的几种说法。正是因为这种模糊性，在两个初人那里，上帝之城与地上之城的区分也是模糊的，即并不能明确区分出来，究竟谁属于上帝之城，谁属于地上之城。堕落后的亚当和夏娃，都属于地上之城，但都有皈依上帝之城的可能性。奥古斯丁所谓两座城的对立在初人之中的起源，指的就是人性中的神性和罪性的起源。人的灵魂中有上帝的形象，有灵性，有沉睡了的理智灵魂，这就是上帝之城的起源；而人背离了上帝的形象、偏离了灵性的灵魂、堕入了罪中的身体，都是地上之城的起源。在这个意义上，两座城在初人夫妇中就已经起源了。

正是在这个意义上，奥古斯丁强调人的内在分裂："哪怕在一个人身上，我们都能体会使徒说的道理：'属灵的不在先，灵魂性的在先。以后才有属灵的'"（《上帝之城》15.1）。在人类中，两座城的对立在根本上是每个人心灵中的自我对立。

但在初人之后，心灵秩序中的对立，又逐渐演化为世界历史中两个阵营的对立。这当中的第一步，就是亚当和夏娃生下的两个儿子：该隐和亚伯。“在整个人类中也一样。两个城开始死生相继的过程，其中最先问世的，乃是这个世俗之城，随后才是上帝之城中的公民，是此世中的过客”（《上帝之城》15.1）。本来，如果把两座城在人类社会中的对立理解成每个人的内在对立，这种对立就不该体现在两个人身上，但奥古斯丁现在说，该隐和亚伯的对立，就是善恶两座城的对立。这里面潜藏着一个很大的矛盾。在基督教思想史上，这个矛盾表现出来就是，已经接受了《新约》的人该如何对待《旧约》。在基督教早期几百年的历史中，这是一个争论不休的问题。灵知派拒绝承认犹太人的《圣经》，甚至认为《旧约》中的上帝就是黑暗之神。大公教会将《旧约》也当作经典，却面临着如何面对新旧两约之间的矛盾的问题。奥古斯丁以自己的方式把这个问题重新提了出来。他把两座城的分别当作内在的分别，在理论上也是在拒斥灵知派的二元论。而且他也明确将《旧约》当作经典，甚至主张从字面上理解它。但在对《旧约》的字面解释中，他却把该隐和亚伯当作了善恶之城的代表。人类似乎从伊甸园被赶出来后，就分裂成了两个阵营，一善一恶。他这不是把二元论又偷偷地迎回来了吗?

奥古斯丁或许意识到了这对矛盾。他没有说该隐和亚伯的对立只是比喻，但还是强调，这里面蕴含着重要的比喻意义。在兄弟二人中，该隐为长，亚伯为次。此中蕴含的意思是：人类最初全都属于地上之城，只是有少数人被拣选了，才成为上帝之城的公民。而这个次序最根本的隐喻，仍然是每个人的内在转化：

> 最先的人是该谴责的，我们必须从他开始，但不必停留在他那里；后面的是正直的，我们必须朝那里前进，并要在到达后停留在那里。虽然并不是每个坏人都会变好，但没有好人不是最先是坏人的；但是如果一个人变好得越快，他就越能迅速地保住为自己挣得的名字，能让后来的名字掩盖先前的名字。（《上帝之城》15.1）

该隐早于亚伯出生，杀害了亚伯，而且还建了一座城，按照他的儿子的名字，称之为“以诺”（Enoch）（《创世记》4：17）。奥古斯丁指出，这是具象化的地上之城。在以诺城之后，又出现了大大小小无数个城，直到后来几乎统一了全世界的巴比伦和罗马。所有这些城，都是地上之城，没有一个是上帝之城，因为，“天上的圣徒之城，虽然产生了公民，但这些公民却在大地上旅行”（《上帝之城》15.1）。亚伯并没有另外建一座城，因此，他和别的圣徒都脱胎于地上之城，他们和所有的人一样，“起源于一开始就整个被谴责的质料”，上帝从这质料中，先是造了卑贱的器皿，后来又造了贵重的器皿（《上帝之城》15.1）。他们无法脱离自己的质料，因此不可能真正走出地上之城，去另建新城；地上所有的城，都是地上之城，不可能有真正的上帝之城。

这些圣徒与地上之城的关系是，他们要作为旅客，在大地上旅行，不能把地上之城当作自己的家乡，但又不可能离开这座城去另建一座城。在此，奥古斯丁的用意极为清楚：凡是在地上建的城，即地上任何的社会和政治集团，在根本意义上都只能属于地上之城。无论是家庭、城邦还是帝国，乃至地上的教会，都不是人的精神归依。要做上帝之城中真正的公民，必须把所有的这些组织和集团当成暂时的客旅，拒绝对它们中任何一个的归属感，只能把未来的天上之城当作自己真正的家乡。要在上帝之城中实现人类的重新合一，人在尘世生活中就要随时保持心灵的分离和孤独。要实现人本来具有的神圣的社会性，不能通过现有的社会组织完成，而必须在拒绝了所有这些社会组织之后，靠每个人自己才能完成。虽然奥古斯丁说两座城的对立体现在该隐和亚伯身上，但该隐和亚伯在世界历史中各自的位置是非常不同的。该隐是第一座城的建造者，甚至就是地上政治的肇端者，但亚伯没有建任何一座城，他充其量只代表了生活在地上之城中的某些将来属于地上之城的公民；或者，更确切地说，他只代表了人类心灵中的某种力量。奥古斯丁既然说“没有好人不是最先是坏人的”，那就不能认为亚伯这里已经有了上帝之城。奥古斯丁似乎解决了他这里两座城二元对立的问题，解决的根本策略就是，把对立理解为内在的对立和分裂，而不是现实的城与城之间的对立。

既然地上没有哪座城是上帝之城或其尘世代表，罗马当然不能成为上帝之城在人间的实现。但奥古斯丁对罗马的否定，并不是因为罗马尤其罪恶，而是出于对地上之城的普遍否定。按照这个道理，就不仅罗马不能，而且地上的耶路撒冷也不能是上帝之城，甚至地上的教会同样不是上帝之城。它们只能是各种形态的地上之城。我们在上一章已经看到，奥古斯丁对地上之城的否定，是对尘世人际关系的根本否定。在上帝之城中，所有这些关系都要被取消掉，甚至包括最基本的人伦家庭关系，因为天上的人“也不娶也不嫁”（《路加福音》20：35）。因此，现实生活中并不存在“上帝之城”，所谓“上帝之城”只存在于未来的末日之后。因为到了末日就不再有时间，上帝之城就在时间之外，或者说，它并不是一种历史现实，而只是从永远的未来向现在的一种投射；对于现实生活中的人而言，“上帝之城”更多是对现实社会的一种否定，而不是任何一种肯定性的制度建构。

在该隐和亚伯那里本来已经解决的问题，在罗马和耶路撒冷这里似乎又重新冒了出来。如果耶路撒冷不是真正的圣城，教会也不是神圣的组织，那么奥古斯丁到底在什么意义上肯定《旧约》的历史呢？人类的尘世政治难道就完全没有精神意义了吗？若是这样，不仅罗马人的德性和英勇都被否定了，犹太人建立自己国家的努力、现代西方人争取民主自由的斗争，似乎也都没有什么意义了。

第三节　尘世政治的价值

奥古斯丁用保罗（Paul）关于撒拉（Sarah）和夏甲（Hagar）的说法来比喻耶路撒冷与两座城的关系。但一是因为所用的意象比较复杂，用语比较含混，二是因为他处理的本来就是个非常复杂的问题，以至于人们在理解奥古斯丁的意思时产生了极大的争论。

他首先说："这个城有一个影子，一个预兆性的像，其含义并不是要把上帝之城实现在地上，而是要指出她将在某个时间实现，这个城也被称为圣城，不是因为她真的是圣城，而是因为她是未来的圣城的像"（《上帝之城》15.2）。随后，他引用了保罗在《加拉太书》中的一段话：

> 你们这愿意在律法以下的人，请告诉我，你们岂没有听见律法吗？因为律法上记着，亚伯拉罕（Abraham）有两个儿子：一个是使女生的，一个是自主之妇人生的。然而那使女所生的，是按着血气生的；那自主之妇人所生的，是凭着应许生的。这都是比方：那两个妇人就是两约，一约是出于西乃山，生子为奴，乃是夏甲。这夏甲二字是指着亚拉伯的西乃山，与现在的耶路撒冷同类，因耶路撒冷和她的儿女都是为奴的。但那在上的耶路撒冷是自主的，她是我们的母。因为经上记着："不怀孕、不生养的，你要欢乐；未曾经过产难的，你要高声欢呼，因为没有丈夫的，比有丈夫的儿女更多。"弟兄们，我们是凭着应许作儿女，如同以撒一样。当时那按着血气生的，逼迫了那按着圣灵生的，现在也是这样。然而经上是怎么说的呢？是说："把使女和她儿子赶出去；因为使女的儿子不可与自主妇人的儿子一同承受产业。"弟兄们，这样看来，我们不是使女的儿女，乃是自主妇人的儿女了。基督释放了我们，叫我们得以自由……（《加拉太

书》4：21-5：1）

保罗这里有两个层面的象征：第一，他认为，撒拉和夏甲分别象征了新旧两约；第二，他又进一步说，为奴的夏甲象征了罗马时代的耶路撒冷，成为罗马的奴仆，而自主的撒拉却象征了天上的耶路撒冷。保罗的第二个象征，应该是服务于第一个象征的：在撒拉还不能生育的时候，由夏甲生育；等到撒拉能生育了，夏甲就要被赶出去。在耶稣没来的时候，只有《旧约》；但耶稣颁布了《新约》之后，《旧约》就失去了意义。两个耶路撒冷的含义也应该是，在耶稣没来的时候，耶路撒冷代表了上帝之国；在耶稣来了之后，地上的耶路撒冷的地位就不重要了，因为耶稣宣布了天上的耶路撒冷。

我们在进一步看奥古斯丁的阐释之前先要清楚，保罗处在与奥古斯丁非常不同的时代：当时的耶路撒冷为罗马人所占领，基督徒无论在耶路撒冷还是在整个罗马，都处于边缘地位。面对这样的政治处境，保罗将希望寄托于天上的耶路撒冷。虽说基督徒并没有把建立独立政权当作自己的目标，但这种盼望却多少反映出了尼采（Nietzsche）所谓的奴隶道德。

但在奥古斯丁的时代，基督徒已经不再是犹太教的异端，而且脱离了被罗马帝国镇压的处境，罗马的基督徒早就脱离了为奴的边缘处境，而成为强大的罗马帝国的公民甚至当权者。像奥古斯丁这样批判自己所在的尘世政权，就与保罗时代有了非常不同的意义。奥古斯丁并不关心真正的耶路撒冷和犹太人[①]，他对耶路撒冷的否定，更多服务于他对罗马和所有世俗政权的普遍否定。他解释说：

> 地上之城的一部分，作为天上之城的像，不代表自己，而是代表那一个，是为奴的。她不是为自己而建的，而是为了所象征的另一个而建的。由于她又被另一个来象征，那预示性的又由另一个来预示了。撒拉的使女夏甲和她的儿子，就是这个像的像；但是影子在光照下就会消失，这光就是经上说的自主的撒拉，她象征了自由之城，夏甲是她的象征，是她的影子，侍奉她。她说：“你把这使女和她儿子赶出去，因为这使女的儿子不可与我的儿子以撒一同承受产业。”使徒则说“与自主妇人的儿子”。我们发现地上之城有两个面相，在一个面相中，她展示了自己的样子，在另一个面相中，则以自己的显现，象征着天上之城。地上之城的公民是因罪而

① 关于奥古斯丁著作中的犹太人问题，参见 Mireille Hadas-Lebel，*Jerusalem against Rome*，Leuven：Dudley，2005；Paula Fredriksen，*Augustine and the Jews*，New York：Doubleday，2008。

> 有罪过了的自然产生的；真正天上之城的公民则产生于恩典，脱离了罪，回归自然；所以后者是贵重的器皿，前者是卑贱的器皿。甚至亚伯拉罕的两个儿子都象征了这二者，一个出自名叫夏甲的使女，就是依照肉身生的以实玛利，另一个出自自主的妇人撒拉，是按照应许生的以撒。两个都是亚伯拉罕的骨肉；但是一个只是实现了惯常的自然，另一个则是应许给的，象征了恩典；一个只有人的用途，另一个获得了神的福祉。(《上帝之城》15.2)

奥古斯丁虽然也接受保罗关于《圣经》两约的解释，但他主要继承的是保罗的第二层象征。他首先认为，地上的耶路撒冷预示了天上的耶路撒冷。而撒拉象征了天上的耶路撒冷，夏甲则象征了地上的耶路撒冷；夏甲对撒拉的预示，就象征了地上的耶路撒冷对天上的耶路撒冷的预示，所以说，夏甲是“这个像的像”。这些意思，在保罗那段话里已经都有了，只是奥古斯丁说得更复杂。

奥古斯丁又明确强调，耶路撒冷是“地上之城的一部分”，但是这个地上之城有特别的使命，即用来象征上帝之城，就是所谓“天上的耶路撒冷”，甚至说，“她不是为自己而建的，而是为了所象征的另一个而建的”。学者们争论的焦点就在于，在两座城的关系中，地上的耶路撒冷究竟处在什么位置上。在奥古斯丁两城说的体系中，本来只有上帝之城和地上之城两座城，而耶路撒冷既是地上之城的一部分，又代表了上帝之城。它究竟算是地上之城，上帝之城，还是第三座城呢？

这一段之所以会引起巨大的争论，当然首先是因为奥古斯丁的讲法过于含混，用了太多的代词。夏甲母子“是这个像的像”，这个像是指撒拉，还是地上之城呢？撒拉母子所象征的究竟是地上之城（即像的像），还是上帝之城呢？我们可以把它理解为：夏甲象征了撒拉，撒拉象征了地上之城的一部分，即地上的耶路撒冷，而地上的耶路撒冷又象征了天上的耶路撒冷。可以用下图表示这种关系：

夏甲 ➡ 撒拉 ➡ 地上的耶路撒冷 ➡ 天上的耶路撒冷

这种单向的比喻关系，应该是很多人的理解方式。如果按照这种或类似的理解，则地上的耶路撒冷应该是一个非常特殊的城，和别的地上之城不同，象征并代表了上帝之城，甚至可以说，是地上的上帝之城。这里，问题的实质并不是耶路撒冷或圣城的位置，而是尘世政治的意义。按照这一逻辑，若是耶路撒冷可以成为地上的圣城，则罗马也有可能成为圣城，教会更有资格成为圣城。[①]

但我们要清楚，奥古斯丁的比喻是从保罗来的。保罗说得很清楚，夏甲象征着地上的耶路撒冷，撒拉象征着天上的耶路撒冷，而夏甲和撒拉之间并没有象征的关系，只是夏甲生子预示了撒拉生子。无论在保罗的比喻中还是在奥古斯丁的引申中，撒拉都从来没有象征过地上的耶路撒冷；地上的耶路撒冷的命运，就是夏甲和她儿子的命运，而不是撒拉和以撒的命运。只是奥古斯丁将预示和象征两个词混用，结果反而造成了不必要的混乱。但若借助保罗来理解奥古斯丁的比喻，这四者之间的关系应该如下图所示：

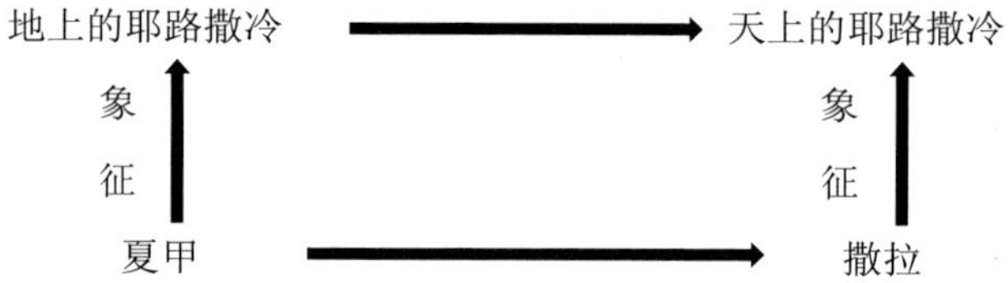

在此，两个女人分别对应于两座城，两个女人之间的预示关系，象征了两座城之间的预示关系。夏甲是使女，和别的使女没有什么不同。她的唯一特殊之处在于，亚伯拉罕在撒拉没有生育时，纳她为妾，让她生了儿子，上帝以此事来预示撒拉的生育。但夏甲并不因此而不再为奴，等到撒拉生了子，她就要带着儿子离开亚伯拉罕家。同理，地上的耶路撒冷和其他的地上之城也没有什么不同，其特殊之处仅在于，它被用来预示天上的耶路撒冷。等到天上的耶路撒冷显现出来了，它的使命也就结束了，仍然要被当作地上之城来看待。[②]

耶稣来临之时，上帝之城就显现了出来，于是，地上的耶路撒冷就失去了象征它的意义，可以被废弃掉了。奥古斯丁将地上之城分为两部分，一部分是没有任何象征意义的，另一部分是有象征意义的，但在本质上，这两部分没有不同。奥古斯丁在《上帝之城》中的基本思想是，只有两座城，不可能有第三

① 德国学者雷斯岗提出了一个著名的说法，指出奥古斯丁的思想中其实有三座城：（1）天上的上帝之城，或称“天上的灵性之城”；（2）地上的上帝之城，或称“地上的灵性之城”，撒拉和她的儿子以撒象征这座城；（3）严格意义上的地上之城，或称“地上的肉身之城”，夏甲和她的儿子以实玛利（Ishmael）象征这座城。按照这种理论，则耶路撒冷是地上的灵性之城。它虽在地上，其实质却是和上帝之城一样的，或者说，它是上帝之城在尘世中的代表。这一说法在后来的《上帝之城》研究中，特别是在德语学术界，引起了很多共鸣。参见 Hans Leisegang，“Der Ursprung der Lehre Augustins von der Civitas Dei，” *Archiv für Kulturguschichte*，vol. 16，1925，pp. 127－128。

② 克兰兹对雷斯岗的学说做了简明但有力的批判，指出在这一章的文本中，找不到对三城说的支持。参见 F. Edward Cranz，“*De Civitate Dei*，XV，2，and Augustine's Idea of the Christian Society，” *Speculum*，vol. 25，1950，pp. 215－225。

座城。耶路撒冷虽然比较特殊，但它的存在不会破坏两座城的基本结构。

上帝之城与地上之城之间的二元结构是世界历史的基本结构，不会出现第三座城，因此凡是地上的政治和社会制度，都属于地上之城，不会在任何意义上属于上帝之城。在犹太—基督教的思想体系中，以色列和耶路撒冷是最有资格成为地上的上帝之城的，但如果连耶路撒冷都只是为奴的夏甲，其他的政权就更不可能成为上帝之城的代理。身在罗马的奥古斯丁并不关心犹太人和他们的耶路撒冷，他表面上否定了耶路撒冷的神圣意义，实质上是彻底否定了尘世中任何制度的根本意义，对尤西比乌等人的历史观做出了重大的修改，同时也使他能够以更冷静的方式面对罗马的衰亡。但这一推论却推到了更极端的程度。如果罗马和耶路撒冷都不可能是地上的上帝之城，那么教会这种人为的组织，在根本上也并不等同于上帝之城。奥古斯丁警告基督徒：

> 只要上帝之城还在尘世中做客旅，即使和上帝之城在一起的人中，也有一些，虽然通过圣事和上帝之城联系在一起，但是将来不会和她一起，享受圣徒才会享有的那种永恒幸福。他们一部分是潜藏的；一部分是公开的。……于是，两个城在这个时代交织在一起，相互混杂，直到最后的审判才会分开。（《上帝之城》1.35）①

这里更实质的问题是，在奥古斯丁的思想体系中，究竟如何看待尘世的政治制度。如果坚持两城说，则人类的任何社会制度都是魔鬼之城；那么，在上帝之城面前，人类的社会政治制度就没有任何积极的意义了，世界历史将彻底变为心灵秩序。无论是教会还是基督教国家，似乎都没有任何存在的价值。决定是否获得拯救的，都是每个人自己的心灵。虽然奥古斯丁在理论上已经走到了这个极端，但是在现实政治中，这是不可操作的理论假设。因而，在讨论很多具体问题的时候，奥古斯丁常常无法贯彻他对人世制度的这种彻底否定。比如在《上帝之城》15.4，他就充分肯定了尘世中的和平的意义：

> 地上之城不会永恒（当她最后得到应有的惩罚时，就不再是一个城了），但也有自己的好。这个集团也会快乐，但只能是这种事物提供的那种快乐……当为正义的原因而战的人胜利时，谁会怀疑那是令人兴奋的胜利，达到了人们希求的和平？这些是好的，而且无疑是上帝的赐予。但是

① 此外，奥古斯丁还在《上帝之城》18.49、19.6、20.27等很多地方给出了类似的说法。关于教会与上帝之城的关系，也可参见 Yves M. J. Congar, "Civitas Dei et Ecclesia chez saint Augustin," *Revue des Études Augustiniennes*, vol. 3, 1957, pp. 1–14。

> 如果我们忽视了更好的、属于天上之城的好，忽视了那永恒而最高的胜利中有保障的和平，而只欲求这类的好，或者认为这是唯一的好，或者爱它胜过爱那我们相信是更高的好，接下来必然是悲惨，而且悲惨还会不断增加。(《上帝之城》15.4)

按照这一段的叙述，地上的和平也是一种好，而且是上帝的赐予；只是比起上帝之城中的永恒善好来要低一个层次。这样的理解，确实像雷斯岗说的那样，带有很强的柏拉图主义色彩。如果地上的和平与幸福都是上帝的赐予，那么地上的王国也应该是上帝所赐的。奥古斯丁说："哪怕是地上的好（那些不能想象出更大的好的人只追逐这些)，也是服从于唯一的上帝的权柄的"（《上帝之城》4.34)。这些拥有地上的幸福与和平的城，既然也获得了上帝的赐予，岂不是应该区别于魔鬼之城？至于以色列或基督教国家，不是更不能称为魔鬼之城了吗？奥古斯丁对希腊罗马的哲学、文化、艺术、政治等，都表现出相当高的敬意，对柏拉图、西塞罗、瓦罗（Varro)、普罗提诺（Plotinus)、波斐利(Porphyry）等哲学家赞赏有加，对李维、撒路斯提乌斯（Sallustius）等历史学家非常喜爱，对维吉尔的诗篇烂熟于心，对西庇阿、加图、勒古鲁斯（Regulus）等英雄极为崇敬，自己更是熟谙异教世界的各种学问和文化传统。难道他真要把自己热爱的这一切都归入魔鬼的阵营吗？

或许正是基于这样的考虑，很多人不愿意接受奥古斯丁两城说的极端推论，而是要么把一个地上实体等同于上帝之城，要么认为，在魔鬼之城与上帝之城之间，还存在另外一个城。而他们在奥古斯丁的著作中，也往往能找到很多证据。① 关于究竟是否存在第三座城，不能只考虑支持双方观点的文本材料，还要全面把握奥古斯丁的思想，从而厘清这些材料各自的位置和作用。② 按照奥古斯丁的概念，尘世之好确实也是上帝的赐予，具有一定的积极意义，但是

① 几乎就在克兰兹发表文章驳斥第三座城的同时，著名的瑞士主教热尔耐也在《言成教会》第2卷提到了第三个城的问题："在他关于两座神秘之城的神学语境中，奥古斯丁自己特别为第三座城划出了一块地方，这个城不能和魔鬼之城相混，这是一个人类之城，有它巨大的尘世价值。"(Charles Journet, *L'Eglise de Verbe Incarné*, *tom 2*, Paris: Desclee De Brouwer, 1962, pp. 26 - 34.)

② 法国著名的奥古斯丁研究学者马鲁非常同情地指出了热尔耐立论的理由。他承认，在《上帝之城》中的很多地方，特别是第15卷第4章，和第19卷关于尘世和平的几章中，奥古斯丁高度评价了尘世和平的价值。对于深受柏拉图主义影响的奥古斯丁来说，这些东西是某种"好"，是毋庸置疑的。但是，这些好的东西是否构成了一个城，即热尔耐所谓的"人类之城"，却是另外一个问题。马鲁认为，热尔耐的说法之所以不符合奥古斯丁的思想，最根本的问题在于，这些尘世的好并不带有积极的价值。这些"好"只不过是对人有用而已，就像人利用空气、水分、食物等等，可以维持和保护人的身体，而与永恒的幸福和谴责无关。(H. I. Marrou, "Civitas Dei, civitas terrena: num tertium quid?" *Studia Patristica*, vol. 2, 1957, pp. 342 - 350.)

这些好是可以利用（*uti*）的功用，而不是应该安享（*frui*）的结果：

> 我们说的结果，指的就是其自身能让我们快乐，而不指向别的目的的东西；而功用，就是我们用来追求别的目的的东西。因此，尘世的事物更多有功用，而不是结果，这样我们就能安享永恒；而堕落的人则不同，他们更愿意安享钱财，利用上帝；不是为上帝花钱，而是为钱服侍上帝。(《上帝之城》11.25)[①]

利用与安享，是奥古斯丁非常重要的一对概念。[②] 在奥古斯丁看来，凡是存在的事物，都有好的自然，因为只要是自然，就是好的，所以哪怕魔鬼也有好的自然。如果彻底没有自然，就不可能存在了。但是大部分存在物只能利用，不能安享。在严格意义上，可以安享的，只有上帝，其他一切都只能利用。尘世中的各种事物虽然好，但不能成为安享的对象，这样，它们就不可能有真正积极的价值。尘世中的好，是好人和坏人都要利用的；因此，上帝之城必须利用地上之城中的和平，哪怕是巴比伦的和平。尘世中的好并没有使巴比伦脱离地上之城或魔鬼之城的地位，因此根本不足以构成第三座城。[③]

奥古斯丁一方面绝对否定了尘世生活的积极意义，另一方面又相对肯定了地上之城中的和平、道德、幸福。事实上，他大大否定了尘世生活中的这些价值，认为它们和空气、水、食物等维持肉体生命的物质没有实质的区别。而这种极端立场虽然在理论上并非不可理解，但在任何社会和政治实践中都难以被全面实行。这正是奥古斯丁的两城说在历代被不断误解和修正的根本原因，其中应该不乏有意的曲解。

不过，误解和修正并不意味着根本的摒弃和克服。奥古斯丁的尘世之好与绝对之好之间有一种辩证关系，却是一种非常古怪和危险的辩证关系。相对于可以安享的上帝之城，尘世之好只是暂时可以利用的，虽然不是恶，但不能成为追求的对象。若把尘世之好当成了安享的对象，就有了恶。政治的价值只有相对的意义，每种政治价值被确立之后，都面临着被相对化甚至否定的命运。于是，任何地上政治都在一定意义上是好的，但又都可以被否定掉。不仅各个世俗国家不足以成为上帝之城的代言人，而且即使是教会也可能被斥为魔鬼之城，而这正是在西方历史上不断发生的事情。神学政治的这种辩证法在不断抽

① William Riordan O'Connor, "The *Uti/Frui* Distinction in Augustine's Ethics," *Augustinian Studies*, vol. 14, 1983, pp. 45 - 62.

② See O'Connor, "The *Uti/Frui* Distinction in Augustine's Ethics."

③ See H. I. Marrou, "Civitas Dei, civita sterrena: num tertium quid?"

空现实政治的意义，将人间的价值归向虚无，结果不会带来和平，反而会制造无数的冲突与战火。

在对奥古斯丁政治学说的研究中，除去上述三座城的问题外，还有一些著名的争论，其核心问题仍然是尘世之城究竟有没有积极的价值。奥古斯丁两城说的基本出发点既经明确，这些问题也就比较容易理解了。

其中一个问题，就是什么是真正的共和（*res publica*），以及罗马是否有过真正的共和。《上帝之城》2.21 谈到了西塞罗的《国家篇》中西庇阿关于共和的定义："他说，共和就是'人民之事'（*rem populi*）。人民（*populum*）指的并不是所有人和大众的集合，而是按照对'正义'（*iuris*）的认同和共同的利益集合起来的团体（*sociatum*）。"到了《上帝之城》的 19.21，奥古斯丁又回到了这个问题：

> 按照西塞罗的《国家篇》中西庇阿给出的定义，罗马从来没有过共和。在本书的卷二，我曾经许诺说要证明这一点。现在是时候了，我要尽可能简洁清楚地解释这一点。简单说来，共和（*res publica*）就是人民之事（*res populi*）。如果这个定义是对的，那罗马就从未有过共和，因为从未有过人民之事，即他对共和的严格定义。他把人民定义为，共同认可什么是正义，并且是利益共同体的大众的团体。他在对话中解释了他说的"共同认可什么是正义"是什么意思，以此表明，没有正义就没有共和；而在没有真正的正义的地方，不会有"法律"（*ius*）。因为，"法律"就是正义地做的事；不正义地做的事，不会是"法律"。人类的邪恶制度，不能说成或认为是法律……正义就是让人各得其所的一种德性。那么，让人自身离开上帝，让他屈从于肮脏的鬼怪的，算是什么人的正义？

将这两段放在一起，我们就能清楚地看出奥古斯丁对西塞罗的共和定义的基本看法了。他以基督教的方式诠释了西塞罗对"共和"的定义，认为按照这种定义，是不可能有真正的共和的。西塞罗把共和定义为"人民之事"，而人民是按照对正义的认可和共同利益结成的团体；不按照正义结合起来的团体不算人民，自然也就无法组成共和。按照柏拉图和西塞罗的定义，"正义"就是每个人各得其所，奥古斯丁也承认这一点。但是在他的思想体系中，各得其所就是首先要让上帝得到他应该得到的；而堕落后的人都已经屈从于魔鬼，背离了上帝，这已经算是不正义了。所以，无论政治制度成为怎样的，只要无法使人真正脱离魔鬼的统治，就不可能是正义的。

按照这一说法，奥古斯丁实际上赞成《国家篇》中对话的另一方对尘世政治的看法："如果不靠非正义，共和就不能建立和发展，这是一个极强的说法，因为让人服从人的统治就是非正义的；但是，对于一个庞大的共和国来说，如果帝国之城不采用这种非正义，就不能节制诸省"（《上帝之城》19.21）。在现实政治中，一定要让人服从人；但奥古斯丁认为，这本身已经是不正义的了，而任何共和都必须靠这一基本原则才能建立，可见，世俗国家必然建立在不正义的基础之上，那就更不可能是真正的共和了。

到了《上帝之城》19.24，奥古斯丁又重新审视了这个问题。他说：

> 如果不这样，而是以别的方式定义人民，比如："人民就是众多理性动物的集合，这些理性动物因为热爱的事情相和谐而组成社会。"那么，要看某个"人民"是什么样的，就要看他们爱什么。不管他们爱什么，只要不是众多牲畜的集合，而是理性的被造物的集合，并且因为所爱的东西相和谐而组成社会，那么，称为人民就不荒谬。而他们所爱的东西越好，人民就越好；他们所共同爱的越坏，其和谐就越坏。按照我们的这个定义，罗马人民是人民，他们的事无疑就是人民之事（共和）。

奥古斯丁在这里提出了对人民的一个新定义，认为一群人只要共同爱某些东西，就可以组成人民。[①] 所爱的对象可以是正义，也可以是非正义，不管这个对象是好是坏，只要他们之间达成共识就行。这样，虽然在绝对的意义上，尘世中的国家不可能按照真正的定义构成，但是它们还可以成为共和。在这个意义上，罗马人民既然是人民，他们的国家当然就是共和。

奥古斯丁和西塞罗对正义的理解还有一个非常重要的不同。当西塞罗借西庇阿之口讨论城邦中的和平时，他用了这样一个比喻：

> 在弦乐或者管乐，以及歌唱当中，音乐是由不同的声音协调而成的，有教养的耳朵不能忍受怪异和不和谐；非常不同的声音相互配合，达到协调一致，就能形成和谐：因此，理性像合唱能把很不同的声音协调起来一样，能够协调高贵的、低贱的、中间阶级的人，城邦也会达到协调。音乐家所谓的歌唱中的和谐，就是城邦中的协调，是使共和免于伤害的最高超和最好的纽带，没有正义，城邦就不会有和平。（《国家篇》2.69；《上帝之城》2.21）

---

① See Jeremy du Quesnay Adams, *The Populus of Augustine and Jerome: A Study in the Patristic Sense of Community*, New Haven: Yale University Press, 1971.

西塞罗这里的正义与和平概念，依赖于城邦中不同部分的差异与相互协调，即首先要承认人和人之间有差异，但在这自然差异的基础上，要使它们尽可能相互配合，协调一致。如果忽视自然的差别，或是不依循自然差异，导致不和谐，就如同怪异的音乐，不可能是真正的正义。作为正义的各得其所，就是有差异的人之间的协调与配合。这和柏拉图在《理想国》中描写的城邦各阶层之间的分工合作是一致的。

奥古斯丁虽然引用了西塞罗的这段话，但他把各得其所理解为首先要把上帝的归上帝，对于每个人来说，上帝的归上帝就只是对心灵秩序的调整，完全失去了对城邦秩序的关注。当奥古斯丁给出对正义和人民的新定义时，就根本忽视了相互协调这个含义。这使奥古斯丁对正义和社会的理解，完全指向了另外的方向。[①]

撒路斯提乌斯是对奥古斯丁影响极为深远的罗马历史学家之一。奥古斯丁用来批判罗马历史的概念“霸欲”（*libido dominandi*），就是撒路斯提乌斯从修昔底德那里学来的。因此，当奥古斯丁以这个概念来理解罗马史时，他背后是从修昔底德到撒路斯提乌斯的一个深厚传统。[②] 在撒路斯提乌斯的《喀提林阴谋》中，“霸欲”是这样出场的：

> 当亚细亚的居鲁士、希腊的雅典人和拉克戴蒙人开始征服各个城市和民族，把霸欲当作发动战争的借口，把最大限度地扩充霸权看成是最大荣誉的时候，人们终于从这种危险的事业认识到，精神的作用在战争中是最大的。[③]

对撒路斯提乌斯而言，历史学也是对人性的一种探讨。他把霸欲的产生当作人类文明的一个转折点，因为军事征服帮助人们认识到了精神力量的伟大。撒路斯提乌斯也并不是毫无限制地肯定霸欲。他清楚地知道，霸欲本身并不是一种德性，只有将它用于正途，才能起到好的作用。在他的历史著作中，撒路斯提乌斯并没有频繁使用这个词，但这一观念却贯穿于他的历史分析的始终：

> 最初使人们的灵魂受到触动的与其说是贪欲，毋宁说是野心——野心确实是一种缺点，但是它还不算太违背道德。因为光荣、荣誉和权力，这

① 罗明嘉认为，奥古斯丁和西塞罗一样，强调城邦中的和谐。虽然奥古斯丁在一些地方确实也这么说过，但就其对上帝之城的理解而言，应该不是这样的。参见罗明嘉：《奥古斯丁〈上帝之城〉中的社会生活神学》，张晓梅译，205页，北京，中国社会科学出版社，2008。

② See Brian Harding, *Augustine and Roman Virtue*, New York: Continuum, 2008, p. 61.

③ ［古罗马］撒路斯提乌斯：《喀提林阴谋　朱古达战争》，94页。

> 些是高尚的人和卑劣的人同样热烈期望的，只是前者通过正当的途径获得它们，而没有高贵品质的后者通过狡诈和欺骗取得它们罢了。（《喀提林阴谋》11）

此处说的“野心”和霸欲是同义词。撒路斯提乌斯承认，霸欲或野心本身确实是缺点，但却可以激发德性。罗马之所以能够成为自由的帝国，正是靠了正确运用霸欲：

> 罗马这个自由国家一旦争得了自由，便在很短的时期内，变得令人难以置信的强大和繁荣，人们满脑子的对光荣的渴望竟是如此强烈。首先，一旦青年能够忍受战争的艰苦，他们便在军营中接受极为严格的军事训练，他们更加喜爱的是精良的武器和战马，而不是妓女和狂欢。因此，任何劳苦对他们这些人而言都不陌生，任何地区都不过于崎岖或过于陡峭，任何手持武器的敌人都不足为惧；勇气是最重要的。不仅如此，为争取荣誉，他们相互间还进行最激烈的竞争；每个人都力求第一个把敌人打倒，第一个登上城墙，并且力求在众目睽睽之下完成这样的事迹。他们把这视为财富、美名和高贵的地位。他们渴望人们的赞美，但对金钱却挥霍无度。他们的目的在于取得无限的声名，但财富则只限于他们用诚实的手段所能取得的那些。我能列举出一些战场，在这些地方罗马人只用很有限的兵力便打败了他们的敌人的大军，我还说得出罗马人攻占过哪些有天然屏障的城市。（《喀提林阴谋》7）

任何一部罗马史都不可能忽视罗马的军事征服，无论是古代的李维、维吉尔、撒路斯提乌斯所著的，还是现代的马基雅维利、吉本和孟德斯鸠（Montesquieu）所著的。罗马靠军事征服而成为世界帝国，这是一个无法否认的事实。但如何看待这种军事征服背后的精神力量，却言人人殊，特别是在古代史学家和现代史学家之间有巨大的分野。虽然撒路斯提乌斯极力赞美罗马的军事力量，但这军事力量所体现的，却是德性。因为要不断征战，所以罗马的年轻人不喜爱妓女和狂欢，而热衷于精良的武器和马匹。他们彼此竞争，渴望赞美，并不看重金钱。罗马的强大绝不仅仅在于它征服了多少城市，统治了多大地盘，更重要的是，它能够在德性中繁荣昌盛。

因此，若是罗马在奢侈腐败中强大起来，这种表面的强大只能带来实质的衰落。正是在这个意义上，撒路斯提乌斯认为，罗马在击败了最强大的敌人迦太基，从而变得不再有真正的劲敌之后，就开始衰落了。那个时候，罗马再无敌国外患之忧，和平导致了奢侈贪婪之风的盛行，罗马很快丧失了原来的光荣：

> 一旦财富开始受到人们的尊敬，并且当光荣、军事统率权和政权随之也受到尊敬的时候，德性便开始失去其光彩，贫困被认为是一种耻辱，廉洁反而被说成是一种恶意的表现。因此，由于财富的缘故，同狂妄自大结合在一起的奢侈与贪婪便沾染上了我们的青年一代。他们干着掠夺的勾当，毫无节制地浪费；他们毫不珍视自己的财产，却又觊觎别人的财产；对于节制、贞节，人的和神的一切事物，他们无不采取蔑视的态度；简言之，他们既极为胆大妄为又毫无顾忌。（《喀提林阴谋》12）

当罗马失去了外部的敌人，霸欲就不再用于对外的军事征服，反而导致了内讧。特别是从苏拉发动内战之后，霸欲不断被用于罗马内部的争夺，成为罗马衰落的重要原因。在这个时候，人们看重金钱和权势，妄自尊大、奢侈浪费，放弃了原来的德性，罗马的光荣才因而黯淡下来。在撒路斯提乌斯笔下，喀提林就是错误地使用了霸欲的人。他以满怀激情的演讲，激起了人们的忠诚和对自由的渴望，这些都是罗马历史上极为可贵的德性。但是，喀提林利用这些德性来推翻政府、谋求对内的统治权，这就使他和古老的罗马人完全不同了。[①] 喀提林和他的追随者都表现出了极大的勇敢。撒路斯提乌斯对喀提林集团被剿灭时的状况的描写，是《喀提林阴谋》中令人难忘的一个段落：

> 几乎每一个人在牺牲时都用自己的身体覆盖了在战斗开始他活着时所占据的位置。确实，被近卫军冲散的核心地点的少数人稍稍离开了其余的人，但即使是这些人，他们的伤口也是在前面的。但是人们发现喀提林远在他的士兵的前面，在被杀死的一堆敌人中间，还在轻轻地喘着气，脸上表现出在他生前给他以鼓舞的一种坚强不屈的精神。最后，在全部军队中，没有一个自由人出身的公民是在战斗中或是在逃跑时被俘的，这表明所有的人都不爱惜他们自己的生命，就如同不爱惜敌人的生命一样。（《喀提林阴谋》61）

乍读这一段，人们会觉得这是在写一群杀身成仁的英雄，而很难想到他们竟然是危害罗马共和的坏人。但撒路斯提乌斯这样描写他们的死状，并不是为了赞美喀提林等人的德性，而恰恰是对霸欲的深刻反思。喀提林的霸欲也是非

---

① See Harding, *Augustine and Roman Virtue*, p. 65.

常强大而有力的，与当初罗马人用来征服帝国的霸欲没有区别，但现在，由于这种霸欲没有被用在正确的地方，它反而变成了罗马内乱的根源。

在撒路斯提乌斯笔下，当罗马人将霸欲指向外部，靠它来征服其他城邦和民族的时候，它就激发了罗马人的精神力量，使他们热爱德性，成为一个伟大的民族；但是，当罗马人将它指向内部，用它来谋取在国内的地位，它就成为诸多恶习的温床，导致了频繁的内战和罗马的最终衰落。但撒路斯提乌斯真正赞美的并非霸欲，而是军事征服中体现出的诸般德性。霸欲的意义仅仅在于它激发或压抑这些德性。撒路斯提乌斯用这个概念来分析罗马早期的强盛与灭亡迦太基之后的衰落，这大大影响了奥古斯丁对罗马历史的理解。

奥古斯丁接受了撒路斯提乌斯对罗马历史的很多重要判断，特别是创造性地继承了"霸欲"的概念。在分析罗马历史的时候，奥古斯丁比撒路斯提乌斯远为频繁地使用"霸欲"一词。首先，在面对罗马的盛衰时，奥古斯丁完全接受了撒路斯提乌斯的历史分析，即认为罗马曾经因为霸欲对外而强盛，后来却因为霸欲对内而衰落。不过，他这里的霸欲不再像撒路斯提乌斯笔下的那样，可以激发精神力量，而变成了一种本质上邪恶的欲望。奥古斯丁并没有否定撒路斯提乌斯对罗马盛衰的分析，而是全盘接受了下来，却在这种历史分析背后加上了一层重重的底色：罗马靠了霸欲强盛起来又怎么样？那不过是原罪的一个结果而已。

在《上帝之城》里，奥古斯丁反复引用撒路斯提乌斯的话来分析罗马道德的衰落。他说："在第二次布匿战争和最后一次布匿战争之间，罗马人民达到了最好的道德风尚和最高度的和谐。之所以有这样好的状态，不是因为对正义的爱好，而是因为迦太基的屹立威胁着他们不稳定的和平"（《上帝之城》2.18）。在布匿战争中，老加图曾经提议彻底灭亡迦太基，但西庇阿反对这一提议。普鲁塔克说：

> 这或许是因为他看到罗马人在放纵无度的情况下，在许多方面已经犯了过分的错误。人们以国家的昌盛富强而骄傲，藐视元老院的控制，随着他们疯狂的欲望，强拖着整个国家任意胡行。所以他希望保持对迦太基的恐惧，犹如使用缰绳一般去约束群众的鲁莽行动，使他们认识到迦太基虽然还没有强大得足以征服罗马，但也并非如此软弱而可等闲视之。[①]

奥古斯丁完全同意西庇阿和撒路斯提乌斯的判断，也承认迦太基的灭亡导

① ［古希腊］普鲁塔克：《希腊罗马名人传》，上册，374页。

致了罗马的衰败。不过，奥古斯丁认为，迦太基的灭亡与否并没有带来实质的变化。他不像西庇阿和撒路斯提乌斯那样，以为迦太基灭亡之前的道德是真正优良的道德。他的看法是，这种恐惧所带来的并不是什么道德，因为它只起威慑作用，并非出自“对正义的爱好”，因此，罗马人即使在迦太基被灭亡之前，也谈不上真正的道德。奥古斯丁虽然接受了罗马历史学家对很多政治事件的分析，但他完全剥离了这些事件的道德意义，把它们化约为赤裸裸的政治权谋。这是奥古斯丁对待罗马史的一般策略。

奥古斯丁宣称，《上帝之城》第2至5卷的主题是，罗马诸神没有给罗马带来尘世的幸福。这几卷除了指出诸神并没有使罗马免于各种灾难之外，一个重要的内容是，诸神没有赐给罗马优良的道德。他的主要策略就是解构早期罗马历史中的德性。他在讲了迦太基的灭亡导致罗马的堕落之后评论说：“在人类的各种罪过之中，霸欲在整个罗马民族中尤其强烈，当这种欲望征服了少数当权者后，也会使别的人疲惫涣散，就像把他们囚禁在枷锁中一样”（《上帝之城》1.30）。解构罗马历史的首要工作，就是对霸欲概念的再诠释。

把霸欲放在奥古斯丁总体的思想框架中，我们不难理解他对这个概念的批判。他认为，霸欲和所有别的欲望一样，是原罪的结果，来自堕落之后人性的软弱。他在谈原罪的时候说：

> 这种报复的淫欲，被称为怒；对占有钱财的淫欲，是贪婪；不惜一切都要做成某事的淫欲，是固执；对光荣的淫欲，称为虚荣。这众多而不同的淫欲，有些有恰当的词语表示，有些没有。比如，谁能给霸欲一个合适的名字？频繁的内战表明，在僭主的心灵中，它有巨大的力量。（《上帝之城》14.15）

在这一段，奥古斯丁将霸欲和诸多欲望列在一起，认为这些欲望和性欲一样，都是人在堕落之后，身体与灵魂相冲突的结果。在这一段里讨论霸欲时，奥古斯丁从内战来证明它的力量。这就类似于撒路斯提乌斯论及罗马陷入内战之后的霸欲。在《上帝之城》的前半部，奥古斯丁也遵循了撒路斯提乌斯的历史理解，大量讨论了共和时代末期的内战，特别是苏拉（Sulla）和马略（Marius）血腥的屠杀。

但奥古斯丁并不认为，霸欲只有在用于国内的时候才是坏的。在他看来，霸欲是地上之城的根本特点，本身就意味着罪恶：“在地上之城，君主们追求称霸万国，就像自己被霸欲霸占一样”（《上帝之城》14.28）。

“被霸欲霸占”，是奥古斯丁经常使用的一个说法。在奥古斯丁看来，人在堕落之后，灵魂无法指挥身体，会为身体所控制，其实就是为各种欲望所控制。而在所有这些欲望中，霸欲是尤其残酷的一个。在《上帝之城》第 19 卷备受关注的第 15 章中，他将霸欲与奴隶制，乃至普遍的政治制度的起源联系起来：

> 人们做别人的奴仆，要比做自己的欲望的奴仆幸福，因为欲望的霸权无比野蛮，会毁掉必朽的心。我且不说别的，只举霸欲为例。在人类的和平秩序中，那些被别人霸占的人可以产生服从的谦卑，这是有益的；而称霸的骄傲是害人的。上帝最先创造的人，按照自然，没有人是人的奴仆，也没有人是罪的奴仆。神法命令自然秩序得到保护，避免受到干扰。（《上帝之城》19.15）

霸欲的错误，不在于它指向了罗马之内，而在于它指向了任何一个和自己一样为上帝所造的人。在任何人类制度当中，只要牵涉到人的不平等，就被认为是罪恶的霸欲的结果。由此我们也就可以理解，奥古斯丁虽然充分肯定了人的社会性，但对现实的政治制度却一概否定，因为在现实中，如果没有领导和被领导的等级关系，就形不成任何社会制度；而一旦有了领导和被领导的关系，奥古斯丁就说那是霸欲的结果。① 从这个逻辑出发，无论是对罗马公民，对奴隶，还是对外邦人的霸欲，都是有罪的，至于充满霸欲的地上之城的君王，他们都为霸欲所控制，本身就处在一种堕落有罪的状态。

于是，奥古斯丁推出了一个真正的罗马人不可能接受的结论：被别人霸占反而比被霸欲霸占更好。但这一耸人听闻的说法，却好像是柏拉图的《高尔吉亚》中所谓遭受不义比施加不义更好的说法的一个极端版本。

基于这样的霸欲概念，奥古斯丁虽然也认为迦太基的灭亡导致了罗马的腐化堕落，但他并不认为这件事情导致了罗马历史的实质变化。在他看来，即使在灭亡迦太基之前，罗马也早已经被邪恶的霸欲控制了。正是这种霸欲使罗马人有了称霸世界的战争，也才有了对迦太基的灭亡，从而导致了后来的堕落：“那无比骄傲的心智中的霸欲何时才会安静？直到随着尊荣的提升，达到了称王的大权。如果野心不那么流行，这种尊荣的提升也就没了作用。如果不是在一群被贪婪与奢侈腐化的民众当中，野心也难以流行”（《上帝之城》1.31）。在他看来，霸欲和追求奢侈的欲望是完全一致的。所以，正是在那些贪婪而腐

① 但家庭当中出于爱的权力算不算霸欲，是奥古斯丁研究者争论不休的问题。

化的罗马人当中，霸欲才会特别流行，霸欲的存在和滋长已经表明了罗马人的罪，不必等到灭亡迦太基之后。

在这样理解霸欲的前提下，奥古斯丁又将西庇阿和撒路斯提乌斯的政治智慧吸纳了进来：

> 西庇阿极有先见之明地提出警告，不愿意灭亡那最大、最强、最富的敌人的城邦；当时他就警惕物质的富足，因为这会使人民变得贪婪和奢侈。如果不灭亡那个城邦，欲望会为恐惧所压制；欲望得到压制，就不会奢侈；奢侈得到制约，贪欲也不会发展；因为这些罪过遭到了抑制，对城邦有用的德性就会繁荣和增长，与德性相应的自由也会维持。（《上帝之城》1.31）

这一段分析，几乎就是对撒路斯提乌斯观点的重述，表面看上去没有什么不同之处。但我们若细加分析就会发现，奥古斯丁这里的逻辑和撒路斯提乌斯并不一样。在撒路斯提乌斯看来，恰恰是霸欲的发动催动了人们的德性，而不灭亡迦太基的真正意义在于，人们一直可以把霸欲指向这个强大的敌人，从而促进城邦的德性；迦太基的灭亡使外部没有了这样的强敌，人们只能把霸欲指向内部，就导致了内战和堕落。无论是普鲁塔克还是撒路斯提乌斯，都没有认为罗马要靠恐惧维护德性。但在奥古斯丁看来，不灭亡迦太基的意义在于，罗马因为恐惧而抑制霸欲。抑制了霸欲，就会把所有其他欲望也稍加收敛，从而不会有各种罪过，对城邦有用的德性就可能有所增长，自由也得以维持。在奥古斯丁的逻辑里，霸欲和其他欲望是一样的，霸欲的膨胀必然会导致贪欲和所有其他欲望的膨胀，因而霸欲不可能促进德性，反而是恐惧对霸欲的抑制使罗马人消极地保留了德性与自由。而罗马的德性之所以要靠恐惧来维持，正因为它不是真正的德性。

这是一个非常微妙的区别，但已经足以说明奥古斯丁对罗马历史观的修改了。尽管他接受了撒路斯提乌斯对这一历史事件的具体解释，但他完全否定了罗马人可能有的德性，而是以一种赤裸裸的威慑作用来理解政治的机制，根本否定了霸欲的价值。所以他尽管对西庇阿非常尊敬，但还是认为，西庇阿没有全面反对罗马的神是出于无知甚至是对神的谄媚。

第四节　基督徒皇帝：奥古斯丁的君主之鉴

那么，奥古斯丁如何来理解尘世之城中的统治者呢？在讨论这个问题之前，我们首先要再次强调，奥古斯丁在讨论政治问题的时候，对政体问题没有兴趣，即他基本不关心究竟是民主制更好还是君主制更好，对罗马人曾经非常看重的共和问题也毫不在意。在叙述罗马历史的时候，奥古斯丁提到，布鲁图斯（Brutus）赶走塔昆王（Tarquin），是为罗马带来了自由；而屋大维成为奥古斯都，在罗马建立帝国，则结束了共和时代的自由。但这些都是随笔带过，并未构成奥古斯丁政治哲学的实质问题。他的这一倾向引领了欧洲中世纪的政治思想，以致希腊罗马人都非常关心的政体问题在长达一千年的时间里几乎被人遗忘，直到文艺复兴才重新回到欧洲人的政治思考中。[①] 因此，奥古斯丁对罗马帝国或任何君主国的批判，并不是出于对君主制的批判，而来自他对尘世政治的一般性批判。在他看来，尘世之城究竟采取哪种政体都不重要，因为这都不影响尘世之城的实质，即它在心灵秩序中的位置。

皇帝或国王在心灵秩序或神圣秩序中究竟处在什么位置上？这是中世纪欧洲政治哲学或政治神学的实质问题。虽然奥古斯丁的观点并没有得到完全的接受，但他讨论的问题却是中世纪政治思想家普遍关心的问题，因此，后来的教会和世俗君主都非常喜欢奥古斯丁的《上帝之城》，经常拿它来论证自己的神圣性。而他们之所以都能从奥古斯丁的著作中找到支持自己的思想资源，正是因为奥古斯丁政治思想中的张力。

前面说到，奥古斯丁彻底否定了尘世之城的意义，那么，世俗君主就都是一部分魔鬼之城的领袖，那他们岂不都是不义的？而且，这些君主要节制他的部下，掌握大权，也必然有一定程度的霸欲，否则无法做好尘世之城的领袖。

但奥古斯丁并没有将世俗君主等同于魔鬼的代表，他还是认为一个基督徒可以成为好皇帝。著名的《上帝之城》5.24 被称为奥古斯丁的《君主之鉴》。他说："我们说基督徒皇帝是幸福的，并不是因为他们统治的时间更长，或者是能寿终正寝，留下儿子继位，也不是因为能镇压共和的敌人，或者是能够防

① See Fergus Millar, *The Roman Republic in Political Thought*, Hanover: University Press of New England, 2002, p. 55.

范和镇压敌对公民对自己的反叛。”那么，什么样的皇帝才是幸福的呢？奥古斯丁继续说道：

> 如果皇帝们以正义治国，如果那些赞美和谄媚的唇舌，那些过度的谦卑和礼敬不会让他们过于自大，如果他们不忘自己是凡人，我就说他们是幸福的。如果他们能够让自己的权力成为威严的上帝的侍婢；如果他们能在最大可能的范围内让人们服侍上帝；如果他们敬畏、热爱、服侍上帝；如果他们爱上帝的国（那个不必担心与人共享的国）胜过爱自己的国；如果他们缓于刑罚、敏于恕道；如果他们是为了王道的必要和保卫共和而用刑，而不是因为怀恨泄愤；如果他们网开一面不是因为徇情枉法，而是为了让人们改恶从善；如果对于他们不得不颁布的严厉政策，他们还能用悲悯仁义、宽宏大量来补充；如果他们在可以纵情声色时克己复礼；如果他们比所有人都更憎恶荒唐的欲望；如果他们做这些都不是出于对空洞的光荣的热望，而是因为对永恒幸福的挚爱；如果他们为了赎罪，不忘记以谦卑、忏悔、祈祷向真正的上帝献祭：那他们就是幸福的。我们说，这样的基督徒皇帝现在拥有幸福的希望，以后会有幸福的现实，我们期待幸福将会降临他们。（《上帝之城》5.24）

表面看来，奥古斯丁对君主的劝勉似乎和古今中外大多数帝王术的作者没有多少不同，都是主张君主要以正义治国，谦虚礼敬，远离谄媚，缓于刑罚，敏于恕道，克己复礼，等等。但奥古斯丁处处都不忘提醒，做这些都是为了服务于上帝，要爱上帝之城超过爱自己的国，要以赎罪为目的，以谦卑、忏悔、祈祷向上帝献祭。如果不是为了上帝之城而做到这些，还是以国祚绵长、国家安定为目的，那么在奥古斯丁看来这并不是最好的皇帝。这段话里最关键的一句是：“不忘自己是凡人”。君主的身份和地位并没有任何特殊之处，更不会有神圣的光环。基督徒皇帝和所有其他的基督徒没有任何差别，他们都要以谦卑之心礼敬上帝，最终目的都是获得灵魂的救赎，进入上帝之城。他们和普通人如果说有什么差别，那也只是职务上的差别。皇帝们利用君主的身份，在国家元首的位置上服务于上帝，和一个奴隶通过谦卑地伺候主人服务于上帝，没有实质的差别。倒是奴隶在他的位置上，更容易培养谦卑的品德，而皇帝更容易变得自大，反而使自己处在劣势当中。

这样，奥古斯丁将皇帝个人与他的政治身份完全剥离了开来。虽然一个好皇帝也需要以德治国，赏善罚恶，但这样做的目的并不是富国强兵，而是以此来服务于上帝之城和自己灵魂的拯救。因此，这些政治功业做得究竟怎样，都没有实质的意义；重要的是，他能否保持一颗朝向上帝的谦卑之心。

奥古斯丁鼓励尘世君主不要看重尘世的成就，这在古今中外的帝王术类著作中都是异乎寻常的。诚然，古代的很多思想家都曾劝勉君主要注重内在的德性修行，不可过于看重外在的政治功业。比如古希腊的色诺芬在《论僭政》《居鲁士的教育》等著作中，中国的孟子在与梁惠王、齐宣王等的对话中，以及丘处机在与成吉思汗的对话中，都有类似的倾向。不过，这些古代圣哲并不认为尘世政治不重要，而只是认为单纯追求权力和利益的政治是不值得追求的，唯有依靠德性的政治才是更高贵的政治。但奥古斯丁却劝君主们根本不要把政治放在心上，因为他们的幸福并不取决于国祚是否绵长，权力是否稳固，国家是否和平，后嗣能否即位。因为，“在此世的烦扰生活中，这样那样的好处与慰藉，就是敬拜鬼怪的人也能够得到；这不属于上帝之国，而那些基督徒皇帝属于上帝之国。这些出自上帝的悲悯，但是上帝不希望信仰他的人把这当成至善”（《上帝之城》5.24）。

在《上帝之城》的第3卷，奥古斯丁逐个考察了罗马王国的七个国王。他不仅指出早期罗马历史中充满了各种罪恶，更重要的是，他强调，这些国王的幸福和尘世功业是不成正比的。前六个虽然贵为国王，但除了努马·庞皮里乌斯（Numa Pompilius）和安库斯·马西乌斯（Ancus Marcius）之外，其他国王都死于非命：罗慕洛斯是罗马城的缔造者，却在暴风雨之夜神秘地消失了；图鲁斯·霍斯提利乌斯（Tullus Hostilius）也被雷电吞噬；老塔昆（Lucius Tarquinius Priscus）被刺客刺死；而被公认为最好的国王的塞维乌斯·图利乌斯（Servius Tullius），则被自己的女婿骄傲者塔昆（Lucius Tarquinius Superbus）残忍地杀害。最后一个国王骄傲者塔昆虽然恶贯满盈，被罗马人赶了出去，却在田园生活中得以善终，比大多数国王都更幸福些。就是建立共和国的布鲁图斯，虽然驱赶了国王，也先是遭到了儿子的反叛，后来又在战斗中与敌人同归于尽（《上帝之城》3.16）。这些国王的结局不仅和他们的政治功业不成正比，而且与他们的德性善恶也没有关系。奥古斯丁甚至进一步指出，功业德性与幸福之间的关系既不成正比，也不成反比，而是完全没有任何规律可循。君士坦丁大帝不仅信仰虔敬，而且雄才大略、寿命长久，可以说在各方面都堪称完美，但像这样的例子少之又少。“上帝让朱维安（Jovian）比朱利安（Julian）垮台得还快得多；他让格拉泰（Gratian）死在僭主的刀剑下，但他的厄运却比服侍罗马诸神的老庞培轻得多”（《上帝之城》5.25）。好的君主有可能有好运，也有可能有厄运，坏的君主有可能有厄运，也有可能有好运，完全没有一定之规，不能当作评价的标准。

治理国家本来是一个皇帝的分内之事。奥古斯丁虽然并没有完全否认皇帝的治国职责，但却指出：

> 让好人长期统治辽阔宽广的土地，也是有用的；但是这更多对治于人者有用，而不是对治人者有用。因为和治人者相关的，只是他们的虔敬和正直，上帝的伟大赐予，已经足够使人达到真正的幸福了，人们可以用这过上好的生活，以后进入永恒。在这大地上，好人的统治对人类的事业有用，但对他们自己没有什么用。（《上帝之城》4.3）

在此，奥古斯丁更清楚地阐明了他对皇帝的政治职责的态度。在他看来，君主完成他的政治职责，开疆拓土，治理国家，虽然不能说完全没有意义，但只是对他所统治的人民有意义，而对他自己则完全没有意义，因为这与他的虔敬没有关系。基督徒皇帝和所有其他的基督徒一样，应该以灵魂的救赎为最大的幸福。而所谓的对治于人者有益，讲的都是尘世之城中世俗的好处，与灵魂的拯救无关，是好人和坏人都有可能得到的。皇帝最多可以在这个层面上帮助他的臣民，但这个层面上的好处却并不是最重要的好处。因此，皇帝的政治身份既不可能给他的臣民带来拯救，也不可能使自己的心灵获得救赎。在心灵秩序的层面，所有人都是平等的，都必须通过自己的努力获得拯救。心灵中的这种努力成为奥古斯丁评价所有人的最终标准，自然也被用到了对皇帝的评价上：一个基督徒皇帝的好坏，完全与政治功业无关，而取决于他是否尽可能地服侍上帝。因此，政治本身和君主的身份，都失去了神圣的意义。

这样我们也就可以理解，奥古斯丁为什么一方面将尘世之城当作魔鬼之城的一部分，另一方面却承认，一些皇帝可以不成为魔鬼的代表，反而有可能获得灵魂的救赎，进入上帝之城。

依照这样的逻辑，奥古斯丁颠覆了罗马帝国的神圣性。从尤西比乌到奥罗修斯都认为，基督出生在奥古斯都建立罗马帝国的同时，意味着罗马将在拯救历史中起到至关重要的作用。奥古斯丁也提到了这件事：“在希律王统治犹大的时候，罗马改变了共和国的形式，恺撒奥古斯都成了罗马皇帝，在全球实现了和平，按照从前的先知的预言，基督在犹大的伯利恒降生了”（《上帝之城》18.46）。他这里的用语，多少继承了尤西比乌以来的说法，但他并没有在奥古斯都在全球实现和平与基督降生之间建立必然的联系，两件事的发生只是时间凑巧在一起而已；而罗马在全球实现和平，本身更无神圣的意义，因为这只不过使以色列陷入异族的统治而已。

尽管奥古斯丁对君士坦丁大帝仍然怀有很高的敬意，但他不可能像尤西比乌那样神化他。在他看来，最典型的基督徒皇帝并不是君士坦丁大帝，而是皇帝西奥多一世。

在《上帝之城》第5卷，奥古斯丁专门辟出一章来谈上帝赐给君士坦丁大帝的幸福。但这与其说是在赞美君士坦丁，不如说是在消除尤西比乌以来对君士坦丁的神化，进而清除奥古斯都以来的对罗马皇帝的神化。

前文谈到过，尤西比乌曾经花了很大力气来神化君士坦丁。虽然他的很多说法缺乏理论上的支持，但他却成功地以基督教的方式延续了罗马帝国的政治神学，而且这一传统一直贯穿了东罗马帝国和沙俄帝国。但奥古斯丁是这样谈君士坦丁的：

> 皇帝君士坦丁并不敬拜鬼怪，而是服侍真正的上帝。于是，好上帝赐给他以人们不敢企及的、圆满的地上幸福，为的是不让人们以为，服侍他虽然能得到永生，但是这地上的国中的辉煌，不敬拜鬼怪就不能得到，因为那些精灵们在这些事上有能力。上帝命令君士坦丁在帝国建立一个和罗马相侔的城，这个城是罗马的女儿城，但是没有罗马那些鬼怪的神殿和塑像。君士坦丁享国日久，能够控制和捍卫整个罗马世界，唯有奥古斯都能和他媲美。他在自己指挥和发动的战争中，能够战无不胜。他击溃各国僭主，所向披靡。他年老时因病寿终正寝，子孙即位。不过，皇帝当基督徒并不能只是为了能像君士坦丁这么享福，每个人当基督徒都是为了永恒的生命。(《上帝之城》5.25)

在奥古斯丁看来，君士坦丁之所以值得赞美，并不是因为他的赫赫功业，而是因为他没有敬拜古典诸神，但服侍基督教的上帝。由于他的信仰，上帝赐给了他特别的恩典，让他取得那些伟大的功业，获得圆满的地上幸福。这并不是因为他的功业有多么神圣、这种幸福有多么可贵，而只是为了向世人展示，这种功业和幸福也是完全掌握在上帝的权柄之下的；如果上帝认为不需要展示这一点，他完全可以不赐给这些，也丝毫不减损君士坦丁的虔诚和他在上帝之城中的位置。这些曾经让尤西比乌大唱颂歌的功业，奥古斯丁却力图尽可能贬低它的意义。按照奥古斯丁的逻辑，有没有君士坦丁那样的功业与幸福，都没有实质的差别，因为这些东西看上去只是偶然所得的，与君士坦丁的虔敬和罗马的伟大都毫无关系。所以他说，皇帝当基督徒不应该是为了像君士坦丁大帝那样幸福，而是和所有普通的基督徒一样，为的是上帝之城里永恒的生命。

于是，君士坦丁的神圣性被彻底颠覆了，罗马帝国以来的皇帝崇拜遭到了前所未有的打击。奥古斯丁力图将基督徒的关注点移回每个人的内心世界，因而要彻底瓦解地上政治的神圣性。奥古斯丁更喜欢谈的是另外一个罗马皇帝：西奥多一世。

君士坦丁皈依基督教的政治考虑高于内心的信仰，而且他也没有彻底消除帝国内的古典宗教痕迹。西奥多则更像一个名副其实的基督徒，而且非常严厉地镇压帝国的古典宗教。在罗马帝国分崩离析、内战频仍的混乱中，西奥多重新统一了罗马，是东西罗马帝国正式分裂前的最后一位皇帝。

奥古斯丁详细记述了西奥多的三件事。一是他保护了格拉泰的幼弟瓦伦廷二世（Valentinian II），并没有为了扩大地盘而乘人之危，并且遵从了隐修士约翰的预言；二是他在与篡位者尤根尼乌斯（Eugenius）的战争中获得了上帝的眷顾，上帝为他行了神迹，使他取得了决定性的胜利；三是他因为过于严厉地惩罚了一些人，按照教会的法令必须行告解，于是他非常谦卑地行了这项圣事。在叙述这三件事的时候，奥古斯丁处处都不忘强调，西奥多把上帝看得比自己的国家和权力更重，因而在处理各项事务时都表现出了基督徒的谦卑，也获得了上帝特别的庇佑。这段叙述当中的画龙点睛之笔是第三件事，因为它尤其能够体现出一个基督徒皇帝的谦卑。奥古斯丁是这样描述此事的：

> 比起在地上称王，他更乐于把自己当作教会的成员。他到处摧毁异教的偶像，充分意识到，即使地上的好处也不能让鬼怪赐予，而要取决于真正上帝的力量。后来西奥多在帖撒罗尼迦处理一些非常严重的丑事，当时教会长老也来干预，西奥多许诺说要宽大处理。但是由于自己周围的人的鼓动，他不得不惩处某些人。教会的纪律迫使他行告解。当他以帝王之尊面对民众俯伏于地的时候，人们更多为这景象而哭泣，而不是因为自己的罪引起他的愤怒而害怕。什么会比这样一种宗教的谦卑更神奇呀？他做的这类好事很多，数也数不清。他在此世做了这些事，而人间的巅峰与至高之处也不过是泡影。他做了这些事情，得到的赏赐是永恒的幸福，上帝只给予真正的虔敬者。至于此生中大大小小的别的东西，比如世界本身、阳光、空气、土地、水、果实，还有人自身的灵魂、身体、感觉、心智、生命，上帝都慷慨地给了好人和坏人。在这当中上帝还给了帝国，根据他在各时代的管理而确定它有多广阔。（《上帝之城》5.26）

按照奥古斯丁的理解，西奥多在行告解的时候，完全抛开了自己的帝王之尊，面对众人俯伏于地，像一个普通人那样去忏悔自己的罪。这与神圣皇帝的身份完全不相符，因为他并不看重自己的帝王身份，而是更愿意把自己当作一个普通的基督徒，一个和所有人一样有罪的凡人。他在抛开自己的帝王之尊的同时，也抛弃了罗马帝国的神圣性。奥古斯丁之所以把他当作基督徒皇帝的榜样，就在于他把人间的巅峰与至高之处也看成了泡影，而只把自己当作一个普通的基督徒看待。西奥多之所以是最好的基督徒君主，恰恰是因为他尽可能地消除了君主的神圣性。因此，尽管西奥多并不能改变罗马作为魔鬼之城的一部分的实质，但他却能使自己成为上帝之城中的成员；他虽然是这个地上之城的领袖，但他却没有把自己领导的帝国当作心灵的祖国，而只是把它当作一个旅店，因为他真正的祖国在天上。罗马帝国的皇帝西奥多其实是另外一个城邦的真正公民。这应当就是本节最开始提出的问题的答案：一个皇帝若安于尘世之城的领袖，他就是魔鬼的化身，是这个魔鬼之城的领袖，因为他在心灵秩序中也是这个城的领袖了；但如果一个皇帝仅是暂时地做这个城的政治领袖，但在心灵秩序上却是上帝之城的普通公民，那他就不会成为魔鬼的化身，不会成为魔鬼之城的真正领袖。

第五节　道成肉身与千年王国

在奥古斯丁看来，无论是罗马的历史还是耶路撒冷的历史，都不再具有真正的世界史意义。自亚当、夏娃堕落以来，唯一的历史事件就是耶稣基督的道成肉身。首先，奥古斯丁是这样理解耶稣战胜魔鬼的：虽然人本来不属于魔鬼，但是自愿犯了罪的人，魔鬼对他有权柄，这是对人应有的惩罚，是公正的。虽然魔鬼是罪恶的，虽然他靠欺骗使人犯了罪，但人的犯罪毕竟是出于自愿，是他们的自由意志选择的结果，所以，魔鬼对他们的控制是公正的，因而人们都成了地上之城的公民，魔鬼的属下。而人既然都属于地上之城了，上帝和所有人类之间，就存在敌意。正如奥林所说，教父们不论怎样在理论上批驳灵知派，这一理解还是有很强的二元论色彩的。[1]

上帝要战胜魔鬼，将人从魔鬼的束缚中解救出来，不能凭强力，而必须考虑到魔鬼合法地控制人类这个事实。于是，耶稣基督虽然拒绝将灵魂交给魔鬼，但他主动把自己的身体交给了魔鬼。魔鬼无法在灵魂上战胜耶稣，也转而

① See Gustaf Aulén，*Christus Victor*，New York：Macmillan，1961，p. 34.

杀死他的身体。魔鬼自以为可以像处置所有犯了罪且必死的人那样，通过死亡，将耶稣也纳入自己的控制之下。于是，魔鬼处死了他本来无权处死的耶稣。但他的这个做法是不合法的，耶稣的身体之死不是灵魂之死的结果，而是魔鬼强加给他的："他就在我们所来到的尽头与我们相遇，但他并没有走我们所走过的路。我们真是由罪而通往死，他却是由义而临到死；所以，我们的死是罪的罚，他的死却是为罪而献的赎罪祭"（《论三位一体》4.12）①。耶稣虽然和其他人一样死了，即在人类的尽头和人相遇，但由于他是无辜的，他的死不是罪的结果，魔鬼杀害他就是不义的，于是就被耶稣战胜了。耶稣用他自己的死，还清了必朽之人对魔鬼承担的债，使人得以脱离魔鬼的羁绊。这就是耶稣对人的救赎。

上帝为人而死，这是和魔鬼做的一个交易，甚至是对魔鬼的一种欺骗，因为魔鬼并不知道他不能处死耶稣，更不清楚这样做的后果是什么。但这里更重要的一个含义是，上帝为那些背叛了他、与他为敌，而今属于地上之城的人去死，是对罪人的爱。追随魔鬼、背叛上帝的人，本来已经没有什么可爱的，但上帝为这些人舍命，"人的爱心没有比这个大的"。这样的做法，是上帝主动与那些背叛他的人和解，是上帝给人的特别恩典，是人本来不配领受却得到了的眷顾。

耶稣凭自己的身体之死，将人类从灵魂之死和身体之死中解救出来，但这并不意味着耶稣死在十字架上以后，人类就全都脱离了罪和死亡的桎梏。耶稣所行的不是魔法，而是给出一条获得拯救的道路。十字架上之死的意义，更多是给人做出示范，而不是代替人类自己的努力：

> 如是他就可以做那些在天上得见上帝者的榜样；做那些在地上崇拜上帝者的榜样；做健全人的榜样，叫他们恒忍；做病人的榜样，叫他们得痊愈；做临死人的榜样，叫他们不惧怕；做死人的榜样，使他们可以复活。（《论三位一体》7.3）

作为有罪之人的榜样，耶稣是要人们追随他，像他一样谦卑，像他一样灵魂坚强，首先要去除灵魂中的罪，灵魂获得生命后，身体也就会消除必朽性，获得它的生命。为了说明人和基督的关系，奥古斯丁频繁引用保罗在《腓立比书》2：5－11中说的一段话：

① ［古罗马］奥古斯丁：《论三位一体》，周伟驰译，上海，上海人民出版社，2005。

你们当以基督耶稣的心为心。他本有神的形象，不以自己与神同等为强夺的，反倒虚己，取了奴仆的形象，成为人的样式；既有人的样子，就自己卑微，存心顺服，以至于死，且死在十字架上。所以神将他升为至高，又赐给他那超乎万名之上的名，叫一切在天上的，地上的，和地底下的，因耶稣的名，无不屈膝，无不口称耶稣基督为主，使荣耀归与父神。

按照彭拿迪艾尔和沃尔韦林的理解①，对这段话的解释包含了奥古斯丁基督论的主要方面。但在描述基督自身的特点之前，保罗特别强调的是，信徒要"以基督之心为心"，即要像基督那样去做，才能获得真正的拯救。以基督的做法为榜样，先通过谦卑获得灵魂的拯救，是奥古斯丁基督论的核心观点。为了模仿基督，人们不仅要像他一样谦卑，像他一样坚强，甚至要像他一样去死。死亡虽然是罪的结果，是坏事，但基督用这个坏事，达到了好的目的，而且为人们立下了典范。可是基督的死还不能代替其他人的死。其他人都必须经历基督曾经经历过的事情，像基督一样牺牲，才能得到救赎。人们必须与基督同死，才能与他一同复活："上帝对人说：你若犯罪，你就会死；而今他对殉道者说：死去吧，你无罪了……当初是靠怕死使人不敢犯罪，而今是承担死亡使人赎罪"（《上帝之城》13.4）。当然，他并不是如字面上所指，认为人们真的都要像耶稣那样被杀死；他更多强调的，是上帝之城与地上之城的永恒对立，是对人类社会政治制度的绝对否定，是上帝的真理与尘世生活的不可妥协。像基督那样死，就是要坚决拒绝尘世的诱惑，在对现实政治的拒绝与批判中，走向上帝之城。

奥林将古典的救赎模式称为一场戏剧。这场戏剧从道成肉身开始，接着是魔鬼对耶稣的三次诱惑，其高潮是十字架上的受难。但受难并未终结这个戏剧，因为它还有至关重要的一场：复活。

至于他的这个肉身，正是对它的复活的信，使我们得救并称义。保罗说："你若口里认耶稣为主，心里信上帝叫他从死里复活，就必得救。"又说："他被交给人，是为我们的过犯；复活，是为叫我们称义。"所以，正是主身体的复活给我们的信仰以价值。因为甚至不信者也相信他受难，身体死在十字架上，但他们不信他的身体复活了。我们坚信他的身体复活

① 法国著名学者彭拿迪艾尔（A. M. La Bonnardière）注意到奥古斯丁对这段话引用之频繁，认为它是奥古斯丁的基督论背后的一段关键经文。数年后，他的学生沃尔韦林专门就奥古斯丁对这段话的解释出版了《奥古斯丁的基督论与灵性论》一书（Albert Verwilghen，*Christologie et spiritualitéselon Augustin*，Paris：Beauchesne，1985）。

> 了，好像是从稳固的磐石观看这件事，因此我们带着确实的盼望等候“得着儿子的名分，乃是我们的身体得赎”。因为我们盼望着，那正确的信仰使我们确信已在我们的头基督里成就的事，也在我们这些做他肢体的里面成就。因此他不会叫人看见他的背，除非当他经过的时候——好叫人相信他身体的复活。（《论三位一体》2.17）

耶稣的复活是给人的一个信号，向人们展示魔鬼并不能真的战胜他，以及他受难的目的何在。而耶稣之所以能复活，是因为他“凭自己活着”（《论三位一体》4.13）。无论是灵魂的生命还是身体的生命，最终的依据都来自上帝。圣子正是赐予万物生命者，无罪而死的耶稣，当然可以从圣子获得生命。耶稣的身体能够复活，根本上是因为灵魂没有死，作为对灵魂之罪的惩罚，身体之死当然就会被消解了。于是，他也为其他人的复活做出了榜样。

在奥古斯丁的基督论中，很重要的一部分，是将耶稣的受难理解为一场祭祀，而且以这个祭祀为核心，来理解基督教的宗教意义。按照《利未记》的记载，犹太人的五祭分别是燔祭、素祭、平安祭、赎罪祭和赎愆祭。基督教的祭祀体系已经和犹太教完全不同，以基督之死为核心，衍生出所有圣事。所以，在基督教的传统中，耶稣基督的祭祀，有时被说成所有这五祭。但无论是保罗还是奥古斯丁，都喜欢把耶稣之死说成赎罪祭。《利未记》中这样解释赎罪祭的意义：“你晓谕以色列人说：若有人在耶和华所吩咐不可行的甚么事上，误犯了一件；或是受膏的祭司犯罪，使百姓陷在罪里，就当为他所犯的罪，把没有残疾的公牛犊，献给耶和华为赎罪祭”（《利未记》4：2）。在《新约》中，保罗频繁将耶稣之死称为赎罪祭，如：“神就差遣自己的儿子，成为罪身的形状，作了赎罪祭”（《罗马书》8：3）；“基督献了一次永远的赎罪祭，就在神的右边坐下了”（《希伯来书》10：12）。

上帝不仅不需要那些祭肉，就是人间的正义，也不是上帝所需要的。一切祭祀都不会对上帝有什么好处，而只是对人有好处。那么，真正的祭祀究竟是怎样的呢？奥古斯丁引用《诗篇》里的话说，真正的祭品，就是“忧伤痛悔的心”（《诗篇》51：17），因为上帝说：“我喜爱怜恤，不喜爱祭祀”（《马太福音》9：13，12：7），但究竟是谁的忧伤痛悔的心和谁对谁的怜恤呢？

当然首先是罪人忧伤痛悔的心和对彼此的怜悯，但这怜悯还必须指向上帝：“我们要亲近上帝，结成神圣的团契，达到这至善的目的，就能得到真正的幸福，而真正的祭祀就是为此所需要做的全部工作。如果人们的悲悯只针对人，而不涉及上帝，那就不是祭祀”（《上帝之城》10.6）。人与人的怜悯，怎样涉及上帝呢？奥古斯丁认为，这怜悯首先不是针对别人的，而应该是针对自己的："人若以上帝的名字圣化自己，向上帝发誓，虽然从此世死去了，却在上帝中活着，他自己就是祭品。这也属于悲悯，是每个人对自己的悲悯"（《上帝之城》10.6）。将心献给上帝，就是要将自我彻底献给上帝。奥古斯丁为了说明真正的祭品，他从身体开始层层推进：

> 我们用节制来锤炼自己的身体，身体也是一种祭品——只要我们是为了上帝这样做（也是理所当然这样做），我们就不会让自己的肢体成为邪恶的罪的武器，而成为上帝的正义的武器。使徒激励人们说："所以弟兄们，我以神的慈悲劝你们，将身体献上，当作活祭，是圣洁的，是神所喜悦的。你们如此事奉，乃是理所当然的。"身体比灵魂更低，被用作灵魂的奴仆和工具，但如果能把它很好地、正确地用于上帝的目的，那就是祭品。（《上帝之城》10.6）

人堕落的一个主要后果，就是身体不再服从灵魂，或者说，灵魂之内的冲突转化为身体与灵魂的冲突，使身体无法服务于理性的灵魂，反而成为邪恶的武器。奥古斯丁将保罗的说法纳入自己的学说框架中，认为所谓将身体当作活祭，就是让理性灵魂更好地控制身体，服务于上帝。他接着说：

> 如果是这样，灵魂自身岂不是能够更多地服务于上帝？其中爱上帝的火焰熊熊燃烧，吞没了世俗的欲望，改造自己成不可变的，让上帝喜悦，因为接受了他的美好，这也是祭品。随后使徒又说："不要效法这个世界。只要心意更新而变化，叫你们察验何为神的善良、纯全、可喜悦的旨意。"（《上帝之城》10.6）

要将灵魂当作祭品，就是充分寻求灵魂的本质，使其中的理性部分恢复上帝的形象，即"接受了他的美好"，戒除灵魂中的欲望。到此为止，奥古斯丁谈的都是人的自我和上帝的关系。随后，他又进一步谈到了人们之间的关系：

> 真正的祭品就是对我们自己或对邻人的悲悯之事，都指向上帝；真正的悲悯把我们从悲惨中解救出来，从而获得幸福。如果不通过下面所说的好事，这就无法做到：但我亲近神是于我有益的。整个被救赎的城邦（那就是圣徒聚集和结成的城），就是向上帝献出的整个祭品。（《上帝之城》10.6）

真正的祭品，首先包含对罪恶深重的自己的怜悯，同时也包含对邻人的悲悯。前者是自我的忏悔，后者有着更强的社会性。但对于奥古斯丁而言，这两者并无根本的差别。“爱上帝”和“爱邻人”被称为一切律法的总纲。但爱邻人并不是爱邻人本身，而是让邻人像自己那样爱上帝：“爱自己的人，不过就是要幸福。而要达到这个目的，就要与神亲近。人若知道了怎样爱自己，上帝命令的，要爱邻人如己，那不过就是，尽其可能地让邻人爱上帝”（《上帝之城》10.3）。每个人都把自我当作祭品献给上帝，无论是自我的身体还是灵魂。被救赎者的城邦，就是由这样的基督徒组成的共同体。不同个体之间不仅没有自然的纽带，而且要否定所有这样的纽带，然后大家共同亲近上帝，结成圣徒的城。将整个圣徒的城理解成祭品，并不是内在祭祀的外在化，因为是每个圣徒的心灵组成的这座城，在这座城里面，同样包含着内在祭祀的含义。① 保罗在《哥林多前书》3：16 中说：“岂不知你们是神的殿，神的灵住在你们里头吗?”奥古斯丁用保罗的这一意象，将信徒们又说成上帝的神殿：

> 因为我们全体就是他的神殿，每个个体也是神殿。他会屈尊居住在全体合起来的神殿，也会住在我们每个人当中；全体的神殿中的上帝并不比一个人的神殿中的上帝大，因为他不会因为人多而变大，也不会因为分割而变小。（《上帝之城》10.3）

这段话颇能代表奥古斯丁所理解的个体与上帝之城的关系。每个基督徒的心灵都是神的殿，上帝居住在其中；所有基督徒也是神的殿，上帝也住在其中。但全体基督徒组成的神殿并不比每个基督徒的神殿大。这个殿，是一个一个自我重叠起来组成的一个大的自我，并不构成一个有机的整体。奥古斯丁所肯定的社会性，就是自我的这种不断重叠，而不是柏拉图和西塞罗笔下不同分工的公民之间的互相依赖与协调。所以，建立于社会分工基础上的人间政治制度，永远无法实现这个意义上的人人平等，于是就永远和奥古斯丁讲的社会性相背离。也正是因为自我与全体之间的这种关系，他笔下的个体秩序和世界历史永远是一致的。世界历史就是每个自我的心灵史，每个自我的心灵史同时也可以是整个世界的历史。因而，全体基督徒组成的这个上帝之城，最终化约为一个人的身体；全体基督徒共同走过的世界历史，最终变成了一个人的心灵史；每个基督徒都要变成一个小的基督，全体基督徒通过每个自我共同构成的祭品，最终变成了一个人的自我献祭。上面所说的各个层次的祭品，最终归结

① See J. F. O'Grady, "Priesthood and Sacrifice in City of God," *Augustiniana*, vol. 21, 1971, pp. 27-44.

为耶稣基督自己作为祭品：

> 这祭品是通过大祭司献给上帝的，他为了我们而受难，以奴仆的形式，把自己都当作了祭品，我们的身体就有了他这么一个伟大的元首。他祭献了这个形式，自己在其中被祭献了。他靠这形式做了中保，做了祭司，也做了祭品。（《上帝之城》10.6）

基督是一个大的身体，每个基督徒作为这个身体的肢体，共同组成了大的基督。保罗在他的书信中多次解释了这个意象。他在《罗马书》12：4－5中说："正如我们一个身子上有好些肢体，肢体也不都是一样的用处，我们这许多人，在基督里成为一身，互相联络作肢体，也是如此。"在《哥林多前书》12：27中说："你们就是基督的身子，并且各自作肢体。"又在《以弗所书》4：12、15中说，信徒们"各尽其职，建立基督的身体……连于元首基督"。保罗在强调所有基督徒都共同组成基督的身体的同时，也一再讲明，大家要各尽其职，有不同的用处。但他这里主要是在说大家在教会中有不同的职责，而不是在讲每个人心灵的不同。奥古斯丁特别发展了保罗的这一意象，极力强调众人组成的这个大的身体。在他看来，上帝之城，即完美的教会，就是基督的身体，而耶稣，则是这个身体的头。正如所有人都来自第一亚当，所有圣徒最终都共同组成第二亚当。于是，当基督徒追随基督，共同组成他的身体的时候，也要作为基督的肢体，随着整个基督一同受难，甚至受难乃是组成基督身体的方式。于是，所有追随耶稣的人在他的身体里面，共同成为赎罪祭。

在这场赎罪祭中，基督既是祭司，又是祭品。他将无罪的自己作为祭品献上，替有罪的众人赎罪。他的这个身体，又是由无数的基督徒组成的。他在把自己作为祭品献上的时候，就是献上了整个上帝之城，即献上了组成上帝之城的每个个体的自我。那些自愿追随基督和模仿基督的人，加入到基督这个大的身体中，像他一样，将自己的身心都当作祭品献给了上帝。这些自我和基督最大的不同是，他们都是有罪的自我，而基督是无染原罪的、完美的自我。基督道成肉身，取了仆人的形象，像有罪的人那样去死；信徒们则模仿这个完美的人，像他一样献祭自我，在基督之中完成自我的救赎和完满。

对于基督教而言，真正的祭祀只有一次，就是耶稣在十字架上受难。《旧约》中种种的祭祀，都是对这一次祭祀的预言和象征："一次真正的祭祀用多个祭祀来象征，就如同一件事可以用多个词来表示，反复申明而不冗赘"（《上帝之城》10.20）。这不仅是就《旧约》中的祭祀而言，也是就基督教中的每次圣事而言。无论是耶稣来临之前还是来临之后，所有归信他的人，都是通过加入他之中，来共同完成这次祭祀的。人们对他的加入，是通过洗礼完成的；而模仿他一起献祭，是通过圣餐礼完成的。虽然圣餐礼一次又一次地在举行，但严格说来，这些都不是真正的祭祀，而只是使信徒们加入到真正的祭祀中来而已。①

奥古斯丁认为，《启示录》所谓的千年王国，就是耶稣和他的圣徒共同的统治。《启示录》中先说魔鬼被绑缚的一千年，然后说他的被释放，后面又说第一次复活和与基督共同为王的一千年，让人容易以为，这是前后相继的三个不同阶段，但奥古斯丁的解释彻底打乱了经文的本来顺序，给了这千年王国一个完全不同的解释。这千年王国就是上帝之城，但不是末日审判后彰显出来的上帝之城，而是将末日时的上帝之城拉回历史当中，是世界历史进程中的上帝之城。

为了区分未来永恒的上帝之城与这个千年王国，奥古斯丁引了《新约》中的几段经文。比如在《马太福音》28：20 中，耶稣说："我就常与你们同在，直到世界的末了。"在世界末日之前，耶稣就一直和他们同在。耶稣经常说的"我的国""天国"等字眼，在奥古斯丁看来，并非都是同一个意思。它有时指末日之后的永恒王国，有时指末日之前的千年王国。比如耶稣说："收割的时候就是世界的末了，收割的人就是天使。将稗子薅出来用火焚烧。世界的末了也要如此。人子要差遣使者，把一切叫人跌倒的和作恶的，从他国里挑出来"（《马太福音》13：39-41）。奥古斯丁认为，此处说的"他国里"就不可能是指永恒王国，因为永恒王国里不可能有稗子。耶稣又说："所以，无论何人废掉这诫命中最小的一条，又教训人这样作，他在天国要称为最小的；但无论何人遵行这诫命，又教训人遵行，他在天国要称为大的。我告诉你们，你们的义若不胜于文士和法利赛人的义，断不能进天国"（《马太福音》5：19-20）。这句话里用了三个"天国"，奥古斯丁认为，它们的含义并不一样。第一个和第二个"天国"是一个意思，里面有最小的，也有最大的，但在永恒王国之中，那最小的根本不可能存在，所以这句里的前两个"天国"，指的当是千年王国。但最后一个"天国"，是只有其义胜过了文士和法利赛人的义的人才能进的，那就不可能有最小的，指的应该是永恒王国。

若这样理解，似乎千年王国就是指地上的教会，其中不仅有注定将进入永恒王国的圣徒，也有那些虽然名为基督徒，但终将被魔鬼诱惑走的人。但奥古

---

① See Gerald Bonner, *Freedom and Necessity: St. Augustine's Teaching on Divine Power and Human Freedom*, Washington, D.C.: The Catholic University of America, 2007, p. 32.

斯丁又说：

> 现在的教会也是基督的王国和天上的王国。他的圣徒即使现在也和基督一同为王，但是为王的方式和那时候不同；稗子虽然和好种子一同成长，但是并不和好种子一同为王。与基督一同为王的，都按照使徒的话做："所以你们若真与基督一同复活，就当求在上面的事。那里有基督坐在神的右边。你们要思念上面的事，不要思念地上的事。"使徒还谈到，"他们却是天上的国民"。他们能和基督以这样的方式一同为王，即，他们就是基督的王国。我且不说别的，如果他们直到尘世的末日，直到一切诱惑都被收集出的时候，他们只"都求自己的事，并不求耶稣基督的事"，那他们怎么成为基督的王国呢？（《上帝之城》20.9）

确实，地上的教会就是那千年王国，但真正和基督一起为王的，却不是地上教会中所有的成员。奥古斯丁连引保罗的三句话，证明只有虔心信仰的才能进基督的王国，才能与基督一同为王。但所有这三句话，讲的似乎都是信徒们进入永恒之国的要求，而没有明确千年王国与永恒王国的差别。可见，在千年王国中与基督一同为王的，正是以后上帝之城中的公民。基督的圣徒现在也和基督一同为王，将来也和基督一同为王，两个城的组成并无根本的不同。千年王国只不过是将末日的永恒王国投射到世界历史当中而已。但奥古斯丁又指出，这些圣徒现在和将来为王的方式不同。这种不同体现在什么地方呢？就在于圣徒们现在虽然并不和那些伪圣徒一同为王，却和他们错杂在一起，共同生活和成长。

尘世中的教会虽然也称为基督的国，但并非其中所有人都是基督的身体，共同组成他的国。把它称为基督的国，是因为其中包括了所有将属于上帝之城的人。那些将叛离上帝之城的人，虽然暂时也在里面，但到了上帝之城真正彰显出来的时候，却将被驱逐出去。正如耶稣常用的那个比喻里所讲的，在一片麦田里，有些麦苗会成熟，但有些是稗子，打不出粮食来；麦田中甚至会长满杂草，无法和麦苗区分开来。这些稗子和杂草虽然和将成熟的麦子长在同一片田里，甚至和麦子一同接受阳光雨露和各种肥料，但它们并不属于这片麦田，到了收割的时候，就会被清除出去。在尚未收割的时候，麦田之所以称为麦田，是因为以后被收割的粮食而得名的。

奥古斯丁解释约翰所说的"没有拜过兽与兽像"的人，认为"兽"应该就是魔鬼，以及明确追随魔鬼的地上之城的成员。而"兽的像指的是兽的伪装，也就是那些表面上宣扬信仰，却在无信仰中生活的人的伪装"（《上帝之城》

20.9），他们就是那些稗子。兽与兽像共同组成了地上之城，是此世的统治者。“那些因为给耶稣做见证，并为神之道被斩者的灵魂，和那没有拜过兽与兽像，也没有在额上和手上受过他印记之人的灵魂”，则在千年王国中，与耶稣基督一同为王。千年王国既然与上帝之城的组成人员完全一样，就不只包括教会中的活人，而且包括已经殉道的人，甚至以这些殉道者为主。“这里只提到了殉道者的灵魂，因为这种死后的王位特别属于那为真理奋战到底的人”（《上帝之城》20.9）。

虽然千年王国中也包括活人，但在世界历史的整个进程中，千年王国的精神，主要是靠与地上之城争战的殉道者体现出来的。由于这个千年王国还在地上，处在地上之城的包围中，总是在与地上之城争战，所以奥古斯丁又将它称为“充满武力的王国”，而将来的永恒之城，才是“最和平的王国”。这是千年王国与永恒王国最大的区别。信徒们要与基督一同为王，就必须不断与魔鬼争战，与地上之城争战，与地上教会中隐藏的敌人争战，与自身的罪性争战。一方面，千年王国必须继承罗马人勇武好斗的德性，虽然战争的对象和目的都已不同；另一方面，与敌基督最后的决战，正是延续了千年中的争战：

> 那时候，魔鬼诱惑了这些国家，使它们参加征战。在做这些之前，魔鬼也用各种可能的坏事诱惑。这里说“出来”，指的是他把本来潜藏着的仇恨爆发为公开的迫害。这是最后的迫害，临近最后的审判，整个大地上的圣教会都要遭受，即，整个基督之城要遭到整个魔鬼之城的挑战，无论二者存在于大地上的什么地方。（《上帝之城》20.11）

在《启示录》20：9 里，约翰这样描述魔鬼被击败：“就有火从天降下，烧灭了他们。”奥古斯丁特别指出，这里的火并不是后来惩罚不敬者的永火，而“最好理解为圣徒的强力，使他们不会屈服于那些野蛮者，不会按他们的意志做事”（《上帝之城》20.12）。之所以说“从天降下”，是因为圣徒们靠了天上的上帝才能如此坚强，才能够有这么大的力量战胜敌基督。这里说的“烧灭”，也并不是最终的消灭，而只是拒绝了他们的诱惑，打退了敌基督最强大的攻势，因为这场争战并没有发生在末日，而只是历史当中的最后一场争战（《上帝之城》20.12）。

只要还在历史之中，千年王国就是勇武之城，充满了争战；争战的发生并不妨碍圣徒们与基督一同为王，甚至正是在争战当中，才成就了他们的王位；魔鬼被释放出来，攻击基督的城，并不是圣徒为王之后的事，所以在与敌基督争战的时候，圣徒们更光荣地与基督一起为王，“在那三年半中，那些殉道被杀的灵魂（包括已经离开身体的和将要在最后的迫害中离开的）与基督一同为王，然后这必朽的尘世终结，过渡到没有死亡的王国”（《上帝之城》20.13）。

在与敌基督的最后决战之后，千年王国过渡到永恒王国，曾经在千年王国中与基督一同为王的，将要在永恒王国中继续与基督一同做王。奥古斯丁虽然并没有把末日仅仅理解成隐喻，承认人类历史确实会有终结，但他还是暗示，这种过渡并不是自然而然的过渡。对这个问题的理解，就体现在他对末日来临时活着的人的处理上。

《圣经》里预言了，在耶稣基督末日重临时，所有死人都会复活，但那些还没有死的人会怎么样呢？奥古斯丁前面说，教会里的活人和已经死去的灵魂共同与基督为王一千年，但到末日时仍然活着的人，是否就不会死去，因而也不必复活，而是一直待在那王位上呢？保罗在《帖撒罗尼迦前书》4：16－17里这样描写末日的到来：“那在基督里死了的人必先复活。以后我们这活着还存留的人，必和他们一同被提到云里，在空中与主相遇。这样，我们就要和主永远同在。”按照保罗的理解，到末日的时候，已经死去的人应该先复活，但还活着的人升到云端是什么意思呢？保罗还说：“你所种的若不死就不能生”（《哥林多前书》15：36）。没有死亡就不会复活，就无法进入不朽。所以奥古斯丁认为：“如果基督来临时发现还活着的圣徒，会升起来与基督相遇，我们相信他们会迅速通过死亡走出身体，然后很快变为不朽”（《上帝之城》20.20）。

如果说，此世的千年王国既包括教会中的活人，也包括已经死去的圣徒，则永恒的上帝之城只包括曾经死去的圣徒。在每个时间点，虽说所有过去死了的圣徒，甚至将来的圣徒，都在千年王国里为王，但魔鬼不能诱惑他们，只能诱惑当时活着的基督徒；麦子与稗子混杂的情况，也只可能在活人中才会发生。因此，虽然千年王国只是永恒之城投射到现在，它还是实现在活人中的。但与此不同，末日显露出来的上帝之城，包括耶稣在内，其所有成员都是曾经死去的。圣徒们若不先死去再复活，就无法承受上帝之城。

之所以如此，是因为上帝在亚当犯罪后曾经说：“你本是尘土，仍要归于尘土”（《创世记》3：19）。活着的人升到云端与基督相遇，难道因为这些都发生在空中和云端，就认为他们没有归于泥土，甚至不是保罗所谓“种的”吗？既然这话是对亚当和他的所有后裔说的，任何人就都不能免于这一惩罚：

> 上帝对人说：“你本是尘土，仍要归于尘土。”我们不能认为，以后的圣徒会免于这个判决。只是他们死亡时，身体不会化为尘土，而是迅速死

> 去，也迅速复活，都发生在空气里。这句话里说的“归于尘土”，意思就是：“你丢掉了性命，就要回到获得生命之前的状态。”意思是，你要是断了气（*exanimatus*），就要回到你获得这口气（*animatus*）之前。上帝向尘土造的脸吹生命的气息，于是造出了有灵魂的生命的人。这就是说：“你是得到了灵魂（生命的气息）的泥土，以前你不是；你要成为没有生气的泥土，就像原来一样。”死人所有的身体都是这样的，哪怕还没有腐烂；未来的圣徒们，如果也会死，不论死在哪里，只要他们失去了生命，哪怕马上就会重新获得，也是这样的。这样，他们会化为尘土，因为活人会变为尘土。（《上帝之城》20.20）

这段话意味深长。上帝之所以说人要归于泥土，是因为人犯了罪，必须遭到惩罚，即奥古斯丁说的“你丢掉了性命，就要回到获得生命之前的状态”。人丢掉的是灵魂的生命，因此也必须丢掉身体的生命，作为对他的惩罚。灵魂背叛的结果，是灵魂的内在冲突和身体与灵魂之间的相争，这种相争最终会导致身体与灵魂的分离。泥土是人身体的质料，上帝吹的那口气是灵魂的质料。所谓归于泥土，就是使灵魂与身体分离，而不是身体一定要化为土这种物质元素。所以，只要身体死了，就是归于泥土了。末日时活着的圣徒虽然不会化为物质的泥土，但他们必须死亡，即遭受对原罪的惩罚，然后再进入不朽。

于是，说末日来临时活着的人必须先死去，意思就是，他们还必须为原罪受罚。这和奥古斯丁前面说的，洗礼虽然能拯救，却不能免除死亡，哪怕有了第一次的复活，也必须经历身体的死亡，道理是一样的。人因为犯了罪而必须去死，遭到魔鬼的控制。不论魔鬼被绑缚、被释放，还是被彻底战胜，魔鬼对罪人仍有这点控制权，人若不经历死亡，是不能彻底脱离魔鬼的控制的。在这个意义上，死是基督徒最后的敌人，人若不战胜死，就不可能彻底战胜魔鬼，进入上帝之城；而战胜死亡的唯一办法，就是像耶稣那样去死。

在道成肉身之后，死亡这种惩罚，又被用作了好事，成为耶稣战胜魔鬼、救赎罪人的方式。所有圣徒都要模仿耶稣，加入到他的死之中，否则就不能得救。他们的死，代表了对地上之城的不妥协和坚决排斥，是对魔鬼的最后战胜。只要有圣徒还没有死，魔鬼对他就还有控制权，两座城之间的争战就还没有结束。这样，活着的圣徒迅速死去，并不是在战胜了魔鬼之后，在平静和快乐中死去，然后马上复活去见上帝，而是在与敌基督战斗到最激烈的时候，靠自己的死来战胜最后的敌人。他们的死，仍然是与敌基督战斗的一部分，可能比以前的圣徒之死还要痛苦，还要惨烈。

这才是敌基督统治的最后结局：所有在世的圣徒都惨烈地死去了，像他们之前的圣徒一样，在死亡中战胜了魔鬼。但就地上之城而言，这似乎也是一场表面上的胜利，因为所有的基督徒要么投降了，要么被杀死了，就像杀死耶稣是一场表面的胜利一样。在魔鬼之城庆祝胜利的狂欢中，基督来临，审判所有的死人和活人，宣布上帝之城的胜利。就像《帖撒罗尼迦前书》5：3 里说的："人正说平安稳妥的时候，灾祸忽然临到他们，如同产难临到怀胎的妇人一样，他们绝不能逃脱。"①

但是，难道地上之城里的人就没有死吗？保罗和奥古斯丁谈的，都只是上帝之城中的圣徒。但同样的逻辑也适用于地上之城中的人。他们也必须遭受死亡的惩罚，在身体死后重新复活，再接受基督的审判。这样，我们看到的就是一幅更加可怕的场面：不仅所有的基督徒都死了，而且地上之城的公民也全军覆没。两个城的人都同归于尽，无论是身体战胜了灵魂的，还是灵魂复活、战胜了身体的欲望的，大家都在痛苦的灵魂挣扎中，抛弃了自己的身体。于是，整个大地上都是死尸，再没有一点生命的气息，世界陷入了大火之中。魔鬼控制了所有的人，因为所有人的罪遭受了最终的处罚；但魔鬼也再无权柄，因为已经没有新的灵魂归到他的统治之下了。

大火烧灭了整个世界，新天新地出现，所有的尸体都从地上爬起来，世界上曾经有过的所有人都重新出现，哪怕他们早已肢体不全，哪怕他们的尸体早已腐烂多年，哪怕他们早已在山崖下化为齑粉，或是在大海中葬身鱼腹，甚至被吃到了某个人的肚子里——奥古斯丁特别论证了，无论吃人的那个人，还是被吃的那个人，都将复活，重新获得自己的身体（《上帝之城》22.20－21）。审判就是在所有人死后，对所有曾经出现过的人进行的。这个时候，上帝之城和魔鬼之城才被真正分开，对死人的末日审判与活人的世界历史也被完全分开。虽然奥古斯丁将这描述成历史的进一步发展，但所谓的末日审判却更像上帝对世界历史中的人和事的终极评判。新天新地，真的是整个天地都覆灭了之后的又一片天地，还是一直高悬于人类头顶的另一片天地？在奥古斯丁这里，似乎两种可能性都始终存在着。

① 参见奥古斯丁在《书信》199 中对这一段的诠释。

结 语 政治奥古斯丁主义：中世纪的修改

在当时的东西方教父中，奥古斯丁都是一个异数。即使是奥古斯丁自己，在早年的时候也并没有走到这个极端。特别是在反对多纳图派的一系列著作中，他仍然给世俗政权，特别是当时的罗马皇帝很大的肯定。只是到了写《上帝之城》的时候，罗马陷落所带来的巨大震动，使奥古斯丁重新思考罗马帝国在世界历史中的位置，他才得出了与众不同的结论。他当时已经看到，罗马帝国和所有其他的地上之城一样，也有盛衰兴亡，而且当时距离灭亡很可能并不遥远了，所以不再像其他教父那样，将上帝之国的实现寄托在罗马上面，而是将上帝之城与地上之城彻底分开，扭转了罗马基督徒的文明理想。

奥古斯丁的思想无疑有着深刻的哲学基础，给西方文明带来了巨大的震撼，但政治思想的转换并没有那么迅速和戏剧化。毕竟，当时大多数教父并不是像奥古斯丁这样理解政治的，新崛起的君主们更无法在实践中完全接受《上帝之城》中的极端主张。奥古斯丁研究专家菲吉斯说："必须和反多纳图派的那些著作对照着读，才能理解《上帝之城》。"[①] 菲吉斯所说的，与其说是对《上帝之城》本身的读法，不如说是它的解读史。在中世纪的政治语境下，这成为人们接受此书最可能的阅读方式。所以欧克利说，在西欧的中世纪，本来强烈批判尘世政治的奥古斯丁主义，反而成为神圣王权得以传承的工具，和尤西比乌主义在东部发生的作用类似，查理曼大帝（Charlemagne）、虔诚者路易（Louis the Pious）等也因而获得了与君士坦丁类似的神圣位置。[②]

但奥古斯丁主义真的成了西方的尤西比乌主义了吗？如此极端的两城说，难道真的和他所批判的对象合而为一了吗？

法国学者阿尔奎里耶以"政治奥古斯丁主义"来称呼奥古斯丁的思想在政治实践中的表现形态。通过他的描述，我们看到，奥古斯丁的政治学说在与中

① John Figgis, *The Political Aspects of Augustine's City of God*, London: Longman's, 1921, p. 77.

② See Francis Oakley, *Empty Bottles of Gentilism*, New Haven: Yale University Press, 2010, pp. 135-136.

世纪欧洲的教会和政治的磨合中，如何起到现实的作用。[①] 奥古斯丁强调心灵秩序与政治秩序的分离，上帝之城是心灵秩序中的概念。但在中世纪的文化格局中，上帝之城逐渐被等同于现实中的罗马教会。而随着基督教的传播，世俗国家都成了基督教国家。人们要在这样的语境下来理解奥古斯丁所讲的两城关系。

首先，教皇格里高利一世（Gregory I）对奥古斯丁主义做了系统的调整和阐述。他让世俗君主从属于教会，赋予他们保卫教会和传播信仰的神圣使命。这样，在以罗马教会为首的基督教世界，世俗国家只不过是教会的一个机构和部门而已。格里高利一世的这一调整，消除了奥古斯丁思想中的极端之处和不利于实践之处，而又没有违背奥古斯丁思想的基本精神。按照这一思路，在整个教会中，每个基督徒的最终目的都是灵魂的拯救，君主也不例外。世俗国家本身并无神圣之处，但是它却可以服务于教会的心灵秩序，因而获得一种神圣的色彩。[②]

格里高利一世之后，这一模式逐渐发展成熟。但随着政治局势的变化，人们对教会与国家关系的理解也在变化。查理曼大帝兴起之际，教皇列奥三世（Leo III）得到皇帝的保护，完全听命于皇帝。列奥三世为查理曼加冕后，查理曼更以罗马帝国的继承者自居。据说，查理曼很喜欢读《上帝之城》。他以自己的方式解读《上帝之城》5.24[③]，将帝国变成神权政治，自视为上帝之城在尘世中的代理人，而罗马教会则沦为大帝国的一个部门，负责宗教事务而已。[④] 于是，世俗君主重新得到了神圣化。

可是，查理曼的这种模式也并没有继续下去。到了查理曼的儿子虔诚者路易的时候，皇帝不再如此强势，而且神圣罗马帝国很快陷入了内部的纷争，政教关系发生了新的变化。教皇格里高利四世（Gregory IV）反而要介入各位皇子之间的纠纷。格里高利四世对《上帝之城》5.24 做出了新的解释，帝国又成为罗马教会的一个机构。于是，世俗君主丧失了在查理曼时期获得的至高无上的地位，而只是基督教会的一个成员。教皇重新成为基督教世界的真正首领。[⑤]

从此之后，政教关系成为欧洲历史上的核心问题。之所以如此，固然和每

---

① See H. X. Arquilière, *L'augustinisme politique*: *Essai sur la formation des theories politiques du Moyen Âge*, Paris: Vrin, 2006.

② See Arquilière, *L'augustinismepolitique*, p. 141.

③ 参见［法兰克］艾因哈德、圣高尔修道院僧侣：《查理大帝传》，戚国淦译，北京，商务印书馆，1979。

④ See H. -X Arquilière, *L'augustinismepolitique*, p. 164.

⑤ See H. -X Arquilière, *L'augustinismepolitique*, p. 181.

个时期具体的政治形势与力量对比有关，但奥古斯丁理论中的张力和弹性也是一个重要的原因。查理曼试图恢复罗马帝国，但查理曼的长寿没有造就长治久安的盛世，反而埋下了兄弟相残的伏笔，导致帝国迅速分崩离析。在政治奥古斯丁主义之下，皇帝并没有维护灵魂得救的足够正当性。教皇同样无法维持政治稳定，除了其政治力量的问题之外，根据奥古斯丁的两城说，地上教会也并不等于末日之后的上帝之城。所以，无论是世俗君主还是罗马教皇，虽然都可以在《上帝之城》中获得支持自己的理论资源，但同样的理论始终潜藏着瓦解他们神圣地位的可能性。当他们宣称自己是上帝之城的地上代理时，很快就会走到自己理想的反面。

一方面，奥古斯丁政治学说的弹性为世俗君主重讲神圣政治提供了可能性；另一方面，他的思想的精微之处也正是摧毁这些神圣政治的理论武器。虽然皇帝和教皇都在不断地重新解释《上帝之城》，特别是其 5.24 的《君主之鉴》，但奥古斯丁的文本始终在提醒他们，世俗君主的虔诚与他的政治功业无关。莎士比亚让懦弱无能的理查二世和亨利六世戴上神圣的光环，却让威风凛凛的亨利五世陷入心灵的焦虑当中，真正的国王也许只能在果壳当中，这正是对奥古斯丁思想的深刻阐释。在欧洲国王的葬礼中，充满神圣的雕像常常与迅速朽败的枯骨相互对应。国王这两个身体之间的强烈对比[①]，其理论根源正在于奥古斯丁政治思想中的张力。

在一定程度上，新教改革也是这一张力的一个结果，而新教的回到奥古斯丁的口号，试图更认真地贯彻奥古斯丁的心灵哲学，使对上帝之城的期盼更彻底地回到每个人的灵魂当中，终于导致后来的政教分离。[②] 但这一模式却又在不断产生着更多的现代问题。奥古斯丁主义的深刻与精微，无疑都远胜于尤西比乌主义；但这究竟是西方基督教的幸运还是不幸，却是另外一个问题。

吴　飞

参考文献

原典：

奥古斯丁．上帝之城．吴飞，译．上海：上海三联出版社，2007.

Augustus. Res Gestae divi Augusti. Trans.，Alison E. Cooley. Cambridge：Cambridge University Press，2009.

---

① See Ernst Kantorowicz，*King's Two Bodies*，Princeton：Princeton University Press，1997.

② 关于宗教改革的政治思想的发展，参见本书第八章的讨论。

重要研究文献：

Angus，S. The Sources of the First Ten Books of Augustine's De Civitate Dei. Dissertation of Princeton University，1906.

Arendt，H. Love and Saint Augustine. Chicago：University of Chicago Press，1996.

Brown，P. Augustine of Hippo. Berkeley：University of California Press，1975.

Burnell，P. J. The Status of Politics in St. Augustine's City of God. History of Political Thought，1992，13：13 - 29.

Courcelle，P. Recherches sur les Confessions de saint Augustin. Paris：Boccard，1968.

Cranz，F. E. De Civitate Dei，XV，2，and Augustine's Idea of the Christian Society. Speculum，1950，25：215 - 225.

Figgis，J. The Political Aspects of St. Augustine's "City of God" . London：Longmans，1921.

Gilson，E. The Christian Philosophy of Saint Augustine. New York：Vintage Books，1967.

Guy，J. - C. Unité et structure logique de la "Cité de Dieu" de de Saint Augustin. Paris：études Augustiniennes，1961.

Leisegang，H. Der Ursprung der Lehre Augustins von der Civitas Dei. Archiv für Kulturguschichte，1925，16：127 - 128.

Markus，R. Saculum. Cambridge：Cambridge University Press，1970.

Marion，J. - J. Au lieu du soi. Paris：Presses universitaires de France，2008.

Marrou，H. I. Civitas Dei，civitas terrena：num tertium quid? Studia Patristica，1957，2：342 - 350.

Marrou，H. I. Saint Augustin et la fin de la culture antique. Paris：Boccard，1983.

O'Daly，G. Augustine's City of God. Oxford：Oxford University Press，1999.

O'Donovan，O. Augustine's City of God XIX and Western Political Thought. Dionysius，1987，11：89 - 110.

QuesnayAdams，J. The Populus of Augustine and Jerome：A study in the Patristic Sense of Community. New Haven：Yale University Press，1971.

Van Oort，J. Jerusalem and Babylon：A Study into Augustine′s City of God and the Sources of his Doctrine of the Two Cities. Leiden：Brill，1991.

第六章
阿奎那论自然法与政体

托马斯·阿奎那（Thomas Aquinas）是继奥古斯丁之后最伟大的基督教神学家，一个集大成的思想家，亚里士多德、奥古斯丁、阿维森那（Avicenna）、迈蒙尼德（Maimonides）等来自古典哲学、基督教、伊斯兰教、犹太教各个传统的思想要素，都被他用基督教神学整合了起来，构成一个庞大而精纯的神哲学体系。如果说奥古斯丁是教父哲学的顶峰，他用基督教给柏拉图主义施了洗，那么可以说阿奎那是经院哲学的顶峰，他用基督教给亚里士多德哲学施了洗。

阿奎那 5 岁被送到一家修道院学习，14 岁时进入那不勒斯大学，在那里接触到时兴的亚里士多德哲学，并加入当时新兴的多明我会（Dominican Order）。20 岁时他被多明我会送往巴黎大学学习，在那里他遇到了“全能导师”大阿尔伯特（Albertus Magnus），并跟随这位人称“活着的亚里士多德”的导师在巴黎和科隆两地学习。大阿尔伯特对亚里士多德的热爱深深地感染了阿奎那。但和大阿尔伯特不同，阿奎那以一种更富创造性的、系统的方法吸收并利用了亚里士多德哲学，使之与多明我会的基督教虔诚和谐一致。在习惯了奥古斯丁传统的神学家看来，亚里士多德意味着与被基督教驯服了的柏拉图主义完全不一样的思维方式，对于基督教神学是具有颠覆性的；而阿奎那力图表明，亚里士多德是可以为基督教所用的，理性是可以论证信仰，为信仰服务的。亚里士多德带给阿奎那的是一种“自然主义的思考方式”，在政治理论上，阿奎那亦从人的“自然”（本性）出发来思考人，不仅继承了亚里士多德的“人是政治的动物”，还从古代异教作家马克罗比乌斯（Macrobius）那里拿来了“人是社会的动物”的思想，将人理解为“政治的和社会的动物”。国家是人的天性的一个必然产物，教会则是出于神恩，是信徒的共同体，二者在来源上有异。亚里士多德的一些思想为阿奎那所继承和发挥，而阿奎那深化、补充和修改了亚里士多德的思想，在许多方面，可以说有了新的方向。[①]

我们可以从法学理论来看阿奎那对亚里士多德的新发展，雅法（Harry Jaffa）认为，在亚里士多德的法学理论和阿奎那的自然法理论之间存在着很大的差异，这种差异是由阿奎那的神学造成的。在亚里士多德的《政治学》中没有一处提到自然法。自然法对于亚里士多德乃是陌生的。阿奎那所定义的法律有四大标准：它是合乎理性的；它是为了公共的善；它是由对共同体负责的人制定的；它得到了颁布。[②] 相比之下，亚里士多德的“法律”只具备其中两个标准——“合乎理性”和“善”，另外两个标准根据“立法者”（legislator）而定。在自然法理论那里，“立法者”意味着一个神圣的立法者。阿奎那说，一个法令是被“强加到别人”身上的，这就意味着旨意（providence）。而倘若没有特定的神圣的旨意，也就不会有阿奎那意义上的自然法教义了。这样一种自然法教义隐含着神圣的启示，因为神圣的旨意这一事实（它不同于可能性）显然不是所有人都天生就知道的。要人们遵守自然法，其法律品质就一定要为人所知，就是说，要让人们知道它已被颁布了。亚里士多德也许是异教徒中最智慧的，却否定了自然法的这一关键前提——亚里士多德也确实否认个别的神圣旨意，这肯定会意味着，自然法作为法的品质对于未蒙恩典照耀的自然理性来说，乃是最为昏暗不明的。许多人以为阿奎那在注释亚里士多德时“天衣无缝地”融合了亚里士多德和基督教神学（即理性和启示），而在雅法看来，实际上却是阿奎那将许多基督教神学观念强加于亚里士多德之上。在法学理论中，雅法列举了阿奎那貌似成功的调和，其实是将如下非亚里士多德的原则强加到了亚里士多德头上：（1）相信神圣的个别旨意；（2）相信至福在今生不可能实现；（3）相信要完成人的本性（nature，天性、自然）所欲达到的幸福，就必须有个人的不朽；（4）相信个人的不朽；（5）相信每一个灵魂都是专门受造的；（6）相信上帝在人心中植入了对于道德原则的“自然”习性。[③]

虽然阿奎那和亚里士多德有基督教与异教的不同，但阿奎那也确实保留了

---

① See Walter Ullmann, “The New Orientation,” in *A History of Political Thought in the Middle Ages*, Baltimore: Pelican, 1965；转引自 *St. Thomas Aquinas on Politics and Ethics*, New York: W. W. Norton, 1988, pp. 115 - 119。中译本可参见［英］沃尔特·厄尔曼：《中世纪政治思想史》，夏洞奇译，170～173页，南京，译林出版社，2011。

② 请参见本章第一节“法的种类与自然法”开头阿奎那对“法”的定义。

③ See Harry Jaffa, *Thomism and Aristotelianism*, Chicago: University of Chicago University, 1952；转引自 *St. Thomas Aquinas on Politics and Ethics*, pp. 120 - 124。

亚里士多德的很多元素。正如著名的阿奎那研究专家托利尔指出的，亚里士多德关于“科学”的理想，在阿奎那这里即便经过了重新加工，仍然是一个指导性的原则，并且跟他的同时代人一样，阿奎那从亚里士多德那里接受了一种知识等级观，以及进行逻辑和形而上学分析的工具，没有它们，他的综合就是不可想象的。阿奎那借用了亚里士多德的一系列范畴来进行思考，如质料与形式、潜能与现实、实体与偶性。虽说质形论（hylomorphism）和灵魂作为人类独特形式的观念，或者友爱论和借沉思达到幸福的理论，都在阿奎那的著作中披上了一种特定的基督教外衣，但是它们仍旧是从亚里士多德那里借来的。还有，从阿奎那所采纳的模式与信念的数量来看，可以说，亚里士多德所给予他的是某种打量真实世界的方式。阿奎那的兴趣并非对亚里士多德的思想进行准确的历史重构，而是在于跟亚里士多德一道寻求真理，这就是为什么他毫不迟疑地扩大视野，并相信在这么做时他是忠实于亚里士多德的。[①]

第一节　法的种类与自然法

阿奎那《神学大全》I-II q. 90－108 堪称“法论”，尤其 q. 90－97 论及法的定义、永恒法、自然法和人法。就影响力来说，它仅次于证明上帝的五种方法（《神学大全》I q. 2）。[②] 关于自然法，除了在 I-II q. 94 做了集中讨论，阿奎那还在II-II q. 57 a. 2 简短地讨论了自然正义和实定正义（*ius naturale et ius positivum*），对后世的自然法和自然权利思想影响深远。[③]

《神学大全》I-II q. 90 按亚里士多德四因说论述了法的几大要素。他说，“法”（lex）由“拘束”（ligare）一词而来，人们受法的拘束而不得不采取某种

---

① See Jean-Pierre Torrell, *Aquinas's Summa*, Washington, D. C.: The Catholic University of America Press, 2005, pp. 76－77.

② See Paul E. Sigmund, “Law and Politics,” in *Thomas Aquinas: Contemporary Philosophical Perspectives*, Brian Davies, ed., Oxford University Press, 2002, p. 329.

③ 阿奎那尚在别处讨论了自然法，参见 Dan M. Crone, *Is Natural Law Innate? A Textual Study in the Writings of St. Bonaventure and St. Thomas Aquinas* (Ph. D. Dissertation), Loyola University of Chicago, 1995。关于阿奎那《反异教大全》中的法神学及其三大来源（亚里士多德、斯多亚学派、基督教），可参见 Oscar James Brown, *Natural Rectitude and Divine Law in Aquinas: An Approach to an Integral Interpretation of the Thomistic Doctrine of Law* (Ph. D Dissertation), University of Toronto, 1977。

行径，背后有理性起作用。[①] 他给出的“法”的定义是：“它不外乎为了公共的善，由照管共同体的人所立并予以公布的理性的法令。”[②] 阿奎那在这里没有谈到违背法律是否要受到惩罚。正如雅法所指出的，阿奎那在这里所定义的“法”有四大标准：（1）它是合乎理性的；（2）它是为了公共的善；（3）它是由对共同体负责的人制定的；（4）它得到了颁布。亚里士多德对法的定义只包含前两个标准，而后两个标准都跟“立法者”有关。后面我们将看到，在“自然法”的问题上，正是这个差异显示了基督教神学与亚里士多德哲学的不同。既然“自然法”是一种“法”，那么，它就有一个“立法者”，它也会得到“颁布”，最后，如果人们违背了它，会否及如何得到惩罚。我们将看到，这三个问题是隐含在阿奎那的自然法理论中的，但对它们进行阐明，却不是一件容易的事。

从基督教神学出发，阿奎那把“法”分为四种：永恒法、自然法、人法和神法。此外还提到“罪的法律”。“上帝对于创造物的合理领导，就是像宇宙的君王那样具有法律的性质……这种法律我们称之为永恒法。”[③] 永恒法就是上帝心中关于受造界的观念、理念或蓝图。其他的法都是上帝心中蓝图的实施，是它的衍生物和落实。自然法，是人类理性对永恒法的分有，是永恒法在人类理性上的烙印。人法又称人定法、实定法或实证法。“人类的推理也必须从自然法的箴规出发，仿佛从某些普通的、不言自明的原理出发似的，达到其他比较特殊的安排。这种靠推理的力量得出的特殊的安排就叫作人法”（《神学大全》I-II q. 91 a. 3）。人法是从自然法来的，违反自然法的人法是不合法的（《神学大全》I-II q. 95 a. 2）。从人法来自自然法的方式来看，可以分为万民法（*ius gentium*）和市民法（*ius civile*）。万民法是从自然法直接推出来的结论（因此它具有不变性）[④]，人天生是社会动物，这些结论自然就成了支配买卖和社交等社会活动的标准。市民法则是任何城市根据其特殊需要规定的法律，它们是从

---

① See *Summa Theologica*，I-II q. 90 a. 1. 本章所用的是1888年利奥版（Textum Leoninum Romae 1888 editum，可参见 http：//www.corpusthomisticum.org/repedleo.html）。*Summa Theologica* 最好的英译本为英国多明我会版本（St. Thomas Aquinas，*Summa Theologica*，Fathers of the English Dominican Province，trans.，Christian Classics，Allen Texas，1948）。中译可参见《阿奎那政治著作选》，马清槐译，104页，北京，商务印书馆，1963。

② *Summa Theologica*，I-II q. 90 a. 4：*quae nihil est aliud quam quaedam rationis ordinatio ad bonum commune*，*ab eo qui curam communitatis habet*，*promulgate*.

③ *Summa Theologica*，I-II q. 91 a. 1，参见《阿奎那政治著作选》，106页。

④ 万民法又可译为万国法（law of nations），它虽然是从自然法推出来的，但是不等同于自然法，照马里旦的说法，其主要区别在于，自然法是通过本能被认识的，而万民法是通过理性的概念性应用被认识的。参见马里旦：《自然法：理论与实践的反思》，鞠成伟译，42页，北京，中国法制出版社，2009。

自然法产生的个别应用的标准（就如建筑师从房屋的一般概念出发设计出一座具体的房屋的特殊图样），具有特殊性。[①] 阿奎那强调人法的“公共利益”（福利），这跟他对政治制度的讨论有密切的联系。神法指上帝直接干预和指导人的生活，这是通过《圣经》中所颁布的新旧诫命办到的。为什么在自然法和人法之外还要有神法呢？阿奎那说了四个原因。第一，人除了自然的目的外，还注定要追求超自然的福祉，即与神相见，而这超过了人的自然能力，因此需要神法；第二，人类的理性判断常常出错，法律常常互相矛盾，而上帝是不会出错的，神法能使人确知何事应做，何事不应做；第三，人法只能够管到人的外在的行为，而神法却能够管到人内心的意念，成就人的德性；第四，人法要照顾到人性的各种层面，为公共利益而不得不容忍某些小恶，因此无法杜绝一切恶行，而神法却可防止各种各样的罪恶（《神学大全》I-II q. 91 a. 4）。在《神学大全》I-II q. 91 a. 6 中，阿奎那还提到了“罪的法律”（或“欲火之法律”，*lex fomitis*）。这个名称来自保罗的《罗马书》7：23：“但我觉得肢体中另有个律和我心中的律交战，把我掳去，叫我附从那肢体中犯罪的律。”阿奎那说，人在未堕落之前能按自然法即按理性行事，但堕落以后，就离理性越来越远，越来越受感官嗜欲冲动支配，它们也就有了法律的意义。[②]

阿奎那自然法的渊源很多，如柏拉图的正义、亚里士多德的自然正义和自然法、斯多亚学派和西塞罗的自然法、《圣经》（尤其是保罗的《罗马书》2：14－15）。[③] 比如在12世纪编成的《句汇》（*Ordinary Gloss*）里，就已有人将保罗《罗马书》2：14[④] 跟基督教“形象说”结合了起来，认为罪虽然玷污了人身上的“上帝的形象”，但并未完全损毁这一形象当初受造时所接受到的印记，因此，当罪被恩典治愈后，人就自然能遵行自然法所要求的事情。[⑤]

阿奎那主要在《神学大全》I-II q. 91 和 q. 94 中论述了自然法，其中 q. 91 a. 2 中的自然法定义在后世引起了很多讨论。阿奎那说：

---

① See J. Budziszewski, *Written on the Heart: the Case for Natural Law*, Downers Grove: InterVarsity Press, 1997, p. 83.

② 此处中译参见台湾中华道明会、碧岳学社联合出版的《神学大全》（2008年版，以下简称台湾道明会译本）第六册19页。

③ 参见刘素民：《托马斯·阿奎那自然法思想研究》，40～87页，北京，人民出版社，2007；［美］科斯塔斯·杜兹纳：《人权的终结》，第二、三章，郭春发译，南京，江苏人民出版社，2002。

④ “没有律法的外邦人若顺着本性行律法上的事，他们虽然没有律法，自己就是自己的律法。”

⑤ See Jean Porter, *Nature as Reason: A Thomistic Theory of the Natural Law*, Grand Rapids: William B. Eerdmans Publishing Company, 2005, p. 4. 12世纪晚期一位教会法学者胡古契奥（Huguccio）对于自然法已有相当详细清晰的论述，见该书14～15页。

> 既然凡受天主之上智管辖者，皆受永恒法律之规范和度量；显然一切东西都多少分有（*participant aliqualiter*）永恒之法律，即由于永恒法律之影响，每个东西各倾向于其专有之行动和目的。在万物中，以有理性的受造物特别受天主的照顾，因为他分有照管能力，能照管自己和别的东西。为此，他也分有永恒之理，因之而对应有之行动和目的具有自然倾向。有理性之受造物所分有之永恒法律，即称为自然法律（*Unde et in ipsa participatur ratio aeterna, per quam habet naturalem inclinationem ad debitum actum et finem. Et talis participatio legis aeternae in rationali creatura lex naturalis dicitur*）。[①] 故此，圣咏作者（《圣咏》5：6）说"奉上正义的祭献"，好似对那些质问什么是正义之事的人接着说："有许多人说：谁能为我们显示出善?"遂答复说："上主，你给我们印上了你仪容的光辉!"即是说自然理性之光明，它使我们能知道什么是善，什么是恶；而这属于自然法律。因为自然理性之光明，无非就是天主之光明在我们内的印记（*nihil aliud sit quam impressio divini luminis in nobis*）。由此可见，自然法律无非就是有理性之受造物所分有之永恒法律。[②]

现在要问的是，阿奎那在这里所说的"自然倾向"（*naturalem inclinationem*）是指什么？在《神学大全》I-II q. 94 a. 3c 中，阿奎那解释说，在我们的自然倾向中，包括了按照理性（*secundum rationem*）去行动的倾向，即合乎情理地去行动。这跟《神学大全》I-II绪论和 q. 1－5 所说的人的行为导向相关。在那里阿奎那说，人虽然今生无法见到神之本质，实现不了至福（*beatitudo*），但他仍旧充满了见神的"自然欲望"。[③] 正如一切推理都出自我们自然而然地知道的原则（*principiis*）一样，我们对具体事物的欲望（它们是具体目的）也都来自对一个终极目的（*ultimus finis*）的自然欲望。我们的行为首先指向一个目的（或终极目的），这是通过自然法实现的。如当代自然法论者菲尼斯所说："凭借良知、自然科学、哲学和实践合理性的洞识，我们能够照亮（光照）想象的和经验的材料。"[④]

---

① 英国多明我会版译为：Wherefore it has a share of the Eternal Reason，whereby it has a natural inclination to its proper act and end：and this participation of the eternal law in the rational creature is called the natural law.

② 《神学大全》台湾道明会译本，第六册，11 页。

③ See *Summa Theologica*，I-II q. 3，q. 5，in *St. Thomas Aquinas on Politics and Ethics*，p. 42.

④ John Finnis，"Natural Law and Natural Rights，" in *St. Thomas Aquinas on Politics and Ethics*，pp. 192－193.

其实阿奎那的“形象观”可以解释这一点。人作为上帝的“形象”，作为有理智者，就如上帝智慧中有永恒法一样，人也能够认识到永恒法在他自己心中显现出来的自然法。人的抽象认识能力最终还是来自上帝的光照。[①] 与人相比，动植物都不是上帝的“形象”，缺乏理性，因此不分有上帝的理性，当然也无法认识到永恒法，它们只是凭着本能服从永恒法而已。柏拉图、亚里士多德本已有“效仿神”的思想，阿奎那将它与基督教“形象观”结合不是稀奇的事。[②] 就如月亮反射了太阳的光一样，人一方面从上帝那儿接受光照，另一方面自己又去“照亮”（认识）事物。分辨善恶的“自然理性之光”只是神圣之光在我们心中的印记（*impressio*），跟保罗《罗马书》2：14－15所说的没有任何基督教知识的“外邦人”也能够有善恶的知识相关，同时也跟阿奎那本人强调人的自然本性在堕落后仍旧保持理性的完整有关。[③] 在自然法上，人的这种认识自然法的能力是上帝给的，人的认识的目的和意志动力（“自然倾向”“自然欲望”）是以上帝为最终目的的，在自然法和意志之间、思辨理性和实践理性之间有一个平衡，并无后来唯意志论和唯理性主义那样的倾斜。[④] 应该从阿奎那的神学整体去看他的法律观，尤其是自然法观，而不应该将其抽离出来做现代化的解读。[⑤]

那么，自然法具体有些什么内容呢？在《神学大全》I-II q. 94 a. 2中，阿奎那说到了自然法的具体指令，这让我们可以了解当他说“自然倾向”时大致指的是什么内容。他说：

> 法的第一条指令是“该行善、追求善而避恶”。自然法的其他一切指令，都是以这条指令为根据的；因此，凡实践理性自然认为是人之善者，无论是该行者，或该避者，都属于自然法的指令。
>
> 因为善具有目的的意义，而恶具有相反的意义，所以人自然所倾向者（*naturalem inclinationem*），理性自然便认为是善，是该追求的；与之相

① 参见周伟驰：《阿奎那的自然神学家面孔：评翟志宏〈阿奎那自然神学思想研究〉》，载《哲学与文化》（台湾），2008（4）。

② 关于阿奎那的形象观，可参见周伟驰：《形象观的传承——阿奎那对奥古斯丁三一类比的继承、转化和问题》，载《道风基督教文化评论》总第28期，2008年春季号。

③ See Jean-Pierre Torrell, *Saint Thomas Aquinas*, *vol. II*, p. 283. 跟福音的新诫命一样，自然法也是由上帝“注入”（infused）人心的，人的伦理能力也因此是神圣法的反映。

④ 关于阿奎那之后经院哲学中自然法传统的分裂，可参见海因里希·罗门《自然法的观念史和哲学》一书中关于中世纪的章节（姚中秋译，上海，上海三联书店，2007）。

⑤ See Joseph P. Wawrykow, *The Westminster Handbook to Thomas Aquinas*, Louisville: Westminster John Knox Press, 2005, p. 87.

> 反者是恶，是该避免的。根据各种自然倾向的次序，而有自然法指令的次序。第一，人有与一切实体共有的向善倾向，即每一实体皆求保存合于其天性的现实。按这倾向，凡能用以保存人的生命并能阻止其相反者，都属于自然法。第二，人有指向比较特殊事物的倾向，这是基于人与其他动物共有的天性。在这方面，“大自然教给一切动物者”（《罗马法律类编》卷一第一题），都属于自然法，如：男女的结合，子女的教育等。第三，人里面有基于理性的向善倾向，这是人所专有的，例如：人自然就倾向于认识关于天主的真理，倾向于过社群生活。在这方面，凡是与这种倾向相关的，都属于自然法，例如：避免愚昧，避免冒犯一起相处的人，以及其他与此相关的类似的事物。[①]

这里有一句话：“人自然所倾向者，理性自然便认为是善，是该追求的；与之相反者是恶，是该避免的。”容易引起误解，以为人可以为所欲为，用“这是我的自然倾向，符合自然法”作为放纵的借口。但其实并非一切“倾向”都是“自然”的，应该考察它们原本受造的目的。巴兹泽夫斯基以两性为例来说明阿奎那的“自然倾向”。阿奎那认为，性的欲望是把两性结合到一起，它有两个目的，一是生殖（procreative），一是结合（unitive）。那性快感是不是目的呢？阿奎那跟亚里士多德一样，认为性快感并非目的，而只是性活动的结果。生殖的目的是把孩子生在安全的家庭里，得到双亲的教养。婚姻关系使人通过失去自我而达到自我，是一种异乎寻常的亲密结合，是自然之善中最深刻的一种。它可以说是预尝了神法所启示的超自然的善——与全然的他者上帝的结合。对性“自然倾向”的目的的这一反思有助于人们区分哪种性倾向是自然的，哪种是不自然的。[②]

在上面这段引文里，阿奎那说出了自然法的首要指令和次要指令。首要指令就是“行善避恶”。分开来说，人的自然法包括三个内容：第一，万物都有一种天然的保存自我、避免毁灭的倾向，人也不例外；第二，动物要通过性关系来繁衍后代并抚养后代，人也不例外；第三，与其他动物不同，人先天地具有认识上帝的倾向，以及过社群生活的倾向。

可是，我们会很快想到，要把自然法当作绝对普遍有效的人类公理，却跟生活中的一些事例不符。比如，有人想自杀，或者做出一些损己利他的行为，

---

① 《神学大全》台湾道明会译本，第六册，41～42 页，略有改动；亦可参见《阿奎那政治著作选》，112 页。

② See J. Budziszewski, *Written on the Heart*, pp. 71 - 72.

他们并没有“行善避恶以求存”的“自然倾向”；有人愿意独身，不愿结婚生子，也违背了繁衍后代的自然本能；有人并不渴望认识上帝，或者干脆不承认上帝存在；有人愿意过离群索居的隐士生活。难道他们不是人吗？对这些“反例”应该怎么解释呢？

阿奎那区分了思辨理性和实践理性。思辨理性认识的是自然法的普遍原理，而实践理性应付的是自然法的具体语境，处理的是个别的、偶然的例子。比如，思辨理性告诉我们“借物该还”，这是一个普遍的自然法原则，这是“道不变”。但是，如果偿还的债被用来跟还债人的祖国作战，那就可以暂时不还。“天理”虽然“昭昭”，但在实践中可以“通权达变”。那么如何解释在某一些文化、族群当中，具有完全违反自然法的行为呢？

像“借物该还”这样的指令之所以有例外，是因为它们在现实情况中遇到了“障碍”。但是，也有没有遇到障碍却仍旧不能遵守的情况，阿奎那提到了三种原因：情欲、邪恶的习俗、邪恶的自然气质（《神学大全》I-II q. 94 a. 4）。接下来他又加上了另外两个原因：不正当的成见、不良的风俗习惯（《神学大全》I-II q. 94 a. 6）。

在阿奎那看来，“不可偷盗”是显而易见的天理，是自然法，但当时的日耳曼部落却并不认为偷盗是罪。日耳曼人怎么认识不到这一显而易见的普遍自然法呢？这是因为他们被“情欲”或其他某种“天生的恶习”所败坏了。在阿奎那看来，这跟某些人认识不到“三角形的三内角等于两直角”这一普遍的几何真理是一样的。

自然法会不会变化呢？阿奎那认为不会变化，但有时会根据时空环境有所损益。比如，神法（如十诫）和人法（如罗马法）“确给自然法增加了很多有利于人类活动的内容”。有些内容有所删改，也是可以理解的，因为某些特殊的原因，人们不可能绝对遵守自然法（《神学大全》I-II q. 94 a. 5），比如上面“借物该还”或日耳曼人的例子。阿奎那想要保住的是自然法的普遍性和不变性。

巴兹泽夫斯基指出，阿奎那区分了自然法的三类指令。首要指令（primary precepts）就如同人人皆知、不言而喻的公理（axioms），如“行善避恶”。次要指令（secondary precepts）就如同从首要指令中推导出来的更详细些的定理（theorems）。次要指令又可分两类，一类是直接指令（immediate precepts），人人一看到都能明白，如“不要谋杀”，有时阿奎那也把它们包括到了首要指令当中。另一类是普通指令（common precepts），它们的规定更加详尽，因此不像“不要谋杀”那样显而易见，并非人人皆知，比如“借物该还”。首要指令和直接指令都是普遍指令（general precepts），即是说它们适用于一切情况，没有例外，不能找任何借口违反它们。而普通指令之“普通”，则是说它们适用于大多数情况，但是也有例外。比如“借物该还”这个自然法指令，阿奎那就举例，在战争期间暂时可以不归还可能被用来侵犯祖国的财产。再比如，如果一位朋友的汽车钥匙在你这里，而他喝醉了酒，你这时把钥匙还给他让他酒驾，显然是不可以的。①

在后世的争论中，关于自然法到底应该包括哪些内容，出现了“自然法是个筐，什么都可往里装”的情况②，以至于到底有没有自然法都成了一个问题，要在自然法的基础上建立自然法理论就更成了问题。

第二节　如何理解阿奎那的自然法

阿奎那的自然法思想无疑是他政治哲学中的核心问题，但是如何确切理解他的自然法却在学者们之间引发了持久的争论。本节我们就通过20世纪三位有代表性的学者在这个问题上的争论，来看一下对于这个问题的不同理解。

一、马里旦对阿奎那“自然倾向”的理解

在20世纪的新托马斯主义者里面，马里旦是杰出的一位。对于自然法，马里旦从阿奎那的理论出发，做了新的阐释。马里旦认为，万物的存在都有其目的，比如钢琴就是用来发出乐音的，这个目的就是发挥它所独有的作用、常态或正常功能。他对自然法的理解是这样的：

由于人拥有一种本性，或拥有一种包含着可以理解的必然性的本体结

---

① See J. Budziszewski, *Written on the Heart*, p. 62.

② 关于自然法的具体内容到底应该有些什么，各个自然法理论家给出的答案是不一样的。比如格里泽茨（Grisez）给出的是自我完整、实践的合乎情理、出自真心（真实性）、正义、友谊、宗教、生命和健康、真知、审美、游戏；菲尼斯给出的是生命、知识、审美、游戏、友谊、实践的合乎情理、宗教，后来又加上了婚姻之善；查佩尔（Chappell）给出的是友谊、美学价值、快乐及免于痛苦、身心的健康与和谐、理性、合理性及合乎情理、真理及真知、自然世界、人们、公平、成就；墨菲（Murphy）给出的是生命、知识、审美体验、工作和游戏之卓越、做事卓越、内在平安、友谊与交游、宗教、幸福；戈麦兹-罗柏（Gomez-Lobo）给出的是生命、家庭、友谊、工作与游戏、美的体验、理论知识、完整。参见“The Catalog of Basic Goods,” in “The Natural Law Tradition in Ethics,” http://plato.stanford.edu/entries/natural-law-ethics。

> 构，因此他拥有必然符合其基本构造并且对所有的人都一样的目的——例如所有的钢琴，不管其类型如何和放在什么地方，都以发出一定的合拍的音调作为它们的目的。如果它们发不出这些音调来，我们就一定要加以校准，或者把它们当作没有价值的东西丢掉。但是，既然人赋有智慧并能决定他自己的目的，能否使他本人同他的本性所必然要求的目的合拍，就取决于他自己。这就是说，正是靠着人性的力量，才有这样一种秩序或安排，它们是人的理性所能发现的，并且人的意志为了使它自己同人类基本的必然的目的合拍，就一定要按照它们而行动。不成文法或自然法不外乎这样。[①]

所谓自然法（natural law），也就是“本性法”，即一物按照一物的本性（nature），必然会发生作用的常态。钢琴的本性就是为了发出琴声。而一朵正常的花或一匹正常的马会按照其“本性法”自然而然地成长，发挥作用。但若是生了病或不能正常地成长，我们就说它没有像它“应该”的那样成长，违反了它的自然法。但是人跟花或马不同，花或马不是自由的，它们没有意识，只是依据必然性在生长，无从选择，而人则是有理性的，人能够有意识地符合或违背他作为人的自然法，人能够做出选择，他是自由的。[②] 这样，在人的自然法这里，“应该”就不仅有形而上的意义，而且有一种道德的含义。

在马里旦看来，“不可杀人”是一条自然法箴规，“因为人性首先和最普遍的目的就是保持存在——作为人这一生存者的存在以及一个和他本人有关的宇宙存在；因为人作为人而言，具有生存的权利”[③]。因此，该隐杀死他的弟弟亚伯就是违反了自然法。但是，人的自然法又有赖于人本身对它的认识，因此，类似于禁止种族灭绝这样的认识直到 20 世纪经过屠犹事件后才变得强烈。就此而论，自然法又包含了一种道德“理想”。“自然法是某种既是本体论又是理想的东西。它之所以是某种理想的东西，是因为它是以人的本质及其不变的结构和所含有的可以理解的必然性为依据的。它之所以是本体论的东西，是因为人的本质就是一个本体论上的现实，而且它也不是单独地存在的，而是存在于

---

① Jacques Maritain, *Man and the State*, Chicago: University of Chicago Press, 1951. 中译参见［法］马里旦：《人和国家》，沈宗灵译，74 页，北京，中国法制出版社，2012。略有改动。

② 在另一个著名天主教思想家谢奴看来，人虽有道德自由，却仍然要服从自然法。他说：“人的自由根源于本性（或自然），自然法（或本性法）是装备有自由意志的绝对命令的。人虽然由于这一自由而有绝对的价值，但仍然不过是一个更大整体中的一部分。”参见 M.-D. Chenu, *Aquinas and His Role in Theology*, Collegeville: The Liturgical Press, 2002, p. 96。

③ ［法］马里旦：《人和国家》，75 页。

每一个人的身上，由此可见，自然法是作为一个理想秩序而处在一切现有的人的生存中的。”①

马里旦将自然法的本体论要素称为“第一基本要素”，他指的是以人这一存在的本质为依据的发生作用的常态。他又说，在其本体论方面，自然法是有关人的行动的“理想程序”，是合适和不合适行动、正当和不正当行动的一条分水岭。② 自然法的第二要素是“认识论的要素”，就是说它是跟人的理性，跟人对它的认识有关的。自然法跟正规法律不同的地方在于，它不是一种成文法，因此可能出现各种认识错误，出现莫衷一是的现象。那么自然法有没有大家公认的条规，以及如何解释不同文化、不同历史时期所谓“自然法”并不一致的现象呢？马里旦援引阿奎那来解释自然法具体内容的含糊性和发展潜力。他说：

> 人的理性并不像发现一系列几何定理那样，以抽象的和理论的方式去发现自然法的条例。不仅如此，它并不通过在概念上运用理智或经由理性知识去发现自然法的条例。这里，我认为对于托马斯·阿奎那的教导应该以比以往更加深刻和准确得多的方式来加以理解。当他说人类理性通过人类本性的倾向的指引而发现自然法的条例时，他的意思是说人类理性认识自然法的真正方式或形式并不是理性知识，而是通过倾向得来的知识(knowledge through inclination)。这一类知识并不是通过概念和概念判断得来的明确的知识；它是由于相同本性或相同气味而产生的模糊不明的、缺乏系统的和必需的知识，在这中间，理智为了进行判断，就求教并倾听悠久趋向的颤动的弦线在这一问题上所发出的内在旋律。当人们已清楚地看到这一基本事实时，而且当人们已了解到圣托马斯关于这一问题的看法，要求对于中世纪没有准备实现的发展的观念从历史上来加以研究和从哲学上加以坚持时，他们最后就能得到一个最广泛的自然法概念。并且人们了解到，人类对自然法的知识是逐步地由那些从最基本的倾向开始的人性的倾向所形成和造成的。不要期望我会提出一幅关于那些倾向的先天的图景来，那些倾向生根于真正充满着意识发达之前的精神生活的人的存在，随着人类活动的前进而发展或者被放弃。它们是由人类良知的历史本身来证明的。那些倾向是千真万确的，它们在人类的无限的往昔

---

① ［法］马里旦：《人和国家》，77页。

② 参见［法］马里旦：《人和国家》，76页。

曾指引理性逐渐认识到人类从远古社会开始就已最肯定地和最普遍地承认的条例。①

马里旦认为，这种自然的倾向使得早期的人类社会逐渐认识并承认一些自然法条例，它们成为人类社会的基本道德原则，并逐渐得到更丰富的发展。如何解释人类学所显示的各个不同社会之间的道德条例的差异呢？一方面要看到它们之间的"同"，看到在其背后的共同的普遍性的认识。另一方面也要看到它们之间的差异性，更要看到在发展过程中必然会产生的错误认识："在这些倾向结构或动态方案里，可以产生出许多不同的、仍然有缺陷的内容，更不必说可能同基本倾向混在一起的、有偏差的或堕落的倾向了。"②

根据一些学者的研究，马里旦受到柏格森和圣托马斯的约翰（John of St. Thomas）的影响，早在20世纪20年代就对"通过倾向得来"有所强调，以回答类似于卢梭和麦金太尔的"普通人从何得知哲学家也难以得知的自然法原则"这个问题。而马里旦对阿奎那"自然倾向"的阐释是不准确的，将阿奎那为理性所渗透的"自然倾向"解释成了情感倾向（近于卢梭），而且马里旦的说法有自相矛盾之处，理论说服力有所不足。③

不仅"自然倾向"有晦涩暧昧之处，自然法本身也有含糊的地方，其内容可以随时间而不断调整，后来发展出的一切进步的东西都可以归并到它里面了。这样讨论下去是否还有意义？尼尔森作为分析哲学家的代表，就对马里旦的观点进行了猛烈的批评。

二、尼尔森对马里旦和新托马斯主义的批判

尼尔森（Kai Nielsen）对以马里旦和哲学史家柯普莱斯顿（Copleston）为代表的托马斯主义自然法观念很是不满。他认为，阿奎那的自然法观念是跟他过时的科学观紧密联结在一起的，他质疑怎么才能将"自然的"和"非自然的"倾向区分开来。他反对认为人有固定的本性（自然），并征引休谟来证明托马斯主义目的论的本性观混淆了事实陈述和价值陈述。

① ［法］马里旦：《人和国家》，80页。

② ［法］马里旦：《人和国家》，81页。

③ See David J. Klassen, *Thomas Aquinas and Knowledge of the First Principles of the Natural Law* (Ph. D. Dissertation), Catholic University of America, 2007, chapter 2, esp. pp. 64-76. 当然，马里旦的观点也有同调，如霍尔就强调自然倾向的作用，自然法就是一组自然倾向。参见威廉・梅：《托马斯主义自然法的当代视角》，见［美］约翰・戈耶特等主编：《圣托马斯・阿奎那与自然法传统：当代视角》，杨天江译，204页，北京，商务印书馆，2015。

阿奎那的目的论宇宙观[1]跟中世纪物理学紧密相连，后者早已为现代人所抛弃。说阿奎那的物理学虽然错了，但其宇宙观仍旧是真实的，这只不过是一种逃避。“宇宙论”是一种“糟糕的初级物理学”，它跟“形而上学”一样含义不明、无法限定，指望用“宇宙论”和“形而上学”作为基础来发现实质性的东西，是不切实际的奢望。[2]

尼尔森集中批评了上引马里旦所说的“通过倾向得来的知识”。他说：

> 我们现在就来考察一下马里旦的“通过倾向得来的知识”这个概念当中的困难。首先，像赖尔和维特根斯坦这样的分析哲学家的著作使得如下情形成为有问题的了，即，一个人说自己有某种“无法用语言和观念表达”的知识，这是否还有意义。说某种东西不能被概念化或某种“知识”不能被表达出来，看来是过早地退却到了一种含混里，这是不可能得到哲学的赞同的。倘若我们怀疑真有这么一种知识，那又如何能理性地解决这一疑问呢？进一步追问，马里旦所说的到底是什么意思呢？哲学赞同必然要处理可表达之物，这是千真万确的。
>
> 我对他的“通过倾向得来的知识”教义的第二个批评，跟我的第二个正面观点的后半部分相连。实际上，马里旦在自然道德法的根基处设置了一种自然主义的理论：人所努力追求的是善，人所避免的是恶。但他同时又宣称，唯有一个超自然的仲裁才能实现道德，避免我们时代的混乱。然而，根据他“通过倾向得来的知识”的教义和他的自然道德法理论，处于道德困惑中的人只需要观察一下他同类的欲望和愿望，看看他们都在追求什么，就会知道什么是善的以及应该做什么。[3]

这里第一个批评是用分析哲学中对“私人语言”的反对来反对马里旦和阿奎那的那个说得很含糊的、晦涩的“自然倾向”或“通过倾向得来的知识”；第二个批评认为马里旦自相矛盾，将“超自然的”（天主教的）最高级道德指导建立在人的天然本能和好恶上是危险的。

---

① 阿奎那的古典宇宙等级观是一种目的论，宇宙中下一级存在的目的是达到跟上一级秩序的和谐，成为上一级秩序中合格的一部分，人的终极目的在于上帝。参见 Ralph McInerny, *Aquinas*, Cambridge: Polity Press, 2004, pp. 109－114。

② See Kai Nielsen, “An Examination of the Thomistic Theory of Natural Moral Law,” in *St. Thomas Aquinas on Politics and Ethics*, p. 212. 尼尔森的原文发表于 *Natural Law Forum*, vol. 4 (1), 1959。

③ Nielsen, “An Examination of the Thomistic Theory of Natural Moral Law,” p. 213.

自然法理论认为“趋善避恶”是第一自然道德法和实践理性的第一原理，其他的自然法都是从它衍生出来的。尼尔森认为，这个基础是很弱的，经不起推敲。因为“善”（good，好）这个词的含义不容易搞明白，当我们使用“善”这个词时，运用的标准就不能确定。“趋善避恶”的第一原理只是告诉我们，当某个事物是好的时，我们就得追求它。但它并没有告诉我们到底要追求什么东西，哪个东西是“善”。见“善”就“趋”并不意味着有一个客观的理性伦理，能把我们从“主观性的黑夜”里拯救出来。

至于阿奎那和马里旦所举出的从这第一原理衍生出来的其他自然道德法，就更不那么确定了。他们认为这些道德法是我们通过“自然倾向”马上就能非概念地认识到的，它们是人性必然会追求的目的。阿奎那所提到的自然法箴规的具体内容有如下几条：

1. 生命应该得到保存。
2. 人应该繁衍其种类。
3. 孩子应该受教育。
4. 人应该认识关于上帝的真理。
5. 人应该过社会生活。
6. 应该避免愚昧。
7. 不应该无故得罪人。（《神学大全》I-II q. 94 a. 4）

这些都被认为是人的自然（本性）倾向，是建基于人性之上的。但是，根据阿奎那的观点，我们的倾向并非都是自然倾向，因为有一些可以为邪恶的习惯所败坏，那些有邪恶习惯的人，其关于善的自然知识被激情和罪恶的习惯败坏了。根据柯普莱斯顿对阿奎那的解释，人有普遍的、跨文化的人性，人只要反省自己的本性，就能在里面发现他对永恒法的分有，即自然法。而且不仅能认识到“趋善避恶”这个第一原理，还能认识到上面列举出的这几条具体的自然法箴规。① 但是，自然法的第一原理和衍生出来的第二类箴规不同，后者的运用是有条件的。比如阿奎那提到的“借物该还”的例子，在某些条件下，如果这些债还了后会被用于攻打还债人的祖国，那么就先不应该还。虽然如此，但柯普莱斯顿认为，就一般形式而言，借物该还这一箴规仍是有效的。阿奎那相信有一套不可变的道德箴规。这就是阿奎那所说的自然法的“不变性”。

① See F. C. Copleston, *Aquinas*, Baltimore: Penguin Books, 1955, pp. 213 – 215；转引自 Nielsen, “An Examination of the Thomistic Theory of Natural Moral Law,” p. 214。

尼尔森认为，阿奎那的自然法理论经不起细看，里面有一系列的混淆，这些混淆除了来自他当时的文化语境外，也跟他的思想有关。尼尔森先是指出了阿奎那自然法理论要面对的两个老难题，再指出了两个更根本的困难。第一个老难题来自将自然道德法理论跟社会心理学相比较。“人的本性”概念只是一个相当模糊的文化概念而非科学概念，“存在着人性”并不是一个托马斯主义者理所当然地觉得清晰自明的命题。第二个老难题来自文化相对性。倘若我们观察实际存在的各种文化，就会发现阿奎那所列举出来的所有自然道德法都在某些地方被某些人群违背了。如果自然法理论家回答说，“嗯，可是大多数文化都服从以上箴规”，那就要面对两种可能的质疑。第一个质疑是，他的这一回答本身假定了大多数人觉得自然的和更好的东西就是自然的和更好的，但这预设了“人数多的就决定了何为好的”的素朴民主观，成了一种“按人头来算”的游戏，把道德的事情搞成了投票选举。我们为什么一定要把这种“民主的”标准当作最终的标准呢?[①] 倘若说人们就是要接受它，我们所做出的就不仅是一个从人类学上来说虚假的声明，而且是一个逻辑循环的声明——我们运用我们的民主标准去建立我们的民主标准。第二个质疑是，对于具体的自然道德法来说，事实上并不存在这种大多数人的一致。至于更一般的自然道德法非常含糊，以致包含了两方都认为很关键的所有差异。人类学家指出，所有文化中都有“谋杀”的概念。但倘若我们试图赋予“谋杀”这个概念某些特定的内容，以使其能被所有文化都接受，就会陷入困难之中。尽管所有文化都同意“谋杀是错误的”，但对何为“谋杀”（murder）却有不同理解。在因纽特人那里，当粮食紧张不足以过冬时，他们就会杀死家庭中的成员；玻利尼西亚和希腊人有杀婴的旧习俗；旧斯堪的纳维亚人有将老人用棍棒打死以使他们“上乐园”的旧习俗：这跟他们有“谋杀是错误的”这一自然法完全相容。因为对这些人来说，如此杀人（killing）并非那隐含着错误的“谋杀”。什么才算得上“谋杀”，这在各个文化中全然不同，差异极大。说一切文化都有同一个“谋杀”概念，是模糊了根本的道德差异。说这些差异只是基本道德法的不确定的表达，是模糊了那使我们的善恶判断变得相对的一个关键的方式。

两个更根本的困难中的第一个是，即便有跨文化的、被普遍接受的基本道

---

① 应该说，尼尔森的这个批评反映了美国“文化战争”中自由主义对于保守主义的攻击。一些保守主义者（不少人是传统的天主教徒）以“违反自然法”为理由反对堕胎、安乐死、同性恋、离婚等，而当前的趋势是，在这些问题上，自由权在不断地扩张。参见克里斯托弗·沃尔夫：《托马斯主义自然法与美国自然法传统》，见［美］约翰·戈耶特等主编：《圣托马斯·阿奎那与自然法传统：当代视角》，365～376页。由于保守主义者以“自然法”为理由，而“自然法”意味着人的本性如此，代表了大多数人，因此这里尼尔森的意思是，这是用大多数人的自然来压制少数人的自由。

德信念，也并不一定就能证明托马斯主义自然道德法理论是正确的，因为可能还有其他更具说服力的解释体系。比如按罗素（Bertrand Russell）的解释，人们共同的道德理想是他们共有的态度和感情的表达。尼尔森认为这比阿奎那和马里旦“通过倾向得来的知识”更具说服力，因为更简洁。即便真的“所有人都共享关于善的某种含糊的观念，只因为他们都是人，都拥有某种自然的倾向和共同趋势”，也并不足以证明这些被共享的伦理理想就是上帝赐予的，而非人为的。比如，精神分析学家弗洛姆（Erich Fromm）就从一种自然主义和新弗洛伊德主义的观点出发做了相似的论证。尼尔森指出，托马斯主义者需要一个比人性的统一性更强的基础来建立其自然道德法理论。如果不存在统一性或共同的人性，他们就显然是错误的；但是即使存在着统一性或共同的人性，也并不就能说他们是正确的。

第二个更根本的困难是，自然道德法整个理论都建立在对“应当是什么”（what ought to be）与“事实是什么”（what is）的混淆上。正如休谟让我们认识到的那样，“人不应当偷窃”这一陈述迥异于“人不偷窃”这一陈述。人在不该偷窃时偷窃了。里面带有“应当”（ought）的句子跟里面带有“是”（is）的句子属于不同的逻辑类型。不能从事实陈述（包括关于人性的事实陈述）那里推出任何“应当”陈述。价值和事实是不同的，而阿奎那及其追随者对此区分并不清楚，这显然是因为他们把自然（本性）视作有目的的，在它自身之中具有某种道德目的。这种带有目的的自然概念不仅是假的，还混淆了事实和价值之间的根本区别，而这一区别对我们理解道德论证和决断是很关键的。①

三、波尔克和扎克特对尼尔森的批判

哲学史家波尔克（Vernon J. Bourke）批评了尼尔森的批评。他为目的论做了辩护，亦认为事实和价值之间的鸿沟可以填平——你可以相信上帝是道德

① See Nielsen, “An Examination of the Thomistic Theory of Natural Moral Law,” pp. 215 - 216. 这是对阿奎那及自然法理论的一个传统批判。1949 年汉斯·凯尔森指责自然法理论混淆了事实与价值。在这一点上对阿奎那的辩护主要分为两种。一种是认为阿奎那并非从事实“推”出“价值”，阿奎那本人已清楚这种谬误的后果，因此小心地避免了这种谬误，他认为实践理性源自它自身的首要原则就已经否认了这原则是从思辨理性衍生出来的。参见罗伯特·乔治：《凯尔森与阿奎那论自然法》，见［美］约翰·戈耶特等主编：《圣托马斯·阿奎那与自然法传统：当代视角》，403 页。一种是指出这种指责（自然主义谬误）本身就是有问题的。著名阿奎那专家麦金纳尼认为，知识引导着意志，善在被当作一种善而被意欲之前，必须首先被理解为一个真理，就人的实践理性而言，虽然自然法的首要原则不可证明，非由人性知识推出，却依赖于思辨真理，后者有助于意志的选择，因此，从事实推出应当并非谬误。参见威廉·梅：《托马斯主义自然法的当代视角》，见［美］约翰·戈耶特等主编：《圣托马斯·阿奎那与自然法传统：当代视角》，228～229 页。

义务的来源，也可以将道德之善作为个人和社会实现自我所必需的条件。

波尔克指出，阿奎那的形而上学并非像尼尔森所说建立在过时的中世纪物理学之上，如果这样，那它就毫无吸引力了。阿奎那形而上学的基石是“本性”（自然，natures）的普遍性。何谓本性的普遍性？即是指本性既非单独个别的存在物（existing individual things），亦非人脑的虚构。譬如“水”，其“本性”可以被表述为：“在一定的压力和纯度条件下，水在摄氏零度结冰。”对“水”这一“本性”的表述适用于不同时空中各种形状的“水”，“水”抓住了它们的共性。“水”既非这些具体时空中的个别的水，亦非头脑虚构的（就是说它不是被任意指认的）。“水”具有真实性或“物性”（thingish），因为它有许多个例。这跟“圆”不一样。“圆”也是理智的普遍对象，但它并不现实地存在，并没有一些圆的个例（像水的个例一样）作为个别事物存在。所以，托马斯主义所说的“本性”是指“水”或“硫酸”这类“存在”的事物的“本性”，跟物理科学相近，而非“圆”这样的数学对象。在生活世界中，人们通过对所接触之物的了解，越来越了解其“本性”、属性和用途及其诸种规律，知道在哪些条件下如何使用它们才是正确的。比如，在什么条件下，水是可以喝的，硫酸是不可以喝的，等等。如果转移到人及其行为上，我们就会随着知识的增长而发现在什么环境里什么样的行为才是更合适的。人们是从现实经验中而不是从亚里士多德的《物理学》中获得关于各种“本性”的知识的。如果能这样理解“本性”（自然），就会很容易理解自然法（本性法）理论。

波尔克认为，要区分两类关于自然法的知识。一类是大多数人在日常生活中所把握的自然法；另一类是道德专家经过反思后，努力为自然法提供的一种科学或哲学的解释。波尔克说，马里旦无疑属于后者。马里旦是作为一个道德专家写作的，但他所谈论的是“自然的”（也即非反思性的）道德知识。他说这类知识是“通过倾向得来的”，即是说，普通人以一种非反思的方式把握到了某些自然法观念。这种普通的把握混合了级别较低的认知行为和情感行为。有时它接近于动物式的感觉。这样的“自然”认知者跟道德科学家的关系就好比一个原生态歌手跟一个训练有素的歌唱教授的关系。就说“趋善避恶”这一良心原理吧。当马里旦说所有人都知道这个普遍规则时，他并不是说所有人在为自己的道德决断辩护时都能够并且愿意陈述这一规则，而是说（大多数托马斯主义者跟他一样），在实践上，所有人都会显示出某种对“对错”的关切（在感情上和在认知上）。波尔克说“大多数人”会这样，但有些不太小心的托马斯主义者会说“所有人”都会这样。有些人，如霍布斯、洛克和尼尔森会抓住这点，说有些人并不能区别对错。这些人是：很年幼的孩子、傻子，以及某些高度复杂化的伦理学家。波尔克认为前两类人很容易排除：孩子会长大；傻子不用负法律和道德责任，因为他们缺乏对错意识。至于伦理学家，那就不是马里旦所谈及的普通人了。这就牵涉到何为“正常”、何为“例外”。而这跟“自然”（本性）的目的或终极相关。

亚里士多德认为，每个存在者及其行为都有某个目的，世界有个目的因。阿奎那对此观点加以改造，认为上帝是万物的创造者，其智慧引导着万物及其行为，以一种井然有序的方式，趋向于其目的，正如射手把箭对准目标。一切有限的本性（natures）都有上帝赐予它们的矢量品质（vector quality），指向一个目的。人的本性也是如此。人能控制自己的行为，但其独特之处是他享有一种自由：其行为可以导向人的目的，也可以不导向人的目的。他是自由的。否则，他就会成为一种物质而不是一个道德担当者。

波尔克接着为阿奎那目的论做了辩护。他指出，人的行为和其他事物的行为有目的导向，这有大量的证据，通常并无争议。比如，生物学和社会学大量使用目的分析（purposive analyses）。生理学所说的肢体“功能”这一概念就是目的论的。大部分进化论学说也偷偷引入了目的观念，其所谓“自我完善论”（self-perfectionism）不过是一种内在形式的目的论，实即亚里士多德生物学所说的目的因或终极因（finality）。即使在尼尔森用来反驳阿奎那目的论的人类学领域，也涌现出了一场很强劲的运动，其带头人［主要有克拉克霍恩（Kluckhohn）、马林诺夫斯基（Malinowski）、克罗贝尔（Kroeber）、列德菲尔德（Redfield）、伊万-普里查德（Evans-Pritchard）、蒙塔古（Montague）等］把人视为一个很特异的本性（a very distinctive nature）。其基本假设之一是，人是唯一生产文化的动物。①

对于尼尔森的自然法理论混淆了事实与价值的批评，波尔克也做了还击。他指出，尼尔森对“是”（事实）和“应该”（价值）这两个词做了狭隘的、非实在论的理解，从而将二者割裂，导致了所谓的理论困境。波尔克以他深厚的哲学史素养写道，“应当”表达了某种义务或必要性（obligation or necessity），这种必要性在康德以前还是跟一神论中上帝的“绝对”命令相关联的：

> 在康德的时代（那时大多数哲学家是一神论者，很在乎道德责任的分

① See Vernon J. Bourke, “Natural Law, Thomism—and Professor Nielsen,” in *St. Thomas Aquinas on Politics and Ethics*, p. 219；波尔克原文发表于 *Natural Law Forum*, vol. 5, 1960。

量)，一个人还可以用一种不同的方式来谈论一种“绝对的”道德必然性。上帝尚作为一位绝对的立法者存在，其力量和尊荣凌驾于人类之上。按照这样的观点，上帝可以发挥作用如一个绝对君主：他所要求的事情“应当”被执行，否则后果严重。对18、19世纪的许多思想家来说，这“否则”隐含着真实的制裁：倘若你不服从上帝的命令，你就会下地狱。这种“应当”跟人的自由是相容的（也因此就不是一种物理的必然性)，但它乃是一种加在所有人身上的义务，而不管他们认不认它。（加一句，大家都知道托马斯主义者认为上帝确实命令了人，认为人不可能以不思考道德义务来回避道德义务；但假如上帝不在这幅图景中了，这一必要性的威力也就没有了。)

康德借此所做的事情在以后的哲学中引起了麻烦。他试图看看，假如你忽视制裁，假如你忽视上帝为绝对立法者，你是否还能保持道德应当的这个较强的意义。他问了一个古怪的问题：人能够在其自身中，为这样一个义务，这样一个绝对应当，发现一个充分的根源吗？康德之后，道德哲学家们就被这么一个问题困扰：假如我们取消了绝对，那怎么去找到一个绝对的应当呢？

不过在我看来，倘若一个人的道德视野内并无上帝，道德应当就唯有呈现为一种有条件的必要性。康德看到了这点，把上帝作为圆善（summum bonum）的担保者引入。否则，应当就只是指称一种“如果A则B”的序列罢了。有些英国伦理学家嘲笑道德应当的观念就像说木匠应当用某种工具获得想要的效果。不过，一种有条件的必要性在实践秩序中是难以构想的，除非我们引入为达某一目的而必须具备有用工具的观念。这也许是大多数英国伦理学家对社会功利主义仍存尊敬的原因。社会总体的善是一个可尊敬的目标，可以用它来决断许多道德问题。然而它无助于解决最困难的私人道德问题。

倘若我们将作为道德立法者的上帝的存在搁置起来，我们就必定会将道德应当的意义缩减为功利性的，其存在只是为了达到某个目的。一种做法是，承认没有人是被强迫去为幸福或好日子或自我完善而工作的。也许有人会拒绝为一个适于其本性的目的而去工作这样一个概念。他若这么做，就拒绝了在神圣法之外可以给道德应当提供实践意义的唯一基础。对我来说，一种自然主义的道德应当意味着一个人必须做某些行为并避免另一些行为，要不就承担一种未实现且不完善的人生的后果。这就是一个人要尽力做到最好的原因，但它并非一个绝对的原因。①

确实如波尔克所说，近代西方自然道德法的转折，在于上帝作为立法者和执法者观念的消失。其实这个过程早已启动。我们看到，奥古斯丁在《论三位一体》里，对上帝的“三”和“一”是同等强调的；到了阿奎那那里，为了因应伊斯兰教一神论和世俗理性主义者的挑战，突出的重点逐渐由“三”转移到了“一”②；随着宗教改革运动和宗教战争的开启，寻求互为论敌的各宗派最大公约数的自然神论崛起。自然神论虽然削去了上帝的诸多人格化特征，但是仍旧保留了上帝作为宇宙立法者和执法者的遗像。传统教义中末日审判时信者上天堂、不信者下地狱的赏罚神学，在自然神论里仍被强调。比如，自然神论的奠基者赫伯特勋爵（Lord Edward Herbert）于 1624 年的《论真理》一书中，总结出一切宗教的五条“共同观念”：（1）存在着一个至高无上的上帝；（2）上帝应当受到崇拜；（3）美德与虔诚的结合是宗教崇拜的主要方面；（4）人总是憎恶自身的罪恶，并且应该悔改罪过；（5）死后将有报偿和惩罚。③ 其后继者提罗特森（John Tillotson）则将之简化为自然宗教天然包含的三原则：（1）有一个上帝；（2）上帝要求人过道德的生活；（3）上帝将赏善罚恶。④ 康德的假设是：如果没有上帝执行奖惩，人还会追求应当吗？还会有道德吗？康德的实践理性批判还是承认上帝、灵魂不朽和自由，以保证德福一致（圆善，即最终善恶各有其报）的。但在康德之后，在上帝消失的背景下做伦理学（包括自然道德法理论），就一定会面临波尔克指出的道德基础问题。⑤

---

① Bourke，“Natural Law，Thomism—and Professor Nielsen，” pp. 220 - 221.

② See David B. Burrell，“Thomas Aquinas and Islam，” *Modern Theology*，vol. 20，2004，p. 74.

③ 参见［美］詹姆斯・利文斯顿：《现代基督教思想》，何光沪译，23 页，成都，四川人民出版社，1992。

④ 参见赵林：《英国自然神论的兴衰》，见［英］巴特勒：《自然宗教与启示宗教之类比》，代序，7、9 页，武汉，武汉大学出版社，2008。

⑤ 新古典主义自然法理论受到的一个批评是，其“自然法”既没有“自然”也没有“上帝”，实际上不符合阿奎那的传统。在阿奎那那里，自然法是跟神学目的论紧密结合在一起的，而现代的自然法理论由于是无神的，是没有终极目的的，因此，它无法建立客观的善的价值（而只能是主观建构的非实在论），并且由于没有一个统摄一切的上帝来保证一个秩序井然的价值世界，因此只好设立太多的彼此之间并无可共度性的终极目的（如菲尼斯的自然善就有很多），最后只能主观地任意妄为。因此对于一些有神学背景的学者来说，要恢复阿奎那自然法的基本预设，即上帝及其价值秩序。可参见 Fulvio Di Blasi，*God and the Natural Law*，South Bend：St. Augustine's Press，2006，p. 16。施特劳斯认为，阿奎那自然法在实践上无法同自然神学相分离，而这种自然神学实际上又是同《圣经》启示不可分的。参见［法］丹尼尔・唐格维：《列奥・施特劳斯思想传记》，林国荣译，155 页，长春，吉林出版集团有限责任公司，2011。

波尔克还指出，摩尔使自然论谬误（naturalistic fallacy）闻名于世。他在这么做时，却保持了一个更加危险的道德谬误：就是这么一种观念，如果善不是一种自然属性（natural property），那它就必定是一种非自然的属性。但这两种情况并不是全部的选项。善、恶、对、错，以及其他这类道德词语指称的都是复杂的关系，而不是属性。要把握它们是需要理解力的。托马斯主义对人类理智的运作有一种冗长的，也许是过分复杂化了的解释。它跟大多数现代知识理论完全不同。其实质在于声称，人在两个层面上认知：他感受个别，但理解普遍。就法哲学而论，理解普遍的关系、意义、含义、倾向、诸善、义务，具有首要的重要性。托马斯主义者就是这么看的。法并非感觉的“事实”；不管是别的什么，法都是某种普遍事物。它适用于不同环境中许多可能的主题。显然，一种将所有的人类经验都缩减（还原）为原子化的、孤立的、不相干的感觉印象的知识理论，是不能对法做出解释的。它也不能对道德或法律义务做出解释。[①]

托马斯主义者和分析哲学家围绕自然法展开的这场争论，涉及本性（或自然）的定义和认识途径、本性有无目的及如果有会是什么目的、自然与价值的关系[②]、个别行为选择与全人成德的关系等等复杂的问题，这些问题会持续地存在并被继续讨论下去。最近扎克特对尼尔森的反驳又增加了新的一例。

在扎克特看来，尼尔森批评阿奎那混淆了事实与价值这一休谟式的区分，其实没有准确地理解休谟和阿奎那。作为道德哲学家的休谟并没有认为，不可能有任何关于“应当”的知识，他只是认为，“是”和“应当”是两种不同类别的陈述，不能从其中一个推出另一个。一个“应当”的结论必须是从一个“应当”的前提推出来的，而不能是从一个“是”的前提推出来的。休谟的努

① See Bourke, “Natural Law, Thomism—and Professor Nielsen,” pp. 220 - 221. 1958年安斯孔璧（Elizabeth Anscombe）已批判分析了哲学中原子个人主义的行为伦理。参见 John Haldane, “Introduction to Analytical Thomism,” in *Analytical Thomism: Tradition in Dialogue*, Craig Paterson and Matthew S. Pugh, eds., Aldershot: Ashgate, 2006, p. xx。1946年赖尔德（John Laird）撰文指出，伦理学中存在“行为伦理学”（act-ethics）和“行动者伦理学”（agent-ethics）之异，后者即后来人们所称的德性伦理学。麦金太尔是这一派伦理学的集大成者。当代伦理学界一般将阿奎那视为德性伦理学家；但也有人表达了不同的看法，认为他是行为与品格（德性）并重，参见 David A. Horner, “Is Aquinas an Act-Ethicist or an Agent-Ethicist?” *The Thomist*, vol. 70, 2006, pp. 237 - 265。

② See Joseph W. Koterski, “A Reading Guide for Natural Law Ethics,” in *Ressourcement Thomism: Sacred Doctrine, the Sacraments, and the Moral Life: Essays in Honors of Romanus Cessario*, Washington, D. C.: Catholic University of America Press, 2010, pp. 256 - 268. 科特尔斯基对本性的界定和理解跟波尔克基本一致，对割裂事实与价值的批评主要在于，强调关于本性的知识能够有助于我们更好地做出道德判断，二者绝不矛盾。

力之一就是找出“应当”陈述的作用和来源。阿奎那恰好找到了“应当”的第一原理：应当行善避恶。在尼尔森看来这个第一原理是空洞的、含糊的，但是当我们把它跟次要的“定理”（如“有配偶是善”“教育后代是善”“愚昧无知是恶”“孤僻离群是恶”）结合起来时，马上就能按照“实践三段论”推理得出具体的行动指令，因此自然法原理（应当行善避恶）是有道德法则的约束力的，并不空洞。“应当行善避恶”这一实践理性的原理，就跟在思辨理性内的公理“矛盾律”一样，是自明的，无法也不用证明，否则就会陷入无限循环。①

第三节　阿奎那论政体

阿奎那的政治思想继承了古典政治哲学，尤其是亚里士多德政治哲学对政体问题的核心关注，但是由于阿奎那是在基督教神学观点下看待人世间的政治制度的，所以他虽然借鉴了亚里士多德的政治哲学，但呈现出不一样的精神气质。

一、政体分类与君主制

《论君主政制》（原题 *De regno ad regem Cypri*，《论王制致塞浦路斯国王》，亦写为 *De Regimine Principum*，《论王或论统治原则》）是 1265 年阿奎那应当时塞浦路斯国王（也许是 Hugh II of Lusignan）的请求而写的一篇论文，因国王去世，论文没有写完，在 1267 年中止了。这篇文章后来由卢卡的波勒密（Polemy of Lucca）续写。一般根据手稿认为今存本中的 1～6 章、12 章、14～15 章是由阿奎那本人写的，也有学者认为只有前面第 1 至第 2 章第 8 节为阿奎那所写，后面全都是后人续写。② 虽然有波勒密的续写，但作为一个整体来看（1～15 章），这篇论文还是充分体现了阿奎那本人的思想，跟他在别

---

① See Michael P. Zuckert, *Launching Liberalism: On Lockean Political Philosophy*, Lawrence: University Press of Kansas, 2002, pp. 177 - 181. 扎克特还认为，从《神学大全》II-II q. 57 a. 2 中所说的自然正义（*jus naturale*）中的自然义务，其实很容易转化出现代意义上的“自然权利”。

② See *St. Thomas Aquinas on Politics and Ethics*, p. 14. 另参见 Torrell, *Saint Thomas Aquinas*, *vol. I*, pp. 330 - 361; J. A. Weisheipl, *Friar Thomas d' Aquino: His Life, Thought, and Work*, New York: Doubleday, 1974 关于这篇论文的部分。

处阐发的思想一致。

在《论君主政制》的开头，阿奎那说明了政治制度的必要性。人不像其他动物那样具备天然的利爪皮毛，而必须通过其理性的力量来为自己制作生存所必需的物资，但单个人无论是在知识上还是在力量上都不足以全面供应自己，因此必须通过分工和过群体生活，彼此依赖，来满足自己的需要。“人天然是社会的和政治的动物”①。由于人必须在社会群体中生活，因此要维持群体的运作，就不能每个人只顾自己的私利，而需要有人为了公共的利益而进行分工和操劳。公共利益正是把社会团结在一起的要素。就社会而言，其运作是有目的的，同时在其内部有控制的因素。在单个人身上，灵魂控制身体；在灵魂里面，理性控制欲望；社会内部也需要有“头儿”来控制，使它正常地运转，朝向本来的目的。如果偏离了本来的目的，这个社会就有问题了，其领导人也有问题了。由自由人组成的社会有其目的，由奴隶组成的社会亦有其目的。“如果一个自由人的社会是在为公众谋幸福的统治者的治理之下，这种政治就是正义的，是适合于自由人的。相反地，如果那个社会的一切设施服从于统治者的私人利益而不是服从于公共福利，这就是政治上的倒行逆施，也就不再是正义的了。”② 根据统治者人数的多寡和是否为公共利益着想（正义与否），阿奎那把政治制度分为六种类型。巴兹泽夫斯基将此内容画成下表：

	公益（common good）	私利（selfish interest）
一人	君主制（monarchy）	暴君制（tyranny）
少数人	贵族制（aristocracy）	寡头制（oligarchy）
多数人	荣誉政制（polity/timocarcy）	民主制（democracy）

资料来源：Budziszewski，*Written on the Heart*，p. 92.

在《论君主政制》中，阿奎那从政治的目的出发，论证君主制是最好的政体。首先，统治者的目的是谋求国家的公共幸福，凡是本身是个统一体的事物，总能比多样体更容易产生统一，所以由一个人掌握的政府比由许多人掌握的政府更容易获得成功。其次，国家由许多人组成，意见纷纭，难以产生统一意见，而只有统一意见，国家才能真正得到治理。最后，人工模仿自然，自然以最完善的方式运行，而自然总是由“一”来统治的。比如身体各肢体只有一

① 阿奎那这句话是对亚里士多德“人是政治的动物”的扩充，这一改进是借鉴了 4 世纪后期异教作者马克罗比乌斯的结果。参见［英］沃尔特·厄尔曼：《中世纪政治思想史》，171～172 页。

② 《阿奎那政治著作选》，46 页。

个推动者，心；灵魂的众多机能中，理性是统治者；一个蜂群中蜜蜂虽然众多，但只有一个蜂王；整个宇宙也只有一个统治者，即上帝。那些并非由一人所统治的城市或省份，常常由于倾轧而陷于分裂，并不断纷争。“反之，由一个国王所统治的城市和省份却是一片升平气象，公道之风盛行，并因财富充盈而民情欢腾。”①

如果说君主制是最好的政体，那么，作为君主制的堕落形式的暴君制就是最坏的政体。因为君主制一人说了算，统治整个国家，所以如果这个君主是暴君，把私利而不是公益放在首位，那么，他对整个社会公益的危害程度就比权力分散的寡头制和民主制更大。在寡头制下，统治者所考虑的只是少数公民的私利，这比为多数人服务的民主制已不如，而暴君只为满足个人私利，因此比寡头制更加危害公共利益。相比之下，民主制由于内部总有摩擦，其无道的程度尚可忍受，而暴君制下人民逃无可逃。②

与一人执政的君主制相比，多人执政有其优势也有其劣势。阿奎那以罗马共和国和《圣经》中的犹太历史为例，说明多人执政可以让更多人参与治理，调动人们的积极性，但是问题在于容易产生纷争，乃至演化为内战，使国家丧失其生存最基本的和平，而即使暴君制也能基本维持国家的稳定与和平；执政的多人中，更可能有人只顾自己的利益，只顾为自己捞好处而不顾和损害公共利益，从而引发普遍的争吵和不和，相比之下君主制很少有这个问题，即使君主蜕变为暴君，其臣下也无法跟暴君竞争，因此这种普遍的不和反而缺少。再说，多人执政也往往跟君主制一样容易蜕化为暴君制，这是因为在发生纷争和内战时，常有一人通过阴谋和武力获胜，成为领袖或独裁者。这还不如一开始就是君主制呢。③

既然君主制相对是最好的制度，那么一个社会如何保证它能得到君主制的好处而不受其堕落成暴君制之害呢？首先要有预防措施，在选择君主时，要选择具有良好道德品德的人；其次是在组织制度上使处在国王位置的人没有机会成为暴君，同时人们应当适度地限制王权，使国王不能很容易地转向暴政。对于业已存在的暴君，不应该采取造反或暗杀的手段，因为这可能会导致更残暴的暴君上台，由公民个人施行暗杀不一定符合公共意见，也不是基督教所赞成的。符合公共意见的对待暴君的合适方式，在阿奎那看来主要有三种。第一种

① 《阿奎那政治著作选》，48～49 页。

② 参见《阿奎那政治著作选》，52～53 页。

③ 参见《阿奎那政治著作选》，54～57 页。

是如果一个社会的君主是由人们选举出来的，那么如果君主滥用权力，社会废黜或限制君主的权力就是正当的。第二种是如果在国王上面还有皇帝或更高的权力，那么人们就可以要求皇帝或更高的权力废除国王的权力。比如在罗马帝国，犹太国王恶待其臣民，臣民们就向罗马皇帝控诉他，皇帝对国王做出处罚。第三种就是基督徒的办法，那就是向上帝祷告，让上帝来帮助他们，或者使暴君内心发生转变向善，或者使暴君受到惩罚。①

阿奎那比较了仁君和暴君统治效果的不同。仁君为社会造福，使臣民享受更好的生活，受到臣民们的爱戴，国祚长久。而暴君以私利为上，他和臣民之间无友谊可言，臣民受其轻视奴役，对暴君绝无好感，只是出于畏惧才服从而已。他们一旦有机会摆脱暴君的统治，就会叛变推翻暴君，因此暴政难以维持久远。何况还有上帝在天上监视着世上的暴君。除了国祚长短的不同之外，在所获得的财富和声望上，暴君也不能跟仁君相比。暴君的统治令人发指，因此暴君需要许多卫士来保护他的安全，以免被臣民暗算，这就使他付出的金钱远比勒索到的多。而仁君既然能迎合臣民的心意，就会受到志愿的公民的保卫，而无需雇用大量的卫士。在声望上，仁君生前为人们所称颂，死后仍为人们所怀念和尊崇，暴君却遗臭万年。② 仁君得福、暴君得祸，这背后是上帝的旨意。

二、混合政体

在《神学大全》I-II q.105 中，阿奎那又一次提到了各种不同的政体，其用词跟《论君主政制》略有差异（比如“民主”一词由贬转褒），但对其政体理想表达得更为全面和完善，巴兹泽夫斯基列表如下：

	公益	私利
一人	君主制	暴君制
少数人	贵族制	寡头制
多数人	民主制	暴民制（oligocracy，the rule of the mob）
混合	政制（polity）	

资料来源：Budziszewski，*Written on the Heart*，p. 92.

在《论君主政制》中，阿奎那偏爱君主制，但在《神学大全》I-II q.105 中，他认为较理想的政体是结合了君主制、贵族制和民主制的混合政体。他认

① 参见《阿奎那政治著作选》，59～61 页。

② 参见《阿奎那政治著作选》，74～77 页。

为，一个城市或国家权力的正当安排，一是应该让人们都积极参与，这样才能保障社会内部的安宁，一是应该把各种制度的优点结合起来，实行混合政体。

> 在君主政治下，只有一人执掌政权；在寡头政治下，有许多人依据德性参加政府；在民主政治或平民政治下，统治者可以从人民中选出，而全体人民都有权选举他们的统治者——这些制度的适当的混合就造成了最好的政体。这也就是神法所规定的一种政体。因为摩西和他的继承者作为凌驾一切人之上的唯一领袖来统治他们的人民，但他们还依据德性选举七十二个长者来协助他们，像《申命记》（1：15）中所说的："我便将你们各支派的首领，有智慧为众人所认识的，……管理你们。"这就是寡头政治。可是，《出埃及记》（18：21）中说，"要从百姓中拣选有才能的人"等等；《申命记》（1：13）中说，"你们要按着各支派，选举有智慧、有见识、为众人所认识的"等等。因此按照他们从全体人民中产生以及由人民选举他们这两点来理解，这也是民主政治。所以，显而易见，在（《旧约》的）律法中存在着十分出色的权力安排。①

阿奎那对混合政体的称赞，在当代民主政治制度中也能找到知音。现在一般人对英美民主制认识不清，以为它就是纯粹的民主制，其实不然，它跟阿奎那的混合政体更加接近。英女王或美国总统相当于君主，上议院或参议院相当于贵族，下议院或众议院相当于民众。巴兹泽夫斯基比较了阿奎那政体理想跟罗马共和国、美国的类似之处。他说，阿奎那的混合政体"不仅平衡了不同的社会阶级，还平衡了造就好政府所必需的诸多原则：在国王那里，是统一；在长老院里，是智慧；在这两者当中，是德性；在民众集会里，是赞同一致，是喜爱自由。这种制度不仅是罗马思想家诸如波利比乌斯和西塞罗的目标，也是美国思想家诸如汉密尔顿和麦迪逊的目标"②。巴兹泽夫斯基列表如下：

	阿奎那的理想	罗马共和国	美国
君主制元素	国王	执政官（consuls）	总统
贵族制元素	长老（尊者） (subordinate ignitaries)	元老院（senate）	参议院
民主制元素	民众大会 (assemblies of the people)	公民大会 (assemblies of the people)	众议院

资料来源：Budziszewski，*Written on the Heart*，p. 91.

① 《阿奎那政治著作选》，129页，略有改动。

② 引文均参见 Budziszewski，*Written on the Heart*，p. 91。

如果将阿奎那对法律的至高权威、教会在人的终极目的上的特殊地位的强调，跟这里的混合政体对大众参与的强调联系起来，就很容易理解为什么英国的阿克顿（Lord Acton）要把阿奎那说成是“第一个辉格党人”，或者主张限制政府权力的思想家了。究其民主因素的来源，意大利中世纪城邦、罗马共和国传统、亚里士多德《政治学》中对公民轮流执政及大众为共同利益的治理出力的共和国（commonwealth）思想，都可说是潜移默化地影响了阿奎那的思想。现代宪政之始可以追溯到英国议会在 1265 年的成立，那也正是阿奎那开始写《论君主政制》的一年。尽管阿奎那不可能想到现代的个人投票选举，而只是用“人民”这样的集合名词来形容政治参与，但这无疑加强了他政治思想中的民主因素。因此，一些现代的新托马斯主义者如马里旦、西蒙（Yves Simon）等人都乐于到阿奎那的著作中寻找宪政和共和的思想元素，以在新的历史形势下建构一种现代基督教的民主理论。[①]

总体来说，阿奎那把“公共幸福”（或译公共福利、公共利益、公益、公善）视为一个社会“正义”的目标之所在，君主的存在是为了公共幸福的获得。在一个社会中，个人幸福不同于公共幸福，应像部分从属于整体一样从属于公共幸福（《神学大全》II-II q. 58 a. 1）。[②] 当君主堕落为暴君，以个人利益（私利）凌驾于公共利益之上时，臣民们推翻其统治“严格说来并不是叛乱”，因为“暴政的目的不在于谋求公共福利，而在于获得统治者的私人利益，所以它是非正义的”，因为“当一个暴君在受他支配的臣民中间制造倾轧和纷争，以便更容易地统治他们的时候，他本人就犯了远为严重的叛乱的罪行。一切措施都是为了损害社会的利益来满足统治者的个人欲望，乃是暴政的一个特点”（《神学大全》II-II q. 42 a. 2）。公共幸福为正义之所在，因此，在征税这样重要的事务上，国君既然一般都有年金，那么除非是为了促进公共利益，他是没有理由掠夺其臣民的。只有在外敌侵犯而国内财政吃紧这类紧急状态下，国君才可以征收普通税之外的特别税，“因为这是为了所有人的福利”（《论对犹太人的统治》）。[③]

---

① See Paul E. Sigmund, “Law and Politics,” p. 328.

② 参见《阿奎那政治著作选》，139 页。

③ 参见《阿奎那政治著作选》，95 页。

第四节 政教关系与宗教不宽容

最后我们再来看两个在阿奎那政治哲学中虽然并不处于核心位置，但是从今天的角度看格外重要的问题：政教关系和宗教不宽容。

一、政教关系

在中世纪欧洲，教皇的势力是很大的，但是教皇与各国国王的关系到底该如何处理，即上帝与恺撒如何相处这个老问题，侧重点因人而异。在神学家阿奎那这里，他还是维护教皇的至高地位，但也同时照顾到了世俗势力的兴起。

在早期为伦巴德《章句集》所写的诠释里，阿奎那区分了统治者的不同情况，认为对那些通过非法手段上位、滥用权力的统治者，臣民可以不予服从。[①]在另一处，他比较集中地论述了基本原则：

> 宗教权力和世俗权力都是从神权得来的；因此世俗权力要受宗教权力的支配，如果这是由上帝如此规定的话；即在有关拯救灵魂的事情方面。在这些问题上，人们应先服从宗教权力，然后再服从世俗权力。可是，在有关社会福利的事情方面，应该服从的是世俗权力而不是宗教权力，因为按照《马太福音》(22：21）给我们的指示，“恺撒之物应归恺撒”。当然，除非是宗教权力和世俗权力集中在同一个人的身上，如集中在教皇身上，因为根据既为祭司又为国王的基督的启示，教皇的权力在世俗问题和宗教问题上都是至高无上的；而按照麦基洗德的规定，基督是永远的祭司，是万王之王和万主之主，他的权力必然不会丧失，他的统治权将永不消逝。[②]

该原则基本上遵照政教分工的原则，但也不排除出现一种“教皇国”政教合一的情况。

在《论君主政制》第 12 至 14 章，阿奎那根据基督教的存在等级观讨论了教权和王权的关系问题。君主之于国家，正如灵魂之于肉体、上帝之于宇宙，负有统治的职责。如果君主认识到这一点，就能认清楚自己的天命，提高修

---

① 参见《阿奎那政治著作选》，151 页。

② 《阿奎那政治著作选》，152～153 页，略有改动。

养，施行仁政。上帝创造世界，也维持和管理世界；一国的君主除了创国君主创立国家外，一般也都要维持和管理国家，使之正常运行，就如船员使船正常运行一样。可是，正如个人在尘世之后还另有命运，以上帝为最后幸福和快乐，人类社会除了本身的德性生活之外，尚有超越的目的，即享受上帝的快乐，这才是人类社会最终和最高的目的。但人类单纯依赖自己的德性尚不能达到这个超越的目的，而必须依赖既神又人的耶稣基督的帮助，才能享受天国的荣光。基督既是天国的祭司又是天国的王，合二为一。他把职务交给了彼得及其继承人教皇。那么，教皇和世俗国王的关系如何？阿奎那写道：

> 基督教世界的一切君王都应当受他（教皇）的支配，像受耶稣基督本人的支配一样。因为，那些关心人生次要目的的人们，必须服从他这个关心最高目的的人，并受他的命令指挥……（在异教和《旧约》时代，祭司们的存在只为人们获得世俗利益，因而他们处于国王之下）可是在《新约》里，存在着人们赖以获得天国奖赏的较高的神职人员，于是在《新约》里，君王就必须服从神父。①

在《神学大全》中，阿奎那首先指出，宗教和世俗是两个不同的领域，教皇和国王分工有别，一个管精神，一个管肉体。“世俗的君王有权就世俗事务中有关公共幸福的一切问题，颁布一些法令作为对自然法的个别规定；同样的，基督教教会的主教们的职权范围，是用令状来规定那些影响到信徒们对其精神福利的志趣的事项”（《神学大全》II-II q. 147 a. 3）。基督自己虽然是神，但自愿地接受人间的裁判，以他为榜样的教皇（比如利奥）也甘愿接受皇帝的裁判（《神学大全》II-II q. 67 a. 1）。

但是，按照阿奎那的目的宇宙论，事物是有高低不等的价值等级的，在肉体和灵魂两者当中，显然灵魂的等级更高，因此，肉体最终是要服从灵魂的。因此，他又说：“世俗权力之服从宗教权力，犹如肉体之服从灵魂。所以，如果一位主教就世俗权力受其支配的那些事情对世俗事务发生兴趣，或对世俗权力交其处理的问题发生兴趣，那并不算是越权”（《神学大全》II-II q. 60 a. 6）②。

就普通基督徒来说，由于在这个高低相间的宇宙秩序中，低级的要服从高级的，因此，在世俗的问题上他们要服从自己的上级，“正义的正常状态要求臣民服从他们的上级，否则在人类的事务中就不会有稳定的局面。因此，基督

① 《阿奎那政治著作选》，86 页。

② 《阿奎那政治著作选》，140～141 页。

教并不使基督徒免除服从世俗君王的义务”（《神学大全》II-II q. 104 a. 6）[①]。尽管基督徒有内心信仰的精神自由，但在肉体上，却仍旧免不了要受制于世俗主人身体上的奴役。那么在哪些情况下可以抗命呢？当君主靠篡权上位，没有行使权力的正当权利时，或者当君主命令人们做不法之事时，或者在非常危险的情况下时（《神学大全》II-II q. 104 a. 6）。[②]

在有些学者看来，阿奎那关于政教关系的论述是自相矛盾的。一方面他似乎坚持教皇的至上性，如《论君主政制》第 14 章说：“那些关心人生次要目的（即尘世共同体的公共利益）的人们，必须服从他（指教皇）这个关心最高目的的人，并受他的命令指挥。”另一方面，如在《神学大全》II-II q. 60 a. 6 和《〈章句集〉诠释》II 44. 2 中，他又说世俗统治者只是在宗教事务上服从教皇（唯一例外是上面所引《〈章句集〉诠释》中的“教皇国”政教合一的情况）。在理论上，似乎他是一个二元论者或在提倡教会的“间接权力”，辩护的是教会在道德上而非法律或政治上的优先性。有人［如 M. J. 威尔克斯（M. J. Wilks）］认为从客观的历史发展来说，由于阿奎那给基督教的世俗权力观（奥古斯丁原罪观笼罩下的国家观和政治观，视国家强制力量为对人的堕落的惩罚，其功能主要是达到此罪恶之世最低的和平，以使个人得以平安地修炼灵性，迈向上帝之城）重新引入了并无原罪观，反而强调政治出于人的本性的亚里士多德的理性政治观，在一个神圣的时代承认了世俗统治的合法性，开启了那最终将摧毁天主教会智识和意识形态的权力的世俗化过程。这种观点可能是将理性与启示视为仇敌了。其实在阿奎那本人看来，理性和启示都是上帝予人的途径，殊途而同归，不能说一方压倒另一方。[③] 当然，阿奎那归根到底是神学家而不是政治学家，他考虑的一切问题，都要从最终目的上帝出发，因此，所谓开辟了世俗化进程，只能说是无心插柳了。

二、宗教不宽容

由于对存在等级和价值等级的极度关注，而基督教又将上帝信仰置于一切价值之首，因此，在涉及跟宗教差异有关的社会、政治问题时，中世纪基督教“不宽容”的宗教价值意识形态深深地影响了阿奎那，使他对宗教异己分子持不宽容的态度。

---

① 《阿奎那政治著作选》，147～148 页。

② 参见《阿奎那政治著作选》，148 页。

③ See Paul E. Sigmund，“Law and Politics，” p. 327.

对于犹太人，阿奎那继承了奥古斯丁的犹太人作为基督的“见证人”和基督教的“反面教员”的教导[①]，认为犹太人虽然不信基督，但相对其他异教徒来说，还是知晓部分真理，因此对其宗教仪式应该容忍，这是通过容忍小恶来防止大恶。

在中世纪基督徒容忍犹太人的三大神学理由中，奥古斯丁提供的占了两个，保罗提供的占了一个。奥古斯丁的两个理由是：(1) 犹太人在圣殿被毁后流亡世界各地，这是他们受到上帝惩罚的证据；(2) 犹太人对摩西五经和先知书的独立坚守证明了这些经文的真实性（它们预告了基督的到来）。保罗的一个理由是：基督复临时，犹太人最终将皈依基督。[②] 阿奎那作为当时积极对外传教的托钵僧团多明我会的一分子，多少感染了他们的传教热情，导致他在神学上对犹太教是带有攻击性的（aggressive）。他是从拯救史的高度来看犹太教的。他首先判断犹太教是一种不信，即不信耶稣基督是救主；然后从基督中心论的角度来解读《旧约》，认为《旧约》预示了《新约》中耶稣基督的来临；最后他还将犹太人耶稣受割礼这件事从信仰的角度做了解释，认为正如亚伯拉罕受割礼表明他真信上帝一样，耶稣受割礼也表明了真正的信仰，就跟《新约》中的洗礼一样。[③] 阿奎那说，“在犹太人的宗教仪式中，我们现在所信奉的真正的宗教在古时预先露了端倪，因此从犹太人举行他们的仪式这一事实，可以获得这种好处，即：我们从敌人方面得到我们基督教的历史证据以及我们信仰的象征性的表现；所以犹太人是被容许举行他们的宗教仪式的”（《神学大全》II-II q. 10 a. 11）[④]。

不过，阿奎那并没有反思犹太人不幸与卑贱处境的由来，而是多看到他们从事“不光彩”的行业（金融业或高利贷）[⑤]，以及他们在基督徒的汪洋大海中顽固地支持自己的信仰和宗教仪式，因此他赞同让犹太人穿戴独特的服饰，以跟基督徒大众区别出来（《论对犹太人的统治》）。[⑥] 这无疑是一种歧视性的政策。

---

① 参见周伟驰：《作为基督见证者的犹太人——奥古斯丁的犹太观》，载《犹太研究》，2004（3）。

② See Henk Schoot and Pim Valkenberg, “Thomas Aquinas and Judaism,” *Modern Theology*, vol. 20, 2004, p. 54.

③ See Schoot and Valkenberg, “Thomas Aquinas and Judaism,” pp. 53, 63.

④ 《阿奎那政治著作选》，133 页（中译本误将第十题写成了第一百题）。

⑤ 阿奎那对犹太人的态度总体上是温和的，跟后世欧洲迫害犹太人没有直接的关系。但在对犹太人放高利贷这件事上则是严厉的。阿奎那认为借钱要利息在本质上就是不义的。参见 John Y. B. Hood, *Aquinas and the Jews*, Philadelphia: University of Pennsylvania Press, 1995, pp. 108-109。

⑥ 参见《阿奎那政治著作选》，96 页。

阿奎那的《论对犹太人的统治》又名《致布拉班的女公爵的信》（*Epistola ad ducissam Brabantiae*），是写给一位女公爵的。有学者考证，这位女公爵是马格丽特（Margaret of Constantinople），她是佛兰德斯的女公爵，也是佛兰德斯公爵兼首位康斯坦丁堡皇帝（Emperor of Constantinople）鲍都因一世（Baudouin I）的女儿。她问的问题主要是对臣民的财政管理。阿奎那用公共利益的原则来论证收税的合法性。该信 1271 年写于巴黎。在这封信里，阿奎那多次谈到，将犹太人从别人那里重利（高利贷）盘剥来的财产予以没收是合理的，但在具体处置上，应该针对不同的具体情况：

> 倘若他们（犹太人）所占有的财产是从别人手里夺取的，那您就有责任把财产交还给那些理应从犹太人那里追回钱财的人们。所以，如果您能够找到重利盘剥的受害者，您就应当使物归原主。假如找不到的话，您就应当根据主教或者其他正直人士的建议，把这种钱财做敬神之用；或者用于贵国的公益方面，以济贫恤穷或为社会谋福利。您即使用强制手段勒令犹太人归还这种财物，也不算犯法，只要您经常遵守您前辈的惯例，并决定按上述方式使用钱财。[①]

与对犹太人不同，对于异教徒，基督徒可以用“无知者无罪”来宽松地对待他们。基督徒不能强迫异教徒相信基督教，这是因为信教取决于自由意志。不过，面对他们，基督徒有传播真理（传教）的自由，如果传教受阻，则基督徒有权采取武力。基督徒“可以使用武力，防止人们用渎神、恶意劝阻甚或明目张胆的迫害等手段来妨碍宗教信仰（传播）。由于这个缘故，基督教徒曾经屡次同异教徒作战，其目的并不是要强迫他们相信基督教，而是要防止他们来阻挠基督教的宣传”（《神学大全》II-II q. 10 a. 8）[②]。这里有当时十字军“东征”的背景。在异教徒统治的区域，基督徒应该服从作为人法的异教徒的法律和统治，因此异教徒的统治是有效的，但归根结底来说，在神法上，基督徒不应受偶像崇拜者（不信上帝者）的支配，因此，在条件合适时，异教徒的统治权应该为教会所废除。在异教徒尚未确立统治权的区域，阿奎那认为，“教会在任何情况下都不能让异教徒获得对基督徒的统治权，也绝不可以让异教徒担任的职位高于基督徒”（《神学大全》II-II q. 10 a. 10）[③]。偶尔的例外是，当基

① 《阿奎那政治著作选》，91 页。
② 《阿奎那政治著作选》，138 页。
③ 《阿奎那政治著作选》，132 页。

督教要面对的异教徒实在太多，无法抵抗时，教会也只好被迫宽容异教徒，甚至包括他们当中的异端分子和邪教徒的仪式（《神学大全》II-II q. 10 a. 11）。[①]

如果说对于异教徒尚有几分宽容，那么对于基督教叛教者和异端，阿奎那是绝不宽容的。在阿奎那看来，这些人对信仰的危害程度要远远大于无知者（异教徒），必须对他们进行扑杀。“对于这种人（异端分子和一切背教者）就应当施加压力，甚至在身体上给予拘束，强迫他们履行自己曾经答应承担的义务并遵守他们曾经表示愿意永远遵守的教律”（《神学大全》II-II q. 10 a. 8）[②]。

对异端最严厉的处罚意见来自下面这段话：

> 从异端分子本身的观点来看，他们罪孽昭彰，因此不但应该把他们逐出教会，而且还应该处以死刑，把他们从世界上消灭掉。这是因为，败坏作为精神生活的宗教信仰，比起伪造维持世俗生活的货币来，问题要严重得多。所以，如果说货币伪造者和其他的坏人由世俗当局毫不容情地处以死刑是公道的，那么，异端分子一旦被证明犯有相信异端的罪行时，就可以有充分得多的理由不但被开除教籍，而且被处死刑。在教会方面，存在着希望那些犯错误的人幡然悔改的慈悲心肠。为了这个缘故，教会并不立刻判罪，而是像使徒所教导的那样，“要在训诫一两次以后才做出宣告”。只有到那个时候，如果异端分子仍旧顽固不化，教会感到他已不可救药，它才为别人的安全打算，用开除教籍的处分使他与教会分离，把他交给世俗的审判机关，由它判处死刑来把他从世界上消灭掉。（《神学大全》II-II q. 11 a. 3）[③]

如果说作为异教徒的统治者尚可容忍，作为背教者或异端的统治者的统治就不可忍受了。“如果从来没有相信基督教的人缺乏信仰，教会就无权加以惩罚。至于从前信过教的人现在发生叛教，教会是可以通过司法审判加以惩罚的；他们由于丧失了统治基督徒的权力而受到惩罚，乃是合乎正义的。因为这种叛教行为可以引起基督教的广泛的败坏；正如人们所说的，‘叛教者心萌恶念，制造不和’，竭力想使人们脱离基督教。所以，当一个统治者由于背弃基督教而被宣判开除教籍时，他的臣民事实上就立刻摆脱了他的统治，解除了那种使他们对他承担义务的忠诚誓言”（《神学大全》II-II q. 11 a. 3）[④]。

---

① 参见《阿奎那政治著作选》，133页。

② 《阿奎那政治著作选》，131页。

③ 《阿奎那政治著作选》，133～134页。

④ 《阿奎那政治著作选》，134～135页。

结　语　阿奎那自然法与政治观念的影响

阿奎那生前就是一个有争议的人物，死后不久，他的一些思想被宣布为异端。然而，随着他1323年被宣布为圣人，他的著作在他所属的多明我会内被广泛研读。到了宗教改革时期，他的《神学大全》被置于《圣经》旁边，作为对新教改革家的一个回答。1879年教皇列奥十三将他的教导升为天主教官方哲学，直到梵二会议（1962—1965）方始不再被定于一尊。

阿奎那的自然法观念跟他的神学总体上力求小心翼翼地在上帝的恩典和人的本性（自然）之间保存平衡一致，在自然本身的法则和内在价值（及认识它的理智）与制定法则的意志之间艰难地维持着一种平衡。① 按照麦金太尔的说法，阿奎那跟亚里士多德的不一样，在于后者是从人性本身来谈人性，政治体的德性是人性本身的规范，而阿奎那则由于有原罪的信念而不像亚里士多德那样对人有信心，因此，阿奎那所描述的人性准则不是人性实际所是的样子，而是它应当所是的那样子。同时，阿奎那也不像奥古斯丁主义者和后来的新教徒那样认为人性堕落，人的欲望和选择在很大程度上都已败坏，而是认为，现实人性还是可以成为应当所是的人性的可靠向导。② 就是说，阿奎那力图在亚里士多德的纯粹本性和奥古斯丁的恩典至上之间维持一种平衡。但这种平衡在后来被唯名论者邓斯·司各托（Duns Scotus）和奥卡姆的威廉（William of Ockham）打破了，这两个人都强调意志优先于理智，认为一切都来自上帝的意志，上帝既可随意创造，也可随意毁灭，事物本身（包括人性）并没有什么固定不变的本质、价值和法则。他们的观点为宗教改革家所喜，因为它高扬了上帝的主权。上帝的意志即是一切。把这个观点世俗化一下，就很容易导向马基雅维利《君主论》、霍布斯《利维坦》及近代实定（证）主义的意志论，后者不过

① 阿奎那在宗教的唯意志传统和哲学的自然正义传统之间保持平衡，根本原因在于《圣经》的创世说与哲学关于世界永恒的学说之间的对立，可参见 Ernest L. Fortin, "St. Thomas Aquinas," in Leo Strauss and Joseph Cropsey, eds., *History of Political Philosophy*, 3rd ed., Chicago: The University of Chicago Press, 1987, p. 268。中译本参见［美］列奥·施特劳斯、约瑟夫·克罗波西主编：《政治哲学史》，李天然等译，290页，石家庄，河北人民出版社，1998。

② 参见［美］麦金太尔：《伦理学简史》，龚群译，166页，北京，商务印书馆，2003。

是把上帝换成了君主。它们之间存在着一致性，都强调绝对主权者的意志即法律。[①] 宗教改革家强调人的罪性，鄙视理性，认为人的本性为罪所毁灭，良心败坏，不能正确地认识上帝，只能听神的诫命行事。唯一的法就是神的意志，没有什么自然法。

不过，在与宗教改革家对立的天主教神学阵营，却有一批神学家在维护自然法的地位，力图保存人的理性对于本性中法则的认识功能，以及人的道德能力。其中的代表人物有维托利亚（Francisco de Vitoria）、苏亚雷斯（Francisco Suárez）、罗伯特·贝拉明（Robert Bellamine）。在当代天主教神学家德·吕巴克（Henri de Lubac）看来，宗教改革时期新教与天主教阵营两方在激烈的神学论战中，都扭曲了教父和阿奎那对“人”的整全观点，而认为人有所谓跟上帝恩典无关的“纯粹本性”（人在自然状态下只渴望自然的结局，并不渴望神圣的恩典或超自然的结局）。[②] 如果说改革家对人本性败坏、无可救药（人因此也自然不会渴望神恩了）深信不疑，那么天主教方面对人性有其自足性的坚持，则为自然法的复兴保持了神学上的基础。跟唯名派单纯强调意志的作用不同，托马斯主义者强调理性对意志的引导和安排。上帝并非盲目的创造者、立法者，上帝创造自然是合乎理性的，自然法是与永恒法统一的。[③] 当印第安人遭受西班牙人的屠杀时，天主教神学家围绕印第安人的权利问题展开了争论。[④] 当时站在西班牙殖民主义者立场上的是神学家塞普尔维达（Juan Ginés de Sepúlveda），他根据亚里士多德《政治学》中的观点，推论印第安人属低等人种，行为粗野，习俗丑陋，没有文化，只有最低的本能，他否认印第安人有理智，认为印第安人是天生的奴隶，应从属于高等人种，为后者效劳。理性的人有权威和财产，缺乏理性的印第安人不应有任何财产，占领他们的土地是合理

① 参见［德］罗门：《自然法的观念史和哲学》，姚中秋译，53～55页，上海，上海三联书店，2007。

② 关于德·吕巴克的观点，可参见周伟驰：《现代托马斯·阿奎那研究》，见《哲学门》，总第17辑，北京，北京大学出版社，2008；《天主教现代主义神学的演化》，见《宗教与哲学》，第三辑，北京，社会科学文献出版社，2014。另可参见任作栋：《“悬搁于中”：德·吕巴克超性与本性神学思想研究》，北京，中国社会科学院硕士学位论文，2015。

③ 参见［德］罗门：《自然法的观念史和哲学》，58页。

④ 印第安人惨遭西班牙殖民者屠杀的历史，参见［西］卡萨斯：《西印度毁灭述略》，北京，商务印书馆，1988。该书“前言”及“美洲恰帕斯教区主教巴托洛梅·德拉斯·卡萨斯教士生平”，尤其是后者，详细讲述了卡萨斯的美洲见闻，以及当时神学家围绕印第安人是否为有理性的人类，是否有其自身权利等展开的争论。卡萨斯是西班牙多明我会神父。他认为印第安人同样有理性，虽然不是基督徒，但有充分的天赋知识和能力来统治和管理自己，形成了一个真正的政治社会。

的。印第安人对基督教信仰一无所知，绝不能说他们过着一种有真正的“政治自由和人类尊严”的生活，因此理应将西班牙对美洲的征服看作对不信教者进行正义战争的例子，也理应奴役被征服的印第安人，以便有助于使他们皈依基督教。[①] 塞普尔维达这种异教徒印第安人没有能力维持一个真正的政治社会，因此西班牙人就可以“合法地”征服和奴役他们的观点，受到了托马斯主义者的反驳。他们指出，塞普尔维达及其追随者没有认识到，由于所有人都可以理解自然法，人类的任何一个群体都必然有同等的机会可以不依靠上帝的启示，仅仅求教和追随他们对于天赋法则的本能，就可以建立政治社会。[②] 维托利亚作为萨拉曼卡学派的代表之一，维持阿奎那的自然法传统，为印第安人的权利辩护，认为他们也是人，有上帝的形象，有理性和尊严，他们亦遵守万民法（即阿奎那所说的 *ius gentium*），因此有生存权和保持自己土地与财产的权利，西方人不得擅自干涉他们的生命和生活。维托利亚在其《概要》中指出，认为只有信上帝的人才有真正的主权，这是一种威克利夫（John Wycliffe）和胡斯（Jan Hus）式的异端邪说。所有的人，不管是否基督徒，都有同等的资格去建立他们自己的政治社会。他们对自己的土地和财产拥有权利。即使印第安人拒绝教皇的权力（授予西班牙人的对美洲的权力），这也不能成为对他们发动战争和进行掠夺的理由，因为教皇本来没有这种权力去让西班牙人占领别人的领土和财产。即使印第安人听到了福音却拒绝接受信仰，这也仍然不能成为对他们发动战争和剥夺其财产的理由。这一切只因为印第安人虽不信基督教，却遵循着自然法在生活。[③] 同一时期西班牙托马斯主义者索托（Dominic de Soto）亦为印第安人完全人的地位辩护。[④]

阿奎那关于自然法、万民法的思想亦在 16 世纪被耶稣会理论家发扬，如苏亚雷斯和贝拉明，他们在为印第安人辩护时，已区分自然法（*lex naturalis*）和自然权利（*ius naturale*），印第安人对自然法的违犯（如一些习俗与西方人完全不同）并不能成为西班牙人对他们发动“正义战争”的理由。他们影响到

---

① 参见［西］卡萨斯：《西印度毁灭述略》，7 页；［英］斯金纳：《近代政治思想的基础》，下卷，201 页，北京，商务印书馆，2002。

② 参见［英］斯金纳：《近代政治思想的基础》，下卷，238 页。

③ 参见［英］斯金纳：《近代政治思想的基础》，下卷，240 页。

④ See Romanus Cessario，*A Short History of Thomism*，Washington D. C.：Catholic University Press，2005，p. 73.

格劳修斯（Grotius，又译格劳秀斯）和其他的早期国际法思想家。[①] 格劳修斯说，即便上帝不存在，自然法对人也是有约束力的，这被人们理解为，他拒斥了将自然法归于神圣权威的观点，这标志着自然法理论的世俗化。[②] 格劳修斯的自然法理论在16世纪晚期的英国被胡克（Richard Hooker）在其《教会组织法》中采纳，并通过胡克影响到洛克。[③]

阿奎那的自然法在霍布斯那里产生了回响，不过是以一种不同的方式。在霍布斯那里，自然法理论转变成了自然权利理论，这是以对人的看法的转变为基础的。霍布斯不是像以往的自然法理论家那样从人的目的、人"应当"怎样出发，而是从人事实上是怎样的出发，而在他看来，人只不过是一个需要、欲望和愿望的集合体。其中最大的欲望就是求生避死，自我保存成了人的不可被剥夺的权利。[④] 为什么有这样的演化逻辑呢？按施特劳斯的说法，在霍布斯那里，自然法的基础不在人的目的（终结），而在其开端，不在其理性，而在其情感。情感中最强烈的是对于死于暴力的恐惧，它表达了所有欲求中最强烈、根本的欲求，亦即最初的、自我保全的欲求。"如果自然法必须从自我保全的欲求中推演出来，换句话说，如果自我保全的欲求乃是一切正义和道德的唯一根源，那么，基本的道德事实就不是一桩义务，而是一项权利；所有的义务都是从根本的和不可离弃的自我保全的权利中派生出来的。"[⑤] 这样，就实现了对古代自然法理论义务先于权利、应当先于欲求的翻转。

阿奎那关于财产、家庭、性道德的观点为教皇通谕所广泛采用；他的政治观的一些现代化版本——跟民主、宗教多元论、人权相一致的——成为德国、

---

① 参见［德］罗门：《自然法的观念史和哲学》，61页。格劳修斯开始摆脱自然法的神学色彩，参见［荷］格劳秀斯：《战争与和平法》，何勤华等译，上海，上海人民出版社，2005。苏亚雷斯注重"自然法"之作为"法"的约束力，将理智论和意志论综合起来，到格劳修斯已逐渐开始设想在没有上帝的情况下，如何使具有自然权利的个体或主权单位建立社会关系。从阿奎那的古典客观的"自然正义"如何演变出近代主体的"自然权利"，以及从苏亚雷斯经格劳修斯到洛克的自然法执行者问题，可参见李猛：《自然社会》，第四、五章，北京，三联书店，2015。

② 参见维希：《自然法：死亡还是复活》，见［法］马里旦：《自然法：理论与实践的反思》，116页。

③ 关于洛克自然法观念所受阿奎那的影响，可参见洛克：《自然法论文集》，编者导言，39页。洛克在著作中对一些民族和文化的"道德缺陷"的解释，跟阿奎那对为何一些民族没有自然法观念的解释十分相似，如117、157～158页。关于洛克自然法观念跟"革命"的关系，可参见李猛《革命政治》，关于洛克自然法观念本身的变化和矛盾，可参见吴飞《在良心与自然法之间》，二文均刊于《洛克与自由社会》（上海，上海三联书店，2012）。

④ 参见维希：《自然法：死亡还是复活》，见［法］马里旦：《自然法：理论与实践的反思》，125页。

⑤ ［美］施特劳斯：《自然权利与历史》，彭刚译，185页，北京，三联书店，2003。

低地国家（荷兰等）、意大利、智利、委内瑞拉和中美洲的基督教民主党的意识形态基础。他的“不正义的法律根本不算法律”的观点被马丁·路德·金在其《伯明翰监狱的信》里引用，并鼓舞了许多当代的天主教社会理论家努力建设一个既能避免资本主义过度的个人主义又能避免社会主义的集体主义的一种“团契主义的”社会（communitarian society）。

新教思想家批评阿奎那伦理学过度的理性主义和乐观主义，认为他没有看到在理性主义的目的论自然法理论和基督所带来的消息（如牺牲的爱、殉道、拒绝财富和世俗之利益、转过另一边脸的和平主义）之间的矛盾。激进派怀疑阿奎那对社会系统“自然”性的强调，他们认为社会系统并不自然，而是被人为控制的，是被经济结构所限定的。至少在20世纪新托马斯主义变得亲民主、自由、人权和宗教多元论之前，自由派都在怀疑托马斯主义的教阶论、隐藏的权威主义、性别歧视、秩序优先于自由的等级主义。

阿奎那许多中世纪的观点（如接受君主制、奴隶制、对犹太人和异教徒的态度、火烧异端、女人天生劣于男人）被新时代淘汰了，但他对人类的目标、价值、目的的坚守[①]，仍旧在当代思想家中找到了知音，如菲尼斯、麦金太尔、多纳甘（Alan Donagan），他们运用他的许多思想元素来评估和改革社会的、政治的和法的结构。[②]

周伟驰

参考文献

原典：

阿奎那．神学大全．台南：台湾中华道明会、碧岳学社，2008.

阿奎那政治著作选．马清槐，译．北京：商务印书馆，1963.

St. Thomas Aquinas. Summa Theologica. Textum Leoninum Romae 1888 editum. http：//

① 新古典主义的自然法理论家受到的一个批评是，他们的“自然法”既没有“自然”也没有“上帝”，实际上是不符合阿奎那的传统的。阿奎那那里的自然法是跟神学目的论紧密结合在一起的，而现代的自然法理论由于是无神的，也就没有终极目的。因此，他们无法建立客观的善的价值（而只能是主观建构的非实在论），并且由于没有一个统摄一切的上帝来保证一个秩序井然的价值世界，只好设立太多彼此之间并无可公度性的终极目的（如菲尼斯的自然善就有很多），最后只能主观地任意妄为。因此对于一些有神学背景的学者来说，要恢复阿奎那自然法的基本预设，即上帝及其价值秩序。可参见 Fulvio Di Blasi，*God and the Natural Law*，South Bend：St. Augustine's Press，2006，p. 16。施特劳斯认为阿奎那自然法在实践上无法同自然神学相分离，而这种自然神学实际上又是同《圣经》启示不可分的。参见［法］丹尼尔·唐格维：《列奥·施特劳斯思想传记》，155页。

② See Paul E. Sigmund，“Law and Politics，” p. 335.

www. corpusthomisticum. org/repedleo. html.

St. Thomas Aquinas. Summa Theologica. Fathers of the English Dominican Province, trans. Christian Classics, 1948.

Sigmund, P. E. , ed. and trans. St. Thomas Aquinas on Politics and Ethics. New York: W. W. Norton, 1988.

重要研究文献：

戈耶特，等，编．圣托马斯·阿奎那与自然法传统：当代视角．北京：商务印书馆，2015.

李猛．自然社会：自然法与现代道德世界的形成．北京：三联书店，2015.

罗门．自然法的观念史和哲学．姚中秋，译．上海：上海三联书店，2007.

马里旦．人和国家．沈宗灵，译．北京：中国法制出版社，2011.

马里旦．自然法：理论与实践的反思．鞠成伟，译．北京：中国法制出版社，2009.

英格利斯．阿奎那．刘中民，译．北京：中华书局，2002.

Budziszewski, J. Written on the Heart: the Case for Natural Law. Downers Grove: InterVarsity Press, 1997.

Davies B. , ed. Thomas Aquinas: Contemporary Philosophical Perspectives. Oxford: Oxford University Press, 2002.

McInerny, R. Aquinas. Cambridge: Polity Press, 2004.

VanDrunen, D. Law, Custom: The Thought of Thomas Aquinas and the Future of the Common Law. New York: Peter Lang, 2003.

第七章
马基雅维利与文艺复兴政治思想的流变

文艺复兴政治思想是西方政治思想史上承接古今的转折点。一般认为，文艺复兴到启蒙运动之间，一种由博丹（Jean Bodin）、霍布斯（Thomas Hobbes）和洛克（John Locke）发明的现代政治语言开始支配现代人的思考方式，国家、主权、自然权利等簇新的政治概念走上了观念史的舞台。

不过，今天的政治思想史研究却对这一范式提出了挑战。一方面，越来越多的研究者认为，文艺复兴政治思想很可能早已为现代政治思想打下了基础，这个时期使用的政治语言固然是对古代的模仿，但它们却是用古代的政治语言铺陈着现代政治思想的底蕴，现代政治思想至少在起源方面只能被视作对文艺复兴政治思想某些命题的回应；另一方面，不少研究者认为，文艺复兴政治思想要比我们想象的有生命力得多，至少到美国革命时期，文艺复兴政治思想一直在影响着现代政治自身的构建，产生于文艺复兴时期的公民人文主义和共和主义几乎就是早期现代政治不可分割的一部分，甚至，在某一段时期内，文艺复兴的公民人文主义和共和主义与早期现代的自由主义构成了平行的、竞争性的关系。

无论如何，这场文艺复兴政治思想向早期现代政治的远征已经开始，文艺复兴已经成为今天的政治思想史研究领域内最具生命力和挑战性的一个时期，这个时期的政治思想也成为当代政治思考不可忽视的理论源头。

本章试图勾勒的就是这场由文艺复兴政治思想向早期现代政治的远征。不过，我们认为，文艺复兴自身的思想史脉络表明，文艺复兴本身也包含着内在的批判。产生于15世纪佛罗伦萨的公民人文主义固然是文艺复兴政治思想的主线，但是从马基雅维利（Machiavelli，又译马基雅维里）开始，公民人文主义的内在脆弱性就已经得到重新审视。马基雅维利的现实主义思考，一方面赋予这个时期的共和主义以新的理论生命力，另一方面也开启了晚期文艺复兴的另一个思想维度，即国家理性主义的思考。到了晚期文艺复兴的国家理性主义学派那里，现代政治的冷漠和辉煌已经开始显露无遗，而马基雅维利则是这一思想运动的中继者和主导者。马基雅维利提供了这个时代唯一和仅存的“大文本”，他的思想的内在丰富性既可以容纳共和主义的维度，也可以容纳国家理性主义的维度。仅凭这一点，马基雅维利就足以构成现代政治不可绕开的一个前提。

第一节　文艺复兴的公民人文主义

肇始于彼得拉克（Petrarch）的文艺复兴人文主义首先当然是一场古学复兴运动，人文主义的基本宗旨是对一度湮没不闻的希腊罗马典籍的发现和追摹，但是，它也并不纯粹是一种智识运动。长期以来，人文主义与意大利城邦公民生活之间存在的关联往往被忽视了，事实上，文艺复兴时期的人文主义者通过不断返回古典政治理论以及古代政治史尤其是罗马共和国的历史，建立了他们对公民生活的全新理解。而这就是所谓文艺复兴公民人文主义的发端。

一、宫廷人文主义与公民人文主义

关于人文主义的政治影响，韦伯（Max Weber）曾有一段颇为黯淡的评论，他说：“曾经有过一段时间，人们学习用拉丁语进行演讲，用希腊文做诗，目的是成为君主的政治顾问，最理想的是成为一名谏臣。这是人文主义学派第一次勃兴的时代，是君主奖掖专业诗学的时代。在我们看来，这是一个过渡时期，它对我们的教育制度产生了持久的影响，但尚未产生更深一层的政治结果。东亚的情况有所不同。中国的士大夫是——毋宁说从一开始就是——同我们文艺复兴时期的人文主义者类似的人物……如果当年的人文主义者哪怕有少许机会得到类似的影响力，我们的命运也许会和中国差不多。”①

韦伯的观点或多或少代表了那个时代普遍的看法。自从布克哈特开创了文

① ［德］韦伯：《学术与政治》，冯克利译，73页，北京，三联书店，2013。

艺复兴学术史以来，一直到韦伯的那个时代，大多数学者对于人文主义所造成的政治影响的评价从来都是负面的［西斯蒙蒂（Sismondi）或许应当被排除在外］。布克哈特（Burckhardt）本人就曾说过："1400年以后人文主义的迅速发展破坏了人们的天赋本能。从那时起，人们只是靠古代文化来解决每一个问题，结果是使文学著作堕落成为仅仅是古代作品的引文。不仅如此，市民自由权的丧失一部分也应该归咎于这一切，因为新学术以服从权威为基础，为罗马法牺牲了城市权利，用以寻求并取得暴君们的欢心。"①

布克哈特的观点得到了19世纪中叶意大利史学界的"新萨沃纳若拉派"（Nuovi Savonaroliani）或"新恸哭派"（neo-Piagnoni）的呼应，这其中就包括意大利最伟大的文艺复兴史学家维拉里（Pasquale Villari）。致力于意大利统一的新萨沃纳若拉派认为，15世纪的意大利人文主义者普遍支持各个城市的小僭主统治，文艺复兴时期人文主义的泛滥是造成意大利迟迟未能统一、在道德及政治事务上陷入悲惨境地的主要原因之一。因此，汉斯·巴隆（Hans Baron）甚至说，按照这种主流的看法，我们只要提到人文主义者，明里暗里就是认为他们是宫廷和僭主的朋友。②

不过，这种情况在1955年巴隆的《早期意大利文艺复兴的危机》出版之后有了根本性的改变。在茫茫一片宫廷人文主义的黯淡星云里，巴隆发现了一缕共和主义的微光，这就是他本人称之为"公民人文主义"的思想运动。这个思想运动发生于1402年米兰的詹加莱亚佐·威斯康蒂（Giangaleazzo Visconti）试图将他的帝国扩张至佛罗伦萨之际，威斯康蒂的侵略在佛罗伦萨激发出一种与14世纪人文主义迥然不同的、注重积极公共生活、推崇共和价值的人文主义运动，其代表人物则是先后担任佛罗伦萨国务秘书的布鲁尼（Leonardo Bruni）、波焦（Poggio Bracciolini）等人。尽管由于威斯康蒂本人在当年9月突然染病去世，从而缓解了佛罗伦萨的城市危机，但在后来的一段时间内，威斯康蒂的儿子继续其父的帝国策略，因此，一直到1455年米兰与佛罗伦萨签订和平协定、米兰承认佛罗伦萨共和国的自治之前，佛罗伦萨人文主义者似乎重新发现了自由之于这个城市的意义。相对于米兰的霸权扩张和宫廷政治，佛罗伦萨的独立地位以及内部的自治在这场意识形态对抗中成了佛罗伦萨人文主

① ［瑞士］布克哈特：《意大利文艺复兴时期的文化》，何新译，200页，北京，商务印书馆，1979。译文略有改动。

② See Hans. Baron, *The Crisis of the Early Italian Renaissance: Civic Humanism and Republican Liberty in an Age of Classicism and Tyranny*, Princeton: Princeton University Press, 1966, p. 276.

义者事实上念兹在兹的荣耀所在。

非但如此，自由的发现同时还伴随着一些相关的人文主义问题，比如对罗马历史的共和主义解释，对西塞罗的政治和道德观念的重新评价。另外，对于佛罗伦萨的人文主义者来说，自由的发现还有某种特殊的意义。他们开始正面评估公共社会生活的价值，从而颠倒了 14 世纪人文主义将沉思生活置于行动之上的传统观念。自由的发现和行动的重估是某种同步发生的关于“公民精神”的观念变革，在这一意义上，这个思想运动才被巴隆命名为“公民人文主义”。巴隆的“公民人文主义”实际上假定，公共社会生活价值的正面评估只能发生在共和国里，宫廷人文主义只会歌颂闲暇生活和沉思生活，唯有共和国才会赋予行动以正面价值。

无论如何，相较于布克哈特以来将人文主义局限于宫廷和僭主小圈子的传统观念，巴隆的主张一扫人文主义在政治领域的阴霾，促成了人文主义政治思想研究决定性的范式转变。巴隆的“公民人文主义”不仅在文艺复兴研究领域得到了众多的呼应，比如加林（Eugene Garin）这样的文艺复兴思想研究大家后来的研究实际上多是对巴隆观点的进一步发展，更为重要的是，巴隆的研究还间接促进了当代政治思想领域内共和主义的复兴，使文艺复兴政治思想研究成为政治思想史研究领域的一时显学，更为当代共和主义政治哲学研究提供了思想史的源头动力。当波考克（J. G. A. Pocock）从巴隆的“公民人文主义”出发，发展出一套所谓“大西洋共和主义传统”（Atlantic republican tradition）的长时段思想史叙事时，笔者相信，这一定是巴隆本人完全没能预料到的局面。而如果我们还有幸注意到波考克的一句著名断言“美国革命不是启蒙运动的第一幕，而是文艺复兴的最后一幕”，那么甚至不妨把波考克的这句断言当作一个标志，它表明，巴隆所开创的“公民人文主义”范式已经超出 15 世纪人文主义研究的专业领域，开始了一场从文艺复兴思想向早期现代政治的远征。

这场从文艺复兴思想向早期现代政治的远征何以可能？巴隆的“公民人文主义”建构又何以产生这样异乎寻常的影响？

对这个问题的回答非但关系到对巴隆所构建的“公民人文主义”的历史评价，更关系到文艺复兴政治思想在整个西方政治思想史上的位置。事实上，我们只需将答案的另一面呈现来，就可以一窥大略了——如果只是按照布克哈特以降、巴隆之前的人文主义定位，文艺复兴的人文主义仍局限于宫廷一隅，如果现代政治思想并没有从文艺复兴人文主义那里汲取动力，那么，早期现代的政治革命就只能将它的思想基础建立在自然权利和契约论学说的论证之上，辉格史的政治解释即便没有充分的历史解释的合理性，至少在政治思想领域自由主义的动力机制方面处于毫无竞争范式的状态。

而我们看到，在巴隆所构建的“公民人文主义”直接或间接的影响下，另一种足以和自由主义的动力机制相抗衡的思想图景出现了：文艺复兴时期的政治思想甚至被认为提供了一种非自由主义的自由概念，或者说前自由主义的自由概念——这个自由概念既包含了城市共同体相对于外部的独立自主，也包含了内部治理上的自治和法治，但同时却不带有任何后起的个人主义和契约论的论调。同时，后起的自由主义学说所抑制的“公民参与”在这个时期却是维系共和国自由的基本动力之一，这个时期的自由概念往往是一个和城市的伟大、公民的德性（而非个人权利）相关联的词汇。更为关键的是，除了引发对自由概念的重新界定之外，公民人文主义还唤醒了古代政治理论在现代政治实践中的活力，古代政治理论的某些侧面得到了现代的转化，虽然不能说古代政治思想和现代政治思想之间的断裂就此得到了弥合，但至少应当说，古代政治话语退出历史舞台的时间比我们通常想象的要晚得多，在相当长的一段时间内，古代政治话语和现代政治语言处于杂糅交错的状态，甚至当我们看到某些研究提到所谓“亚当·斯密的公民人文主义”时，也无需感到过分惊讶，要想为古今政治思想画出一条不可逾越的界限，今天看来已绝无可能。

因此，对文艺复兴政治思想的重估，是当代政治思想史研究中少数几个不能回避的问题，很可能也是决定当代政治哲学部分走向的重要问题。

二、走向共和的人文主义

一般来说，文艺复兴时期的意大利公民人文主义发端于 14 世纪中叶的彼得拉克，终结于 15 世纪下半叶佛罗伦萨新柏拉图主义的兴起。这两个时间节点的意义在于，一个意味着人文主义公民精神的觉醒，一个意味着人文主义公民精神的消退。而在这两个时间节点之间，就是人文主义者走向共和的过程。

关于彼得拉克，巴隆曾有一说：“彼得拉克既不属于‘中世纪’也不属于‘文艺复兴’，他仿佛一个摩西（Moses）式的先知，虽然已经看到新大陆，但从未真正踏足其中。”[①] 从人文主义的发展史来说，彼得拉克的确可以算作一个先知。尽管在彼得拉克之前，帕多瓦的穆萨托（Albertino Mussato）和洛瓦蒂

① Hans Baron, “Moot Problems of Renaissance Interpretation: An Answer to Wallace K. Ferguson,” *Journal of the History of Ideas*, vol. 19, 1958, pp. 26 - 34.

(Lovato dei Lovati) 等人已经开始编辑校订古籍、搜罗失传古代文本、追摹古代文学风格的工作[①]，但只有到了彼得拉克那里，才有了所谓“神圣的古代”(*sacrosancta vetustas*) 的观念，古代文献不仅开始成为具有美学典范意义的文本，而且开始体现为一种能够改变当代生活方式的古代典范。

在彼得拉克之前，古典传统在中世纪其实是连续的，只不过古代世界的一切现象并没有被放在古代文化的语境里考察，却被时代错乱地使用，它们混杂在基督教文化中，被实际地运用并服务于基督教和骑士文化。但彼得拉克却打破了古典传统在中世纪的连续性，与他的帕多瓦先驱不同，彼得拉克感受到了古典文化和基督教文化之间存在的差异，甚至也可以说他明确意识到了二者之间的鸿沟。

彼得拉克是中世纪乃“黑暗时代”的提出者，他决定性地揭示了中世纪作为年代学的意义。但他之所以认为中世纪是“黑暗”的，并不是因为中世纪对古典传统一无所知，而是因为在他看来，相对于古典传统，整个中世纪毫无意义。[②] 相比但丁 (Dante)，彼得拉克对中世纪的评价显然要低得多。在但丁的《神曲》中，古代和中世纪的人物占有差不多同等的位置；而在彼得拉克那里，古代人物却占有压倒性的地位。比如在以四主德为主线的未完成作品《名人传》(*Rerum Memorandarum Libri*) 一书里，名人们一半出自罗马，五分之二出自希腊，其余少部分出自彼得拉克自己所身处的 14 世纪，整个中世纪的人物则全然不在其列。他的著名诗篇《胜利》(*Trionfi*) 里提到的中世纪人物，或者来源于传说，或者来自彼得拉克自己的时代。[③] 与中世纪相比，“神圣的古代”才是彼得拉克魂牵梦萦的理想所在。

但严格说来，彼得拉克确实并不能算作公民人文主义运动的一员，他的政治热情更多投入在恳请教皇将教廷从阿维尼翁搬回罗马，以及查理四世将神圣罗马帝国带回意大利这样明显带有中世纪政治痕迹的事件上。除了实际政治倾向之外，在文学作品里，彼得拉克也从没有流露过对共和政体的偏好。在他的《阿非利加》(*Africa*) 中，彼得拉克既赞赏共和政体下的西庇阿的功业，也对恺撒的伟大推崇备至。他从没有打算区分罗马共和国和罗马帝国。他个人的政

---

① See Ronald Witt, “Petrarch and Pre-Petrarchan Humanism: Stylistic Imitation and the Origins of Italian Humanism,” in J. W. O'Malley, T. M. Izbicki and G. Christianson, eds., *Humanity and Divinity in Renaissance and Reformation*, Leiden: Brill, 1993, p. 76.

② See Theodore E. Mommsen, “Petrarch's Conception of the ‘Dark Ages’,” *Speculum*, vol. 17, 1942, p. 237.

③ See Mommsen, “Petrarch's Conception of the ‘Dark Ages’,” p. 238.

治著述最为人所熟知的是他写给帕多瓦僭主卡拉拉（Francesco da Carrara）的一封信，又称《论统治者应当如何统治》。这是一部典型的君主镜鉴式或关于理想君主（*optimus princeps*）的作品。其中他遵循一般的君主制原则，告诫君主应当被爱戴而不是被畏惧，同时相对引人注目的是，他开篇即借用了通过马克罗比乌斯（Macrobius）得以流传的西塞罗的“西庇阿之梦”，引述了其中的著名段落：“凡是曾经维护过、帮助过或者扩展了其祖国的人，在天堂都有为他们专门准备的地方，在那里他们可享有一种永恒的幸福生活。人间所做的一切事情，再没有比按正义汇聚和联合起来的人们更让统治整个宇宙的至上神满意的了。国家的统治者和保卫者都来自这个地方，并将回到这个地方。”彼得拉克以宗教情感的感召力唤起君主对正义的追求。当然，彼得拉克对西塞罗的使用本身就带有那种中世纪采纳古典传统的“时代错乱”的特征，“西庇阿之梦”是西塞罗《国家篇》的一部分，但是被彼得拉克用作了对君主的告诫。不仅如此，西塞罗还是一个异教徒，所以彼得拉克还补充说，这虽然出自异教徒，但和基督教真理并无冲突。[1]

彼得拉克试图把古典传统融合到基督教传统中去的倾向尤其明显地体现在他对西塞罗的态度上。但正如巴隆考证的那样，西塞罗在中世纪传统中更类似于一个斯多亚式的智者形象，通过马克罗比乌斯的《西庇阿之梦评注》，西塞罗的哲学被纳入了一个新柏拉图主义或斯多亚的体系。这可能也是西塞罗之所以容易被吸纳入彼得拉克的基督教伦理的原因之一，但随着西塞罗失传文献的再发现，这一点也就随之动摇了。最为典型的例子是彼得拉克本人于 1345 年发现了西塞罗的《致阿提库斯》（*Letters to Atticus*）。巴隆称，彼得拉克是一千多年来第一个直面历史上的西塞罗而非传说中的西塞罗的人。彼得拉克对他的发现感到惊恐万分，随后写了一封著名的谴责西塞罗的信件。[2] 彼得拉克突然之间认识到，西塞罗并非他所认为的那样远离世俗和荣誉，西塞罗对政治的热情简直是彼得拉克无法想象的，那个离群索居的“西塞罗”其实像西塞罗自己所说的那样，“时势本身让我成了一个寡言的人（*Breviloquentem iam me tempus ipsum facit*）”[3]。

---

① See Francesco Petrarch, “How a Ruler Ought to Govern His State,” in Benjamin G. Kohl, Ronald G. Witt and Elizabeth B. Welles, eds., *The Earthly Republic: Italian Humanists on Government and Society*, Philadelphia: University of Pennsylvania Press, 1978, pp. 40–41.

② See Kohl, et al., eds., *The Earthly Republic*, p. 98.

③ Cicero, *Letters to Atticus*, 7.20, D. R. Shackleton Bailey, trans., Cambridge: Cambridge University Press, 2004, pp. 32–33.

更具戏剧性的一幕是 1394 年，韦尔杰里奥（Paolo Vergerio）自拟了一封以西塞罗的口气回答彼得拉克的信件，这被巴隆称为第一次真正理解罗马共和国精神的历史文件。事实上这也表明了下一代人文主义者对彼得拉克的反动。后起的人文主义者对彼得拉克的回应还不止于韦尔杰里奥，1372 年萨卢塔蒂（Coluccio Salutati）计划中有一部题名为《论交往生活与劳作生活》（*De Vita Associabili et Operativa*）的著作，按照巴隆的看法，萨卢塔蒂的书明显是彼得拉克的《论隐居生活》（*De Vita Solitaria*）的反题，他慨叹，如果萨卢塔蒂写完这部书，那么公民人文主义的历史恐怕就要提前。①

在萨卢塔蒂的著述中，有一部具有典型文艺复兴特质的著述《论医学与法学的高贵性》（*De nobilitate legum et medicinae*），他试图讨论的是人文科学和自然科学何者应居首位的问题。② 但其实医学和法学的比较也代表了沉思式理智和实践性智慧的比较。萨卢塔蒂主张法学比医学具有更高的道德尊严，求善要高于求真。在一封信中，他还曾提到："尽管我承认，作为思想的更高阶段，沉思生活要更为高贵；能享受宁静的甜蜜，因此也更令人愉悦；需求更少，因此也更为自足；思考神圣的事情而不是人世的事情，因此也更为神圣；运用人类灵魂中最高级的部分即理智，因此也更具高贵性；甚至我也承认，沉思生活之所以值得青睐，是因为沉思追求真理之故。但你仍然应当追随而不是逃避积极生活，因为积极生活是对德性的磨炼，你不应当逃避德性的磨炼，也无法逃避兄弟之爱。"③

萨卢塔蒂的心态是复杂的。他并不怀疑沉思生活的高贵性，但他还是提出了两个支持积极生活的论证，其一是不难理解的，正如他曾经说到的那样，"世界上最美好的东西有两个：祖国和朋友"④，另一个论证即积极生活是对德性的磨炼，却较为罕见。实际上，德性的磨炼是萨卢塔蒂思想中的重要主题，他的《赫拉克勒斯的劳作》（*De Laboribus Heraclis*）就阐述了古典神话中赫拉克勒斯的选择这个寓言，只不过德性磨炼的主题在他那里却多少有了意志主义的转化。同彼得拉克相似，萨卢塔蒂也将意志置于理智之上，他们都认为理智可以认识德性却不能推动德性的践行，而意志却能激励德性的践履。本来，奥

① See Baron, *The Crisis of the Early Italian Renaissance*, p. 89.

② 萨卢塔蒂的主题是文艺复兴时期盛行的比较论（paragone），往往讨论比如雕塑和绘画何者为高，这个传统一直延续到莱辛的《拉奥孔》。

③ Coluccio Salutati, "Letter to Peregrino Zambeccari," in Ronald G. Witt, ed., *The Earthly Republic*, p. 111.

④ ［意］加林：《意大利人文主义》，李玉成译，北京，三联书店，1998。

古斯丁式的意志主义在中世纪的安瑟伦（Anselm）、博纳文图拉（Bonaventura）、司各托（Duns Scotus）那里都不乏所闻，在他们那里，意志主义的功用是为了防止人的自足僭越，以削弱理性的统治地位，但是在萨卢塔蒂和彼得拉克那里，意志主义却有了世俗性的意味，它通向的不是谦卑，而是西塞罗的修辞学。正如彼得拉克所言，“亚里士多德教会我们德性是什么，但他的教导缺乏激励和激动人心的力量，不能促使我们去爱德性、恨罪恶，他试图寻找却无法找到的东西，却可以在我们的拉丁作家尤其是西塞罗那里被发现”。而彼得拉克的话本身其实就来自西塞罗的《论演说家》（*De oratore*，II. 35）中的一段：“除了演说家，谁还能激励我们爱德性、恨罪恶?”经过某种奇特的结合，中世纪留给谦卑的位置现在却被让渡给了西塞罗式的雄辩。①

萨卢塔蒂是彼得拉克之后一位承前启后的人文主义者。1374 年彼得拉克去世之时，薄伽丘（Boccaccio）已经进入了垂垂暮年，再下一代的人文主义者此时或是在襁褓之中，或是还没有出生。萨卢塔蒂在彼得拉克去世之后一年即 1375 年开始担任佛罗伦萨的国务秘书，直至 1406 年去世，共任职 31 年，在此期间他邀请拜占庭流亡学者赫里索洛拉斯（Manuel Chrysoloras）来佛罗伦萨教授希腊语，从而极大地促进了人文主义的传播。更为重要的是，萨卢塔蒂开创了佛罗伦萨人文主义者的政治参与传统，自萨卢塔蒂之后，先后担任佛罗伦萨国务秘书的几乎都是重要的人文主义者，比如继萨卢塔蒂之后是布鲁尼，布鲁尼之后是波焦，波焦之后是阿科尔蒂（Benedetto Accolti），阿科尔蒂之后是巴托洛梅奥·斯卡拉（Bartolomeo Scala），巴托洛梅奥·斯卡拉之后则是与斯卡拉关系密切的本纳多·马基雅维利之子尼科洛·马基雅维利。②

佛罗伦萨的国务秘书的角色是非常独特的。由于其他大多数官职都存在着轮换，国务秘书却可以长期连任不必更换，以至于这一职务有时甚至成了终身职位，因此国务秘书在佛罗伦萨政治中产生的作用和影响是不可忽视的。当然，关键还并不在于他们对佛罗伦萨政治造成的或大或小的影响，真正重要的是当他们以人文主义者的身份参与佛罗伦萨政治时，人文主义本身与公共政治生活的相互碰撞、相互影响造成的理论后果。

在当时发生在佛罗伦萨和米兰之间的那场抵抗帝国侵略的斗争中，萨卢塔

---

① See Hanna H. Gray，“Renaissance Humanism：The Pursuit of Eloquence，” *Journal of the History of Ideas*，vol. 24，1963，p. 504.

② 关于佛罗伦萨国务秘书的思想，参见 Robert Black，“The Political Thought of the Florentine Chancellors，” *Historical Journal*，vol. 29，1986，pp. 991－1003。

蒂其实多多少少扮演了一个佛罗伦萨意识形态宣扬者的角色。他写得一手漂亮的西塞罗文体的公文信函并且文风典雅不失犀利，以至于在威斯康蒂眼里，萨卢塔蒂的笔要胜过一千个佛罗伦萨骑兵。当然，这其实是因为，与实际政治领域里的斗争相伴随的还有意识形态领域内的斗争，比如发生在萨卢塔蒂与维琴察的洛斯奇（Antonio Loschi）之间的论战。洛斯奇本人实际上原来是萨卢塔蒂佛罗伦萨圈子的一员，当威斯康蒂征服了维琴察之后，洛斯奇来到米兰为威斯康蒂辩护，他主张威斯康蒂能给分裂的意大利带来统一与和平。与之相对的则是佛罗伦萨一方强调他们是意大利自由的维护者，是罗马的直接继承人。

在巴隆之前，米兰和佛罗伦萨之间的战争往往被视作中世纪的吉伯林派和圭尔夫派之间斗争的延续，米兰一方和佛罗伦萨一方各自使用的政治语言也从未受到重视。但巴隆慧眼独具地指出，吉伯林派和圭尔夫派的旧式政治意识形态对抗掩盖了米兰的绝对主义君主制与佛罗伦萨的地区性独立之间的对立，在托斯卡纳地区圭尔夫主义的中世纪外壳之下是意大利城邦共和国寻求公民自由和独立的冲动。他引用了布鲁尼的一段话作为例证："如果你从宗教的立场来看圭尔夫派社团，你会认为它们和罗马教会有关；可如果你从人世的立场来看，你会认为，它们和自由相关，如果没有这种自由，共和国就不可能存在，如果没有这种自由，智慧者甚至不应当存活下去。"①

在这场论战中，佛罗伦萨方面有三份主要文献：萨卢塔蒂的《驳安东尼奥·洛斯奇》、利努奇尼（Cino Rinuccini）的《答安东尼奥·洛斯奇的驳难》②以及布鲁尼的《佛罗伦萨颂》（*Panegyric to the City of Florence*）。这其中最为重要的当属布鲁尼的作品。关于布鲁尼本人的思想，下文自会详述，这里重要的是，这一时刻出现了公民人文主义的史学建构问题：从彼得拉克开始的人文主义终于走到了它和公民精神融合的时刻，在巴隆看来，只有在佛罗伦萨面临大危机的时刻，才发生了人文主义和公民精神的融合。③ 这个融合有两个方面：其一是人文主义对积极生活的肯定，其二是人文主义对共和政体的认同。公民人文主义史学建构的基本假定是认为，这两个过程是同步发生的，或者说，对积极生活的肯定和对共和政体的认同就是同一个过程的两个侧面，仿佛

---

① Baron, *The Crisis of the Early Italian Renaissance*, pp. 13, 115.

② See Coluccio Salutati, *Invective against Antonio Loschi of Vicenza*, in U. Baldassarri and A. Saiber, eds., *Images of Quattrocento Florence: Selected Writings in Literature, History, and Art*, New Haven: Yale University Press, 2000, pp. 4-11.

③ See Baron, *The Crisis of the Early Italian Renaissance*, pp. 249-250.

佛罗伦萨人文主义者突然之间既意识到了自由的可贵，也意识到了积极生活的价值与沉思生活的无力。

本来，积极生活和共和政体之间的关联是共和主义的理论设定，但在巴隆的文艺复兴研究中或者说在文艺复兴政治思想史的研究领域，公民人文主义却首先是一个史实问题。就史实而言，重要的是在布鲁尼那里是否发生了实际的思想变化。与此相关的有两个文本：一个是布鲁尼的《佛罗伦萨颂》，其中不但充满了对佛罗伦萨自由的辩护以及对共和政体本身的颂扬，而且布鲁尼刻意将佛罗伦萨的历史回溯到罗马共和国时期，而非通常认为的罗马帝国时期；另一个文本则是布鲁尼一部相对鲜为人知的著述《献给韦尔杰里奥的对话》（*Dialogi ad Petrum Paulum Histrum*）。现存的这部对话分为两个部分，对话者是围绕在萨卢塔蒂周围的人文主义者，其中最为重要的人物是孑然独立、沉醉于古典学术的尼科洛·尼科利（Niccolo Niccoli）：在《对话一》里，孤傲的尼科洛·尼科利基于他对古代文化的推崇以及对西塞罗式的拉丁语的服膺，批评佛罗伦萨三贤（即但丁、彼得拉克和薄伽丘）对古代文化和拉丁语的无知；在《对话二》里，尼科洛·尼科利却转变了立场，转而对佛罗伦萨三贤的文学成就大加颂扬。巴隆认为，这是因为，《对话二》的写作时间在米兰入侵之后，在米兰入侵的重大危机刺激下，布鲁尼改变了自身的立场，由追随尼科洛·尼科利的学究人文主义者转变为热爱佛罗伦萨自由、推崇爱国主义的公民人文主义者。根据布鲁尼差不多同一个时期、同样在危机之后完成的《佛罗伦萨颂》，可以推断这几乎是一个同步的，既肯定积极生活也认同共和政体的转变过程。[①]

布鲁尼的《对话二》中其实另有一个极具争议的话题，尼科洛·尼科利对但丁在《神曲》中将恺撒安排在灵薄狱而将刺杀恺撒的布鲁图斯和卡西乌斯（Cassius）安排在地狱的最深处提出了异议："为什么他把最好、最公正的人放在卢西弗（Lucifer）的口中？"[②] 但丁对恺撒和布鲁图斯的态度是中世纪式的，但到了布鲁尼这里，中世纪的秩序却面临了新的明显带有共和主义意味的挑战。甚至在萨卢塔蒂那里，他在 1400 年写就的《论僭政》一书中还力图区分恺撒主义和僭政，为恺撒建立的君主制辩护。同时，布鲁尼之前的历史观也大

---

① 根据巴隆对布鲁尼文本的考证，《对话一》写于 1401 年年中，《佛罗伦萨颂》写于 1403 年，《对话二》最早的写作时间不可能早于 1403 年年底，而威斯康蒂死于 1402 年 10 月，这样，写于 1402 年之后的《佛罗伦萨颂》和《对话二》中出现的与《对话一》不同的价值倾向，也就可以顺理成章地归因于由威斯康蒂的入侵造成的佛罗伦萨爱国主义了。

② Gordon Griffiths，James Hankins and David Thompson，eds. and trans.，*The Humanism of Leonardo Bruni*：*Selected Texts*，Binghamton：Medieval & Renaissance Texts，1987，p. 81.

体认为，罗马史是连续的，没有共和制罗马和帝制罗马的区分。而我们前面已经提到，布鲁尼的《佛罗伦萨颂》开始刻意将佛罗伦萨的历史回溯到罗马共和国时期而不是通常认为的罗马帝国时期，在那里他认为，佛罗伦萨建立于公元前 88 年苏拉之手。在其后写作的《佛罗伦萨人民史》（*History of the Florentine People*）里，布鲁尼更进一步强化了共和制罗马和帝制罗马的区别，他甚至将佛罗伦萨的历史一直推至前罗马时期的伊特鲁里亚人，认为古伊特鲁里亚本来存在着许多自由的共和国，这当然更加强化了佛罗伦萨的自由血液。

人文主义的转变在布鲁尼这里得以完成，他的一系列著作，包括后来的《佛罗伦萨人民史》《论佛罗伦萨政体》等，标志着公民人文主义融入了佛罗伦萨城邦的意识形态建设。自此以后，一直到 1455 年米兰与佛罗伦萨签订和平协定，公民人文主义不仅在佛罗伦萨取得了成功，而且随着 15 世纪 20 年代佛罗伦萨和威尼斯、热那亚、卢卡的结盟，在意大利一度形成了某种共和主义的联盟，公民人文主义的意识形态也随之得到了充分传播。

不过，布鲁尼的时代也是短暂的，大概在 1460 年以后，共和主义和公民人文主义就已经在佛罗伦萨开始衰落，很快新柏拉图主义的哲学和宗教取代了它们的位置，沉思生活的高贵性又重新占据了人文主义的主流。也有一种意见认为，美第奇家族通过选举操控、庇护关系等措施使得公民人文主义的政治和道德目标走向空洞化，是公民人文主义走向没落、被新柏拉图主义取代的重要原因。

三、布鲁尼与共和主义问题

不过，尽管描述了人文主义走向共和的过程，尽管凭巴隆的一己之力，存续时间短暂的 15 世纪佛罗伦萨公民人文主义几乎成了文艺复兴政治思想的一盏孤灯。但从巴隆的《危机》一书出版后的学术反响来看，这一盏孤灯本身却有摇摇欲坠之势，我们固然可以看到巴隆的公民人文主义在政治理论界造成了持久的、决定性的影响，同时我们也不得不承认，他的历史叙述在文艺复兴学术界却几乎受到了全方位的批评，今天的文艺复兴学术界几乎没有人站在巴隆的立场上。这的确是件咄咄怪事，其原因很可能是巴隆的理论雄心过于庞大，按照朱杰维奇的看法，巴隆可能是唯一兼具刺猬和狐狸特质的学者[①]，也就是说，既可以说他知道很多事情，对历史的细节投入了极其细致的关注，也可以

---

① See Mark Jurdjevic: “Hedgehogs and Foxes: The Present and Future of Italian Renaissance Intellectual History,” *Past and Present*, vol. 85, 2007, pp. 258 - 260.

说他只知道一件事情，就是人文主义与公民精神的融合。但这恰恰也是巴隆的问题所在，如果要让所有的历史细节都适应这个唯一的理论框架，就很可能既影响到对历史细节解读的准确性，也影响到理论框架的解释力。

事实上，关于佛罗伦萨人文主义者的积极生活倾向、关于他们对积极生活投入的道德关注以及他们在人文主义史学上的创见，巴隆的分析并没有太多争议。后世的学者也大多承认巴隆的这些分析。他引起的争议主要有几个方面：一个是历史细节上的问题，比如关于布鲁尼《对话一》和《对话二》的写作时间以及对它们的理解，由此引出米兰的入侵是否足以构成公民人文主义兴起的直接原因。另一个则是公民人文主义的地位问题，按照布莱克的一句概述："大多数文艺复兴政治思想其实并不是公民性的，大多数中世纪和文艺复兴公民思想其实也并不是人文主义的。"[①] 在这方面提出的反对意见就更多了。例如，认为用公民人文主义概括 15 世纪意大利的文艺复兴精神太过狭隘。[②] 又如，认为存在先于佛罗伦萨的公民人文主义——在中世纪晚期的亚里士多德主义者如卢卡的托勒密（Ptolemy of Lucca）那里就已经有了丰富的共和主义历史阐释和对积极生活的捍卫。[③]

不过，如果巴隆没有将公民人文主义的时间段界定得那么严格，如果他没有将公民精神和人文主义融合的时间节点严格限定在米兰入侵佛罗伦萨之后，大多数技术上的怀疑是可以得到解决的，整个公民人文主义理论本身并没有受到太多影响，只要经过若干修正，公民人文主义的历史叙事大体上就还是能够成立的。但除此之外，巴隆的理论还面临着一些核心的质疑，其中最为重要的都与布鲁尼有关，或者关于布鲁尼思想的理解和定位，或者关于布鲁尼与佛罗伦萨政治的关系，它们直接关系到公民人文主义的基本理论前提（即公民参与和共和政体之间的紧密相关性）是否能够成立，而由于布鲁尼在整个公民人文主义理论中占据核心位置，因此核心的争论多由布鲁尼而起。

例如，巴隆理论最早的批评者之一西格尔就曾提出，布鲁尼并不是真心诚意赞颂佛罗伦萨的自由，作为阿雷佐人，他也没有自发的佛罗伦萨爱国热情，

① Robert Black, Review of Hankins, ed., *Renaissance Civic Humanism*, in *English History Review*, vol. 116, 2001, pp. 715-716.

② See Albert Rabil, Jr., "The Significance of 'Civic Humanism'," in Keith Whitlock, ed., *The Renaissance in Europe: A Reader*, New Haven: Yale University Press, 2000, p. 42.

③ See James M. Blythe, " 'Civic Humanism' and Medieval Political Thought," in James Hankins, ed., *Renaissance Civic Humanism: Reappraisals and Reflections*, Cambridge: Cambridge University Press, 2000.

他只是一个职业修辞学家，他的职责是写作颂词（*laudes*），政治从来都不是他关注的首要问题。布鲁尼以及其他佛罗伦萨人文主义者不过是希望通过运用一套娴熟的古典文学技巧，迎合佛罗伦萨意识形态宣传的需要，从而引起佛罗伦萨统治者的关注。① 在他看来，布鲁尼本人并非共和政体的虔诚信徒，西格尔举出的一个重要证据是布鲁尼寄给阿拉贡国王的一封信。当时，布鲁尼刚刚重译完亚里士多德的《政治学》，在这封信里布鲁尼说："《政治学》是王国统治的工具，对国王具有正确的指导意义，亚里士多德的其他著作是为所有人写的，而唯独这本书是为国王而写的。"②

所有人都会看出西格尔批评中的诛心成分，巴隆在其后一年对西格尔的回应表明西格尔提出的证据未必那么可靠。不过，撇开其中诛心的成分不论，西格尔还是提出了一个重要的问题：一个崇尚修辞的公民人文主义文本在多大程度上是值得信赖的？

应当承认，布鲁尼的佛罗伦萨论述的确带有精心的修辞成分，他的《佛罗伦萨颂》无论在形式上还是在内容上都是对阿里斯蒂德（Aelius Aristides）的《泛雅典娜节颂词》（*Panathenaicus*）的模仿。阿里斯蒂德把雅典描述为希腊反抗波斯侵略的领导者和希腊自由的捍卫者，很明显影响了布鲁尼的写作，因此，当布鲁尼说，"佛罗伦萨为所有各国人民的自由欢呼，因此是意大利所有暴君的敌人。如果佛罗伦萨没有为意大利的自由挺身而出，以巧妙的策略和力量制止詹加莱亚佐的攻击，进而将整个意大利从奴役的危险中解放出来，那么整个意大利早就被米兰的武力征服了"③，他确实像西格尔所指出的那样，扮演了佛罗伦萨城市意识形态宣传者的角色。但《佛罗伦萨颂》中体现出的这种修辞性多多少少是由颂词这种文体的性质所决定的。这种颂词式的夸大不应被看作布鲁尼对于佛罗伦萨的真实认知或刻意粉饰。比如，当我们看到《佛罗伦萨颂》里的这段话，"在这里，没有人受到过任何伤害，没有人会被别人剥夺财产……地球上没有任何一个地方有这样的正义，对所有人来说都是平等的；没有任何一个地方，自由能如此繁盛地成长；没有任何一个地方，穷人和富人能得到如此平等的对待"④，笔者相信，没有任何一个听众会把这段话当真。在修

---

① See Jerrold E. Siegel, " 'Civic Humanism' or Ciceronian Rhetoric? The Culture of Petrarch and Bruni," *Past and Present*, vol. 34, 1966, p. 25.

② Siegel, " 'Civic Humanism' or Ciceronian Rhetoric?" p. 26.

③ Kohl, et al., eds., *The Earthly Republic*, p. 166.

④ Kohl, et al., eds., *The Earthly Republic*, p. 173.

辞文化中成长起来的听众其实自然有其辨识能力，西格尔指出的问题在于，布鲁尼只考虑了演讲者的修辞性成分，而完全忽视了听众对修辞文化的接受。

事实上，布鲁尼在后来的一封信里就曾为他早年的《佛罗伦萨颂》做过辩护："颂词这种修辞文体需要夸大，也需要赢得掌声……公共的颂词演说针对的其实就是那些希望得到颂扬的人们，它和议会演说及法庭演说不同……颂词是一码事，历史是另一码事。历史必须追随真理，而颂词则必须在真实之上夸大其辞。"[①] 如果我们把同一作者在《佛罗伦萨颂》与《佛罗伦萨史》中提到的相同事件一一加以对比，从而发现它们的叙述角度迥然不同，甚至事实本身也大相径庭，我们不应感到过分惊讶，毕竟，布鲁尼本人以及熟悉这个修辞文化的人都对此心知肚明，他们能够容忍某种特定场合下的对事实的美化。

因此，在尽可能排除掉显而易见的夸大其辞之后，我们其实多多少少还是能分辨出布鲁尼相对确实的政治理念成分。尽管如此，西格尔指出的布鲁尼那里出现的在政体问题上的游移，的确是存在的。事实上，即便是关于佛罗伦萨政体性质的看法，布鲁尼各处的文本也殊为不同：在《斯特罗齐葬礼演说》（*Oration for the Funeral of Nanni Strozzi*）中，他认为佛罗伦萨是民主政体；在《论佛罗伦萨政体》中，他认为佛罗伦萨是混合政体；在《佛罗伦萨颂》中，他虽然没有明确表述佛罗伦萨的政体性质，但是他某些方面的看法，比如圭尔夫派在佛罗伦萨政体中的作用，肯定与《斯特罗齐葬礼演说》描述的佛罗伦萨大相径庭。

布鲁尼共有三篇涉及佛罗伦萨政体的文本，分别是写于1403—1404年的《佛罗伦萨颂》、写于1427—1428年的《斯特罗齐葬礼演说》以及写于1439年的《论佛罗伦萨政体》。虽然有人认为，布鲁尼各处关于佛罗伦萨政体性质的不同看法应当归因于他的思想发展或者是他对不同政治处境的不同反应，但实际情况却是，写作时间相对较早的《佛罗伦萨颂》与写作时间相对较晚的《论佛罗伦萨政体》对佛罗伦萨政体的描述其实并没有太大不同，反倒是写作时间在两者之间的《斯特罗齐葬礼演说》与其他两个文本有相当大的差别，这恰恰是思想发展论所不能解释的。

其实，写作时间居中的《斯特罗齐葬礼演说》是一个非常奇特的文本，巴隆对这个文本推崇备至。在他看来，这个文本是"佛罗伦萨人文主义文艺复兴的自我意识的决定性的一步"，"第一次清晰地表述了人文主义运动和佛罗伦萨

---

① Griffiths, et al., eds., *The Humanism of Leonardo Bruni: Selected Texts*, p. 160.

城邦的内在关联"[1]。巴隆之所以有如此高的评价，其原因很可能在于，《斯特罗齐葬礼演说》第一次明确提出了民主政治的正当性。布鲁尼在这个演说中不仅认为，佛罗伦萨是民主政体，"既不存在对于一个人统治的畏惧，也不存在少数人统治的奴役"，而且更为重要的是，布鲁尼明确提出：

> 这是一个城市共和国所能拥有的真正自由和真正公正，不害怕任何人的暴力和伤害，公民在法律面前，在担任共和国公职方面享有平等的权利。而所有这些，在一个人的统治和少数人的统治中是看不到的……君主对于好人的怀疑要远远超过对恶人的怀疑，任何人的德性对他们而言总是充满了威胁，少数人的统治也同样如此。因此，民主政体是唯一正当的政体。唯有在民主政体下，才有着真正的自由，每个公民才会受到平等法律的保护，追求德性才会蔚然成风而不致引起任何怀疑。[2]

当布鲁尼说"民主政体是唯一正当的政体"时，这在中世纪和文艺复兴的时代当属石破天惊之语（可能唯有卢卡的托勒密有类似的观点），但正如汉金斯所指出的那样，这段被研究者无数次引用的文字实际上在布鲁尼的所有作品中只出现过一次[3]，没有其他相关论述证明布鲁尼在同一时期持类似的立场。更为关键的是，《斯特罗齐葬礼演说》也是一篇模仿性的作品，这一次布鲁尼的模仿对象是修昔底德《伯罗奔尼撒战争史》中伯里克利的葬礼演讲。对比这两部作品，相似之处显而易见。布鲁尼同样把斯特罗齐葬礼演说变成了对佛罗伦萨城邦的全面歌颂，同样对佛罗伦萨方方面面的卓越之处大加褒扬，甚至在行文的顺序上也与伯里克利的葬礼演说不无相近。

但问题是，模仿同时也是自我塑造（self-fashioning），这在文艺复兴时期的文学作品中并不乏所见。比如彼得拉克的《登风涛山》对奥古斯丁的悔改经历有刻意的模仿，但今天的研究恰恰表明彼得拉克的整个登山经历很可能都是某种虚构。同样，布鲁尼这个演说最不可思议之处在于，被视为生于斯、死于斯、为国捐躯的模范公民的朗尼·斯特罗齐本人，实际上根本不是佛罗伦萨公民，他的父亲卡洛·斯特罗齐是佛罗伦萨人，但在1378年之后就被逐出了佛罗伦萨，朗尼·斯特罗齐在费拉拉长大，一直到他死之前都是费拉拉公民。令他捐躯的这场战役固然发生在费拉拉与佛罗伦萨结盟对抗米兰期间，但实际上没有任

---

① Baron, The Crisis of the Early Italian Renaissance, p. 363.

② Griffiths, et al., eds., *The Humanism of Leonardo Bruni*, p. 125.

③ See Griffiths, et al., eds., *The Humanism of Leonardo Bruni*, p. 172.

何佛罗伦萨人卷入其中。因此，布鲁尼的这篇演说词、他的第二篇“佛罗伦萨颂”本身的确是相当可疑的。布鲁尼以伯里克利演说为原型的“佛罗伦萨塑造”，很可能只是由于雅典的原型之故才采取的修辞，无论是关于佛罗伦萨是民主政体的判断，还是“民主政体是唯一正当的政体”的命题，都不值得严肃对待。[①]

而写作时间一早一晚的《佛罗伦萨颂》与《论佛罗伦萨政体》所持的立场却并无多少不同。《论佛罗伦萨政体》明确指出，佛罗伦萨政体是混合政体，结合了贵族政体和民主政体的长处而避免了各自的极端弊病；《佛罗伦萨颂》没有明确说出佛罗伦萨的政体性质，但实际上的政体倾向与《论佛罗伦萨政体》是相似的。巴隆和波考克等人认为，早期的《佛罗伦萨颂》描述的是一种更倾向于平民的政体，因此晚期布鲁尼思想存在着一种由平民政体向混合政体的转向甚或退却。[②] 但他们对《佛罗伦萨颂》的认识多多少少是理论先行、一厢情愿的，没有提供任何有说服力的证据。相反，《佛罗伦萨颂》对佛罗伦萨政体的描述无论在哪个方面都不能说带有平民政体的特征，而毋宁说更倾向于那种带有古典混合政体特征的政体类型。

《佛罗伦萨颂》第四部分即颂扬佛罗伦萨政体的一节，开篇即使用了一个音乐与政体的类比。布鲁尼说，“如同调试到完美比例关系的琴弦能奏响不同音阶合成的和谐之声，我们明智的城市也到处充满着和谐，构成了一个和谐的政体”，“各司其职、各守其位”[③]。这个比喻其实来自西塞罗的《国家篇》（2.42），其后在奥古斯丁的《上帝之城》（2.21）中得到转述，而西塞罗用音乐和谐比附政体和谐，恰恰说明的是比例关系，是把上、中、下三个阶级公正且合乎理性地混合在一起。这种对比例关系的运用以及通过比例关系说明的“各司其职、各守其位”，表明布鲁尼并没有倾向于普遍的政治参与。文本中也没有任何一处像《斯特罗齐葬礼演说》那样明示，佛罗伦萨公民在担任共和国公职方面享有平等的权利。

事实上，《佛罗伦萨颂》贯穿始终的政体原则是均衡和制约，而不是普遍参与。布鲁尼在说明政府的最高领导机构并非一人掌管而是由九名首长同时参与、任期为两个月而非一年时，他所阐述的理由是，这样遵循的是“均衡和制

---

① 关于《斯特罗齐葬礼演说》的相关研究，参见 James Hankins，“Rhetoric，History，and Ideology：The Civic Panegyrics of Leonardo Bruni，” in Hankins，ed.，*Renaissance Civic Humanism*，pp. 143－178。

② See Baron，*The Crisis of the Early Italian Renaissance*，p. 428；Pocock，*Machiavellian Moment*，pp. 89－91.

③ Griffiths，et al.，eds.，*The Humanism of Leonardo Bruni*，pp. 168－169.

约”的原则，“多人决定可纠正一人之偏，短暂任期可抑制野心的滋生”。同样的描述出现在《论佛罗伦萨政体》中时，布鲁尼的说法却是，“任期短暂是民主的原则，更有利于平等”①。如果布鲁尼早期倾向于平民政体，那么他完全应当像后来的文本那样，突出平等特质，这显然更有利于他的论证。

更为重要的是，《佛罗伦萨颂》事实上毫不避讳圭尔夫派在佛罗伦萨政体中的作用。他认为，圭尔夫派在佛罗伦萨有着巨大的权威，几乎所有事情都需要经由他们过问和监督，以确保共和国的运作不再偏离祖先已经建立的良好政策，他们的作用“就像罗马的监察官、雅典的战神山法官、斯巴达的监察官一样”，“他们是宪法的监护者”②。这种对公民团体的权威作用的推崇无论如何也不是和普遍的政治参与精神走在同一个方向上的。

因此，虽然《佛罗伦萨颂》与《论佛罗伦萨政体》的文体表述方式有很大的不同，虽然《佛罗伦萨颂》没有明确指出佛罗伦萨是混合政体，但布鲁尼其实并没有类似于《斯特罗齐葬礼演说》中那种把民主政体当作唯一正当政体的理想，他对公民参与的热情也远没有通常想象的那么高。

不过，即便布鲁尼更推崇的是混合政体，也不能否认他对公民德性的寄托。毕竟他使用的是一套德性的语言，而不是法律的语言。事实上，在布鲁尼的所有政治言说之下，有一个更深层次的动机，那就是，共和政体可以促进公民的德性。《佛罗伦萨颂》开篇显著地道出了布鲁尼心目中国家与公民间的关系：有其父必有其子，人们从儿子的脸上就能辨别出父亲的长相，同样，伟大的城市与其高贵子民之间的关系亦是如此。③ 这篇演说还是塔西佗第一次为现代政治思想所用，其时布鲁尼引用塔西佗的话指出，当权力集中在一个人身上时，“伟大的心智就消失了”。从前在共和国里的“自由”“高贵”“天才”尤其是“伟大的公民”都一去不复返了。④

> 在他的《佛罗伦萨史》中，布鲁尼更是留下了一段著名的陈词：罗马帝国的衰亡从恺撒开始觊觎这座城市时就已经开始了。因为自由让位于帝国，当自由失去了，德性也同样失去了。在恺撒之前的时代，荣誉是最高的品质，重要职务如执政官、发号施令者或者高级的职位，都向那些精神卓著、品质超群的人开放。但随着公共财富流入一个强权者的手中，优良

① Griffiths, et al., eds., *The Humanism of Leonardo Bruni*, p. 174.
② Griffiths, et al., eds., *The Humanism of Leonardo Bruni*, p. 173.
③ See Griffiths, et al., eds., *The Humanism of Leonardo Bruni*, p. 136.
④ See Griffiths, et al., eds., *The Humanism of Leonardo Bruni*, p. 154.

> 品质和慷慨大度在统治者眼中都变得可疑。政府向懒汉而不是强者、向溜须拍马者而不是优秀者打开大门，伴随着政府管理者品质的下降，帝国也一点点走向毁灭。[①]

这段陈词表明，布鲁尼的论证是一以贯之的，对他来说，政体在孕育公民德性方面的作用是衡量政体最为重要的标准。这种思维方式其实在当时的人文主义者那里也极为常见。后来在波焦与瓜里诺（Guarino）的争论里，双方论争的核心问题之一就是罗马共和国和罗马帝国哪一个孕育了更多的文化和智识成果。可考虑到维吉尔、贺拉斯的地位，瓜里诺显然不会在这种争论中占下风。事实上，他们的争议本身就表明，这套德性的语言其实既可以服务于共和政体也可以服务于君主政体。单纯建立在卓越性基础上的德性，或许也会掩盖存在于实际政治中的一些东西。

事实上，除了西格尔早期提出的批评之外，公民人文主义所面临的另一种批评主要就是针对它和佛罗伦萨现实政治的关系。其中的主要代表人物是纳杰米（John Najemy）。纳杰米认为，布鲁尼等公民人文主义者其实是论证了一种寡头式的共和主义。在 1378 年佛罗伦萨梳毛工起义之前，佛罗伦萨实际上存在着更为广泛的政治参与，这是一种以行会为基础的公社时代的共和主义，而公民人文主义的出现其实是用新式的德性语言取代了过去在工会共和主义时代的阶级语言和阶级利益语言，德性和公益压抑了过去的阶级利益（当然，公共利益又是由权威政治家决定的）。于是，从表面上看，公民人文主义意图推动公民参与，但实际上却是抑制了公民参与。在布鲁尼的时代，所有的政治参与实际只意味着在政府中取得官职，而不是参与真正的政治决定。因此，在这个意义上，公民人文主义是佛罗伦萨寡头体制的一种意识形态宣传。[②] 朱杰维奇甚至认为，公民人文主义与美第奇在佛罗伦萨取得统治地位不无关系，在他看来，15 世纪后 60 年美第奇的霸权才是公民人文主义历史叙事要面对的首要问题。[③] 如果诚如巴隆所言，公民人文主义激发出了一种佛罗伦萨的共和热情和政治活力，那么为什么很快这种政治活力就消失殆尽，而且未见公民人文主义

---

① Bruni, *History of the Florentine People*, James Hankins, ed., Cambridge: Harvard University Press, vol. 1, 2001, pp. 49 – 51.

② See John Najemy, "Civic Humanism and Florentine Politics," in *Renaissance Civic Humanism*, pp. 75 – 104.

③ See Mark Jurdjevic, "Civic Humanism and the Rise of the Medici," *Renaissance Quarterly*, vol. 52, 2001, pp. 994 – 1020.

者对美第奇的实际统治霸权有何不满?

这可能的确是人文主义的问题所在。人文主义的德性政治几乎与现实政治是两个平行世界的政治。人文主义者帕尔米耶里（Palmieri）曾打过一个比方，用来形容人文主义者的方法：我们该怎样描绘特洛伊的海伦？找五个人，分别画五个最美的姑娘，然后把每个人最美的一面捏合在一起，于是，最美的海伦就铸就了。吉尔伯特（Felix Gilbert）说，他们对政治制度的描述，大抵也是这种方法，从各个国家和城市中择取出各自好的一面，然后以为美好的政治就已经铸就了。人文主义者大概从没有想过，如何将现实世界变为他们理想中的世界。①

吉尔伯特的话虽然刻薄，但大体是准确的。不过，真正的问题也许还并不仅仅在于他们的天真和不明事理，而在于他们缺少一种一视同仁的洞见。其实，并不是所有的人文主义者都缺乏对于这种虚浮德性言论的警惕，甚至布鲁尼在《斯特罗齐葬礼演说》中也有类似的洞察。在他看来，“那些倾向于君主制的人往往把不曾在任何人身上体现出的德性统统放在一个国王身上。哪里有一个国王，他所有的行为都是为了人民的利益，从不关心自己个人的目的？因此，对于君主制的颂扬必定是虚构的、暧昧的，缺少准确的、坚实的基础”②。布鲁尼对君主制学说的虚浮言辞的批评不可谓不准确，对于同样持有一套德性话语的君主镜鉴派学者来说，他的批评已经足够犀利了。可轮到他本人以及立场相近的公民人文主义时，这套德性话语又似乎过于甜蜜，无从摆脱了。要同时对君主制和共和制的德性语言做出系统的批判，终究要等下个世纪佛罗伦萨的一个伟大天才。

第二节　马基雅维利的“新方法与新秩序”

马基雅维利并没有创立一套新的政治语言，他并不是一个政治术语的发明者，我们今天所有用于描述马基雅维利政治思想的词汇，他本人都没有使用过。在他的词汇表里，我们看不到后世那些加诸他本人的词汇——国家理性、

① See Felix Gilbert, *Machiavelli and Guicciardini: Politics and History in Sixteenth Century Florence*, Princeton: Princeton University Press, 1965, p. 93.

② Griffiths, et al., eds., *The Humanism of Leonardo Bruni*, p. 125.

现实主义、政治科学、共和主义、民族主义等等。单从政治语言的角度，我们很难将《君主论》从中世纪晚期和文艺复兴早期的“君主镜鉴”式著述中区分出来[①]，甚至是马基雅维利所使用的论说方式，如德性与命运，其实也是再传统不过的人文主义主题。

当然，这并不表明在马基雅维利那里不存在实质的创新，更不表明马基雅维利本人对创新毫无自觉。如果我们认可马基雅维利对现代政治思想的创始意义，那么上述现象就只是说明了一种悖论，一种表述和所欲表述的悖论：马基雅维利始终是用过去的语言诉说着现代政治思想的秘密。甚至，夸张一点说，没有任何一个马基雅维利的词汇，不需要经过“翻译”就可以直接运用于当代政治话语的讨论。以赛亚·伯林（Isaiah Berlin）在他的名篇《马基雅维利的原创性》中为我们揭示了现代以来各种眼花缭乱的马基雅维利阐释，可为什么在所有思想家中，马基雅维利的位置如此之特殊，为什么唯有马基雅维利引发了如此多的争议，其根本原因也就在此。对马基雅维利的解释之所以纷繁复杂，其实无非是因为，马基雅维利对我们来说始终是熟悉的陌生人，他诉说了现代政治思想的秘密，但使用的却是需要我们自己去“翻译”的语言。

但是，马基雅维利本人对自己的创新却有着清醒的认识。在《君主论》的献辞中，他明确表达了对传统人文主义君主镜鉴文体修辞的不满；而无论是在《李维史论》还是在《君主论》中，他都曾数次使用过“新方式和新秩序”（*modi ed ordini nuovi*）这一表述。[②] 在《李维史论》开篇首句，他更是直接表达了探索“新方式和新秩序”、涉足前人未及水域的意欲。

这种方法论的自觉尤其体现在《君主论》第15章的一段著名表述中：“既然我准备写一些有用的东西，我觉得最好直接说出事情的实际真相（*verita effettuale della cosa*），而不是事情的想象方面（*immaginazione*）。”[③]

根据曼斯菲尔德的研究，此处的表达不仅在马基雅维利本人的著作中仅此一例，而且在整个文艺复兴时期也仅此一例。[④] 不过，今天几乎所有《君主论》

---

① See A. H. Gilbert, *Machiavelli's Prince and its Forerunners*, Durham: Duke University Press, 1938.

② 即《君主论》第6章和第26章以及《李维史论》第1卷第1章。

③ ［意］马基雅维里：《君主论》，潘汉典译，73页，北京，商务印书馆，1985；译文参照Machiavelli, *Il principe*, L. A. Burd, ed., Oxford: Clarendon Press, 1968以及Machiavelli, *The Prince*, Harvey C. Mansfield, trans., Chicago: University of Chicago, 1998有所修正。

④ See Harvey Mansfield, *Machiavelli's Virtue*, Chicago: University of Chicago Press, 1996, p. 19.

的会心读者都以不同的认知方式领会了马基雅维利此处关于事物的“实际真相”与“想象方面”的区分。我们会认为，通过在事物的“实际真相”与“想象方面”之间设置的距离，马基雅维利实际上与人文主义，并且通过人文主义与作为人文主义前提的西塞罗或柏拉图式的古典政治哲学决裂；我们也会认为，现代学术中事实和价值、实然和应然、政治和道德的分裂恐怕都或多或少发端于此处；而且，我们似乎更有理由认为，马基雅维利是一个现实主义者，他对事物的“实际真相”的兴趣，是因为他已经对古典政治哲学的空想性感到厌倦。

在所有的这些阐释、理解和“翻译”中，最为核心的应当是马基雅维利这句表述中体现出的现实主义取向，这不仅是因为马基雅维利首先使用了被鲁索（Luigi Russo）称为“马基雅维利用他的新直觉创造出来”的 *effettuale* 一词[1]，而此前的人文主义者从没有使用过这个表达，还因为他使用了一个新的表述 *immaginazione*（想象）来形容古代君主国和共和国的政治话语[2]，更因为马基雅维利就此确立了一个新的、以前从没有被界定过的、在政治现实和政治想象之间的对立。

因此，如何理解这一段话，关系到马基雅维利学说的整个方法论意义。如果我们希望把现代世界中事实和价值、实然和应然、政治和道德的分裂归于马基雅维利，如曼斯菲尔德所指出的那样，“我们可以在《君主论》第 15 章中发现一种现实主义，这种现实主义是后来的事实和价值区分的先驱，并且，这种现实主义认为，不应当从应然中推出实然来”[3]，那么，从根本上说所有这些回溯都必须借助一个“现实主义”的内核。

一、《君主论》的“现实主义疑难”和马基雅维利的“方法”

对马基雅维利的解释一向众说纷纭，但“现实主义”可能恰是所有解释的内核。维罗里曾不无感慨地说：“如果要说在马基雅维利学界还存在什么共识

---

① See Harvey Mansfield, “Machiavelli's Enterprise,” in Timothy Fuller, ed., *Machiavelli's Legacy*: “*The Prince*” *After Five Hundred Year*, Philadelphia: University of Pennsylvania Press, 2015, p. 171.

② 根据纳杰米的考察，*immaginazione* 一词很可能首先是由马基雅维利的朋友韦托里（Vettori）引入的，关于马基雅维利与韦托里的通信中 *immaginazione* 一词的起源，参见 John Najemy, “Machiavelli and Language,” in Martin Coyle, ed., *Niccolò Machiavelli's the Prince New Interdisciplinary Essays*, Manchester: Manchester University Press, 1995, pp. 98－99。

③ Mansfield, *Machiavelli's Virtue*, p. 258.

的话，那么，这个共识就只可能是，马基雅维利是一个现实主义的政治思想家”[①]。而明德尔在一篇同名论文中甚至干脆说，马基雅维利的政治科学的标志就是他的“现实主义”，除此之外的任何其他的解释都未免有自说自话之嫌。[②]可问题恰恰在于，什么是马基雅维利的“现实主义”？“现实主义”这个共识是否真的可靠？马基雅维利的文本是否只呈现出现实主义的一面，他所说的“事情的实际真相”是否摆脱了“事情的想象方面”？在马基雅维利文本的内在逻辑里是否还存在着一种“马基雅维利式的想象”？

事实上，仅就马基雅维利的文本阐释而言，即便我们承认这样一种现实主义内核的存在，在文本阐释上也至少需要面临两个挑战：首先，《君主论》的“实际真相”是否可以延伸至其他文本，比如探讨共和国命运的《李维史论》；其次，《君主论》的文本内部是否可以提供一种融贯的关于“实际真相”的看法，或者说一种统一、一以贯之的现实主义政治立场？

对于大多数马基雅维利的研究者来说，这两个棘手的文本问题几乎是不可回避的。比如吉尔伯特在他关于《李维史论》的一篇论文里曾经分别把马基雅维利的两部著作《君主论》和《李维史论》称为“政治现实主义”和“政治理想主义”。[③]有意思的是，在他另外一篇关于《君主论》最后一章的研究中，吉尔伯特还曾提到：“弥漫于《君主论》最后一章的民族主义呼吁在情感上是理想主义的，而构成此书其他章节鲜明特征的则是对于政治力量的冷酷的现实主义分析，二者形成了一种惊人的对比。”[④]

吉尔伯特的判断是一种相当具有代表性的看法。这种观点认为，首先应当把马基雅维利的所有文本区分为方法论上截然不同的两类文本，即以《李维史论》为代表的政治理想主义和《君主论》的政治现实主义；其次，即便对《君主论》这个文本而言，也应当注意其内在逻辑可能存在的冲突，比如前二十五章的基调是政治现实主义，而最后一章的基调仍然是某种政治理想主义。

实际上，这种看法牵涉两个类型的问题：其一，如何理解《君主论》和《李维史论》的关系？马基雅维利的“政治现实主义”是否只涉及《君主论》的文本，而《李维史论》则体现出马基雅维利的另一面，即“政治理想主义”？

---

① Maurizio Viroli, “Machiavelli's Realism,” *Constellations*, vol. 14, 2007, p. 466.

② See G. B. Mindle, “Machiavelli's Realism,” *The Review of Politics*, vol. 47, 1985, p. 212.

③ See Felix Gilbert, “The Composition and Structure of Machiavelli's *Discorsi*,” *Journal of the History of Ideas*, vol. 14, 1953, p. 156.

④ Felix Gilbert, “The Concept of Nationalism in Machiavelli's *Prince*,” *Studies in the Renaissance*, vol. 1, 1954, p. 38.

继而，如果这个区分是成立的，那么对于马基雅维利来说，这是否意味着，共和制的原则是理想主义，而君主制的原则是现实主义？“政治现实主义”和“政治理想主义”的区分是否恰好对应两种政体原则的区分？其二，如何理解《君主论》前二十五章与全书最后一章的关系？《君主论》最后一章热切的民族主义情感是否与前二十五章冷静的现实主义政治分析构成了某种矛盾？如果《君主论》中的确存在着这一矛盾，又应当如何理解这个文本内在逻辑上的矛盾？《君主论》中是否还存在着诸如此类的矛盾？

大体上讲，这两个问题代表了马基雅维利那里的“现实主义疑难”。前者涉及的是马基雅维利整体政治思考的自洽性问题，后者涉及的是《君主论》文本的自洽性问题。前一个自洽性问题，可以说是马基雅维利研究领域近乎永恒的话题。按照通常的意见，《君主论》似乎是一本君主专制的教科书，而《李维史论》则是共和派的教科书，因此，同时传达两种教诲的马基雅维利就几乎成了克罗齐所说的“一个永远无法解决的马基雅维利之谜”。不过，自哈林顿(James Harrington)、斯宾诺莎和卢梭以来，将马基雅维利解释为一个真正的共和主义者的努力几乎从未断绝，随着巴隆对文艺复兴公民人文主义的发现，以及剑桥学派在此基础之上对现代早期共和主义传统的阐发，曾经邪恶的“老尼克”(Old Nick) 现在居然冠冕堂皇地成了共和主义和公民传统的首要代表。但是，任何要将马基雅维利解释成一个一以贯之的共和主义者的主张，都很难回避马基雅维利毕竟写作了一本共和主义难以消化的著作《君主论》。因此，为解决这个自洽性问题，马丁利不惜将马基雅维利的《君主论》解释为一部讽刺作品[①]；而巴隆则在《君主论》和《李维史论》的写作时间上大做文章，以期证明马基雅维利实际上只是经历了一个短暂的偏离共和主义的阶段，之后又重新回到原本的共和主义立场上去了[②]。

不过，这个自洽性问题其实只是在某种意义上棘手。转换一种表述，或许就远没有初看上去那样“永远无法解决”。严格说来，共和主义和现实主义并不是一对矛盾的概念。从概念的内涵上来看，我们可以说，自由的政体（共和制）和不自由的政体（君主制）是二择一的关系、政治理想主义和政治现实主义是二择一的关系，却绝不能说，共和主义和现实主义是二择一的关系。它们

---

① See Garrett Mattingly, “Machiavelli's *Prince*: Political Science or Political Satire?” *American Scholar*, vol. 27, 1958, pp. 482 - 491；但是据巴隆回忆，马丁利在晚年最终放弃了这个观点。

② See Hans Baron, “Machiavelli: The Republican Citizen and the Author of ‘The Prince’,” *English Historical Review*, vol. 76, 1961, pp. 27 - 53.

本身就是不同层面的问题。实际上，今天，恐怕很少有人会像吉尔伯特一样，把马基雅维利的共和主义当作一种与政治现实主义相对的政治理想主义。马基雅维利在《李维史论》中关于共和国应当如何利用暴力、党争和宗教的教诲，恐怕无论如何也配不上"理想主义"这个高贵的名词。相反，有些学者更愿意用"共和主义式的现实主义"（republican realism）描述马基雅维利和文艺复兴时期的那种相对特殊的观念形态。[①] 因此，马基雅维利那里的第一重"现实主义疑难"其实并不能算作太过难解的问题。

事实上，由《君主论》文本的自洽性问题带来的第二重"现实主义疑难"却比通常所见的要棘手得多。如前文所述，按照吉尔伯特的观察，《君主论》前二十五章是对于政治力量的冷酷的现实主义分析，而弥漫于《君主论》最后一章的民族主义呼吁在情感上则是理想主义的，二者之间的对比不能不说相当惊人。[②] 吉尔莫从另一个角度表达了他对这一问题的看法，在他看来，在《君主论》的最后一章中，"政治现实主义方法的伟大分析家屈从于民族主义的浪漫立场"，马基雅维利的民族主义诉求事实上采取了一种非历史的方法。[③]

吉尔莫之所以对《君主论》最后一章有"非历史性"的指责，很大程度上是因为，马基雅维利的民族主义立场似乎来得太不合时宜，它看上去与文艺复兴时期的意大利现实没什么关系，却关系到遥远的 19 世纪欧洲民族主义浪潮，尤其是意大利的民族解放运动。

也就在 19 世纪，费希特（Fichte）第一次将马基雅维利视为民族主义者，麦考莱（Macaulay）继其后，他关于马基雅维利的判断极大地改变了马基雅维利在欧洲思想界长期以来的恶名。从那时开始，随着民族主义浪潮尤其是马志尼（Mazzini）和伊曼努尔二世（Emmanuel II）的意大利统一运动的兴起，马

---

① See M. Jurdjevic, *A Great and Wretched City*, Cambridge: Harvard University Press, 2014, p. 206; A. Moulakis, *Republican Realism in Renaissance Florence: Francesco Guicciardini's Discorso Di Logrogno*, Lanham: Rowman & Littlefield, 1998.

② 关于《君主论》最后一章与前二十五章的关系，学界有两种不同的立场，一派为"断裂论"，一派为"统一论"。吉尔伯特的立场毫无疑问属于"断裂论"，而与老派的"断裂论"不同，近些年盛行的、以波考克和维罗里为代表的共和主义修正派倾向于认为《君主论》是一个统一的整体，最后一章并非某个与全书脱节的民族主义段落，同其他章节一样，最后一章仍旧是某种共和主义式的爱国主义情感的体现。但是，这种解释丝毫也不能解决一个棘手的问题：马基雅维利爱的究竟是哪一个国？佛罗伦萨还是意大利？为什么在《君主论》最后一章，马基雅维利的基本认同超出了佛罗伦萨的视野，而追求意大利的自由和解放？这不是一个共和主义所能够解答的疑难，而只能借助于民族主义的叙事。

③ See M. P. Gilmore, *The World of Humanism, 1453 - 1517*, New York: Harper, 1952, pp. 135, 140.

基雅维利开始被视作一个意大利民族解放的先知，而《君主论》也开始被视作一个带有民族主义预言性质的爱国主义文本。19 世纪意大利最著名的史学家维拉里写作的马基雅维利传记是为马基雅维利正名的一部重要文献。维拉里认为，马基雅维利对意大利政治问题的诊断是极为正确的，马基雅维利深刻认识到，外部干涉以及四分五裂、无法统一的政治格局才是造成此后意大利政治灾难的根源，他所有著述的深层动机都可以归因于对意大利统一的渴望。另一位意大利学者、当时的著名文学批评家弗朗西斯科・德・桑克蒂斯（Francesco de Sanctis）甚至称马基雅维利为“意大利的马丁・路德”①。在他那里，所有为马基雅维利所做的民族主义正名升级到了最具戏剧性的一幕：就在意大利最终统一、罗马获得解放的那一天，德・桑克蒂斯在他的《意大利文学史》中写道：“在我落笔的时刻，远方传来的钟声诉说着，罗马已经回到意大利的怀抱，窗外的人们不停地喊着，‘意大利万岁’——光荣属于马基雅维利！”②

民族主义叙事的兴起毫无疑问是将马基雅维利从冷漠的道德立场中解放出来的重要一步，同时民族主义叙事也让马基雅维利成了一个预言家，然而却是一个不合时宜的预言家。对于 19 世纪的意大利人来说，马基雅维利几乎就是一个先知；而对于 16 世纪的意大利人来说，马基雅维利却只是一个似乎来得太早的先知。

在这个意义上，马基雅维利的“现实主义疑难”才成了一个真正棘手的问题。我们的确不清楚：是否应该把先知穿透几个世纪的预见力看作一种贴近现实的洞察力？马基雅维利在《君主论》最后一章提供的图景，究竟是“事情的实际真相”还是“事情的想象方面”？

（一）《君主论》的“想象方面”

不过，无论从历史哲学的角度，我们应当做出怎样的判断，单从《君主论》最后一章的文本角度，马基雅维利的文本实际上很清楚地表明了，他的建议的确存在着某些“事情的想象方面”。

《君主论》最后一章的标题是，奉劝君主“将意大利从蛮族手中解放出来”，这就是后世引之为民族主义叙事的来源。马基雅维利给出的这个统一意大利的建议，无论是从语言修辞的角度还是从劝说逻辑的角度，都有偏离前二十五章的现实主义政治观察之嫌。

① Francesco De Sanctis, *History of Italian Literature*, New York: Harcourt, 1931, p. 463.

② De Sanctis, *History of Italian Literature*, pp. 584 - 585.

首先，从《君主论》最后一章的语言修辞来看，我们很难不对马基雅维利所采用的若干表达感到诧异。按照卡西尔的说法，《君主论》行文至最后一章，马基雅维利突然抛弃了之前的那种逻辑分析的方法和冷漠超然的态度，风格为之一变，其行文风格“不再是分析的，而是修辞的”①。卡西尔的观察是准确的，但他并没有加以细致分析。事实上，举例而言，在《君主论》第 26 章之前的章节中，征服或杀戮是以一种轻描淡写的中立性方式被描述的，比如第 5 章建议征服一个共和国最为稳妥的方式是消灭它，又比如第 3 章以令人难以置信的冷漠语气中立地谈论法国为什么没有占领意大利。前者似乎完全没有设身处地考虑到佛罗伦萨本身作为一个共和国所面临的被征服的困境，后者也似乎完全没有考虑到意大利作为征服对象所面对的遭遇。但是在最后一章，对意大利被占领的描述却完全不一样，马基雅维利借助了许多遭受暴行的情感词汇，而没有使用中立性的征服或占领式的表达。比如，马基雅维利谈到了蛮族对意大利的暴行和侮辱（*crudeltà et insolenzie barbare*），而在描述蛮族的暴行时，他甚至一连使用了四个音节饱满的情感性词汇以形容意大利所遭受的劫难：“被打击、被破坏、被撕裂、被劫掠”（*battuta*，*spogliata*，*lacera*，*corsa*）。很明显，叙述的情感强度随着音乐性而得到了强化，意大利被占领不再作为一个中立性事实而出现，而是呈现为一个被征服者的苦难叙事。

其次，从劝说方式来看，《君主论》最后一章给出的建议也很难说是彻底的现实主义权力分析。严格说来，马基雅维利并没有提供解放意大利的具体方法，而是采取了某种倾向于忽略现实条件的道德鼓动。如前文所述，《君主论》最后一章在语言层面摒弃了前二十五章的中立性语言而采取情感性修辞，而马基雅维利之所以这么做，归根结底是因为他需要为意大利解放提供某种正当性诉求，这是“征服”或“占领”等中立性陈述无法提供的。

比如，第 26 章最为引人注目的段落之一是马基雅维利竟然引入了“正义战争”的观念，他饱含深情地说道，“伟大的正义（*giustizia grande*）是属于我们的”，为此他还引用了李维的一段话：“对那些迫不得已（*necessaria*）进行战争的人来说，战争是正义的；对那些除了拿起武器就毫无希望的人来说，武器是神圣的。”

需要指出的是，“正义”（*giustizia*）一词在前二十五章只出现过一次，而唯一的一次恰恰出现在第 21 章马基雅维利试图证明君主必须在敌人和朋友之

---

① Ernst Cassirer, *The Myth of the State*, New Haven: Yale University Press, 1946, pp. 143-144.

间做出选择、不要模棱两可地采取中立立场的时候。这似乎表明，在马基雅维利那里，“正义”与中立性立场是截然相对的，正当性诉求出现的时刻，也就是必须在敌人和朋友之间做出选择的时刻，同时也就是必须放弃置身事外的中立性态度的时刻。对于将意大利从蛮族手里解放出来的目标而言，其正当性诉求是明确无疑的，其敌友关系也是明确无疑的，因此，《君主论》前二十五章中那种近乎刻意的、冷漠的中立语气和中立性分析方法反而是不适当的。

于是，我们可以看到，《君主论》的最后陈词几乎在一种强烈甚至近乎泛滥的正义感召中结束，似乎一切困难在“正义事业（*imprese giuste*）的那种精神和荣光”面前都将迎刃而解：“什么门会对他关闭？有什么人会拒绝服从他？怎样的嫉妒会反对他？有哪个意大利人会拒绝对他表示臣服?”很明显，这是一个运用“正义感”说服听众的传统修辞术，在这种修辞中，正义淹没了对现实困境的度量。

又比如，在《君主论》最后一章中，马基雅维利还试图说服君主，眼前是一个将意大利从蛮族手里解放出来的良好时机。关于这个时机性的规劝（*exhortatio*），马基雅维利使用的是在他那里常见的德性和命运的修辞。可是，如果我们仔细分析马基雅维利的规劝逻辑，就会发现，第 26 章马基雅维利所提出的时机性规劝实在是太过离奇、太不合理、太不具有现实意义了。

为了说明这是一个解放意大利的良好时机，马基雅维利并没有分析意大利政治乃至于欧洲政治的现实格局，也没有提供解放意大利的任何切实有效的方法。他没有告诉我们该怎样对待独立的威尼斯共和国、该怎样处理来自西班牙和法国的外部干涉力量、该如何应对教皇国在意大利的实际存在；相反，他仅仅举出了摩西、居鲁士（Cyrus）、提修斯三位古代建国者，将他们三位视为摆脱外部压迫、实现民族独立的典范，并且指出，将意大利从蛮族手中解放出来是与他们的伟业相似的功绩。意大利目前的局面和他们曾经面对的局面极为相似，因此能够将意大利从蛮族手中解放出来的人，也必定是与他们相似的豪杰。而为了认识这样一位意大利豪杰的能力，必须让意大利的现实处境和三位古代立国者的处境相似，甚至要更胜一筹。也就是说，“必须使意大利沉沦到它现在所处的绝境，必须比希伯来人受奴役更甚，必须比波斯人更受压迫，必须比雅典人更加流离分散，既没有首领，也没有秩序，受到打击、遭到劫掠、被分裂、被蹂躏，并且忍受了种种破坏”。

仅仅从劝说的效果来说，马基雅维利的劝说方式遵循的是一种看起来再奇怪不过的逻辑。为什么现在是将意大利从蛮族手里解放出来的良好时机（*occasione*）？因为局面太糟糕了，命运太恶劣了。但只有局面太糟糕、命运太恶劣，能力和德性才能彰显出强大。如果能够在这种极其恶劣的局面里获得成功，那么对于君主的德性是无上的肯定。换言之，希望越渺茫，荣耀越大。

从根本上说，这是一种德性彰显论的劝说，即困难是用来彰显德性的。不能说这种劝说没有效果，从鼓动君主追逐荣誉的角度，这种劝说或许的确可以起到一定的作用。但从现实政治的角度来看，这一段的意思毋宁反过来说，荣耀越大，希望越渺茫。马基雅维利当然清楚这一点，他其实承认上述三位立国者的行迹带有某种奇迹的色彩，在行文中他甚至不惜借助《出埃及记》中的神迹："大海分开了，云彩为你指出道路，巉岩涌出泉水，灵粮自天而降，一切事物已经为你的伟大而联合起来……"

对于规劝君主行事而言，再没有什么比奇迹更不具有现实意义的劝说了。一旦借助奇迹，就等于是说，这并非基于现实的分析，而是寄望于命运的修辞。因此，马基雅维利此处所传达的摩西立国式的感召，恐怕一定包含着事情的某些"想象方面"。

这一点我们可以从与马基雅维利同时代的政治思想家圭恰迪尼（Francesco Guicciardini）那里看得更为分明。圭恰迪尼可能是当时少数严肃对待马基雅维利统一意大利学说的学者之一，不过，恰恰在这一点上，他比马基雅维利要"现实"得多。圭恰迪尼在他的《关于李维史论的评论》（Observation on Machiavelli's Discourses）中的一段话，表明他对马基雅维利的计划不抱任何希望，在他看来，马基雅维利没有估计到两个难题：首先，没有一个君主愿意响应意大利统一的呼吁，因为，僭主不可能有解放祖国的欲望，因为他感受不到给别人带来自由的那种快乐，对他来说，唯一的快乐只是权力①；其次，意大利人的自由传统也不会对意大利统一有响应，尽管意大利的分裂带来了很多问题，但一个统一的君主国，其危害还是要大过分裂，意大利不同于法国，意大利从没有被一个统一的权力支配过。对自由的渴望是意大利人的天性。尽管对于意大利以及统一意大利的那个城市来说，意大利的统一是一种荣耀，但是对于意大利其他的地区却毋宁说是一种巨大的灾难。②

① See James B. Atkinson and David Sices, trans., *The Sweetness of Power*, I. 10, Dekalb: NorthernIllinois University Press, 2002, p. 402.

② See Atkinson and Sices, trans., *The Sweetness of Power*, I. 12, pp. 404 - 405.

更为重要的是，正如吉尔伯特准确地指出的那样，如果说马基雅维利那里的确存在着某种“民族主义”，我们也需要将他的“民族主义”与后世通常所谓的“民族主义”小心地加以区分。因为，我们很难确定，马基雅维利式的意大利统一，究竟是军事上的联合、政治上的联邦，还是某种统一的民族国家。[①]马基雅维利并没有透露任何关于统一的意大利的未来政治构想，也从没有把民族同一性作为立国的根据。因此，可以说在马基雅维利那里，并不存在严肃的民族主义立场。后世如维拉里、德·桑克蒂斯乃至当代的阿尔都塞（Althusser）式的解读只是自说自话，拿马基雅维利浇自家的块垒罢了。

然而，我们是否应该就此认为，第 26 章涉及的意大利的解放，只是一种纯粹对于新君主的激励，或者说只是一个纯粹修辞学的产物？其中是否包含着某些“实际真相”？这一点还需要我们进一步加以分析。

（二）《君主论》的“想象方面”与“实际真相”

事实上，马基雅维利在《君主论》最后一章的劝说逻辑最终指向的既不是一个空洞的解放意大利的意愿，也不是与此相关的对实现意大利统一、解放意大利的现实条件的分析，而是一个甚为奇特的立场，在他看来，解放意大利，迫切需要解决的是一个组织形式的“方法论”问题。

在第 26 章最后一部分，马基雅维利分析了意大利人何以每每在军事上失败以及如何获得转变军事失败局面的解释，但是这一部分的解释与其说是正面论证意大利的军事实力足以和西班牙人、法国人或瑞士人相对抗，还不如说马基雅维利采取的是一种条件促成式的劝说。也就是说，马基雅维利所指出的并不是军事和政治领域里意大利实际具有的实力，而是意大利人可能具有的实力。他刻意描述了一组对比：意大利人在决斗中或者在少数几个人的搏斗中体现出力量、机敏和智力上的优异，而与之相对的则是，在大规模的军事组织和战争中遭遇了一系列溃败。通过这一对比，马基雅维利试图说明，意大利人的个人能力是强大的，但欠缺的是一种将意大利人的个人能力组织起来的“新方法和新秩序”。

马基雅维利在《李维史论》和《君主论》中数次使用过这一表述，在《李维史论》开篇首句，他更是直接表达了意图探索“新方法和新秩序”（*modi ed ordini nuovi*）、涉足前人未及水域的理论意趣。可以说，所谓的“新方法和新秩序”就是马基雅维利本人自觉的方法论意识。而马基雅维利之所以在《君主

---

① See Gilbert, “The Concept of Nationalism in Machiavelli's ‘Prince’,” p. 38.

论》第 26 章的尾声部分采取那种具有诱导性的条件促成论的劝说，其要点其实并不是论证意大利统一的现实可能性，而是论证新方法和新秩序对于促成意大利统一的必要性。对于马基雅维利来说，意大利的统一并不是一个对现实条件进行经验分析的产物，而更像是一个用以验证其在前二十五章提出的“新方法和新秩序”的可能的政治实验室。夸张点说，对马基雅维利而言，方法论问题要大于现实问题，方法论的条件分析要高于现实的条件分析。

从马基雅维利的文本来看，他未必没有估量到可能遇到的批评和责难，实际上，马基雅维利甚至有意采取了一种忽略现实的表述。如果我们寻着马基雅维利本人提供的方法论线索，就会发现，在同样出现了“新方式和新秩序”这一表述的《君主论》第 6 章开篇部分，马基雅维利提出了一个有意识引导我们忽略现实条件分析的著名比喻：

> 然而一个明智的人总是应该追踪伟大人物所走过的道路，并且效法那些已经成为最卓越人物的人们。这样一来，即使自己的能力达不到他们那样强，但是至少会带有几分气派。他要像那些聪明的射手那样行事，当他们察觉想要射击的目标看来距离太远，同时知道自己的弓力所能及的限度，他们瞄准时就比目标位置抬高一些，这并不是想把自己的箭头射到那样高的地方去，而是希望瞄准得那样高，就能够射中他想要射的目标。（《君主论》第 6 章）

第 6 章开篇的这个比喻，用通俗的话来讲，无非说的是，要想射得远，就必须抬高目标的瞄准点。但是，马基雅维利同时也说到了，即便能力不足以达到聪明射手的程度，但模仿聪明射手的方法“至少会带有几分气派”。谁是那些“聪明的射手”？按照第 6 章的标题，应当就是马基雅维利所属意的新君主，“依靠自己的武力和能力”获得地位、创立国家的新君主。但我们同时应当注意到，第 6 章所引入的主题和研讨的人物，恰恰就是第 26 章马基雅维利试图让统一意大利的君主效仿的人物，也就是摩西、居鲁士、提修斯三位古代的建国者或新君主。从第 6 章开篇的比喻来看，马基雅维利实际上很清楚，作为古代建国者的摩西、居鲁士、提修斯本身就是极难效仿的对象，他所要设定的目标其实对于当时的意大利来说实在太过高远，意大利的统一只是那种要想射得远就必须抬高瞄准点的目标而已，实际上远不足以达到聪明射手所能达到的“射程”。但即便不可能实现，也仍然有必要以之为模仿的对象。也就是说，马基雅维利在提醒我们忽略现实、转向方法。

因此，第 6 章的新君主和第 26 章的意大利解放者之间的对应，凸显的既不是二者实际能力的对应，也不是二者现实条件的对应，而只能是一种方法上的对应，即同时出现在第 6 章和第 26 章中的表述："新方法和新秩序"。但问题在于，什么是马基雅维利的"新方法和新秩序"？如果这个新方法指的就是马基雅维利在《君主论》第 15 章中提出的关于事物的"实际真相"与"想象方面"的区分，换言之也就是我们在文初提及的作为马基雅维利思想内核的"政治现实主义"，那么，很明显这里就出现了一个奇特的处境：这个政治现实主义的方法恰恰无助于我们理解或切中意大利的现实，而马基雅维利本人则近乎在以某种方式提醒我们要忽略现实，关注"现实主义"的方法。

很明显，这里出现了一个奇特的概念裂隙，即对马基雅维利而言，在"现实"与"现实主义"之间很可能存在着某种无法弥合的差异。如何理解这个奇特的概念裂隙？是否在马基雅维利那里，"现实"和"现实主义"之间存在着某种无法弥合的差异？

我们不妨选取一个角度，从马基雅维利所面临的批评来看这个奇特的概念裂隙。休谟在《论公民自由》一文中曾对马基雅维利提出过一段看上去极为有力的批评，他说，马基雅维利的论断几乎没什么教益。举例而言，马基雅维利在《君主论》第 23 章里说，一个软弱的君主如果过于依赖他的某个大臣，这个大臣就会取而代之。问题是，当今几乎所有欧洲的君主都依靠他们的大臣统治，马基雅维利的断言提出之后，两百年以来却没有任何一个欧洲的君主遭遇过马基雅维利所断言出现的局面。大臣篡逆的事情从没有发生过，也几乎不可能发生。①

初看上去，休谟似乎提出了一个对马基雅维利来说真正的诘难：为什么君主制不像马基雅维利想象的那样邪恶？休谟本人给出的答案倾向于认为，这是因为马基雅维利论述的原型只是古代的僭政和意大利的小公国。

有意思的是，佩里·安德森对马基雅维利的评价和休谟几乎如出一辙。在他看来，尽管马基雅维利所举出的忘恩负义、背信弃义、虚伪、欺诈等堪称"马基雅维利主义式的狡诈"，但这些统统只是意大利的小僭主们在本地统治中所依赖的提纲挈领式的格言。它们与西欧君主国复杂得多的依赖阶级力量的政治思想全然搭不上界。马基雅维利所处的只是意大利僭主政治短命的冒险家和暴发户的世界，只是属于他所赞美的对象凯撒·鲍尔吉亚（Cesare Borgia）的

---

① See David Hume, "Of Civil Liberty," in Hume, *Political Essays*, Knud Haakonssen, ed., Cambridge: Cambridge University Press, 1994, p. 51.

世界。实际上，“马基雅维利对王朝合法性的巨大历史力量几乎一无所知”①。

休谟和安德森其实都认为马基雅维利式的狡黠并没有触及现实的力量，只是一种对现实的邪恶想象，甚至不妨说只是一种“邪恶”的“乌托邦”，换言之，马基雅维利的“现实主义”其实与真正的现实经验无关，根本就算不上现实的“实际真相”!

但是，无论是休谟还是安德森似乎都没有看到，马基雅维利讨论的原本就不是休谟所面对的两百年的世袭君主制国家，也不是已经具有王朝合法性的巨大历史力量的西欧君主制国度，我们称之为“马基雅维利主义式的狡诈”的那些东西，本来就是他在讨论一个特定的君主国类型，即新君主国时才会遇到的现象。

实际上，恰恰相反的是，马基雅维利在《君主论》第2章初论君主制时就已经区分了世袭君主国和新君主国，并且早早得出了一个足以回应休谟和安德森的重要结论——相对于新君主，世袭君主要更具道德性：

> 世袭君主得罪人民的原因和必要性都比较少，因此他自然会比较为人们所爱戴。除非他异常恶劣、惹人憎恨，他的臣民自然而然地向着他，这是顺理成章的。（《君主论》第2章）

马基雅维利的分析遵从的是这样一种逻辑：（1）在世袭君主制之下，人民习惯被世袭君主统治；（2）因为人民习惯被世袭君主统治，所以世袭君主的统治就更具稳定性；（3）因为世袭君主的统治更具稳定性，所以统治者就更没有必要采取非常恶劣的手段来维持统治地位，因而统治的道德性就更强；（4）因为统治的道德性更强，所以统治的认同度就更高，世袭君主就更容易得到被统治者的爱戴；（5）因为世袭君主更容易得到被统治者的爱戴，所以被统治者就更习惯被世袭君主统治。由此构成了一个稳定的、几乎无法打破的循环。

然而，马基雅维利《君主论》讨论的主体却并不是这样一种沉浸在“世袭统治循环”中的世袭君主国，世袭君主其实只是作为新君主的参照对象而被提及，并不在《君主论》实际研讨的对象之列，相反，马基雅维利要反对的恰恰就是这个世袭君主制的统治循环。在他那里出现的典范，摩西、居鲁士、提修斯这三位古代人物统统不是世袭君主，而只是在山河破碎之日出来收拾山河、重建家园的建国者。因此，《君主论》实际上并没有讨论一般的君主国，甚至

① ［英］佩里·安德森：《绝对主义国家的系谱》，刘北成、龚晓庄译，167页，上海，上海人民出版社，2001。

可以说，他把君主国的“一般”模型统统置于一边不谈，而只是讨论一种“特殊”的、“例外”的、与众不同的君主国类型——新君主国。在这个意义上，马基雅维利的《君主论》似乎更应当叫作《新君主论》，因为在他那里，并没有世袭君主的位置。而这一点往往被后来者忽略了，所有后人谈及的“马基雅维利主义式的狡诈”，以及所有的所谓现实主义政治分析，其实都是局限于这样一个特定政治类型分析的产物。

因为，根据马基雅维利在紧接下来的第 3 章开篇的分析，与世袭君主相比，新君主也具有以下一些特点：(1) 人民没有被统治的习惯；(2) 由于人民没有被统治的习惯，新君主的统治也是不稳定的；(3) 由于新君主的统治是不稳定的，所以统治者只能采取相对恶劣的手段维持统治，因而新君主相对更不具有道德性；(4) 由于新君主相对更不具有道德性，所以统治者只能被畏惧而不是被爱戴。

正是在这个意义上，《君主论》第 17 章那个著名的残酷与仁慈的主题，实际上早已在第 2 章区分世袭君主和新君主时就已经交代在先，亦即那种“与其被人爱戴不如被人畏惧”的冷酷的现实主义，并不能被视作给予所有君主的建议。这通常被认为是典型的马基雅维利式的现实主义道德，其实按照马基雅维利文本自身的逻辑，完全不能适用于一个正常的、被“王朝合法性的巨大历史力量”笼罩的社会，而只能适用于新君主的道德世界。换言之，他的“现实主义道德”所描述的当然并不就是现实的“实际真相”，这种“现实主义道德”只是一种特定情境的产物，远远谈不上描述了现实的全部，而只是一种特定的、有限的、极端状态下的“现实”经验。

然而，一旦将马基雅维利的“现实主义道德”理解为一种特定情境下的现实经验，我们就将面对这个棘手的难题：这种特定情境下的现实经验又怎么能同时被视为“事情的实际真相”？难道在马基雅维利那里，“现实”和“现实主义”之间的确存在着几乎无法弥合的差异？

（三）《君主论》的“实际真相”

根据上文的讨论，如何处理新君主与世袭君主的关系，就成了理解马基雅维利的“现实主义”的关键所在。就文本而言，《君主论》第 2 章关于新君主与世袭君主的论述又是这其中的关键之关键。

对此，明德尔有过一种解释。他认为，《君主论》第 2 章关于世袭君主的论述只是一种试探性的思路，其表述具有一定的误导性。因为，如果世袭君主国的统治确实如马基雅维利所描述的那样简单容易，那么整部《君主论》都是荒谬的，如果《君主论》只是为新君主而写，那么这实际上意味着，世界上的世袭君主根本就不需要马基雅维利的建议。更为重要的是，如果将世袭君主的统治排除在外，那么，马基雅维利的政治科学就几乎只是一个对常态政治的补充而已，他只是讨论一些不同寻常的处境里不同寻常的人物而已。

而在他看来，不同于第 2 章的试探性论述，马基雅维利的真正主张其实是这样的：每一个君主，无论他是靠世袭还是靠自己的能力或运气得到他的王位，只要他准备保住他的地位，就必须把自己设想为一个新君主，就必须设想一个极端、不同寻常的状态，像一个新国家的新君主那样行事。

也就是说，新君主在马基雅维利那里不仅具有绝对的优先性，而且还具有绝对的典范性，尽管就现实而言，新君主是一个极端状态的产物，但是一切常态政治都必须模仿极端的、非常态的政治。所以，明德尔认为，在马基雅维利那里，“现实主义最终成了极端主义，常态最终融入了非常态”①。从根本上说，马基雅维利的现实主义不同于已经存在于亚里士多德那里的古典现实主义和古代政治科学，马基雅维利的现实主义实际上是一种“极端主义”（extremism）。② 而这种极端主义已经成为我们的政治和道德的基础。

根据明德尔的看法，马基雅维利的现实主义，其成果最终毋宁说是一种不断革命的学说。③ 在他看来，马基雅维利的读者需要注意到，由于马基雅维利的现实主义拒绝任何一种现存秩序的合法性，因此君主不可能依赖臣民的那种惯性的保守主义。马基雅维利的世界是一个没有忠诚的世界，在这个没有忠诚的世界里，只有不断攫取他人，才能生存下来。

应当说，明德尔的阐释的确不失其意义。马基雅维利在第 2 章区分世袭君主和新君主时曾经留下了一个伏笔，在他看来，世袭君主的统治之所以稳定，还有一个原因在于：“革新的记忆与原因，由于统治已经年代久远并且连绵不断而消失了。”这个判断表明，对马基雅维利来说，新君主的确具有某种优先性。因为，一切世袭君主从根本上说都来源于某个曾经的建国者或新君主，世袭君主本身的合法性来自某个其革新被人们遗忘的新君主。也就是说，世袭君主中必定隐藏了某种新君主的成分，创新的成分对于任何一个王朝统治而言都是无法摆脱的，只不过这种成分已经随着时间的流逝而被遗忘了。扩而言之，甚至不妨说，世袭君主只是新君主被遗忘的状态，“合法性”只是“非法性”

① Mindle, “Machiavelli's Realism,” p. 214.

② See Mindle, “Machiavelli's Realism,” p. 214.

③ See Mindle, “Machiavelli's Realism,” p. 217.

被遮蔽之后的产物。

这个被遗忘和遮蔽了的“非法性”，仿佛是世袭君主无法摆脱的某种原罪，只要有世袭合法性的地方，就有这个原罪相伴随。安德森和休谟那里的“王朝合法性的巨大历史力量”，以及那种依附于这种王朝合法性统治的道德优势同样无法摆脱这种原罪。

明德尔的阐释大体上代表了施特劳斯学派对于这一问题的看法。与此相似而观点更为成熟、论述更为有力的是法国学者皮埃尔·马南（Pierre Manent，又译皮埃尔·莫内）。马南的立场一贯与施特劳斯学派相近，他的论述似乎是给予了休谟和安德森的质疑以一个确定的回答。

马南指出，马基雅维利最乐于研究的是“极端的情形”，比如国家的创立、政体的变迁以及政治阴谋的领域。与亚里士多德相比，马基雅维利通常采取的是起源或发端的视角，这些起源和发端往往是充满暴力和不义的。因此，二者相比较，亚里士多德采取的是城邦目的的视角，而马基雅维利采取的是城邦起源的视角。在亚里士多德那里，城邦目的包含了城邦的本质和城邦自足的发展；但对于起源视角而言，创建和守成却是两个完全不同的领域，遵循的是两种不同的逻辑。马南指出，马基雅维利并没有否认，在正常的情况下，公民社会中存在和平和正义，但马基雅维利实际上指出的是，这些寻常情形下的道德取决于不寻常的道德。因为，“‘善’的出现和维持只有通过‘恶’才能实现”[①]。

在马南看来，如果说马基雅维利那里存在着某种现代政治思想中的“现实主义”，那么这并不意味着，马基雅维利认为，现实只有谋杀、阴谋和叛乱。马基雅维利实际上承认，在某些时段和某种政体下，“现实”中并不存在谋杀、阴谋和叛乱。显然，恶是一种现实，恶的缺失也是一种现实，只不过，对马基雅维利来说，在政治上，“恶”比“善”更为重要、更为基础，也更加“现实”。[②]

无论是明德尔还是马南的论述，从根本上说都是一种“极端主义”或例外论的解释，甚至在某种意义上不妨把波考克也放在这一解释的序列里。这种解释当然有其合理性，尤其是对于区分亚里士多德的古代现实主义和马基雅维利的现代现实主义，有着很强的解释力。但是，这种解释的问题在于，这种对马

---

① ［法］皮埃尔·莫内：《自由主义思想文化史》，曹海军译，17页，长春，吉林人民出版社，2011。

② 参见［法］皮埃尔·莫内：《自由主义思想文化史》，15页。

基雅维利的理解更类似于一种理论后设的解释，更类似于“施密特主义”，而非一般所谓的“马基雅维利主义”。尤其是当明德尔指出，“每一个君主，无论他是靠世袭还是靠自己的能力或运气得到他的王位，只要他准备保住他的地位，就必须把自己设想为一个新君主，就必须设想一个极端、不同寻常的状态，像一个新国家的新君主那样行事”时，其实在某种程度上已经偏离了马基雅维利的原意。一方面，这种“马基雅维利主义”仅仅指出了“例外”具有理论上的优先性，却丧失了“例外”在马基雅维利本人那里实践上的意义：把世袭君主的行为准则等同于新君主的行为准则，则更近乎一种缺少克制的疯狂实践，反而坐实了休谟和安德森那种邪恶乌托邦的指责。更为重要的是，这种解释在文本上也缺少依据。实际上，马基雅维利并非只是在第 2 章讨论了世袭君主的问题，在临近全书结尾的第 24 章，马基雅维利实际上又回到了第 2 章的主题。在那里，他明确指出：“上述各种事情，如果能够审慎地遵守，就能够使一位新君主宛如旧君主一样。”而这恰恰意味着，在马基雅维利那里，除了“极端主义”的一面外，还存在着看似“保守”的一面：马基雅维利的“现实主义”并非只是在理论上指出极端和例外相对于常态和正常的优先性、新君主相对于世袭君主的优先性，而且，他实际上还告诫我们，在实践上，新君主的所作所为其目的在于最终“宛如旧君主一样”。

我们还应当注意到，马基雅维利并非完全置合法性于不顾，在《君主论》里也并非只有关于新君主实践与世袭君主实践的断裂和区分，这个伟大的政治文本同时还描述了新君主与世袭君主的连续性。事实上，在马基雅维利那里，新君主当然不仅是某种意义上的革命君主（全新）或某种意义上的征服式君主（半新半旧），还是潜在的世袭君主的前身。《君主论》其实不乏构造合法性的途径（或者说构造由不合法到合法的连续性），只是这一点非常隐晦，不容易辨识分明。

马基雅维利在《君主论》第 8 章“论以邪恶之道获得君权”一节曾有一段非常著名的表述：

> 占领者在夺取一个国家的时候，应该审度自己必须从事的一切损害行为，并且要立即毕其功于一役，使自己以后不需要每时每日搞下去。这样一来，由于不需要一再从事侵害行为，他就能够重新使人们感到安全，并且通过施恩布惠的方法把他们争取过来；反之，如果一个人由于怯懦或者听从坏的建议不这样做，他的手里就必须时时刻刻拿着钢剑，而且他永远不能够信赖他的老百姓，而由于他的新的继续损害，人民不可能感到安

全。因为损害行为应该一下子干完，以便人民少受一些损害，他们的积怨就少些；而恩惠应该是一点儿一点儿地赐予，以便人民能够更好地品尝恩惠的滋味。(《君主论》第8章)

这个著名的段落看上去是一种典型的马基雅维利式的“狡诈”，因为马基雅维利在这里公然主张，坏事要一次性做绝，恩惠则要慢慢赐予。毋庸置疑，马基雅维利的这个主张带有他一以贯之的道德冷漠和对于人性的蔑视，但是我们不应当被这种表面现象迷惑。我们还应当注意到，马基雅维利此处的表述尽管的确是“狡诈”的，但是他毕竟主张，新君主应当让人民感到安全，不应当一再损害人民的利益。尽管这些主张只是为了巩固新君主的统治，尽管在道德上我们仍然不可能对这些主张假以辞色，但毕竟相较于那种最激烈的“挑衅式的邪恶”，马基雅维利这里的主张似乎“显得”更为“道德”一些。

更为重要的是，马基雅维利此处的表述实际上包含着对《君主论》一个重要主题的“修正”。在《君主论》第17章里，马基雅维利曾明确表达过，君主应当被人畏惧而不是被人爱戴，而在这里，马基雅维利实际上的观点却是：在一定程度上，被人爱戴还是要好过被人畏惧。当然，马基雅维利这里的主张在表述上要更为狡黠一些，他告诉读者，任何一个新君主，如果时时刻刻给人带来畏惧，那么他的统治是不稳固的，因为这样他就必须时时刻刻拿着钢剑，也就不能赢得人民的信任。那么我们应该如何协调这两种立场?

最合理的解释可能是，这段表述实际上是为《君主论》一以贯之的“残酷与仁慈”“恩惠与恐惧”的主题最终添加了一个创新和守成的要素。马基雅维利事实上主张，守成应当依赖于缓慢的恩惠，而创新应当取决于迅速的、一次性的暴力。缓慢和迅速的对比，意味着一个时间性因素的引入，而时间性因素的引入，已经使得新君主原本单纯的创新行为包含了守成的要素，也就是说，已经包含了合法性的重构。[①] 而一旦引入了合法性的重构，道德似乎注定会以某种面目回到政治的视野里。

一般认为，《君主论》第16至18章对传统德性主题的挑衅式重构，是典型的马基雅维利式的道德，比如君主应当被人畏惧而不是被人爱戴，就是马基雅维利式道德的核心命题之一。但是，这实际上只是问题的一个方面，如果考

① 当然，从字面上看，这里马基雅维利只是说，恩惠能够使人民感到安全，并且赢得人民的信任和爱戴。但事实上，对马基雅维利而言，任何一种合法性都无非是一种靠恩惠关系维持的东西，合法性的丧失意味着旧的恩惠关系的瓦解，而重建合法性就意味着重建一种新的恩惠关系。这一点可以从《君主论》中的多处文本那里得到支持。

虑到上述时间性要素的引入，那么，我们几乎可以认为，属于新君主的那种挑衅式的不道德行为，几乎在一次性的暴力完成后就已经消失，因为他不可能时时刻刻提着他的钢剑。①

这实际上也就是被后来者称为“暴力的经济学”的主题，沃林（Sheldon Wolin）在《政治与构想》一书中讨论马基雅维利的题为“政治与暴力经济学”的一节已经注意到，马基雅维利的暴力运用完全不同于索雷尔（Georges Sorel）式的暴力应用。在他看来，马基雅维利意识到了暴力的有限功效，他致力于阐明的是暴力得到有效运用的技巧，“比起那些鼓吹用暴力的圣火进行净化的理论家来，他对政治的道德困境要敏感得多”②。而这种包含着道德敏感的、对于暴力运用的技巧性的一面，既体现在第8章关于以邪恶之道取得君权的讨论中，也包含在第18章关于狮子和狐狸的著名比喻里。

就在这一章里，马基雅维利告诫新君主：首先，“显得慈悲为怀、笃守信义、合乎人道，清廉正直，虔敬信神”；其次，不仅如此，“并且还要这样去做”；再次，“如果可能的话，他还是不要背离善良之道”。我们当然可以说，马基雅维利鼓吹的仅仅是“伪善”，因为，他同时还告诫新君主：“要有精神准备做好安排：当你需要改弦易辙的时候，你要能够并且懂得怎样做一百八十度的转变……如果必需的话，他就要懂得怎样走上为非作恶之途。”但是，问题在于，为什么需要“伪善”？为什么仅仅像狮子那样作为还不够充分？

这不仅是因为“伪善”实际上是道德敏感度的一种标志，还因为这种狐狸式的狡诈本身对应的是一种扎根于现实中的“政治想象”。正像此章所说的那样：

> 一位君主应当十分注意，千万不要从自己的口中溜出一字半句不是洋溢着上述五种德性的话，并且注意使那些看见君主和听到君主谈话的人都觉得君主是位非常慈悲为怀、笃守信义、讲究人道、虔敬信神的人。君主显得具有上述最后一种品质尤其必要。人们进行判断，一般依靠眼睛更甚于依靠双手，因为每一个人都能够看到你，但是很少有人能够接触你；每一个人都能看到你的外表是怎样的，但很少有人能摸透你是怎样一个人，而且这些少数人是不敢反对多数人的意见的。（《君主论》第18章）

① 考虑到实际政治过程中的建国行为的复杂性，我们实际上很难在一个确定的时间节点上界定何为开端性的建国行为，到何种程度这个行为才算作完结，因此，那种一次性的暴力行为或者说唯独属于开端的原始暴力行为，几乎就是一个逻辑性的概念。

② ［美］沃林：《政治与构想》，辛亨复译，233页，上海，上海人民出版社，2009。

这里著名的关于“眼”和“手”的区分，其实恰恰说明了“伪善”何以从根本上是无法摆脱的，因为大多数人依靠的是眼睛而不是双手，大多数人看到的只是你的外表，所以，表现得“伪善”才是必要的。也就是说，恰恰由于大多数人无法摆脱“政治想象”，所以君主才无法摆脱“伪善”和“狡诈”。必须指出的是，在大众的“政治想象”和君主的狐狸式“伪善”之间，存在着逻辑的关联性。撇开这一点谈论马基雅维利式的“狡诈”没有任何意义。

阿尔都塞敏感地觉察到这里包含的政治意味，他准确地指出了，马基雅维利的骗术实际上是一种与暴力无关的特殊意识存在。用一种时代错乱的讲法，这种“骗术”所指的实际上就是我们这个时代政治用语里的“意识形态”。在他看来，“君主其实就是国家的公共面孔，所以他必须注意把人民对他形象的表述纳入人民的意识形态，只有这样才能产生在政治上对他有利的后果”，在这个意义上，“骗术才起了作用”①。

如果一定要使用某个概念术语来形容这里出现的与政治狡诈相对应的大众幻象，为避免时代错乱之嫌，笔者宁愿借用维罗里使用的词汇——“政治想象”（political imagination）②，而不采用“意识形态”这样一个过于现代政治科学化的用语。无论如何，“政治想象”是从第18章这里关于“眼”和“手”的著名区分里衍生出的一个主题。它实际上是对《君主论》第15章关于“事情的实际真相”和“事情的想象方面”的区分的重要补充，二者合而为一才构成了马基雅维利的“现实主义”的全体。

与第15章的表述不同，在这里，“政治想象”是作为政治现实的一部分出现的。马基雅维利在这里实际上表明，真正彻底的现实主义立场，不仅需要在理论上区分什么是现实的、什么是想象的，还需要知道在实践上运用“政治想象”甚至制造“政治想象”。只有走到了这一步，“事情的实际真相”和“事情的想象方面”才真正得到了全面的回答。继而，如果我们认识到，不仅宗教中包含着政治想象的成分，而且世袭制中也包含着政治想象的成分（比如遗忘），那么所有现实主义疑难也就有了答案：马基雅维利的“现实主义”虽然在理论上是一种“极端主义”，但在实践上却并非如此，因为他要用“极端”的手法，造成“正常”的幻觉。

---

① ［法］阿尔都塞：《哲学与政治：阿尔都塞读本》，陈越译，496页，长春，吉林人民出版社，2003。

② Viroli，“Machiavelli's Realism,” p. 467.

二、《李维史论》的共和国类型学：马基雅维利对“共和主义”的“现实主义”改造

马基雅维利的现实主义并非只局限于君主政体，而是渗透到传统上被认为带有理想主义色调的共和政体的叙述之中——前文所述的吉尔伯特将马基雅维利的两部著作《君主论》和《李维史论》分别称为“政治现实主义”和“政治理想主义”就是典型一例。这也是施特劳斯之所以认为《李维史论》实际上要比《君主论》更为激进的原因。

马基雅维利式的共和主义当然带有公民人文主义的一些特征：比如，如果我们认同某些剑桥学派学者的看法，马基雅维利的一些根本策略，如公民军，实际上来源于佛罗伦萨的公民人文主义传统，在布鲁尼那里，这个公民军的传统就已经蔚为大观；又比如，马基雅维利似乎同样继承了传统公民人文主义关于德性和腐败的共和修辞，他对共和国的维持、扩张的论述并未脱离以德性和腐败为中心的共和主义政治哲学的框架；再比如，他对“政治生活”（*politico*）一词的界定也带有传统公共哲学的特征，如他倾向于从法治、公民的平等以及平等的自由权（*aequa libertas*）的角度来界定政治生活。[①]

但是，即便是与马基雅维利同时代的学者也能看出马基雅维利在《李维史论》这部“共和主义”论著中所表达的观念与之前的政治传统有许多不同之处。关于这一点，我们仍然要提到圭恰迪尼对《李维史论》的评论。

首先，在圭恰迪尼看来，马基雅维利“过分偏爱非常态的、暴力的手段”。例如，马基雅维利说，“人如果不在必然性的逼迫之下，就不会做任何良善之事”，这话说得过于绝对了；同样，《李维史论》认为建立一个共和国必须假设所有人是坏的，也说得过于绝对了，因为，有许多掌握权力、能够做坏事的人往往还在行良善之事，并非所有的人都是坏人。[②]

其次，圭恰迪尼更不能理解马基雅维利在《李维史论》中对政治纷争的高度评价。在圭恰迪尼看来，“对内乱的赞美，就好比仅仅因为康复建立在疾病的基础之上，就赞美病人的疾病一样”[③]。

---

① See Maurizio Viroli, *From Politics to Reason of State: The Acquisition and Transformation of the Language of Politics 1250-1600*, Cambridge: Cambridge University Press, 2005, pp. 154 - 156.

② See Francesco Guicciardini, *Selected Writings*, C. Grayson, ed., Oxford: Oxford University Press, 1965; Atkinson and Sices, trans., *The Sweetness of Power*. 相关讨论可参见 S. Anglo, *Machiavelli: The First Century*, Oxford: Oxford University Press, 2005, pp. 85 - 90。

③ Atkinson and Sices, trans., *The Sweetness of Power*, p. 393.

尽管在对意大利现实政治的评价上，圭恰迪尼要比马基雅维利更为现实，也更切中意大利政治的现实，但他完全没能看出马基雅维利的政治分析方法的创新之处，他对马基雅维利式的现实主义方法论的意义的理解其实大有隔膜。这在很大程度上影响了他对马基雅维利《李维史论》的评价。圭恰迪尼的判断实际上仍旧代表了传统政治思想的一般态度，尽管圭恰迪尼本人在现实政治的具体分析上相当符合对于权力政治的阴翳看法，我们或许还应当称他为权力分析的大师，但是当他反击马基雅维利时强调“罗马的政治分裂根本不值得推崇，毫无疑问，罗马的政治分裂是有害的”[①]，恰恰说明，他在政治理论和长时段政治分析上仍然持有一种相当正统的政治观念。

当然，圭恰迪尼的例子恰恰表明，并不能简单地说马基雅维利就是一个传统的权力政治的现代解析者。熟谙于权力政治并使之大白于天下，根本还不能成就马基雅维利。因为，在传统政治的模型下，一个在实际问题上重视权力政治的大师完全可能摇身一变，在理论上退却为一个钟情于“事情的想象方面”的哲学家或理论家，圭恰迪尼只是这个传统中比较晚近的一个不太重要的人物，实际上，只要我们关注西塞罗引起的巨大争议，就会对此了然于胸。理论和实践在传统政治中的分离，只有到了马基雅维利这里才有了巨大的根本性的扭转，而这才是马基雅维利一切方法论的根本出发点。

马基雅维利是一个“共和主义者”，但这仅仅建立在他对古典共和主义改造的基础之上。就共和主义在古典政治思想中的位置而言，马基雅维利的改造也可以说是一种“现实主义”的改造。比如，马基雅维利在《李维史论》中所选择的罗马，按照他的论述，其根本性的论证其实在于，这是一个由君主建立的共和国，因此，《君主论》中的立场实际上并没有遇到太大困难就被嵌入到了共和国的论述里。[②] 显然，这会造成一些麻烦，比如让自由国度和不自由国度之间的界线变得模糊，但这恰恰符合马基雅维利的“现实主义”从起源和开端处思考的基本原则。无论是对于《君主论》还是对于《李维史论》来说，建国论证的优先性都是随处可见的。

不过，相较于《君主论》，《李维史论》真正的特殊之处在于，马基雅维利

① Atkinson and Sices，trans.，*The Sweetness of Power*，p. 393.

② 参见《李维史论》第2卷第13章：“君主们在起家发迹时必须做的事情，共和国也必须做，直到它们变得强大，而且单靠武力就足够了……很明显，罗马人在他们发展初期也少不了采用欺骗，这种欺骗对于那些希望从小的开端爬升到崇高职位的人来说总是有必要使用的。这种东西越是隐秘，就越不该受到谴责，罗马人的欺骗就是如此。”

的“共和主义”实际上建立在对一种古代的“理想政体”施加“现实主义改造”的基础之上。当然，这里指的是从柏拉图、亚里士多德开始，经由波利比乌斯流传至文艺复兴的混合政体学说，而这又是通过《李维史论》中的共和国类型学达成的。

当然，马基雅维利的改造建立在他对现实政治的观察之上，这尤其体现在他对威尼斯提出的批评上。马基雅维利几乎可以算作第一个对威尼斯政体提出系统性批评的学者，波考克甚至说，《李维史论》可以看作“对威尼斯范式的系统性偏离”[①]。

不过，马基雅维利对威尼斯的态度比流俗所见要复杂得多，其中有轻蔑的成分，但也绝不乏赞赏甚至推崇。他承认威尼斯是现代共和国中很优秀的一个（《李维史论》I. 16），赞赏它的独立、自由以及在意大利人中的威望；他推崇威尼斯人在司法制度上的成就，认为他们设立的“十人委员会”可以惩罚权势阶层并在公共安全方面迅速做出回应（《李维史论》I. 34）；对威尼斯大议会维持政府正常运作和国家正常职能的政治技巧，他也表示了肯定（《李维史论》I. 50）。[②]

已经有一些学者注意到，马基雅维利 1520 年以后为佛罗伦萨新政府撰写的改革方案很大程度上还是参照了威尼斯的政体设计。[③] 因此，很难说马基雅维利对威尼斯的责难多大程度上是针对其国内的政体设计的，相反，我们看到他对威尼斯国内诸多制度安排的肯定，他唯一感到失望的可能是威尼斯在扩张方面的失败。最为典型的莫过于，在第一首《十年纪》的长诗中，马基雅维利这样描述威尼斯的心态：“马可，充满了恐惧也充满了渴望/在和平和战争之间左右摇摆。”[④]

如果我们翻检马基雅维利在《李维史论》中对威尼斯的批评，就会发现，在马基雅维利那里，威尼斯的所有问题几乎完全在于这个城市对外部事务处理的失灵。比如著名的关于威尼斯这种类型的国家必定在扩张上失败的判断（《李维史论》I. 6，II. 19）；又比如，批评威尼斯用金钱既不能赢得战争的胜利

① Pocock, *The Machiavellian Moment*, p. 185.

② 参见［意］马基雅维利：《李维史论》，见刘训练主编：《马基雅维利全集》，第 1 卷，241、280、282 页，长春，吉林人民出版社，2014。

③ See Felix Gilbert, *The Venetian Constitution in Florentine Political Thought*, London: Faber, 1968, p. 489; Humfrey Butters Butters, "*Machiavelli and the Medici*," in John Najemy, ed., *The Cambridge Companion to Machiavelli*, Cambridge: Cambridge University Press, 2010, pp. 73 - 74.

④ ［意］马基雅维利：《十年纪》，见《马基雅维利全集》，第 4 卷，219 页。

(《李维史论》II.10)，也不能维持和平（《李维史论》II.30)；批评威尼斯在与多国作战中失策，没能分化对手（《李维史论》III.11)；指责威尼斯在胜利时的傲慢和失败时的怯懦（《李维史论》III.31)，并再次重申《君主论》的主题，国家的基础在于军队。甚至在《君主论》中不多的提及威尼斯的地方，也指出了威尼斯雇佣军策略的失败（《君主论》第12章)，以及威尼斯对属地控制的失策（《君主论》第20章)。[①] 当然，这也从另一个角度证明，威尼斯的确不适合扩张。

不少学者指出，马基雅维利之所以对威尼斯的对外事务抱有苛评，是因为他亲眼目睹了威尼斯在1509年阿格纳德洛（Agnadello）战役中的溃败。按照马基雅维利自己的说法，威尼斯人几乎“在一日之间把八百年来历尽困苦取得的一切都丧失了”，“要不是他们的城市被海水环绕着，那时威尼斯的末日就该到了”[②]。这一点当然不可否认，阿格纳德洛之战也的确堪称文艺复兴时期最重要也最惨烈的战争之一。同时，令人惊讶的是，马基雅维利文本中对威尼斯外部事务失败的描述几乎全都与阿格纳德洛之战有关。但平心而论，马基雅维利对威尼斯的指责似乎太过苛刻了。实际上，在外交事务上，威尼斯是近代首批在各国设立外交使节的国家之一，总体而言，威尼斯在整个欧洲恰恰以其狡黠的外交手段而闻名。即便单论意大利战争中威尼斯的表现，我们也很难说威尼斯是完全失败的，威尼斯是唯一在意大利战争中全身而退的半岛国家。阿格纳德洛之战后不久，到1516年，威尼斯已经收复了它在大陆上的大部分失地。而在阿格纳德洛之战中，在威尼斯面临生死存亡之际，威尼斯人不仅开启战争动员机制、征调全体威尼斯公民入伍，死守帕多瓦并击退了神圣罗马帝国，而且利用康布雷同盟内部的矛盾，采取外交手段，仅仅在一年之内就令康布雷同盟瓦解；并且，威尼斯人还策动教皇国重新组织了反对法国的新神圣同盟，从而成功化险为夷，保持了共和国的自由独立以及对意大利北部的控制。

马基雅维利当然并不是不清楚这些情况，那么他何以对以上史实视而不见，相反将威尼斯在阿格纳德洛之战后的表现说得如此不堪？他对威尼斯阿格纳德洛之战失败的评价——威尼斯人“没有英勇的军队能够拖住敌人，因此也没有时间将某个盟国从同盟中分离出来”[③] ——比之历史实情恐非全然公允，

---

① 参见《马基雅维利全集》，第1卷，165、388、353、425、488、544、84～85页。

② 《马基雅维利全集》，第1卷，50、426页。注意，马基雅维利本人更愿意称之为维拉（Vaila）之战。

③ 《马基雅维利全集》，第1卷，488页。

应当说，在生死存亡的时候，威尼斯人既英勇地拖住了敌人（神圣罗马帝国），也成功地将某个盟国（法国）从同盟里分离了出来。即便他关于阿格纳德洛之战所论为确，仅仅以数年之前阿格纳德洛之战一例推演出威尼斯所有对外事务的失败，仅仅以一战之胜负论一国之短长，得出威尼斯这种类型的国家不适合扩张的结论，是否有过于夸大、过于急切之嫌？

实际上，正如马基雅维利笔下罗马的成功有太多理想化的成分——这一点已经为圭恰迪尼、帕鲁塔等文艺复兴时代的学者，以及当今学界的诸多研究者所指出[①]——马基雅维利笔下威尼斯的失败也有类似的特点。

关于威尼斯在阿格纳德洛之战后的表现，已有史家为之申辩[②]，但笔者相信，迄今为止的研究并没有注意到，马基雅维利对威尼斯在阿格纳德洛之战中败象的叙述也采取了与他的罗马叙述类似的叙事策略：他刻意突出和强化了威尼斯在此役中的失败，以使之更像一个"理论上"注定的溃败。

马基雅维利之所以采取这样的论证策略，很可能是因为，此前不久，不懂希腊语的马基雅维利恰好有机会在奥里切拉伊的花园小圈子里接触到某个今天已经遗失了的波利比乌斯《历史》第 6 卷的拉丁文译本。[③] 而波利比乌斯在《历史》第 6 卷中又恰好描述过一种关于罗马式混合政体和斯巴达混合政体的理论区分。在波利比乌斯看来，就稳固守卫国家并维持自由而言，斯巴达政体是足够充分的，但是如果就追求更崇高的威望并成为世界的领袖而言，斯巴达的政体则有所不足，而证明这一点的标志就在于，"当斯巴达人企图在希腊取得霸权时，不久就落入失去自由的危险中去"[④]。我们不难推断，马基雅维利的确受到了某种理论诱惑：当理论得到现实的验证时，理论的合理性难道不刚好得到了进一步的强化？威尼斯数年之前在阿格纳德洛的战败难道不刚好印证了波利比乌斯乃至马基雅维利正在书写的理论？难道威尼斯不恰好是在扩张之际就陷入了"失去自由的危险中"？

---

① See J. G. A. Pocock, "Machiavelli and Rome: The Republic as Ideal and as History," in *The Cambridge Companion to Machiavelli*, pp. 144 - 156.

② See Edward Muir, "Was There Republicanism in the Renaissance Republics? Venice after Agnadello," in John Martin and Dennis Romano, eds., *Venice Reconsidered Venice Reconsidered: The History and Civilization of an Italian City-State, 1297-1797*, Baltimore: Johns Hopkins University Press, 2000, pp. 137 - 167.

③ See J. H. Hexter, "Seyssel, Machiavelli, and Polybius VI: The Mystery of the Missing Translation," *Studies in the Renaissance*, vol. 3, 1956, pp. 75 - 96.

④ Polybius, *The Histories*, vol. 3, VI. 50, Cambridge: Harvard University Press, 1922, p. 383.

莫米里阿诺说，马基雅维利第一次将波利比乌斯带回到政治思想的领域。[①]然而，有趣的是，马基雅维利也第一次在政治思想领域提出对威尼斯政体的批评，笔者相信，这绝不是偶然的巧合。我们将看到，波利比乌斯的理论冲击和威尼斯的实践冲击合而为一，共同造就了马基雅维利那里极为独特的政体分类学，而威尼斯将被限定在一个非常特殊的政体地形学位置上。

众所周知，马基雅维利在《李维史论》中提出了一种共和国的分类学。他区分了两种典范类型的共和国：一种是“罗马类型的共和国”，另一种是“威尼斯/斯巴达类型的共和国”，二者之间具有若干明显的差异。[②]

	分类原则	“罗马类型的共和国”	“威尼斯/斯巴达类型的共和国”
（1）	建立途径	机运或经验	设计或立法（威尼斯出于偶然）
（2）	外部事务处理	扩张	守成
（3）	内部主导阶层	平民	贵族
（4）	内部阶层关系	纷争	稳定

毫无疑问，马基雅维利对两种典范类型的共和国的区分是一条“前人从未涉足的道路”，此前的政体分类学从未出现过通过四种分类原则共同界定某个政体类型的方法。[③] 而我们要追问的是，马基雅维利何以会提出这样的政体分类学？这个政体分类学的实质究竟是什么？

首先，需要指出的是，分类原则（2）扩张的共和国和非扩张的共和国的区分，已经在波利比乌斯那里出现了；分类原则（1）建立途径是通过立法者还是纯出偶然和经验，也毫无疑问出自波利比乌斯对罗马和斯巴达的观察。[④]

波利比乌斯对马基雅维利《李维史论》写作的影响是毋庸置疑的，沃克在他的《李维史论》评注中有这样一种说法：“如果将波利比乌斯《历史》第6

---

① See Arnoldo Momigliano, *Essays in Ancient and Modern Historiography*, Chicago: University of Chicago Press, 2012, p. 88.

② 表中各项皆由笔者总结自《李维史论》，见《马基雅维利全集》，第1卷。关于机运与设计的区分，见第1卷第2章、第6章（148、162、163页）；关于扩张与封闭的区分，见第1卷第6章（164～165页）；关于平民与贵族的区分，见第1卷第5章（159～161页）；关于纷争和稳定，见第1卷第4、6章（156～158、163～164页）。

③ 需要指出的是，《君主论》采取的是与柏拉图《政治家》相类似的分类方法，相对而言，《君主论》中的政体类型及其概念边界，或者说政体类型的定义要清晰得多。而《李维史论》的类型分析大体上采取的是一种典范分析或者说原型分析的方法，马基雅维利甚至没有为这两种类型的共和国直接命名，也没有提出一种明确的主导性分类原则。

④ See Polybius, *The Histories*, vol. III, VI. 10, p. 293.

卷与《李维史论》第1卷第1至15章加以比较，你会发现，马基雅维利谈论的所有主题几乎都已经被波利比乌斯提到了。”① 尤为典型的当然是《李维史论》第1卷第2章马基雅维利对波利比乌斯的政体循环论和混合政体学说几乎完整的重述。赫克斯特甚至夸张地认为，《李维史论》第1卷第2章完全是“非马基雅维利”的，这一章的大部分内容都是马基雅维利从波利比乌斯那里窃取来的。尽管我们不能同意赫克斯特的夸张说法，但是，赫克斯特的提醒仍旧在某种意义上是正确的。② 马基雅维利并不是一个喜欢援引政治理论的人，马基雅维利一生的著述无论是此前还是此后都没有像《李维史论》第1卷第2章那样如此贴近某个政治理论的幽灵。通过文本的比照，我们可以看到，马基雅维利的重述罕见地保持着对波利比乌斯文本的忠实，“几乎没有任意插入任何一个段落，也没有为了自己的目的任意调整波利比乌斯的用词”③。

我们倾向于同意，《李维史论》第1卷第2章的确并不能代表马基雅维利自己的观点，从措辞上看，他更像是在重述一个传统的理论而并不是在提出自己的理论体系。④ 不过，这并不表明这段冷静客观的重述完全是“非马基雅维利”的。马基雅维利在全书开篇“忠实”地重述波利比乌斯的政治学说，当然是有意为之，但他并非意在以波利比乌斯作为批判的对象，也非毫无保留地追随波利比乌斯，而是以波利比乌斯为起点开始其思想征程。我们将看到，无论如何，马基雅维利至少认为，波利比乌斯提出的混合政体本身是可欲的，只是他需要用自己的方式解释和重构波利比乌斯的混合政体学说。当然，威尼斯将在这个重构的混合政体学说中占有独特的位置。

考虑到马基雅维利与波利比乌斯的关联，我们才会恍然醒悟，前文所述马

---

① Leslie J. Walker, *The Discourses of Niccolo Machiavelli*, London: Routledge, 1975, pp. 63－65.

② See Hexter, “Seyssel, Machiavelli, and Polybius VI,” p. 75.

③ Felix Gilbert, *Machiavelli and Guicciardini: Politics and History in Sixteenth Century Florence*, p. 158. 这一点当然还存在着争议，施特劳斯学派更强调二者之间的差异，比如曼斯菲尔德说：“马基雅维利表面上紧跟波利比乌斯，是为了让他们之间的分歧彰显出来”。不过，在这一点上，笔者不能同意施特劳斯学派的细节癖好。马基雅维利与波利比乌斯之间的确存在着分歧，但真正的分歧通过政体结构的分析就足以体现，我们不必画蛇添足在复述的字里行间寻找修辞上的不同。如果我们不能确定马基雅维利参考了哪个拉丁译本，那么又怎么能确定，修辞上的不同究竟来源于马基雅维利本人还是来源于马基雅维利所参考的译本？参见［美］曼斯菲尔德：《新的方式与制度》，贺志刚译，16～24页，北京，华夏出版社，2009。

④ See Anthony J. Parel, *The Machiavellian Cosmos*, New Haven: Yale University Press, 1992, p. 109.

基雅维利对两种典范类型的共和国的区分绝不是一般意义上的共和国分类学[①]，而只是在波利比乌斯混合政体学说的基础上对混合政体本身做进一步的分类和界定。尽管马基雅维利没有在字面上直接点明这一点，但我们应当注意到，《李维史论》表面上的共和国类型分析其实远没有涵盖所有共和国的形态，罗马和威尼斯/斯巴达只是两种具有代表性的共和国，诸如古代的雅典、近代的瑞士等共和国形态就既不能归于罗马类型的共和国，也不能归于威尼斯/斯巴达类型的共和国。马基雅维利为什么只以“罗马类型的共和国”和“威尼斯/斯巴达类型的共和国”为研讨对象，而将其他的共和国类型置之一边？其原因难道不恰恰就在于，二者同属于波利比乌斯笔下的混合政体之列？非但如此，甚至罗马和斯巴达的类型学区分也早早出现在波利比乌斯那里。

事实上，只要我们把《李维史论》第1卷第2至6章视作一个相对独立的“政体分类学”段落，就会发现一个或许是巧合但仍旧饶有意味的现象：在波利比乌斯那里，原则（1）和原则（2）分别位于《历史》第6卷的卷首和卷尾，而在马基雅维利那里，原则（1）和原则（2）同样位于“政体分类学”段落的一头一尾。

这个框架性结构的相似性固然不能说明太多问题，但应当可以提示我们，马基雅维利的政体分类法包含着某种对波利比乌斯的回应。尽管马基雅维利对第一个分类原则——政体的建立途径是通过立法者还是纯出于偶然和经验——所言不多[②]，但是第二个分类原则却是马基雅维利立论的要害。

正如前文所述，波利比乌斯曾经提出，斯巴达和罗马尽管都是混合政体，但相对于罗马而言，斯巴达在扩张方面有所不足，斯巴达只能稳固守卫国家并维持其自由，却不足以成为世界的领袖。波利比乌斯对此并不是没有给出解释，但他的解释仅仅是，莱库古（Lycurgus）的立法在经济方面过于封闭，造

---

① 因为一方面，就个案而言，马基雅维利对瑞士有着超乎时人的评价，但他并没有把瑞士牵涉进这个典范性区分里来；另一方面，单就扩张性而言，马基雅维利其实是有三种扩张类型的区分，瑞士人和古代的托斯卡纳人（即埃特鲁里亚人）是不同于罗马和斯巴达的第三种类型，而单就扩张而言，斯巴达人和雅典人的扩张却是属于同一种类型。参见《李维史论》，第2卷第4章，见《马基雅维利全集》，第1卷，333～337页。

② 第一个分类原则毫无疑问出自波利比乌斯对罗马和斯巴达的观察。参见Polybius，*The Histories*，vol. 3，VI. 10，p. 293。在这一点上，马基雅维利显然延续了波利比乌斯的区分，只不过，马基雅维利对这一分类原则的处理仅仅是点到为止，对他来说并不十分重要。这是因为，恰恰在这一点上，威尼斯构成了一个例外：在建立的途径上，实际上威尼斯更近于罗马而不是斯巴达，威尼斯没有一个特定的立法者，它的建立与其说出于立法者的审慎，毋宁说更多出于偶然。参见《马基雅维利全集》，第1卷，162页。

成斯巴达内部的货币不能与其他城邦的货币相流通，因此在扩张其势力范围时受到掣肘。尽管波利比乌斯的解释可以自成一说，在一定程度上也解释了斯巴达的封闭性，但归根结底这是一个与政体结构无关的答案。实际上，单就政体内部结构性的因素而言，罗马和斯巴达在波利比乌斯那里并没有什么实质性的区别，所以波利比乌斯其实并不能说明，为什么同样是混合政体，一个能够扩张而另一个不能扩张。这是一个波利比乌斯式的困境。

如果我们没能注意到这个框架性的行文结构，就很难察觉到马基雅维利提出的另外两个分类原则恰恰是试图从政体结构方面来回答波利比乌斯的疑难。马基雅维利给出的回答是：如果存在着某种扩张性的混合政体，那么这种扩张性的混合政体必定是由平民主导的，而其内部关系也必定呈现为某种纷争的局面；同样，如果存在着某种非扩张性的混合政体，那么这种非扩张性的混合政体必定是由贵族主导的，而其内部关系也必定是稳定的。这是马基雅维利对波利比乌斯的回应，同时也是马基雅维利与波利比乌斯最终分道扬镳的地方。

马基雅维利给出的解释扩张性国家的两个新的分类原则，必须首先分解来看。过去的研究往往不假思索地对二者做了过早的综合。实际上，只要我们将二者分解来看，就会发现，这两个分类原则，一个看上去尤其激进，一个似乎有些老生常谈。看似老生常谈的是贵族或平民对于城邦政体的主导，而尤为激进的毫无疑问是马基雅维利近乎挑衅地推崇城邦中的“纷争”（*tumulti*），并把它当作维系罗马扩张性的原因。

之所以说马基雅维利对“纷争”的推崇近乎挑衅，是因为马基雅维利几乎是在公然挑战时人的基本信念。正如前文所述，那个时代威尼斯政体的典范性恰恰在于它是整个欧洲“最为平静的共和国”（*Serenissima Repubblica*）。当然，按照斯金纳的说法，马基雅维利的说法“不仅是嘲弄当时对威尼斯体制的钦佩，而且也是对整个佛罗伦萨政治思想史上最根深蒂固的一种假设的怀疑”[①]。实际上，马基雅维利所对抗的传统恐怕还远不止于此，如果推而广之，我们会发现，马基雅维利对抗的毋宁说是从希腊和罗马政治思想开始，一直延续到中世纪政治思想传统、中世纪晚期佛罗伦萨公社思想传统，乃至15世纪佛罗伦萨公民人文主义政治观念的一以贯之的西方政治思想传统。[②] 从希腊人对“内乱”（*stasis*）的贬抑开始，西方政治思想无不将城邦内部的纷争视为政治的根本“大恶”。马基雅维利公然为“大恶”正名，可谓冒天下之大不韪。

---

① ［英］斯金纳：《现代政治思想的基础》，194页。

② See R. Black, *Machiavelli*, London: Routledge, 2013, p. 164.

而相比前一个分类原则的极端激进，另一个分类原则，即政体的主导阶层是贵族抑或是平民，单就其本身而言，似乎是特别正统的政体划分原则：古典的政体原则之一即在于，统治团体的性质决定政体本身的性质。不过，考虑到马基雅维利此处给出的是一个关于混合政体的分类，问题可能要比初看上去复杂一些。我们固然有理由认为，应当将斯巴达和威尼斯视作偏向于贵族政体的混合政体，而将罗马视作偏向于民主政体的混合政体。马基雅维利从没有在任何一个地方提到威尼斯和斯巴达是贵族政体而罗马是民主政体，他只是说，罗马的"自由守卫者"（*guardia alla liberta*）是平民而威尼斯和斯巴达的"自由守卫者"是贵族。这是一个明确的证据，它表明，马基雅维利在第 1 卷第 2 章以波利比乌斯的混合政体学说为起点，继而进一步将混合政体分为两类：偏向于贵族政体的混合政体和偏向于民主政体的混合政体。

然而，真正吊诡的是，这种界定方式实际上在波利比乌斯那里并无踪迹可寻，如果要追溯其源头，只能将这里的混合政体分类引向亚里士多德，我们多多少少可以从亚里士多德《政治学》第 4 卷中找到这种分类的一些端倪（《政治学》IV. 6. 1293a30-40）。

更加复杂的是，这个属于亚里士多德的区分，对波利比乌斯而言绝非可以轻易成立。混合政体学说史上的两个传统，即亚里士多德传统和波利比乌斯传统之间存在着明显的差异。[①] 在形式上，二者最明显的差异显然是，我们一般所谓权力的均衡制约（check and balance）是由波利比乌斯首先提出的，林多特说，与波利比乌斯式权力制衡类似的分析在亚里士多德那里只出现过一次。[②] 亚里士多德始终关注的是各种社会力量之间的融合，在亚里士多德那里，政体要素的构成不是指政府机构之间的权力关系，而是指轮流执政的社会力量对权力的分享关系，因此体现在贵族阶层和平民阶层那里的德性或政治参与能力始终是混合政体不可或缺的要素。最为典型的是他所提出的"中道政体"学说。这个学说与其说主张财产关系是政体的决定性要素，毋宁说主张财产关系只是决定社会阶层德性的一个物质载体。中间阶层只是对贵族阶层和平民阶层各自德性缺陷（前者过度而后者不及）的中道化处理而已。亚里士多德相信，中间

① 关于这两个传统对文艺复兴政治思想的影响，参见 James M. Blythe，*Ideal Government and the Mixed Constitution in the Middle Ages*，Princeton：Princeton University Press，2014。

② See A. Lintott，"The Theory of the Mixed Constitution at Rome，" in M. Griffin and J. Barnes，eds.，*Philosophia Togata II*：*Plato and Aristotle at Rome*，Oxford：Oxford University Press，1997，p. 72.

阶层可以克服贵族的傲慢和野心以及平民的自卑和顺从（《政治学》IV. 11. 1295b5-25），因此他才认为处于过度和不及之间的中道政体是更好的政体组织形式。中间阶层是融合的产物，而不是分立并制衡的产物。偏向于贵族政体的混合政体和偏向于民主政体的混合政体也是如此，因为这两者无非是说在财富主导的政体中融合了自由出身的因素，或者相反。所以，林多特一针见血地指出："亚里士多德使用的是融合式的政治语言，他从没有考虑过对立力量之间的制衡……政体要素之间的对抗，很有可能会被他当作某种形式的内乱。"①

这当然并不是说波利比乌斯实际上已经开始推崇"纷争"，而是说，从混合政体学说的两个传统来看，波利比乌斯的制衡原则相对于亚里士多德的融合式语言很可能已经是一种"纷争"的雏形了。因此，这两个分类原则本身是相互抵触的。波利比乌斯政治机构之间的均衡，决定了不可能采用融合式的语言，按照波利比乌斯的方法，混合政体绝无可能进一步区分为偏向于贵族政体的混合政体和偏向于民主政体的混合政体；而一旦采用亚里士多德的融合式混合政体语言，固然可以在混合政体这个范畴内再做进一步区分，但绝无可能发明出与亚里士多德的融合式语言无法相容的对抗和"纷争"来。如何解决这个疑难？

帕雷尔提出了一个独特的看法，在他看来，对马基雅维利来说，混合政体当然是可欲的，但是马基雅维利使用的混合政体语言既非来自波利比乌斯也非来自亚里士多德，而是出自马基雅维利自己的脾性（*umroi*）学说。②

众所周知，马基雅维利在《李维史论》第1卷第5章和《君主论》第9章中提出过一种几乎完全相同的关于贵族和平民各自"脾性"的学说。③ 马基雅维利指出，贵族的脾性在于希望去统治，而平民的脾性在于不愿被统治。这种具有阶层特质的脾性学说的确可以说是马基雅维利式混合政体学说的基础，因为，马基雅维利不仅以此说明了城邦内部纷争的起因（因为纷争归根结底起源于两种对立脾性之间的对抗），也以此说明了何以应当把自由守卫者的职责交给平民（因为平民的脾性不追求控制）。也就是说，混合政体的（3）和（4）

① A. Lintott, "The Theory of the Mixed Constitution at Rome," p. 72.

② See Parel, *The Machiavellian Cosmos*, p. 109. 这个词在吉尔伯特的译本里有十种左右的译名，他根据不同场合将这个词译为派别（factions）、党派（parties）、分歧（divisions）等，考虑到这个词与自然哲学的关联，我们这里一律译为"脾性"。

③ 关于这个词在马基雅维利其他著述中的用法，参见 Parel, *The Machiavellian Cosmos*, pp. 104－107。

两个分类原则，实际上可以归结为脾性学说的延伸。[①]

umroi（脾性）很明显是一个带有强烈的前现代自然哲学意味的词语，在医学和自然哲学用语里，这个词原本是指人体的四种体液。关于这个词汇的用法，一直可以追溯到盖伦（Galen）和希波克拉底（Hippocrates）那里。比如对希波克拉底来说，“健康就意味着，人体的各种组成部分在数量和力度方面都占有正确的比例，并且得到良好的‘混合’”[②]。马基雅维利使用脾性一词以标明阶层的特质，很明显是对这个原先更多用于人体的自然哲学术语的扩展，因此，按照帕雷尔的观点，马基雅维利对 *umroi* 一词的使用表明他其实接受了国家有机体和人体有机体之间的平行关系。[③]

这种自然哲学的解释在帕雷尔那里得到了全面的展开。对帕雷尔来说，马基雅维利的政治思想在相当大的程度上依赖于 16 世纪的宇宙论和人类学图景，后者提供了一种前道德的自然哲学语言。正是依赖于这种前道德的自然哲学语言，马基雅维利才构建了他的“新方法和新秩序”，同时也才得以发现《君主论》第 15 章中著名的“实际真相”。因为，政治体和人体一样都是受到“脾性”的驱动而追求权力、财富和荣耀的。脾性学说是马基雅维利思想中最具原创性的部分，这不仅在于它取代了传统的以道德为政治目的的学说，而且还在于，脾性学说构成了马基雅维利政体分类学的基础。[④] 帕雷尔提醒我们注意，就在《君主论》第 9 章里，马基雅维利曾有这么一段表述：

> 在每一个城市里都可以找到两个互相对立的脾性（*umroi*）；这是由于人民不愿意被贵族统治与压迫，而贵族则要求统治与压迫人民。由于这两种相反的愿望，在城市里就产生下述三种结果之一，不是君主权（*principato*），就是自主权（*libertà*），否则就是无政府状态（*licenzia*）。（《君主论》第 9 章）

按照帕雷尔的看法，实际上非但是共和国或混合政体的分类学，就是包括君主国在内的一切政体分类学的基础都在于阶层对立的“脾性”。为什么共和国高于君主国？因为共和国更能满足各阶层的脾性。为什么罗马高于威尼斯和斯巴达？也仅仅是因为罗马各阶层的脾性，就像人体的体液运转那样运行在一个良好的秩序之中。

---

① See Parel, *The Machiavellian Cosmos*, p. 122.

② 转引自 Parel, *The Machiavellian Cosmos*, p. 101。

③ See Parel, *The Machiavellian Cosmos*, p. 6.

④ See Parel, *The Machiavellian Cosmos*, p. 109.

如果我们接受帕雷尔的解释，看上去似乎消除了笼罩在马基雅维利思想周围的种种近乎神秘的夸张性释读，而径直把马基雅维利的“现实主义”和他的“政体分类学”全都从政治社会学拉回到自然哲学的层面。

不过，帕雷尔这个独辟蹊径的解释固然有快刀斩乱麻的好处，但也不是不存在一些基本的困难。在分析这些疑难之前，笔者首先要指出的是，帕雷尔的自然哲学解释实际上有一个基本前提，而这个基本前提似乎又刚好与波考克的马基雅维利解释构成了一组对立的命题。这里，我们不妨通过波考克作为对立面来为帕雷尔的解释定位。

在波考克的《马基雅维利时刻》里，他阐述了一个他眼中的共和国存在方式的存在论假设。在他看来：

> 共和国不是超时间的，因为它不反映与自然的永恒秩序的简单一致性；它有另外的组织方式，将共和国和公民身份视为首要现实的人，会不明言地对政治秩序和自然秩序进行区分……当佛罗伦萨的思想家准备同意对佛罗伦萨的忠诚是一个有别于自然秩序及其永恒价值的概念时，我们即可知晓佛罗伦萨一种广为流行的说法的含义：爱自己的国家，更甚于爱自己的灵魂；这里暗含着一种区分和冲突。①

很明显，帕雷尔和波考克刚好构成了一组对立：波考克认为，共和主义或者说共和国的存在方式的基本前提在于自然秩序和政治秩序的区分，因此，只有从自然秩序中脱离出来的共和主义者才会说，爱祖国要甚于爱灵魂；而帕雷尔的自然哲学解释恰好与之相反，他在简化马基雅维利思想的同时又引入了新的神秘性，因为，他必须假设在马基雅维利那里，宇宙秩序、灵魂秩序和城邦秩序存在着某种神秘的一致性。帕雷尔仅仅从词语的沿用角度推出了一个宇宙观与政治观相契合的马基雅维利形象，恐怕是远远不够的。这不仅仅在于，如此一来帕雷尔必然要牺牲掉爱祖国与爱灵魂之间马基雅维利式的张力，更为重要的是，这种解释恰恰错失了马基雅维利的真正原创性。

对此，我们至少可以从马基雅维利的文本里找到一个明确的反证。在一篇外交文书《出使德意志皇帝》（*legazioni all' imperatore*）里，马基雅维利曾经明确说到，“个人的做法与国家和人民的统治方法显然不同”（*una repubblica e un popolo si governava altrimenti che un privato*）②；而伯林曾就此确认，在马

① ［英］波考克：《马基雅维利时刻》，冯克利、傅乾译，53页，南京，译林出版社，2013。

② 《马基雅维利全集》，第8卷，622页。

基雅维利那里，将国家和民族比作个人是一种虚幻的比拟，国家的统治方式与个人的统治方式是大有区别的。[①]

不过，这并不是说脾性学说对马基雅维利来说是可有可无的，脾性学说当然毫无疑问位于马基雅维利政体学说的核心，但无论是帕雷尔还是其他人，都对这个学说的实质缺乏体察，他们并没有看到这个学说包含的激进性，以及它相对于古典混合政体学说的变革性意义。

事实上，脾性学说在马基雅维利那里隐藏着一个常常为人所忽视的转化过程。一般认为，《李维史论》第1卷第5章和《君主论》第9章中提出的脾性学说代表了马基雅维利对此的基本立场，即存在着两种脾性：有些人试图去控制，而另一些人试图不被控制，前者是贵族的脾性，后者是平民的脾性。但是，我们还应当注意到，在一首长诗《论野心》（*On Ambition*）中，马基雅维利明确提到："人们都渴望统治"[②]。曼斯菲尔德也曾注意到，马基雅维利在《李维史论》第1卷第1章中曾告诫我们，人总是意图控制别人，然而从《李维史论》第1卷第4章开始，其表述却转变为两种脾性：一种试图去控制，另一种试图不被控制。[③] 那么，究竟人有一种脾性，还是人有两种不同的脾性？这当如何解释？

帕雷尔对脾性的分析实际上曾经给出过一种解释。在他看来，在马基雅维利那里，尽管可以说一个社会里存在着两种脾性，"但是，细加分析，今天的被压制者最终会成为明天的压制者"，被压制者不过是由于事实上的能力匮乏，没能攫取权力，才没能成为压制者，一旦有机会，他们就很可能寻求统治。压制者和被压制者之间的关系并不是固定的，"二者之间的区别仅仅在于，一个拥有实际权力而一个没有实际权力"[④]。也就是说，对马基雅维利而言，唯一自然和正常的欲求就是试图去统治别人。[⑤]

帕雷尔的分析应当说是正确的，事实上，当马基雅维利在《李维史论》第1卷第5章中分析罗马的自由守卫权应当交付在谁的手里时，我们会发现，他的分析最终其实是由"两种脾性说"逐渐转为"一种脾性说"。

马基雅维利最初给出的解释是，存在着两种脾性，而应当把自由的守卫权

---

① See Isaiah Berlin, *Against the Current: Essays in the History of Ideas*, London: Random House, 2012, p. 60.

② ［意］马基雅维利：《论野心》，见《马基雅维利全集》，第4卷，323页。

③ See Mansfield, *Machiavelli's Virtue*, pp. 75 - 76.

④ Parel, *The Machiavellian Cosmos*, p. 106.

⑤ See Parel, *The Machiavellian Cosmos*, p. 106.

交给那些不愿被统治的平民，因为他们只是不愿被统治而希望自由地生活，故而他们可能不那么希望得到国家的权柄。但是，在进一步的分析中，他也承认，某些人认为，平民的欲求同样难以得到满足可能是正确的，他们都受同样的疯狂（*furori*）驱使[①]：最开始平民希望得到保民官的职位，继而想把执政官的职位同样掌握在手里，最后他们还想得到独裁官、监察官以及所有城邦的职位，由此产生了马略的强权和罗马的毁灭。

在认识到罗马衰亡问题的棘手之后，马基雅维利对两种脾性的解说发生了一个重要的变化，他不再使用“一个欲求统治”和“一个欲求不被统治”这样的表述，而是使用了“欲求维持已经获得的荣誉的那一派”和“欲求获得他没有得到的东西的那一派”，以及“欲求获得的人”和“害怕失去所得的人”。以至于到了第1卷第5章最终，他不得不承认，大多数时候那些已经拥有的人“产生了与那些希望获得的人相同的欲望”[②]。

如果说，在“一个欲求统治”和“一个欲求不被统治”这样的表述中，我们还可以看到两种不同的“脾性”的话，那么实际上在马基雅维利第1卷第5章后半部分的表述中，我们会发现，平民的脾性和贵族的脾性一样，都是意在欲求获得。他们之间的区别仅仅在于，一个实际拥有权柄而另一个试图拥有权柄，因此才会出现一个希望维系一个希望获得、一个害怕失去一个希望攫取。最初马基雅维利完全是在否定的意义上谈论平民的脾性和欲求，他认为平民“既然不可能占有它，也不会允许别人占有它”，但是他其后的论述逐渐转向在肯定的意义上径直谈论平民“欲求获得”的野心。也就是说，两种脾性最终归于一种脾性——试图去统治、试图去获得权柄。

这或许可以证明，帕雷尔对此的分析的确是正确的，但帕雷尔并没有注意到，马基雅维利脾性学说的这种转换关系恰恰是他的自然哲学解释无法处理的。因为，如果将马基雅维利的这种脾性转换的学说用到自然哲学上，就好比是说：人体中实际上只存在一种体液，各种体液之间并没有质的不同，只是由于实际的处境、地位的差异以及生长的先后才造成了体液之间的区分和分化，而这显然并不是前现代自然哲学的基本立场。

帕雷尔没有意识到他的分析的自相矛盾之处，而这恰好可以证明，马基雅维利的学说仍旧是一种无法化约为自然哲学的政治社会学立场。这种政治社会学的方法构成了现代阶级解释方法的先驱。这一点，如果比之以亚里士多德的

① 参见《马基雅维利全集》，第1卷，160页；另参见 Parel，*The Machiavellian Cosmos*，p. 106。

② 《马基雅维利全集》，第1卷，160～161页。

混合政体学说，就可以愈见分明。

在《政治学》里，亚里士多德在谈论之所以应当采取中道政体时，也提及了两种不同社会阶层的性情：“在这一端，所有的人都仅知服从而不堪为政，就全像是一群奴隶；而在另一端，所有的人却又只顾发号施令，不肯接受任何权威的统治，就全像是一伙主人……这样的一个城邦就不是自由人的城邦而是主人和奴隶所合成的城邦了。”也就是说，在亚里士多德那里，非常明显地呈现出来的是两种对立的性情：一种是傲慢，即统治欲过盛、控制欲过强；另一种是麻木，即不愿去统治、控制欲过弱。这两种性情的极致就是主人和奴隶的统治形态，而这两种性情从根本上说是不可化约的。

在马基雅维利那里，表面上看也有两种对立的性情，一种是去统治，另一种是不愿被统治。但是，亚里士多德那里的“不愿去统治”，悄悄地被“不愿被统治”取代了。而我们上面的分析已经证明，马基雅维利那里的“不愿被统治”，其实和“愿意去统治”，是一种脾性处于在不同阶级地位时产生的不同反应。控制和不被控制，在马基雅维利那里，并不是严格意义上的两种性情。

因此，隐含在传统混合政体学说中的性情差异，其实被马基雅维利取消了。在马基雅维利那里，实际上并不存在贵族和平民的性情差异，只有地位的不同。当然，更为严格的表达或许应当是，只有因地位不同造成的表面上的性情差异。这种差异实际上只是一种修辞上的差异，本质上却并没有什么差别。这是马基雅维利的真正激进之处。传统的政体理论总是为隐含着的性情差异所支配，因此，在传统政体理论中并不存在赤裸裸的、与阶层性情差异相脱离的“阶级学说”。而只有到了马基雅维利这里，这一点才真正被突破了。马基雅维利实际上的主张毋宁说是这样的：社会结构造成了表面上的社会阶层的性情差异，而不是相反。

这个问题在传统的政体模型尤其是以威尼斯和斯巴达为代表的政体模型里，恰恰被掩盖了起来。马基雅维利曾经提到，那些为威尼斯和斯巴达的政体辩护的人主张应当把自由的守护权交给贵族，因为这有两个好处：一是满足了有权势者的抱负；二是把权力从平民的不安分的思想中去除掉。[①] 也就是说，威尼斯和斯巴达的模型恰恰是把“不愿被统治”从“思想”层面置换为懒散麻木的“不愿去统治”。威尼斯政治的稳定与和谐，仅仅是一种思想层面的伪装，严格说来，由于所有阶层的性情差异归根结底只受到一种脾性的支

① 参见《马基雅维利全集》，第1卷，160页。

配，因此，在社会结构上，一个阶层得到权柄就意味着另一个阶层失去权柄，统治和不被统治、维持和获得总归会产生城邦内部的分歧。威尼斯不应当是一个例外。

事实上，我们将看到，后世马基雅维利的继承者将沿着这一步走下去。随着1676年“最后一个伟大的塔西佗主义者”乌赛（Amelot de La Houssaye）的《威尼斯政府史》（*Histoire dugouvernement de Venise*）的面世，威尼斯内部的纷争逐渐得到揭示。从17世纪下半叶开始，威尼斯的形象已经开始了戏剧性的倒转，关于威尼斯的所谓“反神话”（anti-myth）的潜流开始在欧洲知识界浮出水面，我们发现，原先在孔塔里尼（Contarini）那里呈现的威尼斯和谐社会似乎已一去不复返。在孟德斯鸠笔下，威尼斯已不再是自由的象征，而是放纵甚至专制的代表①，在他看来，与其说威尼斯政体是混合政体，还不如说它是寡头式的统治；而在卢梭笔下，威尼斯共和国的长治久安只是一个幻象（*simulacrum*），它无非验证了一个道理——邪恶的人适应于邪恶的法律②；更不用说在《联邦党人文集》第39篇中，麦迪逊称，在威尼斯这个国度，“对绝大多数人民的绝对权力是由一小部分世袭贵族以最专制的方式行使的”③。

而马基雅维利以及后世的塔西佗主义所提供的“现实主义”路径的重大贡献之一恰恰在于，它不仅瓦解了君主国的神秘性，也瓦解了笼罩在共和国头顶的神秘性。

第三节　塔西佗主义与国家理性学说

马基雅维利并不是独行者，文艺复兴晚期对马基雅维利的景仰和追随往往

---

① See David Wootton, “Ulysses Bound? Venice and the Idea of Liberty from Howell to Hume,” in David Wootton, ed., *Republicanism, Liberty, and Commercial Society, 1649-1776*, Stanford: Stanford University Press, 1994, pp. 341-368；关于孟德斯鸠对威尼斯的不满，更为完善的论述，参见David W. Carrithers, “Not So Virtuous Republics: Montesquieu, Venice, and the Theory of Aristocratic Republicanism,” *Journal of the History of Ideas*, vol. 52, 1991, pp. 245-268。

② See Jean-Jacques Rousseau, “*The Social Contract*” *and Other Later Political Writings*, Victor Gourevitch, trans., Cambridge: Cambridge University Press, 1997, p. 135.

③ ［美］汉密尔顿、杰伊、麦迪逊：《联邦党人文集》，程逢如译，193页，北京，商务印书馆，1995。

伴随着另一个古典学者的复兴，这就是罗马帝制的忠实记录者和批判者、伟大的政治史家塔西佗（Tacitus）。可以说，塔西佗和马基雅维利在国家心术领域构成了某种互文效应，是塔西佗和马基雅维利共同缔造了文艺复兴晚期的国家理性主义学说。在现代自然权利学说和启蒙运动兴起之前，弥漫在 17 世纪整个欧洲知识界的氛围就是这个由马基雅维利和塔西佗共同缔造的阴暗智识图景。不理解现代早期这段阴暗的智识氛围，就几乎不可能理解隐藏在现代自然权利学说和启蒙运动中的某些前提性观念，更不可能理解这个时期的诸多重要智识作品，如莎士比亚的历史剧、拉罗什富科（La Rochefoucauld）的道德箴言和蒙田（Montaigne）的随笔。

一、塔西佗主义的盛行

文艺复兴晚期塔西佗主义的盛行和传播初看上去是一件咄咄怪事，在所有的古典作家中，塔西佗似乎姗姗来迟，但却收获了最后的成果。16 世纪 80 年代短短十年间，塔西佗就开始在欧洲知识界风靡起来。据彼得·伯克统计，1580—1700 年间，整个欧洲共有超过 100 部塔西佗著作的评注面世，其中大部分是政治性的评注，而在 1600—1649 年间，坊间则共有 67 种各种版本的塔西佗本人的著作出版。可以这么说，自从帕斯夸尔（Carlo Pasquale）的第一部关于塔西佗的完整政治评注出版以后 50 年来，塔西佗主义一直是整个欧洲知识界最为引人注目的一个学派。①

不过，塔西佗第一次为现代政治思想所用，还要回溯到布鲁尼的《佛罗伦萨颂》。在那里，他引用塔西佗的话指出，当权力集中在一个人身上时，伟大的心智就会消失。后来在波焦与瓜里诺的争论里，波焦也曾援引塔西佗，以求证明拥护共和制的西庇阿要比开启帝制的恺撒更为伟大。② 这种叙述在公民人文主义盛行之时本是极为常见的，而当佛罗伦萨的共和主义消退之时，塔西佗也就丧失了他为共和主义所用的可能性。但历史的吊诡在

---

① 关于塔西佗主义的传播，参见 Peter Burke，“Tacitism，Scepticism and Reason of State，” in J. H. Burns and Mark Goldie，eds.，*The Cambridge History of Political Thought，1450 - 1700*，Cambridge：Cambridge University Press，1991，以及［美］理查·塔克：《哲学与治术》，韩潮译，第二章，南京，译林出版社，2013。另一个塔西佗主义的经典是 1594 年佛罗伦萨的御用学者阿米纳托（Scipione Ammirato）出版的《论塔西佗》。这本书包括了一系列对塔西佗的《编年史》和《历史》全面的研究论文，出版之后随即成为享誉欧洲的经典。

② 参见［意］莫米里阿诺：《现代史学的古典基础》，冯洁音译，161～162 页，北京，三联书店，2009。

于，塔西佗的真正意义可能并不在于单纯地为共和主义所用，相反，只有当整个欧洲尤其是意大利已经开始了它的绝对主义命运时，塔西佗主义才有了真正的政治现实性。当然，我们可能要问：塔西佗为什么能够在这个时代盛行？

最为直接的理由是，意大利已经进入了专制时代。盛行的小僭主统治以及相伴随的西班牙的事实控制已经让意大利丧失了自治的可能性，托斯卡纳大公国取代了佛罗伦萨的共和体制，其他的小城市共和国也纷纷失去了自治的地位，即便是唯一的例外威尼斯共和国也进入了衰落期。当 1559 年西班牙在意大利建立起稳固的统治时，共和主义的政治现实性也就随之彻底丧失殆尽了。在这种情况下，从西塞罗主义到塔西佗主义的过渡也就不难理解了。如果说西塞罗代表了公民人文主义正面价值的典范，那么塔西佗就代表了这个正面典范的政治现实性丧失之后的结果。无论是布鲁尼还是波焦对塔西佗的运用，虽然都是对塔西佗的共和主义运用，但他们的论证思路其实都是从共和制丧失的残酷后果反证共和政体本身的可贵。现在，当这个残酷的现实终于来临时，塔西佗主义的政治现实性也就不可避免了。

众所周知，塔西佗是专制主义或暴政的记录者，他描述了罗马帝制下的内战、帝制下的人性以及人性的扭曲。莫米里阿诺准确地指出，塔西佗和希腊史学家的不同在于，希腊史学家记录的只是暴政在一段时间内对城邦政体的凌虐，但塔西佗描述的却仿佛是没有尽头的暴政，或者说自由被永恒地剥夺了。只有在自由几乎一去不复返时，暴政的真正残酷性才显露出来。所有人，或者放弃反抗的念头一味阿谀奉承，或者就算提出异议也派不上任何用场，只不过说上两句空洞无谓、毫无用处的意见罢了。用塔西佗自己的话来说，“在鲁莽的执拗和卑鄙的奴颜婢膝”或者说在阿谀奉承和空洞的抗议之间被迫做出的选择，可能就是专制主义的特征之一。[①] 而这恰恰来自塔西佗主义最为锐利、最为切中时弊的诊断。

在利普修斯（Justu Lipsius）编辑的塔西佗著作的献辞部分，他曾有过一段关于塔西佗主义何以适用于这个时代的剖析：

> 塔西佗是极为深刻的学者，天知道，他是个聪明过人的家伙：可如果说有哪一个时代能从他的著作中受益，我敢说一定就是现在、当下。因为，塔西佗记录的既不是汉尼拔对罗马人令人不快的胜利，也不是卢克蕾

① 参见［意］莫米里阿诺：《现代史学的古典基础》，158 页。

> 佳的戏剧性死亡；既不是占卜者的预言，也不是伊特鲁里亚人的符兆，更不是那些娱乐远远大于教益的东西。塔西佗处理的是君主的宫廷，是他们的隐秘生活，他们的计划、命令和行动；我们会发现，他教给我们的东西与我们这个时代极为相似——种什么因，得什么果。你会发现，在我们这个时代的暴政下发生的背叛和谄媚其实并不是什么不为人知的事情；我们这个时代没有真诚、坦率的友谊，朋友间甚至没有信任，有的只是持续不断的背信弃义（这种恶或许已不再被视作罪行）；而对好人的杀戮，甚至使得和平比战争更加野蛮。[①]

不过，尽管如此，我们并不能就此认为，塔西佗主义纯粹就是对专制和暴政的批判。这并不符合实际，恐怕也忽视了塔西佗本身的复杂性。实际上，在这个时期的塔西佗主义文献里，《编年史》第1卷到第6卷关于提比略（Tiberius）皇帝的段落尤其得到推崇，评注者往往将其与色诺芬的《居鲁士的教育》相提并论，这并不是因为提比略代表了理想的君主，而是因为提比略代表了政治诈术的典范。[②] 圭恰迪尼曾经说，塔西佗教暴君如何做暴君，教他们的臣民如何在暴君的统治下乖乖做人，这可能也恰恰是塔西佗的另一面。他既能成为专制主义的敌人，也能成为专制主义的朋友；既是专制暴政的揭露者，也是专制治理术的教师；既可以与专制为敌，也可以为专制所用。因此，意大利学者托范宁（Giuseppe Toffanin）曾有一个非常有意思的区分。他认为存在两种对立的塔西佗主义，一种是支持共和政体的“红色塔西佗主义”，一种是主张国家理性和现实政治的“黑色塔西佗主义”。[③]

但无论是哪一种塔西佗主义，事实上都来源于塔西佗本人，他的表述本身就留下了暧昧之处。比如他的反讽修辞往往刻意保存一种微妙的中立。从他的反讽语调中我们虽然可以看出他对暴政下的阿谀奉承总是嗤之以鼻，给予不留情面的讽刺，但同时他对理想化的政治理论也一样给予不留情面的批评，最为著名的例子是塔西佗在《编年史》中对混合政体学说的质疑。在他看来，混合政体理论“容易得到颂扬，却难以创制。即便能够创制，也无法长久维持下去”（《编年史》4.33）[④]。而他对理想化理论的不屑一顾，总让我们疑心他似乎认为暴政是一种必然的、不太坏的选择，或者说，塔西佗本人就是一个因绝望

---

① 转引自［美］理查·塔克：《哲学与治术》，49页。

② See Burke, “Tacitism, Scepticism and Reason of State,” p. 487.

③ See Burke, “Tacitism, Scepticism and Reason of State,” p. 484.

④ Tacitus, *Annals*, A. J. Woodman, trans., Indianapolis: Hackett, 2004, p. 137.

而选择君主制度的人。实际上，塔西佗从没有批评整个帝国制度，他似乎认为帝国统治是不可能改变的，或者说他从没有想象过除了帝制之外，罗马还有其他选择。

更有甚者，塔西佗很可能根本就拒绝这种无谓的想象。他在暴政下观察到的人性让他发现，人类总是轻易放弃自由而换取可鄙的利益和可怜的和平，同时却用一些空洞的自由语言来安慰自己。因此他似乎认为，这是一种人性本身的问题，而非纯粹来自暴政的扭曲。用莫米里阿诺的话来说，对塔西佗而言，专制主义并不是一种没有来由的孤立现象，它其实是一种来源于人性基本罪恶的症候。因此，自由的语言对他来说才不再是一种恰如其分的语言，“塔西佗越是深入地讨论这个问题，就越是感到悲观。他观察得越深入，现实与表面之间以及人类的言行之间的矛盾就越突出”[①]，以至于我们只能把他当作一个政治的怀疑论者，一个对政治本身就心存疑虑的哲人。

事实上，培根以及后来的维柯（Giambattista Vico）对塔西佗有过一个著名的评价：柏拉图教给我们人应该是怎样的，而塔西佗则教给我们人实际上是怎样的。[②] 这不由得让我们想起马基雅维利在《君主论》第 15 章提出的那种“想象中的国家”和“实际存在的国家”的著名区分。在这一点上，马基雅维利和塔西佗有着惊人的相似，他们的论述共同构成了与古代政治的根本性断裂。

马基雅维利去世之后不久，那不勒斯的大学者阿格斯提诺•尼夫（Agostino Nifo）曾对这位《君主论》的作者的著述有过一段评述：“你会在这些文字里看到君主和僭主的事迹，就像在医术书里同时看到毒物学和药物学：很显然，你应当避免毒理，学习药理。”[③] 这句话中表达的毒与药的机制，或许也可以用来说明“红色塔西佗主义”与“黑色塔西佗主义”的区别、差异和相生相伴，在这个问题上，马基雅维利的接受史处境和塔西佗主义的处境几乎别无二致。“红色塔西佗主义”和“黑色塔西佗主义”的出现尽管有些奇特，但放在这个特定的历史时期却绝不难理解，在马基雅维利的接受史上其实也出现过一种类似的现象，这就是同样出现在文艺复兴晚期、同样让人难解的所谓“反马基雅维利主义的马基雅维利主义”（Anti-Machiavellian Machiavellism）。

---

① ［意］莫米里阿诺：《现代史学的古典基础》，158 页。

② 参见［意］莫米里阿诺：《现代史学的古典基础》，170 页。

③ Agostino Nifo，*Machiavel. Il Principe*，Paul Larivaille，ed.，Paris：Les Belles Lettres，2008. 关于尼夫与马基雅维利的关系，另参见 Anglo，*Machiavelli*：*The First Century*。

二、波特若与博卡里尼

迈内克（Friderich Meinecke）曾说，在一些思想家那里，“马基雅维利主义和反马基雅维利主义彼此密切相关。他们这么选择的原因在于他们自己是内心分裂的，因而他们反映了通过马基雅维利主义这一中介进入的历史生活悲剧式的二元性，亦即马基雅维利主义包含的那种难分难解、事关根本的结合——毒害力和治疗力的结合”[①]。迈内克描述的这种情形尤其典型地体现在这个时期的两个思想家那里，他们分别是波特若（Giovanni Botero）和博卡里尼（Trajano Boccalini）。

波特若的《国家理性》（*Della Ragion di Stato*）一书可能是那个时代最受欢迎的政治理论著作。在他这部极为著名的论著的献辞部分，有一段常常为人所提及的陈词：

> 我很惊讶，有人提到国家理性时竟然引用马基雅维利和塔西佗……既然这么多人谈论他们，我认为我有必要表明我的态度。在我看来，马基雅维利的国家理性根本没有良心可言……让我感到惊讶的是，这么一个邪恶的人竟然得到这么多的尊崇，仅仅因为据说他教授了国家应当如何统治和管理的方法；对我而言，与其说愤怒还不如说惊讶：这么一种野蛮的治理方式得到广泛认可，简直是公然违反神法（divine law）。有人竟然说，某些事是基于国家理性的，其他的事情才基于良心（conscience）。这种说法既亵渎神灵也违背理性。[②]

波特若这段充满道德感的文字代表了那个时代耶稣会正统的反马基雅维利立场，在道德上波特若做到了尽可能的义正词严，以至于这本书在出版8年之后大获成功之时，有位耶稣会人士在给波特若的书评里写道：“波特若是无与伦比的。他既赞赏德性、正义和义务，又赞同君主的利益，就此而言，他就能得到不朽的声名。”[③] 不过，如果我们仅仅将这段道德指责当作波特若的全部立场，那就大错特错了。正如迈内克所言，在波特若那里，马基雅维利主义的动机和反马基雅维利主义的动机是纠缠在一起的，他在道德上表现得是个反马基雅维利主义者，但在其他方面尤其是在国家治理的方法层面，其实对马基雅维

① ［德］迈内克：《马基雅维里主义》，时殷弘译，114页，北京，商务印书馆，2008。

② Giovanni Botero，*The Reason of State*，New Haven，Yale University Press，1956.

③ Robert Bireley，*The Counter Reformation Prince：Anti-Machiavellianism or Catholic Statecraft in Early Modern Europe*，Chapel Hill：University of North Carolina，1990，p. 45.

利沿袭尤多。比如，他其实是第一个使用“国家理性”作为书名的作者，而“国家理性”这个词在当时的代言人就是马基雅维利和塔西佗。波特若的工作毋宁说是为“国家理性”一词正名，他试图把马基雅维利和塔西佗那里的道德暧昧性清理出去，保持国家理性在道德问题上的中立性。因此，在论述的方式上，波特若总是采取一种中性化的表述，避免产生任何道德上的挑衅。

我们不妨来看他在此书开篇首先交代的关于“国家”和“国家理性”的定义。他将“国家”定义为“对人民的持续稳定的统治”（*un dominio fermo sopra popoli*），将“国家理性”定义为“关于国家的建立、维系与扩张的知识”①。很显然，这个国家理性的定义不包含任何直接与权术相关的、具有否定性道德内涵的成分，只是一个客观的中立性的描述定义。但这并不表明波特若仅仅是一个智力平庸的道德审查家，相反，我们只要留心他对国家理性的进一步说明，就足以发现他对这一问题的理解并没有停留在表层。很少有人注意到波特若对“国家理性”概念的进一步修正性界定。在波特若看来，尽管国家理性包含了建立、维系和扩张三个层面的知识，但与国家理性最密切相关的是维系国家的知识，其次是国家扩张的知识，最后才是建立国家的知识。他给出的理由是，国家理性预设了既定的或者说稳定的统治者和国家作为其前提，而无论是扩张还是建国，却多多少少预设了不存在既定的统治者和国家。扩张部分地预设了不存在既定的统治者和国家，建国则完全预设了不存在既定的统治者和国家。② 如果我们还不曾忘记马基雅维利《君主论》中著名的关于新君主、世袭君主和混合君主的区分，就不难发现这里的对应关系：新君主是建国的君主、世袭君主是维系统治的君主，而混合君主则是扩张性的君主。当然，波特若的处理方式是沿袭了马基雅维利的区分，但从他的立场来看，以新君主为代表的建国行为严格说来与波特若的“国家理性”相距最远，真正符合波特若定义的是以世袭君主为代表的维系国家统治的行为。这么处理当然和马基雅维利大相径庭，但如此也就回避了建国和扩张中由于权力关系不稳定造成的必然暴力。马基雅维利谈论的是必然暴力，而波特若却回避了它。在 1599 年出版的另一部著作的前言中，波特若甚至明确指出：“马基雅维利创造的那个君主与亚里士多德在《政治学》中描述的僭主别无二致。”③

---

① Botero，*The Reason of State*，p. 3.

② See Botero，*The Reason of State*，p. 3.

③ Victoria Kahn，*Machiavellian Rhetoric*：*From theCounter-Reformation to Milton*，Princeton：Princeton University Press，1994，p. 65.

当然，即便波特若回避了马基雅维利谈论的必然暴力，即便他认为马基雅维利的君主就是亚里士多德的僭主，这也并不表明他完全站在传统的政治理论立场上。从他的行文中流露出的若干细节，我们可以判定，他并没有远离马基雅维利。比如他曾说："君主做出的决定首先考虑的应当是利益，而不是任何其他想法；君主无论同谁打交道，来自他们的友谊、亲情、约定等，如果不能归结为利益关系就都不值得信任。"[①] 又比如，在讨论君主的慷慨德性时，他采取了与马基雅维利《君主论》第 16 章相似的告诫：好处不能一次性给完，要一点一点给，"让接受者产生或许能够得到更多的希望"[②]。

更让人不可思议的是，正如马基雅维利在《君主论》最后一章发出的统一意大利的呼告，《国家理性》的最后一节也告诫君主，不要害怕战争，要联合起来对付欧洲的大敌土耳其人。他甚至指责马基雅维利，说"马基雅维利只知道对教会叫嚣，从没有将矛头指向异教徒"。波特若没有忘了为国家理性辩白，他刻意把国家理性和基督教欧洲的整体利益捆绑在一起——谁害怕国家理性？土耳其人！异教徒！而不应当是基督徒！[③]

尽管如此，波特若对马基雅维利的袭用还是经过了一层转化。由于波特若考虑得更多的是维持一个国家的手段，他对利益的考量要远远超过对战争和暴力（建国和扩张）的考量，因此他比马基雅维利多出的一面就是在经济方面的策略。事实上，波特若是将经济学动机引入政治领域的第一人，他用经济学国家理性取代了旧式的军事国家理性。比如在他对增加国家财政收入方法的研究中，波特若认识到，制造业获取利润的可能性要大于农业，因此提高制造业的比重并降低农业的比重，是国家繁荣的途径之一。这一点在早期经济学的发展历史上亦有一席之地。而在这方面他最为重要的发现是对人口问题的看法，他认识到人口的增长要快过生存手段的增长，因此道德的约束和战争分别从负面和正面对人口增长形成约束。熊彼特（Joseph Schumpetes）说，后来马尔萨斯除了一些简单的数学分析之外，没有什么不是波特若已经说过了的看法。[④]

经济学动机的引入对于国家理性学说而言是一个巨大的转变，这直接促进了国家理性学说摆脱马基雅维利和塔西佗的影响，进入一个更具中立性的领域。尽管经济学国家理性归根结底还是"利益的理性"（*ragione d'interesse*），

---

① Botero, *The Reason of State*, p. 41.

② Botero, *The Reason of State*, p. 33.

③ See Botero, *The Reason of State*, p. 222.

④ 参见［美］熊彼特：《经济分析史》，杨敬年译，第 1 卷，385 页，北京，商务印书馆，1991。

但之前的国家理性学说所带有的权术论调和否定性道德内涵也就此多少被清洗干净了。所以，维罗里说，“通过与马基雅维利和塔西佗划清界限，波特若为国家理性赋予了一种新的、更容易被接受的意义。他让有关权术的话语走进了阳光地带，此前，它一直在高尚的‘政治’的阴影里徘徊”①。

与波特若差不多同一时期、往往与他相提并论的博卡里尼是一个和波特若相差极大的人物。如果说波特若代表的是国家理性学说平庸的经济学面相，那么博卡里尼代表的就是这个学说天才的讽刺文学的面相。其实，博卡里尼甚至不能算作一个政治理论家，但是他却能算作现代政治的第一个批判者，这不仅是因为他的《帕纳索斯山公报》（*De Ragguagli di Parnaso*）开启了现代类型的政治讽刺文学的先河，还在于他的讽刺文学能够传达出早期现代绝对主义国家来临之际的历史阴暗面。按照迈内克的话来说，“博卡里尼的首要历史重要性在于，通过一位当时人的活生生的敏感，首次使历史发展的黑暗面成为对我们来说真正可以理解的”。而迈内克之所以对博卡里尼评价甚高，是因为在他看来，“在这个世纪里，对初生的现代国家固有的真正不虔敬和不道德，或者对该时代文化理想的彻底二元论态度，没有任何别的思想家有过如此深刻和痛苦的认识……也从没有任何别的思想家同时以理性和非理性方式如此清晰地设想过构成国家的人的激情、人的理性和超出人之上的命运的整个组织构造”②。

迈内克的评价针对的是博卡里尼的道德情怀和现实触觉之间的平衡。就他的现实触觉而言，博卡里尼当然是一个塔西佗主义者，而就他的道德情怀而论，如果按照范托宁的区分来评价博卡里尼，那么他毫无疑问属于红色塔西佗主义者之列，也就是说，他是一个带有共和主义情怀的塔西佗主义者。他的著述中没有任何教唆统治技艺或生存技巧的嫌疑，也没有其他塔西佗主义者那里的道德暧昧成分。这或许是因为他采取了讽刺文学的形式，他的所有工作似乎就是尽情地嘲弄这个时代的全面腐败。他的著作《帕纳索斯山公报》的英译本有一个冗长但独具慧眼的标题：“新政治学：揭示廷臣、政治家、普通人的隐秘本性，揭露世界上最有名望的君主国、共和国各自政府的权力和伟大功业的秘密”。这一标题应当说准确捕捉了博卡里尼与那个时代知识氛围之间的关系。

博卡里尼的《帕纳索斯山公报》以及其后成书的《政治试金石》（*Pietra del Paragone Politico*）虚构了一个混杂了历史和神话传说的帕纳索斯山，阿

① ［意］莫瑞兹奥·维罗里：《从善的政治到国家理由》，郑红译，256页，长春，吉林人民出版社，2011。

② ［德］迈内克：《马基雅维里主义》，162页。

波罗和缪斯是帕纳索斯山的主人，除此之外，不同时代、不同背景的历史人物如形形色色的哲学家、政治家、诗人各自会在这座帕纳索斯山上出现，由此产生了300个荒诞不经却意味深长的故事。而博卡里尼则把自己视作这些故事的汇报者，以超然冷峻的态度不动声色地转述这些荒诞之事。所有这些故事采取的都是从卢西安（Lucian）那里继承来的梅尼普讽刺（Menippean satire）的风格，也有类似于伊索寓言的描绘方式，按照他在《帕纳索斯山公报》第二部献辞里的说法，其实是“大事小说，正史稗谈；佯言此事，实说彼事；自揭其短，以示其盲”[①]，藏严肃的批判于谐趣的笔法之中。

博卡里尼之所以采用这种荒诞的故事讲法，除了秉性所致之外，其实也有避免迫害的考虑。他在一封信中曾提到：“我要说出的真理必定会激怒君主，为了避免激怒这些大君主们，我只能让真理披上笑话的外衣，藏在隐喻的阴影里。”[②] 相传博卡里尼被西班牙人派来的刺客暗杀于威尼斯，虽然史实仍有争议，但传说背后的历史氛围却很可能是真实的。

博卡里尼披上笑话外衣、藏在隐喻阴影里的“真理”其实并不神秘，它无非是君主藏诸密室却不幸被马基雅维利和塔西佗公之于天下的统治秘术。《帕纳索斯山公报》全书第一个故事说的是“政治家协会”在帕纳索斯山上开了商店，出售各种有神奇魔力的商品：比如第一处商店是叫“吹牛小铺”的地方，专供有知识有品位的廷臣消费；又有一处出售一种神奇的铅笔，紧急时刻可以把白的涂成黑的；还有出售给廷臣专用的眼镜，可以把跳蚤看成大象，把侏儒看成巨人；另外还有一种皇家黄油，可以开胃，以吞下世界上最恶心的食物。[③]

这种对统治秘术的影射绝非仅仅是文学戏笔，实际上，博卡里尼多多少少是有所寄托的。这可以从他对塔西佗的描绘中看得分明。《帕纳索斯山公报》涉及塔西佗的故事曾有一则，说的是一日在帕纳索斯山上，塔西佗被世上大大小小的君主们控告，他们指责塔西佗在他的《历史》和《编年史》里发明了一种眼镜，可以让最淳朴无知的人也能看到他人的内心深处，了解别人隐秘的想法。君主们愤愤不满，因为这么一来原先不为人知的君主本性以及政府必要的

---

① Traiano Boccalini, *I ragguagli di Parnasso*, *or*, *Advertisements from Parnassus in two centuries*; *with the Politick Touchstone*, Henry, Earl of Monmouth, trans., vol. II, London: Peter Parker, 1669, p. 4.

② Arthur Weststeijn, *Commercial Republicanism in the Dutch Golden Age*, Leiden: Brill, 2012, p. 130.

③ See Boccalini, *I ragguagli di Parnasso*, pp. 1 - 3.

计谋就要公之于众了。过去，君主常常声称他们的所作所为都是基于公共利益和善良意愿，实际却为自己谋利，这本来是“治理国家最有效的工具”，或者说是“政治家所能发现的最无与伦比的国家理性”。现在有了塔西佗的眼镜，一切都失效了，最有效、最无与伦比的国家理性根本无从谈起，所以他们提议把塔西佗送入监狱，禁止出版《历史》和《编年史》。在故事的最后，阿波罗做出了判决，他决定查禁《历史》和《编年史》，但塔西佗不必入狱，他应当制作少量的眼镜专供君主之用，在君主的御前会议上分享，方便他们统治大众。至于淳朴无知的人最好还是不要让他们知道太多知识，这样一来，盲目无从的他们才需要一个向导，更易于统治。①

博卡里尼笔下的这个塔西佗的故事，其实或多或少代表了他的塔西佗主义理解：为少数人所掌握的塔西佗主义是专制主义的朋友，而为大多数人所知的塔西佗主义却是专制主义的敌人。这个充满启蒙色彩的隐喻很难不让我们想起卢梭对马基雅维利的判断，马基雅维利看似为君主上小课，实则是在为共和党人上大课，因此，启蒙是必要的，让更多的人知道、了解、看透君主的秘术，本身就具有解放性，或者说本身就是动摇暴政的重要一步。

但这并不是说博卡里尼的学说具有革命性。迈内克的判断是没有错的，博卡里尼仿佛是站在文艺复兴和欧洲革命精神发端的中间位置，不过他本人终究是文艺复兴时代的产物。而属于文艺复兴的政治情绪远不是革命的，博卡里尼对人类的变革自然也是从来不抱希望的，《帕纳索斯山公报》里有一则由阿波罗倡导的全面改革世界的故事，其时阿波罗召集了帕纳索斯山上的希腊七贤人，再加上罗马卡托、塞涅卡以及现代的哲学家马佐尼（Jacopo Mazzoni），为全面改革世界出谋划策，但每一个智者提出的改革方案最终都以失败告终，于是故事在塔西佗的“只要有人，就有罪恶”（*la vitia erunt donec homines*）的名言里落幕，博卡里尼补充了一句告诫：“人类的最高智慧无非是保持审慎，满足于让世界维持在它原来的样子上。”②

实际上，博卡里尼本人从没有宣扬他的共和理想，尽管他个人的确对威尼斯的自由政体情有独钟，尽管自由可能对于他来说要高过一切。维罗里甚至

① See Boccalini, *I ragguagli di Parnasso*, pp. 285 - 286.

② Boccalini, *I ragguagli di Parnasso*, pp. 119 - 132.

说，《帕纳索斯山公报》里唯一的正面形象就是威尼斯。[①] 但博卡里尼笔下的另一个故事恰恰说明，威尼斯是不可学的，甚至任何自由政体都是不可学的。

这一则故事说的是，密提林（Mytilene）的君主死后没有留下继位者，于是密提林人为采取君主制还是共和制展开了一场争论。博卡里尼记录了其中一个公民的演讲，这个公民忠告密提林人：

> 虽然自由就好比一块珍贵的宝石，虽然没有什么比只服从上帝和人本身的法律、不屈从任何一个人更为幸福的事情了，但宝石之所以珍贵，是因为它在世间是罕见的。在这个世界上，君主国常有而共和国不常有。共和国是由那些具有良好品性的公民建立的。威尼斯那样的自由政体是值得钦佩的，但要建立类似于威尼斯的共和国，需要公民能够爱他们的祖国超过爱他们自己的子女和财产，能够把公共利益放在个人利益之上，能够在涉及朋友和父母的民事和刑事事务中保持公正，能够对法律保持敬畏，能够屈尊接受下层民众的投票选择，能够在公共事务中保持静默。总之，能够表现出配得上做自由人的习俗。而所有这些，绝无可能从威尼斯的法律中习得。佛罗伦萨共和国最后落入一个僭主之手就是一个反证。[②]

不过，这位公民的演讲没有阻止密提林人决定建立一个自由城邦的决心，他们决定派大使去学习威尼斯人的法律。后来，密提林人的大使果真把威尼斯的法律带回了母邦，而密提林人也果然按照威尼斯的法律建立了一个共和国。但他们很快就发现，自己根本不能忍受威尼斯法律的约束。贵族不愿让渡原先在君主制下获得的个人利益，人民不愿被排除在政府之外空有共和国之名，结果在一片混乱之中，密提林人重新聚在广场上，所有人都张开了嗓门：君主制！君主制！[③]

这个故事的调子与其说是喜剧的还不如说是悲剧的，故事中的大段议会演说词放在《帕纳索斯山公报》300个类似故事里也颇为罕见，演说词的庄严风格与整部书的谐趣笔法更是大相径庭，让人疑心这段文字是否代表了博卡里尼本人对共和政体实现可能性的深深忧虑和审慎判断——自由是可欲的，但也是艰难的。

---

① 参见［意］莫瑞兹奥·维罗里：《从善的政治到国家理由》，265页。不过，在这一点上，他很可能是错误的，因为博卡里尼对德意志的共和体制也同样抱有好感，对它的推崇度甚至要超过对威尼斯的，参见［德］迈内克：《马基雅维里主义》，151页。

② Boccalini，*I ragguagli di Parnasso*，p. 66.

③ See Boccalini，*I ragguagli di Parnasso*，pp. 64 - 69.

这种对于共和政体的审慎判断应当是基于他作为塔西佗主义者的现实触觉，但这个故事的真正主题其实早已在马基雅维利《李维史论》第 1 卷第 16 和 17 章得到了阐发："习惯了受君主统治的人民即便获得了自由，也难以维持"，"腐败的人民在获得自由后，也极难维护这种自由"。事实上，这个主题也是共和主义理论史上最为棘手的难题，直到哈林顿的《大洋国》（*The Commonwealth of Oceana*）里，哈林顿毅然决然采取制度决定论的立场，才宣告了这个问题的无疾而终。但哈林顿与其说克服了这个问题，还不如说告别了带有公民人文主义特征的共和主义，才回避了这个由马基雅维利提出的难题。

对于博卡里尼来说，法律和公民德性在密提林故事里的对照表明他对共和政体的理解还是在公民人文主义的大范畴之内。在这种公民人文主义的自由理解中，自由政体的建立对公民德性提出了极高的要求，密提林演说中的爱国主义、公德心、对法律的敬畏与这个时期的国家理性学说几乎处于完全对立的位置。博卡里尼的内心分裂也正在于此，他不可能克服这种内心分裂，因为在这种分裂背后，其实是文艺复兴政治思想的分裂。文艺复兴晚期的国家理性学说只有在某种转化之后才能和共和主义并行不悖，但那已经是不属于博卡里尼的历史任务了。

三、国家理性学说及其转化

16 世纪是国家理性学说被发明的世纪，我们曾讨论的马基雅维利主义和塔西佗主义大体都处于这个学说之列。这个学说在 17 世纪被发扬光大，既而以某种方式融入到现代政治话语中去。

不过，在谈论国家理性学说之前，首先需要大致了解一下"国家理性"这个词语的创造。一般认为，"国家理性"被作为一个政治术语使用源自 1547 年的德拉·卡萨（Giovanni della Casa），1589 年波特若正式以此术语作为独立标题的著述《国家理性》一书出版，标志着这个术语正式登上政治思想的舞台。当然，一个政治概念的形成历史包含着许多不易确定之处，何时是日常的用法，何时成为确定的术语，并非不存在争议。事实上，也有不少学者认为，圭恰迪尼在《关于佛罗伦萨政府的对话》（*Dialogue on Florentine Government*）一书中已经使用了"根据国家的理性和习惯"这样的表述，并且他确实是在相近的内涵上使用这个词语的：圭恰迪尼在这本书里主张，所有的国家都植根于暴力，而所有的国家暴力也都会被正当化，因此，当书中圭恰迪尼的代言人指出，某人不以基督教的方式，而是"根据国家的理性和习惯"来行事时，他确实已经使用了与后世“国家理性”概念相似的意义表述。但是，如果说1547年德拉·卡萨对这一术语的使用与圭恰迪尼的表述有什么不同，那么就是，德拉·卡萨刻意区分了“公民理性”和“国家理性”，从而把这个词的含义边界确定了，固定了这个词作为政治术语运用的基本内涵。德拉·卡萨运用这个词语的背景是这样的：当时，查理五世借机得到了原属帕尔玛的皮亚琴察，但之后他拒绝将其归还帕尔玛的奥塔维·法内塞（Ottavio Farnese）公爵，于是法内塞任命人文主义者德拉·卡萨给查理五世写了一封信试图要回皮亚琴察。德拉·卡萨在给查理五世的信中这么写道：

> 一些被贪婪蒙住眼睛的人说陛下您一定会拒绝放弃皮亚琴察；他们说，出于“公民理性”（*la ragion civile*）您也许会放弃皮亚琴察，但出于“国家理性”（*la ragion delgi stati*）您一定会拒绝。不过我认为，这种想法不但是非基督教的，而且是非人道的：这就好比公平与诚实仅仅是我们参加劳动时穿上的一件肮脏外衣，而不是参加典礼时的华丽外套。①

因此，就这个术语的第一次使用及其概念内涵的确定而言，最为重要的莫过于这个词与“公民理性”的差异。维罗里尤其注重这个区分，他认为，这表明存在着两种不同的语境：一种是政治的传统语言，一种是16世纪的国家技艺语言。“公民理性”和“政治理性”是同义词，它们都代表了传统的西塞罗或亚里士多德式的政治理解，即政治是由理性主宰的，政治理性的使命是通过法律的安排把正义引入人类世界，法律就是政治理性的规则。而从16世纪起，有人开始使用“国家理性”一词，用以说明在实际政治操作中区别于“政治理性”甚至与政治理性相悖的政治实践，比如发动一场不正义的战争、不公正地处罚公民、为了私人目的动用公共权力机关、陷害无辜之人、用欺诈的手段破坏一个联盟等，所有这些政治实践都是缺乏理性根据的，只能诉诸国家的实践，这种政治实践中形成的东西只是一种“技艺”而不是传统的“理性”。因此，维罗里主张，传统的“公民哲学”有自己的理性，而“国家技艺”只有实践。②

维罗里的说明当然有其合理性，尤其是考虑到当时人对国家理性的批评态度。比如康帕雷拉（Tommas Camparella）就曾说，过去我们称之为政治理性

---

① 转引自［美］理查·塔克：《哲学与治术》，41～42页。

② 参见［意］莫瑞兹奥·维罗里：《国家理性的起源和意义》，周保巍译，见许章润、翟志勇编：《国家理性与现代国家》，8～9页，北京，清华大学出版社，2012。

的东西，现在人们称之为国家理性；实际上，今天我们已经把这两个词混淆起来，过去的政治理性就等于正义和公正，而今天的国家理性其实是对真正政治的一种背弃。我们有理由相信，维罗里的说明多多少少反映了当时的某些倾向性认识。

不过，维罗里的这种说明也存在几点缺陷：其一，他过于重视国家理性批评者的立场，而几乎没有呈现国家理性倡导者和使用者的立场；其二，他将“公民理性”和“国家理性”简化为理性和实践的对立，不能说明“国家理性”的倡导者和运用者为什么要称之为“理性”；其三，他的行文往往还有一种倾向性，认为“公民理性”是属于共和国的理性，而“国家理性”属于专制主义国家，这即便不是误导，至少也是一种简化；其四，他过于强调“公民理性”的道德性和“国家理性”的不道德性的对比，这显然仍旧是某种简化的处理方式。

这些缺陷很可能是维罗里为阐发自己的共和主义立场而刻意建立的意识形态对立。为了有相对客观的了解，这里我们需要对当时关于国家理性的理解做几点说明。首先，除了部分严厉的批评者之外，更为当时人所认同的是，存在两种国家理性：一种是好的国家理性，一种是坏的国家理性，好的国家理性服务于国家的整体利益，坏的国家理性只为君主或某个特定阶层所用。另外，好的国家理性始终受到神法或自然法的制约，不能为所欲为，而坏的国家理性往往意味着对基督教伦理和一般人性原则的刻意践踏。当然，在哪一种情况下可以从权，在哪一种情况下需要坚持原则不能从权，本身的确存在着争议，具体实践中也有暧昧含混的地方，但大多数意见还是保留了对“好的国家理性”的认可。

其次，主流意见之所以保留了认可“好的国家理性”一说，是因为，这本身就来自传统的政治理性。有人认为，“好的国家理性”来源于亚里士多德和西塞罗那里的政治明智（civil prudence）；有人认为，“好的国家理性”就是亚里士多德伦理学中的衡平（*epiekeia*）概念，后者往往把更高的正义原则置于现实的法律之上。也就是说，并不存在维罗里说的那种实践和理性的对立，而是“好的国家理性”本身就有作为明智、衡平以及概而言之作为实践智慧的一面，这种实践智慧其实是主张，为了更高的正义原则，只能在必要的情况下不遵守现实的法律或约定。[①] 这是一种实践理性，也是“国家理性”的倡导者和

① 需要补充的是，所有国家理性的负面成分如国家心术、诈伪和欺骗（狐狸）、例外都是从这里来的。

运用者还要沿用“理性”一词的原因所在。

再次，由于这种国家理性学说强调更高的正义原则，因此国家理性主义者往往并非全然不顾道德，而是诉诸在他们看来比法律或联盟条约更高的东西，这就是当时著名的国家理性主义信条——“人民的福祉就是最高的法”（*salus populi est suprema lex*）或“国家的福祉是最高的法”（*salus republicae suprema lex*）。当国家理性主义者搬出他们心目中“最高的法”时，他们往往带有热情洋溢的道德感，而不是我们所以为的那副冷酷无情的样子。其中非常典型的标志是一个法国国家理性者路易·马洪（Louis Machon）在他的《为马基雅维利申辩》一书中说出的一番感情充沛甚至不乏煽动性的言论：

> 一位君主、一位主权者或者说任何一位执掌国家权力的人物，其目标只能是人民的安全、公共的利益以及国家的保全。“人民的福祉就是最高的法”——这句话是一切政治法条的基石，是人类智慧的秘密所在，是对所有人都普遍适用的公理。正因为这位纯洁的女神，爱国才成为我们道德德性和世俗情感的目标。[①]

当然，也有另外一种相对更带有冷峻风格的国家理性主义者，他们固然也诉诸某种比法律更高的东西，但他们所诉诸的东西并不是某种更高的道德准则，而是近乎自然理性的那种东西——这就是当时国家理性主义者的另一个关键词：“必然性”。比如克莱玛（Arnold Clapmar），他曾引用过塞涅卡的一句话“必然性让一切合法”，并且在塞涅卡的这句箴言后加上了一句评论：“必然性往往让不合法的事情成为公平和正义，这就是必然性的力量和尊严所在。”[②]由于克莱玛的理论路径是政体学说，所以在他看来，维系某种特定政体运行的就是这样的一种必然性。

最后，问题自然而然来到了与政体有关的地方。维罗里有意无意诱导我们认为，“公民理性”是属于共和国的理性，而“国家理性”属于专制主义国家。但这肯定是不准确的，共和国当然也有它的国家理性，差不多所有的国家理性主义者都会认为，无论就国际关系而言还是就国内叛乱而言，共和国都需要运用某种国家理性。某些国家理性主义者甚至从国家利益的角度论证弑僭的必要性就是一个明证。

更为重要的是，另有一些国家理性主义者从政体和法律关系的角度来看待

① 转引自［美］理查·塔克：《哲学与治术》，101页。

② 转引自［美］理查·塔克：《哲学与治术》，135页。

国家理性问题，他们把中性的“理性”（*ragion*）概念转化为包含道德或法律内涵的“法权（正当性）”（*ius*）概念，提出每一种政体类型都有其特定的“统治法权（正当性）”（*ius dominationis*），这种统治正当性高于已经制定的法律。这其中的代表仍然是德国亚里士多德主义者克莱玛[①]和意大利的亚里士多德主义者佐科罗（Lodovico Zuccolo）。克莱玛和佐科罗使用的“统治法权（正当性）”概念其实是用法学术语表达了国家理性的通常内涵。

克莱玛和佐科罗的论证依赖于亚里士多德，在亚里士多德《政治学》中，曾有一个讲述政体高于法律的段落：

> 真正的政治智慧应当能够分别何为最优良的法律，何为适应于不同政体的法律；法律实际上是，也应该是根据政体来制定的，不能反过来根据法律来决定政体。政体既是一个城邦的政权组织形式，也是每一个共同体所企求的目的所在。法律则不同，它是执政者借以控制国家、处理违逆者的规章。（《政治学》IV. 1. 1289a12-18）

因此，亚里士多德主义尤其是他的《政治学》第5卷其实是提供了一种不带政体偏好的国家理性学说的理论来源。从统治的正当性角度来看，为了让政体形式延续下去，为了维护统治的正当性（*ius dominationis*），法律本身要服从于政体本身的要求，这才是国家理性学说真正的落脚点。但这个 *ius dominationis* 是否已近博丹的主权概念？国家理性学说是否已经蕴含了某种转化的契机？

我们知道，博丹其实并不算是一个严格意义上的国家理性主义者。博丹一方面是塔西佗坚定的仰慕者。比如，他接受了塔西佗的判断，认为君主制是共和德性败坏后的必然结果[②]；又比如，他呼应了文艺复兴晚期以塔西佗主义取代西塞罗主义的大势，对西塞罗式的国家观念提出了严厉的批评——他曾说：“西塞罗的国家定义，即将国家定义为人为了更好地生活而聚集在一起的共同体，虽然说出了美好的目标，却没有说出国家建制的本质及其权力所在。”[③] 这

---

① 关于德国亚里士多德主义与国家理性的关系，参见德雷泽尔：《国家理性和政治上的亚里士多德主义的危机——论17世纪政治哲学的发展》，牛刚译，见许章润、翟志勇编：《国家理性与现代国家》，97页。

② See J. H. M. Salmon, *Renaissance and Revolt*: *Essays in the Intellectual and Social History of Early Modern France*, Cambridge: Cambridge University Press, 1987, p. 38.

③ Jean Bodin, *Method for Easy Comprehension of History*, Beatrice Reynolds, trans., New York: Columbia University Press, 1945, p. 158; J. H. M. Salmon, *Renaissance and Revolt*, p. 38.

似乎验证了维柯对塔西佗主义的断言，柏拉图教给我们人应该是怎样的，而塔西佗则教给我们人实际上是怎样的，亦即把应然的层面拉回至实然的层面。

不过，博丹或者也在某种角度微妙地背离了塔西佗。博丹虽然追随塔西佗对西塞罗式的古典国家的道德定义提出挑战，但是他的论述并不带有塔西佗主义通常所具有的道德暧昧性。博丹在道德上是严正的，他认为君主必须受到神法和自然法的限制，必须守信、遵守自己许下的诺言，即便是与强盗团伙缔结的协议也要遵守。因此，很难说博丹是一个严格意义上的国家理性主义者。我们不要忘了他对马基雅维利的严厉指责——“轻浮却无益”（*homo levissimus ac nequissimus*）。

但迈内克在《马基雅维利主义》中对博丹的处理耐人寻味，他一方面承认博丹在讨论毁约和背信等案例时，统统从纯道德、纯法律的观点做出评判，不承认国家理性的正当性；另一方面，在他看来，博丹总是希望为国家生活找出某种普遍和绝对的标准，或者说他总是希望为纷繁复杂的政治现象找到一个牢靠的道德和法理的基础，这一点使得他和马基雅维利判然有别。[①] 这么看来，似乎博丹与国家理性的一般立场差异很大，可迈内克同时却坚持把博丹纳入国家理性主义者的范围。他认为，博丹和马基雅维利是以两种完全不同的方式通向了同一种现代国家的观念：马基雅维利看到的是国家的权势冲动，而博丹并不把权势冲动当作自己的出发点，他不愿为那些非法或不道德的权势动机所诱惑，而宁可采取某种法理逻辑的力量达到对现代国家本质的理解，同时尽可能削弱这些不正当的动机。他发现，在所有这些权势冲动之后，存在着一个永恒而牢不可破的法理逻辑纽带，这就是博丹具有开创性的概念——“主权”。[②]

从国家理性到主权，是国家理性主义的一个转化契机。不过，应当承认，国家理性主义者很少谈论主权，即便是马基雅维利，恐怕也对这个属于博丹的概念一无所知。欣斯利（F. H. Hinsley）在他关于主权问题的权威研究中曾经指出，博丹之所以重要，恰恰就是因为，博丹对此前从未被整合过的统治者和被统治者之间的关系进行了系统的整合。[③] 换言之，主权就意味着统治者和被统治者之间的一体化，除非假定主权者的存在，否则一体化的国家是不能成立的。这是博丹从政治共同体的定义中得出的逻辑结论。

而马基雅维利则不然，当欣斯利说，“由于马基雅维利支持一种没有最高

① 参见［德］迈内克：《马基雅维里主义》，128、130 页。

② 参见［德］迈内克：《马基雅维里主义》，131 页。

③ See F. H. Hinsley, *Sovereignty*, New York: Basic Books, 1966, p. 121.

权威的混合政体，所以他不可能发展出一种具备主权特征的政治形式”[1]，无疑他的确看到了马基雅维利与博丹之间存在的本质区别。马基雅维利和博丹从两个不同的侧面展开了对古代政治理论的批判：如果说马基雅维利对古典政治理论的批评是指责古人的国家理论考察的只是想象中的国家而不是实际存在的国家，那么博丹对古典最佳政体学说的批评却指向了另一个相反的维度——从博丹的立场来看，古人的政治理论反倒是过于执着按照实际的权力治理来决定政体的分类，没有把握住法权意义上、建构意义上的主权概念。在古代政体学说那里，最大的问题其实在于，其最高权力只是一种事实层面的最高权力，而在法律层面，古代政体学说里却并不存在绝对的、统一的国家权威，甚至也并不算作统一的“国家”。在他们那里，实际的最高权力并不是国家整体的代表，而只是现实国家的一个部分！

只有在这个意义上，古代的政体理论才真正被超越了。迎接我们的将是簇新的“国家”和“主权”的概念，未来将取而代之的是博丹的“国家”概念。而对博丹来说，“国家”注定是一个“中性的”、既有别于统治者也有别于被统治者的权力的所在地。

传统的国家理性主义者并没有达到这一思想深度，但未尝不可以说，他们以另一种方式抵达了对“国家中立性”的理解：在他们那里，“国家的中立性”最初是以国家作为统治工具和统治手段而被中立化的。博丹在法权意义上抵达的地方——尽管霍布斯、洛克和卢梭为这个法权所在地增加了实质性的规定，但这个中立的领域却无疑是由博丹首先开拓的——恰恰就是马基雅维利和国家理性主义者在统治技术领域纵横捭阖的地方。

这构成了现代政治一个吊诡的源头。

结　语

从西方政治思想史整体演进的角度来看，文艺复兴政治思想看上去似乎只是一个过渡性的环节。此前和此后，古今政治思想大体上处于分庭抗礼的形态。霍布斯、洛克以降的政治思想成功创造了一套新的政治语言，此后的现代

① Hinsley, *Sovereignty*, p. 121.

政治便在这套现代政治语言的领地上狂飙突进、一往无前。

然而，唯有在文艺复兴这一时期，古代和现代几乎完全纠缠在一起：看上去大部分文艺复兴政治思想的文献延续了一整套古代的政治语言，可细究下去，不少文本其实又不乏现代的政治内涵。无论是文艺复兴早期的公民人文主义，还是文艺复兴晚期的塔西佗主义，都是非常典型的“融今于古”的例子。即便是诸如马基雅维利这样明显带有现代思想开创性的政治学者，也只有经过某种词语的转义，才能为成熟的现代政治语言所接纳。正像前文所指出的那样，对马基雅维利的现代解释之所以纷繁复杂，其实无非是因为，马基雅维利对我们来说始终是熟悉的陌生人，他诉说了现代政治思想的秘密，但使用的却是需要我们自己去“翻译”的语言。

而这可能也是这一时期政治思想最有魅力之处，词语的转义恰恰体现了这一时期政治思想真正独特的意义——斯金纳念兹在兹的“自由主义之前的自由”便是其中一例，它突出体现了一个不同于“现代自由主义”的自由观念怎样在历史进程中参与了现代政治的伟大创制——正是在这样的政治语境里，我们才能从中观察到复杂的政治思想资源的融合、微妙的政治语义的变化，以及各种不同面相的政治修辞的运用。等到现代政治语言真正定型之后，这些复杂微妙之处也就逐渐被后人忽略了。随着这种政治语言革新的内在动力的消失，取而代之的或许只是对某些政治意识形态和政治教条的辩护而已。

不过，如果我们还希望进一步激活现代政治思想的原始动力，如果我们还希望在古今政治的对峙中找到转化的契机，那么，处于古今过渡时期的文艺复兴政治思想恰恰是西方政治思想史上不容忽视的一个环节。事实上，在最近数十年的西方政治思想史研究领域，文艺复兴政治思想差不多已经成为成果最为丰硕的一个时期，并且也正在为当代政治思考提供某些重要的理论资源。

本章的分析所呈现的观念线索应当已经表明，这或许正是因为，在这个古代和现代纠缠在一起的观念世界里，有着现代政治语言定型之前的种种微妙复杂的观念因缘。而更深层的原因则在于，在现代政治语言被发明之前，某些现代政治观念隐秘的源头就已经出现在文艺复兴的观念史舞台之上。

韩 潮

参考文献

原典：

（1）公民人文主义

Bruni，L. History of the Florentine People. J. Hankins，ed. Cambridge：Harvard University Press，2001.

Bruni，L. The Humanism of Leonardo Bruni：Selected Texts. G. Griffiths，J. Hankins，and D. Thompson，trans. Binghamton，1987.

Hankins，J.，ed. I Tatti Renaissance Library Series. Florence：Harvard University Center for Italian Renaissance Studies，1985.

Kohl，B. and R. Witt，eds. and trans. The Earthly Republic：Italian Humanists on Government and Society. Philadelphia：University of Pennsylvania Press，1978.

（2）马基雅维利

刘训练，主编．马基雅维利全集．长春：吉林出版集团有限责任公司，2014.

Machiavelli，N. The Prince. H. C. Mansfield，tarns. Chicago：University of Chicago Press，1998.

Machiavelli，N. Discourses on Livy. H. C. Mansfield and N. Tarcov，trans. Chicago：University of Chicago Press，1996.

Machiavelli，N. Florentine Histories. L. Banfield and H. C. Mansfield，trans. Princeton：Princeton University Press，1988.

Machiavelli，N. The Chief Works and Others. A. Gilbert，trans. Durham：Duke University Press，1965.

（3）国家理性

Atkinson，J. B. and D. Sices，trans. The Sweetness of Power：Machiavelli's "Discourses" and Guicciardini's "Considerations". Dekalb：Northern Illinois University Press，2002.

Boccalini，T. Advertisements from Parnassus. London：Henry Carey Monmouth，1669.

Botero，G. The Reason of State. P. J. Waley and D. P. Waley，trans. New Haven：Yale University Press，1956.

Kraye，J.，ed. Cambridge Translations of Renaissance Philosophical Texts：vol. 2. Political Philosophy. Cambridge：Cambridge University Press，1997.

重要研究文献：

迈内克．马基雅维里主义．时殷弘，译．北京：商务印书馆，2008.

塔克．哲学与治术：1572—1651. 韩潮，译．南京：译林出版社，2013.

许章润，翟志勇，编．国家理性与现代国家．北京：清华大学出版社，2012.

Baron，H. The Crisis of the Early Italian Renaissance：Civic Humanism and Republican Liberty in an Age of Classicism and Tyranny. Princeton：Princeton University Press，1967.

Baron，H. In Search of Florentine Civic Humanism：Essays on the Transition from Medieval to Modern Thought. Princeton：Princeton University Press，1988.

Burns，J. H. and M. Goldie，eds. The Cambridge History of Political Thought，1450 - 1700. Cambridge：Cambridge University Press，1991.

Chabod，F. Machiavelli and the Renaissance. London：Bowes and Bowes，1958.

Fuller，T. Machiavelli's Legacy：“The Prince” After Five Hundred Years. Philadelphia：University of Pennsylvania Press，2015.

Gilbert，F. The Concept of Nationalism in Machiavelli's Prince. Studies in the Renaissance，1954，1：38 - 48.

Hankins，J.，ed. Renaissance Civic Humanism：Reappraisals and Reflections. Cambridge：Cambridge University Press，2000.

Hexter，J. H. Seyssel，Machiavelli，and Polybius VI：The Mystery of the Missing Translation. Studies in the Renaissance，1956，3：75 - 96.

Manent，P. An Intellectual History of Liberalism. Rebecca Balinski，trans. Princeton：Princeton University Press，1994.

Mansfield，H. C. Machiavelli's New Modes and Orders：A Study of the Discourses on Livy. Ithaca：Cornell University Press，1979.

Mansfield，H. C. Machiavelli's Virtue. Chicago：University of Chicago Press，1996.

Mindle，G. B. Machiavelli's Realism. The Review of Politics，1985，47：212 - 230.

Parel，A. J. The Machiavellian Cosmos. New Haven：Yale University Press，1992.

Pocock，J. G. A. The Machiavellian Moment：Florentine Political Thought and the Atlantic Republican Tradition. Princeton：Princeton University Press，1975.

Siegel，J. E. Civic Humanism' or Ciceronian Rhetoric? The Culture of Petrarch and Bruni. Past and Present，1966，34：3 - 48.

Skinner，Q. The Foundations of Modern Political Thought. Cambridge：Cambridge University Press，1978.

Skinner，Q. Machiavelli. New York：Hill and Wang，1981.

Strauss，L. and J. Cropsey，eds. History of Political Philosophy. 3rd ed. Chicago：University of Chicago Press，1987.

Strauss，L. Thoughts on Machiavelli. Chicago：University of Chicago Press，1958.

Tuck，R. Philosophy and Government 1572 - 1651. Cambridge：Cambridge University Press，1993.

Viroli，M. From Politics to Reason of State：The Acquisition and Transformation of the Language of Politics 1250 - 1600. Cambridge：Cambridge University Press，2005.

第八章
宗教改革时代的“神学—政治”：路德与加尔文

马丁·路德（Martin Luther）与约翰·加尔文（John Calvin）是宗教改革时代最伟大的代表，时至今日，路德派与加尔文派仍然是新教中的主流。当然，宗教改革运动本身所产生的后果早就突破了神学的范围，而扩展至欧洲乃至全世界的政治、艺术、社会生活的各个方面。同样，路德和加尔文的作品中不乏关于政治问题的思考，而且这些内容连同他们各自信徒的努力深刻塑造了早期现代欧洲的政治思想与实践。然而，就像这场运动的本质和发起点是一场神学改革一样，路德和加尔文二人也始终自视为神学家，而非政治思想家。他们坚持认为自己在政治问题上的看法是神学思考的直接后果，其权威奠基于对《圣经》中上帝之道的正确理解。

在关于宗教改革时期政治思想的一般研究中，大部分学者尽管提到了路德与加尔文二人在性格与文风上截然相反，却又认为二人的思想具有广泛的共同性与大体的一致性，认为他们接受了同一权威，采纳了几乎同一种方法，他们的思想结构和大部分结论都极为类似，只是在个别问题上存在分歧。因此这些学者往往将他们二人放在一起进行论述。① 当然，这种处理方法不可避免地会遮蔽或忽略二人政治思想方面的深刻差异，因而也难以辨析这种差异究竟是来

① 这方面的代表是施特劳斯与克罗波西主编的《政治哲学史》第12章“路德与加尔文”（Leo Strauss and Joseph Cropsey，eds.，*History of Political Philosophy*，3rd ed.，Chicago：University of Chicago Press，1997）。

源于二人神学观念中的深刻差异，还是仅仅是面对不同政治环境时的策略性分歧。[①]

有鉴于此，本章的研究一方面将路德与加尔文二人分开对待，另一方面强调在研究政治思想之前，首先回到其神学思考中最为核心的部分。既然路德是宗教改革运动的真正肇始人，那么就首先来看路德这位普通的乡下牧师如何开启了一场瓦解中世纪“神学—政治”大厦的改革。

第一节　路德的神学突破

路德提出的“因信称义”学说，从根本上颠覆了教会精神权力的神学理论基础，解放了个体基督徒的精神自由。在信徒与上帝的关系层面，这种自由排除了教会的中介性地位，使人直面上帝。在教会内部制度的层面，从这种自由所引申出来的“平信徒皆为祭司”的原则，彻底瓦解了教会内部的教阶等级体制。

一、“因信称义”：教会精神权力的瓦解

路德写作《关于赎罪券效能的辩论》（又名《九十五条论纲》）的直接目的，确实是为了抨击罗马教会贩卖赎罪券的行为。他痛斥教皇的贪婪之心，甚至把问题上升到意大利人针对德国人的刻意欺骗和愚弄。然而，路德从一开始就意识到教会出售赎罪券的行为，是因为他们歪曲了上帝拯救人类之罪这一事件的本质。所以，路德发起的是一个关于救恩问题的争论，而非仅仅针对某种特定恶劣行为的批判。

教会出售赎罪券的行为与补赎的圣礼密切相关，依据的是教会所声称的分配恩典的权力。这种权力的理论基础，就是教会在信徒的拯救中扮演的关键性角色：教会是上帝在人间的代理，上帝的恩典以教会的圣礼为渠道持续不断地灌输给信徒。在中世纪晚期，神学思想越来越倾向于从“法律地位的改变”这

① 有一些学者虽然从形式上将路德与加尔文分开处理，但在具体内容上仍然以其中一人为侧重点，而多少忽略了他们的差异。例如斯金纳在其名著《近代政治思想的基础》（奚瑞森、方亚译，北京，商务印书馆，2002）中研究路德时，用大量篇幅介绍了路德政治思想的神学基础，但是在讨论加尔文时，却只字未提他的神学，似乎宗教改革的神学部分都已经被路德完成了。

个角度来描述救恩理论。[①] 根据教会的解释，信徒们要变成真正的义人，需要的是一个缓慢渐进的过程，不仅包括此生，甚至还包括死后在炼狱中的时间。信徒们所要做的，就是借着洗礼、信心、爱心的行为以及补赎的恩典等等，使神的公义真正注入原本罪恶的人之中。一个罪人只有更新变化成这样，才不再是罪人，而上帝只在这个完全和完美的意义上，宣判这人为义。[②] 教会正是通过参与和干涉这样一个“成义”的过程，支配了信徒的精神自由，甚至还攫取了大量世俗特权。

这种“成义”学说给基督徒的精神造成了极大的焦虑，因为按照这种学说，没有人可以确信自己的“成义”。尽管有一些乐观的神学家如伯拉纠（Pelagius）认为人类可以满足“成义”的要求，但路德却认为人类的罪性太过沉重。他发现即使尽到最大的努力，即使从事最良善的工作，人类仍然不断犯罪。他越来越觉得人类根本无法靠自己的努力达到上帝公义的要求：“我试图借着人的传统来补救这个不确定、软弱与烦恼的良心，我就每天发现它的不确定、软弱和烦恼”[③]。一面是人类根深蒂固的罪性，另一面是上帝公正无私的审判，拯救的不确定性将路德逼到绝望的深渊，甚至怀疑上帝是可恨的。正是在最绝望的时刻，路德突然发现“上帝的义指的是一种被动的义，乃是仁慈的上帝借信称我们为义”，基督徒不可能靠自己得到真正的义，但“因信基督，基督的义就变成了我们的义，并且他所拥有的一切都变成我们的，因为他本身已经变成我们的”[④]。这便是路德在思考如何走出“成义”的绝望重压时，所提出的“因信称义”学说。

教会所强调的“成义”（to be righteous）与路德所说的“称义”（justification），二者之间究竟有什么区别呢？首先，它们所指称的并不是同一个对象，所以不是针对同一对象的不同解释。二者所指称对象的不同，是“过程”与“事件”之间的区别。在“成义”理论中，成义是一个漫长的过程，义是要不断积累获取的。直到最后审判的时候，上帝才判定人们是否达到了完美的义，从而获得永生或者永罚。而“称义”指的不是通往某个结果的过程，而是一个

① 参见［英］麦格拉思：《宗教改革运动思潮》，蔡锦图、陈佐人译，66～67页，北京，中国社会科学出版社，2009。

② 参见［美］奥尔森：《基督教神学思想史》，吴瑞诚、徐成德译，421页，北京，北京大学出版社，2003。

③ ［美］蒂莫西·乔治：《改教家的神学思想》，王丽译，47页，北京，中国社会科学出版社，2009。

④ ［德］路德：《〈加拉太书〉注释》，李曼波译，128～130页，北京，三联书店，2011。

事件，发生在某一时刻或时间点上的事件。在这一时刻上，我们在上帝的眼中已经成为义的了，已经获得了上帝所应许的拯救。其次，“成义”和“称义”这二者对义的理解是完全不同的。“成义”理论中的义是一种实质的、客观的义，是信徒通过恩典所获得一种内在本性上的改变。而“称义”理论中的义是一种外在的、被归给的义。义始终是位于人之外的，是被归算（imputed）的而不是被授予（imparted）的。[①]

在这个问题上，路德关于《罗马书》4：7 的解释尤其重要：“外在一语表明，在上帝面前和在上帝的计算中，我们是如何的。因此，我们是外在的义人——当我们唯独因着上帝的归算而成为义人，而不是因着我们本身或我们的作为。”[②]“称义”的义是基督的义，是基督的义归算给信徒，或者说“信徒穿戴上了基督的义”。因此，即使在“称义”之后，这个义也永远不会变成个人的所有物，永远都是基督的义。得到基督之义的人，仍然是罪人，这种人一生的常态为“同时既是义人又是罪人”。当人仍然不过是罪人的时候，神就称这个罪人为义了。[③]

然而，“因信称义”的教义不是说罪人是因为相信，就借着其信心而被称为义。这样会把信心本身变成“称义”的先决条件，把信心本身变成人的一种善行。相反，路德认为上帝已经提供了“称义”的一切所需，以至于罪人所需要做的就只是接受它。因此在“称义”之中，上帝是主动的，人是被动的。保持“称义”的唯一条件，就是不断相信、再相信，与行动恰好相反。信心的本质就是单纯的相信，相信基督是为我们而生，为我们完成了拯救的工作。信心是否有效，并不是取决于信心本身的强烈程度，而是取决于所相信者的可靠性，要考虑的不是自己的信心如何伟大，而是上帝的伟大：“即使我的信心软弱，我仍然完全拥有同样的珍宝和同样的基督，正如其他人一样没有区别。”[④]信心将信徒与基督联结在一起，让基督和他的好处为信徒们所拥有，最重要的好处就是上面所说的将基督的义归算给信徒。所以在当代著名神学家麦格拉思看来，“因信称义”（justification by faith）更准确的说法应该是“凭借恩典因信而称义”（justification by grace through faith）。[⑤] 信徒的“称义”是基于上

---

① 参见［美］奥尔森：《基督教神学思想史》，422 页。

② ［德］路德：《基督徒的自由》，见《路德选集》，徐庆誉、汤清等译，238～239 页，北京，宗教文化出版社，2010。

③ 参见［德］路德：《基督徒的自由》，见《路德选集》，241 页。

④ ［英］麦格拉思：《宗教改革运动思潮》，107 页。

⑤ 参见［英］麦格拉思：《宗教改革运动思潮》，109 页。

帝的恩典，借着信心而接受的；信心本身不能使人“称义”，只是接收“称义”的容器。①

可见，路德所提出的“因信称义”学说，不只是对教会贩卖赎罪券行为的抗议，也不只是要求教会澄清其关于赦罪和救恩的教义。它标志着一种全新的赦罪和救恩教义的出现。路德提出的“因信称义”学说，解放了个体基督徒的精神。在信徒与上帝的关系层面，这种自由排除了教会的中介性地位，使人直面上帝。

既然教会不能使信徒“称义”，也无权垄断《圣经》，那么《圣经》条文中那些诸如“天国的钥匙”以及“捆绑与释放”的内容到底指的是什么呢？路德解释说，这里所谓的钥匙以及捆绑与释放的权力包括两个方面的内容：第一，它指的是教会可以责备和教训犯罪的信徒，如果他还不悔改的话，就可以把他逐出教会。这只是一种教会纪律，为的是把外表上明显的犯罪之徒排除在教会集体之外。因为只有上帝才知道谁是真正的信徒，所以路德大大地限制这一权力的使用，而且他还特别强调被逐出的信徒也可以参加听道。这再次表明路德坚信只有圣道才能真正地捆绑和释放。第二，它指的是教会在信徒进行忏悔时宣告他的释放。但是这种宣告不具有实质效力，因为使人得以释放的只有上帝的圣道。所以路德说这种宣告本质上就是一种安慰，仅适用于那些有罪的、胆怯的和内心苦恼的人，他们为了从中获得鼓励以增加自己的力量，坚定自己的信心。因此，教会所声称的可以宣判信徒来世命运的钥匙权，完全就是对上帝圣道的僭越。而且，路德还反复解释，就算是这种与拯救无关的钥匙权，根据《圣经》的记载，也是赐给整个教会，而不是赐给彼得个人的。罗马教会和教皇也就根本无权要求自己的特殊性。

现在，教会垄断《圣经》的权力和所谓的钥匙权都已经被瓦解了，剩下的就是圣礼的问题了。信徒的拯救只与上帝的圣道相关，所以圣礼在路德看来不过就是一种记号，通过一些有形之物来表现上帝关于赦罪的无形应许，圣礼的两个基本特征就是上帝的话和外在的标记。路德反对中世纪教会所实施的七项圣礼，在他看来只有洗礼和圣餐礼符合标准，既有上帝的应许也有外在的标记（水、饼和酒）。以洗礼为例，水本身并不具备救赎的能力，但是在水里的上帝之道，加上相信在水里有上帝之道的信心，共同作用就有了救赎的能力。上帝才是洗礼的实施者，牧师只是上帝的工具而已。路德在此流露出一种强烈的反仪式主义倾向，也正是在这个意义上他才会说：“即使没有受洗你也可以相信，

① 参见［美］蒂莫西·乔治：《改教家的神学思想》，55页。

因为洗礼只是一个外在的记号，让我们想起上帝的应许。”① 圣礼本身的意义已经改变，再也不是将上帝的恩典灌输给信徒的媒介了。从教会原有的观点来看，路德所讲的已经根本不是圣礼了。

至此，教会长期以来压迫基督徒精神自由的几项权力就被完全瓦解了。教会控制人的精神生活的权力被否定，人的内在自由才真正得以实现。所谓基督徒的自由，就成了断绝了外部依存、旨在将其灵魂完全托付给上帝的信徒所享有的状态。②

二、“平信徒皆为祭司”：教会等级体制的崩溃

研究路德的学者都认可“平信徒皆为祭司”（priesthood of all believers）或者说“普遍的祭司职分”（universal priesthood）是其思想中的一项重要原则，但他们对该原则内容和意义的理解存在分歧。对有些人来说，这个原则意味着教会里不再有祭司，也就是神职人员的世俗化。从这一理解出发，一些团体，尤其贵格会，提出牧师不应再作为教会中一个明确的职分。而另一些人则认为，所有的信徒都是他本人的祭司，因此在信仰和教义等事务上拥有个人判断的权利。还有第三种看法，认为路德的意思是每个基督徒都是他人的祭司，我们都是彼此的祭司。③

这里需要注意的是，路德在不同场合谈到这一原则时侧重点确实有所不同。他在1520年的《致德意志基督教贵族公开书》中谈到这个问题时，是为了攻击教会维护自身特权的“第一堵墙”——他们称教皇、主教、牧师和修道士为“属灵阶级”，称君主、贵族、工匠和农人为“属世阶级”，前者比后者在属灵事务上要优越得多。而路德则认为所有基督徒都是“属灵阶级”，在他们之间除了职务的不同之外，没有其他的差别，“因着洗礼我们大家都受了圣职做祭司”④。如彼得在《彼得前书》2：9中所说的，“你们……是有君尊的祭司，是圣洁的国度”，以及在《启示录》5：9中所说的，“你……用自己的血……叫他们……作祭司，归于神，在地上执掌王权”。路德在这里强调的是教会的神职人员并不是与平信徒完全不同的另一个阶级，而只是执行公务的职员而已。他们受了委托，以传道并举行圣礼为务，就像世俗统治者也是受了委

① ［德］路德：《教会被虏于巴比伦》，见《路德选集》，192页。
② 参见［美］沃林：《政治与构想》，166页。
③ 参见［美］蒂莫西·乔治：《改教家的神学思想》，75页。
④ ［德］路德：《致德意志基督教贵族公开书》，见《路德选集》，109～111页。

托，以行使刀剑为务一样。

两个月后，路德在《教会被掳于巴比伦》中批判教会的授职礼时认为凡做基督徒的都是祭司："我们所说的祭司，是从我们当中选择的传道人，他是以我们的名义执行一切。祭司的职分无非是传道的职分。""那些只守祈祷时并举行弥撒的人，真是教皇的祭司，但不是基督的祭司，因为他们不传道，徒有祭司的空名。"[①] 只要宣扬上帝之道的，都是祭司；没有宣扬上帝之道，纵使他声称自己有什么样的身份，也不是上帝的祭司。相比之前，路德此处明确了祭司所指的含义究竟是什么，把祭司与传道联系在一起。

路德后来又在《基督徒的自由》中提出，基督本身有祭司和君主的双重荣耀。基督的祭司职分包括两个方面：一是基督可以在上帝面前为我们代求；二是献上自己作为祭物。信徒因为通过信心与基督相连，从而获得了他的祭司职分。但信徒所获得的是基督祭司职分的第一个方面，因为献祭的行为只属于基督，而且已经被他永远完成了。路德说，"因为我们为祭司，便配在上帝面前为别人代祷，并将属上帝的事彼此教导"，"我们若信基督，就与他一同做祭司，可凭着信放胆来到上帝面前"[②]。路德只是附带地提到祭司的职分也包括实行圣礼，并没有像一些学者所理解的，认为"平信徒皆为祭司"主要指的是所有信徒都可以主持圣礼。不过联系到上文关于圣礼的分析就可以发现，路德已经彻底改变圣礼原有的含义。教会不是以圣礼为中心的救恩系统，它的主要任务是宣讲上帝的圣道。圣礼不过就是通过有形的记号让信徒更加坚定于上帝的应许。所以相比宣讲圣道，圣礼的地位大大下降了。

以上是路德论述"平信徒皆为祭司"原则的主要文本。尽管他常常针对不同的问题和处境谈及这个问题，但是其中的一致性是没有改变的。在任何时候，"平信徒皆为祭司"这一命题都是"因信称义"的必然结果，而不是与之相平行的、具有单独来源的独立命题。信徒都是通过认识上帝的道、相信上帝的道，从而被"称义"，与基督联系在一起，分享了他的祭司身份。而祭司的职分就是继续传道，帮助别人认识上帝的道，为别人代祷。因为拯救不需要别的任何东西，上帝的圣道已经准备了一切，信徒们要做的只是相信。

研究者的三种不同理解，不过是强调了这个原则的不同方面，以及在贯彻这一原则时的程度区别。每个人都是他人的祭司、每个人都为他人代祷是这一原则的最低表现。路德自己认为，尽管每个人都是平等的祭司，但考虑到教会

---

① ［德］路德：《教会被虏于巴比伦》，见《路德选集》，223 页。

② ［德］路德：《基督徒的自由》，见《路德选集》，243 页。

的秩序，不能让所有人都当众宣道和主持圣事，所以需要设立专门的牧师职位，由他们来具体负责。但是路德也反复强调这种牧师职位完全不同于天主教会所理解的神职人员，他们与平信徒之间没有属灵性质的差别。而且在紧急的情况下，任何平信徒都可以承担这一职务。所以，贵格会等组织强调不设立专职的牧师，只是将这个原则推到极致而已。当他们这么做而不破坏教会的秩序时，看不出路德会有什么理由反对这种实践。至于认为所有的信徒都是他本人的祭司，因此在信仰和教义等事务上拥有个人判断的权利，这也是路德的教义必然会引申出来的结论。每个信徒都可以借着基督，直接到达上帝面前，同样上帝也可以访问所有的信徒。基督是上帝与信徒之间的唯一中介，但基督是完全属灵的，信徒通过内心，从精神上与基督联系在一起。信徒通过《圣经》所记载的圣道来认识基督，任何外在的力量都不能介入到这种联系之中。基督是信徒唯一的祭司，就意味着我们是自己的祭司。在自己的精神领域中，教会和世俗统治者的权力均不能进入。

如果说路德所宣扬的“因信称义”学说瓦解了教会的精神权力，那么作为这种学说的结果之一的“平信徒皆为祭司”的原则，就彻底粉碎了教会内部的等级制度。教会内部不可能再有任何“精神贵族”或“精神层级”。符合“因信称义”学说而设立的牧师和其他神职人员，绝对不具有任何能够统辖其他信徒的特殊属灵地位：“在基督徒中间，没有属灵意义上的上级，只有基督，也唯独是基督。”换句话说，这是基督徒完整的精神自由在教会制度层面的呈现。

第二节　上帝的“左手”和“右手”：路德的两个国度学说

路德掀起的宗教改革基于一种全新的救恩理论，摧毁了中世纪教会的精神权力和教阶等级体制。但路德的改革事业并未停留在宗教的范围之内，这是因为一方面，中世纪教会与世俗政府本来就复杂地纠缠在一起，对教会的冲击不可能不影响到世俗政府；另一方面，宗教改革者们也必须提出自己关于世俗政治的看法，甚至要借助它们来推进自己的事业。

一、两个国度的区分与基督徒的良心自由

大多数学者们一般都认为路德政治思想的核心是其两个国度学说。[①] 路德提出两个国度的学说，直接的目的就是阐释世俗权力的性质与限度。在他看来，“亚当的子孙”应该被分为两类：一类是真正相信基督，而且顺从基督的人，他们属于上帝的国；另一类是全体非基督徒，他们属于此世的国。两个国度对应的是基督徒和非基督徒的区别。基督徒是相信耶稣所传福音的人，他们之间无需世俗的刀剑和法律：“如果全世界都是真基督徒的话，那么所有的君王、贵族、刀剑和法律就都不需要了。”[②] 因为“基督徒一方面不会加害于人，另一方面也会心甘情愿地忍受他人所施加的不公道，甚至死亡”[③]。基督徒之间不需要刀剑，对他们的统治，是基督借着圣灵而实施的，这就是上帝在基督徒之间所建立的一种独特的统治，或者说管理秩序。

路德认为非基督徒不但不可能按照福音的要求生活，而且还会作恶。因此上帝为非基督徒建立了另一种政府，或者说另一种管理秩序，就是用刀剑和律法来压制他们。但是在路德看来，世俗国度的所有法律，只能涉及人的生命、财产等此世的外表之事。而人的内在灵魂，只受上帝的统治。世俗权力的目的就是为了压制非基督徒的恶行，维持最基本的社会秩序。

两个国度都是由上帝所建立的。它们同时存在的原因就是世界上的基督徒总是少数，而且没有人生来就是基督徒。但两个国度的性质是完全对立的，根据范德鲁恩的分析，这不仅是完全末世论式的对立（一个注定被祝福，一个注定被诅咒），而且是完全伦理式的对立（一个是由西奈山古训所展示的非强力的爱所统治的，另一个是由在剑的威胁之下所实行的外在强制的法律所统治的）。[④] 这种对立的根源就在于路德把人的内在世界与外在世界、内部精神的自由与外部行为的服从完全对立起来。

路德为人的精神自由提供了各种热情的辩护。首先，上帝明确指出要把我们的信仰建立在他的圣道之上：“没有人能指挥灵魂，除非他能够给灵魂指出进天国的道路，但除上帝之外，这是没有人能够做到的。”[⑤] 因此关于灵魂拯救

① See David VanDrunen, *Natural law and the Two Kingdoms*, Grand Rapids: Eerdmans, 2010, p. 55.

② ［德］路德：《论俗世的权力》，见《路德选集》，308 页。

③ ［德］路德：《论俗世的权力》，见《路德选集》，309 页。

④ See David VanDrunen: *Natural law and the Two Kingdoms*, p. 60.

⑤ ［德］路德：《论俗世的权力》，见《路德选集》，309 页。

的事务，除了上帝的话之外，人不应该再教导或接受别的内容。上帝不能也不愿别人来统治它。世俗的权力不能制定有关灵魂的法律，因为这是对上帝统治的冒犯，只会将灵魂引入迷途，加以毁灭。用权力强迫别人相信，是最大的愚蠢。其次，世俗统治者应该承认自己根本没有权力控制灵魂。在路德看来，每一个人都对自己的信仰负责：“别人不能代替我信或者不信，正如他不能代替我下地狱或上天堂一样。”① 世俗权力应该只关注自身范围内的事务，没有人会由于强迫而产生信仰。这种强迫最多只能使良心软弱的人撒谎，说些言不由衷的话而已。

路德对精神自由的最强辩护，表现在他关于异端问题的看法上。防止异端是教会而不是世俗统治者的责任，而且教会也不能用强力来防止异端。异端是一个心灵的问题，不是用强力就能解决的。用世俗强力打压异端，甚至会加强异端在内心中的力量。相反，“只有上帝的话能够照亮人心，使一切异端和错误从内心中自然毁灭”②。

可是，当统治者真的试图压制精神自由时，如当时一些世俗当局要求信徒们将《新约》交到各处的法庭，信徒们应该如何回应呢？路德认为，面对这样的暴君，基督徒一方面要继续服从他在世俗权力范围内的统治，而另一方面，对于涉及信仰的问题，就要坚决地采取不服从态度。假如暴君因此剥夺信徒的财产，甚至刑罚他们，在路德看来反倒是信徒们的好事：“感谢上帝，你们配为圣道受苦。”③ 所以，信徒要坚决不服从世俗统治者渎神的命令，但也不能为此而进行积极的反抗。内心即使不赞成，不服从，也不能有外部的反抗举动。路德以这样的方式统一了自由与服从：外表上服从，但内心里绝不认同；内心里虽然不认同，但外表上却必须服从。④ 这里，我们看到了两个国度之间的清晰界限。

二、两个国度的交汇与基督徒的双重义务

值得注意的时，路德很快又模糊了刚刚在两个国度之间做出的清晰区分。问题的根源还是在于上文曾经提到的路德那两个看似互相矛盾的命题：“基督

---

① ［德］路德：《论俗世的权力》，见《路德选集》，309页。

② ［德］路德：《论俗世的权力》，见《路德选集》，313页。

③ ［德］路德：《论俗世的权力》，见《路德选集》，312页。

④ 参见丛日云：《在上帝与恺撒之间：基督教二元政治观与近代自由主义》，71页，北京，三联书店，2003。

徒是全然自由的众人之主，不受任何人的管辖”与“基督徒是全然顺服的众人之仆，受任何人管辖”。通过对“因信称义”学说的解释，路德所言的基督徒的自由是一种内在的精神自由已经很清楚。那么这种自由与第二项命题中的“顺服”是什么关系呢？这二者如何相容呢？这里要再次提及人的两重性问题。路德在一开始就指出这两项命题所对应的是人的两个不同方面，或者说是人的两重性。自由涉及的是人内在的、精神的一面，而服从涉及的是人外在的、肉体的一面。就如保罗所言，这两种人住在一个人之内，原来就不相容，肉体与灵性相争，灵性与肉体相争（《罗马书》7：14－15；《哥林多前书》9：27）。“因信称义”之后，人的内在精神已经获得了自由，但这并不意味着像有些人所想的那样，只需要坐享安逸、尽靠信心就可以了。路德正是为了反驳这种认为“称义”之后就不再需要任何善行的观点，提出人在“称义”之后还要继续行善，做众人之仆，受众人管辖。

首先，行善是为了管束自己的身体。因为，只有在末日审判，死人复活之时，基督徒才能摆脱肉体成为完全属灵的人。在这之前，在此世之中，基督徒必须管束自己的身体。主要就是通过禁食、儆醒、勤劳，以及其他的方式来训练自己的身体，以使它顺服人的内在精神，避免因为身体上的欲望而背叛内心的信仰。在路德看来：“因信称义之后，人的唯一职务就是用甘心的爱的快乐来白白服侍上帝。”[①] 这与人肉体内的另一些意志是完全相反的，那些意志是要把服侍世界作为追求自身益处的手段。所以，基督徒首先要做的就是力求约束身体的欲望。这里，路德特别强调说不能过度地惩罚身体，只要能够抑制体内的欲望就可以了。其次，行善是为了服侍邻人。路德认为，基督徒在此世之中不仅仅是为了自己而活，而是为了世界上的一切人而活；或者更确切地说，是完全为了别人而活，不为自己而活。这就要求他们对他人行善，这些善行同样是与自己的“称义”和得救无关的，其唯一的目的就是服务别人，有益于别人。他们并不期望回报，因为自己只要有丰富的信，就已经心满意足了。在这里，路德谈到了对世俗统治者的顺服，掌权的人与一般的人没有特别的区别，都是作为邻人被看待的。基督徒们情愿用爱心来顺服统治者的意志。纵使暴君用强力和不义来发号施令，也无妨碍，只要他们所号令的并不违背上帝。

路德最后总结说，对基督的信不是叫人脱离行为，而只是叫人脱离看待行为的谬见，即想要靠着行为而“称义”的谬见。基督徒以管束自己的身体和服

① ［德］路德：《基督徒的自由》，见《路德选集》，245页。

务邻人为目的所行的事，都是善的。这不但不违背他们的精神自由，而且恰恰是精神自由的要求和表现。看似互相矛盾的两个命题，就以这样一种将灵与肉的对立极端化，同时完全以信仰为中心的态度，被调和在一起了。但是路德在这里的处理是存在问题的。他的第二个命题本来强调的是基督徒对他人的外在服从，但是后来的论述主要讲的却是基督徒主动对他人行善。行善与服从之间并不存在直接的联系。而路德最直接谈到服从的地方，他的说法是：“我可以对教皇、主教、政府和邻人表示我应有的尊敬，我愿意行各样的事，忍受各样的事，正如基督虽为他自己毫无需要，却百倍为我行了，忍受了，并且他虽不在律法之下，却为我服在律法之下一样。”① 很难看出他所表示的这种“尊敬”与行善的要求之间有任何直接联系。相反，这纯粹是一种以信仰为中心的态度，以至于将其他事情都看作无关的，只是消极地忍受。

无论如何，当路德不得不承认基督徒在“称义”之后，还有一段时间留在此世之中，不能摆脱自己肉体的一面时，也就是说还有与非基督徒、与此世生活发生关系的需要时，上文提到的建立在基督徒与非基督徒两种互相排斥的身份基础上的两个国度学说就受到了冲击。对于非基督徒来说，他们始终与上帝国度中的统治秩序无缘，而对于基督徒来说，他无法摆脱的肉体使其无法逃避世俗国度中的统治秩序。这样一来，基督徒就同时属于两个国度，承担着双重的义务。

基督徒生活在世上，不是为了自己而活，而是为了他人而活。所以他们完全是为了他人而服从世俗的统治，进而积极地参与到政府之中。用路德颇显夸张的说法就是：“你们若知道什么地方需要绞刑吏、法庭差役、审判官、公卿或诸侯，只要你们合格，你们就应该承担那样的职务。”② 路德反复强调基督徒在做这些事情时，必须严格区分是为了自己的利益还是为了他人的利益，只有后一种目的才是被允许的。基督徒在面对只牵涉自己的事务时要遵守登山宝训的教导：“有人打你的右脸，连左脸也转过来由他打”，“有人……要拿你的里衣，连外衣也由他拿去”（《马太福音》5：39）。基督徒就这样一面忍受不义和恶行，一面又惩罚一切不义和恶行。如此一来，两个国度的要求就同时被满足了。基督徒在内心中对上帝的国尽了责任，同时在外表上又对此世的国尽了责任。与非基督徒相比，基督徒在运用此世权力时的唯一不同，在于服务对象上的区别。基督徒的自由仍然严格地被限定在精神领域之

---

① ［德］路德：《基督徒的自由》，见《路德选集》，253页。

② ［德］路德：《论俗世的权力》，见《路德选集》，302页。

中。路德关于基督徒两种行为方式的看法①，只是再一次重申了内在自由和外在顺服之间的统一。②

路德对于基督徒双重义务的强调，在很大程度上是因为担心两个国度的区分容易被歪曲为基督徒不需要服从世俗统治的主张，而且在事实上也确实出现了这种情况。路德本人坚决反对将精神自由的原则扩展到世俗国度之中。那些主张用福音来统治全世界的人（主要是指下节要论述的再洗礼派），在路德看来就是要解开野兽的锁链，让他们肆意攻击驯服的羊群。“两个国度之间是不能混淆的，混淆是魔鬼的把戏。”③

三、无形教会 vs. 神授世俗权力

思想史专家菲吉斯曾言，“倘若当初没有路德，就永远不可能有路易十四”④。路德和路易十四之间是不是有联系，学术界内部或许有不同看法。但是，在近代欧洲早期，路德的政治学说对绝对君主制的兴起有着重要影响，这恐怕是不可否认的。这种联系最明显之处，就是在信奉路德主义的地方，世俗权力驱逐了罗马教会的势力，接管了宗教生活的外在方面：任免教会职位、管理宗教生活、管理和处置教会财产，直到最后在《奥格斯堡和约》中确立了“教随国定”的原则。路德的宗教改革事业，从一开始就十分依赖于德国地方诸侯的势力。这里只需要引用一下《致德意志基督徒贵族公开书》最后一段的呼吁就可以了：“愿上帝尤其赐给德意志民族中的基督徒贵族一种正当的属灵勇敢，使他们为我们可怜的教会竭力效忠。”⑤ 但是如果据此就认为路德主要是从功利和策略的角度利用世俗权力的话，那就会忽略路德政治思想深刻的神学

---

① 路德关于基督徒两种行为方式的这种奇特看法，被一些学者称作“反直觉的”。这本质上是基督教神学中“福音与律法的关系”难题的重现。中世纪神学是把福音的伦理要求解释为只有少数基督徒才能够遵守，而大多数基督徒是不需要严格遵守的。这样，后者就可以较无顾虑地参与世俗权力。而路德拒绝中世纪神学在基督徒内部进行的这种划分，真正的基督徒必须严格遵守福音的要求。当涉及真正的基督徒是否可以参与世俗权力时，路德就只能解释说他们可以为了别人的利益而行事。路德自己承认真正的基督徒是很少的，甚至“千万人中都见不到一个”，大多数人只是“挂名的基督徒”。这样看来，路德所谓“真正的基督徒”和“挂名的基督徒”的区别，在某种程度上是以另一种方式恢复了中世纪神学关于属灵阶级和属世阶级的区别。

② 内在自由和外在顺服的区分是基督教的传统，但这里还有一个很难处理的问题，就是宗教生活的自由，因为它既是外在行为又涉及内在精神。从信仰自由到宗教生活的自由，再到社会生活的自由，这是基督徒追求自由的历程。如果世俗政府管辖信徒的宗教生活，必然会伤及信仰。后来加尔文教徒与世俗政府的矛盾即在于此。

③ ［德］路德：《论俗世的权力》，见《路德选集》，310页。

④ 转引自［英］斯金纳：《近代政治思想的基础》，下卷，159页。

⑤ ［德］路德：《致德意志基督徒贵族公开书》，见《路德选集》，158页。

基础，也会错误地评价路德与近代绝对君主制兴起之间的关系。要解决这一问题，必须首先回到路德的两个国度学说，尤其要注意在两个国度的理论框架下，教会和国家各自的本质及职责的问题。

教会与国家并不直接对应于上帝国度和此世国度。国家完全是此世的，但教会的情况却较为复杂。路德将教会分为“可见教会”与“不可见教会”。前者一般指的是通常意义的教会，即受过洗礼的人组织在一起，教诲圣道，实施圣礼等。在可见教会中，既有真正的基督徒，也有挂名的基督徒，而且有些真正的基督徒可能是被排除在外的。只有上帝才知道一个人是不是真正的基督徒，而不可见教会的成员都是真正的基督徒，他们虽然身居世界各地，但都因为圣灵而联结在一起，组成了基督神秘身体的一部分。

伯尔曼认为路德的教会学说剥除了教会的精神权力和世俗权力，使它变成了一个“纯粹的精神共同体，是和平、喜乐、恩典、救赎和荣耀的天上国度的一部分”[①]。伯尔曼的这种说法实际上是把不可见教会与可见教会搅到一起了。事实上在路德看来，不可见教会中除了上帝的权力之外，本来就不存在任何精神权力和世俗权力。所以更准确的说法应该是路德阐明了不可见教会的本质，而不是说他剥夺了教会的哪些权力。当路德在谈到可见教会时，认为它的主要职责就是宣讲教义和主持圣礼这两项，当一个教会能够做到这两点时，即使是内部成员鱼龙混杂的教会，也可以被视为纯洁的（可见）教会。可见教会的其他事务，如教会的财产和教会的行政组织方式，可以由会众自行管理，也可以交由世俗权力去管理。这些事务之所以被轻视，完全就是因为它们与基督徒的救赎和“称义”无关。只要世俗政权不妄图插手教义和圣礼，对于它们的其他要求都是可以接受的。

因此，路德教会理论的特点，一方面是把可见教会的地位贬低到不可见教会之下，另一方面是将可见教会外在的事务交给世俗统治者去负责。路德以信仰为中心的态度，使得他真正关注的是不可见教会。不可见教会因为其属灵的本质，从性质上来说本来就是世俗权力无法介入和影响的。从教会理论方面来看，路德瓦解了中世纪教会权力与世俗权力双峰对峙的局面。因为不可见教会根本就没有属人的权力，而可见教会主要是以宣道和实施圣礼为中心，也不需要管理基督徒的权力。基督徒的内心只服从于上帝，而肉体尽可以服从于世俗统治者。用沃林的话说，路德是将教会的政治特性和自身权力减到最少，为世

① 参见［美］伯尔曼：《法律与革命：新教改革对西方法律传统的影响》，袁瑜琤、苗文龙译，43页，北京，法律出版社，2008。

俗权力的上升扫清了教会方面的障碍。①

如果说路德的教会学说是为世俗权力扫清了一种对抗性力量的话，那么他关于世俗权力本身的直接论述，则更加明显地抬升了世俗权力的地位。根据路德的两个国度学说，两个国度都是上帝建立的。上帝正是为了维持此世国度内的秩序，才树立了世俗权力和掌权之人。路德反复引证《罗马书》13：1 中的这句话“没有权柄不是出于神的，凡掌权的都是神所命的”，作为他论述世俗权力性质的最重要原则。世俗权力的起源在于上帝的仁慈，他不想人类因为互相攻击而彻底毁灭。路德甚至还把对世俗权力的支持与十诫中的第四诫（当孝敬父母）联系在一起。他要求臣民像孩子对父亲那样，或者像妻子对丈夫那样，向他们的君主表示顺服。路德强调世俗政府所制定的一切法规必须被看作神意的直接表现和神的直接赐予。

路德本人很清楚自己学说的地位。他曾经略显夸张地认为，自从使徒时代以来，还没有人对世俗政府给予如此之高的评价。相比于中世纪教会所主张的双剑论，路德的自夸并非没有道理。双剑论的鼓吹者宣称耶稣将两把剑（即象征精神权力和世俗权力的两把剑）都交给了彼得，因此教会同时拥有两把剑。世俗政府只是在教会的委托授权下才获得了世俗权力之剑。不但世俗政府要为了教会的目的来挥舞自己手中之剑，而且在任何时刻教会都可能将剑收回。而路德的学说则明确宣称世俗政府的权力直接来源于上帝，并未经过教会这一中介。世俗统治者直接对上帝负责，他是上帝的臣相。借用菲吉斯的话说：“路德消灭了两把剑的隐喻，从此之后只应有一把由君主挥舞的剑。”②

路德关于世俗权力的这种认识，是与他的人类罪恶本性深重、真正的基督徒罕见这些看法密切相关的。路德宣称不要让任何人以为这个世界未经流血就能被统治好，统治者的宝剑必须沾满鲜血。因为这个世界将会是也必然是邪恶的，世俗统治者挥舞上帝赐予的宝剑，就是为了复仇和压制。③ 现在要评价路德的政治学说与绝对君主制的兴起之间的关系，就必须承认，路德独特的神学思想在否定了长期以来羁绊世俗王权的罗马教权的同时，还强调了世俗权力的神圣起源及其必要性，反对包括基督徒在内的全部臣民对于世俗权力的抵抗。这就从正反两个方面抬高了世俗权力的地位。概言之，路德的神学解除了教会对抗世俗权力的手段，创造了一种“没有对抗力量的神授权力”。

---

① 参见［美］沃林：《政治与构想》，156 页。

② 转引自［英］斯金纳：《近代政治思想的基础》，下卷，21 页。

③ 参见［德］路德：《论善功》，见《路德选集》，56 页。

最后需要强调的是，路德关于教会和世俗政府的论述也使他的两个国度学说彻底背离了奥古斯丁的双城论。尽管就像很多学者所发现的那样，路德在描述两个国度时，他的说法与奥古斯丁的双城论类似。例如，他们都认为两个国度之间的身份是互相排斥的，也强调两个国度的人在生活方式上是截然对立的。[①] 同时，路德也与奥古斯丁类似，承认两个国度之间除了敌对之外，还存在一些共享性，例如，世俗政府所实现的和平对于真正的基督徒来说也是有益的。但是路德的两个国度学说还是与奥古斯丁的双城论存在一些关键差异。奥古斯丁虽然从未诅咒说世俗政府是不合法的，但总是对它有一定的保留和怀疑。而路德却坚定地认为世俗政府是完全合法神授的。对路德来说，此世国度中的世俗政府，真的就是上帝所拥有的政府，是他自己统治一个充满罪行的世界的方式，无论它看起来是多么不同于他统治精神国度的方式。这也就是他所说的上帝的左右手。更重要的是，路德不但和奥古斯丁一样承认世俗政府对基督徒的益处，而且因为其双重义务的看法，进而主张基督徒可以积极地参与到管理世俗政府的工作之中，应该热心地获取世俗领域中的角色，以此来展现基督徒的爱。这样一来，基督徒就确实有了两种公民身份，这些在奥古斯丁那里是不可想象的。[②]

第三节　路德两个国度学说的变种：再洗礼派

除了路德的政治思想之外，在加尔文以前的宗教改革运动中，特别需要注意的是再洗礼派。再洗礼派的神学理论直接来源于路德的“因信称义”学说，与其他的新教运动一样，他们也将罗马天主教会作为反抗的对象。然而，再洗礼派对路德的神学做出了一些独特的发展，并在此基础上创造出了一套独特的政治思想。

顾名思义，再洗礼派神学最大的特征就是强调再一次的洗礼，即成年之后

---

① See David VanDrunen, *Natural Law and the Two Kingdoms*, p. 62.

② 沃林给出一种解释认为，奥古斯丁和路德指派给政府不同作用的一个根本原因，也许是两者所占据的不同历史位置，奥古斯丁深具早期基督纪年普遍存在的千禧年希望的气息。参见［美］沃林：《政治与构想》，163 页。

的洗礼，因此有时也被翻译成重洗派。[①]“再洗礼”和“重洗”其实都是他们的反对者加诸他们的称号，他们自己其实并不承认这种称号。因为他们认为婴儿所接受的洗礼是无效的，与拯救无关，所以根本就不是什么圣礼。再洗礼派认为洗礼不过是一个内心已经获得信心之人在外部所做的记号。借用再洗礼派神学家门诺·西蒙斯（Menno Simons）的话来说：“新生不在于水或语言；新生是来自天上的、活泼的、使人复苏的上帝的力量，它发生在我们心中，从上帝涌出，由圣言传播。”[②] 西蒙斯认为，除非有证据指出一个人已经获得信心，否则就不能对他施以洗礼。初生的婴儿并不具备悔改和信仰的能力，显然就不能受洗。而一个悔改并获得了信心的人所接受的洗礼，只是一种公开的仪式或者记号，标志着他要开始过一种彻底的基督徒式的生活。接受洗礼的信徒，就是要与自己过去的生活和身份发生彻底的决裂，获得一种由同是再洗礼派教友所组成的共同体中的全新身份。正是从这样一种关于洗礼的教义之中，再洗礼派产生了关于教会与世俗政府的独特看法。

再洗礼派认为真正的教会就是由这些获得新身份的信徒所组成的共同体，这样的教会才是真信徒的联合。因为只有获得了信心，并且通过洗礼公开宣告自己要践行基督徒行为方式的人，才能加入这个教会。为了维护自己教会的纯洁性，再洗礼派的主要策略就是将自己的组织与现实社会中的各种组织区别开来。加入再洗礼派，就意味着放弃自己过去的工作、生活和家庭。再洗礼派还严格规范教会成员的行为。他们一般都践行非常严格的教会纪律，行为不端之人所遭受的最严重处罚就是被开除教籍。这种纪律被视为同时具有威慑性和矫正性的效果，既鼓励受到禁绝的个人改正他们的生活方式，也制止其他人仿效他们的罪行，还通过保持自身组织的纯洁性，从而与污浊的世俗社会区别开来。

再洗礼派对待世俗政府态度的最清楚的陈述可见于1527年的《施莱塞穆信条》，其中第六条和第七条解释并论述了不参与俗世事务和不抵抗俗世政权的方针：“刀剑是在基督的完全之外所任命的。基督徒不适宜担任地方行政官员，理由如下：政治的地方行政事务是属肉体的，而基督徒是属灵的。他们的房子和居所是在这世界中，而基督徒的是在天上；他们的公民身份是属于这个

---

① 其教派名称Anabaptists的意思就是再一次（another）的洗礼（baptist）。关于再洗礼派思想的一般特征，参见Robert Friedman，“Conception of the Anabaptists,” *Church History*，vol. 9，1940，pp. 335－340。

② 转引自［美］蒂莫西·乔治：《改教家的神学思想》，265页。

世界的，而基督徒是属于天上的；他们的战争和冲突的武器是属物质的，所对抗的是肉体，而基督徒的武器是属灵的，所对抗的是邪恶的堡垒。世人是以钢铁来武装，而基督徒则是以上帝的军装来装备，那就是真理、公义、平安、信心、救恩和上帝的话语。”[①] 因此，对于大多数再洗礼派来说，他们否认自己对于世俗政府还承担任何义务。他们拒绝在政府中担任官职、服兵役以及其他需要运用强力的职务。然而，世俗政府却将他们这种消极退出的行为看作对其权力的否定和对社会秩序的破坏，所以常常以残酷的手段加以迫害。

再洗礼派与世俗政府之间不断增加的敌意，最终使得一部分再洗礼派信徒放弃了消极退出政治生活的立场。他们反过来运用暴力的手段摧毁现实中的一切政治组织，而这种激进的态度常常又为某些关于基督即将再临的末世论传言所推动。其中比较著名的就是1524—1526年在托马斯·闵采尔（Thomas Münzer）影响下的席卷大半个德国的农民暴动，以及1534年另一群激进的再洗礼派在明斯特短暂建立的“圣徒国度”。这些再洗礼派激进分子的共同特点就是号召信徒们必须在此世建立一个纯洁的世界来迎接基督的再临。他们所设想的圣洁世界就是以一种圣徒间的关系构成的共同体。

尽管将这些激进分子的行为完全归结于再洗礼派信仰的做法是值得怀疑的，但不可否认的是，看似极端不同的两种政治态度背后实际上有一种明显的共同根源，即认为世界是污秽不堪的，世俗政府和统治者的权力尤其不圣洁，真正的信徒必须过一种与之完全对立的生活。不同的地方只不过在于，大多数再洗礼派教徒选择的是从世俗生活中退出，过一种类似于退隐的隔离生活；而小部分激进教徒则选择扫荡世俗生活的一切罪恶，建立圣洁的人间天国。无论选择的是和平还是流血，这种反政治的冲动对于再洗礼派来说是共同的。[②]

再洗礼派与路德一样也强调真信徒所组成的国度与世俗国度的区别。不过再洗礼派想要进一步将两个国度彻底分离开来：不论是要求真信徒以消极的方式彻底退出世俗国度，还是以激进的方式毁灭世俗国度。当再洗礼派选择前一种方式时，路德并没有对他们大加指责。直到后来面对少数再洗礼派教徒的激

---

① ［英］麦格拉思：《宗教改革运动思潮》，213页。

② 有关再洗礼派“和平的”与“暴力的”两种政治态度之间的关系，参见Lowell H. Zuck，“Anabaptism：Abortive Counter-Revolt within the Reformation，” *Church History*，vol. 26，1971，pp. 211－215。

进运动时，路德才攻击他们主张用福音来统治全世界的做法是要解开野兽的锁链，让它们肆意攻击驯服的羊群。再洗礼派与路德的政治思想都是基于一条共同的神学原则——由“因信称义”学说所复兴的神学个人主义精神。他们也都是出于两个国度之间的对立，出于一种对政治生活的敌对态度，而将这种个人主义严格地限定在属灵的范围之内。他们的这种做法也将宗教改革运动带到了一个非常危险的政治困境之中：在路德那边，教徒们越来越无法抵御世俗统治者对教会的干涉，教会趋于沦为世俗政府的一个部门①；在再洗礼派那边，教徒们不是退到世俗社会的边缘地带苦苦挣扎，就是在偶尔掀起的激烈对抗之中被残酷镇压。

路德开创的新教已经在神学上解放了个人，现在的难题在于如何恰当地处理信徒个人与此世生活，特别是与政治之间的关系。新教打破了中世纪教会与世俗政府的二元对立，让个人直面强大的政治权力。这实际上破坏了政治格局的平衡，当政治权力压迫个人时，个人只能消极地服从或激进地对抗。路德和再洗礼派面对政治权力时的困境，构成了理解加尔文政治思想的最重要背景。加尔文的政治思考高出新教同辈的地方，在于他想要重新恢复政治上的平衡。他想到的解决办法就是，试图以个人为基础重新构建教会和世俗政府，从内部约束二者的权力并让它们互相制约。

第四节　加尔文神学焦点的转移

加尔文早期是路德神学的追随者，他有关基督徒自由的思考基本重复了路德的教导。但是到后来，他的神学在很多方面已经突破了路德。以预定论的出现为标志，加尔文将在路德那里重新复兴起来的基督教神学个人主义精神推到了顶峰。然而，加尔文并没有就此停止，他独特的成圣学说又使这种个人主义突破了神学的范围，渗透到了此世生活之中。

一、预定论与基督徒的内在空虚

人们仔细阅读《基督教要义》时常常会惊讶地发现，加尔文在关于称义的

① 参见［美］伯尔曼：《法律与革命：新教改革对西方法律传统的影响》，204～205页。

讨论中甚至很少直接使用“因信称义”这个说法。而且从《基督教要义》的布局来看，他刻意地把关于信心的专题讨论与关于“称义”的内容分开到不同的章节。[①] 当然，这并不是说加尔文就因此放弃了“因信称义”的说法，而是说因为他意识到这种说法本身可能包含某种误导，特别是会误导人们以为信心本身在“称义”中会发挥某种作用。用加尔文自己的说法是：“正确说来，唯有上帝自己才能称人为义；我们也将同样的权柄归在基督身上，因为上帝使他成为我们的义。”[②] 当我们使用“因信称义”这个说法时，必须注意我们在被“称义”时，自身并没有成为真正的义。“我们说信心使人称义时，并不是因为信心本身的价值使我们成为义人，而是因为我们通过信心这个媒介白白地获得了基督的义。”

加尔文对于“称义”之客观来源的关注最终聚焦在预定论之上。根据特洛尔奇的说法：“每一种严肃的、认为在人身上的善是只有通过上帝才能产生的恩典学说，当面对这种善并未在许多人身上产生的事实时，似乎都要求助于预定论。”[③] 当然，加尔文关于预定论的教导，并不是为了让人们炫耀自己被选中了[④]，而且他也不允许人们使预定论教义成为不向每个人传福音的借口。既然只有上帝自己知道他拣选了谁得救谁不得救，那么我们就要向所有人传福音。相信圣灵把福音当作外在的手段，呼召那些早在世界创造之前就已经被拣选进入基督里的人。

加尔文关于预定的教导充分表现了他与路德的区别。在路德那里，预定更多的只是为了证明人的拯救是神迹，是人力所不能为的。因此，提出预定论不过是为了保证信仰的纯洁，使它不会掺杂任何人类的看法。路德强调信心根本不是人类所能为的，以此排除了一切人类的善功。这是一种以个人的拯救为中心的神学，上帝的形象是爱的和赦罪的形象。加尔文的预定论表明他的神学关注点已经发生了改变。人的获救是上帝在创世之前的预定，它只是上帝宏大计划的一部分，而不是计划的中心。路德始终强调的是信徒获得自己不配的恩典

---

① 关于信心的讨论在《基督教要义》第3卷的第2章，而关于“称义”的讨论始于第11章。在中间相隔的八章中，加尔文分别讨论了悔改、赎罪券、基督徒的生活等多个主题。

② 新教神学家威尔海姆·尼斯尔对此写道：“尽管加尔文强调唯有信心，但是在他关于称义的论述中，信心并没有占据中心位置。过于强调信心在他看来是危险的。”参见 Ralph C. Hancock, *Calvin and the Foundations of Modern Politics*, Ithaca: Cornell University Press, 1989, p. 128。

③ ［德］特洛尔奇：《基督教理论与现代》，朱雁冰等译，213页，北京，华夏出版社，2004。

④ 例如，“特别浸礼派”（Particular Baptist）教徒就以此宣扬排他主义。他们的一首圣诗写道：“我们是被主选中的人，让其余人都去死吧；地狱里有足够的空间留给你们，我们不想天堂太拥挤！”参见［美］蒂莫西·乔治：《改教家的神学思想》，210页。

时所感到的快乐，这种快乐在加尔文这里却难以存在。用特洛尔奇的话说，在加尔文看来，要点不在于“被造物人类那种以自我为中心的个人拯救和上帝爱的旨意的普遍存在，最重要的是上帝的荣耀，这荣耀从被拣选者的圣洁活动和堕落者的无益愤怒中一同表明出来。《圣经》所讲述的不是人类获救的戏剧，而是上帝威严的旨意”[①]。保罗•蒂利希也认为：“加尔文对上帝之爱讲得非常少是相当明显的，神的荣耀代替了神的爱。”[②]

与此同时，后来路德派教徒却愈发将路德对预定论原本就不多的讨论置于边缘地位，梅兰希顿（Philipp Melanchthon）全然刻意回避将那个“既危险又隐晦”的教义纳入《奥古斯堡信条》里。他们宁愿以人类对上帝的自由回应而不愿意以神圣主权对个人的拣选为架构。对 16 世纪晚期的路德派思想来说，拣选的意思是人爱上帝的决定，而不是上帝拣选某些人的决定。关于预定论的纷争，成为以后数世纪论战的两大主题之一（另一个是圣礼）。路德派教徒从来没有发展出把自己完全视为上帝选民的观念，因此在尝试扩展其影响范围的结果上，就相应地显得更加保守和谦逊。[③]

在路德笔下，基督徒的精神自由是要从教会精神权力的禁锢中解放出来；而在加尔文笔下，基督徒是在精神事务上被剥除了一切中介因素，而只“剩下”了自由。加尔文对待精神权力的态度，非常类似于路德对待世俗权力的态度——不是从这种权力之下将自由解放出来，而是彻底宣告这种权力根本就无关于自由。在路德那里，基督徒的自由带来了卸下精神重负后的解脱与愉悦；在加尔文这里，基督徒的自由不过就是人在直面上帝时的孤单状态。

马克斯•韦伯曾在《新教伦理与资本主义精神》中，对于预定论带给加尔文派信徒的这种“内在的孤独感”进行了精彩的描述。在整个宗教改革的时代，个人最重大的事情莫过于永恒的救赎，而对于加尔文派信徒来说，他只能独自去面对这个在创世之前就已经确定的命运，因为没有任何人可以帮助他。首先，牧师不能帮助他，因为只有被拣选的人才能真正明白上帝的话语。其次，圣礼不能帮助他，因为圣礼绝非获得救恩的手段，只不过是信仰的“外在工具”而已。再次，有形的教会也不能帮他，因为教会里面鱼龙混杂，没有被

---

① Ernst Troeltsch, *The Social Teaching of the Christian Churches*, New York: Macmillan, 1956, p. 143.

② ［美］蒂利希：《基督教思想史：从其犹太和希腊发端到存在主义》，尹大贻译，243 页，北京，东方出版社，2008。

③ 参见［英］麦格拉思：《宗教改革运动思潮》，137 页。

神所拣选的人也在其中，而且人数更多。最后，甚至基督也都帮助不了他，因为就连基督也只是为了被拣选者而死的，神早在创世之前就已经预定了基督的牺牲殉难。在韦伯看来，从古犹太先知时代开始，结合希腊的科学思想，拒斥一切巫术性的救赎手段，视其为迷信与亵渎，乃是宗教史上的伟大进程。这个进程就是他所谓的“此世的除魅”，而加尔文的预定论标志着这个进程终于走到了顶点。①

前文提到，路德的“因信称义”学说还对信徒的信心保留了某种关注。但是到了加尔文这里，信心是圣灵所赐予的和不可磨灭的，而且假信徒在一段时间内也可能拥有“虚假的信心”，所以信徒们更加不需要关注自己的信心。一些研究者提到加尔文教导信徒们不断检视自己的内心，但是必须注意加尔文所要求的，是让信徒们检视自己是否心存靠自己或靠他人而得拯救的心思。由于彻底地关注拯救的客观来源，基督徒的精神自由就被彻底化了。加尔文预定论所强调的“恩典永不丧失”的看法，彻底避免了信徒对于自身内在状态的关注。甚至有学者认为加尔文发展出了一种“反神学的神学”。

二、成圣论与基督徒的外在转向

在新教神学中，成圣（sanctification）一般也被称为“重生”（regeneration），大致意思都指的是信徒不断改变、变得圣洁的过程。路德所提出的“因信称义”学说，实际上是把天主教的“因善行而成义”分解成了两部分：称义的事件和成圣的过程。② 这种分解是为了强调称义，也就是信徒的拯救与他们的善行无关。路德认为人在称义之后同时是义人也是罪人，义人是盼望，罪人是事实。称义改变了罪人在上帝眼中的外在地位，而成圣改变了罪人的内在本性。内在本性的彻底改变是要到来生才能够完成的，称义只是开了一个头。但是成圣的方向并不是像天主教所说的，是从自然的完善提升到超自然的完善。相反，路德认为罪是对人性的破坏，而救赎的意义乃是在自然秩序中恢复人性原状，使人完全信靠上帝。所以成圣的方向是恢复人类在被造之初时的样子。

在称义与成圣二者之间，路德很明显更重视前者。这一方面是因为路德神

---

① 参见［德］韦伯：《新教伦理与资本主义精神》，康乐、简惠美译，81～84 页，桂林，广西师范大学出版社，2010。

② 天主教特兰托公会议再次重申了成义是“事件加过程两部分”的看法：“成义不只是罪的去除，也是内在个人的成圣和更新，通过恩典和天赋的自愿接纳，借此一个不义的人成为一个义人。”参见［英］麦格拉思：《宗教改革运动思潮》，120～121 页。

学的中心就是不配获得拯救的罪人如何得救，另一方面是因为路德担心过于强调成圣可能会重新复活以善行而成义的学说。但是与路德相比，其他一些宗教改革家更加重视道德更新的问题。这些改教家强调福音的道德结果，而淡化了路德的中心主题。例如，苏黎世的茨温利（Huldrych Zwingli）就倾向于把基督视为一个外在的道德榜样，道德更新的优先性凌驾于赦免之上。斯特拉斯堡的布塞（Martin Bucer）则发展出一种“双重称义”的教义，认为称义有两个阶段，第一个阶段被他称为“不敬虔者的称义”，包括了上帝对人类罪恶的赦免。第二个阶段被称为“属神者的称义”，由一个顺服的人回应针对福音的道德要求而构成。布塞认为称义与道德重生之间有一个因果关系。除非两者都发生，否则罪人不可以被说成是称义。由于“不敬虔者的称义”导致“属神者的称义”出现，因此如果一个人缺乏道德的重生，就暗示他或她没有首先称义。[①] 布塞相信他已经很好地统一了恩典与人类的顺服。但是他将称义分为两个阶段的做法，使路德非常有理由怀疑这是恢复了以善行而成义的学说。

加尔文的成圣学说就是在这种背景下所提出的，他一方面要捍卫“因信称义”中义的外在性和归给性，另一方面又要解释道德更新的来源。加尔文采取的办法是，把称义和成圣解释为信徒通过信心与基督的联合所获得的双重恩典。称义和成圣是两种相伴而来的恩典，但又是两种不同的恩典。这样，加尔文就将成圣解释为与基督相联结的结果，而不是称义的结果。

信徒个体的成圣，就是不断做出善行来逐渐完成自己的悔改，过上一种圣洁的生活。[②] 加尔文首先教导了信徒为什么要成圣，即成圣的根本目的是什么。他指出，《圣经》用许多巧妙的理由劝信徒行义。其中最基本的理由是，信徒必须圣洁，因为上帝是圣洁的。信徒被拯救是要和上帝重新联结在一起，但上帝的荣耀不可能允许他与邪恶的东西相联结，所以信徒们必须成为圣洁的。加尔文认为信徒成圣最关键的要求，就是在自己的思想、言语和行为上，都将一切荣耀归于神。这就要求信徒忘记自己和自己的一切。不照自己的理智而活，而是顺从神的带领。要做到这一点，必须先做到自我否定，离弃自己，才能用自己的一切侍奉神。自我否定才能消除人性之中的自爱，哲学家的教导在加尔文看来最终都根源于这种自爱，它是和上帝的荣耀完全对立的。借用汉考克的

---

① 参见［英］麦格拉思：《宗教改革运动思潮》，117～119页。

② 加尔文在《基督教要义》第3卷的第6章到第10章详细探讨了基督徒应该过怎样一种生活。这部分内容很早就被加尔文的信徒们单独抽离出来，编成小册子作为他们的行为准则。如果想要考察加尔文的教导何以驱使信徒以一种全新的态度对待此世生活，这一部分的内容就是最关键的。

一个说法就是：“在自我荣耀和荣耀上帝之间没有任何中间地带。”① 自我否定是后来一切行为的基础，没有这种自我否定，即使再多再好的善行也是窃取上帝的荣耀。这种自我否定也决定了信徒行义的唯一准则就是不求自己的益处。

然而，自我否定主要是对信徒内心的一种要求，并且比较抽象。至于成圣所需要的外在行为，是否存在某些更为具体的规定呢？加尔文认为《圣经》中已经明确给出了这些规定或准则，加尔文关于《圣经》的这种看法与路德存在重大分歧。当路德试图在《圣经》中寻找某种生活准则时，他倾向于做消极性的理解：“《圣经》设定一些限制，在这些限制之外，积极的引导必须求助于理性、传统等来探求。”② 但加尔文则认为《圣经》中包含某种明确而积极的生活准则，它是基督徒所要服从的唯一的、无可改变的准则。这个准则就是上帝的神圣律法，它在十诫中得到了简洁的表述，在《圣经》的其他部分得到了详尽阐发。

在加尔文这里，成圣地位上升的背后其实是称义地位的下降。路德的神学始终关注的是罪恶软弱的人类，在凭借自己的努力什么善行也做不出的情况下，如何得到完全不配领受的拯救。所以路德认为自己恢复了“福音”一词的本义——好消息。福音就是带给人们“你们不用凭借自己就可以获得拯救”的好消息。人们唯一需要的就是相信这个好消息自己有份。一旦人们相信了福音，在上帝的眼中就被称义了。称义始终是路德神学的中心问题，别的东西都是第二位的。路德只以寥寥数笔谈论人在称义之后的善行，而且主要也是强调先有信心，后有善行。二者顺序绝不能颠倒，这样才能维护“因信称义”的纯粹性。路德讲到人的成圣时提出两种动机，一是约束自己的肉体，二是以快乐之心回报上帝。由于路德相信拯救的恩典是可以丧失的，而且大多数情况都是缘于肉体欲望导致的犯罪，因此约束自己的肉体是为了保守住灵魂中的恩典，很明显还是为称义而服务的。至于后者，路德解释说被称义的人已经获得了最高的恩典和快乐，从而别无所求，当然会以快乐之心来回报上帝。③ 回报的方式是服务自己的邻人，这反过来帮助信徒约束自己的肉体。很明显，路德关于成圣的思考都是以拯救的恩典为轴心的。

但加尔文却将拯救的恩典视作上帝早在创世之前就已预定的更宏大计划的一个步骤而已。上帝在创世之前就已经预定了部分人的获救，也只有这些人才

---

① Hancock，*Calvin and the Foundations of Modern Politics*，p. 94.

② 转引自［美］施特劳斯、克罗波西：《政治哲学史》，356页。

③ 参见［德］路德：《基督徒的自由》，见《路德选集》，27～28、245～249页。

拥有圣灵所赐予的不可磨灭的信心。尽管这些人也会常常陷入怀疑和迷茫，但他们的恩典是不会丧失的。他们是上帝的选民，注定要获得拯救。福音对他们来说并不是路德意义上的好消息，而无非是上帝重申了与他们之间的约定而已。因此，加尔文的信徒所感受到的主要不是脱离罪恶泥潭时的快乐，而是上帝旨意的至高无上。与上帝的宏大计划相比，个人自身的拯救就会显得微不足道。所以加尔文才用大段篇幅教导信徒如何生活，如何利用此世。

称义是早就预定的事情，信徒们所要考虑的主要应该是如何以选民的身份来度过此世。加尔文确实也常常讲到信徒的自我否定和约束自己的肉体欲望，但理由绝不是像路德一样担心恩典会因肉体的背叛而丧失。加尔文所强调的是以这种方式逐渐脱离自己原本的样子，从“旧人”逐渐变成“新人”。加尔文也谈到成圣的一项内容就是行善来服务邻人。但信徒这样做的原因并不是获得了拯救的快乐，从而回报上帝。加尔文的信徒感受到的主要不是快乐，加尔文的上帝也不需要选民的回报。但加尔文将此世看作天国幸福的预表，因为上帝要让他的选民在此世中逐渐变得圣洁，而选民的成圣不是为了别的，不过是为了增加了上帝的荣耀。①

所以路德和加尔文描绘了两种不同的基督徒形象，或者说路德的信徒和加尔文的信徒呈现出两种不同的人格特质。② 前者是一个在极度的绝望和悲惨中，突然感受到“因信称义”的至高快乐的人，他要竭尽全力保守住这份快乐，并以这份快乐服务邻人、回报上帝。相反，后者是上帝早已预定的选民，他深知被拣选的荣耀，但更相信自己责任重大，这个世界是他成圣的战场，他要在其中通过自己的圣洁增加上帝的荣耀。理解了这种差别，就很容易理解成圣问题为什么在加尔文这里如此突出和重要——因为它变成了“唯一”的问题。

此外，成圣地位的上升在加尔文本人，特别是在后来的加尔文教信徒那里被另一种因素加强了。上文已经提到，加尔文的预定论带给信徒一种前所未有的孤单感。因为它清除掉了人与上帝之间在属灵问题上的一切中介因素，信徒除了上帝之外无所依靠。信徒的拯救是被预定了的，但问题是谁会知道自己是否被预定了？因为这种怀疑而不相信拯救唯独依靠上帝，甚至相信因善行或他人的帮助而称义，这些在加尔文的教导看来显然都是没有被拣选的明确标志。

---

① See John Calvin, *Institute of the Christian Religion*, III. 7, III. 10, John T. McNeill, ed., Ford Lewis Battles, trans., Louisville: Westminster John Knox Press, 2006.

② 这里所说的两种信徒的人格特质，是韦伯意义上的“理想型”，而非全体信徒的情况。

但真正的问题在于，对于那些只依靠上帝的人来说，他们仍然想要知道自己是否真的已经被预定拯救。因此，加尔文的预定论除了带给信徒孤单感之外，还带来了一种强烈的焦虑感。可否通过某种正确、合理的方式来确认信徒被拣选了呢？这就是韦伯所说的“寻求拯救之确定证据”的问题。①

信徒中的少数包括加尔文本人，也许可以做到无视这个问题。他们本身就坚定地相信自己是上帝的“战斗工具”。韦伯认为加尔文本人并不关心每个人如何知道自己是否被拣选的问题，只要知道上帝已经做出了裁定就可以了。原则上他拒绝人的臆断，认为不能从行为上察知自己是被拣选还是被弃绝。被拣选的人在现世生活的外表上和被弃绝者没有什么两样，而且被弃绝者也可能获得某种“虚假的信心”。但是这种态度对于他的追随者，特别是广大普通信徒来说是难以忍受的。韦伯特别提到了加尔文的第一代弟子贝扎（Theodore Beza），从他开始，后来的加尔文教信徒越来越将“寻求拯救之确定证据”看作最重要的事情。② 他们克服这一问题的方法有两个步骤：第一，每个信徒都有义务相信自己是选民，并且将任何怀疑都视为魔鬼的诱惑而加以拒斥，因为缺乏自信就是信仰不足、恩宠不够的结果。“如此一来，路德推崇的谦卑罪人被取代，培养出来的是充满自信的圣徒。”第二，信徒要以孜孜不倦的成圣行动作为获得那种自我确认的最佳手段。③

因此，成圣就和“寻求拯救之确定证据”联系在了一起，其地位进一步被提升了。对于加尔文教信徒来说，善行的确不能用来作为称义的手段。但是善行又可以作为被拣选的证据。韦伯精辟地总结道：“善行作为一种技术手段，并非用来购买，而是用来解除关于救赎与否的不安”，“加尔文教徒的救赎——正确的说法应该是救赎的确信——是自己创造出来的”④。从逻辑上来说，加尔文的预定论有可能会导致宿命论的结果——既然命运已经被预定，那么做什么都是无用的。但韦伯所发现的这种“寻求拯救之确定证据”的想法，却解释了为什么现实中典型的加尔文信徒没有“听天由命”。

---

① 参见［德］韦伯：《新教伦理与资本主义精神》，88 页。

② 韦伯引用了贝扎的以下说法：“正如真正的善功乃通往救赎的赐物，我们借此救赎而攀升到信仰里。借由此种确实的结果，不止蒙神的召命，而且是有效的召命，并因此召命而受拣选，由拣选而在基督里安稳于如神之圣座般坚固不移的预定恩赐，我们乃借着结果与原因的最缺失的锁链，而有此牢靠的连接。”参见［德］韦伯：《新教伦理与资本主义精神》，附录 3。

③ 参见［德］韦伯：《新教伦理与资本主义精神》，90～91 页。

④ ［德］韦伯：《新教伦理与资本主义精神》，95 页。

然而，韦伯将加尔文本人与后来的加尔文教徒截然分割的做法值得怀疑。① 关于这一点，特洛尔奇与汉考克等人已经提出了不同的看法：加尔文本人并非像韦伯所说，完全禁止人们寻找拯救的确定证据；相反，恰恰是加尔文自己至少暗示说可以将信徒的善行视为拯救的标志。② 加尔文明确写道，“未曾重生就显示他们缺乏信心”，还将“重生的果实”视为圣灵居住在信徒心中的一项证据。③ 加尔文只是反复强调信徒的成圣和善行都不是他们凭借自己做到的，完全是因为与基督相联结而由圣灵所完成的。即使并不存在这一加强因素，加尔文关于成圣的大量论述，也是在劝导信徒以一种全新的态度——所有行为都是为了增加上帝的荣耀——来投入此世的生活。

第五节 加尔文对此世两个国度的转化

加尔文教导信徒要在此世中努力成圣，改造此世之中的各种机构，恢复其合理的目的，保守并增加上帝的荣耀。加尔文在肯定可见教会与世俗政府存在之必要性的前提下，以一种此世化的神学个人主义精神重构了它们。

一、改造此世和对路德两个国度学说的遮蔽

加尔文独特的成圣思想，导致了信徒与此世之间关系的转变。信徒在此世中不仅要按照自我否定和十诫的要求来完成自己的成圣，而且要与这个世界发生各种关系。这就引发了信徒如何利用此世的问题。加尔文教导信徒应该积极地投入此世生活，创造出各种益处。只要他们不是为了个人的奢侈享受，而是为了邻人的益处，加尔文的神学就对他们不加限制。这些益处的内容当然包括物质财富，信徒们可以积极从事营利性活动。加尔文并没有特别强调经济活动

---

① 韦伯在《新教伦理与资本主义精神》关于加尔文部分的一个脚注中写道：“加尔文本人和路德派一样，同意善功是信仰的结果，但他极力驳斥此乃得神应许的标志。”他举出《基督教要义》III. 2. 37-38 来支持自己的论断。但实际上这两段文本都不支持他的论点。第 37 节的题目是“疑惑无法消灭信心”，讲的是信徒也经常会感到疑惑，但是信心是内在的，是不会被压倒的。第 38 节的题目是“经院神学家对信心确据的谬论”，加尔文在此反对的是经院神学家所说的“人越认为自己配得恩典，他所辨认出的神的恩典就越多”。他所批评的仍然只是以善行成义的观点。加尔文强调的是人永远不配得神的恩典，但他绝非反对神可以在不配的人身上做出恩典。

② See Troeltsch, *The Social Teaching of the Christian Churches*, p. 141.

③ See Hancock, *Calvin and the Foundations of Modern Politics*, p. 132.

和物质财富的突出地位，只是后来的加尔文主义者越来越强调这一点。韦伯认为正是从加尔文主义关于经济活动的这种独特看法中，产生了一种独特的经济伦理，最终成为近代资本主义精神的一个本质性构成要素。①

然而这里只是突出了加尔文学说影响的一个方面，即信徒的经济活动。但实际上加尔文的教导是整体性的，他教导人们以某种方式整体性地改变此世。这是由信徒与此世的关系，并且最终是由信徒与上帝的关系决定的。信徒是上帝宏大计划的一部分，他们要在此世之中追求自己的成圣。他们是以一种超然的态度来看待此世，然后再回到此世。在这种态度下，此世一切都具有改变的可能，都要服务于增加上帝荣耀的目的。所以，加尔文一开始就没有路德那种对此世的顺服感。② 信徒对此世的改造从对象上来说，既包括对于物质世界的改造，也包括对于各种人类组织（家庭、教会和国家等等）的改造。③ 考察加尔文的社会政治思想，必须以“信徒对此世组织的改造”为核心。

改造此世的终极目的是增加上帝的荣耀，可是上帝的荣耀具体指什么呢？换句话说，有什么应该遵循的标准吗？从加尔文的论述来看，有两条最基本的标准：第一条是否定性的标准，即不能做什么；第二条是肯定性的标准，即应该做什么。两者相比，第一条标准具有优先性，它的目的在于维护和保持信徒与上帝之间的正确关系。对于任何行动，先不要考虑是否增加了上帝的荣耀，而要先看看是否贬损或无视了上帝的荣耀。

第一条标准：必须清除一切此世组织在精神事务上的僭越。加尔文的预定论所导致的神学个人主义，将上帝与人之间的一切中介因素都完全清除掉了。信仰与拯救的事情，是信徒个人与上帝之间的关系。路德也坚持神学个人主义，但是他更多的是强调个人与上帝的关系不会受到外界因素的干扰。而加尔文对于成圣和上帝荣耀的强调，就意味着这些虚假的中介因素僭越和破坏了上帝的荣耀。信徒们必须恢复上帝的荣耀，就不能只是忍受这些因素的存在，而是要积极消除它们。这种态度造成的结果就是对于一切精神等级制的敌意。

不论是天主教所教导的神职人员与平信徒的区别，还是道德哲学家所教导

---

① 参见［德］韦伯：《新教伦理与资本主义精神》，181 页。

② 路德的这种顺服被两个因素加强了：一是信徒要快速离开此世；二是此世属于魔鬼的国度。这些从路德对可见教会的不重视就可以看到。

③ 有学者据此将加尔文的社会政治学说称作改造主义或转化主义（transformationism）。See Thomas G. Sanders，*The Protestant Concepts of Church and State：Historical Background and Approaches for the Future*，New York：Holt，Rinehart and Winston Press，1964，p. 3.

的有德性之人灵魂的优越性，在加尔文看来都僭越了上帝的荣耀。它们共同的效果都是将信徒的注意力从上帝身上移开。凡是加尔文思想传播的地方，偶像崇拜都绝无生存的可能。这并不是说加尔文否定一切等级制的存在，而是说被他认可的等级制，绝不会是建基于人类灵魂的等级差别。[①] 韦伯总结说："将恩宠状态的确证放在心上的基督徒，只是为了神的目的而行动，所以这活动与人的目的无关。非理性的人际关系，很容易被攻击成造物神化。"[②] 加尔文的这种看法，实际上是为"统治权必须建立在被统治者之同意的基础上"的理论提供了一种全新的神学辩护。

第二条标准：信徒必须恢复上帝创造这些组织时的目的。由于人的僭越和愚昧，他们的生活已经偏离了上帝的正道，许多组织正承担着完全不属于自己的职能。这是与第一点直接相连的，清除了此世组织的僭越，就是要恢复它们恰当的目的。加尔文教导信徒必须根据上帝在创造世界时的目的来使用它的恩赐，上帝创造世界是为了人的需要，也是为了人的享受和快乐。此世的组织不可能在人的精神事务上有任何地位，它们拥有的是一些非常消极的此世目的——人的各项肉体需求。国家的存在就是为了维持最基本的和平，可见教会就是为了维持信徒之间外在的秩序，工作就是为了人的基本需要，婚姻就是两性的结合，等等。个人是以一种明确的目的参加到这些组织之中的。韦伯认为加尔文派社会组织的心理基础全都奠基于"个人主义""目的理性"或"价值理性"的动机，个人绝非凭感情加入社会组织。[③] 个人构成了此世组织的起点、中心和目的。

从这两条标准来看，加尔文对成圣的极力强调所造成的后果就是使神学个人主义突破了在路德那里的局限，开始影响到非精神性的此世事务。这里并不是说路德没有关于此世行为的教导，而是说路德的这种教导并未遵循与神学个人主义同样的原则。路德笔下的基督徒，要么是彻底地退守到精神国度之中，要么就是承担起两种不同的身份：作为基督徒个人履行一套伦理，作为世俗社会具体职位的占有者，履行另一套伦理。在特洛尔奇看来，路德派教徒的生活不过是"从未完全实质化的零碎开头的总和，琐碎地固守着一个个不确切的命令。他们并非以在生活的整体关联里有所作为为目标，而是循着路德本身业已

① 这样看来，加尔文能够接受的等级制似乎只能建立在传统与同意的基础上了。下文的分析将表明加尔文理想中的教会和国家，正是一种结合了《旧约》原型与信徒同意的组织形式。

② [德] 韦伯：《新教伦理与资本主义精神》，85 页。

③ 参见 [德] 韦伯：《新教伦理与资本主义精神》，85 页。

展开的路线，根本上委身于适应既有的事无分大小的生活情境里，习惯于被动地领受‘威权式地’供应之物”[①]。与之相比，加尔文的教导显然是一种整体性的生活规划，也就是把神学领域中那个坚定的、无所依靠的个人形象，完整地移植到了此世之中。这可以描述为神学个人主义向此世领域的渗透，在此世领域的展开，或者说神学个人主义对此世组织结构的转化——简称“神学个人主义的此世化”。

二、教会权力的恢复

加尔文认为真教会主要包括两项标记，一是圣道的宣讲，二是圣礼的实施：“倘若他们保持并尊重圣道的传扬和圣礼的施行，那么毫无疑问就是真教会。”[②] 在他看来，罗马天主教会正是因为扭曲和压制上帝的话语以及错误地实施圣礼，所以是假教会。那么加尔文教徒脱离罗马教会就是完全正确的。信徒不应盲目加入一个现有的教会，而应首先运用自己的理智对这个教会的真伪性质进行判断。显然，加尔文的初衷是对新教徒脱离天主教会的行为进行辩护。但是他要求个体信徒独立进行判断的做法，表现出对个人地位的极大提升。

不过加尔文认为个体信徒在脱离了天主教的假教会之后，并不能像再洗礼派一样组成一个全部是真信徒的纯洁教会，因为没有人能够确定自己或别人是真信徒。加尔文甚至认为即使一个教会在上面两项标记之外有无数的错误和问题，即使教会中有很多伪信徒与邪恶之人，这个教会也可能是真教会。[③] 当然，加尔文的意思并不是要一味容忍这些错误。他担心的是教会因为一些无关宏旨的争论而进一步分裂，所以强调信徒不能随意脱离具有那两个标记的教会。在强调教会的统一性方面，加尔文的语调与他的天主教对手几无区别。他将教会称作信徒的母亲，“除非这母亲怀我们、生我们、喂我们奶，并关怀和引领我们，否则我们无法得生命”，“在教会之外，没有赦罪和得救的希望”[④]。这难道不是恢复了罗马天主教关于“教会之外无救恩”的说法吗？

---

① 转引自［德］韦伯：《新教伦理与资本主义精神》，259 页。

② Calvin，*Institute of the Christian Religion*，pp. 1023 - 1024.

③ 加尔文试图划分主要教义和次要教义：前者是所有信徒都必须接受的，如“神只有一位，而基督是神，也是神的儿子；我们的救恩依靠神的怜悯”等等。至于后者则容忍分歧的存在，如“人的灵魂一旦离开身体，是不是立刻到达上帝那里”。后来的一些加尔文主义者则努力将主要教义系统化。参见 Calvin，*Institute of the Christian Religion*，p. 1026。

④ Calvin，*Institute of the Christian Religion*，p. 1016.

加尔文这里面临的挑战就是要同时反对再洗礼派取消（可见）教会存在的必要性，以及天主教会对于教会性质的扭曲。他必须解释教会对于信徒来说意味着什么，即教会的目的是什么。加尔文的预定论已经将路德“因信称义”的教义推到了极端，拯救是上帝在创世之前就做出的决定。那么对于信徒来说，为什么还需要教会的存在呢？教会在何种意义上是他们的母亲呢？

加尔文说教会是信徒的母亲时，绝非认为教会在信徒的拯救事业中发挥任何积极作用。信徒生活在母亲的怀抱中，是为了在她的关怀和引领下“脱去必死的肉体，成为和天使一样”。尽管在拯救问题上无从插手，但是它却能够帮助信徒逐渐成圣。教会的作用与基督徒的成圣密切相关，所以加尔文又将教会称作学校：“因为我们的软弱，我们不能从这学校中休学，反而要一生做这学校的学生。”[①] 如果单从称义和救恩的一面来看，教会不过是上帝布道的工具。信徒们一旦相信自己获得了信心，成了不可见教会的一员，就很可能会轻视可见教会的作用。可见教会不过是通往不可见教会的桥梁，它的存在理由无非是路德所说的“没有人一生下来就是基督徒”。但是加尔文关于成圣的独特教义改变了这种看法，信徒们获得信心之后，还需要在教会中继续成圣。他们在自己成圣的同时，也要使教会自身成圣。这就要求一方面恢复教会正确的目的和组织结构，另一方面帮助其他信徒成圣。

路德轻视可见教会，将可见教会的组织形式主要视为历史文化传统的偶然结果，而加尔文由于对成圣的强调，则非常注意教会的组织形式和权力结构。[②] 但加尔文必须回答的是，教会为了实现“促进个体信徒的成圣”这个目的，为什么需要一种权力机制。

教会权力的第一个来源在于维持教会秩序的必要性。加尔文指出，一切社会组织为了维持其内部的秩序与和谐，都必须建立某种机制（polity）。[③] 教会内部人员混杂，人与人之间的风俗习惯、想法、判断和个性有很大的差别，如果不建立明确的机制并颁布行政法规，就不能维护教会的统一与稳定。这就意味着，加尔文认为单凭圣道并不能维护教会的统一，有形的教会必须配备合适的权力机构。但加尔文强调这种权力与信徒的拯救毫无关系，如果以为遵守教

---

① Calvin，*Institute of the Christian Religion*，p. 1016.

② 特洛尔奇指出，加尔文派关于教会的看法并不像路德派所说的是从物质生活的环境、自然法的制度、有形的教义和圣礼的无形效果等间接产生的，倒是直接从上帝那前定的旨意本身中产生出来的。参见 Troeltsch，*The Social Teaching of the Christian Churches*，p. 154。

③ 很明显，polity 一词来自希腊文中的“政体”。加尔文使用这个词，是为了强调教会中也需要某种权力机制。所以这里一般被翻译为教会的机制、行政或制度。

会的法规是获得拯救的必要条件，就是恢复了天主教对于信徒良心的压制。为了阐释这种区分，加尔文使用了“灵魂”（spirit）与“肌腱”（sinews）的比喻：圣道是教会的灵魂，法规和惩戒机制是教会的肌腱。借用汉考克的说法，“肌腱与灵魂无关，但是肌腱可以帮助灵魂将整个身体控制在正确的轨道之上”①。这里需要注意的是，另一位新教改革家布塞将教会纪律也算作圣道与圣礼之外教会的第三项标记，但加尔文却始终坚持教会只有两个标记。②

然而，教会的肌腱不仅服务于外在的秩序，还与信徒的成圣密切相关，甚至后者才是它的主要目的。前面关于成圣的分析已经指出，成圣是一个不断推进的过程，信徒们必须不断努力克服自己的本性。加尔文教导信徒应该以上帝的律法作为自己成圣的标准，信徒们要力图使他们的行为符合上帝律法的要求。上帝的律法与人的拯救无关，但是与成圣相关。教会的法规本身就是以上帝的律法为模版的，教会的惩戒机制就是激励信徒们更加敬畏圣洁的事物，使他们变得更加虔诚。因此，加尔文用三个比喻来描述教会的法规与惩戒体制：“就如缰绳，能勒住和驯服一切顽抗基督教义的人；或就如刺，能刺激懈怠萎靡的人；有时又如父亲的手杖，在慈爱和基督之灵的温和气氛中，管教那些严重堕落的人。”③ 缰绳、刺和手杖这三者，涵盖了教会法规及其惩戒机制的全部目的：维持外在秩序和激励信徒成圣。

与路德相比，加尔文因为对成圣和秩序的强调，重新在教会中发现了权力机制的重要性。路德的教导，一方面将福音与律法严格地对立起来，使得他始终对在教会建立精神权力表示敌意；另一方面，当路德被迫面对现实中教会秩序的混乱，特别是激进分子如再洗礼派的要求时，又显得束手无策。路德最终的选择就只剩下求助于世俗统治者来维持教会内部的秩序。路德派的教会在随后的发展中也就越来越难以抵挡世俗统治的压力。路德的尴尬态度已经将宗教改革运动带到了非常危险的境地。第二代改教家都开始强调教会中权力机制的重要性。④ 加尔文则是这些人中的佼佼者，因为他努力为教会权力找到了恰当的神学基础。借用沃林的说法，“虽然得出结论说加尔文主持的对‘改革的清算’过于极端，但无可否认，试图对结构和组织的强调开始了这场运动的一个

① Hancock，*Calvin and the Foundations of Modern Politics*，p. 50.

② 参见［英］麦格拉思：《宗教改革运动思潮》，201～202 页。

③ Calvin，*Institute of the Christian Religion*，p. 1230.

④ 参见［英］麦格拉思：《宗教改革运动思潮》，202 页。

新阶段”[1]。

教会的权力是为了维持秩序以及激励信徒的成圣，那么这种权力具体包括哪些内容呢？加尔文认为教会的权力包括三个方面：教义权、立法权和司法权。而司法权，即惩戒机制被加尔文称作教会权力最重要的方面。教会根据信徒所犯错误的程度实施不同的惩罚：第一步是私下的劝诫；第二步是公开的责备；最后一步就是开除教籍。教会司法权有三重目的：第一是为了教会的圣洁，拒绝让一切污秽、过可耻生活的人成为基督徒；第二是避免善人因常与恶人相处，受到恶人的败坏；第三是通过惩戒带给人的侮辱使他悔改。可见，教会的司法权是为了实行道德上的惩戒，这种权力本质上是实施一种精神上的谴责。“教会捆绑被开除教籍的人，并不是为了将他扔到永恒的灭亡和绝望里去，而是为了谴责他的生活方式和道德，并且警告他若不悔改就必定灭亡。”[2] 因此教会没有权力使用刀剑来惩罚人或强迫他们。这是教会权力与世俗权力最根本的区别。教会的司法权与立法权一样，与信徒能够获得拯救无关。天主教的错误，就是把自己看作上帝在人间的代理人，天堂的司钥者。加尔文除了强调这种权力必须与刀剑的权力分开之外，还认为这种权力的统治范围包括教会的一切成员，即使是世俗统治者，只要他是基督徒，就要接受教会司法权的管辖。此外，施行这权力不是一个人的事，而是整个教会的责任。

明确了教会权力的目的和内容之后，接下来要处理的就是如何在教会内部分配这种权力的问题，换句话说也就是教会内部治理结构的问题。路德认为教会的组织是历史的偶然情况，并不需要神学上的规定，加尔文却将这个问题严格奠基在《圣经》教导的基础之上。他坚信《圣经》已经教导了一种最好的教会组织形式。加尔文所依据的文本主要是使徒书信，特别是《提摩太前书》《提摩太后书》和《提多书》。麦格拉思称这是《圣经》解释上大胆的新一步，使加尔文得到了一个明确的标准来对抗罗马天主教。也正是因此，加尔文派的教会才发展成一种高度建制化的组织，成为天主教最可怕的敌人。[3]

加尔文首先把教会成员分为统治阶层和被统治阶层，而在统治阶层内部又划分出四种职分：牧师（pastors or ministers）、教师（doctors or teachers）、

---

① ［美］沃林：《政治与构想》，177 页。

② Calvin，*Institute of the Christian Religion*，p. 1214.

③ 参见［英］麦格拉思：《宗教改革运动思潮》，202～203 页。

长老（presbyters）和执事（dcacons）。[1] 牧师和教师是教会中永远不能缺少的职分，他们的首要职责就是传讲福音。但区别在于，教师只负责解经，使信徒相信完全纯正的教义，而牧师除此之外还负责教会的惩戒、施行圣礼、警告和劝勉等。教师从某种程度上来说就是牧师的一种“分身”，而牧师则同时掌握着教会的三项权力：教义权、立法权和司法权。

牧师在教会中占据最高的地位，但必须将其安置在加尔文神学的背景之下。牧师也许拥有关于《圣经》的更多知识，但他始终被看作上帝的工具。他只能颁布关于教会秩序和激励信徒成圣的法规，而且还要小心避免它们压制信徒自由的良心。牧师也不能独揽教会的司法权，他必须与教会的长老一起审判相关的案件。用沃林的话说，“牧师是一位领导人，而非一名统治者，这是在一个没有首脑，没有单一人力智慧和控制中心的共同体里可能会有的最高职位”[2]。

加尔文教会学的一个独特之处就是他对长老一职的强调。长老是从平信徒中选举出来的，负责道德上的劝勉以及与牧师一起执行教会的纪律。后来的加尔文教徒中严格遵守其教导设立长老一职的，就被称为“长老会”或“长老派”。长老职位的突出，标志着纪律惩戒即教会司法权的实施在教会运作中地位的显著上升。而这从根本上就源自加尔文对于教会的目的、本质以及教会权力性质和内容的独特理解。

在这种理解之下，教会权力主要是为了维持秩序和激励信徒成圣。教义权本身受到了《圣经》的严格限制，而且与秩序和成圣都无关。因此，立法权和司法权才是教会权力中更有影响和更具活力的部分。长老就是在这个背景下，被描绘成协助牧师行使教会司法权的助手的。长老不能分享教义权和立法权，不能宣讲圣道和实施圣礼，这样他们就被完全剥夺了加尔文笔下的牧师身上那些原本就剩余不多的属灵魅力。长老纯粹就是为了维持教会的秩序和激励信徒

---

① 加尔文承认在历史上曾经有过其他职分，如先知、使徒、传福音的、牧师和教师。后两种是常设的，前三种是在神的国度刚开始或在需要的时候由人担任的。使徒是最初在世界传福音的人，是世界各地教会根基的建造者。并不是一切诠释神旨意的人都是先知，先知乃是那些受神特殊启示的人，这职分在我们这时代已经少见或不存在了。所谓传福音的，是那些没有使徒的地位高，有时却代替他们职分的人，如路加、提摩太等。参见 Calvin，*Institute of the Christian Religion*，pp. 1057－1059。卡诺奇（Alexander Ganoczy）和其他一些人认为加尔文的这个构想是从布塞那里借用来的，布塞在 1536 年的《〈马太福音〉注释》中已经提出了这样的安排。乔治认为，加尔文在 1541 年已经相信这一形式是《圣经》所设立的，这也是日内瓦《教会法令》提出的新体制的基石。参见［美］蒂莫西·乔治：《改教家的神学思想》，216 页。

② ［美］沃林：《政治与构想》，187 页。

成圣的目的而服务的："人们挑选那些热心又经过考验的人，让他们与教会中的牧师一起实施教会纪律并担任道德整治的监督员。"①

加尔文进一步认为牧师和长老应该组成一个专职的组织，负责执行教会纪律。这个组织就是加尔文教会学中的"宗教法庭"。他特别强调这个组织的重要性："每一个教会一开始都有这样一个元老院（senate），教会的历史证明这是所有时代的教会都应当有的组织。"② 根据加尔文 1541 年返回日内瓦之后所制定的《教会法令》，宗教法庭由 12 位长老与牧师团的全体成员（1542 年有 9 名，1564 年有 19 名）组成。这些人每周四聚集在一起，讨论纪律惩戒的实施。在同时期新教所控制的苏黎世、巴塞尔和伯尔尼等地，教会纪律的实施都是掌握在世俗地方政府手中。例如，苏黎世政府认为开除教籍是一件公民事件，必须由地方行政官员而不是由神职人员处理。加尔文设想的宗教法庭的惩罚措施，无非就是上文所提到的私下劝诫、公开劝诫以及开除教籍，这完全是教会内部的惩罚。然而在加尔文的日内瓦，宗教法庭的权力也一直受到世俗当局的挑战。日内瓦市议会坚持主张"牧师没有公民的司法权，除了是上帝话语的属灵利剑之外他们不能行使别的，宗教法庭也不可以减损领主的权威或日常的公义。公民权利仍然是畅通无阻的"③。

宗教法庭标志着加尔文派教会高度的纪律性，也保证了他们能够在充满敌意的环境中生存下去。加尔文派一般是在敌对的处境中生存和发展的，在其中，君主和现存教会建制均反对他们的发展。而较为精密的加尔文派教会结构，经证明比他们的路德派同道更能对抗复杂的处境，使得加尔文主义有充足的资源在看起来完全没有希望的政治境况中取得进展。

牧师和长老一起掌握教会的权力，是教会所有职分中最为重要的。从严格的《圣经》教导来说，加尔文认为所有圣职人员包括牧师与长老都应该是由全体会众选择的。不过他并没有讨论具体的选择方式，他提到过投票、举手甚至鼓掌，却没有明确支持其中的任何一种。而且从加尔文对古代教会特别是对老底嘉教会的态度来看，他可以接受圣职人员与会众之间权力的平衡，即只将会众的同意作为决定因素之一，而不是唯一的决定因素。但是彻底剥夺会众的权利，却是加尔文所坚决反对的，因为会众同意与否直接关系到职分的性质和目的。

---

① ［法］加尔文：《〈提摩太前书〉注释》5：17；转引自［美］蒂莫西·乔治：《改教家的神学思想》，217 页。

② Calvin, *Institute of the Christian Religion*, p. 1016.

③ 转引自［英］麦格拉思：《宗教改革运动思潮》，203～204 页。

三、世俗权力的界定

在教会之外，世俗政府是此世中另一个重要的组织。对于加尔文的信徒来说，他们已经结成了教会，并且通过教会的精神惩罚权来维持信徒之间的秩序和激励他们成圣。再洗礼派取消了世俗政府存在的必要性，而路德虽然承认世俗政府的必要性，但倾向于认为世俗政府对于真基督徒来说没有多大意义。再洗礼派和路德的做法都陷入了政治上的困境：前者不是退出到世俗社会的边缘地带苦苦挣扎，就是在偶尔掀起的激烈对抗中被残酷镇压；后者则越来越无法抵抗世俗政府对教会的干涉。加尔文本人非常清楚这种困境，他将此描述为世俗政府面临的两种威胁：“一方面某些疯狂的和野蛮的人，不顾一切地想要颠覆神所设立的世俗政府；另一方面，又有一些奉承君王的人，过分地称赞君王的权力。这两种邪恶的言论都必须被纠正，否则信仰的纯洁性将会被破坏。”①

那么对于加尔文来说就必须恢复世俗政府的本来目的。他认为世俗政府的目的首先是维持秩序。加尔文认为那些否认世俗政府存在必要性的人，从根本上歪曲了两个国度之间的区别，误以为基督徒的属灵自由就意味着全世界不能存在任何政治统治。对于这些人，加尔文认为只需要重申灵魂与肉体的区别就可以了。既然“属灵的自由与世俗的奴役能够共存”，而且将“基督的国度局限于此世的范围是犹太人愚昧的想法”，那么我们“就要将神在基督里应许给我们的自由，限于其固定的范围”②。这里加尔文似乎只是重复了他早年从路德那里继承的两个国度学说。这种学说将世俗国度的存在归咎于人类因为原罪而造成的堕落，世俗国家是对这种堕落的一项补救。借用路德的比喻，世俗国家是一台镇压机器，维持着消极的和平。而基督徒与世俗国度发生关系，无非是因为在称义之后他们还不能彻底摆脱自己的身体。路德并不否认世俗国度是上帝建立的，但在他的语境中，世俗国度确实主要是为非基督徒建立的。真正的基督徒本质上不需要世俗政府，他们与加尔文所说的带来第一种威胁的人之间的区别，只不过在于了解到自己不需要这个政府，却不否认这个政府对于别人的重要性。③

---

① Calvin，*Institute of the Christian Religion*，pp. 1485－1486.

② Calvin，*Institute of the Christian Religion*，p. 1486.

③ 路德晚年也意识到自己的两个国度学说实际上孕育了再洗礼派激进的主张。所以就像本章第一节所论述过的，路德后来一方面强调真正的基督徒永远是少数的，另一方面主张真正的基督徒可以积极地承担世俗政府中的职务。而再洗礼派的核心信条之一就是认为世俗政府中的职务是与基督徒无关的。再洗礼派神学家彼得·莱德曼教导说：“没有基督徒做统治者，也没有任何统治者是基督徒。”相关内容参见［英］麦格拉思：《宗教改革运动思潮》，212～213 页；［美］蒂莫西·乔治：《改教家的神学思想》，235～237 页。

然而，加尔文并没有因为反驳再洗礼派而退回到路德的主张。他明确指出两个国度之间的区分，不应该使人们将世俗政府视为某种污秽或与基督徒毫无关联的东西。世俗政府除了维持秩序之外还有别的目的，正是因为这个目的，基督徒不能将世俗政府看作与自己无关的东西。加尔文认为世俗政府除了维持秩序之外，还要“珍视和保护信徒对神的公开敬拜，捍卫纯正的基督教教义以及教会的地位，约束人们的行为，使其符合社会的要求，让人们友好相处，促进普遍的和平与安定”①。世俗政府不仅关乎吃饱穿暖的事情，还要“禁止偶像崇拜、对神的圣名和真理的亵渎，并防止其他公开冒犯信仰的行为在民众间产生和散布”②。

总而言之，世俗政府除了维持秩序之外，还要确保基督徒能够公开表达信仰和惩罚异端。加尔文自己让读者们不要惊讶于他把建立正确信仰的责任交给世俗政府。他的理由是，信仰的内容完全不是人所能决定的。但这种说辞很难消除读者和研究者的疑虑，反而在他们之间引发了激烈的争论。换个角度来说，加尔文这里实际是允许教会借用世俗政府的强制力来服务于属灵的目的。③

这里的关键就是要解释在无法影响到信徒之拯救的情况下，维护信仰的公开表达和惩罚异端还能有什么样的意义。对此可以提出两项理由：第一，是为了维护上帝的荣耀；第二，是为了进一步激励信徒的成圣。加尔文因为其严格的预定论立场，当然承认世俗政府的任何努力都不会影响到人的拯救或毁灭。但是对于信徒来说，他们在此世之中的主要目的就是增加上帝的荣耀。公开表达自己的信仰和对上帝的敬拜，当然是增加上帝荣耀的重要方式。如果有人公开亵渎上帝和冒犯信仰，就严重破坏了上帝的荣耀。信徒们不能容忍这些行为的存在，他们要用各种手段来打击和阻止这些行为。而世俗政府的惩罚权，当然是重要的手段之一。这些被惩罚的人中，有一部分是绝对的暴徒，这种惩罚完全就是对他们的压制。而另一部分却可能是一时失足的信徒，这时对他们的惩罚就是一种警告，提醒他们改正自己的行为。教会的惩戒手段如劝诫和开除

---

① Calvin，*Institute of the Christian Religion*，p. 1487.

② Calvin，*Institute of the Christian Religion*，p. 1488.

③ 在萨拜因和艾伦看来，借用政治的工具来为宗教目的服务这一点，就足以将加尔文主义视为“僧侣统治”和“中世纪教权主义的极端版本”。而威廉·邓宁则认为加尔文，连同16世纪其他伟大的宗教改革者们，“从严格意义上来说都是中世纪式的和经院派的”。加尔文就是僧侣统治的鼓吹者，就是新的英诺森三世。梅斯尔也使用神权政治（theocracy）这个词来描述加尔文：“假如他跟随中世纪的经院神学家们，小心地坚持两种政府之间的区别的话，那么世俗权力无疑不该被如此利用。”See Hancock，*Calvin and the Foundations of Modern Politics*，pp. 55－56.

教籍可以刺激他们，世俗政府的惩戒手段如罚款、坐牢、放逐等也可能会收到同样的效果。汉考克指出，在加尔文那里，信徒的成圣过程靠的是持续地更新自己对上帝的恐惧：“因为没有什么比怀疑自己并确信自己应得灭亡更能使信徒全然地信靠于神。”① 假如公开的责难可以唤醒信徒对上帝的恐惧，那么肉体惩罚这种更为直接的威胁当然也能够做到。

因此，对于个体信徒来说，世俗政府主要有两项目的：一是维持信徒之间，以及信徒与非信徒之间的秩序；二是运用世俗的惩戒手段来帮助信徒成圣。对这两项目的的肯定，使得加尔文既强调了世俗政府的必要性，又强调了世俗政府对于信徒的重要性，同时反驳了再洗礼派和路德的教导。

在明确了世俗政府的目的之后，接下来要考察的就是世俗政府的权力包括哪些内容。世俗政府的权力掌握在世俗官员手中，官员的职分是上帝所确立的，他们从上帝那里获得权力，是他的代表，也在某种意义上代替他统治人。加尔文重申了保罗的教导：“所有掌权的都是神所命的”以及“没有权柄不是出于神的”。加尔文简单列举了官员所拥有的主要权力，如发动战争、征税、制定和实施法律等。与部分再洗礼派教徒所宣扬的和平主义相反，加尔文认为政府应该为了维护和平而发动战争。当国家发生叛乱和敌人入侵时，就应该运动战争的手段来恢复和平。但加尔文也认为政府在发动战争时需要特别地审慎，注意自我约束。“统治者不能被自己的私人情绪影响，他应当唯独在乎民众的需要。”② 此外，加尔文支持政府有征税的权力，但税收主要应该用来支付行政所需的公共费用。

除了战争和征税之外，加尔文认为世俗官员的主要权力是制定和实施法律。他认为官员必须通过法律来进行统治，还引用了西塞罗和柏拉图的说法：“法律是国家的灵魂，法律是沉默的统治者，统治者是活着的法律。”③ 但西塞罗和柏拉图都是异教的思想家，那么基督教国家的法律有没有什么特别之处呢？加尔文并没有详细论述基督教国家应该以怎样的法律来统治，他只是特别反驳了一种错误的观念，即认为基督教国家必须采纳摩西建立的律法和政治制度，否则不能得到神的喜悦。鉴于加尔文先前论述说世俗国家也要承担某种宗教职责，所以这里的反驳就非常重要，它直接关系到世俗国家本身的权力范围问题。

① Hancock，*Calvin and the Foundations of Modern Politics*，pp. 57 – 58.

② Calvin，*Institute of the Christian Religion*，p. 1501.

③ Calvin，*Institute of the Christian Religion*，p. 1502.

加尔文将神借摩西颁布的律法划分为三个部分：道德律、礼仪律和民事律。道德律的核心就是爱上帝和爱邻人："它命令我们以纯洁的信心和虔诚敬拜上帝，以真诚的爱对待别人。"① 对于基督徒和基督教国家来说，道德律是真实和永恒的准则。一切愿意成为基督徒的人、一切基督教国家都要服从道德律。摩西建立的礼仪律则是上帝用来教导犹太人的独特方式。加尔文喜欢将犹太人比喻成人类的童年，"上帝用教导儿童的方式对待他们"②。在耶稣诞生之后，人类可以直接通过福音认识上帝，礼仪律就已经被废除了。民事律是专门为世俗政府设立的，摩西建立民事律，就是在犹太人内部建立世俗的公平，以使他们和平共处。

对于基督教国家的官员来说，最关键的就是要区分摩西律法的这三个部分中，哪些与自己相关，哪些不相关。官员必须继承摩西所建立的道德律，至于另外两种律法则无必要。礼仪律已经被福音所取代，这并不是说信徒们可以完全自由地敬拜上帝。上文关于教会的分析已经指出，加尔文将制定礼仪规则的权力交给了教会，而且还对这种权力进行了严格的限制：礼仪不是称义的工具，只是为了维持秩序和激励信徒成圣；礼仪应该尽量简单，目的是彰显基督而不是遮蔽基督。因此，世俗官员只需要制定民事律。在制定民事律时，可以参考摩西的版本，但更重要的是根据各地的不同情况来选择。加尔文认为民事律所表现出来的是多样性和一致性的统一。例如，各个国家都立法禁止偷盗行为，但惩罚的力度是不同的，有的要求双倍偿还，有的则会处以鞭刑。加尔文认为基督教国家的民事律，必须惩罚上帝的道德律所诅咒的那些罪，即杀人、偷盗、奸淫以及假见证等。犯了这些罪的信徒，除了在教会内部遭受精神惩罚之外，还可能会遭受世俗政府的惩罚。

因此，世俗官员制定和实施民事律除了维护和平和一般的秩序之外，对于教会所谴责以及用精神手段惩罚过的那些行为，还可以进行世俗性的惩罚。当然，世俗官员也可以主动惩罚那些教会还没有发现的罪恶之徒，或者将他们交由教会处置。但这里必须注意的是，世俗官员只能制定和实施民事律。他们虽然可以用民事律来惩罚违背道德律和礼仪律之人，但是道德律和礼仪律本身掌握在教会手中。加尔文绝不允许世俗官员制定甚至更改道德律和礼仪律。他是在这个前提下，认为教会可以借助世俗政府的惩罚手段，认为教会与世俗政府之间互相支撑与合作。加尔文对于世俗政府权力的分析，完全是与世俗政府的

① Calvin, *Institute of the Christian Religion*, p. 1503.

② Calvin, *Institute of the Christian Religion*, p. 1503.

两项目的相一致的，再一次明确了世俗政府只是为信徒服务的一种工具。

四、加尔文的最佳政体问题

上文曾经分析过加尔文在重新界定了教会的目的和权力之后，如何紧接着提出一种理想的教会治理结构。然而在谈论世俗政府时，加尔文的态度却非常复杂和隐晦。他一开始甚至不愿意谈论这个问题，推脱说各国的情况都不相同，要决定哪种政府形式最好，不是一件容易的事情，况且每种形态的政府都有它的优点与缺点。而且他承认常见的三种政体——君主制、贵族制和民主制都经常会发生蜕化：“君主制蜕化为僭主制，贵族制蜕化成少数几个人的寡头统治，民主制蜕化为叛乱。”[①] 这样看来，加尔文延续了亚里士多德在《政治学》中开创的六种政体分类法，有三种好的政体和三种蜕化的政体。

但加尔文最终承认自己更偏好贵族制或者某种贵族制与民主制的混合政体。他从历史中发现，很少有君主能够自制，相反，大多数君主都是暴虐之徒。这种对于统治者人性的较低看法，与加尔文乃至路德关于人的原罪的看法一脉相承。加尔文认为最好的方式是许多人一起统治。这一方面是为了集合他们的智慧，让他们互相帮助、教导和劝勉对方；另一方面也更重要的是互相牵制和限制，当一个人想做不公正的决定时，还有其他的统治者可以进行约束。

除了来自经验的理由之外，加尔文更主要提出了神学上的支持。他认为上帝自己认可某种贵族制与民主制的混合政体，因为这是他在古代犹太人身上所建立的制度：“这种制度让他们一直处于最好的状况，直到上帝在大卫身上预表了基督。”[②] 加尔文这里所说的古以色列政体主要依据的是《申命记》中的内容：摩西对他的子民说，上帝宣告管理他们的重担不是摩西一个人所能担负的，因此民众要自己选举有智慧、有见识和为众人所认识的人做官员。加尔文在关于《申命记》的布道中，再次强调古代犹太人所拥有的选举士师和官员的权力，是一件极其宝贵的赠礼。法国学者杜美尔据此认为：“当上帝将如此一种特权赋予犹太人时，就因此认可了对他们的收养，以及他们已经被拣选为他的子嗣的事实；而且他希望他们的生活状况比他们所有的邻人都要幸福与优越。”[③]

---

① Calvin, *Institute of the Christian Religion*, p. 1493.

② Calvin, *Institute of the Christian Religion*, p. 1494.

③ Hancock, *Calvin and the Foundations of Modern Politics*, p. 66.

这种政体下的"幸福与优越"在加尔文看来就是政治自由，即选举官员的权利。加尔文非常重视这种自由，"没有什么比自由更令人渴望"。在许多不同的布道词中，加尔文称自由"无法估价"，"比生命的一半还重要"，"上帝希望犹太人比他们被国王统治的邻居有更多的自由"[①]。加尔文甚至认为官员们的职责就是保护这种自由，免得这种自由在任何方面被减少。加尔文相信政治自由的存在是对政府权力的内在约束，也确保它能够为正确的目的服务。这里对于政治自由的极力强调，清楚地表明加尔文是从个人主义的角度来理解政府的目的的。加尔文又认为这种自由应该受到某种节制。他说："最好的政体是自由受到一定节制，变得温和并建立在稳固的基础之上。"[②] 加尔文并没有指出这种节制到底是什么，但是从上下文来看，这种节制指的是民众的政治自由应该受到限制。联系到加尔文认为民主政体（政治自由最不受限制的政体）容易蜕变为叛乱，加尔文所说的限制应该指的就是由多数人选举出一小部分人作为官员进行统治。这就是他所偏好的贵族制与民主制的混合——贵族制所要求的小部分人进行统治，与民主制所要求的多数人的政治自由二者之间的混合。

加尔文在政治上的审慎态度除了表现为对政治自由的节制之外，还表现为他极力劝诫人们不要轻易改变自己现有的政体。他在论述政体问题那部分的最后写道："倘若上帝给某一个国家的人特别安排了一种政体，但他们努力想要换成另一种政体，这种想法不但多余和愚昧，甚至还极为有害。上帝已经极为智慧地为不同的国家安排了不同的政体。"[③] 舍那维耶曾经引证这句话来极力贬低政体偏好问题在加尔文政治思想中的重要性。他认为在加尔文那里，既然所有权力都是出于上帝的，那么所有不同的政体都可以在上帝那里找到共同的起源。[④]

然而，要求改换政体与政体的优劣是两个相互关联但又完全不同的问题，不能因为加尔文的政治审慎就过分贬低他对某种政体的偏好。所有政府都是由上帝所建立的，也并不能抹杀政体之间的优劣。加尔文在古代犹太人那里发现了上帝所认可的一种理想政体，而在《圣经》的记载中，犹太人最终抛弃了这种政体，想要和其他民族一样建立君主制。上帝最终非常不情愿地满足了他们

① Calvin, *Institute of the Christian Religion*, p. 1494.

② Calvin, *Institute of the Christian Religion*, p. 1494.

③ Calvin, *Institute of the Christian Religion*, p. 1494.

④ See Hancock, *Calvin and the Foundations of Modern Politics*, p. 67.

的要求，并认为这是对他的厌弃，不要他做王。[①] 犹太人之前的政体和后来的君主制都是上帝所建立的，但是这里很明显存在优劣之别。

更为重要的是，加尔文对于政体问题的考虑与他的成圣神学密切相关。信徒的此世生活是为了成圣和增加上帝的荣耀，此世之中的各种组织，包括国家在内就要以这个目的为中心进行设计。只有在这个维度下才能理解加尔文的政体偏好，以及理想政体对他的意义。建立理想政体是为了增加上帝的荣耀，而坏政体之所以坏，主要是因为破坏了上帝的荣耀。例如，加尔文对君主制的攻击就很少涉及君主对民众的压迫。他甚至赞同君主可以用征得的税款修建豪华的宫殿，装点自己的生活。加尔文对君主的攻击，主要是因为君主往往倾向于神化自己，夺取了本应属于上帝的荣耀。加尔文所偏好的，是统治者由民众选举的贵族制或贵族制与民主制的混合。在这种政体之下，统治者个人的素质与他们担任的职分本身之间有清楚的区分。职分的荣耀并不属于担任职分的人。这样的统治者才可能始终牢记自己是上帝的工具，为了全体信徒的成圣而服务。而且既然上帝曾经亲自通过摩西建立了这种政体，这就更加证明了它的优越性。

加尔文关于理想政体的讨论中存在着一种张力：一方面他有一种关于理想政体的蓝图，但是另一方面他又不愿意信徒们为了实现这个蓝图而采取过激的政治行动。所以他才在一开始不愿意谈论政体优劣的问题，而且在谈论结束的时候又劝告信徒不要过分羡慕某种政体。加尔文在这个问题上的复杂态度也导致了他的后继者在发展其思想时走向不同的方向。

五、教会与世俗政府的一致性

从上文加尔文关于教会与世俗政府的具体论述可以发现，二者之间具有高度的一致性，比如加尔文在论述教会的牧师职分与世俗官员职分时所表现出的高度的一致性。加尔文常常将世俗官员描述为“上帝的代理人”“上帝的使者”等，沃林认为这种做法让人觉得加尔文不过是在谈论牧师的政治对应物。[②] 两种职分都是上帝设立的，而且都与担任职分的人本身相分离。牧师与官员都被

---

① 关于这个故事政治含义的一种经典解释，可参见丛日云《在上帝与恺撒之间：基督教二元主政治观与近代自由主义》第二章第一节（“王权：上帝不情愿的赐物”）。丛著着力挖掘的是基督教传统中对于王权的消极评价。相比之下，加尔文通过将犹太人建立君主制之前的政体奉为理想政体，从另一个方向阐释了这个故事的政治含义——理想政体与次等政体之间的差别。

② 参见［美］沃林：《政治与构想》，194 页。

期望成为一种无私的工具，牧师不能宣讲任何《圣经》之外的东西，官员努力的方向也是成为说话的法律。除此之外，牧师的产生方式与官员的产生方式具有高度一致性：加尔文在两种情况下都偏好于由大众进行选举。[①] 大众作为教会成员选举产生教会的牧师，作为国家政治成员选举产生世俗政府的官员。这些通过选举产生出来的牧师与官员借助法律来进行统治。前者制定教会法，后者制定市民法，但都不能违背上帝的神圣律法。教会以自己的惩戒机制即精神之剑来维护教会法的实施，而世俗政府则通过惩罚肉体和财产来捍卫市民法。相比于路德常常倾向于将政治简化为统治者与被统治者的直接关系[②]，加尔文始终强调法律在二者之间的中介作用。对于统治者来说，这意味着他们需要对法律负责，法律也就构成了对他们自身权力的限制。加尔文除了让教会和世俗的统治者受到大众的选举权以及成文法的限制之外，还给他们添加上了制度上的限制。在二者之中，他都偏好一种多个统治者共同治理的制度，他们之间因此可以互相制约。在教会中，牧师、教师、长老以及执事共同作为统治阶层，单个牧师只不过是这个群体的主席。在世俗政府中，加尔文反感君主制，倾向于贵族制或某种贵族制与民主制的混合政体。他对教皇君主制的攻击与他对世俗君主制的攻击高度一致。沃林从这里看到了一个对后来的西方政治思想影响巨大的观念："一个社会可以被组织好、训练好和团结好而无需一位首脑。"[③]

然而，以上所说的还都只是内容和形式上的一致性。更加重要的是，加尔文认为世俗政府可以服务于精神目的，以及教会可以支持世俗政府的看法，将二者之间的一致性推到了更高的层次——目的层次。尽管他确实坚持"教会的精神权力与国家的世俗权力之间存在着很大的区别和不同"，但他同时又认为"二者并非如水火般不同，它们是可以联合的"[④]。这种联合的主要内容就是世俗政府以其权力惩罚那些犯有宗教罪行之人，而教会则对犯了世俗罪行的成员进行精神上的制裁。

根据加尔文在日内瓦所建立的制度，在大多数不涉及严重犯罪的情况下，宗教法庭首先要求当事人履行其宗教义务，以宗教纪律的威胁支持他们的建议。如果这样的宗教纪律失败了，当事人将被交给市民委员会，以世俗的制裁

---

① 但要注意，加尔文这里谈论的并不是现代的授权理论，大众的选举是对神意的彰显，而不是由大众直接授权给牧师或信徒。

② 例如，路德特别喜欢将统治者称作刀剑，而且没有像加尔文那样在官员及其职位之间进行清楚的区分。

③ ［美］沃林：《政治与构想》，199 页。

④ Calvin, *Institute of the Christian Religion*, pp. 1486 – 1487.

强迫他们履行自己的义务。[①] 必须注意加尔文这里所说的合作，绝非是要让神职人员掌握世俗权力，或者是让世俗官员掌握精神权力。他要求教会与世俗政府运用各自独有的权力来帮助对方。教会只有劝诫、公开训斥以及开除教籍的权力，而世俗政府拥有的是判处罚金、实施拘禁甚至死刑的权力。

因此，加尔文教会思想与政治思想的一致性的最终表现，就是他教导自己的信徒用同样的方式来积极参与教会生活与政治生活；并且用同样的架构来组织教会和世俗政府，即建立自治的教会与自治的世俗政府；最后要求教会与世俗政府利用各自所掌握的权力互相支持、互相合作。

很多研究者，如沃林和维特，都注意到上文所说的加尔文教会思想与政治思想的一致性。但是在如何解释这种一致性的根源时，他们的看法并不相同：在沃林看来，这种一致性根源于加尔文关于共同体如何能够维持统一与秩序的独特看法。对于加尔文来说，教会与政治社会是两种类似的共同体：“两个社会对于秩序的基本需求是相同的，加尔文体系中的宗教和世俗秩序的互相连锁，仅仅是人的两种主要冲动的满足而已，一个是宗教的，另一个是社会的，两者由于对秩序的需要而联合在一起。”[②] 想要维持教会与政治社会的稳定与秩序，就必须在其内部建立某种权力机构，而教育和惩戒机制则是实现该目的的两项主要力量。教会与世俗政府之间的互相支持、互相合作，就是为了建立更稳固的秩序。世俗政府惩戒异端、维护公共的敬拜等带有宗教性的行为，并不完全是因为它的基督教使命。诸如虔诚这些价值对于维持世俗秩序本身也是必需的，就像异教哲学家也认为治理良好的国家需要一种公共宗教。

然而，沃林的解释是存在问题的。他只是突出了教会与政治社会相类似的作为人类共同体的一面，从而认为当加尔文论述教会政府和教会内部的权力机构时，本质上所体现的不是其神学思想，而是其政治思想。教会思想与政治思想的一致性，无非是教会政治性的一面压倒了神学性的一面，基督教甚至被简单地等同于任何一种公共宗教。但是沃林只能解释教会与政治社会都需要建立某种机构来维持稳定与秩序，而不能解释上文所分析的加尔文思想中，教会与世俗政府组织架构上的一致性。尽管他承认这是加尔文思想中很重要的内容，却并未解释其根源。也就是说，他只解释了加尔文教会思想与政治思想一致性中的部分内容。

维特的研究兴趣是宗教与法律之间的关系。他认为在加尔文那里，教会与

---

① 参见［美］维特：《权利的变革》，苗文龙等译，92 页，北京，中国法制出版社，2011。

② ［美］沃林：《政治与构想》，198 页。

世俗政府都是致力于实现上帝之道德律法的三种用途：指明人类的罪、制止公开的恶行，以及教导信徒成圣。教会通过宣讲纯粹的教义，引导罪人注视自己的堕落，寻求上帝的恩典；通过制定教会法规，约束信徒在教会内部作恶的行为；通过精神上的规训与惩罚，教导和激励信徒的成圣。世俗政府惩罚那些攻击和破坏教义与教会法律的恶人，维护教义的纯洁，纠正罪人的错误行为，并使真正的信徒回归到成圣的正道。维特总结说："对于加尔文而言，每一个社会都将是一个统一的基督教社会。在这个统一的社会中，教会与国家的权力相互配合。上帝命令它们二者都要致力于在这个社会里实现一个神圣秩序和纪律，成功地实现道德律的三种用途。"[①] 与沃林相比，维特的解释涉及教会与世俗政府在目的层面的一致性。

此外，维特在描绘加尔文关于教会与世俗政府组织架构的论述时，认为他天才地汇合了法治、民主和自由的原则。加尔文要求尊重教会内部的法治、尊重教会的民主程序、尊重教会的自由，这三项原则构成了一种新的教会理论。他关于世俗政府的理论，很明显是来自这种教会学。因此，在教会思想与政治思想二者究竟谁影响了谁的问题上，维特的解释与沃林正好相反。然而，维特依然不能解释为什么加尔文偏好一种包含法治、民主和自由因素的教会和世俗政府。他只是解释说以这种原则组织起来的教会更有助于保持秩序与活力的平衡，能够适应不同国家与地区的文化。这显然只是一种倒推式的、后果论式的解释，未能探查到加尔文思想中更深刻的理由。

维特在一开始曾注意到加尔文只是在《基督教要义》的最后一版中，才清晰地将教会与世俗国家一起界定为恩典的"外在工具"。[②] 但是他后来却停留在教会与世俗政府都是实现上帝律法的三种用途的工具上，没有分析"恩典的外在工具"究竟意味着什么。恩典是上帝对谁施予的？恩典为什么要借助外在工具？维特和沃林都没有回答这些问题，因为他们都没有深入分析加尔文的神学思想，特别是成圣这个关键内容。其实，加尔文一开始就将教会和世俗政府都定义为维护秩序和促进信徒成圣。

教会和世俗政府这两个此世组织，是信徒所要转化的对象。既然上帝建立它们二者的目的是维护秩序和促进信徒的成圣，那么信徒们就应该以此目的来组织教会与世俗政府。凡是在此之外的目的，都是无用的，还会遮蔽上帝的荣耀。教会与世俗政府的一致性，并不是像沃林所说，仅仅是由于它们作为人类

---

① ［美］维特：《权利的变革》，89 页。

② 参见［美］维特：《权利的变革》，74 页。

组织，必须在其内部建立秩序。沃林所说的秩序是教会和世俗政府维持自身所需要的秩序，但这只是一个起点。教会和世俗政府更重要的目的是促进信徒的成圣，秩序不过是确保能够有条不紊地促进成圣。因此，在秩序和成圣这两项目的中，秩序其实是从属性的，是为成圣服务的。沃林的错误就是将从属性的目的当成了主要目的。

加尔文在建立权力机构时不是只从维护秩序的效果如何这个角度来考虑的。他并不主张建立最能够维持秩序的机构。如果这样的话，那么加尔文应该拥护的是信徒与民众没有任何自由和权力，屈服于神职人员与世俗官员的绝对统治。但相反，加尔文强烈拥护一种自治的教会和自治的世俗政府。加尔文关于自治教会与自治世俗政府的思想，其实是严格地从他对信徒个人形象的理解中推导出来的。

在加尔文的预定论之下，信徒获得了一种与路德那里完全不同的形象。他们是上帝早已预定的选民，深知被拣选的荣耀，但更相信自己责任重大；这个世界是他们成圣的战场，他们要在其中通过自己的圣洁增加上帝的荣耀。与此同时，上帝建立教会和世俗政府的目的又是为了促进信徒个人的成圣。所以，信徒必须积极地参与到教会与世俗政府之中：一方面是在它们的帮助下实现自己的成圣，另一方面是通过对它们的转化增加上帝的荣耀。这就解释了为什么加尔文的信徒总是以一种积极参与，并且不安于现状、寻求改进的态度来对待教会与世俗政府，也就解释了为什么加尔文理想中的教会和世俗政府都必须保证普通信徒和民众能够积极地参与。这种参与最重要的内容，就是由普通信徒和民众来控制教会与世俗政府的权力，具体的制度表现就是由信徒选举包括牧师、教师、长老和执事等神职人员，由普通民众选举世俗政府的官员。教会和世俗政府中各自统治阶层的产生，只能建立在信徒和民众的同意基础上。路德将教会与世俗政府的组成形式交给风俗或习惯来决定，这在加尔文看来就抑制了信徒的改造和转化活动。信徒对教会和世俗政府的转化，就是一个否定现有形式的过程。

此外，教会和世俗政府的目的既然被明确地界定为维持秩序和促进信徒成圣，那么教会与世俗政府的权力也必须被限定在这个范围之内。信徒成圣的标准就是上帝的道德律法，特别是十诫。教会并不能在十诫和上帝的教导之外添加任何关于如何成圣的规定，世俗政府更是没有这样的权力。教会所能做的，不过是通过制定具体的教会法规来规定触犯了十诫的行为应该受到何种精神性的惩戒；世俗政府所能做的，就是参照教会的法规制定民事律，来规定用哪些世俗手段来进行惩罚。加尔文为了给信徒的转化活动提供明确的方向，提出了他理想中的教会政体与世俗政体。他认为《圣经》中记载的古代教会和上帝通过摩西建立的世俗政府，最好地体现了法治以及普通信徒与民众的参与和选举权。而且由于它们是上帝最初建立的，因此将教会与世俗政府转化成这种形式的，当然最能增加上帝的荣耀。

因此，加尔文教会思想与政治思想的一致性，并不是根源于沃林所说的两种人类组织对于秩序的共同要求，也不是根源于维特所说的为了实现上帝道德律法的三种用途。这种一致性实际上是根源于加尔文的预定论造就的那种独特的个体信徒，为了成圣的目的而转化此世的人类组织。教会与世俗政府，都是以这种个体信徒为基础建立起来的，为他服务，同时又根据他的评断来决定是否需要进行改造和转化。信徒个人既是教会与政府的最初组成要素，也是它们的逻辑起点，还是进行改造和转化的动力之源。以同样一种个人主义建立起来的教会与世俗政府，必定具有高度的一致性。

第六节　后世加尔文主义者的两种走向

加尔文本人在政治上的审慎态度在一些问题上掩盖了其政治思想的个人主义理论内核。而后来的加尔文主义者在继承和发展其政治思想时就走向了不同的方向。

一、加尔文本人在抵抗问题上的复杂态度

信徒在遭受世俗政府的压迫时能否以及如何进行抵抗，这是新教神学家所面对的最现实也最紧迫的政治问题。加尔文在思考这个问题时也延续了他在政体问题上的审慎态度。

加尔文认为，从一般意义上来说，民众应该敬畏和顺服他们的统治者。加尔文反对有些人将统治者视为“必不可少之恶”，勉强表示服从。统治者是上帝的使者和代表，民众应该尊重统治者的职分，这也是他们对统治者最主要的本分。加尔文引用了保罗的话：“我们必须顺服，不但是因为刑罚，也是因为良心。”[①] 加尔文认为保罗这里的意思就是民众不应该只是出于恐惧而顺服，顺

---

① 转引自 Calvin，*Institute of the Christian Religion*，p. 1510。

服统治者实际上是在顺服神。为了证明顺服是出于真心的，信徒们要在神面前为统治者祈祷。

即使在最强调民众的敬畏和顺服时，加尔文还是再次区分了职分与担任职分的人：“我所探讨的不是那些人本身，好像他们戴上了尊严的面具就可以掩盖自己的愚昧、懒惰、残暴、不道德和无耻的恶行，以致将对德性的称赞献给邪恶。我说的是这职分本身值得我们尊荣和敬畏。”① 民众敬畏和顺服的是职分本身，而不是担任职分之人。

然而，对于加尔文和其他基督教思想家来说，最棘手的问题并不是一般情况下对统治者的顺服，而是当民众面对一个不正义的统治者时是否应该继续顺服。加尔文非常清楚再洗礼派和路德派对这个问题的不同回答及其政治后果。前者倾向于把所有的世俗统治者都当作不正义的，因此拒绝表示服从，这有可能发展成一种不受限制的激进运动。后者虽然坚持认为基督徒必须拒绝服从世俗统治者违背上帝真道的命令，但同时也坚决反对任何基督徒从消极的不服从转向积极的抵抗。至于没有直接违背上帝真道的统治者，那就更不存在抵抗的问题，所以后者越来越走向政治上的保守。② 加尔文对这个问题的解释，则小心翼翼地游走于二者之间。

对于那些违背上帝真道的统治者，加尔文坚持“顺服神而不是顺服人”的原则。加尔文提醒人们千万不可因为对君主的顺服而离弃对神的顺服。上帝才是万王之王，只是因为服从神才服从人。值得注意的是，加尔文认为当这些统治者命令人们去做违背上帝真道的事情时，就已经废除了自己的权力。他提到了《圣经》中但以理的故事：“但以理拒绝服从君王不敬虔的命令，却说自己绝对没有冒犯君王。”③ 因为但以理认为这个君王已经不再是君王了。相比之下，以色列人曾经崇拜金牛犊的错误做法，就是典型的屈服于君王的权力而不惜冒犯上帝。

加尔文还讨论了另外一种不正义的统治者，他们的行为看起来并未直接违背上帝的真道。一开始加尔文坚持认为应该顺服不公义的统治者。有意思的是，他随后将问题直接换成了不公义的君主，所有的例子都是暴虐的君主。④

① Calvin, *Institute of the Christian Religion*, p. 1510.

② 新教诸派在抵抗问题上的不同观点，可参见斯金纳《近代政治思想的基础》（下卷）第三部分第七章。

③ Calvin, *Institute of the Christian Religion*, p. 1520.

④ 麦克内尔据此认为加尔文始终对君主制抱有强烈的敌意。

这些君主或者懒惰，或者放纵、残忍地对待民众。加尔文承认要说服人们将这种统治者视为君王并顺服他们是非常困难的："人们在遭受这些统治者的侮辱和压迫时，完全看不出他们所应当彰显出来的上帝形象，完全看不出他们是上帝的使者。"① 加尔文认为痛恨和咒骂这种暴君是人与生俱来的感觉，就像人们热爱和敬畏公义的君主一样。但他所强调的是，恨恶与咒骂并不能否定这些君主的权力与职位。加尔文再次区分了职分与担任职分的人。但这里就引出了另一个麻烦的问题：为什么上帝会让一些邪恶之人担任君王的职分？

加尔文的回答是，邪恶的统治者是上帝惩罚人类的工具。《圣经》里清楚记载了上帝要求犹太人服从巴比伦王尼布甲尼撒（Nebuchadnezzar），尽管他是一个邪恶的暴君。民众在面对邪恶的君主时，应该首先反省自己的罪行。上帝是用这样的打击来教训人们。这样就会让人们保持谦卑，并提醒他们纠正这些恶不是他们的责任，只能求告上帝的帮助。② 但加尔文明确表示，这些邪恶的统治者终将受到上帝的审判。上帝确实也常常兴起一些人来惩罚这些邪恶的君主，使原先受到不公正压迫的民众得到解脱："上帝借着摩西救以色列人脱离法老的专制，利用埃及人除掉推罗人的傲慢，利用亚述人除掉埃及人的悖逆，有时又用巴比伦人除去犹大和以色列人的忘恩负义与亵渎。"③ 因此，当民众遇到这些邪恶的君主时，所要做的似乎就只能是忍受和等待上帝借助他人之手做出的审判。

然而，出人意料的是加尔文突然认为自己前面说的只是私人的召唤，他现在提到了公共的召唤。也就是说，他认为民众作为个人不能抵抗君主，除非他受到了上帝的召唤，成了上帝的复仇工具。所谓公共的召唤，指的是在政府内部，如果民众已经选举出了约束君王权力的官员，那么加尔文不但不禁止他们按照自己的职分反抗君主暴力、放荡的行为，而且如果他们不积极反抗的话，就是懦弱的邪恶行为。"他们出卖了百姓的自由，而上帝派他们来就是为了保护这种自由。"④ 加尔文列举了历史上曾经有过的斯巴达的五长官、罗马的保民官以及雅典的行政长官。至于他自己的时代，加尔文提到的例子是法国的三级会议。加尔文例子中的这些机构与公职在名称和权力范围上各不相同，但共同

① Calvin, *Institute of the Christian Religion*, p. 1512.

② 在沃林看来，加尔文将不正义的君主解释为上帝的惩罚工具的做法，似乎强调了这种君主与民众之间不是一般性的政治关系："专制君主可能被提升为一种神授工具，受派遣惩罚人民的罪孽，但正是这一使命让他成为一位本质上非政治性的人物。"参见［美］沃林：《政治与构想》，195 页。

③ Calvin, *Institute of the Christian Religion*, p. 1517.

④ Calvin, *Institute of the Christian Religion*, p. 1519.

之处在于都是相对于最高统治者的制约性力量。沃林注意到加尔文称这些公职人员负有积极抵抗的神授责任，这与路德将君主的地位提高到所有其他世俗职分之上形成了鲜明的对比。[①] 尽管加尔文这里并没有直接将抵抗的权力赋予每一个臣民，但是他还是留下了明显的缝隙。后来的加尔文主义者正是从这里逐渐发展出民众在“下级官员”的带领下积极抵抗的理论。[②]

这样看来，加尔文关于服从与抵抗的最后结论就包括三种情况：第一，当统治者的命令直接违背上帝的真道时，民众应该拒绝服从，而且此时统治者已经失去了他的权力；第二，当统治者做出其他不正义的行为时，如果政府内部不存在制约性力量，那么民众只能忍受和等待上帝直接召唤某个人或某种外部力量来实施审判；第三，当统治者做出其他不正义的行为时，如果政府内部存在制约性力量，这些公职人员就有责任进行抵抗，校正统治者的不义行为。

二、法国胡格诺派的温和抵抗理论

1572 年圣巴托罗缪日大屠杀之后，被称为胡格诺派的法国加尔文教徒面临着前所未有的困境。生存在一个天主教徒占人口多数的国家，面对一个奉行残酷镇压政策的天主教国王，胡格诺派需要在政治理论方面做出回应。对于他们来说，最紧迫的问题是：面对这样一个统治者，应该和可以做些什么？在斯金纳看来，胡格诺派在回答这个问题时有两层考虑：第一，使自己反抗当下政府的行为具有合法性；第二，由于一些温和的天主教徒也反对法国当时的瓦卢瓦王朝，胡格诺派希望能够获得这些人的同情和支持。[③] 而他们对此问题的回答，发展了加尔文本人政治思想的某些要素，同时也使这些要素变得更加清晰与系统。

弗朗索瓦·霍特曼（François Hotman）于 1573 年出版的《法兰西-高卢》一书可以看作胡格诺派努力的第一部成果。霍特曼在书中详尽梳理了法国古老的宪政传统，坚持认为国王终其一生只是一名政府官员，如果他不能尽守职责的话，他就什么都不是，而人民就永远有权利废黜他。他引用古老的典章来证明“人民的权利不只是可以废黜单个的君主，而且可以废黜整个无能的或暴虐的王朝”[④]。霍特曼强调法国宪政传统的另一条原则是三级会议对国王权力的限

---

① 参见［美］沃林：《政治与构想》，196 页。

② 参见［英］斯金纳：《近代政治思想的基础》，下卷，318～320 页。

③ 参见［英］斯金纳：《近代政治思想的基础》，下卷，428～429 页。

④ 转引自［美］凯利：《自由的崛起：16—18 世纪，加尔文主义和五个政府的形成》，王怡、李玉臻译，55 页，南昌，江西人民出版社，2008。

制。在凯利看来，霍特曼对三级会议的真正兴趣，与加尔文有关“下级官员的反抗权”的教导相一致，即要通过唤醒他那个时代人民的权利意识，来恢复他们曾经在很久以前扮演过的政治角色——譬如推选或废黜君主。① 然而，霍特曼的著作就像他本人所承认的那样更像是一部历史资料汇编，而他对资料有选择的运用也遭到了反对者的强烈质疑和批评。更为重要的是，这样一种写作方式过分淡化了神学色彩，与加尔文本人政治思想的联系非常有限，也没有充分满足当时胡格诺派教徒为自身的抵抗行为辩护的需要。鉴于本章的研究主题，更应该关注的是另外两位思想家贝扎和莫尔奈（Philippe de Mornay）。

贝扎是加尔文第一个重要的弟子，也是其在日内瓦的直接继承人。他的政治理论主要集中在 1574 年的论著《论统治者对他们臣民的权力和臣民对他们统治者的义务》之中。贝扎的论证有两条线索：第一条与霍特曼的相类似，梳理了历史中记载的大众选举或批准统治者的各种先例。在维特看来，贝扎的论述无非就是《法兰西-高卢》一书的缩微版。但与霍特曼截然不同的是贝扎的第二条线索，这里他继承和发展了加尔文在《基督教要义》中曾简要论述过的契约理论，将民众的抵抗问题融汇到了一个政治契约的框架之中。

贝扎认为所有国家都是通过契约建立的，而且是人民、统治者和上帝三方之间的契约。贝扎写道：“统治者的第一项契约，是和人民一起对上帝负有义务，就是都应该在宗教和政治领域内尊崇上帝的律法；之后就是统治者与人民之间的第二项契约。”② 贝扎认为上帝创立这个契约是为了建立政治秩序，而政治秩序的目的与加尔文的说法一致，是为了“使人民不仅享有秩序、和平和这种生活的安宁，而且还荣耀上帝，荣耀他们的统治者”③。统治者的权力是上帝授予的，但同时他们又是由人民选举出来的，“统治者通过人民自由且合法的同意来获得他们的权威”④。而且统治者在接受官职时必须对人民发誓尽守职责。贝扎和加尔文一样坚信很少有君主不会滥用自己的权力，因此必须设立下级官员来对其进行约束。根据契约的要求，下级官员应该按其在共同体结构中所得到的地位奋力保护他们发誓要保卫的法律。

在维特看来，这种三方契约带来了“双向义务”，即统治者对上帝和人民

① 参见［美］凯利：《自由的崛起》，56 页。

② 转引自［美］凯利：《自由的崛起》，58 页。

③ 转引自［美］维特：《权利的变革》，146 页。

④ ［美］维特：《权利的变革》，147 页。

同时负有义务。[①] 首先契约要求所有统治者都遵守上帝之法和自然法，特别是十诫中的规定，确保统治者和臣民都正确地敬拜上帝和维护纯洁的信仰，这是上帝参与契约的受益。其次，这个契约还约束统治者保护人民的权利与自由，这是人民参与契约的受益。当统治者未能履行其中一项义务时，契约就被破坏了，这也就涉及解除契约的问题。如果统治者不但不履行这两项义务，还肆意伤害上帝（如压制正确的信仰、崇拜偶像等等）与人民（如侵犯他们的权利），那么他就变成了暴君，背叛了自己的官职。此时，人民可以用适当的方式要求脱离他。但贝扎不认为人民可以自行解除契约，这里需要的是一种公共的裁断，它只能交由下级官员来确定。在此之前，所有个体成员依然受到政治契约的约束。如果下级官员不介入的话，个体成员绝不能自行反对暴君，而只能离开或者耐心地忍受。

贝扎之后的莫尔奈可以说进一步推进了他的政治契约理论，其代表作是《论反抗暴君的自由》。[②] 莫尔奈细化了贝扎那里的三方契约，将它更清楚地分成两个互相联系的契约。第一个契约是上帝与国王之间的契约，其内容是承认上帝是他以及人民的主人，并全心全意地顺服上帝的意志，遵守他的法律。而国王的统治应当允许人民侍奉上帝并遵守他的法律，也只有在这种情况下，人民才应该服从国王。[③] 第二个契约是上帝与人民之间的契约，其内容是承认人民是上帝的子民，或者说“人民是上帝的圣殿”[④]。既然上帝已经和国王立约，而且实际上已经通过国王和人民立约，那么现在上帝为什么还要再一次和人民立约呢？

莫尔奈关于第二个契约之目的的解释，构成了他政治思想中别具特色的内容。他先是指出上帝绝不会做无用功，而且如果人民没有权利和资格的话，上帝也不会和他们立约。这样就明确了人民可以和统治者一样，有资格与上帝立约。接着莫尔奈巧妙地将上帝与世人的关系解释为私法中债权人与债务人的关系。上帝是在和一群偿还能力不足的债务人订约，为了债权人的利益，他就要

---

① 参见［美］维特：《权利的变革》，149 页。

② ［古罗马］参见布鲁图斯：《论反抗暴君的自由》，见［法］拉博埃西、［古罗马］布鲁图斯：《反暴君论》，曹帅译，刘训练校，南京，译林出版社，2012。该书署名是布鲁图斯，学界通常认为莫尔奈是真正的作者，他是当时胡格诺派首领纳瓦尔的亨利（后来的亨利四世）的一个亲密顾问。但也有人认为作者是莫尔奈的朋友朗盖（Hubert Languet），或者是他们二人合著。相关内容可参见该书中译本说明。

③ 参见［古罗马］布鲁图斯：《论反抗暴君的自由》，见［法］拉博埃西、［古罗马］布鲁图斯：《反暴君论》，137 页。

④ 这是《圣经》里的一个常见说法，例如《哥林多前书》3：16：“岂不知你们是神的殿，神的灵住在你们里头吗？”

让这些债务人共同对债务负有连带责任。连带责任意味着他们既作为个人又作为整体对其总债务承担义务。债权人可以凭他的喜好向任何一个债务人讨还全部债务。在上帝与世人的契约之中，所谓的债务就是后者要遵守上帝的律法，维护纯洁的信仰。莫尔奈和贝扎一样坚信把教会交付给一个人看管是极其危险的："国王站在如此光滑的位置上，以至于极易堕落，为了防止教会跟着他摔跤，上帝就同时把照管教会的责任托付给了人民。"①

这样看来，莫尔奈所说的两个契约可以解释为上帝以同样的契约内容，与国王和全体人民订立了两次契约。因此也可以理解为是同一种契约义务有两个不同的承担者——国王和全体人民，他们彼此之间互相约束。如果人民背弃了他们的上帝而国王竟坐视不理，他就要承担人民的罪行。同样，当国王崇拜偶像，还把这种错误的崇拜强加给人民时，如果人民不阻止他的反叛行为，就是把国王的罪过揽到了自己头上。如果两方中的任何一个疏于维护契约，那么上帝就可以要求其中的任何一方承担全部义务。莫尔奈再一次指出，更大的可能是上帝要求人民而非国王来承担，因为一个人易于逃脱义务而多数人就困难，并且多数人有更多的办法来偿还债务。

按照莫尔奈的论述，法国当下的情况显然就是国王背弃了与上帝的契约（国王就是在这个意义上成了暴君），而人民（此处显然就是指胡格诺派教徒）的反抗就不仅是为了自己的生存，而且是一项神圣的契约义务，一项神圣的宗教责任。而且他们如果不这样做的话，就是和国王一样犯下了违背神圣契约的罪。从贝扎到莫尔奈，很明显可以看出一种在反抗问题上激进程度的增加。贝扎从未将积极反抗解释为一种宗教责任，因为在他的三方契约中，人民虽然对上帝负有义务，却并未和国王之间形成莫尔奈所说的连带责任。不过必须指出的是，莫尔奈并没有直接要求人民自发地积极抵抗暴君，人民还是要接受下级官员的领导。每个个体更不能拿起武器进行反抗。在描绘人民与上帝所订立的契约时，莫尔奈就明确地指出人民是作为一个整体（仿佛整个人民表现为一个人）共同地而非单个地与上帝立约。既然个体本身并不构成契约的一方，那么他就不能自己去进行反抗。

以上部分简单勾勒了加尔文的政治思想的一条发展脉络，它主要思考的是遭受政治统治者残酷压迫的教徒们，是否能够以及如何进行抵抗的问题。这条脉络上的思想家们在回答这个问题时，重点继承和发挥了加尔文那里的契约思

① ［古罗马］布鲁图斯：《论反抗暴君的自由》，见［法］拉博埃西、［古罗马］布鲁图斯：《反暴君论》，154页。

想，将抵抗的问题放在上帝、统治者与人民的契约中进行阐释。他们大体上都认为人民应该在下级官员的领导下进行抵抗，只不过在行为的积极程度上有所不同。

在加尔文政治思想的研究者中，有相当一些人认为这条脉络上的思想家实际上是背离了加尔文最初的教导。斯金纳是其中的代表。他们认为在以霍特曼、贝扎和莫尔奈为代表的反暴君派与加尔文本人之间存在重大的决裂，因为他们开始倡导积极地对国王进行暴力反抗。

对照上一节中加尔文在抵抗问题上的三条结论，唯一的区别似乎只是加尔文将下级官员的抵抗局限于统治者在宗教事务之外的不正义行为。当统治者直接违背上帝的真道时，加尔文要求民众拒绝服从，但并没有要求下级官员和民众进行积极的抵抗。那么从这个意义上来说，反暴君派特别是莫尔奈进行改变的地方，就是将下级官员和民众的抵抗扩展到统治者在宗教事务方面的暴行上。然而在衡量这种改变的重要性和意义时，必须考虑到历史情境的变化和加尔文在政治问题上的审慎态度，才能避免对差异的过分夸大。而且进一步要考虑的是，在统治者的两种不正义行为之间进行严格的区分，本来就十分困难。加尔文及其后继者们，可以轻易将统治者在非宗教事务上的暴行也解释为违背了上帝的律法，例如，统治者残杀和掠夺民众财产的行为，就是违背了十诫中关于不能杀人、不能贪恋他人妻子与财产的要求。①

沃格林在《政治观念史稿》中睿智地指出：“如果不把不抵抗学说隔离开来，如果把它与加尔文神学政治的想象再造联系起来，那么它看上去就像是我们可能期待一个神权统治的信仰者在环境不利的时候所采取的策略。”② 沃格林这里强调的就是将抵抗或不抵抗的问题放到加尔文神学政治思想的整体架构中去考虑，小心区分政治思想本身与具体的行动策略。只有在这个意义上，才能准确理解反暴君派这一脉络的加尔文主义者。

前文关于加尔文教会与政治思想的讨论已经表明，他实际上有一套完整的关于理想教会与理想国家（政体）的看法，甚至在贝扎那里，也可以找到相关的内容。③ 对于加尔文以及贝扎来说，他们既有一套独立的理想图景，又有一

① 参见［美］维特：《权利的变革》，151页。

② ［美］沃格林：《政治观念史稿·卷五：宗教与现代性的兴起》，霍伟岸译，50～51页，上海，华东师范大学出版社，2009。

③ 贝扎在他的另一部主要著作《世俗政府与异端的惩罚》中认为，新教信仰在上帝的帮助下，最终会容纳所有的人和地域，他们被合并为一个新的基督教组织，日内瓦就是这种理想在个别城市和地域得以实现的榜样。相关内容可参见［美］维特：《权利的变革》，145～146页。

套面对不利环境时的行动策略。在理想情况下，他们应该生活在一个政治统治者就是教会成员，教会与世俗政府互相配合与支持的国度之中。对于法国的胡格诺派教徒来说，他们确实处于一种不利的情境，但这并不意味着他们只能做到在面对迫害时进行积极的抵抗。借用沃格林的话来说，这取决于他们想要生活在理想情境中的意愿有多强烈。当然，假如加尔文主义者的政治思想只发展出反暴君派一条脉络的话，那么不管加尔文的政治思想是否还有其他更重要的内容，它与现代政治思想的联系就只剩下抵抗问题这一项内容了。然而，接下来所要考察的就是另一条脉络的加尔文主义者，他们相比法国脉络最大的特征就是更加激进。

三、苏格兰、英格兰加尔文主义者的激进理论

加尔文的神学政治思想除了在欧洲大陆广泛传播之外，也迅速跨过英伦海峡，在英格兰和苏格兰等地产生了巨大的影响。英格兰和苏格兰的很多加尔文主义者都曾经有过被当时的世俗统治者驱逐的经历。其中最著名的就是“血腥玛丽”执政期间被驱逐的那一批，这些人因此在思想史上也被称作“玛丽驱逐者”。他们中的很多人在流亡到欧洲大陆后都去过日内瓦，甚至当面向加尔文请教过神学和政治问题。当玛丽女王在 1558 年下台之后，他们又返回英伦积极推进新教改革事业。这些加尔文教徒对其政治思想的发展呈现出与法国的反暴君派截然不同的特色。

约翰•庞内特（John Ponet）和克里斯托弗•古德曼（Christopher Goodman）都来自英格兰，二人的代表作分别是《政治权力短论》和《最高掌权者应如何服从他们的臣民》。他们所关注的主要也是如何抵抗一个异端国王的问题。但他们在回答这个问题时走上了一条与法国的反暴君派截然不同的道路，即斯金纳所谓的“私法性”的论点。[①] 二人一开始都明确指出，所有的统治者都是受神命来履行某种具体职责的。当一个统治者背弃了他的职责而犯下罪行之时，他们就变得与普通平民一样了。由于他们使用公职赋予他们的权力来侵犯法律，他们已宣告放弃他们的公职权力，所以应该被看作个人，而不是真正的行政长官。民众对他们的抵抗，就不是对政治统治者的抵抗，而是抵抗一个与他们一样的人。古德曼最后得出的结论是：由于在这种情况下统治者与一个犯有重罪的平民并无二致，因此臣民中的任何人都可以

---

① 参见［英］斯金纳：《近代政治思想的基础》，下卷，322 页。

合法地反抗他。[①]

与上述二人相比，地位更为重要的是来自苏格兰的约翰·诺克斯（John Knox）。在凯利看来，“如果说日内瓦在很多方面是加尔文主义在城市国家中最值得尊敬的例子，那么从国家的范畴来看，诺克斯所在的苏格兰比世上任何其他地方都更充分地展现了加尔文主义”[②]。诺克斯对加尔文政治思想最重要的发展是其圣约（covenant）思想。圣约是每个教徒自己与上帝之间所建立的一种神圣关系，在这个关系中，教徒要做的是维护上帝律法的实施。当统治者的命令和行为破坏了上帝的律法时，每一个人都有责任去积极地抵抗。如果他们不这样做的话，就是违背了自己与上帝的圣约。上文提到贝扎和莫尔奈在为胡格诺派的抵抗权辩护时，主要就是继承和发展了一种契约理论。加尔文主义者在行文中经常交替使用契约、圣约等词，并没有特别加以区分。这里必须穿透词汇本身的表象，探查实质内容上的变化。诺克斯的圣约与贝扎和莫尔奈的契约至少有两项关键性的差异：第一，诺克斯的圣约具有更强的个人主义色彩；第二，诺克斯的圣约是可以不断更新的，而不像贝扎和莫尔奈更倾向于强调一种历史中的原初性。

关于第一点，不论是在贝扎的三方契约还是在莫尔奈的双重契约中，人民总是作为一个整体成为立约的一方，单个人并没有资格参与进去。因此，个人也就不能直接抵抗政治统治者，而是要等待下级官员的裁断。但诺克斯早在1554年的《为了避免上帝的审判，对在伦敦等地的虔诚基督徒的训诫和警告》中就在向每个普通信徒呼吁，要求他们每个人都必须领受圣约，也就是保持与圣洁上帝之间的关系，才能避免永恒的诅咒。[③] 贝扎和莫尔奈在谈到契约时，更强调的是上帝、统治者和人民在契约建立的整体结构中，各自所处的位置以及随之而来的权利和义务关系。相反，诺克斯的圣约强调的是个人与上帝之间直接的神圣关系，个人必须做出某些行动来维护与上帝之间的圣洁关系，并以此证明自己是上帝的选民。第二点的差异也就是从这里引申出来的。

关于第二点，贝扎和莫尔奈在谈到契约时，倾向于将契约理解为政治社会建立之初的一项行动。在这一点上，他们显然受到了霍特曼和其他一些宗教色彩更弱而历史色彩更强的学者的影响，例如，倾向于从法国古老的宪政传统中寻找各种证据。但诺克斯所说的圣约的历史色彩要弱得多，甚至他所强调的就

① 参见［英］斯金纳：《近代政治思想的基础》，下卷，332页。

② ［美］凯利：《自由的崛起》，56页。

③ 参见［美］凯利：《自由的崛起》，72页。

是对历史的一种断裂和更新。诺克斯很少谈到苏格兰的宪政传统，而是不断呼吁普通信徒以自己的行动与上帝订立圣约。这种圣约并不诉诸前在的历史经验，它要求的就是与当下情境断裂，例如，背离和对抗那些违背上帝真道的统治者。圣约所建立的是个人与上帝之间的神圣关系，是个人成为上帝选民的标志。

诺克斯用圣约理论来呼吁苏格兰的普通信徒抵抗天主教君主的统治，但是他从未满足于只为加尔文主义者赢得信仰自由，而是要用加尔文主义彻底更新苏格兰的教会与政治体制。经过不懈的努力，终于在 1560 年，由诺克斯亲自负责起草并由苏格兰国会批准的《苏格兰信条》确立了加尔文主义信仰在苏格兰的牢固地位。[①] 诺克斯在苏格兰的继承者是安德鲁·梅尔维尔（Andrew Melville），他的主要努力是发展了加尔文的“两个国度”学说，领导苏格兰建立了长老制教会。梅尔维尔特别强调教会是上帝的国度，唯独基督是教会的头和直接的最高权力。教会与世俗政府的权力只能是平行的，世俗政府的权力只有为“基督的宝座和圣约”所约束，公民自由才能得以保障。

与苏格兰的加尔文主义者相比，他们的英格兰伙伴的宗教改革事业遇到的困难要更大一些。英格兰王权支持下的国教安立甘宗是一个奇怪的混合物，它既接受了路德和加尔文的许多教义，又保留了不少天主教的内容。英格兰的加尔文主义者对这种现状当然是不满意的，他们想要进一步推进宗教改革事业，让教会变得更纯正。因此这些人通常也被称为清教徒（清即纯化、清洁的意思）。约翰·弥尔顿（John Milton）毫无疑问是清教思想家中影响最大的一位，他一生著述广泛，既有《为英国人民申辩》这样的政治檄文，又有《失乐园》《复乐园》这样的华丽诗篇。如果要在他的众多思想中找到一个核心的话，那么维特的这个说法是非常有启发意义的：“弥尔顿认为加尔文主义的核心就是上帝呼召每一个人去做先知、牧师和国王。”[②]

弥尔顿首先牢牢抓住了神学个人主义这个核心。他相信每一个人都是按照上帝的形象被创造出来的，他们在最初的乐园中享有自由。人类由于原罪而堕落之后，更需要上帝的恩典和宽恕才能恢复原初的自由。相比于加尔文常常认为获救的只是人类中的少数，弥尔顿在这方面要更加乐观一些。这一方面可能

---

① 弗朗西斯·莱奥对该信条被批准的方式和含义的解释如下：“第一，信条不是一个世俗政权为教会制定的，而是由苏格兰的新教徒提出，然后得到国会的认可和允准的。世俗政权不是主导者，也无权决定一项独立于它之外的体制。第二，信条也不是当前的苏格兰教会的信仰告白，或是由教会的审议会提出和颁布的。这是苏格兰的全体新教徒，通过国会所宣告的信仰。它不是由建制化的教会提出的，因此也不是任何一间教会可以否定的。”参见［美］凯利：《自由的崛起》，78 页。

② ［美］维特：《权利的变革》，260 页。

是出于宣传和鼓动的需要，另一方面也可能是弥尔顿受到阿明尼乌主义[①]的影响，认为上帝的恩典是赐予所有人的，而能否真的得救则在一定程度上取决于个人的选择。因此弥尔顿相信每个人都有接受正确信仰的能力，例如，他相信每个英格兰的男人和女人都有阅读和理解《圣经》的能力，只要他们摆脱教会和世俗政府所设置的各种障碍。弥尔顿关于言论和出版自由的著名辩护，其出发点也正是在于他相信每个人都有获取和接受真理的能力。

弥尔顿随后将这种更为激进的个人主义推进到了教会和国家之中。他对英格兰的国教体制进行了强烈的批评，批评他们像罗马天主教一样剥夺了基督徒的自由。与加尔文一样，弥尔顿要求教会的神职人员必须由会众选举产生。在弥尔顿看来，英格兰宗教改革的驱动力量不仅是教会的圣职人员或者世俗官员，也不仅是学者或者贵族，所有普通平民也同样都是改革者。弥尔顿比加尔文更进一步的地方在于他对国家教会的反对，最终走向了自由团契的结论。他认为教会就是志趣相同的信徒们经过一致同意而建立，他们心甘情愿地加入到一个团体契约中来。世俗政府同样是通过契约建立起来的，目的是在共同体中维系和平与秩序。政府官员必须由民众选举产生，而且民众随时可以撤换或驱逐这些被选举出来的官员。在扎克特看来，弥尔顿的这种看法已经彻底突破了反抗权的范围，“更成了一种初生的或神秘的超越政体的共和主义，即只要人民认为对他们是有益的，无论是什么理由，他们都有权改变自己的政府”[②]。可见，教会和国家，本质上都是由这种被上帝呼召成为“先知、牧师和国王”的个人组成的社团。对于这些自由的个人来说，统治权只能建立在同意的基础上。任何不是建立在同意基础上的统治权，都很容易被攻击为一种偶像崇拜，破坏了人与上帝之间的正确联系。

总之，弥尔顿强调上帝创造的每个人都带有他的形象，也都受到上帝的普遍呼召，这种说法从理论上进一步提高了个人的地位。他突破了加尔文所设定的信徒范围，把个人主义的分析视角扩展到了上帝创造的每一个人。这种对于

---

① 阿明尼乌主义（Arminianism）是荷兰改革宗神学家阿明尼乌（Jacobus Arminius）的学说。该说集中体现在其继承者埃比斯科比乌（Simon Episcopius）主持制定的荷兰抗议派《五条款》中。该说不同意加尔文的绝对预定论，认为上帝“预知”，而非“预定”最后谁将得救，谁将沉沦。认为得救要靠基督的恩宠，但亦取决于各人的自由选择，视其是否愿意接受救赎而“改恶从善”；因而在这一点上更接近于路德对“信心”的重视而远离加尔文对“预定”的重视。参见丁光训、金鲁贤主编：《基督教大辞典》，“阿明尼乌主义”词条，上海，上海辞书出版社，2010。

② ［美］扎克特：《自然权利与新共和主义》，王岽兴译，105页，长春，吉林出版集团有限责任公司，2008。译文有改动。

每个人的良知、理性以及接受真理的能力的乐观态度，也反映和推动着现实中个人的成长。

弥尔顿另一个颇有影响的看法就是他强烈地预感到英格兰的历史将进入一个新的时代，英格兰将成为一个伟大的新耶路撒冷。他号召英国的清教徒，用加尔文主义的原则来彻底改造英国的教会与政府，建设一个像日内瓦一样的模范国家。后来的一部分清教徒认为在英格兰无法实现自己的理想，前往美洲大陆寻求建设新英格兰。早期殖民地的领袖温思罗普（John Winthrop）在一次演讲中提到："人们会说到那后来的殖民地：主叫它像新英格兰一样；因为我们必须知道我们将是一座山巅之城，所有人的眼睛都在注视我们。"① 在那以后，受加尔文主义的影响，按照各种圣约模式组织起来的殖民据点在美洲大陆上建立了起来，构成了现代美国政治思想和文化最重要的来源。当托克维尔（Tocqueville）考察完美国政治时，就发现了清教教义对美国早期殖民地政治的影响。他敏锐地发现"清教的教义不仅是一种宗教学说，而且在许多方面掺有极为绝对的民主和共和理论"②。

加尔文的政治思想在这条脉络上的发展，或者说这条脉络上的加尔文主义者与加尔文本人的政治思想之间是什么关系呢？他们是否存在关键性的断裂或突变呢？例如，学者格里夫斯就认为诺克斯的政治思想与加尔文的背道而驰，他认为诺克斯的创新就在于将宗教意义上的圣约或盟约观念移植到了政治领域。③ 从前文关于加尔文政治思想的分析来看，格里夫斯的理由是站不住脚的。加尔文的教会思想与政治思想有高度的一致性，其背后原因就是他把两者都建立在一种神学个人主义的基础之上。圣约、盟约或者说契约只不过是这些构成教会与国家的个体，在组建教会与世俗政府时，表达他们之合意的具体形式而已。加尔文本人就已经将宗教领域的个人主义移植到了政治领域之中，诺克斯在这一点上并没有和加尔文背道而驰。

不过，诺克斯、梅尔维尔以及弥尔顿确实在一些地方提出了不同于加尔文本人的看法。例如在政教关系方面，诺克斯和梅尔维尔要比加尔文更加强调教会与世俗政府二者的分离。他们并不像加尔文一样经常谈到教会与世俗政府之间的互相支持与合作，而是更加警惕世俗政府牵涉宗教事务时可能对教会自治

---

① 转引自 Francis J. Bremer, *John Winthrop: America's Forgotten Founding Father*, Oxford: Oxford University Press, 2003, p. 173。

② ［法］托克维尔：《论美国的民主》，上卷，董果良译，38 页，北京，商务印书馆，1988。

③ 参见［美］凯利：《自由的崛起》，76 页。

造成的破坏。当然，并不是说他们在这一点上完全与加尔文对立，因为他们也要求世俗政府对宗教异端进行惩罚。相比之下，弥尔顿确实在一些方面背离了加尔文本人的教导，如他对统一的国教体制的批判和对多元、自治的自由团契的支持。然而，这种差异在很大程度上是因为他们对于真正基督徒数量的不同判断。加尔文比较悲观地认为真正的基督徒永远是非常少的，所以必须有更加统一和纪律性更强的教会来约束会众，才能维持教会的秩序。显然，弥尔顿要比加尔文更加乐观。弥尔顿并不是反对大教会本身，而是倾向于众多自治的地方性小教会自发结合成大的教会。总之，弥尔顿的看法更加彻底地贯彻了教会组织上的个人主义逻辑，加尔文则更多考虑到现实的限制。

其实除了以上这些方面之外，很多学者主要还是强调这些加尔文主义者的激进特征和加尔文本人的保守态度不相符合，他们认为这里肯定存在着关键性的断裂。在评价这种观点时，有必要回到前文关于上一条脉络的加尔文主义者的分析。当时我们指出，如果不将抵抗问题从加尔文的政治神学中割裂出来，就不会觉得以贝扎和莫尔奈为代表的反暴君派与加尔文之间存在重大的断裂。加尔文有一套关于教会和世俗政府的理想图景，抵抗问题与理想图景相比只是一种具体情境下的政治行动。对于以怎样一种态度和策略去实现理想图景，不同的加尔文主义者会做出不同的选择。显然加尔文本人以及贝扎、莫尔奈等人要更加审慎一些。而相比之下，诺克斯、弥尔顿等人要更加激进一些。但诺克斯和弥尔顿激进追求的理想图景本身，却正是直接来源于加尔文本人的描述。无论是诺克斯关于每个人为了自己的成圣而必须做出选择的圣约理论，还是弥尔顿要在每一个人都是“先知、牧师和国王”的前提下构建教会与国家的理论，都并未超出加尔文本人的论述范围。

罗纳德·博尔曾经使用了一句巧妙的西谚来解释加尔文独特的政治态度——“装在帽子里的猫”（cat in hat）。[①] 猫可以在帽子里面尽情玩闹，但是每当它想要跳出来捣乱时，主人就会把它按回到帽子之内。这里，加尔文关于教会和世俗政府的理想图景就是这只充满巨大潜在破坏力的“猫”。诺克斯、弥尔顿与加尔文的区别就是后者小心翼翼地将“猫”控制在“帽子”之内，而前两人却把它彻底释放了出来。进一步来说，正是因为诺克斯和弥尔顿将“猫”释放了出来，才让我们能够更加清楚地认识它的性质；而当它被困在“帽子”里时，就很容易错过它的很多特征。

---

① See Roland Boer, *Political Grace: The Revolutionary Theology of John Calvin*, Westminster: John Knox Press, 2009, p. 3.

例如，在贝扎和莫尔奈的脉络之中，加尔文政治思想的个人主义特征就被遮蔽起来了。他们在谈到契约的建立时，都是将民众整体作为立约的一方，而坚决否认个体的资格。在他们的论述中，每个普通公民不能自发地积极抵抗暴君，而是必须等待下级官员的裁断。在诺克斯和弥尔顿这里，他们的激进态度反倒更加凸显了加尔文政治思想的个人主义特征。诺克斯激进的圣约理论呼吁每个人为了自己的成圣或毁灭而必须做出选择；弥尔顿也是要在每一个人都是“先知、牧师和国王”的前提下构建教会与国家的理论；北美的清教徒们同样是为了每个人自己的成圣而寻求建立山巅之城。

从以上分析来看，不论是评价加尔文本人的政治思想，还是评价后来不同脉络的加尔文主义者对其的继承与发展，都必须小心地区分其政治思想的理论内核与他们面对具体政治现实时给出的行动策略。行动策略可能会随着不同的环境而发生变化，但是理论内核的一致性才真正决定了它们之间的影响和继承关系。法国的加尔文主义者更多继承的是加尔文政治思想中一些外围的具体主张，如下级官员的反抗权以及政治契约等；相比之下，苏格兰和英格兰的加尔文主义者则更多地继承了加尔文政治思想的理论内核，他们想要实现理想政治的激进态度，最终都是诉诸个人的成圣要求。所以，并不是说前一条脉络和加尔文一样在政治问题上更加审慎，就意味着他们才是加尔文政治思想的真正传人；也并不是说后一条脉络过于激进的特征标志着他们与加尔文本人背道而驰。

结　语

在中世纪教会历史上虽然有很多反对教会和教皇权力的努力，但都无法和路德开启的宗教改革运动相比。因为路德的“因信称义”学说从根本上瓦解了教会主张其精神权力的神学理论基础，“平信徒皆为祭司”的原则又进而颠覆了教会内部的教阶等级体制。路德宣称自己是为了恢复基督徒原本的自由，在精神事务上信徒只对上帝负责，这背后就是神学个人主义的复兴。但是在处理这种个人主义与政治之间的关系时，路德和再洗礼派的做法都陷入了困境。路德坚持福音与律法的对立，将神学个人主义严格限定在不可见教会之中，可见教会和世俗政府没有受到这种个人主义的冲击，可见教会和世俗政府的组织形式被交给世俗统治者自己来决定。所以路德创造了一种没有教会相抗衡的世俗政府，他所做的只是劝诫基督教君主和官员按照基督教的方式来行事，却没有给出系统的政治学说。再洗礼派的做法是取消政治生活以及有形教会的合法性，直接以不可见教会的原则来取代整个社会。

相比之下，加尔文不是直接用神学个人主义基础上的不可见教会来取代可见教会与世俗政府，而是在肯定可见教会与世俗政府存在之必要性的前提下，用一种此世化的神学个人主义来构建它们。上帝建立可见教会是为了维护信徒之间的秩序，并且激励它们的成圣。上帝建立世俗政府的目的也是维护信徒之间以及信徒与非信徒之间的秩序，同时利用世俗的惩戒手段来促进信徒的成圣。世俗政府是为了信徒个人建立的，信徒个人要改造政府，使它恢复正确的目的。信徒个人自己可以判断政府是否符合了这个目的，世俗政府的掌权者即世俗官员，必须由全体信徒选举产生。这是一种系统的个人主义政治学说，它涵盖了世俗政府的各个方面，是围绕着信徒个人建立的。加尔文高出新教同辈的地方，在于他想要恢复政治上的平衡。他试图以个人为基础构建教会和世俗政府，从内部约束二者的权力并让它们互相制约。因此，加尔文政治思想的本质可以概括为一种系统的神学个人主义政治学，或者说神学个人主义基础上的建构主义政治学。

何　涛

参考文献

原典：

路德选集．徐庆誉，汤兴等，译．北京：宗教文化出版社，2010.

加尔文．基督教要义．钱曜诚，译．北京：三联书店，2010.

加尔文．罗马书注释．赵中辉，宋华忠，译．北京：华夏出版社，2011.

Luther，M. Selections from His Writings. J. Dilenberger，ed. New York：Anchor，1958.

Calvin，J. Institutes of the Christian Religion：vol. 2. J. T. McNeil，ed. F. L. Battles，trans. Philadelphia：Library of Christian Classics，1960.

Calvin，J. Commentaries：vol. 22. Grand Rapids：Christian Classics Ethereal Library，1981.

重要研究文献：

Hancock，R. C. Calvin and the Foundations of Modern Politics. Ithaca：Cornell University Press，1989.

Höpfl，H. The Christian Polity of John Calvin. Cambridge：Cambridge University Press，1982.

Sanders，T. G. The Protestant Concepts of Church and State：Historical Background and Approaches for the Future. New York：Holt，Rinehart and Winston Press，1964.

Stevenson，W. R. Sovereign Grace：The Place and Significance of Christian Freedom in John Calvin's Political Thought. New York：Oxford University Press，1999.

Troeltsch，E. The Social Teaching of the Christian Churches：vol. 2. Olive Wyon，trans. New York：Macmillan Press，1960.

VanDrunen，D. Natural Law and the Two Kingdoms：A Study in the Development of Reformed Social Thought. Grand Rapids：Eerdmans，2010.

Walzer，M. The Revolution of the Saints：A Study in the Origins of Radical Politics. Cambridge：Harvard University Press，1965.

Witte，J.，Jr. Moderate Religious Liberty in the Theology of John Calvin. Cambridge：Cambridge University Press，2005.

索 引

C

D

F

G

解开语文阅读的“金钥匙”

张晓惠作品阅读训练

提分策略　答题技巧

张晓惠　著

非卖品

目　录

哭泣的圆明园

（1）一直以为，圆明园是哭泣的。八国联军蹂躏着她的肌体，摧毁着她的骨骼；冲天大火燃烧的是一个民族的自尊。一百多年的疼痛如那西洋楼的残壁断垣穿越百年的风雨永远存在——伫立在那西洋楼大水法的遗址前，我无法不感受圆明园的疼痛，感受一个民族的屈辱和疼痛，是那种切肤的痛。

（2）是十年前，去的圆明园。没有人愿去，说是那么远，又没啥看的。我说我肯定要去。

（3）是阴凄凄的天，是冷嗖嗖的细雨，和着秋风如刀子一般刮在脸上。沿着浩淼的湖水，我走啊走的，不见一个人影儿。最后，终于走到了那大水法遗址——尽管多少次从图片上，从教科书中见过这遗址的照片。可当我立在苍苍的天空下，真实地面对着这一片一地一旷野的石块时，仍感到那来自心底的震撼！依旧华美——我抚摸着那冰冰凉凉的玉石纹理；依旧精致——那欧式的曲线流畅又不羁；依旧贵族——断碎的罗马石柱在苍天下笔直出一派伟岸和傲然。后来我就流泪了，好在周围没人，我没带相机，但那些石块、石柱、石雕连同那灰苍苍的天空一起烙在了脑海，成为心房上一幅永不磨灭的壁画。

(4) 十年后的今日，我说再去圆明园。对我来说，去圆明园是一种凭吊，一种拜谒，甚至是一种提醒。说出这些我不怕别人说我矫情，我就是这样想的。

(5) 进了圆明园，才发现今非昔比。十年前的清寂不复存在，曾经寂静的圆明园一片喧嚣。柳绿桃红藤紫，满目春色也罢，昔日皇族的休闲园址，也该平常百姓流连赏目。门票从五角涨到二十五元也罢，这遗址，这偌大的园子要人管理，也得养活自己。装饰华丽的人力车左右缠着：去福海？去绮春园？就十元，拉您去西洋楼，谢了您哪！谢了您哪！我说，我就是想自个儿走.

(6) 往前，沿着湖边再往前，穿过紫藤架，右拐，是了，是遗址，大水法遗址。

(7) 想不到的是西洋楼遗址这儿，竟也有这许多的人！一群系着红领巾的孩子尖叫着互掷着石子；一群看来是高中生或是中专生的少男少女，咬着冰棍儿，在海宴堂遗址前高声唱着“对面的女孩走过来走过来”；几位看上去似干部样的人笑眯眯地摆好阵势在镌刻着“圆明园”字样的大理石碑前照相，那捧着相机的说：笑！笑啊！这群人就腆着发福的肚皮蠢蠢地笑了。在大水法遗址前，在哭泣的五根大罗马柱那儿，一对情侣旁若无人地拥抱亲吻!?

（8）刹那，我有点儿不知所措。亲吻，示爱，干嘛到这大水法遗址面前呢？在这样残破颓败的乱石间，怎么笑得出来？要唱歌，蛮好去那桃红柳绿的绮春园、长春园或是泛舟福海啊！看着这群在破碎的石块遗址前欢笑的老老少少，仰首凝视那高高而破残的罗马柱，眼眶和心口就都隐隐地疼起来。历史呢？耻辱呢？血性呢？

（9）前些年，曾经围绕这圆明园需不需要重建有过争论，结果是理智的人们理解了废墟的价值，尊重了历史留给我们残酷的真实，这片废墟留下了。当时，我是为留下拍案叫好。可今日见到这么多在废墟上在遗址前欢笑嘻闹的人，我有点怀疑留下的必要了，在经过那么多岁月之后，眼前这般断壁残垣，还能提醒人们对一个多世纪前那场噩梦的记忆，那场中华民族的灾难与奇耻大辱？

（10）天阴了，一阵沙尘扑面而来，豆大的雨点砸了下来，劈头劈脸。欢笑的人直往外冲。剩下我一人，静静地，在洁白的石块上坐下，对着这大水法遗址，对着这华美残破的罗马石柱，和苍天，和这些断壁残垣一起落泪哭泣……

阅读理解

1. 请简要分析文中第（3）段令作者心底“震撼”的原因。(4 分)

2. 作者在提到两次去圆明园的经历时都谈到了“流泪”

这一细节。试分析两次流泪所蕴含的思想情感。(6分)

3. 简要回答作者多次写老老少少欢笑嬉闹的场面的目的是什么。(4分)

4. 从表达技巧和内涵的角度简析标题“哭泣的圆明园”的含义。(6分)

参考答案及解析

1. 作者记忆中的圆明园残垣断壁的情状。(1分)如今,面对依旧华美、依旧精致、依旧贵族的圆明园(1分),作者为它的伟岸和傲然、流畅又不羁而感慨万千。(2分)

2. 第一次流泪表现了作者为圆明园遭受浩劫的伤痛,为民族耻辱的历史而感到悲伤;(3分)第二次流泪表现了作者对人们的精神匮乏的一种无奈,对人们不理解废墟价值的一种愤怒与悲哀。(3分)

3. 一是为了与哭泣的圆明园形成鲜明对比,对人们不知道这里曾经有过的民族屈辱而感到遗憾;(2分)二是作者十年前与十年后两次参观圆明园的经历也形成了一种对比,两相比较,作者更痛心人们对历史的遗忘。(2分)

4. 标题运用拟人修辞手法,既形象地说明了过去的历史带给圆明园的疼痛和耻辱,(2分)也暗示出对现实中的人们忘记历史而感到悲哀。(2分)历史上,圆明园曾惨遭八国联军蹂躏、摧残、焚毁,这是民族的耻辱。因此,圆明园是哭

泣的。今天，一些国人忘记了历史，无视民族的耻辱，民族感情的麻木。因此，圆明园是哭泣的。(具体分析2分)

解析1. 试题分析："仍感到那来自心底的震撼"是本段的中心句，同时又是本段中承上启下的句了，所以归纳概括出上下文的中心即可。"可当我立在苍苍的天空下，真实地面对着这一片一地一旷野的石块时"可概括出第一点。"依旧华美……依旧精致……依旧贵族……后来我就流泪了……"，由此可概括出第二点。

考点：分析作品结构，概括作品主题。能力层级为分析综合C。

解析2. 试题分析："八国联军蹂躏着她的肌体，摧毁着她的骨骼；冲天大火燃烧的是一个民族的自尊。一百多年的疼痛如那西洋楼的残垣断壁穿越百年的风雨永远存在——伫立在那西洋楼大水法的遗址前，我无法不感受圆明园的疼痛，感受一个民族的屈辱和疼痛，是那种切肤的痛。……后来我就流泪了"，由此可概括出第一次流泪的原因。"亲吻，示爱，干嘛到这大水法遗址面前呢？……历史呢？耻辱呢？血性呢？……眼前这般断壁残垣，还能提醒人们对一个多世纪前那场噩梦的记忆，那场中华民族的灾难与奇耻大辱？……对着这大水法遗址，对着这华美残破的罗马石柱，和苍天，和这些断壁残垣一起落泪哭泣……"，可概括出第二次流泪的原因。

考点：对作品表现出来的价值判断和审美取向作出评价。能力层级为鉴赏评价 D。

解析 3. 试题分析："亲吻，示爱，干嘛到这大水法遗址面前呢？在这样残破颓败的乱石间，怎么笑得出来？要唱歌，蛮好去那桃红柳绿的绮春园、长春园或是泛舟福海啊！看着这群在破碎的石块遗址前欢笑的老老少少，仰首凝视那高高而破残的罗马柱，眼眶和心口就都隐隐地疼起来。历史呢？耻辱呢？血性呢？""可今日见到这么多在废墟上在遗址前欢笑嘻闹的人，我有点怀疑留下的必要了，在经过那么多岁月之后，眼前这般断壁残垣，还能提醒人们对一个多世纪前那场噩梦的记忆，那场中华民族的灾难与奇耻大辱？"由此可归纳出答案的要点。

考点：探讨作者的创作背景和创作意图。能力层级为探究 F。

解析 4. 试题分析：本题的重点在于理解"哭泣"在文中的含义。历史上，圆明园曾惨遭八国联军蹂躏、摧残、焚毁，这是民族的耻辱。因此，圆明园是哭泣的。今天，一些国人忘记了历史，无视民族的耻辱，民族感情的麻木。因此，圆明园是哭泣的。修辞手法是拟人。

考点：从不同的角度和层面发掘作品的意蕴、民族心理和人文精神。

诗意的栖居（节选）

（1）我是个疏于跑街的人，可一日上街却惊异地发现，小城那古香密集的一块地方已夷为平地。那几条有着很好听很书卷气很古雅名字的小巷将她苍白破败的面庞无奈地向着夏日的太阳。

（2）曾在淅淅沥沥的小雨中寻访、叩问过小巷。这三四米宽的小巷，纵横交错如网络，幽静深邃若清谷。是青砖是黛瓦是粉墙，有黑黑亮亮写满沧桑的旧式木排门，有斑驳如枚枚古钱暗绿色的苔藓，还有不知经历了多少朝代黄了又青、青了又黄却仍在小院墙头上在四季风雨中摇曳出一派袅娜的城市中已经罕见的狗尾巴草。那曾经在小院中探出满面明媚粉红的老桃树呢？那曾经吸引着无数的孩子目光到夏日就结满了瞪黄瞪黄果儿的大杏树呢？那排列整齐、纹理清晰有如图书馆书列的小巷墙壁上那密密的小青砖呢？抚摸着他们曾经想，若是这秦砖汉瓦有记忆的话，怕是要讲出若干鲜明诡谲的过往人事，随便抽出一块哪怕是缺损的，怕也写满了唐诗宋词吧！这座小城毕竟是有着两千多年历史的古城呢。在有月亮或是没有月亮的却布满星星的夜晚，在小巷的石板路上走走，很容易就走进了千百年的历史走近了悠悠的岁月。

（3）小时候，住在机关大院的我们是多么地钦羡住在这些小巷的同学啊，每家有院子，院子里有天井有大树，我有一个女同学家中甚至是三进的院落，足够我们捉迷藏打游击了。到了端午、七夕、中秋这些节日，小巷深院就更呈现出她诱人的风情：垂在门边上的是绿绿的苦艾，飘在门楣上的是红红的带穗的喜迎，粽子的清香在风中送出老远，院子里的小方桌上还有面捏的小白兔是红豆做的眼睛，还有金黄黄的藕饼肥硕硕的老菱……

（4）而这一切都成了“曾经”，我的眼前是一块空地，那呈现或是隐藏着小城历史的砖瓦墙壁带着两千多年记忆缄默不语，烈日中一群人聚集在那儿正在将哪家大院拆下来的雕梁画栋论斤处理。一旧句涌上心头：断碣残碑，只赢得，几杵疏钟，半江渔火，两行秋雁，一枕清霜……可这儿连半点“渔火”也未曾留下，风乍起，这秋霜再也找不到它多年的栖身之所了。还有秋雁春燕。

（5）诚然，日子是向前走的，旧的不去新的不来。问了几个人，都说是古巷这块要进行旧城改造，造成何样不得而知。

（6）不得而知。海德格尔呼吁的“诗意的栖居”又顽固地盘桓在心头，想想这么一座始于西汉的小城，曾经走过范仲淹、行过施耐庵脚步的古巷，回荡着唐诗宋词吟哦声的这块土地，都是清一色的钢筋水泥火柴盒子——小巷树影婆娑间的月色与阳台上那一览无余的月光毕竟有着不一样的质感。没有了“明月松间照”之类的意境，即使都是星级的宾馆，活着也少了许多意味。

（7）现代华丽是美，古朴典雅也是美。改造与发展是为了过上更好的日子，我是那么衷心地期盼着古典与新潮在我热爱的这块土地上融合，期盼着历史与人文有机的嬗接与链接——哪怕是留一条秦砖汉瓦的古巷或是建筑出有民族特色保留古民居韵味的住宅。让古巷的清丽月色与广场的七彩霓虹高楼的泛光灯交相辉映，让生活在电脑网络、信息公里上忙碌的人们仍然可以看见星空月色听得春雨的淅沥嗅得冬雪的甘甜。拥有厚重深沉的文化根基，感受历史、传统和古典的优美，才能在享有现代物质生活的同时在精神的家园中“诗意的栖居”。

阅读理解

1. 文章写眼前的古巷“无奈地向着夏日的太阳”、“带着两千多年记忆缄默不语”，体现了作者怎样的心情？（4 分）

2. （2）、（3）两段分别写了小巷的哪些方面？这些内容在文章中起什么作用？（4 分）

3. 第（4）段中“烈日中一群人聚集在那儿正在将哪家

大院拆下来的雕梁画栋论斤处理”这句话可否省去？为什么？（4分）

4. 你认为《诗意的栖居》这篇文章的写作意图是什么？（6分）

参考答案及解析

1. 对失去传统的无奈、无助和惆怅

2. 第（2）段是雨中叩访小巷的所见所感，借以写其悠久的历史。第（3）段回忆小时候小巷的游戏和节日风情，表达对小巷的留恋。这两段让人为失去古朴典雅的诗意的栖居而惋惜，为下文的议论作铺垫。

3. 不能。与前句形成强烈的对比，写出众人对待历史、文化的麻木无知，发人深思。

4. 文章告诉我们，现代化不能以丢失自己的传统文化作为代价，丰富的物质生活和诗意的精神生活的完美结合，才是我们的最高追求。

解析 1. 本题考查“概括作者在文中的观点态度”考点，能力层次为C，侧重“分析综合”能力的考查。要求理解作者在文中所表明的观点、态度，能进行正确的分析、归纳。

解析 2. 本题考查“鉴赏作品的形象，语言、表达技巧”考点，能力层次为E，侧重“鉴赏评价”能力的考查。

解析 3. 本题考查“理解文中重要句子的含意”考点，能力层次为 B，侧重“理解”能力的考查。

解析 4. 本题考查“对作品进行个性化阅读和有创意的解读”考点，能力层次为 F，侧重“探究”能力的考查。这是一道探究题。答题之前，先对作品有充分的了解和准确的把握。面对一篇陌生的文学作品，要善于抓住关键语句，厘清全文脉络，明白作品所表达的主题，对全文有一个整体认识和把握。具体答题时，还要切忌脱离文本，想当然地去套用鉴赏术语，避免空洞抽象的泛泛而谈或不着边际的任意罗列，更不能根据个人的主观喜好冠作隧意的褒贬。本题可以从客观与主观两方面去思考。

瓢城古韵

（1）小雨淅沥，不要雨伞，不邀友伴，拂着如许的春风，静静悠悠地穿行在我们这座小城的老巷中。一条条老巷纵横交错如网络，幽静深邃似清谷。走进小巷，多半是为了这些小巷古朴而又儒雅的巷名：浠沧、集仙、板桥、文曲、纯化、儒学……

（2）从热闹的剧场路东西分别岔进，有数条小巷，这些三四米宽的小巷，两侧均是黛瓦青砖粉墙，人、车稀少，踏进这些静幽的小巷，就仿佛跨进了历史，踏进了流淌的岁月之河。有一些颓破的围墙上，摇曳着几株城市里罕见的狗尾巴草，旧式的木排门扣得紧紧的，门楣上垂着绿绿的苦艾，墙根暗绿的苔藓斑驳如枚枚古钱，向过往的行人诉说着小巷曾有的故事。任思绪随眼前的苦艾啊、苔藓啊、狗尾巴草流淌，一时就有些恍惚：这一条条古巷，哪一块石板上曾留下建安七子陈琳的足迹，哪一扇木门承接过施耐庵先生的叩击？小巷不语，春风不语，只有紧闭着的院门后传出一阵嬉笑声，一树粉白粉白的繁花从围墙内茂盛出一派明媚，是桃？是李？

真想去叩一下那历经百年黑亮亮的木门，那来开门的是千年前扎抓髻的童子还是身着罗衫的丽娘？

（3）小巷两边的墙壁由无数的小青砖砌成，纹理整齐有如图书馆的书列，随便抽出一块，怕也是一本泛黄的线装书吧，这书上一定写满了繁体字，是唐诗宋词还是古乐府诗？“先天下之忧而忧，后天下之乐而乐”，春风春雨中，似听得范仲淹先生的吟哦，细若游丝又振聋发聩，这扑面而来的是宋朝的风还是明朝的雨？

（4）踩着百年的青砖路，抚着千年的汉代瓦，走着思着，一抬头，已到了清初著名书法家、爱国诗人宋曹（号射陵）先生的故居。进得门来，宋曹先生手执书卷，傲傲地立在玲珑古雅的庭院。先生当年读书谈艺的“蔬枰草堂”还在，先生挥毫舞墨的“流觞池”还在，会秋堂、桐引楼还在。小小的庭院雕梁画栋，抱水拥竹，奇石嶙峋，曲折有致。说是宋曹先生多次拒绝了做官，是在哪间屋檐下先生一次又一次冷落着朝廷的征召？自号“耕海潜夫”的射陵先生不语，只用深邃的眼神注视着红尘中来来往往的人们。

（5）顺着儒学街往南走，不多远右拐弯，就是南宋丞相陆秀夫的故居了。陆公祠不大，却是修葺得好。日寇的炮火，“文革”的动乱，小城人一直全心全意护佑着民族英雄的故居。仰止堂、浩然堂，简朴大气，空灵风雅。忠烈公陆秀夫的塑像屹立浩然堂间，七百多年前负幼帝（幼帝指南宋皇帝赵器）从容投海与国家共存亡的壮烈之举早已幻化成故乡人民心中永远的彩虹。祠内团团的绿树如烟弥漫，坪间的小花黄的、蓝的、白的素素地绽放。一枚完全风干了的柳叶盘旋飘落在大门外的石狮边上，在春阳里金亮亮的，泛溢出生命完全的辉煌，一如仰止堂上遒劲的“千载孤忠”四个大字，一如这祠间气节凛然不可侵犯的主人，在小城人的心中。散发着凝固又缕缕不绝的清香。

（6）小城的四周都是水，串场、蟒蛇、小牙河。俯瞰去，小城恰似一只倒扣在水中的瓢，因而小城又有瓢城之称。有了水，也就有了死心塌地的守护者——桥。北有北闸东有建军，南有南门桥西有登瀛。站在登瀛桥上，古传说中的八景之一“登瀛远眺”中的“红杏青帘柳外城”之景色，由于近年来日新月异的建设，已不复存在。只有桥下二千一百多年的串场河水日夜奔流不息。汽笛声声拉起，就在这千年古城泛起遍地新绿，小城更加波光潋滟，风雅灵动起来。

阅读理解：

1. 作者为什么说“踏进这些静幽的小巷，就仿佛跨进了历史，踏进了流淌的岁月之河”？(3 分)

2. 本文作者巧用问句传递出怎样的情感？试举一例分析。(3 分)

3. 揣摩并理解下列加点词语在文中的含义。(4 分)

①“先天下之忧而忧，后天下之乐而乐”，春风春雨中，似听得范仲淹先生的吟哦，细若游丝又振聋发聩。

②一枚完全风干了的柳叶盘旋飘落在大门外的石狮边上，在春阳里金亮亮的，泛溢出生命完全的辉煌，一如仰止堂上遒劲的“千载孤忠”四个大字，一如这祠间气节凛然不可侵犯的主人，在小城人的心中，散发着凝固又缕缕不绝的清香。

4. 本文语言很有特色，请从修辞的角度选择你喜欢的句子作简要赏析。(4 分)

5. 结合全文，就文章最后一段中画波浪线的句子，谈谈你得到的启示并阐明理由。(4 分)

参考答案：

1. 作者行中思，思中行，小巷那深厚的文化底蕴、独特的历史氛围、古色古香的建筑、儒雅灵秀的巷名，甚至那颓破的墙壁、斑驳的苔藓、迎风摇摆的狗尾巴草、旧式的木排门等，无一不把作者的思绪拉回千百年前，“就仿佛跨进了历史，踏进了流淌的岁月之河。”

2. 例句：“这一条条古巷，哪一块石板上曾留下建安七子陈琳的足迹，哪一扇木门承接过施耐庵先生的叩击?”此处问句并非求证答案，作者在探寻和瞻仰建安七子陈琳、施耐庵先生的过程中，抒发了对他们的追念、敬仰之情和对瓢城眷恋热爱的悠悠情思。

3. ①“振聋发聩”写出了范仲淹“先天下之忧而忧，后天下之乐而乐”的忧国忧民的高尚情操对后世的巨大警醒作用。②“缕缕不绝”写出了那种凛然的气节、忠贞的精神对后世潜移默化的影响。这种影响世代传承，经久不息。

4. 例句：“门楣上垂着绿绿的苦艾，墙根暗绿的苔藓斑驳如枚枚古钱，向过往的行人诉说着小巷曾有的故事。”赏析：运用了拟人的修辞手法，赋予“苦艾”“苔藓”以人的情感，细腻生动地写出了小巷古韵，富有情趣。

例句：“小巷两边的墙壁由无数的小青砖砌成.，纹理整齐有如图书馆的书列，随便抽出一块，怕也是一本泛黄的线装书吧，这书上一定写满了繁体字，是唐诗宋词还是古乐府诗?”

赏析：运用比喻的修辞手法，把小青砖比喻成泛黄的线装书，形象生动地写出了古城小巷的悠久历史及文化韵味，表达了作者对瓢城深厚文化底蕴的赞美。

5. 启示：保护城市历史遗迹，让城市古韵永存。

理由：由于日新月异的建设让瓢城“登瀛远眺”中“红杏青帘柳外城”的美景不复存在，若不再珍视，甚至人为破坏，城市将失去宝贵的历史财富和悠悠古韵。

滩涂盐蒿

（1）萌生于滩涂，繁衍于滩涂，翠绿于滩涂，燃烧于滩涂！这就是滩涂骄子——盐蒿。

（2）春日的盐蒿是广寂滩涂最鲜活丰满的生命。春风一波一波拂过，小小的盐蒿就争先恐后地探头探脑，染绿了苍茫的滩涂。风儿从滩涂阵阵拂过，盐蒿的叶儿芽儿颤颤摇摇、晶莹碧绿，亮亮的露珠与盐蒿子就一起在滩涂欣然起舞，舞出一派明媚、舞出无上喜悦。

（3）秋日的盐蒿则将滩涂装扮成天地之间一幅巨大壮美的图画。秋风起海风吹，茫茫的大海与万顷湿地间涌现的是意想不到的红，好似上苍打翻了颜料缸，瞬间将天地间泼染得通红，而且红得那么正，红得那么生机勃勃。

（4）其实盐蒿是滩涂不值钱的野草，但却是我心目中最忍辱负重的生命。这万草不生的盐碱滩，惟有盐蒿才能自在地生存。烈日、海风、盐渍，苦咸苦涩僵硬的盐碱土啊，盐蒿必得咬住牙一点一点地从板结的土中萌芽。盐蒿只知道自己的头顶上是蓝得高远的蓝天，只知道钻出盐碱土身边就听得见浩瀚黄海的涛音，只知道自己所有的色彩、所有的鲜活都为滩涂母亲而在……没有盐蒿春日无垠的绿，滩涂还是滩涂吗？没有盐蒿秋日竭尽全力迸发的红，滩涂还是滩涂吗？

（5）盐蒿见证了浩瀚黄海万顷滩涂的艰辛苦涩，“烟火三百里，灶煎满天星”，四百年前的盐城知县陈继美巡视滩涂沿海盐场墩台，只是优哉游哉地吟诗作赋，可与盐工息息相伴的盐蒿却听过浑厚而苍凉的盐工号子，与盐工一起守望着白茫茫的盐池。烧盐又称“煮海”，就这一个“煮”字，漫溢着多少烈日盐渍和风霜，还有无尽的煎熬和苦难。盐被盐商运走了，盐蒿亲眼见到那老盐工累死在盐池旁，身后哭天喊地的是孤儿寡母还有瞎眼的老娘。一个黑云重重的日子，盐蒿听得见扯裂白云震痛海水的炮火，滩涂上有了胡乱奔跑的人群，还有背着枪的人在村庄边上搭起了窝棚。他们的臂膀上有着蓝蓝的臂章：N4A，新四军，为这些老百姓和盐工过上好日子而奋斗的人。

（6）《诗·小雅·鹿鸣》篇曰：“呦呦鹿鸣，食野之蒿”。春天的时候，鹿儿叫了，这野地里的盐蒿就能吃了。一位文友曾讲过盐蒿与饥民的故事，难为了饥荒年代的母亲，秋日里盐蒿结籽磨成粉，做成饼，救活了一家奄奄一息的生命。前些日，我在宴席上见精美的小碟中一撮青翠碧绿的小菜，说是盐蒿，仔细品尝，竟品出阳光、大海和盐碱滩的味道，淡淡的清香淡淡的咸，还有那香料麻油掩盖不了的淡淡的苦。到底是来自盐碱滩涂的盐蒿啊，咬上一口还有点韧劲。

（7）如果你到一片广袤无垠有滩涂有海水的地方，如果你见着漫野遍地不起眼却又生机勃勃的羽状叶的小草，春日里绿成一幅画啊，秋日里红成一面旗，如果你向天地抛出问号：你们是谁？茫茫海风，漫漫滩涂会有无数的声音回答：我是盐蒿，我是盐蒿！

阅读理解：

1. 阅读全文，说说作者为什么称盐蒿为“滩涂骄子”？

______

______

2. 本文的语言很有特色。请按括号中的要求品析文中画横线的句子。

（1）风儿从滩涂阵阵拂过，盐蒿的叶儿芽儿颤颤摇摇、晶莹碧绿，亮亮的露珠与盐蒿子就一起在滩涂欣然起舞，舞出一派明媚、舞出无上喜悦。（请从修辞手法的角度赏析句子的表达效果。）

______

______

（2）烈日、海风、盐渍，苦咸苦涩僵硬的盐碱土啊，盐蒿必得咬住牙一点一点地从板结的土中萌芽。（结合语境，品味句中加点词的表达效果。）

3. 文章第⑥段开头引用《诗经》中的诗句有什么作用？

4. 结合语境分析文章结尾画浪线句子的含义。

参考答案：

1. 因为盐蒿虽不起眼，却生机勃勃，坚韧顽强。它是广寂滩涂最鲜活丰满的生命，春天绿成一幅画，秋日红成一面旗；它是滩涂最忍辱负重的生命，在贫瘠的盐碱滩上自在生存；它见证了滩涂的艰辛苦涩的岁月；在饥荒年代它是饥民救命糊口的食物，在食品丰富的今天它是人们餐桌上的美食。所以作者说它是“滩涂骄子”。

2. (1) 句子运用了拟人的修辞，把盐蒿人格化，生动描写出盐蒿在春风摇曳的美好姿态，突出了盐蒿的鲜活生命力，也表达了作者盐蒿的喜爱赞赏之情。

(2) 动词“咬住牙”、叠词“一点一点”，形象地写出盐蒿在恶劣环境中生长的艰难不易，“必得”一词强调突出了坚韧顽强的重要，三个加点词突出表现了盐蒿忍辱负重、顽强生长的特点，表达了作者对盐蒿生命力的赞赏之情。

3. 文章第⑥段用《诗经》中的诗句，既自然引出下文写野草盐蒿在人们餐桌上的作用；又丰富了文章的内容，给文章增添了诗意。

4. 结尾句子运用第一人称和反复的修辞，表达了普通却生机勃勃的滩涂盐蒿自豪之情，表达像盐蒿一样坚韧顽强奋斗的滩涂人民的自豪骄傲之情，充分抒发了作者对盐蒿和滩涂人民的热爱赞美之情。

倾城一笑

（1）那日的天很蓝，一望无垠的湖水在阳光下波光粼粼，四处的芦苇摇曳起满目金色，一群大雁扑楞着翅膀在蓝天排成人字形向南向东而去。站在资福寺据点的日本警备队队长千田，举着望远镜四处巡看，结论是这个秋日很好，湖水很好，芦苇很好，大雁排着队回家，也很好。1943 年的这个秋日，这漫野的秋色，令他想起日本的宫城县，想起宫城的家前屋后盛开的烂漫樱花。

（2）当那着粉色旗袍的女子似云一般从吊桥上飘然而行之时，他些许恍惚：是故乡樱花树下的女孩？是校园菁菁芳菲中的同窗？刺刀林立间的报告声挑破了他的遐想：这个女士要找您！放下望远镜，他凝视着这越走越清晰清秀美丽的中国女人。其实，在两个小时前，他已收到报告：在这二百余人居住的小镇上，一陌生没有通行证的女子，在小镇上转悠，并打听警备队所在炮楼的情况。他让部下注意跟踪，却不知道这女子竟然通过小镇一郭姓商人介绍自寻上门。

（3）这女子微微一笑，站到了千田的面前。千田刹那间的不知所措，本能的伸出邀请的姿势：请里面坐。千田问："看来您不像此地的人啊，是哪里的人呢？找我有事吗？"这女子微笑着坐下，微笑着端起千田让卫兵倒来的开水，轻啜一口又轻轻放下，黑若深潭的大眼睛注视着千田坦坦然然："我叫祝玲瑛，今年二十三岁。家住在郝穴东边的熊家河。因为我丈夫去世，来这里找他的亲戚，却没能找到，队长可以协助否？"轻婉温柔的对答，自如典雅的举止。窗外，几个士兵端着枪探头探脑窃窃私语。千田的脑子飞转：这不是一个平常的女人！这又是一个"贵品"的女人！这从天而降的美人是新四军还是国民党军的谍报人员吧？不能让她就这样走了！"走了很远的路，辛苦了，在这里吃顿便饭吧。在队上吃晚饭可好"？千田让炊事班做了丰盛的晚餐，还请来了介绍这女子前来的小镇商人陪同。

（4）晚餐之间，这年轻的女子浅笑曼语，高贵大方。警惕的千田再度恍惚：一桌好菜，一位美人，一位老者，还有几瓶啤酒，是岁月静好的感觉，是久违了的人间烟火。那一刻，千田又想起自己远在日本宫城的家，那有着父母和姐姐的家。

（5）这个晚上，他有了"人间"的感觉，他从来认为这炮楼这据点，就是禁锢自己包括这驻守的三四十个年轻日本士兵的"青春监狱"。千田执意安排寻不到亲戚的美人住进那商人家，说是明早去为她送行。那女子娴雅欠身轻轻致谢，走出据点，回眸一笑灿若星辰。

（6）千田看着她走，一直看着她窈窕的身影溶进了茫茫的夜色之中。千田在心中与自己打赌：她明晨若不在，就发动士兵四处搜捕！况且，她没有通行证，也走不出这位于第六战区四处有岗哨的小镇子！他查岗时反复交待：加强警戒！作为这个据点警备队队长的少尉千田还算尽职，但对战争和战局并不乐观，甚至有些许苦闷情绪。查完岗哨后辗转反侧一无睡意：明天她走了还是在？她要是走了，她肯定是对方的特工，立即搜捕！她要是在，那她还是不是……

（7）晨曦中，千田走过吊桥，走出炮楼，走出资福寺，他没带卫兵，就这样盘算着走到那商人家。进了院门，苍绿的大樟树下，就是那女子灿若云霞的笑容："先生早上好！"那种不知所措的感觉又缠绕住了千田："女士早上好！"千田跟着她走进了商人的客厅。抓还是不抓？这女子肯定不是一般的人！抓还是不抓？千田万分煎熬。她就这么静静的坐在他对面，嘴角一丝笑意。

（8）"昨天多谢了"。女子轻声曼语。"没什么，昨夜睡得好吗"？千田问。"很好，在这里睡得很好"。

（9）凝视对方美丽明亮的双眼，证明她没有说谎，竟是这般地镇定。千田少尉暗中叹了口气：看来，是新四军的人啊。

（10）"今日作何打算？"

（11）“寻不到亲戚，我得赶快回家”。

（12）“附近有战事，不安全，我派人送您”？

（13）“不麻烦您了”！

（14）“认识您很高兴”！千田少尉意味深长地说。

（15）这自称祝玲瑛的女子宛然一笑伸出手来：“谢谢！”握住美女的手，千田心中一震：这般的硬朗，分明是握枪的手！这样的美人，手该是柔若无骨的吧！他一时没有松开她的手，她将手留在他的掌心，还是那样轻婉地笑着，大大方方地看着他。他忽然一阵脸热，松开了手：女士，祝你前途平安，运气好！

（16）她走了，袅袅婷婷地走出屋门。在那棵大樟树下，她回过头来，对着专注目送的他明媚一笑，那一笑，令他松开了插在裤袋中紧握着枪把的手。她走过那些个岗哨，走出那个小镇。甚至，她让陪送她出镇子的人，转达对“宽厚的千田先生的感谢”。他知道，她与他一样心知肚明，她知道千田已看穿她的身份但还是放走了她。

（17）作为当时的日陆军步兵104联队第3中队资福寺警备队队长千田，在以后的日子里，在资福寺据点被新四军端掉，带着十来个部下狼狈撤退之时，在两年后战败，天皇下诏书投降时，在回日本国直至耄耋之年时，千田不止一次想到这个女人。他在几十年后，翻阅森金千秋所著的《常德作战》（日本图书出版社，1983年出版）一书时，千田的目光定在了116页“潜入的美女工作员”这一节上，不多的文字再现了那年那月资福寺的失守。也再次验证了自己的感觉：这个令自己一生难忘的美人，名为舒赛（本名祝应龙），新四军女侦察员，李先念麾下所属江陵政治局（应为社会局）的女局长。

（18）想到是自己放掉了这个新四军女特工，千田并不后悔。如果一个国家，这样年轻高雅的丽人都来参加战斗，还有什么力量能使这个国家屈服呢？每每想到，涌上千田心间脑海的总是她的笑容：走上吊桥的微微一笑；坐在据点桌上共进晚餐时的宛然一笑；那个清晨走进商人院子时，她丽若朝霞的一笑；还有，他在抓与不抓的矛盾与纠结中，右手在裤袋中紧紧地握住手枪，目送她走出院门之时，在那株香樟树下，她回转头来令他松开手枪的，那无比灿烂令万物失色的倾城一笑……

阅读理解：

1. 请用简洁的语言概括文章的内容。(4分)

---

2. 千田明明看穿了这个不寻常的祝玲瑛的身份和来这里的目的，为何还要放她走？请结合文中对千田的心理描写，谈谈你的理解。

---

3. 请结合具体的内容谈一谈祝玲瑛留给你的印象。

---

4. 作者开头的环境描写有何作用？

参考答案：

1. 新四军女侦察员舒赛化名祝玲瑛潜入日军资福寺据点，用自己的美丽、机智获取情报后，被日军队长千田看穿仍被放走的故事。

2. 千田心里渴望和平，思念家乡，珍惜美好的人和事物。在他的心里：如果一个国家有这样年轻高雅的丽人都来参加战斗，还有什么力量能使这个国家屈服呢？

3. (1) 美丽，笑容充满无限魅力。从“黑若深潭的大眼睛”和“丽若朝霞的一笑”等句中可以看出。

(2) 勇敢，镇定。从只身一人闯进敌人的据点，以及在敌人面前落落大方等可以看出。

(3) 机智。她充分利用自己的美丽和倾城的笑容来征服千田，当她“袅婷婷地走出屋门。在那棵大樟树下，她回过头来，对着专注目送的他明媚一笑，那一笑，令他松开了插在裤袋中紧握着枪把的手。”

4. 烘托千田思念家乡的心情以及对和平生活的渴望，为下文他对待祝玲瑛的态度甚至放走她辅垫。

H

J

K

X

Y

Z

后 记

2012年秋天，张志伟老师在一次打羽毛球的时候，颇为轻描淡写地跟我说起这个政治哲学史多卷本的项目，并且问我是否愿意加入，我当时也没多想，就很确定地表达了自己的兴趣。不料很快张老师就告诉我，不仅让我加入这个多卷本的写作，而且让我承担西方部分第一卷的主编工作。这个消息着实让我既兴奋又惶恐，当时我才加入中国人民大学不到两年，能够有机会加入这个巨大项目的编写队伍自然让我兴奋不已；同时初出茅庐的我也意识到这项工作的艰巨，尤其是考虑到我负责的这一卷有如此巨大的历史跨度，而且我们又对这套丛书有如此高的期待。

随后就是开始具体考虑这一卷的章节安排，并圈定最合适的人选参与这个项目。随着我开始联系心目中合适的作者，并且得到了一些积极的回应，我的惶恐也就逐渐消失，而兴奋感则愈加强烈，因为最终确定的每一章的作者都堪称一时之选，我对他们抱有绝对的信心，尤其是在一个偶然的机会下结识了刚刚以宗教改革政治哲学为主题完成博士论文的何涛，更是让我感到找到了第一卷的最后一块拼图。当我逐渐收到各章分量十足的初稿时，就更是对本卷的内容充满了信心，相信最终呈现在读者面前的这一卷确实能够达到我们最初的期待——一套具有国内最高水准的研究性政治哲学史。

在此，我要感谢本卷的所有作者，感谢他们接受我的邀请，加入本卷的写作；感谢他们在忙碌的日程中抽出时间，按时完成各章的初稿；感谢他们参与我们组织的一次次研讨，并互相审阅稿件，提出中肯的批评及修改建议；感谢他们不厌其烦地反复修改各自的章节，有些甚至是大规模地改写乃至重写。作为本卷的主编，我非常荣幸能和他们共同工作，在与他们的合作中，我也学到了很多很多。

最后，我要感谢本套丛书的主编之一张志伟老师的信任，感谢他在本卷基本定稿之后通读了全部章节，并提出了最终的修改意见；也要感谢潘宇老师和她中国人民大学出版社的同事，尤其是本卷的责任编辑黄超女士，出色地完成了如此艰巨的编辑工作。

刘玮

于人文楼办公室

政治哲学史

总主编　张志伟
韩东晖
干春松

History of
Political Philosophy

周 濂 主编

西方政治哲学史

第三卷

20 世纪政治哲学

中国人民大学出版社
·北 京·

第三卷作者简介

刘　擎　美国明尼苏达大学政治学博士，华东师范大学政治学系教授、博士生导师。主要研究领域为政治哲学与思想史。著作包括《纷争的年代：当代西方思想寻踪（2003—2012）》和《悬而未决的时刻：现代性论域中的西方思想》等。

张楚勇　英国赫尔大学哲学博士，香港城市大学公共政策学系助理主任。即将出版著作《哈耶克》，发表文章“Hayek，Oakeshott，and the Conservative Turn of Chinese Liberalism”。

陈　伟　北京大学政治学博士，中国人民大学政治系副教授。著有《阿伦特与政治的复归》《施米特与政治的逻辑》，主编《当代西方政治思潮》，译有《德国地方政府》《卡尔·施米特：德意志国家的理论家》等。

陈建洪　比利时鲁汶大学哲学博士，曾任南开大学哲学院教授，现任中山大学哲学系（珠海）教授，兼任系主任。主要研究领域为西方政治哲学、现代西方哲学与宗教思想。现已出版著作包括《论施特劳斯》《耶路撒冷抑或雅典：施特劳斯四论》《思绪现代》以及 *Between Politics and Philosophy*：*A Study of Leo Strauss in Dialogue with Carl Schmitt*。曾于欧美学术期刊出版论文集，发表英文论文数篇，在我国港台期刊和内地核心期刊发表论文数十篇。

周　濂　香港中文大学哲学博士，中国人民大学哲学院副教授，专攻政治哲学和道德哲学。著有《现代政治的正当性基础》。

泮伟江　清华大学法学博士，北京航空航天大学法学院副教授，硕士生导师。研究领域为法理学、社会理论、政治哲学。出版专著《当代中国法治的分析与建构》《一个普通法的故事：英格兰政体的奥秘》，翻译著作多部，发表论文 50 多篇。

陈德中　中国社会科学院哲学所副研究员，《世界哲学》副主编。主要研究方向为当代英美分析哲学、道德哲学与政治哲学，兼及西方近代政治思想。

出版专著《政治现实主义——威廉姆斯政治哲学研究》《政治现实主义的逻辑——“自主性”与“封闭性”缘与由》等。

葛四友　北京大学哲学博士，华东师范大学哲学系教授。主要研究领域为规范伦理学与近当代政治哲学，研究主要集中于制度正义领域，特别关注正义制度如何处理各种偶然性对于人们生活的影响，近年专注于从后果主义视角重构当代主要的分配正义理论。

曹　钦　英国曼彻斯特大学政治学博士，现任南开大学哲学院副教授，兼任《政治思想史》杂志编辑。主要研究领域为西方政治思想史及当代西方政治哲学。在各类出版物上发表论文、译文多篇。

刘训练　天津师范大学政治与行政学院教授、博士生导师，《政治思想史》杂志副主编、编辑部主任。著有《共和主义：从古典到当代》，另有译著多部；联合主持“当代西方政治哲学读本”“公共哲学与政治思想系列”等丛书。

应　奇　浙江大学哲学系教授，主要研究领域为当代政治哲学、语言分析哲学和批判理论。主要著作有《社群主义》《概念图式与形而上学》《从自由主义到后自由主义》；曾先后主编“当代西方政治哲学读本”“当代实践哲学译丛”“共和译丛”“公共哲学与政治思想系列”等学术丛书。

惠春寿　浙江大学哲学博士，华东师范大学思勉人文高等研究院青年研究员，主要研究领域为政治哲学。在《世界哲学》《中国人民大学学报》《自然辩证法研究》等刊物发表学术论文多篇，并译有《自由的道德性》一书。

序　言

自 20 世纪 90 年代以来，政治哲学逐渐成为汉语哲学界的显学，20 多年来，无论在经典著作的译述、基本概念的厘清还是在学术前沿问题的追踪上，中国学者均有了较为完备的积累与长足的进步，正因为如此，我们认为编撰一部品质优良的政治哲学史的条件已经成熟。

本卷处理的是西方 20 世纪政治哲学史。严格说来，20 世纪并非肇始于 1900 年，而是 1914 年的第一次世界大战。尽管一战的爆发是诸多偶然因素的叠加效果，但一战前后的近代世界秩序的确面临着前所未有的挑战：经济上，古典自由主义信奉的自由放任政策未能实现国内利益分配的自发和谐状态，经济自由虽然创造了大量财富，却无法实现平等价值，阶级冲突和社会撕裂不减反增；政治上，大众民主的发展和普选权的落实让工人阶级亮相政治舞台，苏维埃政权的建立进一步鼓舞了集体主义和社会主义的运动；国际上，民族主义情绪持续高涨，帝国主义的海外斗争日趋激烈。面对此情此景，启蒙运动以来的两大核心价值——自由与平等——的内在冲突已无法在资本主义和民主制内部得到消化，失业与战争的阴云无时无刻不笼罩在欧洲上空。

身处风雷激荡的非常时代，任何人都无法自外于历史的洪流，细数 20 世纪卓有建树的政治哲人，几乎全都亲身经历了二战的洗礼，以赛亚·伯林、卡尔·施米特等人更是见证了一战的爆发和苏维埃政权的建立。在这样的时代背景下，20 世纪的政治哲人开始殚精竭虑地思考人类的政治前途和命运，虽然思考进路不同、价值立场各异，但归根结底，他们念兹在兹的关键问题仍然是自由和平等，因为无论启蒙运动和现代性是否穷尽了其所有的潜力，政治哲人都必须反省这两个根本价值的内涵与外延、成败与得失。

我们将伯林列为本书的开篇人物，理由正在于此。伯林的传世名篇《两种自由概念》正是从“自由”出发反思 20 世纪上半叶欧洲政治悲剧的典范之作。刘擎在第一章“自由与多元论：伯林的政治思想”中指出，在方法论上伯林给我们带来最大的启示有两点：第一，“在哲学上格外敏感于概念的特定性……唯其如此，理论才有助于澄清和把握经验世界”；第二，“……要让自由的概念‘落地’——最大限度地贴近人们的日常生活经验”。借助麦卡勒姆“三位一体”的自由概念，刘擎对消极自由和积极自由复杂幽微的关联做了很好的澄清和归纳。刘擎指出，伯林可能是20世纪第一位对“非对称性问题”具有敏感性的政治思想家，简而言之，“否定”（negative）比“肯定”（positive）要求的依据或理由更少，也更容易达成。认识到这一点“对于理解自由及其依据的人性假设具有至关重要的意义，自由不是具有‘个人自主性’能力者的特权，那些未能达到充分自主性的个人也具有正当的理由拥有自由的权利”。刘擎指出，在伯林那里，多元价值论题和自由论题存在着内在的紧张关系，这种紧张源自伯林“对现代性的既反省又认同的复杂态度，对启蒙主义理想既警觉批判又赞许同情的审慎立场”。本章最后探讨了自由主义与民族主义之间的冲突，认为这一冲突既无法仅仅通过思想观念层面上的清理来解决，也无法诉诸一套明确的政治哲学原则或纲领来化解，“最终，自由民族主义是一种实践性的改革方案”。①

这个判断把我们带向张楚勇对于迈克尔·奥克肖特的解读。奥克肖特是一位有着保守主义倾向的自由主义者，张楚勇认为，要想比较确切和深入地把握奥克肖特的政治哲学，就必须紧扣其思想上的两个重点：“第一是关于哲学之知是一种涯涘无尽的追寻；第二是理论和实践是两个性质上完全不同的世界，不应该将这两个世界的认识混为一谈”。以奥克肖特对柏拉图洞穴譬喻和哲人王的批评为例，所谓哲学之知是一种涯涘无尽的追寻，意即“哲人的每一次发现和结论，都是对其蕴含的前设或条件进行反思的邀请；哲学中唯一不受限的，就是真正的理论家不停地认识到，所有条件或结论无一幸免都是受限的”。而理论与实践不可混为一谈，则告诫我们切勿认为柏拉图（或者哲学家）以为达到的“终极理解”能够取代实践或其他人类的经验模式。奥克肖特形容持这样观点的人是伪理论家，不是真哲人，这个警示对于那些向往“到叙拉古去”的政治哲人可谓振聋发聩。②

作为20世纪形象最负面的宪法理论家和政治哲学家，卡尔·施米特的最大劣迹就是“去了叙拉古”，但是作者陈伟没有脸谱化地刻画施米特的理论，而是通过细致入微的文本分析，指出施米特在魏玛共和国时期创作的一系列宪

① 参见本书第一章“自由与多元论：伯林的政治思想”。

② 参见本书第二章“奥克肖特的政治哲学：涯涘无尽之知、道德个体性、法治联合体”。

法著作，如《宪法学说》《宪法的守护者》《合法与合法性》，均非简单地表达政治立场，更多的是对魏玛危机富于洞见的法理学分析。比如说，施米特重视政治合法性问题，反对汉斯·凯尔森的法律实证主义理论，就准确地抓住了理解政治支配现象的要害。陈伟承认施米特的论断存在着两面性：他强调法律是政治决断的产物，宪法背后实有一国人民的政治决断，这在魏玛共和国时期可以为捍卫共和提供依据，但在希特勒攫取政权之后，施米特的合法性理论同样可以为极权政体提供政治上的辩护。陈伟认为，施米特之所以会出现左右摇摆的情况，根本原因在于他对魏玛政权的捍卫并非出于对自由民主的热爱，而是出于对秩序与安全霍布斯式的担忧，就此而言，"他的理论实与希特勒的言论有相当的亲缘性"。①

过去20年，列奥·施特劳斯在中国学术界可谓誉满天下，谤亦随之。第四章"论施特劳斯及其政治哲学"立论中正，叙述平和，称得上是正本清源之作。陈建洪先从施特劳斯的两个神话——施特劳斯作为新保守主义精神教父的神话以及施米特和施特劳斯之间的思想对话是一场政治神学和政治哲学的交锋——入手，继而深入探讨了诗和哲学之争、古今之争以及耶路撒冷和雅典之争，澄清了关于施特劳斯的诸多常识性误读。陈建洪指出，施特劳斯重新审视现代政治哲学及其当代虚无主义结果，指出西方当代思想中历史主义、相对主义、多元主义和虚无主义流行，主张回归古典政治哲学，其根本目的是要重振古典政治理性主义，重新确立西方文明传统的自信。本章的讨论最后落脚在哲人何为这个问题上，针对哲学固有的天真和危险性，作者的结论是："如无天真及其危险性，哲学便无超凡脱俗的气质；如不反思自身的危险性，哲学在人世间将无立锥之地。有意识地转变为政治学，哲学方显其高贵品质。"②

面对黑暗时代，政治生活如何能为人类承诺一个"光亮之照明"的愿景，这是汉娜·阿伦特政治思考的初衷和目的。陈伟在本章着重探讨了阿伦特的行动理论，指出在劳动、制作和行动这三种不同类型的实践活动中，阿伦特最看重的是行动，因为行动是最具有政治性的活动，它与人的自由直接相联系。陈伟认为，阿伦特之所以拒斥政治哲学家的头衔，根本原因在于她不承认存在一种关于政治的哲学。阿伦特在根本上否定柏拉图以降的西方政治哲学传统，批评这个传统对政治经验的扭曲和遮蔽。阿伦特主张直面人类生活的经验，为人们重新呈现人类关于政治的体验及理解。为此，政治事关每个公民，是每个公

① 参见本书第三章"卡尔·施米特的宪政理论"。

② 参见本书第四章"论施特劳斯及其政治哲学"。

民皆可、皆应关注之事。如陈伟所言："阿伦特极重视人作为公民对于'我们的世界'的责任。以她之见，政治衰败，个人完全私人化，是时代危机的表征。极权主义的问题，并非人们常说的凡事政治化，而是极权主义完全排除了行动的可能，让政治无立足之地。"本章最后提出的问题引人深思："极权主义有可能卷土重来吗？阿伦特的回答是，如果人们不努力，世界再极权化便可能发生，当然，它会以新的面貌出现。"①

借用伯林的著名比喻，罗尔斯更像是只刺猬而非狐狸，罗尔斯数十年如一日地探索正义这一个主题，反复推敲和完善表达的精确性和逻辑的严密性，以至于剑桥大学哲学系的奥诺拉·奥尼尔教授曾经这样评论："再一次，罗尔斯想到了批评者的前面。"② 某种意义上，周濂在第六章的工作便是在挑战奥尼尔的这个论断。他首先分析比较了哈耶克与罗尔斯在"社会正义"论题上的异同，指出二者的分歧远不止于字词之争，而是存在实质之争。此外，罗尔斯正义二原则支持的理想政治制度并非哈耶克所着力批评的福利国家，而是"财产所有的民主制"或者"自由（民主）社会主义"。在深入探讨财产所有的民主制在 20 世纪的理论演进和现实政治发展之后，周濂进一步从哲学论证的角度出发检讨财产所有的民主制的可信性和真确性。通过探讨罗尔斯"薄版本的经济自由观"的道德理据以及诸多学者对罗尔斯的批评，周濂认为，对于财产所有的民主制能否很好地实现正义二原则，罗尔斯的论证并没有给出令人信服的论证。③

自罗尔斯 2002 年去世之后，尤尔根·哈贝马斯就被公认为仍旧在世的最伟大的政治哲学家。哈贝马斯曾这样描述自己的哲学使命——同时拒绝和狙击"道德实在论"以及"现代价值怀疑论"，并称这是他和罗尔斯共同肩负的任务。哈贝马斯最重要的三部著作分别为《公共领域的结构转型》《交往行为理论》和《在事实与规范之间》。在本书第七章中，泮伟江将分析重点放在《在事实与规范之间》第七、八章上，试图管中窥豹，厘清哈贝马斯的整个理论脉络。泮伟江认为，如果说在规范性这条学术脉络中，罗尔斯是哈贝马斯最大的竞争者，那么在事实性这条学术脉络中，哈贝马斯毕生学术事业最大的敌人则是卢曼。哈贝马斯最大的理论野心在于试图吸纳卢曼的理论，从而将规范性视

---

① 参见本书第五章"汉娜·阿伦特与政治经验的诠释"。

② O'Neill, Onora, "Kant's Justice and Kantian Justice," in *Bounds of Justice*, New York, Cambridge University Press, 2000, p. 72.

③ 参见本书第六章"社会正义与理想制度：罗尔斯的政治哲学"。

野放到更现实的现代复杂社会的理论背景下进行建构。但是泮伟江认为哈贝马斯试图消化社会理论的事实性维度的工作并不成功，由此导致他的民主法治国方案也是一半成功，一半失败。①

如果说罗尔斯和哈贝马斯属于20世纪政治道德主义的代表人物，那么伯纳德·威廉姆斯便是政治现实主义的领军人物。陈德中在第八章中指出，威廉姆斯对于哲学问题的反思在两个方向上展开：对于理性主义的批评以及对于道德主义的批评。前者导致对“有历史的哲学”的呼吁，后者则把我们带入“政治现实主义”的视域。陈德中把威廉姆斯的政治思想界定为“基于多元主义的现实主义的自由主义”，其中多元主义源自伯林，而现实主义则可以追溯到尼采、马基雅维利乃至古希腊的修昔底德。如陈德中所分析的，政治现实主义对于政治道德主义的挑战主要体现在强调“政治的独特性”和“政治的自主性”上，前者是指政治有着自己应该处理的独立问题，后者是说对于这个拥有独立问题的领域的辩护是可以并且也应该独立完成的。具体到威廉姆斯这里，政治自主性这个论题至少从两个方面得以展开：“首先，政治有着属于自己的独特事务，政治要处理的是一种冲突与分歧关系。其次，关于政治正当性的辩护应该以政治的而非伦理的方式展开。”在威廉姆斯的启发之下，雷蒙德·盖斯、马特·斯里特进一步发展了政治现实主义的论题，对占据学院主流多年的政治道德主义构成了严肃的挑战和有益的启示。②

“G. A. 柯恩：平等的虔诚信徒”一章探讨的是G. A. 柯恩的政治哲学。作为当代分析马克思主义最重要的代表人物，柯恩认为关于社会主义存在三个基本问题：首先是设计问题，也即我们想要何种形式的社会主义社会；其次是辩护问题，也即资本主义的毛病出在哪里，社会主义的正当性又在哪里；最后是策略问题，也即我们如何才能实现它。葛四友指出，柯恩的主要工作集中在第二个问题上。他早期直面诺齐克的自由至上论，重点寻找诺齐克的极端右翼理论的逻辑问题与证成问题；中后期则通过批判德沃金和罗尔斯来进一步澄清自己的平等理论作为平等至上的代表。德沃金与柯恩在基本精神上是一致的，因此，柯恩更大程度上是按照自己的运气平等主义立场来重构德沃金的资源平等的。相比之下，罗尔斯的公平至上是中间派，柯恩与其共享运气平等主义的出发点，由此柯恩努力表明，罗尔斯离开这个起点是无法得到证成的。葛四友认为，由于柯恩的批判并未预设平等，而是针对被批判理论的内在论证脉络提出

---

① 参见本书第七章“辉煌的失败：对哈贝马斯民主法治国理论的方法论批判”。

② 参见本书第八章“威廉姆斯的政治哲学”。

了极重要有力的反驳，因此柯恩对上述三种理论的批判相当成功。但是柯恩的问题在于长于批判而弱于建构，并且出于种种原因，柯恩的思想没有得到应有的足够重视。①

20世纪60年代以来，共和主义的复兴成为一个不可忽视的思想潮流，在波考克、斯金纳、佩蒂特等人的推动下，诸如公共善、公民美德、积极的公民身份等共和主义议题重新得到了重视，在规范政治理论领域对自由主义构成了严肃的挑战。本书第十章以菲利普·佩蒂特的共和主义理论为例，深入探讨了他的“整体论的个人主义”和“无支配自由”理论，进而转向对佩蒂特民主思想的研究，回答了“政府对公民的何种干涉不会侵犯其自由”这一关键问题。正如作者曹钦和刘训练所指出的，佩蒂特的共和主义理论虽然面临诸多批评，但是如果没有佩蒂特的开创性研究，20世纪的“共和主义复兴”很可能会继续在思想史研究的小圈子里打转，而无法形成与主流政治哲学界的大规模对话。②

本书最后一章探讨“社群主义”。之所以用群像的方式呈现，而不是专论一个人物，根本原因在于，自70年代以来，以查尔斯·泰勒、麦金太尔、迈克尔·桑德尔、迈克尔·沃尔泽为代表的社群主义者先后登场，成为自由主义在西方学界最主要的论争对手，他们在各自领域均有精深独到的研究，如若单独成篇就会使全书篇幅过于冗长。本章首先探讨了社群主义的学理资源，然后重点讨论了社群主义与罗尔斯的政治自由主义、拉兹的自由完美主义以及以霍耐特和韦尔默为代表的新法兰克福学派的理论分歧。应奇和惠春寿指出，自由主义-社群主义之争的“前景”仍不明朗，关键原因在于对道义论和目的论的争执究竟应该如何理解和“仲裁”。此外，沃尔泽的这个论断值得读者反复咀嚼：不管社群主义的批判多么尖锐，它实质上也是自由主义的一个变种，是在自由主义内部展开的对社群主义的追求。③

在策划本书的时候，我们的指导原则是，摆脱传统的意识形态束缚，克服哲学史教材化的通病，用大论文的方式深入剖析每位政治哲学家的思想，在精神源头和哲学根基处重新审视和考察西方政治哲学的内在逻辑和动机资源，辨析西方现代性的动力与不足、优势及缺憾。随着编写过程的深入，我们越来越深刻地体会到，一部好的政治哲学史至少应该满足以下三条标准：

首先，充分尊重原著和每个政治哲人的智识水准、逻辑能力，不理念先行

---

① 参见本书第九章“G. A. 柯恩：平等的虔诚信徒”。

② 参见本书第十章“佩蒂特：从‘无支配自由’到‘论辩式民主’”。

③ 参见本书第十一章“瞻前顾后的社群主义”。

和六经注我，借用密尔的话说就是："在以其最佳形式得到评价以前，一种学说不可能真正得到评判。"①

其次，具备开阔的历史视野和健全的现实感，对政治哲人的个人遭际、时代背景与问题意识有深刻的体察和认知，非如此，则极易成为看似精致实则粗鄙的概念游戏之作。

最后，对于同一概念（concept）在不同语境下呈现为形态各异的观念（conceptions）有充分的自觉。举例来说，切不可因为柏拉图、霍布斯、休谟和罗尔斯都曾探讨过"正义"概念，便误以为他们之间分享同一种正义的观念，存在着一种"累积性的成就"，进而可以讲述一个融贯一致的政治哲学史。恰恰相反，实情也许正如柯林伍德所指出的那样，政治哲学的历史乃是"一个或多或少一直在发生着变化的问题的历史，其答案随着问题的变化而变化"②。也正因如此，一部好的政治哲学史应该着力澄清问题与答案的变迁过程中的草蛇灰线和重要节点，在一致性中看到差异性，在断裂处发现隐秘的关联，唯其如此，才有可能绘制出一幅精细复杂的观念"地图"。

这本《20世纪政治哲学》究竟在多大程度上满足了上述三条标准，需要交由专家和读者评判。作为编写者，我们必须承认，至少在写作体例上，本书就很难完全实现第三条标准，因为若想澄清问题与答案变迁过程中的重要节点，就必须以问题导向而不是按人头梳理，由单人撰写全书而不是多人分写各章。但是另一方面，这个遗憾又是我们早已预料并且必须承担的，在学科分类日益精细、论题研究愈发专门化的今天，个人的知识储备和理论训练难免存在缺憾，若由单人撰写本书，较易出现深浅不一和比重失调的弊病。两害相权取其轻，我们还是决定邀请不同的专家分章撰写。本书的另一个遗憾在于，出于种种原因未能将哈耶克、罗伯特·诺齐克、罗纳德·德沃金这些20世纪举足轻重的政治哲学家收入其中，虽然部分章节曾经探讨过他们的思想，但是篇幅过短，与他们的思想分量并不匹配，希望将来能有机会弥补这一遗憾。

如无意外，本书问世之时应该已是2017年的春天，而2017年正是史上第一个苏维埃政权成立一百周年之时。这一百年里，有的大国崩溃了，有的大国正在崛起，有的奇迹业已证明是幻象，有的奇迹正在展露难以为继的颓势，"9·11"的阴影尚未过去，伊斯兰国的威胁如影随形，2008年全球金融危机重

---

① ［美］罗尔斯：《政治哲学史讲义》，杨涌进、李丽丽、林航译，5页，北京，中国社会科学出版社，2011。

② ［美］罗尔斯：《政治哲学史讲义》，5页。

创新自由主义，欧洲福利国家前途未卜，以自由立国的美国遭遇右翼民粹主义和左翼民粹主义的双重夹击，自由与平等两大价值仍未得到妥善安置，历史再次走到十字路口。此情此景，让人不由地想起维特根斯坦为他的《哲学研究》摘引的题词："依其本性，进步看上去总比实际上更为伟大。"①

方此之时，政治哲学何为？政治哲人何为？翻阅《西方政治哲学史》之《20世纪政治哲学》，相信多少能给我们带来启发和安慰。最后我想用约翰·格雷的一句话来结束这篇序言："政治哲学的任务不是给实践提供基础。它在过去从来不曾有过这样的基础……政治哲学的目标是带着更少的幻想回到实践。"②

周　濂

① ［英］维特根斯坦：《哲学研究》，陈嘉映译，献词页，上海，上海人民出版社，2001。

② ［英］格雷：《自由主义的两张面孔》，顾爱彬、李瑞华译，142页，南京，江苏人民出版社，2002。

目　录

第一章
自由与多元论：伯林的政治思想

以赛亚·伯林（Isaiah Berlin，1909—1997）是20世纪英语世界中一位重要而独特的思想史家和政治理论家。他的思想论述旁征博引，充满深刻而锐利的洞见，但却没有形成完整的理论体系，这似乎印证了他对自己的认识——是知道许多小事的“狐狸”，而不是建构大体系的“刺猬”。然而，伯林的著作始终贯穿着两个核心的论题：自由与多元论。而他对民族主义问题的思考也与这两个论题密切关联。本章分为三节，分别探讨伯林对自由、多元论和民族主义的论述，考察他的主要观点和论证，辨析其内在紧张和难题，澄清可能的误解，从而阐明伯林的思想遗产。虽然伯林不是一位严格意义上的政治哲学家，但他的思想对当代西方政治哲学产生了广泛而深远的影响。因此，我们的讨论并不完全局限于伯林的文本，而是将他的论题置于当代学术研究的语境之中，揭示他的思想如何激发了当代学者的回应与论辩，使这些重要的政治哲学议题获得了更为丰富而深刻的理解、阐释和进展，也由此呈现伯林对政治理论发展所给予的独特启发和难以取代的贡献。

每一位伯林思想的研究者都会遭遇特殊的挑战。伯林既不是一位体系化的思想家，也不拘泥于分析哲学式的精确论证（尽管他在早年曾涉及专业哲学领域，却不愿为学科所“规训”）。他的著作才华横溢，敏锐而犀利，但时常不够严谨和融贯，这造成了理解和阐释的困难。显然，为精要地阐明伯林论述的主旨与要点，我们需要对他的文本做出相对清晰的重构，这也是本章所取的主要阐释方式。但我们也意识到，任何一种清晰的重构都难以完全吸纳伯林思想的复杂性，无法彻底消除其论述中时而出现的含混甚至自相矛盾。在某种程度上，伯林思想的独特性与丰富性恰恰体现在其不可消除的内在张力之中。他的论述风格与分析传统的政治哲学大相径庭，这或许是伯林本身的缺陷，但或许也反映出当代主流政治哲学的局限。

思想史家马克·里拉（Mark Lilla）曾经评论说："如今大学里所谓的政治哲学或政治理论几乎完全缺乏伯林试图给予读者的那种心理学和历史学上的洞见。"[①] 政治哲学家阿维赛·玛格里特（Avishai Mangalit）将他的挚友伯林看作"尼采所称的'Psychologue'，是法国人所称的'Moraliste'"。这里的两个术语并不是现代词典所指的心理学家和道德家。一个 Psychologue 能够"通过移情、穿透表象和语词，将自己置于人类灵魂的运思"。而在法语意义上，一个 Moraliste"关切的不是道德判断，而是识破陈规、习俗和社会表象的层面，把握真正使人们行动的事物"。在玛格里特看来，"伯林是一位 Psychologue，也是一位 Moraliste"[②]。

的确，在20世纪的西方思想界，伯林不只与众不同，他还是独一无二的。

第一节　自由及其滥用

自1958年《两种自由的概念》发表以来，伯林对"消极自由"与"积极自由"的论述便引起了广泛的讨论与争议，伯林本人也对此做出了回应（尤其在1969年版《自由四论》的导论中）。但两种自由的概念区分只是伯林探讨自由的"入口"，他对自由的论述包含两个核心论题：一是限制对自由过于泛化和庞杂的理解，试图对自由概念做出更为恰当和特定的界定；二是揭示对自由的误解、扭曲和滥用在社会政治中的危险和灾难。我们将依据伯林的文本（并参考相关的研究）对伯林的自由论述做出重构，阐释其思想内涵，并注重澄清常见的误解和疑惑。在展开讨论之前，有必要勾勒一些要点。

首先，伯林虽然不是严格意义上的哲学家，但他的思考方式具有一种哲学敏感，尤其警觉概念的笼统化使用。在他看来，"试图使政治词汇变得太精确

---

① Mark Lilla，"Inside the Clockwork，" *New York Review of Books*，2002-04-25.

② Avishai Margalit，"The Crooked Timber of Nationalism，" in Mark Lilla，Ronald Dworkin，and Robert B. Silvers（eds.），*The Legacy of Isaiah Berlin*，New York，New York Review Books，2001，p. 151.

便有可能使之变得无用，但是让词的用法宽泛到超出了必要的程度，对真理也是无益的"[①]。某种似乎能解释一切的概念实际上解释不了任何事情。概念化的工作需要以一种差异化（differentiation）方式展开，以使概念具有特定的针对性与恰当的解释力。因为任何一种无所不包的宽泛概念，在哲学上都会导致混乱，在实践中往往因失之空泛而于事无补。自由也是如此。其次，对自由概念的阐释存在着许多可能的方式，伯林对两种自由的划分，既不是界定自由概念唯一恰当的方式，也没有穷尽自由的所有含义，但这种区分对理解现代政治与思想史仍然具有特别重要的意义。而仅仅从"消极"与"积极"的角度来把握伯林的自由论是有局限的，甚至是有误导性的。最后，伯林并不是消极自由的盲目鼓吹者，他意识到了消极自由的局限，也没有否认积极自由的价值。这两种自由都是人类生活追求的真实价值。两种自由都有其"确真的"（trust）形态和被歪曲或滥用的状态。但相比之下，对积极自由的滥用更具有欺骗性，而消极自由更接近自由原初的与日常的含义。

一、两种自由的概念

伯林指出，自由的概念极为含混而复杂，思想史上可能存在"200多种定义"，但有两种核心的含义卷入了"丰富的人类历史"，因而特别值得关注。他"遵循先例"，将这两种自由的概念分别称为"消极自由"和"积极自由"。[②]我们在《自由论》（*Liberty*）等作品中可以发现许多段落，试图以多种不同的方式来解释这两个概念。[③]然而，单独选取其中的任何一段界定性文字，都不足以清晰地说明这两种自由的确切含义以及它们之间的真正区别。实际上，阐明伯林所说的两种自由的概念远比人们通常预想的更为困难。

---

① 本章对《自由论》一书的引文，基本取用现有中译本的译文，但一些引文在笔者核对原文后做了必要的修改或调整，凡此将在注释中同时标明英文原著的页码（此后不再特别说明）。[英] 以赛亚·伯林：《自由论》，胡传胜译，231页，南京，译林出版社，2003；Isaiah Berlin，*Liberty*，Henry Hardy (ed.)，Oxford，Oxford University Press，2002，p. 204。

② 参见 [英] 以赛亚·伯林：《自由论》，189页；Isaiah Berlin，*Liberty*，pp. 168－179。

③ 伯林曾以不同的方式来界定自由的概念。在《自由论》中至少可以发现五处界定性的文本段落。([英] 以赛亚·伯林：《自由论》，36、46、174、189页；Isaiah Berlin，*Liberty*，pp. 32，41，169，174。）相对而言，最完整的定义出现在一个较长的注释中。它指出自由取决于五个要素：（1）有多少可能性向我展开；（2）实现这些可能性的难易程度；（3）这些可能性对我有多重要；（4）别人开启或关闭这些可能性的程度；（5）我所在的社会对这些可能性的评价。([英] 以赛亚·伯林：《自由论》，199页，注释19；Isaiah Berlin，*Liberty*，p. 177，note 1。）由此，我们可以得出一个简化的定义：一个人的自由是对其开放的可能性，这些可能性未被他人阻碍，并且这些可能性是重要的（对这个人及其所属的社会而言是有价值的）。

在最为流行的解释中，消极自由是从“negative”（否定、消极或负面）的角度来界定自由，指“免除”或“摆脱”（free from）某种不可欲的障碍或干涉；而“积极自由”则是以“positive”（肯定、积极或正面）的方式来理解自由，指“得以”（free to）实现或达成某种可欲的目标或状态。但这种流行的表述本身存在着缺陷，虽然也被伯林援用，却不是他区分两种自由概念的主要方式。一个明显的证据是，伯林自己也常用积极（正面）的方式来解释消极自由，自由的范围被界定为有多少可以“打开的门”。① 并且说：“若要坚持主张将自由的价值等同于一个自由选择之领域的价值，实际上就是一种自我实现的学说……并主张这更接近于积极自由而不是消极自由，对此我不会有很大的反对。”② 他也曾用消极（负面）的方式来解释两种自由：“自由概念的本质，不论在其‘积极’还是‘消极’的意义上，都是抵挡（holding off）某物或某人——抵挡试图闯入我的领地或对我施加权威的人，或者抵挡幻想、恐惧、焦虑、非理性的力量之类的入侵者或专制者。”③

显然，伯林早已意识到，消极自由有积极的面向，而积极自由也有消极的面向，因此，他不会对麦卡勒姆（MacCallum）1967年发表的著名批评文章感到意外。麦卡勒姆认为只存在一种“三位一体”的自由（自由总是某人摆脱什么、去做或不做什么的自由）。④ 他的批评并没有说服伯林，但却以更为精致的方式挑明了伯林已经意识到的问题：仅仅依据“消极”与“积极”的分野无法有效地阐明伯林意欲区分的两种自由概念。伯林仍然确信，积极自由与消极自由是两种不同的自由概念，无法在麦卡勒姆的“三位一体”的框架中合二为一。但对于如何恰当地阐明两者之间的区别，他自己有些举棋不定。

在更早期的作品中，伯林曾使用过几对概念（“自由主义的自由”与“浪漫主义的自由”，“政治自由”与“道德自由”，“法理自由”与“道德自由”）来辨析两种自由的区别，但没有找到完全令人满意的术语，因而只是出于“遵循先例”的方便，沿用了“积极自由”与“消极自由”这一对术语。⑤ 在《自由论》一书中，伯林尝试过多种不同的表述。有时，他认为两种自由的概念源

---

① 参见［英］以赛亚・伯林：《自由论》，36、46页。

② ［英］以赛亚・伯林：《自由论》，60页；Isaiah Berlin, *Liberty*, p. 53。

③ ［英］以赛亚・伯林：《自由论》，231页；Isaiah Berlin, *Liberty*, p. 204。

④ Gerald C. MacCallum, "Negative and Positive Freedom," *Philosophical Review*, 1967 (76), pp. 312－334.

⑤ 参见［英］以赛亚・伯林：《浪漫主义时代的政治观念》，王岽兴、张蓉译，北京，新星出版社，2011。

自不同的问题意识，消极自由着眼于“不被干涉”的“领域”，而积极自由主要着眼于自由（或不自由）的“根源”。[①] 两种自由对应于不同提问及回应方式：消极自由追问的是“政府干涉我到何种程度”或者“我能够自由地做或成为什么”；而积极自由主要关切的是“谁统治我”或“谁告诉我我是什么不是什么，能做什么不能做什么”。两种问题具有“逻辑的差异”，虽然它们的回答有可能重叠。[②] 有时，他主张积极自由的含义源自“成为自己的主人”，希望自己“成为一个主体，而不是客体”，而消极自由是“不受别人阻止地做出选择的自由”，并认为两种自由的概念初看起来逻辑上的差距并不大。[③] 还有些时候，他将消极自由理解为（法律所保障的）个人自由，而将积极自由对应于“民主的自治”或“自我管理”，认为它们之间没有必然的关联。[④]

伯林的两种自由的概念引起了持久而广泛的讨论。积极自由与消极自由是两种相互独立的自由概念吗？倘若如此，它们各自的含义以及区别究竟是什么？对此学者之间存在着争论。比如，斯金纳（Quentin Skinner）反对麦卡勒姆的批评，认为伯林对积极自由的理解无法被纳入那种三位一体的自由概念。斯金纳指出，伯林将自由的积极含义解释为“成为自己主人的观念”，但其真正的含义是指“控制你的自我”，虽然这种观念仍然可能落入（消极的）摆脱强制的观念，但伯林借助这个观念暗示了“成为自己”等同于“自我实现”，这是“处于最佳状态的我的这样一种自我观念”。在斯金纳看来，这才是一个独立的积极自由的概念。[⑤] 而泰勒（Charles Taylor）认为，伯林对两种自由的区别实际上在于消极自由是一个“机会概念”（an opportunity-concept），而积极自由是一个“实施概念”（an exercise-concept），这似乎确认了伯林自己所说的“自由是行动的机会，而不是行动本身”[⑥]。但在泰勒看来，消极自由未必要依赖于这样一种“机会概念”，因为它也包含“自我实现的概念”，因此借用“实施”与“机会”概念差异也难以厘清两种自由的区分。[⑦]

那么，如何才能恰当地阐明伯林所称的两种自由的概念？无论是伯林自己

---

① 参见［英］以赛亚·伯林：《自由论》，189、198页。

② 参见［英］以赛亚·伯林：《自由论》，40、189、198～199页。

③ 参见［英］以赛亚·伯林：《自由论》，200页。

④ 参见［英］以赛亚·伯林：《自由论》，59、198页。

⑤ 参见［英］昆廷·斯金纳：《第三种自由概念》，见应奇编：《第三种自由》，138～139页，北京，东方出版社，2006。

⑥ ［英］以赛亚·伯林：《自由论》，39页。

⑦ 参见［加］查尔斯·泰勒：《消极自由有什么错?》，见应奇、刘训练主编：《后伯林的自由观》，168～169页，南京，江苏人民出版社，2007。

的阐述还是学者们的各种评论，似乎都还未能提出任何一个完全令人满意的表达。在此，我们提出一个可能的解说方式，它本身并不完善，也未必优于其他学者的阐述，但有助于澄清和归纳伯林意欲阐明的两种自由之间的几项主要的区别。我们的解说方式借助了麦卡勒姆的论证框架和其中的三个变量。

麦卡勒姆认为，社会和政治的自由“始终是指行动者摆脱某些强迫或限制、干涉或妨碍，去做或不做什么、成为或不成为什么的自由。因此，这种自由始终是某人的（of）摆脱（from）什么、去（to）做或不做什么、成为或不成为什么的自由；它是一种三位一体的关系。用一个公式来表示就是：‘X 在摆脱 Y 去做（或不做、成为或不成为）Z 上是（或不是）自由的’，这里，X 代表行动者，Y 代表诸如强迫、限制、干涉和妨碍这些‘约束性条件’，而 Z 代表人或环境的行动或条件”①。

我们可以在这个概念框架中，对照伯林所指的“消极自由”和“积极自由”② 在 X、Y 和 Z 这三个变量上的不同“取值”（理解或观念），来区分两种自由的概念。假定自由是指 X（行为主体）摆脱 Y（障碍）得以达成 Z（行动、条件或状态），那么，消极自由与积极自由对 X、Y 和 Z 的理解分别具有以下彼此不同的特征。

首先，变量 X 是指行为主体（个体或群体）。在积极自由的概念中，X 常常是一个二元分立的主体：一面是“真实的”“高级的”“理性的”自我，一面是“虚假的”“低级的”“非理性的”自我。故而，行为主体的愿望也有相应的区分。自由并不是满足碰巧出现的一切（实际的）欲望，而是指向实现真实的、高级的或理性的愿望，这往往意味着不是去“屈从”而是克服低级的和非理性的欲望。而在消极自由的概念中，X 是一个如其所是的“经验自我”（或“现象自我”），内部可能存在着多重紧张，但 X 并不因此而分裂为具有高低之别的双重自我。自我的愿望或欲求是多样的，彼此之间也可能冲突，但它们之间是否有真假、高低或对错之分与消极自由并不相关。自由意味着实现这些愿望的可能。换句话说，自我产生的欲求是如其所是的“实际的（actual）愿望”，而不关心这种实际的愿望（在道德或哲学意义上）是不是“真正的（real）愿望”。

其次，变量 Y 指 X 需要免除或摆脱（free from）的障碍。从积极自由的角

---

① ［美］杰拉尔德·麦卡勒姆：《消极自由与积极自由》，见应奇编：《第三种自由》，41 页。

② 本章以下使用的“消极自由”和“积极自由”，特指伯林本人试图阐释和区分的两种不同的自由概念。

度看，Y 一方面似乎是非常宽泛的。凡阻碍或限制了实现“真正愿望”的因素都是自由的障碍。这些障碍可以是 X 内部（生理和心理）的缺陷，或其本身能力的缺乏，也可以来自 X 的外部（自然的和人为的）。但另一方面，积极自由概念中的 Y 又相当狭隘。比如，强制未必都是自由的障碍，如果是对虚假、低级和非理性的欲望所施加的限制，那么这种强制不仅不是实现自由需要摆脱的障碍，反而有益于实现自由。而对消极自由来说，“障碍”需要满足一些特别限定才称得上对自由构成了障碍。伯林对 Y 做出了四项限定，分别是外部性限定、人为性限定、机会限定和重要性限定。Y 必须是人所面对的外部障碍，而非其内心的障碍；障碍必须是人为（有意或无意）造成的，而不是自然或偶然存在的；Y 不必对 X 的实际行动构成实际的阻碍，只要剥夺或限制了 X 行动的可能（options）或机会（opportunities）就构成了障碍；被剥夺或严重限制的那些机会或可能性应当是重要的，不仅对 X 的特定偏好而言，而且在其所处的文化或社会环境中也被视为重要的。

最后，变量 Z 是指 X“得以”（free to）实施的行动或达成的处境（条件）。对积极自由而言，Z 具有一种总体性的要求：真正的“自主”“做自己的主人”或“自我实现”。在这个意义上，自由就是得以开展或达成与这种总体性要求目标相一致的行动或状态。而消极自由的目标要求则相对含混，Z 可以说是获得和维持一个相对不受干涉的独立领域、范围或可能性（“可以打开的门”），在其中 X 得以如其所愿地做出实际的和潜在的选择。自由意味着拥有足够大的这样的领域，但 X 未必需要实施行动，其目标也未必是明确的。就变量 Z 而言，两种自由的概念具有某种非对称性（积极自由要求明确的肯定性目标，而消极自由则不需要），这是伯林一个重要却未被充分阐明的洞见（本节最后将予以讨论）。

借用麦卡勒姆的三变量结构，我们综合性地重构了伯林对两种自由概念的主要（并非全部）界定性特征。[①] 但这只是可能的阐释方式之一。由于伯林的表达具有一定的含混甚至自相矛盾之处，所以任何重构都不可能完全令人满意（获得所有相关文本证据的支持）。但这种对比方式至少能够帮助我们理解伯林力图阐明的消极自由的特定性（specificities）。以这些特定性来看，许多让人感到“不自由”的状态与伯林所界定的消极自由无关。比如，我想要戒酒但缺乏坚定的意志，或者我向往纯洁的宗教生活，但我沉湎于声色犬马的诱惑，于

① 需要指出的是，伯林对两种自由概念的区分或许要求同时满足上述三项变量的全部观念差别，而不能化约为其中任何一个单独变量的不同理解。

是处在内心的冲突和挣扎之中；我想要独立行走，但我身体有残疾，或者我想要成为钢琴家，但我缺乏特殊的音乐才能：这些障碍都阻碍了我实现自己的愿望，但没有满足“外部性限定”，因而与（消极）自由无关。我要出门散步，但正好遇到大暴雨；我想要和恋人随时相聚，但我们身处两地，远隔千山万水；我想要周游世界，却没有足够的财富：这些障碍虽然是外部的，但不是他人“人为”制造的结果，因此也与（消极）自由无关。①

当然，所有这些不利因素都会妨碍我们追求美好的生活，或对我们造成严重的挫折，我们甚至会在日常语言中用“不自由”来形容这些遭遇挫折的处境。伯林从未否认这些问题的重要性和真实性，但除非这些障碍是外在的和人为造成的，否则在他看来它们就都不是与自由尤其不是与政治自由相关的问题。（消极自由之外的问题未必一定落入积极自由关注的领域，因为这两种自由的概念并没有穷尽所有与自由关联的问题领域。）伯林对（消极）自由概念附加了各种限定，这显示了他在哲学上格外敏感于概念的特定性，因为他相信唯其如此，理论才有助于澄清和把握经验世界。人类生活会面对各种各样的挫折，但将这些不可欲的挫折状态都视为“不自由”或“缺乏自由”，则会在概念上导致笼统化的混乱。这既无益于我们理解何为自由，也无法帮助我们战胜这些挫折。缺乏自由只是各种各样不可欲状态中的一种，它并不是唯一的（有时也不是最重要的）挫折。而只有当我们澄清了自由（尤其是政治自由）的特定含义，我们才可能理解争取自由意味着什么，也才能更有效地追求自由。

总的来说，伯林对消极自由的解释较为具体和周全，而对积极自由（确真含义）的阐述则相对笼统，他着眼于自我主导或自我实现这一典型类别，而将大量的篇幅用以揭示积极自由的扭曲形态和滥用的后果。于是，我们需要转而讨论自由的扭曲形态。

二、自由的扭曲与滥用

伯林对自由的论述有其复杂性、含混之处以及某些表述缺陷，这造成了各种误解和阐释的困难。要澄清伯林关于两种自由以及它们对政治实践之影响的思想，我们需要分别把握他三个层次的论题：（1）两种自由是同等重要的终极价值；（2）两种自由都有可能被扭曲和滥用，但积极自由的滥用更具有欺骗

---

① 参见［英］以赛亚·伯林：《自由论》，190～191页。

性；（3）消极自由比积极自由更接近自由的“原初”含义。

首先，伯林对自由的阐释根植于他深信不疑的价值多元论：人类生活存在着多种无法彼此化约的终极价值（这是本章下一节讨论的主题）。据此，伯林主张，免于人为干涉的消极自由与自我主导的积极自由，都是值得追求的真实的人类价值。他意识到，许多人将《两种自由的概念》解读为“反对积极自由，无条件地为消极自由辩护”，对此他明确表示：“这不是我的初衷……我并不是在为与其‘积极的’孪生兄弟相对立的‘消极’（自由）概念提供空白的背书，因为这本身恰恰会构成整个论证所针锋相对的那种不宽容的一元论。”[①] 伯林反复澄清：“‘积极’自由是一种普遍有效的目标。我不知道我为何被说成是对此表示怀疑的。”[②] 在伯林看来，两种自由在原则上没有高下之分，“在历史和道德意义上，都有同等权利被归入人类最为深刻的利益之列”[③]。它们在不同的具体情境下可能呈现为不同形态的关系：可能互补，可能相容，可能冲突，也可能相互独立。既然如此，为什么伯林会给人留下“偏爱消极自由而反对积极自由”的强烈印象？要回答这个问题，我们需要进入他第二个层次的论述。

伯林认为，两种自由都有各自“确真的”含义，也都有其偏离（扭曲或堕落）的形态，因此都可能被滥用。但相较而言，对积极自由的滥用往往更具有伪装性，危害也更大。

> 积极自由的观念确实发生了变态而走向其反面——对权威的尊崇神化，这长久以来已经成为我们这个时代最为熟悉、最具压制性的现象之一。而无论出于何种理由或原因，“消极”自由的观念（……），无论其各种放纵形态的后果多么具有灾难性，在历史上却未曾像其对应的“积极”观念那样，如此经常或有效地被它的理论家们扭曲，变成如此晦暗的形而上学之物，或如此社会性的险恶之物，抑或如此远离其原初意义的东西。后者（积极自由）可以被转变成它的对立面，却仍然能利用与其纯真起源有关的有利联系。前者（消极自由）则更为经常地被视为（无论是好是坏）如其所是的东西，而对它蕴含的灾难性影响的强调，在过去数百年间从未缺失。因此，揭露积极自由的种种失常，在我看来要比揭露其消极兄

---

① ［英］以赛亚·伯林：《自由论》，56页，注46。

② ［英］以赛亚·伯林：《自由论》，44页。

③ ［英］以赛亚·伯林：《自由论》，239页；Isaiah Berlin，*Liberty*，p. 212。

弟的失常更为必要。①

伯林之所以要将批判的主要篇幅和着力点置于积极自由（而非消极自由）的扭曲和滥用，是由于积极自由可以在被完全颠倒的同时仍然保有“自由”的纯真名号，并继续以自由之名犯罪行恶。而相比之下，消极自由造成的危害远不具有那么强的欺骗性，因此更容易被人识破，也从来不缺乏对它的揭露与批判。

那么，为什么积极自由更容易被歪曲和滥用？在此，伯林的经验主义取向是至关重要的。在他看来，政治理论需要概念的抽象化建构，其中总是蕴含着风险。正当的理论建构基于人类的生活经验，通过概念化的抽象能够更为有效地理解和解释经验世界。而不正当的理论建构，虽然可能源自人类经验，却最终在不恰当的抽象化过程中背离或扭曲了经验世界。积极自由的概念更容易陷入这种不幸的命运，很大程度上是因为它比消极自由的概念离经验世界更远。

一个人在某时某刻有某种“欲求”，只要这种实际的欲求（不论好坏）没有受到人为的外部干预，那么以消极自由的观点来看，此时此刻这个人就是自由的，这在经验上相当直接而明确。但若以积极自由的观点来考察，情况就复杂得多，需要探究这种实际的（actual）欲求的品质：它究竟是来自“真实的自我”“高级的自我”或“理性的自我”的真正的（real）欲求，还是出自“虚假的自我”或“低级的自我”的某种“非理性的冲动，不受控制的欲望”？根据积极自由的自我主导（自我掌控）原则，一个人只有在“自主”的时候才是自由的，这就是说，当一个人遵循自己的真正欲望，亦即他自己的理性信仰时，他才是自由的。而虚假的自我在本质上是对真实自我的背离，满足虚假的欲求在本质上背离了自我主导，因而是对自由的否定。相较而言，实现积极自由的条件和路径也更为复杂，甚至在直觉经验上可以是反（消极）自由的。

显然，积极自由诉诸一种更为抽象的形而上学的自我概念与自我主导的概念，这往往暗示着“人针对其自身分裂”，在历史、学说和实践中，都很容易导致人的二元分裂：“超验的主导性的控制者，以及有待被规训并使其就范的欲望与激情的经验集合。”② 一面是作为主人的“至高自我”或“更高级的”“真实的”或“理想的”自我；一面是需要被统治的“低劣的日常自我”或

① Isaiah Berlin, *Liberty*, p. 39. 这段引文由笔者重新翻译。中译本的相应段落有一处误译和一处遗漏（参见［英］以赛亚·伯林：《自由论》，44～45页。）

② ［英］以赛亚·伯林：《自由论》，203～204页；Isaiah Berlin, *Liberty*, p. 181。

“更低级的”“经验的”“心理的”自我或天性。[①] 伯林认为，“两种自我”的形而上学观念由来已久且广泛存在，影响深远。它起初并非没有经验的基础，源自人们多少都会有的“内在紧张的真确经验”。但这种经验经过一系列貌似深刻的抽象化建构，最终可能完全背离了人们的经验世界，将“更高级的”自我等同于“体制、教会、民族、种族、国家、阶级、文化、政党”以及诸如“公意”“最进步阶级的先锋队”或“神意的显现”等含混的实体。那些倾向于形而上学的论者，将自由理解为“真实自我的实现——不是在个体之中，而是体现于比有限个体的时空经验更广泛的制度、传统和生活形式之中”[②]。这就为扭曲和操纵留下了巨大的空间，“自由就可以被造就为意指操纵者所想要的任何含义”[③]。

伯林辨识了积极自由的两种典型的扭曲形态，在思想史和政治实践的历史上造成了深刻的影响。其一是所谓“向内迁移”的形态：由于真正的自我主导在现实中难以实现，因而转向“退回内在城堡”的遁世主义。古希腊的斯多葛哲学以及佛教都体现了这种类型。在此，自我主导的最佳方式不是实现欲望，而是最大限度地抑制甚至消除欲望本身。这种“积极自由”不是取“自由地去做”（free to do）的方式，而是取“自由地不去做”（free NOT to do）的形态，至少从外部的经验视角来看，转变为“极度消极的自由”，类似于所谓“无欲则刚”：对财富的欲望可以通过鄙视金钱来消除，路障的阻挡可以通过不想上路来克服，暴政的威胁可以通过转变内心原初的政治理想来避免。凡此种种是主张“我必须教会自己不去欲求我无法拥有的东西，一个被消除或被成功抵制的欲望和一个被满足的欲望一样好”，这等同于那种酸葡萄学说：“没有把握得到的，就不会是我真正想要的。”[④] 由此，我们因为没有屈从于自己的欲望而成为自己的主人。“如果我发现对于我意愿之事力不从心或完全无能为力，那么，我仅仅需要收缩或灭绝我的意愿就能获得自由。”[⑤] 在这种向内迁移的模式中，争取自由的事业不再是针对外部障碍的政治斗争，而是转移到自己内心世界的道德努力，它不仅可以回避或放弃抵抗外部的强制，甚至可能要求外来的干涉和强制，以此来帮助自我去消除那些内心的低级欲望。

---

① 参见［英］以赛亚·伯林：《自由论》，41 页；Isaiah Berlin，*Liberty*，p. 36。

② ［英］以赛亚·伯林：《自由论》，41～42 页；Isaiah Berlin，*Liberty*，pp. 36 - 37。

③ ［英］以赛亚·伯林：《自由论》，204 页；Isaiah Berlin，*Liberty*，p. 180。

④ ［英］以赛亚·伯林：《自由论》，209 页；Isaiah Berlin，*Liberty*，p. 186。

⑤ ［英］以赛亚·伯林：《自由论》，210 页；Isaiah Berlin，*Liberty*，p. 186。

积极自由的第二种扭曲形态是将“真正的自我”等同于集体的“大我”，理解为某种个人置于其中而高于个人的“社会整体”：部落、种族、教会、国家，等等。而“真正的自由”则体现为与某种国家意志、集体意志或某种规律的同一化。伯林指出：“一旦我采取这样的观点，我就处于这样一种位置——忽视人们或社会的实际愿望，以他们‘真实的’自我之名并代表他们的这种自我，去欺凌、压迫、折磨他们，并确信自己知道：无论一个人的真正目标是什么（幸福、履行责任、智慧、公正社会、自我实现），该目标必定与他的自由相一致，这自由是他‘真实的’（却常常是潜伏的、难以言说的）自我的自由选择。”[①] 极权主义以及各种对人的奴役往往通过这种观念得到辩护。这种形态的积极自由滥用典型地体现为“自由即强制”。个人虽然在表面上受到了外部的干涉与强制，但这种强制“在本质上”迫使他避开虚假自我的诱惑和陷阱，使得他能够遵循“真实”自我的意志去行动，从而在本质上达成了自由。强迫变成了自由，这就是卢梭所谓“强迫人们自由”的含义。于是积极自由就产生了这样一种扭曲过程：“起初作为自由学说的东西结果转变为权威的学说，而且常常成为压迫的学说，并成为专制主义偏爱的武器，这种现象在我们自己的时代太过熟悉了。”[②]

与此同时，伯林也提醒我们，消极自由无法摆脱被扭曲与滥用的厄运（虽然更少欺骗性也就更容易被识别）。首先，伯林指出，消极自由并不能免于“自我的形而上学理论”的影响，这一点往往被人忽视。[③] 自我分裂的二元论所导致的“魔术般的转变”或“戏法”，也“无疑能够同样容易地侵入‘消极’的自由概念”。或许是由于“低级欲望”往往比“高级欲望”更容易受到外部的干扰，因此免于外部干涉（消极自由）的动机，也可能借用自我的二元论而“退入内心的城堡”，由此“摆脱”外部的干涉。但这是消极自由的扭曲形态，因为这种“免于干预的自我”不再是具有“实际愿望与需求的个体”，而变成所谓内在的“真正的”人，他“追求的某种理想目标是他的经验自我未曾梦想过的”。此外，如同在积极自由概念中发生的扭曲一样，消极自由也有可能将“真正的自我”理解为超越经验自我的集体“大我”。[④] 但伯林认为，“这类似是而非的论证和惯用戏法”较少用来掩饰与消极自由兼容的罪恶，而更多地为

① ［英］以赛亚·伯林：《自由论》，202页；Isaiah Berlin，*Liberty*，p.180。
② ［英］以赛亚·伯林：《自由论》，42页；Isaiah Berlin，*Liberty*，p.37。
③ 感谢哥伦比亚大学政治学系林垚博士提醒我注意到相关的文本段落。
④ 参见［英］以赛亚·伯林：《自由论》，203页；Isaiah Berlin，*Liberty*，p.181。

“更凶险形式的积极自由的拥护者所利用”[①]。

然而，伯林从未否认消极自由在实践中被滥用的大量事实，尤其是在经济领域内，可能造成了严重的非人道状况。他当初在1958年的演讲中之所以没有对此多着笔墨，只是由于他“原以为”这一切都十分明显，已为人所共知：“我原以为，今天已经不必去强调经济个体主义与无约束的资本主义竞争的那些血淋淋的故事。……我原本假定，对于在无拘束的经济个体主义支配下个人自由的命运，都已经被关切这一主题的几乎所有严肃的现代论者说得足够多了。”[②]但无论前人的批判是否充分，伯林自己必须为此“补刀”，否则便涉嫌为消极自由作“空洞的背书”。于是，伯林在新版的《导论》中以相当的篇幅集中历数了消极自由的局限性以及对它的滥用可能带来的各种弊端，主要包括以下三个方面（这些观点实际上也出现在他最初演讲的不同段落之中）。

首先，“信奉消极自由兼容于各种严重与持久的社会之恶，并对其产生起过作用（就观念对行动的影响而言）”。倡导不干涉的自由曾被用来支持各种弱肉强食的“在政治和生活意义上具有毁灭性的政策”。伯林很清楚，“法律自由”本身并不能防止而是可能兼容于“极端的剥削、残暴和不义”[③]。的确，消极自由很难兼容于某种“特定类型的独裁”或“自治的缺乏”，却可兼容于某种暴君统治。这种暴君可以让其臣民享有广泛的个人自由，但完全可能是“不公正的，或鼓励最野蛮的不平等，对秩序、美德和知识漠不关心”[④]。因此，与他的“思想盟友”哈耶克不同，伯林在社会经济政策上倾向于社会民主主义。他相信，我们有“压倒性的强有力的理由，来支持国家或其他有效机构的干预，以便保障个体（获得）积极自由以及至少最低限度之消极自由的条件”。他甚至认为，“出于对消极自由主张的考虑”也同样可以有效地构成支持的理由，用来支持“社会立法和规划、福利国家和社会主义”。如果这在历史上并不常见，那么是因为“消极自由概念作为武器所直接反对的罪恶，不是自由放任，而是专制主义”。在伯林看来，“过度的控制与干涉”和“不受控制的‘市场’经济”都是危险的，分别与两种自由概念各自的堕落形态有关。但在特定的历史时期，某一种危险更值得关注。伯林相信在自己所处的“当前”（20世纪60年代），“‘积极’自由的修辞，至少是以其扭曲的形态……继续扮演着它

---

① ［英］以赛亚·伯林：《自由论》，43页；Isaiah Berlin，*Liberty*，p. 37。

② ［英］以赛亚·伯林：《自由论》，43页；Isaiah Berlin，*Liberty*，p. 38。

③ ［英］以赛亚·伯林：《自由论》，42～43页；Isaiah Berlin，*Liberty*，pp. 37－38。

④ ［英］以赛亚·伯林：《自由论》，198页；Isaiah Berlin，*Liberty*，p. 176。

的历史角色（同时在资本主义和反资本主义的社会中）：以更广泛的自由为名，充当专制主义的外衣”①。因此，伯林之所以更为关注积极自由滥用的危险，有其对历史特定性的把握，而不是出于理论的一般原则。

其次，消极自由并不总是“每个人的第一需要”。伯林早就指出：“对于衣不遮体、目不识丁、处于饥饿与疾病之中的人们，提供政治权利或保护他们不受国家的干涉，等于是在嘲笑他们的处境。在他们能够理解、运用和增进他们的自由之前，需要的是医疗救助或教育。”② 在后来的《导论》中他重申，对这些穷苦和弱势者而言，“享有如其所愿地花钱或选择教育的法律权利”变成一种“可恶的嘲讽”。如果无法对个人或群体提供行使消极自由的最低条件，那么消极自由“对于那些或许在理论上拥有它的人来说，便没有多少价值或毫无价值”。这在伯林看来是如此显而易见，以至于原本以为不必老调重弹。③

最后（在笔者看来也是最重要的），伯林还提到了与托克维尔类似的忧患：消极自由的滥用最终有可能会危及自由权利本身，进而危及民主制度。他感到自己有必要“更为明确”地指出：“无约束的自由放任（unrestricted laissez-faire）的恶，以及允许和鼓励这种恶的社会和法律体制，导致了粗暴违背‘消极’自由——违背各种基本人权（这总是一个消极概念：一道抵御压迫者的墙），包括自由表达和结社的权利，而没有这些权利，或许还能存在正义和友爱甚至某种幸福，但不会存在民主。”④

三、自由原初的含义

依据伯林最明确的表述，两种自由都是重要的终极价值，在原则上没有高低之分，它们在实践中都有可能被扭曲和滥用而造成社会灾难。就这两方面而言，伯林在两种自由之间没有明确的倾向（除了警示积极自由的滥用更具欺骗性之外）。然而，在他看来，消极自由比积极自由更接近自由“更为基本和更为日常的含义”或原初意义。正是在这个意义上，伯林的确倾向于肯定消极自由，或者说，人们对于伯林“支持消极自由，反对积极自由”的普遍印象，并不完全是流行的误解。既然两种自由各有其价值，也各有其局限，那么为什么伯林要倾向于以消极的方式来理解自由？为什么智慧敏锐的伯林要坚守这样一

① ［英］以赛亚·伯林：《自由论》，43～44页；Isaiah Berlin，*Liberty*，pp. 38－39。
② ［英］以赛亚·伯林：《自由论》，192页；Isaiah Berlin，*Liberty*，p. 171。
③ 参见［英］以赛亚·伯林：《自由论》，43页；Isaiah Berlin，*Liberty*，p. 38。
④ ［英］以赛亚·伯林：《自由论》，43页；Isaiah Berlin，*Liberty*，p. 38。

个似乎问题重重的消极概念？在此，我们需要进入伯林自由论述的第三个层面，即理论概念与经验世界的关联。他的根本问题意识是要让自由的概念“落地”——最大限度地贴近人们的日常生活经验。

“自由”这个名词被用来表达如此多样的（个人或群体的）状态、愿望和理想，什么才是它最恰当的含义和用法？在伯林的视野中，存在着一种普遍、深刻、强烈而朴素的人类体验，一种否定性的（消极的）体验——强制，奴役是其极端形式。作为一种跨文化和跨历史的普遍经验，强制是不可化约的人类苦难（human suffering），而与此共生的反对强制（“我不愿意!”或“不要强迫我!”）也是普遍存在于所有年代和所有文化中的人类经验。在伯林看来，摆脱强制在描述意义上是一种真切和原初性的人性愿望，在规范意义上它直接关涉个人尊严的基本（底线）价值。如果需要为它命名（作概念化的表达），那么将“自由”这个词留给这种经验和价值是最为恰当贴切的：“自由的根本意义是摆脱枷锁、摆脱囚禁、摆脱他人奴役的自由。其余都是这个意义的延伸，如若不然，则是某种隐喻。”[①] 自由当然可能（实际上已经）被用来表达其他的经验或价值（“自我主导”“解放”或“道德胜利”等），而且并非没有其理据。但伯林坚持认为，在自由的“家族概念群”所指涉的种种人类经验中，他所界定的“消极自由”对应了最基本（低位）、最切近、最直接相关的体验，这就是伯林所谓“自由的更加基本的意思，以及胜利的更加日常的意思”，必须区别于“精神的自由”（如“道德的胜利”）。[②]

伯林认为，自由不能被界定为“任何一种挫折的缺乏，这会让这个词的意义膨胀起来，直到最后它的含义不是太多就是太少”[③]。将摆脱强制作为自由的原初经验，并以此为基础，将自由（以否定性的方式）界定为“外部人为干涉或强制的缺乏”，就赋予自由明确而特定的意义。这将有益于避免概念笼统化所造成的理论混乱，同时也有助于在实践中辨识“假自由之名行反自由之实”和伪装欺骗。[④] 伯林当然承认，在某些特定的情况下，强制可能是必要的，消极自由可能需要（或应当）向其他价值让步，甚至做出牺牲。但是他反复揭露并严厉抵制一种似是而非的修辞术或者一种“概念魔术”——能够将牺牲“转译为”所谓“更高的实现”。他要强调的是，如果自由必须被牺牲，我们就应

① ［英］以赛亚·伯林：《自由论》，54 页；Isaiah Berlin，*Liberty*，p. 48。

② 参见［英］以赛亚·伯林：《自由论》，36 页；Isaiah Berlin，*Liberty*，p. 32。

③ ［英］以赛亚·伯林：《自由论》，192 页；Isaiah Berlin，*Liberty*，pp. 171–172。

④ 参见［英］以赛亚·伯林：《自由论》，36 页；Isaiah Berlin，*Liberty*，p. 32。

该说“这是牺牲了自由”换取了安全、秩序或别的什么。必要的牺牲仍然是牺牲，而不能被误作或谎称为获得了“更高的自由”。如果一个人因为幼稚、蒙昧或困于非理性的冲动之中，必须通过强制才能使他免于灾难，那么我们就应该说，这是为了他自己的利益而对他实施了强制。但正当的强制也依然是强制，而不能被曲解为“顺应了他真正的意愿”——这是他内心“真正的”意愿（虽然未被他自己意识到），并进一步将此曲解为他“在本质上”没有受到强制，因此“在本质上”就是自由的。[①] 诸如此类的修辞术（在最极端的扭曲情况下）甚至可以将强暴“阐释”为满足了受害者最深层而隐秘的愿望。伯林看到，现代（尤其是 20 世纪）政治历史中，最为触目惊心的一幕就是以自由为名实施强制，并将强制的结果宣称为“真正的自由”。这些政治灾难在理论上源自种种背离经验世界的自由概念以及对自由概念的扭曲和操纵，这正是伯林深恶痛绝的“概念的魔术或戏法”。去除这些魔术或戏法的魔力，正是伯林执意要以消极的方式来界定自由的用意之一。

当然，消极自由并不是人们追求的唯一价值，在许多情况下也不是最优先的价值。一个人获得了摆脱强制的自由，未必就拥有幸福的人生。但缺乏这个价值，他的生活总是在某种重要的意义上是残缺的，因为他处在“不愿意”的境遇之中。无论外人的强制有多少正当或伪装的理由，他“自己是否愿意”对他的生活仍然足具分量。虽然在许多情况下，这种自由的价值需要或不得不与其他价值作权衡与妥协，但自由的分量仍然不可抹去。无论是谁，无论出于何等高尚的动机，要根本抹去这个价值的分量，那就是“对如下真理的犯罪：他是一个人，一个要过他自己生活的存在者”。伯林很清楚，这个真理是一种个人主义的观念，当然备受争议。然而，“每一次对公民自由与个人权利的呼吁，每一次反对剥夺和羞辱、反对公共权威的侵蚀或者反对习惯或组织化的宣传给大众催眠的抗议，都起源于这种个人主义的且备受争议的人的观念”[②]。在伯林心目中，个人的自我意愿如此之重要，以至于因为尊重它所可能造成的错误（在通常的情况下）远远不及违背它所造成的恶果严重。

此外，伯林将消极自由视为自由更基本的含义，可能还蕴含着一个重要却未被言明的观点，可以称为“否定与肯定的非对称性”[③]。简单地说，所谓非对

① 参见［英］以赛亚·伯林：《自由论》，202～203 页。

② ［英］以赛亚·伯林：《自由论》，196 页；Isaiah Berlin，*Liberty*，pp. 174－175。

③ 这一观点是笔者对伯林思想的一个尝试性的阐释，在既有的（笔者阅读所及的）伯林研究文献中尚未见到。

称性是指“negative”（否定的、消极的或负面的）与“positive”（肯定的、积极的或正面的）的判断并非处在同等（对称）的位置，前者比后者要求的依据或理由更少，也更容易达成。在日常经验中，知道“我不要什么”往往更确切和更容易，而知道“我要什么”则往往更复杂、更困难。一个人可能尚不明确自己“理想的职业究竟是什么”，却仍然清楚地知道自己不想从事的职业（“我不想做搬运工”或“我不愿意当会计”）；一个人未必清楚什么样的人才是自己的“理想伴侣”，但可以明确回绝某个追求者（“你不是我要找的那种人”）；一个人或许还不清楚自己的信仰或宗教，却能够断然拒绝某种教义或意识形态（“我就是不相信你这一套”）……在所有这些经验现象的背后，可能存在着深层的哲学和心理学的根据：在认识论上，有所谓“证实”与“证伪”的非对称性，在价值理论中，有所谓“非对称的实践理性”；在心理学中，这是所谓“坏比好更强”……它们在最近20年多个学术领域的研究进展中获得了更为明确和系统的阐释。①

没有证据表明伯林有机会了解相关的研究论述（除了他和卡尔·波普尔的交往之外），或许他凭借自己的思想史知识以及人生经历就洞察到否定与肯定之间的非对称性。虽然伯林对此没有做出明确的阐述，但他的某些文本段落暗含了极为类似的想法。伯林在反驳麦卡勒姆的一个注释中指出：“一个挣脱他身上锁链的人或一个抗拒奴役的民族，不需要有意识地追求任何确定的未来状态。一个人不需要知道他将会如何使用他的自由，他只是想要解除束缚。”② 与此类似，他在回应弗洛姆等人的段落中，指出自由是“行动的机会而不是行动本身”，也暗含着消极自由与积极自由的“非对称性”线索。③ 因为作为“行动本身”的自由要求明确的肯定性目标，而作为“行动机会”的自由则可允许人们“消极地”处在目标不明确的状态，但仍然拥有“存而不用”的自由权利。在笔者看来，伯林对消极自由概念的重视表明，他意识到了非对称性问题的重要性，他可能是20世纪第一位对此具有敏感性的政治思想家。而这种意识对

① 部分相关文献参见 Patricia S. Greenspan，and College Park，“Asymmetrical Practical Reasons，” in Maria E. Reicher and Johan C. Marek（eds.），*Experience and Analysis：The Proceedings of the 27th International Wittgenstein Symposium*，Vienna，OEBV&HPT，2005，pp. 387－394；Roy F. Baumeister，Ellen Bratslavsky，Catrin Finkenauer and Kathleen D. Vohs，“Bad is stronger than Good，” *Review of General Psychology*，2001（5），pp. 323－370；Maria Lewicka，Janusz Czapinski and Goudo Peeters，“Positive-negative Asymmetry or ‘When the Heart Needs a Reason’，” *European Journal of Social Psychology*，1992（22），pp. 425－434。

② ［英］以赛亚·伯林：《自由论》，41页，注39；Isaiah Berlin，*Liberty*，p. 36，note 1。

③ 参见［英］以赛亚·伯林：《自由论》，39～30页；Isaiah Berlin，*Liberty*，pp. 34－35。

于理解自由及其依据的人性假设具有至关重要的意义，自由不是具有“个人自主性”能力者的特权，那些未能达到充分自主性的个人也具有正当的理由拥有自由的权利。这在我看来是伯林消极自由观中一个隐而未发的重要论题，也预示了伯林对启蒙理性主义的怀疑立场。

每一种自由观念都有其背后的人性概念。自我主导的积极自由观（“我要支配自己的人生”）与摆脱强制的消极自由观（“我不想让别人支配我的人生”）各自对应着不同的人性假设。启蒙理性主义建基于“自主性”（autonomy）的人的概念是更高级的，要求人是一个能动主体（agency），具有理性反思能力和对能动性的自觉意识，这或许是内在于人的理性结构的一种潜力，但实际生活中的人往往无法达成这种自主状态。未知、未决、茫然、拖延、等待和试探等都是生命的基本状态。与许多启蒙主义的自由主义者不同，伯林不相信我们能够完全克服这种“蒙昧”状态而抵达自主。在他看来，所有这些幽暗不明的状态是存在论意义上的人性事实，无法还原为通向“自主性”或“自我主导”的探索过程。因此，他怀疑那种基于自主性假设的积极自由，它可能会背离日常生活中的经验世界而变得抽象与空洞。而在实践层面，积极自由论者需要回答一些重大的问题：我们应当如何对待那些“缺乏主导自己人生之能力的人”？他们应当被赋予自由的权利吗？或者只有在他们经过启蒙之后才能赋予他们自由的权利？如果启蒙无效，应当强制他们成为“自主的人”吗？伯林的消极自由观对此给出了一种回应。那些未能获得自主能力的人可以如是说：我虽然无法支配我的人生，但这绝不能成为别人强制我的理由（特别是以自由的名义），我仍然可以拒绝让别人来支配我的人生，因为虽然我还不能肯定“我要什么”，但我能够明确地否定强制，我知道“我不要什么”。

维护这种消极自由的理由，拒绝强制的理由，当然可以是我有自己（自主的）不同的理想追求。但伯林给出了更低位的理由，一种否定性的理由：在我不知道我要什么的情况下，在“不需要有意识地追求任何确定的未来状态”的情况下，在“不需要知道将如何使用自己的自由”的情况下，我仍然可能知道并且只需要知道我不要强制或束缚就够了，就有理由以自由的名义来拒绝强制或束缚。当然，“我渴望支配自己的人生”与“我不想让别人支配我的人生”，两者可以是一致的。但是，负面的表述比正面的表述更加基本。虽然肯定与否定的理由在许多情况下可以相互转译（translated each other），但有些否定性的理由不能被转译为肯定性的理由，也不需要以肯定的理由为前提。

在政治实践的意义上，消极自由观为一个非自由社会中的个人自由权提供了辩护。伯林在原则上并不反对启蒙主义理想，但他更敏感于人的现实处境，尤其是一个思想封闭社会的局限。人的自主与自觉是一种可欲的理想状态，但它无法仅仅依据个人的自我精神结构来达成。理性能力需要教育养成和启蒙，反思需要借助语言和视野，需要文化和价值资源，需要开放和对话的环境。所有这一切都是社会性的条件。而当人们处在一个压制性的、不利于“个人自主性”发展的社会环境中（比如伯林熟知的集权主义苏联），被强大的国家意识形态的话语环境包围，面对着一整套“伟大而绝对正确”的标准答案，许多人对于自己需要什么、珍视什么和信奉什么或者什么才是理想人生的理念，往往是虚弱的、幽暗的、迷茫的、未经反思的、不自觉的。在这种情况下，作为精神上的贫困者或弱势者，人们是不是能够要求自由的权利，凭借什么来争取自由？如果人们几乎没有积极的自主意识，难以提出正面的和理性的依据，是不是只能接受强者或者那套“标准答案”的要求？伯林的消极自由观蕴含的回答是：人们可以说“不!”，或者可以从说“不!”开始，这种否定性（消极）的要求本身就是在争取自由。也就是说，反对强制的消极自由并不要求以个人自主性为前提。①

第二节 价值多元论与当代政治哲学

伯林始终关注的另一个核心问题是“价值多元主义”或“价值多元论”(value pluralism)。有学者认为，这是“伯林最深层的理论信念，并塑造了他对自由的思考”。伯林赞赏消极自由“恰恰是因为这种自由能够让人们去追求多种多样的生活理念”②。伯林认为，人类的生活世界存在着多种不同的终极价值，这些价值是客观的或真实的，但它们之间常常无法公度（incommensurable)，也不能彼此兼容，甚至可能发生严重的冲突，导致某种无可挽回的损失。因此，价值的多样性作为生活世界的事实，要求甚至迫使人们必须做出选择，并为此承担责任。这就要求人拥有选择的自由（消极自由），并赋予这种自由

---

① 曾经流行过一种文化衫，上面印着“别理我，烦着呢”的字样。“烦着呢”并不是一个自主的状态，也并未彰显一种自主的渴望，但即便如此，仍然可以要求“别理我”，拒绝外来的侵扰。

② Charles Larmore, *The Autonomy of Morality*, New York, Cambridge University Press, 2008, p. 184.

以优先地位。然而，伯林提出的价值多元主义，尤其是对它与自由之间关系的论述，同样是备受争议的。首先，如果不同价值的相互冲突意味着“无可避免”的悲剧，那么为什么他始终反对价值一元论而坚持多元主义的立场？其次，如果价值是多元而不可公度的，伯林又何以能够主张（消极）自由具有普遍的优先性？最后，价值多元论与自由主义之间究竟存在着怎样的关系？价值多元主义是否可证成（justify）或推出其自由的价值？

政治哲学界对伯林的价值多元主义、自由主义以及两者之间的关系有着广泛的研究，为此展开了持久的争论。伯林是“自由多元主义”思想的原创论述者之一，触及价值冲突这一关键的现代性问题，围绕着伯林多样性论题的讨论，激发了政治理论对回应现代性困境的丰富探索。本节首先阐释伯林多元主义论题的含义及其蕴含的困境，并重提一元论与多元论的理论紧张，继而简要考察当代自由主义论述对多元性困境的几种回应，最后通过揭示伯林思想的内在紧张及其蕴含的启示，主张在“反基础主义”的理论视野中把握多元价值的冲突问题。

一、多元性论题及其双重悲剧性

我们生活在一个充满分歧与争议的世界。我们应当如何对待生活方式的多样性以及价值纷争的局面？这是伯林思想所针对的重要问题之一。在他看来，试图用某个特定的“善”（good）或价值来统领所有生活的目标，以求得社会世界的和谐与统一，无论这种企图是出于多么良好的意愿或以多么崇高的名义，都是极不可取的。这种信念被伯林称作“形而上学的一元论”，在理论上是一个严重的“概念性错误”（conceptual mistake）。

> 人类的目标是多样的，它们并不都是可以公度的，而且它们相互之间往往处于永久的敌对状态。假定所有的价值能够用一个尺度来衡量，以至稍加检视便可决定何者为最高，在我看来这违背了我们的人是自由主体的知识，把道德的决定看作原则上由计算尺就可以完成的事情。①

既然在有些不可公度的价值之间存在着根本的冲突，“那么，原则上可以发现所有价值都能和谐相处的模式这样一种观念，便是建立在关于世界本质的一种错误的、先验的观念之上”②。伯林认为，虽然“一元论以及对单一标准的

① ［英］以赛亚·伯林：《自由论》，244～245页。

② ［英］以赛亚·伯林：《自由论》，49页。

信念，无论对于理智还是对于情绪，常常是个深刻的满足之源”[①]，因此对人们具有强烈的感召力，但这种错误的信念在道德与政治实践中常常会造成巨大的人性灾难。20世纪极权主义所导致的惨痛悲剧为伯林的这一论断提供了有力的经验佐证。为了避免这样的人类悲剧，伯林反复地、不厌其烦地告诫我们：应当抗拒形而上学一元论的诱惑，以自由宽容的态度维护与包容多元的价值追求。这是伯林为人所熟知的价值多元论（value pluralism）的主张。这当然是一个极富洞见的论述，至今仍然具有重要的警策意义。

但是，多元价值共存的世界远不是令人乐观的。伯林同样反复地指出，多元价值冲突的局面也完全可能（甚至不可避免地）是悲剧性的：“在伟大的善当中，有一些是完全无法共存的。这是一个概念性的真理。我们注定要选择，而每一种选择都可能蕴含着一种无法弥补的损失。”[②] 这种“注定”（doomed）要做出的选择是严峻的，因为可能会牺牲我们所珍视的某种价值。而且对于应当如何做出选择不存在“先验的、原则上可以发现正确而具有结论性的方案”[③]。或者说，我们总是可能陷入进退两难的悖论（paradox）：“这种进退两难在逻辑上是不可解决的。”[④] 对此伯林给出了一些具体的例子：

> 在某一特定情形中，是不是要以牺牲个人自由为代价来促进民主？或者牺牲平等以成就艺术，牺牲公正以促成仁慈，牺牲效率以促成自发性，牺牲真理与知识以促成幸福、忠诚与纯洁？我想提出的简单观点是，在终极价值无法调和的情况下，从原则上说，是不可能发现快捷的解决方法的。[⑤]

我们可以辨别，伯林在其著作中实际上表达了两种强弱不同的“选择牺牲论”：有时，他使用“不一定能避免”或“可能难以避免”这种否定式的、较弱的说法（negative and thus weak version）；而在另一些情况下，他使用了肯定式的、较强的说法（positive and thus strong version）——“选择的需要，为着一些终极价值而牺牲另一些终极价值的需要，就成为人类困境的永久特

① ［英］以赛亚·伯林：《自由论》，244页。

② Isaiah Berlin，*The Crooked Timber of Humanity：Chapters in the History of Ideas*，New York，Alfred A. Knopf，1991，p. 13.

③ ［英］以赛亚·伯林：《自由论》，48页。

④ ［英］以赛亚·伯林：《自由论》，102页。

⑤ ［英］以赛亚·伯林：《自由论》，47页。

征”[①]。我们生活的世界是一个“我们要在同等终极的目的、同等绝对的要求之间做出选择，且某些目的之实现必然无可避免地导致其他目的之牺牲的世界”[②]。在肯定式的表述中，选择的必要性就无可避免地要导致牺牲的必然性。

由此可见，多元性论题中包含着内在张力。伯林一方面肯认多元价值的正当性，并坚决反对将多元价值“统合一体”的一元论主张。但与此同时，他也敏锐地意识到另一种困境，就是在不同的终极价值的冲突中做出抉择而不得不付出的牺牲。也就是说，伯林的多元性论题本身蕴含着双重悲剧的紧张：我们必须维护多元价值的正当性，以此避免一元论的极权主义悲剧，但多元价值之间的冲突意味着无法兼得的选择，会导致无可挽回的损失。

那么，哪一种悲剧更严峻？或者说哪一种损失更惨重？伯林又如何面对这种紧张呢？在他看来，一元论的观念更为危险，因为“这种信念要求个体为社会的自由牺牲自己”，而这种信念“与任何别的信念相比，对个体在伟大历史理想的祭坛上被屠杀负有更大的责任”[③]。我们完全可以理解，在经历了世界大战的浩劫之后，在身处冷战时代的危机之中，伯林对于纳粹德国以及苏联两种政体所造成的灾难具有极为强烈的警觉和批判。因此，他更为注重维护异端的权利，更为强调对多元价值的维护，从而主张一种自由多元主义（liberal pluralism）的立场。而对多元冲突所可能导致的牺牲抱以人性论的无奈，甚至愿意以此为代价，接受价值多元并存和纷争的局面。

但是，20世纪的历史悲剧不只有奥斯维辛和古拉格，还有卢旺达的大屠杀、巴尔干半岛的分裂，以及形形色色的“文明冲突”。如果脱离伯林所处的具体时代，将这一论题放置在当代语境之中权衡，我们是否确切地知道哪一种悲剧更为惨重？

在这里出现的理论问题是：如果在政治哲学层面上予以考量，一元与多元这两种悲剧或者说两种牺牲是可以公度的吗？如果把避免这两种牺牲看作两种相互竞争的人类目的——譬如，最典型的是，以强调秩序与稳定的威权政治来避免多元冲突造成的牺牲，以尊重与维护文化多样性的民主政治来避免个人自由的牺牲——这两种追求在观念层面上是否可以公度？我们有什么理由推论这样两种合理的目标之间可以用共同的尺度来衡量，而且可以做出高低之分的判断？这与伯林自己信奉的终极目的之不可公度的主张是否发生矛盾？伯林自己

① ［英］以赛亚·伯林：《自由论》，49页。
② ［英］以赛亚·伯林：《自由论》，241页。
③ ［英］以赛亚·伯林：《自由论》，169页。

选择了以消极自由优先为核心的自由多元主义来避免一元论的极权危险，这种选择的理据是什么，是来自哲学上的论证还是源于他对历史经验的认识与洞察？

伯林论题的内在紧张意味着多元价值的冲突可能仍然是政治理论悬而未决的难题，也是现实政治的困境之一。对于当代自由主义者来说，至少需要进一步探讨以下几个问题。第一，伯林是否证成以及如何证成他的自由多元主义立场？如果自由多元主义的主张无法在概念上证成（conceptually justified），那么自由主义作为一种政治方案就无法获得普世主义的优越性。第二，一元论与多元论所造成的两种危险何者更为严重？如果我们无法对此在一般原则上做出判断，那么要在价值一元论主导与多元论主导的政治方案之间做出选择，要么是任意武断的，要么只是在特定情境下才可能做出的合理选择，即这种合理性不具备普世主义的效力。第三，多元价值的冲突能否在一种政治方案中得到缓解？如果像约翰·罗尔斯试图证明的那样，多元价值之间的冲突可以在政治（公共）领域中得到原则上的和解（reconcile），那将消除或大大缓解伯林论题中的紧张。本节以下将对这三种可能做出简要的考察分析。

二、自由主义对多元性困境的回应

伯林主张，在价值多元的社会世界中我们应该放弃一元论的信条，接受注重消极自由的自由多元主义。自由主义似乎是伯林应对多元冲突困境的一种立场。但是，从肯认价值多元论到主张自由主义的依据究竟是什么？表面上看，伯林的推论似乎很简单：由于我们生活的世界要求“我们在同等终极的目的、同等绝对的要求之间做出选择……正因处在这样的状况中，人们才给予自由选择以那么大的重要性”①。他也说，只有在一个多种价值彼此和谐的世界里，“选择的必然性”与“自由选择的核心重要性”才会消失。② 由此看来，伯林似乎是从“选择的必要性”很自然地证成了“自由选择”（消极自由）的优先性。但如果在哲学上仔细追究，伯林的论证过程可能加入了一些隐性的预设，也可能含有逻辑可疑的推论。

首先，伯林反对一元论的理由不仅在于它是“不可欲的”（undesirable），而且认为它是虚假的，是一个概念错误。我们大多对价值多样性的存在本身没有争议，这是一个我们都能够经验的事实。但许多人（不仅仅是一元论者）并

① ［英］以赛亚·伯林：《自由论》，241页。
② 参见［英］以赛亚·伯林：《自由论》，241页。

不一定能同意“多种价值之间不可公度”的理念。评判各种价值是否可以公度暗示着评判者能够站在这些价值之外获得一个超越的中立立场，但这个位置是否可能获得是具有争议的，这至少涉及我们能否做出“价值无涉”（value-free）的认识论判断的复杂哲学问题。而且所谓“不可公度性”原则具有强弱程度不同的表述与含义。① 其次，即使我们将价值的不可公度作为一个“客观事实”接受下来，也就是说，承认价值多元的现实，也仍然不清楚有什么充分的理由要我们在冲突的价值之间做出“选择”，而不是“服从权威”或者“听天由命”。伯林或许会说，“选择是必然的”——“服从权威”意味着你选择了服从权威，“听天由命”也是你选择了听天由命。也就是说，“不选择”本身实际上也是选择的结果。但如果采用这种（萨特存在论式的）过于宽泛的“选择”概念，那么就无法自然地推出“选择自由”的价值优先性。即使我们承认“选择是必然的”，也不能自然地得出“选择是可欲的价值”这一推论。正如乔治·克劳德（George Crowder）所指出的那样：“某种事物是必需的或者不可避免的并不能使它变成有价值的。”② 按照克劳德的分析，伯林“从不得不进行选择这个事实中得出选择的价值和选择自由的价值”，是某种“由事实推出价值”的自然主义错误。③

实际上，对于价值多元论能否证成自由主义这一问题，西方学术界一直存在许多质疑和争论。乔治·克劳德就此在 1994 年《政治研究》（*Political Studies*）上发表过一篇颇有影响的文章。④ 他在其中指出：“价值多元性本身没有给出我们支持自由主义的理由，实际上没有给出偏好任何特殊的政治安排的理由。……多元主义告诉我们的是必须选择，而不是选择什么。”⑤ 他在结论中指出，从价值多元论走向自由主义，这是一种特定的历史选择，更多的是出于与西方本土文化经验相关的理由，而不是普世主义的原则（universal principles）。由此推论，对自由主义唯一可行的论证（至少部分地）是“历史主义的

---

① 一个不可知论的陈述，如“我们不知道不同价值之间是否可以公度”或许不需要这个超越立场。但伯林持有的是一种确定性的陈述——“我们确切地知道不同的终极价值之间不可公度”。对不可公度问题有许多复杂的讨论，参见 Ruth Chang（ed.），*Incommensurability, Incomparability, and Practical Reason*，Cambridge，Harvard University Press，1997。

② ［英］乔治·克劳德：《自由主义与价值多元论》，应奇等译，93～94 页，南京，江苏人民出版社，2006。

③ 参见［英］乔治·克劳德：《自由主义与价值多元论》，93～94 页。

④ Crowder，“Pluralism and Liberalism，” *Political Studies*，1994（42），pp. 293－305.

⑤ Crowder，“Pluralism and Liberalism，” pp. 293－305.

辩护”（partly historicist defense of liberalism）。[①] 与这篇文章同时发表的还有伯林和伯纳德·威廉姆斯的反驳性回应，但其中也含蓄地承认了历史主义辩护的说法。[②]

约翰·格雷（John Gray）虽然是伯林的赞赏者，但他也直接批评了伯林从价值多元主义证成自由主义的推论。格雷指出，建基于消极自由的自由主义不能简单地从多元主义的元伦理论题中推出，而是依赖于一个有文化历史特定性的关于“选择”的价值概念：“如果要为自由主义寻找依据，其最好的依据是一种特定的人类主体的历史现实——把‘做出选择’看作其身份认同的核心构成，而不是任何假想的普世性推论——从价值多元主义推出选择本身是最高的价值。”[③] 他赞成伯林关于各种价值不可公度的论述，但认为“伯林没有注意到的是，如果情况真是这样，那么传统的自由优先的自由主义理想就毫无意义”[④]。

阿米·古特曼（Amy Gutmann）提出了一种更为复杂的分析。她为伯林式的自由多元主义提出辩护，但认为伯林建立在概念性根据（conceptual grounds）之上的论证是失败的。她采用了建立在实质性的或道德的根据（substantive or moral grounds）之上的论证，并质疑了格雷对伯林的批评。[⑤] 富有戏剧性的是，克劳德在 2002 年出版的新著中转变了他的立场，经过考察多元主义与自由主义之间五个方面的深刻关联，认为如果价值多元论为真，那么我们应该普世性地肯认（endorse）自由主义的政治形式。[⑥] 他还在最近的一篇论文中重新分析了伯林的论证，并对格雷做出了全面的批评。[⑦] 但对于克劳德在立场转变之后的新论述也仍然存在争议。[⑧]

在我看来，伯林从多元主义“走向”自由主义的过程既不是严格的“推

---

① Crowder，“Pluralism and Liberalism，” p. 305.

② Isaiah Berlin and Bernard Williams，“Pluralism and Liberalism：A Reply，” *Political Studies*，1994（42），pp. 306－309.

③ John Gray，*Isaiah Berlin*，Princeton，Princeton University Press，1996，p. 161.

④ ［英］约翰·格雷：《自由主义的两张面孔》，顾爱彬、李瑞华译，97 页，南京，江苏人民出版社，2002。

⑤ Amy Gutmann，“Liberty and Pluralism in Pursuit of the Non-Ideal，” *Social Research*，1999（66），No. 4，pp. 1－26.

⑥ 参见［英］乔治·克劳德：《自由主义与价值多元论》。

⑦ Crowder，“Pluralism，Relativism and Liberalism in Isaiah Berlin，” paper presented to the Australasian Political Studies Association Conference，University of Tasmania，Hobart，29 September to 1 October，2003.

⑧ 例如，芝加哥大学瑟瑞斯（Thrace）对克劳德新著的评论，见 *Ethics*，2003（7），pp. 873－876。

论”，也不是简单的“相信”，而是暗自加入了（implicitly insert）未经言明的前提。其中两个是来自自由主义传统的道德要求：一是将个人作为道德主体的要求，一是对不可公度的各种价值予以“公平（impartial）对待”的要求。另一个是概念上的（conceptual）考虑：“消极自由”（虽然被伯林称为“内在价值”）具有“非实质性”的特征，因而优先于其他实质性的价值。[①] 我认为，伯林是在加入了这些考虑之后才将多元论与自由主义联系起来的。[②]

公允地说，伯林自己没有试图以哲学论证的方式在多元主义与自由主义之间建立严格的逻辑推论关系（虽然有时他的文本给人这样的误导性感觉）。他在1988年的访谈中甚至明确地否认了两者之间的逻辑关联：“多元论和自由主义是互不相同甚至也互不交叉的两个概念。有各种不属于多元论的自由主义理论。我既相信自由主义，也相信多元论，而这两者并没有逻辑上的关联。”[③] 而在晚年他似乎相信，虽然无法从多元论直接推出自由主义，但两者之间仍然存在着深刻的关联，“虽然不是某种逻辑的联系，而是事实上的联系”，其中宽容很可能是两者之间的纽带。[④]

无论是政治哲学界的讨论还是伯林自己晚年的告白，我们都可以从中得出比较可靠的结论：自由主义如果要成为应对多元价值冲突的最优选择，必须（至少部分地）依赖于特定的道德与政治历史传统。也就是说，在观念逻辑上（因而是普世主义的），对自由主义在处理多元冲突问题上具有优越性的论证仍然是未经确认的。由于自由主义是西方政治理论中支持价值多元论、反对一元论的主导性学说，其理论上的未经证立使得伯林多元性论题的内在紧张仍然悬而未决。我们仍然无法确认，多元主义在应对善及其价值多样性的冲突中是否比一元论更为优越，或者说，牺牲是否更少。

罗纳德·德沃金对伯林多元性论题的反启蒙倾向曾做出明确的批评。在1998年纪念伯林的研讨会上，德沃金指出，一元论并不一定导致暴政。不能因

---

① 在这个意义上，威尔·金里卡（Will Kymlicka）对伯林“消极自由”具有“空洞化性质”的批评恰恰是其优越性的证明。见［加］金里卡：《当代政治哲学》（下），刘莘译，407～408页，上海，上海三联书店，2004。

② 这只是个初步的看法，需要大量复杂的重构分析才能成立。由于这不是本章的主要论题，所以我将另文处理。

③ ［伊朗］拉明·贾汉贝格鲁：《伯林谈话录》，杨祯钦译，40页，南京，译林出版社，2002。

④ 参见［英］以赛亚·伯林、贝阿塔·波兰诺夫斯基-塞古尔斯卡：《未完的对话》，杨德友译，305～306页，南京，译林出版社，2014。

为价值一元论可能为暴政所用就认定它必定如此。[①] 在德沃金看来，一元论与多元论都具有危险性。暴政的确会诉诸那种将所有道德与政治价值整合一统的理念而使其暴行正当化。但一种相反的理念，即认为重要的政治价值都必将相互冲突的观点，也同样会被用来为道德罪行辩解。[②] 他特别强调指出，在伯林的论述中，这种冲突的命运不是偶然的，而是由一种“概念性的真实”（conceptual truth）所决定的。因此，伯林所做的不是一种否定性的（negative）陈述——“我们不能确定多元价值是否能够和解”，而是一种肯定性的（positive）陈述——“我们确切地知道重要的价值之间一定会彼此冲突”[③]。根据这种多元论主张，冲突是不可避免的，我们无法在多元冲突中做出任何一种正确的价值选择，因此任何一种选择都意味着某种牺牲，都意味着我们不可避免地要放弃某种我们珍视的价值。那么在无法兼顾的情况下，牺牲便是注定的（doomed）。德沃金认为，这种价值冲突论会导致“牺牲的不可避免论”，同样会带来道德与政治的危险。如果多元论与一元论都具有危险，那么哪一种危险更大？哪一种损失会更严重？德沃金认为，对此我们无法做出理论上的判断，只能依据具体的背景条件而论。[④]

因此，德沃金提出一个可能的构想来拒绝伯林论题中极端的价值冲突论。他试图通过对彼此对立的价值在内涵上做出重新阐释的方法改变价值的含义，以此探索在多元价值之间达成和解的可能。表面上看，这是极为幼稚的做法，因为这似乎是用“重新界定”（redefining）的方式偷换了原来的概念，实际上没有解决而是绕开了原来价值冲突的真正对抗。德沃金的提议虽然是初步的，但并不是那么简单。他以伯林的不同“自由”观念之间的冲突为例，指出当人们举出不同自由观念可以不发生冲突的情况，伯林就会说，这些自由观念不是

---

① Ronald Dworkin，“Do Liberal Values Conflict?” in Mark Lilla，Ronald Dworkin，and Robert B. Silvers（eds.），*The Legacy of Isaiah Berlin*，pp. 73 - 90. 在此，德沃金引用了托马斯·内格尔（Thomas Nagel）在讨论中提出的一个问题。内格尔指出，伯林在一元论与暴政之间做出“天然联系”的看法是可以质疑的。这种看法依据这样一个事实，即 20 世纪最严重的暴行是以价值一元论的名义实施的。但是，这并不能证明每一种价值一元论都会导致这样的暴行。但内格尔推测，伯林做出这种联系可能还有一个未阐明的理由，那就是道德经验主义，参见 Mark Lilla，Ronald Dworkin，and Robert B. Silvers（eds.），*The Legacy of Isaiah Berlin*，p. 65。

② Mark Lilla，Ronald Dworkin，and Robert B. Silvers（eds.），*The Legacy of Isaiah Berlin*，pp. 75 - 76.

③ Mark Lilla，Ronald Dworkin，and Robert B. Silvers（eds.），*The Legacy of Isaiah Berlin*，pp. 77 - 79. 实际上，我们可以在伯林的著作中读到否定性与肯定性的两种表述。伯林不是以分析哲学的方式来写作的思想家，有时会出现不一致的表述。但德沃金的这一重构是有文本证据支持的。

④ Mark Lilla，Ronald Dworkin，and Robert B. Silvers（eds.），*The Legacy of Isaiah Berlin*，p. 76.

我们所理解的自由。德沃金对此表示质疑："我们如何确定伯林定义的自由，那种产生冲突的自由，就一定是我们的自由观念，而那些对自由不同的理解一定是外在于我们的?"[①] 我们并没有办法用 DNA 测试来决定哪一种自由的定义是客观的。虽然这里涉及的问题要复杂得多，特别是对伯林来说，价值是客观的而不是唯名论的，但德沃金在这里提出了某种接近于建构主义的理念，开放出价值和解的可能性。

在处理多元价值冲突问题上，罗尔斯提出的"政治自由主义"方案具有非同一般的重要性。在他早期的著作中没有明确地针对伯林的多元性论题，也没有广泛地征引伯林的论述。[②] 但其《政治自由主义》所处理的核心问题之一仍然是伯林的论题。罗尔斯在导论中清楚地表示，以"作为公平的正义"来建构秩序良好的社会这一理念必须面对一个"严重问题"的挑战，那就是现代社会具有"合乎理性却又互不相容（reasonable yet incompatible）之完备性（comprehensive）学说的多元化事实"[③]。在论及"公平的正义对待善的观念是否公平"这一节中，罗尔斯明确引用了伯林的"没有无缺失的社会世界"（no social world without loss）这一说法，并解释说："这就是说，任何社会世界都会排斥某些以特殊方式来实现某些根本价值的生活方式。"而正是在这里，罗尔斯表现出一种对伯林所表述的多元冲突悲剧的超越企图。"但是，这些社会必然性并不能作为任意偏袒或行不正义的理由。"[④] 其实，这正是罗尔斯的主旨之一。他试图论证，以公平的正义为核心的政治自由主义虽然会对各种完备性的善及其价值内涵施加限制，但这种限制并不有意偏袒任何一种特定的完备性论点。在这个意义上，罗尔斯的政治自由主义是对伯林论题的一种回应的努力，它通过将"正当"（right）与"善"（good）分离，试图使各种不可公度的价值既受到同等的尊重，享有实现的空间，同时又受到公平的约束，并借助"回避方法"（the method of avoidance）使各种完备性的价值能够达成政治上的"重叠共识"，从而解决（至少大大减轻）伯林的"不可避免的冲突"的悲剧性。罗尔斯的论证极为精深、复杂而谨慎，是政治哲学中的一个里程碑。但政治自

---

① Mark Lilla, Ronald Dworkin, and Robert B. Silvers (eds.), *The Legacy of Isaiah Berlin*, pp. 85 - 86.

② 根据著作索引，《正义论》仅有 3 处注释提及伯林，《政治自由主义》中有 7 次。

③ ［美］约翰·罗尔斯：《政治自由主义》，万俊人译，4 页，南京，译林出版社，2000。

④ ［美］约翰·罗尔斯：《政治自由主义》，209～210 页。

由主义是否成功地克服了伯林提出的价值冲突论仍然存在许多争议。①

也许，最为尖锐的批评来自格雷。在《自由主义的两张面孔》的第三章中，格雷认为罗尔斯的政治自由主义方案在解决多元价值冲突的问题上是完全失败的。这种极端的批评当然与格雷自己的基本立场——反对任何普世性的启蒙理性主义方案——有关。他质疑罗尔斯将“正当”与“善”分离的可能性，指出罗尔斯规定的“基本自由”和“社会的善”是武断的，不可能为所有理性的人所共同接受。这些批评并没有很充分地介入罗尔斯的论证过程，其正当性是可以商榷的。但格雷确实有其敏锐的洞见。罗尔斯试图在“政治”意义中排除不可公度的价值观念，但格雷指出，彼此冲突的价值在应用罗尔斯原则的时候将不可避免地重新登场：

> 如果基本自由发生冲突，就不可避免地要就它们所保护的人类利益的重要性做出判断。这些判断随着对善的不同界定而不同。在一组相互对立的自由之间哪一种应该保护，应当多大程度上保护，这样的争论必然是关于善的争论。在此，价值冲突重新出现在政治哲学的核心，罗尔斯的计划面临破产。②

格雷反对一切康德式的自由主义原则建构，因为解决冲突的关键在于实践。而试图以原则的简单清晰来解决价值冲突的理论恰恰忘记了，原则越简单应用越复杂。格雷列举了对密尔的“伤害原则”的应用。“对善有着歧异观点的人们对什么构成危害有着不同的判断。他们对人类利益有着不同的看法，对于什么构成对这些利益的妨害他们必定有着不同的判断。”③

实际上，罗尔斯自己对政治自由主义的有效边界也做出过一种限制——承认它在一定程度上依赖于特定的文化传统。他将公平的正义这一理念“看作是隐含在民主社会的公共文化之中的”。他继而解释了这种公共文化之中所隐含的关于“社会合作理念的三个要素”④。罗尔斯在1985年发表的重要论文《作为公平的正义》，被视作从《正义论》向《政治自由主义》转折的标志。他在其中写道，公平的正义是否可以沿用到具有不同历史和社会条件的其他社会

---

① 关于《政治自由主义》的争论，参见［美］罗尔斯等：《政治自由主义：批评与辩护》，万俊人等译，广州，广东人民出版社，2003。

② ［英］约翰·格雷：《自由主义的两张面孔》，84页。

③ ［英］约翰·格雷：《自由主义的两张面孔》，89页。

④ ［美］约翰·罗尔斯：《政治自由主义》，16～17页。

“则完全是另一个问题”[①]。

以上对罗尔斯政治自由主义的局部而简要的分析可以得到的论点是，作为一个在政治上解决终极价值冲突的方案，即使其论证完全成立，也在最低限度上服从于两个批评。其一，它对“基本自由”与“社会的善”的设定与论证，即使不是武断的，也是依赖特定文化的。而公共文化中对理性公民的要求也是如此。在这个意义上，它并不具有跨文化的普世性。其二，正如格雷所指出的，罗尔斯的具有简洁性的原则在实践应用中可能出现高度困难，可能使价值冲突重新登场。

通过考察当代自由主义理论家对于伯林多元性论题的回应与解决方案，获得的结论是，我们无法确定多元价值的冲突问题是否可以在自由主义的框架中获得具有普世意义的解决。因此，在跨历史和跨文化的条件下，对于政治理论的价值取向而言，我们无法在一元论与多元论之间做出合理的裁决与取舍。我们仍然面临伯林论题及其双重悲剧性的压力。

三、伯林思想的内在紧张及其启示

在概念逻辑的层面上，伯林的多元性论题与自由论题之间的紧张是明显的。严格说来，如果坚持多元价值之间不可公度，就会在逻辑上否认存在任何普世性的基本价值，包括自由。一个多元主义者如何可能同时是一个普世的自由主义者？几乎所有伯林的研究者都会发现，伯林在不同文本中对同一主题的论述难以在总体上达成融贯一致，有时甚至自相矛盾，以致人们可以在他不同的文本中找到不同的依据，来支持截然相反的观点。比如，伯林在《自由论》中论证说，由于多元价值冲突要求选择，而选择要求自由，所以自由是基本的价值；但他自己又在访谈中否认了两者之间的逻辑关联。那么，我们应该如何看待伯林文本中的矛盾？伯林在许多重要的论证上不具有清晰自洽的一致性，但这可能并不是论证的技术性问题，而是另有更为深刻的原因。[②] 伯林论述中的内在紧张可能包含着重要的、值得不断重新考察与阐释的思想遗产。

如果我们不是仅仅在观念逻辑的层面上，而是更多地以思想史的方式——伯林自己所提倡的移情式的理解——来探究伯林思想的内在紧张，可能会发

① John Rawls, “Justice as Fairness: Political not Metaphysical,” *Philosophy and Public Affairs*, 1985 (14), p. 225.

② David Miller, “Crooked Timber or Bent Twig? Isaiah Berlin's Nationalism,” *Political Studies*, 2005 (53), Issue 1, p. 106.

现，这种紧张正是来自伯林的一种独特性：对现代性的既反省又认同的复杂态度，对启蒙主义理想既警觉批判又赞许同情的审慎立场。伯林思想的这种深刻性与独特性有时表现为一种犹豫不决：一方面，正如马克·里拉（Mark Lilla）曾经分析指出的那样，伯林极为警觉的是启蒙思想传统中强烈的历史目的论倾向，这种思想在实践中导致了专制暴政的结果，使伯林对维科（Giambattista Vico）与赫尔德（Johann Herde）和反启蒙批判具有亲和与同情，而这又使他无法解决反启蒙的非理性主义与他自己主张的多元自由主义之间的紧张。[①] 也就是说，伯林在批判启蒙理性主义的一元论的同时，没有着重强调（甚至放任了）非理性主义和相对主义的危险。但在另一方面，伯林又反复地在价值多元主义与相对主义之间做出区别，坚持主张人类生活必须具有一些最低的基本价值，否则人类的道德生活将不复存在，因为道德的生活必须要求“人是自由主体”[②]。这种对自由选择必要性的秉持，对宽容精神的强调，以及对以（实践）理性而不是任意专断来应对复杂的冲突的主张，很明显，也都是启蒙传统的一个部分。

但伯林没有将自由论题与目的论结合，因为这本身恰恰会造就一种不宽容的一元论。所以，他也没有将自由推向一个体系化的极端论述：“我并不想说个人自由，即使在最开明的社会里，也是社会行动的唯一甚至是支配性的标准。”他认为：“选择自己生活的自由，必须与其他多种价值的要求放在一起进行衡量；平等、公正、幸福、安全或公共秩序……自由不可能是不受限制的。”[③]

由此可见，伯林一方面肯认了启蒙与自由主义的理念，但与此同时又为浪漫主义思想家对启蒙主义的批判所吸引。可以说，他既是一个启蒙主义的继承者，又是一个反启蒙主义者。这种思想紧张并不是混乱，而是伯林思想遗产中最值得重视的一部分，实际上，这也恰恰反映了启蒙传统自身的内在紧张。政治哲学家艾琳·凯利（Aileen Kelly）对伯林精神气质的理解可能切中要害。她说伯林是“一个没有狂热主义的革命者”，与他自己最为欣赏的俄国思想家亚历山大·赫尔岑一样，结合了怀疑主义与献身精神。[④] 伯林在其最为著名的文

---

① Lilla, “The Trouble with the Enlightenment,” *London Review of Books*, 1994-01-06.

② ［英］以赛亚·伯林：《自由论》，245 页。

③ ［英］以赛亚·伯林：《自由论》，24～243 页。

④ Aileen Kelly, “A Revolutionary without Fanaticism,” in Mark Lilla, Ronald Dworkin, and Robert B. Silvers (eds.), *The Legacy of Isaiah Berlin*, pp. 3-30.

章《两种自由概念》的结尾引用了约瑟夫·熊彼得的话："认识到一个人信念的相对有效性，而又毫不妥协地坚持这些信念，是一个文明人与野蛮人的区别。"[①] 在他看来，这种既坚持信念又自我怀疑的精神，才是道德与政治成熟的表现。

伯林思想的内在紧张对我们具有重要的启示：多元价值共存的现代性困境，或者马克斯·韦伯所说的"除魅"（disenchantment）之后所造成的"诸神之争"，意味着一种永远的紧张，一种道德与政治意义上的不断冲突与和解的反复实践。这要求我们弃绝一劳永逸的基础主义解决方案，以一种带有"现实感"却又是积极地投入具体情境中的道德与政治生活。以这样的角度来反思，我们有理由质疑：如果政治理论的研究不只是为学术而学术，不只是为了生产更多的关于文本的文本，那么当代政治哲学的主导范式（paradigm）是否走在一条越来越狭窄的路上？我们是否失去了米尔斯所说的"社会学的想象力"？[②]

汉娜·阿伦特对西方政治哲学传统的一个批评认为，这种传统关注对（about）政治进行思考，而不是作为（as）政治来思考。[③] 格雷也批评指出，以康德式的理论原则的完善作为政治哲学研究的主导方向是误入歧途，是陷入了启蒙理性主义的幻觉。他在《自由主义的两张面孔》的最后一页上写道："政治哲学的任务不是给实践提供基础。它在过去从来不曾有过这样的基础……政治哲学的目标是带着更少的幻想回到实践。"[④] 查尔斯·泰勒同样对当代政治与道德哲学的主导范式提出批评："功效主义式的康德式的模式，寻求所有道德义务的行动可以从某个单一原则推出。其理性主义的特征使道德获得了清晰无误的理据，而且可以避免不同的善之间的冲突。"[⑤] 这在泰勒看来是一种幻觉。

如果将道德与政治生活看作一种实践而不是教条，也许可以在范式转换中获得一种不同的视野。从伯林、奥克肖特到他们的思想传人格雷，以及在当代分属不同政治谱系的理论家查塔尔·墨菲（Murphy）和理查德·罗蒂（Rorty）都开启了另一种视野，一种反基础主义、反唯理主义的政治理论叙事。如

---

① ［英］以赛亚·伯林：《自由论》，246页。

② 参见［美］C. 赖特·米尔斯：《社会学的想象力》，陈强、张永强译，北京，三联书店，2001。

③ Phillip Hansen, *Hannah Arendt: Politics, History and Citizenship*, Stanford, Stanford University Press, 1993. 中译本将书名改作《历史、政治与公民权：阿伦特传》，刘佳林译，273页，南京，江苏人民出版社，2004。

④ ［英］约翰·格雷：《自由主义的两张面孔》，142页。

⑤ Mark Lilla, Ronald Dworkin, and Robert B. Silvers (eds.), *The Legacy of Isaiah Berlin*, p. 116.

果以此为视角来考察伯林的多元性论题或许会给予我们新的启发。

首先来看伯林自己提出的一个价值冲突的经典范例：正义（justice）与仁慈（mercy）的冲突。伯林说："正义，严格的正义，对于某些人来说是绝对的价值，但与对他们来说或许同样终极的价值——仁慈、同情——在某些具体情况下是不兼容的。"[①] 在理论上这种不可公度的价值之间一旦冲突便不可能和解，因而牺牲也不可避免。但在实践中我们必须接受这种悲剧性的后果吗？

南非在废除种族隔离制度之后面对的一个关键问题是，如何处置许多曾犯有种族迫害罪行的人？南非人面临的选择似乎是悖论性的——要么使用纽伦堡审判的方式来实施正义，要么"忘记过去"施以仁慈。无论哪一种选择，都会牺牲重要的价值。但是，他们选择了"第三种方式"。1995 年南非通过《民族团结促进法》，成立了"真相与和解委员会"（Truth and Reconciliation Commission），鼓励罪人坦白自首并以忏悔道歉来换取受害者的宽恕。[②] 古特曼在对这个例子的分析中指出，受害者知道正义的含义，但仍然认为仁慈和同情与获得坦白和道歉结合在一起，完全可以取代或超越正义的价值。在这种实践中，两种冲突的价值获得了和解。[③]

从这个例子中我们看到，人们理解正义、仁慈和同情的概念，也知道它们代表了客观的价值，并知道彼此之间的冲突。但这些价值在实践中不是孤立的，它在具体情境的实践中形成某种关系而开始相互转化，使本来在概念上不可兼容的价值在实践中获得和解。伯林也许会说，在真相与和解委员会的方案中，正义的价值，严格意义上正义的价值，并没有得到实现。但许多当事的受害者接受了这样的方式，他们从以前迫害者的坦白、忏悔与道歉中感到了正义价值的实现，或者并不感觉正义被牺牲了。这里回到了前文提及的德沃金的问题：为什么我们必须服从一个标准的定义？德沃金的考虑或许仍然是在寻求一个对某种价值的新的哲学阐释。而我们在这个例子中获得的启发是应对价值冲突的一种实践性的建构主义路径。

这种反基础主义的建构主义的立场与罗尔斯的康德主义的理论建构主义有相当大的区别，它注重社会与政治实践在具体情境中所开放的可能性。首先，个人或群体所信奉的价值是在具体的社会历史语境中建构的。它当然不是任意

① Isaiah Berlin, *The Crooked Timber of Humanity: Chapters in the History of Ideas*, p. 12.

② 参见［南非］德斯蒙德·图图：《没有宽恕就没有未来》，江红译，阎克文校，上海，上海文艺出版社，2002。

③ Amy Gutmann, "Liberty and Pluralism in Pursuit of the Non-Ideal," pp. 6 - 11.

的，却也不是一成不变的。在这个实践意义上，价值分歧与争议本身是一个社会政治过程，而且是价值建构过程的一部分。政治价值更是如此。其次，人不是抽象价值观念所指挥的木偶。实践中的价值冲突，并不是抽象价值观念的直接碰撞，而是通过具体情境中对具体问题的施为行动来开展的。在具体情境中，每个人或者群体对自身价值的实现具有优先性考虑和实现程度的考虑，还有与其他价值的关系和结构性的考虑。这便形成了价值实践形态的丰富可能。在抽象层面上不可公度的价值之间的冲突，在实践中却有可能获得合理的优先性的排序，进而有可能获得和解。所有价值冲突中的抉择都不是对抽象价值观念本身的选择。这并不是说实践与抽象观念无关，而是说它是由实现方式、实现的程度以及优先的程度来体现的。这有可能使我们摆脱非此即彼的“类别”选择的困境，转入一种对价值实践形态的竞争性的阐释与选择。

这个例子似乎正面响应了罗蒂主张的“用希望取代知识”。罗蒂说：“古希腊人性观和后达尔文的杜威式人性观的差异是封闭性和开放性的差异，是‘不变事物的可靠性’与‘维特根斯坦式和惠特曼式不可预期的变化的传奇性’的差异。传奇性希望的这一因素，以想象力取代确定性，以好奇取代傲慢的这一愿望，打破了古希腊人在沉思和行动之间的区分。”[①] 在罗蒂看来，以希望取代知识（唯理主义的哲学）是必要的，因为“哲学是实现政治希望的好仆人，然而是实现政治希望的坏主人”[②]。但是我们失去了“主人”，哪怕是“坏主人”，会在政治实践中不知所措吗？这取决于公民具有什么样的品质。的确，消极意义上的公民，仅仅作为权利资格的公民可能会陷入更深的迷茫，更加不知所措。因此，建构主义路径所理解的“应对价值冲突，寻求政治共同性”的实践，明确地想要吸纳一种“积极公民”的概念。他们失去了可靠的“哲学”信条的确定性指引，依靠阿伦特所说的公民的“政治思考力”来积极地生活。

在阿伦特看来，积极的公民所关注的是“人们如何有意义地和睦相处”，如何达成一致的意见（或保留可以理解的差异）。这个意义上的团结是政治的核心要素。政治必须包括理性，但同时要抵制用抽象的一般去统治具体的个别。公民与理性的联系必须在积极的公民身份之中来确立，而不是由外在来强加。公民的理性是一种政治思考力。“思考并不是少数人独有的天赋，而是人人始终具有的能力。”思考来自自我的不断对话与交流，在现实情境中表现为

---

① ［美］理查德·罗蒂：《后形而上学希望——新实用主义社会、政治和法律哲学》，张国清译，黄勇编，76页，上海，上海译文出版社，2003。

② ［美］理查德·罗蒂：《后形而上学希望》，132页。

一种判断。而判断就是无须把个别情况置于一般的准则之下就能做出裁决的能力。判断“实现”了思考，使思考在“显现世界”中得以彰显。按照阿伦特对政治的理解，以判断而使思考显现无疑是我们精神能力中最为政治的。思考必然是个人性的活动，但它使我们去适应集体生活，对集体现象做出判断，也根据集体意义对个别现象做出判断。具有政治思考力的公民能够想象成为世界上的有生力量。“即使我们失去了衡量的标准，失去了划分个别的准则，本质在于创新的人也会拥有足够的原动力去理解，而无需任何先在的范畴。”这个“人”实际上是大量的“人”，是世界上的“当代人”。[①]

这样一种具有政治思考力的公民，才有可能在实践中化解伯林所说的作为“概念性真理”的不可避免的冲突。因为他们拥有反教条的、创造性的能力。促使他们思考和判断的动力，不仅来自外部的冲突局面所造成的迫切紧张，也来自以政治行动显现的人的内在要求。他们在具体语境化的冲突中达成类似于格雷所谓的“暂时协议”（*modus vivendis*），但这种和解不仅仅是利益妥协的权宜之计，而是在实践一种公民性，是使政治共同性成为“团结”——“有意义的和睦相处”——的实践。我们有这样的公民吗？这或许是一个现实主义乌托邦，但只有在我们（不只是哲学家，而是所有公民）放弃那种试图以形式化规则一劳永逸地解决多元冲突的幻觉，摆脱那种形而上学的后遗症后，积极的公民才成为可能。伯林论题所隐含的悲剧性成为我们道德与政治实践的压力，也是催生积极公民政治思考、判断与理解的动力。在这个意义上，我们从伯林论题所推出的一个结论是积极公民的必要性，以及使这种公民成为可能的最低限度的自由的必要性。

多种价值的冲突一直在发生，冲突的可能也从来没有停止。牺牲或许仍然不可避免，但只有在以公民的思考与判断穷尽了达成政治共同性的可能之后，以及对牺牲谁、牺牲什么、牺牲到何种程度有过充分的思考与对话之后，我们才可以说，这种牺牲是人类生活不可避免的代价。这最终也印证了伯林自己的观点：多元的终极价值无法在原则上作高低之分，价值冲突也无法在原则上获得一劳永逸的解决。但我们总是有可能在具体的情境中做出权衡和比较不同的价值，在特定的处境下进行排序，并做出相对合乎情理的选择。[②]

---

① 这一段转述了汉森《历史、政治与公民权：阿伦特传》的第六章“什么是政治地思考”的部分内容。在这一章中，汉森根据阿伦特的两篇文章重构了阿伦特对“公民政治思考力”的阐述。

② 参见［英］以赛亚·伯林：《扭曲的人性之材》，岳秀坤译，21页，南京，译林出版社，2009。

第三节　自由主义的民族主义

西方学术界对民族主义的研究文献汗牛充栋，伯林的相关论述不仅具有政治思想史的意义，而且对于“自由民族主义”（liberal nationalism）这一特定的论题尤为重要。伯林强调多元价值之间的冲突，但在民族情感和民族命运的问题上，他却致力于探索自由主义与民族主义之间兼容与相互调和的可能。这至少有以下两个原因。首先，伯林极为重视自由的价值，但作为犹太人他又怀有深厚的民族情感，认同“犹太复国主义”的主张，并在实践中支持以色列建国的政治努力。其次，自由民族主义的概念由泰米尔（Yael Tamir）首先提出，并做出了较为系统的研究。① 这部题为《自由民族主义》的论著的蓝本是泰米尔在伯林指导下完成的博士论文，发表之后也受到伯林的盛赞。而当代许多自由民族主义的阐述者都将伯林视为重要的思想资源。② 就此而言，伯林相关论述可能蕴含着自由主义与民族主义之间调和一致的某种可能，是自由民族主义理论的一个重要源头。本节将考察伯林的民族主义论述及其与自由主义之间的关系，对照当代学者的回应与讨论，解释为什么伯林最终未能完成关于自由民族主义的规范理论，由此呈现伯林思想的内在张力面对民族主义问题时遭遇的困境。

一、令人困惑的思想源头

2005年，牛津大学政治哲学家大卫·米勒（David Miller）发表了一篇论述伯林民族主义思想的论文。③ 在此之前，几乎没有人对此重要问题做出过系统而深入的探讨。米勒的分析表明，一旦我们进入伯林散落在不同篇章中的相

---

① Yael Tamir, *Liberal Nationalism*, Princeton, Princeton University Press, 1993.

② Neil MacCormick, “Nation and Nationalism,” in MacCormick, *Legal Right and Social Democracy*, Oxford, Clarendon Press, 1982; Avishai Margalit and Joseph Raz, “National Self-Determination,” in Will Kymlicka (ed.), *The Rights of Minority Cultures*, Oxford, Oxford University Press, 1995; Kymlicka, “From Enlightenment Cosmopolitanism to Liberal Nationalism,” in Kymlicka, *Politics in the Vernacular*, Oxford, Oxford University Press, 2001; David Miller, *On Nationality*, Oxford, Clarendon Press, 1995.

③ David Miller, “Crooked Timber or Bent Twig? Isaiah Berlin's Nationalism,” pp. 100 - 123.

关具体论述，就会发现，试图对他的民族主义思想予以系统性的澄清和梳理，并做出准确而自洽一致的阐释，是相当困难的。首先遇到的麻烦是，伯林对“民族主义”这一概念本身从未给出过前后一致的、清晰的定义。其次，也许更为重要的是，伯林一直试图区别不同性质的民族主义——所谓“良性的”与“恶性的”民族主义，但认真追究起来却会发现，他从来没有给这种区别画出清晰的界限，也没有明确地提出这种区别与自由主义之间具有怎样的关系。在这个意义上可以说，如果伯林的思想的确是自由民族主义的一个重要源头，那么这是一个令人困惑的复杂的源头。

我们如何面对这种复杂性？一个方便的态度是，将伯林看作一个草率的思想者，他只是根据他当时手上所处理的具体问题粗略随意地立论，而不具有更深刻和广泛的内涵。但米勒认为这严重低估了伯林的思想价值，并拒绝了这种“方便”的做法。他相信，伯林“含混暧昧”有时甚至前后矛盾的论述恰恰具有重要的研究价值，因为这显示了“伯林在这一领域的思想具有深刻的内在紧张，而对此从未获得满意的解决”①。米勒的观察是非常具有洞见的。笔者认为，伯林“从未获得满意的解决”的内在紧张恰恰触及了“自由民族主义”这一思想的核心难题。如果我们意欲从这一思想中获得真实的启示，就必须从检讨伯林的难题（而不是从接受泰米尔的“解决”）开始。那么，什么是伯林的难题？从伯林的各种论述中，我们可以发现有两个方面的困难：首先是民族主义本身的复杂性与多样性；其次是伯林自己主张的自由主义，既有“反启蒙主义”倾向，又坚持最低限度的普世价值的品格。笔者将根据米勒的研究在这两个方面展开具体的分析。

首先，伯林理解的民族主义究竟是什么？米勒列举出伯林曾给出的五种定义：(1) 民族主义是民族意识的一种炙热的状况，它可以是而且有时的确是宽容的与平和的；(2) 民族主义既不是民族特性现实的意识，也不是以此为荣，而是对民族的独特使命的一种信念，相信民族在本质上高于一切外在于它的目标或品质；(3) 民族主义，即使在其最温和的版本（即民族统一的意识）之中，也肯定植根于对特殊性的深刻感觉——对人类社会之间的差异，对一种特殊传统、语言、习俗的独特性，以及对长期拥有一片被注入强烈集体感情的特殊土地的深刻感觉；(4) 民族主义就等于我们对自己说，因为我们是德国人或法国人，所以我们是最优秀的人，我们完全有权做我们要做的事；(5) 民族主

① David Miller, “Crooked Timber or Bent Twig? Isaiah Berlin's Nationalism,” p. 102.

义，即把民族的统一与自决的利益提升为最高价值，必要时其他一切考虑必须服从这种利益。①

显然，我们几乎不可能找到某种融贯一致的解释来概括所有这些定义。于是，米勒转而考察伯林对民族主义最为直接而系统的论述文本——《民族主义：往昔的被忽视与今日的威力》②。在这篇文章中，伯林通过对德国浪漫主义与民族主义的考察，指出了民族主义的几种重要特征：政治性的民族自决，将民族看作有机性的整体，民族利益超越一切道德限制，以及特殊主义的自我文化优越论。但是，米勒在对这个文本的解读中，将伯林列举的四种特征转换为民族主义的四个维度，认为民族主义者可以在每个维度上持有不同的立场而仍然不失为民族主义者。

第一，如果民族主义是对“民族归属”的根本需要，那么归属要求可以区分为“政治性的”和“文化性的”不同取向，这种区分特别表现在是否主张一个政治上的“民族自决权”（a right of national self-determination）上。“政治民族主义”要求一个民族拥有自己的国家，而“文化民族主义”强调的是自身文化的自主发展权。第二，如果“民族”常常被隐喻地比作一种“有机体”，那么仍然会有“整体的”还是“多元的”的不同取向。伯林关注和忧虑的是“整体性的民族主义”——将民族看作不可化约的统一整合的“有机共同体”，由此推出民族的价值高于一切，而其他群体（家庭、地方社群和教会等）以及个人的价值都必须服从和让位于民族整体的价值。这是伯林所警惕的民族主义“偏执的”反自由（illiberal）的一面。但米勒指出，伯林所忽视的一面是，即使采用有机共同体的比喻，仍然可以对民族持有更多元的理解——民族共同体是由各种更小的共同体构成的。这种“多元性的民族主义”虽然会放弃原子化的个人主义，但未必会坚持将民族的整体利益作为高于一切的价值，而是倾向于考虑整体与多元局部之间的平衡发展。第三，如果将民族理解为一个伦理共同体，那就意味着民族的每个成员都对自己所属的民族拥有特殊的责任。在这个维度上仍然可能有两种不同的取向：“道德上无限制的”民族主义认为民族的价值高于一切，也没有任何高于民族价值的道德权威资源可以衍生出普世性的道德原则；而“道德上受限制的”民族主义在承认对民族负有责任的同时，认为还存在着人（仅仅由于）作为人的普遍责任，对民族所能够正当地主张的

① David Miller, “Crooked Timber or Bent Twig? Isaiah Berlin's Nationalism,” pp. 101 - 102.

② ［英］以赛亚•伯林：《民族主义：往昔的被忽视与今日的威力》，见［英］以赛亚•伯林：《反潮流：观念史论文集》，冯克利译，南京，译林出版社，2003。

种种价值施加了一定的限制。第四，如果民族主义总是在某种程度上信奉“民族至上”（national supremacy）——民族拥有不容阻碍的使命，那么这种信念也视其是否与“民族优越论”（national superiority）结盟而形成两种不同的立场：一种是唯我独尊的“特殊主义”，认为其他被征服的民族在文化上属于低下劣等的；另一种立场并不认同优越论的取向，而采取“重叠性”（reiterative）的态度——承认其他民族拥有与自己民族同等正当的要求和主张。①

依据米勒对伯林一个重要文本的重构，我们可以看到，民族主义在这四个维度上都可能具有不同的取向，也因此构成了民族主义的不同形态：可以是“政治性的”或“文化性的”、“整体性的”或“多元性的”、“道德上无限制的”或“道德上受限制的”以及“特殊主义的”或“重叠性的”。在理论上，不同维度的各种取向可以组合成 16 种可能的民族主义类型（当然不是每一种组合都具有现实的可能）。米勒指出，伯林在对德国浪漫主义的民族主义的分析中，指出了一种特定形态（这四个维度上的特定立场的组合），而遮蔽了其他（不同立场组合而成的）形态的可能，这给人造成了一种错觉：似乎民族主义必定是政治性的、整体性的、道德上无限制的以及自我特殊主义的，因此也是与自由主义敌对抵触的。但这既不是民族主义在实践中仅有的类型，也不是伯林所考虑的唯一的类型。正如他晚年（1991 年）的一篇访谈录的标题——《两种民族主义概念》——所显示的那样，伯林理解的民族主义可以有“进攻性的”与“非进攻性的”不同形态。② 在他对赫尔德的同情性的解读中显示了对“文化民族主义”的亲和与认同。在他论及泰戈尔时也明确地指出：“我不想褒扬或攻击民族主义。民族主义造就了辉煌成就，也犯下了骇人罪行。”③ 的确，伯林一直试图在良性的与恶性的民族主义之间做出区别。但是，他终究没有给出一个明确的划分标准，他的“两种民族主义”远不及他更为著名的“两种自由”的概念丰富与清晰，我们也不能在米勒的重构性阐释的基础上得出结论说，伯林所支持的民族主义就是与德国浪漫主义取向相反的那种——文化的、多元性的、道德上受限制的以及重叠性的——形态，因为伯林的其他文本并不支持这一点。④

---

① David Miller, “Crooked Timber or Bent Twig? Isaiah Berlin's Nationalism,” pp. 103 - 106.

② 参见［美］内森·嘉德尔斯：《两种民族主义概念——以赛亚·伯林访谈录》，陆建德译，沈阳，辽宁教育出版社，1999。

③ ［英］以赛亚·伯林：《泰戈尔与民族意识》，载［英］以赛亚·伯林：《现实感》，潘荣荣、林茂译，291 页，南京，译林出版社，2004。

④ David Miller, “Crooked Timber or Bent Twig? Isaiah Berlin's Nationalism,” p. 102.

其次，究竟是什么妨碍了伯林为自由民族主义提出一个规范性的政治理论？如果伯林没有在观念层面上区分“好的”和“坏的”民族主义，那么他支持犹太复国主义的依据是什么？米勒所说的伯林始终没有解决的内在紧张究竟是什么？如果我同意米勒的如下判断——毕竟，伯林是一个曾与艾耶尔（Ayer）和奥斯汀（Austin）这类追求含义精准的哲学家促膝长谈的人，应该格外擅长对那些让人感到困惑的想法做出细致清晰的区分[①]，那么伯林自己的困扰就不是一个分析与表达的技术性问题，而是另有更深刻的原因。这些问题之所以值得探究，不仅因为这对于深入理解伯林的思想本身是必要的，而且（可能更为重要的是）因为我们由此可以更加具体地把握自由民族主义的理论发展所面对的困难与挑战。

二、自由主义与民族主义的紧张

如果我们能够——像伯林在他自己的思想史研究中所倡导的那样——“移情地”进入伯林的精神世界，或许可以发现，他对于民族主义既怀有深厚的同情，又保持高度的警惕，而在根本上他的同情是出于对自由——生活方式多样性的自由——的维护，而他的警惕也是出于惧怕民族主义会压制和毁灭自由的价值。因此，总的来说，伯林是一个“情愿的”自由多元主义者，但却是一个“勉强的”民族主义者。他对特定形态的民族主义的认同是派生性的，与他思想中更为明确和坚定的倾向——反对“启蒙乌托邦”、主张价值多元论以及消极自由观——具有内在的逻辑关联。

首先，伯林反对启蒙理性所召唤的“世界主义”（cosmopolitanism），因为这种幻想的乌托邦不能为现代生活提供真实的归属感。伯林敏锐地洞察到，现代性给文明带来的巨大转变，使人们感受到“无根”的、失落的痛苦。

> 工业进步所需要并产生的集中化和官僚制的“理性化”，破坏了人们过去笃信的传统等级制和社会生活秩序，这使大量的人失去了社会和情感上的安全感，导致了异化、精神失落和不断加剧的失范等显著现象，因此需要用巧妙的社会策划创造出心理上的等价物，以代替作为旧秩序基础的已经消失的文化、政治和宗教价值。[②]

---

① David Miller, “Crooked Timber or Bent Twig? Isaiah Berlin's Nationalism,” p. 106.

② ［英］以赛亚·伯林：《民族主义：往昔的被忽视与今日的威力》，见［英］以赛亚·伯林：《反潮流：观念史论文集》，418～419页。

而民族认同正是最为可能的“心理上的等价物”，为精神上“无家可归”的现代人提供的家园：“旧的传统纽带、语言、土地、真实的或想象的历史记忆，以及各种制度或领袖，它们的作用是使人们自视为一个共同体（*Gemeinschaft*）的观念得到落实。”这种共同体的感受，以及由此生成的象征力量可以演化为“民族乃最高权威的观念……在一种神秘的或救世的狂热之中，取代了教会、国王、法治或其他终极价值的来源，从而缓解了群体意识受到伤害所引起的痛苦”①。

从这些论述中我们可以看出，对伯林来说，民族主义情感的来源是真实的，它成为强大的意识形态也是现代性的一种结果。伯林敏感于现代性对古老生活方式的冲击，但他否认启蒙理性主义可以予以拯救，他不相信现代的普世主义原则能够为现代性的心理创伤提供抚慰。也就是说，伯林的反启蒙主义倾向使他多少有些无奈地将民族主义作为一个“不可避免”的现实接受下来。

其次，普世主义的乌托邦在伯林看来既是“不可能的”（impossible），又是“不可欲的”（undesirable）。因为这将威胁人类文化（生活方式）的多样性，也与他所竭力维护的价值多元论相冲突。

> 赫尔德则认为，存在着多种多样不能彼此对比的文化。属于一个既定的共同体，通过共同的语言、历史记忆、习惯、传统和感情这些摸不着又剪不断的纽带，同它的成员联系在一起，是一种和饮食、安全、生儿育女一样自然的需要。一个民族能够理解和同情另一个民族的制度，只能是因为它了解它自身的制度对它有多大的意义。世界主义排除了一切使人最有人性、最有个性的因素。②

最有人性、最有个性的生活方式必须在一个特定的群体内才能实现。“归属”是人类的一种强烈感情，无论是归属于一个家庭、一个氏族、一个部落还是一个民族。而现代生活侵蚀了家庭、氏族和部落，使得民族成了基本归属的主要替代物。伯林对赫尔德最由衷的赞赏源于伯林自己对“文化多样性”以及“个性”的肯定。因为“只有独特的东西才有真正的价值。这就是为什么赫尔德也反对法国启蒙运动中那些相信价值标准普世性的人。他只承认很少几个永

---

① ［英］以赛亚·伯林：《民族主义：往昔的被忽视与今日的威力》，见［英］以赛亚·伯林：《反潮流：观念史论文集》，419页。

② ［英］以赛亚·伯林：《反启蒙运动》，见［英］以赛亚·伯林：《反潮流：观念史论文集》，14页。

恒的真理：时间、地点和社会生活（即后来所说的公民社会）就是一切”[①]。他还说：“跟赫尔德一样，我认为世界主义是空洞的。人们只有属于一种文化才能获得发展。”[②] 我们从中可以发现，伯林深信，对特定文化的归属感与价值多元的维护之间具有不可割裂的关系。

最后，伯林对犹太复国主义的支持，既与他的犹太人身份有关，也与他对自由——以摆脱外在强制为特征的消极自由——的理解有着密切的关系。玛格里特曾回忆说，有一次伯林问他：“你认为什么是所有犹太人的共同之处？我所指的是来自萨那（Sana）、来自马拉喀什（Marakesh）、来自里加（Riga）、来自戈尔德斯·格林（Golders Green）的所有犹太人。”然后，伯林自己立即回答说：“一种社会性的不自在的感觉，没有一个地方能让犹太人感到全然在家。”[③] 玛格里特由此进一步阐释了伯林的“在家的感受”与他的“自由”观念之间的联系：

> 感觉在家（feel at home）又有多重要？以赛亚·伯林看到了感觉在家和处于自由状态（being free）之间的内在关联。当我们的一个客人询问“我可以用这个或那个吗？”时，我们时常回答“请随意”（feel free）或者“就像在自己家一样”（feel at home）——这两者是可以同等互换使用的。对于家庭事务的这一观察捕捉到了在伯林看来非常深刻的“感觉在家”与处于自由状态之间的关联，即那种能够自然地和自发地行为举止的能力。[④]

对现代性境遇的洞察，对文化多样性的维护，以及对自由“在家”感受的珍视，是伯林作为一个具有反启蒙主义倾向的自由主义者的立场，正是这种特定的自由主义促使伯林对民族主义抱有同情与支持的态度。但他所支持的是一种特定形态的民族主义——“非进攻性的”或者说“文化性的”民族主义，是赫尔德式的和平的民族主义。在《两种民族主义概念》的访谈中，伯林清晰地指出了这一点：“赫尔德深刻的民族观是非进攻性的。他所要求的无非是文化自决。他否认一个民族会比另一个民族优越。任何坚持优越论的人都是在说假话，赫尔德相信民族文化的多样化，他认为所有民族文化都能够和平共处。每一种文化都同样具有价值，都值得重视。”[⑤] 既然如此，为什么伯林不能就此发

① ［美］内森·嘉德尔斯：《两种民族主义概念——以赛亚·伯林访谈录》，255 页。
② ［美］内森·嘉德尔斯：《两种民族主义概念——以赛亚·伯林访谈录》，264 页。
③ Avishai Margalit, “The Crooked Timber of Nationalism,” p. 149.
④ Avishai Margalit, “The Crooked Timber of Nationalism,” p. 152.
⑤ ［美］内森·嘉德尔斯：《两种民族主义概念——以赛亚·伯林访谈录》，255 页。

展出一套文化民族主义的规范理论？是什么妨碍了他？

因为伯林的价值多元论内在地包含着“价值冲突”的论题。多种价值和平共处是有条件的，有时甚至是可遇不可求的（参见本章第二节）。于是呈现在民族主义问题中的关键难题便是：文化自决往往不得不是某种政治自决。任何文化民族主义的理想，在其实践中都不得不与政治目标相关，其现实形态都或多或少是一种“政治民族主义”。伯林的犹太复国主义本来只是追求一种“在家”的理想，却不能不为寻求家园而展开政治斗争。伯林非常清楚地意识到了这一困难。在《两种民族主义概念》的访谈中，当被问“怎样的政治结构才适合文化自决的新时代并且维护自由，避免有一些一触即发的流血冲突?”时，伯林的回应没有给出答案，而是更加突出了这个问题的严重性：“没有政治框架的文化自决恰恰是现在面临的问题……像赫尔德那样的理想主义者显然并没有考虑到这个问题。”[①] 也正是在这个意义上，他说赫尔德以及马志尼（Mazzini）所抱有的信念——各个“社会可以沿着它自身内在的路线和平地、非暴力地发展，对其他同样致力于和平发展的社会非但不存嫉妒与敌意，反而还非常同情”——“是过于天真”了。[②] 而对于这种善意的“天真”，伯林并没有像后来的一些自由民族主义者试图做的那样，设法发展一套更为“成熟”的理论原则来加以校正，因为（再一次）他的反唯理主义的知识倾向妨碍了他。在他看来，那种理论成熟才是更为天真的做法。伯林自己宁愿留在真实的难题所造成的张力之中：一面对这种天真的善意抱有同情，一面以他“狐狸般的”警觉，对民族主义危险的进攻性倾向予以解剖，并提出警策。

那么，什么是伯林最为敏感的政治民族主义的危险？当被问“是什么使得文化自决的热望演变为民族主义的进攻?”时，伯林回答说：

> 一种受到伤害的“民族精神”，打个比喻说，就像一根被强力扳弯的树枝，一旦放开就会猛烈地弹回去。民族主义，至少在西方，是压力引起的创伤造成的。至于东欧和苏联，现在看起来是一个巨大的、开裂的伤口，经受多年压迫和屈辱之后，解放了的民族和它们的领袖容易产生一种剧烈的反作用，产生一种突然爆发的民族自豪感和往往具有进攻性的坚持自己主张的行为。[③]

① ［美］内森·嘉德尔斯：《两种民族主义概念——以赛亚·伯林访谈录》，260 页。

② 参见［美］内森·嘉德尔斯：《两种民族主义概念——以赛亚·伯林访谈录》，259～260 页。

③ ［美］内森·嘉德尔斯：《两种民族主义概念——以赛亚·伯林访谈录》，259～260 页。

“弯枝”（bent twig）成为伯林论述民族主义的一个中心隐喻。[①] “弯曲”（bent）暗示了民族遭到的羞辱性征服——来自“更先进的”、文化上更优越的外国势力的征服。但是，这个被迫弯曲的枝条终究要反弹回去，以鞭挞民族的欺辱者。没有一个民族能够忍受外来的长期羞辱：“迟早会有无法控制的强烈反应。人们再也不愿容忍一个有优越感的民族、阶级或者其他什么东西盛气凌人的态度和侮辱。迟早，他们会提出民族主义的问题：‘我们为什么得听他们摆布?’‘他们有什么权利……?’‘我们怎么办?’‘我们为什么不能……’”[②] 这里的关键是“侮辱”以及“雪耻”。这是伯林在德国民族主义的形成中看到的最为突出的情感。“弯枝”会以盲目的、非理性的过度反弹来回应曾经遭受的羞辱，成为攻击性的民族主义。这是弯枝隐喻的重点所在。

为什么伯林会对攻击性的民族主义如此忧虑？血腥的冲突、残酷的战争这些人道代价当然是重要而且明显的理由，但还有更为隐秘的理由。在走向雪耻的民族自决的政治斗争中，民族主义话语几乎不可避免地走向极端，走向偏见，成为一种偏执的、反自由的意识形态，一种唯我独尊的、整体性的、道德上无限制的民族主义。这是与马志尼等民主派所持有的民族主义反差鲜明的另一种民族主义：“民族自由存在于对来自外部和内部的一切可能障碍的铲除中，也就是要对一切权力的竞争者发起圣战——内部的阶级或团体，以及外部的力量，即其他民族。”这种形态的民族主义和它的两个“令人恐惧的兄弟”——种族主义和宗教狂热主义——一样，会演变出我们时代“最恐怖和最野蛮的现象”。[③] 在此，攻击性的民族主义对自由价值的压制与摧毁，是伯林忧虑的深层原因。

所以，即使民族的政治自决就长远而言有利于这个民族的文化自由发展，但在短期内会出于“民族利益高于一切”而限制许多个人和群体选择自己生活方式的自由，这是许多后来的自由民族主义者愿意承担的代价，而伯林对付出这种代价是不情愿的，是十分勉强的。[④] 对他而言，集体性的自决并不具有内

① Isaiah Berlin，“The Bent Twig：On the Rise of Nationalism”．这篇文章收入牛津大学出版社1991年英文版的文集 *Against the Current：Essays in the History of Ideas*（Henry Hardy，ed.），而中文版的《反潮流：观念史论文集》所依据的是一个不同的版本，没有收入这篇文章。

② ［美］内森·嘉德尔斯：《两种民族主义概念——以赛亚·伯林访谈录》，257页。

③ 参见［英］以赛亚·伯林：《康德：一个鲜为人知的民族主义源头》，见［英］以赛亚·伯林：《现实感》，287～288页。

④ 米勒指出了一点，见 David Miller，“Crooked Timber or Bent Twig? Isaiah Berlin's Nationalism，” p. 114。

在的价值，而只是一种条件，与其他许多条件一样，其目的是为了个人和群体的自由发展。因此，正如米勒和斯图尔特·汉普夏尔（Stuart Hampshire）等人都指出的那样，“民族自决”对于伯林来说只是“工具性”的。[①]

从这个角度来看，伯林对犹太复国主义的支持并没有普遍性的原则依据，而是出于一种实际的、工具性的考虑。伯林的另一位朋友、哲学家理查德·魏赫姆（Richard Wollheim）指出，犹太复国主义对于伯林来说不是意识形态，而只是推动以色列立国的实际途径，是“对犹太人具体苦境的明智的解决方案”。言下之意，如果还有别的方法，伯林很可能不会选择犹太复国主义。伯林甚至说过，如果世界上有这样一种药，犹太人吃了之后就能够在一夜之间变为丹麦人，那他可能会鼓励他们吃这种药。在魏赫姆看来，这就是为什么在对犹太复国主义的正当性论述中，伯林对“积极的正当性论证”持极为温和的态度，而偏爱“消极的正当性论证”。[②] 然而，犹太复国主义毕竟是一种意识形态的蓝图，就此而言，汉普夏尔的问题是尖锐的——伯林如何可能调和对先验蓝图的反对与他对犹太复国主义的支持？玛格里特最终的结论是，这两者之间存在着真实的紧张，伯林也没有真正解决这种紧张。[③] 魏赫姆也指出，伯林的犹太复国主义与他的总体生活态度具有“很别扭”的关系，“他支持犹太复国主义多少是一个例外”[④]。

总的来说，以赛亚·伯林对民族主义怀有一种爱恨交加的复杂情感，其中的紧张在于：一方面他重视民族“文化自决”的价值，因为这对于多样而自由的生活方式是必要的；但另一方面他又极为忧虑民族“政治自决”的危险，因为政治形态的民族主义是不稳定的，总是可能走向反自由的方向。非政治化的文化自决是伯林所期望的，而他良好的“现实感”告诉他，离开政治的文化自决往往是不可能的。正是民族主义所要求的“政治化”使伯林犹豫不决。

三、自由民族主义的可能

米勒指出，伯林并没有发展出一套关于自由民族主义的规范政治理论。但这种理论并不是没有可能。他勾勒了自由民族主义者所理解（或者所能接受）

---

① David Miller, “Crooked Timber or Bent Twig? Isaiah Berlin's Nationalism,” p. 117.

② Richard Wollheim, “Berlin and Zionism,” in Mark Lilla, Ronald Dworkin, and Robert B. Silvers (eds.), *The Legacy of Isaiah Berlin*, p. 166.

③ Avishal Margalit, “The Crooked Timber of Nationalism,” p. 157.

④ Richard Wollheim, “Berlin and Zionism,” p. 168.

的民族主义的六个特征，基本上采取“多元性的、道德上受限制的以及重叠性的”取向。在民族主义的政治化问题上，他承认政治维度的不可避免，但主张要对其政治性施加一定的工具性理由的限制。[①] 但是，这并没有解决伯林的难题，因为伯林犹豫不决的关键所在就是洞察到，实践中民族主义的政治维度是极其不稳定的。米勒在论文的最后承认，自由民族主义者必须面对伯林提出的严峻挑战，那就是，如何使“现实世界”中民族主义保留在自由的限制之内？[②]

什么是自由主义的界限？问题的复杂性在于，自由主义与民族主义类似，也具有多种不同的形态。正如约翰·格雷曾经详细阐释的那样，自由主义有不同的面貌，伯林的自由主义版本与哈贝马斯、罗尔斯等人的（程序主义的）自由主义版本相当不同。[③] 而米勒认为，民族主义和自由主义两者都是松散的、有弹性的意识形态，留出了不同阐释的空间，因而有可能成功地使民族主义的某些形态与自由主义的某些版本形成结盟。他自己的研究曾指出，古典自由主义（以生命、财产和个人权利为核心，主张自由市场和最小国家）的版本，几乎会与任何形态的民族主义发生冲突和抵触，而现代自由主义（强调民主的公民身份、社会正义和福利国家）的版本与某种形态的民族主义几乎是天然的联盟。[④] 米勒还讨论了“义务论式的”（deontological）与“社会学式的”（sociological）自由主义的差别。前者将自由主义理解为一种强制性的行动原则，来自对人类生活状况的抽象反思，必须在所有条件下得到遵从（例如言论自由原则或者人权原则）；而后者关注的是，在什么样的政治和社会条件下自由主义的价值与目标最有可能达成，而并不预设一套在所有情况下都必须遵从的普世性原则。米勒分析指出，“社会学式的”自由主义比“义务论式的”自由主义更有可能与民族主义结盟。[⑤] 但在笔者看来，就应对伯林思想遗产所呈现的挑战而言，米勒的讨论并没有得出确定的规范性理论，或者说，这种规范理论只是在“消极的”（negative）意义上才是确定的——什么样的民族主义与什么样的自由主义是相互冲突的，因此也不可能结盟。[⑥] 而在“积极的”（positive）意义上，自由主义与民族主义的结盟仍然只是一种不确定的、开放的可能。

---

① David Miller, “Crooked Timber or Bent Twig? Isaiah Berlin's Nationalism,” pp. 117 - 118.

② David Miller, “Crooked Timber or Bent Twig? Isaiah Berlin's Nationalism,” p. 120.

③ 参见［英］约翰·格雷：《自由主义的两张面孔》。

④ David Miller, *On Nationality*.

⑤ David Miller, “Crooked Timber or Bent Twig? Isaiah Berlin's Nationalism,” p. 119.

⑥ 例如，米勒指出，那种“雪耻型”的民族主义与“自由主义的世界主义”（liberal cosmopolitanism）在根本上是冲突的，不可能相互结盟。

无论是什么版本的自由主义，必须具有某些最低限度的价值尺度或原则。即便是伯林这样的反教条性的自由主义者，实际上几乎将“消极自由”视为必须坚持的基本原则。在针对民族主义的问题上，伯林也明确指出最低纲领的必要性：“目前还没有能对世界有所帮助的一套普遍接受的最低纲领。让我们希望有一天一套初具规模的最起码的共同价值被大家认可。不然我们注定要失败。除非有一套最起码的共同价值来维护和平，否则没有一个像样的社会能存在下去。”① 因此，如果自由民族主义这一理念能够提供富有启示的实践潜力，那它需要处理的关键问题就是：如何在对自己所属民族的天然偏爱与某种“普遍善意”（general good will）之间建立一种平衡。

迈克尔·沃尔泽（Michael Walzer）对此做出了探讨。② 他提出的问题是：一个人如何保持对自己民族的特殊忠诚（attachment），而与此同时仍然能够怀有一种普遍善意，过“道德的生活”？对此他设想了三种可能的立场。第一种立场抱有天真的幻想——认为对自己群体的热爱与普遍善意之间总是可以达成和解，因为世界并不像现实主义者所描述的那样——冲突不可避免。第二种立场认为，自己所属的群体拥有（历史的或现实的）独特性，因此对这个群体的优先考虑不只是由于特殊的感情和意愿，而且也出于普遍善意。而第三种立场试图将自己的情况普遍化（universalize）——承认所有的群体都同样拥有为自己谋求利益的正当性，而群体之间的冲突（常常）不可能以正当与否来判断。在这种情况下，普遍善意最多能要求一个人做的就是，尽其所能减少自己群体的损失，但同时坚持尊重另一方所做的相同努力，没有任何一方蓄意地去侵害、羞辱或摧毁另一方。

沃尔泽认为，这三种选择穷尽了自由民族主义的所有可能的立场，在此之外的其他立场要么放弃了民族主义，要么放弃了自由主义。但他同时指出，前两种立场“引入了一些关于世界的系统性的歪曲陈述，因而几乎总是（在马克思或曼海姆严格意义上的）意识形态”，也更容易被人利用，以之来掩盖实际上对民族归属感或对普遍善意的放弃。而第三种方式正是伯林的方式，也是“正确的甚至唯一可能的方式”。这种方式的必要性在于它拒绝放弃特殊的忠诚，也拒绝放弃普遍善意。由这两种拒绝导致的政治立场就是某种自由民族主义。③

---

① ［美］内森·嘉德尔斯：《两种民族主义概念——以赛亚·伯林访谈录》，264 页。

② Michael Walzer，“Liberalism，Nationalism，Reform，” in Mark Lilla，Ronald Dworkin，and Robert B. Silvers（eds.），*The Legacy of Isaiah Berlin*. 本节中以下段落的论述均来自此文的论点。

③ Michael Walzer，“Liberalism，Nationalism，Reform，” p. 172.

在沃尔泽的理解中，自由民族主义是对民族主义的“修正”（modification），同时也是对自由主义予以复杂化的处理。对民族主义而言，重要的修正有两个方面：首先是要承认其他民族的集体性权利（自决、主权以及自治等）；其次是承认自己民族成员作为个体的权利，因此民族不能被想象为一个拥有单一利益和单一意志的整合体。对自由主义而言，则需要在不断的“进入”（engage with）并适应的过程中修正民族主义。但必须意识到，民族主义是与自由主义“异类的”一种特殊主义。在“自由民族主义”中，“自由”是一个形容词，可以限定、修饰“民族主义”，但不可能从根本上转变它。的确，“充满激情的、特殊主义的忠诚很明显不能总是以自由主义的方式得到修正，但它们可以被修正，而且在有些情况下它们已经被修正”。沃尔泽认为，自由民族主义之所以可能，是由于经验而不是由于原则性的推论。因为“实际上存在这样一些人，他们是自由主义者，也是民族主义者”。的确，现实中的民族主义很少是自由主义的，但这只是困难的证据而不是“不可能的”证据。沃尔泽给出的一个例子是家庭：自由主义的父母承认他们的孩子应该服从公平的程序，比如在教育的评分或大学录取或社会服务考试方面的程序。他们也许会为自己的孩子寻求某些特殊的帮助，但他们也承认其他父母拥有做同样事情的权利，而且他们承认需要对这些权利的实施施加某些限制（尽管他们可能对限制的程度有所争议）。沃尔泽认为，民族主义作为一种集体性的特殊忠诚未必会比家庭问题上的个人性的特殊忠诚更难以修正。

> 人们常说民族主义不可能（真正地）被修正，它必须被随时随地予以反对，因为它在本质上是极端性的——正像人们会说（尽管我不相信任何人实际上这样说过），父母之爱必须被反对，因为这种爱在本质上是极端的。这恰恰是伯林所拒绝的立场，不仅因为他在总体上是一个反本质主义者，而且因为具体而言他是一个自由的犹太复国主义者。[①]

在我看来，沃尔泽的评论中最具有洞见的观点在于防止自由主义的乌托邦。如果自由主义执着于反对特殊忠诚的激情，那么实际上就是企图从事“日常人类生活的革命性转变——旨在创造一种‘自由主义新人’”。而这在沃尔泽看来，与过去苏联教育模式倡导的“社会主义新人”相差无几。这种目标是虚妄的，也是注定要失败的，而且，这种本质主义的企图恰恰违背了自由主义的“本质”。沃尔泽最后的建议是，最好将自由民族主义理解为一种“自由改良主

---

① Michael Walzer, “Liberalism, Nationalism, Reform,” p. 176.

义的品种”：“将激情的忠诚作为现实世界给定的存在接受下来，然后致力于修正它——这样做不是要使所有的忠诚相互和谐，不是去寻求一种超出修正方案的乌托邦，这样做是为了使这些忠诚能够兼容，得以和平共处。”[①]

伯林思想的内在紧张表明，自由主义与民族主义之间的冲突，无法仅仅通过思想观念层面上的清理来解决，无法诉诸一套明确的政治哲学原则或纲领来化解。最终，自由民族主义是一种实践性的改革方案。如果我们期望人类普遍的自由价值与对自身民族的特殊偏爱之间达成和解，则只能在具体语境的实践中做出尝试与努力，而这是伯林思想中一个贯穿始终的脉络。

刘 擎

参考文献

［英］伯林．自由论．南京：译林出版社，2003.

［英］伯林．反潮流．南京：译林出版社，2003.

［英］伯林．现实感．南京：译林出版社，2004.

［英］伯林．浪漫主义时代的政治观念．北京：新星出版社，2011.

［英］克劳德．自由主义与价值多元论．南京：江苏人民出版社，2006.

［英］格雷．自由主义的两张面孔．南京：江苏人民出版社，2002.

［美］罗尔斯．政治自由主义．南京：译林出版社，2000.

应奇，编．第三种自由．北京：东方出版社，2006.

刘训练，应奇，编．后伯林的自由观．南京：江苏人民出版社，2007.

Berlin，Isaiah. Liberty. Henry Hardy，ed. Oxford：Oxford University Press，2002.

Berlin，Isaiah. The Crooked Timber of Humanity：Chapters in the History of Ideas，New York：Alfred A. Knopf，1991.

Gray，John. Isaiah Berlin. Princeton：Princeton University Press，1996.

Mark Lilla，Dworkin Ronald，and Robert B. Silvers，eds. The Legacy of Isaiah Berlin. New York：New York Review Books，2001.

Larmore，Charles. The Autonomy of Morality. Cambridge：Cambridge University Press，2008.

Tamir，Yael. Liberal Nationalism. Princeton：Princeton University Press，1993.

Miller，David. On Nationality. Oxford：Clarendon Press，1995.

Miller，David. Crooked Timber or Bent Twig? Isaiah Berlin's Nationalism. Political Studies，2005（53），Issue 1.

① Michael Walzer，“Liberalism，Nationalism，Reform，” p. 176.

第二章
奥克肖特的政治哲学：涯涘无尽之知、道德个体性、法治联合体

迈克尔·奥克肖特（Michael Joseph Oakeshott，1901—1990）是英国著名的哲学家和政治思想家。奥克肖特对霍布斯的政治哲学推崇备至，认为霍氏的《利维坦》与柏拉图的《共和国》以及黑格尔的《法哲学》，是西方政治思想史上鼎足三立的巨著。奥克肖特更指出，《利维坦》可能是唯一够资格被视为不朽的、用英文撰写的政治哲学经典。[①] 霍布斯也是奥克肖特在他的著作当中以篇幅而言谈论得最多的哲学家。奥克肖特除了在1946年重编了《利维坦》[②]，并为此写了一篇权威性的长篇序言[③]之外，也在1960年撰写了另一篇长文，讨论霍布斯著作中涉及道德生活的论述。[④] 其他一些较短的论文和重要的书评，包括对施特劳斯关于霍布斯专著的评论，从20世纪30年代到1974年分别散见

---

① M. Oakeshott，"Introduction to *Leviathan*，" in Michael Oakeshott，*Hobbes on Civil Association*，Indianapolis，Liberty Fund，1975，p. 3.

② T. Hobbes，*Leviathan*，edited with an Introduction by Michael Oakeshott，Oxford，Blackwell，1946.

③ 这篇序言经修正后收录在 *Hobbes on Civil Association* 一书内，见 pp. 1 - 79。

④ Oakeshott，"The Moral Life in the Writings of Thomas Hobbes". 此文除了收进 *Hobbes on Civil Association* 一书内（pp. 80 - 140），也收在 Oakeshott 的名著 *Rationalism in Politics and Other Essays*（new and expanded edition，Indianapolis，Liberty Fund，1991，pp. 295 - 350）内。

于奥克肖特发表的作品之中。[①] 奥克肖特在这些著作中先后提出了多项理由，支持他为何对霍布斯的政治哲学有这样高的评价，其中有几点可以借用过来，用于奥克肖特自己的政治哲学身上。本章打算从这里开始，切入评介奥氏的思想。

在《〈利维坦〉的序言》里，奥克肖特引用孔子的自我评价“吾道一以贯之”，来形容霍布斯思想上的连贯性，认为贯通霍布斯思想方方面面的主轴，正是霍布斯关于哲学思辨就是认定因果关系的理性推演，并以此来认识和观照世界的主张。[②] 在这里我们用不着详细分析霍布斯之道是如何一以贯之的，需要指出的是，要比较确切和深入地去把握奥克肖特的政治哲学，我们必须抓紧奥克肖特思想上的两个重点：第一是关于哲学之知是一种涯涘无尽的追寻[③]；第二是理论和实践是两个性质上完全不同的世界，不应该将这两个世界的认识混为一谈。对这些观点有清楚的了解，并且记住这种认定和区分，是对奥克肖特整套的政治哲学能贯彻认识的关键。

奥克肖特认为，人们对政治的反思，是有不同层次的，包括由思考如何解决实际政治遇到的问题（如应在什么时候举行大选），到如何依据一些普遍的观念来改革政治制度（如主张以政治平等这个理念来扩大选举权），再上升至把一定的政治经验综合成一套比较完整的意识形态（像把种种对平等的主张综合成社会主义这套思想）。[④] 但当政治的反思到了一定的普遍层次，涉及政治生

① 例如1935年的“Thomas Hobbes”和1936年的“Review of L. Strauss, *The Political Philosophy of Hobbes*”。这两篇文章现分别收在 M. Oakeshott, *The Concept of a Philosophical Jurisprudence* [Luke O's Sullivan (ed.), Exeter & Charlottesville, Imprint Academic, 2007], pp. 110－121 和 pp. 145－146。1937年发表的著名的“Dr. Leo Strauss on Hobbes”和1947年的“*Leviathan*: a Myth”则收在 *Hobbes on Civil Association*, pp. 141－158 和 pp. 159－163。1951年的“A Reminder from 'Leviathan'”，见 *The Observer*, July 29, 1951: 4。1957年的“Review of H. Warrender, *The Political Philosophy of Thomas Hobbes, His Theory of Obligation*”和1967年的“Review of K. C. Brown (ed.), *Hobbes Studies*”，分别收在 Luke O'Sullivan 编的 *The Vocabulary of a Modern European State*, Exeter & Charlottesville, Imprint Academic, 2008, pp. 132－134 和 pp. 212－213。1974年发表的“Logos and telos”则收在 *Rationalism in Politics and Other Essays*, new and expanded edition, pp. 351－359。

② M. Oakeshott, “Introduction to *Leviathan*,” in Michael Oakeshott, *Hobbes on Civil Association*, pp. 17－18.

③ 用奥克肖特后期的话来说，哲学式的追寻是无穷尽的，因为：“使哲学成为无涯涘的追寻的，正是它不断认识到所有涯涘（conditionality）都是有限定的。因此，这种追寻属于永远的起航，当中可以有局限，却不会被否定。”（M. Oakeshott, *On Human Conduct*, Oxford, Clarendon Press, 1975, p. 11.）我这里把庄子“知也无涯”的说法借用过来，表示在认知的活动里，每突破一度前提，又会出现另一层新的前提。每一个前提等如一度涯涘。这是一种前提拘限无穷尽的过程，因而我把奥氏所讲的“conditionality”译成“涯涘”。

④ M. Oakeshott, “Introduction to Leviathan,” in Michael Oakeshott, *Hobbes on Civil Association*, p. 3. 文中括号中的例子是笔者为方便说明加上的。

活（以及和政治生活相关联的价值、目的、制度等）和整个文明的关系时，那便可以理解成是政治哲学式的反思。这种反思不但是对政治这个范畴作一整全的视察，更是把政治的范畴和政治以外的整个世界联结起来，让政治和人世间的种种终极关怀，例如人与自然、神灵、存在、世界或形上观、人性、文明、命运、行为等关系互相观照，大大加深我们对政治和人类处境的认识和想象。这类反思可以是直接的或间接的，也可以是从大体上或细节上着眼。奥克肖特形容这类反思是把政治和永恒结合起来作一整全的认识，试图超越种种抽象或以偏概全式的理解，从一个特定的角度（即政治）把文明中的整个知识传统整理出来。他认为霍布斯的政治哲学正是达到了这种整全视察的高度，其思想脉络正是以西方整个政治哲学史作为背景的。[①] 下文将会说明，考虑奥克肖特的政治哲学时，也应作如是观。

政治哲学的经典之所以扣人心弦，其中一个理由正是这些著作深刻地透视到人世间逃避不了的困境。每一部经典，都蕴含着对这困境的原创解读及其解救的想象。[②] 就这一点而言，霍布斯政治哲学中对自然状态的描述，以及对人的自我高傲却又对在生存竞争中落败不得好死的恐惧的把握已成经典，在这里不用我多花笔墨。但奥克肖特除了大大欣赏霍布斯这方面的想象，并分析霍布斯的推理如何解释理性者以及拥有贵族式傲气的人选择进入主权归一的公民社会以脱离自然状态之外，更推崇《利维坦》是极为难得的哲学文学（philosophical literature)，集深邃的逻辑与诗人的想象于一身。[③] 英国格拉斯哥大学的莱斯诺夫认为，奥克肖特是20世纪英语哲学界最具文采的哲人[④]，笔者也曾

① M. Oakeshott, "Introduction to *Leviathan*," in Michael Oakeshott, *Hobbes on Civil Association*, p. 5. 奥克肖特这样说："把政治和永恒联结起来的计划从来不缺乏追随者，不管有关的努力是从原则上出发还是从细节上着眼，是直接去做还是间接为之。的确，这方面的努力在我们文明中的整个知性生命中，只算是一项特殊的安排，是从一个特定角度的愿景中组织和铺陈我们整个的知识历史。也许，没有任何解释世界本质的理论、解释人类活动的理论、神学或宇宙观，甚至没有任何形而上学不曾在政治哲学这块镜子面前作出自我反省。可以肯定地说，对政治所作的全面考量，无不是从永恒的角度来进行自我反省。"

② M. Oakeshott, "Introduction to *Leviathan*," in Michael Oakeshott, *Hobbes on Civil Association*, pp. 6 - 7.

③ M. Oakeshott, "Introduction to *Leviathan*," in Michael Oakeshott, *Hobbes on Civil Association*, p. 163.

④ Michael H. Lessnoff, "Michael Oakeshott: Rationalism and Civil Association," in Michael H. Lessnolf, *Political Philosophers of the Twentieth Century*, Oxford, Blackwell, 1999, p. 113.

经撰文谈到奥克肖特政治哲学中的譬喻极具启发性[①]。因此，谈奥克肖特的政治哲学，便不能忽略其文学想象和意象的一面，这也是他和20世纪大部分西方政治哲学家不同的地方。

西方政治思想史自古希腊以降，奥克肖特认为至今发展出了三大清晰可见的传统，分别是由柏拉图的《共和国》所代表的以理性和自然（reason and nature）作为标志性概念的古典传统、以霍布斯《利维坦》的意志和人造物（will and artifice）作为标志性概念的近代传统，以及黑格尔《法哲学》以来的理性意志（rational will）的最新传统。[②] 笔者认为奥克肖特的政治哲学是尝试在这些伟大传统的基础上推进一步，以便我们更好地理解在现代性的脉络中政治经验在西方文明中所占的位置。我们先来看看奥克肖特对哲学的理解。[③]

第一节 哲学及经验模式

要认识奥克肖特对哲学的看法，便不得不细读他出版的第一本书《经验及其模式》[④]、1959年发表的《诗在人类交谈中的心声》[⑤]，以及1975年出版的《论人类行为》[⑥]。值得注意的是，尽管奥克肖特在学界被认为是20世纪中最重要的政治哲学家之一，但在早期最全面论述他的哲学思想的《经验及其模式》一书当中，他只是在一个附注中提及政治哲学，而且认为政治哲学未能完全符

---

① 张楚勇：《洞穴、巴别塔、人文交谈——从譬喻看奥克肖特的哲学和政治思想》，载《政治思想史》，2010（4），93～111页。这篇文章的部分内容和论点将会引用到本章里。

② M. Oakeshott, "Introduction to *Leviathan*," in Michael Oakeshott, *Hobbes on Civil Association*, pp. 7-8.

③ 个人认为，至今为止评介奥克肖特整体哲学最好的书，为Nardin, T., *The Philosophy of Michael Oakeshott*, Pennsylvania, The Pennsylvania State University, 2001。

④ M. Oakeshott, *Experience and Its Modes*, Cambridge, Cambridge University Press, 1933.

⑤ M. Oakeshott, "The Voice of Poetry in the Conversation of Mankind," in Michael Oakeshott, *Rationalism in Politics and other Essays*, new and expanded edition, pp. 488-541.

⑥ M. Oakeshott, *On Human Conduct*. 奥克肖特逝世后，他在1925年撰写而生前没有发表的长文"An Essay On the Relations of Philosophy, Poetry, and Reality"被收在奥克肖特著作选辑丛书中的第一本书内发表。[M. Oakeshott, *What is History? and Other Essays*, in Luke O'Sullivan (ed.), Exeter & Charlottesville, Imprint Academic, 2004, pp. 67-115.] 但正如编者O'Sullivan在书中序言所说，那个时期年轻的奥克肖特深受斯宾诺莎和柏拉图的理性主义影响，文中对哲学的看法，并非奥氏的定见（见该书pp. 4-5），故不在本章正文讨论之列。

合哲学就是整全经验的性格。[①] 为什么会是这样的呢？笔者相信这涉及他的后期思想对哲学经验做出了一个重要的修正，明确指出，哲学经验最后是否蕴含着全面具体而自足的整全经验，这课题只可以存而不论。但这修正笔者认为并没有从根本上改变他关于哲学的追寻是一种涯涘无尽的认识，以及理论和实践是两个性质上完全不同的世界，不应该将这两个世界的认识混为一谈这两项主张。这一点下文还会论及。在此我们先对奥克肖特就下列重要课题的理解作一扼要说明：哲学与整全经验的追寻、经验模式的多元性和片面性以及政治为何是属于实用模式的一种经验。

《经验及其模式》是一本深受唯心/理念哲学观（idealism）影响的著作，认为人类是通过经验（experience）来认识其身处的环境的。[②] 但和经验主义哲学观（empiricism）大不相同的是，唯心哲学观不接受心物二元的论述，认为说到底，经验是通过经历者的感知而和被经历的事物的统一结合的，经验是一个单一而具体连贯的整体。[③] 奥克肖特认为，我们对世界的感知，就是在最初步和最不确定的形态下，也免不了会涉及我们的意识（consciousness）。因此，有意识的感知，便不可能是完全不确定的，其感知对象也不可能是完全孤立、与其他的经验完全无关、完全单独存在的。有意识便牵涉到一定程度的确认，而就是最简单的确认也离不开判断、类推及思想上的反思，这背后便蕴含着某种程度的有相关性、连贯性，能组合起来的经验。因此经验不可能只涉及完全

① M. Oakeshott, *Experience and Its Modes*, p. 335, n1. 在这附注中，奥克肖特把政治哲学、道德哲学和神学等归成一类，称它们为伪哲学经验（pseudo-philosophical experience），认为它们是“哲学的思想，但却是有规限和局限的哲学思想。当哲学思想有规限和局限时，其哲学上的性格便马上变得不足了”。复旦大学的张汝伦教授在他的译著《政治中的理性主义》（上海，上海译文出版社，2004）的序言中说，奥克肖特在第二次世界大战前对政治并不十分感兴趣，但“第二次世界大战后却转向了政治哲学”（3页）。这个观察是不准确的。奥氏1990年逝世后，他生前的著作（包括不曾发表的）陆续出版，其中不乏战前奥氏对政治哲学的长篇论述。Luke O'Sullivan 编的 *Early Political Writings 1925-1930*（Exeter & Charlottesville, Imprint Academic, 2010）便选了奥氏1925年撰写的长篇论文“A Discussion of Some Matters Preliminary to the Study of Political Philosophy”。奥克肖特一生都关注政治哲学，只是他在《经验及其模式》的阶段的哲学观令他一度怀疑所谓的“政治哲学”严格来说是否真的够格称作哲学经验。

② 我不打算在此处详细讨论奥克肖特和唯心哲学观的关系。在这方面讨论得最好的学者，我认为是 David Boucher。他近期的有关论述见：“The Victim of Thought: The Idealist Inheritance,” in Paul Franco & Leslie Marsh (eds.), *A Companion to Michael Oakeshott*, University Park, Pennsylvania, The Pennsylvania State University Press, 2012, pp. 47－69；“Oakeshott in the context of British Idealism,” in Efraim Podoksik (ed.), *The Cambridge Companion to Oakeshott*, Cambridge, Cambridge University Press, 2012, chapter 11.

③ M. Oakeshott, *Experience and Its Modes*, p. 9.

没有意义的、孤立而纯粹的官能感觉。由是观之，就是最原始的感知和直觉，也离不开某种程度的确认、判断、类推及思想上的反思，背后也就蕴含着某种相关、连贯、能组合起来的经验。①

奥克肖特在《经验及其模式》中指出，经历本身（主体）和被经历的事物（客体）为分析方便是可作区分的，但严格说来在实质上却不可分割，否则这两方面便会变成没有意义和不能被理解的抽象体。他说："主体和客体不是各自独立的元素，也并非经验的不同部分，它们是经验的不同面相。如果我们把二者分割开来，它们便会沦为抽象体。任何经验都不单是把主体和客体拼凑在一起而已，而是将主客两者视为一整体……因此，主体不存，客体不在，也没有独立于客体而存在的主体。"②

根据以上唯心论的观点，判断思想真伪的准则，只应从具体而完整的经验中去寻找，因为只有这个整体，才是认知中的真实根据。真理并非从主体和客体或我们思维建构的理论与客观存在的外在事实之间的对应（correspondence）中去印证。真理其实就是在有关的经验中找出其内在蕴含的更清晰、连贯（coherent）、具体、完整的意义来。③ 经验既然是单一的整体，那寻根究底的哲学似乎便只能在寻出这个包罗一切的最终整体时才有可能罢休。因此，奥克肖特在《经验及其模式》中说，哲学经验在逻辑上说到最后就是"没有前设、保留、拘限（arrest）或修订的经验。哲学知识，就是本身具有证据证明它自身就是自我完整的知识"④。换言之，哲学的思想和知识说到底就是整全的、超越一切有保留和前设的经验。

开始时哲学可能只是从常识或日常的初步认知概念出发，审视这些常识和概念中不自觉存在的前提、假定及因此而得出的抽象结论/限定，希望通过批判性的和辩证式的推论，把这些前提、假定、抽象观点统一起来，全面、具体而完整地界定这些概念。这个从常识的、抽象限定的思想发展到哲学的、具体全面而完整的思想的过程，据奥克肖特说是一"革命性"的改变，而非对抽象限定的思想做出知识上修修补补的点滴改善或增加。⑤ 例如，常识的观念在谈

---

① M. Oakeshott, *Experience and Its Modes*, pp. 13 - 22.

② M. Oakeshott, *Experience and Its Modes*, p. 60. 在这篇文章内，所有外文引文的中文翻译除另有说明外，其余都是作者自译。

③ M. Oakeshott, *Experience and Its Modes*, pp. 33 - 37.

④ M. Oakeshott, *Experience and Its Modes*, p. 2.

⑤ M. Oakeshott, "A Philosophy of Politics," in M. Oakeshott, *Religion, Politics and the Moral Life*, T. Fuller (ed.), New Haven and London, Yale University Press, 1993, pp. 127 - 129.

到社会和个人的关系时，往往抽象地认为如果不是个人结集起来组成社会，便是社会把个人组合起来成为群体。这两种观念都是抽象片面和忽略了构成这些观念的前设。例如：个人是根据什么而集成群体的？社会又依赖什么来组合个人？这种结集或组合而成的人的集体，跟蜜蜂集成的蜂巢或沙粒组成的沙丘在性质上有何异同？又与每周举行一天的自由市集有何分别？构成人的社会，这里面个体之间和个体与集体之间应存有哪种关系？对这些问题做出思考，其实就是尝试审视常识概念中不自觉存在的前提、假定及其抽象结论/限定，希望通过批判性的和辩证式的推论把这些前提、假定、抽象观点统一起来，全面、具体而完整地界定这些概念。就这个课题，奥克肖特曾经作过一些哲学思考，并认为人类社群必须是道德社群，而非只是生物或物理的组合现象。说到底，社群的道德关系有其内在的要求，必须推广到社群中的各方面。宗教作为道德最神圣和充分的体现①，就推出宗教是使社会变成可能的根据，而神也就是唯一的社群性原则（Principle of sociability），能够诠释生活的真实（facts of life）②。奥克肖特这个主张大家是否有理由接受是一回事，但哲学式的认识过程对原先知识/概念带来革命性的改变，从这个例子中可见一斑。

这样看来，奥克肖特似乎认为，哲学经验最后是蕴含了一个终极的经验整体。不过，他在《经验及其模式》里同时又强调，这种寻没设限的根、究整体性的底的哲学观，主要是作为衡量认知的标准而非目的而存在的，用以审视各类受到拘限的经验模式（例如实用经验模式、历史经验模式、科学经验模式）的性质及其相对的有效性。严格说来，奥氏认为哲学的追寻是一种心态，哲学家只是“思想上的不能自拔者”（victim of thought），因为他们往往是不能自已地在思想里去寻根究底，但人是不可能只有哲学没有人生的，否则便不可能过人的生活。③

同样必须注意的是，《经验及其模式》强调除了整体经验这个标准之外，

---

① 奥克肖特曾经这样说：“宗教……是实践经验推至极致的结论。其中，所有属于这方面的为建立实践经验世界的和谐、统一以及连贯性的努力，都为宗教经验所吸纳和超越。政治和道德经验中的努力也不例外。宗教上的真理是实践经验所必需的。否则，后者便失去了连贯性。宗教上的真理是为满足实践生命中最大的需要和最深远的主张而作出的努力。”（M. Oakeshott，*Experience and Its Modes*，p. 309.）

② M. Oakeshott，“The Nature and Meaning of Sociality，” in M. Oakeshott，*Religion*，*Politics and the Moral Life*，pp. 46－62. 我想孔子说的“民无信不立”，如果加上适切的发挥，也可视为对相同的问题作出哲学性的较整全理解的尝试。

③ M. Oakeshott，*Experience and Its Modes*，pp. 2－3.

我们还发现不同类别、以不同的面相对整全经验作出设限和修正（modified）的经验模式（modes），它也是一直在经验世界里同时存在的。奥克肖特说："多样性（diversity）出现在经验当中的时候不少于整体性。"他又说，既然任何经验最终都离不开一个单一连贯的整体世界，那便意味着经验世界的连贯性可以有程度上的分别；较为完整的经验，其连贯性必然较高，没有那么完整者，其连贯性自然较低。完全连贯者显然完全真确，但不完全连贯者却并非全假或毫无意义。① 这样一来，经验世界并不排除会同时存在受拘限和不完全连贯的多样模式，而这些模式尽管不是上文所说的最终的理解和没有条件设限的理知，却也不是全假的。只要它们能保有相对的自主性和不会被化约到其他模式里去，便可算是具有其相对意义的经验。如果换一个角度来看这个问题，把最终的理解和没有条件设限的理知等同于完美，把受拘限的模式等同于不完美，那么奥克肖特显然从一开始便承认人间世和我们的认知世界是充满不完美的；但这多元的不完美经验又有各自的相对的意义和有效性，是绝对不应被抹杀，更不可被那遥不可及的完美取代的。从这个意义上说，波多克希基认为奥克肖特的哲学思想从根基上来说是容纳多元性（radical plurality）的论述，是一个有见地的看法。②

完美和终极整全的经验既然是遥不可及的，那么我们要在认知探索过程中达致相对有效的认识上的结论，便得暂时为这个无休止的旅程设限（arrest），把认知焦点集中在某一个有一定连贯性的范畴内，以该范畴的前设或前提为出发点，深入去认识其中的理念、相关的活动以及彼此之间的关系。至于认知者选择设限于哪一个范畴或经验模式，则视乎其探索目的而定。奥克肖特指出，任何在理论上有意义和有其相对连贯性的经验模式或认知范畴，其前设及内在结构和关系必须有其相对自主性，并且不会被迫化约成另一经验模式或认知范畴，以及拥有自己相对的有效性和局部完美的标准。③ 在《经验及其模式》中，他详细论述了实用经验、历史经验以及科学经验三大模式。后来在 1959 年的《诗在人类交谈中的心声》一文内，奥氏把美的经验从实用经验中分离开来，成为另一个相对自主的经验模式。

---

① M. Oakeshott，*Experience and Its Modes*，p. 70.

② Efraim Podoksik，*In Defence of Modernity*：*Vision and Philosophy in Michael Oakeshott*，Exeter & Charlottesville，Imprint Academic，2003.

③ M. Oakeshott，*Experience and Its Modes*，pp. 75 – 77；M. Oakeshott，*On Human Conduct*，p. 11.

由于哲学对整全经验的探索会尝试不断超越已设的限定，因此，这些相对自主的经验模式在数目上也可以是无限的。不过，由于它们各自从不同的前设或前提出发，又不可化约到另一模式中去，因此，如果我们把一个模式的经验断章取义地套进另一模式去进行理解或评估，便很容易犯错置范畴的错误（categorial mistake/ignoratio elenchi）。换言之，在多元经验模式的前提下，如何让各自相对有效的模式各安其位，让这些各有其精彩的模式丰富人们的经验，不让某些模式的标准和要求驾驭或践踏其他模式，便很值得注意。在这里，笔者想简单地以实用经验和历史经验各自相对的有效性和不可被化约性为例来说明这一点。

对奥克肖特而言，实用经验对个人来说几乎是无处不在的。人只要活着，便一天也离不开这个经验，因为实用经验的前设就是人当下的需求和欲望，它假设了人有自主能力对这些需求和欲望作出选择性的回应，并尝试改变现况以满足这些需求和欲望。在这个范畴内，它的局部的完美准绳以能否满足有关的需求和欲望为指标，认为事物是外在的和可以变更的。换言之，实用经验谈的是人的当下，并相信这个当下可以通过人的努力和选择而发生改变，以满足我们的欲求或达致一个更好和更合理的未来。故此，在实用经验中，除了牵涉个人自主、意志、欲求、行为、人际关系外，也牵涉道德上的对错和人的善恶等方面。[①]

换言之，在实用经验之中，假设有两个相关但不相同的世界存在，一个是当下的实用事实的存在世界，一个是实用经验希望改变当下以求实现的价值世界。[②] 这两个世界份属不同，因为一个是当下的实然，一个是价值的应然。这两个世界在实用经验中同时又有不可分离的关联，因为实用经验的前设是现状改变的可能，也就是一个实然的当下变成一个应然的新当下的可能。要注意的是，在一个应然变成新的当下时，这个当下便成为一个实然，在实用的经验中，这个新实然又会产生对另一个应然的追寻，周而复始，直到有关的个人或群体死亡才会终结。这也显示了实用经验的片面性和非统一性，因此，它只是一种从整全经验抽象出来的经验模式。此外，尽管应然的价值世界不同于实然的当下世界，而应然世界里的价值也可能有超出实然世界限制的自身想象和发挥，但由于这两个世界最终必得同处于实用经验之中，所以在应然世界中的价值未曾或不能落实于实然世界的当下，这些价值终归还是抽象的和不连贯的，

① M. Oakeshott, *Experience and Its Modes*, chapter V.

② M. Oakeshott, *Experience and Its Modes*, p. 284.

因此也就不是整全的经验。①

至于历史经验方面，其内容是和当下（实用的现在）没有直接关系的一个一去不复返的过去。历史学就是以解释这个历史的过去（historical past）为目的的。在这个历史的过去中，每一宗历史事件都只发生过一次，并且不会在现在或未来重演。单从这一点来说，便可以看到历史经验并非整全的经验。历史学家的工作，就是尝试根据当下能找到的资料和证据，把有关的历史事件放在其时代脉络中，把这些事件有意思地重构并联系起来，让人更明白其始末和来龙去脉。因此，奥克肖特认为，和科学经验不一样，历史经验中并没有什么不变或普遍的因果定律或内在/内定的目的可以用来解释历史上的变迁。所谓历史真理，只不过是成功地和有说服力地认定了一些能自成一相对有独特意义的历史事件，并把某个事件与之前的历史事件和之后的历史事件以更合情理、更易使人明白其始末的方式关联起来，根据所掌握的史实描绘或建构出来，使我们对这些事件有进一步的认识。奥氏形容这种关系并非因果相连，而只是一种肌理式的相邻紧接的关系（contiguous relationship），让人看到之前的历史事件在当时的历史时空中是如何成为后来的历史事件的。②

实用经验以当下和改变当下为条件，它当然也可以回顾过去，借助其经验来解决当下的问题。但奥克肖特提醒我们说，这样的过去并非历史的过去，它只是实用的过去（practical past），其性质与历史的过去完全不同。和历史的过去相反，实用的过去在这里是一个前设的条件而非被解释的对象，因此这个过去并不会增加我们对历史的认识。实用的过去被假定无须作进一步的解释，它是一种已经可以用来解决或评估当下实用问题的资源或工具，它的价值不在于其历史上的真确性，而在于它解决当下实用问题时有多大作用。从这个意义去看，被认为有用的实用的过去在此变成了上文提及的实用经验中的应然世界的价值了。这也就是用今天实用的需要来决定所谓过去的意义，与真正的历史过去其实是不相干的。明乎此，便了解到我们日常所说的以古为鉴或借古讽今，严格来说都只是在利用实用经验中所说的实用的过去或把这个过去当作应然世界中的价值，企图影响甚至改变实用的当下，这与历史的过去可说是风马牛不

① M. Oakeshott, *Experience and Its Modes*, pp. 274 - 288; Andrew Sullivan, *Intimations Pursued: The Voice of Practice in the Conversation of Michael Oakeshott*, Exeter & Charlottesville, Imprint Academic, 2007. 我认为后面这本书是谈奥克肖特的实用经验的最好的一部著作。

② M. Oakeshott, *On History and other Essays*, Oxford, Basil Blackwell, 1983, pp. 114 - 115; M. Oakeshott, *Experience and Its Modes*, chapter III. Luke O'Sullivan 的 *Oakeshott on History* (Exeter & Charlottesville, 2003) 对奥克肖特的历史观有全面的分析。

相及的。[①] 如果我们真的以为这个实用的过去就是历史的过去，以为实用过去/应然世界价值的标准是应该用来评价历史的标准，而非尝试改变实用经验中的实然世界的话，又或者以为认识了历史的过去就一定能使我们更好地解决当下的实用问题，那便是犯了奥克肖特所说的错置范畴的舛谬了。

第二节 “最远离我们所需要者，莫过于国君应是哲人”[②]

对奥克肖特来说，政治活动在人类社群中的出现，是因为以下三种情况同时存在。首先，社群之中既有共同的风俗和行为规范，同时其成员又存在多元和不同的态度、感受、信念、情绪、活动。其次，社群内必须存在一个统治权威，负责看管好共同遵守的法规，主理公众事务。政治在社群中可被视为对该权威要如何做好“看管”和“主理”的事务进行思考、争辩、游说、角力等活动。最后，政治必须被认为是有可为的活动。这也就是说，人们相信，政治活动是能够或有可能把实然的境况改变为应然的新的当下的，如果人们以为政治的安排是神圣不可侵犯或是非人力所及的自然结果，那人间政治便不知从何说起了。[③] 根据奥克肖特在《经验及其模式》中对哲学和经验模式的理解，现实政治作为人类活动的一个面向，显然是属于实用经验模式的范畴的。

但正如上一节我们谈到实用的过去和历史的过去是很容易混淆的那样，政治作为实用经验模式中人类社群之间的一种主要活动，类似的混淆是屡见不鲜的。奥克肖特在《经验及其模式》中只有两次提到政治，在其中一处他便特别强调，比起宗教和道德来说，在实用经验中政治是更常和历史纠缠上这种错置

① 奥克肖特因此认为，以下类似说法都不是历史的解释或叙述：约翰王是个坏君主。/如果法国大革命没有发生，情况会好一些。/教皇的插手改变了事态的进程。（M. Oakeshott，“The Activity of Being an Historian，” in Michael Oakeshott，*Rationalism in Politics and Other Essays*，new and expanded edition，p. 163.）

② M. Oakeshott，*Experience and Its Modes*，p. 321.

③ M. Oakeshott，*Lectures of History of Political Thought*，Terry Nardin & Luke O'Sullivan (eds.)，Exeter& Charlottesville，Imprint Academic，2004，pp. 34 - 38. 奥克肖特在“Political Education”中把政治说成是水到渠成式或触类旁通式的追寻（the pursuit of intimations），这一著名论断，是进一步替其中一种对政治活动的性质的理解作出更具体的说明。（M. Oakeshott，“Political Education，” in Michael Oakesott，*Rationalism in Politics and Other Essays*，new and expanded edition，pp. 43 - 69.）

范畴的谬误。[①] 这种混淆在认识上不能被接受，一方面当然是因为每一个经验的范畴或模式（哲学的、历史的、科学的、美学的、实用的等）在性质上是完全不同的，而且又各有其相对自主的有效性和真确性，不能为其他模式所取缔；另一方面，如果我们把实用经验模式和其他经验作一比较，就会发现，实用经验和其他经验的一大不同之处，就是实用经验基本上是涉及具体的实际行动，但哲学、历史和科学经验基本上是尝试作出理论的或解释性的论述，而美学的经验则主要是心灵上的意象式的表达和欣赏。当然，广义而言，这些不同的经验都是人类的行为，但具体的实际行动是为了达到具体的实际效果，目的是使当下的实然变成未来的应然；但理论的解释和意象的表达却很难说会在思辨时或创作前已预先有了一个具体而实际的答案，而且这等思辨和创作行为的价值有多大，往往并不取决于是否成功地取得了具体的实际效果，因为理论探索或创作思考的过程本身可能是更重要的，这和实用经验的价值很大程度上取决于具体的实际效果很不一样。[②] 故此，奥克肖特这个关于错置范畴的谬误的论述，其重要性不只是提醒我们不要把性质不同的经验范畴错置混淆，同时也警醒我们理论和实践（theory and practice）、创作和实用（creativity and practicality）之间也是不应该混淆的，因为这些范畴都有它们相对的自足价值。因此，为科学而科学、为文学而文学是没有问题的。这样说当然不是认为其他经验范畴的认识完全和实用经验无关。例如科学上的突破，可能会带来工程技术上的改进。但如果历史、哲学、科学、艺术一定要为当下政治服务，那就只能先扭曲前面这些经验范畴才可以做到。这也就是说，我们得先把奥克肖特在《经验及其模式》中所说的经验模式多元性取消，然后才能够进行这种服务。如果这种混淆只发生在思想上，那就只是愚蠢的表现；但如果类似的混淆发生在现实政治中，那便是十分危险的事。

明白了奥克肖特上面之论述的含义之后，便不难明白他为何坚持“最远离我们所需要者，莫过于国君应是哲人”这个看法。《论人类行为》的头一篇论

① M. Oakeshott, *Experience and Its Modes*, p. 316. 奥氏是这样说的：“在实践经验中，比起宗教和道德的领域，政治的领域更有可能受到历史不相干的入侵而产生歪曲的危险。”同书的309页是另一处奥克肖特提到政治的地方。

② 奥克肖特说：“建构一套政治哲学比不懈地进行哲学思辨工作来得容易，使杰作出类拔萃，是第二大也是更难取得的成就。”(M. Oakeshott, “Political Philosophy,” in Machael Oakeshott, *Religion, Politics and the Moral Life*, p. 150.)

文《论人类行为的理论理解》[1] 是奥克肖特晚年对哲学以及理论与实践的关系的定见。在文章内，奥氏指出他对哲学的看法在不少方面深受柏拉图影响，但在一些关键之处，却又和柏拉图不同，他还援引柏拉图著名的洞穴譬喻来说明他对理论和实践及其关系的看法。[2]

柏拉图的洞穴譬喻分别出现于他的好几篇对话录内，例如《高尔吉亚》和《斐多篇》；但描绘得最详细、分析得最透彻的，当然是他的《共和国》的第六章和第七章。奥克肖特在谈到柏拉图的洞穴譬喻时，强调了他和柏拉图的三点分歧。在谈及这些分歧之前，笔者先在这里简要地介绍柏拉图的洞穴譬喻。

柏拉图在《共和国》中提到，如果哲人有机会从头开始，把他的天国愿景在个人和城邦中实现，而又要避免这种努力受到世俗各种腐败的事物侵蚀的话，那他该如何在一张白画布上作出规划呢?[3] 在这里，柏拉图通过苏格拉底之口谈及如何通过教育把理想城邦的守护者训练成哲人的问题，并认为在这方面关键之处就是学会在理知或思辨的范畴上把握好理形上的善（the form of the good）。[4] 柏拉图以光在眼见的世界发挥的决定性作用和善在理知范畴中发挥的作用作类比。柏拉图说，人的眼睛能看见物体中的颜色，并非单凭眼睛有视力和物体有颜色，还得加上光这第三者才能成事，而天上的太阳神正是这成事的万光之源，其他一切在肉眼可见的世界都源于太阳，是太阳的影子。[5] 同样的道理，只有最终意义上的善才能把真理传给事物和让人拥有认知的能力，知识和真理是通过这最终的善彰显出来的，它们本身并不等于同善。[6]

柏拉图认为，只有通过哲学的教育，才可以让我们脱胎换骨，把握到理形上的善，因为人一般以为眼前所见的表象就是真实可信的，却不知道只有通过理知上的努力，才能拨开云雾，超越常识及未经思考的想象和信念，利用理解和思辨训练把握到最终的前提和原理。[7] 就在这里，柏氏便把我们这些凡夫俗子比作他的洞穴譬喻中的穴居人。[8] 这个在地下的洞穴有一条很长的通道直通

① M. Oakeshott, *On Human Conduct*, pp. 1 - 107.

② M. Oakeshott, *On Human Conduct*, pp. 27 - 31.

③ Plato, *The Republic*, A. D. Lindsay (trans.), London, J. M. Dent & Sons Ltd., 1866, p. 193.

④ Plato, *The Republic*, p. 198.

⑤ Plato, *The Republic*, pp. 201 - 202.

⑥ Plato, *The Republic*, p. 203.

⑦ Plato, *The Republic*, pp. 211, 206.

⑧ Plato, *The Republic*, pp. 207 - 210.

地面出口，可让和洞穴一样宽的一路光从外照进来。洞穴内有一批穴居人（也就是常人），他们从孩提阶段开始便在洞内生活，并且头颈和双脚都被锁着，身体只能留在原地，面部只可以望着前方洞穴后壁而不能转过头来。在这批穴居人后面的远处高地有一堆火在燃烧，在火和这批被囚的穴居人之间的洞穴上方有一条路，沿着这条路筑了一道矮墙，这道矮墙就像皮影戏表演中的一道隔着观众和表演者的屏幕，我们可以想象表演者就在屏幕上用木偶做皮影戏。

换言之，穴居人除了望见洞穴的后壁之外便不能向其他方向张望。柏拉图让我们继续想象不断有人拿着各种物件在墙头走过，其中包括各种用石头和木材造的肖像。但由于穴居人不能往后向上望，所以他们所能看到的，就是上面走过的人及他们走过时拿着的物件通过火光投射到洞穴后壁的影子。这些影子就是穴居人所能看到的世界，除此之外他们并不知道有其他的真实。直到有一天，一个穴居人解除了桎梏，被迫回过头来往上望，并向上走向火光和洞穴出口，才发觉一直以来洞穴内的真实其实都只是影子，直到他爬出洞外，眼睛最终适应了外面的强光而能观察太阳，才明白如果我们认识不到太阳神这视觉世界的王，便永远是影子世界的“囚奴”。那就是说，我们永远只看到一些虚幻的影像，却没有掌握到真确的实物。同样的道理，如果我们不想在肉眼不可见的思辨或理知世界中做“影子”的“囚奴”，而希望通过思考和理性找到最根本的第一原理，那除了像几何学和数学这些本身具有已知的、原理式的前提（如基、偶数、三种角等）者外，便得不断对我们接触到的意念和思想的前设或假定进行辩证法的推理，把这些只是因为临时的方便而在一定阶段中被用作起点的假设不断向上推，直至找到这些假设背后的绝对原理。[1]

柏拉图的洞穴譬喻拥有丰富的哲学含义，在这里我不能一一探讨。现在让我回过头来看看奥克肖特对柏拉图的譬喻进行商榷之处，以及这些商榷如何反映出他的哲学立场。

奥氏首先认为，柏拉图在譬喻中一面倒地关注理论上和思辨式的理解，致使他认为被困在洞穴中只看见影子的穴居人的世界等同于无知的国度，这是错误的看法。奥克肖特同意穴居人在理论认知上就像是被困在囚室里的人，因为他们完全满足于自己看到的影子，没有自觉到要对构成这表象的前设或条件进

---

① Plato, *The Republic*, pp. 204 - 206.

行认知探索，因此他们实际上并没有真确和完整地把握到对这表象的认识。不过，奥氏认为，对表象的认识也是一种局部的或有条件的理解（conditional understanding），这种理解对解决穴居人日常遇到的实用问题不无帮助。① 奥克肖特甚至形容在他们的洞穴世界里，穴居人可以是“精明”和“有学识”② 的，他们只是没有在认知上突破其表象理解的框框而已。换言之，尽管奥氏同意对理论的理解和思想中的各种前设的不断探求是哲学的追寻，因为哲学的反思正是人们对他们已有的一些理解根据另一些前提重新作出理解，以揭示原有理解所蕴含的前设或条件③；但和柏拉图不同的是，奥克肖特同时认为，理解是有不同层次或范畴的，尽管这些层次和范畴并非哲学的，却也不是无知的，因为它们也是知识的一种。

奥克肖特和柏拉图的后两点分歧，都发生在穴居人打破枷锁，成功地往地面的洞穴出口前进，并在看过了表象世界之外的真象后，再回到洞穴中去的情况中。头一个情况是这样的：当打破枷锁的穴居人回过头来往上向洞穴出口爬去时，发现从前自己所见的，原来只是通过洞穴外的一团火投射到自己面前那道洞穴后壁上的影子而已。自己以前所看到的世界，原来完全是个影子而非真象的世界。柏拉图相信，如果脱离枷锁的洞穴人这个时候返回洞穴底部，告诉他的同伴自己的所见所闻，那么势必使原来的洞穴世界“天翻地覆”。不过，奥克肖特却不认为会这样，因为影子的世界并非造假的世界，知道了表象以外别有洞天后，并不会因此而使表象世界变得毫无意义，让穴居人感到受骗。④ 这也就是说，尽管哲学的理解比起其他理解在认知上要更追究本质，并给原先未经哲学审视的理解带来革命性的改变，但并不等于说其他理解就是虚假的和没有意义的。这正好表明奥氏虽然同意理论的理解和实用的理解是两回事，但也认为后者的理解并非伪知识，这种理解也有其相对的意义。

奥氏更不能同意柏拉图以下这一点。柏氏认为，当穴居人最后爬出洞穴，看见阳光和世界最终的真象后，才知道以往在洞穴中所见到的一切表象和影子以及其他，其始创者源于这最终的真象，然后更明白只有认识到这个真象（对柏拉图来说，在理知的范畴这就是最终的善），才能真的把握最终的理解（de-

① M. Oakeshott, *On Human Conduct*, p. 27.
② M. Oakeshott, *On Human Conduct*, p. 29.
③ M. Oakeshott, *On Human Conduct*, p. vii.
④ M. Oakeshott, *On Human Conduct*, p. 28.

finitive understanding）和没有条件设限的理知（unconditional intelligibility）。[①] 有了这种超越一切前设的认识后，穴居人便成了哲人，当他返回洞穴后，便应以这种认识完全取代所有局部的理解，拨乱反正。如果哲人最终能成为哲人王，那世界上最终的善便可以落实到人类的社群之中，于人间建立一个完善的国度。奥克肖特与柏拉图在这里的最大分歧，并非在于他认为后者建构的理想国难以实现。奥氏清楚地知道，柏拉图估计哲人在返回洞穴之后，往往变成了人民公敌，甚至像苏格拉底般被处死。这也揭示了，在希腊政治哲学中，哲人和城邦的关系往往是紧张和矛盾的。奥克肖特在此很不同意的，就是认为哲学的反思一定能达到最终的理解和最终的善。奥克肖特认为，对思想前设的不停反思，最后能否找到没有条件设限的终点这个问题，我们只能存而不论。[②] 对他来说，哲学的追寻大概是一种不断起航（*en voyage*）[③] 的追寻，哲人的每一次发现和结论，都是对其蕴含的前设或条件进行反思的邀请；哲学中唯一不受限的，就是真正的理论家不停地认识到，所有条件或结论无一幸免都是受限的。但理论家如果要在反思的过程中达成和他探求的问题相关的一些结论，便不可避免地要在适当的理解层面上先接受构成这些理解层面的条件，以此作为前提进行思考，寻找相关问题的答案；但这并不代表理论家在达致阶段性的结论后，不会进一步对有关的前提再进行理论反思。[④] 柏拉图认为达到终极的理解时，便可以取代一切局部的理解，对此奥氏更加不同意。奥氏认为这是个严重的错误，其错误之处在于以为光靠理论便能取代实践或其他人类的经验模式。他认为持这样观点的人是伪理论家（pretentious "theoretician"），不是真哲人。[⑤]

换言之，根据奥克肖特的哲学观，不论是理论被迫服务于政治，还是理论强制主导政治，同样都是混淆概念的和危险的事。这一点从早期的《经验及其模式》到晚年的《论人类行为》，奥克肖特真的可以说是一直在坚持了。

① M. Oakeshott，*On Human Conduct*，p. 29.

② M. Oakeshott，*On Human Conduct*，pp. 2 - 3.

③ M. Oakeshott，*On Human Conduct*，p. 28.

④ M. Oakeshott，*On Human Conduct*，pp. 11 - 12. 比如，我们探讨不经同意自取他人之物是否违法这一问题，我们便得在法律的前提下，看看有没有法典或法庭的判决作出了相关的规定。但这并不表示理论家不会对“何谓法”这一前提继续进行反思，也不表示在达到对“何谓法”这一前提的最终理解前，那些源于法典或法庭判决的结论都是无知的或没意义的。

⑤ M. Oakeshott，*On Human Conduct*，p. 30.

不过，从奥克肖特在《论人类行为》中对柏拉图的洞穴譬喻的讨论中，我们可以清楚地看到，他对哲学的看法，在其中一方面显然和他早期在《经验及其模式》中的说法不同。在上文我已提及，在《经验及其模式》里，奥克肖特一方面认为，哲学之知的追寻，最后似乎指向一个终极的经验整体。但另一方面，他又强调，这种寻没设限的根、究整体性的底的哲学观，主要是作为衡量认知的标准而非目的而存在的，用以审视各类受到拘限的经验模式的性质及其相对的有效性，并不会取代多元的经验模式。在《经验及其模式》终卷时，奥克肖特重申，哲学的追寻是一种心态，人是不可能只有哲学而没有人生的，否则便不可能过人的生活；要尝试达致整全的经验，便会使我们极度远离日常的思想，其难度之高，使人怀疑这样的追寻是否靠得住，难怪大家多满足于抽象的（即片面的）经验模式了。① 奥氏的这种怀疑，发展到后期时，整全的经验变成了只需要存而不论，重点强调哲学之知要达成结论的话，也免不了成为设限之知，只是哲学式的反思是对思想中的前提的质疑，作出无穷尽的远航。这其实是在保留哲学式的涯涘无穷的追寻之余，同时也承认，拥有相对有效性和认知作用的不同拘限之知，在个别的特定范围内也有其不可抹杀的意义。在思想上不能自拔的哲学家当然可以不断去挑战这些前提和拘限，但这无穷尽的追寻最后是否必得指向一个整全的根底，已变得无关宏旨，对哲学的探求也不再起作用。②

奥克肖特对终极的整全经验看法的修正，使他不再坚持在《经验及其模

---

① M. Oakeshott, *Experience and Its Modes*, pp. 355 - 356.

② “进行了解探索……是一项不断自发地去建立理论理解的批判工作。它的原则就是永不追问终极之处。在探索的道路上……很快便发现一些路径是行不通的。探索经常是抵达目的地却又重新出发的过程。在这个过程中，很多时候会暂时到达有条件的了解平台，理论家可以先行依靠这些平台进行探索，对平台背后所依赖的条件存而不论。不过，每个平台既是目的地，也是出发地，是再探索的起点。没有前设的或终极性的理解这一概念可能会在背后盘旋不散，但它在探索过程中是没有角色的。”（M. Oakeshott, *On Human Conduct*, pp. 2 - 3.）学界对奥克肖特在这方面的修正有不同的评价。有的认为这是一个根本性的改变，代表奥氏放弃了早期服膺的绝对唯心论（absolute idealism），转而接受怀疑论。Steven Anthony Gerencser 的 *The Skeptic's Oakeshott*（New York, St. Martin's Press, 2000）是持这种观点的最有说服力者。但其他一些论者则认为这种改变只是修正了一些重点看法，不算是根本性的改变。如：Jr. Coats, Wendell John, *Oakeshott and His Contemporaries*: *Montaigne*, *St. Augustine*, *Hegel*, *et. al.*, London, Associated University Presses, 2002; Paul Franco, *The Political Philosophy of Michael Oakeshott*, New Haven & London, Yale University Press, 1990; Glenn Worthington, *Religious and Poetic Experience in the Thought of Michael Oakeshott*, Exeter & Charlottesville, Imprint Academic, 2005. 笔者对这个问题的见解较接近后者。

式》中对政治哲学和伦理道德思想（ethical thought）是伪哲学的宣称。[①] 奥克肖特认为，伦理道德和不少政治上的准则是属于实用经验中的应然世界的。正如上文指出，虽然这个应然世界在实用经验里离不开实然世界，但这并不代表我们不可以就应然世界中的价值作相对独立于实然世界的反思和界定，尽管这些价值不一定能在实然世界中得以落实。对早年的奥克肖特来说，这类反思应该属于寻根究底式的哲学经验，但涵盖这类价值的应然世界本身并不构成一个相对有效、不被化约的经验模式，而且有关的反思如果只停在道德或政治的范畴内，不能扩展成整全的经验的话，便始终是有拘限的。但假若有关的反思扩展到整全经验的范畴，它便不能停留在道德或政治的层面，这明确显示了这类经验的不完整性。另一方面，这类价值不曾在实然世界中落实，对实用经验来说，它便不属于相对具体统一的经验，而是抽象片面的经验，因此肯定是不完整和有拘限的，所以也不能用实用经验的相对标准来把它完全纳入实用模式之内。这两者加起来考虑，奥克肖特当时的判断是，这类对价值的反思和界定就算是哲学式的寻根究底经验，由于上面所讲的抽象性和不完整性，也只能算是伪哲学经验，不能避免为哲学的整全经验所吞噬。但一旦奥克肖特认为终极的整全经验这一看法只可以存而不论，并认为所有的理解都是有涯涘的，但又蕴含着对既有的涯涘进行挑战超越的可能，那就等于说，所有的反思，包括哲学的反思，都是有拘限的，判断其性质是否是哲学的追寻，重点反而在于其对思想拘限的开放性，以及有关的反思是否能够打破原有经验模式或范畴确立了的旧拘限，结成新的模式或规范，带来原创性的理解和看法。假如哲学家的思考出发点是人类的政治行为，其用心又不为实用经验的前设所限定，也不主要试图理解一段已经过去的政治经验的历史事态，而是不断地对与政治生活相关的目的、价值、制度、关系等的前提作寻根究底的反思，并将政治经验的世界联结到人类其他经验世界的脉络中进行理解，以便更全面、更深刻地去认识我们的政治经验，那么可以说这便是奥克肖特后来对政治哲学的看法。[②]

总的来说，对奥克肖特而言，人类能够开展认知活动，便意味着对认知的事物已有一些认定和判断，但同时又对有关的认定或判断存疑和感到不足，希

---

① 奥克肖特在这方面的宣称，见 M. Oakeshott，*Experience and Its Modes*，pp. 331－346。

② M. Oakeshott，“Political Philosophy，” in Michael Oakeshott，*Religion*，*Politics and the Moral Life*，pp. 138－155.

望通过反思来达成更好的认定和判断。换言之，完全无知和掌握绝对确定的知识都是和认知活动无关的，因为完全空白的头脑不可能开展认知活动，全知的头脑如果存在的话，人在知识上便成了上帝，也犯不着去开展任何认知活动。因此，对奥克肖特来说，认知的前提必然是对反思的事物、对构成事物的前设和内容有一些认识，但同时又对这些前设和内容抱有怀疑。所以，认知就是知识和怀疑辩证地互动审察的过程，希望通过这样的审察我们能认识得愈来愈深刻完备。

在认知的过程中，人们发现有一些认定和前设构成了相对固定和不能化约到其他认定或前设的经验，形成了有其内在意义和相对有效性的经验模式或平台。理论上，这些模式的数量可以是无限的，只视乎人类的想象和活动有多丰富。只要这些模式的相对有效性和不能轻易被取代的前提继续存在和不断得以改善，这些经验便不会被化约为其他的经验范畴。这种多元的经验范畴的设定也代表了人世的多样性和复杂性。要尊重人类不同的经验，便要尊重每种模式不可被取代的特质，不要把不相称的其他标准或要求张冠李戴，粗暴地加于这种经验模式，犯下错置范畴的谬误。

在承认多元经验模式的丰富性之余，奥克肖特也指出了其局限性。思想上的前提或拘限我们接受得愈多，我们思想上的批判性和敏锐性也就愈受限制。对一个不断思考的人来说，思想中的每一个前提和拘限，都是反思的对象，为了更好地和更全面地去了解这些前提和拘限，绝不可以想当然地接受这些前提和拘限包含的明言的或未明言的假设和达成的结论。对奥克肖特来说，尽管任何反思都免不了存有假设，但任何假设我们都是可以存疑的。因此，把存疑的反思推到最高的哲学之知，其特点就是恒常地以批判眼光审视各种前提和拘限，这就是一种涯涘无穷的追寻。这种审视如果成功地把前提或拘限推翻或带来全新的理解，那便会给被审视的经验带来翻天覆地的改变，所以奥克肖特认为，哲学的反思是最具颠覆性的。① 不过，这种思想上的革命性的改变不可以直接引申到实用的经验中去，因为一些人推翻了思想里的某些前提，不等于一般人都改变了现实中的行为和习惯，何况前者和后者属于不同的范畴，粗暴地以任何一方取代另一方后果都可能是灾难性的。

① M. Oakeshott, "Political Philosophy," in Michael Oakeshott, *Religion, Politics and Moral Life*, pp. 140－141.

第三节 政治上的理性主义：奥克肖特与哈耶克*

明白了奥克肖特关于经验模式的多元化、错置范畴的谬误以及理论和实践、创作和实用不可混淆的论说之后，便会明白，在第二次世界大战后，奥克肖特提出他那著名的对政治上的理性主义（或唯理主义）的批判①，背后是有非常深刻的理念基础的。为了充分把握奥克肖特这方面的批判，笔者不打算直接和单方面地介绍他在这方面的论据。笔者认为，如果我们把他的批判跟与其同代的另一位著名思想家哈耶克类似的批判作一对照，并分析奥克肖特为何认为哈耶克的批判说到底还是脱离不了理性主义的五指山，那么我们会更加明白理性主义在西方自文艺复兴以来是如何深入知识人的心，以及奥氏的批判比起哈耶克这般著名的批判来说为何显得更彻底有力。

奥克肖特曾在他的《政治上的理性主义》一文中对哈耶克的《通往奴役之路》② 作出过以下广为人知的批评："用一个计划来抵抗所有计划的行径可能优于其对立面，但这个做法与它所反对的却是同一政治风格。"③ 熟悉哈耶克对科学主义（scientism）④ 和建构主义（constructivism）⑤ 提出的严厉批判的人，很可能对奥克肖特这个批评感到大惑不解。毕竟，哈耶克是 20 世纪对全盘的经济和社会计划最大力批评的一位学人。哈耶克还从知识论的角度指出了理性不可逾越的限制，认为人的心灵发展，不可能像笛卡尔派所主张的，可以超然于我们的文明和传统之外，按心灵的理性独立规划来指导社会的发展。哈耶克

---

* 这一节的部分论据，来自拙作 Cheung Chor-yung，"The Critique of Rationalism and the Defense of Individuality：Oakeshott and Hayek，" *Cosmos + Taxis：Studies in Emergent Order and Organization*，2014（1.3），pp. 3－9。

① M. Oakeshott，"Rationalism in Politics，" in Michael Oakeshott，*Rationalism in Politics and Other Essays*，new and expanded edition，pp. 6－42. 这篇文章早于 1947 年发表，很可能是奥克肖特最广为人知的作品。

② Friedrich A. Hayek，*The Road to Serfdom*，with a new preface by the author，Routledge and Kegan Paul，London，the University of Chicago Press，1944/1972.

③ "A plan to resist all planning may be better than its opposite，but it belongs to the same style of politics."（M. Oakeshott，"Rationalism in Politics，" in Michael Oakeshott，*Rationalism in Politics and Other Essays*，p. 26.）

④ Friedrich A. Hayek，*The Counter-Revolution of Science*：*Studies on the Abuse of Reason*，2nd，Indianapolis，Liberty Press，1952.

⑤ Friedrich A. Hayek，*Law*，*Legislation and Liberty*，Vol. 1：*Rules and Order*，London and Henley，Routledge & Kegan Paul，1973.

同时也充分明白，存在于社会中的知识往往是一时一地的资讯，其合用与否既有主观成分，也有客观因素，它们是零散而不可能集中的，并非任何中央规划者所可以全部掌握的。[①] 像英属哥伦比亚大学的马什（Marsh）便认为，奥克肖特在这一点评语上明显是搞错了。[②]

不过，如果我们细心分析这个课题就会发现，奥克肖特对哈耶克的批评虽不全中，却亦不远。理由如下。

奥克肖特当然在很多方面都会同意哈耶克对中央计划的批评。从奥氏关于错置范畴的谬误的观点来看，哈耶克认为科学主义是对理性的滥用，奥克肖特应该不会有异议。不过，奥克肖特对哈耶克在保卫个人自由和西方文明中与自由息息相关的价值时主要诉诸自由主义这种意识形态是有所保留的，因为意识形态并非社会中的具体政治行为和实践，而是从这些具体政治行为和实践中抽象出可以明言的特征和要点，使之变成一些政治原则，然后再把这些原则系统化以形成一套意识形态。奥克肖特认为："只有当社会已深被理性主义感染时，才会将传统资源改装成自觉的意识形态，以此来对抗理性主义的肆虐，并将这种做法看成是在丰富和强化这些传统的资源。"[③] 奥克肖特的意思是，如果善厨艺者不得不通过食谱来挽救他的厨艺，那么并不代表他的厨艺变得愈来愈精彩，而是意味着厨艺快要失传了。用庄子在《大宗师》里的话来说，那就是"相濡以沫，不如相忘于江湖"[④]。

---

① Friedrich A. Hayek, *Law, Legislation and Liberty*, Vol. 1, pp. 8 - 34; Cheung Chor-yung, *The Quest for Civil Order: Politics, Rules and Individuality*, Exeter & Charlottesville, Imprint Academic, 2007, pp. 51 - 73; Cheung Chor-yung, "Beyond Complexity: Can *The Sensory Order* Defend the Liberal Self?" in *Hayek in Mind: Hayek's Philosophical Psychology*, *Advanced in Austrian Economics*, Leslie Marsh (ed.), 2011 (15), pp. 219 - 239. 上述后两个著作对哈耶克这方面的知识论有一定的论述。值得一提的是，前辈学人夏道平在1993年为台北远流出版社翻译哈耶克的《个人主义与经济秩序》(Friedrich A. Hayek, *Individualism and Economic Order*, Chicago and London, The University of Chicago Press, 1948/1980) 时，把第四章"The Use of Knowledge in Society"翻译成"散在社会的知识之利用"(pp. 105 - 120)，虽然在字面意思上不完全忠于原文，但这个"散"字在捕捉哈耶克的这一理论观点上却不失为神来之笔。

② L. Marsh, "Oakeshott and Hayek: Situating the Mind," in Leslie Marsh, *A Companion to Michael Oakeshott*, p. 260.

③ M. Oakeshott, "Rationalism in Politics," in Michael Oakeshott, *Rationalism in Politics and Other Essays*, pp. 26 - 27.

④ 奥克肖特在结束他为《利维坦》写的序言时，引用了庄子的这句话作结。(M. Oakeshott, "Introduction to *Leviathan*," in Michael Oakeshott, *Hobbes on Civil Association*, p. 79.) 庄子在这句话之后接着说："与其誉尧而非桀也，不如两忘而化其道。"奥克肖特的意思是，与其要依赖圣人贤君，或者被迫抵抗暴政，倒不如像利维坦般稳定，让大家在遵从法制规范的前提下和平共存，各适其性。

哈耶克对于西方文明中重视自由的传统资源的流失其实也是感同身受的。他在《个人主义：真与伪》一文中对西方宗教影响的式微深为慨叹，他认为这导致西方基督教的政治传统内很多珍贵的价值已不能用大家容易明白的方式毫不含糊地表达出来。因此，哈耶克认为有必要重建一套广为人所接受的社会秩序原则，以为只要“全面地”重申这些原则，便有希望把它们作为“实用的指南”，去维护或重建自由社会的秩序。[1] 同样值得注意的是，哈耶克晚年的自由主义巨著《法、立法与自由》的副标题正是“一套关于正义和政治经济的自由原则的新宣言”。[2]

当然，奥克肖特并非认为我们一定不可以从实践的资源中提取一些类似于公式的原则出来。问题是，单凭这些原则能否“全面地”替代实践以及指导实践呢？奥克肖特的重点是，知识一方面必然含有技术和技巧的部分，这部分是可以用明言的规则、原则、指引、实用口诀等方式表达出来和记录下来的。但与此同时，知识的另一部分却包含了那些知道怎样做，却不能明言、说不清楚的实用知识和判断。[3] 换言之，实用知识和判断只能靠身教身传，不能靠言教言传，因为像品味和鉴赏这类判断能力，“只存在于实践之中”[4]。而知识的两部分像伙伴般同时并存，缺一不可。对奥克肖特来说，唯理独尊的理性主义的问题，正是它只看到第一方面技术明言部分的知识，却完全不承认不能明言的第二方面的实用知识和判断，并宣称技术知识凌驾一切，因为只有这种知识是可靠的，并且可以帮助我们完成使命，取得理性预期的结果。

必须指出的是，虽然哈耶克主张以抽象的政治原则作指导来保卫自由和推动社会进步，但信赖自发秩序（spontaneous order）的他亦承认实用的和传统的智慧也是有其作用的，因此，对于那些理性不及（non-rational）的制度或习惯，只要它们被证明是行之有效的，我们便不应该不屑于求助于它们。[5] 不过，

---

① Friedrich A. Hayek, “Individualism: True and False,” in Friedrich A. Hayek, *Individualism and Economic Order*, p. 2.

② Friedrich A. Hayek, *Law, Legislation and Liberty*, Vol. 1: *Rules and Order*; *Law, Legislation and Liberty*, Vol. 2: *The Mirage of Social Justice*, London and Henley, Routledge & Kegan Paul, 1976. Friedrich A. Hayek, *Law, Legislation and Liberty*, Vol. 3: *The Political Order of a Free People*, Chicago, The University of Chicago Press, 1979.

③ M. Oakeshott, “Rationalism in Politics,” in Michael Oakeshott, *Rationalism in Politics and Other Essays*, pp. 12 - 14.

④ “Exists only in Practice.” (M. Oakeshott, “Rationalism in Politics,” in Michael Oakeshott, *Rationalism in Rolitics and Other Essays*, p. 15.)

⑤ Friedrich A. Hayek, *The Constitution of Liberty*, Chicago, The Chicago University Press, 1960, p. 406.

要“证明”便很难不借助明言的技术知识。哈耶克也认为，文明中最顶尖的瑰宝（crowning part）还是属于那些可以证明的技术方面的知识[①]，因此，说哈耶克在批评理性主义之余还是不时陷入了理性主义的窠臼，并不是没有道理的。

如果我们看看奥克肖特所理解的相对具体的实用经验，以及抽象的原则在这种具体的经验中所扮演的角色，我们便可以看到他和哈耶克的不同之处。在奥克肖特 1948 年发表的文章《巴别塔》中[②]，他指出，在西方，主导的道德模式是反思式的，它的特色看来是非常自觉、理性和科学化；但究其实质，这种反思式的道德是抽离于人们日常的具体道德习惯及其实践传统的，是教条式的和不稳定的。反思式的道德模式经常要求对我们的道德实践，根据有关的甚至是所谓至高无上的道德原则进行具批判性的分析，但这些做法倾向不只会带来偏见，甚至会造成不尊重我们的道德习惯，让道德反思窒碍我们的道德感性。[③]对奥克肖特来说，道德生活实际上是一种相对连贯而具体的生活方式，由各种互相关联的习惯和做法构成。人的社会离不开道德，当我们互相沟通，彼此建立关系时，甚至在我们要了解自己是什么样的人和想做什么样的人时，都涉及上文提到的如何在实用经验中理解当下的实然世界以及该如何进入应然的世界的过程。如要认定相关的理解以及做出改变和选择，我们便得诉诸我们的道德喜好、习惯和感性。换言之，道德就像一个群体的母语，让懂得这种母语的人在其生活交往中表情达意、沟通做事、争执合作、想象学习，等等。学习这种道德的语言和学习母语大同小异，环境的身教和潜移默化，比自觉的言教和高度规范化的学习来得更普遍常见。当然，作为语言的一种，它也有它的文法和明言的规则，也会有这些文法和规则在理论上的守护者，不时引用明证反思的方法对道德行为进行监督、研究，甚至罗列指引，供大家跟从。但这种所谓的反思和言教，如果没有了那个潜移默化的身教环境和道德实践与习惯，赋予那些明言的规则养分和意义，那这些所谓的反思和言教真不知从何说起。前者绝不可能取代后者，如果有人以为那些明言的文法和规则可以抽离于整体的道德实践而化作独立的标准，指导甚至命令我们应该怎样进行和改变我们的道德生

① Friedrich A. Hayek, *The Constitution of Liberty*, p. 33.

② 奥克肖特以《巴别塔》（“The Tower of Babel”）为题写过两篇文章。第一篇发表于 1948 年，这里引用的部分见 M. Oakeshott, *Rationalism in Politics and Other Essays*, new and expanded edition, pp. 465 - 487。第二篇发表于 1983 年，见 M. Oakeshott, *On History and Other Essays*, pp. 165 - 194。

③ M. Oakeshott, “The Tower of Babel (1948),” in Michael Oakeshott, *Rationalism in Politics and Other Essays*, p. 475.

活，那便是倒果为因，把马车放在马匹的前面了。①

奥克肖特关于具体经验中技术知识和实用知识不可分割的伙伴关系这一主张，其实蕴含了一个意义重大的看法，那就是在人类的经验中，总是存在着一些独特的、机遇式的、非固定方程式所能决定的元素。我们知识中的技术和理论部分会帮助我们建立可明言的规则、论据、分析架构等去进行认知活动。但实用知识方面那些只能身教不能言传的判断力、鉴赏力以及种种懂得如何去做却难以说明的能力，只有通过实际参与有关的工作或事务，耐心地以潜移默化、身体力行的方式才能学得到。由于这部分的学习并非依靠可以重复的方程式或原则便能学会，因此，每个亲身学会了这些实用方面能力的人总有些独特的和与众不同的地方，我们一般称之为个人特色或风格，这些都不是可以被方程式般的知识取代的。奥克肖特有时甚至认为："没有注意到一个人的风格，便错失了这个人的言行中四分之三的意思。"②

在各种不同模式的经验中，最着重风格、独特性、创意，最难言教的，大概便是艺术或美的经验，奥克肖特在他的著作中将之概括为诗的经验。奥克肖特形容诗的经验是想象或意象创造的沉思（contemplative imagining）③，这种经验在达到最纯粹的境界时，可以说是脱离了任何关于实用的、道德的或科学的种种经验的关怀。创造的沉思和想象不应是模仿的，所以不可能在创作前预先有一个已经想好了的设计，只能是由每个独一无二的创作者通过其捕捉到的意象创造出与众不同的想象，使创作者及其作品产生美的经验，使欣赏者产生共鸣。严格说来，美的经验和实用以及科学经验有一大不同之处，就是前者是象征性的（symbolic），后两者是代表性的或替代性的（representational），因为美的经验所创造出来的作品，不管是一首诗、一幅画、一个塑像、一首旋律还是只是一个形态，其意象本身就是美的经验，这是不假外求的。意象不是要代表其他物象或什么，因为它就是物自身，本身就是美的经验。④ 奥克肖特说：

---

① "意识形态看似是政治活动非神即圣的父母，到头来却只是政治活动在人间世的继子。与其说意识形态是独立而预先思量好的一套让我们去追寻的价值目的，不如说它是在处理社会上的种种安排时，从我们习以为常的应对中抽取出来的一套系统想法。"（M. Oakeshott，"Political Education，" in Michael Oakeshott，*Rationalism in Politics and other Essays*，new and expanded edition，p. 51.）这里说的虽然是政治意识形态，但也可用来类比反思式的道德原则。

② M. Oakeshott，*The Voice of Liberal Learning*，Timothy Fuller（ed.），New Haven and London，Yale University Press，1989，p. 56.

③ M. Oakeshott，"The Voice of Poetry in the Conversation of Mankind，" p. 509.

④ M. Oakeshot，"Where Imagining is 'Contemplating'，then，'Fact' and 'Not-fact' Do Not Appear，" p. 509.

“一首诗并不是把心灵中某种状态用文字翻译出来。诗人说的和他想说的并不是一回事……诗人并不知道自己要说什么，直到他用诗句把话说出来为止。”[①]同样的道理，“诗人不是分别在做三件事：首先去经历、观察或收集一些情感，接着进行思索，最后找到一种方式将有关情感表达出来。诗人只是在做一件事：进行诗的想象”[②]。

这可能就是奥克肖特对理性主义最深刻的批判。如果奥氏的说法是对的，那么只承认技术知识或把技术知识放在至尊的凌驾性地位，难免会破坏人类具体的经验中具有个性和独特性的一面，这将是对个人及其风格的不尊重。如果人类的知与行是离不开技术知识和实用判断的伙伴关系，那便等于说人类的所有行为都包含了美的或诗的元素，其中的分别只是程度的不同而已。[③] 在美的创造的经验中，形式和内容是统一的，中间并不存在形式还是内容为对方服务的问题。如果说这种以个人的独特之处创造出来的经验有其价值的话，那么这种价值是内在的、不假外求的，就像在美的沉思中创造出来的意象，其艺术价值就在物自身，而不在意象之外。明乎此，我们便明白在奥克肖特的思想中，他为何这样重视个体性的道德（morality of individuality），并认为现代就是个体性的时代，因为现代人认定每个个人都被视为个别和自主（sovereign）的个体，他们在社会上联合在一起，并不是要追寻一个单一而共同的群体，而是追寻一个在人力可能的范围内，最能够互相容纳，你有来我有往的一个互谅互让、和而不同的群体。[④]

第四节　道德个体性

在《代议制民主中的群众》[⑤] 一文中，奥克肖特追溯了欧洲历史中自主的

① M. Oakeshott, “The Voice of Poetry in the Conversation of Mankind,” p. 479.

② M. Oakeshott, “The Voice of Poetry in the Conversation of Mankind,” p. 525.

③ 美国康涅狄格学院的小科奥狄西是从这个方面理解奥克肖特思想的佼佼者。请参看 Jr. Coats Wendell John, & Cheung Chor-yung, *The Poetic Character of Human Activity: Collected Essays on the Thought of Michael Oakeshott*, Boulder Lanham, New York, Toronto, Plymouth, UK, Lexington Books, 2012。

④ M. Oakeshott, “The Moral Life in the Writings of Thomas Hobbes,” p. 82.

⑤ M. Oakeshott, “The Masses in Representative Democracy,” in Michael Oakeshott, *Rationalism in Politics and Other Essays*, new and expanded edition, pp. 363 - 383.

个人这种道德个体性的身份是如何逐步形成的。奥氏认为，在欧洲中古时代直到12世纪这段时间，欧洲人并非从道德个体性这个身份来理解人。要了解一个人，在当时就等同于要知道这个成员在他所附属的群体（例如家族、教会、乡村的社群、行会等）中的身份（例如某封建主封地里的佃农）。个人的日常生活、工作、决定，当中涉及的权利义务都是社群主导而不是个人左右的。人与人的关系如忠孝与远近亲疏等，也大多是由宗族群体的既定结构界定的。个人之间的差别，比较起彼此在群体中被赋予的共同之处来说显得微不足道。所以，对大部分人来说，个人的名字或称谓并不重要，要谈个人的性格在这种社会氛围下真不知从何说起。

奥克肖特认为，从13世纪开始，欧洲个别地区断断续续对上述这种社群性的身份做出了修正，让个体性逐渐抬头，其中最先扎根成形的地方，就是中古式的社群生活率先解体的意大利。奥克肖特援引意大利文艺复兴史权威布克哈特（Burckhardt）的观察，形容当时意大利是如何开始充塞着个体性的：如果你遇上一千个人，当中就会有一千种独特的形态和服饰；个人开始脱离群体和同伴，行为上变得高度自主和以表达个人喜好为主。这样特立独行、以我为主、为自己订立规范的个人是伴随着自由率性者（libertine）和文艺爱好者（dilettante）这些个体而出现的。他们敢于审视自我，不怕追求自我的完美。奥克肖特以希腊神话中可以随心所欲改变自己容貌的海神普洛透斯（Proteus）来比喻这种新的人性形象，并认为14世纪的文艺复兴之父彼特拉克（Petrach）和16世纪的法国散文大家蒙田（Montaigne）的诗文，正是讴歌这种人性形象的代表作。[①] 个体性和文人具个人风格的创作似乎是相辅相成的。

从此，个体性逐渐在欧洲蔓延，在英国、法国、西班牙、瑞士、波兰、匈牙利、波希米亚，尤其是在市政中心的地区（也就是传统社群生活方式式微的地方）蓬勃发展。奥克肖特相信，到了17—18世纪，“个人”这个预设已经变成有点天经地义，发展到欧洲所有的道德思想家都已关注到这个预设的“个人”背后的心理结构。而处理“自我”和“其他人”之间的关系，更是当时所有道德理论离不开的共有形式。在这方面，奥克肖特认为没有人比康德的著作

① M. Oakeshott, “The Masses in Representative Democracy,” pp. 365 - 366. 这段文字的描述，参照了张汝伦的译著《政治中的理性主义》88～89页的相关译文。

表现得更清楚的了。[①] 康德因应每个人都拥有不受制于自然界的必然性这一点，认定作为一个人，其本身就是一绝对而自主的目的。寻找个人的幸福是这种人的自然追寻，自爱也就是选择个人行为时背后的动机。作为理性的个体，个人便得推己及人，在对待自己和对待所有个人时一样，都只能视之为目的，永远不能将之视为手段，这正是承认自主人格的首要条件。这人格既是自主，其自身又是目的，便意味着没有人有权利或义务去代替其他个人促成其道德上的完美。促进其他人的幸福不是不可以，但达致道德上的善的条件正是个人自由，把个人追求的善假手于人，便等如破坏了个人自由。

以上奥克肖特关于道德个体性的论说，明显是认为个体性这个特性是历史的实践和反思的产品，而非上天生成的。早些时候，我们在讨论奥克肖特的哲学观时提到，人的认知过程预设了人是拥有包括判断和类推等能力的意识的；而人在面对一特定机遇或情境时，他怎样去认定有关的机遇或情境，决定做出什么回应和行动，是和人对自己的理解及对外在情境的理解分不开的。人有这种理解和回应的能力，显示出有意识的人从最基本和内在的角度来说是自由的。这种自由并不是说每个人都是十分自主的，清楚知道自己必能控制大局，而是说每个人究竟是什么样的人，靠的是他的自知之明式的自我理解，他本人处于哪种情境，有什么机遇，同时也是和他个人如何理解这些情境、机遇分不开的。而他选择应如何回应这些情境、机遇，以便达致他所乐见的结果，亦正是他的为人的自我揭示（self-disclosure）和他的人格的自我塑造（self-enactment）。[②] 作为一个能认知、能反思的个人，他的所谓人性是历史性的，而非天生便有的本性；每个人的个体性，就是个人行为中的自我揭示和自我塑造的活动的总和。[③] 个人意识上的自由自主，并不是说个人拥有不受限制的意志去改变我们的处境，而是说他面对的是一个怎样的处境，离不开他对它的理解，而他所做的，是一种理解过、思量过的参与行为（intelligent engagement）。[④] 奥克肖特认为，意志（will）正是行动时已做出过理解和思量的举动（intelli-

---

① M. Oakeshott, "The Masses in Representative Democracy," pp. 367 - 368; M. Oakeshott, *Morality and Politics in Modern Europe: The Harvard Lectures*, Shirley Robin Letwin (ed.), New Haven and London, Yale University Press, 1993, pp. 47 - 86.

② "（一个自主行事者）就是他对自身的了解认定，他所身处的偶发环境也是他对这些环境的了解认定。这个人对这些环境做出的反应，就是他本人的自我揭示和自我塑造。"（M. Oakeshott, *On Human Conduct*, p. 41.）

③ "He is what in conduct he becomes."（M. Oakeshott, *On Human Conduct*, p. 41.）

④ M. Oakeshott, *On Human Conduct*, p. 37.

gence in doing)。①

既然个体性不是天生的本性，而是靠理解、思量以及个人言行中的自我揭示和人格自我塑造而培养出来的，那么，要丰富每个人的这种特性，便离不开修养学习和身体力行。奥克肖特指出，经过修养力行的个体，“这个自我就是一个有实质内涵的人格，这个人格是教育的成果，其资源内涵是个人通过自我了解而累积下来的。对这个受过教养的自我来说，他的行为会被认为是一种探索，在面对身处的情境和机遇时，借发挥自我拥有的资源，做出自我揭示和塑造的回应，而这些回应正好既肯定了同时又取得了自我的自主性”②。

换言之，个体性是通过修养学习取得的历史成就。莱特温（Letwin）在一本深受奥克肖特思想启发、谈英国绅士和个体性的书中这样说：“人的个体性既没有‘一堆感觉’那种变幻无形的品质，也不是像‘核心人格’那么固定不变。个体性是个人的身份，到逝世时才差不多固定下来。用‘品格’（character）来形容这个相对稳定但又不时变化的独特身份是最准确的。换言之，个人的品格是构成自由人的个体性。这个品格是个人选择怎样去理解、回应或享用他生命中所碰上的机遇的结果，这真的可算是这个个人的‘人性精华’。”③

这样看来，个体性的修养，是一种至死不渝的追寻，其中所利用和累积的实用和道德的资源，就是上文在谈到道德生活时所说的道德母语。莱特温指出，个人品格的学习，并非鹦鹉学舌或照搬一些既成的行为模式，而是“要学会掌握这样的或那样的［道德］语言，但懂得说一种语言并不会规定个人说话的内容”④。我们记得，奥克肖特并不认为我们的道德语言可以单靠方程式的抽象原则便可以维持，因为缺乏具体的实践、习惯和情操等，这些原则便成了无源之水。因此，道德个体性的培育，必然是既个人的又社会的。个人的是因为每个个体都会有其不同的风格，而且每次在自我揭示和自我塑造的追寻上，在决定具体的行为时，也都是个人的，其道德后果也是由个人去承担的。同时，这种培育又是社会的，个人只能够从他身处的社群中去掌握相关的道德语言、

① M. Oakeshott，*On Human Conduct*，p. 39.

② “这里的自我是一个实质的人格，是教育的成果，有关的资源养分是从自我认识中收集而来的。这个人的行为被认定为一个有修养的自我在其人生探索的路上调动其人格资源，在回应身处的偶发环境和遭遇时进行自我揭示和塑造。”（M. Oakeshott，*On Human Conduct*，pp. 236 - 237.）奥克肖特对博雅教育的不少看法和他在这方面的观点是互相启发的。请参考他的 *The Voice of Liberal Learning*。

③ Shirley Robin Letwin，*The Gentleman in Trollope*：*Individuality and Moral Conduct*，London and Basingstoke，MacMillan，1982，p. 60.

④ Shirley Robin Letwin，*The Gentleman in Trollope*：*Individuality and Moral Conduct*，p. 62.

关系、习惯、偏好、成规以及其他文化资源，学会纯熟运用这些资源，才有可能开创出个人的特色。因此，奥克肖特说："直到一个人运用语言纯熟到可以超越相关的规则的明文规范前，他是不会有什么惊人的重大说辞的。"①

奥克肖特把个体性视为在现代道德生活中对人性的主导性理解，是继承了霍布斯的观点的。他认为霍布斯是第一个清晰地审视了个体性经验的哲学家②，并且破天荒地将西方政治哲学的标志性切入观念，从"法"转变为"意志"。③ 个体性的人观除了对西方道德生活和理论的理解大有影响之外，对理解现代政治共同体以及共同体内的种种政治关系和制度，其作用也是关键性的。这一点在下一节论及奥氏的法治联合体（civil association）理论时会再作讨论。

奥克肖特把主导个人自我揭示和自我塑造的行为的意志，认定为经过理解或思量的举动；但人要通过活在身处的社群和传统，才能够潜移默化地去学习和掌握其道德语言和文化资源，以便做出理解思量甚至采取行动。而这些理解和行为又反过来揭示和塑造个人的风格和道德人格。从这个角度来说，奥克肖特对个人和道德的看法是颇接近黑格尔的。正如弗朗科（Franco）所说："奥克肖特的道德观念是黑格尔形多于康德形的。当他以语言来将道德实践作类比时，这一点便变得很清楚。这个类比强调得最明显的，正是道德那全然通俗或白话的性格。道德并非超乎我们的日常生活之上，要我们努力作知性的反思才可以使之指导我们的行动。反之，道德是行为的中介体，没有这中介体，人便无所措手足。"④ 换言之，奥克肖特的道德个体性是站在抽象个人主义的对立面的。这一点在奥克肖特以下的一番话中表露无遗："据我理解，'私下的个人'（private individual）是一个制度，是社会（大部分是法律）的创造物。这个人的欲望、情感、意念、理智的构成都是社会的。我认为，如果把这个人抽离开

---

① "Until one can speak the language in a manner not expressly provided for in the rules, one can make no significant utterance in it."（M. Oakeshott, "Learning and Teaching," in *The Voice of Liberal Leaning*, p. 56.）孔子能"从心所欲，不逾矩"，正是高明的表现。

② M. Oakeshott, "The masses in representative democracy," in *Rationalism in Politics and Other Essays*, new and expanded edition, p. 367.

③ M. Oakeshott, "Dr. Leo Strauss on Hobbes," p. 157.

④ Paul Franco, "Oakeshott's Relationship to Hegel," in *The Intellectual Legacy of Michael Oakeshott*, Corey Abel & Timothy Fuller (eds.), Exeter & Charlottesville, Imprint Academic, 2005, p. 126. Patrick Riley 的"Michael Oakeshott, Philosopher of Individuality"也说，奥克肖特认为康德"重要但不具吸引力"，因为奥氏"坚守着黑格尔的观点，认为康德未能从道德（Moralitat）转到伦理生活（Sittlichkeit）"。见 *Review of Politics*, 1992, 52 (4), pp. 662 - 663。

他赖以存在的‘外在’社会世界，那就像把一个物体放在真空里，这个人的溃坠，是再肯定不过的了。”[①]

换言之，虽然奥克肖特承接了意志和个体性这些由霍布斯揭橥的重要哲学理念，但他对霍布斯那种抽象的或消极的个人主义倾向是有保留的。因此，他批评霍布斯“从来没有一套令人满意或者是连贯的意志思想（volition）的理论”[②]。但另一方面，奥克肖特对黑格尔的理性意志同样也是有保留的。简要而言，这个可以分成相连的两点来说。

首先，把意志认定为经过理解或思量的举动，便是认为人的举动首先是涉及反思的意识（reflective consciousness）。[③] 但就这方面来说，对奥克肖特而言，其重点是个人意志的行为（the activity of willing），而不是自我反思的意识（self-consciousness）。[④] 这显然是把黑格尔的理性意志的“理性”部分冲淡了。黑格尔在《法哲学》里提到意志的自我意识时，是分了三个阶段的：第一个是欲望和冲动的感官意识（sense consciousness）这个外在阶段；接着，当意志进行反思时，这第二个阶段便同时存在着感官意识和普遍性的思想（the universality of thought）；当意志的潜质通过思想充分反思时，反思的意识便进入了以自己为反思对象的第三个阶段，使意志变为完全的普遍性，把自身的对象、内容和目的净化，成为真正的意志，且是自由的。[⑤]“这样的自我意识，通过思想理解到自身的人的本质，从而把自身从偶发的和错误的地方解放出来，成为权利、道德以及所有伦理生活的原则。”[⑥] 而所谓理性，就是以反思的方式达致绝对的普遍性[⑦]，把人那些偶发的、非本质的、错误的元素释放出来，成就理性的意志。奥克肖特显然并不认为只有达致所谓绝对普遍性的意志才是意

---

① Oakeshott, “Review of J. D. Mabbott, *The State and the Citizen (1949)*,” in *The Concept of a Philosophical Jurisprudence*, p. 256.

② “（霍布斯）一直就缺乏一个令人满意或贯彻始终的意识思想（volition）理论。”（M. Oakeshott, “Dr. Leo Strauss on Hobbes,” p. 157.）对奥克肖特来说：“实践就是意志的运用。实践思想就是意志思想。实践经验就是意志和行动的世界（the world of sub specie voluntatis）。”（M. Oakeshott, *Experience and Its Modes*, p. 258.）

③ M. Oakeshott, *On Human Conduct*, p. 37.

④ “人首先完全是一个个体，这样说并不是因为他有自我反思的意识，而是因为他拥有个人意志的行为。”（M. Oakeshott, “Introduction to *Leviathan*,” in Michael Oakeshott, *Hobbes on Civil Association*, p. 64.）

⑤ Hegel, *Hegel's Philosophy of Right*, T. M. Knox (trans.), London, Oxford, New York, Oxford University Press, 1967, 1976 rpt., pp. 29 - 30.

⑥ Hegel, *Hegel's Philosophy of Right*, p. 30.

⑦ Hegel, *Hegel's Philosophy of Right*, p. 31.

志。虽然个人的意志的思量和理解不能靠抽象理性，并且是离不开个人所承继的文化道德传统的资源的，但不论个人是高明地还是笨拙地利用这些资源，对这些资源是充分了解还是误解，他因此而做出的举动都是经过理解或思量的，都是个人的意志的表现。①

另一个黑格尔哲学的相关重点是普遍性的思想怎样通过家庭、市民社会以至国邦的历史进程，让个人实现其命运，活在普遍性的生活之中。② 从上文我们对奥克肖特关于历史经验并没有什么因果关系或目的性的定律的理解，以及关于人类行为中不会缺少的独特或创造性和离不开的机遇性的认定中可知，黑格尔这里谈的命运以及所谓的历史进程，对奥克肖特来说，充其量只是黑格尔对 18—19 世纪现代欧洲国邦取得的历史成就的进一步再发展的信念（belief），而不是什么逻辑或历史的必然。③

第五节　法治联合体与巴别塔

至此，奥克肖特为我们勾勒出一个丰富却毫不封闭的思想形态：经验世界是多元模式的。各模式之间不可互相化约，其内在的相对有效的标准也不应彼此混淆。因此，理论不应凌驾于实践，实践也不可只视理论为工具。道德生活不但不应受制于意识形态，而且没有具体的道德习惯和情操，意识形态便只能徒具空壳。技术理性和言教不可更不能取代实用知识和身教。这两者之间的不能分割，正是人类活动中美和创造经验的源泉。活在这个国度中的人，各有其

---

① 奥氏在“Introduction to *Leviathan*”中谈到个人主义和绝对主义时，在一个长注释里说了以下一番话。如果在这番话提到的人格中的两个元素中，前者的立场接近黑格尔，而后者接近霍布斯的话，那么奥氏的立场似乎在两者之间。“可以说，从中世纪哲学家反思出来的义理可区分出两类人格元素，一类是理性的，另一类是实质的。……强调人格中的理性元素会达致……笛卡尔式的以认知和自我反思的意识为本的原则，并认定这是人格的真实基础。强调实质元素则会尽量放大人格和理性的对立面，其结果可以说是浪漫的人格原则，以及意志至上。个人就是分立的、互不通达的、有偏向的，甚至是非理性的。对实质元素的强调见诸中世纪晚期唯名论思想家的作品，霍布斯深受其影响。”（M. Oakeshott, *Hobbes on Civil Association*, pp. 64 - 65, n110.）

② “[The] destiny of individuals is to lead a universal life.”（Franco, “Oakeshott's Relationship to Hegel,” p. 129.）

③ M. Oakeshott, *On Human Conduct*, p. 263.

意志、自主、人格。他们风格性情各异，却共享具体的道德生活。这种多元、丰富、独特、不假外求、不断揭示和塑造、和而不同的文化性格，被奥克肖特以人类交谈（conversation of mankind）这个意象捕捉下来："作为文明的人，我们所继承的，并非对我们自己或对这个世界的探求，也不是连篇累牍的资料，而是彼此的交谈。"①

在这样的交谈里，并没有指挥或仲裁者。参与的人只要不是话不投机，且能让大家就感兴趣的话题不断攀谈下去，便是可以的了。交谈中不同的声音没有什么主次之分，否则个别声音独占主流，交谈被迫变成独白。因此，没有"和而不同"的多声调便不可能交谈。这交谈也不一定要解决什么问题，达成什么议定，取得什么成果。它只是没有彩排的文明旅程，让不同的声音、经验、风格在同一个平台交流，享受那"君子之交"式的关系，却无须成为同志、同宗或战友。奥克肖特认为："正是参与这类交谈的能力，而不是有条不紊的推理、对世界进行探索发现或努力建立一个更美好的世界的能力，使人禽有别，将文明人和野蛮人区分开来。"②

可是，回顾现实，这样的人类交谈是经常被中断的。野蛮即使没有把文明征服，至少也是跟它势均力敌的。奥克肖特身处 20 世纪，他本人就曾经在前线参加了对抗纳粹德国的战事，也曾看到极权和独裁政治的肆虐，导致全球的大战和不少国家的暴政。这正好说明，现代的政治，是文明野蛮共存的。

上一节我们提到了道德个体性在欧洲文明中的出现。由于这一个体性如奥克肖特所言，是历史性的而非本性的，所以它的出现并不是所有人都必然欢迎的。对那些未准备好或不惯于自主的人来说，个体性这个身份是一个负担。旧有的信仰、职业及地位上的确定性消失了，这除了产生新的工农业方面的创业家之外，同时也产生了一批失去上述确定性后感到无所归依的劳动者。伴随自由率性者出现的，是那些精神上失去了凭借的信徒。社群式的生活和关系虽然很有压力，但终归是熟悉而温暖的；一旦从这无名的集体身份中被释放出来，变成必须自己做主的单独个体，那些不能适应这种蜕变的人，便会感到很沮丧和不知如何是好。因此，奥克肖特认为，过去几百年，欧洲文明的处境，不是只产生了个体性这个身份，而是产生了两个相生相克的现代人格：个人（individual）和夭折的个人（individual manqué）。这两个人格同时都是现代的，但

① M. Oakeshott, "The Voice of Poetry in the Conversation of Mankind," p. 490.

② M. Oakeshott, "The Voice of Poetry in the Conversation of Mankind," p. 490.

其特性对社会的要求以及对政治共同体的期盼，差不多是完全相反的。[①]自主的个人要的是自由，感到无所凭借的夭折的个人，盼的是为他带来解救的领袖。个体性享受多元的经验，反个人者却留恋社群固定的一元。独立的人格以每一个个人为尊，并欣赏特立独行的风格；崇尚集体的群众，着重多数的统一意志，并以此目的处处规限个人的行径。保障个体性的共同体所标举的，是和而不同的规范和制度，以提供一个公正平和的政体，让个人在不侵扰他人之余保持其率真性。以群为体的共同体所标举的，是平等和确定的一致，强调的是对集体的忠诚，以及对共同目标的效忠。奥克肖特认为，自 16 世纪以来的欧洲政治史当中，现代国邦的观念和制度所产生的对峙和张力，正是源于这两种现代人格的矛盾[②]，而据奥克肖特看来，这种矛盾并未因 20 世纪的极权主义的崩溃而消失。

在《政治思想史讲座》一书中，奥克肖特已经提到，在欧洲进入现代时，已逐渐冒出了两种相反的想法和实践，来界定当时欧洲的管治活动。其中一种是，政府组织和发动其属下臣民去追寻一个国邦预先设定好的单一共同目的；另一个是，在同一的共同体内，以非工具性/目的性的规则来协调其成员，以使各成员去追寻他们自身选择的不同目标。奥克肖特把前者称为共本国（telocracy）[③]，意味着维系这个国邦的是本于单一的共同目的；而后者奥克肖特称为法治国（nomocracy），以显示其国民只受那些严谨制定的法律的规范，但这些法律不会过问个别公民的个人目标，只会规定公民在践行其个人目标时必须符合哪些维护公共秩序的条件。奥克肖特指出，由于中世纪的欧洲已经把国王管理其封地庄园的权力和维护法律秉持公道的权威做出了区分，所以欧洲人对法治国的认识，比共本国还来得早。由中古转入现代时，由于政治上和宗教上存在各种各样的争议和分歧，奥克肖特认为，“唯一能避免内战的方法，就是把政权从本着单一目的的特性转向法治国的特性，因为法治政府能够维持和平以及基本的稳定和秩序，靠的是对各有争议的实质目的保持中立的法律”[④]。

不过，奥克肖特同时看到，欧洲的政治环境也有让共本国大展拳脚的机遇。当时不少欧洲国邦由中古进入现代，由于政治上不稳定和王位正统的纷

---

① M. Oakeshott，“The Masses in Representative Democracy”.

② M. Oakeshott，*On Human Conduct*，pp. 317 - 326.

③ “共本国”这个中文译名是笔者创造出来的，希望能显示出这种政体以单一共同目的（telos）为本这个特性，与共和国源自 *res publica* 这个强调公共秩序的性质做出区分。奥克肖特在 *On Human Conduct* 一书中把 telocracy 改为 teleocracy。

④ M. Oakeshott，*Lectures in the History of Political Thought*，pp. 471 - 490.

争，这些国邦不得不加强内部的团结一致和塑造一统的政治认同。此外，科技的发展让政府的控制权加大，现代政府对经济资源的垄断愈来愈多，殖民地的扩张、对外战争等都是让政府制造统一的目的加诸人民身上的好机会。[①] 总而言之，奥克肖特的主要立场是，现代欧洲的国邦性质是由这两种相反倾向的两极思想和实践构成的，了解它们各自的特性和张力，就是了解过去 500 年欧洲政治复杂跌宕的经验。在这一节余下的篇幅里，我们主要根据奥克肖特生前没有假手于人而出版的最后一本书中的最后两篇文章——《法治》和《巴别塔》——来论述他所认为的现代世界中最文明的宪政联合体，以及现代政治中那难以避免的将天国带来地上的虚妄悲剧。[②]

一、法治国

法治国对奥克肖特来说，是一种独特而能够自我维持的人类共同体的模式，而维系这种共同体的关键，是那些非工具性的、公开通过一些特定权威的程序制定的规则，这种规则被称为法律。法律的性质是怎样的呢？法律和其他规则有何分别呢？

由于维系法治国的关键是法律而不是什么具体的共同目的，因此，法律只应规范公民的行为是否恰当，而不能成为达成某些具体目的之工具。从这个意义上看，法律必须是非工具性的，而法治国也和任何具体的共同目的无关，否则维系该共同体的关键，说到底便是有关的共同目的而非法律。非工具性的法律并不规管公民个人选择的目的，只会定下一些与治安秩序有关的条件，规定所有公民在实现其个人选择的目的时必须遵守。换言之，这些条件不会决定个别公民选择做什么，只会规管他们做的时候应如何避免和有关条件相抵触。[③] 举例来说，交通规则不会规定驾驶者一定要前往哪一个目的地，它只会规定，不论你驶往哪里，都不能超速、闯红灯或（以我国香港为例）靠右驶。

因此，非工具性的法律和为达到预设的实质目的或结果而制定的审时度势式的规则，性质并不一样。虽然在其管辖范围内，所有公民都有责任遵守法

---

① M. Oakeshott, *Lectures in the History of Political Thought*, p. 474.

② M. Oakeshott, "The Rule of Law," in M. Oakeshott, *On History and Other Essays*, pp. 119 – 164; M. Oakeshott, "The Tower of Babel," pp. 165 – 194. 这篇 "The Tower of Babel" 和 1948 年发表的一篇是完全不同的。以下两分节的内容和论据，部分引自拙著 Cheung Chor-yung, "Rule of Law or City of Babel: Oakeshott on the Twentieth-Century State," in *Oakeshott's Cold War Liberalism*, Terry Nardin (ed.), Basingstoke, Hampshire, Palgrave MacMillan, 2014, chapter 5, pp. 99 – 115。

③ M. Oakeshott, "The Rule of Law," p. 136.

律，但非工具性的法律其实已假设了个人是有选择的余地的，因为公民在进行个人的活动时才会出现遵守法律的问题，就如一个遵守文法的人一定是已经有话要说才会涉及文法，人若不说话就根本谈不上守文法。明白这一点是重要的。理由如下：

第一，虽然所有公民都有责任守法，他们在国邦内的关系也是由法律界定的，但法律是非工具性的，它不会强制公民一定要选择或达致任何实质的目的。只要不触犯法律，每个公民个别或自愿地与其他公民组织起来选择和推行哪一种实质的目的都是悉听尊便的。因此，法治和多元的活动、利益、关系、组织等是可以共存的，只要这一切行为都不触犯非工具性的法律所规定的形式条件。第二，如果为达致一些预设的实质目的而制定的审时度势式的规则是强制性的，那么除非有关目的得到受管辖者同意，或者他们不同意时可以选择不参与，否则个人便没有自由可言了。

非工具性的法律界定了责任，区分了对和错的行为，以此规范着受管辖的公民；但道德也是确立规范、区分对错好坏的。那么，道德规范和法治规范有何不同呢？对此，奥克肖特提供了两个答案。首先，法治联合体这种模式完全是由非工具性的规则构建的，但道德实践却不光是由道德规则组成的，当中还涉及人的道德意图、情操这些反映个人道德人格的因素以及一个人是否表里一致等价值问题。因此，道德的关系远比法治关系丰富，因为后者只触及牵涉自我揭示的外在行为，但前者还包括人格自我塑造的、牵涉意图情操的内在行为。合法并不等于有好的道德意图，因为逃避受罚而不犯法并不是什么值得推崇的情操。[①] 奥克肖特认为，不管我们喜欢与否，“法律定下的规范条件，是触碰不到行为中关于情操和意图这些最高的道德考虑的”[②]。

另一个法治和道德的分别，和判断规则的权威程序有关。由于法治完全是一套非工具性的规则，因此要决定如何判定法治规则的真确性（authenticity），联合体便只能诉诸被认可的、由法治规则组成的一些既定权威程序。因此，奥克肖特认为：“法律规范着新法的产生。”[③] 但要对道德规则进行判定，道德联合体内却不会有相同的认可程序，因为需要接受判定其真确性的道德规则和该规则本身在道德价值上的正确性（rightness）这两个问题是很难分得开的。换言之，法治国中公认最优秀的最高法官在退休后便不再是法律解释上的最高权

① M. Oakeshott, *On Human Conduct*, p. 77.

② M. Oakeshott, “The Rule of Law,” p. 141.

③ “Law regulates its own creation.”（M. Oakeshott, “The Rule of Law,” p. 139, n. 5.）

威。但一位德高望重的长老是不会在道德上退役的。如果他坚持某一道德规条的价值是不容置疑的，那么道德联合体到哪里去找个法庭来仲裁其真确性呢？

基于此，法治联合体中的一个构成要素，便是要确立一个最高的立法机关，通过由法规构成的认可权威程序进行立法、修订和废除法律的工作。由于法治是非工具性的，所以立法者在出任这个公职时必须放下私人的目的和利益秉公办事，否则便会破坏法律的非工具性质。另外，法治联合体还需要一个最高的司法机构，权威地以法律的观点去确定有关法规的意涵。这个机关的责任，就是当出现具体个案的法律争议，要求这个机关做出仲裁时，它便得根据程序，公正地做出裁决，厘清有关人士在进行相关的具体活动时，是否抵触了相关的法律。要法律获得遵从，公民便得在事前知道相关的法律存在。但由于法律是一般性的，它无法预知未来每一种具体情况会如何出现，以及这些情况如何和有关的法律拉上关系，因此，当这些具体情况产生法律争议时，便得进行司法裁决。奥克肖特指出，“立法和仲裁是属于完全不同范畴的行为”，因为仲裁是关于某些具体的、一时的行为是否触犯现有的法规的，而立法却是要对现行的法律做出部分修正或加入新的规定。最后，法治联合体还要设立第三类机构，负责行使合法权力去保证公民遵守法律，对付违法的情况，维护治安和防止很可能出现的不守法纪的事情，以确保法治联合体的长治久安。①

必须强调的是，公民对法律的规范同意与否并非决定有关法律是否有效的理据，遵守法律的责任也不会因为违规者愿意接受法律的惩罚便失效。决定法律有效与否的唯一权威根据，就是由法律规定的有关立法和司法的程序。一旦通过这个程序确定了法律的有效性，受管辖者便有法律的责任去遵从，否则法治联合体的特性便会受到破坏。当然，有关法规的规管内容是否是可欲的（desirable）或是尽如人意的这类问题是可以讨论的，但这和相关法规的有效性是完全不同的问题，而有关的讨论也得在接受了联合体中认可的法律有效性的权威程序下进行。换言之，改变和批评法律是可以的，但必须符合法治的权威程序和保持法律的非工具性特质。

奥克肖特在罗列了法治联合体在理念上必须有的基本前设之后，提问道：究竟这样理解下的法治观念是否“不光是一个逻辑学家的梦想”？他承认在现实的现代国邦之中，没有任何一个能够完全满足上述法治理念的要求。就是在

---

① M. Oakeshott, “The Rule of Law,” pp. 144, 146, 148.

普遍被认为是宪政自由民主的国邦内，很多法律也都是带工具性质，为特定的利益、目的和个别价值理想而服务的。正如上文所言，现实的现代国邦的性质是含混而矛盾的，像法治联合体这种高度严谨和要求准确的理念，“是没有什么地方会让大家感到振奋的”。政府在面临内乱或要对抗外敌入侵时，现实上是不可能不某种程度上放弃法律的非工具性特质的，否则便不能够同仇敌忾。奥克肖特也承认，很多时候单依赖上述法治理念在现实国邦中未必能产生足以团结和维持国邦的认同。由于法治本身不能当饭吃（“bakes no bread”），不会分家当（“distributes loaves or fishes”），又不涉及崇高的道德情操和意图，所以它并不会使人热血沸腾，感到血浓于水[①]，而只能像亚里士多德所说的维持“淡如水”的关系。[②] 不过，假如当权者不分青红皂白，随时可以把一个实质的目的强加到国民头上，并命令大家必须服从，甚至连大家内心的想法也要过问，以保证没有人不是心悦诚服地支持国邦领袖的话，那么这是个什么样的世界呢？奥克肖特在《论人类行为》的一个附注中提到了一个很有意思的故事：在伊庇鲁斯的一条山径上，一位希腊农夫很愤怒地鞭打着他那只拉着货物的驴子。由于驴子看来是好端端地在拉着货物，所以有人问农夫为何鞭打它。这位农夫回答说：“对。但这家伙其实是不想拉的。”[③] 在极权的国度内，不要说推动政治正确的运动会一波接一波来，各种改造思想的运动同样是源源不绝的。假如政府可以实行百分之百的控制的话，那么大概连人民要做什么样的梦，也会被列入监管项目的名单之内了。

奥克肖特构思中的法治国内，以非工具性质的法律维系的成员都享有在不抵触法律规定的一般条件下，凭自己的意图决定自己的行动的公民自由。由于法治的框架不会规定任何实质的目的和行为，所以法治国的公民可以单独或自发地组织起来追寻自己的理想，发展自身的个体性。公民可以自由地参与政治，议论时政和法规，只要他们服从法律的权威和依据法治的程序进行改革便是。如果出现法律争议，独立于行政机关和立法机关的司法机关会严格地依法仲裁。立法和司法者必须维护法治非工具性和程序性的整体特性，把实质的目的和公正程序以外的利益考虑摒诸门外。执法部门必须依法办事，并以立法者和司法者的决定为依归，不得越权和公私混淆。奥克肖特认为，这样理解下的

---

① M. Oakeshott, “The Rule of Law,” pp. 149, 148, 164.

② M. Oakeshott, *On Human Conduct*, p. 110.

③ M. Oakeshott, *On Human Conduct*, p. 168, n. 1.

法治国，是“到目前为止设想中最文明、最不累聚的国邦理念”[①]。笔者认为，他上述对法治国的哲学理解不但把有关的基本前设清楚连贯地勾画了出来，而且是紧扣着他对个体性、人类道德的生活、知与行的关系、多元模式的经验等整全的文化和知识的视野和关怀，是20世纪西方思想界的一大杰作。虽然法治国至今还只是逻辑学家的梦想，但是能够这样深刻有力地为西方文明把这个梦想的理念全幅地呈现和表达出来，让梦想里精彩之处教人欣赏，那便无异于为西方文明理想加添活力和想象。

二、人胜天?

奥克肖特在他1983年那篇《巴别塔》中，说要讲一个关于人类的愚昧和不虔诚的“正式故事”(a proper story)。这个故事提及一群人为了疯狂地追求完美，集体在政治上打了终极的一仗，务使人间变成天国，但却悲壮地全军覆没。故事当然是用来作比喻的，但奥克肖特显然是通过寓言式的想象，对极权政治带来的噩梦做出清醒而感人的回应。

虽然在奥克肖特的著作中很少直接提及具体的国邦，但奥氏偶尔还是提到了作为意识形态的共产主义和纳粹主义。在《信仰的政治和怀疑主义的政治》一书中，他认为，共产主义的对立面并非资本主义而是怀疑主义。[②] 他形容怀疑主义政治下的治理，性质是“司法的行为(judicial activity)”。[③] 这也就是说，其性质是属于法治的。这表示，对奥克肖特来说，共产主义是属于法治国对立面的共本国，是以追寻一种普遍共同而实质的目标为本的政治体制。他也形容德国的所谓民族社会主义既是民族主义色彩很强的，又主张计划社会。[④] 奥克肖特曾经说过，从代议制民主的角度来评价共产主义和纳粹主义的话，它们显得“既愚笨，又不道德”[⑤]。

奥克肖特这篇1983年的《巴别塔》，是把《圣经》里的巴别塔故事变成了现代版本。但故事中提及的并非共产主义和纳粹主义，而是“充满买卖和消费

---

① M. Oakeshott, “The Rule of Law,” p. 164.

② M. Oakeshott, *The Politics of Faith and the Politics of Scepticism*, Timothy Fuller (ed.), New Haven and London, Yale University Press, 1996, p. 132, n. 6.

③ M. Oakeshott, *The Politics of Faith and the Politics of Scepticism*, p. 33.

④ M. Oakeshott (ed.), *The Social and Political Doctrines of Contemporary Europe*, Cambridge, Cambridge University Press, 1939, p. xxii; Oakeshott, “Nazism,” in *The Vocabulary of a Modern European State*, pp. 206-211.

⑤ M. Oakeshott, *The Social and Political Doctrines of Contemporary Europe*, p. xix. 休谟曾经说过，哲学上的错误是愚笨的，但宗教和政治上的错误却是危险的。

交易的喧闹”的一个城市。住在市内的居民“虽然谈不上显赫富足，却都努力致富”[①]。这也就是说，当代的巴别是一个资本和消费主义的商业城市，市面产品满盈，时尚盖过一切，艺术化成娱乐，居民在追求无尽的欲望和满足中变得浮躁和庸俗。

奥克肖特发表这篇文章时，远早于东欧剧变，可见他对现代意识形态的批判，并不受当时的冷战思维的窒碍，对意识形态所带来的威胁，其洞悉力也不宥于时尚的左右翼思维的分野。事实上，奥克肖特从一开始便指出，16 世纪以来的欧洲现代国邦的观念一直有内在矛盾，这也就是说，极权主义和集体主义的威胁一直存在，只是在不同时代很可能以不同的形式出现罢了。他在不同著作中认为，这类威胁以宗教形式出现于加尔文的加尔文主义中，以资本工业生产主导的形式出现于共产主义中[②]，以民族主义甚至最后以无政府的教条形式出现于纳粹主义中[③]，以至以心理治疗方式把人民当成住在疗养院的精神病患者般出现于精神分析模式中[④]。

奥克肖特的《巴别塔》显然是被现代消费资本主义社会的病态触发。尽管奥氏不认为他的故事能医治好这些病态，但他要做的，是更好和更清楚地去想象和描述人类身处的困境，为的是敢有歌吟动地哀。

奥克肖特形容他的故事要描述的是“一首高地的哀歌。这首歌是为一群充满感情的人而作的，好让他们能面对那不测的厄运，抒发自天地初开以来人类所经历的所有苦难”[⑤]。这首 1983 年的哀歌，最终变成了一首挽歌，因为巴别的所有居民为了征服天堂，害怕跟不上他们的领袖，争先恐后地一股脑儿挤进通天塔内，导致通天塔倒塌，把所有人活埋。最后留下的，只有诗人这些意象：

> 那些欲将极乐世界带来大地的人啊
> 到头来却把地狱伸展到人间[⑥]

巴别塔的现代版对奥克肖特来说，是“对贪婪的报应”，因为在这片相对富足的土地上，巴别的居民像被宠坏了的孩子般，变成无穷的和满足不了的欲

---

① M. Oakeshott, “The Tower of Babel,” p. 176.

② M. Oakeshott, *Morality and Politics in Modern Europe*, pp. 89 - 110.

③ M. Oakeshott, “Nazism,” p. 208.

④ M. Oakeshott, *On Human Conduct*, pp. 308 - 310.

⑤ M. Oakeshott, “The Tower of Babel,” p. 165.

⑥ M. Oakeshott, “The Tower of Babel,” p. 194.

念的囚奴，“不懂得为已拥有的而感恩，只会因没能拥有的而感到怨恨”。他们想象上帝在天堂拥有满足一切欲求的资源。当他们将巴别的小康和天堂的无限相比时，便觉得自己在宇宙间处于一个次等的天地，这是一块匮乏的土地，所有居民都没能享受到应有的权利。这些信念和怨怼，使年轻、不耐烦又充满野心的领袖宁禄（Nimrod）有机可乘，他胆敢冒犯神灵，要革上帝的命，目的就是征服上帝，占有天堂无尽的资源。①

宁禄一说服巴别人向上帝发动终极的革命，他们便马上去建通天塔。很快，市中心的一块地方便清理好来建塔。在这个地段拥有一家小商店的老人不满宁禄他们用推土车把他的商店推平，跑到法院去申诉。但高等法院的判决却认为，当为了增加所有人的财富而进行伟大的规划时，个人的利益得向公众利益让路。奥克肖特认为，这一步把巴别的法治传统终止了。②

开始时，宁禄和他的追随者把所有精力和资源集中起来盖塔。任何阻碍建塔的人，不是被当成阴谋破坏者，就是被当作叛国者。巴别人开始忘记在物质和实用的事情之外，世上还有很多丰富而美好的东西，让人们可以像不知愁滋味的少年般忘情地去欣赏。为了全民总动员，教育变得要完全为革命服务：艺术学院变成了工业设计学校；所有科研工作都为盖塔而设，好像与此无关的都不是知识；历史和神学也不能幸免，因为有关的内容得重新修正，把上帝描绘成一个大守财奴，对巴别人不公不义，使他们不得不揭竿而起。③

显然，这个时候的巴别已为革命的声音所吞噬。任何人只要不臣服于革命，便被镇压下去，不能再发声。个体性在这里已无容身之地，因为个人的身份地位完全为革命这个集体大目的所界定。个人不服从是绝不容许的，因为消灭上帝这个“至高无上”的理想压倒了一切。法律不再主持公道，而是为集体目的服务。拥抱革命的巴别人自然是士气如虹。但如果你不支持革命或对革命抱有怀疑态度，那便会像奴隶般被迫臣服。

这样的巴别市在政治上无疑已成了极端的共本国（或企业联合体）。④ 在这样的联合体内，政府会运用其强制力使国民服从政治领导人为集体定下的宏图大计，个体性和多元经验在此都得让路。纳粹主义社会当然是极端的共本国，

① M. Oakeshott，“The Tower of Babel，” pp. 176 - 178

② M. Oakeshott，“The Tower of Babel，” p. 181.

③ M. Oakeshott，“The Tower of Babel，” pp. 161，184 - 185.

④ 奥克肖特后期用企业联合体（enterprise association）来和法治联合体作对比。（M. Oakeshott，*On Human Conduct*，p. 119.）

但如果奥克肖特在这个现代版的巴别塔故事中所指不差的话，那么现代国邦的内在张力便使暴政的威胁常在，就是今天的资本主义、消费主义、民粹式的民主社会也不会例外。

结　语

奥克肖特的政治思想是与很多知识上和文化上的终极关怀挂钩的。因此，他对当下的政治以及意识形态的反思和批判，不留神的读者很多时候不能马上直接从他的著作中看出来。但如果笔者在上文的诠释和论述不无道理的话，那么可知，奥克肖特对现代性之下的政治境况其实是颇为悲观的。他的悲观是深层的，因为自由人面对的威胁，不光来自 20 世纪的极权主义，而且从根本上看现代人和现代国邦就同时存在着两种互相矛盾的特质。

奥克肖特的哲学和政治思想并没有为我们提出解救之道。他那理论和实践是属于两个截然不同范畴的主张，使他不会相信世上能出现哲人王或圣王来拯救黎民于水深火热。但奥克肖特同时相信，人类对文明能作出头脑清醒的思考，虽然不能够直接解决实用的问题，当中甚至难免常常出现知识上的错误，但当我们向人类的伟大心灵学习时，在这涯涘无尽的追寻中，我们的头脑变得愈加清晰，对人类的处境有更深刻的体会，对我们的价值和理想的想象，有不卑不亢的态度和更全面的认识。奥克肖特本人对个体性的理解和想象，对多元经验的论述和肯定，对道德生活和诗的经验的诠释，对法治国的文明的了解，还有本章没有机会详细触及的使人成为人的教育学习，以及对宗教情操的追求①，其理论的精彩、内容的深刻、风格的迷人、想象的丰富、眼光的独到，

---

① M. Oakeshott, *The Voice of Liberal Learning*. 可参考拙著 Cheung Chor-yung, “Learning and Conversation: Oakeshott and Confucius,” in *The Poetic Character of Human Activity*, chapter 5。奥氏宗教思想的评介，除 Worthington 的 *Religious and Poetic Experience in the Thought of Michael Oakeshott* 外，也可参考 Corey, Elizabeth Campbell, *Michael Oakeshott on Religion, Aesthetics, and Politics*, Columbia and London, University of Missouri Press, 2006。奥氏晚年在重读了圣奥古斯丁的所有作品之后，希望写一长文再谈宗教，但可惜他自知年已老迈，为时已晚：“我很想撰写一个新的版本，即属于后蒙田、后帕斯卡尔、后布莱克的安瑟莫的《上帝为何下凡做人》（Cur deus homo）。在这个版本的众多论述中，‘救赎’里的‘救’，被认为和未来完全无关。噢，但我知道我现在一定做不到了。我把这工作拖得太晚了。”（Patrick Riley, “Michael Oakeshott, Philosopher of Individuality,” p. 664.）

在20世纪的西方思想界很少有可与之媲美者。这除了奠定了他在西方思想界的地位之外，也为西方文化增添了许多资源，让我们更有凭借地去反思人类的种种终极关怀。

在《政治的主张》一文中，奥克肖特说："一个社会不但要有人保卫它的文明，更需要人为文明而创新。"他认为诗人、艺术家和哲学家的天才，正显露于社会的价值创立和创新之中。[①] 谨希望本章能让读者对奥克肖特的思想多一分认识，多一点哲思上的兴趣，如此，作者的笔耕便没有白费了。

张楚勇

参考文献

陈思贤．古典的理想：区克夏//周阳山，主编．当代政治心灵：当代政治思想家．台北：正中书局，1991.

哈耶克．个人主义与经济秩序．夏道平，译，台北：远流出版社，1993.

张楚勇．洞穴、巴别塔、人文交谈——从譬喻看奥克肖特的哲学和政治思想．政治思想史，2010（4）.

张汝伦．政治中的理性主义．上海：上海译文出版社，2004.

Cheung，Chor-yung. The Quest for Civil Order：Politics，Rules and Individuality. Exeter & Charlottesville：Imprint Academic，2007.

Cheung，Chor-yung. Beyond Complexity：Can *The Sensory Order* Defend the Liberal Self? // Marsh，Leslie，Ed. Hayek in Mind：Hayek's Philosophical Psychology. Advanced in Austrian Economics，2011.

Cheung，Chor-yung. The Critique of Rationalism and the Defense of Individuality：Oakeshott and Hayek. Cosmos ＋ Taxis：Studies in Emergent Order and Organization，2014（1.3）.

Cheung，Chor-yung. Rule of Law or City of Babel：Oakeshott on the Twentieth Century State//Nardin，Terry，Ed. Oakeshott's Cold War Liberalism. Basingstoke，Hampshire：Palgrave MacMillan，2014.

Coats，Wendell John，Jr. Oakeshott and His Contemporaries：Montaigne，St. Augustine，Hegel，et al. London：Associated University Presses，2002.

Coats，Wendell John，Jr. & Cheung，Chor-yung. The Poetic Character of Human Activity：Collected Essays on the Thought of Michael Oaekshott. Lanham，Boulder，New York，

① M. Oakeshott，"The Claims of Politics，" in *Religion*，*Politics and the Moral Life*，p. 95.

Toronto, Plymouth, UK: Lexington Books, 2012.

Corey, Abel & Fuller, Timothy, Ed. The Intellectual Legacy of Michael Oakeshott. Exeter & Charlottesville: Imprint Academic, 2005.

Corey, Elizabeth Campbell. Michael Oakeshott on Religion, Aesthetics, and Politics. Columbia & London: University of Missouri Press, 2006.

Franco, Paul. The Political Philosophy of Michael Oakeshott. New Haven & London: Yale University Press, 1990.

Franco, Paul & Marsh, Leslie, Ed. A Companion to Michael Oakeshott. Pennsylvania: The Pennsylvania State University Press, 2012.

Gerencser, Steven Anthony. The Skeptic's Oakeshott. New York: St. Martin's Press, 2000.

Hayek, Friedrich A. Individualism and Economic Order. Chicago & London: The University of Chicago Press, 1948/1980.

Hayek, Friedrich A. The Counter-Revolution of Science: Studies on the Abuse of Reason, 2nd. Indianapolis: Liberty Press, 1952.

Hayek, Friedrich A. The Constitution of Liberty. Chicago: The University of Chicago Press, 1960.

Hayek, Friedrich A. Law, Legislation and Liberty, Vol. 1: Rules and Order. London & Henley: Routledge & Kegan Paul, 1973.

Hayek, Friedrich A. The Road to Serfdom: With a New Preface. Routledge & Kegan Paul, London: the University of Chicago Press, 1976.

Hayek, Friedrich A. Law, Legislation and Liberty, Vol. 2: The Mirage of Social Justice. London & Henley: Routledge & Kegan Paul, 1976.

Hayek, Friedrich A. Law, Legislation and Liberty, Vol. 3: The Political Order of a Free People, Chicago: The University of Chicago Press, 1979.

Hegel, Georg W. F. Hegel's Philosophy of Right. Knox, T. M., Trans. London, Oxford, New York: Oxford University Press, 1967, 1976, rept.

Hobbes, Thomas. Leviathan, Ed. With an Introduction Oakeshott, Michael. Oxford: Blackwell, 1946.

Lessnoff, Michael H. Political Philosophers of the Twentieth Century. Oxford: Blackwell, 1999.

Letwin, Shirley Robin. The Gentleman in Trollope: Individuality and Moral Conduct. London & Basingstoke: MacMillan, 1982.

Nardin, Terry. The Philosophy of Michael Oakeshott. Pennsylvania: The Pennsylvania State University Press, 2001.

Oakeshott, Michael. Experience and Its Modes. Cambridge: Cambridge University Press, 1933.

Oakeshott, Michael, Ed. The Social and Political Doctrines of Contemporary Europe. Cambridge: Cambridge University Press, 1939.

Oakeshott, Michael. A Reminder from "Leviathan" . The Observer, July 29, 1951: 4.

Oakeshott, Michael. Hobbes on Civil Association. Indianapolis: Liberty Fund, 1975.

Oakeshott, Michael. On Human Conduct. Oxford: Clarendon Press, 1975.

Oakeshott, Michael. On History and Other Essays. Oxford: Basil Blackwell, 1983.

Oakeshott, Michael. The Voice of Liberal Learning. Fuller, Timothy, Ed. New Haven & London: Yale University Press, 1989.

Oakeshott, Michael. Rationalism in Politics and other Essays. New and Expanded Edition. Fuller, Timothy, Ed. Indianapolis: Liberty Fund, 1991.

Oakeshott, Michael. Religion, Politics and the Moral Life. Fuller, Timothy, Ed. New Haven & London: Yale University Press, 1993.

Oakeshott, Michael. Morality and Politics in Modern Europe: The Harvard Lectures. Letwin, Shirley Robin, Ed. New Haven & London: Yale University Press, 1993.

Oskeshott, Michael. The Politics of Faith and the Politics of Scepticism. Timothy, Fuller, Ed. New Haven & London: Yale University Press, 1996.

Oakeshott, Michael. What is History? and other Essays. O'Sullivan, Luke, Ed. Exeter & Charlottesville: Imprint Academic, 2004.

Oakeshott, Michael. Lectures of History of Political Thought. Nardin, Terry & O'Sullivan, Luke, Ed. Exeter & Charlottesville: Imprint Academic, 2004.

Oakeshott, Michael. The Concept of a Philosophical Jurisprudence. O'Sullivan, Luke, Ed. Exeter & Charlottesville: Imprint Academic, 2007.

Oakeshott, Michael. The Vocabulary of a Modern European State. O'Sullivan, Luke, Ed. Exeter & Charlottesville: Imprint Academic, 2008.

Oakeshott, Michael. Early Political Writings 1925-1930. O'Sullivan, Luke, Ed. Exeter & Charlottesville: Imprint Academic, 2010.

O'Sullivan, Luke. Oakeshott on History. Exeter & Charlottesville: Imprint Academic, 2003.

Plato. The Republic. Lindsay, A. D. , Trans. London: J. M. Dent & Sons Ltd, 1866.

Podoksik, Efraim. In Defence of Modernity: Vision and Philosophy in Michael Oakeshott. Exeter & Charlottesville: Imprint Academic, 2003.

Podoksik, Efraim, Ed. The Cambridge Companion to Oakeshott. Cambridge: Cambridge University Press, 2012.

Riley, Patrick. Michael Oakeshott, Philosopher of Individuality. Review of Politics,

1992，52.4：662－664.

Sullivan，Andrew. Intimations Pursued：The Voice of Practice in the Conversation of Michael Oakeshott. Exeter & Charlottesville：Imprint Academic，2007.

Worthington，Glenn. Religious and Poetic Experience in the Thought of Michael Oakeshott. Exeter & Charlottesville：Imprint Academic，2005.

第三章
卡尔·施米特的宪政理论

20世纪二三十年代魏玛德国宪政危机的凸显，与当时德国法学界在宪政理论上的激烈论战交相辉映。在这场历时既久的论战中，卡尔·施米特（Carl Schmitt，1888—1985）是一颗耀眼的明星。当代德国学者伏尔克·纽曼（Volker Neumann）称，如果挑选一位法学家作为魏玛宪政危机时代法学家的代表，那么此人非施米特莫属。[①] 不过，长期以来，施米特在魏玛宪政危机中的立场遭到了严重误解。特别是由于施米特在第三帝国时期“光荣”入党，并一度成为纳粹政权的首席法学家，因而人们很容易误认为施米特是魏玛宪政的宿敌，至少是唱衰魏玛宪政的法学家。[②]

施米特是魏玛宪政的敌人还是朋友？他是如何看待《魏玛宪法》乃至更为一般的宪法问题的？在魏玛德国语境中，施米特的宪法理论有何特色？施米特在1933年与纳粹媾和后，他的观点发生了哪些变化？我们又当如何看待这一转变？围绕着这些问题，本章将对施米特的宪政理论进行探讨。

---

① Volker Neumann, “Introduction of Carl Schmitt,” in *Weimar: A Jurisprudence of Crisis*, Berkeley & Los Angeles, University of California Press, 2000, p. 283.

② 例如，当代美国学者艾伦·肯尼迪便认为施米特对魏玛体制缺乏同情。（Ellen Kennedy, *Constitutional Failure: Carl Schmitt in Weimar*, Durham and London, Duke University Press, 2004, p. 36.）

第一节　法治国-民主政体的法理学

施米特的宪法理论，集中见于他的《宪法学说》。施米特的《宪法学说》针对《魏玛宪法》而作，但并非对《魏玛宪法》的评注或专门探讨《魏玛宪法》的著作。施米特实际上将《魏玛宪法》当作一个个案，他探讨的是一种理想类型的宪政之法理学，即法治国—民主政体的法理学。并且，经由这种探讨，施米特试图提出一种有体系的政治法律理论，以推动当时德国的宪法学研究。这也是该书以“宪法学说”为名的原因。施米特在该书第一版（1928年版）序言首句即称：“本书既不是评注，也不是一系列单篇专题论文，而是试图建立一个体系。”① 稍后他又说：“我们的主要目标始终是要提供一条清晰、明了的系统线索。之所以必须强调这一点，是因为在目前的德国，似乎缺乏一种系统意识，人们甚至在各种通俗科学汇编中以随意评注的形式来处理《魏玛宪法》。针对这类评注和注释方法，同时也针对那种仅仅局限于个别研究的做法，本书试图提供一个系统框架。”②

施米特所说的“系统框架”，即施米特的宪法学说，是关于宪法、国家、政体等重大问题的一种学说。《魏玛宪法》必须在此理论框架下才能得到恰当的理解。《魏玛宪法》是资产阶级法治国性质的宪法，资产阶级法治国模式在西方世界无论是在施米特时代，还是在今天，都居于主导地位。通过解读《魏玛宪法》，施米特对具有典型意义的现代资产阶级法治国模式进行了理论诠释。《宪法学说》处理法治国的问题，但法治国学说并非施米特的主张，而是他在书中剖析的对象。正是在对资产阶级法治国学说的诠释中，施米特系统地阐释了对政治、国家、宪法等宪法学根本问题的见解。在序言中，施米特指出了当时关于法治国的宪法学研究中存在的问题。第一，他认为不应教条地去理解法治国学说，而应充分虑及此一模式的“历史条件和政治相对性”③。他指出，当今公法的许多概念和理论尚停留在19世纪，以19世纪的君主制国家为前提，而在民主时代，这些概念和理论已变得不合时宜。他说：“宪法学的任务之一

---

① ［德］卡尔·施米特：《宪法学说》，刘锋译，序言，2页，上海，上海人民出版社，2005。

② ［德］卡尔·施米特：《宪法学说》，序言，3页。

③ ［德］卡尔·施米特：《宪法学说》，序言，4页。

就是要证明，有些传统语汇和概念完全取决于过去的情况，它们在今天甚至起不到旧瓶装新酒的作用，而只是一些过时的、错误的标签。"[①] 施米特显然强调以新理论来应对新时代、新问题的重要性，借用托克维尔的句子，施米特意指新的时代需要一门新的宪法学。同托克维尔一样，他认为这个新时代的重要特点就是"民主"的潮流。[②] 不难看出，施米特对待政治法律理论的态度不无历史主义的意味。第二，具体到如何理解法治国宪法，施米特提到"将宪法的国民法治国要素与整个宪法混为一谈"的状况，他认为这种错误做法忽视或误解了宪法生活的本质过程，在理论与实践中均带来极大的危害，危害之集中体现便是照此学说人们无法理解主权，在实践中也会出现"实施假主权行为"[③] 的情况。

《宪法学说》是施米特作品中最具体系性、篇幅最大的一部，也是施米特的得意之作。因所涉议题在 20 世纪具有典型意义，《宪法学说》虽以德国《魏玛宪法》为素材，但并不因《魏玛宪法》成为历史文献而丧失其学术价值。在 1945 年版《宪法学说》的序言中，施米特不无自豪地写道："不管本书用作例子的那些宪法规定是否仍然有效，只要法治国-民主政体的模型还有积极作用，本书就不失其实际和理论价值。……不仅在德意志联邦共和国及其各州是这样，在其他西方民主国家也是如此。"[④] 施米特的学生恩斯特·福里森哈恩（Ernst Friesenhahn）说："一个人只有在卡尔·施米特所提出的宪法的新概念的意义上，才能理解何谓对宪法的忠诚。"[⑤]

一、宪法的概念

建立一种宪法学说首先要界定宪法的概念。施米特概括了诸种宪法概念，并对他的宪法概念做了明确的界定。根据施米特的描述，"宪法"（Verfassung）一词在不同的语境中被不同的作者使用时有相当大的差异。当然，此处讨论的前提是，宪法局限于国家的范围：宪法是国家的宪法，而非其他团体或组织的宪法。国家在这里即指一个民族的政治统一体。施米特于是逐章（从第一章到

---

① ［德］卡尔·施米特：《宪法学说》，序言，4 页。

② 19 世纪法国政治思想家托克维尔尝言："一个全新的社会，要有一门新的政治科学。"（［法］托克维尔：《论美国的民主》，8 页，北京，商务印书馆，1988。）

③ ［德］卡尔·施米特：《宪法学说》，序言，4 页。

④ ［德］卡尔·施米特：《宪法学说》，序言，1 页。略有改动。

⑤ Ernst Friesenhahn，*Der politische Eid*，Bonn，1928，pp. 121 – 123；Joseph W. Bendersky，*Carl Schmitt：Theorist for the Reich*，Princeton，Princeton University Press，1983，p. 63.

第四章）介绍了绝对的宪法概念、相对的宪法概念、实定的宪法概念、宪法的理想概念四种不同意义上的宪法观。这四种宪法观念并非在同一层次上划分的，绝对的宪法概念与相对的宪法概念是一类，实定的宪法概念与理想的宪法概念又是一类。施米特的宪法观在诸种宪法概念中居于什么位置，这是我们关心的问题。

施米特首先区分了绝对意义的宪法与相对意义的宪法。当“宪法”一词被用来描述一个统一的整体时，宪法便是绝对意义的宪法（Verfassung im absoluten Sinne）。绝对意义的宪法区别于相对意义的宪法。在相对意义上的宪法概念中，宪法不涉及统一的整体，而是指“众多宪法条文”。绝对的宪法概念又可有两种情况：一是在现实存在的层面上指“具体的、与每个现有政治统一体一道被自动给定的具体存在方式”①；二是指存在于思想中的观念统一体，即“一个由最高的终极规范构成的统一、完整的系统”②。在此意义上，宪法是诸规范的规范。

施米特对绝对与相对两种意义的宪法概念之区分，对应于他对宪法（Verfassung，Constitution）与宪法律（Verfussungsgesetz，Constitutional laws）的区分。他开篇即批评了把宪法与宪法律混为一谈的做法，并暗示了对相对意义的宪法概念的拒斥。他说：“如今还有一种广泛流行的说法，将一系列明确制定的法律称为‘Verfassung’，在这种情况下，Verfassung 与 Verfussungsgesetz 就被当成同一个东西来对待了。按照这条思路，一切个别的宪法律看上去都是宪法。因此，宪法变成了一个相对的概念，不再涉及一个整体、秩序与统一体，而是涉及几个、若干或众多特殊的个别法律规定。”③ 他指出：“只有将宪法和宪法律区别开来，才有可能获得一个宪法概念。”④

施米特认为，绝对意义的宪法之存在论意义可有三层含义。第一层含义视宪法为“一个特定国家的政治统一性和社会秩序的具体的整体状态”⑤。在此意义上，“宪法”一词所描绘的是特定政治存在中的国家。国家就是宪法，其本质在于政治上的统一与有序。“宪法”一词在此意义上对应于古希腊思想家所说的 *Πoliteia*（politeia，或译为政制、政体）。施米特引用了伊索克拉底

① ［德］卡尔·施米特：《宪法学说》，4 页。
② ［德］卡尔·施米特：《宪法学说》，9 页。
③ ［德］卡尔·施米特：《宪法学说》，4 页。
④ ［德］卡尔·施米特：《宪法学说》，25 页。
⑤ ［德］卡尔·施米特：《宪法学说》，5 页。

(Isokrates)的话：宪法是城邦的灵魂。这一宪法概念在合唱队的比喻中得到了很好的说明："合唱队的演唱成员、演奏成员会有变化，演唱或演奏的地点也会有变化，但表演的歌曲或乐曲还是原封不动。统一性和秩序在于歌曲和曲谱，正如国家的统一和秩序在于宪法。"①

绝对意义的存在论宪法概念之第二层含义视宪法为"一种特殊类型的政治和社会秩序"，它指涉具体的统治与服从关系，是一国的统治形式，宪法即国家形式(Staatsform)，也常常被译为政体。在此意义上，有君主制国家、贵族制国家、民主制国家之分。中世纪和17世纪的理论家经常在此意义上使用这一宪法概念。

第三层含义视宪法为"政治统一体的动态生成原则"。这一概念认为："有一种根本的或在根基处涌动的力量或能量使政治统一体处于不断形成、不断被创造的过程中。宪法就是这个过程的原则。在这里，国家……被理解成某个不断生成、不断被重新创造的东西。政治统一体必须日复一日地从各种对立的利益、思想和目标中产生出来。"② 施米特指出，施泰因(Lorenz von Stein)、拉萨尔(F. Lassale)、斯门德(Rudolf Smend)等法学家均有关于国家统一体动态整合的理论，他们的理论正是在此意义上理解宪法概念的。

值得指出的是，施米特对斯门德反实证主义的宪法理论颇为赞赏。他写道："一直要到斯门德发表了论文《宪政国家的政治权力和政体的问题》之后，宪法学问题才再度被置于整体脉络中。"③ 鉴于施米特宪法理论与斯门德理论在诸多方面的相近，我们不妨对斯门德稍作介绍。鲁道夫·斯门德(1882—1975)出生于德国一个律师与神学家家庭。他的著作不多，但在德国国家理论发展中具有重要地位。斯门德研究的议题涉及法律与宪法史、国家与宪法理论、新教教会法等。自1909年起，斯门德先后在格赖夫斯瓦尔德大学、图宾根大学、波恩大学、柏林大学任教。1935年，他因拒绝与纳粹合作而被迫离开柏林，到哥廷根任教，直到去世。20世纪20年代，他提出了"整合理论"(theory of integration)。1928年，他出版《宪法与宪律》一书，对他的"整合理论"进行了系统阐述。在法理学争论中，斯门德和卡尔·施米特、海尔曼·

① ［德］卡尔·施米特：《宪法学说》，6页。
② ［德］卡尔·施米特：《宪法学说》，7页。
③ ［德］卡尔·施米特：《宪法学说》，9页。

海勒、埃里希·考夫曼（Erich Kaufmann）[①] 同为反实证主义法学的干将，他们的共同论敌是法律实证主义的代表理查德·托马、格哈德·安许茨（Anschutz）及汉斯·凯尔森（Kelsen）。斯门德致力于在规范与现实之间建立联系，认为政治行动者的观点必须放在宪法规范中去解释。他运用李特（Theodor Litt）的现象学与黑格尔的哲学反对凯尔森等人的实证主义二元论。他认为，"自我"不是一个可以被认识的对象，必须在整体成员身份中才能获得理解。国家与立法是一种在精神、社会、个人与集体诸因素间持续发展的联系[②]，宪法所涉是一种动态的不断"整合"以构建统一体的过程，这种"整合"是一种精神共同体的体验。[③] 斯门德诉诸精神体验、意义的宇宙、成员归属感等"非理性"概念，批评了凯尔森学说的理性主义。斯门德自称其国家整合理论来源于黑格尔。在他看来，黑格尔的国家理论意指国家向社会领域进行最有力的渗透，以便实现为整个国家赢得人民全部生命力的总体目标。这种渗透正是他所说的"整合"。[④]

卡尔·施米特十分重视斯门德的观点。事实上，施米特在不少方面接受了斯门德的思想。施米特与斯门德均重视法与政治的联系，强调法律的政治语境与历史背景。施米特对宪法与宪法律的区分，并非原创，而是直接沿用了斯门德的见解。[⑤] 从斯门德具有精神与情感体验意涵的"整合"很容易过渡到施米特所说的"政治统一体"的概念。斯门德所谓的国家整合，最终产生的便是施米特所谓的"总体国家"。[⑥] 施米特在《宪法学说》中也曾多次提到斯门德。[⑦] 施米特关于"议会主义的原则是公开性与辩论"的论断，某种意义上亦来自斯

① 埃里希·考夫曼（1880—1972），20世纪德国重要法学家，著有《新康德主义法哲学批判》（1921）、《论人民意志的问题》（1931）、《黑格尔的法哲学》（1932）等作品，曾供职于魏玛德国及"二战"后联邦德国，是清教保守派，第三帝国时期他属于反希特勒的保守派阵营，这导致他1939年离开德国到了荷兰，1945年才返回。他批判法律实证主义的抽象理性主义、技术-法律的形式主义，主张在更为广泛的文化与社会基础上理解法律，他对实证法学的批评曾为鲁道夫·斯门德、卡尔·施米特所引用。考夫曼强调人的理性的有限，但他又坚持以自然法来克服相对主义。（Stephen Cloyd，"Introduction of Erich Kaufmann，" in *Weimar：A Jurisprudence of Crisis*，p. 189.）

② Stefan Korioth，"Introduction，" in *Weimar：A Jurisprudence of Crisis*，p. 209.

③ Stefan Korioth，"Introduction，" in *Weimar：A Jurisprudence of Crisis*，p. 211.

④ 参见［德］卡尔·施米特：《政治的概念》，刘宗坤译，133页，上海，上海人民出版社，2003。

⑤ 鲁道夫·斯门德曾著有《宪法与宪法律》一书。（Rudolf Smend，*Verfassung und Verfassungsrecht*，Munich & Leipzig，Duncker & Humblot，1928.）

⑥ 参见［德］卡尔·施米特：《政治的概念》，133页。

⑦ 参见［德］卡尔·施米特：《宪法学说》，7、9、173、221、232、328、405页。

门德。[1] 当然，二人之间的区别也是明显的，例如施米特表示他只是部分赞同斯门德关于议会制的观点。[2] 施米特在《宪法学说》中曾对斯门德的观点有具体的分析。另外，斯门德所说的“整合”不是斗争，不是施米特所说的“敌友区分”。

回到绝对意义的宪法概念，施米特指出，绝对意义的宪法在规范论的层面意指一个“根本法规定”。它是关于“应当如何去做”的纯粹规范。这一意义上的宪法概念以凯尔森的观点为典型。照此宪法概念，宪法是“根本规范”，是万法之法，国家是“建基于作为根本规范的宪法的法秩序，亦即一个法律规范的统一体”[3]。所谓国家就是宪法，国家是宪法的实现、摹本，宪法相对于国家具有优先性，国家权力正源于宪法的规范力量。由此也产生了“宪法主权”的说法，认为并非人在统治，而是规范和法律在统治。[4] 施米特认为，“宪法主权”的说法颇成问题，“因为正确地说来，唯有具体存在着的东西才能拥有主权，很难说一个单纯有效的规范拥有什么主权”[5]。而这种规范论意义上理解的宪法必须置于西方近代自由主义法治国理论的传统中去理解。自由派主张宪法主权，回避了真正的政治问题：是君主还是人民拥有主权？自由派实际上认为，无论是君主制，还是民主制，都应受法的限制，以确保公民自由和私有财产。法国自由主义法治国学说的经典代言人基佐有关于“理性主权”的讨论，基佐的学生托克维尔也曾坚持 1830 年法国宪法不可修改。而凯尔森实际上处于法治国理论传统的末端。施米特对凯尔森的实证主义宪法观进行了阐释。施米特认为，17 世纪、18 世纪的法治国理论包含了对自然法的理解，而在凯尔森那里，自然法的观念被抛弃了，剩下的只是实证主义粗陋的同义重复：规范之所以有效是由于它有效。施米特批评说：“凯尔森在许多著作中反复论述过的国家法学说将国家解释成一个法规系统和统一体，却丝毫没有解释这种‘统一体’和‘系统’实质的、逻辑的原则，也没有说明一个国家的众多实在法律规定和各种宪法法规是如何建构出这种‘系统’和‘统一体’的，又是出于什么必要性而恰好建构出这种‘系统’和‘统一体’的。”[6] 市民阶级在鼎盛时

---

① 参见［德］卡尔·施米特：《政治的浪漫派》，冯克利、刘锋译，185 页，上海，上海人民出版社，2004。

② 参见［德］卡尔·施米特：《宪法学说》，232、328 页。

③ ［德］卡尔·施米特：《宪法学说》，10 页。

④ 参见［德］卡尔·施米特：《宪法学说》，10 页。

⑤ ［德］卡尔·施米特：《宪法学说》，10 页。

⑥ ［德］卡尔·施米特：《宪法学说》，11 页。

期，从私有财产与个人自由等概念中建构出本身有效的规范，超越了一切政治存在，依据这些规范是理性的、正当的，不必考虑现实。因此，那时的理论家可以在规范论意义上谈论系统、秩序、统一体；而到凯尔森那里，真正的应然、规范性已荡然无存。凯尔森的纯粹法理论把法的正当性问题排除在了视域之外。

如何理解作为根本规范的宪法及其有效性来源？施米特提出了自己的看法。他写道："一部宪法之所以有效，是因为它出自一种制宪权，并且凭着它的意志被制定出来。"① 简言之，实际存在着的意志是规范的起源。规范的效力或者在于它符合自然法从而具有正当性，或者在于它凭借实存的意志被制定出来。但规范不会自动发挥效力，实在性无以论证规范的有效性。循此，宪法律的统一性依据的不是某个根本宪法规范，而是政治统一体的统一意志这个前提，这就预设了一国的政治存在。在此，施米特涉及了三种十分重要的法律思想传统，即自然法传统、实证主义纯粹法学以及施米特意志论的政治法传统。

具体到德国《魏玛宪法》，施米特指出，称《魏玛宪法》为根本大法只是一种不准确的说法，《魏玛宪法》作为一个整体与《魏玛宪法》的 181 个条款不能混同。因为宪法律的具体条款在思想和内容上其实是不同的。施米特写道："德意志民国的统一性并非建立在 181 个宪法条款及其有效性之上，而是建立在德国人民的政治存在之上。德国人民的意志——因而就是某种实存的东西——超越了个别宪法律的一切系统矛盾、不一致和模糊性，奠定了政治和国家法统一性的基础。《魏玛宪法》之所以有效，是因为德国人民'为自己制定了本宪法'。"②

关于绝对主义的规范论的宪法观，施米特最后表示，这种具有自由主义法治国实质的宪法观在当今已经受到了挑战，资产阶级自然法学说与凯尔森意义上的纯粹法理论均无以立足，实际情况是宪法概念被相对化了，人们失去了对统一的系统与法典的信念，视一切宪法条文为特定政治社会状况的产物。最终，无论是规范意义上，还是存在意义上，绝对的宪法概念都处于一种危机状态中。在这里，施米特与其说是批评凯尔森实证主义规范论的宪法观，不如说是批评把宪法概念相对化、视宪法律为宪法的做法。施米特写道："宪法被当作一个规范统一体、一种绝对的东西来对待。从历史的角度来看，这类观念可

① ［德］卡尔·施米特：《宪法学说》，12 页。

② ［德］卡尔·施米特：《宪法学说》，13～14 页。

以追溯到宪法被视为一个完整法典的时代，并由此而得到说明。在1789年的法国，广泛流行着这种对立法者智慧的理性主义信念。人们自信能够针对全部政治生活和社会生活制订一个有意识的、完善的计划。的确，即便仅仅考虑一下修改和修正的可能性，有的人也颇有顾虑。然而，时至今日，人们已不再相信能够建立一个完整的、囊括了整个国家的、具有终极正当性的规范性法规系统了。实际上，目前有一种相反的意识正在蔓延，认为一切宪法的条文都取决于制定宪法时的政治和社会状况。某些规定恰好被写进宪法，而没有被写进'普通法律'，其原因在于政党联盟政治上的考量和偶然事件。但是，一旦失去对法典化和系统统一性的信念，纯粹规范的宪法概念——绝对法治国的自由理念恰恰预设了这个概念——也就荡然无存了。只有当人们相信资产阶级自然法的形而上学基石时，才有可能出现这种纯粹规范的宪法概念。现在，宪法变成了一系列个别的、实定的宪法律。诚然，许多人至今还在谈论根本规范、根本法等等。不过，那是因为他们受了某些相沿成习、早已被掏空了内容的套语的影响。同样，如果还要谈论什么'整体'宪法的话，那也是不精确的，容易造成混乱，因为人们心里想的其实是众多缺乏系统脉络的宪法法规。宪法概念被相对化了，变成了宪法律。"①

视宪法为个别的宪法律，正是施米特所谓的相对的宪法概念。施米特对相对的宪法概念显然持批评态度。他指出，这种相对意义的宪法概念是与形式化的宪法概念联系在一起的。唯有按照相对宪法概念，人们才可以谈论宪法的形式标记。这些标记有二：一方面，只有成文宪法才可称为有形的宪法；另一方面，宪法的修改受制于一系列繁难的条件和程序。施米特认为，对宪法概念进行相对化、形式化的理解，无以把握宪法的实质，只会带来理论上的混淆。人们着眼于宪法的可证实性、持久性与稳定性，强调宪法的形式特征，然而，宪法之成文及宪法修改程序上的繁难，并非问题的关键。施米特在此重申了政治意志的重要性。② 他指出，宪法概念的相对化，使得"作为一个完整统一体的宪法变成了大量具有外在标记、被称为'宪法律'的法律规定"③。在不再区分宪法与宪法律的情况下，始有所谓"繁难的修改程序"的问题。施米特结合对《魏玛宪法》第76条的解释就此做了说明。

《魏玛宪法》第76条说："宪法得用立法手续修改之，但联邦国会欲议决

① ［德］卡尔·施米特：《宪法学说》，14页。
② 参见［德］卡尔·施米特：《宪法学说》，19页。
③ ［德］卡尔·施米特：《宪法学说》，20页。

修改宪法，必须有法定人数三分之二之出席及出席议员三分之二之赞成，其决议案始得成立。又联邦参议会对于修改宪法之议决，亦须有所投票数三分之二之多数赞成。若由国民请愿而用国民投票的议决修改宪法，须有多数选民之赞成。”[①]《魏玛宪法》第76条说明了修改宪法的条件和程序，然而，是否按照此种修改程序宪法就可以被任意修改呢？按照实证主义法学家托马、安许茨的看法，只要是符合宪法所设定程序而做出的决议，便具有法律效力，与一国人民的政治决断无涉。针对此种观点，施米特写道：“宪法的持久性和稳定性被简化成这样一个要求：有关宪法修改的宪法条款所规定的若干形式程序必须得到遵循。如果这确实就是最终的宪法概念的话，有关宪法修改的规定就变成了宪法的根本核心和唯一内容了，整部宪法就不过是一种权宜之计，实际上只是一部空白法律，必须不时地按有关宪法修改的规定来加以填充。”[②] 这种“形式”的宪法概念必然得出推论：《魏玛宪法》的其他条款，都可以经由第76条而被修改。施米特说：“不管在逻辑上，还是在法学上，这样一种宪法概念都不能成立。”[③] 在施米特看来，《魏玛宪法》第76条也是以整体意义上的宪法为前提的。与宪法和宪法律的区分相应的，是德国人民的制宪权与《魏玛宪法》第76条中民国国会、参政会或选民修宪的权限。施米特写道：“对宪法律实施修改的权限是一种保持在宪法框架内、由宪法本身提供依据、从不超越宪法的权限。它并不包含制定一部新宪法的权限。”[④]

在批评把宪法与宪法律混同，把宪法相对化、形式化的做法之后，施米特正面阐述了他在《宪法学说》中采用的宪法概念，即“实定的宪法概念”。这一概念中，宪法是关于政治统一体的类型和形式的总体决断。照此定义，宪法是制宪行为的产物，其本质是政治统一体对自身存在类型与形式的决断。宪法预设了政治统一体的存在，宪法的效力不是来自某种规范，而是来自制宪权主体的政治意志。在法律规范、政治意志与宪法之间，施米特认为，实定的宪法概念关键在于强调政治意志的绝对性、优先性，法律规范的统一性以政治上的统一性为前提。法律规范以政治统一体为前提，至于政治统一体凭什么理据而存在，施米特回答说：“一切现存的政治统一体的价值和‘存在理由’并不在

① ［德］卡尔·施米特：《宪法学说》，424页。
② ［德］卡尔·施米特：《宪法学说》，23页。
③ ［德］卡尔·施米特：《宪法学说》，23页。
④ ［德］卡尔·施米特：《宪法学说》，24页。

于规范的正当性或有用性，而在于其存在。”[①] 政治统一体的存在是一个事实，其首要任务也是维系自己的存在，宪法与法规以政治统一体的存在为前提，而不是相反。存在必定以某种形式展现出来，实定意义的宪法正是关于政治统一体具体存在的类型和形式之决断。

以《魏玛宪法》为例，施米特指出，《魏玛宪法》包含了德国人民作为一个政治统一体对其存在类型与形式的决断。这里面仍然要区分宪法与宪法律。并非《魏玛宪法》中的每一个条款都涉及这种根本决断，但《魏玛宪法》中确实包含了某些根本政治决断，具体而言，这些决断有：“第一，选择民主制的决断，这一决断是德国人民凭借其作为人民有意识的政治存在而做出的，体现在宪法序言（‘德国人民为自己制定了本宪法’）和第一条第二项（‘国权出自人民’）中；第二，选择共和政体而非君主政体的决断，体现在第一条第一项（‘德意志民国为共和政体’）中；第三，保留邦亦即民国的联邦制国家结构（尽管不是联盟结构）的决断（第二条）；第四，针对立法和政府形式选择一种原则上的议会代议制的决断；第五，选择国民法治国的决断，该法治国实行基本权利和权力区分的原则。”[②] 概括来说，《魏玛宪法》中德国人民做出的决断是，魏玛共和国“是一个立宪民主制国家。也就是说，它是一个采取民主共和国的政治形式的国民法治国，具有联邦制国家的结构”[③]，体现这些政治决断的条款不是宪法律，而是宪法，它比宪法律更为重要。人们不能认为这些文字是纯粹的宣言或空洞的套话。相反，这些政治决断才构成了《魏玛宪法》的实质，它们是共和国内一切法律规范有效的前提。施米特概括说：“《魏玛宪法》总体说来是一部宪法，而不是一系列互不关联、可按第 76 条予以修改、由魏玛联合政府的各党派在某些‘妥协’的基础上抛进宪法条文的个别规定的总和，个中缘由只能追溯到德国人民这种涉及存在的总体决断。”[④]

施米特对《魏玛宪法》的解读，关键在于区分宪法与宪法律，照施米特之思路，《魏玛宪法》中的条款，有的是涉及德国人民根本政治决断的宪法，其余则是因之而派生出的宪法律。施米特结合《魏玛宪法》进一步阐释了宪法与宪法律区分的实际意义。值得列举的有：（1）宪法律可按《魏玛宪法》第 76 条予以修改，但对整体的宪法则不能适用。通常人们所说的宪法的“制定”和

① ［德］卡尔·施米特：《宪法学说》，27 页。
② ［德］卡尔·施米特：《宪法学说》，28 页。
③ ［德］卡尔·施米特：《宪法学说》，28 页。
④ ［德］卡尔·施米特：《宪法学说》，29 页。

宪法的“修改”实有性质上的不同，制宪会议与立法机关也有性质上的区别。[①] （2）宪法不容侵犯，但宪法律则可在非常状态下临时中止，而宪法则不局限于日常状态，“宪法的不容侵犯并不意味着一切个别的宪法律都不容侵犯”[②]。由此，《魏玛宪法》第 48 条第 2 项规定的民国总统的专政权便意味着，在非常状态下，宪法律可以受到“侵犯”，但总统行使专政权并非违宪。（3）《魏玛宪法》既然包含了建立国民法治国的决断，也就说明宪法保障公民的基本权利。因此，个别的宪法律及宪法修正案均不能侵犯公民的基本权利。（4）对宪法的宣誓并不等于对每项宪法律的宣誓，也不是对修改程序的宣誓，并不意味着认可和服从《魏玛宪法》第 76 条关于修改程序的条款中引申出的一切结果。宣誓的本质是以自己的人格作担保来保证对《魏玛宪法》所包含的政治决断的承认。（5）叛逆罪是指对整个宪法的攻击，而不是对宪法律的攻击。

魏玛共和国通常被认为是各种政治力量妥协的产物，这种妥协性在《魏玛宪法》的条款中也有体现。不过，施米特指出，这种妥协性仍要基于对宪法与宪法律的明确区分方能予以理解。施米特一方面强调，作为“宪法”，《魏玛宪法》包含了德国人民对具体政治存在类型与形式的决断。但是，在宪法的个别条款细则中，确实存在着妥协与含糊之处。“在这些地方，没有什么决断可言，相反，各联盟政党恰恰要努力回避决断。”[③]《魏玛宪法》在某种程度上可以视为“对原则性问题的真正决断和在非原则性细节上的真正妥协”[④]。原则性问题即根本的政治问题，在 1919 年就是“或者是君主制或者是共和制”“立宪民主制或苏维埃专政”“建立资产阶级的社会秩序还是建立社会主义的社会秩序”。《魏玛宪法》在前两个问题上做出了决断，但在“建立资产阶级的社会秩序还是建立社会主义的社会秩序”这一或此或彼的选择中，《魏玛宪法》未做决断，因此在宪法诸条款之间可以发现相互对立的信念。“对人身自由和私有财产的资产阶级个人主义式的保障、社会主义的纲领条款和天主教的自然法在一种时常显得有点杂乱的综合中搅在一起。”[⑤] 这种综合的背后是“完全不同的政治、社会、宗教内容和信念”[⑥]。“非原则性细节上的真正妥协”是指冲突的各方在组织、秩序等细节问题上让步而达成的协议，这种妥协性协议本质上“也是一

---

① 参见［德］卡尔·施米特：《宪法学说》，31 页。
② ［德］卡尔·施米特：《宪法学说》，31 页。
③ ［德］卡尔·施米特：《宪法学说》，33 页。
④ ［德］卡尔·施米特：《宪法学说》，36 页。
⑤ ［德］卡尔·施米特：《宪法学说》，34 页。
⑥ ［德］卡尔·施米特：《宪法学说》，34 页。

种决断”，尽管它不涉及或此或彼的重大政治抉择。施米特称之为“真正的妥协”。与“真正的妥协”相对的则是“假妥协”，“假妥协”是说双方暂时不做决定，其本质是决断被推迟、延缓，问题暂时被搁置起来，它是形式上的妥协。在假妥协中，人们只是在表面上，从语言表述上将本质上互不相容的内容放在一起，实际上则是双方尚未达成妥协。施米特举例说明，《魏玛宪法》中关于国家与教会问题的条款、关于学校问题的妥协均是延迟性假妥协的例子。[①] 出于政治实践的考虑，某些情况下延迟决断不失为明智之举，然而，若意识不到此种妥协仅仅是假妥协，在解释宪法条文时以一个条款、一个文本去挑战另一个条款、另一个文本，实际上则毫无意义。施米特说：“谁也不可能对一种不存在的意志进行解释。在不存在意志的地方，再敏锐的法律洞察力也毫无用处。”[②]

这里，施米特政治思想中的决断论特色充分展示出来。施米特写道，随着政治形势发生变化，假妥协的肥皂泡迟早要破灭，根本问题上的决断回避不了。如果制宪会议不能包含关于一国人民政治存在方式等实质性问题的决断，人们就可能在制宪会议之外以暴力或和平的方式做出实质性的决断。照施米特之意，《魏玛宪法》的妥协色彩并不具有实质性意义，其政治决断的本质才是关键所在。这是施米特对《魏玛宪法》的基本看法。

在阐释实定的宪法概念后，施米特又补充说明了一种“宪法的理想概念”。按照“宪法的理想概念”，宪法是指“在一种突出的意义上，因一种特定内容而被称为宪法的‘宪法’”[③]，即具有某种特定意涵的宪法。施米特写道：“基于政治上的原因，经常会出现这样一种情况：只有符合宪法的某一特定理想的东西才被称为‘真正的’或‘纯粹的’宪法。”[④] 这实际上体现了政治斗争的各方对话语权的争夺：“对所有卷入政治斗争的党派来说，只有符合其政治要求的宪法才被承认是真正的宪法。”[⑤] 在西方自由主义占主导地位的今天，人们仍然倾向于在“有限政府”“分权”“法治”等意义上界定“宪法”（在这种语境中，constitution 通常译为“宪政”）。施米特指出，这种宪法概念实质上把宪法具体化为资产阶级法治国，其渊源则来自资产阶级与绝对君主制的斗争，结果是：“从 18 世纪以来，只有符合公民自由的要求并为公民自由提供了特定保障的宪

---

① 参见［德］卡尔·施米特：《宪法学说》，37～38 页。

② ［德］卡尔·施米特：《宪法学说》，39～40 页。

③ ［德］卡尔·施米特：《宪法学说》，41 页。

④ ［德］卡尔·施米特：《宪法学说》，41 页。

⑤ ［德］卡尔·施米特：《宪法学说》，42 页。

法才被称为宪法。”[①] 事实上，在无产社会主义者那里，宪法的概念也被重新界定。施米特对不同语境下宪法的内涵进行了说明，他写道：“就资产阶级自由主义的表达方式而言，只有当私有财产和人身自由得到保障时，才会有宪法。其余的一切都不是宪法，而是专制、独裁、暴政、奴役等。相反，从一以贯之的马克思主义观点来看，如果一部宪法承认了国民法治国的原则，尤其是私有财产的原则，它就要么是经济技术落后的国家的宪法，要么是反动的假宪法，是用来掩盖资本家独裁的毫无意义的法律幌子。”[②] 施米特说：“有多少政治原则和信念，就有多少自由概念和宪法概念。”[③]

鉴于资产阶级法治国意义上的宪法（宪政）观影响颇大，施米特对这一观念进行了详细说明。施米特指出，此种特定的宪法概念有三层值得重视的含义，他给出了三个等式。(1) 宪法＝公民自由的保障系统。这种宪法概念立足于自由宪法与不自由宪法（政体）的划分，所谓保障公民自由的制度包括对基本权利的承认、权力分立制及人民通过代议机关而实现的一定的政治参与，等等。(2) 宪法＝权力分立。权力分立更准确地说是权力的区分，即区分立法、行政和司法。分权的目的在于从制度上防止权力的滥用。“权力分立”遂成为宪政的标记。没有分权，就必然有暴政、独裁。施米特指出，1789 年法国大革命时期的人权宣言即称：“凡是既没有提供权利保障，又没有确立权力分立制的社会都没有宪法。”德国唯心主义国家哲学尤其是康德和黑格尔的国家哲学也有相类的观点。(3) 宪法＝成文宪法。拥有宪法意味着拥有成文的宪法律。质言之，国民法治国宪政理想的中心主旨是保护公民自由，使之免受国家权力的侵害，意在提防、限制、监督、压制国家，而非组织国家。施米特指出，这种法治国的宪法理想仅仅是近代国家宪法的一部分，还有一部分则包含了对政治存在形式的决断。“当今共和国的宪法总是包含两个要素：一是保护公民自由不受国家侵害的法治国原则；二是政治要素，从中可以推断出实际政体。这两个要素的结合便是当今国民法治国宪法的特征。这种双重性决定了宪法的整体结构，也给若干核心概念——例如法律的概念——造成了相应的双重性。”[④]

---

① ［德］卡尔·施米特：《宪法学说》，43 页。
② ［德］卡尔·施米特：《宪法学说》，42 页。
③ ［德］卡尔·施米特：《宪法学说》，43 页。
④ ［德］卡尔·施米特：《宪法学说》，46 页。

二、制宪权的观念

宪法从何而来？其理据何在？谁有权制宪？对这些问题的回答构成了施米特制宪权理论的主要内容。制宪权理论堪称施米特宪法学说中最为重要也是最具特色的内容，它与施米特在20世纪20年代对主权问题及政治概念的思考相互呼应。制宪权学说本身涉及政治统一体、决断、正当性等问题，这些问题迄今仍是政治理论的重大问题。施米特在前文从政治决断角度界定实定宪法的基础上，为人们提供了一套自成体系的宪法发生学论议。这一论议不仅包括关于宪法起源的历史状况的描述，包括制宪权问题涉及的政治哲学论争，也包括对《魏玛宪法》正当性的具体说明。

宪法的产生，不外乎两种情况。施米特写道："一部宪法要么通过制宪权主体单方面的政治决断产生出来，要么通过若干制宪权主体相互间的商议产生出来。"① 《宪法学说》第七章关于"作为协议的宪法"即"真正的宪法协议"的论述，正是针对第二种情况而展开的讨论。在更常见的情况下，更具有典型意义的是第一种情况：宪法通过制宪权主体单方面的政治决断而产生。由此也引出关于"制宪权"（第八章）、"一部宪法的正当性"（第九章）的讨论。第十章正如标题所言，施米特概括了"从制宪权学说尤其是人民制宪权学说中得出的结论"。顺便提一下，第十一章"从宪法概念派生出来的诸概念：宪法修改、宪法的打破、宪法的临时中止、宪法诉讼、叛逆罪"自成一个部分，是对前文实定宪法概念的补充说明，内容上与第三章相呼应。②

在对近代欧洲宪法起源历史的概述中，施米特着力凸显的是一国政治统一体与中世纪封建等级制之间的实质性差别，以及由此而产生的近代宪法与中世纪契约在性质上的不同。这一描述背后是施米特对中世纪封建等级制与近代民族国家体制二者间差别的确认。近代宪法观念必须在近代国家形成的历史背景中方能得到理解。施米特指出，中世纪晚期西方在政治上处于一种封建等级状态，国王、贵族、僧侣、平民阶级之间通过契约建立秩序，界定各自的特殊利益，然而这样的契约并不包含对政治统一体形式的总决断。封建制与政治统一体有本质的不同。举例说明，1215年英国《大宪章》与1689年英国的《权利法案》便有着本质上的不同。施米特指出，1215年《大宪章》时常被称为近代自由宪法的原型，然而，这种看法是错误的。把《大宪章》树立为自由宪法的

① ［德］卡尔·施米特：《宪法学说》，51页。

② 参见［德］卡尔·施米特：《宪法学说》，32～33页。

典范，使《大宪章》成为一个具有传奇色彩的概念，来源于特定党派的虚构。以历史的角度观之，1215年的《大宪章》只是中世纪君主与封建主订立的众多协议之一。它是英王约翰与贵族之间的协议，以证明文书（宪章）的形式固定下来。"《大宪章》这个名称的出现肯定不是由于存在着一部类似于近代宪法或近代基本权利的根本法，而是与1217年颁布的包含狩猎法内容的《小宪章》或称《森林宪章》相对而言。《大宪章》最初名为《自由宪章》或《贵族宪章》。直到几个世纪以后，自17世纪以来，经过英国议会与斯图亚特王室的绝对王权主义的斗争，《大宪章》才变成了自由宪章的典范，并且从近代意义上被重新解释。然而，如果有谁从《大宪章》中见出了哪怕只是接近于近代自由宪法或民主宪法的东西，都会犯下史实错误。如果说这部《大宪章》保障了一切自由民免于王权滥用的某些权利，这也完全不同于近代意义上的人权宣言或公民权宣言。当时的'自由民'仅限于贵族，只有贵族才被视为自由人，甚至才被视为人。"① 与之不同，1689年的《权利法案》虽然从形式上看是英国国会与英王之间的协议，但国会是作为英国政治统一体的代表而出现的。法案的条款类似于近代意义上的宪法律，其中"政治统一体的概念已经非常明确，议会与国王之间的协议肯定没有建构统一体，而是预设了统一体；在此过程中，议会作为统一体的代表而出现"②。

"政治统一体"在此是一个关键词。施米特认为，政治统一体在欧洲大陆是通过绝对主义国家造就的。国王权力的绝对性意指国王有全权也有能力做决定而不必考虑封建各等级的特权，国王是主权的代表者，超越各等级之上，代表着政治统一体——国家。施米特写道："'国家'（staat）一词非常贴切地概括了这种近代政治结构的特点，因为该词表明了它与'状态'（status）一词在语言和思想上的联系。政治统一体包含着一种无所不包的状态，相比之下，其他的所有状态，尤其是各等级和教会，都具有相对的性质，并且被统统予以收纳。因此，国家，即政治状态，就变成了一种绝对意义上的状态。"③ 而1789年法国大革命对于理解近代宪法理论与实践的发展具有重要意义，这种重要性体现在这一时期诞生了制宪权学说。根据施米特的描述，法国大革命与英国政治统一体渐进形成的过程不同，作为政治统一体的近代法国之构建是法国人民有意识做出根本政治决断、将理念付诸行动的结果。观念"激唤"出"现实"

① ［德］卡尔·施米特：《宪法学说》，52～53页。
② ［德］卡尔·施米特：《宪法学说》，54页。
③ ［德］卡尔·施米特：《宪法学说》，56页。

在法国大革命时期得到充分的体现。施米特指出，就宪法理论而论，1789 年法国大革命必须从两个不同的层面去理解。第一，法国人民将自己建构为制宪权主体，作为一个民族在政治上觉醒，人民意识到自己作为拥有政治行动能力的主体的身份，想自己决定自己的政治命运。人民变成了民族。第二，法国大革命产生了一部资产阶级法治国宪法，赋予法兰西民族以一种新的特定的政治存在方式，从而区别于旧制度。这两个层面又以第一点为要。法治国宪法关于权力分立、保障公民基本权利、限制政府等原则皆以政治统一体的存在与自决为前提。施米特写道："法国大革命的伟大政治意义在于，虽然有自由和法治国原则，但法国人民关于政治统一体的思想无时无刻不是决定性的基准点。"① 就理解近代宪法的实质而言，正如施米特所言："宪法不是君主与人民之间的协议，甚至不是某些等级组织之间的协议，而是一个统一的、不可分割的民族做出的决定其自身命运的政治决断。一切宪法都预设了这种统一性。"② 尽管在 1814 年至 1830 年的王朝复辟时期仍有人试图复活中世纪的协议观念，但 1830 年法国七月革命最终还是确立了近代宪法观念，并对"制宪权主体是国王还是人民"做出了回答，即制宪权在人民而不是国王，以后所有法国宪法皆以人民拥有制宪权为前提。

对于近代德国宪法的历史发展，施米特也进行了描述。施米特的相关描述可概括如下：1848 年革命在德国确立了立宪君主制，这一政体的特点是国王与人民代议机关二元并存，并且均被视为政治统一体的代表。谁是制宪权主体这个问题被悬搁，决断被推迟。这一状况一直持续到 1918 年十一月革命。1918 年革命最终确认了制宪权在人民，而非国王。1919 年 2 月 6 日在魏玛举行了国民议会大选，行使了德国人民的制宪权，拟定了德国人民政治决断的内容。国民议会是制宪权的代理者，其使命是制定宪法法规。1919 年 8 月 11 日，《魏玛宪法》正式生效，国民议会作为拥有主权专政权的制宪会议的地位告终。基于新宪法而产生的国会，拥有源自宪法的权限，与国民议会有着性质上的不同。施米特在这里着重强调的是，《魏玛宪法》产生于德国人民的制宪权。而德国人民制宪的观念与实践均经历了一个过程，这一过程正是德国人民在政治上统一的过程。

如前所述，宪法产生的第二种情况是经由若干制宪权主体相互协商而产生，在这种情况下，宪法其实是一种宪法协议。施米特就这种宪法协议的概念、前提、性质进行了阐释。施米特认为，理解宪法协议，首要的一条是区分国家契约或社会协约与宪法协议。施米特此处对国家契约与社会契约并不作区

① ［德］卡尔·施米特：《宪法学说》，58 页。

② ［德］卡尔·施米特：《宪法学说》，58 页。

分，均用以指意在为政治统一体奠定基础的契约，例如人们通常所说的社会契约论中的“社会契约”便是在此意义上使用的。社会契约与政治统一体的关系是：先有新契约的订立，随之有政治统一体的产生。而宪法协议则不同，若干政治统一体订立宪法协议，但并不随之产生一个更高级的新政治统一体，它只是某种“治理协议”。宪法协议的订立不影响诸政治统一体的独立存在，但它赋予各政治统一体一种作为成员邦的新身份。真正的宪法协议通常是一种联邦协议。在一个政治统一体内部只可能有“假宪法协议”。[①]

关于宪法协议的性质，施米特指出，宪法协议是一种“身份契约”。这种身份契约是所有参与立约的国家的一种新的政治身份。身份契约区别于自由契约，施米特强调：自由契约是按照自由主义理念来界定的，它主要有三个方面的内涵：（1）订约的各方是单独的个人，不是政治共同体；（2）自由契约仅仅确立了原则上可以预期且在固定范围内的特定关系，并且这些关系的发生具有期限；（3）自由契约不包括一个人的人身。与此形成对照的是，身份契约“确立了一种永久的、涵括了个人之存在的生活秩序，将个人嵌入一个总体秩序中”[②]。身份契约不能随意解除。身份契约的实例有婚约、公职人员与主管当局之间法律关系的确立。宣誓是身份契约的一个典型标志，它表明一个人以其整个人身从存在的层面加入进去了。而在一个立足于自由契约的社会秩序中，宣誓则不复存在。[③] 以施米特之论，身份契约与自由契约虽然均冠以“契约”之名，但两种契约实有本质的不同。施米特也论及亨利·梅因（Henry Sumner Maine）与社会学家斐迪南·滕尼斯（Ferdinand Tönnies）的说法。梅因把西方从传统到现代的历史描述为“从身份到契约”的过程[④]，滕尼斯则将之描述为从“共同体”到“社会”的发展过程[⑤]。施米特批评说：“身份与契约、共同体与契约的对举有误导之嫌，因为共同体状况和身份状况也是通过契约确立起来的。”[⑥] 施米特解释说，中世纪社会秩序赖以建立的各种契约是身份契约，而霍布斯、卢梭那里的契约则是自由契约，自由契约拒斥了宣誓仪式。这种对宣誓仪式的摒弃可以追溯到宗教改革时期的新教教派。它标志着近代和自由契约时代的真正开端。是故，与其说从传统到现代是从身份到契约的转变，不如说

① 参见［德］卡尔·施米特：《宪法学说》，71页。

② ［德］卡尔·施米特：《宪法学说》，74页。

③ 参见［德］卡尔·施米特：《宪法学说》，75页。

④ 参见［英］梅因：《古代法》，沈景一译，北京，商务印书馆，1959。

⑤ 参见［德］斐迪南·滕尼斯：《共同体与社会》，林荣远译，北京，商务印书馆，1999。

⑥ ［德］卡尔·施米特：《宪法学说》，75页。

是从一种契约到另一种契约的转变，即从身份契约到自由契约的转变。

在对宪法产生的两种情况作了说明后，施米特始于理论的高度就如何理解制宪权进行了论证。施米特说，制宪权的本质是“一种政治意志，凭借其权力或权威，制宪权主体能够对自身政治存在的类型和形式作出具体的总决断”①。施米特补充说，在他所讨论的宪法学说语境中，没有必要区分权力与权威，不过他认为这一区分在国家学说中是有意义的。②

施米特对制宪权的理解与他对宪法与宪法律的区分一脉相承。制宪权直接涉及的是宪法，而非宪法律。如何理解“制宪权是制宪权主体决定自身政治存在形式与类型的政治意志”？施米特从四个方面进行了解释。（1）制宪权本质上是政治意志，也就意味着宪法建立在政治决断之上。这与视宪法建立在规范正当性之上的观点形成对照。与此相关联的一个法哲学中的问题，乃法律的本质是命令还是规范，或曰是意志还是理性。施米特站在意志主义的传统一边。施米特明确表示：“宪法必然是一种决断，一切制宪权行为都必然是命令。”③（2）宪法律是制宪意志的实施规范，它以制宪权主体做出的决断为前提。（3）制定一部宪法并未用尽全部制宪权。制宪权并不因制宪行为结束就消失。制宪权主体的政治意志与宪法同在，且高于宪法。由此，真正的宪法冲突只能凭制宪权本身的意志予以决断，宪法的漏洞也只能由制宪权行为来填补，一切涉及根本政治决断的意外情形也要由它来决断。（4）制宪权是统一的、不可分割的，它是立法、行政、司法等权力的基础。④

关于制宪权主体，施米特列出上帝、人民、国王、少数人四种情形，认为这四种情形对应于不同的历史时期。（1）中世纪流行的观念是上帝拥有制宪权，宗教改革时期加尔文宗的暴君伐放论者仍然坚持这一观点。（2）法国大革命时期，西耶斯（Emmanuel Joseph Sieyès）提出了人民拥有制宪权的学说。人民，或者更准确地说民族，被视为制宪权主体。（3）1814—1830 年王朝复辟时期，作为人民制宪的反题，产生了“制宪权主体在国王”的论辩。（4）20 世纪出现了少数有组织的人充当制宪权主体的情况，可由俄国苏维埃统治和意大利法西斯统治为代表，它们某种程度上包含了贵族制或寡头制的要素。不过，施米特也认为，这两种统治形式并没有最终放弃对人民意志的诉求，制宪权属

① ［德］卡尔·施米特：《宪法学说》，84 页。
② 参见［德］卡尔·施米特：《宪法学说》，84 页。
③ ［德］卡尔·施米特：《宪法学说》，86 页。
④ 参见［德］卡尔·施米特：《宪法学说》，86 页。

于人民还是少数人尚不十分明确，理论上对其进行概括尚有困难。施米特建议说："对这两个国家的独裁政权应作如是观：它们只是一个过渡，还没有对政治存在的类型和形式做出最后决断。"①

施米特结合四个时期的历史描述所列出的制宪权归属的诸情形中，尤以法国大革命时期西耶斯代表的"制宪权在人民"的观念为重。这部分内容也是施米特论述中着力最多的地方。西耶斯是法国大革命时大名鼎鼎的政治活动家，《第三等级是什么》是他的代表作。这本小书不仅是一本法国大革命政治宣传手册，也是一部包含真知灼见的政治哲学经典。不难看出，施米特关于制宪权问题的讨论中打上了深刻的西耶斯烙印。从制宪权问题的提出，到对制宪权本质的理解，施米特宪法学说背后总有西耶斯的影子。施米特写道："西耶斯提出了'制宪权'的理论。他认为，法国革命的一个壮举是，它从一开始就区分了制宪权和依据宪法而产生的权力。这种看法是很有道理的。"②

施米特区分宪法和宪法律，与西耶斯区分制宪权与宪法权相呼应。事实上，施米特大体接受了西耶斯关于制宪权问题的基本理论框架。西耶斯强调，制宪权与依据宪法而产生的权力（即宪法权）不同，从逻辑上讲，制宪权在宪法之前，宪法权在宪法诞生之后。制宪权在国民，国民通过其特殊代表从事制宪活动，行使制宪权。西耶斯说："如果我们没有宪法，那就必须制定一部；唯有国民拥有制宪权。"③ 西耶斯把政治社会分成三个时期。在第一个时期，单个的个人聚集在一起，个人意志发挥作用，其结果是结成了政治团体。在第二个时期，政治团体成为一个有共同意志、能够组织行动的整体。在第三个时期，从共同体中分离出一部分人成立政府以处理公共事务，代行国民意志。此时起作用的不再是真正的共同意志，而是一种代表性的共同意志。政府基于国民的委托而拥有权力，并且永远受制于国民意志，不得背离其宗旨。④ 西耶斯关于政治社会形成的描述典型地体现了自由主义有限政府教义的逻辑——基于单个的个人，形成政治统一体，在此基础上产生政府。其理论起点是霍布斯式的个人主义，终点是洛克式基于国民委托产生的有限政府。不过，这两者皆非西耶斯理论的重点。在当时的语境中，即法国大革命前夕，西耶斯的理论主旨并非限制政府权力的滥用，而是呼唤创设一个政治共同体存在的新架构，作为

① ［德］卡尔·施米特：《宪法学说》，91页。

② ［德］卡尔·施米特：《宪法学说》，88页。

③ ［法］西耶斯：《论特权　第三等级是什么》，冯棠译，56页，北京，商务印书馆，1990。

④ 参见［法］西耶斯：《论特权　第三等级是什么》，57～58页。

政治统一体存在的人民自己决定自己的存在类型与形式，这就是“制宪”。西耶斯指出：“国民存在于一切之前，它是一切之本源。它的意志永远合法，它本身便是法律。在它之前和之上，只有自然法。”[①] 国民通过自然法形成，政府则只能隶属于人为法，即政府是人造物，是国民意志的产物。关于国民、政府与合法性的关系，西耶斯极其清晰地指出：“政府只有合于宪法，才能行使实际的权力；只有忠实于它必须实施的法律，它才是合法的。国民意志则相反，仅凭其实际存在便永远合法，它是一切合法性的本源。”[②] 需要注意这里西耶斯所说的国民意志“仅凭其实际存在便永远合法”。照西耶斯之意，国民意志不必到更高的规范或正义那里去寻找理据，只要它存在，便是合法的。国民作为制宪权主体正如上帝曾经是制宪权的主体，国民作为一个整体是最高的存在，它不受制于宪法。西耶斯所说的“国民”即施米特所说的人民或民族，其特征在于意识到自己的政治存在，具有共同意志，能够采取行动。关于人民的概念，施米特《宪法学说》后文还有详论。施米特尽管列出了制宪权主体的四种可能性，但这四种可能性中，人民作为制宪权主体最值得重视，特别是结合西方从中世纪到近代直至20世纪的历史，我们可以看到，“制宪权在人民”实为近代人特有的政治理念。

关于制宪权的动用，施米特强调，制宪权的动用之根本特点在于“不可能有一种规定程序”[③]。与制宪权主体独立于各种规范之外相联系，制宪权的动用也独立于任何规范程序之外。在绝对君主制中，君主凭全权颁布钦定宪法，从而动用自己的制宪权。人民制宪权的动用则通过明确表达其直接的总体意志。施米特指出：（1）人民作为制宪权主体不是一个固定的、有组织的机关。一旦他被设立起来行使日常的、常规的职能，按部就班地处理公务活动，他就失去了人民的品质。人民无固定的形态或组织，这既是其长处也是其短处。[④]（2）一国人民的直接意志表达的自然形式是，聚在一起的人群以口头方式即喝彩表示赞成或不赞成。在近代各国，人民喝彩的形式是“民意”。并且，只能表示“是”或“否”，赞成或不赞成；人民越是处在需要对自身的总体存在作出根本决断的时刻，其“是”或“否”的表示就越是简单和基本。在和平时期，这类表示十分罕见，也没有必要，在这种情况下，人民没有明确表达其特

① ［法］西耶斯：《论特权　第三等级是什么》，59页。
② ［法］西耶斯：《论特权　第三等级是什么》，60页。
③ ［德］卡尔·施米特：《宪法学说》，91页。
④ 参见［德］卡尔·施米特：《宪法学说》，92页。

殊意志，这恰恰表明人民依然同意现行宪法。在关键时刻，针对现行宪法说出的“否”明显地体现出来，而肯定的意志则未必明确。（3）人民的制宪意志是一种直接意志，它先于一切宪法律程序，凌驾于一切宪法律之上。

施米特关于制宪权的讨论自然引出他对宪法正当性问题的理解。[①] 宪法的正当性问题即宪法存在的理据，它关涉的是宪法是否得到人们的承认。照施米特之论，历史上有两种典型意义的制宪主体——国家与人民。与此相对应，就有两种正当性类型——王朝正当性和民主正当性。王朝正当性体现在君主政体中，在那里，权威的要素居于中心地位，宪法的正当性等于君主的权威。民主正当性则体现在民主制中，在那里，权力的要素居于中心地位，宪法的正当性基于人民的权力。在王朝正当性中，由于孤立的个人很难以其个人存在而拥有权威，因此，这种正当性的基础与其说是个人，不如说是“家族的历史存续，是王朝和王位继承的连续性”[②]。这也是施米特称之为“王朝正当性”而非“君主正当性”的原因。与之不同，民主正当性则建立在政治统一体的基础上。我们可以看到，王朝正当性从时间中确立权威的地位，以便说明宪法的正当性；民主正当性则从空间中界定政治权力的存在，以便构建宪法的正当性。

施米特关于宪法正当性的讨论，不免让人想起马克斯·韦伯关于正当性与权威问题的讨论。施米特所构建的两种理想类型的正当性情形，并非简单的并列关系，它们基于历史观察而提出，暗含了一种历史哲学。照此种历史哲学的逻辑，现代社会的展开在本质上是民主正当性凸显、王朝正当性衰落的过程。这也意味着现代政制（宪法）的合法性只能建立在民主的基础之上。

在关于宪法正当性问题的论说中，施米特仍不断重申制宪权的含义，强调国家无所谓正当性问题，实定的宪法才有正当性问题。宪法的正当性不依赖于任何超越性的规范，也不依赖于之前存在的、有效的宪法律，它的本质是制宪权问题。

从制宪权学说特别是人民制宪权学说中可能得出哪些结论？施米特从四个方面进行了概括。第一，制宪权具有常在性（恒久性）。施米特指出：“制宪权不能让渡、转让，也不会用尽。只要可能，制宪权便始终存在。与一切源于制宪权的宪法以及在宪法框架内有效的宪法法规同时存在，并且凌驾于后者之

---

① 此处“正当性”一词严格说来当译为“合法性”。不过，考虑到行文的方便，此处仍遵从中译本“正当性”的译法。相关概念辨析，见本章第五节。

② ［德］卡尔·施米特：《宪法学说》，101 页。

上。”[①] 施米特在此提出了“最低限度的宪法”的概念。他说：“只要存在着制宪权，就总是存在着最低限度的宪法。”[②] 第二，在宪法被废止或打破的情况下，只要制宪权不变，国家就保持着连续性。[③] 第三，制宪权主体发生变化时，国家是否具有连续性尚无定论。制宪权主体发生变化意味着革命。在1793年的法国和1917年的俄国，制宪权变化后新政府从国家法和国际法上均否定了之前的政治统一体的连续性。而1918—1919年德意志奥地利共和国则与之前的德意志帝国保持着连续性。施米特分析说，1871年《德意志帝国宪法》显然没有废除君主制，但它是以民族为基础的，它建立在德国人民的同意上。从1871年宪法到1919年《魏玛宪法》，尽管宪法变化了，制宪权主体也由君主转为人民，但德国人民及其在民族基础上建立政治统一体的意志没有变，因此国家保持着延续性。[④] 如施米特所言：“德国人民不想用《魏玛宪法》来否认他们与1871年宪法中的人民相同，如同《魏玛宪法》序言所宣告的那样，德国人民想更新自己的帝国，但不想建立一个新的帝国。正因为新宪法是一部民主宪法，它就没有为一个新的德意志国家奠定基础。这部新宪法仅仅意味着，德意志人民原来相信，他们只能将自己的政治存在建立在君主制原则之上，而现在，这项原则从政治上被取消了，于是，德国人民就凭借着自身的政治决断，通过自己为自己制定的宪法继续维持其政治存在。”[⑤] 第四，要区分人民制宪权与一切根据宪法而产生的权力（即宪法权），与此相联系，宪法中规定的宪法修改权与制宪权也不可混用，议会立法权同样不可与制宪权混同。施米特举英国为例：“英国议会可以议决一项宪法律，但如果以为议会的简单多数决议案能够将英国变成一个苏维埃共和国，那就大错特错了。”[⑥]

三、近代法治国宪法的要素

在阐释宪法的观念及基本理论之后，施米特开始讨论一种特定的宪法类型——近代资产阶级法治国宪法。《宪法学说》第二、三部分分别探讨了“近代宪法的法律要素”“近代宪法的政治要素”。施米特认为，近代资产阶级法治国宪法实包含两个方面的要素：一是法律要素，体现了“法治”的理念，涉及

① [德]卡尔·施米特：《宪法学说》，103页。
② [德]卡尔·施米特：《宪法学说》，104页。
③ 参见[德]卡尔·施米特：《宪法学说》，105页。
④ 参见[德]卡尔·施米特：《宪法学说》，109页。
⑤ [德]卡尔·施米特：《宪法学说》，109页。
⑥ [德]卡尔·施米特：《宪法学说》，111页。

的是国家目标实现的方式；二是政治要素，涉及的是国家的目的和内容。在法律要素层面，近代资产阶级宪法表现为一个自成一体的法律体系，宪法就是规范或程序的观念正是由此而来。然而，这种观念仅仅抓住了近代宪法的“法”的要素，近代宪法还有一个要素——政治要素。施米特指出，近代资产阶级法治国固然奉行法治的原则，但它同时也是一个国家，它预设了一个政治统一体的存在。而关于政治统一体存在的政治形式，便是近代宪法的政治要素。这些政治要素包括民主制、君主制、贵族制，即从政治形式上讲，近代资产阶级法治国宪法同时包括了民主制、君主制与贵族制的成分。

施米特指出，近代宪法首先是一种自由宪法，其本质是自由。基于自由的理想，法治国宪法又包括两大原则，施米特称之为分配原则（verteilungsprinzip）与组织原则（urganisarionsprinzip）。前者旨在界定个人自由与国家权力的边界，确立个人自由的优先性，对国家权力进行限制，在宪法中这一分配原则通过规定一系列基本权利体现出来。后者则通过分权，主要是立法、行政、司法的分立，确立国家权力部门的组织架构，以贯彻实施法律原则。质言之，“基本权利和权力分立构成了近代宪法的法治要素的主要内容”[①]。例如，1789年《人权和公民权宣言》完全有理由宣称，一个不规定基本权利、不实行权力分立的国家便没有资产阶级法治国意义上的宪法。自由主义法治国（rechtstaat）的理想着眼于公民自由之维护，对个人、社团的权利均作了规定，并赋予其比国家的政治存在与安全更高的地位，人们视权力分立为法治国在组织结构上的标记。在市民阶级与绝对王权的斗争过程中，从分权原则又衍生出其他一些要求。这些要求有：(1) 针对政府部门，强调依法行政；(2) 国家的活动必须彻底纳入一系列严格限定的权限，国家权力活动要具有“可预测性”，从而成为可监督的权力；(3) 法官独立，通过司法监督行政，法治国即司法国。最终，完美的法治国实质是实现“全部国家生活的普遍司法化”。一切冲突、争端均可纳入司法程序予以解决。不过，施米特也明确指出，这种理想状况实有很大的问题，因为将一切付诸司法程序必须以规范的有效为前提，一旦规范无效或涉及规范之外的情形，法官的调解作用便相当有限了，必要时就必须诉诸国家政治决断。施米特指出，法官发挥调解作用必须有两个条件：“第一，争执双方有共同的公平观和道德观，或者有某些共同的道德前提；第二，双方的

① ［德］卡尔·施米特：《宪法学说》，139页。

矛盾尚未达到极端的紧张程度。”[①] 此处我们不难想到施米特在《政治的神学》[②]与《政治的概念》[③] 中的有关讨论。关于基本权利与权力分立，施米特在第十四章、第十五章分别进行了详论。不过，在此之前，施米特在第十三章专门讨论了法治国理想中的法律概念，并将之与“政治的法律概念”进行了比较。

法治国的理想，顾名思义，即试图确立“法律的统治”。然而如何理解其中“法律”的含义呢？施米特指出，法治国理想中的“法律”既区别于命令，也区别于立法机关所通过的“法”，它有着“特定的品质”，如“正当、理性、公正等等”[④]。法治国中的“法”本应具有高级法的意涵，它源于西方理性主义的自然法传统，认为法律不是一个人或许多人的意志，而是理性。施米特指出，尽管在现代社会中自然法已丧失了自明性，然而仍有一个品质不能舍弃，否则法治国便无从说起，这个品质就是“法规范的普遍性”[⑤]，即法必须以人的自由、平等为前提，普遍运用于每一个公民。“法律面前人人平等是法治国的法律概念的内在属性。”[⑥]

施米特批评了将一切按立法程序形成的东西皆称为法的形式主义法律概念。按照那种法律概念，所谓“法律的统治”便成了立法机关的统治，施米特强调，“法律的统治”首先意味着立法者本人必须受到法律的约束，只有在法律是具有特殊品质的一般性规范时，“立法者受到法律约束”这句话才有意义。

与“法治”的“法律”概念形成对照的，是施米特所谓的“政治”的法律概念。这两种法律概念区分，对应于前文所论及的近代宪法的两个要素：法治要素与政治要素。施米特写道：“在这里，‘政治的’一词与法治国相对，指的是一种从国家的政治存在形式和统治结构的具体构成方式中产生出来的法律概念。从法治国的视角来看，法律本质上是规范，而且是具有某些特定品质的规范：它是一种具有普遍性的法的规定；从政治的法律概念来看，法律是具体的意志和命令，是主权行为。”[⑦] 近代法治国宪法其实同时包含了这两种法律概念，而法治国的法律概念与政治的法律概念是有矛盾的，在涉及主权问题时，这个矛盾便立刻显示出来。施米特指出：“一个始终如一、完整自足的法治国

① ［德］卡尔·施米特：《宪法学说》，105 页。
② 参见［德］卡尔·施米特：《政治的概念》，12 页。
③ 参见［德］卡尔·施米特：《政治的概念》，144 页。
④ ［德］卡尔·施米特：《宪法学说》，152 页。
⑤ ［德］卡尔·施米特：《宪法学说》，155 页。
⑥ ［德］卡尔·施米特：《宪法学说》，166 页。
⑦ ［德］卡尔·施米特：《宪法学说》，159 页。

力图压制政治的法律概念，目的是要用‘法律的主权’来取代一种具体存在的主权。也就是说，它实际上不想回答主权的问题，将下面这个问题悬搁起来，即：哪一种政治意志将正当的规范变成了实在有效的命令？”①

近代宪法同时混合了两种法律概念，由自由市民阶级的政治斗争历程观之，市民阶级不仅为抽象的法治国理想而斗争，也为构建人民主权而奋斗，前者追求自由，后者追求民主，故而近代宪法可以恰当地称为自由民主宪法。在此意义上，近代法治国宪法也是一种混合宪法。

政治的形式要素混合在一起，还在于在政治形式要素内部，将民主制、君主制、贵族制不同的要素混合起来，形成“混合政体”。针对如何理解“政治形式”，施米特指出了政治形式的两个原则——同一性原则与代表原则。这两个原则对立而统一于一国政体，其间各自实现的状况造成了现实政体的差异。理解施米特所说的政治形式的这两个原则，必须以政治统一体的存在为前提，即以国家（一国人民政治存在的特定状态）为前提。同一性原则意指人民凭借其政治觉悟和公共意志具备区分敌友的能力，成为真正意义上的政治统一体，在这种情况下，人民与政治统一体实现了同一。代表原则是说政治统一体无法在时空中真正实现，须经过人格化代表的在场来代表它，由此政治统一体通过统治而体现出来。在现实生活中，没有哪个国家能完全放弃同一性原则，也没有哪个国家能放弃代表原则。无代表的国家与无人民的国家在现实中均无法存在。施米特结合亚里士多德的共和政体理论解释说：“亚里士多德在关于‘共和政体’的学说中已经认识到，真正的国家是统治与被统治的结合。统治与被统治、治理与被治理的同时并存意味着代表与同一性这两项原则的结合，离开了这种结合，国家就不可能存在。”② 同一性原则与民主的概念密切联系，施米特在后文关于民主制的讨论中对此有进一步的论述。

就近代宪法的政治要素而论，施米特指出，近代宪法同时包括了民主制、君主制与贵族制的成分。施米特花大量篇幅探讨了民主的相关问题，他强调，民主制是以同一性为其原则的政体，民主制预设了人民的存在，它基于划分出“我们”与“敌人”，包含着一种实质性平等的观念，这种实质性平等观念是一个政治观念，在本质上意指“人民的同质性”。③

施米特如此界定民主：“民主制是统治者与被统治者、治理者与被治理者、

---

① ［德］卡尔·施米特：《宪法学说》，159页。

② ［德］卡尔·施米特：《宪法学说》，231页。

③ 参见［德］卡尔·施米特：《宪法学说》，251页。

施令者与服从者的同一性。”[①] 对于理解民主制而言，关键的概念是公民而不是私人或资产者，是人民而非个人。施米特对民主、人民或民族的理解打上了深刻的卢梭印记。就近代宪法学中“人民”的概念，施米特在第十八章“人民和民主宪政”中进行了讨论，他分析指出，“人民”概念可分两种情况。第一种情况下人民是无固定形式的实体，具体又可分为：（1）人民是制宪权的主体；（2）人民是民意的载体、喝彩的主体；（3）人民是那些不统治、不当权的人。第二种情况则是人民是宪法律中所界定的有固定形式的、有组织的实体。这种界定实质是对人民的一种理论虚构，在这种情况下，“人民等于参加投票的选民或选举权人的简单多数或特定多数”[②]。施米特在随后的章节表明，民主制原则在近代宪法中体现于立法、政府、国际往来、行政、司法等多个方面，而君主制和贵族制原则在近代宪法中也各有所体现，例如：君主制原则体现于总统制中，贵族制原则体现于两院制的上议院之中。[③] 至于议会制，施米特在第二十四章至第二十八章中用五章的篇幅进行了说明，其中当然包括对《魏玛宪法》下议会制的论述。这几部分可参照施米特早先的《当今议会制的思想史状况》去理解。施米特认为，议会制“同时运用了同一性和代表要素，运用了君主制、贵族制和民主制这几种不同的结构要素，因而就以一种特殊的方式符合自由市民阶层和国民法治国的政治趋势”[④]。混合与平衡，使议会制成为实现法治国理想最好的制度设计，其唯一的缺陷在于它回避最终的政治决断，而这也是法治国理想的特有缺陷。

《宪法学说》第四部分“联邦宪法学”，包括第二十九章“联邦宪法学的基本概念”和第三十章“从联邦宪法学的基本概念中得出的结论”。这是全书的最后两章，在这两章中，施米特沿其宪法学说的思路，讨论了联邦制的相关理论问题。

施米特强调，联邦“是以自由协定为基础的永久联合体，它以各成员邦的政治自保为共同目标，并且从这一目标出发改变了各成员邦之间的总体政治状态”[⑤]。联邦制结构中关键是联邦与成员邦之间的特定关系。区别于单一制国家，联邦制国家把主权问题悬搁了起来，即主权在联邦还是成员邦，这个问题

---

① ［德］卡尔·施米特：《宪法学说》，252 页。

② ［德］卡尔·施米特：《宪法学说》，269 页。

③ 参见［德］卡尔·施米特：《宪法学说》，278 页。

④ ［德］卡尔·施米特：《宪法学说》，329 页。

⑤ ［德］卡尔·施米特：《宪法学说》，385 页。

暂不作答。如果联邦声称拥有主权，那么联邦制其实已经转化为单一制国家而非真正的联邦制了。施米特列出了联邦与成员邦之间存在的几种矛盾，并就如何解决这些矛盾作了说明。他认为，解决这些矛盾的途径必须有一个前提，即“全部成员邦必须具有同质性”①。同质性有多个层面：民族同质性、宗教同质性、文明同质性、社会或阶级同质性，等等。具有同质性意味着成员邦内部不致发生极端的冲突。② 基于对联邦制概念的解析，施米特就联邦国家的特征、在国际法与国家法中的地位以及它与民主制的关系等问题进行了说明。需要注意的是，施米特的联邦宪法学中并不区分“联邦”与“邦联”，他明确指出这种区分毫无意义。③ 施米特一方面指出联邦确立了一个新的政治统一体，另一方面也指出联邦制回避了主权问题。在某些问题的决断上，主权者是联邦，但在另一些问题上，主权者是成员邦。不过这并不意味着主权的分割，而只是说明主权归属的不明确。考虑到联邦制也是《魏玛宪法》包含的一个根本的政治决断，联邦制便是一个十分重要的问题。施米特的联邦宪法学与前文保持了逻辑的一致，它是施米特宪法理论在处理联邦制问题上的具体应用。用政治统一体、制宪权、同质性、身份契约、宪法协议、主权等概念工具，施米特极其清晰地揭示了联邦制的特征及理念，并就如何理解《魏玛宪法》中的相关条款作了说明。

施米特的《宪法学说》写于魏玛共和国时期，其中阐发的宪法理论可以视为对于20世纪20年代魏玛宪政局势的理论回应。《宪法学说》之理论魅力与令人信服之处，不在于它对《魏玛宪法》条文的解释，也不在于它所阐发的国家理论，而在于如施米特自己所言的那样，它提出了一种关于理想类型的资产阶级法治国（the biirgerliche rechtsstaat）的政治学。当代美国学者艾伦·肯尼迪认为，施米特在《宪法学说》中实际阐发了一种“政治宪政理论”（political constitutional theory），施米特理解宪法的理路独特之处在于它溯及宪法的起源及构建意图，考察宪法的历史发展及实质，由此“将政治问题（例如主权）纳入对宪法的解读”④。施米特对实证主义与自由主义的批评也在对《魏玛宪法》的批判性分析中达到高潮。肯尼迪说，施米特之运用《魏玛宪法》，正

① ［德］卡尔·施米特：《宪法学说》，394页。

② 参见［德］卡尔·施米特：《宪法学说》，394页。

③ 参见［德］卡尔·施米特：《宪法学说》，385页。

④ Ellen Kennedy, *Constitutional Failure: Carl Schmitt in Weimar*, Durhan & London, Duke University Press, 2004, p. 123.

如马基雅维利之运用佛罗伦萨政制。[1] 回想起施米特在该书 1927 年序言中所说的“历史条件与政治相对主义”对宪法的影响，施米特“通过拒绝把自由主义法治国作为一个‘绝对教条’，凸显了宪政的或然性（constitutional possibility)”[2]，即资产阶级法治国并非宪政的唯一表现方式。肯尼迪说，从历史的角度观之，资产阶级法治国是近代德国自康德以来的德国自由派一直追求的目标。1848 年德国自由派实现这一理想的努力失败，1919 年魏玛共和国建立，德国自由派终于确立了自由民主政体，在表面上实现了自由主义法治国的理想。然而施米特指出，20 世纪时代已发生了大的变化，法治国所代表的自由主义理念与民主成为大趋势的 20 世纪实有内在的冲突，《魏玛宪法》便内在地包含了自由主义与民主的矛盾。它是一部自由主义法治国的宪法，也是一部确立民主制的宪法，要理解《魏玛宪法》构成的这种二重性，就必须跳出法律实证主义的视野，区分出最低限度的宪法与宪法律，从而把握《魏玛宪法》的实质。肯尼迪将施米特此书置于魏玛宪政的语境中去考察，无疑有助于我们把握施米特著述的主旨。

不过，施米特到底是如何看待《魏玛宪法》的，这一问题仍有必要予以说明。综观《宪法学说》全书，施米特通过区分不同意义的宪法概念，指出了《魏玛宪法》的本质是德国人民作为政治统一体对其政治存在形式的判断，德国人民拥有制宪权，民选总统则是德国人民的代表。这为施米特通过对《魏玛宪法》第 48 条的解释为总统行使专政权辩护作了铺垫。施米特并未否定自由主义法治国理念的价值，他指出，《魏玛宪法》第 25 条是其法治国理念的集中体现。[3] 但是他表明，仅仅从法治国的层面，按纯粹法学的思路去理解《魏玛宪法》，是无以把握《魏玛宪法》的实质的。施米特着力表明，《魏玛宪法》包含了德国人民做出的一系列根本政治决断。近代宪法区别于中世纪契约正在于它以一国人民的政治统一体的存在为前提。

施米特精心阐发的有系统的宪法理论与当时占主导地位的自由主义法学家凯尔森的纯粹法学形成鲜明的对比。施米特的政治宪法理论正是针对那种以中立化、技术化、程序化的方式看待《魏玛宪法》的观点的。照施米特之意，《魏玛宪法》并不像自由主义法学家所认为的那样是一套纯粹的规则与程序，

---

① Ellen Kennedy，*Constitutional Failure*：*Carl Schmitt in Weimar*，p. 123.

② Ellen Kennedy，*Constitutional Failure*：*Carl Schmitt in Weimar*，p. 123.

③ 《魏玛宪法》第 25 条规定：“联邦大总统得联邦国会，但出于统一之原因，仅得解散国会一次。新选举最迟应限于联邦国会被解散后之第六十日行之。”（［德］卡尔·施米特：《宪法学说》，417 页。）

并非各种政治力量角逐政党派别利益的竞技场，相反，它包含了若干根本的政治决断，它在价值上不是中立的，它预设了具有相当程度的同质性的德国人民这一政治统一体的存在。这为施米特呼吁清理异质成分、消除分裂因素以捍卫宪法埋下了伏笔。

第二节　宪法的守护者

1923年，施米特发表了《当今议会制的思想史状况》①，时人多责其对魏玛宪政缺乏同情。他对大众民主时代议会制危机的分析被看作恶意唱衰自由民主政体的作品。其实，魏玛宪政的危机日积月累，施米特一篇论文对现实几无影响。到1929年，在世界经济大萧条的环境中，魏玛宪政的处境更显窘迫。此时，施米特再次呼吁，保卫宪法，维持秩序。他发表了《宪法的守护者》一文。这篇论文是施米特宪法学说的通俗版，直接针对德国现实政治状况，具有政论的特点。施米特探讨"宪法的守护者"，具体而言，即《魏玛宪法》的守护者，足见施米特此时是旗帜鲜明地站在既有宪法一边，否则便不会煞费苦心地为它寻求"守护者"了。仅从1929年此文的标题看，关于施米特反魏玛的流言便不攻自破。以施米特之审慎，越是在时局混乱、情势危急时，维持基本的秩序越是重要。而从另一方面来讲，正如施米特此文开篇所言："对于宪法守护者或维护者的呼声经常是宪法状态危急的一种表征。"②

对于法律实证主义来说，不存在宪法的守护者的问题，或者说，谁来守护宪法是政治问题，法学家不必对此做出回答。实证主义法学家至多回到司法手段，即诉诸宪法法院，来考虑守护宪法的问题。施米特显然不同意此种观点。对他来说，法律不能自己守护自己，法学家不应当脱离政治语境与历史条件孤立地去思考问题。在探讨宪法的守护者的问题上，施米特首先批判了一种"政治司法化"的错误想法。根据"政治司法化"的思维方式，宪法争议当通过司

① Carl Schmitt, *The Crisis of Parliamentary Democracy*, translated by Ellen Kennedy, Cambridge, Massachusetts & London, The MIT Press, 1985. 中译载于［德］卡尔·施米特：《政治的浪漫派》，冯克利、刘锋译，上海，上海人民出版社，2004。

② ［德］卡尔·施米特：《宪法的守护者》，李君韬、苏慧婕译，1页，北京，商务印书馆，2008。

法程序去解决。[①] 施米特在文中单辟一章批驳了将司法者作为宪法守护者的观点，他的结论是，司法者不足以构成宪法的守护者，政治司法化不仅于事无补，反而会戕害司法本身，导致“司法政治化”。这一结论与施米特历来的宪法理论相一致。他写道：“如果我们坚持，《魏玛宪法》是以作为制宪权主体成为一体之德国人民的政治决定这种意义而存在的，并借助这样的决定使德意志帝国成为一个宪政民主体制，那么宪法的守护者这个问题的答案就不会是通过虚构的司法形式而会以其他方式出现。”[②] 在施米特看来，人们倾向于在司法领域寻求宪法守护之道，主要是19世纪自由主义法治国理论及实践使然。因为，在反对绝对王权的斗争中，新兴市民阶级的目标是限制政府权力的滥用。在20世纪民主潮流浩浩荡荡的时代，自由主义理论家担心的则是如何防止立法者滥用权力的问题。施米特的答案则是在政治与行政领域寻找宪法的守护者，具体而言便是总统。不过，施米特导出总统是宪法的守护者这一结论并非用简单的排除法，他是依据对魏玛德国“具体的宪政状态”的分析而导出的。

施米特认为，德国宪政的前提是德国人民作为统一体的存在，但是，这种统一体已受到多种因素的破坏，这些因素主要有三：一是多元主义，二是多角势力，三是联邦主义。具体说来，第一个方面体现为议会体系的崩溃，即议会已经日益成为多元主义集中表现之场所。多角势力则是说公共经济领域中的离心、分化趋势。在国民经济日益重要的时代，德国却没有经济宪法。最后，联邦主义也对政治统一体的构建提出了挑战。这三个层面中，又以前两者为要。施米特仍在国家与社会关系演变的历史背景下展开思路，这一演变过程即17世纪与18世纪的绝对国家、19世纪的中立性国家到20世纪国家与社会具有同一性的总体国家。[③] 施米特对议会制危机的判定与《当今议会制的思想史状况》一文一致，但给出的理据却大为不同。在《宪法的守护者》中，施米特更加关注多元主义政党对议会制的破坏，他认为多元主义政党国家与走向总体国家的趋势相背离，也与议会制立法型国家的初衷相抵牾。特别是，20世纪政党组织的高度严密化、专业化，已经使之与19世纪建立在自由舆论基础上的松散型政党大不一样。这样，新时期多元主义政党分割了立法团体，最终分割了国家的统一性。人们对国家的忠诚为对多元主义政党团体的忠诚所取代。[④] 由此，

---

① 参见［德］卡尔·施米特：《宪法的守护者》，4页。

② ［德］卡尔·施米特：《宪法的守护者》，70～71页。

③ 参见［德］卡尔·施米特：《宪法的守护者》，105页。

④ 参见［德］卡尔·施米特：《宪法的守护者》，120页。

对于何为“合法”的理解也呈多元主义的局面，宪法的基础遂遭到了多个方向的攻击。在施米特看来，法学家们在19世纪的框架中重复着“议会主权”的陈词滥调，乃是无力回应20世纪走向总体国家趋势的表现。[1]

关于公共经济领域中的多角势力，施米特沿用的是他的朋友珀比茨(Popitz)的说法。“多角势力”是指在缺乏统一性的情况下公共经济领域中发展出的众多自主、独立的公共经济承载者。这些承载者如各个州、各地方行政单元、社会保险机构、国家银行、邮政、铁路，等等。多角势力存在造成的结果是：经济生活缺乏统一的准则，出现无组织、无计划的状况。在施米特看来，多角势力在经济层面威胁着国家的统一性。针对这种状况，使国家去经济化固然不现实，但完全由国家控制经济，亦不妥当。施米特认为，制定一部经济宪法，在实际上具有误导性与危险性。它不仅不会强化国家意志的统一性，反而会使之弱化。他提到：“有一个事实颇值得注意，那就是，今天只有两个大国拥有这种经济宪法：俄国所采取之苏维埃体制以及法西斯意大利所采取之工团国家体制。这两个国家大致上而言，都还算是农业国家，它们绝对不是站在经济发展与工业进步的前端。而且每个人都知道，这两个国家的宪法，都是处在严格中央集权式的政党组织以及所谓一党国家的阴影下。”[2] 此处可见施米特并不主张学习俄国苏维埃与意大利法西斯的做法。

关于《魏玛宪法》，施米特对第48条再次进行了解释。施米特批判去政治化的建议而倡导紧急状态下总统的专政权。他特别提到专政权范围的变化。这就是从“军事性-警察性例外状态”下的专政到“经济性-财政性例外状态”下专政的发展。这符合迈向经济国的趋势，也与议会成为多元主义政党角力场的趋势相重叠。施米特通过对《魏玛宪法》第48条第2项的解释最终表明，唯有帝国总统才能采取强有力的救济手段与反向运动措施。帝国总统是“整体秩序的守护者”[3]，这在当时即指兴登堡总统。

施米特论证帝国总统是宪法的守护者，基本理据是德国《魏玛宪法》所包含的德国人民的根本决断，或曰人民民主。[4] 因为依据《魏玛宪法》，总统经直接民主选举产生，直接代表人民。总统守护宪法的权力以此为合法性基础。换言之，总统的地位具有民主基础。不过，仅此仍不能说明总统到底当如何实现其权力，

---

① 参见［德］卡尔·施米特：《宪法的守护者》，122页。

② ［德］卡尔·施米特：《宪法的守护者》，133页。

③ ［德］卡尔·施米特：《宪法的守护者》，178页。

④ 参见［德］卡尔·施米特：《宪法的守护者》，212页。

在哪些范围内运用何种权力。施米特在19世纪自由主义者贡斯当（Constant）的宪政思想中找到了理论依据。贡斯当曾提出关于“中立性、斡旋性与规制性权力”的学说。施米特认为，这一学说有助于解释资产阶级法治国中国家元首“统治但不执政”的问题。贡斯当的学说继承了古罗马人关于“权威”与“权力”的区分[①]，标明了国家元首的特殊性。施米特说，《魏玛宪法》中总统的权力唯有借助于贡斯当的学说才可能得到阐明。总统时时刻刻代表整体，关注整体，他可以是一种“斡旋势力”，对维系整个共和国的统一性有根本性的意义。[②] 施米特以事实为例，提到总统艾伯特与兴登堡在政治上的重要时刻皆将自己称为宪法的守护者。[③] 在1933年的一篇题为《总体国家在德国的进一步发展》的报告中，施米特再次重申总统的权威是《魏玛宪法》秩序的“最后一根支柱”。[④]

施米特的《宪法的守护者》立场鲜明。我们在理解施米特此文时，有以下诸条值得注意。首先，施米特坚定地捍卫《魏玛宪法》，这固然是出于秩序与安全的考虑，而非对自由民主的信奉，但他无意于成为魏玛政体的掘墓人。其次，施米特明确地将护法的使命赋予总统，或者说捍卫总统守护宪法的合法性。他的论证并未借助于韦伯的卡理斯玛理论，但无疑他领会了韦伯、普鲁斯等《魏玛宪法》制定者设置直选总统的用意。最后，施米特基于20世纪20年代中后期国家对经济生活干预日益增多的状况，分析了总体国家中国家与经济的关系问题，他既不像古典自由主义者那样恪守“守夜人”政府的信条，也不主张苏维埃或法西斯国家全面掌管经济的做法。他的“总体国家”立场大致处于一个中间位置。基于这种认识，施米特论证总统在例外状态下的专政权不仅限于军事、警察领域，也包括经济、财政领域。施米特此论在经济“大萧条”来临之际实有其特定的现实语境。

第三节　合法与合法性

施米特在1932年魏玛共和国的最后时刻，发表了直接论合法性问题的论文《合法概念的滥用》[⑤] 与《合法与合法性》。尤其是《合法与合法性》，此文

---

① 参见［德］卡尔·施米特：《宪法的守护者》，191页。

② 参见［德］卡尔·施米特：《宪法的守护者》，195页。

③ 参见［德］卡尔·施米特：《宪法的守护者》，196页。

④ 参见［德］卡尔·施米特：《论断与概念》，朱雁冰译，190页，上海，上海人民出版社，2006。

⑤ Carl Schmitt，“Der Missbrauch der Legalität，” in *Tägliche Rundschau*，1932.

语境与他的《当今议会制的思想史状况》《宪法学说》等作品一样，都是魏玛共和国的危机。施米特此文虽在篇幅上不及《宪法学说》，但却比《宪法学说》更具实际影响力。当时魏玛政坛的官方舆论常常直接引用《合法与合法性》为政府政策与决定进行理论辩护。

施米特的这篇论文标题英译为 Legality and Legitimacy，国内已经出版的中译本将之译为《合法性与正当性》。不过这种译法并不贴切。在政治哲学讨论中，关于合法性问题的讨论由来已久，人们通常以“合法性”来翻译 legitimacy。并且，“正当性”一词已经具有价值偏向，包含了某种未曾言明的正义观，与 legitimacy 的意涵并不相同。在施米特的政治理论框架中，“价值”是一个慎言乃至讳言的问题，以正当性来翻译施米特所说的 legitimacy，从理论上也不符合施米特之意。legality 旨在描述那种合乎法律程序、合乎形式上规定的做法，直译为“合乎法律”。我们可以沿用“宪法律”与“宪法”的区分，将施米特此文题目译为“合法律性与合法性”，或简称为“合律性与合法性”。

施米特提出的“合律”与“合法”的区别，与实证主义法学的流行观念相抵牾，对后世政治哲学、法哲学在基本概念问题上的廓清大有功劳。哈耶克在关于法治的论述中即援引施米特对“合律”与“合法”的区分，指出第三帝国虽然有各种法律，却无从名之曰法治国家。[①] 时至今日，这种区分仍然有其现实意义。不过，稍后我们也会看到，施米特这种原本纯粹学理的概念区分，也可成功地为纳粹政权辩护，可见其理论本身不是没有问题。

《合法与合法性》是对某种国家制度的分析，也是对《魏玛宪法》的分析。施米特采用韦伯所创立的构建理想类型的方法，构建了四种国家类型。[②] 这四种国家类型为司法型国家、政府型国家、行政管理型国家及立法型国家。立法型国家是施米特讨论的重点。因为魏玛共和国正属此类。施米特所谓的立法型国家，似与他在《宪法学说》中讨论的“法治国”相当，但其实不然。施米特指出，在这篇论文的讨论中，他不使用“法治国”一词，以免产生混淆。他说，“法治国”的概念，正如“法”与“国”的概念不确定一样，可以意味着许多不同的东西。法治国有多种形态，而立法型国家则有具体的含义。他认

① 参见［英］哈耶克：《通往奴役之路》，王明毅、冯兴元译，80～82 页，北京，中国社会科学出版社，1997。

② 施米特此处“国家”概念也具“状态”的含义，例外状态可以看作与此处四种“国家”（即状态）相并列的第五种状态。（Carl Schmitt，“The Way to the Total State,” in Carl Schmitt，*Four Articles*，edited，translated and with a Preface by Simona Draghici，Washington D.C.，Plutarch Press，1999，p.4.）

为，要理解现实政治中的合法性问题，必须区分不同的国家类型，在此前提之下，分而论之。照施米特之意，在立法型、司法型、政府型、行政管理型国家中，何为合律，何为合法，皆有大的不同。立法型国家是一种由非人格的、先定的、普遍的规范支配的国家，其特点在于排除各种独断的、主观的权威与命令的统治，立法者居于支配者的地位。司法型国家中，裁决案件的法官具有最后决定权，它在外观上更像“法治国”。政府型国家处于立法型国家相对立的一极，其中进行统治的是至高无上的国家元首的个人意志和政府命令。行政管理型国家则是各种实际的法令措施居支配地位，其中既非人也非规范在统治，而是具体问题具体处理。①

立法型国家可能是君主立宪制国家，也可能是议会制国家。施米特着重讨论的是议会制立法型国家。在议会制立法型国家中，议会垄断了立法权，议会是全国唯一的立法者。议会做出的决议即法律。但是，这种议会制立法型国家，实有特定的政治前提，即议会是全体国民的代表，议会背后是一个民族的政治统一体。离开这个前提，议会中通过的决议就未必等于人民的决议，议会的决议也不能称为“法”。施米特一如此前的做法，批评法律实证主义的“形式主义、功能主义”错误②，指出立法型国家对“法”的界定有着实质性的内容，它包含了一国人民的实质性政治决断，而非仅仅是在程序、形式的意义上理解法。那种认为凡是议会做出的决议便是法律、迷信议会立法程序的观念，忘记了议会立法型国家的前提。议会民主制的前提是同质的人民，是政治统一体。在此前提之下，议会的意志等同于人民的意志，这里面包含的乃是施米特在《宪法学说》中曾经诠释过的同一性原则与代表原则的辩证关联。

随后，施米特对《魏玛宪法》中关于各政党获取政权机会均等的原则进行了论述。按照纯粹功能主义的思维方式，不仅何为合法徒具程序的意涵，对各政党获得政权机会均等原则的理解也仅停留在形式上。施米特认为，如果以人民的同质性为前提条件，则通过简单多数来形成国家意志确实可以接受。因为在同质性人民的政治前提下，在实质性的决议上并不存在少数，遑论存在大量固定不变的少数。以 51%与 49%的多数与少数而论，这种数字的区分并不表明人民分化为两大对立的阵营。这里的多数、少数仅仅是策略上形成决议的做法，并不具有实质性区分，多数也无权宣布少数为敌人。

---

① 参见［德］卡尔·施米特：《政治的概念》，248～249 页。

② 参见［德］卡尔·施米特：《政治的概念》，267 页。

但是，按照形式主义的机会均等观，任何政党只要获得议会席位的多数，便有机会获取政权。在政党组织松散的情况下，这种设计自有其合理之处，但在政党变成了官僚化、专业化、纪律严密的组织的情况下，政治统一体已被肢解，此时机会均等的原则便不再适用。在这里，施米特提出了政治的“剩余价值”理论。政治的剩余价值这一提法，或许是施米特对马克思“剩余价值”一词的化用。它指的是获取政权者所获得的超出其应得的那部分价值，类似于某种“政治奖赏”。这种政治的剩余价值，在安定、正常的情况下，可以相对地加以估算，而在非常状态中则不可预期与估算。施米特描述了获得政治奖赏的三种方式：(1) 使用或界定不确定的概念或自行界定概念，例如“危险”“国家安全”“必要措施”，等等；(2) 在面对各种关于是否“合法”的疑惑时，当权者总是做出偏向自身而不利于竞争对手的解释；(3) 即使在合法与否有争议的情况下，即使有申诉与司法等其他形式的制约，当权者的命令也可以暂时先行，所谓“两岸猿声啼不住，轻舟已过万重山”。而在例外状态下，当权者所获得的政治剩余价值就更加丰厚了。他们有权规定对手的行动范围，自行决定何时宣布竞争者为非法，由此公平竞争、机会均等便不复存在。施米特指出，一旦竞争双方对何为合法不再有共识，议会制立法型国家便面临解体的危险。这种相互视为敌人的状况是十分可怕的。“合法占有国家政权手段的多数必然认定，反对党如果占有合法政权，就将利用政权加强自己对政权的占有，在自己背后把门关上，从而以合乎法律的方式排除法治原则。追求占有政权的少数则断定，执政的多数早就在做同样的事情；由此追求占有政权的少数明确地或者含蓄地自行宣布现存国家政权为非法，这当然是任何合法政权都不能容忍的。这样，在危急时刻，每一方都指责另一方为非法，每一方都把自己打扮成法治与宪法的守护者。结果就是一种没有法治、没有宪法的状态。”① 除此之外，政治的剩余价值还可以用来描述过去的多数在今日已沦为少数却仍然把持政权的状况，在这种状况下，只要反对派未达到多数，或反对派未能获得政权，当权者即使早已成为少数，也仍然可以坐拥政权，在此意义上，当权者同样获得了大量的剩余价值。施米特指出，此时“生效的不再是机会均等，而是幸运的占有者的胜利”②。而政治奖赏的原则实与机会均等的原则存在着根本的对立。政治的剩余价值理论揭示了现代政治背景下权力现象的内在逻辑。按照政治的剩余价值规律，现代议会制国家必将走向崩溃。施米特关于议会制立法

① ［德］卡尔·施米特：《政治的概念》，277页。

② ［德］卡尔·施米特：《政治的概念》，279页。

型国家体制及其“合法”概念的诠释与他的政治剩余价值理论，为分析《魏玛宪法》中存在的“合法”与“合法性”问题提供了理论框架。

施米特指出，《魏玛宪法》虽然确立了德国的议会制立法型国家制度，但同样也包含了三个特别的立法者，它们都对议会立法构成了挑战。这三个特别的立法者是：(1) 出于实质理由的特别立法者。这一立法者立法权力的依据是《魏玛宪法》第二部分关于“德国人民之基本权利与义务”的规定，施米特认为这个部分与组织议会制立法型国家的第一部分相比，实为另一部异质的宪法，两个部分在本质上存在矛盾，前者主张价值中立，第二部分则包含了一系列实质性价值取向。[①] 按四种理想类型的国家来看，则是在议会制立法型国家中加入了司法型国家的因素。其间矛盾正是“司法型国家与议会制立法型国家之间的矛盾”[②]。一个国家体制中于是出现了两个立法者。(2) 基于至高理由的特别立法者。这种立法者的主体是议会所代表的人民，它意味着全民直接民主，意味着以“合法性”取代“合法”。施米特指出，《魏玛宪法》设定了一种全民直接民主的立法程序，即全民公决，这意味着主权者的直接现身，议会立法在人民公决面前自然也无所作为，诚如卢梭所言，如果被代表者自己讲话，代表就必须沉默。[③] 这种人民立法的规定见于《魏玛宪法》第 73 条、第 74 条及第 76 条。(3) 出于必要理由的特别立法者。这种立法者的本质是行政管理的措施排挤了议会制立法型国家的法律。其宪法依据是《魏玛宪法》第 48 条第 2 项关于民国总统特别权限的规定，现实依据则是德国魏玛时期十余年的实践。在这样的情形中，总统不是依据实质理由，也不是依据最高理由，而是出于紧急状态下必要性的考虑，它渊源于特定的时间和处境，依赖总统作为专政者的个人决断。这种立法者可以不颁布一个普遍法令，而是直接发出一项具体的行政指令，例如禁止一个集会，或宣布某个组织为非法。在此情境下，对总统的制约措施便毫无意义。关于《魏玛宪法》第 48 条，施米特曾多次进行理论说明，以为紧急状态下总统不受限制的专政权进行辩护。但施米特并不讳言这与议会制立法型国家的“合法”概念相矛盾，专政者的举措显然“不合法”。

需要注意的是，尽管施米特指出了三种立法者对议会制立法型国家中“合法”体系的威胁，却并未就此宣判《魏玛宪法》的死刑。他在结论中表明，议会立法者如“以坚决、统一的意志意识到自己的权力”，坚持“合法”原则，

---

① 参见［德］卡尔·施米特：《政治的概念》，282 页。

② ［德］卡尔·施米特：《政治的概念》，295 页。

③ 参见［德］卡尔·施米特：《政治的概念》，303 页。

则其余几种立法者往往难以在实际中发挥影响。然而，魏玛时期的问题在于，议会制立法型国家本身缺乏统一而稳固的基础，它仅仅是异质权力妥协的产物，是多元力量从事谈判与交易的舞台，这就使得议会制立法型国家的“合法”（legality）概念缺乏政治基础，由此，各政党机会均等的原则也殊难实现。鉴于这种多元政党的局面，施米特称当时全民直接民主的合法性是“可以普遍地被承认有效的国家辩护的唯一方式”①。施米特描述了大众民主政治兴起、总体国家出现的情形，并指出社会全面政治化的趋势。

不过，施米特并未导出民粹主义、极权主义的结论。他对人民依然保持着相当的警惕，他的头脑中仍然有明确的“权威”概念。他认为，即使在全民直接民主制中，“问题也只能从上面提出来”②。他说：“即使在这里，伟大的宪法设计者西耶斯的提法也经受住了考验，权威从上而来，信任从下而来。”③ 关于人民，他基本上重复了《宪法学说》中的观点。他写道：“人民只能说赞同或反对，人民不能建议、协调或者讨论，人民不能统治，不能管理。人民也不能制定规范，只能用自己的赞同来批准摆在自己面前的规范化草案。人民尤其不能提问题，只能用赞同或反对来回答对自己提出的问题。”④

《合法与合法性》的最后一段文字十分重要，它表明了施米特在魏玛共和国最后时期的立场。从这段文字中我们可以看到，施米特并未像通常人们所误解的那样，主张以合法性取代合律性，以全民直接民主取代议会制民主。⑤ 他只是提出，鉴于《魏玛宪法》第一部分与第二部分“具有不同类型的一贯性、不同的精神和不同的根基”，德国法学界必须从功能主义、形式主义的思维中走出，从价值中立的幻觉中醒来，意识到《魏玛宪法》是“两个宪法”，第二部分才是《魏玛宪法》的核心，它包含了德国人民的基本政治抉择。如此，魏玛共和事业方能有救。⑥ 具体到魏玛德国当时的处境，施米特提醒人们防止反宪法的纳粹主义政党借法律程序进入权力中心而危及宪政本身。

在政治哲学的层面，施米特此文涉及合法与合法性的区分。这是民主时代法理学必然面临的问题，涉及自由、民主之间的内在张力。在施米特之前，例

① ［德］卡尔·施米特：《政治的概念》，332页。

② ［德］卡尔·施米特：《政治的概念》，332页。

③ ［德］卡尔·施米特：《政治的概念》，332页。

④ ［德］卡尔·施米特：《政治的概念》，331页。

⑤ 参见吴庚：《政治的新浪漫主义：卡尔·史密特政治哲学之研究》，145页，台北，五南图书出版公司，1981。

⑥ 参见［德］卡尔·施米特：《政治的概念》，337页。

如在马克斯·韦伯那里，合法只是合法性诸种类型中的一种，它是宪法理性主义传统的一部分，两者并不作区分。施米特显然也清楚这一点。[①] 但他旋即批判了韦伯的这一混淆。不过，简单地视施米特以一方取代另一方，完全将二者对立起来，也是对施米特的误解。事实上，施米特更愿意接受如下表述：议会制立法型国家的合法概念以人民统一体的存在或曰人民民主为政治前提。这就等于说，议会立法以人民同质为前提，合法以合法性为前提，而非以合法性取代合法。多元主义政党体系仍是施米特批判的重点，因为它在根本上承认了异质性，对政治统一体构成了威胁。

施米特关于"合法性"问题的讨论，涉及四个不同的重要概念，即"合法性""合法""正当性""现状（status quo）合法性"。关于"合法性"与"合法"的含义，上文已有详论。大体说来，合法性总是指向民心的向背，涉及支配者要求服从的理据，本质上是一个政治概念；"合法"则是指"合乎法律"，重在强调形式与程序上的正义，依实证法而行为；正当性是凭借自然法或实质性正义准则对政治权力做出道德上的评估；现状合法性背后是"存在的即合理的""契约应当得到遵守"等理念，它是一种对存在于现实中但尚未获得正当理据的状况被动、消极的容忍。"现状合法性"观念反映了人心思定、"宁做太平犬，不做离乱人"，为求安全和平而放弃道德理想的一种心态。施米特反对这种苟且偷安、丧失追求的理念。[②] 他也批判自由主义"合法"理念对政府及领袖、人民的束缚以及对政治的消解。而具有实质内容的正当性概念则不为施米特所采用。这源于他避免以伦理道德哲学损害对政治现象本来面目的认识，也与他对政治与道德关系霍布斯式的理解相一致。

施米特重视政治合法性，确实抓住了理解政治支配现象的要害，然而他的理论也能很好地为极权政体服务。施米特的理论似可为一切口头上宣称人民民主的政权辩护，这并非仅仅因为其理论易被利用。事实上，施米特一度积极主

---

① 参见［德］卡尔·施米特：《政治的概念》，340页。

② 早在1925年，施米特曾发表《现状与和平》一文，对"现状"（status quo）的含义进行了详论。施米特此文针对《凡尔赛条约》下的国际秩序而发。他指出，现状对不同国家有不同的意涵：对英国来说，维护现状指的维护英国的世界统治；对法国来说，维护现状即是指维护法国在欧洲大陆的霸权，维护其对其他国家的干涉权；对德国来说，维护现状指防止出现新的义务或通过片面解释《凡尔赛条约》而产生新的负担。在当时，现状合法性是要使《凡尔赛条约》造成的成问题的局面合法化。施米特认为，现状合法性的概念与日新月异的时代相背离，它"来自要求安定、和平和正义的愿望与无力找到一个合法原则的结合"，它并不能带来和平，只会导致新的冲突。（［德］卡尔·施米特：《论断与概念》，25～33页。）施米特1929年的《国家伦理与多元主义国家》一文也是针对这种"现状合法性"观念而作。（［德］卡尔·施米特：《论断与概念》，130页。）

动地动用其宪法理论与概念为希特勒的独裁及倒行逆施提供辩护。他的理论实与希特勒的言论有相当的亲缘性，这在《领袖守护宪法》一文中表现得淋漓尽致。施米特自己描述说："在1932年10月3日莱比锡德意志法学家大会上，领袖曾就国家与法发表讲话。他指出，一种本质性的、跟道德和公正不可分离的法与一种不真实的中立性之空洞的合法性的对立，说明了魏玛体制的内在矛盾——这种体制如何被毁于中立的合法性，听任自己的敌人摆布。接着他说：'这对于我们必然是一个警告。'1934年7月13日，领袖对全体德意志人民的议会发表演说，他提醒人民记住另一个历史性的警告。强大的、俾斯麦所创建的德意志帝国在世界大战间崩溃，因为它在关键时刻没有'使用自己的战争条款'的力量。文官官僚体制丧失了政治本能，为自由的'法治国家'的思维方式所麻痹，以致软瘫，也没有勇气根据应有的法律对待叛乱者和国家的敌人。"[①] 在这里，"合法性"与"合法"的关系问题通过对希特勒演说的评述引出，并表现为明确的对立关系，而不再如魏玛时期那样仍在严肃的学理意义上承认二者可能的联系。

施米特说："所有这样一场可耻的崩溃的义愤，都在希特勒胸中郁结起来，在他内心变成了采取政治行动的推动力。德国的不幸历史的所有经验和警告，都在他心头苏醒。绝大多数人害怕这类警告的严厉，宁可躲进退让、调和性的肤浅议论聊以安身。可是，领袖却认真对待德国历史的警告。这给予他创建一个新国家和确立一种新秩序的法权和力量。"[②]

施米特从紧急状态主权者的专政权出发，称："领袖在危急关头凭借他作为最高法官的领袖地位直接创制法律，他是在保护法律免受最恶劣的滥用。"[③] 他说，自由主义的"合法"思想、司法化倾向，违背了政治领导优先的原则。议会所做的并非对领袖的独裁行为进行事后批准或鉴定，而是在以人民的名义向领袖表示感谢。领袖是人民的最高法官，领袖的行为即真正的司法。施米特表示拥护领袖的讲话，并按照领袖的讲话来指导法学的研究。此时，施米特对自由主义的批评也不再止于学理的分析，而是变成了肆无忌惮的进攻。不过，这一进攻应放在1918年德国战败、德意志帝国崩溃的语境下去理解。施米特称自由主义所谓的"合法"概念束缚了德国政治家的手脚，最终德国人吃了败仗。这种"合法"理论是毒害德国人民的工具，是英法长期以来反德宣传的熟

① ［德］卡尔·施米特：《领袖守护宪法》，见［德］卡尔·施米特：《论断与概念》，200页。
② ［德］卡尔·施米特：《领袖守护宪法》，见［德］卡尔·施米特：《论断与概念》，201页。
③ ［德］卡尔·施米特：《领袖守护宪法》，见［德］卡尔·施米特：《论断与概念》，201页。

练手法，旨在瓦解德国人民的政治意志，消除其政治行动能力。施米特写道："德国的某些敌人以类似的要求对付希特勒的行动。他们会认为，当今的德意志国家具有区分敌友的力量和意愿，这是十分可怕的。他们会向我们许诺，如果我们重又像当年，即1919年那样跪倒在地，向自由主义偶像贡献我们的政治生存，全世界人民都将赞美我们，向我们欢呼。看到我们整个政治形势的巨大背景者，将会理解领袖的告诫和警告，并投身于这场伟大的、维护我们的完美法律的精神斗争。"①

施米特认为法律是政治决断的产物，宪法律背后实有一国人民的政治决断，在魏玛共和国时期，他的这一论断可以为捍卫共和提供依据。然而，施米特终究无法避免这样一个问题：人民的政治决断并非一成不变。施米特的理论事实上肯定了这种改变的可能性。所以当1933年《授权法案》在国会投票通过、希特勒攫取政权之后，施米特的合法性理论竟可十分贴切地为新政体辩护。而施米特的论敌法律实证主义，因其迷信于形式与程序意义上的"合法"，最终也能为新政体提供辩护。恰如艾伦·肯尼迪所言，施米特的合法性理论可以为希特勒的新政体提供政治上的辩护，而法律实证主义的"合法"论则可以为希特勒的新政体提供法律上的论证，最终结果是二者都不能有效地对希特勒说"不"②，这种结果确实令人深思。

第四节　危机时代的魏玛法理学：施米特与海尔曼·海勒

施米特于魏玛后期所阐发的宪法理论是其政治思考的一个重要结果。他的宪法理论当置于魏玛危机的历史背景中去理解，放在当时的法理学论争中去考察。此处我们将介绍施米特与魏玛时期另一位法学家海尔曼·海勒（Hermann Heller）的争论。海勒与施米特的遭遇不仅在体现在学术上③，更是直接体现于1932年"普鲁士对联邦"的诉讼案中，其时二人是对立双方

---

① ［德］卡尔·施米特：《领袖守护宪法》，见［德］卡尔·施米特：《论断与概念》，205页。

② Ellen Kennedy, *Constitutional Failure: Carl Schmitt in Weimar*, Durham & London, Duke University Press, 2004, p. 20.

③ 海勒与施米特都曾参加1927年德国政治高等学校所举行的关于"民主的问题"的系列讲座，二人之间还有书信联系。（Joseph W. Bendersky, *Carl Schmitt, Theorist for the Reich*, Princeton, Princeton University Press, 1983, pp. 92－93.）

的律师。魏玛时期，海尔曼·海勒当是反对施米特最为激烈的法学家。他发表的关于主权、议会制、法西斯主义等问题的著作，大多针对施米特的观点而作。

海尔曼·海勒（1891—1933）出生于奥匈帝国时期犹太人家庭。“一战”时曾服役于奥地利军队，并因此而致心脏受损，此病最终使他在1933年42岁时过早地离开了人间。海勒后来到了德国，致力于社会民主事业。1932年在“普鲁士对联邦”的诉讼案中，他曾任普鲁士社会民主党的法律代表。1928年在柏林，1931年在法兰克福，海勒顺利取得大学教职。1933年去世前的几个月，他还受哈罗德·拉斯基（Harold Laski）的邀请前往英国讲学。海勒的著作涉及甚广，包括政治哲学与法理学、具体法律问题、教育、黑格尔、民族主义、社会主义等多个方面。[①] 后人根据其手稿辑有《海勒著作集》凡三卷[②]，包括《主权》《政治民主与社会同质性》《国家理论的危机》《法律、国家与权力》《作为政治科学的国家理论》《法治国抑或独裁?》《欧洲与法西斯主义》等作品。吴庚先生说：“假定史密特所倡导的是一项命题，那么海勒的著作就是这一命题的反命题。”[③] 可见海勒与施米特理论之分歧。海勒对施米特的批评因此也受到施米特研究者的重视，后来不少学者批评施米特，理路仍不脱海勒的框架。[④]

在与施米特、凯尔森的对照中理解海勒是颇为有趣的一件事。在政治主张方面，海勒与凯尔森大体站在一边，共同批判施米特，海勒支持民主事业，以民主批判施米特所谓的“独裁”，为西方议会制民主辩护。但在法理学方面，海勒则站在施米特一边反对凯尔森的纯粹法学。海勒认为，法律问题本质上具有政治意涵，法律源于人的意志，凯尔森非人格化的法律思想中存在的是过时的自然法思想残余，它假定一种固定的法律规范能够不偏不倚地来规约复杂、多变、充满对抗的社会现实。[⑤] 而法律是不能纯粹化的，应放在历史与社会、

---

① David Dyzenhuas, “Introduction of Hermann Heller,” in Arthur J. Jacobson & Bernhard Schlink (eds.), *Weimar: A Jurisprudence of Crisis*, Berkeley and Los Angeles, University of California Press, 2000, p. 250.

② Hermann Heller, *Gesammelte Schriften*, Tübingen, Mohr, 1992.

③ 吴庚：《政治的新浪漫主义：卡尔·史密特政治哲学之研究》，36页。史密特，即施米特的另一译法。

④ 例如德国学者沃尔格穆特（Heinrich Wohlegemuth）于1932年在爱尔兰根大学的博士论文《现存德国新浪漫主义国家学说之政治本质》中对施米特的批评，“简直是海勒见解的重述”。（吴庚：《政治的新浪漫主义：卡尔·史密特政治哲学之研究》，36页。）

⑤ 参见［英］克里斯·桑希尔：《德国政治哲学》，陈进江译，444页，北京，人民出版社，2009。

文化的语境中去理解。他声称，凯尔森缺乏政治概念的纯粹法学，实际上为施米特对魏玛政体的颠覆做了铺垫。[①]

海勒的政治理想是一种建立在法治基础之上的国家，他认为："强国家通常是一个法治国：国家越强，它的法律也就越强、越普遍，赋予公民的权利也越强和越具参与性。"[②] 不过，海勒所致力于之的是把自由主义的形式法治国转变为能够适应社会民主事业的"社会法治国"[③]，在这种"社会法治国"中，国家要处理生产与经济管理事务，从而限制经济生活中私法自由给公民带来的破坏性影响[④]。

海勒认为，凯尔森与施米特的错误在于假定伦理实践不可能有什么效果。在关于"合法"与"合法性"的争论中，如果说凯尔森站在合法（legality）一边，施米特倾向于合法性（legitimacy）[⑤]，海勒则是将二者结合，认为合法与合法性本不可分。海勒指出，"法治国"中的"法"应当克服形式主义抽象，成为具有自然法实质内容的伦理准则，由此"法治"便不会沦为施米特所批评的纯粹形式而抽象的规范。海勒说，尽管现代社会政治伦理的根基已经受到动摇、侵蚀，然而这并不等于说没有根基就可以建立政治秩序，正如同建造房屋需要根基，不能因为根基已坏就主张不要根基一样。海勒相信基于社会文化实践而产生的伦理准则对政治秩序的构建十分重要，也颇为有效。[⑥] 海勒的诸多思想带有明显的马克思主义的痕迹。例如：他从人的"社会性"去理解人，并由此展开他的政治与法律理论；他认为人是社会、文化的产物，而非抽象的个人或神造之物；他的理论强调政治、道德、法律的辩证统一，合法与合法性的辩证统一，政治统一体当以运动而非静止的眼光去看待。凡此种种言论，对于浸淫于马克思主义哲学的中国读者来说不无索然无味之感。做过海勒专题研究的沃夫冈·施路赫特（Wolfgang Schluchter）指出，海勒的意图是要在不贬抑法律、道德与权力三者中任何一方的情况下理解三者的内在结构

---

① David Dyzenhuas, "Introduction of Hermann Heller," in *Weimar: A Jurisprudence of Crisis*, p. 250.

② ［英］克里斯·桑希尔：《德国政治哲学》，447 页。

③ David Dyzenhuas, "Introduction of Hermann Heller," in *Weimar: A Jurisprudence of Crisis*, p. 250.

④ 参见［英］克里斯·桑希尔：《德国政治哲学》，448 页。

⑤ 施米特虽倾向于"合法性"概念，但并不否定"合法"概念的意义。

⑥ 大卫·戴赞豪斯（David Dyzenhaus）敏锐地指出，海勒的观点仍然是缺乏超越的此世论的观点。（David Dyzenhuas, "Introduction of Hermann Heller," in *Weimar: A Jurisprudence of Crisis*, p. 253.）

与关联。①

海勒一方面批判施米特，另一方面也从施米特那里习得决断、政治统一体等概念，并将其融入他的政治法律理论。他写道："所有的政治都存在于统一体的形成与维系中，在紧急情形中，一切政治最终都要以对进攻者的肉体消灭来回应对这种统一体的攻击。"② 针对施米特的政治概念等论议，海勒说："在施米特关于特定政治区分是朋友与敌人的区分这一说法中，存在着正确的内核。"③ 不过，海勒的社会民主派立场毕竟不同于施米特。他与施米特的分歧也是多方面的。他认为，施米特未能看到一国之内构建统一性这一政治过程，施米特"只是看到已经完成了的政治状态，但这一状态也不是某种静止的东西，相反它是某种必须每天更新的东西，此即所谓公民的每日投票"④。

海勒强调，政治就其原初经验来讲源出于古希腊城邦（polis）而非战争（polemos），区分敌人和朋友固然事关政治，然并非在所有情境中都有此需要。海勒认为施米特与帕累托等主张非理性主义的政治理论家属于一个类型，与提倡赤裸裸的权力斗争的马基雅维利主义者也无二致。⑤ 针对施米特对普世主义的批判，海勒说，普世主义世界国家的理想在现实中能否实现姑且不论，在理论上却完全有可能，它与人的境况并不矛盾。⑥

关于民主，海勒认为民主意在从人民中选举代表，与主权无干。施米特的民主观是有问题的。他说："民主被假定为政治统一体自下而上的形成过程，所有代表被假定为在法律上依赖于共同体的意志。"⑦ 与施米特一样，海勒也赞同民主需要以社会同质性为前提，但他立刻指出社会同质性不可在施米特的意义上去理解。海勒承认利益分化，肯定政党政治为民主政治之一部分，并不妨

---

① Wolfgang Schluchter, *Entscheidung für den sozialen Rechtsstaat: Hermann Heller und die staatstheoretische Diskussion in der Wermarer Republik*, Baden-Baden, Nomos Verlagsgesellschaft, 1983. Also see Arthur J. Jacobson & Bernhard Schlink (eds.), *Weimar: A Jurisprudence of Crisis*, p. 254.

② Hermann Heller, "Political Democracy and Social Homogeneity," in Arthur J. Jacobson & Bernhard Schlink (eds.), *Weimar: A Jurisprudence of Crisis*, p. 258.

③ Hermann Heller, "Political Democracy and Social Homogeneity," p. 258.

④ Hermann Heller, "Political Democracy and Social Homogeneity," p. 258.

⑤ Hermann Heller, "Bemerkungen zur staats-und rechtstheoretischen Problematik der Gegenwart," *Archiv des öffentlichen Rechts*, Band 16, Heft 3, 1929, p. 338; Joseph W. Bendersky, *Carl Schmitt: Theorist for the Reich*, Princeton, Princeton University Press, 1983, p. 92.

⑥ Hermann Heller, "Political Democracy and Social Homogeneity," p. 258.

⑦ Hermann Heller, "Political Democracy and Social Homogeneity," p. 260.

碍政治统一体之形成。他批判了施米特卢梭式浪漫化的人民观。他说，“社会同质性”并不意味着社会中对立、分化的彻底消除，“社会同质性是指一种社会心理状态，在这种状态中，不可避免的对立与冲突受到一种‘我们’意识（we-consciousness）与感觉的限制，受到实现共同体这一目标的限制”[①]。海勒进一步指出，社会同质性背后不是民族主义神话或宗教神话，资产阶级的民族主义神话与宗教神话皆不足以为政治统一体的形成提供辩护。社会同质性指向的是国民对社会平等的追求。

对于施米特对议会制的理解，海勒也提出了批评，这在前文论及施米特议会制论议时我们已有所涉及。概括说来，海勒认为，施米特视西方资产阶级议会制的原则是“公开与讨论”，这是对议会主义的误解。在海勒看来，议会主义的基础，是“讨论的共同基础之存在，以及内部政治对手因此公平博弈（fair play）之可能，是每个人对人与人之间不必诉诸赤裸裸的武力而能逐步取得共识的确信”[②]。

海勒对施米特的批判不无道理，大卫·戴赞豪斯即认为海勒比施米特对于理解今日自由主义面临的挑战更有意义。[③] 然而，在笔者看来，海勒对施米特的批判也有就事论事、断章取义之弊，全然不顾施米特论著的主要关怀，某种意义上讲并未涉及施米特思想的核心。海勒对施米特的误解，施米特曾亲自纠正过。[④] 海勒与凯尔森对施米特的批判似乎强化了施米特“反魏玛”“反自由主义”的形象，但其实施米特论著并非简单的政治立场的表达，它更多的是对魏玛危机的法理学分析。不过，魏玛时期德国法学界的纷争，确实生动地折射出无序时局中知识精英在不同路向上寻求秩序的尝试与努力。

第五节　国家、运动、人民

魏玛共和国覆灭的结局不因施米特的理论而改变。随着希特勒登上历史舞

① Hermann Heller, “Political Democracy and Social Homogeneity,” p. 261.

② Hermann Heller, “Political Democracy and Social Homogeneity,” p. 260.

③ David Dyzenhaus, “Putting the State Back in Credit,” in Chanted Mouffe (ed.), *The Challenge of Carl Schmitt*, London & New York, Verso, 1999, p. 89.

④ Joseph W. Bendersky, *Carl Schmitt: Theorist for the Reich*, Princeton, Princeton University Press, 1983, p. 93.

台，德国走上了一条全面纳粹化的不归路，进入了德国历史上的“第三帝国”时期。领袖与纳粹党在政体中的支配地位，改变了旧式的国家与社会关系。1933年秋，在希特勒上台数月后，施米特写了《国家、运动、人民：政治统一体的三要素》（*Staat*，*Bewegung*，*Volk*：*Die Dreigliederung der politischen Einheit*）①，试图从理论上对新政体进行描述。

施米特认为，理解第三帝国的宪法（政体），国家、运动、人民三个概念最为核心。德国的新政体正是建立在国家、运动、人民的三联基础之上的。他写道：“国家、运动、人民，这三个词中的每一个都可以用来指陈整个政体。但同时，它们也各自描述了整体的特定因素与方面。似此，国家允许自身在一个更为狭窄的意义上成为政治上静态的部分，运动是政治上动态的要素，人民则构成了非政治的一面。人民在政治决断的荫护下实现自身……运动……就是国家，也是人民。没有运动，现在的国家（在政治体的意义上）与德国人民（作为德意志帝国这个政治体的主体），皆无从谈起。”②

施米特强调“国家”一词在狭义上使用，是因为当时的国家已非19世纪黑格尔意义上超乎市民社会特殊利益之上的国家。但国家的行政管理主体包括军队、公务员，这还算符合黑格尔的学说。运动则与纳粹党密切相连，二者皆从社会各阶层发展其成员，人民的声音正是通过运动得以表达。施米特指出，在国家、运动、人民三者中，政党领导下的运动占有更重要的地位，政党及运动渗透于国家与人民之中，并引导着国家与人民。“党履行它的使命，这同样是德意志人民自己的政治统一的命运之所系。”③ 但总体来看，国家、运动与人民三者并肩而行，各有其内在的法则，并且皆与整个政治体相协调。施米特认为，国家、运动、人民构成的秩序，不必诉诸任何外在的基础或标准，本身便包含了内在的合法性。“这是那些代表国家的、以特殊方式建立在宣誓忠于领袖的盟约之上的生活和集体秩序所固有的内在合法性。”④

---

① Carl Schmitt, *Staat*, *Bewegung*, *Volk*: *Die Dreigliederung der politischen Einheit*, Hambourg, Hanseatische Verlagsanstalt, 1933.

② Carl Schmitt, *Staat*, *Bewegung*, *Volk*: *Die Dreigliederung der politischen Einheit*, 3rd Edition, Hamburg, 1935, p. 12; George Schwab, *The Challenge of the Exception*: *An Introduction to the Political Ideas of Carl Schmitt between 1921 and 1936*, 2nd Edition, New York, Greenwood Press, 1989, p. 108.

③ ［德］卡尔·施米特：《论断与概念》，204页。

④ ［德］卡尔·施米特：《论断与概念》，204页。

施米特的描述背后凸显的是，在支配性政党出现后，社会政治结构已发生大的变化，极权国家的构成大不同于19世纪民族国家结构。施米特描述的国家、运动、人民的三联基础性结构，实为对国家与市民社会二元结构的否定。纳粹政党战胜了黑格尔式的国家。希特勒上台的那一天，黑格尔在德国死去了![①] 在新的纳粹政体中，政治决断来自运动，而非国家。施米特也描述了极权国家中政党与国家联合的状况。正如施米特所宣称的那样，民族社会主义政党是德意志人民政治意志的唯一载体。这种党国联合通过民族社会主义运动的领袖与德意志帝国的领袖集于一身体现出来。他指出，纳粹主义的精髓建立在“领袖”的概念之上。领袖是运动的中心，是国家、运动、人民所构成的秩序之中唯一的决策者，他可以作为“人民的最高法官”而行动，“领袖个人决定他的行动内容和规模”[②]。他或许要靠他所任命的人员来辅佐他，但那些辅助人员从来不担责任。[③]

根据施米特的描述，在极权政体中，领袖并无蜕化为暴君的可能。这是因为该政体中实质平等的实现，即领袖与被领导者相互信任，永不背叛。领袖是人民的领袖，人民是领袖的人民，统治者与被统治者实现了同一。施米特所描述的这样的政体，其前提是一个高度同质的社会之存在。他说，如果自由主义者与马克思主义者被允许参与人民民主的进程，新的国家必将完结。另外，种族上不同的人也应当被排除在政体之外。

如何理解施米特的这些话？它们是对第三帝国实际政体的客观描述吗？乔治·施瓦布（George Schwab）的评论颇有道理。施瓦布认为，施米特此文不仅是对德国新出现的政体的描述，也包含了施米特从自己的立场出发所进行的理论构建。施米特展望的其实是一种制度化的一党制国家。然而，他的这种构建在纳粹德国不过是一种无望的努力。[④] 理解施米特的理论与第三帝国极权政体实践之间的差异，关键在于注意施米特对人民的论述。施米特关于人民的论述，仍然延续了他在先前《宪法学说》中的主张。他与纳粹主义之不同在于，他称人民是政治统一体中“非政治的因素”。而纳粹化的德国中，人民与运动、政党同为积极的政治因素。施米特后来受审讯时辩称“试图赋予民族社会主义

---

① 施米特日记，1933年1月30日。

② ［德］卡尔·施米特：《论断与概念》，203页。

③ George Schwab, *The Challenge of the Exception: An Introduction to the Political Ideas of Carl Schmitt between 1921 and 1936*, 2nd Edition, New York, Greenwood Press, p. 111.

④ George Schwab, *The Challenge of the Exception: An Introduction to the Political Ideas of Carl Schmitt between 1921 and 1936*, p. 112.

这个词以自己的意涵”[①]，说的正是这个意思。这里我们不难看出，即使在1933年后，施米特仍未拥抱激进主义思潮，他那瓜田李下之作的背后仍有某种政治理论家所具有的平静、审慎与抱负。当同时期的一些法学家有意避开与纳粹的瓜葛，甚至公开与纳粹决裂以求保全名节时，施米特的做法诚如他自己所言，乃是某种“知识中的冒险家”的做法。[②]

第六节　“自由的宪法”

1935年9月15日，纳粹党在自由的名义下集会，德意志帝国会议通过了《帝国国旗法》《帝国公民权法》与《保护德国人血统与德国人荣誉法》。施米特随后发表《自由的宪法》一文，为这三部法案的合法性辩护，并向德国的法学家发出倡议，倡议大家积极拥护这三部法案。他称这三部由纳粹党制定的法是德国人民自由的体现。

在这篇文章中，施米特提出以“自由”（freedom）代替个人权利意义上的“自由”（liberties）。他严格区分了两个自由概念，并将二者对立起来，把“自由权利”意义上的自由看作英法等外国势力麻痹德国人民政治神经的说辞。施米特沿袭其反自由主义、反个人主义的立场，运用他的政治统一体、合法性、自由等概念，为第三帝国的法律进行了公开的辩护。令人惊诧的是，施米特在魏玛时期所阐发的旨在守护《魏玛宪法》的概念与理论，如今竟十分贴切地被运用于对第三帝国法律政策的解释。在当时反犹主义大行其道、民族社会主义领袖掌握国家领导权的背景中，施米特作为法学家的所作所为确实有其相当可憎的一面。他本可不发表那些有损其名节之论。民族社会主义与施米特在反对自由主义、反对外来势力支配的问题上走到了一起。原本尚存发挥余地的“人民”“统一体”等概念，运用于第三帝国的法律与政策，具体化为“德国人的血统”“德国人的荣誉”“犹太人问题的解决”等不无血腥色彩的词语，实有助纣为虐、为虎作伥之弊，也是施米特一生无法抹去的污点。尽管施米特其他严肃的理论著作相当深刻，但他面对纳粹权力而写出此等谄媚之作，确实令人不

① Interrogtion of Carl Schmitt by Kempner, Robert (III), in *Telos*, vol. 72, Summer, 1987, p. 106.

② Interrogtion of Carl Schmitt by Kempner, Robert (II), p. 103.

齿。当时并没有什么外在的力量胁迫施米特发表这样的文字，施米特如此作为完全是出于他当时的自愿。

施米特指出，“党”召集的帝国会议不同于那种旨在谋求妥协的议会，不是多党磋商、谈判、交易的场所。会议就是德国人民自身的展现，它由民族社会主义运动所领导，并追随领袖希特勒。它制定的法律承载的是“多个世纪以来自由在德国的首次构建”①。

如何理解这样的“自由”呢？施米特说：数世纪以来，德国人民拥有的只是自由权利（liberties）或自由主义，而不是自由（freedom）。17 世纪和 18 世纪德国宪法所保证的自由权利，保证的是德国人民的分裂，意在使德国在这样可悲的状态中于内政外交上任由摆布。19 世纪宪法中的自由主义自由，则是国际列强强化德国人民宗教与阶级裂痕的手段。如此，宪政自由成了所有德国敌人与寄生分子的武器和座右铭。然而，现在德国人民已经识破了这些欺骗。施米特写道，德国人民认识到，自由主义宪政已成了外国支配德国人的典型口号，一族人民可能有世上最自由的宪法，而同时其中的人们则是租金和工资的奴隶。鉴于希特勒及其领导的民族社会主义运动，施米特称这代表着德国人民的觉醒，他们“开始将自己从外国的精神支配中解放出来”②。

施米特写道：“数世纪中，我们宪法的概念首次成为德国人民自己的概念。我们并不是希望贬损我们的自由主义先辈，他们是德国人，同样属于我们。即使其自由主义主张有错，他们的德国人本质仍清晰可辨，德国人血统的声音仍萦绕耳边。……但我们不能继续持我们的自由主义父辈、祖父辈的法律与立法思想。它们是以非德国体系的概念之网织成的。他们认可的宪法是盎格鲁-法兰西法律。他们将德国人的自由与一个进步主义政党的计划相混淆，掩盖了资产阶级与君主各自的法学家以中立、抽象概念达成妥协这一事实。他们的宪法只是被构建出来的，他们的国家会议与州会议只是议会。他们的公民只是‘市民（citoyen）’不成功的复制。他们的宪法并不诉说德国人的血统与荣耀。‘德国人’一词的出现在宪法中只是为了强调‘所有德国人在法律面前一律平等’。但这个句子，只有当‘德国人’的概念在实质意义上指向‘人民’时才能获得其正确的含义，而不是说物种中的异类与德国人平等相待或把每个人都当作德国人从而在法律面前平等相待。”③ 施米特宣称，德国人民已再次成为德国人

① Carl Schmitt, “The Constitution of Freedom,” p. 324.

② Carl Schmitt, “The Constitution of Freedom,” p. 324.

③ Carl Schmitt, “The Constitution of Freedom,” pp. 324 - 325.

民，在“九一五”法律之下，德国人的血统与荣耀将是法律的主要概念，国家现在是人民的力量与统一体的新工具。德意志帝国也有了一个单一的旗帜，即民族社会主义运动的旗帜，它是德国人民作为政治统一体重新觉醒的象征。①

在反犹主义成为实践的当时，施米特说，犹太人问题将从对其依法规制转化为由民族社会主义政党去解决。他称民族社会主义德国工人党（即纳粹党）是人民圣殿的守护者，是宪法的守护者。施米特最后向德国法学家发出倡议，他说：“作为德国的法律专业人士，我们必须保护那些法案中确立起的德国人民的权利。领袖的警告也是针对我们的警告。……这三个法案囊括并弥漫于我们整个的法律。它们决定着我们的道德、公共秩序、正义与良善的实践。它们是自由的宪法，是今日德国法律的核心。我们德国法律人所能做的一切，就是从中获取意义与荣耀。”②

施米特在《领袖守护宪法》《国家、运动、人民》《自由的宪法》等1933年后的作品中所说的此等话语，读来确实令人感到不适乃至恐怖，难怪自由主义者坚定地将他看作危险的人物，列入“反自由主义”者的行列。③ 不过，施米特从魏玛宪政的捍卫者，转变成了纳粹政权下一度走红（尽管只是一段时间）的法学家，这种转变并不意味着施米特是政治上的一个投机者，他1933年前后的作品处理的题材固然殊异，但其背后基本一致的宪政理论逻辑，依然清晰可见。

结　语

施米特属于1933年希特勒上台后仍“留”在德国高校任教的学者。在那样一个几近疯狂的时代，学者欲求一张安静的书桌几无可能。具有独立思想的人必定面临着巨大的压力。因为执着于种族主义意识形态的第三帝国根本不需要独立的思想。施米特在魏玛时期，力陈自由民主法治国实有其政治前提，《魏玛宪法》已包含德国人民根本的政治决断，警告政界需做出决断，取缔纳

---

① Carl Schmitt，“The Constitution of Freedom，” p. 325.

② Carl Schmitt，“The Constitution of Freedom，” p. 325.

③ 参见［美］斯蒂芬·霍尔姆斯：《反自由主义剖析》，曦中、陈兴玛、彭俊军译，北京，中国社会科学出版社，2002。

粹党，禁止其活动，他坚定地捍卫魏玛宪政，而非像一些人所言是自由民主的敌人。施米特捍卫魏玛宪政，并非出于对自由民主的热爱，而是出于对秩序与安全霍布斯式的担忧。

施米特曾捍卫魏玛共和，这是真的；他在1933年后著文论证某种“国家、运动、人民”三位一体的政治统一体，也是事实。施米特所构想的政治统一体，与第三帝国的政治现实不尽相同，却也有其相通之处。尽管施米特未给人民赋予一个积极创造历史的角色，如《宪法学说》中所言，人民只是对政治家的决定表示赞同或反对，但他的学说，始终都缺乏个人主义的气质。他正视民主这一时代潮流，视大众政治为20世纪政治之首要特点，故而人民或群众为施米特所重视。他著名的《政治的概念》一文称政治的基本范畴是敌人与朋友，敌友区分正是专注于群体与群体之间的紧张或对立。人民必预设了我们与他们身份的不同。施米特捍卫一套秩序，其理据不外是“人民的根本决断”。而人民的决断，实是多变的意志。故而，施米特的理论很快即可用于对某种新秩序的论证，这也显示出施米特政治宪政论的根本缺陷。

不过，这一缺陷并没有冲淡施米特宪政学说之意义。施米特的理论并不导向一种具有高度流动性、无法无天的极权主义。他坚守的是一种秩序。这与他长期对霍布斯的精研有关。施米特学说的缺陷，根源在于霍布斯所强调的以安全、稳定为第一要务的国家制度能否容纳“民主”。民主社会的到来，是施米特时代与霍布斯时代的迥异之处。政体是君主制，还是民主制，霍布斯说不甚重要。然而，20世纪以来的事实是，民主对越来越多的人而言很重要。如施米特所言，此为政权合法性由王朝合法性转换为民主合法性所致。

陈　伟

参考文献

陈伟．施米特与政治的逻辑．北京：三联书店，2015.

吴庚．政治的新浪漫主义：卡尔·史密特政治哲学之研究．台北：五南图书出版公司，1981.

［德］卡尔·施米特．宪法学说．上海：上海人民出版社，2005.

［德］卡尔·施米特．政治的概念．上海：上海人民出版社，2003.

［德］卡尔·施米特．政治的浪漫派．上海：上海人民出版社，2004.

［德］卡尔·施米特．宪法的守护者．北京：商务印书馆，2008.

［德］卡尔·施米特．论断与概念．上海：上海人民出版社，2006.

［德］扬-维尔纳·米勒．危险的心灵：战后欧洲思潮中的卡尔·施米特．北京：新星出

版社，2006.

［德］约瑟夫·本德斯基．卡尔·施米特：德意志国家的理论家．上海：上海人民出版社，2015.

［德］斐迪南·滕尼斯．共同体与社会．北京：商务印书馆，1999.

［英］梅因．古代法．北京：商务印书馆，1959.

［法］西耶斯．第三等级是什么．北京：商务印书馆，1990.

［奥地利］哈耶克．通往奴役之路．北京：中国社会科学出版社，1997.

［德］克里斯·桑希尔．德国政治哲学．北京：人民出版社，2009.

［美］斯蒂芬·霍尔姆斯．反自由主义剖析．北京：中国社会科学出版社，2002.

Carl Schmitt. Four Articl es. edited，translated and with a Preface by Simona Draghici. Washington D. C.：Plutarch Press，1999.

Carl Schmitt. The Crisis of Parliamentary Democracy. translated by Ellen Kennedy，Cambridge，Massachusetts & London：The MIT Press，1985.

Arthur J. Jacobson & Bernhard Schlink . Weimar：A Jurisprudence of Crisis. Berkeley & Los Angeles：University of California Press，2000.

George Schwab. The Challenge of the Exception：An Introduction to the Political Ideas of Carl Schmitt between 1921 and 1936. 2nd Edition. New York：Greenwood Press，1989.

Ellen Kennedy. Constitutional Failure：Carl Schmitt in Weimar. Durhan & London：Duke University Press，2004.

Joseph W. Bendersky. Carl Schmitt：Theorist for the Reich. Princeton：Princeton University Press，1983.

Carl Schmitt. Staat，Bewegung，Volk：Die Dreigliederung der politischen Einheit. Hambourg，1933.

Carl Schmitt. Der Missbrauch der Legalität. Tägliche Rundschau，1932.

Rudolf Smend. Verfassung und Verfassungsrecht. Munich & Leipzig：Duncker & Humblot，1928.

第四章
论施特劳斯及其政治哲学*

施特劳斯（Leo Strauss，1899—1973），德裔美籍犹太人，前半生（1899—1937）在欧洲，后半生（1938—1973）在美国。哲学背景方面，受学于新康德主义的马堡学派，也心仪新康德主义大家科恩（Hermann Cohen），但更服膺现象学派，尤其是海德格尔一支。作为犹太思想家，其学问起于犹太脉络，研究其犹太先贤斯宾诺莎的宗教批判思想，成书《斯宾诺莎的宗教批判》。在其斯宾诺莎研究基础上，施特劳斯转而考察斯氏的启蒙前贤霍布斯及其中世纪理论敌人迈蒙尼德（Maimonides）。纳粹上台之前，幸运去国赴法从事中世纪哲学研究。约两年后，转赴英国研究霍布斯，先伦敦后剑桥，形成在英语世界出版的第一本书《霍布斯的政治哲学》（1936）。停留英国三年，期满之时去了美国。美国这个地方，最初对施特劳斯完全没有吸引力，却恰恰成就了这位来自欧洲的犹太思想家。

1937 年，施特劳斯踏上了美利坚之路，在哥伦比亚大学度过了一年的临时教学时光。而后，他应聘到了纽约的社会研究新学院。社会研究新学院十年时间是成熟期施特劳斯的重要组成部分。这一时期出版的两部重要著作《论僭政》（1948）和《迫害与写作的艺术》（1952），可以说宣告了施特劳斯式政治哲学的成型及其理解政治哲学史的独特方式。因为这十年的知识贡献，施特劳斯才能于 1949 年获聘芝加哥大学教授职位。如今，大家都知道芝加哥大学的施特劳斯。事实上，没有社会研究新学院的施特劳斯，就没有芝加哥大学的施特劳斯。

* 本章为拙著《论施特劳斯》（上海，华东师范大学出版社，2015）的主体部分。

1949 年，施特劳斯获聘为芝加哥大学的政治科学教授，并于该年底在芝加哥大学做了六次系列讲演。这些讲演便是施特劳斯的代表作《自然正当和历史》的底本。自此，施特劳斯在芝加哥大学教学和研究近二十年，绝大多数重要著作（如《关于马基雅维利的思考》和《什么是政治哲学?》）皆完成于这一时期。1967 年底从芝加哥大学退休之后，他被加州克莱蒙特男子学院（现克莱蒙特学院）聘为政治哲学教授。1969 年至 1973 年，施特劳斯为圣约翰学院的杰出驻校学者，并终老于斯。从芝加哥大学退休后，施特劳斯又完成了两本论色诺芬的著作，一本解读柏拉图《法律篇》的著作，其临终编定文集《柏拉图式政治哲学研究》亦主要完成于这一时期。

1973 年 10 月 18 日，施特劳斯卒于安纳波利斯。

施特劳斯自欧洲至美国，在美国教学研究三十多年。与当时许多流亡美国的犹太知识分子一样，施特劳斯在美国成就了自己作为思想家的地位，也为美国留下了一份富有争议的思想遗产，至今争议不绝。所以，本章希望从争议中的施特劳斯开始，首先指出流传广泛的两个“神话”并不是对施特劳斯思想的恰当定位。然后，通过与学界研究的辩驳，本章试图澄清施特劳斯思想中的一些核心概念，包括耶路撒冷与雅典之争、政治哲学的特别含义、隐微-显白论、古今之争，同时试图把施特劳斯放在古今政治哲学（尤其是柏拉图、霍布斯与施米特）和欧洲文明的大背景中来进行讨论，研究其独特的思路。最后，本章指出，施特劳斯强调政治哲学及其必要性，根本上与其对哲学本身的认识密切相关，尤其是哲学的高贵品质与危险特征。

第一节　关于施特劳斯的两个神话

自 20 世纪中期以来，施特劳斯政治哲学的影响越来越大。如今，其影响力不但从美国波及其故土德国和其他欧洲大陆国家，而且在中国学术界产生了十分巨大的影响。中国读者在接受施特劳斯思想的过程中，也难以绕开关于施特劳斯的种种学术形象和政治肖像。关于施特劳斯思想的定位，笔者认为存在两种需要小心的神话：一种是政治的神话，一种是学术的神话。

作为一位政治哲学家，不能说施特劳斯只停留于书斋风格的政治理论而两耳不闻政治现实。不过，施特劳斯也从未想过，自己的思想在身后居然在现实政治领域掀起了如此大的波澜。关于政治思想和政治现实之间的关系，历史上一直充斥着各种猜测和判断。据说柏拉图哲学奠定了极权主义思想的根基，据说卢梭的政治思想塑造了法国大革命的精神，据说尼采的哲学思想影响了法西斯主义政治，据说，施特劳斯奠定了美国新保守主义的精神基础。施特劳斯一生的写作都在澄清哲学对于政治的超越，死后却被认为是美国的一个政治派别——新保守主义——的精神奠基者。一种时髦的流行判断认为，施特劳斯在政治思想上属于保守主义，在政治立场上属于右派。这种流传甚广的政治神话与施特劳斯那艰深难懂的著作显然构成了一种反讽关系。

从理论上论证这种流行观点的典型代表，当属加拿大的正派学者德鲁里（Shadia B. Drury）。她先后出版两部著作，不光系统地分析和批判了施特劳斯的政治理念，而且全面地揭示和论述了施特劳斯政治思想和美国新保守主义在精神旨趣上若合符节。根据德鲁里的揭露，施特劳斯及其学派在思想层面无视对话而崇拜隐秘传承，在政治层面由于憎恶自由民主而崇尚精英权术，在经济层面反对国家干预而倡导自由放任政策，在社会层面（诸如教育、艺术、出版和传媒）主张政府应该积极涉入，在宗教层面强调信仰的文化生命力，在性别问题上坚持男尊女卑的男权主义立场。[①] 如果德鲁里的分析都确切无疑，那么施特劳斯政治思想的路数可谓狭隘偏执、顽固保守到了无可救药的地步；不可思议的是，如此不合时宜的路数居然追随者众，自然更是令人愤懑。

说施特劳斯是美国新保守主义的思想教父和理论奠基人，其实是一个相当武断的说法。这个流行说法的背景是伊拉克战争，其流传的一个政治依据是，布什政府内的重要鹰派人物（最典型的是沃尔福威茨）曾经是施特劳斯的学生。实际上，沃尔福威茨并不是施特劳斯的学生。况且，即便他真的是施特劳斯的学生，他的政治理念也未必就一定追随施特劳斯的思想。德鲁里的分析虽非一无是处，但大抵属于片面之说、诛心之论。不过，由于这种论调体现出了对美国霸道政治乃至国际政治现实的一种道德批判，故而引起诸多共鸣。然而，多数从此论调者恐怕基于不假思索的义愤和人云亦云的方便。由此，形成了关于施特劳斯的一个政治神话。

在《施特劳斯与美帝国的政治》中，诺顿（Anne Norton）和德鲁里一样将新保守主义和施特劳斯分子绑在一起讨论，不过在一定程度上试图区隔施特

---

① 参见［加］德鲁里：《列奥·施特劳斯的政治观念》，张新刚、张源译，北京，新星出版社，2009；［加］德鲁里：《列奥·施特劳斯与美国右派》，刘华等译，上海，华东师范大学出版社，2006。

劳斯和施特劳斯分子，从而将施特劳斯本人与施特劳斯分子分别开来。① 但是，诺顿的著作充满着趣闻逸事，而且重点关注施特劳斯分子，并没有真正从思想逻辑上论证施特劳斯和美国新保守主义的根本区别。格特弗里德（Gottfried）则持中间路线，一方面否认施特劳斯政治哲学和新保守主义的关系像德鲁里所认为的那样直接，但是另一方面又认为两者并非全无关联。② 斯密什（Steven B. Smith）的《阅读施特劳斯：政治学、哲学、犹太教》对施特劳斯和美国政治之间的关系做了较为稳健的分析，从思想上分别了施特劳斯的政治哲学精神和美国新保守主义的政策旨趣。③ 不过从另一个角度来看，斯密什的论述在哲学上过于强调施特劳斯的怀疑主义，在一定意义上削弱了施特劳斯对古典政治哲学最佳政体理念及其意义的坚持。④

一个比较值得注意的观点出自曾经长期"自认为是一名新保守主义者"的福山（Francis Fukuyama）。关于施特劳斯和布什政府外交政策之间的关系，福山与德鲁里的观点截然相反。首先，福山指出，"关于列奥·施特劳斯与伊拉克战争之间联系的不实之词实际上比其他任何议题都多"，并且强调指出，"认为施特劳斯对布什政府的外交政策有影响是愚蠢的"。其次，福山认为，施特劳斯"酷爱"而非如德鲁里所说的"憎恶"自由民主；正出于对自由民主的热爱，他担心现代性危机可能会瓦解西方传统的自信心。他教给学生的"不是一套关于公共政策的指示，而是一个认真对待和理解西方哲学传统的愿望"。施特劳斯本人并没有制造出某种主义，是他的若干学生或者学生的学生把施特劳斯的学说政治化，并将其中的思想作为当代公共政策的处方。最后，福山特别讨论了一个与施特劳斯思想以及布什政府都密切相关的思想，也就是"政权"（regime）思想。他指出，施特劳斯根据他对柏拉图和亚里士多德的解读，将政权理解为一种政治体制和非政治体制不断相互交融的生活方式。如果正确

---

① Anne Norton, *Leo Strauss and the Politics of American Empire*, New Haven, Yale University Press, 2006.

② Paul Gottfried, "On Straussian Teachings," *Modern Age*, 2007 (49), pp. 77 - 81. 新近出版的著作，参见 Paul Gottfried, *Leo Strauss and the Conservative Movement in America*, Cambridge, Cambridge University Press, 2011。

③ Steven B. Smith, *Reading Leo Strauss: Politics, Philosophy, Judaism*, Chicago, The University of Chicago Press, 2007, pp. 156 - 201. 中文译文参见［美］斯密什：《阅读施特劳斯：政治学、哲学、犹太教》，高艳芳、高翔译，北京，华夏出版社，2012。

④ Chen, Jianhong, "Review of Reading Leo Strauss: Politics, Philosophy, Judaism by Steven B. Smith, Sino-Christian Studies: An International Journal of Bible," *Theology & Philosophy*, 2006 (2), pp. 220 - 225.

理解施特劳斯对政权的读解，就会发现“从他的理解中并不能导出”对布什政府把“政权变更”作为美国外交政策核心的支持，因为后者仅仅把政权理解为“一套有形的正式体制”。[①] 福山对施特劳斯虽无精深研究，但对这个问题的把握还是比较准确的：关于施特劳斯和伊拉克战争之间的联系基本上是“不实之词”；如果正确理解施特劳斯，则并不能从中找到对新保守主义外交政策的理论支持。

2006 年，（凯瑟琳和迈克尔）扎科特夫妇（Catherine and Michael Zuckert）的合著《施特劳斯的真相：政治哲学与美国民主》出版，详尽地讨论了施特劳斯作为新保守主义精神教父这一政治神话的前因后果，分析了这一传说的不靠谱之处，勾勒了施特劳斯学派的共同之处和内部分野。对于抵消德鲁里著作对施特劳斯的政治攻击和理论歪曲，这部著作是目前为止能够起到最好疗效的消毒剂。[②]

关于施特劳斯的第二种神话纯粹局限于学术界，这种神话的肇端是德国学者迈尔（Heinrich Meier）的研究。笔者认为，也需要谨慎而仔细地反思。迈尔的研究对中国学术界接受施特劳斯的思想起到了非常重要的作用，华夏出版社相继于 2002 年和 2004 年出版了迈尔的两部研究文集。迈尔的研究思路也因其独特的视角随之跃入中国研究者的视野。

迈尔思路的要点在于研究施特劳斯和施米特的思想对话，并由此定位各自的思想立场。其核心观点在于，施特劳斯和施米特的对话是一个政治哲学家和一个政治神学家的思想交锋。1988 年，在《施米特、施特劳斯和〈政治的概念〉》这篇短小、精悍而迷人的专题研究著作中，迈尔首次表达了他的核心观点。这篇专论的副标题是“论一场不在场的对话”。1995 年，芝加哥大学出版社出版了这篇专论的英译本，题为《隐匿的对话：施米特和施特劳斯》。这个专题研究的主题实际上是施米特的政治概念，所涉主要文本为施米特的关键文本《政治的概念》以及施特劳斯 1932 年对《政治的概念》的评论。通过比较研究《政治的概念》三个版本（1927、1932、1933）尤其是后两个版本的增删修改，迈尔阐发了施米特和施特劳斯之间的思想对话。从考订版本变迁之中读

① 参见［美］福山：《美国处在十字路口：民主、权力与新保守主义的遗产》，周琪译，18～28 页，北京，中国社会科学出版社，2008。

② Catherine Zuckert & Michael Zuckert，*The Truth about Leo Strauss: Political Philosophy and American Democracy*，Chicago，The University of Chicago Press，2006；［美］凯瑟琳·扎科特、迈克尔·扎科特：《施特劳斯的真相：政治哲学与美国民主》，宋菲菲译，北京，商务印书馆，2013。

出一场思想对话，这是迈尔研究的犀利和迷人之处。更为关键的是，迈尔不光因此重现了这场被人遗忘了的思想对话，而且由此勘定了两位政治思想家的根本立场：政治哲学对政治神学。

迈尔的起点在于确定施米特政治思想的根本，他首先致力于论证施米特政治思想的核心是政治神学。他强调，施米特政治理论的根本立足点在于启示，在于他的基督信仰。迈尔还认为，通过施特劳斯从政治哲学角度的批评，施米特的政治神学立场才变得明确而清晰起来。施特劳斯和施米特的对话因此是一个政治哲学家和一个政治神学家的思想交锋。迈尔这篇不到 100 页的研究著作为施米特思想研究提供了一个新思路，由此引发了施米特研究中的所谓“神学转向”。①

在一定程度上，迈尔的这篇专论也为理解施特劳斯提供了一个新的思路。但是，由于耶路撒冷和雅典之争本身就是施特劳斯思想中的一个重要因素，所以迈尔的研究思路在施特劳斯研究者中间的影响力度也不如它在施米特研究者中间所引起的反响力度。不过，迈尔的解释思路仍然独树一帜。迈尔的研究特别突出了施米特和施特劳斯之间的思想对话，在这个方面可谓开风气之先。整个研究细致入微，而且见树又见林，堪称学术研究中以小见大的典范。这个缜密研究令人意识到了，施米特和施特劳斯在 1932 年的思想对话对于理解施米特和施特劳斯这两位政治思想家的思想及其根本立场有着至关重要的指示作用。

不过，到底施米特和施特劳斯之间的这场对话是不是政治神学和政治哲学的思想交锋？这是一个关键的问题。在迈尔的施米特研究之前，施米特通常被认为是一个政治存在主义者或者政治现实主义者；等而下之，则为一个政治投机分子或者政治纳粹分子。迈尔将施米特定位为神学意义上的政治神学家，从而在根本上颠覆了以往对施米特的种种刻画，因此引发了所谓施米特研究领域中的神学转向问题。迈尔认为施米特在根本上是一个政治神学家，也就是说，神学信念是施米特政治思想的根基或者隐匿根基。迈尔对施米特的这个定位，随之者众，反之者亦众。随之者认为这个观点确实挖掘出了施米特思想的隐匿

① 参见［美］迈尔：《隐匿的对话：施米特与施特劳斯》，朱雁冰、汪庆华等译，北京，华夏出版社，2002；［美］迈尔：《古今之争中的核心问题：施米特的学说与施特劳斯的论题》，林国基等译，北京，华夏出版社，2004。对迈尔思路的批评分析，参见拙文“What is Carl Schmitt's Political Theology?” *Interpretation: A Journal of Political Philosophy*，2006（33），pp. 153－175。

根基，反之者认为这种看法实际上是对施米特政治思想的神学歪曲。这种毁誉参半的现象至少可以提醒我们需要冷静思考：迈尔的思路和观点究竟是否完全可靠？

在迈尔之前，为什么就没有学者认识到施米特的政治神学立场？这涉及迈尔的另外一个看法：施米特在自由主义时代批判自由主义的时候运用了隐微术。他认为，施米特有意隐藏了其政治理论的神学根基。但是他又认为，当时有一个人准确地读出了施米特的隐秘神学根基。这个人就是施特劳斯。迈尔认为，施特劳斯在 1932 年的评论中已经准确地把握到了施米特隐秘的政治神学立场。这样，迈尔不仅为他自己的施米特神学化方案找到了一个重量级证人，而且将施米特和施特劳斯的对话演绎为政治神学和政治哲学立场的一场现实较量。政治神学的根本点在于启示，在于信仰，政治哲学的立足点则在于人类理性。迈尔把施米特和施特劳斯对照来读，意在说明这两种立场的根本冲突。虽然施特劳斯和施米特的根本立场相互不可调和，但是迈尔认为他们都十分清楚对方的根本立场。总而言之，迈尔的研究包含着双重论证：就施米特而言，其根本立场在于政治神学，在于启示信仰；就施米特和施特劳斯的思想对话而言，两者的交锋是一场政治神学和政治哲学之间的较量。对于理解施米特和施特劳斯的思想及其根本立场，他们在 1932 年的思想对话有着至关重要的指示作用。

如果施特劳斯确实把施米特理解为一个政治神学家，迈尔的主要论点便获得了一个强有力的支持。如果并非如此，他便有利用施特劳斯为自己的观点作证之嫌。施特劳斯是否确实像迈尔宣称的那样，把施米特理解为一个政治神学家？这是一个根本问题。事实上，几乎没有明确的直接文本证据表明，施特劳斯认为施米特是一个政治神学家。相反，施特劳斯倒在 1932 年的书评中明确表示，施米特的反自由主义在根本上仍然没有脱离现代自由主义的窠臼。[①] 2006 年，剑桥大学出版社出版了迈尔的《施特劳斯与神学-政治问题》的英文版。此书后附施特劳斯的两篇讲演底稿，皆属首次整理出版，其中一篇（1940 年）讨论第一次世界大战后德国哲学的精神演化。在这个演讲当中，施特劳斯提到施米特将政治权威视为最终权威。施特劳斯同时也提到，施米特对政治权

---

① 参见［美］施特劳斯：《〈政治的概念〉评注》，刘宗坤译，见刘小枫编：《施米特与政治法学》，10、24 页，上海，上海三联书店，2002。

威的最终诉求进一步演化为巴特对神学权威的最终诉求。[①] 显然，认为施米特的政治思路最终会导向巴特的神学思路是一回事儿，认为施米特本人的政治理论扎根于神学则是另一回事儿。总而言之，施特劳斯其实并没有把施米特看作一个政治神学家。

当然，从另一个角度来看，即使施特劳斯没有把施米特看作一个政治神学家，也不能完全否定施米特是一个政治神学家的可能性。但是，这至少可以说明，迈尔的论证本身并不恰当。迈尔把施米特和施特劳斯的对话看作政治神学和政治哲学之争，基本上是施特劳斯的耶路撒冷和雅典之争这个命题的一个应用分析。但是，如果施特劳斯没有把施米特理解为一个政治神学家，那么这个运用本身便属无效。总体来看，施特劳斯更加认同对施米特的一种传统看法，也就是认为施米特是一个政治存在主义者或者说政治现实主义者。另外，施米特是否也像施特劳斯那样重视哲学与神学、理性与启示之争，也颇为可疑。迈尔运用施特劳斯的耶路撒冷和雅典之争这个命题，将施米特的政治神学和施特劳斯的政治哲学对立起来考虑。但是，迈尔模糊了施特劳斯对犹太教和基督教的分别，只是突出了耶路撒冷和雅典之间的一般紧张。

迈尔悉心而缜密的研究揭示出，施米特和施特劳斯之间有过一场精彩的思想对话。凡是关注施特劳斯和施米特之间思想对话的研究者，确实都无法忽视迈尔的研究思路。但迈尔的研究也的确创造了一个学术神话：施米特和施特劳斯之间的思想对话是一场政治神学和政治哲学的交锋。[②]

第二节　耶路撒冷与雅典之争

通常来说，施特劳斯的思想中有三个争论至关重要：诗歌和哲学之争，古今之争或者说古今政治哲学之争，还有耶路撒冷和雅典之争。这三个争论也可以看作一个争论的三个方面。换句话说，这三个争论其实就是古典哲学在三条

---

① Leo Strauss, "The Living Issue of German Postwar Philosophy," in Heinrich Meier, *Leo Strauss and the Theologico-Political Problem*, Cambridge, Cambridge University Press, 2006, pp. 115－139.

② 基于这个判断，笔者的博士学位论文就完全从另外一个角度重新解读施特劳斯和施米特之间的思想对话，详参 Chen, Jianhong, *Between Politics and Philosophy*: *A Study of Leo Strauss in Dialogue with Carl Schmitt*, VDM Publishing, 2008。

战线上作战。诗歌和哲学之争，主要就是指希腊哲学和希腊诗歌之间的紧张；古今之争，也就是指古代希腊哲学和现代哲学之争；耶路撒冷和雅典之争，也就是《圣经》启示和希腊哲学之争。

耶路撒冷和雅典是两座既古老又现代的城市。从现实政治的角度来看，耶路撒冷因为它与华盛顿的关系在一定程度上也体现了它在20世纪政治版图中的地位。但是，它毕竟不是20世纪世界政治格局的指挥和决策中心。雅典这座城市对20世纪政治现实的影响则可谓微乎其微。这些都是20世纪世界政治结构方面的现实情况。象征着20世纪世界政治核心的城市，在上半期可以说是伦敦和柏林之间的紧张，后半期则是华盛顿和莫斯科之间的紧张。20世纪许多政治理论家的着眼点都是伦敦和柏林、华盛顿和莫斯科的紧张关系，不管他的政治立场最终落在哪里。作为一个政治哲学家，施特劳斯为什么要去思考耶路撒冷和雅典这两个城市之间的紧张问题？或者更准确地说，为什么这两座城市对于一个政治哲学家来说具有非同一般的意义？

施特劳斯并非完全不关心伦敦和伯林、华盛顿和莫斯科之间的紧张，他并没有漠视世界政治现实版图中的紧张关系。但是，他显然更加重视两座古城——耶路撒冷和雅典——之间的紧张。作为20世纪的政治哲学家，施特劳斯更加关心耶路撒冷和雅典之争，而不是更加关心比如说伦敦和柏林、华盛顿和莫斯科之间的紧张。耶路撒冷和雅典已经不是世界政治格局的核心，但是这两座城市的名称包含着某种永恒的东西。正是这种永恒的东西，抓住了世世代代思想家的心，也抓住了施特劳斯的心。这两座城市之名背负着西方文明的两种永恒因素。

耶路撒冷和雅典之争，在施特劳斯那里，也就是两种生活方式之争。一种生活方式的最终根据是启示信仰，另一种生活方式的最终根据则是理性分析。[①] 耶路撒冷一般而言代表着启示，代表着人类追求美好生活的神学之路；当然从具体来讲，耶路撒冷又可以单指犹太教。雅典一般而言代表着理性，代表着人类追求美好生活的哲学之路。当然，雅典还有辉煌的神话、诗歌和艺术成就。但是，一般而言，提及耶路撒冷和雅典之时，人们通常指启示和理性、神学和哲学之间的关系，代表了西方关于人类美好生活的两种思路，代表了西方文明的两种根本要素。

施特劳斯究竟如何看待宗教尤其是犹太教这个问题则众说纷纭。这些争论

---

① 参见［美］施特劳斯：《自然权利与历史》，彭刚译，76～77页，北京，三联书店，2006。

都在一定程度上根据施特劳斯关于哲学与神学关系的论述各取所需。所以，首先需要了解施特劳斯关于耶路撒冷和雅典之争或者说神学和哲学之争的一些基本观点。

首先，神学与哲学根本上是截然相反的两种生活方式。神学生活的根基在于神的启示，在于虔心服从神法；哲学生活的根基则在于人类理性，在于追求自由洞见。其次，神学和哲学作为不同的生活方式，在根本上不可通融。想要综合二者的企图，必然都以失败告终，因为综合二者的后果，要么是哲学成为神学的婢女，要么是神学成了哲学的牺牲品。最后，施特劳斯认为，西方思想的生命力恰恰就在于神学和哲学根本上的不可通融，在于保持这两种生活方式之间的紧张。

施特劳斯强调神学和哲学也就是耶路撒冷和雅典之间的紧张，这种强调显然和许多当代宗教思想家的观点不一致。比如说，新教神学家蒂利希（Tillich）和天主教神学家吉尔松（Gilson）都强调神学和哲学之间在根本上相通，也就是说哲学家的上帝和亚伯拉罕的上帝在根本上是一个上帝。[①] 不过，施特劳斯的立场也并非标新立异。从德尔图良到路德到帕斯卡尔再到克尔凯郭尔，耶路撒冷和雅典之间的紧张和冲突一直以不同的形式得到强调。

施特劳斯强调这种紧张，根本上在于他认为哲学在本质上是非宗教的。作为试图以真知取代意见的努力，哲学必然不满足于为大多数人所信奉的传统、习俗和宗教。哲学家在本质上是牛虻，他在根本上质疑城邦及其公民视为当然的既定生活、习俗和宗教。另外，施特劳斯又强调，在言行上顺从自身所属共同体的习俗和信仰，是成为一个哲学家的必要条件和政治义务。哲学生活如果自认为是完全正当的生活，它便不能随意削弱自身所属共同体的基础，因此必须学会尊重政治意见和宗教习俗。哲学在思想上是完全自由的，但要在言论和行为举止上注意自我约束。施特劳斯认为，古典哲学家及其在中世纪犹太和伊斯兰世界的追随者都对哲学的非宗教本质及其政治义务有非常深刻的领悟。他们都极其小心地隐藏他们的哲学思想与宗教之间的本质紧张，并且在言行上公开捍卫哲学对宗教的顺从。

由于古典政治哲学家隐微教诲的方式，理性真理对于大多数人来说显得隐晦不明，资质平常的凡夫俗子对此完全不得要领。古典政治哲学家视此隐微/

---

① Paul Tillich, *Biblical Religion and the Search for the Ultimate Reality*, Chicago, The University of Chicago Press, 1955, p. 85; Étienne Gilson, *God and Philosophy*, New Heaven, Yale University Press, 1941, pp. 103－104, 144.

显白手法为政治义务。与此相反，现代启蒙哲学家则使古人刻意隐而晦之的教诲大白于天下。由此，施特劳斯认为古代和中世纪的理性启蒙本质上是隐微的，现代启蒙运动本质上则是显白的。① 现代哲学家不仅将哲学的非宗教性质全然公之于众，而且公开捍卫这种性质。这么做的目的在于企图一劳永逸地解放被束缚了的人类理性，从而使之彻底脱离外在权威尤其是宗教权威的束缚。比如，培根将知识区分为神学和哲学两大块，认为前者的根基在于神圣启示，后者则扎根于自然理性之光。② 又如，斯宾诺莎宣称，启示和哲学立于完全不同的根基之上，并且明确表示，其《神学政治论》的首要目的就在于把哲学从神学那里独立出来，从而赢得哲学理性的彻底自由。③ 既然哲学与神学的分离自现代以来便是一个公开的秘密，那么施特劳斯对神学与哲学、耶路撒冷和雅典之间紧张关系的公开强调便也承续了现代哲学的传统。如此看来，施特劳斯便不是一个完全意义上的古典主义者。

施特劳斯一方面推崇古典政治哲学家的绝对隐微手法，另一方面又承续现代政治哲学家的路线公开强调哲学与神学之间的紧张和冲突。究竟该如何理解这两者之间的矛盾呢？施特劳斯认为，无论今贤古哲都坚持哲学的非宗教本质。施特劳斯公开强调哲学的非宗教本质，可以说是坚持了现代启蒙者的立场。从这个角度来看，施特劳斯已经是一个很“现代”的哲学家。但是，施特劳斯毕竟和现代启蒙者有重大分歧之处。现代启蒙者将古代贤哲刻意隐藏的观点完全公之于众，因此他们在思想和言行上都表现出了十分彻底的坚决意志。他们放弃了古代政治哲学的绝对的隐微/显白手法，而采取了相对的隐微/显白手法，以达到彻底解放哲学理性的目的。在这一点上，施特劳斯又表现出了和现代哲学路线的不同。他更为欣赏古典政治哲学家的审慎品格而非现代政治哲学家的勇敢品格。也就是说，他对哲学理性是否可以并且应该大众化这个问题保持了谨慎的态度。这种谨慎态度源自对通过大众教育建立理性世界这一现代文明理想的根本怀疑。由于这一审慎态度，施特劳斯虽然和现代启蒙者一样公开强调哲学与神学的紧张，但是他的口吻远比后者温和。

---

① Leo Strauss，*Philosophy and Law*，Adler，Eve (trans.)，Chicago，The University of Chicago Press，1995，pp. 102 - 103.

② F. Bacon，*Advancement of Learning*，Chicago，Encyclopaedia Britannica，1952，Second Book，V：1，XXV：3.

③ Spinoza，*A Theologico-Political Treatise*，*A Political Treatise*，R. H. M. Elwes (trans.)，New Heaven，Yale University Press，1951，pp. 9，42，183；Leo Strauss，*Persecution and the Art of Writing*，Chicago，The University of Chicago Press，1952，pp. 165 - 166，192.

现代启蒙的意图十分明显，就是要使哲学脱离神学的束缚和制约。施特劳斯则有意采取了一种貌似中立的口吻。他主要讨论“耶路撒冷和雅典之间的紧张”而非直接宣扬将哲学从神学的束缚下解放出来。这一种谈论方式至少给予了双方以同样的敬意，强调了它们之间的不可通融性。现代启蒙者则明确摆出和启示神学划清界限的姿态，并且实际上嘲笑启示神学为偏狭甚至迷信。施特劳斯以貌似中立的口吻将耶路撒冷和雅典相提并论，这很好地说明了一个政治哲学家的温顺品格。谈论耶路撒冷和雅典之间的紧张，不只是陈述虔敬生活和自由生活之间的冲突和不可通融，同时也暗示了哲学作为正当生活应当保持理性审慎的态度，应当显白地遵从城邦及其公民认可并遵从的宗教教诲。

那么，施特劳斯对耶路撒冷和雅典之争的强调，对于理解其思想整体有多大重要性？这只是施特劳斯思想的一个部分或者一个面向？它们具有同等的重要性，还是其中一个起着更为根本的作用？尤其是，到底如何定位耶路撒冷和雅典之争在施特劳斯思想中的地位？

并举耶路撒冷和雅典之时，施特劳斯所说的耶路撒冷主要指犹太教尤其是传统犹太教所信奉的生活方式。在分析施特劳斯与施米特的思想对话之时，迈尔虽然应用了施特劳斯的思想框架，但也做了一个关键的修正。迈尔所解释的施米特政治神学立场，首先是基督教的，其次是反犹的。施米特的反犹态度和言论，一直就是一个非常有争议的问题。敏锐如迈尔者自然没有回避这个敏感问题，而是最终归之为宗教问题，因此也就区别了施米特的宗教反犹态度和纳粹的种族反犹政策。这个宗教根源问题实际上触及了西方的一个根本问题：耶稣是不是基督？如果认信耶稣是基督，就是承认耶稣是救世主，是神。这也是基督教最为根本的信条。对于犹太人来说，耶稣只是一个人，是一个犹太人，而不是神。犹太人在源头上否认了基督教的根本信条。迈尔的解释隐含着这样一个意思：施米特既然是一个基督教政治神学家，那么他的反犹态度从宗教角度来看属于自然而然之事。

迈尔将施米特定位为一个基督教政治神学家，同时将施米特放到施特劳斯的思想框架中来理解。迈尔有意无意地忽略了一个重要的事实：施特劳斯实际上将耶路撒冷等同于传统犹太教。所以，要彻底理解施特劳斯关于耶路撒冷和雅典之争的论述，还需要弄清楚他怎样理解犹太教，怎样从犹太教的角度理解耶路撒冷和雅典之争。

在《迫害与写作的艺术》的前言中，施特劳斯明确说：“传统犹太教与哲学的问题也就是耶路撒冷和雅典的问题。”[①] 从这个断言里面可以看到，施特劳斯把传统犹太教等同于耶路撒冷和雅典之争的耶路撒冷一方。这个等同，其实表现了施特劳斯思想的一个倾向。这个倾向就是，施特劳斯实际上认为犹太教比基督教更为高明。那么，究竟高明在什么地方呢?

在《迫害与写作的艺术》的前言里，施特劳斯说明了传统犹太教和基督教之间的一些根本分别。主要分别可以大致归为两点。一是神的启示在传统犹太教那里是律法，在基督教那里则是教义信仰。二是哲学作为一种生活方式在传统犹太教世界中的地位一直是可疑的；在基督教那里，哲学在神学体系中的地位则非常稳固。[②] 这样就涉及施特劳斯对哲学本身的看法。在他看来，犹太教对哲学本身的警惕，更好地把握了哲学作为一种生活方式的本质。哲学不断追问事物本质的热情，必然会最终动摇律法的根本，所以传统犹太教对哲学始终抱有深刻的怀疑和警惕。那么反过来呢，也恰恰因为这样，哲学作为一种生活方式更好地保持了它的完整性和纯粹性。在基督教神学体系里边，神学对哲学本身不但没有敌意，反而把哲学作为进入神学殿堂的门槛学科。这样，哲学就成了基督教神学体系的坚实基础，但同时也不得不成为神学的婢女，因为它必须在根本上服务于神学信条。

施特劳斯还将基督教传统看作现代性的根本渊源。1936 年，施特劳斯发表了论述迈蒙尼德和法拉比（Al－Farabi）的一篇文章，文中强调了中世纪犹太-阿拉伯思想与古典思想在政治科学方面存在着“一种深刻的一致性”，并且明确断言：“《新约》也许导致了与古典思想的一致性，而宗教改革和现代哲学则无疑导致了与古典思想的决裂。”[③] 根据施特劳斯的分析，现代政治哲学企图通过启蒙让世人完全摆脱愚昧，摆脱宗教，从而建立一个理性的世界。这也就是说，这种启蒙教育是放之世界而皆准的理性教育。这个目标推到极致，就是要建立一个天下大同的人类世界。

就基督教和犹太教的关系来看，基督教是普世的宗教，而犹太教是一个民族的特殊宗教。因此，从犹太教到基督教有一个从特殊到普遍的飞跃。犹太教的主体局限于一个特殊民族，也就是犹太人。基督教则把信仰主体推广到所有世人。所以，从犹太教到基督教，便是从特殊民族的拯救到普世大众的拯救。

---

① Leo Strauss, *Persecution and the Art of Writing*, p. 20.

② Leo Strauss, *Persecution and the Art of Writing*, pp. 8－9.

③ Leo Strauss, “Some Remarks on the Political Science of Maimonides and Farabi,” *Interpretation: A Journal of Political Philosophy*, 1990 (18), pp. 3－30.

根据犹太人的律法，神拣选犹太人作为神的子民。根据施特劳斯的解释，神选择犹太人并令他们受苦是为了向世人表明：这个世界得救的时刻还没有来临。犹太人坚持自己的选民身份，就是坚信救世主还没有来临。基督教把这个问题给解决了，因为对于基督教来说，救世主已经来临了，这就是耶稣基督。相信耶稣是基督，就得拯救。施特劳斯认为，现代哲学的大众启蒙和基督教的普世拯救是一种乌托邦，是一个不可能。所以，相对于基督教，施特劳斯倾向于回到传统犹太教；相对于现代政治哲学，他倾向于回到古典政治哲学的精神。[①]最后的问题是：究竟该怎样了解政治哲学和犹太智慧的关系问题？

在1962年的一次讲演中，施特劳斯将自身的思考主题确定为“犹太人问题”。[②]施特劳斯不是一个政治哲学家吗？为什么他的思考主题反而是“犹太人问题”？

从哲学史的角度来看，是苏格拉底把哲学从天上带到地上，把自然哲学转变为伦理学。在这个意义上，苏格拉底是第一个政治哲学家。苏格拉底哲学使命的起点，在于对神谕的怀疑。神谕说，世间没有人比苏格拉底更加聪明。为了挑战这条神谕，苏格拉底想尽办法找世间的聪明人交谈，希望因此找到比他更为聪明的人，从而反驳神的谕示。犹太精神的起点和希腊哲学精神的起点完全不同。希腊哲学精神的起点是在接受神的谕示之时企图质疑神的谕示，犹太精神的起点则是完全服从神的律法。希腊人的智慧在于理性盘诘，在盘问中超越一切，犹太人的智慧则在于恭行上帝的诫命，谨守摩西律法。苏格拉底因其不依不饶的盘问而显智慧，犹太人则因恪守笃行神法而显其聪明。这是施特劳斯所论耶路撒冷和雅典之争的一个重要方面。

同时，两者之间的一个根本的类似点对于理解施特劳斯所说的耶路撒冷和雅典之争也十分重要。希腊哲学和犹太传统都对普世教育和普世拯救持怀疑态度。传统犹太教坚持特殊拯救论，希腊哲学坚持少数人启蒙的观点。可以说，犹太民族作为民族在世上各族中的地位和苏格拉底作为个人在人群中的地位，有其类似之处。换个角度来说，犹太人作为民族在这个世界上所背负的命运和苏格拉所背负的使命极为相似。

苏格拉底这样的哲学家人间稀有，散落在万千大众之中。其不依不饶的盘问既令人头痛，又令人警醒。哲学盘问表明，哲学的落脚点根本就不在政治生活之内，虽然追求哲学者都置身于政治生活之中。只要哲学没有王位，哲学与

① 参见陈建洪：《施特劳斯论古今政治哲学及其文明理想》，载《世界哲学》，2008（1）。

② Leo Strauss, *Jewish Philosophy and the Crisis of Modernity: Essays and Lectures in Modern Jewish Thought*, Kenneth Hart Green (ed.), New York, SUNY, 1997, p. 312.

政治在根本上的冲突就不会完结。哲学的存在见证了世界还没有摆脱恶。作为没有自己土地的民族，犹太人散落在尘世万族之中，以其笃信重重黑暗之中的上帝而贵为世上的稀有民族。对犹太人来说，尘世的一切王位皆为虚妄。犹太人的笃信表明他们的落脚点也不在万族所依赖的任何政治生活，尽管他们不得不生活在万族之中。犹太人对神治的盼望与万族尘世政治之间的冲突不会完结。犹太人的存在证明，弥赛亚还没有来临，世界还在恶的统治之下。犹太人的谨守神法在万族之中既赢得敬重，也引来嫉恨和迫害。

施特劳斯认为，犹太人散落于万族之中受苦，这是被拣选民族的使命。犹太人被拣选出来以证明救赎尚付阙如，这是犹太人作为被拣选民族在这个世界上的使命。[1] 只要犹太人问题还没有解决，就表明弥赛亚还没有来临，世界就还没有得救。犹如苏格拉底是神送给雅典人民的礼物，犹太人是神送给尘世万族的礼物，用以警醒世人。所以，在这个世界上，犹太人问题无法解决，除非弥赛亚来临，就好像哲学与政治冲突无法缓和，除非哲学拥有王位。苏格拉底在一定意义上是神拣选的个人。这个人在世上的存在就证明，世人还缺乏真正的知识和智慧。施特劳斯对耶路撒冷和雅典之争的特别强调，在一定程度上也容易令人忽略两种生活态度除了在根基上针锋相对之外，还拥有十分类似的高贵命运。

最后，需要强调一下理解这个耶路撒冷和雅典之争的另外一个重要维度。

1955 年，施特劳斯在耶路撒冷大学讲演《什么是政治哲学?》。开篇便说，政治哲学的主题——“义人之城、虔诚之城”——在耶路撒冷比在世界上任何其他地方都得到了更为严肃的对待。[2] 这句话说明，追求完全正义和虔诚的城邦乃是雅典和耶路撒冷的共同主题。然而，两者通往正义之城的道路截然相反。一条道路是通过理论沉思建构一个绝对完美的正义城邦；另一条道路则是通过践行神法而渴望绝对完美的神治状态。如此说来，耶路撒冷和雅典之间的紧张也是实践和理论的紧张。在《神学和哲学的相互影响》这篇文章的第一节尾段，施特劳斯就直接将希腊传统和《圣经》传统的紧张归结为人类生活中最为基本的二元论：言与行的紧张。两者的紧张关系因此最终可以归结为言与行何者优先的问题。具体来说，雅典选择了言语的优先性，耶路撒冷则选择了行

---

① Leo Strauss, *Jewish Philosophy and the Crisis of Modernity*, p. 327.

② Leo Strauss, *What is Political Philosophy*? Chicago, The University of Chicago Press, 1959, p. 9.

动的优先性。①

要真正理解施特劳斯所说的这种言行二元紧张，需要将它与对正义之城的两种真诚渴望和永恒追求结合起来分析。犹太律法强调在行动上服从摩西律法，服从上帝的诫命和拣选。犹太人为被拣选民族，他们要通过笃行律法而渴望正义之城的最后来临。最终正义是否最后来临以及何时来临，这一切都依赖于神。犹太人对正义之城的渴望以及他们在这个世界上的受苦，都表现出了最终的正义尚未来临。希腊政治哲学选择通过对话言词建立最佳政治秩序，建立起“理想中的城邦”。只有哲学家称王，这个理想国才有可能。然而，哲学家称王的可能性微乎其微，完全依赖于那不可依赖的运气。所以格劳孔（Glaukon）说：“这种城邦在地球上是找不到的。”但是，苏格拉底回答说，这样的城邦“现在存在还是将来才能存在，都没关系”。最重要的事情是，理性的人“只有在这种城邦里才能参加政治”②。也就是说，哲学家的根基同样也不在这个大地上。

无论耶路撒冷还是雅典，从正面来说，都追求最完美的正义之城；从反面来说，都否定了人间政治现实的完满性。两者之间的根本争议在于究竟如何（通过行动还是通过言词，通过实践还是通过理论）建立最佳政体，追求正义之城。两种对正义之城的追求道路虽然不同，但是都提醒并见证了世间尚未摆脱恶苦的事实。施特劳斯所说的耶路撒冷和雅典之争的问题，因此根本上要追踪到如何追求正义城邦和最佳政治秩序的问题。

第三节　政治哲学、隐微论与文明理想

作为20世纪著名的政治哲学家和政治哲学史家，施特劳斯虽然备受争议，但是也不折不扣地确立了一个流派——施特劳斯学派，不管我们怎样看待以他命名的这个流派。也恰恰因为他解读西方政治哲学史的独特眼光和思路，施特劳斯的名字和思想始终挥不去争议和误解。施特劳斯研究政治思想史的特色究竟是什么？首先在于他重点强调西方政治思想史中的政治哲学史。政治思想史虽然只是思想史研究的一支一脉，但仍然是一个非常宽泛的领域。它研究一切

① Leo Strauss, *Jewish Philosophy and the Crisis of Modernity*, p. 120.

② ［古希腊］柏拉图：《理想国》，郭斌和、张竹明译，386页，北京，商务印书馆，1986。

有关政治的思想，政治哲学史则是一个相对狭窄的领域。比如说，丘吉尔和希特勒的政治观念可以是政治思想史的研究对象，但不可能是政治哲学史的研究对象。政治哲学首先来说是对政治的哲学处理；对于施特劳斯来说，政治哲学更是哲学的政治学，也就是对哲学的政治处理。因此，要想理解施特劳斯如何解读政治哲学史，一个前提是要从思想上定位他如何理解政治哲学。施特劳斯倾其毕生精力探索政治哲学的本质及其历史沿革。换句话说，施特劳斯毕生都在思索究竟什么是政治哲学以及政治哲学的兴衰命运。那么，究竟什么是施特劳斯的政治哲学或者说施特劳斯所心仪的政治哲学？这是阅读施特劳斯所碰到的首要问题。

一、什么是政治哲学？

在通常意义上，政治哲学首先意味着对政治的哲学思考。如果从一个更为宽泛的角度去理解，政治哲学也意味着对政治的种种思考。对施特劳斯来说，政治哲学需要从严格意义上去理解，也就是说对政治的哲学理解。从词源上看，哲学乃是对智慧的追求，对真正整全知识的追求。那么，作为对政治的哲学理解，政治哲学便是对政治智慧的追求，对政治真知的追求。既然政治哲学是对政治智慧的追求，那么说明政治哲学并不满足于一般的政治意见，也不同于从其他角度思考政治的观点。因此，政治哲学需要和政治思想、政治理论、政治神学、社会哲学和政治科学这些概念区别开来。

在《什么是政治哲学?》中，施特劳斯明确区分了政治哲学和其他几个大概念。首先，政治哲学是对政治的哲学反思，政治思想则是关于政治的一切思想。就政治哲学与政治理论的区分而言，与政治哲学相同，政治理论是对政治处境的全面反思；与政治哲学不同，政治理论的全面反思最终是为了引出一套宏观政策，而非追求政治的最终真理。政治哲学和政治神学的根本区分在于，政治神学乃是以神的启示为基础的政治学说，而政治哲学则诉诸人类理性。政治哲学和社会哲学都以政治事务为主题，但是两者的观察点并不相同。政治哲学将政治体——国家或者民族——看作最为全面和最为权威的机构，而社会哲学仅把政治机构看作“社会”整体的一个部分。最后是政治哲学与政治科学之间的区别。在施特劳斯的对比讨论中，政治科学既指以自然科学为模范、以现代方法论为指导对政治事务的经验研究，也指以收集和分析政治材料和数据为要务的科研工作。与前一种意义上的政治科学不同，政治哲学并不以自然科学为模范，而是自有门径，追问何谓正当的政治秩序；与后一种意义上的政治科学不同，政治哲学并不满足于对政治事实的材料分析，而是追求政治的真知识。[1] 需要注意，在区分这些概念的时候，施特劳斯都在特定意义或者派生意义上谈论政治理论和政治科学。如果从原本意义上来理解理论（theoria）和科学（epistēmē），那么政治哲学、政治理论和政治科学三者同指。

政治哲学是哲学的一个部门。哲学追求真知和智慧，追究万事万物的本质。如此，政治哲学便是追求政治知识和智慧，追究政治的本质。政治哲学既追求政治的真知识，便不满足于通常的政治见解和日常意见。然而，通常的政治见解和日常意见乃是一个政治社会的根本成分。政治哲学既然要超越甚至剔除通常的政治见解和日常意见，就必然会触及政治社会的根本。如果政治哲学的努力本身在根本上可能危及政治社会本身的构成要素，那么政治哲学便需回答政治社会的质问：为什么政治哲学仍然必要？[2]

哲学追求知识和智慧，目的自然是要追求更好的生活。如苏格拉底所说，未经反思的生活乃是浑浑噩噩的生活。同理，政治哲学的根本目的显然也是追求更好的政治和社会生活。如果没有政治哲学，那么人们仅满足于生活在政治洞穴之中。因此，政治哲学的努力在于将人们带出政治洞穴而面对政治的真知识、真智慧，认识美好的政治生活和完善的政治社会。然而，如果政治哲学的探索在根本上危及政治社会的基础，那么政治哲学在回答了其自身必要性问题之后仍然需要认真思考，如何才能既保持政治哲学超越政治洞穴的可能性，又不危及政治哲学身处其中的政治社会本身。无论政治哲学在多大程度上超越了政治洞穴，政治哲学毕竟只有在政治社会中才有其可能性。没有政治社会本身的土壤，政治哲学也就无从谈起。而且，既然政治哲学的目的在于追求美好的政治生活和完善的政治社会，那么政治哲学便需要将政治社会引向更好和更完善的方向，而非引向政治社会本身的瓦解。这也是施特劳斯眼中政治哲学的另一重意思，也即对哲学的政治理解。

究竟如何可以既保留哲学对政治的超越，又不危及政治本身的基础？这便触及施特劳斯政治哲学思想的精髓。对施特劳斯来说，政治哲学不仅仅意味着关于政治的哲学思考。更为重要的是，它也意味着哲学的政治姿态。换句话说，政治哲学不光是关于政治的哲学，也是哲学的政治学。它是讲政治的哲学。所谓讲政治的哲学，也就是说它顾及了政治。也可以说，它兼顾了哲学意

---

① Leo Strauss, *What is Political Philosophy? And Other Studies*, Chicago, The University of Chicago Press, 1959, pp. 10－14.

② 参见［美］迈尔：《隐匿的对话：施米特与施特劳斯》，106～126页。

义的至善和政治意义的良善。如何才能两者兼得呢？施特劳斯的答案是双重教诲理论，也就是隐微/显白双重教诲的学说。

二、隐微论

施特劳斯之所以成为施特劳斯，最为关键的是他的双重教诲理论。这个理论既为他带来与众不同的声名，也经常招致学人的指责和诟病；既催发诸多争论，也引起无数误解。虽然施特劳斯这个名字始终伴随着争议，但是，对其生前与诸多理论家和学者的交锋，应该没有太多离谱的误解。这些误解，在其死后逐渐增多，而且并没有随着研究著作的急剧增加而有所减少。

施特劳斯据说是一个提倡撒谎的政治哲学家。这个说法听起来有些简单化了，也比较直接。用更为粗俗的概括来形容，施特劳斯隐微/显白论的根本精神就在于见人说人话，见鬼说鬼话，而且要是能见到神，那就得编神话。这种说法的基本思想根源在于从非常简单而鄙夷的角度来理解施特劳斯所倡导的古典政治哲学的微言大义。也就是说，施特劳斯所论显白教诲，经常被简单等同于哲学家对政治大众的傲慢态度和欺骗手段。比如，德鲁里就明确断言："施特劳斯认为哲学家的角色不是把关于太阳真理的知识带入洞穴，而是去操纵洞穴中的影像。他教导哲学家必须向大众编造谎言，而他们自己却拥抱黑暗。"[①] 国内青年学者也从理论上对施特劳斯的隐微论提出了许多质疑和批评，比较突出的批评理据主要有两点。第一，隐微论如适用于施特劳斯本人所提出的隐微论，便会造成自我矛盾或者吊诡的现象。所以，直接介绍和讨论隐微论是对隐微论的"嘲讽和背叛"，只有对它不置一词，才是对隐微论的实质继承。第二，施特劳斯的言外之意是，阅读法不仅有"真理化"和"特权化"自身的阅读和阐释路径的嫌疑，而且其隐微写作论实际上遮盖了"哲人一个根本的无能，即最终无法言说真理。'隐微写作'这一操作使得无能者躲入洞穴中，通过贬低洞外的大众而抬高自身，从而遮盖自己的根本性无能"[②]。这两点批评并非全无道理，但是没有说清楚施特劳斯所说的隐微论传统到底想要隐藏什么东西，而且为什么需要隐藏。

---

① ［加］德鲁里：《列奥·施特劳斯与美国右派》，刘华等译，93 页，上海，华东师范大学出版社，2006。译文依原文稍有改动。Shadia B. Drury，*Leo Strauss and the American Right*，New York，St. Martin's Press，1997，p. 80.

② 吴冠军：《日常现实的变态核心》，169～170 页，北京，新星出版社，2006；吴冠军：《爱与死的幽灵学》，58～59 页，长春，吉林出版集团，2008。

施特劳斯认为，真正哲学家的学说中都包含着双重教诲：隐微和显白的教诲。[1]

施特劳斯的这个双重教诲理论大致可以从四个角度来理解。从学说本身的意图来看，真正的哲学学说都包含着哲学的隐微学说和政治的显白学说。前者包含着哲学家的真实意图，后者则是这种真实意图的保护色。从受众来看，隐微教诲可称为“私密教诲”，其受众为极少数资质出众者；显白教诲可称为“公众教诲”，是迎合大多数人理解力的教诲。从文本结构来看，经典哲学文本包含着两层意义：内在的真实意义和外在的表面意义。从写作的艺术手法来看，哲学家通过隐微/显白的写作方式，将其哲学意图和政治意图编织在一起，将内在义和外在义糅合在文本之中。因此，既向资质出众的潜在哲学家展现了其隐微哲学教诲，又以其显白政治教诲迎合了大多数人的理解力。从另一个角度来看，这种隐微/显白的写作方式既向大多数凡夫俗子隐藏了哲学教诲，又引导极少数出众才子领悟显白学说的必要性。所谓向凡夫俗子隐藏了哲学教诲，并非隐藏到了完全看不见的地方，而是由于这种写作的艺术性和凡夫俗子的理解力所限，大多数人对近在眼前的哲学学说视而不见。那么，有没有可能隐微的哲学教诲被不该看到的人识破并遭到揭发呢？施特劳斯对这个问题的答案是，凡能意识到隐微/显白双重教诲的人，必会先领悟到双重教诲的苦心真谛。所谓苦心，它兼顾哲学和政治的良善；所谓真谛，它是为了追求真正的人间至善。

明白了隐微/显白论的基本意思之后，需要再分析施特劳斯隐微/显白理论的根据。施特劳斯对此根据问题的一个明显回答相当简单：因为考虑到迫害的因素。这从他因之成名的著作标题便可看出：《迫害与写作的艺术》。施特劳斯所说的迫害，所指范围相当宽泛，包括最为严厉的宗教裁判和最为温和的社会排斥（social ostracism)。最为常见的迫害形式则通常介乎两者之间。那么，施特劳斯最为关心的迫害形式是什么呢？这便要从施特劳斯的一个哲学信念开始：在哲学家和凡夫俗子之间存在着一个不可逾越的鸿沟。施特劳斯把智者与俗人之间、哲人与大众之间的鸿沟看作人间的一个基本事实。[2] 也就是说，这个鸿沟不只是暂时存在于某一时代，而是人世间亘古不变的一个基本事实。施

① Leo Strauss, *Persecution and the Art of Writing*, pp. 22–37; “Exoteric Teaching,” in Thomas L. Pangle (ed.), *The Rebirth of Classical Political Rationalism: An Introduction to the Thought of Leo Strauss*, Chicago, The University of Chicago Press, 1989, pp. 63–71.

② Leo Strauss, *Persecution and the Art of Writing*, pp. 32–34.

特劳斯用“鸿沟”一词非常形象地说明智者和大众之间的距离。不过，需要注意两者之间存在着“鸿沟”并不意味着两者全无瓜葛。两者皆生活在政治共同体之中。为了人间社会的福祉，哲学家不能也不应离弃政治生活而独善其身。施特劳斯所用“鸿沟”一词主要意指两者在根本生活态度上的不可通融。

作为人性的基本事实，智者与大众之间的鸿沟说明了思想本身与社会本身的根本关系。也就是说，思想本身与社会本身之间存在着根本性的紧张关系。在这一点上，施特劳斯将自己与知识社会学的观察角度对立起来。在《迫害与写作的艺术》一书导言中，施特劳斯对两个概念作出区分：哲学社会学和知识社会学。① 施特劳斯这里所说的哲学社会学，也就是他后来所定义的政治哲学。知识社会学认为不同类型的思想与不同类型的社会之间存在着对应和谐关系。它出现的土壤是这样一个社会观念：思想和社会之间，或者说知识进程和社会进程之间，是一种本质和谐的关系。因此，知识社会学从不同的哲学思想里面看到了相应不同的社会、阶级或者部落精神。总而言之，知识社会学主要关心特定思想形式和特定社会形式的结构一致性。施特劳斯所理解的哲学社会学则关乎思想本身和社会本身的根本关系。在施特劳斯看来，思想本身和社会本身的根本关系是一种根本的紧张或者冲突关系。知识社会学完全忽略了这个冲突关系。这样，施特劳斯就否定了思想和社会之间是一种本质和谐的关系，强调了哲学和政治之间的紧张关系。② 施特劳斯对知识社会学的另一点批评是，知识社会学没有看到这样一种可能性：有一种因素将不同时代的真正哲学家凝聚在一起；这种因素比一个特定哲学家与其自身社会之间的纽带关系更为根本。哲学家之为哲学家，在于其追求替代日常意见的真知，而政治社会的根本恰恰在于日常意见。哲学家因此在根本上质疑政治社会的基础。在这个意义上，哲学对于社会有根本的危险性。此外，由于哲学对于社会的危险性，哲学事业本身在社会中也处于危险的位置。哲学质疑社会的基础，质疑政治价值的完善性，因此可能引致社会对哲学事业的压抑和迫害。因此，哲学在政治社会里面的地位是不稳固的，是可疑的。③

鉴于哲学在社会中的可疑位置，哲学需要采取双重行动。“政治哲学”便是哲学对自身的双重辩护。从消极方面来看，哲学需要将自身向社会的大多数

---

① Leo Strauss, *Persecution and the Art of Writing*, pp. 7 - 8.

② Chen, Jianhong, "What is Carl Schmitt's Political Theology?" *Interpretation: A Journal of Political Philosophy*, 2006 (33), pp. 153 - 175.

③ Leo Strauss, *Persecution and the Art of Writing*, p. 18.

凡夫俗子隐藏起来，因此避免来自政治大多数人的迫害。从积极方面来看，哲学还需要辨明自身追求的政治正当性，需要辨明哲学乃是正确的生活方式，而政治社会在根本上无法摆脱意见。如果哲学乃是正确的生活方式，那么哲学家便有义务教育禀赋出色的青年人进入哲学之路，引导这些未来的政治社会领导人认识到哲学对于政治的根本改良有正面的而非负面的作用。政治哲学因此具有双重功能：保护功能和教育功能。

如果真正意识到政治哲学也就是显白教诲的双重功能，就可以避免对施特劳斯的很多误解。在很多情况下，这些误解都只强调施特劳斯政治哲学的自我保护功能，而忽略了它的教育功能。① 更有甚者，显白教诲仅仅被简单等同于哲学家对政治大众的傲慢态度和欺骗手段。这种误解仅仅看到了施特劳斯强调哲学对政治的超越以及两者之间的对立，但忽视了施特劳斯同样强调哲学政治对社会精英的政治教育功能和崇高目的。

三、古今政治哲学

施特劳斯如何思考政治哲学的历史沿革？

关于这个问题，施特劳斯思想中的一个重大方面便是古今之争，也就是古今政治哲学之争这个错综复杂的问题。众所周知，施特劳斯是古典政治哲学的忠实拥护者，因此是现代政治哲学的严厉批评者。然而，施特劳斯并非纯粹为了厚古而薄今，或者反过来纯粹为了薄今而厚古。施特劳斯非常清楚地强调，没有直接通往古人的便捷道路。只有深入理解现代政治哲学奠基人对古典政治哲学的攻击及其意图，才能为清楚理解古代政治哲学获得基础。这也是为什么施特劳斯不断要首先回到现代政治哲学的奠基处。

根据施特劳斯的分析，大致可以从以下几个方面去理解古今政治哲学之间的重要分别。

首先，两者对政治社会的基础有截然不同的理解。古人把有别于非常状态的正常状态作为他们政治理论的考虑标准，而现代政治哲学家则把例外和极端状态作为理论标准。现代政治哲学家之所以把极端状态作为理论标准，是因为他们认为极端状态比正常状态更好地表明了公民社会的根源和真正特征。② 在这一点上，霍布斯是一个绝佳的例子。他的道德和政治理论都建立在对极端状

① Leo Strauss, *Persecution and the Art of Writing*, pp. 36 - 37.

② Leo Strauss, *What is Political Philosophy? And Other Studies*, p. 47; Leo Strauss, *Natural Right and History*, Chicago, The University of Chicago Press, 1953, p. 179.

态的理解之上。① 非常的自然状态被确定为正常的政治状态的基础。施特劳斯本人则崇奉他所理解的古代政治哲学家，把正常的法律状态而非把非常状态作为他政治哲学的起点和标准。这两种考虑涉及对自然尤其是人性自然的两种不同理解。现代政治哲学家认为人性本恶，但是这种恶是无辜的恶，也就是无涉道德之恶。为了摆脱和战胜这种自然之恶，人类理性需要人为建立一个事实上的完美政治实体，通过法律和惩罚来防范人间恶。古代政治哲学家对人性自然和人间恶有着不同的理解。他们认为人间恶乃是道德恶而非无辜之恶。这种道德恶的缘由恰恰是人性中对自然理性的普遍不信任。为了驯顺这种道德恶，人类需要通过语言建立一个完美的政治实体。这个语言城邦的完美性彰显了人间政治城邦未臻完美，因此也说明了人间道德之恶积重难返。此外，这个完美城邦只存在于语言之中也表明了古典政治哲学家并不迷信人类理性能力的慎重态度。

其次，古今政治哲学看待理性教育的态度不同。现代政治哲学认为人性恶乃是无辜恶，因此可以通过理性教育来逐步战胜。如此，现代政治哲学企图通过普世理性启蒙让世人彻底摆脱愚昧，摆脱宗教，从而建立一个理性的世界。现代政治哲学的理性启蒙对象是世间所有人，也就是说所有人都可以通过教育而摆脱无辜恶，摆脱蒙昧。因此，这种启蒙教育是放之世界而皆准的理性教育，是适用于所有人的，换句话说，是普世的。这个教育的目标在于建立理性的人类新社会，最终目标就是天下大同的理想。古代政治哲学对理性能力的态度没有现代政治哲学那么勇往直前。它对人类社会完全根据理性而生活的能力持谨慎的态度，也正因此，它始终把绝对的理想国家置于语言之中。由于它对人间道德恶的冥顽不灵有更为深刻的洞察，因而古典政治哲学对通过普世理性教育战胜人间恶的想法并不乐观。② 也因此，它所采取的教育策略是高等精英教育。通过结合哲学理性和政治激情驯顺人间的道德恶，有效地引导大多数人避恶趋善。在这一点上，福山的判断相当准确："如果说施特劳斯对现代启蒙运动计划的怀疑含有任何一个中心主题的话，那么他所怀疑的就是这样一种观点：理性本身足以建立一个持久的政治秩序，或者说，非理性的神示能够从政治中被清除掉。"③

再次，对理性教育信念的不同态度，导致了古今政治哲学对隐微/显白论

---

① Leo Strauss, *Natural Right and History*, p. 196.

② Leo Strauss, *Persecution and the Art of Writing*, pp. 33 – 34.

③ ［美］福山：《美国处在十字路口：民主、权力与新保守主义的遗产》，27 页。

的不同理解。施特劳斯认为，所有真正的古典哲学家都坚持双重教诲并实践隐微/显白写作的方式。这种传统并没有随着现代政治哲学的兴起而消失。在施特劳斯看来，至少迟至18世纪末段，仍有哲学家和思想家（比如莱布尼茨和莱辛）明确地坚持和实践隐微/显白双重教诲和这种写作的艺术。[①] 只有在历史意识兴起并主宰思想主流之后，这种意义上的政治哲学才逐渐衰落甚至消失。那么，古今政治哲学的隐微/显白论之间是否没有实质分别呢？答案是两者确实有别。由于对理性教育和对文明理想的不同理解，古今政治哲学对隐微/显白论也有不同理解。在施特劳斯的讨论中，虽然没有明确区分两种隐微/显白论，但是他却指出了古今政治哲学对隐微/显白论的不同理解。由于古典政治哲学对理性能力的审慎理解，也因为它认为少数和多数之间的鸿沟不可逾越，故坚持认为隐微的哲学真理不可能也不应该显白于天下大众。[②] 所以，古典的隐微/显白论可以称为一种绝对的隐微论。与古代政治哲学的审慎比较而言，现代政治哲学大胆地认为政治压迫的问题并非不可解决。它希望通过理性教育的大众启蒙，也就是通过推行思想和言论的彻底自由，一劳永逸地解决哲学与政治、思想与社会之间的根本紧张问题。所以，现代政治哲学的隐微/显白论是一种相对的隐微论。[③] 所谓相对的隐微论，也就是说现代政治哲学家只是在一定程度上隐藏了他们的真正观点，这种程度足以使自身避免遭受迫害便够了。如果他们把自己的真正目的隐藏得更为隐秘，那么他们便不可能达到自身努力的目标：废除政治迫害现象，大力推行大众教育，从而建立一个完全理性的公开社会。[④]

最后，古今政治哲学在隐微/显白论方面的区别直接与两者所持的不同文明理想相关。也就是说，古今政治哲学对理想国家有不同理解。古典政治哲学家所理解的理想国家，其前提条件是人类身体和灵魂同臻完美之境。古典政治哲学家对此理想国家在事实上的实现并没有幻想，但是仍然坚持把这种理想国

---

① Leo Strauss，“Exoteric Teaching，” in Thomas L. Pangle（ed.），*The Rebirth of Classical Political Rationalism：An Introduction to the Thought of Leo Strauss*，Chicago，The University of Chicago Press，1989，pp. 63－71.

② Leo Strauss，*Persecution and the Art of Writing*，p. 34.

③ 近些年来，已有论者正确地区分了“有条件的隐微论”和“无条件的隐微论”，或者区分了施特劳斯学说中的弱版本（也即现代版本）和强版本（古代版本）的隐微论。[Paul J. Bagley，“On the Practice of Esotericism，” *Journal of the History of Ideas*，1992（53），pp. 231－247；Michael L. Frazer，“Esotericism Ancient and Modern：Strauss Contra Straussianism on the Art of Political-Philosophical Writing，” *Political Theory*，2006（34），pp. 33－61.]

④ Leo Strauss，*Persecution and the Art of Writing*，p. 34.

家作为人间政治体的典范，以警醒人类政治尚未摆脱无法摆脱的恶。现代政治哲学家既认为无辜之恶可以通过政治法律手段来战胜，便把目标转向未来，通过人类理性建立一个事实上的完美国家，这就是天下大同的理想政治社会。霍布斯的利维坦、黑格尔的理性国家和马克思的共产主义社会都可以理解作现代意义上的未来完美国家。

四、古今文明理想

施特劳斯常说，现代政治哲学降低了古代政治哲学的道德标准，以实现自身的理想和目标。如何理解这个说法呢？古典政治哲学家所设想的理想国家仅存在于语言之中。恰恰因为仅存在于语言之中，较之现实中的任何城邦，它就是非历史的、完美的和绝对的标准。现代政治哲学家企图把这个绝对城邦历史化和现实化，使之成为人类历史的完美终结点。为了历史化和现实化古典理想，现代政治哲学不得不首先降低道德标准。因为古代理想的实现前提过高，所以几无实现的可能性。古代理想的这个前提就是确保人类身体和灵魂同臻完美之境。现代政治哲学为了提高实现这种文明理想的可能性，便降低了古典政治哲学的标准，放弃了灵魂方面的要求，仅仅满足于人类身体方面的安全。所以，现代完美国家的首要任务便在于确保公民身体的安全，灵魂方面的修养则属于国家不可随便侵犯的禁区。

现代政治哲学在道德标准方面的降低，在施特劳斯看来，事实上一方面放弃了古典政治哲学家为人类政治生活所设定的绝对标准，另一方面为人类政治生活埋下了隐忧。一个隐忧是，为了实现未来完美国家的理想，任何手段都可能被认为是正当的。另一个隐忧是，既无绝对的理想标准，现实诸城邦之间便无善恶良莠之分，人类生活从而处于无可救药的纷争状态，也即陷入霍布斯意义上的自然状态。

1941 年，二战尚未结束，施特劳斯在美国发表了一个讲演，探讨德国虚无主义的本质及其精神渊源。这个讲演大体上可分为两个部分来读。前半部分主要阐述德国虚无主义是对现代文明理想的反动；后半部分则进一步说明，德国虚无主义不仅是对现代文明理想的反动，而且是对文明理想本身的否定。[①]

所谓现代文明理想，其主旨就是建立一个天下大同的公平社会，建立一个

① Leo Strauss, "German Nihilism," *Interpretation: A Journal of Political Philosophy*, 1999 (26), pp. 353 - 378.

彻底启蒙的光明王国。这个文明理想曾经激励了若干代的现代有识之士，至今血脉未断。然而，在德国，这个理想遭受到了最可怕的政治挑战和最深刻的哲学挑战。最可怕的政治挑战就是自由主义政治理念的衰落和纳粹政治理念的兴起。最深刻的哲学挑战就是对哲学理性原则的彻底历史化和世间化。这两股挑战力量并非完全偶然地同时折射了德国虚无主义的精神特征。德国虚无主义不仅对现代文明理想——无论自由主义的还是马克思主义的——不再心存幻念，而且抛弃了古今政治哲学共同保育的理性精神。也就是说，德国虚无主义放弃了依据理性建立和追求至善社会的根本理念，也即放弃了理性原则本身。但是，德国哲学的虚无主义确有其深刻之处。它不是简单放弃或者忽视传统的理性原则，而是毫不留情地对它进行了历史的解构。根据这种深刻的解构，传统的理性原则不过是作为时间的存在，是存在的历史发生。

现代文明理想已经失落，理性文明原则本身也已被历史地解构掉了。那么，德国虚无主义自身的根基落在何处？回到虚无。准确地说，回到霍布斯所说的自然状态。当代政治理论中最完美地体现了这一点的是施米特的政治理论。施米特认为，政治的标准就是划分敌友的能力。施米特所说的敌友划分主要是就国家与国家关系层面而言。施米特关于政治的定义是一个双重否定。它既否定了建立未来天下大同世界的现代文明理想，也否认了完美政治理念的古典文明理想。施米特认定政治是人类无法逃避的宿命。施米特和霍布斯的根本不同在于，霍布斯认为自然状态需要摆脱，而施米特则认为政治就是人类无法摆脱的宿命。由此，施米特揭示了人类生活的一个可怕事实：政治乃是生存命运。该如何面对残酷的政治事实呢？古典政治哲学通过语言辩证法建立一个完美的理想城邦，一方面以此来缓和人类生活的苦痛，另一方面以此来提醒人类建立文明的无比艰难。现代政治哲学抛弃了古代的完美政治理想，转而寻求建立未来的天下大同世界，以此来摆脱霍布斯意义上的自然状态和施米特意义上的政治状态。施米特的政治理论所代表的德国虚无主义则放弃了古今文明理想，转而采取勇敢直面冷酷政治事实的态度。

为什么就不能真诚地面对人类生活其实一直处于纷争状态的事实呢？这恰恰是施米特政治理论的真诚态度。施米特的政治概念认定人间的政治纷争乃是人性无法摆脱的命运。[①] 它既否定现代政治哲学的未来完美国家理念，也不承认古典政治哲学的永恒完美国家理想。它直接而且勇敢地面对赤裸裸的人间政

① 参见［德］施米特：《政治的概念》，刘宗坤等译，128～205页；［美］施特劳斯：《〈政治的概念〉评注》，1～25页。

治事实。在施特劳斯看来，这种真诚态度既是对现代政治哲学未来完美国家理想的反叛，也是现代政治哲学历史化古典理想的必然产物。这种真诚态度彻底放弃了古今政治哲学都抱有的理性文明理想。

德鲁里认为，施特劳斯的政治哲学将施米特的政治概念神学化，因此也将施米特的政治理论极端化了。[①] 这个结论看到了施特劳斯和施米特一样对现代政治哲学路线持批评态度，但没有看到施特劳斯并不像施米特那样直截了当地放弃理性原则本身。施特劳斯始终坚持古典政治哲学通过语言辩证法建立完美城邦的必要性和可行性。德鲁里认为施特劳斯政治思想是美国新保守主义的理论根源，根本上在于她把施特劳斯思想看作德国虚无主义的极端化变异。这是一个认识错误。其实，美国新保守主义所奉行的政治理念和政策在很大程度上暗中推行施米特的政治理念，而不是实行施特劳斯的政治哲学。在一定程度上，这是一个嫁接。以美国军事政治实力建立美国治下的世界和平，这种方式实质上是以施米特政治原则延续现代文明理想，在新世纪建立一个新的世界帝国。这一点在根本上和施特劳斯的政治哲学精神相抵触。

第四节　三种政治理念中的施特劳斯

施特劳斯从来就不是一个纯粹的历史学家，而是一个哲学家。这一点跟剑桥学派的斯金纳完全相反。斯金纳是一个纯粹的历史学家，而不是一个哲学家。斯金纳从一开始就否认哲学的永恒问题，他认为哲学家们所提出来的各种问题和各种理论，只有放在它们的社会-历史-语言的语境中才能够得到恰当的理解。在这一点上，伯林和斯金纳类似，虽然两人的路子相差较远。伯林强调了价值多元论，也就是说价值之间不可通约，不可能妥协，只能选择理性沟通并且接受相对存在。斯金纳否认卓越的哲学家有可能超越他们的时代而结成一个独一无二的群体。施特劳斯则恰恰把这看作当代思想史研究进路的一个错误。当代思想史研究特别强调了特定思想和某一特定社会之间、知识发展和社会发展之间的密切关系。但是，它完全忽视了这样一种可能性，也就是卓越的哲学家们自成一脉。施特劳斯坚持认为，将所有真正的哲学家凝聚在一起的

① 参见［加］德鲁里：《列奥·施特劳斯与美国右派》，101～109页。

东西，远比将一个哲学家和某一个特定的非哲学群体聚集在一起的东西更为重要。① 明白这一点，对于理解施特劳斯的政治哲学至关重要。

施特劳斯回归古典政治哲学精神并非一个精神遗老对当代社会的愤懑和轻佻表达，而是重新审视现代政治哲学及其当代虚无主义的结果，指出西方当代思想中历史主义、相对主义、多元主义和虚无主义流行，而且这种流行恰恰衬托出了西方文明本身的瓦解，以及对自身政治理性主义传统的不自信。所以，施特劳斯回归古典政治哲学的根本目的是要重振古典政治理性主义，要重新确立西方文明传统的自信，尽管施特劳斯的这种努力在种种政治和思想浪潮中显得有些暗淡，有些闪烁，有些微弱。

古典政治哲学的代表人无疑是柏拉图，柏拉图最有名的著作自然是《理想国》。这个中译名也许不是很理想，不过还是有启迪意义。这部著作的主题就是在对话中建立一个理想的国家、一个哲学家为王的理想城邦。这是理想国家。苏格拉底的对话者格拉孔就指出，这种理想的城邦“在地球上是找不到的”。苏格拉底则回答说：它是否现实（无论现在还是将来）存在无关紧要，关键是一定要通过语言建立这种理想的城邦。苏格拉底确实通过对话建立了这种语言中的理想城邦。波普尔曾经把这种理念视为极权制度的思想源头，伯林也把这种理念视为一元论的典型。施特劳斯的读解恰恰相反，他把在语言中确立理想城邦的古典方式视为避免人间政治步入疯狂的一个保证。苏格拉底通过对话确立了永恒的、理想的城邦，将之作为一个永恒的标准。在这一标准的映照下，人们才能明白，任何现实的城邦和国家都不能自称完美，无论古希腊的雅典还是当今的华盛顿。古典政治哲学始终关心美好生活和最佳政治制度的问题，并且把这个问题作为理论思考的依据。苏格拉底的回答说明，人类理性必须保持对理想城邦的追求，而不是去关心它是否能够实现；只要保持着这一份追求，人类的美好生活和制度就始终还有实现的可能性，尽管概率极小。

古典政治哲学只关心纯粹的正义，而不去关心这种纯粹正义是否可能实现。这引来了现代政治哲学家的批评。马基雅维利就曾经批评过古代政治哲学传统的不切实际：“我觉得最好论述一下事物在实际上的真实情况，而不是论述事物的想象方面。许多人曾经幻想那些从来没有人见过或者知道在实际上存在过的共和国和君主国。可是人们实际上怎样生活同人们应当怎样生活的距离是如此之大，以至于一个人要是为了应该怎么办而把实际上是怎么回事置诸脑

① Leo Strauss, *Persecution and the Art of Writing*, pp. 7 - 8.

后，那么他不但不能保存自己，反而会导致自我毁灭。因为一个人如果在一切事情上都想发誓以善良自持，那么，他置身于许多不善良的人当中定会遭到毁灭。”① 马基雅维利的这个批评包含了这样一层意思：古典政治哲学以善作为政治哲学的首要考虑，从而在面对政治现实的时候显示出了进退失据的无能。立足于马基雅维利的现实主义思想，霍布斯便从现实政治世界中的自然状态开始建构他的政治哲学。人与人之间的自然状态是一种恐怖状态，因此霍布斯政治理论的首要目的在于令人摆脱这种无休止的恐怖状态，其方法是通过理性自由立约建立共同的政治主权权力来约束人们的自然自由。不过，主权与主权之间仍然处于群龙无首、弱肉强食的自然状态，因为在主权与主权之间并不存在一个更高的主权决断者。这也是霍布斯政治理论的一个矛盾。建立利维坦也即现代国家的目的在于摆脱人与人之间的自然状态，然而国与国之间仍然处于自然状态。于是，在现代政治理论中，自然而然地发展出建立一个超级利维坦的思路，也就是黑格尔意义上的世界国家，或者建立一个无阶级的自由社会，以摆脱国与国之间的自然状态。这是现代文明思想的精髓所在。现代文明理想就是要建立一个天下大同的公平社会，建立一个彻底启蒙的光明王国，建立一个彻底自由的理性社会。

霍布斯政治理论的矛盾还有另一种不是办法的解决办法，那就是施米特的政治概念。施米特认为，政治就是敌我划分。有政治意识，就是要有敌我分明的意识，也就是对谁是敌人谁是朋友要有清楚的认识。因此，政治的衡量标准就是敌友划分意识。不过，敌人和朋友虽然是构成政治的共同要素，但实际上朋友概念相对不重要。敌人概念是首要的，朋友概念基本上处于附属地位。因此，要划分敌友，首要任务是认清和确定谁是敌人。施米特的政治概念主要涉及国家与国家之间的敌友划分意识；他所说的敌人概念，也主要指国家与国家之间的敌对意识。施米特是关心天下秩序的政治理论家，尤其关心由现代国家与国家之间的敌我转换关系所构成的世界秩序问题。在现实政治中，国家和国家之间的关系仍然由敌友划分意识来决定。也就是说，国与国之间仍处于政治状态，仍处于非常状态。虽然有些理念超乎国家概念，但实际上还没有什么法律凌驾于国家主权之上。国与国之间的关系仍然处在霍布斯意义上的自然状态，这是一个无法否认的事实。施米特政治理论紧盯的正是这一个政治事实，而且要证明这一种政治事实是人类无法逃避的宿命。

---

① ［意］马基雅维里：《君主论》，潘汉典译，73～74 页，北京，商务印书馆，1985。

1932年，施特劳斯为施米特的《政治的概念》写了一篇书评。在这篇书评里，他说施米特的政治概念“荣耀地恢复了霍布斯的自然状态概念”①。施特劳斯的这个评论包含着两层意思。一是描述性的含义，说明施米特的政治概念是霍布斯自然状态学说的复活；一是批评性的意思，指出施米特肯定了霍布斯想要否定的东西。“恢复”只是一个描述语，“荣耀地恢复”则包含了批评态度。也就是说，施米特的政治概念既是对霍布斯自然状态概念的一种复活，也是对霍布斯文明状态理论的一个否定。在霍布斯那里，自然状态是要不得的状态，是所有人对所有人的战争状态，所以这种状态需要被否定，需要被文明状态取代。在霍布斯那里，自然状态是一个负面概念。施米特则运用这个负面概念来分析国与国之间的关系，并从生存论的角度将其转换为一个正面概念。人间的政治秩序就是在血腥争斗和势力转换中不断脱胎换骨，不断打碎旧的秩序并且产生新的秩序。施米特认为，政治状态是人类生存中无法否定的现实。只有直面这一不可逃避的政治现实，人类才能认清自身的生存状态和命运。在施米特的思想体系中，人类社会的真正命运就是刀光剑影的血肉政治，既不是什么存在于语言中的理想城邦，也没有什么四海之内皆兄弟的自由社会。施特劳斯并不像施米特那样断定，人类根本没有办法超越政治。施特劳斯始终坚持，人类虽然始终生活在无情而残酷的政治现实之中，但是人类生活的尊严恰恰在于保持超越政治生活的希望。政治是人类生活的根本现实，但是人类生活的尊严在于追求高贵的政治。

施米特经常被人称为20世纪的霍布斯，这种比喻有其合理性，也有其误导性。施米特之所以被人称为当代霍布斯，除了他对霍布斯的独特研究之外，一个重要原因在于施米特本人的政治概念复活了霍布斯的自然状态概念。不过，同样重要的是，施米特和霍布斯的政治学说在根本目标上存在着不一致的地方。

在霍布斯所描绘的自然状态中，人与人之间弥漫着一种警惕和不安，每个人都得依靠自身力量来保卫自身的存在和安全。在施米特所描绘的政治状态中，国家和国家之间也同样弥漫着警惕和不安，每个国家都得依靠自身力量自我保全。霍布斯所描述的自然状态是一种所有人对所有人的战争倾向。施米特的政治状态也是一种国家对国家之间的战争倾向。霍布斯所描写的自然状态侧重于个人与个人之间的无政府状态；施米特所强调的政治状态则侧重国家与国家之间没有更高主权的无序状态。所以，施米特的政治概念是霍布斯自然状态

① ［美］施特劳斯：《〈政治的概念〉评注》，8页。译文稍有改动。

概念的彻底化形式。它提醒并且教导人类这样一个残酷的事实：人类生活从来就没有而且将来也不太可能摆脱自然状态。

霍布斯所描述的自然状态是一种恐怖状态，是一个需要而且可以得到克服的生活状态。与之相对的就是文明或者政治状态。霍布斯政治理论的目的在于摆脱这种无休止的恐怖状态并且建立文明的政治状态，其方法则是通过理性地自由立约而建立共同的政治主权权力来约束人们的自然自由。建立利维坦也即现代国家的目的在于克服人与人之间的自然状态，然而国与国之间仍然处于自然状态。因为在主权与主权之间并不存在一个更高的主权决断者，所以主权与主权之间仍然处于群龙无首、弱肉强食的自然状态。这种国与国之间的自然状态也就是施米特所强调的政治状态。这个问题究竟如何解决是霍布斯政治理论中一个悬而未决的问题。

在现代政治理论中，有两种解决这个问题的方案。一种方案是建立一个超级利维坦或者说黑格尔意义上的世界国家，以克服国与国之间的敌对状态。另一种方案就是施米特的消极解决办法：否认建立超级利维坦的可能性，否认人类可以摆脱或者克服敌对状态，断定政治是人类生活的宿命。可以说，施米特逆向解决了霍布斯政治理论中的矛盾。换言之，施米特坚持停留在霍布斯政治哲学所蕴含的问题本身，而且否认这个问题可以得到最终解决。①

根据霍布斯的政治学，按约建立主权国家也即利维坦是理性法则的真正确立和对自然状态的克服。政治是对自然的克服，是文明取代野蛮。霍布斯政治理论虽然有权力政治学之称，但是霍布斯并没有像施米特那样完全抛弃自然法的概念。霍布斯认为，关于自然法的科学是真正而且唯一的道德哲学。② 他还明确指出："自然法自宇宙洪荒以来一直是法律，不但成为自然法，而且成为道德法规，是由信义、公道等品德以及一切有益于和平和仁爱的思想习惯组成的。"③ 在《利维坦》第十四和第十五章，霍布斯总共讨论了 19 条自然法则；第十四章着重讨论了头两条自然法则，第十五章探讨了其他 17 条。

霍布斯坚持自然法的有效性，不过他也强调了传统自然法观念的虚弱性。在自然状态中，自然法仅是虚的法则，无法得到实际的贯彻。人虽是理性的动物，但还没有获得理性的生活。在没有公共权力的地方，理性法则脆弱不堪。

---

① 关于霍布斯的自然状态学说和施米特的政治概念之间的关系，参见拙文《论霍布斯的自然状态学说及其当代复活形式》，载《学术月刊》，2008（6）。

② 参见［英］霍布斯：《利维坦》，黎思复、黎廷弼译，121～122 页，北京，商务印书馆，1985。

③ ［英］霍布斯：《利维坦》，271 页。

只有在公共权力得以确立的地方，理性法则才可能得以现实化。从自然法到民约法的现实化过程，也是理性原则确立自身的过程。在自然状态下，自然法并无实际的约束力；在文明状态下，自然法通过现实化为民约法而具有明确的约束力。霍布斯国家理论的一大目标便是确保理性法则的现实化。在自然状态下，理性还未能确立自身的力量。在没有建立国家之前，理性法则是空洞的语词，是未能现实化的道德规则。霍布斯认为，理性法则在过去一直未能得以真正的现实化，仅存在于语词或者理想之中。霍布斯政治理论的目的就在于通过主权意志顺利地现实化过去仅仅停留在理论层面的自然法。

在其国家学说的结尾处，霍布斯比较了他自己的和柏拉图的国家学说："我几乎认为自己费这一番力就像柏拉图搞出他那共和国一样没有用处了。因为他也认为在主权者由哲人担任以前，国家的骚乱和内战所造成的政权递嬗是永远无法消除的。"① 从这一个比较来看，霍布斯认为柏拉图所设计的共和国是无用的。柏拉图所设计的共和国，思想史上通常称为理想国、由哲人王所统治的共和国。之所以被称为理想国，是因为它是几无可能实现的理想，因为现实的情况是，国家的骚乱和内战所造成的政权递嬗永远无法消除。一方面，自然状态永远无法消除；另一方面，理想国的理念又无力克服这种状态。在这个意义上，霍布斯说柏拉图的共和国是无用的。这番话里边还有一个字需要注意，就是那个"也"字。这个字说明了霍布斯也跟柏拉图一样，认为自然状态永远无法消除，除非哲人担任王位。在这个意义上，霍布斯说，他几乎认为，自己的国家学说也和柏拉图所设计的共和国理论一样无用了。从这一点来看，霍布斯和柏拉图一样，认为只有主权者由哲人担任，才能真正消除纷争和骚乱。

霍布斯又如何避免自己的国家学说变成无用之说呢？霍布斯比较了自己的国家学说和柏拉图国家学说的不同之处。主要有两点不同：一是霍布斯认为他自己的学说考虑到了主权者和主要大臣"唯一必须具有的学识就是关于自然正义的学识"，无须像柏拉图的国家学说设想的那样需要学那么多数学；二是霍布斯自认为做到了"柏拉图和迄今为止的任何其他哲学家"都没能做到的事情，那就是"整理就绪并充分或大概地证明伦理学说中的全部公理，使人们能因此而学习到治人与治于人之道"②。换言之，霍布斯自认确立了伦理学说中的全部公理，也就是确立了自然正义的原则。主权者及其主要大臣只需学习和运用这些公理和原则，并促使人们学习这门学问。霍布斯通过为未来的主权者及

① ［英］霍布斯：《利维坦》，288页。
② ［英］霍布斯：《利维坦》，288页。

其大臣确立明确的“治人与治于人之道”来现实化柏拉图的哲人王理想，企图一劳永逸地摆脱人类生活的自然状态。

在柏拉图的政治学说之中，哲人王的统治是贤者和智者之治，只有贤智者才配得大位。所以，传统政治学说首先关心理想的极致，而不关心这种理想是否能够实现。当格劳孔说苏格拉底所构建的“理想中的城邦”在这个地球上找不到的时候，苏格拉底回答说：这样的城邦“现在存在还是将来才能存在，都没关系”，最重要的是理性的人“只有在这种城邦里才能参加政治”①。换句话说，苏格拉底完全不关心如何逾越横亘在政治理念和政治现实之间的那道不可跨越的鸿沟。从霍布斯的眼光来看，这种理想政治如无实现的可能性，那就不过是无用的语词。为了现实化传统的理想政治理念，或者说为了弥合理想政治和现实政治之间的传统鸿沟，霍布斯一方面坚持传统的自然正义理念，另一方面试图通过主权意志将传统理想政治转化为现实政治，其目标是使人类生活彻底摆脱自然状态。由此，霍布斯为未来的主权者订立了自然正义的全部公理，希望未来的主权者能够通过其主权意志实现自然正义之道。因此，霍布斯的政治理论弥合了传统政治哲学中的哲学与政治、理论与实践之间的鸿沟。在弥合这道鸿沟之时，霍布斯需要做出一定的调整。根据传统理想，哲人王依据其智慧而具有统治的正当性，这种正当性是纯粹的正当性。所谓纯粹的正当性，是无须考虑任何现实条件的正当性。在霍布斯那里，正当性的渊源不再在于智慧，而在于以自由个体的同意作为基础的主权意志。

在一定程度上，霍布斯的政治哲学转移了传统政治哲学中的紧张因素。在传统政治哲学中，理想政治是纯粹的理想。由于它是如此纯粹而完美的理想，所以用霍布斯的话来说，它是无用的语词。也恰恰因此，在理想政治和现实政治之间始终存在着一种紧张。霍布斯的政治哲学缓和了这种紧张关系。因为这种缓和，现实主权之间的紧张替代哲学与政治之间的紧张成了政治理论的核心问题。主权无休止的斗争问题要求得到解决，于是产生了社会主义和自由主义等各种解决办法，包括施米特的不是办法的解决办法。

霍布斯的政治哲学完全融合了哲学和政治，或者说把哲学政治化了。此后，哲学和政治、思想和行动之间的紧张不再是政治哲学的主题。霍布斯承认政治学是难度极高的一门学问。他说，和几何学比起来，“政治学更难研究”②。霍布斯深深明白亚里士多德的立场：政治学的立足点是人类生活的经验及对其

① ［古希腊］柏拉图：《理想国》，386 页，592b。

② ［英］霍布斯：《利维坦》，274 页。

洞察，而非抽象的理论思考。亚里士多德始终坚持哲学和政治之间、理论和实践之间的紧张；霍布斯则试图消除两者之间的紧张，或者说通过将哲学政治化来使哲学无害化和多余化。

哲学的政治化过程最终使得原本意义上的哲学成了一门多余的学问。现实政治的残酷性和严肃性使得冷峻的政治思想家们强调，人类不应该再依赖幻觉而应该诚实地面对现实而生活。这种诚实态度要求人抛弃哲学所坚持的自然正义，而紧紧盯住随政治形势而变化的正义观念。英语世界翻译和研究施米特的先驱者施瓦布曾经问施米特如何看待施特劳斯，据说施米特的回答是：施特劳斯过于把所有东西都藏匿在自然法后面。从这个说法中可以看出，施米特认为施特劳斯过分强调自然正义，施米特本人则充分重视政治现实的严肃性。

施特劳斯对西方政治哲学史的解读始终伴随着他与这三种政治观念的分析、对话和辩驳。在这种对话和辩驳中，施特劳斯逐渐确立了自身的政治哲学旨趣，形成了对西方政治哲学变迁的特有判断。柏拉图政治哲学确立了绝对完美政治的典范，霍布斯政治哲学引导出未来完美政治的思路，施米特政治理论则抛弃所有企图完善人间政治的思路，诚实面对残酷而血腥的政治历史和现实。施特劳斯 1932 年面对施米特政治概念的挑战时，便质疑这种政治诚实的思考立场。施米特著作中充满了关于人间政治的狂风暴雨或者说腥风血雨，施特劳斯的著作则更多体现了喃喃细语的特色，始终企图把握和传递哲学对话中关于人间政治和风细雨式的思考。从施米特的角度来看，施特劳斯的哲学路数过于理想化，过于孩子气。在《高尔吉亚》中，柏拉图就描述了智者卡利克勒斯对苏格拉底的指责，他指责哲学类似于小孩子家的游戏。虽然认为哲学确实有助于年轻人的成长教育，卡利克勒斯仍特别强调：谁要是成年了还念念不忘哲学，不仅可笑，而且纯粹属于找抽。[1] 这也说明，哲学总是自觉不自觉地不顾人类现实生活，营造一个人类的天真世界。

第五节　哲学的天真及其危险

老舍曾经说，自己喜爱喜剧诗人阿里斯托芬甚于三大悲剧家。施特劳斯恐

① Plato, "Gorgias," in John M. Cooper (ed.), *Complete Works*, Indianapolis, Hackett, 1997, pp. 91 - 869, 484c -e, 485a-d.

怕也是如此。喜剧诗人阿里斯托芬就曾以喜剧的笔调揭示了哲学的天真及其危险性。没有一个当代政治哲学家比施特劳斯更为重视阿里斯托芬喜剧的哲学意义。施特劳斯专门写了一本书，讨论阿里斯托芬喜剧和苏格拉底问题。[1]施特劳斯思想中的诗歌与哲学之争这一个重要主题，笔者认为主要体现在喜剧诗人阿里斯托芬对哲学的批评以及柏拉图对阿里斯托芬的回应之中。至于后来启蒙时期的诗歌与哲学之争，只不过是这种古典形态的一种现代变化。从这一争论中，施特劳斯领悟了哲学的天真及其危险性，这也是他要重申隐微论的一个缘由。

阿里斯托芬喜剧作品中，《云》具有最为典型的哲学意义。这篇喜剧，罗念生先生很早就翻译过来了。[2] 因为它是一部喜剧作品，哲学工作者基本没有人拿它当真。恰恰是这部喜剧作品，有助于理解和反思始终伴随着哲学的天真及其危险性，也有助于提升我们对哲学品格的信念。

《云》这篇喜剧讲的是一个勤俭持家的农民斯瑞西阿得斯，因为娶了讲究生活享受的城里姑娘为妻，所以生了一个做梦也沉迷于赛马的败家子。这个农民因为给儿子买马，欠了一屁股债。还债的日子到了，却又还不起。怎么办呢？这个农民想出了一个办法。他希望他儿子斐狄庇得斯能够洗心革面，不再沉迷于赛马，而是去上学。上学的目的地是苏格拉底的“思想研究所”(phrontesterion)，只要交钱就能上学。学习的目的在于：第一，改变认识世界的方式；第二，掌握辩论技巧，从而能够打赢债务官司达到赖账的目的。

所谓改变认识世界的方式，就是不再固守传统观念和信仰，要从自然科学的角度看待世界。希腊的一般公民都相信天体是神灵，思想研究所里的人则认为天体只不过是一个自然物体。一般人以为的神异现象，思想研究所里的人认为只是自然现象。一般人所崇拜的诸神，思想研究所里的人并不信仰。从这个角度来看，苏格拉底的思想研究所其实就是一所自然科学研究所，是一所微型理工科大学。

斯瑞西阿得斯知道苏格拉底会两种辩论方法，也就是会两种逻辑。一种是正直的逻辑，另一种是歪曲的逻辑。一种是正道，另一种是歪理。他还知道，思想研究所里的人主要传授歪理，也就是用强词夺理赢得辩论，从而赢得官司。由于这个农民的主要目的在于打赢官司好赖账，所以从一开始他所关注的

---

① Leo Strauss, *Socrates and Aristophanes*, Chicago, The University of Chicago Press, 1996.

② 参见罗念生：《阿里斯托芬喜剧六种》，见《罗念生全集》，第四卷，上海，上海人民出版社，2007。

就是歪理，就是要强词夺理的技巧。当然，这里所说的强词夺理，不是指硬是把黑的说成白的，而是指不理会语言所蕴含的习俗和道德力量，将语言本身的逻辑和证据贯彻到底。正直逻辑和歪曲逻辑之间的演示辩论就体现了这一点。歪曲逻辑以其纯粹的逻辑和雄辩驳倒了正直逻辑，并且让正直逻辑自动认输并且加入歪曲逻辑的阵营。从这点来看，苏格拉底的思想研究所其实又是一所微型法学院，一所培养律师的大本营。

苏格拉底的思想研究所是两大领域的权威研究机构：一是自然科学，二是诉讼法学。从现在的学科分类来看，这两门学科完全风马牛不相及。但是，在阿里斯托芬笔下，苏格拉底确实既研究天文地理，又教授法庭辩论术。如果从正面的角度来理解，苏格拉底其实是一位文理兼通的学术大师。

斯瑞西阿得斯其实只关心辩论技巧的学问，为什么阿里斯托芬在这个剧本里要花那么多笔墨描述苏格拉底的自然科学研究，还把苏格拉底的自然科学研究态度放到他教授辩论技巧过程的前面呢？其实，这说明自然科学研究态度是前提。只有先受自然科学的洗礼，并从这个角度来理解世界，才能够开始理解并真正贯彻语言逻辑本身的纯粹力量。

由于喜好赛马的斐狄庇得斯看不起思想研究所的白面书生，年迈的斯瑞西阿得斯只好自己到研究所学习。可是，毕竟年纪不饶人，这位老农民还是没能掌握苏格拉底那严格的语言和思维训练，只能再要求他儿子来学。儿子虽然不爱学那些文绉绉的东西，但是毕竟还得靠老子养活，还是答应了去思想所学习。斐狄庇得斯没有辜负他父亲的期望，顺利学会了苏格拉底那口吐莲花般的辩论技巧，轻松地赢得了辩论，并且因此合乎逻辑地赖掉了债务。

然而，老农民斯瑞西阿得斯如愿以偿的时候，也就是他开始倒霉的时候。债务了了，纯粹逻辑的魅力还在继续。领略过纯粹逻辑的美妙之后，斐狄庇得斯开始贯彻逻辑的彻底性。他揍了他父亲，而且还能从逻辑上无可挑剔地辩论：他殴打父亲完全是合情合理的。纯粹逻辑的力量也刺激了年轻的斐狄庇得斯胸中的肆意之情。依据纯粹的语言技巧和美妙的逻辑力量，能够胜过既定的法律，这是多么痛快的事情。这说明，法律的权威经不住纯粹的语言分析。放肆的年轻人既然认识到法律皆由凡人制定，于是自然地意识到，制定新法以代替旧法便是合情合理的事情。古法要子女孝敬父母，斐狄庇得斯的新法则要推翻古法，以鞭打回敬曾经惩罚过子女的父母。

老农民斯瑞西阿得斯最终领略了纯粹语言和逻辑的强大力量，认识到了纯粹语言的逻辑力量可以帮助他免除债务的束缚，但是同时也可以免除道德和法律对语言逻辑的束缚。他可以为了苏格拉底而抛弃神灵，也就因此而丧失了神灵在人类生活中的道德作用。但是，当他领悟到这个道理的时候，却已悔之晚矣。神灵已经失去，去法庭告苏格拉底又是以卵击石。所以，他只有一条路，那就是暴力摧毁。他愤怒地一把火点燃了苏格拉底的思想研究所，苏格拉底和他的门徒于是葬身火海，思想研究所灰飞烟灭。

阿里斯托芬的喜剧表明，正直逻辑和歪曲逻辑之间的辩论就是旧教育和新教育之间的较量，是守旧传统和维新思想之间的争夺。阿里斯托芬的这个故事虽然有点荒诞不经，但是给了哲学家很大的面子。苏格拉底是哲学中的哲学家，他的思想研究所其实是一个学术研究所，主要研究天文地理并传授语言辩论技巧。但是，这个思想所的学术研究不仅能够帮人赢得官司，还能引发社会秩序及其道德观念的崩溃。这样看来，哲学这门学问就不是修身养性的点缀性学问，也不是时代精神的反映，更不是实践的理论指导。阿里斯托芬的这部喜剧说明，哲学是一门危险的学问，是一门革新的学问。

哲学是一门危险的学问，这是阿里斯托芬通过喜剧教导的观点。但是，阿里斯托芬毕竟只是一个喜剧作家。他的戏谑是否值得哲学工作者认真对待，这是一个问题。我想简单引述三个人的观点来说明这个问题。

第一个是英国的卡莱尔。他曾经这么论断苏格拉底：

> 当文学不注重诗性而转向玄思时，文学的各种门类都将走向衰落。苏格拉底标志着希腊的衰落，代表着希腊人过渡时期的思想，他是欧里庇得斯的朋友。这么评价他似乎有些外行，我完全认为他是一个感情深沉、有道德的人，但我又完全能理解阿里斯托芬对他的评价，说他是一个要用自己的革新将整个希腊毁灭的人。①

卡莱尔这么严厉地批评苏格拉底，因为他认为苏格拉底的好辩和思考消磨了希腊人强有力的信仰和诗性精神：

> 我很崇敬苏格拉底，但我认为他的著作中有许多关于美德的空洞言论，他没有给出一个答案。苏格拉底的著作中没有现实生活，虽然他本人是一个始终如一而又坚定的人。苏格拉底之后，希腊变得越来越好争辩，希腊的哲人失去了独创精神，失去了诗性精神，代之而起的是沉思。②

① ［英］卡莱尔：《卡莱尔文学史讲演录》，姜智芹译，31页，南宁，广西师范大学出版社，2005。
② ［英］卡莱尔：《卡莱尔文学史讲演录》，32页。

当然，卡莱尔并不是严格意义上的哲学家，他可能只是站在文学的立场上赞同阿里斯托芬。所以，我想引述一个有分量的哲学家的观点：尼采。尼采在《偶像的黄昏》这本书里面，专门有一章讨论“苏格拉底问题”。在这一章里面，尼采对苏格拉底展开了集中而且猛烈的攻击，甚至包括苏格拉底的长相。

尼采最讨厌的是苏格拉底以后的哲学生病了，而且病入膏肓。这是什么样的病呢？这种哲学病就是对生命充满怀疑、忧伤、厌烦和抵抗。尼采说，所有的时代，那些最有智慧的人包括苏格拉底都认为生命毫无用处，没有价值，真正的价值和幸福在这个世界之外。他们对生命持否定态度，对生命的价值持怀疑态度。这让尼采感到很生气，很恼火。所以，他认为这些最伟大、最智慧的人是“衰败的典型”，“苏格拉底和柏拉图是没落的征兆，是希腊的解体的工具，是伪希腊的，是反希腊的”①。

在尼采看来，最成问题的就是苏格拉底和柏拉图所推崇的哲学理性。尼采说，苏格拉底和他的“病人们”——尼采指的是受苏格拉底影响的人——都把理性看作救星。尼采对此评论道：“整个希腊思维诉诸理性的狂热，透露出一种困境：人们陷于危险，人们只有一个选择：要么毁灭，要么坚持荒谬的理性……从柏拉图开始，希腊哲学家们的道德主义局限于病态；而他们对辩证法的重视同样如此。”②

哲学理性是通过辩证法确立的。因此，尼采也攻击了苏格拉底的辩证法。他说，在苏格拉底之前，在上流社会，辩证的风格是被人拒绝的：“它们被视为低劣的风格，是出乖露丑。人们告诫年轻人提防它们。人们也不信任所有这类表演的任何理由。……凡是得先证明自己的东西，都没有多少价值。无论何处，只要权威属于良好风俗，只要人们不‘说明理由’，而是发号施令，辩证论者就是一种丑角：人们嘲笑他，人们不把他当回事。”③

从这段话里，可以看出权威和理性、命令和辩证法之间的区别。在讲权威的社会里，讲道理是下层人的诉求。讲权威比说理更有说服力。对于尼采来说，苏格拉底的问题就在这里。他把理性和说理看作比权威更高的自然权威。讲道理和辩证法的兴起，也就意味着尼采所说的“小民崛起”，是小民向贵族的造反。尼采很贵族，很看不起苏格拉底的辩证法。他说：“一个人只是在别无他法时，才选择辩证法。……辩证法仅仅是那些不具备任何其他武器之人的

① ［德］尼采：《偶像的黄昏》，卫茂平译，44～45页，上海，华东师范大学出版社，2007。

② ［德］尼采：《偶像的黄昏》，52页。

③ ［德］尼采：《偶像的黄昏》，48页。

自卫手段。”[①] “小民”为什么好讲道理和支持辩证法？因为他没有权威。辩证法的胜利，在尼采看来，其实也就是民主制的胜利。辩证法颠覆了人们对于良好政治秩序的看法。尼采说：“苏格拉底，这个迫使人接受辩证法的平民（roturier），就这样战胜了一种高贵的品味，贵族们的品味。辩证法的胜利意味着庶民（plèbe）的胜利。当一个人是贵族并且本能健旺之时，他就不愿炫耀其理性——他有权威。而权威颁布法令。他将不再坚信辩证法。”[②]

尼采所谓的苏格拉底问题具有双重意思。第一，以苏格拉底为代表的哲学家否定生命，质疑生命的价值。他们把生命看作不幸的、有问题的。也就是说，苏格拉底给生命打了个问号。第二，尼采认为，不是人类生命有问题，而是哲学家病了。也就是说，尼采给苏格拉底本人对于生命的态度打了一个大问号。简单地说，自苏格拉底以来，哲学家都有病，而且病入膏肓。尼采则是要给哲学家看病，恢复前苏格拉底时期对生命的乐观看法。

当然，也许可以说，尼采实际上是一位对哲学并不友善的哲学家。那么，我们最后再引述一位对哲学无比友善的哲学家——黑格尔的话。黑格尔明确地把苏格拉底看作是“哲学史中极其重要的人物——古代哲学中最有趣味的人物，而且是具有世界史意义的人物”。最为关键的是，苏格拉底是哲学的一个转折点，因为他的学说中生发出了“无限的主观性”，也即“自我意识的自由”[③]。黑格尔这么一个严肃的哲学家，也承认阿里斯托芬喜剧的严肃性。他说，阿里斯托芬“在他的喜剧《云》中做的是完全正确的。这位以最诙谐、最辛辣的方式来嘲弄苏格拉底的诗人……他的一切都有非常深刻的理由，在他的诙谐中，是以深刻的严肃性为基础的”[④]。黑格尔在这方面的主要观点是阿里斯托芬的喜剧以诙谐的方式解释了苏格拉底哲学的消极性：“由于培养反思的意识，那在意识中有效准的东西、习俗、合法的东西都产生动摇了。”[⑤] 黑格尔虽然认为阿里斯托芬以夸大的方式把苏格拉底的辩证法极端化了，但是，他也明确说：

> 我们却不能说他这个表现法对苏格拉底不公正。阿里斯多芬绝对没有

---

① ［德］尼采：《偶像的黄昏》，48～49 页。

② ［德］尼采：《偶像的黄昏》，50 页注 1。

③ ［德］黑格尔：《哲学史讲演录》，第 2 卷，贺麟、王太庆译，39～40 页，北京，商务印书馆，1960。

④ ［德］黑格尔：《哲学史讲演录》，第 2 卷，76～77 页。

⑤ ［德］黑格尔：《哲学史讲演录》，第 2 卷，76 页。

> 什么不公正，我们确实应当钦佩他的深刻，他认识到苏格拉底的辩证法的消极方面，并且（当然是以他自己的方式）用这样有力的笔触把它表达了出来。因为在苏格拉底的方法中，最后决定永远是放到主体里面，放到良心里面的；可是如果在一种情况之下，良心是坏的，那么斯特雷普夏德的故事就一定要重演了。①

卡莱尔、尼采和黑格尔这三位思想家都强调了苏格拉底哲学思想的危险性和消极性，都从不同的角度重申了阿里斯托芬对苏格拉底的攻击。作为一门高贵的学问，哲学首先是一门危险的学问。但是，哲学并非从一开始就是一门自我反思的学科。也就是说，哲学在一开始对自身的危险性并不在意，因为这就是它的内在本质。如苏格拉底所描述，典型的哲学家“专注于迢迢河汉之间，而忘却近在脚旁之物”②。哲学家于俗事俗物无所关注，故常因不通人事而狼狈不堪，处处张皇失措。哲学家的这种张皇失措其实就是其危险性的一个方面，因为他漠不关心常人习以为常的人间常情。

阿里斯托芬以喜剧的形式解释道，哲学是城邦道德秩序最为根本、危险和永恒的敌人。柏拉图的哲学对话则要说明，正因为哲学是城邦道德秩序的威胁，所以它才是追问人间正义者的永恒朋友。施特劳斯从喜剧诗人阿里斯托芬那里学习到，如无天真及其危险性，哲学便无超凡脱俗的气质；如不反思自身的危险性，哲学在人世间将无立锥之地。有意识地转变为政治学，哲学方显其高贵品质。

施特劳斯始终在反思尼采对苏格拉底及其理性传统的攻击，并且在后尼采的西方世界中以其独特的方式重新捍卫苏格拉底的理性传统及其辩证法。苏格拉底的理性和辩证法也许确实瓦解了希腊城邦的政治气概，不过也因此确立了希腊哲学的永恒光荣。施特劳斯所处的美国已经不是欧洲的附庸，也不是世界列强之一，而是世界新秩序的确立者和引领者。正是在那个引领世界政治走向的国度里，施特劳斯坚持并且强调，他为之奉献终生的政治哲学的旨趣不是为这个世界的君侯们出谋划策，而是关心一个完美君主所应该关心的人间政治问题。

施特劳斯返回古典政治理性主义的努力促使和教导我们深入思考只有领导世界的大国才会思考的问题：在逐渐重新崛起的过程中，我们究竟该如何把握政治的宏大气象和哲学的微弱光芒之间的复杂关系？百年积弱的老大中国应该纯粹凭

① ［德］黑格尔：《哲学史讲演录》，第2卷，79页。

② ［古希腊］柏拉图：《泰阿泰德——智术之师》，严群译，65～66页，174a～175b，北京，商务印书馆，1963。

借逐渐强盛的政治气象当仁不让地屹立于世界民族之林，还是依然不忘为昏暗依旧的人间政治点上一盏微弱而永恒的哲学长明灯？也许有一天，我们会突然发现并且重新找回一个曾经被我们彻底抛弃和遗忘的政治传统，可以做到二者兼得？

结　语

施特劳斯努力揭示，哲学并非雕虫小技，也非陶冶情操之学，而是一门事关人间秩序的大学问。他也竭力证明，哲学之为大学问，必须有勇有谋。所谓有勇，就是有勇气在思想上一以贯之，即便抵达荒谬的境地也在所不惜。所谓有谋，就是意识到勇敢的思想可能是一种鲁莽，需要谨慎的美德来节制这种鲁莽。如果完全一以贯之，则哲学可能体现了政治鲁莽，或者说体现了政治的幼稚病。这是施特劳斯带给我们的哲学启迪。这种启迪促使我们进一步思考：哲学在什么意义上是一种鲁莽和幼稚，在什么意义上才配得上一门大学问的高贵品质？其思想中的耶路撒冷和雅典之争、古今政治哲学之争以及诗歌和哲学之争，全都围绕着哲学那危险而高贵的品质这么一个中心而展开。

100年来，我们哲学工作者一直在不假思索地为哲学做辩护。但是，这种辩护一直没有充分注意哲学自身的危险性。中国传统思想中，哲学并没有实际的名分，我们以此为耻。于是，我们的现代哲学史家苦心孤诣地重建中国哲学传统，甚至试图汇合中国古学和西方新学“产生一种中国的新哲学”[①]。整个重建传统的过程没有认真反思哲学这门学问的危险性。所以，这种重构的中国哲学思想要么只是实践的理论指导，要么只是时代精神的反映，要么等而下之沦落为展示博学多识的点缀。所有这些都还没能说明中国思想传统的伟大之处究竟在哪里。

我们究竟该如何认识哲学和这个时代？哲学在这个时代的尴尬处境究竟意味着什么？是否意味着，哲学这门学问是时候退出人类生活的历史舞台了？也就是说，我们已经进入了不再需要哲学的历史时代？归根结底的问题是：哲学对于人类政治生活究竟意味着什么？

陈建洪

---

① 胡适：《中国哲学史大纲》，卷上，9～10页，北京，商务印书馆，1987。

参考文献

[古希腊] 柏拉图．理想国．郭斌和，张竹明，译．北京：商务印书馆，1986.

[古希腊] 柏拉图．泰阿泰德——智术之师．严群，译．北京：商务印书馆，1963.

[加] 德鲁里．列奥·施特劳斯的政治观念．张新刚，张源，等，译．北京：新星出版社，2009.

[加] 德鲁里．列奥·施特劳斯与美国右派．刘华，等，译．上海：华东师范大学出版社，2006.

[美] 福山．美国处在十字路口：民主、权力与新保守主义的遗产．周琪，译．北京：中国社会科学出版社，2008.

[德] 黑格尔．哲学史讲演录：第二卷．贺麟，王太庆，译．北京：商务印书馆，1960.

胡适．中国哲学史大纲：卷上．北京：商务印书馆，1987.

[英] 霍布斯．利维坦．黎思复，黎廷弼，译．北京：商务印书馆，1985.

[英] 卡莱尔．卡莱尔文学史讲演录．姜智芹，译．南宁：广西师范大学出版社，2005.

[英] 凯瑟琳·扎科特，迈克尔·扎科特．施特劳斯的真相：政治哲学与美国民主．宋菲菲，译．北京：商务印书馆，2013.

[德] 施米特．政治的概念．刘宗坤，等，译．上海：上海人民出版社．2003.

[美] 施特劳斯．自然权利与历史．彭刚，译．北京：三联书店，2006.

[美] 施特劳斯．《政治的概念》评注//刘小枫，编．施米特与政治法学．上海：上海三联书店，2002.

罗念生．阿里斯托芬喜剧六种//罗念生全集：第四卷．上海：上海人民出版社，2007.

[意] 马基雅维里．君主论．潘汉典，译．北京：商务印书馆，1985.

[德] 迈尔．古今之争中的核心问题：施米特的学说与施特劳斯的论题．林国基，等，译．北京：华夏出版社，2004.

[德] 迈尔．隐匿的对话：施米特与施特劳斯．朱雁冰，汪庆华，等，译．北京：华夏出版社，2002.

[德] 尼采．偶像的黄昏．卫茂平，译．上海：华东师范大学出版社，2007.

[美] 斯密什．阅读施特劳斯：政治学、哲学、犹太教．高艳芳，高翔，译．北京：华夏出版社，2012.

陈建洪．论霍布斯的自然状态学说及其当代复活形式．学术月刊，2008（6）．

陈建洪．施特劳斯论古今政治哲学及其文明理想．世界哲学，2008（1）．

Bacon，F. Advancement of Learning. Chicago：Encyclopaedia Britannica，1952.

Bagley，Paul J. On the Practice of Esotericism. Journal of the History of Ideas. 1992（53）．

Chen，Jianhong. Between Politics and Philosophy：A Study of Leo Strauss in Dialogue with Carl Schmitt. VDM Publishing，2008.

Chen, Jianhong. Review of *Reading Leo Strauss: Politics, Philosophy, Judaism* by Steven B. Smith, Sino-Christian Studies: An International Journal of Bible. Theology & Philosophy, 2006 (2) .

Chen, Jianhong. What is Carl Schmitt's Political Theology? . Interpretation: A Journal of Political Philosophy, 2006 (33) .

Frazer, Michael L. Esotericism Ancient and Modern: Strauss contra Straussianism on the Art of Political-Philosophical Writing . Political Theory, 2006 (34) .

Gilson, Étienne. God and Philosophy. New Heaven: Yale University Press, 1941.

Gottfried, Paul. On Straussian Teachings. Modern Age, 2007 (49) .

Gottfried, Paul. Leo Strauss and the Conservative Movement in America. Cambridge: Cambridge University Press, 2011.

Norton, Anne. Leo Strauss and the Politics of American Empire. New Haven: Yale University Press, 2006.

Plato. Gorgias//Cooper, John M. Complete Worksed. Indianapolis: Hackett, 1997.

Smith, Steven B. Reading Leo Strauss: Politics, Philosophy, Judaism. Chicago: The University of Chicago Press, 2007.

Spinoza. A Theologico-Political Treatise, A Political Treatise. trans. R. H. M. Elwes. New Heaven: Yale University Press, 1951.

Strauss, Leo. Exoteric Teaching// Pangle, Thomas L. The Rebirth of Classical Political Rationalism: An Introduction to the Thought of Leo Strauss. Chicago: The University of Chicago Press, 1989.

Strauss, Leo. German Nihilism. Interpretation: A Journal of Political Philosophy, 1999 (26) .

Strauss, Leo. Jewish Philosophy and the Crisis of Modernity: Essays and Lectures in Modern Jewish Thought. ed. Kenneth Hart Green. New York: SUNY, 1997.

Strauss, Leo. The Living Issue of German Postwar Philosophy //Meier, Heinrich. Leo Strauss and the Theologico-Political Problem. Cambridge: Cambridge University Press, 2006.

Strauss, Leo. Natural Right and History. Chicago: The University of Chicago Press, 1953.

Strauss, Leo. Persecution and the Art of Writing. Chicago: The University of Chicago Press, 1952.

Strauss, Leo. Philosophy and Law. trans. Eve Adler. Chicago: The University of Chicago Press, 1995.

Strauss, Leo. Some Remarks on the Political Science of Maimonides and Farabi. trans. Robert Bartlett. Interpretation: A Journal of Political Philosophy, 1990 (18) .

Strauss, Leo. Socrates and Aristophanes. Chicago: The University of Chicago Press, 1996.

Strauss，Leo. What is Political Philosophy? . Chicago：The University of Chicago Press，1959.

Tillich，Paul. Biblical Religion and the Search for the Ultimate Reality. Chicago：The University of Chicago Press，1955.

Zuckert，Catherine & Zuckert，Michael. The Truth about Leo Strauss：Political Philosophy and American Democracy. Chicago：The University of Chicago Press，2006.

第五章
汉娜·阿伦特与政治经验的诠释

由德国纳粹主义所代表的极权主义，是20世纪人类历史上的灾难，也是现代世界文明危机的集中爆发。第二次世界大战结束后，在极权主义大屠杀所留下的废墟上，政治思想家的一个基本的任务，就是对这一灾难做出解释。在这些思想家中，汉娜·阿伦特（Hannah Arendt，1906—1975）是极其重要的一位。正是这位杰出的女性政治思想家使"极权主义"（totalitarianism）一词有了清晰的理论意涵。依阿伦特之见，极权主义指的是一种特定的人类经验。这种经验是，超人类的力量支配了人们生活的一切方面，人在种族主义、阶级斗争法则、历史运动规律面前丧失了一切属人的自发性。极权主义政体不同于人对人的专制统治，它之史无前例、令人绝望，在于它是非人力量对人的统治。这种统治如何发生？它从当今世界消失了吗？人类能够从中得到教训吗？这些教训是什么？阿伦特由此将极权主义反思引向对人的存在及其境况的探询。

阿伦特出生于德国汉诺威的一个犹太人家庭，1933年纳粹上台后流亡法国巴黎，1941年到达美国，1951年成为美国公民，同年出版《极权主义的起源》，一举成名，其后诸多著作亦颇为引人注目。关于纳粹战犯阿道夫·艾希曼受审的报道《艾希曼在耶路撒冷》[1]，在当时的美国更是掀起轩然大波。自20世纪30年代希特勒在德国执政以后，极权主义的问题便日益引起阿伦特的关注。然而，我们并不能从阿伦特的著作那里找到极权主义的"原因"。关于

---

① Hannah Arendt, *Eichmann in Jerusalem: A Report on the Banality of Evil*, Revised and Enlarged Edition, New York, The Viking Press, 1965.

时代灾难的疗救处方，阿伦特也从未明确提供。阿伦特研究者或许可以概括出阿伦特对这些问题可能的回答，但这种概括往往与阿伦特的理论旨趣相背离。这涉及政治理论本身在现实社会中的地位，涉及理论家是否有意识地致力于充当时代疾病的诊断者、疗救者。实际上，阿伦特拒斥了这样的角色。阿伦特是一位卓越的思想家，但她的自我定位却是一名普通的思考着的公民。她并不自诩是“走出洞穴”的哲人，她尝试思考时代经验与历史事件，思考思想活动本身。阿伦特在这里不是谦虚，她的自我定位是她对政治哲学的理解使然。在阿伦特的思想历程中，她对西方政治哲学传统进行了根本性的否定，并由此出发指出一种尊重政治的政治理论当如何展开。她把极权主义归为更为抽象的“恶的问题”，在其晚年进行了精神生活层面的思考。这些思考囊括了诸多理论难题，如恶的本质与起源、行动与思考的关系、独裁统治下的个人责任、世界的真实性、真理与政治、现代世界的自由，等等。

第一节　阿伦特与西方政治哲学传统

阿伦特拒绝别人称她为“政治哲学家”，她认为自己与那些人不属于一类，她说自己是一位政治理论家或政治思想者。[①] 阿伦特对政治哲学家的这种态度来源于对西方政治哲学传统的批判。阿伦特称，西方政治哲学传统有明确的起点与终点，起点是柏拉图，终点是马克思。[②]

自 19 世纪以后，西方思想家皆已感觉到政治哲学传统崩解后造成的恐慌。新的时代经验，超出了传统政治哲学术语所能解释的范围。马克思、尼采、克尔凯郭尔等皆试图寻求出路，处理新现象、新经验，然而，如阿伦特所言，他们中的大多数不过是颠倒了传统价值的等级序列。他们“如同黑夜中迷路的小孩，越来越大声地吹着口哨”[③]，以克服内心对万籁俱寂的黑暗的恐惧。至 20

① Hannah Arendt, “What Remains? The Language Remains: A Conversation with Gunter Gaus,” in Hannah Arendt, *Essays in Understanding (1930 - 1954)*, Kohn, Jerome (ed.), New York, San Diego, London, Harcourt Brace & Company, 1994, p. 1.

② ［美］汉娜·阿伦特：《人的境况》，王寅丽译，5 页，上海，上海人民出版社，2009。Hannah Arendt, *Between Past and Future: Eight Exercises in Political Thought*, New York, The Viking Press, 1968, p. 5.

③ Hannah Arendt, *Between Past and Future: Eight Exercises in Political Thought*, p. 27.

世纪极权主义兴起，政治哲学的传统术语及理论更是全然无用。不过，阿伦特又说，奥斯维辛之后，人们在文明的废墟上，反而可以有一种优势，“以不受传统束缚之眼光去审视过去”[1]，在无所依凭的情况下进行思考（thinking without a banister）。[2] 阿伦特的论文集《过去与未来之间》的序言，对这种思考的实质进行了描述，她称她的八篇论文，是政治思考的八个练习（exercises）。[3] 在这样的思考中，西方政治哲学的传统不再是思考的依凭，而成了被检讨的对象。

一、政治哲学传统及其问题

阿伦特说的这个西方政治哲学的大传统，是通常意义上欧洲人所说的“我们的大传统”。此传统由柏拉图开启，经中世纪绵延至19世纪。它是西方思想的形而上学传统，它预设了本质与现象、理念世界与可感世界之间的二元对立，所谓哲学，正是对本质、对理念的把握。西方政治哲学传统的政治哲学家首先是哲学家。他们有时也被阿伦特不无讽刺地称为“职业／专业思想家”。沉思的生活，是他们追求的生活方式。政治哲学由他们来阐发，便深深地打上了独特的哲学家的印记。西方政治哲学的此种特点，可从柏拉图著名的洞穴譬喻中去看。[4]

柏拉图在《理想国》卷七中以比喻的方式说明了哲学家与城邦的关系。这个比喻包括下面这些设计：终年不见阳光的洞穴内，一群头和颈被束缚以致不能移动的穴居人，从出生至死亡只能看到前面墙上的影子。洞穴有一条很长的通道可以走出去。柏拉图说，哲人，就是有幸从这条道上走出去，进入光明世界，能够看到太阳的人。洞穴外的世界象征理念世界，被囚的穴居人却只能生活在影子世界-现象世界之中。他们靠自己的感官做出判断，所发表的无非是不具有真理成分的意见，那些意见是虚幻的、肤浅的、不真实的。哲学家则是目光盯着真的理念、善的理念、美的理念的人。他们是掌握了真知而非意见的人。这种洞穴内外的二分，以比喻的方式揭示了形而上学的基本特征。不过，此时并不产生出政治哲学的问题。政治哲学的问题发生于哲人“被迫”回到洞穴之后，缘于哲人与城邦的其他人要共同生活在一起。由阴暗的洞穴走向光明

---

① Hannah Arendt, *Between Past and Future*: *Eight Exercises in Political Thought*, p. 28.

② Margaret Canovan, *Hannah Arendt*: *A Reinterpretation of Her Political Thought*, Cambridge, Cambridge University Press, 1992, p. 6.

③ Hannah Arendt, *Between Past and Future*: *Eight Exercises in Political Thought*, p. 14.

④ 参见［古希腊］柏拉图：《理想国》，郭斌和、张竹明译，272页，北京，商务印书馆，1986。

世界的上升，产生了关于政治的哲学；由洞穴外回到洞穴内的下降，产生了关于哲学的政治学，二者皆为柏拉图式政治哲学的基本内容。

让我们看看哲人回到洞穴后发生了什么。柏拉图说哲人是“被迫”回到洞穴的。哲人离开了洞穴，他的吃穿住就成了问题。回到洞穴后，哲人告诉囚徒说他们生活于虚幻的影子世界中。囚徒们冲他大笑，说他到洞穴外走了一遭，回来尽说胡话。他们又将哲人打一顿，甚至要判处哲人死刑，置其于死地。[①]柏拉图说，哲人好心地启蒙民众，这些民众不仅不领情，反而恶语相加。哲人于是处于一种十分危险的境地。为了摆脱这种局面，柏拉图说，除非建立起哲学家的统治，否则就没有出路。这就是柏拉图著名的哲人王思想。在这个由哲学家统治的理想国度中，哲人因其对真理的洞察而获得了对生产者与护卫者的统治权。阿伦特说，希腊人本无权威概念，柏拉图在城邦衰落的时期开始写作，他的哲人王思想，本质是要建立理性的权威统治。柏拉图是在以一种等级制的秩序来取代城邦这个自由平等公民组成的联合体（isonomy）。

柏拉图的“理想国”是又一篇苏格拉底的申辩，柏拉图的哲学政治学，与他的老师苏格拉底之死密切相连。这种解释人们并不陌生。然而，阿伦特说，柏拉图关于哲人回到洞穴后处境的虚构，实无依据。阿伦特说，人们对哲人的笑是无知者自然表现出的没有恶意的笑，绝非嘲讽，更不会对哲学家宣战。人们不会对哲人产生敌意，相反，敌意来自哲学家一边，是哲学家放弃了大多数常人。[②] 柏拉图式的哲学家与苏格拉底式的哲人属于不同的两类人。柏拉图虽为苏格拉底的学生，但他的很多哲学是反苏格拉底的。[③] 柏拉图虚构出的民众对哲人的敌意，使得西方政治哲学传统一开始就打上了深刻的反政治的印记。

洞穴譬喻可以引出多种不同方向上的解读。若说它体现了传统形而上学的特点，则这些特点可包括如下要点：（1）对现象世界的否定，将存在与现象剥离，认为存在或本质属于另一个世界。这使得它无法直面现象本身。（2）否定偶然性，追求必然性，由此对具体的人与事均予以轻视。政治事务的偶然性、不确定性特征，均使哲人头疼。哲学家对政治的偏见，或许亦源于此。（3）以一元代替多元，追求抽象、整全、绝对的“一”，轻视具体、片面、相对的多元意见。（4）理性主义。视激情、欲望为需要控制的东西，认为理性应当在人

---

① 参见［古希腊］柏拉图：《理想国》，276 页。

② Hannah Arendt, *The Life of the Mind*, One-volume Edition, San Diego, New York, London, Harcourt & Company, 1978, p. 82.

③ Hannah Arendt, *The Life of the Mind*, p. 168.

的灵魂中占主宰的地位。(5) 关注死的问题。人该如何面对死亡？人死后灵魂是不灭的吗？哲人的沉思生活，与“死”是最为接近的。(6) 哲思是少数人的事，多数人为习俗、偏见所左右，为意见所包围，为欲望与激情所控制，他们不能也不愿走出“洞穴”。上述诸方面，落实到政治哲学的层面，则是哲学家对政治的不信任、鄙视、傲慢乃至敌意。这种非政治、反政治的倾向，贯穿于西方政治哲学传统的始终。政治生活的衰落，不必至近代国家兴起之后，从古希腊晚期便可见端倪。柏拉图与亚里士多德的哲学已含有追求个人幸福与灵魂得救的倾向，在斯多葛学派及奥古斯丁的基督教哲学那里，亦是如此。所以，阿伦特说，政治哲学传统对政治的偏见，自这个传统开始时便存在。哲学家们书写的这个传统，是不同情政治生活的，因此，它不能给我们认识政治经验以多大帮助。由此，阿伦特希望摆脱这个传统，阐发一种政治在其中有荣耀、有尊严，至少得到恰如其分的理解的政治理论。如果我们仍要称之为政治哲学，那么务必牢记在心的是，阿伦特所指的是一种新的意义上的政治哲学。

二、多样性与新政治哲学

传统政治哲学的一个重要问题，就是未能很好地处理人的多样性 (plurality) 这一基本事实。柏拉图的哲人王，一人之统治，以制作 (making) 代替了行动，即体现了摆脱多样性的企图。[①] 论证君主制优越的理论以及近代主权学说（包括人民主权学说在内），均体现了对多样性的否定。人的多样性是对主权最根本的威胁。[②] 极权支配的一个关键，也在于化多为一[③]，它是对人的多样性境况最彻底的否定。极权主义致力于摧毁人与人之间的差别，使人们失去任何可以标识个人身份的东西。极权社会是一个整齐划一的社会，其中每个人都以相同的路线去说话，去思考，或者说，他们根本不去思考，因为领袖已代替民众做出了判断，一个人只需听从领袖的指示就是。这种整齐划一，千人一面，甚至体现为服饰、发式的单一。极权政体中，大众中的一员可以与另一员互换。在体现极权支配最高“境界”的集中营里，被关押者连名字也没有，而只有数字代号。如果说传统政治哲学对多样性的排斥只是理论上的不足，那么极权主义实践则从事实上说明，无视乃至摧毁人的多样性，将是一场严重的

① Hannah Arendt, *The Human Condition*, Chicago and London, The University of Chicago Press, 1998, p. 221.

② Hannah Arendt, *The Human Condition*, p. 234.

③ 参见［美］汉娜·阿伦特：《极权主义的起源》，林骧华译，582页，北京，三联书店，2008。

灾难。

阿伦特认为，多样性是人的基本境况之一。它指的是这样一个事实："不是人（Man）而是人们（Men）居住在地球上，生活于世界之中。"[1] 阿伦特认定的这个事实，虽然简单，但很多理论家如传统形而上学政治哲学家们并不承认。阿伦特经常提到这句话。何为多样的人？笔者认为，我们可从以下几个层面去理解：（1）多样性首先意指人们生活的群居特性。不是一个人，而是很多人，共同生活在地球上。人与人的共存，引发出政治问题。孤独的人对于世界而言，好比没有存在过。因此，政治理论或哲学不能从彼此间没有联系的个人出发，而应考虑到事实上地球为人们所共享。（2）然而，对人与人共存于世的确认，并不意味着阿伦特会从一种集体主义的角度去看问题。阿伦特的整个政治理论，仍属个人主义学说。具有悖论意味的是，集体主义政治理论常常从抽象的大写的"人"出发去讨论问题。而视一个个具体的、活生生的个人为必要时可以牺牲的对象。因此，阿伦特说的"人们"，指的是具体的个体所组成的集合，它与"人民""民族"等名词具有截然相反的理论旨趣。（3）阿伦特在"多样性"一语背后所描述的人的境况，不仅确认个人存在的理据、个人的基本权利及尊严，更重要的是要突出个人的独特性。这种独特性，不能用密尔或浪漫主义哲学家所说的"个性"来解释，它指向的不是个人与众不同的生活方式，而是说个体本身具有不同的观点、想法，也包括个体具有不同的外貌形体等特征，由此任何个体都是独一无二的存在，它不是作为人种的类的成员而存在，而是作为他自身而存在。一个人的生命只有一次，一个人活着，没有第二个人可以代替他。讨论不同生命的价值是毫无意义的，因为每个个体都是珍贵的、独一无二的。阿伦特说，人与一切事物共享的 otherness，与一切有生命之物共享的 distinctness，变成了 uniqueness（独一无二性），"人的多样性是独一无二的个人悖论性的多样性"[2]。

依阿伦特之见，人的多样性，是人的诸境况中颇为重要的一种，它与人作为政治动物存在的维度相联系。阿伦特认为政治生活是一种公民同侪之间的言行互动的生活，行动为实践生活（其余为劳动、制作）中最具政治性的一种。行动正是对应于多样性境况。她写道："……人的境况的所有方面多少皆与政

---

① ［美］汉娜·阿伦特：《人的境况》，7 页；［美］汉娜·阿伦特：《论革命》，陈周旺译，159 页，南京，译林出版社，2007；Hannah Arendt，*Essays in Understanding (1930－1954)*，p. 360；Hannah Arendt，*The Human Condition*，p. 234。

② Hannah Arendt，*The Human Condition*，p. 176.

治有关，多样性则尤为一切政治生活的条件。”[①] 多样性的事实指向独特的个人共存的状况。“多样性是人行动的条件，因为我们以这样一种方式都是人，这就是每一个人与任何其他故去的人、活着的人和即将出生的人都不一样。”[②] 每一个人都有其独特性，因而他需要向他人表明自己的身份，回答“我是谁”，就一个问题发表自己的看法，或者以行动来展示自己。而这一切又依赖于他人的在场，依赖于公共空间的存在，也依赖于他人与“我”的差异。因为如果别人的想法和我总是一样的，就没有交流之必要。阿伦特说，罗马人这个最具有政治性的民族，在他们的语言中，活着（to live）意味着存在于人们中间（to be among men）。[③]

人的多样性，意味着人无法化约为抽象的人，人无法由他人来完全代表。每个人基于他的位置，发表他对一个事物的看法，这种看法是独特的、视界性的，永远不可能是全面的。然而基于每个人必定片面的观点，现实（reality）才得以确证。阿伦特如此写道：“在共同世界的情境下，现实不是由人‘共同的本质’来保证的，而是由他们所处位置与观点的不同来保证的。”[④] 因为多样的人意味着不同的立场、观点和经验。而暴政以及大众社会中，只有私性的个人、孤独的个人，这样的人，不免为个体经验的主观性所主宰，这种经验的叠加，仍然是单一的。一个声音、一个观点、一种立场的重复，仍然只是个体的经验，与公共世界无关。[⑤]

多样性的境况不仅与人的行动有密切的关系，在人的精神生活中也有体现。在关于人的思考能力的讨论中，阿伦特指出，思考，在苏格拉底的意义上，指个人内心“我”与自己无声的对话，在这个无声对话的过程中，一人分成了两个角色。当内心的对话被外在事物打断时，两个角色又复合为“一”。思考过程中的人分为两个角度的“二元性”，正是源于人的多样性，一个人独处并不必定意味着孤单。在独处中，“我”与自己的对话仍然表明“我”与另一个“人”时刻共存。“我”希望他是我的朋友。阿伦特说，在人的思考活动中，人的多样性转化成了二元性（duality）。[⑥] 没有这种一人分饰两角、内心无声的对话，人就会沦为无思想的人，而没有思考能力，正是纳粹战犯艾希曼所

---

① Hannah Arendt, *The Human Condition*, p. 7.
② Hannah Arendt, *The Human Condition*, p. 8.
③ Hannah Arendt, *The Human Condition*, pp. 7 – 8.
④ Hannah Arendt, *The Human Condition*, p. 57.
⑤ Hannah Arendt, *The Human Condition*, p. 58.
⑥ Hannah Arendt, *The Life of the Mind*, p. 187.

表现出来的典型特征，它使人无从在恶行面前说“不”。

不是人，而是人们，生活在这个地球上。阿伦特称多样性是一个事实，而不是什么理想。这个事实将康德所说的“人是目的”“尊重每一个人”的理想落实为对人的特性事实上的界定。人活着，即意味着在人们中间。每一个个体皆是独特的。如果不同的人们可以化约为抽象的人，政治生活就变得多余。阿伦特的理论十分清晰。然而，为什么有的政体总是致力于消灭多样性？如极权主义支配即以让人变得相似为目标。多样的个人如何构成一种秩序？阿伦特当然有她的回答。多样的个人不仅是构建新秩序的起点，也是新秩序要维护的东西。多样性是人的基本境况之一，是说我们摆脱、超越不了它。政治理论只宜正视之，而不能无视它去构建一个整齐划一的世界。

三、natality 的问题

苏格拉底之死给西方政治哲学传统蒙上了挥之不去的阴影。哲学家对政治的不信任，对民主的敌意，与这一具有标志性意义的事件不无关系。并且，这个事件也使“死亡”成为哲学家们津津乐道的话题。“贯穿整个哲学史的，是一种十分奇怪的观念——在死亡与哲学之间有着姻亲关系。多少个世纪以来哲学被假定成教人们如何去死亡。正是在此脉络中罗马人说哲学研究只有对老年人来说才是合适的职业，而希腊人曾经认为哲学当被年轻人研究。”[1] 转变发生自柏拉图。苏格拉底死之前，与包括青年柏拉图在内的学生与朋友有一些交谈。在这场堪称临终诀别的谈话中，苏格拉底叫他的朋友们别哭，他说死并不是一件可怕的事，死后灵魂还是存在的，灵魂是不朽的。按照这样的哲学，灵魂与肉体是可以分离的。“死”对于活着的人可能会提出具有哲学意义的挑战。哲学家进入沉思状态时，看上去肉体一动不动，不正是接近于死亡状态吗？柏拉图哲学以及古希腊悲剧，都视“死亡”为重大主题。中世纪基督教哲学，更是围绕“死”的问题大做文章。人体死后灵魂的得救与永生成为基督教追求的目标。近代政治哲学，虽然不再将重心放在灵魂上面，如马基雅维利所言，“我爱我的祖国，甚于爱我的灵魂”，但仍然关心死亡的问题。肉体安全之保证，成为近代政治哲学的目标。霍布斯明确地说，成立国家，建立政府，目的是让人免于被他人杀死。死仍然是避免不了的，但死于他人的暴力伤害，乃是最大的恶。

---

① Hannah Arendt, *The Life of the Mind*, p. 79.

阿伦特对传统政治哲学过分关注“死”十分不满。她认为，我们每一个人，都只有一次生命，活着的时候岂可天天为“死”操心。阿伦特并非说要及时行乐，而是说我们必须认真地去思考“生”的问题。颇具悖论意味的是，基督教虽然关注死后得救的问题，但同样是基督教哲学家，如奥古斯丁，其学说第一次对生予以了充分的肯定。生，并不是指活着，而是指开端启新。奥古斯丁关于“生”的名言“人被创造出来，一个开端形成”多次被阿伦特引用。例如，在《极权主义的起源》结尾，阿伦特即引用此句，以说明随着新人不断来到世间，总有新的希望存在。[①] 基督教对世界的“faith”与“hope”（信与望），为古希腊人所不知。[②] 这种对“生”的认识，也与对“世界”的关注密切联系在一起。阿伦特对于“生”这一人类境况的强调，体现了奥古斯丁哲学对她的影响。

阿伦特用 natality 来描述“生”这一人类境况。Natality 可译为创生性，它既可以指人的出生、人来到世间这个事实，与人生命的有限、终有一死的“mortality”（必死性，或译为有朽性，意指人终有一死这样一种境况）相对，也可以在抽象的层面指人能开创新事物的事实。在这一意义上，阿伦特多将之与实践生活中的行动联系在一起。人的行动能力植根于“创生性”。[③] 行动是自由的，它既不像劳动那样严格服从于自然进程，也不像制作那样受制于目标-手段关系，它是个体在他人面前做出的出人意料的举动。这种做出新事物的能力，与人的知识水平、地位均无关系。它是一种禀赋，类似于“奇迹”。人在行动时是完全自由的。阿伦特说：“既然行动是最典型的政治活动，创生性而非必死性，可能是政治思想（区别于形而上学思想）之中心词。”[④] 人的创生性能力，“像永远存在的提醒者，提醒人们，尽管他们必须死，但他们出生并不是为了死亡，而是为了开始”[⑤]。人做出行动，开始新的事情，这便打破了日常生活的进程。人不是时刻都在行动，甚至可以说，大部分时间人都耽于日常平静的、按部就班的生活，然而，人总有创生的可能。对于这种启新的能力，阿伦特基本上给予充分的肯定。阿伦特由此批评思想史上许多哲学家对于此点的忽视，认为恰当的政治理论必须关注这一点。这种新生的能力，甚至被阿伦特

---

① 参见［美］汉娜·阿伦特：《极权主义的起源》，596页。

② Hannah Arendt, *The Human Condition*, p. 247.

③ Hannah Arendt, *The Human Condition*, p. 247.

④ Hannah Arendt, *The Human Condition*, p. 9.

⑤ Hannah Arendt, *The Human Condition*, p. 246.

视为突破极权主义恐怖支配界限的力量。这正是阿伦特在《极权主义的起源》一书结尾引奥古斯丁关于“生命来到人间”的含义。[①] 阿伦特在讨论到法国启蒙运动时期思想家孟德斯鸠时也提到，孟德斯鸠认为，传统中国的专制君主虽然不免残暴，但这种专制暴虐程度现实中往往十分有限，这要归功于中国妇女强大的生育能力。[②] 在传统条件下，因为不断有新人来到世间，所以要控制人们的思想就变得较为困难。人不断降生这一事实便对专制统治构成挑战。在极权主义密不透风的牢笼中，试图统一人们的思想，改造人们的灵魂，使大家按意识形态要求去思考与行为的努力，每因新人的到来而稀释、淡化乃至消解。

然而，阿伦特对创生性并非一味地赞扬。行动本身的危险，亦是源于这种创生性。行动的特点包括作者不具名、发起不可预料以及后果与影响没有止境。[③] 不同的行动交汇互动，产生更加复杂的结果，它会给人们带来什么，行动者自己无法控制，这是人自由的体现，它赋予自然界以人的印记，给世间增加了新事物，然而，它也威胁着世界的稳定与人类文明的延续。这具有悖论意味，不无悲剧色彩。似乎人们得到了一些东西，就会失去另一些东西。不过，阿伦特的重点仍在于强调创生性的积极意义。一方面，西方政治哲学传统长期忽略了它们；另一方面，现代世界理性化的情况下，行动因难能而可贵，它给予工具理性主导的世界以活力、希望和突破。由此，阿伦特说政治哲学应重点关注生而非死，便不仅是理论思考的结果，也是对时代基本问题的回应。

四、政治学中的本真性

阿伦特的政治观念之重要特色，是关于本真性的诉求。这种诉求是她反思20世纪人类灾难的结果。阿伦特认为，政治生活本可以是坦诚的，彼此信任的，以友好的精神展开的，人们在政治生活中敞开心扉，直言对公共事务的看法，一方面追求他人的赞同，另一方面又认真倾听他人的意见，随时准备调整自己的观点。政治的本真性，意指一种摆脱了尔虞我诈、党派纷争、暴力血腥的政治。它的主体是坦诚的公民，而非政客。它拒斥谎言、虚假与做作。

阿伦特的政治思想所包含的对“本真性”的诉求，首先源于她对极权主义的反思。依阿伦特之理解，极权主义支配的一个特点便是缺乏本真性，缺乏现

---

① 参见［美］汉娜·阿伦特：《极权主义的起源》，596页。

② 参见［法］孟德斯鸠：《论法的精神》，张雁深译，上卷，128页，北京，商务印书馆，1961。

③ 参见［美］汉娜·阿伦特：《人的境况》，171页。

实感。意识形态的特点便是与现实严重脱节，它以强大的逻辑力量伪装成科学理论，让人做它恭顺的奴仆，让现实配合它的理论。有些人属于垂死的、没落的阶级，历史发展的客观规律已宣告了他们的死刑。他们的罪不在于他们实际上做了什么，而在于意识形态对地主或资产阶级的界定。定义不同，人们的命运就大不一样。一旦某人不幸地被界定为没落的阶级，等待他的便是厄运。事实上，那些意识形态分子是等不及历史的自然发展的。他们势必提前消灭这些人，以便加速历史的进程。他们是刽子手，是杀人魔王，双手沾满了鲜血，却丝毫没有负罪感，相反，他们还有一种光荣感，因为他们自认为在从事一项伟大的、崇高的、神圣的事业，他们在尽历史的责任。一旦极权主义政体建成，意识形态在整个社会便成功地塑造出一种虚幻的氛围。不仅民众如此，统治者也是如此。愚民政策一词并不能描述这种情况，因为极权政体中，统治者自己也成了"被愚弄"的对象。统治者甚至比一般民众更相信那些意识形态的胡言乱语，相信种族斗争或阶级斗争铁一般的规律。在这种令人绝望、史无前例的坏政体中，只有统治而没有政治，人成了徒具躯壳的动物，成了意识形态的牺牲品，极权政体致力于制造"活死人"，他们没有法律身份，没有道德人格，连属于人本身的自发性也荡然无存。英国作家乔治·奥威尔的小说《一九八四》里面的那首歌，是极权主义政体中恐怖与荒谬的真实写照："在茂密的树荫下，你出卖了我，我出卖了你。"相互揭发，相互出卖，甚至置亲情于不顾，连自己的父母都要揭发。

谎言流行，不仅见于发展成熟、羽翼丰满的极权政体，也见于现代自由民主社会中。自从柏拉图在《理想国》中为"高贵的谎言"[①] 辩护之后，谎言与政体便开始产生独特的关联。近代政治哲学家如马基雅维利、霍布斯，实际上都认可了为了维护统治而向人民撒谎的做法。国家理性、国家机密、政府公关等均与此有关。阿伦特在《共和的危机》中有《政治中的谎言》一文，专论现时代谎言的新形式。阿伦特在这篇论文中说，五角大楼文献给我们展示了两种新的谎言类型：一种谎言类型是以政府公关的名义进行的，旨在左右舆论，塑造政府良好形象；另一种谎言类型，则是由头脑中装备了博弈论、系统论等社会科学理论的所谓问题解决专家们为了其理论的前后一致而不断制造出来的。这些专家同时又是政策制定者。于是，从错误的假设（例如"共产主义阴谋""中苏结盟""中国的扩张主义"，等等）出发，按照其理论，比如多米诺骨牌

---

① ［古希腊］柏拉图：《理想国》，127 页。

理论或者博弈论，一系列政策便出台了。事实是，这些骨牌论、博弈论、阴谋论的信奉者，他们不需要事实，他们拥有的是“理论”，而现实材料如果不合理论，便被忽略或否定。① 此种“理论”或意识形态，助长了谎言，使得人与实际世界的距离越来越远。

本真性问题不仅体现为破除政治中的谎言，维护一种本身不免脆弱的现实感，更指向人的本真性。阿伦特在《论革命》中有大量关于法国革命时期“伪善”的讨论。阿伦特说，社会问题取代政治问题，主宰革命的进程，伪善的问题由此产生，必然性侵入、腐蚀了自由的政治领域，道德口号成了杀人的工具。在革命恐怖的氛围中，人至少得声称自己是爱国者，此时“本真性”即无从谈起。② 事实上，不仅在革命时期，在日常生活中，社会力量也侵蚀、妨碍人的本真性。一个社会人，是一个戴着面具的人。他表现出的和他的本来面目并不相同。阿伦特早期作品《拉尔·凡哈根》中的一个主题便是，凡哈根作为一个面容不甚美丽的犹太女性如何想方设法掩盖自己内心的想法去迎合社会，这当然体现了犹太人同化过程中的一种情形。凡哈根在临终前才醒悟过来，然而为时已晚。她说：“我从来没有过一天我自己的生活！”③ 此种情形，在现实社会中岂非常见！阿伦特对于本真性的诉求，不仅用于批判极权主义，也用于对现代社会兴起、政治衰落这一事实的反思。顺便指出的是，阿伦特并不试图将极权主义的兴起归结为现代性。现代社会一定会导向极权主义吗？阿伦特否定了这种路径的解释。

不过，阿伦特在政治本真性问题上的论述，并不令人满意。阿伦特一方面强调人的世界、政治世界即现象的世界，称内心是一个黑暗的世界，我们只能从展示出的言语行动来判定他；另一方面又指出，有时候展示出的东西失真。这种相互矛盾的观点如何去看呢？这里，一种意识或心灵哲学呼之欲出。我们心中那个真实的自我存在吗？它的根源是什么？我们最后表现出来的是否与心中的那个我相一致？极权社会的恐怖氛围下，人们或者是不被允许去体验自己的真实想法，或者已完全被改造，丧失了那个“自我”，由此也就无所谓本真性。阿伦特的政治思想可以推进至对于政治世界的前提条件的思考。当阿伦特在充满欺诈与血腥的现实中展望一个坦诚交流、和平共处的政治世界时，她假

① 参见［美］汉娜·阿伦特：《共和的危机》，郑辟瑞译，31 页，上海，上海人民出版社，2013。

② 参见［美］汉娜·阿伦特：《论革命》，84 页。

③ Hannah Arendt, *Rahel Varnhagen: The Life of a Jewess*, Liliane Weissberg (ed.), Richard & Clara Winston (trans.), Baltimore & London, The Johns Hopkins University Press, 1997.

设的是一种市民美德，它主要包括“宽恕”与“承诺”。不过，这样的假设显然不足以支撑一个政治社会。因为问题仍然存在，有人就是不守诺言，有人就是不想宽恕自己的邻人。“恶”人就在我们中间。现在让我们转向阿伦特的心灵哲学，它与“恶”的问题密切相连。

五、恶的问题与心灵哲学

阿伦特在晚年把研究重点转向人的精神生活。这并不意味着阿伦特由政治理论界转向哲学界。如阿伦特自己所言，她是以政治科学家的身份去处理一个通常属于职业哲学家的事。① 阿伦特说，她关注精神生活的理由有两个：一个是在她参加艾希曼审判旁听后对思考能力与恶行关系的思考；另一个是，要继续《人的境况》的工作，处理未曾讨论的精神世界的问题。② 在第一个方面，阿伦特由艾希曼审判发现了一种完全不同的恶，这种恶的特点是它体现出明显的肤浅、空洞性，不能将之追溯到更深的根源或动机。作恶者是十分普通的人，常见的人，他们不是嗜血的恶魔，也不是被极权政体洗脑的人，他们并没有明确的意识形态信仰。这些人的特征并不是愚蠢，而是没有思想（thoughtlessness），艾希曼正是这样一个人。一旦没有可以依凭的惯例或程序，他就显得十分无助。阿伦特指出，思考的缺乏，是我们日常生活中普遍的经验。阿伦特问道：思考活动，检讨遭遇之事的习惯，无论其内容与结果，是使人避免作恶甚至是让人与恶进行斗争的条件之一吗?③ 可见，对精神生活的反思，是阿伦特进一步反思极权主义的结果。

在第二个方面，阿伦特对精神生活的研究是她《人的境况》关于行动问题研究的延伸。阿伦特认为，关于精神生活，从来采用的术语都是由那些耽于沉思生活的人塑造的。从他们的观点来看，精神活动与实践活动截然不同。实践活动是辛劳的，沉思的生活则是宁静的；前者是公开的，他人可见的，后者则是在不可见的内心的荒漠中进行的；前者指向“邻人的必然性”，后者则指向对上帝的观照（vision of God）。沉思生活，总是一种消极的事情。④ 阿伦特说，我们需要以一种完全不同的观点来看问题。精神生活，同样是一件积极的事情。在《人的境况》一书的结尾，阿伦特引用了西塞罗归于加图的话：“一个

---

① Hannah Arendt, *The Life of the Mind*, p. 3.
② Hannah Arendt, *The Life of the Mind*, p. 6.
③ Hannah Arendt, *The Life of the Mind*, p. 5.
④ Hannah Arendt, *The Life of the Mind*, p. 6.

人在什么都不做时反而更活跃，当他与自己在一起的时候，他更不会孤单。”[①] 阿伦特由此问道：当我们只是思考时，我们在做什么？当我们只是与自己在一起时，我们在哪里？

阿伦特认为，20 世纪上帝、形而上学、哲学以及实证主义的“现代”死亡，反而给我们优势以思考上述问题。一方面，我们得以用新眼光去看待过去，可以不受任何传统的束缚，去处理过去的原初经验。“我们继承了遗产，但没有遗嘱”[②]。另一方面，过去少数职业思想家与多数民众的区分已失去意义，思考不再是少数人的事。这也是我们的一个优势。阿伦特说，思考的能力，区分对错的能力，并不为少数哲人所垄断；有些哲人并不会思考，而有些愚蠢的人却同样具有思考的能力。[③] 少数与多数区分的失效，符合现代社会民主平等发展的趋势，也与阿伦特关于“平庸的恶”的提法相一致。

阿伦特的《精神生活》是关于精神活动的思想史著作。阿伦特有时似乎会从思想史的叙述中引出某种结论，然而又常常是点到为止，她提出一些问题，答案却仍然保持着开放性。该书拟分三卷：论思考、论意志、论判断。然而第三卷刚开始写作时，阿伦特便因病突发辞世。人们多以阿伦特晚年的《康德政治哲学讲义》以及其他文献中关于“判断”的论述来推测阿伦特的观点。在阿伦特看来，判断的能力是精神生活中最具政治性的能力，它与现象世界亦密切联系，判断针对特定的个体，针对现在。判断的标准是“有效性”，而非“真理性”，以康德的术语言之，判断体现“扩大的见地”，是在头脑中设想若干他人与我一起来看同一事物。判断凭人的想象力而展开，是一种“再现式思维”。[④]

思考、意志与判断共同构成三种基本活动。它们都要求从世界中撤离，回到自我的内心。它们相互之间不无联系，然而却彼此独立，具有其自主性，每一种活动均不能化约为其他活动，每一种活动均遵循着自己内在的法则。精神活动的自主性，意味着它们的“无条件性”。三种活动的对象来源于世界，由世界所给定，但活动本身不受任何东西的束缚与限定。“人的存在完全是有条件的，但精神活动超越了所有的条件。”[⑤] 精神活动的无条件性具体体现为：

---

① Hannah Arendt, *The Human Condition*, p. 325.

② Hannah Arendt, *The Life of the Mind*, p. 12; Hannah Arendt, *Between Past and Future: Eight Exercises in Political Thought*, p. 3.

③ Hannah Arendt, *The Life of the Mind*, p. 13.

④ Hannah Arendt, *Between Past and Future: Eight Exercises in Political Thought*, p. 241.

⑤ Hannah Arendt, *The Life of the Mind*, p. 70.

"判断时可以赞同，也可以不赞同；人可以意欲不可能之物，可以思考未知的东西。"[①] 如果说《人的境况》讲的是人的存在的条件性，《精神生活》隐含的则是人的内心活动的无条件性。

阿伦特曾以"没有思想"或不能思考来描述艾希曼。阿伦特由此追问：思考能力是否可以阻止人们作恶？思考时我们在做什么？我们在哪里？思考的后果又是什么？笔者将从阿伦特关于"思考"的纷繁的思想史叙述中，概括出若干要点。阿伦特认为，思考活动，如海德格尔所言，是一种无序的活动。它的特点是"自我毁灭""无结果"以及它的反思性。[②] 思考不同于知识。它的一个比喻是"帕涅罗珀之织物"（Penelope's web）[③]：每天织一些，第二天早上又散开从头再来。思考总是针对过去的，它如其他精神活动一样，都要借助于人再现事物的能力。思考是没有结果的。在这种不可见的精神活动中，我与自己在进行无声的对话。苏格拉底，正是阿伦特选择的"思考者"的模范人物。

阿伦特称，苏格拉底是一种"理想类型"，由此可避开关于真实苏格拉底到底在想什么的争论。苏格拉底既非少数哲人，也不属于多数常人，他是一名善于思考的公民。他未著一字，只是时常与人交谈。人们常解释说，苏格拉底似认为关于正义、善的思考能促使人去追求正义与善。苏格拉底既非哲人也非智者。他被比喻为牛虻、助产士、电鳐。他不断进行着思考，并且如助产士一样帮助他人展开思考。他如牛虻一样，通过提问、反诘，让人惊醒。他宣称自己困惑无知，电鳐的比喻也是说苏格拉底通过自己的困惑来让别人感到困惑。[④] 苏格拉底与柏拉图不一样，他并不认为思考能力是少数人的专利。而这种思考，是否将人引向正义，从苏格拉底的两个原则或可看出答案。苏格拉底说："被冤枉比冤枉别人要好。"又说："我不想与自己相冲突。"阿伦特解释说，苏格拉底的这些话并非廉价的道德说教，而是对经验的洞悉。思考时一人分饰两角，我与自己进行无声的对话。我想与这个对话的同伴做朋友，我们不愿意与一个杀人凶手住在一起。这就是苏格拉底的话的意思。亚里士多德也说："朋友是另外一个自己，思想的对话只能在朋友中进行。"[⑤]

阿伦特说，思考是人类生活的天然需要。没有思考，生命就不能发展出它

① Hannah Arendt, *The Life of the Mind*, p. 71.
② Hannah Arendt, *The Life of the Mind*, p. 88.
③ Hannah Arendt, *The Life of the Mind*, p. 88.
④ Hannah Arendt, *The Life of the Mind*, p. 172.
⑤ Hannah Arendt, *The Life of the Mind*, p. 188.

的本质。不思考的人，就像一个梦游者。[①] 如此，思考能力能使人避免作恶吗？它会导向一种政治性后果吗？阿伦特诠释苏格拉底“勿与自己相矛盾”这一原则时，已暗含思考有让人避免作恶的作用的意思。然而阿伦特又说，思考在大多数情况下并不具有政治性，只是在极少数情况下，如大多数人已沦为不思考的动物时，个别人拒绝参与作恶便成了一种行动。[②] 思考具有破坏力，它能冲破传统观念与习俗的束缚，把人的判断力解放出来。思想之风并不导向正确的判断，但它为人们做判断做了准备。[③]

第二节　阿伦特的行动理论

西方传统政治哲学，视政治为低于沉思生活的活动，哲学家对政治历来多持不信任乃至敌视的态度，故而从柏拉图所开启的政治哲学传统那里，已无法获得对政治本性的理解。阿伦特认为，一种恰当的政治理论，欲对政治有同情的理解，必须对实践生活的三种类型（劳动、制作、行动）予以清晰的区分。政治理论首先是关于行动的理论。为此，我们需要回到特定的人类生活经验以及与之相关的人的境况。本节将集中讨论阿伦特的行动理论。

行动是阿伦特20世纪50年代著作《人的境况》一书中的关键词之一，事实上也是阿伦特政治理论的关键词之一。阿伦特的政治理论在某种意义上即指她的行动理论。因为在阿伦特看来，行动是最具政治性的活动，不过对阿伦特的行动理论常常存在一些误读。例如，一种常见的误读是，认为阿伦特倡导行动，实则导向一种大众参与式的民主政治，它当然有别于代议制民主，与极权主义社会中的大规模群众运动相仿，好比一种“大民主”。另一种解读则认为，阿伦特所谓的行动，具有强烈的个人英雄主义色彩，它导向的是唯美的、乌托邦式的政治，不仅排斥了真正的人民参与，还会对政治共同体的维系构成威胁。加拿大学者查尔斯·布莱特堡（Charles Blattberg）即认为：“对阿伦特而言，政治基本上是一件作为展示的行动与作为奖赏的判断之事。”他称阿伦特就像儿童故事中那个永远也长不大的彼得·潘一样。他写道：

---

① Hannah Arendt，*The Life of the Mind*，p. 191.

② Hannah Arendt，*The Life of the Mind*，p. 192.

③ Hannah Arendt，*The Life of the Mind*，p. 193.

在把政治理解为受审美享受之引导而不是着眼于实践的目标——好好活着时，阿伦特是太孩子气了。因为孩子们，在他们被允许的时候，正是审美者，他们想一直鉴赏、想象、游玩或者展示，只有当他们长大后，他们才真正进入严肃的实践世界。这就是为什么阿伦特在号召我们把政治这个严肃的事情当作审美之事来对待时，我觉得她就像彼得·潘——西方经典儿童故事中那个永远长不大的孩子。因为他的家（如果这个词合适）存在于审美之中，存在于他叫作“不存在之岛”（Neverland）的那个岛屿上。[①]

上述两个不同方向的解读也对应于阿伦特是平等主义者还是精英主义者的争论，以及关于行动的两种模式的争论，即以言为重点的沟通性行动与以行动为重点的展示性行动。两个方向上的解读，哪一种更合阿伦特原意？抑或二者皆未得阿伦特行动理论之要旨？回到阿伦特的文本那里，将有助于我们回答上述争议。

一、行动理论的提出

阿伦特的行动理论，集中见于《人的境况》，《论革命》一书中也有所涉及。《人的境况》一书，德文版名为 Vita Activa，可直译为“实践生活”（也有“积极生活”的译法，但“实践生活”是准确的译法，Vita Activa 相对于 Vita Contemplativa）。阿伦特在序言中称此书并不指向任何实践，它只是思考“我们正在做什么”[②]。该书的主体部分分别探讨了三种不同类型的实践活动，它们是劳动、制作和行动。这三种活动均为人们生活中基础性的活动，它们对应于不同的人类境况，揭示了不同的实践经验。

劳动，是人与自然界进行能量交换的一种活动。它依赖于人的身体，其目的是维持生命的存活与延续。对劳动动物来说，生命本身即最高旳善。劳动的特点是其自然性，在劳动过程中，人与自然发生直接的联系，并全然受自然必然性的束缚。劳动时人是孤独的，或者说人可以在单个的情况下从事劳动。因而，它是非世界性的活动。

制作（Work，Make，Fabricate，又译作“工作”，译为“制作”更为准确）则是人凭双手进行的活动，如手工业者的活动，制作一双鞋、一张桌子，雕刻一个雕像，都是制作活动。制作的目的是生产出产品，它们比劳动成果，

---

① ［加］查尔斯·布莱特堡：《像彼得·潘一样的汉娜·阿伦特》，陈伟译，见李强主编：《民主与现代社会》，234 页，北京，北京大学出版社，2014。

② ［美］汉娜·阿伦特：《人的境况》，5 页。

甚至比制作者本人在世界上存活得更为长久。它们构成了人类文明世界的重要内容。制作活动的特点是，它凭借人的理念，具有明显的目的性，目标-手段关系贯穿于其中。在此过程中，暴力成为必需：为了制作一张桌子，必须砍伐树木，对木材进行加工；为了做一份炒鸡蛋，必须先打碎鸡蛋。制作者或曰技艺人（匠人）追求的是产品的稳固、持久，考虑的是产品的美观与实用。制作同样可以在单个人的情况下进行。制作出的产品可能进入市场，与他人发生联系，但通常情况下，人们只关心产品本身，对产品的制作者并无兴趣。

行动，则是人与人之间发生的活动，它不需要以物为媒介。行动对应于人的多样性境况，即“不是单个的人，而是人们共同生活在地球上”。并且，尽管劳动、制作也与人的创生性境况（人开创新事物的能力）相关联，但行动与创生性的联系最紧密。行动总是与言说联系在一起。它需要行动者表明自己的身份，需要运用语言进行交流，需要他人的在场。我们以言与行进入人的世界。没有行动，一个人就很难说是“活在人们中间”。行动意味着离开私人领域走进公共领域。这种进入好比人的第二次诞生。[①] 行动由他人的在场激发，但行动仍是自由的，它并不为外界的情况所决定，行动“不像劳动那样是必然性强加于我们的，也不像制作那样是被有用性所促迫的，而是为他人的在场所激发的，因为我们想要加入他们，获得他们的信任。但它又不完全为他人所左右，因为它的动力来自我们诞生时带给这个世界的开端，我们又以自身的主动性开创了某个新的东西，来回应这个开端”[②]。阿伦特讲的行动与做出新举动、开始新事物含义相当。人能行动，即指人能不受束缚地去造成一个新开端。行动是全然与自然无关的事情，它是人与人之间发生的事，是唯一具有政治性的活动。

理解阿伦特的行动概念，还有一个层面就是要注意行动与行为（Behavior）的区别。行为区别于行动，在于它缺乏自发性，是一种可预期的规范化举动。以阿伦特之描述，行动以古希腊城邦政治生活为典型，在现代革命时期亦可见其踪迹。而在现代的大部分时间里，行动为行为所取代，它根源于现代社会的兴起，因为行为预设着社会规范的存在。从 18 世纪的上流社会、19 世纪的阶级社会到 20 世纪的大众社会，伴随着社会对公共领域的征服，社会中的“划一主义”（conformism），实为新式的专制主义。阿伦特写道：“重要的是社会在它所有方面都排除了行动的可能性（而在先前，行动只是从家庭中被排除了

① 参见［美］汉娜·阿伦特：《人的境况》，139 页。

② ［美］汉娜·阿伦特：《人的境况》，139 页。

出去)。取而代之的，是社会期待从它的每个成员那里得到的某种行为。社会通过施加无数各式各样的规则，使它的成员都规范化，排除任何自发的行动或特立独行的成就。”① 阿伦特说：“现代的平等以内在于社会的划一主义为基础，并且只有在行为替代行动成为人类关系的首要模式的条件下才有可能。”② 现代经济学、统计学，皆以这种社会化了的行为者为预设。如果人是时常做出新开端的行动者，经济学的基础便没有了。而每一次行动对统计学来说，不过是一种数据上的波动或暂时的偏差。现代行为主义之所以兴起，在于它与现实中行为人的出现相吻合。阿伦特描述了现代社会人从行动者变为技艺人（制作者）再沦落为劳动动物的过程，在这一过程中，人完全地丧失了他的“世界性”，丧失了他的自发性，人被社会彻底功能化。她说：“今天，在这个我们生活于其中的世界里，对于我们正在做的事情，或思考我们正在做的事情来说，劳动甚至变成了一个如此崇高、如此有抱负的字眼。劳动社会的最后阶段——职业者社会，要求它的成员成为一种纯粹的自动化机能，似乎个人生命已经真正融入了物种整体的生命过程，此时唯一需要个人做出的积极决定就是随波逐流，亦即放弃他的个性，忘记他个人仍然感觉着的生活的痛苦与艰辛，默认一种昏昏沉沉的、让人麻醉的功能化行为类型。现代行为主义理论的问题不在于它们是假的，而在于它们能够变成真的，它们实际上是现代社会某些鲜明趋势的概念化体现。”③

阿伦特区分行动与行为时，令人想起她同时代的另一位海德堡学子诺贝特·埃利亚斯。埃利亚斯在《文明的进程》中即称，现代文明的进程实在是社会不断对个人施以规范限制的过程。④ 不过，埃利亚斯视为“文明的进程”，在阿伦特看来不过是人堕落为失去创造性、自发性的行为人的过程。二人对20世纪极权主义危机都做出了诊断，但各自所确认的病因却大不相同。⑤ 阿伦特对现代社会中划一主义的反思，也不难看出托克维尔的影子。面对大众社会人们在追求平等的过程中丧失了个性与自由，宁愿平等地享受奴役而不愿不平等地享受自由，阿伦特表现出了与托克维尔同样的担忧。如果说行动主要是古代人的经验，行为是现代人流行的经验，那么阿伦特批评现代社会以行为取代行

① ［美］汉娜·阿伦特：《人的境况》，26页。

② ［美］汉娜·阿伦特：《人的境况》，26页。

③ ［美］汉娜·阿伦特：《人的境况》，254页。

④ 参见［德］诺贝特·埃利亚斯：《文明的进程》，王佩莉译，北京，三联书店，1998。

⑤ 参见［英］丹尼斯·史密斯：《埃利亚斯与现代社会理论》，李康译，59页，北京，北京大学出版社，2011。

动，确实使她的理论带上了无法抹去的古代色彩。

二、行动的特性

在劳动、制作与行动三者中，尽管阿伦特并不否定劳动、制作对我们生活的重要性，但行动无疑最为阿伦特所看重，因为行动是最具有政治性的活动，它与人的自由直接相联系。自由的人意指一个能够行动的人。在行动中，人与人发生联系，这是劳动、制作活动所不具备的特征。行动具有展示的性质，它向他人揭示了“我是谁”。不过，阿伦特推崇行动的同时，对它本身的“问题”也有清晰的认识。行动既反映人启新的能力，却也反映了人类事务本身的脆弱性。这种脆弱性，源于行动本身的特性。阿伦特将行动的特性明确概括为三条，即产生（或结果）的不可预期、过程的不可逆转以及作者无法指明。

行动结果的不可预期，与人的“创生性”境况相联系。去行动，原本即指去做出一个开端。实际上，不仅行动的结果不可预测，行动的发起本身也是无法预知的。而行动者的诞生，也是一件新事，是一个新的开端，并且这个人总是独特的。阿伦特写道：“某个新的东西出现了，它完全不能从以前发生的事情中预测出来，这就是开端的本质。这种令人吃惊的、未曾预料的性质内含于所有开端和所有起源中。……人能够行动的事实，意味着总是可以从他身上期待未曾预料的事情，他能够完成不可能的任务。”①

行动结果的不可预期，更为关键的还在于行动必定发生在人与人之间，而其他人并非消极的旁观者或接受者，他们本身也具有行动的能力。阿伦特也用“行动内在的无限性”来描述行动冲破各种界限，造成无止境影响的特点。行动总是蕴含着潜在的无限性。阿伦特写道：“行动所造成的后果是无限的，因为每个行动都造成反动，每个反动都造成连锁反应，从而每个过程都是新过程的起因。因为行动总是对那些自身有能力行动的人起作用，所以它造成的反动力就不仅是一个反应，而且是一个自行爆发并影响其他人的新行动。因而，人们之间的行动和反动绝不会封闭在一个圈子里，也绝不会只牢牢局限于两个参与者之中。”② 并且，行动结果的不可预测，还直接源于行动所构成的“故事”的意义只有在故事结尾时才显现出来。由此，讲故事的人或历史学家，比行动者能更好地看清故事本身。而对行动者来说，行动的结果，实不可测。③

---

① ［美］汉娜·阿伦特：《人的境况》，130～140 页。

② ［美］汉娜·阿伦特：《人的境况》，149 页。

③ 参见［美］汉娜·阿伦特：《人的境况》，150 页。

行动过程的不可逆，是说行动一经发出便无法收回，好比覆水难收。他不能取消他做过的一切。此点并不难理解。而关于行动故事作者无法指明这一点，阿伦特是说，人的行动与承受的反动，构成一个个故事，但故事为何这样展开，结局为何那样，实不可测，而故事的作者也无人知晓。人可以是故事的主人公，但故事的作者，无从得知。正是由于这个原因，有人把故事的作者归为上帝、神、命运或历史背后的幕后力量，其共同点在于他们都不是人。

三、行动的救赎之道

行动的上述诸特征使得人类事务表现出极脆弱的特点。人们生活在一个充满不确定的世界中，人与人之间的关系网错综复杂。这便引出针对行动而产生的相应的救赎办法。阿伦特专门描述了古希腊人的方法。古希腊人在两个方向上的努力，皆可视为行动救赎之道：一是前哲学的方案，二是柏拉图等哲学家的方案。

前哲学的方案，即政治的方案，它是通过建立城邦来保证行动“展开”的空间，并以城邦的法律来限制行动的后果。阿伦特说，城邦在这方面的功能有二。一是使人们能够持续地行动，使行动由非同寻常的事变成一种日常活动。城邦给人们提供了展示个人风采、彰显独特个性，表明“他是谁”的机会。在城邦中做出的行动，体现高度个人化的争胜精神，但城邦并不因之变得混乱无序，因为它也对人们施以法律的限制。城邦的第二个功能，则是作为记忆的共同体，记录伟大的言行，让人获得不朽。言行并不导向有形的产品，它需要他人的见证，如此，伟大的言行才有人记录，才有其意义。[①] 阿伦特写道：“城邦组织，在物质上得到城墙的保卫，在形态上得到法律的保护——以免在以后的时代辨认不出——是一种组织化的记忆。它向有死的行动者保证：它倏忽而过的存在和稍纵即逝的伟大，不会失去来自为他人所见、所闻和一般地出现在同辈观众面前获得的真实性。”[②]

与政治的方案相比，苏格拉底学派的方案与其说是拯救行动，不如说是抵制行动，取消行动。柏拉图偏爱制作而非行动，因为制作比行动更可靠。然而这种做法破坏了人际关系的本性。行动的问题源自人的多样性这一境况。摆脱多样性危险的办法就是建立一个人的统治。柏拉图的哲人王方案，正是如此。理想国中取消了多样性，取消了那个让公民得以自由行动的空间。理想国是一

---

① 参见［美］汉娜·阿伦特：《人的境况》，154 页。

② ［美］汉娜·阿伦特：《人的境况》，155 页。

个稳定而和谐的社会，却是一个消灭了政治的社会。统治取代了政治，制作取代了行动。行动多种不可预测的灾难性后果一劳永逸地被取消。阿伦特写道：

> 事实上，从人类事务的脆弱性状态逃避到安宁有序的稳固状态是如此受欢迎，以至于自柏拉图以来的大部分政治哲学都可以轻易地被理解为彻底逃避政治寻求理论基础和实践方法的各种尝试。而统治概念正是所有这些逃避政治方式的标志，也就是，仅当一些人有资格发命令，另一些人被迫服从命令的时候，人们才能合法地在政治上共同生活的观念。……此种观念与其说立足于对人的藐视，不如说立足于对行动的怀疑，并且出自为行动寻找一个替代品的强烈渴望，而非出自任何不负责任的或专横的权力意志。①

古希腊之后，还有什么方法可以解决行动的不可预见、不可逆转等问题？阿伦特梳理中世纪基督教及罗马法律传统，指出人类尚有宽恕与作出承诺的能力，宽恕可以解决行动的不可逆性带来的问题，承诺多少也可以消除行动的不可预测带来的不确定性。而这两种力量实源于宽恕的行动与作出承诺的行动。这等于说，行动本身的问题可借由人的行动的其他潜能而得以平衡、化解。这也意味着，阿伦特相信人类事务的问题最终还是依靠人自己去解决。

四、批判性思考

阿伦特在对行动做出详细的论述之后，又结合行动在现代的境遇，指出现时代不仅实践生活与沉思生活传统的等级系列发生了倒转，实践生活内部诸活动的等级序列也发生了倒转。这种倒转表现为先是技艺人的胜利，继而是劳动者对技艺人的胜利，由此，现代人进入了一个劳动者社会。另外，社会的兴起也使得人们由行动人变成了行为者。至极权主义支配体系，一切不可预期之事皆被清除，人的自发性行动被禁止。现时代的危机，是政治衰落的危机，也是行动本身的危机。阿伦特的描述实包含了对西方政治哲学传统以及对现代性的批评。由此，说阿伦特推崇行动，也不是没有依据。

不过，阿伦特并非一味歌颂行动，相反，她一直关注行动的问题以及与此相联系的人类事务的脆弱性，并思考行动的救赎之道。加上她对人的条件性、局限性的重视，她的思想带上了浓重的保守主义色彩。然而，从另一个方面去看，阿伦特又是如此乐观、激进。她其实是在捍卫人的行动的能力，肯定人的

---

① ［美］汉娜•阿伦特：《人的境况》，173 页。

创生性境况，并由此寻求对日常生活的突破。行动毕竟是非常态的事情，人不是每时每刻都会采取或发起行动。行动的判定标准是伟大，它不能拿日常的标准去衡量。[①] 阿伦特捍卫行动，实因行动与人的自由直接相联系，与多样而又独一无二的人的生活相联系。人不同于劳动动物，不同于与世界疏离的制作者，正在于他能行动。

回到本部分开头所提及的关于行动的展示性与沟通性的争论，可以看到，阿伦特凸显的主要是展示性，沟通性一面几未提及。阿伦特常将行动与启新、开端等同，然而启新并不见得具有政治性。阿伦特所说的行动可以具体体现为哪些，尚可进一步探讨。

第三节 革命经验的重温

行动是真正的自由人才能做出的，然而自由是有代价的，行动的危险性似乎表明人本身就是一种危险的存在，当然他又是一个有创造力的存在。不过，阿伦特并不因行动本身的问题便否定了行动，如柏拉图所做的那样去寻找一个行动的替代方案。相反，她对自由与行动的珍视使她去探寻一种旨在使自由人很好地行动而又不有害于共同世界的出路。阿伦特60年代的《论革命》，虽是针对特定的语境而作，在学理层面则可视为对上述出路的说明。以阿伦特之见，革命的主旨当是为行动创造一个制度框架，为自由行奠基礼。革命本身即为行动，革命带来的宪政框架，也是着眼于自由行动空间的保障。然而，革命往往偏离其初衷，行动的后果不可预料。阿伦特重温革命经验，试图使革命精神再放光芒，这种革命精神指向一种可容纳公民自由行动的新政治，这种新政治，或可概括为“独具个性的共和主义”。[②] 这种共和主义不同于自由主义，也与历史上其他共和主义大异其趣。还是让我们来看看她的《论革命》讲了些什么。

“革命”一词大家并不陌生。“革命”在中国语境中，通常是一个好词，“反革命”将承担严重的政治后果。革命也常与改革相区别。所谓“革命”，即以剧烈的方式快速实现某种社会理想，体现社会政治、经济和文化的激烈变

① 参见［美］汉娜·阿伦特：《人的境况》，161页。

② 参见陈伟：《阿伦特与政治的复归》，282页，北京，法律出版社，2008。

革。所谓“改革”，即指点滴修正、小步快走，以渐进的方式去处理中国面临的问题。在这个意义上，今天中国要的是改革而不是革命。其实，革命具有深刻的含义。并不是所有剧烈的变化都叫革命。古代的宫廷政变、大规模的农民起义，也是剧烈的变化，但并不能称之为革命。

关于“革命”这一问题，我们该如何理解？西方人如何看待革命？阅读阿伦特的《论革命》可以促使我们重新去思考革命，思考革命的含义。革命问题本身非常重大，它与今天的世界有高度的现实相关性。比如“天鹅绒革命”“橙色革命”，这些革命就被称作“阿伦特式的革命”。“阿伦特式的革命”主要有两个特征。首先，它是和平的，在本质上排斥暴力的运用，是以和平重建秩序的努力。这与列宁所说的暴力夺权不同。其次，以为自由奠基为目标，试图为自由制定宪法。这是发生在后极权时代的一种现象。因为在后极权时代，特别是 21 世纪的今天，基本的情况是，革命的力量几无可能通过武装斗争的方式去夺取政权。阿伦特作这一番思考是在 50 年代，那时很多地方的革命都还没有发生。60 年代、70 年代和 80 年代，至 90 年代初，革命大面积发生。那时，有学者说，现实中发生的革命就印证了阿伦特在 50 年代的预言。她预言了后极权社会如何实现政权内部的更替。在两次世界大战和冷战的语境中，她展望了人们通过和平的方式重新找回自由的可能性。“阿伦特式的革命”已经成为一个专门的词了。

1959 年春，阿伦特在美国普林斯顿大学开设了一学期的课程。在课程讲义底稿的基础之上，她写作《论革命》。她当时开设的课程名称是“美国与革命精神”。她思想的落脚点是美国革命。1962 年，《论革命》一书成稿，之后出版。这本书有两个背景需要注意。第一，如之前所说，阿伦特在美国写作，她的着眼点是美国，是美国与革命精神。第二，阿伦特是从法国来到美国的，在来到美国之前，阿伦特有近 10 年时间作为无国籍者生活在法国，这段时间，她与雷蒙·阿隆、加缪以及本雅明等法国学者都有很多的交流。在法国，阿伦特从事一些实务工作，像犹太服务组织及其他公益组织的活动。同时，阿伦特阅读了不少法国思想家的著作。阿伦特对政治理论的入门，很大程度上是从阅读法国思想家的著作开始的。阿伦特在哲学上深受胡塞尔、雅斯贝尔斯和海德格尔的影响，而这些人对政治问题的处理都是非常次要的，政治并非他们关注的重点。阿伦特对政治问题的关注一方面源于现实对她的触动，如 30 年代德国纳粹力量的兴起，纳粹对犹太人的迫害；另一方面，从知识上讲，阅读法国思想家的著作也让她受益颇多。因此法国革命对她来说并不是陌生的题材。后来她从法国来到美国，成为美国公民。这一时期她在给导师雅斯贝尔斯以及丈夫的书信中，所表达的都是对美国生活的赞誉，特别是对美国地方自治以及公民精神的赞誉。她住在一个美国老太太的家中，这位老人对某个时政问题有意见的时候，就会欣然提笔写信给总统，这种情况真是让人感到震撼。当然，阿伦特也注意到美国社会存在的问题，她认为美国存在真正的"社会问题"。大革命摧毁了欧洲旧的等级秩序，但在美国，社会问题却是十分真实的，那就是种族歧视。从阿伦特在美国生活的切身体会来讲，她对美国的政治高度赞扬。她认为，在美国依然可以找到共和精神，公民参与政治生活的热情清晰可见。但是，美国的社会问题却非常尖锐，以至后来要通过一场战争来解决。而美国的国父和立宪者的厉害之处在于，他们使社会问题与政治问题相安无事，也就是说，没有因为社会问题影响政治问题的处理。阿伦特《论革命》一书从实践和现象出发，并不诉诸某一理论。阿伦特在法国和美国的生活经历对于我们理解《论革命》十分重要。我们须结合这两段经历去体会《论革命》所表达的意思以及该书洋溢的情感，只有这样才能体会到这本书的玄妙之处。

阿伦特关于革命问题的再审视，还有一个背景知识。阿伦特写《论革命》深受罗莎·卢森堡思想的影响，阿伦特批评的是列宁的暴力革命论。1966 年，阿伦特应约给学者彼得·奈特所著的两卷本《卢森堡传》写书评。阿伦特本身就很喜欢卢森堡，阿伦特的母亲也是卢森堡的崇拜者。阿伦特在书评中写道，她不满于奈特对卢森堡的评价，奈特认为卢森堡只是一名批评家，对社会主义的认识还不够。卢森堡认为，革命家任何时候都应该考虑自由问题，个人自由与公共自由二者缺一不可，对革命要进行伦理的评估，暴力需要有其正当理据。因此卢森堡不满于列宁的观点。列宁主张暴力，认为战争能加速革命的到来，战争能够引发革命。卢森堡认为一个革命家这样想是一件十分恐怖的事情。卢森堡思想的核心是一种共和理想，这与一些马克思主义者所说的不大一样。他们认为革命无所谓道德，道德只是上层建筑。并且，卢森堡不赞成列宁所说的"革命需要紧密组织的小团体"，卢森堡强调共和的纲领，排除了这种紧密组织的小团体从事的运动。卢森堡认为国家和宪法并不是上层建筑，国家和宪法能够约束资本主义带来的问题。阿伦特在书评中认为卢森堡的伟大之处在于她对公共自由的关注，革命的目标是公共自由。所谓好的组织不是成立于行动之前，而是行动本身的产物。先有革命的行动，然后在革命行动中产生议事会。行动产生权力组织，这是阿伦特《论革命》的精髓。"阿伦特式的革命"与卢森堡阐发的思想可谓一脉相承。

《论革命》背后有着一个梦想，一个“乌托邦”。阿伦特曾对记者说，如果要将她描绘的称为“乌托邦”，那么这个乌托邦是有经验依据的人民的“乌托邦”，是值得人们追求的梦想，而绝不是理论家和意识形态的乌托邦。[①]《论革命》这本书出版以后，并没有立即引起震撼和轰动，不像《极权主义的起源》那样引人关注。60年代中后期，随着学生运动的兴起，《论革命》逐渐成为大学生阅读的热门手册，开始发挥它的影响。对于《论革命》的评价，阿伦特与很多人是不一样的。阿伦特的导师雅斯贝尔斯、丈夫布吕赫认为《论革命》是阿伦特写得最好的一本书。而当时的学界以及公众并没有给予《论革命》太多的关注，阿伦特曾向她的朋友雅各布松言及这一情况。[②] 不过，当时阿伦特仍是备受关注的人物。这一时期，《纽约客》杂志正在连载阿伦特关于艾希曼审判的报道，一时引起很大的争议，《论革命》故而被忽略。

然而，《论革命》一书在阿伦特著作中却处于十分重要的位置。阿伦特在书中第一次正面阐发她的政治理想，同时第一次从制度的层面去思考政治，即政治生活展开的制度前提。这本书堪称阿伦特学术思想炉火纯青时期的创作。从这本书与阿伦特之前著作的联系上看，有学者认为，《论革命》一书是对之前《人的境况》以及《过去与未来之间》这两部重要著作的综合。翻看《人的境况》一书，迎面而来的是古希腊城邦、城邦公民的行动理想。尽管也有提到古罗马，但主要以古希腊城邦政治经验为中心。而在《过去与未来之间》中，尽管阿伦特对于古希腊、古罗马、中世纪以及近代的问题都有涉及，但关注的重心是古罗马。她写的“权威”和“传统”都是古罗马人的概念，还有她关于“教育的危机”和“文化的危机”之思考背后的罗马情结也是非常明显的。所以有的学者将《人的境况》概括为“古希腊的行动理性”，将《过去与未来之间》概括为“古罗马的共和传统”。当我们读完《论革命》之后，对阿伦特将会在上述二者之间取得比较“平衡的理解”。这本书和《极权主义的起源》也有联系。一个学者给这本书英译本写过一篇导言，在导言中，该学者着眼于《极权主义的起源》与《论革命》之间的对照，以此去诠释这本书的意旨。他认为，《论革命》一书是《极权主义的起源》的反题，两本书所描写的东西正好是相对立的，非恐怖与恐怖、非暴力与暴力的对立。《极权主义的起源》中写的集中营，在《论革命》中写的《“五月花号”公约》，通过签订契约所形成

---

① 参见［美］汉娜·阿伦特：《共和的危机》，郑辟瑞译，178页，上海，上海人民出版社，2013。

② 关于该书出版后的状况，阿伦特的学生扬-布鲁尔在其《汉娜·阿伦特：爱这个世界》一书中作了清楚的描述。

的公民联合体，这二者正好处于相对立的两极。从这个角度去思考，可以发现阿伦特著作中一以贯之的地方。

理解阿伦特的《论革命》，需要注意的是：首先，这本书不是简单的史学著作，而是一部政治理论著作，它对具体的史实并不关心，而是重在解析人类的政治经验，阐发它的意义，这种意义与我们现实的困境相联系。所以《论革命》中提到“寻求失落的珍宝，挖掘失落的传统”。美国革命发生之后被人遗忘，阿伦特提出要重视革命留下的精神和遗产。其次，从风格上说，尽管这本书在寻求失落的精神传统，但并无浪漫怀旧色彩，恰恰相反的是，这本书真正关心的是现实中的革命现象，书中洋溢着理想，给人以希望。

阿伦特论革命，是从谈战争开始的。阿伦特写道，战争与革命依然是当今世界两个核心的政治问题，它们决定了20世纪的面貌。由此引出了为革命辩护的问题，即革命的理据是什么。历来的说法是，以自由对抗暴政。从对革命问题的思考，引出了对自由问题的思考。书中在讲到自由时提到，现代科学，无论是心理学还是社会学，都未给自由的概念留下位置。“自由一词也从革命的语汇中消失”[①]，革命家对自由的讨论已经很少。但是另一种情况是，近年来自由观念又卷入对战争和暴力合理之运用的讨论中。[②] 为战争正名，这一传统由来已久。古希腊人城邦生活理想是区别于战争的，城邦生活建立在说服而非暴力之上，暴力运用于城邦生活之外，或者说运用于外交事务上。在古希腊那里，暴力的使用无须正名，“强者行其所能为，弱者忍其所必受”（修昔底德）。在古罗马，首次出现了正义战争与非正义战争之分。但是在古罗马人那里，这跟自由没有关系，古罗马人不区分侵略性战争与防御性战争。李维说：“必然之战皆正义。”从上面可以看出，古希腊人、古罗马人的战争都不是以自由为论据的。而在20世纪新的形势下，我们该如何认识战争的变化？阿伦特在书中指出了四个事实。第一，全面战争来临，战士与平民的区分已经不再重要。第二，战争中战败的一方，其政权必定无法存活。第三，军备竞赛不是为了作战，而是为了使战争变得不可能。第四，战争与革命的联系日益紧密，但重点是由战争转向革命，革命而非战争将伴随我们走向未来，战争正在变得不可能，20世纪是革命的世纪，理解革命的人将会胜出。阿伦特意指，我们不能用权力政治时代的术语去理解战争和革命。

---

① ［美］汉娜·阿伦特：《论革命》，2页。

② 参见［美］汉娜·阿伦特：《论革命》，2页。

一、革命的意涵

阿伦特认为，革命首先意味着人们需要面对一个开端，西方思想史上17世纪出现的关于自然状态与文明状态的对照，实际上是描述文明秩序有一个开端。革命与开端的联系显而易见，开端是革命的第一个含义。当阿伦特试图去诠释革命的含义时，她厘清了对革命的几种错误理解。第一，革命不是简单的变革。人类历史上的变革不计其数，但很多变革都不能叫革命。革命不是古希腊城邦的内乱，也不是古罗马人所说的动荡，波利比乌斯所说的政体的变动与循环也不是革命。革命是一个明确的开端，它不是内乱，也不是政体的循环。第二，革命不等于穷人造反。革命中有穷人翻身的现象，穷人推翻富人，然而穷人造反不是革命。在古代，譬如在亚里士多德那里有类似的描述。革命是一种近代（现代）现象，古代与中世纪没有革命。穷人推翻富人建立平民政体，建立穷人的统治，不是革命。革命不只是穷人翻身，革命是要把每一个人从贫困中解放出来，解放每一个人，这种理想在前现代是没有的。这里可以看到现代革命与社会问题的联系。社会问题就是经济问题，是有关衣食住行的问题。现代革命所涉及的贫富问题与亚里士多德从经济的角度思考政体的更替，这二者的含义是不同的。亚里士多德没有说解放每一个穷人，穷人造反可能是支持僭主上台。在古代人的思想世界中，贫富的差别是天经地义的，是自然的，不值得非议。[①] 在现代来说，分配是指按需分配，保证人的基本生活需求。我们讲到革命涉及的贫富问题，革命解放穷人与古代是不同的。法国革命处理贫困的问题和美国革命处理这一问题的方式是不一样的。因为在美国革命时没有贫困问题，恰恰相反，美国的繁荣对法国革命影响很大。美国革命本身对现代革命的进程几乎没有什么影响。但是，人们从美国看到了富足，这激励着人们通过革命去追求富足的生活。也就是说，美国革命本身对法国革命以及后来的革命没有什么影响，但美国前革命时期的繁荣和富足对革命造成了深刻的影响。阿伦特说："有些因素在另一方面给其他一切革命都提出了一个最迫切、政治上最棘手的问题，即表现为贫苦大众悲惨境况的社会问题，却在美国革命进程中无迹可寻。尽管尚未爆发美国革命，但革命的条件在《独立宣言》很久以前就已经确立，并在欧洲广为人知，欧洲滋养了革命的热情。"[②] 由于美

---

① 另可参见［美］塞内尔·弗莱施哈克尔：《分配正义简史》，吴万伟译，南京，译林出版社，2010。

② ［美］汉娜·阿伦特：《论革命》，13页。

国革命没有社会问题，有学者就否认美国发生过革命。阿伦特说这种观点是不对的。

阿伦特又批判“一切现代革命在本质上都源于基督教”[①] 的观点。论者也以为早期基督教具有反叛的性质，譬如路德的宗教改革。阿伦特认为这种观点是有问题的。路德对于世俗革命没有基本贡献，路德创立了新的教会，但他并没有创立新时代的秩序（novus ordor saeclorum）。很难说宗教改革带来革命，基督教存在多年，但现代以前没有任何一场革命是以基督教的名义发动的。第二个观点也与此相联系，认为基督教所包含的线性时间观念为现代革命提供了基础。这种观点很常见。阿伦特在这里作了一个辨析，她认为这种观点没有多少道理，因为希腊人也好，罗马人也好，对于世俗新生的经验、开端的体会都是极其有限的。

革命意味着一种开端，开端启新。18 世纪的两次革命都包含了这种特征。革命的意义是什么？实际上革命进程本身的行动者和旁观者都无法控制，也无从预料，但事件本身的新颖之处和意义还是看得出来的，它的意义在于自由的出现。1773 年，罗伯斯庇尔把他的统治界定为“自由专制”。[②] 孔多塞也说，只有在革命的目标是自由时，革命才可以称为革命。所以，对现代革命的理解，我们既要注意革命的开端特征，还要注意自由这一方面。首先要区分解放和自由。解放是自由的条件，但并不自动带来自由。[③] 与解放相联系的，是“liberation”一词。[④] 自由主义者讲自由，通常用“liberty”，其含义是一种消极的权利，但是“freedom”一词有积极的含义，意味着摆脱某些束缚，自由地出入公共领域。但是“liberation”是说解放之后获得生命、财产上的保障，在此意义上，人是自由的。这二者是严格区分的。在这里，我们要理解解放和自由之间的关系以及不同。“freedom”是政治自由，自由是一种政治现象，这种现象与古希腊城邦的兴起相伴随。理解自由要理解古希腊人的自由观，并将之与古希腊的城邦经验相联系。古希腊城邦是怎样的构造呢？阿伦特在这里的描述与《人的境况》里的描述是一致的。城邦（政治）不是一种民主制，而是“isonomy”，指平等、自由公民的联合体。在这种联合体中，自由和平等是相同的。在古代人眼里，自由和平等不是自然的，而是约定俗成的，是人造的，

① ［美］汉娜·阿伦特：《论革命》，14 页。

② 参见［美］汉娜·阿伦特：《论革命》，17 页。

③ 参见［美］汉娜·阿伦特：《论革命》，18 页。

④ 在《论革命》英文本中，“解放”一词是“liberation”，“自由”一词是“freedom”。

具有人造物的特点。自由意味着在平等的公民之间发言的自由，僭主和专制者都没有自由。这种平等公民组成的空间叫作政治空间，自由与政治空间相联系。僭主统治、专制统治中都缺乏政治空间；没有政治空间，自由也无法栖身。所以古希腊有广场，供人们聚会交流、讨论问题。自由人能为他人所看到，他的发言也能为他人所听到。现代的自由是宪法所保障的公民权或市民权，包括宪政结构中所说的集会和抗议的权利也是消极的，这与古代不同。以上区分了解放和自由，革命往往同时与这两者发生联系。解放也要求人们投身于公共事务，当人们走在一起时，会有意无意地构建出自由得以展示的空间。所以革命带来的新经验除了开端的经验以外，还有自由的经验，同时具备这两者，才可以谈论革命。革命的行动者所体会到的自由与市民的自由权是完全不同的。

革命往往与暴动和暴乱相混淆。但实际上内乱、叛乱和暴动都不是革命。因为它们不具备上述我们所说的要素。它们之所以易被混淆，原因在于它们都与暴力相联系。只有当变革在一个新的意义上发生，在那里“暴力被用来构建一种全然不同的政府形式，缔造一个全新的政治体，从压迫中解放，以构建自由为起码目标，那才算得上是革命”①。

阿伦特运用词源学的方法，考察“革命”一词的历史，以揭示在什么情况下出现了什么样的经验使得人们赋予革命特定的含义。文艺复兴时期是现代的基础，是近代政治思想的基础，它代表近代西方的新生、与中世纪的告别。这种情况下能否找到革命的蛛丝马迹呢？阿伦特的描述是这样的：在文艺复兴的史料和政治理论中，没有“革命”这个词。马基雅维利也不用这个词，他还是沿用西塞罗的“动荡”一词。一个词不可能先于现象而产生。马基雅维利探讨政体的变革，但他实际关心的是稳定、持续的秩序，他不是政治变迁理论的思想家。但是可以说他是革命的先驱。② 阿伦特认为，马基雅维利是“第一个思考建立一个持久不变的政体之可能性的人”③，“是第一个设想了一个纯粹世俗化领域兴起的人”④。纯粹的世俗领域独立于教会，也独立于道德。革命源于世俗领域的兴起，而不是基督教，也不是宗教改革。马基雅维利告诫人们，进入政治领域不要遵从基督教的教义。与革命理论家不同，他理解的“奠基”只是

① ［美］汉娜·阿伦特：《论革命》，34 页。

② 阿伦特对马基雅维利的解读，可以参考《过去与未来之间》里《历史的概念》一文。

③ ［美］汉娜·阿伦特：《论革命》，35 页。

④ ［美］汉娜·阿伦特：《论革命》，36 页。

重建，即意大利民族国家的重建。革命所包含的开端含义在马基雅维利那里付之阙如。马基雅维利不是政治科学和政治理论之父，但他是革命精神之父。从两个意义上可以这么说：其一，马基雅维利主张复兴古罗马的精神和制度；其二，马基雅维利谈到了政治领域中暴力的角色。这两个因素都在18世纪的革命中有所体现。然而马基雅维利与后来的革命理论家的差别也是极大的。因为18世纪的革命者生活在17世纪以来科学昌明的时代，他们无法像马基雅维利那样自如地与古人交谈，宾至如归。马基雅维利的思想标志着中世纪市镇自治生活的终结，而不是开端。在这个意义上，他与革命相去甚远。如何理解马基雅维利关于政治领域中暴力角色的论述呢？马基雅维利的论述不仅是对人性现实主义的思考，更多的是基于对权威合法性的思考。因为使用暴力者恰似无所不能的上帝。马基雅维利思考奠基的问题，奠基意味着树立新的权威。此时他不得不求助于上帝，这赋予奠基者以神性，并不是出于某种宗教情感，而只是试图寻找绝对性的一种努力。但是所有这些相似之处，对于意大利城市国家来说都不是革命，没必要用一个新词去描述这种经验，所以马基雅维利的著作中没有“革命”一词。他用“state”一词，这种状态不同于共和国，它是指统一的意大利。我们现在将其译为“国家”。另外，“造反”和“叛乱”两个词在前现代就有，但不是革命，因为革命不是解放某些人，而是解放古往今来的所有人。中世纪的反抗只是更换统治者，而不是人民自己统治。换的只是处于权威位置的那个人，而不是权威的格局。所谓改朝换代不过是换统治者而已。这里暗含着另外一个含义：解放和人人平等的理想相联系，这种理想是贵族制的反体。所以从词源学的角度来讲，革命是一种近代现象，古代和中世纪没有革命，马基雅维利的著作中有革命的因素，但没有真正的革命，他可以说是革命精神的先驱，但不是真正的革命者。

人们什么时候开始讲革命？“革命”这个词的含义是什么？尽管前面提到革命有开端的含义，但革命最初并非此义。革命最初是指某种复辟和回归，这种复辟来源于神的护佑。“革命”一词本来是天文学术语，“指有规律的天体旋转运动”[①]，是循环往复的运动，没有开端、启新的含义。因为一个新的开端意味着打破某个进程。在17世纪英国革命中，“革命”一词第一次作为政治术语意指复辟，指回到某个原点，它基本接近于天体运行这样一个隐喻的原意。天体运行是一个隐喻，革命最初的含义接近于它，所以人们称1660年、1688年

① ［美］汉娜·阿伦特：《论革命》，31页。

国王复辟时期为革命，所谓“光荣革命”是指国王重新获得了光荣和尊崇，“革命”是指复辟的含义。最初的革命不热衷于新的事物，从立国者的角度来讲，他们也往往具有保守的心理。革命的行动者是保守的，但当代的旁观者所看到的是全新的东西，认为他们开启了新的局面。所以阿伦特认为，我们讨论革命，围绕英国革命来讲是不可行的。因为英国革命本质上指向的是某种复辟，而今天我们为革命赋予的新含义是开端和自由，因此要转向法国革命和美国革命。当我们转向法国革命和美国革命的最初阶段，就会发现人们只是想复兴一种秩序，找回被绝对王权或殖民地政府破坏了的东西。革命即使在那个时期也包含回到某种秩序的意思，直到后来人们才把革命当作某种开端，视革命为人们努力的结果，在革命中，人们有意识地规划自己的未来。可见，开启新的局面、“创新”等观念，需要花费近两百年的时间才能到达政治领域。

创生性、开端和暴力与革命息息相关。而天文学意义上的“革命”除了循环往复的运动这一意思之外，还有一个，即不可抗拒性。法国大革命中人民攻占巴士底狱，是革命而不是单纯的反叛，它超出了人力所能控制的范围。革命意味着大势已去，反叛还可以通过暴力维稳。不可抗拒性体现了革命自身的逻辑，革命的领导者、行动者和旁观者都阻挡不了。因为大量的底层人、穷人走进公共领域，走向政治舞台，这样一来，“面包问题”、财富问题代替了自由问题，成了革命的口号，革命的目的不再是为自由奠定基础，而是变成追求解决贫困问题，追求生活的改善。在革命进程中，无论是参与者还是旁观者都感觉到一股强大的力量将人裹挟着前进，好像是一股外在的力量在插手人类的历史进程。所谓“革命潮流，浩浩荡荡，顺之者昌，逆之者亡”。革命的旁观者，观察法国大革命就产生了现代历史意识，这就是现代德国历史哲学的兴起。现代历史哲学认为人类历史发展是有规律的，背后有超越人的力量在主宰。这种观念即来自法国大革命。法国大革命以其实际的进程告诉人们革命这种伟大的事件背后有某种力量在推动。但是在美国革命中，情况则相反，在美国革命中，人是主要的。所以法国大革命以后，启蒙时期的哲学就转向历史哲学，阿伦特写道：“从理论上说，法国革命意义最为深远的后果，就是黑格尔哲学中现代历史观念的诞生。”[①] 黑格尔革命性的理念使哲学家旧的绝对性在人类事务领域中展现。后康德时代的哲学之所以能发挥对欧洲乃至世界的影响，并非因为通常所说的唯心主义，而是因为康德哲学已经离开了纯粹思辨的领域，试图

① ［美］汉娜·阿伦特：《论革命》，40页。

提出一种与时代最新、最现实的经验相契合的哲学。但是，黑格尔哲学关于人类事务的哲学，重点仍在于思考，这是相对于马克思来讲的。黑格尔的世界精神仍是一种人的思考，但在马克思那里，重要的是实践，是行动的力量，在行动中哲学才展示出来。马克思所说的改造世界，不是说基于某种理论去改造世界，而是说哲学要在改造世界的实践中展现出来，在这个意义上，它不是“乌托邦”，而是科学共产主义。阿伦特认为，18 世纪收获的不是托克维尔式的“新的政治科学”，而是黑格尔的历史哲学。政治科学是围绕公民权利和自由来讲的，而历史哲学是围绕如何把握历史进程、如何认识事件发生的规律等问题展开的。二者有质的不同，一个是为了把握不可抗拒的进程，一个是思考人类如何能够主宰自己的命运。政治是人为的，是约定俗成的，而不可抗拒的进程则是人所不能控制的。

托克维尔应对新政治局面的新政治科学，在黑格尔那里是历史哲学。这里有一对基本的范畴——“行动者”和“旁观者”，这是理解阿伦特思想的重要范畴。旁观者见证行动者的存在，旁观者叙述历史。阿伦特自己在某个时刻是行动者，同时她也作为旁观者在观察历史。法国大革命时期革命中人是行动者，他们并不知道自己在开启新的时代，革命中人对于革命的方向也是不清楚的。这跟行动本身的特点是相联系的，如上文所言，行动的后果具有无疆界性，一个人做出行动，无法预计它的影响。法国大革命时期革命中人是行动者，德国的思想家则是旁观者。德国由于受封建思想的束缚，革命来得比较迟缓，但是作为旁观者他们却产生了独特的现代历史意识。革命者本身卷入了一个自己也无法控制的进程，一浪高过一浪，从最初的立宪派到雅各宾派再到复辟，革命的整个进程和意义在德国人的头脑中呈现出来。当时的黑格尔、费希特、马克思都对法国大革命作了相关的描述。法国大革命如何对德国人的思想形成影响呢？这就要注意理解“行动者”和“旁观者”这一对范畴。黑格尔在说法国大革命时，仿佛已洞悉事件背后的规律，他是以旁观者的视角去谈的。关于黑格尔的历史哲学以及黑格尔的教义，阿伦特在书中也作了相关阐释。按照黑格尔的历史辩证法，世界历史是分阶段、一个阶段取代另一个阶段、按照某种规律不断地上升的过程。在这一过程中，每一个阶段都是一个过渡。黑格尔说：“一切现实的皆是合理的，一切合理的皆是现实的。”黑格尔本意不是要维护既存的东西，他所谓的“现实的”是指具有必然规律性的东西，在发展过程中，之前现实的东西也可能失去合理性，这种说法不是保守的，而是革命的。那么面对旧的东西该怎么办呢？黑格尔认为，如果旧的东西充分理智，不加抵抗地自行死亡，那么便和平地被代替；如果它负隅顽抗，就以暴力的方式被代替。黑格尔哲学否定任何永恒秩序的存在，否定任何神圣的东西。在一定阶段，某种秩序是合理的，但当新的阶段到来时，它就会丧失它的理据。黑格尔的历史观念，以及自由与必然性之间的辩证观念，深受法国大革命的启发。所以法国革命而不是美国革命使人类历史进入了革命时代。但当革命到来时，人们忘记了美国革命的经验，阿伦特正是要唤醒人们重温美国革命的经验，重新诠释美国革命留下的遗产。实际上，法国革命带来了灾难，它是一场失败的革命，而美国革命缔造了自由，它是一场胜利的革命。

阿伦特认为，我们关注革命不是为了记叙革命的历史，而是为了理解革命对于世界史的意义，对于人作为一种政治的存在之意义。因此，我们要回到某些特定的“时刻”。“时刻”话语是区别于历史哲学的。我们要关注革命时期的政府形式，而这些政府形式后来被人们忘记了。阿伦特《论革命》一书与其他论革命的书的不同在于，它对于革命初期政体形式和政府形式，以及自由问题，有颇为独特的讨论。阿伦特称托克维尔是“最敏锐也最有思想的观察家”[1]，阿伦特的思想深受托克维尔的影响，同时也对其进行批评。托克维尔说：“当过去不再照亮未来时，人的心灵就会在混乱中徘徊。”[2] 这里暗含一层意思，即托克维尔也无法很好地理解革命，尽管他后来写过《旧制度与大革命》一书。阿伦特认为，托克维尔在观察美国的时候，是带着法国人的思维定式去看的，所以他只看到美国社会方面的平等，却没有看到美国人建国、追求自由的一面。阿伦特接着从法国革命讲到俄国十月革命，讲到俄国革命历史和行动。在这里可以看到“历史”和“行动”也是一组对立的范畴。奉行一套黑格尔式的历史范畴，是否定人的行动的意义的。恩格斯写过一篇文章《路德维希·费尔巴哈和德国古典哲学的终结》，文章里讲到，黑格尔哲学的革命意义，在于告诉人们人的思想和行动本身都不具备决定性的意义，这些要放到大的历史进程中去考虑。而在阿伦特的政治思想中，行动是非常重要的，它挑战任何历史主义的东西，凸显人的创造性。实际上这里可以看到阿伦特对历史主义的批评。她认为，在俄国革命中，意识形态和恐怖分别从内外两个方面对人进行控制，作为行动者的人不复存在，即使革命者也只是顺着潮流往前走。

---

① ［美］汉娜·阿伦特：《论革命》，45页。

② 英译原文是：“As the past has ceased to throw its light to the future，the mind of man wanders in obscurity .”

二、政治问题与社会问题的辨析

社会问题是相对于“政治问题”来讲的，总体上阿伦特是要说明，革命关注的问题是从政治问题转向社会问题时会产生的后果，这后果就是自由屈从于必然性。阿伦特的书中有两个含义不同的“必然性”概念：一个是历史决定论中的必然性，一个是生命过程的必然性，背后皆为对自由的否定。这两种必然性在革命中都有。尽管刚开始历史必然性只是在思想家的头脑中，但随着职业革命家的产生，随着列宁式革命的出现，情况发生了变化，因为到列宁时期革命有可能是谋划和策动的结果，这和法国革命是不同的。社会问题领域是一个必然性领域，人在社会问题领域中没有自由。这里的社会问题就是指贫困问题，即人的面包需求。而“面包问题”在法国革命中迅速成为一种口号。革命不再是追求自由，而是为了摆脱贫困。这时人的权利变成了穷人的权利。“马克思从法国大革命中学到的是，贫困是第一位的政治力量。”[1] 马克思将社会问题转化成一种政治力量，他习用“剥削”一词，也就是认为，贫困是一个掌握暴力手段的“统治阶级”剥削带来的结果。马克思的解释模式是奴隶制的，奴隶制中确实存在一个“统治阶级”，但是资本主义时期，情况发生了变化。但马克思用古代奴隶制的模式去解释资本主义的现实。阿伦特认为，只是为了革命，马克思将政治因素引入经济学，并使它“伪装”成“政治经济”，即一种基于政治权力之上的经济，由此也可以通过政治组织的变革、通过革命的手段将其推翻。马克思帮助解放穷人，他不是说贫困是某种历史的或必然现象，而是劝说人们贫困是一种政治而非自然的现象，是暴力和压迫造成的结果。马克思以政治语言解释经济问题，把贫困转化成了革命的动力。马克思的解释是古代奴隶制的模式，而现代社会是要解放劳动者。马克思的早期著作是以政治术语来解释经济问题的，而在《共产党宣言》之后则以经济术语来解释政治问题。“马克思将必然性等同于生命过程所具有的强迫性冲动”[2]，他比任何人都注重强调生命是最高的善，人的吃穿住最重要。这样一来，革命的目的不再是将人从压迫中解放出来，也不是以自由立国，而是使社会的生命过程摆脱稀缺性这一锁链。“不是自由，而是富足，现在成为革命的目标。”[3] 马克思就是这样使自由服从于必然性。罗伯斯庇尔和列宁也是如此。阿伦特认为，列宁最初

---

① ［美］汉娜·阿伦特：《论革命》，50 页。

② ［美］汉娜·阿伦特：《论革命》，51 页。

③ ［美］汉娜·阿伦特：《论革命》，52 页。

还没有混淆这个问题，当有人问十月革命的目标是什么的时候，列宁的回答是“电气化加苏维埃”，他主张通过电气化这种技术手段解决社会问题，用苏维埃解决自由问题。但是列宁很快发现，贫困仅靠电气化解决不了，于是试图依靠党的力量推动经济的发展，而不再说“苏维埃”了。阿伦特说列宁是法国革命的最后一位继承者，他继承了法国革命悲剧性的失败——以政治手段解决贫困问题的失败。

阿伦特说，马克思从法国大革命中发现了穷人的力量。但这种情况在法国大革命之前并不存在。18 世纪热爱自由的人们谈到人民有反抗统治者的权利时，他们所说的“人民”不是指“穷人”。认为一切革命都有其社会根源，这一 19 世纪的偏见在 18 世纪的理论和经验中并不存在。事实上，当美国革命者来到法国，面对欧陆实际的社会情况时，便对革命失去了信心，不再相信华盛顿的话：美国革命会给欧洲和几乎所有的民族打开眼界，自由和平等精神会蔓延至各地。因为他们认为法国已经腐化了数个世纪，美国式的革命在此将会遭遇巨大的障碍，自由要想在旧世界扎根，将经过巨大的混乱。因为那里的人民充满痛苦，那里的贵族又相当腐化。欧洲大陆的人不具有美国人拥有的那种自由心灵，对于其他生活优越的人，杰斐逊也不抱希望，他们的行为是有礼貌，但这种礼貌无时不在加剧这里人们的痛苦。约翰·亚当斯也认为一个自由的共和政府，无法建立在凡尔赛皇家动物园中的大象、狮子、老虎、豹子、狼和熊之上。阿伦特在这里实际是说，法国的穷人、富人不具有自由的心灵。在法国革命失败的地方，美国革命取得了成功。美国并不是没有贫困问题，但是国父们认为美国的劳工并不痛苦，他们不受需求的驱使。他们提出的问题不是社会性的，而是政治性的。他们关心的不是社会秩序，而是政府形式。美国也有穷人，美国穷人的特点是没有追求卓越、秀异（virtuosity）的激情。穷人的生活没有目标，他们生活在公共领域的光明之外。他们无论走到哪里都站在黑暗之中。这是亚当斯对穷人生活的描述。阿伦特说，亚当斯的观点在现代是极少见的。亚当斯看重穷人的政治困境，然而这种观察并不为穷人所共享，因为穷人更重视需求的满足。在任何地方，穷人变富以后也不会成为追求卓越的人士。他们没有走向公共领域的激情，而是耽于享受。他们敞开他们的私人住宅，炫耀财富，展示那些不适合被人看到的东西。所以说美国没有社会问题是不真实的，美国还有奴隶制，存在黑人劳动这些痛苦。但是亚当斯和其他一些建国之父并不为这种情况所打动，他们看到的是穷人默默无闻的状况。换言之，他们似乎缺乏同情心。同情历来在政治领域之外、在教会等级制领域之外运作。但到了18世纪，这种状况开始发生变化。卢梭式的同情在法国大革命前变得分外流行。从那时起，同情与革命结伴而行。同情驱动着革命中人，美国是唯一的例外，其中同情不扮演任何角色。考虑到美国奴隶制的存在，欧洲各国的痛苦要比美国少得多。杰斐逊讨论过奴隶的问题，但他并不是出于同情和对同胞的感情，而是出于奴隶制与自由制度的不相容。欧洲则与之相反，在那里奴隶制不是问题，驱使革命者最重要的因素是同情。阿伦特对自己所讲的社会问题进行了廓清，以区别于现代所讲的社会问题，如平等问题以及与社会地位相关的问题。她所讲的社会问题就是指贫困。

法国革命一开始也是为了反对暴政与压迫，而非剥削与贫困。但从暴政中获得解放仅触及少数人的生活，大部分人对此毫无感觉，仍然生活在痛苦之中。所以他们认为解放应该再来一次，这种解放是从必然性中解放。相较而言，从暴政中解放不过是儿戏。在这种解放过程中，革命者所代表的人民不再以共同的事业结合在一起，而是以罗伯斯庇尔所说的美德结合在一起。这种美德与自由没有关系，它的目的不是建立共和国，而是把人民的幸福放在心里，把人民的幸福等同于自己的幸福，它指向的是多数人的幸福。吉伦特派之后，幸福而非自由变成了“欧洲新观念”（圣鞠斯特）。从暴政中解放出来获得的是自由，而从必然性中解放出来获得的是财富。解放和自由有联系，但二者并非一回事。在法国革命中，“people”一词不是指人民，而是指底层人，它是不幸与痛苦的同义词，同情也成了最高的政治美德。雅各宾派相信人民而非共和国，人民与共和国是对立的。共和国关注的是一套制度、一套宪法、一套政府体系，它对人民能否做主不感兴趣。法律也是以人民的名义发布，而不是以法兰西共和国的名义发布。这种转向不是因为某种理论，而是因为在当时的革命进程中，强调基于人民同意的法治政府理论不再受重用，卢梭的公意理论取而代之，大行其道。然而公意理论的前提是一个稳定的政治体，它本身并不足以构建一个新的政治体。公意只对特定的决定以及问题的设定有效。更为重要的是，“意志”取代了同意，政府不是源于人民的同意，而是源于人民的意志，这是一个重大的转变。如何理解政治哲学中的意志？意志本质上排除了所有意见交换并最终达成一致的过程。意志只能是一个，不可分割，意见之间可以通过媒介去交换，但意志之间不存在交换。“从共和国转变为人民意味着未来政治实体持久统一的保障，不在于人人有份的世界性制度，而在于人民自身的意志。”[①] 人民意志作为公意，

① ［美］汉娜·阿伦特：《论革命》，63～64页。

它的突出品质表现为一致性。受一个意志驱动的政治体必定没有稳定性。卢梭的一个公共意志的隐喻，是将民族想象成单一意志，像一个人一样可以随时发生改变。卢梭的理论对法国大革命的吸引力在于，它找到了一种方法，将一大群人放在一个人所处的位置，这个位置原来是开明君主所处的位置。

公意化多为一，这实际上是在说民主将人民化为一个意志放在原来君主的位置，将君主主权变成人民主权。克劳德·勒弗借用坎特罗维茨（Ernst Kantorowicz）的《国王的两个身体》来讲民主理论，他说，民主社会有一个空位子，它不能由一个人或一个党来把持，空位不能实质化，一旦实质化就会变成极权主义。因此民主社会本身就暗含不确定性，谁来占据这个位子是不确定的。但是革命时国王的头颅被砍下，人与人之间的纽带没有了。也就是说，在过去是由国王来代表整个国家，国王没有了以后，人与人之间的冲突就出现了。谁来代表国家整体？这时就出现了一个空位子，在空位子上的人代表整个民族。卢梭是如何化多为一的呢？卢梭诉诸第三方，当有民族共同的敌人存在时，多人即能化为一个人，大家会团结起来，一致对敌，所以民族预设了敌人的存在。革命时期的圣鞠斯特对这一道理十分熟悉，他说只有对外事务可以成为政治事务，人际关系只构成“社会”。不过，这种解释只触及卢梭理论的表面，卢梭理论还包含着从民族内部将人们统一起来的一面，即在对外事务之外找到一个共同的敌人，这个共同的敌人藏在每一个公民的心中，存在于他的特殊意志和利益之中，他认为这一潜藏着的敌人可以成为一个共同的敌人，促使人们团结起来。每个人在与特殊利益作斗争时，整个国家就凝聚成了一个整体。卢梭在这里将意志与利益等同，在卢梭的《社会契约论》中，意志与利益是同义词，他预设意志是利益的某种表达，公意也是公共利益的表达，它的存在源于与每个人的意志相冲突。公民就是在持续不断地同自己的私人利益作斗争的过程中产生的。

这个理论的后果是什么？阿伦特认为，没有哪个民族主义的政治家会追随卢梭，卢梭的逻辑是非常极端的。民族主义的公民概念只讲共同的外部敌人，而非心中的那个敌人。但是革命家和革命传统则不同。罗伯斯庇尔到列宁、斯大林都承继着卢梭的逻辑。革命者的无私不可混同于英雄主义和理想主义，他们的无私往往令人惊讶。这种无私观念就源于卢梭。从罗伯斯庇尔开始，“美德”就与无私画上了等号。[①] 古希腊就有“美德”一词，但不是无私的意思，

① 参见［美］汉娜·阿伦特：《论革命》，66页。

古希腊人说知识即美德，美德有正义、勇敢、节制等含义，但没有无私。从罗伯斯庇尔开始，美德变成了无私。这样一来，“衡量一项政策的价值标准是它与一切特殊利益相对抗的程度，判断一个人的价值的标准则在于他的举动在多大程度上违背了自己的利益和意志”①。这里我们要理解革命者的美德是如何与无私、无我画等号的。

如何理解卢梭、罗伯斯庇尔这样的人对美德的理解？在罗伯斯庇尔那里，同情是联系不同阶层的力量。在卢梭的理论中，自然状态中的人会对他人的遭遇产生同情，这种同情是自然人交往的基础。自然状态中人们并不处于战争状态，相反，人和人之间有一种最初的情感，人对他人的遭遇会产生同情。从卢梭到罗伯斯庇尔，他们都视社会为一个腐化的社会，因此要恢复健康的社会。这里有一个理性和同情的冲突，或者说是理性和自然的冲突。卢梭认为理性会让人自私，使人丧失本性，背离他的天性（nature），从而使他对不幸者缺乏同情。我们常说 19 世纪早期浪漫主义对理性的反叛，视 18 世纪为启蒙理性主义，而忽略了 18 世纪对情感对激情对心灵对灵魂的诉求，这种诉求尤见于卢梭的著作中。对理性的反叛并不一定要等到 19 世纪浪漫主义时期，在卢梭的著作中就包含对理性的反叛。激情在这里被理解为对他人的痛苦有一种理解的能力，它引申出同情或者悲悯这样一种美德。同情和悲悯是一个词，即英文中的 compassion。卢梭希望通过同情重建人与人之间的天然纽带，把人从堕落的社会中拯救出来。卢梭将同情引入政治理论，是前无古人的。罗伯斯庇尔则将这样一种政治哲学付诸实践。

卢梭式政治哲学的问题在于：同情本质上是非政治的，它是一种私性品德。它摧毁了人与人之间的距离，摧毁了人与人之间现实交往的空间。当同情试图改变世界，它诉诸的将是快速而直接的行动，其手段则是暴力，而非劝说、协商、妥协等法律与政治的程序。法律或政治的程序是和劝说、协商、讨论联系在一起的。而通过暴力方式诉诸直接行动，则是一种非政治或反政治的方式。

卢梭讲同情针对的是上流社会的冷漠，是理性的无心无肺（heartlessness）——那是一种没有善心的状态。但是，卢梭的重点不是他人的苦难，而是自己的情感。卢梭不是要通过现实的方案去解决现实中的苦难问题，他是要讲一种情感。同情被理解为一种情绪、一种冲动，这种情绪叫作怜悯（pity），

① ［美］汉娜·阿伦特：《论革命》，67 页。

指一种对痛苦的感受。阿伦特把怜悯和团结进行了对照。她说："怜悯可能是同情的滥用，而它的另一个替代性选择是团结（solidarity）。"[①] 一种态度是怜悯，另一种态度是团结。从怜悯出发，人们关注弱者；而从团结中人们则建立起一个与被压迫被剥削者的利益共同体，共同利益则是人的尊严和光荣。这里的利益共同体包含兴趣的意思，不能单纯从"利益"的角度去理解英文的interest。团结诉诸一般性，因而不仅能理解一群人，而且最终能给予所有的人，这种团结对强弱贫富一视同仁。怜悯不是一视同仁的，它是强者对弱者的慈悲。在团结的共同体里，人们是平等的，团结能够扩展至所有的人。但是怜悯只针对弱者，对富人和强者是没有慈悲的。这就是怜悯和团结的区别。与怜悯这样一种情感相比，团结显得冷漠而抽象，因为它诉诸的是伟大、荣誉、尊严等理念，而不是对人的爱。怜悯不能做到一视同仁，没有不幸者、贫困者、弱者，怜悯便无法存在。团结是一种能够激发指导行动的原则，同情是一种激情，而怜悯则是一种情绪或情感。同情和怜悯在很多情况下是同义词。罗伯斯庇尔对穷人的赞美、对痛苦的颂扬都是情感性的，即使它不是渴求权力的托词，仅这种情感也具有足够的危险性。阿伦特着意突出怜悯被引入政治实践中的危险性。当怜悯被视为美德之源时，它将拥有比残酷本身更大的行残酷之事的能力。[②] 法国大革命时期怜悯的空气四处弥散，其特点是无疆界性（boundless），这是一个关键词。它是指情感本身不受约束，可以四处弥漫，随意泛滥，它的影响也没有止境。

当罗伯斯庇尔面向公众时，他最初的同情已经变为怜悯，他不再针对具体个人的遭遇，而是针对广大的人群与抽象的无尽的痛苦。为了所谓抽象的原则，为了历史，为了革命的进程，牺牲个人在所不惜。革命就是这样。革命的代价很大，无数革命先烈牺牲换来了一个政权，但是革命者认为为了心中的理念可以牺牲几千万人的生命。革命者关心的是抽象的人民，他们对人民的痛苦深怀怜悯之心，但他们针对的不是具体的个人。政治中讲同情和怜悯是极其危险的。我们要理解为什么在政治中讲同情反而不好。同情是好的，但是它是一种私人情感，把它上升到政治领域的主导地位，它会占据道德上的制高点，它会让人感到自己伟大而高尚。在大谈同情的政客眼里，批评他们的人都应该杀掉。作为个人的生活伦理，可以讲同情或怜悯。但是，在政治领域试图实践怜悯，那就是怀抱创建美好天堂的梦想却在无意间创造了人间地狱。这是卢梭学

① Hannah Arendt, *On Revolution*, New York, Penguin Books, 2006, p. 78.

② Hannah Arendt, *On Revolution*, p. 79.

说的危险性。阿伦特讲，在一个贫穷落后的国家发生革命时几乎不可避免地会走上这条道路：非政治的怜悯之心主导整个进程，从而使革命走向恐怖。怜悯不受法律的限制，不受任何限制。在人民的苦难面前，法律没有约束力。恩格斯说资本主义的自由就是亿万富翁和乞丐都有到公园长椅上睡觉的自由，但是在穷人吃不饱饭的时候，这些自由就是虚伪的、空洞的。因此革命就变成了解决吃饭穿衣的问题。只保证基本的自由无法使穷人吃饱饭，那只有杀富济贫、公有化等。对法国而言，对巴黎宫殿里与睡在桥洞里的人施以同样的正义与法律，无异于讽刺。革命为穷人打开了进入政治领域的大门，政治领域由此也变得具有社会性。然而家务领域的事情即使被容许进入公共领域，也不能以政治的手段去解决。这里暗含了对政治手段有限性的确认，我们不能以政治手段解决非政治的问题。因为这些行政管理事务应由专家去解决，而非通过说服与决定去解决。政治与行政，实不相同。

在 18 世纪末期的革命之前，社会和经济问题就已经侵入了公共领域。政府转型为行政管理，人格化的统治为官僚规章所代替，甚至法律转化为命令，曾是绝对王权的突出特征之一。但随着政治与法律权威的倒塌以及革命的兴起，是人民的需求而非一般的经济财政问题更为关键。人民不仅要侵入政治领域，还要控制政治领域。他们的需求是暴力的、前政治的，似乎只有暴力足够强大与快捷才能够帮助到他们。[①] 在法国大革命中，社会问题如何代替政治问题占据上风，人民如何代替共和国使政府形式的问题被搁置，暴力如何压过权力的构建，阿伦特对这些问题进行了阐发。在大革命中，国王路易十六被处死是因为他是一个叛徒而不是因为他是一个暴君。人民是与外民族相区分的，暴君是与共和相区分的。在历史的这一时刻，革命陷入内战与外战之中，暴力开始登上舞台，为了人民的幸福，为了让人民从贫困中解放出来，一切皆被许可。这是法国革命。

法国革命受制于从必然性而非从暴政中解放，人民无尽的痛苦与这种痛苦所激发的怜悯四处泛滥。无法律性是它的特点。没有法律的时候暴力就可以随便使用。美国革命的方向则定于为自由奠基，建立持续的制度。美国人对暴力并不陌生，但暴力只是个人行为，与人本性中动物性的一面有关。它不是有组织的人民的政治行为，美国人不会为某种历史必然性而采用暴力。美国立国之前的人民概念也与法国不同。美国的人民概念是指多种多样的人，它意味着在

① Hannah Arendt, *On Revolution*, p. 81.

不同的声音、各种意见之间寻求一种契合。他们知道，共和国的公共领域是由平等者之间的意见交流所构建的，一旦所有平等者都正好持相同的意见，从而使交流变得多余，公共领域就将彻底消失。罗伯斯庇尔与法国革命者讲的公共舆论，实际上是用武力将观点强加给他人，而不是指平等的意见交流。这种公共舆论的统治实际上是一种暴政。在法国，人民只是一种数量，可以合为一个声音，人民的声音就是需要吃饭穿衣，需要面包。既然大家都需要面包，那大家就是相同的，就可以凝聚成一个有机体。这种状况发生在贫困的情况之下。罗伯斯庇尔就曾将民族比喻为苦难的海洋，与此相联系的是情感的海洋。而为自由奠基的目标则被湮没了。美国革命者没有使他们臣服于必然性的迫切需要以至于忙于解决社会问题，因此没有背离理性，在美国，革命好像是在象牙塔里完成的。这可以解释为理性对激情的控制。但事情还有另一方面。阿伦特说："人心是一块黑暗的地方，人的目光不能穿透；人心也需要保护，不适合暴露在公共领域的阳光之下，因为世界的光亮会扭曲人的内心生活。我们只能看到现象而无法断定其动机。"[1] 这段话对理解阿伦特乃至政治哲学本身都非常重要。一种时常听到的说法是，某人虽然做了坏事但其动机是好的。从阿伦特的角度来讲，这些讨论没有任何意义。因为人心是一个黑暗的地方，除了他本人谁都不知道。但是法国大革命要求表忠心，这是一种恐怖，它试图通过这种方式控制人的内心世界。而事实上人的内心世界应该被保护，如果它得不到保护，人的心灵就会被扭曲。当根据动机判断一个人是否爱国时，virtue 从原初意义上的促成行动的政治品质变成了一种内心的品质。这种情况下，伪善的问题就出现了。我们记得，奥古斯丁不主张所谓国教，不主张用政治权力强迫人去信教，因为强迫人信教会导致伪信徒。阿伦特说，把人的心灵看作政治美德的来源，是错误的、危险的。除了上帝，无人能看透人心。人的行为确实都有它的动机，但行为本身并不展示动机。虚假的爱国者和真正的爱国者是没有办法区分的。只有爱国和不爱国的区别，没有真爱国和假爱国的区别。"相比其他任何领域，在政治中我们更加没有可能区分存在与现象。在人类事务中，存在和现象其实是一回事，是一样的。"[2] 这是阿伦特政治思想在哲学层面的表述。阿伦特认为，政治领域本身就是一个展现的领域，是一个现象的领域。没有现象就没有政治。

阿伦特认为，伪善（hypocrisy）在革命中造成了"恐怖"的后果，法国革

---

① Hannah Arendt, *On Revolution*, p. 86.

② Hannah Arendt, *On Revolution*, p. 88.

命、俄国革命中出现的是不同类型的恐怖。正是针对伪善的宣战使罗伯斯庇尔的独裁专政变为恐怖统治，这个时期的鲜明特征就是统治集团内部的清洗。俄国革命显然以此为榜样。但其间差别更重要，法国革命中恐怖并未用来作为加速革命的手段，它只是无疆界的怜悯泛滥的结果，它源自虔诚的信仰。而俄国革命的恐怖自始至终都存在，在夺权以后成为排除“敌人”的手段，并与意识形态交织在一起。这里有一个“客观敌人”的概念，而法国革命中没有。罗伯斯庇尔的“美德的恐怖”（terror of virtue）针对的是潜在的敌人，但不针对无辜的人民。法国革命中的恐怖范围是很小的，只是清洗统治集团内部的异己。俄国革命针对的是“客观敌人”，即阶级敌人。二者有一个共同点，即都诉诸历史必然性。但是这种理念对法国革命来说是不自觉的，而对俄国革命来说是自觉的。所以这是两种不同类型的“恐怖”。所谓“客观敌人”是说，不是依据你做了什么而是依据某些客观情况去判断你是否是敌人，这里面可能包含很多无辜的人民。

为什么伪善比其他恶德更受人憎恨？阿伦特提到了苏格拉底和马基雅维利。苏格拉底相信现象的真实性，要求人们表里如一，诉诸自己的良知。你是谁就展示出你是谁。苏格拉底的思想属于古希腊的思想传统。而马基雅维利的思想属于基督教思想传统。马基雅维利不反对基督教，但他会批评教会的腐败。施特劳斯学派的解读认为，马基雅维利是反基督教的。而另一种解读着眼于古今的不同，认为马基雅维利反对的是古代的异教。阿伦特认为马基雅维利从大的范围来讲属于基督教的传统，因为他相信现象世界后面有一个超越性的存在，有一个一元的上帝。“你想表现为什么样子，就表现为什么样子。”对马基雅维利来说，在“世界”与政治中，只有现象而非真正的存在（true being）是重要的。关键是表现出来的是什么，而非本质上是什么。[①]《君主论》中常有君主应该表现得像什么这样的话。你是不是善良的无所谓，但是在某些状况下你必须表现出你是善良的。政治是一个表象的世界。

阿伦特认为，从政治上来讲，困扰苏格拉底与马基雅维利的不是说谎的问题，而是无人所见的隐蔽的犯罪。[②] 马基雅维利预设了一个最后审判的上帝，苏格拉底则诉诸“我”与自己内心的对话——思考，它是人们内心的法官，我们后来称之为良知。良知随时监视着我们，不存在神不知道的东西。但在苏格拉底的框架中，不存在意识到伪善现象的可能性。城邦是一个现象领域，确认

① Hannah Arendt, *On Revolution*, p. 91.

② Hannah Arendt, *On Revolution*, p. 92.

人类行为的真实性价值，人类行为中有欺诈与谎言。但伪善并不是欺骗，口是心非的伪君子不同于说谎的人或骗子。伪君子在希腊文中是指演戏者（play-actor），他完全入戏，没有他自己。伪善者不仅在他人面前表现出有美德，而且要让自己确信自己有美德。伪善是万恶之首，因为它不存在表里如一，而在其他恶行里都存在表里如一。骗子是知道自己在骗人的，而伪善者完全入戏了。[①] 在马基雅维利那里，也无所谓伪善的问题。对马基雅维利来说，一个人是谁（the one-who-is）与他表现出来是谁（the one-who-appears）是分离的。[②] 他是谁会在上帝面前表现出来，腐化只存在于现象领域。伪善指向的是法国的上流社会，在卢梭和罗伯斯庇尔的理论中都十分清楚：人民是未腐化的、诚实的，法国社会则戴着虚伪的面具。法国革命中的解放变为自然人的解放，与政体无关。人们作为自然人是平等的，政治化约为自然。政治权力转变为人拥有维持生命必需品的权力。作为自然人，人人平等。自然人没有面具，他处在政治之外。除去了伪善，就是赤裸裸的吃、穿、利益。穷人登上政治舞台，追求的不是自由而是幸福。暴力诉诸必然性因此得到了辩护。

三、对幸福的追求

对公共自由的追求在大洋两岸的革命中都有，但是并不相同。法国革命讲的公共自由在美国革命中是公共快乐，前者重理论，后者重经验。美国人知道公共自由在于分享公共事务，被看到和听到，在于脱颖而出的快乐。美国在殖民地时期是长期自治的，人民享受着公共自由，即公共幸福。法国革命的理论是原则化的，是对古代的回忆，不是来自经验和具体观察。18 世纪革命前，文人（hommes de lettres，the men of letters）不同于知识分子（the intellectuals），二者对社会的态度不同。知识分子历来是社会的一部分，为政府服务。文人憎恨公共事务的秘密性，不为政府服务，从职业生涯开始就从社会中撤离。只是从 18 世纪开始，文人才开始公开反叛社会及其偏见，参与政治，重视政治自由。无论他们来自哪个等级，他们皆无贫困的负担，旧制度中的闲暇对他们来说不是自由，反是负担。他们并不享受古代哲学家所说的摆脱政治的自由。[③] 他们对古希腊罗马作品的研究，使得他们对古代政治制度着迷。对政治自由而非真理的追求，引领他们返回古代。法国为革命提供原则的人被称为

---

① Hannah Arendt，*On Revolution*，pp. 92 – 93.

② Hannah Arendt，*On Revolution*，p. 94.

③ Hannah Arendt，*On Revolution*，pp. 113 – 114.

“哲士”，他们重新界定自由的定义，侧重公共自由，与摆脱世界的压力而获得的内心的自由以及奥古斯丁的自由意志概念皆不相同。“对他们来说，自由只存在于公开场合；它是一种可感的、世间的现实，它由人们创造以便由人来享受，而非一种禀赋或能力。正是在古代已经知道的人造的公共空间或集市那里，自由得以现身，并变得让所有人皆可看到。”①

幸福（happiness，又译为快乐）分为私人的幸福和公共的幸福。私人的幸福是指家庭和睦；公共的幸福是公民追求的公共快乐，如果没有人知道你，你就会觉得不幸福。人对不朽的追求和人生命的有限使人要走到公共领域中去。立言、立德、立功都是针对公共领域的。西方共和主义的重要诉求，即参与公共事务。参与公共事务所能体会到的幸福，是人在私人领域无法享受到的。阿伦特显然是要凸显公共幸福。北美移民追求的是与母国不同的公共快乐。私人快乐是不完全的快乐，然而《独立宣言》讲的是私人快乐，或许杰斐逊也分不清哪种是人不可或缺的，他本人实际上还是持 18 世纪的政府观：参与公共事务是负担，好政府只是“守夜人”。参与公共事务也是一种权力欲。他曾写道：幸福存在于公共领域之外，存在于家庭、邻里等私人事务之中。② 这种思考在美国国父们的著作中不少见，但阿伦特说这些并不是重要的部分。公元前 5—前 4 世纪的希腊就有了视公共事务为负担的观点，这种观点并不是 18 世纪典型的观点。而美国革命者的经验很少以语言表达，亚当斯是个例外。不过还是可以在他们某些时候的著作中看出他们革命性的思想和行动。例如，在《独立宣言》发表时杰斐逊说，《独立宣言》的伟大不在于它的自然法哲学，而在于尊重人的意见，将我们的论证诉诸公共事务的法庭。③ 这种精神主导着整个文件的写作，从对一个特定君主的指责发展为对君主制原则、王权本身的拒绝，这一拒绝是文件中的新因素。在美国革命与法国革命爆发前，保皇派和共和派的尖锐对立并不存在，共和国与君主国的对立在革命进程中才出现。从古代结束开始，政治理论历来以政府是否守法来判断一个政体是不是暴政。绝对君主制原不等于暴政，但在革命爆发后，一切非共和政府皆让人感到是专制主义。④在革命者那里，二者的共同点不在于对私人幸福的破坏，而在于它们剥夺了公民的公共幸福，剥夺了每个公民被听到、看到的机会。“暴政，正如革命者逐

① Hannah Arendt, *On Revolution*, p. 115.

② Hannah Arendt, *On Revolution*, p. 120.

③ Hannah Arendt, *On Revolution*, p. 120.

④ Hannah Arendt, *On Revolution*, p. 121.

步理解的那样，它是这样一种政府形式，其中统治者尽管按法律进行统治，但还是垄断了行动的权利，他禁止公民进入公共领域，使他们只能生活在家务私人领域，要他们只关心自己的私人事务。换言之，暴政剥夺了公共幸福，尽管不是必定剥夺私人幸福，而共和国则认为每个公民皆有权成为政府事务的参与者，都有在行动中被看到的权利。”① 《独立宣言》以及杰斐逊卸任之后的书信中都可以看到他对公共幸福的推崇。

我们怎样去理解杰斐逊所说的公共幸福？阿伦特说，这需要放到西方政治哲学的传统语境中。在托马斯·阿奎那那里极乐至善存在于对上帝的愿景（vision）中。在这种愿景中，不需要有朋友，一个人就可以。这也是柏拉图式的不朽灵魂的观念。与之相反，杰斐逊认为好的生活离不开朋友。② 这个观念和柏拉图以及传统基督教的观念是不同的。《独立宣言》包含了公共的幸福和私人的幸福两个含义，然而公共的幸福的含义很快被忘记了。

而法国革命中解放具有了优先性，制宪越来越不被人重视。阿伦特引用了托克维尔在《旧制度与大革命》中的话：“在酝酿了大革命的所有观念和情感中，严格意义上的公共自由的概念和对公共自由的喜好，是最先消失的东西。”③ 革命中公共自由的概念是最先消失的。罗伯斯庇尔不想终止革命也是因为他认为宪政政府主要关心市民自由，革命政府则是关注公共自由。罗伯斯庇尔对市民自由和公共自由的区分与美国革命中对幸福一词的含混使用相类似。革命爆发前，大西洋两岸的文人都试图回答这样一个问题：政府的目的是什么？革命爆发后这个问题变成了革命与革命政府的目的是什么。革命在法国的发生是自然的吗？暴政之下公私自由和幸福皆被剥夺，故而两者不必区分。在革命进程中，公共利益与私人利益的尖锐冲突出现了，在美国和法国皆然。

人们常认为法律限制下的政府都可以保证市民自由，如此革命就不一定是必需之事，只要改革或者更换统治者就可以。言外之意是，革命有其他的目的。事实上，两场革命最初都是要温和地限制王权，进行立宪君主制改革，但很快都转向了共和政府的建立，因为革命让人们体验到了公共幸福，这使他们更爱公共自由而非市民自由，更爱公共快乐而非私人快乐。罗伯斯庇尔理论上的问题是革命的终结和立宪政体的引入是否意味着自由的终结，由此是否要终止革命。如果罗伯斯庇尔活着看到美国革命的成果，他的疑惑就会消失。美国

① Hannah Arendt，*On Revolution*，p. 121.

② Hannah Arendt，*On Revolution*，pp. 122－123.

③ Hannah Arendt，*On Revolution*，p. 123.

革命在法国革命失败的地方获得了成功，完成了建国的任务。在美国，革命的结束并不意味着公共快乐的结束，但很快便发生了转向，重点由《宪法》转向《权利法案》，由公共自由转向市民自由，从公共幸福转向私人幸福。杰斐逊讲的幸福，双重含义只剩了私人幸福一重含义。

在美国革命中依然可以看到公共幸福与私人利益的冲突。一方面是亚当斯、杰斐逊对公共幸福的推崇。亚当斯的名言是："让我们在行动中被人看到。"一方面是本质上反政治的欲求，试图放弃一切政治职责，仍然享受君主制政府的好处，以便注意力只放在个人利益上。对私人利益的追求与君主制下的生活状况是联系在一起的。在君主制下私人幸福也是可以得到很好的保护的。

阿伦特写道，美国革命的产物，区别于它发起时的目的，总是模糊不清。政府的目的是自由还是繁荣，从未确定。更多的人来美洲不是为了建立一个新的世界，而只是追求一种新的生活方式。[①] 这两种人是不同的：一种人貌似爱自由，其实不过是痛恨他们的主人；另一种是真正爱自由的人，他们不希望在自由之中寻求自由之外的东西。革命的模糊特征源于革命者头脑中的矛盾。罗伯斯庇尔最初将革命政府的目的确定为创建共和国以保障公共自由，然而很快他修改了自己的看法，认为宪政旨在保护个人免受公共权力的侵害，于是自由换了地方，它不再存在于公共领域，而是存在于私人领域。自由与权力已经分家，权力被等同于暴力，政治被等同于政府，政府被等同于"必要的恶"。[②] 相较而言，社会问题对美国革命的干预少得多。在美国，是一夜暴富的激情而非必然性阻碍着共和国的建立。阿伦特说，公共幸福和自由的观念在共和国的政治结构中还是保存了下来，但这种结构能否经得起社会经济力量的冲击，只有未来能够回答。今天，希望与担忧并存。[③] 这句话表现了阿伦特的一个想法，不只是对两次革命的解读。

欧洲人民的涌入或许会让贫困问题冲击自由的基础。富足与无穷无尽的消费是穷人的理想，美国的变革与大众社会日益威胁着政治领域。穷人渴望的不是需求的满足，而是无限制的欲求。自由只有在那些需求满足时来临，也会在人们追求欲求时逃走。美国梦既不是美国人民追求自由之梦，也不是法国革命中人的解放之梦，让人不悦的是，它是一个牛奶与蜜水四处流淌的应许之地的

---

① Hannah Arendt, *On Revolution*, p. 127.

② Hannah Arendt, *On Revolution*, p. 128.

③ Hannah Arendt, *On Revolution*, p. 129.

梦。现代科技的发展很快就会实现这一梦想，梦想者也可能生活在所有可能的世界中最好的一个世界。[①] 阿伦特的这些描述充满讽刺意味，也包含着一种担忧。

关于幸福观念，由公共幸福转向对私人幸福的追求，可以看出人对公民的胜利。人是私人性的个人，公民是一个公共性的个人，革命时期的公民被 19 世纪社会中的个人或者叫作资产者取代。这也是资产者对公民的胜利。《极权主义的起源》中有专门讨论资产者对公民的胜利的章节。[②] “资产者”一词没有政治意涵，它是一个经济概念。这些描述是阿伦特思想中一贯的东西。此后个人不需要针对社会进行斗争，因为社会已经胜过了个人。19 世纪、部分也是 20 世纪的特征正在于此。

四、为自由奠基

历史学家关注叛乱、解放最初所处的暴力阶段，不关注制宪活动，认为制宪是背叛革命所致。阿伦特的目的是要辨析出制宪活动的革命性。阿伦特区分了两种宪法：政府强加给人民的宪法和人民用来构建自己政府的宪法。美国革命中立国者考虑的主要不是限制政府，而是如何构建新的权力，重在启新、填补权力的真空。法国革命带来一种误解，即把人权等同于公民权，以为革命就是保障人权。阿伦特的这一解释在看待美国革命时注重孟德斯鸠对美国革命的影响。创立新的权威是孟德斯鸠思想中极其重要的一点。美国革命前，孟德斯鸠在北美是一个理论权威。阿伦特主要讲到孟德斯鸠政治思想的如下两个方面。第一是权力和自由的关系，两者是密切联系在一起的。第二是权力分立的原理，孟德斯鸠指出，以权力制约权力，这不是破坏削弱了权力，而是加强了权力。孟德斯鸠的思想对约翰·亚当斯有重要的影响。亚当斯思想的中心就是权力平衡和以权力制约权力。只有权力才能制约权力，其他的诸如法律道德都不行。这体现了一种非主权的权力观，一种基于永久联盟的权力原则。它区分于主权，阿伦特认为，主权与暴政是一回事。[③] 美国革命中小国共和、联邦主义的理念都源于孟德斯鸠。美国的建国者们深受孟德斯鸠而不是卢梭的影响。

---

① Hannah Arendt, *On Revolution*, p. 129.

② Hannah Arendt, *The Origins of Totalitarianism*, San Diego, New York, London, Harcourt Brace Jovanovich Publishers, 1975, p. 135.

③ 参见［美］汉娜·阿伦特：《论革命》，137 页。

阿伦特进一步比较法国革命与美国革命，重点考察了两次革命权威来源的不同。阿伦特批评一种观点，这种观点认为革命与各自继承的制度遗产有很大关系。比如，法国革命前是绝对王权制，所以导致激进主义革命，以人民的权力取代君主的权力，以民主制取代君主制；而美国革命前则处在有限王权统治下，所以美国革命者同意有限政府的理念。美国革命者认为权力属于人民，但法律的源泉是联邦宪法，宪法不是人的意志，是客观事物。阿伦特说，这种历史反思听起来有道理，实则不然。[①] 阿伦特认为要结合世俗化进程来思考权威的来源问题，考察革命中面临的绝对性问题。这就涉及宗教与政治的关系问题。

是政治更需要宗教，还是宗教更需要政治？政教分离与其说是解放了政治权力，不如说是解放了宗教。绝对君主试图以他的绝对性来取代神圣绝对性。世俗化就是世俗领域从宗教束缚中解放出来的过程，它涉及如何建立一个新权威的问题。没有新权威，世俗领域根本无法获得属于自己的新尊严，甚至连它在教会隐蔽下具有的派生性地位也会丧失。[②] 绝对主义是解决权威来源的一种方法，试图用君主的绝对性取代神圣绝对性。但这个解决很成问题。绝对主义是在既定的框架下解决问题，而革命的任务是要树立一种全新的权威。最高权威过去是上帝，政教分离之后世俗领域不再由上帝主宰，需要新的权威。保守主义对革命的反对是因为他们认为传统和习俗能够确立新权威。实际上，当人们不相信上帝的时候，他们也不会信传统和习俗。所以革命问题和近代合法性问题或者近代政治权威来源问题是联系在一起的。它是寻求一种新的绝对性来解决绝对王权时期没有处理好的问题。法国革命时期的理论家西耶斯诉诸民族意志，阿伦特认为他是把共和国建立在流沙之上，因为民族意志不是绝对之物，它可以被政治家随意玩弄。

谁有权力制定宪法？权力与法律是否是同一个来源？对此类问题，法国革命和美国革命做出了不同的回答。美国革命中包含了一种新的权力概念，即基于承诺和契约产生权力，以《“五月花号”公约》为代表，它源于美国殖民地时期的现实经验。阿伦特区分了两种社会契约：一种是人民之间的契约，一种是与既定统治者之间的契约。人民之间订立契约就产生了权力。阿伦特认为，权力是基于人们之间的契约而产生的一种共同行动的力量。权力产生的过程中，人们丧失的是孤独。另一种契约是同意被政府统治，它维护的是孤独。阿

① 参见［美］汉娜·阿伦特：《论革命》，143 页。

② 参见［美］汉娜·阿伦特：《论革命》，144 页。

伦特此论涉及两种不同的原则：共和原则和绝对统治原则。在另一个层面，则是联邦原则和现代国家的原则。国家在原则上是人民所处的一个状态，包含主权的概念。联邦原则中没有人民、主权的概念，它意味着是无数人民团体以某种方式共存。国家原则诉诸主权者的绝对统治，国内国外没有人能超过他。

权力观是阿伦特政治思想的核心和精髓。阿伦特的权力观是基于对美国革命经验的考察，也包括对古希腊政治经验和不同时期政治实践所作出的理论上的概括。人们走到一起，权力就有可能产生。

美国革命的主要问题是树立权威而非创立权力。这里要区分权力和权威。在美国，权力在人民，权威在联邦法院。古罗马时期权力在人民，权威在元老院。美国人把两者分开，法国人把二者合一。在法国革命中，权力和权威都在人民，而人民的意志是飘忽不定的，君主的绝对性去掉后，却没有新的绝对性来代替它。

美国革命在承诺立约基础上产生权力，体现出公民之间平等合作互惠的精神。然而，持久联盟的产生光有权力还不够，还需要稳定性，这就涉及法律源泉的问题。讲稳定性的时候很可能要诉诸一种绝对性。法国革命中有不朽的立法者。古希腊罗马人认为法律是前政治的，但他们不认为法律具有神圣性。孟德斯鸠不诉诸绝对性，也不讲法律的神圣起源。孟德斯鸠称法在各地是不同的，法没有什么神圣性，没有什么最高的统一的标准。他告诉我们世界上有多种法，无法理出一个最高的法。诉诸绝对性一定程度上是绝对主义的遗产。美国《独立宣言》中有这样一句话："我们认为以下这些真理是不言而喻的。"这句话有两个含义：一方面，这些真理有强制效力；另一方面，我们不是在被动服从真理的强制力量。

美国人是如何处理绝对性问题的？美国人以古罗马为榜样，重视"奠基"这样一个举动本身。他们的经验促使他们转向古人，转向古罗马（偶尔是古希腊）人，区分权力和权威，建立了一个经受后世考验的政体。美国革命者将自己想象成"立国者"这一事实表明，他们是多么了解，最终成为新政治体权威之源的，并不是不朽立法者或不言而喻的真理，或其他超验的、超凡的源泉，而是立国举动本身。① 美国革命表明，一种新的秩序之开始，不必依赖于暴力，而是靠契约和承诺。美国革命中的这些真知灼见区别于由来已久的一种观念，

① 参见［美］汉娜·阿伦特：《论革命》，189页。

这种观念认为，专断的暴力对于一切立国都是必要的，因而据说在一切革命中皆不可避免。在这一方面，美国革命的进程讲述了一个令人刻骨铭心的故事，给人们上了独特的一课。这场革命不是突然爆发的，而是人们经过共同协商、依靠相互誓愿的力量而缔造的。奠基不是靠建筑师一人之力，而是靠多数人之合力。在那些生死攸关的立国岁月中逐渐露出庐山真面目的原则，就是相互承诺和共同协商的互利原则。事件本身其实就决定了，正如汉密尔顿坚持的那样，人们“确实能够……经过反思和选择而成立一个好政府”，“他们的政治宪法”不再“永远注定要依赖于机缘巧合和强制力量”①。美国革命证明，革命是可以不需要暴力的，人们通过契约的方式能够确立起一种新秩序。这就是美国革命的意义。人们通过订立契约产生新的政府，美国革命真正实践了社会契约论。

不过，革命结束之后建立的共和国，并没有留下足够的公共空间。这里面有自由和稳定的矛盾。革命一旦结束，革命精神该如何保存？不论是法国还是美国，革命后保存公共精神做得都不尽如人意。俄国革命更是如此，革命后中央政府垄断权力，取缔民间社团。阿伦特着重讨论杰斐逊的街区制度（ward system），重点诠释了它的议事会制度。这样一种制度是一个全新的政府形式，因为它可以保存自由，可以保存公共空间。没有公共空间就没有自由的立足之地。为了保障这个公共空间，杰斐逊构想了这样一种议事会制度。杰斐逊试图以这种形式的共和国来拯救革命精神。他针对的是共和国的腐化，公和私的模糊是共和国腐化的标志。

议事会不仅见于杰斐逊的著作，更出现于历次革命中。革命中自发出现的议事会，体现了阿伦特的政治构想。议事会的要旨是行动和参与。它的对立面是政党制度和代议制民主。议事会的特点包括两个：一是自发性，一是非党派性。议事会是在革命进程中民众自发形成的组织。不同层级的议事会构成一个体系，它是一个金字塔式的权威，它不是自上而下，也非自下而上，而是产生于每一个层级。议事会代表的产生奉行一种自然遴选的原则，这种遴选只适用于政治领域，其他领域不适用。议事会体系是能够打破大众社会的最好工具。议事会把大众社会分成若干个小单元，精英从中产生。议事会制度也有问题，阿伦特提到，议事会制度的问题是没有区分政治决策和行政管理，一个是自由的领域，一个是必然性的领域。

---

① ［美］汉娜·阿伦特：《论革命》，199～200页。

结 语

阿伦特的著述，主旨并不在诊断时代疾病，给出药方。实际上，阿伦特反对以疾病来比喻人类社会事务。阿伦特自言她所做的，不过是作为旁观者进行思考以及必要时作为行动者参与公共论坛的论辩。阿伦特主张直面人类生活的经验，她认为，西方自柏拉图以来的形而上学政治哲学传统，扭曲或遮蔽了政治的经验。她试图为人们重新呈现人类关于政治的体验及理解。阿伦特对政治哲学家头衔的拒斥，实因她不认为存在一种关于政治的哲学。政治事关每个公民，是每个公民皆可、皆应关注之事。政治意见必定是多样的，从意见走向哲学不仅徒劳，在实践上还意味着某种暴政。

阿伦特重视公民行动，重视政治生活，却也同时重视人的精神生活，注意考察人的思考能力与政治实践之间的勾连。她善于发现我们的时代缺少的东西。阿伦特关于行动与革命的论述，表明她并无唯美主义、英雄主义的倾向。她的理论思考背后关心的是后极权时代人类秩序的确立。人能行动，使人区别于动物。然而行动本身亦需救赎。阿伦特诉诸人的宽恕与承诺的能力，希冀由此克服行动带来的危险。她的革命理论也暗示，在神圣权威、国王的权威、传统与习俗的权威悉数坍塌后，人类只有自己为自己立法。阿伦特的公民理想必以法治为前提。

创生是阿伦特极为重视的人的境况之一。阿伦特由此也导出了一种不可知论。不过，认识到很多事情不可预测，并不意味着我们可以自暴自弃，它只是提醒我们应当注意什么。阿伦特极重视人作为公民对于“我们的世界”的责任。以她之见，政治衰败，个人完全私人化，是时代危机的表征。极权主义的问题，并非人们常说的凡事政治化，而是极权主义完全排除了行动的可能，让政治无立足之地。极权主义以对人实现从肉体到内心的全面支配为目标，它不允许不同意见的交流，不允许公民联合行动。阿伦特看似美好的关于城邦政治生活的追忆，背后是她对时代之痛苦灾难的体认。极权主义有可能卷土重来吗？阿伦特的回答是，如果人们不努力，世界再极权化便可能发生，当然，它会以新的面貌出现。

陈 伟

参考文献

陈伟．阿伦特与政治的复归．北京：法律出版社，2008.

李强，主编．民主与现代社会．北京：北京大学出版社，2014.

[美] 汉娜·阿伦特．极权主义的起源．北京：三联书店，2008.

[美] 汉娜·阿伦特．人的境况．上海：上海人民出版社，2009.

[美] 汉娜·阿伦特．共和的危机．上海：上海人民出版社，2013.

[美] 汉娜·阿伦特．论革命．南京：译林出版社，2007.

[美] 汉娜·阿伦特．黑暗时代的人们．南京：江苏教育出版社，2006.

[美] 汉娜·阿伦特．精神生活·思维．南京：江苏教育出版社，2006.

[美] 汉娜·阿伦特．精神生活·意志．南京：江苏教育出版社，2006.

[美] 伊丽莎白·扬-布鲁尔．汉娜·阿伦特：爱这个世界．上海：上海人民出版社，2017.

[美] 伊丽莎白·扬-布鲁尔．阿伦特为什么重要．南京：译林出版社，2009.

[德] 沃尔夫冈·霍尔，主编．阿伦特手册．北京：社会科学文献出版社，2015.

[古希腊] 柏拉图．理想国．北京：商务印书馆，1986.

[法] 孟德斯鸠．论法的精神．北京：商务印书馆，1961.

[英] 奥威尔．一九八四．南京：译林出版社，2011.

[德] 诺贝特·埃利亚斯．文明的进程．北京：三联书店，1998.

[英] 丹尼斯·史密斯．埃利亚斯与现代社会理论．北京：北京大学出版社，2011.

[美] 塞内尔·弗莱施哈克尔．分配正义简史．南京：译林出版社，2010.

Hannah Arendt. Rahel Varnhagen: The Life of a Jewess. Liliane Weissberg, ed. Richard & Clara Winston, trans. Baltimore & London: The Johns Hopkins University Press, 1997.

Hannah Arendt. The Origins of Totalitarianism. San Diego, New York, London: Harcourt Brace Jovanovich Publishers, 1975.

Hannah Arendt. The Human Condition. Chicago and London: The University of Chicago Press, 1998.

Hannah Arendt. Eichmann in Jerusalem: A Report on the Banality of Evil. Revised and Enlarged Edition. New York: The Viking Press, 1965.

Hannah Arendt. Between Past and Future: Eight Exercises in Political Thought. New York: The Viking Press, 1968.

Hannah Arendt. On Revolution. New York: Penguin Books, 2006.

Hannah Arendt. The Life of the Mind. One-volume Edition. San Diego, New York, London: Harcourt & Brace Company, 1978.

Hannah Arendt. Essays in Understanding (1930 - 1954). Jerome Kohn, ed. New York, San Diego, London: Harcourt & Brace Company, 1994.

Margaret Canovan. Hannah Arendt: A Reinterpretation of Her Political Thought. Cambridge: Cambridge University Press, 1992.

第六章
社会正义与理想制度：罗尔斯的政治哲学

1962 年，以赛亚·伯林发表《政治理论还存在吗?》，慨叹政治哲学已经消亡或正在消亡，理由是“20 世纪没有出现一本政治哲学方面的权威著作”[①]。然而仅仅九年之后，也即 1971 年，伯林断言的这一状况就被证伪了，这一年，哈佛大学的约翰·罗尔斯（John Rawls，1921—2002）出版了他的《正义论》。来自批评者的评价往往更为公正，罗伯特·诺奇克（Robert Nozick）——以《无政府、国家与乌托邦》闻名于世的自由意志主义者，罗尔斯正义理论的最主要批评者之一——认为：“今天的政治哲学家要么在罗尔斯的理论框架下工作，要么就必须解释为何不这么做。”[②] 时至今日，罗尔斯已被世人公认为 20 世纪最伟大的政治哲学家之一，而他的《正义论》也理所当然地成为政治哲学史上的权威著作。

何为权威著作？依旧借用伯林的说法，它指的是这样一种著作：“它能在大的范围之内将似是而非之说变为老生常谈，反之亦然。”[③] 罗尔斯的《正义论》为后来人贡献了太多的老生常谈以及似是而非之说，比如“反思的均衡”“原初状态”“无知之幕”“基本自由权”“公平的机会平等”“差别原则”等等。每一个论题都引发了无数的争论，以至于有人形容在 20 世纪 70 年代以后形成了所谓的“罗尔斯产业”。

---

① Isaiah Berlin，*Concepts and Categories*，Henry Hardy & Bernard Williams（ed.），Princeton，Princeton University Press，1999，p. 143.

② Robert Nozick，*Anarchy*，*State*，*and Utopia*，New York，Basic Books，1974，p. 183.

③ Isaiah Berlin，*Concepts and Categories*，p. 143.

罗尔斯说："分配正义的主要问题是社会制度的选择问题。"[①] 尽管正义二原则的选择对罗尔斯的理论至关重要，但是正义二原则的制度性表达同样引人关注，一个抽象的正义原则必须外化为特定的制度性安排，才能展开其所有的潜能，进而发现它的优点和缺点、可欲性与可行性之间的差距。有鉴于此，本章将聚焦在罗尔斯正义二原则所适用的理想政经制度之上。

晚近以来，越来越多的学者开始将注意力集中在这一主题上。大体说来，主要观点如下：少数学者如丹尼尔·沙皮若（Daniel Shapiro）认为罗尔斯误解了自己的理论，正义二原则应该支持自由市场的资本主义。[②] 多数学者——如保罗·沃尔夫（Paul Wolff）、布莱恩·巴里（Brian Barry）、阿兰·布坎南（Alan Buchanan）、诺曼·丹尼尔斯（Norman Daniels）等人——认为罗尔斯的理论是"对福利国家的资本主义的平等主义分支所做的哲学辩护"。但是正如理查德·克劳斯（Richard Krouse）和迈克尔·麦克佛森（Michael McPherson）所指出的，这个主流判断存在两个方面的误读，首先为罗尔斯理想化的私有产权制度贴上"资本主义"的标签，不仅低估了罗尔斯的私有产权观对于平均化产权持有程度的要求，而且也低估了其理想政体与福利国家的资本主义之间的距离。在他们看来，"罗尔斯的理想政体根本就不能被称作资本主义"。其次，福利国家在罗尔斯理论中的地位不如评论者想象的那么高，罗尔斯对于使用福利国家的税收和转让来减少收入不平等的热情要远低于多数评论者的理解。[③]

罗尔斯本人认同克劳斯和麦克佛森的解读，在 2001 年出版的《作为公平的正义》中，罗尔斯列举了备选的五种政经体制：自由放任的资本主义、福利国家的资本主义（welfare state capitalism）、带有指令性的国家社会主义、财产所有的民主制（property-owning democracy）以及自由（民主）社会主义（liberal democratic socialism）。罗尔斯认为前三种政经制度的理想型描述都"至少以一种方式违反了正义二原则"：自由放任的资本主义仅仅保证形式的自

---

① John Rawls，*A Theory of Justice*，Cambridge，Harvard University Press，1999，p. 242. 本章中对罗尔斯原著的引文，均参考了现有中译本的译文，但根据英文原版进行了必要的修改或调整，在注释中我将只标明英文原著的页码。感谢何怀宏、何包钢、廖申白、万俊人、姚大志等前辈学者在罗尔斯专著翻译上做出的贡献。

② Daniel Shapiro，"Why Rawlsian Liberals Should Support Free Market Captitalism，" *Journal of Political Philosophy*，1995，3 (1)，pp. 58 - 85.

③ Richard Krouse，and Michael McPherson，"Capitalism，'Property-Owning Democracy'，and the Welfare State，" In *Democracy and the Welfare State*，Amy Gutmann (ed.)，Princeton，Princeton University Press，1988，pp. 79 - 80.

由，否认平等的政治自由的公平价值和公平的机会平等；福利国家的资本主义否认政治自由的公平价值，并且缺少达到机会平等所需的相应政策；带有指令性的国家社会主义违反了平等的基本权利和自由权，更不用提这些自由的公平价值了。只有后两种政经制度，也即财产所有的民主制和自由（民主）社会主义，建立起了民主政治的宪政框架，保证了基本自由以及政治自由的公平价值和公平的机会平等，而且基于互惠原则（如果不是差别原则的话）来调节经济不平等和社会不平等。①

毋庸讳言，相比现有的当代西方宪政民主国家的经济制度，无论财产所有的民主制还是自由社会主义都是相对激进的主张。正如马丁·奥尼尔（Martin O'Neill）所指出的："罗尔斯理论这个令人惊讶的和激进的元素目前为止还未得到充分的关注，因此我们急需理解罗尔斯的制度方案之本性以及评价它们的真确性和说服力。"②

在探讨罗尔斯正义二原则所适用的理想制度之前，我们将借助于古典自由主义代表人物哈耶克的观点，对罗尔斯的社会正义理论做比较性的研究。哈耶克虽然不遗余力地批判社会正义，但他认为他和罗尔斯不存在根本性的分歧。本章第一节认为，虽然哈耶克与罗尔斯在方法论上存在着某种亲和性，比如都重视纯粹程序正义的意义，并借助类似"无知之幕"的工具探讨最可欲的社会，但是由于他们关于社会的本质、运气的权重、福利国家以及经济自由和政治自由等论题的讨论均存在着重大差异，因此二者之间不仅有字词之争更有实质之争。并且，就实现自由主义的价值理想而言，罗尔斯的理论比哈耶克更有可欲性。

第一节　哈耶克与罗尔斯论社会正义

哈耶克一直被世人视作反对"社会正义"的旗手，从《通往奴役之路》（1944）、《自由秩序原理》（1960），到《法律、立法与自由》（1973—1979）以及《致命的自负》（1981），在哈耶克近四十年的著述历史中，可以轻而易举地

---

① John Rawls, *Justice as Fairness*, Cambridge, Harvard University Press, 2001, pp. 136 - 138.

② Martin O'Neill, "Liberty, Equality and Property-Owning Democracy," *Journal of Social Philosophy*, 40 (3), p. 379.

找到他对“社会正义”无所不用其极的抨击，比如说“社会正义”是“毫无意义的”“空洞的”，是“哲学家的魔法石”“原始概念”“迷信”，等等。这些论述给人们留下一个刻板印象，即认为哈耶克在任何意义上都不会接受“社会正义”的理念。与此同时，众所周知，罗尔斯在1971年出版《正义论》，一举将“社会正义”奠定为此后四十年英美政治哲学的主要论题。初看起来，哈耶克与罗尔斯在“社会正义”问题上是针锋相对、水火不容的。但是让人感到困惑的是，在《法律、立法与自由》（以下简称LLL）中，哈耶克却对罗尔斯多有赞许之意，比如在第2卷《社会正义的幻象》序言里他是这么说的：

> 经过仔细的考察，我得出了这样一个结论，我原本想就罗尔斯的《正义论》所做的讨论，对我所探讨的直接目标并无帮助，因为我们之间的差异看起来更多的是语义上的而非实质的。尽管读者的第一印象可能不一样，但是我在本卷稍后处（第100页）引用的罗尔斯的陈述，在我看来，表明我们之间在我所认为的最根本论点上是有共识的。事实上，如我在那一段的注释里所表明的，在我看来罗尔斯在这个关键论题上的论点被广泛地误解了。[①]

在第2卷《社会正义的幻象》第九章“‘社会’正义或分配正义”的最后一段，哈耶克重申道：

> 令我感到遗憾和困惑的只是这样一个事实，即在讨论这个问题的时候，罗尔斯竟也采用了“社会正义”这个术语。但是我与罗尔斯的观点之间并不存在根本的分歧……[②]

哈耶克的这些论述让人大惑不解。尽管哈耶克在最后的著作《致命的自负》中与罗尔斯划清了界限，认为“罗尔斯的世界绝不可能变成文明世界：对于由运气造成的差异进行压制，会破坏大多数发现新机会的可能性”[③]。但自20世纪七八十年代以来，不断有学者加入这场学术公案的解读和争论中。有人坚持认为哈耶克是“衣橱中的罗尔斯主义者”（closet Rawlsian）和平等自由主义者[④]；有人认为哈耶克在根本问题上误读了罗尔斯，他们之间的分歧要远大

---

① ［英］哈耶克：《法律、立法与自由》，第2卷，邓正来等译，4页，北京，中国大百科全书出版社，2000。译文参照英文原版稍有调整或修改，以下不赘。

② ［英］哈耶克：《法律、立法与自由》，第2卷，169页。

③ ［英］哈耶克：《致命的自负》，冯克利译，83页，北京，中国社会科学出版社，2000。

④ Andrew Lister，“The ‘Mirage’ of Social Justice：Hayek Against (and For) Rawls，” http：//social-justice. politics. ox. ac. uk/materials/SJ017 _ Lister _ MirageofSocialJustice. pdf.

于共识[①]；也有人试图结合哈耶克和罗尔斯的理论发展出所谓的“罗尔斯哈耶克主义”（Rawlsekianism）[②]，或者创立所谓的“市场的民主主义”（market democracy）[③]。应该如何理解哈耶克在LLL中的判断？到底是哈耶克误解了罗尔斯，还是如哈耶克所说罗尔斯被世人广泛地误解了？两个人在哪些核心论题上存在一致意见？他们真的“不存在根本性的分歧”，只是字词之争而非实质之争吗？进一步，我们可以从以哈耶克为代表的古典自由主义以及以罗尔斯为代表的平等自由主义那里得到什么启示？我们能够在不受约束的市场资本主义和日益陷入困局的福利国家之间走出一条新路吗？借由这场争论可以引申出许多值得深思的问题。

限于篇幅，本节将不探讨晚近一些学者融合哈耶克与罗尔斯理论的努力，而是通过细致的文本分析比较二者的社会正义观，指出哈耶克至少在两个重要的论题上和罗尔斯存在亲和性：第一，强调纯粹程序正义的重要性；第二，利用类似“无知之幕”的方法去构想最可欲的社会。[④] 但是由于哈耶克与罗尔斯关于社会的本质理解不同，处理运气/命运的态度不同，反对福利国家的理由不同，对待经济自由和政治自由的观点不同，所以他们之间的分歧远不止于字词之争，而是存在实质之争。

一、哈耶克论社会正义与正义

在漫长的约四十年的著述历史中，哈耶克对“社会正义”的批评俯拾皆是，但是万变不离其宗，如果对其分门别类，则大致可区分为“语义学的批评”“知识论的批评”以及“后果论的批评”。

所谓“语义学的批评”意在指出，将“社会的”与“正义”连接在一起乃是无意义的胡话。理由如下：“严格说来，唯有人之行为才能被称为正义的或

---

① DiQuattro Arthur，“Rawls versus Hayek，” *Political Theory*，Vol. 14，No. 2，May 1986，pp. 307 - 310.

② Will Wilkinson，“Is Rawlsekianism the Future?”，http：//www. cato. org/blog/rawlsekianism-future.

③ John Tomasi，*Free Market Fairness*，Princeton，Princeton University Press，2012.

④ Andrew Lister 认为在规范性原则的层面上，哈耶克有许多方面都是罗尔斯主义者，他认为二者在四个问题上存在共识：纯粹程序正义的重要性、功绩（merit）的无关性、“无知之幕”的使用以及不平等应该惠及所有人的原则。［Andrew Lister，“The ‘Mirage’ of Social Justice：Hayek Against（and For）Rawls，” http：//social-justice. politics. ox. ac. uk/materials/SJ017 _ Lister _ Mirage of Social Justice. pdf.］笔者不完全认同这一判断，理由是：“功绩的无关性”可在“纯粹程序正义的重要性”中得到解释，而在“不平等应该惠及所有人”的具体表述上哈耶克和罗尔斯存在根本性的不同。

不正义的。"[①] 哈耶克认为，若要用正义的或不正义的去评价事态，就必须找出对促成或者允许该事态发生负责的行动者，否则在面对"一个纯粹的事实，或者一种任何人都无力改变的事态"时，就只能用"好的"或"坏的"去形容，而不能用正义的或不正义的去评价。[②] 由于哈耶克把社会理解成自生自发的秩序，所以用"社会的"去形容"正义"就是把社会想象成一个有意向性的行动者，这是错误的"拟人化"的原始思维方式。在自生自发的秩序里，"每个个人的处境都是由许多其他人的行动造成的一种综合性结果"[③]，任何人都没有责任或力量决定某个特定的结果，因此"社会正义""分配正义"这样的术语甚至不是所谓的范畴错误，而是毫无意义的胡话。

所谓"知识论的批评"意在指出，社会正义不仅是没有意义的、空洞的胡话，而且有损于知识的声誉，因为没有人可以整体性地把握市场（社会）中的个体所具有的"分散性知识"，自生自发的市场秩序的功能之一就是为"个人可以自由地决定把自己的知识用于实现何种目的"提供条件，这是"选择自由"以及"个人自由"的精义所在。相反，政府如果试图通过中央计划去安排所有人的实质性机会，以社会正义的名义把某种报酬模式强加给市场秩序，就是对人类有限理性的无视，是知识上的僭越。[④]

哈耶克认为，这种知识上的僭越会进一步造成政治和经济上的灾难性后果，对"社会正义"的笃信具有一种特殊的自我加速或强化的取向："个人或群体的地位越是变得依附于政府的行动，他们就越会坚持要求政府去实现某种可以得到他们认可的正义分配方案；而政府越是竭尽全力去实现某种前设的可欲的分配模式，它们也就越是会把不同的个人和群体置于它们的掌控之中。"[⑤] 哈耶克认为这个过程"必定会以一种渐进的方式越来越趋近于一种全权性体制"[⑥]。笔者把这一批评称作"后果论的批评"。

以上三种批评彼此关联，环环相扣，最终都指向哈耶克对"社会"之本质的理解。借用奥克肖特的术语，哈耶克认为存在着两种类型的秩序：一种是"受目的支配的"（teleocratic）秩序，其主要特征是用同一个目的等级序列来

---

① ［英］哈耶克：《法律、立法与自由》，第2卷，50页。

② 参见［英］哈耶克：《法律、立法与自由》，第2卷，50页。

③ ［英］哈耶克：《法律、立法与自由》，第2卷，50页。

④ 参见［英］哈耶克：《经济、科学与社会——哈耶克论文演讲集》，冯克利译，298页，南京，江苏人民出版社，2003。

⑤ ［英］哈耶克：《法律、立法与自由》，第2卷，124～125页。

⑥ ［英］哈耶克：《法律、立法与自由》，第2卷，125页。

约束所有社会成员，这种秩序必定是一种人造的秩序或者“组织”（taxis）；另一种则是“受规则支配的”（nomocratic）秩序，也即自生自发的秩序（kosmos），哈耶克以“社会”命名之。①

在LLL序言中，哈耶克写道，一个由自由人组成的社会的维续，取决于三个根本的洞见：第一，自我生成演化的或者自生自发的秩序与组织秩序完全不同；第二，当下通常所说的“社会的”或者分配的正义，只是在上述两种秩序的后一种即组织秩序中才具有意义，而在自生自发的秩序中，也就是在亚当·斯密所说的“大社会”或者卡尔·波普尔爵士所说的“开放社会”里，则毫无意义且与之完全不相容；第三，那种占支配地位的自由民主制度模式，因其间的同一个代议机构既制定正当行为规则又指导或管理政府，因而必定导致自由社会的自生自发秩序逐渐转变成一种服务于有组织的利益集团联盟的全权性体制（a totalitarian system）。②

需要特别指出的是，哈耶克虽然反对“社会正义”这个术语，却并不反对“正义”这个概念。在LLL的某个脚注里哈耶克援引了卢卡斯（J. R. Lucas）《政治的原则》中的一段话：

> 面对人的不完善性，我们在一定程度上是从程序的角度来阐释法治的，这些程序并不是为了确保绝对的正义得到实现，而是为了防止最糟糕的不正义。在政治哲学中，“披着外衣”的是不正义而不是正义。这是因为，作为会犯错误的人，我们无力事先说出什么样的判决将始终是正义的。再者，由于我们生活在自私的人当中，所以我们也无力始终如一地保证正义得到实现。据此，从明确性这个角度来考虑，我们采取一种否定性的认识进路，并确定一些程序以避免某些可能产生的不正义现象，而不是去追求各种形式的正义。③

哈耶克之所以大篇幅地引用这段话，是因为它与哈耶克的正义观非常契合。我们可以总结如下。

首先，正义的规则是“抽象的”，“我们必须明确承认我们对于特定情势所具有的那种不可避免的无知”④，所以我们只能从程序的角度而非结果的角度去寻求正义。

---

① 参见［英］哈耶克：《法律、立法与自由》，第2卷，20页。
② 参见［英］哈耶克：《法律、立法与自由》，第1卷，2页。
③ ［英］哈耶克：《法律、立法与自由》，第2卷，101页。
④ ［英］哈耶克：《法律、立法与自由》，第2卷，55页。

其次，正义规则是“否定性的”而非“肯定性的”。它们不是为了确保实现绝对的正义，而是为了防止最糟糕的不正义，这意味着它们“通常不向任何个人施加肯定性的义务”[①]。哈耶克同意格拉克曼（Max Gluckman）的观点，认为“相互帮助和彼此支持这项普遍的义务”乃是部族社会尤其是血缘群体的典型特征，尽管“缺失这项义务，也正是大社会受到普遍指责的一个方面”，但是哈耶克坚信“这项义务乃是与大社会不相容的，而且否弃这项义务，也是我们为达致一种更为广泛的和平秩序所付出的部分代价”[②]。

最后，正义的追求与自生自发的秩序之间存在着密切的关系。哈耶克说：“从历史上看，正是对正义的追求，使得一般性规则系统得以生成和演化，而这个规则系统反过来又成了日益发展的自生自发秩序的基础和维护者。”[③]

为求更好地理解哈耶克的正义观在政治哲学谱系中的位置，我们不妨引入阿马蒂亚·森（Amartya Sen）在《正义的理念》中的区分。森认为存在思考正义的三个层面：消除不正义、促进正义以及追求完美的正义世界。在他看来，欧洲启蒙运动传统中，有很多人念念不忘寻找和确认“完美正义的本质”，常常轻视甚至遗忘了前两个层面，森把这些人称作“先验制度主义者”，代表人物包括霍布斯、洛克、卢梭、康德以及罗尔斯。与此相对，另一些人如亚当·斯密、孔多塞、边沁、马克思和约翰·密尔则更加关注促进正义尤其是消除不正义的事业，森称之为“比较的进路”。先验制度主义以制度安排为中心，把自己限定在对于完美正义社会的先验研究之上；比较的进路则以实践为中心，关注的是已经存在或者可能会出现的社会之间的比较。[④]

若以森的区分为标准，则哈耶克的正义观念恰恰介于先验制度主义和比较的进路之间：他一方面强调正义的主题是“最抽象的规则”和“程序”；另一方面又认为正义规则的目标只可能是“否定性”的，它们“并不是为了确保绝对的正义得到实现，而是为了防止最糟糕的不正义”。哈耶克当然不是先验制度主义者[⑤]，因为在他看来自生自发秩序是人类经验的演化发展的结果，但另一方面他也不全然属于比较的进路，因为他同时强调抽象规则和程序正义的重要性，笔者认为，正是这一点让哈耶克坚信他与罗尔斯在“最根本论点上是有

① ［英］哈耶克：《法律、立法与自由》，第2卷，56页。

② ［英］哈耶克：《法律、立法与自由》，第2卷，102页。

③ ［英］哈耶克：《法律、立法与自由》，第2卷，82页。

④ Amartya Sen, *The Idea of Justice*, Cambridge, Harvard University Press, 2009, pp. 5–8.

⑤ 本章作者亦不认为罗尔斯属于先验制度主义者，详细论述参见周濂：《把正义还给人民》，上海，上海人民出版社，2010。

共识的”。

二、抽象规则与纯粹程序正义

哈耶克认为罗尔斯虽然令人遗憾地采用了社会正义这个术语，但他与罗尔斯之间只有字词之争而无实质之争。为佐证这一论断，哈耶克长篇摘录了罗尔斯的原文：

> 把选择具体的制度或选择分配欲求之物的方式这个任务视作正义的做法，必须“被视作一种原则性的错误而予以放弃，而且这种做法无论如何也是不可能有一个明确答案的。更为准确地说，正义诸原则所界定的乃是一些至关重要的限制性条件：如果要使那些涉入制度和联合活动中的人对它们没有怨言，那么这些制度和活动就必须符合这些限制性条件。如果这些限制性条件得到了满足，那么由此作出的分配，不论是什么样的分配，就都可以被视作正义（或至少不是不正义的）的分配而为人们所接受”。①

这段文字摘自罗尔斯1963年发表的论文《宪政自由和正义的概念》，它直接带出罗尔斯日后在《正义论》中关于“分配正义”（distributive justice）与“配给正义”（allocative justice）的区分：所谓分配正义，指的是在“社会基本结构”层面上对“基本善”进行分配；所谓配给正义，则是在已知其欲望和需求的特定个人中就一定量的善进行分配。②

区分分配正义与配给正义的重要意义在于，首先它再次强调了社会基本结构是正义的主要对象，其次它告诉我们“纯粹程序正义”是考虑分配正义（社会正义）问题最恰切的概念。“纯粹程序正义”有三个主要特征：（1）对于什么样的分配是公平的，并不存在一个独立的标准；（2）存在一个公平程序，根据这个程序产生的结果就是公平；（3）决定正义结果的这个程序，必须实际被执行。相比之下，配给正义则属于“不完美的程序正义”，其特点是：（1）存在得出正确结果的独立标准；（2）没有确保导致正确结果的可行程序。罗尔斯认为，按照配给正义的思路，势必导致古典效益主义的观点，因为效益主义者认为在原则上存在判断所有分配是否正义的独立标准，因此配给正义隐含的正是不完美的程序正义观。③

---

① ［英］哈耶克：《法律、立法与自由》，第2卷，169页。哈耶克在注释中指出，一些论者常常把罗尔斯的《正义论》解释成一部支持社会主义的论著，但在他看来这种解释是错误的。

② John Rawls, *A Theory of Justice*, p. 77.

③ John Rawls, *A Theory of Justice*, pp. 74 - 75.

在论及纯粹程序正义所体现出来的巨大的实践优点时，罗尔斯这样写道："我们不再有必要详细地了解无数的特殊环境和个人在不断改变着的相对低位，我们也不再有必要确定一些原则来处理若这些细节与正义有关便会出现的一些极其复杂的问题。……我们要判断的是社会基本结构的安排，而且是从一种普遍的观点来判断。……接受两个原则就构成这样一种理解：要把许多信息和日常生活中的复杂情况作为与社会正义无关的事情弃而不论。"①

哈耶克会毫无保留地认同罗尔斯的上述观念，尤其是对分配正义和配给正义所做的区分，以及强调正义无法实现"选择具体的制度或选择分配欲求之物的方式这个任务"，恰如哈耶克所指出的，这是他在 LLL 第 2 卷《社会正义的幻象》中"所力图阐明的观点"。②

哈耶克认为，对"自由主义的正义观念"而言，"真正重要的乃是竞争得以展开的方式，而不是竞争的结果"③。对此哈耶克解释说，在自生自发的秩序中，有人通过正当的交易可能收获颇丰，有人通过正当的交易可能失去一切，无论结果是什么，只要人们竞争得以展开的方式是公平的，就不能否认这些交易是正义的。"正义所关注的并不是一个自生自发秩序所产生的那些非意图的后果，因为这些后果并不是任何人所刻意促成的。"④

由此可见，哈耶克虽未使用"纯粹程序正义"这个术语，但是他心中所想的正是这个概念，因为自生自发秩序在处理正义问题时完全满足"纯粹程序正义"的主要特征："不存在判定正当结果的独立标准，而是存在一种正确的或公平的程序，这种程序若被人们恰当地遵守，其结果也会是正确的或公平的，而无论它们可能会是一些什么样的结果。"⑤

分析至此，哈耶克与罗尔斯的唯一分歧似乎就在于哈耶克将配给正义等同于社会正义（分配正义），因此主张彻底废除社会正义（在配给正义的意义上）这个概念，而罗尔斯区分了配给正义与社会正义（分配正义），因此仍旧坚持

---

① John Rawls, *A Theory of Justice*, p. 76.

② 值得一提的是，虽然哈耶克从未提及罗尔斯的"基本善"（primary goods），但是他对于"多种目的之工具"的阐释与罗尔斯的"基本善"非常类似："在大社会中，人们之所以有可能保有和平和达成共识，实是因为个人不必就目的达成共识，而只需就那些有助于各种各样的目的之实现且能够有助于每个人实现自己的目的的手段达成共识。"（[英] 哈耶克：《法律、立法与自由》，第 2 卷，4～5 页。）不过，哈耶克本人应该没有意识到这个类似性，因为他从未提及罗尔斯基本善的概念。在他眼中，他和罗尔斯之间的一致性主要体现在他们都反对配给正义以及都支持"纯粹程序正义"上。

③ [英] 哈耶克：《法律、立法与自由》，第 2 卷，59 页。

④ [英] 哈耶克：《法律、立法与自由》，第 2 卷，59 页。

⑤ John Rawls, *A Theory of Justice*, p. 75.

使用社会正义（在非配给正义的意义上）这个概念。哈耶克敏锐地意识到这是他与罗尔斯的争点所在，所以才会认为二人之间只有字词之争而非实质之争。但是笔者认为，二者虽然共同接受“纯粹程序正义”的重要性，但由于他们对于“竞争得以展开的方式”的“公平性”理解不同，对社会之本质的理解不同，因此他们之间的分歧是根本性的。不过在进入这个分析之前，此处将首先探讨哈耶克与罗尔斯之间另一个隐而未显的潜在共识。

三、“无知之幕”与“最可欲的社会”

任何政治哲学家都会在规范意义上展望一种理想的或者可欲的社会秩序，哈耶克亦不例外。哈耶克的选择原则是这样的：“我们应当把这样一种社会秩序视作最可欲的社会秩序，亦即在我们知道我们于其间的初始地位将完全取决于偶然机遇（比如说我们出生在某个特定家庭这类事实）的情形下我们会选择的那种社会。由于对任何一个成年人所具有的吸引力都可能是以他已然拥有的特殊技艺、能力和品味为基础的，所以更为确切地说，最好的社会乃是这样一种社会，亦即在我们知道我们的孩子于其间的地位将取决于偶然机遇的情形下我们仍倾向于把他们置于其间的那种社会。”①

为解释这一原则，哈耶克提到了自己的一次亲身经历。1940 年，哈耶克一家居住在伦敦，当时英国正面临纳粹空军的密集轰炸，有几个中立国邀请哈耶克移民，哈耶克不得不严肃地考虑到底应该把自己的年纪尚幼的孩子送到哪个国家。他比较了阿根廷、美国和瑞典这些具有极为不同的社会秩序的国家，他考虑的标准是：我的孩子会在其间成长的那个国家的条件有多少是由机遇决定的？这让哈耶克意识到，指导他为孩子们做出合理选择的原则不同于指导他本人做出类似选择的原则。当时哈耶克四十出头，已经拥有了稳固的社会地位，具有一技之长，有了固定的趣味以及人格，而他的孩子不同，哈耶克说：“考虑到我的孩子们还需要发展他们的人格，所以我认为，由于美国社会不存在旧世界（指英国或者欧洲这样的古老国度）中那种严格的社会等级差别——尽管这种差别对我颇具好处，因此我决定为我的孩子们选择美国。（也许我应当补充一点：这样的选择乃是以这样一种默会的想法为基础的，即我的孩子们在美国会被送到一个白人家庭而不是一个有色人种的家庭中生活。）”②

正如众多学者所指出的，哈耶克在此展示的推理逻辑与罗尔斯的“无知之

① ［英］哈耶克：《法律、立法与自由》，第 2 卷，223～224 页。

② ［英］哈耶克：《法律、立法与自由》，第 2 卷，230 页。

幕”非常类似。[①] 当然，相比罗尔斯，哈耶克的思想实验仅仅停留在初级反省阶段，他既没有意识到与罗尔斯的共通之处，更没有自觉地将此方法拓展应用到整个思想体系，而且再一次，他在术语使用上坚持不用“正义社会”而是用“最可欲的社会秩序”——这似乎再次证明了他与罗尔斯之间的“字词之争”。接下来的问题是：哈耶克与罗尔斯存在实质之争吗？如果存在，其具体内容到底是什么？

上述例子表明，当哈耶克在为孩子构想“最可欲的社会秩序”时，主要考虑了两个要素：从肯定性的角度看，他希望在这个社会中的“初始地位是纯粹经由选择而决定的”；从否定性的角度看，他不希望固有的社会等级差别、肤色等外在偶然因素干涉孩子的成长过程。这里的关键概念一为“选择”，一为“外在偶然因素”[②]，这个思路很容易让我们联想起金里卡对罗尔斯的评价：“罗尔斯的核心直觉涉及选择（choices）与环境（circumstances）之间的区别。”[③] 也很容易让我们联想起德沃金、金里卡等人总结的平等自由主义基本原则——“敏于选择，钝于禀赋”。笔者认为，如何评价“选择”和“环境”（罗尔斯的术语是“道德上任意的因素”）对于人生的影响，特别是如何理解“竞争所得以展开的环境”的“公平性”，乃是哈耶克与罗尔斯（以及以德沃金、金里卡为代表的平等自由主义）出现实质之争的关键所在。

四、个人选择、运气与正义

哈耶克认为，自发秩序或法治的极端重要性基于这一事实：“它增加了人们为相互利益而和平共处的可能性。”[④] 对此李斯特进一步指出，在哈耶克眼

---

① 唐·阿瑟指出，有许多作者如伊丽莎白·安德森、劳伦斯·科宁、亚瑟·戴蒙德以及约翰·格雷均提到了这一类似性。(Don Arthur, “Hayek & Rawls,” http://evatt.org.au/papers/hayek-rawls.html.)

② 哈耶克在《自由秩序原理》中指出，他和平等主义者的不同在于，后者认为个人能力间的差异，有一部分是生来具有的，另一部分是受环境影响而产生的，哈耶克认为关键的问题在于：“我们是否有足够的理由大举变更我们的制度，以尽可能地消除那些出于环境影响的优势？”他的回答是否定的。哈耶克具体考察了家庭、继承和教育这三个领域，虽然某些具体分析很有洞见，但遗憾的是，他的最终结论要么将平等主义的诉求归因于妒忌，要么在配给正义的层面上强调“根据品行（merits）获得报酬”之不可行性。（［英］哈耶克：《自由秩序原理》，邓正来译，上册，106～124页，北京，三联书店，1997。）笔者认为，哈耶克的第一个结论过于简单，没能如罗尔斯一样很好地区分妒忌、怨恨与愤恨，第二个结论只是重述对社会正义的知识论批评，对此罗尔斯关于分配正义和配给正义的区分已经很好地回应了这个问题。

③ ［加］金里卡：《当代政治哲学》，刘莘译，132页，上海，上海三联书店，2008。

④ ［英］哈耶克：《法律、立法与自由》，第2卷，393页。

中，“市场社会的伟大发现不在于自私自利如何能够转而为公共利益服务，而是有着极端不同目标的人们如何能够开始合作，每个人都是为了他自己的目标而行动，但却以某种方式一般性地惠及他人”[①]。初看起来，哈耶克的观点与罗尔斯所主张的“社会是一种为了相互利益的合作冒险”相去不远，但是细察二者的表述，却能发现他们对于社会之本质的理解存在重大差别。

哈耶克认为市场（社会）是一种“非人格化的过程”，它就像是一场竞赛：

> 竞赛结果是不可预测的，而且通常来说也总是有赢家和输家的。就像在一场竞赛中那样，我们在市场竞赛中完全有理由要求人人公平竞争，也完全有理由要求人人诚实无欺。但是，如果我们要求竞赛结果对每个参与者都保持公平，那么我们的这种要求就会变得极为荒谬。因为我们知道，这种竞赛的结果在某种程度上肯定是由技艺决定的，而在某种程度上又必定是由运气决定的。[②]

如前所述，在展望“最可欲的社会秩序”时，哈耶克曾经隐然接受了“选择”与“环境”的区分，但是他并没有将这一思路贯彻到自己的政治哲学中。相反，他一方面接受“技艺”与“勤奋”对个体成败的影响，另一方面又认可“运气”或者“纯粹偶然的事件”的横加干涉。哈耶克指出，自发秩序的主要功能就在于“为千变万化的个人需要提供最佳的追求机会”，但是这个论断更像是一个信念而非一个事实。为什么市场能够自始至终为所有人提供一个公平的竞争环境？为什么千变万化的个人可以在自生自发的秩序中获得“最佳的追求机会”？对于这些问题哈耶克并没有给出令人信服的论证。他反复强调的观点是，在接受自发秩序和法治的前提下，个体必须接受技艺、勤奋以及运气等要素综合影响下所产生的任何结果，在此过程中个人可以“向上帝或命运女神埋怨命运不公”，但断然不能以社会正义的名义对此结果进行修正。

罗尔斯对待运气和纯粹偶然事件的态度和哈耶克迥然不同。在罗尔斯看来，社会虽然是为了相互利益的合作冒险，但是在冒险的过程中，首先需要确立的是“社会作为一个世代相继的公平的社会合作体系的理念”，这个理念意味着：“在公平的正义中，人们同意相互分享各自的命运。他们在设计制度时，只是在有利于共同利益的情况下才会利用自然和社会的偶然因素。正义二原则

① Andrew Lister, “The ‘Mirage’ of Social Justice: Hayek Against (and For) Rawls,” http://social-justice.politics.ox.ac.uk/materials/SJ017_Lister_MirageofSocialJustice.pdf, p. 10.

② ［英］哈耶克：《法律、立法与自由》，第1卷，129页。

是一种对待命运中的偶然因素的公平方式。”①

罗尔斯对待技艺和勤奋的态度也与哈耶克存在重大差异。在哈耶克那里，技艺和勤奋无疑属于个体选择的范畴，但罗尔斯却认为它们同样可能深受道德任意因素的影响，因此带有非选择色彩，譬如一个出身贫寒的孩子不仅可能因为缺少教育而不具备必要的技艺，也可能因为对生活前景缺少信心而失去勤奋工作的动力，由此，社会基本结构也应该对影响个体技艺和勤奋的道德任意因素进行调整。

尽管罗尔斯从未正式回应过哈耶克的观点，哈耶克的名字甚至都从未出现在他的著作中，但这并不意味着哈耶克式的理论不在罗尔斯的批评视野里。按照罗尔斯的分析框架，因其强调“效率原则”与“向才能开放”的结合，所以哈耶克式的古典自由主义属于“自然的自由体系”。这一体系最明显的不正义之处，“就是它允许分配的份额受到这些从道德观点看是任意的因素的不恰当影响”②。与“自然的自由体系”不同，公平的正义属于“民主的平等”，这意味着“差别原则”与“公平的机会平等”的结合，其宗旨在于尽可能地减少自然偶然性以及消除社会偶然性对于个体的任意影响。

哈耶克认为自发秩序将为“千变万化的个人需要提供最佳的追求机会”，如果替罗尔斯回应哈耶克，他会说，只要存在道德任意因素的影响，只要没有对选择和环境做出严肃认真的区分，哈耶克的理论就不可能真正实现自我预期的目标，因其主张的只是“职位向才能开放”意义上的形式的机会平等而非公平的机会平等。③

在“选择”和“环境”的区分问题上，罗尔斯的理论并非无可指摘，同为平等自由主义阵营的金里卡就曾经这样质疑：“我赞同罗尔斯的核心直觉，但罗尔斯本人既为自然不平等留下太大的影响空间，又为我们的选择留下太小的影响空间。”④ 比方说，一个资质平庸（没有自然天赋的优势）、白手起家（没有阶级和家庭背景的优势）、通过个体的辛勤努力致富的人，应该运用差别原则让他为更少受益者买单吗？再比如说，一个资质甚高（拥有自然天赋的优势）却好吃懒做（缺少正确的志向）最后堕入最少受益阶层的人，差别原则应该为他的选择性贫穷做出补偿吗？金里卡的批评意在指出，由于无法正确地区

---

① John Rawls, *A Theory of Justice*, p. 88.

② John Rawls, *A Theory of Justice*, p. 68.

③ 参见［英］哈耶克：《自由秩序原理》，上册，111页。

④ ［加］金里卡：《当代政治哲学》，132页。

分“选择”和“环境”对于“最少受益者”所发挥的影响及其权重，当把差别原则应用到具体个人时，它不仅有可能无法实现“抵消了自然偶得的和社会偶得的不平等”这个目标，反而有可能造成“钝于选择”的效果，因为，“当收入的不平等是自由选择的结果而非境况左右的结果时，企图消除不公平的差别原则反而会制造不公平”①。

必须承认，具体到个体层面，我们几无可能区分出哪些不利境况是由个人选择所致，哪些不利境况是由非个人选择所致——这让我们再次回想起哈耶克关于个人知识之分散性的观点。虽然罗尔斯可以回应说，基于分配正义和配给正义的区分，正义二原则将始终活动在社会基本结构层面，把差别原则直接用来分析个人境况的做法是“非法”的。但是这个解释并不能完全消除反对者的困惑，因为我们并不清楚在差别原则的指导下究竟会制定出哪些具体的分配政策，在这个问题上罗尔斯与其说是保持了审慎的模糊，不如说根本就无法给出具可操作性的指导原则。进一步，这个质疑还促使我们重新思考分配正义和配给正义的区分，哈耶克的担心看起来是有道理的，只要不取消分配正义（社会正义）这个概念，它就必然会在具体的政治经济安排中插手配给正义，从而放任国家/政府干预价格制定和经济活动，并最终破坏市场秩序。

我们认为，从罗尔斯的角度出发可对上述质疑做出以下三点回应。

首先，按照“纯粹程序正义”，只要个人在公平程序的框架下参与自愿的交换，那么无论具体结果是什么，都是正义的，但是问题的关键在于，单靠纯粹程序正义并不能解决初始竞争环境的公平性问题，也不能回答正义原则的具体内容。哈耶克诉诸自发秩序的历史演化，强调正义原则是人类行动的后果而非理性设计的结论，但是这种纯形式化的回答无法令人相信竞争得以展开的方式是公平的。罗尔斯对于这一问题的敏感性要远高于哈耶克，他一方面诉诸

---

① ［加］金里卡：《当代政治哲学》，139 页。约翰·托马西指出：“绝大多数著名的古典自由主义者和自由意志主义者都分享了一个奇妙的特征：在拒绝分配正义理念的同时，他们通过预言自己所支持的制度将创造出有利于穷人的分配模式来为之做辩护。”这个奇妙的做法意味着，即使是古典自由主义者和自由意志主义者也认识到不能无视底层人民，因为“从道德的观点看，一个对辛苦工作的穷人无所作为的制度是存在缺陷的。”（John Tomasi，*Free Market Fairness*，p. 125.）哈耶克曾在一次讲座中为自由市场制度辩护道：“感谢这不平等的分配，穷人在竞争性的市场经济中所得要多于他们在中央指导制度中的所得。”（Don Arthur，“Hayek & Rawls，” http：//evatt. org. au/papers/hayek-rawls. html.）这个说法意味着古典自由主义者以及自由意志主义者与平等自由主义者还存在着一个更加令人深思的争点：哪种理论才是在事实上更有利于穷人的？显然，在前者看来，平等自由主义者占据的只是道德上的高地，但是从经济学或者事实性的角度出发，平等自由主义的规范性理论也许恰恰不能让穷人受惠。由于这个问题超出本章的论述主题，故在此不做深入分析。

“纯粹程序正义”观念，另一方面借助反思的均衡确保原初状态也即初始的立约环境的公平性，指出正义原则是“由参与合作的自由而平等的公民所达成的一致意见，并且是根据他们视为彼此之间互惠的利益或善的东西而制定的”①。这意味着在选择正义原则的时候，除了要借助于“纯粹程序正义”的观念，同时也部分地要根据某些实质性的道德价值——譬如是否确保存在公平的机会平等以及提升较低社会地位者的地位——来得到定义。②

其次，罗尔斯会认为，哪怕我们接受古典自由主义和自由意志主义的基本前提——个体之间的交换是信息充分并且是自愿的——如果我们放宽历史的视野，将代际因素考虑进来，也会发现：“个人和团体所达成的众多分散且看来公平的协议，经过长时期的积累，其结果非常可能会破坏自由和公平的协议所需要的背景条件。”③ 换言之，哪怕是在最理想的条件下，个体之间源于自愿的市场交换所导致的贫富差距也可能经过世代的累积而无法为后人提供公平的竞争环境，方此之时，千变万化的个人将无法在哈耶克所谓的自生自发的秩序中获得“最佳的追求机会”，“除非基本结构被不断地加以调整，否则早期各种财产的正义分配将不能保证后来的分配也是正义的，而不论个人和团体之间所进行的具体交易，当从局部和脱离背景制度来看的时候，是否出于自愿和公平”④。

最后，退一步讲，即便分配正义（社会正义）的主张将不可避免地滑向配给正义的主题，也不意味着会一路滑向哈耶克所担心的极权主义深渊。哈耶克在1956年也即《通往奴役之路》出版12年后撰文表示，反对者认为，英国的社会主义政府在六年中并没有造成任何同极权主义国家相似的东西，对此哈耶克指出该书的主要论点之一是：“广泛的政府控制所引起的变化是一种心理变化，是人民性格上的改变。这肯定是一个缓慢的过程，这个过程不是几年，而

---

① John Rawls, *Justice as Fairness*, p. 15.

② 有人据此认为哈耶克与罗尔斯的根本区别在于，前者主张自发秩序和正义原则是社会演化的结果，后者则是理性建构主义的范本——而这正是哈耶克所反对的。但是笔者认为这个比较太过表面，如果我们深入了解罗尔斯的理论，就会发现其中同样包含着非常重要的非建构性要素，譬如正义二原则不是借助于人类的先验理性无中生有发明出来的，而是针对美国宪政民主两百年历史的一种理论抽象，“无知之幕”背后的立约各方并不是基于理性建构发明出正义二原则，而是针对历史上既有的正义原则清单做出的选择，这与哈耶克所说的抽象原则“在人们意识到其存在或理解其运行机制之前就已经存在了”的观点并不矛盾。虽然罗尔斯自称是政治建构主义，但本文认为他的方法论更接近于沃尔泽所说的“解释的进路”而非“发明的进路”，原初状态和“无知之幕”只是作为一种“启发性的机制”帮助人们通过反思进一步澄清业已被接受的观念。就此而言，罗尔斯与哈耶克一样都把法治和正义原则视为人类行为互动的结果而非人类理性设计的结果。

③ John Rawls, *Justice as Fairness*, p. 53.

④ John Rawls, *Justice as Fairness*, p. 53.

是需要一两代人的时间。”① 但问题在于，如今距离《通往奴役之路》出版已经过去 70 多年，哈耶克的上述预言仍然没有实现。正如唐·阿瑟（Don Arthur）所指出的：“哈耶克用了一生的时间来反对 20 世纪 30 年代和 40 年代的社会主义。但是到了 70 年代，平等主义的一流思想家们已经向前发展了，无论是他们的政策还是理念。尽管哈耶克对于社会主义的计划经济的反驳是毁灭性的，但是他的著作对于反驳罗尔斯所激发出来的社会民主主义的视野却贡献甚少。”②

五、福利国家抑或财产所有的民主

哈耶克反对打着社会正义的旗号实施福利政策，但并不反对以别的理由实施一定程度的福利政策。在《自由秩序原理》中，哈耶克写道：

> 实际上，所有的现代政府都对贫困者、时运不济者和残疾者进行了救济，而且对健康卫生问题和知识传播问题予以了关注。我们没有理由认为，这些纯粹的服务性活动，不应当随着财富的普遍增长而增加。此外，也的确存在着一些只有通过集体行动才能满足的公共需求，而且通过这样的方式来满足公共需求，也不会限制个人自由。③

在 LLL 中，哈耶克重申了类似的观点：

> 我们完全有理由认为，在自由的社会中，政府也应当以一种确获保障的最低收入的形式来确使所有的人都得到保护并免遭严重而残酷的剥夺。④

有论者认为哈耶克虽然反对以社会正义之名支持福利政策，但支持福利政策这个事实本身再次说明了他和罗尔斯之间只有字词之争。笔者认为，这个论断仅仅看到了表象，而忽视了哈耶克与罗尔斯在福利政策上两个根本性的差异。

其一，在政治哲学以及一般意义的哲学思考中，理由的区别是最根本的区别。假定两种理论都支持同一种制度或者政策，如果证成的理由不同，则二者之间的差异就绝不只是字词之争，而更可能隐含了根本的实质之争。哈耶克支持一定程度的福利政策，其理由要么是视其为个体的道德义务，要么视其为社会稳定的需求，前者属于交往性道德的要求，后者属于后果论分析的范畴，不

---

① ［英］哈耶克：《经济、科学与社会——哈耶克论文演讲集》，319～320 页。

② Don Arthur, “Hayek & Rawls,” http：//evatt. org. au/papers/hayek-rawls. html.

③ ［英］哈耶克：《自由秩序原理》，下册，9 页。

④ ［英］哈耶克：《法律、立法与自由》，第 2 卷，151 页。

管怎样，哈耶克都竭力反对以社会正义的名义把福利政策上升到法治层面的基本原则，对哈耶克来说，让国家走上奴役之路的关键不在于国家会以某种方式支持健康或者失业保证，而是诉求社会正义。相比之下，罗尔斯支持一系列的福利政策，其理由既不是从个体的互动性道德要求出发，也不是出于后果论的考量，而就是从社会正义的角度出发寻求制度上的解决之道。涛慕思·博格正确地指出其中的逻辑："罗尔斯之所以集中关注社会正义，乃是由于他洞察到，伦理学越来越不能处理现代社会具有重要道德意义的方面的问题。现代社会引起了大量的社会问题，制度性道德分析远比交往性道德分析能更好地解决这些难题。交往性道德分析试图用他人犯下的道德上失当（错误）的行为来解释某些人所蒙受的损失。制度性道德分析则寻求用道德上失当（非正义）的社会制度来解释这些损失在统计学上的发生率。"①

其二，更重要的是，罗尔斯并非福利国家的资本主义的支持者——虽然这是最常见的流俗理解之一。对罗尔斯来说，最能体现其正义二原则的政经体制并非福利国家的资本主义制度，而是"财产所有的民主制"或者"自由（民主）社会主义"。罗尔斯谈论较多的是财产所有的民主制，它与福利国家的资本主义的共同之处是"都允许生产资料的私有制"。二者的差别在于："财产所有的民主……试图分散财富和资本的拥有，由此就避免社会的少部分人控制经济并因此间接地控制政治生活。不是通过把收入再分配给那些在每个时段的最后阶段处于收入最少的人，而是通过在每个时代的开始就确保生产资本以及人力资本（教育能力和受训练的技术）的广泛拥有。"②

福利国家的资本主义的弊端不一而足，对罗尔斯来说，最不能容忍的是福利国家的资本主义会产生一种"沮丧而消沉的下等阶级，其众多成员长期依赖于福利。这种下等阶级会感到自己被抛弃了，从而放弃参与公共政治文化"③。财产所有的民主制与此不同，按照罗尔斯的构想，这个制度中既不会产生依赖性的文化，也不存在任何下等阶级，即便存在很少数量的这一阶级，也不是社会基本结构的后果而是"社会条件的结果"，"而对于这些社会条件，我们不知道如何去加以改变，或者甚至我们根本就无法将它们辨认出来或理解它们"④。

---

① ［美］涛慕思·博格：《罗尔斯：生平与正义理论》，顾肃、刘雪梅译，32页，北京，中国人民大学出版社，2010。

② John Rawls, *A Theory of Justice*, pp. xiv-xv.

③ John Rawls, *Justice as Fairness*, p. 140.

④ John Rawls, *Justice as Fairness*, p. 140.

为了实现以上目标，就需要通过限制一定程度的经济自由来保障每个公民都拥有平等的政治自由，避免少数权贵把控整个政治生活。罗尔斯说：“为了贯彻一种作为世代相传的在自由和平等的公民之间的公平合作体系的社会的观念，基本制度必须从一开始就把成为一个社会的完整意义的合作成员的生产资料交予普泛的而不是少数的公民手中。其重点在于由遗产法和赠予法所保障的在相当时间内资本和资源的拥有权稳定的分布，以及由教育和技术训练等部门所保证的机会的公平平等，还有支持政治自由的公平价值的制度。”①

行文至此，我们已经触及哈耶克与罗尔斯最根本的分歧，也即对自由的定义特别是对经济自由和政治自由的定义及其权重存在根本分歧。

六、经济自由与政治自由

哈耶克自称在“最原始的意义”上把“自由”定义为“独立于他人的专断意志”，“在此状态下，一些人对另一些人所施以的强制，在社会中被减至最小可能之限度”。在这个意义上“个人自由”“人身自由”这些表达可与“自由”互换使用。②

为明确论点，哈耶克在概念上区分了其他三种不同的自由定义。首先是“政治自由”，其含义是“指人们对选择自己的政府、对立法过程以及对行政控制的参与”③。哈耶克明确反对政治自由，认为这是一个群体性的概念，其危险性在于“一个人可以通过投票或缔结契约的方式而使自己处于奴役状态，从而同意放弃原始意义的自由”④。

其次是对“内在自由”“形上自由”或曰“主观自由”的理解。哈耶克认为一个人能否理智地在不同替代方案中做出选择或者能否理智地贯彻一项他业已拟定的解决问题的方案，与其他人是否将他们自己的意志强加于他，属于两个根本不同的问题，前者属于内在自由范畴，后者属于他所青睐的自由定义。⑤

最后一种自由概念是把自由理解为“做我想做的事情的实质能力”。哈耶克认为这是社会主义者所主张的自由定义，其危险性在于它将会以自由之名压

---

① John Rawls, *A Theory of Justice*, p. xv. 关于这部分内容我们将在本章第三节展开详细的论述。

② 参见［英］哈耶克：《自由秩序原理》，上册，3～5页。

③ ［英］哈耶克：《自由秩序原理》，上册，6页。

④ ［英］哈耶克：《自由秩序原理》，上册，7页。

⑤ 参见［英］哈耶克：《自由秩序原理》，上册，8～9页。

制个人自由，从而导致极权主义的恶果。[①]

对哈耶克来说，自由的重要性不在于它促成的目标有多崇高，而在于它为个体行动所打开的可能空间有多大。他之所以推崇自发秩序，理由正在于自发秩序会“给千变万化的个人需要提供最佳的追求机会”。同理，哈耶克之所以反对组织，理由也在于“组织的全体成员要为同一个目标体系服务”[②]，而这会对个体的行动自由造成根本性的伤害。

哈耶克指出，他的自由观重在强调“行动的自由”而非仅仅是“经济的自由”，因为前者的内涵要远大于后者。[③] 但是细察哈耶克的论述逻辑却能发现，经济自由在其理论中的重要性是毋庸置疑的。早在《通往奴役之路》中哈耶克就明确指出，20 世纪早期的社会主义倾向将导致一种新的奴役形式，在社会主义的观念指引下，“我们逐渐放弃了经济事务中的自由，而离开这种自由，就绝不会存在以往的那种个人的和政治的自由”[④]。这段表述很清楚地告诉我们，经济自由是个人自由和政治自由的基石。在 1973 年为意大利《新世纪百科全书》撰写“什么是自由主义”时哈耶克再次强调了经济自由的重要性，对此他打了一个非常形象的比喻：“如果政府控制着印刷设备，就不会有出版自由；如果必要的空间受到这样的控制，就不会有结社自由；如果运输手段被政府垄断，就不会有迁徙自由；如此等等。印刷机处在国家的控制之下就不会有新闻自由，如果所必需的房屋处在国家的控制之下就不会有集会的自由，如果交通工具由政府垄断就不会有迁徙的自由。”[⑤] 在这篇总结性陈述中，哈耶克的最终结论是：“这就是由政府支配一切经济行动……为何必然会给个人能够追求的目标造成严重限制的原因。大概 20 世纪的政治发展所提供的最有意义的教训就是，在我们已经了解的所谓极权主义制度中，对生活的物质内容的控制，使政府也拥有了深入控制精神生活的权力。正是目的在于提供各种手段的不同独立机构的多样性，使我们能够选择我们愿意追求的各种目标。”[⑥]

相比古典自由主义和自由意志主义对经济自由和财产自由的高度重视，平等自由主义对于自由的理解要丰富得多。以罗尔斯为例，他反对仅仅从否定性

---

① 参见［英］哈耶克：《自由秩序原理》，上册，10 页。

② ［英］哈耶克：《经济、科学与社会——哈耶克论文演讲集》，348 页。

③ 参见［英］哈耶克：《自由秩序原理》，上册，36 页。

④ ［英］哈耶克：《通往奴役之路》，王明毅、冯兴元等译，20 页，北京，中国社会科学出版社，1997。

⑤ ［英］哈耶克：《经济、科学与社会——哈耶克论文演讲集》，357 页。

⑥ ［英］哈耶克：《经济、科学与社会——哈耶克论文演讲集》，357 页。

的角度去定义自由。在他看来，无论现代人的自由还是古代人的自由“都深深地植根于人类的渴望之中”。基于这个考虑，他接受麦考伦对自由做出的三位一体式的理解：“这个或那个人（或一些人）自由地（或不自由地）免除这种或那种限制（或一组限制）而这样做（或不那样做）。”①

在正义第一原则中，罗尔斯开列了包括良心自由、思想自由、结社自由在内的一系列基本自由权，其中有两个条目与本章主旨直接相关。

第一，罗尔斯强调“平等的政治自由权”（包括投票权、担任公职的权利、集会自由、组织和加入政党的权利）的重要性，这与哈耶克形成了鲜明的对比。罗尔斯指出：“从历史角度来看，宪政体制的一个最主要的缺陷就在于未能实现政治自由的公平价值……此法律体系普遍容忍了大大超出政治平等所能容纳的资产和财富分配的不平等。”②

第二，为了实现政治自由的公平价值，就需要对基本自由权中的私有财产权做出特殊规定。具体说来，罗尔斯把特定类型的财产权（例如生产资料的所有权）以及契约自由这两个最被古典自由主义和自由意志主义理论看重的经济权利挪出基本自由权的范畴，这个做法在理论上意味着作为基本权利的私人财产权既不包括无限累积的权利，也不包括生产资料的绝对拥有权以及经济资源不受制约的使用和转让权，在现实中则意味着允许政府通过遗产法、赠予法等方式来调整和确保自由和公平的协议所需要的背景正义。

哈耶克与罗尔斯在经济自由和政治自由问题上的分歧反映的是二者根本问题感的差异。终其一生，哈耶克最关心的问题就是如何防止“一个强有力的极权主义国家重生的危险”③，为此他将反对一切形式的集体主义，并把捍卫市场的自生自发特征等同于捍卫经济自由，进而将捍卫经济自由等同于捍卫个人自由。如前所述，在设想“最可欲的社会秩序”时，哈耶克已经隐然接受了选择与环境的区分，认为一个人若想发展其健康的人格就必须免于道德上任意因素的影响。令人遗憾的是，哈耶克未能意识到内在逻辑的不一致性，在具体展开其理论时他放弃了选择和环境的区分，把社会简单地理解为一场优胜劣汰的竞赛，无视市场环境可能存在的不公平，主张在形式化的法治前提下，个体必须承担运气和偶然因素的影响，反对通过诉诸社会正义在基本制度层面对此做出

---

① John Rawls, *A Theory of Justice*, p. 77.

② John Rawls, *A Theory of Justice*, p. 198.

③ Kukathas Chandran, “Hayek and Liberalism,” in Edward Feser (ed.), *The Cambridge Companion to Hayek*, Cambridge, Cambridge University Press, 2006, p. 200.

补偿。

对于哈耶克的政治哲学，冯克利有过一个相对公允的评价，在他看来，哈耶克的“作为方法论的‘个人主义’……并非一种救赎哲学，而是有着高度形式化的特点，它把为这种形式填充内容的任务交给了每个人的道德责任。从他始终表现出关心人类福祉的情怀这个大前提说，我们可以猜想，大概他不会反对在促进‘实质的个人主义’幸福这方面所做的努力。但是公共权力除了维持‘公正行为的规则’，它在这方面还能为人类福祉做些什么，我们从哈耶克那儿并不能得到更多的启示”[①]。罗尔斯的政治哲学也不是救赎哲学，他自称是“现实主义的乌托邦”[②]。某种意义上，罗尔斯的正义理论正是接着哈耶克往下讲：公共权力除了维持公正行为的规则，还能够为人类的尊严和价值做出更多实质性的贡献。作为自由主义者，罗尔斯反对中央计划经济以及传统理解的社会主义，因为它侵犯了包括私有财产权在内的一系列基本权利，作为平等主义者，罗尔斯反对不受约束的自由市场和传统理解的资本主义，因为它赋予所有者阶层过多的经济权力和政治权力，从而侵犯了公平的政治自由和公平的机会平等等价值。罗尔斯所关心的问题，一言以蔽之，就是如何通过确立一种正义的制度以使生活于其间的每一个自由平等的道德人都能过上有价值的人生。相比哈耶克，罗尔斯关注的是“更高的理想”，借用约翰·托马西的观点，“这是民主社会的理想，生活在其中的人们，作为公民是以自由和平等的道德存在者相遇的。正义要求我们寻求建立一个社会世界，所有公民都能在其中发展和实践他们的道德能力，包括那些在基因和社会博弈中处于劣势的人的能力”[③]。

综上所述，本节认为哈耶克虽然正确地认识到他与罗尔斯都反对“把选择具体的制度或选择分配欲求之物的方式这个任务视作正义的做法”，都接受“纯粹程序正义的重要性”，在构想“最可欲的社会秩序”时都采用了“无知之幕”的思考进路，但是由于他们关于社会的本质理解不同，处理运气/命运的态度不同，反对福利国家的理由不同，对待经济自由和政治自由的观点不同，所以他们之间的分歧远不止于字词之争，而是存在实质之争。笔者认为，立足于广义的自由主义传统，哈耶克与罗尔斯应该在原则上都会认同如下判断：“个体应该自由地追求他们自己的美好生活，而政府的职能就是提供便利。”[④]

① ［英］哈耶克：《致命的自负》，12 页。

② John Rawls，*Justice as Fairness*，p. 4.

③ John Tomasi，*Free Market Fairness*，p. 40.

④ Don Arthur，“Hayek & Rawls，” http：//evatt. org. au/papers/hayek-rawls. html.

但是比较而言，罗尔斯的理论比哈耶克的理论更好地实现了这一价值理想。

第二节 财产所有的民主制：理论与现实

最近十年以来，在萨德·威廉姆森（Thad Williamson）、马丁·奥尼尔（Martin O'Neill）以及萨缪尔·弗里曼（Samuel Freeman）等人的努力下，越来越多的学者将注意力放在了罗尔斯对“财产所有的民主制”（下文中除非必要不再使用全称，简写为POD）的理论构想上。由于罗尔斯在注释中多次提到英国经济学家詹姆斯·米德（James Meade）1964年出版的《效率、平等与产权》对于POD的启发，所以容易让人误以为米德是该术语的首倡者；又因为罗尔斯引入POD的主要目的是与“福利国家的资本主义”（welfare-state capitalism，以下一些地方简称WSC）相区别，所以会让人进一步误以为POD不仅有别于福利国家而且是反资本主义的。但是如果我们仔细考察POD的发展史，就会发现它既不是学者闭门造车的理论产物，更非左翼自由主义专享的政治立场和政策主张。恰恰相反，这个术语的发明权属于苏格兰的保守党议员诺伊尔·斯克尔顿（Noel Skelton），当他在1923年首次使用这个术语时，主要动机之一是回应来自社会主义公有制以及工党的挑战，其根本宗旨不是反对资本主义而是维护资本主义。在20世纪英国政治发展史中，历任保守党党魁以及保守党出身的首相，从斯坦利·鲍德温、安东尼·艾登、哈罗德·麦克米兰、亚历克·道格拉斯-霍姆、玛格丽特·撒切尔直到戴维·卡梅伦，都曾经依据当时当地的政治形势激活过POD，把它作为重要的执政理念和施政纲领，以至于有评论者认为POD是20世纪英国保守党最根本的意识形态宗旨之一。

这个现象提醒我们，POD的概念内涵、理论脉络以及现实政治的发展要远比想象的更为丰富和复杂，有必要追问如下一些问题：保守党传统的POD与米德-罗尔斯一脉的左翼进路究竟有何异同？他们只是碰巧使用了同一个术语，但在概念内涵、价值承诺以及具体政策上均存在根本性的分歧，还是说尽管存在诸多重大的分歧，但二者仍旧分享了最根本的问题意识？

为了澄清上述疑惑，本节将依次探讨如下四个主题。首先，阐释斯克尔顿创造POD的时代背景、问题意识以及具体构想，指出斯克尔顿虽然身为保守党议员，但在思想取向上却和米德-罗尔斯的左翼进路有着很强的亲和性。其次，以安东尼·艾登和玛格丽特·撒切尔为例，指出斯克尔顿之后的保守党人把 POD 转变成“住房所有的民主制”，这个策略不仅出于现实的选战考虑，同时也反映出保守党内右翼立场反对国有化和公有制的基本原则。再次，本节认为罗尔斯本人接受 POD 时存在一个逐步清晰化的过程，归根结底他是想通过调整财产权和经济自由来影响政治自由的实践，避免 WSC 对于公民德行以及民主政治造成的负面后果。最后，通过比较 POD 的左右两翼，本节认为无论在价值理想还是在实现路径上，罗尔斯与斯克尔顿都比较接近，相比之下，罗尔斯与艾登-撒切尔则存在着深刻的分歧。

一、斯克尔顿论“财产所有的民主制”

1923 年 4 月到 5 月之间，来自苏格兰的保守党议员诺伊尔·斯克尔顿在《旁观者》杂志上连续发表四篇短文，论述保守党的改革方略和施政纲领，次年以《建设性的保守主义》为题结集出版，这本小册子由于首创了“财产所有的民主制”而在 20 世纪的英国政治史上占有举足轻重的地位。

保守党之所以要强调“建设性”，非务相反也，时势异也。1917 年，正在进行中的第一次世界大战意外催生出史上第一个社会主义国家苏俄，社会主义公有制对于资本主义私有制的挑战从理论变成现实，并且在欧洲大陆呈现出从东往西的蔓延趋势。与此同时，英国政治也正在发生结构性的变化。1918 年，英国《第四次改革法案》通过，几乎取消了选民的财产资格限制。随着普选制和政治自由的实现，保守党与之缠斗百年之久的主要政敌自由党开始式微，取而代之的是方兴未艾的工党。

斯克尔顿认为英国正在步入一个“新时代”，其主要特征是：(1) 它在选举的意义上是一个“彻底的民主国家”(a complete democracy)；(2) 就公民受教育的程度而言，特别是在公民的心智和品格培养的意义上它是一个“有教养的民主国家”(an educated democracy)。[①] 这个“新时代”面临一个迫在眉睫的关键问题：“普罗大众——他们中的多数人依靠工厂的工资生活——的政治地位和教育地位远远胜过其经济地位。”[②] 斯克尔顿相信，整个国民生活因此处于结构性失衡的危险之中，而解决的良方正是“财产所有的民主制”：“除非我

① Noel Skelton, “Constructive Conservatism (II): The New Era,” *Spectator*, May 5, 1923, p. 745.

② Noel Skelton, “Constructive Conservatism (III): Problem and Principle,” *Spectator*, May 23, 1923, p. 789.

们的有教养的和政治的民主显著地变成财产所有的民主制，否则国家的均衡和个体生活的平衡都无法得到修复。”①

“财产所有的民主制”是斯克尔顿首创的概念，顾名思义，这个术语的重点有二：一是“财产所有”，二是“民主”。前者针对的是社会主义的公有制挑战，后者针对的是普选制带来的民主挑战。

斯克尔顿明确反对社会主义公有制，理由是“每个人所有，就等于没有人所有”②。但与此同时他清楚地认识到社会主义对于财产匮乏的普通民众所具有的魅惑力，就此而言，POD 本质上是执两用中的策略，在不接受公有制的同时，通过大范围地增加财产所有者的人数让保守主义者得以正面回应社会主义的挑战，正如马修·弗朗西斯所指出的，它的优势在于“既不会导致革命也不会对工人阶级的要求无动于衷”③。

秉承保守党一直以来的根本信念，斯克尔顿深信私有财产对于个体性的充分发展具有根本性的影响，唯有产者有能力保持人格的独立性、主动性和责任感。斯克尔顿的革新之处在于，他没有从这个前提出发为选举权的财产资格限制做辩护，而是顺应时势提出，在“彻底的民主”成为现实的“新时代”，就应该大范围地增加财产所有者的人数，借此把工薪阶级的经济地位提升到与其政治、教育地位比肩的程度，保证他们拥有实践政治自由的品格与能力，从而解决国民生活失衡的时代问题。在 1926 年发表的《捍卫英国民主》一文中，斯克尔顿设问道：“民主的本质德性、内核以及内在价值究竟是什么?”对此他的回答是，积极参与“公共事务的慎议和决策”会创造负责任的公民，而“慎议和决定”是“只有民主才可能允许公民予以实践的功能——这个功能运转良好，民主就会运转良好”④。一言以蔽之，在“新时代”的环境中，“文明的成功和稳定建立在尽最大可能增加公民的私有财产的基础之上”⑤。

显然，对斯克尔顿来说，问题的关键在于通过何种方式实现“大范围地增加财产所有者的人数”。借助本·杰克逊的观点，我们可以把斯克尔顿的具体

---

① Noel Skelton, “Constructive Conservatism (II): The New Era,” p. 745.

② Noel Skelton, “Constructive Conservatism (II): The New Era,” p. 745.

③ Matthew Francis, “A Crusade to Enfranchise the Many: Thatcherism and the ‘Property-Owning Democracy’,” *Twentieth Century British History*, Vol. 23, No. 2, 2012, p. 278.

④ Noel Skelton, “The Safeguarding of British Democracy,” *English Review*, July 1926, pp. 27 - 28.

⑤ Noel Skelton, “Constructive Conservatism (I): Architect or Caretaker,” *Spectator*, April 28, 1923.

策略总结如下：第一，对于工薪阶级实行分红制，并最终实现现代工业生产中的合伙人制（co-partnery）。所谓合伙人制，其目的在于以公司股份的形式回馈工人，缩小劳资之间的鸿沟，“随着工人变成资本家，要么出于对民主内部管理的关注，要么出于一般性的指引，会很自然地产生‘同舟共济’感”。第二，对于那些想要寻求完全自主性的小型农场主来说，要保证他们成为小农场的所有者，借此更广泛地分散土地所有权。第三，在大规模的农业生产中引进合作社原则。第四，引入“全民公决”作为宪政手段，借助公共意见来否决任何可能会威胁新的民主宪政安排或者私有产权的议会决策。①

通过上述分析可知，有别于传统保守主义以及古典自由主义所主张的形式意义上的私有财产权，斯克尔顿的 POD 旨在通过各种具体的经济手段尽可能广泛地分散私有财产的实质持有，说得明确一些，这意味着 POD 强调的不是抽象的财产权而是实质的财产所有或持有。

以约翰·洛克的观点为例，他主张所有公民都毫不例外地拥有财产权，但是这只是形式意义上的财产权，并不保证每个公民都确然地拥有实质的私有财产。此处涉及对“自然权利”的两种解释：一种解释是指与生俱来的权利，比如生命权和自由权，这意味着他/她无须特别地做任何事就可以拥有这种权利；另一种解释指的是“这一权利是通过人之本性（nature）的行为获得的”②，比如财产权就属于这一类，它不是与生俱来的，而是特定的人基于人的本性（譬如理性）“碰巧”做了特定的事——比如伸手摘了苹果或者在某块土地上劳作——才拥有的所有权。正是基于这个原因，杰里米·沃尔准把洛克的私有产权证明称为基于“特殊权利”（special right）的证明。与此相对应，他把黑格尔的私有产权证明称作基于“一般权利”（general right）的证明，这是因为黑格尔认为财产权与特定个人的特殊行动无关，由于财产是“人的伦理发展的必要条件”，所以“私有财产不仅是道德上合法的，而且用黑格尔的话说，‘每个人都必须拥有财产’”③。我们不妨这么总结：洛克意义上的财产权是特殊的并且形

---

① Ben Jackson, “Property-Owning Democracy: A Short History,” in Martin O'Neill and Thad Williamson (eds.), *Property-Owning Democracy: Rawls and Beyond*, Malden, Wiley-Blackwell, 2012, pp. 38 – 39; Noel Skelton, “Constructive Conservatism (IV): Democracy Stablized,” *Spectator*, May 19, 1923, pp. 837 – 838.

② Sukhninder S. Panesar, “Theories of Private Property in Modern Property Law,” *Denning Law Journal*, Vol. 15, 2000, p. 125.

③ Jeremy Waldron, *The Right to Private Property*, Oxford, Oxford University Press, 1988, p. 4.

式的（special and formal），而黑格尔意义上的财产权则是一般的并且实质的（general and substantial）。

在这个意义上，把斯克尔顿的 POD 翻译成“财产所有的民主制”而非“财产所有权的民主制”显然更加符合原意，因为无论是基本宗旨还是具体策略，斯克尔顿的理论都更接近黑格尔的基于“一般权利”的私有产权观，也就是强调每个人实质上的财产所有。沃尔准指出：“黑格尔进路的有趣之处在于它所隐含的分配观念。……我们不能一方面论证拥有财产是伦理发展的必要条件，然后另一方面又对无产者的道德和物质困境毫不关心。正如支持言论自由的权利论证（a right-based argument for free speech）建立了确保每个人都能自由言论的责任，支持私有财产的基于普遍权利的论证（a general-right-based argument for private property）也建立了确保每个人成为财产所有者的责任。这事实上是一种反对不平等的论证，并且支持所谓的‘财产所有的民主制’。”①

综上所述，笔者认为，斯克尔顿的 POD 已经突破传统保守主义的思想边界，而与平等自由主义的传统有着很强的亲和性：就强调私有财产与公民个体之品格养成的紧密关联进而主张实质性地拓展财产所有者的数量而言，他上承黑格尔的基于“一般权利”的私有财产观；就强调经济自由对于政治自由以及提升民主质量的重要性而言，特别是强调合伙人制以及工人对于工厂管理的民主参与而言，他近似于罗尔斯的正义理论和慎议民主思想。也正因如此，斯克尔顿被认为是保守党内的左翼代表。

二、“财产所有的民主制”到“住房所有的民主制”

1933 年斯克尔顿因病早逝，未能在英国政坛一展宏图，其人其名也在此后的岁月里逐渐被世人淡忘，但是他的精神遗产 POD 却在英国保守党乃至整个 20 世纪的英国政治中留下了深刻的烙印。1945 年，工党击败保守党赢得英国大选，时任保守党领袖的安东尼·艾登在 1946 年保守党全国大会上复活斯克尔顿的理念，呼吁建立“全国范围内的财产所有的民主制”。不同于斯克尔顿对合伙人制和工厂管理民主的重视，艾登重点强调的是“住房所有”。不难看出，在理论照进现实的过程中，斯克尔顿版本的“财产所有的民主制”已经悄然变形为“住房所有的民主”（home-owning democracy）。这首先是出于选战策略的考虑，二战期间的大轰炸让英国至少缺少 200 万套的房屋，1945 年大选

① Jeremy Waldron, *The Right to Private Property*, p. 4.

之前的民意调查显示住房问题已经成为选民最为关注的议题。除此之外，也是更重要的，强调住房所有是最安全和最符合保守党精神的增加私有财产的方式，因其绕开了生产资料所有权这一根本问题，在政策执行上也便于操作——其他拓展私有权的方式都被认为过于“技术化”以至于不可行。值得一提的是，自 1951 年保守党赢得大选之后英国就进入了“共识政治”时代，在此期间，POD 更像是保守党用来区隔工党理念、维系自我认同的一个标签，其理论意义大于现实意义，形式意义大于实质意义。

直到撒切尔执政期间，POD 才真正得到了实质性的落实。1975 年撒切尔初任党魁就在首次演讲中提出保守党正沿着“安东尼·艾登的足迹前行，他为我们设立了财产所有的民主制这个目标”。1987 年赢得第三次大选之后，撒切尔再次明确地告诉《时代》杂志，她的第三任期目标包括“建立财产所有的民主制”。但事实上正如弗朗西斯所指出的，早在撒切尔的前两个任期，POD 已然得到强有力的落实：“大量的机制调整——出售地方政府出资建立的公房，出售国有企业的股份，让雇员分享所有权的计划——已经被用来极大地拓展了财产的私人所有权。”① 毋庸置疑，在上述各种政策中，最引人瞩目的仍旧是住房私有政策，它再一次成为保守党赢得大选的杀手锏。1979 年，85%的英国选民表示赞成公房销售，撒切尔在第一次大选获胜后指出：“成千上万的公房住户……第一次倾巢而出支持我们，因为他们希望有机会购买自己的房屋。”②

1986 年撒切尔在保守党大会上声称，如果说 19 世纪保守党最伟大的成就是让越来越多的人拥有投票权，那么“这个世纪保守党的伟大改革就是使越来越多的人拥有财产。人民资本主义（popular capitalism）无异于国民经济生活中解放（enfranchise）众人的战争”③。

现在的问题是，应该如何评价撒切尔的这一自我评价，撒切尔版本的 POD 与斯克尔顿版本究竟有何异同之处？弗朗西斯高度评价撒切尔的 POD 政策，认为它实现了“民主”的双重功能：“一方面，撒切尔政府继续支持斯克尔顿的 POD 概念，试图通过出售地方政府的房屋和在私有化企业中分享股票使财

① Matthew Francis，“A Crusade to Enfranchise the Many：Thatcherism and the ‘Property-Owning Democracy’，” *Twentieth Century British History*，Vol. 23，No. 2，2012，pp. 275 - 276.

② ［英］保罗·皮尔逊：《拆散福利国家——里根、撒切尔和紧缩政治学》，舒绍福译，98 页，长春，吉林出版集团有限责任公司，2007。

③ Matthew Francis，“A Crusade to Enfranchise the Many：Thatcherism and the ‘Property-Owning Democracy’，” p. 296.

产所有‘民主化’；另一方面，它开始‘与财产权产生联系，其方式让人回想起19世纪的财产权与普选权的关系，哪怕细节上并不一致’。也就是说，财产所有是实践民主权利和个人选择的前提条件——尽管这些权利在这里采取的是‘经济选择’的形式。”[①] 上述评价让人感到困惑，如果撒切尔真的实现了“民主”的双重功能，那么撒切尔就不仅继承了斯克尔顿的理想，甚至与罗尔斯版本的POD旨趣也相去不远。费利克斯·邦盖伊（Felix Bungay）在一篇探索性的短文中大胆主张，罗尔斯版本的POD与撒切尔的自由市场政策是兼容的，而且，“当我们思考哪种方式在实践上最好地实现POD的目标时，玛格丽特·撒切尔的政策提供了比‘税收和再分配’这些与罗尔斯的POD传统相关的政策更优的自由市场替代方案”。邦盖伊认为，撒切尔不仅实现了住房的私有化，而且“通过私有化国有企业，撒切尔政府让数以百万计的人第一次成为股份所有者。资本所有不再属于投资银行家和富人，而是属于数以百万计的普通英国人”。通过以上方式，邦盖伊认为，撒切尔政府实现了罗尔斯版本所蕴含的生产资料所有权的广泛分布。[②]

笔者认为，弗朗西斯和邦盖伊的观点值得商榷。理由在于，从思想资源的角度出发，撒切尔接受的是哈耶克和弗里德曼所代表的古典自由主义，她之所以高举POD的旗帜，除了现实的选战需要，更是为了坚持货币主义、自由市场以及自由放任的资本主义，反对凯恩斯主义、福利国家政策、持续坐大的工会权力以及法团主义，换句话说，在理论出发点上撒切尔的POD就是反对平等主义的。从现实的政治效果看也证明了上述观点，撒切尔的POD虽然增加了财产所有者的人数，但却加剧了贫富差距以及社会的不平等，比如本·杰克逊就指出，撒切尔的一系列政策“显然都是反平等主义的，事实上在这一重建项目过程中，英国的收入和财富的不平等都加剧了”[③]。试以撒切尔POD中最重要的住房私有政策为例，数据显示，从1978年到1988年的十年里英国住房拥有率从54.7%上升到65.4%，而公房出租率从31.7%下降到24.9%[④]，表面上看让很多熟练劳动者与下层白领工人拥有了个人住宅，但是正如有的学者所指出的：“私有住宅的范围扩大促使中产阶级分化，导致新的

① Matthew Francis，“A Crusade to Enfranchise the Many：Thatcherism and the ‘Property-Owning Democracy’，” p. 297.

② Felix Bungay，“John Rawls，Margaret Thatcher，and Property Owning Democracy，” http：//bleedingheartlibertarians. com/2013/04/john-rawls-margaret-thatcher-and-property-owning-democracy/.

③ Ben Jackson，“Property-owning Democracy：a Short History，” p. 47.

④ 参见［英］保罗·皮尔逊：《拆散福利国家——里根、撒切尔和紧缩政治学》，100页。

社会矛盾产生。住宅的民营化并没有使所有的人都成为中产阶级，反而不少人由于借贷购房而成为‘债务者’。为此，英国保守党被人指责说：‘保守党培育中产阶层的政策非但没有把英国变成财产所有者的国家（Property-Owners' Nation）’或‘住宅私有者的国家’（A Nation of Home Owners），反而变成了‘债务者的国家’（A Nation of Debtors）。”[①] 因此笔者认为，以艾登-撒切尔为代表的 POD 右翼版本与斯克尔顿尤其是米德、罗尔斯的版本存在着根本性的区别。

三、罗尔斯论“财产所有的民主制”

1971 年罗尔斯《正义论》问世不久，WSC 就因为滞涨而逐渐陷入全面的危机。在很长一段时间里，多数学者把《正义论》列为 WSC 的辩护之作，没有认识到罗尔斯既非福利国家的支持者，也非资本主义的支持者，而是“财产所有的民主制”的支持者。

应该说，这个误解部分地要归咎于罗尔斯本人，虽然《正义论》初版根本没有提及“福利国家”和“资本主义”这两个概念[②]，但与此同时，全书正文 587 页中也只有两处地方简单地提到了 POD，这让读者很难意识到 POD 是实现正义二原则的理想政经体制。对此，一个合理的解释是，直到修订版发表之前，罗尔斯虽然认识到“分配正义的主要问题是社会制度的选择问题”[③]，但对正义二原则和 POD 的关系并没有做过深入认真的思考。

在 20 世纪 80 年代的英美学术界，只有极个别的学者注意到了 POD 对于《正义论》的重要性。1983 年，阿瑟·迪夸特罗（Arthur DiQuattro）在一篇论文中指出：“在《正义论》中罗尔斯从未使用过一次‘资本主义’。罗尔斯从詹姆斯·米德那里借用了‘财产所有的民主制’这个术语，其主旨在于对财产所有的民主制和资本主义的福利制度做出严格区分。”[④] 不久，理查德·克劳斯和迈克尔·麦克弗森进一步指出：“罗尔斯对于使用福利国家的税收制度并且

---

① ［韩］张世薰：《扩大住宅私有与培育中产阶级：以韩国为例》，叶克林校译，载《学海》，2009（5）。

② 在《正义论》初版中“福利”这个词更多的是以“社会福利”“福利经济学”以及“最少受益者的福利”的组合形式出现的，而“资本主义”这个词只在第 361 页的脚注中因为援引熊彼特名著《资本主义、社会主义和民主》才有幸出现。

③ John Rawls，*A Theory of Justice*，p. 274.

④ Arthur DiQuattro，“Rawls and Left Criticism，” *Political Theory*，Vol. 11，No. 1，February 1983，p. 56.

通过转让来弥补收入的不平等的热情要远小于许多评论的假设。这部分是因为他想要通过使财产持有变得更平等来减少收入转让的需求。但是罗尔斯对福利国家衡量手段的拒绝超出了为了获得更平等的背景条件的需要而证成的内容——我们判断他走得要更远。”①

罗尔斯显然是受到了上述学者的启发，才会在《正义论》1990年的修订版序言中特别提到，如果要重新撰写该书，就必须对“福利国家”的观念和“财产所有的民主制”做出明确的区别。② 2001年，罗尔斯生前最后一本著作《作为公平的正义》出版，罗尔斯对这一问题做出了盖棺论定的表述。他列举了五种理想型的政治经济制度，认为只有POD或者“自由（民主）社会主义”能够满足正义二原则的要求，其余三种制度——“带有指令性的国家社会主义”“福利国家的资本主义”以及“自由放任的资本主义”——则以不同的方式违背了正义二原则。③

POD和自由（民主）社会主义的共同之处在于，它们“都建立了民主政治的宪政框架，确保基本的自由权以及政治自由的公平价值和公平的机会平等，如果不是通过差别原则也是通过互惠原则调节经济和社会的不平等”④。换言之，它们都能很好地体现正义二原则。二者的不同之处在于，自由社会主义主张生产资料为社会所有，而POD则允许“生产资料的私人财产权”（private property in productive assets）。⑤ 需要指出的是，正义第一原则虽然包含了私人财产权，但却把生产资料和自然资源的私人财产权排除出基本自由权的保护范围，所以罗尔斯认为，在理论上正义二原则与这两种不同的财产体系和经济制度相互兼容，在实际政治的选择中罗尔斯认为很难在二者之间做出预先判断，只有综合考虑特定社会的历史条件、政治思想和政治实践的传统以及其他许多因素后才能做出选择。⑥

罗尔斯虽然对自由社会主义着墨不多，但从散落各处的论述可以得知，“社会主义”一词在罗尔斯这里并不特指“分配的平等主义”，而是重在强调

---

① Richard Krouse, and Michael McPherson, “Capitalism, ‘Property-Owning Democracy’, and the Welfare State,” In *Democracy and the Welfare State*, p. 80.

② John Rawls, *A Theory of Justice*, p. xiv.

③ John Rawls, *Justice as Fairness*, pp. 136 - 138.

④ John Rawls, *Justice as Fairness*, p. 138.

⑤ John Rawls, *Justice as Fairness*, p. 139.

⑥ John Rawls, *Justice as Fairness*, p. 139.

“生产资料（土地、自然资源，即实际资本）的公共所有权的经济制度”[①]。罗尔斯认为市场制度完全可以和私有产权制度以及社会主义制度相容，实现这一点的关键在于“区分价格的配置（allocative）功能和分配（distributive）功能”[②]。

区分“配给”与“分配”对于正确理解罗尔斯的理论至关重要。除价格的配给功能和分配功能，罗尔斯还在更一般的意义上区分“配给正义”与“分配正义”：前者指的是在已知其欲望和需求的特定个人中就一定量的善进行分配；后者指的是在“社会基本结构”层面上对“基本善”进行分配。[③] 这一区分的重要意义在于，它告诉我们只有“纯粹程序正义”才是考虑分配正义和社会正义的最恰切概念。

罗尔斯认为，由于在社会主义条件下生产资料和自然资源是公有的，这一部分的收入归国家所有，因此价格的分配功能——运用价格决定个人贡献的报酬——将受到很大限制，但是价格的配给功能——运用价格来配给生产要素以提高经济效益——依然存在，就此而言，市场制度无论对私有制还是对社会主义制度都是兼容的。但是在具体的环境下，人们无法事先决定“这些制度及其许多中间形态中的哪一种更充分地符合正义要求”。因此在现实中究竟应该适用财产所有的民主制还是自由社会主义，“对这个问题大概并没有一般的答案”，而要“依赖于每个国家的传统、制度、社会力量和特殊的历史环境”。抽象的正义理论无法回答这些具体问题。[④]

正如萨缪尔·弗里曼所指出的：“当被简单地理解成生产资料的公共所有权时，社会主义就是和使用市场价格来配给生产要素相一致的，只要资本与生产资料始终是公共所有的。这一形式被称为自由社会主义或者市场社会主义。”[⑤] 自由社会主义与国家社会主义的指令性计划经济不同，前者保证“企业在一种有效地自由竞争的市场体系内部开展它们的活动，职业的自由选择也得到了保证”[⑥]，后者则是“反对市场并依赖于（假定的）生产的理性计划（在理想的情况下是民主决定的）去配给生产要素的社会主义形式”[⑦]，并且在后者那

---

① Samuel Freeman, *Rawls*, London, New York, Routledge, 2007, p. 220.

② John Rawls, *A Theory of Justice*, p. 241.

③ John Rawls, *Justice as Fairness*, p. 77.

④ John Rawls, *Justice as Fairness*, pp. 241 - 242.

⑤ Samuel Freeman, *Rawls*, p. 220.

⑥ John Rawls, *Justice as Fairness*, p. 138.

⑦ Samuel Freeman, *Rawls*, p. 220.

里基本的职业自由选择也无法得到保证。

自由社会主义与POD的根本区别在于，前者明确主张生产资料和自然资源的所有权归国家或者社会所有，后者则允许存在生产资料的私人所有权（虽然它不受正义第一原则的保护）。相比之下，在承认生产资料的私人所有权这一点上，财产所有的民主制与福利国家的资本主义有着基本的共识，这也是人们常常混淆二者差异的原因所在。罗尔斯在《作为公平的正义》中做出的一个重要而醒目的修正就是对它们做出区分。

罗尔斯批评福利国家的资本主义将不可避免地“违背正义原则”①，借用奥尼尔的总结，福利国家的资本主义存在如下三个问题②：

（1）福利国家的资本主义没能保证政治自由的公平价值，因为“经济控制和多数政治生活的控制都掌握在少数人的手里”（因此违背了罗尔斯的正义第一原则）。

（2）福利国家的资本主义不能充分地实现机会平等（由此导向对正义第二原则的第一部分的侵犯）。

（3）福利国家的资本主义不能制度化地实现“互惠的原则”，比如差别原则，而是仅仅能够保证不充分的社会最低保障（这是对正义第二原则的第二部分的侵犯）。③

由此可见，在罗尔斯看来福利国家的资本主义几乎全方位地违背了正义二原则，这让他有足够的理由与之划清界限。POD与福利国家的资本主义的一个主要差别在于，财产所有的民主制“力图分散财富和资本的所有权，由此来防止社会的一小部分人控制整个经济，从而间接地控制政治生活。与此相反，福利国家的资本主义则准许少数阶级几近垄断生产资料”④。

为了避免出现少数阶级几近垄断生产资料的局面，POD“在每一阶段的一开始就将生产性资本和人力资本（即教育和经过训练的技术）尽量广泛地分布，这一切都是在公平的机会平等的背景下进行的”⑤。相比之下，福利国家的资本主义则是在每一时段的最后阶段才进行社会再分配。

不同的做法导致不同的结果。罗尔斯孜孜以求的是通过调整经济自由的内

---

① John Rawls，*Justice as Fairness*，p. 137.

② 萨缪尔·弗里曼曾经详细比较财产所有的民主制与福利国家的资本主义存在的11处不同观点（Samuel Freeman，*Rawls*，pp. 226 - 231），限于篇幅，在此不赘述。

③ Martin O'Neill，“Liberty，Equality and Property-Owning Democracy，” pp. 380 - 381.

④ John Rawls，*Justice as Fairness*，p. 139.

⑤ John Rawls，*Justice as Fairness*，p. 139.

容来确保所有公民得以在适当的社会平等和经济平等的基础上“自己管理自己的事务”，这是一种类似于古典共和主义的自治理想。[①] 相比之下，福利国家的资本主义虽然为最不利者提供最低生活标准，满足他们的基本需要，并且提供某种程度的保护，但是这种“输血型”的救助方式把最不利者视为同情和怜悯的对象，不仅无法为他们提供“自尊的社会基础”，反而有可能进一步挫伤他们的自尊感，造就“一种沮丧而消沉的下等阶级”，罗尔斯担心这些成员因为长期依赖于福利而丧失自治的能力和期望，感到自己是被社会抛弃的那一部分，从而放弃参与公共政治文化。[②]

罗尔斯相信POD既不会产生依赖性的文化，也不存在任何下等阶级，哪怕存在很小数量的这一阶级，也不是“社会基本结构的后果”而是“社会条件的结果”。前者是道德上的恶，它可以通过制度设计与安排予以解决；后者则是有限理性的人类不得不接受的坏结果——“对于这些社会条件，我们不知道如何去加以改变，或者甚至我们根本就无法将它们辨认出来或理解它们。”[③]

仍旧借用奥尼尔的观点，我们可以把POD的制度性特征总结如下：

（1）资本的广泛分散：POD的必要条件是它蕴含了生产资料所有权的广泛分散，同时公民个体可以控制实质（相对平等的）数量的生产性资本（也许也有机会控制他们自己的工作条件）。

（2）阻止代际的利益传送：POD包含了重要的地产、遗产和赠予物的税收的实施，以此限制最大的财富不平等，特别是代际相传的那种财富不平等。

（3）防止政治的腐败：通过竞选经费的改革，建立正当的公共基金，为政治辩论提供公共财政所支持的论坛，以及其他限制财富对政治的影响的措施（也许还包括以公共基金为基础的选举），POD试图限制私人或者公司财富对于政治的影响。[④]

综上所述，罗尔斯认为，“为了贯彻一种作为世代相传的在自由和平等的公民之间的公平合作体系的社会的观念”，“基本制度必须从一开始就把使个人成为一个社会的完整意义的合作成员的生产资料交予普泛的而不是少数的公民

---

① 参见周濂：《古典共和主义与政治自由主义的一致性：对桑德尔的几点回应》，载《哲学与文化》，2012（8）。

② John Rawls, *Justice as Fairness*, pp. 139－140.

③ John Rawls, *Justice as Fairness*, p. 140.

④ Martin O'Neill, "Liberty, Equality and Property-Owning Democracy," p. 382.

手中。其重点在于由遗产法和赠予法所保障的在相当时间内资本和资源拥有权的稳定的分布，以及由教育和技术训练等部门所保证的机会的公平平等，还有支持政治自由的公平价值的制度。”① 按照他的设想，POD 因为保障了政治自由的公平价值（第 3 点），以及制度化地实现了公平的机会平等和差别原则，所以是正义二原则最适合的社会制度安排之一。

值得一提的是，罗尔斯反复提及詹姆斯·米德对 POD 的贡献，但对于英国保守党的 POD 传统未置一词。同样，米德在其著作——无论是《效率、平等与产权》还是《自由、平等和效率》——中，也都没有论及保守党起源。这一点让人颇感疑惑，尤其是米德，他曾经历任牛津大学、伦敦政治经济学院以及剑桥大学的经济学教职，并一度在战时英国内阁秘书处经济部任职，于情于理都应该对 POD 的保守党传统谙熟于胸。笔者认为，米德与罗尔斯之所以不提 POD 的保守党传统，主要是为了避免与右翼传统拉开距离，但他们之所以仍旧坚持把 POD 作为理想的政治经济制度形式，则与这个概念原初蕴含的平等主义取向有着直接的关系。

四、“财产所有的民主制”的左右之争

鉴于此前已经探讨过斯克尔顿与艾登-撒切尔版本的 POD 的异同，以及斯克尔顿与米德-罗尔斯版本的 POD 的异同，因此接下来笔者将重点放在比较撒切尔版本的 POD 与罗尔斯版本的 POD 的异同上。众所周知，撒切尔的主要思想资源是哈耶克的古典自由主义，因此这个比较也部分地反映出自由右翼与自由左翼之间的差异。

首先，无论是撒切尔还是罗尔斯的 POD 都是以 WSC 为主要论敌的。但是他们反对 WSC 的立场却不尽相同，在政治连续谱上，罗尔斯将 POD 放在 WSC 的左边，而撒切尔无疑是把 POD 放在 WSC 的右边。

与上述区分相关的另一个分歧是，罗尔斯不仅反对福利国家，同时还反对资本主义。笔者对于资本主义的定义参考了萨缪尔·弗里曼的观点，在弗里曼看来，“资本主义最根本的特征就在于，为了满足收入与财富的配给与分配的经济高效条件，强制执行自由竞争市场制度中的私人经济权利和自由体系”②。弗里曼指出：“这样定义的资本主义，正如古典经济学的自由主义，与效益主

---

① John Rawls, *A Theory of Justice*, p. xv.

② Samuel Freeman, “Capitalism in the Classical and High Liberal Tradition,” *Social Philosophy & Policy Foundation*, July 2011, pp. 21 - 22.

义有着紧密的联系，而且与效益主义的论证更合拍，尤其是在盎格鲁-美利坚传统中。”[①] 撒切尔版本的POD就隶属于这个与效益主义论证相容的资本主义传统，出于种种原因它重视私有财产的广泛分布，但归根结底并不关注社会正义的实现。与此相对，罗尔斯的POD不仅反对福利国家，同时也反对以效益最大化为基本原则的资本主义，罗尔斯的正义理论是建立在差别原则（或者互惠原则）基础之上的。

在实现POD的手段和策略上，POD左右两翼体现出最深刻的分歧。需要强调指出的是，在员工集体持有股份、利润分红、住房私有化乃至征收遗产税和赠予税等策略上，应该说POD的左右两翼，哪怕是以主张自由放任的资本主义和小政府著称的撒切尔也与米德-罗尔斯在原则上存在共识，如果存在分歧，也只是具体数字和政策上的分歧，在很大程度上属于技术性的问题（虽然仍旧可以折射出对待社会正义等规范性论题的认识差异）。由于这些问题涉及社会理论和经济理论的探究，故而此处将不予讨论。

就本章所关注的论题而言，在实现POD的手段和策略上，POD左右两翼的根本分歧体现在如下三点。

第一，对待自由市场的态度根本不同。尽管承认员工集体持有股份、利润分红、住房私有化乃至征收遗产税和赠予税等手段，但在根本上右翼版本始终是以自由市场的策略作为实现POD的基本手段的。与此相对，罗尔斯版本的POD虽不彻底反对自由市场，但只是把自由市场及其价格机制视为配给资源的有效方式，并不把它们作为分配收入和财富的手段和标准。[②]

第二，主张不同的私有产权和经济自由观。罗尔斯的POD的根本宗旨在于通过分散财富和资本的所有权，“来防止社会的一小部分人控制整个经济，从而间接地控制政治生活”[③]。为了实现这一目标，罗尔斯的POD主张：“在每一阶段的一开始就将生产性资本和人力资本（即教育和经过训练的技术）尽量广泛地分布，这一切都是在公平的机会平等的背景下进行的。”[④] 相比之下，POD的右翼版本虽然试图增加财产所有者的数量，但仍旧允许少数人垄断生产资料，并且其社会再分配（不管是否心甘情愿）也与WSC一样，是在每一时

---

① Samuel Freeman, “Capitalism in the Classical and High Liberal Tradition,” p. 23.

② 罗尔斯认为市场制度完全可以和私有产权制度以及社会主义制度相容，实现这一点的关键在于“区分价格的配置（allocative）功能和分配（distributive）功能”。（John Rawls, *A Theory of Justice*, p. 241.）

③ John Rawls, *Justice as Fairness*, p. 139.

④ John Rawls, *Justice as Fairness*, p. 139.

段的最后阶段才进行的。这个区别反映在私有产权和经济自由观上，便凸显出POD左右两翼的一个本质差异。罗尔斯只把两种经济自由权划归受“正义第一原则”保护的基本自由权：第一种是职业选择的自由权，包括免于奴役和强制劳动的自由，以及选择和改变工作或职业的自由；第二种是“持有和排他性地使用私人财产的权利”[1]。罗尔斯的理由是这两种权利“能够赋予人格独立和自尊感以足够的物质基础，而人格独立和自尊感对于道德能力的全面发展和使用是极其重要的。拥有这种权利并能够有效地行使这种权利是自尊的社会基础之一”[2]。与此同时，罗尔斯把两种广义上的财产权剥离出受正义第一原则保护的基本自由权行列，它们分别是“一般而言在自然资源和生产资料方面的财产权，其中包括获取和馈赠的权利”，以及“包括参与控制生产资料和自然资源的平等权利在内的财产权，而这些生产工具和自然资源应该为社会而非私人所拥有”[3]。把“自然资源和生产资料方面的财产权”剥离出基本自由权就意味着即使私人可以拥有它们，比如POD虽然允许存在“生产资料的私人财产权”，但由于它们不属于基本自由权，所以也不是“根本的”和“不可让渡的”。而这在POD的右翼版本中是无法被接受的。

约翰·托马西（John Tomasi）据此指出，古典自由主义持有的是“厚版本的经济自由观”，而高端自由主义持有的是“薄版本的经济自由观”。所谓厚版本的经济自由观，顾名思义是指因为包含了名目众多且类型广泛的经济自由，比如生产资料的所有权、私人财产的所有权、立约自由、择业自由，等等，从而被古典自由主义视为与言论自由、结社自由这些传统意义的权利和自由同等重要的权利和自由。与此相对，以罗尔斯为代表的高端自由主义被称为薄版本的经济自由观。[4] 笔者认为，厚版本的经济自由观与薄版本的经济自由观是POD右翼与左翼的根本分歧所在，同时也是古典自由主义与高端自由主义的根本分歧所在。从证成基础（justificatory foundation）的角度看，POD右翼与左翼的分歧又进一步地体现在，前者多从自我所有权、自然法传统或者效益主义的立场出发证成厚版本的经济自由观，而后者从人之为人的伦理发展的必要条件（比如罗尔斯的自由平等人的两种道德能力）入手证成薄版本的经济自由观。如何评价厚薄两种经济自由观及其证成基础是一项艰巨繁难的任务，

① John Rawls，*Justice as Fairness*，p. 114.

② John Rawls，*Justice as Fairness*，p. 114.

③ John Rawls，*Justice as Fairness*，p. 114.

④ John Tomasi，*Free Market Fairness*，pp. 22 - 26，42 - 43.

限于篇幅，笔者只想提出一点思考的方向。

晚近以来，所谓的“新古典自由主义”（neoclassical liberalism）[①] 开始兴起。以托马西为例，其核心论点是：一方面坚持古典自由主义厚版本的经济自由观以及自生自发的秩序；另一方面接受高端自由主义对社会正义的诉求以及政治证明的慎议进路，由此拼贴成一种据称可以超越自由主义内部纷争的新主张。反映在私有产权和厚版本的经济自由观上，新古典自由主义在证成基础上更接近于自由主义左翼。比方说，托马西模拟罗尔斯“人的两种道德能力”创造出一个新的概念“负责任的自我书写者”（responsible self-authorship），意思是：“所有健康的成年公民，不管他们与生俱来的特定优势和劣势是什么，都拥有发展人生计划以及按此计划行动的能力（无论这个计划是个人制订、集体制订，还是以其他方式分享的）。人们是生活的行动者，而且他们的能动性是至关重要的。”[②] 与此相应的是“尊重其公民同胞是负责任的自我书写者的道德能力”（the moral capacity to honor one’s fellow citizens as responsible self-authors too）。托马西以这对概念作为他所支持的“市场民主主义”（这个概念在托马西那里可与新古典自由主义互换使用）的证成基础，一如罗尔斯以他的“人的两种道德能力”（善观念的能力与正义感的能力）作为高端自由主义的证成基础。

归根结底，新古典自由主义若想取得成功，就必须直面如下这个问题：实践厚版本的经济自由是充分实践和完全发展负责任的自我书写者的必要条件吗？必须指出的是，对于这个问题托马西的表述显得非常犹豫和摇摆，比如他说：“随着社会的富裕，实践厚版本的私有经济自由对多数公民来说是负责任的自我书写者的本质条件。”[③]“对许多人来说，独立的经济活动是好生活的本质性的和持续存在的部分。”[④] 这两句话中有两个限定语：一个是“对多数公民来说”，一个是“对许多人来说”。这意味着托马西并不认为实践厚版本的私有经济自由“对每一个公民来说”是负责任的自我书写者的必要条

① 新古典自由主义的主要代表人物及文本包括以下一些：David Schmidtz，*The Elements of Justice*，Cambridge，Cambridge University Press，2006；Gerald Gaus，*The Order of Public Reason*，Cambridge，Cambridge University Press，2011；John Tomasi，*Free Market Fairness*，Princeton，Princeton University Press，2012；Jason Brennan，and John Tomasi，“Neoclassical Liberalism，” in David Estlund (ed.)，*The Oxford Handbook of Political Philosophy*，2012.

② John Tomasi，*Free Market Fairness*，p. 40.

③ John Tomasi，*Free Market Fairness*，p. 183.

④ John Tomasi，*Free Market Fairness*，p. 183.

件。换言之，厚版本的经济自由不符合罗尔斯“基本善”的定义，而这恰恰可以支持罗尔斯把生产资料的所有权以及立约自由排除出正义第一原则的做法。反过来说，如果把托马西有所保留的表述绝对化——实践厚版本的私有经济自由“对每一个公民来说”是负责任的自我书写者的本质条件，或者，“对所有人来说”独立的经济活动都是好生活的本质性的和持续存在的部分，那就要求托马西接受比黑格尔的主张——“每个人都必须拥有财产”——更强的平等主义立场：每个人都必须拥有进入“独立的经济活动”的财产。这同样要求对生产资料所有权进行广泛分配。通过以上简单的分析可知，新古典自由主义借用自由主义左翼的证成基础来证明厚版本的经济自由观是失败的。

第三，POD右翼和左翼的一个本质区别还体现在对于工厂民主议题的态度上。POD左右两派的争点集中于，为了培育工人的民主管理能力以及使之更多地参与工厂决策，是否应该牺牲一定的经济效益？为了分析这个问题，有必要引入约翰·托马西所做的一个区分。他认为存在着两种不同的观点：第一种是“更多财富论题”（the greater wealth thesis），主张一个运转良好的资本主义市场要比罗尔斯所支持的偏社会主义的制度能创造出更大的财富，而财富的增加会以某种方式惠及穷人，所以，“长时段看，资本主义经济可以通过创造更多的财富从而更好地满足差别原则”[①]；第二种观点是“民主化的工厂议题”（democratic workplace thesis），其代表人物是密尔、罗尔斯以及弗里曼，他们主张放弃对资本主义财富积累的过分热情，哪怕承受更缓慢的经济增长的代价，也要为工人提供更好的工厂经验，增加公民做出经济决策的权力，并扩大他们在工厂中的权力。[②] 比如罗尔斯就曾经指出：“人们需要的是与他人自由结社中的有意义的工作……为实现这一状态，巨大的财富并不是必需的。事实上，超过了某一限度，巨大的财富更可能成为一种实实在在的障碍，如果它不是使人放纵以及堕入空虚的诱惑的话，最好的情形也就是一种无意义的干扰。”[③]

显然，POD的右翼版本倾向于“更多财富论题”，而POD的左翼版本倾向于“民主化的工厂议题”。本章第二节提到的邦盖伊本质上就属于“更多财富议题”的支持者。托马西认为按照“更多财富论题”的主张，“社会财富的增

① John Tomasi, *Free Market Fairness*, p. 187.
② John Tomasi, *Free Market Fairness*, pp. 187 – 188.
③ John Rawls, *A Theory of Justice*, pp. 257 – 258.

长本身就扩大了工人的权力。在富裕社会，甚至是普通的公民也可以购买股票和债券：在个人化的经济时代，工人的确开始拥有生产工具。更重要的是，在富裕社会，工人拥有比在贫穷社会中更多的议价权力。面对一系列可供选择的有吸引力的工作时，工人能够要求得到更高的工资，或者为了寻找他们认为更有吸引力或更具成就感的工厂经验而另谋高就”[1]。如果上述理由成立，那就意味着 POD 的右翼版本完全可以借助于“更多财富论题”来消解左翼版本的观点。但是正如撒切尔时期的 POD 政策并没有缩小贫富差距反而增加了社会的不平等一样，“更多财富论题”也需要经过经济学以及社会学的实证研究的检验才有可能判定是非。

从规范性的角度说，从工厂民主这个论题引出的是一个更加重要的问题。借用罗尔斯常用的句式，我们可以追问：参与工厂决策和民主管理能够赋予工人以“人格独立和自尊感”吗？它们是充分实践和完全发展自由平等的道德人所拥有的两种道德能力的必要条件吗？笔者认为，面对上述问题，罗尔斯的回答应该是否定的。注意，当我们探讨工厂民主的意义时，我们是在追问 POD 是否可以满足差别原则的要求。而差别原则所要分配的基本善，不仅包括收入和财富，还包括“权力和负有责任的位置，以及自尊的社会基础”[2]。所谓工厂民主关涉的正是后两种基本善。但在这里恰恰出现了一个罗尔斯没有想到的问题：即使“权力和负有责任的位置，以及自尊的社会基础”属于基本善的范畴，但是具体到参与工厂决策和民主管理时，它们会是“每一个理性人都假定想要得到的事物”吗？从经验的角度看当然不是。一定有一些人既无兴趣也无能力参与工厂的管理和决策，在这个意义上，即使工厂民主与 POD 相容，也不能因此推论出 POD 的制度设计中必然包含着工厂民主。

POD 从创立之初就与普选制有着密不可分的关系，但是它不仅是为了应对选举政治的挑战，更重要的是通过尽可能广泛地分散私有财产，最终令公民个体拥有实践政治自由的责任感和独立性。就此而言，无论左翼版本还是右翼版本，在最抽象的价值承诺上都承认，财产与个体品格和德性养成以及财产与民主之间存在着紧密关系。纵观 POD 在 20 世纪的理论演进和现实政治发展，可知这是一个有着较大解释空间的政治主张，它既可以为主张自由放任的资本主义的撒切尔政府所采纳，也可以为更具平等主义取向的米德-罗尔斯所主张。

---

① John Rawls, *A Theory of Justice*, p. 188.

② John Tomasi, *Free Market Fairness*, p. 186.

笔者认为，POD的右翼版本——尤其是艾登-撒切尔进路背离了这个概念所蕴含的平等主义诉求，沦为现实选战的策略工具，相比之下，POD在理论史上的三个重要代表——斯克尔顿版本、米德版本和罗尔斯版本——是彼此相关的，正如阿米特·罗恩所指出的，它们“是从同一个起源发展出来的连续性的变化”①。

第三节　正义第一原则与财产所有的民主制

目前为止，我们已经相对清楚地了解了罗尔斯正义二原则的制度理想。对罗尔斯而言，无论选择财产所有的民主制，还是选择自由社会主义，其根本目标都在于“随着时间的流逝确保背景正义”。罗尔斯称，它们是“秩序良好的民主政体”的理想类型，正因为是理想类型，且仅仅停留在政治哲学的考察领域，所以罗尔斯深知其限度所在，他坦承这里所探讨的大多数问题都是“高度争议性的”：“我不试图表明这些政策实际上能做到这点。这需要对社会理论做研究，而我们目前无法这么做。这里的论证和思想是粗略而直观的。”② 其实无须诉诸社会理论，我们仍旧可以从哲学论证的角度出发去检讨POD这一理想制度的可信性和真确性。

本节重点探讨两个方面的问题：首先，我们将探讨正义第一原则中的薄版本的经济自由观的道德理据；其次，通过援引詹姆斯·尼克尔（James Nickel）以及本杰明·巴罗斯（Benjamin Barros）等人对罗尔斯薄版本的经济自由观的批评，对罗尔斯正义第一原则中的经济自由观提出暂时性的修正意见。本节的结论是，罗尔斯在论述正义二原则的政经制度选择时并没有给出令人信服的论证，因此这是一个开放的问题。

一、罗尔斯论基本自由权中的私有财产权

正如萨缪尔·弗里曼和约翰·托马西所指出的，高端自由主义（high libe-

① Amit Ron，“Visions of Democracy in ‘Property-Owning Democracy’：Skelton to Rawls and Beyond，” *History of Political Thought*，Vol. XXIX，No. 1，Spring 2008，p. 172.

② John Rawls，*Justice as Fairness*，pp. 135－136.

ralism)[①] 与古典自由主义（classic liberalism）和自由意志主义（libertarianism)[②] 的关键差别在对经济自由和财产权的定义与保护上。

严格意义上的自由意志主义者，比如莫瑞·罗斯巴德（Murray Rothbard）和简·纳佛森（Jan Narveson），认为自由权以及所有其他权利归根结底都是财产权，财产权不仅是根本性的权利，也是某种道德绝对之物（moral absolute）。以罗伯特·诺奇克（Robert Nozick）为代表的自由意志主义者或者将财产权视为前社会的、独立于政府的自然权利，或者从"自我所有者"的道德理想出发提出以下主张：（1）经济自由的观念不仅是厚版本的而且是绝对的；（2）为形式的平等观做辩护，认为市场的结果不是部分正义的而是完全正义的；（3）提出了原则性的理由，否定国家拥有任何权威向公民征税来为其他人提供社会服务。[③] 由此，自由意志主义的根本条规就是，人们应该拥有几近于不受约束的积累、控制、转让事物（财产）的权利，不管其结果或者控制会对其他人造成什么影响。[④]

古典自由主义者有的是效益主义者，有的是自然权利论者，无论他们的论证思路是什么，都主张厚版本的经济自由观，并且把经济自由的普遍权利视为与其他权利和自由（如宗教自由、言论自由、结社自由等）同等重要之物。与自由意志主义者不同，古典自由主义者认为经济自由是根本的权利，但不具备道德绝对性，因此，多数古典自由主义者会支持通过有限的税收政策建立公共

---

① 萨缪尔·弗里曼创造了"高端自由主义"这个术语。所谓高端自由主义指的是与哲学自由主义相关联的一组制度和观念。哲学自由主义的核心观点包括：（1）存在一组内在善，没有一种简单的生活方式可以包容它们的全部，因此存在各自不同的因其自身而有价值的生活方式；（2）不管哪一种内在善对于个体是合适的，个体都有自由去决定和追求自己的善观念，这对于他们过上美好人生是根本性的；（3）对于个体的善而言，一个必要条件是个体所接受的善观念与正义是一致的。弗里曼认为从18世纪至今，高端自由主义的主要哲学支持者包括康德、密尔、罗尔斯、洛克等人。高端自由主义的说法会让一些人反感，他们认为它有倾向性，但是弗里曼认为这个术语并不表明相对于古典自由主义它具有道德上的优越性。(Samuel Freeman, "Illiberal Libertarians: Why Libertarianism is not a Liberal View," in *Philosophy & Public Affairs*, No. 2, Princeton, Princeton University Press, 2002, pp. 105 - 107.）托马西在《自由市场的公平》一书中沿用了"高端自由主义"这个术语，并把古典自由主义视为自由主义传统的早期阶段，高端自由主义则是自由主义的当代形态。(John Tomasi, *Free Market Fairness*, pp. 51 - 56.)

② 我把 libertarianism 翻译成自由意志主义而非自由至上主义，理由在于：（1）liberalism 同样珍视个人自由，并将之视为最高的价值，将 libertarianism 译成自由至上主义对 liberalism 不公；（2）libertarianism 传统上属于自愿主义的脉络，将自愿原则视为原点，因此自由意志主义是一个更为恰切的译名。

③ John Tomasi, *Free Market Fairness*, p. 47.

④ Samuel Freeman, "Illiberal Libertarians: Why Libertarianism is not a Liberal View," p. 126.

教育系统和社会安全网，而自由意志主义者则反对这些项目。[①]

相比之下，高端自由主义者所主张的基本自由权内容最多，但包含的经济自由却最少，因此被托马西称为薄版本的经济自由观。以罗尔斯为例，在正义第一原则中他列举了几大类基本自由权（basic liberties）：政治自由（投票权和担任公职的权利）以及言论自由和集会自由；良心自由和思想自由；人身自由，包括免除心理的压制和身体的攻击与分裂（个人的完整性）；持有个人财产的权利，以及依照法治观念不受任意逮捕和不被没收财产的自由。[②] 持有个人财产的权利虽然被包括在内，但是“特定类型的财产所有权（如生产资料所有权）以及自由放任理论所理解的契约自由”却被明确排除出基本自由权的范围，不受正义第一原则的保护。[③]

在深入探讨罗尔斯薄版本的经济自由观的道德理据之前，有必要对基本自由权多说几句。就概念而言，主张某些权利是基本的，就意味着它们是“根本的”和“不可让渡的”。所谓“根本的”，意思是“基本自由权相对于其他政治价值具有绝对的优先地位”，换言之，基本自由权“不可以为了满足民主的多数偏好而被侵犯，也不可以为了增加经济效益或者实现文化上卓越目标的至善主义价值而被伤害”[④]。所谓“不可让渡的”，意味着“一个人不能通过契约来转让基本自由权或者自愿放弃它们”[⑤]。举例说明，自由意志主义者主张，可以通过自愿的契约行为让渡公民权利和政治权利，极端者如诺奇克和布洛克甚至为自愿为奴辩护，这些做法不仅违背了基本自由权的不可让渡性，而且是对基本自由的自我颠覆。对罗尔斯来说，唯有当基本自由权与其他的基本自由权发生冲突时才会受到限制和需要做出妥协，也正因为如此，基本自由权中的任何一个都不是绝对的。[⑥]

罗尔斯坦承上述基本自由权的清单并非完整无遗、一成不变，因为“脱离一个特定社会的特殊环境——社会、经济和技术条件——完整地列出这些自由

---

① John Tomasi, *Free Market Fairness*, p. xxvii.

② John Rawls, *A Theory of Justice*, p. 53. 在《作为公平的正义》中，罗尔斯列举的基本自由权清单与此类似，只存在些微的表述差异：“思想自由和良心自由、政治自由（例如选举权和参与政治的权利）和结社自由，以及由人的自由和完整性（身体的和心理的）所规定的权利和自由权，还有由法治所涵盖的权利和自由权。”（John Rawls, *Justice as Fairness*, p. 44.）

③ John Rawls, *A Theory of Justice*, p. 54.

④ Samuel Freeman, “Illiberal Libertarians: Why Libertarianism is not a Liberal View,” p. 109.

⑤ Samuel Freeman, “Illiberal Libertarians: Why Libertarianism is not a Liberal View,” p. 110.

⑥ John Rawls, *A Theory of Justice*, p. 54.

权是困难的，甚至是不可能的”[①]。具体说来，罗尔斯开列基本自由的清单的方式有两种。一种是历史的：通过研究各种各样的民主政体，在那些历史上看起来更加成功的政体中，将那些看来是基本的并得到确保的权利和自由收集起来。另一种是分析的：“我们的思路是这样的：对于自由和平等的人之两种道德能力的充分发展和全面实践，什么样的自由权能够提供必不可少的政治条件和社会条件。”[②]

历史的路径表明，罗尔斯非常清醒地意识到，在后形而上学时代，人们已经不再可能诉诸自然法、自然权利的进路去证明权利的神圣不可侵犯性。对于主张普世价值的多数自由主义者来说，这是一个巨大的政治让步，但是出于智识的诚实，笔者认为这是一个必须承认的事实，尽管它将导致权利概念从此丧失坚固的形上基础。[③]

分析的进路是罗尔斯为避免权利论证失败做出的尝试，这个思路的核心在于“人的政治观念”的提出。罗尔斯政治的正义观聚焦于“终其一生都有能力成为正常的和充分合作的社会成员的人”。获得这种“道德人格”（moral personhood）的关键在于发展出两种道德能力：“关于正义感的能力［尊重公平合作的条款并因此成为合情合理（reasonable）之人的能力］，以及善观念的能力［因此成为理性的（rational）人］。”[④] 有必要简单阐释下两种道德能力的内容：正义感（sense of justice）的能力体现的是人的政治观念中所具备的合情合理的（reasonable）能力，也即“理解、应用和践行（不仅仅是服从）规定了社会合作之公平的政治正义诸原则的能力”。善观念（conceptions of good）的能力体现的是人的政治观念中的理性（rational）能力，也即“形成、修正以及理性地追求善观念的能力”[⑤]。

罗尔斯认为：“《正义论》的一个严重缺点是，在对基本自由权进行说明的时候，它提出了两种不同的且相互冲突的标准，而这两种标准都是无法令人满意的。一种标准规定，这些自由权应该达到范围最广的自由体制；另一种标准要求我们采纳平等公民理性代表的观点，然后按照这种公民的理性利益来规定

① John Rawls, *A Theory of Justice*, p. 54.

② John Rawls, *Justice as Fairness*, p. 45.

③ 关于没有本体论基础的权利是否可能的问题，请参见周濂：《后形而上学视阈下的西方权利理论》，载《中国社会科学》，2012（6）。

④ John Rawls, *Political Liberalism*, New York, Columbia University Press, 1996, p. 302.

⑤ John Rawls, *Justice as Fairness*, pp. 18－19.

自由的体制。”[①] 罗尔斯现在不认同这两种标准，提出了他心目中更好的标准：“基本自由权及其优先性应该平等地保证所有公民在我们提到的两种基本情况中都拥有对于充分发展和全面而知情地实践两种道德能力必不可少的社会条件。”[②] 换言之，关于一种自由是否是足够基本的因此是否应该被包含在第一原则之中的实质性测验就是去追问这样的问题：“哪些自由是保证终其一生充分地发展和完全地实践这两种道德人格的能力的根本的社会条件？”[③]

根据以上标准，罗尔斯只把两类经济自由划归受正义第一原则保护的基本自由权：第一种是职业选择的自由权，包括免于奴役和强制劳动的自由，以及选择和改变工作或职业的自由；第二种是“持有和排他性地使用私人财产的权利”[④]。在论述后者的时候，罗尔斯指出，这种权利之所以被列入基本自由权，是因为它“能够赋予人格独立和自尊感以足够的物质基础，而人格独立和自尊感对于道德能力的全面发展和使用是极其重要的。拥有这种权利并能够有效地行使这种权利是自尊的社会基础之一”[⑤]。罗尔斯没有详述“持有和拥有个人财产的独占使用权”的具体内容，只是在注释里举例提及“某种形式的固定财产，诸如住所和私有土地”[⑥]。

最为关键的同时也是最具争议性的内容出现在这里：罗尔斯把两种广义上的财产权剥离出基本权利的行列。

（1）一般意义上的自然资源和生产资料方面的财产权，其中包括获取和馈赠的权利；

（2）包括参与控制生产资料和自然资源的平等权利在内的财产权，而这些生产资料和自然资源应该为社会而非私人所有。[⑦]

把“自然资源和生产资料方面的财产权”剥离出基本自由权范围的意思是，即使私人可以拥有它们，比如财产所有的民主制就允许“生产资料的私人所有权”，但由于它们不属于基本自由权，所以也就不是“根本的”和“不可让渡的”，在特定情况下国家可以根据经济效益、稳定、平等以及公共利益等其他政治价值对之进行直接或者间接的干涉。

---

① John Rawls, *Justice as Fairness*, p. 112.

② John Rawls, *Justice as Fairness*, p. 112.

③ John Rawls, *Political Liberalism*, p. 293.

④ John Rawls, *Justice as Fairness*, p. 114.

⑤ John Rawls, *Justice as Fairness*, p. 114.

⑥ John Rawls, *Justice as Fairness*, p. 114.

⑦ John Rawls, *Justice as Fairness*, p. 114.

强调“参与控制生产资料和自然资源的平等权利在内的财产权”为“社会而非私人所有”，意味着资本和生产资料可以广泛地分散在工人、团体以及公司手中，工人甚至可以不同程度地参与企业的民主管理。弗里曼正是基于此认为财产所有的民主制是介于工团主义（syndicalism）和福利国家的资本主义之间的一种形态。①

如前所述，罗尔斯还把契约自由这个放任自由主义非常珍视的权利剥离出了基本自由权的范围。罗尔斯主张，以上广义的财产权之所以不是基本的，是因为它们“对于道德能力的全面发展和充分运用不是必要的，从而不是自尊之实质性的社会基础”②。值得深思的是，罗尔斯毫不讳言这个论证不够充分有力，他坦承：“无论如何，它们可能仍然需要加以证明。这依赖于现存的历史条件和社会条件。……作为一种公共的政治观念，作为公平的正义应该为权衡是支持还是反对包括社会主义在内的各种财产形式提供一种共享的基础。要做到这点，它应该在基本权利的主要层面尽力避免对生产资料的私人所有问题抱有先入之见。”③

以上表述说明，罗尔斯并不确信“道德能力的论证”的效力，它需要得到进一步的分析，如果可能，还需要寻找其他形式的论证加以辅助支持。

丹尼尔·沙皮若认为，除了“道德能力的论证”，罗尔斯论证基本权利的方式还包括“多样性论证”以及“重叠共识论证”。“多样性论证”的意思是，考虑到多元主义的事实，社会合作的唯一公平的基础就是允许存在大量不同的善观念，而基本善确保和保护了这样的繁荣。重叠共识和基本权利之间的联系——沙皮若称之为“重叠共识论证”——在于，基本权利把最具分裂性的议题移除出政治议程之外，一旦一个议题属于基本（宪政）权利的范围，它就超越了民主多数和政治力量动态平衡的控制范围。④ 沙皮若认为，虽然“道德能力的论证”不支持生产资料的所有权作为基本权利，也不要求在社会主义和资本主义之间做出选择，但是“多样性论证”和“重叠共识论证”却支持拥有和获得自然资源和生产资料的权利，这意味着总体而言罗尔斯式的自由主义将支持自由市场的资本主义，罗尔斯本人搞错了其理论的隐含之意。⑤

---

① Samuel Freeman, *Rawls*, p. 220.

② John Rawls, *Justice as Fairness*, p. 114.

③ John Rawls, *Justice as Fairness*, p. 114.

④ Daniel Shapiro, "Liberal Egalitarianism, Basic Rights, and Free Market Capitalism," *Reason Papers*, Vol. 18, Fall 1993, pp. 58–60.

⑤ Daniel Shapiro, "Liberal Egalitarianism, Basic Rights, and Free Market Capitalism," pp. 63–64.

限于篇幅，此处不拟对沙皮若的观点做出详细分析。笔者认为，所谓“多样性论证”和“重叠共识论证”都只是间接的而非直接的论证，二者不仅可以为“道德能力的论证”所蕴含，而且当三方发生冲突时，“道德能力的论证”所得出的结果在罗尔斯的理论中将占据压倒性的优势，因此即使沙皮若的推论成立，罗尔斯也可以通过调整“多样性论证”与“重叠共识论证”的范围和效力来否决沙皮若的最终结论。

笔者认为与“道德能力的论证”构成相辅相成作用的是“理想的历史过程观的论证”。众所周知，罗尔斯的一个根本性观念是，社会作为自由平等公民之间世代相继的公平合作体系之理念，为了实现“这个理想的历史过程观”（an ideal historical process view），必须要借助正义原则来调整社会基本结构，以确保社会制度不会因为时间的推移而丧失背景正义。具体说来，罗尔斯认为，哪怕我们接受古典自由主义和自由意志主义的基本前提——个体之间的交换是信息充分并且是自愿的，但如果我们放宽历史的视野，将代际因素考虑进来，就会发现“个人和团体所达成的众多分散且看来公平的协议，经过长时间的积累，其结果非常可能会破坏自由和公平的协议所需要的背景条件”①。换言之，哪怕是在最理想的条件下，个体之间源于自愿的市场交换所导致的贫富差距也可能会经过世代的累积而无法为后人提供公平的竞争环境，方此之时，千变万化的个人将无法在哈耶克所谓的自生自发的秩序中获得“最佳的追求机会”，罗尔斯认为，“除非基本结构被不断地加以调整，否则早期各种财产的正义分配将不能保证后来的分配也是正义的，而不论个人和团体之间所进行的具体交易，当从局部和脱离背景制度来看的时候，是否出于自愿和公平”②。笔者将以上论述称为“理想的历史过程观的论证”，这个论证很好地揭示了罗尔斯为什么会把自由放任主义所珍视的契约自由剥离出基本自由权。

必须承认，无论是“道德能力的论证”还是“理想的历史过程观的论证”，都无法为罗尔斯薄版本的经济自由观提供终极性的道德论证。从方法论的角度看，自由意志主义者如诺奇克在论证财产权的道德绝对性时采取的是基础主义、演绎推理以及自然主义的方法。这些方法的优点是在形式上可以提供终极性的道德论证，但是缺点在于：（1）一旦有人不认同论证的前提，比如自我所有权或者自然权利的正当性，那么整个论证就失去了效力；（2）由于论证思路过于单一甚至单薄，所以常常给人造成思虑不详的印象，乃至得出违反基本直

① John Rawls, *Justice as Fairness*, p. 53.

② John Rawls, *Justice as Fairness*, p. 53.

觉的结论，比如支持自愿为奴的观点。相比之下，立足于反思的均衡，罗尔斯对于基本自由权的论证思路偏重于历史主义、整体主义和理想型。这是罗尔斯一以贯之的方法论，在《正义论》中他曾经明确指出："一种正义观不可能从自明的前提或者原则的条件中演绎出来；相反，它的证成乃是许多考量的相互支持，是把许多条件整合为一个融贯一致的观点。"① 这类论证的优点是兼顾了日常的道德直觉与决策性程序的逻辑要求，缺点是始终处于不断校勘和反复的动态平衡之中，无法赢得一锤定音式的终极性论证。正如哈贝马斯所指出的，对罗尔斯来说价值怀疑论和道德实在论都是不可接受的，罗尔斯希望把理性义务的规范性陈述甚至把作为整体的正义论奠定在可证成的主体间性的认知基础上，与此同时又不赋予其知识论的意义。② 这是一种方法论上的自觉：正因为对后形而上学时代有着自觉的反省，所以罗尔斯不接受自然法和自然权利的论证思路；正因为对效益主义可能存在的现实恶果有着清醒的认识，所以罗尔斯才会放弃这种通过模仿自然科学建构一劳永逸的决策程序的方法，转而立足于契约论的传统，把证明转化为慎思，力求为薄版本的经济自由观提供一个公共的道德基础。

虽然我们力图同情地理解罗尔斯，但是不可否认罗尔斯在论述财产权时，更像是在做声明而不是论证。罗尔斯对此应该心知肚明，所以他的措词与用语常常显得小心翼翼又信心不足，比如："这些观念以及其他的财产权观念的优点所在，得等到以后拥有了更多的关于社会环境和历史传统的信息时才能逐步决定。"③ "我们的探讨是简略的，而且所提到的大部分问题是高度争议性的，例如那些关于选举和政治竞选的公共基金、不同种类的财产所有权和税收的问题。我们无法充分地解决这些复杂的问题，我的评论只是说明性的，并且具有高度的尝试性。"④

二、对罗尔斯私有财产观的批评

罗尔斯强调"平等的政治自由权"（包括投票权、担任公职的权利、集会自由、组织和加入政党的权利）的重要性，这与古典自由主义和自由意志主义

① John Rawls, *A Theory of Justice*, p. 19.

② Jurgen Habermas, *The Inclusion of the Others: Studies in Political Theory*, Ciaran Cronin and Pablo De Greiff (ed.), Massachusetts Institute of Technology, 1998, pp. 63－64.

③ John Rawls, *Political Liberalism*, p. 298.

④ John Rawls, *Justice as Fairness*, p. 136.

形成鲜明的对比。罗尔斯指出："从历史角度来看，宪政体制的一个最主要的缺陷就在于未能实现政治自由的公平价值……此法律体系普遍容忍了大大超出政治平等所能容忍的资产和财富分配的不平等。"①

罗尔斯对基本自由权中的私有财产权做出特殊限制，根本目的是实现政治自由的公平价值。把生产资料的所有权以及契约自由挪出基本自由权的范畴，在理论上意味着作为基本权利的私人财产权并不包括无限累积的权利，也不包括生产资料的绝对拥有权以及经济资源不受制约的使用和转让权，在现实中则意味着允许政府通过遗产法、赠予法等方式来调整和确保自由和公平的协议所需要的背景正义。

我们充分理解薄版本的经济自由观想要实现的规范性目的，但是一个理论的价值绝不仅仅取决于其所展示的美好愿景，而是更多取决于其论证基础以及在现实操作中可能出现的各种后果。如前所述，在后形而上学时代期待一个终极性的道德论证已不复可能，但是这并不意味着我们可以降低道德论证的严谨性要求。

下面将要依次深入探讨以下三个问题：

第一，罗尔斯对于"私有财产"（personal property）和"生产性财产"（productive property）的概念区分存在模棱两可之处，这是否会对他的薄版本的经济自由观造成某些根本性的冲击？

与此相关的第二个问题是，从"道德能力的论证"的角度出发，罗尔斯只是简单地断言生产资料和自然资源的所有权并非充分发展和全面实践两种道德能力的必要条件，但没有对此做进一步的分析，这个命题是否成立，值得深思。

第三，为了实现政治自由的公平价值，必须对财产权做出如此严苛的规定吗？有无可能通过具体政策的调整而不是通过基本自由权的限制来实现政治自由的公平价值？

罗尔斯试图区分"私有财产"和"生产性财产"，但问题在于，"在边缘地带拣选一些相对清晰的例子是可能的，但若要在二者之间划出边界却很困难"②。詹姆斯·尼克尔借用斯蒂芬·芒泽（Stephen Munze）和诺奇克的观点指出，私有财产很容易用于生产性的用途，最日常的例子包括用某人的厨房和

---

① John Rawls, *A Theory of Justice*, p. 198.

② D. Benjamin Barros, "Property and Freedom," *New York University Journal of Law & Liberty*, Vol. 4: 36, 2009, p. 62.

器皿做外卖出售，用某人的家用工具去修理或者刷墙来挣钱，以及用某人的花园工具来做园艺挣钱。[①]

推而广之，无论宗教自由、言论自由还是政治自由，都需要薄版本的私有财产以外的更多的经济自由权，比方说，当我们参与政治组织和政党活动的时候，和宗教组织一样，需要雇佣全职的劳工，需要有固定的住所和设备，所有这些行为都要求远超出罗尔斯薄版本的经济自由权之外的内容。尼克尔认为我们有很好的理由把更多的财产权利划归基本自由权。他提出了两种论证方式：第一种是"连锁论证"（linkage argument），第二种是"直接论证"（direct argument）。

"连锁论证"的意思是，通过在一个封闭的、较有争议的经济自由权和另一个封闭的但较少争议的自由权之间建立关联，表明如果一个人相信后者是重要的就必定会承认前者也是重要的。[②]"连锁论证"的作用在于利用私有财产与生产性财产的划界困难，指出如果财产是确保其他基本自由权的必要条件，那么我们就有可能将部分的生产性财产作为基本自由权的一部分，而不是简单地将之排除出正义第一原则的保护范围。

巴罗斯以言论自由——它毫无疑问是基本自由权之一——为例说明，尽管个体可以在街头的演讲台上实践言论自由，但是在现代世界中真正有效的言论却要求有能力进行广泛的意见传播。过去几百年里这意味着有能力进入印刷发行业，最近则意味着可以通过个人电脑和互联网来传播意见。印刷业是生产性资产的相对清晰的例子，相比之下，当代社会的个人电脑属于私人财产，但是与此同时它们也被广泛地运用于商业和信息经济，成为比古典的工业资产更重要的财富来源。不管是印刷业还是个人电脑，关键的问题都在于，真正的言论自由要求拥有能被视为生产性资产的渠道。[③]

尼克尔在探讨政治自由时表达了类似的观点："一种承认政治自由却严重限制经济自由的制度告诉人们，他们能够参与政治，但是他们应该在没有办公室和设备，没有职业雇佣者，不建立带有商业元素的组织来发动政治议程，以及不使用实质性的资源的前提下来做这件事情。"[④] 根据"连锁论证"的观点，

---

① James W. Nickel, "Economic Liberties," in Victoria Davion, Clark Wolf (ed.), *The Idea of a Political Liberalism: Essays on Rawls*, Lanham, Roman & Littlefield Publishers, 2000, p. 166.

② James W. Nickel, "Economic Liberties," p. 157.

③ D. Benjamin Barros, "Property and Freedom," p. 64.

④ James W. Nickel, "Economic Liberties," p. 159.

如果拥有一定程度的生产性财产和经济自由（比如出租和买卖房屋与土地，雇佣工人，出租或买卖印刷机器和设备等）是确保基本自由权的必要条件，那么正义第一原则就应该考虑同等地保护它们，而不是简单地将之剔除出去。笔者认为“连锁论证”很好地揭示出罗尔斯财产观的不足之处。姑且不论自然资源的所有权，单就毫无保留地将生产资料（生产性财产）的所有权剥离出基本自由权的范围而言，就的确会造成一系列的连锁反应，最后可能伤及那些没有争议的基本自由权。

相比“连锁论证”的迂回进入，“直接论证”为厚版本的经济自由观和财产权之根本重要性提供直接论证。这个论证与要探讨的第二个问题直接相关。

如前所述，尼克尔认为政治自由包含着重要的经济面向，因此大规模地限制经济自由会实质性地限制政治自由。进一步，尼克尔认为：“经济活动，与政治活动和智力活动一样，也是人之自主性的重要领域。”①

自主性的观念主张：“拥有正常智力和能力的成年人不应该或者在被迫的情况下把对自己生活的管理移交给其他人，即使他们做得更好。这种理想主张人们应该在相当程度上是自己生活的创制者。”② 在罗尔斯的理论框架里，自主性概念属于至善论的价值理想，从价值多元论和政治自由主义的角度出发，某些合乎理性的民主社会公民也许不会接受这个观念，但是尼克尔认为罗尔斯依然“在有限的意义上接受了自主性这个概念”，比如“正义感的能力和善观念的能力”就与“广义的自主性概念共享了很多内容”③。

正义感的能力和善观念的能力是政治观念的人应该具备的两种道德能力。为了发展两种道德能力，正义的社会制度必须为公民提供所谓的基本善。这些基本善是“自由和平等的人度过完整的一生所需要的东西”，“它们对于充分发展和完全实践两种道德能力，对于追求他们各自确定的善观念来说，是一般而言必需的各种各样的社会条件和所有目的的手段（all-purpose means）”④。基本权利和自由是基本善清单上的一部分，从这个角度说，基本善也可以作为正义第一原则基本自由权的论证方式之一。

关键的问题在于，为什么从高端自由主义者的角度看，“公民和政治自由

---

① James W. Nickel，“Economic Liberties，” p. 160.
② James W. Nickel，“Economic Liberties，” p. 161.
③ James W. Nickel，“Economic Liberties，” p. 161.
④ John Rawls，*Justice as Fairness*，pp. 57 – 58.

权的发展和自由实践是人的道德本性的根本所在"[1]，而生产性的活动和商业贸易却不构成充分发展和完全实践公民两种道德能力的必要条件？罗尔斯对此只是做出简单的断言，并没有深入分析。尼克尔相信，发展和实践人的生产性能力的高阶兴趣（higher-order interest）隐含在罗尔斯的道德能力和高阶兴趣的理论中。如果这个直接论证成立，那么基本善就将支持更多经济自由的内容，由此基本自由权将包含更多经济自由的内容。

在罗尔斯的理论中，从两种道德能力向基本善清单的转变需要一个居中的环节，也就是所谓的三种"更高阶的兴趣"，这是道德心理学层面上关于动机资源的考察。因为人们拥有这些"更高阶的兴趣"，所以才需要开列基本善的清单来发展和实践人的两种道德能力。尼克尔认为从语义上说，所谓"更高阶的兴趣"更加合适的表述是"根本的兴趣"，但罗尔斯没有使用这个术语。[2] 按照罗尔斯的想法，人们拥有三种"更高阶的兴趣"：（1）发展和实践正义感的能力；（2）发展和实践善观念的能力；（3）终其一生保护和发展某些有确定内容（但允许发生改变）的善观念。[3]

对尼克尔来说，突破口出现在第三种更高阶的兴趣上。尼克尔认为完全可以设想如下场景：比如若一个人认为拥有一座房子是件好事，他就会有兴趣去建造、购买或者租住一间房子；若一个人相信在教堂里做礼拜是件好事，他就会有兴趣和其他人一起建造或者出资建造教堂。为了做这些事情，他会有兴趣与其他有能力的人一道去生产木材、地板以及砖头之类的事物。总之，"发展一个人的善观念常常要求他自己和其他人参与生产制造"[4]。尼克尔认为："因为第三种更高阶的兴趣包含了参与生产以及获得生产所必需的设备和物资的兴趣，我们就有理由说获取生产及其必需品是一种基本善。这种基本善将会支持把大量的经济自由包含在基本自由权当中。在我看来，它也支持罗尔斯理论中的平等机会和经济的最低要求，因为进行生产不仅要求有自由，还要求拥有技术和资产。"[5]

除了从更高阶的兴趣入手，尼克尔认为也可以从人类能力的观念入手论证更广泛的经济自由："我相信另一种能力，也即为自己和他人创造善品的能力，

---

① John Tomasi, *Free Market Fairness*, p. 49.
② James W. Nickel, "Economic Liberties," p. 165.
③ John Rawls, *Political Liberalism*, p. 74.
④ James W. Nickel, "Economic Liberties," p. 167.
⑤ James W. Nickel, "Economic Liberties," p. 167.

是被罗尔斯为了互惠而进行公平合作的制度这一根本观念预设的。这一根本观念包含如下观念：如果我们在公平条款下相互合作，制造和分配有用的产品以及服务，那么我们所有人都会过得更好。”①

也许有人会反驳说，并不是所有人都对进入生产制造过程有个人的兴趣，并不是每个人都对经济活动和商业贸易有兴趣，但是同样的反驳也可以针对其他基本自由权，比如并不是所有人都对政治活动有兴趣，甚至于并不是所有人都希望成为自我生活的创制者。就像不能由此推论得出不该保护政治自由的公平价值，以及不能由此推论得出不该发展人们的善观念能力一样，我们也不能由此推论得出不该发展每个人的生产能力。② 当然，正如尼克尔所指出的，主张将更多的经济自由权列入基本自由权之中，并不等于主张这些经济自由权应该是不受限制的或者它们的实践不能为法律所调整。③

综上所述，尼克尔与巴罗斯的结论是，即使根据罗尔斯的标准，也应该在基本自由权中包含某些生产性财产的权利。罗尔斯将私人产权包含在基本自由权中，反映出他也认为在允许个体形成、检测他们的善观念和依据他们的善观念以及有价值的人生观行动时，这部分财产是至关重要的。但是问题在于，在这个语境中，这部分财产不能仅限于非生产性的财产。④

现在的问题是：究竟应该将罗尔斯式的薄版本的经济自由“增厚”到什么程度？我们需要从罗尔斯的立场退回到哈耶克的立场甚至诺奇克的立场吗？抑或我们不需要走得那么远，只需要在财产所有的民主制与福利国家的资本主义之间寻找一个平衡点？约翰·托马西在最新出版的《自由市场的公平性》中主张“市场民主制”的观念，指出“市场民主制的核心道德主张是厚版本的经济自由属于自由主义公民所拥有的基本自由权”⑤。但是正像弗里曼所担心的，一旦将古典自由主义式的厚版本的经济自由权列入“根本的”和“不可让渡的”

① James W. Nickel, “Economic Liberties,” pp. 167 - 168.

② 尼克尔提出了四种理由来为发展人的生产能力做辩护：（1）能提供给一个人的多数善很可能是自我生产的，或者是通过参与合作的企业生产出来的。（2）生产和储备的社会体系可能失败，尤其是在特定的领域或者环节，因此如果一个人厌恶冒险，那么他将为了生存和繁荣而发展出备选的能力。为了逃离战争、饥馑、压迫和宗教迫害，人们需要成熟的生产能力和实践它们的自由。（3）在多数人参与生产性活动的社会里，自尊会因为可避免的依附性而受到伤害，尤其当它是全面的和长期的时。（4）通过和其他人一起参与生产性活动的努力，一个人可以享受善品和社会联合，而这会“极大地拓展和维系每个人的确定的善”。（James W. Nickel，“Economic Liberties,” p. 168.）

③ James W. Nickel, “Economic Liberties,” p. 155.

④ D. Benjamin Barros, “Property and Freedom,” p. 67.

⑤ John Tomasi, *Free Market Fairness*, p. 121.

基本自由权范畴，那就意味着“通过向每个人征税来为公共服务如公共教育、健康关注、失业保险、养老保险以及其他被古典自由主义者如哈耶克或弗里德曼所认可的其他利益服务，都对它们构成了侵犯”[①]。限于篇幅，此处无法深入探讨这些细节问题。

有一点是明确无疑的：自由意志主义把财产权视为道德绝对之物是不可取的，古典自由主义厚版本的经济自由观在理论上和现实政治中同样不适用，需要做进一步的“削薄”。但是与此同时，罗尔斯在正义第一原则中所主张的薄版本的经济自由观同样存在难以克服的困难。一个可能的解决之道是，为了保证民主社会公民的第三种更高阶的兴趣，以及为了发展民主社会公民的生产性能力，可以允许将部分生产资料的所有权列入基本自由权的范畴，但为了保证“理想的历史过程观”，有必要继续将自由放任主义所珍视的契约自由排除在基本自由权之外。这只是一个初步的构想，对于这一构想的具体论证，限于篇幅，此处无法进一步展开。

现在让我们简短地探讨第三个问题：为了实现政治自由的公平价值，必须对财产权做出如此严苛的规定吗？有无可能通过具体政策的调整而不是通过基本自由权的限制来实现政治自由的公平价值？

正如罗尔斯本人所承认的那样，由于这部分内容涉及社会理论的知识，作为政治哲学层面的探讨，罗尔斯给出的政策建议无法回答更细节的问题，因此也是极富争议性的。显然，社会理论和政治社会学的知识并非无足轻重，如果经验研究表明完全可以通过具体政策的调整实现政治自由的公平价值，那么就无须接受罗尔斯对财产权所做的严苛规定。由此，不但正义第一原则的内容需要做出调整，相应的正义二原则所适用的政经制度也存在着更多的开放性。马丁·奥尼尔就认为罗尔斯过于强调生产性资料的控制与政治生活的控制之间的关系的紧密性，我们无须接受与财产所有的民主制相关的经济政策也能够避免经济权力向政治权力的转化的观点，比如通过竞选经费的改革或者政治言说的调整等等。[②]

三、结论

众所周知，罗尔斯把《正义论》的主题严格限定在“社会基本结构”的层

---

① Samuel Freeman, “Can Economic Liberties Be Basic Liberties?” http://bleedingheartlibertarians.com/2012/06/can-economic-liberties-be-basic-liberties/.

② Martin O'Neill, “Liberty, Equality and Property-Owning Democracy,” p. 387.

面上，更确切地说，就是“社会主要制度分配根本权利和责任，以及决定由社会合作产生的利益之划分的方式”[1]。所谓“社会主要制度”，罗尔斯指的是“政治宪法和主要的经济和社会安排。因此，对思想自由和良心自由的法律保护、竞争性的市场、生产资料的私有制以及一夫一妻的家庭都是社会主要制度的例子。把这些因素结合成一个体系，主要制度就定义了人们的权利和责任，并影响着他们的生活愿景，即他们可望达到的状态和成就。社会基本结构之所以成为正义的首要主题，是因为它的影响十分深刻并且从一开始就已出现”[2]。

从以上表述可知，“竞争性的市场”和“生产资料的私有制”是社会正义考察的主题之一。作为社会基本结构的重要组成部分，经济制度和财产关系的性质深刻而广泛地影响了人们的生活愿景，对此罗尔斯心知肚明。然而，纵观罗尔斯的正义理论，无论是早期的《正义论》还是后期的《政治自由主义》以及《作为公平的正义》，他对于这部分内容不仅着墨不多，而且常常语焉不详，相比自由主义传统对财产权和经济自由长篇累牍的阐释，罗尔斯的表现难免让人困惑。

本节认为，根据字典排序法，正义第一原则优先于第二原则，自由优先于平等。因此在论证正义二原则的制度性表达是否为财产所有的民主制时，正义第一原则在论证效力上顺理成章地优先于第二原则。不难想象，即便“公平的机会平等”和“差别原则”支持财产所有的民主制，但如果正义第一原则不支持财产所有的民主制，那么罗尔斯的论证也将因此失败。而在正义第一原则中，最能支持财产所有的民主制的无非两点：其一，罗尔斯关于薄版本的经济自由的论证；其二，关于政治自由的公平价值与生产资料私人产权之间的关系的论证和阐释。本章通过一系列论证指出，上述两点都存在着难以克服的困难。

罗尔斯说：“分配正义的主要问题是社会制度的选择问题。”但罗尔斯正义二原则尤其是第一原则中关于经济自由和财产权的论述存在着可商榷的余地，这就意味着正义二原则的政经制度选择仍旧是一个开放的问题。

周　濂

参考文献

［英］哈耶克．通往奴役之路．王明毅，冯兴元，等，译．北京：中国社会科学出版

① John Rawls, *A Theory of Justice*, p. 6.

② John Rawls, *A Theory of Justice*, pp. 6 - 7.

社，1997.

［英］哈耶克．自由秩序原理．邓正来，译．北京：三联书店，1997.

［英］哈耶克．法律、立法与自由．邓正来，等，译．北京：中国大百科全书出版社，2000.

［英］哈耶克．致命的自负．冯克利，译．北京：中国社会科学出版社，2000.

［英］哈耶克．经济、科学与社会——哈耶克论文演讲集．冯克利，译．南京：江苏人民出版社，2003.

John Rawls. A Theory of Justice. Cambridge：Harvard University Press，1971.

John Rawls. Political Liberalism. New York：Columbia University Press，1996.

John Rawls. A Theory of Justice. Cambridge：Harvard University Press，1999.

John Rawls. Justice as Fairness，Cambridge：Harvard University Press，2001.

John Tomasi. Free Market Fairness. Princeton：Princeton University Press，2012.

Martin O'Neill. Liberty，Equality and Property-Owning Democracy. *Journal of Social Philosophy*，Vol. 40，Issue 3，2009.

Noel Skelton. Constructive Conservatism（I）：Architect or Caretaker. *Spectator*，April 28，1923.

Noel Skelton. Constructive Conservatism（II）：The New Era. *Spectator*，May 5，1923.

Noel Skelton. Constructive Conservatism（III）：Problem and Principle. *Spectator*，May 23，1923.

Noel Skelton. Constructive Conservatism（IV）：Democracy Stablized. *Spectator*，May 19，1923.

Noel Skelton. The Safeguarding of British Democracy. *English Review*，July 1926.

Richard Krouse and Michael McPherson. Capitalism，"Property-Owning Democracy"，and the Welfare State//Democracy and the Welfare State. Amy Gutmann，ed. Princeton：Princeton University Press，1988.

Samuel Freeman. Liberal Libertarians：Why Libertarianism is not a Liberal View. *Philosophy &Public Affairs*，30，No. 2，Princeton：Princeton University Press，2002.

Samuel Freeman. Rawls. London，New York：Routledge，2007.

Samuel Freeman. Capitalism in the Classical and High Liberal Tradition. *Social Philosophy & Policy Foundation*，July 2011.

Thad Williamson and Martin O'Neill. Property-Owning Democracy and the Demands of Justice. *Living Reviews in Democracy*，September 2009.

第七章
辉煌的失败：对哈贝马斯民主法治国理论的方法论批判

尤尔根·哈贝马斯（Jürgen Habermas，1929— ），德国著名的社会学家和哲学家，法兰克福学派第三代传人，自2002年罗尔斯辞世之后，也许是仍然在世的20世纪理论家中最负盛名的一位。而《在事实与规范之间》则是哈贝马斯最后一本堪称代表作的作品。哈贝马斯的许多作品都带有强烈的论战性质与时代痕迹，而《在事实与规范之间》结构相对完整和精密，是哈贝马斯作品中少有的精心建构之作。如果说《公共领域的结构转型》是哈贝马斯理论大厦的起点，《认识与兴趣》标示了哈贝马斯哲学家的身份，《交往行为理论》使得哈贝马斯跻身一流社会理论家之列，那么《在事实与规范之间》则使得哈贝马斯能够在政治哲学领域与罗尔斯平起平坐，并对法哲学的论辩产生了深刻的影响。

回顾哈贝马斯一生的思想事业便可以发现，哈贝马斯兴趣广泛，视野开阔，精力旺盛，而他的一生乃是论战的一生——他不同阶段的代表作，都留下了浓重的论战痕迹。例如，《现代性的哲学话语》是哈贝马斯与同时代的哲学家和社会理论家的论战记录，《社会理论还是社会工程学》记录了哈贝马斯与卢曼社会系统理论的第一次交锋，《理论与实践》《社会科学的逻辑》和《认识与兴趣》则是哈贝马斯与社会科学实证主义的论辩成果。确实，哈贝马斯是在同别的学者争论的过程中，逐渐形成和发展出自己的理论体系的。要理解哈贝马斯理论大厦的全貌，就必须采取一种历史的眼光，将哈贝马斯的理论放到他那个时代的精神氛围之中，梳理哈贝马斯与他的对话者的对话。这倒也符合他的核心理论，即商谈（交往）伦理学的基本精神。

从论战性的作品中可以看出哈贝马斯的见识、才华和激情，但凭此，一个人还很难在人类历史上一流思想家的序列中占据某个重要位置。一流的思想家的作品，总是有一种内在的成熟度，并且总能在基本概念层次有所贡献，能够形成前后一贯的理论体系。在哈贝马斯的所有作品中，或许也只有《理论与实践》《交往行为理论》和《在事实与规范之间》等少数作品是在基本概念的层次上展开工作的，尽管这几部作品同样带有很强的对话色彩。也恰恰是哈贝马斯的这几部著作，交代了哈贝马斯对几乎所有问题的完整态度。

哈贝马斯作品呈现出了一种随时间展开和演变的性质，而《在事实与规范之间》则是哈贝马斯最后一部集大成之作。因此，我们几乎可以通过对《在事实与规范之间》一书的分析和回溯，来观察哈贝马斯整个学术思想的演变。反过来说，通过将《在事实与规范之间》放到哈贝马斯整个学术事业演变过程中，我们也可以更好地理解《在事实与规范之间》的成败得失。

《在事实与规范之间》的问题意识和写作背景是：进入 19 世纪以来，随着整个社会日益复杂，18 世纪的哲学家们（他们同时也是政治哲学家）所提出的现代规范性政治方案（其核心内容是以国家为中心的社会和由个人结合组成的社会）已经逐渐失效。马克思对资本主义的批判，便指明了这一点。在哈贝马斯看来，18 世纪规范性政治方案的此种失效，其实是 18 世纪哲学（其核心概念是个人主义的实践理性）的失败。由此造成了严重的后果。以各种面目出现的相对主义和历史主义都是它的表现形式。[①] 通过对历史处境的此种简单勾勒，哈贝马斯表明了自身历史视野的出发点：在现代复杂社会的背景下，通过在哲学和社会理论层面重新挖掘和释放 18 世纪启蒙哲学的规范性潜力，以全新的基本概念构造来承载此种规范复兴的事业，并最终将其落实为全新的民主法治国方案。

我们可以看到，在哈贝马斯的这个事业中，有三个问题至关重要。首先是对现代复杂社会的描述与理解。其次是在基本概念层次构造出足以替代实践理性的概念，使之成为承担整个视野重量的概念基石。最后则是在前二者基础上对民主法治国方案的重新设计。

我们看到，第一个问题涉及的是由马克思、涂尔干和韦伯所开创的现代社会理论的传统，即对现代社会进行描述、理解甚至批判。第二个问题涉及对启

① 参见［德］哈贝马斯：《在事实与规范之间》，童世骏译，1～3 页，北京，三联书店，2003。

蒙哲学所开创的现代性工程之规范内涵的释放，乃是在 20 世纪下半期的后形而上学的知识语境下为规范性重新奠基。第三个问题则构成了对前两个问题的综合，也就是说，通过这个综合，同时克服后形而上学时代规范性事业与事实性维度各自的缺陷，从而形成一种黑格尔式的扬弃与合题。

《在事实与规范之间》第一章，哈贝马斯提到法律的规范性与事实性之间的两个张力，即内在的规范性与事实性的张力和外在的规范性与事实性的张力。[①] 可以说，内在的规范性与事实性的张力问题，其实就是在后形而上学的语境中重新对规范性进行奠基；而外在的规范性与事实性的张力，就是指对规范性的重新奠基工作，必须要在现代复杂社会中经受检验，使之具有某种现实的可能性。这既意味着对现代复杂社会的批判，同时也意味着对规范性重新进行奠基的工作必须以考虑到现代社会结构的事实性维度为前提。也就是说，规范性的重新奠基工作，必须要内在地包括现代复杂社会的事实性因素。从全书的结构来看，这一点也是很鲜明的。第三章和第四章构成了该书规范性重新奠基的部分，而第六章和第七章则是检验和论证此种规范性工作在现代复杂社会的背景下的可能性问题。二者正好对应着规范性和事实性外在张力的两个方面。例如，在该书的第二章，哈贝马斯对规范主义阵营的理论家尤其是罗尔斯提出了尖锐批评，批评其规范主义过于理想化，而没有将现代社会的事实运作规律考虑在内，从而导致空想主义[②]；同时哈贝马斯又批评了卢曼的社会系统理论，认为卢曼对现代社会的描述过于冷酷，将西方传统的规范主义切除得一干二净，从而使自己变成了保守主义者和犬儒主义者[③]。而哈贝马斯则试图左右开弓，左右互搏，同时在规范和事实的两个层面工作，并最终通过自己设计的民主法治国方案实现二者的大和解。

哈贝马斯这部作品的理论雄心，就体现在这里。这个工作的困难在于，规范主义进路和事实主义进路，在基本概念和基本方法论层面是大相径庭的。弥合规范和现实之间的理论鸿沟，从而既不使规范主义压倒事实主义，也不使事实主义罔顾规范，是很难的。这个问题解决不好，很可能就变成了某种一厢情愿。此处的重点不在于描述哈贝马斯的成功，而在于指出哈贝马斯的失败，尤其是在方法论层面的前后矛盾、进退失据。因此，我们首先承认哈贝马斯以商谈伦理学为代表的规范性重构事业是相对成功的。在此前提下，通过仔细对照

---

① 参见［德］哈贝马斯：《在事实与规范之间》，41 页。

② 参见［德］哈贝马斯：《在事实与规范之间》，70～79 页。

③ 参见［德］哈贝马斯：《在事实与规范之间》，54～69 页。

分析《在事实与规范之间》和《交往行为理论》，却可以发现，哈贝马斯的此种弥合规范与事实鸿沟的努力也许仍然是失败的。但这并不意味着哈贝马斯的事业因为被判定为失败就没有价值。事实上，哈贝马斯的这种勇敢的尝试尽管整体上是失败的，却仍然在很多方面取得了重要进步，是值得高度肯定的。

第一节　商谈伦理学与规范性事业的重构

如果我们贯彻本章开头提出的从历史发展的脉络来理解哈贝马斯的方法论准则，便可以发现事实性与规范性交叉并用的理论进路，很早就内在于哈贝马斯的研究之中。例如，哈贝马斯是通过自己的博士论文《绝对性与历史——论谢林思维的二重性》，以一个马克思主义者的身份进入学术界并被广泛接受的。通过对马克思主义精神遗产的继承，哈贝马斯继承了对西方资本主义社会进行批判的视角。但正如哈贝马斯自己指出的，通过对资本主义内在矛盾性的揭示，马克思有效地表明了18世纪民主法治国传统的虚伪性，并强调了经济基础和生产力等事实性的因素，通过生产力决定生产关系、经济基础决定上层建筑的命题，彻底否定了民主法治国的规范性内涵。[①] 因此，哈贝马斯虽然继承了马克思主义的批判传统（例如，《交往行为理论》一书就具有浓重的批判精神，指出了资本主义的根本危机），但哈贝马斯仍然在基本概念的层次对马克思的劳动概念进行了批判和改造。在哈贝马斯看来，"马克思混淆了两种不同的认识领域，即人类社会和自然，试图用'劳动'概念来解释二者，从而落入了自然科学研究方法的陷阱"[②]。因此，哈贝马斯提出要区分人类面对自然的工具性行为与人类面对社会交往的交往行为，它们是两个独立的认识领域，遵循着完全不同的规则。在此基础上，哈贝马斯提出了交往理性的概念。

交往行为的概念与工具性行为概念的区分，使得哈贝马斯在社会理论的层面与马克思区分开来，却与韦伯达成了一致，尤其是在如下这一点上：研究对象的不同促生了社会科学相对于自然科学的独立性，社会科学的研究对象乃是

① 参见［德］哈贝马斯：《在事实与规范之间》，57～58页。

② ［德］霍尔斯特：《哈贝马斯传》，章国锋译，45页，上海，东方出版中心，2000。

人的社会性行动，而人的社会性行动总是与人的意义问题关联在一起。韦伯接受了狄尔泰的诠释学原则，承认研究者与被研究者享有共同的意义视野，因此能够通过对自身的意义视野的反思来理解他人的意义视野："对于社会集合体的情况，与有机体恰恰相反，我们不仅能够证明其功能上的相互关联和一致性，而且能做到某些在自然科学领域永远也做不到的事情：对组成集合体的个人的行动做出主观理解。但是自然科学就无法做到这一点，它只能限于阐述对象和事件的因果规律，并运用这些规律说明具体实施过程。我们并不能理解细胞的表现，只能观察相应的功能关系并根据这种观察去进行概括。解释性的理解当然不用于从外部进行观察，它能做到更有成效地进行说明，然而代价却是，它的成果当中有着更多的假设和片面性。不过，主观理解正是社会学认识的特殊性所在。"①

当然，与对待马克思的态度一样，哈贝马斯在承认韦伯社会科学方法论的这个基本原则之外，很快就将自己与韦伯区分开来——虽然交往行为的概念确实是韦伯的"社会行为"概念的下属概念，但韦伯对社会行为的分析侧重的是"策略性行为"。所谓策略性行为，就是在人际交往过程中，不再是真诚地对对方的主观动机进行理解，也放弃了与对方进行真诚商谈和沟通的可能性，而仅仅将对方当作工具来操控。② 在策略性行为中，对方做出的行为往往是违反其意愿的；如果是出于其意愿的话，则往往是欺骗和诱导的结果。与策略性行为相对的是交往行为，它指的是人们之间有意义的互动。根据哈贝马斯的说明，交往行为包含三个功能，即传递信息、建立起与他人的社会关系、表达自己的观点和情感。③ 正如埃德加指出的，交往行为和策略性行为之间的区别是："后者并不设定建立任何共同理解的必要。在策略性行为中，一个人可能只是试图操控另一个人，第二个人并不必然理解或者赞同正在发生的事情。"④ 策略性行为与交往行为两个基本概念之间的差异，构成了韦伯与哈贝马斯的根本性差异。由于韦伯的整个社会学理论的分析基本上是借助于策略性行为的概念进行

---

① ［德］韦伯：《经济与社会》，阎克文译，104页，上海，上海人民出版社，2010。

② Jürgen Habermas, *Communication and the Evolution of Society*, Thomas McCarthy (trans.), Boston, Beacon Press, pp. 41, 209; Jürgen Habermas, *On the Pragmatics of Communication*, M. Cooke (ed.), Cambridge, Polity Press, pp. 224 - 226; Jürgen Habermas, *On the Pragmatics of Social Interaction: Preliminary Studies in the Theory of Communicative Action*, Barbara Fultner (trans.), Cambridge, Polity Press, pp. 12 - 13.

③ 参见［英］埃德加：《哈贝马斯：关键概念》，杨礼银、宋松峰译，23页，南京，江苏人民出版社，2009。

④ ［英］埃德加：《哈贝马斯：关键概念》，24页。

的，所以韦伯对现代社会的理性化做了天才式的分析，最后得出了“理性铁笼”的悲观预测。就此而言，在哈贝马斯的理解中，韦伯与马克思有相通之处，他们在揭示资本主义现有结构的不合理之处方面都有惊人的发现，但在建设性方面却都存在不足。也就是说，它们构成了哈贝马斯批判的资源，却难以成为哈贝马斯建设性工作的基础。

真正构成哈贝马斯建设性工作之理论基石的，是英美语言哲学，尤其是牛津大学的语言哲学家约翰·奥斯汀的语用学理论。哈贝马斯对奥斯汀的语用学理论做了进一步的发展，形成了他自己的普遍语用学理论，从而构成了交往行为理论和商谈伦理学的真正基础。

从韦伯的社会行动概念跃迁到语言哲学的层次，也是有章可循的。例如，在评论韦伯的社会行动基础时，哈贝马斯认识到：“倘若行为与意向紧密联系在一起，可以从表达此种意向的句子中导出，那么反过来，以下论点便可以成立：一个主体，只有在其行为的意向原则上可以被描述时，才会实施该行为。一种行为的界限是被可能的描述空间规定的，而描述空间又被语言的结构制约。只有在语言结构中，一个社会集团的自我理解和世界观才能得到表达，换言之，行为的边界为语言的边界所规定。”[①] 在此基础上，哈贝马斯认为：“如果我们将社会行为理解为在有效性规范指导下实施的行为，那么，探究行为的理论必须重视规范的总体关联，因为正是这个总体关联使互动过程成为可能。由于规范首先以象征性形式被给定，所以行为的系统便可以从语言交往的条件中导出。正因为行为的边界为语言的边界所给定，所以语言的结构便给出了可能的行为的渠道。”[②]

从哈贝马斯的这段话中，我们可以非常清晰地看出哈贝马斯是如何从社会学的社会行动理论的层次跃迁到语言哲学的语用学层次的。同时，从这个思路中，我们也可以看到在哈贝马斯的思考方式中，规范性与事实性的勾连与缠绕：事实性的社会行动只有以背景性的规范关联为前提，才能够实现。因此，必须通过对个别的和事实性的社会行动的背景性的规范关联结构的揭示，才能够真正理解这些个别的社会行动的意义和逻辑。因此，经验性的事实已然包含了规范性，而规范性又必须从经验性事实的背景中被发现。这就是哈贝马斯“重构性”的方法基础，同时，这种规范和事实互相包含的关系，已经预示了“生活世界”的概念了。

---

① ［德］哈贝马斯：《社会科学的逻辑》，见［德］霍尔斯特：《哈贝马斯传》，29页。

② ［德］哈贝马斯：《社会科学的逻辑》，见［德］霍尔斯特：《哈贝马斯传》，29页。

根据奥斯汀的语用学理论，语言哲学不但是表意系统，也是行事系统。例如，我们说某句话时，不但是在表达某个含义，同时也通过说出某句话来做某件事情。后一种情形就是语用学要着力研究的，奥斯汀将其称作“以言施为”。例如，当你跟某人说“给我一块砖头”时，既在表意的层面表达了你言说的对象是“一块砖头”，同时这句话在不同的语境中还体现了不同的交往关系。例如，在工地，这意味着让对方递一块砖头砌墙，这是一种工作关系；在游戏中，也许这意味着要拍砖，表达愤怒的情绪。这就意味着，语言不但是一个传播意义的工具，也是规定了人与人之间关系的结构。同时，在不同的语境中，同一句话能够表达不同的人际关系的内容。

奥斯汀的语用学理论着眼的是对现实中的语言行为的观察、理解和分类，因此带有很强的“经验性”。哈贝马斯则不满足于这一点，他的工作是试图在抽象层次对语用学的理想条件进行探索和归类。正是在这个意义上，哈贝马斯将自己的语用学称作“普遍的”。在 1972 年出版的《交往资质理论的准备性论点》中，哈贝马斯提出了一切语言的交往行为所共同蕴含的有效性要求：表意层面的真实性要求、行事层面的正确性要求和表达感情层面的真诚性要求。有论者指出，这三大有效性要求恰恰对应着康德的三大批判和三个世界的理论。哈贝马斯指出，任何成功的话语活动，都必须同时满足这三大有效性要求。这里比较重要的是真理性要求，也就是表意层面的真实性要求。古典的真理论是一种“符应论”的真理论，强调陈述与外部客观现实的一致。但根据哈贝马斯的普遍语用学，表意层面的真理是蕴含在语言运用过程中的，因此也是可批判和沟通的。通过语言运用者的沟通和交流（当然是理想言谈情境中的），最后不同主体之间能够就真理问题达成一致意见。这就是商谈论的真理。因此，对真理的追求，其关键就是对理想言谈情境的要求与设计。按照普遍语用学的标准，就是使得理想言谈情境符合有效性的三个标准。概括来讲，理想的言谈情境包含了如下四个基本条件：

（1）一种话语的所有潜在参与者都有同等参与话语论证的权利，任何人都可以随时发表任何意见，或对任何意见表示反对，可以提出质疑和反驳质疑。

（2）所有话语参与者都有同等权利做出解释、主张、建议和论证，并对话语的有效性规范提出疑问、提出理由或表示反对，任何方式的批评和质疑都不应该遭到压制。

（3）话语活动的参与者必须有同等的权利实施表达式的话语行为，即表达他们的好恶、情感和愿望。

(4) 每一个话语参与者作为行为人必须有同等的权利实施调节性话语行为，即发出命令或拒绝命令、允许或禁止、做出承诺或拒绝承诺、自我辩护或要求别人做出自我辩护。[①]

关于理想言谈情境的这四个要求，可以被概括为可理解性、真实性、正确性和真诚性，恰恰就是语用学分类中的三个有效性要求和它们的前提条件可理解性。而关于理想言谈情境的这四个要求，就构成了哈贝马斯整个批判理论的规范性基础。[②] 只有认识到这一点，我们才可以评价此后《在事实与规范之间》中哈贝马斯所构建的整个民主法治国方案的原则和具体内容，也才能够理解哈贝马斯对罗尔斯、卢曼等其他理论家提出的批评的真正含义。

第二节　生活世界的殖民化

理想的言谈情境既然是理想的，也就意味着此种言谈情境在社会现实生活中很难完美地实现。哈贝马斯当然也承认这一点。但哈贝马斯通过生活世界的概念表明，此种理想的言谈情境，确实近似地存在于生活世界之中，并且构成了生活世界的背景性意义关联的规范性内核。通过生活世界概念对交往理性的补充，哈贝马斯将他的规范性事业重新放入 20 世纪后半期以来的复杂社会的语境之中。借鉴科尔贝格的儿童发展心理学理论，哈贝马斯通过历史演变的视角，将整个西方社会的演变分成了三个阶段，即前俗成阶段、俗成阶段和后俗成阶段。现代社会显然已经进入后俗成的社会发展阶段，其特征是每个人都具有高度的个人自由，因此可以依据自己的理性来决定自己的行为。而在俗成阶段，个人尚不具有此种独立的理性判断能力和空间，为各种习俗性的外部社会规则所约束。在后俗成社会，社会要形成有效的整合，就必须依据商谈伦理学的理想言谈情境的设计来达成共识，形成约束自我的规范。

与后俗成社会概念相联系的是另外一个概念，即“生活世界的理性化”。这两个概念结合在一起，构成了哈贝马斯对现代社会的诊断基础。之所以说这两个概念是联系在一起的，首先是因为二者都暗示了现代性的主题，因此都指

---

① 参见［德］霍尔斯特：《哈贝马斯传》，80 页。

② 参见［德］霍尔斯特：《哈贝马斯传》，82 页。

向了西方社会发展的同一个阶段。无论是俗成社会与后俗成社会之区分，还是生活世界与生活世界理性化的区分，其中都暗含着现代社会与前现代社会的区分。根据哈贝马斯的描述，在前俗成阶段，整个世界图景是由原始宗教提供的，原始宗教通过仪式的神圣性与神灵惩罚的恐怖性，将规范有效性和事实性糅合起来，形成了一种特殊的社会交往的背景性规范结构。① 随着前俗成社会向俗成社会的转变，宗教权威所造成的内心恐惧不再是人们遵循规则的基础，规则的有效性更多地依靠传统的惯性和力量获得维持。但是在后俗成社会，整个世界日渐除魔，人们越来越多地拥有理性反思的能力。人们对交往规则的遵守，不再是理所当然的，而是日益拥有对规则提出质疑的能力，人们对规则的遵守，建立在理性的反思和证立的基础之上。②

科尔贝格儿童道德心理学的历史唯物主义运用，更多的是在规范层面的工作，而生活世界的理性化，则更强调社会学的事实层面的工作。就此而言，生活世界的理性化，乃至于“生活世界”与“系统”的二分，都是规范层面后俗成社会概念在社会学的事实层面的对应者。

“生活世界”的概念最早是由德国现象学哲学的奠基者胡塞尔提出的，针对的是西方历史日益科学化和客观化所造成的“意义丧失”的危机。③ 胡塞尔的学生，同时也是韦伯的“铁粉”——舒茨进一步将这个概念与韦伯的行动理论结合在一起，将这个现象学的概念社会学化，从而提出了一种完整的“生活世界”的社会学理论。④ 在胡塞尔和舒茨那里，生活世界主要是指个人身体在场的面对面交往的世界，乃是一种直接经验的世界，是由拥有共同历史的小型共同体的人们所经历的世界。这是一个前理论的世界，很多日常生活中所要用到的知识，都是未经科学论证的“直接上手的”背景性知识。因此，在胡塞尔和舒茨的“生活世界”中，既包含哈贝马斯所强调的交往行动，也包含着哈贝马斯所着力批评的“策略性行动”，甚至包含着“工具性的行动”（可以参考海德格尔在《存在与时间》中对器具的分析）。

哈贝马斯接过了这个概念，并用交往行动的概念对这个概念进行了激进的改造。于是，在哈贝马斯那里，生活世界的范围被严格限定，从人类一般行动

---

① 参见［德］哈贝马斯：《在事实与规范之间》，28～30 页。

② 参见［德］哈贝马斯：《在事实与规范之间》，30～32 页。

③ 参见［德］胡塞尔：《欧洲科学危机和超验现象学》，张庆熊译，58～63 页，上海，上海译文出版社，2005。

④ Alfred Schutz，*The Phenomenology of the Social World*，George Walsh and Frederick Lehneert，(trans.)，Evanston，Northwestern University Press，1967.

和一般经验的前理论性背景被严格限定为“交往行动概念的补充”[1]。也就是说，哈贝马斯是从“交往行动理论”的视角来理解和改造生活世界理论的。所以，在哈贝马斯那里，生活世界中人们的交往，主要是通过协调双方的目的和意图来达成共识的方式进行着。[2] 另外，舒茨所说的历史的累积性知识，在哈贝马斯那里成了“文化传统”[3]，而除了文化传统之外，人们在生活世界之中还进行着结社等活动，同时完善着自己的人格，形成自我认同。因此，哈贝马斯参考了帕森斯提出的文化/社会/人格的三层结构，将其定义为生活世界的三个结构性要素。[4] 这三个结构性要素，既是行动者在生活世界中进行交往和沟通的资源，同时也是哈贝马斯用以说明生活世界自我维持和自我生产的方式和途径。哈贝马斯用两个带有强烈马克思主义色彩的词组即“象征性生产”和“物质生产”来说明生活世界的此种自我维持和自我生产的方式。象征性生产是指生活世界中的文化传统、社会制度和人格能力的再生产和持续，而物质生产则是指生活世界赖以存在的基质的再生产和持续。[5] 其中，对生活世界来说，“象征性生产”更为本质和关键。例如，其中的文化再生产使得各种历史传统累积而来的知识能够得到传承、转化和更新，从而维护了历史知识的延续性和与时俱进，对个人的当下生活提供帮助和指导。社会制度的再生产则通过共享的规范和价值实现个人之间的社会性整合，从而为个人提供各种日常生活的能力，使得个人能够与历史协调，与集体协调，在这种协调关系中实现个人自我的认同和集体认同。最后，生活世界的这三个结构性要素的再生产，相互之间是紧密关联的，一个结构性要素的再生产，将大大地促进另外一个结构性要素功能的发挥。反过来说，其中一个结构性要素的再生产出现了问题，另外两个要素的再生产和功能发挥也要受到影响。但当生活世界的这三个结构性要素的再生产和功能发挥都出现问题时，就出现了总危机——哈贝马斯曾经在《合法化危机》一书的开篇指出，危机是一个借自医学的概念，预示着对时代的诊断。[6]

根据哈贝马斯进一步的描述，生活世界的危机源于生活世界的理性化，从

---

① Jürgen Habermas, *Theory of Communicative Action*, Vol. 2, Thomas McCarthy (trans.), Boston, Beacon Press, 1987, p. 119.

② Jürgen Habermas, *Theory of Communicative Action*, Vol. 2, pp. 121, 126 - 127.

③ Jürgen Habermas, *Theory of Communicative Action*, Vol. 2, p. 134.

④ Jürgen Habermas, *Theory of Communicative Action*, Vol. 2, pp. 133, 138.

⑤ Jürgen Habermas, *Theory of Communicative Action*, Vol. 2, p. 138.

⑥ 参见［德］哈贝马斯：《合法化危机》，刘北成、曹卫东译，1 页，上海，上海人民出版社，2000。

历史的视野来看，中世纪晚期，生活世界的理性化即已启动。如果说危机的概念来自马克思（例如马克思对资本主义经济危机的揭示），那么理性化的概念则来自韦伯。通过理性化和危机这两个概念的奇妙结合，哈贝马斯继承了法兰克福学派将马克思主义传统韦伯化的传统，同时也完成了将韦伯的社会学理论马克思主义化的工作。所谓将马克思主义传统韦伯化，就是将韦伯对现代社会的理性化批判传统引入传统的马克思主义的批判传统之中，从而替换马克思对资本主义的政治经济学批判，例如霍克海默（哈贝马斯的老师）和阿多诺的《启蒙辩证法》就不是对资本主义经济基础的批判，而是借鉴了韦伯的概念和方法，对资本主义的文化工业进行了批判。[①] 同样，哈贝马斯虽然继承了马克思的批判传统，但通过交往行动与劳动的区分，哈贝马斯也放弃了马克思的剩余价值学说和政治经济学的方法，接受了韦伯的"理性化"的概念。所谓韦伯的马克思主义化，则是指韦伯的理性化概念超越了资本主义的概念，是对整个现代性的批判，而哈贝马斯则将这个概念嫁接到资本主义的概念中，从而通过马克思批判视野所蕴含的"解放潜能"，通过对资本主义的超越，也克服了韦伯的悲观主义现代性论调，从而展现了一副乐观主义的未来图景。

很显然，"生活世界的理性化"来源于韦伯在《宗教社会学》绪论中以理性化为标准对西方世界和非西方世界所做的比较。[②] 生活世界的理性化具体体现为几个方面。由于陌生人之间的交往越来越多，他们之间的交往不再建立在共同的历史和记忆基础之上，所以在文化层面，文化知识不再建立在传统之设定的基础上，而是出现在理性反思的基础上。对规范的遵守也越来越依赖于对规范性的理性证立过程。对于各种各样的传统智慧，个人也不再盲目接受，而是采取一种批判性的态度和立场，进行理性选择。更重要的是，生活世界的象征性再生产，变得越来越专业化了。文化传统自身随着理性化而分化为自然科学、宗教、理性自然法、自律的艺术等不同的领域。[③] 在这些不同的领域，它们都遵循自身的规律：

> 现代社会所特有的意识结构源于文化合理化，而文化合理化包括认知、审美表现以及宗教传统的道德评价三个部分。有了科学和技术、自律

---

① 参见［德］哈贝马斯：《交往行为理论》（上卷），曹卫东译，326～347页，上海，上海人民出版社，2004。

② 参见［德］韦伯：《宗教社会学论文集·绪论》，见［德］韦伯：《新教伦理与资本主义精神》，苏国勋等译，1～14页，北京，社会科学文献出版社，2010。

③ 参见［德］哈贝马斯：《交往行为理论》（上卷），161页。

的艺术和自我表现的价值以及普遍主义的法律观念和道德观念，三种价值领域就出现了分化，而且各自遵守的是自己特有的逻辑。这样，不仅文化的不同组成部分（认知部分、表现部分以及道德部分）有了自己的内在规律，这些价值领域之间也形成了紧张关系。①

同时，这些不同领域和层面的追求和活动，都脱离了个人日常交往所需要的层次，由相应的机构专门承担。例如，科学活动日益在大学、科研机构进行，艺术活动也通过专门的画廊、博物馆等进行，道德由教会进行专门的研讨，法律则由经过专业训练的人士来操控，如此等等。②

这是文化层面。在社会层面，《经济与社会》中着重描述的资本主义企业、官僚制的行政国家和形式化的实证法是社会理性化最典型的例证。③ 从个人的层面来看，人际交往层面的双重偶连性问题日益严重，用哈贝马斯自己的概念来说，就是异议风险日益强化，个人越来越倾向于通过策略性的行动而对他人的意志表示冷漠，双方之间通过商谈达成共识的希望越来越渺茫。而这一点，在未被理性化的生活世界中，在各种混合的背景性文化共识的作用下，本来不是很困难的。④

生活世界理性化严重到一定程度，就会从生活世界中分化出媒介导控的社会系统。社会系统一旦从生活世界中分化出来，就能够通过导控性媒介进行自我维持和自我运作，从而独立于生活世界之外。如此一来，现代社会就是通过生活世界和系统两种方式和两个渠道进行整合的。通过生活世界进行的整合，是社会整合，这是哈贝马斯所欣赏和肯定的。通过系统进行的整合则是系统整合，这是哈贝马斯要批判的。但同时哈贝马斯也承认系统整合在现代社会中不可避免，并且系统整合有其特殊的功用。例如，经济系统的整合，在效益方面的成就是不可替代的，而政治系统的整合，在达成目标的有效性方面也是不可替代的。但系统的理性一旦脱离生活世界的导控，按照自身的媒介进行运作，不断进行自我扩张，最后就会反过来危害生活世界尤其是生活世界象征性再生产的过程，从而导致系统对生活世界的殖民。⑤

由此可见，哈贝马斯的社会理论是高度二元论的，整个社会被区分成两个

---

① ［德］哈贝马斯：《交往行为理论》（上卷），159 页。

② 参见［德］哈贝马斯：《交往行为理论》（上卷），160 页。

③ 参见［德］哈贝马斯：《交往行为理论》（上卷），154 页。

④ 参见［德］哈贝马斯：《交往行为理论》（上卷），159 页。

⑤ Jürgen Habermas, *Theory of Communicative Action*, Vol. 2, pp. 332 - 373.

相互独立的部分，即生活世界和系统。系统虽然最初是从生活世界分化出来的，但其最终形成了独立于生活世界的运作逻辑，茁壮成长，形成了强大的动力机制，甚至侵入生活世界之中，犹如现代西方的资本主义体系不断扩展，侵入太平洋地区和非洲地区的诸“部落社会”，瓦解和分化这些部落社会一样，瓦解和分化“生活世界”。

那么，社会系统的内部逻辑是什么呢？在描述和分析社会系统的内部逻辑和运作形态时，哈贝马斯借鉴了韦伯《经济与社会》中的理性化主题，但更多的还是建立在帕森斯的社会系统理论，尤其是帕森斯后期关于系统交换媒介的理论上。20 世纪 60 年代，帕森斯在《论政治权力》[①] 和《论影响力》[②] 两篇论文中提出，社会系统是在普遍的象征性交换媒介的帮助下形成自主运作逻辑的。例如，货币是经济系统的普遍化的象征性媒介，权力是政治系统的普遍化的象征性媒介，影响力是交往系统的普遍化的象征性媒介，等等。帕森斯普遍化的象征性媒介，对于社会系统理论的建构具有非常重要的促进作用，同时对哈贝马斯和卢曼都具有深刻的影响。在这两篇论文中，帕森斯首先通过对人们最熟悉的经济系统的货币的分析，指出货币类似于语言，甚至本身就是一种特殊的语言。语言本身虽然不是语言所指涉的客观物体，但它却可以传达出关于客观物体的信息。例如，黑板上写了一行字：“外面的狗在叫。”标记在黑板中的“狗”字本身不是狗，当然也不会叫，但它却能够指涉狗的实体，从而产生意义。而经济系统中的货币，本身没有任何实际的使用价值，却能够指涉各种具体的物品，并且通过货币体系所赋予的交换价值，能够购买到几乎任何实际的使用价值。这恰恰是因为货币象征着经济系统的首要价值，即效用。[③] 在此基础上，帕森斯进一步指出，政治系统的普遍化的象征性媒介是权力，权力本身只是惩罚，但惩罚没有任何实际的意义，它只有在禁止人们做什么、要求人们遵守什么时才有实际意义，从而象征着政治系统的首要价值，即作为集体约束力的决策的做出。[④] 交往系统的普遍化的象征性媒介则是影响力，其象征着交往系统的首要价值，即说服。帕森斯进一步将社会行动分成了四种类型，每

---

① Talcott Parsons, “On the Concept of Political Power,” *Proceedings of the American Philosophical Society*, 1963 (107).

② Talcott Parsons, “On the Concept of Influence,” in Parsons, Talcott, *On Institutions and Social evolution* (Selected Writings), Mayhew (ed.), Chicago, The University of Chicago Press, 1982, pp. 224 - 252.

③ Talcott Parsons, “On the Concept of Influence,” p. 226.

④ Talcott Parsons, “On the Concept of Political Power,” pp. 236 - 242.

种类型都是为了影响对方的行动。但是每一个类型影响对方行动的通道是不一样的。具体见下表[①]：

影响通道

惩罚	意图	环境
积极	说服	激励
消极	义务感的激励	威慑

通过意图这个影响通道，我们既可以采取积极的说服的手段来改变对方的行为，也可以采取消极的施加义务的方式来影响对方的行为。除了直接通过影响对方意图的通道改变对方的行为之外，我们还可以通过改变对方的环境来改变对方的行为。例如，我们可以通过经济激励诱惑对方改变行动，也可以通过施加惩罚来改变对方的行动。在帕森斯看来，这四种影响对方行动的特定通道，就构成了四种特定的“语言”，从而在此基础上构成四个特定的社会系统。

哈贝马斯基本上接受了帕森斯关于普遍化的象征性媒介的这种定义，并且承认了改变对方行为的环境的两种通道，即积极通道和消极通道，以及对应的两种媒介，即货币和权力，同时也承认在此基础上形成了两种系统，即经济系统和政治系统。但他不承认通过改变行为意图的两个特殊通道能够形成两个现代社会系统。在哈贝马斯看来，这二者恰恰是生活世界覆盖的范围，它们的首要目的是通过交往和论证达成普遍共识，而不是为了改变对方的行为。通过对帕森斯交往伦理学的改造，这部分内容就被哈贝马斯的生活世界的概念吸收了。

当然，哈贝马斯也承认，在后俗成社会，由于系统理性和科学理性对生活世界的入侵，文化、宗教、习俗等各种原先在俗成社会中不言自明的规范性意义关联，对个人的约束力越来越弱。在生活世界的那一面，个人与个人之间要达成交往性共识，其论证负担和理性负担也越来越重了。在系统层面，系统是通过法律的媒介进行建构的，因而法律自身必须被正当化。但现代社会系统运作的逻辑却体现了规范空心化的趋势。而哈贝马斯试图通过生活世界对系统世界的反抗和反向渗透来扭转韦伯的理性化的悲观结论。这就是哈贝马斯《在事实与规范之间》提出民主法治国方案的基本问题意识背景。

① Talcott Parsons, “On the Concept of Influence,” p. 231. 原表如此。

第三节 法律的重要性：两种有效性的张力

在哈贝马斯看来，要完成生活世界对系统的反攻，通过生活世界的理性重新控制和引导系统理性，法律占据着相当关键的位置。简单地说，法律是生活世界重新对系统产生影响，从而引导和矫正系统之偏执理性的中介。对哈贝马斯而言，生活世界的概念意味着其规范性事业在社会现实中的对应者，因此也意味着现实存在的规范性渊源。而社会系统则是它不得不面对的事实性，是它要认真应对和克服的。法律恰恰典型地将此种规范性和事实性蕴含于自身之中。因此，内在于法律的规范性和事实性恰好对应于宏观层面的生活世界所象征的规范性与社会系统所象征的事实性的紧张关系，这就是哈贝马斯《在事实与规范之间》所着重指出的规范性与事实性的内在张力和外在张力及二者之间的关系。

我们可以将所有的问题都聚焦于如下这个假设性的问题情境中进行理解，即两个人面对面的互动和交往。如果是在典型的生活世界情境之中，因为交往双方是熟人，有共同的历史背景，彼此知根知底，并有二者都认同的规范制约着，所以他们将比较容易达成共识，形成有效的交往。但如果是已经被高度理性化的生活世界，则意味着神灵的权威已经被消解，交往双方可能拥有完全不同的出生地点和成长经历，他们可能是互不信任、处处设防的陌生人。如此一来，双方如何达成相互理解，就构成了一个困难。在极端的情形下，交往的双方就构成了对方的“黑匣子”。[①] 交往的一方不清楚的是，对方是抱着一种真诚交往和交流的态度与自己交往，还是抱着一种利用和完全以追求个人利益为目标的态度来和自己交往。在这种情况下，交往的一方随时可能中断交往，中断沟通。例如，当交往的一方发现另一方完全是在带着利用态度操控交往过程时，他就可能退出交往，或者同样采取策略性的行动，从而使得交往失去任何真正的有效性。

哈贝马斯设想，在这种情况下，法律就出场了。对于那些违背商谈伦理的策略性行动，法律是容许的，但又必须将其控制在某种限度之内。由此达到的

① 参见泮伟江：《双重偶连性与法律系统的生成》，载《中外法学》，2014（2）。

效果是，只要遵守法律，即便交往者是带着策略性的意图来遵守法律的，也可以被假设成他是带着规范目的从事交往的。对于那些突破了法律设定之底线的策略性行动者，法律则施以强制性的惩罚。但法律的此种强制性惩罚的前提，必须以法律自身的规范性为前提。这意味着，法律的规范性，必须是以真诚交往的参与者的视角为基础制定出来的。如此一来，法律的制定，就必须是以生活世界的交往行动和商谈伦理学为基础的，而法律的执行则可以对策略性行动者发挥作用。[①]

正如前文所述，交往行动和策略性行动是哈贝马斯整个社会学理论的两个关键性概念，分别对应着生活世界和系统。因此，法律就构成了生活世界和系统发生关系的媒介。只要法律的制定过程能够扎根于生活世界之中，为生活世界所塑造，生活世界就能够通过法律这个中介对策略性行动者发挥作用，从而也对系统发挥作用和影响。从另外一个角度来看，正如韦伯曾经指出的，经济系统和政治系统的官僚化，恰恰建立在法律的基础上。例如，各种经济制度和政治制度，都是通过实证法的规定建立起来的。我们通常所说的市场经济是法治经济，表达的其实也是类似的含义。

如此一来，对哈贝马斯在交往行动理论中所揭示的整个现代性的危机，便可以通过对法律的重新塑造而得到实现。而哈贝马斯通过商谈伦理学所落实的整个规范性事业，也可以通过立法活动而被建制化和具体化。因此，哈贝马斯的整个哲学和社会学的事业，都可以通过某种民主法治国的工程学设计而得到终极的解决。就此而言，《在事实与规范之间》构成了哈贝马斯毕生事业的终极总解决。这个方案又具体分成两个部分，分别被放在“法律”这个天平的两边：规范性的那一部分，就是对基本权利的重构；另外一部分则对应着法律的实施，即民主法治国内部的具体分权逻辑。

第四节　商谈伦理学与基本权利体系的重构

在哈贝马斯对民主法治国的内在逻辑也即哈贝马斯所称的“现代法律秩序的自我理解”进行重构的部分，对基本权利的逻辑重构是最重要、最精彩也是

---

① 参见［德］哈贝马斯：《在事实与规范之间》，33～52 页。

最成功的重构。下文将会谈到，相对而言，对民主法治国分权逻辑的重构是比较含糊的，这也是遭受较多质疑的部分。哈贝马斯之所以要对权利体系进行重构，与上文谈及的法律的媒介作用有关系。法律沟通生活世界和系统，主要是通过对守法动机的中立化和立法过程的规范化的双重保证实现的。其中，守法动机的中立化，是通过对行动的界限的划分来实现的。从法学的角度来看，此种行动的界限就是赋予行动者个人的各种“主观权利”。在法律赋予行动者的各种主观权利的界限内，行动者具有充分自由的行动选择，而不用考虑动机为何。这是以权利的语法来书写法律，或者说，整个现代西方的法律传统是以权利为核心建构起来的。

但问题是，权利的正当性基础是什么，或者说，法律的正当性基础何在？法律的权利话语奠基于17世纪和18世纪。那是理性法的时代，所以权利的正当性基础被安放在理性自然法的传统之上。但在后俗成阶段，自然法本身的那种超时空的正当性也需要被反思和证立。因此，权利/法律的正当性基础就成了问题。这个问题转译到法理学的语境之中，就是著名的法律与道德的关系难题。在法理学的论辩脉络中，有两个基本立场。一个立场是法律实证主义的立场，强调法律与道德的分离，认为合法律性就是正当性，因此法律的正当性来源于自身，而不需要在法律之外寻找道德的正当性。另外一个则是自然法立场，强调法律的正当性来自法律之外的道德。这是一方面，另外一方面，在西方的自由主义大传统中，还有一种很强的消极自由的传统，将主观自由权利看作一种消极的私人自由，以此将其与公法层面的积极的政治自由权利区分开来。在这种自由主义传统中，以财产权和人身自由权为核心的私人自由权利，乃是一种前政治的消极自由，也是一种自然法所赋予的普遍正当的自由权。在消极自由主义传统中，积极自由是一种危险的存在，通过积极自由产生的公共意志，很容易变成不受约束的暴政，从而侵害和消灭消极自由权。在法学领域，这种区分通过公法和私法的区分而被具体化，许多民法学者认为民法虽然在法律效力层面要低于宪法，却普遍先于宪法而存在，于是便间接地表达了此种私人权利要优先于公民权利的思想。

关于法律与道德的关系，哈贝马斯的看法是，法律与道德，包括伦理，都起源于生活世界。而在本源意义的生活世界之中，法律、道德、伦理之间是浑然不分的。在后俗成社会中，随着生活世界的理性化程度不断提高，法律与道德首先分离开来。在后俗成时代，道德变成了一种文化知识，而法律则具有建制性的强制效力。尽管如此，法律与道德在功能上却可能存在着重叠的范围。

例如，二者都是对交往行动的选择进行调节，从而帮助交往结构中的行动者达成共识。[①] 如果在后俗成时代法律与道德是同源的（都来自生活世界），那么二者就不存在自然法传统所认为的那种等级关系，即道德是基础，高于法律，当法律与道德冲突时，法律自动失效。相反，法律与道德之间，既存在着上述内容重叠和一致的可能性，也存在着相互冲突的可能性。当法律与道德相互冲突时，二者同时在各自的领域和范围有效。尽管如此，哈贝马斯还是认为法律与道德的一致的可能性要更高，这主要是因为，在后俗成时代，法律与道德的正当性都是通过商谈的原则和程序确立的。只是由于二者的调整方式有所不同，所以在商谈原则和程序的条件方面有所不同，从而可能产生二者内容的不一致。按照哈贝马斯的说法，同时适用于法律和道德的商谈原则是如下原则：

> 有效的只是所有可能的相关者作为合理商谈的参与者都有可能同意的那些行动规范。[②]

哈贝马斯对这个原则中涉及的几个核心概念做了进一步的澄清。

这里的“有效的”(gültig)，“涉及的是所有的行动规范和相应的普遍规范命题”。这里的行动规范（handlungsnormen），是指：“在时间方面、社会方面和事态方面都普遍化了的行动期待。”这里的相关者（btroffen），是指：“其利益将受到该规范调节的一般实践的可以预见结果影响的每一个人。”最后，合理商谈指的是：“所有旨在就问题的有效性主张达成理解的努力，只要这些努力是在这样一些交往条件下发生的：这些条件在通过一个语内行动义务而构成的公共空间里，使得对主题和所发表的意见、信息和理由的自由处理成为可能。”[③]

这一商谈原则（简称 D 原则）“根据不同问题的逻辑和相应种类的理由”可以进一步被类型化，又可以进一步被区分为道德商谈、伦理商谈和实用商谈。这些不同类别的商谈，都不过是 D 原则的操作化。

在哈贝马斯看来，法律和道德都是从这个 D 原则推导和引申出来的，因此它们是同源的。但是，从另外一个角度来讲，这并不意味着道德权利可以自动演变成法律权利，因此我们“不能把出现在宪法规范之实证内容当中的基本权

---

① 参见［德］哈贝马斯：《在事实与规范之间》，131 页。

② ［德］哈贝马斯：《在事实与规范之间》，132 页。

③ ［德］哈贝马斯：《在事实与规范之间》，132 页。

利理解为只是道德权利的摹本，把政治自主理解为只是道德自主的摹本”。法律和道德的区别，主要在于它们落实D原则的方式不同。道德对于D原则的落实，主要在文化层面上，D原则在文化层面上的体现就是道德原则，道德原则乃是商谈原则在文化层面的一种操作化，其采取的是一种普遍化原则的形式。依据商谈原则在文化层面的这些操作细则，人们可以更加合理地认识和检测道德。但是，道德原则对个人的理性能力提出了较高的要求。同时，它也依赖于苏格拉底式的知识自动转换成行动的理性预设。

而民主原则则是D原则同时在两个层面的落实方式：一个是文化层面，另一个是建制层面。其中主要是建制层面的落实。也就是说，D原则不但要落实为一种辩论规则，也要获得制度层面的约束力。于是，D原则就落实为民主原则。

更加浅白地说，道德就是道德主体通过作为一种论辩规则的道德规则最后得出的某种结果。而法律则是法律权利主体通过建制化的民主论辩规则而取得的结果。对于道德规则来说，遵守某个具体的道德规范的人与通过道德原则而最后推导出来的遵守该具体道德规范的人是重合的。这意味着，如果要某人遵循某一条道德规范，就必须让他亲自参与到关于该道德规范之合理性的论辩中去，并且通过理性的论辩最后使之心甘情愿地接受该道德规范。而对于通过民主原则建立的法律规范来说，遵守法律规范的人和通过民主原则制定法律规范的人是可以分离的。遵守法律的人不必亲自参与到民主商谈的过程之中，在遵守法律的时候也往往不必从立法者的角度来考虑和理解相关的法律问题。哈贝马斯将这概括为法律的外在有效性，也就是法律的实证性。不过，哈贝马斯在承认和坚持法律的这种实证性之外，通过法律的外在有效性的概念，同时说明了法律的内在规范有效性的来源，从而在一定程度上坚持了法律的规范性。

这是如何实现的呢？哈贝马斯说：“在自由的政治意见形成和意志形成过程中，作为承受者必须服从的那些规则，恰恰是他们自己赋予其权威的。”① 但是，这些承受者如何可能相信自己必须服从的那些规则恰恰就是他们自己赋予其权威的呢？

这就涉及对民主这个概念的理解了。哈贝马斯提出的民主原则，实质上是对民主与人权关系的一种重构，按照哈贝马斯自己的话来说，这是对人权和人

① ［德］哈贝马斯：《在事实与规范之间》，46页。

民主权关系的一种重构。这种重构的一个核心内容，就是将多数人统治的民主原则重构成强调审慎商议的审议式民主。在形式语用学和交往行为理论看来，规范的实际效力同规范的可接受性是联系在一起的。而要保证规范的可接受性，就必须对论证规范是成立的论证性商谈中的交往主体进行高要求的重构。这种重构既可以内化到交流主体的心中，也可以外化为一种制度和规则。在保障这些制度和规则的合理性的前提下，只要参加交流的人遵循了这个制度的规则，我们就可以认为通过这个制度制定出来的法律规范是合理的，是遵守这些法律规范的人自身所同意了的。在前文所引的那句话之后，紧接着哈贝马斯又说了一句话："当然，这种合法化过程必须成为法律系统的一部分……它本身需要在法律上加以建制化。"① 这句话的主要含义，即在于此。

尽管哈贝马斯认为在现代社会单靠道德对社会进行整合已经远远不够用了，但是哈贝马斯毕竟还是承认，在这个社会中，仍有一部分从内在视点来看待法律的人。这些人的存在，是现代法律得以保持其规范性效力的前提条件，从而那些从外在视点看待法律的人才得以免除其规范性论证的负担，可以仅仅将自己假设成民主立法过程的参与者。

所以，一个合理的、能够符合商谈原则要求的民主立法程序就变成了关键。另外，必须有一些原则，使得公民们自由地在两种看待法律的视角之间进行转换成为可能。因为现代社会并不是界限分明地区分成从内在视点看待法律的人和从外在视点看待法律的人的。毋宁说，某些人在某些特定的时候对法律持外在视点，在另外一些特定时候则对法律持内在视点。因此，这个民主立法程序必须扩展为一种宪政程序，从而使得生活在这个宪政程序中的人有可能自由地在两种视角的实践中自主地切换。

在哈贝马斯看来，要建立这样一个以民主立法程序为核心的宪政程序，把商谈原则运用于法律媒介，必须满足如下三个条件：

> （1）产生于以政治自主方式阐明对尽可能多的平等的个人实施的自由的权利的那些基本权利。
>
> （2）产生于以政治自主方式阐明法律同伴的志愿团体的成员身份的那些基本权利。
>
> （3）直接产生于政治的可诉诸法律行动的性质和以政治自主方式阐明

① ［德］哈贝马斯：《在事实与规范之间》，46页。

个人法律保护的那些基本权利。①

不过哈贝马斯同时也指出，仅仅满足这三个条件还无法保障民主立法过程的合理性，还必须加上下面这两个条件：

(4) 机会均等地参与意见形成和意志形成过程（在这个过程中公民行使其政治自主权，通过这个过程公民制定合法的法律）的那些基本权利。

(5) 获得特定生活条件（现有状况下公民要机会均等地利用从 1 到 4 所提到的公民权利所必需的在社会上、技术上和生态上得到确保的生活条件）的基本权利。②

只有在满足了这五个基本条件或者说保障了这五项基本的权利之后，民主立法过程才具有产生合法之法的能力。

当然，这五个条件自身还并不是我们通常所理解的宪法上的基本权利。在哈贝马斯看来，具体的宪法上的基本权利是什么，这要同一个国家具体的历史文化基础以及当下所面临的具体历史情境结合起来考虑。与其说这五个条件是五个具体的基本权利，倒不如说它们是五个具体的产生基本权利的等式。其中该国的具体宪政实践以及历史文化情境可以看作是这个等式的变量，一旦将这些变量填入这五个等式之中，就会产生具体的值，而产生的这个具体的值，就是该国宪法上的基本权利。

这五个等式中的前三个等式，对应的乃是“公民们若要用实证法对其共同生活做合法的调节，就必须彼此承认”的权利，公民们若要自由联合在一起，就必须拥有这些权利。在这个意义上，它们确实出现于国家权力的法律组织之前。尽管不同于但是它们确实对应着经典自由主义传统中那些对抗国家的权利，也就是自由主义者们一直津津乐道的自然权利。哈贝马斯虽然承认这些权利是先于国家出现的，但是认为它们并不是对抗国家的权利，而且不是笼统地从自然权利论的角度，而是从商谈哲学的角度论证了其同民主政体的同源关系。不过，哈贝马斯也承认，如果不加入第四个等式，那么这三种权利就仅仅是理论家的外在建议，而不是法律行动者的自我选择。要将基本权利变成法律行动者的自我选择，就必须加上第四个公式，建立一种“使商谈得以运用的形成意见和意志的政治过程”，从而确保“每个人都有平等机会行使对具有可批判性的有效性主张表示态度的交往自由”。一旦第四个公式落实为“使商谈得

① ［德］哈贝马斯：《在事实与规范之间》，149 页。
② ［德］哈贝马斯：《在事实与规范之间》，150 页。

以运用的形成意见和意志的政治过程”的各种建制化的程序和制度，公民们就可以确信通过这个程序和制度产生出来的法律就是他们应该遵守的有效的法律了。

如此一来，现代法律的权威结构就被从内部进行了合理化的重构，从而保障了其内在的合理性和正当性，使其不至于演变成一种类似于军事组织的权威组织，从而保障了生活在这个法律制度中的现代社会的人类能够有尊严地享受这个现代“利维坦”带来的种种好处。而现代社会的法律也不至于演变成韦伯所说的囚禁人类自由的“铁笼”。从另外一个方面看，哈贝马斯也在一个后俗成的社会和后现代的知识状况下，为现代性的法律基本权利体系提供了新的基础。这种权利体系不再像传统自然法一样，是外在于现代法律体系而仅仅从外部来制约法律体系的，而是与现代法律体系同源而生的，乃是作为商谈原则与法律形式相互交叠之结果的民主原则的逻辑后果。在一定程度上，这种权利体系并未对民主宪政体制进行外在制约，相反，满足这五个条件，民主宪政体制才得以实现。所以，它们给民主宪政体制提供了可能性。

第五节　民主法治国的分权逻辑

哈贝马斯通过商谈伦理学的运用，对民主法治国的基本权利所做的重构确实精彩。但此种基本权利体系如果无法落实到民主法治国的具体建制过程中，那么就只能是一种模拟的象征性，难以有实际的力量。实际上，卢曼就曾经如此评论过哈贝马斯对基本权利体系的重构之举。① 哈贝马斯自己也明确承认这一点。②

因此，哈贝马斯必须将他对基本权利之重构的规范性事业重新安放在现代社会的现实之中，使它有坚实的现实基础。对哈贝马斯来说，内在法律的那个事实性，即对基本权利之强制性的落实，就是这个现实性的基础。为了有效地组织起对基本权利体系的保护，必须有一个中央权威以及中央权威领导下的高效的组织系统。此外，当围绕着基本权利之界定发生各种冲突和纠纷时，由一

---

① Niklas Luhmann, *Das Recht der Gesellschaft*, Suhrkamp Verlag Frankfurt am Main, 1993, S. 99.

② 参见［德］哈贝马斯：《在事实与规范之间》，164 页。

个中立的司法机构来裁决这些纠纷和冲突就显得很有必要了。而这个司法机构同样是高度组织化的。通过商谈伦理学形成的基本权利体系还不是具体的法律权利，而是法律权利正当化的条件。因此，要将这些基本权利具体化为法律权利，还需要有一个组织化和程序化的立法权威，通过立法商谈，将基本权利体系具体化为各种实在的法律权利。① 如此一来，一个建制化的立法权也就有必要了。最后，无论是立法权、行政权还是司法权，又都是通过法律的方式建立的。

这就涉及对自孟德斯鸠以来的三权分立的内在逻辑的重构了，或者说，涉及对国家的内在逻辑的重构。在孟德斯鸠的传统三权分立逻辑之下，权力分立的原因乃是“政府职能的分化”。立法部门负责制定法律，司法部门负责根据立法部门制定的法律来解决纠纷，而行政部门则主动实施那些不自动生效的法律。除此之外，这种权力分立理论，更是以国家和私人之间的横向对立为理论背景的。之所以需要独立于立法权力的司法权力和行政权力，乃是出于对独断权力侵犯自由的恐惧。同样的道理，一旦有了立法权力，行政权力和司法权力也就必须在法律规定的范围内行动。

为了更好地理解和解释法律与政治权力的复合体国家，哈贝马斯通过一种历史回溯式的分析，将国家的形成和发展的历史放到了社会的形成和发展的大背景下进行研究。对哈贝马斯来说，远在现代国家形成之前，换句话说，在原始社会阶段，即已形成现代国家的功能对等物，用来裁决纠纷，形成有效的社会交往，达成集体性目标。与现代国家不同，此时政治性权力的基础是社会性权力，例如家族力量、宗教权威等。②

哈贝马斯对法律与政治权力的此种历史回溯，其潜台词其实是，就像法律与道德其实都根源于生活世界一样，法律与政治权力也同样根源于生活世界，它们是同源性的存在。在生活世界之中，帕森斯模式中的社会整合和集体目标达成是占据核心地位的两种功能。社会整合的功能主要是通过对冲突的裁决来承担的，而集体目标达成则需要一个共同的权威来发布命令。冲突裁决的方式又可以根据两种理想行动类型（即交往行动和策略性行动）分成两种：一种是共识型的方式，另外一种是仲裁型的方式。集体目标达成的方式也可以被分成两种：一种是通过权威的决断，另外一种是通过参与者的妥协。哈贝马斯认为，仲裁和妥协这两种功能实现方式，依据的是生活世界中各种复杂的分散型

① 参见［德］哈贝马斯：《在事实与规范之间》，164 页。

② 参见［德］哈贝马斯：《在事实与规范之间》，170～171 页。

的权威复合模式，只有共识和权威决断这两种模式，才需要将法律与政治权力交织在一起。[①] 因此，哈贝马斯进一步将此种政治与法律交织在一起的同源发展分成了两个范式阶段。第一个阶段是国王范式阶段，国王身兼祭祀者和军事首领的角色，因此同时拥有来自宗教的规范性权威和以军事力量支持的强制性力量。也因此，国王就同时拥有了法律的规范性和政治的事实性。我们可以将此种法律与政治权力的结合模式看作是拼合模式，国王的肉身是此种拼合得以形成的中介。第二个阶段，法律与政治才真正地互相结合在一起，法律和政治互相利用：政治权力通过法律规范建构起来，法律赋予政治权力的行使以合法性；反过来，法律规范则通过政治权力被贯彻，从而使得法律机构变成一种正式的国家机构。法律与政治之间构成了一种交换和循环的关系。[②]

法律与政治的互相利用与交换，使法律系统与政治系统得以形成。

一旦法律赋予政治权力之实施以法律形式，法律的作用就是帮助形成一种二值的权力代码。谁掌握权力，谁就可以对别人发号施令。就此而言，法律的作用就是充当国家权力的组织手段。反过来说，就权力造成了对国家法庭判决的服从而言，权力有助于形成一种二值的法律代码。法庭判决何者是对的，何者是错的。就此而言，权力的作用是促进法律的国家建制化。[③]

哈贝马斯绘制的下表非常清晰地反映了法律与权力之间的功能联系。[④]

法律与权力之间的功能联系

功能 / 代码	内在的功能	彼此服务的功能
权力	集体目标的实现	法律的国家建制化
法律	行为期待的稳定	政治统治的组织手段

哈贝马斯对法律与权力关系的这种描述，有几点很值得注意。首先，在哈贝马斯关于法律和权力的此种描述中，开始出现了“代码”的概念，同时，除了以“权力”作为政治代码之外，还出现了法律的代码。因此，这意味着法律也成为一个正式的社会系统，平行于政治系统和经济系统。但问题是，如果法律也是一种由代码导控的社会系统，那么法律是否还能够成为连接和沟通社会系统与生活世界的中介呢？其次，在此种法律与政治权力的关系图景中，哈贝

① 参见［德］哈贝马斯：《在事实与规范之间》，172～174页。

② 参见［德］哈贝马斯：《在事实与规范之间》，175～177页。

③ 参见［德］哈贝马斯：《在事实与规范之间》，176页。

④ 参见［德］哈贝马斯：《在事实与规范之间》，177页。

马斯描绘了法律与权力的相互交换关系，实质上也意味着，法律系统和政治系统互为对方的前提。因为法律系统内在功能的实现依赖于权力系统的强制力的支持，而政治系统要实现其内在功能，必须要依赖于法律所提供的国家建制化的功能。如此一来，法律与权力之间就形成了某种闭合的循环。

在处理法律与政治关系时，通过代码概念的重新引入，哈贝马斯实际上重新引入了在《交往行为理论》中尝试引入的系统论的思路和术语。但是在《交往行为理论》中，系统论的思路和术语虽然是受到哈贝马斯的批判性审视的，但其具有内在的一致性。《在事实与规范之间》的立场是建设性的，因此在某种意义上就应该超越系统论的概念体系，在基本概念层面和方法论层面对这套概念体系的变更做出说明。我们看到，哈贝马斯虽然试图在基本概念的层面这样做，但做得却似乎远远不够。

哈贝马斯已经做的工作，是将权力区分成三种类型：社会性权力、行政性权力和交往性权力。社会性权力是一种纯粹的事实性权力，其并不依赖于法律的授权和建制而存在，因此是不合法的权力。行政性权力是一种政治性权力，它的存在是通过法律而建制化的，因此是一种合法的权力。但此种合法性，是由实证性的法律赋予的。然而，实证法必须自身也具有“合法性”，即正当性。因此，交往性权力解决的就是实证法的正当性问题。而这种交往性权力是无法被实证地占有的。在此，哈贝马斯援引了阿伦特的理论，将权力的概念同暴力的概念区分开来，强调“权力所对应的人类能力不仅是行动和做某事的能力，而且是与他人协调一致地行动的能力”①。哈贝马斯进一步指出：

> 这样一种交往性权力，只可能形成于未发生畸变的公共领域之中。它只可能产生于未受扭曲之交往中那种未遭破坏的主体间性结构。在产生交往权力的地方，意见形成和意志形成过程，由于每个人在“每个点上公开地运用自己理性”的无障碍交往自由，使“扩展了的心智”发挥出创造力来。这种扩展表现在，“人们把他们的判断同别人的可能判断而不是实际的判断相比较，并且把自己放在任何别人的立场上”。②

通过引入交往性权力，哈贝马斯的民主法治国方案至此就一目了然了。

> 把由权力代码导控的行政系统同具有立法作用的交往性权力相联系，并使之摆脱社会权力的影响，也就是摆脱特定利益的社会事实性实施能

① ［德］哈贝马斯：《在事实与规范之间》，180 页。
② ［德］哈贝马斯：《在事实与规范之间》，182 页。

力。行政权力不应该自我繁殖；它的再生产，应该仅仅是交往性权力之转化的结果。归根结底，法治国应当调节的就是这种转化，但并不扭曲权力代码本身，也就是说，不干预行政系统的自我导控逻辑。[①]

表面上看，除了在立法权层面将多数决的民主改造成审慎商议式的民主之外，这样一种商谈论的民主法治国方案与古典的三权分立方案并没有什么其他区别。但哈贝马斯指出，在 20 世纪后半期的福利国家的语境下，行政部门承担了越来越大的功能，立法越来越以一般条款的方式授予行政权力和司法权力更大的自由裁量权，从而有可能掏空了民主法治国的基础。

因此，如果以上述谈论的角度来理解立法权、行政权和司法权的关系，则仍然可以保持民主法治国的一贯性逻辑。在上述谈论的视角下，不仅可以把立法看作一种交往性权力的运用，甚至还可以通过行政程序和司法程序的设置，将行政权力和司法权力变成一种“准商谈”的设置，从而将行政权力和司法权力变成一种“准交往性的权力”。这种“准交往性的权力”在哈贝马斯的概念中，就是一种由“运用性商谈”形成的权力。如此一来，概括性的授权和一般性的条款也就不再那么可怕了。但问题是，如此一来，还能够像当初所保证的那样，此种交往性权力对政治系统的全面性渗透不会干涉“行政系统的自我导控逻辑”吗？

第六节　对司法权运作样态的考察：自我检验

《在事实与规范之间》的整个篇章结构相当考究。全书的第一章和第二章既是对此前工作的扼要回顾，同时也是对全书主题的呈现和确认——哈贝马斯着重要强调和说明的是，为什么法律在现代社会中占据如此重要的位置，因此哈贝马斯要将自己毕生理论视野的最终解决放到法律这个主题之上。第三章和第四章是哈贝马斯提供的最终的规范性方案，或者说，这是哈贝马斯提供的最终答案。解决的是内在于法律的事实性与有效性的张力问题。第七章和第八章则是要将这个答案放到现代社会的语境下进行重述，解决的是哈贝马斯所说的外在的有效性和事实性的紧张关系。第五章和第六章，在某种意义上是将哈贝

① ［德］哈贝马斯：《在事实与规范之间》，185 页。

马斯的方案放到狭义的法学理论的语境下进行验证。

就此而言，第五章和第六章对于哈贝马斯的理论方案的可行性是相当重要的。如果说在第三章和第四章哈贝马斯是从政治哲学的角度来理解民主法治国方案的话，那么在第五章和第六章，哈贝马斯则不得不从法律理论的角度来理解和验证民主法治国方案。此种验证并不容易。例如，哈贝马斯的民主法治国方案实际确立了立法权的优先性地位。[①] 但哈贝马斯也承认，在狭义的法律理论范畴中，法官的视角具有优先的地位。[②] 因此，哈贝马斯最终承认，虽然法律理论不但包含专家的视角，同时也包含着立法者、公民行动者等人的多维视角，但“法律理论首先仍然是关于司法的理论和关于法律商谈的理论”[③]。

就狭义的法律理论而言，司法的核心问题，便是裁判的自由裁量权问题。按照经典的法治理论，法官的裁判必须受到法律的约束。然而，正如哈特承认的，当抽象的法律规则运用于具体的情境之中时，会发现具体的情境永远比抽象的法律规则要丰富得多。因此，法官在裁判过程中，必须同时满足两个要求，即忠实于法律规则与个案裁判的正当性。当这两个要求之间产生矛盾或紧张关系时，不同的法律理论流派采取了完全不同的立场和进路。[④]

代表法律实证主义，哈特提出的一种方案是，通过区分词语的核心含义与边缘含义，承认概念和语言的开放性，因此，承认法律规范也有空缺结构。在法律规范的边缘区域，确实存在着抽象规则无法覆盖的新事实，在这种情况下，赋予法官自由裁量权。[⑤]

哈特对待司法裁量权的此种态度，相对于以霍姆斯为代表的美国法律现实主义者而言，已算是保守，因为他并没有像霍姆斯那样彻底颠覆法治的基本原则，而只是允许在例外情况下授予法官自由裁量权。而对霍姆斯而言，法律就是法官做出的司法裁判，因此也就是从坏人的角度对自己所做的坏事即将面临的惩罚的预测。[⑥] 而法官在裁判的过程中，根本不受任何成文法的约束，而是

---

① “在民主法治国中，政治立法被当作核心功能。”（［德］哈贝马斯：《在事实与规范之间》，242页。）

② “像法教义学一样，法律理论也赋予法官的视角以特别地位。这是由司法部门在狭义的法律系统之中的功能地位引起的。”（［德］哈贝马斯：《在事实与规范之间》，243页。）

③ ［德］哈贝马斯：《在事实与规范之间》，244页。

④ 限于篇幅，此处不对诠释学理论（德国法学方法论传统）和批判法学做介绍和评价。

⑤ 参见［英］哈特：《法律的概念》，张文显等译，124～134页，北京，中国大百科全书出版社，1996。

⑥ 参见［美］霍姆斯：《法律的道路》，见［美］伯顿编：《法律的道路及其影响》，张芝梅译，北京，北京大学出版社，2005。

依靠自身的道德感、意识形态、情绪等诸多因素做出裁决。也就是说，法官拥有充分的自由裁量权，以立法者的身份做出判决。判决就是立法，通过判决，就可以像立法那样对未来的社会行为进行调控。

哈贝马斯欣赏德沃金所持的建构性诠释的立场。事实上，哈贝马斯关于司法的整个理论，基本上是建立在德沃金的建设性诠释学的基础之上的。德沃金坚持法官必须受到法律约束这一法治的基本立场，强调该基本立场构成了法官裁判的核心导控性原则，从而使得法官在裁判过程中必须做出一个唯一正确的判决。① 当既有的法律规则体系无法覆盖新的案件事实时，德沃金强调可以通过援引隐藏在法律规则背后的法律原则来指导裁判，从而平衡法律的确定性与个案的正当性。②

对于德沃金来说，为了克服法律实证主义和法律现实主义，坚持法律的整体性，就显得很有必要。德沃金做了一个形象的比喻，认为法官面对新的案件事实，做出一个唯一正确的判决，就类似于续写一本小说的全新章节一样。新章节的内容，相对于旧章节而言，一定是出现了新的情节和内容，但就其能够与旧章节缝合的角度看，它又是旧章节的延续和发展，内在于整个法律发展的故事之中。③

对法律整体性的此种重视和强调，使得德沃金理论中对法官的能力要求非常之高。德沃金用赫拉克勒斯这个半神半人的大力神的名字来命名法官。这个赫拉克勒斯式的法官，天生聪明，精力无穷，从而可以穿过规则和先例的丛林，将此前的所有规则和先例串联起来，与当前处理的案件联系起来，平衡法律的整体性与当前所处理案件的个案正当性。“如果每个有效的规范同可运用于一情境的其他规范之间都必须处于一种融贯的互补关系之中，那么，它的意义在每个情境中都会发生变化。这样我们就依赖于历史，因为只有历史才为我们产生无法预见的情境，这些情境允许我们对所有有效的规范每次都采取不同的诠释。”④

有趣的是，司法裁判的确定性和个案的正当性之间的张力，在哈贝马斯阐释德沃金的裁判理论时重心发生了巧妙的偏离。我们先看看哈贝马斯是如何表

---

① 参见［美］德沃金：《认真对待权利》，信春鹰等译，40～54页，北京，中国大百科全书出版社，1998。

② 参见［美］德沃金：《认真对待权利》，40～54页。

③ 参见［美］德沃金：《法律帝国》，李长青译，204～212页，北京，中国大百科全书出版社，1996。

④ ［德］哈贝马斯：《在事实与规范之间》，269页。

述二者关系的："在这个司法领域中，法律中的事实性和有效性之间的内在张力表现为法的确定性原则和对法的合法运用（也就是作出正确的或正当的判决）之主张这两者之间的张力。"① 接着，哈贝马斯还对这两个核心概念做了解释。所谓法的确定性，是指："判决是在现存法律秩序内自洽地做出的。"所谓合法性，指的是："判决不仅与过去类似案件的处理相一致，与现行法律制度相符合，而且也应该在有关问题上得到合理论证，从而所有的参与者都能够把它作为合理的东西而加以接受。"在此基础上，哈贝马斯总结裁判的合理性问题是："一种偶然地产生的法律的运用，如何才能既具有内部自洽性又具有合理的外在论证，从而同时保证法律的确定性和法律的正确性。"②

我们看到，在哈贝马斯的理解中，个案裁判的正当性变成了"合法性"或"外部证成"。个案正当性的论证，确实需要引入"外部证成"的因素，例如在疑难案件的个案裁判过程中引入道德等因素，但引起个案裁判正当性疑问的原因，以及个案裁判正当性的关键，仍然是个案裁判过程中出现了法律规范覆盖不到的新事实。对整个法律史的"整体性回溯"以及外部证成过程，都是个案事实引发的"涟漪效应"（贡特尔的概念），都是为个案裁判的个案正当性服务的辅助性手段。哈贝马斯，作为法律系统的外行人，尽管有贡特尔等如此优秀的法律理论家的辅导，却仍然无法明白这一点。因此，在哈贝马斯关于"整体性""合法性""外部证成"等问题的讨论中，以及代表德沃金对批判法学的反驳过程中，问题的关键点已经发生了变化和位移。

遗憾的是，哈贝马斯随后端出的运用性商谈这盘菜，恰恰是根据哈贝马斯的这个理解做出的。由于忽略了个案裁判的个案正当性与法律确定性之间紧张关系的要点，哈贝马斯接下来开始指责"法律专业共同体"的自我赋予合法性，同时他指出，"外部证成"也好，"合法性"也罢，其实都要回到正义法律秩序的原点，根据这个原点来裁判眼前的案件。而根据哈贝马斯关于商谈论的基本权利体系和民主法治国方案，正义法律秩序的起点就是商谈性的。因此，司法裁判在法律适用领域也必须继承这种商谈性，除了法官视角之外，也必须将公民商谈的视角包含进来。③

在此，我们可以看到，本意是想把自己的理论放到狭义的法律理论的视野和论辩语境下进行内测的哈贝马斯，却对法律理论提出了颠覆性的批判，同时

① ［德］哈贝马斯：《在事实与规范之间》，244 页。

② ［德］哈贝马斯：《在事实与规范之间》，245～246 页。

③ 参见［德］哈贝马斯：《在事实与规范之间》，273～274 页。

为了适应自身理论的需要，甚至把法律理论的定义也改变了——如今法律理论不再以法官的视角为先，立法商谈在此前民主法治国方案中的优先性倒被恢复了。

《在事实与规范之间》写成之前，德国法律理论家阿列克西已经通过将哈贝马斯的商谈伦理学理论运用到法律理论中提出了法律论证理论。这对哈贝马斯关于司法的法律商谈理论来说，是一个很好的先导性工作。① 但阿列克西的法律论证理论将法律论辩当作道德论辩的一个特例，这是哈贝马斯所不同意的，因为这再次混淆了哈贝马斯此前已经澄清的法律与道德的区分。对于哈贝马斯来说，司法裁判乃是适用民主商谈形成的实证法律的过程，与道德商谈在程序性设置和条件性要求诸方面都是不同的。② 因此，哈贝马斯并没有采纳阿列克西的法律论证理论，而是采用了他的同事贡特尔的商谈理论。根据贡特尔的理论，法律商谈区分为两个层次：一个是立法性商谈的层次，另外一个则是运用性商谈的层次。立法性商谈解决的是法律规则的正当性问题，而运用性商谈由于是对合法之法的适用，因此并不需要证立法律的正当性问题。两种商谈的不同功能和目标设定，决定了两种商谈的规则也是不一样的。③

在建制化的层面，法律的运用性商谈和立法性商谈倒存在着某种类似性。为了平衡司法裁判的确定性要求与正确性要求，运用性商谈也必须类似于立法性商谈，通过法庭辩论的程序的设置，将司法判决实践建制化，从而产生如下一种效果："判决及其论证都可以被认为是一种由特殊程序支配的论辩游戏的结果。"④ 这种司法商谈的程序性设置，"并不对规范性法律商谈进行调节，而只是在时间向度、社会向度和实质向度上确保运用性商谈之逻辑支配的自由的交往过程所需要的制度框架"⑤。

就理论的内在融贯性而言，哈贝马斯关于法律的运用性商谈的理论确实能够自圆其说。但哈贝马斯设置司法商谈这一章的目的并非仅仅是自娱自乐的自圆其说，而是为了从法律理论的角度来验证自己从政治哲学和社会理论的双重视角建构起来的民主法治国方案。那么，哈贝马斯的这个民主法治国方案是否经受住了司法实践的可靠性检验了呢？恐怕未必。事实上，哈贝马斯关于司法

① Michel Rosenfeld & Andrew Arato (ed.), *Habermas on Law and Democracy: Critical Exchanges*, California, University of California Press, 1998, p. 428.

② 参见［德］哈贝马斯：《在事实与规范之间》，285 页。

③ 参见［德］哈贝马斯：《在事实与规范之间》，286 页。

④ ［德］哈贝马斯：《在事实与规范之间》，287 页。

⑤ ［德］哈贝马斯：《在事实与规范之间》，287 页。

的论述和分析，可能是哈贝马斯这部作品所遭遇的第一个“滑铁卢”。笔者当年从一个坚定的哈贝马斯商谈论的追随者，到最后放弃哈贝马斯的法律理论，也是出于对哈贝马斯关于司法问题论述的不满和失望。

具体来说，虽然哈贝马斯在批评阿列克西的时候强调法律与道德的区别，强烈反对将裁判过程的法律论证看作道德商谈的一个特例，但哈贝马斯对司法的描述和理解，仍然是从一个法律共同体的局外人的角度，以一种政治哲学家的思维和视角进行的。由于缺乏法律共同体的训练，哈贝马斯对司法权运作的某些独特性显然缺乏感觉。例如，从法律人的视角来看，即便是哈贝马斯的运用性商谈，也是过于靠近政治哲学而远离司法裁判的真实。[①] 事实上，无论是阿列克西版本的法律论证理论，还是哈贝马斯版本的法律运用性商谈，其典范都来自道德哲学的实践，而不是从法庭中法官法律解释的实践中总结出来的。

实际情况是，从象征性的层面看，法官必须受到法律规则的约束，因此立法具有相对于司法位阶上的优越性。尽管如此，这只不过表明，法律人尤其是法官在开展工作时，必须以对成文法的尊重为前提。但这并没有排斥如下可能性，即关于成文法的真实含义为何，实际上仍然需要由法官通过法律解释的方法来确认。而任何一个成文法的规则，在具体案件中，总是会出现多种解释的可能性。由此，法官必须受到法律的约束，并非如哈贝马斯所想象的那样，完全是一种单线的类似于“传输带”的输送模式。在司法实践过程中，法官结合具体案件事实对法律规则做出的解释，要比此种合法性的单线传输模式复杂得多，法官在裁判过程中所拥有的创造性发挥的空间，也远远比哈贝马斯所想象的要复杂。

无论是阿列克西还是哈贝马斯，他们的司法商谈理论都强烈地预设了一点，那就是通过论证性商谈可以形成具有高度客观性的正当的个案裁判结果。但这很可能是理性的高度自负。一种关于司法裁判更加真实的态度是，承认司法裁判过程中决断的因素是不可避免的。裁判的本质就是一种决断。试图通过理性论证规则的设置完全排除决断因素，是一种非常高贵但过于天真的幻想。就像通过运用性商谈和立法性商谈的区分完全摒弃司法裁判的隐性立法功能的做法一样天真。

---

① Niklas Luhmann，“Quod Omnes Tangit：Remarks on Jürgen Habermas's Legal Theory，” in Rosenfeld Michel and Andrew Arato（ed.），*Habermas on Law and Democracy：Critical Exchanges*，California，University of California Press，1998，p. 166.

休·巴克斯特（Hugh Baxter）批判哈贝马斯的法律运用性商谈理论忽略了英美普通法的经验，其实指的也是这一点。[①] 在普通法中，很多时候先例对于裁判的影响要远远超过正式的成文规则。法官在裁判的过程中，通过区分技术，对先例进行鉴定，从而能动性地区分哪些先例是与手头裁判的案件相关的，对本案具有拘束力，哪些案件与手头裁判案件是不相关的，因此不具有正式拘束力，而仅仅具有参考的效力。就此而言，法官确实拥有相当自由的空间来解释和运用法律。同样，当立法机关指定的实证法在法律适用过程中带来荒谬或不正义的结果时，法官也可以通过法律解释的技术，适当地冷冻和回避这些法律规则。

当然，对司法过程的这种描述和理解，并不表明笔者赞同现实主义法学的立场。法官在法律解释过程中的这种自由度，并非某个具体法官所享有的，而是抽象和一般意义的法官所享有的。因此，法官所享有的此种法律解释的自由空间，同样也受到了整个法律共同体的拘束和限制。例如，整个法律共同体共享一套类似的法律训练体系，因此也共享了同样一套法律概念和知识体系，它们具有同质化的法律思维结构和法律职业伦理。因此，司法裁判的法庭，在某种意义上构成了法律职业共同体的公共空间和公共舞台。法律职业共同体的存在，对司法裁判的客观性提供了某种最低限度的担保。

除此之外，司法裁判运作的体系也能够对法官的自由裁量权做出拘束和引导。与立法不同，整个司法活动是建立在个案裁判的基础之上的，相同情况相同对待、不同情况不同对待构成了整个司法裁判体系运作的基础性原理。因此，整个司法裁判的关键和难点，就是就相同情况和不同情况做出具体的判断。因此，任何一个案子做出来之后，理论上都可能构成未来某个案件的先例，从而对未来的案件形成预先的拘束力；反过来，基于这种可能性，未来的案件也预先对该案的裁判进行了某种干预。而这个案件同时又要受到先前案件的拘束。整个司法裁判实际上就是在这样一个裁判的链条下进行的。[②]

通过对司法裁判运作形态的描述，笔者实际上已经指出了某种将哈贝马斯的立法权边缘化的可能性。在法律系统的运作中，司法权真正地居于中心的位置，正如哈贝马斯也承认的，法官裁判的视角居于整个法律体系的优先位置。

---

① Hugh Baxter, *Habermas: The Discourse Theory of Law and Democracy*, Stanford, Stanford University Press, 2011, pp. 116 - 119.

② Niklas Luhmann, *Das Recht der Gesellschaft*, S. 308 - 326.

而立法与司法并没有如哈贝马斯所希望的那样，构成那么明确的一种“授权”和直接传输的关系。实际上，立法商谈形成的各种法律决断，只有在真正为司法裁判所采纳，应用到具体案例中时，才算是真正具有法律的拘束力。很多时候，甚至“立法者原意”也是司法解释和建构的产物。那些无法被法律化和概念化的政治决断，即便是通过哈贝马斯的立法性商谈形成的交往性权力的决断，也可能为司法裁判所冷落、回避和无限期延迟，从而在事实上不具有任何法律的地位和价值。此种情形在历史上屡见不鲜。

反过来说，哈贝马斯的理想商谈情境的理论即便要运用到法律论辩过程中来，也未必要局限于“法庭”之中，而是要将整个法律专业共同体围绕司法裁判进行的法律教义学研究和论辩包含进来。如果把法律教义学围绕司法裁判进行的评论和研究整体地看作理想商谈情境的现实应用的话，又不免让人想起当初激发哈贝马斯理想商谈情境的皮尔斯的科学研究的共同体。

> 皮尔斯把“真”解释为合理的可接受性，也就是说解释为对具有可批判性的有效性主张的确认，而这种有效性主张的提出，则需要某种特定的听众群体——在社会空间和历史时间中理想地扩展的有判断能力的听众群体——作为交往条件。[①]

很显然，在皮尔斯的理想商谈情境中，听众群体就是专业的科学研究共同体之一部分，如法律共同体的情况一样。反过来说，法律职业共同体中的这些法学研究者，由于与法庭裁判中的个案没有特殊的利益关系，而是内在于一个法学（科学）研究体系，因此他们有足够的动机去阐明真理，提供更富有说服力的论据。反而是在生活世界中，每一个参与交谈和交往的人，都由于特殊的个人利益而存在某种惰性逃避理想商谈情境的交往。

第七节 “计划经济”的幽灵：系统与生活世界的矛盾

司法裁判现象学的描述，对哈贝马斯民主法治国方案的可能性与可行性是一场关键的考验。通过上文的分析，我们已经看到，表面上逻辑自洽的民主法治国方案，尽管在基本权利体系的规范性自我理解的层面仍然具有相当的自洽

---

① ［德］哈贝马斯：《在事实与规范之间》，18页。

性，但在权力分立的现实运作层面却似乎败下阵来。需要指出的是，这并不是规范性本身在现实性面前的失败。失败的反而可能是哈贝马斯民主法治国的理论策略和架构本身。

我们通过对哈贝马斯《在事实与规范之间》第七、第八章的分析，可以更清楚地看到这一点。在哈贝马斯的理论架构安排中，第七、第八章是在其理论经历了司法权问题的考验之后，进一步在社会语境下经受事实性考验的考虑。如果说第五、第六章是接受来自法理学的考验，第七、第八章就是接受来自社会理论的考验。如果说第五章是内测，第七、第八章则是投到竞技场接受真实的检验。通过对第七、第八两章的阅读和分析，我们也确实看到了哈贝马斯的整个理论脉络。

第七、第八两章，可以用一个主题来概括，就是在现代复杂社会中，如何可能实现民主。这实际上是哈贝马斯在做了所有的理论准备后，同系统理论的一次总决战。用哈贝马斯的话来说，这场战斗是民主法治国方案的逆导控（gengensteueren）逻辑同系统理论的媒介导控逻辑之间的总决战。这实际上呼应了该书第二章外在的规范性与事实性的张力的两条学术脉络的梳理。在规范性这条学术脉络中，最后的承接者和代表人物是罗尔斯，这表明罗尔斯是哈贝马斯在规范性事业方面的最大竞争者。在事实性这条学术脉络中，最后的承接者和代表人物是卢曼。因此，可以说，哈贝马斯毕生学术事业最大的敌人，既不是福柯，也不是德里达，而是卢曼。确实，正如哈贝马斯的学生和英美世界最大的学术盟友麦卡锡曾经指出的，卢曼是哈贝马斯一直不懈地与之进行斗争的一个“幽灵”。[①] 通过将哈贝马斯的交往行为理论与涂尔干关于有机团结的分析联系起来，麦卡锡指出，卢曼之于哈贝马斯的意义，犹如当年实证主义社会学之父斯宾塞之于涂尔干的意义。[②] 哈贝马斯与卢曼之间的缠斗，由来已久。在早期作品《作为意识形态的技术和科学》中，哈贝马斯就敏锐地检测到关于社会的自我规制的组织理论的危险性——颠覆人在社会中的主体性。此后，哈贝马斯基于同样的关切与卢曼进行了论战，并在《合法性危机》和黑格尔奖的讲座中再次对系统理论展开了系统性的批判。此后，哈贝马斯几乎所有的著作

① Thomas McCarthy, “Complexity and Democracy: Or the Seducements of System Theory,” in Axel Honneth and Hans Joas (eds.), *Communicative Action: Essays on Jürgen Habermas's Theory of Communicative Action*, Jeremy Gaines and Doris L. Jones (trans.), Cambridge, The MIT Press, 1991, p. 120.

② Thomas McCarthy, “Complexity and Democracy: Or the Seducements of System Theory,” p. 121.

都涉及卢曼的社会系统理论。[①] 然而，令人惊异的是，对卢曼系统理论的轮番轰炸的结果，竟然是在《交往行为理论》中对卢曼理论的半心半意的接受——在《交往行为理论》中，卢曼理论虽然仍然备受批判，却堂而皇之地在哈贝马斯的社会理论中占据了半壁江山，因为在《交往行为理论》中，社会由生活世界和系统共同组成。哈贝马斯的生活世界概念并没有覆盖全社会，社会系统虽然由生活世界分出，却构成了自我循环的运作方式，不依赖于生活世界而存在，同时还可能反过来对生活世界进行“殖民”。麦卡锡因此将哈贝马斯《交往行为理论》中关于复杂性和民主的讨论看作是哈贝马斯经受不住社会系统理论引诱的结果。

《在事实与规范之间》表明，哈贝马斯仍然坚持将卢曼的社会系统理论放置到自己的理论视野之中，并且将其当作自身理论的关键支撑。对卢曼理论的接纳，甚至构成了哈贝马斯与罗尔斯等规范主义视野的同行者和竞争者之间最大的差异，代表了哈贝马斯最大的理论野心，也就是将规范性视野放到更现实的现代复杂社会的理论背景下进行建构。就此而言，哈贝马斯的理论抱负和勇气，即便最终不成功，也是值得高度肯定和赞美的。

在这个意义上，《在事实与规范之间》可以说是对《交往行为理论》的呼应和补偿。如果说，《交往行为理论》中哈贝马斯的社会概念仍然是二元性的，是由生活世界和社会系统两个平行的“实体”组成的，犹如斯宾诺莎哲学中的身体与精神一样，互不往来和沟通，那么在《在事实与规范之间》中，生活世界已经通过法律的媒介而覆盖了全社会，实现了社会系统的彻底改造。

问题是，这种改造如何可能？在批判精神映射下的《交往行为理论》中，哈贝马斯强调的是社会系统通过媒介进行自创生的功能。哈贝马斯因此认为，生活世界与系统之间存在着某种界限。生活世界无法越过这条界限直接作用于系统，因此，系统的发展和生活世界的演化是互相脱节的。哈贝马斯实际上也承认了卢曼系统理论的观点，即恰恰是像货币和权力这样的系统媒介，使得系统与生活世界的界限成为可能。像帕森斯一样，哈贝马斯也是用语言来比喻系统的媒介的。一个系统的媒介就像某种专业化的语言。日常生活中的普通人，如果不经过系统的训练，就无法理解此种特殊的语言。而不同的特殊语言之间，如果不经过翻译，也无法直接进行交谈，就像操着不同国家语言的人相互之间无法交谈一样。

---

① Thomas McCarthy, “Complexity and Democracy: Or the Seducements of System Theory,” p. 120.

但是在《交往行为理论》中，系统和生活世界之间确实进行着某种交换关系。但是此种交换关系首先是在系统的操控下进行的，同时也必须以日常的生活世界按照系统设定的条件被转换成系统语言为前提。如下表所示[①]：

系统和生活世界的交换关系（从系统的视角看）

生活世界的体制性秩序	交换关系	媒介导向的次系统
私人领域	（1）P → 劳动力 M ← 工资收入 （2）M → 物品与服务 M ← 要求	经济系统
公共领域	（1）M → 税收 P ← 组织化的目标达成 （2）P → 政治决断 P → 大众化的忠诚	政治系统

说明：M：货币媒介；P：权力媒介。

很显然，哈贝马斯关于系统和生活世界的此种交换，受到了帕森斯《经济与社会》一书中关于经济系统通过工资机制与家庭进行物品和劳动力交换那部分论述的影响。按照这样一个模型，政治系统与生活世界之间的交换，是通过生活世界的公共领域那部分完成的。政治系统向生活系统中的个人征收税款，

① Jürgen Habermas，*The Theory of Communicative Action*，Vol. 2，p. 320.

并且得到大众化的忠诚，反馈给生活世界的则是组织化目标的达成和政治决断。除此之外，生活世界对政治世界似乎不能输入更多的东西。

这种情况在《在事实与规范之间》中出现了实质性的变化，就是法律在其中占据了一个特别重要的地位。哈贝马斯关于法律和权力之间的关系理论，相当形象地说明了法律连接生活世界和政治系统的媒介作用。哈贝马斯自己在批判卢曼自创生的社会系统理论时，也以语言作比喻，强调法律就像日常生活语言一样，具有无限的丰富性和多义性，从而使得不同的社会系统之间的沟通，可以通过法律这个共同的中介进行。①

但是，这种形象化是以牺牲基本概念的精确性为代价的。因为哈贝马斯同时也说明法律是一个有自己独立媒介的社会系统。那么，某个有自己独立媒介的社会系统，如何可能成为另外一个社会系统与生活世界的沟通媒介？事实上，根据上文关于司法的描述，法律系统确实构成了一种运作上封闭、认知上开放的社会系统。《交往行为理论》的缺憾是，哈贝马斯不得不承认整个现代社会是由生活世界和社会系统两个部分构成的，两个部分相互之间是“脱节”的关系，因此他的规范性事业也只能覆盖到生活世界这部分，而对社会系统这部分无能为力。《在事实与规范之间》试图弥补这个缺憾，试图通过法律这个媒介沟通生活世界和社会系统，从而使得规范性之活水能够通过法律而覆盖到社会系统，并改造社会系统。但这样做却带来了另外一个层次的问题：如果坚持《交往行为理论》对社会系统的描述和理解，则社会系统的边界可以界定，但生活世界和社会系统的两分局面仍要维持；如果要完成《在事实与规范之间》试图实现的工作，就必须放弃《交往行为理论》中用来描述和理解社会系统的那套概念，采用全新的描述和理解社会系统的概念和方法。

我们目前看到的情况是，哈贝马斯在描述交往性权力如何通过规范性逆向导控行政系统的过程时，就其行为的逻辑主线来看，他似乎已经放弃了《交往行为理论》的那套概念和体系。但就其选用的术语和概念，包括对社会系统的一些具体特征的描述来看，他仍然保留了导控性媒介、自创生系统等概念，同时也仍然保留了系统和生活世界二分的宏观架构。并且他没有对他在《交往行为理论》中关于社会系统的整套理论和概念框架做出任何批判性的描述和反思。这是很令人费解的。

哈贝马斯不可能没有注意到，政治系统的理性官僚制权力是通过法律具体

---

① 参见［德］哈贝马斯：《在事实与规范之间》，68～69页。

建制化的，这种形象和生动的描绘，与社会系统通过媒介建构起自己独特的、脱离规范的运作形态和结构是不同层面的工作。按照哈贝马斯曾经用过的概念来说，前者是一种具体的“社会工程学”的建筑工作，而后者则是基本概念层面的社会学方法论的建构。将两者强制性地结合在一起，可能注定是一场不愉快的强制婚礼。甚至，正如汉斯·琼（Hans Joas）曾经指出的，哈贝马斯的工作实际上可以分成三个部分：一个部分是行动理论的建构，一个部分是社会秩序的建构，另外一个部分则是民主法治国的方案建构。① 这三者中的前两者是处于社会学基本概念和基本方法论层面的工作，但二者是互相独立的，其中一个工作的成功，并不必然带来另外一个工作的成功。而第三个工作则带有很强的经验性和社会工程学的性质，同样独立于前两者的工作，甚至与前两者的工作不处于一个层面上。但在哈贝马斯的工作中，这三者被混同了，甚至不同层次的工作也被混同了，互相替代，由此带来了理论的混淆与错乱。

我们可以承认，哈贝马斯在行为理论层面区分工具行为和社会系统，在社会行为中又提出交往行为，以区别于韦伯的策略行为。这些工作都是很精彩的。但在社会秩序的建构这个问题的探讨中，哈贝马斯的工作似乎不太令人满意。而这似乎又最终影响到了他的民主法治国方案的实现。

哈贝马斯自己承认，《在事实与规范之间》关于法律沟通生活世界和系统的中介作用的一系列论述，受到了彼得斯（Bernhard Peters）相关论述的启发，其实就是借用了彼得斯的理论。② 但彼得斯恰恰是反对生活世界和系统二元分化的理论的。彼得斯认为系统和生活世界只能作为分析性的概念装置，却无法和现实进行一一对应。③ 哈贝马斯一方面引入彼得斯的理论来改造自己关于系统与生活世界“绝缘”和“隔离”的观点，但另一方面，在描述系统时，仍然保留了卢曼自创生社会系统理论的一些核心概念和基本概念，由此导致了理论建构层面的自相矛盾。例如，彼得斯质问哈贝马斯：法律系统究竟是内在于系统，还是在系统之外？④ 哈贝马斯的理论在这一点上显然过于模糊。休·巴克斯特则质问：当哈贝马斯把彼得斯的中心/边缘区分带入系统/生活世界这

---

① Hans Joas, “The Unhappy Marriage of Hermeneutics and Functionism,” in Axel Honneth and Hans Joas (eds.), *Communicative Action: Essays on Jürgen Habermas's Theory of Communicative Action*, p. 98.

② 参见［德］哈贝马斯：《在事实与规范之间》，440～444页。

③ 参见［德］彼得斯：《法律和政治理论的重构》，见［美］德夫林：《哈贝马斯、现代性和法》，高鸿钧译，165～167页，北京，清华大学出版社，2008。

④ 参见［德］彼得斯：《法律和政治理论的重构》，165页。

一对区分的框架之中时，是否考虑过这样一种引入所带来的概念生态系统的混淆？边缘究竟是内在于还是外在于系统呢？[①]

下面的类比对哈贝马斯也许有些不尊敬，但似乎很有道理：如果说苏联和中华人民共和国改革开放以前的计划经济，是“生活世界朴素逻辑”对经济系统的恐惧和逆导控的结果，那么哈贝马斯的民主法治国方案则有些类似于生活世界朴素逻辑对政治系统的逆导控逻辑的后果。二者在基本理论逻辑上确实有很强的相似性：都是生活世界的朴素逻辑对系统逻辑的反抗；当发现无法完全消解系统逻辑时，都希望强化某种中央政府的逻辑，对两个系统（经济系统和政治系统）的逻辑进行层层控制，监控系统的每一个具体运作。而这样一种“计划经济”的方案遭遇到的“信息成本”无限之大的难题，似乎也是如出一辙。也许一种更好的调控方法是尊重和承认经济系统和政治系统的相对自主性，通过相对而言比较间接的“货币工具”和“权力工具”来进行“宏观调控”。

结　语

像哈贝马斯本人的工作一样，本章对哈贝马斯的考察，同样遵循了规范性与事实性的双重视角。就规范性层面的写作而言，本章力图通过对哈贝马斯作品的分析，将哈贝马斯的作品还原到哈贝马斯的认识兴趣背景中。同时，本章对哈贝马斯的分析也带有强烈的事实性色彩，注重将哈贝马斯的理论方案放到社会现实之中进行检验，尤其是跳出哈贝马斯来理解和客观评价哈贝马斯，将哈贝马斯的作品放到与卢曼、罗尔斯等同时代的对话者和竞争者的谱系之中进行理解。

通过考察，笔者发现哈贝马斯基本上是一个规范性事业的追求者，其基本立场是启蒙现代性的规范性内涵仍然没有穷尽，通过对启蒙现代性规范性内涵的挖掘和释放，现代性仍然可以进行自我治疗和发展，从而应对后俗成社会时代的各种挑战。但哈贝马斯与一般的规范性事业的追求者不同，他将规范性的政治哲学工作与强调事实性的社会理论视野结合起来，强调规范性事业的建设

---

① Hugh Baxter, *Habermas: The Discourse Theory of Law and Democracy*, pp. 165 - 167.

必须考虑社会理论的事实性制约。在这个意义上，哈贝马斯承认 20 世纪晚期的西方资本主义社会是一个后工业化、后俗成和后形而上学时代的复杂社会。规范性的政治哲学工作当前所遇到的挑战，很大程度上来自 20 世纪晚期以来的此种复杂社会形态的挑战。哈贝马斯试图在兼顾此种后现代复杂社会形态的前提下，坚持现代性方案。具体来说，就是他通过商谈伦理学和交往行为理论的探索最后形成的民主法治国方案。

通过分析，笔者认识到，哈贝马斯在规范性事业的追求和建设方面成效卓著。由于他比其他规范性事业的追求者多了一层社会理论的视野，所以其规范性方案的设计具有更强的现实感和更宽阔的视野。但哈贝马斯试图将规范性事业覆盖到全社会以消化社会理论的事实性维度的工作并没有成功。这意味着，他在社会行动理论层面的工作是相当成功的，但他在社会秩序如何可能的问题上却相当失败。由此导致他的民主法治国方案也是一半成功一半失败。如此一来，虽然哈贝马斯的规范性事业方面的成就要比他的同道者和竞争者高一些，但他的成就最后也就仅止于规范性事业方面的成功。尽管如此，哈贝马斯在沟通规范性与事实性方面的努力仍然值得尊敬，他的失败也是有价值和有启发意义的。

泮伟江

参考文献

［德］哈贝马斯．在事实与规范之间：关于法律和民主法治国的商谈理论．童世骏，译．北京：三联书店，2003.

［德］哈贝马斯．交往行为理论（上卷）．曹卫东，译．上海：上海人民出版社，2004.

［德］霍尔斯特．哈贝马斯传．章国锋，译．上海：东方出版中心，2000.

［美］德夫林．哈贝马斯、现代性和法．高鸿钧，译．北京：清华大学出版社，2008.

Jürgen Habermas. Theory of Communicative Action：Volume 2. Thomas McCarthy，trans. Boston：Beacon Press，1987.

Axel Honneth and Hans Joas ed. Communicative Action：Essays on Jürgen Habermas's Theory of Communicative Action. Jeremy Gaines and Doris L. Jones，trans. Cambridge：The MIT Press，1991.

Hugh Baxter. Habermas：The Discourse Theory of Law and Democracy. Standford：Stanford Law Books，2011.

Michel Rosenfeld & Andrew Arato ed. Habermas on Law and Democracy：Critical Exchanges. California：University of California Press，1998.

第八章
威廉姆斯的政治哲学

在政治哲学研究中，一直存在着这样两个主题：一个主题认为，人的理性能力是积极活跃的，人类可以通过运用人类积极活跃的理性能力，实现对于人类美好秩序的设计；另外一个附加主题认为，人类本性是具有善良意志的，通过发挥人类的善良意志，人类最终能够实现社会的和谐。这两个主题可以分别称作理性设计论和善良意志论，或者说是理性主义（rationalism）与道德主义（moralism）。

英国著名哲学家B. 威廉姆斯（Bernard Williams，1929—2003）虽以伦理学和古典学研究著称于世，但他在政治哲学方面同样建树颇丰，他的观点大致可以看作是对上述两个主题的集中批评。他批评理性主义，主张基于多元主义的现实主义的自由主义。他批评道德主义，主张政治具有自主性。事实上，他接受近代以来形成的人类政治文明的成果，但是对既有的解释路径如康德主义、功利主义等多有不满。可以看出，果是这样一个果，但是对于硕果何来，威廉姆斯有着自己的不同想法。他的这种构想最终促使他从政治现实主义的思考模式中寻找自己对于政治的理解。他也因对现实感的强调而被看作当代政治哲学领域政治现实主义立场的代表人物。

第一节　批评理性主义与道德主义

要讨论威廉姆斯对于上述两个主题的批评，首先就要提及威廉姆斯对于尼采思想的偏爱，他曾经专门编辑出版过尼采的《快乐的科学》英文版并为该书写序。在这个序言中，威廉姆斯讨论到了尼采在这本书中所涉及的一些重要话题：上帝已死，永恒回归，世界不存在自我发展的理性秩序，因而不存在可以为这个世界做出辩护的信念。当然，他也讨论到了属于人自身的“无条件的求真意志”①。这些话题之间存在着内在关联，这些关联思想几乎可以说渗透进了威廉姆斯晚期著作如《羞耻与必然性》《真与真实》的核心论题中。也难怪威廉姆斯自己说，他有时候甚至希望自己能够每隔上那么一二十分钟就引用一次尼采。而最能代表威廉姆斯与尼采思想关联的，当然就是尼采那段名言：“我的修养，我的偏爱，我对一切柏拉图主义的治疗，始终是修昔底德。修昔底德，也许还有马基雅维利的学说，因其毫不自欺的以及在实在中而不是在‘理性’中更不是在‘道德’中发现理性的绝对意愿而与我血缘最近。”②

可以说，尼采的这一段名言为威廉姆斯的哲学与政治哲学工作圈定了方向。威廉姆斯与尼采神会，因此他通过在哲学的特殊领域如伦理学、政治哲学、古典学、认识论等领域的工作，进而一般性地③对于哲学问题本身做出了深入具体的反思。这个反思从两个方向上展开：对于理性主义的批评和对于道德主义的批评。

威廉姆斯首先对于以理性反思为特征的理性主义哲学及其关联的理性主义假设提出了批评。威廉姆斯批评哲学家们存在着一种自我理性化的过程，而在这样一个过程中，这些哲学家不加节制，把一个我们运用反思考察人类生活的朴素事业简化成了理性的自我运动乃至理性的合目的运动。他对于哲学的理性反思活动的看法就是：“理性，尤其是作为哲学主要特征的理性反思在一定范围内是有其作用的，但是反思的力量是有限的。”④ 不但如此，他还特意提醒我们，如果不加节制，则反思本身会破坏我们人类的生活，同时也会破坏我们从

① F. Nietzsche, *The Gay Science*, B. Williams (ed.), Cambridge, Cambridge University Press, 2001, p. xviii.

② ［德］尼采：《偶像的黄昏》，周国平译，120～121页，长沙，湖南人民出版社，1987。

③ 威廉姆斯经常先通过对具体的哲学领域中的特殊命题的考察来思考一些问题，随后经过特殊的限定将其一般性地应用于哲学。因此，威廉姆斯的哲学讨论存在着“特殊的”（in particular）与“一般的”（in general）两类问题。其出版于1985年的名著《伦理学与哲学的限度》可以作为他这样思考问题的典范。读者经常会在这个两分的问题上感到困惑。为了便利，我们不妨称其一般性的推断为“哲学一般”（philosophy in general）问题，以区别于另外一些针对具体领域问题的特殊推断如“特别的伦理学”（ethics in particular）的问题。

④ B. Williams, *In the Beginning was the Deed*, Princeton, Princeton University Press, 2005, p. 24.

事反思活动的哲学家自己所要反思的对象，从而造成对被反思对象本来面貌的扭曲。这种不加节制的理性反思观念直接预设和造就了没有时间意识和没有偶然性存在的“理性主义”主张。而在威廉姆斯看来，我们需要的是一种有历史的哲学，一种偶然性介入其中的人类生活。历史意识以及相伴于这种意识的历史偶然感可以说是最具威廉姆斯特色的哲学主张，也可以说是威廉姆斯对哲学一般图景的基本回答。对于威廉姆斯所强调的这样一种观点，托马斯·内格尔在为威廉姆斯身后所出版的三本著作所作的书评中评价说：“尽管三本书所涉及的主题广泛，但是它们全因威廉姆斯敏锐的历史偶然感和对没有时间意识的哲学愿望的抵制而紧密地结合到了一起。……他是我们这个时代最高理性秩序的哲学反思无须超越人类生活更为偶然的特征这一观点的杰出代表。……威廉姆斯强调历史在使陌生的事物熟悉和使熟悉的事物陌生中的重要作用。”①

在1998年卢汶大学的一次讨论中，威廉姆斯在回答讨论班同人的提问时，谈到了他对于理性与人类生活的关系的主张：“很明显，人们谈论的是理性的力量的问题，不过我的观点显然不是柏拉图式的。柏拉图的问题是：理性的力量怎么能够成为一种社会的力量？问题即此。答案就是：通过社会威权的运用来达到这一点。舍此别无他途。（单凭）理性自身并不能够改变社会。康德认为（单凭）理性自身就能够改变社会。他的确考虑到了这一点，但是我们说，这一观点并没有得到社会的和历史的支持，如果你明白我的意思的话。这一愿望没有能够得到满足。在他之后，又有一位哲学家试图告诉我们说理性能够改变社会，这位哲学家就是黑格尔，但是我们根本不相信他的设想，起码我们大多数都不相信。……我可以告诉你我的观点。我认为，将论证的力量与哲学中的理性联姻，并认为这是改变社会的先决条件，这永远是一种错误的观点。但是进行彻底的还原，并认为所有的理性都只是一种随附现象，以其他方式而为我们所确定的变化是真正的动机力量，这样一种观点也同样是错误的。”②

如果理性反思的力量有限，那么我们就需要对于理性反思本身保持必要的机警，并且进而需要一种“有历史的哲学”。“必要的机警”可以说是我们从事理性反思的哲学工作者应该具备的一种职业美德，当然也适用于任何认可理性作用的人。在任何时候，我们都需要对我们所使用的工具保持一种节制。理论推理一旦找到了起点，就有可能迸发出强大的自我繁殖能力。而恰恰是在这个

① Thomas Nagel, “The View from Here and Now,” *London Review of Book*, May 5, 2006.

② B. Williams, “Seminar with Bernard Williams,” *Ethical Perspectives*, 1999 (6), pp. 43 - 265, 252.

时候，我们需要警惕我们自己是为了什么而展开理论推理活动的，反思我们的自我繁殖能力的产生是恰当地与我们的理论活动目的匹配了，还是过当地自我激发了。而“有历史的哲学”这一主张，则有可能引导我们摆脱理性主义的线性思维，将我们引导到一个复杂现实的截面上，从而将价值多元主义的主张引导到我们对于人类实践活动[①]的反思中。关于后一点，可见下一节“康德时刻与政治哲学”中的分析。可以肯定，从对理性主义在展现实践哲学问题的无力入手，威廉姆斯沿着伯林的思路，把价值多元主义以及由此而来的“何为政治”的问题重新进行了界定。20 世纪以来的政治哲学，不得不现实地考量摆在我们面前的现实的政治局面。

威廉姆斯对于道德主义的批评为我们的道德哲学考察引入了新的维度。比如他的某种程度的自然主义主张，他对于道德心理学的强调，对精神分析方法在道德哲学考察中的作用的关注等等，无不表明威廉姆斯对于道德哲学发展的新理解。而他对于道德主义在政治哲学中的泛滥的批评，则直接把我们带入了他所主张的“政治现实主义”。这样一种路径，在表面上表现为前述尼采名言就已经凸显的修昔底德、马基雅维利路线，当然也可补加上后来的霍布斯与马克斯·韦伯。而深入威廉姆斯对于道德主义在人类伦理思想和政治思想中的位置的批评，我们就遇到了政治哲学的一个非常近代化的主题：政治的自主性。威廉姆斯在自己的文章中非常谨慎地提出了自己的这样一个主张，并且给出了一个非常谨慎的回答。而对于“政治自主性”命题的考察，将把我们带入近代以来人类对于自身的政治制度、政治规范的性质的反思。在这样的一个反思中，一个关于政治的新断言出现。这个新断言就是：政治是一种人造物，政治规范具有社会性和约定性，它不是也不应该是自然长成的，因此不必要也不应该从政治领域以外的地方为自己寻找基础。

简单说来，“政治自主性”命题否定了自柏拉图和亚里士多德以来就存在的“道德为政治奠基”这样一个传统主题。这个命题转而顺着马基雅维利所开创的思路，主张政治有独特的性质，因此需要独特的支撑政治生活的理由。政治家的活动、政治机制的建构、政治规范的产生都需要一种完全不同的“政治的”理由，不能够也不应该从政治以外的道德领域去寻找支撑基础。

强调人类具体实践领域具有自主性，这样一种思路当然不仅仅局限于人类

---

① 人类实践活动有多个领域。对应于对于人类实践活动的反思，当代实践哲学家更多关注法哲学、道德哲学与政治哲学。当代实践哲学家关注的领域自然是对人类活动的一种收窄，因此在某些特殊时刻，实践哲学家似乎应该不能够仅仅局限于考察被收窄后的反思领域。

的政治生活。从原则上讲，威廉姆斯重提“政治自主性”主张，这把我们带回到了还原论与非还原论的争论中。威廉姆斯对于我们所考察的对象采取的是一种现象主义的立场。他一直对还原论抱着一种警惕和批判。而如果将威廉姆斯的这样一种理论取向应用于对于西方近代政治思想的考察，则很有可能会改变我们对于一些传统话题的看法。比如对于自然法，我们就可以像威廉姆斯对待理性主义那样提出批评。自然法是还原论的和非历史的。就其强调理性的普遍无差异而言，自然法是非历史的；就其强调存在客观法则可以为我们的道德规范和政治规范的诞生奠基而言，它是还原论的。那么，一个更为重要的问题就出来了。如果自然法在其（来源与产生的）“自然性”和（适用能力与范围的）“法则性”两个方面同时出了错，那么，传统上运用它来解释的人类实践规范又应该做出什么样的新解释呢？与这样一个严峻的新问题关联，我们就不得不把我们的考察对象进一步放宽，将我们整个人类实践密切相关的三个领域即法哲学、政治哲学与道德哲学的问题都放到一起来考察。我们来整体地思考一下：指导人类实践的规范的基本性质到底是什么样的？到底可以寻求一种什么样的新解释？

大致说来，我们可以在本节所讨论到的两条线索上展开工作，以考察支撑威廉姆斯政治哲学的基本命题，并且最终说明威廉姆斯的政治哲学何以是“政治的”和“现实主义的”，而非“伦理的”和“理想主义的”（理性主义的一个现实实现）。

第二节　康德时刻与政治哲学

在对科斯嘉的《规范性的来源》一书的讨论中，威廉姆斯对科斯嘉的康德主义立场提出了怀疑。威廉姆斯提出，认为历史就停留在了康德的主张上，无法解释为什么在康德之后我们还会有黑格尔、施莱尔马赫等。

在《历史、道德与反思检验》一文中，威廉姆斯批评了科斯嘉在考察道德规范起源问题上所采取的康德式的理性主义立场，认为她只强调了个体的理性反思，而忽略了历史发展。而“如果一个人接受了历史和社会发展对于普遍化的道德出现来说的必要性这一观点——很难否认这一点——他就面临着几个著名的黑格尔式问题”。威廉姆斯提出了两个黑格尔式的问题：第一，许多历史活动以不接受普遍化的道德为前提，那么你是否承认在普遍化的道德出现的诸种条件中，这些历史活动也应该包括在内？“如黑格尔自己所问，康德主义者真的希望康德式道德已经具有压倒优势吗?”第二，为什么一定要假定历史止于康德？毕竟，在康德之后，历史事实上再次从康德到了施莱格尔（Friedrich Schlegel），又经黑格尔到了尼采。威廉姆斯认为，既然科斯嘉表现出了与她的许多康德路线的同路人不同的立场，已经开始严肃地考虑历史范畴，她就不得不解释这样的问题：在那样一个历史中为什么康德时刻（Kantian Moment）是特殊的？怎样解释这一特殊历史事实？又怎样解释在康德时刻来临之前的历史发展?①

这里提到的“康德时刻”，其实说的是理性主义者在思考哲学问题时，尤其是在思考实践哲学的问题时的一种主张。这种主张认为，我们人类都是有理性能力的，即便是某些人在某些时候还不能够就特殊的问题达成理解，但是在抽去了特定人的特定时期的理解之后，我们能够想象，只要人们充分运用自己的理性能力，那么在某个特定的极限时刻，人们注定会就某些问题形成一致的、无差异的结论。

科斯嘉曾经提出，我们可以设想，在我们的反思平衡中，或者说在经过了人类的多次博弈选择后，我们有希望达到一个相对稳定的平衡点。在现实的人类选择中，任何人都有可能希望得到起码不低于该平衡点的对待。我们把这个起码不能再低的平衡点称作社会公平的观念，也即正义观念。这样一种观念将蕴含着普遍无差异的道德要求，科斯嘉把可以通过这样一种推理过程而获得理解的理性观念称为“无条件的理性观”。②

在康德时刻中，我们面临着两种不同的思考方式。当我们去考虑“某些人在某些时候还不能够就特殊的问题达成理解”时，我们是在讨论“此时此地”（here and around now）的状况和问题。而当我们讨论假想中的“在某个特定的极限时刻，人们注定会就某些问题形成一致的、无差异的结论”时，我们是在诉诸一种“彼时彼地”（then and there）的观点。

在实际的讨论中，可以说所有的康德主义者和理性主义者最终都会诉诸

---

① Christine M. Korsgaard, *The Sources of Normativity*, Cambridge, Cambridge University Press, 1996.

② Christine M. Korsgaard, “Internalism and the Sources of Normativity: An Interview with Christine M. Korsgaard by Herlinde Pauer-Studer,” in Herlinde Pauer-Studer (ed.), *Constructions of Practical Reason: Interviews on Moral and Political Philosophy*, Stanford, Stanford University Press, 2003.

“彼时彼地”的观点。当有人提出实际的状况是有些人持有某种终极立场，而有些人就是持有现在这样一种立场时，大部分康德主义者就会说，我们讨论的不是这种实际情况，而是某种可以想象的理想状况。在那种状况下，因为人们拥有理性能力，并且只要我们给予他们更多的耐心，多等待他们一会儿，他们早晚会就这样一些问题达成一种共同的认识。这里需要注意的是，当代持康德主义立场的人，其立场态度的强弱程度是不一样的。有一部分人持一种强立场，坚持认为人类理性活动最终可以解决所有问题。而另外相当多的一部分人则在康德立场与所观察到的现实的人类实践活动之间犹豫，他们注意到人类实践是这样的，而康德主义的处理方式是那样的。依凭直觉，他们也承认人类实践似乎的确有无法完全通过康德主义加以处理的问题。

康德主义者所坚持的这样一种无条件的理性观对于人的一种假设就是：人是一种理智的动物。紧随着这个假设的第二个假设就是：理智反思的产物要比不经反思而展开的活动更可取。在这样两个假设的前提下，得出的结论就是：未经反思的生活不是好生活。这是一种在人类思想史上源远流长的“理智主义”（intellectualism）传统。正如其名称所体现的那样，它的麻烦就在于，它过于强调理智在人类生活和理解人类生活过程中的作用，以至于认为所有未经理智审视的生活都不是好生活，并且最终假设，人必有理智，且必然能够通过运用理智达成对于指导人类实践的道德规范与法律和政治规范的根本理解。当然，这种根本理解本身还应该是普遍无差异的。也就是说，从认识者的角度来说，每个人都能达到这样一种无差异的统一理解。而从规范的角度来说，这种规范最终也会无差异地同等适用于每一个人。非常明显，这样一种观点预设了人在理智生活这件事情上的地位和能力的平等。柏拉图显然是这种传统的代表。当代持有这种立场的人经常会私下里说：不诉诸人的理智或理性，我们又能怎么样呢？这种看法的假设就是，无法想象不运用理智来审视的人类状况。

当然，在实践哲学所触及的问题上，理智主义的确为其他不同立场的持有者留下了可能讨论的基点。这个基点就是，目前为止我们现实生活中所遇到的理智主义者，基本上都承认在某个特定的时间地点，人们的实际认识可能是千差万别、参差不齐的。区别在于，理智主义者认为这是一个需要我们最终克服的基本事实。如果连这个基本事实都被否认了，则那样的一种理智主义者就必然生活在一个与我们的实践观察不一致的特殊空间。而正因为有了这个基点的存在，我们似乎的确还有机会与理智主义者讨论点实践问题。

理智主义对于人的这些假设，再加上前边讲到的站在“彼时彼地”立场而坚持的一种“无条件的理性观”，构成了理性主义者心目中讨论人类道德生活与政治生活的基本期许。这个期许的结果，就是设定存在一种理想主义的道德目的王国或政治理想国。在那样一个时刻，在那样一个地方，人们可以运用自己的理性能力认识到这样一种理想状态的存在，并且可以运用自己的理性能力认识到与理想王国得以存在相配套的规则体系。这些规则体系就是理想王国本身得以存在的基本保证。

很显然，（尽管我们在康德那里也看到了关于德福不匹配问题的讨论，不过，在哲学史的讨论中）这种理性主义经常与善良意志论配套运用。它假定人有善良意志，并且假定人们可以通过善良意志的运用达成社会和谐。而人的理性能力则是达成这种社会和谐的另外一种前提保证。

威廉姆斯把这样一种传统所对应的政治主张叫作“柏拉图问题”，并在此基础上提出了与柏拉图问题完全不同的另外一个问题，这个问题可以被称作“马基雅维利问题”：“从柏拉图那里继承下来的好人的概念产生了好人根本上如何才能有所作为的问题，而马基雅维利的现实世界的概念则提出了任何人面对这个世界如何才能有所作为的问题。（‘现实主义’的一个流行含义就是从如下事实中得到了其力量的：即使第一个问题没有答案，第二个问题也还是有某些答案的。）”①

威廉姆斯提到的现实世界是一个“此时此地”的世界。这个世界面对的是具有个体差异的个人，是一个既有理性反思能力，也有情感、意志、气质、禀赋，并且生活在一定的文化系统中，同时向偶然性洞开的人。因此，威廉姆斯要处理的是一个并不诉诸理性可达到的极限的、“此时此地”的、现实世界中的问题。

威廉姆斯的主张是反对理智主义假设的，而且可以说是系统地反对理智主义假设的。威廉姆斯认为马基雅维利问题才是一种真正的政治问题的开端。因为，假如人类真的都能像理智主义者所主张的那样最终达成一种理性可及的极限状态，则分歧与差异就都会消失。然而，一个无歧异的理智人的世界不是一个政治世界，而是一个哲学王的理想世界。而政治问题要想可能，政治哲学要想可能，就需要抛弃“彼时彼地”的主张，现实地面对“此时此地”的人及“此时此地”的问题。

---

① ［英］威廉姆斯：《道德运气》，徐向东译，96页，上海，上海译文出版社，2007。

“此时此地”的主张，不可避免地要让我们面对一个价值多元的世界。理性主义的无条件的理性观必然主张价值的一元化。或者说，理性主义者可以策略性地接受价值本身的多元存在的局面。但是理性主义的假设必然是，这只是我们开始工作的起点，通过运用人类的理智，我们最终可以达到价值和规范的一元。因此我们可以说，理性主义就是一元论。而像威廉姆斯这样批评理性主义，就不可避免地涉及他早在 1979 年为伯林论文集所作序言中提出的“价值越多就越好”的主张。伯林说人类的价值是多元的。威廉姆斯则进一步提出，价值的多少看来可以作为我们衡量好社会与坏社会的基本标准。一个社会能够容纳的价值越多，它就越有理由被认为是好社会。在伯林和威廉姆斯对于价值多元主义的强调的基础上，我们还可以进一步假设，正是由于价值多元的存在，人类实践生活中才有了一部分无法通过其他的方法（如伦理的、经济的、宗教的方法）加以处理的问题。这样一个部分的问题最终被认为属于我们后来称作“政治的”（the political）部分。在这样一条理解线索上，我们假定了人类实践有一块坚硬的内核，有了这块坚硬的内核，我们才不得不进入或者说开辟一个人类政治生活的领域。这样一种基于价值多元的存在而为政治作为独立领域的存在加以辩护的主张，我们命名为“硬核论”。

将价值多元主义的主张纳入政治哲学的考量，必然要使政治哲学的反思方式产生改变。这种改变在威廉姆斯那里的表现，就是主张一种多元而竞争的政治。不过，“此时此地”的观点当然不局限于引入了价值多元主义。事实上，为了反对理性主义的“彼时彼地”的主张，威廉姆斯同时还提出了人的多维度的存在（性情说）、人的文化内嵌式存在以及价值的偶然性等主张。詹金斯称其为威廉姆斯哲学的三个基点，并认为它们分别是对亚里士多德、黑格尔与尼采哲学主张的继承。[①] 其中的性情说主张人有天生的禀赋倾向，因此这种主张认为应该以自然主义的方式、心理学的方式、生物学的方式、社会文化的方式乃至精神分析的方式理解人。这些被归结为威廉姆斯的思考新维度，强调了人不是一个单纯的理智抽象物，而是一个自然禀赋与文化演进相叠加的复合存在。这种存在既有价值文化的维度，也有肉身完整的基础。而不管是哪一种维度，其本身的存续毁灭都具有相当大的偶然性。

---

① Mark P. Jenkins，*Bernard Williams*，Dublin，Acumen Press，2006. 事实上，当詹金斯强调威廉姆斯对于黑格尔的文化内嵌主张的继承时，他多少忽略了威廉姆斯对休谟以及以休谟为代表的苏格兰启蒙运动的道德哲学和政治哲学主张的继承。苏格兰启蒙运动的一个重要主题，就是主张人是“具体的与内嵌的”（embodied and embedded）。

威廉姆斯的哲学方法是现象主义的（尽管很难说是现象学的）[①]，这也就不难理解为什么他的道德哲学是道德心理学的和概念分析的，而不是规范的与伦理的。威廉姆斯强调回到古代希腊，其眼光就是要回到古代希腊人的视觉中心。事物是以什么样的一种面貌呈现给我们的，我们就以一种什么样的面貌表达出来。在这样一个过程中，重要的是我们要抱着一种真挚的态度。而对于随后应该如何解释哲学事物所呈现的面貌的问题，威廉姆斯其实也有着明确的主张。这种主张就是，对于世界的多态面貌的解释本身是复杂的。威廉姆斯有一个说法，经过笔者的简化改写后就是："不要以为我们用语言描述了一遍世界，便以为世界就是我们语言所描述的那个样子。"在威廉姆斯看来，解释系统是多样的，而解释系统与世界如其所是的样子之间的关系，则是一个需要特别慎重对待的问题。

第三节　多元与竞争的政治

从前面的理论交代，我们可以看出威廉姆斯导入政治问题的方式。他主张人类是理智与价值的复合物，是一种生物性的存在。在"此时此地"，我们面临着这样一群有着复合主张和复合诉求的人，他们自身的欲望与诉求就摆在我们眼前，如果我们愿意，我们可以将他们的不同的欲望与诉求窄化为不同的价值诉求，而政治制度、政治机制与政治规范的存在，就是为了能够应对和处理这些不同的诉求。在政治生活的层面上，我们把这种不同诉求并存且无法依照一条固定的原则统一处理的局面称作一种基本的多元事实。

需要说明的是，威廉姆斯的多元主义是对伯林多元主义的继承与发展。伯林与威廉姆斯之间也一直存在着一种理智上的相互信任和价值与情感上的相互欣赏。总结伯林的价值多元主义的主张，我们可以得到下述几个基本看法：(1) 存在着一些普遍的、共享的人类价值；(2) 同时也存在着一些相互冲突的人类价值，这些价值之间是一种相互竞争的关系；(3) 在这些不同的相互冲突的价值之间的选择必将意味着其中一些价值的牺牲和损失（loss）（选择了价值

---

① 相关分析参见 Charles Guignon，"Williams and the Phenomenological Tradition，" in Daniel Callcut (ed.)，*Reading Bernard Williams*，Abingdon，Oxon New York，Routledge Press，2009，pp. 166－188。

A 就必然意味着牺牲和损失了价值 B)；(4) 这种牺牲和损失是人类所面临的永恒困境。

威廉姆斯完全接受伯林的主张，认为人类既存在着共享的价值，又存在着多元而不可通约的价值。在伯林主张的基础上，威廉姆斯进一步提出“价值越多就越好”的主张，并将其作为衡量一个社会是否是好社会的标准。

这里存在着一个问题，多元价值的存在本身是一个基本的观念事实。一些哲学家会说这些是基本的伦理事实。而事实上，事情如果涉及人的价值，则其本身的性质可能比单纯的伦理事实要更复杂。而要从一种基本的观念事实进入关于人类政治生活的讨论，就需要一种过渡与跳跃。而事实上，我们都知道，伯林自己就没有能够处理好从价值多元主义向自由主义的过渡问题。他认为价值既然是多元的，则我们在政治上的自由主义的选择本身就不能够是由价值多元主义必然推论得出的。伯林自己既是一个价值的多元主义者，也是一个政治的自由主义者。但是他承认，他没有能够处理好这样一个从前者到后者的过渡难题。用克劳德的话来说就是：“伯林并没有完全成功地解释为什么多元主义者就应该是自由主义者。”[①] 不过，“伯林的确相信自由主义与多元主义可以调和，有时他走得更远，认为多元主义为自由主义提供了实证支持。而在这里，他的看法仍旧是不清晰、不连贯的，他的文本需要加以仔细的筛查”[②]。

不过如果我们引入约翰·格雷的解释，也许我们可以以一种曲折的方式为这个问题寻找一种新的理解。约翰·格雷基于他对伯林观点的理解，提出伯林的自由主义是一种竞争的自由主义（agonistic liberalism）。[③] 这一提法进一步加剧了伯林思想中多元主义与自由主义的紧张关系，使得从多元主义到自由主义的过渡这一难题明朗化。约翰·格雷自己也进而在这样一个难题的基础上提出了自己的主张：自由主义的未来取决于“权宜之计”的方案。[④] 约翰·格雷说：“就像道德生活一样，政治生活中也存在一些在敌对的善和恶之间的基本选择，此时理性弃我们于危难而不顾，我们无论怎么选择都要导致一些损失，有时甚至会出现悲剧。我把伯林的由价值多元论引致的这种政治观

① George Crowder, *Isaiah Berlin*, Cambridge, UK Malden, Polity Press, 2004, p. 126.

② George Crowder, *Isaiah Berlin*, p. 142.

③ John Gray, *Post-Liberalism*, New York, Routledge Press, 1993, p. 67.

④ 参见［英］约翰·格雷：《自由主义的两张面孔》，顾爱彬、李瑞华译，南京，江苏人民出版社，2005。

称为‘竞争的自由主义’。……伯林的基本思路不是自由的竞争而是竞争的多元论。”①

格雷基于伯林的多元主义，认为人类的政治生活注定是一种“权宜之计”。这样一种论证对于将自由主义作为自己价值信念的人来说是一种打击。因为这将意味着这些人只能在主观的价值排序中将自由主义视为至善，而这样一种信念在现实的政治生活中无法得到理性论证。在格雷看来，不管怎么界定自由主义的价值，自由主义的普遍主张都会受到价值多元主义的破坏。尽管价值多元主义是一个富有争议的理论，并不总能得到清楚的表达，但是基于价值多元主义的政治理论不是自由主义，而注定是权宜之计的理论。因此，多元主义的确挑战了自由主义的普遍性主张。② 格雷的这样一种思路凸显了伯林式多元主义在人类政治生活面前的几个基本特征。第一，认为政治生活的善是一种人为的价值选择。伯林的自由主义“承认理性选择的局限，肯定基本选择的现实”③。第二，认为不同的价值选择是相互竞争的。第三，认为这种相互竞争的局面只能导致政治生活成为“权宜之计”。

我们在这里可以适当凸显格雷主张中的竞争特征，并且将这样一种竞争窄化为权力竞争。经过这样的过渡，威廉姆斯式的政治哲学观就将呈现出来。在威廉姆斯的视野中，人类的政治生活是一种多元而竞争的图景。这样一种图景，落实到对于政治生活的现实考量上，就是一种政治的现实主义。威廉姆斯对于近代以来发展出来的人类基本政治制度表示认可，对于民主制与竞选制度表示赞赏。但是他反对理性主义和道德主义解释人与人之间分歧的方式，他认为分歧是永远存在的，是任何机制与理智原则都无法化解掉的。而正是因为存在着这样一种无可化约的硬核，政治之作为政治才具有独立存在的内容和必要。我们把这样一种对政治作为独立领域存在的论证称作“硬核论”。而这一块不能被不同机制与理智原则化解掉的东西，其本身注定处于永恒的冲突状态。在人类政治生活中，这样的冲突表现为权力冲突。由于这样的冲突是永远存在的，因此伯林与威廉姆斯所主张的人类政治是一种“冲突论”的政治。这

---

① ［英］约翰·格雷：《伯林》，马俊峰、杨彩霞、路日丽译，“导言”，3～4 页，北京，昆仑出版社，1999。

② John Horton & Glen Newey, *The Political Theory of John Gray*, New York, Routledge Press, 2007, pp. 213 - 215. 有意思的是，终其一生，伯林都没有撰文反对格雷对于其多元主义的这样一种拓展性理解。而他在其去世前不久的 1994 年还与威廉姆斯联合撰文反对 G. 克劳德在一些关键概念上对于他们的误解。

③ ［英］约翰·格雷：《伯林》，152 页。

样一种政治区别于以罗尔斯等为代表的理性主义的“和谐论”的政治。而且，这样一种不可避免的和永恒的冲突，其本身向偶然性洞开。并且其本身之所以存在，一个重要的力量来源，就在于人类生活的偶然性。

综合考虑威廉姆斯的政治思想，我们可以把威廉姆斯的政治哲学界定为“基于多元主义的现实主义的自由主义”。也就是说，与伯林一样，威廉姆斯接受和认可近代以来西方以自由主义为基本底色的自由民主制度，但是对于如何解释和理解这样一套制度安排，以及我们可以拿这样一套制度做什么，不能拿这样一套制度做什么，威廉姆斯有着自己的看法。这种看法的限制，就是前边的“现实主义”与“多元主义”。

“现实主义”与“多元主义”共享着格雷意义上的相互竞争模式，但两者强调的重点不同。“现实主义”更多的是政治的，“多元主义”则更多的是价值的。“多元价值之间的竞争在人类的政治生活中必然表现为权力的竞争。”或者我们可以进一步定义说：“在政治生活中，竞争的价值之间以争夺权力的形式表现出来；权力直接可以量化为我们在现实生活中观察得到的对于资源的支配权和规则制定的优先权。”[①] 经过这样一种过渡或者说跳跃之后，我们才可以从讨论一般的人类价值的分歧的话题领域进入讨论人类政治分歧的政治生活领域。强调政治生活是一种权力冲突与竞争的关系，这是现实主义的核心主张。

在经过了这样的重新界定后，我们大概可以看出，威廉姆斯的政治哲学与当代其他哲学流派的争论，首先不是现实政治制度基本安排的根本争论，而是关于现代政治安排的基本理据的争论。但是这样一种争论又不是一种概念之争或语词之争，而是关于这个世界的基本面貌的描述的争论。而这样一种争论，最终注定要反过来改写我们自身的政治理解，进而改写我们对于政治面貌与政治性质的理解。他批评理性主义，认为政治活动中的人不能被归结为简单的理智的存在物，而是一个复杂的现象的能动者。政治生活中的行动者以各种不同的表现方式呈现在我们面前，他可以从生物的、文化的、心理的、现象的等不同的方面被解释，但是就是不能够被单一地简化为理智主义的或理性主义的个人。同样，对于主体的活动面貌，我们最好以现象的方式加以谨慎描述，而不能够将其扁平化地嵌入某些特定的伦理解释中，比如康德式的道义论以及边沁式的功利主义。关于政治生活的主体，也许我们有更多可讨论的空间。

---

① 陈德中：《政治现实主义》，181页，北京，知识产权出版社，2010。

第四节　现实主义、偶然性与“他者”问题

我们把威廉姆斯的政治哲学界定为“基于多元主义的现实主义的自由主义”。前边我们已经触及其多元主义立场，本节将就其“现实主义”的立场给出一个深入分析。可以说，“偶然性”“多样性”与“多元性”是“现实主义”主张得以成立的几个关键概念。因此，在我们对“现实主义”与“政治现实主义”做出区分之后，我们将进一步就这几个概念以及由此生发出的“他者”问题做出交代。

首先区别现实主义与政治现实主义。对这两个概念，笔者尝试提出一个明确的判别方案。我们将发现，站在现实主义一边的思想家具备如下判别标准：

（1）关注事物的流变和不确定性（偶然性）。

（2）关注世俗生活中人类欲望的多样性与价值的多元性，即实践生活的杂多样态。

（3）主张杂多与偶然不可还原，主张基于杂多与偶然考察人类的实践活动，从而将杂多作为一实在（reality）而设定下来，使之成为考察实践生活的基本起点。

（不可用一条通用规则对不同的欲望与价值进行一劳永逸的排序。①）

这三点既不同于理性主义，也不同于理想主义。

理性主义和理想主义的判别标准为：

（1）都希望用一套稳定的方案来应对流变和不确定性。

（2）为了该方案的稳定，同时强调摈弃世俗生活中的欲望的多样性与价值的多元性。

（3）主张杂多与偶然是可还原与可排除的。

那么现在，当一些思想家在考察伦理政治生活时，如果他们同时坚持（1）（2）（3），并且批评稳定方案的可能性，我们就可以说，这些思想家具有现实感。当他们把这种现实感进行系统化，形成他们思考伦理与政治问题的系统主张时，我们说他们是现实主义的。概而言之，理性主义和理想主义与现实主义

---

① 这一表述直接来源于下述文献：Isaiah Berlin & Bernard Williams，“Pluralism and Liberalism: A Reply,” *Political Studies*，1994（42），pp. 306 - 309.

的关系是在一与多、静止与流变、是与应当的关系中的偏向上的区别。根本区别在于认为杂多与偶然是否可还原，也就是说是否可取得一套稳定的解决方案。流变与偶然性，欲望的多样性与价值的多元性，对于这些事实，现实主义与理想主义都承认是存在的。二者的区别不在于是否承认这些基本事实。二者的区别在于，现实主义接受这些东西，并视其为人类生活的基本事实，我们不但需要接受流变与偶然性，而且需要在我们的人类制度设计中保护乃至鼓励欲望的多样性与价值的多元性，并为它们保留一席之地。而理性主义则试图通过理性的运用将流变与偶然性转化为确定性，将欲望与价值进行统一的排序。

现实主义与理想主义的区别，可以追溯到二者对于理性到底能够有多大作为的态度上的区别。现实主义对于人的理性能力抱着一种谨慎的怀疑态度，认为理性只是消极的作为。而理想主义则认为理性具有较强的积极作为的能力。在休谟与康德那里，我们可以看到这种区别的不同表现。对于现实主义者来说，不仅理性能力本身是有限的，而且理性所处理的对象是多元的和不可通约的，因而理性的运用本身面临着双重困难。

所有的现实主义者都承认和接受世俗生活中人类欲望的多样性，并且将其作为思考伦理问题与政治问题的基本前提。即便是宗教现实主义（如尼布尔的基督教现实主义）也都是以承认世俗生活的现状为前提的。顺着这一点延伸，现实主义给人的印象是以世俗现状为出发点，并且表现出某种程度的去宗教化特点。虽然这并非笔者在本节所关心的重点，但是可以肯定，威廉姆斯的政治哲学是在一个完全世俗化的立场下展开的。[①]

而“政治现实主义”则有一个更为严谨的定义，那就是强调政治思考特殊的“自主性”。也就是说，当一些思想家认为政治生活应该有独立的考察概念，尤其是强调这些概念围绕“权力”与“权力竞争”而展开，并且认为作为集体生活的政治生活不同于个体生活的领域时，我们说这个思想家是一个政治现实主义者。

接续我们上节的讨论，“政治现实主义”的定义判别标准可以被界定为：

1. 强调通过权力与权力竞争模式来定义政治。

---

① 威廉姆斯排除理论活动的超验诉求，致力于将哲学的反思活动限定在人类生活范围之内。如哥廷汉所言，威廉姆斯“关闭了意义与和谐生活具有超自然或超验基础可能性的大门”，“将我们的理论家园局限于完全封闭的颇为偶然的宇宙”。[John Cottingham，“The Good Life and the ‘Radical Contingency of the ethical’,” in Daniel Callcut（ed.），*Reading Bernard Williams*，New York，Routledge Press，pp. 35 - 36.]

2. 强调政治思考的自主性。

3. 从而认为约束政治行为的规则不能够从政治以外的下述诸途径直接获得：

(1) 考察行动者的个体生活；

(2) 考察人与人之间的伦理问题；

(3) 考察社会问题。

这三点的核心是“自主性”。标准3是在标准2的基础上进行的延伸与补充。标准3有两个不同的针对对象。第一是针对尼采这样的思想家。尼采思想不符合标准2，他的超人政治是以考察个体生活的模式来考察集体生活。第二是针对以《理想国》为代表的政治哲学传统。《理想国》意识到了对于集体生活的政治考察不同于对于个体生活的考察，但是它不符合标准2。当然，具体到柏拉图，我们甚至还会判断说，他并不是一个现实主义者。很显然，他是一个理念论者。起码我们会说他缺乏现实感。同样，我们会认为休谟与斯密是现实主义者，但不是政治现实主义者。所有苏格兰启蒙运动的思想家都是用社会学的视角看待政治的，苏格兰启蒙运动思想是现实主义的一个理论变种，属于一种机制论（本章也将讨论到机制论与理性论在这一问题上的差别）的政治哲学观，其并不认为政治具有自主性。

尽管罗尔斯也强调政治思考的自主性，但是他并没有强调甚至还否认通过权力与权力竞争模式来定义政治思考，所以他不是政治现实主义者，而是如他所言是政治自由主义者。强调了政治思考的自主性，在多大程度上还能够坚持自由主义，这对罗尔斯来说是一个关键性的困难。从对多元现实的承认和对理性与合理性概念的区分来推测，笔者将论证罗尔斯的政治哲学将逐步远离自由主义、接近现实主义的诸多假设。而这也是罗尔斯政治哲学所面临的基本窘境。

只通过判别标准1并不能够有效地将黑格尔及其辨证继承者共产主义者的政治现实主义理论与自由主义的政治现实主义理论区别开来。但是另外加入判别标准2和3，我们就可以将二者区别开了。当然，这同时带来了一个问题，我们需要通过回溯才能实现判别。

需要特别说明的是，在现实主义与政治现实主义之间所做的上述区分，其基础底本依然是威廉姆斯。因此，我们所做的工作，可以算是对威廉姆斯基本主张的一个整理与推演。在我们所触及的判别标准中，一些为我们所特别强调的概念如“偶然性”“多样性”“不可还原”等，也都是威廉姆斯文献中的常见关键词。

我们上述判别标准的特殊贡献，一是在欲望与价值之间进行了再次划分，二是突出了偶然与流变特点的时空特性。笔者将欲望的多样性与价值的多元性进行了区分。不在二者之间进行区分的话，我们在讨论晚近的伯林多元思想时就会遇到困难，而且不利于具体地讨论约束政治生活的一般条件。在伯林那里，人类有一些共享的基本价值，如饥饿、幸福等等，也有一些不可通约的价值。但是伯林没在二者之间做出区分。

伯林所说的那些普遍共享的价值，说的其实就是一些可公度的人类欲望。而那些相互冲突且不可公度的价值才牵涉到我们所说的价值多元的问题。我们说人类欲望是可公度的，是说它们可以被大致以相同的方式来想象与描述。但是这并不是说当这些价值体现在每个人身上时，它们是可以被替代的。恰恰相反，具体到每一个人的欲望诉求，其本身同样体现为不可替代的价值。而价值的多元性在这里则特指那些不可通约的价值。在欲望的多样性与价值的多元性之间做出区分，是为了把政治生活中的两种不同的约束区别开来。

在谈到偶然与流变时，除了传统的偶然与运气的概念之外，我们还应该突出强调欲望与价值在不同时空条件下的变化。这种变化是说，即便是同一个人，在不同的时空条件下，他的欲望与价值的排序也会发生变化。由于欲望与价值随时空的不同而发生变化，人类价值排序问题上的冲突才显得更加复杂。很显然，传统的偶然与运气概念强调的是不依赖于人自身的外在环境的易变性给人类的价值结构与价值选择带来的冲突。而欲望与价值随时空变化而变化的特点强调的则是人的自身需求的易变性给人类的价值结构与价值选择带来的冲突。

环境约束的易变性催生了人类对于实践慎思经验积累的重视，这是就人类自身而言的。此外，面对约束环境的易变特性，人类或无意识地选择或有意识地设计出了一些社会运行机制，以减少或者说降低这种易变性给人类生活带来的冲击。面对实践生活的易变性，没有理由说我们只能够单纯依赖于人类实践生活慎思经验的积累，慎思本身的特性决定了它是洞开的。但是我们确实在自然演进的机制与人为设计的机制之间感到踌躇。

人类政治生活面对着偶然性。偶然性与政治的关系是人类政治生活的一个起点性话题。

首先，人类面对着自然的偶然多变。在政治共同体中生活的人类面临着自然的偶然性，如天灾人祸等。自然的偶然性使得政治生活获得了一个功效性的支持。政治生活出现了责任与义务等概念，还关联着抱怨、问责等。我们可以看到，对于自然的偶然灾难，我们只能以宗教的方式表达，但是我们无法追问人的责任。而对于人类生活领域由人类自身造成的偶然过失，我们则有了责任与义务的概念。比如在地震面前，地震本身的偶然性我们只有承受。但是现代人对于政府在地震中的作用则有追责之权利。我们不能以人在自然面前的无奈来同样宽恕人类政府的消极作为。又比如复仇，传统时代将其归咎于命运的安排，而现代政治则将其视作救济手段的缺失，试图通过权力的集中与法律的细致化，将这种传统观念上的自然偶然性纳入人类制度救济的框架内。同样，现代福利制度、现代医疗保障制度以及各种人身保险和财产保险等制度，也都是人类把自然偶然性转化为人类制度救济范畴的努力。在这样的背景下，传统的偶然性观念之消极性与现代人类制度的扩展之间就形成了强烈的反差。这种反差反过来以功效方式证明了人类制度设计的必要性。但是自然的偶然性作为人类生活的基本背景依然存在。人类生活处于极大的偶然性之中，这一基本特性依然未能在根本上改变。为什么自然的偶然性是不可抱怨的，而人类的不作为过失是可以追责的？这个问题仍值得我们进一步深入探讨。

其次，人类面对着人类欲望的变动。欲望的时空多样性构成了人类生活的复杂性。由群体生活欲望结构的复杂性、多样性及其在不同时空环境下的不同组合而造成的变动性，在总体上构成了人类经济生活与政治生活的变动特性。政治生活的动力不是人类的理性，也不是人类的非理性，而是人类欲望与算计结构在不同时空环境下的多变性。学界研究早就注意到，人类的博弈起码受到两个方面的约束：（1）人们受到物理资源适度匮乏（一如休谟所言）的约束；（2）人们受到其他行动者预期行为不确定性的约束。后一个断言特别地为威廉姆斯所推崇，他将人类政治及其不确定地依赖于他人的行为看作是对政治生活的一种真理性认识。正是在这个意义上，他主张“泰初有为”，并且认为依据某些固定原则推导出来的政治结论是严重偏离人类政治生活的实际面貌的。不同于一些理性主义伦理学家对于人类能动性的简单刻画，我们说一个行为体是能动的，是在说这个能动者自身需求的多样性与流变性。由于这种人类欲望与算计结构在不同时空环境下的多变性，政治生活的任何新行动都不宜简单套用固定的约束规则，而是需要考察特定时空条件下的人们的基本需求，依照彼时彼地的情况来做出应对。

资源和可能性上的适度匮乏（有限的资源与可能性），共享资源的他者的存在，作为利益主体对于他人的一定程度的淡漠，这几条合在一起，决定了分配上不可避免的冲突。这种冲突决定了政治必然存在，也就决定了政治家的任务是在冲突的偏好问题上选择当下的最佳排序。好的政治家尽量给出偏好排序最优解，坏的政治家给出最差解。在这中间，人类一致试图把偏好排序机制化。政治的难题是，当所有既存机制无法发挥作用时，仍然需要给出一个排序。而现实中的政治家的任务就是，在机制穷尽时仍要就现有问题进行安排。韦伯提出："说到底，经济发展过程同样是权力的斗争过程，因此，经济政策必须为之服务的最终决定性利益乃是民族权力的利益。"①

再次，我们面临着由价值的多元性造成的人类生活的偶然性。价值的多元性不同于欲望需求的多样性。欲望需求的多样性表现为不同时空条件下人类需求的流动变化，而价值的多元性表现为不同价值之间的不可通约。不同的需求只有在群体质与量上的时空波动，而不同的价值则表现为价值观念本身的不可还原。价值多元主义使得我们在政治制度的设计等方面产生了分歧，并且决定性地改变了我们思考政治生活的方式。欲望的多样或许可以通过不同的机制而消化，价值的多元则直接危及机制的效用。

最后，机制是人类抑制偶然性的中介。如市场机制与道德心理学机制，民主投票机制与宪政约束机制。前者是自发形成的，后者是人为设计的。机制只是简化了相应领域中的事务处理，在事关人类政治生活的复杂性面前，任何机制的发现（自发机制）与发明（设计机制）都无法穷尽人类政治生活的多样性本身。由人类政治生活的多样性决定的这些不可穷尽领域，被笔者称作政治生活不可化约的硬核。政治硬核的存在决定了政治生活不可能完全免于偶然性。因此，在进行了更多的细分，在尽可能动用了人类政治生活的能动因素之后，笔者发现人类政治生活仍然面对着偶然性。伯林的价值多元主义强调了部分价值的不可通约的特性。不可通约的价值的存在更加突出了政治所需要处理的是一些硬核性的东西。在价值不可通约之后，政治的任务不可为任何机制所消弭。

政治生活作为一个封闭的约束空间，漂浮在偶然性之上，并且消化着偶然性。政治作为人为的存在物与设计物，其本身是可以改进的，但是它与偶然性的关系是永恒的。理性主义者传统上看到了并且反复强调着人类的能动性，却背对偶然性，不愿意让偶然性话题打扰自己所强调的话题。现实主义者正面面对偶然性，不过确实也有一些现实主义者自己把政治生活完全托付于偶然性自身。笔者说政治现实主义者是关注偶然性的，并且也认为他们永远不会背弃偶然性话题，但是笔者在这里并不愿意强调政治只是基于偶然性的。

现实主义是一种应对流变的哲学。它批评理性主义在面对流变时以不变应

① ［德］马克斯·韦伯：《民族国家与经济政策》，甘阳等译，93页，北京，三联书店，1997。

万变，让原则支配了行为。但是它同时也批评完全的后果论，认为仍然有支配行为的价值考量。如果只强调流变，如赫拉克利特所做的，那么我们并不会说它是现实主义的。但是如果特别强调正视人类伦理与政治生活领域的流变特性，并强调将其作为出发点，审慎地考察和处理相关问题，那么这样的主张就是现实主义。现实主义接受流变，以流变为出发点，在流变中处理流变。变动、不稳定和偶然性因此而成为一些基本特征，决定了我们行为的基本特性。

现实主义哲学家会认为人类自身的事务（道德、法律与政治）也永远向偶然性和变动不居的不确定性洞开。人类需要时时挣扎，但是绝对不存在一个一劳永逸地摆脱摆动因素的永恒法则。理性主义则不认为情感、享乐在道德与政治生活中与理智具有同等地位。理性主义总是首先排斥情感与享乐，或者把它们置于较低的地位，因而为克服它们留下余地。柏拉图以理念论来排斥现实世界，伊壁鸠鲁反对享乐，康德在《实践理性批判》的开篇注释中把情感置于较低的地位。这一点也是理性主义与现实主义的区别。当然这一区别是与上述对于偶然性的看法一致的。情感与享乐意味着变动不居，而这也正是理性主义想克服的。

变动不居被现实主义看作一种基本事实，但是被理性主义看作一种需要克服的基本事实。价值多元在当代被凸显后，同样被现实主义看作基本事实，不过同样被理性主义视作需要克服的基本事实。在这里，作为被观察到的基本事实，对于变动不居两者都不否认。但是对于如何面对与处理这样的基本事实，二者的态度开始出现分歧。二者的分歧在这里很明显。不过在价值多元的问题上，价值是否可通约，理性是否可以发挥作用，以及能够发挥到什么程度等等，都是一些引起争议的话题。这些争议构成了当代论争的热点与核心。

价值多元主义有一个前设，就是认为竞争的诸价值之间是平等的关系。这一前设是事实的而非规范的。在政治的意义上，这一平等前设改变了我们对于政治的期许。政治生活被要求“一个都不能少”。而这一新的政治期许完全改变了政治的传统定义。前边我们已经提到，威廉姆斯主张人是一个复合的存在，而不是一个单纯的理智动物。威廉姆斯的这一主张关联于古代哲学关于人类政治生活的讨论存在着两个不同的路线的观点。其中一个路线强调精神不坏，且精神高于肉身，并将最终拯救肉身。这一路线的极端发展就是基督教的末世论。另外一个路线强调肉身完整，认为人的理智依附于肉身，与肉身的现实表现一起构成了具体的人。后一路线对于前一路线的主张表示温和的乃至激进的怀疑，其总体趋向是强调肉身活动的现实性、具体性。在涉及人类的政治生活的问题时，强调肉身的活动（包括相应的理智活动）与欲望是政治生活的基本单位。因此，后一路线强调政治生活的现世特性。一般认为，马基雅维利复活了人们对于政治生活世俗性的关注，使得我们对于政治生活的考察对象重新回到了有欲望的个人。

与此相关的一个话题就是“他者”问题。“他者”问题的另外一种政治哲学表述就是：无论我们能否在道理上说服其他人，只要其他人以一种完整的肉身形式出现在我们的视野中，我们的政治安排就必须将他们考虑在内。这样一种经过了重新表述的主题强调：无论传统的理智传统是否能够说服其他人，我们都必须将其他人视作我们政治生活的组成部分而加以考虑。政治的成熟不在于说服了“他者”，而恰恰在于当我们无法说服“他者”时，我们的政治架构仍然具有容纳他们的足够弹性。而这样一种要求，恰恰构成了现代政治的基本特性。这样一种特性也只有在流动足够频繁和异质性足够丰富的超大型现代社会中才能够得以充分展现。单一的和静止的封闭社会，是最为容易收敛于一种单一的规则约束的。杂多的动态的开放社会则不得不持续处理规则的极限使用，不得不持续为动态、多元的现示问题所冲击，不得不放弃原则的政治而寻求薄版本的底线政治。

政治要面对的正是充满主观欲望的个人。即便我们有望在理智上达成关于何者为善的一般规范，我们达成的规范也只是理想的和模型化的。我们动员的只是参与这种思考的个人，或者只是经我们理想化的人的抽象的理性能力。而现实的政治则要求无论个人是否动员了其理智能力，只要他生活在这样一个共同体中，我们就应该将他计算进我们的政治安排中。

“他者”问题具体体现在以下几个方面。第一，我们如何面对和包容 immoralist 与 amoralist？Amoralist 被认为是不持某种道德立场的人，或者是不具道德性的人。[①] 在威廉姆斯看来，对于世界观基本相仿的人来说，辩护有助

① 依照笔者的理解，amoralist 是对道德浑然不觉者，而 immoralist 是对道德不以为然者。中国学者通常将前者译作“非道德主义者”，而将后者译作“不道德者”。需要辨析说明的是，对道德浑然不觉者，是说这种人自有一套判断世界的方式，但是该方式与既有的道德判断和道德说理方式不搭，他意识不到世界上还有道德说理方式的存在。因此，对于坚持某种道德立场的人来说，一个重大的难题就是如何向对道德浑然不觉者导入道德辩护。而对道德不以为然者，是说这种人知道存在某种形式的道德和道德辩护方式，但是他选择不去遵守这种道德，他不以此种道德判断为然。笔者倾向于不将 immoralist 译作“不道德者”的一个重要原因，是这样一类人有着单独属于自己的一套判别对错的标准，他们可能因而不以既有的道德为标准。最为典型的就是政治现实主义者认为政治应该有着独立的判别标准，它不同于日常生活的道德判断标准。在这个时候，政治现实主义者是一个 immoralist，但他未必就是一个“不道德者”。

于澄清立场并达到说服对象的目的。而对于持 amoralist 立场的人，辩护是无法企及的。在辩护无法企及的情况下，如何包容与承认他者，这将构成对于伦理学体系的一种考验。威廉姆斯倾向于认为，康德路线的伦理学对于这个问题的回答是不成功的。无论是康德的理性-道德-个人自主性的社会制度路径，还是施特劳斯的封闭社会主张，都有可能陷入一个伦理共同体的构建。而政治恰好需要说明，如果他人恰恰不理解与不接受我们的伦理假设，那么我们如何能够仍然包容他。第二，我们如何面对和包容无法通过辩护达成一致的意见者？我们的辩护最终只能够说服和我们意见一致者。如果一个社会只以可通过辩护达成一致为前提，则这个社会只能是意见共同体。而对于通过辩护仍无法包容者，政治应该如何面对？第三，与上述路径一致，当我们的理智无法统一人的综合需求时，也就是说当我们面对人的各种欲望（在这里，我们界定欲望为人的各种需求之总集）要求时，政治应当何为？毕竟，欲望以其实体存在的特性，作为各种实际发生的事态而成为政治必须处理的对象。理智无法包容与解释人的全部欲望，我们的政治生活因而也不能够成为一个精神共同体而包容和处理理智所无法包容者。第四，不可通约的价值如果是现实存在的，那么政治应该如何面对价值的不可通约性？

对伦理共同体、意见共同体、精神共同体的批评，加上不可通约的价值的存在，这四点一起构成了“他者”存在的四个现实维度。我们可以把这四个虽相互关联但各有不同的不可包容对象的向度看作政治中需要处理的“他者”。如何包容这些无法通过理智而统一处理的他者问题，构成了我们对于政治的更为现代的要求。这些要求包含着传统的政治哲学诸路径的挑战与批评。可以说，他者问题的出现使得政治开始真正地成为政治，我们不再能够用伦理的、意见的、宗教的一致性来构建我们身居其中的政治生活，我们也不再能够把人的不同需求全部统一进人的理智要求中，不再能够用理智来制服欲望。我们现在的差异不仅是观点认识上的，而且是切身需求上的。他者出现意味着政治问题的真正开始。

话题至此，我们就不得不提及哈贝马斯的《包容他者》。因为该书提及了多元社会中道德论证的尴尬处境：“任何一个道德共同体的成员，在向现代世界观多元化社会转型过程中，如果认识到了这样的两难情况，即尽管他们关于基本道德规范的背景共识已经不复存在，但他们还是一如既往地用理由来争论道德判断和道德立场，那么，他们就会陷入一种尴尬境地。”

这种尴尬使得我们需要拓展出“一种对差异性十分敏感的普遍主义。平等地尊重每一个人，并非仅仅针对同类，而是也包括他者的人格或他者的他性”①。

一个政治共同体如何处理与他者的关系，决定了这个共同体的基本性质。传统政治哲学不乏将政治构想为伦理共同体、意见共同体、精神共同体的方案。哈贝马斯的方案是一种在宪政框架内既相互竞争又相互接纳的方案。除此之外，我们还可以有文明冲突的方案和政治现实主义的权力互竞方案。其中，政治现实主义将他者的存在视作基本的权力单位，主张以互竞作为考察不同权力单位之间关系的基本模式。而这一思考路径的一个背后假设就是：政治是自主的，我们不能够用政治生活以外的其他东西来还原性地解释政治问题。也就是说，我们批评政治哲学研究中的还原论立场，主张政治的自主性。

第五节　何为“政治”，如何“自主”？

威廉姆斯强调政治哲学应独立地使用政治的概念，它不应当是道德哲学的应用与分支。关于什么是“政治的”（the political），威廉姆斯主张②：

（1）政治哲学讨论的核心概念是“权力”及围绕对于权力的制约而产生的“正当性”。

（2）政治观念的分歧实际上是政治分歧。

（3）政治分歧包括（但不限于）对于自由、平等或正义等政治价值的解释的分歧。

（4）政治分歧表现为政治对手之间的一种关系。

威廉姆斯关于什么是政治的这四个观点突出强调了政治的特殊性质，因而可以说是对于政治哲学之为“政治的”而非伦理的或哲学一般问题的这一观点的特殊强调。我们可以从如下四个方面来理解威廉姆斯的这四个观点。

首先，威廉姆斯强调了权力以及权力使用的正当性问题是政治的首要问题。他提出了政治哲学并不只是应用的道德哲学，也不是法哲学的分支（部分地在回应德沃金的观点）。政治哲学必须独立地使用政治的概念，诸如权力及

① ［德］哈贝马斯：《包容他者》，曹卫东译，前言，上海，上海人民出版社，2002。

② 参见［英］威廉姆斯：《从自由到自由权：一种政治价值的建构》，应奇译，见应奇、刘训练编：《第三种自由》，398～399页，北京，东方出版社，2006。

对应的规范概念即正当性。这一主张将政治哲学从道德哲学中独立出来，可以说是当代政治哲学的一个突出进步。

其次，威廉姆斯强调了政治分歧，认为政治分歧是价值竞争的必然表现。威廉姆斯区分了政治分歧与道德分歧，认为道德分歧通过描述影响道德决策的种种理由而得到考察和说明，而政治分歧则由一个特定的领域决定。这个领域与什么是在政治权威的统治下应当做的事情这些问题有关，或者说最终与权力和制度的架构有关。我们总是在我们可以辨认的政治框架体系内讨论我们对于政治观念的基本分歧，这一背景框架是政治的而不是伦理的、宗教的。“政治分歧不仅仅是道德分歧，而且它并不必然包含道德分歧，尽管它也许是这样；同样，它并不必然只是利益分歧，尽管它当然会是这种分歧。”[①]

再次，政治分歧包括对于政治价值解释的分歧。这些分歧源于不同的理解和不同的政治传统，威廉姆斯将这些不同的来源称为不同的历史储备（the historical deposit）。因此，我们不能局限于解释一种制度模式。在这里，威廉姆斯十分明确地把批评矛头指向了罗尔斯和德沃金，认为“把关于原则问题的政治思想与关于实际的或理想的制度解释等量齐观仍然是错误的”[②]。这是因为我们和我们的政治对手并不是在解读同一个文本。

最后，强调“政治差异是政治的本质，而且政治差异是政治对手之间的一种关系，本身并不是智识上的或解释上的分歧关系。……我们会基于各种理由认为我们的对手首先在智识上是错误的，但是政治对抗的关系不能只是根据智识上的错误来理解”[③]。在这里，威廉姆斯借用卡尔·施米特关于基本的政治关系就是敌友关系的说法，认为“对手”（opponents）这个观念部分地可以准确表达我们对于政治的理解：“我们如何理解我们的对手，我们的对抗在多大程度上是一个利益问题，多大程度上是一个原则问题，牵涉到什么样的感情，为什么我们和他们会产生如此强烈的感情，以及我们每个人怎样以不同的方式融入历史储备。”[④] 威廉姆斯在这里所强调的主题，也正是他在《泰初有为》一书中所表达思想的延续：“并不是说只要我们向我们自己表述了我们的实践，我们就可以在这一表述中找到我们信念的基础。”[⑤]

---

① ［英］威廉姆斯：《从自由到自由权：一种政治价值的建构》，398 页。

② B. Williams, *In the Beginning was the Deed*, Princeton, Princeton University Press, 2005, p. 78.

③ ［英］威廉姆斯：《从自由到自由权：一种政治价值的建构》，399 页。

④ ［英］威廉姆斯：《从自由到自由权：一种政治价值的建构》，399 页。

⑤ B. Williams, *In the Beginning was the Deed*, p. 24.

以上关于政治的论述集中了这样一个看法：我们要将我们与他人之间的分歧视作一个事实，在特定历史条件下，我们不要认为我们与他们之间的关系是一种单纯的论辩关系，我们不仅仅是在与那些和我们有分歧意见的人进行论辩，我们应该把他们视作对手。政治决定并不是要宣称我们的政治对手在道德上是错误的，而是要表明，在这样一个决定中，他们已经损失了。当然，这样一个决定是经过了充分的政治慎思后做出的，这些慎思当然也包括对于原则的考虑。但是这种考虑并不是在评价对错，不是在追求真理。

威廉姆斯的上述观点可简化为如下四个词：权力（power）、冲突（conflict）、分歧（disagreement）和对手（opponents）。这样，我们就可以看到，威廉姆斯的政治观是一种现实主义的观点，这种现实主义观点在以下四个方面展示了自己独有的分析政治问题的模式：

（1）政治问题的核心是权力。

（2）权力参与各方存在着对于政治概念的多元理解。

（3）这种多元理解预示着权力参与各方在政治生活中相互处于一种冲突关系之中。

（4）这种冲突关系要求我们以竞争模式来理解政治。

正是在这样的基础上，我们可以把威廉姆斯的政治哲学主张描述成以权力为核心、以多元主义为基础的竞争模式。政治是一种对手竞争关系，处理的是可以抽象为可度量的基本权力单位的相互冲突与竞争问题。政治不是知识上的对与错。从根本上说，政治处理的是人与人之间的实践关系即行为关系，而不是处理人们对于政治性质与面貌的认识对错。从根本上说，人与人之间在一些基本价值上的多元冲突，使得人们在处理利益、生存与相互之间的观念关系时，不得不面临一种只能够从行为角度加以理解的实践关系。这一主张的一个更为基本的含义，就是认为政治规范包括政治哲学常用的正当性概念应该是一种构成性的，它只能够基于人与人之间的行为关系来加以思考，不应该也不可能从任何政治以外的其他地方输入到政治中来。而这就构成了威廉姆斯的政治自主性主张。很显然，这样一种定义，一定是以多元主义和相互竞争为基础的。后文我们将看到，多元主义预设了一个排他性的封闭的自我。然而这种排他性的封闭的自我在理论上是否成立与成熟，将在很大程度上影响我们对于政治自主性命题是否合法的判断。

清楚了威廉姆斯对于何为“政治的”这一问题的界定，我们接着需要讨论威廉姆斯如何看待政治需要自主这件事。政治的自主性是指，政治制度、政治规范以及政治问题的相关观念，可以并且只能在政治领域自身范围内来加以说明，既不可能也不需要经由政治领域以外的其他因素来进行说明。很显然，政治具有自主性这样一个命题，从其与外在理论的关系来看，是在批评对于政治的一种还原论理解，主张一种非还原的理解。或者说，是在批评两千多年来西方政治思想中一直存在的“道德为政治奠基”的主张。当我们说政治具有自主性时，我们是在说政治制度与政治规则是一个封闭自足的规范空间。也就是说，政治本身应该有着属于自己的（不同于其他领域的）研究对象与研究内容，应该独立地理解和解释政治规范的来源。换句话说，政治不应该从政治生活以外的地方来寻找其成立依据。哲学史上曾存在从自然法的角度、自然权利的角度、道德基础的角度或者理性主义的角度为政治生活和政治制度进行论证的传统。而如果威廉姆斯的政治自主性主张成立，那么上述这些传统的论证方式就全部存在问题。

本章开头时提到，在人类政治思想领域，一直存在着理性设计论和善良意志论，或者说是理性主义与道德主义这样两个主题。在论及这两个主题所透露出来的乐观气息时，同为当代政治现实主义的代表人物的盖斯认为，原因有如下几条：“首要的，传统哲学家假定，在认识上世界可以为我们完全无遗漏地所理解：原则上是能够如其所是地知道世界的任何一个部分的。其次，他们假定，一旦世界能够被正确地理解，就可以使得道德对于我们来说有意义。再次，世界向我们展示的这种‘道德意义’倾向于满足理性人的一些基本的欲望与利益，也就是说，世界并不完全中立于或者不当地阻挠人的快乐。[注意，这里有三个不同的概念：(1) 世界有某种意义；(2) 世界具有‘道德’意义；(3) 世界具有人类需要的或者起码是人类期望具有的某种道德意义。] 又次，在如此建立的世界中，知识的积累或理性的充分运用对于我们来说是有益的，也有助于使我们快乐。最后，这种观点假定，理性的运用，人类个体健康发展的条件与个体需求和利益的满足，基本欲望与人的交往需求的要求之间是自然匹配的。自然、理性以及所有的人类益品，包括人的种种德性，构成了一个潜在的和谐整体。”[①] 盖斯所论，正是我们前边所讲到的和谐论与理性论的世界图景。

在《政治理论中的现实主义与道德主义》一文中，威廉姆斯提出，政治的道德主义存在着两种理论模式。一种被称作“制定模式”，另一种被称作“结

---

① Raymond Geuss, *Outside Ethics*, Princeton, Princeton University Press, 2005, p. 223.

构模式”。在前一种模式中，政治理论本身系统地表达一系列原则、概念、理想和价值，而政治本身则借助动员说服、权力的运用等将其付诸政治行动。功利主义被认为是这一模式的一种理论范式，这一范式提供了一种全局观，通过理论对社会的透视性考察来弄清楚该如何改进社会。也就是说，通过对社会最大多数人最大利益的考察来决定应该如何运用政治权力。而在结构模式中，理论拟定与权力共存的道德条件，借助这些条件，权力得以公正地运用。罗尔斯《正义论》被认为是这样一种理论范式。

威廉姆斯关注二者的共同点，二者都认为道德对于政治具有优先性。在制定模式中，政治是道德的工具；而在结构模式中，道德提供了政治正确执行的约束条件。在这两种情况中，政治理论都类似于一种应用性的道德。威廉姆斯特别强调指出，罗尔斯在《政治自由主义》中仍然延续了道德对于政治的优先性的立场。道德优先于政治的观点被威廉姆斯称作政治道德主义。这种模式典型地以康德式的“自主”观念作为自由主义政治思想的基础，罗尔斯的政治思想可以说是这种思想的代表。而史克拉的“基于恐惧的自由主义”（the liberalism of fear）则被威廉姆斯视作政治现实主义，它源自政治理论中的一个悠久的传统。威廉姆斯主张以政治的现实主义态度来看待政治，因而对政治道德主义的缺陷与不足提出了批评。

在威廉姆斯那里，政治自主性论题至少从如下两个方面得以展开。首先，政治有着属于自己的独特事务，政治要处理的是一种冲突与分歧关系。其次，关于政治正当性的辩护应该以政治的而非伦理的方式展开。

威廉姆斯在这两个方面的工作，其实际效果是不同的。威廉姆斯主张价值多元主义，认为人类彼此之间存在着不可通约的价值，不同的价值之间相互冲突且无法协调。价值之间的永恒冲突的存在，使得人类必然有一部分事务只能够以政治的方式存在。这种冲突的价值所涉及的相关问题构成了政治的硬核。正是人类在价值上的永恒冲突，使得人类无法通过伦理的、经济的或者宗教的等其他方式来处理人类共同相处时所面临的一类特殊问题。这类特殊问题必须在我们单独开辟的领域中来单独地加以处理。我们把这块需要另外单独开辟的领域称作“政治的”领域。我们把威廉姆斯对于政治的这样一种辩护称作“硬核论”。硬核论的基础是价值多元的存在。价值多元本来是人类道德生活领域的问题，而在经过了我们前边讲到的从价值多元到政治生活的过渡之后，价值的多元这样一个事实就将转化为人类政治生活的多元存在的事实。而正是这样一个事实的存在，使得人类政治生活成为一种必然，对人类政治生活的反思成为一种必需。

威廉姆斯认识到了政治作为人为设计而存在这一基本事实，并在《羞耻与必然性》第五章结尾处加以强调。威廉姆斯指出：现代自由主义“交给自己的使命，是去构建社会正义框架来控制必然性和运气……如此设定问题，这是现代的突出成就”①。在《泰初有为》一书中，威廉姆斯分析说，现代社会已经被制度化。随着现代性的展开，对于人际冲突问题的解决，原来是基于私人伦理信念而做出决定，现在则让位于基于所颁行规则的公共制度而做出决定。因此，冲突问题的解决被公共关注，并且受可公共表述的原则的支配。公共规则不同于私人的伦理判断，它独立于个人的合宜感。伦理判断在介入公共生活后性质改变。

在论证政治规范应该是内在地产生的时，威廉姆斯曾经指出：“我们必须承认我们出场的方式不过就是我们出场的方式，我们必须生活于这样一种出场方式之中，而不是极力证明这种出场方式。”② 而任何基础主义，包括建构论式的基础主义，都绝不可能得到它所想要的东西。“任何理论都只有在其所赖以表达的历史环境中才能有意义，才能在某种程度上整理政治思想和政治行为，而该理论与此历史环境之间的关系不能够被完全理论化，也不能完全在反思中被捕捉。”“因为政治方案总是由其历史环境所限定的，不仅为其观念背景所限定，而且也为其经验现实所限定。”而“环境几乎可以说永远不是为我们的思想所造就，而是为其他人的行为所造就。因而，我们的思想能否使得政治有意义，事实上极不确定地依赖于其他人的行为”③。

威廉姆斯主张正当性是分级的，并且要受制于特定的历史结构。对于我们来说，在一定的历史结构中它是有道理的。威廉姆斯的表述可做如下归纳：（1）正当性评价嵌套于特定的历史结构中；（2）在一定的历史结构中有其道理；（3）正当性是分级的。综合考量威廉姆斯这三个方面的主张，我们可以进一步主张，威廉姆斯提出了一个关于人类实践是否合理的合理性评价标准。这种评价标准本身是嵌套于特定的历史结构中的。而正当性是合理性评价在政治生活中的具体反映。也就是说，威廉姆斯提出的“因特定历史结构而有其道理”的模式，本身适用于所有的人类实践规范，人类的实践规范都是这样产生的。用威廉姆斯自己的话说，这些规范都是依据自己的实践特性而内在地构

---

① B. Williams, *Shame and Necessity*, California, University of California Press, 1993, p. 129.

② B. Williams, *In the Beginning was the Deed*, p. 34.

③ B. Williams, *In the Beginning was the Deed*, p. 25.

成的。

以“硬核论”来强调政治具有独特事务，或者说像马基雅维利那样强调政治是一种特殊的“必需”，这一点很容易论证政治是自主的。人们在这一点上通常不会产生分歧。但是当我们想强调政治应该独立于道德化的伦理理论，或者是应该独立于道德的评价时，这样的论证就会带来很大的不确定性。可以说，威廉姆斯成功地论证了政治哲学的思考应该独立于道德化的伦理理论，但是我们却不能够完全肯定地说政治应该独立于道德评价。因此，我们的工作，就是要厘清我们可以确定地支持哪些命题，而哪些命题仍然存在着争议。

第六节　政治自主性主张争议种种

在其纪念威廉姆斯的文章中，纳斯鲍姆（Nussbaum）提到了令她相当困惑的一个重要问题，这个问题涉及伦理与政治的关系。“威廉姆斯后来坚持说，他对于伦理理论化的这种攻击并不影响建构可能成为有益指导的政治理论的愿望。但是这样的话，这种观点将会把那些同样属于西方伟大政治理论家的人如亚里士多德、西塞罗、卢梭、康德和约翰·罗尔斯——他们都将某一道德理论置于其政治理论的核心——归于何处呢？威廉姆斯单挑出罗尔斯的理论作为那类被批评的道德理论的一个例子，而其后期陈述又表明他还是能够承认具有政治特性后的罗尔斯理论的作用的。不管怎样，将一种政治正义的理论视作一种可接受的愿望，而将个人道德理论视作一种不可接受的愿望，进行这样一种区分的缘由还是不清楚的。威廉姆斯无法系统地接受罗尔斯关于社会正义和政治正义的不同观念，因而留下了一些尚未解决的重要问题。”① 可以肯定，纳斯鲍姆并不认为威廉姆斯的政治自主性命题是理论连贯、论证充分的。相反，她认为这中间存在着大量需要解释的问题。

可以说，伦理与政治的关系问题是所有政治哲学家的一个必答问题。答案无非两种：伦理为政治奠基，或政治是一个独立自主的领域。在这两种界限分明的答案之外，游移着诸多或强或弱的不同折中主张。伯林终其一生，始终认为“政治理论完全属于伦理学……政治理论要讲生活目标，讲价值，讲社会生

① Martha C. Nussbaum, “Tragedy and Justice,” *Boston Review*, October /November, 2003.

活的趋向，讲在社会中人怎样生活和应该怎样生活，讲善与恶、对与错”①。但是很显然，威廉姆斯并不赞成伯林的这样一种看法。而且，在笔者看来，在这一点上，威廉姆斯其实与《政治自由主义》时期的罗尔斯分享了同一个当代政治哲学观念。这一观念可以以罗尔斯《政治自由主义》第九讲“答哈贝马斯”为代表。罗尔斯在这一讲中侧重表达了这样一种观点：政治哲学应该是政治的而非（哈贝马斯所认为的）整全的。将政治哲学从道德哲学中独立出来，可以说是当代政治哲学的一个突出进步。

斯里特（Sleat）同样认为威廉姆斯的主张存在着疑问，但其思路与纳斯鲍姆并不相同。斯里特认为，我们的确可以接受威廉姆斯关于政治的内在要求是政治正当性的必要条件的主张，但是我们可以进一步对这一个命题做一个小小的友好补充。这个补充就是：与历史、道德等相关的外在考量是政治具有正当性的一个充分条件。② 拉莫尔（Larmore）也认为，政治哲学应该是一个更为自主的学科。我们也许各有不同的道德主张，我们甚至能够说明各自论证的对与错。但是当我们开始讨论我们在一起应该如何生活的问题时，我们的问题就成了一个政治哲学的问题。尽管拉莫尔也主张政治哲学应该具有自主性，但是他又批评柯恩“独立于事实的原则”这种主张，认为我们的原则总是事实依赖的。因此，拉莫尔自己的结论是：政治哲学的本性不同于道德哲学，但是道德哲学的基本概念与原则可以在并且一定会在我们政治哲学的讨论中发挥作用。斯里特与拉莫尔的主张可以被称作关于政治自主性的弱主张。③

对应地，雷蒙·盖斯可以被称作关于政治自主性的强主张的代表。这不仅是因为他自身就是当代政治现实主义的代表人物，而且因为他在其新近文章中，非常坚定地认为威廉姆斯一直致力于将伦理学政治化。毫无疑问，威廉姆斯“埋葬”了伦理学科，向我们提出了“一个人该如何生活”的问题。对于这个问题的回答，威廉姆斯的方案可“追溯到亚里士多德，亚里士多德的一个伦理主张就是认为伦理是政治学的一部分。在威廉姆斯看来，可以取代哲学伦理学的，就是政治学”④。盖斯认为：“至少在其成熟时期，也就是从 20 世纪 80 年代开始，威廉姆斯不再做‘伦理学’——如果做伦理学是指致力于提供一种

---

① ［伊朗］拉明·贾汉贝格鲁：《伯林谈话录》，杨祯钦译，253～254 页，上海，译林出版社，2002。

② Matt. Sleat, “Bernard Williams and the Possibility of a Realist Political Theory,” *European Journal of Political Theory*, Vol. 9, No. 4, October, 2010, pp. 496 - 497.

③ Charles Larmore, “What is Political Philosophy?” *Journal of Moral Philosophy*, 2012, p. 30.

④ Raymond Geuss, “Did Williams Do Philosophy,” *Arion*, Winter, 2012, p. 143.

非常一般性的，以理性为基础的学说的话。”[①] 在雷蒙·盖斯这里，伦理学只是考量人类政治关系的一个组成部分，它所使用的思考方法，如亚里士多德式人性论的和康德式理性的方法，都应该摒弃，我们需要重新采用一种有历史的哲学思考。

对于政治自主性命题的一个重要批评，就是认为政治不可能脱离道德的考量。这个批评从善意的方面说，是对政治自主性命题的友好补充，因为它道出了我们对于政治与道德关系的基本直觉：政治终究是要辨别善恶的，或者说，即便政治是一种人为设计，但是设计的初衷就是要追求改进。但是严格来讲，这些直觉在表述上存在着含混。我们可以从如下三个方面来对这种似是而非的直觉做出批评。首先，辨别善恶是一个价值的问题，而不是一个道德的问题。其次，政治的辨别善恶，其标准可以是内在的和构成性的，因而是无须外求的。第三，即便存在着政治与道德善恶之间的联系，有联系和以后者作为论证基础仍然是完全不同的两件事情。政治自主性主张是要批评那种还原论的或基础主义的主张，也就是批评那种以道德原则作为评判政治生活的基础的主张。也就是说，政治自主性主张批评的是还原论，但并没有因此否认政治与道德可能存在着联系。需要进行补充的是，即便我们有时可以拿道德的准则来评价政治，政治本身的评价其实也是可以与这些评价无关。也就是说，政治本身的评价已经是自足和与闭合的。

威廉姆斯政治哲学中的另外一个争论话题就是多元主义与政治生活，以及与自由主义到底是什么关系。多元主义与“自主”概念关联密切。多元主义首先表现为价值的多元主义，只有通过一定的约束条件的限制，我们才可以进一步谈论政治领域的多元主义问题。而价值多元主义的一个逻辑假设，是存在着各自有其价值主张的主体。假如像伯林与威廉姆斯那样主张价值是多元的，部分多元价值之间存在着冲突，而且这种冲突具有永恒特性，那么其实也就同时主张了一个具有自主特征的主体的存在。伯林与威廉姆斯所说的相互冲突的多元价值拥有一个持有者，那就是具有自主性的个体。而且，除了价值的多元主义主张之外，这个个体同时还是一个具有理性算计能力的个体。当我们说到理性能力时，我们是在说这样一个个体分享共同的认知结构与推理能力，因而具有共同的可普遍化能力。这样，个体的自主性所表现出的封闭性与个体的理性能力所表现出的普遍化能力之间也就出现了冲突。

---

① Raymond Geuss, “Did Williams Do Philosophy,” p. 157.

自主概念首先意味着个人自主。但这同时就产生了个人自主与理论自主的关系的问题，尤其是这两类自主表现出的特征存在着很大差异。在个人自主中，自主首先意味着个人运用理智实现对于自我的成熟管理。但是当自主意味着自我管理时，我们同时也就会遇到自我管理的边界问题。所以，自主观念附带地产生出了能动者主体成为一个封闭的实体的问题。自主概念的原始含义是个人进行理智的自我治理活动。而自我治理则蕴涵着对于外在治理（他主）的排斥。不但个人自主是这样的，政治的自主也是这样的。一个具有自主权的国家同时意味着对于外在干涉的排斥。而当我们把价值多元主义的因素考虑进来之后，自主观念的单子特征就表现得更加明确了。需要强调的是，这一特征并非自主观念的本意，但是却是这一观念的必然衍推。

当代的不少理论家已经认识到了这些概念之间的矛盾冲突。要认真讨论自主性概念与政治生活的关系，任何一个理论家都不得不面对和探讨这样一个冲突。正如加弗尔（Garver）所注意到的那样，在人类生活的领域的自主与纯粹理论领域的自主，二者所产生的效果是不一样的。在理论理性领域，自主使得普遍性得以可能，而在实践理性的领域，自主使得实践主体成为主体（agent），但是同时使得行动者成为了类似于单子的个体。考虑到社会规范最终其实应该收敛于弱实在论，那么这种具有单子特征的自主个体就仍然面临着一个在新的生活领域中与他者进行协调的问题。而这个协调是要以牺牲部分自主性为代价的。因此，正如社群主义对于自由主义的批评那样，自由主义在发明出自主的概念来为自己的政治理论进行辩护的时候，恐怕需要同时对自主概念的应用范围与应用方式加以约束，以防止因主体自主而导致的不可入性。[①]

封闭的自主观念将自我和自主单子化，从而在很大程度上封闭了自我与环境的互动可能。与之对应，开放的自主观念既把注意力聚焦在自我的能动性之上，但同时也不排斥自我与外在环境的交流，甚至不排斥接受自我是受到外在环境的形塑的主张。尽管威廉姆斯与其好友伯林都不排斥个人与他人交流的可能性，但是他们所主张的价值多元论主张则的确把自我与自主观念推向了单子化的一极。在这样一种主张之下的多元政治，也不可避免地成为了一种相互竞争的政治，人与人之间的政治合作完全变成了权宜之计，并无相对的稳定性可言。而这样一种推论，似乎与近代以来的人类政治实践成果之间存在着事实上的反差。威廉姆斯学说似乎有义务面对这些基本事实并做出更为合理的理论

---

① Eugene Garver, *Machiavelli and the History of Prudence*, Madison, The University of Wisconsin Press, 1987, p. 5.

解释。

由价值多元主义引发了多元主义的政治问题。在基于多元现实考虑政治问题时，我们在理论上仍然面临着上述概念之间的冲突。这种冲突的存在约束了我们的讨论可能，但是也丰富了我们的理论推论。其中一个重要的推论，是由罗尔斯做出的，政治哲学的讨论从此应该是政治的而非整全的。我们可以称罗尔斯的主张为“局部说”。另外一个推论，就是我们可以认为，正是基于多元主义的现实，我们的政治生活将获得一块无法在其他领域加以解决的问题领域。笔者把这样的一个问题领域的存在称作是政治生活得以存在的“不可化约的硬核”。而无论是罗尔斯的“局部说”还是由笔者总结的威廉姆斯的“硬核论”，都将支持这样的结论：政治有着自己的问题和自己的领域，从而有着自己的处理和解决办法；政治领域以外的其他问题尽管可以以各种不同的方式与政治生活发生关联，但是指导政治生活的规范应该并且只能在政治生活领域中加以解决。因此，主张政治具有自主性，这是一个必然的规范结论。

斯里特把以威廉姆斯以及雷蒙·盖斯为代表的对于当代自由主义的批判称作来自“现实主义的挑战”。这种挑战所代表的新理论倾向强调政治的独特性和政治的自主性。前者是指政治有着自己应该处理的独立问题，后者是说对于这个具有独立问题的领域的辩护是可以并且也是应该独立完成的。这种独立性首先是独立于道德生活的考虑。

威廉姆斯自己特别强调对于政治理论中的道德主义的批评。斯里特注意到，这样一种批评不能不对自由主义以行动者的动机为中心的政治说明提出质疑，同时也会对于自由主义相对不关心利益的倾向提出批评。自由主义的这种倾向使得他们会轻视或忽视权力、等级、领导、判断、忠诚、激情、偶然性，以及政治的支配特性在政治生活中的作用。而“现实主义对于自由主义理论最有意义的挑战是其对流行的自由主义对于正当性解释所做出的批评”①。由于现实主义认为政治分歧与冲突是政治本身的一个必然的不可抹去的特征，因此，对于如何运用政治权力，我们就不可能获得一个以同意为基础的说明。而后者恰恰是自由主义关于政治正当性的一个必然特征。普遍同意成为正当性的一个必要条件。可以说，伯林—威廉姆斯强调了一种冲突论的哲学，批评了自由主义长期存在的和谐论构想。冲突论突出了（或者说假设了）自我的封闭特性，

① Matt. Sleat, “Liberal Realism: A Liberal Response to the Realist Critique,” *The Review of Politics*, Vol. 73, 2011, p. 471.

从而强化了政治能动者的行为特点，弱化了用统一的抽象规则对冲突各方进行规范化的可能性。

结　语

目前为止，我们认为，政治现实主义的政治自主性主张可以从如下几个方面获得说明：第一，政治制度、政治规范，以及政治问题的相关观念是一种人造事实，其本身有着独立的目的与功用。我们不能以政治构造功能以外的理由来为政治的人造物特性做出说明。第二，政治规范的规范性来源于人类约定。第三，权力的不可还原特性决定了政治有着不可化约的硬核，政治研究的核心是权力与权力竞争（硬核论）。第四，个体理性不同于集体（合）理性，个体行动的逻辑不同于集体行动的逻辑。集体行动有着属于自己的独特理由。第五，政治道德不同于私人道德，对于政治的价值评价是构成性的与内生的。我们把这几个说明维度称作关于政治自主性的支持性说明。威廉姆斯着力最多的，就是对第三点和第五点进行的强调和辩护。

从马基雅维利开始，人们已经在主张政治具有自主性。[①] 这种主张是和政治作为独立的人造事实或人造物品的观念联系在一起的。马基雅维利强调政治不能用世俗的道德标准来加以衡量，他是想说，政治是一个发挥独特功能的机体，应该有着自己的追求和自己的评判标准。而这些独立的评判标准是不同于传统的世俗评价标准的。或者说，为了把政治当作政治看待，完成属于自己的任务，政治应该就是自成一统的。很显然，阅读者与研究者中有不少的人担心政治因为这些论断而成为脱缰的野马，因此就有了对于这些论断的种种限制与修正。但是很显然，政治作为独立的人造物的观念就此出现。国家因此也开始成为一种更为具体和更为独特的人造物。

说政治是独立的人造物，是说人们从此认为政治不是一件自然的事情，而

---

① 对于马基雅维利那里所呈现出的政治自主性命题，克罗齐是这样表述的：马基雅维利“清楚地认识到了政治的必然性与自主性，认识到政治是超越道德善恶，或者更准确地说是在道德善恶之下的，认识到政治有其自身不可抗拒的法则”。这一表述中提到的“必然性”或“必需”观念，正是政治理由或国家理由之作为独立理由得以可能的基本原因。为一强大有力的政治共同体之故，我们必须考虑某些事情。

是十足的人类约定。这样一种想法与古代（以希腊的自然与约定的二分为代表的）关于政治的研究主张发生了断裂。政治作为人造物的主张和政治作为人类约定的主张，在霍布斯和休谟那里得到了进一步的阐发。而作为一种独特的近代构造，国家形态开始出现，人们对国家的任务与性质的认识开始发生变化。现代的人们认识到，国家应该足够统一、足够强大和足够规范。不过国家形态应该具备的基本属性，是通过不同的政治理论家分别地逐步地完成的。我们通过回溯，逐渐地将现代国家应该具备的基本属性建构出来。

因此，政治制度、政治规范以及与之相关联的政治观念如正义、财产权等应该是一种人造物，是一种基本的社会约定，是通过社会建构而逐步成熟与完善的。也就是说，关于它们，我们需要承认人造物的事实、社会约定的事实和社会建构的事实。与这些基本事实相关联，我们主张政治具有自主性，附带主张政治不应该也不能够从政治以外的伦理或自然法中去寻找论证基础。

上述论述的一个进一步的表述就是：政治制度是人为设计的，相应的政治规范及其规范效力依赖于人为约定。并且，我们对于政治制度和政治规范的性质的认识是一个不断建构的过程，不能指望，也不可能从某一个思想家或某一类思想家那里获得关于其性质的全部知识。或者，简单说来就是，现代政治制度具有强烈的人造性、约定性与持续建构性。

指出现代政治制度的这三个基本特性，同时也就支持了政治自主性命题。但是从理论思考的公平原则出发，我们似乎应该进一步站在反对这种思考方式的理论家一方，看一看他们在担忧什么，以及我们是否有机会打消他们的疑虑。

在承认现代政治制度的这三个基本特性的现代政治理论家中，不同的理论家会以不同的侧重和不同的取舍来谈论这些特性。毫无疑问，他们都承认现代政治是一种人造物，但是只有部分人会说政治规范是约定的，并且只有更少的人会持一种持续建构的主张。因为，我们提到的第三个特性，其表述本身就是一种复合的。首先，它承认政治制度与政治规范是建构的，其次，它认为这样一种建构是一种持续不断的进行过程。而当我们提到建构论时，我们就不得不面对哲学中的建构论与实在论的争论。这种争论在政治理论与法学理论中的一种体现，就是自然法主张与实证法主张的争论。

为了公平起见，我们同时也需要站在对立的立场来考虑问题。我们需要追问，道德主义与自然法的主张者到底在担心什么？一个简单的回答就是：他们担心，或者干脆就是认为，作为人造物的制度、规范及相关政治观念本身无力保证自己的正确性。因此，他们提出，一个制度、一种规范或一种观念，其本身是否正确，需要一个外在的标准。而一种道德体系或一种自然法的说明，就是保证这种正确性的可能选择或可靠选择。因此，要想批评道德主义与自然法主张，就需要在强调上述三个基本特性的框架之内，相应地给出关于其正确性何以能够得到保证的基本说明。只有当这样一种说明充分有效时，道德主义与自然法传统的基本担心才能够被彻底打消。也只有在这个时候，这种说明才能够与三个基本特性所要表达的政治独立性相匹配，完成关于政治自主性的完整证明。

陈德中

参考文献

［德］马克斯·韦伯．民族国家与经济政策．甘阳，等，译．北京：三联书店，1997.

［英］约翰·格雷．伯林．马俊峰，杨彩霞，路日丽，译．北京：昆仑出版社，1999.

［英］约翰·格雷．自由主义的两张面孔．顾爱彬，李瑞华，译．南京：江苏人民出版社，2002.

Isaiah Berlin & Bernard Williams. Pluralism and Liberalism：A Reply. *Political Studies*，1994（42）：306－309.

Daniel Callcut，ed. Reading Bernard Williams. New York：Routledge Press，2009.

John Gray. Post-Liberalism. New York：Routledge Press，1993.

George Crowder. Isaiah Berlin. Cambridge，UK Malden：Polity Press，2004.

Eugene Garver. Machiavelli and the History of Prudence. Madison：The University of Wisconsin Press，1987.

Raymond Geuss. Outside Ethics. Princeton：Princeton University Press，2005.

Raymond Geuss. Did Williams Do Philosophy. *Arion*，19-3，Winter，2012.

John Horton & Glen Newey. The Political Theory of John Gray. New York：Routledge Press，2007.

Mark P. Jenkins. Bernard Williams. Dublin：Acumen Press，2006.

Christine M. Korsgaard. The Sources of Normativity. Cambridge：Cambridge University Press，1996.

B. Williams. Ethics and the Limits of Philosophy. Harvard：Harvard University Press，1985.

B. Williams. Making Sense of Humanity and Other Philosophical Papers 1982－1993. Cambridge：Cambridge University Press，1995.

B. Williams. Shame and Necessity. California：University of California Press，1993.

B. Williams. Truth & Truthfulness. Princeton：Princeton University Press，2002.

B. Williams. In the Beginning was the Deed. Princeton：Princeton University Press，2005.

B. Williams. Philosophy as a Humanistic Discipline. Princeton：Princeton University Press，2006.

第九章
G. A. 柯恩：平等的虔诚信徒*

“尽管每个人的过去都对其有着重大影响，但有些人的过去所占分量更大。于我而言，过去的分量更是沉重。20 世纪 40 年代，我出生于蒙特利尔共产主义社区的一个共产主义家庭，深受平等主义的熏陶。我的人生经历及所见所闻，使得我一直忠于童年时期所接受的规范教义，尤其是平等主义，我不仅始终信奉着，而且极力倡导着。这是我无法逃脱的宿命，无论我如何努力地逃离它，总有巨大的力量把我拽回去。”① G. A. 柯恩（Gerald Allan Cohen，1941—2009），当代平等主义的杰出倡导者，对自己的思想历程做了如是回顾。这个回顾显然有助于我们更好地理解柯恩的平等思想。柯恩尽管是当代英美政治哲学界中极有影响的一位学者，但与英美其他主流的政治哲学家有一个很大的不同：他还是或首先是一个马克思主义者。他的整个政治哲学思想都与此密切相关。柯恩自小就生活于浓厚的马克思主义氛围里，耳濡目染，接受了正统的马克思主义思想。平等于他而言不仅仅是个信念，更是一个无法放弃的信仰。总体而言，平等之于柯恩的意义接近上帝之于信徒的意义。尽管柯恩在澄清马克思主义思想上做出了卓越贡献，甚至开创了分析马克思主义这一流派，但本章

---

* 本章的部分内容分别以《论科亨分配正义观的转变》[载《社会科学论坛》，2008（1）]、《〈自我所有、自由与平等〉导读》（见《当代西方政治哲学名著导读》，南京，江苏人民出版社，2010）和《论柯恩对差别原则的动机悖论的反驳》[载《哲学研究》，2013（6）] 为题刊出过。本章的部分内容是国家社会科学基金青年课题“分配正义与社会公平实证研究”（项目批准号：10CZX044）的阶段性成果。柯恩，又译“科亨”。

① Cohen，*If You're an Egalitarian*，*How Come You're So Rich?*，Cambridge，Harvard University Press，2000，p. 1.

主要考察柯恩的平等思想，其他的思想除非直接涉及平等，否则将不予考虑。本章将依据柯恩对于平等能够获得何种强度证成的不同信念，分五个阶段来考察其平等思想。本章的主线为平等是否可以得到证成，核心是关注赞成与反对平等的各种理由，目标则是借此考察柯恩的思想在何种程度上能推进与深化我们对于平等的理解，展示柯恩为分配正义特别是平等正义理论所做出的努力与贡献。

第一节　平等的必然性阶段

柯恩有关平等的初始信念是平等必然到来、不可避免，这里将之概括为平等的必然性阶段。柯恩获得这一信念不是缘于有力的证据，而是其生长环境使然，也正是这点使得平等于柯恩更像一个宗教信仰，而不大像是一个规范性信念。在此阶段，柯恩由于相信平等必然到来、不可避免，因此并未关注平等的证成问题。不过，了解这个阶段相当于了解柯恩的基本背景思想，从而有助于我们理解他在接触张伯伦论证后平等思想的转变历程。

由于一直生长在浓厚的马克思主义氛围中，柯恩 17 岁时甚至一度认为，恩格斯的《反杜林论》基本上已经囊括了所有重大的哲学真理。[①] 在成长过程中，柯恩是一个地地道道的正统马克思主义者，完全相信辩证唯物主义与历史唯物主义。只是进入麦吉尔（McGill）大学后，柯恩慢慢开始怀疑辩证唯物主义，远走英伦进入分析哲学的大本营牛津大学后，这种怀疑就变得更加完全与彻底了，最终导致他完全放弃辩证唯物主义。[②] 但他并未因此而放弃马克思主义，相反，他与约翰·罗默等人不约而同地运用分析方法来研究马克思主义理论，形成一个新的马克思主义流派——分析马克思主义。

一般认为，分析马克思主义学派有三个奠基人物：柯恩、厄尔斯特（Jon Elster）以及约翰·罗默（John Roemer）[③]。分析马克思主义者具有以下几个共

---

① Cohen, *Karl Marx's Theory of History*, Expanded edition, Princeton, Princeton University Press, 2000, p. xx.

② Cohen, *Karl Marx's Theory of History*, p. xxi.

③ Roemer (ed.), *Foundations of Analytical Marxism*, Vol. 1, Vermont, Edward Elgar Publishing Company, 1994, p. ix.

同点。第一，他们都认为辩证法不是一种独特且有价值的方法，认为辩证法无法与分析方法相提并论。第二，他们的重点在于为社会现象提供微观基础。他们使用的分析方法的特点在于，对于某种总体现象的解释，总是要参考构成该实体的微观成分以及起作用的微观机制。第三，他们坚决反对把总体现象（如社会或阶级）作为原则问题来看待，他们坚持认为微观分析总是可欲的，并且在原则上总是可能的。第四，他们对分析方法的承诺要重于对马克思主义的承诺，马克思主义的理论是分析与批判的对象。他们认为对于分析方法的承诺相当于对理性本身的承诺，因此分析方法若与马克思主义理论发生冲突，那么他们会修正或放弃马克思主义的某些理论。[①]

1963年，柯恩被聘为伦敦大学的讲师，开始讲授道德哲学与政治哲学。这时，柯恩对道德哲学与政治哲学持有一种标准的学术性观念："它们（规范哲学）是非历史的学说，使用抽象的哲学反思来研究规范判断的本质与真值。"[②]根据这种观点，规范陈述是永恒地为真或假。但是按照马克思主义，规范性真理要么不存在，要么随着经济环境与社会条件而变化。由此，一般认为，马克思主义道德哲学与政治哲学的观点是不相容的。但柯恩认为情况并不必然如此，其理由如下。第一，他已经放弃一般的马克思主义哲学，即辩证唯物主义，正是这一学说导致价值的怀疑论或者相对论。第二，他相信阶级统治的终结是一个新社会的开端，这个社会由超越阶级对抗的道德管辖。马克思主义信念并不影响这一观点：最终的规范性真理是非历史的。历史环境尽管影响具体的正义要求，但这是因为在不同的时代，面临不同的环境，永恒有效的正义原则会有不同的含义。第三，尽管历史唯物主义阐明了不正义的各种历史形式，如奴隶制、农奴制以及无产阶级的状况等，并且表明了如何消除这些不正义，但对于永恒正义是什么并没有发表见解。[③] 正如柯恩自己所认为的，历史唯物主义是关于社会结构与历史的动态发展的一种经验主义学说。尽管它对规范哲学有影响，但它本身是价值无涉的。由此，柯恩能够调和这两种观点。

柯恩在此阶段坚信历史唯物主义，其评论非常形象地表达了这个阶段的状态："作为一个马克思主义者，我不是哲学家；作为一个哲学家，我不是马克

---

① Cohen, *Karl Marx's Theory of History*, pp. xvi-xix.

② Cohen, *Karl Marx's Theory of History*, pp. xvi-xix.

③ Cohen, *Self-ownership, Freedom, and Equality*, Cambridge, Cambridge University Press, 1995, p. 2.

思主义者。”[①] 这实际上指他当时相信马克思的历史唯物主义，并试图用分析方法来捍卫它，但不再相信辩证唯物主义。这个过程大概占据他三分之一的学术生涯。他此时并不是不关注道德与政治哲学，“他极为相信正义，也强烈相信，资本主义的不平等与剥削是不正义的”[②]。

柯恩此时的平等观念，与正统马克思主义者是一样的。这显现于他对待马克思主义与基督教的不同态度中。他熟悉并且相信马克思主义，同时他也熟悉但不相信基督教。他对基督教的平等观念是集惊诧与鄙视于一身：基督教对平等的规约是如此天真，它竟然想不通过阶级斗争而通过道德斗争来实现平等。按照马克思主义的观点，这既是不可实践的，也是没有必要的。它是不可实践的，因为通过一系列个人的自我改造并不能改变社会。一方面，只要存在物质的稀缺，那么必然存在利益冲突，从而必然会产生阶级分化。这个时候，无论个人做出多大的道德努力，平等都是不可能获得的。另一方面，数世纪的剥削与阶级斗争必然使得无产阶级在数量与力量上达到巅峰，生产力发展的最终结果必然是物质财富的极度丰富。[③] 在这两个事实条件之下，人们最终必然都能够充分地自我实现，每个人的自由发展成为所有人自由发展的条件。这里，人们能够各尽所能，各得所需，从而不再有利益冲突，也就不再有阶级分化，平等就变成不可避免的。此时，争求平等的道德斗争又不再是必要的。

这种态度也反映出马克思主义者对待空想社会主义的态度。马克思主义者致力于经验事实理论的探讨，试图以事实来支持一般历史以及特殊的资本主义历史的解释性理论。这些研究给予了马克思主义在社会主义学说领域中的压倒性权威，因为它在历史问题和经济理论上的厚重知识成果证明了它的政治承诺的深度。正是通过事实分析，马克思主义者认为，经济平等必将到来。因此，正统马克思主义者既不专注于平等原则，也不去考察平等原则，实际上是不考察任何价值或道德原则。他们并不花时间来思考平等为什么是道德上正确的，有什么因素使得平等在道德上有约束力，因为这些都是历史必然的。作为坚定的马克思主义者，柯恩自然也承诺了上述观点。柯恩在这个阶段接受平等的两个观点：一方面，平等必然到来、不可避免；另一方面，平等优越于其他所有规范性价值。但是，柯恩在这个阶段并没有真正研究规范政治哲学，自认为在这方面没有任何特殊见解。在此阶段，柯恩坚信历史唯物主义，坚信社会主

① Cohen，*Self-ownership*，*Freedom*，*and Equality*，p. 3.
② Cohen，*Self-ownership*，*Freedom*，*and Equality*，p. 1.
③ Cohen，*Self-ownership*，*Freedom*，*and Equality*，p. 6.

义，并自认为对于社会主义（包括平等在内）的所有攻击，都有现成的答案。

第二节　平等的逻辑可能性阶段

柯恩的平和心态持续到了 1972 年。这一年，他的同事杰瑞·德沃金将诺齐克的张伯伦论证拿来给他，此论证的结论是自由颠覆模式（包括平等）：不管我们认为一个正义的原始的分配模式 D1 是什么（在社会主义者这里是平等），只要允许人们自由交换（包括赠送礼物等），那么从 D1 这个正义情境经由自愿产生的情境（分配模式）D2 就应该是正义的。[①] 其实质就是说，人们的自由总是有可能破坏我们所要求的任何分配模式。这个论证给了柯恩当头一棒，他发现手上没有现成的答案可以回应此论证。不仅如此，只要接受基本的自由，平等不但不是不可避免的，而且在逻辑上成为不可能的。[②] 这给他造成极大的冲击，带来前所未有的困惑，也由此改变了他的整个学术生涯，使他从完全不研究规范政治哲学到最后完全以此为中心。然而，柯恩后面坦承，这个论证其实只是个导火索，促进柯恩自觉反思早有疑虑的东西：马克思有关平等必然到来的两个事实性主张。

平等必然到来的第一个事实性主张是：随着资本主义社会的发展，无产阶级的人数越来越多，力量越来越强，从而能够自动地成为革命的主力军。但是柯恩认为，现实表明无产阶级正处于解体的过程中。无论个人如何适用“工人阶级”标签，在先进的工业社会里都没有任何这样的群体能够具有马克思提出的四种特征：（1）社会所依赖的生产者；（2）受到剥削；（3）占社会人口的绝大多数；（4）极度贫困。柯恩认为，资本主义社会无疑有这四种人，但他们现在很少是重合的。[③] 结果是，没有任何一个群体（因为它的受剥削和极度贫乏）既有强大的利益，又（因为其生产力以及数量）有准备就绪的能力来转向社会主义。

平等必然到来的第二个事实性主张是：生产力极高，物质极度富裕，能满

① 参见［美］罗伯特·诺齐克：《无政府、国家与乌托邦》，166～167 页，北京，中国社会科学出版社，1991。

② Cohen, *Self-ownership, Freedom, and Equality*, p. 4.

③ Cohen, *Self-ownership, Freedom, and Equality*, p. 8.

足人们的需要。但柯恩认为，社会生态危机的出现表明：我们的环境已经受到严重破坏，如果有方法摆脱危机，它必定要大大降低今天的消费水平。根据化石燃料和自然资源来度量，对于人类总体而言，我们不可能让全球人民都获得美国那样的物品与服务。即使按照今天这样的消费水平，我们也可能无法长久地维持下去。因此，在可预见的将来，物质资源总是稀缺的，无法实现按需分配。[①]

在过去，由于平等必然要到来，故马克思主义者（包括柯恩在内）都没有必要来论证平等是可欲的。但柯恩认为两个事实性主张不再能成立，马克思主义理论有着两方面的问题：一方面是对于生产力方面过于乐观，即认为我们的生产力能够满足人类的一切需要；另一方面则是在道德上过于悲观，即只要有稀缺，那么就会存在利益冲突，阶级分化与斗争从而就不可避免。柯恩的研究工作自此发生根本转变，主要就是如何为平等之可欲性做辩护。也就是说，我们必须从事道德哲学与政治哲学的研究，对社会主义进行辩护，表明在物质稀缺的环境下，经济平等既是可能的也是可欲的。但是，张伯伦例子的出现又给柯恩带来难题。只要我们承认自由选择的重要性，那么平等似乎就是逻辑上不可能的。至此，柯恩开始承诺的两个观点同时出了问题。第一，平等不再是必然且不可避免的；第二，相反，平等似乎是逻辑上不可能的。

除了上述事实基础的崩溃外，柯恩经过多年思考后，最终才弄明白张伯伦例子如此困扰他的原因所在。张伯伦论证所基于的前提是马克思主义者也会接受的：自我所有与资源平等。[②] 因此，张伯伦论证对于马克思主义者而言是一种内部批判，特别有杀伤力。我们可以从三个方面来理解柯恩为什么会出现这样的反应。第一个方面在于诺齐克的资格理论。这个理论是，如果一个社会里所有人对其持有物都是有资格的，那么这个社会在分配上就是正义的。获取正义原则是用来确保每个人对他的初始持有物都是具有资格的，转移正义原则是用来确保每个人对转移而来的持有物是具有资格的。[③] 这样，只要所有人对所有东西的取得都符合获取正义原则与转移正义原则，自然就会得出结论，即所有人对其持有都是具有资格的，由此这个分配也就是正义的。当然，由于这只是一个形式定义，因此它在逻辑上是无懈可击的。重点在于，我们是否认可他的获取正义原则与转移正义原则。只要我们认可其获取正义原则与转移正义原

① Cohen，*Self-ownership*，*Freedom*，*and Equality*，p. 9.

② Cohen，*Self-ownership*，*Freedom*，*and Equality*，p. 151.

③ 参见［美］罗伯特·诺齐克：《无政府、国家与乌托邦》，157 页。

则，那么我们就必然会接受分配正义的资格理论。

第二个方面在于诺齐克通过张伯伦例子提炼出的正义命题一，即“无论什么，只要它是从一正义的状态中以正义的步骤产生的，它本身就是正义的”[①]。这个正义命题具有三个成分：初始情境的正义性、过程的正义性和结果情境的正义性。这个命题非常符合我们的直觉，如果我们接受了这个命题的前两个部分，即初始情境是正义的，过程也是正义的，我们就会不假思索地认为，由此得到的结果也肯定是正义的。正义命题由此具有强大的直观合理性。不仅如此，这个正义命题与资格理论非常相似，这里初始情境的正义性对应于资格理论的获取正义原则，而过程的正义性相当于转移正义原则。由此，获取正义原则与转移正义原则被置换成了初始情境的正义性与过程的正义性，正义命题看起来就像是资格理论的另一种阐述，两者是等价的。这种等价性容易导致这一点：只要我们接受资格正义理论，我们自然也会接受这个正义命题一。换言之，只要我们接受初始状态正义的定义和过程正义的定义，我们就会理所当然地接受资格理论。

第三个方面就是英美国家对于自由的看重，无论是平等主义者还是自由主义者，几乎没有人反对自由是一种重要的价值，即使不将其看作唯一重要的价值。而且不论我们对于自由有多大的分歧，人们对张伯伦例子中所要求的那种自由都不会有多大分歧，因为它所要求的自由只是人们能利用手中的资源做点他们想做的事情。这一点看起来不经意，但通过例子其合理性却悄悄转移给了过程的正义性。一旦我们接受这一点，且这种自由又必定会破坏掉任何初始的分配模式，那么就会得出这样一个印象：初始状态 D1 究竟是怎么样的不重要，因为它总是要为自由所颠覆与打破的。这样带来的结果就是：上面的论证只取决于转移正义原则，我们只要接受它，获取正义原则是什么就不重要了。这也就是说，只要人们接受过程正义的定义，那么人们就会接受分配正义的资格理论。而过程正义一般就是我们的自愿、自由的同意。这样一来，资格理论也就变成了自由至上论，因为只有自由才是最重要的。

这三方面合在一起产生了惊人的效果。第一个方面资格正义理论只是一种形式定义，因此，满足条件后，其真是必然真，是一种概念性真理。这里的关键则在于我们是否接受其条件，这里实际上是对获取正义原则与转移正义原则的定义是否为人们所接受。第三个方面则是借助英美国家对自由的重视，特别

---

① ［美］罗伯特·诺齐克：《无政府、国家与乌托邦》，157 页。

是人们自由地使用自己手上的资源这种无可争议的消费自由，几乎没有人会反对其直观合理性。而第二个方面的作用则是把第一个方面与第三个方面串联起来。它把第一个方面的那种逻辑严密性传递到第三个方面，而把第三个方面的那种直观合理性传递到第一个方面的条件上。这样，三个方面的整合就保证了最后的结论既具有逻辑严密性，也具有直观合理性。这实际上也是张伯伦例子显得那么有杀伤力的原因所在。

柯恩破除张伯伦论证的第一点就是破除正义命题与资格命题的等价性。单独来看，第一方面与第三方面都没有什么问题，关键是把它们串联起来的第二方面，即正义命题一的合理性。他指出，正义命题一的直观吸引力来源于我们的一种深刻直觉：同样性质的东西相组合得到的仍然是相同性质的东西，尤其是具有正面属性的东西相组合得到的东西更会保留这种正面的属性。柯恩就此直觉做出了反驳：尽管一般我们发现相同属性的东西相组合容易得到相同属性的东西，但违反这一直觉的例子比比皆是。两个奇数相加变成偶然，两个负数相乘变成正数。两个完美的事物结合在一起也许就不完美了：各自完美的音乐与环境组合在一块也许让人觉得特别不和谐。[①] 我们要注意，柯恩这里否定的只是这一点：相同属性的任何组合都在逻辑上必然会保持这种属性。但他并未否定这一点：同样属性的有些组合能保持这些属性。一旦明白这一点，正义命题自身的合理性自然就值得质疑：如果初始状态是正义的，过程也是正义的，那么作为结果的状态就必然是正义的吗？显然，我们从概念上是分析不出来的。

一旦明白这一点，我们就会得出这样的看法：资格理论与正义命题的等价性有待论证。无论是获取正义原则还是转移正义原则，它们定义的都是人们对自己的持有物是有资格的，由此最终人们对手上的持有物都是具有资格的。只要获取正义原则与转移正义原则都为人们所接受，那么结论就必然是人们所接受的，由此资格正义就是必然成立的。然而，对于正义命题一而言，即使我们接受初始状态的正义与过程的正义，也并不能从概念上保证结果状态的正义性。柯恩指出，诺齐克在这种情况下具有两种可能性。第一种可能性是状态的正义性与步骤的正义性是完全独立地定义的，彼此之间没有任何概念上的关联，这种定义之下，正义命题一就不一定为真。第二种情况则是状态的正义性与步骤的正义性是概念上相关的，我们能够通过对概念的分析得出最后的结果

---

① Cohen, *Self-ownership*, *Freedom*, *and Equality*, p. 41.

情境也是正义的。只有在后面一种可能性下，正义命题一才能是概念性真理，它才与资格原则是可以等价的。

不过，一旦我们接受第二种可能性，正义命题就不再适用于张伯伦例子。因为我们可以非常明确地看到，在这个例子中，任何初始分配的正义性对于转移正义原则都是没有影响的，这也就是说过程正义与初始状态正义这两个定义之间是没有概念性关联的。而一旦诺齐克使用的是第一种可能性，那么正义命题一就无法获得资格理论中的那种概念真理的自明性。如此一来，自由颠覆模式的意义就需要重新考虑。柯恩指出，张伯伦例子具有的直观吸引力实际上源于诺齐克和读者共有的这样一个混淆：根据第二种定义来把正义命题看作是自明的，这里状态的正义性与过程的正义性是概念性相关的，但是适用于张伯伦例子时又采用了第一种定义，即状态的正义性与过程的正义性是分别定义的。[①] 柯恩也知道，明白这个混淆并没有驳倒诺齐克的结论，但是它撕开了一道口子，表明正义命题在逻辑上并不一定为真。对于坚信平等的柯恩而言，他此时显然是处于防守阶段，只是表明平等并不是在逻辑上不可能为真的，也就是说，平等在逻辑上是可能的。由此，我们才能去谈论平等是否具有规范可能性，即平等是否是可欲的。

第三节 平等的规范可能性阶段（一）：平等与自由的冲突

我们上面的分析表明平等是逻辑上可能的，但它还是要面临各种规范性挑战。本节我们主要分析柯恩如何回应平等规范可能性的第一个挑战：平等与自由的冲突。张伯伦论证使得获取正义原则在表面上来看是不重要的，因为无论开始的分配正义原则是什么，不管它是平等还是罗尔斯的差别原则，对诺齐克的转移正义原则都没有影响。实际上，这一点也使得平等的主要竞争者变成了自由，由此柯恩开始时也是把考察重点放在转移正义原则之上。诺齐克的转移正义并不复杂，只要在转移的步骤内没有不正义的行为，即当个人的交换行为中没有使用武力和欺骗，或说交易是个人自愿的，没有强迫，那么就符合转移

① Cohen, *Self-ownership, Freedom, and Equality*, pp. 42－45.

正义原则。这样我们就得到了更具体的正义命题二：从任何正义的情境开始交易，只要人们是自由、自愿的，则由此得到的任何情境都是正义的。柯恩正是从这点入手，从以下几个方面对之展开质疑。

第一，鉴于自由在英美国家具有强大的直觉吸引力，柯恩通过有同样直觉吸引力的反证来引起我们对张伯伦例子含义的反思。柯恩认为，张伯伦例子的含义若不加限制地外推，那么很容易就走向自愿为奴，比如以做对方的奴隶为代价来参加赌博。我们有多强的道德直觉支持自由交换，就会有多强的道德直觉反对奴隶，因为这恰恰是自由的反面。① 人们面对此种结果不可能无动于衷，恰恰是对自由的强调与保护导致自由的丧失。诺齐克也不得不承认，如果人们的选择都是不理性的或任意的，那么自由转移的结果就会让人觉得不安。而张伯伦例子之所以很有吸引力，恰恰是因为其中的自由交易是人们认为划得来的。柯恩用这种反驳表明：即使从直觉上看，单凭自由也不足以为自由转移所产生的任何结果辩护，这里似乎还有对理性的预设。

第二，柯恩在此基础上通过一系列例子表明：我们因无知而做的自由交换，其产生的结果也是值得反思的。一开始是表面无害但能让我们不那么确定的例子：假如各方都按资格理论得到持有物，但由于莫名的原因，有些人的弹球不小心滚到了另一方的阵营。这个时候按照资格理论，我们的分配还是正义的吗？进一步假设，如果这种局面是交易中的无知引发的呢？比如人们粗心大意，误把钻石当作石头给了别人，此时的分配状况是正义的吗？更进一步，个人在不知情的情况下误把古董当作玻璃球与别人交换，别人交换时不知情，但随后知情了。假如后者不肯归还，这种分配状况还是正义的吗？再假如，后者原本就知道的情况下呢？甚至于后者利用一些条件来蒙蔽和误导前者呢？更有甚者，把古董误作玻璃球与别人交换的那个人如果是个十多岁的小孩子，且后者又是故意误导时，情况又会如何呢？②

显然，这个过程中可能很多人会给出不同的直觉回答，但最后一个也许很多人会做出这种情况是不正义的回答。柯恩的一系列假设（实际上还可以做出更多的类似假设）都是这种情形的一个例子：人们在交易时，本来以为他得到的是 A，付出的是 B，但是由于他没有相关的信息或者判断能力不够，由此没有做出准确的判断，结果他得到的并不是 A，而是 C，付出的不是 B，而是 D。我们的直觉判断，会随着相关信息的缺失以及判断能力的缺失，还有 A 与 C 以

① Cohen, *Self-ownership, Freedom, and Equality*, pp. 45 - 47.

② Cohen, *Self-ownership, Freedom, and Equality*, pp. 48 - 49.

及B与D之间的差别大小而有所变动，不会给出完全肯定或否定的答案。但是柯恩的目的只是要表明，尽管这里的活动在日常意义上还是自由的、自愿的，但是其结果在直觉上却未必是正义的。柯恩并不需要表明这一定是不正义的，只要人们并不认为产生的任何结果都是正义的就可以了。这就是柯恩提出的无知在自愿交换中所产生的问题。

第三，柯恩经由上面的分析重新考察张伯伦例子的含义。只要上面的分析是有道理的，那么张伯伦的例子就有可能犯有同样的错误，尽管它没有那么直接。的确，从单个人来看，看球者认为付出门票钱给张伯伦看他打球是种享受，这钱花得值，因此这种行为是没有问题的。但是单个事情看起来没问题（个人拿钱去看张伯伦打球），并不表示总体上也没问题。柯恩指出，在张伯伦例子中，看球的人不会关心其门票钱给了谁，单独来看，这也许是理性的。然而，如果共同来看，这种合理性也许就不存在了。比如，这些钱可能汇聚于某些人之手，给他们提供过大的权力或影响力，从而产生很坏的影响。这个时候，开始的那种个人合理性就不存在了。由此产生的结果是直觉合理性就不再那么清楚了。

不仅如此，柯恩还指出了更进一步的问题，即如果我们珍视平等，把平等作为一种最根本的价值，那么这种不关注就是错误的。这个时候普遍的不关注就是一种不理性，因为这种不关注会改变我们所珍视的社会的根本性质。这个问题涉及我们对于其他价值的理解，也就是说，并非自由才是重要的，其他重要的东西是能够与自由相冲突的，它们也是应该得到考虑的，当然，这得取决于我们确实重视什么价值。

第四，柯恩非常明确地指出，这种个人的自由交易还会引出第三方的问题。即使交易各方都各得其真正所需，但是也可能影响第三方的利益。在现实中，由于生产、消费与交换的普遍联系，人们的交易一般会影响其他人。在相关的意义上讲，个人拥有的东西总是与其他人相关的，也就是我们看重的实际购买力，不是手上的钱，而是我们能够用钱做什么。[①] 这样，当人们自愿转移的时候，特别是在市场体制下，这是能够影响到第三方的实际购买力的。如果考虑到我们的交换对他人所造成的影响，我们是否还能够允许人们随心所欲地进行交换，这本身就是一个可以追问的问题，也是一个值得反思的问题。

柯恩的上述分析表明：尽管在日常意义上来讲，交易的各方都是自愿的，

---

① Cohen, *Self-ownership, Freedom, and Equality*, p. 49.

然而我们在直觉上并不认为由此产生的任何结果都一定是正义的，这里既有无知的问题，也有其他价值的重要性问题，还有第三方无辜者的问题，因此自愿转移无法确保其结果的正义性。

柯恩设想诺齐克对此反驳有两种主要的回应方式。第一种方式是改变自愿的条件，由此使得转移正义原则能够确保结果的正义性。柯恩设想各种改变自愿条件的方式。第一种就是，如果选择者能够预先知道真相或真实结果的话，他本来会做出其他选择，那么这种同意就被视为是不自愿的。这样可得到正义命题三：任何情境，如果是从正义的状态开始，由各方充分自愿地（这里的充分自愿指所有交易行为者在知道这种交易的真实结果后仍然同意该交换）产生的，那么其本身也是正义的。这种修改可以消除小孩子与缺乏判断能力的成年人的反例，由此显得是相当可行的。

但即使我们接受这个观点，它实际上也很少能够为现实情况做任何辩护，因为正义命题三要求的条件太强，我们在现实中根本就无法满足它，因而没有任何实际的应用价值。在现实的市场制度下，无知问题与对第三方的影响问题更为严重。因为市场结果的不确定性是一个无法消除的现象。因此柯恩考虑通过弱化正义命题三来挽救这个命题。我们看正义命题四：如果是从正义情境开始，并且交易各方事先都知道不同结果的概率，那么由此产生的任何情境都是正义的。两个人自愿进行奴隶赌博的情况，满足正义命题四。但是在我们的直觉下，这种自愿奴隶是否是正义的，显然不是无可争议的。更有甚者，一旦我们把赌博的自愿性去掉，那么我们就更有理由来抱怨产生的结果了。

首先，自愿的赌博与市场交易具有相关的差别。我们可以设想一下，如果奴隶赌博不是由他们自愿选择的，那么我们就很难认为这个结果总是正义的，即使双方在赌博上都没有搞鬼。但是市场经济制度恰恰就是这样的，一旦它得以确立，那么它就是我们无法选择的一个背景，是我们做出所有其他自由选择的背景。即使市场的参与方事先都知道不同结果的概率，这也依然很难为其结果辩护，因为市场的风险是不可避免的。在直观上，在武力的胁迫下做出的选择是不自然的，但是如果市场机制是我们无法选择的，那么市场的风险也是我们无法避免的，必定有人承担这种风险的后果。这个时候，仅就这个结果而言，市场导致的没有选择与武力导致的没有选择，并没有什么实质性差别，只是一个是有形的强迫，另一个是间接的、无形的强迫而已。其次，即使就正义命题四的条件而言，我们也很难满足。现实的市场交易极少能让我们完全知道各种结果的实际概率。实际上每个人得到的信息可能不一样，利用信息的能力也可能不一样。也就是说，现实的市场经济制度难以满足正义命题四中的条件，尽管正义命题四本身比正义命题三要弱一些。

当然，我们可以进一步来弱化这种条件，从而得到正义命题五：只要从正义情境开始，并且交换各方知道交换的直接结果，那么由此产生的任何情境本身就都是正义的。但是正义命题五的认知条件要求太低。同时，如果对于交易的直接结果的无知可以挫败结果的正义性，那么为什么对间接结果的类似无知就不能产生类似的影响从而挫败结果的正义性呢？这样，柯恩的分析给诺齐克的例子呈现了这样一个难题：一方面，即使我们可以实现正义步骤，即自由能够产生正义的结果，这种正义步骤也会是我们现实中的交换所无法实现的。另一方面，如果依据日常意义上的自由交换或自愿活动来定义正义步骤，那么它又不具有保证其结果是正义的那种能力。①

柯恩设想诺齐克的第二种回应方式是持有“权利自由观”。实际上，诺齐克也确实采用这种意义的自由或自愿，他认为：“个人的行为是不是自愿的，依赖于限制他的选择对象的原因是什么。如果是自然的事实，那么这一行为就是自愿的（虽然我更愿意坐飞机去某地，但没有飞机，我步行去那里就是自愿的）。别人的行为为个人可利用的机会设置了限制，但这个人相应的行为是否是自愿的取决于那个人是否有权利实施他的行为。”② 诺齐克使用 A 到 Z 的故事来说明可选项与自由的关系，他认为只要每个人都是自愿来做事的，也就是步骤上没有任何问题，那么不管产生何种结果，就都是正义的。③ 也就是说，如果最后 Z 只有一个可选项，比如说除非出卖劳动力给资本家，否则就会饿死，这也依然没有减少他的自由。如果 Z 选择这样做，那么他的选择就是自愿的。

柯恩认为诺齐克的论证是这样的：（1）如果 Z 被迫做 A 或 B，且 A 是唯一合理的事情，而 Z 是因为这个理由来做 A 的，那么 Z 就是被迫去做 A。（2）诺齐克相信，只有当某人的行动使得 Z 的可供取舍项以某种方式受到限制时，他才是被迫在工作与饿死之间进行选择。（3）只有当引起对 Z 的可选项进行限制的行动是不合法的时候，Z 才是被迫这样选择的。④

但是，引起 Z 的选项变化的这些行动，在什么时候是不合法的呢？诺齐克认为，只有当人们的行动不是他们有权利去采取的行动的时候，这些行动才是

---

① Cohen, *Self-ownership*, *Freedom*, *and Equality*, chap. 2.

② ［美］诺齐克：《无政府、国家与乌托邦》，262～263 页。

③ 参见［美］诺齐克：《无政府、国家与乌托邦》，263 页。

④ Cohen, *Self-ownership*, *Freedom*, *and Equality*, pp. 35 - 36.

不合法的。换言之，只有当某些人阻止我做有权利做的事情时，我才是不自由的。这种权利定义再加上私有财产权的组合，可以得到保护私有财产权绝对不会限制任何人的自由的结论。柯恩认为，诺齐克的自愿与否并不是根据我们选择的范围或者是否有人干涉我们来定义的。诺齐克所强调的是一种规范意义上的自由，是个人应该享有的自由。如果别人的行为是正当的，是他们有权利采取的行为，那么即使这种行为限制了我的机会，它也并没有减少我的（规范性）自由。这也可以从诺齐克对再分配的理解得到说明。他说："'再分配'这个概念指用于一种社会安排的理由类型，而不是这种安排本身……我们是否称把一些人的钱转交给另一些人的制度为再分配的，有赖于我们考虑它这样做的理由。交还被偷的钱或因侵犯权利而付的赔款并不是再分配的理由。"[①]

在自由的权利定义之下，干涉个人的行动是否影响或限制该人的自由，要取决于他的权利状态，也就是他有没有相应的权利。如果没有，那么干涉他的行动并没有减少他的自由。然而，权利的根据是什么呢？诺齐克并没有交代清楚，实际上他借用的是洛克的自然权利。而我们又知道，诺齐克的权利是从否定的意义上来讲的：即使你要饿死了，也没有人有义务为你提供食物，你也没有得到食物的权利，你的权利只在于保护你的自由、身体等不受到别人的侵害。[②]

柯恩由此认为，诺齐克的权利自由观就清楚地进入一个循环：自由是根据权利定义的，权利又是根据自由定义的。当把权利自由观适用于张伯伦的例子时，我们可以看得更为清楚。诺齐克这种对自由的权利性定义避免了上一节中的那类反驳，但这种解决办法的代价过于高昂，使得他陷入一种内在的循环。当我们问什么东西使得步骤是正义的时，诺齐克说当行为是自愿的时候，或说在个人没有受强迫的时候步骤就是正义的。但是当我们询问什么行为是自愿或说没有强迫的时候，诺齐克则认为，无论我们的可利用的机会是多少，只要在产生这种限制的过程中没有不正义，也就是说权利未受到侵犯，那么这些行为就是自愿的。这存在着一个循环：转移正义是根据自愿（或没有强迫）来定义的，而自愿则是根据正义（权利不受侵犯）来定义的。这样，诺齐克的论证就走入了一条死胡同，因为他无法对正义步骤进行定义。

柯恩对正义命题一的详尽分析表明，张伯伦例子外推出自由颠覆模式，但这个结论的逻辑严密性与直观合理性缘于混淆。一旦搞清楚正义命题与资格理

---

① ［美］诺齐克：《无政府、国家与乌托邦》，36页。

② 参见［美］诺齐克：《无政府、国家与乌托邦》，37～38页。

论并不等价，那么正义命题二所具有的合理性就只有最后一个依靠：自由。但是柯恩的分析表明自由不足以提供这样的支持：要么自由是一种日常意义上的非干涉性自由，但那无法确保我们的结果是正义的；要么自由是一种权利意义上的自由，但资格正义理论就不再是一种自由至上论，因为这里的自由恰恰是需要其他的权利为它提供依据并对之做出限定的。

这里特别要注意，柯恩的批判并未预设平等，而是一种内部批判，表明自由本身无法确立分配结果之正义性，必须要依赖获取正义原则来确定。因此，尽管其目的是为了捍卫平等，但柯恩对自由的这种内部批判是卓有成效的。这种批判可以让我们更好地、更清楚地理解自由的价值以及这种价值在政治哲学中的蕴涵，从而有助于解决自由主义的左右两翼的争论。但我们同样要注意到，柯恩的批判并没有确立平等就是我们应该坚持的，只是表明自由并不像表面上看来那样能够否定平等。这里的批判表明，诺齐克以转移正义为焦点来看待分配正义显然是不够的。柯恩也由此将注意力转向了获取正义原则，由此直面平等所面临的另一种强有力的挑战。

第四节　平等的规范可能性阶段（二）：平等与自我所有权的冲突

按道理来讲，获取正义原则本该是诺齐克资格理论的核心所在。人们转移的一定是其有资格拥有的事物，因此转移开始之前，人们必须对所持有之物是有资格的。不仅如此，诺齐克非常强调其资格理论是历史性原则。因此，获取正义原则对于整个资格正义理论来说，应该是极其关键的。但我们前面已经分析过，资格理论与正义命题的等价性混淆，使得转移正义原则成了核心，诺齐克由此并未对获取正义原则给出应有的重视。柯恩在对转移正义原则做了详尽考察之后，得出诺齐克的真正核心观点并非自由至上，而是自我所有至上的结论。[①] 换言之，诺齐克不是从自由推出自我所有，而是从自我所有推出自由。诺齐克所举的从 A 到 Z 的例子也表明他接受这一点：即使 Z 只有一种选择，他依然认为他的自由没有受到侵犯。同样，诺齐克并不认为无产阶级的不自由是

① Cohen, *Self-ownership, Freedom, and Equality*, p. 67.

一种真正的不自由，因为无产阶级具有对自己人身的支配权，而这是奴隶与农奴所不具备的。根据这种自我所有权，每个人都拥有其自身，就像奴隶主拥有奴隶一样。从道德的角度看，个人有权支配自己。自我所有权推出的结论就是：任何人未经我同意都不得强迫我为任何其他人服务，即使不这样做在道德上是错误的，情况依然如此。柯恩认为，这个才是转移正义原则的真正吸引力所在。而我们都知道，只要这点成立，同时个人的能力又有高低之分，那么不平等就是一种必然的结果。柯恩的平等依然面临强有力的挑战。

为捍卫平等，左翼自由主义者的思路是直接摒弃自我所有权，从而肯定某种平等。但柯恩认为此种方法有两个弊端。第一，它对于诺齐克这样的人在论证上无效。第二，自我所有权很有直觉吸引力，至少不输于平等的直观吸引力。许多平等论者涉及身体器官的平等时会有所退缩，因为这违反我们深刻的道德直觉。① 不过诺齐克的实际论证认为人们不仅拥有自我，还对他们运用正当的手段获得的一切资源都有同样的道德权利。诺齐克认为，夺走某人的合法性相当于切掉某人的胳膊，都侵犯其根本权利。

柯恩反驳的关键就在于此。其反驳的根本在于，我们确实有一种直觉支持自我所有，但是对于外在资源则没有这样的直觉存在。由此，这种直觉的要点在于：我可能有资格单独决定如何使用我的手，但对于使用这只手的利益则无相应的权利。因此，我们可以说任何人对于任何外在资源都没有比其他人更强的要求权。但对于个人的能力或身体部分，这种讲法就不大行得通。

对此，柯恩考察捍卫平等的另一种策略：不再直接否定自我所有权，而是反对以自我所有权作为基础来捍卫不平等。这种策略分为两步。第一步就是割断自我所有权与外部资源之间的关联，破坏从认可自我所有权到证成外部不平等资源的这个过程。这种策略的核心在于：认可自我所有权并不能得出诺齐克所强调的那种资源不平等。柯恩是从市场分配开始的，因为资格理论认为由市场自己产生的物品的分配是合法的。但是市场产生的分配只是资格的再分配，而那些资格却是买卖自身无力产生的。因此市场活动的结果与其开始的资格具有同样的合法性。而关键正在于初始资格的合法性。② 这个问题实际上是因为无论基于何种财产理论，最初的获取一定优先于后面的转移。如果这个世界的资源是自动地为人们所私有的，那么这种理论就极为强大。但这里的问题就在于这个世界上的资源不是自动地归属于个人的。值得注意的是，这里的重点并

① Cohen, *Self-ownership*, *Freedom*, *and Equality*, p. 70.

② Cohen, *Self-ownership*, *Freedom*, *and Equality*, p. 73.

不在于谁得到了私有财产，而首先在于如何合法地确立私有产权，且确立其为何种产权。

就诺齐克而言，私有产权的合法性既不是它能增进人类的效用或幸福，也不是要回报人们的努力，相反要看分配的整个历史。诺齐克考察了劳动混合论，即人们把自己的劳动与土地资源混合即可。但他自己非常明确地认为这种想法不行，因为个人可以把一瓶番茄酱倒入大海从而宣布对大海的所有权。但柯恩还考虑了劳动获取产权的另一种说法，也是洛克的说法，即土地上的产出基本上都属于人类劳动的增值。然而，这种加减算法存在着根本的缺陷。[①] 我们可以设想，比如说土地 E 在没有人类劳动的时候产出为 100 斤苹果，而有了劳动后产出为 1 万斤，那么似乎劳动增值了 99 倍，而土地的价值只占 1%。但只要我们反过来一想，就知道这种算法是自相矛盾的。如果没有原初土地的话，同样的劳动什么也不产生，按照这种算法，1 万斤苹果全是土地的价值。同样的计算方法，随着思维顺序的不同，却得出了完全不同的结果。因此，劳动价值论显然无法为私有产权提供合法基础。

柯恩还考察获取原则的洛克式条款是否可以做到这一点。这个条款是在占有资源时要“为他人留下足够好的选项，不使他人变坏”。但这个条款有两个关键，第一个关键在于它只考虑结果，而不考虑过程，或者说过程是由结果所判断的。这一点实际上进一步表明资格命题与正义命题是不一样的。因为获取正义原则是个后果主义原则，而转移正义原则是程序正义原则，两者组合之后就是一个混合原则（本章第二节已经考虑过这一点）。这个条款还有更直接也更大的麻烦，这就是比较如何进行，也就是变坏的基线问题。柯恩实际上也集中于考察这一点。诺齐克所说的比较是“某人占有某物 O 与把它留给所有人的比较”。但柯恩有力地指出，显然还可以有“A 占有 O”和“B 占有 O”都比留给所有人好，但 A 的却没有 B 的好。还可以大家共同拥有 O，自然也可以有小集体拥有 O 进行合作等形式。[②]

由此，这里产生一个一般性的问题：我们应该允许拥有什么形式的产权？实际上，财产的绝对私有权观念混淆了两个问题。第一个问题是社会里存在着何种形式的财产权利的问题（不管是谁获得它），它涉及人们是要共同地拥有财产还是私人拥有财产，人们拥有这些财产能够做什么（使用权、收益权、处置权等）。第二个问题才是谁得到财产的问题。就第一个问题而言，起码下述

---

① Cohen, *Self-ownership, Freedom, and Equality*, pp. 176 - 180.

② Cohen, *Self-ownership, Freedom, and Equality*, pp. 76 - 87.

选项均是有可能性的：绝对的私人所有、有条件的私人所有、绝对的公有、有条件的公有或有条件的公有与私有混合。

从这个角度来看，西方福利国家的再分配税收机制实际上可以看作是第一个问题，我们可以将其看作有条件的私有产权。第一类是财产获取税，比如说收入税，特别是收入累进税，它是获取财产的条件，比如要缴多少税才算是获得了财产的合法性。第二类是财产使用税，比如说馈赠税、遗产税和奢侈品税等。这也就是说，你得到的财产并不是你能够随心所欲地处理的。比如说在中国你不能随意购买枪支弹药，在西方你不能随意地把钱给别人，尤其是大量的钱。因此，我们的税收完全可能是对产权形式的一种规定与约束。而当我们接受一种绝对的私有产权时，这样的看法就是行不通的了。然而诺齐克支持这种产权观的论据是：如果私有制度存在，那么有些人只有很少的财产或没有财产并不是要消灭这种制度的理由。诺齐克之所以认为这个观点成立，是因为他认为这满足了洛克式条款（那些没有财产的人依然没有变坏，甚至变得更好），而之所以如此是因为他只考虑具有绝对的私有产权与完全没有任何产权相比。柯恩这里引出关于分配正义一个极重要的问题：比较的基点。对于诺齐克而言，获取正义原则所确定的起点实际上是其致命的软肋。一旦把自我所有权与外在资源的产权分开，我们就能更好地理解自我所有权的蕴涵。由于自我所有权与外部资源的占有并不是一回事情，我们可以设想各种各样的外部资源的状况。

第一种情况就是所有外部资源为全体成员所共有，并且每个人对于如何使用外部资源具有绝对的否决权。显然，如果不做其他的规定，我们根本无法知道任何结果，因为我们不知道人们会如何行使这种否决权。柯恩做了各种设定，表明我们可以得到很多种结果。但极端情况下可能会出现如下情境：某个人完全可以要求所有人自愿成为他的奴隶，否则就不允许任何人使用任何资源。最麻烦的是，这种情况并没有侵犯诺齐克意义上的自我所有，因为这个人没有强迫任何人接受他的条款，正如资产阶级没有强迫无产阶级为其服务一样，如果无产阶级愿意饿死的话。因此，在这里，才能无法带来特殊的报酬。这种思维方式实际上引出了一种根本性的反驳：没有外在资源，个人的自我所有没有任何意义。① 柯恩这个反驳的意义在于：单纯形式上的自我所有权没有任何意义。

---

① Cohen, *Self-ownership*, *Freedom*, *and Equality*, pp. 79 - 84, 95 - 106.

柯恩通过上述论证非常清楚地概括了诺齐克的论证结构：（1）任何人都不能在任何程度上成为别人的奴隶；（2）任何人都不能被别人部分或全部地拥有；（3）每个人都被他自己拥有；（4）每个人都必须拥有做想做的事情的自由，只要不伤害任何人，他也没有任何必要向任何人提供帮助；（5）处于原始状态的外部世界无论是其全部还是部分都不属于任何人；（6）每个人都可以为自己积累无限的自然资源，只要他并不因此伤害别人；（7）一部分人口可以完全合法地私人拥有不等量的资源；（8）广泛存在的状况不平等是不可避免的，或者说只有在侵犯人们对自身或对事物的权利时才可以得到。[①]

柯恩实际上是从三个方面对此论证做了强有力的反驳。我们前面介绍了两方面：第一个方面是从伤害的认定来反驳从 6 到 7 的推理，即上面所说的比较基线问题。第二个方面是对第 5 点提出质疑，为什么世界资源在规范意义上必须是无主的，诺齐克并没有给出任何理由。上面的两种反驳实际上表明，纯粹形式的自我所有权是没有意义的。

柯恩第三个方面的反驳是对自我所有权的直接反驳，也就是反驳步骤 1～4 的推理。[②] 柯恩主要是澄清自我所有权与其他观念的混淆。

第一点是澄清自我所有权与奴隶之间的关系。诺齐克的前提 1 是很有道理的，但其前提 2 实际上蕴含着这样的意思：任何人一旦有了非契约性的义务，那么他就是奴隶。不仅如此，这里的契约指的是实际发生的契约，并不是个人应该接受的契约（即使有利于契约方自己也不行）。然而，我们对奴隶的日常理解是：别人能够随心所欲地决定奴隶做什么。这里的关键是随心所欲，奴隶主要奴隶做什么是不需要理由的，需要的只是他的心意。如果我们接受某种重要的价值，那么我们出于这种价值做事就不是随心所欲的，这里更不存在一个随心所欲的奴隶主。因此，柯恩认为，即使我们具有非契约性的义务，且我们由此并不具有彻底的自我所有，也不表明其他人就在部分程度上是我们的主人。由此，前提 1～4 的推理是存在问题的。实际上诺齐克本人也没有将这一观点进行到底。诺齐克一方面允许征税来维持国防和秩序，同时在财产占有上允许家长主义行为，只要这种占有不损害人们的利益就行。即使我们接受诺齐克的观点，这两者对于其他人都是无害的，它依然是一种非契约性的义务。然而在财产的使用上，比如说强制保险，诺齐克的守夜人国家就无法接受它。即使不论其前提合理与否，这里也显然存在着一种不一致性。

---

① Cohen, *Self-ownership*, *Freedom*, *and Equality*, pp. 113 - 115.

② Cohen, *Self-ownership*, *Freedom*, *and Equality*, pp. 231 - 234.

第二点是澄清自我所有与自主性之间的关系。自主性的一种常见理解是康德式的道德自主性，这种自主性受到很多人的青睐。按照康德的理解，道德自主性在于个人具有善良意志，也就是我们总是有足够的动机去做道德义务要求的事情。因此，道德自主性显然与彻底的自我所有权有很大的区别。当然，有些人可能不认可康德的自主性概念，而是用自主性来意指个人能够按照自己的心意来做事。在诺齐克这里，彻底的自我所有意味着个人能够随心所欲，只要不伤害他人即可，但是见死不救也是自我所有权所认可的。但即使我们接受自主性的这种理解，它也表明自主性的大小与个人做事情的能力是极为相关的。然而，正如前面已经讲过的，彻底的自我所有权显然无法保证人们具有这种能力，因为尊重彻底的自我所有在有时候恰恰会导致其他人无法做许多事情。这也就意味着，如果所有人都不愿意在彻底的自我所有权上做任何妥协，那么人们的自主性显然会大大减少。不仅如此，即使我们承认自主性是一种应该追求的价值，除非我们否认其他的价值，否则这种思路也无法让我们接受彻底的自我所有。[①]

第三点是澄清自我所有与人性公式之间的关系。[②] 人性公式的重点在于要把每个人当成目的，而诺齐克反对未经人们同意的税收，因为这是把他们当作手段而不是目的来对待。但是康德的人性公式并不反对把人作为手段，它只是要求我们同时将人作为目的来看待。实际上，在康德的人性公式里面，把人作为目的的一个重要方面在于对待别人的方式要能找到道德根据。如果要求人们做的事情是有道理，那么这就是人们应该同意做的。因此，把人作为目的并不能支持一种彻底的自我所有。或者说不经人们的实际同意要求人们做事并没有违背将其作为目的来看待，关键是这种要求是否具有恰当的理由。

尽管自我所有权表面看来具有极强的直观吸引力，但有不少吸引力来源于它与其他观念的混淆。柯恩的分析表明，如果我们能够看清楚它与其他观念之间的混淆，那么彻底的自我所有权将很难得到支持。而柯恩对转移正义原则与获取正义原则的讨论则更是表明，无论是自我的所有权还是财产权，背后都需要统一的根据，否则就会导致自相矛盾或不一致。而自我所有权之所以看起来能够对平等造成冲击，恰恰是因为我们忽略了这种背后根据的统一性。不过，柯恩这里的分析只是表明，如果平等（或其他的价值）是我们所接受的重要价值，那么自我所有权也不一定能对它们形成有力的挑战。

---

① Cohen, *Self-ownership, Freedom, and Equality*, pp. 236 - 238.

② Cohen, *Self-ownership, Freedom, and Equality*, pp. 239 - 241.

第五节　平等的“现实可能性”阶段

在回应平等所受到的各种强有力挑战之后，柯恩的重要任务就是提出一种有吸引力的平等理论，表明平等是可欲的，从而能在分配正义领域占有一席之地。需要注意的是，作为一位马克思主义者，柯恩不需要像罗尔斯、诺齐克那样去建构自己的正义观念。因此，尽管柯恩的工作表面上看起来是对其他理论的犀利批判，显得很有攻击性和破坏性，但于他自己而言，这些其实都是防守，是为其信仰的平等争得一席之地。柯恩要回应的挑战主要是那些对平等理论能够构成内在威胁的。诺齐克的理论显然是因为这点才受到柯恩如此的重视，而柯恩对后果主义惜墨如金，缘由大概也正是后果主义在表面上来看无法对平等主义构成内部批判。在阐述其具体的平等观念时，德沃金成为柯恩最适合的批判对象。这大概有两个原因：第一，德沃金是当今最有影响也最坚定的平等主义者；第二，他的观点经修正后能够很好地表达柯恩所要求的平等观念。

德沃金为平等观念提供了一个没有什么争议的宣传口号：对每个人要表示平等尊重与关切。德沃金认为：“宣称对全体公民拥有统治权并要求他们忠诚的政府，如果它对于他们的命运没有表现出平等的关切，那么它也不可能是个合法的政府。”① 但是究竟什么样的平等观念才对所有人表达平等的尊重与关切，却是众说纷纭。而德沃金认为这种“平等的关切要求政府致力于某种形式的物质平等，我把它称为资源平等”②。德沃金坦承其平等理论的根据在于伦理学个人主义的两个原则。第一个原则是“重要性平等原则：从客观的角度讲，人生取得成功而不被虚度是重要的，而且从主观的角度讲这对每个人的人生同等重要”。由此“要求政府采用这样的法律或政策，它们保证在政府所能做到的范围内，公民的命运不受他们的其他条件（他们的经济前景、性别、种族、特殊技能或不利条件）的影响”③。这是一种集体责任。第二个原则是“具体责任原则：虽然我们都必须承认，人生的成功有着客观上平等的重要性，但个人

① ［美］罗纳德・德沃金：《至上的美德》，1 页，南京，江苏人民出版社，2002。

② ［美］罗纳德・德沃金：《至上的美德》，1 页。

③ ［美］罗纳德・德沃金：《至上的美德》，4 页。

对这种成功负有具体的和最终的责任——是他这个人在过这种生活"[①]。德沃金认为这其实是一条"关联原则：它坚持认为，就一个人选择过什么样的生活而言，在资源和文化所允许的无论什么样的选择范围内，他本人要求对做出那样的选择负起责任"[②]。这个原则强调的是个人责任，即个人应该对此造成的后果负有责任。

柯恩大概不会反对这两种责任的划分，但他肯定反对德沃金对两种责任的具体规定。德沃金有一个与两种责任区分相对应的区分：个人（person）/环境（circumstance）的区分。而这中间实际上最核心的是德沃金的个人与个人性资源的区分。"一方面，那些决定着何为成功的信念或态度归属于个人（person）；那些为这种成功提供帮助或阻挠的身、心或个人特征归属于个人的环境。"[③] 根据这种区分，德沃金的资源平等就是要求资源的分配要敏于抱负（个人），而钝于禀赋（环境）。不过，柯恩所支持的平等是一种运气平等等主义，如果不是由于人们的过错或选择，那么人们应该过得一样好。非常清楚，资源的分配钝于禀赋是与柯恩的观点一致的，但是关键在于抱负中既有选择的成分，也有非选择的成分。不仅如此，人们由于抱负与能力的不同，从而从资源中能得到的福利也是有所不同的。因此，柯恩就此两点对德沃金的资源平等做出了批判。

柯恩的第一个批判集中于个人与个人性资源的区分。这个批判的第一个方面是这种区分导致对运气处理的不一致。考虑幸运的张三和不幸的李四。其他人的欲望和需要使得张三可以追求他自己心仪的职业，人们乐于购买张三生产的东西。但是李四所生产的东西则无人问津。根据德沃金的资源平等理论，李四可以要求对于他与张三之间的巨大收入差异进行修正。但要考虑到他们的休闲偏好，张三喜欢钓鱼，而李四喜欢摄影。钓鱼便宜而摄影昂贵，也是因为许多人喜欢钓鱼，从而因为经济的规模效应产生的结果。尽管两种差异都是由人们的嗜好与抱负的影响而产生的，但是根据德沃金的区分，会得到完全不同的对待。一个处于生产领域中，因而属于个人技能，是集体责任，必须予以修正；而另一个处于消费领域，属于个人责任，因此不应修正。然而，处于生产领域与消费领域本身无法对这种区别对待提供根据。[④]

这个批判的第二个方面是该区分并不能穷尽所有的因素。乐观（或忧郁）性

---

① ［美］罗纳德·德沃金：《至上的美德》，6页。

② ［美］罗纳德·德沃金：《至上的美德》，7页。

③ ［美］罗纳德·德沃金：《至上的美德》，86页。

④ Cohen, "On the Currency of Egalitarian Justice," *Ethics*, 99 (4), 1989, pp. 921 - 923.

情带来了很大的麻烦。第一个麻烦就是我们无法将乐观这种特性归为个人或环境（个人性资源）。乐观不是定义一种成功的生活将是什么样的东西，因此它只能算作环境。但是环境又被定义为能力和缺陷，但乐观并不是这些东西，它不是能力而是一种幸运的性情，给定投入，能够产出高于一般的效用。它也不是当一个人追求目标时实行的东西，即使它能够有助于他追求它们。但是乐观的价值不仅仅是它会提高个人获得成功生活的可能性。它能做的另一件重要的事情就是削弱失败的悲伤。它是独立于目标促进器的效用增强器。第二个麻烦是与之相对的忧郁性格的补偿问题。比如说某人个性忧郁，他有和他人一样多的资源，即在德沃金意义上的个人性资源与非个人性资源。但他就是非常不快乐，特别忧郁。假设这个时候有昂贵的药物可以治疗他的这种忧郁症，那么我们需要给予他这种补偿吗？在柯恩与德沃金的讨论中，德沃金认为应该。但是根据资源平等理论，只有属于环境因素导致的不平等才应该是我们需要纠正的，忧郁不属于环境，因此补偿它也是没道理的。德沃金认为这个属于个人与个人性资源的交界问题。我们可以通过虚拟保险来解决。最好的方法是问个人是否对忧郁进行保险，如果是的话，那么就因为他的忧郁而对他进行补偿。但是在德沃金的保险机制中，个人决定是否要投保时应该知道什么东西属于他个人：这正是德沃金的“无知之幕”薄于罗尔斯的地方。但是，决定不对忧郁投保的个人，按假说，仍然对于他是否忧郁并不知情。不仅如此，即使这种处理能够成功，这里根据的也不是个人/个人性资源的区分，而是选择/运气的区分。①

柯恩的第二个批判针对的是平等空间。柯恩认为，我们需要补偿的不是资源的缺乏，而是福利的缺乏。假设张三可以非常灵活地使用他的两只手，但是每次使用后肌肉都会非常痛。现在假设有一种昂贵的药物可以消除他的这种疼痛。这种药物并不能代表对一种资源缺陷的补偿，因为张三具有移动他手臂的能力，在相关的意义上他比绝大多数人做得都要好。我们需要对之进行补偿吗？② 德沃金对此提出的回应是：“健康的生活不管有什么其他的特点，都是摆脱了严重而持久的生理和精神痛苦或不适感的生活；生理或精神上虚弱，或处在一种没有贵重药品或服装便无法摆脱痛苦、消沉或不适感的状态中，都是显而易见的残障。处在这种虚弱状态的人并没有选择这种状态；如果他能够做到的话，他会加以治疗，他的信念、判断、信仰或偏好，都不会反对这种治

① Cohen, “On the Currency of Egalitarian Justice,” pp. 930 - 931.

② Cohen, “On the Currency of Egalitarian Justice,” p. 919.

疗。”[①] 当然，柯恩肯定会同意德沃金的这个回答。但是这个回答无法为资源平等理论提供任何帮助。问题依然存在。因为这里问的恰恰就是，根据资源平等理论，我们如何得到德沃金上面的主张。因为痛苦、不适等状态并不是资源，根据资源理论是无法对它们加以补偿的。如果德沃金说张三缺少无痛移动手臂的能力，或说这个人缺乏能够避免疼痛的资源，那么即使使用资源主义术语来描述它，这实际上也是在援引福利平等的思想。另一方面则是德沃金再次强调了选择的作用。这里的关键是“处在这种虚弱状态的人并没有选择它”[②]。

尽管德沃金明确表示他并没有以选择作为个人/个人性资源这种区分的根据，但他为此提出的两个理由并不成立，由此无法回应柯恩的批判。德沃金的第一个理由是：“我遵循的是正常人的伦理经验，普通人在日常生活中对他们自己的个人承担后果。”[③] 但这条理由是不成立的，因为在日常经验中，个人/个人性资源的区分是没有的。人们并不认为我们的精神能力如技能等属于环境因素。因此这里的个人/个人性资源区分只能是一种技术性的，需要其他的根据。不仅如此，德沃金在论证中也明确地承认：“技能和抱负相互形成的影响阻挠着我们。技能是培养和发展的产物，而不是完整发现的东西。人们选择哪一种技能加以发展，反映着他们有关最好成为什么样的人的信念。”[④] 第二个理由是：“正是我们的各种嗜好和抱负，为我们规定了什么是令人满意的或值得过的生活，把它们当作我们实现这种生活的障碍是说不通的。”[⑤] 嗜好与抱负为我们规定了什么是令人满意或值得过的生活，但即使我们的嗜好、抱负规定了我们生活的意义，也并不能证明它规定的这种生活意义是合理的，因此并不能表明我们具有任何嗜好、信念、抱负都是合理的。比如说印度寡妇殉夫之风俗，假设某个女人接受了这种信念与抱负，认为此风俗规定了她的生活意义，我们也不能就此认为这种抱负是合理的。因此，这个理由同样无法作为区分的根据。[⑥]

在对德沃金的资源平等理论所做的批判之中，我们可以看到柯恩自己的运气平等主义理论，也就是他认为更具吸引力的平等观念。为了更好地理解柯恩的平等理论，我们可以考察各种平等理论对运气因素的处理，从而比较各种平等理论的差别。一种是比较盛行的机遇平等理论（权利的平等理论），这种理

① ［美］罗纳德·德沃金：《至上的美德》，343页。
② ［美］罗纳德·德沃金：《至上的美德》，343页。
③ ［美］罗纳德·德沃金：《至上的美德》，334页。
④ ［美］罗纳德·德沃金：《至上的美德》，96页。
⑤ ［美］罗纳德·德沃金：《至上的美德》，339页。
⑥ 参见葛四友：《资源平等的诊断与重构》，载《政治思想史》，2013（1）。

论体现在经济的自由放任体系中，它保证每个人具有相同的权利，不但考虑社会偶然性，也考虑自然偶然性对人们运用这种权利的影响。然后是罗尔斯提出的公平的机会平等，如果人的天赋与努力差不多，且抱负差不多，那么就有差不多的生活前景。它要求抵消社会偶然性的影响，但不要求抵消自然偶然性的影响。对于德沃金的资源平等来说，只要人们的抱负跟努力差不多，即使天赋不同，那么也要有差不多的生活前景。它要求抵消自然偶然性与社会偶然性对环境（包括个人能力）的影响，但不要求抵消出现在个人抱负中的自然偶然性与社会偶然性的影响。而对于柯恩的运气平等主义体系来说，不管人们的天赋与抱负如何，只要跟选择与过错没关系，那么他们就应该有差不多的生活前景。在理想的意义上，它要求抵消所有社会偶然性与自然偶然性的影响，换言之，除非出于人们的选择或过错，否则人们应该过得一样好。

柯恩的平等空间非常接近于阿马蒂亚·森的平等空间：可行能力。[①] 不过他使用了一个不同的名称，即中期福利（midfare）。这种中期福利既不是客观的物品（即资源），也不是人们消费物品最后所得到的感受（即福利或效用），而是一种介于资源与福利之间的东西，即中期福利。他与森的细微差别可以用婴儿的例子来加以说明。一个婴儿只要得到喂养，他就能够得到中期福利，但他没有相应的可行能力。[②] 此外，柯恩区分了平等的两种观点。[③] 一种观点认为平等只具有工具性价值，平等的价值在于能够使人们过得更好或者服务于其他的价值。这种观点并不赞成把更好者变差以得到平等。另一种观点认为平等具有内在价值，这种观点认为人们具有一样多的有价值事情，这本身就是好的。因此，即使减少一个人的所得从而使其与另一个人变得一样好，就平等而言这也是好事，即使综合来看，这未必是件好事。后者才是柯恩所持有的平等观念。

第六节　平等的"唯一性"阶段

上面介绍柯恩如何为平等求得一席之地，但是要捍卫其平等信仰，柯恩还

① Amartya Sen, "Equality of What?" in Sterling M. McMurrin (ed.), *The Tanner Lectures on Human Values*, Volume I, Cambridge, Cambridge University Press, 1979, pp. 197 - 220.

② Cohen, "Equality of What? On Welfare, Goods, and Capabilities," in Nussbaum and Sen (eds.), *The Quality of Life*, Oxford, Clarendon Press, 1993.

③ Cohen, *Rescuing Justice and Equality*, Cambridge, Harvard University Press, 2008, pp. 30 - 31.

需要直面平等最重要的竞争对手：罗尔斯的公平正义。罗尔斯的公平正义始于平等，却又终于差别原则。由此，柯恩面临一个重要任务：把平等从差别原则之中拯救出来。[①] 而这就是其《拯救正义与平等》一书的重要目的。柯恩想表明：分配正义中唯一重要的因素就是平等，由此进入平等的“唯一性”阶段。

在笔者看来，柯恩从运气平等主义的预设入手，可以说对差别原则做了迄今为止最全面甚至最有力的批判。柯恩认为，差别原则是罗尔斯对运气平等主义与帕累托标准所做的一种妥协。他试图表明，差别原则所体现的妥协方式存在着内在的动机困境。我们理解柯恩的这个批判需要注意以下两个方面：第一，它针对的是接受罗尔斯的基本设想的人；第二，柯恩的反驳论证是符合罗尔斯的反思平衡方法的。尽管罗尔斯强调他所用的是社会契约方法，但他的契约达成并不取决于人们的实际心理状态，罗尔斯所要求的实际上是根据原初状态中的预设推出其正义原则。[②] 柯恩的批判预设以下几点。第一，罗尔斯接受运气平等主义的如下观点：除非出于人们的选择或过错，否则没有人应该比其他人过得差。[③] 第二，柯恩预设平等具有内在价值，且罗尔斯的起点平等是在后一种意义上讲的。[④] 第三，罗尔斯承认帕累托标准具有强大的力度，从而间接承认了人们过得有多好是很重要的。[⑤] 第四，罗尔斯所接受的差别原则体现了博爱精神。[⑥] 第五，罗尔斯主张的公平正义社会是一个良序社会，里面的人都是因为真正接受公平正义原则而遵守它，也就是人们都有充分的正义感。[⑦] 第六，公平正义原则只适用于制度的选择，而不适用于个人在日常生活中所做的选择。[⑧]

柯恩早期对差别原则的批判主要是对上述第六点的批判，即差别原则在应用上的限制。柯恩认为，如果人们在政治领域（即制度选择的领域）是平等主义者，而在私人领域（即个人行为选择的领域）却是利益最大化者，那就存在着动机的悖论：个人的动机是不一致的。[⑨] 柯恩着重讨论了罗尔斯关于差别原则之应用限制的论证，表明这些论证无法消除上述动机的不一致性。其中对罗

---

① Cohen，*Rescuing Justice and Equality*，p. 2.

② 参见葛四友：《论无知之幕与社会契约的作用》，载《中国人民大学学报》，2012（5）。

③ Cohen，*Rescuing Justice and Equality*，p. 156.

④ Cohen，*Rescuing Justice and Equality*，p. 91.

⑤ Cohen，*Rescuing Justice and Equality*，p. 90.

⑥ Cohen，*Rescuing Justice and Equality*，p. 130.

⑦ Cohen，*Rescuing Justice and Equality*，p. 74.

⑧ Cohen，*Rescuing Justice and Equality*，p. 117.

⑨ Cohen，*Rescuing Justice and Equality*，p. 2.

尔斯激励论证的反驳是最根本的，奠定了反驳其他论证的基础。

我们先来看柯恩对激励论证的反驳。为了简便，可以把社会分为两个阶层：一个是最有利者阶层（即能干者阶层），另一个是最不利者阶层。激励论证的基本想法是这样的：如果能干者得到的报酬不高，那么他们的动力就不够，生产的东西就会少得多。由此，相对于给高报酬而言，最不利者得到的反而更少。因此，我们应该以不平等作为激励，提高能干者的努力程度，从而改善最不利者的生活。[①]

激励论证的基本精神可以更清楚地体现在柯恩有关增税的例子中：

（1）如果经济不平等有利于最不利者，则它是有证成的。（大的规范性前提）

（2）当采用低税率时，能干者的效率比高税率下要好，最不利者因此获益更多。（小的事实性前提）

（3）结论是：我们应该采用低税率。[②]

为突出这个论证存在的问题，柯恩提出了一个有类似结构的论证。假定绑匪绑架某个小孩索要赎金，赎金并未超出小孩家的承受能力。只要付赎金，小孩就可以安然回家。小孩的命肯定比赎金重要。于是就出现了这样的论证：

（1）付赎金比不付赎金（撕票）更好。（大的规范性前提）

（2）绑匪谋财不害命。（小的事实性前提）

（3）孩子父母应该付赎金。（结论）[③]

尽管结构一样，但这个论证看起来就不那么合理了。为了突出这种不合理性，柯恩提出共同体之中的人际检验，即论证是由共同体中的人向共同体中的人提出的，无论是谁对谁提出都应该是有道理的。[④] 然而，当这个论证是由绑匪向人质的父母提出时，我们就可以清楚地看到，这个论证很不合理，绑匪是在绑架勒索。在柯恩看来，如果我们真的接受运气平等主义的话，那么激励论证就与绑匪论证是一样的。因为在罗尔斯的理论中，能干者也接受了运气平等主义，由此也就赞同偶然性（包括能干者的天赋）所产生的利益与负担应该由共同体内的人均分，所以当能干者要分得偶然性利益的更大份额时，他的论证与绑匪的论证就是一样的，他也是在绑架勒索。这就是说，只有当能干者不接

① 参见［美］罗尔斯：《正义论》，12、87、116页，北京，中国社会科学出版社，2009。

② Cohen，*Rescuing Justice and Equality*，p. 34.

③ Cohen，*Rescuing Justice and Equality*，p. 39.

④ Cohen，*Rescuing Justice and Equality*，p. 42.

受运气平等主义时，小前提（2）才为真，由此差别原则才可以证成不平等激励。[①] 换言之，不平等之所以有利于最不利者，是因为如果不给予激励的话，能干者会罢工。而能干者之所以会罢工，只是因为能干者不具有平等主义的态度。然而，如果能干者真的接受运气平等主义，他就不会因为税率升高而选择罢工。所以，对收入不平等的激励对于最不利者而言并不是必要的。这表明罗尔斯的激励论证是不成功的。

人们还可以从罗尔斯的理论中构造出一种略微不同于激励论证的帕累托论证，它可以证成差别原则的应用。这种论证分两个阶段来看差别原则的证成。罗尔斯在第一阶段认可起点平等状态 D1，比如说是（5，5），然后转到由差别原则所认可且更好的不平等状态 D2，比如说是（6，9）。相对于 D1 而言，在 D2 中不仅能干者能得到更多的利益，而且最不利者也能得到更多的利益，因此这是一种帕累托改进。据此，如果我们不从 D1 转到 D2，则是不理性的。换言之，平等状态 D1 与帕累托最优是相冲突的，这个论证由此也被命名为帕累托论证。[②] 由于柯恩认可帕累托最优所具有的力度，因此，他对这种论证的反驳是致力于表明其平等观与帕累托最优是兼容的。

在这一反驳中，柯恩提出了一个新的状态 D3。现在假设在 D1 时人们拿的小时工资都是 5，这是起点平等状态（5，5）。在 D2（6，9）时他们拿的小时工资分别是不能干者为 6，能干者为 9，显然 9 高于 6 高于 5。按照帕累托论证，这里 6 与 5 之间的差别证成了 9 和 6 之间的差别。然而，柯恩认为，只要能干者不出现激励论证所假定的动机不一致，那么我们实际上可以得到分配状态 D3（7，7），这里大家都拿 7，7 小于 9，但大于 6。非常明显，D3 按帕累托标准优于 D1，但与 D2 是不可比较的。这样，D3 的平等与帕累托最优就是共存的。换言之，只有能干者在私人选择时违背支持初始平等的正义观念的要求，我们才得不到 D3。由此，如果我们真正接受支持初始平等状态 D1 背后的根据，且没有动机不一致，那么我们得到的初始分配状态就是 D3 而不是 D1，而由 D3 转向 D2 并不是一种帕累托改进。由此，帕累托论证是失效的。[③]

但是，罗尔斯还有一个论证，那就是认为“公平正义”主要适用于社会的

---

① Cohen，*Rescuing Justice and Equality*，pp. 48 – 49.

② B. Barry，*Theories of Justice*，Berkeley and Los Angeles，University of California Press，1989，p. 217.

③ Cohen，*Rescuing Justice and Equality*，pp. 101 – 105.

“基本结构”。[①] 柯恩对此有两个反驳。第一个反驳着重说明这种限制与罗尔斯关于公平正义的说明有冲突。[②] 首先，罗尔斯之所以认为差别原则体现博爱原则，是因为不平等是为了改善最不利者的生活。[③] 但前面关于激励论证的讨论表明，如果只通过社会的基本结构来约束人们的行为，且允许人们在日常生活中的动机是最大化自己的利益，那么改善最不利者的生活就需要不平等作为激励。然而，如果人们在日常行为中的动机能体现平等主义精神，则改善最不利者的生活并不需要不平等作为激励。因此，“除非能改善他人生活，否则不想要更多”与“最大化的自利动机”是不兼容的。其次，罗尔斯认为，最不利者在他的社会里也能保有尊严，因为他们的处境无法得到改善了。[④] 然而关于激励论证的讨论表明，最不利者目前占有的地位只是因为能干者强烈反对平等才获得的。因此，如果能干者真的接受运气平等主义，在日常选择中也支持差别原则，那么最不利者的处境就能够得到进一步改善。所以这种限制并不利于最不利者的尊严。最后，罗尔斯认为具有正义感的人会出于正义原则去做事，因为他们相信这能表现他们作为自由且平等的人的本性。[⑤] 但是，如果我们把正义原则仅限于基本结构，仅限于政治领域，而在私人领域却允许最大化自己的利益，则将有悖于上述表现。

柯恩的第二个反驳是认为罗尔斯关于“基本结构”的划分理据不清楚。罗尔斯本人的看法并不是很确定和清楚，柯恩将其归纳为两种主要的看法。第一种看法认为基本结构就是国家的强制制度。[⑥] 人们在此可以区分出维持这种结构并将其结构制度化的选择与发生在这个结构之内的选择。但是，柯恩指出这种划分理据有两个问题。[⑦] 其一，罗尔斯强调基本结构是因为其影响极为深远且自始至终，基本结构是正义的首要主题恰恰是因为这种影响。[⑧] 然而，为什么我们可以对基本结构之中的人们的选择所产生和破坏的机遇等不闻不问呢？此外，有这种影响的肯定不只是强制性结构，宗教、家庭等都具有这种影响，因此按说它们都应该接受正义原则的管辖才对。其二，罗尔斯本人有时候并不

---

① 参见［美］罗尔斯：《政治自由主义》，298～299页，南京，译林出版社，2011。

② Cohen，*Rescuing Justice and Equality*，pp. 130－131.

③ 参见［美］罗尔斯：《正义论》，80页。

④ 参见［美］罗尔斯：《正义论》，139页。

⑤ 参见［美］罗尔斯：《正义论》，417页。

⑥ Cohen，*Rescuing Justice and Equality*，p. 132.

⑦ Cohen，*Rescuing Justice and Equality*，pp. 132－134.

⑧ 参见［美］罗尔斯：《正义论》，6～8页。

支持这种看法，而是有所摇摆，比如对家庭的看法就是如此。[①]

罗尔斯的第二种看法强调基本结构是主要的社会制度，更多地依赖习俗、规定、期望而不是法律。[②] 不过，柯恩指出，一旦基本结构的理解从强制转到约定与习俗，则个人的选择行为是否应该在正义的权限之外就不清楚了。[③] 这种理解有两个麻烦。第一，非强制性结构所能维持的那种约束和压力恰恰存在于行为者的倾向中，当行为者选择一种有约束和压力的方式行动时，他们就实现了这种倾向。第二，就非正式结构而言，结构的选择与个人在这种结构之内的选择这种区分只在概念上是可能的；两者在外延上却是等价的，因为非正式结构无法把形成这种结构的选择与这个结构之内的选择区分开来。因此，适用于非强制机构的正义原则也适用于个人的日常选择行为。[④]

据此，柯恩认为罗尔斯处于困境之中：一方面，如果罗尔斯认可上述关于“基本结构”的第二种看法，那么正义原则就既适用于基本结构也适用于个人选择；另一方面，如果罗尔斯认可第一种看法，那么他对基本结构的选择就是专断的、没有依据的。[⑤] 以上分析表明，罗尔斯关于基本结构的论证也无法消除差别原则的动机悖论。

柯恩还着重考察自由主义者支持差别原则的另一个有力论证：平等面临三难处境，即平等、帕累托最优与职业选择自由是无法共存的。柯恩举了一个具体例子来说明这种论证。假设能干者在 20 000 美金年薪下偏爱园丁而不是医生工作，但若做医生有 50 000 美金年薪，他就偏爱做医生；如果在 20 000 美金年薪下他愿意做医生，那么他会极大地帮助其他人。几种选择的情况如下：

（1）50 000 美金，做医生。此时在工作满足和收入上都比其他人好。

（2）20 000 美金，做园丁。此时在工作满足上比其他人好很多，收入则一样。

（3）20 000 美金，做医生。此时在工作满足上还是比其他人好，但收入则一样。[⑥]

共同体对三者的排序是：（3）好于（1），（1）好于（2）。柯恩总结了这个例子的一般意义：除非消费者偏好可以决定生产什么，否则就会违背帕累托最

① 参见［美］罗尔斯：《政治自由主义》，11、71、214、273、285 页。

② Cohen, *Rescuing Justice and Equality*, p. 134.

③ Cohen, *Rescuing Justice and Equality*, p. 134.

④ Cohen, *Rescuing Justice and Equality*, pp. 134 - 138.

⑤ Cohen, *Rescuing Justice and Equality*, p. 138.

⑥ Cohen, *Rescuing Justice and Equality*, p. 185.

优原则。只有当人们具有职业选择自由，能对它做出回应时，消费者偏好才能决定生产。如果国家不做劳动安排，则只有通过价格才能让职业选择回应偏好，这就会违背平等。因此，要实现平等，那么或者需牺牲帕累托最优，或者需牺牲职业选择自由。这也就是说，前面的 D3 状态只有牺牲职业选择自由才能得到。[①]

但是，柯恩认为这种三难的存在是因为我们对于自由成分的描述不清晰。他举了另一个简单的例子，即社会上的献血情况：（1）不买血；（2）有足够的血；（3）有选择献血的自由。如果没有足够的人愿意无偿献血，就会出现（1）（2）和（3）无法同时实现的类似三难：如果不买血，又给予人们献血上的自由选择，我们就无法得到足够的血。因此，要想有足够的血，就需要要么买血，要么强制人们献血。[②]

柯恩认为对此有一个伦理解决法：如果足够数量的人受感动，出于共同体情感而自愿捐赠，那么三难就消失了。柯恩非常清楚，在现实条件下，我们不可能有足够的人自愿做到这一点。但是他认为这恰恰说明：只是在某些条件下下，三难处境才会存在。上文表述三难困境的关键假设是：能干者一定会选择20 000美金年薪的园丁工作或者 50 000 美金年薪的医生工作。但是如果能干者真的接受运气平等主义，那么他就会选择 20 000 美金年薪的医生工作。柯恩并不否认这种选择使能干者变差了，但这是出于他的道德承诺，因此是合情理的。柯恩的关键假设是：当能干者按照运气平等主义行事时，他是自由的。

这里的一般意义是：我们如果按照正确的道德原则行动，那么就是自由的。柯恩认为，反对此点的人面临着一个两难处境：道德对谋杀的禁令要么是对人们自由的约束，要么不是对人们自由的约束。如果它是对人们自由的约束，那么信守平等主义承诺也是对人们自由的约束，但我们不想要一个有约束的道德是不对的。如果它不是对人们自由的约束，那么个人信守平等主义承诺也不是对人们自由的约束。因此，无论在哪种意义上讲，我们都不能用自由来反对平等主义的约束。[③]

自由主义者还有一种反驳：自由的意义在于自我实现，即个人的职业选择自由不是决定做什么，而是决定成为什么样的人，据此，柯恩上面对三难的反驳就不再适用。柯恩对此有一个很好的回应：按照这种理解，我们就不能说平

① Cohen, *Rescuing Justice and Equality*, p. 185.
② Cohen, *Rescuing Justice and Equality*, pp. 188 - 189.
③ Cohen, *Rescuing Justice and Equality*, pp. 192 - 194.

等与帕累托最优的联合牺牲了“自我实现”的自由，而只能说有些公民失去了这种自由，有些公民则得到了更多的这种自由。柯恩承认，能干者在平等社会中的生活确实没有在不平等社会中那么有吸引力。但是限制能干者生活的利益的意义在于增加最不利者的利益。当医生在相对的意义上受损时，其他人得益了。平等主义者承认，绝大部分在现实社会里能获得高报酬的人在平等主义社会里会承担更多的负担。但这并不意味着能干者被奴役了，因为他们（在综合意义上）过得并不比任何人差。平等主义社会要求能干者生产得更多，但不要求他们牺牲得更多。[①]

对此可能还有一种反驳，即自我实现与其他利益是不能相提并论的，它是词典式优先的。也就是说，个人不能为了任何他人而放弃这种自我实现。柯恩对这种反驳有一个很好的回应：在这种前提下，能干者要求更高的工资是没有意义的，因为这样做并不能抵消他从事这个工作所带来的自我实现的损失。因此，或者自我实现是一种可与其他利益通约的利益，那么我们只是将其放到一般的效用加总中去计算平等；或者自我实现是不可通约的，并且具有词典式优先的地位，那么收入差别作为激励就无济于事。[②] 柯恩上面的论证表明：认为差别原则只适用于制度而不适用于个人选择的观点是无法证成的。只要我们认可由激励引发的不平等，就会产生动机悖论。

柯恩后来发现，对差别原则的这种应用批判实际上也适用于差别原则本身。[③] 柯恩的动机悖论反驳揭示了罗尔斯证成差别原则的根本问题：两种理由的两阶段论证。罗尔斯承认两种理由：（1）如果不是由于自己的过错或选择，则所有人应该过得一样好；（2）帕累托原则——欢迎有益于所有人的变化。尽管罗尔斯对差别原则的证成考虑了这两种理由，但他分别只让一种理由在一个阶段上起作用。柯恩对此的反驳与德沃金对起点平等理论的反驳如出一辙：无论是什么理由，应该要么总是起作用，要么总是不起作用，而不能人为地让它在一个阶段起支配作用，而在另一个阶段却完全不起作用。[④]

柯恩认为，帕菲特从契约角度对差别原则的讨论很好地反映了这一点。其基本思路是这样的：正义要给予所有人同样多，因此，我们从平等开始，每个人都有权坚持它。这解释了为什么最不利者具有绝对的优先性。但是当不平等

---

① Cohen, *Rescuing Justice and Equality*, pp. 206 – 208.

② Cohen, *Rescuing Justice and Equality*, pp. 209 – 212.

③ Cohen, *Rescuing Justice and Equality*, p. 152.

④ 参见［美］德沃金：《至上的美德》，92～93 页。

有益于所有人的时候，所有人会一致地接受差别原则，再坚持不平等就是不理性的。柯恩对此有两个回应：

第一个回应是，认为不利者有否决权的理由与由此导致的结果之间具有不一致性。假设开始的分配状态是（5，5），A 对转向状态（4，6）具有否决权，但对转向状态（5，6）则没有否决权。柯恩认为这里有不一致性，因为前一种转变是绝对意义上变差，后一种转变在相对意义上变差，因此 A 对这两种转变应该要么都有否决权，要么都没有。只有当我们坚持平等的理由是人们不能掉到某个绝对水平之下时，上面在否决权上的不同才是说得通的。但罗尔斯坚持平等的理由是人们受到了相对剥夺，而不是要保证人们不掉到某个绝对水平之下，因此这里否决权的不同是说不通的。[①]

第二个回应是，尽管后面的转变是所有人一致同意的，但如果一致同意可以使得后面的分配是正义的，那么一开始我们就可以采用一致同意的原则作为正义的原则。由此，一致同意的原则就可以使得一个让最不利者更为不利的分配也是正义的。柯恩认为，既然开始我们就坚持平等原则，而不是坚持一致同意原则，那么后面即使有一致同意也不能使得这种状态是正义的。[②]

阿内逊对柯恩的这种批判思路提出了根本反驳，他认为差别原则只需要推定（assumed）平等而不需要确立（establish）平等。[③] 这有点类似于法院对人们所做的无罪推定：它并没有确立某人无罪，只是假设他无罪。阿内逊由此认为，差别原则的转变并不存在动机悖论。[④] 笔者认为，柯恩对此其实可以作出如下回应：有充分的文本证据表明，罗尔斯在对差别原则的讨论中是确立平等状态的。他对自然的自由体系、自由主义体系和公平的机会等原则的讨论[⑤]，他把天赋当作共同资产的讨论[⑥]，都表明他接受运气平等主义。

面对此种回应，阿内逊可以说，即使罗尔斯的文本有此预设，但差别原则在论证上也不需要预设运气平等主义。而柯恩则可以做如下反驳：罗尔斯认为只有帕累托改善这种理由才可以使得我们偏离平等。如果开始的状态是 D1（5，5），那么我们只有权利向 D2.1（5.1，7）转变，而没有权利向 D2.2

---

① Cohen, *Rescuing Justice and Equality*, pp. 164 - 165.

② Cohen, *Rescuing Justice and Equality*, pp. 165 - 166.

③ R. J. Arneson, "Justice is not Equality," in B. Feltham (ed.), *Justice*, *Equality and Constructivism*, Oxford, Wiley-Blackwell, 2009, p. 18.

④ R. J. Arneson, "Justice is not Equality," p. 16.

⑤ 参见［美］罗尔斯：《正义论》，56～69 页。

⑥ 参见［美］罗尔斯：《正义论》，77～78、139、463 页。

(4，9)转变。如果平等原则没有被确立而只是被推定，那么任何理由都可以使得我们偏离这种推定的平等，这正如任何罪行都可以使得原来被推定无罪者不再是无罪的，无罪推定并不能抵消任何罪行。这也就是说，如果只是推定平等，那么后一种转变就应该是可以的，因为总效用增加了。笔者认为，我们之所以可以从柯恩的观点做这种推论，其根据在于他接受帕菲特的以下说法：如果罗尔斯没有接受起点的平等，那么我们很可能接受的是效用最大化原则而不是差别原则。①

此外，从一般意义上讲，帕累托最优在没有起点状态的情况下，几乎没有任何用处。比如，可以假设一个皇帝极为残暴并且极有能力，能够随心所欲地做一切事情。如果接受帕累托最优的基本含义，则有这样一个皇帝的社会也是帕累托最优的，因为任何改革都会引起这个皇帝状况的变坏，从而不是帕累托改善。据此可以认为，既然差别原则认为帕累托标准非常重要，那么它就需要预设运气平等主义。

上面的讨论进一步表明：要么罗尔斯所讨论的政治共同体的人都接受运气平等主义，这时只要不存在动机不一致，那么作为激励的收入不平等就是不必要的；要么人们没有接受运气平等主义，那么差别原则的起点平等状态 D1 就是没有力度的，从而认为需要帕累托改善才能改变 D1 就是没有道理的。因此，无论人们是否接受运气平等主义，差别原则都是不成立的。

我们还可以这样来看待差别原则，它代表着两种理由的妥协：一种理由是运气平等主义，即人们在没有选择和过错的情况下，应该过得一样好；另一种理由是帕累托最优，即人们在绝对意义上过得好是很重要的。柯恩的批判表明：差别原则的这种妥协是错误的，因为它让两种理由分别只在一个阶段上起作用，而在另一个阶段上完全不起作用。这就是罗尔斯差别原则的内在困境，那么这种困境的含义是什么呢？

假设起点平等状态 D1 是（5，5），并假设由于信息、组织而不是动机的原因，收入差别对于改善最不利者是必要的，那么，按照差别原则的词典式解读，向 D1.2（5，7）的转变就会是帕累托改善（不损害最不利者）。根据帕累托原则的经典表述（要有益于最不利者），向 D1.3（5.1，7）的转变也是帕累托改善。按照柯恩的理解，为了理由的一致性，平等在两个阶段上都要起作用，因此差别原则肯定要做出改变，但改变的幅度取决于平等具有何种权重。

① Cohen，*Rescuing Justice and Equality*，p. 167.

如果平等在分配正义中具有绝对的权重，那么向 D1.4（6.999，7）的转变就是不正义的。这实际上是柯恩的观点，下一节会重点考察。如果平等只具有一种相对的权重，那么尽管向 D1.3 的转变是不正义的，但向 D1.4（6.999，7）的转变很可能就是正义的，甚至向 D1.5（6，7）的转变也是正义的。这也就是说，只要我们不认为平等在分配正义中具有绝对的权重，那么差别原则只要变成“平等-差别原则”即可。当然，除了补偿性的收入差别之外，作为激励的差别依然是不正义的。因此，尽管柯恩的“动机悖论”反驳确实否定了差别原则的应用限制，但它所揭示的困境对差别原则所代表的妥协并无多大的杀伤力，罗尔斯妥协的基本精神依然能够成立。

不仅如此，人们还可以用其他方法来回应柯恩关于差别原则应用限制的“动机悖论”反驳。“动机悖论”的存在实际上是因为罗尔斯接受了休谟的正义环境论[1]，从而无法承认后面所谈到的充分正义感。休谟正义环境论的一个重要特征就是人的仁爱不足。仁爱不足的一个含义是，无论你的原则多么有道理，但只要这个行为要求我的牺牲过大，我就无法自愿地遵守。[2] 换言之，罗尔斯的公平正义社会是不可能有充分的正义感的。但罗尔斯后来对良序社会尤其是对正义感的强调，让我们容易忽略这一点。而一旦意识到罗尔斯实际上接受了仁爱不足的假设，我们就可以更好地理解罗尔斯关于基本结构的论证。按照这种解释，基本结构只能是强制性的结构。尽管人们没有足够的动机自觉遵守正义原则，但可以通过强制使得所有人都遵守正义原则，因为不遵守会有很大的代价。因此，我们不需要有充分的正义感就可以遵守正义原则。但对于个人选择行为，则只能给予个人足够的激励才能让他们努力工作。所以，这种应用之中是没有动机不一致的。同样，在这个前提下，我们也可以更好地理解帕累托论证。如果大家都只有有限的仁爱，那么靠强制我们只能获得起点平等状态 D1（5，5），而不是 D3（7，7）。如果人们只有有限的仁爱，那么利用收入不平等作为激励就可以获得 D2（6，9）。而相对于 D1 而言，D2 是帕累托改进的。因此，尽管柯恩的“动机悖论”反驳对于理想意义上的正义有影响，但考虑到现实的人性状况，罗尔斯对差别原则的应用限制仍然可以成立。

尽管以上分析可以回应柯恩的批判，但差别原则本身的困境实际上要更为严重。由于柯恩如罗尔斯一样误解了帕累托标准，所以他并未挖掘出差别原则

---

① 参见［美］罗尔斯：《正义论》，98 页。

② 参见葛四友：《论无知之幕与社会契约的作用》，96 页；葛四友：《正义真是一种补救性德性吗?》，载《世界哲学》，2013（1）。

的根本困境。为说明这一点，我们需要重新考察帕累托标准的意义。帕累托标准由于经济学的影响日益增长而获得了无与伦比的重要性，罗尔斯尤其是柯恩都臣服于这种标准。然而，从道德层面上讲，帕累托标准实质上远没有如此重要。帕累托标准的兴盛与近现代经济学的实证主义倾向发展有莫大的关系。经济学实证主义使得经济学与道德哲学渐行渐远，其最重要的一个后果就是经济学家否定了效用人际比较的可能性。① 由此，经济的效率评估就只剩下了帕累托标准：若一种状态相比于另一种状态来说，其中没有任何人变坏，至少有人变好，那么这就是帕累托改进。然而，作为经济学中效率代名词的帕累托标准本身并没有什么道德力度：它要么是无用的，要么必须借助其他更为根本的道德标准。② 上文已经阐述过，如果没有一个起点，那么帕累托标准几乎适用于所有状态，因而是无用的。帕累托标准之所以在罗尔斯与柯恩那里如此重要，正是因为他们都假定了平等是一个正当的起点。

然而，以状态的平等作为起点恰恰在根本意义上否定了帕累托标准的适用环境，因为它承认效用的人际可比性。由此，依赖帕累托标准的差别原则就面临一个最大的困境：一方面，如果效用在人与人之间是不可比的，那么起点平等就是没有意义的。由此帕累托标准是没有意义的，因为有太多的分配状态都能满足帕累托标准，即使有些状态（如上述残暴皇帝的情形）在直觉上极其令人反感。这样一来，差别原则就根本无法成立。另一方面，如果效用在人与人之间是可比的，从而我们能够具有起点的平等状态，那么帕累托标准就面临着困境：要么平等具有绝对的价值，则从 D1（5，5）向 D1.4（6.999，7）的帕累托改善都是不许可的；要么平等只具有相对的价值，则从 D1（5，5）转向 D1.5（6，9）的帕累托改善是可以的，即符合上面所讲的平等-差别原则。但同时，从 D1（5，5）转向 D1.6（4，15）也应该是可以的。因此，无论我们赋予平等什么价值，差别原则都是不能成立的。

不仅如此，由于假定人际的可比性，柯恩与罗尔斯在应用帕累托标准时都犯了一个根本性的错误。在帕累托标准中，“不能变坏”指的是任何一个人都不能变得比前一种状态更坏。但无论是在罗尔斯的差别原则的应用中，还是在柯恩的批判中，都没有注意到这样一点：最不利者在不同的体系中很可能不是同一个人。因此，罗尔斯所说的帕累托改善不是在真正的帕累托标准的意义上讲的。从而，与柯恩所理解的不一样，差别原则的根本问题不在于动机悖论，

① 参见葛四友：《一种新的后果评价框架》，载《文景》，2006（10）。

② 参见葛四友：《科斯定理的伦理蕴含与困境》，载《外国哲学》，2012（21）。

而恰恰在于帕累托标准，由此导致，无论平等具有什么样的价值，差别原则都不能成立。

结语：平等主义还是后果主义？

上一节的分析表明，差别原则的根本困境在于坚持两种理由的两阶段应用。摆脱此种困境的两种选择是：坚持平等主义即平等的绝对权重观，或者放弃平等主义，走向后果主义。柯恩非常自然地认可前一种选项：分配正义就在于完全平等；一旦背离这种平等，不管原因是什么，都是不正义的。[①] 这个选择从柯恩的整个学术生涯来看，是非常自然的，尽管柯恩有关平等的辩护前后有很大的变化，但其坚持平等的立场始终未变。

柯恩最开始接受科学社会主义，完全专注于平等的事实基础，认为平等是必然到来的。但在最后他对平等唯一性的坚持取决于人们在心灵上的完善。正是在这种意义上说，他回到了马克思所批判的空想社会主义，这种社会主义需要道德努力来实现。但是柯恩依然坚持他的马克思主义者身份，对此他给出了两个理由。首先，马克思主义实际上是科学社会主义的另一种称呼，马克思与恩格斯明确地提出要把社会主义作为一门科学而不是宗教。柯恩认为，只要马克思主义是作为一门科学而不是宗教，那么对它的超越就是必然的，只有宗教是无须超越的。因此，今天的马克思主义者并不需要墨守成规，否则就是破坏马克思把社会主义作为科学来研究的根本精神。其次，柯恩认为，个人是不是马克思主义者（社会主义者），主要看他是否在从事超越资本主义以及以社会主义来取代资本主义这一伟大工作。由此，柯恩认为，判断标准就在于我们是否在考虑有关社会主义的三个基本问题。第一个是设计问题：我们想要何种形式的社会主义社会？第二个是辩护问题：资本主义的毛病出在哪里，社会主义的正当性又在哪里？第三个是策略问题：我们如何才能实现它？[②]

柯恩的工作主要集中在第二个问题，因为第一个问题于他而言是解决了的，他信奉的是平等主义的社会主义。然而，柯恩对此并未给出有说服力的理由。他最重要的理由来自罗尔斯也接受的道德任意性论证。但道德任意性论证

---

① Cohen，*Rescuing Justice and Equality*，p. 155.

② Cohen，*Karl Marx's Theory of History*，p. xxv.

可以有两种解读：一种解读相当于前面所说的“不应得”解读，实际上就是运气平等主义解读。尽管差别原则预设了运气平等主义，但实际上从道德任意性论证是得不出运气平等主义的，因为人们是平等的还是不平等的在道德上是任意的。对道德任意性论证的另一种解读是“非应得”解读。据此，偶然性因素既不是我们应得的，也不是我们不应得的。[①] 我们应该怎样处理这种利益与负担，需要其他的理据。[②] 因此，尽管差别原则确实如柯恩所言要预设运气平等主义，但只要人们不支持差别原则，那么也就不需要预设运气平等主义。

不仅如此，由于柯恩坚持充分的正义感动机以及共同体的人际检验，所以他的平等观面临着巨大的麻烦。假设社会里由于信息或组织等其他原因，只能做到效用的两种分配：（5，5）与（5，9）。根据柯恩的说法，从第二种状态（5，9）转变到第一种状态（5，5）是正义的。这里，我们可以采用柯恩自己所提出来的共同体内的人际检验来看其平等观是否行得通。如果社会里的所有人（包括最不利者）具有充分的仁爱（充分的正义感），且低效用者知道高效用者尽了一切努力来改善他的效用，那么他如何还能够对高效用者说“尽管你已经尽了一切努力，但因为我的效用只能达到5，而你的效用有9，所以你应该变得跟我一样差”？恐怕不能。为了表述得更清楚一点，我们可以想象极富亲情的一家人，如果其中有一个成员因为先天疾病而无法得到高效用，那他会因此要求全家人跟他过得一样差吗？恐怕也不会。如果低效用者在这种情况下真的要求高效用者过得和他一样差，那么很可能只是因为他不把自己当作共同体中的一员，或者出于嫉妒或恶毒等心理。

如果情况是后者，则问题在于：为什么出于嫉妒或恶毒的要求也是正义的？如果正义真的这样要求的话，那么正义就是一种很低端的德性，是在人们具有的仁爱不足的情况下才需要的。但前面柯恩对差别原则的批判表明，实现平等要求能干者具有充分的正义感，具有很强的仁爱精神。这样一来，柯恩的平等观就具有了一种动机悖论：平等本身是因为人们的仁爱不足才需要的；但这种平等的实现又要求富裕者或能干者具有充分的正义感来实行它，而如果人们没有充分的仁爱，也就不会有充分的正义感。由此，就出现了这样一种困境：要么人们的仁爱有限，因而平等是需要的，但这种平等实际上是无法实现的；要么人们有充分的仁爱，因而平等是可以实现的，但这时平等实际上是不需要的。简而言之，平等要么是不可能的，要么是不需要的。

---

① 参见葛四友：《罗尔斯的公平正义观真的反对后果主义吗？》，载《哲学研究》，2012（7）。

② Cohen, *Rescuing Justice and Equality*, p. 166.

一旦我们放弃这种绝对的平等观，那么正如柯恩也承认的，一种自然的选择就是后果主义。[①] 不仅如此，柯恩的平等观与后果主义之间的差别远没有想象的那么大。第一，两者均强调结果，只是前者强调效用的平等分配，而后者强调效用的最大化。第二，前者接受效用的人际可比性，而后者也要求这一点。第三，前者否定前制度的道德应得或资格，而后者也需要如此。第四，柯恩的运气平等主义如后果主义一样否定了自我所有权，由此两者都面临着同样的反驳：忽视个人分立性。[②] 运气平等主义否定自我所有权是为了使所有人过得一样好，而后果主义否定自我所有权是为了实现效用的最大化，让所有人过得尽可能好。面对"忽视个人分立性"的反驳，柯恩可以做两种回应：一种回应是承认否定自我所有权确实违背了个人分立性，但强调个人分立性在资源的分配中并不重要，重要的是人们过得一样好。就此而言，后果主义对"忽视个人分立性"的反驳可以做同样的回应：后果主义确实违背了个人分立性，但个人分立性在资源的分配中并不重要，重要的是人们过得尽可能地好。柯恩的另一种回应是：否定自我所有权并没有真正违背个人分立性，因为只要我们按照平等的正义规则行事，我们就对每个人表示了尊重，由此也尊重了个人分立性。就此而言，后果主义依然可以做同样的回应：否定自我所有权并没有违背个人分立性，因为只要我们按照后果主义的正义规则行事，我们就对每个人表示了尊重，由此也尊重了个人分立性。可见，在面对"忽视个人分立性"的反驳时，无论柯恩如何回应，其运气平等主义的分配正义都并不比后果主义的分配正义做得好。

但是，后果主义还需要回应另一个有力的反驳：平等观具有强大的直观合理性。柯恩认为自中世纪之后，人们就接受了这样一个原则：一个人除非因为自己的选择或过错，否则不应该过得比其他人差。[③] 换言之，人们如果不是出于自己的选择或过错，就应该过得一样好。不过，这个反驳存在几个问题：首先，这种直觉很可能只有平等主义者才具有；其次，即使人们都有这种直觉，但柯恩需要解释，为什么这种直觉不是因为平等的工具性价值，而是因为平等本身的内在价值；最后，即使人们的直觉真的是平等具有内在价值，但这种平等观具有"水平下降"的推论，即假如分配状态为（4，7），那么如果不能把前者提升到 7，就应该把后者降为 4，而反对这种"水平下降"推论的道德直

---

① Cohen，*Rescuing Justice and Equality*，p. 167.

② 参见［美］诺齐克：《无政府、国家与乌托邦》，217、231 页。

③ Cohen，*Rescuing Justice and Equality*，p. 156.

觉似乎更强烈。

后果主义接受平等具有直觉吸引力，但认为这种吸引力来源于其工具性价值而不是内在价值。由此，它既能解释平等所具有的直觉吸引力，又能避免平等观所包含的反直觉的“水平下降”的推论。

首先，后果主义能够解释我们要求资源大致平等分配的直觉。假设有这样一个社会，人们的分配只能是二选一：一种是（5，7），另一种是（4，9）。如果把这些数字看成是钱或资源的代表，那么我们会有一种强烈的平等分配的倾向。但这种倾向也完全可以用后果主义加以解释。当然，这种解释取决于我们具有的边际效用递减倾向。过得越差的人，一元钱对他而言具有的效用越大。同样是十万元钱，对于亿万富翁来说只是锦上添花，而对于赤贫的人来说却是雪中送炭。马尔根所做的基本需要与目标的区分对解释这一点很有帮助：“基本需要”在这里主要指的是生理上的生活必需品（衣食住行），而“目标”则是指我们选择的追求、计划与事业等，它们赋予我们生活以主要意义。[1] 这一区分有两个含义：一个含义是基本需要领域的事情容易观测到，而目标领域的事情则很难观测到；另一个含义是基本需要领域的事情我们很难有调适空间，过得不好就是不好，而目标领域的事情则有很大的调适空间。关键在于，一旦我们满足了基本需要，我们能过的生活就可以有很多变化。这两个含义表明，越是处于低端，尤其是基本需要没有得到满足时，效用的损失就越大，且个人的自主能动性作用不大；而富人有很多资源，只要他们愿意调适，那么一定程度的再分配不会对其福利造成多大的损害。拉兹甚至认为：“相当富裕的人可以给他人很多钱，而不给他们自己的福利带来任何损失。”[2] 这也就是说，后果主义会在很大程度上支持资源平等分配方案。

其次，一旦我们不再把数字看成钱或资源的代表，而是看成效用的代表，直觉就不再支持平等观，而是支持后果主义。这可以从两个方面来看。第一个方面是我们的日常行为。人们大概都不会反对在公交车上应该给老、幼、病、残、孕让座。这种让座行为是比较孤立的行为，不会在效用上产生太多的因果链条，容易判断，因此对其效用的考虑可以比较直接简单。后果主义很容易解释让座这种行为，这就是：让座给让座者造成的效用代价不是很大，然而，得到座位的老、幼、病、残、孕者获得的效用却是很大的。与此同时，人们并没有关注老、幼、病、残、孕者的总福利是不是一定要比让座者低。而如果是平

① T. Mulgan, *The Demands of Consequentialism*, Oxford, Oxford University Press, 2001, p. 173.

② J. Raz, *Ethics in the Public Domain*, Oxford, Clarendon Press, 2001, p. 28.

等主义者，那么这将是一个重要的考虑因素。事实上，有些时候老、幼、病、残、孕者的效用比让座者的总体效用高得多，但我们依然不会改变这种直觉。第二个方面可以从个人的角度来考虑。我们可以假定一个人有两个人生阶段，可以有两种选择，分别是（5，5）与（4，9）。如果数字代表的是效用，我们一般会认为，个人会选择（4，9）。由于忽视个人分立性的反驳在此是无效的，因此我们可以合理地把个人的选择推广到社会。

需要提醒的是，在此不要把利他主义与充分的正义感相混淆。有充分正义感者会按正义行事，而利他主义者总是想有益于他人，而不管这样做的整体效用如何。[①] 利他主义者与利己主义者一样，都会在某些情境下陷入囚徒困境。比如，一对夫妇做间谍被抓了，这两个人都想让对方好，而不考虑自己，结果就会面临这样的处境：如果两个人都不招供，那么两个人都坐 4 年牢；如果一个人把责任都揽在自己身上，那么自己坐 12 年牢，对方无罪释放；如果两个人都把责任揽在自己身上，那么两个人都坐 8 年牢。如果夫妇俩都是利他主义者，他们的推理过程将是这样：要么对方把责任揽在他自己身上，这时我把责任揽在自己身上，对方坐牢时间会从 12 年变成 8 年；要么对方没有把责任揽在他自己身上，这时我把责任揽在自己身上，对方会从坐牢 4 年变成无罪释放；无论对方是否把责任揽在他自己身上，我把责任揽在自己身上对对方都是好的。因此，我应该把责任揽在自己身上。结果最后两个人都坐 8 年牢，而这显然是一个对双方都不好的结果，其原因就在于双方都只想着对方，没有想着自己。罗尔斯的“无知之幕”的模拟思考，则既解决了利己主义者的麻烦，同时也解决了利他主义者的麻烦；它只要求我们按照正义的方式行动，这样动机与结果之间的悖论就能得到消解。

后果主义除了能够解释收入和资源分配方面的平等主义之外，还能够解释现代的机遇平等观。首先，它能解释自由至上主义者所强调的每个人都有同样的自由权，即一种形式意义上的机遇平等。这种平等不考虑社会偶然性与自然偶然性的影响。我们可以将此看作人尽其才的第一阶段：人有机会实现其能力。这显然比阻止人们实现其能力能更好地增加效用。其次，它能解释公平的机会平等观。这种平等观主要是要消解社会的偶然性，尽力保证有类似抱负和努力的人，在天赋差不多的情况下会有差不多的前景。这可以看作人尽其才的第二阶段：人们能够有机会发展其潜能，同时有机会施展其发展出来的才能。

---

① 参见葛四友：《正义真是一种补救性德性吗?》，79 页。

在智力资源稀缺的今天，这种平等显然是有利于效用的增加的。

当然，后果主义无法解释近现代诸多义务论者所看重的运气平等主义，因为这种观点是某种形式的结果平等：只要人们有类似的抱负和类似的努力，他们就应该拥有大致相当的生活前景。但是，这种彻底的结果平等观一方面具有很多反直觉的推论，另一方面在理论上无法做到融贯。[①] 本节开始的分析也说明它有着深刻的动机困境。因此，后果主义无法解释它也许是一个优点，至少不是缺点。

如果上面的分析有道理，那么与柯恩的意图相反，消除差别原则之动机悖论的出路并不在于坚持运气平等主义，而在于转向后果主义：后果主义能够解释为什么我们一方面关注个人在绝对意义上是否过得好，另一方面又关注个人在相对意义上是否过得好。如果我们接受柯恩所做的各种批判，那么后果主义就能够更好地解释为什么我们一方面关注个人在绝对意义上是否过得好，另一方面又去关注人们相对而言过得怎么样。后果主义并不需要做出任何妥协就可以在理论内部自然地解释对这两方面的关注。

从其学术生涯来看，柯恩显然更擅长批判，而非建构。在很大程度上这是因为他是一个马克思主义者，是平等的虔诚信徒。这有两个后果：第一，其立场特别明确与坚定，就是运气平等主义，因此他用不着去做系统的理论建构；第二，其立场极左，在今天受到了极大的挑战，由此为了坚持其立场，他必须不断地对其他立场的理论提出强有力的攻击，找到其他理论的缺陷与漏洞。实际上，柯恩转向后的整个学术生活就是与各种反对运气平等主义的立场做抗争。早期直面诺齐克的自由至上论，重点就是寻找诺齐克的极端右翼理论的逻辑问题与证成问题。然后就是批判德沃金和罗尔斯。德沃金作为平等至上主义的代表，与柯恩在基本精神上是一致的，因此，柯恩更大程度上是按照自己的运气平等主义立场来重构德沃金的资源平等的。而罗尔斯的公平至上是中间派，柯恩与其共享运气平等主义的出发点，由此柯恩是要努力表明，罗尔斯离开这个起点是得不到证成的。

在笔者看来，柯恩对这三种理论所做的批判是相当成功的，因为其批判并未预设平等，而是针对被批判理论的内在论证脉络，提出了极重要、极有力的批判。但不无遗憾的是，柯恩的批判并未得到应有的重视，原因大概有三个。

---

① E. Anderson, “What's the Point of Equality,” *Ethics*, 1999, 109 (2), pp. 308 - 311; S. Hurley, “Luck and Equality,” *Supplement to the Proceedings of the Aristotelian Society*, 2001, 75 (1), pp. 69 - 71；葛四友：《运气平等主义与个人责任》，载《哲学研究》，2006 (10)。

第一，柯恩并未提出一种系统的新立场，无法作为其他人讨论与研究的对象，不存在如罗尔斯式产业之类的柯恩产业。第二，他批评的两个主要对象并未直接回应其批判。诺齐克是其批判的主要对象，但诺齐克基本上不对任何评论做出回应。而柯恩对罗尔斯的批判则是20世纪90年代后期至21世纪初，形成完整且系统的批判主要是在《拯救正义与平等》一书中，而这时罗尔斯已经去世几年了。第三，作为平等的虔诚信徒，柯恩尽管对各种理论的内部批判是相当有力的，但是他在批判完毕后并未充分设想其他的可能性，而急于引向平等理论，这部分的论证往往是不那么充分与有力的，这也可能导致我们忽略其批判。然而，虽然柯恩没有建构起真正属于自己的分配正义立场，但其批判极其有力，有助于我们对主流分配正义理论做充分的反思，如果这点得到我们的充分承认，那么将大大推进我们对于分配正义的认识。

葛四友

参考文献

［美］德沃金．至上的美德．南京：江苏人民出版社，2002.

葛四友．运气平等主义与个人责任．哲学研究，2006（10）．

葛四友．一种新的后果评价框架．文景，2006（10）．

葛四友．论无知之幕与社会契约的作用．中国人民大学学报，2012（5）．

葛四友．论科斯定理的伦理蕴含与困境．外国哲学，2012（21）．

葛四友．罗尔斯的公平正义观真的反对后果主义吗？．哲学研究，2012（7）．

葛四友．资源平等的诊断与重构．政治思想史，2013（1）．

葛四友．正义真是一种补救性德性吗？．世界哲学，2013（1）．

［加］金里卡．当代政治哲学．上海：上海译文出版社，2015.

［美］罗尔斯．正义论．北京：中国社会科学出版社，2009.

［美］罗尔斯．政治自由主义．南京：译林出版社，2011.

［美］诺齐克．无政府、国家与乌托邦．北京：中国社会科学出版社，1991.

Anderson. What's the Point of Equality. Ethics，1999，109（2）．

Arneson. Justice is not Equality// B. Feltham（ed.）. Justice，Equality and Constructivism. Oxford：Wiley-Blackwell，2009.

Cohen. On the Currency of Egalitarian Justice. Ethics，1989，99（4）．

Cohen. Equality of What? On Welfare，Goods，and Capabilities//Sen (eds.). Nussbaum and The Quality of Life. Oxford：Clarendon Pres，1993.

Cohen. Self-ownership，Freedom，and Equality. Cambridge：Cambridge University Press，1995.

Cohen. If You're an Egalitarian，How Come You're So Rich？. Cambridge：Harvard University Press，2000.

Cohen. Karl Marx's Theory of History. Expanded edition. Princeton：Princeton University Press，2000.

Cohen. Rescuing Justice and Equality. Cambridge：Harvard University Press，2008.

Feltham（ed.）. Justice，Equality and Constructivism. Oxford：Wiley-Blackwell，2009.

Hurley. Luck and Equality. Supplement to the Proceedings of the Aristotelian Society，2001，75（1）.

Mulgan. The Demands of Consequentialism. Oxford：Oxford University Press，2001.

Nussbaum and Sen（eds.）. The Quality of Life. Oxford：Clarendon Press，1993.

Raz. Ethics in the Public Domain. Oxford：Clarendon Press，2001.

Roemer，John（ed.）. Foundations of Analytical Marxism. Vermont：Edward Elgar Publishing Company，1994.

Sen. Equality of What？// Sterling M. McMurrin（ed.）. The Tanner Lectures on Human Values，Volume I. Cambridge：Cambridge University Press，1979.

第十章
佩蒂特：从"无支配自由"到"论辩式民主"

共和与共和主义无疑是西方政治思想史上最为古老的话题之一，但是，自19世纪中叶以后，它作为一种政治理想就已经开始无可挽回地衰落了。因此，当阿伦特在20世纪50年代独自一人苦心孤诣地倡导古典共和主义，并在很大程度上视其为一种政治乡愁时，她恐怕不会想到"共和主义的复兴"会成为20世纪末21世纪初西方政治理论中的一道独特风景。

20世纪前期西方学术界对古典共和主义的介绍仅限于一种知识考古学的兴趣，但是，经由美国历史研究领域中的"共和学派"和政治思想史研究领域中"剑桥学派"的不懈努力和推动，20世纪60年代以后，共和主义在诸多领域开始复兴，并且势头越来越强劲，直至形成一种思潮。[①] 在政治思想史领域，在自由主义的思想谱系之外，一幅完整的、更为久远的共和主义思想史图景被描绘了出来；在规范政治理论领域，公共善、公民美德、积极的公民身份等共和主义议题重新得到了重视，而其中最引人注目的，则是新共和主义者对共和主义自由观的阐发及对自由主义自由观的批评。

新共和主义者试图通过论证共和主义在自由这个一直为自由主义者所把持的问题上的优越性，对自由主义来一个釜底抽薪式的批判。在这个问题上着力最多的，就是著名政治思想史家昆廷·斯金纳（Quentin Skinner）和著名政治哲学家菲利普·佩蒂特，他们分别从历史和哲学两个维度对共和主义的自由进行了考察和建构。而作为当代新共和主义最重要的代表，佩蒂

① 对当代共和主义复兴的概述，参见刘训练：《共和主义：从古典到当代》，第6章，北京，人民出版社，2013。

特创作的《共和主义》等系列著作也成为新共和主义最精微的政治哲学阐述。

佩蒂特（Philip Noel Pettit，也译“佩迪特”）1945年出生于爱尔兰，曾长期任教于澳大利亚国立大学，现为美国普林斯顿大学政治学和人类价值洛克菲勒讲席教授。佩蒂特是当代最著名的哲学家之一，享有多种学术荣誉，并担任多种学术职务。[①] 他的学术兴趣非常广泛，从心灵哲学到道德哲学再到政治、法律哲学都有著述，其晚近的主要著作包括《人同此心》（*The Common Mind：An Essay on Psychology，Society and Politics*，1993）、《共和主义》（*Republicanism：A Theory of Freedom and Government*，1997/平装本，1999）、《一种自由理论》（*A Theory of Freedom：From the Psychology to the Politics of Agency*，2001）、《规则、理性与规范》（*Rules，Reasons，and Norms：Selected Essays*，2002）、《语词的创造》（*Made with Words：Hobbes on Language，Mind，and Politics*，2008）、《一种公共生活中的政治哲学》（*A Political Philosophy in Public Life：Civic Republicanism in Zapatero's Spain*，2010；合著）、《根据人民的意愿》（*On the People's Terms：A Republican Theory and Model of Democracy*，2012）等。[②]

佩蒂特最为知名的研究是他对于自由概念的分析。但是，为了充分理解他在这方面的论证，我们不能仅仅将精力集中在他的自由观上，而是需要对他哲学思想中的其他相关内容也有所了解。因此，本章将首先对佩蒂特自由理论的本体论基础作一剖析，使读者能够理解该理论在他共和主义思想脉络中的位置。而在对他的“无支配自由”理论进行论述后，为了解决这一理论中的含糊难解之处，我们将转向对佩蒂特民主思想的研究，以便回答“政府对公民的何种干涉不会侵犯其自由”这一关键问题。厘清佩蒂特在本体论议题和民主议题上的立场后，他的自由观将会显得更为完整和融贯。尽管如此，他的共和主义理论仍然不免存在许多富有争议之处。本章最后一节就将总结和提出一些对他的批评，并希望以此为进一步的研究提供参考。

---

① 关于佩蒂特更多的学术信息，可参见他在普林斯顿大学网站上的个人主页：http：//www.princeton.edu/～ppettit/index.htm。

② 这些著作中已经被译成中文的包括：《人同此心：论心理、社会与政治》，长春，吉林出版集团有限责任公司，2010；《共和主义：一种关于自由与政府的理论》，南京，江苏人民出版社，2006；《语词的创造：霍布斯论语言、心智与政治》，北京，北京大学出版社，2009。所有这些著作作者的译名均为“佩迪特”，本章叙述时则一律使用“佩蒂特”。

第一节　“整体论的个人主义”与共和主义

当现代科学与哲学萌芽之时，那些先驱者恐怕很难想象当今学术世界中的分工细化程度。在霍布斯与洛克那里，从神学观到认识论再到具体的党派政治立场，都有着清晰可辨的哲理逻辑贯穿其中。甚至霍布斯与波义尔的自然科学争论，也与政治上的观点息息相关。① 与此形成对照的是，在越南战争期间，当罗尔斯在大学生服兵役问题上与他的哲学系同事奎因和古德曼产生分歧时，人们只能将此作为一个历史事件记录下来，却无法展示这种分歧背后的形而上学根源。② 在这种时代背景下，像佩蒂特这样，在多个学术领域都有所建树，且能将其贯穿为一体，就成了罕见之事。

在当前的国内外学术界，佩蒂特主要是作为政治理论家而为人所知的。他学术生涯的大部分时间在担任政治学的教职；他最有名的书是其政治哲学方面的代表作《共和主义》；在他被译成中文的作品里，绝大部分主题也都涉及政治哲学和政治思想史。但事实上，他在心灵哲学、伦理学、认识论、社会科学哲学和现象学方面都有所论述。不仅如此，他还力图将自己在不同领域中的哲学思想整合起来。例如，在《一种自由理论》一书中，他就对当代哲学研究中把“自由意志”与“政治自由”分割开来讨论的倾向表示不满，并力图把这两个属于不同哲学分支领域的问题结合起来，提出一种统一的、同时涵盖形而上和政治社会问题的自由理论。③ 出版于 1993 年的《人同此心》，则是他把本体论和政治哲学中的根本问题结合起来的一个重要尝试。④

从 20 世纪 80 年代的中后期起，佩蒂特逐渐将主要精力转移到政治哲学上来。在这一时期，英美政治哲学界的一大热点是自由主义-社群主义之争。这

---

① 参见［美］史蒂文·夏平、［美］西蒙·谢弗：《利维坦与空气泵：霍布斯、玻意耳与实验生活》，蔡佩君译，上海，上海人民出版社，2008。波义尔，又译玻意耳、博伊尔。

② 参见［美］涛慕思·博格：《罗尔斯：生平与正义理论》，20 页。当然，我们未必不能（比方说）把古德曼的美学思想或奎因的语言哲学思想与保守主义的政治态度联系起来。但即使我们能够建立起这种联系，恐怕也是很牵强的。

③ P. Pettit，*A Theory of Freedom*：*From the Psychology to the Politics of Agency*，Cambridge，Polity，2001.

④ P. Pettit，*The Common Mind*：*An Essay on Psychology*，*Society and Politics*，Oxford，Oxford University Press，1993.

场争论也在佩蒂特的理论中留下了印记。《人同此心》是他第一部较为系统地论及社会政治哲学的专著，而此书对本体论的讨论非常容易使人联想到自由主义者与社群主义者之间的一些关键争论。按照缪哈尔和斯威夫特的总结，对于以罗尔斯为首的自由主义者，社群主义的批判集中在四个方面，而其中有两个方面都与本体论问题有关：关于"人的概念"的问题，以及"非社会化的个人主义"的问题。[①] 在一些带有脸谱化色彩的争论中，自由主义者往往被认为把人看作霍布斯式的原子化个体，从而忽视了人的社会性；而社群主义者则常常被批评为将人视为社会有机体的组成部分，从而忽视了人的个体性。

在佩蒂特看来，这种"社会性"与"个体性"之争实际上包含了两个方面的不同问题。一方面，"集体主义者"（collectivist）与"个人主义者"（individualist）所争论的问题是："社会规则"（social regularity[②]）是否损害了"意向性规则"（intentional regularity），并剥夺了我们的能动性（agency）。[③] 另一方面，"整体论者"（holist）和"原子论者"（atomist）则在争论如下问题："在多大程度上，人们之间的社会关系对于他们作为主体和行动者的构成是有意义的。"[④] 前一个问题涉及人们在多大程度上受到更高层次力量的影响，后一个问题则涉及人们在多大程度上彼此影响。[⑤] 或者，用"部分与整体之间的关系"来解释的话，可以说，集体主义认为整体大于部分之和（例如，作为一个集体的民族，要大于该民族所有成员之和），整体论则认为，通过属于一个整体，部分的性质得到了转换（例如，通过属于一个社会，组成该社会的个人发生了转变）。[⑥] 在这四种立场之间，可以有不同的组合方式。[⑦] 整体论者并不一定信奉集体主义，个人主义者也不一定信奉原子论。佩蒂特本人就是一个同时反对集体主义和原子论的"整体论个人主义者"。这种思路固然不同于主流的自由主义，但也不同于社群主义。[⑧] 正是从这种独特的本体论立场出发，他发展出了自己的共和主义政治哲学。

---

① S. Mulhall & A. Swift, "Rawls and Communitarianism," in S. Freeman (ed.), *The Cambridge Companion to Rawls*, Cambridge, Cambridge University Press, 2003, pp. 464 - 469.

② 需要特别注意的是，这里说的"规则"（regularity）不等于中文里"规则"（rule）的通常含义。

③ 参见［澳］佩迪特：《人同此心：论心理、社会与政治》，129、138～139页。

④ ［澳］佩迪特：《人同此心：论心理、社会与政治》，130页。

⑤ 参见［澳］佩迪特：《人同此心：论心理、社会与政治》，192页。

⑥ 参见［澳］佩迪特：《人同此心：论心理、社会与政治》，136～137页。

⑦ 参见［澳］佩迪特：《人同此心：论心理、社会与政治》，137页。

⑧ 参见［澳］佩迪特：《人同此心：论心理、社会与政治》，338页。

一、集体主义与个人主义

从一定程度上来说，佩蒂特所刻画的集体主义与个人主义之争，涉及的是关于自由意志问题的争论。集体主义思维方式的一个典型代表，就是涂尔干式的社会学理论。[①] 根据这种思维，社会现象并非仅仅是许多个人的行为的集合，而是有着自己的生命。归根结底，人们的行为并不能完全由他们自己选择，而是受制于某些他们无法掌控的外在力量：“受到一种与地心引力一样的宇宙力量的驱使。”[②] 用佩蒂特所选择的术语来说，人们的“意向规则”要受制于“社会规则”，而那些社会规则本身并不起源于意向规则。[③] 在集体主义者看来，把人们看成是自主的主体，是一种谬误和幻觉。如果我们对社会生活有充分的了解，就会认识到，在我们形成信念和欲望时，以及在选择服务于那些信念和欲望的行动时，我们其实并不像自己所以为的那样自由。[④]

举例来说，在看待自杀之类的社会现象时，人们一般会把一个社会的自杀率理解为多个分散个体之行为的简单加总。假如一个社会在一年内有 500 人自杀，那么，通常的看法是：有 500 个人分别做出了自杀的决定，每个人的决定都是独立自主的，而不是由社会强迫完成的。[⑤] 然而，在集体主义者看来，社会的自杀率是由某种客观力量决定的，而那种力量并不根源于每个人的个体意图。当我们统计出一个社会的自杀率模式时，集体主义者会宣称，那种模式有着自己的生命，而不仅仅是一些零散现象的加总。用涂尔干的话来说，“每个社会都倾向于贡献定额的自愿死亡者”[⑥]。根据这种思路，特定的社会状态（如经济情况）决定了自杀率，而这种决定的关系并不需要通过个体的自由意志来加以实现，正如生物或物理规律的实现并不依赖于每个细胞或原子的自由意志一样。一个社会中如果有 500 人在一年内自杀，就说明这个社会要牺牲 500 个它的组成单位，但不能说明任何涉及那些组成单位的意向的东西。

---

① 参见［澳］佩迪特：《人同此心：论心理、社会与政治》，131 页。

② ［澳］佩迪特：《人同此心：论心理、社会与政治》，149 页。

③ 假如那些社会规则是来源于意向规则的，那么它们就不会损害人类的自主性。（参见［澳］佩迪特：《人同此心：论心理、社会与政治》，142～144 页。）

④ 参见［澳］佩迪特：《人同此心：论心理、社会与政治》，129 页。

⑤ 当然，这不是说社会环境不可能对个人的决定产生影响，而是说这种影响本身不足以支持集体主义的结论。用佩蒂特的话来说，只有当社会规则与意向规则没有“因果上”和“逻辑上”的连续性时，集体主义的论题才有意义。对于这一点的分析，参见［澳］佩迪特：《人同此心：论心理、社会与政治》，139～145 页。

⑥ ［澳］佩迪特：《人同此心：论心理、社会与政治》，150 页。

对于“社会规则”损害人类行动者“意向规则”[①] 的方式，在集体主义者里存在两种看法。有些人主张社会规则“压倒”了意向规则，另一些人则主张一种较为温和的观点，认为社会规则“包围”了意向规则。[②] 在前一种人看来，如果在一个社会里同时存在着社会规则和意向规则，且两者将个人的行为引向了不同的方向，那么，社会规则会占据优势，而意向规则会被“中止”。在这样的情况下，“行动者会发现他们自己是按照加总规则所要求的方式行动的，就好像处在被催眠的状态”[③]。因此，在社会规则起作用的情况下，我们的主观能动性就只不过是一种幻觉而已。[④]

正如涂尔干在论述群众时所说的：“群众的热情、义愤和同情的伟大运动并非源起于任何一种特定的意识。它们是外在地来到我们每个人面前的，并不知不觉地使我们神魂颠倒。”[⑤] 也就是说，当一个人身处“群众”中时，他的行为不由他自己控制，而是受一种独立于“群众”中的任何个人的力量控制。他也许在平时是一个冷漠、自私和愤世嫉俗的人，因此不会由于看到不公正的事情而感到义愤或同情。但是，在作为“群众”中的一员时，他会不由自主地表现出违背自己本性的态度。使群众中的每个人具有热情、义愤和同情态度的，不是他们每一个人自己的主观意向，而是一种外在于他们的社会性“规则”或“规律”。显然，这是对人类自由意志的极大否定。在佩蒂特看来，“压倒论题”的极端版本和它的相反命题——人类行为绝对不受外在的社会规律影响——是一样站不住脚的。社会规则和个人的意向规则无疑都是存在的。[⑥] 而在这两种规则之间，并不存在一方必然压倒另一方的情况。[⑦] 事实上，从他那种带有物理主义色彩的心灵哲学立场出发，佩蒂特认为，无论是社会规则还是个人的意

---

① 需要注意的是，在佩迪特这里，“意向”的行为者并不一定只包括人类。（参见［澳］佩迪特：《人同此心：论心理、社会与政治》，14 页。）

② 在其他地方，佩蒂特也曾用“颠覆”（subversive）模式和“预防”（pre-emptive）模式的名称来表达“压倒”和“包围”两个命题。［F. Jackson & P. Pettit，“Structural Explanation in Social Theory，” in D. Charles & K. Lennon（ed.），*Reduction*，*Explanation*，*and Realism*，Oxford，Clarendon，1992，pp. 111 - 112.］

③ ［澳］佩迪特：《人同此心：论心理、社会与政治》，154 页。

④ 参见［澳］佩迪特：《人同此心：论心理、社会与政治》，155 页。

⑤ ［澳］佩迪特：《人同此心：论心理、社会与政治》，154 页。

⑥ 参见［澳］佩迪特：《人同此心：论心理、社会与政治》，169～171 页。

⑦ 参见［澳］佩迪特：《人同此心：论心理、社会与政治》，171～182 页。尽管意向规则也无法压倒社会规则，但佩蒂特认为，这并不妨碍个人主义立场的有效性。（参见［澳］佩迪特：《人同此心：论心理、社会与政治》，168 页。）

向规则，本质上都是物理现象，因此不可能真的发生冲突。[①]

于是，有人在“压倒论题”的基础上做出让步，提出了“包围论题”，即相对于意向规则来说，社会规则“享有某种优势或优先地位”[②]。也就是说，尽管人们在自由地根据自己的意向来行动，但他们之所以能够去那样行动，是因为那些行动没有触犯某些生存所必需的社会规则。例如，通过某种“过滤与筛选机制”，违反社会规则的行事者被淘汰；剩下的人虽然并不去有意识地遵守社会规则（甚至可能根本没有意识到那些规则的存在），而且他们的意向规则也从不会受到社会规则的压制，但他们的意向规则是不可能超越社会规则的。那些会与社会规则发生抵触的意向规则，在一开始就不可能存活下来。达尔文式的自然选择理论可以被视为包围论题的一个例子[③]：人类（或者其他物种）可能会形成各种各样的本能和习惯，但只有当那些本能和习惯有利于（或者至少是不妨碍）物种生存的时候，才能通过该物种的存续而得以保留下去。那些本能和习惯的形成并不是为了物种存续的目的，但不能违背这一目的。

佩蒂特用了一个例子来说明压倒论题和包围论题的含义。假设在一场比赛里，有一个女生在为自己的校队加油。如果她在不同的情势下会选择不去加油（例如，当她支持的球队使用了不光彩的手段，或者她发现自己的加油有负面影响时），那么我们就会认为，她的“意向规则”决定了她的行动。也就是说，并没有任何外界力量迫使她必须去加油。反之，如果出于某种外在力量的控制，她注定要去为自己的球队加油，则社会规则的影响就超越了意向规则的影响。但是，社会规则可以通过两种不同的方式来产生影响。在一种情况下，这个女生是“在催眠性的或神经性的诱使下去加油的”，也就是说，她的行为是在非理性因素的驱使下做出的。这是压倒命题的一个形象表达。在另一种情况下，她之所以会出现在场上并去加油，是因为那些不想加油的人根本就不会被允许去看比赛。虽然她并没有丧失理性，但她的意向行为仍然受到了社会规则的决定性制约。这是包围命题的一个例子。[④]

佩蒂特认为，任何能够“包围”并损害“意向主体的绝对主权”的社会规则，都必然是在团体层次上的基因选择的产物。[⑤] 也就是说，必定是通过基因

① 参见［澳］佩迪特：《人同此心：论心理、社会与政治》，175、182、412 页。

② ［澳］佩迪特：《人同此心：论心理、社会与政治》，154 页。

③ 参见［澳］佩迪特：《人同此心：论心理、社会与政治》，158、184 页。

④ 参见［澳］佩迪特：《人同此心：论心理、社会与政治》，160 页。

⑤ 参见［澳］佩迪特：《人同此心：论心理、社会与政治》，188、190 页。

遗传的方式发生作用的。但他并不认为这是一种很有可能发生的情况。[①] 因此，他的结论是：既然压倒论题和包围论题都不具有说服力，个人主义就仍然是一种合理的立场。个体仍然能够决定自己的日常行为。我们不必认为人们都只是某种外在力量的玩物而已。

二、整体论与原子论

与“个人主义”和“集体主义”之间的争执不同，“原子论”和“整体论”之间的争执之处并非自由意志问题，而是人之为人是否依赖于社会的问题。“集体主义”与“个人主义”之争所关心的是，人们是否受到了更高层次力量的控制。“整体论”与“原子论”之争所涉及的则是人们彼此之间的影响问题。[②] 近代原子论肇始于霍布斯式的社会契约论，其核心思想是“即使一个人生活在社会之外，他也仍然是一个完整意义上的人”[③]。在进入社会后，人们也仍然是“相互独立的活动中心”[④]。政治和社会秩序的正当性基础，是“前社会”的个体的意志，例如在缔结社会契约时所表达出来的意志。这种前社会个体的地位并不依赖于社会的存在，反而是社会的出现要以这类个体的存在为前提。

作为对原子论不满的产物，整体论的哲学思维体现在维科、卢梭及赫德尔等人的浪漫主义思想传统中。[⑤] 在这种思维勃兴之前，欧洲哲学界流行的是经验主义和唯理主义，而从本质上讲，这两者都带有原子论色彩。因为无论此前的哲学家们是主张人们依靠先天能力而获得知识，还是主张人们依靠汲取外部世界的经验而获得知识，他们实际上都认为人类可以“自行其是地……达成对他们所居住之世界的个体化理解”[⑥]。相反，维科等近代整体论者则认为：“人们的思想能力依赖于语言，而他们所依赖的语言本质上是一种社会的创造物……人们要能够个别地实现最独特的人类能力，就要在社会中相互依赖。”[⑦]

因此，真正的人类不仅是在社会中锻造出来的，而且只能在社会关系中得

① 参见［澳］佩迪特：《人同此心：论心理、社会与政治》，190～191 页。

② 参见［澳］佩迪特：《人同此心：论心理、社会与政治》，192 页。

③ ［澳］佩迪特：《人同此心：论心理、社会与政治》，193 页。

④ P. Pettit, “Social Holism and Moral Theory: A Defence of Bradley's Thesis,” *Proceedings of the Aristotelian Society*, 1985-1986 (86), p. 178.

⑤ 参见［澳］佩迪特：《人同此心：论心理、社会与政治》，194 页；P. Pettit, “Defining and Defending Social Holism,” *Philosophical Explorations*, 1988 (1), p. 169。

⑥ P. Pettit, “Defining and Defending Social Holism,” p. 169.

⑦ ［澳］佩迪特：《人同此心：论心理、社会与政治》，194 页。

以存在。原子论者或许也认为“离群索居的个人”（solitary individual）在现实社会中不太可能存在，但他们并不觉得这种个人概念在理论上是不能成立的。整体论者则恰恰否定这一点。[①] 用查尔斯·泰勒的话来说，只有依靠社会生活，人类才能发展那些独特的、专门属于人类的能力，才能具有理性、自主和道德责任等只属于人类的属性。[②] 为了拥有那些能力和属性，人们必须参与共同体，必须进入与他人的社会关系之中。[③] 然而，在当代的西方社会中，原子论式的思维要显得更为流行。这种社会中的“制度设计是在或多或少原子论特征的假设上进行的，而规范也是在这种假设的基础上理解的”[④]。这与非西方社会和早期西方社会形成了对比。

尽管集体主义常常被混同于整体论，而个人主义也常常被混同于原子论，但这实际上是一种误解。[⑤] 虽然整体论的集体主义和原子论的个人主义似乎是自然而然的立场，但原子论的集体主义和整体论的个人主义在逻辑上同样成立。[⑥] 在这方面，佩蒂特的看法与查尔斯·泰勒是一样的。在他的《答非所问：自由主义-社群主义之争》一文中，泰勒同样区分了“整体论-原子论”和“集体主义-个人主义”两种论题，并指出这两套二分法可以组成四种不同立场：诺齐克属于原子论的个人主义者，马克思则属于整体论的集体主义者，19 世纪德国自由主义者洪堡是整体论的个人主义者，心理学家 B. F. 斯金纳则被泰勒当作了原子论的集体主义的一个例子。[⑦]

佩蒂特明确把自己定义为一个整体论的个人主义者。[⑧] 在对整体论的阐述中，他主要强调的是人类思想能力对于社会关系的依赖。思想的能力“预设了一个与其他人有某种互动的主体”[⑨]。因此，“没有社会关系就没有人类思想”[⑩]。两者之间的关系不仅是因果性的，而且是构成性的。[⑪] 某一个个体心智的存在

① P. Pettit, “Defining and Defending Social Holism,” pp. 169 - 170.

② 参见［澳］佩迪特：《人同此心：论心理、社会与政治》，197 页。

③ 参见［澳］佩迪特：《人同此心：论心理、社会与政治》，137 页。

④ ［澳］佩迪特：《人同此心：论心理、社会与政治》，196 页。

⑤ 参见［澳］佩迪特：《人同此心：论心理、社会与政治》，136 页。

⑥ 参见［澳］佩迪特：《人同此心：论心理、社会与政治》，201～202 页。

⑦ 参见［加］泰勒：《答非所问：自由主义-社群主义之争》，见应奇、刘训练编：《公民共和主义》，375 页，北京，东方出版社，2006。

⑧ 参见［澳］佩迪特：《人同此心：论心理、社会与政治》，202 页。

⑨ ［澳］佩迪特：《人同此心：论心理、社会与政治》，133 页。

⑩ ［澳］佩迪特：《人同此心：论心理、社会与政治》，212 页。

⑪ 参见［澳］佩迪特：《人同此心：论心理、社会与政治》，198～199 页。

依赖于其他心智的存在。[1] 但他也很清楚，这种观点容易与集体主义混淆，并进而贬低个人的地位，得出不可欲的政治推论。[2] 因此，佩蒂特同样强调自己理论中个人主义的一面，并将这一点体现在了他的政治哲学论述中。“像社群和文化、民族和国家这样的超个人实体，并不是独立于个人的，因为它们并不能表达社会安排所要尝试和满足的那些明确利益。”[3] 建立政治制度的终极目的，是为了服务于每一个具体的个人，而不是服务于不可化约为个人的共同体。[4]

三、整体论个人主义与共和主义

以上述本体论思想为基础，佩蒂特提出了自己独特的政治哲学理论。在他看来，“每一种政治理论都……预设了一种政治本体论”[5]。把政治理论建立在形而上学理论的基础上，是一种常见而恰当的研究方法。“在发展他们的社会解释和政治评价纲领的过程中，社会和政治理论家们不可避免地会做出关于心灵和共同体的性质以及关于各种相关主题的重要假设。”他特别提醒人们去思考“政治理论家们是怎样在自我和社群的概念，以及这些概念之于公共政策的后果上分道扬镳的”[6]。显然，他所想到的还是自由主义与社群主义之间的争论。事实上，在他的政治理论中，这种对“自我和社群”的思考也留下了明显的痕迹。

佩蒂特认为，与他的本体论思想最为协调的政治理论，就是共和主义。从历史上看，共和主义对共同体和个人的重要性都给予了强调。这一传统一方面歌颂爱国主义和自我牺牲，突出个人利益对政治体的依赖；另一方面又珍视个人的自由和财产，反对政府对个体的压迫。这种对人类自主性和对社会之依赖性的双重强调，恰与整体论的个人主义相合。尽管佩蒂特认为由个人组成的团

---

① 参见［澳］佩迪特：《人同此心：论心理、社会与政治》，408 页。

② 事实上，尽管佩蒂特已经试图与这种集体主义拉开距离，但在高斯这样的自由至上主义者眼中，他的理论仍然隐含着专制极权的危险。［G. F. Gaus，“Review of *The Common Mind*，” *Ethics*，1997（107），p. 754.］对这类观点的回复，参见 P. Pettit，“The Reality of Groups Agents，” in C. Mantzavinos（ed.），*Philosophy of the Social Sciences*：*Philosophical Theory and Scientific Practice*，Cambridge，Cambridge University Press，1994，pp. 88 - 89。

③ ［澳］佩迪特：《人同此心：论心理、社会与政治》，341 页。

④ P. Pettit，“The Reality of Groups Agents，” p. 89.

⑤ P. Pettit，“Rawls' Political Ontology，” *Politics*，*Philosophy and Economics*，2005（4），p. 157.

⑥ ［澳］佩迪特：《人同此心：论心理、社会与政治》，406 页。

体可以成为行为的主体，并具有自己独立的欲望和信念[①]，但这种主体并不同于集体主义思想鼓吹的那种存在物——其能力可以“超越（transcend）个体行为者的能力”的主体。[②] 因此，他的共和主义也不同于各色集体主义导向的政治理论，例如那些宣扬国家有机体概念、认为个人没有独立于集体的价值的理论。这种共和主义无疑深受现代自由主义影响。正如佩蒂特自己所说，他要“对自由主义进行一些激进的改造，而不是完全拒斥它”[③]。他真正需要详加论述的是，他的理论如何不同于那些具有原子论色彩的政治理论（在他看来，自由主义的主流传统就是这样的理论），以及他的共和主义何以是更为优越的。

由于整体论的政治哲学对原子论的批判，人们很容易将其与社群主义思潮联系起来。事实上，佩蒂特有时候甚至承认，共和主义自由“内在地是一种社群主义的理想”[④]，因为“要想实现共和主义的自由，你就得实现共和主义的共同体”[⑤]。然而，社群主义总是存在一种用集体压倒个人、否定个人价值和自主性的倾向。作为本体论上的个人主义者，佩蒂特自然会去抵制那种倾向。他非常严肃地对待个体的自由，反对把人们看作“更高的社会力量手下的卒子”[⑥]。那么，一种政治哲学何以能够既是“个人主义”的，同时又是“整体论”的呢？

为了说明这一点，佩蒂特首先区分了政治讨论中所涉及的两类价值：社会性价值与非社会性价值。社会性价值的实现需要不同的人彼此之间具有联系，非社会性价值的实现则不要求这一点，而是“一种可以被离群索居的个人甚至是一个独居者享有的价值”。社会性价值包括家庭、友谊、地位、社会秩序、法治等，这些都是在人际互动之中才能够实现的价值（虽然这些价值的享有者仍然是一个个具体的个人，而不是超个人的实体）。非社会性价值的例子包括物质福利、幸福和效用。这些价值的实现并不依赖于人际交往的存在，离群索居的人仍然可以享受它们。[⑦]

有的价值既可以被解读为社会性价值，也可以被解读为非社会性价值。自由就是一个典型的例子。在历史上，不同的思想家就曾经以不同的方式来定义

① P. Pettit, “The Reality of Groups Agents.”
② P. Pettit, “Social Holism and Moral Theory,” p. 179.
③ ［澳］佩迪特：《人同此心：论心理、社会与政治》，192、338 页。
④ ［澳］佩迪特：《人同此心：论心理、社会与政治》，159 页。
⑤ ［澳］佩迪特：《人同此心：论心理、社会与政治》，166 页。
⑥ P. Pettit, “Defining and Defending Social Holism,” p. 184.
⑦ 参见［澳］佩迪特：《人同此心：论心理、社会与政治》，362～363 页。

自由，从而分别将其诠释为社会性的或非社会性的价值。佩蒂特指出，假如自由仅仅被理解为“干涉的阙如”，那么，它就属于一种非社会性的价值。[①] 显然，如果用不同的方式来理解自由，例如，将其理解为一种社会地位，自由就成了社会性的价值，因为社会地位只能在与他人的比较中存在。

对于政治价值，原子论和整体论有着不同的看法。由于原子论者不认为离群索居的个人这一概念有什么问题，因此，在他们看来，把非社会性的政治价值作为追求的目标，就并无不合理之处。相反，在整体论者看来，既然离群索居的个人本身就是一个无意义的概念，那么我们就不应该去追求那些非社会性的政治价值，也就是那些可以为离群索居的个人所享有的价值。把这一区别应用在自由概念上，所得出的结论自然就是：整体论者所推崇的自由不是消极的无干涉自由，而是与整体论世界观相契合的自由。这种自由就是共和主义的自由。[②]

更具体地说，假如我们像原子论者一样，关心的是离群索居者也可以享有的自由，那么，我们关心的就会是单纯的不受干涉的自由。这是一种在社会之内和之外都可以享有的自由。[③] “完美的自由”需要的是周围没有其他人来阻碍我。[④] 但从整体论的视角来看，完美的自由需要某种社会状态[⑤]——它必须是“由一个人在其所属的社群中，特别是在法律中的地位所决定的”[⑥]。这种自由在历史上曾被定义为公民身份，而公民身份既要求人们对这种身份的相互承认，也要求保护这种身份的相应制度设计。[⑦] 从定义上来看，这种自由就不可能为脱离社会的、孤零零的个人所享有。因此，如果一个奴隶在生活中没有受到他主人的实际干涉，那么从原子论的视角来看，可以说他至少享有了一定程度的自由，但从整体论的视角来看，他仍然是完全不自由的，因为他身处其中的社会关系表明，他缺少自由人所应具有的政治法律地位。

于是，从整体论个人主义的本体论立场出发，以独特的自由概念为核心，佩蒂特推论出了一套系统的政治哲学理论。对这一理论的梳理与反思，将是本

---

① 参见［澳］佩迪特：《人同此心：论心理、社会与政治》，363页。

② 参见［澳］佩迪特：《人同此心：论心理、社会与政治》，367页。

③ 参见［澳］佩迪特：《人同此心：论心理、社会与政治》，378页。

④ 参见［澳］佩迪特：《城市的自由：一种共和主义的理想》，见许纪霖编：《公共性与公民观》，147页，南京，江苏人民出版社，2006。

⑤ 参见［澳］佩迪特：《城市的自由》，148页。

⑥ ［澳］佩迪特：《人同此心：论心理、社会与政治》，371页。

⑦ 参见［澳］佩迪特：《人同此心：论心理、社会与政治》，372～373页。

章接下来的主题。我们在下面将会看到，按照佩蒂特的诠释，他所赞成的共和主义自由观虽然是一种由个人（而非有机共同体）所享有的善，但这种善却并非一种“个人之善”。将这种自由观与主流自由观区别开来的，恰恰就是前者所具有的“社会”性质。

第二节　超越“两种自由”的“无支配自由”

自从1958年以赛亚·伯林在他的经典论文《两种自由概念》中进一步发展了贡斯当关于古代人自由和现代人自由的区分，阐述了“积极自由”和“消极自由”这一对概念之后，学术界一般都认为自由主义主张“消极自由”，而共和主义主张“积极自由”。但以斯金纳、佩蒂特为代表的一些共和主义思想家则提出了不同的看法。他们分别从历史和哲学两个维度提出了超越积极自由与消极自由的“第三种自由”，力图以此避免两者的缺陷。①

一、无支配自由与无干涉自由

在20世纪90年代早期，佩蒂特像斯金纳一样，也用消极自由来概括共和主义的自由传统。不过，不同于自由主义的“无干涉消极自由”，共和主义的自由是一种“有弹性的（resilient）无干涉消极自由”②。但是，在后来的一系列著作中，他更愿意以“无支配自由”（freedom as non-domination，亦可译为“免于支配的自由”）来指称共和主义自由，从而与“无干涉自由”（freedom as non-interference，亦可译为“免于干涉的自由”）形成对照。那么，所谓的“无支配”与“无干涉”有何区别呢？

---

①　虽然斯金纳对共和主义自由观的阐述早于佩蒂特，并在一定程度上启发了佩蒂特（参见［澳］佩迪特：《共和主义：一种关于自由与政府的理论》，34页注释），但他更多关注古典共和主义，缺乏系统的哲学论证。因此，他坦言自己后来的一些思想反倒受益于佩蒂特。（Q. Skinner，*Liberty Before Liberalism*，Cambridge，Cambridge University Press，1998，p. 70，note 27.）当然，他们之间也存在些微的分歧，参见P. Pettit，“Keeping Republican Freedom Simple：On a Difference with Quentin Skinner，” *Political Theory*，2002（30），pp. 339－356；［美］斯金纳：《第三种自由概念》，见应奇、刘训练编：《第三种自由》，北京，东方出版社，2006。

②　［澳］佩迪特：《消极自由：自由主义的与共和主义的》，见应奇、刘训练编：《第三种自由》。不过，他后来并没有放弃这种提法，例如，［澳］佩迪特：《共和主义：一种关于自由与政府的理论》，93页。

佩蒂特指出，它们之间的区分首先源于这样一个事实，即“无干涉支配”（domination without interference）和“非支配干涉”（interference without domination）都是可能的。这两种情形可以通过以下两个例子得到说明：“我”可能是他人的一个奴隶，但实际上“我”的选择并没有受到任何干预。这可能仅仅是因为“我”的主人是一个仁慈的人，也可能是因为“我”很狡猾，或者对“我”的主人竭尽溜须拍马之能事，结果得以自行其是。就“我”有一个主人而言，“我”受到了支配；但就这个主人无法实施干预而言，“我”没有受到干涉。没有进行干涉的主人也在实施支配，这就是一种“无干涉支配”。

制定良好的法律和建立合宪的政府机构则代表了一种“非支配干涉”，它并没有危及人们的自由，它是一个非主人式的干涉者。“当对我的干涉是为了保证我的进一步利益，并且是根据我所共享的观点而实施时，另一个人或行为主体对我的干预就是允许的。……在这种情况下，就不可能把干涉视为一种支配行为；有人对我进行了干预，但并非出于专断的目的。”①

因此，理解“支配”的关键就在于：（1）支配者拥有支配的能力；（2）支配是建立在专断基础之上的干涉。没有干涉也会出现支配，因为支配的条件只是某人拥有任意干预他人事务的能力，而不是事实上的干预；在非支配状态下也会出现干涉，因为干涉并不一定就是专断的干涉。支配与干涉之间所有的分歧都产生于这样一个事实，即“你可能受到了某人的支配却没有受到实际的干涉，就像在幸运的或狡猾的奴隶的情形中；你可能受到了某个行动者的干涉却没有受到任何人的支配，就像在服从一种良好的法律和政府的情形中”②。

那么，无干涉自由的情形又如何呢？免于干涉的自由概念具有两个典型的特征。首先，按照这种理解，一个非压迫性的权威实施的干涉也对人们的自由产生了影响——尽管它毫无疑问促进了整体的长远利益发展——哪怕这种干涉只不过是公平强制性的法治实施的宪法强制。就像从霍布斯到边沁甚至伯林这些思想家所强调的，法律始终是对自由的一种限制。

免于干涉的自由概念的第二个典型特征就是，它不但把非压迫性的干涉视为对自由的一种剥夺，而且它还会忽视那种不存在实际干涉的压迫形式对自由的否定。比如说，雇主对雇员或者丈夫对妻子的那种传统的、非强制的关系，至少在不存在实际的或预期的强迫、强制、操纵或者类似情形的情况下，就不会引起这类问题。这种关系将一个人置于他人权力之下，这一事实本身并不能

① 以上内容参见［澳］佩迪特：《共和主义：一种关于自由与政府的理论》，28～29页。

② ［澳］佩迪特：《共和主义：一种关于自由与政府的理论》，107页。

影响弱者的自由。

由此可见，根据无干涉消极自由观，“无干涉支配”仍然属于自由状态，是可欲的，而“非支配干涉”虽然可以接受（作为获得更大自由的代价），却是不可欲的；无支配的自由观则恰好相反，它认为“无干涉支配”属于不自由的状态，是一种需要消除的罪恶，而“非支配干涉”不但可以接受，更是可欲的，因为它是自由的保障。①

无支配自由与无干涉自由之间的区分还可以通过其他一系列的对照得以展现。比如，享有无干涉自由的人可能凭借运气、狡猾或阿谀奉承而逃避干涉；尽管在现实世界里他们没有受到干涉，但他们却可能在其好运、才智或魅力失去作用的完全可能的世界里受到干涉。然而，享有无支配自由的人却不依赖于偶然性而享有免于干涉的自由：没有人能够任意地、肆无忌惮地干涉他们。而这就意味着，即使在好运、才智或魅力不起作用的完全可能的世界中，他们依旧继续享有免于干涉的自由。这种人弹性十足地享有免于干涉的自由，而不必依赖于意外或偶然性。

执着于无干涉理想的人珍惜拥有选择（亦即无干涉）这一事实，而不管这种选择受到支配与否。执着于无支配理想的人则珍惜拥有不受支配的选择（而不是一切选择），如果选择的缺失产生于非支配干涉，那么他们并不介意；相反，他们对于那些凭借狡猾、个人魅力或者阿谀奉承得来的选择不以为然。这样看来，“前一种人注重的是可供选择的数量，而不是选择的类型；后一种人则只对正确的选择、非支配类型的选择感兴趣”②。套用佩蒂特早先的术语就是，无干涉是一种以量为导向的（quantity-centred）观念，它认为任何形式的无干涉都是有吸引力的；无支配则是一种以质为导向的（quality-centred）观念，它仅仅珍视那种适宜的弹性无干涉。③ 因此，无支配自由的支持者“对国家干预的可能性持更少的怀疑态度，而他们对国家应当加以纠正的社会弊病则持更加激进的看法。他们在政治问题上更加乐观，在社会问题上则更加激进”④。

在佩蒂特对无支配自由的分析中，他尤其强调心理因素的重要性。他认

---

① 佩蒂特有时也承认，非支配干涉（即非专断的干涉）确实会限制（condition）自由，但并没有威胁（compromise）自由。这就像无干涉自由观所认为的，物质条件的匮乏只是限制而没有威胁自由，或者说只是降低了自由的价值却没有减少自由本身。

② ［澳］佩迪特：《共和主义：一种关于自由与政府的理论》，31页。

③ 参见［澳］佩迪特：《消极自由：自由主义的与共和主义的》，见应奇、刘训练编：《第三种自由》，200～201页。

④ ［澳］佩迪特：《共和主义：一种关于自由与政府的理论》，194页。

为，支配通常要涉及有权有势者的控制意识（the awareness of control）、无权无势者的脆弱意识（the awareness of vulnerability）以及双方感知对方意识的共同意识（the mutual awareness of this consciousness on each side）——实际上这种共同意识存在于所有相关各方之中。在支配关系中，无权无势者不可能用平和的心态来看待有权有势者，双方都意识到了这种不对称，并能意识到对方的意识。双方共享这一意识，即除非得到有权有势者的许可，否则无权无势者什么也做不了；后者处于前者的支配之中，双方不是平等的。主人与奴隶的假想模式将成为现实，双方的这种不对称将作为一项客观事实一览无余。①

在 2003 年的一篇论文中，佩蒂特指出，在各种“消极”形式的自由观中，人们对哪些因素、通过何种方式对自由构成阻碍这个问题存在不同的看法，从而形成了不同的自由观念。比如，在阻碍方式上，至少存在情势的（situation，社会地位或物质条件）、心理的和人际的三种。无干涉自由观只承认第三种阻碍方式，却忽视了其他两种方式；而无支配自由观则认为，这三种方式都会对自由本身构成阻碍。②

正是基于这一点，佩蒂特指出，在无支配自由与无干涉自由之间还存在这样一个重大区分，即无支配自由是一种“城市的自由”而不是“旷野的自由”，它是一种“社会善”与“共同善”，而不仅仅是福利性的“个人善”。③ 所谓“社会善”（social good）是指，“它的实现以一些表现出一定意图之态度甚至一定意图之行动的人的存在为前提”；“它不是通过他人的缺席，而是通过对他人行使支配能力的制约而产生的”；无支配自由是一种他人在场的价值。所谓“共同善”（common good）是指，“相关群体中任何成员享有这种善的增加（或减少）必须同时伴随着该群体中其他成员享有它的增加（或减少）：它具有非排他性（non-excludability）这一经济学家们用来描述清洁的空气和国防之类善的特征”。这就意味着，“如果我们想增进一个人的无支配自由，那么我们就必须增进某个或某些其所属之脆弱群体的无支配自由。并且它意味着，如果一个人想实现自己的解放目标，保护自己免于支配，那么他必须接受同一脆弱群体中其他人的目标。比如说，除非所有的妇女或工人，或者至少处于某种特殊情况下的妇女或工人的地位获得改善，否则这个妇女或工人就没有办法增进

① 参见［澳］佩迪特：《共和主义：一种关于自由与政府的理论》，81 页。

② P. Pettit, “Discourse Theory and Republican Freedom,” *Critical Review of International Social and Political Philosophy*, 2003 (6), pp. 72 - 95.

③ 正是通过这个方面，我们能够最为清楚地看到佩蒂特的本体论思想和他的自由观之间的关联。

他们的无支配自由”[①]。

二、共和主义、无支配自由与积极自由

佩蒂特相信，有两个理由可以证明无支配自由观就是我们在共和主义传统中发现的自由观，这两个理由分别产生于共和主义思想家关于自由与奴役命题、自由与法律命题的论述。[②] 首先，在共和主义传统中，自由是根据自由（liber）和奴役（servus）、公民和奴隶的对立来定义的。自由的条件可以通过一个人的这样一种身份来说明：与奴隶不同，他不会服从于其他人专断的权力，也就是说，他没有受到其他人的支配。因此，自由的条件可以通过这样一种方式来说明：即使事实上没有受到任何干涉，自由也可能丧失；无干涉的奴役和支配是可能的，比如没有实施干预的主人。

在自由与免于他人支配或压迫之间，存在着紧密的和源远流长的联系：自由人不能处于他人权力的控制之下，不能毫无防范地受到他人的干涉。在古罗马共和主义者的惯用词汇中，自由人（the *liber*）的对立面是奴隶（the *servus* or slave）。至少到19世纪之初，漫长的共和主义传统一直强调，自由的主要内涵是不要生活在他人的奴役之中，即不能处于他人任意权力的支配之下。

其次，在共和主义传统中，自由可以通过这样一种方式得到说明，即不仅在没有受到实际干涉的情况下可能丧失自由，而且，非控制的干涉者所实施的干预也没有使人变得不自由。共和主义者所设想的非控制的干涉者，就是一个秩序良好的共和国的法律和政府。“共和主义者不会用最现代的方式说，尽管法律对人们进行了强制，因而减少了他们的自由，但它带来的损害却由于防止了更多的干涉而得到补偿。他们坚持认为制定良好的法律是自由的构成要素，他们对任何这样一种关于补偿的说法都不以为然，因为这只是一种迫不得已的说法。按照最初的共和主义的学说，一个良好国家的法律，尤其是一个共和国的法律，创造了公民所享有的自由；它们并没有侵犯那种自由，哪怕是以一种其后将进行补偿的方式侵犯它。”

在佩蒂特看来[③]，无支配自由与无干涉自由虽然存在一些重大差异，但它们同属广义上的消极自由范畴。然而，它与“积极自由”的关系又如何呢?[④]

---

① ［澳］佩迪特：《共和主义：一种关于自由与政府的理论》，89、159～166、190页。

② 以下参见［澳］佩迪特：《共和主义：一种关于自由与政府的理论》，40～54页。

③ 以下参见［澳］佩迪特：《共和主义：一种关于自由与政府的理论》，46～47页。

④ 关于“积极自由”的进一步区分，参见刘训练：《共和主义：从古典到当代》，第7章。

首先，对于无支配自由与政治参与意义上的积极自由，佩蒂特说得非常明确，共和主义的无支配自由不同于民粹主义式的积极自由，虽然共和主义传统一再强调民主参与的价值和重要性，但并没有将它视为一项根本性的价值。“民主参与对一个共和国来说可能是不可或缺的，但这只是因为它是促进无支配自由的必要条件，而不是因为其独立的吸引力：它不像一种积极的自由观所认为的那样，自由就是民主参与的权利。”① 简单地说，民主参与“是自由的保障，而不是自由的核心”②。总之，免于支配的共和主义自由并没有将政治参与视为一种本质性的善，也没有肯定某种特定的生活方式和自我类型。共和主义的自由和参与性的制度之间既不是积极自由和享有社群自治之间的**定义性**联系，也不是消极自由和保护性制度之间的**因果性**联系，而是类似抗体和免疫力之间的**构成性**关系。③

其次，对于无支配自由与理性自主意义上的积极自由，佩蒂特则有些语焉不详。在论证无支配自由的优点时，他强调自己只是将它与**无干涉消极自由理想**加以对照，而不是与**自主的积极自由理想**加以对照。“如果按照**民粹主义的方式将积极自由解释为民主参与**，那么这种忽略几乎不必加以解释：这样一种参与性的理想在现代世界是行不通的，并且不管怎么说，任何事都必须服从于所有人意志的前景是没有多少吸引力的。……我还会忽视那种**将自主（self-mastery）等同于个人自律（personal autonomy）的积极自由理想**。……个人自律的自由可能是一种非常有吸引力的价值，甚或还是一种内在的善；……然而，个人自主的自由是一种比无支配自由更丰富的理想；显然可能存在一种没有个人自主的无支配，但不可能存在任何一种没有无支配的有效自主。而且，在一个保障无支配自由的国家中，个人自主的自由即使不能得到有效的促进，也应该容易实现；一旦人们得到不受他人支配的保证，他们必将更加容易获得自律。”④

事实上，佩蒂特在论述何以“非专断的干涉”并未对无支配自由构成威胁或限制时，多少也引入了一些理性自主的因素，比如，他曾多次提到尤利西斯

---

① ［澳］佩迪特：《共和主义：一种关于自由与政府的理论》，11页。

② ［澳］佩迪特：《共和主义：一种关于自由与政府的理论》，39页。

③ P. Pettit, "Reworking Sandel's Republicanism," in A. Allen & M. Regan (ed.), *Debating Democracy's Discontent: Essays on American Politics, Law, and Public Philosophy*, Oxford, Oxford University Press, 1998, p. 51.

④ ［澳］佩迪特：《共和主义：一种关于自由与政府的理论》，109页（重点为引者所加）。

的自缚的例子。[①] 因此，至少在处理无支配自由、积极自由与共和主义的关系问题上，无论从思想史角度看还是从哲学分析角度看，佩蒂特的观点都存在一些难题。

第三节　共和主义的“论辩式民主”

一旦“无支配自由”被确定为共和主义国家的最高目标，那么，接下来的问题自然便是如何维护和增进公民的无支配自由。在《反权力的自由》一文中，佩蒂特指出，在这个问题上可以从三个方面考虑，即为无权无势者提供保护来对抗有权有势者的资源、规范有权有势者对其资源的使用、授予无权无势者以新的资源。它们对应于三种类型的制度：保护性的制度、规范性的制度和授权性的制度。[②] 这三种类型的制度涉及政治、经济与文化等各个领域，它们既可以是正式的国家行为，也可以是非正式的社会和政治行为：“保护、规范以及授权至少在某些环境中已经通过工会、消费者运动、囚犯权益保障组织、环保运动、妇女团体、民权组织乃至竞争性的市场力量而得到确立。”[③] 这些制度丝毫没有局限于国家使用的多少具有法律性的手段，它们也包括公民社会的各种制度。

由此，无支配自由将支持福利国家、各种形式的再分配等社会经济政策；而且，共和主义国家不仅要考虑与所有权（*dominium*）相关的支配，还要考虑与统治权（*imperium*）联系在一起的那种类型的支配，也就是说要防止政府本身成为一种支配性的主体。在这方面，古典共和主义传统中的法治、分权、民主问责制等宪政措施可以提供丰厚的历史资源。佩蒂特同时也强调，只有当共和主义制度“在人们心灵的习性中占据一席之地以后，它们才能获得生气和动力”。在这个问题上，古典共和主义的传统主题再次得到了回应；不过，佩蒂特对公民美德的解释更为宽泛，也更为稀薄，所以他更愿意把这些支持共和主

① P. Pettit, “Agency-Freedom and Option-Freedom,” *Journal of Theoretical Politics*, 2003 (15); P. Pettit, “Discourse Theory and Republican Freedom”.

② 参见［澳］佩迪特：《反权力的自由》，见应奇、刘训练编：《第三种自由》，234页。

③ ［澳］佩迪特：《反权力的自由》，见应奇、刘训练编：《第三种自由》，236页。

义制度与法律的机制称为“公民性”（civility）。[①]

不过，以上这些方面并非佩蒂特的重点——也不可能是他的重点：在社会经济政策层面，新共和主义不可能比社会主义（甚至左翼的自由主义）、女权主义和多元文化主义做得更好；在宪政问题上，新共和主义很难比自由主义更有所作为；公民美德则是新雅典共和主义（而非佩蒂特所钟情的罗马式共和主义）的基本要义。在共和主义的政府理论方面，佩蒂特的重要贡献在于他提出了一种论辩式民主的观念。如果说他关于第三种自由即无支配自由观的哲学建构是当代西方新共和主义最重要的理论成果之一，那么关于民主的阐述则是其又一贡献。

一、从无支配到可论辩性

在佩蒂特关于无支配自由的阐述中有一个问题一直悬而未决，那就是如何判断干涉的“专断性”问题，而这个问题又与共和主义传统中关于“公共利益”的识别与判断的问题联系在一起。按照佩蒂特的定义，“非专断性正是由这样一种关系的存在来保证的：决策绝对不能成为他们所强加给我们的一种意志，就像公民们可能会认为的那样。它必须成为一种我们能够认可和认同的决策，一种我们能够看到我们的利益得到增益、我们的意见得到尊重的决策”[②]。

在 1997 年《共和主义》平装本的跋文中，佩蒂特明确指出，其核心就在于公民共同利益的识别问题。因为什么是公共利益或者说如何识别公共利益的问题涉及佩蒂特新共和主义与古典共和主义的区分，并且在其民主观中居于核心地位。在现代社会复杂性和多元性的条件下，公共利益的识别和判断显然不可能通过先在规定的方式解决，而只能借助民主——而且不可能是直接民主或参与民主——这样一种程序性方式加以解决。[③] 按照他的说法，所谓公共利益是指某种“集体可接受的考虑”（co-operatively admissible considerations）将支持其集体供给的利益或善好（good），而“集体可接受的考虑”则是指那些在与他人关于其共同或集体供给的商议中任何人都能够毫无窘困地提出予以考

① 参见［澳］佩迪特：《共和主义：一种关于自由与政府的理论》，第 8 章。

② ［澳］佩迪特：《共和主义：一种关于自由与政府的理论》，241 页。

③ 不过，佩蒂特也曾说过：“公共利益的界定独立于民主制度——不管是选举的还是论辩的——这一事实意味着，就完全增进民众之公共利益的目标来说，民主程序并不是一种完善的程序。”［P. Pettit，“Democracy，Electoral and Contestatory，” in S. Macedo & I. Shapiro（ed.），*Nomos XLII：Designing Democratic Institutions*，New York，New York University Press，2000，p. 138.］

虑的理由或因素。①

民主既是一个识别公共利益的过程，也是迫使和保证国家保障公共利益的措施。佩蒂特指出，在如何判断“非专断性”和公民认可问题上，新共和主义民主有着不同于传统的思路。非专断性所要求的与其说是同意（consent），不如说是可论辩性（contestability）。“只有当我能够对任何这样的干涉提出有效的争议，只有当我能够强迫它对我的利益和想法做出回应时，干涉才不是专断的，干涉者才不是支配性的。”② 共和主义的民主模式应该是论辩式的，“按照这种模式，只要人民单个地和集体地对政府的决定享有永久的论辩之可能，这个政府就是民主的，它就是一种为人民所控制的统治形式”③。在详细论述这种论辩式民主之前，我们将首先梳理一下佩蒂特民主理论中的一些其他独特内容。

二、民主与自由

根据佩蒂特的共和主义理论，政府的职能就在于保护公民的自由不受侵犯。这种侵犯可能来自两种不同的源头。公民的自由既可能受到其他公民的妨害，也可能受到政府的妨害。从这一事实中，佩蒂特引出了“社会正义”与“政治合法性”之间的区分。前者涉及公民彼此之间的关系，后者则涉及国家与公民之间的关系。一方面，为了实现社会正义，国家需要去保护公民，使他们免遭来自其他公民的私人支配；另一方面，为了保护政治合法性，国家需要约束自己，确保自己不去对公民实行公共支配。④ 在近代早期的西方政治哲学中，关于合法性的议题曾经长期居于突出地位。无论霍布斯、洛克还是卢梭，都将其作为各自政治理论所要处理的核心问题。但从康德和边沁开始，政治哲学家们的注意力开始转移到社会正义上面，并因此而忽略了对合法性的讨论。在当代的政治哲学中，无论是以罗尔斯为代表的契约论思想家，还是各色的平等主义者和自由至上主义者，都没有对合法性问题给予应有的重视。⑤ 佩蒂特

---

① P. Pettit, “Democracy, Electoral and Contestatory”; P. Pettit, *A Theory of Freedom*, Cambridge, Polity, 2001, p. 156.

② ［澳］佩迪特：《共和主义：一种关于自由与政府的理论》，242 页。

③ ［澳］佩迪特：《共和主义：一种关于自由与政府的理论》，243 页。

④ P. Pettit, *On the People's Terms: A Republican Theory and Model of Democracy*, Cambridge, Cambridge University Press, 2012, pp. 3, 77.

⑤ P. Pettit, *On the People's Terms: A Republican Theory and Model of Democracy*, pp. 141 - 145.

的民主理论正是志在改变这一局面。正如他所指出的，“说国家所施加的社会秩序是正义的，是一回事；说那种秩序的施加方式是合法的，则是非常不同的另一回事”[①]。

一个国家如果要具备政治合法性，就不能侵犯其公民的自由。[②] 这需要公民对国家加以广泛控制，从而也就需要民主。[③] 但是，在涉及自由与民主的关系的问题上，佩蒂特与其他的一些共和主义者拉开了距离。学术界流行的传统看法是：在共和主义者所崇尚的自由与民主参与之间，存在着一种定义上的关联。也就是说，民主不仅仅是帮助保卫和扩大自由的一种工具性手段。相反，通过民主程序参与政治的权利（如选举权），或者是对政治活动的具体参与，本身就意味着自由。在当代的一些共和主义者那里，这种看法可以得到佐证。例如，桑德尔主张说，共和主义的自由意味着自治，即“与公民伙伴就共同善展开协商，并致力于打造政治共同体的命运”[④]，“自由就在于共同承担对一个控制其自身命运的政治共同体的治理”[⑤]。根据波考克的概括，共和主义者在阐述其自由观时认为，作为政治动物，人的天性“只有在一个活跃的公民所践履的积极生活中才能臻于完备，而那种自由就在于从对践履这种生活的限制中摆脱出来”[⑥]。阿伦特则认为，当人们以平等的公民身份进行政治活动时，他们就超越了受必然性束缚的领域，进入了意味着自由的“行动”领域。

然而，按照佩蒂特对共和主义思想谱系的梳理，把共和主义自由观定义为政治参与，乃是对这一传统的误读。他把当代的共和主义区分为“新罗马”和“新雅典”两种。桑德尔和阿伦特等人正是新雅典共和主义的代表。他们错误地理解了共和传统中自由与民主之间的关系。佩蒂特本人则秉持新罗马共和主义观，反对用民主参与来定义自由。[⑦] 在他看来，这种定义方式意味着一种

---

① P. Pettit, *On the People's Terms: A Republican Theory and Model of Democracy*, p. 130

② P. Pettit, *On the People's Terms: A Republican Theory and Model of Democracy*, p. 153.

③ P. Pettit, *On the People's Terms: A Republican Theory and Model of Democracy*, p. 3.

④ ［美］桑德尔：《民主的不满》，6页，南京，江苏人民出版社，2012。

⑤ ［美］桑德尔：《民主的不满》，236页。

⑥ ［美］波考克：《德性、权利与风俗》，见应奇、刘训练编：《公民共和主义》，42页。

⑦ 参见［澳］佩迪特：《共和主义：一种关于自由与政府的理论》，369～372页。在后来的著作中，佩蒂特又改变了对这两种传统的称呼。他把自己所认同的思想称为“意大利-大西洋”传统（the Italian-Atlantic tradition），而将自己所批评的思想称为“欧陆式、社群主义式”版本（the Continental, communitarian version）的共和主义。（P. Pettit, *On the People's Terms: A Republican Theory and Model of Democracy*, p. 12.）

“积极”的自由观[①]，而共和主义的自由并非积极自由。在历史上，从马基雅维利到潘恩的共和主义者，都是以无支配而非民主参与来定义自由的。[②]“民主控制当然是重要的，但它的重要性不是来自它与自由在定义上的关联，而在于它是保护自由的一种手段这一事实。”[③]

三、对国家的控制

佩蒂特梳理了民主的三重含义。首先，民主意味着“人民主权”。因此，殖民地政府就不能算是民主政府，因为这一政府的合法性来源于外在力量。其次，民主意味着普选，如果一个政府口头上承认其权力来自人民的授予，但拒绝让自己经受选举的考验，那它也不能算是民主的。最后，民主要求人民对政府权力的控制。因为经选举上台的政府仍有可能罔顾大众利益而行事。[④] 这种关于权力控制的理念被认为是民主的核心。[⑤] 在这三重含义中，前两者的内涵和要求比较清楚，因此佩蒂特把更多的精力放在了对“民主控制”的论述上。

从共和主义的角度来看，如果公民能够控制国家对自己的干涉，那么这个国家就具有合法性。这种“控制”的含义包含两个方面。首先，公民要具有影响政府行为的能力。其次，他们要有能力迫使政府行为走向令人满意的方向。两者缺一不可。控制必须意味着“被导向的影响”（directed influence），即“为了一定的目的或导向而施加的影响”[⑥]。仅仅产生影响，却不能决定影响的方向，是不能称之为控制的。[⑦]

佩蒂特举例说，假设某人站在繁华的十字路口，假装自己是交通警察，用手势去做出一些同红绿灯信号相矛盾的指示。在这种情况下，某些司机可能会遵循他的手势，其他一些则不会。这样的一个人无疑对交通状况形成了某种影响，因为他改变了车流的运行方式。然而，如果他的目的是指挥交通而非仅仅扰乱交通，那么他显然并没有对交通状况实行任何真正的控制。相反，如果是

---

① P. Pettit, “Republican Freedom and Contestatory Democratization,” in I. Shapiro & C. Hacker-Cordon (ed.), *Democracy's Value*, Cambridge, Cambridge University Press, 1999, p. 164.

② 参见［澳］佩迪特：《共和主义：一种关于自由与政府的理论》，34～39页。

③ ［澳］佩迪特：《共和主义：一种关于自由与政府的理论》，39页。

④ P. Pettit, “The Power of a Democratic Republic,” in R. Gotoh & P. Dumouchel (ed.), *Against Injustice: The New Economics of Amartya Sen*, Cambridge, Cambridge University Press, 2009, pp. 73-74.

⑤ P. Pettit, “Three Conceptions of Democratic Control,” *Constellations*, 2008 (15), p. 46.

⑥ P. Pettit, *On the People's Terms: A Republican Theory and Model of Democracy*, p. 167.

⑦ P. Pettit, “Three Conceptions of Democratic Control,” p. 47.

一名具有权威的、真正的警察用手势来指挥交通，车流就会按照他的意志行进，因此就可以说他对交通状况实行了一种控制。[1] 同样，如果公民想要免于遭受政府的支配，他们就必须不仅能影响政府，而且能使政府以他们所希望的方式行动。佩蒂特主张，公民对国家的这种控制必须满足三个条件。首先，这种控制是“个体化”的（individualized)。其次，它必须是“无条件”的（unconditioned)。最后，它必须是“有效”的（efficacious)。[2]

（一）个体化的控制

“个体化”意味着公民对政府的控制应该是平等的。这种“平等”不意味着每个人都有对政府决策的否决权，因为这种权利会导致政府完全无法运作。对于“平等控制”的恰当理解是：每个公民都“在一种联合控制的体系内享有平等的份额”[3]。如前所述，控制意味着影响和对方向的导向。因此，平等份额的控制也就意味着，公民在对政府的影响和对政府行为的导向两方面应该是平等的。平等的影响并不必然要求每个人对政治过程的实际参与都是平等的，而只是要求每个人的参与机会是平等的。[4] 同样，在选举中，平等的影响也不要求每个人所投的票对选举结果有同样的影响，而只是要求每个人都有同样的机会处于获胜的一方。[5] 在对政府行为的导向方面，公民的平等则要求每个人（至少是那些愿意与他人平等地生活在一起的人）都能接受那种导向所产生的结果。[6]

（二）无条件的控制

无条件的控制意味着，公民对国家的控制不能仰赖他人的善意。就像佩蒂特在论述自由问题时始终坚持的，假如“我”之所以能够不受干涉地进行选择，只是因为某些有干涉能力的人恰好出于善意而不想去干涉“我”，那么，“我”就不能说是真正拥有了自由。同样，在民众对政府享有真正的控制时，他们的控制不仅能独立于政府本身的意志，而且能独立于外部的行为者。如果政府可以自由地决定是否接受民众的控制，或者某些外部行为者（包括不听命于政府的军队、用金钱操控政治的人以及外国政府）可以自由地决定政府是否

---

① P. Pettit，*On the People's Terms*：*A Republican Theory and Model of Democracy*，p. 154.
② P. Pettit，*On the People's Terms*：*A Republican Theory and Model of Democracy*，p. 167.
③ P. Pettit，*On the People's Terms*：*A Republican Theory and Model of Democracy*，p. 168.
④ P. Pettit，*On the People's Terms*：*A Republican Theory and Model of Democracy*，p. 169.
⑤ P. Pettit，*On the People's Terms*：*A Republican Theory and Model of Democracy*，p. 211.
⑥ P. Pettit，*On the People's Terms*：*A Republican Theory and Model of Democracy*，p. 170.

应该接受民众控制，民众的这种控制就不是无条件的。①

为了预防那种外部行为者对权力的篡夺，共和主义的国家需要采取分权制衡的制度，而共和主义的公民则需要培养出一种抗争性的气质。在制度上，佩蒂特主张采用传统共和主义者青睐的“混合政体”（mixed constitution），使国家之内的各种权力能够相互制约，防止其中某一部分对人民的压迫。② 在历史上，博丹和霍布斯等绝对主义者曾反对混合政体的思想，认为主权是不可分割的。佩蒂特批评说，这种看法是一种“错置具体性的谬误”（fallacy of misplaced concreteness）。主权国家所赖以行为的目的和判断并不一定位于某个具体的人或机构之中，而是可以从不同的人或机构的互动行为之中产生。③

与此同时，为了捍卫自由，在共和主义的公民之中还需要存在一种勇于抗争的文化。公民必须对国家的行为保持警惕，并在政府失职时表示抗议。这种对公民的要求既不同于卢梭式的浪漫主义参与民主理想，也不像政治现实主义者认为的那样是无益的。④ 这样的要求还体现了一种爱国主义的情感——爱国者不仅在国际领域里支持自己的国家，还“致力于在他们的国家建立一个非支配性的政府”，并认识到这个国家不能由某个特定的集团来统治，而是必须容纳所有的群体。⑤

（三）有效的控制

民众对政府决策的控制必须是有效的，不能受到私人利益和意志的干扰。当然，并不是说只有当民众的控制达到了有可能达到的最大限度时，政府才是合法的。但这种控制必须达到一种“直觉上来说令人满意的”程度。⑥ 为了更具体地说明所需要达到的这种程度，佩蒂特引入了他称为“糟糕运气”测试（tough-luck test）的标准。有时候，政府官员的人选或政府决策会不符合个人的期望。但如果个人认为政府确实处在人民的有效控制之下，那么即使这种不符合个人期望的事情发生了，这个人也会承认这只代表自己的运气不好，而不说明自己受到了异己意志的支配。在这样的情况下，即使个人感到不满意，

① P. Pettit, *On the People's Terms: A Republican Theory and Model of Democracy*, p. 172.
② P. Pettit, *On the People's Terms: A Republican Theory and Model of Democracy*, pp. 221 – 222.
③ P. Pettit, *On the People's Terms: A Republican Theory and Model of Democracy*, pp. 224 – 225.
④ P. Pettit, *On the People's Terms: A Republican Theory and Model of Democracy*, p. 227.
⑤ P. Pettit, *On the People's Terms: A Republican Theory and Model of Democracy*, p. 228.
⑥ P. Pettit, *On the People's Terms: A Republican Theory and Model of Democracy*, p. 175.

“也没有理由去对国家的行为表示怨恨”①。

四、论辩式民主

对于佩蒂特来说，民主制度最大的优点，无疑是能够消除或抑制支配，从而增进公民的自由。然而，并非所有形式的民主都始终具有这种效果。某种民主或许可以在一些情形里消除支配，但在其他一些环境下，它却可能无法应对支配的威胁，甚至助长支配。主流的“选举式民主”（electoral democracy）就具有这样的特征。它可以使人民表达自己的利益需求，并使政府去遵守那些需求，但无法保证政府只去做那些符合人民利益的行为。② 为了消除这种民主带来的弊端，佩蒂特提出了“论辩式民主”（contestatory democracy）的概念，并力图从无支配自由的角度来论证其优越性。在他看来，虽然选举机制对于民主来说是必需的，但我们不能用选举来定义民主，也不能认为选举就足以确保人民对国家的控制。③

与造反行动不同，论辩（contest）虽然也会对政府的行为提出不同意见，但它并不以推翻政府为目的。④ 按照佩蒂特的定义，论辩式民主与传统民主制的区别在于，它强调对政治权力“进行有效论辩的永久可能性”，而非“对这种权力的实际同意”⑤。“同意”（consent）之所以不能成为一个令人满意的标准，是因为它既不是保障自由的充分条件，也不是保障自由的必要条件。⑥ “同意”不足以有效地保障自由，因为经由同意而获得的权力仍然可能是专断的，而专断的权力会带来支配。“不管一种关系最初是否产生于契约，不管它是否源自同意，它使得一个人能够有效地对他人的某些选择进行或多或少是专断的干涉，这一事实就足以表明，一个人在支配或压迫他人”⑦。例如，一个人可能会迫于生计而卖身为奴，但尽管他是通过个人“同意”才成为奴隶的，但他还

---

① P. Pettit, *On the People's Terms: A Republican Theory and Model of Democracy*, pp. 176 - 177.

② 参见［澳］佩迪特：《作为二维共和理想的民主政体》，见巴宁、邱仁宗编：《政治哲学总论》，211 页，北京，中国社会科学出版社，2010。

③ P. Pettit, *On the People's Terms: A Republican Theory and Model of Democracy*, pp. 207 - 208.

④ P. Pettit, “Legitimacy and Justice in Republican Perspective,” *Current Legal Problems*, 2012 (65), p. 62.

⑤ ［澳］佩迪特：《共和主义：一种关于自由与政府的理论》，84 页。

⑥ 不过，佩蒂特有时也承认，对于适宜的民主制度来说，与“同意”因素相关的选举制民主仍然是必要的。［P. Pettit, “Democracy, National and International,” *The Monist*, 2006 (89), p. 304.］

⑦ ［澳］佩迪特：《共和主义：一种关于自由与政府的理论》，82 页。

是会丧失自己的自由，因为自愿的奴役契约仍然要将他置于别人的支配之下，使他受到别人的专断控制。同样，即使某些雇佣和婚姻关系最初是建立在“同意”基础上的，这些关系仍然可能是支配性的，可能削减其中一方的自由。

不仅如此，正如佩蒂特所指出的，“多数的暴政”可能会披着“同意”的外衣来实施支配。多数人的统治（majority rule）往往会因为其所带有的“同意性特征”而得到赞扬：由多数人选举出的政治权威是合法的，因为其统治被视为得到了选民的同意。然而，这种统治仍然可能损害某些群体的自由。[①]“某些决策或政策可能会吸引多数人的支持，但它们却对各种各样之少数人的生活构成了最为专断的干涉。”[②] 有些人认为，为了防范这种危险，我们需要在多数决的程序之上附加一些限制，如权利法案和司法审查，或者是在重大问题上的超多数（supermajority）得票要求。但佩蒂特不想把希望仅仅寄托在这些制度设计上，而是希望用论辩（contest）的概念来重新定义民主，从而消除传统民主制的弊端。[③]

在佩蒂特的共和主义政治理论中，如果国家在对公民施加干涉时考虑到了后者的观念和利益，这种干涉就不是专断的，从而也就没有侵犯公民的自由。而为了确保这种非专断性，国家的制度和政策就必须向公众的批评开放。也就是说，公民要拥有对政府行为进行有效的论辩的权利。如果一项政策的实施并没有征得公民的同意，但一旦他们对该政策感到不满，就可以对它进行质疑，并迫使政府做出回应或修正，那么，这项政策的实施就没有构成支配。[④] 而且，满足这一条件的政府就可以被视为民主政府。“只要人民单个地和集体地对政府的决定享有永久的论辩之可能，那么这个政府就是民主的，它就是一种为人民所控制的统治形式。”[⑤]

为了形象地说明同意与论辩所发挥的不同作用，佩蒂特借助了新闻出版物中的作者与编辑来进行比喻。一篇文章要发表在报纸上，就必须先有一个作者（author）——一个创作这篇文章使其得以存在的人。不过，在文章正式发表之前，报纸的编辑（editor）也可能会对文章的内容与形式施加影响。因此，在

① 参见［澳］佩迪特：《共和主义：一种关于自由与政府的理论》，83 页；P. Pettit, *On the People's Terms: A Republican Theory and Model of Democracy*, pp. 211 - 213。

② ［澳］佩迪特：《共和主义：一种关于自由与政府的理论》，242 页。

③ P. Pettit, *On the People's Terms: A Republican Theory and Model of Democracy*, pp. 213 - 215.

④ 参见［澳］佩迪特：《共和主义：一种关于自由与政府的理论》，242、244 页。

⑤ ［澳］佩迪特：《共和主义：一种关于自由与政府的理论》，243 页。

读者所见到的文章中，既包含了作者的工作，也包含了编辑的工作。佩蒂特试图用这种比喻来说明政府的运作方式。在传统的代议民主制下，“选举的地位赋予集体的人民以一种间接创制政府的法律与决策的权力”。这些人“可能不会成为政府应当说什么和做什么的创制者（author），但他们却可以决定谁将成为创制者或者至少可以决定谁将成为创制者的监督人”①。

然而，这种治理模式在两个方面不能令佩蒂特满意。首先，人民的权力是被集体地行使的，这就可以导致忽视少数人的声音。其次，由于这种权力是被间接地行使的，所以某些不符合共同利益的因素就可能潜入进来，影响决策。为了解决这些问题，在政治过程中就需要引入一种类似于编辑权力的因素。在佩蒂特所设想的民主制中，“普通民众，不管是个人还是群体，都能对政府既有一种创制权（power of authorship），也有一种修正权（power of editorship）。他们对政府行为所拥有的权力就类似于编辑们对即将在其期刊或报纸上刊登的内容所拥有的权力”②。在这里，编辑权力的概念所对应的，是民主制度中的论辩方面。制定政策的政府官员（以及选举他们的公民）所占有的地位，类似于文章的作者，而对那些政策进行论辩的公民则类似于编辑。正如好的报纸需要优秀作者和优秀编辑的协同工作，良好的民主体制也需要选举因素和论辩因素的适当结合。③ 这种体制应该既赋予人民以创制性（authorial）的角色，也赋予他们以修正性（editorial）的角色。也就是说，人民应该具有制定政策和检验政策两方面的功能。④

不过，佩蒂特也并不认为公民的申诉必须总是得到满足。在两种情况下，对于公民的抗议和要求，政府可以合理地拒绝。首先，公民的要求可能代表了“论辩者个人或群体的自我利益”，因此“共同利益要求挫败这种特殊的利益”。不过，为了避免支配，有必要向受损的一方表明，“决定是按照他们的想法，经过恰当的程序做出的，并且他们最终是受一种他们与他人共享的利益引导的”⑤。其次，当公民的要求代表了“少数人关于什么是符合公共利益的判断”时，相关要求可以不被满足。⑥ 在政府拒绝公民的要求时，那些要求或许并不具有重大的个人或文化意义。不过，如果那些要求确实具有重要的意义，为了

① ［澳］佩迪特：《共和主义：一种关于自由与政府的理论》，383 页。
② ［澳］佩迪特：《共和主义：一种关于自由与政府的理论》，383 页。
③ P. Pettit，“Democracy，National and International，” p. 304.
④ P. Pettit，*On the People's Terms*：*A Republican Theory and Model of Democracy*，p. 218.
⑤ ［澳］佩迪特：《共和主义：一种关于自由与政府的理论》，258 页。
⑥ 参见［澳］佩迪特：《共和主义：一种关于自由与政府的理论》，259 页。

避免支配，感到不满的群体也许就有必要分离出去，建立独立的政治共同体。①

在《共和主义》中，佩蒂特将论辩式民主视为对传统选举式民主的唯一补充形式。但在2012年出版的《根据人民的意愿》里，他进一步提出，即使在同时缺少选举和论辩因素的情况下，人民仍然能够对国家进行有效的控制，民主也仍然能够实现。人民不仅可以在短期内通过选举和论辩的方式来影响政府，而且可以通过迫使政府遵守“被广泛接受的政策制定规范”来对其施加长期的影响。② 对于那些规范的形成，公民甚至可能是无意识的。他们对具体事件的反应迫使政府对政策做出调整，而这些调整最终可能导向一种没有人刻意设计的行为规范。③ 尽管这些规范不是由民众直接地、有意识地要求政府遵循的，但它们源于政府根据民意所做出的行为。因此，如果政府始终都遵循这些规范的话，那么即使没有选举和论辩的因素，我们仍然可以说民众对政府实行了控制。

五、民主与去政治化

在历史上，对于具有民粹色彩的直接民主，许多共和主义者是心存疑虑的。佩蒂特不仅注意到了这一点④，而且将这一精神带入了他自己的理论。这主要体现在他对“去政治化”（depoliticization）问题的论述上。在他看来，在三种情况下，民众的情绪可能会被不恰当地利用，导致产生不符合公共利益的结果。首先，大众的激情可能会被刻意夸大的偶然事件挑起来；其次，大众的道德信念可能会使他们坚持极端的立场；最后，为了维护自己所在集团或群体的利益，人们可能会去支持违反公共利益的举措。⑤ 因此，有些议题应该“远离群众讨论的喧嚣”。对它们的解决方案不能“受制于公共争论的情绪和压力”，而是要由“独立的、具有专业知识的实体做出”⑥。那些独立的机构并不由公民的选举产生。虽然这些机构的人员是由被选举产生的官员任命的，但却不必对那些官员负责，也不能被那些官员任意罢免。⑦ 对于这些机构所关注的

① 参见［澳］佩迪特：《共和主义：一种关于自由与政府的理论》，259～260页。

② P. Pettit, *On the People's Terms: A Republican Theory and Model of Democracy*, p. 4.

③ P. Pettit, *On the People's Terms: A Republican Theory and Model of Democracy*, p. 273.

④ 参见［澳］佩迪特：《共和主义：一种关于自由与政府的理论》，37页。

⑤ P. Pettit, "Depoliticizing Democracy," *Ratio Juris*, 2006 (17), pp. 54－57.

⑥ ［澳］佩迪特：《共和主义：一种关于自由与政府的理论》，256、258页。这些实体的例子见［澳］佩迪特：《共和主义：一种关于自由与政府的理论》，256页；P. Pettit, *On the People's Terms: A Republican Theory and Model of Democracy*, p. 235。

⑦ P. Pettit, *On the People's Terms: A Republican Theory and Model of Democracy*, p. 236.

议题，共和主义的民主观“要求民众以及民众的立法代表普遍地三缄其口，袖手旁观”①。

这类议题的一个例子，是由中央银行负责的经济政策。② 为了防止政治家出于短期的选举利益干扰经济运行，关于利率和外汇比率的政策被放在了独立的中央银行手中。③ 另一个例子涉及法院对罪犯的量刑问题。根据犯罪学家的研究，苛严的判决对于减少犯罪率并无帮助。然而，民众对于宽大的判决可能会有强烈的抵触情绪，从而影响选举产生的政治家对这一问题的态度。因此，为了使刑事司法体系最好地服务于民众，就恰恰有必要使其远离他们的影响，由专业人士做出最好的选择。④

佩蒂特曾经担心，对于游说集团的干扰作用，民主制度缺乏有效的手段加以制止。⑤ 但是，在更为晚近的著作中，他也主张，“去政治化”的制度设计除了抵御民众情绪的压力之外，还可以用来防范游说集团的有害影响。游说集团寻求的是私人或宗派利益，而非公共利益。为了达到自己的目的，这些集团可能会对政治家和民众进行威胁、欺骗或收买。⑥ 在预防这种危险时，独立的、非经选举产生的机构就能够起到作用。例如，在面对私人媒体的偏狭宣传时，最好的解决办法就是由政府建立一个媒体，由公共资金予以资助，但同时又要避免政府对该媒体的直接影响，以保持其政治上的独立性。⑦

然而，那些独立的、“去政治化”的机构不是由公民选举产生的，它们是否会脱离人民的控制，从而损害民主呢？佩蒂特认为，如果那些机构“是在适当的条件下设立的，并且被迫在适当的限制下进行运作”，则它们也可以宣称自己是服务于人民的。⑧ 这要求被设立的机构和被任命的人员具备良好的经验、相应的资质和公正性，并且愿意为了满足其职业自尊而表明自己确实具备那些条件。它们应当达到公众所期望的目标，能够接受民众的质疑和评论，并在不

① ［澳］佩迪特：《共和主义：一种关于自由与政府的理论》，258 页。

② 参见［澳］佩迪特：《共和主义：一种关于自由与政府的理论》，256 页。

③ P. Pettit，“Depoliticizing Democracy，” p. 53.

④ 参见［澳］佩迪特：《共和主义：一种关于自由与政府的理论》，256～258 页。

⑤ P. Pettit，“Democracy，National and International，” p. 311

⑥ P. Pettit，*On the People's Terms：A Republican Theory and Model of Democracy*，pp. 233－234.

⑦ P. Pettit，*On the People's Terms：A Republican Theory and Model of Democracy*，p. 234.

⑧ P. Pettit，*On the People's Terms：A Republican Theory and Model of Democracy*，p. 236.

能达到目标时付出惨重的代价。[①] 这样的机构便没有脱离人民的控制，没有对公民形成支配。

第四节　对佩蒂特的一些批评

有人曾做过这样一个类比，即佩蒂特的《共和主义》之于新共和主义就好比罗尔斯的《正义论》之于当代自由主义。就《共和主义》引发了人们对共和主义的极大关注而言，这一类比显然是恰当的；但是，佩蒂特的工作是否如罗尔斯推进自由主义那样发展了新共和主义，或者说佩蒂特是否成功地捍卫了一种融贯的共和主义政治理论，恐怕还很难说。就学术界目前的反应来看，他的新共和主义政治哲学仍然存在一些问题和困境。

有些学者认为，无支配自由观拓展了人们认识自由的空间，打破了消极自由和积极自由的简单二分法。并且，与无干涉自由相比，它确实具有若干优点。比如，它把自由延伸到了先前被认为是私人的或非政治的领域，它使得自由成为一种共同善，而不仅仅是一种个人善，等等。[②] 而且，即使是那些不完全赞同佩蒂特的人，也很少会对作为一种政治理想的“无支配”本身的可欲性提出异议。但他们可能会质疑道：无支配是否是一种独立于“无干涉”的“另外一种”价值，亦即从分析角度看，无干涉消极自由能否吸收这种理想？例如，沃尔德隆就认为，无支配自由只不过是一种建立在无干涉自由基础之上的概念，谈不上有什么根本性的独特之处。[③]

---

① P. Pettit，*On the People's Terms*：*A Republican Theory and Model of Democracy*，pp. 236 – 237.

② I. Honohan，*Civic Republicanism*，New York，Routledge，2002，pp. 184 – 185.“第三种自由”的支持者不在少数，如古典学家塞勒斯（M. Sellers，*Sacred Fire of Liberty*：*Republicanism*，*Liberalism and the Law*，New York，New York University Press，1998）、思想史家维罗里（M. Viroli，*Republicanism*，New York，Hill and Wang，2002）和政治学家梅诺（J. Maynor，*Republicanism in the Modern World*，Cambridge，Polity，2003）等。但颇为有趣的是，佩蒂特的不少（前）同事和合作者都对其所致力于复兴的共和主义不以为然，比如古丁教授［R. Goodin，“Folie Republicaine，”*Annual Review of Political Science*，2003（6）］和布伦男教授［G. Brennan & L. Lomasky，“Against Reviving Republicanism，”*Politics*，*Philosophy and Economics*，2006（5）］。

③ J. Waldron，“Pettit's Molecule，”in G. Brennan，et al.（ed.），*Common Minds*：*Themes from the Philosophy of Philip Pettit*，Oxford，Oxford University，2007；R. Goodin，“Folie Republicaine，”pp. 60 – 61.

从概念分析的角度对佩蒂特进行的批评中，引起最多注意的是卡特（Ian Carter）和克莱默（Matthew Kramer）的“物理主义”（physicalist）自由观。[①]他们采用了一种“纯粹的消极自由观”，认为对自由的唯一限制就在于身体上的障碍。也就是说，除非“我”的身体行动受到了直接的阻碍（例如手脚被缚，或者遭到了高墙的阻隔），以至于完全无法去做某件事情，否则就不能说“我”丧失了做这件事的自由。因此，即使在劫匪持枪索要“我”的钱包时，“我”仍然有拒绝交出钱包的自由。不过，他的行为会导致“我”丧失“同时保有钱包和生命的自由”，从而减少了“我”的“总体自由”。这也解释了为什么我们会感到劫匪的行为侵犯了“我”的自由。

根据物理主义自由观，佩蒂特对无干涉自由观的批判其实并不能成立。例如，佩蒂特宣称，按照无干涉自由的标准，如果一个支配者没有去干涉被支配者，被支配者就拥有了充分的自由。物理主义者会承认，这个被支配者在特定的、未受干涉的个别事项上是自由的。但他们认为，对一个人“总体自由”的判定，不仅要看他实际所遭受的限制，还要看他遭受限制的概率。因此，如果被支配者有一定的概率遭受干涉，那么，不管他实际上是否真的遭受了干涉，他的自由都受到了侵害。从这个角度来看，共和主义自由理论的批判力就大大削弱了。

另一方面，主张积极自由的强势共和主义者指出，“除非公民有理由相信共享自治在本质上就是重要的，否则其牺牲个人利益以维护共同善的意愿就可能受到政治参与的成本和收益之工具性算计的侵蚀”，并对他把积极自由视为一种民粹主义而加以抛弃大为不满。[②] 事实上，佩蒂特后来提出新雅典共和主义与新罗马共和主义的划分[③]无异于承认，共和主义传统起码也包含积极自由的要素，这一要素显然不是贴上“民粹主义”的标签[④]就可以存而不论的；相反，积极自由和集体导向的自由还可能是共和主义传统在自由问题上的主流观点。

此外，从思想史的角度来看，佩蒂特对于“自由主义”和“共和主义”两

---

① I. Cater, *A Measure of Freedom*, Oxford, Oxford University Press, 1999; M. Kramer, *The Quality of Freedom*, Oxford, Oxford University Press, 2003. 更为简短的版本见 I. Carter, “How are Power and Unfreedom Related?”; M. Kramer, “Liberty and Domination,” in C. Laborde & J. Maynor (ed.), *Republicanism and Political Theory*, Oxford, Blackwell, 2008。

② M. Sandel, “Reply to Critics,” in *Debating Democracy's Discontent*, p. 325.

③ 参见［澳］佩迪特：《共和主义：一种关于自由与政府的理论》，369～372 页。

④ 参见［澳］佩迪特：《共和主义：一种关于自由与政府的理论》，11～12 页。

个阵营的划分也显得太过武断。对于许多思想家来说，我们很难简单地断言他们是自由主义者还是共和主义者。即使佩蒂特自己也承认，他所认定的一些“自由主义者”其实都具有一些共和主义的思想，例如亚当·斯密、贡斯当、J. S. 密尔、阿克顿甚至边沁。[①] 反过来说，在被他列为共和主义者的那些人中，有不少同样被其他人视为自由主义传统的重要人物[②]，例如弥尔顿、哈林顿、孟德斯鸠、潘恩、麦迪逊和托克维尔等。更有甚者，在发现洛克的思想中包含了无支配自由的因素后，佩蒂特的反应是将他从自由主义的阵营里拉到共和主义的阵营里。[③] 但正如拉莫尔所批评的：“那是一种绝望的补救法。一种把霍布斯包含在内而把洛克排除在外的自由主义定义肯定有某种差错。”[④]

在涉及当代的思想家时，类似的情况同样存在。罗尔斯和哈耶克是公认的自由主义代表人物。但是，佩蒂特对无干涉自由的抨击肯定是不适用于罗尔斯的。[⑤] 而哈耶克对法律与自由之间关系的强调[⑥]，也明显与佩蒂特所描绘的自由主义的形象有很大出入。[⑦] 事实上，很难想象有哪个自由主义者真的完全符合佩蒂特的描述，因为没有自由主义者仅仅关注行动上暂时的不受阻碍，而不去同时关注对这种行动自由的制度性保障。

最后，即使我们抛开概念分析和历史追溯，转向制度设计，佩蒂特共和主义理论的独特性也颇为可疑。不管是非支配干涉还是无干涉支配，事实上都暗示了无支配自由在社会政策层面可能包含的激进性。前者为再分配政策和福利国家提供了合法性依据，后者则表明，私有制、市场经济以及狭隘文化条件下，弱势群体可以以自由的名义提出反抗。正是在这个意义上，佩蒂特相信，无支配自由理想可以与社会主义、多元文化主义甚至环境主义结合在一起。[⑧] 然而，在社会政策层面，新共和主义与左翼自由主义差别有多大？

依据 T. H. 马歇尔关于公民身份中权利维度的著名划分，共和主义积极自

---

① P. Pettit, “Liberalism and Republicanism,” *Australian Journal of Political Science*, 1993 (28), pp. 163, 167, 172, 176.

② S. Ratnapala, “Republicanism's Debt to Liberalism: Comments on Pettit,” *Australian Journal of Legal Philosophy*, 2000 (25), p. 263.

③ 参见［澳］佩迪特：《共和主义：一种关于自由与政府的理论》，52～53 页。

④ ［美］拉莫尔：《自由主义的和共和主义的自由观》，见应奇、刘训练编：《共和的黄昏：自由主义、社群主义和共和主义》，399 页，长春，吉林出版集团有限责任公司，2007。

⑤ 参见曹钦：《当代共和主义者对罗尔斯自由观的误读》，载《学术月刊》，2011 (11)。

⑥ 参见［英］哈耶克：《自由宪章》，第 9、10 章，北京，中国社会科学出版社，1999。

⑦ 佩蒂特自己也意识到了这一点，见［澳］佩迪特：《共和主义：一种关于自由与政府的理论》，67 页，注释 1。

⑧ 参见［澳］佩迪特：《共和主义：一种关于自由与政府的理论》，177～192 页。

由论与自由主义消极自由论之间的争论围绕的主要是（狭义的）公民权利与政治（参与）权利。以此观之，佩蒂特的无支配自由则多少引入了“社会权利”的要素，从而扩展了新共和主义的议题。但问题是，它与左翼的福利自由主义或者说自由平等主义的区别又在哪里呢？例如，有些自由主义者就对他把自由主义的自由观界定为纯粹的消极自由或者无干涉自由提出质疑，并认为他提出的制度和政策与波普的“自由改良主义”或罗尔斯式的自由主义没有本质上的区分。①

或许，佩蒂特对民主的论述可以被视为其思想中的较为独特之处。毕竟，在人们的普遍印象中，与主流的自由主义思想相比，共和主义要更为强调公民的积极政治参与。但在这方面，佩蒂特也面临着来自两个方向的批判。一方面，带有自由至上主义倾向的批评者对“公民美德”或“政治参与”等提法感到不以为然。② 另一方面，更激进的研究者们则认为佩蒂特的理论还不够民主。③ 贝拉米虽然赞成无支配自由概念，但对佩蒂特的“法律宪政主义”（legal constitutionalism）倾向表示了不满，并主张一种民主色彩更为浓厚的“政治宪政主义”（political constitutionalism）。④ 此外，还有人怀疑，佩蒂特所主张的“去政治化”可能会削弱公民对国家专断权力进行约束的能力。⑤ 毕竟，就连他自己也承认：“相比于无干涉自由观，无支配自由观更易于被用来证明……那些被设计好去保护人们免于特定危险的家长主义干预是正当的。”⑥ 而对于一种宣称公民自由至高无上的政治哲学来说，“家长主义”（哪怕是效果良好的家长主义）的倾向不可避免地会为其蒙上一层阴影。

对于当前学术界涉及佩蒂特思想的争论，以上的总结远未能反映其全貌。总而言之，虽然他的共和主义理论得到了很多人的赞同，但也引发了很多批评。这些批评既涉及历史叙事的可靠性，也涉及概念分析的准确性。当然，对于一种受到如此之多关注的理论来说，存在各种各样的批评是正常的。这些不

① A. Boyer, “On the Modern Relevance of Old Republicanism,” *Monist*, 2001 (84)；［美］拉莫尔：《自由主义的和共和主义的自由观》，见应奇、刘训练编：《共和的黄昏：自由主义、社群主义和共和主义》。

② Brennan & Lomasky, “Against Reviving Republicanism”.

③ N. Urbinati, “Unpolitical Democracy,” *Political Theory*, 2010 (38).

④ R. Bellamy, *Political Constitutionalism: A Republican Defence of the Constitutionality of Democracy*, Cambridge, Cambridge University Press, 2007.

⑤ P. Markell, “The Insufficiency of Non-Domination,” *Political Theory*, 2008 (36), p. 29.

⑥ P. Pettit, “Joining the Dots,” in G. Brennan, et al. (ed.), *Common Minds: Themes from the Philosophy of Philip Pettit*, Oxford, Oxford University, 2007, p. 313, n. 49.

同意见并不妨碍我们承认佩蒂特的学术贡献。如果没有他的开创性著作，20 世纪的“共和主义复兴”很可能会继续在思想史研究的小圈子里打转，而无法形成与主流政治哲学界的大规模对话。从这个意义上说，佩蒂特对共和主义的研究虽然晚于其他一些学者（如波考克、斯金纳等），却比他们起到了更大的推进作用。如果我们要为当代的新共和主义选出一位领军人物的话，则佩蒂特当之无愧。

曹　钦　刘训练

参考文献

巴宁，邱仁宗．政治哲学总论．北京：中国社会科学出版社，2010.

曹钦．当代共和主义者对罗尔斯自由观的误读．学术月刊，2011（11）.

[英] 哈耶克．自由宪章．北京：中国社会科学出版社，1999.

刘训练．共和主义：从古典到当代．北京：人民出版社，2013.

[澳] 佩迪特．人同此心：论心理、社会与政治．长春：吉林出版集团有限责任公司，2010.

[澳] 佩迪特．共和主义：一种关于自由与政府的理论．南京：江苏人民出版社，2006.

[澳] 佩迪特．语词的创造：霍布斯论语言、心智与政治．北京：北京大学出版社，2009.

[美] 桑德尔．民主的不满．南京：江苏人民出版社，2012.

[美] 史蒂文·夏平，西蒙·谢弗．利维坦与空气泵：霍布斯、玻意耳与实验生活．上海：上海人民出版社，2008.

[美] 涛慕思·博格．罗尔斯：生平与正义理论．北京：中国人民大学出版社，2010.

许纪霖．公共性与公民观．南京：江苏人民出版社，2006.

应奇，刘训练，编．公民共和主义．北京：东方出版社，2006.

应奇，刘训练，编．共和的黄昏：自由主义、社群主义和共和主义．长春：吉林出版集团有限责任公司，2007.

R. Bellamy. Political Constitutionalism：A Republican Defence of the Constitutionality of Democracy. Cambridge：Cambridge University Press，2007.

A. Boyer. On the Modern Relevance of Old Republicanism. Monist，2001（84）.

G. Brennan & Lomasky，L. Against Reviving Republicanism. Politics，Philosophy and Economics，2006（5）.

I. Cater. A Measure of Freedom. Oxford：Oxford University Press，1999.

I. Carter. How are Power and Unfreedom Related? // C. Laborde & J. Maynor. Republicanism and Political Theory. Oxford：Blackwell，2008.

G. F. Gaus. Review of The Common Mind. Ethics，1997（107）.

R. Goodin. Folie Republicaine. Annual Review of Political Science，2003（6）.

I. Honohan. Civic Republicanism. New York：Routledge，2002.

F. Jackson & P. Pettit. Structural Explanation in Social Theory // D. Charles & K. Lennon. Reduction，Explanation，and Realism. Oxford：Clarendon，1992.

M. Kramer. The Quality of Freedom. Oxford：Oxford University Press，2003.

M. Kramer. Liberty and Domination // C. Labord & J. Maynor. Republicanism and Political Theory. Oxford：Blackwell，2008.

P. Markell. The Insufficiency of Non-Domination. Political Theory，2008（36）.

J. Maynor. Republicanism in the Modern World. Cambridge：Polity，2003.

S. Mulhall & A. Swift. Rawls and Communitarianism // S. Freeman. The Cambridge Companion to Rawls. Cambridge：Cambridge University Press，2003.

P. Pettit. A Theory of Freedom：From the Psychology to the Politics of Agency. Cambridge：Polity，2001.

P. Pettit. The Common Mind：An Essay on Psychology，Society and Politics. Oxford：Oxford University Press，1993.

P. Pettit. Social Holism and Moral Theory：A Defence of Bradley's Thesis. Proceedings of the Aristotelian Society，1985－1986（86）.

P. Pettit. Defining and Defending Social Holism. Philosophical Explorations，1988（1）.

P. Pettit. The Reality of Groups Agents // C. Mantzavinos. Philosophy of the Social Sciences：Philosophical Theory and Scientific Practice. Cambridge：Cambridge University Press，1994.

P. Pettit. Rawls' Political Ontology. Politics，Philosophy and Economics，2005（4）.

P. Pettit. Keeping Republican Freedom Simple：On a Difference with Quentin Skinner. Political Theory，2002（30）.

P. Pettit. Discourse Theory and Republican Freedom. Critical Review of International Social and Political Philosophy，2003（6）.

P. Pettit. Reworking Sandel's Republicanism // A. Allen & M. Regan. Debating Democracy's Discontent：Essays on American Politics，Law，and Public Philosophy. Oxford：Oxford University Press，1998.

P. Pettit. Agency-Freedom and Option-Freedom. Journal of Theoretical Politics，2003（15）.

P. Pettit. Democracy，Electoral and Contestatory //S. Macedo & I. Shapiro. Nomos XLII：Designing Democratic Institutions. New York：New York University Press，2000.

P. Pettit. On the People's Terms：A Republican Theory and Model of Democracy.

Cambridge：Cambridge University Press，2012.

P. Pettit. Republican Freedom and Contestatory Democratization // I. Shapiro & C. Hacker-Cordon. Democracy's Value. Cambridge：Cambridge University Press，1999.

P. Pettit. The Power of a Democratic Republic // R. Gotoh & P. Dumouchel. Against Injustice：The New Economics of Amartya Sen. Cambridge：Cambridge University Press，2009.

P. Pettit. Legitimacy and Justice in Republican Perspective. Current Legal Problems，2012（65）.

P. Pettit. Democracy，National and International. The Monist，2006（89）.

P. Pettit. Depoliticizing Democracy. Ratio Juris，2004（17）.

P. Pettit. Liberalism and Republicanism. Australian Journal of Political Science，1993（28）.

P. Pettit. Joining the Dots // G. Brennan，et al. Common Minds：Themes from the Philosophy of Philip Pettit. Oxford：Oxford University，2007.

M. Sellers. Sacred Fire of Liberty：Republicanism，Liberalism and the Law. New York：New York University Press，1998.

Q. Skinner. Liberty Before Liberalism. Cambridge：Cambridge University Press，1998.

N. Urbinati. Unpolitical Democracy. Political Theory，2010（38）.

M. Viroli. Republicanism. New York：Hill and Wang，2002.

J. Waldron. Pettit's Molecule // G. Brennan，et al. Common Minds：Themes from the Philosophy of Philip Pettit. Oxford：Oxford University，2007.

第十一章　瞻前顾后的社群主义

作为当代政治哲学众声喧哗中的一种颇具感染力的声音，社群主义兴起于20世纪80年代初期，然后一路“攀高”，其影响至90年代前后不仅遍及北美和英国学界，例如在当时的牛津、剑桥，就出现了数量不菲的这个议题辐射下的博士学位论文①，而且扩展到德法学圈，后阿隆时代的法国政治哲学之发展和哈贝马斯所主导的新法兰克福学派之转型，都与自由主义-社群主义之争具有真实、具体而重要的联系。在中文世界，大约“滞后”十年，2000年前后也曾经出现过一场为时甚短的“社群主义热”，例如三联书店著名的“公共论丛”就曾经有一专辑题为“自由与社群”②，本章作者之一也曾撰有《社群主义》一书以“推波助澜”③。各种翻译作品更是层出不穷。时至今日，作为一种学院“时髦”的社群主义似乎已经风流云散，社群主义的代表作品甚至其衍生的读物也都已经大量甚至近于完备地呈现于中文世界。为曾经风起云涌的社群主义思潮做一反思性总结，此其时也。

本章分为如下三节：第一节主要处理社群主义的学理资源，旨在澄清政治哲学范式转换中的一种颇有示范性的现象，正是基于这种考虑，同时也是为了

---

① 例如Jack Crittenden，*Beyond Individualism*：*Reconstituting the Liberal Self*，Oxford，Oxford University Press，1992；Colin Bird，*The Myth of Liberal Individualism*，Cambridge，Cambridge University Press，1999；Charles Taylor曾在1989年发表的“Cross-Purposes：Liberal-Communitarian Debate” [in Nancy L. Rosenblum（ed.），*Liberalism and Moral Life*，Cambridge，Harvard University Press，1989] pp. 159－182中提到他受益于Mini Bick 1987年在牛津发表的博士论文“The Liberal-Communitarian Debate：A Defense of Holistic Individualism”。另外值得指出的是，黄勇教授2001年出版的他在哈佛大学完成的博士论文“Religious Goodness and Political Rightness”（Harrisburg，Trinity Press International，2001）也有一个引人瞩目的副标题“Beyond the Liberal-Communitarian Debate”。

② 参见刘军宁等编：《自由与社群》，北京，三联书店，1998。

③ 参见应奇：《社群主义》，台北，扬智文化，1999。

展示社群主义政治哲学之“生长性”，本节还将讨论围绕社群主义政治哲学论式之歧义性展开的解释上和规范上的论争；第二节采取一个内在于自由主义政治哲学的视角，在陈述社群主义之自由主义批判的同时，着重阐释罗尔斯的政治自由主义转向之作为对社群主义批评之回应的意涵，同时与几乎同一语境中的拉兹的完美主义的自由主义进行对照，进而阐明自由主义政治哲学之根本宗旨和归趣；第三节则试图说明自由主义-社群主义之争与新法兰克福学派转型的内在关联，一方面较直接地说明新法兰克福学派怎样通过主动介入这场论争将自己呈现为一种无论外在形式还是内在旨趣都更为“主流”而且“完备”的政治哲学，另一方面也尝试通过解释思想史中这种有趣的现象，间接地反驳社群主义偃旗息鼓论。

第一节　瞻前顾后的社群主义

尽管 communitarianism 是一个“当代的新词”[1]，尽管社群主义是在与以罗尔斯为代表的道义论自由主义的论战中发展起来的，但在西方政治思想史中，从亚里士多德、卢梭到黑格尔，关于社群与社群关系的思考从未停止过，并且其重要性一直得到历代政治理论家的重视。

近代以来，社群的思想与自由主义的思想呈现此消彼长之势，强调社群的观点常常与功利主义和保守主义相联系，强调个人的观点则往往与个人主义和自由主义相联系。值得注意的是，从 19 世纪以来，对自由主义的批判呈愈演愈烈之势，承卢梭之余绪的黑格尔和马克思是典型的代表人物。他们试图用有机的、精神的和统一的社会秩序的观念去取代自由主义的以增进利益的契约为基础的社会概念。从这个意义上说，当代出现的社群主义对自由主义的批判并非新生事物。事实上，当代社群主义者确实经常借鉴黑格尔对康德的批判，同情马克思对自由主义的批判，甚至出现了从亚里士多德那里借用理论资源的倾向。[2]

---

① M. Daly, *Communitarianism: A New Public Debate*, California, Wadsworth, 1994, p. xiii.

② Amy Gutman, “Communitarian Critics of Liberalism,” *Philosophy and Public Affairs*, 1985 (14), pp. 308 - 322.

一、“在亚里士多德和黑格尔的阴影里”①

一般来说，政治哲学是当人们开始认识到其政府形式和社会制度不仅受永恒不变的传统支配，而且可以予以修正之时出现的一种智力活动。但是，严格意义上的理性主义的政治哲学却只是奠基于西方文化的发展之中，并且和西方文明一样古老。具体来说，政治研究是和社会研究在雅典同时产生的，在柏拉图的对话中臭名昭彰，一直到19世纪中叶的希腊史研究［如格罗特（G. Grote）的著作］中才得到公正的评价的智者是社会研究的开创者。“自然”和“习俗”的争论是当时的社会研究主题。智者的活动一方面推进了修辞学和论辩术，活跃了城邦的公共领域和政治文化，另一方面则助长了相对主义和个体主义倾向的抬头。普罗泰戈拉的名言“人是万物的尺度，是存在者存在的尺度，亦是不存在者不存在的尺度”既是新的时代精神的号角，亦是城邦危机的先声。柏拉图和亚里士多德正是在这样的情形下登上哲学舞台的，智者则是柏拉图在哲学上最主要的敌人之一。

正如萨拜因所言，政治哲学著作的大量问世，是社会本身正在经历艰难困苦时期的确切征兆。在经典政治哲学创造的第一个高峰时期即公元前375—前325年，希腊城邦从当时世界文化的领导地位上跌落下来，这一古代世界主要的精神大动荡在柏拉图的《理想国》《法律篇》和亚里士多德的《政治学》《尼各马可伦理学》这些政治哲学史上最伟大的著作里留下了深刻的烙印。

如前所述，克服智者所引发的相对主义乃是柏拉图哲学事业的动力之一。苏格拉底-柏拉图对话录的重要论题“德性即知识”，则是反对智者的相对主义和个体主义的主要武器。苏格拉底既然将哲学的核心由“自然”转向“自我”，哲学的内容自然也随之由思辨性的反思转向实践性的批判。苏格拉底的历史功绩之一就是使伦理学科学化，使道德、伦理变为核心部分，而这个核心又集中在“德性即知识”的命题中。

很明显，“德性即知识”是苏格拉底所倡导的“知行合一论”的理论基石。也正是这种“知行合一论”遭到了亚里士多德的批判，因为亚里士多德正是把

① “In the Shadow of Aristotle and Hegel”原是塞拉·本哈比（Seyla Benhabib）一篇文章的标题，最初发表于 *Hermeneutics and Critical Theory and Ethics and Politics*［Michael Kelly（ed.），Cambridge，MIT Press，1989］。后用作她和弗雷德·达梅尔（Fred Dallmayr）合编的 *The Communicative Ethics Controversy*（Cambridge，MIT Press，1990）一书的后记，但这一标题用来形容社群主义同样合适，故此借用。另外需要说明的是，本小节的内容系从拙著《社群主义》第一章中撷取出来。

伦理学作为行为规范并使之经验科学化的第一个哲学家。在亚里士多德看来，“德性即知识”论的错误在于它将“知”和“行”等同，否认“知”和“行”之间的区别和矛盾。亚里士多德指出，知行合一只适用于理论知识而不适用于实践知识。

尽管亚里士多德认为伦理学是研究德性的科学，但正如麦金太尔指出的，亚里士多德并不认为自己是在创立一种德性理论，而只是明确地表述一种被认为隐含在一个受过良好教育的雅典人的思想、言语和行动中的论点。他所寻求的是最好的城邦中最好的公民的理性声音。亚里士多德认为城邦是人类生活的德性能得到真正而充分的展现之唯一的政治形式。

亚里士多德的伦理学是以人的活动的目的性为出发点的。每一种活动、每一种探索和每一次实践都旨在某种善，而“善”或“某种善”就是人性的目的。以其形而上学的生物学为预设前提，亚里士多德认为，像其他物种一样，人类的成员有一种特殊本质，这种本质决定了他们都有一定的目的和目标，并使他们在本性上朝着一个特殊目的迈进。根据目的的特殊性来界定的善，既有地方性和特殊性，又有世界性和普遍性。

亚里士多德之所以能够坚持事实和价值的统一性，与他对德性的统一性之预设有关，而这种信念是他从他的老师柏拉图那里继承下来的。柏拉图否定个体的善与城邦的善发生冲突的可能性，亚里士多德和柏拉图一样把冲突当作恶，只不过亚里士多德把它当作一种可以消除的恶。人类之善存在于一个有共同目标的社群，它预设了这种社群中关于善和德性的广泛一致，这种一致使得公民和城邦结为一体成为可能。

在亚里士多德看来，在最广泛、普遍的意义上，正义作为最高的德性，用来指法律所要求的一切，也就是说，它是指每一个公民在他与所有其他公民的关系中要实践所有的德性。狭义的正义则有两种形式，即分配的正义和校正的正义。校正的正义具有尽可能恢复为某种或某些不正义的行动所毁坏的那部分正义秩序的作用，而分配的正义则在于遵守那种规定受校正正义保护之秩序的分配原则。

亚里士多德主张，分配正义必须符合某种形式的应得，而应得的概念是与城邦的分层结构秩序联系在一起的。因此，应得的概念只有在下面两个条件得到满足的情境中才能得到应用。首先，必定有某种共同的事业是一些人想成就的目标，这些人被认为应该比那些没有这种目标的人多做贡献。其次，对于怎样评价这些贡献，怎样给予相应的奖赏，人们必定有一种共享的观点。而这两个条件只有在亚里士多德理想的城邦生活中才能得到满足，因为在城邦生活中，在公民德性和个人德性的追求之间没有任何不相容性。

总的来说，在亚里士多德的伦理学和政治学中，城邦被理解为一种社会秩序的形式，它的共享的生活样式已经做出了对“什么是人类最好的生活样式”这一问题的集体性回答。当且仅当从一个既定城邦内部出发，我们才能有意义地按照我们所拥有的各种辩证推理的评价和资源，建构一种对（迄今为止所提示的）至善的更好的解释。

经典的政治哲学肇端于柏拉图和亚里士多德，终结于黑格尔和马克思，这是政治理论史研究传统中已经达成的共识。有意思的是，右翼的自由主义和左翼的马克思主义都对黑格尔的社会政治理论不抱好感，甚至恶语相向。事实上，黑格尔政治哲学的视野超出了传统自由主义的藩篱，而马克思主义和黑格尔主义的连续性尽管经过了所谓西方马克思主义鼻祖卢卡奇（如他的著作《青年黑格尔》）的张扬，似乎仍然没有引起人们足够的重视。在这样的背景下，社群主义对黑格尔的援引不能不说是十分引人注目的。

黑格尔的政治哲学中特别引起社群主义共鸣的地方在于前者对卢梭和康德所代表的所谓抽象自由观的批判。这是因为道义论自由主义的主要理论支柱之一就是康德哲学，而社群主义崛起的直接背景则是对这种自由主义的批判。

《法哲学原理》对卢梭的批判是广为人知的，从卢梭理论的效果历史的角度看，黑格尔把对卢梭的批判和对法国大革命由片面追求抽象的自由、平等演化成的专制和恐怖恶果的揭示结合起来，似乎是有坚实的历史依据的。从这种批判的理论依据来看，则应注意黑格尔对经典政治哲学的第二个高峰（前一个为古希腊城邦政治学）即近代民族国家时期的社会契约论传统的根本拒斥。在黑格尔看来，社会契约论带有“抽象推论”的特点。因此，尽管卢梭明确认为公意并不是每个意志中抽象的共性，黑格尔也肯定卢梭提出以意志作为国家的原则是一个进步，但他还是认为，卢梭“所理解的普遍意志也不是意志中绝对合乎理性的东西，而只是共同的东西”[①]。以此为基础，黑格尔对法国大革命进行了严厉的批判。他把法国大革命概括为“最残酷的事变”，认为支配它的原则是抽象自由，“当时一切才能方面和权威方面的区别，看来被废除了。这一时期是以战颤（激怒）、震惊（奋起）、势不两立来对抗每个特殊物。因为狂热所希求的是抽象的东西，而不是任何有组织的东西，所以一看到差别出现，就

① ［德］黑格尔：《法哲学原理》，225 页，北京，商务印书馆，1961。

感到这些差别违反了自己的无规定性而加以毁灭”[①]。

在《法哲学原理》第二十九节的注释中，黑格尔把康德的法权学说概括为“限制我的自由或任性，使它能够依据一种普遍规律而与任何一个人的任性并行不悖”。他评论道，“这个定义一方面只包含否定的规定，即限制；而另一方面它所包含的肯定的东西则归结为人所共知的同一性和矛盾律”，并把它称为“自卢梭以来特别流行的见解”[②]。这就是说，黑格尔认为，康德的自由观和法权论仍带有形式主义的特点：“这一原则一旦得到承认，理论的东西自然就只能作为对这种东西所加的限制而出现，同时也不是作为内在的理性东西，只是作为外在形式的普遍物而出现，这种见解完全缺乏思辨的思想，因而为哲学所唾弃。”[③]

由对康德自由观的形式主义的指陈，黑格尔尖锐地指出，抽象的自律理论，最后必然仍求助于功利主义来界定社会生活。康德“无法产生一个新型的‘以来源于自在自为的、理性的意志的目标为根据，因而对人无条件有效’的实质见解来实现这个概念。所以康德的政治理论必须向自然借取内容。其起点是各自追求目标的个体，道德和理性的要求成为只是从外面加诸这些个体的约束和限制而已”[④]。因此，“黑格尔虽以康德为基础，却给予这个自由原则一个全新的转折”[⑤]。黑格尔津津乐道地从这个角度批判康德，也表明了黑格尔综合“表现”和“自由”、浪漫主义和启蒙运动的宏愿。[⑥] 其哲学内涵是从康德的“心”（Gemüt）到他自己的“精神”（Geist），其理论归宿则是“国家的理想主义”。

值得注意的是，黑格尔从他独特的哲学立场出发对世界历史进行了深刻的观察。《法哲学原理》第三篇第三章第三节以凝练的形式提供了一个世界历史概要，《历史哲学讲演录》《历史中的理性》更是为人们所熟知。我们这里以黑格尔在《美学》第一卷谈到“一般的世界情况”时对历史发表的精湛见解为依据，讨论他对历史的观察，进而引出其市民社会理论。

黑格尔将“一般的世界情况”分为三种：（1）个体的独立自足性即英雄时

---

① ［德］黑格尔：《法哲学原理》，15页。

② ［德］黑格尔：《法哲学原理》，37页。

③ ［德］黑格尔：《法哲学原理》，37页。

④ ［加］泰勒：《黑格尔与现代社会》，124～125页，台北，联经出版事业公司，1990。

⑤ ［加］泰勒：《黑格尔与现代社会》，123页。

⑥ 参见［加］泰勒：《黑格尔与现代社会》；［美］哈多克：《历史思想导论》，第九章，北京，华夏出版社，1989。

代；（2）散文气味的现代情况；（3）个体独立自足性的恢复。

所谓个体独立自足性即英雄时代必须到希腊人那里去寻找，因为在古希腊，个人与社会的统一还不是发展了的统一。个人在本质上是个整体，古希腊体现了有限东西和无限东西的实体性的统一，如黑格尔所说，“英雄时代的个性却是比较理想的。因为它不满足于形式的自由和无限，而是要和心灵关系中全部有实体性的东西经常结合成直接的统一体”[①]。因此，英雄时代的特点，是黑格尔所赞赏的社会成员与社会整体的统一，是个人个性和社会共性的统一。

但是，在英雄时代，自我意识还没达到主观性的抽象，“意志的最后决断并不属于自为地存在的那种自我意识的主观性，而是属于在这种主观性之上和之外的一种权力”[②]。“希腊人是从完全外部的现象——神谕、祭神牲畜的内脏、鸟的飞翔——中得出最后决断的。”[③] 在这个意义上，黑格尔把“我要这样”称作古代世界和现代世界的分水岭。

只是在罗马世界，“美的个体性湮灭”，取而代之的是“法的个人”，伦理生活无限地分裂为私人的自我意识和抽象的普遍性两个极端。“罗马世界的精神特点是抽象概念和死板法律的统治，是美和爽朗的道德生活的破灭，作为直接的自然道德发源地的家庭遭到了轻视，个性一般遭到牺牲，完全听国家政权摆布，只有在服从抽象的法律之中才能见到冰冷的尊严和知解力方面的满足。”[④] 一方面服从法律和国家，另一方面又坚持个人主观的自由，两者出现分离和对立，缺乏精神，也缺乏诗意。

关于“散文气味的现代情况”，黑格尔写道：“在当前现实中，理想形象的范围是很狭窄的，因为无论在数量上还是在广度上，近代个人自作决定的独立自足性可以自由发挥效用的领域都是很少的。”[⑤] 对此，黑格尔是不满意的，他要求在更高的层次上恢复个体的独立自足性，其第一步则表现为对市民社会的辩护、批判和改造。

17—18世纪以来一些有代表性的政治思想家，如霍布斯、洛克、卢梭等都把国家与社会混为一谈，又把市民社会与一般社会相等同。黑格尔的市民社会理论则以社会和国家的分离为前提，“如果说康德是在抽象的观念上把握和描

---

① ［德］黑格尔：《美学》，第一卷，267页，北京，商务印书馆，1979。
② ［德］黑格尔：《法哲学原理》，358页。
③ ［德］黑格尔：《法哲学原理》，300页。
④ ［德］黑格尔：《美学》，267页。
⑤ ［德］黑格尔：《美学》，246页。

绘了市民社会，那么黑格尔则具体地认识了‘市民社会’的巨大力量和多方面职能”[①]。

黑格尔提出了市民社会的两条原则，即普遍性和特殊性，特殊性是其核心。市民社会中每个人都根据自己的需要去行动。对普遍性的关心消失了，特殊性支配着一切。与此同时，黑格尔认为，只要市民社会把普遍性作为原则，那么它就是法律的社会。因为特殊性需要法律依据普遍性的原则来调节和保障其活动，而法律仅限于保障抽象地适合于任何人的人格、所有权、契约以及裁判上的权力，它不过是外部划定界限，去制约受特殊性原则支配的个人对需要的追求。因此黑格尔认为，市民社会的普遍性和特殊性分离了，两者之间只有外在的关系。正是这种分离，使得市民社会中每个人都沉溺于个人的偶然的恣意性和享乐之中，完全为外在的偶然性所支配，于是呈现出“无规律和悲惨”，以及“生理上和伦理上的蜕化”景象。

虽然黑格尔认为只有进展到国家才能达到真正的理想性，但他在市民社会范围内也发现克服特殊与普遍分离的因素，由此他分别论述了“教育”“警察”和“同业公会”。总括来看，黑格尔把近代市民社会的教养称为“反思的道德教养或文明”，在这个世界里，人的认识和实践都是以反思为依据、准则和模式的。正因为法权、道德观念以及种种科学都以反思的形式发展起来，近代社会才被黑格尔称作一个分裂的社会。

可以说，无论是在对康德的道德哲学和政治哲学的批判，还是在突破市民社会的局限性方面，黑格尔的社会政治理论都对社群主义产生了重大的影响。这尤其明显地表现在桑德尔和泰勒身上。桑德尔对权利优先和个体自主观念的批判在很大程度上借鉴了黑格尔对天赋人权论和社会契约论的批判；泰勒则试图将黑格尔主义放到后工业社会的伦理境遇中，以阐发其当代意蕴来为自由找到出路。

二、社群主义：向前看还是向后看?

作为思想史中的一种现象，自由主义-社群主义之争的一个有趣的特点是社群主义的几位代表人物都曾经在不同的语境中否认自己是社群主义者。例如：麦金太尔似乎从未公开承认过自己是社群主义者。沃尔泽则在承认自己是一位社会民主主义者的同时倾向于“贬低”社群主义的自由主义批判的“意义”，例如他公开指出，自由主义的成功不会使它失去吸引力，不管社群主义的批判多么尖

---

① ［日］城塚登：《市民社会的思想与现实》，见［日］城塚登：《青年马克思的思想》，北京，求实出版社，1988。

锐，它实质上也是自由主义的一种变种，是在自由主义内部展开的对社群主义的追求。当然他同时也认为自由主义是一种自我颠覆的学说，它需要一种来自社群主义的周期性的矫正。沃尔泽的立论的一个支点在于他认为政治理论的中心问题并不是自我的构成，而是不管如何构成的自我之间的关系，亦即社会关系的模式。而自由主义实践的主题恰恰不是前社会的自我，而是后社会的自我。①

在某种程度上与沃尔泽殊途同归，泰勒在著名的《答非所问：自由主义-社群主义之争》一文中通过区分“本体论论题”和“辩护论题”，为澄清这场争论中的大量迷雾并提高论证的水平做出了根本性的贡献。更为重要的是，泰勒在此文中提出了为一种“整体论的个人主义”辩护的可能性，他认为正是这种整体论的个人主义把从孟德斯鸠、托克维尔到洪堡和密尔这些政治思想史上最重要的人物联系在一起。② 而在当代政治哲学中，它也已经成为一面标志性的旗帜，例如新共和主义政治哲学的代言人菲利普·佩蒂特的名著《人同此心》所提供的实际上就是整体论个人主义的本体论和规范论基础。

仿佛是第二次受到自己的老师的影响，桑德尔在为自己在泰勒指导下撰写的博士论文《自由主义与正义的局限》所作的新版序言中，也表达了对社群主义这一标签的“某种不安”：

> 罗尔斯的自由主义与我在《局限》一书中提出的观点之间的争执关键，不是权利是否重要，而是权利是否能够用一种不以任何特殊好生活观念为前提条件的方式得到确认和证明，争论不在于是个体的要求更重要，还是社群的要求更重要，而在于支配社会基本结构的正义原则，是否能够对该社会公民所信奉的相互竞争的道德确信和宗教确信保持中立。简言之，根本的问题是，权利是否优先于善。③

桑德尔区分了关于权利之于善的优先性的两种不同主张，第一种主张只是以某种“极端”的形式肯定某些个体权利的重要性，比如设定哪怕是普遍的福利也不能凌驾于这些权利之上；第二种主张所坚持的是，具体规定权利清单的正义原则的辩护独立于任何特殊的好生活观念。桑德尔明确区分了强社群主义

① 参见［美］沃尔泽：《社群主义对自由主义的批判》，见应奇、刘训练编：《共和的黄昏：自由主义、社群主义和共和主义》。

② 参见［加］泰勒：《答非所问：自由主义-社群主义之争》，见应奇、刘训练编：《公民共和主义》。

③ ［美］桑德尔：《自由主义与正义的局限》，2 页，南京，译林出版社，2001。Rights 译为“权利”无可争议，作为单数时则有“正当”“权利”“对”等不同译法，本章在行文中没有追求译名的统一，特别是在引用他文的情况下。请识者明鉴。

和弱社群主义，前者否认权利（正当）的优先性和普遍性，后者只是否认这种优先性和普遍性能够以道义论自由主义所设想的方式加以辩护，并明确肯定自己站在后一种立场上。不管桑德尔所指控的包括罗尔斯在内的所谓道义论自由主义者有没有以他所指责的那种方式主张和设想正义“独立于”善，他所设想的正义与善相关的两种思路以及由此做出的辨析倒都还是有些耐人寻味的。根据桑德尔的表述，“把正义与善概念联系起来的一种方式主张，正义原则应从特殊社群或传统中人们共同信奉或广泛分享的那些价值中汲取其道德力量”①。也就是说，在这种方式中，社群的价值规定着何为正义，何为不正义，桑德尔认为这就是社群主义者所主张的正义与善之间的联系，但他并不赞同这种观点：“某些实践是由一个特殊社群的诸种传统所裁定的，单纯这一事实还不足以使这些实践成为正义的。使这种习惯性造物成为正义，也就是剥夺其批判性品格。”② 而按照把正义与善联系起来的第二种方式，“正义原则及其证明取决于它们所服务的那些目的的道德价值或内在善。依此观点，承认一种权利取决于向人们表明，它能为某种重要的人类善增光添彩，或使之发展。这种善是否偶然得到人们的珍重，或是否隐含在该社群的传统之中可能不是决定性的”③。桑德尔认为这种方式严格来说并不是社群主义的，而最好被称作目的论的，按照当代政治哲学的术语来说就是完美主义的。

> 那些认为权利问题应该对各种实质性的道德学说和宗教学说保持中立的自由主义者，与那些认为权利应该基于普遍盛行的社会价值的社群主义者，都犯了一个相似的错误：两者都试图回避对该权利所促进的目的内容做出判断。但是，这些并不是仅有的选择。第三种可能性，在我看来也是更为可信的可能性在于，权利及其证明依赖于它们所服务的那些目的的道德重要性。④

面对社群主义“内部”的这种“混乱”，也许更多的是基于“走出”自由主义-社群主义之争的考量，多数研究者致力于区分这一争论的不同层次，以便在相应的层次上“安顿”各方的洞见。美国学者斯蒂芬·A. 加德鲍姆（Stephen A. Gardbaum）在他 1992 年发表于《密歇根法学评论》上的长达八万言的《法律、政治与社群的主张》⑤ 一文中较早地区分了三种不同的社群主义主

---

① ［美］桑德尔：《自由主义与正义的局限》，3 页。
② ［美］桑德尔：《自由主义与正义的局限》，4 页。
③ ［美］桑德尔：《自由主义与正义的局限》，3～4 页。
④ ［美］桑德尔：《自由主义与正义的局限》，4 页。
⑤ ［美］加德鲍姆：《法律、政治与社群的主张》，见应奇、刘训练编：《共和的黄昏：自由主义、社群主义和共和主义》。以下凡引此文，皆出自该处，不再一一标注。

张以及三种不同的社群主义论辩。三种不同的主张分别是反原子主义的主张、强社群主义的主张以及元伦理的社群主义的主张。第一种主张的内容是："'自由选择的个人图式'是虚假的。"第二种主张的内容是："如果不参照我们作为公民、作为一种共同生活的参与者的角色，我们就不能构想我们的身份。"第三种主张的内容则是："政治商谈是在一个政治社群的共同意义和传统内部(持续进行的)，并不诉诸完全外在于那些意义的某种批判立场。"

加德鲍姆认为，这三种主张分别包含着三种不同的社群概念：（1）作为构成个人认同之一种因果要素的社群；（2）作为一种特殊的实质性价值的社群；（3）作为价值之根源的社群。而这三种社群概念又分别被应用于当代道德、政治和社会理论中的三种完全分离的论辩。第一种论辩被称作"能动性论辩"，它所关注的是个人与社群的本体论关系；第二种论辩被称作"元伦理论辩"，它所关注的通常是价值和规范结构的性质、根源和范围；第三种论辩被称作"政治论辩"，"只有在这种论辩中，自由主义才成为社群主义主张的标靶"。更为重要的是，"在这种政治论辩中，前两种论辩中的许多社群主义者，尤其是泰勒、拉兹、罗蒂和沃尔泽，捍卫自由主义的政治价值和制度而反对社群主义的政治价值和制度，而且他们这样做并不存在前后矛盾"。

正所谓"不识庐山真面目，只缘身在此山中"，作为一个法学家的加德鲍姆对于自由主义-社群主义之争的这番梳理在某种程度上确有"拨云见日"之功效。部分地受到他的思路的影响，钱永祥在《社会整合与罗尔斯自由主义的政治性格》和《社群关系与自我之构成：对桑德尔社群主义论证的检讨》[①] 两文中对罗尔斯与社群主义之关系以及桑德尔实质社群主义之暧昧做出了中文政治哲学世界迄今为止最为清晰精到的鉴别和探讨。钱永祥并曾指出，由于加德鲍姆"对罗尔斯的晚近著作不够注意，结果既未能将他放入元伦理的社群主义者之列，同时又没有掌握到罗尔斯对公共政治文化的倚重"[②]。仿佛就是在这样的关联中，后起的曾国祥在肯定"能动性论辩"与公民资格和公共领域的论辩乃是塑造自由主义-社群主义之争的两大主题之后，径直认为："罗尔斯的《正义论》与《政治自由主义》正是先后引燃这两波学术论战的导火索。换句话说，随着后期罗尔斯之哲学立场的修正，社群主义攻击自由主义的重心，已经从本来着墨最深、争执也最激烈的能动性理论或哲学人类学预设，转移到攸关

① 均收录于钱永祥：《纵欲与虚无之上》，北京，三联书店，2002。

② 钱永祥：《纵欲与虚无之上》，266页。

‘政治领域’之划定的实践议题上。”①

纵然有了在区分层次基础上的这些绵密的论述，但关于自由主义-社群主义之争的“前景”仍然有某种不明朗性，虽则所谓“前景”总是不明朗的。这里的关键似乎还是在于对道义论和目的论的争执究竟应该如何理解和“仲裁”，在上文桑德尔的语境中，就是究竟应当怎样理解他所谓权利“所服务的那些目的的道德重要性”。如果我们援引德雷克·菲利普斯（Derek Philips）所引入的“向前看的”（looking forward）和“向后看的”（looking backward）社群主义的区分，那么问题就成了评判“向前”和“向后”的尺度和标准何在。我们并不想在这里说那种标准和尺度就是现代性，因为更准确地说，在更精微的论辩层次上，现代性本身在这里也并不是一把评判的尺度，而成了要拿尺度来评判的对象。于是，我们还是更愿意引用哈贝马斯的话：

> 这种伦理学……把好生活的问题程式化，并把好生活的问题程式化为正义问题，为的是通过这种抽象化，使得实践问题成为可以加以认知地处理的。②

还有本哈比笔下的哈贝马斯：

> 哈贝马斯承诺了一种更强的主张，在向现代性的转换之后，在目的论的世界观瓦解之后，道德理论只能是道义论的，并必须聚焦于正义问题。追随科尔伯格的观点，他认为这并不是一种具有历史偶然性的进化，而是说，“正义判断”的确构成了所有道德判断的硬核……道义论所描述的并不是一种与目的论并置的道德理论；对于哈贝马斯来说，关于正义和权利要求的道义论判断确定了道德的领域，如果我们想有认知意义地谈论道德领域，那么情况就是这样。③

---

① 曾国祥：《自由主义与政治的局限》，载《政治与社会哲学评论》，2004（3）。后收入曾国祥：《主体危机与理性批判：自由主义的保守诠释》，高雄，巨流图书公司，2009。简体字文本见应奇、张培伦编：《厚薄之间的政治概念：〈政治与社会哲学评论〉文选》，卷一，长春，吉林出版集团有限责任公司，2008。

② Jürgen Habermas，“A Reply to My Critics，” in Jürgen Habermas，*Critical Debates*，Cambridge，MIT Press，1982，p. 246. 此处转引自 Seyla Benhabib，“Autonomy，Modernity，and Community：Communitarianism and Critical Social Theory，” in Axel Honneth，Thomas McCarthy（ed.），*Cultural-Political Interventions in the Unfinished Project of Enlightenment*，Cambridge，MIT Press，1992，p. 43。

③ Seyla Benhabib，“Autonomy，Modernity，and Community：Communitarianism and Critical Social Theory”. 比较有趣的是，同样的话以及所在的段落均出现在前面提到过的“In the Shadow of Aristotle and Hegel”一文中。

第二节　罗尔斯、拉兹与社群主义

社群主义思潮的兴起是以自由主义在20世纪70年代的复兴为前提的，而它对自由主义的诸多批评也直接刺激了后者在90年代的转型。这一点在罗尔斯身上表现得尤为明显：1971年出版的《正义论》为当代自由主义的复兴奠定了基础，但它提出的几乎所有议题都遭到了社群主义的批评与反驳，作为对这一批评的回应，罗尔斯于90年代完稿的《政治自由主义》在修正自身立场的同时，围绕公共理性的主题，发展出了一种新的政治哲学，并因此导致了自由主义典范性的转移。而与罗尔斯不同，以约瑟夫·拉兹（Joseph Raz）为代表的完美主义者一方面分享了社群主义的许多主张，另一方面又坚持自由主义的基本立场，构成了罗尔斯之外独具特色的另外一套自由主义理论体系。这三者之间的根本分歧是以对个人及其社会关系的不同理解为基础的，这里旨在从人类能动性（human agency）的视角出发，分别梳理罗尔斯、拉兹和社群主义各自的逻辑理路和论证结构，揭示它们之间的根本差异。

一、道德人格、中立性与分配正义

在《正义论》中，正义理论被看作道德理论的一个分支，而道德理论则被认为是对人们内在道德能力的体系化描述。在这里，罗尔斯假定了一种道德人格（moral personality）的观念，它包含了理解并执行正义原则的道德能力和形成、修改并追求善观念的道德能力。按照罗尔斯的观点，正义理论就应该建立在这种人格观念的基础之上，成为一种基于观念的（conception-based）理论，而不是基于权利的（right-based）理论。[①] 与此相应，罗尔斯也认为，对正义理论的探究应该采取一种反思平衡（reflective equilibrium）的方法——它从人们深思熟虑的判断出发，将其作为固定支点，反复与特定的道德原则进行

---

① 对道德人格更充分的说明是在“Kantian Constructivism in Moral Theory”一文中做出的，在那里，罗尔斯指出道德人格“被刻画为两种道德能力以及与之相关的实现、运用这些能力的两种最高旨趣。第一种能力是有效的正义感，即理解、执行并出于（而不只是遵循）正义原则而行动的能力。第二种道德能力是形成、修改并理性地追求善观念的能力”。[Rawls，“Kantian Constructivism in Moral Theory,” *The Journal of Philosophy*，1980（77），p. 525.]

比较，在两者出现冲突时，按照自己的确信程度，或者修改、放弃道德原则，或者修改、放弃自己深思熟虑的判断，直至最后形成一套融贯自洽、彼此支持的体系。据说，能够通过这种检验程序的正义原则就是真正表达了我们自由平等人道德本质的原则，可以有效地指导我们的政治实践。然而，这里需要注意的是，仅仅在深思熟虑的判断和道德原则之间取得一致还只是狭义的反思平衡，广义的反思平衡则需要把包括道德人格观念在内的一系列背景性理论也包括进来，不仅要求正义原则得到一系列深思熟虑的判断的支持，而且要求它们同样能够得到道德人格等基本观念的支持。① 由此可见，当罗尔斯在《正义论》的第二章基于一系列直觉性的观念来论证正义原则时，他使用的只是狭义反思平衡的方法；当他在第三章使用社会契约的方法来推导正义原则时，他使用的其实是广义反思平衡的方法，因为契约本身就是依据道德人格的观念来设置的。

按照罗尔斯的观点，公平的正义（justice as fairness）意味着，正义原则应该成为人们在最初平等位置上共同选择的结果。因此，对它的证成（justification）就需要诉诸人们在特定契约环境中的理性选择，这种契约环境必须能够刻画出人之为人的平等地位。《正义论》中的原初状态（original position）就是按照这样的目标设置的，因为它不仅要体现正义的主观环境和客观环境，还要彻底消除可能引起人们分歧的各种偶然因素，确保“作为道德人格，作为拥有善观念和正义感之能力的存在者的平等”②。比如，罗尔斯特别强调，应该通过一道“无知之幕”（the veil of ignorance）屏蔽人们关于自己或他人的自然天赋、社会地位、偏好性格等私人的信息，因为这些都是道德上独断的偶然因素，不属于构成人们真实自我的本质成分。而一旦消除这些特殊信息的影响，原初状态的人们就能够实现完全的平等，并接受这样的正义原则：

> 第一原则　每个人对与所有人都拥有的最广泛平等的基本自由体系相容的类似自由体系都应有一种平等的权利。
>
> 第二原则　社会经济的不平等应该这样安排，以使它们达到如下效果：（1）在与正义的储存原则一致的情况下，符合最不利者的最大利益；（2）职务和地位在机会平等的条件下向所有人开放。③

---

① Norman Daniels, “Wide Reflective Equilibrium and Theory Acceptance in Ethics,” *The Journal of Philosophy*, 1979 (76), pp. 258 - 260.

② Rawls, *A Theory of Justice*, Cambridge, Harvard University Press, 1971, p. 19.

③ Rawls, *A Theory of Justice*, p. 302.

并且同意这几个原则之间保持词典次序（lexical order）的排列：只有在充分实现第一原则后才能考虑第二原则；平等的自由始终优先于社会经济利益的要求。

这种通过契约证成正义原则的方法经常遭受到两种批评：第一，罗尔斯提出的只是虚拟的契约，并没有真正发生过，但虚拟的契约本身不能成为对正义原则的独立论证，它必须诉诸更深层次的理论来确立自己的有效性[①]；第二，罗尔斯对原初状态施加了过多的限制，并且承认这样做是为了“确立能使我们得到自己想要的解决方案的原初状态”[②]，也就是说，契约的设置只是为了使人们获得自己原本就中意的正义原则，它本身并没有定义正义原则，只是一种启发式的设置[③]。然而，一旦我们注意到原初状态是按照道德人格的观念被塑造的，那么罗尔斯的契约就并不是独断的。相反，它恰恰体现了广义反思平衡的方法中背景性理论特别是道德人格的观念对正义原则的支持。而之所以要诉诸这样的人格观念，最终是因为它表达了人之为人的内在的道德本质，是所有人都应该接受并据之行动的最终依据。就此而言，罗尔斯认为，正义原则实际上扮演了康德哲学中定言令式的角色——它同样是行动者摆脱各种自然天赋、社会地位等偶然事实的影响，仅仅凭借自身作为道德人格的本质做出的选择，表达了康德式的自主（autonomy）的价值。其不同只是在于，康德在为定言令式做论证时，诉诸的只是先验理性的纯粹立法，并因此被广泛认为是一种道德的自主（moral autonomy），而不是个人的自主（personal autonomy）；而在罗尔斯这里，正义原则不仅要表达自由平等人的道德自主，还要体现其对个人自主的要求。具体地来说，一方面，公平的正义原则是行动者基于道德的动机（即正义感），依据道德的理由（比如应该屏蔽那些道德上独断的因素的影响）主动施加给自己的；另一方面，正义原则又必须尊重行动者选择、修改和追求自己善观念的自由，不能侵犯他们对于自己美好生活的根本利益。[④] 有学者曾经认为，罗尔斯对个人自主的这种使用也同样是康德式的，因为它恰恰对应于康

---

① Ronald Dworkin, “The Original Position,” in Norman Daniels (ed.), *Reading Rawls*, Stanford, Stanford University Press, 1975, pp. 17 - 18.

② Rawls, *A Theory of Justice*, p. 141.

③ Chandran Kukathas & Philip Pettit, *Rawls: A Theory of Justice and Its Critics*, Stanford, Stanford University Press, 1990, pp. 26 - 34.

④ 关于道德自主和个人自主的区分，参见 Jeremy Waldron, “Moral Autonomy and Personal Autonomy,” in John Christman & Joel Anderson (ed.), *Autonomy and Challenges to Liberalism*, Cambridge, Cambridge University Press, 2005, p. 307。

德假言令式的概念：假言令式以人们的主观目的为依据，这些主观依据可以被归结为行动者的幸福，而幸福则是所有理性行动者必然欲求的对象。当实践理性介入人们对自身幸福的追求中，当人们依据某些假言令式行动时，他们同样表现出某种与道德无关的自主——对善观念的慎思与选择、对自身目标的反思、对欲望的控制而非盲从等，而这正是罗尔斯试图通过个人自主表达的立场。① 在此，我们无须争辩这种解释是否准确，只要指出一点就够了：康德的假言令式必须服从定言令式的要求，而罗尔斯的道德自主和个人自主却是并驾齐驱、互为限制的。因此，即便这两种自主都是康德式的，罗尔斯也需要回答"在它们发生冲突时，应该如何进行调和"的问题，而这本来是康德无须去解决的。

事实上，罗尔斯的整个政治哲学都可以被看作对这个问题的回答，特别是其中关于中立性（neutrality）和平等主义的主张，更加典型地体现了道德自主和个人自主彼此约束但又共为一体的关系，值得深入考察。

和传统的自由主义理论相比，罗尔斯的政治主张体现为两种不同立场的结合：就主张平等地分配社会资源而不只是保障公民财产而言，它对国家行为要求得更多；就主张政府要中立于各种生活方式而不是促进特定美好生活观念而言，它对国家行为要求得又较少。② 与强调最小国家的自由至上主义相比，罗尔斯主张的是自由平等主义（liberal egalitarianism）；与要求国家推行特定善观念的自由完美主义（liberal perfectionism）相比，他又坚持政治主张的中立性。前者承诺了更多的平等，却损失了更多的自由，后者则在赋予人们更多自由的同时放低了对道德善的要求。因此，不论从哪个角度来看，平等主义与中立性都是一种奇怪的组合，更符合直觉的应该是自由至上主义者支持中立性，比如诺齐克，或者完美主义者要求平等的财产分配，比如 T. H. 格林。但给定罗尔斯对道德自主和个人自主的设定，平等主义和中立性的组合就非常容易理解了。道德自主要求人们不能凭借天赋、出身等偶然因素获取额外好处，因此需要国家分配社会资源，实现公民平等的地位和机会；个人自主则反对国家偏

① Robert Taylor, *Reconstructing Rawls: The Kantian Foundations of Justice as Fairness*, University Park, The Pennsylvania State University Press, 2011, pp. 22－25.

② 尽管自由主义中立性的主张是由德沃金最早明确提出的，但其实质内容却隐含在正义原则之中，并由罗尔斯率先阐释："（国家）本身并不关心哲学或宗教的学说，而是依据公民在最初平等的情境中同意的原则来调节个人对自身道德、精神利益的追求。……由两个正义原则可以得出，在道德和宗教的问题上，政府既没有权利也没有义务去做它或者多数人（或者任何人）想做的事情。它的义务仅限于确保道德和宗教自由的平等条件。"（Rawls, *A Theory of Justice*, p. 212.）

袒任何特殊的善观念，要求确保人们有选择自己生活方式的自由。在这个意义上，“罗尔斯不仅支持了自由与平等的概念，而且把这两个概念解释、发展为特定的观念”①。也就是说，它们分别被指向人们幸福的两个不同方面——被平等分配的是实现生活目标的资源，不能偏袒的则是构成生活目标的善观念。前者是工具性的，是不论何种生活计划都需要的基本善；后者是构成性的，是决定人们生活计划的目标本身。两者共同塑造了自由主义者对正义国家的这种想象。“国家本身不追求美好生活，只是建立、维持其他人参与这一追求的根本规则……国家不是从它促进某些善观念的角度来被评判的，而是从它建立的确保个体追求自己善观念的结构的品质来评判的。”② 在这个意义上，我们可以说，罗尔斯归根结底是基于道德人格观念所表达的那种对人类能动性的特殊理解提出了平等主义和中立性的政治主张，并把它们融为一体的。作为政治哲学复兴的奠基之作，《正义论》也正是在这个意义上激发了以德沃金、巴里、艾克曼等人为代表的当代自由主义者——他们不仅分享了自由平等人的道德人格观念，也接受了中立性的政治主张，并一致把工作的重心投入分配正义的领域，支持一种平等主义的分配方案。然而，正是这种对人类能动性的理解，以及建立于其上的政治主张，成为社群主义者攻击、批评自由主义的扳机和靶子。接下来，我们就围绕这种思路对社群主义者的主张进行一番考察，揭示他们的基本立场和政治诉求。

二、社群主义的批评

以上考察表明，以罗尔斯为代表的当代自由主义者主要是基于道德人格的观念来构造自己的政治主张的。这种观念主张人们是自由平等的存在者。他们的自由体现为：第一，他们不能被等同于他们所选择、采纳的那些善观念；第二，他们为自己的选择、决定承担责任；第三，他们是自己生活计划的自生之源（self-originating sources），“他们的主张自身就是有分量的，不需要发源于对他人或社会的在先的义务或责任，也不需要发源于或归结为人们特殊的社会角色”③。然而，正是这种对人类能动性的理解引发了社群主义者

---

① Jean Hampton & Daniel Farnham, *The Intrinsic Worth of Persons: Contractarianism in Moral and Political Philosophy*, Cambridge, Cambridge University Press, 2006, p. 165.

② Peter Jones, “The Ideal of the Neutral State,” in Robert Goodin & Andrew Reece (ed.), *Liberal Neutrality*, New York, London, Routledge, 1989, p. 9.

③ Rawls, “Kantian Constructivism in Moral Theory,” p. 543.

的批评，在这些批评中，又以迈克尔·桑德尔的论证最为直接有力，值得深入考察。

按照桑德尔的观点，罗尔斯在《正义论》中主张了一种道义论自由主义，其核心立场是正当优先于善，即对正义原则的选择不能受到任何道德善观念的影响，相反，是正义决定了人们的善观念是否有效。然而，这种道义论的主张在历史上是以康德先验主体的概念作为基础的，因为只有在把主体理解为超越经验世界的理智存在，认定它独立并优先于其客体时，正义才会成为纯粹理性自我立法的产物，并因此优先于人们可能持有的各种善观念。但现在的问题是，罗尔斯非但没有承诺这种先验主体的概念，反而试图在一种经验主义的架构中重新为道义论奠基。因此，桑德尔首先追问的就是：在证成公平的正义原则时，罗尔斯使用的究竟是一种什么样的主体观念？这种观念能否既保持其经验主义的品格，又为道义论的自由主义奠定基础？

桑德尔认为，原初状态一方面证成了公平的正义原则，另一方面也构造了一种哲学人类学，表达了罗尔斯对道德主体的特殊理解。从自我与他人的角度来看，罗尔斯特别关注主体的多样性与差异性，认为功利主义把适用于个体的理性选择原则扩展到整个社会的做法没有正视人际的差异，并因此承诺了一种“先行个体化”的自我观。从自我与其目标的角度来看，罗尔斯把自我看作一种占有性的主体，也就是说，自我与他人的目标之间是占有性的关系，自我通过选择占有了某种特定的目标，然而这种目标本身并不能等同于自我。这种观点预设了意志论的哲学，它不同于认知论的主张，后者认为自我的目标是预先给定的，二者之间的联系是通过对自我及其本质的反思发现的。从个人与社群的角度来看，尽管原初状态对于社群的价值也是开放的，但社群的价值始终只是个体可能选择的对象之一，不能成为他们自我认同（self-identity）的构成性成分。据此，罗尔斯承诺了一种无牵挂、无羁绊的自我，这不仅排除了任何依附或迷恋的可能，也杜绝了人们通过反思共同体的文化和价值来增进自我理解和自我认同的前景。然而，这种对道德主体的构思恰恰削弱了罗尔斯自己的差别原则。差别原则主张社会经济的不平等分配必须符合最不利群体的最大利益，其理由在于，人们的自然天赋、机会运气等都是道德上独断的偶然事实，不属于道德主体的本质成分，即便某个有特殊天赋的人通过自己的努力获得了更多的利益，他对这些利益也没有应得的权利，所以，应该把这些利益看作属于整个社会的公共财产来进行分配。但是，当罗尔斯把自我与个人的天赋、能力等自然属性区分开来时，自我就会变成一种完全空洞的存在者，他本身“没有内在价值和应得，其生命前景完全依赖于公正社会分配权利的机会”[①]。但这种本质上被剥夺的主体不仅缺少必要的理性选择能力，而且缺乏人之为人的尊严和价值，因此是无法成立的。桑德尔认为，要想维持差别原则的主张，罗尔斯最好放弃那种先行个体化的、无拘束无羁绊的个体观念，接受一种交互主体的观念，承认“相关的自我的定义可以不只限于经验意义上个体的人”[②]。也就是说，应该把人们的天赋、能力等产生的社会经济利益看作一种社会共同财产，占有这种财产的是作为“我们”的社群，通过反思社群身份对于道德主体的重要意义（而不是设想道德主体的理性选择）来证成差别原则。

交互主体的观念预设了社群的重要性，而这恰恰与罗尔斯道义论的自由主义是不相容的。在《正义论》中，罗尔斯认为自由主义并没有仅仅把社群看作人们满足个人利益的工具，相反，它承认社群本身也可以成为社会成员共同分享的生活目标，并因此拥有内在的价值。但桑德尔认为，这种主张虽然考虑了社会成员通过社会合作与他人建立情感纽带的重要性，但归根结底依旧是建立在先行个体化原则基础之上的个人主义的主张。而交互主体的观念所预设的却是一种构成性的社群，这种社群不仅表达了人们的某种情感，也表达了他们理解自我的一种方式，脱离了这种社群，主体失去的将不仅是自己所拥有的某种目标，还有自我本身。也就是说，主体既不享有超脱于自身各种目标的优先地位，也不是通过选择而占有这些目标的，相反，社群在一开始就构成了主体的身份，是人们自我理解和自我认同的基础，也是他们通过反思自己作为社群成员的身份而不断获得新的行动目标的源泉。这也意味着，要想包容社群的这种构成性的存在，就必须尊重社群价值的优先性，放弃那种避免诉诸任何善观念来证成正义原则的做法和要求国家不偏不倚地对待各种善观念的中立性主张，道义论的自由主义因此是错误的。

如果说桑德尔是通过用一种新的主体观念代替罗尔斯“先行个体化”的道德人格观念来为社群主义辩护的话，那么迈克尔·沃尔泽恰恰反其道而行之，他不再追问某种特定的道德主体应该享有什么样的分配方式，而是围绕社会善（social goods）本身的意义和内涵来探讨正义原则，并以此捍卫社群主义的政治主张。他所提出的复合平等（complex equality）的主张也因此可以被看作一种以善为中心的分配方案，而不是像罗尔斯那样以行动者（agent）为中心的分配方案。

---

① ［美］桑德尔：《自由主义与正义的局限》，160页。

② ［美］桑德尔：《自由主义与正义的局限》，98页。

具体来说，沃尔泽认为，各种社会善并不是现成地出现在人们手中被他们分配的，相反，这些善本身就是有着自身创制过程的人类社会的产物，并因此具有自身独特的社会意义，而这种社会意义本身就能够为它们的分配提供依据。例如，中世纪的人们认为教会的职位应当依据知识和虔诚来进行分配，因此用物质财富来买卖圣职就是不正义的；同理，商品市场中的货物是通过货币流通的，因此拒绝向某些有特定信仰的人出售货物就会违背其社会意义。正如沃尔泽指出的，“所有的分配是否公正都是相对于被分配的善的社会意义而言的”[①]。由于不同的社会善总是拥有不同的社会意义，所以对它们的分配最后会形成许多各自独立的分配领域——不同的社会善往往应该基于各自不同的理由、遵循不同的程序、通过不同的机构来进行分配。据此，沃尔泽对以罗尔斯为代表的自由平等主义者提出了批评，他指出，罗尔斯等人所支持的其实是一种简单平等的原则，因为他们主张不管被分配的社会善是什么，都应该尽可能地使人们平等地拥有这些善。但实际上，正义的敌人并不是人们对某个特定社会善的垄断，而是用某些特定社会善的分配方式来支配其他社会善的分配。这意味着，我们应该支持一种复合平等的主张，在允许少部分人占有比其他人更多的特定社会善的同时，通过限定不同社会善之间的转换界限，确保所有社会善都能依据自己独特的社会意义，遵循各自不同的原则和程序进行独立自主的分配。为此，沃尔泽提出了一条永无定论的正义原则：“任何一种社会的善 X 都不能被这样分配，拥有社会善 Y 的人不能仅仅因为他拥有 Y 而不顾 X 的社会意义占有 X。”[②] 并且指出，自由交易、应得和按需分配这三种分配方式都可以在复合平等的正义观中得到实现，只是它们都只在自己适用的范围内有效，不能跨越所有社会善的分配领域。

显然，和罗尔斯在《正义论》中的观点相比，沃尔泽的正义理论是特殊主义的和历史主义的，而这种特殊主义和历史主义的根源恰恰在于社会意义本身的地方性和历史性。按照沃尔泽的观点，各种社会善的社会意义本身就是历史和文化的产物，它们不仅随时代的变迁而变迁，而且凝聚着社会成员共同分享的理解。正义因此归根结底“植根于人们对地位、荣誉、工作以及所有构成一种共同生活方式的东西的不同理解。对这些不同理解的践踏往往是不正义的”[③]。由此可见，如果说桑德尔是通过强调社群对于主体自我认同的构成性意义来批评中立性的主张的话，那么沃尔泽就是通过强调社群在理解社会善时发

---

① Walzer, *Spheres of Justice*, New York, Basic Books, 1983, p. 9.

② Walzer, *Spheres of Justice*, p. 20.

③ Walzer, *Spheres of Justice.*, p. 314.

挥的不可或缺的作用来反对罗尔斯等人的平等主义的分配方案的。但他们的共同之处在于，都对自由主义片面注重个体能动性的做法提出了批评，并且试图通过强调社群的重要性来纠正这种做法。然而，这也引发了另外一种担忧：社群主义的批评会不会反过来产生压制个体能动性的后果？显然，要想真正消除这样的顾虑，就不能只是简单地在社群价值和个体能动性之中执其一端，相反，社群主义者们必须超越社群价值和个体能动性之间的对峙，展示两者之间更为复杂和有机的联系。而这恰恰是查尔斯·泰勒最为关心和着力最多的领域，他在这一领域所取得的成就尤其引人瞩目。

泰勒对个体能动性的关注首先是被当代社会科学中行为主义的主张激发的，后者认为，人类生活和社会现象最终都可以被还原为对外在、客观的个体行为的描述，不需要借助任何规范的、主观的心灵状态。针对这种观点，泰勒提出了“人是自我解释（self-interpreting）的动物”的主张，并且强调“解释扮演的不是一种次要的、可以被选择的角色，而是人类存在的本质”[①]。这意味着，对人类生活的理解必须诉诸自我解释，比如当人们说某个动作是吓人的时，背后其实已经预设了这个动作会引起人们恐惧的情绪和对安全的需要。反过来讲，人们在社会生活中的各种行动也在不同程度上表达着其自我解释，这种自我解释体现了他们强评价（strong evaluation）的能力——这些人不仅是出于特定的欲望或偏好而行动的，也是基于对这些欲望、动机的二阶反思来行动的。泰勒认为，个体的能动性就体现为这种强评价的能力，体现为他们对自己各种欲望、目标的慎思和抉择。然而，与罗尔斯不同的是，泰勒认为，行动者对自己欲望或偏好的二阶反思总是依托于某种特定的道德架构，被一种评价性区分的语言指引，而这种道德架构和语言归根结底又植根于人类社群的历史传统和共享文化，因此，行动者的能动性最终与他们对特定社群的认同是一致的。换言之，个人总是生活在某种特定的社会环境之中，他们的自我认同必然是由自己所处的社会、家庭等构成的，这些社群的价值构成了行动者评估自己生活目标的基本架构和语言，因此，对人类能动性的尊重非但不要求我们假设一个无牵挂、无羁绊的先行个体化的主体，反而要求我们正视社群的构成性作用，承认能动性的成功实施最终还是要依赖于行动者对某种共享的意义世界的认同的。

泰勒对行动者自我认同的强调为“承认的政治”（the politics of recognition）的主张提供了基础。按照泰勒的说法，“我们的认同部分地是被他人的承

---

① Charles Taylor, “Self-interpreting Animals,” in Charles Taylor, *Human Agency and Language*, Cambridge, Cambridge University Press, 1985, p. 76.

认塑造的，或者说得不到他人的承认与得到他人扭曲的承认都会影响我们的认同”[①]。他注意到，随着等级制的崩溃和本真性（authenticity）理念的兴起，现代社会成员的自我认同已经不可能像古代那样简单地诉诸个人的社会地位或角色，相反，人们需要一种内在的而不是派生的、属于自己的独特的生活方式。不仅如此，这种内在的自我认同需要得到他人的承认与尊重，这要求我们在公共领域实施一种平等承认的政治。然而，这种平等承认的政治却包含了两个内在紧张的要求：普遍的政治（politics of universalism）与差异的政治（politics of difference）。前者要求我们为了一视同仁地对待他人而忽视他们之间的差异；后者则要求我们尊重每一个人独特的自我认同，正视他们之间的这种差异。显然，自由主义中立性和平等主义的主张都属于普遍主义的政治，它们要求国家在人们各自不同的生活方式之间保持不偏不倚，只提供给他们平等的社会资源和权利，容易产生一种同质化的文化霸权，“不能包容特殊的社群成员真正渴求的东西，即自身的生存模式”[②]。与之相反，差异的政治虽然能够更好地尊重不同社群的特殊之处，但又非常容易导致文明之间互相敌视和自我封闭的后果。为此，泰勒主张采取超越两者之间对峙的第三条道路，在假定不同社群具有平等价值的同时，希望它们能够不断重新思考自己政治认同的叙事，实现彼此之间的视域融合，形成一种文化互动主义（interculturalism）的政治。显然，这种立场体现了泰勒力图平衡个体能动性和社群的尝试，是比桑德尔、沃尔泽等社群主义者的观点更有深度和前景的一种主张。

三、政治自由主义的转向

以桑德尔为代表的社群主义者认为，自由主义建立在虚幻的个人主义自我观念基础之上，是一种本身无法得到维持的政治主张。但也有人认为，社群主义者的这种批评仅仅指向了一种关于社群作为价值之来源的元伦理学的承诺，自由主义者完全可以在接受这一前提的同时重新证成自己的核心主张。[③] 罗尔斯政治自由主义的转向就例证了这种回应方法——他不再用自由平等人的观念描述所有社会成员内在的道德本质，而认为它只是一种政治人格的观念。这种

---

① Charles Taylor, “The Politics of Recognition,” in Charles Taylor, *Philosophical Arguments*, Cambridge, Harvard University Press, 1996, p. 225.

② Charles Taylor, “The Politics of Recognition,” p. 248.

③ Jean Hampton, “Should Political Philosophy be Done without Metaphysics,” *Ethics*, 1989 (99), p. 793.

观念一方面只适用于社会最基本的政治经济制度，不涉及个人对自身美好生活的追求；另一方面既不依赖于任何整全学说（comprehensive doctrines），也不偏袒它们中的任何一个，是免于立场的（freestanding）观念。不仅如此，它还植根于现代西方民主社会的公共政治文化之中，是被大多数社会成员广泛分享的观念。[①] 因此，当罗尔斯用政治人格来描述自由平等人的观念，并依据这种观念来制定正义原则时，他依赖的其实不再是任何关于人类先天道德本质的哲学真理，而是现代民主社会独特的公共政治文化，公平的正义原则也因此不再具有普世性，而变成了只适用于现代西方社会的特殊主张。尽管罗尔斯明确区分了现代民主社会与被特定整全学说支配的社群，但这种诉诸自身所处社会独特性的做法却恰恰呼应了社群主义者的观点：我们之所以基于自由平等人的观念来建构正义原则，不是因为任何一种抽象的人性学说，而是因为“在民主社会中存在一种民主思想的传统，这种传统的内容对于有教养的一般公民的常识而言是熟悉的和可理解的。社会的主要制度，以及它们被接受的解释形式都可以被看作是储存于这些隐藏的共享观念和原则之中的”[②]。有学者指出：“这种‘民主思想的传统’构成了（罗尔斯的）起点。你不需要论证这个起点，不需要为它奠基。你只需要考察它会把我们带向何处。”[③] 由此可见，通过把道德人格修改为植根于现代社会政治文化之中的政治人格，罗尔斯在维持公平的正义实质内容的同时也包容了社群作为价值源泉的观点，把普世的正义原则变成了只适用于现代社会的政治主张，成功地回应了社群主义者的批评。

不仅如此，这种诉诸政治观念的做法也能够更好地面对现代社会价值多元论的难题。按照罗尔斯的观点，在现代社会中，我们根本无法期待人们能就任何哲学、宗教等整全学说达成一致意见。相反，任何以真理之名基于特定人性学说来指导公共政治的主张都对信奉其他人性学说的人形成压制（oppression）。为了避免这种后果，政治哲学最好回避关于人类道德本质之真理的主张，基于被社会成员普遍分享的观念来建构政治主张。政治人格的观念正是在

① John Rawls, *Political Liberalism*, New York, Columbia University Press, 2005, pp. 11－15. 整全学说和政治观念是政治自由主义中最为根本的一对区分，前者包括“关于何谓人类生活中的价值的观念，个人品格的理念，以及友谊、家庭、伙伴关系的理念，还有那些从整体生活上指导我们行为的学说”。罗尔斯认为，现存社会中绝大多数宗教、哲学理论都是（部分）整全的学说，不应该成为国家行为的依据和准则。

② John Rawls, *Political Liberalism*, p. 14.

③ Burton Dreben, “On Rawls and Political Liberalism,” in Samuel Freeman (ed.), *The Cambridge Companion to Rawls*, Cambridge, Cambridge University Press, 2003, p. 323.

这个意义上被提出的——由于它是存在于现代社会公共政治文化之中的被广泛分享的政治观念，并且对所有合理的整全学说均呈现为不持立场的，因此基于这种观念的正义原则就更能得到人们的共同接受。然而，在这里需要注意的是，罗尔斯在这样使用自由平等人的观念时，其实已经放弃了它作为道德真理（moral truth）的地位。相反，他认为，为了避免压制拥有不同整全学说的合理公民，我们只需要确认自由平等人的观念已经得到普遍接受就足够了，不需要主张它是道德的真理。这也意味着，政治哲学应该保持知识论克制的立场，单独基于那些被人们广泛分享的政治观念来建构自己的主张，不再依赖于任何宗教、哲学的真理。自由主义正是在这个意义上被认为是政治的，而非哲学的或形而上学的，它不仅是罗尔斯对现代社会价值多元的回应，也是他通过把关于人类道德本质的道德人格修正为基于现代社会政治文化的政治人格来回应社群主义批评的必然结论。

在《正义论》中，自由平等人的观念是作为人类固有的道德本质而出现的，它的规范效力也植根于其道德真理的地位。这意味着，所有人都有内在的动机和理由去接受这种人格观念，并在公共的政治生活中表达自己自由平等人的本质。然而，随着政治自由主义的转向，自由平等人失去了真理的地位，变成了一种民主社会的公民观念。这就会引起另外一个问题：参与社会合作的人们到底有什么样的理由去接受这种政治人格的观念？按照罗尔斯的观点，人们之所以应该接受隐藏于民主社会公共政治文化之中的人格观念，不是因为这种观念是真理，而是因为他们作为合理的公民（reasonable citizens），应该接受被社会成员广泛分享的那些政治观念。在这里，合理性被定义为一种接受现代社会价值多元的事实，并且有良好意愿和与其他社会成员进行公平社会合作的能力。罗尔斯认为："我们正是凭借合理性平等地与他人进入公共世界，并准备提出或接受与他们合作的公平条款的。"[①] 那些拒绝接受政治观念的人"是道德上有瑕疵的人：他们不尊重拥有不同价值的人，不能适应社会生活，至少不能适应由与自己有差异的人组成的社会"[②]。在这个意义上，我们可以说，合理公民构成了"合法性的水池"（legitimacy pools）："他们的支持能够确立罗尔

① John Rawls, *Political Liberalism*, p. 53.

② Samuel Freeman, "Public Reason and Political Justification," in Samuel Freeman, *Justice and the Social Contract: Essays on Rawlsian Political Philosophy*, New York, Oxford University Press, 2007, p. 238.

斯政治自由主义的合法性，他们的反对则确立了它的不合法。”[①] 政治自由主义因此不需要考虑不合理公民的不合理诉求。

和《正义论》相比，《政治自由主义》是一部承前启后的著作：它一方面力图回应对公平的正义理论的许多批评；另一方面又引发了问题域的转换，并催生了一种新的政治哲学。具体地来说，《正义论》主要是围绕社会正义的问题展开的，但政治自由主义关心的却是合法性的问题。按照罗尔斯的观点，合法性是比正义更根本的要求。不仅如此，他也为如何实现政治合法性提供了一条公共探究的基本原则，即公共理性（public reason）的理念。公共理性要求我们在自己“真诚地认为最合理的政治正义观念的架构内进行审慎思考，这种观念表达了我们合理地期待其他自由平等的公民也合理支持的政治价值”[②]。公平的正义固然为之提供了这种架构，但罗尔斯认为只要满足类似的条件，公共理性同样可以在其他政治的正义观念中得以展开：“政治自由主义并不试图一次性地把公共理性固定在政治的正义观念的某种特定形式中。”[③] 就此而言，公共理性的构思超越了对特定正义原则的证成，以一种更加直接、朴素的方式落实了自由主义合法性的这种原则：“政治权力的行使只有当它依据被所有自由平等的公民凭借其共同理性而接受的原则、理念合理支持的宪法根本时才是充分恰当的。”[④] 尽管在罗尔斯这里公共理性被局限于宪法根本和基本正义问题的解决上，但它完全可以更广泛地应用于公共政治的所有重大问题，成为政治哲学更加普遍的方法和原则。政治自由主义因此例证了一种更加雄心勃勃的谋划，它的目标不仅是制定一种实质的正义原则，更是为现代民主社会设计一套普遍适用的公共探究的纲领和原则，表达了一种在价值多元的社会重建政治秩序的新尝试。

四、拉兹：自由完美主义

罗尔斯公共理性的理念是围绕“可接受性”（acceptance）建构起来的，它要求对政治主张的证成必须诉诸那些合理公民能够共同接受的理由。这种做法似乎承诺了一种内在主义的理由观，因为它意味着，只有那些能够被人们合理

① Marilyn Friedman, “John Rawls and the Political Coercion of Unreasonable People,” in Marilyn Friedman, *Autonomy*, *Gender*, *Politics*, Oxford, Oxford University Press, 2003, p. 176.

② John Rawls, “The Idea of Public Reason Revisited,” in John Rawls, *Political Liberalism*, New York, Columbia University Press, 2005, p. 450.

③ John Rawls, “The Idea of Public Reason Revisited,” p. 451.

④ John Rawls, *Political Liberalism*, p. 137.

接受的主张才是适用于他们的理由，而这又蕴含着这样的意思，即理由最终是由行动者的心智状态和推理活动决定的，而不是由外部世界的客观事实给出的。比如，伯纳德·威廉姆斯认为，理由要想产生激发人们行动的力量，就必须与行动者主观的动机集合（subjective motivational set）结合，因为外部世界的事实本身不可能激发人们的行动。[①] 就此而言，公共理性的支持者们最终都会接受这样的观点："只有在行动者可以从自己已经拥有的信念、欲望中理性地产生某个欲望时，他才能够因为缺少这个欲望而遭到理性的批评。"[②] 然而，与这种内在主义的立场相反，许多人倾向于支持外在主义的主张，认为理由是被外部世界的客观事实给出的，本身并不取决于行动者主观的心理状态，相反，理性的行动者总是应该自觉地调整自己的欲望、行动来响应理由的要求。比如，理性的行动者总是有避免痛苦的理由，这种理由源于痛苦本身的性质，和行动者当前的心理状态无关。正如德里克·帕菲特（Derek Parfit）所言："行动的理由始终是从使我们拥有特定欲望和目标的事实中获取力量的。"[③] 显然，给定这种立场，公共理性的理念就不容易得到维持了，因为外在主义者会认为，对政治主张的证成同样应该诉诸那些客观有效的理由，而不是行动者主观的支持性态度。在《自由的道德性》（*The Morality of Freedom*）一书中，拉兹就是沿着这样的思路来对罗尔斯提出质疑和批评的。

拉兹声称："人类行动的核心类型是意向行动，意向行动是出于理由的行动，而理由则使该行动在某种方面或某种程度上成为善/好的事实。"[④] 因此，行动者单纯的"想要"（want）并不能构成他们行动的理由，相反，他们总是应该响应理由，按照理由的要求来行动。在这里，拉兹反对把理性解释为人类推理活动的一种功能，他认为理性"是认识事物本身的规范意义，领会它们构成的理由，以及这种事实带给人们的意义的能力"[⑤]。这意味着，理由归根结底乃是由外部世界客观的价值或善性（goodness）构成的，并不内在于行动者的心智状态之中。由于行动者主观的心理状态不可能影响客观世界的规范事实，

---

① 参见［英］威廉斯：《内在理由与外在理由》，见威廉斯：《道德运气》，145 页，上海，上海译文出版社，2007。威廉斯，即威廉姆斯。

② Brad Hooker & Bart Streumer, "Procedural and Substantive Practical Rationality," in Mele Alfred & Piers Rawlins (ed.), *The Oxford Handbook of Rationality*, Oxford, Oxford University Press, 2004, p. 59.

③ Derek Parfit, *On What Matters*, Oxford, Oxford University Press, 2011, p. 47.

④ Joseph Raz, *Engaging Reason*, Oxford, Oxford University Press, 1999, p. 23.

⑤ Joseph Raz, *Engaging Reason*, p. 69.

证成因此并不需要考虑证成对象是否会接受这些规范事实。在这个意义上，公共理性其实是一种没有意义的理念——如果它只是要求人们诉诸公共的理由来证成国家行为，那么它相当于什么都没说，因为并不存在只对特定行动者生效的私人理由；如果它要求证成国家行为的理由必须是人们所接受的理由，那么它搞错了问题的关键，因为是理由的规范性决定了其可接受性，而非理由的可接受性决定了其规范性。不仅如此，拉兹还对通过公共理性确立政治合法性的做法提出了批评。他认为，这种做法实际上意味着“权威的行使对服从者应该做什么事没有影响，因为无论什么时候，权威都应当指导他们做自己应该去做的事情”①。但实际上，政治权威颁布的命令的确会改变人们的慎思，比如在制定交通规则时，权威的命令本身就构成了人们遵守规则的理由。事实上，权威的本质就在于：不论其发出什么样的指令，服从者都有放弃自己的判断来遵循这些指令的义务。换句话说，权威的要求排除、替换了人们相关的考虑，构成了他们执行特定行动的理由。而权威之所以能够排除、替换人们的相关考虑，是因为它已经总结并反思了这些考虑，比如法官的裁决已经融合了控辩双方的陈述，并因此替换、超越了这些陈述，成为双方行动的最终依据。这种对权威的理解产生了拉兹对于权威合法性的独特主张：“证明人们对其他人拥有权威的正规方式是，展示如果假想的服从者承认这个权威的指令是有约束力的，并试图遵循它们而不是直接适用于自己的理由，那么他们可以更好地遵循适用于自己的理由。”② 这种主张通常被称作服务的权威观，它强调国家的合法性源于其在帮助公民遵循、响应那些客观有效的理由时的成就，而不是他们全体一致的同意或接受。

拉兹基于外在主义的理由观反驳了公共理性的理念，这为他发展一种完美主义的政治主张提供了基础。在这里，必须指出的是，拉兹认为“政治道德的首要关注点是对人们幸福的保护和促进”③，而幸福又是“由对有价值的关系和目标全身心的、成功的追求构成的”④。因此，国家不可能只通过满足人们当前拥有的任何欲望来增进他们的幸福，因为他们的欲望可能是不理性的。比如一个演员为了扮演好瘾君子的角色而想尝试吸毒，但这种吸毒欲望实际上是不可能使他成为一个好演员的——一旦染上毒瘾，他将失去最基本的自我控制能

① Joseph Raz, *The Morality of Freedom*, Oxford, Oxford University Press, 1986, p. 48.

② Joseph Raz, *The Morality of Freedom*, p. 53.

③ Joseph Raz, *Ethics in the Public Domain*, Oxford, Oxford University Press, 1995, p. v.

④ Joseph Raz, "The Role of Well-Being," *Nous*, 2004 (18), p. 269.

力，无法扮演好自己想要扮演的角色。在这个时候，只有扼杀他吸毒的欲望才能更好地服务于他的幸福。就像拉兹所说的，“人们基于理由而追求目标，拥有欲望……如果欲望的理由是错误的，那么即便这个欲望由于无知而被持有，这个人也并不希望自己的欲望得到满足”①。这也意味着，国家不应该像罗尔斯等人设想的那样，在理性公民可能拥有的各种美好生活计划之间保持不偏不倚，相反，它应该帮助人们选择那些真正有价值的生活目标，成为一种完美主义的而不是中立的国家。

显然，从罗尔斯的角度来看，这种为完美主义辩护的方式与人类能动性的要求是背道而驰的，因为它似乎把行动者当成了外部世界规范事实的机械响应者，既没有注意到他们是自己善观念的“自生之源”，也没有充分尊重他们选择自己善观念的自由。但事情并没有这么简单，实际上，拉兹同样强调了个体能动性，特别是个人自主的重要性，并且要求国家把推行自主的生活方式作为自己的首要目标。他的思路是这样的：尽管理性的行动者总是应该努力识别外部世界的规范事实，并出于这些事实所构成的理由而行动，但由于价值多元论的存在乃是一个不容回避的事实，所以，除非行动者已经承诺了（commit to）某种有价值的生活目标，否则国家不可能通过向他施加任何一种有价值的生活目标来增加他的幸福。具体来讲，拉兹注意到，客观有效的规范事实并没有穷尽人们生活的全部可能，恰恰相反，行动者面临的许多生活目标在价值上都是不可通约的（incommensurability），比如，成为一名优秀的学者并不比成为一个卓越的小提琴演奏家更有价值，相反，这两种目标之间的优劣根本就无法比较。因此，尽管我们可以确定，同等条件下，一个生活节制的人总是比放浪形骸的人展现了更多的价值和德性，但是当行动者面临许多价值上不可通约的选项时，我们却不可能帮他找到其中唯一的、最佳的选项。在这个时候，行动者只能依靠自己的选择来确定最终的生活目标，并且这种选择不同于他在欲望的驱使下做出的那种随心所欲的选择——前者不仅响应了外部世界的客观理由，而且创造了新的行动理由（假设你把成为一名小提琴演奏家而不是学者作为自己的生活目标，那么你就有了去艺术团体就职而不是继续攻读学术学位的理由）；后者则完全是主观偏好的表达，对行动者的生活缺乏长期的约束力。为了凸显这种不同，拉兹经常把前面那种选择称作“承诺”（commitment），他声称：

---

① Joseph Raz, *The Morality of Freedom*, pp. 140 - 142.

> 通过拥有特定的目标和承诺，我们创造出新的成功方式和失败方式。在获得目标和承诺时，在关注一件事物而非另一件时，我们逐渐给自己的生活塑形，决定什么是成功的生活，什么是失败的。我们通过发展承诺和追求而创造价值、形成理由，后者超出了我们为承担承诺和追求而拥有的理由。一个人的生活在这种方式上就（部分）是自己创造的。这是一种规范性的创造，一种新价值和新理由的创造。①

个人自主的理念正是在这个意义上被提出的。与罗尔斯设想的不同，在拉兹这里，它指向了一种行动者在不可通约的选项之间自主选定自己的生活目标并奋力追求的生活方式。自主的行动者因此就是“那些能够塑造其生活、决定其进程的人。他们不仅是能够在评价相关信息后在诸选项间做出选择的理性行动者，而且是能够额外执行个人计划、发展关系、承担对某种事业的承诺的行动者……自主的行动者是自己道德世界的部分创造者”②。

对个人自主的珍视使拉兹在实质的政治主张上走向了自由主义的立场，这一点特别典型地体现在他对密尔伤害原则（Harm Principle）的改造上。一直以来，伤害原则都被理解为自由主义的最高原则，它从公共政治行为中排除了私人的道德考虑，禁止国家出于道德上优越的价值观念而行动，认为对人们的强制干涉只有在阻止他们伤害其他公民时才是被允许的。一方面，拉兹继承了这种观点，基于价值多元论的立场，强调国家不应该通过强制性的法律手段来推行道德上优越的价值观念；相反，由于个人自主要求人们有充分的选择范围，所以国家应该宽容那些没有造成伤害的活动。另一方面，他又对伤害原则进行了限定：第一，国家可以通过非强制性的措施来为人们的自主创造积极的条件，比如鼓励科技创新、资助文化事业等；第二，行动者对自己幸福的伤害也属于国家行为的调节对象，比如在现代社会，缺乏足够自主能力的人将很难实现自己的生活目标、获得幸福，因此国家应该帮助他们过上自主的生活。通过这样的方式，伤害原则就变成了一种对国家采取什么样的方式追求道德目标的限制，它本身并没有要求国家中立于所有美好生活的观念，它是一种植根于个人自主的自由完美主义的政治主张。

基于个人自主的理念来捍卫个体自由是自由主义一以贯之的历史传统，许

① Joseph Raz, *The Morality of Freedom*, p. 387.
② Joseph Raz, *The Morality of Freedom*, p. 154.

多人认为，这种做法表达了一种个人主义的价值立场。[①] 而社群主义和自由主义的根本分歧之一就在于：前者坚持社群的根本价值，后者则始终认为个体自由才是第一位的。表面看来，拉兹的主张也属于自由主义的传统立场，但事实恰恰相反，他认为对个人自主的推崇非但没有蕴含个人主义的结论，反而要求了一种非个人主义的道德学说。这种主张不仅丰富了个体能动性的内涵，也为自由主义者正视社群的价值打开了大门，值得深入思考。

对于拉兹，社群的重要性不仅在于某些集体善（collective good）是内在有价值的，并且不能被还原为个体行动者的权利（比如优美的生活环境对每个公民都是有好处的，但没有任何一个公民有权利向其他公民施加创造优美生活环境的义务），更在于构成人们幸福的那些重要的生活目标本身就是依赖于社会形式（social forms）的。在这里，社会形式泛指存在于特定社会之中的公共习俗、制度、实践，以及相应的观念、想象和隐喻等，它们构成了行动者重大生活目标的基础，因为这些目标要想真正成为对行动者来说至关重要的生活目标，就必须能够衍生出一系列更加具体的行动目标，而它们要想拥有这种衍生性，就离不开特定的社会实践和对社会实践的公共认可。比如，职业选择对许多人的生活来说都是至关重要的，但如果脱离了相应的社会建制，很多东西就不可能成为人们职业选择的对象——在一个缺乏法律制度的社会，人们不可能成为一名真正的律师，就算他能代替别人争夺各种利益，也不可能像我们社会中的律师那样把这种事情扩展为许多连贯而具体的行动进程。事实上，拉兹认为，个人自主之所以值得鼓励和推崇，主要就是因为工业化时代的社会形式已经决定了行动者只有通过自主的生活才能获得幸福。个人自主因此不是一种人们可以选择或放弃的东西，而是他们不得不为之的社会事实。就像他说的那样："由于我们生活在社会形式很大程度上建基于个人选择的社会中，由于我们的选项为我们社会中什么选项是有效的所限制，所以我们只有在自己自主时才能发达……那些生活在注重自主的文化中的人最终只能通过自主而发达。"[②]

不仅如此，拉兹近来还提出了社会依赖性的主题，认为所有价值都依赖于社会实践：有些价值本身就是由特定社会实践构成的，比如关于婚丧嫁娶的文化价值；有些价值则需要在特定社会实践之中得到表达，比如关于审美的价值往往要通过各种审美活动得到体现，用来确保人们幸福、尊严和根本利益的那

---

① 比如，约翰·格雷就是这样来定义自由主义的，参见［英］格雷：《自由主义》，长春，吉林人民出版社，2005。

② Joseph Raz，*The Morality of Freedom*，p. 395.

些保障性价值也必须被具象化为各种各样的实践活动（比如自由必须体现为关于自由的权利）等。[①] 显然，和社会形式的主题相比，社会依赖性的主题无疑与社群主义者（尤其是泰勒）的立场更为接近，正如有评论者注意到的那样，它使拉兹变成了“一个清楚地承认社群优先于个人的自由主义者”[②]。然而，这种表面的相似性背后也有着根本的不同：社群主义者珍视社群的价值，是因为他们认为社群对于行动者的个人认同来说是至关重要、须臾不可或缺的；而在拉兹这里，政治道德的核心始终是围绕着个体行动者的幸福被确立的，所以他特别强调：“个人认同的所有内容都只有在得到个体的认可、接受之后才能在其生活中起到积极作用……它们之所以具有规范性，是因为它们介入了我们的完整性。”[③] 也许正是这种微妙的差别展示了社群主义者和拉兹式的自由主义者的根本差异，尽管他们都拒绝像罗尔斯那样把个体看作隔离在社群之外的无拘束的存在，但前者总是试图强调个体与社群之间那种依附（attachment）的关系，后者却依旧把个体的自由和幸福放在首位，只在有助于增进人们幸福的范围内承认社群的重要性。

第三节　自由主义-社群主义之争与新法兰克福学派的转型

新法兰克福学派是一个含混的概念，它的转型则是一个更加含混的概念。大致说来，我们把“六八风潮”在法兰克福学派内部所产生的分裂性契机作为新法兰克福学派登场的历史背景，哈贝马斯的“交往转向”则是这种转型的“规范”内容。从20世纪70年代初的“交往转向”到90年代初的“法学转向”（姑且这么说），构成了我们所谓新法兰克福学派的主要生长期。我们把基本上接受前一种“转向”并在这一范式下工作，不同程度地与后一种“转向”互相唱和补充的哈贝马斯的众多门徒视作新法兰克福学派的主要成员。

---

① Joseph Raz, *The Practice of Value*, Oxford, Oxford University Press, 2003, pp. 19–42.

② Stephen Mulhall & Adam Swift, *Liberals and Communitarians*, Oxford, Blackwell Publishers, 1992, p. 282.

③ Joseph Raz, *Value, Respect and Attachment*, Cambridge, Cambridge University Press, 2004, p. 34.

在哈贝马斯思想形成变化的历程中，就介入自由主义-社群主义之争而言，位于上述两种“转向”之间的商谈伦理学的提出是一个重要而关键的阶段。如果说《交往与互动》和《认识与旨趣》是交往范式从生产范式中挣脱出来的最初啼声，《何谓普遍语用学》和《交往与社会进化》是奠定交往范式的最初基石，那么《道德意识与交往行动》和《证成与适用》则是交往范式在《交往行为理论》中最终得到体系化之后，在道德实践哲学这一当代最为重要的哲学领域当中的一次至关重要并具有巨大智识效能的适用性“实践”。正如托马斯·麦卡锡在为《道德意识与交往行动》的英译本撰写的序言中指出的，哈贝马斯试图把道德判断的前规约阶段和规约阶段锚定在他的交往行动理论中。[①] 粗略地说，我们可以把社群主义（目的论）对应于前规约阶段，把自由主义（道义论）对应于规约阶段。的确，此书于 1983 年结集，其时当代的社群主义运动刚刚起锚，但在某种程度上，其中重要的一文《道德与伦理生活：黑格尔对康德的批判适用于商谈伦理学吗?》的标题本身就已经预先展示了新法兰克福学派与自由主义-社群主义之争在问题域上的同构性以及前者介入后一论争的概念空间。

一、朝向实践哲学反思的一种更宽泛框架

如果说“交往转向”特别是商谈伦理学的适用性“实践”已经为批判理论有效地介入自由主义-社群主义之争埋下了伏笔，无论在规范内容还是在理论范式上都做好了准备，那么作为“法学转向”之标志和代表性成就的商谈性政治观则是哈贝马斯全面介入、扬弃和超越自由主义-社群主义之争的“终极”尝试。在这里要注意的是，哈贝马斯在相当程度上是把社群主义和公民共和主义放在一起甚至等同使用的，严格说来这当然会引起某些问题，但是如果用本哈比的说法，这里所注重的乃是范式间的对话（interparadigmatic dialogue）而非范式内的对话（intraparadigmatic dialogue），那么公民共和主义和社群主义的“范式内”差异就被“最小化”了。[②]

早在 1988 年发表的《自主性、现代性与社群：社群主义与批判社会理论》一文中，本哈比就以一个既是观察者又是参与者的角度把自己的问题设定为：

---

① Jürgen Habermas, *Moral Consciousness and Communicative Action*, Cambridge, MIT Press, 1990, p. ix.

② Seyla Benhabib, “Autonomy, Modernity, and Community: Communitarianism and Critical Social Theory”. 以下凡引此文，不再一一标明页码。

“哈贝马斯对现代性谋划的辩护在何种程度上可以应对社群主义对现代性的批判?”本哈比认为社群主义和当代的批判社会理论共享了某些基本的认识论原则和政治观点：

> 两者都拒斥非历史的和原子主义的自我观和社会观，正如它们都批判当代社会中公共精神和参与性政治的沦丧。哈贝马斯的批判理论，尤其是他对于现代社会矛盾的分析，能够为社群主义提供关于我们的社会所面临的问题的一种更为分化的图景，而社群主义对于当代道德和政治理论应当丰富对于自我的理解，并把正义图景奠基在一种更为生气勃勃的政治社群观之上的坚持，则为道义论的和以正义为中心的理论的极度形式主义提供了一种可欲的矫正。无论对于自由主义还是社群主义，当代批判社会理论都是一种真正的替代项。

当然，本哈比也注意到了这种有趣的现象：

> 阿多诺和霍克海默对启蒙和现代性的批判在社群主义者和后现代主义者的著述中引起了反响，相反，具有讽刺意味的是，哈贝马斯今天的立场更接近于像约翰·罗尔斯这样的自由主义者，而不是自由主义的那些当代的批评者。他对于启蒙和自由主义之态度的转变也伴随着对于伦理学中的道义论之态度的转变以及对于康德式的正当优先于善的一种更为明确的赞成。泛泛而言，正是因为早期批判理论无法给出对于现代性条件下之工具理性的一种替代方案，所以哈贝马斯已经在道德哲学的路线中从黑格尔退回到康德。

比较有建设性的是，本哈比还区分出了社群主义中的“整合论倾向”和“参与论倾向”。根据“整合论倾向”，“现代社会中的个人主义、自我中心、混乱反常、异化和冲突都只有通过恢复某种融贯的价值体系才能得到解决。……整合论的观点所强调的是价值复兴、价值革新或者价值再生，而相对忽视或无视制度的解决方案”。而在“参与论倾向”看来，“现代性的问题与其说是归属感、整体感和团结感的丧失，不如说是政治能动性和效力的丧失。……参与论的观点并不认为作为现代性之一个方面的社会分化是需要克服的。它所主张的是减少各领域之间的矛盾和不合理性，并鼓励领域之间成员的非排斥原则”。本哈比认为，正是因为社群主义思想家们一直没有搞清他们所要强调的究竟是哪个倾向，所以这既引起了关于社群主义与共和主义传统的复杂纠葛，也使得它们的自由主义批评者们有理由抓住这种含混性不放。而哈贝马斯对自由主义和社群主义的“整合”正是趁这种概念“间隙”而起。一方面，自《公共领域的结构转型》以来，根据公共参与原则来为现代性辩护一直是哈贝马斯工作的一个根本方面。与他的前辈们在“启蒙辩证法”的框架中对现代性的悲观看法不同，哈贝马斯强调现代性并不是只意味着分化和个体化，它也意味着公共推理和讨论的一种自主的公共领域的出现。另一方面，与共和主义的或公民美德的传统保持距离的“参与论倾向”本身并不必然陷入政治浪漫主义，因为参与并不意味着去分化、价值同质化甚或价值再教育。正如前面指出过的，参与论的模式所鼓励的公共情感并不是调和与和谐，而是政治能动性与效力：

> 哈贝马斯就是以这样的方式丰富了我们对于现代性之社会和文化可能性的理解，无论有德性的社群还是自利的契约都没有穷尽现代性的谋划。伴随着社会分化和独立的价值领域之出现，现代性还带来了三重可能性。在制度的领域，通过实践商谈共同形成行动的规范成为可能。在个体的领域，个人认同的形成变得越来越具有反思性，也就是越来越少地依赖于既成的约定和角色；个体进入了自主的和流动的自我决定阶段。对传统的援引也越来越具有灵活性并更依赖于当代解释者的创造性解释。从这种三重可能性的视野看，参与原则远非现代性之反题，而是它的主要前提。在社会、文化和个人的领域中，个体的反思性努力和贡献对于制度性生活的运作，对于文化生活之延续，对于稳定的人格特质之历时性形成，都变得至关重要。

也可以说是广义的新法兰克福学派之晚近成员的肯尼思·伯内斯（Kenneth Baynes）在1990年发表的《自由主义-社群主义之争与交往伦理学》一文中明确地认为，鉴于这种争论暴露出双方的局限和弱点，“当代的自由主义者没有充分地考虑基本权利的社会根源和辩护，而社群主义者则没有充分地正视民主公民身份的性质和条件”，因此就要求“实践哲学反思的一种更宽泛框架”。伯内斯认为哈贝马斯的交往（商谈）伦理学就提供了这种框架。在他看来，自由主义-社群主义之争中提出的三个问题——自由主义关于正当优先于善的主张、自我或道德能动性的观点以及政治理想和制度的辩护——都能够在商谈伦理学中得到重述。首先，正当之于善的优先性在得到保留的同时发生了转换，它被保留在强加于道德-实践商谈之上的基本约束中，例如对等的条件和平等参与的权利。但是这种优先性的根据发生了转变，就是说，“按照最终的分析，只有在一种实践商谈内部，个人自主所需要的条件以及正义问题与好社会问题之间的区分才能得到澄清和辩护”。其次，“赋予正义优先性的辩护以活力的并不是一种‘原子主义的’‘本质上无牵无挂的’或‘情感主义的’自我观，而是来自关于后规约的道德推理之本性的一种哲学论证”。最后，“权利和政治理想的辩护不可能在不反思‘辩护活动本身的条件和预设’道德的情况下进行”。

的确，在哈贝马斯的率先垂范下，介入自由主义-社群主义之争一度成为新法兰克福学派“内部”的一种“时尚”，在某种程度上，其“势头”至今未歇。下文我们将仍然以正义问题与好社会问题为轴心，分别阐述这个学派晚近最重要的两个成员霍耐特和韦尔默的工作，以具体地说明我们的“转型论题”。

二、从正义理论的批判到批判的正义理论

当代西方政治哲学是在罗尔斯正义理论的推动和影响下发展起来的，这种正义理论采取的是一种“现实主义乌托邦”的路径，即在考虑到政治主张可行性的前提下，通过对道德原则的建构，寻找能应用于实际的理想的正义原则。比如在《正义论》中，现实主义、可行性的考虑体现为罗尔斯对正义的主客观条件以及稳定性的论证，而良序社会的理念、契约以及原初状态的构建又代表了乌托邦的一面。按照霍耐特的观点，这种路径首先在与现存社会机制和人类实践相隔绝的理想状态中推导出正义原则，然后再设法将之应用于现实的政治生活，缺乏足够的现实性和客观性，“用来衡量社会秩序道德合法性的规范原则，不是来自现存机制结构的内部，而是不依赖现存机制自己独立发展的”①。在《自由的权利》中，霍耐特试图通过社会分析的模式和规范性重构的方法来克服这一弊端，他历史地考察了现代社会人类生活的各种主要机制，梳理出其中隐含的规范承诺，并基于这种规范承诺形成了自己独特的正义理论。

显然，这种正义理论得以成立的前提是，在多元、异质的现代社会中依旧存在着支配社会秩序和机制性事实的根本价值，这种价值就是个人自主意义上的自由。一方面，各种伦理价值和道德观念都必须回到个人自我决定的层面才能得到最终的证明；另一方面，这种自由观念通过对两个维度——“什么对个人是善的，同时也可以指导一个合法社会秩序机制”——的结合，在个体与社会秩序之间建立起系统化的关联，一个社会正义与否就取决于它在何种程度上

① ［德］霍耐特：《自由的权利》，10页，北京，社会科学文献出版社，2013。

表现或实现了个人自主的要求。[①] 然而，由于人们对自由的理解并不是铁板一块的，因此首先必须正本清源，考察现代社会中的自由谱系。在这里，霍耐特区分了三种自由——消极自由、反思自由和社会自由——和它们各自相应的社会机制。消极自由最早起源于霍布斯，他在《利维坦》中把自由定义为没有外在动因造成的阻碍，并由此确立了个人免于外界干涉的特殊性。随着现代社会个人主义思潮的发展，这种自由观念在萨特和诺齐克那里得到了进一步的发展。对萨特来说，自由源泉就在于纯粹的自发意识，不依赖于对目标的任何权衡、取舍；而诺齐克则进一步使之与社会正义联系在一起，主张只要不侵犯他人的权利，任何目标都是消极自由所允许的。消极自由拒绝考虑主体对自身目标的选择，而在卢梭看来，自由的真谛恰恰在于服从自己施加给自己的法则，而不是偶然的欲望，这就是反思的自由观念。它被发展为两种不同的主张：康德视为服从理性道德法则的自由和强调真实意志内在化的浪漫主义。前者关注自我决定的自主性，后者则更多地关注自我实现的本真性。在当代社会，阿佩尔与哈贝马斯通过把自我立法转换为主体互动、社会学习的模式继承了康德的主张，哈里·法兰克福则通过二阶意志确定的自由继承了浪漫主义的观点[②]，但他们都把个人的自由当作一种反思的产物，要求深入主体实践思考内部来界定自由。如果说消极自由的问题在于缺乏主体性的话，那么反思自由认为我们只有在选择自己决定或接纳的目标时才是自由的这种主张虽然向内扩展了自由的领域，却没有真正考虑实现自由的可能性，缺乏一种客观性。因此，我们需要把自由的问题扩展到真实的客观领域，“不仅个人的意图应该去满足这一自由的标准，即意图的形成不受任何外在的影响，外在的社会现实也应该去满足这一自由的标准，即社会现实是自由的，不受制于任何他律和强制”[③]。这就是源于黑格尔的社会自由的观念，它的典范是理想的“友谊”和“爱情”关系，因为在这些关系中，人们“不只是自己，而是愿意把自己限定在和他人的关系之中，并且同时认可处于这种限定中的自我。在这些关系中，他不会感受到约束，反而正是通过把别人作为别人来看待而拥有了自己的尊严”[④]。这种“在他人之中保持自我”正是社会自由的基本形式。基于这一理解，自由内在地需要

① 参见［德］霍耐特：《自由的权利》，28 页。

② 参见［美］法兰克福：《意志自由与人的概念》，见应奇、刘训练编：《第三种自由》，北京，东方出版社，2006。

③ ［德］霍耐特：《自由的权利》，73 页。

④ ［德］霍耐特：《自由的权利》，73 页。

一种相互承认的关系，它的实现也离不开保障这种承认关系的规范性实践机制。不仅如此，这种实现自由的前提同时也是构成自由的内在成分，霍耐特正义理论的核心正是对现代社会机制性事实的规范性重构。自由的谱系只是对自由在思想观念中的梳理，更重要的工作是在社会机制中考察自由的实践。只有通过这种历史的考察，我们才能明白消极自由、反思自由、社会自由各自的社会机制是什么，它们的边界又是什么，在现代社会的塑造中各自发挥了什么样的作用，出现了什么样的扭曲。

按照消极自由的观念，现代社会中的个人要求拥有一种卸下外在包袱，不受惩罚地独立发展自己的私人意志的权利，由此形成了通过法律来保证私人自治的社会机制——法定自由。在这种机制中，个人被表现为一种抽象的法律人格，它首先通过对无人格的外部对象的占有和支配而成为现实、具体的个人。私有财产权因此首先体现了人们意志的特殊性，是这些特殊意志的物化形式。同样，言论自由、契约自由等个人的基本自由权利的确立和扩展也都是以确保个人探索自我目标的空间为动力和目标的。甚至社会参与、政治参与等权利的发展与完善也源于这种消极自由的观念，因为只有保障个人一定程度的经济基础，他才有可能退出社会合作，回到对自己个人目标的探索中去。只是这些社会权利本身也要求公民走出自我，参与共同决策的信息交流，直至形成一种共同意志。不仅如此，法定自由更大的局限性在于，它无法向人们提供道德反思的契机。法定自由要求我们把他人仅仅看作策略性的行动者，而对自我目标的思虑则要求我们走出法定自由设定的这种壁垒，恰当地与他人展开真实、坦诚的道德互动。因此，这种社会机制必须被限制在一定范围之内，否则就会造成社会的病态，比如一味按照法律规则解决所有利益纠纷，忽视了背后真正的伦理生活，在产生利益纠纷时刻板地按照法律规则行事，使原有的人际关系发生解体，使真诚的信息沟通变成赤裸裸的策略行动。另外，法定自由的泛滥也容易产生只有远离一切约束才能保持自由的错觉，导致现代人在形成个人努力和持久信念方面的软弱和优柔寡断。

与消极自由相比，反思自由的社会机制是一种道德自由，它源于康德道德自主的观念：个人的自由是出于道德法则而行动，这些法则是适用于所有理性存在者的普遍法则。这种观念既赋予了人独有的尊严和地位，又把个人自由与对其他主体的顾及联系在一起，人们通过道德自由得到的必然是普遍的理由，而为了实现反思自由，我们也应该按照这些普遍的理由要求自己的行动，改变自己原始的、未经反思的欲望或其他动机。“我们的自由最终要归功于这个可能性，即在出现行动冲突的时候，我们都能超越既定的所有责任和义务，在权衡普遍性的光芒普照下，从根本上改变我们的行为，从而形成一种新的行为。”① 道德自由的这种性质一方面使我们能够超越既定的规范体系，对其进行反思和批判，另一方面又确保了这种超越依旧能够得到其他人的认同与首肯。与法定自由相比，道德自由更多地发生在缺乏明确法律约束的日常生活之中，它要求人们把彼此作为自为目的的理性存在者，依照普遍性的原则进行交往和互动，在发生冲突时，可以合理地期待彼此能够共同摆脱各自的实际情形，依照普遍原则来决定如何行动。然而，由此产生的错觉是，人们似乎可以拥有一个完全摆脱所有生活内容的、绝对客观的、非人格的立场，基于这种立场形成不偏不倚的“本然的观点”。这种虚构的立场要求人们不仅要从自己特殊的利益和偏见中抽身出来，还要远离自己生活于其中的有着独特意义的社会关系，但事实上，友谊、爱情等许多社会关系不但不能用道德自由的机制进行解释，而且是先于道德自由被承认的机制性事实。当道德自由的机制被扩展到社会生活的所有实践中时，那些不能用道德自由解释的社会机制就会丧失作用，个人将无法融入现实的生活世界之中，而变成一种缺乏人情味的冷冰冰的道德教条主义者，甚至还会无视现存社会秩序的合理性，做出某些极端的反社会行为。

不论是法定自由还是道德自由，归根结底提供的都是退出现存生活世界的机会，它们本身无法取代现实的生活实践，反而要以这种生活实践的存在作为前提。在这个意义上，法定自由和道德自由都只是提供了自由的可能性，没有真正触及自由的真实性，自由的真实性只能存在于人们在实际生活中相互承认的机制性实践中。霍耐特把这种实践分成了三个主要领域：私人关系、市场经济和公共政治。它们各自遵循不同的承认模式，有着不同的角色互补模式，需要分别对其进行规范性重构。

与古代社会相比，现代社会中的个人关系越来越少受到身份、家庭等的约束，人们逐渐把情感体验作为发展个人关系的主要标准和动机。在这个意义上，现代社会的个人关系是自发的、不受强制的。不仅如此，在这种个人关系的互动中，人们并不会把对彼此责任的承担看作是异己的、约束性的，反而认同对自我的这些限制。因此，现代人的个人关系属于社会自由的一种机制，在这种机制中，人们各自承担不同的角色，通过满足这些角色的要求而使彼此实现各自的自由。按照个人关系中角色互补模式的不同，我们可以进一步区分出

① ［德］霍耐特：《自由的权利》，167 页。

三种类型的个人关系：友谊、亲密关系和家庭。友谊背后的社会机制主要体现为我们区分所谓“真朋友”“假朋友”的标准。古代社会的人发展友谊更多的是为了建立特定的社会网络来维持自己的身份、地位或利益；而现代社会的友谊则是人们摆脱利益算计、出于纯粹的好感而发展的个人关系，其主要内容不再是共同利益或者阶级联盟，而是各自的私人情感和立场。因此“只有当（友谊）没有任何目的，只是纯粹出于对对方的关心的时候，它才被认为是合适或真实地实现了规范的基本模式”①。与这种转变类似，古代社会的亲密关系完全为家庭、阶级所支配，对情侣的选择主要是以家庭的经济考虑作为基础的；而现代社会的亲密关系则是两个人互惠地投身于彼此未来不确定的个人发展中，关心彼此，参与各自生活的关系。在这种机制中，人们互惠地满足了彼此身体的需要，通过性关系而在身体上结合在一起，共同体验到一种属于“我们”的自由而不是某一个人的自由。同样，现代社会的家庭关系也具有实现家庭成员社会自由的功能。首先是随着市民阶层的兴起出现了限定在父亲、母亲和子女三方关系之中的排他性的家庭生活，接着是家庭职能的不断缩减和妇女地位的提高，最终产生了家庭模式的新规则：平等的合作伙伴关系和互助团体取代父权制成为家庭理想，家庭成员之间的信息交流和情感纽带也变得更加重要。与友谊、亲密关系的作用一样，通过共同的家庭生活，人们各自的社会自由也得以实现和完成。

与私人关系的这种变革相比，现代社会市场经济的体系看上去缺乏社会自由所要求的那种承认关系，人们完全出于利己的动机而行动，并没有实现“在他人的自由中看到自己自由”的社会自由。然而，霍耐特试图揭示在市场经济体系背后依旧存在着一种被数理经济学家们无视的承认关系，比如按照黑格尔和涂尔干的主张，市场经济是以团结互助的社会道德作为前提的，只有当人们具备了相应的契约精神和团结互助的意识时，它才能顺利地发挥自己的作用。一旦市场的运行越过了这种道德承诺，就会出现各种社会失范的行为，比如工人罢工、经济危机等。因此，从整个社会机制的角度来看，市场经济的合法性就在于它对协调个人不同的意图，使之互相补充的有效性，在这个意义上，它也是社会自由的一种机制：它“把个人的利己取向以一种特殊的方式进行匿名的耦合，使得一个人的自由同时也是其他人自由所需的前提”②。在消费领域，市场经济通过为个人提供选择、购买商品的机会扩展了他们的自由，人们在挑

① ［德］霍耐特：《自由的权利》，216页。

② ［德］霍耐特：《自由的权利》，307页。

选商品的过程中体会到了表达个人意志的自由，商品市场也因此成为消费者与生产者互相承认的中介。然而，不幸的是，现代社会资本主义市场越来越鼓励人们仅仅把市场看作个人自由的领域，人们凭着自己的意图和能力在这种竞技场上谋取自己的最大利益，而忽视了它作为社会成员自愿合作、相互帮助对方满足自身意图的社会机制的功能，导致人们的社会自由无法得到充分实现。

最后是对公共政治中民主的社会机制的考察和重构。它最早伴随着市民社会的构想而出现，在法国大革命之后逐步扩展到各个阶层，并成为民主国家合法性的基础，直至第一次世界大战结束为止，主要的宪政国家几乎都确立了公众参与政治的普遍权利。这种政治权利背后的规范性要求是，人们应该走出个人独处的状态，进行商议性质的信息交流，从事政治合作，形成公共决策。因此，民主的公众性也是社会自由的体现，它为社会成员之间的交流提供了场合，使他们能以此实现各自的意图。然而，要充分实现这种自由，就必须确保社会成员的共同决策得到有效的贯彻。对此，霍耐特试图跳出直接民主与间接民主之间的对峙，从涂尔干、杜威和哈贝马斯那里提炼出第三种处理公众性与国家关系的模式。按照这种模式，公众性的意见既不需要被国家机构一对一地实施，也不需要通过议会代表的设置来使其更加理性，而是要求达成一种可修正的共识，并以这种共识作为指引让立法机构给出具体的决定。在这种模式中，关键在于公民自愿的自我立法的条件必须得到满足，因为只有在公民社会自由得到充分保障的情况下，公众才有可能达成相对稳定的共识，国家的行为才能真正贯彻人民的意图。然而，要满足这种公民自我立法的条件又必须以公民之间互助团结的共同体精神为前提，霍耐特认为，在多元、异质的现代世界，共同体精神不可能依赖于任何特定的种族、宗教，只能寄希望于从现代社会欧洲各民族共同追求自由的集体记忆中汲取资源，发展出一种超越种族的具有共同背景的政治文化。

与以罗尔斯为代表的当代自由主义的正义理论相比，霍耐特认为，正义就是“以某种方式来设置一个既有的社会领域，并对其做相应的配置，使其能够满足各种奠定它的具体承认规范的要求”[①]。因此，霍耐特既没有把社会正义归结为对资源的分配问题，也不意图产生明确的正义原则；相反，他试图基于不同领域社会机制背后的承认关系，对现实的社会生活提出指导和批评。由于人们在不同的生活领域奉行不同的承认模式，因此，这种正义理论是一种涉及人

---

① ［德］霍耐特：《正义的质料：当代程序主义的局限》，载《世界哲学》，2013（5）。

类生活全部图景的多元、复合的理论。但是，和社群主义者相比，霍耐特并没有局限于任何特定社群的价值和实践，而是以现代以来整个西方社会的各种普遍机制作为出发点，以超越族群界限的共同政治文化为依归，通过对社会病态的批判和治疗来满足现代性背后根本的规范性承诺。在这个意义上，霍耐特的主张不仅是对自由主义正义理论的批判，更是一种批判的正义理论。

三、从伦理生活的民主形式到民主的伦理生活形式

法兰克福学派与实用主义的交汇和融合是当代西方实践哲学最富有成果的思想运动和最引人瞩目的学术现象之一。如果说极权主义的政治经验是法兰克福学派兴起的时代背景，自由民主的思想和实践是其理论思考和制度设计的假想参照系（无论反面的还是正面的），那么德国观念论、马克思的批判理论和韦伯的理性化学说则是它最为重要的思想资源，这一点无论对于旧法兰克福学派还是对于新法兰克福学派都是适用的。差别在于，实用主义的强势复兴和后现代主义的异军突起极大地改变了 20 世纪晚期西方的智识图景。哈贝马斯对早期批判理论缺陷的反省和对于社会批判理论的规范基础的探究就是在这样的背景下应运而生的。

20 世纪 70 年代以来，同样是在深刻反思旧法兰克福学派的根本缺陷，重新评价自由民主的政治传统，辩证调和现代主义与后现代主义的内在张力的基础上，与哈贝马斯亦师亦友的韦尔默逐渐形成了他精致的伦理对话模式和独特的民主文化概念，从而极大地丰富了人们对于实践理性之规范内核的理解。应当说，在拯救德国观念论和马克思批判理论的根本内核，汲取实用主义在真理问题和民主问题上的合理洞见，综合自由主义与共和主义（包括社群主义）的政治传统，完善批判理论的规范基础这些方面，韦尔默与哈贝马斯是基本一致的。意味深长的是，与哈贝马斯相比较，韦尔默似乎对后现代主义持有更为宽容和同情的态度。这当然是与韦尔默和哈贝马斯在真理共识理论、商谈伦理模式以及民主文化概念上的重要争论和分歧密切相关的。

值得注意的是，韦尔默在自由理论和商谈伦理上的关键性观点和论证都得到了哈贝马斯的高度重视。《现代世界中的自由模式》（以下简称《自由模式》）和《伦理学与对话》[①] 赫然出现在《在事实与规范之间》的文献索引中。韦尔默对于消极自由的重要性的强调使得哈贝马斯不再只专注于从共同体自由推导

① ［德］韦尔默：《伦理学与对话》，上海，上海译文出版社，2013。

出个体自由或消极自由，而是转而强调两种自由的相互预设和相互依赖的关系。我们可以看到，这个问题在哈贝马斯后来与罗尔斯的争论中又一次成为核心的问题，我们不能不说，把两种自由与商谈伦理结合在一起的讨论架构是由韦尔默首先奠定的。韦尔默在《伦理学与对话》中对普遍主义的道德原则和民主的合法性原则的区分，更是直接导致哈贝马斯把针对民主立法过程而提出的“民主原则”和针对道德商谈而提出的“商谈原则”之间的联系和区别作为《在事实与规范之间》的基点。在韦尔默所阐发的“民主文化”概念中，更是处处透显出哈贝马斯所谓“以政治的方式做成的文化”这一概念之神韵，而他恰恰是结合自由主义-社群主义之争提出“民主文化”这个概念的。

韦尔默在肯定自由主义-社群主义之争“已经成功地以一种富有成效的方式转移了关于现代世界中的政治合法性讨论之标轴”[①] 之后，明确认为自由主义者和社群主义者的分歧主要是一种“在共同的价值感内部”的分歧。

> 他们各自强调了同一传统的不同方面……自由主义者坚持认为自由主义的和民主的权利以及自由必须优先于所有形式的共同体的或集体的自决，正如它们必须优先于所有特定文化的、族群的或宗教的传统和认同一样；而社群主义者则认为只有在社群主义的（例如“公民共和主义”的）生活方式情境中，自由主义的基本权利才能捕捉住一种不可移易的目标，从而被当作是正当的。换句话说，对自由主义者来说，个人权利形成现代自由主义和民主传统的规范内核；而社群主义者则宁可强调唯独能够使自由主义权利成为社群主义生活方式内部的一种有效力量的那些被遗忘的前提和条件。

毫无疑问，韦尔默的基本立场与泰勒和沃尔泽具有明显的亲和性，他赞同泰勒区分开这场争论中的“本体论的”方面和“辩护的”方面：“自由主义传统的个人主义并不是对人类学的原子主义的一种表达，而是反思和解放的特定现代传统的一种表达。”他肯定沃尔泽关于“前社会的”自我与“后社会的”自我的区分是在沿着正确的方向解决问题：“这里所谓‘后社会’，并不是指独立于社会构成的认同、生活方式或传统，而是指已经获得了对于所有特定的认同、生活方式和传统的一种反思的距离，而构成这种反思的距离的正是一种传

---

① ［德］韦尔默：《后形而上学现代性》，224 页，上海，上海译文出版社，2007。以下对韦尔默《自然权利与实践理性》《现代世界中的自由模式》和《民主文化的条件》三文的引用，皆出于此书，除文末两个长段落外，其余不再一一标注页码。

统，一种二阶的传统。”从这样一个视角去看，一方面，自由主义的和民主的权利就是这种传统的核心，自由主义政治哲学家们就是在尝试表达这种传统的规范内容；另一方面，“社群主义对自由主义的批判的正当性主要在于它把注意力集中在自由主义基本权利与民主参与的内在联系上”。在这里，我们明显可以看出韦尔默所论与哈贝马斯作为其商谈性政治观之核心而强调的人民主权与人权、公域自主与私域自主、积极自由与消极自由、民主与法治相互预设、互为前提的一致性，或者不如说，哈贝马斯正是在接受韦尔默的相关批评后才系统化地提出这种政治观的。两人之间的相互影响不止于此，韦尔默还“踵武”哈贝马斯早年在《理论与实践》中对自然权利理论之“青睐”，继续把后者作为批判理论的一个重要场域。例如《自然权利与实践理性》一文就仔细地回顾了自然权利理论在康德、黑格尔和马克思那里的“诘难式发展”，认为他们之中没有一个人回答了自然权利的合理内核问题：

> 康德把自然权利转换成一种理性的法则，这最接近于启蒙运动的自然权利观念背后的政治意图，但他没有尝试把自然权利的“合理的”内容与“意识形态的”内容分离开来。……黑格尔认识到自然权利的政治意图是不可能在资产阶级财产概念的基础上得到实现的，但他得出了这些意图本身是不可靠的这种可疑的结论，并最终使资产阶级革命的政治成就成为可疑的。最后，马克思把黑格尔对自然权利的批判颠倒过来，并赋予“自由、平等、财产”这一资产阶级的三元体系以意识形态的特征，但在此过程中，那种结构的合理内核也离他远去了。

仿佛是在“呼应”德国观念论研究中对“线性进步论”的拒斥，也仿佛是在“预示”后来的公民社会研究热潮中呈现的从马克思回到黑格尔的趋向，韦尔默坚持认为：“这三种立场之间的关系不可能按照从康德开始，经过黑格尔到马克思的明确进步的方式被重构。毋宁说，自然权利问题上的这三种立场的批判潜能只有当我们让它们相互作用时才能充分实现。”因此，问题的关键就在于要找到它们共有的没影点（a vanishing point）来对自然权利进行“合理的重构”。

《自然权利与实践理性》一文撰写于 20 世纪 70 年代末，才刚过了十年，在 1989 年发表的《自由模式》一文中，韦尔默就找到了这个“没影点”。颇为令人意外的是，“合理重构”的这个“没影点”是通过黑格尔和托克维尔的“相互作用”找到的。的确，黑格尔和托克维尔的“互释”和“视界融合”既是韦尔默“合理重构”自然权利理论的关键，这主要体现在《自由模式》一文中；也是他结合自由主义-社群主义之争提出“民主文化”概念的前提，这主要体现在1992年发表的《民主文化的条件：评自由主义-社群主义之争》一文中。

韦尔默从“调和”个人主义的和共同体主义的自由观和政治哲学入手，他自承在人类学的和认识论的立场上赞成共同体主义者，但又明确地意识到，“每一个共同体主义者，只要他明白无误地想要站在启蒙传统一边，他就必须与这样的事实达成妥协，那就是，现代资产阶级社会是启蒙的现代世界中的典范的社会，即人权、法治、公共自由和民主体制已经在某种程度上被可靠地建制化的唯一社会”。韦尔默颇为雄辩地认定：“必定是这种经验引导从一个激进的浪漫主义的共同体主义者起步的黑格尔转变成对他所谓‘市民社会’的共同体主义的辩护者。”而这里的关键就在于“把自然权利理论的传统纳入一种共同体主义的伦理生活观念之中”。

“伦理生活”是黑格尔《法哲学原理》用来扬弃抽象法与道德之对立的综合体，它本身又包含家庭、市民社会和国家三个环节。《法哲学原理》中译本中没有采用“伦理生活”这个译名，而是统一译为“伦理”。按照早期英译者诺克斯（T. M. Knox）的解释，“伦理生活是一种合理的社会秩序的具体道德，在这种秩序中，合理的制度和法律为良心确信提供了内容”。在另一处，诺克斯又把伦理生活称作主观意志与客观秩序的统一，并且指出，黑格尔有时也会强调其客观的方面，在那些情况下，它又被称作伦理秩序或伦理原则。①

用韦尔默的说法，黑格尔是在用“伦理生活”这个术语来刻画“主体间的生活形式的规范结构”。但问题在于，黑格尔并没有为现代社会发展出伦理生活的一种民主的、普遍主义的和世俗化的形式：

> 黑格尔对现代西方世界的民主精神的局部让步常常是与他对运用于现代世界的民主观念的原则性反对联系在一起的。黑格尔所拒斥的是对作为现代社会的民主参与和民主决策原则的自然权利原则的政治解释。黑格尔为此给出的哲学理由是相当复杂的，但最终说来并不是非常有说服力。……黑格尔无论如何都没有表明为什么不能把普遍主义的自然权利原则“转换成”关于现代社会伦理生活的民主形式的可行观念。这就是黑格尔的《法哲学原理》的盲点。

深具趣味的是韦尔默对形成这种盲点的部分原因的解释，不可不引：

---

① G. W. F. Hegel，*Hegel's Philosophy of Right*，Oxford，Oxford University，1945，p. 319.

> 确然无疑的是，另一部分解释在于，黑格尔的密纳瓦的猫头鹰起飞得稍稍早了一点：黑格尔没有民主传统的任何亲身的体验，而美利坚又依然太过遥远。即使在其理想化的形式中，普鲁士的君主制显然也并不是欧洲历史的定论。

在这一番妙论之后，韦尔默又引用了马克思关于“民主制是一切国家制度的实质”的观点，但紧接着却指出，马克思所推翻的是卢梭而不是黑格尔，而且，接过如何构想伦理生活的民主形式这个黑格尔式问题的是托克维尔而不是马克思：

> 托克维尔的《论美国的民主》完全可以被当作黑格尔的《法哲学原理》的民主对应物。对两位作者而言，具有解放和压迫的内在辩证法的法国大革命是至关重要的历史经验。而两人的基本关切都是如何在平等主义的市民社会——他们都认为这是资产阶级革命无可挽回的结果——实现自由的政治建制化的问题。

韦尔默坚持认为托克维尔和黑格尔的“本质上同样的论证”之间的差别仅仅是术语上的：

> 尽管政治自由的精神和制度在后革命时代的法兰西的衰落的历史经验是黑格尔和托克维尔的反思的出发点，他们在寻求替代品上却转向了对立的方向：黑格尔认为他已经在某种程度上从被理论化的普鲁士君主制中发现了可行的替代品；相反，托克维尔转向了对他的时代的第二个伟大的革命社会即美国社会的研究。在这里，他发现了不但在后革命的法国社会缺乏而且在他的时代的所有伟大的欧洲大陆国家都缺乏的东西：已经变成伦理生活形式的自由精神。

如果说韦尔默在《自由模式》中更多强调的是伦理生活的民主形式——赋予伦理生活以民主的形式，那么，在《民主文化的条件》中，他则更倾向于强调民主的伦理生活形式——把民主本身理解为一种伦理生活形式。

韦尔默从自由主义-社群主义之争中观察到，自由主义的价值本身要求大量的民主参与，这也就是说，一种社群主义的矫正所体现的现代民主观念意味着“符合”自由主义的个人权利观念的一种社群主义的实践形式。如果说伦理生活的民主形式所强调的是伦理生活中共识的形成和萃取离不开民主商谈，那么，民主的伦理生活形式所强调的则是，只有以民主商谈为基础，民主商谈自身才能作为一种伦理生活形式得到保证和维护：

> 在一种民主的伦理生活形式渗透到日常生活的众声喧哗之中的地方，自由主义的权利和民主的合法形式才能结合成自由主义的和民主的社会的政治联合。民主国家要保持活力，就需要民主的公民社会的多元主义和政治文化。反之亦然：只有民主国家才能为民主的公民社会的发展提供空间。

在这里，韦尔默追随沃尔泽，比罗尔斯更强调“自由主义安排的社群主义含义”，并且指出了一种从密尔和托克维尔到杜威的社群主义的自由主义传统。在这里，韦尔默也没有忘记指出，这种社群主义的自由主义与黑格尔的《法哲学原理》具有策略上的联系，因为“黑格尔已经在努力表明，自由主义权利的本质实现只有作为现代形式的社群主义伦理生活的实现才是可以想象的”。在这里，韦尔默更没有忘记强调，在黑格尔那里唯一欠缺的就是“用民主理论来详细说明自由主义安排的社群主义含义”，而且，在自由主义-社群主义之争中，自我的社会特征或正当之于善的优先性都只是“小规模争论”，最重要的差别在于“参与性民主和伦理生活的民主形式在现代社会中意味着什么”。

从这些表述来体察，伦理生活的民主形式和民主的伦理生活形式似乎并没有实质性差别。特别是如果回到韦尔默对于黑格尔的讨论，情形似乎就更是如此了。的确，在原文的表述中，至少在英文的表述中（《自由模式》一文最初就是用英文发表的），甚至都无法把它们区分开来，因为“它们”其实就“同样地”表述为 the democratic form of ethical life。但是如果我们仔细体会相关的表述，还是可以捕捉到细微的区分的。例如这样的表述：

> 我在使用（民主的伦理生活形式）这个概念时以一种朴素的悖谬性的方式暗指黑格尔。我所使用的这个概念意味着一种自由主义的和民主的态度和行为的习惯，这种习惯只有在适当的制度、传统和实践的支持下才能出现。实际上，这个概念只不过意味着自由主义的和民主的原则在一种政治文化中的社会体现。

这里就出现了民主的伦理生活形式这个概念中的所谓悖谬性的东西。一方面，按照韦尔默所分析的托克维尔的“共同体主义的”自由观与民主之间的联系，“这种意义上的自由只有作为伦理生活的形式才能存在。就是说，作为在所有的层面渗透在社会的制度中并在它的公民品格、习俗和道德情感中被习惯化的共同实践而存在”。另一方面，民主的伦理生活形式“必须不是作为‘实质性的’，而是作为一种‘形式上的’或——用哈贝马斯的术语来说——‘程序性的’伦理生活观念而确定下来。因为除了民主商谈本身外再没有任何伦理内容——不管它是哲学上的、神学上的还是政治上的——能够成为对社会的全体成员都是强制性的。于是必定是民主商谈的条件确定了民主的伦理生活形式的核心”。这就是说，“一种民主的伦理生活形式并不确定良善生活的具体内容，而只确定多元互竞的善观念的一种平等主义的和交往共存的形式”。

退一步讲，如果伦理生活的民主形式和民主的伦理生活形式确实存在聚焦点上的差别，我们甚至可以为它们使用两种不同的表述，例如把前者表述为the democratic form of ethical life，把后者表述为democracy as a form of ethical life。虽然这种辞藻上的差别本身并不蕴含概念上的差别，但是我们至少可以辨别出或倾向于强调不同的侧重点。正是在这里，我们也许可以冒昧地借用哈贝马斯提出的“与政治物相关的文化”与“以政治的方式做成的文化”之间的区分来试图捕捉伦理生活的民主形式和民主的伦理生活形式之间的微妙差异。如果这样，那么伦理生活的民主形式所强调的似乎更多是“与政治物相关的文化”。这是因为，当我们强调赋予伦理生活以民主形式时，现代意义上的民主（形式）尚未确立，所以更重要的是提炼和萃取（传统）伦理生活中与“政治”相关的部分，而提炼和萃取的“工具”就是民主的形式；当我们强调民主本身作为一种伦理生活形式时，我们更关心的是民主形式本身需要一种“奠基”，而除了把民主本身理解为一种伦理生活形式，在向现代性的转换发生之后，似乎也别无为民主“奠基”之不二法门，这也就是前面所引用过的“只有以民主商谈为中介，民主商谈自身的基础才能得到保证和维护”之所指。

既然我们引用了哈贝马斯提出的“与政治物相关的文化”与“以政治的方式做成的文化”的区分来阐释我们所体会到的在伦理生活的民主形式和民主的伦理生活形式之间的微妙差异，那么哈贝马斯在这种区分中对罗尔斯关于“政治的”一词的理解所提出的批评在多大程度上适用于韦尔默呢？[①] 也许这并不是一个“有的放矢”的问题，因为一般来说，韦尔默的“政治观”似乎应该是更接近哈贝马斯而不是罗尔斯的。但是如果我们细读韦尔默的文本，特别是《自由模式》和《民主文化的条件》这两个篇章，就会发现，韦尔默的立场其实是介于哈贝马斯和罗尔斯之间的。韦尔默曾经说：“在某种意义上，罗尔斯的自由主义与哈贝马斯的民主理论之间的差异代表了自由主义者与社群主义者

① 关于哈贝马斯对“与政治物相关的文化”与“以政治的方式做成的文化”的区分以及在这种区分的语境中对罗尔斯“政治的”一词的用法的批评，请见童世骏：《批判与实践：论哈贝马斯的批判理论》，196～201页，北京，三联书店，1998。

之间的争论的一种最有趣的（因为它是最前沿的）版本。”那么，我们似乎可以说，韦尔默的政治观代表了介于自由主义者与社群主义者之间、介于罗尔斯和哈贝马斯之间的立场的一种最有趣的（因为它是最精微的）版本。让我们不惮辞费地引用韦尔默本人的可谓分别对他的政治观的社群主义面向（“内涵上的”）和自由主义面向（“外延上的”）做出最精辟阐述的两段话为我们的上述定位“作证”，并以此结束全文：

> 共同体的自由是已经通过社会的制度和实践，通过它的公民的自我理解、关切和习惯成为一个共同的目标的自由。当消极自由成为一种共同的事业时，它的性质改变了。因为那时，它不但是我们想要的自己的自由，而且是每个个人和集体的自决的最大化。然而，只有公共自由的空间被建制化，在这种空间中，受到理性和正义的要求约束的我们集体地——运用公共争议的媒介并通过“一致的行动”——行使我们作为政治权利看待的自决权利，这种共同的并被共同承认的自决空间才能存在。鉴于消极自由通过集体自决的制度和实践被转化成了共同体的自由，那么只要存在这种自由（指共同体的自由），它就必然是自我反思的：它成了它自己的对象。只要我们相信从黑格尔到汉娜·阿伦特的那些政治哲学家们的看法——在他（她）们看来，希腊城邦提供了政治自由的第一个范式——希腊城邦在某种意义上就已经是自我反思的。共同体自由的制度、实践和习惯通过变成个人的自我理解、认同和实践取向的组成部分成了它们自己的对象。因为这时民主的意志形成不再只是由从外部（作为“正义的”调节的内容）进入政治领域的那些前政治的关心、利益和冲突所决定的。毋宁说，成为政治的内容的正是共同体的自由本身。这不但表现在阿伦特总是当作政治行动的典范的宪法自由的革命行动之中，而且表现在确保、重新解释、捍卫、修正和扩展公共自由空间的实践之中。宪法自由是公共自由条件下的政治行动的前进着的事业。这就是阿伦特关于政治行动领域本身就是它自己的内容这一要不然就显得是悖谬性的信念中的真理要素。①
>
> 如果我们从一种世界主义社会的可能性的角度观察世界，那么，从民族国家民主制的角度看依然暧昧不清的东西就变得清楚了。也就是说，唯一的共同善（即对所有人都有约束力的善）只能存在于唯一有可能针对暴力破坏而保护个别社会的特殊传统和文化认同的那些自由主义和民主原则

① ［德］韦尔默：《现代世界中的自由模式》，220页。

的实现上。换句话说，变得清楚的是，从政治道德的观点看，一种民族的、文化的或宗教的所有集体认同充其量只具有倒数第二位的重要性。同时，无可否认的是，没有道德上的侵害，特殊性在普遍性中的“扬弃”就几乎是不可想象的。所有这些都表明，随着向世界主义法治国家的过渡，黑格尔所谓“伦理生活的悲剧”将在全球规模上重新出现，因为特定的文化传统的相对化也意味着它们的转型和局部的失效。这是现代性的代价；但对生活在当今世界的任何人来说，这都是必须付出的代价。唯一仍可选择的是，特殊性的这种相对化在一种自由主义的和多元主义的世界文化的安定空间中是否会成为富有成效的，或者，富裕国家的防御性反应或感到其集体认同受到威胁的那些人的侵略性反应是否将导致全球战争或自由主义民主制的毁灭。①

应　奇　惠春寿

参考文献

［德］黑格尔．法哲学原理．北京：商务印书馆，1961.

［德］霍耐特．自由的权利．北京：社会科学文献出版社，2013.

［美］麦金太尔．追寻美德．南京：译林出版社，2003.

钱永祥．纵欲与虚无之上．北京：三联书店，2002.

［美］桑德尔．自由主义与正义的局限．南京：译林出版社，2001.

［加］泰勒．黑格尔与现代社会．台北：联经出版事业公司，1990.

［德］韦尔默．后形而上学现代性．上海：上海译文出版社，2007.

［德］韦尔默．伦理学与对话．上海：上海译文出版社，2013.

应奇．社群主义．台北：扬智文化，1999.

应奇，刘训练，编．公民共和主义．北京：东方出版社，2006.

应奇，刘训练，编．共和的黄昏：自由主义、社群主义和共和主义．长春：吉林出版集团责任有限公司，2007.

曾国祥．主体危机与理性批判：自由主义的保守诠释．高雄：巨流图书公司，2009.

S. Benhabib. Autonomy, Modernity, and Community: Communitarianism and Critical Social Theory // S. Benhabib, F. Dallmayr. The Communicative Ethics Controversy.

① ［德］韦尔默：《民主文化的条件》，248～249 页。比较“悖谬”但又深具“辩证”精神的是，在针对哈贝马斯的共同体主义自由观而捍卫消极自由的“独立自足性”的《自由模式》一文中，韦尔默却奏出了共同体自由的“最强音”；而在重在汲取社群主义对自由主义传统的贡献的《民主文化的条件》一文中，韦尔默却在用社群主义观点“进一步强化”自由主义的同时，道出了自由主义的“真精神”。

Cambridge：MIT Press，1990.

A. Gutman. Communitarian Critics of Liberalism. Philosophy and Public Affairs，1985，(14) .

J. Habermas. Moral Consciousness and Communicative Action. Cambridge：MIT Press，1990.

S. Mulhall，A. Swift. Liberals and Communitarians. Oxford：Blackwell Publishers，1992.

J. Rawls. A Theory of Justice. Cambridge：Harvard University Press，1971.

J. Rawls. Political Liberalism. New York：Columbia University Press，2005.

J. Raz. The Morality of Freedom. Oxford：Oxford University Press，1986.

J. Raz. Engaging Reason. Oxford：Oxford University Press，1999.

C. Taylor. Self-interpreting Animals // C. Taylor. Human Agency and Language. Cambridge：Cambridge University Press，1985.

C. Taylor. The Politics of Recognition // C. Taylor. Philosophical Arguments. Cambridge：Harvard University Press，1996.

M. Walzer. Spheres of Justice. New York：Basic Books，1983.

索　引

C

D

E

F

G

H

J

K

M

N

O

P

Q

R

S

Y

图书在版编目（CIP）数据

西方政治哲学史：三卷本/刘玮，韩东晖，周濂主编．—北京：中国人民大学出版社，2019.1
（政治哲学史/张志伟，韩东晖，干春松总主编）
ISBN 978-7-300-26197-3

Ⅰ.①西… Ⅱ.①刘… ②韩… ③周… Ⅲ.①政治哲学-政治思想史-西方国家 Ⅳ.①D091

中国版本图书馆 CIP 数据核字（2018）第 201459 号

国家出版基金项目
政治哲学史
总主编 张志伟 韩东晖 干春松
西方政治哲学史（三卷本）
第一卷 从古希腊到宗教改革 刘 玮 主编
第二卷 从霍布斯到黑格尔 韩东晖 主编
第三卷 20 世纪政治哲学 周 濂 主编
Xifang Zhengzhi Zhexue Shi（Sanjuanben）

出版发行	中国人民大学出版社		
社 址	北京中关村大街 31 号	**邮政编码**	100080
电 话	010－62511242（总编室）		010－62511770（质管部）
	010－82501766（邮购部）		010－62514148（门市部）
	010－62515195（发行公司）		010－62515275（盗版举报）
网 址	http://www.crup.com.cn		
	http://www.ttrnet.com(人大教研网)		
经 销	新华书店		
印 刷	涿州市星河印刷有限公司		
规 格	170mm×240mm 16 开本	**版 次**	2019 年 1 月第 1 版
印 张	87.5 插页 6	**印 次**	2022 年 10 月第 2 次印刷
字 数	1 506 000	**定 价**	288.00 元

政治哲学史 | History of Political Philosophy

总主编 张志伟 韩东晖 干春松

韩东晖 主编

西方政治哲学史

第二卷 从霍布斯到黑格尔

中国人民大学出版社

·北 京·

第二卷作者简介

陈德中 哲学博士，中国社会科学院哲学所副研究员，《世界哲学》副主编。研究领域为当代英美分析哲学、政治哲学与道德哲学。著有《政治现实主义——威廉姆斯政治哲学研究》(2010)、《政治正义》(2012)、《政治现实主义的逻辑——“自主性”与“封闭性”缘与由》(2015) 等。

宫 睿 哲学博士，中国政法大学人文学院哲学系副教授，德国图宾根大学哲学系访问学者。研究领域为康德哲学、政治哲学。著有《康德的想象力理论》(2012)。

郭大为 哲学博士，中共中央党校哲学教研部教授，博士生导师。研究领域为德国古典哲学和政治哲学。著有《费希特伦理学思想研究》(2003) 等。参与《康德著作全集》《费希特著作选集》《维特根斯坦全集》和《黑格尔全集》的编译。

韩东晖 哲学博士，中国人民大学哲学院教授，博士生导师。研究领域为近代西方哲学、分析哲学。著有《天人之境——斯宾诺莎道德形而上学研究》(2008) 等。

霍伟岸 法学博士，对外经济贸易大学国际关系学院副教授、政治学系主任。研究领域为西方政治思想史、民主理论。著有《洛克权利理论研究》(2011) 等。

昆廷·斯金纳 著名思想史家，现任伦敦大学玛丽女王学院教授，曾任剑桥大学钦定近代史讲座教授，思想史研究“剑桥学派”的代表性人物。著有《马基雅维里》《霍布斯哲学中的理性和修辞》《自由主义之前的自由》《政治的视野》等。

任军锋 法学博士，复旦大学国际关系与公共事务学院政治学系教授、博士生导师，哈佛大学中美富布赖特研究学者。研究领域为政治学理论、美国政治思想史、西方政治史。著有《民德与民治：乡镇与美利坚政治的起源》

(2011)、《超越左与右？——北欧五国政党政治比较研究》(2012) 等。

谈火生　法学博士，清华大学人文社会科学学院政治学系副教授，《政治思想史》杂志编委。研究领域为政治思想史和民主理论。著有《民主审议与政治合法性》(2007) 等。

吴增定　哲学博士，北京大学哲学系教授，博士生导师。研究领域为政治哲学、德国哲学。著有《尼采与柏拉图主义》(2005)、《斯宾诺莎的理性启蒙》(2012) 等。

目　录

导　言

一、近代西方政治哲学的定位

(一) 政治哲学的内容与近代政治哲学史的分期

通常认为,"政治哲学"与"政治思想""政治学说""政治理论史""政治观念"等概念,虽然在使用时各有侧重,也有微妙差别,但总体而言区别不大①,处于同一层次,而且这些概念似乎都与作为经验科学的政治学(political science)有明显分界。这种二分法,即基于经验观察的政治学与其理论构造仿佛无须具体要素的政治哲学的分野,使政治学像经济学、社会学一样,成为社会科学的分支,而政治哲学像物理学哲学、心理学哲学一样成为哲学的分支。这种简化图景的理论意义是很受质疑的,但这里就不讨论了。

在哲学各个分支当中,政治哲学的地位似乎比较特殊,有时还被称为第一哲学。"人是政治的(城邦的)动物"也许和"人是理性的动物"同样重要,是回答"人是什么"这个问题的关键。关于政治哲学的研究内容,英国学者奎因顿(又译肯尼)的概括算得上简明而全面。他概括了政治哲学的三个主要部分:(1) 陈述政治、社会和人性的事实;(2) 鼓吹、提倡政治目标和实现目标的制度手段;(3) 关于一种概念类型的论证,涉及国家的本质属性、公民权利和公民服从国家的义务。奎因顿同时也强调,不能仅仅把第三个部分视为政治

① 施特劳斯在《什么是政治哲学》中对此问题有所讨论([美]列奥·施特劳斯:《什么是政治哲学》,李世祥译,3~4页,北京,华夏出版社,2011)。

哲学的内容。[①] 政治哲学及其历史所涵盖的内容是极其丰富的。

从字面上看，政治哲学史是对政治哲学的历史记述，但按照何种原则和思路编纂政治哲学史却见仁见智，依赖于研究者对政治哲学的理解、对政治实践的认识、对历史脉络的梳理，以及总体性的哲学立场。因此在流行的政治哲学史著作中，萨拜因的《政治学说史》以“城邦”“普世共同体（或译世界社会）”和“民族国家”为三大主题来组织人物和流派。施特劳斯的《政治哲学史》完全以政治哲学家来组织叙述。剑桥政治哲学史系列，则取剑桥学派的语境史观，以更细致全面的主题来构造宏大的叙事框架，力图重构不同时代的政治思想全貌。沃格林的未竟之作《政治观念史稿》八卷本，也以历史阶段为经，相关主题为纬，筑起规模庞大的架构。

本卷西方政治哲学史的历史跨度是17世纪至19世纪，从人物来讲是从霍布斯到黑格尔，意图勾勒出近代西方政治哲学的主要轮廓，凸显这一时期核心的政治哲学论题。这里涉及一个重要的历史分期问题，即文艺复兴时期政治哲学的定位问题，也可以称之为16世纪哲学史的定位问题。

在两部较早的16世纪政治哲学史中，出现了相当不同的观点。艾伦（J. W. Allen）的《16世纪政治思想史》特别强调16世纪政治思想的中世纪特征。他认为，整个16世纪，除了意大利等地，政治思想在本质特征上仍然是中世纪的，复制了晚期中世纪观点的主要分野。这是由于16世纪的基本预设与中世纪思想家并无二致，所以结果必定如此。这些预设包括各方均假定《圣经》即上帝之言，“自然的”道德法则是存在的，人人皆承认且绝对遵守等。[②] 而法国学者梅纳尔，深受孔德的实证主义影响，他在得到斯金纳盛赞的《16世纪政治哲学的发展》[③] 中，认为在希腊罗马时期，政治哲学是不可能的，因为古代哲学家的实验基础太少，对邻国经验一无所知；中世纪也是如此，政治理论家满足于整全而不可辩驳的权威，关注的问题也是世俗权力和宗教权力的抽象的优越性。唯有在16世纪，思想的、社会的、政治的、经济的背景以具体的方式协力促成了政治问题诸如国家的本质、国际关系、政治权力的来源的出现，也处理了来自当时的事件与过去的历史的丰富材料，如此一来，思考政治

① 参见［英］安东尼·肯尼：《牛津西方哲学史》，韩东晖译，257页，北京，中国人民大学出版社，2006。

② Allen, J. W. *A History of Political Thought in the 16th Century* (Routledge Library Editions: Political Science Volume 16). London, Taylor & Francis, 2013, pp. xiv－xv.

③ Mesnard, Pierre. *L'essor de la philosophie politique en XVIe siècle*. Paris, Boivin & Cie, 1936.

哲学的方法与概念就成为当务之急。是故政治哲学始于16世纪。[1]

这两个观点，前者着眼于16世纪政治哲学之“旧”，后者强调其“新”，我们似乎都无法完全接受。主要问题很可能在于这一时期的政治思想的确错综复杂，不同的理论预设会带来不同的处理结果。尽管如此，他们对原始材料的处理和加工仍然极富教益。例如梅纳尔坚持认为16世纪的政治运动和思想运动密切交织，哪一方都不可能独立地被理解，因此他殚精竭虑，处理了海量文献，其中不仅仅涉及政治理论上的无数实例，还涉及政治理论的哲学的、形而上学的、神学的基础，以及这些哲学构造得以出现的社会和经济潮流。这一工作为斯金纳的《近代政治思想的基础》提供了材料上的提示和历史文本研究方法上的警示。斯金纳的处理方式看起来是比较可取的，即把文艺复兴和宗教改革时期的政治思想作为近代政治思想的基础，凸显了作为近代早期的16世纪的政治思想与中古时期后期和近代政治思想在关联性与奠基性上的独特作用。

在较晚近的政治哲学史中，以剑桥政治思想史系列为代表，研究者通常把1450—1700年作为近代早期（early modern）来分期，即把15世纪后期和16世纪早期作为中世纪与近代的分水岭，把16—17世纪作为一个相对独立的阶段来考察，即从文艺复兴与反文艺复兴到霍布斯、斯宾诺莎和洛克。《剑桥政治思想史（1450—1700）》的主编在“导言”中也强调历史分期的复杂与模糊（complexity and ambiguity），同时似乎又确立了一个评价主题框架的标准：应根据其在历史性阐释错综复杂的海量原始材料中所取得的成果来评价。[2]

本卷是按照我国哲学史界的习惯来进行分期的，即通常把文艺复兴和宗教改革置于“中古哲学”分期之下，将此后的欧洲哲学归入“近代哲学”。因此本卷也是从霍布斯的政治哲学，而不是从文艺复兴开始近代政治哲学之旅的。当然，我们必须同时强调和关注16世纪政治哲学与后世政治哲学的密切关联。之所以从霍布斯开始，主要原因还是因为自霍布斯之后，“自然状态”成为支配17—18世纪西欧政治哲学的核心概念。这一点，在本卷关于斯宾诺莎、洛克、苏格兰启蒙运动等内容的章节中体现得尤为明显。

本卷的终章是以黑格尔的政治哲学为主题的，以黑格尔来告别近代哲学，

---

① McK，R. L'essor de la philosophie politique en XVIe siècle. *Journal of Philosophy*，1936，33(19)，pp. 530－531.

② Burns，J. H. et al. *The Cambridge History of Political Thought 1450－1700*. Cambridge，Cambridge University Press，1994，pp. 4－5.

也是我国哲学史界的通常做法，尽管这一做法是有争议的。由此可以看出，本卷对西方政治哲学史的处理实际上参考了西方哲学史的编纂理念，这似乎也体现了政治哲学史不同于政治思想史、学说史、理论史的地方。它们根本的不同之处就在于，从哲学上来看，近代哲学的核心是自由的理念，无论是自然法、自然权利，还是启蒙运动、理性批判，甚至革命和解放，都是围绕人的自由这个中心而展开的。这也是就霍布斯的政治哲学而言，我们选择其自由观的原因。自然与自由，始终是近代哲学的基本主题。

（二）自然与自由：近代政治哲学的基本主题

政治哲学史家塔克在《剑桥政治思想史（1450—1700）》中谈到雨果·格劳秀斯（Hugo Grotius，1583—1645）时指出，17 世纪晚期和 18 世纪早期的道德哲学史一致赋予他重要地位。在普芬多夫（Samuel Pufendorf，1632—1694）等人看来，格劳秀斯是经历了漫长的亚里士多德主义寒冬之后“打破坚冰”的第一人，他提出了自然法的新理论，足可替代经院哲学和文艺复兴作家（如蒙田、沙朗）的怀疑论。总而言之，他创立了新的“道德科学”，而 17 世纪的主要政治哲学家，无论是霍布斯、洛克，还是普芬多夫本人，均以不同方式继承了这种自然法传统。[①]

如果我们接受这种观点就可以看到，自然法理论，如同笛卡尔哲学一样，一方面与亚里士多德主义、经院哲学分道扬镳，另一方面也在努力抵御新怀疑主义的挑战，虽然怀疑主义是对抗亚里士多德主义的有力武器。这场怀疑主义危机（the sceptic crisis）不仅仅是由于文艺复兴、宗教改革和反宗教改革中产生的丰富多彩的新观念、新发现以及生活境遇的不断变化造成的，也来自古典怀疑论的复苏和近代怀疑论的萌生。实际上，自笛卡尔到康德的近代哲学的建构，几乎可以说是回应怀疑论在各个方面的挑战。

法国思想家伽桑狄（Pierre Gassendi，1592—1655）和梅森（Marin Mersenne，1588—1648）阐发了一种经验性、实用性的近代科学观点，承认怀疑论在根本意义上是无法回答的。不过，我们虽然没有通过获得事物真实本质从而获得真知的手段，但上帝给我们足够的信息和处理这些信息的方式，使我们获得足够的指导以解决生活的问题，并积极地行动。伽桑狄和梅森鼓吹一种没有形而上学、无须证明的科学，试图以实用主义的方式缓和怀疑论造成的危机。他们的朋友格劳秀斯和霍布斯都在一定程度上接受了他们的思想，而后来

① Burns，J. H. et al. *The Cambridge History of Political Thought 1450－1700*，p. 499.

的法国启蒙哲学家们则以另一种方式将其发展为近代科学方法的重要组成部分。

实际上，我们所熟悉的近代哲学家，笛卡尔、斯宾诺莎、莱布尼茨和德国古典哲学家，大都试图回应怀疑主义这一理智上的挑战。理性与经验、确定性的建构意识与理性的怀疑精神构成了近代哲学的两个焦点。科学革命一路高歌猛进，而哲学在危机与革命的双重变奏中，在科学与神学的双重推动下奋力跋涉，由此形成的张力铺展为三百年间博大精深的近代理智生活。

从另一个角度看，回应怀疑论、寻求确定性是对人的自主和能力的追求，而怀疑论恰恰是对这种能力有节制的否定。数学、科学和技术上的突破唤醒了曾经沉睡的理性，在它们的帮助下，人们着手实现把握自然的计划，开始意识到自己就是他的世界的真正的创造者，呼之即出的新哲学即表达了这一见解，也为之作了辩护。尽管遭受许多挫折和阻力，但追求自身能力的趋向不断加强，人逐渐获得了能力，并在近代世界观的主流观念上打上了深深的烙印。培根（Francis Bacon，1561—1626）一语道破了"知识就是力量"的近代理想："人类知识和人类权力（能力、力量）归于一；因为凡不知原因时即不能产生结果。要支配自然就须服从自然；而凡在思辨中为原因者在动作中则为法则。"[①] 霍布斯在政治哲学和道德哲学中，笛卡尔在认识论和形而上学中，都以人类个体自我对其自主和能力的确认为出发点。但自我却遭到另一个自我的限制，在霍布斯那里是自然状态中个体的对立状态。而在笛卡尔那里则是沉思的自我在试图获得知识的基础时，被恶魔（genium malignum）所遏制，这个恶魔用其认识和实践能力欺骗自我，阻止自我接近真理。能力的斗争或者通过契约达到和解，或者通过来自上帝的自然之光压倒恶魔的能力而结束。在斯宾诺莎那里，"能力或力量"（potentia）是一个非常重要的概念：神通过自身的能力展开为世界及个体，而个体通过"努力"（conatus）而获得"能力"，能力或努力决定了个体的"权利"（jus）范围，通过理性的能力而获得知识，又通过知识产生对神的理智之爱，臻于最高的完满和幸福。能力的斗争贯穿在认识、道德、政治和生存等诸多层面。

在这里，世界的祛魅与历史的祛魅是一脉相承的。霍布斯、洛克等人已经把人类史理性地假设为从自然状态向政治或社会状态的迈进。斯宾诺莎更是尝试恢复《圣经》的文字原貌与历史真相。而康德在《关于一种世界公民观点的

---

① ［英］培根：《新工具》，许宝骙译，8页，北京，商务印书馆，1984。

普遍历史的理念》中要求：**“按照自然的一项以人类中完全的公民联合为目标的计划来探讨普遍的世界历史，这样一种哲学尝试必须被视为可能的，甚至是有益于这个自然意图的。”**[①] 祛魅的起点和终点都是世界、历史和人生的理性化原则。理性化的过程也是对自然和自由的深入理解的过程。

然而，无论在形而上学中，还是政治哲学中，“自然”和“自由”都是含混不清的概念。就自然法而言，正如意大利学者登特列夫所言，由于“自然”一词歧义甚多，实际上表明并非只有一个自然法的传统，而是有许多个传统。中世纪的自然法观念与近代的自然法观念，就是两个不同的学说，其间的连续性主要是字面上的。在为不同作家分组时，根据哲学方法也比单纯凭借年代顺序更深刻。如果西塞罗和洛克均同意彼此对自然法的定义，那么这标志着二者更密切的关系，而不是单纯的模仿或重复。不过，历史虽然揭示出这个问题，却无力解决之，只有哲学才能提供解决这个问题的线索。如果说无论在内涵上还是其深远影响上，近代的自然法学说都已表明其与旧的自然法学说大相异趣，其原因便是一个关于人与宇宙的新观念，把几世纪以来无害而正统的学说转变为走向进步与革命的有力工具，这一工具使历史发生了全新的转向，我们至今还可以感受到它的影响。[②] 在研究这个问题的时候，应当哲学的方法与历史的方法并重。在这里，我们仅把霍布斯和康德的核心思想做一对照。

近代自然法学说的关键人物非霍布斯莫属。霍布斯从自然状态起论，这种“思想实验”引起了许多误解和争议。之所以如此，霍布斯有其在方法论上的原因。他在哲学上的抱负，是希望从其他最终得自定义的必然命题出发，演绎出另一些必然命题，从而能够从较简单的现象构建出较复杂的现象。[③] 这一点尤其体现在霍布斯对定义、推理，对逻辑和“语言哲学”的热切关注上。正如奥克肖特所言：一种单一的“炽热的思想”使霍布斯的哲学条理一贯，即“政治理论就是哲学，而哲学就是推理”[④]。

自然状态是人人相互为战的战争状态，理性教导人们走出战争状态，达成和平条件，即自然法。霍布斯对自然法的定义是：“自然法（lex naturalis）是

① ［德］康德：《关于一种世界公民观点的普遍历史的理念》，李秋零译，见《康德著作全集》（第8卷），36页，北京，中国人民大学出版社，2010。

② d'Entrèves，Alessandro. *Natural Law*：*An Introduction to Legal Philosophy*. New Brunswick，NJ，Transaction Publishers，2004，p. 17.（中译本参见：［英］登特列夫：《自然法：法律哲学导论》，李日章等译，7～8页，北京，新星出版社，2008。）

③ 参见［美］马尔蒂尼：《霍布斯》，王军伟译，66页，北京，华夏出版社，2015。

④ Oakeshott，M. Introduction. in Thomas Hobbes. *Leviathan*. Oxford，Basil Blackwell，1957，pp. xix－xx.

戒律或一般规则，由理性所发现，根据此戒律或一般规则，人被禁止做损毁自己的生命或剥夺保全自己生命的手段的事情，并禁止人们不去做自己认为最有利于生命保全的事情。”① 基于这一定义以及其他关于自然状态、自然权利和自由的定义，霍布斯得出了最基本的自然法，其中：

> 第一自然法：每一个人只要有获得和平的希望，就应当力求和平；在不能得到和平时，他就可以寻求并利用战争的一切有利条件和助力。（这条法则的第一部分包含着第一个同时也是基本的自然法——寻求和平、信守和平。第二部分则是自然权利的概括——利用一切可能的办法来保卫我们自己。）
>
> 第二自然法：在别人也愿意这样做的条件下，当一个人为了和平与自卫的目的认为必要时，会自愿放弃这种对一切事物的权利；而在对他人的自由权方面满足于相当于自己让他人对自己所具有的自由权利。
>
> …………
>
> 第三自然法：所订信约必须履行。②

霍布斯在这里对自由的理解大体停留在“不存在外界障碍”的定义上。康德则要论证“包含在人类理性的源始权利之中”的自由。在《纯粹理性批判》中谈及“理性批判”和“自由公民”时，康德援引了霍布斯的观点：

> 一种纯然独断的理性的无休无止的争执，也就迫使人们最终在这种理性本身的某种批判中、在一种建立在批判之上的立法中寻求安宁。正如**霍布斯**所言：自然状态是一种无法和暴力的状态，人们必须离开这种状态，而服从法律的强制，唯有这种强制才把我们的自由限制在能够与任何一个他人的自由并正是由此而与公共利益共存的地步。③

在《纯然理性界限内的宗教》中，康德将律法的自然状态与伦理的自然状态做了对比，论证了“人应该走出伦理的自然状态，以便成为伦理共同体的一个成员”：

> 就像律法的自然状态是一种每个人对每个人的战争状态一样，伦理的自然状态也是一种存在于每个人心中的善的原则不断地受到恶的侵袭的状

① ［英］霍布斯：《利维坦》，黎思复等译，97页，北京，商务印书馆，1985。译文有改动。

② 同上书，98、108页。译文有改动。

③ ［德］康德：《纯粹理性批判》，李秋零译，见《康德著作全集》（第3卷），482页，北京，中国人民大学出版社，2004。

态。……就像一种无法无天的外在的（野蛮的）自由和独立于强制性法律之外的状态是不义的、每一个人对每一个人的战争的状态，人应该走出这种状态，以便进入一种政治的—公民的状态一样，伦理的自然状态也是对德性法则的一种**公共的**、相互的损害，是一种内在的无道德的状态；自然的人应该勉励自己尽可能快地走出这种状态。①

在这部分的一个脚注中，康德详细讨论了霍布斯的观点。他说霍布斯的命题“人们的自然状态是一切人对一切人的战争”，除了应该说成是“战争状态”之外，没有别的错误。因为在这种战争状态下，人人拥有权利，却没有外在和公共的法律的约束，因此人人皆自命为法官，从而彼此敌对，彼此均没有安全感，唯有暴力和敌对占了统治地位。因此霍布斯的第二个命题（“必须走出自然状态”），是由前一个命题得出的结论。

要走出自然状态，就要让理性为自身立法，将自然法建立在自由之上，黑格尔称之为“一个伟大的开端”（见第九章）。康德说：

倘若这个要建立的共同体是一个**律法的**共同体，那么，就必须是联合成为一个整体的人群，自己来当（制度的）立法者，因为立法是从下面这个原则出发的：**把每一个人的自由限制在这样一个条件下，遵照这个条件，每一个人的自由都能同其他每一个人的自由按照一个普遍的法则共存。**②

从“历史理性”即“世界公民观点的普遍历史”来看，康德提出了九个重要命题，其中：

【命题三】**自然期望：人完全从自身出发来产生超出其动物性存在的机械安排的一切，而且仅仅分享他不用本能、通过自己的理性为自己带来的幸福或者完善。**

【命题四】**自然用来实现其所有禀赋之发展的手段，就是这些禀赋在社会中的对立，只要这种对立毕竟最终成为一种合乎法则的社会秩序的原因。**在这里，我把这种对立理解为人们的**非社会的社会性**，也就是说，人们的进入社会的倾向，但这种倾向却与不断威胁要分裂这个社会的一种普遍对抗结合在一起。

① ［德］康德：《纯然理性界限内的宗教》，李秋零译，见《康德著作全集》（第 6 卷），96～97 页，北京，中国人民大学出版社，2007。

② 同上书，98～99 页。

【命题五】**自然迫使人去解决的人类最大问题，就是达成一个普遍管理法权的公民社会。**

…………

【命题八】**人们在宏观上可以把人类的历史视为自然的一个隐秘计划的实施，为的是实现一种内部完善的，并且为此目的也是外部完善的国家宪政，作为自然在其中能够完全发展其在人类里面的一切禀赋的唯一状态。**[1]

这些命题在一定意义上是对霍布斯的回应，康德希望，“在经历了若干次改造的革命之后，自然当做最高意图的东西，即一个普遍的**世界公民状态**，作为人类一切原初禀赋在其中得以发展的母腹，总有一天将实现”[2]。

在这里，我们围绕自然与自由这个基本主题，简要对照了霍布斯和康德的观点。近代政治哲学主题丰富，脉络复杂，当然不能完全用这个主题来涵盖。在下一节，我们将概述本书各章的核心内容。

二、近代西方政治哲学的主题

本卷从九个方面入手，考察了近代西方政治哲学的核心主题。其中，涉及英国政治哲学人物和流派的有霍布斯、洛克、苏格兰启蒙运动和功利主义，涉及法国政治哲学人物的有卢梭和托克维尔，涉及德国政治哲学人物的有康德和黑格尔。当然，这几个人物和流派并不仅仅体现了该国政治哲学的特点，而且共同奠定了近代西方政治哲学的版图。

在第一章“自然、自由与服从：霍布斯论自由的恰当意义”中，我们从霍布斯开始近代政治哲学之旅。剑桥学派的代表人物昆廷·斯金纳教授为我们提供了他关于霍布斯的一篇专论——《霍布斯论自由的恰当意义》。因为在他看来，自由观是霍布斯最具特色的理论之一。斯金纳的论述从讨论自由的方法入手，以自由的定义上的难题为线索，探究霍布斯自由观的曲折复杂之处，既有政治哲学的分析，又涉及历史语境的观照，目光如炬，大笔如椽。早在《自由与必然性》中，霍布斯就已经给出了他关于自由的形而上学观点。一直到《利维坦》出版以后，我们才看见他对于这个问题的全部陈述。在霍布斯看来，除了物体以外没有什么东西是在移动的，而一个东西不自由的唯一原因是它的移

---

① ［德］康德：《关于一种世界公民观点的普遍历史的理念》，李秋零译，见《康德著作全集》（第8卷），26～34页。

② 同上书，36页。

动受到了阻碍。在人的自然状态下，只有捆绑或者锁链能削减我们的自由。在国家建立之后，我们进一步受到了人造法的束缚，出于对于违反法律后果的恐惧而遵从法律。对于霍布斯而言，我们个体的自由与我们生活在统治或者依赖的条件下毫无关系，它们只是强制手段的后果，也就是在自然状态下的物理强制和在国家状态下的道德强制的后果。

在第二章“自然法、财产权与上帝：论洛克的正义观”中，霍伟岸分别从自然法、财产权和上帝的角度阐述了洛克正义观的三个基本维度。在洛克看来，正义是首要的自然法，在本质上就是要维护财产权，而自然法的宗教意义在于它为人的灵魂得救提供了基本途径。不正义的根源主要有两个方面：一是在理性认知自然法上发生的偏差导致行为的不正义；二是在德性养成上的失败使人放纵欲望，觊觎属于他人的东西，从而越过了正义给人与人的财产关系所划定的界限。以财产权为中心来论述正义的秩序是洛克正义观的突出特点。我们拿洛克与亚里士多德、托马斯·阿奎那、霍布斯、休谟、罗尔斯等人的正义观做对比，就可以发现，正是从洛克开始，或者至少是从洛克那一代自然法学家开始，财产权开始进入正义讨论的中心视野，对正义的理解在某种意义上被等同于对财产权的理解。至于为什么会发生这种变化，以及这种变化对我们理解正义概念和财产权概念有何重大意义，都是值得我们进一步研究的重大问题。

在第三章“理性自由与政治自由：斯宾诺莎的政治哲学”中，吴增定指出，斯宾诺莎立足于自己的形而上学原则，然后吸收了霍布斯有关激情、自我保存、自然状态和自然权利等相关思想。他虽然从自然状态和自然权利等霍布斯式的前提出发，最后却得出了与后者不同甚至完全对立的结论，因此不能仅仅将斯宾诺莎视为霍布斯主义者。他比较了斯宾诺莎与霍布斯的自然状态和自然权利学说，由此分析了斯宾诺莎自由观的哲学前提；然后讨论斯宾诺莎的社会契约思想，指出他在什么意义上通过契约建立国家，并且保护包括理性自由在内的各种自由，而国家保护个人自由的重要保障就是政教分离和宗教宽容。斯宾诺莎希望通过哲学的理性启蒙摆脱包括摩西律法在内的一切传统宗教和迷信的奴役，获得心灵的自由和解放。不过，斯宾诺莎无法清楚地告诉我们：理性如何能够让人认识神，实现“人神合一”的境界，并且获得神一样的自由。他所追求的民主政体或“民主共和国”也不是一个真正的理性自由人的共和国，而是一个改头换面的、世俗化的“神权政治”。

在第四章“政治的语法：苏格兰启蒙运动的政治哲学”中，陈德中以休谟和斯密为例，考察了整个苏格兰启蒙运动的政治哲学主张。苏格兰启蒙运动主张人具有一种合群性，“社会”本身就具有一种凝聚力量，因而持有一种社会机制自我运行的“机制论”的社会观，认为社会秩序是一种天然的和谐。在这种秩序中，人为社会所形塑，社会则为一种无形的手所指引，实现了人人自利而公善最大化。这种理想状况被后人作出了不同的解释，例如认为休谟强调了抽象规则的重要性，斯密发现了市场机制等等。自现代而反溯之，我们将斯密视为古典自由主义的先驱与代表，把这种自由主义称作“机制论的自由主义”。苏格兰启蒙运动以社会自我运行的理论胜出，因而具有强烈的“去政治”特性。但是这种思想并非是“反政治”的。深究斯密的《道德情感论》以及其他相关著作，我们会发现斯密将正义视为“政治的语法”。正是因为这样的主张，苏格兰启蒙运动思想家最终为政治之为政治保留了地盘。

在第五章“自由、公意和民主：卢梭的政治哲学”中，谈火生以自由、公意和民主三个核心概念为中心，探索了卢梭政治哲学的基本主题。在卢梭的政治思想中，自由是其核心关怀，公意是自由的保障，成熟的公民和民主的政府分别是公意得以实现的微观基础和制度条件。以《爱弥儿》和《新爱洛漪丝》为中心的多部作品要探讨的是公民教育问题，《社会契约论》要解决的则是民主政府的问题。同时，这些核心概念确实包含着内在的模糊性，这使它们非常适于从不同甚至相反的角度得到解释，这是卢梭常常遭到误解的一个重要原因。因此，我们要仔细地辨识卢梭核心概念的含义，通过细致的文本解读来准确地对其思想定位。

在第六章“效用、计算与自由：英国功利主义的政治哲学”中，陈德中从法哲学和规范性理论的视角出发，介绍了边沁与密尔的功利主义政治哲学的主要思想，分析了这一条哲学史上最有力、最具说服力的规范伦理学进路在17世纪英国的理论开端。同时，本章特别关注法律实证主义与自然法学说的争论，包括法律的性质、功用与认识方法。因为大致说来，从霍布斯到小密尔，英国近代以来政治哲学的争论，一个突出的特点就是效用观念逐渐凸显，并最终发展成为功利主义，而自然法思想在这个背景下逐渐衰落。

在第七章“贵族、民主与自由：道德哲学家托克维尔”中，任军锋指出，托克维尔是一位致力于分析现代民主社会的道德哲学家，他对民主社会良善和邪恶的洞察渗透着强烈的历史感和现实感。他揭示民主的良善，并非出于热爱民主；他揭示民主的邪恶，也并非出于憎恨民主。他始终将民主作为社会发展的“源发性事实”，以哲学家的理性和立法家的温情，寻找将民主导向良善的可能途径。本章从贵族、民主、自由、宗教等维度出发，挖掘了托克维尔政治哲学的核心主题。在托克维尔看来，政治思想与政治行动、政治科学家与政治家的差别并不在于是否介入现实政治，而在于介入政治的方式。政治科学需要在完全自由的氛围中精心培育，它离不开如“道德与政治科学院”这样的栖身之地，它需要克服传统、党见，将自由和人类尊严作为自己的最高事业。

在第八章“革命、宪政与启蒙：论康德的政治哲学”中，宫睿聚焦于康德政治哲学研究中一个历久不衰的话题，即“革命”问题。本章阐明了康德的公民宪政的理念，表明建构国家权利体系的基本原则仍然来自启蒙哲学的一些基本观念，即自由、平等和独立。他的权利哲学虽然存在一些独立于道德哲学之处，但在基本观念和立场上未有偏离。康德否弃革命权是绝对的，却并没有为革命设下相对的、限制性的条款。在此基础上，“反对幸福原则的论证”“后果论证”“公开性原则的论证”以及“形式主义的论证”都没有把握到康德反对革命权利论证的绝对性特征，要么是相对的，要么是不充分的。只有根据“公民宪政理念的前提条件”这一论证，才能表明最高权力本身的合法性所在，才能为反对一切革命权利的立场给予支持。而康德之所以反对革命权利，是因为革命破坏了宪政理念的现实条件。如果丧失了至高权力的保障，那么从现实的不完善的权利体系向公民宪政理念的进步就是天方夜谭。但通过启蒙，也就是以言论自由为具体的形式，在保持宪政理念现实条件的情况下，促进现实逐渐地接近理念，也是康德笔下的历史进步。在这一历史进程中，自身的启蒙和对政治体制的改善无论是对于执政者还是普通公民都是来自理性本身的双重责任。

在第九章“黑格尔与近代自然法理论的终结”中，郭大为强调，黑格尔的“法哲学”对于近代各种政治理论所共享的自然法传统进行了全面的清算和创造性的转换。他不但开始拒斥自然法的观念，而且系统批判了近代自然法理论的基本假说，力图在客观现实性的维度上构想近代自由原则。这是黑格尔“法哲学”显得特别另类的原因所在，也是其真正的深刻与伟大之处。这是因为自然法传统是从霍布斯直至康德的几乎所有西方近代政治思想所因循的理论框架和论证前提，也是黑格尔本人的《法哲学原理》在其中孕育、成长的温床：黑格尔既从中发现了建构新体系的原则，同时也认识到了传统的缺陷和不足。他对于自然法传统的扬弃并不是方法论变革的一个附属的成果，而是源于逻辑必然性的要求，更是对于现实复杂性本身的揭示和对于时代挑战的回应，因而这是西方政治哲学发展的新阶段，它把对于现代社会—政治生活的思考建立在新的基础之上。

韩东晖

参考文献

列奥·施特劳斯．什么是政治哲学．李世祥，译．北京：华夏出版社，2011.

培根．新工具．许宝骙，译．北京：商务印书馆，1984.

安东尼·肯尼．牛津西方哲学史．韩东晖，译．北京：中国人民大学出版社，2006.

康德．康德著作全集：第 8 卷．北京：中国人民大学出版社，2010.

康德．纯然理性界限内的宗教//康德著作全集：第 6 卷．北京：中国人民大学出版社，2007.

康德．纯粹理性批判//康德著作全集：第 3 卷．北京：中国人民大学出版社，2004.

登特列夫．自然法：法律哲学导论．李日章，等，译．北京：新星出版社，2008.

霍布斯．利维坦．黎思复，黎廷弼，译．北京：商务印书馆，1985.

马尔蒂尼．霍布斯．王军伟，译．北京：华夏出版社，2015.

Allen J W. A History of Political Thought in the 16th Century（Routledge Library Editions：Political Science Volume 16）. London：Taylor & Francis，2013.

Burns J H，et al. The Cambridge History of Political Thought 1450—1700. Cambridge：Cambridge University Press，1994.

d'Entrèves，Alessandro. Natural Law：An Introduction to Legal Philosophy. New Brunswick，NJ：Transaction Publishers，2004.

Mesnard P. L'essor de la philosophie politique en XVIe siècle. Paris：Boivin & Cie，1936.

McK R. Review of l'essor de la philosophie politique en XVIe siècle. Journal of Philosophy，1936，33（19）：530－531.

Oakeshott M. Introduction//Hobbes T. Leviathan. Oxford：Basil Blackwell，1957.

第一章
自然、自由与服从：霍布斯论自由的恰当意义

1588年4月5日，霍布斯（Thomas Hobbes，1588—1679）出生于英格兰威尔特省。1608年，他在牛津大学摩德林学院（Magdalen College）取得学士学位。毕业之后，他开始在威廉·卡文迪什（William Cavendish）家中教育并陪伴卡文迪什家的孩子们。霍布斯在后来的著作中提到了人文教育的重要性。虽然在这期间他给卡文迪什家的孩子们讲授了逻辑、代数和地理，但是他更侧重于教他们语法、修辞和诗歌。在霍布斯最早的著作中，诗歌和修辞占据了重要的地位。比如他最初就打算为卡文迪什家的孩子把亚里士多德的《修辞学》翻译出来。虽然霍布斯不是很看得上亚里士多德的学说，认为他是很差的政治伦理学家，他却认为亚里士多德的修辞学成就很是罕见。此后，霍布斯对于诗歌的热情日益高涨，他的另外一个重要成就是翻译了修昔底德的历史著作，并于1629年出版了《伯罗奔尼撒战争八书》。从1630年开始，霍布斯开始对新的事物，即数学和自然科学产生兴趣。1640年他写完了《论物体》（*De Corpore*）的最初章节，同年五月他写完了《法的原理》（*The Elements of Law*）。在他的手稿开始传播时，霍布斯开始担心英国日益恶化的时局。在接下来的11年里，霍布斯旅居在法国，继续把他学到的物理和科学原则运用到公民生活之中。1642年他在巴黎出版了《哲学原理·论公民》（*Elementorum Philosophiae Sectio Tertia De Cive*）。1647年，这本书更著名的版本在阿姆斯特丹出版了，即《论公民》。在此之后，霍布斯回归到哲学研究当中。在出版了一系列自然哲学著作之后，在1645年出版了他和约翰·布拉姆霍尔（John Bramhall）之间的书信，后来将其集结成书，这本书就是《自由和必然性》。在这部著作里，霍布斯提供了一个精妙的方法来解决形而上学的决定论和自

由意志的相容问题。本章关注的问题恰恰是霍布斯如何把这个理论运用到他的政治理论中。

在1651年最初的几个月里，霍布斯完成了《利维坦》，这本书在伦敦出版后，不到数月就在伦敦随处可见。人们认为这本书可以算作《法的原理》和《论公民》的延续。但是同时，霍布斯早期的政治理论认为，理性具有天生的说服别人的能力，因此雄辩术在公民科学中没有一席之地。然而在《利维坦》中，霍布斯告诉我们科学的力量很有限，要想理性大行其道，我们需要多加一点言辞上的技巧。但这不是说，《利维坦》应该被算作一个修辞作品而不是科学作品。在这部作品中，读者会发现霍布斯对自由国家的理念做了种种的攻击。这些攻击的一个基点是霍布斯对于自由的分析。早在《自由与必然性》中，霍布斯就已经给出了他关于自由的形而上学观点。一直到《利维坦》出版以后，我们才看见他对于这个问题的全部陈述。在霍布斯看来，除了物体以外没有什么东西是在移动的。而一个东西不自由的唯一原因是它的移动受到了阻碍。在人的自然状态下，只有捆绑或者锁链能削减我们的自由。在国家建立之后，我们进一步受到人造法的束缚，出于对违反法律后果的恐惧而遵从法律。对于霍布斯而言，我们个体的自由与我们生活在统治或者依赖的条件下毫无关系。它们只是强制手段的后果，也就是在自然状态下的物理强制和在国家状态下的道德强制。①

第一节　恰当的方法

“公民哲学（civil philosophy），”霍布斯在《论物体》一书的开头自夸地说，“在我的著作《论公民》之后才出现。”② 这个说法常常被后人提起。后来他在《利维坦》中解释说，以往一切努力的失败原因在于他们“缺乏恰当的方

① 以上节译自斯金纳的《政治的视野》第3卷第1章（Skinner，Quentin. *Visions of Politics*，Volume Ⅲ. Cambridge，Cambridge University Press，2002，chapter 1）。以下为该书第7章译文，小节标题为译者所加。译文由田洁翻译，未注明其他译者的下同。——译注

② Hobbes，Thomas. Elements of Philosophy. The First Section，Concerning Body. in Sir William Molesworth，ed. *The English Works of Thomas Hobbes of Malmesbury*（11 vols.），vol. 1. London，1839，p. ix.

法（want of method)”[①]。当时的方法是依赖于一部分作者和书籍的权威观点[②]，这一点在大学里尤甚。大学教师对于一个特殊作者的依赖性如此之大，以至于他们的讲授都算不上是哲学，而只是亚里士多德学。[③] 但是这个方法只不过是“愚蠢的标志”，一个“常常因为学究气过重而饱受轻蔑”[④] 的东西。唯一科学的研究方式是使用几何学的方式，这个方式需要研究者“一开始就要确认字词的精确含义”[⑤]。只有靠这个方法我们才有希望避免书虫般的絮絮叨叨，为政治生活的真正科学研究奠定基础。因为“所有真正的推理（ratiocination）的基础在于不断地去精确字词含义”[⑥]。

霍布斯在写《利维坦》的时候开始采用这种方法。在解释自由这个概念的时候，他极其迫切地想要坚持自己的定义，并一再声称其他人都被危险地误导了。而且令人印象深刻的是，随着他进一步修订他的国家理论，这种急切心态愈发加强了。在 1640 年《法的原理》刚刚出版发行的时候，霍布斯并没有提到这个想法，也没有给出自由的正式定义。[⑦] 直到在 1642 年出版的《论公民》里，他才给出了自由的基本定义，这个定义后来一直被沿用了下来。[⑧] 即便在这个时期，他也只是稍稍地指出了误解这个定义的危险，而他自己给出的说法应用起来也还是很模糊的。但是到了 1651 年他出版《利维坦》的时候，所有模棱两可之处都被清除得一干二净，自由的含义成了他的主题之一。他不但用了一整章来讨论被统治者的自由，他还一再强调确立“语词恰当含义”的重要性，“它恰当地指称了什么”，“人们对其一般恰当的理解是什么”，以及如何“在恰当的意义上”理解它。[⑨]

这些理论推进引发了两个问题，我会在这里的第四节和第五节里尝试回答。为什么霍布斯越来越关注关于自由的看法？为什么，就像在《利维坦》里说的那样，他越来越急切地坚持认为“人们很容易就被这个概念貌似良善的名

---

① Hobbes，Thomas. *Leviathan*，*or the Matter*，*Forme*，& *Power of a Commonwealth Ecclesiastical and Civil*. Richard Tuck，ed. Cambridge，1996，p. 34.

② Ibid.，pp. 28 - 29.

③ Ibid.，p. 462.

④ Ibid.，p. 37.

⑤ Ibid.，p. 28.

⑥ Ibid.，p. 269.

⑦ Goldsmith，M. M. Introduction. in Hobbes. *The Elements of Law Natural and Politic*. Ferdinand Tönnies，ed. 2nd ed. London，1969，p. 134.

⑧ Thomas. *De Cive*：*The Latin Version*，vol. 2. Howard Warrender，ed. Oxford，The Clarendon Edition，1983，p. 167.

⑨ Hobbes. *Leviathan*，pp. 91，145，146，147.

称所蒙蔽”[①]？在处理这些问题之前，我们显然需要确认我们是否清楚明白地理解了霍布斯是怎么看待自由这个概念的。在我看来，研究霍布斯的学者并没有很好地讨论过这个问题。所以在第二节和第三节里，我将纯粹从文本出发来研究这个问题，然后再考察它的具体语境和历史问题，后者是我主要感兴趣的部分。

第二节　自由的定义

霍布斯在《利维坦》中第一次引入人类自由问题，这与他在该书第 14 章中讨论的“自然权利”（the right of nature）相关。自然权利的定义是“每一个人按照自己愿意的方式运用自己的力量保全自己的天性，也就是保全自己生命的自由”[②]。（在这里霍布斯把人类的自由和单个个人的自由等同使用，我也会时不时地沿用这个用法。）霍布斯强调这种自由（liberty or freedom[③]）必须通过反面措辞（negative terms）来定义[④]。也就是说，自由的在场总是意味着一些东西的不在场。具体来说，它意味着“外在障碍的不在场”[⑤]。霍布斯接着说，所谓的“障碍”就是指能够阻碍一个人“根据自己秉持的判断和理性”[⑥]来使用自己力量的任何东西。

在《利维坦》第 21 章的开头，霍布斯再次提起了这个分析，并做了详细论述，同时给出了什么是自由人的正式定义。

“自由人根据这种公认的本义来说，指的是在其力量和智慧所能办到的事物中，可以不受阻碍地做他所愿意做的事情的人。”[⑦]

这个定义本身就很清楚地告诉我们，霍布斯认为人类自由有两个关键因素。第一个因素是，这个概念需要建立在行动的能力之上。就像霍布斯在第 14

---

① Hobbes. *Leviathan*, p. 149.

② Hobbes. *Leviathan*, p. 91.（转引自［英］霍布斯：《利维坦》，97 页。——译注）

③ 霍布斯曾经言明他对这两个词不做区分，因此我接下来也不加区分地使用二者（Hobbes. *Leviathan*, p. 145）。

④ 霍布斯关于反面定义的一般说法参见如下文献。Pasquino，Pasquale. Thomas Hobbes：La condition naturelle de l'humanité. *Revue française de science politique*，44，1994，pp. 294 - 307.

⑤ Hobbes. *Leviathan*, p. 91.

⑥ Ibid.

⑦ Ibid.，p. 146.（转引自［英］霍布斯：《利维坦》，163 页。——译注）

章中提到的，我们说一个人自由或者不自由，这与他做自己想要做的事情的能力息息相关。[①] 第二个因素是在使用这个能力的时候要不受阻碍。就像霍布斯后来在第 21 章解释的那样，一个人的自由“就是他在从事自己具有意志、欲望和意向想要做的事情上不受阻碍”[②]。

这样，霍布斯的基本原则就可以被简单地总结出来。他在《利维坦》第 14 章一开始就已经一再暗示了。[③] 他和布拉姆霍尔主教在争论自由意志问题时写作了《关于自由、必然性和偶然的问题》一文，在文章结尾处他说得更清楚：一个自由的行动者是指在他的能力范围里“可以随心而为或不为”[④]。

但是，霍布斯自己也承认，这个分析本身还不算高明。他还没有告诉我们人类行为受到的哪些限制算是障碍。换句话说，我们还没有一个标准来区分我们能力自身的有限性，以及那些加在我们身上的、让我们无法依照自己的意愿去行动的限制。

霍布斯在第 21 章的开头继续讨论这个问题。他提出，一个人的自由可能遇到两种障碍。第一种障碍是人类和无生命的物体都可能遇到的[⑤]，即一个行动者遇到“外物的反对”。当行动者被绑起来（或者像霍布斯说的，被束缚起来[⑥]）的时候，这种情况就会发生，他只能在一定的空间内活动[⑦]。霍布斯规定，自由就意味着行动者做或不做一件事的时候不受阻碍，但是这些情况下，一个行动者就受到了做事的阻碍，在行动者能力之内的一个行为从身体物理上变得不可能了。这也就意味着这个人“不能像没有这些外界障碍时那样自由地

---

① Hobbes. *Leviathan*, p. 91. 他把“一个人的权力”定义为“用一个人现有的工具获取未来的好处”(Hobbes. *Leviathan*, p. 62)。

② Hobbes. *Leviathan*, p. 146. (转引自［英］霍布斯：《利维坦》，163 页。——译注）这一点在之前已经有论述，霍布斯说慎思（deliberation）的原因就在于“它根据我们自己的欲望和不欲，削减在决定做和不做之间的自由”。

③ Hobbes. *Leviathan*, p. 91. 他把“权利”定义为“去做或不做的自由”。

④ Hobbes, Thomas. The Questions Concerning Liberty, Necessity, and Chance. in *Clearly Stated and Debated between Dr. Bramhall Bishop of Derry, and Thomas Hobbes of Malmesbury*. London, 1656, p. 301. 关于霍布斯和布拉姆霍尔的争论的更多细节见如下文献。Macdonald, Hugh, Hargreaves, Mary. *Thomas Hobbes: A Bibliography*. London, 1952, pp. 37 - 41.

⑤ Hobbes. *Leviathan*, pp. 145 - 146. 霍布斯甚至认为自由概念同样适用于理性生物和非生命物（比如他用水来做例子）。但是这种想法是他太不小心了，因为他关于人类自由的定义围绕着意志，这明显地把人类自由和广义上其他“活着的生物的冲动”区分开来（Hobbes. *The Questions Concerning Liberty, Necessity, and Chance*, p. 209)。

⑥ Hobbes. *Leviathan*, pp. 91, 92 - 93.

⑦ Ibid., p. 145. 在同一段里霍布斯还提到人被“限制”。

运动”[1]。

在同一段话里，霍布斯考虑了人可能受到阻碍而无法随心所欲运用自己能力的另外一种情况。在这种情况下，一个人的身体被捆绑或制约，在一股不可抗拒外力的影响下不得不做某种行为。[2] 霍布斯认为，如果我们要描绘一个人是自由的，则不仅可以说他有行动的自由，还可以说，如果他做了某个行动，他的行为是自由的。这也就是说如果他不想，他可以不去做。[3] 相反，如果他没有办法不去做，那么他的行为“就不算是自由的那一种”[4]。霍布斯在第14章中略略谈过，义务和自由“在同一件事情上是不相容的”[5]。

第二种障碍可能看起来只有微不足道的意义，尤其是霍布斯点到即止，只用了一些简单的例子来说明这种情况，比如说一个罪犯“被强行带到牢里”[6]。但事实上这一类我们不得不去做的行为，对于霍布斯而言有可观的理论价值，因为这是他定义两种形式的人类束缚的方法。

第一种束缚是奴隶制。根据霍布斯在《论公民》和《利维坦》当中的分析，奴隶所遭受到的自由剥夺不仅仅是因为他们被关在牢里或者是被绑着[7]，还因为别人给他们指派了劳动，因此他们的身体并“不由自己的心力控制”[8]。奴隶因此被定义为一个缺乏自由的人，一部分是因为他确确实实是一个被绑着的人：一个被束缚被强制去做某种行为的人，没有不做这种行为的自由。[9] 另外一种人类自由被侵犯的类似方式是那些承认上帝律令的人。这一点在《论公

---

① Hobbes. *Leviathan*，p. 146.（转引自［英］霍布斯：《利维坦》，162页。——译注）

② 请注意霍布斯一直在“受制”（forced）和“被迫”之间做区分。如果我的意志被强制，那么这就是被迫。如果我的躯体受强制，那么这就是受制。对于霍布斯来说，被迫与自由相容，而受制不是（Hobbes. *The Questions Concerning Liberty*，*Necessity*，*and Chance*，pp. 199－200，208－209，216－217)。沃纳姆很好地说明了这一点（Wernham，A. G. Liberty and Obligation in Hobbes. in Keith C. Brown，ed. *Hobbes Studies*. Oxford，1965，pp. 117－139)。

③ Hobbes. *Leviathan*，p. 146.

④ Ibid.

⑤ Ibid.，p. 91.

⑥ Hobbes. *The Questions Concerning Liberty*，*Necessity*，*and Chance*，pp. 216－217。在另一处霍布斯使用了同样的例子（Hobbes. *The Elements of Law Natural and Politic*，p. 63.）。这个类型的例子之所以这么稀少，是因为有时候霍布斯把一个我们不可抗拒的行为说成是被施之于我们身上的，而不是我们做的。但这有可能意味着所有的行为都是自由的，但是霍布斯又否认这一点（Hobbes. *Leviathan*，p. 146)。他说只有从意志里产生的行为才是从自由里来的。

⑦ Hobbes. *Leviathan*，p. 141.

⑧ Ibid.，p. 447.

⑨ Ibid. 除了讨论战争征服中产生的奴隶以外，霍布斯没有解释这样的束缚是如何产生的。对于奴隶制的讨论似乎和他对于人类平等状态的讨论之间有矛盾张力。

民》和《利维坦》当中都有强调，但是在《论公民》当中的阐述更加充分。对于那些承认上帝力量的人，上帝的力量必须是不可抗拒的。[①] 当上帝向那些相信他的人发出号令——比如通过经文，很多人相信那是上帝说的话——时，“他们就不可能不去遵从他”[②]。他们受到了捆绑，或者说束缚，而必须遵从，这种遵从“放弃了他们身体上的自由”[③]。霍布斯在《利维坦》第45章当中尖锐地总结道，所有的宗教信徒都是“上帝的奴隶”[④]。

霍布斯的整个分析都依赖于他最初在能力和自由之间做的区分。[⑤] 如果在外力的影响下，一个行动者无法去做或者不去做某一件事情，那么他就失去自由了。虽然这里的区别很清楚，但是依然值得强调。因为就像霍布斯自己强调的一样，这两个概念很容易混淆。[⑥] 如果我们听从霍布斯的分析，这里的危险在于：一旦我们说一个人有能力做出一个行为的时候，我们也一定会说他有自由去这么做。在这个情况下，这个人的力量和自由被看成了一件事情。因此，就像霍布斯在他给布拉姆霍尔的回复中提到的一样[⑦]，我们也常常倾向于再追加一步，以此类推，一个人如果不能做什么，他就是没有做这件事的自由。

当代关于自由的“消极”理论为这种倾向所害，一点也不比早期现代哲学少。[⑧] 但是就像霍布斯正确指出的，说一个人没有能力就没有自由，这种说法有可能成立，有可能不成立。当“是事物的本身构成了对其运动的妨碍”[⑨] 的时候，这种说法就不成立。用霍布斯自己的例子来说，一个人“因病在床”没

---

① Hobbes. *De Cive*: *The Latin Version*, p. 221.

② Ibid., p. 223: “non potest non obedire.” 奥尔认为霍布斯说尽管我们对彼此的恐惧不能夺走自由，但是对上帝的恐惧却可以（Orr, Robert. Thomas Hobbes on the Regulation of Voluntary Motion. in George Feaver, Frederick Rosen, eds. *Lives*, *Liberties and the Public Good*. London, 1987, pp. 58 - 59）。然而，霍布斯好像在说是我们笃信自己无法反抗神明这一点让我们不自由。霍布斯现在清楚地说一个信徒仅仅因为上帝像是一个不可抗拒的力量而不得不服从。奥尔正确地指出，霍布斯的理论不尽如人意。因为之前霍布斯已经说过，只有外在阻碍可以夺去自由。上帝的无所不能的确可以构成这样一个阻碍，但是我们不清楚这只是人的信仰还是事实。更多的讨论见如下文献及其附录。Goldsmith, M. M. *Hobbes's Science of Politics*. New York, 1966, pp. 111 - 113.

③ Hobbes. *De Cive*: *The Latin Version*, p. 223.

④ Hobbes. *Leviathan*, p. 447.

⑤ 但是这些区分有所不同，见如下文献。Kramer, Matthew. Freedom, Unfreedom and Skinner's Hobbes. *Journal of Political Philosophy*, 2001, 9 (2), pp. 204 - 216.

⑥ Hobbes. *Leviathan*, p. 146.

⑦ Hobbes. *The Questions Concerning Liberty*, *Necessity*, *and Chance*, pp. 209 - 211.

⑧ 比如卡西内利比照讨论了类似霍布斯写的各种例子（Cassinelli, C. W. *Free Activities and Interpersonal Relations*. The Hague, 1966, p. 28）。奥本海姆对卡西内利的批评有很好的分析（Oppenheim, Felix. *Political Concepts*: *A Reconstruction*. Chicago, IL, 1981, p. 87）。

⑨ Hobbes. *Leviathan*, p. 146.

有走动的力气，但要说他没有自由就很滑稽了。① 之所以我们不能说他不自由，是因为没有什么东西阻止他去走动，他只是走不动了而已。这与一些人“被墙壁和锁链监禁控制着”② 的困境形成鲜明对比。他不能离开，这个境况与那个病人有几分相似，但是即便监狱的门被打开，那个病人还是无法离开，然而那个犯人却仅仅是因为门锁着而无法离开。他有离开的能力，只是这个能力被夺走了。③ 所以病人仅仅是缺乏能力，而犯人缺乏自由。

如果这种解读是合理的话，那么有必要再说一说霍布斯的人类自由理论是如何被广泛地误解的。他经常被人单挑出来作为所谓纯粹消极自由理论的现代倡导者。④ 人们认为他的观点是当且仅当一个人不可能做出某些行为的时候，他才是不自由的。⑤ 但是从两个明显的地方看来，这种看法是错误的。虽然，霍布斯的确认为，如果一个人不能去做能力之内的事，那么这个人就缺乏自由，霍布斯却不认为这是不自由唯一发生的地方。⑥ 当一个人受到束缚不得不做一件事时，他也缺乏自由。另一个误解是，霍布斯认为，即便没有谁让一个人无法做出某种行为，也不一定意味着那个人就有自由做出这个行为。⑦ 就像我们看到的，这是因为这个行为有可能超出这个人的能力。的确，根据霍布斯对于这些概念的分析，他可能愿意承认这个人有自由去尝试着做出这个行为——虽然他从来没有就这个问题这么说过。有一点我们可以肯定的是，对于霍布斯而言，一个人有没有自由做出一个行为这样的问题从来没有被提及过。

霍布斯的理论不但不是一种纯粹消极自由理论，他的分析恰恰指出了这种理论本身出了什么错。按照这种理论最积极和最为广泛接受的说法，只要一个人能力内的行为不受到“阻止条件”⑧ 的影响，那么这个人就算是自由的。这

---

① Hobbes. *Leviathan*, p. 146. cf. Hobbes. *The Questions Concerning Liberty, Necessity, and Chance*, p. 211.

② Hobbes. *Leviathan*, p. 146.

③ Hobbes. *Leviathan*, p. 191. cf. Hobbes. *The Questions Concerning Liberty, Necessity, and Chance*, p. 285.

④ Taylor, Michael. *Community, Anarchy and Liberty*. Cambridge, 1982, p. 142.

⑤ 这是指斯坦纳的说法（Steiner, Hillel. Individual Liberty. *Proceedings of the Aristotelian Society*, 75, 1974－1975, p. 33）。

⑥ 比如霍布斯的分析常常被认为似乎他只关心有没有自由的行为。

⑦ 比如戈德史密斯说霍布斯认为的不自由意味着“受制而不能按一个人所愿的那么去做”。这意味着只要没有人来阻止我们做想要做的事，我们就是自由的。但是我们已经看到，霍布斯的观点认为，如果这个行为在我们的力量之外，那么自由的问题就没什么可问的。但是戈德史密斯的分析十分有价值，特别是其强调霍布斯理论的一致性。

⑧ MacCallum, Gerald C. Negative and Positive Freedom. in Peter Laslett, W. G. Runciman, Quentin Skinner, eds. *Philosophy, Politics and Society*, 4th series. Oxford, 1972, p. 176.

个说法显然避免了某种尴尬，不需要去说一个人有自由去做他能力之外的事情。但是这貌似依然混淆了一般的社会自由概念和更具体的行为自由的说法。①它忽视了一种可能性，即一个人缺乏自由可能不是因为没有自由去做事，而是因为没有能力去自由做事。②

第三节 自然的自由和臣民的自由

到目前为止，我把霍布斯的人类自由理论说成一个既简单又清楚的东西。但是我必须承认这种说法面临着一个困难，而且，正是这个困难让很多霍布斯研究者认为霍布斯的理论不仅比我解释的要复杂，而且令人困惑。③

这个指控的根据来自霍布斯在《利维坦》第 21 章开头为了说明他的理论而引用的大量例子。其中一个例子是自愿/免费送礼（free gift）。他认为，当我们说一个礼物是自愿/免费（free）的时候，“不是指礼物的任何自由，而是指送礼的人不受任何法律或者契约的约束”④。霍布斯的意思是，一个行动者的自由的意义在于他能够自由行动，而不是被困或者被迫行动。但是他给出的例子却预设了更广泛的束缚概念，超出了我提议的那些制止行动或者剥夺自由的束缚。除了奴隶所遭受的纯粹身体物理上的束缚，看似他又加上了法律的约束和我们自己承诺带来的束缚。

同一段话里霍布斯还讨论了言论自由。“我们自由发言时”，我们使用的自由“不是出声的自由，或者发音的自由，而是人的自由，一个不受自身以外的律法限制的人的自由”⑤。这里霍布斯似乎又在说一件相反的事情，说一个人是

---

① Oppenheim. *Political Concepts*：*A Reconstruction*，pp. 83－84.

② 麦克尼利对这个区分分析得更好（McNeilly，F. S. *The Anatomy of Leviathan*. London，1968，p. 171）。

③ 这种指责的例子如下。Pennock，J. Roland. Hobbes's Confusing “Clarity”：The Case of “Liberty”. in K. C. Brown，ed. *Hobbes Studies*. Oxford，1965，pp. 102，116. Wernham，A. G. Liberty and Obligation in Hobbes. in K. C. Brown，ed. *Hobbes Studies*，pp. 120－121. Gauthier，David P. *The Logic of Leviathan*：*The Moral and Political Theory of Thomas Hobbes*. Oxford，1969，pp. 62，65－66. Ross，Ralph. Some Puzzles in Hobbes. in Ralph Ross，Herbert W. Schneider，Theodore Waldman，eds. *Thomas Hobbes in his Time*. Minneapolis，MN，1974，pp. 55－56. Raphael，D. D. Hobbes. in Zbigniew Pelczynski，John Gray，eds. *Conceptions of Liberty in Political Philosophy*. London，1984，pp. 30－34.

④ Hobbes. *Leviathan*，p. 146.

⑤ Ibid.

自由的意味着他有去做事情的自由，而不是做事受到阻碍或制止。但是，这又看起来是他大大拓宽了可以阻止我们或者剥夺自由的束缚的概念范围。除了他一开始关注的那些物理束缚，现在看起来他想要把法律约束看作另一种可能的阻碍。有了这些例子，我们就不难理解为什么人们指控他的理论前后不一致。霍布斯先是把自由定义成了纯粹的物理限制，但是后来看上去他又允许法律和道德来束缚我们的自由。就像一个批评者指出的那样，霍布斯把不自由的标准"从物理阻碍转移到责任"，这就把他的分析搅成了一摊浑水。①

然而，我不认为这种批评具有合理性。首先，我们来看看对霍布斯的一个争议点，我们在"纯粹自然的状态下"② 受到契约和承诺的约束或束缚。很明显，他说有承诺的时候，也就是我放下自己的权利，阻止我在行为上违背自己的诺言。我算是"有义务，或者受束缚，不去阻碍那些被我赋予权利的人"③。他好像还认为承诺或者契约同样束缚我、强制我去做事。"如果我在自然状态下签约支付赎金"，我就算是"受到它的约束"④。霍布斯还清楚地解释了这些束缚是如何起作用的。在第 15 章的开头，他说因为自然法人们才执行他们的契约，我们不得不遵从自然法则。⑤ 我们不但受其命令和禁止，而且它们"生效时我们一定想要"⑥。

同时，霍布斯也一样清楚地说明了在自由的合适定义下，为什么这些束缚不算是限制了我们的自由。他一再重申，自然法被叫作"法"是不合适的，它"仅仅是一个结论，其前提理论来自保存和保护"我们自己。⑦ 所以，当我们说我们被这些法束缚捆绑时，我们只不过是说如果我们想要和平和自卫，我们就必须受理性束缚，被理性制约。然而，如果我们恰当地理解自由的概念，这些制约和束缚就并没有限制我们的自由。霍布斯解释过了，这种能够限制我们自由的只能是属于外部阻碍的自然力量。他带着几分急切地说，他提到的这些束缚"从它们自己的本质来说"并没有力量，因为"没有什么比一个人所说的话更容易被僭越"⑧。它们没有力量阻止我们出于野心、贪婪和愤怒的行为，也无

---

① McNeilly，F. S. *The Anatomy of Leviathan*，p. 171. 需要注意的是，尽管《利维坦》里关于"非自由"（unfreedom）的讨论十分深入，但霍布斯从来没用过这个词。

② Hobbes. *Leviathan*，p. 97.

③ Ibid.，p. 92.

④ Ibid.，p. 97.

⑤ Ibid.，p. 100.

⑥ Ibid.，pp. 91 - 92，110.

⑦ Ibid.，p. 111.

⑧ Ibid.，p. 93.

力凭借“一个人要说话算话”[1] 而强迫我们去做什么。简而言之，即便有了它们，我们还是完完全全地拥有自然自由。

霍布斯当然也追述说，虽然话语的力量太弱，无法管束人们，但是有两个办法可以加强话语的力量。一个是“对于说话不算数带来的后果的恐惧”，另一个是“说话算数彰显的荣誉感和自豪感”[2]。但是，霍布斯争辩说，这两种辅助手段在纯粹自然的条件下不可能实现。我们不能依赖自豪，因为自豪的前提是“一种极其少见而不大可靠的豪爽，追求财富、权力和享乐的人不大有它，而这样的人却占着人类的大多数”[3]。我们也不能指望恐惧，因为如果我们没有理由去害怕上帝或者同胞的愤怒，我们就没有理由去提防说话不算话的后果。但是我们没理由对我们的同胞感到完全的恐惧，因为在纯粹自然的条件下，“自然把人造得人人平等”[4]，人们已经有足够强烈的理由来彼此惧怕。对于上帝惩罚的恐惧也不足以让一个理性人有充分的动机去说话算话。任何理性的人一定都会承认上帝是完全不可知的。[5] 话虽如此，但“我们没有任何关于死后的自然知识，更说不上知道一旦背约又会得到什么”[6]。即便经文看似告诉我们，如果说话不算数，死后就会受惩罚，但也无法改变这一切。我们有可能认为，我们无法知道经文是否就是上帝说的话。[7] 因为，从我们知道的事情来判断，这样的惩罚可能不存在。也就是说，如果我们像霍布斯暗示的那样，拒绝帕斯卡的赌注，那么“没有武力，契约不过是一纸空文（Covenants，without the Sword，are but Words），也根本没有力量保证人们的安全”[8]。

目前为止，我们在讨论的是纯粹自然状态下承诺和契约的地位。当我们离开自然状态，服从国家法律时，我们可以用同样的方式来理解霍布斯认为我们受制于人类律法的方式。同样无可置疑的是，霍布斯一再强调，因为我们服从法律的力量，所以我们被束缚，变得不自由。它们可以束缚人的行为，因为它们可以“阻止人们去劫掠和报复”[9]。它们也可以强迫人们去做事，比如“臣民

---

① Hobbes. *Leviathan*，pp. 96，99.

② Ibid.，p. 99.

③ Ibid.

④ Ibid.，pp. 86 - 87.

⑤ 这一点在《利维坦》关于宗教和哲学讨论中常常提及（Hobbes. *Leviathan*，pp. 77 - 78，466 - 468）。这不意味着霍布斯不相信上帝，他只是对信仰和知识做了清楚的区分。

⑥ Hobbes. *Leviathan*，p. 103.

⑦ Ibid.，p. 267.

⑧ Ibid.，p. 117.

⑨ Ibid.，p. 128.

必须遵从给主权的所有权力"[①]。但是，这里的问题是，这些管制和束缚是否可以在自由的恰当含义里被算作对自由的阻碍。

要把握霍布斯的答案，我们需要做一个至关重要的区分，在《利维坦》第21章中，就在我们到目前为止关心的段落之后，霍布斯做了同样的区分。到目前为止，他讨论了一种自由理念，"自然自由，也就是唯一恰当的自由"。但是同时，我们需要关注他接下来要第一次引进的另一个概念，这个概念被称为"臣民的自由"[②]。

这个区分提醒了我们，在整部《利维坦》里，霍布斯关心两种全然分离的"人类状况"[③]。首先，我们有纯粹自然状况，我们不受任何法律限制，只要我们不受到任何物理上的阻碍和强迫，我们就拥有自然自由。[④] 但是还有霍布斯所谓的人造状况，我们自愿地进入这个状态，通过契约成为一个"人造人"的臣民，从而把自己绑到法律的"人造链条"上。[⑤] 如果我们要评判霍布斯是否有一个前后一致的理论来解释法律限制我们自由的能力，以及强制和自由之间的关系，我们则需要看到自然状态和人造状态，也就是自然自由和臣民自由之间的两重性。

霍布斯强调，法律的力量一定会限制我们作为臣民的自由。说某人是臣民意味着他已经立约放弃了自然给予他的位置。在纯粹自然里"每个人都有为所欲为的自由"[⑥]，自然状态是每个人可以为所欲为的状态，除了我们出于理性义务需要去遵从自然法以外，我们完全没有法律义务。在某种意义上，我们同意放弃自己的自然状态，也就是放弃了某种形式的自由。在讨论公民法一章的末尾，霍布斯总结了这个重要的对比。

权利就是自由，也就是民法留给我们的自由。自然使每一个人都有权利用自己的力量保卫自己，并出于自卫而先发制人地进攻有嫌疑的邻居。而民法在一切法律坚定保障的事情上取消了自由。[⑦]

霍布斯坚信放弃自然法下的自由是理性的，并用这个观点支持他的主权国

① Hobbes. *Leviathan*, p. 200.

② Ibid., p. 147.

③ 罗西尼更全面地讨论了霍布斯对于自然世界和人造世界的区分（Rossini, Gigliola. *Natura e Artificio nel Pensiero di Hobbes*. Bologna, 1988）。

④ Hobbes. *Leviathan*, pp. 86－90.

⑤ Ibid., p. 147.

⑥ Ibid., p. 92.

⑦ Ibid., p. 200.

家理论。因为自然状态里的每个人都想有这种自由，并且因为在力量和气力上，“自然让每个人都平等”，自然状态只能在最矛盾的意义上被描绘成一种自由状态。[①] 同样的，在这种状态下，我们都有自由去奴役和统治我们的左邻右舍，而他们也有同样的自由，在能力所及的情况下，成为“我们的人身、妻子、孩子和家畜”的“主人”。[②] 所以霍布斯总是强调“那种伴随着人们的自由的悲惨”[③]。

然而，当我们同意成为国家的臣民时，在某些意义上还是放弃了一些自由。作为臣民，天经地义地就要服从法律。臣民的自由基本上是在那些“法律沉默的地方”[④]。如果“在有的事情上主权者尚未立法，那么臣民就有自由根据自己的意愿去做或者不做”[⑤]。但是倘若法律要求或者禁止一个行为，那么臣民就必须做法律和主权者要求的，不做它们禁止的。

然而，霍布斯一开始就阐明，这些说法只适用于臣民的自由。我们还需要研究这些说法是否适用于自由这个概念的恰当含义。因为只有这样我们才能判断霍布斯的理论是不是令人混淆。

在回答这个问题之前，有一点十分重要，虽然霍布斯指出服从公民法的义务取消了自然状态里各种形式的自由，但是其中还是有一个例外的。这个例外来源于我们立约甘作臣民的原因本身，“放弃和转让权利的动机是要保障一个人的生命安全，并且保障他能保障自己的生命安全，又不会让生命拖垮”[⑥]。由此可见，既然“服从的目的是保护”，那么一定有一些自然权利也就是行动自由“不能被契约取消”[⑦]。具体地说，我不能合理地同意放弃保护我的生命和人身自由的自由。我在类似战争的纯自然状态里，凭我自己的努力就可以获得一些自然权利，而我立约的主要目的就是想要更好地保护这些权利。[⑧]

然而，霍布斯想要强调的是，即使有时候我们因为对公民法的遵守而无疑要损害自然状态下的自由，但是从对自由含义的恰当理解来看，这不会限制我们的自由。

---

① Hobbes. *Leviathan*, p. 86.

② Ibid., p. 88.

③ Ibid., p. 90.

④ Ibid., p. 152.

⑤ Ibid. 因而霍布斯对于犯罪的定义是做法律不允许的，不做法律要求的。

⑥ Ibid., p. 93.

⑦ Ibid., p. 153.

⑧ Ibid., p. 98-99.

霍布斯当然想要这个结论看上去是一个前后矛盾的悖论。但是只要我们看看他是怎么解释一切法律系统用独特的方式来保障公民服从的，这种看似前后矛盾的悖论就迎刃而解了。在霍布斯看来，公民感受到法律的力量并决定遵守法律有两条独立的路径。其中一条是，依照假设推理（ex hypothesi），所有有理性的人会认识到服从法律是符合自己利益的，因为法律的基本目的是通过保护生命和自由来维持和平，而这是所有理性个体的第一诉求。所以这些主体根据自己的判断和理由行事的自由至少不会去妨碍他们遵守法律的义务。他们理性的信念和法律的要求会是一致的。

这表达了一种最传统的看法，即法律和自由是相容的。在一代人以后洛克于《政府论》中对这种看法作了经典重述。[①]“法律的真正意义不是限制，而是对一个自由理智个体追求恰当利益的指导。”洛克进而指出，我们遵从着这种法律方向，这变成我们自由的表达而不是限制。“单单为了使我们不致坠下泥坑和悬崖而作的防范，就不应称为限制。”[②] 霍布斯不仅仅认同这个说法，后来他还用明喻的方式重申了一次，洛克对此发出了极其相似的回响。在第 30 章讨论主权的运用时，霍布斯说：“法律的应用不在于约束人们的自愿行为，而是指导和保护他们，不要因为自己的冲动、鲁莽和不慎伤害自己。就好像篱笆不是为了阻止行人，而是要让他们留在大道上一样。”[③]

但是，霍布斯强调，不是所有的人都出于这个原因才遵守法律的，大多数人的动机来自财富、命令和感官快感。唯一能够让他们服从的是对于不服从后果的恐惧。[④] 我们已经看到，在主权范围之外使用这种策略是没有希望的。没有刀剑的契约不过是说说而已，没有力量做任何保障。但是如果有一个“可见的力量”被树立起来，“要让他们保持敬畏，要因为害怕惩罚而去依据契约行事”，那么人们在各个角度上都必须按照义务行事，同时不依据偏见、骄傲或者复仇等其他原因去另有所为。[⑤]

当然，只要从恐惧中生发出来的服从机制运作成功，很多能力之内的事情人们就不会去做。让主权拥有惩罚权的全部目的所在也不过就是要以此来塑造

---

① 关于洛克的政治自由理论，参见如下文献。Tully，James. *An Approach to Political Philosophy：Locke in Contexts*. Cambridge，1993，pp. 315－323.

② Locke，John. *Two Treatises of Government*. Peter Laslett，ed. Cambridge，1988，p. 305.

③ Hobbes. *Leviathan*，pp. 239－240.

④ 霍布斯偶尔也允许更直接的方式。臣民可以被国家的主权直接强制去行动（Hobbes. *Leviathan*，p. 96）。

⑤ Hobbes. *Leviathan*，p. 117.

引导臣民的意志。然而，霍布斯想说的是，臣民依旧可以按照自己的意志和欲望依自己的能力行事。“臣民对于主权的服从”其实完全没有限制他自己之前的自然自由。①

要理解霍布斯为结论做了前后一致的辩护，我们只需要回想一下，他是怎么解释人们在自由的恰当含义下通过什么方式失去自由的。必须有一个外力的介入干扰，以至于我们要么无法去做某件事，要么不得不去做某件事。但是无论是恐惧还是其他情绪都不能被算作介入。相反的，如果一个恐惧的人会因为害怕各种可能的结果而去做他想要做的事，则我们肯定可以说这个人之所以做了他做的事情，是因为他的意志是被“构建”或者“迫使”出来的。② 但是迫使一个人的意志只不过是让他产生一个他原本不会为之所动的想法。当这个人做出某个行为时，恰恰还是因为这个人正好拥有了想要这样去做的想法。即使这个想法的原因是恐惧，他出于恐惧的行为依然是自由的。

让我们来说明一下他的论证。霍布斯选了一个原本由亚里士多德在《尼各马可伦理学》第三章中提出的例子——一个人“因为担心船会沉，所以自己跳进了海里”③。显然这个人因为恐惧而这么做，所以如果我们愿意的话，我们可以说他被迫这么做了。但是霍布斯阴郁地说（同时挑战了亚里士多德说法④）：“他还是很情愿地这么做了，而且如果他愿意就可以拒绝，所以最后这个行为依然是自由的。”⑤

因此，霍布斯的基本论述是“恐惧和自由是相融的”⑥。如果我们说法律束缚了我们，这只能是比喻义上的。霍布斯急切地想要强调这一点，因而他一反往常的清晰简明，用了极其光怪陆离的想象来描绘这些束缚背后的人造角色。

正如人们为了取得和平并由此而保全自己的生命，因而制造了一个人为的人，这就是我们所谓的国家一样，他们也制造了被称为国法的若干人为的锁链，并通过相互订立的信约将锁链的一端系在他们赋予主权的个人或议会

---

① Hobbes. *Leviathan*, p. 151.

② 霍布斯区分了身体强制和意志强制。前者剥夺自由，同时他对于施加任何威胁和惩罚来逼迫人们没有意见，但对于后者他坚持最后的行为还是自由的（Hobbes. *Leviathan*, pp. 96, 100－101, 220－221, 391－392, 449－450）。

③ Hobbes. *Leviathan*, p. 146.

④ 按照亚里士多德的说法，这个行为是混合的，半自愿半不自愿。

⑤ Hobbes. *Leviathan*, p. 146.

⑥ Ibid. cf. Hobbes. The Questions Concerning Liberty, Necessity, and Chance. in *Clearly Stated and Debated between Dr. Bramhall Bishop of Derry, and Thomas Hobbes of Malmesbury*, p. 209.

的嘴唇上，另一端则系在自己的耳朵上。这些锁链就其本质来说是不坚固的，它们之所以得以维持，并不在于难以被折断，而在于被折断后将发生的危险。[①]

霍布斯想让读者想起琉善讲述的赫拉克勒斯的故事。[②] 根据琉善的说法，古代的高卢人认为赫拉克勒斯是一个审慎而又易受攻击的雄辩家，他的辩论天赋就像把人用锁链拖着，这锁链一边连着他的舌头一边连着别人的耳朵。[③] 霍布斯最初的读者们看到这个经典点缀（classical flourish）可能感到惊讶，特别是当霍布斯在评论和总结章里，对于他故意没有在《利维坦》里引述这些古老权威而洋洋自得。[④] 但是霍布斯肯定想要他真正的读者想到这个典故，特别是到了 16 世纪末人道主义的修辞家们很喜欢讨论这个主题，即人可以像琉善说的那样，"被耳朵所引领"[⑤]。

这个故事的精神对于霍布斯来说是毋庸置疑的。一方面，我们被说服去遵守法律的人为锁链足以给臣民带来束缚。因为"臣民"本身就是一个人造的概念，是政治人造物，是主权本身不可缺失的一个产品，仅从这个概念本身我们就可以推导出责任。而在另一方面，这些锁链"从其本质上就是虚弱的"。它们只是因为"危险而不是打破这些锁链的难度"[⑥] 来维持效力。我们总是留有自然自由来打破国家层层的蛛网，这种说法来自霍布斯再次引用的一个典故（这次暗指的是普鲁塔克笔下的梭伦）。[⑦]

因此，我不觉得霍布斯的人类自由理论中有任何严重的矛盾。他先说自由只能由外在阻碍来限制，然后说它可以被法律限制，这并非前后矛盾。相反的，我们可以按他的说法把人的自然自由和公民自由看成两个范畴里的事情。"按照恰当字面意思"理解的自由属于自然范畴，在这里每个人都拥有同样的

---

① Hobbes. *Leviathan*, p. 147.

② 对这个看法的讨论，参见如下文献。Bredekamp, Horst. *Thomas Hobbes Visuelle Strategien*. Berlin, 1999, pp. 126－131.

③ Lucian. *Heracles in Lucian*（8 vols.），vol. 1. A. M. Harmon et al., eds. and trans. London, 1913, p. 65.

④ Hobbes. *Leviathan*, p. 490.

⑤ 例子可见蒙田所谓"耳朵根子比别人软"[Montaigne, Michel de. *Essais*（6 vols.）. Jean Plattard, ed. Paris, 1946－1947, vol. 1, p. 27, vol. 2, p. 55；可进一步参考 Montaigne, *Essais*, vol. 1, p. 51, vol. 2, pp. 229－230]。另见菲利普·锡德尼爵士十四行诗第 58 首（Sidney, Sir Philip. *The Poems of Sir Philip Sidney*. William A. Ringler, Jr, ed. Oxford, 1962, p. 193）。

⑥ Hobbes. *Leviathan*, p. 147.

⑦ Ibid., p. 204. Plutarch. *The Lives of the Noble Grecians and Romanes, Compared together*. Thomas North, trans. London, 1579, p. 89.

权利，因此自由就是“按照自己所愿意的方式运用自己的力量保全自己的天性，也就是保全自己的生命的自由”①，只有本质上是自然的，也就是物理性的束缚，才可以限制这种自由。但是公民法属于人造物范畴，在这里，就像霍布斯在《利维坦》导言中所说的，“国体或国家这个庞然大物是用技艺做成的，它只是一个人造人”②。这种主权内的法律必然是要限制我们作为臣民的自由的，因为主权的目的在于让我们对于不服从或者不受制于它的命令而带来的后果感到极度惊恐。但是这里的束缚纯粹是人为的，我们的自然自由依然毫发无伤，我们依然可以按照我们想要的方式来行使自己的权利。在总结第12章的时候，霍布斯尽可能清楚明确地说出了他的主要意思，“一般说来，人们在国家之内由于畏惧法律而做的一切行为都是行为者有自由不做的行为”③。

第四节　驳斥经典共和主义自由理论

到目前为止，我已经阐明了我所理解的霍布斯有关自由的恰当解释。但是要全面理解他的观点，我说得还不够。我一开头就提到，我们还没有理解他为什么如此坚持认为对这个概念的解释必须是内在一致的。这一路分析到现在，我们已经可以更有针对性地重新陈述我最初的问题了。为什么霍布斯要迫切地一再细化那些我们能合理声称自己的自由遭到妨碍的情景？

首先我们要意识到，霍布斯把不自由限定在一个狭窄的范围之内，其背后有深刻的哲学动机。一方面，《利维坦》的主要问题就是要发现自由和政治责任之间的关系，因此霍布斯急需一个区别自由和不自由的明确界限。另一方面，霍布斯是一个因果决定论者。他不能允许人们有意志上的自由。自由就是一个人根据自己的意志行事时不受阻碍。但是既然意志本身是“不能移动的”，它也就不存在“受阻碍”的问题。④ 因此，这也就意味着无论如何“从自由意

① Hobbes. *Leviathan*, p. 91.

② Ibid., p. 9.

③ Ibid., p. 146.

④ Ibid. cf. Hobbes. The Questions Concerning Liberty, Necessity, and Chance. in *Clearly Stated and Debated between Dr. Bramball Bishop of Derry, and Thomas Hobbes of Malmesbury*, p. 29.

志一词的用法中，我们不能推论出意志、欲望或意向的自由，而只能推论出人的自由”[①]。

这貌似让人理解霍布斯十分困难。但是根据我所给出的关于人类自由的精准观点，他就可以为这个难点给出一个漂亮的解释。一方面，他可以说意志从来不是自由的，而是一直被决定的。“人的每一种出于意志的行为、欲望和意向都是出自某种原因”，所以，“对于能看到这些原因的联系的人来说，人们一切自愿行为的必然性就显得很清楚了”[②]。另一方面，他可以在自由和不自由的行为之间做出清晰的界定。只要一个人根据自己的意志或欲望来做事而没有外力阻碍，那么这个人就是自由的。只有他的意志（意志本身是被决定的）受到妨碍而无法再引起他的行为，他才是不自由的。

布拉姆霍尔大主教尖锐地指出，霍布斯主要是在复兴斯多亚学派的观点，即自由和必然性是相容的。[③] 这种观点的结果是他可以说人类自由和他的决定论是完全一致的。一个人的意志从来就不是自由的，但是只要此人能够自由地按照自己的意志行事，我们就可以说他是自由的。塞缪尔·佩普斯（Samuel Pepys）在他 1661 年 11 月 20 日的日记里说，这个解决方案“十分狡黠”[④]。

除了形而上学的考虑，霍布斯至少还有两个政治理由，希望为不自由划出一个很狭隘的范围。就像我们在《利维坦》第二卷第 12 章里看到的，他感到十分有必要去回应他的同时代英国人所主张的经典共和主义自由理论，这些理论在他看来十分危险。这个态度也解释了霍布斯在他的政治思想发展路径中最大幅度的方向转变。[⑤] 在《法的原理》中，他基本上接受了经典共和主义的定义，认为“国家中的法”只能在“普遍主权，即民主体制”[⑥] 中才能得到保证。亚里士多德因为提出这一点而受到了霍布斯的赞赏，因为亚里士多德“精彩地指出”了“民主的基础和目的是自由”[⑦]。然而，在《论公民》中，霍布斯开始

---

① Hobbes. *Leviathan*, p. 146. cf. Hobbes. The Questions Concerning Liberty, Necessity, and Chance. in *Clearly Stated and Debated between Dr. Bramball Bishop of Derry, and Thomas Hobbes of Malmesbury*, p. 289.

② Ibid., pp. 146 - 147.

③ 当代学者认为霍布斯是兼容主义学说的发明者（Raphael, D. D. Hobbes, Conceptions of Liberty. in Zbigniew Pelczynski, John Gray, eds. *Political Philosophy*. London, 1984, p. 30）。

④ Pepys, Samuel. *The Diary* (11 vols.), vol. 2. Robert Latham, William Matthews, eds. London, 1971 - 1983, p. 217.

⑤ 高蒂尔精彩地指出了这一点（Gauthier, David P. *The Logic of Leviathan: The Moral and Political Theory of Thomas Hobbes*. Oxford, 1969, pp. 145 - 146）。

⑥ Hobbes. *The Elements of Law Natural and Politic*, pp. 169 - 170.

⑦ Ibid., p. 170.

改变看法，在这里亚里士多德的说法——“当国家由自己的公民统治时，自由是自然而然的”——被蔑视为只不过是野蛮人说说而已，同时霍布斯还批评亚里士多德，说他“被自己的时代所迷惑，误把统治当作自由”[①]。到了《利维坦》出版的时候，霍布斯批驳经典共和主义自由理论的愿望变得更为紧迫。现在，他相信“人们由于读了这些希腊和拉丁著作家的书，所以从小就在自由的虚伪外表下养成了一种习惯，赞成暴乱，赞成肆无忌惮地控制主权者的行为，然后又再控制这些控制者”[②]。此时他相信这样的结果必然是内战。如果我们从亚里士多德和西塞罗之流的民众政府支持者那里吸收关于制度、权利和主权的观点，那么其结果是“弄得血流成河，所以我认为可以老实地说一句：任何东西所付出的代价都不像我们西方世界学习希腊和拉丁文著述所付出的代价那样大”[③]。

霍布斯特别关心经典共和主义自由理论中的两个突出特点。其中一个来自亚里士多德的《政治学》，“在民主国家中，自由是当然的，因为一般都认为在任何其他政府之下没有人是自由的”[④]。另一个和希腊、罗马以及现代共和主义者的信条相关，在某种特殊的意义上可以被表述成“自由主权”，即“除了全民政府以外，所有其他的主权方式都应该被视为暴君政治”[⑤]。

面对这些在他看来煽风点火的说法，霍布斯用自己对自由的独到分析来显示为什么二者都是随意的和荒谬的。对于所谓“民主国家的人民可以享受自由，而他们在君主国家中则全都是奴隶”[⑥]，霍布斯认为这显然是煽动性的观点。他认为自己已经说明了臣民的自由只存在于法律沉默之处。所有主权都拥有法律，没有臣民可以躲过。“那些活在君主制下的人”可能由于上当受骗而这么想，但是我们从来没有遇见过一个真的活在民主制下的人有这种幻想。因此霍布斯用严苛的口气说：“他们从来没遇见过这种事情。”[⑦]

共和主义者们号称自由万岁，或者自由主权，这些说法在希腊罗马关于国家治术的文章里“常常被无上荣耀地提起”。根据霍布斯现在的分析，这些想法一样荒谬。[⑧] 既然自由仅仅存在于阻碍的缺乏，那么想法只能被理解为主权

① Hobbes. *De Cive*：*The Latin Version*，p. 176.

② Hobbes. *Leviathan*，p. 150.

③ Ibid.，pp. 149 - 150.

④ Ibid.，p. 150.

⑤ Ibid.，pp. 470，149.

⑥ Ibid.，p. 226.

⑦ Ibid.

⑧ Ibid.，p. 149.

必须自由地按照自己的意志和欲望行事。但是显然每个“不依赖于彼此的”国家都有这种形式上的自然自由，每个都有“绝对的自由，根据自己的判断行事”，从而“使自己最大获益”。因此，非要说某一种主权形式可以被叫成“自由国家”是荒谬的。“无论国家是君主制还是民主制，其中的自由都是一样的。”①

在1649年的弑君事件之后，经典共和主义的理念突然间又浮出水面。我们不难理解为什么霍布斯需要如此充满恶意地诋毁它们。② 然而同时，在开始撰写《利维坦》的时候，霍布斯还有一些更直接的理由要坚持关于自由的这种独到见解。在强调自由和强制的相容性背后，霍布斯想要回答一个从那时那刻起便十分棘手的良知问题：我们是否可以在“无主无君”的情况下合法地遵从新的主权政府？③

1649年2月，残缺议会（Rump Parliament）和它的内阁成立以后不久其合法性就受到了方方面面的质疑。④ 最强烈的抨击来自那些幸存下来的贵族，而最危险的反对意见则来自很多支持国会提议的团体，其中以平等派最为顽固。但是大多数人对国会的权威表示了忠诚，因为早在1648年12月普莱德将军以军队领袖之名肃清国会之前，国会就成立了。⑤

这些后来的群体都基于同样的看法来抨击政府。它们都同意，因为自由是与生俱来的，任何统治国家都必须从臣民自己的自愿服从里取得合法性。平等派还要求新的国家政权必须从正式的《人民同意书》中获得权力。出于这个目的，约翰·利尔本（John Lilburne）、威廉·沃尔温（William Walwyn）、托马斯·普林斯（Thomas Prince）和理查德·奥夫顿（Richard Overton）在1649年5月签署了第三篇和最后一篇《英国自由人民的同意书》。⑥ 但是那些支持国会的人，比如爱德华·吉（Edward Gee）、爱德蒙·霍尔（Edmund Hall）、威

---

① Hobbes. *Leviathan*, p. 149.

② 关于肃清之后的经典共和理论，可参见如下文献。Wallace, John M. The Engagement Controversy 1649 - 1652: An Annotated List of Pamphlets. *Bulletin of the New York Public Library*, 68, 1964, pp. 384 - 385.

③ 这种说法见于“效忠誓言”（Oath of Engagement, January 1650），来自《宪制文件》（Constitutional Documents）391页。

④ 关于内阁的初衷和建立，可参见如下文献。Worden, Blair. *The Rump Parliament*. Cambridge, 1974, pp. 177 - 185.

⑤ 关于肃清，可参见如下文献。Underdown, David. *Pride's Purge: Politics in the Puritan Revolution*. London, 1971, pp. 143 - 172. 关于后续对国王和国家的裁决见该书173～207页。

⑥ Lilburne, John, Walwyn, William, Prince, Thomas, Overton, Richard. An Agreement of the Free People of England. in Andrew Sharp, ed. *The English Levellers*. Cambridge, 1998, pp. 168 - 178.

廉·普林（William Prynne）、奈赛尼尔·沃德（Nathaniel Ward）和很多其他人也一样强调民意认同的不可或缺。就像1649年6月《关于良知的重大事件》（Grand Case of Conscience）的作者写的那样，任何能够合法召集其公民的整体都必须来源于“大多数人民的一致同意”①。

随着双方争议不断，残缺议会却没有这种民意基础。利尔本在《大英新枷锁的再发现》（*England's New Chains Discovered*）一书中抗议道，平等派关注的事实是在军队“长久以来谋划的国家内阁（Council of State）成立”之后，军队的统治现在“威胁了暴君统治”②。更具摧毁力的是，国会的拥护者坚持认为，从普莱德肃清到处决国王，再到削减上议院，这整个过程缺乏公民认可，因此不符合法律。普林在《反对新效忠誓言的简明理由》（*Summary Reasons against the New Oath and Engagement*）中总结道，新的国家纯粹在军队力量的“强制背叛中建立起来”，“完全没有国家、人民和议会的认同”③。

在与查理一世的暴君统治做完斗争之后，英国人民得到的报酬是新的奴隶制。利尔本在1649年2月发布的重要文选《大英新枷锁的再发现》中，还不加掩饰地表达了他的厌恶之情。后来他为支持召集新议会所写的短文使用的语言同样有力。沃德在他的小册子（*Discolliminium*）中也同样声称：“我相信，在英国国会成为军队的仆人之后，英国的人民也将成为奴隶。”④ 普林在《反对新效忠誓言的简明理由》中甚至恭喜过世的查理国王曾经预言般的提示过，军队将会“让国王与人民、法律和自由同时臣服”，将他们带入“永久的奴隶制和束缚之中”⑤。

因此，没人有义务服从新的政府。霍尔在他的《舔舐永生者的伤口》（*Lazarus's Sores Licked*）中，再清楚不过地指出了这一点。新的政权来自“赤裸裸地占据，而不是权利”，这“不能给任何权力带来真正的地位，因此也就不能要求联盟结合”⑥。吉在《关于非法权力的论文》（*An Exercitation Concerning Usurped Powers*）中说得更是极端，他强调英国人民现在有不服从的

---

① Grand Case. 1649, p. 14.

② Lilburne, John. England's New Chains Discovered and The Second Part of England's New Chains Discovered (1964). in William Haller, G. Davies, eds. *The Leveller Tracts*. repd. Gloucester, Mass, 1647-1653, pp. 165, 167.

③ Prynne, William. *Summary Reasons against the New Oath and Engagement*. n. p., 1649, pp. 3, 13.

④ Ward, Nathaniel. *Discolliminium. Or, a Most Obedient Reply to a Late Book, Called, Bounds & Bonds*. London, 1650, p. 53.

⑤ Prynne, William. *Summary Reasons against the New Oath and Engagement*, p. 6.

⑥ Hall, Edmund. *Lazarus's Sores Licked*. London, 1651, p. 3.

义务。新政府用纯粹的武力获取政权，是一个党派非法征服一个合法建立的主权。[①]“主权的权力和地位不是建立在占有之上的”，它只能建立在“人民的同意之上”[②]。这种“对权位的暴力入侵和占据并没有让权位取得合法性，因此也不值得被追随，这种权位也岌岌可危”[③]。因此，通过这种非法征服夺取的权力是非法的，是不正当的。[④]

残缺议会的支持者对于这些抨击最初的反应是妥协。他们承认新政府也许在起源上是非法的，但是他们认为它依然是上帝力量的展现，所以依然值得被尊重。[⑤] 但是在1650年一年之中，一种更积极的说法出现了。有一批理论家开始说，即使政府的权力仅仅来自军队的胜利，它的合法性和它的地位也都不应该被看作是可恶的。

这种观点貌似开始于安东尼·阿萨姆（Anthony Ascham）[⑥]，但是很快就被乔治·维泽（George Wither）等人用更直言不讳的方式说了出来，特别是在奈德汉姆（Marchamont Nedham）写的《英国国家状况论》（*The Case of the Commonwealth of England*）中表现得更为明显。[⑦] 这些作家都同意，征服只不过是一种政治权威获得合法性的方式（而且是历史上最常使用的一种方式）。[⑧] 博丹和格劳秀斯曾经提出过这种看法，同时英国当时还有很多人与这种想法一致，包括海沃德（John Hayward）、金泰利（Alberico Gentili）和唐宁（Calybute Downing）。[⑨] 奈德汉姆

---

① Gee, Edward. *An Exercitation Concerning Usurped Powers*. n. p., 1650, pp. 5-7. 关于更多新政府只是一个征服者政府的说法见如下文献。*The Grand Case of Conscience Stated*, *about Submission to the New and Present Power*. n. p., 1694, p. 7.

② Ibid., pp. 11-12.

③ Ibid., p. 13.

④ Ibid., p. 9.

⑤ 对这一观点的展开，见如下文献。Wallace, John M. *Destiny His Choice*: *The Loyalism of Andrew Marvell*. Cambridge, 1968, pp. 43-47, 51-56.

⑥ 关于阿萨姆的观点，见如下文献。Skinner, Quentin. *Visions of Politics*, Volume III, Cambridge, Cambridge University Press, 2002, ch. 9, section IV.

⑦ 关奈德汉姆的传记见如下文献。Frank, Joseph. *Cromwell's Press Agent*: *A Critical Biography of Marchamont Nedham*, *1620-1678*. Lanham, Md, 1980.

⑧ 这种说法可参见如下文献。Wither, George. *Respublica Anglicana*. London, 1650, p. 42. Nedham, Marchamont. *The Case of the Commonwealth of England*. Philip A. Knachel, ed. Charlottesville, VA, 1969, pp. 15-29.

⑨ Sommerville, Johann. History and Theory: The Norman Conquest in Early Stuart Political Thought. *Political Studies*, 34, 1986, pp. 249-261. Sommerville, Johann. *Politics and Ideology in England*, *1603-1640*. London, 1986, pp. 66-69. Burgess, Glenn. *The Politics of the Ancient Constitution*: *An Introduction to English Political Thought*, *1603-1642*. London, 1992, pp. 82-86.

不仅引用了博丹和格劳秀斯的话[①]，还把他们的理论直接代入英国史（尽管很多人对普遍法富有同情）[②]，说威廉一世和亨利七世恰恰是把自己的王朝建立在征服权之上。[③]

奈德汉姆在回应吉的论断中说，吉犯的错误是认为“只有基于人民的要求才能够构成合法性的执法机构”[④]。他忘记了一个国王可以“因为战争中被征服，就不再拥有他的权威和权力，或者不再对它们感兴趣”。当这种情况发生时，“国王所有的权威”“都通过军事决定交付给了胜利的那一方”。这也就意味着“无论接下来它想建立什么样的政府，从法定上都跟通过全体人民同意所建立的政府一样有效”[⑤]。“因为武力为那些持有武力的人带来了地位，并为他们建立新的帝国，抛弃了旧的。”[⑥] 桑德斯（Richard Saunders）在不久之后发表的一篇短文里总结道：“暴力占有可以构成合法权力。”[⑦]

第五节　自由与服从

我们需要在这种背景下理解霍布斯关于政治义务的说法。[⑧] 虽然霍布斯的分析和实在主权论的辩护者的说法有诸多相似[⑨]，但是这种解读忽略了一个事

---

① 奈德汉姆的著作（*The Case of the Commonwealth of England*）引用了博丹（Bodin，Jean. *The Six Books of a Commonweale*. Richard Knolles，trans. Kenneth D. McRae，ed. Cambridge，Mass，1962，p. 23.）和格劳秀斯的著作。

② 要了解普遍法理论对征服理论的敌意，可参见如下文献。Pocock，J. G. A. *The Ancient Constitution and the Feudal Law：English Historical Thought in the Seventeenth Century*. Cambridge，1957，pp. 42－55. Pocock，J. G. A. *The Ancient Constitution and the Feudal Law：A Reissue with a Retrospect*. Cambridge，1987，pp. 293－305.

③ Nedham. *The Case of the Commonwealth of England*，pp. 25－29，48－50.

④ Ibid.，p. 37.

⑤ Ibid.，pp. 36，40.

⑥ Ibid.，p. 38.

⑦ Saunders，Richard. *Plenary Possession Makes a Lawful Power*. London，1651.

⑧ 我不是说这里还有其他的文本。见伯吉斯关于这个说法的详尽讨论（Burgess，Glenn. Usurpation，Obligation and Obedience in the Thought of the Engagement Controversy. *Historical Journal*，29，1986，pp. 515－536）。

⑨ 约翰斯顿和波姆哥德在讨论中提到了同样的事情（Johnston，David. *The Rhetoric of Leviathan：Thomas Hobbes and the Politics of Cultural Transformation*. Princeton，N. J.，1986，p. 208. Baumgold，Deborah. *Hobbes's Political Theory*. Cambridge，1988，pp. 124－133）。

实，即霍布斯理论的基本前提其实和普林、吉等其他残缺议会的敌人比较相近，而与实在主权论的热切辩护者阿萨姆、奈德汉姆等相去甚远。霍布斯一开始同意这些支持议会学者的说法，即我们的自然状态是“每一个人都具有完全的绝对的自由”[①]，他也有可能同意因为“人人平等，而且本质上是自由的”，因此“除了每个人对自己的义务以外，没有其他的义务可言”[②]。然后他还同意，征服和胜利从来就不能带来“任何对被征服者的统治权”，也不能让被征服的那些人承担任何义务。如果有人仅仅是因为被俘虏了以后就屈服了，他们的服从仅仅是因为他们“被关到监狱里了，被束缚了”，是因为他们不得不如此。[③] 但是就像之前解释的那样，从身体上被迫使服从仅仅是成为奴隶的条件，而不是使之臣服的条件。[④] 相比之下，一个人作为真正的、有良心的臣民，他们的服从必然是要在同意的条件下的。权利和义务永远不可能从简单的征服或胜利中取得。[⑤]

所以如果仅仅把霍布斯看作一个加入这场争论的实在权力论的捍卫者，我们就低估了他的理论价值。他的理论其实来自修辞理论家们所谓的“内在反讽特质”（dispositionally ironic character）：虽然接受的前提类似，但是推导出的结果却有惊人的不同。[⑥] 霍布斯接受了那些残缺议会的反对者们接受的前提，但他却想办法指出他们的结论是错的。最重要的是，他想办法指出了认为政府会带来新的束缚的观点只不过没有理解自由的恰当含义。

为了做到这一点，霍布斯从两条路线出发开始了他的抨击。在总体的路径上他的目标是那些平等派和新政权的极端反对分子，这些人叫嚣着要自由，并且把自由看成一种与生俱来的权利。[⑦] 有了对于人类自由的分析，霍布斯现在就能够忽视这些糊涂话了。他说，假设我们认为这些鼓吹者所要求的是“恰当意义上的自由”，也就是“躯体上的自由”或者“没有锁链和监牢的自由”，然而“这群人叫嚷着”要这种形式的自由是“多么荒谬”，因为他们其实已经在享受这种自由了。[⑧] 但是假设我们认为这些鼓吹者要的是“不遵从法纪”的自

---

① Hobbes. *Leviathan*, p. 149.

② Ibid., p. 150.

③ Ibid., p. 141.

④ Ibid., p. 204.

⑤ 霍布斯更多关于用最初权力来为战争正当性辩护的说法，可参见如下文献。Hobbes. *Leviathan*, p. 486.

⑥ Quintilian. *Institutio Oratoria* (4 vols.), vol. 3. H. E. Butler, ed. and trans. London, 1921 - 1922, pp. 398 - 400.

⑦ Hobbes. *Leviathan*, pp. 147, 149.

⑧ Ibid., p. 147.

由也就是霍布斯所说的臣民的自由，那么要在这种意义上要求完全的自由更是荒谬。因为这意味着要回到自然状态。霍布斯已经指出，要回到这种状态，其实是要唤回对我们自己的奴役，因为其实这种无限自由的形式是让“其他所有的人成为我们财富和生命的主人”①。

然而，霍布斯把更具体的批评留给了那些探讨“征服权”的人，这是在《利维坦》的总结篇里他主要关心的问题。他抱怨说“最近出版的英文著作”表明，没有人真正理解“什么是征服”，也没有人理解它和臣民义务之间的关系。② 一个人在发现自己的主权瓦解之后，需要服从他的征服者“来避免近在眼前的死亡”。如何看待这样的困境，霍布斯直到写到第 20 章“通过征服和战争胜利获得的统治”才开始讨论。③

霍布斯解释的第一点是说在这种情况下，一个人屈服或者不屈服是自由的。如果“他的生命和身体自由”给了他“服从胜利者的条件，那么他就有自由接受这个条件”④。霍布斯继而追加了两点。一个是他不加论证地认为，这个情况下的人在最根本的意义上是自由的，因为没有什么可以阻止得了他。然而霍布斯在结论篇也认识到某些阻碍有可能产生，他唯一提到的是如果一个人身在国外他的祖国被占领了，那么他的屈服会受到阻碍。⑤ 另一个更为重要的主张是，他认为这个人作为臣民来讲也是自由的。他没有任何法律或者道德义务不去屈服。因为我们作为臣民的义务取决于主权者对我们的保护。而一旦主权被征服，我们就失去了保护，因此国家也就消亡了，我们也就不再是臣民，我们每个人都“有自由用自己认为合理的资源来保护自己”⑥。

在评论和结语章中霍布斯进一步厘清了关于“一个人何时有屈服的自由”的说法。他反复指出，“一个人对自己原来的主权者所负担的义务如果只不过是一个普通臣民的义务”，则到了这个时刻即“有自由服从的时候就是他的生命处于敌人看守和防卫范围以内的时候”⑦。但是他还追加了一个解释，即如果这个人不但是臣民，还是内战中的战士，那么事情就更复杂了。“当原有权力当局还在继续战斗并在其军队或守备队中提供给养时，他就没有臣服于一个新

① Hobbes. *Leviathan*, p. 147.
② Ibid., pp. 484 - 485.
③ Ibid., p. 141.
④ Ibid., p. 154.
⑤ Ibid., p. 486.
⑥ Ibid., p. 230.
⑦ Ibid., p. 484.

的权力当局的自由”。一旦这种保护不复存在，他就有自由“向他感到最有希望的方面去求得保护，并可以合法地臣服于他的新主人”[①]。

在《利维坦》第20章中关于这种人的自由困境，霍布斯又提出了一个说法，并且在结语中特别强调了这个说法。霍布斯说，这样的人不仅仅有自由去屈服，而且即便他屈服了，也是出于他的自由行为。这里霍布斯同样继续追加了两点说明。第一点比较明显，即这个人的行为在法律意义上是自由的。很明显，他没有任何法律义务去屈服，因为在他的处境里他什么义务都没有。但是霍布斯主要的论点也是霍布斯对那些反对国家的人的和平回应，说的是这个人即使在自由的恰当理解上也是自由的。如果他屈服，他的行为就是一个自由人自愿地同意服从新的主权权力。

要理解霍布斯是如何论证这一个核心结论的，我们只需要回顾在什么条件下一个人的行动自由可以算是被妨碍了。这个人必须从物理躯体上被捆绑或者束缚，在不得已的情况下屈服。如我们所知，这当然是引起屈服的一个方式。这描述的是一个奴隶状况，一个“不具备身体自由”而被强制服从的状态。[②]然而，霍布斯的主要目的，是要论证一个人为了避免牢狱或死亡而屈服于征服者，而此种情况却算不上是这种状态。原因在于，这个人的困境与奴隶不同，有人给了他一个屈服的条件，因此他就有了“按照他的想法”[③]接受或者拒绝这种条件的自由。这个人不是“被打被拉”而被迫服从的。相反的是，他有一个清楚的选择，并且可以自由地做选择。他可以拒绝服从，他也可以接受服从，前提条件是“他的人身自由允许他这么做”[④]。

霍布斯的根本想法是，这样一来，他所描绘的人根本不是被迫服从，而是自由地同意去服从，因此其和新的主权建立了契约。[⑤]“当一个人有自由服从征服者时，如以明确的言词或其他充分的表征，表示承认成为其臣民”[⑥]，他就可

① Hobbes. *Leviathan*, p. 485.

② Ibid., p. 154.

③ Ibid., p. 485.

④ Ibid., p. 141.

⑤ Ibid., pp. 484 - 485. 但是如果当个人的自由或者生命受威胁时才服从，那么获胜的政府似乎就变成订立契约的一方，这和之前的说法相悖。这就引起了霍布斯所谓的“国家构成”的问题，因为这种情况下，签订契约的方式让每个未来臣民与其他人同意谁应该是主权者。从普芬多夫开始，批评家就在抱怨霍布斯在解释夺取性国家和战胜方与战败方之间的关系时自相矛盾。高蒂尔说如果我们不认为战胜者签约同意把生命和自由给那些战败的人，而只是在没有义务或者遵守必要的前提下，允许他们保留生命和自由，这样理解起来就没有矛盾了。

⑥ Ibid., p. 484.

以算是“和战胜者立约，为获得生命和自由而允诺服从”①。绝对占有就带来合法权力在霍布斯看来是错误的。他认为“对于被征服者的管辖权不是由战胜而来的，乃是由于他自己的契约而来的”②。

至于关于他的自由理论与国家政府合法性争论的关系，霍布斯似乎有充分自觉。最好的证据是他的结论不仅建立在对概念的阐明之上，还有对之前理论的修正。在《法的要素》里他还主张正统的观点，把一个“出于对死亡的恐惧因此对庇护者屈服”的人和一个“自愿要求屈服”③ 的人做比较，这个观点在《利维坦》中被否定了。在《论公民》中他的分析更加模糊，不过毫无疑问他彼时已经开始向《利维坦》后来的方向转变了。④ 他依然区分了“契约和相互同意为基础的”国家和“通过力量和自然力取得的”国家，而且他还是坚持只有在前一种状态里我们可以说公民社会建立在众人的同意之上，而这些人都“自由地服从”⑤。

相比之下，在《利维坦》中，他清楚地说，当一个人为了避免当下死亡的危险而服从于一个征服者时，他的服从行为是一个自由人的自愿行为。也正因为如此，他可以给出一个关于征服和忠诚的新奇而又戏剧化的说法。就像之前所说的，残缺议会的很多敌人坚持说，因为国家建立在暴力掠取征服之上，所以它缺乏同意的基础，其实是把英国人民带入奴隶状态。而支持国家的人说，虽然政府的建立的确缺乏民意，但是征服也是它获取地位的一种方式。与这两种立场相比，霍布斯坚持说没有必要用所谓的征服者权利来为当下忠诚服从的责任做辩护。只要利用他关于自由的独到分析，他就可以证明征服和同意之间并不像所有人所预想的那样不相容。

因此霍布斯也就可以得出他最感兴趣的、充满争议的结论。既然服从于一个征服者的行为是建立在同意之上，并通过契约表达，那么以这种方式服从的人不可能被描绘成奴隶，而这正是平等派和国会支持者都坚持的说法。相反的，霍布斯认为这个人必须被视为真正的臣民，因而有绝对服从的义务。这结论在“臣民的自由”一章中首次出现：

> 一个臣民如果在战争中被俘或是其人身或生存手段处在敌人警戒监视之下，并以臣服于战胜者为条件而获得自己的生命和人身自由，则是有自

---

① Hobbes. *Leviathan*, p. 486.

② Ibid., p. 141.

③ Hobbes. *The Elements of Law Natural and Politic*, p. 127.

④ Hobbes. *De Cive*: *The Latin Version*, p. 160. 他说征服和同意至少是潜在相容的。

⑤ Ibid.

由接受这种条件的。接受之后，他就成了俘获者的臣民，因为除此以外他再也没有其他方法保全自己的生命。①

对于“一个人因为恐惧而被迫服从，所以就没有可遵守的义务”这种说法，霍布斯嗤之以鼻，在关于“主权消解”的一章里被视为不过是一些虚伪做作之词。② 同样的说法又以胜利者的姿态出现在结语里。一个被征服的人有“服从于新主人”的自由，同时“如果他愿意的话，他在什么时候都可以合法地这样做。他如果这样做了，无疑就有义务做一个真实的臣民，因为破坏依法订立的契约不可能是合法的”③。

昆廷·斯金纳著　田　洁译

参考文献

Hobbes T. The Questions Concerning Liberty，Necessity，and Chance. Clearly Stated and Debated between Dr. Bramhall Bishop of Derry，and Thomas Hobbes of Malmesbury. London，1656.

Hobbes T. Elements of Philosophy//Sir William Molesworth，ed. The First Section，Concerning Body in The English Works of Thomas Hobbes of Malmesbury：vol. 1. London，1839：v－xii，1－532.

Hobbes T. Leviathan，or The Matter，Forme，& Power of a Commonwealth Ecclesiasticall and Civil. Tuck R，ed. Cambridge，1996.

Goldsmith M M. Introduction//Hobbes T. The Elements of Law Natural and Politic. Tönnies F，ed. 2nd ed. London，1969.

Hobbes T. De Cive：The Latin Version：vol. 2. Warrender H，ed. Oxford：The Clarendon Edition，1983.

Baumgold D. Hobbes's Political Theory. Cambridge，1988.

Bodin J. Les Six Livres de la république. Paris，1576.

Bodin J. The Six Books of a Commonweale. Knolles R，trans. McRae K D，ed. Cambridge，Mass，1962.

Bredekamp H. Thomas Hobbes Visuelle Strategien. Berlin，1999.

Burgess G. The Politics of the Ancient Constitution：An Introduction to English Political Thought，1603－1642. London，1992.

Burgess G. Usurpation，Obligation and Obedience in the Thought of the Engagement Con-

① Hobbes. *Leviathan*，p. 154.

② Ibid.，p. 230.

③ Ibid.，p. 485.

troversy. Historical Journal, 29, 1986: 515 – 536.

Cassinelli C. W. Free Activities and Interpersonal Relations. The Hague, 1966.

Joseph F. Cromwell's Press Agent: A Critical Biography of Marchamont Nedham, 1620 – 1678. Lanham, Md, 1980.

Gauthier D P. The Logic of Leviathan: The Moral and Political Theory of Thomas Hobbes. Oxford, 1969.

Gee E. An Exercitation Concerning Usurped Powers. n. p. , 1650.

Goldsmith M. M. Hobbes's Science of Politics. New York, 1966.

The Grand Case of Conscience Stated, about Submission to the New and Present Power. n. p. 1694.

Hall E. Lazarus's Sores Licked. London, 1651.

Johnston D. The Rhetoric of Leviathan: Thomas Hobbes and the Politics of Cultural Transformation. Princeton, N. J. , 1986.

Kramer M. Freedom, Unfreedom and Skinner's Hobbes. Journal of Political Philosophy, 2001: 204 – 216.

Lilburne J, Walwyn W' Prince T, Overton R. An Agreement of the Free People of England//Sharp A, ed. The English Levellers. Cambridge, 1998: 168 – 178.

Lilburne J. England's New Chains Discovered and The Second Part of England's New Chains Discovered (1964) // Haller W, Davies G, eds. The Leveller Tracts, 1647 – 1653. repd. Gloucester, Mass.

Locke J. Two Treatises of Government. Laslett P, ed. Cambridge, 1988.

Lucian. Heracles in Lucian: vol. 1. Harmon A M, et al. , eds. and trans. London, 1913.

MacCallum G C. Negative and Positive Freedom // Philosophy, Politics and Society, 4th series. Laslett P, Runciman W G, Skinner Q, eds. Oxford, 1972.

Macdonald H, Hargreaves M. Thomas Hobbes: A Bibliography. London, 1952.

McNeilly F S. The Anatomy of Leviathan. London, 1968.

Montaigne M de. Essais. Plattard J, ed. Paris, 1946 – 1947.

Nedham M. The Case of the Commonwealth of England. Knachel P A, ed. Charlottesville, VA, 1969.

Oppenheim F. Political Concepts: A Reconstruction. Chicago, IL, 1981.

Orr R. Thomas Hobbes on the Regulation of Voluntary Motion // Feaver G, Rosen F, ed. Lives, Liberties and the Public Good. London, 1987.

Pasquino P. Thomas Hobbes: La condition naturelle de l'humanité, Revue française de science politique, 44, 1994: 294 – 307.

Pennock J R. Hobbes's Confusing "Clarity": The Case of "Liberty" // Brown K C, ed.

Hobbes Studies. Oxford，1965：111－116.

Pepys S. The Diary（11 vols.）. Latham R，Matthews W，eds. London，1971－1983.

Plutarch. The Lives of the Noble Grecians and Romanes，Compared together. North T，trans. London，1579.

Pocock J G A. The Ancient Constitution and the Feudal Law：A Reissue with a Retrospect. Cambridge，1987.

Pocock J G A. The Ancient Constitution and the Feudal Law：English Historical Thought in the Seventeenth Century. Cambridge，1957.

Prynne W. Summary Reasons against the New Oath and Engagement. n. p.，1649.

Quintilian. Institutio Oratoria. Butler H E，ed. and trans. London，1921－1922.

Raphael D D. Hobbes. Conceptions of Liberty // Political Philosophy. Pelczynski Z，Gary J，eds. London，1984：27－38.

Ross R. Some Puzzles in Hobbes //Ross R，Schneider H W，Waldman T，eds. Thomas Hobbes in his Time. Minneapolis，MN，1974：42－61.

Saunders R. Plenary Possession Makes a Lawful Power. London，1651.

Sidney Sir Philip. The Poems of Sir Philip Sidney. Ringler W A，Jr，ed. Oxford，1962.

Skinner Q. Visions of Politics：Volume III. Cambridge：Cambridge University Press，2002.

Sommerville J. History and Theory：The Norman Conquest in Early Stuart Political Thought. Political Studies，34，1986：249－261.

Sommerville J. Politics and Ideology in England，1603－1640. London，1986.

Steiner H. Individual Liberty. Proceedings of the Aristotelian Society，75，1974－1975：33－51.

Taylor M. Community，Anarchy and Liberty. Cambridge，1982.

Tully J. An Approach to Political Philosophy：Locke in Contexts. Cambridge，1993.

Underdown D. Pride's Purge：Politics in the Puritan Revolution. London，1971.

Wallace J M. Destiny his Choice：The Loyalism of Andrew Marvell. Cambridge，1968.

Wallace J M. The Engagement Controversy 1649－1652：An Annotated List of Pamphlets. Bulletin of the New York Public Library，68，1964：384－415.

Ward N. Discolliminium. Or，a Most Obedient Reply to a Late Book，Called，Bounds & Bonds. London，1650.

Wernham A. G. Liberty and Obligation in Hobbes// Brown K C，ed. Hobbes Studies. Oxford，1965：117－139.

Wither G. Respublica Anglicana. London，1650.

Worden B. The Rump Parliament. Cambridge，1974.

第二章
自然法、财产权与上帝：论洛克的正义观

从柏拉图的《理想国》开始，正义问题一直是政治哲学的核心问题，但是正义概念的内涵却在不同的时代和社会语境中经历着巨大的变迁。可以说，伟大的政治思想家对于正义问题的思考既反映了又在一定程度上塑造了当时的普遍的社会关系。

约翰·洛克（John Locke，1632—1704）是处于现代早期这个人类历史的关键转折期的一位极为重要的政治思想家，也是西方政治思想史上争议最大的人物之一。围绕着他的政治思想的基本性质，洛克的身上已经被贴满了各式各样的标签：占有性个人主义者①、资本主义精神的卫道士②、重商主义者③、平等主义者④、社群主义者⑤，甚至社会主义者⑥，不一而足。这些标签都与研究

---

① Macpherson，C. B. *The Political Theory of Possessive Individualism*. Oxford，Oxford University Press，1962.

② Wood，Neal. *John Locke and Agrarian Capitalism*. Berkeley，University of California Press，1984. [美] 施特劳斯：《自然权利与历史》，彭刚译，206～256 页，北京，三联书店，2003。马克思在《资本论》中也有一段著名的评述，称洛克是"同封建社会相对立的资产阶级社会的法权观念的经典表达者"[《马克思恩格斯全集》(第 26 卷 I)，中文 1 版，393 页，北京，人民出版社，1972]。

③ Tully，James. *An Approach to Political Philosophy*：*Locke in Context*. Cambridge，Cambridge University Press，1993，pp. 137 - 146. Lebovics，Herman. The Use of America in Locke's Second Treatise of Government. *Journal of the History of Ideas*，1986，47 (4)，pp. 567 - 581.

④ Sreenivasan，Gopal. *The Limits of Lockean Rights in Property*. Oxford，Oxford University Press，1995. Waldron，Jeremy. *God*，*Locke*，*and Equality*：*Christian Foundations in Locke's Political Thought*. Cambridge，Cambridge University Press，2002.

⑤ Kramer，Matthew H. *John Locke and the Origins of Private Property*：*Philosophical Explorations of Individualism*，*Community*，*and Equality*. Cambridge，Cambridge University Press，1997.

⑥ Tully，James. *A Discourse on Property*：*John Locke and His Adversaries*. Cambridge，Cambridge University Press，1980.

者如何看待洛克所处时代的普遍社会关系以及洛克的正义观有关。因此，深入探讨洛克的正义观，既有助于我们拨开繁多标签的重重迷雾，更加清楚地评估其政治思想的性质，也有助于我们确定在西方正义观演变的历史脉络中洛克处于怎样的位置，他对我们反思正义概念可以提供哪些启示。

本章共分为六节。前三节分别从自然法、财产权和上帝的角度阐述洛克正义观的三个基本维度，第四节关于不正义的根源的分析和第五节关于正义与慈善的关系的讨论又将进一步印证洛克正义观的上述三个维度，第六节将通过把洛克的正义观与亚里士多德、托马斯·阿奎那、霍布斯、休谟和罗尔斯等人进行对比，尝试揭示洛克正义观的政治思想史意义。

第一节 正义与自然法

洛克在其最重要的政治学著作《政府论》中其实很少提及正义（justice）这个词。根据拉斯莱特编辑的《政府论》权威版本的索引，正义一词仅在上篇的一节中出现，下篇也只有五节内容提到正义。[①] 洛克对正义一词使用频度如此之低，似乎表明正义问题并不是《政府论》探讨的主题之一。拉斯莱特本人就持这样的观点。[②] 事实是否如此，我们暂且存而不论，但是需要从《政府论》关于正义的说法中寻找解决问题的线索。

我们可以发现，在《政府论》对正义有限的几次提及中，正义大多是与法、法庭、判决这样的概念联系在一起的。具体来看，在该书下篇第 3 章“论战争状态”的第 20 节中，洛克谈到，扭曲正义就是在有法律和有法官的情况下公然违反法律，未惩罚施害者或未救济受害者。洛克在此节提到的“受权执行正义（administer justice）的人”在中译本中直接被翻译成“受权执行法律的人”。在下篇第 19 章“论政府的解体”的第 219 节中，洛克指出，正义的执行（administration of justice，中译本译为司法）如果不能得到落实，则政府就等于解体了。执

① 事实上，在拉斯莱特版索引所提示的上篇第 11 节中，我们并没有发现正义一词的踪迹，但据笔者阅读，至少在上篇第 42 节中出现了对正义的使用。当然，索引出错的事例也并非罕见。但这并不影响我们形成这样的初步印象：正义似乎不是《政府论》的一个主题。

② Laslett，Peter. *Introduction to Two Treatises of Government*. Cambridge，Cambridge University Press，1988，p. 85.

行正义的目的是保障人们的法定权利。在下篇第16章“论征服”的第176节中，洛克同样强调，正义之手就是要惩罚罪行，当人的权利遭到侵犯时，要诉诸法律以求得正义，而法庭的正义就是恢复法律赋予一个人的权利。在下篇第11章“论立法权的范围”的第136节中，洛克更是明确指出，作为政治社会的最高权威，立法机关的义务就是提供正义（dispense justice），根据得到公布的长期有效的法律和众所周知的得到授权的法官，来决定臣民的权利。

上述洛克对正义一词的用法并无任何特异之处。把正义与法和惩罚等概念联系起来既符合正义一词的传统用法，也符合它在当代的通行含义。① 洛克在一则题为“Justitia”的笔记中就曾专门论述“惩罚正义”（punitive justice）。他说：“惩罚正义在于不过分……因为惩罚在于从一个人那里拿走一件东西，交给另一人或使其有利于另一人，例如金钱、称赞等等。对其他任何人都做到不越出这些界限的人就不会是不正义的人。”② 惩罚正义强调正义的惩罚要适度，过犹不及。适度的标准毋庸置疑是由法来划定的，正义的人不会越出法的边界行事。综合上述洛克在《政府论》中对正义一词的使用可以看出，洛克所说的法主要是指实定法（positive law），是由政治社会的立法机关所制定并公布的法。实定法由公认的法官来执法，对侵犯权利的案件依法判决，惩罚罪行，恢复受侵害者的法定权利，这就是正义的题中应有之义。

但是，如果我们进一步看，就会发现正义所依据的法不仅仅是实定法。下篇第136节有一个注释引用了洛克所敬重的“明智的胡克”的一段话：“人类法是指导人类行动的尺度，而这些尺度还有更高的法则来加以规范，这些更高的法则有二：上帝的法（神法）和自然法。所以，人类法必须依照一般的自然法来制定，并且不违背《圣经》中的任何明文法，否则就制定得不好。”③ 可见，神法和自然法才是正义最根本的依据。鉴于洛克认为神法与

---

① 从正义的传统用法来看，惩罚正义可以属于亚里士多德所讲的“矫正正义”（［古希腊］亚里士多德：《尼各马可伦理学》，廖申白译注，136～140页，北京，商务印书馆，2003）。不过，两者之间还是有微妙的区别。亚里士多德的矫正正义没有进一步加重惩罚以产生震慑作用的含义，他只是强调要把超出其应得份额的东西退回去。洛克的惩罚正义则遵循一个不太一样的原则：“足以使罪犯觉得不值得犯罪，使他知道悔悟，并且儆戒别人不犯同样的罪行。”（［英］洛克：《政府论》下篇，叶启芳、瞿菊农译，9～10页，北京，商务印书馆，1964）关于惩罚正义在当代语境中的使用，可参考下述事例：在伊拉克战争中，当美国成功地实施了一次针对萨达姆政权的军事行动后，小布什总统对媒体表态时就使用了“Justice is done”（正义得到了实现）的说法，其含义就是罪犯得到了应有的惩罚。

② Locke，John. *Political Essays*. Mark Goldie，ed. Cambridge，Cambridge University Press，1997，p. 339.

③ 拉斯莱特指出，胡克承认这段话其实是他对托马斯·阿奎那《神学大全》中的一段话的引用（Laslett，ed. *Two Treatises of Government*，p. 358）。

自然法只是同一种高级法的不同表现形式，为了叙述简便，我们在这里只论述自然法。

洛克在写于1663—1664年的《论自然法》中，明确把"正义的观念"称作"首要的自然法和每个社会的纽带"[①]。在这一表述中，正义已经不仅仅要依据自然法，正义本身就是首要的自然法，或者说是自然法的首要内容。另外，他还援引亚里士多德在《尼各马可伦理学》中对法律正义和自然正义的著名区分指出，由于自然正义不管在哪里都具有同样的效力，这就可以证明存在自然法。[②] 他的论证实际上把自然正义等同于自然法。洛克还努力反驳公元前2世纪雅典著名的怀疑论者卡涅阿德斯（Carneades）关于根本不存在正义的自然法这类东西，每个人追求的只是自我利益的说法。洛克虽然反对把个人利益视为自然法的基础，但却强调人类平等的普遍规则与每个人的自我利益并不冲突，因为"正是自然法为每个人的私有财产提供了最强有力的保护，如果不遵守自然法，任何人都不可能成为其财产的主人并追求自我利益"[③]。洛克进一步反问说："没有个人财产或所有权的地方哪里有什么正义可言？"[④] 洛克对卡涅阿德斯的反驳指明了他对于正义、自然法、财产权三者关系的认识。在他看来，正义是首要的自然法，自然法作为人类平等的普遍规则要实现保护个人权利（自我利益）的目的，其中最重要的权利就是财产权，因此，正义维护的就是个人财产权，没有财产权，就没有正义。

这一点也得到《政府论》有关文本的支持。在前面提到的下篇第11章第136节中，洛克提出，立法机关要提供正义，也就是要制定长期有效的规则来决定臣民的权利，其目的是要保护生活在法律之下的人们的财产。根据这样的实定法，人们就可以知道什么是属于他自己的，从而避免在自然状态之下对彼此财产的妨害。至此已经非常清楚的是，正义在本质上就是要维护财产权。因此，洛克在《政府论》中较少使用正义这个词，并不是因为他认为正义的概念不是其政治学的主题，而是因为他在很大程度上用对财产权的论述替换了对正义的论述。

---

① Locke, John. *Essays on the Law of Nature*. W. von Leyden, ed. Oxford, Clarendon, 1988, p. 169.

② Ibid., p. 113.

③ Ibid., p. 207.

④ Ibid., p. 213.

第二节　正义与财产权

罗马法学家乌尔比安给出了迄今为止对正义的最有影响的解释：“正义是给每个人属于他自己权利的永恒不变的意志”[①]。这个解释在流传中又被进一步简化为“正义就是每个人各得其所”。这一对正义的理解之所以深入人心，一个很重要的原因在于，它的抽象性使它能够适应不同的解释语境。其实，乌尔比安的原意是，法官在解决纠纷时应当寻求正义的结果，但何为正义，其实可以有很多标准。[②]

但在洛克这里，正义的标准已经被简化为一个，即财产权。财产权的含义是要明确标示出属于你的东西和属于我的东西之间的界限，在本质上与抽象正义概念所讲的给每个人其所应得之物是一致的。除了前述《论自然法》之外，洛克在自己的其他著作中还反复提到正义与财产权之间的关系。例如，在《人类理解论》中，洛克指出，“没有财产权，就无所谓非正义，这个命题和欧几里德的任何解证都是一样确定的。这是因为所谓财产的观念乃是指人对于某种事物的权利而言的，所谓不正义的观念乃是指侵犯或破坏那种权利而言的。这些观念既然这样确立了，而且各有了各的名称，因此，显然我们就可以确知这个命题是真实的”[③]。在同一著作的另一处，他又表明，正义即指尊重他人诚实劳动所取得的财产，不经同意不得拿走。[④] 洛克在《教育片论》第 110 节也提出了类似的观点：只有当人们理解了财产权，才能理解什么是非正义。这里的非正义主要是指侵犯他人的权利，不正当地占有属于他人的东西。而正义的规则就是划分“我的”“你的”之类的权利。[⑤]

---

① ［古罗马］乌尔比安：《学说汇纂》（第一卷），罗智敏译，纪蔚民校，13 页，北京，中国政法大学出版社，2008。

② 参见王涛：《从财产权的角度解读权利概念的早期发展史：从古罗马到奥康姆》，见许章润、翟志勇主编：《人的联合：从自然状态到政治社会》，205 页，北京，法律出版社，2014。

③ Locke, John. *An Essay Concerning Human Understanding*. Peter H. Nidditch, ed. Oxford, Clarendon, 1975, p. 549. 中译本参见［英］洛克：《人类理解论》，关文运译，540～541 页，北京，商务印书馆，1983。

④ Ibid., p. 567. 同上书，559 页。

⑤ Locke, John. *Some Thoughts Concerning Education*. John W. Yolton, Jean S. Yolton, eds. Oxford, Clarendon, 1989, pp. 169 - 171. 中译本参见［英］洛克：《教育片论》，熊春文译，181～183 页，上海，上海世纪出版集团，2005。

不过，无论是抽象的正义观念（给一个人其所应得之物），还是抽象的财产权观念（区分什么是你的，什么是我的）其实都只具有形式上的意义，仅凭此并不能指出到底需要根据什么具体标准来区分属于每个人的东西。洛克的一大理论贡献就在于他通过对正义概念的澄清给出了实质性的标准，这就是他著名的财产权理论。

洛克财产权理论要回答的问题是，上帝最初把世界交给全人类共有，人们如何将处于共有状态中的一部分资源正当地占为己有，而又不必经过其他任何人的同意？这是父权论王权主义者菲尔默抛给所有信奉人生而拥有自然自由的自然法学派理论家的一道难题（菲尔默认为这是无解的）。洛克的财产权理论就是应对菲尔默挑战的一个卓越的智识建构。[①] 至少从表面上看，洛克要处理的难题是共有财产的个别化如何符合正义要求的问题，这与当代西方政治哲学家所热衷于探讨的分配正义问题具有本质上的一致性，虽然他们的问题背景截然不同。因此，也有学者直截了当地把洛克的财产权理论称作洛克的分配正义理论。[②]

概括来说，洛克的财产权理论包含四个要素：第一，神的意志要求我们要利用他赐予全人类共同所有之物以增进自身的保存。这是洛克财产权理论的神学背景。[③] 世界最初由上帝交给全人类所有，上帝要求个人利用他给全人类的共有之物来增进个人生活的益处和全人类的保存。[④] 但是，如果不将共有物品划归私用，就不可能让其对任何私人有所裨益，也就是说，要个人将共有之物的一部分据为己有以便加以利用，是上帝的意志。这对财产权的确立来说是根本性的，因为如果没有上帝的意志作为基础，那么仅有个人的劳动是远远不足

---

① 关于洛克财产权理论的智识背景，参见霍伟岸：《洛克权利理论研究》，188～194页，北京，法律出版社，2011。

② Fagiani，Francesco. Natural Law and History in Locke's Theory of Distributive Justice. *Topoi*，1983（2），pp. 163－185. 这篇文章亦被收录于以下著作。Dunn，John and Harris，Ian，eds. *Locke*，Vol. II. Cheltenham，UK and Lyme，US，Edward Elgar Publishing，1997，pp. 7－29.

③ 在李猛剖析的鲁滨逊政治寓言中，揭示了洛克政治哲学的这个重要主题。劳动如果脱离了神意的基础，就将丧失其最重要的意义，而且劳动本身还不足以让孤独的人获得足够的对抗孤独的力量。劳动与祈祷所构筑的主题才能反映洛克思想的基本结构。正因为劳动本身就是神意，劳动创造的财产才有其正当性。而且，要想从根本上走出现代个体的精神孤独状态，重新发现人生的意义，必须依靠祈祷所蕴涵的超自然的力量（参见李猛：《自然社会——自然法与现代道德世界的形成》，9～18页，北京，三联书店，2015）。

④ 这种共有状态应是普芬多夫意义上的消极共有，而不是积极共有。菲尔默的挑战是建立在对共有状态的积极共有的理解基础上的（参见［澳］斯蒂芬·巴克勒：《自然法与财产权理论：从格劳秀斯到休谟》，周清林译，86～101、152～155页，北京，法律出版社，2014）。相反的观点，见如下文献。Tully，James. *A Discourse on Property*：*John Locke and His Adversaries*. Cambridge，Cambridge University Press，1980.

以确立私有财产权的。[1]

第二，通过属于个人所有的劳动改变物品自然所处的状态可以使个人确立对劳动对象的所有权。要想从共有的东西中确立私有的权利，洛克必须找到一种本身属于私有的中介。这个中介首先是人身（person），每个人都对他自己的人身拥有财产权，这种权利是排他性的。[2] 由此推理，他身体的劳动及其劳动成果都正当地属于他。因此，人天然地就拥有他的人身和他的劳动，这是他确立私有财产权的必要中介和手段。既然人拥有他自身和他的劳动，那么只要他用自己的劳动使任何共有之物脱离其自然所处的状态，他就在这物品上面加上了自己的某些东西（人格的延伸），使其成为他的财产，从而排除了其他人对它的共有权利。

第三，腐坏原则，即劳动所得之物构成有效财产权的限度是，不能让其劳动产品在占有过程中因未能及时消费而腐坏。

第四，充足性原则，即在自己通过劳动占有部分共有物品后，必须留给其他人足够多足够好的东西，以便他们可以通过自己的劳动加以占有。

在这四个要素中，后两条自然法原则是洛克为了进一步强化他的财产权理论的说服力而提出来的。显而易见，当腐坏原则和充足性原则同时被满足时，个人的劳动财产权就具有充分的合理性，被排除了对于特定劳动对象的共有权利的人们再也提不出有力的理由来争辩，否则他们就是觊觎他人的劳动成果而想要不劳而获。

上述四个要素综合起来就构成了确立私有财产权的自然法标准，依据这一标准，上帝最初赐予全人类共有的世界就可以不必经过任何人的同意而自然形成各种各样的私有财产划分，从而为正义概念的贯彻奠定最初的基础。

---

① 因此，诺齐克对洛克财产权理论的诘难就是站不住脚的。诺齐克的反驳是：根据洛克的说法，我们只要在大海里撒入一罐番茄汁，就可以把整个大海据为己有，因为我们对共有之物大海添加了自己的劳动，使大海自然所处的状态发生了变化（多了一罐番茄汁）（参见［美］诺齐克：《无政府、国家和乌托邦》，何怀宏等译，209 页，北京，中国社会科学出版社，1991）。但是，这显然是对洛克的误解。因为诺齐克例子中的劳动不能为劳动者带来任何生活上的益处，反而是暴殄天物，没能实现上帝的意志，因而也就缺乏确立财产权的基础。

② 无论在《论自然法》还是《政府论》中，洛克都强调，由于人是上帝所创造的，所以上帝才是人的唯一拥有者，人并不拥有自身。因此，上帝有毁灭人的权利，但人却没有毁灭自己的权利。但是在这里，洛克却又说人拥有他的人身，这岂不是自相矛盾吗？对于这个矛盾，笔者认为塔利的解释是有说服力的。塔利说，上帝拥有人（man）和人拥有自身（person）是两个不同的概念。这里所谓的“人身”不是通常所说的“人的身体”，而是有着更为宽泛的含义，可以说是“人的自身”的简化说法。“人”与“人身”的区别在于，人是上帝所造的一种有生命、有智慧的存在，而人身则是在上帝所赋予“人”的基本特征的基础上通过个人的努力和境遇而形塑的那个存在。正是在这个意义上，“人”拥有“人身”或“自身”（Tully，James. *A Discourse on Property*：*John Locke and His Adversaries*，pp. 105 - 114）。

当然，在洛克的叙事中，货币的发明使腐坏原则在分配正义方面所发挥的作用（令每个人不愿获取超出其所能消费数量的财产，从而使人们之间的财产规模差距不会太大）变得形同虚设，并且使充足性原则的满足也变得岌岌可危。不过，这些在洛克看来其实并不是问题。货币的发明使勤劳的人们可以突破腐坏原则的限制，使自己的辛勤获得最大限度的回报，同时也为社会创造了巨大的财富。另外，充足性原则的满足（当时主要是土地供应问题）仍然不是问题。因为一方面，美洲仍然有广袤无垠的土地可以作为全人类的共有财产供那些无地少地的人去开垦和圈占①；另一方面，洛克实际上认为在人类价值的创造中，土地等生产资料的贡献微乎其微，而劳动力的贡献才是最主要的，劳动力已经取代土地成为最重要的资源，而且劳动力的创造力具有无限的潜能，在这个意义上，充足性原则的可满足性仍将长期有效②。因此，洛克财产权理论的四要素依然构成其分配正义概念的有效判定标准。

值得注意的是，在这四个要素中，最重要的其实并不是人们经常提及的第二点“通过劳动确立财产权”，而是第一点“上帝的意志”。设想一下，假如洛克的财产权理论只有后面的三个要素，其实仍然不足以有效排除其他共有权利

---

① 美洲并不是无人居住的大陆，欧洲殖民者圈占美洲土著居民所生活的土地难道不会侵犯当地人的土地财产权吗？这个问题貌似有理，但当我们仔细思考洛克关于土地财产权确立的理论之后就会发现，美洲土著居民对他们所使用的大部分土地都没有洛克意义上的财产权。我们知道，美洲土著居民的主要生活方式不是农耕，而是采集和游牧渔猎，后者可以确立对植物果实和海陆动物的财产权，但却不能确立对采集场和牧场的土地财产权，因为根据洛克的理论，要确立对土地的财产权，只有一种方式，那就是圈占土地并在上面精耕细作。换句话说，只有当时在欧洲处于主流的农业用地方式才能确立土地财产权，而美洲土著居民的采集和游牧渔猎的用地方式是不够资格的，其原因是上帝不仅要求人类利用世界，而且要求人类利用世界为生活提供最大的便利。就土地而言，这就是要使土地上的产出最大化。显然，农耕比采集和游牧渔猎可以使土地有更大的产出。这样，美洲土著居民不仅不能抱怨欧洲殖民者圈占了他们的土地，而且还要感谢他们帮助大大提高了土地生产力，丰富了供应人类生活的产品。显然，洛克的财产权理论为欧洲殖民者在美洲的殖民扩张提供理论辩护的意图是昭然若揭的［Tully, James. *An Approach to Political Philosophy*: *Locke in Contexts*, pp. 137－176. Lebovics, Herman. The Uses of America in Locke's Second Treatise of Government. *Journal of the History of Ideas*, 1986, 47 (4), pp. 567－581. 强世功：《自然权利与领土主权——从洛克到马歇尔的隐秘主题》，见《现代政治与道德》，108～124 页，上海，上海三联书店，2006］。

② Fagiani, Francesco. Natural Law and History in Locke's Theory of Distributive Justice. *Topoi*, 1983 (2), pp. 163－185. 巴克勒提出了一个解释充足性原则如何得到满足的不同思路。他认为，充足性原则主要是为“生存条件最恶劣者”设置的，一旦勤劳而理性的劳动者通过自己对土地的圈占和耕作使这些处境最差者的生存状况也得到了改善（如英国的短工在衣食住行方面胜于美洲的国王），那么充足性原则就可以说得到了满足（亦即，英国地主的圈地行为就是正当的）。根据他的解释，“留给他人足够多足够好”的意思不是字面上的，而是在保证最弱势阶层的生存状况至少不比原来（也就是与共有财产个别化行为发生前相比）更差的意义上说的（参见［澳］斯蒂芬·巴克勒：《自然法与财产权理论：从格劳秀斯到休谟》，146～150 页）。

人对于一个特定的被私占之物的权利要求。[①] 而且，事实上连整个财产权问题的背景（上帝最初将世界交给全人类共有）也是由第一个要素设定的，否则甚至不会出现共有权利人的问题。因此，我们有必要深入考察洛克正义观的神学背景。

第三节　上帝的正义

洛克在写于1680年的一则笔记中专门谈到了“上帝的正义”，可以为我们剖析洛克正义观的神学背景提供切入点。[②] 洛克说，上帝不仅是全能的，而且是全知、全善的，因为全能如果不受全知和全善的约束，则不可称之为一项优点。上帝自身已经如此完美，不可能变得更好，因此上帝的全能不是针对他自己而言的，而是针对他的造物（在这篇短文的语境下主要是指人类）而言的。这种全能得以运用的目的是让其造物获益，而不是让他们受苦。所谓上帝的正义就是说，上帝向其造物展现其善意，赋予其造物一切能够用于追求幸福的手段，以利于他们在一种美好有序的状态中实现自我保存。由于我们不可能使上帝这一完美的存在受益或受损，所以上帝要惩罚他的一部分造物，只能是为了保存大多数的造物，而没有任何其他原因（如报复人类，因为报复的前提是上帝因人类的行为而受损，而那在逻辑上是不可能的）。上帝的正义只是他的善意的一个部分，要严厉遏制那些作恶的人，但不会超出其全善意图所认为的保存人类的必要限度。如果认为上帝惩罚人类还有除此之外的其他原因，那都有损于上帝的正义。在这里，上帝的正义实际上是上帝把不能在人与人之间自动实现的正义，通过他的全能、全知、全善带给人们。这种正义的根本目的是人类的保存，而且是在一种美好有序的状态当中实现的舒适的生存。为了实现这

① 如果没有上帝的意志要求人们要利用他赐给人类的共有财产来增进自身和全人类的保存，那么即便有人通过辛勤劳动试图将共有土地的一小部分圈占起来自行耕种和自享其成，而且同时满足了腐坏原则（通过货币储存劳动果实）和充足性原则（留给其他人足够多足够好的土地），其共有权利人仍然可以要求他停止这样做，并坚持过某种共同生产、共同消费的共产主义生活。但是，如果有上帝的意志这个要素进来，那么其他共有权利人的要求将不得不服从于上帝的意志（上帝的意志具有最高的效力）。因为划拨私用可以极大地增进对于资源的利用效率，从而更好地实现上帝的意志，所以劳动财产权才最终成立。这也是为什么洛克会说，一个英国短工的物质生活条件都要优越于一个美洲的部落国王。

② Locke，John. *Political Essays*，pp. 277－278.

个目的，有必要惩罚其中的为恶者。

上帝的正义如何实现？洛克并未直接回答这个问题。但是综合他在不同著作中的有关论述，我们可以尝试给出几条线索。

首先，如上所述，上帝的意志构成洛克财产权理论的神学基础。上帝不但许可，而且实际上还要求每个人通过劳动将共有财产的一部分划拨私用，以利于个人的保存，进而增进全人类的保存，因为这正是上帝的正义的体现。因此，洛克财产权理论所阐明的正义标准不仅仅是一般意义上的分配正义，而且是上帝的正义。按照这个正义标准通过辛劳和智慧所创造的个人财富具有神圣的正当性，因而是不可侵犯的。保护这一由劳动财产权构筑的正义秩序是每个政府的职责。[①]

其次，上帝通过赋予每个人趋乐避苦的天赋倾向和理性思考能力，促使人思考和实践自然法和正义。在《人类理解论》中，洛克把善恶的正义观等同于我们的苦乐之感："所谓善（good）就是易于在我们身上引起或增加快乐，或是减少痛苦的东西；又或者是易使我们得到或保持其他的善，或去除其他的恶的东西。与之相反，我们所说的恶（evil）就是易于在我们身上产生或增加痛苦，抑或能减少快乐的东西；要不然，它就是易于带给我们痛苦，或剥夺我们快乐的东西。"[②] 洛克承认，趋乐避苦是天赋实践原则，但又指出，它只是一种欲念倾向，本身并不是道德原则。如果把每个人的苦乐之感等同于道德判断，那么人类的正义观就将失去客观的标准。所幸的是，上帝还赋予每个人以理性。在洛克看来，理性思考告诉我们，最大的善就是获得天堂的永生，而最大的恶就是末日审判之后的万劫不复。这是上帝为确保自然法得到执行而给人们的道德行为施加的最大的奖惩。如果人能充分运用自己的理性看清升入天堂将给自己带来的至高无上的快乐，以及堕入地狱将给自己带来的无穷无尽的痛苦，那么这种对极乐和至苦的预期就能决定他的意志，使他克制其眼前享受的欲望，并且无惧当下痛苦的侵扰，勇敢而坚定地追求德性，实践正义。因此，

① 政治权力的来源是人人在自然状态中所拥有的自然法的执行权，而后者的目的是保护自然状态中个人的生命、自由和财产不受他人侵犯。政治权力与自然法的执行权在性质和目的上具有同构性，因此政治权力在本质上是保护财产权的权力，以便惩罚犯罪行为。必须指出的是，洛克在《政府论》中反复强调政府的目的就是保护财产权，这个财产权是指广义的财产权，同时包括了对于生命、自由和狭义的财产的权利。

② Locke，John. *An Essay Concerning Human Understanding*，p. 229. ［英］洛克：《人类理解论》，199 页。

洛克不仅说“正义是首要的自然法和每个社会的纽带”[①]，而且强调“正义是基督徒的主要义务之一”[②]。当然，认识和实践正义之路并非坦途，否则人类也不会出现那么多不义的事情了。关于不正义的根源，我们留待下一小节再来讨论。

第三，洛克在《政府论》下篇中不断强调诉诸天，实际上就是诉诸上帝的正义。[③] 诉诸天分为以下几种情况。第一种情况是在没有对争执双方进行裁判的共同权力存在的纯粹的自然状态中，当一方认为另一方侵犯了他的权利时，就可以向侵犯者宣战。宣战者在道义上是诉诸上帝的正义的。第二种情况是虽然有人世间的明文法律和公认的裁判者，但事出紧急，时间上不容许受侵犯者向具有权力的裁判者寻求法律上的救济，这时也只能诉诸天，就是自力救济。例如当有劫匪拦路抢劫，而且要谋财害命的时候。但洛克最想强调的是第三种情况，即权利侵害者不是别人，正是这个掌握公共权力的裁判者自身，他要么公然枉法，拒绝给予人们应有的法律救济，要么直接使用暴力侵害无辜者。这样的统治者违反了人们走出自然状态、加入政治社会的初衷，违反了其被信托的权力所要达到的目的，已经在事实上丧失了合法统治的资格。对于这个暴君与人民之间的争端，人世间已经没有合适的裁判者，人们只能诉诸天，通过反抗暴君来贯彻上帝的正义。洛克著名的反抗权理论正是以上帝的正义为基本道德依据的。[④]

第四，从根本上说，生命和永生都是对正义的奖赏，上帝的末日审判才是绝对正义。人的重大的、根本的利益在于灵魂得救和获得永生，而这要在末日审判的时候才能揭开最后的谜底。对于末日审判的依据，洛克反对原罪

---

① Locke, John. *Essays on the Law of Nature*, p. 169.

② Locke, John. *Political Essays*, p. 208.

③ 参见［英］洛克：《政府论》（下篇），第13、19、20、89、93、125、131、136、181、240、241节。

④ 人民的反抗权从根本上说来源于每个人根据自然法在自然状态中所拥有的做自己认为合适的事情以便保存自身的权力。当人民联合成为政治社会后，他们就把这种权力交给社会所有，而在签订政治契约之后，又由社会把这种权力授予政府。反抗权所直接针对的就是统治者的暴政，而一旦统治者实施暴政，就意味着政府已经解体，因此保存社会的权力再次回到社会手中，这就是人民的反抗权。个人可以暂时让渡这一权力，但是他们永远不能从根本上放弃这一权力。这是因为保存自身和保存社会是每个人不可推卸的自然法义务，反抗权是他们在特定时刻履行这一义务的必要手段。这是一种属于全人类所有的最终的决定权，它高于任何人定的法律。李猛指出，与格劳秀斯、霍布斯和普芬多夫相比，洛克使现代自然法学派第一次展现了潜在的革命意涵。洛克使革命不再成为“政府败坏或政府失灵的标志”，而成为“国家和社会最高权力构成的关键”（李猛：《自然社会——自然法与现代道德世界的形成》，445页）。

说，坚持信主之法（只要相信基督就是弥赛亚，就能得救）与立功之法（要严格按照自然法的要求进行道德实践）并重。自然法的宗教意义在于它为人的灵魂得救提供了基本途径。[①] 既然认知和实践自然法对人的得救来说如此重要，那么自然法是否以及如何可以被完全准确地加以认知就成了重大的问题。[②] 虽然洛克从未对自然法可以被人的正确理性加以认知（甚至可以如数学般精确地加以证明）这一点失去信心，但是越到晚年，他越对证明自然法的科学性的困难有了深刻体认。因此，他在写作《基督教的合理性》的时候，开始强调"大多数人无法知，因此他们必须信"[③]，也就是转而强调人的得救除了要依赖于正确认知和实践自然法之外，还要依赖神的启示，依赖相信基督耶稣是我们的救世主。上帝的正义的目的是人类的保存，这一保存的终极状态是所有上帝拣选之人在末日审判之后升入天国得享至福。为了成为上帝的选民，每个人（基督徒）都要在此世把立功之法和信主之法的要求践履躬行。

---

① 参见吴飞：《在良心与自然法之间——洛克宗教宽容论的思想张力》，见吴飞主编：《洛克与自由社会》，98～197页，上海，上海三联书店，2012。吴飞的这篇长文把洛克宗教宽容论中个人主观的良知与作为客观道德法的自然法之间的思想张力作为观察视角，按洛克作品写作的时间顺序（也可看作其思想发展的顺序）深入分析了其全部主要著作，展示了诸多启人深思的洞见。但是该文在分析《宽容书简》（吴飞译为《论宽容书》）时过于强调人在认识自然法方面的困难，从而错误地认为世俗政府的法律完全不可能以自然法为蓝本，导致洛克式的政府与霍布斯式的政府在政治效果上非常接近（因为自然法由于极难被认识而形同虚设）。事实上，综观洛克的自然法思想，虽然吴飞的文章敏锐地把握到了其中的思想张力，但是却没有清楚地看到洛克在服务于不同的论辩目的时，会倾向于强调自然法在认知性方面的不同特点。例如，当他试图表明灵魂得救完全在于个人的良知而不能指望通过外在强制实现时，就会强调认知自然法的困难，从而排除执政官自信可以掌握自然法的真理以干预个人宗教信仰自由的可能性；当他试图表明自然状态是一种和平有序状态时，他又会强调自然法是人人都可以凭理性轻松加以认知的；而当他试图表明自然状态由于没有明示的法律而存在诸多不便时，他又会强调每个人仅凭理性很容易在自然法的认识上发生分歧。因此，洛克的自然法思想经常在"理性很容易认知"和"理性很难准确把握"这两个极端之间游走，很多时候取决于他当时论辩的语境。当然，不可否认的是，洛克越到晚年对于单凭理性认知自然法的困难体认越深。但重要的是，洛克从来没有放弃自然法可以如数学般加以证明的信念（尽管他从未做到这一点，也不可能做到这一点）。因此，仅凭洛克在《宽容书简》中的观点就推出他实际上认为自然法不可能真正充当政府立法的向导乃是有失偏颇的，也与《政府论》中的基本观点不相符。洛克自然法思想中的矛盾或张力固然与他从来不以逻辑清晰见长有关，也与自然法本身的矛盾性特征有关：一方面，很多基本的自然法看上去似乎是不证自明的，如不能滥杀无辜，要孝敬父母等；另一方面，要全面地认知整体的自然法却又似乎是不可能的。

② 关于这一点，下一小节"不正义的根源"还有详细探讨。

③ Locke，John. *The Reasonableness of Christianity*. John C. Higgins-Biddle，ed. Oxford，Clarendon，1999，pp. 157－158.

第四节 不正义的根源

洛克在晚年最后一部重要著作《基督教的合理性》中反对人有原罪，强调亚当犯的罪不应由他的子孙来承担。因此，人生而清白无辜，并且没有天赋观念，心灵像一张白纸。既然如此，就没有人天生是不正义的。那么不正义的根源在哪里呢？那些搅扰世间和平与安宁的邪恶的观念和做法是从哪里来的呢？

分析不正义的根源，还是要从自然法说起。人有理性能力，可以认知自然法。自然法是一切正义的基础。洛克说，正义是最大和最难的义务，当正义得以确立，其余的德性或义务就不再困难了。[①] 遵守正义的义务之所以如此困难，一个主要原因是，要正确运用理性认知自然法并不容易，人们经常犯错，或者更确切地说，从未免于犯错。一旦对自然法的理解发生了偏差，自然在行动上就会导致不正义。在这个意义上说，不正义的根源其实是一个认识论的问题。那么，人单凭理性到底能否做到全面准确地认知自然法呢？如果不能，那么岂不是说不正义的根源在于人的理性的局限性，而人的理性又是上帝赋予的，则上帝岂不是最终要为此负责？而且，不知者无罪，如果人凭理性无法真正认识自然法，那么人就不会犯下对上帝的罪，也就无须一个救世主来拯救我们。这是洛克不能接受的结论。因此，终其一生，洛克都相信自然法是可以被人的理性充分认知的，自然法的道德义务是可以如数学般被精确证明的，尽管这绝非易事，但也绝非不可能之事。[②]

洛克从没有说人的理性不足以理解自然法，但是他也看到，在基督耶稣降临之前，人凭理性本身尚未发现全部的自然法，尚未明确了解他们的全部义

---

① Locke, John. *Political Essays*, p. 269.

② 戈蒂认为洛克所谓的道德的可证明性有两种可能的含义。在较弱的意义上，洛克是说我们可以阐明存在于同义反复命题当中的一种形式框架，例如“没有财产权，就没有非正义”和“没有政府允许绝对的自由”；在较强的意义上，是说我们可以证明实质性的道德命令（Goldie, Mark. Introduction. in John Locke. *Political Essays*, p. xxi）。笔者认为，洛克所谓的自然法或道德法的可证明性应该是在戈蒂所说的较强的意义上说的，理由是，在洛克的观念世界中，道德知识是人的创造，并不以外界的事物为原型，因此人可以了解其本质，进而找到一种适当的方法，来发现和证明各种伦理观念之间的确定性关系。相比较而言，自然科学所研究的对象乃是上帝的创造，人永远无法了解其本质。因此，与我们今天的信念相反，洛克认为我们在道德学方面可以获得比自然科学更清楚明白的知识（参见［英］洛克：《人类理解论》，506～508、640～641页）。

务。这表明，单独依靠理性来发现自然法的道德义务，其进程是缓慢而艰难的，因此人很容易违反自然法的正义要求，从而犯下对上帝的罪。也正因如此，神的启示才是必要的，基督耶稣的救赎也才是必要的。在《基督教的合理性》中，洛克小心翼翼地在两种立场之间保持平衡：一方面，他要强调理性具有独自发现自然法的能力；另一方面，他又要强调在获取自然法知识时，启示相对于理性的优越性，因为启示更加直截了当，更具有确定性和权威性。[①] 而且就人类社会一般的理智状况而言，大多数人更多的是要借助信主来走上得救之路的，钻研自然法本身对于改善人类整体的道德状况帮助不大。

这是因为洛克意识到，人的行动并不是由理性直接驱动的，而是由意志直接驱动的。意志又是由希望去除某种不快的欲望决定的。[②] 我们固然希望理性能对欲望加以指导，但欲望是否愿意听从理性的指导，并不是由理性对道德律（或自然法）的理解力高低直接决定的。能够使欲望听从理性指导的最有效的手段是培养习惯。当欲望习惯于听从理性的指导，人就形成了一种自我克制的能力，这种能力亦被称为德性。洛克认为，“世界上大多数错误判决是出于意志的错误而不是理解的错误，因此要想使正义得到良好的执行，应当注意用心去选择正直的人而不是有学问的人”[③]。洛克强调正义作为一种内在的品质或德性，要基于习惯的培养而不是智识的训练。在推进正义的事业上，德性比理性的作用更大。反过来说，不正义的另一个主要根源就是，一个人在幼年时期未能养成良好的德性，使自然本性的无规定性受到太多的不良影响。[④]

好习惯的养成要趁早，因为如若不然，让恶习抢了先机，就会把幼童的自然本性给败坏了。所谓恶习，就是不对人的欲望进行约束和规训而形成的习惯，因此自由放任对幼童有百害而无一利。在幼童的理性还远未成熟的时候，要训练他的意志完全服从家长的理性，也就是培养他“管束和克制自身欲望的能力”，为理性成熟后形成对是非的判断能力打下基础。[⑤] 洛克认为，要用名誉

---

① 洛克自己没能做到对自然法的数学式证明恰恰表明了启示的价值（Higgins-Biddle，John C. Introduction. in John Locke. *The Reasonableness of Christianity*，pp. cvii－cviii）。

② Locke，John. *An Essay Concerning Human Understanding*，II，XXI，pp. 233－287.［英］洛克：《人类理解论》，203－257 页。

③ Locke，John. *Political Essays*，p. 273.

④ 关于自然本性的无规定性，可参见王楠：《培育自由：洛克的教育哲学读解》，见渠敬东、王楠：《自由与教育：洛克与卢梭的教育哲学》，1～149 页，北京，三联书店，2012。

⑤ Locke，John. *Some Thoughts Concerning Education*，§§36，39－40.［英］洛克：《教育片论》，118、121～122 页。

感和羞耻感来辅助节制[①]，加上反复练习[②]，特别是再加上周围人正面的榜样力量[③]，使欲望服从理性这一点尽早变成习惯，循序渐进地成为内化的原则。这样，本性与习惯的界限就不是那么清晰了，习惯变成第二本性，德性也就经由习惯成为人的内在实践原则，"这一习惯乃是未来能力和幸福的真正基础所在"[④]。于是，一个仅具有天赋自由倾向的自然人就被培养成具有自制力和自主性的社会人和公民。

塔科夫指出，洛克在《教育片论》中所教导的美德建立在两点洞见之上：第一，差不多所有有价值的东西都来自人的劳动；第二，世间有更多比自己强的人（所以想任意支配别人是不可能的）。这些美德反映了洛克的政治观。洛克并没有直接教人爱国，但"他所传授的美德跟他的政治观"都为了同样的目标，"即维护自己与他人，避免犯上那么困扰人民生活的不公正和争夺行为"。对人保存生命、自由、财产的主要心理威胁是"人们天生的虚荣心和野心"，"那取代了理智的情意欲望或想象"，那想要"得到别人劳动成果的幻想或贪婪之念"，这些都是洛克的德性教育希望去抗衡的东西。[⑤]

综上所述，洛克认为，不正义的根源主要有两个方面：在理性认知自然法上发生的偏差导致行为的不正义；在德性养成上的失败使人放纵欲望，觊觎属于他人的东西，从而越过了正义给人与人的财产关系所划定的界限。不正义的这两个根源与洛克正义观的三个维度有密切的关系，前者指向自然法和上帝，后者指向财产权。

第五节　正义与慈善

洛克在一则写于1695年题为《售卖》（Venditio）的短文中探讨了市场上的正义与慈善[⑥]，这对于我们理解洛克的正义观颇有启发。洛克说，严格的正

① Locke，John. *Some Thoughts Concerning Education*，§§48，56-62.［英］洛克：《教育片论》，126、129～132页。

② Ibid.，§64. 同上书，133页。

③ Ibid.，§§67-71. 同上书，137～146页。

④ Ibid.，§§10，45. 同上书，103、125页。

⑤ 参见［美］塔科夫：《为了自由：洛克的教育思想》，邓文正译，334～345页，北京，三联书店，2001。

⑥ Locke，John. *Political Essays*，pp. 339-343.

义要求我们一视同仁地以市场价格把产品卖给其他所有人。只要在同一市场上的售价针对张三和李四毫无差别，那就不违反正义的要求，因为正义就是要求我们对其他所有人秉持同一个尺度。洛克举例说，假如有个商人把两艘装满粮食的船分别开往两座不同的城市，其中一座城市敦刻尔克粮食短缺，接近于闹饥荒，所以他的粮食能卖高价，而另一座城市奥斯坦德则需求平稳，他的粮食只能卖到敦刻尔克四分之一的价格。那么这个商人在敦刻尔克高价出售粮食是否是在乘人之危行不义之事呢？洛克的回答是否定的。这个商人在敦刻尔克的做法没有什么不正义，只要他以同样的价格把粮食卖给当地的所有消费者，而没有对他们区别对待。市场价格之所以是公平正义的价格，也是因为它是用同一个尺度来衡量买家和卖家，前者想买得越便宜越好，后者想卖得越贵越好，双方在市场上机会均等，供给和需求最终达到的平衡就是市场价格，也就是公平正义的价格，它与卖家的利润率无关。这是“市场的道德自足性”①。

当然，这个商人的做法可能违反慈善的要求，因为慈善要求我们把物品以较便宜的价格卖给急需这一物品且贫穷的买家。而且，如果利用他人的迫切需要（necessity）过分敲诈，使他人以超出自己支付能力的水平来出价，被榨干最后一分钱，不给他们留下未来生存所需的任何储备，甚至可能等同于谋杀，那就是犯罪了。商人不应以他人生命为代价来追求市场利润，而且还有义务牺牲自己的一部分利益，分享自己的一部分财产去接济濒死的人。洛克总结说，市场价格（公平正义的价格）就是把产品卖给那些不是对产品有绝对需求的人的时候的成交价格。这恰恰说明正义要起作用是有条件的，当一方的物质资源极度匮乏，以至于生存本身都无法保障的时候，是不能对其要求正义的，这时应该起作用的是慈善原则。

当财产权与自然法在人类应该尽可能得到保存的义务要求上发生矛盾时，洛克明确赋予处于迫切需求状态的人以取用富有者财产，使自己免于饿死的某种权利：“正如正义给予每个人以享受他的诚恳劳动的成果和他的祖先传给他的正当所有物的资格权一样，‘慈善’也给予每个人在没有其他办法维持生命的情况下以分取他人丰富财物中的一部分，使其免于极端贫困的权利。”② 在这里我们可以把极度贫困的人对富有者要求施舍救济的权利称为“慈善权”。虽然这种慈善权可以在一定程度上对抗财产权，但是由于慈善权生效的条件苛

① Dunn, John. Justice and the Interpretation of Locke's Political Theory. in Richard Ashcraft, ed. *John Locke: Critical Assessments*, Vol. III. London, Routledge, 1992, p. 46.

② Locke, John. *First Treatise of Government*, § 42. ［英］洛克：《政府论》，34～35 页。

刻，它对财产权所构成的限制是非常有限的。我们看到，慈善权的权利主体必须处于极度贫困的境地，有急切的需要，并且没有其他办法维持生存。这些限制条件表明慈善权不可能是一项长期普遍有效的权利，而只能是一项在特定的情境下对特定主体临时有效的权利。

洛克之所以对慈善权施加如此严格的限制，主要是因为他不希望看到“懒惰的”穷人利用慈善权“剥削”“勤劳的”富人，换言之，他不希望由劳动财产权构筑的正义秩序受到慈善原则的过分冲击。

我们今天通常更多地把贫困现象归结为社会环境等结构性原因，而较少地归结为个人性原因。然而洛克恰恰相反，在他的观念中，绝大部分贫困者之所以陷入那样经济窘困的境地主要是个人懒惰造成的，因此，富裕和贫困就具有了一定的道德色彩。当然，洛克并不是简单地认为富人就有德，穷人就无良。但洛克确实对穷人“哀其不幸，怒其不争”，他并不鄙视穷人，但鄙视懒人，又认为懒惰与贫困有直接关系，因此要让穷人摆脱贫困状态，特别是要让穷人不再依赖勤劳的富人的剩余财富生活，要让他们变得“有用”，而不再纯粹是国家或其他国民的负担。

在写于1697年的《论济贫法》中，洛克认为，穷人数量的增加以及为了供养这些穷人而征收的税赋的增加已经让英国不堪重负。穷人越来越多的原因是“管制的松弛和行为的腐化；德性与勤劳总是相伴而行，正如邪恶与懒惰也总是形影不离”①。洛克的对策就是要通过严格的法律来限制穷人的淫逸，使他们有工作可干。其核心思想是：真正的扶贫不是一味救济，那样只会滋长穷人的懒惰，而是为他们找到工作，保证他们不再依赖他人的劳动而活得像个寄生虫，人人都应充分地发挥自己的劳动力。

从洛克所提的措施和建议中，我们可以深切地感受到，在洛克的观念中，劳动首先是一种自然法义务，其次才是一种权利，这种义务既是对上帝的义务（人要保存自我），也是对公众的义务（人要保存社会）。正是在这个意义上，洛克要求那些只有部分（乃至微弱）劳动能力的人也要将其劳动力贡献给公众，甚至包括年满三岁的儿童。② 在今人看来，这要求几乎令人发指，很多论者也把这当作洛克为资本主义剥削性生产辩护的证据。但是洛克的理由却有着完全不同的语境。第一，他认为懒惰是基督徒的耻辱；第二，他认为让孩子从

① Locke，John. *Political Essays*，p. 184.

② 洛克要求所有领取救济者的3～14岁的子女都必须进入工读学校参加劳动，这同时也可以解放他们母亲的劳动力（Locke，John. *Political Essays*，pp. 190－192）。

小养成劳动观念将会令其终生受益；第三，这些孩子的父亲通常把救济金花在酒馆里而不是自己的孩子身上，所以让他们的子女进入工读学校可以更好地实现救济的目的，因为他们将得到更好的照顾；第四，工读学校的孩子有义务每周日去教堂，从而培养宗教情感，而懒散长大的孩子则不知宗教、道德和勤奋为何物；第五，让这些工读学校普遍从事毛纺业的生产，对英国的贸易和财富积累十分有利。在这五个理由中，只有第五个理由与资本主义稍稍有些关系，但是与其说是资本主义，不如说是重商主义更符合当时的历史背景。其余的四个理由除第三个是出于政策效果考虑之外，都与宗教和道德有关。勤劳是基督徒的义务，是需要从小培养的道德观念，而这种道德观念的培养又与他的宗教情感的培育密切相关。出于他浓重的清教情结和富国强民的实践需要，洛克才提出了在我们看来十分残酷的政策措施。但与此同时，洛克也强调，如果有人因未得到应有的救济而死去，相关的责任人要受到惩处。[①]

可见，在正义与慈善的关系上，洛克始终把通过劳动财产权构建的正义秩序摆在中心位置，虽然这个秩序在边缘地带可以对特定的慈善要求做些许让步，但绝不能让慈善干扰了正常的正义秩序。而且，即使是在直接处理贫困问题（通常被归于慈善领域）的时候，洛克的思路也仍然围绕着劳动创造价值的主题展开。劳动不仅是自然权利，更是自然法义务，希图不劳而获是最大的不正义，因为不劳而获违反了自然法，否定了财产权，背弃了上帝保存人类的意志。救济穷人的慈善之举固然也符合上帝关于保存人类的自然法，因为上帝绝不会允许一个人眼睁睁地看着他的同胞饿死而无动于衷，但是最好的慈善是帮助穷人通过劳动摆脱困境，从而进一步巩固正义的秩序，而不是单纯救济，因为那容易助长穷人懒惰的习性，进而威胁正义的秩序。

第六节 洛克正义观的政治思想史意义

要探讨洛克正义观的政治思想史意义，就有必要把他的正义观放在政治思想史的脉络中前后对比。笔者选取了不同时期的五位政治思想家作为政治思想史上的坐标，分别是：处于古典时期的亚里士多德、处于中世纪的托马斯·阿

① Locke，John. *Political Essays*，p. 198.

奎那、与洛克同处现代早期的霍布斯、比洛克晚近一个世纪的休谟和当代的罗尔斯。[①] 下文将分别将洛克的正义观与这五位思想家的正义观的特定方面做简要的对比，从而帮助我们更好地确定洛克正义观的独特价值。

洛克在牛津大学的主要课程之一就是亚里士多德的哲学，不可避免地会受到其潜移默化的影响，因此他的正义观与亚里士多德有很多一致之处并不奇怪。例如，他们都认为正义是做法律所要求的事情，正义是德性之首，正义处理的是人与人之间的关系，存在自然正义，等等。但是，更值得我们关注的是他们的不同点。第一，亚里士多德的正义概念内涵更加完备，包容性更强。亚里士多德把正义视为人的交往行为上的总体的德性："守法的正义不是德性的一部分，而是德性的总体。它的相反者，即不正义，也不是恶的一部分，而是恶的总体。"[②] 相比之下，洛克仅把正义视为众多德性中的一种，虽然对于政治秩序而言，正义是最大的德性，也是最难的德性。第二，亚里士多德为正义赋予了崇高的价值："政治的正义是自足地共同生活、通过比例达到平等或在数量上平等的人们之间的正义。"[③] 正义着眼于实现城邦的共同善，而那是所有善业中"最高而最广的"[④]。洛克以财产权为基本落脚点的正义就没有那么崇高，它强调的只不过是安分守己，不要觊觎属于他人的东西。当然，洛克的正义观还有神意基础，具有履行对上帝之义务的意涵，但总体而言，没有亚里士多德拔得那么高。洛克也绝不认为正义可以保障人过上自足的生活，因为完全自足的生活只有在灵魂得救之后的天国才能实现。第三，亚里士多德讲的分配正义是一种按比例的分配，平等的人分得平等的份额，不平等的人分得不平等的份额。分配的依据在不同的政体之下有不同的标准："民主制依据的是自由身份，寡头制依据的是财富，有时也依据高贵的出身，贵族制则依据德性。"[⑤] 在这些标准之下，分配主要根据"人们各自对公共事业的贡献来进行"[⑥]。而且，分配

---

① 这当然不是说这五位思想家的正义观就等同于其所在时期的正义观，但毫无疑问，他们分别都在一定程度上具有特定时期的代表性。这种选取不可避免地会遗漏很多在政治思想史上关于正义问题的重要论述，如古希腊史诗和戏剧、前苏格拉底哲学家、柏拉图、西塞罗、奥古斯丁、格劳秀斯、普芬多夫以及很多现当代思想家的论述。但是限于篇幅和笔者的学力，只能就洛克与这五位思想家的正义观略作比较。另外需要指出的是，这种对比只能是就他们的正义观的特定方面进行对比，而不可能是全面的对比。

② ［古希腊］亚里士多德：《尼各马可伦理学》，廖申白译注，131 页，北京，商务印书馆，2003。为了文字统一起见，原译文的"公正"在引用时一律改成"正义"。下同。

③ 同上书，147 页。

④ ［古希腊］亚里士多德：《政治学》，吴寿彭译，3 页，北京，商务印书馆，1965。

⑤ ［古希腊］亚里士多德：《尼各马可伦理学》，135 页。

⑥ 同上书，137 页。

正义的对象主要是公共物（矫正正义的对象才是私人物），这里的公共物主要是指城邦的公共职位。[①] 与此相比，洛克的正义观不但不强调区别对待，而且恰好相反，强调对所有人（因为人生而自由平等）采用同一尺度。在这个意义上，政体形式对正义原则没有影响。洛克分配正义的对象主要是物质资源，分配依据的标准是前文概括的劳动财产权四要素。

比起亚里士多德，洛克与托马斯·阿奎那之间有一个共性是非常明显的，那就是他们的正义观都具有基督教神学的背景。但是，在这个共同的背景之下，阿奎那的正义观又有很多不同于洛克之处。择其要点如下。首先，阿奎那认为公有制可以归因于自然法，但私人所有权只有通过人们之间的协议才能产生，因而都是约定俗成的，尽管这本身并不违反自然法，但却缺乏自然法上的直接根据。换言之，私人财产权属于实在的正义或约定的正义，而不属于自然的正义。[②] 显而易见，这与洛克认为私人财产权是一种自然权利的观点是矛盾的。洛克财产权理论要实现的目标恰恰是，从人类共有世界的状态中生发出私人财产权的正当秩序的过程，不需要经过任何人的同意，因而是自然的，具有神法和自然法的直接根据。其次，阿奎那强调，由人的实定法产生的私有财产的划分不应当妨碍上帝的自然法要求的实现，即人应当利用神赐予的物质财富来实现自身的保存。这样，富人就要做好准备，主动地用自己的多余财产来接济和帮助穷人，满足他们的生活需要。[③] 因为“正义的目的在于调整人们彼此的关系。……任何有益的行动和善行都涉及作为正义的目标的公共幸福”[④]。正像有学者指出的，“中世纪的财产权概念的基础性作用取决于其对社会义务的履行，特别是对慈善义务的履行”[⑤]。对托马斯·阿奎那来说，慈善是正义秩序的内在要求；而对洛克来说，正义与慈善是两个不同的领域，慈善实际上是对劳动财产权的某种否定，因而必须被限定在极为特殊的情况之下（如穷人有极为迫切的需求，若不马上满足就会饿死），对穷人真正的救济是帮助他们重新回到通过劳动创造财产权的正义秩序之中，而不是让他们在正义秩序的外围冲

---

① 参见亚里士多德的明确表述：“在平民政体中，‘正义’就被认定为（分配政治职司的）‘平等’。……在寡头政体中，却以（政治职司的）‘不平等’分配为合乎正义。”（［古希腊］亚里士多德：《政治学》，136页）

② 参见［意］托马斯·阿奎那：《阿奎那政治著作选》，马清槐译，142、138页，北京，商务印书馆，1963。

③ 同上书，142～143页。

④ 同上书，139页。

⑤ Dunn，John. Justice and the Interpretation of Locke's Political Theory. in Richard Ashcraft，ed. *John Locke：Critical Assessments*，Vol. III，p. 51.

击这个秩序本身的基础。在这个意义上，洛克的正义观确实不具有中世纪色彩。

尽管霍布斯的政治哲学与洛克几乎处处针锋相对，但他们至少在正义问题上共享了一个观点，即没有财产权，就没有不正义。[①] 但是，霍布斯在论证这个观点时，实际上已经完全摒弃了亚里士多德意义上的自然正义，而认为一切正义都建立在契约的基础上，正义的源泉来自第三条自然法，即所订信约必须履行。正义丧失了实质性的自然基础之后，只剩下形式上的内容，就是守信履约。至于契约的具体规范，则完全交给了主权者的意志去决定。因此，财产权也不可能是自然财产权，因为它是建立在区分“什么是你的、什么是我的”的具体协议的基础上的，但这个协议要想有效，就需要主权者的支持，而主权者的建立，又需要另外一个契约的支持，因此，财产权至少需要双重契约的保障，只能是约定俗成的。霍布斯不仅降低了正义的地位（取消了高高在上的自然正义，只剩下人与人之间的约定正义），而且缩减了正义的内容（正义在亚里士多德和托马斯·阿奎那那里都是一切德性的总体，但到霍布斯这里正义变成应对政治秩序问题的基本德性，也就是尊重各人所有的东西）。与霍布斯相比，洛克仍然坚持正义的自然基础和神意基础，在这一点上他比霍布斯更接近古典和中世纪；但与此同时，洛克也像霍布斯一样不再视正义为德性的总体，他的正义观也主要是着眼于解决政治秩序问题的，在这一点上他是现代性的塑造者。

霍布斯的正义观同时有意志论和功利主义两方面的考虑，但休谟的正义观则拒绝了霍布斯的意志论和契约论，同时沿着功利主义的思路给出了周密的论证。[②] 休谟与洛克的正义观的相似之处在于它们都是以财产权为核心而构建的基本秩序。但是，休谟认为正义是一种“应付人类的环境和需要所采用的人为措施或设计”[③]，它不可能是自然的德性，而只能是人为的德性。这与洛克的观点恰好相反。休谟说，正义、非正义、财产权等观念的发生是在人们缔结了戒取他人所有物的协议之后，这一点虽然表面上跟霍布斯很像，但是休谟强调的并不是协议背后的意志承诺所产生的约束力，而是这协议所带来的效用，即它

① 参见［英］霍布斯：《利维坦》，96、109页。

② 感谢中国人民大学国际关系学院的程农老师在此问题上的指点。休谟对契约论的批评，参见［英］休谟：《论原始契约》，见《休谟论说文集卷一·论政治与经济》，张正萍译，330～351页，杭州，浙江大学出版社，2011。

③ ［英］休谟：《人性论》，517页。

使每个人都获得了稳定的所有物。而且，由于正义给人类带来的利益是如此之大，并普遍适用，以至于它的规则虽是人为造成的，但已经堪称与人性具有同样的稳定性。[①] 正义的起源与财产权的起源是同一人为措施造成的，这两个秩序本质上也是同一的，是确立人类社会的最为必要的条件。休谟指出，正义的必要性有两个基础，即人的自私和有限的慷慨（人性基础），以及自然资源相对于人的需要的匮乏（自然基础）。不过，正义之所以在大多数情况下能够变为现实秩序，也有两个重要的基础，即人的社会性和一定程度上的平等性（人性基础），以及自然资源只是相对匮乏而不是绝对匮乏（自然基础）。[②] 可以看出，休谟的正义观已经完全变成一个物质资源分配意义上的正义问题，与洛克的正义观相比，它失去了自然法和上帝的维度，只剩下财产权作为核心内容，并由财产权规则衍生出所有基本的道德价值。而且休谟的财产权规则完全建立在效用的基础上，不像洛克财产权规则的首要基础是上帝的意志（人类必须得到保存）。因此，在讨论诸如慈善这样的德性时，休谟也不能像洛克一样诉诸保存社会的自然法，而只能诉诸像同情这样的自然情感。[③] 显然，与洛克相比，休谟的功利主义正义观更加接近我们这个世俗化时代对正义的理解，但同时也使正义概念的根基变得较为薄弱，因为功效总是要取决于一些偶然情况。

罗尔斯把正义视为“在决定社会产品之分配的各种社会安排之间进行选择，以及对适当的分配份额所达成的共识给予赞同的一套原则”[④]，对此可以恰如其分地称之为一种分配正义观。罗尔斯与洛克的分配正义观的共同点是，它们主要着眼于对物质资源或经济资源的分配，这与亚里士多德形成鲜明对比。但是罗尔斯与洛克在正义观上的区别也非常明显。最大的区别有两个：第一，罗尔斯的分配正义观不是以劳动，而是以具有平等价值的人的基本需要作为分配资源的标准。换言之，人之为人的道德价值本身就要求每个人都有权利获得一定数量的物质资源以满足其基本需求。罗尔斯像马克思一样同意人性是社会的产物，所以使人展现出层次差别的德性就主要是由外在因素决定的，个人不必为缺乏德性负主要责任。因此，亚里士多德用来确定分配正义的关键概念德

---

① 参见［英］休谟：《人性论》，531、663～664页。

② 参见［英］休谟：《道德原则研究》，曾晓平译，35～55页，北京，商务印书馆，2001。

③ 参见［英］休谟：《人性论》，645～649、661～665页。

④ Rawls，John. Distributive Justice. in Samuel Freeman，ed. *John Rawls*：*Collected Papers*. Cambridge，MA，Harvard University Press，1999，p. 130.

性，在罗尔斯那里就失去了意义。同样的道理，罗尔斯也不会接受洛克关于穷人贫困主要是由于个人懒惰的观点，所以，罗尔斯强调的是人的需求。第二，罗尔斯的分配正义的实施主体是社会或者说是代表社会的国家。[①] 从洛克的视角来看，罗尔斯不仅把慈善变成国家行为，而且把慈善视为正义的本质要求，正义与慈善不再泾渭分明，而是在很大程度上统一起来。罗尔斯正义论这个方面遭到很多当代学者的挑战，其中不乏从洛克的古典自由主义出发来为劳动财产权构筑的正义秩序辩护者。[②] 可见，洛克的正义观依然在为当代正义观的形塑提供着有益的启示。

自然法、财产权和上帝实际上是洛克理解正义概念的三个不同的角度，也可以说它们共同构成了洛克正义观的三个基本维度。当然，这三者之间有着紧密的联系。正义的概念是首要的自然法，自然法作为人类基本行为规则要保护的最重要的自然权利就是财产权，而上帝的意志则构成了洛克的自然财产权论证最重要的基础。洛克虽然直接就正义论正义的文本不多，但是他的正义观在很大程度上是通过他对财产权的论述表达出来的。洛克著名的财产权理论为“每个人各得其所”的形式上的正义概念提供了实质性的判别标准，这可以说是洛克对现当代正义理论的一项重大贡献，迄今仍有很大影响。

在现代政治哲学的视野中，人丧失了与政治共同体的传统联系和纽带，本质上变成一种孤独的个人[③]，这样的无根的个体要在世界上安身立命，财产就变成他能抓得住的最重要的根基。以财产权为中心来论述正义的秩序是洛克正义观的突出特点。从我们对洛克与亚里士多德、托马斯·阿奎那、霍布斯、休谟、罗尔斯等人正义观的简要梳理和对比中可以发现，正是从洛克开始，或者至少是从洛克那一代自然法学家开始，财产权开始进入正义讨论的中心视野，对正义的理解在某种意义上被等同于对财产权的理解。至于为什么会发生这种变化，以及这种变化对我们理解正义概念和财产权概念有何重大意义，都是值得我们进一步研究的重大问题。

霍伟岸

① 参见［美］罗尔斯：《正义论》，何怀宏、何包钢、廖申白译，北京，中国社会科学出版社，1988。另可参见［美］弗莱施哈克尔：《分配正义简史》，吴万伟译，南京，译林出版社，2010。霍伟岸：《分配正义的古今之辨和古今之变》，见高全喜主编：《大观》（第 3 卷），北京，法律出版社，2012。

② 最著名的要算诺齐克的《无政府、国家和乌托邦》。

③ 参见李猛：《自然社会——自然法与现代道德世界的形成》。

参考文献

洛克．教育片论．熊春文，译．上海：上海世纪出版集团，2005.

洛克．人类理解论．关文运，译．北京：商务印书馆，1983.

洛克．政府论（上篇）．瞿菊农，叶启芳，译．北京：商务印书馆，1982.

洛克．政府论（下篇）．叶启芳，瞿菊农，译．北京：商务印书馆，1964.

马克思恩格斯全集：第 26 卷 I. 中文 1 版．北京：人民出版社，1972.

托马斯·阿奎那．阿奎那政治著作选．马清槐，译．北京：商务印书馆，1963.

巴克勒．自然法与财产权理论：从格劳秀斯到休谟．周清林，译．北京：法律出版社，2014.

弗莱施哈克尔．分配正义简史．吴万伟，译．南京：译林出版社，2010.

霍伟岸．洛克权利理论研究．北京：法律出版社，2011.

霍伟岸：分配正义的古今之辨和古今之变 // 高全喜．大观：第 3 卷．北京：法律出版社，2012.

李猛．自然社会：自然法与现代道德世界的形成．北京：三联书店，2015.

罗尔斯．正义论．何怀宏，等，译．北京：中国社会科学出版社，1988.

诺齐克．无政府、国家与乌托邦．何怀宏，等，译．北京：中国社会科学出版社，1991.

强世功．自然权利与领土主权：从洛克到马歇尔的隐秘主题 // 现代政治与道德．上海：上海三联书店，2006.

施特劳斯．自然权利与历史．彭刚，译．北京：三联书店，2003.

王楠．培育自由：洛克的教育哲学读解 // 渠敬东，王楠．自由与教育：洛克与卢梭的教育哲学．北京：三联书店，2012.

王涛．从财产权的角度解读权利概念的早期发展史：从古罗马到奥康姆 // 许章润，翟志勇．人的联合：从自然状态到政治社会．北京：法律出版社，2014.

乌尔比安．学说汇纂：第一卷．罗智敏，译．北京：中国政法大学出版社，2008.

吴飞：在良心与自然法之间：洛克宗教宽容论的思想张力 // 洛克与自由社会．上海：上海三联书店，2012.

休谟．道德原则研究．曾晓平，译．北京：商务印书馆，2001.

休谟．人性论．关文运，译．北京：商务印书馆，1980.

休谟．休谟论说文集卷一·论政治与经济．张正萍，译．杭州：浙江大学出版社，2011.

亚里士多德．尼各马可伦理学．廖申白，译注，北京：商务印书馆，2003.

亚里士多德．政治学．吴寿彭，译．北京：商务印书馆，1965.

Locke J. An Essay Concerning Human Understanding. Nidditch P H，ed. Oxford：Clarendon，1975.

Locke J. Essays on the Law of Nature. Leyden W V，ed. Oxford：Clarendon，1988.

Locke J. Political Essays. Goldie M，ed. Cambridge：Cambridge University Press，1997.

Locke J. Some Thoughts Concerning Education. Yolton J W，Yolton J S，eds. Oxford：Clarendon，1989.

Locke J. The Reasonableness of Christianity. Higgins-Biddle J C，ed. Oxford：Clarendon，1999.

Locke J. Two Treatises of Government. Laslett P，ed. Cambridge：Cambridge University Press，1988.

Dunn J，Harris I，eds. Locke：vol. 2. Cheltenham：Edward Elgar Publishing，1997.

Dunn J. Justice and the Interpretation of Locke's Political Theory // Ashcraft R，ed. John Locke：Critical Assessments：vol. 3. London：Routledge，1992.

Fagiani F. Natural Law and History in Locke's Theory of Distributive Justice. Topoi，1983（2）.

Kramer M H. John Locke and the Origins of Private Property：Philosophical Explorations of Individualism，Community，and Equality. Cambridge：Cambridge University Press，1997.

Lebovics H. The Use of America in Locke's Second Treatise of Government. Journal of the History of Ideas，1986，47（4）.

Macpherson C. B. The Political Theory of Possessive Individualism. Oxford：Oxford University Press，1962.

Rawls J. Distributive Justice // Freeman S，ed. John Rawls：Collected Papers. Cambridge，MA：Harvard University Press，1999：130.

Sreenivasan G. The Limits of Lockean Rights in Property. Oxford：Oxford University Press，1995.

Tully J. A Discourse on Property：John Locke and His Adversaries. Cambridge：Cambridge University Press，1980.

Tully J. An Approach to Political Philosophy：Locke in Context. Cambridge：Cambridge University Press，1993.

Waldron J. God，Locke，and Equality：Christian Foundations in Locke's Political Thought. Cambridge：Cambridge University Press，2002.

Wood N. John Locke and Agrarian Capitalism. Berkeley：University of California Press，1984.

第三章
理性自由与政治自由：斯宾诺莎的政治哲学

对于绝大多数研究者来说，斯宾诺莎（Baruch de Spinoza，1632—1677）是否是一个自由主义政治哲学家，以及倘若他是，那么他在什么意义上是一个自由主义政治哲学家，直至今天仍然是一个悬而未决并且时常引起争议的问题。[①] 但毫无疑问的是，无论在斯宾诺莎的理论哲学或形而上学中，还是政治哲学中，自由都是他最关心的主题和最珍视的价值。在其形而上学经典《伦理学》中，斯宾诺莎把自由看成是理性或哲学沉思的最高目标；而在其政治哲学经典《神学政治论》中，他同样坚持认为“政治的真正目的是自由”[②]。宽泛而言，斯宾诺莎政治哲学的根本原则是：国家应该保护包括哲学思考在内的所有思想和言论自由，而这种意义的理想国家或政府就是一个通过契约建立起来的自由民主共和国。正因为如此，斯宾诺莎通常和霍布斯、洛克等早期现代政治哲学家一道，被看成是现代自然权利学说和社会契约思想的代表人物。

如果说斯宾诺莎的形而上学和认识论立足于对笛卡尔哲学的继承和批评，那么他的政治哲学则显然受到了马基雅维里与霍布斯——尤其是霍布斯——的深刻影响。正如埃里森（Henry E. Allison）所说，“作为政治思想家，斯宾诺莎受到很多因素的影响，这些因素至少包括他对马基雅维里的研究和对他那个时代荷兰政治事件的个人观察。然而斯宾诺莎受到的主要影响无疑来自霍布

---

① Feuer，Lewis S. *Spinoza and the Rise of Liberalism*. New Brunswick，NJ，Transaction Books，1987，pp. 106 - 108.

② ［荷］斯宾诺莎：《神学政治论》，温锡增译，272 页，北京，商务印书馆，1963。译文根据英译本对中译本有所修改，下同。英译本如下。Spinoza. *Theological-Political Treatise*. Samuel Shirley，trans. Indianapolis/Cambridge，Hackett Publishing Company，1991.

斯。斯宾诺莎的政治哲学可以被恰当地看成是与霍布斯的持续对话"[①]。或许正因为如此，斯宾诺莎的政治哲学在很长的时间里一直被视为对霍布斯政治哲学的简单继承，而他在政治哲学史上的地位也相应地变得无足轻重。譬如说，在经典的政治思想史著作《政治学说史》一书中，编者萨拜因对斯宾诺莎的评论不仅只有寥寥数语，而且完全否定了他作为一位政治哲学家的独立地位。[②] 著名学者和斯宾诺莎研究专家柯莱（Edwin Curley）虽然自 20 世纪 60 年代以来不遗余力地致力于恢复斯宾诺莎的哲学地位，但对他的政治哲学评价也不是特别高，仅仅把他看成是一个"偏执的霍布斯主义者"（eccentric Hobbesian），甚至说"斯宾诺莎至多是一个修正主义的霍布斯主义者"[③]。

就像众多学者所指出的那样，霍布斯对斯宾诺莎政治哲学的影响当然是毋庸置疑的。但是，倘若我们因此就完全否认或忽视斯宾诺莎本人的政治哲学思考的独创性，那么显然有失偏颇。事实上，斯宾诺莎恰恰是立足于自己的形而上学原则，然后吸收了霍布斯有关激情、自我保存、自然状态和自然权利等相关思想。他虽然从自然状态和自然权利等霍布斯式的前提出发，最后却得出了与后者不同甚至完全对立的结论。首先，他把权利本身等同于权力或力量，并由此否定了自然状态与公民社会或国家之间的绝对界限；其次，他认为，国家，尤其是一个自由民主的共和国，并不是简单地保护人的生命和安全，而是要最大限度地提高人的理性，实现人的自由；最后，他不遗余力地论证了哲学思考的自由对于一个国家的健康和繁荣具有决定性的意义这一观点。而所有这些都来自斯宾诺莎与霍布斯的一个决定性分歧：无论在哲学还是在政治上，斯宾诺莎都是自由的坚定捍卫者。那么，斯宾诺莎是如何界定"自由"含义的呢？

索雷尔（Tom Sorell）正确地指出，斯宾诺莎在两种不同的意义上使用"自由"："有些时候，自由关系到一种对激情的完美主义式的理性摆脱；在另一些时候，它关系到理性者与非理性者的确定权利在事实上的不可剥夺。"[④] 简

---

① Allison, Henry E. *Benedict de Spinoza: An Introduction*, revised edition. New Haven, Yale University Press, 1987, p. 177.

② 萨拜因说："斯宾诺莎追随霍布斯，他唯一确定的努力就是使伦理学宗教都同数学科学相一致——他的成功远远谈不上圆满，并且直到十九世纪初无论如何都受到了忽视。"（Sabine, George Holland. *A History of Political Theory*: the third edition. London, Harrup, 1951, p. 391）

③ Curley, Edwin. Kissinger, Spinoza, and Genghis Khan. in Genevieve Lloyd, ed. *Spinoza: Critical Assessments*, vol. 3. London, Routledge, 2001, pp. 143 - 145.

④ Sorell, Tom. Spinoza's Unstable Politics of Freedom. in Charlie Huenemann, ed. *Interpreting Spinoza: Critical Essays*. Cambridge, Cambridge University Press, 2008, p. 148.

言之，前一种自由是理性或哲学思考的自由，而后一种自由则是政治自由。对于斯宾诺莎来说，理性自由显然是最高和真正的自由，因为它意味着人的最高德性和终极幸福；而政治自由作为一种“否定式自由”，其主要目的是保护理性自由，使之免受各种启示神学、传统宗教、迷信和蒙昧的专制与迫害。[①]

问题在于，理性自由和政治自由是两种不同的自由，甚至在很多情况下是两种不相容的自由。因为前者仅仅适用于少数人，而后者则为所有人所拥有。斯宾诺莎在批评神权政体（theocracy）时认为，民主政体下的公民并不是听任想象和激情支配的愚昧无知之徒，而是理性的自由人。但是，他从哲学的高度审视人性或人的自然状态时又清醒地看到，绝大多数人在自然上不可能听从理性的教导，而是受想象和激情的支配。用他本人的话说，“所有的人都追求自己的利益，但却绝对不是出于健全理性的教导”[②]。这样一来，一群非理性的人如何能够理性地达成契约，并且服从契约的约束，就成了一个很大的问题。列文纳据此认为，斯宾诺莎政治哲学的内在困难就是：既然绝大多数人在自然状态中受非理性的激情和欲望控制，那么他们就不可能达成有约束力的决定。[③]

有鉴于此，本章的主要任务就是澄清自由在斯宾诺莎政治中的复杂含义以及内在困难，并试图为进一步理解他的政治哲学和形而上学思想提供一个整体参照。接下来，本章将分四个部分将斯宾诺莎的政治哲学思想依次展开论述。第一部分将斯宾诺莎的自然状态和自然权利学说与霍布斯进行比较，并由此分析斯宾诺莎自由观的哲学前提。第二部分讨论斯宾诺莎的社会契约思想，指出他在什么意义上通过契约建立国家，并且保护包括理性自由在内的各种自由。第三部分表明，斯宾诺莎认为国家保护个人自由的重要措施就是政教分离和宗教宽容。第四部分总结斯宾诺莎自由观的本质特点，并指出其内在困难。

---

① 正因为斯宾诺莎主要把自由同理性联系起来，所以他才被伯林看成是“肯定式自由”的捍卫者。在伯林看来，斯宾诺莎在捍卫“肯定式自由”这一点上同黑格尔和马克思并没有本质区别。而韦斯特（David West）则反过来批评伯林对斯宾诺莎的误解，认为斯宾诺莎的理性自由并不会导致对政治自由或“否定式自由”的侵犯。二者的争论可参见如下文献。West，David. Spinoza on Positive Freedom. in *Spinoza*：*Critical Assessments*，vol. 3，pp. 207－220. Berlin，Isaiah. A Reply to David West. in *Spinoza*：*Critical Assessments*，vol. 3，pp. 223－224. 伯林本人关于两种自由的区分，可参见［英］以赛亚·伯林：《两种自由概念》，见刘军宁等：《市场逻辑与国家观念》，201 页，北京，三联书店，1995。“negative freedom”和“positive freedom”通常被译作“消极自由”和“积极自由”，笔者以为译成“否定式自由”和“肯定式自由”更贴近伯林的原意。

② ［荷］斯宾诺莎：《神学政治论》，82 页。译文有改动。

③ Levene，Nancy K. *Spinoza's Revelation*：*Religion*，*Democracy*，*and Reason*. Cambridge，Cambridge University Press，2004，pp. 189－190.

第一节　自然状态与自然权利

同霍布斯一样，斯宾诺莎对政治社会或国家的起源与本质的思考，也是将人的自然状态作为基本的出发点。考虑到斯宾诺莎关于自然状态和自然权利的思想受到了霍布斯的深刻影响，我们有必要首先介绍一下霍布斯的相关思想，并且将他的思想与斯宾诺莎的思想进行比较。

众所周知，在霍布斯那里，“自然状态”（state of nature）意味着一种“前政治”和“非政治”的状态，也就是一种没有“公共权力”（public power）或国家存在的状态。在自然状态之中，每个人的基本欲望或激情就是“自我保存”（self-preservation），这是他的自然权利（right of nature）。他必须竭尽全力地追求力量，以维护自己的存在或生命，捍卫自己的自然权利。

霍布斯认为，从自然上说，人与人无论在身体还是在心灵的能力方面都大致平等，即使有少数人身体比别人强壮，或者说思维比别人敏捷，也不会强大到应该谋取比别人更多的权利或利益的程度，因为“就体力而论，最弱的人运用密谋或者与其他处在同一种危险下的人联合起来，就能具有足够的力量来杀死最强的人”[①]。但是，在荣耀感（pride）、虚荣心（vainglory）、野心（ambition）（这三者在霍布斯看来几乎是同义词）的驱使下，几乎所有人都认为自己比别人更优秀、更聪明或更有能力，这导致他们想要获取比他人更多的利益或权利。“任何两个人如果想取得同一东西而又不能同时享用，彼此就会成为仇敌。”[②] 这样一来，人与人之间就必然处在一种相互疑惧、戒备和敌对的状态。为了保护自己的生命，每个人不得不先发制人，“直到他看到没有其他力量足以危害他为止”[③]。

同时，人的虚荣心、野心或荣耀感等非理性的激情加剧了人与人之间的相互戒备和敌对。正如霍布斯所说，“由于有些人把征服进行得超出了自己的安

① ［英］霍布斯：《利维坦》，92 页。译文根据英译本对中译本有所修改，下同。英译本如下。Hobbes，Thomas. *Leviathan*. edited with introduction by Edwin Curley. Indianapolis，Hackett Publishing Company，1994.

② 同上书，93 页。

③ 同上。

全所需要的限度之外，以咏味自己在这种征服中的权势为乐；那么其他那些本来乐于安分守己，不愿以侵略扩张其权势的人们，他们也不能长期地单纯只靠防卫而生存下去。其结果是这种统治权的扩张成了人们自我保全的必要条件，应当加以允许”[①]。为了维护自己的生命，或者说捍卫自己的自然权利，每个人都必须无休止地追求权力或力量。由此，他得出结论说，“在没有一个共同权力使大家慑服的时候，人们便处在所谓的战争状态之下”[②]。不仅如此，他还认为，这种战争状态是“每一个人对每一个人的战争”（war of every man against every man），因为人与人之间的战争本身并非一定表现为实际的兵戎相见，而更多的是一种相互敌对和不信任的意图。

不过霍布斯强调，自然状态是一种无辜的状态，“人的欲望和其他激情，就其自身来说，是没有罪（sin）的”[③]。因为没有国家或公共权力存在的地方就没有法律，而没有法律就无所谓正义和不正义或罪，甚至连暴力和欺诈也都变成美德。借用尼采的话说，霍布斯的自然状态是一种“非道德”（immoral）或“超善恶”（beyond good and evil）的状态。

但是，霍布斯并没有将这种“非道德主义”贯彻到底。为了思考摆脱自然状态或战争状态的可能途径，他不得不设定一种最低限度的道德标准或法则，并以此来评判人的各种欲望和激情。这种道德法则就是所谓的自然法（natural law），它的基本内容是：每个人应该尽可能地追求和平，并且在此前提下相互达成契约，彼此尊重对方的生命或自我保存的自然权利。霍布斯认为，人之所以愿意并且能够摆脱自然状态、追求和平，一方面出于对于“每一个人对每一个人的战争”的恐惧，另一方面则是由于他拥有理性计算能力，知道在和平状态下才能真正地实现自我保存。

同霍布斯类似，斯宾诺莎也把自然状态看成是一种前政治或前社会的状态。在自然状态中，每个人努力维护自己的存在，并且为此竭尽全力地追求力量。在斯宾诺莎看来，这是人的自然权利。如果仅仅到此为止，那么我们的确看不出他的思想与霍布斯有什么根本区别。

但是，斯宾诺莎的哲学前提却与霍布斯完全不同。他对自然状态和自然权利的理解并不局限于人，而是认为自然状态和自然权利适用于包括人在内的万事万物。而且，既然包括人在内的万事万物都是神或自然本身的样态，或者说

① ［英］霍布斯：《利维坦》，93 页。

② 同上书，94 页。

③ 同上书，95 页。

都是神或自然的具体表现，那么它们的自然权利最终来自神或自然本身的权利或力量。就此而言，自然权利本身就是自然权力或力量，或者说得更简单些，权利就是力量（power）。如果说权利就是力量，那么自然状态本身就是一种彻底的“非道德”或“超善恶”状态。斯宾诺莎如何得出这个惊世骇俗的结论？为了回答这一问题，我们有必要回到他的哲学前提。

众所周知，斯宾诺莎哲学的“第一原理”是实体与样态的区分。神或自然作为唯一的实体是必然存在的，因为它拥有无限的力量，不可能不存在。但是，包括人在内的有限样态或万物之本质并不包含存在，因此必须尽可能地追求力量，“努力”（conatus）维持自己的存在。在斯宾诺莎看来，万物自我保存或维持其自身存在的“努力”就是它们的“自然权利”。如果说在霍布斯那里自然权利仅仅是一个人类学的概念，只适用于人，那么在斯宾诺莎那里，自然权利则首先是一个形而上学的概念。自然权利并不仅仅局限于人，而且适用于包括人在内的自然万物，无论是人还是非人，无论是有生命物还是无生命物。这是斯宾诺莎与霍布斯的根本分歧所在。

在《神学政治论》的第十六章中，斯宾诺莎清楚地表达了他对自然权利的独特看法：

> 按照我的理解，自然的权利和既定秩序就是支配每一个个别事物的法则，按照这种法则，我们把它设想为在自然上受决定而存在，并且以某种方式活动。譬如说，鱼受自然决定而游泳，并且大鱼受自然决定吃小鱼。因此按照至高无上的自然权利，鱼在水中生活，并且大鱼吞吃小鱼。毫无疑问，自然在绝对的意义上有至高无上的权利做她能够做的一切事情；也就是说，自然的权利同自然的力量是完全等值的（Nature's right is co-extensive with her power）。因为自然的力量恰恰就是神的力量，而神对万物都拥有至高无上的权利。但是，既然自然作为一个整体的普遍力量不过是所有个别事物的力量之相加，那就可以由此推出，每个个别事物都拥有至高无上的权利去做它有能力做的任何事情，也就是说，个别事物的权利同它的特定力量是等值的。既然每个事物都竭力保持其当下的存在是最高的自然法则（supreme law of Nature），那么顺理成章的是，每个个体都有至高无上的权利去做这件事，也就是说（就像我所说的），去像自然所决定

的那样存在和活动。[①]

这段长长的引文几乎浓缩了斯宾诺莎关于自然权利的全部看法：首先，自然权利是包括人在内的一切事物的权利；其次，自然权利和自然力量是等值的，而任何个别事物的自然权利也必然同它的自然力量是相称的；最后，包括人在内的任何个别事物都有权利做任何事情，只要这一切在它的能力或力量范围内，有多少力量就有多少权利，反之亦然。

毫无疑问，斯宾诺莎对自然状态和自然权利的看法始终贯穿着他的反目的论精神。正如他在《伦理学》中所说，人本身只是自然的一部分，也服从“自然的共同秩序”，并不是自然世界之中一个特殊的“国中之国”。他反复强调，自然状态作为一种“物竞天择、适者生存”的普遍状态，并不是一种纯粹属人的状态。相应的，自然权利也并非为人所特有，而是适用于自然万物。因为人和万物的本质都是努力寻求自我保存，所以人对万物的权利和万物对人的权利是完全一样的，并没有道德上的高下和善恶之分。

斯宾诺莎的反目的论精神，同样体现在他对人的自然状态和自然权利的理解上。在他看来，追求自我保存的自然权利不仅为人和万物所同等拥有，而且适用于所有人，无论是有理性的少数人，还是没有理性的多数人。他说：“这里我既不承认人与其他自然个别事物之间有什么区别，也不承认在有理性者和其他对真正理性一无所知者，在愚人、疯子和正常人之间有什么区别。”[②] 原因在于，无论是听从理性教导的少数自由人，还是甘受激情束缚和奴役的大多数人，都努力寻求自我保存。在《政治论》中，斯宾诺莎更清楚地表达了他的意思：

> 如果人的自然本性的构成使他能够仅仅根据理性的规定去生活，而且努力这么做，那么自然权利，就它特别针对人而言，就仅仅为理性的力量所决定。但是，人是由盲目的欲望而不是由理性所指引的，因此他们的自然权力或权利就不是由理性所界定的，而是由决定他们行动并且使他们努力保存其存在的冲动（appetite）所界定的。[③]

---

① ［荷］斯宾诺莎：《神学政治论》，212 页。译文有改动。在《政治论》中，斯宾诺莎表达了同样的意思：“按照我的理解，自然权利就是万物据以存在的自然法则或规则，也就是自然的力量。所以，自然作为一个整体的自然权利同它的力量是等值的，同理个别事物也是如此。因此，无论每个人出于其本性的法则做什么，他都是凭借至高无上的自然权利去做的，他的力量范围有多大，他对自然就拥有多少权利。”（Spinoza. *Complete Works*，p. 683）

② ［荷］斯宾诺莎：《神学政治论》，212 页。译文有改动。

③ Spinoza. *Complete Works*，p. 683.

在《神学政治论》中，斯宾诺莎也表达了类似的意思。[①] 对他来说，自然权利仅仅是一种自我保存的努力或欲望，跟是否符合理性无关。事实上，真正听从理性教导的自由人非常少，而绝大多数人是受到盲目的欲望和激情驱使的。但是，他们在努力实现自我保存这一点上却是完全一样的。这样一来，斯宾诺莎就否定了自然权利与理性之间的内在关联。这是因为，“自然并不受人的理性法则约束，因为人的理性法则仅仅是为了实现人的真正利益和他的保存，相反自然是受其他着眼于自然整体之永恒秩序的无限法则约束，而人不过是自然整体的一个微粒而已”[②]。换言之，自然法并不等于理性法（law of reason），因为理性法仅仅适用于人，而不适用于自然整体本身。

当斯宾诺莎将自然与理性或自然法与理性法严格区分开来时，他已经否定了西方自古希腊斯多亚派和中世纪以来源远流长的自然法或道德哲学传统。正如柯莱所指出的，“斯宾诺莎使用自然法理论家的传统语言，但他用那种语言所说的内容却颠覆了自然法传统”[③]。只要简单地比较一下斯宾诺莎与霍布斯对自然法的不同理解，我们就可以更清楚地看出前者的革命性所在。

众所周知，霍布斯在西方自然法学说或道德哲学的历史上具有承前启后的转折性意义。一方面，正如前文所说，霍布斯激烈地批判以托马斯·阿奎那为代表的古典自然法传统。在他看来，一切自然法或道德义务都来自人的自我保存的自然权利，而不是相反。[④] 但另一方面，他却并没有否定自然法传统本身，而是以人的自然权利为基础赋予了自然法以新的道德内涵。自然法的基本精神首先是尽一切可能追求和平，其次是为达成和平应该缔结契约。同时他还强调，这种自然法符合人的理性的正确教导，因此是一种理性法。[⑤] 就这些来说，霍布斯仍然是西方自然法和道德哲学传统的继承者，尽管在他那里，自然法或道德哲学的基础已经变得极为薄弱，只剩下人的自我保存这一自然权利。

从斯宾诺莎的哲学视角来看，霍布斯的根本矛盾或犹豫在于，他的自然主义或唯物主义形而上学同他的道德哲学是不相容的。作为一个形而上学上的唯

---

① 参见［荷］斯宾诺莎：《神学政治论》，213～214 页。

② 同上书，213 页。译文有改动。

③ Curley，Edwin. The State of Nature and Its Law in Hobbes and Spinoza. in *Spinoza*：*Critical Assessments*，vol. 3，p. 122.

④ 霍布斯批评了传统道德哲学家混淆自然权利与自然法，并且颠倒二者的关系。在他看来，权利是一个人做与不做的自由，而法则是某种约束人的义务；因此法来自权利。也就是说，自然法来自自然权利，而不是相反（参见［英］霍布斯：《利维坦》，97 页）。

⑤ 参见［英］霍布斯：《利维坦》，120～122 页。

物主义者或自然主义者，霍布斯承认人在自然状态中的任何欲望和激情都是无辜的，无所谓善与恶或正义与不正义。但是，作为一个道德主义者或道德哲学家，他却不得不依据某种自然法或道德规范对各种激情进行善恶评判和区分。按照自然法，野心和荣耀感等激情显然是导致人与人之冲突和战争的罪魁祸首，因此它们当然是不好的东西，甚至是恶；而“对死亡的恐惧，对舒适生活所必需的事物的欲望，以及通过自己的勤劳取得这一切的希望”则使人们倾向于和平，所以它们是善的。① 归根到底，霍布斯仅仅是从人类学意义上来理解自然状态和自然权利的。正如史密斯所指出的，霍布斯仍然潜在地将人看成是自然的“例外”，或者说看成是自然的“国中之国”。②

相比之下，斯宾诺莎则是将他的自然主义形而上学贯彻得更为彻底。在他看来，所谓自然法同自然权利完全是一回事，都意味着神或自然的无限力量或永恒秩序，或者更简单地说，都意味着自然的权力或力量。自然法仅仅是一种自然的因果必然法则，既不是某种属人的道德规范，也没有道德约束力，因为自然本身仅仅遵循自身的因果必然性，并没有给人提供任何特殊的道德规范。斯宾诺莎说：“自然权利以及人生来就服从并且左右大多数人生活的自然秩序，仅仅禁止那些没有人想要并且没有人能够做的事情；它并不禁止争斗、怨恨、忿怒、欺骗或欲望所激发出来的任何其他东西。”③

不过，这里必须强调的是，斯宾诺莎对于自然与理性的区分，并没有否认理性自身对人的重要性。恰恰相反，作为一个坚定的理性主义者，斯宾诺莎认为，只有理性才能帮助我们更好地获得自己的利益和力量，实现真正的自我保存，也就是自由。当我们为想象和激情所主宰时，我们的自然本性便是不同的，甚至是对立的；但是，倘若我们听从理性的教导，那么我们的自然本性便是相同的。用斯宾诺莎的话说，“唯有遵循理性的指导而生活，人的自然本性才会必然地永远地相符合”④。

进而言之，只有与我们的自然本性相同的东西，才是对我们最有利的。因此毫不奇怪的是，对于任何有理性的人来说，最有利的东西莫过于其他同样有理性的人。斯宾诺莎说：“除了人外，没有别的东西对于人更为有益。”⑤ 或者

---

① 参见［英］霍布斯：《利维坦》，96～97 页。

② Smith, Steven B. *Spinoza, Liberalism, and the Question of Jewish Identity*. New Haven, Yale University Press, 1997, p. 124.

③ ［荷］斯宾诺莎：《神学政治论》，213 页。译文有改动。

④ ［荷］斯宾诺莎：《伦理学》，贺麟译，194 页，北京，商务印书馆，1983。

⑤ 同上书，184 页。

更明确地说，“天地间没有任何个体事物比起遵循理性的指导而生活的人对于人更为有益”[①]。理性的人不仅能够为自己带来利益，而且能够为他人带来利益。倘若两个人本性相同，也就是说，都听从理性的教导，那么他们联合起来的力量比他们作为单独个人的力量当然要更大，因此也就更有利于他们的自我保存。正是基于对理性的肯定，斯宾诺莎引用了一句谚语来说明人与人之间的关系——“每人对于别人都是一个神（hominem homini Deum esse；man is a God to man）”[②]。

斯宾诺莎对于理性的肯定使他得出了和以亚里士多德为代表的古典政治哲学家相同的结论：“人是一个社会的动物。”[③] 这一点听起来或许令人感到奇怪，事实上并不难理解。尽管斯宾诺莎不像亚里士多德或托马斯·阿奎那那样在目的论的意义上将社会看成是个人的终极目的，但他仍然承认社会对于个人之自我保存的重要性。所以，他在《伦理学》中这样说：“经验告诉我们，通过人与人的互相扶助，他们更易于各获所需，而且唯有通过人群联合的力量才可易于避免随时随地威胁着人类生存的危难。”[④]

斯宾诺莎在《神学政治论》中讨论摩西制定律法的原因时，也讨论了社会对于个人生存的重要性。社会不仅能够使人们联合起来获得更大的力量以便保护每个人的安全，更重要的是，它能够使人们相互分工与合作，使人更好地生活。斯宾诺莎说：

> 假如人们不是相互帮助，那么他们就既没有时间也没有技能最大限度地实现支撑和维持自己。所有的人不会同等地擅长所有的活动，没有任何单个人有能力提供他所需要的一切东西。假如每个人都不得不耕田、播种、收割、磨面、织布、缝衣，并且完成其他很多为了维生而不得不完成的任务，那么每个人都会发现他的精力和时间是根本不够用的，更不要说还有精力和时间去从事艺术和科学，而它们对于人性的完善和幸福是必不可少的。[⑤]

这段引文清楚地表明了斯宾诺莎的意图：人与人之间的分工合作既能够让他们共同抵御外在危险，又能够使他们获得最大限度的利益，更好地实现他们的自

① ［荷］斯宾诺莎：《伦理学》，194页。

② 同上书，195页。另外，斯宾诺莎这句话显然是针对霍布斯的名言，即“人对人是狼”。

③ 同上。

④ 同上。

⑤ ［荷］斯宾诺莎：《神学政治论》，81页。译文有改动。

我保存。用他在《伦理学》中的话说，“对于人们最有利益之事，莫过于使大家的生活方式互相关联，并以最紧密的联系，彼此结合起来，使全体团结一致”①。

倘若人与人之间真的能够达成契约，并且建立一个社会，实现互帮互助和团结合作，那么结果对人来说当然是再圆满不过了。不过，这种圆满的社会状态的实现需要一个至关重要的前提：至少组成社会的绝大多数人是理性的。可是真正的问题在于，并且正如斯宾诺莎所反复强调的那样，真正的理性自由人事实上总是极少数，相反，绝大多数人在绝大多数时候是非理性的，都是为贪婪、野心、嫉妒、怨恨和虚荣等激情所主宰或奴役，不可能在理性上认识到自己的真正利益所在。斯宾诺莎本人也清楚地看到了这一事实：

> 假如人在自然上的构成使他能够仅仅欲求那些由真正理性所规定的东西，那么社会就不需要法律而存在了。只需要教给人真正的道德，他们就会全心全意和自由地按照他们自己应得的利益而行动。但是，人性远远不是这样构成的。事实上，所有的人都追求自己的利益，但却绝对不是出于健全理性的教导。对大多数人来说，他们所追求并且判断为有利的目标都是仅仅受肉体欲望决定的，并且受情绪的影响摇摆不定，而情绪却完全不顾及未来，也没有其他的考虑。②

这段话清楚地表明：绝大多数人在自然上就是非理性的。正是依据对人性的这一洞察，他批判了传统哲学和宗教对于人性的不切实际的幻想。在《政治论》中，他讽刺古代哲学家和神学家对于人性的理解不过是“梦想诗人的黄金时代或一个美好的故事”③。在这一点上，他完全继承了马基雅维里对人性的现实主义理解。但倘若如此，人与人之间是否以及如何能够达成契约，建立一个真正的政治社会或国家？我们将会看到，这个问题恰恰体现了斯宾诺莎政治哲学的真正困难。为了说明这一点，我们有必要继续讨论斯宾诺莎的社会契约思想以及他的国家学说。

第二节 契约与国家

斯宾诺莎反复强调，由于大多数人被各种非理性的激情所主宰，因此他们

① ［荷］斯宾诺莎：《伦理学》，230 页。

② ［荷］斯宾诺莎：《神学政治论》，82 页。译文有改动。

③ Spinoza. *Complete Works*, p. 682.

必定会彼此不和，相互冲突。[①] 因此，尽管他不像霍布斯那样把自然状态看成是“每一个人对每一个人的战争”，但他也承认，自然状态很容易变成一种人与人相互冲突和战争的状态。譬如他在《政治论》中这样说道：

> 只要人们陷于忿怒、妒忌和其他来自怨恨的情绪，那么他们必然彼此分裂，相互反对，并且如果他们越是比动物有力量、越机灵和越狡猾，他们就越可怕。既然人们在自然上尤其屈从于这些情绪，人们因此也就自然而然地互为敌人。因为他就是我必然最害怕的最大敌人，我必须尽最大努力对他加以防范。[②]

因此与霍布斯一样，斯宾诺莎也认为，只有在社会或国家状态（status civilis）之中，人们才能实现和平与安宁。问题在于，国家要如何建立呢？

一、社会契约

斯宾诺莎明确指出，国家的建立不可能依靠人的理性，因为绝大多数人在自然上就是非理性的。既然如此，那么在他看来，建立国家就只能诉诸人的激情。[③] 他的这一洞见与其说是受到霍布斯的影响，不如说是受到马基雅维里的启发。作为一个彻底的“政治现实主义者”（political realist），马基雅维里认为，无论是国家的建立还是维持都不能依靠理性说服和道德约束，而必须诉诸人性的必然性，尤其是人的生存本能以及对死亡和惩罚的恐惧。[④] 与之类似，斯宾诺莎在《伦理学》中也再三强调，“一个情感只能通过一个和它相反的，较强的情感才能克制或消灭”[⑤]。

就自然本性而言，人的最强烈的情感莫过于自我保存的努力、冲动或欲望。在斯宾诺莎看来，正是人的这种最原始和最强大的激情才有可能克制并且抵消他的虚荣、野心、妒忌和仇恨等激情，并且使人与人之间有可能缔结契约，建立政治社会或国家，并且创造人与人之间的和平、安宁和秩序。在《神学政治论》中，斯宾诺莎提出“人性的一个普遍法则”（a universal law of hu-

---

① 参见［荷］斯宾诺莎：《伦理学》，192～194 页。Spinoza. *Complete Works*, p. 686.

② Spinoza. *Complete Works*, p. 686. ［荷］斯宾诺莎：《伦理学》，199～201 页。

③ Allison, Henry E. *Benedict de Spinoza: An Introduction*, pp. 185 - 186. Curley, Edwin. *A Spinoza Reader: The Ethics and Other Works*. Princeton, Princeton University Press, 1994, pp. xxxi - xxxii.

④ 参见［意］马基雅维里：《君主论》，潘汉典译，33～34 页，北京，商务印书馆，1987。

⑤ ［荷］斯宾诺莎：《伦理学》，175 页。

man nature)：

> 人性的一个普遍法则是，没有人会拒绝他所认定的好东西，除非是希望得到更大的好处或害怕遭受更大的损失；没有人会忍受恶，除非是为了避免更大的恶或得到更大的好处。也就是说，每个人都想两利相权取其重，两害相权取其轻，都会在两个好东西之间选择他所认定的更好的东西。[①]

基于人性这一“趋利避害”的“普遍法则”，斯宾诺莎指出，人之所以愿意让渡或放弃自己的权利，是因为他想要获得更大的利益，或者是因为他想避免更大的坏处。[②] 就此而言，契约的有效性并非来自某种道德约束，而是来自它的“功利”（utility）。[③] 这也是斯宾诺莎与霍布斯的根本分歧所在。霍布斯把遵守契约或守信看成是一种自然法，并且认为不遵守契约或违背诺言无论如何都是不正义或不道德的。[④] 但在斯宾诺莎看来，除非是担心遭受更大的坏处或希望得到更大的好处，否则没有人会遵守契约。所以他认为，“要求另一个人永远信守诺言，但却不同时确保假如他违反诺言就会遭到更多的伤害而不是好处，是很愚蠢的”[⑤]。

斯宾诺莎通常与霍布斯及洛克等一道，被看成是早期现代社会契约思想的经典代表。所谓“社会契约”（social contract）无外乎是用来说明国家如何起源于某种前国家的“自然状态”。在《伦理学》中，斯宾诺莎言简意赅地陈述了他的“社会契约”思想：

> 为使人人彼此和平相处且能互相扶助起见，则人人必须放弃他们的自然权利，保持彼此间的信心，确保彼此皆互不作损害他人之事。至于此事要如何才能办到，要如何才可使那必然受情感的支配（据第四部分命题四释理）和性质变迁无常的人（据第四部分命题三十三），能够彼此间确保信心，互相信赖。据第四部分命题七及第三部分命题二十九所说，已很明白，因为在那两个命题里，我曾经指出，任何情感非借一个相反的较强的

---

① ［荷］斯宾诺莎：《神学政治论》，214～215 页。译文有改动。

② 同上书，215 页。

③ 同上。

④ 霍布斯在《论公民》中把“信守协议”或“遵守诺言”看成是第二自然法，在《利维坦》中则称之为第三自然法（参见［英］霍布斯：《论公民》，应星、冯克利译，26～30 页，贵阳，贵州人民出版社，2003；［英］霍布斯：《利维坦》，108～115 页）。

⑤ ［荷］斯宾诺莎：《神学政治论》，215～216 页。译文有改动。

> 情感不能克制，并且又曾指出，一个人因为害怕一个较大的祸害，可以制止作损害他人的事。就是这个定律便可以作为建筑社会的坚实基础，只消社会能将私人各自报复和判断善恶的自然权利，收归公有，由社会自身执行，这样社会就有权力可以规定共同生活的方式，并制定法律，以维持秩序，但法律的有效施行，不能依靠理性，而须凭借刑罚，因为（据第四部分命题十七附释）理性不能克制情感。像这样的坚实的建筑在法律上和自我保存的力量上面的社会就叫做国家，而在这国家的法律下保护着的个人就叫做公民。①

斯宾诺莎的这段话包含了三个非常重要的论点：首先，人与人之间若想达成和平，则必须放弃自己的自然权利，将它让渡给国家；其次，这种放弃权利的承诺或契约是基于人性之“趋利避害”的“普遍法则”；最后，国家制定法律，维持社会秩序，保障每个人的生命和安全。

那么，斯宾诺莎的社会契约思想究竟有什么独特之处？严格说来，他对于契约的理解已经大大地偏离了以霍布斯为代表的早期现代社会契约思想传统。因为在霍布斯那里，契约是跟理性的道德法则联系在一起的；而在斯宾诺莎那里，契约却既没有理性的基础，也失去了道德内涵，而是仅仅变成一种权力关系。对于这一点，《剑桥政治思想史（1450—1700）》一书有非常精到的评论：

> 就像斯宾诺莎在使用“权利”这一术语时把它还原为“权力”一样，他在使用“契约”这一术语时也把它还原为一种权力关系。②

为了更好地理解斯宾诺莎的契约思想，我们有必要参照一下霍布斯的相关思想。众所周知，霍布斯的社会契约思想来自他对人的自然状态的看法。自然状态之所以是一种战争状态，首先固然是因为人无节制地追求权力的欲望，其次是因为在自然状态中缺乏一种“公共权力”。换言之，人们在自然状态中固然可以诉诸自然法，并且达成契约，但是由于缺少一种“公共权力”作为后盾，这种契约本身不过是“一纸空文”，对人没有任何实际的约束力。反过来说，国家作为一种“公共权力”的必要性就在于为人与人之间的契约提供保护，使之成为具有实际强制性和约束力的公民法（civil law）。

---

① ［荷］斯宾诺莎：《伦理学》，199～200 页。

② Burns，J. H. ed. *The Cambridge History of Political Thought 1450 - 1700*. Cambridge，Cambridge University Press，1991，p. 554.

霍布斯进一步将国家的产生过程归结为某种“共同约定”，也就是所谓的“社会契约”：

> 如果要建立这种能抵御外来侵略和制止相互侵害的共同权力，以便保障大家能通过自己的辛劳和土地的丰产为生并生活得很满意，那么唯一的道路就是把大家所有的权力和力量付托给某一个人，或者托付给一个能通过多数的意见把大家的意志化为一个意志的多人组成的集体。这就等于是说，指定一个人或一个由多人组成的集体来代表他们的人格，每一个人都承认他们授权给那个承担着他们人格的人，承认他在事关公共和平或安全方面所采取的任何行为或命令他人所做出的行为，并且承认使他们所有人的意志都服从他的意志，使他们的判断服从他的判断。这就不仅是同意或协调，而是将他们所有人在唯一的人格之中形成的真正统一。这个人格是大家人人相互订立信约而创造出来的，其方式就好像是，每一个人都向每一个人说：我将统治自己的权利授予或转让给这个人或者这个集体，条件是，你也将自己的这个权利转让给他，并且以同样的方式授权给他的一切行为。这一点办到之后，像这样统一在一个人格之中的群体就被称为一个国家（commonwealth），在拉丁文中叫做城邦（civitas）。[①]

在这段经常被人引用的文字中，霍布斯把国家建立的过程分成“契约”和“授权”两个阶段（当然，这种区分仅仅是逻辑上的，而不是事实上的）：第一个阶段是人们相互之间达成契约，同意将他们的权利让渡给某个人或某个集体；第二个阶段则是真正地授权给这个人或这个集体，由此建立国家。不过严格说来，在第一个阶段人们仍然停留在“自然状态”，因为这个时候只有单纯的契约；只有等到授权实际发生之后，契约才变得有效，国家才开始真正地形成。

因此在霍布斯那里，自然状态与公民状态（civil condition）之间不仅有着严格的区分，而且存在着一道截然的界限。这道界限就是作为“公共权力”的国家。在没有国家之前，每个人都只能自己去进行善恶好坏的判断，并且自己去执行自然法，惩罚那些侵害其权利或利益的人；但是在建立国家之后，他必须将所有这些自然权利全部让渡给国家，承认国家“在事关公共和平或安全方面所采取的任何行为或命令他人所做出的行为”。相应地，国家通过明文的法

---

① ［英］霍布斯：《利维坦》，131 页。译文有改动。

律明确地告诉人们善恶好坏的标准，并且对违法者进行惩罚。国家对于公民的统治一方面依靠法律，另一方面依靠强大的武力威慑。在这两者之中，武力的威慑显然更为重要。反过来说，公民反抗国家首先是不理性的，因为他的力量无法与国家相提并论；其次是不正义或不道德的，因为他已经承诺或同意放弃自己的自然权利来服从国家的法律。

但是在斯宾诺莎看来，自然状态与社会状态之间并不存在绝对的界限。事实上，即便是进入社会或国家之后，个人事实上仍然保留着他的自然权利。只要他觉得服从国家和法律对自己不利，并且有能力或力量违反或反抗法律，那么他就可以这么做。因为按照“人性的普遍法则”，人遵守契约或服从法律的唯一基础就是“功利”。用斯宾诺莎的话说，“除非希望有什么好处，或害怕有什么灾害，否则没有人会订立契约或必须遵守他订立的契约。倘若失去了这一基础，那么契约就变得无效”①。

在给雅里希·耶勒斯的一封信中，斯宾诺莎这样总结了他的政治学说与霍布斯的政治学说的区别：

> 关于您问的，我的政治学说和霍布斯的政治学说有何差别，我可以回答如下，我永远要让自然权利不受侵犯，因而国家的最高权力只有与它超出臣民的力量相适应的权利，此外对臣民没有更多的权利。这就是自然状态里常有的情况。②

不少学者用这段话来论证斯宾诺莎的自由主义立场，因为他捍卫了个人的权利和自由，并且相应地对国家或政府的权力提出了某种制约或限制。③ 这种看法不能说没有道理。因为从斯宾诺莎对德·维特所领导的荷兰共和国的高度肯定就可以看出，他本人的确一直是一个坚定的自由主义者和共和主义者。他在政治上赞成与个人自由相容的民主政体，既反对霍布斯式的绝对主义国家，也反对正统加尔文派的“神权政治”国家。

但是更准确地说，斯宾诺莎与霍布斯的根本分歧与其说是在具体的政治立场上，不如说是在哲学或形而上学上。换言之，他对霍布斯的批评既不是出于道德理由，也不是基于政治立场，而是依据他的哲学或形而上学前提。斯宾诺莎是一个彻底的自然主义者和非道德主义者，而霍布斯却不是。就像我们在前

---

① ［荷］斯宾诺莎：《神学政治论》，220页。译文有改动。

② ［荷］斯宾诺莎：《斯宾诺莎书信集》，洪汉鼎译，205页，北京，商务印书馆，1993。

③ 参见洪汉鼎：《斯宾诺莎哲学研究》，670页，北京，人民出版社，1993。

文提到的，斯宾诺莎认为："自然是永远和到处同一的；自然的力量和作用，亦即万物按照它们而取得存在，并从一些形态变化到另一些形态的自然的规律和法则，也是永远和到处同一的。因此也应该运用同一的方法去理解一切事物的性质，这就是说，应该运用普遍的自然规律和法则去理解一切事物的性质。"[①] 基于这一"自然同质性"的形而上学原则，他否定人是自然的"国中之国"，认为人和万物一样都遵循"自然的共同秩序"。

既然人不是自然的"国中之国"，那么顺理成章的是，由人所建立并组成的社会或国家也不可能是自然的"国中之国"。这意味着，作为自然的普遍法则之一，"人性的普遍法则"不仅适用于人的自然状态，而且同样适用于国家状态。[②] 换言之，即使在国家之中，个人对国家法律的服从也是出于"趋利避害"的"功利"原则，而不是出于某种道德义务。

相反在霍布斯那里，不仅人的自然状态，而且人的政治世界或国家状态，在根本上也是自然的"国中之国"，或者说是自然的一个例外。这意味着，他不可能接受彻底的自然主义或非道德主义。在他看来，个人服从国家首先不是基于"功利"的原则，而是基于某种道德原则：因为个人已经"同意"或"承诺"放弃自己的自然权利，同意将它让渡给国家并且服从国家统治，所以他不应该违背自己的承诺。尽管这一道德原则或自然法的基础已经变得非常薄弱，甚至没有实际的约束力，但是无论如何，它仍然是一种道德原则。[③]

很明显，这恰恰是斯宾诺莎批评霍布斯的根本原因。在斯宾诺莎看来，权利和力量是相称的：有多少力量或能力，就有多少权利。因此，无论是个人的权利，还是国家的权利，都是和它们自身的力量相称的。这意味着，社会或国家状态归根到底仍然是一种潜在的自然状态。因此，与其说斯宾诺莎是一个"偏执的霍布斯主义者"或"修正主义的霍布斯主义者"，不如说他是一个比霍布斯本人还要彻底的"霍布斯主义者"。

二、个人自由与国家权力

斯宾诺莎虽然认为建立国家的契约不是出于人的理性选择，而是来自人的激情，尤其是自我保存的冲动或欲望，并且还认为个人即使在国家之中也仍然保留着他的自然权利，但他并不否认，国家本身必须拥有某种最高的权力或

---

① ［荷］斯宾诺莎：《伦理学》，96～97页。

② Spinoza. *Complete Works*, p. 690.

③ Allison, Henry E. *Benedict de Spinoza: An Introduction*, pp. 187 - 188.

“主权”（sovereign power），否则它就不可能承担起保护个人生命、安全和社会和平的义务。那么，国家的这种“最高权力”会不会对个人的自然权利构成威胁，甚至否定？斯宾诺莎并不认为会出现这样的结果。在《神学政治论》中，他清楚地表达了个人的自然权利或自由与国家的最高权力之间的关系：

> 一个共同体能够在不侵犯自然权利的情况下形成，一个契约也能够被完全忠诚地遵守，当且仅当每个人都将他所拥有的所有权力都让渡给社会，并且只有社会保留着对所有事物的最高自然权利，也就是最高的权力，所有人都必须服从这种最高权力，要么是出于自由选择，要么是出于对最后受惩罚的畏惧。①

由此可以看出，斯宾诺莎解决个人自由与国家权力之间张力的主要方式是，所有人都向社会全体让渡自己的全部权力。以这种方式形成的社会就是一个民主政体（democracy）或民主国家（democratic state）。民主政体之所以既能拥有最高的权力，又不会侵犯每个公民的自然权利，是因为所有人都把自己的权力让渡给所有人，或者说让渡给整个社会，而不是让渡给某个人或少数人。这样一来，每个人都仍然拥有平等的权利，就好像他们没有让渡权力一样。用斯宾诺莎本人的话说：

> 在一个民主国家，没有人把自己的自然权利完全让渡给另一个人以至于他没有发言权；他把自己的自然权利让渡给他自己作为其中一分子的整个共同体的大多数。通过这种方式，所有人仍然是平等的，就像他们以前在自然状态中一样。②

正因为民主政体的最高权力与个人的自然权利或自由是相容的，所以斯宾诺莎才把它看成是一种“最自然的政体”，或者说一种“与个人自由最相合”的政体，因此也是一种理性的政体。③

不过，无论民主政体多么接近人的自然状态，无论它在多大程度上与个人的自然权利相容，它都必须拥有某种不受挑战的最高权力或主权，否则它就无法维持自己的存在，更不要说去保护每个公民的生命、自由和安全了。因为与个人类似，国家作为一个个别事物也有自我保存的“努力”，也需要尽最大可能获得权力或力量以维持自己的存在。至少在形式上，包括民主政体在内的所有国家都必须对个人的自然权利或自由进行某种限制，要求公民服从自己的统

① ［荷］斯宾诺莎：《神学政治论》，216页。译文有改动。

② 同上书，219页。译文有改动。

③ 同上。

治。正如斯宾诺莎在《神学政治论》中所说：

> 无论最高权力被授予一个人、少数人或全体人民，谁拥有最高权力，那么他显然就拥有发布他想发布的命令的最高权力。进而言之，谁把自己的自我防卫权力让渡给另一个人，无论是自愿还是被迫，就已经完全放弃了他的自然权利，并且因此决定在所有的事情上都绝对服从他人。只要国王、贵族或人民保留着他们所接受的最高权力——这是权利让渡的基础——那么，他就有义务毫无保留地服从。[①]

乍听起来，斯宾诺莎这段话简直就是霍布斯的政治绝对主义思想的翻版。因为倘若个人“完全放弃了他的自然权利”，倘若必须“在所有的事情上都绝对服从”最高权力的拥有者，那么他的自由又从何说起呢？

在《政治论》中，斯宾诺莎对国家的主权或最高权力的强调，似乎比霍布斯有过之无不及。譬如说，在《政治论》的第三章第三节，斯宾诺莎指出，“在公民秩序中，所有人都畏惧相同的东西，都拥有关于安全的相同原因，都拥有相同的生活方式”[②]。这等于是使个人完全消融在国家之中。不仅如此，他在第三章第五节进一步强调：

> 个体公民不是控制自己的权利，而是服从国家的权利，国家的任何命令他都不得不执行。他没有任何权利去决定什么是公平什么是不公平，什么是正确什么是不正确。相反，既然国家的身体必须如同由一个心灵来指导（因此国家的意志必须被看成是全体的意志），那么但凡国家断定为正义或善者，每个公民必须也得这样来断定。这样一来，尽管一个人或许会认为国家的法令是不公平的，但他仍然必须执行它。[③]

斯宾诺莎在这段话中对国家最高权力的规定，甚至已经不能用绝对主义来形容了。因为霍布斯至少还承认个人在法律之外有一个有限的自由和权利空间，而在斯宾诺莎那里似乎个人连作出善恶判断的权利都丧失了。倘若如此，那么斯宾诺莎所坚持的个人自然权利或自由又体现在哪里？他的“绝对主义”与“自由主义”又是如何协调的？[④]

斯宾诺莎显然预料到了这些可能的批评与质疑，并且做出了相应的辩护。

---

① ［荷］斯宾诺莎：《神学政治论》，219页。译文有改动。

② Spinoza. *Complete Works*，p. 690.

③ Ibid.，p. 691.

④ 富耶认为这一点体现了斯宾诺莎政治哲学的自由主义和绝对主义的矛盾，而巴利巴尔则认为这一表面的矛盾可以通过民主参与来解决（Feuer，Lewis S. *Spinoza and the Rise of Liberalism*，pp. 106-108. Balibar，Etienne. *Spinoza and Politics*. Peter Snowdon，trans. London，Verso，2008，pp. 30-31）。

他的辩护可以概括为两点：首先，就国家而言，既然权利本身意味着权力或力量，那么真正的问题就不是国家应不应该控制个人的一切自由，而是它有没有能力这么做；其次，就个人而言，一个真正的自由人恰恰体现为他理性地服从国家和法律，而不是完全听从想象和激情的支配。这两点回答一方面展现了斯宾诺莎政治哲学的深刻性和复杂性，另一方面也体现了它的内在张力，甚至内在矛盾。我们先从第一点谈起。

基于“权利就是权力或力量”的自然主义或非道德主义前提，斯宾诺莎指出，我们不用特别关心“这种绝对听从于他人的统治与意志的危险”[①]，因为一方面统治者必须拥有这种全面控制人的自由的能力或力量，而这是几乎不可能做到的，另一方面他们也必须考虑他们自己的利益，所以不能毫无顾忌、为所欲为，而是尽可能地发布合理的命令，理性地进行统治。为了论证这一点，斯宾诺莎还特地引用了罗马哲学家和政治家塞内卡的一句名言：“没人能长久保持一个专制者的威权。”[②]（violenta imperia nemo continuit diu）

在《神学政治论》的第十七章，斯宾诺莎更是清楚地表明，尽管所有的国家及其统治者都倾向于完全垄断臣民的自由和权利，甚至他们的思想自由，这种倾向也体现了国家寻求自我保存的努力或欲望，但它是不可能实现的。原因在于：

> 没有人能够完全把他的所有权利——因此也就是他的所有权力——完全让渡给另一个人并且因此不再成为一个人，也永远不会有某种最高的权力能够高兴怎么做就怎么做。命令一个臣民恨他认为是有益的东西，命令他爱对自己有害的东西，命令他不因为受侮辱而感到愤怒、不想摆脱恐惧或不做许多必然来自人性法则的类似事情，这是徒劳的。[③]

因此在斯宾诺莎看来，国家的最高权力或主权之所以不是无限的，不是因为它像传统道德哲学和宗教所说的那样受到某种更高的道德律令或神圣意志的制约，而是因为它没有权力、力量或能力做到这一点。在这一点上，斯宾诺莎也是受到了马基雅维里的影响，因为后者也将一切统治的正当性基础归结为自然的必然性。

正是基于这种自然的必然性，斯宾诺莎反过来批评霍布斯的绝对主权思想。他认为霍布斯没有看到，主权者并不是神，它不可能拥有绝对或无限的权

---

① ［荷］斯宾诺莎：《神学政治论》，217 页。

② 同上。

③ 同上书，226 页。译文有改动。

力或力量，因此也就不可能拥有绝对的权利。实际上，即使人们把自己的一切权利或权力都让渡给主权者，也不会让后者放心，因为他知道这是不可能的。这便是说："人们不可能把他们的权利完全让渡给并且使他们的权力完全屈从于另一个人，同时却不会使接受他们权利或权力的人感到畏惧。"[①] 所以，结论必然是，个人必定会保留着相当一部分的权利或权力。

不过从个人的角度来看，斯宾诺莎也反过来同时强调个人服从国家的必要性，并且为国家的最高权力进行某种辩护。他坚持认为，一个人服从国家的法律，并不意味着他变成一个奴隶，而是恰恰表明他是一个真正的自由人。因为奴隶完全是受自己非理性的欲望或激情的奴役，沉湎于低级的感官和肉体快乐，而自由人才是听从理性教导的。因此，他在《神学政治论》中说："听从命令而行动即服从的确在某种程度上是对自由的一种侵犯，但这并不会自动导致一个人变成奴隶。必须考虑行动的原因。假如行动不是为了行动者的利益，而是为了命令者的利益，那么行动者就是奴隶，他不是服务于自己的利益。但是在一个主权国家中，全体人民而不是统治者的福利成为最高的法律，因此在所有的事情上服从最高权力的人就应该被称为臣民，而不是一个不为自己利益服务的奴隶。"[②]

在《政治论》中，斯宾诺莎表达了类似的意思。在他看来，一个人服从国家的法律并不是非理性，而是非常合乎理性，同时也是真正符合自然的。理性总是教导人追求和平，实现每个人的自我保存的欲望。但是，假如国家的法律得不到臣民的服从，那么和平就注定不可能实现。所以说，一个真正的理性自由人肯定是坚定地"遵守国家的法律，并执行他作为臣民所要服从的主权者的命令"[③]。

斯宾诺莎关于个人自由和国家权力的看法在根本上表明，他不仅抛弃了自斯多亚学派、基督教以来直至霍布斯的自然法或道德哲学传统，而且预示着卢梭和康德等现代道德哲学的重大转向。原因有三点。首先，斯宾诺莎完全消除了自然法的道德内涵，使它变成一种非道德意义的"充足理由"原则或因果必然法则。其次，他把自然同理性区分开来，并且认为理性是为了实现人的利益，与作为整体或实体的自然无关。最后，他把理性看成是道德规范的基础，认为理性教导人服从法律，实现人的自由。

恰恰是在公民社会或国家中，人才变成一个真正的自由人，而这恰恰是斯

① ［荷］斯宾诺莎：《神学政治论》，266 页。译文有改动。

② 同上书，218 页。译文有改动。

③ Spinoza. *Complete Works*, p. 691.

宾诺莎政治哲学的根本意图。[①]

三、国家的目的

斯宾诺莎对于理性的强调以及对于民主政体的肯定，已经隐含了他自己的“国家理由”（state reason），也就是他对国家之“存在理由”或目的的理解。为了更好地理解他的这一思想，我们不妨把它同霍布斯的相关思想比较一下。

霍布斯把国家的目的看成是保护人的生命和自由。[②] 对于生命的保护是人们建立国家的主要动机，这一点应该是没有什么太大的疑问。关键的问题是，国家究竟在什么意义上同时保护人的自由？这就涉及霍布斯对自由的独特看法了。在《利维坦》的第 21 章，他对“自由”作了一个简单的规定：“自由（确切地说）就是指没有阻碍的状况，我所谓的阻碍，指的是，运动的外界障碍，对无理性与无生命的造物和对于有理性的造物同样可以适用。”[③] 考虑到人的本性是一种意愿运动（voluntary motion），因此人的自由就体现为他的意愿运动不受阻碍。这样，霍布斯就相应地对自由人下了一个定义：“自由人就是在其力量和智慧所能办到的事物中，可以不受阻碍地做他所愿意做的事情的人。”[④]

按照这种定义，人在自然状态中的自由意味着：他在自己的“力量和智慧”范围内想怎么做就怎么做。这种自然的自由看起来似乎没有任何界限和制约，但实际上它不仅是很不稳定的和脆弱的，而且在根本上是虚幻的。因为自然状态缺乏一种“共同权力”，所以虽然每个人表面上都拥有无限的自由，但他的自由随时都有可能遭到他人的阻碍和侵害，并且得不到任何有效的保护。而在国家之中，人的自由虽然受到了一定的约束，也就是说受到法律的约束，但是这种受约束的自由才是真正的自由。霍布斯把这种受到法律约束的自由称为“臣民的自由”（liberty of subjects）。[⑤] 换言之，“臣民的自由”意味着，“在法律未加规定的一切行为中，人们有自由去做自己的理性认为最有利于自己的事情”[⑥]。

---

① 史密斯把斯宾诺莎对民主的捍卫同卢梭的“普遍意志”（general will）思想联系起来。他认为，无论是对斯宾诺莎还是对卢梭而言，人的自由都意味着在理性上服从自己制定的法律。这显然有些过度解释了。因为卢梭无论如何不会像斯宾诺莎那样把自由看成对必然性的服从［Smith，Steven B. What Kind of Democrat Was Spinoza? *Political Theory*，2005，3（1），p. 19］。

② 参见［英］霍布斯：《利维坦》，164 页。

③ 同上书，162 页。

④ 同上书，163 页。

⑤ 同上书，164 页。

⑥ 同上。

从霍布斯对自由、自由人和臣民的自由等相关概念的界定来看，自由对他来说更多地意味着一种以赛亚·伯林后来所命名的“否定式自由”（negative freedom，又译消极自由），而非“肯定式自由”（positive freedom，又译积极自由）。[①] 也就是说，霍布斯更强调的是摆脱外在的障碍，而不是积极主动的选择和参与。在国家之中，人的自由或臣民的自由尤其如此。正如霍布斯所说，“臣民的自由只有在主权者未对其行为加以规定的事物中才存在，如买卖或其他契约行为的自由，选择自己的住所、饮食、生业，以及按照自己认为适宜的方式教育子女的自由等等都是”[②]。

基于这种自由观，霍布斯激烈地批判了共和主义的自由观。所谓共和主义的自由观就是认为每个公民都有参与政治和制定法律的自由和权利。按照波科克（J. G. A. Pocock）和斯金纳等共和主义学派的看法，这种“自我统治”（self-government）的共和主义思想在西方有着古老的传统，自古希腊和罗马以来直至现代早期一直长盛不衰。[③] 在霍布斯的时代，共和主义的自由或“自我统治”理想成为英国革命的重要意识形态动力之一。

不过按照霍布斯的看法，这种所谓的“共和主义的自由”恰恰误解了自由在古代的含义，因为古希腊和罗马人所说的自由是国家的自由，而不是个人的自由。“当我们说雅典人和罗马人是自由的这句话时，指的是他们是自由的国家，这不是说任何个人有自由反抗自己的代表者，而是说他们的代表者有自由抵抗或侵略其他民族。”[④] 由于对自由的误解，人们往往不是把自由看成一种属于国家的“公共权利”，而是当成“个人的遗产和与生俱来的权利”[⑤]。霍布斯认为，这种对自由的误解很有可能煽动人们起来反抗主权者，从而引发政治动荡和社会混乱。他之所以偏爱君主制，并且厌恶民主制，就是因为后者所崇尚的个人自由更容易导致政治纷争和冲突，并且使国家陷入内战，甚至最终解体。所以毫不奇怪的是，在《利维坦》的第 29 章，他把“读古希腊与罗马人的书籍”看成是“国家致弱或解体”的重要原因之一。[⑥] 因为在他们的著作中，“任何人只要把君王事先称为暴君，他弑君的行为就被当成合法的和值得称道

---

① 参见［英］以赛亚·伯林：《两种自由概念》，见刘军宁等：《市场逻辑与国家观念》，201 页。

② ［英］霍布斯：《利维坦》，165 页。

③ Pocock, J. G. A. *The Machiavellian Moment: Florentine Political Thought and the Atlantic Republican Tradition*. Princeton, Princeton University Press, 1975, pp. 49－80, 550－552.

④ ［英］霍布斯：《利维坦》，167 页。

⑤ 同上。

⑥ 同上书，255 页。

的行为”①。

在霍布斯那里，个人与国家之间是一种纯粹的外在关系：个人仅仅外在地服从国家或法律，而国家的目的也仅仅是外在地保护个人的生命、安全和自由；个人没有参与公共政治和制定法律的自由和权利，但国家也不能干涉属于私人领域的个人自由。就这一点来说，霍布斯的绝对主义和个人主义虽然看起来自相矛盾，其实是完全一致的。就像法国当代学者马内精辟地指出的，恰恰由于霍布斯过于彻底地坚持个人主义的前提，所以他不得不同时坚持绝对主义的结论。②

斯宾诺莎的“国家理由”却是非常不同。作为一个坚定的共和主义者，他一直对民主政体以及个人自由持有高度的肯定。从某种意义上说，他与霍布斯的分歧来自他们对于现实和历史的不同观察和感受。霍布斯一直将希腊伟大的史家修昔底德当成自己的政治老师，他眼中的英国政治几乎就是修昔底德笔下的雅典民主政治的真实再现。③按照他后来的理解，所谓的“英国革命”在本质上不过是不同的私人和党派打着“神”“权利”或“自由”的神圣旗号阴谋篡夺主权者或国王的合法权力。他给出的解决方案就是建立一个拥有绝对主权的国家，以此结束一切可能的战争和其他政治乱象。与之相反，斯宾诺莎最担心的并不是革命，而是以奥伦治亲王为首的保守派同正统加尔文派的宗教势力勾结起来颠覆德·维特所领导的荷兰共和国，并且扼杀个人的自由。出于这一考虑，他才极力捍卫民主政体以及与之相关的政教分离、思想自由和宗教宽容等原则。④

斯宾诺莎并不否认，人们建立国家的重要目的之一就是“摆脱普遍的恐惧，减少普遍的不幸”⑤，保护“生活的和平与安全”⑥。除此之外，他认为国家还应该同时保护人们的自由，尤其是免于恐惧和强迫的自由。在《神学政治

---

① ［英］霍布斯：《利维坦》，255页。

② Manent, Pierre. *An Intellectual History of Liberalism*. Rebecca Balinski, trans. Princeton, Princeton University Press, 1994, p. 28.

③ 霍布斯对民主制的厌恶和批评贯穿了他的一生。他早年在翻译修昔底德的《伯罗奔尼撒战争史》时，写过一篇类似于译者序的文章，题目是《论修昔底德的生平与历史》（On the Life and History of Thucydides）。在这篇文章中，他在肯定修昔底德的同时，也批评了民主政体的弊端（*The English Works of Thomas Hobbes of Malmesbury*, vol. VIII. William Moleswort, ed. London, Bohn, 1839, p. xvi）。

④ 正如史密斯所指出的，就坚持自由而言，被斯宾诺莎奉为典范的史家不是希腊的修昔底德，而是罗马的塔西佗。他的《神学政治论》最后一章（第二十章）的标题就是取自塔西佗《历史》中的一句话：“在一个自由的国家，每个人都自由地思考，并且自由地言说自己的思考。”在文艺复兴和现代早期，塔西佗主义是最流行的政治思潮之一（Smith, Steven B. *Spinoza's Book of Life*: *Freedom and Redemption in the Ethics*. New Haven, Yale University Press, 2003, pp. 129-130）。

⑤ Spinoza. *Complete Works*, p. 691.

⑥ Ibid., p. 699.

论》的第二十章，他这样说道：

> 从我在前面关于国家之基础的说明，可以非常清楚地得出一个结论：国家的根本目的不是通过恐惧来施行统治，也不是通过恐惧来约束人们并且剥夺他们的独立，而是反过来使每个人摆脱恐惧，这样他才尽可能地生活在安全之中，也就是说，他就可以最好地保存自己生存和行动的自然权利，既不损害自己，也不损害别人。①

但是，斯宾诺莎对自由的理解并不局限于“否定式自由”，即“免于恐惧和强迫”的自由。正如我们在前面一再提到的，斯宾诺莎所理解的真正自由就是听从理性的教导，或者说是一种理性的自我保存。这也是他与霍布斯的根本分歧之一。霍布斯虽然也把自我保存的欲望看成是人的基本欲望或自然权利，不过对他来说，这种自我保存的欲望本身仅仅是一种生存的本能。而在斯宾诺莎那里，真正的自我保存并不是单纯的生存，而是理性的自我保存，也就是说，在理性的指导下去寻求最大的力量和真正的利益。对斯宾诺莎来说，这种理性的自我保存就意味着自由。正是在这个意义上，斯宾诺莎在《神学政治论》的第十六章中指出：

> 国家的目的绝对不是把人从理性的存在者变成野兽或傀儡，而是反过来使他们能够安全地发展他们的心灵和身体能力，不受制约地运用他们的理性，并且摆脱由仇恨、愤怒或欺诈所导致的冲突和恶意相互辱骂。所以真正说来，国家的目的就是自由。②

在《政治论》的第五章，斯宾诺莎表达了类似的意思：

> 所以当我们说最好的国家就是人们在其中和谐地生活的国家时，我指的是人的这种生活：它不只是由一切动物所共有的血液循环和其他特征所规定，而且是由理性、心灵的真正德性和生活所特别规定。③

斯宾诺莎之所以肯定民主政体，不仅因为它能够最大限度地包容人的自由，而且因为它能够使人在国家中运用和发展他们的理性。换言之，“民主的根本目的就是避免冲动的愚蠢，让人尽可能地受理性的约束，以便使他们能够和平与和谐地生活”④。在这个意义上，民主政体是一种理性的国家，它的法律

---

① ［荷］斯宾诺莎：《神学政治论》，272 页。译文有改动。

② 同上。译文有改动。

③ Spinoza. *Complete Works*，p. 699.

④ ［荷］斯宾诺莎：《神学政治论》，217 页。译文有改动。

也是建立在理性基础之上的。正如一个人只有服从理性的教导才是一个真正的自由人，相应地，“只有建立在健全理性基础之上的国家才是自由的国家”，因为它是为公众的利益服务，而不是为少数人的利益服务。[①] 进而言之，只有建立在理性基础上的自由和民主国家才是最有权利或力量的国家，因此也最能长治久安，赢得人民的认同。[②]

第三节　政治与宗教

前文说过，斯宾诺莎之所以讨论国家的起源和目的等政治哲学问题，最终是为了在政治上保护哲学与宗教或理性与信仰的各自权利和自由，使它们互不侵犯。不过，就哲学与宗教或理性与信仰的关系而言，斯宾诺莎事实上更关心的是如何保护哲学或理性思考的自由。因为无论是诉诸历史经验，还是基于对荷兰及欧洲当时的政治现实的观察，斯宾诺莎都非常清楚地意识到，在哲学与宗教或理性与信仰这两者之间，前者事实上一直受到后者的压制和迫害，从来没有获得过真正的自由。反过来说，要想让哲学思考获得自由，关键在于宗教既不能凌驾于世俗政治之上，也不能拥有世俗政治权力，而是必须服从国家及其法律。只有这样，国家才能作为一个中立者同等地保护哲学思考和宗教信仰各自的自由。

出于这一考虑，斯宾诺莎在《神学政治论》中总结了古代希伯来国家的“神权政治”之得失。[③] 在此基础上，他进一步提出了政教分离和宗教宽容的政治原则，并且最终为哲学思考的自由进行了辩护。

一、神权政治

就像《神学政治论》第十七章的标题所说的，斯宾诺莎之所以讨论“神权政治”，是为了论证这个重要原则：没有人能够或需要把他的所有权利都让渡给主权者。反过来说，国家或主权者不可能垄断或剥夺人民的所有权利，或者

---

① 参见［荷］斯宾诺莎：《神学政治论》，218 页。

② Spinoza. *Complete Works*, p. 698.

③ 巴利巴尔指出：“神权政治”一词并不是斯宾诺莎的发明，而是从古代犹太历史学家约瑟夫那里借用过来的（Balibar，Etienne. *Spinoza and Politics*, pp. 44 - 45）。

说不可能纯粹依靠暴力进行统治。这不是因为主权者或统治者不想这样做，而是因为他没有权力或能力这样做，他相应地也没有权利这样做。事实上，个人为自己保留了相当一部分权利，这些权利因此只能由他自己决定。[①] 无论他对统治者的服从是出于什么动机，是爱还是恨，是恐惧还是希望，都是他自己的决定。因为说到底，人的本性是不愿意屈从于没有限制的压迫。[②]

在斯宾诺莎看来，真正的服从并不是体现为外在行动，而是体现在心灵层面。倘若一个人能够让另一个人全心全意地服从自己的一切命令，那么这种统治当然是最强大的统治。尽管这种统治不可能完全实现，但这样的梦想却一直贯穿着人类的政治历史。就像斯宾诺莎所说的，“虽然对心灵发布命令不可能像对舌头发布命令一样，但是心灵在某种程度上可以为主权者所控制，无论他想要做什么，他都有许多手段诱使大众信其所信，爱其所爱，恨其所恨，如此等等”[③]。在这些手段之中，宗教对统治者来说显然是一种最自然、最方便和最有用的心灵控制手段，相应地，以宗教为统治基础的“神权政治”也成为人类最古老的一种政治统治形式。

为了说明这个道理，斯宾诺莎举了古代马其顿国王亚历山大大帝（Alexander）的例子。亚历山大大帝无论在国内还是在国外，都希望人们把他当成朱庇特（Jupiter）的儿子。[④] 因为在他看来，“在战争中，威望是一个重要因素，一个虚假的信仰经常能承担真理的职责”[⑤]。在和平时期，道理也是一样。只要人民相信统治者是神或神的儿子，那么他们当然就更愿意服从他，而他也就能够更好地维持自己的统治。与之类似，罗马皇帝奥古斯都（Augustus）也说服罗马人相信他是埃涅阿斯（Aeneas）的后代，而后者则被公认是爱神维纳斯（Venus）的儿子。所以，斯宾诺莎说：

> 出于这个原因，也就是为了让他们自己变得安全，古代那些获取了权力的国王都极力说服人们相信，他们是不朽诸神的后代。他们认为，只要所有人不把他们看成平等者，而相信他们是诸神，就会心甘情愿地忍受统治，并且很容易服从他们。[⑥]

---

① 参见［荷］斯宾诺莎：《神学政治论》，227 页。

② 同上书，82 页。

③ 同上书，228 页。译文有改动。

④ 同上书，230 页。

⑤ 同上。译文有改动。

⑥ 同上书，229 页。译文有改动。

由此可见，古代异教的政治统治形式在本质上就是一种“神权政治”。在斯宾诺莎看来，“神权政治”的统治基础就是迷信，而迷信显然意味着人是受到恐惧和希望等非理性激情的奴役，而不是听从理性的教导。

按照这种标准，犹太人或希伯来人所建立的古代希伯来国家显然是一种最典型的“神权政治”，因为犹太人执着地坚持这种“信仰”：他们的国王和立法者是神，相应地他们的国家也是“上帝之国”（kingdom of God）。不过在斯宾诺莎看来，希伯来国家作为一种“神权政治”并非一无是处。相反，正是依靠这种对神和律法的信仰，犹太人培养了虔诚和正义的美德，能够自觉地服从律法，关爱同胞，因此享受了很长时间的和平和繁荣。

在《神学政治论》的第十七章，斯宾诺莎花了很大的篇幅讨论了希伯来“神权政治”的历史。当犹太人离开埃及之后，他们便恢复了一种“自然状态”，不再听命于任何人的统治，“每个人开始拥有在其权力范围内的自然权利”。后来在摩西的劝告下，他们相信自己是“神的选民”，并且只有神有拯救他们的权力或力量，因此他们决定把这种自然权利让渡给神，由神来做他们的国王和立法者。这样一来，民政权力（civil power）与宗教权力（religious power）就变成一回事：服从国家和律法就是服从神的旨意，对国家的背叛就是对神的背叛，犹太人的敌人就是神的敌人。由此，他们的国家便被恰当地命名为“神的王国”。这就是希伯来“神权政治”的由来。

严格说来，犹太人最初建立的这个国家虽然名义上是一个“神权政治”或“上帝之国”，但事实上是由摩西一个人统治，因此是一种君主制的国家。斯宾诺莎指出，犹太人最初虽然拥有向神请示并且解释律法的权利，但后来他们把这种权利让渡给了摩西，“因此就只有摩西成了唯一的立法者和神的律法的解释者，由此也成了最高的审判者，他不受他人审判，并且代表神在希伯来人中间采取行动，也就是执行最高的王权，因为只有他有权向神询问，把神的回答传给人民，并且迫使他们服从”①。简言之，摩西既掌握了最高的宗教权力，即制定律法和解释律法的权力，也掌握了最高的民政或世俗权力，包括统治国家和对外战争的权力。就此而言，犹太人的真正国王和立法者并不是神，而是摩西。

在摩西死后，由于没有人拥有像他那样的非凡能力、德性和威望，所以希伯来国家的这种“君主制”并没有维持下去。整个国家的最高统治权力或主权一分为二：宗教权力也就是解释律法的权力掌握在利未人手里，具体地说，掌握在摩西的哥哥亚伦以及他的后代手里；而世俗统治权力则掌握在以色列十二

① ［荷］斯宾诺莎：《神学政治论》，233 页。译文有改动。

支派的首领手里。在斯宾诺莎看来，只有在这个时候，希伯来国家的统治形式才称得上是真正的“神权政治”。

摩西没有任命这样的继承者，而是把国家留给后来者统治，以至于它既不能叫作民主制，也不能叫作贵族制或君主制，而是被称为神权政治。如果说解释律法和传达神之答案的权利被授予一个人，那么按照被阐明的律法和被告知的答案来统治国家的权利和权力则被授予另一个人。①

按照斯宾诺莎的理解，希伯来国家的“神权政治”在本质上是一种宗教权力与世俗政治权力的相互分离和相互制衡。一方面，利未人或祭司虽然拥有解释律法、传达神的旨意的宗教权力，但却没有执行律法和其他决议的世俗权力，而且他们在日常生活中与其他人是完全平等的，都是国家的普通公民，都服从世俗首领的命令。另一方面，世俗首领虽然负责日常的对内统治和对外战争，但他们不仅无权解释律法并传达神的旨意，而且必须严格地服从律法；一旦违反了律法，他们就会和普通公民一样受到严厉的惩罚。因此从形式上看，古代希伯来国家的这种“神权政治”颇为接近洛克和联邦党人等所说的“权力制衡”原则，即立法权和执行权分别掌握在不同的人手里，由此形成二者的相互制衡，避免国家最高的统治权力由同一个人或同一批人垄断，从而导致专制和败坏。斯宾诺莎本人则认为，这种“神权政治”非常类似于荷兰联省大议会（High Confederated Estates of Netherlands）。②

具体而言，这种“神权政治”的优点体现为对于世俗首领和人民的双重约束。就世俗首领而言，由于解释律法的权力掌握在利未人手里，世俗首领做坏事的机会就大大地减少了。他们必须尽可能地为国家或公众利益服务。如果他们以权谋私、违法作乱，那么他们就不仅是神的敌人，而且是全民公敌。同时，按照这种“神权政治”的精神，包括首领和普通民众或士兵在内的所有人都是神的子民，因此每个人在神及其律法面前都是平等的，首领并未享受比人民更多的特权。就人民而言，“神权政治”不仅塑造了人民强烈的爱国主义精神（ardent patriotism），而且培养了他们对神和律法的虔敬之心。他们对自己的神和国家（这对他们来说是一个事物）极为忠诚，而对其他的国家则充满仇恨。③ 与对待敌人的残酷和仇恨相比，他们对待自己的同胞则是怀有互助之心和关爱之情。

---

① 参见［荷］斯宾诺莎：《神学政治论》，234页。

② 同上书，237页。

③ 斯宾诺莎说：“由于他们已经将自己的权利让渡给神，并且相信他们的国是神的王国，只有他们是神的孩子，而其他的民族都是神的敌人，必须对它们抱有刻骨的仇恨。他们认为没有什么比放弃忠诚并答应效忠于一个外国人更可怕，没有什么比背叛他们的国家也就是背叛他们所崇拜的神的王国更可憎和邪恶。”（［荷］斯宾诺莎：《神学政治论》，242页。译文有改动）

然而，古代希伯来国家的这种“神权政治”本身包含了一个很大的隐患。具体地说，这个隐患就是宗教权力和世俗政治权力或祭司和世俗首领之间的潜在冲突。事实上，这一冲突也是导致“神权政治”最后瓦解的主要原因。按照斯宾诺莎的分析，这一冲突最初其实源于摩西本人的失误。按照摩西和以色列人的最初约定，祭司的职位应该由各个家族的头生子掌控。但是后来由于发生了崇拜金牛犊事件，摩西一怒之下就废除了这一协议，改由利未人掌握祭司职位，因为只有他们没有参与祭拜金牛犊以及其他崇拜异教偶像的不虔敬之事。斯宾诺莎认为，这就为后来的冲突和分裂埋下了隐患。因为这样一来，律法的目的从一开始就主要不是培养人民的德性、幸福和安全，而是对十二支派进行复仇和惩罚。

后来，利未人在野心的驱使下开始滥用自己的宗教权力，不断地借解释律法和传达神的旨意的机会对各个支派的首领进行责难，让后者觉得自己受到了无休止的斥责和侮辱。世俗首领便反过来利用人民的同情来反对利未人，并且与利未人公开决裂。最后，他们和人民一起废除了“神权政治”，选出了一个人而不是神来做他们的国王。

但问题在于，整个国家的律法解释权仍然掌握在利未人的手里。他们不断地利用这种权力同世俗政治权力相抗衡，并且指责国王和人民的渎神、不虔敬和不正义。国王既没有制定律法和解释律法的权力，也没有干涉宗教事务的权力。作为一种反制手段，国王便试图建立其他神殿，并且抬出一些假先知冒充真先知，让他们以神的名义发布预言。尽管他们并没有达到预期的目的，但这种对祭司和律法的不虔敬却使律法逐渐失去了神圣性，不再让人感到敬畏而为人所遵守。由此，统治者变得毫无节制，人民也丧失了虔诚和正义之心，整个国家从此陷入了无休止的冲突、纷争和内战，以至于最后分裂，并且被外族灭亡。因此在斯宾诺莎看来，不是神的惩罚，而是国王和祭司的长时间的冲突与斗争，才是导致希伯来“神权政治”最后崩溃的真正原因。

斯宾诺莎尽管肯定了希伯来“神权政治”的很多优点，但在整体上仍然对它持否定的态度。[①] 在《神学政治论》第十八章的一开始，他就认为希伯来

① 史密斯认为：“以色列人的故事在《神学政治论》中发挥的作用同古罗马的模型在马基雅维里的《论李维》中发挥的作用是一样的，也就是说，都是一面借古讽今的镜子。”这个说法有一定的道理，因为斯宾诺莎的确受了马基雅维里的共和主义思想的很大影响。但是，史密斯有一些过度解释。因为比较起来，古希伯来国家在斯宾诺莎心目中的地位还是远远不能同古罗马共和国在马基雅维里心目中的地位相提并论。事实上，斯宾诺莎心目中的理想政体（假如可以这么说的话）不可能是以迷信为基础的“神权政治”，而是一种基于理性和自由的现代民主政体，具体地说，就是德・维特领导下的荷兰共和国，一种现代的民主政体（Smith，Steven B. *Spinoza*，*Liberalism*，*and the Question of Jewish Identity*，p. 146）。

“神权政治”的存在是一种历史的机缘巧合产物，因此是完全不可复制的。这显然是针对荷兰当时的正统加尔文派来说的，因为后者的梦想就是同以奥伦治亲王为首的保守势力联合起来，把荷兰变成一个类似于古代希伯来国家那样的“神权政治”国家，一个他们心目中的“神的王国”。

在斯宾诺莎看来，这种“神权政治”之所以不可复制，主要有两个原因。首先，“神权政治”的前提是神与人有清楚的契约：人把一切自然权利让渡给神，而神愿意做人的国王和立法者。但在斯宾诺莎看来，《新约》清楚地证明，神已经向使徒启示：他的契约不是用石板、纸张或墨水写下来的，而是写在人的心灵之中的，因此他不可能再成为一个新的国王和立法者。其次，这种“神权政治”的存在是以一个极为封闭的环境为前提的。事实上，犹太人在当时很少跟其他民族往来，几乎与世隔绝，因此很自然地认为他们自己是神的选民，并且因此把他们的律法看成是与神的契约。一旦这种封闭的环境被打破而向外界开放，那么他们对神和律法的信仰就很难维系下去。①

斯宾诺莎的这两点看法显然是针对正统加尔文派来说的，因为后者希望重建一个古代希伯来式的“神权政治”国家。就像富耶所说，“斯宾诺莎使用‘神权政治’是为了挫败加尔文党派”②。就此而言，正统加尔文派信徒要想在一个自由、开放并且崇尚商业和贸易的荷兰共和国建立一个“神权政治”国家，无异于痴人说梦。

当然归根到底，斯宾诺莎反对“神权政治”的真正原因是，它的统治基础是迷信，而不是理性。“神权政治”必须依靠某种迷信才能建立和维持，譬如说，神是一位高高在上的国王和立法者，犹太人是神的“选民”，神为犹太人的目的创造了世界，信神就可以得救，如此等等。为了维护这种迷信的“绝对真理”，避免它受到任何可能的怀疑，“神权政治”必然会利用和培养人的恐惧和希望等非理性的激情，并且禁止一切形式的理性探索和思想自由，尤其是哲学思考的自由。但是在斯宾诺莎看来，这种意图是不可能成功的，因为“一个人的心灵不可能完全受另一个人控制。没有人能够把他自由地理性思考并且在任何事情上形成判断的自然权利或能力让渡给另一个人，他也不可能受强迫去这么做”③。既然不能完全禁止人的思想自由，那么“神权政治”就只能诉诸暴

---

① 参见［荷］斯宾诺莎：《神学政治论》，250～251页。

② Feuer，Lewis S. *Spinoza and the Rise of Liberalism*，p. 121.

③ ［荷］斯宾诺莎：《神学政治论》，270页。译文有改动。

力和强制手段。这样一来，神权政治必然最终堕落成为一种纯粹的暴力统治。[①]然而，正如斯宾诺莎一再借塞内卡之口强调的那样："没人能长久保持一个专制者的威权。"

二、政教分离与宗教宽容

斯宾诺莎讨论古代希伯来国家的"神权政治"当然不是出于纯粹的历史研究兴趣，而是为了思考一个至关重要的政治哲学问题——神学或宗教与政治的关系。正如我们在前文所说，这就是绝大多数早期现代政治哲学家为之困扰的"神学政治问题"（theological-political problem）。与马基雅维里、霍布斯和洛克等先驱和同时代的政治哲学家相比，斯宾诺莎对于"神学政治问题"的解决方案并无根本不同。概要地说，他的解决方案可以总结为两点：首先，宗教本身必须"去政治化"，不能拥有公共政治权力，而应该成为一种私人领域的信仰；其次，在此前提下，国家应当尊重并且保护每一种宗教信仰的自由和权利，不得干涉个人的信仰自由。这两点就构成了现代自由主义的关于宗教问题的两个基本原则——"政教分离"和"宗教宽容"。

当然，所谓"政教分离"的原则不是意味着宗教变成某种独立于政治之外的权力或力量。恰恰相反，这一原则的核心是：教会等宗教力量并不是一个世俗国家之外的独立王国或"国中之国"，而必须服从国家及其法律的统治。正如罗卡所指出的，"对斯宾诺莎来说，国家必须对宗教拥有完全的权威"[②]。显然，斯宾诺莎的这一看法来自他对希伯来"神权政治"的历史总结。在他看来，希伯来神权政治之所以最后走向瓦解和灭亡，最重要的原因就是利未人或祭司与世俗国王之间的冲突和斗争。由于祭司们垄断了解释《圣经》和传达"神的旨意"的权力，所以他们不仅成为一个可以与世俗政治权力相抗衡的宗教权力，甚至能够凌驾于后者之上。这就造成了整个国家陷入无休止的纷争和内乱，最后走向分裂和解体。斯宾诺莎由此得出了一个极为重要的教训："无论是对宗教还是对国家来说，把发布命令的权力授予宗教人员或者让他们染指国家事务是一个多么大的灾难！"[③]

---

① 就像巴利巴尔所指出的，"神权政治"本身就包含了某种不可克服的矛盾。一方面，它是严格的政教合一；另一方面，却必须诉诸恐惧等非理性的统治方式（Balibar，Etienne. *Spinoza and Politics*，pp. 46－47）。

② Rocca，Michael Della. *Spinoza*. London，Routledge，2008，p. 227.

③ ［荷］斯宾诺莎：《神学政治论》，254 页。译文有改动。

从更深层的意义上说，斯宾诺莎对于宗教与政治之关系的看法，是来自他对人的自然状态的理解。在他看来，人的自然状态是宗教与政治的共同起点。在《神学政治论》的第十六章中，他非常清楚地区分了自然状态和宗教状态：自然状态不仅是一种非政治的状态，也是一种非宗教和前宗教的状态。具体而言：

> 自然状态无论在本质上还是在时间上都先于宗教。因为没有人自然而然地知道他有服从神的义务。事实上，这种知识不可能由任何推理过程获得；人们只能通过由某种迹象证实了的启示获得。因此在启示之前，没有人受他自己一无所知的神法约束。这样，一种自然状态不能与宗教状态相混淆；我们必须把它理解为既没有宗教，也没有法律，因此也没有罪、没有过失，就像我们事实上引用保罗的话所证实的那样。我们把自然状态看成是先于并且没有神的律法的启示，不仅考虑到人的无知，而且考虑到所有人与生俱来的自由。①

既然包括神法和启示等宗教事务不属于人的自然状态，那么宗教就是在进入公民社会或国家之后才出现的，也就是说，人在自然上没有服从宗教权力的义务。而在进入国家之后，由于人们已经将事关公共安全与福利的一切权利或权力都让渡给了国家，由国家制定法律，并且根据法律去判断正义和不正义、善与恶，所以宗教本身也必须服从国家及其法律的统治。斯宾诺莎认为，任何人都不能以宗教信仰的理由不服从国家。原因在于，“倘若没有人在那些他认为与宗教相关的事情上受对最高权力的服从这一权利的约束，那么国家的权利将不可避免地依赖于人人各异的判断和情感。因为如果他认为服从国家违反了他自己的信仰和迷信的信念，并且以此为借口每个人都认定自己有随心所欲的无限自由，那就没有人会受到服从国家权利的约束”②。

在《神学政治论》的第十九章中，斯宾诺莎进一步论证：国家或主权者不仅有权制定和解释世俗生活的法律，而且有权解释宗教方面的法律。事实上，一个宗教律令之所以成为法律，完全在于它得到了主权者的认可；而所谓“神的王国”也无外乎是主权者或统治者通过与神的契约或以神的名义行使最高统治权力的现世国家。譬如在古代希伯来国家，只有在摩西作为神的先知或代言人行使最高的统治权力或主权，并且获得了他的认可之后，宗教的律法才变成国家的法律。当希伯来国家被巴比伦灭亡之后，巴比伦的国王成了犹太人的主

---

① ［荷］斯宾诺莎：《神学政治论》，222～223 页。译文有改动。

② 同上书，224 页。译文有改动。

权者或最高统治者，而巴比伦的法律也变成他们必须服从的法律；相反，摩西律法却不再是国家的法律，而是仅仅变成一种道德律令。

一旦宗教法律或神法的解释权力不属于国家，而是掌握在祭司、神职人员或教士的手里，那就势必会引起政治纷争和冲突，导致国家的分裂和解体。这一点不仅已经被古代希伯来国家的历史事实所证实，而且在基督教世界也能得到充分的体现。无论在马基雅维里所在的意大利，霍布斯和洛克所在的英国，还是斯宾诺莎所在的荷兰，这都是活生生的经验事实。尽管由于环境的险恶，斯宾诺莎不能像马基雅维里和霍布斯那样直接抨击基督教，但他在《神学政治论》中仍然含蓄地指出了基督教对于世俗政治的败坏。

罗马教会和教皇就是一个典型的例子。在垄断了有关《圣经》和教义的所有解释权力之后，“教皇就逐渐确立了对于所有国王的绝对支配地位，一直到他事实上达到了统治的巅峰。后来，无论君主们，尤其是德意志的君主们，做出什么努力去稍稍削弱他的权力，他们都没有获得成功；这些努力的结果不过是大大地提高了教皇的权威”[①]。后来，成功地削弱了罗马教会和教皇权威的并不是世俗君主，而是像路德和加尔文这样的教士。正如斯宾诺莎所说，“君主们用火与剑没有做到的事，教会人士只是用笔却成功地做到了”[②]。这一事实当然不是对宗教力量的否定，而是更加证明了它是多么强大和可怕。

而且按照斯宾诺莎的分析，基督教对于世俗国家的危害甚至远远超过犹太教。因为在犹太教中无论祭司与国王如何发生冲突，它的教义本身并没有包含宗教权力与世俗政治权力之间的紧张和冲突。在古代希伯来国家，宗教本身就是政治：对神的服从与对国家的服从完全是一回事；摩西律法既是一种宗教律令，又是一种国家法律。但是，基督教却完全不同，因为它的教义本身就承认宗教权力与世俗政治权力或精神权力（spiritual power）与世间权力（temporal power）的二元区分，并且还认为前者高于或优越于后者。[③] 为了确保这种精神权力的优势地位，基督教的教士们不仅在政治上不断地蚕食世俗统治者的权力，而且在思想上将哲学思辨引进宗教信仰领域，并且把教义本身变成一种极为烦琐、复杂和无聊的经院哲学，这样一来，其他人就不可能有闲暇和精力去

① ［荷］斯宾诺莎：《神学政治论》，266 页。译文有改动。

② 同上。译文有改动。

③ 斯宾诺莎在《神学政治论》中提到了基督教的二元论教义，但没有做进一步的评论。他说：“我的对手寻求将宗教权利与民政权利（civil right）分离开来，并且认为只有后者被授予主权者，而前者则被授予大公教会。我不讨论这些论证，它们毫无价值，甚至完全不值得反驳。”（［荷］斯宾诺莎：《神学政治论》，264 页。译文有改动）

思考这些教义问题，而他们也由此垄断了《圣经》和教义的解释权力。①

然而，当斯宾诺莎认为宗教必须从属于国家时，他似乎没有为个人的宗教信仰自由留下任何余地。② 那么，斯宾诺莎是否真的否定了宗教宽容和个人的信仰自由呢？当然不是。事实上，在强调宗教从属于国家的同时，他做了非常清楚的限定：

> 我所说的显然是指虔敬的行为和宗教的外在形式，并不是虔敬本身以及对神的内在崇拜，也不是引导心灵内在地走向对神全心全意的崇拜的手段，因为对神的内在崇拜和虔敬本身属于不可让渡给他人的个人权利之范围（就像我们在第七章结尾处所说的那样）。③

从这一段话来看，斯宾诺莎明确地把宗教区分为内在与外在或思想与行动。对于宗教事务，国家权力的管辖范围仅仅局限于宗教的外在行动。至于个人的内心信仰，这是每个人不可让渡的一种自然权利，对此国家既不应该也没有能力干涉。

进而言之，斯宾诺莎之所以要让国家控制宗教的外在行动，恰恰是为了更好地保护个人的宗教信仰自由。他最担心的危险就是，正统加尔文派同奥伦治亲王联合起来篡夺最高统治权力，以至于摧毁德·维特所确立的信仰自由和宗教宽容原则。④ 就像斯泰因贝格所指出的，“斯宾诺莎哲学的许多不自由因素，事实上都可以被看成是表达了对宽容的深切关注，因为从根本上讲，他的不宽容是一种对于不宽容本身的不宽容”⑤。

对斯宾诺莎来说，国家的一个重要目的就是防止教会和宗教人士试图利用政治权力干涉个人的信仰自由。史密斯很好地总结了斯宾诺莎的意图：

> 《神学政治论》的任务不是创造一种新的对国家的依附关系，而是把国家当成一个工具来使用，以便使个人从教士的权力那里获得解放。斯宾诺莎试图在最新获得自由的个体与民主共和国之间培养一种利益的认同。

---

① 参见［荷］斯宾诺莎：《神学政治论》，268页。

② 用史密斯的话说：“在将个体从教会解释的权力中解放出来之后，斯宾诺莎现在努力使相同的个体从属于政治权威。”（Smith，Steven B. *Spinoza*，*Liberalism*，*and the Question of Jewish Identity*，p. 153）。

③ ［荷］斯宾诺莎：《神学政治论》，259页。译文有改动。

④ Nadler，Steven. *Spinoza*：*A Life*. Cambridge，Cambridge University Press，1999，pp. 283 - 284.

⑤ Steinberg，Justin. Spinoza's Curious Defense of Toleration. in Yitzhak Y. Melamed，Michael A. Rosenthal，eds. *Spinoza's Theological-Political Treatise*：*A Critical Guide*. Cambridge，Cambridge University Press，2010，p. 220.

> 只有一个强大的国家才能够凭借其惩罚和排斥的权力保护个人的权利和自由，对抗专制的宗教大众。①

斯宾诺莎当然没有完全否定宗教的意义。正如我们在前文所提到的那样，他承认在犹太教和基督教等传统的启示宗教之外，还有一种“普遍宗教”。这种宗教的教义只包含一些最普遍的道德规范，其目的是教人虔诚、顺从和仁爱。但是，这种“普遍宗教”既不会对国家的权威构成威胁，也不会侵犯个人的哲学思考和宗教信仰等方面的思想自由。就这一点来说，“普遍宗教”是真正甚至唯一与民主政体相容的宗教。

三、思想自由与民主政体

斯宾诺莎的“政教分离”原则显然并不只是为了保护个人的宗教信仰自由，而且是为了保护包括宗教信仰和哲学思考在内的一切思想自由，并且由此一劳永逸地将理性和信仰在政治上区隔开来，使它们互不侵犯对方的自由和权利。

当然，将理性与信仰区分开来绝对不是斯宾诺莎政治哲学的最终目的。事实上，他对二者的不同态度已经清楚地表明，他的真正意图并不是让理性和信仰互不侵犯对方的自由和权利，而是用理性取代信仰来当作政治社会或国家的统治基础。在他看来，真正与民主社会相容的并不是宗教——不管是传统的启示宗教，还是他所说的“普遍宗教”——而是哲学或理性思考。

因此，斯宾诺莎的政治哲学最终指向的是对民主政体的肯定，以及相应的对“神权政治”的排斥和否定。在他看来，只有在一个民主的共和国之中，包括哲学思考和宗教信仰在内的一切思想自由才能得到国家的平等保护。相反，在其他形式的国家之中，个人的思想自由必然受到国家或教会的压抑和控制。在这个意义上说，一切非民主的国家必然或多或少是某种形式的“神权政治”。②

在《神学政治论》的第二十章，也就是该书的最后一章，斯宾诺莎重点探

① Smith, Steven B. *Spinoza, Liberalism, and the Question of Jewish Identity*, p. 154.

② 严格来说，在斯宾诺莎那里，只有两种国家形式或政体——民主政体和神权政治；而这两种政体分别对应着人的两种认识能力或存在方式——理性和想象或信仰。民主政体是唯一与人的自由相容的理性政体，而神权政治则必然诉诸人的非理性的想象、迷信或激情，尤其是恐惧和希望。至于其他的政体——无论是君主制还是贵族制——都不过是这两种政体的不同变形与混合（Strauss, Leo. *Spinoza's Critique of Religion*. Chicago, The University of Chicago Press, 1965, pp. 237 - 243）。

讨了民主与哲学思考自由之间的内在关系。他的出发点是一般意义的思想自由。正像我们在前面反复提到的，斯宾诺莎认为，思想自由是一个人无法让渡的自然权利，因为“人的心灵是不可能完全被他人控制的”①。一个理性的政府或明智的统治者就不应该试图控制人的思想，这非但是徒劳的，而且还导致专制和暴虐，从而激起人民的反抗。此外，表达自己思想的言论自由也属于人的自然权利。因为思想若不能自由地被表达，那么它的自由也就形同虚设。

不过，斯宾诺莎在肯定思想和言论自由的同时，也给这种自由设定了一个前提。就像在讨论宗教信仰自由时那样，他把内在与外在或思想和行动区分开来。因为每个人都有思想的自由，他的判断与国家的法律本身不可能完全一致。在这种情况下，他在保留思想和言论自由的同时，必须放弃行动的自由，否则国家将无法进行有效的统治，最终会使整个社会变得混乱无序。他举了一个例子。假如一个人认为某一条法律是不合理的，应该加以修改，并且把自己的意见和建议提交给主权者，但在行动上却没有违反那一条法律，那么他就是一个好公民。反之，倘若他以法律本身的不合理性为借口不服从法律，甚至煽动人起来反抗主权者，那么他就是一个暴徒和罪犯，应该受到严厉的惩处。

斯宾诺莎对于思想自由的捍卫首先是基于必然性（necessity），也就是说，国家不可能完全控制人的思想。同时，他还从可取性（desirability）的角度肯定了思想和言论自由对于国家的积极作用。首先，思想和言论自由不会对国家造成危害，因为它们都不会直接诉诸行动。“只要一个人的行动符合主权者的命令，那么他就不可能在行动上违反他自己的理性的指令和教导。”② 其次，更重要的是，这种自由本身对国家来说不但是无害的，反倒是有益的，因为它会最大限度地减少人与人之间因为意见和信仰的分歧而发生的冲突。用史密斯的话说：“不仅是个人，而且社会整体都能从最大限度的舆论和信念自由的政策获益。”③

对于斯宾诺莎来说，一个能够最大限度地容纳思想和言论自由的国家，显然是一个民主政体，或者说，是一个“民主的共和国”。对于这一政体，他不吝赞美之辞：

> 假如诚实而不是谄媚受到嘉奖，假如主权者实现完全的控制，并且不是被迫屈从于叛乱者，那就绝对有必要认可判断的自由，并且以这种方式

---

① ［荷］斯宾诺莎：《神学政治论》，270页。译文有改动。

② 同上书，273页。译文有改动。

③ Smith, Steven B. *Spinoza*, *Liberalism*, *and the Question of Jewish Identity*, p. 160.

> 来统治人们：他们公开表达出来的不同甚至相互冲突的观点不会妨碍他们和平共处。这种政府制度无疑是最好的制度，它的弊端也是比较少的，因为它最符合人的自然本性。因为我们已经表明，在一个民主政体（它最接近自然状态）中，所有的公民都按照共同做出的决定去行动，而不是按照它去进行理性思考和判断。这就是说，既然所有人都不可能一样地思考，他们就同意一个获得多数选票支持的建议具有一项命令的效力，但他们同时还保留着假如有更好的选择就撤销这个建议的权威。人被赋予的判断自由越少，他们就离最自然的状态越远，因此这个政体就越暴虐。①

在民主政体所保护的各种思想自由之中，斯宾诺莎最看重的显然不是包括宗教信仰在内的一般思想自由，而是哲学思考的自由。或者说得更明确些，斯宾诺莎所关心的首先是如何使哲学思考的自由不再受到各种宗教信仰的压制，而不是如何使某一种宗教信仰不受其他宗教信仰的迫害。对他来说，宗教信仰自由在很大程度上不过是哲学思考自由的副产品或意外结果。

在斯宾诺莎那里，哲学思考的自由同民主政体之间是一种唇亡齿寒的相互依存关系。一方面，哲学思考只有在一个民主的共和国之中才能获得真正的自由，因为民主政体的目的就是保护包括哲学思考和宗教信仰在内的一切思想和言论自由。而在“神权政治”的国家中，哲学思考的自由必然会受到压制。另一方面，哲学思考的自由反过来也成为民主社会得以存在的根本前提。因为倘若没有哲学的理性思考和启蒙，那么绝大多数人必然被想象、迷信和各种非理性的激情所左右或奴役，整个社会和国家也就必然会堕落成为一个专制和暴虐的“神权政治”，个人的自由和权利也就不复存在。

第四节　斯宾诺莎政治哲学的困难

斯克路登指出，“斯宾诺莎关于崇高的哲学理解与大众的迷信之间的区分，对于理解他的政治学来说极为重要”②。但不可否认的是，这一区分也恰恰构成了斯宾诺莎政治哲学的内在困难。一方面，自由民主政体得以维持的前提是绝

---

① ［荷］斯宾诺莎：《神学政治论》，276～277页。译文有改动。

② Scruton，Roger. *Spinoza*. Oxford，Oxford University Press，1986，p. 94.

大多数人是理性的，或者说至少可以被理性启蒙，能够凭借理性认识到自己的真正利益所在，而不是受想象、激情和迷信的支配和奴役。就像他所说的那样，“民主的根本目的就是避免冲动的愚蠢，让人尽可能地受理性的约束，以便使他们能够和平与和谐地生活”[①]。但另一方面，斯宾诺莎又清醒地认识到，绝大多数人在自然本性上并不是理性的，而是往往受激情、想象和迷信支配的，因此才需要建立国家和法律来约束他们，否则人与人之间必将陷入无休止的冲突和战争。我们先从前一方面谈起。

斯宾诺莎认为，在民主政体之中，个人对国家及其法律的服从并不是奴隶对主人式的服从，而是一种理性的服从。因为在民主政体之中，每个人虽然让渡了自己的自然权利，但由于他们把这种权利让渡给包括自己在内的社会全体或国家，而不是一个人或少数人，所以他们相互之间仍然是平等的，就像他们在自然状态中那样。

因此，民主政体不仅是一种最自然的国家形式，而且是一种最理性的政体。由于每个人都是国家的一分子，他们不仅能够而且必须参与国家的公共事务，尤其是参与法律的制定。因此他对法律的服从就不是一种被动的外在服从，而是一种出于理性的自觉服从，也就是说，他们服从的是自己制定的法律。“将法律建立在健全理性基础上的国家是最自由的，因为在其中每个人都能够如其所愿地变得自由，因为他能够全心全意地按照理性的教导生活。”[②] 换言之，一个人越听从理性的教导，就越服从法律，从而就越自由。所以对斯宾诺莎来说，绝大多数人能够听从理性的教导是民主政体得以存在的前提。

正是以民主政体为参照和典范，斯宾诺莎批评了“神权政治”的统治基础及其缺陷。与民主政体不同，“神权政治”不是诉诸人的理性，而是依赖人的激情，尤其是恐惧和希望，并且试图通过想象、迷信和激情控制人的心灵。由于人在自然上不能忍受接受平等同类的统治，统治者便说服臣民相信他要么是神，要么是神的后代，要么是神的先知，无论在出身还是在能力方面都远比他们优秀，所以统治他们是天经地义的。就像斯宾诺莎在《神学政治论》的序言中所说的那样，“专制统治的最高秘密甚至本质就是让人蒙受欺骗，并且用宗教的错误之名掩盖那种支配人的恐惧，那么他们就可以为捍卫自己的奴役而战，就好像是为了捍卫自己的拯救而战，并且觉得为了一个人的荣耀而流自己

① ［荷］斯宾诺莎：《神学政治论》，217 页。译文有改动。

② 同上书，218 页。译文有改动。

的血甚至牺牲自己的生命不是羞耻，而是最高的荣誉”①。

但是，无论是在《伦理学》还是在《神学政治论》中，斯宾诺莎都一再强调，绝大多数人在自然上是非理性的，往往被各种激情和欲望奴役，不可能通过理性获得真正的自由。正是基于这一前提，他实际上否定了人可以凭借理性达成社会契约，并且由此建立国家的可能性。

斯宾诺莎对于“神权政治”的批评也反过来印证了这一事实：大多数人在自然上是没有理性能力的，不可能听从理性的教导，而是必然地受到想象、迷信和非理性的激情支配和奴役。反过来说，“神权政治”之所以成为人类历史的常态，就是因为绝大多数人在自然本性上就倾向于受想象和迷信的蒙蔽，并且被恐惧和希望等非理性的激情所左右，很少能够从理性上认识到自己的真正利益所在，所以他们很容易受到欺骗。显然，大众的这一天性就是“神权政治”的统治基础。

斯宾诺莎尽管高度地肯定和赞扬了民主政体，但是他对于大众的不信任、鄙视和排斥却弥漫在字里行间，几乎贯穿了他的所有著述。他虽然没有完全否定《圣经》的意义，但却认为它仅仅是一本迎合和迁就大众想象力的书，不包含任何哲学的真理或智慧。换言之，《圣经》至多只包含了一些最简单的道德规范，其目的是教人虔敬和顺从，而不是追求真理。他不仅否认大众能够通过理性达成契约并且建立国家，甚至否定了他们参与公共政治的能力。他不无讽刺地说：“倘若有人认为普通大众或热衷于参与公共事务的人能够被说服去听从理性的命令，那么他是在梦想诗人的黄金时代或一个美好的故事。”② 正因为如此，他才批评传统哲学家和神学家对人性抱有不切实际的幻想，并且讽刺他们的政治理想是一种虚幻的乌托邦。

无论是在《伦理学》《神学政治论》还是在《政治学》中，斯宾诺莎都非常清楚地表达了他对大众理性能力的否定。譬如，他在《神学政治论》中这样说：

> 的确，那些体验过大众变化无常的人几乎陷入绝望；因为大众仅仅受他们的情绪而不是理性统治。他们贸然行事，野蛮地对待一切，要么被贪婪、要么被奢靡的生活所败坏。每一个人都认为自己无所不知，都想要让世界适应自己的喜好；他根据对自己是有利还是有害的判断来考虑事情是

---

① ［荷］斯宾诺莎：《神学政治论》，11页。译文有改动。

② Spinoza. *Complete Works*, p. 682.

公平还是不公平，是正确还是错误。虚荣使他们鄙视同辈者，不想受他们指导。出于对优越的名誉或好运——它不可能同等地降临至所有人——的妒忌，他希望他人遭受厄运，并且以此为乐。①

就这段话来看，斯宾诺莎绝对不像内格里等西方马克思主义者所说的那样是大众民主的热情捍卫者。② 恰恰相反，他对于大众的天性持有非常负面的看法。这一方面基于他对于人性的清醒认识，另一方面也来自他的亲身经历以及对荷兰政治现实的冷静观察。正如他自己所说，他写作《神学政治论》的动机之一，就是要反驳大众强加于他的“无神论”的指控。此外，1772 年德·维特兄弟遭暴民杀害的悲剧以及荷兰共和国随之被颠覆的厄运，更是成为他临终之前的那几年挥之不去的阴影。③ 马拉正确地指出，如果说斯宾诺莎在伦理学上是乐观主义，那么他在政治学上则是悲观主义。“斯宾诺莎的政治悲观主义否定政治——哪怕是最好的政治——能够使人摆脱激情或奴役，并且走向理性或自由。”④

问题是，倘若大众没有理性的能力，那么无论是国家的建立，还是国家的实际统治，都不可能依靠理性的说服。这样一来，要想避免使人们陷入弱肉强食的丛林法则，那么“神权政治”就几乎是唯一的选择，无论它的基础是真正的宗教，抑或是所谓的迷信。正如斯宾诺莎所指出的，摩西建立希伯来国家、制定律法并且维持统治的主要方式就是宗教，而不是理性说服。事实上，犹太人一开始并不愿意服从摩西的统治。只有当摩西用证据说服他们相信自己不仅是神的先知，而且拥有神圣的能力，他们才接受了他的领导和统治。为了让他们的服从不是出于恐惧或强迫，而是出于自愿，摩西最后还给他们创立了一种宗教，并且制定了详尽的律法。这些律法几乎规定了他们生活的所有方面，使他们几乎没有任何个人理性思考和判断的自由。

但恰恰是依靠这种“神权政治”，古代希伯来国家维持了相当长时间的和平与繁荣。如果不是因为摩西的失误，也就是让利未人垄断了解释律法的权力，那么这种“神权政治”或许可以维持更长的时间。相比之下，斯宾诺莎所

---

① ［荷］斯宾诺莎：《神学政治论》，228 页。译文有改动。

② Negri，Antonio. *Subversive Spinoza*：(*Un*) *Contemporary Variations*. Manchester，Manchester University Press，2004，pp. 40 - 41.

③ Nadler，Steven. *Spinoza*：*A Life*，pp. 305 - 306.

④ Mara，Gerald M. Liberal Politics and Moral Excellence in Spinoza's Politics. in *Spinoza*：*Critical Assessments*，vol. 3，p. 101.

赞美的民主政体——荷兰共和国——却非常脆弱和短命，在他有生之年就被奥伦治亲王和正统加尔文派的保守势力联合推翻。而民主政体之所以被推翻，主要是因为它没有获得大众的支持——大众仍然虔诚地信仰正统的加尔文派宗教。[①]

因此，斯宾诺莎政治哲学的内在张力或矛盾就在于：一方面，为了捍卫民主政体，他必须肯定大众具有理性的能力；另一方面，为了批判“神权政治”，他又必须反过来否定大众具有理性的能力。但是，他始终没有清楚地向我们论证：为什么在“神权政治”中蒙昧无知并且容易受迷信和激情奴役的大众，在民主政体中却能够摇身一变，甚至脱胎换骨，变成理性的自由人？[②]

从整体上看，斯宾诺莎的政治哲学始终贯穿了几重根本的对立：第一是少数人与多数人的对立，第二是民主政体与“神权政治”的对立，第三是自由与奴役的对立，第四是理性与信仰或迷信的对立。而所有这些对立，最终都可以归结为他在《伦理学》中所说的两种认识方式——理性与想象——的对立。理性是以“神的视角”或“在某种永恒的形式下来考察事物”，能够使人获得“充分观念”、真正的知识或真理，并且给人带来真正的自由。相反，想象却将外物对身体的刺激所留下的偶然“形象”当成事物本身，因此它本身是一种不充分的观念，不仅不能给人带来自由，而且使人深受激情的奴役。

按照对理性和想象这两种认识能力的区分，斯宾诺莎实际上潜在地承认，真正能够“从心所欲不逾矩”的理性自由人肯定是少数，而绝大多数人则是注定会受到想象和激情的奴役的。因此，绝大多数人不可能从理性上认识到自己的真正利益。对他们来说，宗教甚至迷信不仅是一种必然的产物，而且是一种必然的需要。这一事实不会因为任何理性启蒙而改变。倘若如此，那么斯宾诺莎的宗教批判和对《圣经》的解释又有什么意义呢？

事实上，斯宾诺莎政治哲学的困难还不只是这些。他对传统启示宗教的主要批评是：只有理性才能真正地认识神，因此是通往神的唯一道路，而信仰却

① 就像埃里森所说的，“大众一直是奥伦治家族和君主派事业的支持者；德·维特对宗教自由和民政权力至高无上地位（supremacy of the civil power）的捍卫，使他受到了改革派教士的刻骨敌视，因为后者想要建立一个国家宗教”（Allison，Henry E. *Benedict de Spinoza*：*An Introduction*，p. 15）。

② 就此而言，索雷尔非常合理地提出了质疑：“当斯宾诺莎宣称政府的统治是理性的统治，因此国家的目的是理性的自我统治（self-rule by reason）形式的自由时，结论既不能让人信服，也前后不一。”富耶也表达了类似的意思，他认为斯宾诺莎对待大众抱有一种含混甚至矛盾的态度：大众有时候被看成是自由人，有时候又被看成是激情和迷信的奴隶（Sorell，Tom. Spinoza's Unstable Politics of Freedom. in Charlie Huenemann. *Interpreting Spinoza*：*Critical Essays*，p. 157. Feuer，Lewis S. *Spinoza and the Rise of Liberalism*，pp. 192－197）。

仅仅是一种“以人度神”的想象或迷信，因此是对神的根本误解和无知。事实上，这一点也构成了斯宾诺莎哲学的核心前提。

正如我们一再强调的，斯宾诺莎哲学的出发点是神与人的绝对区分。在《伦理学》的第一部分中，他明确地指出，神或自然是唯一的实体，而人和其他自然万物一样，都是有限的样态。正是依据神与人的绝对区分，他在《伦理学》第一部分的“附录”中猛烈地抨击了包括犹太教和基督教在内的传统启示宗教。在他看来，启示宗教关于神的理解，比如说认为神是一位高高在上的国王或立法者，对人有着特殊的关怀，能够根据人的正义或罪进行奖赏或惩罚，如此等等，完全是人的想象或迷信，更确切地说，是人把自己作为一个有限样态的某些性质（如公正、仁慈等）强加给神。

然而在《伦理学》的第四和第五部分，斯宾诺莎却隐然否定了神与人的这一绝对区分。诚如亚斯贝斯所说，斯宾诺莎哲学的内在矛盾在于：他一方面认为“人无限地远离神”，另一方面又肯定“人无限地接近神”。[①] 在斯宾诺莎看来，人接近或通向神的道路就是他的理性，尤其是第三种知识或直观知识。这是一种人对神的“理智之爱”。人对神的理智之爱就是神对人的爱，而神对人的爱则意味着神对自身之爱，三种爱完全是一回事：人通过理性变成神，神通过人的理性回到自身。由此，斯宾诺莎最后告诉我们：这种“人神合一”的完美状态就是人的真正自由、幸福和拯救。[②]

对斯宾诺莎来说，真正的《圣经》并不是历史上那部所谓的“神圣的经书”，而是他的《伦理学》；真正的宗教既不是犹太教，也不是基督教，甚至不是他在《神学政治论》中所说的“普遍宗教”，而是他的哲学。如果说当初摩西通过启示宗教和律法带领犹太人摆脱外族的奴役，建立了一个“神权政治”国家，并且获得了政治的自由和解放，那么斯宾诺莎则希望通过哲学的理性启蒙摆脱包括摩西律法在内的一切传统宗教和迷信的奴役，获得心灵的自由和解放。

不过无论在《神学政治论》还是在《伦理学》中，斯宾诺莎都没有清楚地告诉我们：理性如何能够让人认识神，实现“人神合一”的境界，并且获得神一样的自由，甚至使人成为神。就斯宾诺莎的哲学而言，这与其说是一个不言自明的公理或公设，不如说是一个无法论证的哲学前提或假设。[③] 事实上，他

---

① Jaspers, Karl. *Spinoza*. Hannah Arendt, ed. New York and London, A Harvest/HBJ Book, 1974, pp. 37 - 38.

② 参见［荷］斯宾诺莎：《伦理学》，261 页。

③ Strauss, Leo. *Spinoza's Critique of Religion*, pp. 28 - 29.

的所有哲学论证都基于这个前提："人的心灵具有神的永恒无限的本质的正确知识。"① 但他从来没有清楚地说明，理性如何能够帮助心灵走出想象的世界，如何能够实现人从有限的样态到无限的神或实体的"飞跃"。② 就此而言，斯宾诺莎的哲学同他所批判的传统启示宗教一样，在本质上都是依赖于某种假设，或者说依赖于某种信念的决断。换言之，他的理性并没有像他所期望的那样成功地驳倒并且取代信仰或启示，因为它本身也是人的某种信念或信仰。③ 相应地，他所追求的民主政体或"民主共和国"也不是真正的理性自由人的共和国，而是改头换面的、世俗化的"神权政治"。

吴增定

参考文献

斯宾诺莎．伦理学．贺麟，译．北京：商务印书馆，1983.

斯宾诺莎．神学政治论．温锡增，译．北京：商务印书馆，1963.

斯宾诺莎．斯宾诺莎书信集．洪汉鼎，译．北京：商务印书馆，1993.

洪汉鼎．斯宾诺莎哲学研究．北京：人民出版社，1993.

霍布斯．利维坦．黎思复，黎廷弼，译．杨昌裕，校．北京：商务印书馆，1985.

霍布斯．论公民．应星，冯克利，译．贵阳：贵州人民出版社，2003.

马基雅维里．君主论．潘汉典，译．北京：商务印书馆，1987.

以赛亚·伯林．两种自由概念// 刘军宁，等，编．市场逻辑与国家观念．北京：三联书店，1995.

Spinoza. Theological-Political Treatise. Shirley S，trans. Indianapolis：Hackett Publishing Company，1991.

Curley E. A Spinoza Reader：The Ethics and Other Works. Princeton：Princeton University Press，1994.

Allison H E. Benedict de Spinoza：An Introduction. New Haven：Yale University Press，1987.

Balibar E. Spinoza and Politics. Peter Snowdon，trans. London：Verso，2008.

Berlin I. A Reply to David West// Lloyd G，ed. Spinoza：Critical Assessments：vol. 3. London：Routledge，2001.

① ［荷］斯宾诺莎：《伦理学》，86 页。

② 雅斯贝尔斯和纳德勒都指出了斯宾诺莎哲学的这一"飞跃"（leap）或"突变"（shift）（Jaspers，Karl. *Spinoza*，pp. 48－49. Nadler，Steven. *Spinoza's Ethics*：*An Introduction*. Cambridge，Cambridge University Press，2006，p. 175）。

③ Feuer，Lewis S. *Spinoza and the Rise of Liberalism*，pp. 221－227.

Burns J H，ed. The Cambridge History of Political Thought，1450—1700. Cambridge：Cambridge University Press，1991.

Curley E. Kissinger，Spinoza，and Genghis Khan// Lloyd G，ed. Spinoza：Critical Assessments：vol. 3. London：Routledge，2001.

Curley E. The State of Nature and Its Law in Hobbes and Spinoza// Lloyd G，ed. Spinoza：Critical Assessments：vol. 3. London：Routledge，2001.

Feuer L S. Spinoza and the Rise of Liberalism. New Brunswick，NJ：Transaction Books，1987.

Hobbes T. Leviathan. Curley E，ed. Indianapolis/Cambridge：Hackett Publishing Company，Inc.，1994.

Hobbes T. The English Works of Thomas Hobbes of Malmesbury：vol. 8. London：Bohn，1839.

Jaspers K. Spinoza. Arendt H，ed. New York and London：A Harvest/HBJ Book，1974.

Levene N K. Spinoza's Revelation：Religion，Democracy，and Reason. Cambridge：Cambridge University Press，2004.

Manent P. An Intellectual History of Liberalism. Balinski B，trans. Princeton：Princeton University Press，1994.

Mara G M. Liberal Politics and Moral Excellence in Spinoza's Politics//Lloyd G，ed. Spinoza：Critical Assessments：vol. 3. London：Routledge，2001.

Nadler S. Spinoza：A Life. Cambridge：Cambridge University Press，1999.

Nadler S. Spinoza's Ethics：An Introduction. Cambridge：Cambridge University Press，2006.

Negri A. Subversive Spinoza：（Un）Contemporary Variations. Manchester：Manchester University Press，2004.

Pocock J G A. The Machiavellian Moment：Florentine Political Thought and the Atlantic Republican Tradition. Princeton：Princeton University Press，1975.

Rocca M D. Spinoza. London：Routledge，2008.

Sabine G H. A History of Political Theory. London：Harrup，1951.

Smith S B. Spinoza，Liberalism，and the Question of Jewish Identity. New Haven：Yale University Press，1997.

Smith S B. Spinoza's Book of Life：Freedom and Redemption in the Ethics. New Haven：Yale University Press，2003.

Smith S B. What Kind of Democrat was Spinoza? Political Theory，2005，3（1）.

Sorell T. Spinoza's Unstable Politics of Freedom//Huenemann C，ed. Interpreting Spinoza：Critical Essays. Cambridge：Cambridge University Press，2008.

Steinberg J. Spinoza's Curious Defense of Toleration// Melamed Y Y，Rosenthal M A， eds. Spinoza's Theological-Political Treatise：A Critical Guide. Cambridge：Cambridge University Press，2010.

Strauss L. Spinoza's Critique of Religion. Chicago：The University of Chicago Press，1965.

West D. Spinoza on Positive Freedom// Lloyd G，ed. Spinoza：Critical Assessments：vol. 3. London：Routledge，2001.

第四章
政治的语法：苏格兰启蒙运动的政治哲学

在西方知识传统中，“苏格兰启蒙运动”（The Scottish Enlightenment）这一术语直到 20 世纪才开始为人们所使用，此前人们只有“苏格兰哲学”或“苏格兰学派”的提法[①]，但自 20 世纪中期以来，研究者日隆，人们逐渐认识到这个学派思想的独特性，有关这个学派的研究话题开始涉及科学、教育、历史、政治经济学、教会发展等相关领域。不过，“苏格兰启蒙运动”的核心，仍然是以知识人尤其是哲学家为中心的，对人类道德状况和文明生活状况的理性反思运动。这个运动上承与洛克关系密切的沙夫茨伯里伯爵一世（Anthony Ashley Cooper，1st Earl of Shaftesbury，1621—1683），以沙夫茨伯里伯爵三世（Anthony Ashley Cooper，3rd Earl of Shaftesbury，1671—1713）的思想为代表（此人即《人、风俗、意见与时代之特征》的作者），经过哈奇森（Francis Hutcheson，1694—1746）、休谟（David Hume，1711—1776）、弗格森（Adam Ferguson，1723—1816）、里德（Thomas Reid，1710—1796），终结于我们所熟悉的亚当·斯密（Adam Smith，1723—1790）。众多中坚人物如特恩布尔（George Turnbull，1698—1748）、坎贝尔（George Campbell，1719—1796）、贝蒂（James Beattie，1735—1803）、奥斯瓦尔德（James Oswald，1703—1793）、斯图尔特（Dugald Steward，1753—1828）等，都在思想上对这个运动贡献良多。

---

① Steward，M. A.，ed. *Studies in the Philosophy of the Scottish Enlightenment*. Oxford，Clarendon Press，1991，p. 3. 也正因为如此，目前为止的政治理论与政治哲学著作很少有人另辟“苏格兰启蒙运动”专章来讨论这个时期的相关思想。

中国思想界真正关注苏格兰启蒙运动，与20世纪80年代末对哈耶克作品的系统阅读有关。哈耶克将苏格兰启蒙运动的社会秩序观归结为：人类行为的结果，而非设计的结果。哈耶克的追随者霍维茨将哈耶克与斯密和门格尔并举，称其为“苏格兰启蒙运动传统的自由主义”。哈耶克的华人门生林毓生也曾多次往返中国，宣讲哈耶克所主张的苏格兰启蒙运动思想。随后，中国学界以“苏格兰启蒙运动”为直接关注点，开始系统地研究和翻译“苏格兰启蒙运动”的专著与研究著作。哈耶克本人的确也对这一运动做出了全新的理论贡献，后文将有涉及。

本章侧重以休谟和斯密为例，考察整个苏格兰启蒙运动的政治哲学主张。苏格兰启蒙运动主张人具有一种合群性，“社会”本身就具有一种凝聚力量，因而持有一种社会机制自我运行的“机制论”的社会观，认为社会秩序是一种天然的和谐。在这种秩序中，人为社会所形塑，社会则为一种无形的手所指引，实现了人人自利而公善最大化。这种理想状况被后人作出了不同的解释，例如认为休谟强调了抽象规则的重要性，斯密发现了市场机制，等等。自现代而反溯之，我们将斯密视为古典自由主义的先驱与代表，把这种自由主义称作“机制论的自由主义”。苏格兰启蒙运动以社会自我运行的理论胜出，因而具有强烈的“去政治”特性。[①] 但是这种思想并非是“反政治”的。深究斯密的《道德情感论》[②] 以及其他相关著作，我们会发现斯密将正义视为“政治的语法”。正是因为这样的主张，苏格兰启蒙运动思想家最终为政治之为政治保留了地盘。

---

① 整体说来，苏格兰启蒙运动的政治学说以保守、怀疑（负面消解）为主要特征。这从影响较大、已译为中文的几部西方政治理论著作谈论休谟的章节中就可以看出，如萨拜因的《政治学说史》、施特劳斯和克罗波西的《政治哲学史》以及麦克里兰的《西方政治思想史》等，以至于麦克里兰认为，“休谟的政治思想无甚令人兴奋之处”（［英］麦克里兰：《西方政治思想史》，彭淮栋译，452页，海口，海南出版社，2003）。不过具体到对于政治理论基础的反思，也就是我们常说的政治哲学，休谟的摧毁性力量就悉数展现出来了。不仅是社会契约，传统思想家的自然状态理论、自然法理论、自由意志理论等，也都无一幸免地受到了休谟的“羞辱”。休谟在这些问题上所展示出的绵密复杂的思考，至今仍不断让解读其思想的人感到头痛，同时也让那些对这些传统理论“心怀不轨”的读者备感酣畅。这里我们需要在政治思想和政治哲学之间做出一个区分。上述著作对于苏格兰启蒙运动和休谟本人学说持批评态度的，是说他们在政治思想上的守成与平庸。但论及思考政治的哲学理论，上述主张就难免流俗。事实上，休谟在这一方面厥功甚伟，整个苏格兰启蒙运动思想家的思考方式也具有异常深远的启发意义。

② 在本章中，笔者主张把“sentiment”译作“情感”，以代替中译本中所使用的“情操”一词，因而把斯密著名的伦理学著作译作《道德情感论》；把“virtue”译作“德性”而不译作“美德”；把“impartial spectator”译作“无偏的观察者”而不译作“公正的旁观者”。不过在引用中译本时，将尊重所引用译文，不对引文相关词汇做改动。

第一节　发现国家与发现社会

在苏格兰启蒙运动兴起之前，已经有了一个以霍布斯、洛克为代表的“英格兰启蒙运动”。在霍布斯、洛克那里，近代形态的国家理论已经大体成型。与其同步的，是近代以来的国家形态大体完备。近代国家以霍布斯所提出的“至上权力”即“主权”为特征，即在一定疆域内正当地发挥管理职能的政府的出现。我们从后来韦伯关于国家的经典定义中可以看到，这种近代国家包括了三个核心要素：至上性、疆域性与正当性。[①] 霍布斯、洛克的理论已经分别独立地就“至上性”与“正当性”做出了理论解释。有意思的是，英国政治理论隐蔽掉了“疆域性”。考虑到英国作为岛国，同时也考虑到从那时到现代以来政治理论的偏颇，我们完全理解英国政治理论家为什么不把“疆域性”作为严肃的理论问题来考虑。

在这个大背景下理解苏格兰启蒙运动，我们就有理由更多地专注于其本身的理论特点，并进一步以全新的方式解释这一理论与政治的关系。

大体说来，苏格兰启蒙运动是对近代以来业已展开的启蒙运动（比如所谓的英格兰启蒙运动）的理论矫正。此前的英格兰启蒙运动强调理性在构建政治中的作用，强调社会规则的人为性，而苏格兰启蒙运动则突出地强调人的道德感，强调社会规则与规范的习得性。苏格兰启蒙运动的学者因此开始强化政治制度与政治规范的因循特性，这种因循特性使他们的理论具备了更强的社会理论视角。这种社会理论视角的展开促成了我们可以称其为“机制论”的特殊思考模式，这一点在斯密的市场机制理论中表现得最为明显。这种思考模式可以说是“去政治”的，因为苏格兰启蒙运动思想家的这种机制思想强化了社会的自然运作特性。但是我们并不能因此说苏格兰启蒙运动思想家没有政治哲学。相反，以强调惯习（convention）与机制为重点的启蒙思想，一旦将其解释的功用发挥到极致，就会发现诸多不能够为其自身理论所处理的难题。比如休谟所谓社会正义问题，与斯密的市场机制相伴随的市场失灵与精神残疾等问题。也就是说，苏格兰启蒙运动的主题思想是“去政治”的，但并不是“反政治”

---

① 对于这三个要素的拓展解释，参见陈德中：《国家作为分配社会善的封闭单位》，载《哲学研究》，2015（7）。

的。这种去政治的主题思想在得到充分发挥后，他们也不得不面对那些通过惯习与机制无法充分说明的难题。这些难题中的一部分，就恰恰是我们现代政治不得不处理的问题，因此也是现代政治哲学不得不讨论的问题。

有学者指出，近代西方政治理论首先发现了“国家”，继而又发现了“社会”。这个判断的其中一层含义，是说我们对人类实践的不同层面的认识是偶然的特殊过程。可以认为，霍布斯与洛克的理论结合在一起，发现了近代以来出现的国家的基本面貌。霍布斯与洛克分别贡献了关于近代国家的两个基本要素：权力的集中与垄断使用，即我们所说的“至上性”或“主权”；对于垄断使用的权力的正当约束，即洛克的“正当性”主张。这两个要素具备以后，近代形态的国家观念的核心就已经建立起来。可以说，霍布斯与洛克共同发现了国家。

在发现国家之外，洛克的政治理论也已经包含对社会的认识。在这一点上，洛克的理论区别于霍布斯的理论。洛克认为，在自然与政治之间，存在着一个叫作“社会”的维度，甚至个人都是由社会所创造的。霍布斯将“自然”勾勒为“人对人是狼”的恐怖状态。为了逃避这种恐怖状态，我们只能够交出个人权力，通过权力的垄断使用，即建立一个具有最高主权的国家（利维坦）来逃离“人对人是狼”的自然状态。因此，一般认为，霍布斯的理论只有两个层面，即自然人的层面和与政治公民有关的文明人的层面。而在洛克的理论中，自然状态是美好的，我们之所以愿意将权力交付政府来使用，那是因为我们认为政府的存在可以更好地保护我们的个人利益。而洛克设想的美好的自然状态，就是每个人都能够大致和谐相处的社会群体生活状态。因此，在洛克的构想中，人本来就是一个“社会人”。或者说，洛克的政治理论中，社会层面先于政治层面。洛克理论中所包含的社会的要素，在苏格兰启蒙运动那里得到了进一步强化。可以说，经过苏格兰启蒙运动的努力，一个完整形态的社会的观念得以形成。这种观念认为，人们生活在社会中，社会自身可以很好地存在。后来人们之所以要再次考虑组织政府，那是因为有了其他更多的考虑。

与霍布斯一样，洛克出生于英格兰，因而以他们二人为代表的英国思想运动也被称作英格兰启蒙运动，以区别于后来以休谟和斯密为代表的苏格兰启蒙运动。英格兰启蒙运动的最大特点，就是以个体主义、理性主义和经验主义作为基础，强调从自然状态到政治状态的跳跃性过渡。这与其后一个世纪的苏格兰启蒙运动形成鲜明对比。两个运动之间既有传承，也有区别。

霍布斯的政治哲学典型地表现为一种个体主义、功利主义和经验主义趋向，因而不同于亚里士多德式的传统政治学观念。第一，霍布斯所分析考察的乃是经验性的人类行为，而非理想事态。第二，人类行为被视为在自然意义上和在本质上是自利的、算计的，因此，社会分析必须重新构建出个体行动以哪些方式基于自利的算计。第三，社会现象和政治现象始终是个体行动的结果，因此分析者必须遵循严格的方法论个体主义路线。第四，放弃有关人类社会秩序乃自然长成的观念，转而将无政府状态视为自然状况，而将社会秩序视为虚构的，因而始终是脆弱的人类成就。

洛克的政治哲学尽管同样是个体主义与经验主义的，但是洛克却更多地求助于自然法思想而不是效用算计的思想。同样，霍布斯思想中的功利主义和经验主义取向后来在苏格兰启蒙运动那里得以继续发展，但是其个体主义和理性主义的取向则在后来为苏格兰启蒙运动所批评。而其政治哲学中的自然状态假设，也随着休谟等人对于其个体主义和理性主义的激烈批评而一并得到摒弃。但这些取向大都被洛克以一种经过改造的形式加以继承。

洛克与沙夫茨伯里一样，也都分享了霍布斯的基本观点。他们都认为个体乃是社会分析的核心单位，个体行动的展开乃是基于个体对于自身最佳利益的认识。尽管如此，洛克的哲学仍在无意中发展出了并支持着一种全新的观念。这就是“人为社会所形塑”的观念。英格里斯指出，“事实上，从某些意义上说，洛克的哲学立场整体观之，甚至比霍布斯更注重个体存在，因为他坚持认为，所有知识都是基于偶然的（contingent）个体经验，而非什么内在固有的倾向。不过，与霍布斯的范式有所不同的是，他把心智看做白板（tabula rasa），向有关外部世界的印象开放，并被其形塑。这种看法显然是现代人类学和社会学的某些流派的重要源泉。这样就有可能在个体主义的思维框架内，将个体视为受社会形塑，而不是仿佛先在于社会安排的单子式实体”①。

以霍布斯为代表的英格兰启蒙运动的哲学特点是个体主义与理性主义。在政治哲学上的最突出表现就是假定无政府状态为自然状态，而从自然状态到政治状态需要一个跳跃性过渡。而且，一般认为，这种跳跃性过渡是需要理性的个体通过发挥自己的理性认识能力来完成的。洛克虽然完全继承了这种分析路径，但是其自身的哲学学说却无意中开启了“人为社会所形塑”这个主题。

有学者指出，“洛克在英格兰背景下无意中开启的对于个体受社会形塑的认识，是苏格兰社会理论发展的核心主题，大概可以说是唯一的核心主题。日后所谓的‘苏格兰启蒙运动’，其最早的代表人物之一，弗朗西斯·哈奇森

① ［英］吉拉德·德朗蒂：《当代欧洲社会理论指南》，李康译，109页，上海，上海人民出版社，2009。

（1694—1746），发展了洛克和沙夫茨伯里的主题，即自利只是形形色色的人类倾向中的一种，而大多数倾向乃趋向于社会性（sociability）和同胞感（fellow-feeling）。后来的亚当·弗格森、亚当·斯密和约翰·米拉等思想家，其思考框架除了人不可让渡的'社会'本性，又加上了两个重要的维度：（1）基于经验研究，辨识随历史而变的多种人类结社形式。从经验素材中归纳出'理论'，在以经验主义和怀疑主义为特征的哲学环境里尤其重要，最著名的例子就是大卫·休谟的著作（它后来又成为一个重要因素，激发了康德分析人类心智性质的革命性著作）。（2）对于社会进化的描述旨在理解，人类如何以及为何从最初'粗陋'的社会事态，走到今日远为精致、复杂和成熟的社会安排"①。在这里要进一步提醒大家的是，沙夫茨伯里所提出的社会性与同胞感思想，还应该与他同时提出的道德是人的一种主观情感的思想联系起来。因为正是这种道德情感主义的思想孕育了休谟后来关于理性与激情关系的论述。

说苏格兰启蒙运动思想家发现了社会，是说他们强化了人的合群性，论证了人是社会性的动物，其偏好旨趣与气质性情无不受着社会的制约，乃至干脆就是社会的产物，也可以简化表述为"人为社会所形塑"这一主题。这可以说是苏格兰启蒙运动谈论人的社会生活时的起点性主题，或者说是它的一个核心主题。

与"人为社会所形塑"这一主题相关，以休谟和斯密为代表，苏格兰启蒙运动思想家所谈论到的人，是自然的人，而不是规范性的人。也就是说，苏格兰启蒙运动思想家具有自然主义的眼光，人是什么样就是什么样。人有欲望，贪婪、自私，那就承认吧，但人也有利他、合群、仁慈的特性，也就是被社会所塑造出来的社会特性，这些特性就更为重要了。这种眼光是受整个苏格兰启蒙运动仿效自然科学的观察方法的大氛围影响而形成的，与后来的德国观念论传统大相异趣。②

需要注意的是，人的社会性与人的政治性注定具有相互抵消作用，强调人的社会性与合群性，就是说人可以通过社会自行团结地生活在一起。社会团结问题，或者说社会凝聚力的问题，这个后来为西美尔单挑出来作为社会学考察的核心主题，是英格兰与苏格兰启蒙运动思想家共同关心的问题。英格兰启蒙

① ［英］吉拉德·德朗蒂：《当代欧洲社会理论指南》，109～110页。

② 关于科学发展对于苏格兰思想家的道德哲学的影响，参见埃默生的分析（Emerson，Roger L. Science and Moral Philosophy in the Scottish Enlightenment. in M. A. Steward，ed. *Studies in the Philosophy of the Scottish Enlightenment*）。

运动思想家（尤其是霍布斯）的假设，就是社会的核心凝聚力在于至上权力的垄断使用——没有武力，契约便只是一纸空文。这一假设的核心直指具有实质效力的社会凝聚力的问题。我们现代人都知道，权力过度集中会导致暴政，而权力的过度分散与衰退则会让整个社会失去凝聚力，从而陷入混乱和无政府状态。

聚焦于这样的思考关注点，我们可以说，假如苏格兰启蒙运动的核心是发现人的社会性，在逻辑上就必然否认政治在解决社会凝聚力问题上的宰制作用，或者说，他们必然倾向于“去政治”的人类生活。因为，所有的苏格兰启蒙运动思想家，都会对社会本身具有的内在凝聚力抱有信心，这与我们的实际观察相一致。苏格兰启蒙运动的顶峰是休谟与斯密，而以斯密为代表的市场机制原理可以说是否定政治宰制社会主张的典范，它成功地塑造出了“政府是社会守夜人”的理想政治主张，并且成为随后这两百多年来自由至上主义者关于社会与政府作用关系的座右铭。但是我们也不得不看到，即便是以极小化政府功能形式出现的苏格兰启蒙运动思想，其本身也绝对没有倒向一种无政府主义。最小化不是空无，而是极简。那么我们需要思考的是，为什么在苏格兰启蒙运动者这里，政府不是“无”，而只是“简”？

苏格兰启蒙运动还有一个更为抽象层面的讨论，这个讨论牵涉社会规则发挥作用的方式。以休谟为代表，出现了关于社会规则的约定论主张，这种主张否定自然法对于社会规则的辩护作用，认为人类的社会规则之所以能够发挥作用，完全系于其人为约定性。与这个主题相伴随，休谟的主张还意味着，政治是一种特殊的人造物（而非自然长成物，因此其规范本身是人为的约定），政治制度是一种持续不断的人为建构。我们可以把近代以来关于政治制度与政治规则性质的这种认识，称作对下述三个基本事实的不断肯定：人造物的事实、约定论的事实、持续建构的事实。

苏格兰启蒙运动所呈现出来的这种面貌，极大地丰富了我们对于人类生活的理解，并且促使我们被动地去回答这个问题：政治何以只是“不得不”面对的领域，而不是我们人类生活的全部。

第二节　自然和谐与社会形塑

人具有合群性，即天生具有社会性，这种主张是贯穿整个苏格兰启蒙运动的显明主题。这种主张，在苏格兰启蒙运动早期，如沙夫茨伯里与哈奇森那里，与道德哲学中的道德感理论联系在一起，是这些思想家的道德哲学的组成部分。到了休谟与斯密，除了其道德理论仍旧就同情等概念加以阐发外，在其一般哲学和社会思想中，更是强调了惯习等因素在塑造人的社会性方面的突出作用。

从沙夫茨伯里开始，道德感就与常识（common sense）或者说“共通感”[①]密切关联。在苏格兰启蒙运动思想家那里，常识就是对社会基本规则的直觉认识。这一直觉主义传统贯穿整个英国思想的始终。我们可以在后来的西季威克与 G. E. 摩尔那里看到对这一传统的系统阐发。对于人类何以能够通过直觉把握约束社会的抽象规则，直觉主义者的解释是模糊而不完备的，在面对严格的逻辑追问时，其本身的缺陷非常明显。但直觉主义者的信念是清楚明白的。他们相信，我们有这种直觉，可以把握约束我们每个人的基本规则。而这些基本规则，在早期的苏格兰启蒙运动思想家看来，就是非常自然的东西。人们的合群特性也正是建立在这样的常识感基础之上。当然，我们也知道，例如在沙夫茨伯里那里，这种常识感本身是自然和谐的一部分。

稍后于沙夫茨伯里的卡迈克尔（Gershom Carmichael，1672—1729）在总结那个时代的风尚时说：“每个人都应该就其所能改进整个人类的共同善（the common good），并且就其所许，提高个人的私人善。”“在改进自己利益之时，每个人都要注意不要伤害别人。”[②] 很显然，常识、共同善、个人利益（interest），乃至后来为我们所熟悉的效用等观念，都已经悄悄溜进了那个时代的英国人的日常思考中。与这些观念密切关联的和谐、秩序以及自然等传统观念，在苏格兰启蒙运动思想家的作品中也随处可见。

沙夫茨伯里首先提出道德感理论。[③] 他认为在人的身上存在着一种自然性

---

① Sensus communis 一词出现在沙夫茨伯里《人、风俗、意见与时代之特征》的第一卷第二篇。这一概念后来传至德国，经过了康德的改造，演变成了“公共理性”或“理性的公用”的概念。进而经过罗尔斯等 20 世纪思想家的使用，已经演变成了当代讨论政治哲学的一个关键范畴。不过，这一概念在英国则有着完全不同的经历。到了 19 世纪中叶，这一概念已经开始与“公共善”，进而与“个人利益”关联在了一起。

② Carmichael，Gershom. *Natural Rights on the Threshold of the Scottish Enlightenment：The Writings of Gershom Carmichael*. James Moore，Michael Silverthorne，eds. Indianapolis，IN，Liberty Fund，2002，p. 48.

③ 在其文献中沙夫茨伯里也用到了“道德感”（moral sense），并用这个词来指“对错感”（sense of right and wrong）。不过研究者一般认为，沙夫茨伯里并没有特别强调这个词，也没有对这个词做更加详尽的讨论，更没有像后来的哈奇森那样，将其解释成为一种明确的心理官能。正因为如此，“斯坦福哲学百科”“沙夫茨伯里”词条的撰写者吉尔（Michael B. Gill）主张，沙夫茨伯里的理论应该是理性主义与情感主义的混合。

情，自然性情决定了人的善恶感。善恶感根源于人的动机，而不由人的行动结果来判断。每一个行为动机都包含着情感或激情，单靠人的理性则是不能够产生动机的。这是沙夫茨伯里道德理论的重要判断，后来为休谟所继承。

沙夫茨伯里区分了善性（goodness）和“德性与功绩”（virtue and merit），他认为前者是任何有感觉的动物都具有的，后者仅仅为人所特有。他之所以说前者为任何有感觉的动物所共同拥有，是因为他秉持一种目的论宇宙观，他所谓的“善性”，就是能够很好地完成和谐的宇宙秩序所要求的任务的那些东西，可以被理解为我们经常所说的善恶感与好恶感。“德性与功绩”则是二阶情感，人类之所以能够体验到这种二阶情感，是因为我们人类能够意识到我们与动物所共同拥有的激情（passions）。这种反思意识使我们拥有了人类所独有的德性。

在单个人身上，很难说人全然是善的或恶的。善恶是我们的自然性情，而对错感（sense of right and wrong）是我们的自然性情在具体情景中的判断。习惯与习俗则是我们的第二天性。[①] 我们可以看出：性情表达善恶，性情分第一天性与第二天性。他还进一步论证说，无神论与宗教都有可能影响我们的正当感，但如果有神论对我们进行了错误的价值引导，就必然比无神论更有可能扰乱和败坏我们的自然性情。值得注意的是，沙夫茨伯里也讨论到了与效用相关的利害算计，但是他认为利害算计有可能破坏我们自然的道德感。大致说来，沙夫茨伯里并不认为我们的天然情感就一定比后来经过各种因素（如传统、习俗、理智反思、宗教教导）调适后的情感更值得追求，他也承认这些不同的因素对于我们天然的道德感具有改变作用。不过我们还是可以看到，在沙夫茨伯里那里，天然的道德感仍然具有某种程度的淳朴性，而加入了理智或教条指导的烦乱的宇宙特别易于破坏“那种天然的和仁善的情感”[②]。无美德则无虔敬，不虔敬则人心纷扰。

需要特别强调的是，在沙夫茨伯里这里，善恶是一阶情感，而德性则是二阶情感。二阶情感是对已经存在的一阶情感的反思，是对一阶的自然情感的肯定或否定。在这种过程中，理性自然会发挥作用，但好恶同样伴随左右。由于人的好恶情感的参与，我们产生了何为正当、何为不正当的道德感。这种好恶仍然是自然情感。在沙夫茨伯里的“天然和谐”学说中，人不会主动为恶，因为至善是永恒不变的。恶的产生，应该归咎于坏的习俗和政治体制、败坏的宗教或迷信、外

---

① 参见［英］沙夫茨伯里：《人、风俗、意见与时代之特征》，李斯译，162 页，武汉，武汉大学出版社，2010。

② 同上书，176 页。

在秩序的混乱等。这些相反的东西阻碍了我们道德感的正常展开。

沙夫茨伯里倾向于认为人天性淳朴，而后天因素则多为纷乱之根源，但这也并不是绝对的。的确，关于后天的理性或理智，有研究者就指出，“他或许是第一位明白这个道理的人，即现代世界可能主要为人的想象力所推动，无论他多么情愿接受理性的指导”①。而想象力与人的情感具有密切的内在关联。沙夫茨伯里关于想象力与理性关系的主张，很方便地就可以让我们联想到后来为休谟所提炼过的名言：“理性是，并且只能是激情的奴隶。”在沙夫茨伯里看来，道德起源于情感而非理性。情感只能够被其他的情感所改变，但是却不能够被理性或信仰所改变。尽管如此，沙夫茨伯里也承认效用算计在人类道德感中的修改与调节功能，这种功能类似于我们当代实践哲学所讨论的审慎，或者说是包含着理智特性的反思功能。

沙夫茨伯里发现，天然的情感会让我们爱他人，而自利这样的效用算计则会引导我们去修改这种爱他人的情感。这样，根据自利问题上的这个已知的推理方式，“在我们身上属于社会性的东西，当然就会被废除”②。因此就会出现在一个物种中，个别本性的利益与公共天性的利益的直接对立，或者说是出现单个人的利益与普遍的公共利益的对立。这种对立会直接造成此善即彼恶的标准上的强烈对比。也就是说，我们会同时面对三类情感：第一，指向公共利益的自然情感；第二，仅指向个人利益的自利情感；第三，不指向上述任何一方的非自然情感。③ 很显然，私利与公利之间存在着一条鸿沟。

沙夫茨伯里的解决办法，是从情感或激情的强弱入手。根据他的定义，情感过强或过弱，都将是不自然甚至是恶的。自然情感过强，则会不自然。同样，合群情感过强，一样会不自然。“太高的自然情感或太低的自利情感虽然经常被看做是一种德行，严格来说却是一种恶和不完善。”④ 这里必然应该存在自然的和谐。“生活在群体中（如蜜蜂和蚂蚁）的较小造物，往往按同样的顺序和谐地生活。”⑤ 由此，沙夫茨伯里得出的结论就是，强烈的公共利益感是自得其乐的力量源泉，缺失公共利益感是可悲与可怜的。自利情感过强也同样可悲。而且，这种情感的平衡，是自然地、和谐地发生的，分别把理智、精神、

① ［英］沙夫茨伯里：《人、风俗、意见与时代之特征》，4页。
② 同上书，181页。
③ 同上书，185页。
④ 同上书，190页。
⑤ 同上。

思想、利益、感官享受、快乐等放到了恰如其分的位置上。经过了这样的调节，其整体得到完善的建造。沙夫茨伯里称这是“道德建筑”的过程。在其论文《论德性与功绩》的结论部分，沙夫茨伯里给出了他对于这个道德的和谐过程的总结，并且指出，“德行就是每个人的善，而无良则是每个人的恶”①。很显然，对于私利与公益之间的鸿沟问题的解决，沙夫茨伯里给出的是“天然和谐”说。但是他的这种“天然和谐”是双重动力的。一方面，人在其中进行着利害的权衡，“（就像做加减法一样）计算出幸福总量的增减”②。（这一点毫无疑问是近代以来的效用算计思想。既然在霍布斯那里已经出现，在洛克那里也已经被反复掂量，那么在沙夫茨伯里这里被考虑到，也是非常自然的。）另一方面，这是自然和谐秩序的一部分，符合沙夫茨伯里所构造的自然神论思想。

说到自然与和谐，我们不得不提到沙夫茨伯里对于霍布斯“自然状态”学说及其契约理论的批评。按照霍布斯的理论，“自然状态”是“人对人是狼”的野蛮状态，后来通过订立契约，我们进入了文明的政治状态。也就是说，在霍布斯看来，社会基于契约，人人放弃私人的无限权利，交托给绝大多数人或这绝大多数人指定的某些人手中，这种交托是自由选择的结果，并通过一种允诺完成。针对霍布斯的这种主张，沙夫茨伯里反对自然状态与文明状态的区分，认为像“允诺”这样的东西并不是特别为政治社会单独准备的。他批评说：“能够使允诺在自然状态下具备约束力的东西，必须使人类所有其他的行为成为我们真正的职责和天然的部分。因此，信任、公义与诚实以及德行等，都一定早在自然状态时期就已经存在，否则它们根本都不可能存在。”③

此外，霍布斯提出，自然状态下人们遵循一种“自利与自保原则”来生存：“假如有任何东西是自然的，无论对哪一个动物种类来说，它都必然是那种能够保存自身，并有益自身福利和自我持存的东西。”针对这种观点，沙夫茨伯里的批评是：“假如在起初与纯粹的自然里，违背一个允诺成为不忠者是错误行为，那么在任何一层意义上无人性，或缺乏对于人类自然部分的尊重，都同样是真正错误的。假如饮食是自然的，那么，群居也是如此。假如任何一种胃口或感觉是自然的，那么，友情的感觉也是一样。假如两性之间的爱纯属天然，那么，这种爱朝向作为两性结果的后代也是相当自然的。”④

---

① ［英］沙夫茨伯里：《人、风俗、意见与时代之特征》，234页。

② 同上书，233页。

③ 同上书，60页。

④ 同上。

不过，沙夫茨伯里坚称私人善与公共善的和谐均衡，这种主张多少总会有一部分东西不可被解释穷尽。要么是名称问题，在私人利益相关的范围内可被称作善的，在经过了平衡改造之后显然已经是在质和量上完全不同的东西了，何以这个时候仍以“善”称之？这样的称呼是否必然会造成我们思考问题上的混乱？要么是方式问题，私人利益与公共利益完全是性质不同的东西，简单地通过人的利害算计就能够达到平衡吗？如果不能，通过自然和谐又该是怎样达到平衡的？也许正是基于对沙夫茨伯里种种问题的质疑，曼德维尔（Bernard Mandeville，1670—1733）才在他的《蜜蜂的寓言》一书中多次提到沙夫茨伯里伯爵，批评乃至嘲笑其“德行就是每个人的善”的思想。在曼德维尔的方案中，“私恶即公益”，恶就是恶，善就是善。而且，从私人利益到公共利益的这种过渡，是通过一种无形的力量自然完成的，非人力算计可以通达。这就又批评了沙夫茨伯里的利害权衡说。在沙夫茨伯里自然神论的思想中，和谐秩序的样貌几乎可以为我们的理智权衡勾勒出一二，这在曼德维尔看来，恐怕又是一种下意识的自大。

私恶与公善之间的矛盾与张力，已经触及整个苏格兰启蒙运动对政治的看法。但是大体说来，苏格兰启蒙运动承认有一种叫作社会或社群的东西，而人又是具有“合群性”（sociability）或者说“社会性”的。

与沙夫茨伯里一样，后来的哈奇森同样批评霍布斯的利己主义，认为每个人都拥有同情、慷慨与仁慈的情感。哈奇森反对霍布斯，认为道德行为是因仁慈而促动的，意在增进他人之快乐。哈奇森还第一次提出了“最大多数人的最大快乐”这一主张。

哈奇森认为我们的道德知识根源于我们的道德感，我们接受一种道德观念，是因为我们察知了相应的苦乐，这种接受独立于我们的意志。我们有着对于苦乐的感知算计，因此我们接受一种道德知识。显然，这是经验论的知识路径，独立于人的意志与神的意志，但也独立于理性的算计。因为它是依赖于直觉的直接感知，是消极的朦胧意识，而不是脱离人的情感的逻辑推理与客观算计。

哈奇森的道德感理论批评利己主义，主张利他主义，直接将公共善置于我们的道德考量中，考量的标准即他人的苦乐。因此可以说，“道德感”本身就蕴涵了个人生活的公共维度。与此同时，哈奇森认为，这种“道德感”本来就是我们内在的感知能力。在《论激情和德性的本性与表现》中哈奇森提出了人有四种内在感知能力，即美感、公共感、道德感与荣誉感。在《论道德感》一书中，哈奇森还讨论了“激发理由”与“辩护理由”，用以反对道德理性主义。在哈奇森看来，所有的激发理由都预先假设了直觉与情感，而辩护理由则预先假设了道德感。激发理由是实际上促成某人行为的动机，而辩护理由是某人据以在道德上赞成某种行为的理由。与情感不同，理性不能够提供激发动机，情感之前可以没有激发理由。理性也会在道德生活中发挥作用，但是它仅限于将我们引导至由情感所决定的目的中。

可以看出，休谟后来提出“理性是，并且只能是激情的奴隶”这个著名判断，其前提就是承认“道德感”在人类生活中的优先性。只有承认这种“道德感”在先的预设，才能够从根本上将理性置于服务于激情的地位。而这种“道德感”在先的预设，进一步与苏格兰启蒙运动的道德感根源于我们的习俗和传统的主张关联在一起。也就是说，在苏格兰启蒙运动思想家看来，我们的一切情感，甚至包括我们的口味、偏好，无不是文化养成的。我们将这种主张总结为“人为社会所形塑”这个命题。

在哈奇森“道德感”理论的基础上，休谟后来提出了道德内在主义。同时将我们对于世界的经验奠基于情感之上。而外在世界则完全是我们自己想象活动的产物。休谟同意哈奇森的观点，认为道德特性与审美特性是内在于我们心灵中的情感，但他进一步认为，不同事件之间的因果关联也内在于我们的心灵之中，是由于风俗或习惯而养成的人们的主观信念。休谟的这种进一步主张并不为哈奇森所赞成，哈奇森甚至还因为这种不同意见，极力阻止休谟接任爱丁堡大学道德哲学教习。

有学者认为哈奇森的著作事实上具有两种不相容的体系：一种是基于自然法的实在论，另一种是权威主义的道德意志论。[①] 后一种体系体现了哈奇森对传统的借鉴。不过，哈孔森并不认为后一种体系主张在哈奇森理论中有多大的实质意义。相反，哈孔森建议我们转而特别关注哈奇森道德哲学体系的两个特性：在认知层面上坚持一种道德易错性主张，在本体论层面上坚持一种道德实在论主张。因为，“他的道德易错性出自他的道德实在论，要求抑制政治权力的使用，与此同时，他的道德实在论是下面这种方式上的政治扩张派。道德最终不是幸福的最大化，而是要意图这样做，也就是把最大化作为最高动机。……可称之为至福道德理论”[②]。

---

① 参见［丹］努德·哈孔森：《自然法与道德哲学：从格老秀斯到苏格兰启蒙运动》，马庆、刘科译，67～69页，杭州，浙江大学出版社，2010。

② 同上书，79页。

这一二元特性限定了哈奇森的政治观。政治安排和制度安排要关注人的道德行为的动机。公民社会的建立意在追求人类的道德进步。道德判断的易错性决定了我们需要对权力进行遏制。而后来里德以常识取代道德感，弱化了道德判断的易错性，就会导致一种趋向乌托邦的全面政治。

哈奇森是这样界定其“自然状态”概念的，“应该确定地表示如下意思：要么是这样的一种人类状况，它能最为有效地鼓励人们训练和控制他们所有的才能和欲望；要么是一种最为完善的状态，人们能在其中通过训练自己的理智提升力量和官能。这一状态似乎得到追求至上幸福的天生欲望的推崇，也得到了人们天生的无论什么社会情感的推崇。因此，自然状态或者意味着人类的共同状况，或者意味着他们能够通过天生的机制获得的最为完善的状态。毫无疑问，这种最为完善的状态应该得到自然的名称”①。很明显，哈奇森的“自然状态”是一种“理想状态”。通过理智的训练，我们可以达到这种状态。

道德感理论回答了人类道德的来源，处理了情感与理性的关系，为整个苏格兰启蒙运动思想家的思想设定了基调。可以说，整个苏格兰启蒙运动源于道德感理论。由于苏格兰启蒙运动将人的道德感的来源追溯到人的常识感、合群性，并与社会的共同善密切关联，因此道德感理论从其诞生之日起，就已经是一种形式的社会理论了。与道德感理论相伴随，一个更强的判断就是：“人为社会所形塑。”

“人为社会所形塑”，这种观念肇始于洛克。到了苏格兰启蒙运动思想家那里，这种观念得到了进一步强化。其最终结果，就是认为人是彻头彻尾的社会受造物。即便通过观察，我们能够看到人身上所存在的自然禀赋，对于人的群居生活而言，这些禀赋本身的意义也是可以忽略不计的。相反，人的气质、禀赋、技能、权利，乃至口味、偏好等等，就其社会生活的有意义的部分而言，主要的或全部的都是社会所赋予的。这里有几个重要的知识传统可以用来证明这种主张。这种主张最后被苏格兰启蒙运动归结为，人有一种合群性，人是一种合群与合作的动物。

斯密认为，“劳动生产力上最大的增进，以及运用劳动时所表现的更大的熟练、技巧和判断力，似乎都是分工的结果”②。随后他又强调说：“人们天赋才能的差异，实际上并不像我们所感觉的那么大。人们壮年时在不同职业上表

① Hutcheson. *Logic, Metaphysics, and the Natural Sociability of Mankind*. Liberty Fund, 2006, p. 199.

② ［英］亚当·斯密：《国民财富的性质和原因的研究》（上卷），5页，北京，商务印书馆，2008。

现出来的极不相同的才能，在多数场合，与其说是分工的原因，倒不如说是分工的结果。”[①] 而分工本身就是一种相互依赖的社会纽带。尽管分工的起因是出于个人利益最大化，分工的结果则使我们变得越来越相互需要、相互依赖。并且，为了这种相互依赖，我们变得相互诚信，并特别在意和小心维护这种诚信。在《亚当·斯密关于法律、警察、岁入及军备的演讲》中，斯密还对比说，外交官和外交事务并不太介意诚信问题，因为一个国家与另外一个国家，一年打不了几回交道。而一个商人则需要动用自己的全部注意力，小心维护自己在客户心目中的口碑。

亚当·斯密还为我们描绘了这样一幅图景：分工使劳动效率倍增，从而产生各种职业，人们以职业陶冶自己的天赋才能，通过市场交换各取所需。多数情况下，人的能力是分工的产物，而市场则扩大了分工。最终结果就是，每个人“只盘算自己的安全。他管理产业的目的在于使其产出的价值最大化，他所盘算的也只是他自己的利益。在这一场合，就像在其他许多场合一样，他受到一只看不见的手的指引，去尽力达到一个非其本意想要达到的目的”[②]。

这就是斯密著名的劳动分工理论和“看不见的手”的理论。同样的主张可见于斯密的朋友休谟的著作中，可以看出这是那个时代的共识，起码是这两位著名思想家之间的共识：“借着协作，我们的能力提高了；借着分工，我们的才能增长了；借着互助，我们就较少遭到意外和偶然事件的袭击。”[③]

休谟的理论以具体的人区别于理性主义抽象的人，强调了人的激情、欲望在自然主义的意义上优先于理性。进而，作为其延伸，强调了以苦乐作为评价人类善的标准。休谟认为人是社会惯习的产物，这种理论支持了“人是内嵌于社会中的”这个主张。而这种主张：第一，确定了人的价值的来源。人是首先生活于特定的文化群体中的，他从这个文化中赋得了自己的口味、偏好、旨趣、评判标准与道德感。在具体的环境中，人赋得了价值。休谟强调了惯习在这一过程中所发挥的作用。第二，认为对人的分析也应该考虑其所嵌入的环境。第三，作为第二条的衍推，我们可以得出这个结论：人是环境反应型动物。

对于这个结论，需要强调以下两点。首先，人是环境反应型的动物，并没有说人一定是被动的。但是，它强调了人是受约束的。其次，可以将人对环境

---

① ［英］亚当·斯密：《国民财富的性质和原因的研究》（上卷），15页。

② Smith，Adam. *The Wealth of Nations*. Bantam Dell Press，2003，p. 572.

③ ［英］休谟：《人性论》，526页。

的反应进一步区分为“敏感于具体利益者”和“敏感于道德约束者”。这个进一步的区分将在道德心理学的意义上丰富我们对于现实道德行为的解释力。

在休谟理论中，人是具体的，尤其是内嵌的（embodied and embedded），“人为社会所形塑”。这可以被认为是代表苏格兰启蒙运动思想主张的典型命题，并且最为集中地体现在休谟与斯密那里。对比阅读休谟和斯密的政治哲学与道德哲学，我们可以将他们关于人的基本主张归纳为：

（1）人生活在一些具体的文化历史情景中。因此，像休谟那样，他们反对“自然状态”假设。人生来就不是无牵挂的。

（2）人的理性是嵌套在特定的情景中的，它是人的自然演化的一部分。

（3）人的道德感与价值观也都是由这些特定情景所规定的。

这一主张的关联表达就是：人是环境审慎型与环境反应型的动物。当我们说人是动物时，我们的背后假设是接受休谟的自然主义，并且认为人的价值与规范是建立在这种自然主义立场的基础上的。毫无疑问，这种立场对于强调人的独特性的主张构成了批评与挑战。而该假设自然地将人的欲望与选择当成了一个基本事实而加以接受了。很显然，接受这些事实，自然也就意味着我们需要去评估人们的痛苦与快乐——尽管这一点并不必然将我们引向功利主义。当然，在这里，我们更关心的是“人是对环境进行审视与反应的动物”这一观点。当我们这样进行表述时，我们既不想表明人是被动的环境塑造的动物，也不想表明人是积极的环境改造者。我们会进一步去审慎地处理人在环境面前的能动性问题。但是就人的实际作为来看，人是环境反应型动物，或者，更为一般地说，人必然地是一种在约束条件下进行生存选择的动物。

在“人为社会所形塑”这样的一个社会命题背后，存在着对于这一命题的消极的和积极的两个不同取向。尽管这两种不同的取向都会认为人是对环境作出反应的动物，但是消极取向者认为人只对环境作出反应，积极取向则认为既然如此，环境的改变就不可避免地带来人的反应模式的改变。说人是具体的和内嵌的，却并不是说人是完全被决定的。休谟与斯密不否认人有理智思考、理智判断与理智行为的能力，他们只是主张，人的这些能力的展开是具体内嵌于他所生活的环境中的，环境是这些能力展开的不可抹杀的前设。但是人并不是因此而被决定了的，人有扩展其既有环境，从而扩展其生活空间的能力。他们希望告诉其他学者，或者说他们潜在地想强调的是：只有两类主张嵌套在一起，我们才能够客观有效地解释和理解人的行为，才能展开真正的关于人的科学。休谟与斯密道德哲学中的同情说、旁观者假设说、合宜性理论以及斯密的市场机制学说是人的理智活动展开方式的具体阐发。在这里，我们明确强调“机制”这个观念，并视之为区别苏格兰启蒙运动传统与其他启蒙运动传统的典型特征之一。

第三节　休谟的政治哲学

休谟的政治哲学见于其代表作《人性论》和后人所汇集选编的《休谟政治哲学论文选》。《人性论》为我们提供了关于人性的基本说明以及对于人的道德心理学机制的阐述，并将这样的说明应用于休谟对于社会政治的理解。

《人性论》的副标题是“在精神科学中采用实验推理方法的一个尝试”。休谟的“精神”哲学是和“自然”哲学比较而言的。后者相当于现在的物理、化学、生物学等等，而前者则涉及人类的思想、行为、感知、情感和语言。休谟旨在追问：为了使我们能够像我们实际的那样去思想、感觉和行动，我们人类的心灵必须具有何种属性。他与洛克和贝克莱一起，被认为是英国经验论传统的主体部分。但是他与这两者不同，没有盲目地接受因果关系的概念。他提出，人的复杂观念总是可以被分解为简单观念，简单观念总是印象的摹本。抽象观念微弱、暧昧、不清晰，而人的印象则强烈、活跃与精确。他建议我们时时追问：“那个假设的观念是由什么印象而来的?”以此来评判一个哲学名词的使用是否有意义。

休谟强调，人类理性研究的对象可以分为两种：观念间的关系和实际的事情。两类对象的区别是先天知识与后天知识的区别，所有关于事实与存在的知识都是后天的，先天知识仅限于观念间的关系，它不告诉我们世界的任何实际特征。休谟认为，因果观念的建立依赖于经验的恒常连接，是我们心理的习惯联想，而不依赖于先验的推论与理性。我们的因果观念的得出不依赖于推理，也不依赖于任何其他理智过程，它完全是一种直觉。包括道德在内的任何因果关系都只在我们的经验中，而不在宇宙间的事物本身。“道德宁可以说是被人感觉到的，而不是被人判断出来的”[①]。关于理性与情感的关系，休谟有一句名言：“理性是并且也应该是情感的奴隶，除了服务和服从情感之外，再不能有任何其他的职务。”[②] 休谟因而系统地批判了理性统率情感的哲学传统，从而对

---

① ［英］休谟：《人性论》，510页。

② 同上书，453页。

近代以来理性在人类生活中的作用问题提出质疑，开启了人类对于理性作用局限性的系统反思。

休谟关于理性与激情的关系的主张，可以说是在整个苏格兰启蒙运动中最醒目的哲学主张。这一主张将人的主观情感放在了理性之前与之上。沿着我们对于休谟的自然主义解释，我们可以说人的情感是第一位的和自然的，而人的理性则不是。康蒲·斯密在其名篇《休谟的自然主义》（1905）上篇中，还进一步提出，人的理性活动的产生本身也必然有一个非理性的开端。[①] 也就是说，理性本身是我们后来的强制性说理活动，这种活动本身的产生是非理性的。这就完全不同于理性主义对于人的解释，不同于理性主义者高扬人的理性、贬抑人的苦乐感受的传统。可以说，在休谟看来，人的主观苦乐是自然产生的，是第一位的。而人的理智活动，尽管有其地位，但注定是后发的、非自然的。正是在这一排序中，效用或功利观念才具有了基本地位；也正是在这个意义上，休谟才被看作功利主义的先驱。

休谟的这些主张为他的道德哲学和政治哲学奠定了基础。最为典型的，是休谟提出了“是”与“应当”的区分，并且认为这种变化虽然是不知不觉的，但却是一个突然的跳跃。这种以“应当”为连接的新关系完全不能够从“是”中得出，而单单是注意到了这个跳跃本身，就足以推翻一切通俗的道德学体系，并且为后世留下了人类价值到底来源于何处的难题。[②] 而且，尽管休谟在认识论上主张因果观念只是人的习惯联想，并不存在于自然界的事物当中，但是在具体到人类的政治生活时，他又主张人类事务具有一定的稳定性，政治本身可以被解析为科学，人类应该按照固定的形式和方法处理事务，以防止人性的自然蜕化。法律和政府体制使我们可以摆脱机运的控制，摆脱政治因对政治家的个人作风和个性的依赖而产生的波动。我们因此可以推断出一些普遍而肯定的结论。[③]

休谟提出，政治的首要任务，或者可以说政治的全部任务，就是维护正义。而正义乃人为之德。“我们对于每一种德的感觉并不都是自然的；有些德

① Smith，Norman Kemp. The Naturalism of Hume. *Mind*，1905，14（54），pp. 149－173.

② 顺着休谟关于人的道德情感的自然主义主张，我们可以进一步假设：社会的规范关联于人的价值，人的价值关联于人的评价，而人的评价关联于人的主观偏好，主观偏好则关联于人的道德情感。这样，我们就在稳定的社会规范与自然发生的人的道德情感之间建立起了关联。尽管如此，我们仍然要说，这种关联还有一些需要克服的环节问题。

③ 参见［英］休谟：《谈政治可以解析为科学》，见《休谟政治论文选》，张若衡译，北京，商务印书馆，1993。

之所以引起快乐和赞许，乃是由于应付人类的环境和需要所采用的人为措施或设计。我肯定正义就是属于这一种”①。“正义和非义的感觉不是由自然得来的，而是人为地（虽然是必然地）由教育和人类的协议发生的”②。而“正义的规则虽然是人为的，但并不是任意的”③。

正义的规则之所以能够得到遵守，源于人对于社会的依赖。“人只有依赖社会，才能弥补他的缺陷，才可以和其他动物势均力敌，甚至对其他动物取得优势。社会使个人的这些弱点都得到了补偿；在社会状态中，他的欲望虽然时刻在增多，可是他的才能却也更加增长，使他在各个方面都比他在野蛮和孤立状态中所能达到的境地更加满意、更加幸福。当各个人单独地并且只为了自己而劳动时，（1）他的力量过于单薄，不能完成任何重大的工作；（2）他的劳动因为用于满足他的各种不同的需要，所以在任何特殊技艺方面都不可能达到出色的成就；（3）由于他的力量和成功并不是在一切时候都相等的，所以不论哪一方面遭到挫折，都不可避免地要招来毁灭和苦难。社会给这三种不利情形提供了补救。借着协作，我们的能力提高了；借着分工，我们的才能增长了；借着互助，我们就较少遭到意外和偶然事件的袭击。社会就借这种附加的力量、能力和安全，才对人类成为有利的。”④

当代的哈耶克特别提醒我们关注休谟《人性论》中的三个基本正义规则，即财产权的稳定和确立、基于同意的财产转让和许诺的履行。在哈耶克看来，休谟不仅提出了正义是人为的这种观点，而且阐发了对政治社会的构成具有重要意义的三个基本正义规则。

正义和财产权都是一种人为的约定（convention）。“这种约定（convention，中文本译作‘协议’——引者注）就其性质而论，并不是一种许诺（promise），因为甚至许诺本身也是起源于人类约定，这点我们后来将会看到。约定只是一般的共同利益感觉；这种感觉是社会全体成员互相表示出来的，并且诱导他们以某些规则来调整他们的行为。……两个人在船上划桨时，是依据一种合同（agreement）或约定而行事的，虽然他们彼此从未互相作出任何许诺。关于财物占有的稳定的规则虽然是逐渐发生的，并且是通过缓慢的进程，通过一再经验到破坏这个规则而产生的不便，才获得效力，可是这个规则并不

① ［英］休谟：《人性论》，517 页。
② 同上书，523 页。
③ 同上书，524 页。
④ 同上书，525～526 页。

因此就不是由人类约定得来的。……在人们缔结了戒取他人所有物的约定，并且每个人都获得了所有物的稳定以后，这时立刻就发生了正义和非义的观念，也发生了财产权、权利和义务的观念。”① 人们通过对个人得失利害的效用评估，开始学会遵守一些抽象的规则。而且这种约定并不要求一定是明示的，并不要求非要体现为一种承诺。

休谟在这里表达的是一种明确的约定论主张，而其字里行间所要批评的，就是以霍布斯、洛克等为代表的近代契约论主张。休谟在其相对有限的几部著作中，花了大量的篇幅把矛头指向了其前辈的这些主张。他批评乃至嘲笑霍布斯、洛克的自然状态假设，认为这不过是哲学家自己的主观拟想。“人类绝不可能长期停留在社会以前的那种野蛮状态，而人类的最初状态就该被认为是有社会性的。不过这也不妨碍哲学家们随意把他们的推理扩展到那个假设的自然状态上，如果他们承认那只是一个哲学的虚构，从来不会有也不能有任何现实性”②。“因此，自然状态就应当被认为是单纯的虚构，类似于诗人们所臆造的黄金时代。……毫无疑问，这应当被认为是一种无聊的虚构。”③

休谟还批评洛克用词含混，比如就“天赋观念”一词来说：“如果‘天赋的’就是指‘自然的’而言，那么，人心中的一切知觉和观念都不能不说是天赋的或自然的，不论我们把‘自然的’一词同‘反常的’一词对立，或同‘人为的’一词对立，或同‘神奇的’一词对立。如果所谓天赋的，是指与生俱来的，则那个争论仍似乎是轻浮的……其次，洛克和其他哲学家所用的观念一词也似乎意义太泛……我的意思是说，洛克是受了经院学者的诱惑才发生了这个问题——经院学者们常用没有定义的名词，把他们的争论延长到厌烦的地步，结果却是没有接触着所争论的问题。”④ 不用说，如前所述，休谟还嘲笑了洛克关于财产权的劳动占有说。休谟这些工作，系统地批评了其前辈思想中的契约论主张、天赋观念主张、自然状态主张、自然法主张与自然权利主张，认为这些主张不是哲学家的虚构，就是思考不成熟的结果，以至于麦克里兰说，休谟都把自然法给嘲笑死了。休谟反对契约是以明确的承诺为基础的，认为正义的规则是缓慢生长而来的，是一种习俗与惯习。也就是说，正义意识产生于社会发展，而非凭空就从人脑中蹦出。在道德与政治上，人类基本上心安于对于固

① ［英］休谟：《人性论》，530～531 页。
② 同上书，533 页。
③ 同上书，534 页。
④ ［英］休谟：《人类理解研究》，关文运译，23 页，北京，商务印书馆，1957。

有惯例的遵守。而洛克等哲学家从自然事实推出自然法，在休谟看来自然是一种谬误。休谟的这些主张，使他的政治哲学具有一定的保守主义倾向。

休谟的保守主义倾向，还表现在其政治主张潜在地接受了等级制和以等级制为基础的社会秩序这一点上。这与功利主义出现以后，尤其是在以边沁为代表的哲学中的“激进主义”运动展开以后的主张大相径庭。激进主义及其哲学上的平等主张，在休谟的时代根本没有倡导者。①

考虑到休谟与康德在人的理性能力问题上的观点差异，我们需要进一步指出的是，在人关于外在世界客观知识的层面，休谟与康德共享着同样的判别标准。这个标准就是：我们的知识是否能够具有必然性（necessity）和普遍性（universality）。休谟的知识论告诉我们，普遍必然的知识仅仅是我们心理上的习惯联想。关于事实的知识，我们并无法保证其普遍必然性。但是在进一步考察了休谟的道德哲学之后，我们可以得出这个结论：关于人类实践生活的知识并不具有必然性，但是可以具有相对的普遍性。

休谟对天赋观念、自然状态、社会契约论等理性主义结论作出了毁灭性的打击。它一方面体现为以休谟、斯密为代表的苏格兰传统反对以霍布斯、洛克为代表的英格兰传统，另一方面也体现为对于所有理性主义传统的攻击。当然，大家也都承认，休谟攻击的是人们对于理性的滥用，并非攻击理性的适当运用。休谟提出，“人是一个有理性的动物……但是人类理解的范围是过于狭窄的”。“混合的生活才是最适宜于人类的”。“一个深奥的哲学家在他的玄虚的推理中很容易陷于错误，而且他如果一直推下去，也不会因为一种结论是不常见的或同通俗的意见相反，就不接受那种结论。这样，一个错误就会生出另一个错误来。但是一个哲学家如果只是意在把人类的常识陈述在较美妙较动人的观点中，那他纵然偶尔陷于错误，也不至于错得太远。他只要重新求诉于常识和人心的自然情趣，那他就会复返于正途，使自己免于危险的幻想。”②

一般认为理性与经验是可以区别开来的，并且认为我们可以通过理性推理得出一些切实的结论。休谟则提出，这样的区分大谬不然。在《人类理解研究》第五章的一个注释中，休谟指出，一切推理终归是以经验为最后基础的：“实在说来，一个没有经验推理的人根本就不能推理，如果他是绝对没有经验的话。”③

---

① 休谟思想中对于社会等级现状的这样一种接受，与在他一个世纪之后的英国思想中所迸发出来的激进平等思想形成了反差。目前为止的政治哲学研究对此大多只是一语带过，还缺乏严肃深入的探讨。

② ［英］休谟：《人类理解研究》，10～12 页。

③ 同上书，43 页。

休谟自己特别强调说，“先有财产权，才有财产”。休谟认为财产权基于正义观念与正义规则的建立。不存在自然权利。他在《人性论》中表达了正义乃人为之德的观点，并且认为认识到这一点是谈论人类权利问题的基本前提。“我们的财产只是被社会法律也就是被正义的法则所确认为可以恒常占有的那些财物。因此，有些人不先说明正义的起源，就来使用财产权、权利或义务等名词，或者甚至在那种说明中就应用这些名词，他们都犯了极大的谬误，而永不能在任何坚实的基础上进行推理。一个人的财产是与他有关系的某种物品。这种关系不是自然的，而是道德的，是建立在正义上面的。因此，我们如果不先充分地了解正义的本性，不先指出正义的起源在于人为的措施和设计，而就想象我们能有任何财产观念，那就很荒谬了。正义的起源说明了财产的起源。同一人为措施产生了这两者。”①

休谟认为，划分财产和巩固所有权是确立人类社会的必要条件，一旦人们就如何建立和遵守这些规则达成协议，整个社会的和谐与协作就大功告成。而利益情感之外的其他情感都是容易被约束的，起码危害也没有那么大。

休谟上述主张的含义可以被进一步深入探讨。在这一方面，我们赞成哈孔森的分析。哈孔森指出，传统自然法理论认为社会责任是个人意志的投射或建构。也就是说，我意愿过这种社会生活，因此我们应该承担这种责任，或者我应该与你一起建构出这种社会责任观念。而休谟则主张说，个体的意志行动需要由某种它们自身之外的事物给予意义，从而促使这些行动建立起一种独立的社会关系。也就是说，社会本身拥有了一些独立规则，直接对个体行为本身施加了约束与责任。② 开车靠右行驶，听音乐会不能喧哗。这些规则是独立于意志行动本身的。

哈孔森对于休谟的分析可以概括为两点：第一，休谟颠覆了传统意志论，将其目的论化，并且将其改造成一种基督教功利主义；第二，休谟区分了自然德性与人为德性，将人社会化。对于哈孔森的第二个观点，我们完全赞成；但是对于第一个观点，则只赞成其前半部分，对其“目的论化”的主张则持保留意见。我们认为，在颠覆了传统意志论之后，直接跳跃到“约定论”，可能更有利于正面来理解休谟。不仅如此，社会规则本身具有一种独立性，这种观点还蕴涵了看待人与社会关系的根本方法论之争。个人怎么就介入了社会生活，个人怎样就承担起了社会责任，这是一种思考方法。这种方法的特点是将个人

① ［英］休谟：《人性论》，531 页。

② 参见［丹］努德·哈孔森：《自然法与道德哲学：从格老秀斯到苏格兰启蒙运动》，106～110 页。

与社会进行截然划分，然后沿着从“个人”向“社会”上行的路线来思考社会规范。这种路线麻烦重重。最为根本的麻烦就在于，它将社会规则的有效性维系于个人意向与个人选择。而约定论的一种解释就是，社会规范具有效力，这种有效性是独立于个人意向与个人选择的。或者说，我们所观察到的社会规范本身具有一种特殊的独立性，与个人选择无关。而这种观点一旦成立，则我们即便不否认个人的意志与意向行动，也在逻辑上优先保证了社会规则的独立性与有效性。并且因此而能够部分地表明，有些规范，是那些可被我们辨识出的“个人”首先需要遵守的。至于如何理解或解释这些规范，那是另外的事情。

这种主张关联着我们实践哲学的一个争论。这个争论与社会规范的性质有关，这里暂时略去。而上述讨论同时还关联着休谟对于“自由意志”的态度。在论及“自由与必然”问题时，休谟持有一种多因多果论的怀疑论主张。他因此不相信传统的“自由意志”概念成立的确凿性。说到自由意志的复杂性，休谟并不否认这样一类行为是存在的，但是，“我们想证明有自由存在的这种狂幻的欲望，正是这里行为的动机。我们似乎明确地看到我们虽然想象自己在自身觉得有一种自由，可是一个旁观者往往可以从我们自己的动机和品格来推断我们的行为。纵然他不能如此推断，他也可以概括地断言说，他如果完全熟悉了我的环境和性情的一切情节，以及我们性质和心向的最秘密的机簧，他仍是可以推断出的”①。在我们自以为看到了自由意志存在的地方，旁观者却提示我们说可能有那么多前设因素。这些约束我们行动的外在因素，尽管其本身并不是决定论的，也不由得使我们怀疑当事人这里产生的自由意志感受是一种幻觉。

关于自由意志，休谟的讨论是开放式的，甚至是消解式的。他要摧毁的就是道德哲学中那种确凿无疑的主张，即那种认为既然存在着自由意志，所以我们就应该承担起我们的义务与责任的主张。不过，通过这些讨论，我们倒是可以发现，从个体的意志出发来论证人的社会责任，这条路径充满不确定性和陷阱。休谟的怀疑论在这里再次派上用场，他其实是在通过讨论社会知识的性质，来切断讨论社会生活问题的传统路径。休谟的正面主张是“正义乃人为之德”，约束人类社会生活的规则另有其独立的存在方式，有其独立的价值和独立的理解方式。尽管我们经常由于沉思而陷入主观的怀疑与幻想之中，我们还是要相信持续存在的外部世界的。走出书斋去，我们会发现天还是那个天，地

① ［英］休谟：《人类理解研究》，85 页。

还是那个地。而这也正是休谟颠覆传统意志论，强化“人为社会所形塑”的一个重要知识路径。在这个意义上，休谟关于自由意志的讨论几乎可以说是奠定其社会政治哲学新路向的必要步骤。

在莱斯诺夫的《社会契约论》一书中，作者归结出西方近代以来社会契约理论的四个基本特征：第一，它是意志主义的，认为政治权威取决于人们的意志行为；第二，它持有一种合意主张，即认为政治权威需要人们的一致同意；因此，第三，它是个人主义的；第四，它是理性主义的。[①] 在随后展开的讨论中，莱斯诺夫特意谈到了休谟对于政治义务和合法政治权威的契约论说明。但是令人遗憾的是，他完全没有提及休谟对于契约论的批评。就莱斯诺夫总结的四个特征而言，几乎在每一点上，休谟都在理论上持有一种怀疑主义的保留态度。一如休谟的一贯风格，他攻击意志主义、同意学说、个人主义与理性主义，不是说有充分的证据可以把它们都完全打倒，而是说有足够的理由使我们可以怀疑这些主张的可靠性。这种怀疑貌似机辩，实则带有一种对于社会科学知识真理可靠性的真诚维护态度。既然契约理论本身所包含的几个特征，其概念本身的准确性几近拟想，那么言之凿凿地坚持这些理论就缺少知识的真诚。休谟之后的近两个世纪，人们对契约理论噤若寒蝉，学理上的端倪就在于此。

关于休谟对于传统政治哲学基础的摧毁作用，萨拜因的评价甚为精确：如果把功利主义原则贯彻到底，“就要摧毁天赋权利说和政府契约说，还将摧毁据称能保证个人利益在社会内部和谐的整个自然法体系。十八世纪的作家，除休谟外，没有人完全清楚这一点；连追随休谟以功利主义学说反对天赋权利说的边沁，也远远没有看清这样做所产生的全部影响”[②]。

第四节　是自然和谐还是扩展秩序？

对于苏格兰启蒙运动的社会观，思想史上有着不同的解释。毫无疑问，所有人的目光都聚焦于斯密“无形的手”的比喻。这个比喻足够经典。但是对这个比喻的不同解释，意味着对于这个社会的不同看法。早在我们现在所称呼的

---

① 参见［英］莱斯诺夫：《社会契约论》，刘训练等译，14～15 页，南京，江苏人民出版社，2005。

② ［美］萨拜因：《政治学说史》，634 页，北京，商务印书馆，1986。

“苏格兰启蒙运动”开始的沙夫茨伯里三世那里，这场运动的社会观就已经被解释成了一种合乎某种目的的“自然和谐”。沙夫茨伯里本人被认为是18世纪早期英国自然神论的代表。这种“自然和谐”的说法当然也完全可以用来解释斯密的“无形的手”的主张。在这种解释中，既有假定的社会发展目的，也有经过反思可以被辨识出的“自然律”，当然，也有看起来像依照此目的而有序运行的社会协作行为。有神论者说他们通过斯密的“无形的手”证明了上帝之存在，而无神论的解释则更是复杂多样。这里要特别考察以哈耶克为代表的“扩展秩序”主张。以此为基础，我们还将以斯密为代表的古典自由主义理论称作“机制论的自由主义”，以区别于相对的“理性论的自由主义”。

前文已经提到曼德维尔。他的《蜜蜂的寓言》在近代英国政治哲学中占有特殊的地位。鉴于曼德维尔是一个从荷兰移居到英国的医生，思想史上通常并不认为他是苏格兰启蒙运动的代表。但是他的《蜜蜂的寓言》的主要思想从18世纪初就开始在英国传播，到18世纪30年代全部成稿出版。他对沙夫茨伯里的批评在前文中也已经提到，他对整个苏格兰启蒙运动的影响，尤其是对我们现在公认的两个巅峰人物即休谟与斯密的影响极大。在哈耶克分别就这三个人的政治哲学所撰写的三篇文章中，他反复提到，曼德维尔的这个思想贡献甚巨，这个思想就是，人类文明的成果是“人类行动的结果，而非人类（理性）设计的结果”①。

《蜜蜂的寓言》一书的副标题为“私人的恶德，公众的利益”，这就是大家所熟悉的“私恶即公德”的说法的来源。曼德维尔所说的私恶，即人们在日常生活中所抱怨的社会中的个人贪婪、自私、贪图安逸、缺乏公德心、只为自己算计等缺陷。他在该书的序言中说，他写这本书的目的并不复杂：一是要人们脸红，少一点对他人上述缺陷的抱怨，多一点自省；二是要为贪图安逸这样的个人品行唱一下赞歌，因为正是这样的缺陷造就了民族的繁荣与伟大。

在《美德之起源》一文中，曼德维尔指出，关于人的恶德与美德，历来存

① 在《学术与政治》中，韦伯也提到，“政治行为的最后结果往往——甚至经常——完全不合初衷，甚或时常同它截然相悖。这是一切历史的基本现实”。很显然，如果仅仅注意到了人类文明的后果是行动的结果而非设计的结果，这一点并不足以将苏格兰启蒙运动与其他形式的主张如现实主义的主张区别开来。使苏格兰启蒙运动的观点变得独特的，还在于它对这样一种经由人类行为而非人类设计所演化而来的抽象规则的尊重。也就是说，苏格兰启蒙运动的思想家多少都有一个对于规则体系居然如此的惊异与接受。因而其结论是，我们人类自己是这样一种规则体系的受惠者而非创造者（［德］韦伯：《学术与政治》，冯克利译，102页，北京，三联书店，1998）。

在着一个传统，就是谴责个人身上具有的上述坏毛病（恶德），讴歌与之相反的社会公德心。而且，这个传统认为，只要人们能够学会自我克制，克服掉个人身上的上述恶德，整个社会就可以整体向善了。他将这个传统称作“善良意志论”。略早于曼德维尔的沙夫茨伯里力图论证，人天生就具有社会公德心，或者说，人天生是合群的。在沙夫茨伯里那里，符合公共利益的美德与不顾公共利益的自私自利之恶德同时并存。然而这并不重要，重要的是，只要借助一点点热情，人们就会遵照良好理性的指引，表现出具有社会性的美德来。沙夫茨伯里的这一说法，自然是在美德的来源上对传统的“善良意志论”做出了一定的修正。因为“善良意志论”一般都认为，“没有克制便没有美德”。而沙夫茨伯里相信人天生具有一种公德心，或者说天生具有达成公德心的能力。因此，在沙夫茨伯里那里，公德心的产生并不需要自我克制乃至自我禁欲的程序。不过，既然沙夫茨伯里同时承认私恶与公德并存，并且只不过是强调了公德心是自然就养成了的，那么，人们何以就产生了公德心，这事情本身仍存在着疑问。沙夫茨伯里自己的解决方案是“自然和谐”，认为“对自己宽容、能顺应自己天性者，自然就是具备了美德的人”。也就是说，在沙夫茨伯里这里，人不自我克制也能具有美德。但是这种方案中所包含的困难，其实是连沙夫茨伯里自己也都明确感受到了的。我们前文中提到的常识、共通感等概念，在沙夫茨伯里乃至后来的哈奇森、休谟、斯密那里都占据着重要位置，并通过休谟等人影响了后来的康德，进而在20世纪的罗尔斯那里也得到了体现。这个理论的共同困难，至今仍在。

曼德维尔则对沙夫茨伯里的努力嗤之以鼻，他说他写《蜜蜂的寓言》这本书的目的就是要论证：“人那些美好的、善良的品质，并不能使人比其他动物更具有社会性。不仅如此，没有我们所说的（天性中的与道德上的）‘恶德’的帮助，要将任何群体提高为一个人丁兴旺、富裕繁荣的民族，亦是完全不可能的。即使做到了，也绝不可能维持下去。”[①] 所以在其作品中，曼德维尔经常用揶揄的口气提到“沙夫茨伯里阁下”。很显然，曼德维尔完全不赞成沙夫茨伯里在这一问题上所做的理论努力。曼德维尔在这里还特别就这一主题的正当性给出了自己的说明。曼德维尔指出，在探究何为道德之美的问题时，我们会发现不同地方和不同时代的人，他们所遵循的标准千差万别，以至于我们根本无法确定哪些是由习俗养成的，哪些属于我们的基本天性。但曼德维尔认为这

---

① ［荷］伯纳德·曼德维尔：《蜜蜂的寓言》（第一卷），肖建译，272页，北京，商务印书馆，2016。译文有改动。

并非问题的关键。问题的关键在于，沙夫茨伯里“人不自我克制也能具备美德”的主张，将会使人变得虚伪和自欺，并且会助长一种“书斋里的美德”。而在曼德维尔看来，“美德在于行动”。人当然是合群的，在这一点上，曼德维尔并不会否定沙夫茨伯里的看法。但是合群的原因不在于人与自然的和谐，而在于人人自爱。“从表面看，这些情况源自人的社会性，源自人喜欢交友、热爱结伴的天然倾向；但是，只要更深入地考察人与事，无论谁都会发现，在以上一切场合中，人们只是在竭力维护自身的利益，其行为的动机皆为我们已经提到过的那些原因。”① 基于这样的理由，人们组成社会，而“社会指的是一个政治实体，其中，人或者被在上位者的力量所制服，或者被从其野蛮状态引出的劝诫力所制服，因此，人就成了一种受约束的动物。他能通过为他人劳作来达到自己的目标，无论是在独裁政府还是在其他形式政府的治理下，每个社会成员都从属于全体。依靠精明的管理，所有社会成员都必须统一行动”②。

传统哲学一口咬定，美德有益于社会。曼德维尔说，他并不否认这一点。但是他看到，每个人为了自己的小虚荣、小骄傲付出的努力。例如，一个妇女为了使自己漂亮而给裙子带撑环、加软衬，这种发明貌似愚蠢而变化无常，但在曼德维尔眼里，类似的个人改进在促进社会繁荣方面的贡献却一点也不比宗教改革小。③ 一个社会，得经过多少复杂的工序，经过多少工匠的努力，甚至得有多少人艰苦航行的努力，将染料从遥远的地方索回，才能将一块上等衣料染成大红色。“若换个角度去看，将这一切劳作统统看作自愿的行为，并认为它们属于人类谋生的各种不同行业，每个人在其中劳作皆是为了自己，无论他看上去是如何在为他人劳作。我们若想到：即使是那些经历过最大困难的水手，只要航行一结束，甚至只要一从遇难航船上脱身，也会马上去寻找和恳求另一个船主给他一份船上的工作。若从另一个角度去看待这些事情，那么，我们便会发现：穷人的劳作远非一种重负，远非对他们的压榨，有份工作乃是他们的福气，乃是他们向上天祷告祈求的事情。并且，为大多数穷人提供工作，乃是每一个立法者最关心的事情。”④

所以，曼德维尔认为，“在人类社会中亦如在大自然里一样，没有任何一

① ［荷］伯纳德·曼德维尔：《蜜蜂的寓言》（第一卷），288页。译文有改动。

② 同上书，292页。译文有改动。

③ 同上书，300页。

④ 同上书，302页。译文有改动。

种造物会完美到不会对某个社会造成伤害；同样，亦没有任何一种造物是彻头彻尾的邪恶，而事实会证明，恶德亦可能对造物的某一部分有益。由此可见：唯有以其他事物为参照，唯有根据评判时的角度和立场，我们才能判断出事物的善恶好坏”①。

曼德维尔最后的结论是：“人类天生追求友谊的品性和仁爱的热情也好，人类依靠理性与自我克制所能获得的真正美德也罢，这些皆非社会的基础。相反，被我们称作现世罪恶的东西，无论是人类的恶德还是大自然中的罪恶，才是使人类成为社会性动物的重大根源，才是一切贸易及各行各业的坚实基础、生命与依托，概莫能外。因此，我们必须将它们视为一切艺术与科学的真正起源。一旦恶德不复存在，社会即使不马上解体，亦必定会变得一团糟。”②

曼德维尔并不否定政治生活与政治家在人类生活中的作用，这表现在他的那个著名主张上：“私人的恶德若经过老练政治家的妥善管理，就可能被转变为公众的利益。”③ 这一点已经多少显示出了他与其后的思想家亚当·斯密的区别来。

亚当·斯密对于曼德维尔的评价已经众所周知。他将曼德维尔放入放纵道德情感的体系行列，认为曼德维尔关于人类本性自私的看法只不过是貌似有理。④ 不过斯密并不反对曼德维尔的推论本身，他要反对的，是曼德维尔将一切都归为自利，从而抹杀了人们在道德之善与道德之恶之间的是非判断感。在斯密看来，对于何者为善，何者为恶，人们还是存在着天然的判断能力的。亚当·斯密并不反对人是自利的，只不过在他看来，通过特殊的合宜性判断机制，人们实现了道德评价标准的生成。

与道德理论上的这种争议不同，斯密的经济理论的基本原型似乎完全是曼德维尔式的。关于社会分工的细节，以及因分工而导致的社会繁荣，除了在论述文风上略有差异之外，斯密与曼德维尔并无二致。

斯密不但不反对曼德维尔对于人的自利行为的描述，而且在其后来著名的《国富论》中，更是把曼德维尔关于人的自利行为的描述发挥到了极致。前文中提到的曼德维尔“将一块上等衣料染成大红色”的例子，其中的分工细节以

---

① ［荷］伯纳德·曼德维尔：《蜜蜂的寓言》（第一卷），310 页。译文有改动。

② 同上书，312 页。译文有改动。

③ 同上。译文有改动。

④ 参见［英］亚当·斯密：《道德情操论》，403～415 页。

及对由分工而带来的劳动就业的巨大机会的判断，已经与后来斯密在《国富论》中所提到的大分工理论完全一致了。后世对于斯密的《国富论》有一个重要评价，说斯密在这部伟大著作中所提到的所有内容，都已经在前人的著作中有所体现了。斯密并无新的贡献，只是把这些老的内容有机地放进了同一部著作当中而已。单就他对曼德维尔相关工作的继承而言，这一判断完全没错。不过，在斯密手上，的确出现了新的内容。“无形的手”的比喻，尽管在曼德维尔这里已经呼之欲出，但是毕竟是在斯密那里才被彻底叫响的。回头来看，“蜜蜂的寓言”已经完全彻底地阐释了“无形的手”的基本原理；但是其经济学和社会学的含义，却是在后人的不断阐发中变得愈发清晰的。

尽管沙夫茨伯里、曼德维尔和斯密在关于人的道德感的总结上存在差异，但是他们却共享着另外的基本要素，即“天然和谐”。这个概念在沙夫茨伯里那里表现为自然神论，在曼德维尔那里表现为人的自利行为的无意识后果，在斯密那里就被转化为“无形的手”。若再适当考虑几个人在思考细节上的差异，我们就会发现，沙夫茨伯里仍然保留着一种理智反思的视角（斯密因而将沙夫茨伯里归入主张道德存在于审慎中的道德哲学流派），并因而将人的道德行动归结为不用克制，仍然可以天生合群。曼德维尔既反对沙夫茨伯里这种暗中保留的理智反思的视角，也反对沙夫茨伯里这种“虚伪”的“天生合群”说。人的行为，到了曼德维尔这里，变成自利而无形中利他。我们不需要站在一个神的角度，号称人是“天然和谐”的一部分，也不需要虚伪地宣称人“天生合群”。这种判断意味着什么？这种判断意味着，一个人只关心属于自己的那一部分，不对共同行为的结果承担责任。曼德维尔无非是在告诫人们，只需要承认每个人自利就可以了。允许每个人自利，要比强迫每个人合群，其结果更有利于社会的繁荣。如果说社会集体行为的成果是一个超秩序的话，那么这个超秩序既不依赖于人的“理性”，也不依赖于人的“善良”，它只依赖于人的自我行动。超秩序自然就形成了，他对每个人并无太多要求。这个超秩序是“行为的结果，而非理性设计的结果”。不但如此，“通往地狱的路是好心铺成的”。“行为的结果，而非理性设计的结果”，是哈耶克对于曼德维尔和斯密工作的总结。

曼德维尔否定了我们所说的理性设计论与善良意志论，前者涉及个人的能力问题，后者涉及个人的价值问题。他自己的方案则意味着，超秩序与个人的能力和善良意志均无涉，每个人的自利是超秩序得以可能的必要条件，善良意志一定是超秩序得以不可能的充分条件。这个结论过于极端，因此注定会引发争议。

哈耶克把这种“行为的结果，而非理性设计的结果”所形成的秩序叫扩展秩序（extended order）。社会发展并没有目的性的目标与规律，但是社会分工与协作的成果则随着秩序的不断膨胀扩大而变得越发复杂与精细。这个扩展秩序的参与各方谁也不为秩序的扩张事先设定目标，也没有谁是为了给这个扩展秩序担负最终责任而参与进来的，但这并不影响这个不断扩张外展的秩序体的有序演化和惊人膨胀。每个人都在为了自己的利益，去利用着自己可以把握的“分散的个人知识”，整个社会自己在这种无形之手的指引之下变得井然有序。当然，井然有序并非社会扩展的目的，甚至也不是社会发展的规范要求，它只不过是每个人为了个人的便利行动而无形中形成的合乎规则的副产品。

对于上述文明秩序的这种非目的论解释，见于哈耶克的讨论。在《人类行为的结果，但不是人类设计的结果》一文中，哈耶克回溯了这个传统。[①] 综合哈耶克自己对于苏格兰启蒙运动的思考，我们可以说，在哈耶克看来，以斯密的“无形的手”为代表的市场经济秩序，是一种独立于人类理性设计的“扩展秩序”。[②] 这种秩序是人类合作的产物，也是人类无意识选择的产物。可以说，哈耶克的观点的核心模本就是苏格兰启蒙运动所描绘的这种社会秩序，因此也是完全就着苏格兰启蒙运动的社会观念来说的：“我们的文明，不管是它的起源还是它的维持，都取决于这样一件事情，它的准确表述，就是在人类合作中不断扩展的秩序（extended order）。……这种扩展秩序并不是人类的设计或意图造成的结果，而是一个自发的产物。”[③]

哈耶克对于这种社会秩序理论的贡献，一是更加清晰无误地描述并强调了其基本特征，二是给出了这种秩序赖以成立的知识基础，即“分散的个人知识”的主张。[④] 哈耶克的构想，经过霍维茨等人的再度阐释，基本面貌已经十分清晰。在哈耶克的这种世界图景中，社会秩序的展开是自内而外的，而且是无目的的，它根源于人们的行动与合作，但并不要求人们对于社会整体事先设定一个目标（这在理论上是不可能的；就社会发展本身的超出人类预想而言，

---

① 参见［英］哈耶克：《经济、科学与政治》，冯克利译，521～532页，南京，江苏人民出版社，2000。

② 直到其晚年出版的《致命的自负》一书中，哈耶克才第一次提出了“扩展秩序”（extended order）的概念。这一概念包含着无目的、非理性设计、个人行动、个人可以对自己的行为缺少整体的知识等要素。哈耶克认为，这一概念能够最大限度地避免他此前所使用的诸多概念可能产生的误解。

③ ［英］哈耶克：《致命的自负》，冯克利、胡晋华译，1页，北京，中国社会科学出版社，2000。

④ 参见［英］哈耶克：《个人主义与经济秩序》，贾湛、文跃然等译，北京，北京经济学院出版社，1989。

事先设定也是没意义的），同样也并不要求人们对整体秩序有统一的知识。每个人依照其本能，算计其自身的利益，遵守我们其实并不知道的抽象规则去行动就可以了。

如果秩序已经是自发扩展出来的，那么还要人为建立起来的政府干什么？这个时候我们用这个问题来追问苏格兰启蒙运动，就恰到好处。整个苏格兰启蒙运动，整体上是在完成一项发现社会的工作。苏格兰运动启蒙思想家心目中的社会，其典范就是由斯密所完成描述的，后来被哈耶克称作“扩展秩序”的社会。苏格兰启蒙运动的逻辑，是说我们发现社会可以以如此这般的方式被组织起来，并且其自身可以不断地更加复杂、精细和膨胀。既然其本身的运作这么卓有成效，只要社会是以此方式实现的，那么我们就无须外求其他的方式了。我们可以认为斯密是在寻找人类的行为机制，通过一定机制就可以实现人类社会秩序化，我们可以称这种构想为“机制论”。

但是，仍然存在着特定的机制无法完成的工作。这些工作的某些部分（一定不是全部）只能交给政府来完成。这个时候，我们才开始触及政治存在的必要性。政治作为独立的领域存在，是因为有这么一类问题，它们本身无法被其他社会制度或机制形式所处理，只能够保留在一种被称作“政治的”（the political）领域。苏格兰启蒙运动社会思想强调社会依赖与社会协作，强调社会自身的自我凝聚，因此，它本身是一种宏大的社会理论。我们认为苏格兰启蒙运动以社会理论胜出，其本身具有强烈的“去政治”的特点。但这并不是说，苏格兰启蒙运动是“反政治”的。相反，我们在开篇就指出，在苏格兰启蒙运动的社会理论优势之外，苏格兰启蒙运动的思想家本身并不“反政治”，他们人人都有自己特殊的政治观。而我们这里需要做的，就是从政治哲学的宏大视野回溯，去看一看如何能够妥善安排苏格兰启蒙运动的社会思想，从而同时为这些思想家的政治哲学观保留位置，而且是保留一个合适的位置。

第五节　政治作为特殊德性的正义

亚当·斯密通常被描画为自由市场经济和制度演进思想的鼻祖，经济学理性人假设的先驱，鼓吹政府应当仅仅扮演“守夜人”角色。在所有这些自由主义者所描绘的斯密的形象中，斯密都被看成了政府干预的死敌，是近代以来经济学家第一人。以至于克罗普西评价斯密说："他的大名，奠立在他的经济科学上。纵然我们把他在道德哲学中所授的法理学也算在内，合起来看，也没有多少政治哲学可观。"[①]

本节对斯密《道德情感论》的考察将部分修正对于斯密的这种判断。有证据表明，正如一些学者所担心的那样，我们传统印象中的斯密极有可能是法国的斯密、美国的斯密等等，但是却恰恰不是寇克卡迪（这位思想家诞生地）的斯密。[②]

亚当·斯密的《道德情感论》从无偏的观察者入手，以合宜性为标准，阐明了道德规范得以产生的道德心理学机制。在考察这个机制的过程中，斯密发现并阐释了作为特殊德性的正义，认为正义发挥着约束人类行为的语法功能。笔者认为，从正义的语法说[③]开始，斯密逐步确立了他自己关于国家（或立法者）在人类社会的稳定与繁荣中的地位的观点。立法者对于正义的维护，是社会凝聚力得以产生的首要前提，是社会能够繁荣的必要条件。这一观点有利于修正人们传统上把斯密视为政府干预死敌的看法，同时也为斯密思想中的政治特性保留了位置。

一、考察德性准则的道德心理学机制

综观斯密在整个《道德情感论》中所完成的考察，我们认为有两项重要工作应该引起格外的注意："想象"并揭示出评价道德行为的道德心理学机制；过滤出作为社会运行语法的正义准则。前者构成了斯密对于道德哲学本身的特殊贡献，后者使斯密将自己的注意力从道德哲学转向了政治制度的安排。两者都是对于调节人际关系基本规范问题的考察。

亚当·斯密的《道德情感论》系统传达了斯密自己对于道德情感问题的看法。其核心概念有四：同情（sympathy）、合宜性（propriety）、无偏的观察者（impartial spectator）和正义（justice）。其中尤以合宜性概念贯穿始终。而结合运用这些概念，就形成了一套人类道德评价标准得以产生的道德心理学机制。

---

① ［美］克罗普西：《国体与经体》，邓文正译，132页，上海，上海人民出版社，2005。

② Evensky, Jerry. *Adam Smith's Moral Philosophy*. Cambridge, Cambridge University Press, 2005, p. 245 - 264. McLean, Iain. *Adam Smith, Radical and Egalitarian*. Edinburgh, Edinburgh University Press, 2006, pp. 100 - 119.

③ 参见［英］亚当·斯密：《道德情操论》，蒋自强等译，215页，北京，商务印书馆，1997。

在斯密看来，我们每个人都有自己的七情六欲，这是我们考察我们道德情感的出发点。但是我们在遇到他人后，在社会生活的领域，我们个人情感的表露需要一个裁定标准。这个标准就是“合宜性”。一种情感总是要合宜适度，才能被我们认为是道德的。而要合宜适度，我们可以假想一个无偏的观察者，每当我们要表露一种情感时，我们可以假定自己是站在无偏的观察者的角度在审视这种情感的表露程度。设想一位绅士在遇到家中丧亡之痛时，他当然会有锥心的伤痛，但是他同时也知道要把自己的伤痛的情感控制在什么样的范围内，才既表达了自己沉痛的感情，也让自己的这种表达得体合宜（至于无偏的观察者的得体合宜依据什么而来，我们完全可以将其看作一种有待讨论的设定）。

斯密把“同情”设定为一种显而易见的事实，这是由我们的想象力和设身处地感所决定的。“怜悯”“体恤”和“同情”都是用来表达我们对于他人的感受产生反应的词汇。而广义的同情还包括产生负面反应的厌恶和反感。当然，由他人行为或情绪所产生的另外一些情感则只是较微弱地引起我们的好奇心。在这样的一种可观察的人类移情作用中，我们本来是旁观者，但是我们产生了“设身处地”的情感投射，并且置身于为我们自己所营造的这种环境中，因此把我们自己带入了与他人的情感交流之中。

在我们营造了同情的环境后，我们会进一步把我们的情绪带入这样的环境中。斯密举例说：“当一个人尽力去逗引同伴之后，环顾四周发现除了自己之外没有一个人对他的俏皮话发笑，他就感到屈辱；相反，同伴们的欢笑则使他至为愉快。他把同伴们的感情同自己的感情一致看成是最大的赞赏。”[①] 很显然，同情增加了我们的快乐，减轻了我们的痛苦。而同情的缺失或者是不同情的带入则很有可能激发出我们相反的感受。“对不幸者来说，最残酷的打击是对他们的灾难熟视无睹，无动于衷。对同伴的高兴显得无动于衷只是失礼而已，而当他们诉说困苦时我们摆出一副不感兴趣的神态，则是真正的、粗野的残忍行为。”[②] 因为同情，我们部分地补偿了他人情感乃至行为中的缺憾。而同样是对别人行为的反应，假如说一个人只是因为偶然的幸运所得而沾沾自喜，我们的反应就会对他起到一种抑制作用。

很显然，在这里，斯密把一种“合宜性”的观念带入了我们的道德行为中。在我们对他人行为和情感的上述反应机制里，机制本身就是一种自动调节

---

① ［英］亚当·斯密：《道德情操论》，11 页。

② 同上书，13 页。

机器。我们通过观察别人的情感与我们自己的情感是否一致，就可以判断我们自己的情感是否合宜。“在当事人的原始激情同旁观者表示同情的情绪完全一致时，它在后者看来必然是正确而又合宜的，并且符合它们的客观对象；相反，当后者设身处地发现前者的原始激情并不符合自己的感受时，那么，这些感情在他看来必然是不正确而又不合宜的，并且同激起这些感情的原因不相适应。”① 在他人对于我们情感的赞同或否认中，存在着一种对于我们情感是否合度的判别标准。无论是出于何种原因，还是为了可能达到什么样的结果，我们产生了某种情感，别人对于我们情感的判断只能基于他人自己的理解。而这也就构成了评价道德情感的尺度。斯密在这里几乎就想说：“人是判断万物的尺度。”在斯密这里，道德来自每个人希望能够得到别人认可的愿望，而只要能让别人看到的，其道德水平就不会太低。

当然，尽管旁观者总想设身处地地设想被同情的对象的一切细节和处境，旁观者的情绪却并不会总是与当事人的情绪相一致。对于这种差异的处理，斯密的建议是除了旁观者的“设身处地”外，还需要当事人的“跳出情景”。“当事人也经常把自己放在旁观者的处境之中，由此相当冷静地想象自己的命运，感到旁观者也会如此看待他的命运。”② 如果当事人能够把自己放在旁观者的立场去考虑问题，那么他的激情就会适度减弱。而这也就构成了斯密所说的“无偏的观察者”的立场。

两种不同的努力形成了两种不同的德性。“设身处地”连带着温柔、有礼、和蔼可亲以及公正、谦让和宽容仁慈的德性；“跳出情景”则连带着崇高、庄重、令人尊敬的德性以及自制、自律和抑制激情的德性。被抑制的激情既维护了自己的尊严，也赢得了别人的体谅和敬重；而没有节制的蛮横无理和狂暴愤怒最容易引起别人的厌恶和反感。“我们钦佩那种高尚和大度的憎恨，它不是按照受害者心中容易激起的狂怒，而是根据公正的旁观者心中自然引起的义愤来抑制随着最大伤害而来的愤恨；这种高尚和大度的憎恨不允许言语、举止超出这很合乎情理的情感所支配的程度；甚至在思想上，也既不图谋进行比每个普通人乐见其实现的那种报复更大的任何报复，又不想施加比每个普通人乐见其实现的那种惩罚更重的任何惩罚。”正是这种有克制的情感构成了完美的人性，“在这中间存在着人类的全部情理和礼貌”③。在许多时候，我们只需要像

---

① ［英］亚当·斯密：《道德情操论》，14页。

② 同上书，22页。

③ 同上书，25页。

大部分的凡夫俗子那样克制一下自己的情感，我们的行为就已经完美合宜了。

现在，我们已经发现，“人们把各种激情看作合宜或不合宜的，完全是同他们意欲对这些激情表示或多或少的同情成比例的”①。在斯密看来，对于因肉体所产生的情感，任何的强烈表示都会引起人们的反感。“人们恰如其分地称为节制的美德存在于对那些肉体欲望的控制之中。把这些欲望约束在健康和财产所规定的范围内，是审慎的职责。”②

斯密的合宜性观念排除了仅仅把人的生物性的自然情感流露看作评判道德的情感依据的可能性。在斯密这里，合宜性存在于我们反复的校正中。通过无偏的观察者的“设身处地”和“跳出情景”，我们在寻找着什么是合适的，什么是不合适的。当我们随口向别人询问“这不合适吧?”时，不管这是对我们自己可能采取行动的疑虑，还是对他人已经采取行动的担忧，我们都已经发动了斯密意义上合宜机制。

斯密所阐发的这套道德心理学机制为后世的人们所看重。梅茨格就评价说：“在斯密那里，由法所创设的普遍化原则总是不完美的，因而总是次于当事人的情感。那些可能习惯于把‘情感’视同偏见、任性、自利的一种简便说法的学生会发现，情感可以加以科学讨论，也就是说，可以达到一种休谟所从未达到的精确程度。尽管当事人关于自己行为的看法总是以其他人的看法为‘根据’，但（法学）学生们将发现，即便是在普遍存在分歧的情况下，当事人也总是能够有德性地去行为。对于法学家们来说，斯密在《道德情感论》中给我们所提供的原则教诲不是说在人类中自然地存在着一些价值，而是说人类自然地遵从某种机制来做出道德判断。不管立法者是否愿意，立法者想要加以推广的任何法律都要通过这一机制的检验。这对法学学生来说也是一个同样有益的教诲。”③

作为一种机制的道德心理学是斯密规定他所说的语法的一个基本框架。这种产生正义感和道德规范（道德行为评价标准）的道德心理学机制可以与斯密对于市场机制的揭示相比较。在市场机制中，我们遇到的是充满了各种主观需求偏好的个人，通过市场竞争，人们的需求偏好得以传达和交换，并在交换中得以满足。在道德心理学机制中，我们同样是遇到了充满主观愿望的个人，通

---

① ［英］亚当·斯密：《道德情操论》，28 页。

② 同上书，30 页。

③ Metzger，Ernest. Review of Adam Smith，The Theory of Moral Sentiments. *The Edinburgh Law Review*，2003 (7)，p. 261.

过同情和无偏的观察者的机制，以合宜性为标准，我们实现了道德评价标准的生成。所以，在斯密这里，政治生活和经济生活都是在一套机制中完成了封闭的循环。

二、正义的支柱说与语法说

斯密《道德情感论》的另外一个重要主题就是正义问题。斯密采纳休谟的看法，认为正义是我们所考察的诸种德性中的特殊德性，或者说，它是消极的德性。而从正义这种德性的产生基础来看，正义发挥的是支撑社会赖以存在的基础作用。这种基础作用使正义问题事实上已经属于法哲学和政治哲学所考虑的问题。斯密提出，不同于诸如仁慈这样的德性，正义将发挥语法的功能。相对而言，仁慈等德性至多发挥着修辞等美学功能。

在前述无偏的观察者所进行的合宜性度量中，正义作为调节人与人之间关系的体系出现了。正义是消极的德性，它作为被我们大家所认识到的衡平标准，约束着人们的行为。它要求每个人的行为标准以不违反正义为基本前提。其道德心理学的原理在于，憎恨（resentment）作为一种情感，从消极的方面促成了正义标准的形成。由于憎恨的存在，情感的过于积极的表达将受到遏制，情感的不当表达将遇到反抗，正义将在这一对抗中产生。斯密说："任何表现为合宜的感激对象的行为，显然应该得到报答；同样，任何表现为合宜的愤恨对象的行为，显然应该受到惩罚。"[①] 感激和愤恨立即和直接引起了我们关于报答和惩罚的情感。感激是正面的报答，而惩罚则是负面的报答。其中，因愤恨而产生的情感尤其强烈，我们不仅希望被愤恨者得到惩罚，甚至还经常希望能够亲自实施惩罚。"除非这个罪犯不仅轮到自己难受，而且为了那个因他而使我们受苦的特定罪恶而伤心，不然愤恨是不可能完全消除的。他应当为这一行为而感到懊丧和后悔，那样，其他人由于害怕受到同样的惩罚，就会吓得不敢去犯同样的罪行。这种激情的自然满足会自动地产生惩罚的一切政治结果：对罪犯的惩罚和对公众的儆戒。"[②]

违背正义就是对人们的伤害，所以违背正义的行为必然出于一些无人赞成的动机。这种行为是愤恨的合宜对象，也是惩罚的合宜对象，这种惩罚是愤恨的自然结果。"人们同意和赞成为了报复不义行为所造成的伤害而使用的暴力，所以他们更加同意和赞成为了阻止、击退伤害行为而使用的暴力，也更加同意

① ［英］亚当·斯密：《道德情操论》，82页。

② 同上书，84页。

和赞成为了阻止罪犯伤害其邻人而使用的暴力。那个策划某一违反正义行为的人自己也感到这一点，并感到他所伤害的那个人和其他人为了阻止他犯罪或在他犯罪之后为了惩罚他而会极其恰当地利用的那种力量。由此产生了正义和其他所有社会美德之间的明显区别。”①

斯密所说的正义和其他所有社会德性之间的明显区别，是说我们感到我们自己按照正义行事，会比我们按照友谊、仁慈或慷慨等德性行事受到更为严格的约束。按照一般的德性行事，可以由我们自己来选择。而按照正义行事，我们则受到一种外在的束缚、限制和约束。正义的力量可以恰当地、受人赞同地强迫我们遵守有关正义的法规。但这种力量并不强迫我们去遵循有关其他社会德性的格言。也就是说，实施正义有了更多的强制性，这种强制性的力量来源于社会的约束，这种约束独立于我们的道德情感，因而也就区别于我们一般所认可的基本德性。

斯密明确表示，假如人们通常不放弃相互伤害，就不可能有正常的相互交往。因此，“只有较好地遵守正义法则，社会才能存在；所以对这一正义法则必要性的考虑，就被认为是我们赞成通过惩罚违反正义法律的那些人来严格执行它的根据”②。相比较于社会生活的便利与舒适，人们对不义行为的出现保持着警惕。“每一种不义行为的出现都使他感到惊恐不安，如果我可以这样说的话，他会尽力去阻止这种行为的进一步发展，如果任其进行下去，就会很快地葬送他所珍视的一切。如果他不能用温和而合理的手段去约束它，他就必定要采用暴力来压制它，总之，必须阻止它进一步发展。因此，人们时常赞成严格执行正义法则，甚至赞成用死刑来惩罚那些违反这种法则的人。由此，要把破坏社会安定的人从世界上驱逐出去，而其他的人看到他的下场也不敢步其后尘。”③

一般的德性是自主性的，我们可以通过鼓励或惩罚而加以满足。而“在极大多数情况下，正义只是一种消极的美德，它仅仅阻止我们去伤害周围的邻人。一个仅仅不去侵犯邻居的人身、财产或名誉的人，确实只具有一丁点实际优点。然而，他却履行了特别称为正义的全部法规，并做到了地位同他相等的人们可能适当地强迫他去做或者他们因为他不去做而可能给予惩罚的一切事情。我们经常可以通过静坐不动和无所事事的方法来遵守有关正义的全部法规”④。正义是通过我们的清静无为就可以实现的德性，这是它与其他的德性最

---

① ［英］亚当·斯密：《道德情操论》，98 页。

② 同上书，108 页。

③ 同上书，109 页。

④ 同上书，100～101 页。

大的区别。

在斯密这里，出于对惩罚的恐惧和对被逐出社会的恐惧，正义发挥着对于违反正义准则者的威慑作用。斯密把人们的群居特性看作人类的天性。正是这种群居特性强化了正义在其中的作用。正义是社会存在的基础。人与人之间如果没有仁慈，社会可以以一种令人很不愉快的状态而存在，“但是不义行为的盛行却肯定会彻底毁掉它”。“所以，虽然造物主利用人们想得到报答这一令人愉快的意识，劝诫人们多行善事，但是她并不以为在这种善举被忽略的情况下，有必要利用人们害怕受到惩罚的心理来保障和强制人们行善。行善犹如美化建筑物的装饰品，而不是支撑建筑物的地基，因此作出劝诫已经足够，没有必要强加于人。相反，正义犹如支撑整个大厦的主要支柱。如果这根柱子松动的话，那么人类社会这个雄伟而巨大的建筑必然会在顷刻之间土崩瓦解，在这个世界上，如果我可以这样说的话，建造和维护这一大厦似乎受到造物主特别而宝贵的关注。”①

与正义的支柱说相关联的是，斯密还在该书的另外两个地方反复表达了正义的语法说。在《道德情感论》第三卷第六章中他写道：“正义准则可以比作语法规则，有关其他美德的准则可以比作批评家们衡量文学作品是否达到接触和优秀水平而订立的准则。前者是一丝不苟的、准确的、不可或缺的。后者是不严格的、含混的、不明确的，而且告诉我们的与其说是如何臻于完美的确实无疑的指示，还不如说是有关我们应该指望如何臻于完美的一般设想。”②

在第七卷第四篇中他重新提到了这一话题：“正义准则是唯一明确和准确的道德准则；其他一切美德都是不明确的、模糊的和不确定的。前者可以比作语法规则；后者可以比作批评家们为写作的美妙和优雅规定的准则。”③

斯密所说的正义的语法功能是一种比喻。他是想说，正义对于人的行为是限制性的，违反了这一准则，人的其他任何行为都将是不可能的。在这个意义上，它是一种秩序得以存在的底线原则。在对比的意义上，斯密把正义所具有的语法功能应用于关于德性问题的讨论。但是就正义所具有的实际含义来讲，斯密已经把正义看作一个社会生活得以可能的底线原则。违反这一原则意味着人类将陷入潜在的自然状态，而遵守这一原则又恰恰意味着人类可以结束潜在的自然状态。所以，在实指的意义上，正义反倒是政治生活的底线准则。所

① ［英］亚当·斯密：《道德情操论》，106 页。
② 同上书，215 页。
③ 同上书，434 页。

以，我们完全有理由把斯密关于正义的语法功能看作政治的而非伦理的。

很显然，我们对于政治的哲学反思，是在揭示支配政治活动的语法规则，以及这些语法规则与政治活动得以展开的其他相关活动的关系。有学者将斯密作为私人生活和社会生活“积极德性”的伦理学和作为政治领域“消极德性”的正义加以区分，认为前者讨论了个人的道德原则，后者则表明在一个“陌生人”社会里实践中的同情需要转变成为自我约束与自我克制。①

无偏的观察者以合宜性为标准来度量我们的各种道德情感，最终达到了对于社会正义准则的认识，这是斯密道德情感理论探讨的副产品。这一结果的重要性就在于，它引导我们进入了社会政治生活领域。由此而得出的结论是，社会生活的各方都必须约束自己的情感，让自己的情感表达控制在合适的标准之内，从而实现基本的正义和秩序。

三、无主世界中政府的作用

克罗普西着力强调了斯密对于自由竞争的市场体系的贡献，这一点并不为过，也几为常识。但是他忽视了斯密从《道德情感论》考察出发所揭示出的“作为语法的正义”的基础作用，它关系到社会是否可以长久存在。正义之所以发挥着语法功能，是因为它是一个文明社会得以存在的基本要求。由于斯密考察的是作为交往的正义，也就是关心的是人在被伤害和被亏待后的憎恨等情绪，所以斯密所强调的正义必然是与人类自保息息相关的问题。

斯密认识到，我们生活在“无人主宰”的世界里。在尘世生活中，需要实际的执行者来履行现实世界对于正义的维持工作。斯密把这个基本任务分派给了政府②。斯密认为，政府应该完成三项任务：第一，政府要防止外敌侵略；第二，政府要发挥对于正义的恰当管理的作用；第三，政府要建立与保护公共产品与公共制度。③

斯密对于政府作用的看法是逐步明确的。哈孔森的考证表明，起码是在1763年的法学演讲中，斯密已经开始认识到，在法学讨论中，政府首先出场，

① Teichgraeber, Richard III. Rethinking Das Adam Smith Problem. *The Journal of British Studies*, 1981 (20), pp. 106－123.

② 斯密在不同时期和不同地方分别使用了国家（state）、政府（government）、立法者（legislator）、最高统治者（sovereign）与执法官（magistrate）等词汇。这些词汇分别指涉现代意义上的立法、司法和行政，但在斯密那里，意图均在于考察对最高权力的合法垄断使用。故这里统一用“政府”来指涉行使该政治权力的实体，暂不做进一步的细分。

③ Smith, Adam. *The Wealth of Nations*, p. 879－917.

在政府发挥基本架构功能后，与市民和市民生活有关的各种权利才可得以明确。所以哈孔森说："对于政府的解释似乎是斯密自然正义或自然法理论的必要前提。""斯密的意思肯定是，民法总是预设了政治社会的存在，市民是市民法的先决条件。"①

当斯密将正义视作一种特殊的德性时，他就已经认识到，以防止相互伤害为目的的正义无法通过他所考察的道德心理学机制获得足够的规范约束力量。鉴于正义是社会得以存在的底线原则，我们必须寻找正义得以维护的外在力量。从这一考虑出发，斯密主张有一门立法者的科学，以研究维护正义的基本法则的确立及相关的世俗保证。这一目的在他于 1788 年为《道德情感论》修订版所作的序言中交代得十分清楚。

在人类社会早期，惩罚是由个人来完成的。个人基于自己所产生的正义感或对不正义行为的愤恨，自发产生一种报复冲动并付诸实施。但是这并不表明一定要以政府形式来维持正义。然而斯密对于交由个人来完成的惩罚的后果表示担心，同时预设了霍布斯式自然状态存在的可能性。考虑到斯密并不认为人类可以生活在自然状态中，我们可以把这种假设看作潜在的自然状态。而"当对正义的违反成为人们相互之间决不会容忍的事情时，地方行政官就会运用国家的权力来强行实践这种美德。没有这种预防措施，市民社会就会变成杀戮和骚乱的舞台，任何人一旦认为自己受到伤害，就会亲手为自己复仇，为了防止可能随同每个人为自己伸张正义而产生的混乱，在具有相当权力的一切政府中，地方行政长官同意为所有的人主持正义，并保证听取和处理有关伤害的切控告"②。

执法官所获得的大量权力是终结个人自行伸张正义所带来的混乱的前提。这一点并不为传统的研究者所重视。而事实上，这是政府得以出现的必要条件。没有这个条件，正义仍可以在自然状态下自行伸张，但是自行伸张正义的社会最多是一个局部均衡的社会，它并没有走出自然状态。加上这一条件，就能够说明作为特殊德性的正义何以特殊。斯密尽管也对此有所论述，但是同样没有能够将这一点明确点出。没有这一环节的论证，正义仍然只是德性的一种。有了这一环节，正义对于政治的约束功能就可以在世俗世界实现。

① Haakonssen, Knud. *Natural Law and Moral Philosophy*. Cambridge, Cambridge University Press, 1996, pp. 130 - 135.

② ［英］亚当·斯密：《道德情操论》，451 页。

我们认为，在人类社会中，最低限度的至上权力（minimum sovereign power）是实现共同合作最优结果的必要条件。因此，至上权力的存在是改善和走出囚徒困境，实现帕雷托改进的必要条件。至上权力改变了人们利用理性的外在条件。在没有至上权力的状态下，单纯的囚徒之间的博弈只能导致次优结果。而在至上权力的干预下，相互间的博弈有望确保形成合作，避免次优结果的均衡。在此基础上，良好的政治生活才有可能出现。因此，至上权力的存在是讨论和解决斯密理论中所需要面对的社会凝聚力问题的必要条件。①

除了承认政治权力的存在是政治生活得以可能的必要条件外，斯密还进一步分析了各国何以长久贫穷这一问题。斯密指出，缺乏分工和不当的政府政策（不当的财产分配方式）是造成一个地区长期贫困的两个主要原因。②

矫治不当的政府政策，就是采取合适的政府政策。这里边存在着两个方面的内容：首先是政府的政治构架功能（建立或维护政治秩序），其次是政府的经济政策功能。前一个功能见哈孔森的分析。③ 后一个功能表现为实现财产公正。政府的经济政策功能类似于奥尔森所做的工作。国内学者张宇燕从制度主义的立场进行分析，称现代社会繁荣可以被表达为“斯密定理＋奥尔森条件”。“斯密定理”是说，经济增长取决于市场规模的扩大；“奥尔森增长条件”认为，经济繁荣最终取决于政府权力的有效使用。④ 很显然，张宇燕这里所引用到的斯密，只是被自由至上主义者强化后的斯密，而不是寇克卡迪的斯密。同时，张宇燕的文章认为，“奥尔森指出，一国经济上的失败，主要在于没有满足下述两个必要且充分的增长条件：一是存在可靠且明确界定的财产权利和公正的契约执行权利；二是不存在任何形式的、主要来自政府的强取豪夺”。而在我们看来，斯密所做的分析，全部都是在正反两个方面阐述奥尔森的上述工作。⑤ 斯密的缺陷在于，他对这一问题仅仅进行了细致的历史描述，而没能进行严格的形式化限定，因而没能将这一主题凸显出来。而我们传统理解的缺陷

---

① 伊万斯基认为，斯密语境下的“凝聚力问题”（cohesion question）是指：“如果自由社会的生产力源自个人自由地追求他们自身的利益，那么这样一个社会如何能够在挖掘其生产潜力的同时又不至于陷入霍布斯式的人反对人的战争？”（Evensky，Jerry. *Adam Smith's Moral Philosophy*，p. 29）

② 参见［英］亚当·斯密：《亚当·斯密关于法律、警察、岁入及军备的演讲》，陈福生、陈振骅译，232 页，北京，商务印书馆，1982。

③ Haakonssen，Knud. *Natural Law and Moral Philosophy*，pp. 129－135.

④ 参见张宇燕：《斯密定理、奥尔森条件和改革开放：对三十年来中国高速增长的制度经济学解释》，载《文景》，2008（9）。

⑤ 参见［英］亚当·斯密：《亚当·斯密关于法律、警察、岁入及军备的演讲》，231～244 页。

则在于，我们的注意力过于聚焦于被经济学家们强化了的斯密形象，而忽略了斯密思考中业已存在的隐性主题。

按照制度经济学的观点，经济行为的有效性取决于经济活动的制度安排。而制度安排本身（如产权界定等）是政治行为而不是经济行为。当斯密把劳动分工和财产分配方式看作影响社会繁荣的两个条件时，他就同时为自己提出了社会经济问题（劳动分工）和政治问题（财产分配制度）。在斯密的叙述中，政府过去要么过于软弱因而无法保护人民的劳动果实，要么频频投入战争而消耗财产，要么采取不当的劳动制度和分配制度影响人民的生产积极性。这一切都需要合适的政治安排来矫治。

从逻辑上说，斯密关于社会繁荣基本条件的分析是他的政治语法说的继续。政治语法说的核心就是分析为政治秩序提供基本保证的底线条件和必要规则，只有这些基本约束得以保证，人类社会的其他活动才能正常展开。

尽管斯密承认政治权力的存在是保障正义的一个基本前设，但是他又意味深长地指出，与现实政权的执法体系相配套的成文法体系“并非在一切情况下都同天然的正义准则相一致”。各种世俗的干扰“会使国家的成文法偏离自然的正义准则”①。

政治的核心是权力的博弈，正义则是介入这种博弈的均衡当中所沉淀下来的为人们所追求的一种平衡感。符合正义标准的，就是合宜的，因而也就是人们通过主观感受感到平衡的。凡是被感受到不够正义的地方，必然也就是博弈没能达到平衡的时刻。然而，权力博弈的平衡与正义感的平衡存在着裂隙，而如何填补或如何解释这种裂隙则构成了全部政治哲学的努力所在。当米洛斯人断然拒绝雅典人所说的实力均衡的原则之时，他们就已经把我们这里所说的这种张力展现给了世人。

陈德中

参考文献

沙夫茨伯里．人、风俗、意见与时代之特征．李斯，译．武汉：武汉大学出版社，2010.

休谟．人类理解研究．关文运，译．北京：商务印书馆，1957.

休谟．人性论．关文运，译．北京：商务印书馆，1980.

① ［英］亚当·斯密：《道德情操论》，451 页。

休谟．休谟政治论文选．张若衡，译．北京：商务印书馆，1993.

亚当·斯密．道德情操论．蒋自强，等，译．北京：商务印书馆，1997.

亚当·斯密．国民财富的性质和原因的研究．北京：商务印书馆，2008.

亚当·斯密．亚当·斯密关于法律、警察、岁入及军备的演讲．陈福生，陈振骅，译．北京：商务印书馆，1982.

陈德中．国家作为分配社会善的封闭单位．哲学研究，2015（7）．

哈耶克．个人主义与经济秩序．贾湛，文跃然，等，译．北京：北京经济学院出版社，1989.

哈耶克．经济、科学与政治．冯克利，译．南京：江苏人民出版社，2000.

哈耶克．致命的自负．冯克利，胡晋华，译．北京：中国社会科学出版社，2000.

吉拉德·德朗蒂．当代欧洲社会理论指南．李康，译．上海：上海人民出版社，2009.

克罗普西．国体与经体．邓文正，译．上海：上海人民出版社，2005.

莱斯诺夫．社会契约论．刘训练，等，译．南京：江苏人民出版社，2005.

麦克里兰．西方政治思想史．海口：海南出版社，2003.

曼德维尔．蜜蜂的寓言．肖建，译．北京：商务印书馆，2016.

努德·哈孔森．自然法与道德哲学：从格老秀斯到苏格兰启蒙运动．马庆，刘科，译．杭州：浙江大学出版社，2010.

萨拜因．政治学说史．北京：商务印书馆，1986.

韦伯．学术与政治．冯克利，译．北京：三联书店，1998.

张宇燕．斯密定理、奥尔森条件和改革开放：对三十年来中国高速增长的制度经济学解释．文景，2008（9）．

Hutcheson L，Metaphysics，and the Natural Sociability of Mankind. Liberty Fund，2006.

Smith A. The Wealth of Nations. Bantam Dell Press，2003.

Carmichael G. Natural Rights on the Threshold of the Scottish Enlightenment：The Writings of Gershom Carmichael. Moore J，Silverthorne M，eds. Indianapolis，IN：Liberty Fund，2002.

Evensky J. Adam Smith's Moral Philosophy. Cambridge：Cambridge University Press，2005.

Haakonssen K. Natural Law and Moral Philosophy. Cambridge：Cambridge University Press，1996.

Mandeville B，Kaye F B. The Fable of the Bees：Or，Private Vices，Public Benefits. Oxford：The Clarendon Press，1924.

McLean I. Adam Smith，Radical and Egalitarian. Edinburgh：Edinburgh University Press，2006.

Metzger E. Review of Adam Smith，The Theory of Moral Sentiments. The Edinburgh Law Review，2003（7）．

Smith N K . The Naturalism of Hume. Mind，1905，14（54）.

Steward M A，ed. Studies in the Philosophy of the Scottish Enlightenment. Oxford：Clarendon Press，1991.

Teichgraeber R III. Rethinking Das Adam Smith Problem . The Journal of British Studies，1981（20）：106－123.

第五章
自由、公意和民主：卢梭的政治哲学

让-雅克·卢梭（Jean-Jacques Rousseau，1712—1778）大概是政治哲学史上最富阐释空间因而争论最多的少数思想家之一。[①] 两百多年来关于卢梭政治思想的研究向无定论，其论争之复杂性和长期性是少有匹敌的。卢梭的政治哲学曾一度被指责为极权主义的原型，也曾因其对自由和民主的青睐而备受称赞。两种截然对立的形象集于一身，的确是一种非常独特的思想景观。卢梭政治哲学最受人指责的一点就是，它的很多重要概念模糊不清。因此，本章以卢梭政治哲学中的三个核心概念——自由、公意和民主——为中心，通过细致的文本解读来对其思想进行定位。

第一节　自由：卢梭的核心关怀

“人是生而自由的，但却无往不在枷锁之中。自以为是其他一切的主人的人，反而比其他一切更是奴隶。这种变化是怎样形成的？我不清楚。是什么才使这种变化成为合法的？我自信能够解答这个问题。”[②] 这一段脍炙人口的名

---

① 关于卢梭的生平和相关作品，可以参考如下文献。Dent，N. J. H. *Rousseau*. Routledge，2005. Delaney，James. *Starting with Rousseau*. Continuum International Publishing Group，2009. 学界关于卢梭思想倾向的争论，可以参考如下文献。Riley，Patrick. *The Cambridge Companion to Rousseau*. Cambridge，Cambridge University Press，2001.

② ［法］卢梭：《社会契约论》，何兆武译，4 页，北京，商务印书馆，2003。

言，提出了卢梭最关注的问题；而他的自信的解答，却因为不同的诠释方式而陷入了困境。

一、极权主义者还是自由主义者？

卢梭究竟是极权主义者还是自由主义者？这可能是20世纪以来关于卢梭政治思想最重要的一个争论。[①] 将卢梭视为极权主义者的学者不在少数，大家比较熟悉的伯特兰·罗素就是其中之一，著名的卢梭研究专家柯班（Alfred Cobban）和思想史家恩内斯特·巴克等人也持类似的观点[②]，但最著名的要算塔尔蒙了，他在《极权主义民主的起源》中总结前辈学者的观点，将这一论证思路完整地展现出来。他认为，卢梭为使人在政治社会之中获得自由，用社会意识去替代个人的自我意识，创造出一种没有异议、完全服膺于社会的群体。为了实现这一点，国家要对人民进行教育，让他们将公意作为自己的意志，让每一个完整且独立的个体不得不把自己转变成群体的一分子。[③] 正是卢梭将自然的和谐秩序和人民主权观念的结合才导致了极权主义民主的产生。

另外一些学者则强调卢梭思想中自由主义的一面，注意到卢梭非常强调自由和自主（autonomy）的重要性。但是这些学者又采取了不同的解释路向。有的学者从自由主义的角度出发，认为卢梭的自由观强调的重心是以赛亚·伯林所说的“消极自由”。例如，库伦就指出，卢梭真正关心的是消极自由，是如何避免外来的干涉。[④] 但更多的学者则从康德主义的视角出发，认为卢梭的自由观强调的是道德自由和政治自由。采用这一解释思路的学者中最杰出的代表是恩斯特·卡西尔（也译为恩斯特·卡西勒），他认为无论是从精神自由还是道德自由的角度来衡量，卢梭都是一位自由主义的哲学家。卢梭在《社会契约

---

① 可以参考如下文献。Cobban，Alfred. The Crisis of Civilization. London，J. Cape，1941. Dodge，Guy H. *Jean-Jacques Rousseau：Authoritarian Libertarian?* D. C. Heath and Company，1971. Wokler，Robert，ed. *Rousseau and Liberty*. Manchester，Manchester University Press，1995. McDonald，Christie，Hoffmann，Stanley. *Rousseau and Freedom*. Cambridge，Cambridge University Press，2010.

② 参见［英］罗素：《西方哲学史》，马元德译，242～243页，北京，商务印书馆，1976。Chapman，John William. *Rousseau：Totalitarian or Liberal*. New York，Columbia University Press，1956，p. 74. Barker，Ernest. Introduction. in Rousseau. *The Social Contract*. Oxford，Oxford University Press，1948，p. 38.

③ 参见［以］塔尔蒙：《极权主义民主的起源》，孙传钊译，42～55页，长春，吉林人民出版社，2011。

④ Cullen，Daniel E. *Freedom in Rousseau's Political Philosophy*. Northern Illinois University Press，1993，p. 85。需要指出的是，伯林本人一直认为卢梭是消极自由的敌人，其观点和库伦相反。

论》中所说的自由就是理性的自由，不然，卢梭的社会契约是不可能成立的。[①]在卡西尔的启发下，亨德尔从理性自由的角度来理解卢梭，认为卢梭要探索的是“什么才是良善生活的本质”。卢梭给自己设定的任务是，将人从内在的和外在的专制中解放出来。“对卢梭来说，根本问题现在清楚而明白，那就是把人类从自己的暴行中解放出来，不管是内在的或外在的；矫正自私的意志，把自然的情感从总是使人受挫的控制中解放出来；使人类的行为能普遍地公平、正义和正当；使社会充满自由与公正平等的景象。”[②]

那么，卢梭本人的思想到底是倾向极权还是倾向自由呢？我们认为，卢梭还是基本倾向自由。对卢梭来说，若是放弃了自由，就等于放弃了做人的权利，自由和生命是不能通过契约让渡给他人的。在《论人类不平等的起源和基础》中，卢梭指出，“一个人抛弃了自由，便贬低了自己的存在，抛弃了生命，便完全消灭了自己的存在。因为任何物质财富都不能抵偿这两种东西，所以无论以任何代价抛弃生命和自由，都是既违反自然同时也违反理性的”[③]。

如果将自由作为卢梭社会政治思想的核心观念，我们则可能面临两个诘难：为什么是自由而不是平等，才是卢梭社会政治思想的核心？卢梭的自由到底是什么？

确实，卢梭从来没有一部著作以自由命名，倒是有一部以“平等”为主题的名著——《论人类不平等的起源和基础》。不可否认，自由和平等是卢梭社会政治思想的两个核心主题[④]，但是，二者相较，自由更为根本。如果我们仔细阅读卢梭的作品就会发现，卢梭讲述的其实是一个关于道德救赎的故事，是一个关于自由的丧失和如何重拾自由的故事。如果说在第一论文（《论艺术与科学》）和第二论文中，卢梭主要思考的是文明社会中种种罪恶与不幸，并解释它们的起源，讲述的是一个关于自由丧失的故事；那么，从《论政治经济学》开始，卢梭则致力于思考如何改变这种状况，即如何重拾自由。《论政治经济学》勾勒出了其思考的基本轮廓，《社会契约论》和《爱弥儿》则从两个

---

① 参见［德］恩斯特·卡西勒：《卢梭问题》，王春华译，南京，译林出版社，2009。持类似观点的还有以下学者。Wright，Ernest Hunter. *The Meaning of Rousseau*. Oxford，Oxford University Press，1929. Cole，G. D. H. *Rousseau's Social Contract*. Macmillan，1938.

② Hendel，Charles William. *Jean-Jacques Rousseau：Moralist*. Oxford，Oxford University Press，1934，p. 323.

③ ［法］卢梭：《论人类不平等的起源和基础》，李常山译，137 页，北京，商务印书馆，1962。

④ “如果我们探讨，应该成为一切立法体系最终目的的全体最大的幸福究竟是什么，我们便会发现它可以归结为两大主要的目标，即自由与平等。”（［法］卢梭：《社会契约论》，66 页）

不同的角度对之进行了展开。

按照卢梭的逻辑，正是由于不平等的侵蚀才导致了依赖的加深以及随之而来的腐化和奴役，是不平等导致自由的丧失。要重新获得自由，当然需以平等为前提，平等是实现自由的条件，“因为没有它，自由便不能存在”①。严格来讲，卢梭并不是说不能有不平等的存在，而是强调什么性质的不平等以及什么程度的不平等。对于前一个问题，卢梭的主张是，不平等不能建立在出身之上。他说：“除了能力、美德和为国效力之外，国家不应允许任何等级的存在。等级不应建立在世袭的基础上，而应建立在其品质之上。”② 对于后一个问题，卢梭主张，应将现存的显著的不平等尽可能地降到最低，使公民之间的经济不平等不应大到使一部分人能对其他人施加决定性的政治影响的程度。在一个健全的社会中，“没有一个公民可以富得足以购买另一人，也没有一个公民穷得不得不出卖自身”③。在卢梭看来，一旦财产不平等超过了合理的限度，“一个家资巨万的人则可轻而易举地凭借其财力凌驾于法律之上。在这种情况下，政府将失去它的力量，而富人倒成了真正的主权者”④，穷人则会丧失自由，沦为富人的附庸。

但是，仅有平等还不够，平等只是自由的必要条件，而不是充分条件。要实现自由，不仅需要平等这一社会条件，更需要成熟的公民和民主的政府等政治条件。

二、卢梭的三种“自由”概念

那么，卢梭的自由到底是一种什么样的自由呢？尽管自由是卢梭的核心关怀，但他并没有对自由做过非常明确的界定，而且，卢梭在不同的文本中对自由的表述也不一样，以至于卡西尔感叹道：“在卢梭的所有观念中，对他的自由观的解释最为意见歧出、相互抵触。”⑤ 这也促使很多学者认为，在考察卢梭的自由观念时，不能仅仅局限于《社会契约论》，而应该扩展到其他作品。⑥ 但这里主要讨论的是卢梭的政治哲学，而且，卢梭对自由比较集中的论述仍然是

① ［法］卢梭：《社会契约论》，66 页。

② Hoffmann，Stanley，Fidler，David R.，eds. *Rousseau on International Relations*. Oxford，Clarendon Press，1991，p. 148.

③ ［法］卢梭：《社会契约论》，66 页。

④ ［法］卢梭：《致达朗贝尔的信》，李平沤译，155～156 页，北京，商务印书馆，2011。

⑤ ［德］恩斯特·卡西勒：《卢梭问题》，48 页。

⑥ Dent，N. J. H. *Rousseau：An Introduction to His Psychological，Social，and Political Theory*. Oxford，Blackwell，1989. Cullen，Daniel E. *Freedom in Rousseau's Political Philosophy*.

在《社会契约论》第一卷第八章中，因此，我们主要以《社会契约论》为中心来展开论述。

在《论不平等》中，卢梭将“自由选择的能力”作为自然人区别于其他动物的一种能力，这种能力使他能够遵循或反抗自然法则，卢梭将这种选择服从或不服从的能力称为自由。[①] 有学者指出，卢梭的自由观念植根于奥古斯丁的神学传统之中，在卢梭看来，人是拥有自由意志的，意志天生就是良善的，自由意志的神圣力量赋予人一种创造的能力，去做他想要做的事的能力是自由的本质。[②] 遵循良善的自我意志的指导（也就是自我立法），人才能获得自由，这是卢梭理解自由的基本思路，这一思路延续到了《社会契约论》之中。卢梭的核心关怀是：自治与权威如何统一起来？在他看来，自由是人的本性，但我们身上的“锁链”——为了保护人身和利益（goods）而建立的必要的社会规则和由权力建立的统治——可能与自由发生冲突。道德上合法的政治秩序应该既保护每一个个体，又尊重其成员的尊严，赋予每一个人完全的自治：这是一种自我立法的形式，一种道德自由的状态，在这种状态下，一个人遵守的是“他为自己所立之法”，每个人就像以往一样自由。[③] 因此，在《社会契约论》中，卢梭认为社会契约所要解决的根本问题是“要寻找出一种结合的形式，使它能以全部共同的力量来卫护和保障每个结合者的人身和财富，并且由于这一结合而使得每一个与全体相联合的个人又只不过是在服从其本人，并且仍然像以往一样地自由”[④]。

但是，在《社会契约论》中，卢梭提出的不是一种自由观念，而是三种自由观念，即自然自由（natural freedom）、政治自由（civil freedom）和道德自由（moral freedom）。[⑤]

---

① 参见［法］卢梭：《论人类不平等的起源和基础》，83 页。

② Miller，James. The Abyss of Philosophy：Rousseau's Concept of Freedom. *Modern Intellectual History*，2006，3（1），pp. 95－103. 从反面来讲，自由就是不屈服他人的意志。在《山中来信》中，卢梭指出，“‘自由’二字的意思不是一个人想做什么就做什么，而是可以不做别人强要他做的事；‘自由’还意味着不强要别人的意志服从我们的意志。谁当了主人，谁就不自由了，统治就是服从”（［法］卢梭：《山中来信》，李平沤译，222 页，北京，商务印书馆，2012）。

③ Cohen，Joshua. *Rousseau：A Free Community of Equals*. Oxford，Oxford University Press，2010，pp. 4－5.

④ ［法］卢梭：《社会契约论》，19 页。

⑤ “Civil freedom”一般译为社会自由，但本章主张译为“政治自由”。因为在卢梭生活的时代，“civil”一词尚不具备我们今天通常理解的“国家—社会”两分格局中的“社会”的含义，而主要是“政治”的含义，“civil society”一词指的是一种法治的、和平的政治秩序（参见［美］基恩：《市民社会：旧形象、新观察》，王令愉、魏国琳译，3 页，上海，上海远东出版社，2006）。

卢梭将自然状态中的自然人享有的自由称为自然自由。在“自然状态”中，任何人都不受任何其他人的束缚，每个人都能随心所欲地行动，这种人人皆能随心所欲的身心状态，便是卢梭笔下的自然自由。值得注意的是，自然自由是一种非道德的（amoral）自由，非道德不是反道德，道德是社会状态中才有的事情，在自然状态中，不存在道德不道德的问题，自然状态下的人处于一种“幸福的无知状态”。自然自由虽然是非道德的或前道德的，但却能使人心灵安静。自然人既未被启蒙迷惑，亦未被情感折磨。但是，随着人进入社会状态，“从前本是自由、自主的人，如今由于无数新的需要，可以说已不得不受整个自然界的支配，特别是不得不受他的同类的支配。纵使他变成了他的同类的主人，在某种意义上说，却同时也变成了他的同类的奴隶”①。卢梭试图做的工作就是，在社会状态中，如何通过政治社会的重建，让人重新获得自由。麦克亚当认为，在社会状态中，卢梭所倡导的自由包含两个方面的内容：一是不受他人的控制，二是不臣服于自身的激情。自由就是要做自己的主人。② 与此相应，社会状态中的自由有两种形式，一种是政治自由，一种是道德自由。前者是一种集体形式的自由，后者是一种个体形式的自由。

政治自由是一种新的自由形式，指的是在一个秩序良好的社会（well-ordered society）中人的自由。所谓秩序良好的社会是指一个由公意统治的共同体。也就是说，政治自由不再是由个体力量来保证，而是由公意即社会契约来保证。③ 秩序良好的社会不仅要求公民有机会参与共同体的决策和法律的制定，而且要求公民具有共同的公共利益观念，以便公意能够得以实现。政治自由就是公民遵从体现公意的法律，此时，尽管他也服从法律，但由于法律是公意的体现，他服从的就不再是他人的意志，而是自己的意志。政治自由和自然自由最大区别在于：公民不再像野蛮人般，孤独地随心所欲行事；他需要凡事斟酌自己的言行，克制自己过多的欲望，以公众的利益作为行事的准则，热心参与立法与公众事物，并且，积极地遵守自己为自己所设定的法律。④

---

① ［法］卢梭：《论人类不平等的起源和基础》，125 页。

② MacAdam, J. I. The Discourse on Inequality and The Social Contract. in Jack Lively, Andrew Reeve, eds. *Modern Political Theory from Hobbes to Marx: Key Debates*. Routledge, 1989, pp. 113 – 128.

③ 卢梭指出，“我们必须很好地区别仅仅以个人的力量为其界限的自然自由和被公意所约束着的政治自由”（［法］卢梭：《社会契约论》，26 页。译文有改动）。

④ 参见李长瀚：《乃若其激情——卢梭爱观研究》，硕士学位论文，66 页，台北，东吴大学，2009。

道德自由指的是人能听从理性的指引，摆脱内在激情的控制，自己做自己的主人。道德自由的实现场所不限于秩序良好的社会，因此，它要求更高。它不仅要求人能遵守体现着公意的法律，而且要求人遵从理性的指导，摆脱欲望的控制。尤其重要的是，即使当一个社会不那么完美，也就是说，当社会不是建立在公意之上而是建立在欺骗或暴力之上时，人仍然要保持自由的状态。

那么，卢梭所追求的“自由”到底是哪种“自由”呢？很显然，自然自由并非卢梭所追求的目标，因为卢梭明言：“唯有道德的自由才使人类真正成为自己的主人；因为仅只有嗜欲的冲动便是奴隶状态，而唯有服从人们自己为自己所规定的法律，才是自由。”[①] 政治自由和道德自由才是卢梭想要的自由。人们常常误解，以为卢梭希望人回到自然状态，就像伏尔泰所讥讽的那样。其实，卢梭试图做的不是从文明状态中退出，而是寻找一种政府形式，将人从社会不平等和各种精神的专制状态中解放出来。[②]

政治自由和道德自由之间是什么关系呢？可以说二者是一体之两面。一方面，道德自由是政治自由的基础。没有道德自由，公民不可能按照公共理性的要求从公共利益的角度思考问题，没有这个基础，公意也就无从谈起；没有道德自由，公民也不会自觉遵守体现公意的法律。另一方面，对于卢梭来说，政治自由更为重要。卢梭要的不仅仅是一群道德高尚的君子，更重要的是一种新的社会联合形式，在其中，每一个人都自觉地接受法律的约束，又能保持自由的状态。卢梭自由观念的独特之处在于，这两种自由是息息相通的，也是相互依存的。

这两种自由的共同特点是摆脱了依赖。政治自由使人摆脱了对他人的依赖，道德自由使人摆脱了对自身激情和欲望的依赖。正是在这个意义上，维罗里认为，卢梭追求的自由是摆脱依赖，这使他的思想和自由主义区别开来，而与共和主义传统若合符节。古典自由主义认为，自由意味着免于被干涉；而共和主义则认为，当我们不再有依赖时，我们就自由了[③]。如果我们将卢梭的自

---

① ［法］卢梭：《社会契约论》，26 页。

② Nisbet，Robert. Rousseau and Equality. in *A Norton Critical Edition*：*Rousseau's Political Writings*. Norton & Company，1988，pp. 244－260.

③ Viroli，Maurizio. *Republicanism*. New York，Hill & Wang，2002，p. 10. 但这并不意味着我们可以简单地将卢梭的“自由”理解为伯林意义上的“积极自由”，事实上，卢梭并未否定伯林的“消极自由”，而是二者兼而有之（Viroli，Maurizio. *Jean-Jacques Rousseau and the* “*Well-Ordered Society*”. Cambridge，Cambridge University Press，1988，p. 150）凯利也认为，卢梭的自由概念内涵仅仅在自由主义的脉络中很难被准确把握，必须将其置于共和主义的脉络中方能更加妥帖地加以理解（Boucher，David，Kelly，Paul. *Political Thinkers*：*From Socrates to the Present*. Oxford，Oxford University Press，2003，pp. 238－240）。

由观与洛克的做一个对比的话，可能能够更好地理解这一点。洛克的自由观是建立在自然权利的基础之上的。建立政治社会的目的就是保护自然状态中受到威胁的财产权，权力的合法性仅限于保护个体的权利，因此，自由就是公民个体的权利得到保护，权利免受权力的干涉，公民在私人领域中能按照自己的意愿安排自己的生活，在公共领域中有权通过投票选出代表行使行政权和外交权。但在卢梭看来，仅仅从自然权利的角度来理解自由是有问题的，他抛弃了自然权利理论，用公意取代了自然权利和自然法，以之作为政治正当的基础。[①]因为自然权利并不要求公民从公共利益的角度思考问题，也不排斥公民对他人的依赖。就像卢梭在《爱弥儿》中所描述的，这样的个人“经常是处在自相矛盾的境地，经常在他的倾向和应尽的本分之间徘徊犹豫，则他既不能成为一个人，也不能成为一个公民”[②]。他必须依赖他人，却又一心考虑自身的利益。与此同时，基于自身利益考虑所制定出来的公共政策和法律是不能体现公意的要求的，它们只不过是卢梭所极力批评的“众意”的体现。在这种情况下，公民在公共生活中所遵守的法律非自己所立，在私人生活中则被欲望所牵引，这样的人生有何自由可言？鉴于此，卢梭主张，通过公意来弥补自由主义的自由观存在的缺陷，将个人生活奠定在个体的良善意志（也就是公民个体所理解的公意）的基础之上，将公共生活奠定在体现公意的法律的基础之上。个体的自由并不会因为他们服从国家的法律而稍有减损，正义的法律并不会对自由构成限制，恰恰相反，它是自由的有机组成部分。不受法律约束的自由是没有的，凌驾于法律之上的人也是没有的，服从法律和为法律所奴役是有天壤之别的。卢梭认为，“自由的人民也有服从的时候，但他们不做任何人的仆从。他们有首领，但没有主子；他们服从法律，而且只服从法律。正是有了法律的力量，他们才不屈从于人”[③]。和共和主义的理想一样，卢梭相信，只要那些按照规定权限行使权力的人同时也是制定法律的人，只要主权属于人民而不是凌驾于人民之上，自由和法律就会携手同行。[④]

在卢梭的思想中，自由一方面意味着要听从内在法则（良知，个体的公意）的召唤，一方面要服从外在法则（法律，集体公意）的指挥。内在法则是

① Ogden，H. V. S. The Antithesis of Nature and Art，and Rousseau's Rejection of the Theory of Natural Rights. *The American Political Science Review*，1938，32（4），pp. 643－654.

② ［法］卢梭：《爱弥儿》，李平沤译，10～11 页，北京，商务印书馆，2004。

③ ［法］卢梭：《山中来信》，223 页。

④ Wokler，Robert. *Rousseau：A very Short Introduction*. Oxford，Oxford University Press，2001，p. 79.

通过公民教育以及公民的慎思来完成的，外在法则则是通过适当的制度安排来实现的。在此，自由主义指责卢梭的主要证据——强迫自由（forced to be free）——不再是不可理解的了。从道德自由的角度来讲，强迫他的不是任何其他的人，而是他自己，是他自己强迫自己根据共同体的利益来思考，按照公意而行动，这里没有什么极权主义的意味。[①] 从政治自由的角度来讲，强迫自由不过是要求公民服从体现着公意的法律，不遵守公意也就意味着破坏国家的法律。在这样的背景下，所谓强迫某人自由不过是对他/她的罪行进行惩罚，促其认识错误并悔改。用卢梭自己的话来说，违反法律的人，是“看得到幸福却又不要它”的人。所以，所谓的惩罚，事实上是强迫个人“以自己的意志顺从自己的理性”[②]。这样的强迫在每个国家都有，也没有什么极权主义的意味。[③]

在卢梭的政治思想中，自由是其核心关怀，公意是自由的保障，成熟的公民和民主的政府分别是公意得以实现的微观基础和制度条件。以《爱弥儿》和《新爱洛漪丝》为中心的多部作品要探讨的是公民教育问题，《社会契约论》要解决的则是民主政府的问题。

第二节　公意：政治自由的保障

公意（general will）既是卢梭政治哲学中最核心的概念，也是引发后世卢梭研究争论最多的一个概念。在《社会契约论》中，共有 50 多个段落论及公意，但卢梭都没有对其做出完整的定义，这导致后世的研究者对公意概念做出了各种不同的解释，几乎所有的研究者都承认他们对这一概念感到困惑。[④] 当我们思考公意这个概念时，有两个问题需要回答：其一，公意究竟是一种纯粹抽象的事物（如“好生活”），还是在特定时空条件下对于某个共同体而言的具

① MacAdam，J. I. The Discourse on Inequality and The Social Contract. in Jack Lively，Andrew Reeve，eds. *Modern Political Theory from Hobbes to Marx*：*Key Debates*，pp. 113－128.

② ［法］卢梭：《社会契约论》，49 页。

③ Boucher，David，Kelly，Paul. *Political Thinkers*：*From Socrates to the Present*，p. 249.

④ Dagger，Richard. Understanding the General Will. *The Western Political Quarterly*，1981，34（3），pp. 359－371. 我们不拟从思想史的角度对这一概念进行梳理，有兴趣的读者可以参考以下文献。Riley，Patrick. *The General Will before Rousseau*：*The Transformation of the Divine into the Civic*. New Haven，Princeton University Press，1986.

体的善？其二，一个理想的观察者是否可能独立地发现公意，还是说，公意只能通过适当的程序对共同体的判断进行加总才能发现？[①] 第一个问题追问的其实是公意的性质，第二个问题关心的则是公意如何产生。

一、公意：generality 还是 universality？

施珂拉认为，公意这一概念包含了卢梭想要表达的所有东西[②]，公意概念中的 general 和 will 分别代表了他思想中的两个核心元素：公共善（common good）和自由。没有意志就没有自由，这是卢梭所不能忍受的；没有 general，意志将以自我为中心，任性而妄为，这也是卢梭所不能忍受的。[③] 所以卢梭要以 general 来规范 will。可以说，真正使卢梭公意概念具有特色的还不是 will，而是它前面的这个修饰词 general。但是，general 究竟是什么意思？其性质是“共同性”（generality）还是“普遍性”（universality）？

这一问题必须被置于当时法国的思想背景中来加以考察。公意这一概念并非卢梭独创，它经历了从神学概念到政治概念的转变。狄德罗和卢梭一样都使用公意一词，而且都强调其重要性。但是，当涉及公意安身何处的问题时，他们分道扬镳了。狄德罗走向了一种普遍主义（universalism）的公意概念，他的公意是一种普遍性的道德，是全人类所共享的，它建立在启蒙理性的信念基础上，是任何一个有理性的人基于理性的思考所应有的一种意志；而卢梭的公意则属于某个特定的共同体。卢梭曾以罗马、斯巴达和日内瓦为例，坚持民族特殊性的重要性，强调民族性不应消融于世界主义的普遍主义（cosmopolitan universalism）之中。[④] 卢梭在一封书信中很明确地提出，公意是特定民族的意志而不是整个人类的普遍意志。[⑤] 卢梭批判世界主义者，“不要相信那些世界主义者，因为他们不屑对自己周围的人尽他们的义务，而只在书本上去探究人们应尽的义务。这样的哲学家之所以爱鞑靼人，乃是为了要推卸对自己周围人的

---

① Simpson, Matthew. *Rousseau's Theory of Freedom*. Continuum, 2006, p. 44.

② Shklar, Judith N. *Men and Citizens: A Study of Rousseau's Social Theory*. Cambridge, Cambridge University Press, 1969, p. 184.

③ Riley, Patrick. Rousseau's General Will: Freedom of a Particular Kind. *Political Studies*, 1991 (39), pp. 55-74.

④ Riley, Patrick. *The General Will before Rousseau: The Transformation of the Divine into the Civic*, p. 204。关于这一问题更详细的论证可以参考以下文献。Barnard, F. M. *Self-Direction and Political Legitimacy: Rousseau and Herder*. Oxford, Clarendon Press, 1988.

⑤ Riley, Patrick. *The General Will before Rousseau: The Transformation of the Divine into the Civic*, p. 210.

责任”①。

在《论政治经济学》中，卢梭也曾明言，这些特定社会的意志具有双重性：对于这些群体的成员而言，它们是一种 general will，但对于更大的社会而言，它们又是 particular will。对于群体自身而言，它们是正确的，但对于更大的社会而言，它们又是错误的。② 这里的问题是，如果按照这个逻辑，全世界所有人的联合才是最 general 的，但卢梭给它设定了边界：国家。在卢梭的思想中，国家是最高的联合体，其公意就是最 general 的。但是，对于其他国家的人来说，其公意仍然是 particular 的。事实上，卢梭在《日内瓦手稿》中曾考虑比国家更高的联合体——世界联邦——的可能性，但可能是意识到国家和公意概念之间的紧张关系，他放弃了这种设想，而将精力集中在以人民主权为合法性基础的国家身上。因此，卢梭的公意之“公”是介于特殊性和普遍性之间的，指的是特定政治共同体的“共同性”而不是全人类共享的“普遍性”。

正是由于公意是属于特定的政治共同体，这样的公意就不是建立在狄德罗式的排除情感（passion）因素的理性的基础上，而是建立在情感和理性的双重基础上。对狄德罗而言，公意在地球上的任何一个角落都可以找到，还都是相同的，是任何一个人单凭理性即可明了的；但对卢梭而言，公意是属于特定共同体的，只有由伟大的立法者提供的公民教育培养出来的特定共和国的公民才能明了。

这就难怪赖利要发出这样的感慨：如果卢梭真的以为清除了情感的理性独自就能分辨对错，那他永远不会提出他的那句名言——公意永远是对的，但引导它的判断却常常迷失方向。如果清除了情感的理性独自就能分辨对错，那卢梭思想中的人就永远不会需要一个摩西来帮助他们形成统一的意志和理解了。③

那么，卢梭的公意到底是什么呢？它是否像一些学者所指责的那样是一种神秘之物呢？尽管有学者认为卢梭的公意概念是一个纯粹的形式性概念，不包含任何实质性内容④，但是，威廉姆斯认为，卢梭的公意概念既包括形式性要求，也包括实质性内容。⑤

---

① ［法］卢梭：《爱弥儿》，9 页。译文有改动。

② Dodge，Guy H. *Jean-Jacques Rousseau：Authoritarian Libertarian*，p. 2 .

③ Riley，Patrick. *The General Will before Rousseau：The Transformation of the Divine into the Civic*，p. 205.

④ Masters，R. D. *The Political Philosophy of Rousseau*. Princeton，Princeton University Press，1968，pp. 327 - 328. Scott，John T. Politics as the Imitation of the Divine in Rousseau's Social Contract. *Polity*，1994（26），pp. 473 - 501.

⑤ Williams，David Lay. *Rousseau's Social Contract：An Introduction*. Cambridge，Cambridge University Press，2014，pp. 250 - 263.

公意的形式性要求包含三个方面：

（1）公意必须源自全体。卢梭在《社会契约论》第二卷第二章的注释中指出，“意志要成为公意，并不永远需要它是全体一致的，但必须把全部票数都计算在内；任何形式的排斥都会破坏它的公共性”[①]。这一点是卢梭政治哲学中最民主的成分，也是卢梭强烈反对派系存在的原因所在。

（2）公意必须应用于全体。公意具体体现为法律，它适用于全体成员，没有任何人可以凌驾于法律之上。

（3）公意必须指向公共利益。在此，尽管“利益”是实质性的，但“公共”却是程序性的。卢梭在区分公意和众意（will of all）时强调，“公意只着眼于公共的利益，而众意则着眼于私人的利益，众意只是个别意志的总和”[②]。

在卢梭看来，公共利益不能简单地被分解为共同体成员的私人利益，不能认为每个共同体成员的私人利益加总即为公共利益。共同体作为一个整体有其区别于成员个体私人利益的公共利益，这种公共利益不但不是每个成员私人利益的总和，有时甚至与成员的私人利益相对立。例如，共和国的自由与安全就不能被还原为公民个人的自由与安全，因为共和国的自由与安全的丧失，并不必然导致公民的自由和安全的丧失，而且，共和国的自由与安全还要求公民为此付出代价，比如承担赋税或兵役的义务，甚至还可能要求他们付出自己的生命。

公意的实质性内容也包含三个方面：

（1）正义。超越性的正义观念是公意的核心成分，“最公共化的意志也是最公正的意志”（the most general will is also the most just），“要确保遵循公意，只要公平行事即可”[③]。

（2）善。在卢梭看来，善与正义是分不开的，“我们所谓的‘善’，就是由

---

① ［法］卢梭：《社会契约论》，33页。译文有改动。

② 同上书，35页。

③ ［法］卢梭：《论政治经济》，崇明译，见刘小枫：《政治制度论》，144、148页，北京，华夏出版社，2013。译文有改动。必须承认的是，卢梭的正义观很模糊，正面论述不多。在《爱弥儿》中，卢梭提出了一种直觉性的正义观念：“在我们的灵魂深处生来就有一种正义和道德的原则。”（［法］卢梭：《爱弥儿》，414页）但是，这种生来就有的原则到底指的是什么？是超越秩序原则在个体灵魂中的投影，还是共同体长期历史积累的正义原则在个体灵魂中的投影？如果是前者，卢梭的正义观就是目的论式的；如果是后者，则可以是意志论的。对此，卢梭并没有清晰地论述。尽管卢梭认为在道德和政治领域是有正确答案的，但是，和古人不同，在卢梭看来，正确的答案不可能在目的论式的自然道德秩序中被发现。相反，道德和政治领域的正确答案（对卢梭来说就是公意）是从主权人民的集体审议中产生出来的［Fletcher，Joseph F.，Neal，Patrick. Hercules and the Legislator：The Problem of Justice in Contemporary Political Philosophy. *Canadian Journal of Political Science*，1985，18（1），pp. 57－76］。

于爱秩序而创造秩序的行为；我们所谓的‘正义’，就是由于爱秩序而保存秩序的行为”[1]。后面我们将会看到，这种创造秩序的善既体现在立法者的任务之中，也体现在公民的德性之中。

（3）平等。这一点无须多言，平等是卢梭关心的核心价值，在《爱弥儿》和《社会契约论》中，卢梭一再强调，公意总是倾向于平等。[2]

正是由于卢梭在公意概念中注入了实质性的内容，公意才避免了纯程序性可能带来的弊病。在卢梭看来，众意倒是纯粹按照程序性要求的最佳例证，它纯粹是实证主义式的，其内容囊括了加总后的人民意志中的任何东西，不管是支持自由、平等的，还是赞成专制或种族屠杀的。[3]

二、如何发现公意

卢梭曾明言，在公民大会上，“每个人在投票时都说出了自己对这个问题的意见，于是从票数的计算里就可以得出公意的宣告”[4]。也就是说，公意是通过投票机制来发现的。这就涉及一个问题，公意和个人意志之间是什么关系？个人意志是如何通过投票转化为公意的？那些将卢梭视为极权主义者的人常常将公意和个人意志对立起来，认为公意就是要反对个人意志，将公意当作超越于个体之外的某种神秘的意志。其实，这里需要分辨两点：一是公意和个人意志之间的关系；二是作为个人意志的公意和经过投票产生的公意之间的关系。

公意概念中的“公”要排除的不是个人主义（individualism），而是特殊主义（particularism）。如果公意不是一种个人意志，则公意无处落脚，真的会变成人们常常指责的神秘之物；如果公意与个人意志无关，则个人对之就没有什么义务可言。因此，我们可以将公意理解为一种特殊类型的个人意志，即个体作为公民而具有的一种个人意志[5]，它和个体作为自然人而具有的 particular will 相对。但问题并没有解决，卢梭不是说公意永远是正确的吗？但是，个体作为公民而具有的公意却有出错的可能性，因为卢梭同样明确地说过，当个体

---

① ［法］卢梭：《爱弥儿》，403～404 页。

② 参见［法］卢梭：《社会契约论》，32 页。

③ Williams，David Lay. Justice and the General Will：Affirming Rousseau's Ancient Orientation. *Journal of the History of Ideas*，2005，66（3），pp. 383－411.

④ ［法］卢梭：《社会契约论》，136 页。

⑤ Riley，Patrick. *The General Will before Rousseau*：*The Transformation of the Divine into the Civic*，p. 249.

的意志和多数投票的结果不符时，错的是个体，而不是多数投票的结果。① 如何解释这一点？这就需要区分作为个人意志的公意和经过投票产生的公意之间的关系。

这个问题一直是卢梭公意概念的难点，历来遭到的攻击也最多。这里的要点是如何理解作为个人意志的公意和经过投票产生的公意。卢梭强调个体作为公民时的意志就是公意，所要保证的是个体思考的定向问题，保证个体的思考以公共利益为目标，而不是以自身特殊的利益为归依。但这并不能保证其思考的结果就一定能促进公共利益，因为人不是上帝，他也不具备狄德罗或康德式的普遍主义的理性，因此，卢梭又求助于公民表决，投票的结果就代表了真正的公意。

卢梭关于这一问题的论述是比较含糊的，历来争议较大。卢梭在《社会契约论》第二卷第三章中是这样讲的（为方便理解，这里采用权威的英译本）：

> There is often a considerable difference between the will of all and the general will: the latter looks only to the common interest; the former looks to private interest, and is nothing but a sum of particular wills; but if, from these same wills, one takes away the pluses and the minuses which cancel each other out, what is left as the sum of the differences is the general will. ②

普拉梅内兹认为，卢梭关于公意的这种阐述纯粹是无稽之谈。如果对私人意志进行“加”“减”的是那些对每一个人来说是特殊的东西，那么，其数学解释是：如果约翰是 x+a，理查德是 x+b，托马斯是 x+c，那么，x 是共同的，而 a、b、c 是特殊的。如果公意是加减之后所剩下的，那么就是 x；如果公意是差异之和，那么则是 a+b+c。不管是哪一个，它都不可能同时是二者。③

吉尔丁认为，普拉梅内兹的解释是错误的，为此他提出了自己对于卢梭这

---

① “与我相反的意见若是占了上风，那并不证明别的，只是证明我错了，只是证明我所估计是公意的并不是公意。”（［法］卢梭：《社会契约论》，136 页）

② Rousseau. *Social Contract and Other Later Political Writings*. Cambridge, Cambridge University Press, p. 60. 中文译文为：“众意与公意之间往往有很大的差别：公意只着眼于公共的利益，而众意则着眼于私人的利益，众意只是个别意志的总和。但是，除掉这些个别意志间正负相抵消的部分而外，则剩下的总和仍然是公意。”（［法］卢梭：《社会契约论》，35 页）

③ Plamenatz, John. *Man and Society*, vol 1. Langman, 1963, p. 393.

段话的论证。假定主权大会要就安装污染控制装置的问题进行表决，大会的每个成员都是司机，分别叫 D1，D2，D3，…，Dn。＋Dx 表示 Dx 想安装污染控制设备的愿望，－Dx 则表示 Dx 不想安装这种设备的愿望。所有司机都想要清洁的空气，并认为只有安装污染控制装置才能获得清洁的空气，但同时他们又都不想自己付出代价来安装这种设备。这样，每个司机带到国民大会上的个别意志如下。

司机	司机的个别意志
D1	－D1＋D2＋D3…＋Dn
D2	＋D1－D2＋D3…＋Dn
D3	＋D1＋D2－D3…＋Dn
…	…
Dn	＋D1＋D2＋D3…－Dn

每个司机都想获得清洁的空气，同时又都不想让自己为此付出相应的成本，而只想让其他人付出代价，即安装污染控制装置，因此每个人都提出只有利于自己的方案。作为个别意志“差异的总和”，那么公意就是 D1，D2，D3，…，Dn 这些个别意志加在一起，使正负抵消后剩下的总和，即＋D1＋D2＋D3＋…＋Dn，也就是说，公意将以压倒多数的方式做出决定，所有司机都将安装污染控制装置，所有人都获益（清洁的空气），同时又都付出了相应的代价（安装污染控制设备）。①

吉尔丁的解释是典型的理性选择论的思路，认为公民个体在追求私利的过程中会自动实现公共利益。但是，这种解释思路是有问题的，吉尔丁的公式所计算出来的公意，其实正是卢梭所批评的众意。因为对每个人都有利的事情并不一定是对共同体有利的事情。例如，当地米斯托克利在雅典公民大会上提议，把银矿每年的收益用于建造一支舰队而不分给全体公民时，他得到了公民大会的支持。② 在这里，共和国的整体利益与所有公民的个人利益是对立的。如果以普拉梅内兹或吉尔丁等人对公意的解释方式来为雅典公民作出决策，那么，雅典公民的公意就将是把银矿的收益分给全体公民，而不是用来建造一支

① 参见［美］吉尔丁：《设计论证：卢梭的〈社会契约论〉》，尚新建、王凌云译，62～63 页，北京，华夏出版社，2006。

② 参见［英］基托：《希腊人》，139 页，上海，上海人民出版社，1998。

舰队。普拉梅内兹和吉尔丁的解释最大的问题是将公民设想为理性自利的个人，这与卢梭的公民形象是格格不入的。[①]

戴戈提出了另外一种解释思路，他认为我们应该区分 *the* general will 和 *a* general will。由于卢梭没有明确讲，个体在投票时应该考虑其个人利益还是考虑公共利益，因此，投票和公意之间的关系一直是一个谜。在大多数时候，卢梭使用 *the* general will 来表示一种命令或原则；但他有时也使用 *a* general will 来表示某项特定的决策。我们可以对它们作一个区分，*the* 指原则，所有的公共决策必须仅仅只能考虑作为公民的共同利益。*a* 指一项特定的决策，它符合上述原则，但它本身并不就是 *the* general will。[②]

这一区分是富有启发意义的，我们可以借助戴戈的思路，进一步将戴戈所谓的 *a* general will 区分为 *a* general will 和 A general will。这样，就有三个层次的"公意"，*a* general will 指公民个人对于共同利益的思考，A general will 指通过投票产生的某项特定的决策，*the* general will 则指能促进共同体共同利益的原则。

但需要注意的是，这里的 *a* general will 并不就是 particular will，它与 particular will 是平行的，这个层次的公意包含于个体意志（will of individual）之中。在卢梭看来，每一个人既是一个人（a man），同时又是一个公民（a citizen）。作为人，每一个人都是独特的，每一个人都有他独特的认同和特殊的利益；但是作为一个公民，他是共同体的成员，分享着共同的利益。这样，每一个人就既有作为一个人的个别利益，也有作为一个公民的共同利益（general interest）。基于这样的区分，卢梭对意志作了相应的区分：个别的意志（或私人意志）和公意。也就是说，当公民参加公民大会进行投票的时候，他是带着两种意志的，一种是他作为一个人的个人意志，一种是他作为公民的个人意志的公意，这种公意只是他作为公民对于公共利益的思考，也就是卢梭自己所说的"我所估计的公意"。需要注意的是，每一个人对这种公共利益的思考不会是一样的，否则就不需要投票了，也就是说，每一个公民个体的公意是不一样的。投票就是要将不同的 *a* general will 聚合成为 A general will，而这个 A general will 是能体现 *the* general will 的。这样，我们可以将这一过程展示如下。

---

① 关于这一解释思路存在的问题，可以参考林壮青：《卢梭的公意等同于公共物品之谬误——曲解卢梭的私意》，载《福建论坛》（人文社会科学版），2010（8）。

② Dagger，Richard. Understanding the General Will. *The Western Political Quarterly*，1981，34（3），pp. 359 - 371.

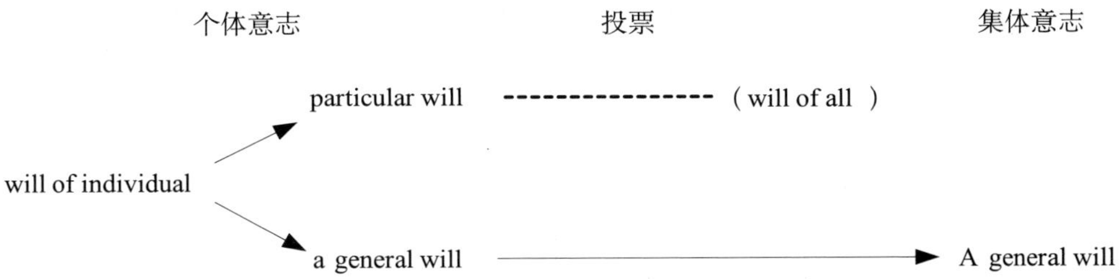

每一个个体在投票过程中，其意志包括两部分：particular will 和 a general will，众多 particular will 聚合的结果只能是 will of all，而众多的 a general will 聚合的结果才可能是 A general will。通过投票，那些分散的、各不相同的 particular will 自然是无法取得多数票的，因此，它们会在投票过程中被过滤掉。[①] 与此同时，众多的 a general will 中的不同的部分也会被过滤掉，剩下的是众多的 a general will 中的共同的部分，这些剩下的部分才是 A general will。

我们认为，所谓的“加”“减”是发生在众多的 a general will 之间的，而与各不相同的 particular will 没有关系。这样，卢梭所极力强调的 general will 和 will of all 之间的差别就一目了然了。will of all 仅仅是 particular will 在数量上的最大化，而忽视了真正的共同利益。[②]

这里仍有一个问题需要解决，原文中的 differences（sum of the *differences* is the general will）作何解？如果我们像普拉梅内兹那样，将个人意志理解为 x+a 或 x+b，那么这里的 differences 的确是无法解释的。但是，如果按照本章提出的思路，则 differences 指共同体的公民对公意的不同理解，也即众多的 a general will，这样我们就可以顺利地解释紧承此段下面的一句话：the great number of small differences will always produce a general will（注意，此处的 a general will 相当于这里所说的 A general will）。

那么，这些众多的 a general will 如何产生出来呢？卢梭明确地提出，需要公民在充分占有信息的基础上，在相互之间没有任何沟通的情况下，（对共同

---

① 在这个意义上，will of all 在卢梭所设想的投票中是虚拟的。但是，要保证这一点须以 a general will 的存在为前提，如果所有的集体成员都不以公共利益为归依来考虑问题，只有 particular will 的话，通过投票聚合出来的当然就只有 will of all，而这正是卢梭所强烈反对的。也正是有鉴于此，卢梭强烈反对党派，因为它们有可能操纵很多人按照 particular will 来投票，这样就会使投票所具有的过滤 particular will 的功能失效。罗尔斯的“无知之幕”的设计意旨正与此相同。

② Merquior，J. G. *Rousseau and Weber*：*Two Studies in the Theory of Legitimacy*. London，Routledge & Kegan Paul，1980，p. 28.

利益）进行考量，由此形成大量的对公意的不同理解，从中总可以产生出公意。[①] 请注意，卢梭在这里对公意的产生附加了几个限制性条件：（1）它有赖于公民的思考，这里的公民指的是像爱弥儿那样具有健全的判断能力的公民；（2）他们拥有关于共同体的足够的信息，这是他们据以判断的依据；（3）他们要在互不沟通的情况下独立地对各种信息进行考量；（4）在考量的基础上形成自己的判断，也就是形成自己对公意的不同理解；（5）判断的依据是它（a general will）能促进共同体的共同利益；（6）此对公意的不同理解的数量要足够大（理由参考下文的论述）。在这样的条件下，从大量的对公意的不同理解中才可以产生出符合 *the* general will 的 A general will。

第一个条件我们留待下一节再来讨论，第五个条件是由第一个条件来保证的。第二个条件在卢梭所设想的共和国中是不成问题的。下面我们来解释一下另外的三个条件。

首先来看第三个条件，为什么卢梭要求公民在互不沟通的情况下独立地对各种信息进行考量？[②]（1）这是因为卢梭相信，在具备充分信息的条件下，公民能够做出健全而明智的判断，这种判断已经足够成为 A general will 产生的

---

① 此处何兆武译为“如果当人民能够充分了解情况并进行讨论时，公民彼此之间没有任何勾结；那末从大量的小分歧中总可以产生公意”（［法］卢梭：《社会契约论》，39 页），疑误。莫里斯·克兰斯顿（Maurice Cranston）的英译本如下。From the deliberations of a people properly informed, and provided its members don not have any communication among themselves, the great number of small differences will always produce a general will. 此处及上一段（我们前面所引段落）一直是卢梭研究之难点，不能不略加辨析。在这句话中，何译本将 délibération / deliberations（法/英）译为“讨论”，communication 译为“勾结”，différences / differences（法/英）译为“分歧”均不甚妥当，理由如下（方便起见，以下仅注英文）：deliberations 兼具慎思与明辨两重含义，如脱离语境，单独将其译为“讨论”虽无不可，但此处明言不可相互沟通（communication），则只可取其“慎思”的含义，其实就是罗伯特·古丁所谓“内部审议”之义［Goodin, Robert E. Democratic Deliberation Within. *Philosophy & Public Affairs*, 2000 (29), pp. 81 - 109］。1978 年，弗拉林即指出，卢梭不主张公民在投票前进行讨论，其原文如下。Rousseau also seems to rule out debate by the people in Contrat social Ⅱ, 3, in which he specifies as one of the conditions for realizing the general will that citizens not communicate among themselves during their deliberations (Fralin, Richard. *Rousseau and Representation*. New York, Columbia University Press, 1978, p. 220, note 3). Communication 不能译为“勾结”，而应译为“沟通”，理由是卢梭此处对沟通的禁止是出于相互沟通会妨碍公民的独立判断之考虑，尚非下文对派别的禁止之义。Differences 简单地译为“分歧”当然不能算错，但无法准确地表达卢梭的意思。

② 对于这个问题，学术界有不同的理解。有学者认为，卢梭是将“审议过程”视为一个发生在个体内部而不是集体论辩的基础上的过程［Goodin, Robert E. Democratic Deliberation Within. *Philosophy & Public Affairs*, 2000 (29), pp. 81 - 109］。也有学者认为，卢梭也主张对话式的审议［Pettit, Philip. Deliberative Democracy and the Discursive Dilemma. *Philosophical Issues*, 2001 (11). Estlund, D., Waldron, J. Democratic Theory and the Public Interest: Condorcet and Rousseau Revisited. *American Political Science Review*, 1989 (83), pp. 1317 - 1328］。本章赞成“内部审议”的解释。

基础了。如果公民们之间相互沟通，他们可能会因为各自对公意的不同理解而相互影响，从而对本来明智的判断产生负面影响。(2) 公意不能偏向于“局部性的观点”(partial views)。如果公民们相互沟通，他们会经不住诱惑，屈从于局部性的偏好，这样的偏好在政治上是不合法的。[①]

其次是第四、六两个条件，为什么足够大数量的对公意的不同理解中总可以产生出符合 *the* general will 的 A general will？换句话说，我们凭什么就能保证投票的结果 A general will 一定能体现 *the* general will 呢？这一点历来遭到人们的怀疑。20 世纪 80 年代末，格罗夫曼和费尔德提出了一种新的解释路向，用与卢梭同时代的孔多塞的“陪审团原理”来解释卢梭的公意的形成过程。[②]

根据格罗夫曼和费尔德的解释，卢梭的公意概念包括三个要素：(1) 有一个公共利益存在。[③] (2) 公民们并不总是很清楚他们所理解的公共利益中哪些是与真正的公共利益相符的。[④] (3) 投票是一种相对有效的确认公共利益的方式。但为什么投票就是一种相对有效的确认公共利益的方式，卢梭自己却没有说得很明白，倒是与他同时代的孔多塞将这一问题说清楚了。

格罗夫曼和费尔德认为，与卢梭基本同时代的孔多塞认识到，个体的多数常常比个体本身更正确，不管参与者本人是否理解，正是这一点使民主“运转”起来。孔多塞的陪审团原理指出，如果每一个个体都可能在一组选项中作出相对“较好”的选择（根据特定的评估标准来说是较好的），并且每一个个体作出正确选择的可能性相同，那么，每一位选民独立地进行投票，团体做出正确选择的可能性与团体成员的数量的扩大成正比，直到趋近 1。而且，即使个体的能力不同（这里的“能力”指个体做出“正确”选择的可能性），只要个体的平均水平大于 0.5 且团体足够大，团体做出正确选择的可能性仍趋近 1。

如果我们将孔多塞的这一原理和卢梭的“公意”概念联系起来，我们会发现：

---

① Williams, David Lay. Justice and the General Will: Affirming Rousseau's Ancient Orientation. *Journal of the History of Ideas*, 2005, 66 (3), pp. 383 - 411.

② Grofman, Bernard, Feld, Scott L. Rousseau's General Will: A Condorcetian Perspective. *The American Political Science Review*, 1988, 82 (2), pp. 567 - 576. 对这一解释路向的批判性评论可以参考以下文献。Goodin, Robert E. *Reflective Democracy*. Oxford, Oxford University Press, 2003.

③ “如果所有这些利益彼此并不具有某些一致之点的话，那末就没有任何社会可以存在了。”（[法] 卢梭：《社会契约论》，31 页）

④ “公意永远是公正的，而且永远以公共利益为依归；但是并不能由此推论说，人民的考虑也永远有着同样的正确性。人们总是愿意自己幸福，但人们并不总是能看清楚幸福。”（[法] 卢梭：《社会契约论》，35 页）

（1）如果有一种公共利益和一组多少体现这种公共利益的选项，那么从原则上我们可以说，这些选项从规范的意义上讲与公共利益（即 *the* general will）是一致的，这样的评估标准使我们可以对这些选项进行排序。

（2）个体 I 选择更接近于公共利益（近似于 *the* general will）的概率是 Pi（$0 \leqslant Pi \leqslant 1$）。

（3）由 n 个成员组成的团体通过投票的方式在任何两个选项中进行选择时，个体在没有相互讨论的情况下独立地作出选择。

尽管卢梭可能从来没有进行过这样的数学计算，但是我们相信，在个体关于公共利益的判断是如何聚合成 A general will 的问题上，孔多塞的陪审团原理准确地抓住了卢梭公意概念的核心。我们可以从以下五个方面来把握卢梭与孔多塞之间的关联。

（1）孔多塞的陪审团原理是建立在公共判断而不是分离的个体偏好的基础之上的。这使我们能更好地理解为什么卢梭的 general will 和 will of all 之间的差别可以在大会投票中得以体现。

（2）陪审团原理使我们更好地理解为什么多数可以作为 general will 的代表而并不要求多数意志与 general will 完全保持一致。

（3）陪审团原理能帮助我们更好地理解卢梭《社会契约论》第二卷第三章中的一段极易引起误解的话："当形成了派别的时候，形成了以牺牲大集体为代价的小集团的时候，每一个这种集团的意志对它的成员来说就成为公意，而对国家来说则成为个别意志；这时候我们可以说，投票者的数目已经不再与人数相等，而只与集团的数目相等了。分歧在数量上是减少了，而所得的结果却更缺乏公意。最后，当这些集团中有一个是如此之大，以至于超过了其他一切集团的时候，那么结果你就不再有许多小的分歧的总和，而只有一个唯一的分歧；这时，就不再有公意，而占优势的意见便只不过是一种个别的意见。"[①] 如果我们将这段话译成孔多塞的语言就比较清晰了。当公民大会的有效规模下降——因为公民投票屈从于派别（faction），而不是作为一个独立思考和独立行动的个体——团体做出正确选择的概率就会下降。在极端情况下，如果存在一个人数相对多的派别，它就可能成为决策的唯一声音，庞大数量的好处将会丧失殆尽。

（4）它为卢梭的观察——"人们的意见越是趋于全体一致，则公意也就越占统治地位"[②] ——提供了数学基础。

① ［法］卢梭：《社会契约论》，36 页。

② 同上书，134 页。

（5）与此同时，陪审团原理也能帮我们更好地理解卢梭的另一段话：“审议的主题越是重要，审议的态度越是认真（the more important and serious the deliberations），则通过的意见也就愈应当接近于全体一致。”①

卢梭对定期集会和以投票作为产生公意的手段的表述，其实暗含着卢梭对公意的理解：公意是动态的，它并不是一个先验的、一蹴而就的目标，它是需要公民持续参与、不断更新建设的东西。② 就此而言，它与当代协商民主理论有很强的关联性。卢梭的投票和 20 世纪精英民主理论及多元民主理论所阐发的投票的区别在于：卢梭的投票是公民分散的 a general will 聚合成 A general will 的过程；而精英民主理论及多元民主理论的投票则是 particular will 聚合成 will of all 的过程。这其间是有很大差别的。当代的协商民主就重提了这一分别，强调在投票之前要有一个以公共理性为依据、以公共利益为归依的协商过程。难怪杜德利·诺尔斯要说，90 年代兴起的协商民主理论是一次“新卢梭运动”（neo-Rousseauian movement），而“公意”概念在其中扮演了重要的角色。③

公意的实现包括两个方面的内容，一是公意的产生，一是公意的流行，即人们对公意的遵守。不仅公意的产生需要成熟的公民和民主的投票机制，公意的流行同样也需要成熟的公民和民主政府的制度安排。

第三节　成熟的公民：公意实现的微观基础

在上一节中我们指出，公意要想通过投票机制产生出来，需要一系列的限制性条件，其中，公民是重要的前提，它有赖于像爱弥儿那样具有健全判断能力的公民，在互不沟通的情况下独立地对各种相关信息进行考量，并形成自己对公意的不同理解。那么，这样的公民如何产生呢？卢梭在其多部作品，尤其是《爱弥儿》中，对公民教育进行了详细的考察。

---

① ［法］卢梭：《社会契约论》，137 页。译文有改动。

② Affeldt，Steven G. The Force of Freedom：Rousseau on Forcing to Be Free. *Political Theory*，1999，27（3），pp. 299 - 333. 塔尔蒙认为，卢梭的公意就像是数学真理或柏拉图的理念，它是客观存在的，无论人们是否认识到它（参见［以］塔尔蒙：《极权主义民主的起源》，44 页。译文有改动）。这种理解显然是错误的。

③ Knowles，Dudley. *Political Philosophy*. Routledge，2001，p. 334.

一、成熟公民的形象与卢梭的解决方案

卢梭是以斯巴达人和古罗马人为原型来构建其公民形象的，在他看来，公民最重要的美德主要体现在以下几个方面。

第一，公民要有强烈的爱国情怀，愿意让私人的利益服从于公共利益，心甘情愿地将自己的全部力量、自由和权利奉献给共同体。在《爱弥儿》中，卢梭用了一个斯巴达的故事来展现这种崇高的爱国情怀。有一个斯巴达妇女的五个儿子都在军队里，她等待着战事的消息。一个奴隶来了，她战栗地问他战况如何，那个奴隶告诉她："你的五个儿子都战死了。"这位妇女怒斥道："贱奴，谁问你这个？"当奴隶告诉她"我们已经胜利了！"之时，这位母亲便跑到庙中去感谢神灵。卢梭称赞道："这样的人就是公民！"①

第二，公民是从属于某个特定政治共同体的，他绝对不是世界主义者。"罗马的一个公民，既不是凯尤斯，也不是鲁修斯，他就是一个罗马人。他爱他那所独有的国家"，"不要相信那些世界主义者了，因为在他们的著作中，他们到遥远的地方去探求他们不屑在他们周围履行的义务"②。世界主义者们的所作所为无非是为了逃避他们应尽的义务，而一位公民是绝对不会这样做的，他爱他的同胞，他愿意为了祖国赴汤蹈火。因此，我们看到，卢梭笔下的公民内外有别："在国外，斯巴达人是野心勃勃的，是很贪婪的，是不讲仁义的；然而在他们国内，却处处洋溢着公正无私、和睦无间的精神。"③

第三，公民要积极地、亲自参与公共事务，这一点非常重要。在《社会契约论》中，卢梭指出，"在一个真正自由的国家里，一切都是公民亲手来做"，"国家的体制愈良好，则在公民的精神里，公共的事情也就愈重于私人的事情"，"在一个政绩良好的城邦里，人人都会奔向大会去的；而在一个坏政府之下，就没有一个人愿意朝着那里迈出一步了"④。只有公民积极而充分地参与立法过程和国家的治理活动，自由之树才能常青。他警告道：当公共服务不再成为公民的主要事情时，"公民宁愿掏自己的钱口袋而不愿本人亲身来服务"，"需要出征作战吗？他们可以出钱雇兵，而自己待在家里。需要去参加议会吗？他们可以推举议员，而自己待在家里"⑤，此时，共同体将陷入奴役的状态。

---

① ［法］卢梭：《爱弥儿》，10页。
② 同上书，9～10页。
③ 同上书，9页。
④ ［法］卢梭：《社会契约论》，119～120页。
⑤ 同上书，119页。

第四，公民应将公意作为自我行事的最高准则，遵守体现着公意的法律。在卢梭看来，自由就等同于服从法律，而法律就是整个共同体公意的表达，因此，公民与法律的恒久结合就意味着公民的思考永远体现着共同意志，永远以共同利益为归依。

那么，这样的公民如何成为可能？卢梭认为，必须通过公民教育来实现。卢梭的公民教育包括两个部分即家庭教育和公共教育，它们共同承担着将“人”转变为“公民”的任务。在古今之争的背景下，卢梭提出了现代社会公民教育的解决方案：在理想的城邦中，通过公共教育对全体公民实施公民教育；在腐化的现代民族国家中，公共教育不再可行，只能诉诸改良版的家庭来对个体实施公民教育。

那么，卢梭为什么要这样设计呢？这涉及卢梭关于家庭教育和公共教育的理想图式。卢梭经常被称为一只脚踏进了现代社会、一只脚还留在古代社会的思想家，在公民教育问题上也同样如此。正如他在很多问题上有古今的对比一样，卢梭对家庭教育和公共教育的古今之别也是耿耿于怀。

家庭教育和公共教育的古今之别

古代典范	真正的家庭教育 范例：罗马	真正的公共教育 范例：斯巴达
现代状况	腐败的家庭教育	堕落的公共教育
解决方案	重塑家庭	改造公共教育

卢梭认为，只有在古典时期才存在着真正的家庭教育和真正的公共教育。在《论政治经济》中，卢梭曾指出，“我只知道有三个民族曾经实行过公共教育，也就是克里特人、拉栖第蒙人和古波斯人。在这三个民族中，公共教育取得了最大的成功，在后两个民族中创造出辉煌”①。拉栖第蒙人就是斯巴达人，斯巴达一直是卢梭心目中的三代理想，其公共教育模式在柏拉图的《理想国》中有详细的描述。关于古波斯人的教育，柏拉图的《阿尔基比亚德》有论述，卢梭在《论科学与艺术》中曾引用蒙田对此的评论：国王的长子“‘自从诞生之后，就不把他交给妇人，而是交给以其德行而成为国王左右最有权威的宦者的手中。这些人负责使他的身体美丽而健康，七岁之后便教导他骑马射猎。到了十四岁，就把他交给四个人，即全国最聪明的人，最正直的人，最有节操的

① ［法］卢梭：《论政治经济》，崇明译，见刘小枫：《政治制度论》，165页。

人，最勇敢的人。第一个人教给他宗教，第二个人教给他永远服从真理，第三个人使他能克制欲念，第四个人教他无所畏惧’。我可以补充说，他们全都教给他善良，但没有一个人教给他学问”①。

在《论政治经济》的同一个段落，卢梭又论述了他心目中的另一个三代理想的典范——罗马：“非常引人注目的是，罗马人能够不需要公共教育，但是在五百年里，罗马人一直是不断延续的奇迹，以后这个世界上再也无望见到。”为什么？因为罗马有真正的家庭教育：“罗马人的德性诞生于对僭政和僭主罪行的厌恶以及对祖国发自内心的热爱，这种德性使所有的家庭变成了如此众多的公民学校。”② 换言之，罗马人已经将家庭教育和公共教育合二为一了。

无论是斯巴达式的由专门机构来承担的公共教育，还是罗马式的由家庭来承担的公共教育，在卢梭看来都不失为一种理想的状态。但是，这种状态在现代社会已然不可能。在现代社会，家庭教育和公共教育均已堕落。在现代的家庭中，母不母、父不父，完全不能像罗马人那样对孩子悉心照料，并严加管教。现代的公共教育机构也已堕落，“那些可笑的机构，人们称之为学院，然而我是不把它们当成一种公共的教育制度来加以研究的”③。怎么办？卢梭给出的方案是参照古典时期家庭教育和公共教育的典范对现代人实施拯救：在宜于实施公共教育的地方提倡公共教育；在不宜于实施公共教育的地方，通过对家庭教育进行改造来完成。

在卢梭看来，当时的欧洲只剩下很少的一些地方还没有被现代文明所腐蚀，一个是波兰，一个就是地处偏僻的科西嘉。在卢梭的想象中，波兰是一个远离欧洲历史的国家，因此与斯巴达很相似④；与之类似，科西嘉人民身处幸运的状况之中，他们还没有沾染其他民族的恶习⑤。在这个意义上，卢梭为波兰和科西嘉设计的公共教育是对斯巴达的模仿。

但是，在已然被现代文明所严重侵蚀的法国、英国⑥，纯朴的风俗已然遭到摧毁，腐化到处流行，对于爱弥儿而言，让他融入这样的世界无异于一场灾

---

① ［法］卢梭：《论科学与艺术》，何兆武译，30页，北京，商务印书馆，1959。

② ［法］卢梭：《论政治经济》，崇明译，见刘小枫：《政治制度论》，165页。

③ ［法］卢梭：《爱弥儿》，11～12页。

④ 参见［法］茨维坦·托多罗夫：《脆弱的幸福：关于卢梭的随笔》，孙伟红译，47页，上海，华东师范大学出版社，2012。

⑤ 参见［法］卢梭：《科西嘉宪政规划》，戴晓光、秦庆林译，见刘小枫：《政治制度论》，189～190页。

⑥ 在《爱弥儿》中，卢梭将英国人和法国人作为资产阶级的代表，“我们今天的人，今天的法国人、英国人和中产阶级的人，就是这样的人；他将成为一无可取的人”（［法］卢梭：《爱弥儿》，11页）。

难。[①] 而且，这些国家由于过于庞大而无法施行良好的治理，公共教育已不再可行。[②] 在这种情况下，只能在远离现代文明的乡下，对家庭进行改造来实施对个体的公民教育。在某种意义上，这种改造是一个思想实验，是对罗马式家庭教育、公共教育二合一模式的模仿。《爱弥儿》的设计其实是一种在家庭中实施的公共教育，因为教育者并非父亲，而是教师。在这个意义上，真正纯粹意义上的家庭教育，只存在于《新爱洛漪丝》之中，而《新爱洛漪丝》中的家庭也是经过改良的家庭，在其中，父亲、母亲各尽其职。

二、家庭教育：腐败社会的公民教育

对于家庭教育的功能，卢梭指出，“一个做父亲的，当他生养了孩子的时候，还只不过是完成了他的任务的三分之一。他对人类有生育人的义务；他对社会有培养合群的人的义务；他对国家有造就公民的义务”[③]。本章不拟考察家庭中人的教育部分，而是将注意力集中在《爱弥儿》第四、五卷及附录中所展示的公民教育部分。

卢梭在《爱弥儿》中所设想的家庭其实不是纯粹家庭，而是家庭和公共教育机构的混合物，它有家庭的外表，又具备某些公共教育机构的特征。在这个家庭中，爱弥儿的孤儿身份剥夺了家庭中最为重要的特征——血缘关系，而让-雅克的教师身份则将公共教育机构的主要特征——师生关系——赋予了这个家庭。可以说，《爱弥儿》中的家庭其实是卢梭根据罗马的家庭模拟出来的。在《爱弥儿》中，卢梭设定了一个想象的学生——孤儿爱弥儿，而他自己则是爱弥儿的家庭教师。整个教育过程分为三步：第一步是将爱弥儿教育成“人”（0～14 岁），这体现在《爱弥儿》的前三卷中；第二步是将爱弥儿教育成“理论意义上的公民”（15 岁以后），主要体现在《爱弥儿》的后两卷中；第三步是将爱弥儿教育成“实践意义上的公民”，主要体现在《爱弥儿》的附录中。在前三卷中，卢梭将爱弥儿从降生起的自然能力的发育过程与他逐步展开的环境条件结合起来，沿着意志与感觉、知觉与现象、理智与情感等次序，来确立教育阶段，保护孩子的自然自由不受意见的侵害，并诉诸理性以确立对自然的信仰，即让“真理”成为他内在的自然需求。[④] 前三卷的核心议题是，通过自然

① Rousseau. *The Politics of the Ordinary*. Sage Publications，1994，p. 109.

② 参见［法］卢梭：《论政治经济》，崇明译，见刘小枫：《政治制度论》，165 页。

③ ［法］卢梭：《爱弥儿》，26～27 页。

④ 参见渠敬东、王楠：《自由与教育：洛克和卢梭的教育哲学》，5 页。

教育来为道德秩序的建设提供人心基础，前三卷所培养的个人德性——单纯、诚实和端庄——是爱弥儿后来所经历的道德教育的良知基础。[①]

在后两卷中，卢梭让爱弥儿通过爱的教育，通过接触各民族和游历各国家，通过亲历的观察和理解、实践和判断来认识政治构成的基本原理，将《社会契约论》所奠定的公意原则纳入自身最具体的经验活动，以获得政治自由。[②]更重要的是，在附录中，卢梭让爱弥儿在现实生活中经受极端处境的考验。只有经受最残酷的奴役状态的折磨，才能最终成为自己的主人，将作为人的道德自由与作为公民的政治自由化为真正的内在自由。可惜的是，《爱弥儿》的附录是残篇，因此，我们无法看到卢梭设想的"实践意义上的公民"的教育的全过程，在一定程度上，《新爱洛漪丝》可以帮助我们稍窥此问题的门径。在我们看来，家庭教育中诸元素在《爱弥儿》和《新爱洛漪丝》中的分布情况如下。

家庭教育元素在《爱弥儿》和《新爱洛漪丝》中的分布情况

	人的教育	公民教育
理论教育阶段	《爱弥儿》正文前三卷	《爱弥儿》正文后两卷
实践教育阶段	《爱弥儿》附录两篇	《新爱洛漪丝》

本章关注的主要是"理论意义上的公民"教育、"实践意义上的人"的教育和"实践意义上的公民"教育三个阶段，在这个过程中，"游历""历练""爱的共同体"成为爱弥儿成长为公民的关键性要素。

（一）游历

《爱弥儿》前三卷的任务是对爱弥儿进行"人的教育"，让孩子保持自然良善（natural goodness）的天性，造就完整的人格；《爱弥儿》后两卷描述的则是当爱弥儿成年后，对爱弥儿的教育进入"公民教育"阶段。当然，首先是理论意义的公民教育，让爱弥儿了解社会。其中，最重要的是通过同情与爱的教育来实现欲望和义务的结合。[③] 在《爱弥儿》一书的最后，理论意义的公民教育进入高潮，这种教育要让爱弥儿了解人类的政治制度、风俗和法律。于是，让-雅克强行违背爱弥儿的意愿，命令他暂时与苏菲分离，到欧洲各国游历。

① 参见渠敬东、王楠：《自由与教育：洛克和卢梭的教育哲学》，213、217页。

② 同上书，5～6页。

③ Bloom，Allan. Introduction. in Jean-Jacques Rousseau. *Emile：Or On Education*. New York，Basic Books，1979，p. 17.

爱弥儿差不多用了两年的时间，领略各国的自然、风俗和民情。通过游历，让-雅克希望爱弥儿获得的是对政治自由根本要义的理解，这是无法通过“读万卷书”实现的，必须通过“行万里路”才能得到真切的体会。

但卢梭又强调，游历对许多人是有害的，对青年人来说，游历更加有害，因为他们在游历的过程中采取的方法不对。[①] 他比较了不同国家的人在游历方式上的差别，“法国人，他到了一个国家就只知道去拜访艺术家，而英国人则爱去临摹古迹，德国人则带着他的题名簿去找所有的学者；西班牙人到了一个国家便不声不响地研究该国的政治制度、风俗和治安情形”[②]。在卢梭看来，只有西班牙人“能够从他的见闻中带回一些有益于他的国家的东西”[③]。因此，游历不应该像法国人那样，去看那些琐琐碎碎的事情，而应该把他们全部的注意力都用去研究那些真正有意义的问题。但是，什么才是“真正有意义的问题”呢？就是政治正当的原理。也正是在这一部分，卢梭花了十几页的篇幅将《社会契约论》的核心思想复述了一遍。什么样的民族应该选择什么样的适当的政体，社会条件本身构成了一个重要尺度。因此，卢梭强调只有将政治的基本原理和具体的社会条件（具体而言就是风俗）结合起来，才能避免陷入教条主义。“人们常常争论哪一种形式的政府是最好的，而没有想到每一种形式的政府都可以在某种情况下成为最好的政府，而在另外一种情况下又成为最坏的政府。”[④]

那么，如何才能更好地了解一个国家或民族的风俗呢？卢梭指出，不能够到首都去研究一个国家的人民，“巴黎和伦敦在我看来是一个样子”，“要研究一个民族的天才和风尚的话，是应该到边远的省份去研究的……真正的法国人不在巴黎而在土伦；麦西亚的英国人比伦敦的更具有英国的风味；加利西亚的西班牙人比马德里的更带有西班牙的特点。正是在远离首都的地方才能看出一个民族的特性和没有混杂一点外国色彩的地地道道的样子……我们在边远的省份才最能看出一个政府的好坏”[⑤]。

（二）历练

尽管游历可以让爱弥儿对政治的原理及其实现条件有更深切的了解，为政

① 参见［法］卢梭：《爱弥儿》，719 页。

② 同上书，694 页。

③ 同上。

④ 同上书，716 页。

⑤ 同上书，719～720 页。

治自由打下一定的基础。但是，游历所得终究是在看他人，其体会总是表面的，不会有切肤之痛。更重要的是，一定要在事上磨炼，才能将道理落到实处，这就需要历练了。在《爱弥儿》漫长的教育结束后，卢梭又附上了两篇书简作为附录。这两篇书简通过爱弥儿的独白，叙述了在让-雅克指导下进行的教育历程结束后爱弥儿和苏菲的艰难生活历程，通过将爱弥儿置于极端处境之中，让生活本身来教育爱弥儿。从目前的残篇来推测，实践意义上的教育应分为两个阶段：第一个阶段为“人的实践教育”，也就是目前看到的两篇书简；第二阶段为“公民的实践教育”，这一部分在《爱弥儿》中缺失了，需要借助《新爱洛漪丝》来稍窥门径。①

在两篇书简中，卢梭描述了作为“人”的极端处境。在第一篇书简中，爱弥儿和苏菲曾经有过自由而幸福的生活。但是，好景不长，苏菲的父母相继过世，沉重的打击让爱弥儿和苏菲决定离开伤心之地，搬到巴黎。在巴黎，夫妻两人都很快发生了变化，爱弥儿变成一个风流绅士，苏菲则投入了他人的怀抱。爱弥儿由此陷入了深渊：所有曾经有过的幸福生活都像梦幻似的消逝了，爱弥儿失去了一切，失去了妻子、孩子和朋友，甚至失去了和同胞的联系。②

如何理解卢梭给爱弥儿安排这种极端处境的用意？附录所描述的这一悲苦结局究竟意味着作为“人”在社会中的一种必然结果，还是意味着对于一个“自由人”的教育而言，现实生活的考验是一个必要的环节？我们同意有些学者的判断，认为卢梭的用意应该是后者。也就是说，《爱弥儿》正文部分的教育还远没有结束，需要一个更为残酷的现实条件介入，而这将成为爱弥儿诸多教育阶段的一个新起点。③ 据此，我们可以将对爱弥儿的教育分为两个大的阶段：正文部分展示的是理论教育阶段，附录部分展示的则是实践教育阶段。

卢梭的用意显然是后者，他要通过极端处境的考验，让自己曾经教给爱弥儿的东西真正在爱弥儿的心中扎根，在爱弥儿的灵魂深处建立起一座“内在的城邦”，以抵御社会风气和种种恶习的影响。爱弥儿在经历了“一生之中最值得纪念同时又是最痛苦的一段时期”后，“变成了一个新人”④。他通

---

① 渠敬东认为，附录展现了两种极端处境，一种可以称之为作为“人”的极端处境，另一种则可以称之为作为“公民”的极端处境（参见渠敬东、王楠：《自由与教育：洛克和卢梭的教育哲学》，291页）。我们认为，两篇书简所展现的都是作为“人”的极端处境，还谈不上作为“公民”的极端处境，详细辨析请见下文。

② 参见［法］卢梭：《爱弥儿》，742页。

③ 参见渠敬东、王楠：《自由与教育：洛克和卢梭的教育哲学》，295页。

④ ［法］卢梭：《爱弥儿》，763页。

过彻底将自身内在化，让自己成为一个绝对意义上的孤独的人，将一切外部的现实条件悬隔起来，成功地守护了人的自由的最终基础。通过对自身的征服来赢得整个世界，克服作为一个人的极端处境，这便是爱弥儿道德自由的进一步展开。[①]

但是，生活的考验还没有结束。在第二篇书简中，卢梭描述了作为“人”的更为极端的处境。经历了人生考验的爱弥儿为了逃避苏菲，离开了祖国，开始了漫无目的的旅行。在一次前往那不勒斯的航行中，商船被海盗劫持了，爱弥儿失去了人身自由，成了别人的奴隶。第二篇书简试图说明的是，哪怕是在最极端的外在限制的情况下，道德自由仍然是可能的。尽管遭囚禁，戴锁链，但自己还可以依靠自己的理智来调节欲望和激情。爱弥儿甚至反思，“我受奴役的日子，恰恰就是我享有声望的日子，而我在戴上海盗的锁链的时候，我倒是最能够支配我自己”，成为奴隶“这件事情使我失去了什么呢？失去了做蠢事的能力。我比以前更自由了”[②]。

这里，有一个问题值得思考：第二篇书简所描述的考验究竟属于“人”的教育还是“公民”的教育？我们认为，此处的描述仍属于“人”的教育，而不是真正的“公民”教育，此处的教育仍处于为公民教育做准备的阶段。请注意第二篇书简的开头：爱弥儿离开自己的祖国时，他是这样说的：“我打断了同我的国家的一切联系，我要把整个世界当作我的国家；只有不再做公民，我才能够成为一个世界的人”[③]。前文已述，卢梭是反对启蒙学派的普遍主义以及与之相关联的世界主义观点的，在他看来，所谓的世界主义者，是因为他们不屑对自己周围的人尽他们的义务，是为了要推卸对自己周围人的责任。[④] 很难想象，在同一本书中，卢梭会在书的开头反对世界主义，却在书的结尾部分又对之持赞成态度。在正文的结尾处，让-雅克还在谆谆教诲爱弥儿：“亲爱的爱弥儿，如果人们要你去承担艰巨的义务的话，你就不要因为过着那样甜蜜的生活而不愿意承担！你要记住：罗马人是先做耕田的农民，然后担任执政的。如果国王或国家要你去为你的祖国服务，你就要抛弃一切去接受人们分派给你的职务，完成公民的光荣的使命。”[⑤] 当然，爱弥儿可以为自己进行辩解：“我的祖

① 参见渠敬东、王楠：《自由与教育：洛克和卢梭的教育哲学》，300 页。
② ［法］卢梭：《爱弥儿》，784～785 页。
③ 同上书，778 页。
④ 同上书，9 页。
⑤ 同上书，731 页。

国和它的邪恶的人民给予我的是灾祸，使我沦为牺牲，是耻辱，使我深深感到害羞。”[①] 但让-雅克马上会反驳他：高尚的公民必须履行自己的责任，“他们的鲜血、他们的生命和他们最后的一息都是属于祖国的，耻辱和逆境都不能扭转这神圣的义务”[②]。当爱弥儿毅然决然地离开自己的祖国，放弃对国家的义务和责任时，他已经处于一种“非公民”的状态。连公民都不是，何来作为“公民”的极端处境？因此，爱弥儿身为奴隶的处境只是一种作为“人”的极端处境。在此，卢梭想强调的恰好是，尽管爱弥儿已经在理论上掌握了一个公民所需的各种知识，但是，在实践意义上，爱弥儿还远没有成为公民，他缺乏作为公民最重要的品质——责任意识。

真正的作为“公民”的极端处境是：身为公民，却报国无门；忠心报国，却屡遭陷害，身陷囹圄；为国家作出巨大牺牲，甚至献出生命，却要背负卖国的罪名。在这种处境下，作为一个公民该如何处之，这才是政治生活对公民进行的最好的公民教育。[③] 但卢梭的《爱弥儿》显然尚未涉及这一主题。换言之，爱弥儿的公民教育之旅还没有最后完成，爱弥儿至此只确立了道德自由，只具备了实现政治自由的基础，还没有实现真正的政治自由。由于第二篇书简仍然是残篇，因此，我们不知道在卢梭的安排中，后面还会有何种命运等待着爱弥儿。但从逻辑上讲，卢梭的安排应该是朝着实现政治自由的方向前进的。普雷沃斯特教授的摘录记录了卢梭对爱弥儿结局的设想：爱弥儿最后来到了一个荒岛，又遇到了同在岛上教堂当修女的苏菲，苏菲已痛改前非，她美好的德行丝毫未减。爱弥儿和苏菲终于走出了心灵的阴影，重新过上了完满的生活。[④] 卢梭为爱弥儿安排这个结局的目的在于告诉人们：至高的美德使人能克服任何困难，能生活于任何腐化堕落的社会中而不移其志，给这个社会树立起做人的楷模。[⑤] 但这个结局仍然没有告诉我们，作为具有美德的人如何在社会中承担起公民的责任，如何在实现道德自由的同时还能实现政治自由。由于卢梭所讲的故事到此戛然而止，关于这一点，我们已经永远无法从《爱弥

---

① ［法］卢梭：《爱弥儿》，778页。

② ［法］卢梭：《新爱洛漪丝》（第三、四卷），伊信译，99页，北京，商务印书馆，1993。

③ 在《新爱洛漪丝》中，爱多阿尔批评圣·普栾忘记了公民的义务，并以罗马共和国为例这样说道：“你不妨看看共和国的好时候，你是否找得出只要有一个有德的公民，即便在经过最残酷的厄运以后，会这样摆脱他们的义务的。”［［法］卢梭：《新爱洛漪丝》（第三、四卷），98页］

④ 参见［法］卢梭：《爱弥儿》，794页。

⑤ 参见袁贺：《公民与现代性政治：以卢梭为中心的考察》，187页，北京，中央民族大学出版社，2013。

儿》中获悉了。[①]

（三）爱的共同体

《新爱洛漪丝》的结尾和《爱弥儿》不同，卢梭为他的人物安排了一个幸福的结局。虽然作为公民美德化身的于丽去世了，但是，于丽所爱的人并没有因为她的离去而散失，他们基于爱和友谊结成了一个和谐的共同体，这个爱的共同体是卢梭式农业共和国的微缩模型。[②] 特别值得注意的是，这个共同体不是基于理性建立起来的，而是基于爱的情感建立起来的。

按照卢梭为社会契约设定的人性观，人的本质绝非理性，因为理性是社会关系的产物，是人类迈入社会状态后逐步发展成熟的一种能力。人的本质是情感，情感在自然人那里表现为自爱和怜悯，在社会人那里表现为自尊、爱情和良心。在这些情感中，健康的自尊（*Amour propre*/self-esteem）才是公民美德的人性基础。[③] 那么，这种健康的自尊是如何培养出来呢？就整个社会而言，它要靠健全的政治制度，确保美德和功绩（而不是财富与权势）成为分配社会荣誉和地位的标准；就微观基础而言，它要靠以真正的爱情和责任为基础建立起来的健全的家庭，或以纯洁的友谊为基础的公民家庭联盟。家庭在公民教育中扮演着重要的角色，卢梭式的农业共和国就是以家庭为基础的。[④] 但是，必须指出的是，卢梭心目中理想的家庭是田园牧歌式的农村家庭，而不是城市家庭。在卢梭看来，在城市中，无论是传统的贵族家庭还是新兴的资产阶级家庭，都不适合对孩子进行道德教育和公民教育，因为它们关心的是私利，而不是公共利益。在这些家庭中，流行的是对家庭财产的争夺和消费主义的文化，

---

① 关于附录终成残篇的原因，普雷沃斯特认为，“卢梭原先想分散的那些忧郁的思想，竟完全占据了他的心，以致使他在写作《对话录》和《一个孤独的漫游者的梦幻》这两部作品时，愈写愈忧伤，愈写愈发挥，腾不出手来，继续写完这封书柬”（［法］卢梭：《爱弥儿》，792页）。

② 卢梭对其共和国所需的条件进行了严格限制，不仅规模要小而且要尽量自给自足，以减少对外界的依赖，免受外界的不良影响，就此而言，他更青睐的不是海洋共和国，而是农业共和国。

③ 卢梭的人性观是理解卢梭政治思想非常重要的方面，但相对于卢梭政治思想的其他主题而言，相关研究不是很丰富，中文文献可以参考彭刚：《论卢梭公民美德的人性基础》，载《政治思想史》，2012（2）。英文文献可以参考如下。Cooper，Laurence D. *Rousseau*，*Nature*，*and the Problem of the Good Life*. Pennsylvania State University Press，1999. Neuhouser，Frederick. *Rousseau's Theodicy of Self-Love*：*Evil*，*Rationality*，*and the Drive for Recognition*. Oxford，Oxford University Press，2008.

④ 卢梭的家庭观历来争议很多，施珂拉、布鲁姆和墨尔茨认为，卢梭的家庭理想与其国家理想之间是不相容的。苏珊·奥金和卡罗·佩特曼等女性主义者更批评卢梭的父权制家庭观将女性排除在公民之外，有违其平等主义的理想。施瓦茨、福蒙和伯丁等人则认为，卢梭的理想家庭是其农业共和国的模板（Botting，Eileen Hunt. *Family Feuds*：*Wollstonecraft*，*Burke*，*and Rousseau on the Transformation of the Family*. State University of New York Press，2006，pp. 19－20）。

家庭成员对政治义务熟视无睹。尽管《爱弥儿》的正文部分是以爱弥儿和苏菲结合为一个家庭而收尾的，但是，《爱弥儿》并没有对这个家庭进行描述。在《新爱洛漪丝》中，伏尔玛尔和于丽的家庭所展示的才是一个理想家庭的典范。

在《新爱洛漪丝》中，卢梭虽然讲述了一个美好纯洁的爱情故事，但他更想唤起的是“强烈而高尚的情感：爱、仁慈和献身德性”，就像于丽和圣·普栾因爱而崇高，“他们为责任的要求而牺牲直接的满足，从而使自己保持纯洁”[1]。因为他们深知，从德行而来的纯洁之爱需要服从于婚姻的契约。结婚的目的，不单单是互相照顾，而且是共同尽公民的义务，持家和抚育孩子。[2] 于丽因父亲所立下的婚约而另嫁伏尔玛尔，但是她却不因此而感到痛苦，反而全心投入家庭与婚姻，相夫教子。一方面，她尊重婚姻的契约以及家庭赋予她的职责；另一方面，她在德行以及调和的情感的指导下，成功地将对圣·普栾激烈的情欲转化为纯洁的情感。正是这种自我转化，使于丽有能力履行一位母亲的职责——教育公民。

在这个家庭中，伏尔玛尔和于丽分别承担着各自的职责。伏尔玛尔作为丈夫，是一家之主，负责整个家庭的生计；于丽作为妻子，负责家务管理，并尽一个母亲的责任。这个家庭不光是由合格的公民所构成，它还有雇工和仆人。于丽把生产和家政管理得井井有条，整个家庭中洋溢着一种令人感动的“淳朴的古风”：“在女仆和女主人之间流露出来的亲热只会加强尊敬和威仪；而提供和接受服务只显得是相互的友谊的一种证明。”卢梭借圣·普栾之口对之给予高度评价：这种管理方式能将他们雇用的人“既培养成为自己服务的好仆人，又培养成会耕种他们土地的好农夫；既培养成保卫祖国的好士兵，又培养成一切情况下命运可能召唤的善良的人”[3]。在这里，卢梭坚信，只要有了伏尔玛尔和于丽这样的公民，其结果不会是社会的腐化腐蚀了他们，而是他们的德行改造社会。[4] 他们通过对家庭的管理将其德行辐射到邻近社区，于丽“把自己的幸福跟所有人的幸福联系在一起”，她探寻邻居的困难情况并深切关心他们，如同问题关系到自己切身的利益，“和谐和美德跟着她从这家扩展到那家”[5]，这俨然就是一个卢梭式共和国的雏形了。这种言传身教和对风俗的塑造本身就

① ［加］查尔斯·泰勒：《自我的根源：现代认同的形成》，韩震等译，451页，南京，译林出版社，2001。

② 参见［法］卢梭：《新爱洛漪丝》（第三、四卷），74页。

③ 同上书，168、172页。

④ 参见袁贺：《公民与现代性政治：以卢梭为中心的考察》，202～203页。

⑤ ［法］卢梭：《新爱洛漪丝》（第五、六卷），伊信译，11～12页，北京，商务印书馆，1994。

是最好的公民教育。

《新爱洛漪丝》中尤其值得关注的是它的结局。因于丽的表姐格兰尔的丈夫去世，于丽邀请她带着女儿过来与自己同住。这个情节是意味深长的，它暗示着多个卢梭式共和国的公民家庭将要联合，一个新的社会正在形成。随后，圣・普栾经历了几年的环球游历后也回来了，伏尔玛尔代表于丽邀请他来家中同住。圣・普栾和两个家庭聚首了，一种纯粹的公民之间的友谊洋溢于新的社会之中。在书的结尾处，于丽的去世将整个故事推向高潮。于丽的离世是一个严峻的考验，因她而走到一起的人们还能继续维持这种道德共同体吗？卢梭相信能，于丽所爱的人没有因于丽的离世而散去，相反，他们的队伍扩大了，他们邀请他们的朋友爱多阿尔也加入这个大家庭。格兰尔说："那么来吧，两位亲切和可敬的朋友（圣・普栾和爱多阿尔），你们来同她留下的一切结合到一起。我们来把她亲爱的一切聚集在一起。愿她的精神鼓舞我们，愿她的心把我们大家的心结合起来；让她的在天之灵永远看着我们如何生活。"①

三、公共教育：理想城邦的公民教育

对于爱弥儿这样的个体来说，可以通过教师的悉心引导而成为一名合格的公民；但是，对于整个社会来说，公民教育的目标如何才能实现呢？卢梭认为，应通过公共教育来实现这一目标。在《论政治经济》中，卢梭明言：公共教育"显然是国家最重要的事情"②。为此，卢梭还提出了一系列具体的制度设计：立法者、公民宗教、公共机构和活动、公民大会等，整个社会的公民教育要靠立法者和公民宗教来奠定其基础，通过公共机构来增进公民对国家的了解，培育公民的爱国情怀，并通过周期性的公民大会来历练公民。

（一）立法者

沃克勒指出，卢梭比现代任何一个思想家都更加坚信：人性是由政治塑造出来的。③ 通过适当的制度（suitable institution），人的可完善性会被激活。④

---

① ［法］卢梭：《新爱洛漪丝》（第五、六卷），251页。

② ［法］卢梭：《论政治经济》，崇明译，见刘小枫：《政治制度论》，164页。

③ Wokler，Robert. Rousseau's Pufendorf：Natural Law and the Foundations of Commercial Society. *History of Political Thought*，1994（15），p. 373.

④ 参见［法］卢梭：《关于波兰政体的思考》，崇明、胡兴建译，见刘小枫：《政治制度论》，32～137、56页。

“一切都从根本上与政治相联系；不管你怎样做，任何一国的人民都只能是他们政府的性质将他们造就的那样。”[①] 好的政治制度造就的是有美德而幸福的公民，坏的政治制度造就的则是邪恶而不幸的人。“好的社会制度是这样的制度：它知道如何才能够最好地使人改变他的天性，如何才能够剥夺他的绝对的存在，而给他以相对的存在，并且把‘我’转移到共同体中去，以便使各个人不再把自己看作一个独立的人，而只看作共同体的一部分。”[②] 但是，这一“倒果为因”的思路使卢梭陷入了困境。[③] 一方面，卢梭相信，只有具有美德的公民，才能制定正义的法律，建立好的政治制度；一方面，卢梭又认为，这样的公民自身恰好是善法和健全制度的产物。好公民既是正义法律的根源，也是其产物。[④] 为了解决这一困境，卢梭不得不导入“立法者”（legislator 或 lawgiver）和公民宗教（civil religion）的观念。正如施珂拉指出的，在《社会契约论》中，立法者的功能相当于《爱弥儿》中的“教师”。[⑤] 如果说教师的任务是对爱弥儿进行引导的话，那么，立法者则要引导共同体的全体成员，通过对人性进行改造（denaturing），帮助共同体成员实现自我启蒙。

立法者的任务并不是立法，而是为立法提供建议，即使人民要将立法的权力赋予他，他们也会对人民说：“我们向你们建议的任何事情，不得你们的同意就决不能成为法律。罗马人啊，请你们自己制订会为你们造福的法律吧！”[⑥] 要让人民接受立法者的立法建议，关键在于风尚、习俗，尤其是公共舆论的形塑，用卢梭自己的话说就是，风尚、习俗和舆论是国家法律体系的拱心石，它们“铭刻在公民们的内心里”，它们“形成了国家的真正宪法”，“其他一切方面的成功全都端赖于此”[⑦]。没有良好的习俗，即使在家庭中受过良好教育的公民，一旦步入社会也会被腐蚀，这正是《爱弥儿》附录中向我们昭示的危险。但是，立法者并不是在一张白纸上画最新最美的图画。因此，第一，他要对风俗、习惯和舆论进行形塑，使之能与公意相协调，使公意得以持续地存在并有

---

① ［法］卢梭：《忏悔录》（第二部），范希衡译，500 页，北京，人民文学出版社，1982。

② ［法］卢梭：《爱弥儿》，10 页。

③ “为了使一个新生的民族能够爱好健全的政治准则并遵循国家利益的根本规律，便必须倒果为因，使本来应该是制度的产物的社会精神转而凌驾于制度本身之上，并且使人们在法律出现之前，便可以成为本来应该是由于法律才能形成的那种样子。”（［法］卢梭：《社会契约论》，53 页）

④ Fletcher，Joseph F.，Neal，Patrick. Hercules and the Legislator：The Problem of Justice in Contemporary Political Philosophy. *Canadian Journal of Political Science*，1985，18（1），pp. 57 - 76.

⑤ Shklar，Judith N. *Men and Citizens*：*A Study of Rousseau's Social Theory*，pp. 170 - 171.

⑥ ［法］卢梭：《社会契约论》，53 页。

⑦ 同上书，70 页。译文有改动。

效发挥其作用；第二，这种形塑必须秘密进行，“立法者便既不能使用强力，也不能使用说理；因此就有必要求之于另外一种不以暴力而能约束人、不以论证而能说服人的权威了”①。这种权威就是公民宗教。

（二）公民宗教

在卢梭看来，公民宗教可以从两个截然不同的方面激发公民对国家的热爱和对社会的责任。首先，在初生的社会中，它有助于创造一种敬畏感。正因为认识到在一个新生的社会中构建法律体系之艰巨性，卢梭才将立法的重任赋予立法者，他要引导人民朝向共同利益。但这样的任务并不能仅靠立法者高超的智慧和神明般的能力即可办到，他必须诉诸更高的力量，以公民宗教来激发人民对法律的敬畏。其次，在已发展的社会中，公民宗教仍肩负着激发公民的任务。当社会已获发展，公民对共同利益已有所认识时，公民宗教的目标也发生了变化。当法律已获执行，公民通过其实际经验已体会到守法的益处时，当然也没必要再通过操纵的手段来引导他们服从法律了，这时公民宗教的目标是维系公民对法律的服从。

在《新爱洛漪丝》中，于丽步入婚姻殿堂的那一刻发生的变化，可以很好地说明公民宗教的作用。原本充满害怕、怀疑、心烦意乱的于丽，却在婚礼中有了心态上的重大转折。她是这样说的：“我仿佛看见了上帝的使者，在牧师严肃地做礼拜的祷告时听见了上帝的声音。经书里如此明确地表达的关于婚姻的纯洁、尊严、神圣，它的贞洁和崇高的义务——对于幸福、秩序、和平、人类的延续是如此重要，对于他们本人履行起来又是如此甜蜜的义务——这一切给了我这样的印象，使我内心感到起了骤然的转变。一种不认识的力量仿佛突然纠正了我紊乱的感情，并按照义务和大自然的规律予以重建。”② 于丽的这种内在的转化正是于丽成长为卢梭式共和国合格公民的标志。③

（三）公共机构和活动

除了立法者通过公民宗教来秘密地形塑风尚和习俗之外，卢梭还设想了通过公共机构来实施公共教育的计划，并在多部著作中提出了一些具体的建议。

① ［法］卢梭：《社会契约论》，54 页。

② ［法］卢梭：《新爱洛漪丝》（第三、四卷），54 页。

③ 参见袁贺：《公民与现代性政治：以卢梭为中心的考察》，196 页。

这些建议包括两部分内容：一是学校教育；二是社会教育。[①]

在《爱弥儿》中，卢梭认为应当由家庭教师来教育儿童，而在《关于波兰政体的思考》中，卢梭认为应该让儿童进入学校。而且，正如法布尔所评论的那样，在卢梭看来，“学校应该成为民族生活的中心”，应当用民族教育（national education）将民族形式赋予儿童的心灵，在其灵魂中培育出爱国之情，“一睁开眼睛，一个孩子就看见自己的祖国，直至他生命的终了。每一个真正的共和派在吮吸母亲的乳汁时，也在吮吸对祖国的爱，也就是对法律和自由的爱。这种爱构成了他的整个存在。他看见的仅仅是祖国，活着只是为了它”[②]。

在《致达朗贝尔的信》中，卢梭指出，“可以用来对一个国家的人民的风俗产生影响的工具，只有三种：法律的权威、舆论的力量和娱乐的吸引力”[③]。舆论的力量和娱乐的吸引力主要靠社会教育来实现，它包括民族节日、体育比赛、戏剧等娱乐活动。“通过竞赛，可以使公民们经常集合在一起；通过体育运动，可以在提高他们的自豪感和自尊心的同时使他们变得强壮有力；通过戏剧，使公民们意识到他们祖先的历史，他们的不幸、美德、胜利并以此来激发他们的心灵，用一种充满生机的竞争精神点燃他们的激情，并且使他们献身于他们始终挂虑的祖国”[④]。卢梭还以日内瓦和斯巴达为例，“在日内瓦，每年都要举行阅兵式和各种锦标赛、火枪射击赛、火炮射击赛和划船赛。这么有用和有趣的项目，无论怎么增加都不算多”[⑤]。在斯巴达，公民们的娱乐活动被“当作一件国家大事来抓”，“人们在劳动之余，把闲暇的时间全都用来搞娱乐活动。他们把艰苦的劳动看作休闲，每一种小小的游戏也要对公众有教育意义”，“斯巴达就是这样用简朴而不讲究排场的集会和体育竞赛活动来唤起公民们的爱国心的”[⑥]。

公民大会在卢梭的政治思想中具有重要的地位。我们认为，公民大会在政治上具有双重作用。一是作为一种政治制度，它是为了防止政府的蜕化及其对政治共同体所造成的威胁。卢梭认为，主权者应该对政府进行监督和控制，此

---

① 卢梭在《爱弥儿》中曾批评当时欧洲公共教育的衰败：“那些可笑的机构，人们称之为学院（colleges），然而我是不把它们当成一种公共的教育制度（a public education）来加以研究的。我也不把社会的教育（education of society）看作这种制度。”（［法］卢梭：《爱弥儿》，11～12 页。译文据布鲁姆译本稍有改动）

② ［法］卢梭：《关于波兰政体的思考》，崇明、胡兴建译，见刘小枫：《政治制度论》，52 页。

③ ［法］卢梭：《致达朗贝尔的信》，45 页。

④ ［法］卢梭：《关于波兰政体的思考》，崇明、胡兴建译，见刘小枫：《政治制度论》，42 页。

⑤ ［法］卢梭：《致达朗贝尔的信》，168～169 页。

⑥ 同上书，176 页。

乃治本之策，而监督和控制的方式就是通过定期的集会，将政府永远置于主权者的审查之下。二是作为一种教育制度，它可以将公民们在公共机构中所学到的知识和所培育的爱国之情运用于实践，并在此过程中不断强化其身份认同和国家认同。首先，公民大会是一种仪式，它通过周期性的行动来阻止人们关于共同体的记忆从脑海中减退，帮助人们一遍又一遍地复活他们所共享的理念与世界，强化他们对共同体的认同感和归宿感。其次，公民大会是一个民主审议的场所，民主审议的过程是公民通过政治实践逐步提高自身判断力的过程，也是公民逐步由理论意义上的公民转化为实践意义上的公民的过程。只有通过公民大会的不断操演，公民才真正成为公民。

第四节　民主政府：公意实现的制度条件

行文至此，似乎任务已经完成，有了合格的公民，通过投票机制，就能保障自由的公意可以持续地得以更新。但是，这些条件只能保证公意的产生，还不足以保证公意的有效实施。公意的实施除了要有合格的公民真心诚意地遵守国家的法律外，还需要防范一种危险：政府对公意的破坏。《社会契约论》第三、四卷要处理的就是这一问题，卢梭提出的解决办法就是建立民主制度。

卢梭通常被认为是最重要的民主思想家之一，但是，我们在他的著作中经常看到他对民主制的批评。例如，在《社会契约论》的“论民主制”这一章中，卢梭明确指出，“就民主制这个名词的严格意义而言，真正的民主制从来就不曾有过，而且永远也不会有。多数人统治而少数人被统治，那是违反自然的秩序的。我们不能想象人民无休无止地开大会来讨论公共事务”，“如果有一种神明的人民，他们便可以用民主制来治理。但那样一种十全十美的政府是不适于人类的”①。在一封私人信件中，卢梭更是直截了当地声称：“很显然，我不是一个空想家，我在《社会契约论》中并未为民主进行辩护。”② 那么，卢梭对民主制到底持何种态度？卢梭的民主是一种什么样的民主？

---

① ［法］卢梭：《社会契约论》，84、86页。

② Qvortrup，Mads. *The Political Philosophy of Jean-Jacques Rousseau*：*The Impossibility of Reason*. Manchester，Manchester University Press，2003，p. 58.

一、民主制与选举式贵族制

在《社会契约论》中，卢梭在后半部分主要集中讨论了关于民主的问题，特别是第三卷关于政府形式的论述中。卢梭对政府形式的划分基本沿袭了孟德斯鸠的观点，按照纯粹的数量标准将政府划分为三种类型：当政府是委之于全体人民或绝大部分的人民时，这种形式就称为民主制；当政府仅仅是委之于少数人时，就是贵族制；而当整个政府都集中于一个独一无二的行政官之手，所有其余的人都从他那里取得权力时，它就叫作国君制。[①] 尽管卢梭对于“什么是最好的政府形式”这一问题持保留态度[②]，认为“每一种形式在一定的情况下都可以是最好的，但在另一种情况下又可以是最坏的”[③]。但是，在随后关于这三种政府形式的讨论中，卢梭似乎倾向于认为选举式贵族制是最好的政府形式，在他看来民主制不仅不可行，而且不可欲。

让我们先考察卢梭对民主制的否定态度。要理解卢梭的这一立场，我们首先需要弄清楚在卢梭那里“民主”一词到底是什么意思。在《社会契约论》“论民主制”一章的开篇，卢梭就对民主制进行了界定，所谓的民主制就是“能把行政权与立法权结合在一起的体制”[④]。这种体制用我们今天的话来说，就是直接民主制，或者叫纯粹的民主制（pure democracy）。在这种体制中，全体人民不仅是主权者，而且“都是行政官或司法官”[⑤]。在卢梭看来，这样的民主制“从来就不曾有过，而且永远也不会有”，原因在于它既不可行，也不可欲。

说它不可行是因为民主政府得以成立和维续的条件过于苛刻。在卢梭看来，起码要满足以下条件才有可能：（1）国家的规模必须很小，以便人民很容易集会，并使公民之间相互熟悉；（2）公民在地位和财产上要高度平等；（3）要有极其淳朴的风尚，以免发生种种繁难的事务和棘手的争论；（4）很少有或者根本就没有奢侈，以免公民们遭到腐蚀；（5）公民美德的存在是民主制政府得以维续最重要的前提。[⑥] 卢梭显然认为这样严苛的条件是很难具备的，

① 参见［法］卢梭：《社会契约论》，81～82页。

② 《社会契约论》第三卷第八章的标题就是“论没有一种政府形式适宜于一切国家”。

③ ［法］卢梭：《社会契约论》，83页。但是，他仍然指出，按照一般的原则（最高行政官的人数应该与公民的数目成反比），民主政府适宜于小国，贵族政府适宜于中等国家，而君王政府则适宜于大国。

④ 同上。

⑤ ［法］卢梭：《山中来信》，217页。

⑥ 参见［法］卢梭：《社会契约论》，84～85页。

不仅地位和财产的高度平等这种结构性的条件难以满足，而且，对公民的要求——将知识、智慧与美德集于一身——更是难以实现。因此，他才会感叹道："如果有一种神明的人民，他们便可以用民主制来治理。但那样一种十全十美的政府是不适于人类的。"

看到这里，人们也许会说，卢梭其实是将民主制视为一种理想的政府形式（"一种十全十美的政府"），只不过它太高妙而难于实现罢了。但是，这样的理解可能偏离了卢梭的原意，因为卢梭对我们今天所谓的直接民主制的反对主要并不是因为它过于理想从而缺乏现实可能性，甚至也主要不是因为它易于发生内战和内乱从而缺乏稳定性[①]；而是因为它根本就是错误的，从而是不可欲的。为什么这么讲呢？卢梭在对民主制进行界定之后，他马上指出，"也正是这一点（把行政权与立法权结合在一起——引者）才使得这种政府在某些方面非常不足，因为应该加以区别的东西并没有被区别开来"[②]。所谓"应该加以区别的东西"指的就是行政权与立法权。用卢梭自己的术语来讲就是，应该将立法者与政府分开。这是卢梭的一个重要的理论创新，因为"谈论民主制的人，还不曾有哪一个是充分区别了主权者与政府以及立法权与行政权的"[③]。

在《社会契约论》第三卷第一章"政府总论"中，卢梭用了一个类比来说明二者之间的差别："一切自由的行为，都是由两种原因的结合而产生的：一种是精神的原因，亦即决定这种行动的意志；另一种是物理的原因，亦即执行这种行动的力量。当我朝着一个目标前进时，首先必须是我想要走到那里去；其次必须是我的脚步能带动我到那里去……政治体也有同样的动力，我们在这里同样地可以区别力量与意志；后者叫作立法权力，前者叫作行政权力。"[④] 其中，立法权属于作为立法者的人民，"而且只能是属于人民"，行政权则属于政府。在此，卢梭将主权者比喻为共同体的灵魂与意志，政府则是执行此意志的力量。这一比喻的意义在于，它强调了政府的从属地位，强调了政府只是执行主权者意志的工具。

这样的有机体类比虽然很清晰，但并不能完全说明问题，所以接下来，卢梭又提出两条理由来说明为什么要将政府从主权者中分离出来。其一，主权者所针对的对象是公共的（general）事务，主权者无法针对个别事项采取行动，

---

① 参见［法］卢梭：《社会契约论》，85页。
② 同上书，83～84页。
③ ［法］卢梭：《山中来信》，217页。
④ ［法］卢梭：《社会契约论》，71页。

一旦采取个别行动就背离了主权的本质。因此，针对个别事项的行动（particular act）便需要找一个代理人来完成，这个代理人就是政府，由政府来保证这个行动或那个行动是否符合法律的规定。其二，政府作为一个适当的代理人可以将公共力量结合起来，使之按照公意的指示而活动。它可以充当国家与主权者之间的联系，它对公共人格所起的作用很有点像是灵魂与肉体的结合对一个人所起的作用那样。[①] 卢梭指出，这就是国家中之所以要有政府的理由，“政府就是在臣民（法律的服从者）与主权者（法律的制定者）之间所建立的一个中间体，以便两者得以互相适合，它负责执行法律并维持社会的以及政治的自由”[②]。卢梭通过区分主权者和政府，建立起一个基本的结构：“主权者—政府—臣民”。关于这一结构及其意义已有论者进行过详细的分析，此不赘述。[③]

反过来讲，如果对主权者和政府不加区分，“以制定法律的人来执行法律，并不是好事；而人民共同体把自己的注意力从普遍的观点转移到个别的对象上来，也不是好事”，因为“没有什么事是比私人利益对公共事务的影响更加危险的了”[④]。一旦主权者将自己的注意力从普遍的观点转移到个别的对象上来，公民就会走向腐败，丧失其保持公正的能力，因为人民持续地关注某些特定的目标不可避免地会刺激其特殊意志，支配其思想的就不再是公共利益，而是私人利益，长此以往，特殊意志就会战胜公意，政治共同体就将面临着解体的危险。由此可见，卢梭反对民主制的主要原因是，民主制会对公意构成威胁，并进而威胁公民的自由。

在否定了民主制之后，卢梭似乎对选举式贵族制情有独钟。在该书“论贵族制”一章中，卢梭首先区分了三种贵族制：自然的、选举的与世袭的。它们之间的共同点是由少数人来实施治理，差别则在于这些人的产生方式。在自然的贵族制中，政府官员的产生方式是依自然的年齿，由长者来充任；在选举的贵族制中，政府官员则通过选贤任能的方式产生出来；而在世袭的贵族制中，政府成为世袭的，由若干世家所把持。卢梭认为，“第一种只适于纯朴的民族；第三种是一切政府之中最坏的一种。第二种则是最好的；它才是严格说来的贵族制”，并指出这种严格意义上的贵族制是“最好的而又最自然的秩序”[⑤]。那

① 参见［法］卢梭：《社会契约论》，72页。

② 同上。

③ 参见陈端洪：《主权者—政府—臣民：政治法的平衡结构》，见《宪治与主权》，97～146页，北京，法律出版社，2007。

④ ［法］卢梭：《社会契约论》，84页。

⑤ 同上书，86～87页。注意，前面卢梭在谈到民主制时认为民主制“是违反自然的秩序的”。

么，为什么选举式贵族制不仅在贵族制中是最好的，而且在所有政府形式中都是“最好的而又最自然的”？

卢梭给出的理由与他对民主制缺点的论述正好相应。其一，选举式贵族制具有可以区别两种权力（即立法权力和行政权力）的优点。而这正是他反对民主制最主要的理由。其二，选举式贵族制还具有可以选择自己成员的优点，它将行政权仅限于少数人，这样，那些正直、明智、经验丰富的成员就可以通过选举成为政府的官员，就恰好成为政治修明的保证（在此，经选举产生的贵族其实成了卢梭心目中“理想公民”的化身）。这一点和民主制恰好形成对照，在民主制下，全体公民生来都是行政官，但并非所有的公民都具有治理所需的知识、智慧和美德，因此，民主制不可行。其三，将治理之权委托给这些人数有限的贵族可以有效地提高效率。由于人数少，集会更便于举行，实行起来也更有秩序、更加迅速；由于这些经选举产生的贵族乃是将知识、智慧和美德集于一身的理想公民，因此，对公共事务的讨论也会更好。据此，卢梭说只要能确定他们治理群众真是为了群众的利益而不是为了自身的利益，那么，让最明智的人来治理群众就是最好的而又最自然的秩序。①

那么，这种选举式的贵族制到底是一种什么样的政治制度呢？其实，如果用我们今天的话来说，它就是一种代议制政府，或者说代议民主制。著名的卢梭研究专家罗杰·马斯特斯在 20 世纪 60 年代后期就指出，被卢梭称为“选举式贵族制”的政府制度“不过是议会制政府或代议制政府的另一个名称”②。

但是，这种解释会引发两个问题：其一，如果说卢梭青睐的是代议民主制，那么，如何解释卢梭对代表制的斥责？其二，如果说卢梭反对直接民主制，为什么后人一直将卢梭作为直接民主制最重要的理论先驱？

① 参见［法］卢梭：《社会契约论》，87 页。选举式贵族制的实践原型是当时日内瓦的政治制度，关于这一点，有学者做过详细而精彩的考证，请参考以下文献。Rosenblatt，Helena. *Rousseau and Geneva：From the First Discourse to the Social Contract，1749—1762*. Cambridge，Cambridge University Press，1997.

② Masters，R. D. *The Political Philosophy of Rousseau*，p. 402. 卢梭为什么不直接用“代议制政府”，而是采用“选举式贵族制”这个在我们今天看来极易引起误会的词汇来指称他所中意的政府形式呢？这主要是政治词汇本身的贫乏所致。据考证，最早使用“代议制民主”（representative democracy）一词的是《联邦党人文集》的作者亚历山大·汉密尔顿。1777 年 5 月 19 日，他在一封信中首次使用该词。10 年后，“代议制政府”（representative government）一词才出现在美国的政治词汇之中，而卢梭的《社会契约论》发表于 1762 年（Ankersmit，Frank R. Representative Democracy：Rosanvallon on the French Experience. in Kari Palonen，ed. *Ashgate Research Companion to The Politics of Democratization in Europe：Concepts and Histories*. Ashgate Publishing Limited，2008，pp. 17－36）。

二、“主权是不能被代表的”

卢梭在《社会契约论》中曾明确地斥责代表制：

> 正如主权是不能转让的，同理，主权也是不能代表的；主权在本质上是由公意所构成的，而意志又是绝不可以代表的……英国人民自以为是自由的；他们是大错特错了。他们只有在选举国会议员的期间，才是自由的；议员一旦选出之后，他们就是奴隶，他们就等于零了。……不管怎样，只要是一个民族举出了自己的代表，他们就不再是自由的了。①

如何理解卢梭此处的论述？关键是要了解卢梭对民主的制度构想，他创造性地区分了主权者和政府两个层次，并分别在这两个层次上展开对民主问题的思考，提出了一种双层的民主制度设计。在主权者层次上，卢梭的确主张直接民主制，强调公民要积极参与，强调主权不能被代表；在政府层次上，卢梭则反对直接民主制，而主张代议民主制，强调知识、经验和智慧在决策中的作用。由此，卢梭强调“意志不能被代表”所针对的是主权者的主权权力。换句话说，“意志不能被代表”要说明的是“主权不能被代表”，因为按照卢梭的逻辑，“主权在本质上是由公意所构成的”。因此，卢梭在此要反对的是作为主权者的代表，主权者的主权权力最重要的体现就是立法权，由此卢梭才会明确地讲“在立法权力上人民是不能被代表的；但是在行政权力上，则人民是**可以**并且**应该**被代表的”②。

卢梭强调“意志不能被代表”主要是一种防御性机制，意在防止公意遭到破坏。为什么这么讲呢？因为按照 18 世纪的代表观念，代表是特定等级的代理人，他们代表的是各自等级的意志。不管他们代表的是哪个等级的意志，相对于公意而言，这些意志都是特殊意志（particular will），而不是公意（general will），即使这些特殊意志全部都能够得到反映，其结果也不过是众意（will of all），而不是公意。在这个意义上，代表的意志所体现的是特殊利益，是意见，而不是公意所要求的理性。③ 在卢梭看来，只有公意才应该成为立法的根据，如果采取代表制，由代表来行使立法的权力的话，那么，立法的过程就是一个

---

① ［法］卢梭：《社会契约论》，120～121、123 页。

② 同上书，120、122 页。黑体为笔者所加。

③ Urbinati，Nadia. *Representative Democracy*：*Principles and Genealogy*. Chicago，Chicago University Press，2006，p. 259.

特殊利益竞逐的过程，代表机构就成为不同派系利益相互竞逐的场所，其结果无疑是公意消亡，从而将私意转化为国家的法律，这是卢梭所担心的。而且，随着私意转化为国家的法律，卢梭所设想的社会联合形式——每一个个体“只不过是在服从其本人，并且仍然像以往一样地自由”——也土崩瓦解。人民会被分裂为两个阶级：一部分人制定并服从法律；另一部分人则只是服从他人所制定的法律。换句话说，代表制度不仅是对不平等的社会结构的再生产，而且会生产出新的不平等。它将一部分社会成员变成纯粹的臣民，使他们不再兼具主权者和臣民的双重身份，这在卢梭看来无疑是一件非常危险的事情。因此，主权权力必须掌握在人民手中，而不能委托代表来行使。作为主权者的公民理应承担起自己的职责，行使好自己的主权权力。具体内容主要有二：其一，立法。通过公民集会的投票来不断重新识别和构建公意，并将其转化为法律。其二，对行政权力的监督和控制。公民通过投票来识别和构建公意的问题我们在第二节中已经进行了论述，下面，我们对主权者的监督权做一点简要的分析。

无论是对主权者与政府的划分，还是对二者职能的界定，卢梭想做的就是保证公意之流行。如果在主权者和政府之间不加区分，主权者的特殊意志就会战胜公意；但是，在已经区分主权者和政府之后，我们仍然面临着类似的危险。因为：

“在行政官个人的身上，我们可以区别三种本质上不同的意志：首先是个人固有的意志，它仅只倾向于个人的特殊利益；其次是全体行政官的共同意志……我们可以称之为团体的意志，这一团体的意志就其对政府的关系而言则是公共的（general），就其对国家——政府只是国家的一部分——的关系而言则是个别的（particular）；第三是人民的意志或主权的意志，这一意志无论对被看作全体的国家而言，还是对被看作是全体的一部分的政府而言，都是公意。在一个完美的立法之下，个别的或个人的意志应该是毫无地位的，政府本身的团体意志应该是极其次要的，从而公意或者主权的意志永远应该是主导的，并且是其他一切意志的唯一规范”，但在现实中，“公意便总是最弱的，团体的意志占第二位，而个别意志则占一切之中的第一位”[①]。

在此，卢梭明确地警告我们，政府一旦建立，它就会形成自己的公意（a general will）；但是，这种公意相对于主权者来说，只能说是一种特殊意志

① ［法］卢梭：《社会契约论》，78～79页。

(particular will)。因此，政府总会趋向于削弱主权者："既然个别意志总是不断地在反对公意，因而政府也就继续不停地在努力反对主权。这种努力越加强，则体制就改变得越多；而且这里既然根本没有别的团体意志可以抵抗君主的意志并与之相平衡，因此迟早总有一天君主终于会压倒主权者并毁坏社会条约的。这就是那种内在的、不可避免的弊病之所在。"① "世界上的一切政府，一旦假之以公共力量之后，迟早都是用这种简便的方法来篡夺主权权威的。"②

为了防止政府的蜕化及其对政治共同体所造成的威胁，卢梭认为主权者应该对政府进行监督和控制，这才是治本之策，而监督和控制的方式就是通过定期的集会来对政府进行审查。这种集会不需要政府来召集，政府也不能以任何理由取消或延缓。③ 对于这种集会的性质，卢梭指出，这种人民的集会对于政治共同体来说是"一种保护"，而对于政府来说则是"一种约束"。④ 因为"当人民合法地集会而成为主权者共同体的那个时刻，政府的一切权限便告终止"，主权者的意志就有机会得以彰显。此时：

> 这种只能是以维护社会条约为目的的集会，永远应该是以两个提案而告开始；这两个提案绝不能取消，并且要分别地进行表决。
>
> 第一个是："主权者愿意保留现有的政府形式吗?"
>
> 第二个是："人民愿意让那些目前实际在担负行政责任的人们继续当政吗?"⑤

通过这种方式，主权者人民不仅将政府永远置于主权者的审查之下，而且，在这一过程中主权者行使着宪法上的罢免权和修改宪法的权利。但是，这里有一个问题：这种可以使"政府的一切权限便告终止"的人民集会其实是一种非常态的政治权力，其运用隐含着巨大的危险。可以说，卢梭明确地意识到了其危险性，他并不希望人民经常性地使用这一权力，特别是第一种权力。他警告道："这种改变总是很危险的；所以，除非是政府已经变得与公共福利不能相容，否则就千万不要触动已经确立的政府。"⑥ 正是基于这种考虑，卢梭在《社会契约论》第三卷第十三章中区分了两种人民集会形式：特别集会（extro-

① ［法］卢梭：《社会契约论》，108 页。
② 同上书，129 页。
③ 同上书，115 页。
④ 同上书，118 页。
⑤ 同上书，129 页。
⑥ 同上书，128 页。

dinary assemblies)，主要处理各种意外情况；定期集会（periodic assemblies），进行日常的立法工作。[①] 定期集会是无权废止或修改现存的法律的。卢梭指出，主权者应对古老的法律保持尊敬。这样，在一切体制良好的国家里，法律不但不会被削弱，反而会不断地获得新的力量。[②]

三、双层民主制的制度设计

卢梭的双层民主制的构想如何落实到具体的制度层面呢？法律和政策的执行权当然是属于政府的，这毫无疑问，卢梭对此也着墨不多，他更关注的是作为主权权力最重要组成部分的立法权应该如何运作。应该说卢梭的想法非常独特，其中最值得探讨的问题是，在法律和政策的制定过程中，人民集会和政府各自应该承担什么职能？

在分析这一问题之前，我们首先需要对卢梭的政府概念做一点解释。尽管卢梭将主权者与立法权力相对应，将政府与行政权力相对应，但我们不能简单地按照孟德斯鸠和现代人的常识来理解卢梭此处的论述，将行政权力和行政机构对应起来，从而将卢梭所谓的"政府"理解为狭义的行政机构。因为卢梭所谓的"政府"是将我们现代所谓的立法、行政、司法这三个分支集于一身的。关于这一点，我们在卢梭对维持主权权威的论述中看得很清楚。在《社会契约论》第三卷第十四章中，卢梭指出，"当人民合法地集会而成为主权者共同体的那个时刻，政府的一切权限便告终止；于是行政权也就中断"。接着，卢梭以罗马为例来说明这一点，"罗马人民大会里所出现的骚乱，大部分是由于不知道或者忽略了这条规则的缘故。执政官这时候只不过是人民的主席，保民官只不过是单纯的议长，而元老院则毫无地位可言"[③]。注意，在这里罗马人民大会毫无疑问指的是主权者一方，而执政官、保民官和元老院则属于政府一方，它们分别代表我们现代所谓的行政机构、司法机构和立法机构。但无论是执政官、保民官，还是元老院的元老们，他们都只是主权者人民的办事员而已。因此，当卢梭谈主权者与政府的区分时，他并不是指我们现代意义上的立法机构与行政机构的分立。当他说立法权只属于主权者时，他并没有说立法权属于议会，相反，他倒是强调人民的议员"只不过是人民的办事员罢了"，他们是没有立法权的。这一点对于我们理解主权者和政府之间的区分以及二者的分工是很重要的。

---

① 参见［法］卢梭：《社会契约论》，115页。

② 同上书，113页。

③ 同上书，118页。

卢梭在《社会契约论》中没有在司法与行政之间进行明确的区分，他对司法独立也并未给予注意［尽管他知道孟德斯鸠对此留意甚深。当然，我们也应注意到他在该书第四卷第五章中关于保民官（tribunate）的讨论颇类似于最高法院的角色］。因此，我们此处的讨论主要集中在行政机构与立法机构上。应该说，无论是在我们现代的知识框架中，还是在卢梭的思想框架中，作为政府之重要组成部分的行政机构的职能是很好理解的。但是，在卢梭的思想框架中，我们如何理解立法机构的职能呢？事实上，卢梭对此并没有清晰的论述，但是，我们可以借助卢梭关于立法者的论述来理解立法机构的功能。

我们认为，对于卢梭而言，如果说立法者的任务是在一个国家的草创时期帮助人民建立一套合理的宪政体制的话，那么，立法机构的任务则是在宪政体制已经建立之后，帮助人民维护和更新其宪政体制。立法机构其实就是常态情况下的立法者，其功能并不是立法，而是提供立法建议，真正的立法只能由作为主权者的人民自己来完成。这也是他批评英国议会的原因之所在。因为英国的议会不仅拥有提供立法建议的功能，而且具备了立法的职能。而这在卢梭看来，显然是对主权者权力的一种僭越。而要提供恰当的立法建议，对公共事务的讨论就是必不可少的。不仅要讨论，而且还要是高质量的讨论，这也是卢梭对选举式贵族制赞赏有加的原因所在。

进一步讲，就具体操作而言，按照立法的流程，一项法律的制定要经过创制、起草、讨论、批准等步骤，主权权力在哪个层次上发挥作用？政府又在哪个层次上发挥作用？可以说，在制度设计上，卢梭的想法非常独特，除了批准法律的权利属于人民之外，其余的权利均属于政府。立法权归主权者人民，法律的创制、讨论、草拟、解释权利都归立法机构；人民是决而不议，立法机构是议而不决。对于这一制度安排，有几个问题需要澄清。

第一，人民为什么没有立法创制（legislative initiative）的权利？立法创制的权利所涉及的是立法之必要性的问题。换句话说，就是应该由谁来决定创制新的法律，这一启动和议程设置的权利应该归谁所有。本来，按照民主的逻辑，人民应该是最具资格拥有这一权利的。但是，作为人民主权理论最强有力的倡导者卢梭的看法似乎并非如此。早在《献给日内瓦共和国》中，卢梭就明确地指出，只有官员们才有提出新法律的权利，人民则应满足于自己有权批准法律。[1] 卢梭之所以反对赋予人民立法提案的权利，一方面是因为他以日内瓦

---

① 参见［法］卢梭：《论人类不平等的起源和基础》，54 页。

的政治实践作为其制度设计的模板。在当时的日内瓦，立法提案权掌握在小议会（Petit Conseil）而不是大议会（Conseil General）手中。另一方面是因为卢梭担心人民拥有这项权利可能会导致法律的不稳定。他常常强调，要把一个国家治理好，只需很少的法律，法律的烦琐是风俗败坏的象征，所以他反对轻易更改法律。在他看来，“以改良为借口忽视旧日的习惯”，会“由于矫正小的弊端，反而引起更大的弊端”①。后来，在《社会契约论》中，卢梭承认在某些特殊时刻确实需要通过召开特别集会的形式对现存的制度进行修订。但是，他同时指出，这种特别集会的召集权在政府手中，而不在人民那里。②

第二，人民为什么没有讨论的权利？卢梭在“防止政府篡权的方法”这一章中对人民集会的论述，只是谈到人民应该就这两个提案进行“表决”，而根本没有谈到对之进行“讨论”，似乎这两个提案根本无须讨论。而且，在读到《社会契约论》第四卷第四章“论罗马人民大会”时，我们同样会碰到这个奇怪的现象，卢梭竟然完全没有谈到公民们在大会上讨论的问题，他只是谈到了投票，仿佛公民聚在一起，就是为了投上他神圣的一票，而完全没有必要就需要投票的事务进行讨论。考虑到该章是全书篇幅第二大的章节（中文共 14 页，篇幅最大的章节是“公民宗教”，共 18 页），这一点就更奇怪了。关于这一点，《社会契约论》第四卷第一章也可以提供一些旁证。例如，卢梭在该章的结尾处指出，“在主权的一切行为中，仅就**投票**这一项权利——这是任凭什么都不能剥夺于公民的权利——我在这里就有很多的意见可写。此外，还有关于发言权、提议权、分议权、**讨论权**等等，这些权利**政府**总是煞费苦心地要全部保留给它自己的成员”③。换句话说，在立法问题上，卢梭赋予人民的地位很高，但人民所要做的工作其实很少，仅仅限于批准或否决由政府提交的法律或政策草案。在集会的过程中，不仅不要求人民讨论，甚至要禁止他们之间的讨论，其目的在于防止公民之间的讨论影响其健全而独立的判断。④ 但为什么讨论会影响公民健全而独立的判断呢？这涉及卢梭对人性的看法，其实卢梭对人性的看

---

① ［法］卢梭：《论人类不平等的起源和基础》，54 页。

② 参见［法］卢梭：《社会契约论》，115～116 页。

③ 同上书，133～134 页。黑体为笔者所加。乌比娜蒂也认为，在卢梭看来，立法的准备工作（提议、讨论和法案的起草）不应由主权者自己来完成，而应交给政府来做，但最后的决定权一定要留给公民自己。之所以如此，一个重要的原因在于，立法准备工作太过艰巨，非普通公民的能力所能胜任。因此，卢梭不主张公民直接参与政策制定的全过程，他们需要亲自参与的仅仅是最后的决策（Urbinati, Nadia. *Representative Democracy*: *Principles and Genealogy*, pp. 74 - 82）。

④ 参见［法］卢梭：《社会契约论》，36 页。

法是相当悲观的，在论述公意的相关章节中，他反复强调“人们总是愿意自己幸福，但人们并不总是能看清楚幸福。人民是决不会被腐蚀的，但人民却往往会受欺骗”①。也正是出于这个原因，他才强调政府的作用，强调将法律草案的讨论和起草工作交给德才兼备的政府官员，由他们来保证立法的质量。② 不仅如此，卢梭还认为人民集会上的讨论对于公意的揭示有害无益，因为“冗长的争论、意见分歧和吵闹不休，也就宣告个别利益之占上风和国家的衰微”③。

在这一问题上，卢梭与哈贝马斯的政治构想可以说有同有异，他们的相同之处是均强调人民主权的超越性地位，强调人民在立法过程中的作用，强调人民对政府的导控和监督。他们的不同之处在于：卢梭的人民主权的重心在立法过程的末端，更强调人民最后的决定权。而哈贝马斯的人民主权则将其重心放在了立法过程的开端，按照其双轨制审议民主的制度设计，哈贝马斯强调通过公民社会的话语实践形成公共舆论，通过公共舆论来导控立法机构的决策，并以这种方式将人民主权落到实处。在这一制度设计中，法律的创制权就落在了以匿名的公共对话形式体现出来的人民主权身上。在此，人民不仅拥有法律的创制权，而且是以公共讨论的形式来行使其主权的。也就是说，人民有讨论的权利，而且其讨论所形成公共舆论能影响议程的设置，并对立法机构的偏好产生约束。④

卢梭身前要做一个“孤独的散步者”，其晚年生活也确实很落寞。但是，其身后却热闹非凡，无论是对于现实政治，还是对于政治思想，卢梭都对后世产生了巨大的影响，其声名不仅传遍欧洲大陆，而且远渡重洋，在远隔千里的中国近现代也曾掀起人人争读卢梭、竞说民权的热潮。⑤ 但是，后世对卢梭思想的解读歧义纷呈，对卢梭形象的构建也是斑驳难辨。卢梭强调自由，却被视为极权主义的有力倡导者；卢梭反对革命，却被视为 19 世纪和 20 世纪世界上诸多革命的精神之父。很多学者指出，将卢梭视为极权主义或革命的倡导者，这是对卢梭的误解。但是，即便卢梭真的是被误解了，我们亦需追问，为什么

① ［法］卢梭：《社会契约论》，35 页。

② 这一点其实是古典共和主义传统的一个共识，共和主义明确地将“讨论”的权利局限于政治精英。例如，在哈灵顿的共和国中，就是“元老院建议、人民批准、行政官执行”。

③ ［法］卢梭：《社会契约论》，134 页。

④ 关于哈贝马斯的双轨制协商民主构想，可以参考谈火生：《民主审议与政治合法性》，231～249 页，北京，法律出版社，2007。

⑤ 关于卢梭在中国的传播情况，可以参考彭珊珊：《卢梭在中国：历史语境下对〈社会契约论〉的翻译和阐释（1898—1926 年）》，博士学位论文，北京，北京大学，2010。

是卢梭而不是其他的人被革命者选中？换句话说，卢梭的政治哲学和观念中是否蕴涵着某些成分，使之适于被误读或误用？我们不能不承认，卢梭的一些核心概念——如自由、公意、民主——确实包含着内在的模糊性，这使它们非常适于从不同甚至相反的角度加以解释，这是卢梭常常遭到误解的一个重要原因。对此，卡西尔《卢梭问题》一书的编者彼得·盖伊在该书导言中的提醒是有益的："我们应该区分作为批判工具的卢梭政治学说与作为建构工具的卢梭的政治学说。把卢梭政治学说作为批判标准来用的时候，它对民主运动无比宝贵；把它当做一幅政治的蓝图，就会对自由主义的理念与制度产生恶劣的影响。"① 在这里想补充的一点是，作为建构工具的卢梭政治学说亦有可能发挥积极的作用，当代协商民主理论的发展就从中汲取了丰富的营养。不过，这么做时必须格外小心，要仔细地辨识卢梭核心概念的含义，通过细致的文本解读来准确地对其思想进行定位。否则，极有可能差之毫厘，谬以千里。

谈火生

参考文献

查尔斯·泰勒．自我的根源：现代认同的形成．韩震，等，译．南京：译林出版社，2001.

陈端洪．主权者—政府—臣民：政治法的平衡结构//宪治与主权．北京：法律出版社，2007.

恩斯特·卡西勒．卢梭问题．王春华，译．南京：译林出版社，2009.

基恩．市民社会：旧形象、新观察．上海：上海远东出版社，2006.

基托．希腊人．上海：上海人民出版社，1998.

吉尔丁．设计论证：卢梭的《社会契约论》．尚新建，王凌云，译．北京：华夏出版社，2006.

李长瀚．乃若其激情：卢梭爱观研究．硕士学位论文．台北：东吴大学，2009.

林壮青．卢梭的公意等同于公共物品之谬误：曲解卢梭的私意．福建论坛（人文社会科学版），2010（8）.

卢梭．山中来信．李平沤，译．北京：商务印书馆，2012.

卢梭．社会契约论．修订第三版．何兆武，译．北京：商务印书馆，2003.

卢梭．新爱洛漪丝（第三至六卷），伊信，译．北京：商务印书馆，1993—1994.

卢梭．致达朗贝尔的信．李平沤，译．北京：商务印书馆，2011.

卢梭．爱弥儿．李平沤，译．北京：商务印书馆，2004.

① ［德］恩斯特·卡西勒：《卢梭问题》，25 页。

卢梭．忏悔录（第二部）．范希衡，译．北京：人民文学出版社，1982.

卢梭．关于波兰政体的思考．崇明，胡兴建，译//刘小枫．政治制度论．北京：华夏出版社，2013.

卢梭．科西嘉宪政规划．戴晓光，秦庆林，译// 刘小枫．政治制度论．北京：华夏出版社，2013.

卢梭．论科学与艺术．何兆武，译．北京：商务印书馆，1959.

卢梭．论人类不平等的起源和基础．李常山，译．北京：商务印书馆，1962.

卢梭．论政治经济．崇明，译//刘小枫．政治制度论．北京：华夏出版社，2013.

罗素．西方哲学史．马元德，译．北京：商务印书馆，1976.

彭刚．论卢梭公民美德的人性基础．政治思想史，2012（2）．

彭珊珊．卢梭在中国：历史语境下对《社会契约论》的翻译和阐释（1898—1926 年）．博士学位论文．北京：北京大学，2010.

渠敬东，王楠．自由与教育：洛克和卢梭的教育哲学．北京：三联书店，2012.

塔尔蒙．极权主义民主的起源．孙传钊，译．长春：吉林人民出版社，2011.

谈火生．民主审议与政治合法性．北京：法律出版社，2007.

袁贺．公民与现代性政治：以卢梭为中心的考察．北京：中央民族大学出版社，2013.

Rousseau. Emile：Or On Education. New York：Basic Books，1979.

Rousseau. Social Contract and Other Later Political Writings. Cambridge：Cambridge University Press，1998.

Rousseau. The Politics of the Ordinary. Sage Publications，1994.

Rousseau. The Social Contract. Oxford：Oxford University Press，1948.

Affeldt S G. The Force of Freedom：Rousseau on Forcing to Be Free. Political Theory，1999，27（3）.

Ankersmit F R. Representative Democracy：Rosanvallon on the French Experience// Palonen K，ed. Ashgate Research Companion to The Politics of Democratization in Europe：Concepts and Histories，Ashgate Publishing Limited，2008.

Barnard F M. Self-Direction and Political Legitimacy：Rousseau and Herder. Oxford：Clarendon Press，1988.

Botting E H. Family Feuds：Wollstonecraft，Burke，and Rousseau on the Transformation of the Family. State University of New York Press，2006.

Boucher D，Kelly P. Political Thinkers：From Socrates to the Present. Oxford：Oxford University Press，2003.

Chapman J W. Rousseau：Totalitarian or Liberal. New York：Columbia University Press，1956.

Cohen J. Rousseau：A Free Community of Equals. Oxford：Oxford University Press，

2010.

Cole G D H. Rousseau's Social Contract. Macmillan，1938.

Cooper L D. Rousseau，Nature，and the Problem of the Good Life. Pennsylvania State University Press，1999.

Cullen D E. Freedom in Rousseau's Political Philosophy. Northern Illinois University Press，1993.

Dagger R. Understanding the General Will. The Western Political Quarterly，1981，34 (3).

Delaney J. Starting with Rousseau. Continuum International Publishing Group，2009.

Dent N J H. Rousseau. Routledge，2005.

Dent N J H. Rousseau：An Introduction to His Psychological，Social，and Political Theory. Oxford：Blackwell，1989.

Dodge G H. Jean-Jacques Rousseau：Authoritarian Libertarian? D. C. Heath and Company，1971.

Estlund D，Waldron J. Democratic Theory and the Public Interest：Condorcet and Rousseau Revisited. American Political Science Review，1989 (83).

Fletcher J F，Neal P. Hercules and the Legislator：The Problem of Justice in Contemporary Political Philosophy. Canadian Journal of Political Science，1985，18 (1).

Fralin R. Rousseau and Representation. New York：Columbia University Press，1978.

Goodin R E. Democratic Deliberation Within. Philosophy & Public Affairs，2000 (29).

Goodin R E. Reflective Democracy. Oxford：Oxford University Press，2003.

Grofman B，Feld S L. Rousseau's General Will：A Condorcetian Perspective. The American Political Science Review，1988，82 (2).

Hendel C W. Jean-Jacques Rousseau：Moralist. Oxford：Oxford University Press，1934.

Hoffmann S，Fidler D R，eds. Rousseau on International Relations. Oxford：Clarendon Press，1991.

Knowles D. Political Philosophy. Routledge，2001.

MacAdam J I. The Discourse on Inequality and The Social Contract// Lively J，Reeve A，eds. Modern Political Theory from Hobbes to Marx：Key Debates. Routledge，1989.

Masters R D. The Political Philosophy of Rousseau. Princeton：Princeton University Press，1968.

McDonald C，Hoffmann S. Rousseau and Freedom. Cambridge：Cambridge University Press，2010.

Merquior J G. Rousseau and Weber：Two Studies in the Theory of Legitimacy. London：Routledge & Kegan Paul，1980.

Miller J. The Abyss of Philosophy：Rousseau's Concept of Freedom. Modern Intellectual History，2006，3（1）.

Neuhouser F. Rousseau's Theodicy of Self-Love：Evil，Rationality，and the Drive for Recognition. Oxford：Oxford University Press，2008.

Nisbet R. Rousseau and Equality//A Norton Critical Edition：Rousseau's Political Writings. Norton & Company，1988.

Ogden H V S. The Antithesis of Nature and Art，and Rousseau's Rejection of the Theory of Natural Rights. The American Political Science Review，1938，32（4）.

Pettit P. Deliberative Democracy and the Discursive Dilemma. Philosophical Issues，2001（11）.

Plamenatz J. Man and Societ：vol. 1. Langman，1963.

Qvortrup M. The Political Philosophy of Jean-Jacques Rousseau：The Impossibility of Reason. Manchester：Manchester University Press，2003.

Riley P. The Cambridge Companion to Rousseau. Cambridge：Cambridge University Press，2001.

Riley P. Rousseau's General Will：Freedom of a Particular Kind. Political Studies，1991（39）.

Riley P. The General Will before Rousseau：The Transformation of the Divine into the Civic. New Haven：Princeton University Press，1986.

Rosenblatt H. Rousseau and Geneva：From the First Discourse to the Social Contract，1749—1762. Cambridge：Cambridge University Press，1997.

Scott J T. Politics as the Imitation of the Divine in Rousseau's Social Contract. Polity，1994（26）.

Shklar J N. Men and Citizens：A Study of Rousseau's Social Theory. Cambridge：Cambridge University Press，1969.

Simpson M. Rousseau's Theory of Freedom. Continuum，2006.

Urbinati N. Representative Democracy：Principles and Genealogy. Chicago：Chicago University Press，2006.

Viroli M. Jean-Jacques Rousseau and the "Well-Ordered Society". Cambridge：Cambridge University Press，1988.

Viroli M. Republicanism. New York：Hill & Wang，2002.

Williams D L. Justice and the General Will：Affirming Rousseau's Ancient Orientation. Journal of the History of Ideas，2005，66（3）.

Williams D L. Rousseau's Social Contract：An Introduction. Cambridge：Cambridge University Press，2014.

Wokler R. Rousseau and Liberty. Manchester：Manchester University Press，1995.

Wokler R. Rousseau：A very Short Introduction. Oxford：Oxford University Press，2001.

Wokler R. Rousseau's Pufendorf：Natural Law and the Foundations of Commercial Society. History of Political Thought，1994（15）.

Wright E H. The Meaning of Rousseau. Oxford：Oxford University Press，1929.

第六章
效用、计算与自由：英国功利主义的政治哲学

对功利（utility）或功用、效用、事功的计算，对快乐、幸福、福祉的度量，是人类古老而普遍的思维方式，但恰恰是在19世纪的英国，经过边沁和密尔[①]这两位经典功利主义者的贡献，功利主义[②]成为哲学史中最有力、最具说服力的规范伦理学进路之一[③]，“最大多数人的最大幸福”也成为脍炙人口的口号和社会改良目标。可以说，功利主义的理论化是人类合作的扩展秩序和社会改良的蓬勃发展共同作用的产物，用密尔的概括来说，其主旨是“把‘功利’或‘最大幸福原理’当作道德基础的信条主张，行为的对错，与它们增进幸福或造成不幸的倾向成正比。所谓幸福，是指快乐和免除痛苦；所谓不幸，是指痛苦和丧失快乐”[④]。

本章聚焦边沁与密尔的功利主义的主要思想，并特别关注法律实证主义与自然法学说的争论，包括法律的性质、功用与认识方法。因为大致说来，从霍布斯到小密尔，英国近代以来政治哲学争论的一个突出特点就是效用观念逐渐

---

① James Stuart Mill，旧译穆勒，今多音译为密尔，有时因须与其父James Mill相区别，则称“小密尔”，其父则为“老密尔”。

② Utilitarianism通译为功利主义，也有功用主义、效用主义的译名。“功利主义”译名有明显缺陷，其原因在于“功利”二字在日常汉语中贬义色彩较为明显，往往带有重利而轻义的意味，而utilitarianism则并无此意味。这一遭遇与pragmatism（通译实用主义）如出一辙。上述三个译名实以唐钺先生的“功用主义”为佳，但“功利主义”已约定俗成，这里也只好从俗，但行文中有时也将“utility”译为“效用”。

③ Driver，Julia. The History of Utilitarianism. in *The Stanford Encyclopedia of Philosophy*（Winter 2014 Edition）. http：//plato. stanford. edu/archives/win2014/entries/utilitarianism-history/.

④ ［英］穆勒：《功利主义》，徐大建译，7页，上海，上海人民出版社，2008。

凸显，并最终发展成为功利主义，而自然法思想在这个背景下逐渐衰落。

第一节　边沁的功利主义：政治与法律哲学

杰里米·边沁（Jeremy Bentham，1748—1832）是近代英国著名哲学家、法学家和社会改革家。其著作《道德与立法原理》第一次系统阐述了功利主义原则。他被认为是功利主义哲学的创立者、动物权利的宣扬者，以及自然权利思想的反对者。由边沁发展出来的功利主义学派，后为詹姆斯·密尔、其子约翰·斯图亚特·密尔、罗伯特·欧文等继承。

边沁早年聪慧勤奋且多有著述，但一般认为他的思想直到 19 世纪初才开始真正影响社会。18 世纪 60 年代，他在牛津大学研修法律并获得律师资格，但很快认识到英国法律缺乏理性基础，因而转而寻求从科学中汲取营养，找到指导立法的一般原则。这是他寻求属于自己的独特方法的开始。1823 年，在他声名日隆之时，他与詹姆斯·密尔（James Mill，1773—1836）一起创办了《威斯敏斯特评论》，从而引导了在思想史上被称作“哲学激进主义”的运动。

边沁《政府片论》的编选者蒙塔古评价说：“边沁是少数英国政治制度理论的著作家之一，他的学说又是英国政治哲学链条中的一个环节，所以我们现在仍在阅读《政府片论》；我们的目的……是要看边沁正确到什么程度。”①

从当代的研究回溯，以下的几部著作参考价值颇大。法国思想家哈列维的《哲学激进主义的兴起》一书（1901 年法文版，1928 年英文版）②、哈特的《论边沁》③、斯科菲尔德的《邪恶利益与民主：边沁的功用主义政治宪法思想》④、波斯特玛的《边沁与普通法传统》⑤，这几本书为我们大体勾勒了边沁形象的两个不同方面。毫无疑问，边沁是功利主义学说的真正开端和代表人物。在这个

---

① ［英］边沁：《政府片论》，沈叔平等译，60 页，北京，商务印书馆，1995。

② 参见［法］哈列维：《哲学激进主义的兴起》，曹海军等译，长春，吉林人民出版社，2006。

③ 参见［英］哈特：《哈特论边沁》，谌洪果译，北京，法律出版社，2015。事实上，哈特的《法理学与哲学论文集》（支振锋译，北京，法律出版社，2005）一书，也为我们清晰地界定了边沁在当代法哲学思想转变中的位置。

④ 参见［英］斯科菲尔德：《邪恶利益与民主：边沁的功用主义政治宪法思想》，翟小波译，北京，法律出版社，2010。在 1959 年，英国还成立了边沁工程（The Bentham Project）项目小组，旨在编辑整理出版新的权威版本的边沁著作集。此处提到的斯科菲尔德即为该著作集的现任主编。

⑤ 参见［美］波斯特玛：《边沁与普通法传统》，徐同远译，北京，法律出版社，2014。

总体形象之下，所有人都意识到，以 1808 年为实质性的时间点转折，存在着前后期两个不同形象的边沁。前期的边沁，将“最大多数人的最大幸福”原则应用到了法律改革与宪政改革当中。这个时期的边沁是热心而保守的法律改革家，一个“托利党”人。1808 年以后，边沁转变成了激进的民主主义者。他开始主张在功利主义的一般原则之下，我们不但要改革我们的法律制度，而且也要改革我们的政治制度。边沁前后期的转折为我们留下了深刻印象，也为思想史和政治哲学的研究留下了丰富的遗产。这些遗产本身则是充满了争议性的。这是作为改革家的边沁，也是我们通常所说的政治哲学研究范围的边沁。

边沁的另外一个形象，则是在我们通常所说的法律哲学领域。一般认为，边沁的功利主义原则在法律问题中的贯彻使边沁成为现当代法律实证主义的先驱。哈特对于边沁的关注与继承，其核心也同样是在法律哲学中的法律实证主义。我们也知道，边沁继承休谟，对于自然法、自然权利、社会契约等西方政治哲学和法律哲学传统进行了激烈的批评。他在法国大革命期间对于法国《人权宣言》进行了辛辣的嘲讽与批判，以至于麦克里兰笑称经常有人认为社会契约已被休谟与边沁嘲笑而死。[①] 但是在他转变成为激进民主主义者之后，他对自己此前所做的这些批判又有所保留。因此，在法律哲学领域，就留下了功利主义与法律实证主义的关系问题、法律实证主义与自然法传统的关系问题以及法律规范的性质等等值得探讨的问题。

基于以上的刻画，我们对于边沁的关注可集中在这样三个问题上：功利主义原则与政治生活的关系，作为一种激进主义思想的平等思想的来源与性质（这也同时意味着，激进主义思想产生之前的边沁一直是一个消极意义上的等级论者），以及法律实证主义思想对于传统自然法思想的批评的哲学含义。

关于边沁，来自小密尔的评价可谓及时、权威与中肯。及时，是因为这是在边沁辞世后并不太久远时就发表的评价。权威，是因为老密尔与小密尔可以说与边沁是世交，是边沁功利主义忠实的传播者和改进者。其中的诸多细节，为后来小密尔的创造性思想预留了出口与空间。中肯，是因为小密尔坦承，“他不是一名伟大的哲学家，但他是一名伟大的哲学改革家”[②]。“他在休谟的特质上远逊于休谟，也不具备纯哲学家的任何优点，我们在他的知识特点中找不出敏锐或艰深的分析能力。”[③] 简单说来，边沁并非一流的哲学家，他甚至还缺

① 参见［英］麦克里兰：《西方政治思想史》，202 页。

② ［英］穆勒：《论边沁与柯勒律治》，白利兵译，11 页，上海，上海人民出版社，2009。

③ 同上书，7 页。

乏与审美情趣密切相关的想象力与自我意识，这些正是后来密尔精英意识得以成立的关键要素。但是密尔继续评价说，边沁自有其独特贡献。概括起来说就是，他具有对于实践弊端的坚持不懈的批判精神，他以前人所从未有的勇气，以其作品、方法和影响力，塑造了一个挑战权威、改良社会的社会风气。他以其法学与道德哲学中注重细节分析的考察方法，以其对人们习焉不察的习惯用语和虚拟理由的不懈攻击，培养了人们对于旧制度与旧观念的批判习惯。所以小密尔说“边沁是这个时代和这个国家对现有事物的怀疑大师”[①]，并且单凭他对社会风气的这种重新塑造，他就已经足以成为一个伟大的思想家。况且他还是一个正面思考的大师，他不仅消除社会流弊，而且同时有能力建立与错误相对的真理。因此我们可以说，“边沁是英国学说和制度上的革新之父”[②]。

不过，我们前文提到的边沁在思想史上的两个不同形象，暂时还没有进入密尔的视野。因为关于这两个方向上的边沁形象的争论，其话题的展开主要是20世纪以后的事情了。不仅如此，单就密尔对于边沁的独特贡献的评价论，哈特也认为密尔只言及其一，而未能论及其二。密尔说边沁具有“苍蝇般洞幽入微的眼睛”，即认为边沁注重细致的分析，这一点是没有错的。不过在哈特看来，边沁还具有“雄鹰般观其大略的眼睛”，而且边沁将这两个特点结合得非常完美。正是后者，确立了边沁勇于推进制度改革的思想家形象。[③]

在1776年发表的《政府片论》序言中，边沁提出了其著名的功利主义原则，“最大多数人的最大幸福是正确与错误的衡量标准”[④]。毫无疑问，无论是政府的建立，还是对于政府权力的限制，其正当性都来源于这个原则。在该书第一章的一个注解中，边沁将其对功利原则的关注归功于休谟，“我记得清楚，当我读了这本著作中有关这个题目（指一切善德的基础蕴藏在功利之中——译者）的部分，顿时感到眼睛被擦亮了。从那个时候起，我第一次学会了把人类的事业叫作善德的事业”[⑤]。边沁相信，人是趋乐避苦的自我主义者，追求快乐是他们生活的唯一内容。只有一个行为导致快乐或即将导致快乐而非导致痛苦，这个行为才是善的。这就为判断人的行为提供了基本准则。德行就是对苦乐进行精确计算，道德就是以快乐和痛苦为基本单位进行计算的结果。

---

① ［英］穆勒：《论边沁与柯勒律治》，5页。

② 同上书，6页。

③ 参见［英］哈特：《哈特论边沁》，3～8页。

④ ［英］边沁：《政府片论》，92页。

⑤ 同上书，149页。

苦乐计算原则的理论贡献之一在于它为我们评判我们的道德行为提供了一条客观标准，从而避免了单纯依赖于直觉的道德推理方式。在古典功利主义看来，单纯依赖于直觉的大众感觉（直指苏格兰启蒙运动思想中的“常识”概念）是会出错的，并且进而会损害少数人的利益。如果诉诸苦乐算计，则有利于避免直觉的主观性，为解决人际争端找到坚实的立足点。正是在这个意义上，有研究者指出，“古典功利主义把道德直觉主义作为他们的反对对象”①。边沁坚信，诉诸效用原则，可以为我们找到解决争端的至高仲裁人。因为苦乐是可以被人们经验到的基本事实，而效用则是基于已经被经验到的基本事实推测出来的事实。直觉主义诉诸观点和意志，而效用原则诉诸与事实相匹配的理由。因此，一项法律是否应该被确立，取决于它是否与普遍的福祉相一致，取决于它是否增加了幸福的总量。当我们这样来思考政治和道德问题时，问题就被置于事实之上，人类也就被置于实验和观察的轨道之上。在边沁看来，“这是可望达成理性共识的唯一正确的探究轨道”②。

不过，人们对于苦乐的理解是千差万别的。因此，如何将苦乐感受精确地换算为可以进行度量乃至相互比较的基本单位，这本身就存在着巨大的困难。加上以自利为目的的人采用的又是个体视角，因此就很难预见某些具体行为的全部后果。所以，边沁的功利主义要想像边沁所期望的那样在人类公共（法律、政治）生活中加以实现，其假设前提就不得不从具有自利倾向的个人向具有不偏不倚倾向的立法者转移，从个人主义的个体向理想的协调者转移。立法者由于具有了自利的个体所不具备的全景视角，所以能够认同人的普遍自利特性，同时站在社会的角度来协调人在社会中的关系。立法者一方面假定人们在自己的生活中都是依据功利原则来行事的，另一方面有义务将这种原则拓展到整个社会领域。这种从自利个体到立法者的转移，避免了个体的非全景式盲区，实现了功利主义的社会应用。但与此同时，这种转移也必然意味着推理上的一种跳跃，从而使功利主义在政治上更多地倾向于一种精英式的专家治理。

这个矛盾是所有功利主义必然面对的核心矛盾。它牵涉如下争论：是否人的所有旨趣都可以用效用来加以考量？效用是否可计算，可否在人与人之间加以比较？个人的效用与集体效用是什么关系？作为人类政治生活指导原则的效用原则，如何保证人的自治（自主）性不受不必要的侵害？或者说，以“最大

① ［美］约翰·菲茨帕特里克：《密尔的政治哲学》，万绍红译，40页，北京，人民出版社，2014。
② ［英］斯科菲尔德：《邪恶利益与民主：边沁的功用主义政治宪法思想》，58页。

多数人的最大幸福”为原则的功利主义，如何能够保证人的基本权利不受侵害？所有这些疑问，自功利主义出现之日起，就萦绕在质疑者的脑海中，构成了人们对于功利主义的基本担忧。对功利主义的批评之一，就是认为它以事态而非人的整全性作为考察核心，因而把人转化成为社会事态的一个个承载者，而忽略了人都是个性鲜明的独立个体。[①] 作为独立的自治个体，每个人都应该享有基本的政治权利。侵犯了个体的自治性，或者甚至如边沁那样漠视个体的自治性存在的独特意义，就有可能导致对于整个社会的工程性管理构想。哈耶克后来批评说，密尔思想可能导致一种中央计划主义，其根源仍然在于社会总效用的加总是否可能，以及这种加总计算是否考虑到了个人的自主能动等因素。总之，后来的思想家对于功利主义的担忧，就是功利主义本身终究可能会毁坏自由主义的政治承诺。因此，我们看到，作为一种哲学激进主义，功利主义的确促成了人人平等思想、社会改良思想、代议制民主、普选权、公民教育、妇女权利，乃至动物权利的观念的实现。但与此同时，功利主义的构想的确在原则设计上为这些观念的最大化实现设置了障碍。

但是不管怎么说，功利主义思想的出现、“最大多数人的最大幸福”原则的确立，确实导致了一场指导思想上的革命。尽管在20世纪的哲学反思中，功利主义受到系统批评，处于不利地位，但当代政治思想史家麦克里兰中肯地指出，功利主义在提出之初是颇具革命性的。它树立了这种思想：任何一个政府，如果不能够有利于改进社会的总体善，它就失去了存在的正当性。[②] 这就使现代公共政府区别于传统的建立于战功与血统的无所作为的政府。边沁对于功利主义的社会功用寄予了很大希望，从而也就将自己毕生的精力用在了建立一门立法者的科学上：“私人伦理教导的是每一个人如何可以依凭自发的动机，使自己倾向于按照最有利于自身幸福的方式行事，而立法艺术（它可被认为是法律科学的一个分支）教导的是组成一个共同体的人群如何可以依凭立法者提供的动机，被驱使来按照总体上说最有利于整个共同体幸福的方式行事。”[③]

有意思的是，功利主义原则的发表时间是在美国《独立宣言》签署前三个月。《独立宣言》宣称，人生而平等，并且拥有不可剥夺的天赋权利，这些权

---

① 伯纳德·威廉姆斯对于功利主义的重要批评，就是认为它忽略了人是“分离的个体”这个基本事实（Williams，Bernard. A Critique of Utilitarianism. in B. Williams，J. Smart. *Utilitarianism*：*For and Against*. Cambridge，Cambridge University Press，1973，pp. 77－150）。

② ［英］麦克里兰：《西方政治思想史》，504页。

③ ［英］边沁：《道德与立法原理导论》，360页，北京，商务印书馆，2000。

利包括生命权、自由权以及追求幸福的权利。而边沁在与友人合写的《答美国国会宣言》中，对自然权利与天赋观念提出了尖锐批评。边沁追问说："如果追寻幸福的权利是一项不可剥夺的权利，那么为什么要禁止盗贼通过盗窃来实现权利呢？为什么要禁止谋杀者通过谋杀，叛逆者通过叛逆来实现这种权利呢？……"[①] 在后来出版的《无政府主义的谬误》一书中，边沁进一步对法国1791年《人权宣言》做出回应。用哈特的总结来说，边沁的观点就是，"自然权利学说部分是胡言乱语；部分是危险的无政府主义……政府之所以存在于人们中间，并非由于那些人们拥有先于政府并且由政府加以保护的权利，而是若没有政府与法律的话，人们将无任何权利可言，并且一无所有。对好政府的检验标准不在于自然权利，而是被统治者的总幸福"[②]。总而言之，自然权利理论是一种"夸夸其谈的谬论"，是一堆危险的虚构观念。它是与功利主义的法律观、政治观和社会观相对立的一种观念。因为，"一个国家无非是一种便利的手段，它可以被确切地定义为一群人服从于一个作为统治者的个人。法律是这个统治者的意志或命令。服从则是遵从这种意志的行为。法律规定了义务和权利。一个义务意味着如果你没有做某事就将受到惩罚；而权利则是强制实施这些权利的力量"[③]。边沁的法律思想是一种后来被看作法律实证主义的典型主张。可以说，在边沁的功利主义主张看来，自然法思想以及与这个思想相关联的个人权利思想、社会契约思想，完全都是"一派胡言"。现在，边沁要根据他所发现的功利主义原理，遵循"最大多数人的最大幸福"原则，来重新审视并重新建设整个法律体系。

边沁旨在遵循一种严谨的科学精神来从事法律研究。他相信还原论，认为复杂事物可以被分解为一些简单的事物，而且相信只有肉体的东西才是真正存在的对象。因此，为了理解实在，就需要我们把物还原为最小的可分成分。边沁相信我们人类生活中一些虚构观念如财产、社会与国家是有用的，而另外一些虚构观念如责任、权利、义务、荣誉等等则是虚构的，需要对它们加以分解才能够得到真正的理解。"一个共同体无非是构成着它的所有个体的总和。诸个体出于其本性追求它们自己的利益，因此，共同体在其各个成员的利益之外不会再有什么额外的利益。……一旦我们能够揭示出这样一些虚构观念的本

① Sprigge，T. *Collected Works of Jeremy Bentham*，vol. 1. 1968，p. 343. 转引自［英］哈特：《法理学与哲学论文集》，196 页。

② ［英］哈特：《法理学与哲学论文集》，196 页。

③ ［英］威廉·托马斯：《穆勒》，李河译，13 页，北京，中国社会科学出版社，1992。

质，大部分社会问题就会迎刃而解，或至少是开始得到解决。”[①] 边沁的《道德与立法原理》可以说是他对这种分析方法的准确应用。有了对于法律概念的这种精确细分，就可以最终将法律的惩罚条款还原为基本的苦乐算计，实现法律规则与实施的客观性，避免昔日法律规定中的任意多变和反复无常。因此，为了自己的立法者能够具有科学的严谨性，边沁为自己的法学分析规定了基本的工作，即对流行的法律术语进行纯粹的否定性批判，最终引入一套全新的术语。边沁的这种对于分析技术的迷恋开创了近代分析法学的先河，并将一种描述性的法律研究方法带进了近代法学领域。与边沁同时代而稍后的约翰·奥斯丁是这种分析法学的代表。而这种分析的与描述的方法后来成为20世纪法律实证主义的方法论核心。

我们已经注意到，边沁的功利主义貌似为我们分析人类的政治生活提供了一个稳定的分析基点。功利主义假定人是趋乐避苦的自利的动物，道德行为就是对人类苦乐的精确计算。但是边沁要想将功利主义原则应用于政治生活和法律生活，即应用于人类的社会生活，就不得不面对着思考视角的转移，因为自利的个人是不会站在整个社会的角度去进行苦乐算计的。不但个人完成不了这种苦乐算计，就是特殊的利益集团如贵族、教会和律师，也都不会主动去完成这种社会公共善的苦乐算计。社会角度的苦乐算计另外需要有人去完成。这个被假托的另有其人，就是边沁所说的立法者。因此，立法者需要有一个公共善的观念，并且需要有超越所有利益集团的计算能力。很显然，边沁需要一个有良心的精英来督促整个社会的善的改进。这也就难怪他会设计出“全景式监狱”，将所有的囚犯全都置于狱方的监控之下。只是考虑到边沁本身具有对公共善的强烈追求，我们才不把这种“全景式监狱”判定为一种专制集权。但是非常明显，以功利主义的这种公共追求本身存在的障碍来看，边沁的功利主义不可避免地要严重依赖于控制人的国家机器，而不是依赖于自利的个人本身，因此不可避免地会采纳中权威主义或者说是一种温和的精英主义的立场。英国有一句谚语，叫作“通往地狱的路是好心铺成的”。边沁式的功利主义以增加社会善的好心开始，但是如果不加以警惕，这样一条道路就难免沦为通往地狱之路。而且，边沁的理论似乎已经事先预设了一个前提，即认为政治是对人类生活无所不包的、终极的解决手段；但是这样预设起码不能解决他所生活的国度赖以繁荣的市场经济体制中存在的问题。尽管边沁自己曾经是亚当·斯密的

① ［英］威廉·托马斯：《穆勒》，12页。

好友，但是他似乎并没能意识到由斯密所揭示的“无形的手”在人类生活中的作用。稍后的大卫·李嘉图似乎也对边沁所鼓吹的国家充满敌意，他们似乎并不相信功利原则可以无所不包地解决所有人类事务。

需要说明的是，边沁思想的发展存在着一个前期与后期的分野。在 1808 年之前，边沁是纯粹的法哲学家，对政治哲学并不感兴趣，一心要在统治者中间推广他的宪法改革原则即功利主义的计算公式。[①] 但是从 1808 年以后，边沁开始关注政治改革问题。因为他注意到，所有的官员为了剥削人民，有可能结成利益联盟，而贵族的利益并非社会的利益。官员贵族的利益与社会的利益相抵触，官员贵族们经常为了自己的利益而损害社会利益，因此，存在着一种“邪恶利益”。贵族实质上是敌视改革的，司法改革需要以政治改革为先决条件。为了能够推行“最大多数人的最大幸福”，只能坚持人民主权，防止统治者自立为主权者。因此，民主是好政府的绝对必要的前提。再后来，边沁认识到，不仅存在着官员贵族阶层的“邪恶利益”，而且还存在着法律职业阶层的“邪恶利益”。

边沁的这种思想转变当然不仅仅是其思想逻辑使然，而且有诸多的外在政治活动的因素的刺激。大家都知道的重要现实原因之一，就是其“全景式监狱”计划被延宕达八年之久而毫无结果。这一事实促使边沁认识到，贵族集团的自身利益是阻碍社会公共利益得以实现的重要障碍。就其思想的逻辑而言，边沁的思想一旦与现实政治的活动结合，其思想中激进的一面就被迅速地放大。从哲学激进主义运动开始，人民主权的观念、平等的观念、选举权的观念、代议制的问题、大众教育的问题、妇女权利的问题，乃至动物权利的问题都纷纷被提出。可以说，一种以平等观念为基础的现代民主主张，迅速地被以边沁为代表的功利主义者们所提出。因此也可以说，现代平等观念有了一个独立于基督教传统的功利主义传统。尽管我们知道，功利主义者的初衷并不在于追求平等，他们一心就想提高整个社会的善总和。为了这个目的，早期的边沁有依赖现有统治者的明显倾向。而同样是为了这个目的，一旦边沁等功利主义者认识到了统治者本身天然有局限的时候，他们就转而对整个政治制度提出彻底改革的要求。

尽管如此，由于功利主义者们显见的效果主义的评价取向，边沁简单地认为，只要主权归于人民就可以了。即便人民主权可能产生恶，那也是必要的

---

① 参见［法］哈列维：《哲学激进主义的兴起》，435 页。

恶。果真如此吗？其实不然。因为人民主权加人民民主，必然会在现实政治生活中产生多数人的暴政问题，后来进一步发展出的代议制民主本身，则同样面临着能否真正“代表”选民利益的问题。这种代表问题既是当下的、共时的问题，也是历经变化考量的、历时的问题。当以边沁为代表的激进主义者看到了社会政治问题的一个方面时，他们同时过于乐观地忽略了其设计方案所蕴涵的其他的危险，而且这种危险将是长期的和致命的。从思想史的角度来说，当功利主义者彻底抛弃了外在的衡量标准的时候，当他们将法律与政治制度设想为可以依照人的效用算计加以更改的时候，他们似乎已经忘记了，人的理性并不是人与社会唯一的衡量标准。在这个意义上，以边沁为代表的功利主义已经与休谟那样的苏格兰启蒙运动的精神相去甚远。休谟对于理性的贬损与打压已经被功利主义者们抛到了脑后，休谟对于惯习与传统的强调已经被边沁为了社会最大善而追求民主与平等的激情所完全淹没。时代已经改变，学生已经不似老师。我们提出了新的方案，但是我们真的就可以以一种决绝的新姿态来面对和处理我们的政治生活吗？

当然，尽管我们有着这样的严重担忧，由边沁所肇始的功利主义运动及其对于社会政治的激进改良主张，仍然是近代英国政治思想史的重要一章。而由边沁所继续的对于自然权利理论的批判以及由他所掀起的法律实证主义运动，仍然影响着当代政治法律思想。这种影响向前推进，就进入了密尔所进一步发展的功利主义新时代。

第二节　密尔：平民教育、言论自由与代议制

约翰·斯图亚特·密尔（John Stuart Mill，1806—1873）的父亲是詹姆斯·密尔。詹姆斯·密尔是边沁的长期好友和功利主义的支持者与鼓吹者，他通过严格的家庭式教育，让小密尔很早就开始了系统的学习。詹姆斯·密尔值得注意的理论贡献有两点，这两点都对后来的小密尔成熟时期的理论产生了重要的影响。首先，在《政府论》中，他注意到人们在任何地方都是自私和贪得无厌的，因此，一切政府都需要对其臣民的这种倾向有所压制。现代国家已经是一个大型社会，因此不可能像古希腊人那样实行城邦式的直接议事。于是，现代国家发明了“代议制”，议员获得授权来代表共同体成员进行治理。“代议

制”主张及其所存在的问题后来为小密尔所关注和讨论，但是老密尔自己并没有意识到这中间可能存在的困难。其次，老密尔继承与发展了英国的联想主义心理学理论。联想主义认为人类的心理是通过联想来组合和扩充知识的。这种主张最终被用来为环境教育对于人的成长的重要性做论证。也就是说，人在社会中的差别不是天生的，而完全是由教育或者说是由环境因素造成的。

我们前面提到，以休谟为代表的苏格兰启蒙运动承认“人为环境所形塑”这个命题。后来的小密尔也在其父亲的理论的基础上提出了“环境塑造性格”的学说。但是需要注意的是，休谟的形塑观包括默会的和明示的两种，并且更加强调这种形塑造成了人生活于其中的生活习惯，或者说文化传统；而老密尔的形塑观念则完全是在强调后天的学习，并且因而导向一种平民主义的教育方案。老密尔认为儿童的知觉是非选择性的，教师在儿童的理智发育的过程中作用重大。因此我们可以通过教育来根除边沁功利主义假设中的自我主义，使人的心灵获得一个“灵敏的、批判性的和利他的结构”。老密尔的理论中已经暗含政治上的精英主义和知识论上的真理论主张。这些主张的精华部分和困难部分很快就全都体现在了小密尔的理论中。

约翰·斯图亚特·密尔被认为是19世纪自由主义的集大成者，其一生著述甚多，最为著名的有《逻辑学体系》《政治经济学原理》《论自由》《代议制政府》《功利主义》和《妇女的屈从地位》等。在其二十岁之前，由于其所受的严格的古典教育和功利主义理论的熏染，他成为出类拔萃的理论家和功利主义的理论代表。但是也正是由于他的出身和他长期囿于狭小的知识圈子，小密尔的经历与理论存在着天生缺陷。他不是民主主义者，他对选举和民众教育寄予厚望只是因为他和他的朋友们认为这是现代知识传播和道德进步所带来的不可阻挡的潮流。他希望做世界的改造者，认为这是个人的幸福所在。因此在他二十岁那年的秋天，他的精神发生了一场危机。他下意识地自问：“假如生活中的所有目标完全实现，假如你所想望的全部制度和思想的改变就在这个时候完全实现，你会觉得非常快乐和幸福吗?”① 这一危机表明，他所受到的边沁式的科学分析教育是片面的。现在，他要回答以文学和诗歌为代表的对于人的直觉的强调与使他受到重要影响的严格心理联想主义是什么关系，边沁式的功利主义伦理学的缺陷如何弥补，以及如何面对政治中的权威等问题。

对于诗歌与文学所具有的优点的关注使他重新拾起了人的敏感性。他承认

① ［英］穆勒：《约翰·穆勒自传》，吴良健、吴衡康译，83页，北京，商务印书馆，1987。

诗人是具有“一种特殊神经敏感性”的人，这使得诗人的印象会显得“格外清晰”。因此，在我们的哲学教育中，应该格外关注作为情感文化的诗歌的特殊作用。

约翰·密尔注意到，边沁的功利主义忽视了行为者本人的性格可能影响行为的后果，而利他主义和富有教养的阶层更是存在于我们实际的人类生活中。为了解释这一切，约翰·密尔在《功利主义》一书中提出了高级快乐和低级快乐的区分，认为“那些致力于追求人类之善的理想主义者仍是在追求快乐，不过这是一种高级的快乐。当教养良好的人需要对一种经过升华的快乐（如读诗）和一种粗俗的快乐（如饮酒）作出选择时，他通常会选择前者”[①]。这种转变促使他后来写下这样的名言：“做一个不满足的人胜于做一只满足的猪；做不满足的苏格拉底胜于做一个满足的傻瓜。”[②] 约翰·密尔还对科学与艺术进行了区分，认为伦理并不是一门科学，而是一门实践中的生活艺术。这些想法多少都体现了他与边沁功利主义的差别。

约翰·密尔还从柯勒律治（Samuel Taylor Coleridge，1772—1834）那里学来了关于知识阶层的划分的观念，从而认为人类社会是一个历史的结构，因而应该在人类社会的历史中观察过去的社会和思想习惯。阶层划分观念与精英统治观念与密尔原有的教育在社会中的作用的主张一旦结合，就使密尔所说的精英不再是柏拉图式的贵族政治，而是一个经过训练和教化的现代专家集团。密尔显然承认在人类生活中某些人的见解要比其他一些人的见解更重要，但是专家统治和平民教育之间显然存在着对立。专家统治的思想不可避免地要使密尔对于多数人统治可能带来的危险保持警惕。这种主张的背后，是一种对确定性的科学知识的存在的承诺，而确定性的科学知识则只有少数人能够把握。专家治国的理由在此，对多数人统治的危险的担心，其理由同样在此。

约翰·密尔同时还坚持思想和言论自由，思想自由的理论根据是我们人类知识的正确性是不确定的。这种不确定不是前文所说的科学知识的确定性的不确定，而是对于真理到底掌握在谁的手里，我们并不是特别确定。这也就引出了约翰·密尔对三种情况的著名区分：“如果流行的见解是错的而少数人的见解是对的，那么对于后者的压制就意味着承认一种权威的信念，而这对人类是有害的；如果流行的见解正确而少数人的见解错误的话，那么对后者的压制也

---

① ［英］威廉·托马斯：《穆勒》，58页。

② ［英］穆勒：《功利主义》，10页。

将使那些持有正确见解的人不知道它何以正确；如果，像大多数情形那样，流行的见解和少数人的观点各有短长，那么对后者的压制就是在干扰那种使一些人从另一些人的错误中汲取教训的思想过程。”① 结论就是，我们不能够压抑任何少数人所坚持的见解，应该公正地对待少数人的观点并对新见解保持宽容的态度。约翰·密尔对于言论自由的这种推论，与他的关于人类可以具有确定性知识的信念奇妙地结合在一起，似乎使他没能察觉二者之间可能存在着抵牾，或者说两者可能并不是同一个层面的问题。不管怎么说，现代自由主义将密尔的这种见解加以发挥而强化论证说，正是人类知识正确性的不确定使我们不能够事先判断什么样的一种知识可能在将来为人类造福。因此，为了我们人类的福祉，我们鼓励和保护一切人在一切可能的知识方向上发展。这种原则在客观上保护了天才，抵制了平庸之辈，鼓励了人们在思想和行为上的首创精神。

密尔对于现代政治哲学的又一个贡献体现在他的“最小伤害”原则中。在《论自由》中，密尔论证说，我们之所以对某个人的行为进行干预，那仅仅是因为这些人的行为伤害了他人。否则，假如我们只是希望给这个人带来好处的话，那我们就最好不要干预他。密尔说这是《论自由》要论证的目标，一条“非常简单的原则”：

> 若要干涉任何数量个体的行动自由，无论是出自个人还是出自集体的干涉，人类已证明其为正当的唯一目的只是自我防卫。同样，对于文明群体中的任一成员，违背其意志而正当地施用权力于其上，唯一的目的也只是防止伤害他人。任何成员本人的利益，不论是身体的还是精神的，都不能成为对他施以强制的充足的正当理由。②

密尔的这个论证还同时暗含了对于个人自由的保护。在这一点上，他与边沁是不一样的。“任何人的行为，只有涉及他人的那部分才须对社会负责，在仅涉及本人的那部分，他的独立性在权利上则是绝对的。对于他自己，对于其身和心，个人就是最高主权者。”③ 这种主张意味着要求给人而不是给国家留下活动余地。因为密尔认为，只有“基于进步人类的长远利益的那种最大意义

① ［英］威廉·托马斯：《穆勒》，134～135页。

② Mill，J. S.，Bromwich，D.，Kateb，G.，Elshtain，J. B. *On Liberty*. New Haven，Yale University Press，2003，p. 80. 转引自［英］密尔：《论自由》，许宝骙译，10页，北京，商务印书馆，1959。译文有改动。

③ Ibid.，p. 80. 同上书，11页。

的”功利性才是“一切伦理问题的最终准则”。

密尔的精英主义倾向为他的政治哲学留下了另外一个重要难题，那就是如何处理少数人与大众的关系问题。在《代议制政府》中，密尔主张比例代表制和复合投票权，但是反对秘密投票原则，他还主张根据人们的教养程度来决定他们是否享有选举权。密尔赞扬民主政府，认为它激励了人们的主动性、自信心和竞争意识，因而能够激发绝大多数人的活力。但是他有时又认为专制制度是对付野蛮人的合法的政府形式。因为密尔推论的背后有一个前提，即一个民族只有在接受了一定程度的教育，具有了一定程度的自立能力之后，才能够建立和推行代议制制度。平民受教育的程度与这个国家所选择的政治治理形式应该匹配。因此，那些完全没有读写能力和进行简单计算能力的人不应该享有选举权，而那些不纳税的和靠救济为生的人同样也应该被排除在外。考虑到具有较高教养的人的判断能力，以及他们对于政治的相对淡漠，密尔还建议应该给这样一部分人加票。密尔的这些主张良莠不齐，不过，密尔基于对于妇女权利的尊重，在当时就主张应该给予妇女同等的选举权。

密尔发展和改进了功利主义，使之变得更加温和。效用的直接算计部分地被遵守规则所带来的结果考量所取代，这就是人们常说的规则功利主义。密尔对于个人自由的保护、对于人类处境的不确定问题的分析，以及对于人类艺术敏感性问题的强调，都使密尔的政治哲学的前提要比彻底乐观主义的边沁更加复杂。与边沁一样，功利主义者密尔论证了平等和民主的必要性，但是平等和民主在他们那里都是为了促进人类的最大幸福，其本身并不是他们所要追求的目标。功利主义运动使我们评价社会的法律与政治准则的标准彻底主观化与内在化，使我们在思考政治问题时的注意力与前提假设全部集中在了政治实践中的个人。可以说，功利主义完成了从以自然法为代表的社会规范标准的外在化评价到内在化评价的转化。我们也可以说，这种转化是人类彻底世俗化运动的结果，是对哲学概念的思考与分析更加精细化的结果；但是我们并不能说，他们的转化工作就已经将我们带进了一个稳定的价值规范评价系统。相反，他们迎来了代议制民主和平权的新时代，与这个新时代一起到来的，则是大众价值的多元化以及伴随而来的社会规范体系的不稳定性。自然法貌似在功利主义的盛行中终结了，但是功利主义的政治解决方案的麻烦看来才刚刚开始。

第三节 法律实证主义与自然法之争

密尔与哈特关于边沁地位的评价差异，原因可以追溯到自然法与法律实证主义争论的日隆。密尔本人却并没能注意到这种争论。或者说，在密尔时期，虽然这种争论已经展开，但这种争论的核心意义并没能为密尔及其同时代人所特别注意。作为对比，20 世纪后半叶法律实证主义的代表人物哈特对于这场争论的明晰化与条理化起到了关键性作用。因此，用现代人的目光回溯，密尔并没有意识到作为当代法律实证主义先驱和奠基者的边沁的重要地位。密尔并没有注意到，自边沁以降，伴随着功利主义原则的建立，评价人类社会生活规范准则的标准已经发生了变化。在过去，人们用或清晰或含混的自然法则来度量人类生活的规范。而现在，这种尺度已经悄然变化。人们发现，自然法既不自然也不具有作为判别准则的法则性。自然法所具有的理性的、神学的、传统的神秘判别力量，在近代的去神秘化过程中一一受到质疑。

20 世纪中叶以来，法哲学领域就一直存在着自然法与法律实证主义之间的争论。争论的核心，是法律规范的来源与性质。自然法认为存在着独立于法律规范体系的外在道德标准，正是这一标准决定了法律规范的产生与修正。法律实证主义则认为，法律规范的体系的产生与存续是内在的、自足的与封闭的。富勒与芬尼斯站在自然法传统一方，而哈特及其弟子如拉兹等人则站在法律实证主义一方。与法哲学领域的这种长期争论相呼应，政治哲学领域在 20 世纪即将结束之际，也开始出现“政治应该具有自主性”的主张。将这两股潮流放在一起，是因为主张自然法的思想家在政治哲学领域主张“道德为政治奠基”，而法律实证主义的支持者则倾向于支持政治具有自主性，认为它应该独立于道德原则的考量。法哲学与政治哲学的共同点是它们都在关注和考察指导和支配人类实践生活的规范问题的性质。这种关注在最近三十年汇聚在一起，构成了一种被称作对于规范问题的“规范性”（normativity）[1] 的考察。

---

[1] 在实践哲学领域，最为关心“规范性”问题的是法哲学家凯尔森。他的专著《关于规范的一般理论》（*Allgemeine Theorie der Normen*）早在 1979 年就已经出版，而在 1990 年就已经被翻译成英文出版。相比较而言，在哲学领域，1980 年之前，以规范性为标题的哲学研究文章近乎为零，20 世纪 80 年代为 3 篇，90 年代为 76 篇，而从 21 世纪起到 2010 年为止为 218 篇。到了 20 世纪 90 年代，以道德哲学中科尔斯戈德的《规范性的来源》和政治哲学中哈贝马斯的《在事实与规范之间》为代表，传统哲学领域对于规范性的关注已经非常显明。

我们建议用上述这一争论的角度去回溯近代英国政治思想的走向。我们有充分的理论理由这样做。19 世纪的法律实证主义脱胎于近代英国，霍布斯与边沁是公认的两位先驱。而当代主题的凸显乃至最终形成对峙状态，也均与英国近代的思想关联密切。也就是说，我们大致可以把我们所考察的这个时期的关注焦点总结为效用观念的兴起与自然法思想的式微。

在近代英国，人们对于政治规范的评判标准发生了从客观到主观的转变过程。这个转变的主因来源于效用观念的兴起。由于这种转变，近代英国的政治哲学其实已经暗含了“政治具有自主性”这个现代命题。这种主张也直接促成了人民主权、民主、代议制、妇女权利、平等、公民教育等现代政治思想的兴起。也就是说，不同于基督教传统，功利主义独立地发展出了一种平权思想，因而也就成为现代平等思想的世俗来源。让我们感到有趣的是，现代政治的一个重要特征，就是形式上的平权观念与实质上的精英统治并存，两者在现代人类政治生活中的作用难分伯仲。同样有意思的是，在边沁之前的英国思想家们的思想中，乃至在边沁自己的早期思想中，多少都以等级制度为隐含前提。功利主义的彻底运用，使这一切发生了根本性的转变。尽管如此，功利主义的政治哲学依然是让人喜忧参半的系统主张。它所带来的“激进主义”既是真正彻底的，但又有巨大隐患。它迎来了代议制民主的新时代，也埋下了“多数人的暴政”以及“代表”落空的问题。也就是说，功利主义政治哲学并不像它看上去的那样美。它是鲜果，但是也浸染了毒药。为求解药，重新审视自然法传统也许仍然是值得认真对待的备选方案之一。

在这个反思性的大背景中，哈特对于边沁的研究为我们提供了专业的视角。《哈特论边沁》一书共十章，集中讨论了三个重要主题：第一，功利主义标准与权利问题；第二，道德与法律分开的主题；第三，法律命令性的性质与来源。第一个问题探讨了化性质为数量的困难。哈特以“沉默权”为例，认为如果以社会效用最大化为原则，习惯法传统所坚持的、为现代法律所公认的“沉默权”就将受到侵害。因此，效用原则的适用性在现代社会观念中是受到质疑和限制的。第二个问题是典型的“法律自主性”命题。这个命题为自然法传统所批判，但是为实证法传统所坚持。我们把法律与道德不可分开的自然法传统思想称作一个更大的主题的分命题。这个更大的主题涉及政治哲学的一个古老传统。简单而言，这个传统的核心思想可以被归结为“道德为政治奠基”。而“道德为法律奠基”则是这个更大的主题在法律哲学领域的应用。与“道德为政治奠基”一样古老的，是政治哲学的另外一个重要传统，那就是坚持认为，只要充分发挥人的理性能力，我们就可以为我们的道德生活与政治生活寻找到或设计出基本的规范来。我将“道德为政治奠基”这样的传统称作“善良意志论”，而将后一个传统称作“理性设计论”。总体说来，这两个古老传统在近代以来的“法律实证主义运动”中都受到了质疑。这个运动，肇始于霍布斯，中经以休谟尤其是边沁为代表的功利主义，一直延伸到二战以后以凯尔森、哈特、拉兹为代表的当代法律实证主义。我们赞成法律实证主义者将道德与法律进行剥离的努力，赞成为“法律的自主性”寻求辩护。因为，法律生活毕竟是一种独特的生活现象，法律规范毕竟有其独特性。而这种独特性，并不能够简单地用“善良意志论”和“理性设计论”来加以解释。

这里需要说明的是，在与自然法传统辩论对峙的过程中，法律实证主义所代表的思想其实已经悄然转移了自己的研究范围，改变了自己的研究标准，但是对峙双方都多有不觉，以至于造成了理论上的“斜视”局面。我们需要做的工作，就是要“正视”对方。

这里所说的“斜视”，起源于自然法坚持者和法律实证主义者在理论努力上的差异。这个差异可以简单地表述为：自然法坚持者试图为道德与政治寻找外来的判别标准，而法律实证主义者则与之相反。因此，自然法是在寻求“判准”，也就是我们所说的“法则”（law）。可判别或可奠基是其努力的关键。而实证法则在研究约束人类行为的基本“规范”（norm）。“规范”与“法则”，这是两个层级不同的概念。规范是一系列命令与要求，它直接约束或鼓励人们的行为。因而，“命令性”是其基本特征。法则当然也有命令性，但是法则是命令和约束规范的，它并不直接命令和约束人们的具体行为。因此，我们可以说，法则的命令性其实是一种“准则性”。自然法坚持者争辩的是，一切人类规范都是依据一定的原则而制定或（通过推导）产生出来的。强势的自然法坚持者甚至会主张一切人类规范必然能依据一定的原则而制定或（通过推导）产生出来。约束人类的规范本身是否有的问题，对于自然法坚持者来说几乎不是问题。约束人类的规范本身是否有一个判别准则的问题，才是自然法坚持者所刻意强调的问题。在 20 世纪 60 年代的“哈特—富勒之争”中，我们不难看到这一点。富勒用来批评哈特的，正是行为若无外在标准则如何避免纳粹暴行的问题。而 20 世纪 80 年代以来芬尼斯将自然法归结为人类实践理性使然，关注的仍然是判准问题。

与之相对照，法律实证主义更关注规范本身的性质、面貌，关注作为严密约束体系的法律系统，其本身如果要发挥作用或者说其本身如果要实现对于人类的约束，将呈现出什么样的面貌。很显然，法律实证主义聚焦于“规范”，而自然法则聚焦于“判准”。差别在于，法律实证主义把“判别准则”问题内在化，坚持声称“体系之外无判准”，也就是坚持法律具有自主性，认为外求“判别准则”是一种虚设，或是一种不了解人类“规范”体系性质与面貌的努力。因此，“判准”与“规范”之别，其实是问题设置与解决问题之方法上的差别。自然法与法律实证主义都对对方的问题产生了“斜视”，因此也就虚化或错置了对方的问题。如果自然法坚持者正视“规范”之作为体系，且如果法律实证主义者正视“判准”内在化的自身困难，则双方就都有可能真正“正视”对方，把问题放置到正确的位置上来。

当边沁批评法国的《人权宣言》为“高蹈的胡言”时，他想批评的就是自然权利主张的非规范性。他认为《人权宣言》要么无用，要么有害。因为没有法律就没有权利。权利的真正源头是实在法而非自然权利。只有实在法为人类设定了“规范”，也即设定了“应当”或“不应当”的义务，人们才相应地能够享受到权利。在这个意义上，自然权利主张是无用的。如果自然权利主张者以此为准则来煽动人们造反，那它就转而变成“有害的”了。

当然，边沁对于法哲学的成熟的贡献，还在于上述哈特所说的对于“法律的命令性”的研究和强调。“法律的实质特性或唯一特性就是强加义务的命令”[①]，这一边沁式的论断有很大的争议性，因而需要更为严谨的限定。但正如哈特所说，边沁在这一问题上所做的理论辩护功德无量，它让我们严肃地认识到法律规范区别于人类其他行为规范的核心特性。其背后的实质，是边沁提出了不同于亚里士多德“认知逻辑”的“命令逻辑”或“意志逻辑”[②]，从而为后来奥斯丁的“强制命令构成法律”的主张铺平了道路。由边沁所清晰界定的这一法哲学的研究方向，为我们认识人类的法律规范提供了新线索。这一线索的重要意义在于，如果“法律即命令”，那么法律就是“任意的”或“专断的”(arbitrary)。像法律这类规范的独特属性恰恰就在这里，它无法以理由来加以说明，将其归结为“专断性”更有利于把握其特征。它事实上是某种形式的意志论，这种意志论必然诉诸某种善。直白地说，它将“秩序”之善置于“可理解性”这种善之前，它“通过威胁强迫大多数人默然服从”这种善。[③] 如果你坚持“可理解性”这样的善应该高于“秩序”之善的话，你也可以将法律的强

① ［英］哈特：《哈特论边沁》，128 页。

② 同上书，117～132 页。

③ 同上书，264 页。

制命令性看作“可理解性”不可欲时人类退而求其次的次优选择。显然，法律实证主义者通常认为，这种次优选择应该是人类更为稳定的选择。因为，他们并不假定人类的理智可以在第一时间认识清楚人类的一切选择行为，从而能够在第一时间计算或推演出可达至最佳选择的行为规则来。当法律实证主义者将自己的研究对象锁定为法律“规范”体系时，他们就已经将自己的对象置于封闭的体系中了。这个体系以承认人类理智在思考人类规范体系时的能力有限性为前提。由于这种有限性，我们不得不考虑意志、情感、行动等复杂因素，并且妥善处理“意志”与人类认知、推理等行为的关系。

经过这样的解释，我们多少可以理解哈特对于边沁进行解读的意义之所在。法律的命令性可以说是法律的核心特征，而“在命令观中隐含的一些要素，对于理解法律来说至关重要”①。比哈特要多出那么一点的，是自然法与法律实证主义争论的核心，即我们需要将“准则”与“规范”区别开来。在区别开两类性质的问题之后，我们会发现现代实践哲学讨论的其实都是“规范”，但是在很多时候我们装作在讨论“准则”。这种“斜视”或“误置”多多少少耽误了我们对于规范体系所应该具有的基本特性的讨论。我们把规范体系的特性归结为“自主性”与“封闭性”。这些特性都可以从边沁关于法律问题的一般推导方法那里找到影子，不过它们同样可以应用到我们关于道德规范与政治规范的讨论中。这些讨论将拓展我们对于人类规范的认识，进而对政治哲学传统讨论中的“道德主义”与“理性主义”提出批评。边沁之于我们现代实践哲学，之于我们将实践哲学作为一个统一的研究对象来看待，是一个起点。②

进一步看，法律实证主义与自然法的争论，焦点在于法律的性质、功用与认识方法。大致说来，从霍布斯到小密尔，英国近代以来政治哲学的争论，一个突出的特点就是效用观念逐渐凸显，并最终发展成为功利主义，而自然法思想在这个背景下逐渐衰落。另外一个特点就是这样的争论逐渐强化了国家的作用，从而把注意焦点集中到了对法律的起源与性质的探讨与说明上，后一趋势后来形成了当代讨论中的法律实证主义，但它那时还只是被称作实证法或分析法学。

近代自然法思想在休谟那里受到了致命的打击，而功利主义以及与之相伴

---

① ［英］哈特：《哈特论边沁》，274 页。

② 早在出版于 1975 年的《实践理性与规范》一书中，当代法律实证主义的代表拉兹就已经反复强调了“实践哲学的统一性”的问题。我完全赞成拉兹的这样一种努力（参见［英］拉兹：《实践理性与规范》，朱学平译，232 页，北京，中国法制出版社，2011）。

随的分析法学的诞生则标志着一种系统的、与自然法相对立的实证法理论的产生。法律实证主义的诞生，标志着人们从对政治的开端问题的关注，转向了对政治生活的开展问题的讨论。严格来说，霍布斯的《利维坦》的诞生，讨论的正是政治何以开始的问题。而洛克关于政府权力分立的问题，以及边沁的全景式监狱的构想、密尔的投票权问题与言论自由问题等，则都是在讨论人类政治开始后内部规则如何调整的问题。

自然法主张，自然中存在着一个永恒的法则，现实的法律应该与其保持一致。因此，“恶法非法”。自然法确立了一个关于法律的外在评价标准，这个标准要么是来自道德的，要么是来自神的。西塞罗认为，自然法是自然中固有的最高理性，它允许做应该做的事情，禁止相反的行为。这种理性一旦在人的心智中得到确立与实现，便是法律即自然法。自然法具有永恒性和普遍性，不能废止。自然法最初带有“天赋”权利的思想，认为人生于自然，人的权利也来自自然。但是这些外在标准的基础是否牢固则成为一个富有争议的问题。休谟就批评洛克以及经院哲学家“天赋的”“自然的”等概念缺乏精确的界定。

当代法律实证主义则在观念上承认三个命题：社会事实命题（the social fact thesis，也即社会来源命题）、约定性命题（the conventionality thesis，法哲学领域通常也译作“惯习命题”）和分离性命题（the separability thesis）。

法律实证主义的社会事实命题认为法律的效力来源于社会。而在早期的奥斯丁、边沁以及法律实证主义的先驱霍布斯那里，法律则被认为是主权者的命令。一般认为，古典法律实证主义主张两大命题：第一，主张法律与道德应该分开（即支持“分离性命题”）；第二，主张法是主权者的命令。奥斯丁就主张，法律是一种命令。这一观点又被称作法律实证主义的社会来源命题。社会来源命题的另一种表述是：“什么是法律，什么不是法律，这是一个关涉社会事实的问题。因此，什么是法律上有效的，什么不是法律上有效的，可以通过其社会来源来确定，而不能够通过比如说道德评价来确定。”① 法律的有效性依赖于其来源。

奥斯丁的主张在理论上可追溯至霍布斯、休谟与边沁。这条线索上的理论家要想最终得出奥斯丁式的结论，就可以肯定他们有以下内在的理论倾向。这种倾向可以被总结为：其一，将社会实践（规范）看作一种现象；其二，认为现象与应当之间存在着区别；其三，主张依照现象而研究现象；其四，认为社

---

① Capps，Patrick. Methodological Legal Positivism in Law and International Law. in Kenneth Einar Himma. *Law，Morality，and Legal Positivism*. Franz Steiner Verlag，2004，p. 9.

会规范的评价标准在社会实践者自身（该命题蕴涵“人是具体的与内嵌的”这个主张）。而且，与这些倾向联系得很紧密的一个现象是，这些理论家都倾向于考察人的效用。至于效用评价与后来的法律实证主义之间是一种什么样的关系，则需要我们进一步去考察。一个重要的背景事实是，自马基雅维里以来，尤其是自霍布斯、休谟以来，人的欲望因素被当作了应该加以认真审视的政治问题。洛克的财产权观念也承袭了同样的传统。这一线索，就是当代人们所说的“古今之争”所指涉的当代主题的凸显。

20 世纪的法律实证主义者凯尔森认为法律具有一个先验命题，哈特则认为法律是社会规则。从早期到 20 世纪的这个转变，体现了法律实证主义从人格论到规则论的转变。人格论将国家视为一个拟人化的独立人格，因而假定其具有独立的意志，是一个可以独立完成事情的自律单元。这一观念除了体现在“法律是主权者的命令”这个命题外，还集中体现在传统的主权观念中。但是哈特敏锐地认识到传统主权观念不利于解释主权形态不完整的各种政治实体，因而也不利于解释国际法等法律实践问题。他反转思路，认为规则遵守要优先于独立意志观念。他认为即便可以观察到独立意志与自律行为，但是不管行为者是个人还是国家，在面临规则遵守的问题时，都需要走出意志论的封闭自我，实现对于规则的合理认识。[①] 这个暗含的假设与法律实证主义者的社会来源命题相切合，不过法律规范的来源现在走出了意志论，开始走向一种建构论。

从马基雅维里开始，近代以来的政治思想家已经开始认识到政治是一种独立的人造事实人造物。这种观念在霍布斯与休谟那里都得到了强化。他们认为，政治制度、政治规范以及与之相关联的政治观念如正义、财产权等应该是一种人造物，是一种基本的社会约定。与这种观念相关联，支配政治生活的基本规则（其成熟形式就是法律）是一种人为约定的主张也出现了。一般认为，霍布斯与休谟都是约定论者，都对自然法有批评，都有了效用观念，但都不是功利主义者。二人都承认，社会政治制度是特殊的社会事实和特殊的人类制度。但二人也存在着不同。霍布斯的约定论以社会契约论作为支撑，契约各方是自利的个人，并且假设了权威存在的必要性。休谟的约定论则不认为权威的存在是必要的，只要符合几个基本的要件，能动的个体就可以接受基本约定了。

---

① 参见［英］哈特：《法律的概念》，208～234 页，北京，中国大百科全书出版社，1996。

自然法学派坚持法律与正义之间存在着本质的关联，而法律实证主义者则主张法律的有效性与道德正义无关，这就是法律实证主义者所坚持的分离性命题。分离性命题认为法律与道德之间没有必要的交叉，这暗含着不存在必然的法律有效性的道德标准，也使是否存在可能的法律有效性的道德标准这一问题具有了开放性，哈特之后的法律实证主义者虽然一致认同法律与道德之间“没有必然的联系”（哈特），但在“是否可能”的问题上出现了重大分歧。以哈特为代表的包容性实证主义者认为，法律有效性的标准包含道德；而以拉兹为代表的排他性实证主义者认为，法律的存在和法律的内容总是由其社会渊源决定的。

关于主权、法律及人类政治生活的性质及相互关系，可以说是英国近代政治思想所关注的核心。国家是一种人为设计，为了保证这种人为设计达到其设计之初所追求的目的，国家就拥有了对于暴力和法律制定权的绝对垄断。科林注意到，“自文艺复兴以来，社会以主权国家为中心组织了起来。主权国家内在地拥有了绝对权威。通过运用这一权威，国家可以决定谁是一个具有法定权利的人，国家赋予一个人以权利与义务，建立或终止人与人之间的法律关系，以法律规范的形式规定社会行为。法律规范将社会规范限定在一定的概念范围内。这种限定潜在地无所不包。因此最终，国家这种机关（institution）会强迫人们去遵守规范命令，国家机关的这种强制行为可以行善也可以为恶。就后者而言，人们可以被禁闭，被施以酷刑，被剥夺公民身份，被驱逐出境，被执行死刑；他们的财产可以充公，他们赖以谋生的手段可以终止。出版家和教师从国家角度重新定义社会事件，新的政治领袖和法律官员代替了旧的国父，他们的意图让官方政府的所有行为都正当化了。国家法律被说成是约束生活在这个国家疆域内的所有人的。尽管存在着内容上的明显不公，法律的基本内容仍然被认为是权威的。除非国家的法律制度赋予其权威，否则没有一种组织，无论是宗教组织、政党还是公司，能够建立或推行一种具有约束力的法律。国家拥有了对于暴力的垄断使用权，不经国家机关的允许，任何社会组织都不能够使用暴力”①。

当然，这种表述中的绝对垄断造成的结果，就使法律的正义性与正当性问题貌似失去了交代。这也正是自然法学者所关心和恐惧的核心问题所在。对于国家这种人为建制的理解与不理解，全都围绕这一点展开了。“一个大的问题

---

① Collin，William E. *The Invisible Origins of Legal Positivism*. Kluwer Academic Publisher，2001，p. 1.

是：‘在这样的主权国家中，为什么一些法律和规章可以被认可，而小规模的有组织的犯罪行为却不能够被认可？’这一问题并不必然牵涉国家行为的正义问题，也并不必然牵涉官方可以有权吸收他们关于国家行为的考量这样的因素。然而，这一批判性的问题却引出了法律权威本身的性质问题。为什么一个国家官方的规则或规范可以约束一个国家疆域内居民的行为，这正是问题所在。如果你可以解释这一问题，那你就可以开始理解国家机关的一些明显的不人道行为，例如有权驱逐长期居住于此的公民，有权对他们施刑，有权将他们驱逐出境或对他们执行死刑。所有这些都是以国家权威的名义进行的。如果你可以理解为什么人为制定的法是具有约束力的，你就可以最终理解为什么国家拥有对于强制权的垄断。”①

国家垄断暴力使用权这一点一开始就被自然法学者所怀疑。但是现在，可以确定的一点是，自然法学者对国家垄断暴力使用权的意义认识不清。如果国家不垄断暴力使用权，则任何人与任何人之间，任何人与任何组织之间，任何组织与任何组织之间都有可能相互宣称使用暴力，而这是一种霍布斯意义上的战争状态。只有强制垄断暴力使用权，才能够将暴力集中于单一的国家机关手中，其他人或其他组织只能通过适当的非暴力手段来调节相互之间的关系（当然也包括调节彼此之间的利益关系）。也就是说，站在霍布斯主义的立场，没有暴力使用权的垄断，就没有人们之间的和平谈判的条件。换句话说，国家垄断暴力使用权是人们之间和平共处的开端条件。只有人人没有生命之虞，才能够平心静气地相互交往。而很显然，自然法主张者可不这么认为。

法律实证主义者首先接受国家作为结束自然状态的人为机制或人为制度，进而认为人只能在结束了自然状态之后的国家机器内调整自己的行为规范。而自然法的主张者首先将国家及其相关的规范看作待考察的对象，他们并不首先接受国家是结束自然状态的一种机制，他们也不认为我们只能在结束了自然状态后在国家机器内部来调整人的行为规范。这种理论旨趣的差异，决定了自然法与实证法学者的学术取向。在霍布斯与洛克的身上，这种差异表现得非常明显。毫无疑问，在一些坚定的自然法学者那里，国家注定是一种恶，我们应该保留对于这种恶的审判权利。而且，在他们看来，不问法的善恶，一上来就接受国家作为规范人类行为的机器，这种人和这种行为都是在道德上有争议的。

如果法律实证主义者认为国家是建构规范的先行条件，那么法律规范是一

---

① Collin，William E. *The Invisible Origins of Legal Positivism*，pp. 1－2.

种社会性的建构行为的主张就不言而喻了。也就是说，法律实证主义者的社会命题源于他们对于国家这种机制的接受态度，而没有审视地接受国家这种机制，以自然法传统看来就是一种不折不扣的国家主义。在一些特殊时期，这是一种为专制主义进行辩护的手段。洛克活跃时期的英国，当人们这样来指责一个人是霍布斯主义者时，就有这样的意味。很显然，法律实证主义者会假定自然法主张本身的审视基础是不牢固的。因为自然法诉诸的是神的命令、人的传统和理性。

现在，两种理解出现了分裂和紧张的态势。法律实证主义者主张对于规范的建构，而且毫无疑问是在国家这种机制内的建构。其好处是能够强化法律的实践特性，并能够随时修改不合适的法律。自然法支持者会首先担心国家本身就是不正当的，同时也怀疑处于国家机制内部的人没有能力找到建构规范的善端。在一种不那么强的意义上，我们说这个时候的法律实证主义者是一个法律规范的建构主义者，而自然法学者则可以被认为是法律的实在论者。前者质疑后者能否有这种可资依赖的实在规范，或质疑其考量规范的工具如理性本身并不可靠；后者则质疑前者无法为自己接受国家机制及主张规范建构寻找到合适的考量标准。前者在后者的问题前干脆宣称“恶法亦法”，后者则因“恶法亦法”这个主张而更加攻击前者。二者最终在法之善恶的态度上形成了情感对峙。但是我们倒认为这不过是两个阵营的意气结点。各自退后一步，法律实证主义者未必真的在为恶法辩护，只不过他们认为法学的中心工作不在这样的枝节上。自然法学者也未必真的不认可社会建构在现代法律的产生中所起的作用。自然法的主张者担心，或者干脆就是认为，作为人造物的制度、规范及相关政治观念本身无力保证自己的正确性。因此，他们提出，一个制度、一种规范或一种观念，其本身是否正确，需要外在的标准。而道德体系或自然法的说明，就是保证这种正确性的可能选择或可靠选择。因此，要想批评道德主义与自然法主张，就需要在强调社会事实命题、约定性命题和分离性命题的框架之内，相应地给出关于其正确性如何能够得到保证的基本说明。只有这种说明充分有效，道德主义与自然法传统的疑虑才能被彻底打消。

作为评判的参照，我们不妨关注韦伯关于自然法与实证法争论的主张。在其法律社会学考察中，韦伯注意到，现代世界的一个重要事实就是自然法思想的式微与实证法思想的兴起。不过，与这种“式微”或“兴起”的判断所暗示的线形发展思维不同，韦伯将自然法归结为一种独立于成文法的、非专断的章程。这种章程赋予人们承担义务的力量并将其合法化。概而言之，“自然法是个集合性术语，它所涵盖的那些规范，其正当性并非源于某个具有正当性的立法者，而是源于它们内在的目的论品质”①。在这个意义上，自然法具有革命性，它以一种执拗的，或者韦伯所说的“非理性的”方式，为人们提供了一种价值合理性辩护。与自然法的这种传统特点相对照，实证法则具有比较强烈的目的合理性特征。它以承认现行法律体系的价值合理性为前提，追求程序上的合理。因此，依照韦伯的逻辑，一个社会是更多地强调自然法还是更多地强调实证法，与这个社会对于合理性方式的追求有关。实证法并不因为近代的功利主义的兴起而一劳永逸地战胜了自然法。考虑到韦伯历史观所强调的“机会”与“可能性”概念，我们有理由推断说，一个社会是更多地追求自然法还是更多地追求实证法，端赖于这个社会是更多地表现出“革命性”还是更多地表现出“守成性”。一种新思想战胜一种旧思想的思考模式，显然在韦伯的理论中没有位置。这样，韦伯就把自然法与实证法的争论，现实化为与一定社会历史相关联的“适切”（appropriation）模式。

陈德中

参考文献

边沁．道德与立法原理导论．北京：商务印书馆，2000.

边沁．政府片论．沈叔平，等，译．北京：商务印书馆，1995.

穆勒．论边沁与柯勒律治．白利兵，译．上海：上海人民出版社，2009.

密尔．论自由．许宝骙，译．北京：商务印书馆，1959.

穆勒．功利主义．徐大建，译．上海：上海人民出版社，2008.

穆勒．约翰·穆勒自传．吴良健，吴衡康，译．北京：商务印书馆，1987.

波斯特玛．边沁与普通法传统．徐同远，译．北京：法律出版社，2014.

哈列维．哲学激进主义的兴起．曹海军，等，译．长春：吉林人民出版社，2006.

哈特．法理学与哲学论文集．支振锋，译．北京：法律出版社，2005.

哈特．哈特论边沁．谌洪果，译．北京：法律出版社，2015.

拉兹．实践理性与规范．朱学平，译．北京：中国法制出版社，2011.

马克斯·韦伯．经济与社会：第二卷上册．阎克文，译．上海：上海人民出版社，2010.

麦克里兰．西方政治思想史．彭淮栋，译．海口：海南出版社，2003.

斯科菲尔德．邪恶利益与民主：边沁的功用主义政治宪法思想．翟小波，译．北京：法律出版社，2010.

① ［德］马克斯·韦伯：《经济与社会》（第二卷上册），阎克文译，1004页，上海，上海人民出版社，2010。

威廉·托马斯．穆勒．李河，译．北京：中国社会科学出版社，1992.

约翰·菲茨帕特里克．密尔的政治哲学．万绍红，译．北京：人民出版社，2014.

Mill J S，Bromwich D，Kateb G，Elshtain J B. On liberty. New Haven：Yale University Press，2003：80.

Capps P. Methodological Legal Positivism in Law and International Law//Himma K E. Law，Morality，and Legal Positivism. Franz Steiner Verlag，2004.

Collin W E. The Invisible Origins of Legal Positivism. Kluwer Academic Publisher，2001.

Driver J. The History of Utilitarianism//The Stanford Encyclopedia of Philosophy（Winter 2014 Edition）. http：//plato. stanford. edu/archives/win2014/entries/utilitarianism-history/.

Sprigge T. Collected Works of Jeremy Bentham：vol. 1. 1968.

Williams B，Smart J. Utilitarianism：For and Against. Cambridge：Cambridge University Press，1973.

第七章 贵族、民主与自由：道德哲学家托克维尔

阿历克西·德·托克维尔（Alexis de Tocqueville，1805—1859）是一位独特的思想家：他出身贵族家庭却能克服贵族的阶级偏见，超越其阶级立场，这使那些将其家庭出身作为理解其思想之依据的“唯物主义”批评家们颇为难堪；他承接欧洲近代自由主义政治哲学传统，却能摆脱该传统对其洞察力和想象力的局限，这使托克维尔的自由主义不同于17世纪霍布斯、斯宾诺莎、洛克的经典自由主义。在经典自由主义思想家们看来，人类在组成政治社会之前曾有一个完全自由的所谓“自然状态”；而在托克维尔看来，只有在政治社会中，人才能实现自由。这使他更接近亚里士多德，认为“人天生是政治的动物”，政治生活是人类趋于完美的手段，而享有政治自由则是克服平等所滋生的缺陷和幻想的必要途径；但托克维尔并非如亚里士多德那样认为哲学生活代表了至高的善，这就使后来力图按照其思想类型将其归类的哲学史或思想史家们颇为犯难。为此，有评论家在论及托克维尔时指出，“西方政治思想史上很少有文本能像托克维尔论述美国的民主和法国大革命本质的著作那样富有‘个性’，能如此迅速地得到认可，并具有如此杰出的雄辩力”[①]。

从托克维尔的著述笔法来看，其思想既非如哲学家那样致力于严整的概念逻辑体系，也非如史学家那样拘泥于叙述事实，而是力图将历史与思想、历史本身与历史哲学、政治史与政治科学结合起来。他时刻提醒自己不必用事实迁

① ［法］雷蒙·阿隆等：《托克维尔与民主精神》，陆象淦、金烨译，101页，北京，社会科学文献出版社，2008。

就观点，而是让观点以事实为依据。与梯也尔（Adolphe Thiers，1797—1877）、基佐（François Pierre Guillaume Guizot，1787—1874）等经典史学家相较，托克维尔坦承自己的贡献不在于描述事实，而在于评论事实。他摒弃了史学传统中要么沉溺于评论先人著作，要么重复或重新叙述事件的老派做法，他的历史撰述在于“对某些精心挑选的问题进行审查，并以此为出发点去建构关于大革命的一个总的解释和阐释”①。在这一点上，托克维尔更接近同时代的马克思，然而在思想气质上，两人可谓大相径庭。对现代资本主义社会的诸多弊端，他们都不乏深刻洞见，但所提出的解决方案却大异其趣：马克思的著述对象是“革命者”，即如何培育“资本主义的掘墓人”——无产阶级。在他看来，资本主义本身没有能力克服自身的深刻矛盾，难以避免走向灭亡的历史命运。无产阶级顺应时势，通过革命推翻资产阶级国家，建立社会主义—共产主义的“自由王国”。而托克维尔的著述对象是大革命之后法国的“立法者”“领导社会的人”，他关心的是随着贵族社会（封建体制）的崩溃，通过改变法制培养适当的民情，在一个日益拉平的民主社会中建设“自由的共和国”的可能性。如果说政治科学在马克思那里是一门培养“战士”的学问，那么在托克维尔笔下，他所吁求的“新政治科学”则是在民主社会致力于培育“立法者”的学问。②

托克维尔曾经力图将政治家与著述家这两种身份结合起来。从凡尔赛助理法官到众议院议员，再到第二共和国外交部长，在他看来，从政是一个人对祖国应尽的义务，也是一种道义责任。托克维尔曾一厢情愿地认为，自己可以在议会讲坛上获得如在著述方面那样的成功，使著述家的职业与演说家的职业相得益彰。然而，由于自利动机的驱使，政客们经常尔虞我诈、钩心斗角，为谋取职位往往将原则置诸脑后，那些才能平庸之辈经常窃居高位，这令托克维尔无比厌烦。议会并非致力于推进公共事务，而经常沦为闹派性、呈私欲的角斗场，议会辩论中充满短视和偏见，这让托克维尔深感痛心。在与友人斯托费尔的通信中，托克维尔对政界的失望情绪溢于言表，“我们看到的几乎所有卑鄙行径，不是从事政治活动的人由于时运不济，害怕失去职位而遭到惨败时所为，就是他们把野心和激情集中于追求权力，不愿意失去权力时所为。他们有一种害怕心理，使他们产生对权力的错误的理解，以至为了现在而牺牲未来，

① ［法］弗朗索瓦·傅勒：《思考法国大革命》，孟明译，204页，上海，上海三联书店，2005。

② 有关马克思与托克维尔思想之比较，可参见［法］雷蒙·阿隆：《论自由》，姜志辉译，上海，上海译文出版社，2007。

为了职位而不顾荣誉”[①]。政治生活成为野心家们追名逐利的竞技场，“除了把政治当作工具的个人野心，政治中没有任何严肃的东西；政治领袖们只是些演员，他们甚至连戏剧的成功都不关心，只在意他们个人角色的成功，为这样的人物、为这样的演出而投入感情是受愚弄，简直是一种愚蠢和耻辱”[②]。托克维尔发现，在政治生活中，自己不得不经常与那些才德拙劣的人打交道，向他们妥协让步，这就使他难以获得真正的思想和行动自由。

1851 年 12 月 2 日，路易-拿破仑·波拿巴发动政变，托克维尔从此正式脱离政治生活，立功不成转而立言，专心思考和著述，在图尔研究政府档案，同时游历德国，为撰写《旧制度与大革命》做准备。托克维尔清楚地意识到，自己无法如梯也尔、基佐那样既能写出好的作品，也能在政治上有所作为。在 1850 年 12 月 15 日给友人的一封信中，托克维尔这样写道：“我觉得，我真正的价值主要在于头脑的工作，我在思考中比在行动中更出色，如果我还能在世界上留下什么，那么这将更多是我写的东西留下的痕迹，而对我所做的事情的回忆将远逊于此。”[③] 只有在写作中，他才能摆脱所有人为的羁缚，聆听帕斯卡尔、孟德斯鸠、卢梭等思想先贤的声音，与同时代的博蒙（Gustarve de Beaumont，1802—1866）、斯托菲尔（Eugène Stoffels，1805—1852）、凯戈莱（Louis de Kergorlay，1804—1880）这样的思想同道敞开心扉，自由交谈。在他看来，政治科学与统治技艺是政治中两个截然不同的领域：统治技艺“根据偶然事件的变化而变化，满足片刻和一时的需要，借助于当时人们稍纵即逝的激情”；而政治科学则“立足于人性本身，立足于哲学和历史所揭示的人的利益、能力和需要的性质，立足于随时间而改变其对象但不改其本质，并和人类一样永恒的人的本能特征……（它）教导什么是人性普遍恒久的状况的最恰如其分的法则”[④]。

一个能够写出关于政治的伟大作品的著作家，可能在治人理事方面表现得拙劣不堪，即便那些杰出的著作家有幸成为出色的政治家，那也不是由于他们是著作家的缘故，而是他们克服了写作本身对他们从政的不利影响。著作家爱好的是“精细微妙和机智而别具一格的事物”，而主宰现实世界的却是“粗陋

---

① ［法］吕克·莫尼埃：《编者导言》，见［法］托克维尔：《托克维尔回忆录》，4 页，北京，商务印书馆，2010。

② ［法］托克维尔：《政治与友谊：托克维尔书信集》，黄艳红译，132 页，上海，上海三联书店，2010。

③ 同上书，132 页。

④ ［法］托克维尔：《论政治科学》，见崇明主编：《托克维尔：民主的政治科学》，234 页，上海，上海三联书店，2006。

的陈词滥调”。尽管有关政治的科学不能教导人们如何统治，但“在所有文明民族中，政治科学创造了或者至少塑造了一般观念；正是从这些一般观念中形成了政治家必须以其行动应对的种种具体情况，也产生了他们认为是他们创造的法律。政治科学构成了治国者和受治者于其中共同呼吸的心智氛围，他们在其中潜移默化并得到他们的行动原则，即使有时他们并不情愿。只有野蛮人的政治中才会只有行动”[①]。这里我们似乎看到了亚里士多德的影子，亚里士多德曾区分了政治（实践）的生活和哲学（静修）的生活，认为静观者在性情上远离政治，但哲人并未脱离城邦生活，而且只有他们才有资格关心政治，因为思想是“人们行动的先导”，它本身也是一种活动（行为），是“有为的生活实践”[②]。在托克维尔看来，政治思想与政治行动、政治科学家与政治家的差别并不在于是否介入现实政治，而在于介入政治的方式。政治科学需要在完全自由的氛围中精心培育，它离不开如“道德与政治科学院”这样的栖身之地，它需要克服传统、党见，将自由和人类尊严作为自己的最高事业。

第一节　民主革命：美国与法国

托克维尔所说的民主，首先是一种条件和身份趋向平等的趋势。从社会类型上看，它意味着传统贵族（等级）社会向现代民主（平等）社会的持续过渡，封建社会让位于资本主义社会这一不可逆转的历史大势，这种过渡序列可在英国、法国和美国三种社会类型中找到佐证。在贵族社会向民主社会过渡过程中，这三种社会分别代表着三个不同阶段，因此，关于三种社会类型的对比也是贯穿托克维尔著述的一条关键线索。从社会结构上看，平民上升，贵族下降，他们相互间距离缩短，彼此混合，新的民主社会既是一种社会状态，更是一种生活方式，随着贵族社会让位于民主社会，从民情到法制，将因此发生根本性的变革。为此，“民主”这一社会状态构成了托克维尔政治思想的出发点，它源自托克维尔对长时段历史趋势的深切洞察，而非如霍布斯、卢梭思想体系中基于某种纯粹逻辑预设的“自然状态”。如果说卢梭关注的是人类从自然状态的平等进入政治社会的不平等及其结果，那么托克维尔关注的则是人类由不

① ［法］托克维尔：《论政治科学》，见崇明主编：《托克维尔：民主的政治科学》，235、238页。

② ［古希腊］亚里士多德：《政治学》，吴寿彭译，356～357页，北京，商务印书馆，2010。

平等进入平等所带来的结果，卢梭政治哲学的终点恰恰构成了托克维尔政治哲学的起点。

托克维尔发现，从 12 世纪开始，民主革命就已经在法国陆续展开。随着僧侣阶级向所有人开放，教会获得政治权力，平等便渗入政治领域。从“上帝面前人人平等”进而演变为“法律面前人人平等”。平民因经商而致富，其影响逐步作用于国务，贵族头衔可以用金钱购买，绝对君主与新兴工商业阶级联手，贵族在经济上纷纷破产，其政治影响力也日趋衰退。财富迅速易手，知识不断普及，新工艺不断涌现，基督新教迅速传播，所有这些现象都在合力促进“一场伟大的民主革命”。作为这一持久的民主革命进程的一部分，1789 年法国大革命和 1848 年欧洲革命只是以某种激进的方式推进了这一进程，最终将民主革命本身未及摧毁的封建特权彻底消除，而在托克维尔看来，这些革命本身并没有创造多少新的东西。托克维尔之所以将目光转向美国，原因在于“平等”在那里“差不多接近了它的自然极限”，法国人创制的人民主权原则在那里得到了最彻底的实现。民主在法国乃至整个欧洲陷入战争和内讧的旋涡，在美国却促进了国家的繁荣和稳定。在那里，民主革命“是以简易的方式实现的，甚至可以说，这个国家没有发生我们进行的民主革命，就收到了这场革命的成果”[①]。为此，托克维尔力图从美国人那里找到法国人可资借鉴的经验，尽管人们不知道这场不可抗拒的社会革命对人类究竟是有益还是有害。“我认为这场革命是已经完成或即将完成的事实，并欲从经历过这场革命的国家中找出一个使这场革命发展得最完满和最和平的国家，从而辨明革命自然应当产生的结果；如有可能，再探讨能使革命有益于人类的方法。”[②] 对托克维尔来说，法国和美国不仅为他思考更为一般的民主问题提供了事实依据，而且是他的“新政治科学”的历史基础。

一、从贵族社会到民主社会：托克维尔的古—今视野

既然民主革命意味着从贵族社会向民主社会的普遍过渡，业已渐行渐远的贵族（旧）社会便成为托克维尔观照民主（新）社会即现代文明的必要借镜，可以说，托克维尔的古—今视野正是嫁接在这两种社会类型所承载的文明类型之间的。这两种社会类型是现代文明国家中人们基本的生活方式，它们分别对应着两种不同的政治制度，即贵族制与民主制。前者奉行的是等级原则，而后

① ［法］托克维尔：《论美国的民主》，董果良译，15 页，北京，商务印书馆，1988。

② 同上书，16 页。

者奉行的则是平等原则。平等意味着某种包容性的制度，而等级则意味着某种高度排他性的制度。[①]

在托克维尔的分析视野中，贵族社会与民主社会构成了如下的两极对立，“一个以身份平等为特征，一个以身份不平等为特征”。《论美国的民主》一书正是“在民主社会和贵族社会之间不断进行的或明显或隐微的对照……民主制的优点和缺陷是通过与贵族制的优点和缺陷进行对照而加以衡量的”[②]。贵族制和民主制分别代表了两种完全不同的人性，每一种人性都有各自的善与恶，用从其中任何一种社会获得的标准去评判另一种社会都将有失公允。在两种社会类型之间，托克维尔力图使自己尽可能保持“价值中立”：他以一个科学观察者所具有的全部超然性，力图在贵族制与民主制之间保持智性的平衡。[③] 对于新、旧两种社会，托克维尔既不是传统派，后者往往赞扬祖辈的伟大，以美德的捍卫者自居，认为一切新的观念都是恶的；他也不是现代派，后者常常以平等的倡导者自任，认为一切新的就是善的。托克维尔会对保守派说：民主社会虽然不如贵族社会那样富丽堂皇，但苦难将会大大减少，这样的社会更符合正义。在新的社会，“享乐将不会过分，而福利将大为普及；科学将不会特别突出，而无知将大为减少；情感将不会过于执拗，而行为将更加稳健；虽然还会有不良行为，但犯罪行为将大为减少”[④]。同样，托克维尔会对现代派说：贵族社会尽管有不平等和苦难，但那里有伟大的个人和伟大的行动，而且统治者和被治者各自的心灵均未遭到败坏。在贵族社会，我们能够发现“强烈的激情、高尚的情操、虔诚的信仰和质朴的德行”。然而，在贵族社会君主的权威被摧毁后，新的社会并未树立起法律的尊严，人们变得越来越相像，但也变得同样虚弱无力，彼此充满恐惧和嫉妒。人们蔑视权威，又惧怕权威。人的感情和思想的和谐正趋于瓦解，道德、良心对人的行为的约束失去了作用。举目四顾，人们期待的新社会依然置身于旧社会的残垣断壁之中：“穷人保存了祖辈的大部分偏见，而没有保存祖辈的信仰；他们保存了祖辈的无知，而没有保存祖辈的德行；他们以获利主义为行为的准则，但不懂得有关

① 参见［法］雷蒙·阿隆等：《托克维尔与民主精神》，214页。

② ［法］马南：《民主的本性：托克维尔的政治哲学》，崇明、倪玉珍译，68页，北京，华夏出版社，2011。

③ 参见［英］约翰·密尔：《德·托克维尔的〈论美国的民主〉》（第一卷），见《密尔论民主与社会主义》，胡勇译，11页，长春，吉林出版集团，2008。

④ ［法］托克维尔：《论美国的民主》，11页。

这一主义的科学，而且他们现在的利己主义同他们以前的献身精神一样，都是出于愚昧。”① 在托克维尔看来，考察贵族社会的良善和邪恶是为了更清楚地发现民主社会的良善和邪恶，后者正是新社会的立法者们必须关注的。可见，托克维尔研究民主的目的不在于贬低民主，也不是抬高民主，而是理解民主，理解其利弊得失，从而寻找兴利除弊的现实途径。因此，托克维尔并非通常意义上的自由主义者，他对现代资本主义社会的种种弊病洞若观火，他告诫那些慨叹人心不古、对新社会充满怨愤的“反动派”，旧世界已经一去不复返。他既拒绝进步主义又拒绝反动逆流。他“一方面谋求为民主制度所代表的这个新世界造福，另一方面又抵制它的充分展开”②。

托克维尔发现，民主社会取代贵族社会，是基督教世界正在面临的“千年未有之大变局”，生活在两类社会中的人们有各自不同的优点和缺点、各自固有的美德和邪恶，“过去已经不再能为未来提供借鉴，精神正在步入黑暗的深渊”③。在这一过程中，社会民情的改变可谓天翻地覆，现代人已经不可能具有贵族社会中人们的美德，古、今之间的断裂无法弥合，力图从旧社会做任意取舍以带入新世界实属枉然，“问题是不应当再保持身份的不平等给人们带来的那些特殊好处，而是应当确保平等可能为人们提供的新好处。……平等将导致奴役还是导致自由，导致文明还是导致野蛮，导致繁荣还是导致贫困，这就全靠各国自己了”④。

二、从美国革命到法国革命：托克维尔的美—法（欧）视野

以法国大革命和美利坚革命为表征的现代民主（平等）主义浪潮，在政治上一度将人类带向了两种截然相反的轨道：在法国，旧秩序迅速崩溃，新秩序却迟迟无法确立，法国陷入了长期政治动荡的深渊。诸如“人民主权”“人权和公民权利”“自由、平等、博爱”曾经使法兰西人热血沸腾的现代平等主义政治原则却未能在法国开花结果，法国陷入长期混乱的旋涡。在大革命后长达八十年的时间里，法兰西国家政体屡改屡错，法兰西文明几乎被逼入绝境。然而，法国革命者提出的上述诸原则却最终在大洋彼岸的北美开花结果：人民主权原则在那里得到了最彻底的实施，国家繁荣稳定，共和政体不是如欧洲那样

① ［法］托克维尔：《论美国的民主》，12 页。

② ［法］雷蒙·阿隆等：《托克维尔与民主精神》，227 页。

③ ［法］托克维尔：《论美国的民主》，882 页。

④ 同上书，885 页。

践踏权利，而是成为权利的捍卫者。为此，托克维尔写道："我们只应当研究我们要建立的是一个动乱不已的共和国还是一个永远康宁的共和国，是一个有条不紊的共和国还是一个杂乱无章的共和国，是一个爱好和平的共和国还是一个黩武好战的共和国，是一个自由的共和国还是一个专横的共和国，是一个威胁财产和家庭的神圣不可侵犯权利的共和国还是一个承认和以法保护这种权利的共和国。"① 这一问题至关重要，因为它不仅关涉法国，而且对整个文明世界意义重大。

在托克维尔看来，美利坚国家对于法国乃至欧洲的借鉴意义只在于思想观念层面，他坦承自己并非要到美国寻求某种现成的可资拷贝的模式，而是力图找到某种可资比较的因素。法国（欧洲）不可能也没有必要照搬美国的法律制度，而是应当学习美国各项制度背后的原则，即"遵守纪律的原则，保持政权均势的原则，实行真正自由的原则，真诚而至上地尊重权利的原则"，这些原则正是任何共和国所不可或缺的。②

《论美国的民主》表面是在写美国，其实托克维尔无处不在观照法国，他时刻向法国人"隔空喊话"，揭示现代共和国的原理，探讨能使革命有益于人类的方法。托克维尔写道："我自信，我在美国看到的超过了美国自身持有的。我所探讨的，除了民主本身的形象，还有它的意向、特性、偏见和激情。我想弄清民主的究竟，以使我们至少知道应当希望它如何和害怕它什么。"③ 发现一个民主革命接近完成的国家如何避免这一革命可能造成的破坏力，寻找通过革命实现自由、和平、繁荣的现实途径，正是促使托克维尔暂时抛开法国而研究美国的核心动机。

在《论美国的民主》"美国的行政分权的政治效果"一节中，托克维尔指出，美国的行政分权为公民参与政治、发挥自身主动性和创造力提供了现实条件，公民在参与地方治理的过程中学会承担作为自由公民所应承担的责任，在参与制定法律的过程中学会尊重法律的权威。"在美国，到处都使人感到有祖国的存在。从每个乡村到整个美国，祖国是人人关心的对象。居民关心国家的每一项利益就像自己的利益一样。他们以国家的光荣而自豪，夸耀国家获得的成就，相信自己对国家的成就有所贡献，感到自己随国家的兴旺而兴旺，并为从全国的繁荣中获得好处而自慰。"④ 在这里，托克维尔显然是在借美国行政分

① ［法］托克维尔：《论美国的民主》，2 页。
② 同上书，3 页。
③ 同上书，16 页。
④ 同上书，105 页。

权的好处反衬法国行政集权的害处。在《旧制度与大革命》第二编，托克维尔用了连续六章的篇幅讨论行政集权的危害。他指出，行政集权是旧制度的产物，在大革命后得以保存并巩固，它成为大革命后政府不断更迭的重要原因，“旧君主制突然之间猛烈毁灭，很大一部分原因即在于此；它也是孕育所有其他革命的第一场革命的主因之一”①。

在《论美国的民主》“有助于美国维护民主共和制度的主要原因”一章中，托克维尔列举了使美国维护民主共和制度的三项原因，即地理环境、法制和民情。通过比较，托克维尔认为，三大原因按照指导和调整美国民主共和制度的贡献可依次排序为：“自然环境不如法制，而法制又不如民情。”② 然而，与此同时，托克维尔也清楚地发现，“除美国人之外，世界上并没有本身不具备英裔美国人那样的优越自然条件，但却实行他们那样的法制和拥有他们那样的民情的国家”③。但他紧接着提醒法国人，美国的民主制度对那些自然条件不大有利的国家（如法国）并非没有借鉴作用，一个国家即便无法改变地理环境这一偶然或天赐的“命运”，也可以通过改变法制和调节民情弥补环境的不足。托克维尔特别提醒他的法国同胞：“不要放弃以法制和民情来调整民主制度的希望。”④

第二节　民主社会的两种形态

既然民主业已成为不可逆转的历史大势，现代人要求平等的本能获得空前解放，那么，如何使这种本能推动下的民主巨浪不致冲垮河堤，席卷田园房舍？托克维尔“新政治科学”的使命即在于驯化这种狂野的本能。在《论美国的民主》“绪论”中，托克维尔就民主时代立法家们所面临的首要任务这样写道：“对民主加以引导；如有可能，重新唤起民主的宗教信仰；洁化民主的风尚；规制民主的行动；逐步以治世的科学取代民情的经验，以对民主的真正利益的认识取代其盲目的本能；使民主的政策适合时间和地点，并根据环境和人事修正政策。”⑤

---

① ［法］托克维尔：《旧制度与大革命》，冯棠译，115 页，北京，商务印书馆，1992。

② ［法］托克维尔：《论美国的民主》，358 页。

③ 同上书，359 页。

④ 同上书，362 页。

⑤ 同上书，8 页。

托克维尔的“新政治科学”是相对于以往的旧政治科学而言的，它并不像亚里士多德那样关注政体的类型及其演化的方式。既然社会状况已经发生根本性的改变，贵族与平民的等级分野已被彻底打破，那么新政治科学的任务已经不是在各种政体形式之间做出选择，或异想天开地建立所谓混合政府，而是在什么样的民主社会形态（即“民主的暴政”还是“民主的自由”）之间做出选择。这种新政治科学也不同于霍布斯、洛克式的自由主义政治科学，后者将自我保存视为政治社会人们最为强烈的欲望，而托克维尔的新政治科学则认为人的自尊与他们的自保本能同样重要，它关注人的自由，但这种自由不仅仅意味着免于刀剑、锁链的胁迫和强制，以及言论、出版、结社等保障自由的法制形式。托克维尔所秉持的自由更加关注人的灵魂的自由，即摆脱泛滥的物欲、狭隘的自利、庸俗的趣味以及由于对“专横当局”的习惯性倚赖而导致的精神萎靡、意志消沉和麻木不仁。新政治科学的使命不在于重建贵族社会，而是在新的民主社会中发掘自由。在托克维尔那里，新政治科学是具有高度实践性的立法家的学问，其理想秩序并非建基于让人热血沸腾的精致观念，而是在现代民主社会的现实前提基础上探索实现“公民的自由联合”的可能。它接受现实但不安于现状，它用实践智慧引导理智智慧而不是相反，它对新社会的弊端有深切的洞察，对其未来有深切的忧虑，但它提出的救治方案永远是修补性和建设性的。既然民主的惊涛骇浪已经不可逆转，现代民主社会是陷入民主的暴政还是走向民主的自由，正是托克维尔“新政治科学”所要面对的核心命题。

一、民主的专制

在托克维尔看来，民主的暴政集中表现为行政集权，美国人有幸得以避免，而法国人却长期深陷其中无法自拔。

在《论美国的民主》中，托克维尔区分了政治集权与行政集权。所谓政治集权，即全国性的立法权和对外权的统一；而行政集权则是将本来属于纯粹地方性的事务统统收归中央，地方民众对地方事务没有任何决定权。如果说政治集权是使一个国家保持足够凝聚力的必要步骤，那么行政集权则会使这个国家丧失活力，而随着权力的不断向中央上移，整个政治体将沦落为一个头重脚轻的“怪物”。在行政中央集权体制下，统治者在本质上害怕民众，唯恐民众围绕公共事务组织社团、彼此联合，认为人与人之间彼此隔绝是政权稳固的最可靠保障，因此总是竭力使人与人之间彼此隔绝。托克维尔一针见血地指出，“在人心的所有恶之中，专制最欢迎利己主义。只要被治者不互相爱护，专制者也容易原谅被治者不爱他。专制者不会请被治者来帮助他治理国家，只要被治者不想染指国家的领导工作，他就心满意足了。他颠倒黑白，把齐心协力创造共同繁荣的人称为乱民歹徒，把自顾自己的人名为善良公民"①。这样，最完美的平等和相似状态成为政治专制的温床，在一个无微不至的绝对权力之下，社会空间碎片化造就的是一个纯粹的个人社会，一个"由单个原子的尘埃组成的大众社会"②。专制与平等沆瀣一气，彼此推涨。在集权体制下，公共事务即政府事务，政策即便事关普通公民的直接利害，决策过程也与他们毫无关系。政治成为政府的"禁地"，公共事务成为掌权者的"禁脔"，任何试图参与其中的人不是被指为别有用心，就是被认为动机不良。

旧制度下法国的政治史就是不断走向中央行政集权的历史。到大革命前夕，法国已经成为在国王、大臣及其代理官僚统治下的行政集权国家，大革命后，新政权从旧制度中将其全盘继承，并使其得到进一步巩固。中央政权摧毁了国家与个人之间所有的中间权力结构，人们认为政府是统一的中央政权的当然代表，他们不知道什么是中间权力。革命的暴风骤雨把那些管理地方事务的阶级一扫而光，而剩下来的芸芸众生既无组织，又不具有管好自己事务的习惯。这样，"人们认为只有国家才能负起管理一切政务工作的重任。结果，中央集权成了一种必然的事实"③。作为其后果，在中央政权和个人之间留下一大片"真空地带"，在个人眼中，中央政权已成为社会机器的唯一动力，成为公共生活不可或缺的唯一代理人。政府不仅是统治者，而且是监护人，没有政府的介入，任何重要事务都难以实施，政府的触角无远弗届，甚至承揽了许多本应由地方或社区公民承担的责任。与此同时，这样的政府也必然要承受因这种承诺和责任未能部分或完全兑现而招致的怨恨。民众起初只是公共事务的旁观者，而一旦政府行为失当，他们就会迅速转变为怨愤者。

令托克维尔深为忧虑的首先不是行政集权在社会管理上的消极后果，而是其对公民精神可能造成的长远的道德后果：行政集权使人们习惯于长期和不敢运用自己的意志，使人们习惯于在一切问题上时刻准备服从，它"不仅能用自己的权力制服人民，而且能利用人民的习惯驾驭人民。它先把人民彼此孤立起来，然后再个个击破，使他们成为顺民"④。行政集权使国民精神萎靡，它消磨

---

① ［法］托克维尔：《论美国的民主》，630页。

② ［法］雷蒙·阿隆等：《托克维尔与民主精神》，224页。

③ ［法］托克维尔：《论美国的民主》，849页。

④ 同上书，96页。

民众的意志，破坏公共精神。公共事务既然完全被行政权威垄断，个体公民便汲汲私利，对公共事务、公共利益漠不关心。在某些时代或某些地区，行政集权或许能够把国家的一切力量团结起来，但它将损害这些力量的再生；它可能迎来战争的凯旋，却会缩短政权的寿命；它可能有助于某一转瞬即逝的伟大，却无补于一个民族的持久繁荣。而随着中央集权的加强，中央政权的权能将日益增强，而地方当局则日趋无能。在这样的国体中，一个自称无所不知、无所不能的中央政府与一个昏昏欲睡、循规蹈矩的社会形成了惊人的反差。这个高高在上的"监护性当局"想把社会生活中的任何一个细节都照顾到，成为人们自由和生命的专制主人，包办整个社会的活动和生活，以致当它无精打采时周围的一切也无精打采，当它睡觉时周围的一切也得睡觉，当它死亡时周围的一切也得死亡。它酷似一种永久性的父权，把人民永远视为没有独立意志的儿童，而它自己成为公民幸福的唯一代理人和仲裁者，"他并不践踏人的意志，但他软化、驯服和指挥人的意志。他不强迫人行动，但不断妨碍人行动。他什么也不破坏，只是阻止新生事物。他不实行暴政，但限制和压制人……使全体人民变成一群胆小而会干活的牲畜，而政府则是牧人"[①]。假如公民平素没有学会运用自己的意志，磨砺自己的判断力，那么公民便会逐渐失去独立思考、独立感受和自主行动的能力，他们的精神之火将逐步熄灭，心灵之光将日趋暗淡。如果一个人对直接或间接影响自己的公共事务没有任何参与，对自己所在的村庄、街道、社区的遭遇无动于衷，认为那都是那个高高在上的政府的事情，与自己毫无干系，那么生活在这种状态下的人将有着怎样的心灵状态？对此，托克维尔的回答是：他们将永远在奴性与任性之间摇摆，公共道德的源泉必然走向枯竭，这样的国家虽有百姓，但已无公民。

既然公共事务被当权者垄断，民众便日益退缩到利己主义的日常琐碎之中，他们每天关心的只有自己和自己身边的几个人，同胞的冷暖、社群的荣枯、国家的安危，在他们看来，都是那个高高在上的政府应当管的事情，与自己毫无关系。个人主义使公共道德遭到窒息，"专制制度夺走了公民身上一切共同的感情，一切相互的需求，一切和睦相处的必要，一切共同行动的机会；专制制度用一堵墙把人们禁闭在私人生活中。人们原先就倾向自顾自，专制制度现在使他们彼此孤立；人们原先就彼此凛若秋霜，专制制度现在将他们冻结成冰"[②]。在这种新兴的民主社会，一切变动不居，昨是今非，金钱迅速易手，

① ［法］托克维尔：《论美国的民主》，870 页。

② ［法］托克维尔：《旧制度与大革命》，35 页。

富人迅速变穷，穷人迅速致富，人们无不通过拼命赚钱显示自己高人一等。于是，“不惜一切代价发财致富的欲望、对商业的嗜好、对物质利益和享受的追求，便成为最普遍的感情”，然而“这种感情若不加以阻止，它很快便会使整个民族萎靡堕落”。它使人们的注意力脱离公共事务，而这正是专制制度所乐见的，后者反过来“使贪婪之心横行无忌，听任人们以不义之行攫取不义之财”①。

生活在这种体制下的民众对国家的命运必然表现出普遍的漠不关心，即使他们偶尔表现出某种爱国激情，那也只是外力逼迫下出于本能的条件反射，无法形成对国家与个人利益的一致性的清晰认识，这样的爱国主义往往难以掩饰其激烈言辞背后的苍白，也就无法落实为切实的公民行动。对这样的人民来说，“祖国”在他们的脑海里更多表现为某种遥不可及的观念或意识形态，与他们更为切实的日常经验了无关系。对于这样的人民来说，即便还有某种难以名状的爱国本能，某种对本民族昔日声望的盲目自豪，或某种对过去荣誉的模糊回忆，这些感触却未必有任何具体的内涵，最多只能使他们在受压迫的时候产生自我保存的冲动。生活在行政集权体制下的民众即便还有某种爱国心，那也更多是一种本能的爱国心，即那种把人心与自己的出生地联系起来的不假思索的、无私的且难以名状的情感。这种爱国心不需要任何推理，仅凭对祖先古老习惯的爱好和对过往记忆的留恋就可以养成，它往往把祖国人格化，并将这种情感寄托在君主身上，他们的爱国主义更多地表现为忠君热忱，而一旦君主作为国家核心象征符号被推翻，这种本能的爱国心便无所附丽。在行政集权体制下，民众中间难以养成“理智的爱国心”：与本能的爱国心相较，理智的爱国心之所以表现得更为坚定且持久，乃在于民众行使政治权利、参加公共事务的日常实践使他们对个人福利与国家福利、个体未来与祖国命运之间的密切联系有更加具体而微且鲜活生动的理解。②

二、民主的自由

随着贵族社会在民主革命的浪潮中业已成为过去，现代民主社会只有两条路可走：要么如革命后的法国那样走向“民主的专制”，要么如美国那样建立“民主的自由”，这一选择构成了托克维尔政治哲学的核心线索，也是他将目光

① ［法］托克维尔：《旧制度与大革命》，35页。

② 参见［法］托克维尔：《论美国的民主》，268～271页。

转向美国民主制度的出发点。为此，有评论家指出，“《论美国的民主》既是一部自由沉思录，又是一部平等的文化和政治的著作”[①]。托克维尔这里所说的“自由”究竟指的是什么？托克维尔对此并未给出明确的定义，但细心的读者并不难从他的文本中发现自由的实践意涵。

在《论美国的民主》一书中，托克维尔将新英格兰乡镇作为考察美国民主制度的起点，他对乡镇的论述更多的是一种基于事实的理论建构。在托克维尔看来，乡镇是培育自由公民的初等学校，在乡镇这一小型共和国里，民众参与地方治理，自己管理自己的事务，养成热爱秩序、服从法律的权威的习惯。他们既是统治者也是被治者，在这样的角色转换过程中，公民领会权利与义务、公益与私利、个体与集体之间的和谐，这种乡镇精神即自由精神。它是“自由人民的力量所在。乡镇组织之于自由，犹如小学之于授课。乡镇组织将自由带给人民，教导人民安享自由和学会让自由为他们服务”。他们在乡镇接受最初的政治教育，在为乡镇共同体承担责任的同时，分享做主人的自豪感，在这里涵养的是具有刚毅品格的立法者，而非充满怨怼情绪的造反者。人们日后把这种在乡镇生活中养成的品质带到县、州乃至联邦。[②] 然而在法国，这种地方自由早在旧制度时代便被行政中央集权取代。虽然只有一个名为朗格多克的三级会议行省曾一度维持了省内自由，但在托克维尔看来，那也只是由于各种偶然因素导致的鲜见的特例。[③]

在美国，在涵养公民自由精神的诸多努力中，如果说乡镇是自然生成的，那么结社则是人的意志造就的。民主社会使人们变得彼此相像，但也同等软弱，它打断了贵族社会不同阶层内部密切联系的纽带，使人们之间的感情广泛了，但也稀薄了。既然民主社会的公民无法凭借一己之力成就一番事业，这就使结社成为必要。因此，人们为了共同目标联合行动，可以说是“仅次于自己活动自由的最自然的自由”[④]。在托克维尔眼里，自由不仅是一种公民义务，同时也是一种道德义务，“它唤醒公众的心灵，超脱他们个人的事务来了解大众关注的东西，通过一切手段来纠正民主社会所分泌的种种个人主义幻想，乃是第一需要”[⑤]。政治方面的结社自由不但不会破坏秩序，反而有利于巩固秩序。

---

① ［法］雷蒙·阿隆等：《托克维尔与民主精神》，43 页。

② 参见［法］托克维尔：《论美国的民主》，66～76 页。

③ 参见［法］托克维尔：《论三级会议各省，尤其是朗格多克》，见《旧制度与大革命》，265～274 页。

④ ［法］托克维尔：《论美国的民主》，218 页。

⑤ ［法］雷蒙·阿隆：《托克维尔与民主精神》，84 页。

政治方面的结社自由使少数能够发动某种道义力量，防止多数借助自己人数上的优势退化成某种压制性力量，即“多数专制”，通过说服使少数变成多数，使多数变成少数。结社自由是秘密结社的替代，它使潜在造反分子变成显在的党派分子。公民的自由结社能力可以防止政府行政当局权力的过度膨胀。假如公民缺乏联合行动的能力，政府当局便更倾向于包办代替，公民联合行动的意愿和能力因此会进一步遭到削弱，这样，行政集权将畅行无阻、顺理成章。结社不仅具有以上具体功用，还有更为重要的道德和智识方面的功用。它促使人们为公共的事业彼此合作，更新思想和情感，开阔胸襟和眼界，使他们在实践中逐步掌握自由的技艺，接受公民教育，学会使自己的意志服从集体的意志，使个人的努力配合共同的行动，在成就共同事业的过程中体验自由公民的力量感和责任感。在美国，组织社团与乡镇自治一样，将自由精神通过生动鲜活的日常实践灌注于民情的肥沃土壤，民主制度的参天大树因此而变得枝繁叶茂。

与贵族社会相较，民主社会有其固有的诸多弊病，诸如金钱崇拜、自私自利、人情浇薄、怠惰平庸、精神萎靡……为此，托克维尔这样写道：“只有自由才能在人类社会中与社会固有的种种弊病进行斗争，使社会不至于沿着斜坡滑下去。事实上，唯有自由才能使公民摆脱孤立，促使他们彼此接近，因为公民地位的独立性使他们生活在孤立状态中。只有自由才能使他们感到温暖，并一天天联合起来，因为在公共事务中，必须相互理解，说服对方，与人为善。只有自由才能使他们摆脱金钱崇拜，摆脱日常私人琐事的烦恼，使他们每时每刻都意识到、感觉到祖国高于一切，祖国近在咫尺。只有自由能够随时以更强烈、更高尚的激情取代对幸福的沉溺，使人们具有比发财致富更伟大的事业心，并且创造知识，使人们能够识别和判断人类的善恶。”没有自由的民主社会可能变得富丽堂皇，但那里见不到伟大的公民和伟大的人民。“只要平等与专制结合在一起，心灵与精神的普遍水准便将永远不断地下降。”①

第三节　家庭革命与自由民主社会秩序的重建

家庭也许是人类社会最为古老的组织形式。作为两性自然结合形成的建制

① ［法］托克维尔：《旧制度与大革命》，35～36页。

形态，家庭承载着个体生命的繁衍，代际继替以及人伦秩序的建构。家庭也是个体与邦国之间的桥梁。在贵族社会，家庭不仅是一个社会伦理单元，更是一个社会赖以立基的政治单元。为此，亚里士多德将家庭作为他的城邦（政治）学理论的起点。家庭是未来城邦公民的摇篮，人作为政治的动物，是从家庭这一初级政治单元中逐步衍生出来的。现代民主革命不仅在社会领域抹平了等级差别，而且也使贵族家庭内部的等级结构走向瓦解：主仆差别消失，关系松弛，流动性增强。如果贵族社会，仆人服从主人是出于习惯，那么民主社会则出于自愿的契约。家庭成员之间，新的关系结构开始出现：贵族家庭中作为行政长官的父亲的权力大为削减，只剩下作为长辈的父亲的权力，贵族社会家庭中父子之间的社会联系被自然联系取代，家长的命令转变为父亲的忠告；手足之间的关系不再涉及直接的利害关系，而只涉及对共同出身和成长环境的记忆。妇女地位的提高，在美国和欧洲导致了两种截然相反的结果：在欧洲，男女平等导致家庭权威的消失、家庭秩序的瓦解；而美国却通过对妇女的自由教育重新树立家庭权威，重建民主家庭的新型秩序。

因此，民主革命在家庭结构方面表现出怎样的情态？如何在一个平等化的家庭中重建秩序？正是通过对美利坚人家庭这一微观结构的研究，托克维尔试图探索新的民主社会重树权威、建立自由民主秩序的途径。

一、“父权”的终结

父权和夫权是古代贵族家庭的基础。政府不干涉家庭事务，家庭事务属于父权的统摄范围，父亲是家庭的绝对独裁者。正是基于父权在传统家庭中的主宰地位，托克维尔指出，在古代贵族国家，社会只知道男子，社会通过父亲控制儿子，社会管理父亲，父亲管理儿子，这样，父亲不仅拥有自然权利，而且被赋予了政治上的指使权。父亲是家庭的缔造者和维持者，是家长，父亲是过去和现在之间的天然的和必要的纽带，他不仅是家庭的政治首脑、传统的载体，而且是习俗的阐释者、民情的裁断者，其他家庭成员对父亲的“爱”里往往夹杂着些许“怕”。而在现代民主社会，自我判断成为通则，旧的信仰只被作为信息，而不是法则，无论是在法律上还是在舆情上，父对子的影响被大大削弱。而且现代社会中父对子施加影响主要通过劝告，而不是命令。在贵族社会，父亲不仅具有自然法权，而且被赋予指使性的政治法权；而在民主社会，政府的权力试图使芸芸众生中的每一个人遵守习惯法，它并不需要如父权那样的过渡性权力，在法律面前，父亲只不过是一位比儿子年长一些、腰包鼓一些的公民罢了。在贵族制下，人们往往沉浸在对祖先和过往的记忆中，父亲作为一家之长，其言语就是其他家庭成员必须遵守的律令，父亲说话时他们必须洗耳恭听，对他毕恭毕敬；而随着社会条件日趋平等，人们开始独立判断事物，传统的信仰只是被作为参考而不是规范，父亲的意见连同他的法律上的权力被大大削弱，在民主时代的家庭里，父亲除了爱抚子女和分享老年人的阅历外几乎没有任何权力。父子之间去除了一切繁文缛节，子女对父亲讲话也不再字斟句酌。主人和家长身份即使没有消失，至少与这一身份相联系的权力也不断被削弱。在民主时代，父子之间曾经的差距日益缩小，家庭各个成员之间开始建立新的关系。①

现代政治革命的首要对象是“政治专制”，后者的社会基础正是家庭中的父权，所以打击“专制”，势必波及以父权为代表的“家庭专政”，而废除作为父权之再生机制的长子继承权成为推翻“父权暴政”的关键步骤。长子继承权是父权的基础。子承父业，使古代家庭保持高度的稳定性和连续性，也是传统得以延续的重要方式。现代“自由人”正是在长子继承制的废墟之上出现的。

继承法，即以决定财产在其所有者死后的归属为主要目的的一切法律。尽管继承法属于民事秩序的范畴，却理应被作为首要的政治设施，对作为政治法的唯一体现的国民的社会状况发挥重要影响，以一种明确且一贯的方式作用于社会，这在某种程度上甚至可以影响未来几个世代的人们。长子继承制的废除，财产在死者的所有子女之间均分，意味着每一个财产所有者的死都会带来财产方面的一场革命，其直接的影响便是：它不仅改变了财产的主人，而且改变了财产的性质，进而会间接地影响财产所有者的精神，动员起人们的激情。在推行长子继承制的国家，地产往往历经数代不被分割，地产成为家庭精神延续并丰富的基础。家庭体现为地产，地产体现为家庭，地产使家庭的姓氏、祖先、荣耀、权力、德行永久化。地产既是过去不可磨灭的见证，又是未来珍贵的记忆。然而，一旦继承法确立了平分财产的原则，家庭门第与维持地产之间的密切联系便遭破坏。由于经过一两代，地产即被分割，以至于不断缩小并最终完全消失，因此地产不再能代表家庭。从此，门第往往被用来满足个人对私利的憧憬，个人的自私心取代了门第观念。如今，家庭在人们心目中的观念是模糊的、含混的和不确定的，每一代人只管自己活得是否开心，他的视野最多

① 参见［法］托克维尔：《论美国的民主》，732 页。

也仅仅及于下一代。因此，民主家庭在改变父子关系的同时，也使兄弟姐妹之间的手足关系发生了深刻变化。在家庭内部，“民主制度松弛了社会联系，但紧密了天然联系；它在使亲族接近的同时，却使公民彼此疏远了”①。

二、妇女解放与自由教育

妇女的品质作用于家庭，家庭作用于民情，民情作用于政治，一个民族的品质与其妇女的整体品性密切相关，这正是历代政治理论家格外关注“妇女问题”的原因所在。

妇女骄奢淫逸，伤风败俗，则会民流政散，恶俗与弊政彼此助长。虽然传统贵族社会日趋让位于现代民主社会，但妇女的品质仍然对共和国的品质发挥着重要影响。卢梭在《论人类不平等的起源和基础》中给日内瓦共和国的献词上曾这样写道：

> 我怎么能忘记共和国中占人口总数一半的可敬的妇女们呢？是她们给另一半人创造了幸福，是她们的温柔与智慧维护了国家的安宁与善良的风俗。可爱的和道德高尚的女公民们，你们的命运永远左右着我们的命运。当你们只是为了国家的荣誉和公众的幸福，才运用你们在夫妻关系中所特有的纯洁的权威时，男人们是感到多么幸福啊！……哪一个粗野男人能抗拒温柔的妻子口中发出的为维护荣誉和真理而行动的声音？当我们看见佩戴在你们身上而倍增光彩的简朴的服饰似乎更衬托女性的美时，谁不鄙弃那些浮华的奢侈呢？你们要运用你们不怒而威和循循善诱的影响力，使人们遵守国家的法律和维护公民之间的和睦，并通过幸福的婚姻使不和的家庭重归于好，特别是要运用你们容易为人接受的教导和高雅的谈吐，去纠正我们的青年人从其他国家学来的坏毛病；他们在那些国家，不去学那些对他们有益的东西，反而去学那些浪荡女人娇声娇气的音调和可笑的姿态，欣赏那种我叫不出名字的所谓公子哥儿气派，实际上，这种气派乃是掩饰他们内心空虚的无聊的东西，与庄严的自由是风马牛不相及的。愿你们永远像现在这个样子，作良风美俗的忠实的守卫者，作国家安宁的纽带，而且，无论何时何地，都要为了尽天职和行美德而继续发挥你们的热情，继续行使你们自然的权利。②

---

① ［法］托克维尔：《论美国的民主》，738页。

② ［法］卢梭：《论人与人之间不平等的起因和基础》，李平沤译，29～30页，北京，商务印书馆，2007。

托克维尔认为，考察一个国家与考察一个人一样，要从他/她的摇篮期开始。家庭是敦化风俗、涵养性情的重要场所，而在家庭里，妇女扮演着关键性的角色。美国的“自由民主”之所以没有堕落为“人民民主”，一方面得益于宗教，另一方面则得益于家庭。宗教能够主导妇女的灵魂和德行，而妇女的德行则直接决定着一个社会的民情。在美国，宗教引导民情，它“通过约束家庭对国家发生约束作用”。民情的极端严肃源自宗教信仰，在那里，“宗教并不抑制人们一心要发财致富的热情，但它对妇女思想的控制却是绝对的，而民情的主要创造者却正是妇女。美国的确是世界上最尊重婚姻关系的国家，美国人对夫妻的幸福也持有高尚的和正确的看法”①。

在美国，感情而非血统或银行账户构成男女结合的首要因素，这样结成的家庭夫妻关系和谐、恩爱而且稳定。幸福的家庭代表着井然有序、舒适安闲，这能够逐步消除男人们的暴虐和好斗脾性。可以想见，这样的男人在政治生活领域也会倾向于理性和秩序。“在欧洲，几乎所有的社会动乱都导源于婚床不远处的壁炉旁。正是在这里，男人们蔑视自然纽带，纵情娱乐，杂乱无章，性情倔强，欲望失衡。在家里被裹挟于浮躁的激情，导致欧洲人在政治上难以接受国家的立法权威。而在美国，男人们暂时离开政治世界的喧嚣，回到家里，温馨的氛围，使他们立刻沉浸在安逸和宁静之中。身心愉悦，简单而自然，单纯而平和。只要在家庭生活中享受到幸福的时候，男人们就不难控制自己的意见和倾向。”②

托克维尔认为欧洲人通过扰乱社会以逃避家庭的不幸，而美国人却在他们的家里就养成了爱好秩序的品性，并将这种品性带入国家事务当中。正是在19世纪中叶的美国，托克维尔在这一方面找到了成功的典范。他指出，民情（道德）是自由社会的基础，而妇女则是民情的载体，因此，妇女的处境、习性、舆情有着重要的政治意义。在合众国，清教主义与自由政体以及民主的社会状况相结合，妇女享有相当的独立性。美国妇女在进入青春期之前就已经能够独立思考和行动，她们能够冷静而自信地面对社会的艰险。所以，我们在美国女人身上很少发现欧洲女性成长过程中的那种幼稚的怯懦和无知，她们的脑海里是纯粹的德行，而非朴素的贞操。她们享乐但不纵情，理性使她们举止得体。而法国却仍然延续了贵族时代的教育模式，这种教育让女人们战战兢兢、内向孤僻、与世隔绝，随后不加任何引导和帮助，就将她们抛入民主社会的无序之

① ［法］托克维尔：《论美国的民主》，337页。

② 同上书，337～338页。译文有改动。

中。美国人知道，必须教会女人们自己控制自己，否则她们心中最为暴虐的激情将无法得到抑制，妇女们知道如何自觉维护德行。美国人的教育不是让女孩子永远处于无知状态，而是让她们通晓一切，不是将世界的败坏向她们掩盖，而是让她们直接面对、自觉规避，在诚实和天真之间，她们更注重前者。理性和宗教构成了美利坚女人德行的两大支柱。总之，新的时代需要一种自由教育以保护妇女免于她们周围民主的制度和民情所带来的危险。

美利坚妇女一结婚即失去了她们的独立，当初生活在娘家，尽享自由和愉悦，如今却如同修女一样住在夫家。妇女生活的井然有序不仅被认为是纯化妇女德行的首要标志，而且是家庭秩序和幸福的保证。美国妇女自我约束的动力不仅来自舆情，而且是她们个人意志作用的结果。作为妻子，个人的愿望服从于家庭责任。她们所受的教育使她们一进入社会就已经认识到这样做于她们自己是如何重要，教育已经使她们意识到结婚将意味着什么，婚姻对她们来说并不是陷阱，她们能够自觉地对自己加以约束。在美国，家长对子女的约束很松散，但婚姻纽带却很牢固。美国妇女是在成熟并能够运用理性的情况下才结婚的，而在其他地方，女人在婚后才开始学会使用理性和变得成熟。她们在婚前已经清楚地知道通往家庭幸福的唯一道路，既然走上去了便义无反顾。从独立的女孩到矜持的妻子，角色变了，习性变了，但她们的精神依旧。

在贵族社会，婚姻的缘起是合并财货或门当户对，而不是永结同心。女人即使摆脱了父母之命，由于没有受过民主教育，她们也不能正确运用自己的自由意志。而在民主社会，男女结合则首先出于思想和趣味的投合，自主择偶使妇女有机会运用她们的理性和意志做出自己的选择。条件的平等尽管不能使男人保持德行，但至少可以防止他们德行败坏所带来的危险。由于德行能够使她们自立，所以在民主社会，我们发现大量的妓女和忠实的妇女同时存在。这在个人层面可能很不幸，但对整个社会肌体的健康并无大碍："使社会陷入危险境地的不是某些人的败坏，而是所有人的懒散。在立法者眼里，私通比卖淫更可怕。"[①]

托克维尔认为，欧洲人忽视了性别之间的许多特质，他们不仅要男女平等，而且要男女一样，让他们承担同样的职责、责任以及权利。殊不知，他们这样做的结果却使两性都因此遭到贬损。将自然的造物这样粗鄙地混合，最终只能造就弱男子和坏女人。而在美利坚人看来，既然自然赋予男人和女人不同的身体和道德结构，那么它的目标即在于将这些不同的质素派上最合适的用

① ［法］托克维尔：《论美国的民主》，749 页。译文有改动。

场。进步并不意味着将男女这两类不同质素的人等量齐观，而是让男人和女人都能施展他们各自的长处，更好地完成各自的职责。在美国，两性之间的行为始终有着明确的界限，他们在不同的道路上以同样的步伐前进。虽然美国女人时常表现出男人的理性和旺盛的精力，有时在心智方面也和男人没有什么区别，但她们在外表上总是那么优雅，举止充满女人味儿。美国人从未想象民主原则会推翻婚姻权力，搅乱家庭权威。他们一直认为家庭乃至任何联合体要能够发挥效力，必须有一个主心骨（家长），而在婚姻这一联合体中，男人往往是自然的主心骨。由夫妻组成的小社会与大的政治社会一样，民主的目标在于规范权力以及使权力正当化，而不是破坏一切权威。美国女人并不认为主动放弃自己的意志是低人一等，而认为这是她们的荣耀。主动接受羁轭而不是逃避，这正是她们的伟大之处。别看欧洲男人整天"Lady First"（女士优先），他们内心并不把女人当成与自己平等的人看待，他们将女人视为诱人却并不完整的人。在欧洲，男人和女人往往有着不同的道德标准，发生在一方身上可能构成了犯罪的行为在另一方可能只是无足挂齿的小过失。在美国，无论是诱惑者和受害者，都一视同仁，他们在权利和义务之间并不做不公正的区分。他们并不认为男人和女人有权利和责任做同样的事情，男女在价值上是平等的，但命运是不同的，他们的差别在于运用才智和理性的方式方面，因此，"尽管合众国的妇女很少离开家庭这个小圈子，在某些方面依附于家庭，但在我看来，她们的地位是其他国家所无法匹敌的。……如果有人问我这个民族为何生机勃勃、蒸蒸日上，我的回答是：那里有优秀的妇女"①。

在这里，托克维尔有关美国妇女的讨论与其说是一种事实描述，还不如说是一种理想建构。家庭是他观察民主社会的一个重要窗口。与民主社会的公民一样，对于从家庭革命中解放出来的妇女来说，如果能够施以正确的自由教育，让妇女掌握自由的技艺，重建家庭秩序，敦化民情风俗，则共和国保持繁荣稳定是完全可以实现的。

第四节　宗教与自由民主社会的灵魂

与贵族社会相较，追求现世的物质享乐成为民主社会人们的主导诉求。如

① ［法］托克维尔：《论美国的民主》，756 页。译文有改动。

果说家庭出身是决定贵族社会人们身份地位的主要标准，那么民主时代的标准则是财富。既然金钱成为显示自己高人一等的首要标准，那么，处心积虑积累财富便构成民主社会人们每天活动的核心。心灵的净化、灵魂的不朽、来世的幸福在民主社会人们的脑海中渐行渐远，其轮廓日益模糊难辨。与此同时，民主社会的唯物主义者们非但不想方设法遏制这一倾向，反而对之推波助澜，他们的全部活动都致力于解决所谓落后的生产力与人们不断增长的欲望之间的矛盾。在他们眼里，人只不过是欲望的载体，满足这种欲望便构成了人之为人的全部。这样，疯狂地追求物质享乐便获得了天然的正当性。他们贬低人的生命，认为人类与野兽并无不同，遂任由人类的本能驱使自身追求肉体的享受。

由于如上原因，在托克维尔看来，民主时代更加需要唯心主义，尤其是倡导唯心主义的宗教。无论什么教派，都以各自的方式崇敬上帝，以上帝的名义宣讲某一道德。对于一个人来说，教派或许十分重要；但对于整个社会来说，最重要的不是全体公民信奉什么教派，而是全体公民信奉宗教。与唯物主义者对人的认识不同的是，唯心主义者认为人的心灵往往要比人们通常理解的丰富得多，人们在不断追求现世幸福的同时，对天国幸福也有着持久的向往，只是随着民主时代的来临，人的宗教本能由于物欲的过分膨胀而遭到挤压而已。在托克维尔看来，没有信仰只是人类社会的偶然现象，有信仰才是人类的常态。宗教能够使人从物欲的奴役中解脱出来，提高、充实、扩大心灵，使其处于强大而有力的状态。在民主时代，宗教并不试图消除人对物质享乐的追求，它的任务在于净化、调整和节制人们在平等时代过于强烈地和过于排他地喜爱享乐的情感。宗教即便不能做到来世得报，它对人在今世的幸福和高尚化也是极为有用的。宗教还能促使人摆脱民主社会普遍的平庸，向往并追求伟大。[①]

一、宗教作为“首要的政治设施”

随着旧秩序的崩溃，现代民主社会面临重建新秩序的艰巨任务，而新秩序的重建将包含两个层面的任务：一是在民主社会的政治世界重新塑造法律和政府的权威；二是在民主社会公民的心灵世界重新树立信仰的权威。在托克维尔看来，对新的民主社会来说，后一项任务显得尤为紧迫，它基于托克维尔对18、19世纪法国乃至整个欧洲面临的现实困境的深深忧虑：这一现实困境即基

---

① 参见［法］托克维尔：《论美国的民主》，537～545页。

督教与民主社会之间尖锐对立。在《旧制度与大革命》第一编第二章，托克维尔一开篇就指出，“法国革命的最初措施之一是攻击教会，在大革命所产生的激情中，首先燃起而最后熄灭的是反宗教的激情”。虽然这种对宗教的刻骨仇恨成为革命者意识形态的重要组成部分，但托克维尔仍然认为，这种“反宗教之战只是这场伟大革命中的一个事件，是大革命面貌的一个突出的却转瞬即逝的特征，是酝酿大革命并为其先奏的那些思想、感情、个别事件的暂时产物，而不是大革命的本身特性”。因为基督教之所以激起人们如此强烈的仇恨，“并非因为它是一种宗教教义，而是因为它是一种政治制度；并非因为教士们自命要治理来世的事务，而是因为他们是尘世的地主、领主、什一税征收者、行政官吏；并非因为教会不能在行将建立的新社会占有位置，而是因为在正被粉碎的旧社会中，它占据了最享有特权、最有势力的地位”。为此，托克维尔发现，那种认为民主社会必然敌视宗教的看法显然是一种误解，“基督教乃至天主教中，并没有什么东西是与民主社会的精神绝对对立的，有好多东西甚至对民主社会大为有利”①。

在旧制度下的法国，政治秩序与宗教秩序合二为一，这就使政治秩序的崩溃必然带来宗教秩序的崩溃。由于政治与宗教之间的这种特殊的合谋关系，使本来针对旧政权和旧社会的革命也将宗教视为不可回避的敌人。不仅如此，对政治与宗教的混淆还导致革命自身性质的变化。在《旧制度与大革命》第一编第三章“大革命如何是一场以宗教革命形式展开的政治革命，其原因何在”中，托克维尔指出，与以往的革命不同，法国革命的影响已经远远超出了现有的地理疆界。法国革命与基督教征服异教世界一样，都诉诸某种普遍性，只是这种普遍性的载体不同罢了，法国革命在此世的进行方式与彼世的宗教革命如出一辙。②

通过对美国政—教体制的考察，托克维尔发现，政教分离正是宗教发挥其影响力的关键所在。政教分离通常包括两个层面的含义：它既表现在建制教会与政治权力的分离，也表现在建制宗教与公共秩序的分离。③ 在美国，神职人员往往与党派政治保持着明显的距离。在那里，很难说宗教对法律和政治舆论的细节会产生直接的影响，但它能够指导民情，并通过规范家庭进而规范国家。这样，在美利坚，宗教的间接影响力通常要远远超过其直接影响力，政—

① ［法］托克维尔：《旧制度与大革命》，45～47 页。

② 同上书，50～53 页。

③ 参见刘小枫：《现代性社会理论绪论》，461 页，上海，上海三联书店，1998。

教分离表面看似削弱了宗教的影响力，实际上却强化了宗教的影响力。在托克维尔看来，“宗教信仰的解说人一旦参与政治，信仰就将发生几乎不可避免的危机”①。通过发挥其间接影响力，宗教被美利坚人视为“政治设施中的最主要设施……它虽然没有向美国人提倡爱好自由，但它却使美国人能够极其容易地享用自由”②。

世俗的政治生活往往瞬息万变，它经常为党派偏见、公众舆论以及人们现实的利益筹算所左右，充满了不确定性。政客风光无限，作威作福，转眼之间却沦为阶下囚。在政治世界，即使再稳固的政府最终也难逃朽坏的命运。假如宗教与世俗政府结盟，不仅借助信仰，而且借助暴力主导人们的灵魂，那将意味着宗教为了当下而牺牲了未来，攫取了本来不属于自己的权力，而使本来属于自己的权力面临威胁。表面看来，宗教与政权为伍，在某些方面强化了自己的权力，事实上它却丧失了统御一切的希望，“宗教一旦依附于现世的利益，几乎又会同世上的一切权力一样，变得脆弱无力”③。对宗教来说，独立，则有望不朽；与短暂的权力为伍，将难逃后者的命运，有朝一日定会随着这些权力背后的激情一起灰飞烟灭。托克维尔发现，大革命期间，法国自由派与天主教会之间的敌对并非出于自由民主与宗教之间的天然对立，而是旧制度下天主教会政治化的直接后果。

二、宗教与民主社会的自由精神

个人有决定自己命运的权利和能力，这是民主社会滋生的普遍倾向，然而它可能导致两种致命后果：一种后果是完全放弃自由本身，因为“一旦在宗教方面也像在政治方面那样不复存在权威，人们立刻会对由此而产生的无限独立的情景感到惊恐。一切事物的这种经常动荡状态，将使人们心神不安和精疲力竭。因为在精神世界一切已经发生动摇，所以人们想力争在物质世界建立巩固的秩序。但是，他们已不能再恢复昔日的信仰，而把自己交给一个人去统治”④。另一种后果则可能导致滥用自由，使个体或社会变得肆无忌惮、为所欲为。而在合众国，“法律虽然允许美国人自行决定一切，但宗教却阻止他们想

① ［法］托克维尔：《论美国的民主》，679 页。
② 同上书，339 页。
③ 同上书，345 页。
④ 同上书，539 页。

入非非，并禁止他们恣意妄为”[①]。托克维尔发现，在法国，“宗教精神与自由精神几乎总是背道而驰的；而在美国……两者是紧密配合，共同统治着同一国家的”[②]。在合众国，政治与宗教从一开始就彼此和谐，基督信仰正是自由民主原则的基本源泉，“自由精神”与“宗教精神”紧密结合，共同统治这个国家：“宗教认为公民自由是人的权利的高尚行使”，而“自由认为宗教是自己的战友和胜利的伙伴，是自己婴儿时期的摇篮和后来的各项权利的神赐依据。自由视宗教为民情的保卫者，而民情则是法律的保障和使自由持久的保证”[③]。在美利坚人的脑海中，他们把“基督教和自由几乎混为一体，以至叫他们想这个而不想那个，简直是不可能的”[④]。在合众国，没有一种宗教信条本身是反对民主共和制度的，宗教作为“首要的政治设施”，成为民主社会维护自由的关键力量。

合众国的独特之处在于，那里在奉行国家与教会分离原则的同时，宗教却对整个社会和政治发挥着渗透性的影响，它在延续了前近代意义上的政教合一观念的同时，也接受了现代意义上的政教分离思想。在托克维尔看来，在法国，宗教若要获得其影响力，就必须在建制上与政治分离：“宗教与各种政治权力结盟时，只会使自己担起沉重的盟约义务。宗教不需要依靠政治权力的帮助而生存，而如果给予政治权力以帮助，则会导致自己灭亡。”[⑤]

在《论美国的民主》一书中，托克维尔曾不止一次强调自己“仅从人的观点来考察宗教”[⑥]。一方面，宗教体现了普遍的人性，它脱离并超越世俗政治的盛衰变迁，它寄托着人类永久的希望；另一方面，宗教又成为民主社会人们的“公共意见”，即托克维尔所说的民主社会公民的“教条性信仰”。民主共和制度比所有其他体制更需要这种信仰的支持，“当政治纽带松弛而道德纽带并未加强时，社会怎么能免于崩溃呢？如果一个自己做主的民族不服从上帝，它能做出什么呢？”[⑦] 托克维尔在这里所说的上帝显然不是基督教的上帝，而是他所强调的为一个社会所普遍接受的“公共意见（观念）”“公共哲学”或“共同信仰”，它是毋庸置疑的，不需要任何论证而当然地为人们所接受。这种信仰是一个社会繁荣的基础，而“一个社会要是没有这样的信仰，就不会欣欣向荣；

---

① ［法］托克维尔：《论美国的民主》，339 页。
② 同上书，342 页。
③ 同上书，49 页。
④ 同上书，340 页。
⑤ 同上书，345 页。
⑥ 同上书，344 页。
⑦ 同上书，341 页。

甚至可以说，一个没有共同信仰的社会，就根本无法存在，因为没有共同的思想，就不会有共同的行动，这时虽然有人存在，但构不成社会”①。

在贵族社会，通常是某一个或少数有教养且智识超群的人在社会中占据主导，而多数民众往往处于无知状态，他们的影响力也非常有限，所以贵族社会的大众经常乐于接受某一个人或阶级主导他们的意见。而在民主社会，条件的平等造就的是一种新型的“民主人”。在民主社会，人们不再能够接受某种外在的智识权威，也不会轻易相信所谓的神圣使命。民主的激情使人们倾向于无法无天、无拘无束。他们贪恋权力，却对那些行使权力的人恨之入骨。对“民主人”来说，他们首先关心的是积累财货以满足现世的本能的物欲，而非灵魂的不朽。他们所追求的只是当下的满足，对未来漠不关心，他们往往为一时的欲望所操控，时常被裹挟在民主的躁动不安之中：可能一夜暴富，也可能沦为穷汉，时而时运不济，时而鸿运当头。在“民主人”眼里，既然大家在智识上都彼此彼此，真理就不再掌握在某一个或少数人甚至某种彼岸世界的权威手里。他们转而对“公众的判断”亦步亦趋，“最大多数人的意见”成为民主社会人们意见的最高指导。

民主社会在经济领域表现为人们欲望的空前解放，在精神领域则表现为群众喝彩式的“文化专政”。如何节制民主时代人们日益膨胀的欲望？如何防止政治社会可能因此以“多数”名义出现的精神霸权？托克维尔发现，虽然合众国并没有一个国家控制下的宗教，然而宗教却构成了民主共和体制的重要支撑，对“民主人”实现自我约束发挥着极为重要的作用。此世生命的有限性促使人们的灵魂转向“彼岸世界”去寻求无限性，对此世虚无的恐惧和对不朽的追求促使人类在另一个世界寻找精神慰藉。宗教正是满足这一向往的重要形式，它首先关注的是某种永恒性和人类灵魂的持久倾向。宗教的力量来自其对人性中普遍具有的情感、本能和激情的把握，而不是基于现实世界的利益筹算。对于民主社会的立法者来说，他们需要预先对人类社会的这种自然趋向有较为准确的把握，以便对民主的激情进行适时的疏导或控制。民主时代的立法家和有识之士应当“毫不松懈地致力于提高人们的灵魂，把人们的灵魂引向天堂……使永恒的爱好、崇高的情感和对非物质享乐的热爱洋溢于民主社会”②。为了使灵魂不朽这样的信条为人们所普遍信奉，政府所能采取的唯一办法就是“在行动上每天表明它也相信灵魂不灭论……政府只有在大事情上认真遵守宗

① ［法］托克维尔：《论美国的民主》，524 页。

② 同上书，677 页。

教道德，才能以身作则教导公民在小事情上承认、热爱和尊重宗教道德”[1]。

第五节　结语：道德哲学家托克维尔

作为《旧制度与大革命》一书的作者，托克维尔很自然地被视为历史学家，但这里有必要提请读者注意的是，托克维尔并非一般意义上历史学家，他笔下的历史也非通常意义上的历史。对此，托克维尔在该书“前言”一开篇即明确交代：这部书决非一部法国大革命史，而是“一部关于这场大革命的研究”。而托克维尔在该书的标题中也刻意避免使用“历史”一词，这无疑是要与现代人脑海中的“历史”概念划清界限。实际上，托克维尔所理解的“历史”更接近于古典意义上希罗多德式的“*ιστοραη*”（historia），意为“探究”，探索事情的“原委”。托克维尔研究历史并非出于对往昔的怀恋，而源自对当下时代的高度敏感。在托克维尔看来，真正具有划时代意义的伟大著作并不在于描述事实，而在于评论事实，它应当能够揭示特定的历史事件背后蕴涵的有关人类事务的普遍真理，将历史与思想、历史本身与历史哲学、政治的历史与政治的科学结合起来。在托克维尔眼里，“历史不是演义，更不是描述或叙事，而是一种有待组织和阐释的素材”[2]。对时代进行整体性洞察和反思，摆脱任何党派意见的束缚，对现代社会做出自由判断，进而对其可能的未来做出某种程度的预见，构成托克维尔整个思考和著述的基本旨趣。

在以“恢复历史本来面目”“叙述客观事实”为己任的学院派历史学家们看来，托克维尔的这一尝试必然与他们所坚守的“治史规范”相龃龉，托克维尔对事实的所谓“剪裁取舍”也让他们颇为不满。实际上，托克维尔是一位致力于分析现代民主社会的道德哲学家，他对民主社会良善和邪恶的洞察渗透着强烈的历史感和现实感。他揭示民主的良善，并非出于热爱民主；他揭示民主的邪恶，也非出于憎恨民主。他始终将民主作为社会发展的“源发性事实”，以哲学家的理性和立法家的温情，寻找将民主导向良善的可能途径。为此，卡尔·施米特曾这样写道：“长久以来，托克维尔在我心目中是19世纪最伟大的历史学家。他的高雅风度有些过时，但却是没有陷入那个世纪的演员效应的罕

---

① ［法］托克维尔：《论美国的民主》，680页。

② ［法］弗朗索瓦·傅勒：《思考法国大革命》，193～194页。

有的历史学家之一。……他的目光透过革命与复辟的场面，洞察到在相互矛盾的阵线和口号背后进行着的一场发展之决定命运的内核……他是一个像孟德斯鸠那样的法国传统意义上的道德学家，同时又是法国 peinture（绘画）观念上的画家。他的目光柔和而明澈，而且总带有一点儿忧伤。他有知识人的勇气，但出于礼貌和忠诚而给予每个人机会，从不表露出强烈的绝望。”①

从思想气质来看，托克维尔的道德/政治哲学是亚里士多德式的，无论是亚里士多德还是托克维尔，在他们的脑海中，道德与政治、民情与法制、伦理学与政治学密不可分，而自由公民教育则构成其间的重要桥梁。如果说《论美国的民主》上卷与亚里士多德的《政治学》暗合，那么《论美国的民主》下卷则与《尼各马可伦理学》呼应。在亚里士多德看来，政治学研究的首要议题在于什么才是人的幸福，何种生活方式有助于实现这种幸福，而政体形式只是达致这种幸福的手段，外在的政治秩序与内在的灵魂秩序彼此呼应。在托克维尔那里，一个自由的共和国既需要有利的地理环境和法制，也需要良好的民情，即一个民族中人们的道德和精神面貌，他们“心灵的习性”（habits of heart）。然而，同样作为政治/道德哲学家，托克维尔没有像亚里士多德那样将更多的注意力集中在“政体类型学”上，他的政体划分更具历史的动态性也更为简明。他将贵族社会向民主社会过渡、身份平等这一“源发性事实”作为分析前提。从这一事实性前提出发，托克维尔关心的核心问题在于：随着贵族社会的崩溃、民主社会的到来，现代各国是走向民主的自由还是民主的专制？如何防止行政集权逐步消磨民众意志，破坏他们的公共精神？如何在一个日益拉平的社会重新树立自由？在托克维尔看来，实现自由不仅需要诸如地方自治、结社、言论、出版等诸多外在的法制保障，而且意味着公民灵魂的实质提升和真正自由。在物欲泛滥、人人为己的民主时代，托克维尔指出现代立法家和道德家的任务在于：对这种普遍情感不应逆势而上，而应因势利导，应使人们对自己的个人利益有开明的理解，即“正确理解的自利”。它不要求人们为同胞、为公益做出伟大的牺牲，而是鼓励人们在力所能及的范围内做一点小小的贡献，毕竟，盲目献身和本能为善的时代已经成为遥远的过去，而自由、公共安宁和社会秩序本身通过启发和教育可以实现的时代即将来临。在“利己主义”时代，引领社会的人应当通过自己的言行教导人们：个体与社群、私利与公益可以相得益彰，人在利他时也在利己，为善的同时也在为己。在财富日益成为

---

①［德］卡尔·施米特：《浅说托克维尔的历史编纂》，见《论断与概念》，朱雁冰译，337页，上海，上海人民出版社，2006。

衡量高低贵贱的首要标准、追求财富的热情压倒宗教热情的时代，托克维尔号召时代的有识之士重新唤起人们的宗教信仰，节制人们的欲望，提升人们的灵魂，使人们在追求现世幸福的同时，对天国幸福产生本能的向往，强化自由人的灵魂，防止民风的不断软化，摆脱奴性和任性、顺民与暴民的恶性循环。在一个数量成为权威、多数主宰一切的时代，托克维尔提醒我们警惕民主社会面临的重大威胁之一，即“多数专制”。它不仅表现为政治领域立法、行政甚至司法领域日常实践中压倒一切的“多数原则”，而且表现为社会领域的所谓“多数意见”“公共舆论”，致使人们养成盲从甚至谄媚多数的恶习，不再有勇气发挥自己的自由意志，运用自己的独立判断。托克维尔提请我们注意民主国家可能出现的这种“新型专制”。与传统的通过镣铐和刽子手等强制力量针对人们肉体实行的专制不同，这种新型专制直接通过精神力量压制人们的灵魂。它具体表现为一个权力极大、无所不在的“监护性当局”。它类似于一种旨在使民众完全沉浸于物质享乐的“父权”，“充当公民幸福的唯一代理人和仲裁人”。这一新型的权力当局“并不践踏人的意志，但他软化、驯服和指挥人的意志。他不强迫人行动，但不断妨碍人行动。他什么也不破坏，只是阻止新生事物。他不实行暴政，但限制和压制人，使人精神萎靡、意志消沉和麻木不仁，最后使全体人民变成一群胆小而会干活的牲畜，而政府则是牧人”[①]。为此，托克维尔试图在美利坚人那里发现平衡“多数暴政”的手段，诸如行政分权、法学家精神、陪审团制度等等。[②]

与贵族社会相较，商业精神主宰下的民主社会表面上变动不居，精神却停滞不前，表面上多元并存，内里却千篇一律，表面蒸蒸日上，实际却衰败退化，现代民主社会表面的繁荣始终无法掩盖其内里的日趋贫乏。1853年，即法国大革命爆发后的第六十四年，托克维尔开始撰写《旧制度与大革命》（1856年发表），而在新中国成立六十三年后的2012年，这位思考民主与现代性问题的伟大思想家，在中国找到了知音，是缘分，更是契机！革命是通向自由还是通向奴役？这不仅关涉政治，更关涉道德。民主革命留给现代立法者的是重建政治秩序和灵魂秩序这一双重任务，它不仅是大革命后的法国人面临的重大课题，而且是21世纪中国的先知先觉者必须承担的伟业。

任军锋

① ［法］托克维尔：《论美国的民主》，870页。

② 同上书，301～319页。

参考文献

托克维尔．旧制度与大革命．冯棠，译．北京：商务印书馆，1992.

托克维尔．论美国的民主．董果良，译．北京：商务印书馆，1988.

托克维尔．托克维尔回忆录．北京：商务印书馆，2010.

托克维尔．政治与友谊：托克维尔书信集．黄艳红，译．上海：上海三联书店，2010.

崇明．托克维尔：民主的政治科学．上海：上海三联书店，2006.

雷蒙·阿隆，等．托克维尔与民主精神．北京：社会科学文献出版社，2008.

弗朗索瓦·傅勒．思考法国大革命．孟明，译．上海：上海三联书店，2005.

施米特．论断与概念．朱雁冰，译．上海：上海人民出版社，2006.

雷蒙·阿隆．论自由．姜志辉，译．上海：上海译文出版社，2007.

雷蒙·阿隆，等．托克维尔与民主精神．陆象淦，金烨，译．北京：社会科学文献出版社，2008.

刘小枫．现代性社会理论绪论．上海：上海三联书店，1998.

卢梭．论人与人之间不平等的起因和基础．李平沤，译．北京：商务印书馆，2007.

马南．民主的本性：托克维尔的政治哲学．崇明，倪玉珍，译．北京：华夏出版社，2011.

亚里士多德．政治学．吴寿彭，译．北京：商务印书馆，2010.

约翰·密尔．密尔论民主与社会主义．胡勇，译．长春：吉林出版集团，2008.

Tocqueville. Democracy in America. Goldhammer A，trans. New York：Library of America，2004.

Tocqueville. Democracy in America. Mansfield H C，Winthrop D，trans. and eds. Chicago：University of Chicago Press，2000.

Boesche R. Alexis de Tocqueville：Selected Letters on Politics and Society. Berkeley：University of California Press，1985.

Welch C B. The Cambridge Companion to Tocqueville. New York：Cambridge University Press，2006.

第八章
革命、宪政与启蒙：论康德的政治哲学

18世纪是启蒙的时代，也是革命的时代。思想的转变突破带来政治的革故鼎新，政治的风向波动也无不触及思想的纤毫。我们常常可以依据思想家对一个具体事件的立场，将其划归或激进或保守的阵营，如潘恩与柏克之于法国大革命。但如果以这种方式措置康德，则令人有困窘之感。《纯粹理性批判》的革命性意义毋庸赘言，海因里希·海涅将其直接类比于法国大革命，称在莱茵河两岸发生了同样重要的变革，只不过一个发生在现实之中，一个仅发生于思想领域。[①] 马克思也将康德哲学判为"法国革命的**德国理论**"[②]。依照这些评论，康德理论哲学中的革命意义似乎就会自然转化为对现实中革命的支持。而且，如果我们涉足康德道德哲学的殿堂，《道德形而上学的奠基》《实践理性批判》在我们脑海中造就的康德形象难免是一位高扬理性，推崇人性尊严，将自由奉为圭臬的启蒙哲学家。这种思想立场反映到政治态度上，人们也自然会推测康德将赞同一切进步的革命，为其鼓动呐喊。

然而，在康德18世纪90年代的著作中，我们却常常发现他明确地否定一切革命的权利，语气坚决、不容置疑，这就将读者置于理解的困境了。康德否弃革命权利的主张与其道德哲学的主旨是否相容？对革命权利的否认是康德真正持有的观点吗？如果是的话，康德的权利哲学和道德哲学是否有着迥然有别的原则和立场？康德关于革命的论述带给我们的困惑还不止这些。在否弃一切

① 参见［德］海涅：《论德国宗教和哲学的历史》，海安译，87页，北京，商务印书馆，1974。

② ［德］马克思：《历史法学派的哲学宣言》，见《马克思恩格斯全集》（第1卷），中文2版，233页，北京，人民出版社，2002。

革命权利的同时，康德对于法国大革命这一真实的历史事件却青睐有加，似乎忘却了他本人对革命权利的绝然否弃。那么，康德对法国大革命的正面评价是否又背离了他关于革命的一贯立场呢？如果是这样，不免减损了哲学家一贯严谨的品质。康德革命理论中的这些疑难困扰着众多的康德研究学者，他们从不同的角度试图化解上述两个矛盾，“革命”问题可谓康德政治哲学研究中一个历久不衰、常论常新的话题。

本章也力求阐释康德的“革命”问题。第一部分针对上述的第一个矛盾，首先阐明康德的公民宪政的理念，表明建构国家权利体系的基本原则仍然来自启蒙哲学的一些基本观念，即自由、平等和独立。他的权利哲学虽然存在一些独立于道德哲学之处，但在基本观念和立场上未有偏离。在第二部分中，我们将考察康德否弃革命权利的五种具体论证。康德否弃革命权是绝对的，并没有为革命设下相对的、限制性的条款。在此基础上，“反对幸福原则的论证”“后果论证”“公开性原则的论证”以及“形式主义的论证”都没有反映出康德反对革命权利论证的绝对性特征，要么是相对的，要么是不充分的。而只有“公民宪政理念的前提条件”这一论证，才能表明最高权力本身的合法性所在，才能给予反对一切革命权利的立场以支持。在此基础上，本章的第三部分旨在表明一些康德研究学者的“相对的”阐释是不正确的。我们将阐明康德之所以反对革命权利，是因为革命破坏了宪政理念的现实条件。如果丧失了至高权力的保障，那么现实的不完善的权利体系向公民宪政理念的迈进就是天方夜谭。由此本章为康德对于革命权利的否定同先天的法权体系的一致性进行辩护。在第四部分中，我们将分析前述的第二个矛盾。许多学者将这个矛盾中的两方划归至康德哲学中的不同理论层面以求协调无碍。反革命权利的理论属于权利哲学，而对法国大革命的激赏或属于历史目的论，或属于道德心理学，或属于人类学。两种观点分属不同层面，于是也就不存在冲突了。我们认为这类解释是不适当的，康德对法国大革命的激赏可以在康德的法权哲学内部获得解释，但问题远未完结。如果革命因摧毁了宪政理念的现实条件而丧失了合法性，那么宪政理念的实现又能指望什么？在本章的第五部分也就是最后一个部分，我们探讨了这一问题。正是通过启蒙具体的形式也就是言论自由，在保持宪政理念现实条件的情况下，促进现实逐渐地接近理念，这也便是康德笔下的历史进步。在这一历史进程中，自身的启蒙和对政治体制的改善无论是对于执政者还是普通公民，都是来自理性本身的双重责任。

第一节　公民宪政的理念

康德对革命权利的拒斥属于其法权哲学[①]的一部分。首先的问题是康德的法权哲学和他的道德哲学是否存在原则上的差别。如果存在这样的差别，那么我们就无须为康德的革命问题殚精竭虑了，因为法权哲学无须依照道德哲学的基本原理就能获得辩护。但这个简便的解释路径是不存在的。康德的法权哲学作为实践哲学的一部分，延续了后者的基本主旨。如果我们要为人类的实践活动寻求并确立普遍有效的原则的话，那么就不能求之于经验，而必须从先天理性中寻求权利、法律及政治建构的根据。康德说，要想在这些领域中“认出正当和不正当（iustum et iniustum）的那个普遍的标准”，就必须“长时间离开那些经验性的原则，仅仅在理性中寻求那些判断的源泉”[②]。在康德的哲学规划中，并没有法权哲学或政治哲学的独立地盘，理性没有也不可能为法律或政治提供独立的原则，因为理性的唯一法则只能是自由。康德的法权哲学未曾偏离先天的理性自由所颁布的法则。

但是一般原则上的一致性并不能使我们忽视康德法权哲学与道德哲学的一个意义重大的差别。康德说：“就这些法则（自由法则——引者）仅仅涉及纯然外在的行动及其合法则性而言，它们叫做**法学的**；但是，如果它们也要求，它们（法则）本身应当是行动的规定根据，那么，它们就是**伦理的**。”[③] 这意味着“法学的”内容只关乎人的外在行为的合法性，并不对人的主观任意（Willkür）提出要求，无须直接以普遍法则为动机，只要求行为在外在方面符合相关法则。与之相对，伦理学则强调与法则相应的义务理念本身同时成为内在的动机，动机与义务的一致性正是自律的体现。人作为自由的存在者，能够

---

① 本章交替使用“法权哲学”“权利哲学”以及“政治哲学”等概念。它们之间并无实质差别，在根本上都是指康德依据先天理性为人们的外在自由确立法权体系的学说。概念使用上的多样主要源于“Recht”一词的多义。用“法权哲学”强调体系性的、整体的含义，“权利哲学”意在表明康德为具体权利提供了先天的辩护，这两个概念都可以适用通常的“法哲学”。“政治哲学”在康德的理论中可看作对于先天理性的法权体系所要求的公共法权的相关阐释，并不是独立于法权哲学的另一体系。

② ［德］康德：《道德形而上学》，张荣、李秋零译，见《康德著作全集》（第6卷），237～238页，北京，中国人民大学出版社，2007。

③ 同上书，221页。

将客观法则的表象作为自身主观的行为准则，或者说，在道德的意义上，能够将外在的法则本身就当作任意的一个对象（即质料）。在将法则本身作为行为的质料或目的的意义上，行为的道德性就要求免除一切外在的强制。康德说，“另一个人虽然可以**强制**我去**做**某种不是我的目的（而只是达到另一个人的目的的手段）的事情，但不能强制我**使它成为我的目的**”[①]。因此，道德的本质特征就在于意志的自律。而“法权”只关乎外在自由在行为方面的共存，对于内在动机或质料并没有直接和明确的要求，而仅仅要求它符合外在的义务，不逾越外在的义务所设立的界限。只要行为处于法权的界限之内，以何种动机发动这一行为并不被纳入法权的管辖。但是人的主观任意并不总是自动地符合外在的法则，甚至总有着逾越自身权限的倾向，因此一种外在的强制就是必要的，这种必要性就在于阻止逾越法则的行为。但行为终归是外在的、物理的，对其的阻止并不意味着为每个人的身体套上枷锁或牢笼。那么一方面，我们对于违法的行为会施加相应正义的惩罚；另一方面，这种惩罚施加于人心的影响使其不会有实行违法行为的意图。简言之，康德法权哲学与道德哲学的区别在于后者要求义务与动机的一致性，而前者只关涉人的外在自由，只要求人的主观动机同外在义务通过对惩罚的畏惧产生联系。正是因为这一点，道德在任何意义上都不能容许外在的强制，相反，法权哲学则为特定意义上的外在强制提供了辩护。

道德与法律这一关键区别就向我们提出了一个问题：在法权论中外在强制的引入是否破坏了道德哲学中理性存在者的自由，提出了一个不同于道德自律的他律概念呢？是否可以由此推出康德的道德哲学与法权哲学存在着根本的差别？进一步的分析会表明，无论是在对权利本身的证成之中，还是在一个政治建构的原则中，康德都没有背弃意志自律的观念，也就更谈不上放弃理性自由的法则在实践领域的奠基作用。总之，上述的差别并没有妨害康德道德哲学与法权哲学原则上的一致性。

在康德看来，法权或者权利是一个整体的概念。权利之所以产生，是因为理性存在者共同存在的事实。如果只有一个人存在，那么就涉及不到权利和相应的责任概念。权利作为“总和”或整体的概念，至少意味着两个方面的紧密关联。首先，权利并没有预设一个第一视角，并由此出发划定出与他人的界限，从而制定出普遍的权利关系。恰恰相反，个人的权利是在人们的普遍关系

① ［德］康德：《道德形而上学》，张荣、李秋零译，见《康德著作全集》（第 6 卷），394 页。

中得以确定的，法权的普遍原则以人们的外在自由的普遍共存为准绳，人们的权利或正当的行为是彼此之间互为前提的，对于自身的权利的确定以他人的权利的确定为前提，反之亦然。法权的普遍原则就被康德表达为“任何一个行动，如果它，或者按照其准则每一个人的任性的自由，都能够与任何人根据一个普遍法则的自由共存，就是**正当的**”①。由此亦可见另一层密切的关联，即权利与强制的交互构成。人际的外在自由的普遍共存是以自由的限制为条件的，对于我自身的权利的确立也就是对于他人行为的限制，反之亦然。康德特别强调，他人对我所承担的责任不可以看作由我自身的权利所追加上去的，准确地说，他人的责任正是我的权利的构成性条件，反之亦然。权利正是在责任，即对行为的限制中生成的。责任的概念表明了对于任意的自由的限制的合理性。接下来就涉及本章关注的问题，权利及责任仅仅只关系到外在的自由，并不要求直接以义务为行为的动机，但人的有限性决定了人的行为总是有逾越外在法则界限的趋向，如果要将人们的行为约束于法权界限之中，强制的手段就是必需的。责任的概念并不会产生行为的自我约束，只有以一种外在的强制作用于偏好，才能使偏好回缩到法律框架之内。于是，责任概念的可能性也就给出了相应的外在强制的合理性。

那么合理的外在强制是否意味着其凌驾于自由的主体之上，并引入了某种意志的他律呢？并不能这么认为。由上可见，法律意义上的外在强制内在于法权概念本身，它的辩护取决于法权概念本身的辩护。而康德法权概念的唯一根据只是人的先天理性，未经批判的经验的、历史的法权的描述提供不出法权本身的根据。这样，法权的普遍性原则实际上预设着人作为理性存在者的普遍性，可以说，体系性的法权概念内在于每个理性存在者自身。既然对于法权原则的遵守仍是人的理性自由的表现，那么内在于法权原则的合理的强制对于人的理性自由来说，也就不同于来自他人任意的强制。自律和他律的分野并不在于对自身任意的行为是否提出了命令，而在于作为命令的义务观念本身的根据。合理的义务只能以理性作为唯一的根据。法权的普遍原则既然是仅仅以先天理性为其来源的，那么它所包含的义务观念就不会损害到意志自律这一观念的基本含义，即使它会以外在强制的方式作用人的主观任意。

既然法权概念中包含的强制性并不损害康德实践哲学的一贯原则，自由乃

① ［德］康德：《道德形而上学》，张荣、李秋零译，见《康德著作全集》（第6卷），238页。

至意志自律的观念仍然被充分地贯彻，那么国家的强制力在观念上对其也不构成损害。康德认为私人法权预设了公共法权，如果说私人法权状态就是缺乏公共法权的强制力的自然状态，那么其中人的权利的来源实质是先天理性构成的法权原则，法权作为先天理性的构成物，其有效性并不取决于经验的条件，但是私人法权状态的法权只是暂时的，如果要永久的保障也就要求一个公共法权的出现，法权自身由于其先天性对这种永久的要求是必然的。因此，进入公共法权对于每个理性存在者来说是一项不可逃避的义务。但是，康德强调说："这种公共法权所包含的人的义务并不多于或者不同于在前一种状态中所能想到的。"① 也就是说，相对于私人法权状态，公共法权状态改变的只是将分散于每个人的强制他人的责任统一于公共权力之手，由此使先天的法权关系得到永久的保障，但国家并没有因为有了一个至高的公共权力而改变每个理性存在者在先天意义上得到辩护的权利及义务体系。我们可以进一步说，即使在公共法权状态，即存在国家这一强大而统一的外在强制力的状态之下，康德一贯秉承的实践哲学的基本观念也并未受到伤害，人的基本价值仍然得到了尊重与保障。

康德认为，国家作为一个权利体系，其建构原则正是自由、平等、独立。这些原则是康德实践哲学一贯推崇的理念，同样是启蒙哲学标举的理念。在1793年的《论俗语：这在理论上可能是正确的，但不适用于实践》（以下简称《理论与实践》）一文中，康德对此给出了详细阐述。其中的核心问题是自由、平等和独立如何在一个国家中作为建构性的原则，国家强制力的存在不仅不会损害这些原则，而且恰恰是依赖于这种强制力，普遍的自由、平等以及独立才是可能的。就自由来说，如果实践理性的最高原则是自由，那么每一个人都不应当屈从于另一个人的任意，每个人都可以沿着他自己觉得恰当的途径寻求自己的幸福。政治的建构也就不应以幸福为名凌驾于任何人的自由之上。但问题的复杂性在于个人本身并不总是按照理性本身去规定行动，总是会伤害他人的自由，使自己的意图凌驾于他人之上。于是，人们需要一个主人去抑制自身的动物性的任意。但问题的困难在于"这个主人同样是一个必须有主人的动物"②。人的任意就必须遵守政治建构的自由原则，即"只要他不损害他人追求一个类似目的的自由（亦即他人的这项法权），这种自由是能够按照一种可能

---

① ［德］康德：《道德形而上学》，张荣、李秋零译，见《康德著作全集》（第6卷），319页。

② ［德］康德：《关于一种世界公民观点的普遍历史的理念》，李秋零译，见《康德著作全集》（第8卷），30页。

的普遍法律与每个人的自由共存的”[1]。这样，自由的原则即使在存在强制性权力的国家中，仍然可以得到贯彻。

同样，如果国家的建构原则是基于人的理性自由，那么在国家之中的每个公民都是平等的。因为国家权利体系的构建依照的是自由的普遍共存的原则，人们在这种意义上就是先天平等的。财富、地位等等的差异并不造成权利关系的差异，或者说权利的普遍平等是与财富、名誉等等的不平等并行不悖的。即使是国家道德人格的代表者国家首脑，其对于公民的强制力也要通过公共的法律来执行，他本身并不享有更高的权利地位，国家首脑的至高地位并不意味着他在权利体系中享有多出其他成员的权利。最后，就和本章关系最为密切的意志自律这一概念而言，在道德的意义上，我们并不屈从外在的法律或他人的意志。人们遵守理性，也就是遵守先天理性向自身颁布的法则，任何服从偏好的欲求都被称为他律。这似乎与独立的意义背道而驰，但是在外在立法的情况中，并不要求外在的立法与内在动机的一致性，人们服从公共法律时体现的独立性就在于公共法律构成的原则。“一项公共法律为所有人规定对他们来说在法权上什么是允许的或者不允许的，则是一种公共意志的活动，一切法权都从公共意志出发，因此它自身必须不能对任何人行事不义。”[2] 而公共意志也就是个人意志中的实践理性的体现。正是在这种意义上，服从公共法律而非屈从任何人的任意就是自律性的体现，即使没有内在动机一致性的要求，也仍然可以看作独立的、自律的。

可见，康德的法权哲学与政治哲学仍然秉持了实践哲学的基本理念，即将权利与政治的根据奠立于先天理性之上。人的自由、平等、独立等价值仍是康德孜孜以求的目标。这些观念或原则并没有在缺失内在动机一致性要求的情况下丧失。但问题在于先天的权利体系仅仅凭借着观念性原则，在缺乏公共权力保障的情况下不具有效力。康德当然不会也没有违背其哲学的一贯宗旨，但法权哲学的独特之处恰恰在于康德意识到宪政的理念仅仅是一个观念性的存在，在考虑到其现实性时，就必须考虑到人类的经验性条件，考虑到如何使人类固有的偏好符合先天理性的法权关系的要求，康德由此表明了国家及公共法权的必要性。

---

① ［德］康德：《论俗语：这在理论上可能是正确的，但不适用于实践》，李秋零译，见《康德著作全集》（第 8 卷），293～294 页。

② 同上书，298 页。

第二节　康德反对革命权利的五种论证

上一节阐述了康德确立权利与政治建构的基本原则。在道德哲学中，康德将人的尊严奠立于理性的自律之上，那么在政治生活之中，人似乎也不应甘于奴役和压迫。根据自由、平等这些康德所提倡的基本价值似乎就可以轻易得出一个观点，人们不仅可以而且应当积极地采取行动，促成宪政理念的实现，如果遭受着现实的不义，就应当采取暴力手段推翻现有政府。康德肯定革命①的权利似乎是理所当然的。实际上在康德的年代，就有人将这样的观点加之于康德。既是法学家也是康德哲学的追随者雷贝格（August Wilhelm Rehberg）就认为，“如果一个自然法的先天证明了的实证门类体系被应用于人的世界，现有的政体自然就会完全解体。依照这样的一种体系，仅仅依照理性的理念的规定因素确立的政体才是唯一有效的。如果那样，就没有一个现存的政体能够维持得住……如果这些政体背离了合理的整体的首要要求，人类不仅被允许而且被要求毁灭这些和原初的道德法则相对立的政体。国家政体的形式无关紧要，只要完全的平等建立起来；但是为了建立它，一切别的东西都要牺牲掉”②。可见，对康德思想这一想当然的推论即使在当时也是普遍存在的。有趣的是，康德本人对于这种说法却不屑一顾。《柏林月刊》的一位编辑在看到《理论与实践》一文后，发现康德并不像传言中那样支持革命，而是明确地反对革命的权

---

① “革命”一词的含义常常是模糊的。彼得·尼克尔森认为康德反对革命权时，大致有三个层次的概念。最广义的是“抵抗”（resisitance），它对应着一系列的德文词汇，如 widersetzen、widerstehen、Widerstand、Widersetzlichkeit、widerspenstige 以及 Opposition。稍狭义的是 rebellion，它用来翻译德文中的 Aufruhr、Empörung、Aufstand 以及 Rebellion。最为狭义的是 revolution，对译 Revolution [Nicholson，Peter P. Kant on the Duty Never to Resist Sovereign. *Ethics*，1976（86），p. 215]。我们或许可以将尼克尔森的三种区分分别译为抵抗、叛乱和革命。但是康德对于这些词语的使用并没有明确的意识，它们常常是可以互换的。本章的论述中统一使用革命，原因如下：一是康德词语使用的模糊性提供了理由，二是如果存在尼克尔森对概念的三个层次的划分，革命就是最典型的、最有代表性的。不过仍然要说明的是，在康德的语境中，这个词汇并没有后来人们赋予革命一词的诸多含义，如社会或思想领域的翻天覆地的变化，更没有为这个词本身涂上褒奖的色彩。康德本人对于革命的一个相对明确的规定是“通过暴力颠覆一个迄今现存的有缺陷的宪政”[[德] 康德：《道德形而上学》，张荣、李秋零译，见《康德著作全集》（第 6 卷），366 页]。

② Kant. Uber das Verhaltnis der Theorie zur Praxis. 1793. 转引自如下文献。Beck，Lewis W. Kant and the Right of Revolution. *Journal of the History of Ideas*，1971，32（3），p. 413.

利，着实松了一口气。

和那个想当然的看法恰恰相反，对革命权的否定是康德 18 世纪 90 年代著作中一个一贯而重要的主题。在 1793 年的《理论与实践》中，他称“对于至上立法权力的一切反抗……都是共同体中的最高的且最应惩罚的罪行……这项禁令是**无条件的**”①。在 1795 年的《论永久和平》中，他称“叛乱之不义显而易见”②。在 1797 年出版的《道德形而上学》上部《法权论的形而上学初始根据》（简称《法权论》）中，他亦明确表示，“人民对最高立法本身的反抗，永远必须被设想为违法的，甚至被设想为摧毁整个的合法的宪政的”③。可见，康德对革命权利的反对是他思想中一个持续的、深思熟虑的产物。于是，在康德的思想中，对革命权利的否弃就似乎与其实践哲学及法权哲学的基本理念相冲突了。许多学者从各个不同角度试图对这一矛盾进行解释：他们或承认康德哲学中真的存在这样的矛盾，认为这是康德本人思想的一个疏漏；他们或寻求文本之外的原因，认为这是康德迫于现实压力而采取的隐晦/显白的写作方式；他们或着力于文本分析为康德求得一致性的解释，即为康德否弃革命权理论寻求限定性条件，以便同其哲学的基本观念调和。

沃尔夫冈·科尔斯廷（Wolfgang Kersting）的一个观点可谓是第一种解释的代表。他认为康德否弃革命权利是出于时代的局限，如果康德“有幸”经历 20 世纪的专制统治，那么他就会修正自己的观点。他认为，“康德的想象力是非常有限的，如果以我们今天的历史经验来衡量的话。在我们这个世纪，国家恐怖主义屡见不鲜，极尽卑劣之能事。就此来看，康德的反革命与反抵抗的论证就显得迂腐和天真了。但是我们不能谴责康德没有预见到 20 世纪的政治疾病”④。但是，这种观点并不具有说服力，因为康德虽然没有预见 20 世纪的政治灾难，但对历史上的暴政及反抗也不会没有耳闻。虽然 20 世纪的极权主义和传统的暴政有许多重大的差别，但在蔑视、践踏人的基本权利上是一致的。既然康德论证的革命的绝对不合法性对于之前的暴政有效，我们就可以预期康德即使生活在 20 世纪也不会修改他的观点。另一种解释认为，康德迫于出版审查的压力才在一些著作中否认革命的权利，但康德真正或隐晦的思想仍秉持

① ［德］康德：《论俗语：这在理论上可能是正确的，但不适用于实践》，李秋零译，见《康德著作全集》（第 8 卷），303 页。

② ［德］康德：《论永久和平》，李秋零译，见《康德著作全集》（第 8 卷），388 页。

③ ［德］康德：《道德形而上学》，张荣、李秋零译，见《康德著作全集》（第 6 卷），331 页。

④ Kersting，Wolfgang. Kant's Concept of a State. in Howard Williams. *Essays on Kant's Political Philosophy*. Cardiff，University of Wales Press，1992，p. 163.

着启蒙哲学的基本精神。这种以写作方式的显白/隐晦之分来化解康德在革命问题上的矛盾的解释，无论在文本上还是在思想的一致性上都很难成立，托马斯·希波姆（Thomas Seebohm）对此已经进行了充分的反驳。①

上面两种解释都有失草率，真正需要认真对待的是第三种解释。但在评析这种解释之前，我们有必要详细讨论康德反对革命权理论本身。从康德的相关阐述中，我们可以发现这一理论的特征是绝对性，即革命在任何情况下都是不合法的，对革命者的惩罚应当是无条件的。理解康德反对革命权理论的困难也就在于解释这一"绝对性"特征与由理性自由所辩护的权利体系及公民宪政理念的一致性。一个技术上的困难是康德对于革命权利的驳证散见于他的几部著作之中，它们至少在论证角度上并没有明显的一致性。为此，首先的一个工作是呈现康德反驳革命权利的几种论证形式，在此基础上，表明哪一种论证才能最好地反映其论证的绝对性特征并可以作为反对革命权的核心论证。在此，我将分析康德反对革命权利的五种论证形式，分别是：（1）反对幸福原则的论证；（2）后果论证；（3）公开性原则的论证；（4）形式主义的论证；（5）公民宪政理念的论证。

（1）反对幸福原则的论证。

在《理论与实践》一文中，我们可以看到康德反对革命权利的第一个论证形式，这里称之为"反对幸福原则的论证"。

> 如果人民作出判断，在某个现行的立法下极有可能会丧失自己的幸福，那他们该怎么办呢？他们不应当抵制它吗？答案只能是：除了服从之外，他们什么也不能做。因为这里说的不是臣民从共同体的创立或者管理中可以期待的幸福，而首先只是由此而保障给每个人的法权：这是最高的

---

① 托马斯·希波姆提出了四点反驳理由："（1）康德的这两个观点（a. 主权者应当将革命看作没有履行义务而遭受的自然的惩罚。b. 通过改革建立共和宪政，即抛弃君主制恰是君主本人的义务）发表于1795年，当时正处于沃尔纳（Woellner）管理出版审查的时期。（2）在宗教事务上，康德承诺不公开发表言论。但在政治事务中，康德并未被这样要求，他也从未承诺要压制自己的思想。尽管《学科之争》添加了新的人类学的观点，但不能说其较之1795年的观点更为激进。（3）康德更为激进的立场出现于所谓的隐晦的著作之中，就是那些被看作不是写给公众的而是写给职业哲学家的著作中。因此，如果真的有隐晦的观点和显白的观点的区分，恰恰是在显白的著作，即写给公众的著作中康德表达了激进的立场。……（4）写作《学科之争》的时候康德认为处境已经改善了，这本书再次确认了1797年《法权论》中关于抵抗权的结论。因此，尽管可以承认，出版审查确实对于康德在1795年表达其革命理论的积极方面的方式上有所影响，但是以隐晦和显白学说的区分以及出版审查的事实来解释康德对于革命现象的两种言说表面上的不一致性却是不可能成功的。"［Seebohm，Thomas. Kant's Theory of Revolution. *Social Research*，1981（48），pp. 557－587］

> 原则，凡是涉及一个共同体的准则都必须由它出发，而且它不被任何别的原则所限制。就前者（幸福）而言，根本不能为法律给出任何普遍有效的原理。因为不仅时势，而且某人将自己的幸福置于其中（但是，没有人能够为他规定，他应当把幸福置于其中）的那种严重相互冲突并且在此际始终变动不居的妄念，都使一切稳固的原理成为不可能，并且不适合单独作为立法的原则。①

按照康德的观点，幸福在根本上就不能成为国家的建构原则。国家首先是法权的体系，那么权利的原则实际上就是外在自由的普遍一致性原则，它源于人的先天理性。而"幸福"本身的主观性、模糊性决定了它不能成为立法的凭据。当然，康德绝不是否定人们追求幸福的权利，但是人们对幸福的追求只能限定于自身的权利范围之内，每个人对于幸福的追求都以权利为根据，并同时以权利为限制，或者说，幸福是奠立于权利之上的。这种关系不可颠倒，如果以幸福为权利奠基，那么幸福的主观差异性以及其自身变动不定的特征，就产生不出任何普遍、稳固的法律。如果仅仅因为幸福的损害和为谋求幸福而发动革命，破坏的就是整个权利体系，现有的法权状态就荡然无存。于是，幸福的原则就不能成为革命行为的权利依据。

但是康德的这一驳论是专就以"幸福"为理由的革命而提出的。这个理由的局限性也就决定了这一论证的局限性。在许多时候，革命的理由并不是或者表面上不是幸福。可以设想，如果一国的当政者极度侵害人的权利，与人民为敌，那么反叛的理由就不是幸福，而是正义了。这样看来，康德否弃革命权的这个论证就是有限的。如果一群人为了谋求一已之利而颠覆整个国家的法权状态，固然是极为不义的；但如果当权者一方只是利用权势谋求私利，那么其统治本身似乎也就丧失了合法的根据。在这样的情况下，暴力推翻其统治，建立新的政权似乎就是合法的了。但上述的理解显然不会为康德所认可，康德至少在字面上从未对某种特定形式的革命留有余地。在《法权论》这一更成熟的著作中，康德没有再专门针对以幸福为理由的革命做出反驳，即使在《理论与实践》中，以幸福为理由反对革命也不是康德反对革命权利理论的唯一的和最根本的论证。

（2）后果论证。

在《理论与实践》一文对阿亨瓦尔的反驳中，康德说"因为这种方式［革

① ［德］康德：《论俗语：这在理论上可能是正确的，但不适用于实践》，李秋零译，见《康德著作全集》（第8卷），301～302页。

命]（被采纳为准则的话）使一切有法权的宪政成为不安全的，并且引入一种完全无法的状态［status naturalis（自然状态）]"①。我们权且将这个论证称为后果论证。如果有人或群体因受到不公正待遇发动革命，那么就意味着退回自然状态。在康德看来，法权的任何不完善状态较之自然状态都要更为正义。理由也不难想见，在自然状态中，人们根本就无法形成一个公共权力，任何的法律都无从谈起。

但是这个论证很容易遭到这样的反驳：无政府状态也许并不比暴政更糟。如果暴政不能得到修正的话，退回自然状态或许会好过在暴政下苟且偷生。而且，即使退回自然状态，也存在着由此建立一个更佳的政府的可能，至少在概率上与经受无政府的混乱是对等的。这样看来，后果论证即使是康德真正具有的观点，也并没有满足康德的立场所要求的绝对性特征，它仍为某种意义上的革命留下了余地。

而且，康德并不会认为这个论证是"后果的"，因为后果的成败取决于经验，而且它也关系到幸福的考虑。康德对所谓"无法状态"的担忧，并不是指自然状态的糟糕处境，而是指革命违背了进入公共法权状态这一先天的义务。而且，康德不会承认"后果"的因素可以作为评价行为合法性的标准，因为"后果"即意味着经验性的因素，这就违背了康德以先天的理性来衡量行为合法性的基本原则。综上，所谓"后果论证"也不能作为康德反对革命权利的唯一的或真正的论证。

（3）公开性原则的论证。

在《论永久和平》的第二个附录《依据公共法权的先验概念论政治与道德的一致》中，康德提供了另一种论证：

> 按照这个原则（公共法权的公开性的先验原则——引者），人民在确立公民契约之前就扪心自问：自己是否敢于把存心偶尔举事暴动的准则公之于众呢？人们很容易看出，如果人们在创立一种国家宪政时想使在出现某些情况时对元首实施暴力成为条件，那么，人民就必然自以为对元首有一种合乎法权的权力。但在这种情况下，元首就会不成其为元首了，或者如果使二者都成为建立国家的条件，则建立国家就会是绝无可能之事，而这毕竟是人民的意图。因此，叛乱之不义之所以显而易见，乃是因为叛乱的准则由于人们**公开奉行**就会使自己的意图成为不可能。②

① ［德］康德：《论俗语：这在理论上可能是正确的，但不适用于实践》，李秋零译，见《康德著作全集》（第8卷），305页。

② ［德］康德：《论永久和平》，李秋零译，见《康德著作全集》（第8卷），388页。

这一论证可被称为“公开性原则的论证”。在康德看来，任何的法权都要包含公开性的形式，如果不具有这一形式，那只算是妄称“法权”或正义了。公开性即指一个准则为人所公开宣扬但却不会因其意图而招致他人的反对，满足这一条件才可称之为“合法的”。反之，如果一个人对于他的意图必须保密，否则会必然激起所有人的反对，因为它蕴涵着威胁每个人的不义，那么，他的行为准则就不能称之为“合法的”。康德认为这个原则对于辨识先天理性的法则“使用方便”“易如反掌”，并进一步提出了一个“公共法权的先验程式”，即“一切与其他人的法权相关的行动，其准则与公开性不相容者，皆是不正当的”[①]。

在康德看来，革命就不能通过这一合法性测试。康德承认“对于人民来说，叛乱是摆脱所谓暴君……的压迫权力的一种合乎法权的手段吗”这个问题极难回答，因为无论支持或反对，人们都会给出许多独断的理由，但如果依据公开性原则，人们就极易判断。因为革命者如果公开其原则，并使革命的权利进入宪法，那么这种做法的自我毁灭之处就在于它已经不把元首作为元首，而元首恰是国家以及宪法的条件，而且革命者本人的意图也是确立国家，在确立国家之时其并不会使自身的最高权力受到再次革命的动摇，否则宪法本身即不可能。

对于康德的这一论证，刘易斯·怀特·贝克（Lewis White Beck）认为这是道德法则绝对命令在法权领域的应用。[②] 从公开性所需要的普遍性意义上来说，这种解释是成立的。但是，我们在对康德的论证的分析中可以看出，康德的论证不仅仅要求法权的普遍性，更为关键的问题是行为的合法性的普遍性是以不破坏“国家的条件”，即不否定最高权力为前提的。革命之所以不合法，就是因为破坏了这一前提。阿瑟·瑞波斯坦（Arthur Ripstein）认为康德的这个论证依赖于法权体系本身的封闭性（closure）[③]，一项行为是否具备合法性，只能在一个法权体系内做出，不存在超越法权体系之外的超法律的测试。可以说，这个分析很好地把握到了康德这一论证要点。但不恰当的是，瑞波斯坦认为合法性的封闭性特征就为康德反对革命权利提供了充分的论证。因为这个论证依赖于对最高权力作为国家的条件的预设。一个最高权力者的存在，不论其

---

① ［德］康德：《论永久和平》，李秋零译，见《康德著作全集》（第8卷），387页。

② Beck，Lewis W. Kant and the Right of Revolution. *Journal of the History of Ideas*，1971，32(3)，p. 414.

③ Ripstein，Arthur. *Force and Freedom：Kant's Legal and Political Philosophy*. Cambridge，MA，Harvard University Press，2009，p. 331.

做法是否合乎正义，都是国家及其宪政的必要条件，如果没有对这个预设的充分说明，那么单单一个公开性原则不足以成为反驳革命权利的理由，因为革命者完全可以认为掌权者违背了正义，并以普遍且公开的正义之名发动革命。其中，革命者所持有的观念是，掌权者只有在符合正义原则的条件下才是合法的，仅仅就其掌握最高的公共权力而言，这并不能表明他的合法性。因此，公开性原则的论证只能作为补充性、辅助性的论证，而不能作为康德反对革命权利的最根本论证。

（4）形式主义的论证。

在《理论与实践》中，康德认为革命之所以不合法：

> 其根据在于：鉴于一种已经存在的公民宪政，人民不再有权作出判断，来规定应当如何治理那种宪政。因为假定人民有这样一种法权，确切地说与现实的国家元首的判断相悖，那么，谁应当来裁定法权在哪一方呢？双方中没有一方能够在自己的案件中作为法官作出裁定。因此，在元首之上就会必须还有一个元首，在元首和人民之间作出裁定；而这是自相矛盾的。①

类似的论证在《法权论》中也可见到：

> 为了有权反抗，就必须现成有一部公共的法律来允许人民反抗，也就是说，最高立法本身已经包含着一个规定，即它不是最高的立法，而且使作为臣民的人民在同一个判断中成为臣民之上的、人民臣服的统治者；这是自相矛盾的，而且这种矛盾通过下面的问题马上就引起人们的注意：在人民和统治者之间的这种冲突中，究竟谁应当是法官……这表明的是，人民要在自己的事情上是法官。②

可以看出，康德的论证形式类似于霍布斯对绝对主权者的论证形式。革命者发起叛乱，即意味着在革命者与最高主权者之间发生争执，而争执所需要的裁判者只能外在于革命者和主权者。但是，如果存在着这么一个作为第三方的裁判者来判断当权者的不义与否，那么也就意味着它取代了现有的主权者成为最高的主权者。但这样一来，就会产生一个无限追溯的困境，否定了在现实的国家中存在任何最终裁判者的可能性。由此，康德认为在成文宪法中不能包含

① ［德］康德：《论俗语：这在理论上可能是正确的，但不适用于实践》，李秋零译，见《康德著作全集》（第8卷），303页。

② ［德］康德：《道德形而上学》，张荣、李秋零译，见《康德著作全集》（第6卷），331～332页。

任何反抗的权利，如果有此设置则是自相矛盾的。因为如果赋予反抗者这种权利，那么拥有这种制宪权力的统治者也必将成为反抗的统帅，也就意味着后者相对于前者是更高的权力所有者，那么现有的最高当权者就不再是最高的当权者了。刘易斯·怀特·贝克将康德的这一论证称作“形式主义”的论证，意为反抗权在宪法本身的形式上就是不能成立的。[①]

但是，革命者或许对这样的论证嗤之以鼻。因为，革命的理由很少是依据现有法律的，如果他们要表明革命行为的合法性，可以依据先天的正义原则或自然法的观念否认主权者的合法性。也就是说，革命者并不需要在一个现存的法权体系内部为其行为寻得辩护。这样看来，“形式主义”的论证对于绝对地反对一切革命的权利来说也不是充分的。“形式主义”的论证得以成立的条件是在宪法的形式之外，也就是要对宪法本身得以成立的条件给出论证。这就和上一个论证出现了相同的问题：如何说明最高当权者是国家及其宪政的根本条件。其中最为关键的问题是要表明国家的最高权力不仅是现存的宪政得以成立的前提，而且要表明即使对于一个理想的、完全合乎正义原则的公民宪政理念的实现而言，现存的最高权力仍然是其得以成立的条件。只有就此做出论证，才能在根本上否认任何以超验正义或自然法为理由而发动的革命的合法性。

（5）“公民宪政理念”的论证。

在康德看来，国家以及最高权力的合法性根据当然是社会契约的理念，对于社会契约或者公民宪政的理念，康德已经根据自由、平等和独立的原则给予了证成。但是，一种为革命辩护的理论可能会说，现实的政府如果不合乎这一理念，就不具有任何的合法性。他们或者像丹东那样，认为这个理念必须完全彻底地实现，现实的政权必须完全符合这个理念，否则都是不合法的，于是他们就可以根据那个纯粹的理念来否定一切现实的不完善的或有缺陷的政权和法律，革命就在那个纯粹法权理念的支持下得到了辩护。又或者，他们认为人们结合为公民社会就依据一个实际的社会契约，这是将社会契约的理念当作了历史中真实发生的事件。后来的政府如果偏离了、违背了那个契约，人民就有起而反抗的权利。

对于前一种情况，康德在《理论与实践》中反驳称：

> 如果人们首先问道，什么是合乎法权的（在这里，原则是先天确定

① Beck, Lewis W. Kant and the Right of Revolution. *Journal of the History of Ideas*, 1971, 32(3), p. 413.

的，没有任何经验论者能够介入其中），那么，社会契约的理念就会保持其无可置疑的威望；但并不是作为做成之事（如**丹东**所想的那样，没有这种做成之事，他就宣称在确实实存的公民宪政中存在的一切法权和一切所有权都是子虚乌有），而是仅仅作为评判一切一般而言的有法权的公共宪政的理性原则。①

在《法权论》中，康德也反驳了后一种情况，他说：

最高权力的起源，对于处在它之下的人民来说，在实践意图上是**无法探究**的……因为既然为了有法权效力地对最高国家权力（summus imperium）作判断，人民就必须被视为已经在一个普遍立法的意志之下联合起来，所以，人民就只能也只可以按照当下的国家元首（summus imperans）所希望的那样作判断。无论在起源上是一个臣服于他的现实契约［pactum subiectionis civilis（公民服从的契约）］作为一个事实已经先行，还是权力先行而法律只是随后出现，或者也应当在这种秩序中跟进，这对现在已然处在公民法律之下的人民而言，是完全没有目的的却使国家濒临危险的玄想；因为现在对后一种起源绞尽脑汁的臣民，如果要反抗目前占统治地位的权威，那么，他就会按照权威的法则，亦即有充分的理由被惩罚、被消灭，或者……被逐出。②

康德的这个论证在公民宪政理念的基础上就直接针对着一切革命的权利。这个论证并没有关注革命的动机，不论是出于幸福原则的革命，还是出于纠正正义的革命，其行为的共同特征都是以颠覆现有政权为目的的。如果这构成了革命的本质特征，那么不论是何种革命，就都难言正当。虽然，一方面宪政的理念是得到先天辩护的，但是在涉及其得以可能的现实性条件问题上，以此作为对现实政权的矫正理由却不能成立。理解这个论证的关键在于公共法权的预设与原始契约理念之间的关系。原始契约的理念即一种完善的公民宪政固然有其先天的基础，但是康德并没有让其停留于不可企及的理念领域。如果它对于我们来说是一种义务，即要使其成为现实的，那么就必须预设公共权力。如果现实中没有任何权力实施强制，法权体系就是一纸空文。我们在前面的分析中已经表明，康德论证了法权的概念和强制是内在地结合在一起的。如果没有这

① ［德］康德：《论俗语：这在理论上可能是正确的，但不适用于实践》，李秋零译，见《康德著作全集》（第8卷），306页。

② ［德］康德：《道德形而上学》，张荣、李秋零译，见《康德著作全集》（第6卷），329～330页。

种强制，那么人性本身的败坏是绝对不会造就任何宪政状态的存在的。可见，一个至高权力是公民宪政现实性的保障和条件。虽然在这一权力之下现实的政权未必符合甚至是极大地偏离了宪政的理念，但是仍不可以此为理由发动革命。革命的行为实际上并不符合公民宪政的理念，而恰恰背离了公民宪政理念的要求。于是，任何以单纯的公民宪政的理念为由，意在动摇现实政权根基的做法都是不合法的。

根据上述对五个论证形式的阐述，我们发现前面四个论证要么是相对的，没有把握到康德反对革命权利的绝对性，要么是不充分的，有赖于对进一步的前提即最高权力本身的合法性的论证。因此，它们都不能作为康德反对革命权利理论的最根本论证，只有最后一个“公民宪政理念”的论证才是最为有效的论证，唯有这一论证才能反映康德反对革命权利理论的绝对性特征。但是这也为我们的理解制造了不小的困难，即如何理解康德绝对地反对革命权利的理论与其由理性自由所奠基的权利哲学的一致性关系。更激烈地说，为什么在一国当权者漫无法纪、肆意践踏人权的情况下，康德仍然断定以革命手段推翻他的行为是不合法的。如果自由是实践领域的至高原则，那么岂不应当消除一切与这一原则相悖的政治上的压迫与不义？革命作为实现这一目的的积极手段不就应当被极力鼓吹和推崇备至吗？那么，康德为何如此苛斥革命，号召人民消极地忍受最高权力，哪怕最高权力的滥用已经令人忍无可忍？

第三节　对康德反对革命权利理论的一致性的辩护

上面的问题似乎令人极为困惑，但康德从未将这当作一个“矛盾”，这意味着拒斥革命权利的主张至少在康德本人看来与他的法权哲学及实践哲学是相容的。那么，这种相容性是否真的存在？如果存在的话，这种相容性在何种意义上才是可理解的？学界对回答这个问题有诸多尝试。学者们的一个主要的阐释方向是力求调和康德否弃革命权利这一极端立场与其实践哲学基本主旨之间的“矛盾”，但是都或明或暗地削弱了康德反对革命权利立场的绝对性，并从康德的道德哲学中寻找资源，认为康德实际上会支持某种特定情况下的革命的权利。

有的学者从革命的对象上寻求这种辩护，他们从最高权力中分辨出行政权力和立法权力，认为康德只是表明针对立法权力的革命才应是绝对禁止的，针对行政权力的革命则是容许的。康德的一些表述似乎也支持这种看法，他说："因此，（不完善的）国家宪政的变革有时也许是必要的，但这种变革只能由统治者自身通过**改革**来完成，但不能由人民，从而通过**革命**来完成，而且即便革命发生，那种变革所涉及的也只能是**执法权**，而不是立法权。"① 莱斯利·马尔霍兰（Leslie Mulholland）就用行政权力和立法权力的分离来削弱康德反对革命权论证的绝对性。在他看来，康德会支持某种针对行政权力的革命，"如果行政权威没有强制权保护个体免于相互伤害，他就缺乏道德资格去行使最高强制权。在此，人民没有义务去服从这种个体，因为他不能给人民提供安全保障；其次，倘若所谓的最高行政机构在事实上无法落实法律，即使——根据国法——势力较弱者享有统治的资格，那么，在国家之内个体拥有更高的能力运用和取得最高的行政权威就是正当的"②。

但是，我们会发现，在康德那里立法权与行政权的划分并不是对最高权力本身的实体性划分，只是一种"国家身份"或"道德人格"的划分，它们共同统一于一个"国家元首"之内。③ 因此，即使有立法权与行政权的区分，也并不意味着存在着一个在行政权这一最高的强制权力之上的更高的强制权力，"在一种其性状为人民通过自己（在国会中的）代表可以合法地对抗执法权及其代表（大臣）的宪政——这种宪政在此情况下叫做有限的宪政——中，仍然不允许人民有任何积极的对抗（任意纠集人民，强迫政府采取某种行动措施，因而甚至是采取执法权的一种行为），而是只允许一种消极的反抗，亦即（在议会中的）**拒绝**……"④ 可见，"革命"这种以暴力或强制的方式推翻最高的强制权力（行政权）的方式在康德看来仍然是不合法的。行政权由立法权赋予其行为合法性，它需要按照法律执行，但是这并不意味着立法权构成了对于行政权实质上的制衡力量，如果以立法权的名义用暴力的方式推翻了行政权，就不仅违背了行政权，也违背了立法权。康德于是说："按照法律，执法权应当有最高的**强制**能力，但自身却屈服于一种强制，这是自相矛盾的。"⑤ 因此，不仅针对立法权的革命是不合法的，而且针对行政权的革命也不会是合法的。

---

① ［德］康德：《道德形而上学》，张荣、李秋零译，见《康德著作全集》（第6卷），333页。

② ［美］莱斯利·马尔霍兰：《康德的权利体系》，赵明、黄涛译，353～354页，北京，商务印书馆，2011。

③ 参见［德］康德：《道德形而上学》，张荣、李秋零译，见《康德著作全集》（第6卷），326页。

④ 同上书，333～334页。

⑤ 同上书，328页。

克里斯蒂娜·科尔斯戈德（Christine Korsgaard）尝试了另一种协调的可能。她认为康德对革命权利的否定“绝不意味着在任何情况下一个好人都不会反叛”①。她认为康德虽然在法权的意义上否定了革命，但并不意味着在道德意义上也会得出同样的结论。一个道德上自主的人，在面临着人性遭到大规模破坏的情况时，出于对人的敬重，就具有反抗政府的权利。这时，政府作为权利的保护者反而破坏了权利，政府不能成为权利的保障者，这种保障的力量就回到个人的手中。她认为这和康德对于革命权利的否定并不矛盾，她将这里的关系类比于个人的自主，这一价值是值得尊重的，但如果一个人自残自毁，他人完全可以制止那个人这样做，这种情况下对他人的干涉并不构成对自主性的破坏。同样，政府破坏了人的权利，不再作为权利的保障者时，人们也就可以反叛政府，代替政府执行这种功能。她说：“当本来目的是要实现人之权利的机构反而践踏权利，当正义被用来反对其自身，正义之德就与自身相悖。……有正义之德之人，如不能以自身的力量反对现实的法律，那就将无处申诉。他会觉得无计可施，除非将人的权利置于自己的保护之下，也就是将法持于自己之手。”②

但是，科尔斯戈德的这个观点是很成问题的。首先，康德从未在道德上给予革命行为以支持，科尔斯戈德也承认这在文本上缺乏支持，她得出这个观点的唯一文本依据是《学科之争》中康德对于法国大革命的赞赏③，但是那里所表达的“旁观者”的热情很难成为人在道德上有义务发动正义革命的依据。其次，称康德在法权意义上绝对地否定革命，但在道德意义上承认某种条件的革命的观点扭曲了法权与道德的关系。法权不同于道德的区别在于法权仅仅关注外在的关系，而不对内在动机提出要求。这样看来，法权就是道德的一个底线，合乎法权的，不一定合乎道德，但是却难以设想一项行为不具有合法性，反而能从道德上获得支持。其三，科尔斯戈德的解释最根本问题在于她仍未充分理解康德反对革命的绝对性。这种立场的绝对性是基于最高权力是一切可能的法权状态的条件而言的。于是，最高权力的存在就不意味着一定存在着良好的法权状态，即使“人之权利遭受践踏”，最高权力也不因此丧失其合法性。

---

① Korsgaard, Christine M. Taking the Law into Our Own Hands: Kant on the Right to Revolution. in Andrews Reath. *Reclaiming the History of Ethics: Essays for John Rawls*. Cambridge, Cambridge University Press, 1997, p. 316.

② Ibid., pp. 318–319.

③ Ibid., p. 321.

在法权作为一个整体概念的意义上，法不可能落于个人或部分人之手。可见，"将法持于我们自己手中"可能就是一个荒谬的说法了。

与科尔斯戈德的观点类似，大卫·卡米斯基（David Cummiskey）也试图削弱康德否弃革命权理论的绝对性。虽然，他承认"康德对在一个公民状态中革命的绝对禁止是可以得到充分辩护的"，但是他认为对康德的误解在于由此得到的结论，即我们无论如何都必须容忍现存的最高权力。其中，关键的区别是公民状态或宪政国家的最高权力有着来自人民的普遍意志的辩护，而暴政的特点在于它是由个别人组成的特权集团，他们滥用手中的权力来强化不平等、不正义。暴政就只能算作无法的有组织的权力状态，根本称不上宪政。如果我们不幸落入这种状态，"我们应当使用任何必要的手段，甚至不惜使用暴力手段来产生一个合法的状态"①。于是，革命的手段在这种情况下就获得了法权上的支持。但是，我们在康德否弃革命权利的表述中，并没有看到上面的区分。康德称"人民有义务容忍最高权力的滥用"，即使号称无法容忍也要容忍。毋宁说，康德对于最高权力的界定是在形式上的，而不是在实质上的。最高权力作为公共法律的保障，其本质特征是至上性，在最高权力之外对最高权力的判断乃至颠覆，都使最高权力面临矛盾。换言之，只要最高权力是现存的，那么它就有其合法根据。卡米斯基的分析倚重于普遍意志的理念，认为前一种情况有着一个合法的程序，对其缺陷与不足是可以容忍的；但是后一种情况是"国家权力常常并不支持或反映所有臣民的联合的普遍意志"②，在此无法的状态中，每一个人都有抵抗国家非法侵犯的权利。这也是对康德的误解，普遍意志的理念作为纯然的理念，"不可能相应地在经验中给出任何对象"③，最高权力不必符合这个理念，甚至对最高权力的起源的合法性追溯在康德看来都是不合法的。最高权力本身在形式上就符合普遍意志的理念，依据起源或现实情况对它的否定都是不合法的。因此，合法的政府和所谓的滥用权力的特权集团的区分在康德那里是不存在的。由这种区分发掘出康德对革命的支持不可能获得成功。

还有的学者把握到了康德革命权论证的绝对性，但是他们对此的解释也并不令人满意。彼得·尼克尔森（Peter Nicholson）将康德反对革命权利的论证

---

① Cummiskey, David. Justice and Revolution in Kant's Political Philosophy. in Pablo Muchnik. *Rethinking Kant*, vol. 1. Newcastle, Cambridge Scholars Publishing, 2008, p. 234.

② Ibid., p. 237.

③ ［德］康德：《道德形而上学》，张荣、李秋零译，见《康德著作全集》（第6卷），384页。

类比于对谎言的禁止。康德在绝对命令的意义上禁止说谎，那么禁止革命也就是一项绝对命令了。他说："抵抗者行动所依据的准则不能被看作一个无矛盾的普遍道德法则。例如，抵抗一个专制暴政的主权者是否是一项权利？这种行为的准则如下：只要它能阻止不义和压迫，我就将抵抗主权者。当这个准则被普遍化，它就自相矛盾了。它想要的是正义（结束主权者的不义的行为），但同时又要没有正义（否认主权者作为权威是正义的必要条件）。……当那个准则被每个人奉行时，就似乎包含着两个矛盾的策略了。一个是'抵抗主权者，阻止不正义'，另一个是'服从主权者，使正义可能'。没有任何允许抵抗的准则能够通过普遍化的测试，因此，不能抵抗主权者的义务就不能有例外。康德明确地称对抵抗的禁止是绝对的，甚至对于不义的统治者也是如此。"① 以绝对命令的方式来解释康德对于抵抗权的否定，能很好地把握康德观点的绝对性特征。但尼克尔森的阐释是令人费解的。康德本人的确在准则的非普遍化的意义上反对过革命的权利。在《理论与实践》一文中，他将抵抗主权者的准则等同于幸福的原则，否定反抗权也就是否定以幸福为理由反叛主权者。但是尼克尔森的论述并没有显示幸福作为革命者准则的含义。缺少了这个含义，将康德否弃革命的论证看作绝对命令式的论证就令人困惑了。从尼克尔森的表述来看，康德实际上已经将所要得出的结论预设在论证过程中了。"服从主权者，使正义可能"恰恰是康德所要得出的结论。正义是反抗者行为的目的，但是这个目的并不直接包含着"服从主权者"这一手段。因此，"服从主权者"并不包含在抵抗者或革命者的准则之中。如果不包含这层含义，那么也就无法由此说明革命者行为准则的自相矛盾。于是尼克尔森以绝对命令说明康德否弃革命权利理论的绝对性的方式就是不成功的。我们也发现，关键的问题是为什么要"服从统治者"才"使正义可能"，这种关系就不是仅仅通过准则的普遍化能得出的，它需要的是对于正义可能的条件的分析。

阿瑟·瑞波斯坦对康德反革命权的论证做了最为深入的分析。他认为康德反对革命权利的各种论证中都涉及一个至关重要的区分，即公共法权的预设和原始契约理念的区分。他认为，"反革命权的论证都表明了尽管国家总是要改进自身，使其更接近于原始契约的理念，但是人们不能破坏公共法权的预设。它是最小化的标准，是任何法律下的自由的前提条件；国家统治的资格仅仅依赖于它提供了一个合法的条件。公共法权的不可破坏性并不具有有时归之于它

① Nicholson, Peter P. Kant on the Duty Never to Resist Sovereign. *Ethics*, 1976 (86), p. 222.

的那些可反对的含义”[1]。对于瑞波斯坦的这一总结，我们可以说他很好地注意到了康德论证的核心，即强调政治权威作为合法状态的首要条件。如果没有了公共权威也就没有了法律，革命权否定并推翻权威的做法就是不合法的，它颠覆了权利的根本条件。在这个意义上，康德将革命看作不合法的，本来自相矛盾的就变成成立的。但瑞波斯坦的这个总结虽然能够很好地表明革命或反抗何以是不合法的，却会遇到另一个难题，即康德反对革命权并不是从一个单纯的保守的立场上出发的，虽然要将公共法权的预设和原始契约的理念区分开来，但是康德心目中真正的合法状态是公民宪政，即依照自由、平等、独立的原则建构起来的法权体系。那么仅仅强调权威的意义又如何能够与公民宪政的理念相容呢？瑞波斯坦的这种分析，也仍然没有消解康德的那个矛盾，而是将矛盾转移到公共法权的预设与原始契约的理念之间了。不过，他的解释也为我们提供了一个化解这一矛盾的思路，即寻求公共法权的预设与原始契约之间的关联。

我们看到上面这些阐释存在各自不同的问题，可以说，这些问题都是由康德反对革命权利理论的绝对性造成的。正是因为它的绝对性，才难以求得和康德法权哲学中启蒙观念的一致性。而如果要强硬地坚持康德实践哲学中的那些基本观念，难免使反对革命权利的理论打上一些折扣，违背了康德的明确表述。前文已经阐明“公民宪政理念”是康德的根本论证，正是因为一个公共的最高权力的存在才使任何的法权关系得以可能。但这并不能解开我们的全部疑问，虽然我们知道了康德论证的形式与特征，但是这一观点如何同康德法权论中的启蒙观念协调无碍，则是需进一步探讨的问题。

根据前文阐明的康德对法权与道德的区分，权利并不要求直接以普遍法则为动机，它的先天原则只是外在自由的普遍相容性或共存关系。这种外在自由的普遍共存关系有两层含义，一是自由在理性法则下的自我限制。任意的自由只有在理性原则的支配下转变为自由的任意，才能获得普遍的共存性，权利作为“合法的”自由意味着自由主体的交互性限制。先天法权原则的另一层含义是强制的合理性，康德在为法权的正当性辩护的同时也就为强制的正当性进行了辩护。在康德看来，法权和强制是必然结合在一起的。合法的行为不对内在动机提出一致性要求，但又需要和内在动机产生关联。这个关联就是使内在动机落入外在义务的规定范围之内，强制的因素对于法权来说就是必不可少的。康德反复强调法权与强制的结合，并表明不可将强制理解为随法权而来的附带

---

[1] Ripstein，Arthur. *Force and Freedom：Kant's Legal and Political Philosophy*. Cambridge，MA，Harvard University Press，2009，p. 329.

之物，其意义也就在于正是通过强制，法权本身才是可能的。玛丽·格里高尔（Mary Gregor）将这种关系称作是“分析的”，称“法权这个概念本身就分析地包含着强制的权威的概念”[1]。科尔斯戈德也认识到这一点，称“强制不是贴附于权利的东西，而是权利本质的构成之物”[2]。后一层含义对于我们的分析来说尤其重要，它表明了“强制”这一初看上去违背自由的他律因素，是如何进入权利的构成的，这种构成性的意义也就表明了它的正当性。因此，我们就不能以道德自律、理性自由的观念否定一切强制，而须辨识何种意义上的强制符合法权原则的要求。

如果强制对于法权是必要的，那么进一步的问题是强制是如何实现的。在康德的表述中，我们发现他认为合法的强制必须有一个公共的权力机构作为其保障。一个理由可能是公共的权力机构提供了个人无法提供的、力量上无法比拟的强力，能够更好地保障个人的权利。又或者，我们将先天的法权体系看成是一种理性的契约关系，但正如霍布斯指出的，契约本身并不能提供它贯彻执行的力量[3]，于是需要一个公共而强大的力量使人们慑服于理性的规约。但根本的原因在于，如果缺乏公共的权力机构，强制落入私人之手，那么就不能在一个普遍的交互关系中形成权利，强制只会表现为个人对他人的强迫，而无法返回为对自身行为的理性限制，这种意义上的强制也就不能成为合法的自由即权利的构成性因素。于是，我们可以用“先天综合”的方式表述权利与权力的关系。权利和权力并不具有一个分析的、推演的关系，但是权力的存在对于权利的现实性来说又具有先天的正当性，是其不可缺少的条件。如果没有一个强力机构存在的话，权利及任何的法权体系就都是不可能的了。所以康德说“在国家中使法律生效的权力也是不可抗拒的，而且若无这样一种暴力来镇压一切内部的抵抗，就不会有任何一个法权上成立的共同体实际存在，因为这种抵抗会按照一种准则来发生，这种准则如果成为普遍的，就会摧毁一切公民宪政，并根除唯一能够使人们一般而言拥有法权的状态”[4]。可以说，法权或者外在自由的可能性条件就在于一个提供强制性力量的公共权力。

---

① Gregor，Mary J. *Laws of Freedom*. New York，Barnes & Noble，INC.，1963，p. 43.

② Korsgaard，Christine M. Taking the Law into Our Own Hands：Kant on the Right to Revolution. in Andrews Reath. *Reclaiming the History of Ethics*：*Essays for John Rawls*，p. 301.

③ 霍布斯称：“词语的约束过于软弱无力，如果没有对某种强制力量的畏惧心理存在，就不足以束缚人们的野心、贪欲、愤怒和其他激情。”（［英］霍布斯：《利维坦》，103页）

④ ［德］康德：《论俗语：这在理论上可能是正确的，但不适用于实践》，李秋零译，见《康德著作全集》（第8卷），303页。

在此基础上，康德进一步将国家首脑视为公共权力的条件，称“一切法权上的强制唯有通过他才能被执行”①。因为如果公共权力就意味着一个统一的强制力，那么它必须由单一的意志执行，否则就违背了公共权力及先天法权的要求。至此，我们已看出最高统治者或“国家首脑”的存在是法权状态的必然要求。法权体系的先决条件就是一个统一的最高权力，以其统一的强制力量构成，而不仅仅是保障法权体系。根据以上的论说，我们就可以发现，不管以何种理由推翻现有的“国家首脑”，不仅无益于实现完善的公民状态，恰恰相反，它破坏了公民宪政的基石。

这自然会导致这样的一个问题：如果现实的法权状态并不符合公民宪政的理念，那么是否有理由推翻现有的政权。这个理由也就意味着当现有的法权状态偏离了公民宪政的理念，最高权力也就丧失了合法性。但是，根据上面的分析，我们可以认为最高权力的合法性并不取决于它是否符合公民宪政的理念，那是一个过高的要求，任何现实政权在这个标准下都将是不合法的。也许，有人会在这里做出一个合法性的区分，一种情况是最高权力以朝向完善的宪政为目的，另一种情况是最高权力完全背离了它应有的目的。如果我们不幸遇到后者，那么我们就可以根据公民宪政的理念发动暴力革命，建立一个新的政权，走向通往公民宪政的正途。但姑且不论最高权力执掌者的意图如何辨识，这种对于最高权力的合法性的区分本身也已经落入了康德批评的对第三者无限追溯的困境。这个困境还不是指在最高权力之上无法设置一个更高的权力与之抗衡，对之校正，而是指对于最高权力合法性的判断行为就是难以成立的。因为这种判断只是一个私人性的判断，虽然其可以声称以良知或公民宪政的理念为依据，但是它本身无法成为一个具有“合法性”的判断。

既然最高权力的合法性并不来自它符合公民宪政的理念，那么最高权力的合法性何在？如果我们能够提供一种判断其合法性的外在标准，在一些情况下我们就可以断言现有的最高权力是不合法的，从而，相应的革命行为也就取得了合法性。但如果依此思路，就会承认有些革命是合法的，就和康德反对革命权利的绝对性相悖。如果我们承认了最高权力是一切法权关系得以构成的前提条件，那么“最高权力是否合法”就是一个无效的问题了。因为合法性问题的提出就有赖于一个最高权力的存在，它的普遍而统一的强制力是法权关系得以可能的条件。如果对于最高权力的合法性追问是无效的，那么似乎就可以宣称

① ［德］康德：《论俗语：这在理论上可能是正确的，但不适用于实践》，李秋零译，见《康德著作全集》（第8卷），294页。

最高权力的存在本身就是合法的，而无须参照权力之外的判断。对于最高权力的暴力颠覆即革命就都是不合法的了。最高权力的合法性只取决于它自身是否是一个最高的权力，正是由于这一点，革命之后建立的新政权立即具有了合法性，旧政权的复辟或再次滋生的革命都是不合法的。

可见，法权体系首要的条件是在理性法则本身之外，单纯的理性法则并不构成一个法权体系的充分条件，但并不能将外在的强制力看作理性的法权体系的附加因素。进入一个法权体系，接受一个公共的权力管辖是每个理性人天赋的义务，这种义务并不是在现实的政治体制之中衍生出来的，而是人由于其理性本质而具有的。就此，我们可以考察康德的两个相关的命题，首先是私人法权预设了公共法权，其次是进入公共法权是每个人的义务。

就前者而言，私人法权的一个根本原则在于实践理性的法权公设，由于法权论关注的是人的外在自由，康德在确立人的唯一天赋的权利只是自由的基础上，就需要表明这一自由所要具有的实在性，如果不在此基础上具有获得的法权，那么自由之权利也就无从谈起。在此，康德仍然是在先天的基础上论证了外在获得的权利即私人权利的合理性，但是这种合理性仅仅是就个人具有权利的正当性而言的，在法权的普遍原则中，法权和强制是结合在一起的，即使确立了私人法权的先天的合理性，也并不能保证其现实的可能性。正是在这种意义上，康德认为私人法权预设了公共法权。所谓公共法权，便是在一个共同体中依靠一个共同的权威机构来保障私人法权这一先天权利体系的现实性。康德曾将私人法权状态中的获得称为“暂时地”获得，并认为只有进入公共法权状态，才能“永久地”获得某物。这里，“暂时地”和“永久地”并不只是字面的时间含义，甚至也不能将公共法权状态理解为为私人法权提供了有力得多的强力保障，能够使它固定下来。“暂时地”是指在缺乏一个公共权力的情况下，对于一物的获得并不具有充分的合法性根据，它只是具有了依照先天理性而规划出的权力的可能性，在自然状态中，我们不能在真正意义上说我可以合法地获得某物。只有在一个公共法权状态中，现实的权利与义务的关系才确定下来，对于一物才可以真正地说是合法地拥有。

由此，我们可以表明康德何以将进入公共法权状态当作一项义务。共同体对于康德来说，不是人们取得更好生活谋求幸福的权宜之计。康德将进入公民社会表达为一项义务。如“在这样的外部关系中自身就是义务，甚至是其余一切外在义务的至上形式条件［conditio sine qua non（必要条件）］的目的，就是人们在**公共的强制性法律**之下的法权，这些法律能够为每个人规定‘他的’，并保障它免受任何他人的侵犯”[①]。在《法权论》中，我们可以看到更详细的表述：“人们必须走出每个人都按自己的想法行事的自然状态，并与所有其他人（他不可能避免与他们陷入彼此影响中）联合起来，服从一种公共法律的外在强制，因而进入这样一种状态，在其中每个人都**在法律上**被规定了他应当得到的东西，并通过充足的**权力**（不是他自己的权力，而是一种外部的权力）去分享它，也就是说，他首先应当进入一种公民状态。”[②] 强调进入公共法权状态是人的义务，其意义在于进入一个共同体并不取决于幸福原则。如果人们进入共同体取决于幸福原则，那么进入一个共同体与维系一个共同体的存在就说不上是义务了。这种义务来自人们的结合本身，正是在彼此的结合之中人们才能获得相应的自由。如果公共法权对于人们来说是一项来自先天的义务，那么对于构成公共法权要素的最高权力的服从与维持也就成了理性对于人的要求。由此观之，人们就没有了反抗最高权力的先天理性的根据，一切革命就都被康德归因为出自经验的幸福原则，而幸福原则是不能成为任何权利的根据的。

对于以上内容的分析也表明，现实的政权并不会因为它和公民宪政理念差别巨大就不具有合法性。我们看到在康德的体系中，现实中的强制性权力实际上为法权理念的实现提供了最低的条件。这种意义上，现实中掌握强制性权力的首脑的合法性可以说是“先天地”确立了起来。那么，对于其来源是否合理就不能追问了，如果那样做反而是不合法的了。康德认为“应当服从目前现存的立法权，而不管其来源究竟是什么”[③]。我们已经看出，强力在康德那里并不是要被排除于共同体之外，恰恰相反，强力相对于外在自由以及建立于其上的法权状态是根本性的条件，如果我们在最低限度上要求公民宪政理念的现实性的话。客观地说，强力并不是在普遍契约现实地建立之后才被现实地赋予的。就历史事实而言，强力构成了公共法律的首要条件，虽然这个法律并不是依据康德式人格的自由、平等、独立的理念建构的，但在其提供了公共性法律以及强力保障的意义上，现实的政权却又为公民宪政理念的趋近提供了可能性。首先要有强力，之后才说得上自由、平等和独立的法权状态。康德的意图在于要用理性的自由精神为政治的强力灌输合法性，而且康德洞察到自由的理念也必

① ［德］康德：《论俗语：这在理论上可能是正确的，但不适用于实践》，李秋零译，见《康德著作全集》（第 8 卷），292 页。

② ［德］康德：《道德形而上学》，张荣、李秋零译，见《康德著作全集》（第 6 卷），322 页。

③ 同上书，330 页。

须立足于现实，同时不断地为现实提供强有力的规范性制约。正如小托马斯·希尔（Jr. Thomas Hill）所说，“一个成熟完全的正义和法权体系预设着一个当下现存的未经分立的统治权力以执行法律”①。

如果现实国家的最高统治权及其强力的使用获得了辩护，康德何以绝对地否认革命的权利也就不难理解了。无论对康德的反对革命权利理论做何种诠释，无论是将革命的权利看作最高权力的本身的矛盾，还是将其看作个体幸福准则的非普遍性，根本的问题在于革命权动摇了公民宪政的根基，使公民宪政成为不可能。革命的本质不仅在于政权的更迭，更在于其是以暴力的方式取而代之的。这种以暴易暴的方式，就使法律本身得以成立的单一的威慑性的公共强制力成为空谈。每个人、每个利益的群体都凭借一己的判断，并凭借自身拥有的暴力手段获求利益。在此状态下，自由以及外在的“我的”都是不可能的。康德对于革命的权利的否定，也就是排斥了暴力的合法性。可见，康德对于革命权利的拒斥恰恰是其法权理论的一个内在组成部分，在康德自身的哲学体系中是完全自洽的。

但问题的“狡黠”之处恰恰在于权力的意义只在于其现实性上。如果要问一个针对现实的政权的革命是否合法，那么答案永远是否定的，不管这个现实的政权有多么不正义。但是，如果这个政权被颠覆了，革命之后的新政权代替了原有的政权，那么过去的革命行为的不合法性也就随着新政权的建立消失了。因为，它的正义只是针对为现实的法权状态提供强力而言的。由此推之，如果革命失败了，那么既有政权完全可以将革命行为视为最大的不义，革命者“可以被处以死刑”。进而，在权力与自由之间，在现实性与理念之间的微妙关系也可以为我们解释康德关于革命的另一个疑难，即他对待法国大革命的态度。

第四节　对康德赞赏法国大革命立场的一致性的辩护

上文表明了康德反对革命权利的主张相容于其权利哲学，但是康德在革命问题上给人造成的困惑远不止于此。如果康德绝对地否定一切革命具有合法

① Hill, Jr. Thomas E. A Kantian Perspective on Political Violence. *The Journal of Ethics*, 1997, 1 (2), p. 115.

性，那么对于现实中的革命理所当然地应持有反对态度。但令人困惑的是，康德对于近代历史中的革命事件却常常给予明确的认可，他是美国革命、爱尔兰独立运动的支持者，尤其对法国大革命赞赏有加。康德的这一态度明确表现在《学科之争》的第二部分，即“重新提出的问题：人类是否在不断地向着更善进步?”（简称“进步”），康德说：

> 我们在自己这个时代目睹了一个富有才智的民族进行的革命，这场革命可能会成功或者失败；它可能会如此充满了不幸和暴行，以至于一个思维健全的人如果会希望第二次从事时成功地完成革命的话，就绝不会决定以这样的代价来进行这场试验。依我说，这场革命的确如愿以偿地在所有旁观者（他们自己并没有卷入这场戏）的心灵中获得了一种同情，这种同情几乎接近于狂热，其表现本身就带有危险，因此，除了人类里面的一种道德禀赋之外，它不可能以别的什么为原因。①

那么，康德关于革命的陈述岂不又自相矛盾了？H. S. 瑞斯（H. S. Reiss）将这个矛盾表述如下：“一方面，康德的生平事迹——这方面有许多突出的事例——和他的政治思想的精神表明他是美国革命和法国大革命的朋友。另一方面，他的政治原则明确排斥反叛的权利。”② 那么，哪一种才是康德的真正立场？是否对于法国大革命的支持才能算作康德哲学的题中应有之义，而对于革命权利的否弃是康德背离自身思想、掺杂异质的产物？又或者，康德对于法国大革命的支持只是他自然流露出的态度，并未做什么深沉细致的思考，而对于革命权利的否弃才是内在于权利哲学的贯通之论？这两种处理都有失轻率，没有严肃对待这一矛盾。

前文已经否定了前一种可能，那么专就康德对法国大革命的态度来说，一种调和方式是根据历史事实取消法国大革命的“革命”实质。在这种观点看来，法国大革命根本就算不上革命，实际情况是路易十六将权力移交给国会，不能算是严格意义上的暴力推翻政权。因此，康德对于“法国大革命”所持的积极态度就和他对革命权的决然反对相协调了。霍华德·威廉姆斯（Howard Williams）虽然对此种看法不满，但他实际上也是在同一个方向上消解矛盾，即认为法国大革命实际上是在自然状态下产生新政权，而不是推翻旧有政权。因此，康德的两种看

---

① ［德］康德：《学科之争》，李秋零译，见《康德著作全集》（第 7 卷），82 页，北京，中国人民大学出版社，2008。

② Reiss，H. S. Kant and the Right of Rebellion. *Journal of the History of Ideas*，1956，17（2），p. 179.

似矛盾的态度实际上是可以调和起来的。[①] 但这一做法有避重就轻之嫌，法国大革命即使在政权更迭的交接点上有着温和的程序，但前前后后暴力因素造就的紧迫形势也能使它符合康德对革命所下的基本定义，即以暴力推翻现有政权。因此，矛盾仍然存在，我们仍需在康德的思想中找到融通一致的解释。

为此，不同学者尝试了各种努力。一种方式是对康德关于法国大革命的言论进行“道德心理学”的解释。萨拉·霍尔特曼（Sarah Williams Holtman）认为，虽然康德在法权上反对革命，但是他可以就其他方面对革命给出积极的评价。霍尔特曼认为革命在道德心理学意义上有四点积极的作用。第一，革命能够展现道德的前景。第二，它能唤醒非正义处境上人的良知。第三，正是通过革命，我们能看到非正义处境下的人是如何破坏自由、平等和独立的。第四，革命被赋予了一种积极意义，即革命能够维持康德式公民的身份认同。霍尔特曼认为这些来自对于康德式的革命理论的更深刻也是更丰富的解读。“……道德心理学提供的强有力的理由认为，革命存在风险，因此我们有时候敬重那些自由、平等与独立的公民，他们竭力对政府取而代之。尽管革命的方式富有争议，但是它能够唤醒其他公民的能力和意识，并将他们纳入公民之列，这种能力比起那些在有争议的判断上从不行动的决定更能荣耀公民的身份。”[②] 于是反对革命权的立场和对于法国大革命的积极态度被归属于两个不同的领域，一为权利哲学，一为道德心理学，两者各归其位，就不会发生实质冲突了。这种解释的方式是在康德哲学中划分出两个不同的领域，反对革命权利是权利哲学的内在的立场，而对于法国大革命的赞许态度并不属于权利哲学，而是外在于权利哲学的某个领域。因此，所谓的“矛盾”就可得以化解，我将这种类型的解释称为“外部的”解释。

这种外部的解释方式的另一种路径是诉诸目的论。康德反对革命权利的理论属于权利哲学，而他对于法国大革命的赞赏则出现于历史哲学或者目的论的话语背景之下，后者并不关系到权利的正当性问题。刘易斯·怀特·贝克可以算作这种观点的代表。他对康德的解读是，法国大革命作为一个自然发生的事件，仅仅在旁观者的态度上看，其发生是有利于公民宪政的实现的。在这种意义上，法国大革命未尝不是一个标志人类进步的事件。“为了消解这个矛盾，

① Williams, Howard. *Kant's Political Philosophy*. Oxford, Basil Blackwell, 1983, pp. 212-213.

② Holtman, Sarah Williams. Revolution, Contradiction, and Kantian Citizenship. in Mark Timmons. *Kant's Metaphysics of Morals: Interpretative Essays*. Oxford, Oxford University Press, 2002, p. 231.

我们就不能从一个道德的或法学的角度来看待这些问题（虽然这可能是理解康德最自然的角度），而要采取一个历史的目的论的概念来解释康德。”[①]

在康德的意义上，历史的进步并不在于人类幸福的提升，而在于接近公民宪政理念的程度以及人类平等的自由权的普遍性程度。于是单纯就革命之后所建立的新政权而言，革命可以被分为两种，一种是更加接近公民宪政的理念，另一种是更加远离公民宪政的理念。康德甚至认为自然本身就会产生革命，在《关于一种世界公民观点的普遍历史的理念》一文的“命题八”中，康德说：**“人们在宏观上可以把人类的历史视为自然的一个隐秘计划的实施，为的是实现一种内部完善的，并且为此目的也是外部完善的国家宪政，作为自然在其中能够完全发展其在人类里面的一切禀赋的唯一状态**。”[②] 对此，我们就像理解战争一样，将革命看作推动历史发展的隐秘力量，即使存在革命所带来的动荡灾难，但如果革命能够促成历史的进步，那么它也就具有了自身的价值。彼得·尼克尔森也指出，“承认一场个别的革命能被看作人类道德发展中的一个进步这一点并不是赞扬革命，而只是认识到恶能产生善果”[③]。而且法国大革命也并不是一般意义上的革命，它具有明显的道德维度，因为它是秉持自由、平等的理念所进行的革命，它也就体现了历史进步。于是，我们就在两个不同的层面上分别证成了康德看似矛盾的两种观点。

托马斯·希波姆也曾做出另一种在法权哲学之外寻求调和的努力。他力求在实用人类学的层次上调和这个矛盾。实用人类学在康德的语境中是对于人的主观本性的考察，但这种考察并不是在一个现代人类学的“客观的”“不含预设的”意义上进行的，他对于人的考察是为了道德的发展，考察人性中的何种因素有益于道德进步，何种因素又阻碍了道德进步。正是在实用人类学的层次上，康德才会对于法国大革命抱有积极的态度。希波姆说：“对于抵抗权的拒斥属于正义原则在人类学中的应用，而对于革命的积极作用的考虑以及对于革命及革命者本人的同情的真正热情属于实用人类学。”[④] 在康德看来，法国大革命显示出不同于以往的“革命”的特征，因此，对于法国大革命应区别对待。之前所有其他的革命都是为了维护某一群体或阶层的利益。虽然法国大革命可

---

① Beck，Lewis W. Kant and the Right of Revolution. *Journal of the History of Ideas*，1971，32（3），p. 417.

② ［德］康德：《关于一种世界公民观点的普遍历史的理念》，李秋零译，见《康德著作全集》（第8卷），34页。

③ Nicholson，Peter P. Kant on the Duty Never to Resist Sovereign. *Ethics*，1976（86），p. 227.

④ Seebohm，Thomas. Kant's Theory of Revolution. *Social Research*，1981（48），p. 573.

能也是由特定阶层发起的，但是他们是为了人民的权利，其制度设计也是根据“本体的共和国”（respublica noumenon）的观念形成的。虽然在革命的过程中也使用了暴力，这一点是康德所坚决反对的，但是，就其结果而言，法国大革命却显示出接近本体共和国的积极因素。于是，“法国大革命所揭示的新的人类学事实及其结果——一个真正的共和国的出现——带来了新的实用上的结果。一个现实的共和国的存在为一个本体共和国的实现提供了有力的证明，后者不能被看作是实践上不可能的了”①。但是，希波姆的这种解释也面临着困难。这种策略不过是转移了矛盾，它将表面的矛盾向康德哲学体系的背景中转移，也就是造成了权利哲学与实用人类学之间的冲突。前面提到的道德心理学方案与自然目的论方案也都会遇到这个困难。

可见，上述各种“外部的”解释都不能真正地化解康德在革命问题上两种立场的“矛盾”。这种解释策略的困境的根由在于它预先假定了康德的两种立场之间真的存在矛盾，但是文本上的年代关系暗示着康德根本就没有将其当作一个矛盾。不同于那种外部的解释，康德本人可能恰恰是将各种立场看作对于革命这同一个问题的整体表述。立场表述的多样与冲突，可能就来自康德理解革命问题本身的复杂性，看似矛盾的立场实际上都是内在于康德法权理论的不可分的要素。

前文已经表明了康德法权哲学虽然奠立于先天理性之上，但是它对于现实的权力有着必然的要求。只有在公共法权状态中，即有着公共的强制性法律及其强力保障的意义上，一切权利才是可能的。于是，康德正是在最高权力作为一切法权的条件的意义上，将革命当作对这一条件的破坏而将其判为绝对不合法的。这种关系表明了最高权力内在于法权的要求之中，但是我们也不能认为最高权力就直接提供了公民宪政理念的现实性的充分条件。公民宪政理念是完全依据纯粹理性勾画的权利体系，这一宪政理念是康德所追求的“一种柏拉图式的理想”，它对于一切现实的不符合这一理念的法权体系和国家都具有先天的规范性意义，对于这一理念的追求也是每个理性存在者的义务。但是现实的国家远非完善，它们都或多或少地偏离了这个理念。康德对于人性的理解绝称不上乐观，“从造就出人的如此弯曲的木头中，不可能加工出任何完全直的东西”②。现实的国家总是伴随着各种不义，乃至难以确信公民宪政的理念的现实性。对于人性的清醒认识，反而会造成悲观乃至犬儒的态度。如果这样，现实

① Seebohm, Thomas. Kant's Theory of Revolution. *Social Research*, 1981 (48), p. 574.

② ［德］康德：《关于一种世界公民观点的普遍历史的理念》，李秋零译，见《康德著作全集》（第8卷），30页。

政治不过是人性丑恶的演艺场，这也就反而让人对公民宪政理念本身产生怀疑，怀疑它是一个没有意义、过于美好的虚构，不可能具有一星半点的现实性。

在这个背景下，我们就可以考察康德对于法国大革命乃至革命本身的复杂态度。在《学科之争》第二部分“进步”中，康德笔下的“进步”并不是什么物质生活水平的提高，甚至也不是指人类道德水平的提高。人自身难以克服的有限性决定了在个体意义上的人在道德本质上不可能相对于过去的人有质的飞跃。只要人还是有限的理性存在者，道德法则对于人来说就总是表现为命令式的。康德所说的进步是指，“这种收益并不是意念的**道德性**的一种日益增长的量，而是意念在合乎义务的行动中的**合法性**之产物的增多，不管这种增多是由什么样的动机引起的”①。可见，历史的进步表现为一个良好的公民宪政的建立和完善，外在的法权体系并不指望改善人的本性，但是它可以使人们的行为更多地符合理性的要求。如果一个新的宪政体制建立的原则更加趋向于那个完善的公民宪政理念，那么就可以将其看作历史进步的证据。这并不是说新的政权不会倒退，而是说如果根据一个先天理念构造的政治制度曾经在现实中出现过，这总会给人们以信心，相信那样一个根据理念所塑造的政治制度毕竟有现实的可能性。

康德对于法国大革命的积极评价也正是在这个意义上做出的，他甚至说：“这个事件不是一场革命的现象，而是……一种**自然法权**的宪政之**进化**的现象。”② 这当然不是否认法国大革命是一场真正的革命，而是要将其看作公民宪政理念的一次实现。那么，我们就可以说康德对于法国大革命的激赏，只是出于对其所代表的宪政理念的赞赏。这种赞赏并没有扩及革命的行动本身。可以说，宪政理念与革命的行为是分离的，具有宪政的理念并不要求直接发动暴力革命的行为，革命的行为在摧毁最高权力这一一切宪政的条件的意义上仍然是不合法的。理解康德这两种态度的相容性的关键也就是理解康德对于宪政所秉持的先天法权原则与作为其实现条件的最高权力的复杂关系。康德对法国大革命的表述恰恰就是对这个复杂关系的反映。康德说：“它仅仅是旁观者的思维方式，这种思维方式在大转变这场戏中**公开地**表露出来，并且透露出对一方的演出者的一种如此普遍却又不谋私利的同情，来反对另一方的演出者，甚至甘冒这种偏袒会对他们非常不利的危险。”③ 为此，我们就需要查看康德所表明的

① ［德］康德：《学科之争》，李秋零译，见《康德著作全集》（第7卷），88页。

② 同上书，84～85页。

③ 同上书，82页。

“旁观者”的态度。正是在这个“旁观者”的立场上，康德明确地赞同法国大革命的革命力量。与旁观者相对的是“演出者”，演出者的两方代表着不同的观念或利益。康德所站在的旁观者的立场也就表明其“置身事外”，即远离法国这一政治共同体的内乱。问题在于，如果仅仅是在这种意义上的旁观者，那么其对于双方的利益争执或许会只有一个中立的立场，而不会明确地赞同或反对某一方。但是，康德认为法国大革命唤起了旁观者的同情，“这种同情几乎接近于狂热，其表现本身就带有危险，因此，除了人类里面的一种道德禀赋之外，它不可能以别的什么为原因”①。这种来自旁观者的同情的原因在于大革命其中的一方所秉持的理念是符合公民宪政的理念的。这种公民宪政的理念就超越了利益争执中某一方的特定立场而具有了普遍性。它也就表达出了人类普遍的道德禀赋。于是，人们的同情乃至狂热就不难想见，因为它为人类的进步提供了一个证明。而且，恰恰是通过这样的一个事件，公民宪政的理念得到了普及推广并且深入人心。随着公民宪政国家的实现，战争的可能性越来越小，人类进步的希望也就越来越大。总之，康德对于法国大革命的积极评价主要是就革命一方所秉持的共和理念而做出的。但是，这并不意味着康德对于革命的行为本身就是支持的。这也正是旁观者的重要含义，旁观者的角色就意味着他没有参与法国的政治活动。革命者即使秉持着那样的理念，但是如果以颠覆国家政权为目的，并以暴力为手段，那么这种行为仍说不上是合法的。即使在同一篇文章中，当被问及“在什么样的秩序中才能够期待向着更善的进步”时，康德就又回到了他反对革命的立场。他说这不是通过事物自下而上的进程来进行的，而是通过事物自上而下的进程，即启蒙的理性教育的方式来进行的。

经过上面的分析，我们可以看出，康德对于法国大革命的态度是双重的，作为法国大革命所秉持的理念来说，康德对此给予积极的赞赏和真挚的同情。也正是在同样的意义上，康德对美国革命以及爱尔兰的独立运动都给予了褒奖。因为这些革命运动在其所奉行的理念的意义上代表了基于自由的人的理念所建构的政治原则。在这种意义上，法国大革命所代表的“进步”革命就与单纯以暴力方式夺取政权的“革命”运动区别开了。但是与此同时，法国大革命仍然是一场革命，它仍然具有革命的暴力特征。在这个意义上，法国大革命并未同一般意义上的革命区别开来，它仍然是不合法的。虽然，旧有的以及外来的势力不能再发动一场革命推翻之前由革命建立的政权，但康德从未称法国大

---

① ［德］康德：《学科之争》，李秋零译，见《康德著作全集》（第7卷），82页。

革命是“合法的”行动。于是，我们看到，康德对于革命的这两个看似矛盾的立场实际上是同时内在于法权理论本身之中的，在最高权力作为公共法律以及一个可能的政治制度（哪怕其并不完善）的必要条件的意义上，这两个立场不仅不冲突，反而是内在一致的。

我们可以说康德支持法国大革命仅仅是在其秉持的理念的意义上，但康德并不会因此对于法国大革命中的暴力给予特许的合法性。一个公共权力的存在对于法权状态来说是不可缺少的，但并不意味着凭借这一强力就能够实现完善的宪政理念，同样对于公共权力的暴力更替也并不意味着对于实现那一理念就更有优势。在康德写作《学科之争》第二部分“进步”时，法国大革命并没有朝着期望的方向发展，相反，恐怖专政、内乱、外国干涉、复辟等政治戏剧却轮番上演。在这种情况下，康德仍然对法国大革命给予赞赏。但同时，可能是政治的现实使康德意识到，革命对于实现宪政理念不仅是不适当的，反而是极为有害的。那么，进一步的问题在于，我们在拒斥革命权利的同时，应采取何种行动朝着公民宪政的理念迈进。

第五节　启蒙与公民宪政理念的实现

在上一节我们看到康德何以在否定革命权利的同时却对法国大革命赞赏有加，其根本的理由在于法国大革命所秉持的理念符合康德心目中公民宪政理念的规划。那么，对于革命权利的否定，并不同时意味着对公民宪政理念的否定。公民宪政的理念先天地要求一个公共权力，但也不能矫枉过正，遗失了自由的精神。康德多次强调政治强力须与自由的精神相结合。在《理论与实践》中，康德说：“在每个共同体中，都必须有依照强制性法律（关涉整体的强制性法律）对国家宪政的机制的一种服从，但同时必须有一种自由精神，因为每个人在关涉人的普遍义务的事情上，都要求通过理性而确信，这种强制是合乎法权的，以免自己陷入自相矛盾。”[①] 在《实用人类学》中，康德描述了强制力与自由和法律的四种组合方式，只有最后一种“有自由和法律的强制力”才是

---

① ［德］康德：《论俗语：这在理论上可能是正确的，但不适用于实践》，李秋零译，见《康德著作全集》（第8卷），309页。

康德心目中真正的共和国。[1] 那么，如何在现有的国家权力的条件下实现充溢着自由精神的公民宪政理念就是一个棘手的问题了。

首先需要表明的是，面对现实政治的不完善，甚至败坏，康德绝不认为人们应一味地消极忍耐，无所作为并不符合康德赋予人积极的理性行动者的角色。在否定革命权利的同时，康德强调“改革”是实现公民宪政理念的积极步骤。他说：“（不完善的）国家宪政的变革有时也许是必要的，但这种变革只能由统治者自身通过**改革**来完成，但不能由人民，从而通过**革命**来完成……”[2] 然而，改革的行动只能由当权者发动实施，虽然这可以看作统治者就其理性存在者身份而先天承担的义务，但理性是否可以转化为行动就有赖于统治者自身的理性意识的觉醒或“良心发现”了，那么现实中的政治发生朝向公民宪政理念的改革就是一件偶然的事情，也没有什么机制保证后来的统治者不会发动一场“新”的“改革”倒行逆施。而且，如果将当权者发动的改革看作朝向公民宪政理念的唯一途径，那么广大的公民只是徒有理性存在者的身份，而不能发挥什么实质上的作用。更为重要的问题是，无论是革命这种以暴易暴式的政权更迭，还是统治者自上而下发动的改革，都没有触及公民宪政理念的核心要素，关键因素的缺失使无论是革命还是改革只能改换政治的外表，而不能使现实政治迈上通往公民宪政理念的稳固道路。那么，问题就在于，什么是公民宪政理念的核心要素，针对这一要素人们又将采取什么方式推进宪政理念的实现。

本章第一部分已经表明了公民宪政理念有其先天理性的证成方式，并在此基础上，以自由、平等、独立为宪政法权体系的构造原则。那么，这个体系的真正实现就体现了一个政治共同体内每个公民自身的理性意识的觉醒。如果缺乏这个维度，政治共同体也就丧失了作为人的理性构成物的意义。于是，康德说：“在每个共同体中，都必须有依照强制性法律（关涉整体的强制性法律）对国家宪政的机制的一种服从，但同时必须有一种自由精神，因为每个人在关涉人的普遍义务的事情上，都要求通过理性而确信，这种强制是合乎法权的，以免自己陷入自相矛盾。”[3] 可见，公民宪政理念并不单单是一个依存于国家强力的法权体系，它在本质上要求每个公民的理性自由。的确，法权以外在的强

① 参见［德］康德：《实用人类学》，李秋零译，见《康德著作全集》（第7卷），326页。

② ［德］康德：《道德形而上学》，张荣、李秋零译，见《康德著作全集》（第6卷），333页。

③ ［德］康德：《论俗语：这在理论上可能是正确的，但不适用于实践》，李秋零译，见《康德著作全集》（第8卷），309页。

制为条件，但如果人们仅仅是在强制的条件下才做出符合法权的行为，就并不能说他们是作为理性存在者而行动的。于是，一个仅仅符合法权普遍的形式而缺乏公民理性自由的实质的宪政，与公民宪政理念的精神就是背道而驰的。而且，即使出现了这样的宪政，也没有什么能够保障这一宪政的稳定持久。

如果说公民宪政理念的本质在于理性自由，那么也只能以作用于人的理性的方式促成宪政理念的真正实现。因此，革命这种暴力的方式就不可能触及公民宪政的本质。康德早在《回答这个问题：什么是启蒙?》一文中就曾说："通过一场革命，也许将摆脱个人的独裁和利欲熏心的或者唯重权势的压迫，但却绝不会实现思维方式的真正改革；而是无论新的成见还是旧的成见都成为无思想的广大群众的学步带。"① 革命或者外在的暴力不仅无法保证公民宪政理念的实现，而且这种方式也是与公民宪政理念的精神背道而驰的。因为自由的意义在于人的理性自主，即不服从外在的强制，不为异己任意支配。暴力的方式只能迫使人们行为上遵守法律，但远不能使人们理解并自觉遵守理性法则，因为人的理性自由只能以理性的、内在的方式发挥作用。在这种意义上，我们可以理解康德何以疾呼理性启蒙。在《回答这个问题：什么是启蒙?》一文中，康德将"启蒙"规定为"从咎由自取的受监护状态走出"。无论在生活中抑或政治事务中，人们不必听从他人的指导，盲信他人会使自身的理性天赋处于停滞萎缩状态。人们要凭自己的理性对一切事务做出判断。无论从何种角度，我们都难以否认启蒙的这层含义。但是问题的困难在于，"启蒙"如果在一个政治制度中进行并且要反馈于政治制度，那么仅仅强调理性的自主方面就是不够的，对其偏妄的理解甚至是有害的。如果我们接受了前文中对于国家权力的至高无上性的辩护，接受了国家权力的绝对性与公民宪政理念的一致性阐释，那么问题就在于如何在秉持启蒙的这一理性自主的含义的同时，使每个公民的行为符合先天法权规定的义务。为此，康德说："这种启蒙所需要的无非是**自由**；确切地说，是在一切只要能够叫做自由的东西中最无害的自由，亦即在一切事物中**公开地运用**自己的理性的自由……到处都是对自由的限制。但是，什么样的限制有碍启蒙呢？什么样的限制无碍启蒙甚至有助于启蒙呢？我的回答是：对其理性的**公开**运用必须在任何时候都是自由的，而且唯有这种使用能够在人们中间实现启蒙。"②

可见，康德的启蒙观念的核心在于"自由的限制"，批判性地确立理性自

① ［德］康德：《回答这个问题：什么是启蒙?》，李秋零译，见《康德著作全集》(第8卷)，41页。
② 同上。

由的限度才是启蒙最关键的要素。这种限制不是以外来的因素限定理性自由的范围，而是通过理性自身的作用实现这一点。康德将此途径命名为“理性的公开运用”。结合康德在《永久和平论》中对公开性原则的阐述，“理性的公开运用”是指人作为理性存在者在普遍理性的意义上表达思想、发表言论。它的合法性不仅在于它是人的理性自主的运用，而且在于理性自由的行使以合乎普遍法权的方式进行。而与之相对的“理性的私人运用”是指每个公民只就其岗位或职位的身份表达思想和言论而不应当违背在这一现实的法律体制所赋予他的职责和义务。可见，前者的合法性来自先天理性所赋予的责任，而后者的合法性来自每个公民现实制度职位中的约束性，如果逾越了这一限制则是不合法的。但是，即使在前者那里，自由也仅仅限于其理性的运用，而绝不能以理性自由为由妄图破坏国家的最高权力这一宪政理念的条件。这两个方面并不相互矛盾。于是，康德引用的腓特烈大帝的言论“理性思考吧，思考多少，思考什么都行；只是要服从！”就不能被理解为康德的违心逢迎之辞，而恰好是康德本人思想的精练表达。

如果说理性的启蒙是推进公民宪政理念的切实道路，那么如果面临现实政治中的不正义，暴力的方式也就不可取。针对现实中的不义，康德推崇的方式是“言论自由”。康德说：

> 既然每个人都毕竟拥有其不可丧失的法权，他即便愿意也绝不能放弃这些法权，而且他自己有权对这些法权作出判断；但按照上述预设，他在自己看来所遭遇的不义，只不过是因对出自至上权力的法律的某些后果的疏忽或者无知罢了；所以，国家公民，确切地说得到统治者自己的优待，应当有权限对于统治者的指令中在他看来对共同体有不义之处的东西公开发表自己的意见。因为假定元首永远都不可能犯错，或者不可能对一件事情无知，这会是把他设想为赋有上天的灵感，超出人类之上。因此，**言论自由**——通过宪政自己所造成的臣民们的自由思维方式而保持在尊重和热爱人们生活于其中的宪政的限度内（而且各种言论也自行相互限制，以便它们不丧失自由）——是人民法权的唯一守护神。[①]

这一段文字出现于《理论与实践》“驳霍布斯”部分，康德认为即使在一个国家之内，人们也不应像霍布斯认为的那样对于最高权力不具有任何质疑的

① ［德］康德：《论俗语：这在理论上可能是正确的，但不适用于实践》，李秋零译，见《康德著作全集》（第8卷），308页。

权利，即使主权者侵犯了公民的权利，公民也无从申辩。相反，康德认为人民可依据先天理性维护其自身的权利，这也同时是在维护宪政理念本身。但这并不意味着较之于《回答这个问题：什么是启蒙?》一文中"理性的公开运用"的限制的取消，这里的言论自由可以扩及"私人运用"的方面。在这段文字中，康德的言论自由所针对的并不是私人的准则，即使是私人方面的事务，也要求在普遍的宪政理念的意义上进行考察。可以说，言论自由及其内在的启蒙精神的培养，就是康德给出的公民宪政理念实现的唯一方式。因为，言论自由的合法性在于它是以理性的方式发挥人的理性的作用，这符合公民宪政理念的理性构成的本质，而暴力的外在方式则无法触及这一根本。

在1798年的《学科之争》中，康德更是直接地表明了启蒙与公民宪政的关系。他说："**人民的启蒙**就是公开地教给人民对其所属的国家的义务和法权。"① 可见，康德笔下的"启蒙"以政治的含义为其要旨，而不是宽泛的理性自主。如果从政治及法权的含义上理解启蒙，那么它不仅意味着理性的自主，也同时意味着对于"自由"的批判性限制。正是在这种意义上，康德称自由的限制反而有利于自由。他说："一种较大程度的公民自由似乎有利于人民的**精神**自由，但却给它设下了不可逾越的限制；与此相反，一种较小程度的公民自由却给这种精神获得了尽其一切能力展开自己的空间。当自然在这个坚硬的外壳下把它精心照料……对政府自己是有益的。"②

在康德看来，言论自由和理性启蒙的方式是实现公民宪政理念的唯一方式。相对于革命，它为公民宪政提供了一个更稳定、更坚实的保障，因为它并不意图破坏、毁灭公民宪政得以可能的条件。固然，现实与理想有着巨大差异，但理性的实现毕竟扎根于现实，也只有从唯一的、当下的现实出发，才能保障这个条件。康德否定革命的权利绝不是抛弃公民宪政的理念，更不会背离他自身理性批判哲学的立场。如果这一理念指导下的实践在历史进程中闪现，如法国大革命，康德也毫不保留地给予赞扬。但如果妄想以革命的方式使这一理念一夜之间变为现实，反而会适得其反。"启蒙"作为公民宪政理念的实现方式，虽然过程艰辛漫长，但却是一条坚实的道路。

宫　睿

① ［德］康德：《学科之争》，李秋零译，见《康德著作全集》(第7卷)，86页。

② ［德］康德：《回答这个问题：什么是启蒙?》，李秋零译，见《康德著作全集》(第8卷)，46页。

参考文献

李秋零，主编．康德著作全集（九卷本）．北京：中国人民大学出版社，2003—2010.

马克思恩格斯全集：第 1 卷．中文 2 版．北京：人民出版社，2002.

海涅．论德国宗教和哲学的历史．海安，译．北京：商务印书馆，1974．

霍布斯．利维坦．黎思复，黎廷弼，译．北京：商务印书馆，1997.

莱斯利·马尔霍兰：康德的权利体系．赵明，黄涛，译．北京：商务印书馆，2011.

Beck L W. Kant and the Right of Revolution. Journal of the History of Ideas，1971，32（3）.

Cummiskey D. Justice and Revolution in Kant's Political Philosophy// Muchnik P. Rethinking Kant：vol. 1. Newcastle：Cambridge Scholars Publishing，2008.

Gregor M J. Laws of Freedom. New York：Barnes & Noble，INC.，1963：43.

Hill，Jr. Thomas E. A Kantian Perspective on Political Violence. The Journal of Ethics，1997，1（2）.

Holtman S W. Revolution，Contradiction，and Kantian Citizenship// Timmons M. Kant's Metaphysics of Morals：Interpretative Essays. Oxford：Oxford University Press，2002.

Kersting W. Kant's Concept of a State// Williams H. Essays on Kant's Political Philosophy. Cardiff：University of Wales Press，1992.

Korsgaard C M. Taking the Law into Our Own Hands：Kant on the Right to Revolution// Reath A. Reclaiming the History of Ethics：Essays for John Rawls. Cambridge：Cambridge University Press，1997.

Nicholson P. Kant on the Duty Never to Resist Sovereign. Ethics，1976（86）.

Reiss H S. Kant and the Right of Rebellion. Journal of the History of Ideas，1956，17（2）.

Ripstein A. Force and Freedom：Kant's Legal and Political Philosophy. Cambridge，MA：Harvard University Press，2009.

Seebohm T. Kant's Theory of Revolution. Social Research，1981（48）.

Williams H. Kant's Political Philosophy. Oxford：Basil Blackwell，1983.

第九章
黑格尔与近代自然法理论的终结

《法哲学原理》是黑格尔生前发表的最后一部哲学著作，也是他成熟时期政治思想的系统阐述。这本“熔哲学教科书与政治宣传、学术论著与时事檄文于一炉”的书从一开始就饱受争议。此书几经毁誉，对于它的评价长期褒贬不一，相去云泥。按照政治立场的不同，人们还给它贴上形形色色的标签，或自由主义或保守主义或革命派，营垒分明，势如水火。即使是在黑格尔学派内部，左、中、右派也从中各取所需，纷纷以嫡传自居而又彼此攻讦。[①] 尽管甘斯在再版《法哲学原理》时（1833年）特别强调自由是“法哲学”探讨的“唯一内容”[②]，但自从海姆给出了“复辟时期的官方哲学家和普鲁士国家哲学家”[③]的称号之后，黑格尔就难以摆脱保守乃至反动的负面形象，卡尔·波普尔甚至指认黑格尔早就为当代极权主义的兴起投放了“催化剂”。[④]

然而，让人颇感意外的是，在被视为纳粹法学家的卡尔·施米特看来，黑格尔的政治理论力图调和革命与传统，既有保守的方面，同时“也保存了革命的星火”。希特勒的上台即宣告了黑格尔在德国的“死期”，因为“黑格尔已经到莫斯科去了！”[⑤] 即使是直接受惠于黑格尔的法兰克福学派的传人们，也一方

---

① Riedel, M. *Materialien zu Hegels Rechtsphilosophie*, Band 1. Frankfurt a. M., Suhrkamp Verlag, 1975, S. 11-12, 24.

② Gans, E. *Vorwort zur Rechtsphilosohie*. in hg. v. Riedel, M. *Materialien zu Hegels Rechtsphilosophie*, Band 1, S. 245.

③ Haym, R. *Hegel und seine Zeit*. Riedel, M., hrsg. *Materialien zu Hegels Rechtsphilosophie*, Band 1, S. 374.

④ 参见［英］卡尔·波普尔：《开放社会及其敌人》（第二卷），郑一明等译，108页，北京，中国社会科学出版社，1999。

⑤ ［德］卡尔·施米特：《政治的概念》，刘宗坤等译，299、142页，上海，上海人民出版社，2004。

面断言“黑格尔把革命当作他的哲学的核心”，另一方面又认为黑格尔的以《法哲学原理》为代表的成熟时期的思想是其耶拿时期承认理论的一种倒退，甚至声称黑格尔最终“站到了复辟派一边”。[①] 简言之，由《法哲学原理》所引发的纷繁复杂且反差巨大的认识混乱和思想争执不但范围甚广，而且持续至今。

为了澄清这些混乱与争执，20 世纪后半叶以来出现了多种具有转折性影响的解释性研究，比如，伊尔廷（K. H. Ilting）、亨利希（D. Henrich）等人通过对黑格尔不同时期法哲学讲课笔记的编纂、出版和解读力图证明，在“成文的”即作为教科书正式出版的“法哲学”之外，存在着一个“不成文的”即课堂讲授中的“法哲学”，后者勾勒出的是一个自由主义的、进步的黑格尔。回顾当时的历史背景，人们不难发现，随着欧洲复辟势力的回潮，黑格尔在卡尔斯巴德决议（Karlsbad Decrees，1819 年）的淫威之下，确实对《法哲学原理》中的表述作了小心翼翼的修饰和删改，从而弱化乃至隐藏了许多敏感的言辞和批判的主题，这就使教科书与课堂讲授的丰富与大胆相比给人以驯服和拘谨的印象。然而，问题并没有通过这种解读得到真正的解决，因为解释的冲突并不源起于因而也不能归因于“出版文本和未经修饰的文本之间、公开的原始资料和秘密的或‘隐蔽的’原始资料之间抑或是秘传的黑格尔和公开的黑格尔之间的矛盾”[②]。尽管黑格尔的“法哲学”在不同的时期、不同的场合存在着发展变化，但这种发展变化并不是任意的和杂乱无章的，而是相互关联的、合乎逻辑的，至少在同一历史时期，贯彻在课本与讲堂中的原理或基本精神是一致的。也就是说，引发上述混乱与争执的根源并不在于版本的“隐”与“显”或表述上的差异，而内在于黑格尔“法哲学”的“原理”本身。

实际上，《法哲学原理》历来最受诟病的理论“原罪”不外有二：对于国家的神化以及关于现实性的合理性论证。在大多数自由主义者及进步人士看来，国家至上与对现实的屈从是导致专制主义、极权主义的基本要素；然而值得注意的是，这两条“原罪”与黑格尔力图让人相信的“国家是自由的现实化”的信条乃至甘斯的辩护是格格不入的。为了厘清这种解释的冲突，我们可以首先从黑格尔对于体系性的要求出发去寻找线索：黑格尔力图吸收此前思想

---

① 参见［德］尤尔根·哈贝马斯：《黑格尔对法国革命的批评》，见《理论与实践》，郭官义、李黎译，105 页，北京，社会科学文献出版社，2010。［德］哈贝马斯：《现代性的哲学话语》，曹卫东等译，48 页，南京，译林出版社，2011。［德］阿克塞尔·霍耐特：《为承认而斗争》，胡继华译，68 页，上海，上海世纪出版集团，2005。

② ［意］洛苏尔多：《黑格尔与现代人的自由》，丁三东等译，31 页，长春，吉林出版集团，2008。

发展的所有合理内容，并突破旧有理论的局限，把政治哲学提升到一个新的阶段，从而使它能够面对新的问题与复杂性。这一理论目标造成了“法哲学”杂糅了自由主义、保守主义乃至革命理论等多种要素的情况；但是，如果仅仅从其中任何一个单一的立场出发，人们就很难理解他所做的“集大成”的努力，而只是发现黑格尔曾经赞同的东西与反对的东西在这里同时并存。

如果进一步追究“法哲学”为什么会遭受到几乎来自各方面的批评，我们就不得不寻找内在于其理论自身的根源：黑格尔的“法哲学”对于近代各种政治理论所共享的自然法传统进行了全面的清算和创造性的转换，他不但开始拒斥自然法的观念，而且系统批判了近代自然法理论的基本假说，力图在客观现实性的维度上构想近代自由原则。这是黑格尔“法哲学”显得特别另类的原因所在，也是其真正的深刻之处与伟大之处。这是因为自然法传统是从霍布斯直至康德的几乎所有西方近代政治思想所因循的理论框架和论证前提，也是黑格尔本人的《法哲学》孕育、成长的温床。黑格尔既从中发现了建构新体系的原则，同时也认识到了传统的缺陷和不足。他对于自然法传统的扬弃并不是方法论变革的一个附属的成果，而是源于逻辑必然性的要求，更是对于现实复杂性本身的揭示和对时代挑战的回应，因而是西方政治哲学发展的新阶段，它把对于现代社会—政治生活的思考奠定在新的基础之上。

第一节　从自然法到法哲学

在所有的古代文明中几乎都存在着这种非常类似的自然法观念：内在于自然或宇宙中的规则或秩序对于人类生活具有同等的约束和支配力量，它们被奉为“天道”乃至“神谕”，成为古代人用来规范个人行为、昭示尘世秩序、衡量善恶赏罚的根据和标准。到了近代，这种古老的自然法观念变成人们借以摆脱旧世界的束缚、确立现代性原则的思想资源和理论工具。从格劳秀斯、霍布斯、普芬多夫、洛克、卢梭直至康德和费希特，近代主流的思想家几乎都是借自然法之名来建构各自的政治或法学思想体系的。在他们看来，自然法不但是统御包括人世在内的宇宙秩序的永恒法则，而且还是不证自明的理性的指令，因而是成文法或实定法颁定的依据。与古代自然法学说执着于初始来源、本然正当意义上的自然不同，近代自然法学说则通过把自然法等同于理性法，强调它是“原始印在人心上的”[①]，人的自然属性与理智力量由此得到充分的肯定和凸显。这样一来，个体的所谓天赋权利或自然权利（ius naturale）逐渐取代了古代观念中的自然法或自然的法则（lex naturae/lex naturalis）而在近代自然法思想体系中占据了核心地位。[②]“在现代时期，自然法远比从前成为一种更具革命性的力量。这一事实乃是自然法学说本身的性质发生根本性变化的直接后果。”这一根本性的变化就在于，“自然权利就比之自然法更为根本，而且是自然法的基础”[③]。

黑格尔的政治哲学思想正是在这种近代自然法传统中形成、发展起来的。早在1795年开始写作的《论基督教的权威性》一文中，黑格尔就根据近代自然法原则来批判教会对儿童教育的垄断和钳制，控诉教会剥夺了受教育者发展自身智力的“自然权利”。[④] 在黑格尔看来，近代的思想家们仿照西塞罗，“从自然种植在人们心头上的那些本能（例如合群的本能）方面，探索当时民法和政法的起源，进而探索个人安全与公民财产的原则及公共的善和国家利益至上的原则”[⑤]。在这一探究进程中，自然法思想具有非常重要的进步意义，原因在于：“自然法则的发现，使人类能够对抗当时那种极端荒谬的迷信，并且对抗那只有魔术才能克服的关于巨大陌生的权力的一切观念。”在这里，自然法的要点并不在于它的“自然的”方面，而恰恰在于与自然相对立的“精神的”方面：“一切奇迹都被否认了，因为自然乃是由若干已经知道和认识了的法则构成的一个系统，人在其中是自得的，这种情况只能是这样发生的：人是自得的，他通过对自然的认识而是自由的。思想也已经指向了精神的方面：人们已经把权利和德性看作建立在人的意志所呈现的基础之上。”[⑥]

黑格尔在霍布斯、卢梭等人的自然法理论中已经发现：法律与权利的基础并不在自然之中，而在于人的精神方面，它根源于人的理性、自由。如果说格

---

① ［英］洛克：《人类理解论》，36页。［英］洛克：《政府论》，6、10页。

② 自然法或自然正当（φύσει δίκαιον，ius naturae，Naturrecht）概念在西方语言的历史演变中，因理解不同而表现出对它原本蕴涵的对“法则”（law）与“权利”或“正当”（right）意义的不同侧重（Ritter，Joachim，et al，hg. v. *Historisches Wörterbuch der Philosophie*，Band 6. Basel，Schwabe Verlag，2007，S. 560）。本章按照习惯将Naturrecht译为自然法，并依语境将Recht译为权利、法或法权。

③ ［德］列奥·施特劳斯：《自然权利与历史》，彭刚译，187、232、235页。另外参见该书第84页脚注3。

④ 参见［德］黑格尔：《基督教的权威性》，见《黑格尔早期神学著作》，贺麟译，220～221页，北京，商务印书馆，1988。

⑤ ［德］黑格尔：《历史哲学》，王造时译，453页，上海，上海书店出版社，1999。译文有改动。

⑥ 同上书，452页。译文有改动。

劳秀斯还依然将法权的基础归于自然，那么在霍布斯的学说里，至少存在着这个特点，即在人性、人的欲求、嗜好等等的基础之上设定了国家的本性和机体。在黑格尔看来，所谓人的本性或“自然”（Natur）具有双关的含义，它或是指人的欲望、嗜好等自然属性的方面，或是指精神性、理性的方面；而“人的理性的一面就是对他的自然性一面的直接征服”[①]。这种向“内在于我们自身的原则，亦即我们承认为我们自己所有的原则”的回溯，在卢梭那里进一步明确为自由意志，这又为向康德哲学过渡做好了准备。康德通过划分本体界与现象界来实现人类理性的两大立法：自然的法则只对经验世界有效，是人在尘世中不得不遵从的必然因果性；自由的法则以自由意志为根据，它是理性为自身立法，因而是人的价值与尊严之所系。康德所说的自由的立法包括关乎内在自由的道德与关乎外在自由的法权，后者包括来自先天原则的理性法或自然法与经验中出现的实定法。康德的二元划分对于自然法传统的消解是致命的，它使法与权利的观念彻底脱离自然的视野而完全投向人、人的理性和自由的怀抱。在康德哲学的感召下，费希特系统阐发了一种以知识学为原则的法权学说，这一学说把法权概念看作“关于自由存在物彼此的必然关系的概念”[②]。黑格尔因此称康德和费希特把（自然）法建立在自由之上是“一个伟大的开端”[③]。

然而，黑格尔逐渐认识到，近代以来的各种自然法理论还充斥着模糊、歧义乃至混乱，它们所主张的自由“乃是个别的个人形式下的自由”。由此会产生的后果是：“个人与个人之间永远是冷冰冰的、消极的。禁锢愈来愈严，束缚愈来愈多，而国家并没有被理解为自由的实现。”[④] 这使从学生时代起就崇尚古希腊世界的黑格尔试图用古代城邦的有机整体观来调和现代的个体权利的要求，因此他开始着手清算和重构近代自然法思想。在1801年发表的《费希特与谢林哲学体系的差别》一文中，黑格尔批判费希特的“自然法”是一种实践哲学的“原子论”，它把国家理解为一架“机器”，而不是“有机体”。这种知性国家（Verstandesstaat）实质上就是紧急状态中的国家或应急国家（Notstaat），在这样的国家中到处是规定和限制，警察无所不在，自由的、理性的行动

① ［德］黑格尔：《哲学史讲演录》（第四卷），贺麟、王太庆译，159、160页，北京，商务印书馆，1983。

② ［德］费希特：《以知识学为原则的自然法权基础》，见梁志学主编：《费希特著作选集》（第二卷），264页，北京，商务印书馆，1994。

③ ［德］黑格尔：《哲学史讲演录》（第四卷），333页。

④ 同上。

消失了，生命面临奴役。[①]

在1802年开始发表于《哲学批判杂志》的《论自然法的科学研究方式》（又译《论自然法的科学探讨方式》）一文中，黑格尔指出，康德和费希特所谓的自然法是以“精神高于自然”为前提的，它诉诸先天的原则，实际上就是诉诸自由的原则，因而区别于诉诸传统或历史的“经验的”方法。但是，这种自然法学说所理解的自由还仅仅停留在抽象的个体性和主观性上，因而还只是“形式的东西和否定性的东西”，甚至可能导致“最糟糕的毁灭和不幸”。在黑格尔看来，正如鱼儿离不开水，飞鸟离不开空气一样，个体与整体、特殊利益与普遍原则、外在自由与内在自由、伦理的主观方面与客观方面总是不可分割地联系在一起的。个体既是伦理有机体的成员，同时又是作为绝对伦理总体的民族（精神或民族风尚）的直观体现者。也就是说，“个体的伦理本质纯然就是实在的因而是普遍的绝对的伦理性，个体的伦理性是这整个体系的脉搏，并且本身就是这整个体系”[②]。有研究者指出，“当黑格尔声明‘绝对的伦理总体性是一个民族’的时候，自然法理论的消解就开始了”[③]。这个论断的合理根据在于，黑格尔至此已经明确认识到了近代自然法理论的局限性，并力图将其个体主观的自由原则与人类社会—政治生活的现实内容结合成有机的整体。在黑格尔最初构想的《思辨哲学体系》中，我们也读到类似的表达，“个人作为一个民族的成员是一个伦理的存在者，他的本质是普遍伦理的生动实体”[④]。在这里，黑格尔已经开始通过对劳动、财产、语言等问题的探讨，完成了对费希特立场的回归与超越，即通过把主体间相互承认的辩证进程当作调和个体原则与整体原则的中介，从而开辟了一条通向成熟时期的“法哲学”的道路。[⑤]

从耶拿执教的第二个学期（1802年夏季学期）开始，黑格尔就着手准备在

① 参见［德］黑格尔：《费希特与谢林哲学体系的差别》，宋祖良、程志民译，57～60页，北京，商务印书馆，1994。

② Hegel. *Über die wissenschaftlichen Behandlungsarten des Naturrechts*. in Hegel, G. W. F. *Werke in zwanzig Bänden*, Band 2. Frankfurt a. M., Suhrkamp Verlag, 1986, S. 503, 509, 506, 504.

③ Bobbio, Norberto. Hegel und die Naturrechtslehre. in Riedel, M. *Materialien zu Hegels Rechtsphilosophie*, Band 2. Frankfurt a. M., Suhrkamp Verlag, 1974, S. 86.

④ Hegel. *Jenaer Systementwürfe I, Das System der spekulativen Philosophie*. hg. v. Düsing, K. und Kimmerle H., hrsg. Hamburg, Felix Meiner Verlag, 1986, S. 223.

⑤ Riedel, M. *Zwischen Tradition und Revolution-Studien zu Hegels Rechtsphilosophie*. Stuttgart, Klett-Cotta, 1982, S. 93, 106. Pippin, Robert. *Hegel's Practical Philosophy*. Cambridge, Cambridge University Press, 2008, p. 184.

“自然法与国家法”的传统名称下开设课程。从海德堡到柏林，他在大学里完整讲授了六个学期的相关课程[①]；第七次开课（1831—1832年冬季学期）不久不幸染病辞世。[②] 黑格尔虽然非常偏爱“法哲学”（Rechtsphilosophie）这一新词，但他生前出版的最后一本书的正式名称却是《自然法和国家学纲要》（*Naturrecht und Staatswissenschaft im Grundrisse*），通常所说的《法哲学原理》最初只是副标题，这是与1819—1820冬季学期的课程名称（ius naturae et civitatis，i. e. philosophiam iuris）相一致的。一个非常有趣的现象是：在这部正式出版的教学纲要中，黑格尔在正文中对书名中带有的“自然法”字眼几乎未加任何解释和说明。黑格尔逝世后，甘斯因编纂“友人版全集”而将这部“纲要”再版时（1833年）才颠倒了正、副标题的位置。这一改动并不是无关紧要的，它不但从此改变了黑格尔文献的索引项，而且别具深意，也可以说还原了黑格尔的真实想法。

实际上，早在《自然法权基础》（1796/1797年）一书中，费希特就曾经得出了一个与书名自相矛盾的结论：“除了在一个共同体里，法权规律不可能得到应用。这样一来，自然法权就被取消了。”也就是说，“从人们经常应用的自然法权这个词的意义上说，根本不存在什么自然法权”。显然，费希特所说的自然法与自然本身并无干系，它不过是理性法的别名，其内涵指向应然状态的法律，甚或理想状态中的实定法：因为“国家本身会成为人的自然状态，国家的各项法律不可以是任何别的东西，而只能是已经实现的自然法”[③]。同样，黑格尔沿袭当时通行的说法，有时也使用“自然法”这一术语。但是在第一次（海德堡大学1817—1818年冬季学期）正式讲授所谓“自然法”时，他也开宗明义地规定：“自然法是以法权的理性规定及其理念的实现为对象的”，是与实定法相区别并且是后者所依据的理性法。

在接下来的讲授中，黑格尔越发感到自然法这一名称是“不适当的”“文不对题的”，因而多次明确表示，“‘自然法’这一名称应当放弃，取而代之的称谓是‘哲学的法权学说’（philosophische Rechtslehre），或……客观精神的

---

① 具体是海德堡一个学期（1817—1818），柏林五个学期（1818—1819；1819—1820；1821—1822；1822—1823；1824—1825）。

② Jaeschke，W. *Hegel-Handbuch*. Stuttgart/Weimar，Verlag J. B. Metzler，2003，S. 564.

③ ［德］费希特：《以知识学为原则的自然法权基础》，见梁志学主编：《费希特著作选集》（第二卷），411～412页。

学说”①。在第一版的《哲学科学全书纲要》中，黑格尔就指出，“自然法这个术语迄今为止是哲学上的法权学说的惯用语，这个术语含有双义性：或者法权把自己规定为一种仿佛由直接的自然移植进来的东西，或者是说，它是由事物的本质即概念规定的……法权及其全部规定事实上却唯一地以自由的人格为基础，以一种自我规定为基础，这种自我规定毋宁说是自然规定的对立面”②。在黑格尔看来，“自然”（Natur）一词很容易引起歧义，它既可以指事物的本质或概念，亦可指无意识的、直接的自然本身，从而误导人们把法和权利的来源归属于后者。然而，不论是外在的、直接给定的自然，还是内在的、人的主体的自然（就人的意志或主观任意性受制于自然的需求与冲动来说），自然的事物、秩序乃至规律都不构成法与权的基础。“法权领域是精神的领域，即自由的领域。虽然自然现在也出现在自由的领地，但只是在自由的理念外化自身并给出实存的意义上；而自由依然是基础，自然只是作为非独立的东西出现的。”③ 具体地说：

（1）法与权利并不来自外在的、直接给定的自然。古代的自然法思想通常通过与自然现象，自然界存在的等级、秩序乃至规律的比附来论证人间的等级秩序和行为法则，从而成为奴隶制度与封建专制为自身辩护的根据，这正是黑格尔要坚决反对并加以猛烈抨击的东西。复辟势力的法学代表哈勒（K. L. V. Haller）在《国家学的复兴》（1816—1820）中就宣扬这种自然法：他把封建专制的合法性建立在自然界中以大欺小、恃强凌弱的所谓“上帝永恒不变的定则”之上，宣称根据自然规律，拥有更大权力的人来实施统治，就像饿鹰攫食无辜的绵羊一样，是天然合理的，强权即公理是不言而喻的，天尊地卑、上智下愚是“自然界的惊人的明智”做出的安排。针对这种反动言论，黑格尔在《法哲学原理》中做了大量的摘录并对其加以严厉的批驳。黑格尔指出，自然及其规律只是“极其表面地、支离破碎地体现着合理性，而且把合理性隐藏在偶然性的外观中”④，而哈勒所说的权力并“不是指正义的和伦理性的东西的权

① Hegel, G. W. F. *Vorlesungen. Ausgewaehlte Nachschriften und Manuskripte*, Band 1. Vorlesung über Naturrecht und Staatswissenschaft: Heidelberg 1817/1818. hg. v. C. Becker, Hamburg, Felex Meiner Verlag, 1983, S. 5 - 6. Hegel, G. W. F. *Vorlesungen. Ausgewaehlte Nachschriften und Manuskripte*, Band 14. Vorlesungen über die Philosophie des Rechts: Berlin 1819/1820. hg. v. E. Angerhrn, Hamburg, Felex Meiner Verlag, 2000, S. 15.

② ［德］黑格尔：《哲学科学全书纲要》（1817 年版），薛华译，30 页，北京，北京大学出版社，2002。译文略有改动。

③ Hegel. *Vorlesung über Naturrecht und Staatswissenschaft*. Heidelberg, 1817/1818, S. 6.

④ ［德］黑格尔：《法哲学原理》，范扬、张企泰译，166 页，北京，商务印书馆，1961。下引此书，译文或有改动，不再一一注明。

力，而是指偶然的自然暴力”，因而他是把偶然的东西、非本质的东西当作法与权利的根源，这不免“贫乏”“空虚”和“迷乱”，哈勒的辩护不但“疯狂”“伪善”，而且“低能”“滑稽”。[①]

正是为了强调近代自然法思想与古代自然法思想的巨大差异，消除人们对于黑格尔政治哲学的误解，甘斯在再版时不但颠倒了原书的正、副标题，而且特别将黑格尔在1822—1823年冬季学期的一段学生听课笔记作为补充加注在黑格尔的序言之中。黑格尔在这次讲课中区分了两种规律，即自然规律与法律。自然规律在我们自身之外，是我们必须服从的；我们可能会违反它，却不能废止它；自然规律本身是恒常有效的，我们学习和认识自然规律，但我们对于自然规律的观念可能是错的；我们对于自然的认识虽然能够扩大我们的认识领域，但对于自然规律本身却毫无增益。相反，人们并不像服从自然规律那样服从法律，而是每个人都要求事物适合他特有的标准，由此产生了实际有效的法律与应当有效的法律之间亘古不变的争执。为了摆脱这种争执，人们才不得不返回来考察自然，把自然规律当作典范。不过，与古代自然法对于自然的敬畏不同，现代自然法思想是要探究像自然规律之于自然一样普遍有效的东西，即考察法的合理性，这就要诉诸人自身，“法律是被设定的东西，源出于人类。在被设定的东西和内心呼声之间必然会发生冲突，或者彼此符合一致。人不只停留在定在上，也主张在自身中具有衡量法的尺度”[②]。

（2）然而，这个“在自身中具有的衡量法的尺度”并不是指人的内在的自然，即人自身所拥有的自然的属性。“法权原则所拥有的根源也不在于人的主观自然方面，自然法权并不建立在本能与偏好之上。本能是与精神的本质不相应的形式；虽然内在的东西、内容是客观的，但这一内容作为偏好、作为本能拥有的是主观的形式，它可能是与特殊的规定混合在一起的。”[③] 这就是说，看似能动的自由选择、率性而为如果仅仅出自无反思的主观自然，还仅仅是一种任意，黑格尔也将其称为“自然的意志”，“它的系统是一种自然的东西，它受自然的驱使”[④]。人一方面是自然的产物，受本能欲求、自然偏好的驱使；另一方面，人又不同于所有其他的自然存在物，“人超出自己的自然存在，这就是人作为一种自觉的存在而与外部世界区别开”[⑤]。

---

① 参见［德］黑格尔：《法哲学原理》，256～258页。

② 同上书，序言15页。

③ Hegel. *Vorlesung über Naturrecht und Staatswissenschaft*. Heidelberg，1817/1818，S. 271.

④ Hegel. *Vorlesungen über die Philosophie des Rechts*. Berlin，1819/1820，S. 10.

⑤ ［德］黑格尔：《逻辑学》，梁志学译，78页，北京，人民出版社，2002。

黑格尔所说的内在于人的自然，不论是本能冲动，还是自然偏好，所指的对象总是个别的东西；受制于这些自然属性，人就还没有真正做自己，而只是自然的奴隶。这是因为，“在一切冲动中，我都是从一个他物，从一个对我外在的东西开始的。于是，在这种场合下我们谈的是依赖性。……那种仅仅由自己的冲动规定的自然人并不在其自身中，即使他仍然颇为固执己见，他的意志与意见的内容也毕竟不是他自己的”①。哪怕人的本能冲动与自然偏好超出了自我的个别性状，表现为与人为善的情感或社会交往的冲动，表现为同情心或友爱，在黑格尔看来，如果这些依然停留在未加反思的、非自主的、直接的自然反应状态中，那么，在这里起支配作用的也只不过是“自私自利和偶然性”。②总之，法与权利也不根源于人的内在的或主观的自然。

（3）法与权利属于精神的领域，确切地说，属于人类社会生活的领域，它们根源于自由意志。黑格尔说：“法的基地一般说来是精神的东西，它的确定的地位和出发点是意志。意志是自由的，所以自由就构成法的实体和规定性。至于法的体系是实现了的自由的王国，是从精神自身产生出来的，作为第二天性的那精神的世界。”③ 这里至少包括三层含义。

首先，法与权利的基地是精神的领域。在《法哲学原理》的序言中，黑格尔一开始就清楚交代：作为一本教科书，《法哲学原理》是《哲学全书》中相关部分的“更为详尽尤其是更有系统的阐述”④。《哲学全书》的体系是由三部分构成的，逻辑学、自然哲学和精神哲学，后两者一道构成了与纯粹概念的科学即“逻辑学”相对应的“应用逻辑”。自然哲学与精神哲学的不同在于，前者研究的是他在或潜在于他物中的理念，后者研究的是由他在返回自身的理念，即精神自身。在黑格尔看来，由于自然对于理念来说是不同的或外在的，“外在性就构成自然的规定”⑤，它表现为必然性或偶然性。虽然精神是以自然为前提的，但精神并不是按照自然的方式从自然中产生的，而恰恰是通过对于自然的外在性和有限性的克服而区别于自然的，即通过摆脱自然的繁杂变易的外在表现而把握内在于自然中的本质和规律，从而把这种内在性作为思维和行动的能动的原则。“精神的实体是自由，就是说，对于他物的不依赖性、自己

① ［德］黑格尔：《逻辑学》，72 页。

② 同上书，79 页。

③ ［德］黑格尔：《法哲学原理》，10 页。

④ 同上书，序言 1 页。

⑤ ［德］黑格尔：《自然哲学》，梁志学等译，19 页，北京，商务印书馆，1980。

与自己本身相联系……自由使精神真实。但是，精神的自由不单是一种在他物之外，而且是一种在他物之内争得的对于他物的不依赖性，精神的自由之成为现实不是由于逃避他物，而是由于克服他物。”① “精神的一切活动都无非是外在东西回复到内在性的各种不同的方式，而这种内在性就是精神本身，并且只有通过这种回复，通过这种外在东西的观念化或同化，精神才成为而且是精神。”② 这就是说，自然本身只有人们无法摆脱的必然性的规律，它没有也无须提出权利的要求，而只有人提出权利的要求，提出要建立普遍适用的法律以保护人们所拥有的正当权利。所以，法与权利发生在人的世界即精神领域，法哲学隶属于精神哲学。“人作为精神是一种自由的本质，他具有不受自然冲动所规定的地位。”③

从黑格尔的观点来看，“只有人才超越感受的个别性而提高到了思想的普遍性，提高到了关于自己本身的知，提高到了对它的主体性、它的自我的把握。一句话，只有人才是思维着的精神，并因此，更确切地说，唯独因此才在本质上区别于自然。凡属于自然本身的东西都在精神那里了结了；精神虽然在自己本身中具有自然的全部内容；但种种自然规定是以一种完全不同于它们在外部自然里的方式存在于精神身上的”④。由此就可以理解古代自然法把自然当作典范的意义所在，这就是揭示潜藏在自然及其规律中的合理性和必然性，并将这种合理性与必然性作为人类制定法律的根据。在这里，关键的不是自然本身，而是合理性与必然性，是人对于合理性与必然性的认识、把握和应用，这一切都诉诸人的思维与行动的能力，诉诸人的精神力量。

其次，法与权利“确定的地位和出发点”是意志，自由构成了法与权利的实体与规定性。法与权利所从属的精神领域不是认识性质的、主观精神的领域，而是实践性质的、客观精神的领域。在这个领域里，黑格尔所谓的精神或绝对理念存在于实在性的形式中，“即在作为一个必须由它来产生和已被它产生出来的世界中，在这个世界里自由是作为现存的必然性出现的”⑤。这就是说，这个世界是人们有意识、有目的创造出来的现实的世界，统御这个世界的法则是自由的法则。因而，在《哲学全书》体系中，与“法哲学”相对应的部

---

① ［德］黑格尔：《精神哲学》，杨祖陶译，20 页，北京，人民出版社，2006。

② 同上书，14 页。

③ ［德］黑格尔：《法哲学原理》，29 页。

④ ［德］黑格尔：《精神哲学》，19 页。

⑤ 同上书，27 页。

分是“客观精神”，其对象是人的意志活动及其结果，意志是法与权利的基质或出发点。“实际上法和一切法的规定仅仅是基于自由的人格，即基于一种其实是自然决定的反面的自我决定。”[①]

在黑格尔看来，意志的根本规定是自由，因为意志之为意志就是主体自己规定自己、自己决定自己，而这不外就是对自由的定义。所以，意志与自由是一回事，“自由的东西就是意志。意志而没有自由，只是一句空话；同时，自由只有作为意志，作为主体，才是现实的”[②]。进一步说，自由是精神的最高规定性，只有自由的精神才是现实的，说有精神而无自由无异于胡言乱语。“自然与自由的对峙对于黑格尔‘法哲学’的体系与概念上的布局是决定性的。”[③]确立自然与自由的对立并以后者为出发点，是康德和费希特的法权学说的共同前提和基础，也是黑格尔坚持继承并发扬光大的现代原则。这一原则实际上宣告了自然法传统的终结，因为现代性所要求的权利与法不再是古代的自然权利与自然的法则，而是现代意义上的自由的权利与自由的法，自由从而成为法与权利的实体内容和本质规定性。

不论是康德意义上的自己立法、自己遵守，还是黑格尔所说的思维的意志或主体自我规定自己、自己决定自己，现代世界的立法都是自主立法，其根据是人，是人的理性、人的主体性，因而也就是人的自由；相反，古代世界的立法则是非自主的、外在的立法，因为不论是“本然正当”意义下的自然法，还是为其点缀上神圣光环的神法，立法根据是外在于人、超然于人之上的“自然”“天（道）”或上帝。古代的外在立法“把自然界当做一种权力来对待，这种权力在那里公告和宣示，什么是对人有益的。那时自我意识还没有达到主观性的抽象，还没有了解到关于‘我要这样’这一决断必须由人自己来宣示。这个‘我要这样’构成古代世界和现代世界之间的巨大差别”[④]。黑格尔多次强调，“主观自由的法，是划分古代和近代的转折点和中心点”[⑤]。“一般说来，现代世界是以主观性的自由为其原则的，这就是说，存在于精神整体中的一切本质的方面，都在发展过程中达到它们的权利的。”[⑥]

---

① ［德］黑格尔：《精神哲学》，322页。

② ［德］黑格尔：《法哲学原理》，12页。

③ Riedel，M. Natur und Freiheit in Hegels Rechtsphilosophie. in Riedel，M. *Materialien zu Hegels Rechtsphilosophie*，Band 2，S. 121.

④ ［德］黑格尔：《法哲学原理》，300页。

⑤ 同上书，126～127页。

⑥ 同上书，291页。

最后，现代法与权利的体系是实现了的自由的王国，是作为第二自然的精神的世界。黑格尔所理解的自由并不是单纯的思想自由或抽象的主观意愿，也不是听凭本能冲动的任性而为，而是具体的、现实的，是前二者在各自的直接性和主观片面性被扬弃的基础上结合起来并在更高阶段的发展："自由和意志对我们说来是主观和客观的统一。所以设定目的应该合乎客观，这样一来，目的不是达到一个新的片面的规定，而是走向它的实在化。"[①] 黑格尔的"法哲学"是以自由的理念——自由的概念及其定在（即具体的存在）——为对象的，它所探讨的内容远远超出了传统法学的范围，甚至也突破了康德"道德形而上学"划分的"德性学说"和"法权学说"统辖的领域。它不但包括通常意义的市民法（das bürgerliche Recht），而且还包括道德、伦理乃至世界历史，所有这些构成了自由意志的定在（Dasein），即自由得以实现的客观条件、现实保障和具体进程：以所有权为核心内容的市民法，规范的是人格意志的外在表现或单纯的直接性，它是"抽象法"或"形式法"；以动机与义务、良心与福利、善与恶为内容的"道德"体现的是意志自由的主观方面；而伦理（Sittlichkeit）在黑格尔那里是前两者的统一，是将客观性与主观性统一起来的实体，它通过从家庭、市民社会到国家的推进来展现自由意志的真实的实现过程，并通过民族与世界历史的发展来证明理性的自我呈现或称绝对精神的运行与人类自由解放进程的同一性。可以说，历史上还从来没有一门科学或理论能够涵盖和把握如此丰富和翔实的人类现实生活。就此说来，黑格尔的"法哲学"并不是一个恰如其分的书名，它的恰当名称应当是"客观精神哲学"。[②]

不但如此，如果说这个客观精神的世界是人的自由在其中得以实现因而也是人的本质（Natur）得以真正体现出来的世界，那么客观精神哲学所要探讨的也就不外是人的精神本性或第二自然的法。人作为精神性的存在者，他的有意识、有目的的活动就是要把主观的目的、内在的意志变成客观的、外在的现实，"结果就是自由是一个通过意志所规定的世界，而意志在这个世界中就是在自己本身中，是与自身本身结合在一起的，概念因而完成为理念。自由在塑造成为一个世界的现实时就获得了**必然性的形式**，这必然性的实体性联系是诸自由规定的系统，而其显现着的联系则是作为**权力**、即**被承认的存在**，就是说这必然性在意识里赢得威信（Gelten）"[③]。黑格尔力图在自由意志的基础上建

---

① ［德］黑格尔：《法哲学原理》，20 页。

② Jaeschke，W. *Hegel-Handbuch*，S. 369。

③ ［德］黑格尔：《精神哲学》，313 页。译文略有改动。

构自由的秩序以取代通行观念中的自然的秩序，这一自由的秩序并不与自然相抵牾，而是对自然秩序的扬弃和在更高阶段的回归。这是因为，人的意志活动及其成果即文明教化，通过风俗、习惯把精神性的东西熔铸在人们日常的现实生活中，人仿佛经历了生命的再生，“从原来的天性转变为另一种天性，即精神的天性”①，这种第二天性（自然）也正是法或伦理的本质。可见，风俗、习惯乃至传统并不是因为它们取法于自然或受命于天才成为万世不移的权威，而是因为灌注了人的精神和意志，成为人们所认同并自愿遵守的行为规范，才会历经岁月的淘洗而不断地塑造着人自身及其周遭世界。因此，是理性的普遍性与意志的自由而非自然或被神圣化、神秘化的旧有传统和习惯②，才是衡量是非善恶、法或非法的标准。

总之，黑格尔是现代性原则的自觉论证者和辩护者。在黑格尔看来，笛卡尔是现代哲学的真正开创者，因为他通过“我思故我在”的意识自明性为现代世界确立了主体性的原则。然而，现代国家制度的早期理论家们虽然举起了自由、民主、平等与人权的大旗，但他们的理论论证依然局限在古代的自然法传统中。要实现社会政治理论的变革，“基本权利的自然基础必然首先被抛弃”③。虽然黑格尔即使是在成熟时期也会偶尔沿用通行的自然法这一名词，但他非常清楚地认识到，旧世界的理论依据无法胜任对新时代（Neuzeit）的辩护，古代的自然法与现代人的自由观念无法并行不悖。要把现代的主体性原则贯彻到底，必须彻底抛弃自然法路径的论证设计，把法与权利的观念、国家制度乃至整个人类生活世界建立在主体性的自由这一全新的基础之上，从而“使本身已是合理的内容获得合理的形式”④。

第二节　从自然状态到市民社会

近代的各种自然法理论之间尽管存在着诸多差异，却共享两个基本假说：

---

① ［德］黑格尔：《法哲学原理》，171页。

② 当代社会学家的分析认为，在传统社会中，“传统就是自然，自然便是传统”（［德］乌尔里希·贝克、［英］安东尼·吉登斯、［英］斯科特·拉什：《自反性现代化》，赵文书译，97页，北京，商务印书馆，2001）。

③ ［德］哈贝马斯：《自然法与革命》，见《理论与实践》，91页。

④ ［德］黑格尔：《法哲学原理》，序言3页。

自然状态学说与社会契约论。前者用来说明个人权利的来源与根据，后者用来说明国家权力的产生和职能。黑格尔认为这两个假说是不成立的。

所谓自然状态学说认为，在进入文明状态或产生国家之前，人类生活在一种自然状态中；在这种状态中，大自然赋予的一切都是合理的，除此之外别无强制和束缚，每个人因而天然拥有享受生命和处置身体的自由，趋乐避苦、趋利避害及为此占有财富、使用暴力等等就成为人们“天赋的”权利。不论是像霍布斯那样把自然状态设想为“一切人反对一切人”的战争状态，还是像洛克那样把自然状态解释为人们在其中和平相处的自由、平等状态，自然状态学说具有重要的历史意义，因为它突破了中世纪的神学樊篱，在人性、人自身中寻找权利的根据，把人的自由和权利作为出发点，从而在社会理论领域实现了近代人本主义的主体性转折。然而，自然状态这一论证设计由于诉诸人的天性或自然，虽然具有直截了当的说服力和直指人心的感染力，但是它依然没有摆脱古代自然法的朴素与抽象性。黑格尔始终赞赏自然状态学说所推导出的主体性自由的近代原则，却不同意这一论证本身。在黑格尔看来，自然状态既不是真实的事实描述，也不是周全的逻辑预设；在其中无法确立人的自由与权利的根据，至多只能发现受制于自然的主观任意。

首先，黑格尔认为，所谓自然状态只是“虚构”出来的一种“自然法在其中有效”的状态，并非历史的事实。如果说自然状态是指在国家或文明社会出现之前人类先民的生存状态，那么在这种状态中，先民们确实可以享有大自然赐予的一切而不屈从于任何形式的权威或律法，因为那本是一个是非未明、法与非法浑然不分，更无所谓权利观念的状态，唯一起支配作用的只是自然本身及其规律，物竞天择、弱肉强食的丛林法则使人与人变成狼与狼，友好和平相处的美好愿望只能被霍布斯所描述的“一切人反对一切人”的残酷现实所取代。“所以自然状态毋宁说是无法和凶暴的状态、未驯服的天然冲动的状态、不人道的行为和情感的状态。”可见，所谓自然状态不过是对于文明初创时期人类野蛮状态的想象。然而，即使可以证明存在着多种充斥着粗鲁和凶暴的野蛮状态，但是，“无论它们是怎样的未开化，与其同时现身的总有为了自由而存在的所谓限制性的社会安排”[①]。也可以说，如果存在一种纯然的原初状态，那么处于这种状态中的若不是动物的王国，便是天使的国度。

其次，黑格尔清楚地知晓，所谓自然状态学说不过是近代自然法理论所

① ［德］黑格尔：《历史哲学》，60、42页。译文有改动。

“必需的观念”，然而它只是一个“模糊的影像”，它在逻辑上并不充分，甚至是自相矛盾的。这是因为，自然状态作为理论反思的构想，预设了一个自由与权利从中产生或在其中存在的情境，然而这一状态是与文明社会或国家状态相对立而存在的；这样一来，似乎人的本质、人的自由与权利就只能在人类文明的史前史而非文明史中去寻找，文明社会或国家状态对于人、对于人的自由和权利来说反而成了非本质的、可有可无的东西。黑格尔针锋相对地指出，“自然法（das Recht der Natur）就是强者存在和暴力有理，而自然状态即是暴行和不法的状态，关于这种状态除去说必须从它走出来以外，就没有比这更真实的话可说了。相反地，社会其实倒是那个只有在那里法才有其现实性的状态；必须加以限制和牺牲的正是自然状态的任性和暴行。”① 正如人要从婴儿经过童年逐渐走向成人一样，“自然状态中的人实际上就像儿童：他们拥有自由与理性的潜能，但是这种潜能还没有发挥出来”②。在现实中，是成人而非儿童，更不是婴儿能展示出更明确、更翔实的关于人、关于理性和自由的规定性，因而人们也是以成人而非未成年人作为标准来定义人的概念、确定人的权利的。可以说，从自然状态出发并不必然推导出法律与权利概念，相反，不论是霍布斯式的战争状态还是洛克式的和平状态，自然状态由于缺乏法权与社会形式，因而在所有自然法理论的经典那里都是最终要被终结和超越的状态。简言之，“通过把自然状态看作无法的状态，并且否认在国家之前和国家之外存在一种原初的法权状态，自然法的两个基本原理——在社会之前存在的自然权利的人权理论以及对作为存在于国家之外的法权状态的普遍共和国的向往——归于破产”③。

再次，即使存在一种自然状态，人们在其中也既无法找到自由的观念又无法发现权利的保障。一方面，如前所述，在黑格尔看来，法与权利的基础属于精神的世界，法与权利的实体和规定性是意志的自由；而在自然法理论所设想的自然状态中，强者为王和暴力有理是生存的不二法则，个体的独立与意志的自由完全匍匐在大自然的威力及其铁律的统治之下。所以，“自然状态中的个体依然是不自由的，因为他们还缺乏对于自由的‘感觉’或‘思想’”④。另一

① ［德］黑格尔：《精神哲学》，322～323页。

② Patten，Alan. *Hegel's Idea of Freedom*. Oxford，Oxford University Press，1999，p. 117.

③ Bobbio，Norberto. Hegel und die Naturrechtslehre. in Riedel，M. *Materialien zu Hegels Rechtsphilosophie*，Band 2，S. 90.

④ Patten，Alan. *Hegel's Idea of Freedom*，p. 124.

方面，在丛林竞争中，人类的先民确实会发展出一系列卓越的生存本领，包括趋利避害的分析和判断、审时度势的隐忍和克制，然而所有这些在自然状态中都是与生存本能浑然不分的，只有走出或战争或和平的自然状态，进入政治—文明社会，具有普遍意义的法律形式和权利概念才会出现，保护和促进人的理性与自由能力发展的要求才会通过社会制度的安排得到承认和保障。也就是说，自然状态是人的自由与理性能力萌芽的温床，但滞留在自然状态中，人的理性与自由能力却无从表现，更无法得到进一步的巩固和提升。我们还将看到，"自由实际上是一个自然的、不可剥夺的权利，不过这是历史性的自然，'第二自然'。自由和不可剥夺的权利并不是在进步之前，而是进步的结果。它是人的复杂性以及人为了建立一个他在其中能够认识和实现自己的世界而进行的相互冲突的斗争的结果"[①]。要之，人们如果要在自然状态这一理论假说中确立自由与权利的根据，无异于缘木求鱼、水中捞月。正如黑格尔所说的那样，"由于人本质上是作为自我意识并具有善恶概念而生存的，因而自然状态是一种必须被扬弃的、无自由和不法（Unrecht）的状态，超出这一状态才有人的自由及其现实性"[②]。

最后，毋庸赘言，在所谓的自然状态中不可能出现真正意义上的自由，而只能出现受制于本能冲动或个人偏好的主观任意（Willkür），这种任意与其说体现了个体的意愿和独立的自由选择，不如说是听凭自然的偶然性摆布更为恰当。

当然，黑格尔批评自然状态的假说的要点是要揭露这一理论预设不足以成为自由与权利从中推导出来的逻辑前提，而不是要否定主体自由的现代性原则，因而也不否定作为自由原则得以可能之条件的人的自然需求、本能欲望的价值和意义。有人将国家间的战争状态或国家政权内部崩溃的情况与所谓自然状态的情况做过相似的类比[③]，然而在这两种情况下，法和权利的观念实际上已经存在，只是遭到破坏或中断而已，因而与不知有法、不论权利的自然状态完全不同。实际上，近代自然状态假说的盛行正是那个时代状况的真实写照，黑格尔在自己的"法哲学"中通过对市民社会尤其是"需要的体系"的描述再现了与所谓自然状态相类似的情境，因而在某种程度上复活了自然状态学说。

---

① ［意］洛苏尔多：《黑格尔与现代人的自由》，78 页。

② Hegel. *Vorlesung über Naturrecht und Staatswissenschaft*. Heidelberg 1817/1818，S. 7.

③ Bobbio，Norberto. Hegel und die Naturrechtslehre. in Riedel，M. *Materialien zu Hegels Rechtsphilosophie*，Band 2，S. 89.

在黑格尔那里，虽然市民社会是家庭与国家之间的中间环节，但它的形成要晚于国家，它是以国家的存在为前提的。“市民社会是在现代世界中形成的，现代世界第一次使理念的一切规定获得其权利。”①

自由理念在这一阶段的规定性就是具体个人的特殊性，他们的需求、欲望及其满足，所有这些在市民社会这个基地上各显其能又相互作用，“一切个性、一切禀赋、一切有关出生和幸运的偶然性都自由地活跃着，一切激情的巨浪在其上汹涌澎湃，它们只受制于向它们放射光芒的理性。受到普遍性限制的特殊性仅仅是这种尺度，即每一特殊性据此促进特殊性的福利”②。主体的特殊性、他们的自然需求和欲望是以个人的福利和幸福为目标的，所有这一切之所以值得肯定，是因为它们本是“直接的或自然的意志”，因而是自在的自由的意志③，是近代主体性自由原则不可或缺的材料和内容。“主体的特殊性求获自我满足的这种权利，或者这样说也一样，主观自由的权利，是划分古代和近代的转折点和中心点。”④。对于个人福利和幸福的追求当然不只出现在现代世界，但是，在黑格尔看来，古代国家是建立在“原始的、自然的直观之上的”，即“特殊性还没有解除束缚而获得自由”⑤，或者说，个人的特殊需求及其满足必须直接与整体的要求相统一，听从统一的号令或最高指示。这样一来，个人特殊性的发展在古代国家就表现为“伤风败俗”或“它们衰亡的最后原因”⑥。与之形成鲜明对照的是，在现代世界，“主观特殊性被维持在客观秩序中并适合于客观秩序，同时其权利也得到承认”，它成为“使整个市民社会变得富有生气”的一个原则。⑦

人们在市民社会中也许会发现些许所谓自然状态的影子，这是因为不论是在市民社会中还是在自然状态中，人们的行动总是受“自然的意志”或“主观的任意”，即自然的需求、本能欲望支配的，因而是受制于自然的偶然性的。市民社会的原则之一就是作为特殊性的个体，它是“各种需要的整体以及自然必然性与任性的混合体”⑧。在市民社会中，每个具体的人都是特殊的，每个人

---

① ［德］黑格尔：《法哲学原理》，197 页。
② 同上书，197～198 页。
③ 同上书，22 页。
④ 同上书，126～127 页。
⑤ 同上书，261 页。
⑥ 同上书，199 页。
⑦ 同上书，215 页。
⑧ 同上书，197 页。

都以自身为目的，从自身的偶然性出发，追求自身特殊欲望的满足。然而，市民社会还有另外一个原则，这就是普遍性。这种普遍性最初表现为物品和劳动，它们本来是被用来满足主观的特殊性的，即不同个人的需要或欲望，“但普遍性就在这种满足跟别人的需要和自由任性的关系中，肯定了自己”①。由于我的物品或劳动可以满足他人的特殊需要和欲望，反之亦然；这样一来，每个人的需要和劳动就成为彼此满足的条件。换言之，每个特殊的个人如果“不同别人发生关系，他就不能达到他的全部目的，因此，其他人便成为特殊的人达到目的的手段。但是特殊目的通过同他人的关系就取得了普遍性的形式，并且在满足他人福利的同时，满足自己”②。正是在为满足特殊性而提供产品或服务的劳动中，普遍性产生了，个人的、特殊的需要及其满足的手段成为社会的、普遍的需求和手段：“我既从别人那里取得满足的手段，我就得接受别人的意见，而同时我也不得不生产满足别人的手段。于是彼此配合，相互联系，一切个别的东西就这样地成为社会的。”③ 于是，在自然状态的设想中不可兼容的霍布斯式的战争状态与洛克式的和平状态就转化为竞争原则与合作原则而同时存在于市民社会中。一方面，“市民社会是个人私利的战场，是一切人反对一切人的战场”，甚至也是“私人利益跟特殊公共事务冲突的舞台”④，每个人都在其中为追求自己的福利或幸福这一最高目的而竭尽全力；另一方面，“我在促进我的目的的同时，也促进了普遍物，而普遍物反过来又促进了我的目的”⑤。

显然，黑格尔在此所刻画的人类生活场景远比自然状态假说更丰富、更复杂、更逼真、更现实，因而也更为“自然”（就 Natur 一词所具有的本质含义来说）。当然，市民社会已经不再是天人合一式的自然了，它已经通过满足社会需要的劳动将“潜伏在自然中的精神力量”解放了出来，这是因为：“社会需要是直接的或自然的需要同观念的精神需要之间的联系，由于后一种需要作为普遍物在社会需要中占着优势，所以这一社会环节就含有解放的一面，这就是说，需要的严格的自然必然性被隐蔽了，而人就跟他自己的同时也是普遍的意见，以及他独自造成的必然性发生关系，而不是跟仅仅外在的必然性、内在的偶然性以及任性发生关系。”⑥ 进一步说，通过市民社会这个中介现代人主体

① ［德］黑格尔：《法哲学原理》，204 页。
② 同上书，197 页。
③ 同上书，207 页。
④ 同上书，309 页。
⑤ 同上书，199 页。
⑥ 同上书，208 页。

的特殊性已经被赋予了自由和理性的普遍性形式。黑格尔论证道："个别的人，作为这种国家的市民来说，就是私人，他们都把本身利益作为自己的目的。由于这个目的是以普遍物为中介的，从而在他们看来普遍物是一种手段，所以，如果他们要达到这个目的，就只能按照普遍方式来规定他们的知识、意志和活动，并使自己成为社会联系的锁链中的一个环节。在这种情况下，理念的利益——这是市民社会的这些成员本身所意识不到的——就存在于把他们的单一性和自然性通过自然必然性和需要的任性提高到知识和意志的形式的自由和形式的普遍性的这一过程中，存在于培养特殊性中的主体性中。"①

此外，黑格尔所说的市民社会，不但通过需要的普遍形式，而且还通过建立保障人身和财产的司法制度以及维护特殊利益和共同利益的外部秩序来将每个特殊的个体联合起来。市民社会从而带来了精神的解放，实现了历史上的一大进步。人们在此发现，"'合理性'——'公理'本身——'客观的'或者'真实的'自由——的各种'法律'：属于这类的计有'财产自由'和'生命自由'。封建关系带来的奴隶制度状态的遗物现在是一扫而空了，还有封建法律……传下来的一切财政条例现在也都废除掉了。'真实的自由'更需要工商业方面的自由——准许每个人无拘无束地运用他的能力，以及任何人都可以自由充任'国家'的大小官职。这是真实的'自由'的因素，这些因素并不依据着情感——因为情感也让农奴制度和奴隶制度继续存在——而是依据着人类从他的精神本质得来的思想和自我意识"②。

尽管如此，市民社会依然残留着自然状态的痕迹。这是因为，在市民社会中，特殊性原则与普遍性原则虽然相互束缚、彼此制约，但它们又是分离的，各自独立地起作用。甚至可以说，特殊性才是真正的主导，它是自为的、主动的、积极的；普遍性则是自在的、消极的、被动的。换言之，这里的普遍性是特殊的普遍性。也就是说，每个人都以自身的特殊性为出发点和直接目的，为了实现自己的特殊目的，每个人的特殊性通过满足所有其他人的特殊需要才成为普遍的，普遍性因而只是达到特殊目的的手段，是间接得到的结果。

黑格尔认识到，在市民社会中，特殊性只是在形式的普遍性下联系起来的，"它在自身中还保持自然的亦即任性的特殊性，换句话说，保持着自然状

---

① ［德］黑格尔：《法哲学原理》，201页。

② ［德］黑格尔：《历史哲学》，459页。

态的残余”[①]。由于“特殊性本身是没有节制的，没有尺度的，而这种无节制所采取的诸形式本身也是没有尺度的”[②]，这样一来，人们在现代世界中就既取得了巨大的进步和成就，也遭遇到了前所未有的威胁与困境。一方面，特殊性的需要得到极大的满足，满足特殊需要的手段得到极大的提高。也就是说，人们的物质生活日益丰富而充裕，个体的能力、教养、技艺不断提高。另一方面，源自自然偶然性的差别以及由此带来的破坏力也急剧地加大，奢靡、腐败伴随着贫困和堕落的增长而增长。“从一方面说，特殊性本身既然尽量在一切方面满足了它的需要，它的偶然任性和主观偏好，它就在它的这些享受中破坏本身，破坏自己实体性的概念。从另一方面说，必然需要和偶然需要的得到满足是偶然的，因为这种满足会无止境地引起新的欲望，而且它完全倚赖外在的偶然性与任性，同时它又受到普遍性的权力的限制。市民社会在这些对立中以及它们错综复杂的关系中，既提供了荒淫和贫困的景象，也提供了为两者所共同的生理上和伦理上蜕化的景象。”[③] 出人意料的是，分工和机器的精细化加速了异化与奴役，以普遍物为中介而要求平等相待的市民社会“不但不扬弃人的自然不平等（自然就是不平等的始基），它反而从精神中产生它，并把它提高到在技能和财富上，甚至在理智教养和道德教养上的不平等”[④]。更加让人触目惊心的是，物质的丰富与繁荣不但滋生出蛀虫阶层的腐败堕落，而且还加剧了社会的赤贫现象。黑格尔在此揭示了市民社会比所谓自然状态更加残酷的一面：“同任性一样，偶然的、自然界的和外部关系中的各种情况，都可以使个人陷于贫困。贫困状态一方面使他们对于市民社会处于嗷嗷待哺的状况中，另一方面，由于市民社会使他们失去了自然的谋生手段……使他们在或多或少的程度上丧失了社会的一切好处……”[⑤] 于是，富裕起来的市民社会陷入了这样的尴尬局面：“怎样解决贫困，是推动现代社会并使它感到苦恼的一个重要问题。”[⑥]

正如哈贝马斯所说，“黑格尔发现，主体性乃是现代的原则。根据这个原则，黑格尔同时阐明了现代世界的优越性及危机之所在，即这是一个进步与异化精神共存的世界”[⑦]。黑格尔因此对自然状态学说采取了既克服又保留的立

① ［德］黑格尔：《法哲学原理》，211 页。

② 同上书，200 页。

③ 同上书，199 页。

④ 同上书，211 页。

⑤ 同上书，243 页。

⑥ 同上书，245 页。

⑦ ［德］哈贝马斯：《现代性的哲学话语》，19～20 页。

场：一方面，他揭露出自然状态学说就其历史意义来说是不真实的，就其逻辑论证来说是不充分的；另一方面，他又从中拯救出“自在的自由”这一合理内核，在市民社会的背景下使其复活，从而充分肯定了个体生命及其追求幸福、财富的自由与权利，并将其视为现代世界充满生机的动力原则。同时，黑格尔认识到，市民社会还残留了所谓自然状态的余孽，依然没有摆脱自然偶然性的影响，甚至会产生更大灾难性的腐败、堕落、贫困和不公。人们要克服这些对于生命与自由的威胁，就必须上升到更高的阶段——国家。

第三节　从社会契约到自由的实现

近代自然法理论是通过社会契约假说来论证国家的起源与功能的。社会契约论认为，不论是处在战争状态还是和平状态，人们在自然状态中彼此都处在原子式的孤立状态，相互间的冲突不可避免，但由于缺乏公共的法律和权威，冲突不但无法调和，而且还会造成两败俱伤。为了获得稳定的生活，人们便缔结契约成立国家，自愿交出在自然状态中所拥有的（部分或全部）权利。国家的职责就在于运用公共权力维护公共秩序，保护个人的权利不再受到侵害。黑格尔认为，社会契约论在理论上是肤浅和错误的，在现实实践中是有害的，它无法实现它所预设的目标。

第一，在黑格尔看来，社会契约论就历史经验来说仅仅是一种假说，它在逻辑论证上犯了以假为真、倒因为果、窃取推理的错误。黑格尔清楚地知道，社会契约论的意义并不在于它可以还原作为历史现象的国家起源的事实，而在于引导人们认清“国家的理念”“国家的原则”在于意志；而它推导出来的国家起源的根据“仅仅是特定形式的单个人意志”或这些单个人意志的简单相加，即众意或共同意志，因而还没有达到对普遍意志或公意和对国家本质的正确理解。黑格尔认为，通常的民事契约是指地位平等的当事人从主观任意出发，针对个别的外在物而达成的共同意志，而所谓社会契约的订约双方则完全与之不同，上述那种关系并不适用于社会或国家这样与民事契约不同且高于民事契约的领域。也就是说，国家不能“以单个人的任性、意见和随心表达的同意为其基础”①。国家与个人的真实关系是这样的：“人生来就已是国家的公

① ［德］黑格尔：《法哲学原理》，255页。

民，任何人不得任意脱离国家。生活于国家中，乃为人的理性所规定，纵使国家尚未存在，然而建立国家的理性要求却已存在。入境或出国都要得到国家许可，而不系于个人的任性。所以国家决非建立在契约之上，因为契约是以任性为前提的。如果说国家是本于一切人的任性而建立起来的，那是错误的。毋宁说，生于国家中，对于每个人说来是绝对必要的。现代国家的一大进步就在于国家始终是一个自在自为的目的，任何人都不允许像在中世纪那样根据私人约定建立与国家的联系。”① 追思历史上国家的起源，我们不难发现，任何国家的建立都不是出自主观的任意，而是源自某种客观性、必然性，因而国家是比单纯的单个意志的相加更高的东西，不能简单地被还原为单个意志及其相加。

第二，尽管社会契约论是现代民主政治的一个重要理论依据，但是在黑格尔看来，将国家看成是契约的产物在当时的历史条件下已经产生了极大的历史倒退和社会混乱，这促使他对社会契约论进行了激烈的批判。换言之，“黑格尔没有在真空中开始他对契约理论或自然法的重新解读。实际上，他一直面对着他那个时代的问题，他主要关注的不是他体系单独的结构，而首先是投入时代的现实争论和斗争”②。由于社会契约论将国家的本性看成是契约即主观任意的结果，国家事务和公共权力极容易被等同于私有财产，从而被任意处置而导致专制奴役和恐怖暴政。黑格尔分析说：“国家的本性也不在于契约关系中，不论它是一切人与一切人的契约，还是一切人与君主或政府的契约。把这种契约的关系以及一般私有财产关系掺入到国家关系中，曾在国家法中和现实世界造成极大混乱。过去一度把政治权利和政治义务看做并主张为特殊个人的直接私有权，以对抗君主和国家的权利，现在却把君主和国家的权利看成契约的对象，看成根据于契约，并看成意志的单纯共同物，而由结合为国家的那些人的任性所产生的。以上两种观点无论怎样不同，但有一点是相同的，它们都把私有制的各种规定搬到一个在性质上完全不同而更高的领域。”③ 与这里提到的两种观点相对应的历史事实就是欧洲封建势力的复辟和法国大革命带来的绝对自由的恐怖。

针对第一种观点，黑格尔指出，诸如波兰贵族们对社会契约论偏好的原因，不外是借口诸侯们曾经与国王（皇帝）或臣民缔结过“神圣的契约”来维

① ［德］黑格尔：《法哲学原理》，83 页。
② ［意］洛苏尔多：《黑格尔与现代人的自由》，79 页。
③ ［德］黑格尔：《法哲学原理》，82 页。

护他们自己通过暴力得来并长久享有的特权。实际上，早在《评 1815 年和 1816 年符腾堡王国等级议会的讨论》（1817 年）[①] 中，黑格尔就抨击那些代表封建贵族利益的议员们以旧有的契约为口实，反对国王进行具有资产阶级宪政性质的改革。他指出，如果说在过去，采邑中的诸侯与臣民的关系类似于一种契约关系的话，那么现代国家制度则完全改变了这种情况："就在这个时代，'国家契约'这一术语仍旧有人觉得是包含着这样的错误思想：好像契约这个概念真的可以在国家里运用于诸侯和臣民的关系，以及政府和民众的关系，好像从契约的本性产生的那些私法的法律规定在国家这里可以找到自己的用场似的，甚且就应当这样。稍微反思一下就可以认识到诸侯和臣民的联系，政府和民众的联系，是以一种原始的、实体的统一为其相互关系的基础的，然而与此相反，在契约中则应该说是从相反的方面出发的，即以双方同等独立、互不相关为基础的，双方在某种事情上互相产生的结合，是从两者的主观需要和任意产生的一种偶然性的关系。国家中的联系本质上不同于这样一种契约，这种联系是一种客观的、必然性的、不以任意和癖好为转移的关系。这里自在自为地有一种义务，各种权利均以此为转移。在契约中则相反，是任意互相转让权利，尔后才从这些权利导出义务。随着一国从其帝国采邑的地位过渡为一个国家，双方此前以中间和上面第三种势力为中介的独立性也就消失了，从而整个契约关系也就消失了。"由此，黑格尔指出，那些旧世界的代表们的"根本错误"就在于固守旧有的所谓神圣契约或实定法来维护他们既有的特权和利益，"既没有试图证明某种合乎理性权利的东西，又没有试图证明什么东西合乎理性权利"[②]。归根结底，"原始资本主义的契约论把地主的政治垄断合法化了"[③]。正是基于这种认识，黑格尔在生命最后阶段所发表的《论英国改革法案》（1831 年）一文中，依然谴责英国贵族们死抱着旧有的契约或实定法来主宰政治生活，滥用公共权力。黑格尔之所以在许多历史事件中反对贵族而支持国王，原因就在于，在黑格尔眼中，贵族的专制和特权恰恰是由特殊的利益和主观任意产生的所谓"契约"的结果，而国王所象征的主权在宪政背景下则是"受整体目的（这种目的通常都被笼统地称为国家的福利）规定和支配的东

---

① 哈贝马斯称其为作为政论家的黑格尔唯一"在政治的公众舆论中发挥过作用"但"没有取得真正的成功"的作品（参见［德］哈贝马斯：《黑格尔的政治论文》，见《理论与实践》，111、113 页）。

② ［德］黑格尔：《评 1815 年和 1816 年符腾堡王国等级议会的讨论》，见《黑格尔政治著作选》，薛华译，153～154 页，北京，中国法制出版社，2008。

③ ［意］洛苏尔多：《黑格尔与现代人的自由》，86 页。

西”①。

针对第二种观点，黑格尔指出，由于社会契约论只是从个人的主观任意及其简单相加来把握不同意志的统一，因而只能抽象地理解自由的意义与内涵，这样一来，一种形式上的绝对自由的要求最终导致了绝对的恐怖。“这些抽象推论一旦得时得势，就发生了人类有史以来第一次不可思议的惊人场面：在一个现实的大国中，随着一切存在着的现成的东西被推翻之后，人们根据抽象思想，从头开始建立国家制度，并希求仅仅给它以想象的理性的东西为其基础。又因为这都是缺乏理念的一些抽象的东西，所以它们把这一场尝试终于搞成最可怕和最残酷的事变。”② 当然，必须指出的是，黑格尔对于法国大革命的批评并不意味着他站到了复辟派一边，他只是在警醒世人汲取历史教训，不可沉溺于单纯主观的理想性中。实际上，黑格尔从青年时代起，终其一生都始终恪守源自法国大革命的“理性与自由”的原则，即使是在复辟势力抬头的柏林时期，黑格尔在“历史哲学”课程中依然以饱满的热情颂扬摧毁封建制度的法国大革命是“一个光辉灿烂的黎明。一切有思想的存在，都分享到了这个新纪元的欢欣。一种性质崇高的情绪激动着当时的人心；一种精神的热诚震撼着整个的世界”。这是因为，大革命的原则反对奴役和压迫，向往“真实的自由”，这种自由“准许每个人无拘无束地运用自己的能力”③。

第三，由于社会契约论从个体出发，把个人的天赋权利看作国家的基础，国家的功能也就只能以个人的主观任意为限，从而为了保护个人的自由而限制个人自由，源自所谓自然状态的权利不但没有得到实质性的扩展，反而受到了压制，国家由此沦为一种“必要的恶”，缔结社会契约的初衷实际上落空了。黑格尔认为，这种守夜人式的国家观念出自偏狭的知性思维，它“一方面只包含否定的规定，即限制；而另一方面它所包含的肯定的东西——普遍规律或所谓理性规律，一个人的任性和另一人的任性的符合一致——则归结为人所共知的形式的同一性和矛盾律。……依照这种见解，其成为实体性的基础和首要的东西的，不是自在自为地存在的、合乎理性的意志，而是单个人在他独特任性中的意志，也不是作为真实精神的精神，而是作为特殊个人的精神。这一原则一旦得到承认，理性的东西自然只能作为对这种自由所加的限制而出现；同时也不是作为内在的理性东西，而只是作为外在的、形式的普遍物而出现。这种

① ［德］黑格尔：《法哲学原理》，295页。

② 同上书，255页。

③ ［德］黑格尔：《历史哲学》，459页。

见解完全缺乏思辨的思想，而为哲学概念所唾弃；同时它在人们头脑和现实中产生一些现象，其可怕性，只能拿以它们为基础的那种思想的肤浅性来与之相比拟”①。如前所述，黑格尔对于费希特国家学说的批判给出的是相同的理由。“费希特对于法律和道德概念的推演同样停留在自我意识和生硬理智的限制内”，这是因为，费希特对于国家组织的推演像对自然事物的推演一样，“是一种缺乏精神性的东西，是一种形式的、外在的结合和联系，在其中个人本身被认作绝对，换言之，法就是最高的原则。普遍物不是精神，不是全体的实体，而是压制个人的外在的，抽象理智的，否定性的权力”②。

社会契约论所设定的国家，目的仅仅在于为彼此隔绝的和平与秩序提供外在的保障，人们的生活依然还禁锢在个体的特殊性与主观任意之中。这样的国家，黑格尔称之为外部国家（der äußere Staat）、知性国家（Verstandesstaat）或应急国家（Notstaat），其外延等同于市民社会（《法哲学原理》第 183 节）。让人颇感意外和困惑的是，黑格尔对于市民社会范围的划定与人们今天通常的理解有不小的出入，它不但包括需要的体系与同业公会，而且还包括今天被认为隶属于国家之下的司法制度（主要与民法相关）与警察。也就是说，黑格尔所说的市民社会包含着部分国家今天所担负的职能。黑格尔做出如此布局的根据在于，特殊性的无尺度导致的自然状态的残余不但没有消除，反而在加剧和扩大，这危及了市民社会本身，司法制度、警察和同业公会就像人们在应付紧急状况时的情形一样，为了保障个体的人身和财产安全，为维护他们的特殊利益或共同利益而建立起外部的秩序。尽管黑格尔所说的“应急国家”远非人们通常理解的警察国家，而更接近当代的“福利国家”③，它不但要负责修路架桥、维持秩序的工作，而且还致力于义务教育、赈济扶贫的事业，但所有这些职能在黑格尔看来都是为了满足和维护特殊性的需要而建立的。市民社会与国家、“外部国家”与“内部国家”的根本差别就在于，前者以特殊性即个体的权利和福利为出发点和目的，后者则以普遍性、以整体本身与公共的善为出发点和目的。所以，不论黑格尔所构想的内部国家制度多么受他的立场与时代的束缚，他赋予王权、行政权和立法权以合法性的根据是同一的：公共的利益和社会的福利。

基于这种标准，黑格尔认为把国家看作私有权利的守夜人的观点是一种知

① ［德］黑格尔：《法哲学原理》，36～37 页。

② ［德］黑格尔：《哲学史讲演录》（第四卷），333 页。

③ 尼斯比特为《法哲学原理》英译本所加的注释（Nisbet，H. B. *Elements of the Philosophy of Right*. Cambridge，Cambridge University Press，1991，p. 450）。

性的国家观，它混淆了市民社会与国家的差别，因而也就无法认清现代国家的本质。黑格尔指出，“如果把国家同市民社会混淆起来，而把它的使命规定为保证和保护所有权和个人自由，那么单个人本身的利益成为这些人结合的最后目的。由此产生的结果是，成为国家成员是任意的事。但是国家对个人的关系，完全不是这样。由于国家是客观精神，所以个人本身只有成为国家成员才具有客观性、真理性和伦理性。结合本身是真实的内容和目的，人是被规定着过普遍生活的；他们进一步的特殊满足、活动和行动方式，都是以这个实体性的和普遍有效的东西为其出发点和结果”①。黑格尔对于国家的讨论并不是要考察历史与现实中的国家，而是要把握现代国家的理念或原理。在黑格尔看来，国家是自由的真正实现，是有机的整体，因而是伦理实体，甚至是地上的神物。

首先，尽管在大多数人的眼中，黑格尔的国家权力完全压倒了个体的自由权利，但是，与社会契约论的推论不同，黑格尔所理解的国家不是对个体权利的限制。相反，它能够克服自然状态的残余可能带来的挑战和威胁，为每一个个体自由的实现提供现实的条件和可靠的保证。个体的自由只有在国家中才能得到真正的实现。“国家是具体自由的现实；但具体自由在于，个人的单一性及其特殊利益不但获得它们的完全发展，以及它们的权利获得明白承认（如在家庭和市民社会的领域中那样），而且一方面通过自身过渡到普遍物的利益，一方面它们认识和希求普遍物，甚至承认普遍物作为它们自己实体性的精神，并把普遍物作为它们的最终目的而进行活动。其结果，普遍物既不能没有特殊利益、知识和意志而发生效力并底于完成，人也不仅作为私人和为了本身目的而生活，因为人没有不同时对普遍物和为普遍物而希求，没有不自觉地为达成这一普遍物的目的而活动。现代国家的原则具有这样一种惊人的力量和深度，即它使主观性的原则完美起来，成为独立的个人特殊性的极端，而同时又使它回复到实体性的统一，于是在主观性的原则本身中保存着这个统一。”② 简言之，个体的、主观的自由不可能在自身中而只能超出个体与主观的局限，在整体和客观世界中得到实现。就此说来，“《法哲学原理》泄露了黑格尔逻辑学的某些秘密，它揭示出辩证法的历史内核”③。

我们不妨罗列一下这一辩证法的三个环节：第一，国家之所以是自由的现

---

① ［德］黑格尔：《法哲学原理》，253～254 页。

② 同上书，260 页。

③ 见里德尔为《法哲学原理》新版所作的前言（Riedel，M. *Zwischen Tradition und Revolution-Studien zu Hegels Rechtsphilosophie*. Stuttgart，Klett-Cotta，1982）。

实性，是因为国家已经从市民社会的特殊性上升到了普遍性原则。“现实性始终是普遍性与特殊性的统一，其中普遍性支分为特殊性，虽然这些特殊性看来是独立的，其实它们都包含在整体中，并且只有在整体中才得到维持。”① 但是，第二，这并不意味着特殊性或个体的权利必然遭受压制，相反，黑格尔特别强调特殊性的发展是现代社会的本质特征和伟大成果，古代国家的缺陷就在于特殊性、主体性原则没有得到发展。“国家具有一个生动活泼的灵魂，使一切振奋的这个灵魂就是主观性。”② 黑格尔警告独裁者，国家的目的应当与个体的福利保持一致，如果国家的一切对于它的成员都是不利的，“他们的主观目的得不到满足，又如果他们看不到国家本身是这种满足的中介，那么国家就会站不住脚的”③。因此，第三，国家是特殊性与普遍性、个人权利与公共福利相统一的实体，促进个体的自由与幸福也就是促进国家的繁荣昌盛，反过来也是如此。“现代国家的本质在于，普遍物是同特殊性的完全自由和私人福利相结合的，所以家庭和市民社会的利益必须集中于国家；但是，目的的普遍性如果没有特殊性自己的知识和意志——特殊性的权利必须予以保持——就不能向前迈进。所以普遍物必须予以促进，但是另一方面主观性也必须得到充分而活泼的发展。只有在这两个环节都保持着它们的力量时，国家才能被看作一个肢体健全的和真正有组织的国家。”④ 在这样的有机体中，个人并不是千人一面的单向度的人，人们之间源于才能和出身的个体差异依然存在；然而，让人惊奇的是，“正是现代国家的高度发展和提高产生了个人在现实中的极大的具体的不平等，而由于法律的更深刻的合理性和法律状态的巩固导致了更大和更有根基的自由，而且能够容许和容忍这种自由”。“主观的自由只有在那种客观自由的条件下成长，而且是并且只可能在现代国家里成长到这样的高度。”⑤

黑格尔青年时代所崇尚的古代伦理的整体性原则在经过基督教的教化和市民社会的解放之后，终于在现代国家制度中与个体的主体性原则达到统一，完成和解。就此说来，下面的论断并不是空穴来风：“从哲学的角度看，黑格尔希望实现古典的（或实体的和具体的）道德和基督教及康德式（或内在的和抽象的）道德的综合，并实现以理性和美德至上为基础的柏拉图的政治学与以欲

① ［德］黑格尔：《法哲学原理》，280 页。

② 同上书，281 页。

③ 同上书，266 页。

④ 同上书，261 页。

⑤ ［德］黑格尔：《精神哲学》，344、345 页。

望的解放和满足为基础的马基雅弗利（马基雅维里——引者）、培根、霍布斯和洛克的政治学的综合。”[①]

其次，之所以说国家是自由的现实性，就是因为它是一个有机的整体。具体地说，它通过自身的内在机制即相互差别又彼此联系的各个环节来实现主观与客观、个体与整体、特殊性与普遍性的统一。黑格尔曾经把家庭比作感受性，把市民社会比作感受刺激性，而把国家比作神经系统，即一个有机的系统，前两者只有在其中才能得到发展，也只有它们得到发展，这个有机的系统才有生气；而“调整家庭和市民社会的规律，是映现在它们中的理性东西的制度”[②]，此处即指作为政治制度的国家。黑格尔所理解的有机系统，是指其中每一个环节都与其他环节相互依存、休戚与共，“对每一个环节说来，保存其他环节同时是它自我保存的实体性目的和结果”[③]。

在黑格尔看来，“国家必须被理解为有机体”，也就是说，“它是理念向它的各种差别的发展。这些不同方面就是各种不同的权力及其职能和活动领域，通过它们，普遍物不断地、合乎必然性地创造着自己，又因为这一普遍物正是自己的创造活动的前提，所以也就保存着自己。这种有机体就是政治制度。它永远导源于国家，而国家也通过它而保存着自己”[④]。从形式上看，黑格尔的内部国家是通过由王权、行政权和立法权组成的政治制度运作的有机体，按照他的逻辑学推演，这意味着个体性、普遍性和特殊性在其中得到了彼此融合、相得益彰的统一。从内容上看，国家制度通过权利和义务的统一来履行自身的使命。一方面，国家通过制度性的建制明示了人们应享有的权利，并为人们行使权利提供可靠而切实的机遇、条件和保障；另一方面，国家同时也规定了每个人应尽的职责与义务。与在抽象法和道德领域不同，在国家这个有机体中，权利和义务是统一的，“一个人负有多少义务，就享有多少权利；他享有多少权利，也就负有多少义务”[⑤]。于是出现了这种现象：“在一个宪政国家，由于人民自己的意识，捐税反而增多了”。这无疑是因为，人民享有了更多的权利。黑格尔也正是基于这个理由指出，“没有一个国家，其人民应缴纳的捐税有像

---

① ［德］列奥·施特劳斯、［美］约瑟夫·克罗波西主编：《政治哲学史》（下卷），李天然等译，882页，石家庄，河北人民出版社，1993。

② ［德］黑格尔：《法哲学原理》，265页。

③ 同上书，308页。

④ 同上书，268页。

⑤ 同上书，172～173页。

英国那样多的”[1]。通过制度安排所实现的权利与义务的统一也就是主观自由与客观自由、特殊性与普遍性的统一。

在黑格尔看来，“权利与义务相结合那种概念是最重要规定之一，并且是国家内在力量之所在”。这是因为，“个人无论采取任何方式履行他的义务，他必须同时找到他自己的利益、他的满足和打算。本于他在国家中的地位，他的权利必然产生，由于这种权利，普遍物就成为他自己的特殊事物。其实，特殊利益不应该被搁置一边，或竟受到压制，而应同普遍物符合一致，使它本身和普遍物都被保存着。个人从他的义务说是受人制服的，但在履行义务中，他作为公民，其人身和财产得到了保护，他的特殊福利得到了照顾，他的实体性的本质得到了满足，并且他找到了成为这一整体的成员的意识和自尊感；就在这样地完成义务以作为对国家的效劳和职务时，他保持了他的生命和生活”[2]。概括地说，“国家无非就是自由的概念的有机体。个人意志的规定通过国家达到了客观定在，而且通过国家初次达到它的真理和现实化。国家是达到特殊目的和福利的唯一条件”[3]。

再次，这个使自由得以实现的有机体就是伦理的（sittliche）实体，它不但为每个个体成为真正自由的人提供了客观的现实性，而且也让“成为国家公民并在国家中生活”变成每个人正常、正当和自觉的行动，是他的“习惯”（Sitte），他的“第二自然”，他的本性。所以，黑格尔说：“国家是伦理理念的现实——是作为显示出来的、自知的实体性意志的伦理精神，这种伦理精神思考自身和知道自身，并完成一切它所知道的，而且只是完成它所知道的。国家直接存在于风俗习惯中，而间接存在于单个人的自我意识和他的知识和活动中。同样，单个人的自我意识由于它具有政治情绪而在国家中，即在它自己的实质中，在它自己活动的目的和成果中，获得了自己的实体性的自由。”[4] 由于国家作为伦理的理念是“在被提升到普遍性的特殊的自我意识中”而具有现实性的，所以，一方面国家的设置、法律与制度本质上都是采取作为法律的思想的形式而存在的，另一方面“因为国家不是机械式的构造，而是具有自我意识的那种自由的合理的生活，伦理世界的体系，所以情感和对包含在这种情感中的原则的意识，就成为现实国家中的一个本质的环节”[5]。

---

① ［德］黑格尔：《法哲学原理》，322页。

② 同上书，262～263页。

③ 同上书，263页。

④ 同上书，253页。

⑤ 同上书，275页。

简言之，当国家作为客观的实体时，它就是作为有机体的国家政治制度；当国家作为主观的实体时，它就是政治情感（die politische Gesinnung）。“政治情感，即爱国心本身，作为从真理中获得的确定性……和已经成为习惯的意愿，只是在国家中的各种现存制度的结果，因为在国家中实际上存在着合理性，它在根据这些制度所进行的活动中表现出来。这种政治情感一般说来就是一种信任（它能转化为或多或少地发展了的见解），是这样一种意识：我的实体性的和特殊性的利益包含和保存在把我当做单个人来对待的他物（这里是国家）的利益和目的中，因此这个他物对我来说就根本不是他物。我有了这种意识就自由了。”① 也就是说，这种自由甚至成了我的习惯，我的生活常态。黑格尔举例说：“当有人夜里在街上安全地行走时，他不会想到可能变成别的样子，因为安全的习惯已经成为第二本性，人们确不反思，这正是特殊制度的作用。”②

最后，也是最为人诟病的说法是，“神自身在地上的行进，这就是国家”③。诚然，当黑格尔把国家看作“绝对的不受推动的自身目的”④ 时，他确实如许多批评者所说的那样，以为这样一来就可以一劳永逸地终结人类的历史。但是从黑格尔的体系来看，国家是所谓客观精神发展的最高阶段，国家是地上的神物这种比喻性的说法不过是被用来强调国家学说在他体系中的重要意义。更为恰当的表述也许是，“自在自为的国家就是伦理性的整体，是自由的现实化；而自由之成为现实乃是理性的绝对目的。国家是地上的精神”⑤。同时，黑格尔也清楚地知道，对于这个“地上的精神”的探讨远非易事，更难以一蹴而就：“人们所必须希求于国家的，不外乎国家应是一种合理性的表现，国家是精神为了自己所创造的世界，因此，国家是特定的、自在自为地存在的进程……国家高高地站在自然生命之上，正好比精神是高高地站在自然界之上一样。因此，人们必须崇敬国家，把它看做地上的神物，同时必须了解，如果理解自然界是困难的，那么领会国家更是无限地困难。”⑥

黑格尔的国家学说不但总是遭受外来的抨击，而且也常常被黑格尔主义阵营中的人士所误解。哈贝马斯曾把黑格尔称为“第一位意识到现代性问题的哲

① ［德］黑格尔：《法哲学原理》，266～267 页。
② 同上书，267～268 页。
③ 同上书，259 页。
④ 同上书，253 页。
⑤ 同上书，258 页。
⑥ 同上书，285～286 页。

学家。他的理论第一次用概念把现代性、时间意识和合理性之间的格局凸显出来”。当“他第一个在术语层面上提出了适用于现代社会的概念系统，把国家这一政治领域与‘市民社会’区别开来”时，“黑格尔告别了复辟的政治哲学，同时也告别了理性自然法”。不过，在哈贝马斯看来，由于黑格尔没能沿着他早期所开拓的在主体间生活关系中把握伦理总体的道路上继续前行，从而探寻出一种民主社会的自我组织形式，而是用君主立宪来扬弃社会，用“绝对制度论”完成古代原则与现代原则的和解。这样一来，哈贝马斯又做出了一个自相矛盾的判断：“自我把握的主体的逻辑使强权国家政体成为必然”，黑格尔终于“站到了复辟派一边”[①]。霍耐特在其成名作《为承认而斗争》一书中甚至认为，在《精神现象学》之后，“意识哲学纲领”取得了对于一切主体间性理论的压倒性优势，新颖而富有构造力的“为承认而斗争”的理论模式消失了，“人类认同的主体间性概念，各种承认中介的区分，以及相伴而生的承认关系的分辨，和道德斗争的历史创造角色的观念等等，所有这一切在黑格尔的政治哲学中都确实没有再获得体系的功能”[②]。这种流行一时的观点是非常值得商榷的，甚至最早提出这一观点的霍耐特本人近来也已经悄然改变了看法。虽然他依然坚持认为黑格尔将客观自由封闭在对于伦理实体的描述中，从而把“法哲学”看作一部“带有终结性质的书”；但是他已经明确认识到，“今天对我们有帮助的不是‘法哲学’的那些具体细节，而是它的结构和构造，它们堪称社会自由理论的典范。我们可以持续地从中获悉，若是我们试图将我们的自由仅仅用主观权利、道德自律或者两者结合的概念进行理解，那实际上是多么贫乏；相反，黑格尔会让我们确信，社会关系中的个体自由必须首先并首要指的是，个人不受任何强制并得以扩展的经历，并由此推论出，我们可以普遍化的目的能通过他人的同样普遍化的目的得到促进”[③]。

实际上，黑格尔对于主体间关系的探讨从未停止，他的“承认理论”是在不断扩展和深化的，只不过因处在不同的发展阶段及其在哲学体系所处的地位不同而指向不同的对象和背景。如果说通过对主奴关系辩证法的阐发使“为承认的斗争”成为意识哲学即“主观精神”世界的中心点和转折点，那么法哲学所属的“客观精神”领域则表现出更加复杂的结构和更加丰富的内容，仅仅用

① ［德］哈贝马斯：《现代性的哲学话语》，51、44～45、48页。

② ［德］阿克塞尔·霍耐特：《为承认而斗争》，68页。

③ ［德］霍耐特：《论我们自由的贫乏——黑格尔伦理学说的伟大与局限》，载《世界哲学》，2013(5)。

前者的标准来衡量后者无异于刻舟求剑、削足适履。作为描述客观精神发展进程的“法哲学”，就是要展示作为意识或主观原则的理性与自由如何现实化为具体而生动的客观存在或人的真实生活。正如霍耐特所分析的那样，黑格尔从传统理论中撷取了权利概念，“如果想对作为基础的个体自由的标准更合适地、在客观自由的意义上予以规定的话，这个权利的概念就要既包含主观要求，还必须要包含社会的事实构成，也就是特定的机制”①。也就是说，在真正现实的人类生活中，一个自由的个体不但要与另一个自由的个体交往，而且总是要与许多个体、他们的联合及其多种形式的产品和创造物打交道，也正是在这一过程中，他们的自由才得到显现、发展、固化和提升。

因此，在黑格尔的哲学中，我们不但可以看到人们需要经历殊死搏斗才能赢得对于自由的意识和对于主体地位的承认，而且我们会发现对于自由的意识不仅通过直接的意识和表达，更通过普遍性的中介得到标示并承认。奴隶在自己劳动的成果中直观地感受到了意志的独立性；市民社会中的每一个特殊的个体通过提供满足社会需要的普遍物而得到承认，并从他人提供的普遍物中发展和壮大自己。然而，由于市民社会中存在自然状态的残余，个体特殊性还仅仅是自在地与整体的普遍性相联系，要实现二者的有机结合，还需要从整体出发的制度机制。国家不但通过政治法律制度提供了一个获得普遍承认的机制，而且还使之成为我们的习惯、本性和现实。也就是说，“相互承认需要制度与实践来充当中介。黑格尔的主张是，两个或更多的个体只有通过他们共同参与其中的特定的制度与实践，才能承认彼此是自由和理性的主体。就此意义说来，只有具有某种客观的制度结构，一个相互承认的共同体才能实现”②。由此可见，法哲学并没有“为了一种独白式的理论而放弃了一种自由的主体间性理论”③，而是使它发展到了一个更高、更成熟的阶段。我们甚至可以断言，只有在“法哲学”中，“承认概念的积极意义才能得到更为充分的发展”④。

---

① ［德］霍耐特：《论我们自由的贫乏——黑格尔伦理学说的伟大与局限》，载《世界哲学》，2013（5）。

② Patten，Alan. *Hegel's Idea of Freedom*，p. 130.

③ Pippin，Robert. *Hegel's Practical Philosophy*，p. 197.

④ Williams，Robert R. *Hegel's Ethics of Recognition*. Berkeley and Los Angeles，University of California Press，1997，p. 27.

第四节　从合理性到现实性

曾有评论家做过这样的评价："黑格尔的法哲学与自然法理论的传统相对，既是它的消解，也是它的完成。……黑格尔的法哲学是以一种悖论方式存在的：它表现为对所有自然法体系的否定，同时也表现为最后的、最完善的自然法体系。作为最后的体系，它是终结；作为最完善的体系，它是之前发生的一切的完成。换言之，在黑格尔之后，人们不能设想任何新的自然法体系，但同时，如果没有自然法传统，人们也无法设想黑格尔的法权哲学。复言之，消解意味着，自然法理论最终随黑格尔一道衰亡；完成则意味着，自然法理论被看作与黑格尔一道臻于终结。"[①] 这样的论断也许略显武断和夸张，然而客观地说，黑格尔尽管不是历史上唯一对于近代自然法观念及其自然状态、社会契约假说进行批判的思想家，但他无疑是其中最独特同时也是最彻底、最深刻的批判者。他一方面摧毁了与时代脱节的近代自然法理论的古代基础，一方面又力图将从中剥离出来的理性与自由的原则建立在客观现实之上。归根结底，他的所有这些努力不外是要将合理的东西变为现实。

黑格尔哲学的一个根本特点在于对思想的客观性的论证，他也由此顺理成章地强调了哲学与现实的关系。他指出，"哲学的任务在于理解存在的东西，因为存在的东西是理性。就个人来说，每个人都是他那时代的产儿。哲学也是这样，它是被把握在思想中的它的时代"[②]。黑格尔所说的时代，不应当仅仅停留在复辟时期的那个相对短暂的历史阶段来理解，而应当从推动他哲学思考的、启蒙以来的历史"新纪元"来理解。他那引起无数争议的关于合理性与现实性的著名命题实际上不过是关于"思想客观性"的另一种表达。黑格尔在1827年修订他的《哲学科学全书纲要》时，就针对人们的误解在第六节中提醒人们注意，他所说的现实性并不是指单纯现成的或实际存在的东西，更不是人们随口说出的"任何偶想、谬误、罪恶以及诸如此类的东西"或"很枯萎的、

---

① Bobbio，Norberto. Hegel und die Naturrechtslehre. in Riedel，M. *Materialien zu Hegels Rechtsphilosophie*，Band 2，S. 81.

② ［德］黑格尔：《法哲学原理》，序言12页。

暂时的现实存在"，而是"本质和实存或内部和外部所直接形成的统一"[①]。在黑格尔逻辑学的范畴推演中，现实性之所以高于实存（Die Wirklichkeit steht auch hoeher als die Existenz）[②]，恰恰是因为现实的东西并不是与理性相对立的东西，"倒不如说，现实是彻底合理的东西，而一切不合理的事物正因为不合理，也就不应认为是现实的"[③]。与此同时，正确的思想、理念并不是软弱无力的东西，而是因其合理性会对外部世界不断产生影响的力量，并最终成为现实的东西。由此可见，"黑格尔有关'合理的即是现实的，现实的即是合理的'论题不仅有思辨的意义，也有实践的意义。思辨的意义是指，哲学的智慧在于沉思事物的内在的合理本质，而非停留在它们的偶然表象之上。实践的意义则指，合乎理性的行动并非出于独立于现实的东西确立的那些理想与原则，而是出于对现实东西的合乎理性的把握"[④]。

从哲学内涵来看，黑格尔的这一命题本无奴颜婢膝、曲意逢迎之义，更不是保守的说辞和反动的叫啸，而是黑格尔对于哲学家使命的自重、自觉和担当，因而是对真理的揭示，是对一切落后、腐朽和反动现象的批判，也是对历史发展方向的指示和引领。已有的文献学研究证明，关于"凡是合乎理性的东西都是现实的；凡是现实的东西都是合乎理性的"[⑤] 这一命题，黑格尔本人在不同时期曾有不同的表述。[⑥] 让人颇感兴趣的历史现象是，黑格尔关于合理性与现实性的思考从一开始就是与对德国政治命运的思考紧密相连的。早在写作《德国宪政》的1802年，黑格尔就已经认识到，"使我们痛苦恼怒的不是存在的东西，而是存在的情况不是应当存在的那样。另一方面，如果我们认识到存在的情况是必然存在的那样，即不是依任性和偶然而存在，那么我们也就会认识到存在的情况就应当这样存在"[⑦]。在海德堡的讲课中，黑格尔在为宪政的合理性进行论证时提到，"民族精神是实体。合乎理性的东西必定出现，因而归根结底，宪法就是民族精神的展开"。尽管当时的德国乃至整个欧洲还不曾出现真正合乎理性的宪法，但黑格尔对于历史的进步却充满了乐观的自信，在他看来，"真正的合理性就是内在的权威，它是与民族精神相一致的。……千真

① ［德］黑格尔：《逻辑学》，37、263页。

② 参见［德］黑格尔：《逻辑学》（下卷），杨一之译，192页，北京，商务印书馆，1976。

③ ［德］黑格尔：《逻辑学》，265页。

④ ［美］伍德：《黑格尔的伦理思想》，黄涛译，23～24页，北京，知识产权出版社，2016。

⑤ ［德］黑格尔：《法哲学原理》，序言11页。

⑥ Jaeschke，W. *Hegel-Handbuch*，S. 276. ［意］洛苏尔多：《黑格尔与现代人的自由》，44～45页。

⑦ ［德］黑格尔：《德国法制》，见《黑格尔政治著作选》，21页。

万确的是，合理的东西必定总是有助益的，人们必须抛开会制定出糟糕宪法的那种恐惧"①。即使是在1819年黑云压城的柏林，黑格尔在"法哲学"课程的导论中依然强调，"当前内在于精神的东西必然会出现。宪政就是建立内在精神的事业。内在的精神就是基础；无论是在天堂或尘世，都没有任何与精神的法权相对立的强力。精神的法权当然不同于人们从抽象的思考或出于善意的心肠产生的反思与观念。合乎理性的东西将成为现实的，而现实的东西将成为合乎理性的"②。

记录历史的这些文献清楚地表明，曾经十分流行的那种将黑格尔关于合理性与现实性的"双句命题"（Doppelsatz）理解为对当时反动政治势力的妥协和屈服的看法，甚至对其为普鲁士专制制度的辩护和颂扬的指控，如果不是出于对黑格尔哲学的无知和人云亦云，就只能是出于偏见。特别需要指出的是，那种不负责任的指控显然忽视了这个历史事实：黑格尔在《法哲学原理》中对于国家的构想虽然具有许多普鲁士国家的影子，但是投射这些影子的原型是拿破仑战争后实施了一系列资产阶级性质改革的普鲁士，而并不是之前保守、落后的普鲁士，更不是复辟时期甚至是1848年的普鲁士。实际上，在普鲁士改革家、首相哈登堡（Karl August von Hardenberg）及内务大臣洪堡（Wilhelm von Homboldt）、教育大臣阿尔腾施泰因（Karl von Altenstein）的推动下，国王威廉三世在1815年曾许诺要在普鲁士颁布一部成文宪法，并定期召开等级会议。尽管国王的许诺并没有兑现，普鲁士的改革也命途多舛，但1808年至1818年的普鲁士无疑是欧洲当时少有的开明国家之一，黑格尔也因此将对精神生活与政治生活的希望寄予了改革和重建后的普鲁士。③

在《法哲学原理》中，黑格尔理想的国家政体虽然是君主制，但这种君主制不是指封建专制的王权，而是指作为"现代的成就"④而具有历史进步意义的资产阶级性质的君主立宪制，在其中君主并不能任意妄为、独断专行，他的作用究其实质不外是签一个名、说一声"是"⑤。在黑格尔看来，宪政或"国家

① Hegel, G. W. F. *Die Philosophie des Rechts: Die Mitschriften Wannenmann*. Heidelberg 1817/1818 und Homeyer (Berlin 1818/1819). hg. v. Karl-Heinz Ilting. Stuttgart, klett-Cotta, 1983, p. 157. 贝克尔（Becker）等人对文本的编辑与伊尔廷的断句与正字略有差别，引者在此采纳后者。

② Hegel, G. W. F. *Philosophie des Rechts: Die Vorlesungcon 1819/1820 in einer Nachschrift*. hg. v. Dieter Henrich. Frankfurt a. M., Suhrkamp Verlag, 1983, S. 50-51.

③ 参见［波］阿维纳瑞：《黑格尔的现代国家理论》，朱学平、王兴赛译，144～146页，北京，知识产权出版社，2016。［美］伍德：《黑格尔的伦理思想》，21～23页。

④ ［德］黑格尔：《法哲学原理》，287页。

⑤ 同上书，302页。

制度在本质上是一个中介的体系”（Die Verfassung ist wenssentlich ein System der Vermittlung）[①]，这个中介过程是通过代议制的等级会议实现的，这是立法权的关键，由此实现了“现代国家的原则，就是个人所做的一切都要由自己的意志来决定”[②]。换言之，“普遍自由的主观环节……通过等级关系实存于对国家的关系中”[③]。同时，黑格尔在此已经提出了罗尔斯正义制度的公正公开性原则：他把行政权交付给因知识和才能而非血缘或出身而致力于公共事业的普遍等级，从而保障“每个公民都有可能献身于这个等级”[④]。

尽管无法避免时代与个人的局限性，黑格尔如此构想的立宪君主制却远非普鲁士王国能够实现的，甚至对于当时的整个欧洲来说这一构想也只能算作理想的规划。这样看来，黑格尔的理性论证与其说是对当权者的辩护，不如说是对国王的教导更为恰当。与那些短视的庸人学者不同，诗人海涅从黑格尔晦涩的“双句命题”中发现了革命的意义，恩格斯进而阐发道：“黑格尔的这个命题，由于黑格尔的辩证法本身，就转化为自己的反面：凡在人类历史领域中是现实的，随着时间的推移，都会成为不合理性的，就是说，注定是不合理性的，一开始就包含着不合理性；凡在人们头脑中是合乎理性的，都注定要成为现实的，不管它同现存的、表面的现实多么矛盾。按照黑格尔的思维方法的一切规则，凡是现实的都是合乎理性的这个命题，就变为另一个命题：凡是现存的，都一定要灭亡”[⑤]。

在对近代自然法理论进行清算的同时，黑格尔还对以胡果（Gustav Hugo）、萨维尼（F. v. Savigny）为代表的历史法学以及乞灵于非理性力量的浪漫派进行了不遗余力的讨伐，为的正是打退真正的反动派的复辟，捍卫自由理性的原则。作为“法国旧制度的德国理论”的历史法学，不但阻挠具有资产阶级进步性质的法典的编纂，还力图把历史传统或旧有的法律当作规范当下人们行为的根据，甚至因迷恋罗马法而为残暴的奴隶制辩护。[⑥] 历史法学认为，法律与权利并不来源于普遍的理性，而是来源于特定的民族情感与文化的历史形式，因此法律是经验的，是从事实中产生的，是以历史的方式来学习的，法律

① ［德］黑格尔：《法哲学原理》，322 页。

② 同上书，318 页。

③ 同上书，320 页。

④ 同上书，311 页。

⑤ ［德］恩格斯：《路德维希·费尔巴哈和德国古典哲学的终结》，见《马克思恩格斯文集》（第 4 卷），1 版，269 页，北京，人民出版社，2009。

⑥ 参见［德］黑格尔：《法哲学原理》，2～10 页。

的有效性要依赖于成文法（或实定法）。

黑格尔针锋相对地指出，“没有一个时代像现今这样多地把一般的理智引向作这样的区别：法权依其实质内容就只是实定的，还是自在自为的，也是正当的和合理的”①。一方面，已有的法律制度本身并不是其存在的合理性与正当性的证明，恶法亦法，过时的法律必须根据时代的要求加以调整和改变；另一方面，“实然”与“应然”、理性的普遍性与民族和时代的特殊性并不是完全分离的，历史与民族传统本来就是普遍理性自身展开的一个环节，把二者截然割裂开来是一种片面的知性思维的表现。

作为哲学家的黑格尔力图通过对理性的探索来把握现实进而改造现实。一方面，黑格尔把哲学比作密纳发的猫头鹰，只有黄昏来临时它才会起飞，这不外是说，哲学是对现实及其整个发展历程的深入思考和全面把握；另一方面，由于哲学洞见了存在的本质，因而又会像闪电一样走在雷声之前。黑格尔的法哲学既是对近代自然法理论进行批判继承的成果，也是对人类历史深入思考的结晶，因而揭示了现代社会的本质特征及其困境，也引来了不断的反思和争论。黑格尔刻画了现代生活中个体性与整体性、国家与市民社会、理想与现实的种种冲突，并力图凭借天才的理性思辨力量，寻找一条古代的客观性原则（不论是自然法还是神法，宣示的是整体性的秩序）与近代的主体性原则（人的个体性的、自由的秩序）在其中达成“和解”的道路。

正是由于黑格尔“法哲学”中存在着这样的合理因素，讲学美国的恩斯特·卡西尔在第二次世界大战的硝烟尚未消散之际，就迫不及待地致力于扫除关于黑格尔的偏见和误解的迷雾，向整个英语世界的读者传达了如下的“专家评语”：“黑格尔主义不是在逻辑思想或形而上学思想领域，而是在政治思想领域获得了再生。几乎没有任何一种伟大的政治体系能抵御得住它的影响。现代所有的政治意识形态都向我们表明，黑格尔在法哲学和历史哲学里第一次介绍和捍卫的原则的力量和它的持久性和永恒性。”② 近些年来，过去流行的关于黑格尔的负面评价已经实现了翻转，许多人甚至相信，“黑格尔为我们所拥有的现代自由和权利提供了最深刻、最敏锐的说明”③。尽管黑格尔的“法哲学”不可能“终结”人类的历史，也无法“终结”人类对于正义社会的探求，但它为

① ［德］黑格尔：《论英国改革法案》，见《黑格尔政治著作选》，230 页。

② ［德］恩斯特·卡西尔：《国家的神话》，范进等译，303 页，北京，华夏出版社，1999。

③ ［英］斯蒂芬·霍尔盖特：《序言》，见《黑格尔导论：自由、真理与历史》，北京，商务印书馆，2013。

后来者的探索提供了一个不可替代的典范和不容忽视的标准，越来越多的思想家与研究者将其当作分析和解决当代现实难题的重要理论资源，并试图从中找到超越自由主义与社群主义两难困境的新路。①

正是在此背景下，霍耐特修正了早前的观点，“又一次地跟随黑格尔”，但这次是“以黑格尔的《法哲学原理》为榜样”，在其新著《自由的权利》中为当代正义理论完成了一次“规范性重构”。在霍耐特看来，黑格尔在“法哲学”中为克服“消极自由”与“反思自由”的缺陷，提出了“自由的第三种模式”，“即把真实的客观领域也置于自由的标准中：不仅是个人的意图应该去满足这一自由的标准，即意图的形成不受到任何外在的影响，而且外在的社会现实也应该去满足这一自由标准，即社会现实是自由的，不受制于任何他律和强制。只有这样，社会自由的思想才可以被看做是理论努力的结果，它把建立在反思自由思想基础上的标准，扩展到以往与主体相对的，被看做是外在现实的领域中去”②。因此，面对各种争议中的社会正义理论，我们有理由认为，“黑格尔的伦理学说直到今天都能提供一个更好、更令人信服的替代方案。他的伦理学说形成一个哲学的源泉，它始终如一地含有一种工具，使我们能从概念上厘清我们既为之实践也高度珍视的自由的不同形式。……他还赋予现代伦理学说一项理论任务，即让现代社会的成员在使用自由时了解到必要的差异。他在‘法哲学’中提出的自由意志理论甚至被理解为一种指南，即必须如此区分个体自由的不同形式，以至于它们能在功能分化的现代社会的组织结构中保持适合自己的位置”③。

总之，黑格尔“法哲学”招致诸多非议的重要原因就在于他对近代以来主流政治学说所依据的自然法理论进行了毁灭性的颠覆和革命性的改造。这一颠覆和改造的目标就是力图把现代性的原则真正建立在主体性的基础之上，并为主体自由的实现指示出切实可行的道路。换言之，“对我们来说，黑格尔的伦理生活观的真正重要性在于，它表明，我们如何能在接受对自由主义的历史化的和社群主义批判的同时，又不放弃启蒙运动对理性的普遍标

① 参见［美］伍德：《黑格尔的伦理思想》，425页。也参见威廉姆斯为所编文集写的导言（Williams，Robert R.，ed. *Beyond Liberalism and Communitarianism：Studies in Hegel's Philosophy of Right*. New York，State University of New York Press，2001，p. 2）。关于近年来英语世界的相关研究成果，参见该书第19页，注释2。

② ［德］霍耐特：《自由的权利》，王旭译，73页，4～5页，北京，社会科学文献出版社，2013。

③ ［德］霍耐特：《论我们自由的贫乏——黑格尔伦理学说的伟大与局限》，载《世界哲学》，2013（5）。

准的确信”①。

郭大为

参考文献

黑格尔．法哲学原理．范扬，张企泰，译．北京：商务印书馆，1961.

黑格尔．费希特与谢林哲学体系的差别．宋祖良，程志民，译．北京：商务印书馆，1994.

黑格尔．黑格尔早期神学著作．贺麟，译．北京：商务印书馆，1988.

黑格尔．黑格尔政治著作选．薛华，译．北京：中国法制出版社，2008.

黑格尔．历史哲学．王造时，译．上海：上海书店出版社，1999.

黑格尔．逻辑学：下卷．杨一之，译．北京：商务印书馆，1976.

黑格尔．哲学科学全书纲要．薛华，译．北京：北京大学出版社，2002.

黑格尔．精神哲学．杨祖陶，译．北京：人民出版社，2006.

黑格尔．逻辑学．梁志学，译．北京：人民出版社，2002.

黑格尔．哲学史讲演录．贺麟，王太庆，译．北京：商务印书馆，1983.

阿维纳瑞．黑格尔的现代国家理论．朱学平，王兴赛，译．北京：知识产权出版社，2016.

恩格斯．路德维希•费尔巴哈和德国古典哲学的终结// 马克思恩格斯文集：第 4 卷．1 版．北京：人民出版社，2009.

哈贝马斯．理论与实践．郭官义，李黎，译．北京：社会科学文献出版社，2010.

哈贝马斯．现代性的哲学话语．曹卫东，等，译．南京：译林出版社，2011.

霍尔盖特．黑格尔导论：自由、真理与历史．北京：商务印书馆，2013.

霍耐特．为承认而斗争．胡继华，译．上海：上海世纪出版集团，2005.

霍耐特．自由的权利．王旭，译．北京：社会科学文献出版社，2013.

霍耐特．论我们自由的贫乏：黑格尔伦理学说的伟大与局限．世界哲学，2013（5）．

卡尔•波普尔．开放社会及其敌人．郑一明，等，译．北京：中国社会科学出版社，1999.

卡西尔．国家的神话．范进，等，译．北京：华夏出版社，1999.

梁志学．费希特著作选集：第二卷．北京：商务印书馆，1994.

列奥•施特劳斯，约瑟夫•克罗波西，主编．政治哲学史：下卷．李天然，等，译．石家庄：河北人民出版社，1993.

列奥•施特劳斯．自然权利与历史．彭刚，译．北京：三联书店，2003.

洛克．人类理解论．关文运，译．北京：商务印书馆，1959.

① ［美］伍德：《黑格尔的伦理思想》，340 页。

洛克．政府论．叶启芳，瞿菊农，译．北京：商务印书馆，1964.

洛苏尔多．黑格尔与现代人的自由．丁三东，等，译．长春：吉林出版集团，2008.

施米特．政治的概念．刘宗坤，等，译．上海：上海人民出版社，2004.

乌尔里希·贝克，等．自反性现代化．赵文书，译．北京：商务印书馆，2001.

伍德．黑格尔的伦理思想．黄涛，译．北京：知识产权出版社，2016.

Hegel G W F. Die Philosophie des Rechts：Die Mitschriften Wannenmann. Heidelberg 1817/1818 und Homeyer (Berlin 1818/1819). hg. v. Karl-Heinz Ilting. Stuttgart：klett-Cotta，1983.

Hegel G W F. Philosophie des Rechts：Die Vorlesungcon 1819/1820 in einer Nachschrift. hg. v. Dieter Henrich. Frankfurt a. M.：Suhrkamp Verlag，1983.

Hegel G W F. Vorlesungen. Ausgewaehlte Nachschriften und Manuskripte：Band 1. Vorlesung über Naturrecht und Staatswissenschaft：Heidelberg 1817/1818. hg. v. C. Becker，Hamburg：Felex Meiner Verlag，1983.

Hegel G W F. Vorlesungen. Ausgewaehlte Nachschriften und Manuskripte：Band 14. Vorlesungen über die Philosophie des Rechts：Berlin 1819/1820. hg. v. E. Angerhrn，Hamburg：Felex Meiner Verlag，2000.

Hegel G W F. Elements of the Philosophy of Right. Nisbet H B，trans. Cambridge：Cambridge University Press，1991.

Hegel G W F. Jenaer Systementwürfe I，Das System der spekulativen Philosophie. hg. v. Düsing，K. und Kimmerle H. Hamburg：Felix Meiner Verlag，1986.

Hegel G W F. Über die wissenschaftlichen Behandlungsarten des Naturrechts//Hegel G W F. Werke in zwanzig Bänden：Band 2. Frankfurt a. M.：Suhrkamp Verlag，1986.

Jaeschke W Hegel-Handbuch. Stuttgart/Weimar：Verlag J. B. Metzler，2003.

Patten A. Hegel's Idea of Freedom. Oxford：Oxford University Press，1999.

Pippin R. Hegel's Practical Philosophy. Cambridge：Cambridge University Press，2008.

Riedel M. Materialien zu Hegels Rechtsphilosophie：Band 1. Frankfurt a. M.：Suhrkamp Verlag，1974－1975.

Riedel M. Zwischen Tradition und Revolution-Studien zu Hegels Rechtsphilosophie. Stuttgart：Klett-Cotta，1982.

Ritter J，et al，hg. v. Historisches Wörterbuch der Philosophie：Band 6. Basel：Schwabe Verlag，2007.

Williams R R. Beyond Liberalism and Communitarianism：Studies in Hegel's Philosophy of Right. New York：State University of New York Press，2001.

Williams R R. Hegel's Ethics of Recognition. Berkeley and Los Angeles：University of California Press，1997.

索　引

N

P

Q

R

S

T

W

X

Y

Z

致谢

本卷为《西方政治哲学史（三卷本）》第二卷，从酝酿到写作完成，历时近五载。在此期间各位作者的鼎力相助，尤其是丛书总主编之一张志伟教授的督促和组织，是本卷得以完成初定目标的原因。在这里，我还要特别感谢政治思想史“剑桥学派”的代表人物、现执教于伦敦大学玛丽女王学院的昆廷·斯金纳教授，他慨然允诺我们选用他关于霍布斯的论文。我还要感谢中国人民大学哲学院田洁博士，她用准确流畅的译笔翻译了斯金纳教授的论文。

在本卷的酝酿、写作、出版过程中，北京大学哲学系干春松教授和中国人民大学出版社潘宇女士也付出良多，在此一并感谢。